СОВРЕМЕННЫЙ АНГЛО-РУССКИЙ СЛОВАРЬ

CONTEMPORARY ENGLISH-RUSSIAN DICTIONARY

L. P. POPOVA
N. R. MOKINA
G. V. ZAKHAROVA

CONTEMPORARY
ENGLISH-RUSSIAN
DICTIONARY

About 50 000 words
and 70 000 word combinations

MOSCOW
«RUSSO»
2004

Л. П. ПОПОВА
Н. Р. МОКИНА
Г. В. ЗАХАРОВА

СОВРЕМЕННЫЙ АНГЛО-РУССКИЙ СЛОВАРЬ

Около 50 000 слов
и 70 000 словосочетаний

МОСКВА
«РУССО»
2004

УДК 811.111´374=161.1
ББК 81.2 Англ-4
П 58

Попова Л. П., Мокина Н. Р., Захарова Г. В.

П 58   Современный англо-русский словарь. Около 50 000 слов и 70 000 словосочетаний. — М.: РУССО, 2004. — 944 с.

ISBN-5-88721-274-8

Словарь содержит 50 000 слов и 70 000 словосочетаний современного английского языка с подробной разработкой значений слов и их сочетаемости.

В словаре представлена терминология, вошедшая в общеупотребительную лексику из области компьютерной, аудио- и видеотехники, информационных технологий и телекоммуникаций, автомобильной техники, транспорта, медицины, биологии, биотехнологии, генетики, спорта и досуга.

Включены слова, отражающие новые веяния в музыке, моде, молодежной и массовой культуре, а также сленг и разговорную лексику.

Полная электронная версия словаря находится на прилагаемом к изданию компакт-диске.

Словарь предназначен для широкого круга пользователей: от школьников и студентов до переводчиков и специалистов в различных областях.

УДК 811.111´374=161.1
ББК 81.2 Англ-4

ISBN-5-88721-274-8

ПРЕДИСЛОВИЕ

«Современный англо-русский словарь» содержит около 50 000 слов и 70 000 словосочетаний английского языка. Это новый тип словаря, сочетающий в себе общеупотребительную лексику и лексику терминологическую, т. к. в словаре много словарных статей, отражающих специальную терминологию – медицинскую, биологическую, экономическую, компьютерную, автомобильную.

Соединение различных типов словарей в одном – современная тенденция в лексикографии. Многие зарубежные издательства выпускают общефилологические словари (и даже учебные) с достаточно большим количеством распространенной технической и отраслевой терминологии. Такой словарь благодаря своему универсализму – хороший помощник при переводе не только художественных и публицистических текстов, но и текстов научно-популярных.

Авторы словаря старались представить современную лексику английского языка, однако в небольшом объёме есть слова устаревшие и диалектные, т. к. они встречаются в художественной литературе и представляют известные трудности при переводе.

Авторы хотели, чтобы их труд оказался нужным современному пользователю, в своей работе они стремились следовать лучшим традициям отечественной лексикографии, главная из которых – внимание к своему читателю, его потребностям, и поэтому:
— тщательно отбирали слова и словосочетания;
— подробно разрабатывали значения слов;
— указывали при помощи помет сферу употребления и стилистическую, оценочную окраску слова или словосочетания;
— старались подавать материал словарной статьи ясно, чётко, лаконично, чтобы можно было быстро найти нужную информацию.

Лексикографический труд – создание словаря – всегда коллективный, даже если у него один автор, т. к. словари следуют традициям той или иной лексикографической школы, и, следовательно, труды предыдущих поколений лексикографов продолжают жить в трудах их последователей. Так и мы, авторы настоящего словаря, всегда чувствовали, работая над ним, влияние наших старших коллег-лексикографов, авторов и редакторов отечественных словарей. Мы старались быть верными их традициям и надеемся, что, по большей части, нам это удалось.

Авторы выражают глубокую благодарность Анне Дмитриевне Михальчи за лексикографическую школу, за большую поддержку на всех этапах работы над словарём и Светлане Григорьевне Тер-Минасовой за ту научную и творческую атмосферу, в которой создавался словарь, за понимание важности лексикографического труда. Мы также благодарны В. С. Гаппарову, В. В. Левтонову, И. В. Мокину за помощь в подборе научно-технической терминологии и живое, творческое участие в создании словаря.

Полная электронная версия словаря находится на прилагаемом к изданию компакт-диске.

Словарь предназначен для самого ширского круга читателей, активно работающих с английским языком, но особенно он будет полезен переводчикам, преподавателям английского языка, студентам.

Все замечания и предложения просьба направлять по адресу: 119071, Москва, Ленинский проспект, д. 15, офис 317, издательство «РУССО». Телефон/факс: 237-25-02, 955-05-67; www.russopub.ru; e-mail: russopub@aha.ru.

О ПОЛЬЗОВАНИИ СЛОВАРЕМ

Заглавные слова, выделенные полужирным шрифтом, расположены в строго алфавитном порядке.

Заглавное слово при повторении его внутри словарной статьи в примерах-словосочетаниях и фразеологии заменяется знаком ~ (тильда).

Грамматические омонимы даны отдельными словарными статьями и обозначены римскими цифрами (**I, II** и т. д.):

fee I [fi:] *n* 1) вознаграждéние, гонорáр ...

fee II *v* ... 1) платить гонорáр...

Лексические омонимы даны также отдельными словарными статьями, но обозначены надстрочными арабскими цифрами:

fell[1] [fel] *past см.* **fall I**

fell[2] *v* 1) срубáть, валить *(дерево)*...

fell[3] *n* 1) горá, холм...

Если все омонимы произносятся одинако, фонетическая транскрипция даётся только при первом омониме.

Все пояснения и пометы грамматического, лексического, стилистического характера даются курсивом.

В скобках прямым шрифтом даются те слова или части слов, употребление которых факультативно.

В словосочетаниях синонимы и варианты даются через косую черту:

admission/entrance fee вступительный взнос

movable feasts переходя́щие/подвижные прáздники

Если в каком-либо значении слово пишется с прописной буквы, это указывается при цифре значения:

fellow ... 6) **(F.)** член научного общества ...

Если заглавное слово самостоятельно не употребляется, а существует лишь в словосочетании, даётся следующая конструкция:

aback [əˊbæk] *abv:* **to be taken** ~ ...

Нерегулярные грамматические формы (формы мн. числа существительных, формы прош. времени неправильных глаголов и т. п.) даются при заглавном слове и на своих алфавитных местах отдельными статьями:

feet [fi:t] *pl см.* **foot I**

fell[1] [fel] *past см.* **fall II**

За ромбом (◊) в словарной статье даются фразеологизмы и идиоматические выражения, т. е. те словосочетания, которые утратили прямую связь с заглавным словом.

Знак приблизительного равенства (≅) используется при отсутствии полного лексического или стилистического соответствия английского слова или выражения и его русского переводного эквивалента.

Фразовые глаголы даются отдельно от значений заглавного глагола, с некоторым отступом:

feed[1] **II** *v* ... кормить, давáть еду́, пищу

feed back обеспéчивать обрáтной свя́зью

feed on 1) питáться *(чем-л.)* ...

feed up кормить до отвáла ...

ФОНЕТИЧЕСКАЯ ТРАНСКРИПЦИЯ

Произношение даётся по современным английским и американским словарям.

iː	—	долгий **и**
ɪ	—	краткий, открытый **и**
e	—	как русское э под ударением
æ	—	более открытый, чем э
ɑ	—	долгий, глубокий **а**
ɒ	—	краткий, открытый **о**
ɔː	—	долгий **о**
ʊ	—	краткий **у**
uː	—	долгий **у**
ʌ	—	краткий гласный, менее глубокий, чем **а** в словах тащи́ть, храни́ть
ɜː	—	долгий гласный, напоминающий **ё**
ə	—	безударный гласный, напоминающий безударный гласный в словах ну́жен, ко́мната

eɪ	—	э^{й}
əʊ	—	э^{у}
aɪ	—	а^{й}
aʊ	—	а^{у}
ɔɪ	—	о^{й}
ɪə	—	и$_{а}$
eə	—	э$_{а}$
ʊə	—	у

p	—	п
b	—	б
m	—	м
w	—	звук, близкий к **у**, но губы более округлены
f	—	ф
v	—	в
θ	—	(без голоса) кончик языка находится *между передними зубами*
ð	—	(с голосом) кончик языка находится *между передними зубами*
s	—	с
z	—	з
t	—	т, кончик языка находится у альвеол
d	—	д
n	—	н
l	—	л
r	—	р, но произносится *без вибрации*
ʃ	—	мягкий ш
ʒ	—	мягкий ж
ʧ	—	ч
ʤ	—	озвонченный ч
k	—	к
g	—	г
ŋ	—	носовой, задняя часть языка соприкасается с мягким нёбом
h	—	произносится на выходе
j	—	й

УСЛОВНЫЕ СОКРАЩЕНИЯ

изъяв. накл. — изъявительное наклонение
инд. — употребительно в Индии
ирл. — употребительно в Ирландии
ирон. — ироническое выражение
иск. — искусство
ист. — исторический
и т. п. — и тому подобное
карт. — карточная игра
кино — кинематография
книжн. — книжное выражение
ком. — коммерция
косв. п. — косвенный падеж
косм. — космонавтика
кто-л. — кто-либо
кул. — кулинария
ласк. — ласкательная форма
лат. — латинский
лингв. — лингвистика
лит. — литература и литературоведение
лог. — логика
мат. — математика
мед. — медицина
мест. — местоимение
метео — метеорология
мин. — минералогия
миф. — мифология
мн. ч. — множественное число
мор. — морское дело
муз. — музыка и музыковедение
напр. — например
наст. вр. — настоящее время
неодобр. — неодобрительно
обыкн. — обыкновенно
опт. — оптика
особ. — особенно
отриц. — отрицательный
офиц. — официальное выражение
парл. — парламентское выражение
перен. — переносное значение
повел. накл. — повелительное наклонение
погов. — поговорка
полигр. — полиграфия
полит. — политика
посл. — пословица
поэт. — поэтическое выражение
превосх. ст. — превосходная степень
презр. — презрительно
преим. — примущественно
пренебр. — пренебрежительно

прил. — имя прилагательное
прич. — причастие
прош. вр. — прошедшее время
психол. — психология
радио — радиотехника
разг. — разговорное выражение
рел. — религия
рлн — радиоэлектроника
русск. — русский
сленг — сленговое выражение
см. — смотри
собир. — собирательно
сокр. — сокращение; сокращённо
спец. — специальный термин
спорт. — физкультура и спорт
ср. — сравни
сравн. ст. — сравнительная степень
стр. — строительство
сущ. — имя существительное
с.-х. — сельское хозяйство
тв. п. — творительный падеж
театр. — театр
текст. — текстильная отрасль
тех. — техника
тж — также
тлв — телевидение
унив. — университетский
употр. — употребляется
уст. — устаревшее слово *или* выражение
фарм. — фармакология
физ. — физика
физиол. — физиология
филос. — философия
фин. — финансы
фольк. — фольклор
фон. — фонетика
фото — фотография
фр. — французский
хим. — химия
церк. — церковный термин
что-л. — что-либо
шахм. — шахматы
школ. — школьное выражение
шотл. — употребительно в Шотландии
шутл. — шутливо
эвф. — эвфемизм
эк. — экономика
эл. — электротехника
юр. — юриспруденция

ЛЕКСИКОГРАФИЧЕСКИЕ ИСТОЧНИКИ

1. The Concise Oxford Dictionary of Current English. 8 th ed., Oxford, OUP, 1990.
2. Longman Dictionary of Contemporary English. Longman, 1987.
3. Collins COBUILD Learner's Dictionary. Harper Collins Publishers, 1999.
4. Collins COBUILD Dictionary of Idioms. Harper Collins Publishers, 2000.
5. Longman Dictionary of Phrasal Verbs. Longman, 1994.
6. Macmillan English Dictionary for Advanced Learners. Macmillan Publishers, 2002.
7. NTC's American Idioms Dictionary. National Textbook Company, 1988.
8. The Wordsworth Dictionary of Phrase and Fable. Wordsworth Reference, 1993.
9. Новый англо-русский словарь/ Мюллер В.К. и др. – М.: Рус. яз., 1998.
10. Новый большой англо-русский словарь: в 3-х т. / Под общим рук. Ю.Д. Апресяна и Э.М. Медниковой. – 5-е изд., стер. – М.: Рус. яз., 2000.
11. Е. А. М. Уилсон Англо-русский учебный словарь. – М.: Рус. яз., 1982.
12. Минаева Л.В., Нечаев И.В. Англо-русский словарь. – М.: Рус. яз., 1994.
13. Рум А. Р. У. Великобритания: Лингвострановедческий словарь. – М.: 1999.
14. Томахин Г.Д. США: Лингвострановедческий словарь. – М.: Рус. яз., 1999.
15. Большой толковый словарь русского языка. – СПб.: Норинт, 2000.
16. Русский орфографический словарь. / Отв. ред. В.В Лопатин. – М.: Азбуковник, 1999.
17. Орфоэпический словарь русского языка./ Под ред. Р.И. Аванесова. – М.: Рус. яз., 1985.
18. Крысин Л.П. Толковый словарь иноязычных слов. – 2-ое изд., доп. – М.: Рус. яз. 2000.
19. Масловский Е.К. Англо-русский словарь по вычислительным системам и информационным технологиям. – М.: РУССО, 2003.
20. Азаров А.А. Русско-английский словарь религиозной лексики. – М.: РУССО, 2002.
21. Александров А.В. Англо-русский словарь по телекоммуникациям. – М.: РУССО, 2004.
22. Новый англо-русский медицинский словарь / Под ред. В.Л. Ривкина и М.С. Бенюмовича. – М.: РУССО, 2004.
23. Тверитнев М.В. Англо-русский и русско-английский автомобильный словарь. – 4-е изд. стер. – М.: РУССО, 2003.

АНГЛИЙСКИЙ АЛФАВИТ

Aa	Gg	Nn	Uu
Bb	Hh	Oo	Vv
Cc	Ii	Pp	Ww
Dd	Jj	Qq	Xx
Ec	Kk	Rr	Yy
Ff	Ll	Ss	Zz
	Mm	Tt	

A

A, a [eɪ] *n* 1) *1-я буква англ. алфавита* 2) *муз.* нóта ля 3) что-л. высóкого кáчества, вы́сшей мáрки ◊ **from A to Z** от начáла до концá; пóлностью, целикóм; **A 1** *разг.* первоклáссный, превосхóдный

a [ə *(слабая форма)*, eɪ *(полная форма)*] *грам.* неопределённый артикль; употребляется перед согласными, перед *eu* и перед *u*; не переводится: **a book** кни́га; **a letter** письмó

aback [ə'bæk] *adv*: **to be taken ~** быть потрясённым, поражённым

abacus ['æbəkəs] *n* 1) абáк(а); счёты *(мн.)* 2) *архит.* абáк(а) *(верхняя часть капители колонны)*

abaft [ə'bɑːft] *adv мор.* на кормé

abandon I [ə'bænd(ə)n] *n* непринуждённость, развя́зность, несдéржанность; **with gay/reckless ~** с рáдостной/беспéчной непринуждённостью

abandon II *v* 1) откáзываться, бросáть; **to ~ all hopes** отказáться от вся́ких надéжд 2) оставля́ть, покидáть 3): **to ~ oneself to** предавáться чему-л.

abandoned [ə'bænd(ə)nd] *a* 1) брóшенный, поки́нутый; **~ child** брóшенный ребёнок 2) распу́щенный, распу́тный

abandonment [ə'bændənmənt] *n* 1) оставлéние 2) *юр.* оставлéние жены́, ребёнка 3) заброшенность, запу́щенность 4) *юр.* откáз *(от права, иска)*

abase [ə'beɪs] *v* унижáть

abasement [ə'beɪsmənt] *n мед.* опущéние, выпадéние *(органа)*

abash [ə'bæʃ] *v* смущáть, конфу́зить; приводи́ть в замешáтельство

abashed [ə'bæʃt] *a* смущённый, сконфу́женный

abate [ə'beɪt] *v* 1) уменьшáть, ослабля́ть 2) уменьшáться; ослабевáть; затихáть *(о буре, боли, эпидемии и т. д.)* 3) *юр.* аннули́ровать, отменя́ть

abatement [ə'beɪtmənt] *n* 1) ослаблéние, уменьшéние; **noise ~** уменьшéние шу́ма 2) *юр.* аннули́рование, отмéна

abattoir ['æbə,twɑː(r)] *n* бóйня

abbess ['æbɪs] *n* аббати́са *(настоятельница женского монастыря)*

abbey ['æbɪ] *n* аббáтство

abbot ['æbət] *n* аббáт

abbreviate [ə'briːvɪeɪt] *v* сокращáть

abbreviation [ə,briːvɪ'eɪʃ(ə)n] *n* сокращéние, аббревиату́ра

ABC [,eɪbiː'siː] *n* 1) алфави́т, áзбука 2) осно́вы; азы́ ◊ **simple as ~** прóще простóго

abdicate ['æbdɪkeɪt] *v юр.* 1) отрекáться *(от престола)* 2) откáзываться *(от ответственности, права и т. п.)*; слагáть полномóчия; **to ~ (your) responsibility** откáзываться от отвéтственности

abdication [,æbdɪ'keɪʃ(ə)n] *n юр.* 1) отречéние *(от престола)* 2) откáз *(от ответственности, права и т.п.)*

abdomen ['æbdəmən] *n анат.* брюшнáя пóлость; живóт

abdominal [æb'dɒmɪnəl] *a* брюшнóй; **an ~ operation** операция на óрганах брюшнóй пóлости, полостнáя операция

abduct [əb'dʌkt] *v* похищáть, наси́льно уводи́ть

abduction [əb'dʌkʃ(ə)n] *n* 1) похищéние 2) *физиол.* отведéние, абду́кция

aberration [,æbə'reɪʃ(ə)n] *n* 1) отклонéние от нóрмы 2) рассéянность 3) *биол.* отклонéние от нормáльного ти́па 4) *физ., астр.* аберрáция

abet [ə'bet] *v* подстрекáть, подбивáть *(на что-л. дурное)*

abetment [ə'betmənt] *n* подстрекáтельство, поощрéние

abeyance [ə'beɪəns] *n юр.* состоя́ние неопределённости в разрешéнии вопрóса

abhor [əb'hɔː(r)] *v* испы́тывать отвращéние

abhorrence [əb'hɒrəns] *n* 1) отвращéние 2) предмéт, вызывáющий отвращéние

abhorrent [əb'hɒrənt] *a* вызывáющий отвращéние, отврати́тельный; мéрзкий

abide [ə'baɪd] *v (past, p. p.* **abided**, *редко* **abode**) 1) выноси́ть, терпéть; мири́ться *(в* ·

отриц. и вопр. предложениях); **I cannot/who can ~ it** я не могу́/кто мо́жет мири́ться с э́тим 2) приде́рживаться, соблюда́ть; **to ~ by** остава́ться ве́рным *(кому́-л., чему́-л.)*; приде́рживаться *(чего́-л.)*; **to ~ by one's promises** исполня́ть свои́ обеща́ния; **to ~ by the rules** приде́рживаться пра́вил

abiding [ə'baɪdɪŋ] *a* постоя́нный

ability [ə'bɪlɪtɪ] *n* 1) спосо́бность; уме́ние; **to the best of one's abilities** в ме́ру свои́х сил 2) *фин.*: **~ to pay** платёжеспосо́бность

abject ['æbdʒekt] *a* 1) жа́лкий, презре́нный 2) уни́женный

abjection [əb'dʒekʃ(ə)n] *n* уни́женность

abjure [əb'dʒʊə] *v* отрека́ться; отка́зываться

ablation [æ'bleɪʃ(ə)n] *n* 1) *мед.* ампута́ция, отсече́ние, удале́ние 2) *геол.* разруше́ние *(пород)*

ablaze I [ə'bleɪz] *a predic* 1) в огне́, в пла́мени; **the house was ~** дом был охва́чен пла́менем 2) сверка́ющий 3) возбуждённый

ablaze II *adv* в огне́, в пла́мени

able ['eɪbl] *a* 1) спосо́бный; уме́лый; **an ~ student** спосо́бный студе́нт 2): **to be ~** мочь, быть в состоя́нии; **are you ~ to come?** ты смо́жешь прийти́?

able-bodied ['eɪbl'bɒdɪd] *a* кре́пкий, здоро́вый; **an ~ seaman** матро́с пе́рвой статьи́

ablush [ə'blʌʃ] *a predic* покрасне́в, в смуще́нии

ablution [ə'blu:ʃ(ə)n] *n* 1) *обыкн. pl* омове́ние 2) *разг.* мытьё, помы́вка

ably ['eɪblɪ] *adv* уме́ло, ло́вко

abnegate ['æbnɪgeɪt] *v* 1) отка́зывать себе́ *(в чём-л.)* 2) отка́зываться *(от прав и т.п.)* 3) отрица́ть

abnegation [,æbnɪ'geɪʃ(ə)n] *n* 1) отка́з *(от чего́-л.)*; отрече́ние 2) отрица́ние

abnormal [æb'nɔ:m(ə)l] *a* ненорма́льный; анома́льный; *мед.* патологи́ческий

abnormality ['æbnɔ:'mælɪtɪ] *n* 1) ненорма́льность; анома́лия 2) уро́дство; патоло́гия

aboard [ə'bɔ:d] *adv, prep* на корабле́, на борту́; на кора́бль, на борт; **to go ~ a ship** сади́ться на кора́бль

abode I [ə'bəʊd] *n* местопребыва́ние; жили́ще; обита́лище

abode II *past, p. p. см.* abide

abolish [ə'bɒlɪʃ] *v* отменя́ть, уничтожа́ть, упраздня́ть; **to ~ slavery** отмени́ть ра́бство

abolition [,æbə'lɪʃ(ə)n] *n* отме́на, упраздне́ние

abolitionism [,æbə'lɪʃ(ə)nɪz(ə)m] *n ист.* аболиционизм, борьба́ за отме́ну ра́бства

A-bomb ['eɪ'bɒm] *n* а́томная бо́мба

abominable [ə'bɒmɪnəbl] *a* отврати́тельный, отта́лкивающий; проти́вный; **~ weather** отврати́тельная пого́да

abominate [ə'bɒmɪ,neɪt] *v* пита́ть отвраще́ние, ненави́деть

abomination [ə,bɒmɪ'neɪʃ(ə)n] *n* 1) отвраще́ние 2) что́-л. отврати́тельное

aboriginal I [,æbə'rɪdʒɪnəl] *n* тузе́мец; абориге́н

aboriginal II *a* тузе́мный, коренно́й; иско́нный

aborigines ['æbə'rɪdʒɪni:z] *n pl* тузе́мцы; коренны́е жи́тели; абориге́ны

abort [ə'bɔ:t] *v* 1) преждевре́менно роди́ть 2) потерпе́ть неуда́чу 3) *вчт* прерва́ть выполне́ние *(какой-л. операции или программы)*

abortion [ə'bɔ:ʃ(ə)n] *n* 1) *мед.* або́рт; вы́кидыш 2) неуда́ча 3) *вчт* (преждевре́менное) прекраще́ние, прерыва́ние *(какой-л. операции или программы)*

abortive [ə'bɔ:tɪv] *a* неуда́вшийся, неуда́чный; беспло́дный; **our attempt was ~** на́ша попы́тка не удала́сь

abound [ə'baʊnd] *v* име́ться в большо́м коли́честве; изоби́ловать, кише́ть *(in, with)*

about I [ə'baʊt] *adv* 1) приблизи́тельно, приме́рно, о́коло; **~ three miles** о́коло трёх миль 2) неподалёку, побли́зости; **he must be somewhere ~** он до́лжен быть где́-то недалеко́ 3) почти́; **~ ready** почти́ гото́в 4) вокру́г, круго́м; повсю́ду, везде́; **look ~** посмотри́те вокру́г ◊ **to be ~ to** собира́ться сде́лать *(что-л.)*; **I was just ~ to leave when...** я как ра́з собира́лся уйти́, когда́...; **that's ~ right** э́то то́, что на́до

about II *prep* 1) о, относи́тельно; **tell me ~ him** расскажи́ мне о нём; **I was thinking ~ it** я ду́мал/размышля́л об э́том; **what can I do ~ it?** что я могу́ с э́тим поде́лать? 2) о́коло; **he came ~ four** он пришёл к четырём (часа́м); **he left ~ five** он ушёл о́коло пяти́ (часо́в) 3) вокру́г, о́коло; по; **they walked ~ the town** они́ броди́ли по го́роду 4) при себе́; **I have no money ~ me** у меня́ с собо́й нет де́нег ◊ **what ~ it?** ну и что (из э́того)?; **and ~ time too!** давно́ пора́!; **how/what ~...** как насчёт...

about-face [ə'baʊt'feɪs] *n* ре́зкое измене́ние *(мнения, позиции)*

above I [ə'bʌv] *adv* наверху́, наве́рх; вы́ше; **the room ~** ко́мната наверху́; **as stated ~** как бы́ло ска́зано вы́ше

above II *prep* 1) над; вы́ше; **high ~ the city** высоко́ над го́родом; **~ sea level** над у́ровнем мо́ря; **~ the horizon** над горизо́нтом 2) бо́лее, свы́ше; **there were ~ fifty people there** там бы́ло бо́льше пяти́десяти челове́к; **it is ~ average** э́то вы́ше сре́днего (у́ровня) ◊ **it is ~ me/my understanding** э́то вы́ше моего́ понима́ния; **~ all** пре́жде всего́

above-board I [ə'bʌv'bɔ:d] *a predic* откры́тый, че́стный, прямо́й

above-board II *adv* откры́то, че́стно, пря́мо

above-mentioned [ə'bʌv'menʃənd] *a* вышеупомя́нутый

abrasion [ə'breɪʒ(ə)n] *n* 1) (и)стира́ние; изно́с 2) сса́дина 3) *геол.* абра́зия

abrasive I [ə'breɪsɪv] *n тех.* абрази́в, абрази́вный материа́л

abrasive II *a* абрази́вный, шлифова́льный

abreast [ə'brest] *adv* 1) на одно́й ли́нии, в ряд 2) на у́ровне; в ку́рсе *(последних собы́тий и т. п.)*; ~ **of the times** в но́гу со вре́менем; **to keep/stay** ~ **of smth** держа́ться/остава́ться на у́ровне чего́-л./с чем-л.

abridge [ə'brɪʤ] *v* 1) сокраща́ть 2) ограни́чивать *(свободы, права)*

abridg(e)ment [ə'brɪʤmənt] *n* 1) сокраще́ние 2) ограниче́ние *(свободы, прав)* 3) сокращённое изложе́ние; сокращённый вариа́нт *(книги, пьесы)*

abroad [ə'brɔ:d] *adv* 1) за грани́цей, за грани́цу; **from** ~ из-за грани́цы 2) широко́, повсю́ду; **there is a rumour** ~ **that...** хо́дит слух, что...

abrogate ['æbrəgeɪt] *v* отменя́ть *(закон, обычай)*

abrogation [ˌæbrə'geɪʃ(ə)n] *n* отме́на, аннули́рование

abrupt [ə'brʌpt] *a* 1) внеза́пный 2) ре́зкий, гру́бый *(о манерах, речи)*; отры́вистый 3) обры́вистый, круто́й

abruptly [ə'brʌptlɪ] *adv* внеза́пно; ре́зко

abruptness [ə'brʌptnɪs] *n* 1) внеза́пность 2) ре́зкость, гру́бость *(речи и т.п.)* 3) обры́вистость, крутизна́

abscess ['æbsɪs] *n мед.* абсце́сс, гно́йник; **appendicular** ~ аппендикуля́рный абсце́сс

abscissa [əb'sɪsə] *n мат.* абсци́сса

abscond [æb'skɒnd] *v* бежа́ть; *юр.* скрыва́ться *(от правосудия)*

absence ['æbsəns] *n* 1) отсу́тствие; нея́вка; отлу́чка; **in his** ~ в его́ отсу́тствие; ~ **without leave** самово́льная отлу́чка 2) неиме́ние, недоста́ток 3) *мед.* абса́нс, кратковре́менная поте́ря созна́ния *(симптом эпилепсии)* ◊ ~ **of mind** рассе́янность

absent I ['æbsənt] *a* 1) отсу́тствующий; **to be** ~ отсу́тствовать 2) рассе́янный

absent II [æb'sent] *v*: **to** ~ **oneself** отсу́тствовать, отлуча́ться; **to** ~ **oneself from smth** уклоня́ться от чего́-л.

absentee [ˌæbsən'ti:] *n* 1) отсу́тствующий 2) уклоня́ющийся от чего́-л. 3) живу́щий вне до́ма *(обыкн. о хозяине дома)* ◊ ~ **ballot** *амер.* предвари́тельное голосова́ние тех, кто бу́дет отсу́тствовать в день вы́боров

absenteeism [ˌæbsən'ti:ɪz(ə)m] *n* дли́тельное отсу́тствие; непосеще́ние, прогу́л(ы)

absently ['æbsəntlɪ] *adv* рассе́янно

absent-minded [ˌæbsənt'maɪndɪd] *a* рассе́янный, невнима́тельный

absent-mindedness [ˌæbsənt'maɪndɪdnɪs] *n* рассе́янность

absolute ['æbsəlu:t] *a* 1) по́лный, соверше́нный, абсолю́тный; безусло́вный; **an** ~ **majority** абсолю́тное большинство́ 2) абсолю́тный, неограни́ченный *(о власти)*

absolutely ['æbsəlu:tlɪ] *adv* 1) соверше́нно, абсолю́тно; безусло́вно 2) незави́симо, самостоя́тельно 3) *разг.* коне́чно, безусло́вно, ве́рно; ~ **right!** соверше́нно ве́рно!

absolution [ˌæbsə'lu:ʃ(ə)n] *n* 1) освобожде́ние от наказа́ния, оправда́ние по суду́ 2) проще́ние грехо́в 3) *церк.* отпуще́ние грехо́в

absolutism ['æbsəlu:tɪz(ə)m] *n* абсолюти́зм, неограни́ченная мона́рхия; самодержа́вие

absolve [əb'zɒlv] *v* 1) освобожда́ть *(от обвине́ния, обяза́тельств и т. п.)*; **the court** ~**d him from guilt** суд снял с него́ обвине́ние 2) проща́ть, опра́вдывать 3) *церк.* отпуска́ть грехи́

absorb [əb'sɔ:b] *v* 1) поглоща́ть; впи́тывать, вса́сывать, абсорби́ровать 2) поглоща́ть, захва́тывать *(внимание и т. п.)*; ~**ed in thoughts** погружённый в мы́сли 3) *тех.* амортизи́ровать

absorbent I [əb'sɔ:bənt] *n хим.* вса́сывающее, впи́тывающее вещество́, абсорбе́нт

absorbent II *a* абсорби́рующий, вса́сывающий, впи́тывающий

absorber [əb'sɔ:bə(r)] *n* 1) *тех.* амортиза́тор 2) *хим.* поглоти́тель

absorbing *a* увлека́тельный, захва́тывающий; ~ **film** увлека́тельный/захва́тывающий фильм

absorption [əb'sɔ:pʃ(ə)n] *n* 1) абсо́рбция, поглоще́ние; впи́тывание, вса́сывание 2) погружённость *(в мысли и т. п.)* 3) *мед.* истоще́ние *(иммунной сыворотки)*

abstain [əb'steɪn] *v* возде́рживаться *(from);* не употребля́ть *(спиртных напитков и т.п.; from)*

abstainer [əb'steɪnə(r)] *n* непью́щий, тре́звенник

abstemious [æb'sti:mɪəs] *a* возде́ржанный, уме́ренный

abstention [əb'stenʃ(ə)n] *n* 1) воздержа́ние 2) отка́з от голосова́ния *(на выборах)*

abstinence ['æbstɪnəns] *n* 1) воздержа́ние; **total** ~ стро́гий пост 2) абстине́нция, прекраще́ние употребле́ния алкого́ля и нарко́тиков; **to go into** ~ прекрати́ть употребле́ние алкого́ля и нарко́тиков; **symptoms of ~** абстине́нтный синдро́м, алкого́льная *или* наркоти́ческая «ло́мка»

abstinent [ˈæbstɪnənt] *a* 1) уме́ренный, возде́ржанный 2) непью́щий

abstract I [ˈæbstrækt] *n* 1) резюме́, конспе́кт, рефера́т, кра́ткий обзо́р 2) произведе́ние абстра́ктного иску́сства 3) абстра́кция; отвлечённое поня́тие; **in the ~** отвлечённо, абстра́ктно

abstract II *a* 1) отвлечённый, абстра́ктный; ~ **idea/notion** абстра́ктная иде́я/поня́тие 2) *иск.* абстракциони́стский; ~ **painter** худо́жник-абстракциони́ст

abstract III [əbˈstrækt] *v* 1) извлека́ть, отделя́ть *(from)* 2) сумми́ровать, резюми́ровать 3) рассма́тривать отвлечённо *(from)* 4) *эвф.* укра́сть, стащи́ть

abstracted [əbˈstræktɪd] *a* рассе́янный, невнима́тельный

abstractedly [əbˈstræktɪdlɪ] *adv* 1) абстра́ктно, отвлечённо; отде́льно *(from)* 2) рассе́янно, в рассе́янности

abstracting [əbˈstræktɪŋ] *n* рефери́рование

abstraction [əbˈstrækʃ(ə)n] *n* 1) отвлече́ние; отвлечённость 2) абстра́кция 3) заду́мчивость, рассе́янность 4) *вчт* выделе́ние гла́вных при́знаков 5) *вчт* отделе́ние, выделе́ние

abstractionism [əbˈstrækʃənɪz(ə)m] *n иск.* абстракциони́зм

abstruse [əbˈstruːs] *a* 1) тру́дный для понима́ния; нея́сный 2) глубо́кий *(о мысли и т. п.)*

absurd [əbˈsɜːd] *a* 1) неле́пый, абсу́рдный; **what an ~ suggestion!** како́е неле́пое предложе́ние! 2) смешно́й, глу́пый

absurdity [əbˈsɜːdɪtɪ] *n* 1) неле́пость, абсу́рдность; глу́пость 2) неле́пый посту́пок

abundance [əˈbʌndəns] *n* 1) изоби́лие, избы́ток; мно́жество; ~ **of fruit** изоби́лие фру́ктов 2) бога́тство ◊ ~ **of heart** избы́ток чувств, бога́тство эмо́ций

abundant [əˈbʌndənt] *a* оби́льный; изоби́лующий *(in)*

abuse I [əˈbjuːs] *n* 1) злоупотребле́ние 2) брань; оскорбле́ние 3) непра́вильное употребле́ние; искаже́ние 4) плохо́е обраще́ние 5) *тех.* непра́вильное испо́льзование, эксплуата́ция с наруше́нием пра́вил

abuse II [əˈbjuːz] *v* 1) злоупотребля́ть 2) брани́ть; оскорбля́ть 3) пло́хо обраща́ться, по́ртить; **to ~ one's authority** злоупотребля́ть свое́й вла́стью 4) *тех.* непра́вильно испо́льзовать; эксплуати́ровать с наруше́нием пра́вил

abuser [əˈbjuːsə] *n* злоумы́шленник, наруши́тель

abusive [əˈbjuːsɪv] *a* бра́нный; оскорби́тельный; ~ **language** брань, ру́гань

abut [əˈbʌt] *v* 1) грани́чить, примыка́ть *(on, upon)* 2) упира́ться *(on, against)*

abutment [əˈbʌtmənt] *n стр.* опо́ра а́рки, сво́да, моста́

abysmal [əˈbɪzməl] *a* 1) *разг.* отврати́тельный, ужа́сный; **to live in ~ conditions** жить в ужа́сных усло́виях 2) по́лный, кра́йний, вопию́щий *(о невежестве и т. п.)*

abyss [əˈbɪs] *n* 1) бе́здна, пучи́на; про́пасть; *тж перен.* 2) *рел.* первозда́нный ха́ос

abyssal [əˈbɪsəl] *a* глуби́нный; глубоково́дный

AC *сокр.* **(alternating current)** переме́нный ток

a/c *сокр.* **(current account)** теку́щий счёт

acacia [əˈkeɪʃə] *n* ака́ция

academic I [ˌækəˈdemɪk] *n* преподава́тель, профе́ссор университе́та *или* ко́лледжа

academic II *a* 1) академи́ческий; университе́тский 2) академи́чный, отвлечённый 3) чи́сто теорети́ческий ◊ ~ **year** уче́бный год *(в школах, колледжах, университетах)*

academicals [ˌækəˈdemɪkəlz] *n pl* университе́тское одея́ние

academician [əˌkædəˈmɪʃən] *n* акаде́мик

academy [əˈkædəmɪ] *n* 1) (A.) акаде́мия; **A. of Sciences** Акаде́мия нау́к; **the Royal A. of Arts** Короле́вская акаде́мия иску́сств 2) специа́льное уче́бное заведе́ние; **military ~** вое́нное учи́лище; ~ **of music** музыка́льное учи́лище

accede [ækˈsiːd] *v* 1) вступа́ть *(в должность и т. п.)* 2) соглаша́ться *(с мнением и т. п.)* 3) присоединя́ться *(к организации и т. п.)*

accelerate [əkˈseləreɪt] *v* ускоря́ть(ся)

acceleration [əkˌseləˈreɪʃ(ə)n] *n* ускоре́ние, разго́н

accelerative [əkˈseləreɪtɪv] *a* ускоря́ющий

accelerator [əkˈseləreɪtə(r)] *n* 1) *авто* акселера́тор; ускори́тель; дро́ссельная засло́нка 2) *хим.* катализа́тор

accelerator board [əkˈseləreɪtə(r) ˈbɔːd] *n вчт* пла́та ускори́теля, ускори́тельная пла́та *(тж accelerator card)*

accent I [ˈæksənt] *n* 1) акце́нт, произноше́ние; **a broad/strong ~** си́льный/заме́тный акце́нт; **to put on an ~** говори́ть с акце́нтом 2) ударе́ние; знак ударе́ния; **primary ~** *фон.* гла́вное ударе́ние

accent II [ækˈsent] *v* де́лать ударе́ние; произноси́ть с ударе́нием; *перен.* подчёркивать, акценти́ровать

accentuate [ækˈsentjʊeɪt] *v* выделя́ть, *перен.* подчёркивать

accentuation [ækˌsentjʊˈeɪʃ(ə)n] *n* 1) ударе́ние; *перен.* подчёркивание 2) произноше́ние, вы́говор

accept [əkˈsept] *v* 1) принима́ть 2) соглаша́ться; признава́ть пра́вильным; допуска́ть 3) относи́ться благоскло́нно 4) *фин.* акцептова́ть 5) *мед.* приживля́ться (*о трансплантате*)

acceptability [əkˌseptəˈbɪlɪtɪ] *n* 1) прие́млемость, допусти́мость 2) *мед.* переноси́мость (*напр. вакцин*), приживля́емость (*трансплантата*)

acceptable [əkˈseptəbl] *a* 1) прие́млемый, допусти́мый 2) прия́тный

acceptance [əkˈseptəns] *n* 1) приня́тие, приём 2) согла́сие; одобре́ние; благоскло́нное отноше́ние 3) *фин.* акце́пт 4) *мед.* прививле́ние; **graft ~** приживля́емость транспланта́та

acceptation [ˌæksepˈteɪʃ(ə)n] *n* при́нятое значе́ние сло́ва *или* выраже́ния

accepted [əkˈseptɪd] *a* общепри́нятый; общепри́знанный

access I [ˈækses] *n* 1) до́ступ; досту́пность; **~ to the archives** до́ступ к архи́вам; **easy of ~** досту́пный 2) по́дступ, подхо́д; подъе́зд; прохо́д 3) при́ступ (*болезни, гнева*) 4) *вчт* до́ступ, обраще́ние 5) *вчт* вы́борка

access II *v вчт* получи́ть до́ступ (*напр. к базе данных*)

accessary [əkˈsesərɪ] *см.* **accessory**

accessibility [əkˌsesɪbɪlɪtɪ] *n* досту́пность (*для осмотра или ремонта*)

accessible [əkˈsesɪbl] *a* досту́пный

accession [əkˈseʃ(ə)n] *n* 1) вступле́ние (*в должность и т. п.*) 2) прибавле́ние; приро́ст; но́вое поступле́ние 3) согла́сие; приня́тие

accessory I [əkˈsesərɪ] *n* 1) *pl* принадле́жности; аксессуа́ры; *тех.* армату́ра 2) соуча́стник, соо́бщник 3) *тех.* вспомога́тельное обору́дование; дополни́тельное обору́дование, приспособле́ние; вспомога́тельный прибо́р *или* механи́зм 4) *вчт* вспомога́тельное устро́йство; дополни́тельное устро́йство; перифери́йное устро́йство; аксессуа́р 5) *вчт* станда́ртная програ́мма, реквизи́т

accessory II *a* дополни́тельный; второстепе́нный

access time [ˈæksesˈtaɪm] *n вчт* вре́мя до́ступа

accessway [ækˈseswei] *n авто* подъездна́я доро́га, подъездно́й путь

accident [ˈæksɪdənt] *n* 1) слу́чай; случа́йность; **by ~** случа́йно; **pure ~** чи́стая случа́йность; **I came across him by ~** я встре́тил его́ случа́йно 2) несча́стный слу́чай;

ава́рия; **fatal ~** несча́стный слу́чай со смерте́льным исхо́дом; **industrial ~** несча́стный слу́чай на произво́дстве; **traffic ~** доро́жно-тра́нспортное происше́ствие, ДТП 3) случа́йное обстоя́тельство

accidental [ˌæksɪˈdentl] *a* 1) случа́йный; неча́янный 2) вспомога́тельный; второстепе́нный

accidentally [ˌæksɪˈdentəlɪ] *adv* случа́йно; неча́янно

acclaim I [əˈkleɪm] *n* 1) бу́рные аплодисме́нты; шу́мное приве́тствие 2) одобре́ние; призна́ние; **to win/to receive/to attract ~** заслужи́ть/получи́ть одобре́ние/призна́ние

acclaim II *v* 1) бу́рно аплоди́ровать; шу́мно приве́тствовать 2) провозглаша́ть; одобря́ть

acclamation [ˌækləˈmeɪʃ(ə)n] *n* 1) шу́мное, дру́жное одобре́ние; **voted/carried by ~** при́нято единогла́сно, без голосова́ния 2) *обыкн.* pl шу́мное приве́тствие; ова́ция

acclimatization [əˌklaɪmətaɪˈzeɪʃ(ə)n] *n* акклиматиза́ция

acclimatize [əˈklaɪmətaɪz] *v* акклиматизи́ровать(ся)

acclivity [əˈklɪvɪtɪ] *n* подъём (*холма, горы*)

accolade [ˈækəleɪd] *n* 1) призна́ние заслу́г, высо́кая честь 2) *ист.* обря́д посвяще́ния в ры́цари

accommodate [əˈkɒmədeɪt] *v* 1) предоставля́ть жильё, помеще́ние; устра́ивать, размеща́ть 2) приспоса́бливать; согласо́вывать; ула́живать 3) ока́зывать услу́гу 4) снабжа́ть (*with*)

accommodating [əˈkɒmədeɪtɪŋ] *a* 1) любе́зный, услу́жливый 2) усту́пчивый, сгово́рчивый

accommodation [əˌkɒməˈdeɪʃ(ə)n] *n* 1) жильё; помеще́ние; приспособле́ние; размеще́ние 3) соглаше́ние, компроми́сс 4) *мед.* **hospital ~** коли́чество больни́чных ко́ек 5) *фон.* аккомода́ция

accommodation address [əˌkɒməˈdeɪʃ(ə)n əˈdres] *n* а́дрес для получе́ния пи́сем (*в случае, если получатель по каким-л. причинам не даёт своего постоянного адреса*)

accompaniment [əˈkʌmpənɪmənt] *n* 1) *муз.* аккомпанеме́нт, сопровожде́ние 2) приложе́ние

accompanist [əˈkʌmpənɪst] *n* аккомпаниа́тор

accompany [əˈkʌmpənɪ] *v* 1) сопровожда́ть; сопу́тствовать 2) *муз.* аккомпани́ровать; **to ~ a singer on the piano** аккомпани́ровать певцу́ на роя́ле

accomplice [əˈkʌmplɪs] *n* соуча́стник (преступле́ния), соо́бщник

accomplish [əˈkʌmplɪʃ] v исполня́ть, выполня́ть; зака́нчивать, заверша́ть

accomplished [əˈkʌmplɪʃt] a 1) зако́нченный, заверши́ённый; иску́сный, о́пытный 2) хорошо́ образо́ванный; хорошо́ воспи́танный

accomplishment [əˈkʌmplɪʃmənt] n 1) выполне́ние; заверше́ние 2) досто́инство; **she is a girl of many ~s** она́ облада́ет мно́гими досто́инствами 3) достиже́ние

accord I [əˈkɔːd] n 1) согла́сие; **with one ~** единоду́шно; **of one's own ~** доброво́льно 2) соотве́тствие, гармо́ния

accord II v 1) согласо́вываться, гармони́ровать (with) 2) дава́ть (разрешение, согласие и т. п.); жа́ловать

accordance [əˈkɔːdəns] n согла́сие, соотве́тствие, гармо́ния; **in ~ with** согла́сно, в соотве́тствии с

accordant [əˈkɔːdənt] a согла́сный, созву́чный; соотве́тственный

according [əˈkɔːdɪŋ] adv: **~ to** согла́сно; в соотве́тствии; **to go ~ to plan** идти́/происходи́ть по пла́ну, как заду́мано

accordingly [əˈkɔːdɪŋli] adv 1) соотве́тственным о́бразом 2) соотве́тственно; поэ́тому

accordion [əˈkɔːdjən] n аккордео́н

accost I [əˈkɒst] n приве́тствие; обраще́ние (к кому-л.)

accost II v 1) гро́мко приве́тствовать; обраща́ться к кому́-л.; заговори́ть с ке́м-л. 2) пристава́ть (обыкн. о проститутке)

account I [əˈkaʊnt] n 1) отчёт, сообще́ние; докла́д; **he gave me a long ~ of the incident** он до́лго опи́сывал случи́вшееся с ним 2) фин. счёт; **current/bank ~** теку́щий/ба́нковский счёт; **to open/to close an ~ with a shop/bank** откры́ть/закры́ть счёт в магази́не/ба́нке; **to keep ~s** вести́ счета́; **to settle ~s** расплати́ться по счета́м; перен. расквита́ться; **~ rendered** счёт, предъя́вленный к опла́те 3) pl фина́нсовый отчёт, бала́нс 4) ва́жность, значе́ние; **to take into ~** принима́ть во внима́ние, учи́тывать; **of no ~** незначи́тельно 5) причи́на, основа́ние; **on this ~** по э́той причи́не; **on ~ of** из-за, по причи́не, ра́ди ◊ **by all ~s** по о́бщему мне́нию; **to turn to ~** обрати́ть в свою́ по́льзу

account II v счита́ть, рассма́тривать; **to ~ him a coward** счита́ть его́ тру́сом

account for объясня́ть; отчи́тываться; **that ~s for their misbehaviour** э́тим объясня́ется их плохо́е поведе́ние

accountability [əˌkaʊntəˈbɪlɪti] n отве́тственность; подотчётность

accountable [əˈkaʊntəbl] a 1) отве́тственный (за что-л. — for; перед кем-либо — to); подотчётный 2) объясни́мый

accountancy [əˈkaʊntənsi] n бухга́лтерское де́ло

accountant [əˈkaʊntənt] n бухга́лтер

accounting [əˈkaʊntɪŋ] n бухга́лтерский учёт; отчётность; **cost ~** а) произво́дственная бухгалте́рия б) кальку́ля́ция затра́т

accounting period [əˈkaʊntɪŋˈpɪəriəd] n фин. отчётный пери́од

accredit [əˈkredɪt] v 1) припи́сывать (что-л. кому-л.); наделя́ть (кого-л. чем-л.) 2) уполномо́чивать, аккредитова́ть (посла и т. п.) 3) доверя́ть, име́ть дове́рие

accredited [əˈkredɪtɪd] a 1) официа́льно при́знанный; аккредито́ванный 2) общепри́нятый 3) ка́чественный, прове́ренный

accretion [əˈkriːʃ(ə)n] n 1) разраста́ние 2) сраста́ние, сраще́ние 3) приращение, нараще́ние

accrue [əˈkruː] v прибавля́ться, нараста́ть (особ. о процентах); **~d benefits** устано́вленные льго́ты, пе́нсии, посо́бия

accumulate [əˈkjuːmjʊleɪt] v 1) нака́пливать, аккумули́ровать 2) скопля́ться

accumulated error [əˈkjuːmjʊleɪtɪdˈerə] n нако́пленная оши́бка; сумма́рная оши́бка

accumulation [əˈkjuːmjʊˈleɪʃ(ə)n] n 1) накопле́ние, собира́ние, аккумуля́ция 2) накопле́ние капита́ла (от проце́нтов) 3) сбор (данных, информации и т. п.) 4) гру́да; ма́сса; скопле́ние

accumulative [əˈkjuːmjʊlətɪv] a 1) накопи́вшийся, накопля́ющийся 2) скло́нный к накопи́тельству

accumulator [əˈkjuːmjʊleɪtə(r)] n 1) эл. аккумуля́тор 2) собира́тель 3) тех. колле́ктор

accuracy [ˈækjʊrəsi] n то́чность; пра́вильность; тща́тельность; **with pinpoint ~** с преде́льной то́чностью

accuracy error [ˈækjʊrəsiˈerə] n постоя́нная оши́бка; системати́ческая оши́бка

accurate [ˈækjʊrɪt] a то́чный; пра́вильный; тща́тельный; **~ to** с то́чностью до

accursed [əˈkɜːsɪd] a 1) прокля́тый; злополу́чный 2) разг. отврати́тельный, ме́рзкий

accusal [əˈkjuːzəl] см. **accusation**

accusation [ˌækjuːˈzeɪʃ(ə)n] n 1) обвине́ние; **to bring/to make an ~ against smb** обвиня́ть кого́-л., вы́двинуть обвине́ния про́тив кого́-л. 2) юр. обвини́тельный акт

accusative [əˈkjuːzətɪv] n грам. вини́тельный паде́ж

accuse [əˈkjuːz] v обвиня́ть (of)

accused [əˈkjuːzd] n юр. (**the ~**) обвиня́емый

accuser [əˈkjuːzə(r)] n юр. обвини́тель

accustom [əˈkʌstəm] v приуча́ть (to); привыка́ть (to)

accustomed [əˈkʌstəmd] *a* 1) привы́кший, приу́ченный *(to)* 2) обы́чный; привы́чный

ace [eɪs] *n* 1) туз *(в картах)* 2) кость в одно́ очко́ *(в домино)* 3) ас, первокла́ссный лётчик; первокла́ссный специали́ст 4) *спорт.* эйс, пода́ча навы́лет *(в теннисе)* ◊ **within an ~ of** на волосо́к от

acerbic [əˈsɜːbɪk] *a* 1) о́чень ки́слый 2) ре́зкий *(о тоне, манере и т. п.)*

acerbity [əˈsɜːbɪtɪ] *n* 1) те́рпкость 2) ре́зкость *(тона, манер и т. п.)*

acetate [ˈæsɪteɪt] *n хим.* ацета́т

acetic [əˈsiːtɪk] *a* у́ксусный; **~ acid** у́ксусная кислота́

acetone [ˈæsɪtəʊn] *n* ацето́н

acetous [ˈæsɪtəs] *a* у́ксусный; ки́слый

acetylene [əˈsetɪliːn] *n* 1) *хим.* ацетиле́н 2) *attr* ацетиле́новый

ache I [eɪk] *n* (тупа́я) боль

ache II *v* 1) боле́ть; **my ear ~s** у меня́ боли́т у́хо 2) жа́ждать *(чего-л.)*

achieve [əˈtʃiːv] *v* 1) достига́ть 2) соверша́ть; выполня́ть; доводи́ть до конца́

achievement [əˈtʃiːvmənt] *n* 1) достиже́ние 2) выполне́ние, заверше́ние

achromatic [ˌækrəʊˈmætɪk] *a* ахромати́ческий

achy [ˈeɪkɪ] *a разг.* больно́й, боле́зненный

acid I [ˈæsɪd] *n* 1) кислота́; **nitric ~** азо́тная кислота́; **prussic ~** сини́льная кислота́ 2) *сленг* нарко́тик ЛСД

acid II *a* 1) ки́слый 2) *хим.* кисло́тный; **~ rain** кисло́тный дождь

acidification [əˌsɪdɪfɪˈkeɪʃ(ə)n] *n* окисле́ние

acidify [əˈsɪdɪfaɪ] *v* окисля́ть(ся)

acidity [əˈsɪdɪtɪ] *n* кисло́тность

acidly [ˈæsɪdlɪ] *adv* е́дко, язви́тельно

acid rain [ˈæsɪdˌreɪn] *n* кисло́тный дождь

acidulated [əˈsɪdjʊleɪtɪd] *a* кислова́тый; подкислённый

acidulous [əˈsɪdjʊləs] *a* кислова́тый

acknowledge [əkˈnɒlɪdʒ] *v* 1) признава́ть; допуска́ть; **he ~d his mistake** он призна́л свою́ оши́бку 2) подтвержда́ть получе́ние *(сообщения и т. п.)* 3) благодари́ть, оце́нивать, выража́ть призна́тельность

acknowledgement [əkˈnɒlɪdʒmənt] *n* 1) призна́ние 2) подтвержде́ние *(получения сообщения и т. п.)* 3) благода́рность, призна́тельность; **in ~ of** в благода́рность за, в знак призна́тельности

acme [ˈækmɪ] *n* вы́сшая то́чка; кульминацио́нный пункт; верх соверше́нства

acne [ˈæknɪ] *n* у́горь, прыщ

acolyte [ˈækəlaɪt] *n* 1) служи́тель; помо́щник 2) *церк.* аколу́т, аколи́т *(помощник епископа, прислужник при богослужении)*

acorn [ˈeɪkɔːn] *n* жёлудь

acoustic [əˈkuːstɪk] *a* акусти́ческий, звуково́й

acoustics [əˈkuːstɪks] *n* аку́стика

acquaint [əˈkweɪnt] *v* знако́мить *(с кем-л., с чем-л.)*; ознакомля́ть; **to ~ oneself with** знако́миться с чем-л.; **to be ~ed with** быть знако́мым с; **I am ~ed with him** я с ним знако́м

acquaintance [əˈkweɪntəns] *n* 1) знако́мство; **nodding ~** ша́почное знако́мство; **speaking ~** официа́льное знако́мство; **to make smb.'s ~** познако́миться с кем-л. 2) знако́мый; **a wide circle of ~s** широ́кий круг знако́мых ◊ **to have a passing ~** сла́бо знать, быть едва́ знако́мым

acquiesce [ˌækwɪˈes] *v* 1) мо́лча, неохо́тно соглаша́ться 2) принима́ть, уступа́ть *(in)*

acquiescence [ˌækwɪˈesns] *n* молчали́вое, неохо́тное согла́сие

acquiescent [ˌækwɪˈesnt] *a* пода́тливый, усту́пчивый

acquire [əˈkwaɪə(r)] *v* 1) приобрета́ть; получа́ть; **newly acquired** вновь приобретённый, то́лько что ку́пленный 2) овладева́ть *(навыком и т. п.)*

acquirement [əˈkwaɪəmənt] *n* 1) приобрете́ние; овладе́ние 2) *pl* позна́ния; на́выки

acquisition [ˌækwɪˈzɪʃ(ə)n] *n* 1) приобрете́ние 2) *вчт* сбор, приобрете́ние, получе́ние 3) *тех.* захва́т, извлече́ние 4) *воен., рлн* захва́т це́ли; захва́т и сопровожде́ние

acquisitive [əˈkwɪzɪtɪv] *a* скло́нный к стяжа́тельству, а́лчный

acquit [əˈkwɪt] *v* 1) опра́вдывать 2) выпла́чивать, погаша́ть *(долг)* 3) выполня́ть *(обязанность и т. п.)*; **to ~ oneself of promise** вы́полнить обеща́ние 4) прояви́ть себя́, поступи́ть

acquittal [əˈkwɪtl] *n* 1) оправда́ние 2) выполне́ние *(обязанности и т.п.)* 3) вы́плата, погаше́ние *(долга)*

acquittance [əˈkwɪtns] *n* 1) оправда́ние 2) вы́плата, погаше́ние *(долга)* 3) распи́ска *(об уплате долга)*

acre [ˈeɪkə(r)] *n* акр *(около 0,4 га)*

acreage [ˈeɪkərɪdʒ] *n* пло́щадь земли́ в а́крах

acrid [ˈækrɪd] *a* 1) о́стрый, е́дкий *(на вкус, о запахе)*; раздража́ющий 2) ре́зкий; ко́лкий, язви́тельный

acrimonious [ˌækrɪˈməʊnɪəs] *a* язви́тельный, жёлчный

acrimony [ˈækrɪmənɪ] *n* язви́тельность, жёлчность

acrobat [ˈækrəbæt] *n* акроба́т

acrobatic [ˌækrəˈbætɪk] *a* акробати́ческий

acrobatics [ˌækrəˈbætɪks] *n* акроба́тика

acronym [ˈækrənɪm] *n лингв.* акро́ним

across I [əˈkrɒs] *adv* 1) поперёк; в ширину; в диа́метре; **a line drawn ~** ли́ния, проведённая поперёк 2) по ту сто́рону, на той стороне́ *(реки, канала, дороги);* **he came ~ to greet us** он подошёл поприве́тствовать нас; **she lives just ~ from us** она́ живёт как раз напро́тив нас 3) крест-на́крест; **with arms ~** сложи́в ру́ки крест-на́крест

across II *prep* че́рез, сквозь; **we sailed ~ the bay** мы переплы́ли че́рез зали́в; **the bus stop is ~ the street** остано́вка автобуса че́рез доро́гу; **from ~ the sea** из-за мо́ря

across-the-board [əˈkrɒsðəˌbɔːd] *a* всеобъёмлющий, рассчи́танный на всех, поголо́вный

acrostic [əˈkrɒstɪk] *n* акро́стих

acryl [əˈkrɪl] *n* акри́л *(синтетический материал)*

acrylic [əˈkrɪlɪk] *a* акри́ловый

act I [ækt] *n* 1) де́ло, посту́пок; де́йствие; акт; **a bold ~** сме́лый посту́пок; **~ of violence/ vandalism/terrorism** акт жесто́кости/вандали́зма/террористи́ческий акт 2) но́мер *(в развлекательной программе)* 3) притво́рство 4) акт, де́йствие *(пьесы)* 5) постановле́ние, зако́н 6) докуме́нт, акт ◇ **~ of God** стихи́йное бе́дствие; **to catch smb in the (very) ~ (of doing smth)** пойма́ть кого́-л. на ме́сте преступле́ния; **to get into the ~** *разг.* пристро́иться, прима́заться

act II *v* 1) поступа́ть, де́йствовать; ока́зывать влия́ние; **he ~ed wisely** он вёл себя́ умно́; **to ~ on smb's behalf** де́йствовать от чьего́-л. и́мени/по чьему́-л. поруче́нию; **the medicine soon began to ~** лека́рство бы́стро поде́йствовало 2) игра́ть *(роль)* 3) притворя́ться, изобража́ть

act for представля́ть *(кого-л.)*, де́йствовать от лица́ *(кого-л.)*

act up *разг.* 1) пло́хо себя́ вести́ 2) слома́ться, вы́йти из стро́я

acting I [ˈæktɪŋ] *n* театр. игра́

acting II *a* 1) де́йствующий 2) исполня́ющий обя́занности; **~ director** исполня́ющий обя́занности дире́ктора, и. о. дире́ктора; **~ in charge** де́йствующий по поруче́нию

action [ˈækʃ(ə)n] *n* 1) де́йствие; посту́пок; **joint ~** совме́стные де́йствия; **to take ~** принима́ть ме́ры; **to go into ~** нача́ть де́йствовать, зарабо́тать; **to put in ~** приводи́ть в де́йствие 2) де́ятельность, рабо́та; возде́йствие 3) де́йствие механи́зма, при́нцип де́йствия, рабо́та 4) суде́бный проце́сс; иск 5) сраже́ние, бой; **in ~** в бою́; **to bring into ~** вводи́ть в бой; **to go into ~** нача́ть сраже́ние; **to come out of ~** а) выходи́ть из бо́я б)

выходи́ть из стро́я; **to be killed in ~** поги́бнуть в бою́ 6) *кино* боеви́к

action replay [ˌækʃ(ə)nˈriːpleɪ] *n кино, тлв* заме́дленный повто́р ка́дра

activated [ˈæktɪveɪtɪd] *a* активи́рованный

activation [ˌæktɪˈveɪʃ(ə)n] *n* 1) *спец.* актива́ция 2) *вчт* вы́зов

active [ˈæktɪv] *a* 1) акти́вный; де́ятельный, энерги́чный 2) де́йствующий; **~ file** *вчт* акти́вный файл; **~ window** *вчт* акти́вное окно́ 3) *грам.* действи́тельный ◇ **on ~ service** *воен.* на действи́тельной слу́жбе

activity [ækˈtɪvɪtɪ] *n* 1) де́ятельность 2) акти́вность; эне́ргия 3) *pl* заня́тия

actor [ˈæktə(r)] *n* 1) актёр 2) *вчт* де́йствующий субъе́кт; а́ктор; програ́мма-аге́нт

actress [ˈæktrɪs] *n* актри́са

actual [ˈæktʃʊəl] *a* 1) действи́тельный; реа́льный; настоя́щий; по́длинный; **what were his ~ words?** повтори́ его́ по́длинные слова́ 2) теку́щий; совреме́нный 3) факти́ческий

actuality [ˌæktʃʊˈælɪtɪ] *n* 1) действи́тельность, реа́льность 2) *pl* существу́ющие усло́вия

actually [ˈæktʃʊəlɪ] *adv* 1) факти́чески, в действи́тельности, на са́мом де́ле 2) да́же 3) в да́нный моме́нт, в настоя́щее вре́мя

actuary [ˈæktʃʊərɪ] *n* 1) актуа́рий, специали́ст в о́бласти стати́стики *(особ. в страховых компаниях)* 2) *церк.* актуа́рий *(секретарь конвокации Кентерберийской епархии)*

actuate [ˈæktʃʊeɪt] *v* 1) приводи́ть в де́йствие *или* в движе́ние 2) побужда́ть, стимули́ровать 3) *вчт* активизи́ровать, активи́ровать, иници́ровать 4) *вчт* сраба́тывать

actuating mechanism [ˈæktʃʊeɪtɪŋ ˈmekənɪz(ə)m] *n тех.* 1) исполни́тельный механи́зм 2) рабо́чий о́рган

actuating motor [ˈæktʃʊeɪtɪŋ ˈməʊtə] *n тех.* серводви́гатель, сервомото́р

actuator [ˈæktʃʊeɪtə] *n* 1) *тех.* исполни́тельный механи́зм; при́вод 2) пуска́тель 3) *вчт* при́вод *(дисковода)*

acuity [əˈkjuːɪtɪ] *n* 1) острота́ *(восприятия, вкуса)* 2) ре́зкость *(контура)*; чёткость *(изображения)* 3) коэффицие́нт ре́зкости

acumen [əˈkjuːmən] *n* проница́тельность

acupuncture [ˈækjʊˌpʌŋktʃə(r)] *n мед.* иглoука́лывание, акупункту́ра

acute [əˈkjuːt] *a* 1) проница́тельный, то́нкий, о́стрый *(об уме)* 2) си́льный, о́стрый 3) высо́кий, ре́зкий, пронзи́тельный *(о звуке)* 4) о́стрый *(об угле)* 5) си́льный, ре́зкий *(о бо́ли)*

acuteness [əˈkjuːtnɪs] *n* 1) проница́тельность *(ума)* 2) острота́ 3) ре́зкость, пронзи́тельность *(звука)*

AD [ˌeɪˈdiː] *сокр.* **(Anno Domini)** *лат.* от Рождества Христóва; нóвой э́ры, нáшей э́ры

ad [æd] *сокр. разг. см.* **advertisement; the classified/small ads** небольши́е рекла́мные объявле́ния в пре́ссе *(обычно даваемые частными лицами);* **the personal ads** разде́л ча́стных объявле́ний о знакóмстве в пре́ссе

adage [ˈædɪdʒ] *n* изрече́ние; посло́вица, погово́рка

adamant [ˈædəmənt] *a* твёрдый; непреклóнный

adapt [əˈdæpt] *v* 1) приспоса́бливать, подгоня́ть *(to, for);* **to ~ oneself** приспоса́бливаться 2) адапти́ровать *(текст);* переде́лывать для инсцениро́вки *и т. п. (лит. произведение)*

adaptability [əˌdæptəˈbɪlɪtɪ] *n* адапти́руемость, спосóбность к приспособле́нию

adaptable [əˈdæptəbl] *a* 1) (легкó) приспоса́бливаемый 2) совмести́мый

adaptation [ˌædæpˈteɪʃ(ə)n] *n* 1) приспособле́ние, подгóнка, адапта́ция; **light ~** адапта́ция глаз к све́ту 2) переде́лка для инсцениро́вки *и т. п. (лит. произведения)*

adapter [əˈdæptə(r)] *n* 1) а́втор адапта́ции, инсцениро́вки *и т. п.* 2) *тех.* ада́птер; держа́тель; переходни́к; шту́цер 3) *тех.* сопряга́ющее устрóйство; переходнóе устрóйство; согласу́ющее устрóйство

adaptor [əˈdæptə(r)] *см.* **adapter**

add [æd] *v* 1) присоединя́ть; дополня́ть; 2) прибавля́ть ◊ **to ~ fuel to the fire/flames** усугуби́ть ситуа́цию; ≅ доба́вить ма́сла в огóнь

add in включа́ть

add to увели́чивать, добавля́ть

add up 1) сумми́ровать, скла́дывать 2) увели́чивать, прибавля́ть *(to)*

addend [ˈædend] *n мат.* вторóе слага́емое

addenda [əˈdendə] *pl см.* **addendum**

addendum [əˈdendəm] *n (pl* **addenda)** приложе́ние, дополне́ние

adder [ˈædə(r)] *n* гадю́ка

adder *n* сумма́тор, сумми́рующее устрóйство

addict I [ˈædɪkt] *n* наркома́н; алкогóлик

addict II [əˈdɪkt] *v* пристрасти́ться *(to);* предава́ться *(to)*

addicted [əˈdɪktɪd] *a* 1) пристрасти́вшийся *(к чему-л.)* 2) склóнный *(к чему-л.)*

addiction [əˈdɪkʃ(ə)n] *n* 1) склóнность *(к чему-л.)* 2) па́губная привы́чка; наркома́ния

addictive [əˈdɪktɪv] *a* вызыва́ющий привыка́ние *(о лекарстве и т. п.)*

add-in [ˈædˌɪn] *n тех.* встра́иваемое дополни́тельное устрóйство

addition [əˈdɪʃ(ə)n] *n* 1) прибавле́ние, увеличе́ние; **in ~ to** в дополне́ние; к тому́ же 2)

дополне́ние; **a useful ~** це́нное добавле́ние 3) *мат.* сложе́ние

additional [əˈdɪʃənl] *a* дополни́тельный, доба́вочный; **~ expenses** дополни́тельные расхóды

additive [ˈædɪtɪv] *n* 1) доба́вка, припра́ва 2) *хим.* при́месь; приса́дка

addle I [ˈædl] *a* 1) ту́хлый; без зарóдыша *(о яйце)* 2) пустóй; взба́лмошный; пу́таный

addle II *v* 1) ту́хнуть, пóртиться *(о яйце)* 2) пу́тать

addled [ˈædəld] *a* 1) ту́хлый *(о яйце)* 2) пу́таный

add-on I [ˈædˌɒn] *n* 1) прибавле́ние, добавле́ние 2) приста́вка *(к прибору)* 3) *вчт* отде́льно издава́емый набóр дополне́ний к програ́мме

add-on II *a* доба́вочный, вспомога́тельный

address I [əˈdres] *n* 1) а́дрес 2) обраще́ние; речь; **form of ~** фóрма обраще́ния; **to deliver an ~** вы́ступить с обраще́нием 3) лóвкость, нахóдчивость; уме́ние держа́ться 4) *pl* уха́живание; **to pay one's ~es to** уха́живать

address II *v* 1) адресова́ть; надпи́сывать а́дрес; **to ~ an envelope** написа́ть а́дрес на конве́рте 2) обраща́ться к кому́-л. *(с речью, письмом)* 3): **to ~ oneself to smth** принима́ться, бра́ться за что-л.

addressee [ˌædreˈsiː] *n* адреса́т

adduce [əˈdjuːs] *v* представля́ть, приводи́ть *(в качестве доказательства, примера)*

adduction [əˈdʌkʃ(ə)n] *n* приведе́ние *(доказательств, примеров)*

adenoids [ˈædɪˌnɔɪdz] *n pl мед.* аденóиды

adenoma [ˌædɪˈnəumə] *n мед.* аденóма

adept I [ˈædept] *n* знатóк; экспе́рт

adept II *a* óпытный, све́дущий; иску́сный

adequacy [ˈædɪkwəsɪ] *n* 1) доста́точность 2) соотве́тствие, адеква́тность 3) пригóдность 4) достове́рность

adequate [ˈædɪkwɪt] *a* 1) доста́точный; отвеча́ющий трéбованиям; **she doesn't feel ~ to the task** она́ не счита́ет себя́ спосóбной вы́полнить э́то зада́ние 2) соотве́тствующий, адеква́тный 3) надлежа́щий 4) достове́рный

adhere [ədˈhɪə(r)] *v* 1) (прóчно) прикле́иваться, прилипа́ть, пристава́ть, 2) приде́рживаться *(to);* остава́ться ве́рным *(to);* **to ~ to the rules** приде́рживаться пра́вил

adherence [ədˈhɪərəns] *n* 1) ве́рность, приве́рженность 2) плóтное соедине́ние; *тех.* сцепле́ние; **road ~** сцепле́ние с дорóгой

adherent I [ədˈhɪərənt] *n* приве́рженец; послéдователь

adherent II *a* 1) твёрдо приде́рживающийся пра́вил *и т. п. (to)* 2) кле́йкий, ли́пкий 3) *мед.* сращённый, сро́сшийся, приро́сший, прикреплённый

adhesion [əd'hi:ʒ(ə)n] *n* 1) прилипа́ние 2) ве́рность, приве́рженность 3) *тех.* адге́зия; сцепле́ние; притяже́ние; тре́ние 4) *мед.* спа́йка, сраще́ние; заживле́ние (*раны*)

adhesive I [əd'hi:sɪv] *n* кле́йкое вещество́, клей

adhesive II *a* ли́пкий, кле́йкий; свя́зывающий; ~ **plaster** лейкопла́стырь; ~ **tape** кле́йкая ле́нта, скотч

ad hoc [æd'hɒk] *a, adv лат.* специа́льный; (то́лько) на да́нный слу́чай

adiabatic I [ˌeɪdaɪə'bætɪk] *n физ.* адиаба́та

adiabatic II *a* адиаба́тный, адиабати́ческий

adieu I [ə'dju:] *n* проща́ние; **to take/to make one's** ~ проща́ться

adieu II *int* проща́й(те)!

adipose ['ædɪpəʊz] *a* жи́рный, жирово́й

adiposity [ˌædɪ'pɒsɪtɪ] *n* ожире́ние, ту́чность

adit ['ædɪt] *n* 1) *горн.* што́льня, галере́я, прохо́д 2) по́дступ; приближе́ние

adjacent [ə'dʒeɪsənt] *a* сме́жный, примыка́ющий, прилежа́щий, сосе́дний

adjective I ['ædʒɪktɪv] *n грам.* и́мя прилага́тельное

adjective II *a* дополни́тельный; несамостоя́тельный, зави́симый

adjoin [ə'dʒɔɪn] *v* примыка́ть, прилега́ть, быть сме́жным; **the two houses** ~ э́ти два до́ма примыка́ют друг к дру́гу

adjoint equation [ə'dʒɔɪnt ɪ'kweɪʒ(ə)n] *n мат.* сопряжённое уравне́ние

adjourn [ə'dʒɜ:n] *v* 1) откла́дывать, отсро́чивать 2) объявля́ть переры́в (*заседания и т. п.*); **the meeting** ~**ed for lunch** на собра́нии объяви́ли переры́в на обе́д 3) переноси́ть заседа́ние в друго́е помеще́ние 4) закрыва́ть заседа́ние, расходи́ться

adjournment [ə'dʒɜ:nmənt] *n* 1) отсро́чка 2) переры́в (*в заседании*)

adjudge [ə'dʒʌdʒ] *v* 1) выноси́ть пригово́р 2) присужда́ть (*что-л. кому-л.*)

adjudicate [ə'dʒu:dɪkeɪt] *v* 1) *юр.* суди́ть; выноси́ть реше́ние; пригово́р 2) выноси́ть реше́ние ко́нкурса (*о жюри и т. п.*)

adjudicator [ə'dʒu:dɪkeɪtə(r)] *n* член жюри́; судья́, арби́тр

adjunct ['ædʒʌŋkt] *n* 1) дополне́ние, приложе́ние 2) помо́щник

adjuration [ˌædʒʊə'reɪʃ(ə)n] *n* 1) заклина́ние, мольба́ 2) кля́тва

adjure [ə'dʒʊə(r)] *v* 1) заклина́ть; умоля́ть 2) *уст.* приводи́ть к прися́ге

adjust [ə'dʒʌst] *v* 1) приводи́ть в поря́док 2) приспоса́бливать; прила́живать, регули́ровать 3) ула́живать (*спор и т. п.*)

adjustability [ə'dʒʌstə'bɪlɪtɪ] *n* возмо́жность регули́рования

adjustable [ə'dʒʌstəbl] *a* регули́руемый; настра́иваемый; ~ **spanner** га́ечный ключ (*амер.* ~ **wrench**)

adjuster [ə'dʒʌstə(r)] *n* 1) регулиро́вщик, настро́йщик 2) *тех.* регулиро́вочный механи́зм

adjustment [ə'dʒʌstmənt] *n* 1) регули́рование; приспособле́ние 2) *тех.* регулиро́вка, нстро́йка, подго́нка

adjutant ['ædʒʊtənt] *n* адъюта́нт

adjuvant I ['ædʒʊvənt] *n* 1) помо́щник 2) вспомога́тельное устро́йство

adjuvant II *a* поле́зный, спосо́бствующий

ad lib I [æd'lɪb] *v лат.* импровизи́ровать, говори́ть экспро́мтом

ad lib II *a лат.* импровизи́рованный

adman ['ædmæn] *n разг.* рекла́мный аге́нт

admeasure [əd'meʒə(r)] *v* отмеря́ть; распределя́ть

admeasurement [əd'meʒəmənt] *n* отме́ривание; распределе́ние

administer [əd'mɪnɪstə(r)] *v* 1) вести́ дела́; управля́ть 2) соверша́ть; отправля́ть (*правосудие*) 3) пропи́сывать, дава́ть (*лекарство*) 4) спосо́бствовать, соде́йствовать

administrate [əd'mɪnɪstreɪt] *v* управля́ть

administration [əd,mɪnɪ'streɪʃ(ə)n] *n* 1) управле́ние 2) администра́ция 3) прави́тельство; **(the A.)** *амер.* администра́ция президе́нта; прави́тельство США 4) отправле́ние (*правосудия*) 5) назначе́ние *или* примене́ние (*лекарств*)

administrative [əd'mɪnɪstrətɪv] *a* 1) администрати́вный; администрати́вно-хозя́йственный 2) исполни́тельный (*о власти*)

administrator [əd'mɪnɪstreɪtə(r)] *n* 1) администра́тор; управля́ющий 2) должностно́е лицо́ 3) *юр.* опеку́н 4) *вчт* програ́мма-администра́тор

admirable ['ædmərəbl] *a* досто́йный восхище́ния; превосхо́дный

admiral ['ædmərəl] *n* адмира́л

admiralty ['ædmərəltɪ] *n* 1) адмиралте́йство 2) **(the A.)** Военно-морско́е министе́рство (*Великобритании*)

admiration [ˌædmɪ'reɪʃ(ə)n] *n* 1) восхище́ние 2) предме́т восхище́ния

admire [əd'maɪə(r)] *v* восхища́ться; любова́ться

admirer [əd'maɪərə(r)] *n* покло́нник

admiringly [əd'maɪərɪŋlɪ] *adv* восхищённо, с восхище́нием

admissible [əd'mɪsɪbl] *a* допусти́мый; прие́млемый

admission [əd'mɪʃ(ə)n] *n* 1) призна́ние; приня́тие; **an ~ of defeat** призна́ние пораже́ния 2) до́ступ; вход; **~ free** вход свобо́дный 3) входна́я пла́та; **~ is £7** входна́я пла́та 7 фу́нтов 4) *тех.* впуск; наполне́ние *(цилиндра)*; **air ~** впуск во́здуха

admit [əd'mɪt] *v* 1) признава́ть *(правильным, действительным)* 2) принима́ть; допуска́ть, соглаша́ться; **I ~ your claim** я принима́ю ва́ше тре́бование; **the matter ~s of no delay** де́ло не те́рпит отлага́тельства; **it doesn't ~ of doubt** здесь нет ме́ста сомне́нию 3) впуска́ть, допуска́ть 4) признава́ть *(вину и т. п.)* 5) вмеща́ть *(о помещении)* 6) позволя́ть, разреша́ть

admittance [əd'mɪtəns] *n* до́ступ; вход; **no ~** вхо́да нет

admittedly [əd'mɪtɪdlɪ] *adv* вполне́ допусти́мо; вероя́тно; **~ there are problems** вполне́ вероя́тно, нас ждёт здесь нема́ло пробле́м

admix [æd'mɪks] *v* приме́шивать, сме́шивать

admixture [æd'mɪkstʃə(r)] *n* при́месь, доба́вка; приса́дка

admonish [əd'mɒnɪʃ] *v* 1) увещева́ть; предостерега́ть *(of)* 2) извеща́ть, напомина́ть *(of)* 3) сове́товать 4) предупрежда́ть *(of)*

admonishment [əd'mɒnɪʃmənt] *n* 1) увещева́ние 2) напомина́ние, указа́ние 3) предупрежде́ние

admonition [ˌædmə'nɪʃ(ə)n] *n см.* **admonishment**

admonitory [əd'mɒnɪtərɪ] *a* увещева́ющий; предостерега́ющий

ad nauseam [æd'nɔ:zɪæm] *adv лат.* до отвраще́ния, до тошноты́

ado [ə'du:] *n* шум, суета́, хло́поты; **without more ~** сра́зу, без вся́ких разгово́ров ◊ **much ~ about nothing** мно́го шу́ма из ничего́

adobe [ə'dəʊbɪ] *n* необожжённый кирпи́ч; сама́н

adolescence [ˌædə'lesns] *n* ю́ность

adolescent I [ˌædə'lesnt] *n* ю́ноша; де́вушка; подро́сток

adolescent II *a* ю́ношеский; ю́ный; подростко́вый

adopt [ə'dɒpt] *v* 1) усыновля́ть 2) принима́ть; усва́ивать; займствовать; **to ~ new methods** перенима́ть но́вые ме́тоды 3) выбира́ть, брать по своему́ вы́бору

adoption [ə'dɒpʃ(ə)n] *n* 1) усыновле́ние 2) приня́тие; усвое́ние; займствование 3) вы́бор, подбо́р

adoptive [ə'dɒptɪv] *a* приёмный, усыновлённый

adorable [ə'dɔ:rəb(ə)l] *a* 1) обожа́емый 2) восхити́тельный, преле́стный

adoration [ˌædə'reɪʃ(ə)n] *n* обожа́ние, поклоне́ние

adore [ə'dɔ:(r)] *v* обожа́ть; поклоня́ться; **to ~ doing smth** о́чень люби́ть, обожа́ть де́лать что-л.

adorn [ə'dɔ:n] *v* украша́ть

adornment [ə'dɔ:nmənt] *n* украше́ние

adrenal [ə'dri:nəl] *n анат.* надпо́чечник

adrenalin(e) [ə'drenəlɪn] *n* адренали́н

adrift [ə'drɪft] *adv* по тече́нию; по во́ле волн; по во́ле слу́чая; **to be ~** дрейфова́ть; *перен.* плыть по тече́нию

adroit [ə'drɔɪt] *a* ло́вкий, прово́рный; иску́сный

ADSL *сокр.* (**asymmetric digital subscriber line**) асимметри́чная цифрова́я абоне́нтская ли́ния *(экономичная технология подключения компьютера к сети Интернет, позволяющая вести быстрый обмен информацией)*

adsorption [əd'sɔ:pʃ(ə)n]*n физ., хим.* адсо́рбция

adulate ['ædjʊleɪt] *v* льстить, подхали́мничать

adulation [ˌædjʊ'leɪʃ(ə)n] *n* ни́зкая лесть, подхали́мство

adulatory ['ædjʊleɪtərɪ] *a* льсти́вый, угодли́вый

adult I ['ædʌlt] *n* взро́слый (челове́к)

adult II *a* 1) взро́слый, зре́лый 2) для взро́слых; **~ education** обуче́ние взро́слых

adulterate I [ə'dʌltərət] *a* фальсифици́рованный, подде́льный

adulterate II [ə'dʌltəreɪt] *v* фальсифици́ровать *(напр. продукты)*; подде́лывать

adulteration [əˌdʌltə'reɪʃ(ə)n] *n* фальсифика́ция, подде́лка

adulterer [ə'dʌltərə(r)] *n* вино́вный в прелюбодея́нии, неве́рный супру́г

adultery [ə'dʌltərɪ] *n* наруше́ние супру́жеской ве́рности, супру́жеская изме́на, адюльте́р

adumbrate ['ædʌmbreɪt] *v* 1) опи́сывать в о́бщих черта́х; де́лать набро́сок 2) предвеща́ть 3) омрача́ть

adumbration [ˌædʌm'breɪʃ(ə)n] *n* 1) набро́сок; о́бщее представле́ние 2) предзнаменова́ние

ad valorem [ˌædvə'lɔ:rem] *a, adv лат.* по сто́имости, в соотве́тствии со сто́имостью *(о налогах)*

advance I [əd'va:ns] *n* 1) продвиже́ние 2) успе́х; прогре́сс 3) ава́нс; ссу́да 4) повыше́ние *(в цене)* 5) *обыкн. pl* зайгрывание; **to make ~s** зайгрывать 6) *тех.* опереже́ние; **ignition ~** опереже́ние зажига́ния 7) *attr:* **~ copy** а) сигна́льный экземпля́р *(книги)* б) зара́нее разо́сланный текст; **~ guard** головно́й отря́д; **~ party** головна́я гру́ппа *(в походе и т. п.)*

◊ **in ~** a) вперёд б) заранее, заблаговременно; **to be in ~ of smb** опередить кого-л.; **his ideas were in ~ of his time** его идеи опередили его время

advance II *v* 1) двигать(ся) вперёд; продвигать(ся) 2) делать успехи; развиваться 3) платить авансом; давать ссуду 4) выдвигать; **to ~ an idea** выдвигать идею 5) повышать(ся) *(в цене)*

advanced [əd´vɑ:nst] *a* 1) выдвинутый вперёд; продвинутый; повышенного типа; **~ level** экзамен по программе средней школы на повышенном уровне *(тж* **A level)** 2) новейший, передовой 3) успевающий, хорошо подготовленный *(об ученике)* 4) *тех.* усовершенствованный 5) прогрессивный; развитый, перспективный ◊ **~ in years** пожилой, в годах

advancement [əd´vɑ:nsmənt] *n* продвижение; прогресс

advantage I [əd´vɑ:ntɪdʒ] *n* 1) преимущество; превосходство; **to gain an ~ over smb** добиться превосходства над кем-л.; **this new method has many ~s** этот новый метод имеет ряд преимуществ; **to take full ~ of smth** воспользоваться всеми преимуществами чего-л., полностью использовать преимущества чего-л. 2) выгода, польза; **it is not to your ~** это вам не выгодно; **he turns everything to his own ~** он всё обращает себе на пользу

advantage II *v* благоприятствовать; способствовать; давать преимущество; продвигать

advantageous [ˌædvən´teɪdʒəs] *a* выгодный, благоприятный

advent [´ædvənt] *n* 1) приход, прибытие; вступление; появление 2) **(the A.)** *рел.* пришествие, *особ.* второе пришествие Христа 3) **(A.)** *рел.* Адвент *(Рождественский пост у католиков римского обряда)*

Adventist [´ædvəntɪst] *n рел.* адвентист

adventitious [ˌædvən´tɪʃəs] *a* 1) побочный, случайный 2) добавочный

adventure I [əd´ventʃə(r)] *n* 1) приключение 2) рискованное предприятие; авантюра 3) *attr:* **~ playground** детская площадка с различными спортивными и развивающими конструкциями *(канатами, шведскими стенками и т.п.)*

adventure II *v* 1) рисковать 2) осмеливаться *(сделать что-л.)*

adventurer [əd´ventʃərə(r)] *n* искатель приключений; авантюрист

adventuress [əd´ventʃərɪs] *n* искательница приключений; авантюристка

adventurous [əd´ventʃərəs] *a* 1) смелый; предприимчивый 2) рискованный

adverb [´ædvɜ:b] *n грам.* наречие

adverbial [əd´vɜ:biəl] *a грам.* относящийся к наречию

adversary [´ædvəsərɪ] *n* противник, соперник

adverse [´ædvɜ:s] *a* 1) неблагоприятный; враждебный; вредный; **~ effect** неблагоприятное воздействие; **under ~ circumstances** при неблагоприятных обстоятельствах 2) противный, встречный *(о ветре)*

adversity [əd´vɜ:sɪtɪ] *n* 1) неблагоприятная обстановка 2) несчастье, беда

advert[1] [´ædvɜ:t] *n сокр. разг. см.* **advertisement**

advert[2] [əd´vɜ:t] *v* 1) ссылаться; упоминать 2) обращать *или* привлекать внимание

advertise [´ædvətaɪz] *v* давать объявление; рекламировать; **to ~ for smth** давать объявление; искать что-л. по объявлению; **the film is widely ~d** фильм широко разрекламирован

advertisement [əd´vɜ:tɪsmənt] *n* реклама; объявление

advertiser [´ædvətaɪzə(r)] *n* 1) рекламодатель 2) газета с объявлениями; рекламное приложение

advice [əd´vaɪs] *n* 1) совет; консультация *(врача, юриста и т. п.)*; **legal/medical ~** совет юриста/врача; **on his ~** по его совету 2) извещение; *pl* сообщение; информация 3) *attr:* **~ note** *ком.* уведомление

advisable [əd´vaɪzəbl] *a* целесообразный; желательный; рекомендуемый

advise [əd´vaɪz] *v* 1) советовать, давать совет; **to strongly ~** настоятельно советовать 2) консультировать 3) извещать, уведомлять 4) советоваться *(with);* консультироваться *(with)*

advised [əd´vaɪzd] *a* 1) информированный 2) обдуманный; преднамеренный

advisedly [əd´vaɪzɪdlɪ] *adv* обдуманно; сознательно, намеренно

adviser [əd´vaɪzə(r)] *n* 1) советник; консультант; **an economic ~** консультант по экономике; **medical ~** врач-консультант 2) советчик 3) *амер.* наставник, куратор *(студентов)*

advisory [əd´vaɪzərɪ] *a* совещательный; консультативный

advocacy [´ædvəkəsɪ] *n* 1) защита; поддержка *(взглядов и т. п.)* 2) адвокатская деятельность

advocate I [´ædvəkət] *n* 1) защитник; сторонник 2) адвокат

advocate II [´ædvəkeɪt] *v* защищать, выступать в защиту; поддерживать; отстаивать

advt. *сокр. см.* **advertisement**

adze I [ædz] *n* колýн, тесáк

adze II *v* стёсывать, строгáть

aegis [ˈiːdʒɪs] *n* защи́та; **under the ~ of** под эги́дой *(кого-л.)*

aeon [ˈiːɒn] *n* неопределённо дóлгий перио́д врéмени; вéчность

aerate [ˈeəreɪt] *v* 1) гази́ровать 2) продувáть; провéтривать

aeration [ˌeəˈreɪʃ(ə)n] *n* 1) гази́рование 2) продувáние, аэрáция, вентиля́ция

aerial I [ˈeərɪəl] *n* антéнна

aerial II *a* воздýшный; надзéмный; **~ photography** аэрофотосъёмка

aerobatics [ˌeərəˈbætɪks] *n* вы́сший пилотáж

aerobics [eəˈrəʊbɪks] *n* 1) аэрóбика; **water ~** аэрóбика в водé, вóдная аэрóбика; **step ~** степ-аэрóбика 2) *attr:* **~ instructor** инструќтор по аэрóбике

aerodrome [ˈeərədrəʊm] *n* аэродрóм

aerodynamics [ˈeərəʊdaɪˈnæmɪks] *n* аэродинáмика; **vehicle ~** аэродинáмика автомоби́ля

aeronautics [ˌeərəˈnɔːtɪks] *n* аэронáвтика

aeroplane [ˈeərəpleɪn] *n* самолёт

aerosol [ˈeərəsɒl] *n* аэрозóль

aesthete [ˈiːsθiːt] *n* эстéт

aesthetic [iːsˈθetɪk] *a* эстети́ческий; **~ surgery** а) эстети́ческая хирурги́я б) космети́ческая опера́ция

aesthetics [iːsˈθetɪks] *n* эстéтика

afar [əˈfɑː(r)] *adv* далекó, вдалекé, вдали́; **from ~** издалекá, и́здали

affability [ˌæfəˈbɪlɪtɪ] *n* привéтливость; любéзность

affable [ˈæfəbəl] *a* привéтливый; любéзный

affair [əˈfeə(r)] *n* 1) дéло; **that is my ~** э́то моё дéло 2) *pl* дéятельность, заня́тия; **domestic ~s** внýтренние делá *(государства)*; **current ~s** текýщие делá 3) любóвная связь, ромáн

affect I [ˈæfekt] *n психол.* аффéкт

affect[1] II [əˈfekt] *v* 1) воздéйствовать, влия́ть *(на кого-л.)* 2) поражáть *(о болезни)* 3) трóгать, волновáть 4) затрáгивать, задевáть *(интересы)* 5) нарушáть, повреждáть

affect[2] III *v* 1) притворя́ться, дéлать вид 2) чáсто употребля́ть, носи́ть, люби́ть *(что-л.)*

affectation [ˌæfekˈteɪʃ(ə)n] *n* 1) показны́е чýвства; притвóрство; аффектáция 2) искýсственность, вы́чурность *(языка, стиля)*

affected[1] [əˈfektɪd] *a* 1) затрóнутый; задéтый 2) поражённый *(болезнью)*; повреждённый

affected[2] *a* 1) показнóй; притвóрный 2) жемáнный

affection [əˈfekʃən] *n* 1) привя́занность, любóвь *(for, towards)* 2) волнéние 3) болéзнь

affectionate [əˈfekʃənət] *a* лю́бящий; нéжный

affectionately [əˈfekʃənətlɪ] *adv* нéжно, лáсково; **Yours ~** лю́бящий Вас

affective [əˈfektɪv] *a* эмоционáльный

affidavit [ˌæfɪˈdeɪvɪt] *n юр.* пи́сьменное показáние под прися́гой; **to swear/to make an ~** давáть показáния под прися́гой

affiliate [əˈfɪlɪeɪt] *v* 1) присоединя́ть(ся) в кáчестве филиáла *(with, to)* 2) принимáть в члéны

affiliation [əˌfɪlɪˈeɪʃən] *n* 1) присоединéние 2) приня́тие в члéны; члéнство

affiliation order [əˌfɪlɪˈeɪʃ(ə)nˈɔːdə(r)] *n брит.* закóн, по котóрому мужчи́на плáтит алимéнты на своегó внебрáчного ребёнка

affinity [əˈfɪnɪtɪ] *n* 1) рóдственность, бли́зость, схóдство, (с)родствó; **linguistic ~** языковóе родствó 2) влечéние 3) *хим.* сродствó

affirm [əˈfɜːm] *v* 1) утверждáть 2) подтверждáть

affirmation [ˌæfɜːˈmeɪʃ(ə)n] *n* 1) утвержде́ние 2) подтверждéние

affirmative [əˈfɜːmətɪv] *a* утверди́тельный, положи́тельный; **to answer/to reply in the ~** отвéтить утверди́тельно

affix I [ˈæfɪks] *n* 1) прибавлéние, придáток 2) *грам.* áффикс

affix II [əˈfɪks] *v* 1) прикрепля́ть *(to, on)*; приклéивать *(марку)* 2) приклáдывать *(печать)*; стáвить *(подпись)* 3) дéлать припи́ску

afflict [əˈflɪkt] *v* 1) поражáть *(о болезни)*, причиня́ть страдáние 2) огорчáть, опечáливать

affliction [əˈflɪkʃ(ə)n] *n* 1) болéзнь; **~s of old age** недýги стáрости 2) печáль, огорчéние 3) несчáстье

affluence [ˈæfluəns] *n* изоби́лие, богáтство

affluent I [ˈæfluənt] *n* притóк *(реки)*

affluent II *a* 1) оби́льный, богáтый 2) приливáющий

afford [əˈfɔːd] *v* 1) позволя́ть себé, имéть срéдства; **I can ~ buying this book** я могý позвóлить себé купи́ть э́ту кни́гу 2) доставля́ть; давáть; предоставля́ть *(возмóжность)*; **this ~ed me a chance to go abroad** э́то далó мне возмóжность поéхать за грани́цу

afforest [æˈfɒrɪst] *v* засáживать лéсом

afforestation [æˌfɒrɪsˈteɪʃ(ə)n] *n* лесонасаждéние

affray [əˈfreɪ] *n* нарушéние общéственного поря́дка, скандáл, дрáка

affront I [əˈfrʌnt] *n* (публи́чное) оскорблéние; **to offer an ~ to** нанести́ оскорблéние *(кому-л.)*

affront II *v* 1) (публи́чно) оскорбля́ть 2) задевáть, обижáть 3) смéло встречáть *(опасность и т.п.)*

13

Afghan I [ˈæfgæn] *n* афга́нец; афга́нка; **the ~s** афга́нцы

Afghan II *a* афга́нский; **~ hound** афга́нская борза́я

afield [əˈfiːld] *adv* 1) вдали́ от до́ма, далеко́ от до́ма 2) в по́ле; на по́ле

afire [əˈfaɪə(r)] *adv* в огне́; **to set ~** поджига́ть

AFK *сокр.* **(away from keyboard)** *вчт сленг* отошёл от компью́тера

aflame [əˈfleɪm] *adv* в пла́мени, в огне́

afloat [əˈfləʊt] *adv* 1) на воде́, на плаву́; **to bring ~** снять с ме́ли 2) в мо́ре; на корабле́; на фло́те 3) без долго́в; в безопа́сности 4) в ходу́, в обраще́нии; в разга́ре *(деятельности и т. п.)*

afoot [əˈfʊt] *adv* на ходу́; в движе́нии, в де́йствии; **there's something ~** что́-то затева́ется

afore- [əˈfɔː-] *pref* вы́ше-; **aforenamed** вышена́званный; **aforesaid** вышеска́занный, вышеупомя́нутый

aforecited [əˈfɔːsaɪtɪd] *a* вышеприведённый, вышеука́занный

aforementioned [əˈfɔːmenʃənd] *a* вышеупомя́нутый

aforenamed [əˈfɔːneɪmd] *a* вышена́званный

aforesaid [əˈfɔːsed] *a* вышеска́занный, вышеупомя́нутый

aforethought [əˈfɔːθɔːt] *a* преднаме́ренный, умы́шленный

afraid [əˈfreɪd] *a predic:* **to be ~ of** боя́ться; **I'm ~ we may be late** я бою́сь, мы мо́жем опозда́ть

afresh [əˈfreʃ] *adv* сно́ва, опя́ть

African I [ˈæfrɪkən] *n* африка́нец; африка́нка

African II *a* африка́нский

African American [ˈæfrɪkən əˈmerɪkən] *n* афроамерика́нец, америка́нец африка́нского происхожде́ния

Afrikaans [ˌæfrɪˈkɑːns] *n* африка́анс *(язык)*

Afrikaner [ˌæfrɪˈkɑːnə(r)] *n* африка́нер, бур *(уроженец Южной Африки европейского, преим. голландского происхождения)*

Afro [ˈæfrəʊ] *n* высо́кая причёска из ме́лких завитко́в, причёска в сти́ле «а́фро»

Afro-American [ˌæfrəʊəˈmerɪkən] *n уст.* афроамерика́нец, америка́нец африка́нского происхожде́ния

aft I [ɑːft] *a мор.* за́дний, кормово́й

aft II *adv мор.* на корме́, к корме́

after I [ˈɑːftə(r)] *prep* 1) *во временном значении:* после, че́рез, спустя́; **~ dinner** по́сле обе́да; **~ ten years** че́рез де́сять лет; **the day ~ tomorrow** послеза́втра; **the week ~ next** че́рез неде́лю 2) *в пространственном значении:* за, позади́; **one ~ another** оди́н за други́м; **the dog ran ~ him** соба́ка побежа́ла за ним 3) *выражает сходство с оригиналом или подражание чему-л.* по, с; **she dressed ~ the latest fashion** она́ одева́лась по после́дней мо́де; **this text is ~ Dickens** э́тот текст соста́влен по произведе́ниям Ди́ккенса 4) *выражает внимание, заботу о ком-л.* о, за; **to inquire/to ask ~ smb's health** справля́ться о чьём-л. здоро́вье ◊ **all ~** в конце́ концо́в; **~ a fashion** в не́котором ро́де

after II *a* 1) после́дующий 2) *мор.* за́дний, кормово́й

after III *adv* 1) зате́м, пото́м, поздне́е, спустя́ 2) сза́ди, позади́

after IV *conj* по́сле того́ как

afterbirth [ˈɑːftəbɜːθ] *n мед.* послед

afterburner [ˈɑːftəˌbɜːn(ə)r] *n тех.* дожига́тель

aftercare [ˈɑːftəkeə(r)] *n* 1) доле́чивание больно́го *(в санатории и т. п.)*; реабилита́ция 2) опе́ка бы́вшего заключённого

aftercooler [ˈɑːftəkuːlə(r)] *n тех.* охлади́тель надду́вочного во́здуха; промежу́точный охлади́тель

aftercrop [ˈɑːftəkrɒp] *n с.-х.* второ́й урожа́й

after-effects [ˈɑːftərɪˌfekts] *n pl* 1) после́дствия, результа́т 2) *мед.* оста́точные явле́ния, после́йствие

afterglow [ˈɑːftəgləʊ] *n* о́тсвет, за́рево

aftermath [ˈɑːftəmæθ] *n* после́дствие *(обыкн. войны, бедствия)*

afternoon [ˌɑːftəˈnuːn] *n* вре́мя по́сле полу́дня, послеобе́денное вре́мя; **in the ~** днём, по́сле полу́дня, по́сле обе́да; **good ~!** до́брый день!; здра́вствуйте! *(при встрече во второй половине дня)*; до свида́ния! *(при расставании во второй половине дня)*

afters [ˈɑːftəz] *n разг.* десе́рт, сла́дкое

aftershave [ˈɑːftəʃeɪv] *n* лосьо́н по́сле бритья́

aftertaste [ˈɑːftəteɪst] *n* остаю́щийся при́вкус *(после еды, курения)*, послевку́сие

afterthought [ˈɑːftəθɔːt] *n* запозда́лая мысль

afterward(s) [ˈɑːftəwəd(z)] *adv* впосле́дствии, пото́м, по́зже

afterword [ˈɑːftəˌwɜːd] *n* послесло́вие *(в книге)*

again [əˈgen, əˈgeɪn] *adv* 1) сно́ва, опя́ть, ещё раз; **~ and ~** сно́ва и сно́ва, то и де́ло; **as much ~** ещё сто́лько же, вдво́е; **now and ~** вре́мя от вре́мени; **he tried time and ~** он сто́лько раз пыта́лся 2) кро́ме того́, к тому́ же 3) с друго́й стороны́

against [əˈgenst, əˈgeɪnst] *prep* 1) про́тив; **they fought ~ the invaders** они́ сража́лись с захва́тчиками; **he did it ~ my will** он сде́лал это против моей воли; **accusation/charge ~ smb** обвинение против кого-л. 2) *указывает на столкновение двух предметов* на, с; **the ship ran ~ a rock** корабль наскочил на скалу 3) *указывает на опору, фон* о, обо, на, к; **he leaned ~ the wall** он прислонился к стене; **the pictures stood out ~ the dark wall** картины выделялись на фоне тёмной стены; **the rain beat ~ the windows** дождь барабанил в окна 4) *в ожидании чего-л.* на, про; **to save ~ a rainy day** откладывать на чёрный день

agape [ə'geɪp] *a predic* разинув рот, с разинутым ртом

agate ['æɡət] *n* агат

age I [eɪdʒ] *n* 1) возраст; **to bear one's ~ well** казаться моложе своих лет, хорошо выглядеть для своего возраста; **to be/to act one's ~** вести себя соответственно возрасту; **difference in ~** разница в возрасте; **retiring ~** пенсионный возраст 2) совершеннолетие; **to come of ~** достигнуть совершеннолетия; **to be of ~** быть совершеннолетним; **to be under ~** быть несовершеннолетним; **~ of consent** брачный возраст 3) век, эпоха, период; **Middle Ages** Средние века, Средневековье 4) *разг.* долгий срок, вечность; **we have not seen you for ~s** мы не видели вас целую вечность 5) поколение 6) старость

age II *v* 1) стареть, стариться 2) старить

aged¹ ['eɪdʒɪd] *a* пожилой, старый; **the ~** пожилые люди

aged² [eɪdʒd] *a* достигший определённого возраста, в возрасте...

ageing ['eɪdʒɪŋ] *n тех.* старение; **artificial ~** искусственное старение

ageless ['eɪdʒlɪs] *a* нестареющий

agency ['eɪdʒənsɪ] *n* 1) агентство; **tourist ~** туристическое агентство; **advertising ~** рекламное агентство 2) деятельность; действие 3) содействие; посредничество; **by/through the ~ of** посредством; при помощи 4) фактор, сила

agenda [ə'dʒendə] *n* повестка дня

agent ['eɪdʒənt] *n* 1) агент; представитель; **insurance ~** страховой агент 2) шпион 3) деятель; исполнитель; **ticket ~** кассир билетной кассы 4) действующая сила; причина; фактор; **colouring ~** красящее вещество 5) присадка; **antirusting ~** антикоррозийная присадка

agglomerate [ə'ɡlɒməreɪt] *v* накапливаться; скапливаться

agglomeration [ə,ɡlɒmə'reɪʃ(ə)n] *n* накопление; скопление

agglutinate [ə'ɡluːtɪneɪt] *v* склеивать

agglutination [ə,ɡluːtɪ'neɪʃ(ə)n] *n* 1) склеивание 2) *лингв.* агглютинация

agglutinative [ə'ɡluːtɪnətɪv] *a* 1) склеивающий 2) *лингв.* агглютинативный

aggravate ['æɡrəveɪt] *v* 1) отягощать; усугублять, ухудшать 2) *разг.* раздражать

aggravating ['æɡrəveɪtɪŋ] *a* отягчающий; усугубляющий, ухудшающий

aggravation [,æɡrə'veɪʃ(ə)n] *n* усугубление, ухудшение

aggregate I ['æɡrɪɡət] *n* 1) совокупность; целое; **in the ~** как целое, в целом 2) *тех.* агрегат

aggregate II *a* 1) совокупный; собранный вместе; суммарный, итоговый 2) составной

aggregate III ['æɡrɪɡeɪt] *v* 1) объединять; соединять 2) собираться вместе 3) *разг.* равняться, составлять *(сумму)*

aggregation [,æɡrɪ'ɡeɪʃ(ə)n] *n* 1) собирание; соединение 2) масса, смесь

aggression [ə'ɡreʃ(ə)n] *n* 1) агрессия; нападение; **to show/to express/to display ~** проявлять агрессию, вести себя агрессивно 2) *мед.* (оперативное) вмешательство

aggressive [ə'ɡresɪv] *a* агрессивный; нападающий

aggressor [ə'ɡresə(r)] *n* 1) агрессор 2) зачинщик

aggrieved [ə'ɡriːvd] *v* огорчённый; обиженный, оскорблённый

aggro ['æɡrəʊ] *n сленг.* жестокое оскорбительное поведение; драка, потасовка

aghast [ə'ɡɑːst] *a predic* поражённый ужасом, в ужасе; ошеломлённый

agile ['ædʒaɪl] *a* подвижный, проворный, ловкий; **an ~ mind** живой ум

agility [ə'dʒɪlɪtɪ] *n* подвижность, проворство, ловкость

aging ['eɪdʒɪŋ] *амер. см.* **ageing**

agio ['ædʒɪəʊ] *n фин.* ажио, лаж

agitate ['ædʒɪteɪt] *v* 1) волновать, возбуждать; будоражить; **to ~ oneself** волноваться, беспокоиться 2) агитировать *(for)* 3) мешать, взбалтывать, встряхивать, перемешивать

agitation [,ædʒɪ'teɪʃ(ə)n] *n* 1) волнение, возбуждение, смятение 2) агитация 3) взбалтывание, перемешивание

agitator ['ædʒɪteɪtə(r)] *n* 1) агитатор 2) *тех.* мешалка; **truck ~** автобетономешалка

aglet ['æɡlɪt] *n* 1) металлический наконечник шнурка 2) аксельбант

aglow I [ə'ɡləʊ] *a predic* пылающий, ярко горящий; раскалённый

aglow II *adv* в пламени

agnail [ˈægneɪl] *n* заусе́ница

agnate [ˈægneɪt] *n* ро́дственник по мужско́й ли́нии

agnostic [ægˈnɒstɪk] *n филос.* агно́стик

agnosticism [ægˈnɒstɪsɪz(ə)m] *n филос.* агностици́зм

ago [əˈgəʊ] *adv* тому́ наза́д; **long** ~ давно́

agog [əˈgɒg] *a predic* в нетерпе́нии, в нетерпели́вом ожида́нии

agonise [ˈægənaɪz] *v* 1) си́льно му́читься, страда́ть 2) быть в аго́нии, агонизи́ровать

agonize [ˈægənaɪz] *амер. см.* agonise

agony [ˈægənɪ] *n* 1) муче́ние, страда́ние, му́ка; **I suffered agonies of doubt** я му́чился сомне́ниями 2) си́льная боль 3) аго́ния 4) *attr:* ~ **column** коло́нка в газе́те *или* журна́ле с отве́тами на чита́тельские пи́сьма, *обыкн.* на ли́чные те́мы (*амер.* **advice column**); ~ **aunt/uncle** веду́щая/веду́щий коло́нку в газе́те *или* журна́ле с отве́тами на чита́тельские пи́сьма, *обыкн.* на ли́чные те́мы (*амер.* **advice columnist**)

agoraphobia [ˌæg(ə)rəˈfəʊbɪə] *n* агорафо́бия (*боязнь открытых пространств*)

agrarian [əˈgreərɪən] *a* агра́рный

agree [əˈgriː] *v* 1) соглаша́ться (*с чем-л. — to; с кем-л. — with*); принима́ть (*предложение и т. п.*); догова́риваться (*о чём-л. — on, upon*) 2) ужива́ться, ла́дить 3) соотве́тствовать, гармони́ровать 4) быть подходя́щим (*о климате, пище и т. п.; with*) 5) *грам.* согласо́вываться ◊ **let's ~ to differ** дава́йте оста́немся ка́ждый при своём мне́нии

agreeable [əˈgriːəb(ə)l] *a* 1) прия́тный, ми́лый 2) согла́сный 3) соотве́тствующий

agreeably [əˈgriːəblɪ] *adv* 1) прия́тно, ми́ло 2) согла́сно

agreement [əˈgriːmənt] *n* 1) (взаи́мное) согла́сие; **reached** ~ дости́гнутое согла́сие; **to be in** ~ **with** а) соглаша́ться, быть согла́сным с, разделя́ть чьё-л. мне́ние б) соотве́тствовать, не противоре́чить чему-л. 2) соглаше́ние, догово́р; **according to the** ~ согла́сно догово́ру; **to sign an** ~ подписа́ть догово́р; **to fulfil an** ~ выполня́ть догово́р; **to break an** ~ нару́шить соглаше́ние 3) *грам.* согласова́ние

agribusiness [ˈægrɪˌbɪznəs] *n* агроби́знес (*ведение сельского хозяйства на крупной ферме с получением высоких урожаев*)

agricultural [ˌægrɪˈkʌltʃ(ə)l] *a* сельскохозя́йственный, земледе́льческий

agriculture [ˈægrɪkʌltʃ(ə)(r)] *n* се́льское хозя́йство, земледе́лие

agricultur(al)ist [ˌægrɪˈkʌltʃər(əl)ɪst] *n* агроно́м

agrimony [ˈægrɪmənɪ] *n* репе́йник

agronomic(al) [ˌægrəˈnɒmɪk(əl)] *a* агрономи́ческий

agronomist [əgˈrɒnəmɪst] *n* агроно́м

agronomy [əˈgrɒnəmɪ] *n* агроно́мия

aground I [əˈgraʊnd] *a predic мор.* сидя́щий на мели́

aground II *adv мор.* на мели́; **to be** ~ сиде́ть на мели́; **to run** ~ сесть на мель

ague [ˈeɪgjuː] *n* озно́б

aguish [ˈeɪgjuːɪʃ] *a* дрожа́щий, в озно́бе, в лихора́дке

ah [ɑː] *int* ах!, а!

aha [ɑːˈhɑː] *int* ага́!

ahead [əˈhed] *adv* вперёд; впереди́; **go** ~ продолжа́йте; **things are going** ~ **now** дела́ тепе́рь иду́т на лад ◊ ~ **of time** ра́ньше вре́мени, досро́чно

ahem [əˈhem] *int* гм!

AI *сокр.* (**artificial intelligence**) иску́сственный интелле́кт

aid I [eɪd] *n* 1) по́мощь; **first** ~ пе́рвая по́мощь; **economic** ~ (**to a country**) экономи́ческая по́мощь (стране́); **medical** ~ медици́нская по́мощь 2) вспомога́тельное сре́дство; посо́бие; **teaching** ~ уче́бное посо́бие; **visual** ~**s** нагля́дные посо́бия 3) помо́щник

aid II *v* помога́ть; спосо́бствовать

aide [eɪd] *n* 1) адъюта́нт 2) *амер.* помо́щник 3) референт, консульта́нт, сове́тник

aide-de-camp [ˈeɪddəˈkɑːŋ] *n* (*pl* **aides-de-camp** [ˈeɪdzdəˈkɑːŋ]) адъюта́нт

AIDS, Aids [eɪdz] *n сокр.* (**acquired immune deficiency syndrome**) синдро́м приобретённого иммунодефици́та, СПИД

aiguille [eɪˈgwiːl] *n* остроконе́чная верши́на; пик

aikido [ˈaɪkɪdəʊ] *n* айкидо́ (*японское боевое искусство*)

ail [eɪl] *v* беспоко́ить; причиня́ть боль; боле́ть

aileron [ˈeɪlərɒn] *n ав.* элеро́н

ailing [ˈeɪlɪŋ] *a* нездоро́вый, больно́й (*особ. хронический*)

ailment [ˈeɪlmənt] *n* нездоро́вье, недомога́ние, боле́знь

aim I [eɪm] *n* 1) цель; наме́рение; **to take** ~ прице́литься; ~**s and objectives** це́ли и зада́чи 2) прице́ливание

aim II *v* 1) стреми́ться; намерева́ться 2) ме́тить, це́лить (*at*) 3) це́литься, прице́ливаться (*at*); **this remark was** ~**ed at me** э́то замеча́ние бы́ло в мой а́дрес

aimer [ˈeɪmər] *n авто* устро́йство для регули́рования угла́ накло́на фар

aimless [ˈeɪmlɪs] *a* бесце́льный

ain't [eɪnt] *разг.* = am not; are not; is not; has not; have not

air I [eə(r)] *n* 1) во́здух; атмосфе́ра; **fresh ~** све́жий во́здух; **stale ~** за́тхлый/спёртый во́здух; **in the open ~** на откры́том во́здухе; **to travel by ~** лета́ть самолётом; **to take the ~** прогу́ливаться, дыша́ть во́здухом 2) вид; **with an ~ of importance** с ва́жным ви́дом 3) *обыкн. pl* ва́жный вид; мане́рность; **to put on/to give oneself/to assume ~s** ва́жничать; **~s and graces** жема́нство, мане́рность 4) мело́дия 5) *радио, тлв* (the ~) эфи́р ◊ **into thin ~** бессле́дно; **to be on the ~** передава́ться/выступа́ть по ра́дио; **my plans are still in the ~** мои́ пла́ны всё ещё неопределённы; **to beat the ~** ≅ толо́чь во́ду в сту́пе

air II *a* 1) возду́шный 2) авиацио́нный

air III *v* 1) прове́тривать 2) суши́ть *(бельё и т. п.)* 3) простра́нно излага́ть 4) выставля́ть напока́з

air bag [ˈeəbæg] *n* 1) *ав.* балло́не́т 2) надувно́е устро́йство; надувна́я рези́новая ло́дка 3) *авто* поду́шка безопа́сности

air base [ˈeəbeɪs] *n* авиаба́за

air bed [ˈeəbed] *n* надувно́й матра́ц

air bladder [ˈeəˌblædə(r)] *n* пла́вательный пузы́рь *(у рыб)*

airborne [ˈeəbɔ:n] *a* 1) перевози́мый по во́здуху; *воен.* авиадеса́нтный 2) *predic* находя́щийся в полёте; **to become ~** оторва́ться от земли́

air brake [ˈeəbreɪk] *n* пневмати́ческий то́рмоз

air-bridge [ˈeəˌbrɪdʒ] *n* кры́тый перехо́д из аэровокза́ла к самолёту, *разг.* «рука́в»

airbrush [ˈeəbrʌʃ] *n* пульвериза́тор

Airbus [ˈeəbʌs] *n* аэро́бус

air conditioner [ˈeəkənˈdɪʃ(ə)nə(r)] *n* кондиционе́р (во́здуха)

air-conditioning [ˈeəkənˈdɪʃ(ə)nɪŋ] *n* кондициони́рование во́здуха

air-cooled [ˈeəkuːld] *a* с возду́шным охлажде́нием

aircraft [ˈeəkrɑ:ft] *n* 1) самолёт; вертолёт; лета́тельный аппара́т; **robot ~** управля́емый самолёт-снаря́д 2) *attr* авиацио́нный; **~ carrier** авиано́сец

aircrew [ˈeəkru:] *n* экипа́ж самолёта

air cushion [ˈeəˌkuʃɪn] *n* 1) надувна́я поду́шка 2) *тех.* возду́шная поду́шка

Airedale [ˈeədeɪl] *n* эрдельтерье́р

airfare [ˈeəˌfeə] *n* сто́имость авиабиле́та

airfield [ˈeəfi:ld] *n* аэродро́м

air force [ˈeəfɔ:s] *n* вое́нно-возду́шные си́лы, ВВС

air freshener [ˈeəˌfreʃ(ə)nə(r)] *n* освежи́тель во́здуха

air gun [ˈeəgʌn] *n* пневмати́ческий пистоле́т

air hole [ˈeəhoʊl] *n ав.* возду́шная я́ма

air hostess [ˈeəˌhoʊstɪs] *n уст.* стюарде́сса (в самолёте)

airily [ˈeərɪlɪ] *adv* легкомы́сленно; беззабо́тно

airing [ˈeərɪŋ] *n* 1) прогу́лка; **to take an ~** пойти́ погуля́ть 2) прове́тривание, просу́шка; **to give an ~** прове́трить и просуши́ть *(что-л.)* 3) выраже́ние о́бщего мне́ния *и т. п.*

airing cupboard [ˈeərɪŋˌkʌbəd] *n* суши́лка *(для белья́)*

air jacket [ˈeəˌdʒækɪt] *n* (надувно́й) спаса́тельный жиле́т

air kissing [ˈeəˌkɪsɪŋ] *n* возду́шный поцелу́й

airless [ˈeəlɪs] *a* 1) ду́шный 2) безве́тренный

airlift [ˈeəlɪft] *n ав.* «возду́шный мост»; возду́шная перево́зка

airline [ˈeəlaɪn] *n* 1) авиали́ния, возду́шная ли́ния 2) компа́ния-авиаперево́зчик

airliner [ˈeəˌlaɪnə(r)] *n* возду́шный ла́йнер; пассажи́рский самолёт

airlock [ˈeəlɒk] *n* возду́шная про́бка *(в трубе́)*

airmail [ˈeəmeɪl] *n* авиапо́чта; **by ~** авиапо́чтой

airman [ˈeəmən] *n* 1) лётчик, пило́т 2) авиате́хник; авиаинжене́р; техна́рь 3) *амер.* рядово́й или сержа́нт ВВС

airplane [ˈeəpleɪn] *n амер.* самолёт

air pocket [ˈeəˌpɒkɪt] *n ав.* возду́шная я́ма

air pollution [ˈeəpəˌlu:ʃn] *n* загрязне́ние (атмосфе́рного) во́здуха

airport [ˈeəpɔ:t] *n* аэропо́рт

airproof [ˈeəpru:f] *a* воздухонепроница́емый, гермети́чный

air raid [ˈeəreɪd] *n* возду́шный налёт

air route [ˈeəru:t] *n* возду́шная тра́сса, возду́шная ли́ния

airscrew [ˈeəskru:] *n* пропе́ллер

air-sea rescue [ˈeəsi:ˈreskju] *n* спасе́ние люде́й на мо́ре по́сле паде́ния самолёта

airshed [ˈeəʃed] *n* анга́р

airship [ˈeəʃɪp] *n* дирижа́бль

airsick [ˈeəsɪk] *a*: **I'm always ~** меня́ всегда́ ука́чивает в самолёте

airspace [ˈeəspeɪs] *n* возду́шное простра́нство

air speed [ˈeəˌspi:d] *n* ско́рость полёта

air strike [ˈeəstraɪk] *n* возду́шный налёт

airstrip [ˈeəstrɪp] *n* взлётно-поса́дочная полоса́, ВПП *(тж* **runway**)

air survey [ˈeəˌsɜ:veɪ] *n* аэро(фо́то)съёмка

air terminal [ˈeəˌtɜ:mɪnəl] *n* термина́л в аэропорту́

airtight [ˈeətaɪt] *a* воздухонепроница́емый, гермети́ческий

air time [ˈeəˌtaɪm] *n радио, тлв* вре́мя переда́чи, эфи́рное вре́мя

air-to-air [ˈeətəeə(r)] *a* класса «воздух – воздух» *(о ракете)*

air traffic controller [ˈeə͵træfɪkkənˈtrəʊlə(r)] *n* авиадиспетчер

airway [ˈeəweɪ] *n* 1) воздушная трасса, авиалиния; **British Airways** «Бритиш Эйруэйз» *(ведущая компания-авиаперевозчик Великобритании)* 2) *горн.* вентиляционная шахта 3) *мед.* дыхательные пути

airwoman [ˈeə͵wʊmən] *n* (*pl* -**women** [-wɪmɪn]) 1) женщина-лётчик, лётчица 2) *разг.* женщина-рядовой ВВС

airworthy [ˈeə͵wɜ:ðɪ] *a* годный к полёту *(о самолёте)*

airy [ˈeərɪ] *a* 1) просторный, полный воздуха 2) воздушный, лёгкий; грациозный 3) легкомысленный

airy-fairy [ˈeərɪfeərɪ] *a разг.* склонный к мечтательности, фантазёрству

aisle [aɪl] *n* 1) боковой придел *(храма)* 2) проход *(между рядами)*

ait [eɪt] *n* островок *(обыч. на реке)*

aitchbone [ˈeɪtʃbəʊn] *n* 1) крестцовая кость *(мясной туши)* 2) огузок

ajar[1] [əˈdʒɑ:(r)] *a predic* полуоткрытый, приоткрытый

ajar[2] *adv* в разладе

akimbo [əˈkɪmbəʊ] *adv* подбоченясь, руки в боки

akin [əˈkɪn] *a predic* родственный; сродни

akinesia [əkɪˈnɪzɪə] *n мед.* акинезия, двигательный паралич

alabaster [ˈæləbɑ:stə(r)] *n* алебастр, гипс

à la carte [͵ɑ:lɑ:ˈkɑ:t] *adv* на заказ *(о блюде в ресторане)*

alacrity [əˈlækrɪtɪ] *n* живость, готовность

alarm I [əˈlɑ:m] *n* 1) тревога; сигнал тревоги; аварийный сигнал; **audio ~** звуковой сигнал; **failer ~** сигнал о неисправности; **air-raid ~** воздушная тревога; **to sound the ~** дать сигнал тревоги; **false ~** ложная тревога 2) тревога, страх; **to feel ~** тревожиться

alarm II *v* 1) поднять тревогу 2) встревожить, взволновать

alarm clock [əˈlɑ:mˈklɒk] *n* будильник

alarming [əˈlɑ:mɪŋ] *a* тревожный; пугающий; **at an ~ rate** с пугающей скоростью, пугающими темпами

alarmist [əˈlɑ:mɪst] *n* паникёр

alas [əˈlɑ:s] *int* увы!

Albanian I [ælˈbeɪnɪən] *n* 1) албанец; албанка; **the ~s** албанцы 2) албанский язык

Albanian II *a* албанский

albatross [ˈælbətrɒs] *n* альбатрос

albeit [ɔ:lˈbi:ɪt] *conj* хотя; тем не менее

albescent [ælˈbesənt] *a* белеющий; беловатый

albino [ælˈbi:nəʊ] *n* альбинос

Albion [ˈælbɪən] *n поэт.* Альбион, Англия

album [ˈælbəm] *n* альбом

albumen [ˈælbjʊmɪn] *n* 1) (яичный) белок 2) *биол., хим.* белок

albumin [ˈælbjʊmɪn] *n хим.* альбумин

alchemist [ˈælkəmɪst] *n* алхимик

alchemy [ˈælkəmɪ] *n* алхимия

alcohol [ˈælkəhɒl] *n* алкоголь, спирт

alcoholic I [͵ælkəˈhɒlɪk] *n* алкоголик

alcoholic II *a* алкогольный

alcoholism [ˈælkəhɒlɪz(ə)m] *n* алкоголизм

alcove [ˈælkəʊv] *n* ниша; альков

alder [ˈɔ:ldə(r)] *n* ольха

alderman [ˈɔ:ldəmən] *n* 1) *брит. ист.* олдермен, член муниципалитета 2) *амер.* член городского совета

ale [eɪl] *n* эль; (тёмное) пиво; **ginger ~** имбирное пиво

alee [əˈli:] *adv* с подветренной стороны; в подветренную сторону

alert I [əˈlɜ:t] *n* тревога; сигнал тревоги ◊ **on the ~** настороже, начеку

alert II *a* 1) бдительный; **to keep ~** быть бдительным, быть начеку 2) живой, проворный

alert III *v* насторожить; предупредить об опасности; *воен.* поднимать по тревоге

alertness [əˈlɜ:tnɪs] *n* 1) бдительность, настороженность 2) живость, проворство, резвость, расторопность 3) *воен.* боевая готовность

alexandrite [͵ælɪgˈzɑ:ndraɪt] *n мин.* александрит

alfalfa [ælˈfælfə] *n бот.* люцерна

alfresco [ælˈfreskəʊ] *adv* на открытом воздухе

alga [ˈælgə] *n* (*pl* **algae** [ˈældʒi:]) морская водоросль

algebra [ˈældʒɪbrə] *n* алгебра

algebraic(al) [͵ældʒɪˈbreɪɪk(əl)] *a* алгебраический

algesia [ælˈdʒi:zɪə] *n мед.* повышенная чувствительность к боли

ALGOL, Algol [ˈælgɒl] *n вчт* Алгол *(язык программирования)*

algorithm [ˈælgərɪðəm] *n вчт* алгоритм

algorithmic [ælgəˈrɪðmɪk] *a вчт* алгоритмический

alias I [ˈeɪlɪəs] *n* вымышленное имя, псевдоним, прозвище, кличка

alias II *adv* иначе (называемый)

alibi [ˈælɪbaɪ] *n юр.* алиби

alien I [ˈeɪlɪən] *n* 1) чужестра́нец, иностра́нец 2) инопланетя́нин, прише́лец (с друго́й плане́ты)

alien II *a* 1) чужо́й; чу́ждый; неизве́стный, далёкий (*to, from*); **an ~ environment** чу́ждое окруже́ние 2) иностра́нный

alienable [ˈeɪlɪənəbl] *a юр.* отчужда́емый

alienate [ˈeɪlɪəneɪt] *v* 1) *юр.* отчужда́ть; 2) отдаля́ть, отвраща́ть (*from*)

alienation [ˌeɪlɪəˈneɪʃ(ə)n] *n* 1) отчужде́ние; отдале́ние, охлажде́ние 2) *мед.* психо́з; психи́ческое заболева́ние (*обыкн.* **mental ~**)

alienist [ˈeɪlɪənɪst] *n амер.* психиа́тр

alight[1] [əˈlaɪt] *v* 1) слеза́ть, спе́шиваться; сходи́ть; выходи́ть (*из вагона и т. п.*) 2) спуска́ться, сади́ться (*о птицах и т.п.*) 3) *ав.* приземля́ться

alight[2] *a predic* 1) зажжённый; в огне́; **to set ~** подже́чь, заже́чь 2) освещённый

align [əˈlaɪn] *v* 1) выстра́ивать в ряд; выра́внивать 2) выра́вниваться; стро́иться; равня́ться; **to ~ bottom** выра́внивать по ни́жнему кра́ю; **to ~ center** выра́внивать по це́нтру; **to ~ left** выра́внивать по ле́вому кра́ю; **to ~ right** выра́внивать по пра́вому кра́ю; **to ~ top** выра́внивать по ве́рхнему кра́ю; **to ~ width** выра́внивать по ширине́ 3) вступа́ть в соглаше́ние (*о политических партиях и т. п.*) 4) *mex.* устана́вливать сооcно; центри́ровать

alignment [əˈlaɪnmənt] *n* 1) построе́ние в ряд, шере́нгу 2) группиро́вка, блок (*политических сил*) 3) *mex.* вы́верка; выра́внивание, центри́рование

alike I [əˈlaɪk] *a predic* похо́жий, подо́бный; одина́ковый

alike II *adv* подо́бно; то́чно так же; **to treat everybody ~** обраща́ться со все́ми одина́ково

aliment [ˈælɪmənt] *n* 1) пи́ща; пита́ние 2) содержа́ние (*кого-л.*); подде́ржка

alimentary [ˌælɪˈmentərɪ] *a* 1) пищево́й; пита́тельный 2) *анат.* пищевари́тельный; **~ canal** пищевари́тельный тракт

alimentation [ˌælɪmenˈteɪʃ(ə)n] *n* 1) пита́ние, кормле́ние 2) содержа́ние (*кого-л.*)

alimony [ˈælɪmənɪ] *n* алиме́нты

alive [əˈlaɪv] *a predic* 1) живо́й, в живы́х 2) бо́дрый, живо́й 3) актуа́льный, злободне́вный 4) акти́вный, жи́во воспринима́ющий (*to*); **to be ~ to smth** я́сно понима́ть, сознава́ть что-л. 5) кища́щий (*with*) 6) *mex.* де́йствующий, рабо́тающий 7) *эл.* под то́ком *или* напряже́нием ◊ **to keep ~** подде́рживать (*жизнь, интерес*); **look ~!** жи́во!; **~ and kicking** в до́бром здра́вии, жив и здоро́в

alkali [ˈælkəlaɪ] *n* (*pl* **alkalis** [ˈælkəlaɪz]) *хим.* 1) щёлочь 2) *attr* щелочно́й

alkaline [ˈælkəlaɪn] *a хим.* щелочно́й

all I [ɔːl] *n* всё; все; це́лое (*of*); **~ is well** всё хорошо́; **that's ~** э́то всё; **~ of it** всё э́то (в це́лом); **~ of you** все (без исключе́ния) ◊ **after ~** в конце́ концо́в; **at ~** совсе́м; вообще́; **in ~** всё вме́сте; **~ in ~** в ито́ге, в це́лом; **~ but** почти́; кро́ме; чуть не; **~ but two came** не пришли́ то́лько дво́е; **for ~ I know** наско́лько я зна́ю; **not at ~** совсе́м не, отню́дь не; во́все не; **once and for ~** раз и навсегда́

all II *a* 1) весь; **~ day** весь день; **~ his life** вся его́ жизнь; **~ this** всё э́то; **and ~ that** и всё тако́е; **~ the others** все остальны́е; **we ~ agree** мы все согла́сны 2) вся́кий; **beyond ~ doubt** вне вся́кого сомне́ния ◊ **for ~ that** несмотря́ на всё то, при всём том

all III *adv* по́лностью, целико́м; соверше́нно; **~ alone** a) соверше́нно самостоя́тельно, без вся́кой по́мощи б) в по́лном одино́честве ◊ **~ the better** тем лу́чше; **~ the same** a) тем не ме́нее, всё же б) безразли́чно; **at once** соверше́нно внеза́пно, вдруг; **~ over** a) повсю́ду б) по́лностью, соверше́нно

Allah [ˈælə] *n* Алла́х

allay [əˈleɪ] *v* 1) уменьша́ть, ослабля́ть 2) успока́ивать (*боль*); сде́рживать (*волнение*)

all-clear [ɔːlˈklɪə(r)] *n* сигна́л отбо́я

allegation [ˌæleˈgeɪʃ(ə)n] *n* заявле́ние; (голосло́вное) утвержде́ние

allege [əˈledʒ] *v* 1) утвержда́ть, заявля́ть 2) ссыла́ться на что-л., объясня́ть чем-л.

allegiance [əˈliːdʒəns] *n* ве́рность, пре́данность; лоя́льность

allegoric(al) [ˌæleˈgɒrɪk(əl)] *a* аллегори́ческий, иносказа́тельный

allegory [ˈælɪgərɪ] *n* аллего́рия

all-embracing [ˌɔːlɪmˈbreɪsɪŋ] *a* включа́ющий всё, всеобъе́млющий

allergy [ˈælədʒɪ] *n* аллерги́я; **food ~** пищева́я аллерги́я

alleviate [əˈliːvɪeɪt] *v* облегча́ть, смягча́ть (*боль и т. п.*)

alleviation [əˌliːvɪˈeɪʃ(ə)n] *n* облегче́ние

alley [ˈælɪ] *n* 1) у́зкая у́лица, переу́лок 2) у́зкий прохо́д ме́жду дома́ми; **blind ~** тупи́к 3) алле́я 4) доро́жка кегельба́на (*тж* **skittle~**)

alley-way [ˈælɪweɪ] *см.* **alley** 2)

All Fools'Day [ˌɔːlˈfuːlzdeɪ] *n* пе́рвое апре́ля (*день розы́грышей, шуток*)

alliance [əˈlaɪəns] *n* 1) сою́з; **to form an ~** заключа́ть сою́з 2) бра́чный сою́з 3) родство́; о́бщность

allied [əˈlaɪd] *a* 1) сою́зный 2) ро́дственный, бли́зкий; ~ **subjects** бли́зкие предме́ты, сме́жные нау́ки

alligator [ˈælɪɡeɪtə(r)] *n зоол.* аллига́тор

all in [ˈɔːlˈɪn] *a разг.* переутомлённый, вы́дохшийся

all-in [ˈɔːlˈɪn] *a* включа́ющий всё, всеобъе́млющий; **it's an ~ price** э́та цена́ включа́ет всё

all-in-one[1] [ˌɔːlɪnˈwʌn] *n* гра́ция (*корсет с бюстгальтером*)

all-in-one[2] I *n вчт* «всё в одно́м»; универса́льность

all-in-one[2] II *a* 1) *тех.* це́льный, неразъёмный 2) *эл.* моноли́тный; со́бранный в одно́м бло́ке 3) *вчт* функциона́льно полноце́нный, це́лостный

alliteration [əˌlɪtəˈreɪʃ(ə)n] *n* аллитера́ция

all-night [ˈɔːlnaɪt] *a* продолжа́ющийся всю ночь

allocate [ˈæləkeɪt] *v* распределя́ть, ассигнова́ть; назнача́ть

allocation [ˌæləˈkeɪʃ(ə)n] *n* распределе́ние, ассигнова́ние

allocution [ˌæləʊˈkjuːʃ(ə)n] *n* торже́ственная речь, официа́льное обраще́ние

allopathy [əˈlɒpəθɪ] *n* аллопа́тия

all-or-nothing approach [ˌɔːləˈnʌθɪŋ əˈprəʊtʃ] *n вчт* при́нцип «всё и́ли ничего́» (*в примене́нии станда́ртов проекти́рования*)

allot [əˈlɒt] *v* 1) распределя́ть, раздава́ть 2) назнача́ть; предназнача́ть

allotment [əˈlɒtmənt] *n* 1) уча́сток земли́, наде́л 2) до́ля, часть 3) распределе́ние; назначе́ние

all-out I [ˈɔːlˈaʊt] *a* тре́бующий по́лной отда́чи; изнури́тельный

all-out II *adv* изо всех сил; по́лностью

allow [əˈlaʊ] *v* 1) позволя́ть, разреша́ть 2) предоставля́ть, дава́ть, выпла́чивать (*периоди́чески*) 3) допуска́ть, соглаша́ться (*that*) 4) *амер.* выска́зываться, утвержда́ть (*that*) 5) принима́ть во внима́ние, учи́тывать (*for*); де́лать ски́дку *или* попра́вку (*на что-л. for*)

allowable [əˈlaʊəbəl] *a* допусти́мый, позволи́тельный

allowance I [əˈlaʊəns] *n* 1) регуля́рная вы́плата; содержа́ние; де́нежное посо́бие 2) позволе́ние, разреше́ние 3) допуще́ние 4) приня́тие во внима́ние; ски́дка, попра́вка на что-л.; **to make ~s for** принима́ть во внима́ние 5) *тех.* до́пуск

allowance II *v* 1) разреша́ть, позволя́ть 2) выдава́ть содержа́ние, де́нежное посо́бие

allowedly [əˈlaʊdlɪ] *adv* по о́бщему призна́нию

alloy I [ˈælɔɪ] *n* 1) сплав 2) при́месь

alloy II *v* 1) сплавля́ть (*металлы*) 2) подме́шивать 3) леги́ровать

all-powerful [ˈɔːlˈpaʊəful] *a* всемогу́щий

all-purpose [ˈɔːlˌpɜːpəs] *a* универса́льный; многоцелево́й

all right [ˈɒlˈraɪt] *adv* хорошо́, ла́дно; удовлетвори́тельно

all-round [ˈɔːlˈraʊnd] *a* всесторо́нний, многосторо́нний

All-Russian [ˈɔːlˈrʌʃ(ə)n] *a* всеросси́йский

allseed [ˈɔːlˌsiːd] *n бот.* многосемя́нное расте́ние

all-terrain vehicle [ˌɔːltəˈreɪnˈviːkl] *n* вездехо́д, внедоро́жник

all-time [ˈɔːltaɪm] *a* непревзойдённый (*о реко́рде и т. п.*)

allude [əˈluːd] *v* упомина́ть; ссыла́ться; подразумева́ть; намека́ть

allure [əˈljʊə(r)] *v* пленя́ть, очаро́вывать; завлека́ть

allurement [əˈljʊəmənt] *n* 1) собла́зн 2) привлека́тельность

alluring [əˈljʊərɪŋ] *a* 1) соблазни́тельный, зама́нчивый 2) привлека́тельный

allusion [əˈluːʒ(ə)n] *n* упомина́ние, ссы́лка; намёк; *лит.* аллю́зия

allusive [əˈluːsɪv] *a* содержа́щий намёк (*to*); иносказа́тельный

alluvial [əˈluːvɪəl] *a геол.* аллювиа́льный; нано́сный

alluvium [əˈluːvɪəm] *n* (*pl* **alluvia**) *геол.* аллю́вий; нано́сные образова́ния

ally I [ˈælaɪ] *n* сою́зник; **the Allies** стра́ны-сою́зники (*объедини́вшиеся для борьбы́ против Герма́нии во вре́мя I и II мировы́х войн или против Ира́ка во вре́мя «Войны́ в зали́ве»*)

ally II [əˈlaɪ] *v* соединя́ть; **to be allied/to ~ oneself** объединя́ться, вступа́ть в сою́з (*with*)

alma mater [ˌælməˈmɑːtə(r)] *n книжн.* а́льма-ма́тер (*университе́т, ко́лледж, в кото́ром учи́лся*)

almanac [ˈɔːlmənæk] *n* альмана́х; календа́рь; ежего́дник

almighty I [ɔːlˈmaɪtɪ] *a* всемогу́щий; **the A.** Бог, Всевы́шний

almighty II *adv разг.* чрезвыча́йно, о́чень

almond [ˈɑːmənd] *n* 1) минда́ль (*орех*) 2) минда́льное де́рево

almost [ˈɔːlməʊst] *adv* почти́

alms [ɑːmz] *n* ми́лостыня

alms-house [ˈɑːmzhaʊs] *n* богаде́льня

aloe [ˈæləʊ] *n* 1) *бот.* ало́э 2) *pl* род слаби́тельного (*тж* **bitter ~**)

aloft [ə'lɒft] *adv* 1) наверху́ 2) наве́рх

alone I [ə'ləʊn] *a predic* оди́н; одино́кий; **he lived ~** он жил оди́н; **he can do it ~** он мо́жет сде́лать э́то сам ◊ **to let/to leave ~** оста́вить в поко́е, не тро́гать

alone II *adv* то́лько, исключи́тельно; **he ~ can do it** то́лько он мо́жет сде́лать э́то

along I [ə'lɒŋ] *adv* 1) вперёд 2) вме́сте с, с; **come ~!** пошли́ (да́льше)! ◊ **~ with** вме́сте; с собо́й; **all ~** всё вре́мя

along II *prep* вдоль, по

alongshore [ə,lɒŋ'ʃɔ:(r)] *adv* вдоль бе́рега

alongside [ə,lɒŋ'saɪd] *adv* ря́дом; *мор.* у бо́рта; **~ of** бок о́ бок

aloof I [ə'lu:f] *a predic* отчуждённый; холо́дный, равноду́шный

aloof II *adv* пода́ль, в стороне́; **to hold/ to keep ~ from** стоя́ть/держа́ться в стороне́ от

aloofness [ə'lu:fnɪs] *n* отчуждённость

aloud [ə'laʊd] *adv* вслух

alp [ælp] *n* 1) высо́кая гора́ 2) го́рное па́стбище (*в Швейца́рии*)

alpaca [æl'pækə] *n* 1) *зоол.* альпака́ 2) шерсть альпаки́

alpha ['ælfə] *n* а́льфа ◊ **~ and omega** а́льфа и оме́га, нача́ло и коне́ц; са́мое гла́вное

alphabet ['ælfəbət] *n* алфави́т

alphabetic(al) [,ælfə'betɪk(əl)] *a* алфави́тный

alphabetically [,ælfə'betɪkəlɪ] *adv* в алфави́тном поря́дке

alphabetize ['ælfəbe,taɪz] *v* 1) располага́ть в алфави́тном поря́дке 2) *вчт* упоря́дочивать по алфави́ту 3) переводи́ть на бу́квенное письмо́ (*языки́ с иероглифи́ческой пи́сьменностью и т. п.*)

alphabetizing ['ælfəbetaɪzɪŋ] *n* упоря́дочивание по алфави́ту, алфавитиза́ция

alpine ['ælpaɪn] *a* альпи́йский; **~ resort** альпи́йский куро́рт

alpinist ['ælpɪnɪst] *n* альпини́ст

already [ɔ:l'redɪ] *adv* уже́

also ['ɔ:lsəʊ] *adv* та́кже, то́же; к тому́ же

also-ran ['ɔ:lsəʊræn] *n* 1) неуда́чливый уча́стник состяза́ния; аутса́йдер 2) посре́дственность (*о челове́ке*)

altar ['ɔ:ltə(r)] *n* алта́рь

alter ['ɔ:ltə(r)] *v* изменя́ть(ся); переде́лывать

alteration [,ɔ:ltə'reɪʃən] *n* переме́на; измене́ние; переде́лка

altercate ['ɔ:ltəkeɪt] *v* препира́ться, ссо́риться

altercation [,ɔ:ltə'keɪʃən] *n* перебра́нка, ссо́ра

alternate I [ɔ:l'tɜ:nɪt] *a* череду́ющийся, перемежа́ющийся; **on ~ days** ка́ждый второ́й день, че́рез день

alternate II [ɔ:l'tɜ:neɪt] *v* чередова́ть(ся)

alternating ['ɔ:ltəneɪtɪŋ] *a* 1) переме́нный (*о то́ке*) 2) знакопереме́нный 3) альтернати́вный

alternation [,ɔ:ltə'neɪʃ(ə)n] *n* 1) чередова́ние 2) полупери́од 3) периоди́ческое измене́ние

alternative I [ɔ:l'tɜ:nətɪv] *n* альтернати́ва; вы́бор; вариа́нт; **I had no (other) ~** у меня́ не́ было вы́бора

alternative II *a* 1) альтернати́вный; **~ medicine** нетрадицио́нная медици́на 2) взаи́мно исключа́ющий

alternator ['ɔ:ltə,neɪtə(r)] *n* *тех.* генера́тор переме́нного то́ка

although [ɔ:l'ðəʊ] *conj* хотя́; хоть и; несмотря́ на

altimeter ['æltɪmi:tə(r)] *n* высотоме́р, альтиме́тр

altitude ['æltɪtju:d] *n* 1) высота́; высота́ над у́ровнем мо́ря 2) *обыкн. pl* возвы́шенность 3) высо́кое положе́ние (в о́бществе) 4) *attr ав.* высо́тный

Alt key *сокр.* (**alternate key**) *вчт* кла́виша Alt (*на клавиату́ре*)

alto ['æltəʊ] *n муз.* 1) альт 2) контра́льто

altogether [,ɔ:ltə'geðə(r)] *adv* 1) совсе́м, соверше́нно, вполне́; **you are ~ wrong** вы соверше́нно не пра́вы 2) в о́бщем, в це́лом 3) всего́

altruism ['æltru:ɪz(ə)m] *n* альтруи́зм

altruistic [,æltru:'ɪstɪk] *a* альтруисти́ческий

alum ['æləm] *n хим.* квасцы́

alumina [ə'lu:mɪnə] *n* окси́д алюми́ния, глинозём

aluminium [,ælju'mɪnɪəm] *n* алюми́ний

aluminum [ə'lu:mɪnəm] *амер. см.* **aluminium**

alumna [ə'lʌmnə] *n* (*pl* **alumnae** [-nɪ]) бы́вшая студе́нтка (*колле́джа или университе́та*)

alumnus [ə'lʌmnəs] *n* (*pl* **alumni** [-naɪ]) (бы́вший) пито́мец, бы́вший студе́нт (*колле́джа или университе́та*)

alveolar [æl'vɪələ(r)] *a анат., фон.* альвеоля́рный

alveolus [æl'vɪələs] *n* (*pl* **alveoli** ['ælvɪəlaɪ]) *анат.* альвео́ла

always ['ɔ:lw(e)ɪz] *adv* всегда́; постоя́нно; **not ~** иногда́, не всегда́

AM *сокр.* (**amplitude modulation**) амплиту́дная модуля́ция

am [əm, m; æm (*полная форма*)] *1-е л. ед. ч. наст. вр. изъяв. накл. гл.* **to be**

a. m. [eɪ'em] *сокр.* (**ante meridiem**) до полу́дня

amadou ['æmədu:] *n* трут

amalgam [ə'mælgəm] *n* 1) смесь 2) амальга́ма

amalgamate [əˈmælgəmeɪt] v 1) объединя́ть(ся), соединя́ть(ся) 2) амальгами́ровать; соединя́ть(ся) с ртýтью

amalgamation [əˌmælgəˈmeɪʃ(ə)n] n 1) объедине́ние, слия́ние 2) амальгами́рование

amass [əˈmæs] v 1) собира́ть 2) нака́пливать

amateur [ˈæmətə(r)] n 1) люби́тель; непрофессиона́л 2) attr люби́тельский; ~ **theatricals** люби́тельский спекта́кль

amateurish [ˈæmətərɪʃ] a люби́тельский; непрофессиона́льный

amatory [ˈæmətərɪ] a книжн. эроти́ческий, любо́вный

amaze [əˈmeɪz] v изумля́ть, поража́ть

amazement [əˈmeɪzmənt] n изумле́ние, удивле́ние

amazing [əˈmeɪzɪŋ] a удиви́тельный, порази́тельный

amazingly [əˈmeɪzɪŋlɪ] adv удиви́тельно, на удивле́ние, порази́тельно

Amazon [ˈæməzən] n 1) амазо́нка 2) **(a.)** высо́кая си́льная же́нщина

ambassador [æmˈbæsədə(r)] n 1) посо́л 2) посла́нец, ве́стник

ambassadorial [æmˌbæsəˈdɔːrɪəl] a посо́льский

ambassadress [æmˈbæsədrɪs] n 1) же́нщина-посо́л 2) супрýга посла́

amber [ˈæmbə(r)] n 1) янта́рь 2) attr янта́рный

ambergris [ˈæmbəgriːs] n (се́рая) а́мбра

ambidextrous [æmbɪˈdekstrəs] a 1) одина́ково свобо́дно владе́ющий обе́ими рука́ми, двуправорýкий 2) спосо́бный, уме́лый, ло́вкий

ambient [ˈæmbɪənt] a окружа́ющий, вне́шний; ~ **temperature** температýра окружа́ющей среды́

ambiguity [ˌæmbɪˈgjuːɪtɪ] n 1) двусмы́сленность 2) неопределённость; нея́сность 3) двусмы́сленное выраже́ние 4) лингв. неоднозна́чность; омоними́я (в особенности синтаксическая) 5) лог. ло́жное доказа́тельство из-за двусмы́сленности языково́го выраже́ния или значе́ния

ambiguous [æmˈbɪgjʊəs] a 1) двусмы́сленный 2) нея́сный; сомни́тельный 3) линг. неоднозна́чный; омоними́чный

ambit [ˈæmbɪt] n 1) преде́лы, грани́цы 2) среда́, окруже́ние

ambition [æmˈbɪʃ(ə)n] n честолю́бие, амби́ция; **to achieve/to fulfil/to realize ~s** удовлетворя́ть (свои́) амби́ции 2) цель, предме́т жела́ний

ambitious [æmˈbɪʃəs] a 1) честолюби́вый 2) упо́рно стремя́щийся

ambivalence [æmˈbɪvələns] n 1) амбивале́нтность 2) дво́йственность, раздвое́ние; внýтренняя противоречи́вость

ambivalent [æmˈbɪvələnt] a 1) амбивале́нтный 2) внýтренне противоречи́вый, раздво́енный

amble I [ˈæmbl] n 1) и́ноходь 2) лёгкая похо́дка

amble II v 1) идти́ и́ноходью (о лошади) 2) е́хать на иноходце 3) идти́ лёгкой похо́дкой

ambrosia [æmˈbrəʊzɪə] n 1) миф. амбро́зия, пи́ща бого́в (тж перен.) 2) перга́

ambulance [ˈæmbjʊləns] n 1) маши́на ско́рой по́мощи (тж ~ **car**) 2) полево́й го́спиталь 3) attr санита́рный

ambulatory [ˈæmbjʊlətərɪ] a 1) амбулато́рный (о больном) 2) передвижно́й; вре́менный

ambuscade I [ˌæmbəsˈkeɪd] n заса́да

ambuscade II v 1) скрыва́ться, находи́ться в заса́де 2) устра́ивать заса́ду

ambush I [ˈæmbʊʃ] n заса́да; **to lay an ~** устра́ивать заса́ду; **to lie in ~** находи́ться в заса́де

ambush II v 1) напада́ть из заса́ды 2) находи́ться в заса́де

ameliorate [əˈmiːlɪəreɪt] v улучша́ть(ся)

amelioration [əˌmiːlɪəˈreɪʃ(ə)n] n улучше́ние

amen I [ɑːˈmen] int ами́нь!

amen II n: **to say ~ to** соглаша́ться с чем-л.

amenability [əˌmiːnəˈbɪlɪtɪ] n 1) пода́тливость; достýпность 2) юр. отве́тственность (перед законом); подсýдность

amenable [əˈmiːnəbl] a 1) сгово́рчивый; (легко́) поддаю́щийся; послýшный 2) юр. отве́тственный (перед законом); подсýдный

amend [əˈmend] v 1) поправля́ть; вноси́ть попра́вки (в законопроект и т. п.) 2) исправля́ть(ся); улучша́ть(ся)

amendable [əˈmendəbl] a исправи́мый, поправи́мый

amendment [əˈmendmənt] n 1) исправле́ние 2) попра́вка (к законопроекту и т. п.); **to propose/to table/to introduce an ~** вноси́ть попра́вку 3) модерниза́ция; модифика́ция; измене́ние 4) дополне́ние

amends [əˈmendz] n: **to make ~** компенси́ровать, возмеща́ть

amenity [əˈmiːnɪtɪ] n 1) прия́тность; любе́зность 2) pl удово́льствия; пре́лесть 3) pl удо́бства

amerce [əˈmɜːs] v 1) штрафова́ть 2) нака́зывать

amercement [əˈmɜːsmənt] n 1) наложе́ние штра́фа 2) штраф 3) наказа́ние

American I [əˈmerɪkən] n америка́нец; америка́нка; **the ~s** америка́нцы

American II *a* американский

Americana [ə‚merɪˈkɑːnə] *n pl* всё, относящееся к Соединённым Штатам Америки, американской культуре и истории

Americanism [əˈmerɪkənɪz(ə)m] *n* американизм

Americanize [əˈmerɪkənaɪz] *v* американизировать(ся)

americium [‚æməˈrɪsɪəm] *n хим.* америций

amethyst [ˈæmɪθɪst] *n* аметист

amiability [‚eɪmɪəˈbɪlɪtɪ] *n* любезность; дружелюбие

amiable [ˈeɪmɪəbl] *a* 1) любезный; дружелюбный 2) привлекательный

amicability [‚æmɪkəˈbɪlɪtɪ] *n* дружелюбие

amicable [ˈæmɪkəbl] *a* дружеский; дружественный

amid [əˈmɪd] *prep* среди, посреди, между

amidships [əˈmɪdʃɪps] *adv* в середине корабля

amidst [əˈmɪdst] *см.* **amid**

amir [əˈmɪə(r)] *n* эмир

amiss [əˈmɪs] *adv* 1) ошибочно; неладно, плохо; **not ~** недурно 2) неудачно, некстати; **to come ~** приходить некстати, не вовремя ◊ **to take ~** неверно истолковывать, обижаться; **what's ~?** в чём дело?; **a cup of tea wouldn't come ~** чашка чаю не помешает

amity [ˈæmɪtɪ] *n* дружба, дружественные отношения

ammeter [ˈæmɪtə(r)] *n эл.* амперметр

ammonia [əˈməʊnɪə] *n* 1) *хим.* аммиак 2) *разг.* нашатырный спирт (*тж ~* **water**)

ammunition [‚æmjʊˈnɪʃən] *n* 1) боеприпасы; снаряды, патроны 2) *attr:* **~ dump** (полевой) склад боеприпасов

amnesia [æmˈniːzɪə] *a мед.* потеря памяти, амнезия

amnesic I [æmˈniːzɪk] *n* человек, страдающий потерей памяти, амнезией

amnesic II *a* утративший память, страдающий амнезией

amnesty I [ˈæmnɪstɪ] *n* 1) амнистия 2) (все)прощение; желание, стремление забыть *или* простить (*что-л.*)

amnesty II *v* амнистировать; давать амнистию

Amnesty International [‚æmnɪstɪ ɪntəˈnæʃn(ə)l] «Международная амнистия» (*международная организация, борющаяся за права человека, находящегося в заключении по политическим, религиозным и др. мотивам*)

amoeba [əˈmiːbə] *n* (*pl тж* **amoebae** [əˈmiːbiː]) *зоол.* амёба

amok [əˈmɒk] *adv:* **to run ~** буйствовать, в ярости набрасываться на всех; обезуметь

among [əˈmʌŋ] *prep* среди, между; из числа, из среды; **he was ~ the guests** он был среди гостей

amongst [əˈmʌŋst] *см.* **among**

amoral [eɪˈmɒrəl] *a* аморальный

amorality [‚eɪmɒˈrælɪtɪ, ‚æməˈrælɪtɪ] *n* аморальность; безнравственность

amorous [ˈæmərəs] *a* 1) влюблённый 2) влюбчивый 3) любовный

amorousness [ˈæmərəsnɪs] *n* 1) влюблённость 2) влюбчивость

amorphous [əˈmɔːfəs] *a* 1) бесформенный; аморфный 2) некристаллический

amortisation [ə‚mɔːtɪˈzeɪʃ(ə)n] *n ком.* 1) амортизация; погашение долга в рассрочку 2) отчуждение имущества

amortize [əˈmɔːtaɪz] *v ком.* 1) амортизировать; погашать долг в рассрочку 2) отчуждать имущество

amount I [əˈmaʊnt] *n* 1) количество; **a considerable ~ of** значительное количество чего-л.; **in small ~s** в небольших количествах; **any ~ of** большое количество, сколько угодно 2) сумма, итог 3) значение, важность

amount II *v* 1) составлять; достигать; равняться (*чему-л. — to*) 2) быть равнозначным

amour [əˈmʊə(r)] *n* любовь; любовная интрига

ampere [ˈæmpeə(r)] *n эл.* ампер

ampersand [ˈæmpəsænd] *n* знак & (= **and**), амперсанд

amphetamine [æmˈfetəmiːn] *n* амфетамин (*наркотик*)

amphibian I [æmˈfɪbɪən] *n* 1) *зоол.* амфибия, земноводное 2) транспортное средство типа «амфибия»

amphibian II *a* земноводный

amphibious [æmˈfɪbɪəs] *a* 1) земноводный 2) *воен.:* **~ tank/vehicle** танк/автомобиль-амфибия

amphitheatre [ˈæmfɪ‚θɪətə(r)] *n* амфитеатр

ample [ˈæmpl] *a* 1) достаточный; обильный; **~ supplies of food and fuel** достаточные запасы продовольствия и горючего 2) просторный, обширный; **there's ~ room for all** для всех хватит места 3) *разг.* толстый, полный

amplification [‚æmplɪfɪˈkeɪʃən] *n* 1) расширение, увеличение 2) преувеличение 3) *радио* усиление

amplifier [ˈæmplɪfaɪə(r)] *n радио* усилитель

amplify [ˈæmplɪfaɪ] *v* 1) расширять(ся), увеличивать(ся); **could you ~ your statement?** могли бы вы полнее раскрыть вашу мысль? 2) преувели́чивать 3) *ра́дио* уси́ливать

amplitude [ˈæmplɪtjuːd] *n* 1) *физ., астр.* амплиту́да 2) широта́, разма́х 3) полнота́; оби́лие

amply [ˈæmplɪ] *adv* 1) доста́точно; оби́льно 2) простра́нно 3) подро́бно

ampoule [ˈæmpuːl] *n* а́мпула

amputate [ˈæmpjʊteɪt] *v* 1) ампути́ровать 2) *вчт* отсека́ть, выключа́ть из рабо́ты

amputation [ˌæmpjʊˈteɪʃ(ə)n] *n* ампута́ция

amuck [əˈmʌk] *adv см.* **amok**

amulet [ˈæmjʊlɪt] *n* амуле́т

amuse [əˈmjuːz] *v* забавля́ть; развлека́ть; **he ~d us by telling his stories** он смеши́л нас свои́ми расска́зами

amusement [əˈmjuːzmənt] *n* развлече́ние, заба́ва; весе́лье; **for ~** ра́ди заба́вы; **~ arcade** зал видеои́гр и игровы́х автома́тов; **~ park** парк аттракцио́нов

amusing [əˈmjuːzɪŋ] *a* заба́вный, занима́тельный

an [ən; *полная форма* æn] *грам. форма неопределённого артикля; употребляется перед словами, начинающимися с гласного или немого* **h**: **an apple** я́блоко; **an hour** час

ana [ˈɑːnə] *n* 1) *pl* анекдо́ты *или* воспомина́ния *(о каком-л. лице)* 2) сбо́рник изрече́ний, выска́зываний

anabolic steroid [ˌænəbɒlɪkˈsterɔɪd] *n* анаболи́ческий стеро́ид, *разг.* анабо́лик *(препара́т, способствующий увеличению мышечной массы)*

anachronism [əˈnækrənɪz(ə)m] *n* анахрони́зм

anaconda [ˌænəˈkɒndə] *n зоол.* анако́нда

anaemia [əˈniːmɪə] *n мед.* анеми́я, малокро́вие

anaemic [əˈniːmɪk] *a мед.* анеми́чный, малокро́вный

anaesthesia [ˌænɪsˈθiːzɪə] *n* анестези́я, обезбо́ливание; **local ~** ме́стная анестези́я, ме́стное обезбо́ливание

anaesthetic I [ˌænɪsˈθetɪk] *n* анестези́рующее сре́дство, анесте́тик

anaesthetic II *a* обезбо́ливающий, анестези́рующий

anaesthetize [əˈniːsθɪtaɪz] *v* обезбо́ливать, анестези́ровать

anagram [ˈænəgræm] *n* анагра́мма

anal [ˈeɪnəl] *a анат.* ана́льный

analog [ˈænəlɒg] *амер. см.* **analogue**

analogous [əˈnæləgəs] *a* аналоги́чный, схо́дный

analogue [ˈænəlɒg] *n* 1) ана́лог, вариа́нт 2) *вчт* анало́говое устро́йство; модели́рующее устро́йство

analogy [əˈnælədʒɪ] *n* анало́гия, схо́дство; **by ~ with, on the ~ of** анало́гии с

analyse [ˈænəlaɪz] *v* 1) анализи́ровать 2) *хим., физ.* разлага́ть 3) *грам.* разбира́ть *(предложе́ние)* 4) подверга́ть психоанализу

analysis [əˈnælɪsɪs] *n (pl* **analyses** [əˈnælɪsiːz])* 1) ана́лиз 2) *хим., физ.* разложе́ние 3) *грам.* разбо́р *(предложения)* 4) психоана́лиз

analyst [ˈænəlɪst] *n* 1) анали́тик 2) лаборант-хи́мик 3) врач-психоанали́тик

analytic(al) [ˌænəˈlɪtɪk(əl)] *a* аналити́ческий

analyze [ˈænəlaɪz] *амер. см.* **analyse**

analyzer [ˈænəˌlaɪzə(r)] *n mex.* анализа́тор

anamnesis [ˌænəmˈniːsɪs] *n* 1) воспомина́ние 2) *мед.* ана́мнез

anapaest [ˈænəpiːst] *n лит.* ана́пест

anaphylactic shock [ˌænəfɪlæktɪkˈʃɒk] *n мед.* анафилакти́ческий шок

anarchic(al) [əˈnɑːkɪk(əl)] *a* анархи́ческий

anarchist [ˈænəkɪst] *n* анархи́ст

anarchy [ˈænəkɪ] *n* ана́рхия

anathema [əˈnæθəmə] *n* 1) ана́фема, отлуче́ние от це́ркви 2) прокля́тие

anatomical [ˌænəˈtɒmɪk(ə)l] *a* анатоми́ческий

anatomize [əˈnætəmaɪz] *v* 1) анатоми́ровать 2) анализи́ровать; тща́тельно иссле́довать

anatomy [əˈnætəmɪ] *n* 1) анато́мия 2) *разг.* те́ло челове́ка 3) анатоми́рование

ancestor [ˈænsestə(r)] *n* 1) пре́док 2) предше́ственник, прототи́п

ancestral [ænˈsestrəl] *a* насле́дственный, родово́й

ancestry [ˈænsestrɪ] *n* 1) происхожде́ние 2) пре́дки

anchor I [ˈæŋkə(r)] *n* 1) я́корь; **to be/to ride at ~** стоя́ть на я́коре; **to cast/to drop ~** броса́ть я́корь; **to weigh/to raise ~** снима́ться с я́коря 2) *перен.* надёжная опо́ра; я́корь спасе́ния 3) *амер.* веду́щий програ́ммы (новосте́й) на ра́дио *или* телеви́дении *(тж* **anchorman)**

anchor II *v* 1) стать на я́корь; броса́ть я́корь 2) укрепи́ть; установи́ть 3) скрепля́ть, закрепля́ть 4) *амер.* вести́ програ́мму (новосте́й) на ра́дио *или* телеви́дении

anchorage [ˈæŋkərɪdʒ] *n* 1) я́корная стоя́нка *(место)* 2) стоя́нка на я́коре *(процесс)* 3) *перен.* надёжная опо́ра; я́корь спасе́ния

anchoret [ˈæŋkərɪt] *n* отше́льник, анахоре́т

anchorite [ˈæŋkəraɪt] *см.* **anchoret**

anchovy [ˈæntʃəvɪ] *n* анчо́ус

ancient I [ˈeɪnʃənt] *n*: **the ~s** а) дре́вние наро́ды б) дре́вние гре́ки; дре́вние ри́мляне

ancient II *a* дре́вний, стари́нный, о́чень ста́рый ◊ **~ history** дре́вняя исто́рия; анти́чная исто́рия

and [ənd, ən, n; *полная форма* ænd] *conj.* 1) *соединительный союз* и 2) *противительный союз* a; **it was on Sunday ~ not on Saturday** это было в воскресенье, а не в субботу 3) *с числительными:* **five ~ a half** пять с половиной 4) *разг. между глаголами вместо* to: **try ~ do it** постарайтесь сделать это

andiron [ˈændaɪən] *n* металлическая подставка для дров в камине

android I [ˈændrɔɪd] *n* андроид, человекоподобный робот (*преим. в фантастике*)

android II *a* мужской; относящийся к мужскому полу

anecdote [ˈænɪkdəʊt] *n* короткий смешной рассказ; забавный случай; анекдот

anecdotic [ˌænɪkˈdɒtɪk] *a* анекдотичный, анекдотический

anew [əˈnjuː] *adv* 1) снова 2) заново; по-новому, иначе

aneurism, aneurysm [ˈænjʊrɪz(ə)m] *n мед.* аневризма

angel [ˈeɪndʒəl] *n* 1) ангел; **guardian ~** ангел-хранитель 2) *разг.* добрый человек 3) *сленг* лицо, оказывающее финансовую поддержку, спонсор 4) *театр.* покровитель, меценат

angelic [ænˈdʒelɪk] *a* ангельский

anger I [ˈæŋgə(r)] *n* гнев

anger II *v* сердить, злить

angina (pectoris) [ænˈdʒaɪnə (pekˌtərɪs)] *n мед.* стенокардия, грудная жаба

angle¹ [ˈæŋg(ə)l] *n* 1) *мат.* угол; **right ~** прямой угол; **acute ~** острый угол 2) точка зрения; **to get a new ~ on smth** посмотреть на что-л. с иной точки зрения

angle² *v* 1) удить рыбу 2) *перен.* закидывать удочку; напрашиваться (*for*)

angle bracket [ˈæŋg(ə)lˌbrækɪt] *n* 1) *тех.* угольник, угловой кронштейн 2) угловая скобка

angler [ˈæŋglə(r)] *n* 1) рыболов 2) *зоол.* удильщик, морской чёрт

Anglican I [ˈæŋglɪkən] *n* англиканец, лицо, принадлежащее к англиканской церкви

Anglican II *a* англиканский; **the ~ Church** англиканская церковь (*государственная церковь Англии*)

anglophone I [ˈæŋgləʊfəʊn] *n* англоговорящий человек

anglophone II *a* англоязычный

Anglo-Saxon I [ˈæŋgləʊˈsæksən] *n* 1) англо-сакс 2) древнеанглийский язык

Anglo-Saxon II *a* англосаксонский

angora [æŋˈgɔːrə] *n* 1) ангора (*шерсть*) 2) ангорская кошка 3) ангорская коза

angrily [ˈæŋgrɪlɪ] *adv* сердито, гневно

angry [ˈæŋgrɪ] *a* 1) сердитый, разгневанный; **to get ~** рассердиться; **to make ~** рассердить, разгневать; **to be ~ with smb** сердиться на кого-л. 2) воспалённый, покрасневший (*о ране и т. п.*)

anguish [ˈæŋgwɪʃ] *n* сильное страдание, жестокая боль, мучение

angular [ˈæŋgjʊlə(r)] *a* 1) угловой, с углами 2) угловатый, неловкий 3) худой, костлявый

angularity [ˌæŋgjʊˈlærɪtɪ] *n* угловатость

angulation [ˈæŋgjʊləʃ(ə)n] установка под углом; поворачивание

aniline [ˈænɪliːn] *n хим.* 1) анилин 2) *attr* анилиновый

animadvert [ˌænɪmædˈvɜːt] *v* порицать, критиковать, осуждать (*on*)

animal I [ˈænɪməl] *n* животное

animal II *a* животный; скотский

animalism [ˈænɪməlɪz(ə)m] *n* 1) *филос.* анимализм 2) животное, плотское существование

animalist [ˈænɪməlɪst] *n* 1) сенсуалист 2) художник-анималист

animate I [ˈænɪmət] *a* 1) одушевлённый 2) живой; оживлённый

animate II [ˈænɪmeɪt] *v* оживлять; вдохновлять; воодушевлять; ободрять

animated [ˈænɪmeɪtɪd] *a* 1) оживлённый 2) живой 3): **~ cartoons** мультипликационный/анимационный фильм; мультипликация, анимация

animation [ˌænɪˈmeɪʃ(ə)n] *n* 1) оживление; воодушевление; живость 2) мультипликация, анимация

animator [ˈænɪmeɪtə(r)] *n* художник-мультипликатор, аниматор

animosity [ˌænɪˈmɒsɪtɪ] *n* 1) враждебность, злоба 2) вражда

animus [ˈænɪməs] *n* неприязнь; враждебность

anise [ˈænɪs] *n бот.* анис

aniseed [ˈænɪsiːd] *n* анисовое семя

ankle [ˈæŋkl] *n анат.* лодыжка

anklet [ˈæŋklɪt] *n* ножной браслет

annalist [ˈænəlɪst] *n* летописец; историограф

annals [ˈænəlz] *n pl* анналы, летопись

anneal [əˈniːl] *v* 1) *тех.* отжигать (*стекло*); закалять, отпускать (*сталь*) 2) закалять (*характер, волю*)

annex [əˈneks] *v* 1) прилагать 2) делать приложение (*к книге и т. п.*) 3) присоединять, аннексировать

annexe [ˈæneks] *n* 1) пристройка, флигель 2) дополнение, приложение (*к документу и т. п.*)

25

2*

annexation [ˌænekˈseɪʃ(ə)n] *n* присоединéние, аннéксия

annihilate [əˈnaɪəleɪt] *v* 1) пóлностью уничтожáть; истребля́ть 2) аннули́ровать

annihilation [əˌnaɪəˈleɪʃ(ə)n] *n* 1) пóлное уничтожéние; истреблéние 2) отмéна, аннули́рование

anniversary [ˌænɪˈvɜːsərɪ] *n* годовщи́на; **wedding ~** годовщи́на свáдьбы

Anno Domini [ˈænəʊˈdɒmɪnaɪ] *adv лат.* от Рождествá Христóва; нáшей э́ры, н. э.

annotate [ˈænəʊteɪt] *v* 1) снабжáть примечáниями, коммéнтариями 2) анноти́ровать

annotation [ˌænəʊˈteɪʃ(ə)n] *n* 1) примечáние, коммéнтарий 2) аннотáция

announce [əˈnaʊns] *v* 1) объявля́ть; оповещáть, извещáть; сообщáть; **to ~ over the radio** объявля́ть по рáдио 2) доклáдывать *(о чьём-л. прихóде и т. п.)*

announcement [əˈnaʊnsmənt] *n* объявлéние; извещéние; сообщéние

announcer [əˈnaʊnsə(r)] *n* ди́ктор

annoy [əˈnɔɪ] *v* 1) досаждáть, раздражáть 2) надоедáть, беспокóить

annoyance [əˈnɔɪəns] *n* досáда; раздражéние; **much to my ~** к моéй большóй досáде

annoyed [əˈnɔɪd] *a* недовóльный, раздосáдованный

annoying [əˈnɔɪɪŋ] *a* досáдный; раздражáющий, надоéдливый; **how ~!** какáя досáда!; **she can be very ~** с ней порóй трýдно

annual I [ˈænjʊəl] *n* 1) ежегóдник *(кни́га, журнáл)* 2) однолéтнее растéние

annual II *a* ежегóдный; годовóй; **~ conference** ежегóдная конферéнция

annually [ˈænjʊəlɪ] *adv* ежегóдно

annuity [əˈnjuːɪtɪ] *n* ежегóдная рéнта; **life ~** пожи́зненная рéнта

annul [əˈnʌl] *v* аннули́ровать; отменя́ть; **to ~ an agreement** аннули́ровать соглашéние

annular [ˈænjʊlə(r)] *a* кольцеобрáзный, кольцевóй

annulet [ˈænjʊlet] *n* 1) *архит.* поясóк колóнны, завитóк 2) колéчко

annulus [ˈænjʊləs] *n тех.* 1) кольцевóй зазóр 2) кольцó 3) шестерня́ с внýтренним зацеплéнием

annulment [əˈnʌlmənt] *n* аннули́рование; отмéна; упразднéние

annunciate [əˈnʌnʃɪeɪt] *v* объявля́ть; возвещáть

annunciation [əˌnʌnsɪˈeɪʃ(ə)n] *n* 1) (the A.) *рел.* Благовéщение *(прáздник)* 2) объявлéние; возвещéние

anode [ˈænəʊd] *n эл.* анóд

anodyne I [ˈænədaɪn] *n мед.* болеутоля́ющее срéдство

anodyne II *a* болеутоля́ющий

anointment [əˈnɔɪntmənt] *n* 1) *рел.* помáзание 2) смáзывание *(напр. рáны)*

anomalous [əˈnɒmələs] *a* аномáльный, ненормáльный

anomaly [əˈnɒməlɪ] *n* аномáлия

anon [əˈnɒn] *adv уст.* сейчáс; вскóре

anon. [əˈnɒn] *сокр. см.* anonymous

anonym [ˈænənɪm] *n* 1) анони́м 2) псевдони́м

anonymity [ˌænəˈnɪmɪtɪ] *n* анони́мность

anonymous [əˈnɒnɪməs] *a* анони́мный; **~ letter** анони́мное письмó

anorak [ˈænəræk] *n* кýртка на мóлнии с капюшóном, «анорáк»

anorexia [ænəˈreksɪə] *n (тж. ~ nervosa)* 1) *мед.* анорекси́я *(отсýтствие аппети́та)* 2) откáз принимáть пи́щу *(болéзненный симптóм у желáющих похудéть, осóб. у молоды́х жéнщин)*

another [əˈnʌðə(r)] *pron, a* другóй; ещё оди́н; инóй; **one ~** друг дрýга; **that's quite ~ matter** э́то совсéм другóе дéло; **~ cup of tea?** ещё чáшку чáю?

anoxia [əˈnɒksɪə] *n мед.* кислорóдное голодáние, кислорóдная недостáточность, гипокси́я

answer I [ˈɑːnsə(r)] *n* 1) отвéт; **in ~ to** в отвéт на; **confused ~** тумáнный отвéт 2) *мат.* решéние, отвéт *(задáчи)*

answer II *v* 1) отвечáть; откликáться 2) открывáть *(дверь — на звонóк, стук и т. п.)*; отвечáть *(по телефóну)* 3) отвечáть *(трéбованиям и т. п.)*; соотвéтствовать 4) удавáться, имéть успéх

answer back дерзи́ть, огрызáться

answer for нести́ отвéтственность, отвечáть за *(что-л.)*

answerable [ˈɑːnsərəbl] *a* отвéтственный; **I am ~ to them for this** я отвечáю пéред ни́ми за э́то

answerback [ˈɑːnsəˈbæk] *n* отвéт на запрóс; подтверждéние приёма

answering machine [ˈɑːnsərɪŋməˈʃiːn] *см.* **answerphone**

answerphone [ˈɑːnsəfəʊn] *n* автоотвéтчик

ant [ænt] *n* муравéй; **white ~** терми́т

antacid [æntˈæsɪd] *n* 1) антаци́дный препарáт, антаци́д 2) *attr* антаци́дный, противокислóтный

antagonism [ænˈtægənɪz(ə)m] *n* 1) антагони́зм, враждá 2) сопротивлéние, противодéйствие *(to, against)*

antagonist [ænˈtægənɪst] *n* антагони́ст, проти́вник

antagonistic [ænˌtægəˈnɪstɪk] *a* 1) антагонисти́ческий, враждéбный 2) противодéйствующий

antagonize [æn'tægənaɪz] *v* 1) вызыва́ть вражду́, антагони́зм 2) противоде́йствовать

Antarctic [ænt'ɑ:ktɪk] *n* (the ~) Анта́рктика

Antarctic *a* антаркти́ческий; ~ **Circle** Ю́жный поля́рный круг

ant-bear ['ænt'beə(r)] *n зоол.* муравье́д

antecedence [,æntɪ'si:dəns] *n* 1) предше́ствование 2) пе́рвенство, приорите́т

antecedent I [,æntɪ'si:dənt] *n* 1) предше́ствующее, предыду́щее 2) *pl* пре́дки 3) *грам.* антецеде́нт

antecedent II *a* 1) предше́ствующий, предыду́щий *(to)* 2) априо́рный, предполага́емый

antechamber ['æntɪ,tʃeɪmbə(r)] *n* 1) прихо́жая, пере́дняя 2) *авто* предка́мера; форка́мера

antedate I ['æntɪ,deɪt] *n* да́та, поста́вленная за́дним число́м *(особ. в письме)*

antedate II *v* 1) предше́ствовать 2) дати́ровать за́дним число́м

antediluvian ['æntɪdɪ'lu:vɪən] *a* допото́пный, старомо́дный

antelope ['æntɪləʊp] *n* антило́па

ante meridiem ['æntɪmə'rɪdɪəm] *adv лат.* до полудня *(сокр.* **a. m.)**

antenatal [æntɪ'neɪtəl] *a* антената́льный, внутриутро́бный, предродово́й

antenna [æn'tenə] *n (pl* **antennae** [æn'teni:]) 1) *зоол.* щу́пальце; у́сик 2) *радио* анте́нна

antenuptial [æntɪ'nʌpʃ(ə)l] *a* добра́чный

anterior [æn'tɪərɪə(r)] *a* 1) пере́дний 2) предше́ствующий *(to)*

anteriority [,æntɪərɪ'ɒrɪtɪ] *n* предше́ствование, пе́рвенство

anteriorly [æn'tɪərɪəlɪ] *adv* ра́ньше, пре́жде

anteroom ['æntɪrʊm] *n* пере́дняя, прихо́жая

anthem ['ænθəm] *n* 1) гимн; **national** ~ госуда́рственный/национа́льный гимн 2) церко́вный хора́л

anther ['ænθə(r)] *n бот.* пы́льник

anthill ['ænθɪl] *n* муравейник

anthology [æn'θɒlədʒɪ] *n лит.* антоло́гия

anthracite ['ænθrəsaɪt] *n* антраци́т

anthrax ['ænθræks] *n мед.* 1) сиби́рская я́зва 2) карбу́нкул

anthropoid I ['ænθrəpɔɪd] *n* человекообра́зная обезья́на, антропо́ид

anthropoid II *a* человекообра́зный

anthropology [,ænθrə'pɒlədʒɪ] *n* антрополо́гия

anthropometry [,ænθrə'pɒmɪtrɪ] *n* антропоме́три́я

anthropophagy [,ænθrə'pɒfədʒɪ] *n* людое́дство, каннибали́зм

anti- ['æntɪ-] *pref* противо-, анти-; **antibiotic** антибио́тик; **anti-hero** антигеро́й

anti-aircraft ['æntɪ'eəkrɑ:ft] *a* зени́тный; противовозду́шный

antiballistic [,æntɪbə'lɪstɪk] *a* противораке́тный

antibiotic [,æntɪbaɪ'ɒtɪk] *n* антибио́тик

antibody ['æntɪbɒdɪ] *n биол.* антите́ло

antic ['æntɪk] *n обыкн. pl* проде́лки, ша́лости; шутовство́

Antichrist ['æntɪkraɪst] *n* Анти́христ

anticipate [æn'tɪsɪpeɪt] *v* 1) предви́деть, предчу́вствовать, ожида́ть; **to** ~ **success** предвкуша́ть успе́х 2) де́лать что-л. ра́ньше вре́мени 3) предупрежда́ть, предвосхища́ть

anticipation [æn,tɪsɪ'peɪʃ(ə)n] *n* ожида́ние, предчу́вствие; предощуще́ние; **by** ~ зара́нее; **in** ~ **of** в ожида́нии *(чего-л.)*

anticipatory [æn'tɪsɪpeɪtərɪ] *a* 1) предупрежда́ющий, предвари́тельный 2) преждевре́менный

anticlerical [,æntɪ'klerɪkl] *a* антиклерика́льный

anticlimax [æntɪ'klaɪmæks] *n* спад; реа́кция; разочарова́ние

anticlockwise [æntɪ'klɒkwaɪz] *adv* про́тив часово́й стре́лки

anticoagulant [,æntɪkəʊ'ægjʊlənt] *n биол., мед.* антикоагуля́нт

anticyclone [,æntɪ'saɪkləʊn] *n* антицикло́н

antidepressant *n* [,æntɪdɪ'presnt] антидепресса́нт

antidote ['æntɪdəʊt] *n* противоя́дие *(against, for, to)*, антидо́т

anti-fascist I [,æntɪ'fæʃɪst] *n* антифаши́ст

anti-fascist II *a* антифаши́стский

antifreeze ['æntɪfri:z] *n авто* антифри́з

antigen ['æntɪdʒən] *n физиол.* антиге́н

antihistamine [,æntɪ'hɪstəmɪn] *n мед.* антигистами́н

antiknock ['æntɪnɒk] *a авто* антидетонацио́нный

anti-lock braking system [,æntɪ'lɒk 'breɪkɪŋ'sɪstəm] *n авто* антиблокиро́вочная тормозна́я систе́ма

antimacassar [,æntɪmə'kæsə(r)] *n* салфе́точка *(на спинке и на ручках кресла)*

antimatter ['æntɪmætə(r)] *n физ.* антивещество́

antimissile [,æntɪ'mɪsaɪl] *a* противораке́тный

antimony ['æntɪmənɪ] *n хим.* сурьма́

antioxidant [,æntɪ'ɒksɪd(ə)nt] *n* антиоксида́нт

antipasto [,æntɪ,pæstəʊ] *n* холо́дная заку́ска *(в итальянской кухне)*

antipathetic [,æntɪpə'θetɪk] *a* антипати́чный

antipathy [æn'tɪpəθɪ] *n* антипа́тия, отвраще́ние

anti-personnel [,æntɪpɜ:sə'nel] *a воен.* уничтожа́ющий живу́ю си́лу; противопехо́тный;

~ **bomb** оско́лочная бо́мба; ~ **mine** противопехо́тная ми́на

antiperspirant [ˌæntɪˈpɜːspɪrənt] *n* сре́дство от потли́вости, антиперспира́нт

antipodal [ænˈtɪpədl] *a* диаметра́льно противополо́жный

antipodes [ænˈtɪpədiːz] *n pl* 1) антипо́ды, противополо́жности 2) *геогр.* антипо́ды

antiquarian I [ˌæntɪˈkweərɪən] *n* собира́тель дре́вностей; антиква́р

antiquarian II *a* антиква́рный

antiquary [ˈæntɪkwərɪ] *n* 1) знато́к дре́вностей 2) собира́тель дре́вностей; антиква́р

antiquated [ˈæntɪkweɪtɪd] *a* устаре́вший; старомо́дный

antique I [ænˈtiːk] *n* 1) антиква́рная вещь 2) *attr:* ~ **shop** антиква́рный магази́н

antique II *a* 1) дре́вний; стари́нный 2) анти́чный 3) старомо́дный

antiquity [ænˈtɪkwɪtɪ] *n* 1) дре́вность; старина́; **high** ~ глубо́кая дре́вность 2) анти́чность 3) *pl* дре́вности; **the antiquities of ancient Greece** па́мятники Дре́вней Гре́ции 4) *pl* дре́вние обы́чаи

antiroll [ˈæntɪˌrəʊl] *a тех.* противоде́йствующий кре́ну

antirrhinum [ˌæntɪˈraɪnəm] *n бот.* льви́ный зев

antiskid [ˈæntɪˌskɪd] *a авто* противоскользя́щий

antiscorbutic I [ˌæntɪskɔːˈbjuːtɪk] *n* противоцинго́тное сре́дство

antiscorbutic II *a* противоцинго́тный

anti-Semite [ˌæntɪˈsiːmaɪt] *n* антисеми́т

anti-Semitism [ˌæntɪˈsemɪtɪz(ə)m] *n* антисемити́зм

antiseptic I [ˌæntɪˈseptɪk] *n* антисепти́ческое сре́дство, антисе́птик

antiseptic II *a* антисепти́ческий

antisocial [ˌæntɪˈsəʊʃəl] *a* 1) антиобще́ственный 2) неприве́тливый, необщи́тельный

antistatic [ˌæntɪˈstætɪk] *a* антистати́ческий

anti-tank [ˌæntɪˈtæŋk] *a* противота́нковый; ~ **mine** противота́нковая ми́на

antitetanic [ˌæntɪˈtetənɪk] *мед.* 1) противостолбня́чный 2) противосу́дорожный

antitetanus [ˌæntɪˈtetənəs] *a мед.* противостолбня́чный

antithesis [ænˈtɪθɪsɪs] *n* (*pl* **antitheses** [ænˈtɪθɪsiːz]) 1) противопоставле́ние; анти́теза 2) контра́ст (*of, between*); пряма́я противополо́жность (*of, to*)

antitoxic [ˌæntɪˈtɒksɪk] *a* противоя́дный

antitoxin [ˌæntɪˈtɒksɪn] *n* противоя́дие, антитокси́н

antiviral [ˌæntɪˈvaɪərəl] *a* антиви́русный, противови́русный

antivirus [ˈæntɪˌvaɪ(ə)rəs] *n* 1) *вчт* антиви́рус 2) *attr:* ~ **program** антиви́русная програ́мма

antler [ˈæntlə(r)] *n* оле́ний рог

antonym [ˈæntənɪm] *n* анто́ним

anus [ˈeɪnəs] *n анат.* за́дний прохо́д, а́нус, ана́льное отве́рстие

anvil [ˈænvɪl] *n* накова́льня

anxiety [æŋˈzaɪətɪ] *n* 1) беспоко́йство, трево́га 2) стра́стное жела́ние (*чего-л. — for, to + Inf*)

anxious [ˈæŋkʃəs] *a* 1) озабо́ченный, обеспоко́енный, встрево́женный (*about*) 2) стра́стно жела́ющий (*чего-л. — for, to + Inf*); **I’m not all that ~ to see him** мне не о́чень хо́чется его́ ви́деть 3) беспоко́йный, трево́жный, тру́дный (*о времени*); **it was an ~ moment** э́то был трево́жный моме́нт

any I [ˈenɪ] *a* 1) *в вопросительных предложениях* како́й-либо; како́й-нибудь; **have you ~ English books?** у вас есть каки́е-нибудь англи́йские кни́ги? 2) *в отрицательных предложениях* никако́й, ни оди́н; **I don’t see ~ familiar names here** я здесь не ви́жу ни одно́й знако́мой фами́лии 3) *в отрицательных и вопросительных предложениях как показатель части от целого — по-русски не переводится:* **have you ~ sugar?** у вас есть са́хар? 4) *в утвердительных предложениях* любо́й; ~ **schoolboy would know it** любо́й шко́льник зна́ет э́то

any II *pron* 1) *в вопросительных предложениях* кто-нибудь, кто-либо; что-нибудь, что-либо; **does ~ of you know it?** зна́ет ли кто-нибудь из вас об э́том?; **tell me if you like ~ of these books** скажи́ мне, е́сли тебе́ понра́вилась кака́я-нибудь из э́тих книг 2) *в отрицательных предложениях* никто́; ничто́ 3) ско́лько-нибудь; **is there ~ left?** что-нибудь оста́лось?

any III *adv* ско́лько-нибудь; ещё, в како́й-то ме́ре; ниско́лько; **do you feel ~ better?** вам немно́го лу́чше?; **it didn’t help us ~** э́то нам ниско́лько не помогло́

anybody [ˈenɪˌbɒdɪ] *pron* кто-нибудь; вся́кий; кто уго́дно ◊ **to be ~** представля́ть собо́й что-нибудь, быть ва́жной персо́ной

anyhow [ˈenɪhaʊ] *adv* 1) во вся́ком слу́чае 2) ка́к-нибудь; так и́ли ина́че 3) ко́е-ка́к; **the work was done ~** рабо́та была́ сде́лана ко́е-ка́к

anyone [ˈenɪwʌn] *pron* кто-нибудь; вся́кий; любо́й; ~ **could do it** вся́кий мог бы сде́лать э́то

anything [ˈenɪθɪŋ] *pron* 1) *в вопросительных предложениях* что-нибудь; **do you see ~?** вы что-нибудь ви́дите? 2) *в отрицатель-*

ных предложениях ничего 3) *в утвердительных предложениях* всё; всё что угодно; **you can do ~ you like** мо́жете де́лать всё, что хоти́те ◊**~ but** далеко́ не, совсе́м не; **like ~** изо всех сил, что есть си́лы

anyway [ˈenɪweɪ] *adv* во вся́ком слу́чае; как бы то ни́ было

anywhere [ˈenɪweə(r)] *adv* 1) *в вопроси́тельных и отрица́тельных предложениях* где́-нибудь, куда́-нибудь; нигде́, никуда́; **I haven't been ~ for ages** я давно́ нигде́ не́ был 2) *в утверди́тельных предложениях* где угодно, куда́ угодно, везде́

AOB *сокр.* (**any other business**) ра́зное *(пункт повестки дня собрания, заседания)*

aorta [eɪˈɔːtə] *n анат.* ао́рта

AP *сокр.* (**Associated Press**) информацио́нное аге́нтство «Ассошиэ́йтед Пресс» *(США)*

apace [əˈpeɪs] *adv* бы́стро

apanage [ˈæpənɪdʒ] *см.* appanage

apart [əˈpɑːt] *adv* 1) разде́льно, врозь; по́рознь, в отде́льности; **to take ~** разбира́ть на ча́сти; **they live ~** они́ живу́т врозь 2) в стороне́; отде́льно; в сто́рону; **to stand ~** стоя́ть/держа́ться в стороне́ 3): **~ from** кро́ме, не счита́я, не говоря́ уже́ о ◊ **joking ~** шу́тки в сто́рону

apartheid [əˈpɑːteɪt] *n* апарте́йд

apartment [əˈpɑːtmənt] *n* 1) апартаме́нты 2) ко́мната 3) *амер.* кварти́ра 4) *attr* многокварти́рный

apathetic [ˌæpəˈθetɪk] *a* безразли́чный, равноду́шный, апати́чный

apathy [ˈæpəθɪ] *n* безразли́чие, апа́тия

apatite [ˈæpətaɪt] *n мин.* апати́т

ape I [eɪp] *n* 1) обезья́на *(обыкн. человекообра́зная)* 2) подража́тель; **to act/to play the ~** обезья́нничать, передра́знивать ◊ **to go ~** сойти́ с ума́

ape II *v* обезья́нничать, подража́ть; передра́знивать

aperient I [əˈpɪərɪənt] *n мед.* слаби́тельное (сре́дство)

aperient II *a мед.* слаби́тельный

aperitif [əˌperɪˈtiːf] *n* аперити́в

aperture [ˈæpətjʊə(r)] *n* 1) отве́рстие; щель; проём 2) *тех.* апертура

apery [ˈeɪpərɪ] *n* 1) обезья́нничанье, подража́ние 2) обезья́ний пито́мник

Apex [ˈeɪpeks] *n* «а́пекс» *(система скидок на авиабилеты, покупаемые заранее и имеющие фиксированные даты вылета и прилёта)*

apex [ˈeɪpeks] *n* (*pl тж* **apices**) 1) верши́на, верху́шка 2) вы́сшая то́чка; вы́сшее достиже́ние 3) *стр.* конёк кры́ши

aphis [ˈeɪfɪs] *n* (*pl* **aphides** [ˈeɪfɪdiːz]) тля

aphorism [ˈæfərɪz(ə)m] *n* афори́зм

aphoristic [ˌæfəˈrɪstɪk] *a* афористи́чный

aphrodisiac [ˌæfrəˈdɪzɪæk] *n* афродизиа́к *(средство, усиливающее сексуальное влечение)*

apiarist [ˈeɪpɪərɪst] *n* пчелово́д

apiary [ˈeɪpɪərɪ] *n* па́сека

apical [ˈæpɪkəl] *a* верху́шечный, верши́нный

apices [ˈeɪpɪsiːz] *pl см.* apex

apiculture [ˈeɪpɪkʌltʃə(r)] *n* пчелово́дство

apiece [əˈpiːs] *adv* за шту́ку; за ка́ждого; с головы́

apish [ˈeɪpɪʃ] *a* 1) обезья́ний 2) обезья́нничающий; глу́пый

aplenty [əˈplentɪ] *adv* в изоби́лии, в избы́тке

aplomb [əˈplɒm] *n* апло́мб

Apocalypse [əˈpɒkəlɪps] *n* (**the ~**) Апока́липсис *(последняя книга Нового Завета)*

apocalyptic [əˌpɒkəˈlɪptɪk] *a* апокалипти́ческий; проро́ческий, предвеща́ющий коне́ц ми́ра

apocope [əˈpɒkəpɪ] *n лингв.* апоко́па

apocryphal [əˈpɒkrɪfəl] *a* 1) апокрифи́ческий 2) недостове́рный

apogee [ˈæpədʒiː] *n* апоге́й

apolitical [eɪpəˈlɪtɪkəl] *a* аполити́чный

apologetic(al) [əˌpɒləˈdʒetɪk(əl)] *a* 1) извиня́ющийся 2) защити́тельный, апологети́ческий

apologetics [əˌpɒləˈdʒetɪks] *n* апологе́тика

apologist [əˈpɒlədʒɪst] *n* сторо́нник, защи́тник, апологе́т

apologize [əˈpɒlədʒaɪz] *v* извиня́ться *(за что-л. — for, перед кем-л. — to)*; приноси́ть извине́ния; **to ~ sincerely** приноси́ть и́скренние извине́ния, и́скренне извиня́ться; **he ~d to us for being late** он извини́лся за опозда́ние

apology [əˈpɒlədʒɪ] *n* 1) извине́ние; **to make/to offer an ~ to smb** извини́ться пе́ред кем-л., принести́ кому́-л. извине́ния; **to accept smb's ~** принима́ть чьи-л. извине́ния 2) оправда́ние, объясне́ние, защи́та 3) *разг.*: **this is just an ~ for a letter** э́то не письмо́, а про́сто жа́лкое его́ подо́бие

apoplectic [ˌæpəˈplektɪk] *a* апоплекси́ческий

apoplexy [ˈæpəpleksɪ] *n мед.* инсу́льт, *уст.* апоплекси́ческий уда́р

apostasy [əˈpɒstəsɪ] *n* отсту́пничество; изме́на *(делу, партии)*

apostate I [əˈpɒsteɪt] *n* отсту́пник; изме́нник

apostate II *a* отсту́пнический

apostatize [əˈpɒstətaɪz] *v* отступа́ться *(from)*

apostle [əˈpɒsl] *n рел.* апо́стол

apostolic [ˌæpəˈstɒlɪk] *a* апо́стольский

apostrophe [əˈpɒstrəfɪ] *n* апостро́ф *(знак ')*

apotheosis [ə͵pɒθɪ΄əʊsɪs] *n* (*pl* **apotheoses** [ə͵pɒθɪ΄əʊsiːz]) прославле́ние; апофео́з

appal [ə΄pɔːl] *v* ужаса́ть

appalling [ə΄pɔːlɪŋ] *a* ужа́сный, ужаса́ющий

appallingly [ə΄pɔːlɪŋlɪ] *adv* ужа́сно, чрезвыча́йно

appanage [΄æpənɪʤ] *n* 1) уде́л; апана́ж 2) льго́та 3) сво́йство, атрибу́т

apparatus [͵æpə΄reɪtəs] *n* (*pl тж без измен.*) 1) прибо́р, аппара́т, инструме́нт 2) *полит.* аппара́т 3) *анат.* о́рган; **digestive ~** о́рганы пищеваре́ния

apparel I [ə΄pærəl] *n* 1) *церк.* украше́ние на облаче́нии 2) *уст.* оде́жда, пла́тье

apparel II *v уст.* одева́ть, облача́ть

apparent [ə΄pærənt] *a* 1) ви́димый; очеви́дный, я́вный; **to become ~** обнару́живаться, выявля́ться; станови́ться я́сным; **for no ~ reason** без вся́кой ви́димой причи́ны 2) ка́жущийся

apparently [ə΄pærəntlɪ] *adv* по-ви́димому; очеви́дно

apparition [͵æpə΄rɪʃ(ə)n] *n* 1) внеза́пное появле́ние 2) виде́ние; при́зрак, привиде́ние

appeal I [ə΄piːl] *n* 1) призы́в, обраще́ние (*к кому́-л. — to*); **~ to the nation** обраще́ние к наро́ду (*о чём-л. — for*) 2) про́сьба (*о чём-л. — for*) 3) привлека́тельность; **it has lost its ~ for me** э́то потеря́ло для меня́ свою́ привлека́тельность 4) *юр.* апелля́ция; пра́во апелля́ции

appeal II *v* 1) апелли́ровать; обраща́ться, взыва́ть; **to ~ to reason** апелли́ровать к здра́вому смы́слу; **to ~ to smb for help** взыва́ть к кому́-л. о по́мощи 2) привлека́ть 3) *юр.* подава́ть апелля́цию

appealing [ə΄piːlɪŋ] *a* привлека́тельный, прия́тный

appear [ə΄pɪə(r)] *v* 1) пока́зываться, появля́ться 2) каза́ться; оказа́ться; **it ~s** ка́жется; **it ~ed that nobody knew about it** оказа́лось, что никто́ об э́том не знал 3) выступа́ть (публи́чно) 4) выходи́ть из печа́ти

appearance [ə΄pɪərəns] *n* 1) появле́ние; **to put in/to make an ~** появля́ться, пока́зываться; выступа́ть 2) вид, вне́шность; ви́димость; **to judge by ~s** суди́ть по вне́шнему ви́ду; **to all ~** по всей ви́димости; судя́ по всему́ ◊ **to keep up ~s** соблюда́ть прили́чия

appease [ə΄piːz] *v* 1) успока́ивать; умиротворя́ть; ублажа́ть 2) облегча́ть, смягча́ть 3) утоля́ть, удовлетворя́ть

appeasement [ə΄piːzmənt] *n* 1) успокое́ние, умиротворе́ние; **policy of ~** поли́тика умиротворе́ния 2) удовлетворе́ние, утоле́ние

appellant [ə΄pelənt] *n* апелля́нт, пода́тель апелля́ции

appellate [ə΄pelət] *a* апелляцио́нный

appellation [͵æpə΄leɪʃ(ə)n] *n* и́мя, назва́ние; номенклату́ра

appellative [ə΄pelətɪv] *a грам.* нарица́тельный

append [ə΄pend] *v* присоединя́ть; добавля́ть; прибавля́ть, прилага́ть (*к письму́, кни́ге, докуме́нту и т. п.*)

appendage [ə΄pendɪʤ] *n* 1) прида́ток; добавле́ние 2) приложе́ние

appendices [ə΄pendɪsiːz] *pl см.* **appendix**

appendicitis [ə͵pendɪ΄saɪtɪs] *n мед.* аппендици́т

appendix [ə΄pendɪks] *n* (*pl тж* **appendices**) 1) дополне́ние; приложе́ние (*к кни́ге и т. п.*) 2) *анат.* аппе́ндикс (*тж* **vermiform ~**); прида́ток, отро́сток

appertain [͵æpə΄teɪn] *v* принадлежа́ть (*to*); относи́ться (*к — to*)

appetence [΄æpɪtəns] *n* жела́ние (*of, for, after*); влече́ние (*for*)

appetency [΄æpɪtənsɪ] *см.* **appetence**

appetite [΄æpɪtaɪt] *n* 1) аппети́т 2) скло́нность, жела́ние, охо́та (*for*)

appetizer [΄æpɪtaɪzə(r)] *n* 1) заку́ска 2) аперити́в

appetizing [΄æpɪtaɪzɪŋ] *a* аппети́тный; вку́сный; привлека́тельный

applaud [ə΄plɔːd] *v* 1) аплоди́ровать 2) одобря́ть; приве́тствовать

applause [ə΄plɔːz] *n* 1) аплодисме́нты 2) одобре́ние

apple [΄æpl] *n* 1) я́блоко 2) я́блоня (*тж* **~ tree**) ◊ **Adam's ~** кады́к; **~ of one's eye** зени́ца о́ка; **~ of discord** я́блоко раздо́ра

applecart [΄æpl΄kɑːt] *n*: **to upset the ~** *перен.* расстра́ивать за́мыслы, пла́ны; пу́тать все ка́рты

apple pie [΄æpl΄paɪ] *n* я́блочный пиро́г ◊ **in ~ order** в безупре́чном поря́дке

apple tree [΄æpl͵triː] *n* я́блоня

appliance [ə΄plaɪəns] *n* приспособле́ние; устро́йство, прибо́р; **electrical ~s** электроприбо́ры

applicable [΄æplɪkəbl] *a* примени́мый, приго́дный, подходя́щий (*to*)

applicant [΄æplɪkənt] *n* претенде́нт, кандида́т (на до́лжность)

application [͵æplɪ΄keɪʃ(ə)n] *n* 1) обраще́ние, про́сьба; заявле́ние; **~ form** бланк заявле́ния, обраще́ния 2) наложе́ние, прикла́дывание (*ма́зи, пла́стыря и т. п.*) 3) примене́ние, употребле́ние 4) прилежа́ние, рве́ние 5) *вчт* прикладна́я програ́мма, приложе́ние

applicator [΄æplɪkeɪtə(r)] *n* аппли́катор

applied [ə΄plaɪd] *a* прикладно́й; **~ mathematics** прикладна́я матема́тика; **~ physics** прикладна́я фи́зика; ~ **chemistry** прикладна́я хи́мия

apply [ə'plaɪ] *v* 1) обраща́ться *(к кому́-л. — to; за чем-л. — for)* 2) каса́ться, относи́ться *(to)* 3) применя́ть; прилага́ть; прикла́дывать 4): **to ~ oneself to** усе́рдно занима́ться чем-л.; отдава́ть все си́лы чему́-л.

appoint [ə'pɔɪnt] *v* 1) назнача́ть (на до́лжность) 2) догова́риваться, усла́вливаться; **to ~ a day** назна́чить день 3) предпи́сывать 4) обору́довать; **his office is well ~ed** его́ о́фис хорошо́ обста́влен

appointee [əpɔɪn'ti:] *n* назна́ченный

appointment [ə'pɔɪntmənt] *n* 1) усло́вленная встре́ча; свида́ние; **to keep an ~** яви́ться в назна́ченное вре́мя; прийти́ на свида́ние; **I've got an important business ~ today** сего́дня у меня́ ва́жная делова́я встре́ча 2) назначе́ние 3) до́лжность; **to receive an ~** получи́ть до́лжность 4) *обыкн. pl* обору́дование; ме́бель; *авто* предме́ты вну́тренней отде́лки ку́зова 5) *attr:* ~ **book** ежедне́вник

apportion [ə'pɔ:ʃ(ə)n] *v* распределя́ть, наделя́ть *(to)*

apportionment [ə'pɔ:ʃənmənt] *n* распределе́ние

apposite ['æpəzɪt] *a* уда́чный; подходя́щий, уме́стный *(to)*

apposition [,æpə'zɪʃ(ə)n] *n* 1) прикла́дывание; ~ **of seal** приложе́ние печа́ти 2) *грам.* приложе́ние

appraisal [ə'preɪzəl] *n* оце́нка; эксперти́за

appraise [ə'preɪz] *v* оце́нивать; составля́ть сме́ту

appraisement [ə'preɪzmənt] *n* оце́нка

appraiser [ə'preɪzə(r)] *n* оце́нщик, такса́тор

appreciable [ə'pri:ʃəbl] *a* заме́тный, ощути́мый, значи́тельный; **an ~ change in temperature** значи́тельное измене́ние температу́ры

appreciate [ə'pri:ʃɪeɪt] *v* 1) оце́нивать 2) (высоко́) цени́ть; отдава́ть до́лжное 3) воспринима́ть, различа́ть 4) понима́ть, признава́ть 5) повыша́ть(ся) *(о ценности чего-л.)*

appreciation [ə,pri:ʃɪ'eɪʃ(ə)n] *n* 1) призна́ние; понима́ние; (высо́кая) оце́нка 2) призна́тельность, благода́рность 3) определе́ние, различе́ние 4) повыше́ние це́нности 5) реце́нзия (*обыкн. доброжела́тельная на кни́гу, фильм и т. п.*)

apprehend [,æprɪ'hend] *v* 1) понима́ть, постига́ть; схва́тывать 2) заде́рживать, аресто́вывать 3) опаса́ться; предчу́вствовать *(что-л. дурно́е)*

apprehensible [,æprɪ'hensɪbl] *a* постижи́мый

apprehension [,æprɪ'henʃ(ə)n] *n* 1) опасе́ние 2) восприя́тие, понима́ние 3) представле́ние, поня́тие, мне́ние 4) аре́ст, задержа́ние

apprehensive [,æprɪ'hensɪv] *a* 1) опаса́ющийся, боя́щийся *(чего-л.)* 2) восприи́мчивый *(of)*

apprentice I [ə'prentɪs] *n* 1) учени́к, подмасте́рье; **to go ~** стать подмасте́рьем 2) нови́чок

apprentice II *v* отдава́ть в уче́ние

apprenticeship [ə'prentɪsʃɪp] *n* учени́чество; **to serve an ~** быть в ученика́х, рабо́тать подмасте́рьем

apprise [ə'praɪz] *v* извеща́ть

apprize [ə'praɪz] *v уст.* оце́нивать; (высоко́) цени́ть

approach I [ə'prəʊtʃ] *n* 1) приближе́ние; **at his ~** при его́ приближе́нии 2) подхо́д; *тж перен.:* **easy of ~** легкодосту́пный; **difficult of ~** труднодосту́пный 3) ме́тод

approach II *v* 1) приближа́ться; подходи́ть 2) обраща́ться с предложе́нием; де́лать предложе́ние

approachable [ə'prəʊtʃəbl] *a* досту́пный; **he is very ~** к нему́ всегда́ мо́жно обрати́ться

approbate ['æprəbeɪt] *v* 1) одобря́ть 2) санкциони́ровать

approbation [,æprə'beɪʃ(ə)n] *n* 1) одобре́ние 2) санкциони́рование

approbatory [ə'prəʊbətrɪ] *a* одобри́тельный

appropriate I [ə'prəʊprɪɪt] *a* 1) подходя́щий; ~ **remark** уме́стное замеча́ние 2) сво́йственный, прису́щий

appropriate II [ə'prəʊprɪeɪt] *v* 1) присва́ивать *(обыкн. незако́нно)* 2) предназнача́ть; ассигнова́ть

appropriation [ə,prəʊprɪ'eɪʃ(ə)n] *n* 1) присвое́ние *(обыкн. незако́нное)* 2) назначе́ние; ассигнова́ние

approval [ə'pru:vəl] *n* одобре́ние; **on ~** по одобре́нии

approve [ə'pru:v] *v* 1) одобря́ть 2) санкциони́ровать

approve of одобря́ть, подде́рживать

approvingly [ə'pru:vɪŋlɪ] *adv* одобри́тельно

approx. *сокр. см.* **approximate I, approximately**

approximate I [ə'prɒksɪmət] *a* приблизи́тельный; бли́зкий *(to)*

approximate II [ə'prɒksɪmeɪt] *v* 1) приближа́ться, почти́ равня́ться; быть приблизи́тельно то́чным 2) приближа́ть

approximately [ə'prɒksɪmətlɪ] *adv* приблизи́тельно

approximation [ə,prɒksɪ'meɪʃ(ə)n] *n* 1) прибли́жённое значе́ние 2) приближе́ние, аде-

appurtenance

ква́тность, тожде́ственность, приблизи́тельное соотве́тствие 3) аппроксима́ция 4) упроще́ние

appurtenance [əˈpɜ:tɪnəns] *n* принадле́жность, прида́ток

appurtenant [əˈpɜ:tɪnənt] *a* принадлежа́щий; относя́щийся к

apricot [ˈeɪprɪkɒt] *n* 1) абрико́с 2) абрико́совый цвет

April [ˈeɪprɪl] *n* 1) апре́ль 2) *attr* апре́льский

April Fools' Day [ˈeɪprɪl ˈfu:lzdeɪ] *n* пе́рвое апре́ля *(день розы́грышей, шу́ток)*

a priori [ˌeɪpraɪˈɔ:raɪ] *adv лат.* априо́ри

apron [ˈeɪprən] *n* 1) фа́ртук, пере́дник 2) *театр.* авансце́на 3) *ав.* площа́дка пе́ред анга́ром 4) *авто* щито́к

apron strings [ˌeɪprənˈstrɪŋz] *n pl* завя́зки пере́дника ◊ **to be tied to one's wife's** ~ ≅ быть под каблуко́м у жены́

apropos I [ˈæprəpəʊ] *a* своевре́менный, уме́стный

apropos II *adv* 1) кста́ти 2) ме́жду про́чим 3) относи́тельно, по по́воду

apt [æpt] *a* 1) подходя́щий; **an** ~ **remark** уме́стное замеча́ние 2) скло́нный *(to)* 3) спосо́бный *(at);* **an** ~ **pupil** спосо́бный учени́к

aptitude [ˈæptɪtju:d] *n* 1) спосо́бность *(for)* 2) скло́нность *(for);* гото́вность

aquaculture [ˈækwəˌkʌltʃə(r)] *n* разведе́ние водяны́х расте́ний и живо́тных

aqualung [ˈækwəˌlʌŋ] *n* аквала́нг

aquamarine [ˌækwəməˈri:n] *n* 1) *мин.* аквамари́н 2) цвет морско́й волны́

aquanaut [ˈækwənɔ:t] *n* аквана́вт, иссле́дователь-подво́дник

aquaplane [ˈækwəpleɪn] *n* аквапла́н, во́дная лы́жа

aquarelle [ˌækwəˈrel] *n* акваре́ль

aquarium [əˈkweərɪəm] *n (pl тж* **aquaria** [əˈkweərɪə]) аква́риум

Aquarius [əˈkweərɪəs] *n* Водоле́й *(созве́здие и знак зодиа́ка)*

aquatic [əˈkwætɪk] *a* 1) водяно́й 2) во́дный

aquatics [əˈkwætɪks] *n* во́дный спорт, во́дные ви́ды спо́рта

aquavit [ˈækwəvɪt] *n* кре́пкий алкого́льный напи́ток

aqueduct [ˈækwɪdʌkt] *n* 1) акведу́к 2) *анат.* кана́л, прохо́д, прото́к

aqueous [ˈeɪkwɪəs] *a* водяно́й; водяни́стый 2) *геол.* оса́дочный

aquiline [ˈækwɪlaɪn] *a* орли́ный

Arab I [ˈærəb] *n* 1) ара́б; ара́бка; **the ~s** ара́бы 2) ара́бский скаку́н

Arab II *a* ара́бский

arabesque [ˌærəˈbesk] *a иск., муз.* арабе́ска

Arabian I [əˈreɪbɪən] *n* арави́ец; арави́йка

Arabian II *a* арави́йский

Arabic I [ˈærəbɪk] *n* ара́бский язы́к

Arabic II *a* ара́бский; ~ **numerals** ара́бские ци́фры

Arabist [ˈærəbɪst] *n* араби́ст

arable I [ˈærəbl] *n* па́шня, па́хотная земля́

arable II *a* па́хотный

araucaria [ˌærɔ:ˈkeərɪə] *n бот.* араука́рия

arbalest [ˈa:bəlest] *n* арбале́т

arbiter [ˈa:bɪtə(r)] *n* 1) арби́тр; трете́йский судья́ 2) власти́тель

arbitrage [ˈa:bɪtra:dʒ] *n фин., эк.* арбитра́ж

arbitrament [a:ˈbɪtrəmənt] *n* 1) реше́ние арби́тра 2) арбитра́ж

arbitrary [ˈa:bɪtrərɪ] *a* 1) произво́льный, необосно́ванный 2) капри́зный 3) деспоти́чный 4) произво́льно вы́бранный

arbitrate [ˈa:bɪtreɪt] *v* реша́ть (вопро́с) в арбитра́же

arbitration [ˌa:bɪˈtreɪʃ(ə)n] *n* арбитра́ж

arbitrator [ˈa:bɪtreɪtə(r)] *n* арби́тр; трете́йский судья́

arblast [ˈa:blast] *n* арбале́т

arbor [ˈa:bə(r)] *n* 1) де́рево 2) *тех.* вал, ось, шпи́ндель, опра́вка

Arbor Day [ˈa:bədeɪ] *n амер., австрал.* пра́здник древонасажде́ния

arboreal [a:ˈbɔ:rɪəl] *a* древе́сный

arboreous [a:ˈbɔ:rɪəs] *a* 1) леси́стый 2) древе́сный 3) древови́дный

arboriculture [ˈa:bərɪkʌltʃə(r)] *n* разведе́ние дере́вьев и куста́рников; лесово́дство

arbour [ˈa:bə(r)] *n* бесе́дка *(уви́тая зе́ленью)*

arc [a:k] *n* 1) *мат.* дуга́ 2) *эл.* дуга́; **electrical** ~ электри́ческая дуга́

arcade [a:ˈkeɪd] *n* 1) *архит.* арка́да; сво́дчатая галере́я 2) пасса́ж *(с магази́нами)*

Arcadian [a:ˈkeɪdɪən] *a лит.* идилли́ческий; буколи́ческий, се́льский

arcane [a:ˈkeɪn] *a* та́йный, таи́нственный, сокрове́нный

arch¹ I [a:tʃ] *n* 1) а́рка; свод 2) дуга́ 3) *тех.* стрела́ проги́ба

arch¹ II *v* 1) перекрыва́ть а́ркой 2) изгиба́ть луго́й

arch² I *a* хи́трый, лука́вый

arch- [a:tʃ-] *pref* архи-; ~**liar** архилгу́н

archaeological [ˌa:kɪəˈlɒdʒɪk(ə)l] *a* археологи́ческий

archaeologist [ˌa:kɪˈɒlədʒɪst] *n* архео́лог

archaeology [ˌa:kɪˈɒlədʒɪ] *n* археоло́гия

archaic [a:ˈkeɪɪk] *a* архаи́чный, устаре́вший

archaism [ˈa:keɪɪz(ə)m] *n* архаи́зм; устаре́вшее сло́во *или* выраже́ние

archangel [ˈɑːkˌeɪndʒəl] *n* арха́нгел

archbishop [ɑːˈtʃbɪʃəp] *n* архиепи́скоп; **the A. of Canterbury** Архиепи́скоп Кентербери́йский *(примас англиканской церкви)*

archduke [ɑːˈtʃdjuːk] *n* ист. эрцге́рцог

arched [ɑːtʃt] *a* а́рочный, сво́дчатый; изо́гнутый

arch-enemy [ˈɑːtʃˈenɪmɪ] *n* 1) закля́тый враг 2) Сатана́

archer [ˈɑːtʃə(r)] *n* 1) стрело́к из лу́ка 2) **(A.)** Стреле́ц *(созвездие и знак зодиака)*

archery [ˈɑːtʃɪ] *n* стрельба́ из лу́ка

archetype [ˈɑːkɪtaɪp] *n* прототи́п; оригина́л; архети́п

archipelago [ˌɑːkɪˈpeləgəʊ] *n* (*pl тж* **archipelagoes** [ˌɑːkɪˈpeləgəʊz]) архипела́г; гру́ппа острово́в

architect [ˈɑːkɪtekt] *n* архите́ктор; зо́дчий; *перен.* творе́ц; ~ **of his own fortune** кузне́ц своего́ сча́стья

architectonic [ˌɑːkɪtekˈtɒnɪk] *a* архитекту́рный; структу́рный

architectonics [ˌɑːkɪtekˈtɒnɪks] *n* 1) зо́дчество 2) архитекто́ника

architectural [ˌɑːkɪˈtektʃərəl] *a* архитекту́рный

architecture [ˈɑːkɪtektʃə(r)] *n* 1) архитекту́ра; зо́дчество 2) *вчт* констру́кция, структу́ра, строе́ние, конфигура́ция

archival [ɑːˈkaɪvəl] *a* архи́вный

archive I [ˈɑːkaɪv] *n обыкн. pl* архи́в; храни́лище

archive II *v* 1) помеща́ть в архи́в; храни́ть в архи́ве 2) *вчт* помеща́ть в архи́в, архиви́ровать

archivist [ˈɑːkɪvɪst] *n* рабо́тник архи́ва, архива́риус

archly [ˈɑːtʃlɪ] *adv* лука́во

archway [ˈɑːtʃweɪ] *n* сво́дчатая галере́я, сво́дчатый прохо́д, прохо́д под а́ркой

arcing [ˈɑːsɪŋ] *n эл.* искре́ние, дугово́й разря́д

arctic I [ˈɑːktɪk] *n* 1) **(the A.)** А́рктика 2) *pl амер. разг.* тёплые непромока́емые сапоги́

arctic II *a* аркти́ческий, поля́рный; **the A. Circle** Се́верный поля́рный круг

ardency [ˈɑːdənsɪ] *n* жар, пыл; рве́ние

ardent [ˈɑːdənt] *a* 1) горя́чий; пы́лкий; ре́вностный 2) пыла́ющий

ardently [ˈɑːdəntlɪ] *adv* горячо́, пы́лко

ardour [ˈɑːdə(r)] *n* жар, пыл; рве́ние

arduous [ˈɑːdjuːəs] *a* 1) тру́дный, тяжёлый; напряжённый 2) круто́й *(о подъёме и т. п.);* труднодосту́пный

are [ə(r); *полная форма* ɑː(r)] мн. ч. наст. вр. изъяв. накл. гл. **to be**

area [ˈeərɪə] *n* 1) пло́щадь; простра́нство 2) зо́на; о́бласть, райо́н 3) сфе́ра *(деятельно-*

сти, исследований) 4) *амер.* вну́тренний дво́рик, площа́дка *(на уровне полуподвала)*

area code [ˈeərɪəˌkəʊd] *n* междугоро́дний *или* междунаро́дный телефо́нный код

arena [əˈriːnə] *n* аре́на

aren't [ɑːnt] *разг.* = **are not**

arête [æˈret] *n* о́стрый гре́бень горы́

argent [ˈɑːdʒənt] *a ист.* геральди́ческий сере́бряный *или* бе́лый *(о цвете)*

argentiferous [ˌɑːdʒənˈtɪfərəs] *a* содержа́щий серебро́ *(о руде)*

argil [ˈɑːdʒɪl] *n* гонча́рная гли́на

argon [ˈɑːgɒn] *n хим.* арго́н

argot [ˈɑːgəʊ] *n* арго́; жарго́н

arguable [ˈɑːgjʊəbl] *a* 1) доказу́емый 2) спо́рный

argue [ˈɑːgjuː] *v* 1) спо́рить *(с кем-л. —* with, against; *о чём-л. —* for, about, against); **to ~ against/in favour of smth** приводи́ть до́воды про́тив/в по́льзу чего́-л. 2) дока́зывать; аргументи́ровать; утвержда́ть; **he ~d that...** он утвержда́л/дока́зывал, что... 3) обсужда́ть 4) убежда́ть *(into);* разубежда́ть *(out of)*

argument [ˈɑːgjʊmənt] *n* 1) спор; дискусси́я 2) до́вод, аргуме́нт, доказа́тельство; **to put aside an ~** отводи́ть до́вод; **I'm open to ~** я гото́в вы́слушать други́е мне́ния/аргуме́нты 3) кра́ткое содержа́ние 4) *мат.* аргуме́нт; пара́метр

argumentation [ˌɑːgjʊmenˈteɪʃ(ə)n] *n* 1) аргумента́ция 2) спор

argumentative [ˌɑːgjʊˈmentətɪv] *a* 1) лю́бящий спо́рить 2) доказа́тельный

Argus-eyed [ˈɑːgəsˌaɪd] *a* зо́ркий; бди́тельный

argute [ɑːˈgjuːt] *a* 1) о́стрый; проница́тельный 2) ре́зкий, пронзи́тельный *(о звуке)*

argy-bargy [ˌɑːdʒɪˈbɑːdʒɪ] *n разг.* перепа́лка, перебра́нка; пререка́ния

aria [ˈɑːrɪə] *n муз.* а́рия

arid [ˈærɪd] *a* 1) сухо́й, засу́шливый; беспло́дный *(о почве)* 2) ску́чный, неинтере́сный

aridity [əˈrɪdɪtɪ] *n* су́хость, засу́шливость; беспло́дность *(почвы)*

Aries [ˈeəriːz] *n* Ове́н *(созвездие и знак зодиака)*

aright [əˈraɪt] *adv* пра́вильно, ве́рно

arise [əˈraɪz] *v* (**arose; arisen**) 1) возника́ть, появля́ться 2) происходи́ть, проистека́ть *(from)* 3) *поэт.* воскреса́ть

arisen [əˈrɪzn] *р. р. см.* **arise**

aristocracy [ˌærɪsˈtɒkrəsɪ] *n* аристокра́тия

aristocrat [ˈærɪstəˌkræt] *n* аристокра́т

aristocratic [ˌærɪstəˈkrætɪk] *a* аристократи́ческий

aristocratism [ˌærɪˈstɒkrətɪz(ə)m] *n* аристо-кратическое высокомерие

arithmetic [əˈrɪθmətɪk] *n* арифметика

arithmetical [ˌærɪθˈmetɪkəl] *a* арифметический; ~ **progression** арифметическая прогрессия

ark [ɑːk] *n*: **Noah's** ~ Ноев ковчег; **the A. of the Covenant** (*or of the Testimony*) Ковчег Завета (*главная религиозная святыня народа Израиля*)

arm¹ [ɑːm] *n* 1) рука (*от плеча до кисти*) 2) передняя лапа (*животного*) 3) рукав 4) ручка (*кресла*) 5) ветвь (*дерева*) 6) *тех.* плечо (*рычага*); коромысло, кронштейн ◊ **with open ~s** с распростёртыми объятиями; **the ~ of the law** сила закона; **at ~'s length** на почтительном расстоянии; **under one's ~** под мышкой; ~ **in** ~ рука об руку; под руку

arm² I *n* обыкн. *pl* 1) оружие; **in ~s** вооружённый; **under ~s** под ружьём; **to ~s!** к оружию!; **up in ~s** а) готовый к борьбе; б) охваченный восстанием; **to lay down ~s** сложить оружие; **to take up ~s** браться за оружие 2) род войск 3) военная профессия 4) *attr*: ~**s race** гонка вооружений

arm² II *v* 1) вооружать(ся) 2) браться за оружие

armada [ɑːˈmɑːdə] *n* армада; **the Invincible A.** *ист.* «Непобедимая армада»

armament [ˈɑːmənt] *n* обыкн. *pl* вооружение

armature [ˈɑːmətjʊə(r)] *n* 1) *тех.* арматура 2) эл. якорь 3) зоол., бот. панцирь

armchair [ˌɑːmˈtʃeə(r)] *n* кресло

armed [ɑːmd] *a* вооружённый; укреплённый; ~ **forces** вооружённые силы

Armenian I [ɑːˈmiːnɪən] *n* 1) армянин; армянка; **the ~s** армяне 2) армянский язык

Armenian II *a* армянский

armful [ˈɑːmfʊl] *n* охапка

armhole [ˈɑːmhəʊl] *n* пройма

armistice [ˈɑːmɪstɪs] *n* перемирие

armlet [ˈɑːmlɪt] *n* 1) нарукавная повязка 2) небольшой залив; рукав реки

armor [ˈɑːmə(r)] *амер. см.* **armour I, II**

armored [ˈɑːməd] *амер. см.* **armoured**

armour I [ˈɑːmə(r)] *n* 1) броня (корабля, танка) 2) бронетанковые войска 3) доспехи; латы 4) зоол., бот. панцирь 5) *attr* бронированный

armour II *v* покрывать бронёй; укреплять

armour-bearer [ˈɑːməˌbeərə(r)] *n ист.* оруженосец

armour-clad [ˈɑːmə(r)ˌklæd] *a* бронированный; одетый в броню

armoured [ˈɑːməd] *a* бронированный

armourer [ˈɑːmərə(r)] *n* 1) оружейник 2) *воен.* каптенармус

armour-piercing [ˈɑːmə(r)ˈpɪəsɪŋ] *a* бронебойный

armour-plated [ˈɑːmə(r)pleɪtɪd] *a* бронированный

armoury [ˈɑːmərɪ] *n* 1) склад оружия, арсенал 2) *амер.* оружейный завод

armpits [ˈɑːmpɪts] *n pl* подмышки

armrest [ˈɑːmrest] *n* подлокотник

army [ˈɑːmɪ] *n* 1) армия; **standing** ~ регулярная армия; **to join the** ~ поступить на военную службу; **he's in the** ~ он служит в армии, он – военный 2) масса, множество; **an** ~ **of helpers** множество помощников 3) *attr* армейский, относящийся к армии

A-road [ˈeɪrəʊd] *n брит.* дорога «А» («А» – индекс дороги I категории; за ним обыкн. следует номер, напр. А345)

aroma [əˈrəʊmə] *n* аромат

aromatherapy [əˌrəʊməˈθerəpɪ] *n* ароматерапия

aromatic [ˌærəʊˈmætɪk] *a* ароматный, благовонный

aromatize [əˈrəʊmətaɪz] *v* ароматизировать

arose [əˈrəʊz] *past см.* **arise**

around I [əˈraʊnd] *adv* 1) кругом, вокруг; повсюду 2) поблизости, вблизи

around II *prep* 1) вокруг 2) по; за; около; **to wander** ~ **the town** бродить по городу; **just** ~ **the corner** здесь за углом 3) *амер.* приблизительно; около; ~ **four o'clock** около четырёх часов

arousal [əˈraʊz(ə)l] *n* 1) пробуждение 2) возбуждение (*особ. сексуальное*)

arouse [əˈraʊz] *v* 1) пробуждать (силы, способности, инстинкты); возбуждать (чувство, желание); **to** ~ **indignation** вызывать негодование 2) будить

arraign [əˈreɪn] *v* 1) привлекать к суду; обвинять 2) придираться, находить недостатки

arraignment [əˈreɪnmənt] *n* привлечение к суду; обвинение

arrange [əˈreɪndʒ] *v* 1) приводить в порядок; **to** ~ **flowers** расставлять цветы 2) устраивать; подготавливать 3) уславливаться, договариваться; назначать; **to** ~ **a meeting** назначать встречу 4) улаживать (спор и т. п.); приходить к соглашению 5) муз. аранжировать

arrangement [əˈreɪndʒmənt] *n* 1) приведение в порядок 2) подготовка; *pl* приготовления, распоряжения; **to make all the** ~ сделать все приготовления 3) соглашение, договорённость 4) муз. аранжировка; переложение 5) компоновка, монтаж 6) упорядочивание, упорядочение 7) приспособление, средства

arrant [ˈærənt] *a* отъявленный, отпетый

array I [əˈreɪ] *n* 1) целый ряд, целый набор 2) построение; **battle** ~ боевой порядок 3) *поэт.* наряд, облачение, одеяние 4) матрица, решётка, сетка; **solar** ~ солнечная батарея 5) массив 6) таблица 7) *вчт* расположение в определённом порядке

array II *v* 1) *поэт.* наряжать, облачать; украшать 2) выстраивать *(войска и т. п.)*

arrears [əˈrɪəz] *n* долги, задолженность; **to be in** ~**s** иметь задолженность; отставать *(в чём-л.)*; **I'm in** ~ **with my work** я не успеваю справляться с работой

arrest I [əˈrest] *n* 1) арест, задержание; **under** ~ под арестом 2) задержка, остановка; ~ **of judgement** *юр.* приостановка решения суда, отсрочка приговора

arrest II *v* 1) арестовывать 2) задерживать, останавливать; приостанавливать; **to** ~ **growth** задерживать рост 3) задерживать, приковывать *(внимание)*

arrestee [ˌæresˈtiː] *n* арестованный, задержанный; арестант

arrester [əˈrestə(r)] *n* 1) *юр.* лицо, производящее арест *или* налагающее арест на имущество 2) *тех.* задерживающее приспособление 3) *эл.* разрядник; **lightning** ~ молниеотвод

arresting [əˈrestɪŋ] *a* 1) задерживающий, останавливающий 2) привлекающий внимание; поражающий, захватывающий

arrival [əˈraɪvəl] *n* 1) прибытие, приезд 2) вновь прибывший ◊ **new** ~ *разг.* новорождённый

arrive [əˈraɪv] *v* 1) прибывать, приезжать 2) достигать; **to** ~ **at a conclusion** приходить к заключению; **to** ~ **at a decision** принимать решение 3) наступать *(о времени, событии)* 4) добиваться успеха, признания; **the artist has** ~**d at last** в конце концов художник получил признание

arrogance [ˈærəgəns] *n* высокомерие, надменность

arrogant [ˈærəgənt] *a* высокомерный, надменный; заносчивый

arrogate [ˈærəgeɪt] *v* 1) самонадеянно претендовать, требовать без основания 2) без основания приписывать *(что-л. кому-л.)*

arrogation [ˌærəˈgeɪʃ(ə)n] *n* самонадеянность; необоснованные претензии

arrow [ˈærəʊ] *n* 1) стрела 2) стрелка *(на чертежах и т. п.)* 3) стрелка-указатель

arrowhead [ˈærəʊhed] *n* наконечник, остриё стрелы

arrow-headed [ˈærəʊˌhedɪd] *a* заострённый; клинообразный

arrow key [ˈærəʊˌkiː] *n* *вчт* клавиша со стрелкой, клавиша управления курсором

arrowy [ˈærəʊɪ] *a* 1) стреловидный; остроконечный 2) острый, язвительный

arse I [ɑːs] *n сленг* зад

arse II *v сленг*: ~ **about** валять дурака, глупо себя вести

arsenal [ˈɑːsənl] *n* арсенал

arsenic I [ˈɑːsənɪk] *n хим.* мышьяк

arsenic II [ɑːˈsenɪk] *a хим.* мышьяковый

arsenical [ɑːˈsenɪkəl] *a* 1) *см.* **arsenic II** 2) содержащий мышьяк

arson [ˈɑːsn] *n* поджог

art[1] [ɑːt] *n* 1) искусство; **a work of** ~ произведение искусства; **the Fine Arts** изящные искусства; ~**s and crafts** прикладное искусство; художественные промыслы 2) ремесло 3) ловкость; умение, сноровка; мастерство 4) **(the** ~**s)** гуманитарные науки 5) *attr* художественный; ~ **gallery** художественная галерея

art[2] [ɑːt] *уст.* 2-е л. ед. ч. наст. вр. изъяв. накл. гл. **to be**

artefact [ˈɑːtɪfækt] *n* 1) предмет материальной культуры *(особ. древней в археологии)* 2) искусственный объект; искусственный признак

arterial [ɑːˈtɪərɪəl] *a* 1) артериальный 2) главный, важный *(о шоссе и т. п.)*

arteriosclerosis [ɑːˈtɪərɪəʊsklɪəˈrəʊsɪs] *n мед.* артериосклероз

artery [ˈɑːtərɪ] *n* 1) артерия 2) магистраль

artesian [ɑːˈtiːzɪən] *a* артезианский; ~ **well** артезианский колодец

artful [ˈɑːtfʊl] *a* хитрый; ловкий

arthritis [ɑːˈθraɪtɪs] *n мед.* артрит

artic [ˈɑːtɪk] *n авто* седельный тягач с полуприцепом

artichoke [ˈɑːtɪʃəʊk] *n* артишок ◊ **Jerusalem** ~ земляная груша, топинамбур

article I [ˈɑːtɪkl] *n* 1) (отдельный) предмет, вещь; ~**s of clothing** предметы одежды 2) статья; **leading** ~ передовая статья 3) параграф, раздел, пункт 4) *грам.* член, артикль; **definite** ~ определённый артикль **(the)**; **indefinite** ~ неопределённый артикль **(a, an)**

article II *v* отдавать в учение (по контракту)

articular [ɑːˈtɪkjʊlə(r)] *a анат.* суставной

articulate I [ɑːˈtɪkjʊlət] *a* 1) членораздельный; ясный 2) членистый; коленчатый 3) *тех.* шарнирный

articulate II [ɑːˈtɪkjʊleɪt] *v* 1) произносить отчётливо, ясно 2) соединять, сочленять *(обыкн. в pass)*

articulated lorry [ɑ:´tɪkjʊleɪtɪd´lɒrɪ] *n авто* седéльный тягáч с полуприцéпом

articulation [ɑ:ˌtɪkjʊ´leɪʃ(ə)n] *n* 1) членораздéльное произношéние 2) *лингв.* артикуляция 3) сочленéние; шарнирное соединéние

artifact [´ɑ:tɪfækt] *см.* **artefact**

artifice [´ɑ:tɪfɪs] *n* 1) лóвкость; искýсство 2) хитрость 3) хитроýмное изобретéние; выдумка, затéя

artificer [ɑ:´tɪfɪsə(r)] *n* 1) изобретáтель *(of)* 2) мáстер, умéлец

artificial [ˌɑ:tɪ´fɪʃəl] *a* 1) искýсственный 2) неестéственный; притвóрный

artillerist [ɑ:´tɪlərɪst] *n* артиллерист

artillery [ɑ:´tɪlərɪ] *n* 1) артиллéрия 2) *attr* артиллерийский

artilleryman [ɑ:´tɪlərɪmæn] *n* артиллерист

artisan [ˌɑ:tɪ´zæn] *n* 1) ремéсленник; мастеровóй 2) механик

artist [´ɑ:tɪst] *n* 1) худóжник 2) артист

artiste [ɑ:´ti:st] *n* артист эстрáды

artistic [ɑ:´tɪstɪk] *a* артистический, худóжественный

artistry [´ɑ:tɪstrɪ] *n* мастерствó; артистичность; **brilliant ~** высочáйшее мастерствó

artless [´ɑ:tlɪs] *a* 1) простóй, бесхитростный 2) нелóвкий

artwork [´ɑ:twɜ:k] *n* 1) иллюстрáции *(в книге и т. п.)* 2) худóжественное оформлéние *(печáтного издáния)* 3) скульптýра, стáтуя *(особ. абстрáктная)* 4) *полигр.* изобразительный оригинáл 5) *амер. собир.* произведéния искýсства

arty [´ɑ:tɪ] *a разг.* с претéнзией на худóжественность, экстравагáнтный, вычурный

Aryan I [´eərɪən] *n* áриец, áрий

Aryan II *a* арийский

as I [əz; *полная форма* æz] *adv* 1) как; **do as you please** дéлайте как хотите 2) как напримéр; **some countries as Italy and Spain** нéкоторые стрáны, как напримéр, Итáлия и Испáния 3): **as ... as** так же... как; **he is as tall as I am** он такóй же высóкий, как и я; **as well as** в такóй же мéре, так же; **as well** тáкже *(обычно в конце предложéния)* 4) в кáчестве; *тж переводится тв. падежóм:* **to work as an editor** рабóтать редáктором

as II *pron* котóрый, какóй, что; **I have the same problems as you have** у меня такие же проблéмы, как и у вас

as III *conj* 1) когдá, в то врéмя как; **as I was leaving home, it began to rain** когдá я выходил из дóму, пошёл дождь 2) так как, поскóльку; **as it was getting dark I took a taxi** так как становилось темнó, я взял такси 3) хотя, как ни; **clever as he is...** как он ни умён... 4) : **as if, as though** как бýдто бы; **as to, as for** что касáется; **as it were** так сказáть; нéкоторым óбразом; **as much** тáк же, стóлько же

ASAP *сокр.* **(as soon as possible)** как мóжно скорéе, по возмóжности быстро *(приписка в конце сообщéния по фáксу или по электрóнной пóчте)*

asbestine [æz´bestɪn] *a* асбéстовый

asbestos [æz´bestɒs] *n мин.* асбéст

ascend [ə´send] *v* 1) поднимáться; всходить 2) восходить 3) возноситься

ascendancy [ə´sendənsɪ] *n* власть, доминирующее влияние *(over)*

ascendant I [ə´sendənt] *n* восхождéние, подъём *(светила в гороскóпе);* **in the ~** на подъёме

ascendant II *a* 1) восходящий 2) преобладáющий, госпóдствующий

ascendency [ə´sendənsɪ] *см.* **ascendancy**

ascendent [ə´sendənt] *см.* **ascendant I, II**

ascension [ə´senʃ(ə)n] *n* 1) восхождéние, подъём 2) **(the A.)** *рел.* Вознесéние; **the A. Day** Вознесéние Госпóдне *(прáздник)*

ascensional [ə´senʃənl] *a* восходящий; находящийся на подъёме

ascent [ə´sent] *n* восхождéние, подъём; **steep ~** крутóй склон, подъём

ascertain [ˌæsə´teɪn] *v* устанáвливать, выяснять; удостоверяться

ascetic I [ə´setɪk] *n* аскéт

ascetic II *a* аскетический

asceticism [ə´setɪsɪz(ə)m] *n* аскетизм

ASCII *сокр.* **(American Standard Code for Information Interchange)** *вчт* Американский стандáртный код для обмéна информáцией, код ASCII

ascorbic acid [ə´skɔ:bɪk´æsɪd] *n* аскорбиновая кислотá, витамин C

ascribe [ə´skraɪb] *v* приписывать *(кáчества, авторство, причину — to)*

ascription [ə´skrɪpʃ(ə)n] *n* приписывание

aseptic [eɪ´septɪk] *a* асептический, стерильный

asexual [eɪ´seksjʊəl] *a* 1) беспóлый 2) асексуáльный

ash¹ [æʃ] *n* ясень; **mountain ~** рябина

ash² *n* 1) *обыкн. pl* пéпел; золá; **to burn to ~es** сжечь дотлá 2) *pl* прах

ashamed [ə´ʃeɪmd] *a predic* пристыженный; **to be/to feel ~ of oneself** стыдиться; **I am ~ of you** мне стыдно за вас

ashbin [´æʃbɪn] *n* 1) ведрó, ýрна, ящик для мýсора 2) *тех.* зóльник

ash blonde [æʃ´blɒnd] *n* пéпельная блондинка

ashcan [ˈæʃkæn] *амер. см.* **ash-bin** 1)
ashen[1] [ˈæʃn] *a* ясеневый
ashen[2] *a* 1) пепельный, из пепла 2) пепельного цвета 3) мёртвенно-бледный
ashet [ˈæʃɪt] *n* большое блюдо
ashore [əˈʃɔ:] *adv* к берегу, на берег; на берегу; **to come ~** сходить на берег
ashpan [ˈæʃpæn] *n тех.* зольник
ashram [ˈæʃrəm] *n инд.* хижина отшельника; убежище
ashtray [ˈæʃtreɪ] *n* пепельница
Ash Wednesday [ˈæʃˈwenzdɪ] *n рел.* пепельная среда, день покаяния *(первый день Великого поста в англиканской церкви)*
ashy [ˈæʃɪ] *a* 1) пепельный 2) покрытый пеплом, золой 3) пепельного цвета
Asian I [ˈeɪʃən] *n* азиат
Asian II *a* азиатский
Asiatic [ˌeɪʃɪˈætɪk] *см.* **Asian I, II**
aside I [əˈsaɪd] *adv* в сторону; в стороне, отдельно; **~ from** помимо, за исключением; **to put ~** отложить; **to speak ~** говорить в сторону; **to take ~** отводить в сторону; **he stood ~** он стоял в стороне; **joking ~** шутки в сторону
aside II *n* слова, произносимые актёром в сторону
asinine [ˈæsɪnaɪn] *a* 1) глупый, тупой 2) ослиный
ask [ɑ:sk] *v* 1) спрашивать 2) просить 3) приглашать 4) спрашивать, осведомляться, справляться *(o — after, about, for)* ◊ **to ~ for trouble, to ~ for it** *сленг* напрашиваться на неприятность; **~ me another** *разг.* не знаю, не имею представления; **for the ~ing** даром, просто ни за что; **if you ~ me** *разг.* по-моему, как я думаю
ask back делать ответное приглашение
ask in просить войти
ask round расспрашивать, разузнавать
ask up приглашать подняться наверх
askance [əˈskæns] *adv* 1) искоса, косо. 2) с подозрением; **to look ~ at smb** смотреть на кого-л. с подозрением
askant [əˈskænt] *см.* **askance**
askew [əˈskju:] *adv* косо, криво
asking price [ˈɑ:skɪŋˌpraɪs] *n* запрашиваемая цена; цена продавца
aslant I [əˈslɑ:nt] *adv* косо, наискось
aslant II *prep* поперёк
asleep [əˈsli:p] *a predic* 1) спящий; сонный; **to be ~** спать; **to fall ~** заснуть 2) онемевший, затёкший 3) инертный, неактивный
aslope [əˈsləup] *adv* косо, покато
asocial [eɪˈsəuʃəl] *a* 1) асоциальный, антиобщественный 2) *разг.* недружелюбный, враждебный

asp [æsp] *n зоол.* аспид; гадюка
asparagus [əˈspærəgəs] *n* спаржа
aspect [ˈæspekt] *n* 1) аспект, сторона 2) вид 3) наружность; выражение *(лица, глаз)* 4) сторона *(здания)* 5) *грам.* вид *(глагола)*
aspen [ˈæspən] *n* осина
asperity [æˈsperɪtɪ] *n* 1) резкость, жёсткость *(тона, характера)* 2) шероховатость, неровность 3) суровость *(климата и т. п.)*
asperse [əˈspɜ:s] *v* клеветать; позорить
aspersion [əˈspɜ:ʃ(ə)n] *n* клевета; **to cast ~s on smb** клеветать на кого-л.
asphalt I [ˈæsfælt] *n* асфальт
asphalt II *v* асфальтировать
asphyxia [æsˈfɪksɪə] *n мед.* асфиксия, удушье
asphyxiant [æsˈfɪksɪənt] *n* удушающее отравляющее вещество
asphyxiate [æsˈfɪksɪeɪt] *v* 1) вызывать удушье 2) задушить
asphyxiation [æsˌfɪksɪˈeɪʃ(ə)n] *n* 1) удушье 2) удушение
aspic [ˈæspɪk] *n* заливное из мяса или рыбы
aspirant I [əˈspaɪərənt] *n* претендент, кандидат *(to, after, for)*
aspirant II *a* стремящийся; добивающийся
aspirate I [ˈæspərət] *n фон.* придыхательный согласный
aspirate II [ˈæspəreɪt] *v* 1) произносить с придыханием 2) *тех.* отсасывать *(жидкость)*
aspiration [ˌæspɪˈreɪʃ(ə)n] *n* 1) стремление, сильное желание, чаяние *(after, for)* 2) *фон.* придыхание, аспирация 3) *тех.* отсасывание *(жидкости)*
aspire [əˈspaɪə(r)] *v* стремиться, сильно желать *(to, after, at)*; **to ~ to success** жаждать успеха
aspirin [ˈæsprɪn] *n* аспирин
asquint [əˈskwɪnt] *adv* косо, искоса
ass [æs] *n* 1) осёл 2) тупица, глупец; дурак ◊ **to make an ~ of oneself** а) ставить себя в глупое положение б) валять дурака, дурачиться; **to act/to play the ~** валять дурака
assail [əˈseɪl] *v* 1) нападать, атаковать 2) энергично браться *(за дело)*; набрасываться *(на работу и т. п.)* 3) забрасывать *(вопросами и т. п. — with)*; критиковать
assailable [əˈseɪləbl] *a* уязвимый
assailant [əˈseɪlənt] *n* нападающая сторона; нападающий
assassin [əˈsæsɪn] *n* наёмный убийца, киллер
assassinate [əˈsæsɪneɪt] *v* совершать убийство *(политического или общественного деятеля)*
assassination [əˌsæsɪˈneɪʃ(ə)n] *n* убийство *(политического или общественного деятеля)*

assault I [əˈsɔːlt] *n* 1) атáка, штурм; нападéние 2) напáдки 3) *юр.* словéсное оскорблéние и угрóза физи́ческим наси́лием ◊ ~ **and battery** нападéние с нанесéнием побóев 4) *эвф.* изнаси́лование 5) *attr воен.* штурмовóй

assault II *v* 1) атаковáть, нападáть 2) *эвф.* изнаси́ловать

assaulter [əˈsɔːltə(r)] *n юр.* 1) напáвший 2) субъéкт (престýпного) нападéния

assay I [əˈseɪ] *n* 1) прóба *(металлов)* 2) *хим.* анáлиз

assay II *v* 1) определя́ть прóбу *(металлов)* 2) проводи́ть анáлиз

assemblage [əˈsemblɪdʒ] *n* 1) собирáние; сбор 2) скоплéние 3) собрáние, коллéкция 4) *тех.* сбóрка, монтáж

assemble [əˈsembl] *v* 1) собирáть(ся); созывáть 2) монти́ровать

assembly [əˈsemblɪ] *n* 1) собрáние; óбщество; **constituent** ~ учреди́тельное собрáние; **General A.** Генерáльная Ассамблéя *(ООН)* 2) **(A.)** законодáтельное собрáние 3) *тех.* сбóрка, монтáж 4) агрегáт 5) *воен.* сигнáл сбóра 6) *attr* сбóрочный; ~ **line** сбóрочный конвéйер, сбóрочная ли́ния; ~ **room,** ~ **shop** сбóрочный цех

assembly rooms [əˈsemblɪˌruːmz] *n* зал, помещéние для приёмов, концéртов, собрáний *и т. п.*

assent I [əˈsent] *n* 1) соглáсие; **to nod** ~ кивнýть в знак соглáсия 2) сáнкция

assent II *v* 1) соглашáться, давáть соглáсие; уступáть *(to)* 2) санкциони́ровать

assert [əˈsɜːt] *v* 1) утверждáть; заявля́ть 2) отстáивать; ~ **one's rights** отстáивать свои́ правá 3) предъявля́ть претéнзию

assertion [əˈsɜːʃ(ə)n] *n* 1) утверждéние; заявлéние 2) защи́та, отстáивание *(своих прав и т. п.)*

assertive [əˈsɜːtɪv] *a* 1) утверди́тельный, положи́тельный; **in an** ~ **tone** авторитéтным тóном 2) насто́йчивый; напóристый

assess [əˈses] *v* 1) оцéнивать имýщество (для обложéния налóгом) 2) устанáвливать сýмму налóга, штрáфа *(on)* 3) облагáть налóгом; штрафовáть

assessable [əˈsesəbl] *a* подлежáщий обложéнию налóгами

assessment [əˈsesmənt] *n* 1) оцéнка имýщества (для обложéния налóгом) 2) обложéние (налóгом); ~ **for taxation** обложéние налóгами 3) сýмма обложéния налóгом 4) оцéнка, мнéние, суждéние

assessor [əˈsesə(r)] *n* 1) налóговый инспéктор 2) консультáнт *(при судье и т. п.)*

asset [ˈæset] *n* 1) цéнное кáчество, достóинство; **he is an** ~ **to the firm** он цéнное приобретéние для фи́рмы 2) *pl фин.* акти́в(ы); ~**s and liabilities** акти́в и пасси́в 3) *pl юр.* имýщество несостоя́тельного должникá

asseverate [əˈsevəreɪt] *v* торжéственно заявля́ть

asseveration [əˌsevəˈreɪʃ(ə)n] *n* торжéственное заявлéние

assiduity [ˌæsɪˈdjuːɪtɪ] *n* 1) прилежáние, усéрдие 2) *pl* ухáживания

assiduous [əˈsɪdjʊəs] *a* прилéжный, усéрдный

assign I [əˈsaɪn] *v* 1) ассигновáть; предназначáть, отводи́ть 2) назначáть (на дóлжность) 3) назначáть; определя́ть *(срок, границы)* 4) передавáть *(имущество и т. п.)* 5) припи́сывать

assign II *n юр.* правопреéмник

assignation [ˌæsɪɡˈneɪʃ(ə)n] *n* 1) услóвленная встрéча; свидáние 2) назначéние 3) ассигновáние, выделéние 4) передáча *(прав, имущества)*

assignee [ˌæsaɪˈniː] *n* 1) уполномóченный; представи́тель 2) *юр.* правопреéмник

assignment [əˈsaɪnmənt] *n* 1) назначéние; выделéние; задáние, поручéние; **home** ~ домáшнее задáние 2) передáча *(прав, имущества);* докумéнт о передáче 3) *вчт* припи́сывание, присвáивание, присвоéние, задáние *(величины)* 4) *вчт* выделéние, предоставлéние *(каналов)* 5) *вчт* распределéние *(ресурсов)*

assimilate [əˈsɪmɪleɪt] *v* 1) усвáивать(ся); поглощáть(ся); **fish is easily** ~**d** ры́ба легкó усвáивается органи́змом; **to** ~ **information** усвáивать информáцию 2) уподобля́ть(ся), ассимили́ровать(ся) *(to, with)*

assimilation [əˌsɪmɪˈleɪʃ(ə)n] *n* 1) усвоéние, поглощéние 2) уподоблéние, ассимиля́ция

assist [əˈsɪst] *v* 1) помогáть; содéйствовать 2) принимáть учáстие *(in)*; присýтствовать *(at)*

assistance [əˈsɪstəns] *n* пóмощь, содéйствие; **roadside** ~ техни́ческая пóмощь на дорóге; **to be of** ~ **to smb** быть полéзным комý-л.

assistant [əˈsɪstənt] *n* 1) помóщник; ассистéнт 2) *attr:* ~ **manager** замести́тель управля́ющего, дирéктора

assisted area [əˌsɪstɪdˈeərɪə] *n брит.* райóн высóкой безрабóтицы, где прави́тельство окáзывает пóмощь в разви́тии мéстной промы́шленности

assisted suicide [əˈsɪstɪdˈsuːɪsaɪd] *n* эвтанáзия *(содействие умиранию неизлечимого больного с его согласия)*

associate I [əˈsəʊʃɪt] *n* 1) деловóй партнёр; коллéга; 2) товáрищ, компаньóн 2) младший член корпора́ции; член-корреспонде́нт *(научного общества)*

associate II *a* объединённый; присоединённый, свя́занный; сою́зный

associate III [ə´səʊʃɪeɪt] *v* 1) ассоции́ровать(ся) 2) соединя́ть(ся); объединя́ть(ся) 3) присоединя́ться; вступа́ть *(в общество, компанию и т. п.)* 4) обща́ться *(with)*

association [ə͵səʊsɪ´eɪʃ(ə)n] *n* 1) о́бщество, ассоциа́ция 2) соедине́ние; объедине́ние 3) ассоциа́ция; связь представле́ний, иде́й 4) обще́ние

Association Football [ə͵səʊsɪ´eɪʃ(ə)n´fʊtbɔ:l] *n* брит. футбо́л *(правила современного футбола были разработаны Футбольной ассоциацией Англии)*

associative [ə´səʊʃɪətɪv] *a* ассоциати́вный, сочета́тельный

assonance [´æsənəns] *n* созву́чие; ассона́нс

assonant [´æsənənt] *a* созву́чный

assort [ə´sɔ:t] *v* 1) сортирова́ть; группирова́ть 2) согласова́ться, гармони́ровать *(with)*

assorted [ə´sɔ:tɪd] *a* ра́зных ви́дов, сме́шанный, ассорти́

assortment [ə´sɔ:tmənt] *n* 1) набо́р, ассортиме́нт 2) подбо́р

asst. *сокр. см.* **assistant**

assuage [ə´sweɪdʒ] *v* 1) успока́ивать, облегча́ть *(боль и т. п.)*; смягча́ть *(горе и т. п.)* 2) утоля́ть *(голод)*; удовлетворя́ть *(желание)*

assuagement [ə´sweɪdʒmənt] *n* успокое́ние, облегче́ние *(боли и т. п.)*

assume [ə´sju:m] *v* 1) допуска́ть, предполага́ть 2) напуска́ть на себя́ *(важность и т. п.)*; притворя́ться, симули́ровать 3) брать на себя́ *(ответственность и т. п.)* 4) принима́ть, приобрета́ть *(вид, форму)* 5) присва́ивать

assumed [ə´sju:md] *a* притво́рный, напускно́й; ~ **name** вы́мышленное и́мя, псевдони́м

assuming [ə´sju:mɪŋ] *a* самонадея́нный

assumption [ə´sʌmpʃ(ə)n] *n* 1) предположе́ние, допуще́ние 2) приня́тие на себя́; присвое́ние 3) самонадея́нность; высокоме́рие 4) (**the A.**) рел. Успе́ние Богома́тери *(праздник)*

assumptive [ə´sʌmptɪv] *a* 1) предполага́емый, допуска́емый 2) самонадея́нный; высокоме́рный

assurance [ə´ʃʊərəns] *n* 1) увере́ние, завере́ние; гара́нтия 2) уве́ренность 3) самоуве́ренность, самонадея́нность 3) страхова́ние *(обыкн.* **life** ~)

assure [ə´ʃʊə(r)] *v* 1) уверя́ть; заверя́ть *(кого-л.)*; **to** ~ **of one's loyalty** уверя́ть в свое́й пре́-

данности 2) гаранти́ровать, обеспе́чивать 3) страхова́ть

assured [ə´ʃʊəd] *a* 1) гаранти́рованный, обеспе́ченный; **he has an** ~ **income** у него́ твёрдый годово́й дохо́д; **you may rest** ~ **that...** бу́дьте уве́рены, что... 2) самоуве́ренный

assuredly [ə´ʃʊərɪdlɪ] *adv* коне́чно, несомне́нно

aster [´æstə(r)] *n бот.* а́стра

asterisk I [´æstərɪsk] *n полигр.* звёздочка, астери́ск *(знак* *****)

asterisk II *v полигр.* отмеча́ть звёздочкой

astern [əs´tɜ:n] *adv мор.* 1) на корме́, за кормо́й 2) наза́д

asteroid [´æstərɔɪd] *n астр.* астеро́ид, ма́лая плане́та

asteroidal [æstə´rɔɪdəl] *a астр.* астеро́идный

asthenia [æs´θi:nɪə] *n мед.* астени́я, астени́ческий синдро́м

asthenic [æs´θenɪk] *a* астени́ческий

asthma [´æsmə] *n* а́стма

asthmatic I [æs´mætɪk] *n* астма́тик

asthmatic II *a* астмати́ческий; страда́ющий а́стмой

astigmatism [ə´stɪgmətɪz(ə)m] *n* астигмати́зм

astir [ə´stɜ:] *a predic* 1) в движе́нии 2) на нога́х; вста́вший с посте́ли

astonish [əs´tɒnɪʃ] *v* си́льно удивля́ть, изумля́ть

astonishing [əs´tɒnɪʃɪŋ] *a* изуми́тельный, порази́тельный

astonishment [əs´tɒnɪʃmənt] *n* си́льное удивле́ние, изумле́ние

astound [ə´staʊnd] *v* поража́ть

astounding [ə´staʊndɪŋ] *a* порази́тельный

astraddle [ə´strædl] *adv* широко́ расста́вив но́ги; верхо́м

astrakhan [͵æstrə´kæn] *n* 1) кара́куль 2) *attr* кара́кулевый

astral [´æstrəl] *a* астра́льный, звёздный

astray [ə´streɪ] *adv:* **to go/to run** ~ сби́ться с пути́; **to lead** ~ ввести́ в заблужде́ние

astride [ə´straɪd] *adv* верхо́м *(на — of)*; в седле́; **to ride** ~ е́хать верхо́м

astringent I [ə´strɪndʒənt] *n* вя́жущее сре́дство

astringent II *a* вя́жущий

astrolabe [´æstrəleɪb] *n геод.* астроля́бия

astrologer [ə´strɒlədʒə(r)] *n* астро́лог

astrology [ə´strɒlədʒɪ] *n* астроло́гия

astronaut [´æstrənɔ:t] *n* астрона́вт

astronautics [͵æstrə´nɔ:tɪks] *n* астрона́втика

astronomer [ə´strɒnəmə(r)] *n* астроно́м

astronomic(al) [͵æstrə´nɒmɪk(əl)] *a* астрономи́ческий

astronomy [əs´trɒnəmɪ] *n* астроно́мия

astrophysics [ˌæstrəʊ'fɪzɪks] *n* астрофи́зика

astute [ə'stju:t] *a* 1) проница́тельный 2) сообрази́тельный, хи́трый

asunder [ə'sʌndə(r)] *adv* по́рознь, отде́льно друг от дру́га; **to tear ~** разорва́ть на куски́, на ча́сти

asylum [ə'saɪləm] *n* 1) убе́жище, прию́т; **to seek political ~** иска́ть полити́ческого убе́жища 2) психиатри́ческая больни́ца (*тж* **lunatic ~**)

asymmetric(al) [ˌæsɪ'metrɪk(l)] *a* несимметри́чный, асимметри́чный

asymmetry [æ'sɪmɪtrɪ] *n* асимметри́я

asynchronous [eɪ'sɪŋkrənəs] *a* асинхро́нный

at [ət; *полная форма* æt] *prep* 1) *в пространственном значении указывает на:* а) *близость к другому предмету* у, о́коло; **at the window** у окна́; **at the door** у две́ри б) *присутствие в определённом месте или участие в чём-л.* в, на; **at the lesson/meeting/concert** на уро́ке/собра́нии/конце́рте; **at school** в шко́ле; **at war** на войне́ в) *местонахождение в небольшом населённом пункте* в; **at a small town** в ма́леньком городке́; **to arrive at Ashford** прибы́ть/прие́хать в Э́шфорд 2) *во временном значении указывает на момент, время действия* в, на, за *или переводится наречием:* **at six o'clock** в шесть часо́в; **at noon/midnight** в по́лдень/по́лночь; **at dawn** на рассве́те; **at breakfast/lunchtime** за за́втраком/за обе́дом; **at present** в настоя́щее вре́мя 3) *указывает на определённый период протекания действия или процесса:* **the trees and flowers are at their best in spring** дере́вья и цветы́ осо́бенно хороши́ весно́й; **she wasn't at her best** она́ была́ не в лу́чшей фо́рме 4) *указывает на темп действия:* **at a quick rate** бы́стрым те́мпом; **at full speed** по́лным хо́дом 5) *указывает на оценку, цену* по, за; **at a good price** за хоро́шую це́ну 6) *указывает на направление действия* в, на, к; **he aimed at them** он це́лился в них; **she smiled at me** она́ мне улыбну́лась; **they looked at me** они́ посмотре́ли на меня́ 7) *в некоторых сочетаниях:* **at all** совсе́м, вообще́; **at once** сра́зу; **at first** снача́ла; **at last** наконе́ц; **at a loss** в расте́рянности; **at ease** свобо́дно, раско́ванно

atavism ['ætəvɪz(ə)m] *n* атави́зм

atavistic [ætə'vɪstɪk] *a* атависти́ческий

ate [et] *past см.* **eat**

atelier [ə'telɪeɪ] *n* мастерска́я, сту́дия

atheism ['eɪθɪɪz(ə)m] *n* атеи́зм

atheist ['eɪθɪɪst] *n* атеи́ст

atheistic [ˌeɪθɪ'ɪstɪk] *a* атеисти́ческий

athenaeum [ˌæθɪ'ni:əm] *n* 1) литерату́рное *или* нау́чное о́бщество; **the A.** «Атене́ум», литерату́рный клуб в Ло́ндоне 2) библиоте́ка

Athenian I [ə'θi:nɪən] *n* афи́нянин

Athenian II *a* афи́нский

athirst [ə'θɜ:st] *a predic поэт.* 1) жа́ждущий; стремя́щийся (*for*) 2) испы́тывающий жа́жду

athlete ['æθli:t] *n* 1) спортсме́н, атле́т 2) сила́ч

athletic [æθ'letɪk] *a* атлети́ческий

athletics [æθ'letɪks] *n* атле́тика

athwart I [ə'θwɔ:t] *adv* 1) поперёк; на́искось; перпендикуля́рно 2) про́тив, напереко́р 3) *мор.* на тра́верзе

athwart II *prep* 1) поперёк; че́рез 2) вопреки́, про́тив

atilt [ə'tɪlt] *adv* накло́нно

Atlantic I [ət'læntɪk] *n* Атланти́ческий океа́н (*тж* **~ Ocean**)

Atlantic II *a* атланти́ческий

atlas ['ætləs] *n* 1) географи́ческий а́тлас 2) *анат.* атла́нт

ATM [ˌeɪti:'em] *сокр.* (**automated teller machine**) *амер.* банкома́т

atmosphere ['ætməsfɪə(r)] *n* 1) атмосфе́ра 2) атмосфе́ра, окружа́ющая обстано́вка; **a friendly ~** дру́жественная атмосфе́ра

atmospheric [ˌætməs'ferɪk] *a* атмосфе́рный

atmospherics [ˌætməs'ferɪks] *n pl радио* атмосфе́рные поме́хи

atoll [ə'tɒl] *n* ато́лл, кора́лловый о́стров

atom ['ætəm] *n* 1) а́том 2) мельча́йшая части́ца; **not an ~ of** ни ка́пли, ни те́ни (*чего-л.*) 3) *attr* а́томный; **~ bomb** а́томная бо́мба

atomic [ə'tɒmɪk] *a* а́томный; **~ bomb** а́томная бо́мба; **~ energy** а́томная эне́ргия; **~ pile** я́дерный реа́ктор; **~ warfare** а́томная война́

atomicity [ˌætə'mɪsɪtɪ] *n* 1) а́томность 2) вале́нтность

atomize [ˌætə'maɪz] *v* распыля́ть

atomizer ['ætəmaɪzə(r)] *n* 1) пульвериза́тор 2) *тех.* форсу́нка; распыли́тель

atom-smasher ['ætəmˌsmæʃə(r)] *n физ. разг.* ускори́тель я́дерных части́ц

atone [ə'təʊn] *v* 1) загла́живать, искупа́ть (*вину*) 2) возмеща́ть, компенси́ровать

atonement [ə'təʊnmənt] *n* 1) искупле́ние (*вины*) 2) возмеще́ние, компенса́ция

atonic [æ'tɒnɪk] *a* 1) *грам.* безуда́рный 2) *мед.* осла́бленный, вя́лый, атони́ческий

atop [ə'tɒp] *adv* наверху́, на верши́не

atrocious [ə'trəʊʃəs] *a* 1) скве́рный, ужа́сный 2) жесто́кий, зве́рский

atrocity [ə'trɒsɪtɪ] *n* жесто́кость; *pl* зве́рства

atrophied ['ætrəfɪd] *a* 1) атрофи́рованный 2) истощённый rophy I [ˈætrəfɪ] *n* 1) *мед.* атрофия 2) ослабление, истощение

rophy II *v* 1) атрофироваться 2) истощать

sign (@) [ˈæt ˌsaɪn] *n вчт* собака, коммерческое at, знак @

symbol [ˈæt ˈsɪmbəl] *см.* at sign

tach [əˈtætʃ] *v* 1) прикреплять, привязывать 2) привлекать к себе; **to be ~ed to smb** привязаться к кому-л. 3) придавать, приписывать, прикладывать; **to ~ great importance to smth** придавать очень большое значение чему-л. 4) присоединяться, вступать 5) *юр.* налагать арест, арестовывать

taché [əˈtæʃeɪ] *n* атташе посольства

taché-case [əˈtæʃeɪkeɪs] *n* плоский чемоданчик «дипломат», *разг.* кейс

tached [əˈtætʃt] *a* 1) привязанный; приложенный 2) прикреплённый 3) *воен.* прикомандированный; приданный 4) присоединённый, подключённый

tachment [əˈtætʃmənt] *n* 1) прикрепление 2) привязанность, преданность 3) *тех.* приспособление; принадлежность 4) *тех.* приставка, насадка 5) *юр.* наложение ареста

ttack I [əˈtæk] *n* 1) атака, нападение 2) нападки 3) приступ болезни; припадок; **heart ~** инфаркт; сердечный приступ

ttack II *v* 1) атаковать, нападать; **he was ~ed in the press** его критиковали в прессе 2) поражать *(о болезни)* 3) разрушать

ttain [əˈteɪn] *v* достигнуть, добиться

ttainability [əˌteɪnəˈbɪlɪtɪ] *n* достижимость

ttainable [əˈteɪnəb(ə)l] *a* достижимый

ttainment [əˈteɪnmənt] *n* достижение; приобретение

ttaint [əˈteɪnt] *v* 1) поражать *(о болезни);* заражать 2) позорить, бесчестить

ttar [ˈætɑ:(r)] *n* 1) эфирное масло 2) розовое масло

ttempt I [əˈtempt] *n* 1) попытка; **he made an ~ at winning** он сделал попытку выйти в победители 2) покушение; **an ~ on his life** покушение на его жизнь

ttempt II *v* пытаться, пробовать; предпринимать; **to ~ to do smth** пытаться сделать что-л.

ttend [əˈtend] *v* 1) посещать *(лекции, собрания);* присутствовать; **to ~ a conference** быть на конференции; **to ~ lectures** посещать лекции 2) сопровождать; **the president was ~ed by his secretaries** президента сопровождали его секретари 3) ухаживать *(за больным и т. п.);* заботиться; следить; обслуживать *(on, upon)* 4) быть внимательным, сосредоточенным *(to);* **he didn't ~ to what I said** он не слушал, что я говорил

attendance [əˈtendəns] *n* 1) присутствие; посещение 2) аудитория, публика 3) уход, обслуживание; **medical ~** медицинское обслуживание; **to be in ~** быть под присмотром ◊ **to dance ~ (up)on** выслуживаться, ходить на задних лапках

attendant I [əˈtendənt] *n* сопровождающее *или* обслуживающее лицо; служитель; **cloakroom ~** гардеробщик

attendant II *a* 1) сопровождающий, сопутствующий 2) обслуживающий; **~ nurse** дежурная сестра

attendee [ætenˈdi:] *n* присутствующий *(на собрании и т. п.)*

attention [əˈtenʃ(ə)n] *n* 1) внимание; внимательность; **to attract ~ to** привлекать внимание к; **to pay ~ to** обращать внимание на; **to compel ~** приковывать внимание; **with due ~** с должным вниманием; **to be all ~** сосредоточить всё внимание; **to slip one's ~** ускользнуть от чьего-л. внимания 2) заботливость; забота; уход *(за больным и т. п.);* обслуживание 3) *pl* знаки внимания, ухаживание; **she was the subject of his ~s** она была предметом его ухаживаний 4) *воен.* положение «смирно»; **to stand at ~** стоять смирно; **~!** смирно!

attentive [əˈtentɪv] *a* 1) внимательный 2) заботливый 3) вежливый, предупредительный

attenuate I [əˈtenjʊət] *a* 1) худой 2) разжижённый

attenuate II [əˈtenjʊeɪt] *v* 1) истощать, ослаблять 2) разжижать 3) *тех., физ.* затухать

attenuation [əˌtenjʊˈeɪʃ(ə)n] *n* 1) истощение; ослабление 2) разжижение 3) *тех., физ.* затухание

attest [əˈtest] *v* 1) удостоверять; подтверждать 2) *юр.* давать свидетельские показания *(to)* 3) зачислять *или* поступать на военную службу

attestation [ˌæteˈsteɪʃ(ə)n] *n* 1) удостоверение, засвидетельствование *(подписи, документа)* 2) *юр.* свидетельское показание 3) зачисление *или* поступление на военную службу

attested [əˈtestɪd] *a* проверенный *(о продуктах и т. п.)*

Attic [ˈætɪk] *a* аттический ◊ **~ salt, ~ wit** тонкое остроумие, тонкая острота

attic [ˈætɪk] *n* мансарда; чердак

atticism [ˈætɪˌsɪz(ə)m] *n* изящный стиль *(речи),* красивый слог

attire I [əˈtaɪə(r)] *n* наряд; парадная форма

attire II *v* наряжать, одевать

attitude [ˈætɪtjuːd] *n* 1) пози́ция; отноше́ние *(к чему-л. — to)*; **that's a stupid ~ to take** э́то неу́мная пози́ция 2) по́за; оса́нка; **to strike an ~** приня́ть по́зу

attitudinize [ˌætɪˈtjuːdɪnaɪz] *v* 1) принима́ть театра́льные по́зы 2) напы́щенно говори́ть *или* писа́ть

attn. *сокр. см.* **attention**

attorney [əˈtɜːnɪ] *n* пове́ренный, адвока́т; **A. General** генера́льный прокуро́р; мини́стр юсти́ции *(в США)*; **District A.** прокуро́р о́круга *(в США)*; **power of ~** полномо́чие; дове́ренность; **by ~** по дове́ренности

attract [əˈtrækt] *v* 1) притя́гивать, привлека́ть 2) пленя́ть, прельща́ть

attraction [əˈtrækʃ(ə)n] *n* 1) привлека́тельность 2) притяже́ние, тяготе́ние 3) си́ла притяже́ния

attractive [əˈtræktɪv] *a* привлека́тельный, притяга́тельный

attribute I [ˈætrɪbjuːt] *n* 1) сво́йство, ка́чество, характе́рный при́знак, характе́рная черта́ 2) атрибу́т 3) *грам.* определе́ние

attribute II [əˈtrɪbjuːt] *v* припи́сывать, относи́ть *(to)*; **the delay was ~d to the snowfall** опозда́ние бы́ло припи́сано снегопа́ду

attribution [ˌætrɪˈbjuːʃ(ə)n] *n* припи́сывание, отнесе́ние *(to)*

attributive [əˈtrɪbjʊtɪv] *a грам.* атрибути́вный, определи́тельный

attrition [əˈtrɪʃ(ə)n] *n* изна́шивание, истира́ние

attune [əˈtjuːn] *v* 1) подгота́вливать к ситуа́ции, обстано́вке 2) настра́ивать *(муз. инстру́мент)*

Atty *сокр. см.* **attorney**

ATV [ˌeɪtiːˈviː] *сокр.* **(all-terrain vehicle)** вездехо́д, внедоро́жник

atypical [eɪˈtɪpɪkəl] *a* нетипи́чный, атипи́чный; **~ pneumonia** атипи́чная пневмони́я

aubergine [ˈəʊbəʒiːn] *n* баклажа́н *(амер.* **eggplant)**

auburn [ˈɔːbən] *a* кашта́новый, краснова́токори́чневый

auction I [ˈɔːkʃ(ə)n] *n* аукцио́н; **to put up to ~** продава́ть с аукцио́на; **to sell by ~** пойти́ с молотка́; **Dutch ~** «голла́ндский аукцио́н» *(распрода́жа, на кото́рой цена́ снижа́ется, пока́ не найдётся покупа́тель)*

auction II *v* продава́ть с аукцио́на *(off)*

auctioneer [ˌɔːkʃəˈnɪə(r)] *n* аукциони́ст

auctioneering [ˌɔːkʃəˈnɪərɪŋ] *n* аукцио́нная прода́жа

audacious [ɔːˈdeɪʃəs] *a* 1) сме́лый; де́рзкий 2) на́глый

audacity [ɔːˈdæsɪtɪ] *n* 1) сме́лость; де́рзость 2) на́глость

audibility [ˌɔːdɪˈbɪlɪtɪ] *n* слы́шимость

audible [ˈɔːdɪbl] *a* слы́шный, вня́тный; слы́шимый

audibly [ˈɔːdɪblɪ] *adv* слы́шно, вня́тно

audience [ˈɔːdɪəns] *n* 1) аудито́рия; пу́блика; зри́тели; (ра́дио)слу́шатели; **a big ~** многочи́сленная аудито́рия 2) аудие́нция *(у кого-л. — of, with)*; **to give/to grant ~** назна́чить аудие́нцию; вы́слушать

audio [ˈɔːdɪəʊ] *a* слуховой, звуковой; а́удио-

audiophile [ˈɔːdɪəʊfaɪl] *n* люби́тель (музыка́льных) за́писей высо́кого ка́чества

audiotape [ˈɔːdɪəʊteɪp] *n* магни́тная ле́нта для звукоза́писи

audiovisual [ˌɔːdɪəʊˈvɪʒʊəl] *a* аудиовизуа́льный

audit I [ˈɔːdɪt] *n* прове́рка счето́в; реви́зия отчётности, ауди́т

audit II *v* проверя́ть счета́; ревизова́ть отчётность, проводи́ть ауди́т

audition I [ɔːˈdɪʃ(ə)n] *n* 1) прослу́шивание, пока́з *(исполни́телей)* 2) слух

audition II *v* прослу́шиваться, пока́зываться *(об исполни́телях)*

auditor [ˈɔːdɪtə(r)] *n* 1) ауди́тор, ревизо́р 2) слу́шатель

auditorial [ˌɔːdɪˈtɔːɪəl] *a* ауди́торский, ревизио́нный, контро́льный

auditorium [ˌɔːdɪˈtɔːrɪəm] *n* зри́тельный зал; аудито́рия

auditory [ˈɔːdɪtərɪ] *a* слуховой

au fait [əʊˈfeɪ] *фр. a* компете́нтный, зна́ющий *(with)*

Augean [ɔːˈdʒiːən] *a* : **~ stables** а́вгиевы коню́шни

augend [ˈɔːdʒənd] *n мат.* пе́рвое слага́емое

auger [ˈɔːgə(r)] *n тех.* бура́в, бур; шнек

aught [ɔːt] *n уст.* ко́е-что́; не́что; **for ~ I know** наско́лько я зна́ю

augment [ɔːgˈment] *v* увели́чивать(ся); нараста́ть

augmentation [ˌɔːgmenˈteɪʃ(ə)n] *n* увеличе́ние, нараста́ние

augmentative [ɔːgˈmentətɪv] *a* 1) увели́чивающий(ся) 2) *грам.* увеличи́тельный *(о су́ффиксе)*

augur I [ˈɔːgə(r)] *n* авгу́р, прорица́тель

augur II *v* предвеща́ть; предска́зывать

augural [ˈɔːgjərəl] *a* предвеща́ющий

augury [ˈɔːgjərɪ] *n* 1) предзнаменова́ние 2) гада́ние; предсказа́ние

August [ˈɔːgəst] *n* 1) а́вгуст 2) *attr* а́вгустовский

august [ɔːˈgʌst] *a* вели́чественный; внуша́ющий почте́ние; августе́йший

Augustan [ɔːˈgʌstən] *a* а́вгустовский, отно́сящийся к эпо́хе импера́тора А́вгуста; **~ age**

эпóха А́вгуста, *перен.* класси́ческий век литерату́ры *(в Англии – 17 – 18 вв.)*

Augustinian [ˌɔːɡəsˈtɪnɪən] *n* августи́нец *(монах)*

aunt [ɑːnt] *n* тётя, тётка

auntie [ˈɑːntɪ] *n разг.* тётушка

au pair [əʊˈpeə(r)] *n фр.* помóщница по хозя́йству *(обыкн. молодая иностранка, живущая в доме и изучающая язык данной страны)*

aura [ˈɔːrə] *n* 1) лёгкое дуновéние 2) áура 3) атмосфéра, дух

aural [ˈɔːrəl] *a* 1) ушнóй 2) слуховóй *(о восприятии)*

aurally [ˈɔːrəlɪ] *adv* на слух, у́стно

aureate [ˈɔːrɪət] *a* 1) золоти́стый 2) блестя́щий, сверкáющий

aureola [ɔːˈrɪələ] *n* ореóл, сия́ние, вéнчик

aureole [ˈɔːrɪəʊl] *см.* aureola

auricle [ˈɔːrɪkl] *n анат.* 1) у́хо, ушнáя рáковина 2) у́шко предсéрдия

auricular [ɔːˈrɪkjʊlə(r)] *a анат.* 1) ушнóй 2) относя́щийся к у́шку предсéрдия

auriferous [ɔːˈrɪfərəs] *a* золотонóсный

aurochs [ˈɔːrɒks] *n зоол.* зубр

aurora [ɔːˈrɔːrə] *n* 1) поля́рное сия́ние; **the A. Australis** ю́жное поля́рное сия́ние; **the A. Borealis** сéверное поля́рное сия́ние 2) *поэт.* аврóра, у́тренняя заря́

auroral [ɔːˈrɔːrəl] *a* 1) свя́занный с сéверным *или* ю́жным поля́рным сия́нием 2) у́тренний; сия́ющий, румя́ный как заря́

auscultation [ˌɔːskəlˈteɪʃ(ə)n] *n мед.* выслу́шивание *(больного)*, аускультáция

auspice [ˈɔːspɪs] *n* 1) *pl* покрови́тельство; патронáж; **under the ~s** под покрови́тельством, при содéйствии 2) предзнаменовáние

auspicious [ɔːˈspɪʃəs] *a* благоприя́тный

Aussie [ˈɔːsɪ] *n разг.* 1) австрали́ец *(тж* **Ossie, Ozzie)** 2) Австрáлия 3) *attr* австрали́йский

austere [ɔːˈstɪə(r)] *a* 1) сурóвый, стрóгий; аскети́чный 2) простóй, без затéй

austerity [ɒˈsterɪtɪ] *n* 1) стрóгость, сурóвость; аскети́зм 2) простотá

austral [ˈɔːstrəl] *a* ю́жный

Australian I [ɒˈstreɪlɪən] *n* австрали́ец; австрали́йка; **the ~s** австрали́йцы

Australian II *a* австрали́йский

Austrian I [ˈɒstrɪən] *n* австри́ец; австри́йка; **the ~s** австри́йцы

Austrian II *a* австри́йский

autarchy [ˈɔːtɑːkɪ] *n* 1) абсолю́тная монáрхия 2) деспоти́зм

autarky [ˈɔːtɑːkɪ] *n эк.* автáркия

authentic [ɔːˈθentɪk] *a* пóдлинный, достовéрный; аутенти́чный

authentically [ɔːˈθentɪkəlɪ] *adv* пóдлинно, достовéрно

authenticate [ɔːˈθentɪkeɪt] *v* 1) устанáвливать пóдлинность 2) удостоверя́ть 3) *вчт* опознавáть

authentication [ɔːˌθentɪˈkeɪʃ(ə)n] *n* 1) установлéние пóдлинности 2) удостоверéние пóдлинности 3) *вчт* опознавáние

authenticity [ˌɔːθenˈtɪsɪtɪ] *n* пóдлинность, достовéрность; аутенти́чность

author [ˈɔːθə(r)] *n* 1) áвтор, писáтель 2) создáтель; творéц 3) инициáтор; винóвник

authoress [ˈɔːθərɪs] *n* писáтельница

authoritarian I [ɔːˌθɒrɪˈteərɪən] *n* сторóнник авторитáрной влáсти

authoritarian II *a* авторитáрный

authoritative [ɔːˈθɒrɪtətɪv] *a* 1) авторитéтный 2) влáстный; повели́тельный

authority [ɔːˈθɒrɪtɪ] *n* 1) власть; полномóчие *(to + inf, for)* 2) *обыкн. pl* влáсти, руковóдство; **the city authorities** городски́е влáсти 3) авторитéт; влия́ние; вес; **he spoke with ~** он говори́л авторитéтным тóном 4) авторитéт, авторитéтный специали́ст 5) авторитéтный истóчник *(книга и т. п.)* 6) доказáтельство, основáние, дóвод

authorization [ˌɔːθəraɪˈzeɪʃən] *n* разрешéние, сáнкция

authorize [ˈɔːθəraɪz] *v* 1) разрешáть, санкциони́ровать 2) поручáть, уполномóчивать

authorized [ˈɔːθəraɪzd] *a* 1) санкциони́рованный 2) авторизóванный *(о переводе)*

authorship [ˈɔːθəʃɪp] *n* áвторство; **of unknown ~** неизвéстного áвтора

autism [ˈɔːtɪzəm] *n психол.* аути́зм

auto [ˈɔːtəʊ] *n разг.* автомоби́ль

auto- [ˈɔːtəʊ-] *pref* авто-, само-

autobiographic [ˌɔːtəʊˌbaɪəˈɡræfɪk] *a* автобиографи́ческий

autobiography [ˌɔːtəʊbaɪˈɒɡrəfɪ] *n* автобиогрáфия

autocade [ˈɔːtəʊkeɪd] *n амер.* кортéж автомоби́лей; автоколóнна

autocracy [ɔːˈtɒkrəsɪ] *n* самодержáвие, автокрáтия

autocrat [ˈɔːtəkræt] *n* 1) самодéржец 2) диктáтор

autocratic(al) [ˌɔːtəˈkrætɪk(əl)] *a* 1) самодержáвный 2) деспоти́ческий, самовлáстный

autocross [ˈɔːtəʊkrɒs] *n* автокрóсс

Autocue [ˈɔːtəʊkjuː] *n* телесуфлёр *(приспособление)*

autogenesis [ˌɔːtəʊˈdʒenɪsɪs] *n биол.* аутогенéз

autogenous [ɔːˈtɒdʒɪnəs] *a* аутогéнный

autograph I [ˈɔːtəɡrɑːf] *n* 1) автóграф 2) оригинáл ру́кописи

autograph II *v* дава́ть авто́граф

autographic [ˌɔːtəˈgræfɪk] *a* собственноручно напи́санный

autoimmune [ˌɔːtɔɪˈmjuːn] *a* мед. аутоиммýнный

automat [ˈɔːtəmæt] *n* амер. 1) (торго́вый) автома́т 2) кафé-автома́т

automata [ɔːˈtɒmətə] *pl см.* **automaton**

automate [ˈɔːtəmeɪt] *v* автоматизи́ровать

automatic I [ˌɔːtəˈmætɪk] *n* 1) автомати́ческий механи́зм; автома́т 2) автомати́ческое орýжие

automatic II *a* 1) автомати́ческий; ~ **pilot** автопило́т 2) машина́льный, непроизво́льный

automatically [ˌɔːtəˈmætɪkəlɪ] *adv* 1) автомати́чески 2) машина́льно, непроизво́льно

automation [ˌɔːtəˈmeɪʃ(ə)n] *n* автоматиза́ция

automatism [ɔːˈtɒmətɪz(ə)m] *n* автомати́зм; непроизво́льное движе́ние, де́йствие

automaton [ɔːˈtɒmətən] *n* (*pl тж* **automata**) автома́т; ро́бот (*тж перен.*)

automobile [ˈɔːtəməbiːl] *n* амер. автомоби́ль

automotive [ˌɔːtəˈməʊtɪv] *a* автомоби́льный (*о промышленности*)

autonomist [ɔːˈtɒnəmɪst] *n* сторо́нник автоно́мии

autonomous [ɔːˈtɒnəməs] *a* автоно́мный

autonomy [ɔːˈtɒnəmɪ] *n* 1) пра́во на самоуправле́ние 2) автоно́мия; самоуправле́ние 3) автоно́мное госуда́рство

autopilot [ˈɔːtəʊˌpaɪlət] *n* автопило́т

autopsy [ˈɔːtɒpsɪ] *n* мед. вскры́тие (*трупа*), аутопси́я

autorotation [ˌɔːtəʊrəʊˈteɪʃ(ə)n] *n* авторота́ция; автомати́ческий разворо́т

autostrada [ˈɔːtəʊˌstreɪdə] *n* автостра́да

auto-suggestion [ˌɔːtəʊsəˈdʒestʃ(ə)n] *n* самовнуше́ние

autotruck [ˌɔːtəˈtrʌk] *n* грузово́й автомоби́ль, грузови́к

autotype [ˈɔːtətaɪp] *n* факси́мильный отпеча́ток, факсимиле́

autumn [ˈɔːtəm] *n* 1) о́сень; **last ~** про́шлой о́сенью 2) *attr* осе́нний

autumnal [ɔːˈtʌmnəl] *a* осе́нний

auxiliary I [ɔːgˈzɪljərɪ] *n* 1) помо́щник 2) *грам.* вспомога́тельный глаго́л (*тж ~* **verb**) 3) *pl* иностра́нные наёмные *или* сою́зные войска́ 4) вспомога́тельный механи́зм

auxiliary II *a* вспомога́тельный

avail I [əˈveɪl] *n* по́льза, вы́года; **of ~** поле́зный, приго́дный; **of no ~, without ~** бесполе́зный; **to little ~** малополе́зный

avail II *v* быть поле́зным, приго́дным; **to ~ oneself of** испо́льзовать (*что-л.*), воспользоваться (*чем-л.*)

availability [əˌveɪləˈbɪlɪtɪ] *n* 1) нали́чие 2) приго́дность; поле́зность 3) ассортиме́нт

available [əˈveɪləbl] *a* 1) нали́чный, име́ющийся в распоряже́нии; доступный; **is the manager ~ now?** мо́жно сейча́с ви́деть заве́дующего? 2) (при)го́дный; поле́зный 3) действи́тельный (*о билете и т. п.*)

avalanche [ˈævəlɑːnʃ] *n* 1) снéжная лави́на, снéжный обва́л 2) ма́сса, пото́к, лави́на

avalanche-type [ˈævəlɑːnʃˌtaɪp] *a* лави́нный, лавинообра́зный

avant-garde [ˌævɒŋˈgɑːd] *n иск.* авангарди́зм

avarice [ˈævərɪs] *n* жа́дность, а́лчность

avaricious [ˌævəˈrɪʃəs] *a* жа́дный, а́лчный

avast [əˈvɑːst] *int мор.* стой!, стоп!

avenge [əˈvendʒ] *v* мстить; **to ~ oneself** отомсти́ть за себя́

avengeful [əˈvendʒfʊl] *a* мсти́тельный

avenger [əˈvendʒə(r)] *n* мсти́тель

avenue [ˈævənjuː] *n* 1) широ́кая у́лица; проспе́кт, авеню́ 2) алле́я, доро́га (*к дому и т. п.*) 3) путь; сре́дство

aver [əˈvɜː(r)] *v* утвержда́ть

average I [ˈævərɪdʒ] *n* 1) сре́днее число́, сре́дняя величина́; **on the ~** в сре́днем; **below/ above the ~** ни́же/вы́ше сре́днего 2) распределе́ние убы́тка ме́жду владе́льцами су́дна *или* това́ра при ава́рии

average II *a* 1) сре́дний 2) обы́чный, норма́льный

average III *v* 1) составля́ть в сре́днем 2) выводи́ть сре́днее число́

average out вы́числить сре́днюю величину́

averaging [ˈæv(ə)rɪdʒɪŋ] *n* усредне́ние

averment [əˈvɜːmənt] *n юр.* 1) утвержде́ние 2) доказа́тельство

averse [əˈvɜːs] *a* нерасполо́женный, несклó́нный; пита́ющий отвраще́ние (*to, from*); **I'm ~ to early rising** я не люблю́ ра́но встава́ть; **I'm not ~ to taking a drink** *разг.* я не прó́тив вы́пить рю́мку

aversion [əˈvɜːʃ(ə)n] *n* 1) неприя́знь, антипа́тия (*to, from, for*) 2) нежела́ние (*to + Inf*) 3) предме́т антипа́тии

avert [əˈvɜːt] *v* 1) отводи́ть (*глаза*); отвлека́ть (*мысли*) 2) отвраща́ть (*опасность, беду*)

avertible [əˈvɜːtɪbl] *a* предотврати́мый

aviary [ˈeɪvɪərɪ] *n* вольéр для птиц; пти́чник

aviate [ˈeɪvɪeɪt] *v* лета́ть на лета́тельном аппара́те; управля́ть лета́тельным аппара́том

aviation [ˌeɪvɪˈeɪʃ(ə)n] *n* 1) авиа́ция; **civil ~** гражда́нская авиа́ция; **liaison ~** авиа́ция свя́зи 2) *attr* авиацио́нный

aviator [ˈeɪvɪeɪtə(r)] *n* авиа́тор, лётчик

aviculture [ˈeɪvɪkʌltʃə(r)] *n* птицево́дство

avid [ˈævɪd] *a* жа́дный, а́лчный (*of, for*)

avidity [ə´vɪdɪtɪ] *n* жа́дность, а́лчность

avionics [ˌeɪvɪ´ɒnɪks] *n* авиацио́нная (радио)-электро́ника

avitaminosis [eɪˌvɪtəmɪ´nəʊsɪs] *n мед.* авитамино́з

avocado [ˌævə´kɑːdəʊ] *n бот.* авока́до

avocation [ˌævə´keɪʃ(ə)n] *n* 1) люби́мое заня́тие, хо́бби 2) *разг.* призва́ние, скло́нность

avoid [ə´vɔɪd] *v* 1) избега́ть; уклоня́ться; **to ~ a blow** уклони́ться от уда́ра; **he ~ed the question** он обошёл э́тот вопро́с 2) *юр.* аннули́ровать

avoidable [ə´vɔɪdəbl] *a* тако́й, кото́рого мо́жно избежа́ть

avoidance [ə´vɔɪdəns] *n* 1) избежа́ние, уклоне́ние, предотвраще́ние 2) отме́на, аннули́рование

avometer *сокр.* **(ampere-volt-ohmmeter)** *n эл.* аво́метр, амперво́льтомме́тр

avouch [ə´vaʊtʃ] *v уст.* 1) подтвержда́ть; утвержда́ть 2) руча́ться, гаранти́ровать 3) признава́ться

avow [ə´vaʊ] *v* признава́ть; **to ~ oneself** признава́ться, призна́ть себя́

avowal [ə´vaʊəl] *n* (откры́тое) призна́ние

avowed [ə´vaʊd] *a* общепри́знанный

avowedly [ə´vaʊɪdlɪ] *adv* откры́то, гла́сно

avulsion [ə´vʌlʃ(ə)n] *n* отры́в, разры́в

avuncular [ə´vʌŋkjʊlə(r)] *a* дя́дин, дя́дюшкин

AWACS [´eɪwæks] *сокр.* **(Airborne Warning And Control System)** *n* систе́ма да́льнего радиолокацио́нного обнаруже́ния и управле́ния, АВА́КС

await [ə´weɪt] *v* ждать, ожида́ть; **I ~ your reply** я жду ва́шего отве́та; **a surprise ~s you** вас ожида́ет сюрпри́з

awake I [ə´weɪk] *a predic* 1) бо́дрствующий; просну́вшийся; **to be ~** а) просну́ться б) бо́дрствовать; **to be ~ to** я́сно сознава́ть что-л. 2) бди́тельный

awake II *v* **(awoke; awoken)** 1) буди́ть; *перен.* пробужда́ть 2) просыпа́ться 3) осозна́ть *(to)*

awaken [ə´weɪkən] *v* 1) просыпа́ться 2) *перен.* пробужда́ть

award I [ə´wɔːd] *n* 1) присужде́ние *(премии, награды)* 2) награ́да 3) наказа́ние 4) реше́ние *(суда, жюри)* 5) : **Academy A.** *кино* пре́мия «О́скар» *(тж* Oscar)

award II *v* присужда́ть что-л.; награжда́ть чем-л.

aware [ə´weə(r)] *a predic* сознаю́щий, зна́ющий *(of);* **he was fully ~ of the danger** он прекра́сно сознава́л опа́сность

awash [ə´wɒʃ] *a predic* 1) за́литый водо́й 2) смы́тый водо́й

away I [ə´weɪ] *a predic* в отсу́тствии; **he is ~ from home** его́ нет до́ма

away II *adv* 1) *выражает удаление, движение от данного предмета* прочь; **to go ~** уходи́ть 2) *выражает отдалённость, расстояние от данного предмета:* **~ from home** вдали́ от до́ма; **far ~** далеко́; **five miles ~** на расстоя́нии пяти́ миль 3) *выражает прекращение существования, исчезновение:* **sounds died ~** зву́ки замира́ли вдали́; **to waste ~** растра́чивать 4) *выражает непреры́вно продолжающееся действие;* **we chatted ~ for hours** мы часа́ми болта́ли ◊ **~ with you!** прочь!, уходи́те!; **~ with it!** убери́те э́то!

away match [ə´weɪ´mætʃ] *n спорт.* матч на чужо́м по́ле

awe I [ɔː] *n* благогове́йный страх, тре́пет; **to hold in ~** внуша́ть страх, тре́пет, благогове́ние; **to stand in ~** испы́тывать тре́пет *(перед кем-л. — of)*

awe II *v* внуша́ть страх, благогове́ние

awe-inspiring [´ɔːɪnˌspaɪərɪŋ] *a* внуша́ющий страх, благогове́ние, си́льно впечатля́ющий

awesome [´ɔːsəm] *a* внуша́ющий страх, благогове́ние

awestricken [´ɔːˌstrɪkən], **awestruck** [´ɔːstrʌk] *a* поражённый, прони́кнутый благогове́йным стра́хом

awful [´ɔːfʊl] *a* 1) *разг.* ужа́сный 2) внуша́ющий страх, благогове́ние

awfully [´ɔːfəlɪ] *adv* 1) ужа́сно 2) *разг.* чрезвыча́йно, кра́йне

awhile [ə´waɪl] *adv* ненадо́лго; **stay ~** погоди́те немно́го

awkward [´ɔːkwəd] *a* 1) неудо́бный; нело́вкий, затрудни́тельный *(о положении и т. п.)* 2) неуклю́жий, нело́вкий *(о человеке, движении)* 3) тру́дный

awkwardness [´ɔːkwədnɪs] *n* 1) неуклю́жесть 2) нело́вкость

awl [ɔːl] *n* ши́ло

awn [ɔːn] *n бот.* ость *(колоса)*

awning [´ɔːnɪŋ] *n* тент, наве́с

awoke [ə´wəʊk] *past см.* **awake II**

awoken [ə´wəʊkən] *см.* **awake II**

AWOL *сокр.* **(absent without leave)** *a* самово́льный, без разреше́ния ◊ **soldier goes ~** солда́т ушёл в самово́льную отлу́чку

awry I [ə´raɪ] *a predic* 1) криво́й, косо́й 2) искажённый; непра́вильный

awry II *adv* 1) ко́со, кри́во; **to look ~** смотре́ть ко́со, коси́ться 2) непра́вильно, пло́хо; **to take ~** толкова́ть непра́вильно; **to go ~** пойти́ пра́хом; пло́хо поступа́ть

ax(e) I [æks] *n* 1) топо́р 2) ре́зкое сокраще́ние расхо́дов, бюдже́та ◊ **to have an ~ to grind** пресле́довать коры́стные це́ли

ax(e) II *v* 1) руби́ть топоро́м 2) сокраща́ть *(штаты)*; уреза́ть *(бюджет)*; проводи́ть жёсткий режи́м эконо́мии

axial [ˈæksɪəl] *a* осево́й

axiality [ˌæksɪˈælɪtɪ] *n тех.* со́бность

axillary [ækˈsɪlərɪ] *a анат.* подмы́шечный

axiom [ˈæksɪəm] *n* аксио́ма

axiomatic [ˌæksɪəˈmætɪk] *a* не тре́бующий доказа́тельства, самоочеви́дный

axis [ˈæksɪs] *n (pl* **axes)** ось

axle [ˈæksl] *n тех.* ось, вал

ay(e) I [aɪ] *n (pl* **ayes** [aɪz]) положи́тельный отве́т; го́лос «за» *(при голосовании);* **the ayes have it** большинство́ «за» *(при голосовании)*

ay(e) II *int уст., диал.* да

aye [eɪ] *adv уст.* всегда́; **for ~** навсегда́

Azerbaijanian I [ɑːˌzɜːbaɪˈdʒɑːnɪən] *n* 1) азербайджа́нец; азербайджа́нка; **the ~s** азербайджа́нцы 2) азербайджа́нский язы́к

Azerbaijanian II *a* азербайджа́нский

azimuth [ˈæzɪməθ] *n* а́зимут

azure [ˈæʒə(r)] *a* голубо́й, лазу́рный; *ист.* геральди́ческий голубо́й *или* лазу́рный *(о цвете)*

B

B, b [biː] *n* 1) 2-я бу́ква англ. алфави́та 2) *муз.* но́та си

BA *сокр.* **(Bachelor of Arts)** бакала́вр гумани́тарных нау́к

babble I [ˈbæbl] *n* 1) ле́пет; бормота́ние 2) болтовня́ 3) журча́ние

babble II *v* 1) лепета́ть; бормота́ть 2) болта́ть 3) журча́ть

babbler [ˈbæblə(r)] *n* болту́н

babe [beɪb] *n* 1) *поэт.* младе́нец, дитя́ 2) *амер. сленг* красо́тка ◊ **~s and sucklings, ~s in the wood** простаки́, наи́вные, дове́рчивые лю́ди

babel [ˈbeɪbl] *n* 1) шум, гам; гул (голосо́в) 2) шу́мное сбо́рище

baboon [bəˈbuːn] *n* бабуи́н, павиа́н *(обезьяна)*

baby [ˈbeɪbɪ] *n* 1) младе́нец, ребёнок 2) детёныш 3) *разг.* ми́лочка, де́тка ◊ **to hold/to carry the ~** нести́ неприя́тную отве́тственность

baby carriage [ˈbeɪbɪˌkærɪdʒ] *n амер.* де́тская коля́ска

baby food [ˈbeɪbɪˌfuːd] *n* де́тское пита́ние

babyhood [ˈbeɪbɪhʊd] *n* младе́нчество, ра́ннее де́тство

babyish [ˈbeɪbɪʃ] *a* де́тский, младе́нческий; **~ behaviour** ребя́чество

babysit [ˈbeɪbɪˌsɪt] *v* быть приходя́щей ня́ней *(в отсутствие родителей);* **I'll ~ for her tomorrow** я за́втра бу́ду сиде́ть с её детьми́

babysitter [ˈbeɪbɪˌsɪtə(r)] *n* приходя́щая ня́ня

baby talk [ˈbeɪbɪˌtɔːk] *n* сюсю́канье

baby tooth [ˈbeɪbɪˌtuːθ] *n* моло́чный зуб

bacchanal [ˈbækənl] *a* разгу́льный, пья́ный

baccy [ˈbækɪ] *n разг.* табачо́к

bachelor[1] [ˈbætʃələ(r)] *n* холостя́к

bachelor[2] *n* бакала́вр

bacillus [bəˈsɪləs] *n (pl* **bacilli** [bəˈsɪlaɪ]) *мед.* баци́лла, палочкови́дная бакте́рия, *разг.* па́лочка

back I [bæk] *n* 1) спина́; **a pain in the ~** боль в спине́; **the small of the ~** поясни́ца; **he lay on his ~** он лежа́л на спине́ 2) за́дняя, ты́льная часть *или* оборо́тная сторона́ чего́-л.; изна́нка; **~ of the hand** ты́льная пове́рхность руки́; **the ~ of the head** заты́лок; **sign on the ~** распиши́тесь на оборо́те 3) спи́нка *(сидения, стула)*; **folding ~** откидна́я спи́нка 4) *спорт.* защи́тник **~ behind smb's ~** за спино́й кого́-л.; **to say nasty things behind her ~** говори́ть га́дости о ней за её спино́й; **with one's ~ to the wall** припёртый к стене́; **to be at the ~ of smth** быть та́йной причи́ной чего́-л.; **to break the ~ of a job** вы́полнить бо́льшую часть рабо́ты; **they were glad to see the ~ of her** они́ бы́ли ра́ды от неё отде́латься/изба́виться

back II *a* 1) за́дний; **~ garden** сад за до́мом 2) устаре́вший; ста́рый; **~ issues of magazines** ста́рые номера́ журна́лов 3) просро́ченный *(о платеже)*

back III *adv* 1) наза́д; обра́тно; **~ and forth** взад и вперёд; **there and ~** туда́ и обра́тно; **he's just ~ from London** он то́лько что верну́лся из Ло́ндона 2) в стороне́ *(от чего-л.)*, вдали́; **~ from the road** в стороне́ от доро́ги 3) тому́ наза́д; **as far ~ as 1982** ещё в 1982 году́ 4): **~ of** *амер.* позади́ *(чего-л.)* ◊ **to go ~ on one's word/promise** не сдержа́ть слова́/обеща́ния

back IV *v* 1) подде́рживать, ока́зывать подде́ржку; субсиди́ровать 2) дви́гаться в обра́тном направле́нии; дава́ть за́дний ход; пя́титься 3) служи́ть фо́ном, подкла́дкой 4) держа́ть пари́; ста́вить *(на лошадь)*

back down отказываться, отступаться от *(чего-л.)*

back off выви́нчивать, отви́нчивать

back out 1) уклоня́ться от *(чего-л.)*, отступа́ть от *(чего-л.)* 2) выви́нчивать, отви́нчивать

back up 1) ока́зывать подде́ржку, подде́рживать 2) дви́гаться за́дним хо́дом; дви́гаться в обра́тном направле́нии

backache [ˊbækeɪk] *n* боль в спине́, в поясни́це

back-bencher [ˏbækˊbentʃə(r)] *n* заднескаме́ечник, рядово́й депута́т парла́мента, не занима́ющий ва́жного поста́

backbit [ˊbækbɪt] *past см.* **backbite**

backbite [ˊbækbaɪt] *v* (**backbit; backbitten**) злосло́вить, клевета́ть

backbiter [ˊbækˏbaɪtə(r)] *n* клеветни́к

backbitten [ˊbækˏbɪtn] *p. p. см.* **backbite**

backbone [ˊbækbəʊn] *n* 1) *анат.* позвоно́чник, позвоно́чный столб; *перен.* спинно́й хребе́т; **to the ~** до мо́зга косте́й 2) осно́ва, суть; опо́ра 3) твёрдость хара́ктера 4) *амер.* корешо́к *(книги)* 5) *вчт* магистра́ль, магистра́льная ли́ния свя́зи

backbone network [ˊbækbəʊnˊnetwɜ:k] *n вчт* магистра́льная сеть

back-breaking [ˊbækˏbreɪkɪŋ] *a* изнури́тельный, о́чень тяжёлый

back catalog [ˏbækˊkætəlɒg] *n амер. муз.* предыду́щие за́писи *(группы или исполни́теля)*

backchat [ˊbæktʃæt] *n разг.* 1) де́рзкий, ко́лкий отве́т 2) перебра́нка

backcloth [ˊbækklɒθ] *n театр.* за́дник

back-country [ˊbækˏkʌntrɪ] *n австрал.* вну́тренние, отдалённые райо́ны страны́

backdate [bækˊdeɪt] *v* 1) ста́вить да́ту *(на докуме́нте)* за́дним число́м; **to ~ a letter** дати́ровать письмо́ за́дним число́м 2) проводи́ть, утвержда́ть за́дним число́м

backdoor [ˊbækˏdɔ:(r)] *a* закули́сный, та́йный

backdrop [ˊbækdrɒp] *см.* **backcloth**

backer [ˊbækə(r)] *n* тот, кто подде́рживает кого́-л., что́-л.

backfall [ˊbækfɔ:l] *n* отко́с; спуск

backfire I [ˊbækˏfaɪə(r)] *n тех.* обра́тная вспы́шка; обра́тный уда́р

backfire II *v* 1) *тех.* дава́ть обра́тную вспы́шку 2) привести́ к нежела́тельному результа́ту, пря́мо противополо́жному ожида́емому

backflash [ˊbækˏflæʃ] *n* 1) *тех.* обра́тная вспы́шка; обра́тный уда́р 2) *эл.* обра́тное зажига́ние

backflow [ˊbækflɔu] *n мед.* обра́тный ток; рефлю́кс

backgammon [bækˊgæmən] *n* триктра́к, на́рды *(игра)*

background [ˊbækgraʊnd] *n* 1) за́дний план; фон; **to stay in the ~** остава́ться в тени́, на за́днем пла́не 2) подоплёка 3) образова́ние, воспита́ние; подгото́вка; происхожде́ние; **what's his ~?** каково́ его́ происхожде́ние? 4) *attr*: **~ information** необходи́мая информа́ция; **~ colour** фон, фо́новый цвет

backhand [ˊbækhænd] *n спорт.* бэ́кхенд, уда́р закры́той раке́ткой *(в те́ннисе)*

backhanded [ˊbækˊhændɪd] *a* 1) нанесённый закры́той раке́ткой *(об уда́ре)* 2) сомни́тельный, двусмы́сленный *(о комплиме́нте)*

backing [ˊbækɪŋ] *n* 1) подде́ржка 2) подкла́дка 3) музыка́льное сопровожде́ние 4) *тех.* опо́ра; за́дний ход; враще́ние в обра́тную сто́рону 5) *вчт* резерви́рование

backlash [ˊbæklæʃ] *n* 1) нежела́тельная *или* противополо́жная реа́кция 2) *тех.* зазо́р; мёртвый ход; **~ in the steering** свобо́дный ход в рулево́м управле́нии

backlight [ˊbæklaɪt] *n* за́днее окно́ *(автомоби́ля)*

backlist [ˊbæklɪst] *n* спи́сок, катало́г книг, и́зданных *или* находя́щихся в печа́ти

backlog [ˊbæklɒg] *n* накопи́вшаяся невы́полненная рабо́та; незавершённая рабо́та; задо́лженность *(по вы́пуску проду́кции)*

backmost [ˊbækməʊst] *a* са́мый за́дний

backpack [ˊbækpæk] *n* рюкза́к

back pay [ˊbækpeɪ] *n* заде́ржанная зарпла́та

backpressure [ˊbækpreʃə(r)] *n* противодавле́ние

backrest [ˊbækrest] *n* 1) спи́нка *(скамьи́ и т. п.)* 2) *авто* подголо́вник

back room [ˊbækru:m] *n* секре́тный отде́л, та́йная лаборато́рия

back seat [bækˊsi:t] *n* 1) за́днее сиде́нье *(в автомоби́ле)* 2) второстепе́нная роль, скро́мное положе́ние

back-seat driver [ˊbæksi:tˊdraɪvə(r)] *n* безотве́тственный сове́тчик

backside [ˏbækˊsaɪd] *n разг.* зад

back-sight [ˊbækˏsaɪt] *n* прице́л

backslapping [ˊbækslæpɪŋ] *a* запанибра́тский

backslide [ˊbækˏslaɪd] *v* отступа́ть, уступа́ть поро́ку *и т. п.*

backslider [ˊbækˏslaɪdə(r)] *n* отсту́пник

backspace [ˊbækspeɪs] *n вчт* 1) возвра́т 2) возвра́т на пози́цию со стира́нием

backstage [bækˊsteɪdʒ] *adv* за кули́сами

backstairs I [ˊbæksteəz] *n* чёрный ход

backstairs II *a* закули́сный, та́йный

backstop [ˊbækstɒp] *n* упо́р

backstreet ['bækstri:t] *n* 1) глуха́я у́лочка 2) *attr* нелега́льный, подпо́льный

backstroke ['bækstrəʊk] *n спорт.* стиль пла́вания на спине́

back talk ['bæktɔːk] *n разг.* де́рзкий, ре́зкий отве́т

backup ['bækʌp] *n* 1) подде́ржка 2) *вчт* копи́рование/дубли́рование фа́йлов 3) *вчт* резе́рвная ко́пия *(тж ~ copy)*

backup file ['bækʌp ˈfaɪl] *n вчт* резе́рвный файл; дубли́рующий файл

backward I ['bækwəd] *a* 1) обра́тный *(о движе́нии)* 2) у́мственно отста́лый 3) ме́длящий; ро́бкий, неуве́ренный

backward II см. **backwards**

backward link ['bækwəd ˈlɪnk] *n* предыду́щее звено́

backwards ['bækwədz] *adv* 1) наза́д, обра́тно 2) наоборо́т, за́дом наперёд 3) к ху́дшему

backwash ['bækwɒʃ] *n* 1) волна́ от су́дна 2) возду́шный пото́к за самолётом 3) завихре́ние во́здуха

backwater ['bæk,wɔːtə(r)] *n* 1) засто́й, стагна́ция 2) запру́женная вода́; за́водь

backwoods ['bækwʊdz] *n pl* 1) лесна́я глушь 2) глушь, захолу́стье

backyard [bæk'jɑːd] *n* за́дний двор

bacon ['beɪkən] *n* беко́н ◊ **to bring home the ~** *разг.* доби́ться успе́ха; обеспе́чить материа́льную подде́ржку; **to save one's ~** *разг.* спаса́ть свою́ шку́ру

bacteria [bæk'tɪərɪə] *pl см.* **bacterium**

bactericide [bæk'tɪ(ə)rɪsaɪd] *n* бактерици́д, антибактериа́льный препара́т

bacteriological [bæk,tɪərɪəˈlɒdʒɪkəl] *a* бактериологи́ческий

bacteriologist [bæk,tɪərɪˈɒlədʒɪst] *n* бактерио́лог

bacteriology [bæk,tɪərɪˈɒlədʒɪ] *n* бактериоло́гия

bacterium [bæk'tɪərɪəm] *n (pl* **bacteria)** бакте́рия

bad I [bæd] *n* неуда́ча; несча́стье, поги́бель; убы́ток; £500 **to the ~** пятьсо́т фу́нтов сте́рлингов убы́тку; **to go to the ~** поги́бнуть, мора́льно опусти́ться ◊ **from ~ to worse** всё ху́же и ху́же; ≅ из огня́ да в по́лымя; **to go from ~ to worse** ухудша́ться

bad II *a* **(worse; worst)** 1) плохо́й, нехоро́ший, дурно́й 2) нездоро́вый, вре́дный 3) больно́й; **to feel ~** чу́вствовать себя́ пло́хо; **to look ~** пло́хо вы́глядеть; име́ть больно́й вид 4) испо́рченный; **to go ~** сгнить, испо́ртиться 5) развращённый, поро́чный 6) си́льный *(о боли, хо́лоде);* серьёзный *(о боле́зни);* гру́бый *(об оши́бке)* 7) фальши́вый

(о деньга́х) 8) дефе́ктный, неиспра́вный ◊ **he's in a ~ way** с ним де́ло пло́хо; **he had ~ luck** ему́ не повезло́; **that's too ~** о́чень жаль

bad data ['bæd ˈdeɪtə] *n вчт* непра́вильные да́нные; неве́рные да́нные

bade [beɪd] *past см.* **bid I**

badge [bædʒ] *n* 1) знак, значо́к 2) эмбле́ма, си́мвол; **hood ~** эмбле́ма на капо́те автомоби́ля 3) жето́н, *разг.* бэдж

badger I ['bædʒə(r)] *n* барсу́к

badger II *v* трави́ть; изводи́ть; дразни́ть

bad guy ['bæd gaɪ] *n сленг* злоумы́шленник

badly ['bædlɪ] *adv* **(worse; worst)** 1) пло́хо, нехорошо́, ду́рно 2) си́льно, о́чень; **he was ~ wounded** он был тяжело́ ра́нен; **I want it ~** мне э́то о́чень ну́жно; **to be ~ off** си́льно нужда́ться, обнища́ть

badminton ['bædmɪntən] *n* бадминто́н

bad-mouth ['bædmaʊθ] *v амер.* черни́ть, поро́чить; злосло́вить

bad-tempered [bæd'tempəd] *a* раздражи́тельный

bad value ['bæd ˈvælju:] *n вчт* неве́рное значе́ние

baffle ['bæfl] *v* 1) сбива́ть с то́лку; приводи́ть в недоуме́ние, озада́чивать 2) расстра́ивать пла́ны; препя́тствовать, меша́ть

bag I [bæg] *n* 1) мешо́к; (бума́жный) паке́т 2) су́мка; су́мочка; **shopping ~** хозя́йственная су́мка; **tool ~** су́мка для инструме́нтов 3) *pl* бага́ж; **put the ~s in the boot** положи́ бага́ж/чемода́ны в бага́жник 4) *pl* мешки́ (под глаза́ми) 5) добы́ча охо́тника 6) *pl разг.* ма́сса, мно́жество; **~s of time** у́йма/ма́сса вре́мени 7) *pl сленг* штаны́ ◊ **~ and baggage** со все́ми пожи́тками; **it's in the ~** всё в поря́дке, де́ло в шля́пе

bag II *v* 1) класть в мешо́к 2) *разг.* доста́ть, раздобы́ть 3) *разг., шутл.* стащи́ть, взять; **I have ~ged your cigarette** я стащи́л у вас сигаре́ту 4) добы́ть, подстрели́ть на охо́те 5) висе́ть мешко́м *(об оде́жде)* ◊ **~s I!** чур я!

bagatelle [,bægə'tel] *n* 1) пустя́к, безде́лица 2) *муз.* багате́ль

bagel ['beɪgəl] *n* бейгл, бу́блик

bagful ['bægfʊl] *n* мешо́к *(как ме́ра гру́за)*

baggage ['bægɪdʒ] *n* 1) *амер.* бага́ж; ручна́я кладь *(проноси́мая авиапассажи́рами в сало́н);* **~ reclaim** ме́сто получе́ния багажа́ в аэропорту́ по́сле полёта 2) *воен.* обо́з 3) *шутл.* девчо́нка; **impudent ~** наха́лка; **sly/saucy ~** плуто́вка, озорни́ца 4) *attr* бага́жный

baggy ['bægɪ] *a* мешкова́тый

bag lady [bæg'leɪdɪ] *n амер.* бродя́жка, бездо́мная

bagman [ˈbægmən] *n* 1) *разг.* коммивояжёр 2) *австрал.* бродя́га

bagpipes [ˈbægpaɪps] *n pl муз.* волы́нка

baguette [bæˈget] *n* багéт, францу́зский дли́нный батóн

bail¹ I [beɪl] *n* 1) зало́г, поручи́тельство 2) поручи́тель; **to go/to stand ~ for** поручи́ться *(за кого-л.)* 3) *тех.* скоба́, петля́; ру́чка, рукоя́тка

bail¹ II *v* руча́ться; брать на пору́ки *(тж to ~ out)*

bail² I *n* перекла́дина *(в крикете)*

bail³ II *v* вычéрпывать во́ду *(из лодки)*

bailee [beɪˈliː] *n юр.* храни́тель; залогополуча́тель; аренда́тор

bailey [ˈbeɪlɪ] *n ист.* 1) внéшняя стена́ за́мка 2) двор за́мка

Bailey bridge [ˈbeɪlɪ brɪdʒ] *n* врéменный наводнóй мост

bailiff [ˈbeɪlɪf] *n* 1) судéбный при́став, бéйлиф 2) управля́ющий имéнием 3) судéбный исполни́тель

bailment [ˈbeɪlmənt] *n юр.* хранéние; ссу́да; зало́г; арéнда

bailsman [ˈbeɪlzmən] *n* поручи́тель

bairn [beən] *n шотл.* ребёнок

bait¹ I [beɪt] *n* 1) прима́нка; нажи́вка; **to rise to the ~** клева́ть; **to swallow the ~** попа́сться на у́дочку *(тж перен.)* 2) искушéние 3) *уст.* остано́вка в пути́ *(для еды и отдыха)*

bait¹ II *v* 1) наса́живать нажи́вку, класть прима́нку 2) *уст.* остана́вливаться в пути́ *(для еды и отдыха)* 3) *уст.* корми́ть ло́шадь *(в пути)*

bait² I *n* я́рость, гнев

bait² II *v* дразни́ть, изводи́ть, му́чить

baize [beɪz] *n* 1) грýбое сукнó (зелёного цвéта) 2) ба́йка *(ткань)*

bake [beɪk] *v* 1) пéчь; запека́ть; **to ~ a cake** печь пирóг 2) затвердева́ть *(о глине и т. п.)* 3) обжига́ть *(кирпичи)*

bakehouse [ˈbeɪkhaʊs] *n* пека́рня

bakelite [ˈbeɪkəlaɪt] *n* бакели́т

baker [ˈbeɪkə(r)] *n* пéкарь; бу́лочник ◊ **~'s dozen** *уст.* чёртова дю́жина

bakery [ˈbeɪkərɪ] *n* пека́рня; бу́лочная

baking powder [ˈbeɪkɪŋˌpaʊdə(r)] *n* разрыхли́тель для тéста, пéкарский порошóк

baksheesh [ˈbækʃiːʃ] *n сленг* 1) чаевы́е 2) взя́тка

balaclava [ˌbæləˈklɑːvə] *n* вя́заный шлем *(для лы́жников, альпинистов, солдат; тж ~ helmet)*

balalaika [ˌbæləˈlaɪkə] *n русск.* балала́йка

balance I [ˈbæləns] *n* 1) весы́; **spring ~** пружи́нные весы́, безмéн 2) противовéс 3) ма́ятник; баланси́р 4) равновéсие; **~ of power** равновéсие сил; **to keep ~** сохраня́ть равновéсие, спокóйствие 5) *ком.* бала́нс, са́льдо; **~ of payments** платёжный бала́нс; **~ of trade** акти́вный (платёжный) бала́нс; **to strike a ~** подводи́ть бала́нс; *перен.* находи́ть золоту́ю серéди́ну 6) *разг.* оста́ток, оста́вшаяся часть 7) **(B.)** Весы́ *(созвездие и знак зодиака)* 8) *тех.* бала́нс, баланси́ровка, уравновéшенность; **energy ~** энергети́ческий бала́нс; **engine ~** уравновéшенность дви́гателя; **fine ~** тóчная баланси́ровка; **wheel ~** баланси́ровка колéс ◊ **in the ~** в крити́ческом положéнии; **on ~** с учётом всегó

balance II *v* 1) взвéшивать, сопоставля́ть *(with, by, against)* 2) уравновéшивать 3) баланси́ровать; сохраня́ть равновéсие; **to ~ on a rope** баланси́ровать на кана́те 4) *ком.* подводи́ть бала́нс; **to ~ an account/the books** подводи́ть бала́нс, баланси́ровать счета́

balanced [ˈbælənst] *a* сбаланси́рованный; уравновéшенный; гармони́чный; **a ~ judgement** взвéшенное суждéние; **a ~ diet** сбаланси́рованная диéта

balancer [ˈbælənsə(r)] *n* 1) эквилибри́ст 2) *ав., тех.* стабилиза́тор 3) *тех.* балансирóвочное устрóйство

balance sheet [ˈbælənsʃiːt] *n фин.* бала́нс, бала́нсовый отчёт

balcony [ˈbælkənɪ] *n* балкóн *(тж театр.)*

bald [bɔːld] *a* 1) лы́сый; плеши́вый 2) оголённый; лишённый расти́тельности, пéрьев, мéха 3) изнóшенный, *разг.* «лы́сый» *(о шине)* 4) простóй, бесцвéтный *(о стиле и т. п.)*; неприкра́шенный; **~ facts** гóлые фа́кты 5) с бéлой отмéтиной на лбу *(о живóтном)*

baldachin [ˈbɔːldəkɪn] *n* балдахи́н

balderdash [ˈbɔːldədæʃ] *n* вздор

baldhead [ˈbɔːldhed] *a* лы́сый человéк

baldly [ˈbɔːldlɪ] *adv* откры́то, пря́мо; напрями́к

baldric [ˈbɔːldrɪk] *n* пéревязь *(для меча, рога)*

bale¹ I [beɪl] *n* 1) ки́па, тюк 2) *вчт* пакéт

bale¹ II *v* укла́дывать в ки́пы, тюки́

bale² v: to ~ out of a plane выбра́сываться с парашю́том из самолёта

bale³ *n поэт., уст.* бéдствие

baleen [bəˈliːn] *n* кито́вый ус

baleful [ˈbeɪlfʊl] *a поэт.* 1) мра́чный 2) разруши́тельный, ги́бельный

baler [ˈbeɪlə(r)] *n* маши́на для прессóвки сéна *и т. п.* в ки́пы, тюки́

balk I [bɔːk] *n см.* **baulk I**

balk II *v см.* **baulk II**

Balkan [ˈbɔ:lkən] *a* балка́нский

ball¹ I [bɔ:l] *n* 1) шар; мяч; *тех.* шарово́й наконе́чник; **hitch** ~ шар сцепно́го устро́йства; **tow** ~ шарова́я опо́ра букси́рного устро́йства 2) ша́рик; комо́к, клубо́к 3) пу́ля; *ист.* ядро́ 4) уда́р мячо́м 5) *pl сленг груб.* я́йца 6) *pl разг.* чепуха́, ерунда́, чушь ◊ ~ **of the eye** глазно́е я́блоко; ~ **of the knee** коле́нная ча́шечка; ~ **of fortune** игру́шка судьбы́; **the** ~ **is in your court** тепе́рь ва́ша о́чередь, о́чередь за ва́ми; **to have the** ~ **at one's feet** быть хозя́ином положе́ния; име́ть наибо́льшие/все ша́нсы на успе́х; **to keep the** ~ **rolling** подде́рживать, продолжа́ть *(разговор, дело)*; **to play** ~ *разг.* сотру́дничать

ball¹ II *v* собира́ть(ся), свива́ть(ся) в клубо́к

ball² ** *n* бал; танцева́льный ве́чер; **to open the ~ открыва́ть бал; *перен.* взять на себя́ инициати́ву

ballad [ˈbæləd] *n лит.* балла́да

ballade [bæˈlɑ:d] *n* балла́да *(лирическая песнь)*

balladeer [ˌbæləˈdɪə(r)] *n* исполни́тель *или* сочини́тель балла́д

ballast I [ˈbæləst] *n* 1) балла́ст 2) уравнове́шенность; усто́йчивость

ballast II *v* 1) грузи́ть, снабжа́ть балла́стом 2) *ж.-д.* засыпа́ть балла́стом 3) придава́ть усто́йчивость

ball bearing [ˈbɔ:lˈbeərɪŋ] *n* шарикоподши́пник

ballcock [ˈbɔ:lkɒk] *n* поплаво́к

ballerina [ˌbæləˈri:nə] *n* балери́на

ballet [ˈbæleɪ] *n* бале́т; **classical/modern** ~ класси́ческий/совреме́нный бале́т

ballet dancer [ˈbæleɪˌdɑ:nsə(r)] *n* арти́ст бале́та, танцо́вщик; арти́стка бале́та, балери́на

ballet master [ˈbæleɪˌmɑ:stə(r)] *n* балетме́йстер

balletomane [ˈbælɪtəʊmeɪn] *n* балетома́н

ballistic [bəˈlɪstɪk] *a* баллисти́ческий; ~ **missile** баллисти́ческая раке́та

ballistics [bəˈlɪstɪks] *n* балли́стика

balloon I [bəˈlu:n] *n* 1) балло́н; возду́шный ша́р(ик); **trial** ~ про́бный шар 2) неуправля́емый аэроста́т; **barrage** ~ аэроста́т загражде́ния 3) *разг.* кружо́к, в кото́рый заключены́ слова́ персона́жа в ко́миксе *или* на карикату́ре

balloon II *v* 1) надува́ться, раздува́ться как шар 2) поднима́ться на аэроста́те

balloonist [bəˈlu:nɪst] *n* воздухопла́ватель

ballot I [ˈbælət] *n* 1) (та́йное) голосова́ние; баллотиро́вка; **second** ~ повто́рное голосова́ние 2) избира́тельный бюллете́нь; баллотиро́вочный шар 3) результа́ты голосова́ния 4) жеребьёвка

ballot II *v* 1) голосова́ть, баллоти́ровать 2) тяну́ть жре́бий

ballot-box [ˈbælətbɒks] *n* избира́тельная у́рна; баллотиро́вочный я́щик

ballot-paper [ˈbælətˌpeɪpə(r)] *n* избира́тельный бюллете́нь

ballpark [ˈbɔ:lpɑ:k] *n амер.* 1) бейсбо́льная площа́дка 2) *attr разг.* приблизи́тельный ◊ **in the right** ~ *разг.* бли́зко к це́ли; почти́ то́чно

ball-point pen [ˌbɔ:lˌpɔɪntˈpen] *n* ша́риковая ру́чка

ballroom [ˈbɔ:lru:m] *n* танцева́льный зал

ballyhoo [ˈbælɪˈhu:] *n* шуми́ха, суета́; бро́ская рекла́ма

ballyrag [ˈbælɪræg] *v сленг* гру́бо шути́ть

balm [bɑ:m] *n* бальза́м; целе́бное, болеутоля́ющее сре́дство

balmy [ˈbɑ:mɪ] *a* 1) души́стый 2) успока́ивающий; цели́тельный 3) бальзами́ческий

balneary [ˈbælnɪərɪ] *n* водолече́бница, бальнеологи́ческая лече́бница

balneology [ˌbælnɪˈɒlədʒɪ] *n* бальнеоло́гия

baloney [bəˈləʊnɪ] *см.* **boloney**

balsam [ˈbɒlsəm] *n* 1) бальза́м 2) *бот.* бальзами́н

Baltic [ˈbɔ:ltɪk] *a* балти́йский; ~ **states** стра́ны Ба́лтии

baluster [ˈbæləstə(r)] *n* 1) сто́лбик, коло́нна балюстра́ды 2) *pl* балюстра́да

balustrade [ˌbæləˈstreɪd] *n* балюстра́да

bamboo [bæmˈbu:] *n* 1) бамбу́к 2) *attr* бамбу́ковый

bamboozle I [bæmˈbu:z(ə)l] *n сленг* обма́н, моше́нничество, надува́тельство *(тж* **bamboozlement)**

bamboozle II *v сленг* обма́нывать, мистифици́ровать

ban I [bæn] *n* 1) запре́т, запреще́ние; **a** ~ **on smoking** запреще́ние кури́ть; **to raise the** ~ **on smth.** снять запре́т с чего́-л. 2) объявле́ние вне зако́на; пригово́р об изгна́нии 3) *уст.* прокля́тие

ban II *v* запреща́ть, налага́ть запре́т

banal [bəˈnɑ:l] *a* бана́льный

banality [bæˈnælɪtɪ] *n* бана́льность

banana [bəˈnɑ:nə] *n* 1) бана́н 2) *attr* бана́новый; ~ **republic** «бана́новая респу́блика» ◊ **to go** ~**s** *сленг* а) сойти́ с ума́ б) рассвире́петь

band¹ I [bænd] *n* 1) отря́д, гру́ппа 2) ба́нда 3) орке́стр; **brass** ~ духово́й орке́стр, игра́ющий на ме́дных духовы́х; **jazz** ~ джаз-орке́стр; **military** ~ вое́нный орке́стр

band[1] **II** v объединя́ть(ся) *(together)*

band[2] **I** n 1) тесьма́, поло́ска; ле́нта 2) банда́ж, о́бод, о́бруч; стяжно́й хому́т 3) *радио* диапазо́н часто́т; полоса́ часто́т

band[2] **II** v 1) обвя́зывать 2) окружа́ть, обрамля́ть поло́сками

bandage I [ˈbændɪdʒ] n бинт, повя́зка

bandage II v бинтова́ть, перевя́зывать

band-aid [ˈbændeɪd] n лейкопла́стырь

bandan(n)a [bænˈdænə] n 1) банда́на, головна́я повя́зка 2) большо́й цветно́й носово́й *или* ше́йный плато́к

B & B *сокр.* **(bed and breakfast)** ночле́г и за́втрак *(в гостинице)*

bandbox [ˈbændbɒks] n карто́нка (для шляп) ◊ **out of a ~** с иго́лочки, но́венький

bandit [ˈbændɪt] n *(pl тж* **banditti)** банди́т, га́нгстер

banditry [ˈbændɪtrɪ] n бандити́зм

bandmaster [ˈbændˌmɑːstə(r)] n капельме́йстер, дирижёр *(обыкн. военного или духового оркестра)*

bandoleer [ˌbændəˈlɪə(r)] *см.* **bandolier**

bandolier [ˌbændəˈlɪə(r)] n патронта́ш

band-saw [ˈbændsɔː] n ле́нточная пила́

bandsman [ˈbændzmən] n оркестра́нт, музыка́нт орке́стра

bandstand [ˈbændstænd] n эстра́да для орке́стра

bandwagon [ˈbændˌwægən] n *амер.* грузови́к с орке́стром *(на праздниках, карнавалах)* ◊ **to climb/to jump on the ~** примкну́ть к стороне́, име́ющей ша́нсы на успе́х *(на выборах и т. п.)*; примкну́ть к популя́рному движе́нию

bandwidth [ˈbændwɪdθ] n *радио* ширина́ полосы́ (часто́т)

bandy[1] [ˈbændɪ] n *спорт.* ру́сский хокке́й, хокке́й с мячо́м

bandy[2] v 1) распространя́ть *(слухи)*; обме́ниваться *(бранными словами)*; перебра́ниваться 2) перебра́сываться *(мячом)*

bandy[3] a криво́й *(о ногах)*

bandy-legged [ˈbændɪlegd] a кривоно́гий

bane [beɪn] n *поэт.* ги́бель, несча́стье; прокля́тие; **the ~ of my life** несча́стье, прокля́тие всей мое́й жи́зни

baneful [ˈbeɪnfʊl] a ги́бельный, губи́тельный

bang I [bæŋ] n 1) уда́р; стук; звук уда́ра, взры́ва; **with a ~** с шу́мом, с гро́хотом 2) *амер.* чёлка 3) *сленг груб.* полово́й акт 4) *сленг* инъе́кция нарко́тика 5) *вчт* восклица́тельный знак ◊ **to go with a ~** пройти́ успе́шно

bang II v 1) уда́рить(ся); сту́кнуть(ся) 2) хло́пнуть *(дверью и т. п.)*; гро́хнуть; с

шу́мом захло́пнуть(ся) 3) *амер.* подстрига́ть чёлку 4) *сленг груб.* «тра́хать(ся)»

bang III adv: **to go ~** взорва́ться, си́льно хло́пнуть

bang IV int бац!

banger [ˈbæŋə(r)] n 1) *сленг* соси́ска 2) *сленг* ста́рый драндуле́т 3) большо́й фейерве́рк

bangle [ˈbæŋgl] n брасле́т

bang-up [ˈbæŋʌp] a *амер. сленг* первокла́ссный, превосхо́дный

banish [ˈbænɪʃ] v 1) изгоня́ть, высыла́ть 2) отгоня́ть мы́сли, изгоня́ть из па́мяти

banishment [ˈbænɪʃmənt] n изгна́ние, вы́сылка

banister [ˈbænɪstə(r)] n *обыкн. pl* пери́ла ле́стницы

banjo [ˈbændʒəʊ] n 1) *муз.* ба́нджо 2) *авто* неразъёмный ка́ртер веду́щего моста́

bank[1] **I** [bæŋk] n 1) бе́рег реки́ 2) вал, на́сыпь, попере́чный укло́н доро́ги 3) нано́с, зано́с; **~ of snow** сне́жный сугро́б; **~ of clouds** гряда́ облако́в 4) о́тмель, мель, ба́нка 5) крен *(дороги)*

bank[1] **II** v 1) де́лать на́сыпь; окружа́ть ва́лом; образова́ть нано́сы; сгреба́ть в ку́чу; **to ~ a fire** присы́пать у́гли золо́й 2) *ав., авто* накреня́ться

bank[2] **I** n 1) *фин.* банк; **the B. of England** Банк А́нглии, Англи́йский банк 2) *карт.* банк; **to break the ~** сорва́ть банк 3) *мед.* банк *(органов и тканей)* 4) *attr* ба́нковский; **~ account** ба́нковский счёт

bank[2] **II** v 1) класть де́ньги в банк; держа́ть де́ньги в ба́нке *(at, with)* 2) быть банки́ром 3) *карт.* держа́ть банк

bankable [ˈbæŋkəbl] a 1) принима́емый ба́нком 2) надёжный

bank bill [ˈbæŋkbɪl] n 1) ве́ксель; ба́нковский акце́пт 2) *амер.* ба́нковский биле́т, банкно́та

bank book [ˈbæŋkbʊk] n ба́нковская кни́жка

bank card [ˈbæŋkkɑːd] n пла́стиковая креди́тная ка́рточка

bank draft [ˈbæŋkdrɑːft] n ба́нковский драфт; ба́нковский чек

banker [ˈbæŋkə(r)] n 1) банки́р; **~'s order** платёжное поруче́ние 2) *карт.* банкомёт

bank holiday [ˈbæŋk ˈhɒlɪdɪ] n официа́льный выходно́й день *(помимо воскресенья, напр. Рождество, день Нового года и т. п., когда банки закрыты; амер.* **national holiday)**

banking[1] [ˈbæŋkɪŋ] n 1) ба́нковское де́ло 2) *мед.* консерва́ция о́рганов и тка́ней *(для пересадки)*

banking[2] n *авто* бэ́нкинг, профили́рованный поворо́т *(на гоночной трассе)*

bank loan [ˈbæŋkləʊn] *n* ба́нковский креди́т, ба́нковская ссу́да

banknote [ˈbæŋknəʊt] *n* ба́нковский биле́т, банкно́та

bank rate [ˈbæŋkreɪt] *n* учётная ста́вка ба́нка

bankrupt I [ˈbæŋkrəpt] *n* банкро́т

bankrupt II *a* обанкро́тившийся; несостоя́тельный; **to be ~** обанкро́титься

bankrupt III *v* привести́ к банкро́тству; разори́ть

bankruptcy [ˈbæŋkrəptsɪ] *n* банкро́тство

banner [ˈbænə(r)] *n* 1) зна́мя; флаг 2) ло́зунг 3) *вчт* ба́ннер *(в Интернете)* 4) *attr амер.* наилу́чший, образцо́вый; гла́вный; **~ headline** заголо́вок в газе́те кру́пным шри́фтом, «ша́пка»

banns [bænz] *n pl* оглаше́ние в (англика́нской) це́ркви имён вступа́ющих в брак

banquet I [ˈbæŋkwɪt] *n* банке́т, (зва́ный) обе́д; пир

banquet II *v* дава́ть банке́т в честь кого́-л.; пирова́ть

bantam [ˈbæntəm] *n* 1) бента́мка *(порода кур)* 2) зади́ра, забия́ка *(маленького роста)*

bantamweight [ˈbæntəmˌweɪt] *n спорт.* 1) легча́йший вес, «вес петуха́» 2) спортсме́н легча́йшего ве́са *(в боксе, борьбе)*

banter I [ˈbæntə(r)] *n* доброду́шное поддра́знивание

banter II *v* доброду́шно поддра́знивать

banyan [ˈbænɪən] *n* 1) баньа́н, бенга́льская смоко́вница 2) инду́с-торго́вец 3) широ́кая свобо́дная руба́шка; широ́кий хала́т

baptism [ˈbæptɪz(ə)m] *n рел.* креще́ние; *(тж перен.)*; **~ of fire** боево́е креще́ние

Baptist [ˈbæptɪst] *n рел.* 1) бапти́ст 2) : **John the B.** Иоа́нн Крести́тель

baptistery [ˈbæptɪstərɪ] *n* баптисте́рий, крести́льня

baptize [bæpˈtaɪz] *v* 1) крести́ть 2) дава́ть и́мя при креще́нии; окрести́ть

bar¹ I [bɑː] *n* 1) металли́ческий прут; па́лка; засо́в 2) *авто* ба́лка; сте́ржень; шта́нга; **bull ~** «кенгуря́тник», пере́дняя решётка из труб, защища́ющая автомоби́ль при столкно́ве́нии; **bumper ~** брус бу́фера; **face ~** ба́мпер; **foot ~** педа́ль; **knee ~** упо́р для коле́н 3) брусо́к *(металла, дерева, мыла и т. п.)*; **~ of chocolate** пли́тка шокола́да 4) полоса́ *(света)* 5) *pl* решётка; **behind ~s** в тюрьме́, за решёткой 6) прегра́да, препя́тствие 7) заста́ва 8) о́тмель 9) *муз.* такт; та́ктовая черта́ 10) штрих, полоса́ 11) верти́ка́льная *или* горизонта́льная полоса́ на телеэкра́не *(используемая для настройки)*

bar¹ II *v* 1) запира́ть на засо́в 2) загора́живать, прегражда́ть 3) запреща́ть; исключа́ть

bar in не выпуска́ть, запира́ть

bar out не впуска́ть

bar¹ III *prep* исключа́я, за исключе́нием; **~ none** все без исключе́ния

bar² ** *n* 1) (the B.) колле́гия адвока́тов, адвокату́ра; **to be at the ~ быть адвока́том; **to be called to the ~** получи́ть пра́во адвока́тской пра́ктики; стать адвока́том 2) барье́р в суде́, отделя́ющий скамью́ подсуди́мых

bar³ *n* 1) бар, сто́йка; небольшо́й рестора́нчик 2) *attr*: **~ person** ба́рмен; ба́рменша

bar⁴ *n физ.* бар *(единица давления)*

barb [bɑːb] *n* 1) зазу́брина, заусе́нец, зубе́ц *(стрелы, крючка и т. п.)* 2) ко́лкость, ко́лкое замеча́ние 3) ость *(колоса)*; колю́чка; шип 4) бородка *(птичьего пера)*

barbarian I [bɑːˈbeərɪən] *n* ва́рвар

barbarian II *a* ва́рварский

barbaric [bɑːˈbærɪk] *a* 1) ва́рварский, жесто́кий 2) гру́бый

barbarism [ˈbɑːbərɪz(ə)m] *n* 1) ва́рварство 2) *лингв.* варвари́зм

barbarity [bɑːˈbærɪtɪ] *n* ва́рварство, жесто́кость

barbarous [ˈbɑːbərəs] *a* 1) ва́рварский, ди́кий, нецивилизо́ванный 2) жесто́кий 3) гру́бый

barbecue I [ˈbɑːbɪkjuː] *n* 1) барбекю́, мя́со, зажа́ренное над угля́ми *или* на решётке на откры́том во́здухе 2) пикни́к с барбекю́ 3) металли́ческая решётка для барбекю́

barbecue II *v* жа́рить мя́со над угля́ми *или* на решётке на откры́том во́здухе

barbed [bɑːbd] *a* 1) колю́чий, с колю́чками; **~ wire** колю́чая про́волока 2) ядови́тый, ко́лкий

barbell [ˈbɑːbel] *n спорт.* шта́нга

barber [ˈbɑːbə(r)] *n* мужско́й парикма́хер; **the ~'s** парикма́херская

barberry [ˈbɑːbərɪ] *n бот.* барбари́с

barber-shop [ˈbɑːbəʃɒp] *n амер.* популя́рный стиль пе́ния для четырёх мужски́х голосо́в

bar code [ˈbɑːkəʊd] *n* штрихово́й код, штрих-ко́д *(на товарах)*

bard [bɑːd] *n поэт.* бард, поэ́т; **the B. of Avon** Шекспи́р; **the B. of Ayrshire** Ро́берт Бернс

bare I [beə] *a* 1) го́лый, обнажённый 2) пусто́й; лишённый чего́-л. 3) бе́дный, ску́дный; неприкра́шенный 4) незначи́тельный; едва́ доста́точный; **a ~ hundred pounds a month** каки́е-то (незначи́тельные) сто фу́нтов сте́рлингов в ме́сяц ◊ **to lay ~ a plot** разоблачи́ть за́говор; **~ facts** го́лые фа́кты

bare II *v* 1) обнажа́ть 2) раскрыва́ть

bareback I [ˈbeəbæk] *a* неосёдланный

bareback II *adv* без седла́

barefaced ['beəfeɪst] *a* бесстыдный, наглый, бессовестный; **a ~ lie** наглая ложь

barefoot I ['beəfʊt] *a* босой

barefoot II *adv* босиком

barefooted ['beə'fʊtɪd] *a* босой, босоногий

bareheaded ['beə'hedɪd] *a* с непокрытой головой

barely ['beəlɪ] *adv* едва, еле-еле; лишь

bareness ['beənɪs] *n* неприкрытость, нагота

bargain I ['bɑːgɪn] *n* 1) (торговая) сделка; **to make/to strike a ~** заключить сделку; **to drive a hard ~** слишком настаивать на своей выгоде в сделке, слишком торговаться 2) дёшево купленная вещь ◊ **that's a ~!** по рукам!; **into the ~** в придачу; **to make the best of a bad ~** не падать духом в беде

bargain II *v* 1) торговаться 2) ставить условием, договариваться

bargain for рассчитывать, ожидать; **it is more than I ~ed for** этого я не ожидал

bargain on полагаться

bargain basement ['bɑːgɪn,beɪsmənt] *n* нижний этаж универмага, где происходит распродажа товаров по сниженным ценам

bargainer ['bɑːgɪnə(r)] *n* торговец

bargain sale ['bɑːgɪnseɪl] *n* (дешёвая) распродажа

barge I [bɑːʤ] *n* 1) баржа, барка 2) адмиральский катер 3) прогулочный катер

barge II *v* 1) пошатываться, идти шатаясь; неуклюже двигаться (about, along) 2) вторгаться, влезать (in, into); **to ~ into conversation** влезать в разговор 3) столкнуться, натолкнуться (into); **I ~d into her** я столкнулся с ней

bargee [bɑː'ʤiː] *n* матрос с баржи

bargepole ['bɑːʤpəʊl] *n* шест для отталкивания баржи ◊ **I would not touch him with a ~** я с ним никакого дела иметь не буду

bar graph ['bɑːgrɑːf] *n мат.* гистограмма, столбчатый график (*тж* **bar chart**)

baritone ['bærɪtəʊn] *n* баритон

barium ['beərɪəm] *n хим.* барий

bark¹ I [bɑːk] *n* 1) кора (дерева) 2) сленг кожа 3) дубильные вещества коры

bark¹ II *v* 1) сдирать кору, окорять 2) ободрать кожу 3) дубить

bark² I *n* 1) лай 2) резкий звук; крик 3) разг. сильный лающий кашель ◊ **his ~ is worse than his bite** он не так страшен, как кажется; ≅ не бойся собаки, которая лает

bark² II *v* 1) лаять 2) разг. сильно кашлять 3) говорить резко; рявкать ◊ **to ~ up the wrong tree** идти по ложному пути; делать не то

bark³ *n* 1) барк (парусное судно) 2) поэт. корабль

barkeeper ['bɑː,kiːpə(r)] *n амер.* бармен

barker ['bɑːkə(r)] *n* 1) аукционист 2) зазывала

barking¹ ['bɑːkɪŋ] *n* 1) окорка 2) дубление корой

barking² *n* лай

barley ['bɑːlɪ] *n* 1) ячмень 2) *attr* ячменный; **~ sugar** ячменный сахар; **~ water** ячменный отвар

barleycorn ['bɑːlɪkɔːn] *n* ячменное зерно ◊ **John B.** Джон Ячменное Зерно (*олицетворение солодовых и спиртных напитков*)

bar-line ['bɑːlaɪn] *n муз.* тактовая черта

barm [bɑːm] *n* (пивные) дрожжи; закваска

barmaid ['bɑːmeɪd] *n* официантка в баре

barman ['bɑːmən] *n* бармен

barmy ['bɑːmɪ] *a* 1) пенистый, в состоянии брожения; бродильный 2) разг. свихнувшийся, спятивший

barn [bɑːn] *n* 1) амбар; сарай 2) презр. сарай, некрасивое, уродливое здание 3) амер. депо (для машин или вагонов)

barnacle ['bɑːnəkl] *n* 1) зоол. морская уточка (моллюск) 2) надоедливый человек, приставала

barn dance ['bɑːn'dɑːns] *n* сельская вечеринка с танцами (обычно проводится в большом амбаре)

barn door I ['bɑːn,dɔː(r)] *n* ворота амбара ◊ **not to be able to hit a ~** быть плохим стрелком

barn-door II *a*: **~ fowl** домашняя птица

barnstorm ['bɑːnstɔːm] *v* 1) выступать с гастролями в сельских районах, часто давая представления в сараях 2) амер. выступать с речами во время политических кампаний в маленьких городках

barometer [bə'rɒmɪtə(r)] *n* барометр

baron ['bærən] *n* барон ◊ **~ of beef** толстый филей

baronage ['bærənɪʤ] *n* 1) бароны, сословие баронов или пэров 2) титул барона

baroness ['bærənɪs] *n* баронесса

baronet ['bærənɪt] *n* баронет

baronetcy ['bærənɪtsɪ] *n* титул баронета

baronial [bə'rəʊnjəl] *a* баронский

barony ['bærənɪ] *n* 1) владения барона 2) титул барона

baroque I [bə'rɒk] *n* барокко

baroque II *a* в стиле барокко, барочный

barque [bɑːk] *n см.* **bark³**

barrack¹ I ['bærək] *n pl* 1) казармы 2) барак

barrack¹ II *v* размещать солдат в казармах

barrack² *v* освистывать (игроков, актёров и т. п.); улюлюкать

barrage ['bærɑːʒ] *n* 1) заградительный огонь 2) шквал резкой критики 3) плотина, запру́да 4) прегра́да; загражде́ние 5) *attr* загради́тельный

barrator [ˈbærətə(r)] *n* кля́узник, интрига́н

barrel I [ˈbærəl] *n* 1) бо́чка, бочо́нок, цили́ндр, бараба́н; **lock ~** цили́ндр дверно́го замка́ 2) ба́ррель *(мера жидкости и сыпучих тел: англ. = 169,65 л; амер. = 119 л; нефтяной = 159 л)* 3) ствол *(ружья, орудия)* ◊ **over a ~** враспло́х; на ми́лость победи́теля

barrel II *v* разлива́ть по бо́чкам

barrel organ [ˈbærəlˌɔːɡən] *n* шарма́нка

barren [ˈbærən] *a* 1) беспло́дный; неплодоро́дный 2) бессодержа́тельный, ску́чный 3) лишённый *(of)*

barrenness [ˈbærənnɪs] *n* 1) беспло́дие; неплодоро́дность 2) бе́дность, бессодержа́тельность

barricade I [ˌbærɪˈkeɪd] *n* 1) баррика́да 2) *attr* баррика́дный

barricade II *v* баррикади́ровать

barrier [ˈbærɪə(r)] *n* 1) барьер; загражде́ние 2) заста́ва; шлагба́ум 3) препя́тствие, поме́ха

barrier cream [ˈbærɪəˌkriːm] *n* защи́тный крем

barring [ˈbɑːrɪŋ] *prep* исключа́я, за исключе́нием

barrister [ˈbærɪstə(r)] *n* ба́рристер *(адвокат, имеющий право выступать в высших судах)*

barrow¹ [ˈbærəʊ] *n* археол. моги́льник, курга́н

barrow² *n* 1) ручна́я теле́жка 2) та́чка *(тж* **wheel-barrow)**

barrow boy [ˈbærəʊˌbɔɪ] *n* лото́чник, торгу́ющий с теле́жки

bartender [ˈbɑːˌtendə(r)] *n* ба́рмен

barter I [ˈbɑːtə(r)] *n* ба́ртер, товарообме́н

barter II *v* меня́ть, обме́нивать *(for)*; вести́ менову́ю торго́влю

basal [ˈbeɪsəl] *a* лежа́щий в осно́ве; фундамента́льный

basalt [ˈbæsɔːlt] *n* мин. база́льт

bascule bridge [ˈbæskjuːlˈbrɪdʒ] *n* подъёмный мост

base¹ I [beɪs] *n* 1) осно́ва, основа́ние; ба́зис 2) ба́за, опо́рный пункт 3) подно́жие *(горы)* 4) архит. пьедеста́л, цо́коль 5) хим. основа́ние 6) эл. цо́коль *(лампы)* 7) радио база *(транзистора)* 8) *attr* основно́й, ба́зовый

base¹ II *v* 1) осно́вывать, бази́ровать *(on, upon)*; **I ~ myself on official data** я осно́вываюсь на официа́льных да́нных 2) размеща́ться, бази́роваться; **troops were ~d there** там бази́ровались войска́

base² *a* 1) ни́зменный, ни́зкий, по́длый 2) неблагоро́дный, обы́чный *(о металлах)*

baseball [ˈbeɪsbɔːl] *n* 1) бейсбо́л 2) *attr:* **~ cap** ке́пка-бейсбо́лка

baseband [ˈbeɪsbænd] *n радио* основна́я полоса́ (часто́т); основна́я переда́ча

base jumping [ˈbeɪsˌdʒʌmpɪŋ] *n* бейс-джа́мпинг, прыжки́ с парашю́том с высо́ких мест *(гор, зданий, сооружений); (экстремальный вид спорта; тж* **BASE jumping)**

baseless [ˈbeɪslɪs] *a* необосно́ванный

baseline [ˈbeɪslaɪn] *n* 1) ба́за, ба́зис, основа́ние; основна́я, ба́зисная ли́ния 2) *радио* ли́ния развёртки

basement [ˈbeɪsmənt] *n* (полу)подва́льный, цо́кольный эта́ж; подва́л

base pay [ˌbeɪsˈpeɪ] *n* 1) эк. основна́я за́работная пла́та 2) *воен.* основно́е де́нежное дово́льствие

base rate [ˈbeɪsˌreɪt] *n фин.* ба́зовая ста́вка

bases [ˈbeɪsiːz] *pl см.* **basis**

bash I [bæʃ] *n* 1) си́льный уда́р 2) *сленг* попы́тка 3) *сленг* вечери́нка; попо́йка

bash II *v* 1) си́льно ударя́ть 2) *разг.* напада́ть *(up)* 3) натолкну́ться *(into)*

bashful [ˈbæʃfʊl] *a* засте́нчивый, ро́бкий

BASIC *сокр.* **(Beginner's All-Purpose Symbolic Instruction Code)** *вчт* «Бе́йсик» *(язык программирования)*

basic [ˈbeɪsɪk] *a* 1) основно́й 2) просто́й, просте́йший; примити́вный 3) ба́зисный, фундамента́льный

basically [ˈbeɪsɪkəlɪ] *adv* в основно́м; по существу́

basic hardware [ˈbeɪsɪkˌhɑːdweə] *n вчт* 1) ба́зовое обору́дование 2) основно́е аппара́тное/техни́ческое обеспече́ние

basic input/output system (BIOS) [ˈbeɪsɪkˌɪnpʊtˈaʊtpʊtˈsɪstɪm] *n вчт* ба́зовая систе́ма вво́да – вы́вода, *разг.* био́с

basics [ˈbeɪsɪks] *n* осно́вы; основны́е да́нные

basic software [ˈbeɪsɪkˈsɒftweə] *n вчт* ба́зовое програ́ммное обеспече́ние

basil [ˈbæzəl] *n бот.* базили́к

basilica [bəˈzɪlɪkə] *n церк.* бази́лика

basin [ˈbeɪsn] *n* 1) таз, ми́ска 2) бассе́йн; водоём; **sediment ~** отсто́йник 3) бу́хта 4) бассе́йн *(реки)* 5) у́гольный бассе́йн

basing [ˈbeɪsɪŋ] *n эл.* цоколёвка *(ламп)*

basis [ˈbeɪsɪs] *n (pl* **bases)** 1) основа́ние, ба́зис 2) исхо́дный пункт

bask [bɑːsk] *v* 1) гре́ться *(на солнце, у огня; in)*; **to ~ in the sun** гре́ться на со́лнце 2) наслажда́ться *(in)*; блаже́нствовать

basket [ˈbɑːskɪt] *n* 1) корзи́на; **wastepaper ~** корзи́на для бума́г 2) *attr* плетёный

basketball [ˈbɑːskɪtbɔːl] *n* баскетбол

basketful [ˈbɑːskɪtfʊl] *n* полная корзина *(чего-л.)*

basketry [ˈbɑːskɪtrɪ] *n* 1) плетение корзин 2) плетёные изделия

basketwork [ˈbɑːskɪtwɜːk] *см.* basketry

bas-relief [ˈbæsrɪˌliːf] *n* барельеф

bass[1] [bæs] *n* окунь

bass[2] *n см.* bast

bass[3] I [beɪs] *n* 1) бас 2) низкие (звуковые) частоты 3) *муз.* бас-гитара, *разг.* бас *(тж ~ guitar)*

bass[3] II *a* басовый, низкий

bass guitar [beɪs gɪˈtɑː(r)] *n муз.* бас-гитара, *разг.* бас

bassoon [bəˈsuːn] *n муз.* фагот

bassplayer [ˈbeɪspleɪə(r)] *n муз.* басист, бас-гитарист

basswood [ˈbæswʊd] *n бот.* американская липа

bast [bæst] *n* лыко, луб, мочало

bastard I [ˈbæstəd] *n* 1) внебрачный ребёнок 2) *груб.* ублюдок 3) неприятная личность

bastard II *a* 1) внебрачный 2) поддельный 3) необычный, неправильный *(о форме или размере)*

bastardize [ˈbɑːstədaɪz] *v* искажать, портить

bastard sword [ˈbæstəd ˈsɔːd] *n* длинный двуручный меч

baste[1] [beɪst] *v* смётывать, шить на живую нитку

baste[2] *v* поливать жаркое жиром *или* соком *(во время жаренья)*

baste[3] *v* бить, колотить; лупить

bastion [ˈbæstɪən] *n* 1) *воен.* бастион 2) оплот, крепость

bat[1] [bæt] *n* летучая мышь ◊ to have ~s in the belfry быть ненормальным *или* эксцентричным; like a ~ out of hell быстро, внезапно; as blind as a ~ совершенно слепой

bat[2] I *n* 1) бита *(для крикета, бейсбола)*; ракетка 2) отбивающий игрок *(в крикете)*; a good ~ хороший игрок 3) *разг.* сильный удар ◊ off one's own ~ самостоятельно, без посторонней помощи; right off the ~ *амер.* немедленно, тотчас же

bat[2] II *v* ударять битой

bat[3] *v:* without ~ting an eyelid и глазом не моргнув

batch [bætʃ] *n* 1) партия *(товара и т. п.)*; группа 2) куча; пачка 3) выпечка, количество выпеченного хлеба 4) *вчт* пакет 5) *attr:* ~ file *вчт* командный файл; ~ processing *вчт* пакетная обработка ◊ of the same ~ того же сорта

bate *n* ярость, гнев

bated [ˈbeɪtɪd] *a:* with ~ breath затаив дыхание

bath I [bɑːθ, *pl* bɑːðz] *n* 1) ванна; to have/to take a ~ принять ванну 2) купание, мытьё 3) *обыкн. pl* баня; купальня 4) *attr:* ~ cube кубик ароматической соли для ванны; ~ salts ароматические соли, душистые добавки для ванны; ~ foam пена для ванны ◊ ~ of blood резня, кровавая баня

bath II *v* мыться, купаться; принимать ванну

Bath chair [bɑːθ ˈtʃeə(r)] *n* инвалидная коляска, инвалидное кресло

bathe [beɪð] *v* 1) окунать(ся), погружать(ся) в воду; купать(ся), обмывать(ся) 2) заливать *(о свете)*

bather [ˈbeɪðə(r)] *n* купающийся; купальщик; купальщица

bathhouse [ˈbɑːθhaʊs] *n* 1) баня 2) купальня

bathing [ˈbeɪðɪŋ] *n* 1) купание 2) *attr* купальный

bathing box [ˈbeɪðɪŋˌbɒks] *n* кабина для переодевания на пляже

bathing suit [ˈbeɪðɪŋsjuːt] *n уст.* купальник *(тж swimsuit)*

bathing place [ˈbeɪðɪŋˌpleɪs] *n* морской курорт

bathing trunks [ˈbeɪðɪŋˌtrʌŋks] *n* плавки

bathrobe [ˈbɑːθrəʊb] *n* (купальный) халат

bathroom [ˈbɑːθruːm] *n* 1) ванная (комната) 2) *амер.* туалет

bathtub [ˈbɑːθtʌb] *n амер.* ванна

bathyscaphe [ˈbæθɪskæf] *n* батискаф

bathysphere [ˈbæθɪsfɪə(r)] *n* батисфера

batiste [bæˈtiːst] *n* батист *(ткань)*

batman [ˈbætmən] *n* денщик, вестовой, ординарец

baton [ˈbætən] *n* 1) дирижёрская палочка 2) жезл 3) полицейская дубинка 4) *спорт.* эстафетная палочка 5) *вчт* маркер

bats [bæts] *a сленг* чокнутый

batsman [ˈbætsmən] *n* отбивающий игрок *(в бейсболе или крикете)*

battalion [bəˈtælɪən] *n* батальон

batten[1] I [ˈbætn] *n* рейка; планка, дранка

batten[1] II *v* 1) заколачивать, скреплять досками, рейками 2) *мор.* задраивать *(люки — down)*

batten[2] *v* жиреть; процветать за счёт других *(on)*

batter[1] [ˈbætə(r)] *v* 1) сильно бить, колотить; to ~ at a door колотить в дверь 2) мять, расплющивать 3) резко критиковать, громить

batter[2] *n* взбитое тесто

battered [ˈbætəd] *a* жаренный в кляре *(обыкн. о рыбе)*

55

battery [ˈbætərɪ] *n* 1) эл. батаре́я; батаре́йка; аккумуля́тор; **solar batteries** со́лнечные батаре́и 2) *воен.* батаре́я 3) *юр.* побо́и, оскорбле́ние де́йствием 4) се́рия психологи́ческих те́стов

batting [ˈbætɪŋ] *n* вати́н

battle I [ˈbætl] *n* 1) би́тва, бой, сраже́ние; **to do ~** вести́ бой; **to give ~** дава́ть сраже́ние 2) борьба́; **a ~ of wits** поеди́нок умо́в

battle II *v* би́ться, боро́ться (*c — with, against, за — for*); **to ~ for women's rights** боро́ться за права́ же́нщин

battle cruiser [ˈbætl ˌkruːzə(r)] *n* лине́йный кора́бль, линко́р

battle cry [ˈbætl ˌkraɪ] *n* 1) боево́й клич 2) ло́зунг

battlefield [ˈbætlfiːld] *n* по́ле сраже́ния, би́твы; теа́тр вое́нных де́йствий

battleground [ˈbætlgraund] *n* 1) райо́н сраже́ния; теа́тр вое́нных де́йствий 2) предме́т спо́ра, по́ле би́твы

battlement [ˈbætlmənt] *n обыкн. pl* зубча́тые сте́ны; зубцы́ (*стены, башни*)

battle-piece [ˈbætlpiːs] *n жив., лит.* бата́льная сце́на, карти́на

battleship [ˈbætlʃɪp] *n* лине́йный кора́бль, линко́р

batty [ˈbætɪ] *a сленг* чо́кнутый, не в себе́

bauble [ˈbɔːbl] *n* безделу́шка

baud [bəud] *n вчт* бод (*единица измерения скорости передачи информации*)

baulk I [bɔːk] *n* 1) ба́лка, брус 2) препя́тствие, поме́ха 3) невспа́ханная полоса́

baulk II *v* 1) отка́зываться, уклоня́ться 2) колеба́ться (*at*) 3) препя́тствовать, меша́ть 4) не опра́вдывать наде́жд, разочаро́вывать

bauxite [ˈbɔːksaɪt] *n мин.* бокси́т

bawdy I [ˈbɔːdɪ] *n* непристо́йность, поха́бщина

bawdy II *a* непристо́йный, поха́бный

bawdy-house [ˈbɔːdɪhaus] *n* борде́ль

bawl [bɔːl] *v* крича́ть, ора́ть (*at*)
   bawl out накрича́ть на (*кого-л.*)

bay[1] [beɪ] *n* 1) зали́в, бу́хта 2) уще́лье

bay[2] *n* 1) ла́вровое де́рево, лавр 2) *pl* лавро́вый вено́к, ла́вры

bay[3] *n* вы́ступ с окно́м (*в комнате*); «фона́рь», э́ркер

bay[4] **I** *n* лай ◊ **at ~** в безвы́ходном положе́нии; **to stand at ~** отча́янно, из после́дних сил защища́ться; **to bring to ~** а) загна́ть (*зверя*) б) припере́ть к стене́; **to keep/to hold at ~** отбива́ться, не подпуска́ть бли́зко

bay[4] **II** *v* 1) ла́ять 2) гнать, пресле́довать

bay[5] **I** *n* гнедо́й конь

bay[5] **II** *a* гнедо́й

bay[6] *n тех.* се́кция; яче́йка; отсе́к; **cargo ~** грузово́й отсе́к; **loading ~** погру́зочная площа́дка; **repair ~** ремо́нтный бокс *или* отсе́к

bayonet I [ˈbeɪənet] *n* 1) штык 2) байоне́т 3) *attr* штыково́й

bayonet II *v* коло́ть штыко́м

bayonet locking connector [ˈbeɪənet ˈlɒkɪŋ kəˈnektə] *n тех* байоне́тный разъём; штырько́вый разъём; штыково́й разъём

bazaar [bəˈzɑː(r)] *n* 1) (восто́чный) база́р 2) благотвори́тельный база́р

bazooka [bəˈzuːkə] *n амер. воен.* (реакти́вный) противота́нковый гранатомёт, «базу́ка»

BBC *сокр.* (**British Broadcasting Corporation**) «Би-Би-Си» (*Британская радиовещательная корпорация*)

BBS *сокр.* (**Bulletin Board System**) *вчт* систе́ма электро́нных до́сок объявле́ний

BC *сокр.* (**before Christ**) до Рождества́ Христо́ва, до на́шей э́ры, до н. э.

be [bɪ; *полная форма* biː] *v* (*sg* was; *pl* were; been) 1) быть; существова́ть, жить; **I think, therefore, I am** я мы́слю, сле́довательно, я существу́ю 2) быть, находи́ться; прису́тствовать; происходи́ть, случа́ться; **he is in the garden** он нахо́дится в саду́; **dinner is at eight** обе́д в во́семь часо́в 3) сто́ить; **how much is it?** ско́лько э́то сто́ит? 4) явля́ется глаго́лом-свя́зкой: **he is my father** он мой оте́ц; **he is forty years old** ему́ со́рок лет; **I am cold** мне хо́лодно; **I am hungry** я го́лоден; **I am thirsty** я хочу́ пить; **it is hot today** сего́дня жа́рко; **she is ill** она́ больна́; **they are my friends** они́ мой друзья́ 5) явля́ется вспомога́тельным глаго́лом: а) *в сочета́нии с прич. прош. вр. перехо́дных глаго́лов образу́ет страда́тельный зало́г*: **the work will be completed in time** рабо́та бу́дет зако́нчена в срок б) *в сочета́нии с прич. наст. вр. образу́ет фо́рму продо́лженного вре́мени*: **he is reading** он чита́ет; **we are coming** мы идём в) *в сочета́нии с прич. наст. вр. глаго́ла to go с после́дующим инфинити́вом соотве́тствует ру́сскому* собира́ться сде́лать что-л.; **I am going to write a letter** я собира́юсь написа́ть письмо́ 6) *в сочета́нии с инфинити́вом означа́ет наме́рение, возмо́жность, долженствова́ние*: **I am to be there at 6** я до́лжен быть там в шесть часо́в; **I am to inform you** извеща́ю вас, я до́лжен вас извести́ть

be about 1) быть побли́зости 2) занима́ться чем-л. 3) посеща́ть, быва́ть

be after 1) пресле́довать 2) хоте́ть, жела́ть

be ahead of опережа́ть

be away отсу́тствовать

be back возвраща́ться; верну́ться

be behind отстава́ть; запа́здывать

be beyond выходи́ть за преде́лы возмо́жного

be in 1) быть на ме́сте 2) приезжа́ть, прибыва́ть 3) быть и́збранным 4) быть в мо́де

be off 1) не функциони́ровать, быть вы́ключенным 2) уходи́ть, покида́ть 3) отмени́ть 4) ко́нчиться

be on 1) происходи́ть, име́ть ме́сто 2) быть на дежу́рстве 3) быть включённым, функциони́ровать

be out 1) быть удалённым 2) пога́снуть, отключи́ться 3) зако́нчиться 4) выходи́ть в свет, публикова́ться

be over быть завершённым

be through прекрати́ть, переста́ть; зако́нчить

be up 1) встава́ть, просну́ться, поднима́ться 2) повы́ситься в цене́ 3) разг. случа́ться, происходи́ть; **what's up?** что случи́лось? в чём де́ло?

be up to затева́ть что-л.

be with понима́ть (объясне́ния)

be within быть в преде́лах досяга́емости и т. п.; быть ча́стью

be without не хвата́ть, недостава́ть

be- [bɪ-] *pref* 1) *со значением* круго́м, вокру́г: **besiege, besmear** 2) *служит для образова́ния переходных глаголов от непереходных, а также от существительных и прилага́тельных, напр.:* **belabour, bemoan, befog, bespectacled, belittle**

beach I [biːtʃ] *n* пляж, взмо́рье ◊ **to be on the ~** разори́ться, оказа́ться на мели́

beach II *v* выта́скивать *(лодку)* на бе́рег

beachcomber [ˈbiːtʃˌkəʊmə(r)] *n* 1) бродя́га 2) дли́нная волна́, набега́ющая на бе́рег

beacon I [ˈbiːkən] *n* 1) сигна́льный ого́нь; мая́к; **radio ~** радиомая́к 2) ба́кен, буй

beacon II *v* снабжа́ть буя́ми, ба́кенами

bead I [biːd] *n* 1) бу́сина; *pl* бу́сы, би́сер 2) *pl* чётки; **to tell one's ~s** чита́ть моли́твы, перебира́я чётки 3) ка́пля; **~s of sweat** ка́пли по́та 4) пузырёк 5) му́шка *(ружья)* 6) *авто* кро́мка; бу́ртик; закра́ина; **rim ~** борт обо́да; **tire ~** борт ши́ны

bead II *v* 1) украша́ть бу́сами, би́сером 2) нани́зывать бу́сы 3) *авто* отбортова́ть, развальцева́ть

beadle [ˈbiːdl] *n* 1) *ист.* педе́ль *(воспита́тель)* в университе́те 2) церко́вный сто́рож

beady [ˈbiːdɪ] *a* 1) ма́ленький и блестя́щий *(о глаза́х)* 2) покры́тый бу́синками *или* ка́плями

beagle [ˈbiːgl] *n* коротконо́гая го́нчая, бигль

beak [biːk] *n* 1) клюв 2) *разг.* крючкова́тый нос 3) но́сик *(чайника и т. п.)* 4) *ист.* вы́ступ на носу́ боево́го корабля́

beaker [ˈbiːkə] *n* 1) бока́л; ку́бок 2) лаборато́рный стака́н; мензу́рка

beam I [biːm] *n* 1) ба́лка, брус; перекла́дина 2) луч, пучо́к луче́й 3) сия́ющая улы́бка 4) *мор.* бимс; ширина́ су́дна 5) радиосигна́л 6) коромы́сло весо́в ◊ **a ~ in one's eye** «бревно́ в со́бственном глазу́», со́бственный недоста́ток; **to be on the ~** *разг.* быть на пра́вильном пути́

beam II *v* сия́ть *(тж перен.);* излуча́ть *(свет, тепло);* **he ~ed with joy** он сия́л от ра́дости

beam-end [ˈbiːmˈend] *n:* **to be on one's ~s** быть в опа́сном положе́нии

bean [biːn] *n* боб; **French ~, kidney ~** фасо́ль; **coffee ~s** кофе́йные зёрна ◊ **full of ~s** *разг.* по́лный жи́зни, живо́й, энерги́чный; в припо́днятом настрое́нии; **not to have a ~** не име́ть ни гроша́; **old ~** дружи́ще, старина́; **to spill the ~s** проболта́ться

bean curd [ˈbiːn kɜːd] *n* со́евый творо́г, то́фу *(япо́нское блю́до)*

beanfeast [ˈbiːnfiːst] *n* 1) *разг.* пиру́шка, весёлое засто́лье 2) ежего́дный торже́ственный обе́д, дава́емый нача́льником подчинённым

beano [ˈbiːnəʊ] *n сленг* пиру́шка, попо́йка; вечери́нка

bean-pod [ˈbiːnpɒd] *n* стручо́к

beanstalk [ˈbiːnstɔːk] *n* сте́бель фасо́ли

bear[1] I [beə(r)] *n* 1) медве́дь; **polar/white ~** бе́лый медве́дь 2) *астр.* **the Great/Little Bear** Больша́я/Ма́лая Медве́дица 3) уча́стник биржево́й сде́лки, игра́ющий на пониже́ние, «медве́дь»

bear[1] II *v* игра́ть на пониже́ние *(на би́рже)*

bear[2] *v* (**bore; born, borne**) 1) носи́ть, нести́ 2) нести́ на себе́, име́ть; **to ~ a resemblance to** име́ть схо́дство 3) рожда́ть, производи́ть; плодоноси́ть; **to be born** роди́ться; **to ~ fruit** приноси́ть плоды́ 4) выде́рживать груз *или* тя́жесть 5) терпе́ть, выноси́ть; переноси́ть 6) держа́ть в уме́, учи́тывать; **to ~ in mind** по́мнить; учи́тывать 7) опира́ться *(on)*

bear away 1) увози́ть 2) выи́грывать (приз)

bear down 1) победи́ть (проти́вника) 2) прилага́ть уси́лия

bear on/upon 1) име́ть отноше́ние 2) име́ть (неприя́тные) после́дствия

bear out подтвержда́ть (и́стинность); поддержа́ть

bear up 1) выде́рживать нагру́зки 2) подде́рживать, помога́ть

bear with 1) терпе́ть, выноси́ть 2) быть терпи́мым

bearable [ˈbeərəbl] *a* терпи́мый; сно́сный

beard¹ [bɪəd] *n* 1) борода́ 2) ость *(колоса)*

beard² *v* откры́то выступа́ть про́тив, откры́то противостоя́ть

bearded [ˈbɪədɪd] *a* борода́тый

beardless [ˈbɪədlɪs] *a* безборо́дый

bearer [ˈbeərə(r)] *n* 1) посы́льный; курье́р 2) носи́льщик 3) пода́тель; предъяви́тель; держа́тель 4) *тех.* опо́ра; сто́йка 5) *авто* подра́мник; ни́жняя попере́чина ку́зова; **engine ~** опо́ра дви́гателя

beargarden [ˈbeəˌgɑːdn] *n* шу́мное ме́сто, сбо́рище; «база́р»

bearing [ˈbeərɪŋ] *n* 1) мане́ра держа́ться; оса́нка; **military ~** вое́нная вы́правка 2) отноше́ние; **in all its ~s** со всех сторо́н, во всех отноше́ниях; **to have a ~ on/upon smth** име́ть отноше́ние к чему́-л., име́ть влия́ние на что-л. 3) вы́держка; выно́сливость 4) *pl* положе́ние, направле́ние (по ко́мпасу); координа́ты;ориента́ция; **to lose one's ~s** заблуди́ться; *перен.* растеря́ться; **to find/to take one's ~s** сориенти́роваться 5) *тех.* подши́пник; **ball ~** шарикоподши́пник 6) *pl* деви́з *(на гербе)* ◊ **beyond/past all ~s** нестерпи́мо, невыноси́мо

bearish [ˈbeərɪʃ] *a* медве́жий; гру́бый

bearskin [ˈbeəskɪn] *n* 1) медве́жья шку́ра 2) высо́кая мехова́я ша́пка *(английских гвардейцев)*

beast [biːst] *n* 1) зверь, живо́тное; **~ of prey** хи́щный зверь 2) скот; **~ of burden** вьючное живо́тное 3) жесто́кий *или* неприя́тный челове́к

beastly I [ˈbiːstlɪ] *a* 1) *разг.* отврати́тельный, ужа́сный 2) живо́тный; гру́бый

beastly II *adv разг.* ужа́сно, стра́шно; отврати́тельно

beat I [biːt] *n* 1) такт; ритм; отбива́ние та́кта 2) бой *(барабана)* 3) бие́ние *(сердца)* 4) дозо́р; патру́ль; обхо́д (полице́йского); **to be on the ~** обходи́ть дозо́ром 5) привы́чный маршру́т 6) *амер. сленг* безде́льник, бродя́га 7) *тех.* бие́ние; толчо́к, уда́р 8) *радио* бие́ние; пульса́ция; колеба́ние ◊ **it's off my ~** э́то не по мое́й ча́сти

beat II *v* (**beat; beaten**) 1) бить, колоти́ть 2) ударя́ть; стуча́ть 3) би́ться, разбива́ться *(о волнах; against)* 4) выбива́ть, выкола́чивать 5) побива́ть, побежда́ть 6) превосходи́ть 7) отбива́ть *(такт)* 8) би́ться *(о сердце)* 9) взбива́ть *(яйца, крем — up)* 10) кова́ть *(металл — out)* 11) *мор.* лави́ровать; продвига́ться про́тив ве́тра ◊ **~ it!** *амер. сленг*

кати́сь!; **that ~s me!** э́то мне не по зуба́м, я не могу́ э́того пости́чь; **to ~ about the bush** ходи́ть вокру́г да о́коло

beat about мета́ться; лихора́дочно иска́ть

beat back отби́ть, отогна́ть; заста́вить отступи́ть

beat down сбива́ть *(цену)*

beat in вда́лбливать, вбива́ть

beat off отгоня́ть, отража́ть, отбива́ть

beat out сбива́ть *(огонь)*

beat up 1) сме́шивать взбива́я 2) изби́ть до полусме́рти

beaten I [ˈbiːtn] *p. p. см.* **beat II**

beaten II *a* 1) поби́тый, побеждённый; разби́тый 2) утомлённый, изму́ченный 3) ко́ваный 4) проторённый 5) изби́тый, бана́льный ◊ **off the ~ track** а) вдали́ от суеты́ б) необы́чный

beater [ˈbiːtə(r)] *n* 1) взбива́лка, ве́нчик 2) колоту́шка, выбива́лка *(для ковра)*

beatific [ˌbiːəˈtɪfɪk] *a* 1) блаже́нный 2) счастли́вый

beatify [biːˈætɪfaɪ] *v* 1) *церк.* причисля́ть к ли́ку блаже́нных, беатифици́ровать 2) осчастли́вить

beating [ˈbiːtɪŋ] *n* 1) битьё, побо́и, по́рка 2) бие́ние *(сердца)* 3) пораже́ние

beatitude [biːˈætɪtjuːd] *n* блаже́нство

beat-up [ˈbiːtʌp] *a разг.* разру́шенный, запу́щенный, изно́шенный

beau [bəʊ] *n* (*pl* **beaux**) 1) *амер.* кавале́р, покло́нник 2) щёголь

beau monde [bəʊˈmɒnd] *n* (**the ~**) бомо́нд, вы́сший свет

beautician [bjuːˈtɪʃ(ə)n] *n* 1) космето́лог 2) владе́лец космети́ческого сало́на

beautiful [ˈbjuːtəfʊl] *a* прекра́сный; краси́вый

beautify [ˈbjuːtɪfaɪ] *v* де́лать краси́вым; украша́ть

beauty [ˈbjuːtɪ] *n* 1) красота́ 2) краса́вица; **she is a real ~** она́ настоя́щая краса́вица

beauty parlour [ˈbjuːtɪˌpɑːlə(r)] *n см.* **beauty salon**

beauty salon [ˈbjuːtɪˌsælɒn] *n* космети́ческий кабине́т, сало́н красоты́

beauty sleep [ˈbjuːtɪsliːp] *n* 1) ра́нний сон *(до полуночи; считается очень полезным для сохранения красоты)* 2) *ирон.* дневно́й сон

beauty spot [ˈbjuːtɪspɒt] *n* му́шка *(на лице; амер.* **beauty mark***)*

beaux [bəʊz] *pl см.* **beau**

beaver [ˈbiːvə(r)] *n* 1) бобр 2) бобёр, бобро́вый мех 3) касто́ровая шля́па 4) *сленг* борода́ч 5) *attr* бобро́вый ◊ **eager ~** *разг.* усе́рдный рабо́тник, работя́га, тру́женик

bebop [ˈbiːbɒp] *n* би́боп *(стиль джазовой му́зыки)*

becalmed [bɪˈkɑ:md] *a мор.* 1) стихший *(о ветре)*; успокоившийся *(о море)* 2) попавший в штиль *(о судне)*

became [bɪˈkeɪm] *past см.* **become**

because [bɪˈkɒz] *conj* потому что, так как; ~ **of** из-за, вследствие

beck[1] [bek] *n* кивок ◊ **to be at smb's ~ and call** быть в чьём-л. полном распоряжении

beck[2] *n* ручей; поток

beckon [ˈbekən] *v* кивать, подзывать кивком, манить *(to)*

becloud [bɪˈklaʊd] *v* 1) заволакивать облаками, тучами 2) затемнять, затуманивать

become [bɪˈkʌm] *v* (**became**; **become**) 1) делаться, становиться 2) случаться; **what has ~ of him?** что с ним случилось? 3) годиться 4) подходить, быть к лицу

becoming [bɪˈkʌmɪŋ] *a* 1) подобающий, приличествующий 2) (идущий) к лицу

bed I [bed] *n* 1) кровать; постель; ложе; **a single/double ~** односпальная/двуспальная кровать; **camp ~** раскладушка; **to go to ~** ложиться спать; **to take to one's ~** заболеть, слечь в постель; **to keep one's ~** быть больным, лежать в постели, *мед.* соблюдать постельный режим; **to make the ~** застилать постель; **to change the ~s** менять постельное бельё 2) клумба; гряда, грядка 3) *ж.-д.* полотно 4) дно *(моря, реки)*; русло 5) *геол.* пласт, залегание 6) *тех.* основание; стенд, установка; **cargo ~** грузовая платформа; **test ~** испытательный стенд 7) *радио* канал; тракт ◊ **~ and board** квартира и стол; **~ and breakfast** ночлег и завтрак *(в гостинице)*; **to get out of ~ on the wrong side** встать не с той ноги/с левой ноги; **~ of roses** лёгкая, приятная жизнь; **life isn't a ~ of roses** *посл.* ≅ жизнь прожить — не поле перейти

bed II *v* 1) укладывать в постель *(down)* 2) *разг.* переспать *(с кем-л.)* 3) сажать, высаживать в грядки *(обыкн.* **to ~ out)** 4) класть подстилку *(скоту)* 5) класть на основание; настилать 6) *тех.* прирабатывать

bedabble [bɪˈdæbl] *v* замочить, забрызгать *(грязной водой и т. п.)*

bedaub [bɪˈdɔ:b] *v* запачкать *(краской и т. п.)*; замазать

bedbug [ˈbedbʌg] *n* клоп

bedclothes [ˈbedkləʊðz] *n pl* постельное бельё и покрывала

bedded [ˈbedɪd] *a* 1) *тех.* прирабатавшийся 2) *геол.* слоистый, напластованный

bedding [ˈbedɪŋ] *n* 1) постельное бельё, одеяла и матрац; постельные принадлежности 2) подстилка *(для скота)* 3) основание; ло-

же 4) *геол.* напластование; залегание 5) (**~ in**) *тех.* пригонка, приработка

bedeck [bɪˈdek] *v* украшать

bedel(l) [ˈbi:dəl] *уст. см.* **beadle**

bedevil [bɪˈdevl] *v* 1) терзать, мучить 2) сбивать с толку, путать

bedew [bɪˈdju:] *v* 1) обрызгивать; покрывать росой 2) орошать *(слезами)*

bedfast [ˈbedfɑ:st] *a* прикованный к постели

bedfellow [ˈbedˌfeləʊ] *n* 1) сожитель; сожительница 2) партнёр

bedim [bɪˈdɪm] *v* затемнять, затуманивать

bedlam [ˈbedləm] *n* бедлам, сумасшедший дом

bedlinen [ˈbedlɪnɪn] *n* постельное бельё

bedouin [ˈbeduɪn] *n* (*pl тж без измен.*) бедуин

bedpan [ˈbedpæn] *n* судно, «утка» *(для больных)*

bedpost [ˈbedpəʊst] *n* стойка кровати ◊ **between you and me and the ~** *разг.* между нами (говоря)

bedraggle [bɪˈdrægl] *v* замочить *(подол и т. п.)*

bedridden [ˈbedˌrɪdn] *a* прикованный к постели болезнью

bedrock [ˈbedrɒk] *n* 1) *геол.* материковая порода, бедрок 2) основные принципы

bedroll [ˈbedrəʊl] *n* скатка; скатанный спальный мешок

bedroom [ˈbedrʊm] *n* спальня

bedside [ˈbedsaɪd] *n*: **to sit at a person's ~** ухаживать за больным, сидеть у постели больного

bedsitter [ˈbedsɪtə(r)] *см.* **bedsitting room**

bedsitting room [bedˈsɪtɪŋrʊm] *n* малогабаритная однокомнатная квартира

bedsore [ˈbedsɔ:(r)] *n мед.* пролежень

bedspread [ˈbedspred] *n* покрывало

bedstead [ˈbedsted] *n* каркас кровати

bedtime [ˈbedtaɪm] *n* время ложиться спать; **it's ~!** пора спать!

bedwetting [ˈbedˌwetɪŋ] *n мед.* энурез; ночное недержание мочи

bee [bi:] *n* 1) пчела; *перен.* трудолюбивый, работящий человек; **queen ~** пчелиная матка; **worker ~** рабочая пчела; **as brisk as a ~** проворный, быстрый; **as busy as a ~** очень занятый 2) *амер.* компания, собравшаяся для прогулки, развлечений *или* для совместной работы ◊ **to have a ~ in one's bonnet** *сленг* быть с причудой, иметь «пунктик»; **the ~'s knees** *сленг* нечто необычайное, превосходное

beech I [bi:tʃ] *n* бук

beech II *a* буковый

beechwood [ˈbi:tʃwʊd] *n* буковый лес

beef [bi:f] *n* 1) говя́дина; **corned/salt ~** солони́на 2) мясна́я ту́ша 3) *разг.* хорошо́ разви́тые му́скулы

beefburger [ˈbi:fˌbɜ:gə(r)] *n* га́мбургер (*тж* **hamburger**)

beefeater [ˈbi:fˌi:tə(r)] *n* бифи́тер *или* йо́мен, страж в ло́ндонском Та́уэре

beefsteak [bi:fˈsteɪk] *n* бифште́кс

beef-witted [ˈbi:fˈwɪtɪd] *a* глу́пый

beefy [ˈbi:fɪ] *a* 1) кре́пкий, му́скулистый 2) мяси́стый

bee-garden [ˈbi:ˌgɑ:dn] *n* па́сека

beehive [ˈbi:haɪv] *n* у́лей

beekeeper [ˈbi:ˌki:pə(r)] *n* пчелово́д, па́сечник

beekeeping [ˈbi:ˌki:pɪŋ] *n* пчелово́дство

beeline [ˈbi:laɪn] *n* пряма́я (возду́шная) ли́ния

been [bi:n] *p. p. см.* **be**

beer [bɪə(r)] *n* 1) пи́во; **small ~** сла́бое пи́во; *перен.* пустяки́; **stout ~** кре́пкое пи́во 2) *attr* пивно́й; **~ belly** «пивно́й» живо́т (*тж* **~ gut**)

beer-cellar [ˈbɪəselə(r)] *n* пивна́я в подва́льчике

beer hall [ˈbɪəhɔ:l] *n* пивно́й зал

beerhouse [ˈbɪəhaʊs] *n* пивна́я

beer mat [ˈbɪəmæt] *n* подста́вка для пивно́й кру́жки

beestings [ˈbi:stɪŋz] *n pl* моло́зиво

beeswax [ˈbi:zwæks] *n* воск

beet [bi:t] *n амер.* 1) свёкла; **red ~** кра́сная свёкла 2) са́харная свёкла (*тж* **sugar ~**)

beetle[1] [ˈbi:tl] *n* 1) жук 2) (**B.**) *сленг* ма́ленький компа́ктный автомоби́ль (*типа «Жук» фирмы «Фольксваген»*) ◊ **blind as a ~** соверше́нно слепо́й

beetle[2] **I** *n тех.* ба́ба, кува́лда, трамбо́вка

beetle[2] **II** *v тех.* 1) трамбова́ть 2) дроби́ть; круши́ть

beetle[3] **I** *a* нави́сший

beetle[3] **II** *v* нависа́ть

beetle-browed [ˈbi:tlˌbraʊd] *a* с нави́сшими бровя́ми; нахму́ренный

beetroot [ˈbi:tru:t] *n* свёкла

beeves [bi:vz] *pl см.* **beef**

befall [bɪˈfɔ:l] *v* (**befell; befallen**) *поэт.* происходи́ть, случа́ться

befallen [bɪˈfɔ:lən] *p. p. см.* **befall**

befell [bɪˈfel] *past см.* **befall**

befit [bɪˈfɪt] *v* подходи́ть, прили́чествовать

befog [bɪˈfɒg] *v* затума́нивать; оку́тывать тума́ном

befool [bɪˈfu:l] *v* одура́чивать

before I [bɪˈfɔ:(r)] *adv* 1) ра́ньше, пре́жде 2) вперёд, впереди́; **~ long** вско́ре; **long ~** задо́лго до; **shortly ~** незадо́лго до

before II *prep* 1) пе́ред; **I'm ~ you** я пе́ред ва́ми 2) впереди́; **to be ~ others** быть впереди́ други́х (*в чём-л. —* **in**) 3) до

before III *conj* до того́ как; пре́жде чем; ра́ньше чем; **he was gone ~ I could stop him** он ушёл пре́жде, чем я смог останови́ть его́

beforehand [bɪˈfɔ:hænd] *adv* зара́нее; заблаговре́менно; **to prepare ~** заготови́ть зара́нее

befriend [bɪˈfrend] *v* помога́ть, подде́рживать

befuddled [bɪˈfʌdld] *a* одурма́ненный; **I'm thoroughly ~** у меня́ в голове́ всё перепу́талось

beg [beg] *v* 1) проси́ть, умоля́ть (*кого-л. —* **of, from;** *о чём-л. —* **for**); **we ~ged him for help** мы проси́ли у него́ по́мощи 2) ни́щенствовать; **to go (a-)begging** а) ни́щенствовать б) не име́ть спро́са ◊ **I ~ to differ** позво́лю себе́ не согласи́ться; **we ~ to enclose** при сём прилага́ем; **I ~ your pardon** прошу́ проще́ния

began [bɪˈgæn] *past см.* **begin**

beget [bɪˈget] *v* (**begot; begotten**) *книжн.* 1) рожда́ть, производи́ть 2) порожда́ть

beggar I [ˈbegə(r)] *n* 1) ни́щий, попроша́йка 2) *разг.* па́рень; **lucky ~** счастли́вчик; **poor ~** бедня́га; **little ~s** малыши́ ◊ **~s can't be choosers** *разг.* бедняка́м не прихо́дится выбира́ть

beggar II *v* 1) доводи́ть до нищеты́; разоря́ть 2) не поддава́ться (*описанию*)

beggarly [ˈbegəlɪ] *a* 1) ни́щенский; в нужде́ 2) скудоу́мный 3) жа́лкий, ничто́жный

begin [bɪˈgɪn] *v* (**began; begun**) начина́ть(ся); **the concert ~s at 8** конце́рт начина́ется в 8 часо́в ◊ **to ~ with** во-пе́рвых, пре́жде всего́

beginner [bɪˈgɪnə(r)] *n* начина́ющий; новичо́к

beginning [bɪˈgɪnɪŋ] *n* 1) нача́ло; **from ~ to end** от нача́ла до конца́ 2) исто́чник

begot [bɪˈgɒt] *past см.* **beget**

begotten [bɪˈgɒtn] *p. p. см.* **beget**

begrudge [bɪˈgrʌdʒ] *v* 1) испы́тывать неудовлетворённость; выража́ть недово́льство 2) зави́довать

beguile [bɪˈgaɪl] *v* 1) занима́ть внима́ние; развлека́ть 2) обма́нывать, вводи́ть в заблужде́ние; обма́ном вовлека́ть (**into**); **to ~ with promises** обма́нывать обеща́ниями

beguilement [bɪˈgaɪlmənt] *n* 1) развлече́ние 2) обма́н

begun [bɪˈgʌn] *p. p. см.* **begin**

behalf [bɪˈhɑ:f] *n* : **on ~ of, on smb's ~** 1) в по́льзу, ра́ди, для кого́-л. 2) от и́мени кого́-л.

behave [bɪˈheɪv] *v* 1) вести́ себя́, поступа́ть 2) вести́ себя́ как на́до (*тж* **to ~ oneself**) 3) норма́льно рабо́тать (*о машине, механизме и т. п.*)

behaviour [bɪˈheɪvjə(r)] *n* 1) поведе́ние; мане́ры; **proper ~** хоро́шее поведе́ние 2) *тех.*

режи́м (рабо́ты); **long-term** ~ дли́тельный режи́м рабо́ты 3) *тех.* реа́кция

behaviourism [bɪˈheɪvjərɪzm] *n психол.* бихевиори́зм

behead [bɪˈhed] *v* отруби́ть го́лову, обезгла́вить

beheld [bɪˈheld] *past, p. p. см.* **behold**

behind I [bɪˈhaɪnd] *adv* сза́ди, позади́, за, по́сле; **to leave** ~ оста́вить позади́, по́сле себя́; **to fall** ~ отстава́ть; **to be** ~ запа́здывать

behind II *prep* за, позади́, по́сле

behind III *n разг.* зад

behindhand I [bɪˈhaɪndhænd] *a predic* 1) задолжа́вший 2) отста́вший, запозда́вший

behindhand II *adv* за́дним число́м

behold [bɪˈhəʊld] *v (past, p.p.* **beheld)** *книжн.* уви́деть; заме́тить; ~! смотри́!

beholden [bɪˈhəʊldən] *a predic* обя́занный *(кому-л. — to)*

beholder [bɪˈhəʊldə(r)] *n* зри́тель, очеви́дец

behoove [bɪˈhuːv] *амер. см.* **behove**

behove [bɪˈhəʊv] *v* надлежа́ть

beige [beɪʒ] *a* бе́жевый, бе́жевого цве́та

being I [ˈbiːɪŋ] *n* 1) бытие́, существова́ние; **to come into** ~ возника́ть 2) созда́ние, челове́к, существо́; **human** ~s лю́ди

being II *a:* **for the time** ~ пока́, на не́которое вре́мя

belabour [bɪˈleɪbə(r)] *v* бить, колоти́ть

belated [bɪˈleɪtɪd] *a* 1) запозда́лый 2) засти́гнутый темното́й

belch I [beltʃ] *n* отры́жка

belch II *v* 1) рыга́ть 2) изверга́ть *(огонь, лаву и т. п.)*

beleaguer [bɪˈliːgə(r)] *v* 1) осажда́ть 2) досажда́ть

belfry [ˈbelfrɪ] *n* колоко́льня

Belgian I [ˈbeldʒən] *n* бельги́ец; бельги́йка; **the** ~s бельги́йцы

Belgian II *a* бельги́йский

belie [bɪˈlaɪ] *v* 1) дава́ть неве́рное представле́ние о чём-л., противоре́чить 2) не опра́вдывать *(надежд, доверия и т. п.)*

belief [bɪˈliːf] *n* 1) *рел.* ве́рование, ве́ра 2) убежде́ние, мне́ние; **to the best of my** ~ наско́лько мне изве́стно; **beyond** ~ невероя́тно 3) ве́ра, дове́рие *(in)*

believe [bɪˈliːv] *v* 1) ве́рить *(in)* 2) полага́ть; **I** ~ **so** ка́жется, так; я так полага́ю; **I** ~ **not** едва́ ли; полага́ю, что нет 3) доверя́ть

believer [bɪˈliːvə(r)] *n* 1) ве́рующий; **Old B.** старообря́дец, старове́р *(в православии)* 2) сторо́нник; **she is a** ~ **in homoeopathy** она́ ве́рит в гомеопа́тию

Belisha beacon [bəˈliːʃəˌbiːkən] *n* фона́рь Бели́ши, жёлтый мига́ющий шар на полоса́-

том столбе́, отмеча́ющий пешехо́дный перехо́д *(в Великобритании)*

belittle [bɪˈlɪtl] *v* преуменьша́ть; умаля́ть, принижа́ть

bell[1] [bel] *n* 1) ко́локол, колоко́льчик; **alarm** ~ наба́т(ный ко́локол); **to sound a** ~ звони́ть в ко́локол 2) звоно́к; **to ring the** ~ позвони́ть; **to answer the** ~ откры́ть дверь на звоно́к 3) *бот.* ча́шечка цветка́; колоко́льчик 4) *pl мор.* скля́нки 5) *тех.* ра́струб ◊ **as sound/clear as a** ~ в по́лном поря́дке; **that name doesn't ring a** ~ **with me** э́то и́мя мне ничего́ не говори́т

bell[2] **I** [bel] *n* крик, рёв *(оленя)*

bell[2] **II** *v* реве́ть, мыча́ть

belladonna [ˌbeləˈdɒnə] *n бот.* краса́вка, беллад́онна обыкнове́нная

bellboy [ˈbelbɔɪ] *n* коридо́рный, посы́льный *(в гостинице)*

bell-bottomed [ˈbelˈbɒtəmd] *a* расширя́ющийся от коле́на *(о брюках)*

belle [bel] *n* краса́вица; цари́ца *(бала и т. п.)*

belled [ˈbeld] *a тех.* расши́ренный, уши́ренный

belles-lettres [ˈbelˈletr] *n pl* беллетри́стика, худо́жественная литерату́ра

bellflower [ˈbelˌflaʊə(r)] *n бот.* колоко́льчик

bellicose [ˈbelɪkəʊs] *a* вои́нственный

bellicosity [ˌbelɪˈkɒsɪtɪ] *n* вои́нственность

belligerence [bɪˈlɪdʒərəns] *n* 1) вои́нственное настрое́ние, агресси́вность 2) состоя́ние войны́

belligerent I [bɪˈlɪdʒərənt] *n* вою́ющая сторона́

belligerent II *a* вою́ющий, находя́щийся в состоя́нии войны́

bellow I [ˈbeləʊ] *n* мыча́ние; рёв *(тж перен.)*

bellow II *v* 1) мыча́ть, реве́ть 2) вопи́ть, ора́ть

bellows [ˈbeləʊz] *n pl* 1) воздуходу́вные мехи́; кузне́чные мехи́; **a pair of** ~ ручны́е мехи́ 2) *авто* гофри́рованный чехо́л; пневмати́ческая опо́ра

bell-ringer [ˈbelrɪŋə(r)] *n* звона́рь

bells and whistles [belz ən(d) ˈwɪs(ə)ls] *n вчт разг.* прибамба́сы *(привлекательные сво́йства программного или аппаратного обеспечения)*

bell-wether [ˈbelˌweðə] *n* бара́н-вожа́к *(с колоко́льчиком)*

belly I [ˈbelɪ] *n* 1) живо́т, брюхо; *перен.* аппети́т; обжо́рство 2) *мор.* «пу́зо» па́руса

belly II *v* надува́ться *(обыкн.* **to** ~ **out)**; вспу́чиваться

bellyache[1] [ˈbelɪeɪk] *n разг.* боль в животе́

bellyache[2] *v сленг.* жа́ловаться; хны́кать

bellyband [ˈbelɪbænd] *n* подпру́га

belly dance [ˈbelɪdɑːns] *n* та́нец живота́

bellyful [ˈbelɪfʊl] *n разг.:* I've had my ~ of it я сыт э́тим по го́рло

belong [bɪˈlɒŋ] *v* 1) принадлежа́ть *(to)* 2) относи́ться *(to)* 3) быть чле́ном гру́ппы *и т. n.*; to ~ to a club быть чле́ном клу́ба; he doesn't ~ here он незде́шний, он «не свой»

belongings [bɪˈlɒŋɪŋz] *n pl* принадле́жности; ве́щи, пожи́тки

beloved I [bɪˈlʌvɪd] *n* возлю́бленный, люби́мый

beloved II [bɪˈlʌvd] *a* возлю́бленный, люби́мый

below I [bɪˈləʊ] *adv* внизу́; ни́же

below II *prep* ни́же; под

belt I [belt] *n* 1) по́яс, ремéнь; банда́ж; корсéт; портупéя 2) по́яс, зо́на; green ~ зелёная зо́на, зелёный по́яс *(вокруг города)* 3) *тех.* приводно́й ремéнь 4) лéнта конвéйера ◊ (to hit) below the ~ (нанести́) уда́р ни́же по́яса; to tighten one's ~ затяну́ть поту́же по́яс, нача́ть жить эконо́мнее; under one's ~ съéденное *(о пище)*

belt II *v* 1) опоя́сывать; подпоя́сывать 2) поро́ть ремнём

belting [ˈbeltɪŋ] *n* 1) приводны́е ремни́; ремённая передáча 2) по́рка

bemire [bɪˈmaɪə(r)] *v* грязни́ть, покрыва́ть гря́зью

bemoan [bɪˈməʊn] *v* опла́кивать

bemuse [bɪˈmjuːz] *v* ошеломля́ть, сбива́ть с то́лку

bench I [bentʃ] *n* 1) скамья́ 2) верста́к 3) мéсто *(в парламенте)*; front ~ мéсто в пéрвых ряда́х парла́мента 4) (the ~) мéсто судьи́ в судé; суд; *собир.* су́дьи; to sit on the ~ суди́ть

bench II *v* выставля́ть на вы́ставке *(собак)*

benchmark [ˈbentʃmɑːk] *n вчт* 1) этало́нный тест *(тж ~ test)* 2) этало́нная програ́мма, этало́н

bend I [bend] *n* 1) изги́б; вира́ж; road ~ поворо́т доро́ги 2) излу́чина *(реки)* 3) *мор.* у́зел 4) *тех.* колéно, отво́д

bend II *v (past, p.p. bent)* 1) гну́ть(ся), сгиба́ть(ся), склоня́ть(ся) 2) изгиба́ть(ся); повора́чивать *(о реке, дороге и т. n.)*; the road ~s westwards here здесь доро́га повора́чивает на за́пад 3) сосредото́чивать *(мысли, внимание — on)*; направля́ть *(шаги, взоры)*

bender [ˈbendə(r)] *n сленг* кутёж, загу́л

bending [ˈbendɪŋ] *n тех.* изги́б; проги́б; кривизна́

bendy [ˈbendɪ] *a* легко́ сгиба́ющийся, пода́тливый, ги́бкий

beneath I [bɪˈniːθ] *adv* внизу́

beneath II *prep* под, ни́же; it's ~ you э́то недосто́йно вас

Benedictine [ˌbenɪˈdɪktɪn] *n* бенедикти́нец *(монах)*

benediction [ˌbenɪˈdɪkʃ(ə)n] *n* 1) благословéние 2) моли́тва пéред едо́й и по́сле еды́

benefaction [ˌbenɪˈfækʃ(ə)n] *n* 1) пожéртвование 2) благодея́ние

benefactor [ˈbenɪfæktə(r)] *n* благодéтель

benefice [ˈbenɪfɪs] *n рел.* бенефи́ций *(церк. должность в Западной церкви и связанные с ней статьи доходов)*

beneficence [bɪˈnefɪsəns] *n* благодея́ние, до́брое дéло, бенефи́ций; благотвори́тельность

beneficent [bɪˈnefɪsənt] *a* благодéтельный, щéдрый

beneficial [ˌbenɪˈfɪʃəl] *a* 1) благотво́рный, полéзный; вы́годный 2) целéбный; цели́тельный; ~ influence благотво́рное влия́ние

beneficiary [ˌbenɪˈfɪʃərɪ] *n юр.* бенефициа́р

benefit I [ˈbenɪfɪt] *n* 1) по́льза, вы́года; for your ~ ра́ди вас; speak louder for the ~ of those at the back говори́те гро́мче, чтобы бы́ло слы́шно и в послéдних ряда́х 2) посо́бие; unemployment ~ посо́бие по безрабо́тице 3) *театр.* бенефи́с 4) *attr* благотвори́тельный ◊ to give smb the ~ of doubt оправда́ть кого́-л. за недоста́точностью ули́к

benefit II *v* 1) помога́ть, приноси́ть по́льзу; the new road will ~ the whole area но́вая доро́га принесёт по́льзу всему́ райо́ну 2) извлека́ть по́льзу, вы́году *(by)*

benefit society [ˈbenɪfɪtsəˈsaɪətɪ] *n* ка́сса взаимопо́мощи

benevolence [bɪˈnevələns] *n* 1) доброжела́тельность; доброта́ 2) щéдрость, благотвори́тельность 3) милосéрдие

benevolent [bɪˈnevələnt] *a* 1) доброжела́тельный 2) благотвори́тельный 3) милосéрдный

Bengali I [beŋˈɡɔːlɪ] *n* 1) бенга́лец; бенга́лка 2) бенга́льский язы́к

Bengali II *a* бенга́льский

Bengal light [beŋˈɡɔːl ˈlaɪt] *n* бенга́льские огни́ *(фейерверк)*

benighted [bɪˈnaɪtɪd] *a* 1) тёмный, невéжественный 2) засти́гнутый темното́й

benign [bɪˈnaɪn] *a* 1) до́брый, мя́гкий 2) благотво́рный, полéзный *(о климате)* 3) плодоро́дный *(о почве)* 4) *мед.* доброка́чественный *(об опухоли)*

benignant [bɪˈnɪɡnənt] *см.* benign

benignity [bɪˈnɪɡnɪtɪ] *n* 1) доброта́ 2) до́брое дéло

bent¹ I [bent] *n* скло́нность, накло́нность; влечéние *(for)*; to follow one's ~ слéдовать свои́м накло́нностям

bent¹ **II** *past, p. p. см.* **bend II**
bent¹ **III** *a* 1) изо́гнутый 2) *сленг* бесче́стный 3) *сленг* гомосексуа́льный 4) твёрдо реши́вший сде́лать что-л. *(on)*
bent² *n* по́ле, луг
benumb [bɪ´nʌm] *v* 1) приводи́ть в оцепене́ние 2) парализова́ть *(чувства, мысли)*
benzene [´benziːn] *n* бензо́л
benzine [´benziːn] *n* бензи́н; **motor** ~ автомоби́льный бензи́н
bequeath [bɪ´kwiːð] *v* завеща́ть
bequest [bɪ´kwest] *n* 1) насле́дование 2) насле́дство
berate [bɪ´reɪt] *v* брани́ть, руга́ть
bereave [bɪ´riːv] *v* (**bereaved, bereft**) лиша́ть, отнима́ть *(жизнь, надежды и т. п. — of)*
bereaved [bɪ´riːvd] *a* лиши́вшийся бли́зких, осироте́вший; **the** ~ **wife** вдова́
bereavement [bɪ´riːvmənt] *n* тяжёлая утра́та; **owing to her recent** ~ из-за пости́гшего её го́ря
bereft [bɪ´reft] *a* лишённый *(чего-л.);* ~ **of hope** лишённый наде́жды
beret [´bereɪ] *n* бере́т
berg [bɜːg] *n* а́йсберг
bergamot¹ [´bɜːgəmɒt] *n* бергамо́товое ма́сло
bergamot² *n бот.* бергамо́т
berk [bɜːk] *n сленг* дура́к, ду́рень
Bermuda shorts [bə´mjuːdə ´ʃɔːts] *n pl* берму́ды *(шорты до колен)*
berry I [´berɪ] *n* 1) я́года 2) икри́нка
berry II *v* 1) собира́ть я́годы 2) приноси́ть я́годы
berrying [´berɪɪŋ] *n* сбор я́год
berserk [bə´sɜːk] *a* неи́стовый, впа́вший в я́рость; **to go** ~ впасть в неи́стовство, неи́стовствовать
berth [bɜːθ] *n* 1) ко́йка *(в каюте);* по́лка, спа́льное ме́сто *(в вагоне)* 2) я́корная стоя́нка 3) *разг.* положе́ние; до́лжность ◊ **to give a wide** ~ **to** держа́ться на расстоя́нии, избега́ть
beryl [´berɪl] *n мин.* бери́лл
beseech [bɪ´siːtʃ] *v* (*past, p.p.* **besought**) проси́ть, умоля́ть, упра́шивать *(for)*
beset [bɪ´set] *v* (*past, p.p.* **beset**) 1) осажда́ть *(вопросами и т. п.);* докуча́ть; **he was** ~ **by doubts** его́ одолева́ли сомне́ния 2) окружа́ть
beside [bɪ´saɪd] *prep* 1) ря́дом, близ, о́коло; **his house is** ~ **the sea** его́ дом стои́т у мо́ря 2) по сравне́нию с 3) ми́мо; **that's** ~ **the point** э́то к де́лу не отно́сится, э́то не по существу́ ◊ **she was** ~ **herself with rage** она́ была́ вне себя́ от гне́ва
besides [bɪ´saɪdz] *adv* кро́ме того́; поми́мо, сверх того́, к тому́ же

besiege [bɪ´siːdʒ] *v* осажда́ть
besieger [bɪ´siːdʒə(r)] *n* осажда́ющий, осажда́ющая сторона́
besmear [bɪ´smɪə(r)] *v* 1) запа́чкать, заса́лить 2) замара́ть *(репутацию)*
besmirch [bɪ´smɜːtʃ] *v* 1) запа́чкать 2) замара́ть *(репутацию)*
besom [´biːzəm] *n* метла́
besotted [bɪ´sɒtɪd] *a* одурма́ненный, потеря́вший го́лову; **he is** ~ **with her** он от неё без ума́; **he is** ~ **with drunk** он си́льно «под му́хой»
besought [bɪ´sɔːt] *past, p. p. см.* **beseech**
bespangle [bɪ´spæŋgl] *v* осыпа́ть блёстками
bespatter [bɪ´spætə(r)] *v* 1) забры́згивать, обры́згивать 2): **to** ~ **with abuse** осыпа́ть руга́тельствами; **to** ~ **with flattery** осыпа́ть ле́стью
bespeak [bɪ´spiːk] *v* (**bespoke; bespoke, bespoken**) 1) зара́нее догова́риваться 2) зака́зывать *(товары)* 3) обнару́живать; пока́зывать
bespectacled [bɪ´spektəkld] *a* в очка́х
bespoke [bɪ´spəʊk] *past, p. p. см.* **bespeak**
bespoken [bɪ´spəʊkən] *p. p. см.* **bespeak**
besprinkle [bɪ´sprɪŋkl] *v* обры́згивать, окропля́ть, ороша́ть
best¹ **I** [best] *a* (*superl см.* **good I, well**² **II**) 1) (са́мый) лу́чший; **my** ~ **friend** мой са́мый лу́чший друг 2) бо́льший; **the** ~ **part of** бо́льшая часть чего-л.; **for the** ~ **part of an hour** почти́ час
best¹ **II** *adv* (*превосх. ст. от* **well**² **I**) лу́чше всего́; бо́льше всего́; наилу́чшим о́бразом; **which do you like** ~? что вам нра́вится бо́льше всего́?; **you know** ~ тебе́ лу́чше знать; **you had** ~ **to...** лу́чше бы вы (сде́лали что-л.)
best¹ **III** *n* что-л. са́мое лу́чшее; **all the** ~ всего́ са́мого лу́чшего *(пожелание);* **at (the very)** ~ в лу́чшем слу́чае; **to be at one's** ~ быть в уда́ре, быть на высоте́; **to make the** ~ **of things** быть дово́льным, не уныва́ть; дово́льствоваться; **to the** ~ **of my knowledge** наско́лько мне изве́стно; **he did it for the** ~ он сде́лал э́то с лу́чшими наме́рениями; **to do one's** ~ (с)де́лать всё возмо́жное; **I'll do it to the** ~ **of my ability** я сде́лаю всё, что в мои́х си́лах; **one's (Sunday)** ~ наря́дное пла́тье
best² *v разг.* перехитри́ть; взять верх
bestial [´bestɪəl] *a* 1) жесто́кий, зве́рский 2) ско́тский, живо́тный
bestiality [bestɪ´ælɪtɪ] *n* ско́тство
bestir [bɪ´stɜː(r)] *v* де́лать уси́лия, стара́ться
best man [best´mæn] *n* ша́фер *(на свадьбе)*

bestow [bɪ'stəʊ] *v* 1) даровáть, дарúть; награждáть *(on, upon)* 2) помещáть; размещáть

bestowal [bɪ'stəʊəl] *n* дар; награ́да

bestrew [bɪ'stru:] *v* (**bestrewed; bestrewed, bestrewn**) 1) усыпáть, покрывáть *(with)* 2) разбрáсывать

bestrewn [bɪ'stru:n] *p. p. см.* **bestrew**

bestridden [bɪ'strɪdn] *p. p. см.* **bestride**

bestride [bɪ'straɪd] *v* (**bestrode; bestridden**) 1) сидéть *или* садúться верхóм 2) стоя́ть, расстáвив нóги

bestrode [bɪ'strəʊd] *past см.* **bestride**

bestseller [best'selə(r)] *n* бестсéллер

bet I [bet] *n* 1) парú 2) стáвка

bet II *v* (**bet, betted**) держáть парú *(за — on; против — against)* ◊ **you ~!** *разг.* бу́дьте увéрены!, мóжете быть увéрены!

betimes [bɪ'taɪmz] *adv книжн.* своеврéменно; порáньше

betoken [bɪ'təʊkən] *v* 1) означáть, укáзывать 2) предвещáть

betray [bɪ'treɪ] *v* 1) предавáть; изменя́ть 2) выдавáть; **to ~ a secret** вы́дать тáйну

betrayal [bɪ'treɪəl] *n* предáтельство; измéна

betrayer [bɪ'treɪə(r)] *n* предáтель; измéнник

betroth [bɪ'trəʊð] *v* обручúть, объявúть о помóлвке

betrothal [bɪ'trəʊðəl] *n* обручéние, помóлвка

better[1] **I** ['betə(r)] *a* (*сравнит. ст. от* **good I, well**[2] **II**) лу́чший; **to be/to feel ~** чу́вствовать себя́ лу́чше; **he has seen ~ days** он знавáл лу́чшие временá ◊ **my ~ half** моя́ дражáйшая половúна; **to be ~ than one's word** сдéлать бóльше, чем обещáл

better[1] **II** *adv* (*сравнит. ст. от* **well**[2] **I**) 1) лу́чше; **she sings ~** онá тепéрь поёт лу́чше 2) **had better: he'd ~ go now** ему́ сейчáс лу́чше уйтú; **I'd ~ explain it** мне лу́чше э́то объяснúть срáзу ◊ **to think ~ of** передýмать; изменúть мнéние о; **all the ~, so much the ~** тем лу́чше; **he knows ~** он лу́чше знáет, его́ не проведёшь

better[1] **III** *n*: **one's ~s** вышестоя́щие лúца; бóлее компетéнтные лúца; **to get the ~ of** взять верх *(над кем-л.)*, победúть; **for ~ or for worse** что бы ни случúлось

better[1] **IV** *v* улучшáть(ся); исправля́ть(ся); **to ~ oneself** получúть повышéние *(по слýжбе)*; найтú рабóту полýчше

better[2] *n* держáщий парú

betting ['betɪŋ] *n* 1) парú 2) заключéние парú

betting-shop ['betɪŋʃɒp] *n* букмéкерская контóра

bettor ['betə(r)] *см.* **better**[2]

between [bɪ'twi:n] *prep* мéжду; **~ ourselves** мéжду нáми, конфиденциáльно ◊ **betwixt and ~** *разг.* ни тó ни сё

bevel I ['bevəl] *n* скос, уклóн, наклóн, кóнус

bevel II *v* скáшивать; стёсывать; срезáть óстрые края́

beverage ['bevərɪʤ] *n* напúток

bevy ['bevɪ] *n* 1) стáя *(птиц)* 2) óбщество *(обыкн. женщин)*

bewail [bɪ'weɪl] *v* оплáкивать, скорбéть

beware [bɪ'weə(r)] *v* берéчься, остерегáться *(of)*

bewilder [bɪ'wɪldə(r)] *v* смущáть; стáвить в тупúк, сбивáть с тóлку

bewilderment [bɪ'wɪldəmənt] *n* 1) смущéние, замешáтельство 2) пýтаница

bewitch [bɪ'wɪtʃ] *v* 1) очарóвывать 2) заколдóвывать, зачарóвывать

bewitching [bɪ'wɪtʃɪŋ] *a* пленúтельный

beyond I [bɪ'jɒnd] *prep* 1) по ту стóрону, за; дáльше; **~ the seas** за моря́ми 2) пóзже 3) сверх, вы́ше; вне; **~ all doubt** вне вся́кого сомнéния; **it is ~ me** э́то вы́ше моегó понимáния 4) крóме; **she has nothing ~ her pension** у неё нет ничегó, никакúх сбережéний крóме пéнсии

beyond II *adv* вдалú, на расстоя́нии

beyond III *n* (**the ~**) загрóбная жизнь

bezel ['bez(ə)l] *n* опрáва; держáтель

bi- [baɪ-] *pref со значением* дву-; **bilateral;** двусторóнний; **bicarbonate** *хим.* двууглекúслый

biannual [baɪ'ænjʊəl] *a* происходя́щий два рáза в год

bias I ['baɪəs] *n* 1) пристрáстие *(towards)*; предубеждéние *(against)* 2) кося́я лúния, диагонáль; **to cut on the ~** рéзать/кроúть по косóй лúнии/по диагонáли 3) смещéние; искажéние 4) стандáртная ошúбка *(прибора, метода)* 5) *тех.* напряжéние смещéния; ток смещéния

bias II *v* окáзывать влия́ние *(обыкн. плохóе)*; склоня́ть *(к чему-л.)*; внушáть предубеждéние *(против кого-л. — against)*

biased ['baɪəst] *a* 1) пристрáстный, предубеждённый 2) *тех.* смещённый, несимметрúчный

biasing ['baɪəsɪŋ] *n радио, вчт* 1) смещéние 2) подмагнúчивание

biathlon [baɪ'æθlən] *n спорт.* биатлóн

bib [bɪb] *n* 1) дéтский нагрýдник 2) вéрхняя часть фáртука ◊ **best ~ and tucker** лу́чшее плáтье

Bible ['baɪbl] *n* Бúблия

biblical ['bɪblɪkəl] *a* библéйский

bibliography [ˌbɪblɪ'ɒɡrəfɪ] *n* библиогрáфия

bibliophile ['bɪblɪəʊfaɪl] *n* библиофúл

bibulous ['bɪbjʊləs] *a* выпивáющий, любя́щий вы́пить

bicameral [baɪ'kæmərəl] *a* двухпала́тный *(о парла́менте)*

bicarb ['baɪkɑ:b] *n разг. сокр.* (**bicarbonate of soda**) (питьева́я) со́да

bicarbonate [baɪ'kɑ:bənɪt] *n хим.* двуугле-ки́слая соль; ~ **of soda** (питьева́я) со́да

bicentenary I [ˌbaɪsen'ti:nərɪ] *n* двухсотле́-тие

bicentenary II *a* двухсотле́тний

bicentennial [ˌbaɪsen'tenɪəl] *a* 1) двухсотле́т-ний 2) повторя́ющийся ка́ждые две́сти лет

biceps ['baɪseps] *n анат.* би́цепс, двугла́вая мы́шца

bicker I ['bɪkə(r)] *n* перебра́нка; потасо́вка

bicker II *v* 1) ссо́риться 2) журча́ть *(о ручье)*; стуча́ть *(о дожде)* 3) колыха́ться, мерца́ть *(об огне, пламени)*

bickering ['bɪkərɪŋ] *n* перебра́нка, потасо́вка

biconcave [baɪ'kɒnkeɪv] *a* двояковогну́тый *(о ли́нзе)*

biconvex [baɪ'kɒnveks] *a* двояковы́пуклый *(о ли́нзе)*

bicycle I ['baɪsɪkl] *n* велосипе́д; **to ride a** ~ е́здить на велосипе́де

bicycle II *v* е́здить на велосипе́де

bicyclist ['baɪsɪklɪst] *n* велосипеди́ст

bid I [bɪd] *v* (**bade, bid; bidden, bid**) 1) пред-лага́ть це́ну (на аукцио́не) *(for)* 2) прика́-зывать 3) *карт.* объявля́ть коли́чество взя́-ток 4) *уст.* пожела́ть

bid against/up набавля́ть це́ну

bid II *n* 1) предложе́ние цены́ (на аукцио́не); зая́вка (на торга́х); **he made a** ~ **of £90** он предложи́л девяно́сто фу́нтов 2) предла-га́емая цена́ 3) *разг.* попы́тка

biddable ['bɪdəbl] *a* послу́шный

bidden ['bɪdn] *p. p. см.* **bid I**

bidder ['bɪdə(r)] *n* лицо́, веду́щее перегово́ры на торга́х

bidding ['bɪdɪŋ] *n* 1) предложе́ние цены́ (на аукцио́не) 2) приказа́ние; **to do smb's** ~ исполня́ть чьё-л. приказа́ние 3) приглаше́-ние

bidet ['bi:deɪ] *n* биде́

bid price ['bɪdpraɪs] *n ком.* цена́ покупа́теля

bidirectional [ˌbaɪdɪ'rekʃ(ə)nəl] *a* двунап-ра́вленный; реверси́вный; ~ **communica-tions** *n радио* двусторо́нняя связь; двусто-ро́нние коммуника́ции

biennial I [baɪ'enɪəl] *n* 1) *бот.* двуле́тнее рас-те́ние, двуле́тник 2) биенна́ле *(событие, происходящее раз в два года)*

biennial II *a* двухле́тний, двухгоди́чный; про-исходя́щий ка́ждые два го́да

bier [bɪə(r)] *n* катафа́лк

biff I [bɪf] *n сленг* си́льный уда́р

biff II *v сленг* ударя́ть

bifid ['baɪfɪd] *a* расщеплённый *или* разделён-ный на две ча́сти; двуразде́льный; раз-дво́енный

bifocal [baɪ'fəʊkl] *a* бифока́льный, двухфо́-кусный

bifurcate I ['baɪfəkɪt] *a* раздво́енный

bifurcate II ['baɪfəkeɪt] *v* раздва́ивать(ся), разветвля́ться

bifurcation [ˌbaɪfə'keɪʃən] *n* бифурка́ция; раздво́ение, разветвле́ние

big [bɪg] *a* 1) большо́й, кру́пный; высо́кий 2) взро́слый 3) ва́жный, значи́тельный; ~ **chance** кру́пный шанс; **to go** ~ *амер. разг.* име́ть успе́х 4) благоро́дный, великоду́ш-ный *(часто ирон.)*; **that's** ~ **of you!** кака́я ще́дрость с твое́й стороны́! 5) бере́менная *(тж* ~ **with child**); ~ **with news** *перен.* по́лный новосте́й 6) *разг.* хвастли́вый; ~ **words** хвастли́вые слова́; **to talk** ~ хва́-статься ◊ **to be too** ~ **for one's boots** *разг.* зава́жничать

bigamy ['bɪgəmɪ] *n* двоеже́нство, бига́мия

Big Ben ['bɪg'ben] *n разг.* Биг Бен *(колокол часов-курантов на здании англ. парламен-та; часто так называют и сами часы, и башню)*

Big Blue ['bɪg blu:] *n разг.* Голубо́й Гига́нт *(прозвище фирмы IBM)*

big-head ['bɪghed] *n разг.* челове́к с больши́м самомне́нием, зазна́йка

big-headed ['bɪgˌhedɪd] *a разг.* с больши́м самомне́нием, самонаде́янный

big-hearted ['bɪgˌhɑ:tɪd] *a* ще́дрый

bight [baɪt] *n* 1) излу́чина *(реки)*; бу́хта 2) *мор.* бу́хта *(троса)*

bigot ['bɪgət] *n* фана́тик; изуве́р

bigoted ['bɪgətɪd] *a* узколо́бый, фанати́чный, нетерпи́мый

bigotry ['bɪgətrɪ] *n* фанати́зм; слепа́я привер-женность к чему́-л.

big-timer ['bɪg'taɪmə(r)] *n сленг* челове́к, до-би́вшийся успе́ха

bigwig ['bɪgwɪg] *n разг.* ва́жная персо́на, «ши́ш-ка»

bijou I ['bi:ʒu:] *n (pl* **bijoux** ['bi:ʒu:z]) дра-гоце́нность, безделу́шка

bijou II *a* ма́ленький и изя́щный

bijouterie [bi:'ʒu:tərɪ] *n* бижуте́рия

bike [baɪk] *сокр. разг. см.* **bicycle I, II**

bikini [bɪ'ki:nɪ] *n* бики́ни *(купальный кос-тюм)*

bilateral [baɪ'lætərəl] *a* двусторо́нний

bilberry ['bɪlbərɪ] *n* черни́ка; **red** ~ брусни́ка

bile [baɪl] *n* 1) жёлчь 2) раздражи́тельность, брюзгли́вость

bilge I [bɪldʒ] *n* 1) подводная часть судна, трюм 2) трюмная вода 3) *разг.* чепуха, ерунда 4) стрела прогиба

bilge II *v* 1) получить пробоину в подводной части 2) раздуться, распухнуть

biliary [ˈbɪljərɪ] *a* жёлчный

bilingual [baɪˈlɪŋgwəl] *a линг.* двуязычный; ~ **dictionary** двуязычный словарь

bilious [ˈbɪljəs] *a* 1) страдающий разлитием жёлчи; **I feel slightly** ~ меня подташнивает 2) раздражительный, жёлчный

bilk [bɪlk] *v сленг* 1) обманывать 2) уклоняться от уплаты *(по счетам и т. п.)*; ускользать *(от кредитора и т. п.)*

bill¹ I [bɪl] *n* 1) счёт (к оплате); **telephone** ~ счёт за телефон; **to make out a** ~ выписать счёт; **to pay the** ~ оплатить счёт 2) вексель *(тж* ~ **of exchange)* 3) законопроект; **to pass the** ~ принять законопроект; **to throw out the** ~ отклонить законопроект 4) список; документ; ~ **of credit** аккредитив ~ **of fare** меню; ~ **of lading** накладная; коносамент; ~ **of sale** купчая; ~ **of sight** разрешение на досмотр 5) *амер.* банкнота; **a five-dollar** ~ банкнота в 5 долларов 6) плакат, афиша; программа *(спектакля, концерта)* ◊ **that will fill the** ~ это подойдёт; это будет всё, что нужно

bill¹ II *v* 1) объявлять в афишах; расклеивать плакаты, афиши 2) включить в счёт

bill² I *n* 1) клюв 2) узкий мыс 3) носок якоря

bill² II *v*: ~ **and coo** ворковать; ласкаться *(тж перен.)*

bill³ *n* 1) *уст.* алебарда 2) садовые ножницы, секатор

billboard [ˈbɪlbɔ:d] *n* рекламный щит

billet¹ I [ˈbɪlɪt] *n* 1) место расквартирования, постоя солдат; **to go into** ~s располагаться на квартирах *(о войсках)* 2) ордер на постой солдат 3) *разг.* назначение, положение, должность

billet¹ II *v* расквартировывать *(войска)*

billet² *n* 1) полено, чурбан 2) *метал.* болванка, заготовка

billet-doux [ˌbɪlɪˈdu:] *n шутл.* любовная записка

billfold [ˈbɪlfəʊld] *n амер.* бумажник

billiard-ball [ˈbɪljədbɔ:l] *n* бильярдный шар

billiard-marker [ˈbɪljədˌmɑ:kə(r)] *n* маркёр в бильярде

billiards [ˈbɪljədz] *n pl* бильярд

billing [ˈbɪlɪŋ] *n* 1) *театр.* порядок расположения имён исполнителей на афише *или* в программе 2) составление счетов; выписывание счетов

billion [ˈbɪljən] *n* биллион; *амер.* миллиард

billow I [ˈbɪləʊ] *n* 1) большая волна 2) лавина; вал

billow II *v* вздыматься, волноваться

billowy [ˈbɪləʊɪ] *a* 1) волнующийся *(о море)* 2) неровный, волнистый *(о местности)* 3) ниспадающий волной *(о ткани, платье)*

billposter [ˈbɪlˌpəʊstə(r)] *n* расклейщик афиш

billy¹ [ˈbɪlɪ] *n австрал.* походный котелок

billy² *см.* **billy-goat**

billy-goat [ˈbɪlɪgəʊt] *n* козёл

bimetallic [ˌbɪmeˈtælɪk] *a* биметаллический

bimonthly [baɪˈmʌnθlɪ] *n* издание, выходящее раз в два месяца

bin [bɪn] *n* 1) ларь, закром; бункер 2) мусорный контейнер; мусорное ведро 3) *авто* багажный отсек в туристическом автобусе 4) *авто* поддон для хранения деталей; **storage** ~ отсек в салоне для хранения мелких вещей

bin- [baɪn-, bɪn-] *pref* со значением дву- *(перед гласными)*; **binocular** бинокулярный

binary [ˈbaɪnərɪ] *a* 1) двойной, сдвоенный 2) *вчт.* двоичный; бинарный; ~ **bit** двоичный разряд; ~ **code** двоичный код; ~ **unit** двоичная единица; ~ **zero** двоичный нуль

binary-coded [ˈbaɪnərɪ ˈkəʊdɪd] *a вчт* двоично-кодированный

bind I [baɪnd] *v (past, p.p.* **bound)** 1) связывать; завязывать; привязывать 2) скреплять; крепить 3) затвердевать *(о глине и т. п.)* 4) обязывать; **to** ~ **oneself** обязаться, взять на себя обязательство; **to be bound** быть вынужденным 5) обшивать *(манжеты и т. п.)* 6) переплетать *(книгу)*

bind down ограничивать, связывать

bind over приговаривать к условной мере наказания

bind to обязывать, подчинять, заставлять соблюдать что-л.

bind up 1) завязывать, упаковывать 2) переплетать в общий переплёт

bind up with: be bound up with быть тесно связанным с *(кем-л.)*

bind II *n* обуза

binder [ˈbaɪndə(r)] *n* 1) обложка, папка; бандаж 2) связующее вещество *(клей, цемент и т. п.)* 3) сноповязалка 4) переплётчик 5) *тех.* зажим, хомут 6) подшивка *(напр. газет)*

bindery [ˈbaɪndərɪ] *n* переплётная мастерская; переплётный цех

binding I [ˈbaɪndɪŋ] *n* 1) переплёт *(книги)* 2) обшивка, оковка 3) *вчт* привязка; увязка 4) *вчт* связывание; компоновка

binding II *a* обязывающий, связывающий; **it has** ~ **force** это имеет силу обязательства

bindweed [ˈbaɪndwiːd] *n бот.* вьюнóк
bine [baɪn] *n* 1) стébель ползýчего растéния 2) *бот.* побéг
binge [bɪndʒ] *n сленг* пьянка, загýл
bingo [ˈbɪŋgəʊ] *n* бúнго, лотó
binocular [baɪˈnɒkjʊlə] *a* бинокулярный (*о зрении*)
binoculars [bɪˈnɒkjʊləz] *n pl* бинóкль
binomial I [baɪˈnəʊmɪəl] *n мат.* бинóм, двучлéн
binomial II *a мат.* биномиáльный
biochemistry [ˌbaɪəʊˈkemɪstrɪ] *n* биохúмия
biochip [ˈbaɪə(ʊ)tʃɪp] *n* 1) *мед.* имплантúрованный полупроводникóвый дáтчик 2) *вчт* биокристáлл
bioecology [ˌbaɪəʊɪˈkɒlədʒɪ] *n* биоэкология
bioelectricity [ˈbaɪəʊɪˌlekˈtrɪsɪtɪ] *n* биоэлектрúчество, электрúчество живóтного происхождéния
bioengineering [ˌbaɪəʊˌendʒɪˈnɪərɪŋ] *n* биоинженéрия
biographer [baɪˈɒgrəfə(r)] *n* биóграф
biographic(al) [ˌbaɪəˈgræfɪk(əl)] *a* биографúческий
biography [baɪˈɒgrəfɪ] *n* биогрáфия
biologic(al) [ˌbaɪəˈlɒdʒɪk(əl)] *a* биологúческий; ~ **clock** биологúческие часы; ~ **control** биологúческий контрóль; ~ **warfare** биологúческая войнá
biologist [baɪˈɒlədʒɪst] *n* биóлог
biology [baɪˈɒlədʒɪ] *n* биолóгия; **cell** ~ цитолóгия; **experimental** ~ экспериментáльная биолóгия; **human** ~ биолóгия человéка; **molecular** ~ молекулярная биолóгия; **radiation** ~ радиациóнная биолóгия; **space** ~ космúческая биолóгия
biomagnetics [ˈbaɪəʊˌmægˈnetɪks] *n* биомагнетúзм
biomass [ˈbaɪəʊˌmæs] *n* биомáсса
biomathematics [ˈbaɪəʊˌmæθɪˈmætɪks] *n* математúческая биолóгия, биоматемáтика
biome [ˈbaɪəʊm] *n* биóм (*совокупность видов растений и животных, населяющих данный район*)
biomechanics [ˌbaɪəʊmɪˈkænɪks] *n* биомехáника
biometrics [ˌbaɪə(ʊ)ˈmetrɪks] *n* биомéтрия
biomorphism [ˌbaɪəʊˈmɔːfɪzm] *n* биоморфúзм (*отражение форм живой природы в искусстве*)
bionics [baɪˈɒnɪks] *n* биóника
biophysics [ˌbaɪəʊˈfɪzɪks] *n* биофúзика
biopsy [ˈbaɪɒpsɪ] *n мед.* биопсúя
biorhythm [ˈbaɪəʊˌrɪðm] *n* биорúтм
BIOS *сокр.* (**basic input/output system**) *вчт* бáзовая систéма ввóда-вывода, *разг.* бúос

biosphere [ˈbaɪəʊˌsfɪə(r)] *n* биосфéра
biota [baɪˈəʊtə] *n* биóта (*флора и фауна определённого района*)
biotechnology [ˌbaɪəʊtekˈnɒlədʒɪ] *n* биотехнолóгия
biowarfare [ˌbaɪə(ʊ)ˈwɔːfeə] *n* биологúческая войнá
bipartisan [baɪˈpɑːtɪzən] *a* двухпартúйный
biped I [ˈbaɪped] *n* двунóгое живóтное
biped II *a* двунóгий
bipedal [ˈbaɪˌpedl] *см.* **biped II**
bipolar [baɪˈpəʊlə] *a* двухпóлюсный, биполярный
bipolarity [ˌbaɪpəˈlærɪtɪ] *n* биполярность
birch I [bɜːtʃ] *n* 1) берёза 2) рóзга 3) *attr* берёзовый
birch II *v* сечь рóзгой
birchen [ˈbɜːtʃən] *a* берёзовый, сдéланный из берёзы
bird [bɜːd] *n* 1) птúца; ~ **of paradise** рáйская птúца; ~ **of passage** перелётная птúца; ~ **of prey** хúщная птúца 2) пáрень, тип; **queer** ~ стрáнный тип; чудáк; **old** ~ стрéляный воробéй; **he is an early** ~ он рáно встаёт ◊ **a** ~ **in the hand is worth two in the bush** *посл.* ≅ лýчше синúца в рукáх, чем журáвль в нéбе; **an old** ~ **is not caught with chaff** *посл.* стáрого воробья на мякúне не проведёшь; **the early** ~ **catches the worm** ≅ кто рáно встаёт, томý Бог подаёт; ~**s of a feather** однóго пóля ягоды; **a little** ~ **told me** сорóка на хвостé принеслá; **strictly for the** ~**s** для дуракóв; **to get the** ~ а) быть увóленным б) быть освúстанным
birdbrain [ˈbɜːdbreɪn] *n разг.* глýпый человéк, «курúные мозгú»
birdcage [ˈbɜːdkeɪdʒ] *n* клéтка для птиц
birdie [ˈbɜːdɪ] *n* птúчка, птáшка
bird's-eye [ˈbɜːdzaɪ] *a:* ~ **view** вид с высоты птúчьего полёта
birth [bɜːθ] *n* 1) рождéние; **German by** ~ рóдом из Гермáнии; **to give** ~ **to** а) родúть, произвестú на свет б) давáть начáло чемý-л. 2) рóды; **two at a** ~ двóйня 3) начáло, возникновéние 4) происхождéние
birth control [ˈbɜːθkənˌtrəʊl] *n* регулúрование рождáемости, применéние противозачáточных срéдств
birthday [ˈbɜːθdeɪ] *n* день рождéния
birthmark [ˈbɜːθmɑːk] *n* рóдинка, родúмое пятнó
birth pill [ˈbɜːθpɪl] *n* противозачáточная таблéтка
birthplace [ˈbɜːθpleɪs] *n* мéсто рождéния
birth rate [ˈbɜːθreɪt] *n* рождáемость; коэффициéнт рождáемости

biscuit

biscuit [ˈbɪskɪt] *n* 1) сухое печенье; **water ~** галета 2) неглазированный фарфор, бисквит 3) *attr* светло-коричневый

bisect [baɪˈsekt] *v* разрезать, разделять пополам

bisector [baɪˈsektə(r)] *n мат.* биссектриса

bisectrix [baɪˈsektrɪks] *n мат.* биссектриса

bisexual [ˈbaɪˈseksjʊəl] *a* 1) бисексуальный 2) *биол.* двуполый

bishop [ˈbɪʃəp] *n* 1) епископ 2) *шахм.* слон 3) «бишоп» *(напиток, приготовленный из вина с пряностями)*

bishopric [ˈbɪʃəprɪk] *n* 1) сан епископа 2) епархия

bismuth [ˈbɪzməθ] *n хим.* висмут

bison [ˈbaɪsn] *n* бизон

bisque [bɪsk] *n* густой суп из даров моря: креветок, омаров *и т. п.*

bistable [ˌbaɪˈsteɪb(ə)l] *n* радио схема с двумя устойчивыми состояниями; бистабильный мультивибратор; триггер

bistable *a радио* бистабильный, с двумя устойчивыми состояниями

bistro [ˈbiːstrəʊ] *n* бистро

bit[1] [bɪt] *n* 1) кусочек; кусок; **a ~ of string** кусок бечёвки; **the vase is smashed to ~s** ваза разбилась вдребезги 2) небольшое количество; немного; **a ~** немного; **wait a ~** подожди немного; **it's a ~ cold** немного холодно; **I'm a ~ tired** я немного устал; **please, a ~ louder** пожалуйста, немного погромче; **~ by** понемногу, постепенно; **not a ~** нисколько, ничуть 3) *амер. сленг* мелкая монета ◊ **~s and pieces** всякая всячина; **~ on the side** *сленг* интрижка на стороне; **to do one's ~** *разг.* внести свою лепту

bit[2] **I** *n* 1) удила; мундштук; **to draw ~** сдерживать лошадь 2) бур; сверло 3) лезвие 4) бородка *(ключа)*

bit[2] **II** *v* 1) взнуздывать 2) сдерживать, обуздывать

bit[3] *past, p. p. см.* **bite II**

bit[4] *n вчт* бит *(единица информации)*; двоичный разряд; **~ off** нулевой бит; **~ on** единичный бит

bitch I [bɪtʃ] *n* 1) сука, самка 2) *груб.* сука 3) *сленг* дрянь, дерьмо

bitch II *v* жаловаться, ныть *(about)*

bitchy [ˈbɪtʃɪ] *a сленг* злобный, стервозный

bite I [baɪt] *n* 1) укус 2) еда, кусок 3) клёв *(рыбы)* 4) лёгкая закуска; **I had a quick ~ before I left** я перекусил перед уходом

bite II *v* (**bit; bit, bitten**) 1) кусать(ся); жалить; щипать 2) клевать *(о рыбе; тж перен.)* 3) зацеплять, схватывать; **the wheels will not ~** колёса скользят 4) язвить, колоть 5) поддаваться *(обману)* 6) побивать, щи-

пать, жечь *(о морозе)* 7): **bitten with** захваченный *(идеей)*, охваченный *(энтузиазмом и т. п.)* ◊ **what's biting you?** *разг.* какая муха тебя укусила?; **once bitten twice shy** *посл.* ≅ обжёгшись на молоке, дуешь и на воду; пуганая ворона куста боится

bite back сдержать себя, воздержаться от ответа

bite off 1) откусывать 2): **to bite off more than one can chew** браться за непосильное дело

biter [ˈbaɪtə(r)] *n* кусающееся животное

biting [ˈbaɪtɪŋ] *a* 1) резкий *(о ветре, морозе)* 2) едкий 3) язвительный, колкий

bitten [ˈbɪtn] *p. p. см.* **bite II**

bitter I [ˈbɪtə(r)] *n* 1) горькое пиво 2) *pl* спиртной напиток с горьким привкусом *(употр. обыкн. для коктейлей)*

bitter II *a* 1) мучительный, горький; **~ memories** мучительное воспоминание 2) резкий; злой, ожесточённый 3) едкий *(о сатире)* 4) пронизывающий *(о холоде)*, сильный *(о морозе)*

bitterly [ˈbɪtəlɪ] *adv* горько, мучительно; резко; **she spoke ~ about it** она говорила об этом с горечью; **it was ~ cold** было страшно холодно, был собачий холод

bitty [ˈbɪtɪ] *a* из кусков, нецельный

bitumen [ˈbɪtjʊmɪn] *n* битум; асфальт

bivouac I [ˈbɪvʊæk] *n* бивак

bivouac II *v* располагаться биваком

biweekly [baɪˈwiːklɪ] *adv* раз в две недели, каждые две недели

bizarre [bɪˈzɑː(r)] *a* странный, причудливый

blab I [blæb] *n* болтун

blab II *v* (раз)болтать

blabber [ˈblæbə(r)] *n* болтун

black I [blæk] *n* 1) чернота; чёрный цвет; чёрная краска 2) чёрное платье; траур 3) **(B.)** чернокожий

black II *a* 1) чёрный 2) **(B.)** чернокожий; **~ English** английский язык, на котором говорят некоторые афроамериканцы *(в США)* 3) тёмный; мрачный; безрадостный; унылый; **to look ~** быть мрачным, подавленным; иметь недовольный, сердитый вид 4) зловещий; угрожающий; **he gave me a ~ look** он бросил на меня злобный взгляд ◊ **a ~ eye** подбитый глаз; **~ and blue** в синяках; **(in) ~ and white** чёрным по белому; **(till he was) ~ in the face** до посинения

black III *v* 1) чернить 2) чистить ваксой, чёрным кремом

black out 1) затемнять; выключать свет 2) вычёркивать, вымарывать 3) засекречивать 4) *разг.* терять сознание

blackball [ˈblækbɔːl] *v* забаллоти́ровать

blackbeetle [ˈblækˌbiːtl] *n* тарака́н

blackberry [ˈblækbərɪ] *n* ежеви́ка

blackbird [ˈblækbɜːd] *n* чёрный дрозд

blackboard [ˈblækbɔːd] *n* кла́ссная доска́

black box [ˈblækbɒks] *n* «чёрный я́щик» *(бортовой самописец в самолёте; тж* **flight recorder***)*

blackcock [ˈblækkɒk] *n* те́терев

blackcurrant [blækˈkʌrənt] *n* чёрная сморо́дина

blackearth [ˈblækɜːθ] *n* чернозём

black economy [ˈblækɪˈkɒnəmɪ] *n* теневáя эконо́мика

blacken [ˈblækən] *v* 1) чернéть 2) черни́ть; злосло́вить

black gold [ˈblækgɔːʊld] *n* «чёрное зо́лото», нефть

blackguard [ˈblægɑːd] *n* негодя́й; подлéц

blackhead [ˈblækhed] *n мед.* у́горь *(прыщ)*

blacking [ˈblækɪŋ] *n* чёрный крем для обу́ви

blackish [ˈblækɪʃ] *a* черновáтый, темновáтый

blackjack [ˈblækʤæk] *n амер.* дуби́нка

blacklead [ˈblækled] *n* графи́т

blackleg I [ˈblækleg] *n* штрейкбрéхер

blackleg II *v* быть штрейкбрéхером

blacklist [ˈblæklɪst] *v* вноси́ть в чёрный спи́сок

black magic [blækˈmæʤɪk] *n* чёрная мáгия

blackmail I [ˈblækmeɪl] *n* шантáж, вымогáтельство

blackmail II *v* шантажи́ровать

blackmailer [ˈblækˌmeɪlə(r)] *n* шантажи́ст, вымогáтель

black market [ˌblækˈmɑːkɪt] *n* «чёрный» ры́нок

black marketeer [ˌblækmɑːkɪˈtɪə(r)] *n* спекуля́нт на «чёрном» ры́нке

blackness [ˈblæknɪs] *n* 1) чернотá; темнотá 2) мрáчность

blackout [ˈblækaʊt] *n* 1) провáл в пáмяти, затмéние 2) *эл.* отключéние питáния; нарушéние энергоснабжéния 3) затемнéние 4) *вчт* врéменная задéржка вы́дачи информáции 5) *радио* радиомолчáние, глушéние

blacksmith [ˈblæksmɪθ] *n* кузнéц

black spot [blækˈspɒt] *n* опáсное мéсто *(на дороге и т. п.)*

blackthorn [ˈblækθɔːn] *n* тёрн, терно́вник

bladder [ˈblædə(r)] *n анат.* 1) мочевóй пузы́рь 2) пузы́рь

blade [bleɪd] *n* 1) лéзвие *(ножа, бритвы)*; клинóк 2) лóпасть *(весла, винта)*; лопáтка *(турбины)*; **guide ~** направля́ющая лопáтка; **impeller ~** лопáтка рабо́чего колесá; **turbine ~** лопáтка турби́ны 3) *бот.* листовáя пласти́на 4) *тех.* ножевóй контáкт

blaeberry [ˈbleɪbərɪ] *см.* **bilberry**

blah [blɑː] *n разг.* бессмы́сленный вздор *(тж* **blah-blah***)*

blain [bleɪn] *n* нары́в, чи́рей

blame I [bleɪm] *n* 1) винá; **to put the ~ on smb** возложи́ть вину́ на кого́-л.; **to bear the ~** приня́ть на себя́ вину́ 2) обвинéние; **he got all the ~** во всём обвини́ли его́

blame II *v* обвиня́ть, вини́ть; **to be to ~** заслу́живать порицáния; быть винóвным; **he is to ~ for it all** он во всём виновáт

blameful [ˈbleɪmfʊl] *a* заслу́живающий порицáния, осуждéния

blameless [ˈbleɪmlɪs] *a* безупрéчный

blameworthy [ˈbleɪmˌwɜːðɪ] *a* заслу́живающий порицáния, осуждéния

blanch [blɑːnʧ] *v* 1) бели́ть; обесцвéчивать 2) белéть, бледнéть 3) чи́стить *(миндаль)* 4) бланширо́вать

blanch over обеля́ть, опрáвдывать

bland [blænd] *a* 1) мя́гкий; умéренный 2) безвку́сный, прéсный 3) вéжливый

blandish [ˈblændɪʃ] *v* льстить; улещивать

blank I [blæŋk] *n* 1) пустóе, незапóлненное мéсто; пробéл; **leave a ~ for the date** остáвьте мéсто для дáты 2) бланк 3) холостóй патрóн 4) тирé *(заменяющее нецензурное слово)* 5) пустóй лотерéйный билéт; **to draw a ~** вы́нуть пустóй нóмер *(тж перен.)* 6) простóй; пáуза 7) выключéние

blank II *a* 1) чи́стый, пустóй, неиспи́санный 2) незапóлненный, пустóй *(о бланке и т. п.)*; **a ~ cheque** незапóлненный чек; **~ bill** *ком.* блáнковый вéксель 3) холостóй *(о патроне)* 4) пустóй, бессодержáтельный; невырази́тельный; **his face was ~** его́ лицó ничего́ не выражáло 5) абсолю́тный, пóлный; **in ~ dismay** в пóлном отчáянии ◊ **~ character** *вчт* знак пробéла; си́мвол пробéла; **~ verse** бéлый стих; **my mind went ~** у меня́ был провáл в пáмяти

blank III *v* 1) заслоня́ть *(off, out)* 2) *амер.* наноси́ть кру́пное поражéние

blanket I [ˈblæŋkɪt] *n* 1) (шерстянóе) одея́ло 2) покрóв; попóна; **a ~ of snow** снéжный покрóв 3) *тех.* покры́тие, защи́тный слой 4) *attr* óбщий, пóлный, всеобъéмлющий ◊ **a wet ~** а) человéк, расхолáживающий други́х б) что-л., дéйствующее расхолáживающе; **to throw a wet ~ over** охлади́ть пыл

blanket II *v* 1) покрывáть одея́лом 2) покрывáть, оку́тывать 3) заглуши́ть, замя́ть *(скандал, вопрос и т. п.)*

blanking [ˈblæŋkɪŋ] *n* 1) *радио* запирáние *(ЭЛТ)* 2) *физ.* гашéние *(луча)*

blankly [ˈblæŋklɪ] *adv* 1) ту́по, безучáстно 2) пря́мо, реши́тельно

blankness [ˈblæŋknɪs] *n* пустота́

blare I [bleə(r)] *n* тру́бный звук; рёв

blare II *v* труби́ть

blarney I [ˈblɑːnɪ] *n* 1) лесть 2) вздор, бессмы́слица

blasé [ˈblɑːzeɪ] *a* пресы́щенный

blaspheme [blæsˈfiːm] *v* богоху́льствовать

blasphemous [ˈblæsfəməs] *a* богоху́льный

blasphemy [ˈblæsfəmɪ] *n* богоху́льство

blast I [blɑːst] *n* 1) си́льный поры́в ве́тра; струя́ во́здуха 2) взрывна́я волна́ 3) звук духово́го инструме́нта 4) *тех.* тя́га, дутьё, проду́вка 5) *разг.* нагоня́й 6) *мед.* бла́стная кле́тка ◊ **the work was going full ~** рабо́та шла по́лным хо́дом

blast II *v* 1) взрыва́ть 2) по́ртить; вреди́ть 3) проклина́ть 4) продува́ть

blasted [ˈblɑːstɪd] *a* *разг.* прокля́тый, проти́вный; **that ~ dog!** э́та чёртова соба́ка!

blaster [ˈblɑːstə] *n* 1) взрыва́тель 2) взрывно́е устро́йство

blast-furnace [ˈblɑːstˌfɜːnɪs] *n* до́менная печь

blast-off [ˈblɑːstɔːf] *n* старт (косми́ческого корабля́); пуск раке́ты

blatant [ˈbleɪtənt] *a* на́глый, бессты́дный; вопию́щий (*о несправедливости*)

blather I [ˈblæðə(r)] *n* глу́пая болтовня́, вздор

blather II *v* нести́ вздор

blatherskite [ˈblæðəskaɪt] *n* болту́н

blaze¹ I [bleɪz] *n* 1) я́ркое пла́мя 2) вспы́шка, поры́в (*страсти и т. п.*) 3) я́ркий свет *или* цвет 4) блеск, великоле́пие; **~ of glory** блеск сла́вы ◊ **go to ~s!** убира́йся к чёрту!; **like ~s** изо все́х сил; нейстово

blaze¹ II *v* 1) горе́ть, пыла́ть 2) сверка́ть, сия́ть 3) вспы́хивать, взрыва́ться; пыла́ть (*гневом и т. п.*)

blaze away 1) вести́ непреры́вный ого́нь 2) де́лать что-л. с больши́м увлече́нием

blaze up я́рко вспы́хнуть

blaze² I *n* 1) бе́лое пятно́ (*на лбу живо́тного*) 2) зару́бка (*на дереве*)

blaze² II *v* де́лать зару́бки (*на деревьях*); ука́зывать путь зару́бками ◊ **to ~ a trail** прокла́дывать но́вый путь

blaze³ *v* разглаша́ть, распространя́ть (*тж* **to ~ abroad**)

blazer [ˈbleɪzə(r)] *n* 1) лёгкая спорти́вная ку́ртка 2) бле́йзер, клу́бный пиджа́к

blazing [ˈbleɪzɪŋ] *a* 1) горя́щий, пыла́ющий 2) я́вный

blazon I [ˈbleɪzn] *n* 1) герб 2) прославле́ние

blazon II *v* 1) украша́ть герба́ми, геральди́ческими зна́ками 2) разглаша́ть, распространя́ть (*тж* **to ~ abroad**)

blazonry [ˈbleɪznrɪ] *n* 1) гера́льдика 2) гербы́, геральди́ческие зна́ки

bleach I [bliːtʃ] *v* бели́ть; отбе́ливать; обесцве́чивать

bleach II *n* отбе́ливающее сре́дство, отбе́ливатель

bleachers [ˈbliːtʃəz] *n pl амер.* дешёвые места́ на откры́той трибу́не стадио́на

bleak¹ [bliːk] *n* укле́йка (*рыба*)

bleak² *a* 1) го́лый, откры́тый, незащищённый от ве́тра 2) безра́достный, уны́лый; мра́чный, холо́дный

bleary [ˈblɪərɪ] *a* му́тный; затума́ненный (*о глаза́х, рассу́дке*)

bleary-eyed [ˈblɪərɪaɪd] *a* с му́тными глаза́ми

bleat I [bliːt] *n* 1) бле́яние 2) мыча́ние (*телёнка*)

bleat II *v* 1) бле́ять 2) мыча́ть (*о телёнке*) 3) невня́тно бормота́ть; болта́ть чепуху́ (*тж* **to ~ out**); **stop ~ing!** переста́нь ныть!

bleb [bleb] *n* 1) волды́рь 2) пузырёк во́здуха (*в воде, стекле*)

bled [bled] *past, p. p. см.* **bleed**

bleed [bliːd] *v* (*past, p. p.* **bled**) 1) кровоточи́ть; истека́ть кро́вью; **my nose is ~ing** у меня́ из но́са течёт кровь 2) *мед.* пуска́ть кровь 3) дава́ть сок, сочи́ться (*о расте́ниях*) 4) пролива́ть кровь (*за — for*) 5) вымога́ть де́ньги; **to ~ white** обобра́ть до ни́тки 6) *тех.* слива́ть, выпуска́ть (*воздух*) ◊ **my heart ~s for her** я о́чень за неё пережива́ю

bleeder [ˈbliːdə] *n* 1) вымога́тель; иждиве́нец, парази́т; негодя́й, подле́ц, тип 2) *тех.* кран *или* тру́бка для сли́ва (*жидкости*) *или* вы́пуска (*воздуха*) (*тж* **cock**); предохрани́тельный кла́пан (*на трубопроводе*) 5) *радио* предохрани́тельное сопротивле́ние; стабилизи́рующее нагру́зочное сопротивле́ние

bleeding I [ˈbliːdɪŋ] *n* 1) кровотече́ние 2) кровопуска́ние 3) *тех.* вы́пуск (*воздуха*); слив (*жидкости*); **~ of brakes** вы́пуск во́здуха из тормозно́й систе́мы; слив тормозно́й жи́дкости

bleeding II *a* истека́ющий кро́вью; кровоточа́щий

bleep [bliːp] *n* 1) сигна́л иску́сственного спу́тника Земли́ 2) *радио* «бип»; коро́ткий звуково́й сигна́л высо́кого то́на (*создава́емый электро́нной аппарату́рой*)

bleeper [ˈbliːpə(r)] *n* электро́нное сигнализи́рующее устро́йство

blemish I [ˈblemɪʃ] *n* 1) пятно́ 2) недоста́ток; дефе́кт

blemish II *v* по́ртить; пятна́ть

blench [blentʃ] *v* отступа́ть; уклоня́ться; закрыва́ть глаза́ на что-л.

blend I [blend] *n* смесь; композиция

blend II *v* (**blended, blent**) 1) смешивать; делать смесь 2) соединять, сочетать 3) смешиваться; соединяться, сочетаться; **the two voices ~ well** эти два голоса хорошо звучат вместе 4) стираться *(об оттенках, различиях);* переходить в другой оттенок *(о краске)*

blende [blend] *n* мин. цинковая обманка, сфалерит

blender [′blendə(r)] *n* 1) миксер; блендер 2) кисть для смешивания красок

blent [blent] *past, p. p. см.* **blend II**

bless [bles] *v* (**blessed, blest**) 1) благословлять; освящать; 2) благодарить; **I ~ the day I met you** я благословляю тот день, когда я встретил вас 3) эвф. проклинать; **I'm ~ed!** чёрт возьми!, будь я проклят! ◊ **~ me!**, **~ my soul!** помилуй Бог!; вот это да! **~ you!** будьте здоровы *(тому, кто чихает);* **God ~ you!** да благословит вас Бог!

blessed I [′blesɪd] *n* (**the ~**) *рел.* блаженный *(первая ступень канонизации)*

blessed II *a* 1) счастливый; блаженный, благословённый 2) эвф. проклятый

blessedness [′blesɪdnɪs] *n* блаженство, счастье ◊ **single ~** *шутл.* холостая жизнь

blessing [′blesɪŋ] *n* 1) благословение 2) молитва до *или* после еды 3) благо, счастье ◊ **a ~ in disguise** неприятность, обернувшаяся благом

blest I [blest] *past, p. p. см.* **bless**

blest II *a см.* **blessed**

blether I, II [′bleðə(r)] *n см.* **blather I, II**

bletherskate [′bleðəskeɪt] *см.* **blatherskite**

blew [blu:] *past см.* **blow² II**

blight I [blaɪt] *n* 1) *бот.* заболевание растений, характеризуемое завяданием, гниением и т. п. 2) насекомые-паразиты на растениях 3) то, что портит удовольствие, приносит вред *и т. д.*

blight II *v* 1) приносить вред *(растениям)* 2) вредить, портить

blighter [′blaɪtə(r)] *n разг.* парень, тип

blind¹ I [blaɪnd] *a* 1) слепой; **to go ~** ослепнуть 2) безрассудный; действующий наобум, вслепую; **to be ~ to** не быть в состоянии оценить что-л. 3) глухой *(о стене, окне и т. п.)* ◊ **~ drunk** *разг.* пьяный в стельку

blind¹ II *n:* **the ~** слепые

blind¹ III *v* 1) ослеплять 2) затемнять, затмевать

blind² *n* 1) штора, маркиза; жалюзи 2) предлог, отговорка

blind alley [′blaɪnd‚ælɪ] *n* тупик *(тж перен.)*

blind carbon copy [′blaɪnd ‚kɑːbən′kɒpɪ] *n* *вчт* обезличенная копия; рассылка первых копий без уведомления получателя о других адресатах

blinders [′blaɪndəz] *n pl амер.* шоры

blindfold I [′blaɪndfəʊld] *a* 1) с завязанными глазами 2) действующий вслепую

blindfold II *v* завязывать глаза

blindfold III *adv* вслепую, слепо

blindly [′blaɪndlɪ] *adv* безрассудно, слепо, вслепую; **to obey ~** слепо повиноваться

blind man's buff [′blaɪndmænz′bʌf] *n* жмурки *(игра)*

blindness [′blaɪndnɪs] *n* слепота; перен. тж ослепление

blink I [blɪŋk] *n* 1) мерцание; мигание 2) проблеск, отблеск; **in a ~** в один миг 3) отблеск полярных льдов *(на горизонте; тж* **iceblink**) ◊ **on the ~** *сленг* в плохом состоянии, не в форме

blink II *v* 1) мигать, моргать 2) хлопать глазами 3) мерцать 4) игнорировать *(факт);* закрывать глаза *(на что-л.)*

blinker [′blɪŋkə(r)] *n* «мигалка» *(проблесковый маячок на автомобиле)*

blinkers [′blɪŋkəz] *n pl* шоры

blinking [′blɪŋkɪŋ] *n* мерцание; мигание

blip [blɪp] *n рлн* отметка, метка, отражённое изображение *или* выброс сигнала *(на экране)*

bliss [blɪs] *n* блаженство

blissful [′blɪsful] *a* блаженный ◊ **~ ignorance** счастливое неведение

blister I [′blɪstə(r)] *n* 1) волдырь; пузырь 2) *мед.* вытяжной пластырь 3) *сленг* надоеда 4) *тех.* вздутие на шине 5) *тех.* окалина

blister II *v* 1) покрываться волдырями, пузырями 2) вызывать волдыри 3) обрушиваться с нападками 4) *тех.* вздуваться, пузыриться

blithe [blaɪð] *a* весёлый, беспечный

blitz I [blɪts] *n* 1) внезапная воздушная атака 2) *разг.* энергичные усилия *(для выполнения чего-л.)* 3) (**the B.**) немецкие воздушные бомбардировки Лондона в 1940 г.

blitz II *v:* **to be ~ed** подвергнуться внезапному воздушному нападению

blitzkrieg [′blɪtskriːg] *n* молниеносная война, блицкриг

blizzard [′blɪzəd] *n* буран, сильная метель, вьюга

bloat¹ [bləʊt] *v* коптить сельдь

bloat² *v* распухать, раздуваться

bloated [′bləʊtɪd] *a* 1) распухший 2) разжиревший 3) надутый, напыщенный

bloater [′bləʊtə(r)] *n* копчёная сельдь

blob [blɒb] *n* 1) комочек; шарик 2) капля 3) *сленг* ноль *(счёт в крикете)*

bloc [blɒk] *n полит.* блок

block I [blɒk] *n* 1) бревно; чурбан 2) плаха 3) глыба; блок 4) *тех.* блок; узел 5) квартал *(города);* жилой массив 6) кубик *(игрушка)* 7) затор *(движения);* **traffic ~** пробка, затор 8) *мед.* блокада, закупорка 9) болван *(для шляп)* 10) группа соединённых предметов; **a ~ of seats** несколько соединённых кресел *(в театре)*

block II *v* 1) преграждать *(путь)* 2) задерживать, препятствовать; блокировать *(обыкн.* **to ~ up)** 3) задерживать прохождение законопроекта в парламенте

block in/out набрасывать вчерне, делать наброски

blockade I [blɒˈkeɪd] *n* 1) блокада; **to raise/to run the ~** снять/прорвать блокаду 2) *мед.* нарушение проходимости; закупорка, блокада

blockade II *v* блокировать

blockade-runner [blɒˈkeɪdˌrʌnə(r)] *n* 1) судно, прорывающее блокаду порта 2) владелец судна, прорывающего блокаду порта

blockage [ˈblɒkɪdʒ] *n* 1) блокировка 2) засорение 3) *мед.* блокада, закупорка

blockbuster [ˈblɒkˌbʌstə] *n сленг* 1) бомба большого калибра; сильное взрывчатое вещество для разрушения зданий 2) блокбастер *(высокобюджетный фильм, побивающий кассовые рекорды)*

block capital [ˌblɒk ˈkæpɪtlz] *n* прописная буква *(тж* **capital)**

block design [ˌblɒk dɪˈzaɪn] *n* блочная конструкция

block diagram [ˈblɒkˈdaɪəgræm] *n* блок-схема, функциональная *или* структурная схема

blockhead [ˈblɒkhed] *n* болван

blockhouse [ˈblɒkhaʊs] *n* 1) блокгауз 2) бревенчатый дом, сруб

block letter [ˈblɒkˌletə(r)] *n* прописная буква

bloke [bləʊk] *n разг.* парень

blond(e) I [blɒnd] *n* блондин; блондинка

blond(e) II *a* белокурый, светлый

blood [blʌd] *n* 1) кровь 2) темперамент, характер; **bad ~** враждебность; **to make one's ~ boil** приводить в бешенство; **in cold ~** хладнокровно; **his ~ is up** он в раздражённом состоянии 3) род, происхождение; **full ~** чистокровная лошадь; **half ~** полукровная лошадь; **blue ~** «голубая кровь», аристократ 4) родственные связи; родство; **it runs in his ~** это у него в крови, в роду 5) *attr* кровяной; **~ bank** хранилище крови; **~ count** гемограмма; **~ group** группа крови; **~ analysis, ~ test** анализ крови; **~ pressure** кровяное давление; **~ transfusion** переливание крови 6) *attr* (чисто)кровный

blood-curdling [ˈblʌdˌkɜːdlɪŋ] *a* ужасающий; ≅ кровь стынет в жилах

blooded [ˈblʌdɪd] *a* чистокровный *(о лошади и т. п.)*

blood feud [ˈblʌdˌfjuːd] *n* кровная месть

blood-heat [ˈblʌdˌhiːt] *n* нормальная температура тела

bloodhound [ˈblʌdhaʊnd] *n* бладхаунд *(порода собак)*

bloodiness [ˈblʌdɪnɪs] *n* кровожадность

bloodless [ˈblʌdlɪs] *a* 1) бескровный 2) бледный; вялый

blood-letting [ˈblʌdˈletɪŋ] *n* кровопускание

bloodlust [ˈblʌdlʌst] *n* жажда крови; кровожадность

bloodpoisoning [ˈblʌdˌpɔɪznɪŋ] *n мед.* заражение крови, сепсис

bloodshed [ˈblʌdʃed] *n* кровопролитие

bloodshot [ˈblʌdʃɒt] *a* налитый кровью *(о глазах)*

bloodstained [ˈblʌdsteɪnd] *a* 1) запачканный кровью 2) запятнанный кровью, виновный в кровопролитии

bloodsucker [ˈblʌdˌsʌkə(r)] *n* 1) кровососущее насекомое; кровосос 2) кровопийца

bloodthirst [ˈblʌdˌθɜːst] *n* жажда крови; кровожадность

bloodthirsty [ˈblʌdˌθɜːstɪ] *a* кровожадный

blood vessel [ˈblʌdˌvesl] *n* кровеносный сосуд

bloody I [ˈblʌdɪ] *a* 1) окровавленный 2) кровавый 3) кровожадный 4) *сленг груб.* проклятый

bloody II *v* окровавить, запачкать кровью

bloody III *adv сленг груб.* чертовски, очень; **a ~ good job** очень выгодная работа; **not ~ likely!** чёрта с два!

bloody-minded [ˈblʌdɪˌmaɪndɪd] *a разг.* настроенный крайне недоброжелательно, делающий назло

bloom I [bluːm] *n* 1) цветение; цвет; **in ~** в цвету 2) расцвет 3) румянец 4) пушок *(на плодах)* 5) ореол

bloom II *v* 1) цвести, быть в цвету 2) процветать

bloomer [ˈbluːmə(r)] *n разг.* грубая ошибка, промах; **to make a ~** допустить оплошность

bloomers [ˈbluːməz] *n pl* разновидность женских панталон

blooming [ˈbluːmɪŋ] *a* цветущий

blossom I [ˈblɒsəm] *n* 1) цветок *(на фруктовых деревьях)* 2) цветение, цвет; **in ~** в цвету 3) расцвет

blossom II *v* цвести; распускаться, расцветать

blot I [blɒt] *n* 1) клякса 2) пятно 3) пятно позора, бесчестье

blot II *v* 1) покрывать кляксами; пачкать 2) промокать *(чернила; тж* **to ~ out)** 3) бесчéстить; чернѝть *(репутáцию и т.п.)* 4) *тех.* грунтовáть

blot out 1) вычёркивать, стирáть 2) затемнять *(вид и т. п.)*; заглушáть 3) стирáть из пáмяти

blotch I [blɒtʃ] *n* 1) прыщ 2) пятнó, клякса

blotch II *v* покрывáть пятнами, кляксами

blotter [ˈblɒtə(r)] *n* 1) промокáтельная бумáга 2) *амер.* кнѝга зáписей

blotting paper [ˈblɒtɪŋ ˌpeɪpə(r)] *n* промокáтельная бумáга

blouse [blaʊz] *n* 1) блýзка 2) (рабóчая) блýза

blow[1] [bləʊ] *n* удáр, *тж перен.:* **at a ~, at one ~** однѝм удáром; срáзу, за одѝн раз; **to come to ~s** дойтѝ до дрáки/рукопáшной; **to strike a ~** ударя́ть, наносѝть удáр; **to strike a ~ for** выступáть в защѝту; **to strike a ~ against** противодéйствовать; **it was a heavy ~ for her** э́то бы́ло для неё тяжёлым удáром

blow[2] **I** *n* 1) дуновéние; **to go for a good ~** пойтѝ подышáть свéжим вóздухом 2) *амер.* хвастýн 3) *тех.* обдýвка, продýвка

blow[2] **II** *v* (**blew; blown**) 1) дуть; раздувáть; выдувáть; продувáть 2) развевáть 3) уносѝть, гнать, сдувáть вéтром 4) трубѝть; свистéть 5) тяжелó дышáть, пыхтéть 6) сморкáть *(нос)* 7) перегорéть *(о предохранѝтеле)* 8) *разг.* транжѝрить дéньги ◊ **to ~ a kiss** послáть воздýшный поцелýй; **to ~ the gaff** разболтáть секрéт; **to ~ one's top** *амер.* взорвáться от я́рости; **to ~ one's own trumpet** бахвáлиться; **I'll be ~ed if I do it!** *сленг.* будь я прóклят, éсли э́то сдéлаю!

blow about/around распространя́ть, широкó оповещáть

blow in внезáпно появѝться, забежáть мимохóдом

blow off 1) отрывáться взры́вом 2) дать вы́ход гнéву, «вы́пустить пар»

blow out 1) гасѝть, задувáть 2) лóпнуть 3) перегорéть, испóртиться *(об электроприбóрах)*

blow over стѝхнуть; миновáть

blow through продувáть

blow up 1) возникáть 2) взрывáться 3) лóпнуть *(о планах)*; разрýшиться 4) увелѝчивать *(фотоснѝмок)* 5) преувелѝчивать 6) выходѝть из себя́, сердѝться

blower [ˈbləʊə(r)] *n* вентиля́тор; нагнетáтель

blowfly [ˈbləʊflaɪ] *n* биол. пáдальная мýха

blowlamp [ˈbləʊlæmp] *n* пая́льная лáмпа

blown [bləʊn] *p. p. см.* **blow**[2] **II**

blowout [ˈbləʊ ˌaʊt] *n разг.* 1) лóпнувшая шѝна 2) перегорéвший предохранѝтель 3) плóтная закýска, едá

blowtorch [ˈbləʊtɔːtʃ] *амер. см.* **blowlamp**

blow-up [ˈbləʊ ˌʌp] *n* 1) *разг.* увеличéние *(фотогрáфии и т. п.)*; увелѝченный снѝмок 2) взрыв

blowy [ˈbləʊɪ] *a* вéтреный

blowzy [ˈblaʊzɪ] *a* 1) краснощёкий; краснолѝцый, обвéтренный; грубовáтый на вид 2) неря́шливый, растрёпанный

blub [blʌb] *сокр. сленг см.* **blubber**[1] **II**

blubber[1] **I** [ˈblʌbə(r)] *n* рёв, плач

blubber[1] **II** *v* ревéть, грóмко плáкать

blubber[2] *n* вóрвань *(китóвый жир)*

bludgeon I [ˈblʌdʒən] *n* дубѝнка

bludgeon II *v* бить дубѝн(к)ой

blue I [bluː] *n* 1) сѝний, голубóй цвет; сѝняя, голубáя крáска; **Cambridge ~** свéтло-сѝний цвет; **Oxford ~** тёмно-сѝний цвет; **Berlin ~, Prussian ~** берлѝнская лазýрь 2) одéжда сѝнего цвéта 3) сѝнька 4) синевá *(мóря, нéба); поэт.* нéбо, небесá ◊ **out of the ~** неожѝданно, без предупреждéния, как гром средѝ я́сного нéба

blue II *a* 1) голубóй; сѝний; **dark ~, deep ~, navy ~** (тёмно-)сѝний 2) грýстный, подáвленный; **to feel ~** хандрѝть, быть в плохóм настроéнии; **to look ~** вы́глядеть подáвленным; **~ devils** хандрá, депрéссия *(тж* **blues** 1); **~ times** нелёгкие временá 3) непристóйный, порнографѝческий; **a ~ film** порнографѝческий фильм 4) посинéвший *(от хóлода, стрáха и т. п.)* 5) *полит.* консерватѝвный ◊ **once in a ~ moon** óчень рéдко, почтѝ никогдá; **to drink till all's ~** сѝльно напѝться

blue III *v* 1) окрáшивать в сѝний цвет 2) подсѝнивать *(бельё)*

Bluebeard [ˈbluːbɪəd] *n* «Сѝняя борода», женоубѝйца

bluebell [ˈbluːbel] *n бот.* 1) полевóй гиацѝнт 2) колокóльчик

blueberry [ˈbluːbərɪ] *n* чернѝка

bluebottle [ˈbluː ˌbɒtl] *n* 1) биол. пáдальная мýха 2) василёк *(цветóк)*

bluejacket [ˈbluː ˌdʒækɪt] *n* матрóс англѝйского воéнно-морскóго флóта

blueprint [ˈbluːprɪnt] *n* 1) светокóпия, сѝнька 2) проéкт, набрóсок плáна

blues [bluːz] *n pl* 1) хандрá, депрéссия; **a fit of ~** прѝступ хандры́ 2) *муз.* блюз

bluestocking [ˈbluː ˌstɒkɪŋ] *n* «сѝний чулóк», учёная дáма

Bluetooth [ˈbluː ˌtuːθ] *n* технолóгия Bluetooth *(универсáльная технолóгия беспровóдной свя́зи разнотѝпных микропроцéссорных устрóйств; нáзвана в честь дáтского корóля 10 в. Харóльда Синезýбого, прослáвившегося собирáнием дáтских земéль)*

bluff¹ I [blʌf] *n* отве́сный бе́рег; обры́в; утёс

bluff¹ II *a* 1) отве́сный, круто́й 2) прямо́й; доброду́шно-грубова́тый

bluff² I *n* обма́н, блеф

bluff² II *v* обма́нывать, блефова́ть

bluish [ˈbluːɪʃ] *a* голубова́тый; синева́тый; синю́шний

blunder I [ˈblʌndə(r)] *n* гру́бая оши́бка, кру́пный про́мах

blunder II *v* 1) допусти́ть гру́бую оши́бку 2) не спра́виться *(с делом)* 3) идти́ спотыка́ясь *(on, along)*

   blunder away упусти́ть возмо́жность

   blunder out проболта́ться

   blunder (up)on случа́йно натолкну́ться

blunt I [blʌnt] *a* 1) тупо́й 2) прямо́й, ре́зкий

blunt II *v* тупи́ть; притупля́ть

bluntly [ˈblʌntlɪ] *adv* пря́мо, ре́зко

blur I [blɜː(r)] *n* 1) нея́сные очерта́ния; нея́сный силуэ́т 2) приглушённый звук

blur II *v* 1) де́лать нея́сным; затума́нивать 2) затушёвывать 3) затемня́ть *(сознание и т. п.)*

blurb [blɜːb] *n* рекла́мная аннота́ция *(обыкн. на суперобло́жке)*

blurt [blɜːt] *v* вы́палить, сболтну́ть *(тж to ~ out)*

blush I [blʌʃ] *n* кра́ска стыда́, смуще́ния; **without a ~** не покрасне́в; **to spare your ~es** что́бы тебя́ не смуща́ть

blush II *v* 1) красне́ть, вспы́хивать *(от смуще́ния, стыда́; at, for, with)*; **she ~ed to the roots of her hair** она́ гу́сто покрасне́ла 2) стыди́ться, красне́ть *(за — for)*

blusher [ˈblʌʃə(r)] *n* румя́на

bluster I [ˈblʌstə(r)] *n* 1) шу́мное хвастовство́, самохва́льство 2) пусты́е угро́зы

bluster II *v* 1) бушева́ть 2) угрожа́ть, шуме́ть

BM *сокр.* 1) (**Bachelor of Medicine**) бакала́вр медици́ны 2) (**British Museum**) Брита́нский Музе́й

bn. *сокр.* (**billion**) биллио́н, *амер.* миллиа́рд

boa [ˈbəʊə] *n* 1) уда́в 2) боа́, горже́тка

boar [bɔː(r)] *n* 1) ди́кий каба́н *(тж wild ~)* 2) бо́ров

board¹ I [bɔːd] *n* 1) доска́; **notice ~** доска́ объявле́ний 2) кры́шка переплёта 3) *pl* сце́на, подмо́стки; **to be on the ~s, to tread the ~s** быть актёром 4) борт *(судна, самолёта)*; **on ~** на борту́ *(судна, самолёта)*; 5) стол, пита́ние; пансио́н 6) *тех.* пане́ль; пульт; щит; **control ~** пане́ль управле́ния, прибо́рная доска́ 7) пла́та; **mother ~** *вчт* матери́нская пла́та ◊ **above ~** че́стно, откры́то; **to sweep the ~** а) сорва́ть банк *(в карта́х)* б) преуспе́ть; **to go by the ~** быть вы́брошенным за́ борт, быть оста́вленным; **to take on ~** приня́ть *(но́вую иде́ю и т. п.)*

board¹ II *v* 1) сесть на борт *(су́дна, самолёта)* 2) столова́ться *(with)* 3) корми́ть *(столу́ющихся)* 4) обшива́ть до́сками; настила́ть до́ски

board² *n* правле́ние; сове́т; коми́ссия; **~ of directors** правле́ние, дире́кция; сове́т дире́кторов компа́нии; **school ~** шко́льный сове́т; педагоги́ческий сове́т; **the Board of Trade** торго́вая пала́та *(в США)*

boarder [ˈbɔːdə(r)] *n* пансионе́р; **these students are ~s** э́ти студе́нты живу́т в общежи́тии

boarding card [ˈbɔːdɪŋ kɑːd] *n* поса́дочный тало́н *(на самолёт, судно)* *(тж* **boarding pass**)

boarding house [ˈbɔːdɪŋhaʊs] *n* пансио́н, меблиро́ванные ко́мнаты с пансио́ном

boarding school [ˈbɔːdɪŋskuːl] *n* шко́ла-интерна́т

boardroom [ˈbɔːdruːm] *n* зал заседа́ний сове́та дире́кторов *(компа́нии)*

boast I [bəʊst] *n* 1) хвастовство́, бахва́льство 2) предме́т го́рдости; **the ~ of one's family** го́рдость семьи́; **to make ~ of** хва́статься чем-л.

boast II *v* 1) хва́стать(ся) *(of, about, that)* 2) горди́ться; **the hotel ~s of magnificent views** гости́ница по пра́ву горди́тся чуде́сным ви́дом из свои́х о́кон

boaster [ˈbəʊstə(r)] *n* хвасту́н

boastful [ˈbəʊstfʊl] *a* хвастли́вый

boat I [bəʊt] *n* 1) кора́бль; су́дно; ло́дка; шлю́пка; **to go by ~** поплы́ть на теплохо́де; **to take ~** сесть на кора́бль 2) со́усник ◊ **in the same ~** в одина́ковом положе́нии; **to burn one's ~s** сжечь свой корабли́; **to miss the ~** упусти́ть слу́чай

boat II *v* ката́ть(ся) на ло́дке

boat-hook [ˈbəʊthʊk] *n* бaго́р

boating [ˈbəʊtɪŋ] *n* 1) ката́ние на ло́дке; **to go ~** ката́ться на ло́дке 2) ло́дочный спорт

boatman [ˈbəʊtmən] *n* ло́дочник

boat race [ˈbəʊtreɪs] *n спорт.* состяза́ние по гре́бле, гребны́е го́нки

boatswain [ˈbəʊsn] *n мор.* бо́цман *(тж* **bosun**)

bob¹ I [bɒb] *n* 1) ко́ротко подстри́женные во́лосы 2) ги́ря ма́ятника; отве́с; грузи́ло 3) купи́рованный хвост 4) *спорт.* боб *(сани для бобсле́я)*

bob¹ II *v* 1) ко́ротко стричь во́лосы 2) подска́кивать; подпры́гивать 3) приседа́ть, де́лать кни́ксен

bob² *n* (*pl без измен.*) *разг. уст.* ши́ллинг

bobbin [ˈbɒbɪn] *n* кату́шка; шпу́лька; боби́на

bobbish [ˈbɒbɪʃ] *a диал. разг.* весёлый, оживлённый

bobby ['bɒbɪ] *n разг.* полицейский *(в Великобритании)*

bobby socks ['bɒbɪˌsɒks] *n pl амер.* коротенькие носочки

bobsled ['bɒbsled] *амер. см.* **bobsleigh**

bobsleigh ['bɒbsleɪ] *n спорт.* бобслей

bobtail ['bɒbteɪl] *n* 1) купированный хвост 2) лошадь или собака с купированным хвостом 3) бобтейл *(порода собак)*

bob-weight ['bɒbˌweɪt] *n* противовес

bod [bɒd] *n разг.* тип, парень

bode [bəʊd] *v* 1) предвещать, сулить 2) предсказывать *(обыкн. недоброе)*

bodega [bəʊ'di:gə] *n* винный погребок, бодега *(в Испании)*; кабачок; винная лавка

bodice ['bɒdɪs] *n* 1) лиф; корсаж 2) лифчик, лиф

bodily I ['bɒdɪlɪ] *a* физический, телесный

bodily II *adv* 1) целиком 2) лично

bodkin ['bɒdkɪn] *n* шило

body I ['bɒdɪ] *n* 1) тело; туловище; **heavenly ~** небесное тело, небесное светило 2) труп 3) основная часть *(чего-л.)*; корпус, кузов; фюзеляж; ствол дерева 4) группа людей; корпорация; **~ of electors** избиратели; **governing ~** административный орган; **diplomatic ~** дипломатический корпус; **legislative ~** законодательный орган 5) масса 6) *разг.* человек ◊ **in a ~** в полном составе; **to keep ~ and soul together** с трудом поддерживать существование; **over my dead ~!** только через мой труп!

body II *v* придавать форму, воплощать *(тж* **to ~ forth)**

body building ['bɒdɪˌbɪldɪŋ] *n* атлетическая гимнастика, культуризм, бодибилдинг

body clock ['bɒdɪklɒk] *n* биологические часы *(тж* **biological clock)**

bodyguard ['bɒdɪgɑ:d] *n* 1) телохранитель 2) личная охрана

body warmer ['bɒdɪˌwɔ:mə(r)] *n* тёплая безрукавка

bodywork ['bɒdɪwɜ:k] *n* кузов *(автомобиля)*

Boer [bəʊə(r)] *n ист.* бур *(потомок голландских поселенцев в Южной Африке)*

boffin ['bɒfɪn] *n шутл.* учёный, занимающийся новыми научными разработками *(особ. в военной сфере)*

bog I [bɒg] *n* болото

bog II *v*: **to be ~ged down** увязнуть, застрять

bog-berry ['bɒgˌberɪ] *n* клюква

bogey ['bəʊgɪ] *n* 1) нечистая сила, дьявол 2) неловкое положение; неудобство

boggle ['bɒgl] *v* 1) пугаться 2) сомневаться, колебаться *(at, about)*

boggy ['bɒgɪ] *a* болотистый

bogie ['bəʊgɪ] *n* тележка

bogle ['bəʊgl] *n* 1) привидение 2) пугало

bogus ['bəʊgəs] *a* поддельный, фиктивный; ложный; **~ science** лженаука

bogy ['bəʊgɪ] *см.* **bogey**

bohemian I [bəʊ'hi:mɪən] *n* человек богемы

bohemian II *a* богемный

boil¹ I [bɔɪl] *n* кипение; точка кипения; **bring to the ~** доведите до кипения; **the kettle is on the ~** чайник кипит

boil¹ II *v* 1) кипеть 2) кипятить(ся), варить(ся) 3) сердиться, кипятиться; **I'm ~ing with rage** во мне всё кипит от гнева

boil away 1) выкипать 2) исчезать, улетучиваться

boil down 1) уваривать(ся) 2) сокращать

boil down to сводиться к *(чему-л.)*

boil up накаляться, достигать опасного уровня

boil² *n* фурункул, нарыв

boiled [bɔɪld] *a* варёный; кипячёный

boiled shirt ['bɔɪldˌʃɜ:t] *n* крахмальная рубашка

boiler ['bɔɪlə(r)] *n* 1) (паровой) котёл; бойлер 2) бак для кипячения 3) овощи, годные для варки

boiler-room ['bɔɪlərʊm] *n* котельная

boiling I ['bɔɪlɪŋ] *n* 1) кипение 2) кипячение

boiling II *a* кипящий

boiling-point ['bɔɪlɪŋpɔɪnt] *n* точка кипения ◊ **to be at ~** быть очень рассерженным, кипеть (от гнева)

boisterous ['bɔɪstərəs] *a* 1) шумливый 2) бурный, бушующий

bold [bəʊld] *a* 1) смелый; предприимчивый 2) самоуверенный; дерзкий, наглый, бесстыдный; **as brass** наглый 3) отчётливый; чёткий 4) выделенный; жирный или полужирный *(о шрифте)*

boldface ['bəʊldfeɪs] 1) наглец, нахал ◊ **to put a ~ on the matter** храбриться 2) *полигр.* жирный или полужирный шрифт *(тж* **bold)**; **in ~** набранный/напечатанный (полу)жирным шрифтом

boldly ['bəʊldlɪ] *adv* 1) смело 2) дерзко, нагло

bole [bəʊl] *n* ствол (дерева)

boll [bəʊl] *n бот.* семенная коробочка

bollocks ['bɒləks] *n сленг груб.* 1) *анат.* яички 2) чушь, вздор

boloney [bə'ləʊnɪ] *n сленг* вздор, ерунда

bolshie ['bɒlʃɪ] *n разг.* 1) угрюмый и вздорный; несговорчивый 2) левак *(о социалисте)*

bolshy ['bɒlʃɪ] *см.* **bolshie**

bolster I ['bəʊlstə(r)] *n* 1) валик (под подушку); подушка удлинённой формы 2) *тех.* поду́шка; опо́ра; подкла́дка; бу́фер; **truck ~** седе́льное устро́йство тягача́

bolster II *v* 1) подде́рживать, подкрепля́ть *(тж* **to ~ up)** 2) подкла́дывать ва́лик под поду́шку

bolt¹ I [bəʊlt] *n* 1) засо́в, задви́жка; шпингале́т 2) болт 3) мо́лния; уда́р гро́ма 4) кусо́к, руло́н *(материи)* ◊ **a ~ from the blue** соверше́нно неожи́данно, как гром среди́ я́сного не́ба; **he made a ~ for the door** он рвану́лся к две́ри; **to ~ on/up** затяну́ть/закрепи́ть болто́м

bolt¹ II *v* 1) запира́ть на засо́в 2) скрепля́ть болта́ми 3) бро́ситься (бежа́ть); понести́ *(о лошади)* 4) глота́ть, не прожёвывая
bolt down 1) запира́ть на засо́в 2) загла́тывать
bolt in запира́ть внутри́
bolt out не пуска́ть в дом, запере́в его́

bolt¹ III *adv:* **~ upright** о́чень пря́мо
bolt² *v* просе́ивать *(муку и т. п.)*
bolter [ˈbəʊltə(r)] *n* си́то, решето́
bolus [ˈbəʊləs] *n* 1) пищево́й комо́к 2) больша́я пилю́ля; ша́рик, бо́люс
bomb I [bɒm] *n* бо́мба; **atom ~** а́томная бо́мба; **delayed-action ~** бо́мба заме́дленного де́йствия
bomb II *v* сбра́сывать бо́мбы, бомби́ть
bombard [bɒmˈbɑːd] *v* бомбардирова́ть *(тж перен.)*; **~ with questions** засыпа́ть вопро́сами
bombardment [bɒmˈbɑːdmənt] *n* бомбарди́ровка
bombast [ˈbɒmbæst] *n* напы́щенность
bombastic [bɒmˈbæstɪk] *a* напы́щенный
bomber [ˈbɒmə(r)] *n* бомбардиро́вщик
bombing [ˈbɒmɪŋ] *n* бомбардиро́вка, бомбёжка
bombproof [ˈbɒmpruːf] *a* не пробива́емый, не поража́емый бо́мбами
bombshell [ˈbɒmʃel] *n* 1) неожи́данность; неожи́данный сюрпри́з 2) *воен.* артилле́ри́йский снаря́д
bona fide [ˌbəʊnəˈfaɪdɪ] *a* настоя́щий; и́скренний
bona fides [ˌbəʊnəˈfaɪdiːz] *n* 1) добросо́вестность, и́скреннее наме́рение 2) *разг.* документа́льное подтвержде́ние
bonanza [bəˈnænzə] *n* 1) вы́годное предприя́тие; «золото́е дно» 2) уда́ча, везе́ние
bonbon [ˈbɒnbɒn] *n* конфе́та
bond I [bɒnd] *n* 1) у́зы; связь 2) *pl* око́вы 3) сде́рживающая си́ла 4) облига́ция 5) долгово́е обяза́тельство, долгова́я распи́ска
bond II *v* 1) скрепля́ть; свя́зывать 2) закла́дывать иму́щество; подпи́сывать обяза́тельство 3) привя́зываться
bondage [ˈbɒndɪdʒ] *n* 1) ра́бство 2) зави́симость

bonded goods [ˈbɒndɪdˈɡʊdz] *n pl* това́ры, находя́щиеся в зало́ге на тамо́женном скла́де (не опла́ченные по́шлиной)
bonding [ˈbɒndɪŋ] *n тех.* 1) соедине́ние, прикрепле́ние 2) спа́йка, сва́рка 3) соедине́ние перемы́чкой 4) металлиза́ция
bond paper [ˈbɒndˌpeɪpə(r)] *n* бума́га высо́кого ка́чества
bondsman [ˈbɒndzmən] *n* раб; крепостно́й
bone I [bəʊn] *n* 1) кость; **to set a ~** вправля́ть кость *(при вывихе);* 2) *pl* скеле́т 3) оста́нки 4) ко́стная ткань; кость *(как материал)* 5) *pl* (игра́льные) ко́сти ◊ **a ~ of contention** я́блоко раздо́ра; **to feel in one's ~s** быть соверше́нно уве́ренным; **to make no ~s about** не стесня́ться; сме́ло де́йствовать; **to make old ~s** дожи́ть до ста́рости; **to have a ~ to pick with smb** име́ть к кому́-л. прете́нзии; **to the ~** а) до ми́нимума б) насквозь, до косте́й; **to work one's fingers to the ~** вка́лывать *(часто да́ром)*
bone II *v* 1) снима́ть мя́со с косте́й 2) *сленг* красть
bone up *разг.* зубри́ть
bone-dry [ˈbəʊnˈdraɪ] *a* иссо́хший, вы́сохший
bonehead [ˈbəʊnhed] *n сленг* ду́рень, болва́н
bone-idle [ˌbəʊnˈaɪdl] *a* о́чень лени́вый
bonemeal [ˈbəʊnmiːl] *n* ко́стная мука́
boner [ˈbəʊnə(r)] *n сленг* неуда́ча, про́мах, доса́дная оши́бка
bone-setter [ˈbəʊnˌsetə(r)] *n* костопра́в
bonfire [ˈbɒnˌfaɪə] *n* большо́й костёр
bonhomie [ˌbɒnɒˈmiː] *n* доброжела́тельность; дру́жественность
bonkers [ˈbɒŋkəs] *a сленг* чо́кнутый
bon mot [bɒnˈməʊ] *n* остро́та, остроу́мное выраже́ние
bonnet [ˈbɒnɪt] *n* 1) ка́пор, че́пчик 2) шотла́ндский бере́т 3) *разг.* ша́пка; шля́па 4) *тех.* капо́т; колпа́к, кожу́х, кры́шка
bonny [ˈbɒnɪ] *a* 1) краси́вый 2) здоро́вый 3) хоро́ший, прия́тный
bonus [ˈbəʊnəs] *n* пре́мия, бо́нус; дополни́тельное вознагражде́ние
bony [ˈbəʊnɪ] *a* 1) костля́вый 2) кости́стый
boo [buː] *v* осви́стывать; **the actor was ~ed** актёра освиста́ли
boobs [buːbz] *n pl сленг* (же́нские) гру́ди
booby [ˈbuːbɪ] *n* болва́н, дурачо́к
booby prize [ˈbuːbɪpraɪz] *n* утеши́тельный приз
booby trap [ˈbuːbɪtræp] *n* 1) ро́зыгрыш-лову́шка 2) *воен.* взрывно́е устро́йство, замаски́рованное под обы́чный предме́т, ми́на-лову́шка

boodle [ˈbuːdl] *n сленг* взятка

boogie-woogie [ˌbuːɡɪˈwuːɡɪ] *n муз.* бу́ги-ву́ги

book I [bʊk] *n* 1) кни́га; **juvenile ~s** кни́ги для ю́ношества; **correspondence ~** журна́л входя́щих и исходя́щих бума́г; **~ of reference, reference ~** спра́вочник; **to produce a ~** написа́ть, изда́ть кни́гу 2) **(the B.)** Би́блия 3) конто́рская кни́га 4) сбо́рник отчётов *(предприятия, организации)* 5) сцена́рий, либре́тто 6) телефо́нная кни́га ◊ **by the ~** по пра́вилам, как на́до; **to be on the ~s** быть в спи́сках, быть чле́ном *(какой-л. организации);* **to be in smb's good/bad ~s** быть у кого́-л. на хоро́шем/плохо́м счету́; **to bring to ~** призва́ть к отве́ту; **to suit smb's ~** совпада́ть с чьи́ми-л. пла́нами, наме́рениями; **I'll take a leaf out of your ~** я после́дую твоему́ приме́ру

book II *v* 1) зака́зывать *(билеты и т. п.)*, брони́ровать; **to ~ in advance** зака́зывать зара́нее; **to ~ orders** принима́ть зака́зы 2) вноси́ть в кни́гу 3) ангажи́ровать

book in 1) зарегистри́ровать(ся) при прие́зде в гости́нице *и т. п.* 2) брони́ровать но́мер в гости́нице

book out вы́писать(ся) из гости́ницы *и т. п.;* заплати́ть по счёту

bookbinder [ˈbʊkˌbaɪndə(r)] *n* переплётчик

bookbinding [ˈbʊkˌbaɪndɪŋ] *n* переплётное де́ло

bookcase [ˈbʊkkeɪs] *n* кни́жный шкаф

booking [ˈbʊkɪŋ] *n* 1) зака́з 2) прода́жа биле́тов 3) резерви́рование, брони́рование

booking-clerk [ˈbʊkɪŋklɑːk] *n* касси́р биле́тной ка́ссы

booking-office [ˈbʊkɪŋˌɒfɪs] *n* биле́тная ка́сса

bookish [ˈbʊkɪʃ] *a* кни́жный *(о стиле)*

bookkeeper [ˈbʊkˌkiːpə(r)] *n* бухга́лтер

bookkeeping [ˈbʊkˌkiːpɪŋ] *n* бухгалте́рия

booklet [ˈbʊklɪt] *n* брошю́ра; букле́т

bookmaker [ˈbʊkˌmeɪkə(r)] *n* букме́кер *(на ска́чках, спортивных соревнованиях)*

bookmark [ˈbʊkmɑːk] *n* 1) закла́дка *(в книге)* 2) *вчт* закла́дка *(средство системы подготовки текста)*

book-rest [ˈbʊkrest] *n* пюпи́тр

bookseller [ˈbʊkˌselə(r)] *n* книготорго́вец

bookselling [ˈbʊkˌselɪŋ] *n* кни́жная торго́вля

bookshelf [ˈbʊkʃelf] *n* кни́жная по́лка

bookshop [ˈbʊkʃɒp] *n* кни́жный магази́н

bookstall [ˈbʊkstɔːl] *n* газе́тный кио́ск

bookstand [ˈbʊkstænd] *n* стелла́ж для книг

bookstore [ˈbʊkstɔː(r)] *n амер.* кни́жный магази́н

bookworm [ˈbʊkwɜːm] *n разг.* кни́жный червь

boom¹ [buːm] *n* 1) *мор.* бо́новое загражде́ние 2) *тех.* стрела́, вы́лет *(крана)*

boom² **I** *n* 1) гул 2) бум *(в торговле, деловой активности)*

boom² **II** *v* 1) гуде́ть 2) бы́стро развива́ться, быть на подъёме

boombox [ˈbuːmbɒks] *n* мо́щная магнито́ла *или* стереосисте́ма, бумбо́кс

boomerang [ˈbuːməræŋ] *n* бумера́нг

boon I [buːn] *n* 1) преиму́щество 2) бла́го; удо́бство 3) дар, пода́рок

boon II *a* бли́зкий по ду́ху, до́брый; благотво́рный; **~ companion** до́брый прия́тель

boor [bʊə(r)] *n* 1) гру́бый, невоспи́танный челове́к; грубия́н 2) неуклю́жий челове́к

boorish [ˈbʊərɪʃ] *a* 1) гру́бый, невоспи́танный 2) неуклю́жий

boost I [buːst] *n разг.* 1) подде́ржка, прота́лкивание 2) рекла́мная кампа́ния 3) *тех.* надду́в; повыше́ние; усиле́ние

boost II *v разг.* 1) продвига́ть, прота́скивать *(кандидата и т. п.)* 2) создава́ть шу́мную рекла́му 3) поднима́ть, подта́лкивать, подпи́хивать *(снизу или сзади);* **to ~ up the tree** помо́чь зале́зть на де́рево 4) *эл.* повыша́ть напряже́ние

booster [ˈbuːstə(r)] *n* 1) *эл.* усили́тель 2) *воен.* раке́та-носи́тель; ста́ртовый дви́гатель 3) (акти́вный) помо́щник 4) *авто* вспомога́тельный дви́гатель; нагнета́тель, усили́тель

boot¹ **I** [buːt] *n* 1) боти́нок; **high ~, riding ~** сапо́г; **lace ~s** боти́нки на шнурка́х 2) бага́жник *(машины)*; чехо́л 3) *разг.* си́льный пино́к 4) *разг.* увольне́ние с рабо́ты; **they gave him the ~** они́ вы́гнали его́ с рабо́ты 5) *вчт* (нача́льная) загру́зка *(системы)* ◊ **the ~ is on the other foot/leg** де́ло обстои́т ина́че, всё совсе́м наоборо́т; **to die in one's ~s** умере́ть на своём посту́

boot¹ **II** [buːt] *v* 1) пина́ть 2) выгоня́ть со слу́жбы *(out)* 3) *вчт* загружа́ть *(систему)*

boot² *n:* **to ~** в прида́чу, вдоба́вок

bootblack [ˈbuːtblæk] *n амер.* чи́стильщик о́буви

bootee [buːˈtiː] *n* 1) де́тский башмачо́к 2) коро́ткий сапожо́к

booth [buːð] *n* 1) пала́тка, кио́ск; бу́дка 2) каби́на 3) *амер.* стенд *(на выставке)*

booting [ˈbuːtɪŋ] *n вчт* (нача́льная) загру́зка

bootlace [ˈbuːtleɪs] *n* шнуро́к для боти́нок

bootleg I [ˈbuːtleg] *n* контраба́нда

bootleg II *a* контраба́ндный; пира́тский; **~ software** *вчт* пира́тская програ́мма

bootleg III *v* 1) та́йно торгова́ть контраба́ндными спиртны́ми напи́тками 2) *вчт* нелега́льно копи́ровать *(программное обеспечение)*

bootlegger [ˈbuːtˌlegə(r)] *n* торго́вец контраба́ндными спиртны́ми напи́тками

boots [buːts] *n* коридо́рный *(в гости́нице)*

bootstrap I [ˈbuːtstræp] *n* 1) ушко́, пе́тля на за́днике боти́нка *(облегчающая его надевание)* 2) *вчт* нача́льная загру́зка *(системы)*

bootstrap II *v* добива́ться без посторо́нней по́мощи ◊ **to ~ oneself** самому́ пробива́ть себе́ доро́гу

boot-top [ˈbuːttɒp] *n* голени́ще

booty [ˈbuːtɪ] *n* добы́ча; трофе́и; награ́бленное добро́

booze I [buːz] *n разг.* 1) спиртно́е 2) попо́йка, пья́нка; **to go on the ~** устро́ить пья́нку

booze II *v разг.* напива́ться, пья́нствовать

booze-up [ˈbuːzʌp] *n разг.* пья́нка, запо́й

boozy [ˈbuːzɪ] *a разг.* лю́бящий вы́пить

bop [bɒp] *n разг.* та́нцы под популя́рную му́зыку

bo-peep [bəʊˈpiːp] *n* пря́тки

boracic [bəˈræsɪk] *a* бо́рный; **~ acid** бо́рная кислота́

borax [ˈbɔːræks] *n хим.* бура́

border I [ˈbɔːdə(r)] *n* 1) край 2) грани́ца 3) кайма́, кро́мка; бордю́р

border II *v* 1) грани́чить *(on, upon)* 2) окаймля́ть

borderland [ˈbɔːdəlænd] *n* 1) пограни́чная о́бласть, пограни́чная полоса́ 2) промежу́точная о́бласть; не́что промежу́точное

borderline [ˈbɔːdəlaɪn] *a* 1) демаркацио́нный; пограни́чный 2) находя́щийся на гра́ни *(чего-л.)*; **this is a ~ case** э́то нея́сный слу́чай, э́то сло́жно определи́ть

bore¹ I [bɔː(r)] *n* 1) ску́чный челове́к 2) что-л. ску́чное; **what a ~!** кака́я ску́ка!

bore¹ II *v* надоеда́ть; докуча́ть; **I am ~d** мне надое́ло; **he ~s me stiff** он мне до́ смерти надое́л

bore² I *n* 1) вы́сверленное отве́рстие 2) *воен.* кана́л ствола́ ору́жия; кали́бр ору́жия 3) бурова́я сква́жина

bore² II *v* 1) сверли́ть; бура́вить; **to ~ for oil** бури́ть сква́жину в по́исках не́фти 2) с трудо́м пробива́ться, прота́лкиваться

bore³ *n* высо́кий прили́в *(в узких устьях рек)*

bore⁴ *past см.* **bear²**

boreal [ˈbɔːrɪəl] *a* се́верный

boredom [ˈbɔːdəm] *n* ску́ка, тоска́

borehole [ˈbɔːhəʊl] *n* бурова́я сква́жина

borer [ˈbɔːrə(r)] *n* 1) бура́в, бур; сверло́ 2) сверли́льщик *(червь)*

boric [ˈbɔːrɪk] *a* бо́рный; **~ acid** бо́рная кислота́

boring¹ I [ˈbɔːrɪŋ] *n* буре́ние

boring¹ II *a* сверля́щий

boring² *a* ску́чный

born I [bɔːn] *p. p. см.* **bear²**; **to be ~** роди́ться; **~ in 1939** роди́лся в 1939 г.

born II *a* 1) рождённый 2) прирождённый; **he's a ~ actor** он прирождённый актёр; **in all my ~ days** за всю мою́ жизнь

borne [bɔːn] *p. p. см.* **bear²**

borough [ˈbʌrə] *n* 1) го́род с самоуправле́нием *(тж* **county ~**) 2) го́род, предста́вленный в парла́менте *(одним или более депутатами)* 3) оди́н из 32 администрати́вных райо́нов Ло́ндона 4) оди́н из пяти́ райо́нов Нью-Йо́рка

borrow [ˈbɒrəʊ] *v* 1) брать взаймы́, занима́ть *(from)* 2) заи́мствовать

boscage [ˈbɒskɪdʒ] *n* 1) ро́ща; куста́рник 2) лесно́й пейза́ж

bosh [bɒʃ] *n сленг* глу́пости, вздор, чушь

bosom [ˈbʊzəm] *n* 1) грудь 2) душа́ 3) ло́но; **in the ~ of the family** в ло́не семьи́

bosom friend [ˈbʊzəmfrend] *n* закады́чный друг

boss¹ [bɒs] *n* 1) вы́пуклость, ши́шка *(в центре щита, орнамента)* 2) *тех.* бобы́шка; прили́в; утолще́ние 3) вту́лка колеса́

boss² I *n разг.* 1) нача́льник, босс, хозя́ин 2) *амер.* полити́ческий ли́дер

boss² II *v разг.* 1) кома́ндовать, помыка́ть *(about, around)* 2) управля́ть, хозя́йничать

bossy [ˈbɒsɪ] *a разг.* лю́бящий кома́ндовать

bosun [ˈbəʊsn] *n мор.* бо́цман

botanical [bəˈtænɪkəl] *a* ботани́ческий

botanist [ˈbɒtənɪst] *n* бота́ник

botanize [ˈbɒtənaɪz] *v* изуча́ть расте́ния

botany [ˈbɒtənɪ] *n* бота́ника

botch I [bɒtʃ] *n* плоха́я рабо́та

botch II *v* 1) порта́чить, по́ртить 2) де́лать гру́бые запла́ты; ко́е-ка́к лата́ть

botcher [ˈbɒtʃə(r)] *n* плохо́й рабо́тник, неумёха

both I [bəʊθ] *pron, a* о́ба; и тот и друго́й

both II *adv*: **~ ...and...** как... так и...; и... и ...; **~ brother and sister play tennis** как брат, так и сестра́ игра́ют в те́ннис

bother I [ˈbɒðə(r)] *n* 1) беспоко́йство, хло́поты 2) исто́чник беспоко́йства; **this lock is always a ~** с э́тим замко́м ве́чная возня́

bother II *v* 1) беспоко́ить, волнова́ть 2) беспоко́иться; волнова́ться 3) надоеда́ть, пристава́ть; **don't ~ me about it** не пристава́йте ко мне с э́тим

bothersome [ˈbɒðəsəm] *a* надое́дливый; беспоко́йный

bothway [bəʊθˈweɪ] *a* двунапра́вленный

bothy [ˈbɒθɪ] *n шотл.* хи́жина; бара́к

bottle I [ˈbɒtl] *n* 1) буты́лка; **over a ~** за буты́лкой *(вина́)* 2) флако́н 3) де́тская буты́-

лочка с со́ской; **hot-water** ~ гре́лка; **dropping** ~ капельница ◊ **to hit the** ~ *сленг* распи́ть буты́лку спиртно́го, си́льно напи́ться; **on the** ~ си́льно «под му́хой»

bottle II *v* 1) разлива́ть по буты́лкам 2) консерви́ровать *(компоты, джемы)* 3) схвати́ть, пойма́ть *(up)*

bottle up сде́рживать (эмо́ции); сде́рживаться

bottle bank [ˈbɒtlbæŋk] *n* контéйнер для испо́льзованных буты́лок *(поступа́ющих зате́м на перерабо́тку)*

bottle-feed [ˈbɒtlfiːd] *v* корми́ть младе́нца из буты́лочки; иску́сственно вска́рмливать

bottle-green [ˈbɒtlgriːn] *a* буты́лочного цве́та, тёмно-зелёный

bottleneck [ˈbɒtlnek] *n* 1) у́зкий прохо́д, прое́зд, «буты́лочное го́рлышко»; *перен.* у́зкое ме́сто *(тж* **gooseneck**) 2) крити́ческий элеме́нт; крити́ческий пара́метр

bottle-opener [ˈbɒtl ˌəʊpnə(r)] *n* што́пор; открыва́лка (для буты́лок)

bottom I [ˈbɒtəm] *n* 1) дно; **to sink to the** ~ пойти́ ко дну 2) ни́жняя часть, низ; основа́ние, фунда́мент; **at the** ~ **of the hill** у подно́жия холма́ 3) сиде́нье *(стула)* 4) *разг.* зад 5) осно́ва; суть; причи́на; **to be at the** ~ **of** быть причи́ной чего́-л.; **at the** ~ в осно́ве; **to get (down) to the** ~ **of** добра́ться до су́ти де́ла ◊ **to knock the** ~ **out of** вы́бить по́чву из-под ног; **from the** ~ **of one's heart** от всей души́

bottom II *a* са́мый ни́жний; кра́йний, после́дний

bottom III *v* 1) приде́лывать дно, дни́ще 2) косну́ться дна; измеря́ть глубину́ 3) стро́ить, осно́вывать *(on, upon)* 4) добра́ться до су́ти, поня́ть

bottom-left corner [ˈbɒtəm ˌleft ˈkɔːnə(r)] *n* ле́вый ни́жний у́гол

bottomless [ˈbɒtəmlɪs] *a* 1) бездо́нный 2) неисчерпа́емый

bottom margin [ˈbɒtəm ˈmɑːdʒɪn] *n* ни́жнее по́ле *(страни́цы)*

bottommost [ˈbɒtəmməʊst] *a* са́мый ни́жний

bottom-right corner [ˈbɒtəm ˌraɪt ˈkɔːnə(r)] *n* пра́вый ни́жний у́гол

bottom-up [ˈbɒtəmʌp] *a* восходя́щий

botulism [ˈbɒtjʊ ˌlɪzm] *n мед.* ботули́зм, алланти́азис

bough [baʊ] *n* сук

bought [bɔːt] *past, p. p. см.* **buy I**

bouillon [ˈbuːjɒn] *n* бульо́н

boulder [ˈbəʊldə(r)] *n* валу́н

boulevard [ˈbuːlvɑː(r)] *n* 1) бульва́р 2) *амер.* проспе́кт

bounce I [baʊns] *n* 1) отско́к *(мяча и т. п.)* 2) *разг.* хвастовство́; самодово́льство 3) *разг.*

жи́вость, эне́ргия; **he is full of** ~ он по́лон эне́ргии 4) ре́зкое измене́ние; скачо́к

bounce II *v* 1) отска́кивать; подпры́гивать 2) влета́ть, врыва́ться *(into)*; вылета́ть, ри́нуться вон *(out of)* 3) *разг.* хва́стать(ся) 4) *амер. сленг* выгоня́ть

bounce back восстанови́ть, верну́ть *(здоро́вье, благополу́чие и т.п.)*

bouncer [ˈbaʊnsə(r)] *n сленг* вышиба́ла

bound[1] I [baʊnd] *n* 1) *обыкн. pl* грани́цы, преде́л; **to set** ~s **to** ограни́чивать; **it is go beyond the** ~s **of possibilities** э́то нахо́дится за преде́лами возмо́жного 2) грани́ца; **beyond the** ~s **of the city** за городско́й черто́й ◊ **out of** ~s вход воспрещён

bound[1] II *v* 1) ограни́чивать, сде́рживать 2) грани́чить

bound[2] I *n* прыжо́к, скачо́к; **at a** ~ одни́м прыжко́м; **by leaps and** ~s о́чень бы́стро, с большо́й ско́ростью

bound[2] II *v* 1) пры́гать, скака́ть 2) отска́кивать

bound[3] *past, p. p. см.* **bind**

bound[4] *a* гото́вый к отправле́нию; направля́ющийся *(for)*; **homeward** ~ возвраща́ющийся домо́й; **outward** ~ гото́вый к вы́ходу в мо́ре; **the ship was** ~ **for Istanbul** су́дно направля́лось в Стамбу́л

boundary [ˈbaʊndərɪ] *n* грани́ца; преде́л; поро́г

boundless [ˈbaʊndlɪs] *a* безграни́чный, беспреде́льный

bounteous [ˈbaʊntɪəs] *a* ще́дрый; оби́льный

bountiful [ˈbaʊntɪfʊl] *см.* **bounteous**

bounty [ˈbaʊntɪ] *n* 1) ще́дрость 2) пода́рок; награ́да 3) поощри́тельная пре́мия

bouquet [ˈbʊkeɪ] *n* буке́т

bourgeois I [ˈbʊəʒwɑː] *n* буржуа́

bourgeois II *a* буржуа́зный

bourgeoisie [ˌbʊəʒwɑːˈziː] *n* буржуази́я

bout [baʊt] *n* 1) черёд, круг; раз; **at one** ~ ра́зом 2) запо́й 3) припа́док, при́ступ; **I had a bad** ~ **of flu** у меня́ был си́льный грипп 4) схва́тка, ра́унд

boutique [buːˈtiːk] *n* бути́к, небольшо́й мо́дный магази́н

bovine [ˈbəʊvaɪn] *a* 1) бы́чий 2) медли́тельный; тупо́й

bovver [ˈbɒvə(r)] *n сленг* вызыва́ющее поведе́ние; ~ **boy** хулига́н

bow[1] I [baʊ] *n* покло́н; **to make one's** ~ откла́няться; **to take a** ~ выходи́ть и раскла́ниваться на аплодисме́нты

bow[1] II *v* 1) склоня́ться, сгиба́ться *(to, before)* 2) кла́няться 3) сгиба́ть, гнуть ◊ **to** ~ **to the inevitable** подчиня́ться неизбе́жному

79

bow² *n* нос *(корабля)*; **in the ~s** на носу́

bow³ [bəʊ] *n* 1) бант; **to tie in a ~** завяза́ть ба́нтом 2) лук *(оружие)* 3) смычо́к 4) дуга́ 5) ра́дуга 6) а́рка ◊ **to draw a ~ at a venture** сде́лать что-л. науга́д

bowel movement [ˈbaʊəlˌmuːvmənt] *n мед.* стул, испражне́ния

bowels [ˈbaʊəlz] *n pl* 1) кишки́; вну́тренности; **to have a ~ movement** име́ть стул, испражня́ться 2) не́дра

bower [ˈbaʊə(r)] *n* бесе́дка

bowery [ˈbaʊərɪ] *n амер.* кварта́л дешёвых прито́нов

bowie knife [ˈbəʊɪˈnaɪf] *n амер.* нож Бо́уи *(длинный охотничий нож)*

bow-knot [ˈbəʊnɒt] *n* бант

bowl¹ [bəʊl] *n* 1) ми́ска; ча́ша; сала́тница 2) ва́за *(для цветов)*

bowl² I *n* 1) шар 2) *pl* игра́ в шары́; бо́улинг *(амер.* **lawn ~**)

bowl² II *v* игра́ть в шары́

bowl over 1) сбить с ног 2) произвести́ си́льное впечатле́ние 3) ошеломи́ть

bow-legged [ˈbəʊlegd] *a* кривоно́гий

bowler [ˈbəʊlə(r)] *n* котело́к *(мужская шляпа; тж* **hat**)

bowling [ˈbəʊlɪŋ] *n* бо́улинг; игра́ в шары́

bowling alley [ˈbəʊlɪŋˌælɪ] *n* кегельба́н

bowling green [ˈbəʊlɪŋgriːn] *n* лужа́йка для игры́ в шары́

bowman [ˈbəʊmən] *n* лу́чник, стрело́к из лу́ка

bow-pot [ˈbəʊpɒt] *n* ва́за, горшо́к для цвето́в

bowsprit [ˈbəʊsprɪt] *n мор.* бушпри́т

bowstring [ˈbəʊstrɪŋ] *n* тетива́

bow tie [ˈbəʊtaɪ] *n* га́лстук-ба́бочка

bow window [ˈbəʊwɪndəʊ] *n архит.* э́ркер

bow-wow [ˈbaʊwaʊ] *int* гав-га́в!

box¹ I [bɒks] *n* 1) коро́бка 2) я́щик; конте́йнер; сунду́к 3) бу́дка *(часового, сторожа и т. п.)* 4) *театр.* ло́жа 5) сто́йло; бокс 6) ко́злы *(кучера)* 7) **(the ~)** *разг.* телеви́зор; я́щик *разг.*; **what's on the ~ tonight?** что сего́дня ве́чером по телеви́зору? 8) охо́тничий до́мик 9) рожде́ственский пода́рок *(тж* **Christmas ~**) 10) **(the ~)** *разг.* штрафна́я площа́дка

box¹ II *v* 1) класть в я́щик, коро́бку; укла́дывать *(in, up)* 2) отделя́ть перегоро́дкой *(in, up)*

box² I *n* уда́р; оплеу́ха, пощёчина

box² II *v* 1) бокси́ровать 2) ударя́ть; **to ~ smb's ear** дава́ть кому́-л. оплеу́ху

box³ *n бот.* самши́т

boxer [ˈbɒksə(r)] *n* 1) боксёр 2) боксёр *(порода собак)* 3) *pl* бо́ксеры *(мужские спортивные трусы)*

boxing [ˈbɒksɪŋ] *n* бокс *(вид спорта)*

Boxing Day [ˈbɒksɪŋdeɪ] *n* день рожде́ственских пода́рков, второ́й день Рождества́ *(официальный выходной день)*

boxing glove [ˈbɒksɪŋglʌv] *n* боксёрская перча́тка

box number [ˈbɒksˌnʌmbə(r)] *n* но́мер абоне́нтского я́щика

box office [ˈbɒksˈɒfɪs] *n* театра́льная ка́сса

boxroom [ˈbɒksruːm] *n* 1) чула́н 2) стенно́й шкаф

boxwood [ˈbɒkswʊd] *см.* **box³**

boxy [ˈbɒksɪ] *a* о́чень те́сный

boy [bɔɪ] *n* 1) ма́льчик, ю́ноша; па́рень; **old ~** дружи́ще 2) *мор.* ю́нга 3) слуга́, бой

boycott I [ˈbɔɪkɒt] *n* бойко́т

boycott II *v* бойкоти́ровать

boyfriend [ˈbɔɪfrend] *n* прия́тель, возлю́бленный; ми́лый, дружо́к, бойфре́нд

boyhood [ˈbɔɪhʊd] *n* де́тство; о́трочество

boyish [ˈbɔɪʃ] *a* мальчи́шеский

boyishness [ˈbɔɪʃnɪs] *n* ребя́чество, ребя́чливость

bra [brɑː] *n разг.* бюстга́льтер

brace I [breɪs] *n* 1) связь; скре́па; скоба́; раско́с; распо́рка; растя́жка; банда́ж; корсе́т 2) *pl* подтя́жки 3) ши́на *(для зубов)* 4) па́ра *(в игре)* 5) фигу́рная ско́бка 6) *тех.* колово́рот; **~ and bit** дрель 7) *мор.* брас

brace II *v* 1) свя́зывать; скрепля́ть; подпира́ть 2) бодри́ть, укрепля́ть; **to ~ oneself up** подбодри́ться, взять себя́ в ру́ки

bracelet [ˈbreɪslɪt] *n* 1) брасле́т 2) *pl сленг* нару́чники 3) пра́вая фигу́рная ско́бка

bracer [ˈbreɪsə(r)] *n разг.* то́ник, тонизи́рующее сре́дство

bracing I [ˈbreɪsɪŋ] *n* связь, крепле́ние

bracing II *a* бодря́щий, живи́тельный

bracken [ˈbrækən] *n* па́поротник-орля́к

bracket I [ˈbrækɪt] *n* 1) кронште́йн, консо́ль; подпо́рка 2) ско́бка; **square ~** квадра́тная ско́бка; **to put in ~s** заключа́ть в ско́бки

bracket II *v* 1) соединя́ть; скрепля́ть 2) ста́вить вме́сте 3) заключа́ть в ско́бки

brackish [ˈbrækɪʃ] *a* солонова́тый *(о воде)*

bradawl [ˈbrædɔːl] *n* ши́ло

bradycardia [ˌbrædɪˈkɑːdɪə] *n мед.* бради-кардия *(пониженная частота сердечных сокращений)*

brag I [bræg] *n* 1) ка́рточная игра́ ти́па по́кера 2) хвастовство́

brag II *v* хва́статься

braggart I [ˈbrægət] *n* хвасту́н

braggart II *a* хвастли́вый

Brahmin [ˈbrɑːmɪn] *n* 1) *рел.* брами́н; брахма́н 2) *амер.* высоколо́бый, интеллектуа́л

braid I [breɪd] *n* 1) шнурок, тесьма 2) коса *(волос)* 3) *тех.* оплётка

braid II *v* 1) плести; заплетать 2) обшивать шнурком, тесьмой; оплетать

brain I [breɪn] *n* 1) мозг; разум, рассудок 2) *pl кул.* мозги 3) *обыкн. pl* ум; умственные способности; **to rack one's ~s over smth** ломать голову над чем-л.; **use your ~s!** *разг.* шевели мозгами!; **to get smth on the ~** много думать о чём-л. 4) (**the ~s**) автор идеи, плана *и т. п.* 5) электронный «мозг» (*тж* **electronic ~**) 6) интеллект

brain II *v* размозжить голову

brain drain ['breɪndreɪn] *n разг.* «утечка мозгов», эмиграция специалистов

brainless ['breɪnlɪs] *a* безмозглый

brainpower ['breɪn͵paʊə] *n* 1) мыслительные способности 2) интеллектуальная элита; интеллигенция 3) научные кадры

brainstorm ['breɪnstɔ:m] *n* 1) душевное потрясение 2) «мозговая атака», «мозговой штурм» *(при решении какой-л. проблемы)*

brainstorming ['breɪn͵stɔ:mɪŋ] *n* «мозговая атака», «мозговой штурм» *(при решении какой-л. проблемы)*

brain trust ['breɪntrʌst] *n амер.* группа экспертов, советников

brainwash ['breɪnwɒʃ] *v* «промывать» мозги, навязывать идеологические схемы

brainwave ['breɪnweɪv] *n разг.* гениальная идея *(внезапно пришедшая в голову)*

brainy ['breɪnɪ] *a разг.* умный, башковитый

braise [breɪz] *v* тушить *(мясо)*

brake¹ I [breɪk] *n* тормоз

brake¹ II *v* тормозить

**brake² ** *n* папоротник

**brake³ ** *n* чаща, заросли; кустарник

brakeman ['breɪkmən] *n* тормозной кондуктор

brake van ['breɪkvæn] *n* тормозной вагон

braking ['breɪkɪŋ] *n* торможение

bramble ['bræmbl] *n бот.* ежевика

bran [bræn] *n* отруби; высевки

branch I [brɑ:ntʃ] *n* 1) ветвь, ветка 2) рукав *(реки);* ответвление *(дороги)* 3) линия родства 4) отрасль *(науки, знания)* 5) филиал, отделение 6) ветвь власти 7) *тех.* патрубок

branch II *v* 1) разветвляться 2) расходиться, разделяться *(away, off)*
branch out открывать новые отделы, филиалы; расширять предприятие

branchia(e) ['bræŋkɪə, -kɪi:] *n pl* жабры

branchy ['brɑ:ntʃɪ] *a* ветвистый

brand I [brænd] *n* 1) (фабричная) марка; торговый знак, бренд 2) сорт, качество; a

good ~ of tea хороший сорт чая, марочный чай 3) клеймо; тавро 4) пятно *(на репутации)* 5) головешка

brand II *v* 1) ставить клеймо, клеймить 2) клеймить, позорить 3) оставлять надолго в памяти

brandish ['brændɪʃ] *v* размахивать *(оружием, палкой и т. п.)*

brand-new ['brænd͵nju:] *a* совсем новый, с иголочки

brandy ['brændɪ] *n* бренди; коньяк; **cherry ~** шерри-бренди

brash¹ [bræʃ] *n* обломки

brash² *a* нахальный; наглый

brass I [brɑ:s] *n* 1) латунь; жёлтая медь 2) (**the ~**) *муз.* медные духовые инструменты (*тж* **~ instruments**)) 3) *сленг* деньги 4) *сленг* наглость, бесстыдство

brass II *a* медный; латунный

brassard ['bræsɑ:d] *n* нарукавная повязка

brassière ['bræzɪə(r)] *n* бюстгальтер

brassy ['brɑ:sɪ] *a* 1) нахальный, наглый 2) претенциозный 3) медный; латунный

brat [bræt] *n пренебр.* ребёнок, отродье

bravado [brə'vɑ:dəʊ] *n* бравада; показная храбрость

brave I [breɪv] *a* храбрый, смелый

brave II *v* смело встречать *(опасность)* ◊ **to ~ it out** держаться вызывающе

bravery ['breɪvərɪ] *n* храбрость, смелость; мужество

bravo [brɑ:'vəʊ] *int* браво!

brawl I [brɔ:l] *n* 1) ссора, потасовка, драка 2) журчанье

brawl II *v* 1) ссориться; драться 2) громко журчать *(о ручье)*

brawler ['brɔ:lə(r)] *n* скандалист, драчун

brawn [brɔ:n] *n* 1) мускулы; мускульная сила 2) студень из свиной головы

brawny ['brɔ:nɪ] *a* сильный, мускулистый

bray I *n* 1) крик осла 2) сильный шум, резкие звуки

bray II *v* 1) кричать *(об осле)* 2) шуметь; издавать резкие звуки

braze [breɪz] *v* паять твёрдым припоем

brazen I ['breɪzn] *a* 1) бесстыдный, наглый 2) медный 3) резкий *(о звуке)*

brazen II *v:* **to ~ out** нагло выкручиваться, бесстыдно вести себя

brazen-faced ['breɪznfeɪst] *a* бесстыдный, наглый

brazier¹ ['breɪzɪə(r)] *n* медник

brazier² *n* жаровня

Brazilian I [brə'zɪljən] *n* бразилец; бразильянка; **the ~s** бразильцы

Brazilian II *a* бразильский

breach I [bri:tʃ] *n* 1) нарушéние *(обязáтельств, закóна и т. п.);* ~ **of promise** нарушéние обещáния; ~ **of contract** нарушéние услóвий договóра 2) разрыв *(отношéний)* 3) ссóра 4) пролóм, прорыв, брешь ◊ **to stand in the** ~ принять на себя глáвный удáр; **to step into the** ~ прийти на пóмощь в тяжёлой ситуáции, подстáвить плечó

breach II *v* 1) пролáмывать; дéлать брешь 2) нарушáть *(обязáтельства, закóн и т. п.)*

bread [bred] *n* 1) хлеб 2) срéдства к существовáнию; **daily** ~ насýщный хлеб; **to earn one's** ~ зарабáтывать себé на хлеб 3) *сленг* дéньги ◊ ~ **and butter** а) хлеб с мáслом б) срéдства к существовáнию; **to know which side one's** ~ **is buttered** соблюдáть свои интерéсы; быть себé на умé

bread-and-butter [ˈbredəndˈbʌtə(r)] *a* óчень вáжный, первостепéнный; ~ **letter** письмó с выражéнием благодáрности за проявленное гостеприимство

bread bin [ˈbredbɪn] *n* хлéбница

breadboard [ˈbredbɔ:d] *n* доскá для рéзки хлéба

breadcrumbs [ˈbredkrʌmz] *n pl* 1) хлéбные крóшки 2) толчёные, панирóвочные сухари

breadline [ˈbredlaɪn] *n амер.* óчередь за бесплáтным питáнием; **to be on the** ~ находиться за чертóй бéдности

breadth [bredθ] *n* 1) ширинá 2) полóтнище 3) широтá *(взглядов);* широтá кругозóра

breadthways [ˈbredθweɪz] *adv* в ширинý

breadthwise [ˈbredθwaɪz] *см.* **breadthways**

breadwinner [ˈbredˌwɪnə(r)] *n* кормилец (семьи), добытчик

break I [breɪk] *n* 1) пролóм, прорыв; полóмка; разрыв, обрыв; щель, брешь; **a** ~ **in a pipe** разрыв трубы; **a** ~ **in diplomatic relations** разрыв дипломатических отношéний 2) наступлéние чегó-л.; ~ **of day** рассвéт 3) перелóм, изменéние *(в погóде, в настроéнии)* 4) интервáл, перерыв 5) *разг.* шанс, возмóжность; полосá везéния; **I had a lucky** ~ мне повезлó 6) лóжный шаг; обмóлвка; ошибка

break II *v* (broke; broken) 1) ломáть(ся); разбивáть(ся); рвать(ся); разрушáть(ся) 2) взлáмывать; прорывáть(ся) 3) порывáть, разрывáть *(отношéния; с — with)* 4) рассéиваться 5) светáть; **the day** ~s светáет 6) нарушáть *(обещáние, закóн и т. п.)* 7) прерывáть *(сон, путешéствие и т. п.)* 8) сломить *(сопротивлéние);* подорвáть 9) ослабéть *(от болéзни)* 10) размéнивать *(дéньги)* 11) бýрно начинáться 12) избавлять(ся); отучáть(ся) *(of)* 13) побивáть *(рекóрд)* 14)

разоря́ть(ся) 15) объявля́ть, сообща́ть; **they broke the news to her** они сообщи́ли ей э́ту но́вость ◊ **to** ~ **the back of smth** одоле́ть са́мую тру́дную часть рабо́ты; **to** ~ **even** оста́ться при свои́х; **to** ~ **the ice** а) слома́ть лёд б) положи́ть нача́ло

break away 1) отрыва́ться; отдаля́ться 2) сбега́ть, вырыва́ться

break down 1) разбива́ть, лома́ть 2) выходи́ть из стро́я, лома́ться 3) ухудша́ться 4) пошатну́ться *(о здоро́вье);* страда́ть от не́рвного истоще́ния 5) теря́ть самооблада́ние

break in 1) вла́мываться, врыва́ться 2) объезжа́ть ло́шадь 3) осва́ивать те́хнику, аппарату́ру

break into 1) вме́шиваться, прерыва́ть 2) внеза́пно разрази́ться

break off 1) отла́мывать(ся) 2) прерыва́ть (отноше́ния) 3) де́лать переры́в (в рабо́те)

break out 1) выла́мывать 2) разрази́ться *(о войне́)* 3) соверша́ть побе́г

break through 1) появля́ться *(о со́лнце, луне́)* 2) прорыва́ться, пробива́ться 3) де́лать ва́жное откры́тие, соверша́ть проры́в *(в нау́ке и т. п.)*

break up 1) разбива́ться 2) разруша́ться 3) конча́ться, заверша́ться 4) распада́ться, разва́ливаться 5) расходи́ться 6) си́льно огорча́ться

breakable [ˈbreɪkəbl] *a* ло́мкий, хру́пкий

breakage [ˈbreɪkɪdʒ] *n* 1) сло́манный предме́т 2) поло́мка; поврежде́ние 3) убы́ток, причинённый поло́мкой 4) неиспра́вность 5) ава́рия; обры́в *(ли́нии свя́зи)*

break-dancing [ˈbreɪkˌda:nsɪŋ] *n* брейк(-данс) *(та́нец с характе́рными ре́зкими движе́ниями и элеме́нтами пантоми́мы и акроба́тики))*

breakdown [ˈbreɪkdaʊn] *n* 1) поло́мка; ава́рия; отка́з; пробо́й 2) упа́док *(сил, здоро́вья);* **nervous** ~ не́рвное расстро́йство 3) разва́л, распа́д; круше́ние

breaker [ˈbreɪkə(r)] *n* 1) дроби́льщик 2) наруши́тель *(зако́на и т. п.)* 3) буру́н 4) *эл.* выключа́тель; прерыва́тель

breakfast I [ˈbrekfəst] *n* за́втрак; **to have/to take** ~ за́втракать

breakfast II *v* за́втракать

breaking [ˈbreɪkɪŋ] *n* 1) ло́мка 2) дробле́ние 3) наступле́ние, нача́ло; перело́м 4) *тех.* разруше́ние, разры́в 5) *эл.* размыка́ние 6) *attr:* ~ **point** *тех.* то́чка разруше́ния

break key [ˈbreɪkˌki:] *n вчт* кла́виша прерыва́ния

break-make contact [ˈbreɪkmeɪkˈkɒntækt] *n* эл. перекидно́й конта́кт

breakneck [ˈbreɪknek] *a* опа́сный; **at ~ speed** сломя́ го́лову

breakpoint [ˈbreɪkpɔɪnt] *n тех.* 1) остано́в, прерыва́ние 2) то́чка остано́ва, то́чка прерыва́ния

breakthrough [ˈbreɪkθru:] *n* проры́в *(в науке и т. п.)*

breakup [ˈbreɪkˈʌp] *n* 1) разва́л, распа́д, разруше́ние 2) ро́спуск

breakwater [ˈbreɪkˌwɔ:tə(r)] *n* волноло́м, волноре́з

bream [bri:m] *n* лещ

breast I [brest] *n* 1) грудна́я кле́тка, грудь 2) (же́нская) грудь, *анат.* моло́чная, грудна́я железа́ 3) душа́, се́рдце ◊ **to make a clean ~ of** чистосерде́чно призна́ться

breast II *v* стать гру́дью *(против чего-л.)*

breastbone [ˈbrestbəʊn] *n* грудна́я кость, груди́на

breast-feed [ˈbrestfi:d] *v* **(breast-fed)** корми́ть (ребёнка) гру́дью

breast-feeding [ˈbrestˌfi:dɪŋ] *n* грудно́е вска́рмливание *(ребёнка)*

breast-stroke [ˈbreststrəʊk] *n* брасс *(стиль плавания)*

breath [breθ] *n* 1) дыха́ние; вдох; **to draw ~** дыша́ть; жить; **to hold one's ~** затаи́ть дыха́ние; **to be out of ~** запыха́ться; задыха́ться; **to take a deep ~** глубоко́ вдохну́ть; **he is short of ~** он страда́ет оды́шкой; **with bated ~** затаи́в дыха́ние; **I'm going out for a ~ of fresh air** пойду́ подышу́ све́жим во́здухом 2) дунове́ние ◊ **under one's ~** вполго́лоса; шёпотом; **all in a ~, in one ~, in the same ~** одни́м ду́хом, без переды́шки; **to waste ~** напра́сно тра́тить слова́, броса́ть слова́ на ве́тер; **to take one's ~ away** порази́ть, ошеломи́ть

breathalyse [ˈbreθəlaɪz] *v* проверя́ть води́теля алкоте́стером

breathalyser [ˈbreθ(ə)laɪzə] *n* алкоте́стер, прибо́р *(индикаторная трубка)* для выявле́ния алкого́ля в выдыха́емом во́здухе *(тж амер.* **breathalyzer)**

breathe [bri:ð] *v* 1) дыша́ть 2) жить 3) ти́хо произноси́ть; **not to ~ a word** не пророни́ть ни сло́ва 4) передохну́ть 5) слегка́ дуть *(о ветре)* 6) вдохновля́ть *(на — into)* 7) испуска́ть *(запах)* ◊ **to ~ upon smb** очерня́ть кого́-л.; **to ~ one's last** умере́ть; **to ~ again/ freely** прийти́ в себя́ *(после шока и т. п.)*, вздохну́ть свобо́дно

breather [ˈbri:ðə(r)] *n разг.* коро́ткая переды́шка

breathing [ˈbri:ðɪŋ] *n* 1) дыха́ние 2) *фон.* приды́ха́ние

breathless [ˈbreθlɪs] *a* 1) безды́ханный 2) запыха́вшийся; задыха́ющийся 3) безве́тренный; неподви́жный *(о воде, воздухе)*

breathtaking [ˈbreθˌteɪkɪŋ] *a* порази́тельный, захва́тывающий

bred [bred] *past, p. p. см.* **breed II**

breech [bri:tʃ] *n* я́годицы

breechblock [ˈbri:tʃblɒk] *n* затво́р *(огнестре́льного ору́жия)*

breeches [ˈbri:tʃɪz] *n pl уст.* бри́джи; **riding ~** бри́джи для верхово́й езды́

breech-sight [ˈbri:tʃsaɪt] *n* прице́л *(огнестре́льного оружия)*

breed I [bri:d] *n* 1) поро́да; поколе́ние 2) тип; сорт; **of the same ~** одного́ скла́да, ти́па

breed II *v (past, p.p.* **bred)** 1) выводи́ть, разводи́ть 2) порожда́ть, вызыва́ть 3) выси́живать *(птенцов)*; вска́рмливать; воспи́тывать 4) размножа́ться ◊ **bred in the bone** врождённый

breeder [ˈbri:də(r)] *n* 1) производи́тель 2) селекционе́р; **cattle ~** скотово́д

breeding [ˈbri:dɪŋ] *n* 1) разведе́ние, выведе́ние, селе́кция; размноже́ние 2) воспи́танность; хоро́шие мане́ры; **ill ~** невоспи́танность, плохи́е мане́ры

breeze[1] [bri:z] *n* о́вод *(тж* **~-fly)**

breeze[2] *n* 1) лёгкий ветеро́к; **sea ~** бриз 2) *разг.* ссо́ра, перебра́нка

breezy [ˈbri:zɪ] *a* 1) прохла́дный, све́жий 2) откры́тый *(ветру)* 3) *разг.* живо́й, весёлый 4) *разг.* небре́жный, безду́мный

Bren [bren] *n* лёгкий ручно́й пулемёт *(тж* **~ gun)**

brethren [ˈbreðrɪn] *n pl* бра́тья, собра́тья

breviary [ˈbri:vɪərɪ] *n церк.* бревиа́рий *(служебник Западного духовенства)*

brevity [ˈbrevɪtɪ] *n* 1) кра́ткость, сжа́тость 2) недолгове́чность

brew [bru:] *v* 1) 1) вари́ть *(пиво)* 2) зава́ривать *(чай)*; сме́шивать, приготовля́ть *(пунш)* 3) назрева́ть, надвига́ться 4) затева́ть; замышля́ть

brew up зава́ривать чай

brewer [ˈbru:ə(r)] *n* пивова́р

brewery [ˈbru:ərɪ] *n* пивова́ренный заво́д, повова́рня

briar [ˈbraɪə(r)] *см.* **brier**

briary [ˈbraɪərɪ] *см.* **briery**

bribable [ˈbraɪbəbl] *a* подку́пный, прода́жный

bribe I [braɪb] *n* взя́тка, по́дкуп

bribe II *v* дава́ть взя́тку, подкупа́ть

briber [ˈbraɪbə(r)] *n* взяткода́тель

bribery [ˈbraɪbərɪ] *n* взя́точничество

bribetaker [ˈbraɪbˌteɪkə(r)] *n* взя́точник

bric-à-brac [ˈbrɪkəbræk] *n фр.* стари́нные безделу́шки; антиква́рные вещи́цы

brick I [brɪk] *n* 1) кирпи́ч 2) (де́тский) ку́бик 3) брике́т; брусо́к 4) *разг.* сла́вный па́рень, молоде́ц, молодчи́на ◊ **to drop a ~** допусти́ть беста́ктность; сде́лать про́мах; **like a load/ton of ~s** *разг.* изо всех сил, со всего́ разма́ха

brick II *a* кирпи́чный

brick III *v* класть кирпичи́

brick in/up закла́дывать кирпичо́м; замуро́вывать

brick-field [ˈbrɪkfiːld] *n* кирпи́чный заво́д

bricklayer [ˈbrɪkˌleɪə(r)] *n* ка́менщик

brickwork [ˈbrɪkwɜːk] *n* кирпи́чная кла́дка

brickyard [ˈbrɪkjɑːd] *n* кирпи́чный заво́д

bridal [ˈbraɪdl] *a* сва́дебный

bride [braɪd] *n* неве́ста; новобра́чная; **~ elect** наречённая (неве́ста)

bridecake [ˈbraɪdkeɪk] *n* сва́дебный торт (*тж* **wedding cake**)

bridegroom [ˈbraɪdgruːm] *n* жени́х; новобра́чный

bridesmaid [ˈbraɪdzmeɪd] *n* подру́жка неве́сты

bridge¹ I [brɪdʒ] *n* 1) мост; мо́стик; **floating ~** наплавно́й мост 2) *мор.* (капита́нский) мо́стик 3) *анат.* перено́сица 4) *мед.* мостови́дный зубно́й проте́з, *разг.* мост 5) мостова́я схе́ма 6) перемы́чка

bridge¹ II *v* стро́ить, наводи́ть мост; соединя́ть мосто́м; соединя́ть перемы́чкой

bridge² *n карт.* бридж

bridgework [ˈbrɪdʒwɜːk] *n мед.* мостови́дный зубно́й проте́з, *разг.* мост

bridle I [ˈbraɪdl] *n* 1) узда́; узде́чка 2) *тех.* стя́жка; рессо́рный хому́т

bridle II *v* 1) взну́здывать 2) обу́здывать, сде́рживать 3) вски́нуть го́лову (*в гневе и т. п.*)

brief I [briːf] *n* 1) кра́ткое изложе́ние, резюме́ 2) *юр.* кра́ткое изложе́ние де́ла; **to hold ~ for** вести́ де́ло в суде́ (*об адвокате*) 3) инстру́кция 4) *церк.* бре́ве (*послание папы ри́мского*)

brief II *a* кра́ткий, сжа́тый; **in ~** вкра́тце; **for a ~ moment** на како́е-то мгнове́ние

brief III *v юр.* 1) кра́тко излага́ть де́ло 2) кра́тко инструкти́ровать

briefcase [ˈbriːfkeɪs] *n* портфе́ль

briefing [ˈbriːfɪŋ] *n* 1) кра́ткий инструкта́ж 2) бри́финг (*краткая пресс-конференция*)

briefly [ˈbriːflɪ] *adv* кра́тко, вкра́тце

briefs [briːfs] *n pl* шо́рты; трусы́

brier¹ [ˈbraɪə(r)] *n* шипо́вник

brier² *n* 1) ве́реск 2) кури́тельная тру́бка из ко́рня ве́реска

briery [ˈbraɪərɪ] *a* колю́чий

brig [brɪg] *n мор.* бриг

brigade [brɪˈgeɪd] *n* брига́да; отря́д, кома́нда

brigadier [ˌbrɪgəˈdɪə(r)] *n амер. воен.* брига́дный генера́л (*тж* **general**)

brigand [ˈbrɪgənd] *n* разбо́йник, банди́т

brigandage [ˈbrɪgəndɪdʒ] *n* разбо́й, банди́тизм

brigantine [ˈbrɪgəntiːn] *n мор.* бриганти́на

bright I [braɪt] *a* 1) я́ркий; **~ sunshine** я́ркий со́лнечный свет 2) блестя́щий; сия́ющий; я́сный 3) у́мный, смышлёный; расторо́пный 4) живо́й, весёлый 5) полиро́ванный

bright II *adv* я́рко, блестя́ще

brighten [ˈbraɪtn] *v* 1) освеща́ть(ся); озаря́ть(ся); проясня́ться 2) оживля́ться (*тж* **to ~ up**); **he ~ed up after her visit** он заме́тно оживи́лся по́сле её посеще́ния 3) полирова́ть

brightness [ˈbraɪtnɪs] *n* я́ркость

brilliance [ˈbrɪlɪəns] *n* 1) я́ркость; блеск; великоле́пие 2) блестя́щий ум; я́ркий тала́нт

brilliancy [ˈbrɪlɪənsɪ] *см.* **brilliance**

brilliant I [ˈbrɪlɪənt] *n* бриллиа́нт

brilliant II *a* 1) блестя́щий; сверка́ющий 2) выдаю́щийся; блестя́щего ума́, тала́нта 3) *разг.* превосхо́дный 4) я́ркий

brim I [brɪm] *n* 1) край; **full/filled to the ~** по́лный до краёв 2) поле (*шляпы*)

brim II *v* наполня́ть(ся), быть по́лным до краёв

brim over перелива́ться че́рез край

brimful [ˈbrɪmˈfʊl] *a* по́лный до краёв

brindle(d) [ˈbrɪndl(d)] *a* пятни́стый, пёстрый (*обыкн. о животных*)

brine I [braɪn] *n* 1) рассо́л 2) морска́я вода́; **the ~** мо́ре

brine II *v* соли́ть, заса́ливать в рассо́ле

bring [brɪŋ] *v* (*past, p.p.* **brought**) 1) приноси́ть; привози́ть; приводи́ть 2) причиня́ть; доводи́ть (*до — to*); вызыва́ть, ока́зывать 3) приноси́ть (дохо́д); **his paintings ~ him a small income** его́ карти́ны прино́сят ему́ небольшо́й дохо́д ◊ **to ~ home to smb** довести́ до созна́ния кого́-л.; **to ~ the house down** вы́звать бу́рные аплодисме́нты; **to ~ to play** вводи́ть в де́йствие; **to ~ low** подави́ть, преодоле́ть; **to ~ to bear** влия́ть, ока́зывать давле́ние; **to ~ to pass** осуществля́ть, реализо́вывать

bring about вызыва́ть, быть причи́ной

bring against выдвига́ть (обвине́ния) про́тив (*кого́-л.*)

bring along 1) приводи́ть, приноси́ть с собо́й 2) спосо́бствовать (*развитию, росту*)

bring around 1) приноси́ть, приводи́ть в усло́вленное ме́сто 2) переубежда́ть 3) изменя́ть курс корабля́ на противополо́жный

bring back 1) приноси́ть обра́тно, возвраща́ть 2) напомина́ть, воскреша́ть в па́мяти 3) возвраща́ть к жи́зни; вновь вводи́ть в де́йствие

bring down 1) свали́ть, сбить 2) побежда́ть (полити́ческого проти́вника) 3) снижа́ть це́ну 4) доводи́ть до определённого отре́зка вре́мени 5) навлека́ть беду́, приноси́ть несча́стье 6) доводи́ть до како́го-л. состоя́ния 7) *амер.* публикова́ть, оглаша́ть

bring forth рожда́ть; дава́ть плоды́

bring forward 1) переноси́ть вперёд 2) переноси́ть на сле́дующую страни́цу 3) спосо́бствовать разви́тию, ро́сту 4) выдвига́ть (иде́ю *и т. п.*)

bring in 1) вводи́ть, вноси́ть 2) собира́ть урожа́й 3) приноси́ть де́ньги, при́быль 4) выдвига́ть (предложе́ние на рассмотре́ние) 5) привлека́ть для оказа́ния по́мощи 6) заде́рживать (в полице́йском уча́стке)

bring into 1) приводи́ть в како́е-л. состоя́ние 2) вводи́ть в де́йствие

bring off 1) спаса́ть 2) успе́шно справля́ться (с зада́чей)

bring on 1) вызыва́ть (боле́знь *и т. п.*) 2) спосо́бствовать ро́сту, разви́тию

bring out 1) вынима́ть, извлека́ть 2) выноси́ть, выводи́ть (на све́жий во́здух) 3) выставля́ть напока́з; выпуска́ть 4) выска́зывать (*мнение*)

bring over 1) приводи́ть к себе́ домо́й 2) заставля́ть измени́ть своё мне́ние

bring round 1) приводи́ть к себе́ домо́й *или* в усло́вленное ме́сто 2) привести́ в созна́ние 3) заставля́ть измени́ть своё мне́ние 4) изменя́ть направле́ние

bring through вы́лечить от тяжёлой боле́зни, спасти́ тяжелобольно́го

bring to привести́ в созна́ние

bring together 1) соединя́ть 2) заста́вить встре́титься 3) примиря́ть

bring under подчиня́ть, покоря́ть

bring up 1) воспи́тывать 2) ста́вить (вопро́с) на рассмотре́ние 3) ста́вить (су́дно) на я́корь

bring upon навлека́ть (неприя́тности)

bring up to 1) подвести́, подъе́хать к (*чему-л.*) 2) доводи́ть до (*како́го-л. коли́чества*)

bring-and-buy sale [ˌbrɪŋən ˈbaɪseɪl] *n* распрода́жа «приноси́ и покупа́й» (*покупатель приносит то, что продаёт, а покупает то, что приносят другие; обычно устраивается в благотворительных целях*)

brink [brɪŋk] *n* 1) край (*обрыва, крутого берега*) 2) после́дняя черта́, грань; **on the ~ of ruin** на гра́ни разоре́ния

brinkmanship [ˈbrɪŋkmənʃɪp] *n* 1) баланси́рование на гра́ни катастро́фы 2) баланси́рование на гра́ни возмо́жного *или* допусти́мого

briny I [ˈbraɪnɪ] *a* солёный

briny II [ˈbraɪnɪ] *n сленг* мо́ре

brioche [ˈbriːɒʃ] *n кул.* брио́шь (*сладкая булочка*)

briquette [brɪˈkeɪ] *n* у́гольный брике́т

brisk I [brɪsk] *a* 1) живо́й, бы́стрый, прово́рный 2) бодря́щий, све́жий (*о ветре*)

brisk II *v* оживля́ть(ся) (*тж* **to ~ up**)

brisket [ˈbrɪskɪt] *n* груди́нка

bristle I [ˈbrɪsl] *n* щети́на; **to set up one's ~s** ощети́ниться

bristle II *v* 1) ощети́ниться 2) подня́ться ды́бом (*о волосах*) 3) рассерди́ться 4) изоби́ловать (**with**)

bristly [ˈbrɪslɪ] *a* щети́нистый; колю́чий

Bristol fashion [ˈbrɪstl ˌfæʃn] *a* в образцо́вом поря́дке

Briticism [ˈbrɪtɪsɪzm] *n лингв.* англици́зм

British I [ˈbrɪtɪʃ] *n*: **the ~** (*употр. как pl*) англича́не, брита́нцы

British II *a* брита́нский; **~ subject** брита́нский по́дданный, по́дданный Великобрита́нии; **~ English** брита́нский англи́йский (язы́к); **~ Council** Брита́нский Сове́т (*организация*)

Britisher [ˈbrɪtɪʃə(r)] *n амер. разг.* англича́нин, брита́нец

Briton [ˈbrɪtn] *n* 1) *ист.* бритт 2) англича́нин, брита́нец; **North ~** шотла́ндец

brittle [ˈbrɪtl] *a* ло́мкий, хру́пкий; **~ bone disease** *мед.* остеопоро́з, разреже́ние косте́й

broach I [brəʊtʃ] *n* 1) сверло́ 2) ве́ртел

broach II *v* 1) нача́ть обсужде́ние (*вопроса*) 2) поча́ть (*бочку вина*) 3) откры́ть, вскрыть (*ящик, тюк и т. п.*)

B-road [ˈbɪrɒʊd] *n брит.* доро́га «B» («B» — *индекс дороги II категории; за ним обыкн. следует номер, напр. B2061*)

broad I [brɔːd] *a* 1) широ́кий 2) обши́рный 3) по́лный, я́сный; **in ~ daylight** средь бе́ла дня 4) я́вный; **a ~ hint** я́вный намёк 5) ре́зко вы́раженный (*об акценте*) 6) о́бщий, в о́бщих черта́х 7) терпи́мый, либера́льный 8) гру́бый; **~ humour** грубова́тый ю́мор

broad II *n* 1) широ́кая часть (*чего-л.*) 2) *амер. сленг* де́вка, ба́ба

broadband I [ˈbrɔːdbænd] *n радио* широ́кая полоса́ часто́т; широ́кий диапазо́н часто́т

broadband II *a радио* широкополо́сный

broadcast I [ˈbrɔːdkɑːst] *n* ра́дио- *или* телепереда́ча

broadcast II *a* 1) радиовеща́тельный; передава́емый по телеви́дению 2) рассе́янный, разбро́санный

broadcast III *v* (**broadcasted**; **broadcast**) 1) передава́ть по ра́дио *или* телеви́дению 2) выступа́ть в ра́дио- *или* телепрогра́мме; **the President will be ~ing at 9 a.m.** президе́нт вы́ступит по ра́дио в 9 часо́в утра́ 3) разбра́сывать семена́

broadcaster [ˈbrɔːdˌkɑːstə(r)] *n* ди́ктор *(радио или телевидения)*

broadcasting I [ˈbrɔːdˌkɑːstɪŋ] *n* 1) радиовеща́ние; телеви́дение 2) радиопереда́ча; телепереда́ча

broadcasting II *a* радиовеща́тельный; телевизио́нный

broadcloth [ˈbrɔːdklɒθ] *n* то́нкое сукно́; полотно́ *или* шёлк высо́кого ка́чества

broaden [ˈbrɔːdn] *v* расширя́ть(ся)

broad-gauge [ˈbrɔːdgeɪdʒ] *a* ширококоле́йный

broadly [ˈbrɔːdlɪ] *adv* широко́; ~ **speaking** вообще́ говоря́, в о́бщем

broad-minded [brɔːdˈmaɪndɪd] *a* широ́ких взгля́дов; терпи́мый, либера́льный

broadness [ˈbrɔːdnɪs] *n* гру́бость, во́льность, нескро́мность *(в разговоре)*

broadsheet [ˈbrɔːdʃiːt] *n* 1) лист бума́ги с те́кстом на одно́й стороне́; листо́вка 2) плака́т

broadside [ˈbrɔːdsaɪd] *n* 1) борт корабля́ 2) ору́дия одного́ бо́рта 3) пото́к бра́ни, обвине́ний 4) бортово́й залп

broadsword [ˈbrɔːdsɔːd] *n* пала́ш

broadways [ˈbrɔːdweɪz] *adv* вширь, в ширину́, поперёк

broadwise [ˈbrɔːdwaɪz] *см.* **broadways**

brocade [brəˈkeɪd] *n* парча́

brochure [ˈbrəʊʃə(r)] *n* брошю́ра; букле́т

brock [brɒk] *n* барсу́к

brogue[1] [brəʊg] *n* 1) кре́пкий башма́к 2) гру́бо сде́ланный башма́к

brogue[2] *n* провинциа́льный акце́нт *(особ. ирла́ндский)*

broil[1] [brɔɪl] *n* ссо́ра, шум

broil[2] *v* 1) жа́рить(ся) на откры́том огне́ 2) пали́ть *(о солнце)* 3) жа́риться на со́лнце

broiler [ˈbrɔɪlə(r)] *n* 1) *амер.* (цыплёнок-)бро́йлер *(тж* ~ **chicken**) 2) решётка для жа́рки мя́са, гриль 3) *разг.* о́чень жа́ркий день

broke I [brəʊk] *past см.* **break II**

broke II *a* разорённый; **the firm has gone** ~ фи́рма обанкро́тилась; **I'm** ~ **just now** *разг.* я сейча́с на мели́

broken I [ˈbrəʊkən] *p. p. см.* **break II**

broken II *a* 1) разби́тый; разру́шенный; нару́шенный; ~ **home** разби́тая семья́ 2) подо́рванный, осла́бленный 3) разори́вшийся 4) ло́маный *(о языке)* 5) неро́вный, пересечённый *(о местности)* 6) преры́вистый

broken-down [ˈbrəʊkənˈdaʊn] *a* 1) надло́мленный *(о здоровье)*; сло́мленный 2) не го́дный к рабо́те

broken-hearted [ˈbrəʊkənˌhɑːtɪd] *a* уби́тый го́рем; с разби́тым се́рдцем

brokenly [ˈbrəʊkənlɪ] *adv* уры́вками; отры́висто

broken-winded [ˈbrəʊkənˌwɪndɪd] *a* запалённый *(о лошади)*

broker [ˈbrəʊkə(r)] *n* 1) ма́клер, бро́кер, посре́дник, аге́нт 2) *вчт* програ́мма-бро́кер, програ́мма-аге́нт

brokerage [ˈbrəʊkərɪdʒ] *n* коми́ссия, взима́емая бро́кером

brolly [ˈbrɒlɪ] *n разг.* зо́нтик

bromide [ˈbrəʊmaɪd] *n* 1) *хим.* броми́д, бро́мистое соедине́ние 2) снотво́рное 3) изби́тая фра́за, бана́льность

bromine [ˈbrəʊmiːn] *n хим.* бром

bronchi [ˈbrɒŋkaɪ] *n pl анат.* бро́нхи

bronchia [ˈbrɒŋkɪə] *см.* **bronchi**

bronchial [ˈbrɒŋkɪəl] *a* бронхиа́льный

bronchitis [brɒnˈkaɪtɪs] *n* бронхи́т

bronco [ˈbrɒŋkəʊ] *n амер.* ди́кая *или* малообъе́зженная ло́шадь

bronco-buster [ˈbrɒŋkəʊˌbʌstə(r)] *n амер. сленг* ковбо́й, объезжа́ющий ло́шадь

bronze I [brɒnz] *n* 1) бро́нза 2) изде́лие из бро́нзы

bronze II *a* бро́нзовый; ~ **medal** бро́нзовая меда́ль

brooch [brəʊtʃ] *n* брошь

brood I [bruːd] *n* 1) вы́водок 2) ку́ча

brood II *v* 1) выси́живать *(птенцов)* 2) (неве́село) размышля́ть *(о чём-л. — on, over)*; вына́шивать *(мысль)* 3) нависа́ть *(о тучах и т. п. — on, over)*

brooder [ˈbruːdə(r)] *n* 1) инкуба́тор 2) погружённый в размышле́ния челове́к

brood-hen [ˈbruːdhen] *n* насе́дка

broody [ˈbruːdɪ] *a* 1) выси́живающая я́йца *(о наседке)* 2) заду́мчивый, гру́стный, пода́вленный

brook[1] [brʊk] *n* ручёй

brook[2] *v* терпе́ть, выноси́ть

brooklet [ˈbrʊklɪt] *n* ручеёк

broom I [bruːm] *n* метла́

broom II *v* мести́, подмета́ть

broth [brɒθ] *n* бульо́н, отва́р; жи́дкий суп; ~ **chicken** кури́ный бульо́н

brothel [ˈbrɒθəl] *n* публи́чный дом, борде́ль

brother [ˈbrʌðə(r)] *n* 1) брат 2) собра́т; колле́га 3) брат *(монах)*

brotherhood [ˈbrʌðəhʊd] *n* 1) бра́тские отноше́ния 2) бра́тство *(тж в рел. смысле)*

brother-in-law [ˈbrʌðərɪnlɔː] *n (pl* **brothers-in-law**) зять; шу́рин; де́верь; своя́к

brotherly I [ˈbrʌðəlɪ] *a* бра́тский

brotherly II *adv* по-бра́тски

brought [brɔ:t] *past, p. p. см.* **bring**

brow [braʊ] *n* 1) лоб 2) бровь; **to knit one's ~s** хму́риться 3) вы́ступ *(скалы)*; верши́на *(холма)* 4) *разг.* интеллектуа́льный у́ровень

browbeat [ˈbraʊbi:t] *v* (**browbeat; browbeaten**) запу́гивать *(суровостью)*

brown I [braʊn] *a* 1) кори́чневый; **~ paper** обёрточная бума́га, крафт-бума́га 2) сму́глый; загоре́лый 3) ка́рий *(о глазах)* 4) из непросе́янной муки́ *(о хлебе)* 5) суро́вый, небелёный *(о полотне)* 6) неочи́щенный; **~ sugar** кори́чневый са́хар ◊ **~ study** размышле́ния

brown II *n* кори́чневый цвет; кори́чневая кра́ска

brown III *v* 1) подрумя́ниваться, поджа́риваться 2) загора́ть ◊ **to be ~ed off** быть сы́тым по го́рло; **I'm ~ed off with my job** мне надое́ла моя́ рабо́та

brownie [ˈbraʊnɪ] *n* 1) бра́уни, домово́й 2) шокола́дное пиро́жное с оре́хами

browning [ˈbraʊnɪŋ] *n* 1) кори́чневая припра́ва для со́уса 2) поджа́ривание 3) глазуро́вка *(гончарных изделий)*

brownstone [ˈbraʊnstəʊn] *n амер.* 1) *стр.* песча́ник 2) особня́к из песча́ника

browse I [braʊz] *n* 1) ве́тки, молоды́е побе́ги *(как корм)* 2) проли́стывание, бе́глый просмо́тр *(книги, журнала)*

browse II *v* 1) пробега́ть глаза́ми, проли́стывать *(книгу, журнал)* 2) корми́ть *(скот)* ве́тками, молоды́ми побе́гами *(on)* 3) объеда́ть, ощи́пывать *(листья, ветки; on)*

browser [ˈbraʊzə] *n вчт* 1) бра́узер *(система навигации и просмотра информации)* 2) програ́мма ускоренного просмо́тра

browsing [ˈbraʊzɪŋ] *n вчт* 1) просмо́тр се́ти и ресу́рсов 2) по́иск и просмо́тр информа́ции в се́ти Интерне́т

Bruin [ˈbru:ɪn] *n* Ми́шка, медве́дь *(в сказках)*

bruise I [bru:z] *n* синя́к, кровоподтёк, гема́тома; уши́б

bruise II *v* 1) ушиба́ть, ста́вить синяки́; **I ~d my elbow** я уши́б ло́коть 2) помя́ть *(фрукты и т. п.)* 3) толо́чь

bruiser [ˈbru:zə(r)] *n разг.* 1) громи́ла 2) профессиона́льный боксёр

brunch [brʌntʃ] *n* бранч, пло́тный по́здний за́втрак *(от breakfast + lunch)*

brunette [bru:ˈnet] *n* брюне́тка

brunt [brʌnt] *n* гла́вный уда́р; **we bore the ~ of the expense** на нас легло́ всё бре́мя расхо́дов

brush[1] I [brʌʃ] *n* 1) щётка 2) кисть 3) чи́стка щёткой; **to have a ~** почи́стить щёткой 4) ли́сий хвост

brush[1] II *v* 1) чи́стить щёткой 2) причёсывать 3) (слегка́) заде́ть *(тж* **to ~ against**); оцара́пать

brush aside/away 1) сма́хивать 2) отде́лываться 3) игнори́ровать, не замеча́ть

brush down 1) смета́ть, счища́ть 2) отчи́тывать, де́лать вы́говор

brush off 1) счища́ть щёткой 2) отде́лываться, отма́хиваться *(от кого-л.)*

brush over 1) подмета́ть *(пол)* 2) слегка́ заде́ть, косну́ться

brush past проскользну́ть, прошмыгну́ть

brush up 1) приводи́ть себя́ в поря́док 2) освежа́ть в па́мяти; усоверше́нствовать свои́ зна́ния

brush[2] *n* сты́чка, схва́тка, столкнове́ние

brush-off [ˈbrʌʃˌɒf] *n разг.* отка́з; отста́вка; **she gave him the ~** она́ дала́ ему́ отста́вку

brush-up [ˈbrʌʃˌʌp] *n*: **I need a wash and ~** мне ну́жно привести́ себя́ в поря́док

brushwood [ˈbrʌʃwʊd] *n* 1) хво́рост 2) куста́рник, за́росли

brushwork [ˈbrʌʃwɜ:k] *n иск.* рабо́та, вы́полненная ки́стью

brushy [ˈbrʌʃɪ] *a* 1) щети́нистый 2) шерохова́тый

brusque [brʊsk] *a* гру́бый, ре́зкий

brut [bru:t] *a* сухо́й *(о вине)*, брют

brutal [ˈbru:tl] *a* жесто́кий, зве́рский, брута́льный

brutality [bru:ˈtælɪtɪ] *n* жесто́кость, зве́рство, брута́льность

brutalize [ˈbru:təlaɪz] *v* 1) доводи́ть до звероподо́бного состоя́ния 2) жесто́ко обраща́ться

brute I [bru:t] *n* живо́тное, тварь, скоти́на *(о человеке)*

brute II *a* живо́тный, тупо́й; гру́бый

brutish [ˈbru:tɪʃ] *a* 1) звероподо́бный 2) тупо́й, живо́тный

bubble I [ˈbʌbl] *n* 1) пузы́рь, пузырёк *(воздуха)* 2) кипе́ние, бурле́ние; бу́льканье 3) ду́тое предприя́тие, «мы́льный пузы́рь»

bubble II *v* пузы́риться; кипе́ть, бурли́ть *(тж* **to ~ over, to ~ up**) ◊ **the children were bubbling over with excitement** де́ти про́сто бурли́ли от возбужде́ния

bubble gum [ˈbʌblˌɡʌm] *n* жева́тельная рези́нка *(из которой можно выдувать пузыри)*

buccaneer I [ˌbʌkəˈnɪə(r)] *n* пира́т, буканир

buccaneer II *v* занима́ться морски́м разбо́ем, пира́тством

buck[1] I [bʌk] *n* 1) саме́ц *(оленя, зайца, кро́лика)* 2) *уст.* де́нди, франт

buck¹ **II** *v* станови́ться на дыбы́; брыка́ться; ляга́ться; сбра́сывать с седла́
   buck against *амер.* проти́виться, выступа́ть про́тив
   buck off сбра́сывать с седла́
   buck up *разг.* 1) спеши́ть 2) оживля́ться, проявля́ть эне́ргию; ~ **up!** встряхни́сь, (под)бодри́сь!

buck² *n* 1) *амер.* ко́злы для пи́лки брёвен 2) козёл *(гимнасти́ческий снаря́д)*

buck³ *n* болтовня́, хвастовство́

buck⁴ *n амер. сленг* до́ллар ◊ **to pass the ~ to smb** *разг.* свали́ть отве́тственность на кого́-л.

buck⁵ **I** *n вчт* ограниче́ние напряже́ния; сниже́ние напряже́ния

buck⁵ **II** *v вчт* 1) противоде́йствовать 2) компенси́ровать

bucket I [′bʌkɪt] *n* 1) ведро́ 2) черпа́к, ковш *(землечерпа́лки и т. п.)* ◊ **the rain came down in ~s** дождь лил как из ведра́; **to kick the ~** умере́ть

bucket II *v* 1) скака́ть сломя́ го́лову 2) си́льно ли́ться

bucket seat [′bʌkɪtsi:t] *n* одноме́стное сиде́нье *(в автомоби́ле)*

bucket shop [′bʌkɪt‿ʃɒp] *n* 1) незако́нная бро́керская фи́рма 2) *разг.* небольшо́е аге́нтство по прода́же дешёвых авиабиле́тов

Buckingham Palace [‚bʌkɪŋəm′pælɪs] *n* Бу́кингемский дворе́ц *(гла́вная короле́вская резиде́нция в Ло́ндоне)*

buckle I [′bʌkl] *n* 1) пря́жка 2) *тех.* продо́льный изги́б 3) *тех.* скоба́, хому́т

buckle II *v* 1) застёгивать пря́жкой *(тж* **to ~ up, to ~ on**) 2) сгиба́ть; гнуть, выгиба́ть 3) сгиба́ться, подава́ться
   buckle to энерги́чно принима́ться за де́ло

buckram [′bʌkrəm] *n* 1) клеёный холст, клеёнка 2) *уст.* чо́порность

buckshot [′bʌkʃɒt] *n* кру́пная дробь; карте́чь

buckskin [′bʌkskɪn] *n* 1) оле́нья ко́жа 2) то́лстое сукно́; ткань с начёсом

buck-tooth [′bʌktu:θ] *n*: **he's got buck-teeth** у него́ зу́бы торча́т вперёд

buckwheat [′bʌkwi:t] *n* 1) гречи́ха 2) гре́чневая крупа́, гре́чка 3) *attr* гре́чневый

bucolic [bju:′kɒlɪk] *a* буколи́ческий, пастора́льный; се́льский

bud I [bʌd] *n* 1) *бот.* по́чка 2) буто́н ◊ **to nip in the ~** подави́ть в заро́дыше, пресе́чь в ко́рне

bud II *v* 1) дава́ть по́чки 2) развива́ться 3) *с.-х.* привива́ть глазко́м

Buddhism [′budɪz(ə)m] *n* будди́зм

Buddhist [′budɪst] *n* будди́ст

buddy [′bʌdɪ] *n амер. сленг* прия́тель, дружи́ще *(обыкн. в обраще́нии)*

budge [bʌdʒ] *v* 1) шевели́ть(ся); (по)шевельну́ть(ся) 2) измени́ть мне́ние; уступи́ть; **he wouldn't ~ (an inch)** он ника́к не хоте́л уступи́ть

budget I [′bʌdʒɪt] *n* бюдже́т ◊ **on a ~** не тра́тя ли́шнего; дёшево

budget II *v* предусма́тривать в бюдже́те *(for)*

budgetary [′bʌdʒɪtərɪ] *a* бюдже́тный

buff [bʌf] *n* 1) бе́жево-жёлтый цвет 2) *разг.* люби́тель; знато́к; **computer/wine ~** знато́к компью́тера/вин 3) *разг.* ко́жа челове́ка; **in ~** го́лый, нагишо́м 4) вы́деланная бу́йволовая ко́жа

buffalo [′bʌfələu] *n* бу́йвол; бизо́н

buffer¹ [′bʌfə(r)] *n* 1) бу́фер 2) *attr* бу́ферный

buffer² *n сленг:* **old ~** ста́рый хрыч, старика́шка

buffet¹ **I** [′bʌfɪt] *n* уда́р кулако́м

buffet¹ **II** *v* наноси́ть уда́ры; боро́ться; колоти́ть, дра́ться

buffet² [′bʊfeɪ] *n* 1) буфе́т, заку́сочная 2) шве́дский стол

buffet car [′bʊfeɪ‚kɑ:(r)] *n* ваго́н-рестора́н

buffoon [bə′fu:n] *n* шут, кло́ун

buffoonery [bə′fu:nərɪ] *n* шутовство́, буффона́да

bug I [bʌg] *n* 1) клоп 2) *амер.* насеко́мое 3) *сленг* бакте́рия, ви́рус, зара́за; боле́знь, вы́званная инфе́кцией 4) потайно́й микрофо́н, «жучо́к» 5) *вчт сленг* оши́бка 6) *тех.* повреждение, неиспра́вность 7) *сленг* «пу́нктик», помеша́тельство; **he's got the travel ~** он помеша́лся на путеше́ствиях ◊ **big ~** *сленг* ва́жная персо́на, «ши́шка»

bug II *v сленг* 1) устана́вливать потайны́е микрофо́ны, «жучки́» 2) раздража́ть, надоеда́ть

bugaboo [′bʌgəbu:] *n* пуга́ло; бу́ка

bugbear [′bʌgbeə(r)] *n* 1) причи́на раздраже́ния, гне́ва 2) исто́чник (беспричи́нного) стра́ха

bugger [′bʌgə(r)] *n сленг* 1) (неприя́тный) тип 2) педера́ст, пе́дик

buggery [′bʌgərɪ] *n* мужело́жство, содоми́я

buggy¹ [′bʌgɪ] *n* 1) лёгкая одноме́стная *или* двухме́стная коля́ска 2) ма́ленькая вагоне́тка 3) *амер.* де́тская коля́ска 4) *авто* ба́гги *(автомоби́ль облегчённой констру́кции для го́нок по пересечённой ме́стности)*

buggy² *a* киша́щий клопа́ми

buggy³ *a* оши́бочный, дефе́ктный, содержа́щий оши́бку

bugle I [′bju:gl] *n* охо́тничий рог; рожо́к, горн

bugle II *v* труби́ть в рог, игра́ть на го́рне

bugler [′bju:glə(r)] *n* горни́ст

build I [bɪld] *n* 1) телосложе́ние 2) фо́рма; стиль

build II *v* (*past, p.p.* **built**) 1) стро́ить, сооружа́ть; создава́ть 2) осно́вывать, устана́вливать, развива́ть (*предприятие и т. п.*) 3) осно́вывать(ся), бази́роваться (*на — on*)

build in 1) встра́ивать 2) быть составно́й ча́стью (*чего-л.*)

build into 1) сооружа́ть (*что-л. из чего-л.*) 2) встра́ивать 3) сде́лать составно́й ча́стью

build on пристра́ивать

build over застра́ивать (уча́сток)

build up 1) нара́щивать, увели́чивать, повыша́ть 2) skола́чивать капита́л 3) нака́пливаться 4) застра́ивать зда́ниями 5) *разг.* разреклами́ровать

build upon рассчи́тывать на (*что-л.*), полага́ться

builder ['bɪldə(r)] *n* строи́тель; изготови́тель; заво́д-изготови́тель; фи́рма-изготови́тель

building ['bɪldɪŋ] *n* 1) зда́ние; строе́ние, сооруже́ние 2) строи́тельство

build-up ['bɪld'ʌp] *n* 1) рекла́ма 2) подгото́вка 3) нара́щивание (сил)

built [bɪlt] *past, p. p. см.* **build II**

built-in ['bɪlt'ɪn] *a* встро́енный; **a ~ cupboard** встро́енный шкаф

built-in check [,bɪlt ɪn tʃek] *n* вчт встро́енный контро́ль, встро́енная прове́рка

built-up ['bɪlt'ʌp] *a* тех. 1) напла́вленный 2) сбо́рный; составно́й

bulb [bʌlb] *n* 1) анат., бот. лу́ковица 2) электри́ческая ла́мпочка

bulbous ['bʌlbəs] *a* 1) вы́пуклый 2) анат., бот. лу́ковичный

Bulgarian I [bʌl'geərɪən] *n* 1) болга́рин; болга́рка; **the ~s** болга́ры 2) болга́рский язы́к

Bulgarian II *a* болга́рский

bulge I [bʌldʒ] *n* 1) вы́пуклость 2) вре́менное увеличе́ние в коли́честве ◊ **to have/to get the ~ on smb** име́ть/получа́ть преиму́щество над кем-л.

bulge II *v* 1) выпя́чиваться, выдава́ться 2) вздува́ться, распуха́ть 3) увели́чиваться (*в объёме, количестве*); набива́ть (*мешок и т. п.*)

bulging ['bʌldʒɪŋ] *a* 1) вы́пуклый; навы́кате (*о глазах*) 2) оттопы́ренный, торча́щий; **~ pockets** оттопы́ренные карма́ны

bulgy ['bʌldʒɪ] *см.* **bulging**

bulimia [bju:'lɪmɪə] *n* мед. булими́я (*резко усиленное чувство голода*)

bulk I [bʌlk] *n* 1) величина́, больши́е разме́ры чего-л. 2) больша́я, масси́вное 3) большо́е коли́чество; **to sell/to buy in ~** продава́ть/покупа́ть о́птом; **in ~** а) в большо́м коли́честве б) без упако́вки, ро́ссыпью, внава́л 4) бо́льшая часть (*чего-л.*) 5) груз (*судна*); **to break ~** начина́ть разгру́зку

bulk II *v* каза́ться больши́м, ва́жным (*тж* **to ~ large**)

bulk buying [,bʌlk 'baɪɪŋ] *n* опто́вые заку́пки

bulker ['bʌlkə(r)] *n* мор. ба́лкер (*судно*)

bulkhead ['bʌlkhed] *n* мор. перебо́рка

bulky ['bʌlkɪ] *a* 1) большо́й; масси́вный 2) громо́здкий; гру́зный, неуклю́жий

Bull [bʊl] *n* Теле́ц (*созвездие и знак зодиака*)

bull¹ I [bʊl] *n* 1) бык 2) саме́ц (*слона, кита и др. крупных животных*) 3) уча́стник биржевы́х сде́лок, игра́ющий на повыше́ние, «бык» ◊ **to take the ~ by the horns** де́йствовать реши́тельно, взять быка́ за рога́; **~ in a china shop** неосторо́жный *или* нело́вкий челове́к; ≅ слон в посу́дной ла́вке

bull¹ II *v* 1) бирж. игра́ть на повыше́ние 2) повыша́ть це́ну; повыша́ться в цене́ (*об акциях и т. п.*)

bull² *n* неле́пость, чушь, вздор

bull³ *n* (па́пская) бу́лла

bulldog ['bʊldɒg] *n* 1) бульдо́г 2) упо́рный, це́пкий челове́к

bulldoze ['bʊldəʊz] *v* 1) расчища́ть бульдо́зером 2) *сленг* запу́гивать, принужда́ть

bulldozer ['bʊl,dəʊzə(r)] *n* бульдо́зер

bullet ['bʊlɪt] *n* 1) пу́ля 2) вчт бу́ллет; ма́ркер абза́ца, ма́ркер спи́ска; си́мвол выделе́ния пу́нкта в спи́ске

bulletproof ['bʊlɪt,pru:f] *a* пуленепробива́емый

bulletin ['bʊlɪtɪn] *n* 1) бюллете́нь 2) сво́дка новосте́й

bullfight ['bʊlfaɪt] *n* бой быко́в, корри́да

bullfighter ['bʊl,faɪtə(r)] *n* тореадо́р

bullfighting ['bʊl,faɪtɪŋ] *см.* **bullfight**

bullfinch ['bʊlfɪntʃ] *n* снеги́рь

bullhead ['bʊlhed] *n* бычо́к-подка́менщик (*рыба*)

bull-headed [bʊl'hedɪd] *a* упря́мый; запа́льчивый

bullion ['bʊlɪən] *n* сли́ток зо́лота *или* серебра́

bullock ['bʊlək] *n* вол

bull's-eye ['bʊlzaɪ] *n* 1) я́блоко мише́ни, «я́блочко» 2) мор. иллюмина́тор 3) слухово́е окно́ 4) увеличи́тельное стекло́

bullshit ['bʊlʃɪt] *n* сленг вздор, чепуха́; враньё

bully¹ I ['bʊlɪ] *n* 1) зади́ра; забия́ка 2) хулига́н

bully¹ II *v* задира́ть; запу́гивать, трети́ровать

bully² I *a разг.* первокла́ссный, великоле́пный

bully² II *int разг.:* **~ for you!** молодчи́на!

bully³ *n* мясны́е консе́рвы (*тж* **~ beef**)

bullyrag ['bʊlɪræg] *см.* **ballyrag**

bulrush ['bʊlrʌʃ] *n* камы́ш

bulwark ['bʊlwək] *n* 1) (крепостно́й) вал, бастио́н 2) опло́т 3) мол; волноре́з

bum[1] [bʌm] *n разг. груб.* зад, за́дница

bum[2] **I** *n амер. разг.* бродя́га; безде́льник, лентя́й; **to be on the ~** бродя́жничать, ни́щенствовать

bum[2] **II** *a амер. разг.* плохо́го ка́чества, низкопро́бный

bum[2] **III** *v амер. разг.* шата́ться без де́ла, шля́ться *(about, around)*

bumble [ˈbʌmbl] *v* запина́ться, несвя́зно говори́ть

bumble-bee [ˈbʌmblbi:] *n* шмель

bumf [ˈbʌmf] *n разг.* 1) бума́ги, докуме́нты 2) туале́тная бума́га

bump I [bʌmp] *n* 1) глухо́й уда́р; столкнове́ние 2) ши́шка, о́пухоль 3) вы́гиб, вы́пуклость 4) уха́б 5) *ав.* возду́шная я́ма

bump II *v* 1) ударя́ть(ся), ушиба́ть(ся) 2) наскочи́ть, налете́ть *(against, into)*; трясти́сь (по доро́ге)

bump off *сленг* устрани́ть, уби́ть

bump III *adv* внеза́пно, вдруг

bumper [ˈbʌmpə(r)] *n* 1) *mex.* ба́мпер; амортиза́тор 2) бока́л, по́лный до краёв 3) *attr* небыва́ло большо́й, оби́льный

bumpkin [ˈbʌmpkɪn] *n* 1) неотёсанный па́рень, дереве́нщина 2) нело́вкий, нескла́дный челове́к

bumptious [ˈbʌmpʃəs] *a* самоуве́ренный; наха́льный

bumpy [ˈbʌmpɪ] *a* уха́бистый

bun [bʌn] *n* 1) сла́дкая бу́лочка с начи́нкой; **hot cross ~** бу́лочка с изображе́нием креста́ *(которую едят на Западе в Страстну́ю пя́тницу)* 2) пучо́к, у́зел *(волос)* ◊ **~ fight** *сленг* чаепи́тие; **to have a ~ in the oven** *сленг* быть бере́менной, ждать ребёнка

bunch I [bʌntʃ] *n* 1) свя́зка, пучо́к; **a ~ of keys** свя́зка ключе́й; **a ~ of grapes** гроздь виногра́да; **a ~ of flowers** буке́т цвето́в; **~ of fives** *сленг* пятерня́, кула́к, рука́ 2) колле́кция; набо́р; **the best of the ~** лу́чшая вещь в колле́кции 3) *разг.* компа́ния

bunch II *v* 1) образо́вывать пучки́, гро́здья 2) образо́вывать скла́дки 3) собира́ться, сбива́ться вме́сте

buncombe [ˈbʌnkəm] *см.* **bunkum**

bundle I [ˈbʌndl] *n* 1) у́зел; вяза́нка 2) *анат.* не́рвный у́зел 3) *сленг* ку́ча де́нег

bundle II *v* 1) свя́зывать в у́зел *(тж* **to ~ up)** 2) на́спех упако́вывать, засо́вывать ве́щи *(тж* **to ~ in)**; **to ~ things into a suitcase** запихну́ть ве́щи в чемода́н 3) выпрова́живать *(тж* **to ~ out, off, away)**

bundler [ˈbʌndlə(r)] *n вчт* упако́вщик

bung I [bʌŋ] *n* заты́чка, втýлка

bung II *v* 1) затыка́ть, заку́поривать 2) *сленг* швыря́ть *(камни)* ◊ **to be ~ed up** быть заложенным *(о носе);* слипа́ться; заплыва́ть *(о глазах)*

bungalow [ˈbʌŋɡələʊ] *n* бунга́ло, одноэта́жная да́ча

bungle I [ˈbʌŋɡl] *n* 1) плоха́я рабо́та 2) оши́бка

bungle II *v* 1) пло́хо рабо́тать 2) по́ртить

bungler [ˈbʌŋɡlə(r)] *n* плохо́й рабо́тник

bunk[1] [bʌŋk] *n* подвесна́я ко́йка *(в каюте);* по́лка, спа́льное ме́сто *(в вагоне)*

bunk[2] *n сленг:* **to do a ~** удра́ть

bunk[3] *n сленг* вздор, чушь

bunker [ˈbʌŋkə(r)] *n* 1) у́гольная я́ма; храни́лище для то́плива; то́пливный отсе́к 2) *воен.* бу́нкер

bunkum [ˈbʌŋkəm] *n* вздор, болтовня́, пусты́е разгово́ры

bunny [ˈbʌnɪ] *n дет.* кро́лик

bunt I [bʌnt] *n* уда́р; пино́к, толчо́к

bunt II *v* 1) ударя́ть; пина́ть 2) бода́ть(ся)

bunting[1] [ˈbʌntɪŋ] *n* овся́нка *(птица)*

bunting[2] *n* 1) *собир.* фла́ги 2) мате́рия для фла́гов

buoy I [bɔɪ] *n* буй, ба́кен

buoy II *v* 1) *(обыкн.* **to ~ up)** подде́рживать на пове́рхности; *перен.* подде́рживать, поднима́ть *(настроение и т. п.)* 2) отмеча́ть буя́ми

buoyancy [ˈbɔɪənsɪ] *n* 1) плаву́честь, спосо́бность держа́ться на пове́рхности 2) жи́зненная эне́ргия, жизнесто́йкость; жизнера́достность

buoyant [ˈbɔɪənt] *a* 1) плаву́чий, спосо́бный держа́ться на пове́рхности 2) бо́дрый, энерги́чный, жизнесто́йкий; жизнера́достный

bur [bɜ:(r)] *n* 1) шип, колю́чка 2) колю́чее расте́ние 3) назо́йливый челове́к 4) *мед.* (стоматологи́ческий) бор 5) *мед.* трепанацио́нное сверло́

burbot [ˈbɜ:bət] *n* нали́м

burden[1] **I** [ˈbɜ:dn] *n* 1) но́ша; груз; тя́жесть 2) бре́мя; гнёт; **the ~ of taxation** нало́говое бре́мя 3) *мор.* грузоподъёмность; тонна́ж 4) нагру́зка

burden[1] **II** *v* 1) нагружа́ть 2) обременя́ть, отягоща́ть

burden[2] *n* 1) припе́в, рефре́н 2) те́ма; основна́я мысль; лейтмоти́в

burdensome [ˈbɜ:dnsəm] *a* обремени́тельный, тяжёлый

burdock [ˈbɜ:dɒk] *n бот.* лопу́х

bureatique [ˌbjʊ(ə)rəˈætɪk] *n вчт* аппара́тные и програ́ммные сре́дства, испо́льзуемые в о́фисе

bureau [bjʊəˈrəʊ] *n (pl* **bureaux, bureaus** [bjʊəˈrəʊz])* 1) бюро́; пи́сьменный стол; конто́рка 2) *амер.* комо́д 3) бюро́; конто́ра 4) управле́ние; отде́л

bureaucracy [bjʊə'rɒkrəsɪ] *n* 1) *собир.* государственные чиновники 2) бюрократия; бюрократизм

bureaucrat ['bjʊərəkræt] *n* бюрократ

bureaucratic [ˌbjʊərə'krætɪk] *a* бюрократический

burger ['bɜ:gə(r)] *n разг.* гамбургер

burgess ['bɜ:dʒɪs] *n* 1) житель города, имеющего самоуправление (*см.* **borough**) 2) *ист.* член парламента от города с самоуправлением *или* от университета

burgh ['bʌrə] *шотл. см.* **borough**

burglar ['bɜ:glə(r)] *n* грабитель, взломщик

burglar alarm ['bɜ:gləə'lɑ:m] *n* охранная сигнализация

burglary ['bɜ:glərɪ] *n* кража со взломом

burgle ['bɜ:gl] *v* 1) совершать кражу со взломом 2) обворовывать

burgundy ['bɜ:gəndɪ] *n* бургундское (красное) вино

burial ['berɪəl] *n* похороны

burial ground ['berɪəlgraʊnd] *n* кладбище

burial service ['berɪəlˌsɜ:vɪs] *n* заупокойная служба, панихида

buried ['berɪd] *a* 1) скрытый, внутренний 2) *тех.* утопленный

burlap ['bɜ:læp] *n* (джутовый) холст; дерюга, мешковина

burlesque I [bɜ:'lesk] *n* 1) бурлеск, пародия 2) *амер.* шоу (*часто со стриптизом*)

burlesque II *a* пародийный; шуточный, комедийный

burlesque III *v* пародировать

burly ['bɜ:lɪ] *a* большой и сильный; плотный, дородный

Burmese I [bɜ:'mi:z] *n* 1) бирманец; бирманка; the ~ (*употр. как pl*) бирманцы 2) бирманский язык

Burmese II *a* бирманский

burn¹ [bɜ:n] *n шотл.* ручей

burn² I *n* 1) ожог 2) клеймо 3) выжигание (*травы, кустарника*) 4) *косм.* включение ракетного двигателя в полёте 5) *сленг* сигарета 6) выгорание, выжигание, прожигание

burn² II *v* (*past, p.p.* **burnt**) 1) гореть; пылать; *тж перен.*; **to ~ with anger** пылать гневом 2) жечь; сжигать; выжигать; зажигать; прожигать 3) подгорать 4) загорать 5) *сленг* мчаться, нестись на автомобиле 6) *тех.* обжигать 7) *мед.* прижигать ◊ **to have money to ~** иметь полно денег, «денег куры не клюют»

burn away 1) сжигать, жечь 2) сильно обгорать

burn down 1) догорать 2) сгорать дотла

burn for *разг.* страстно желать (*чего-л.*), жаждать (*чего-л.*)

burn into крепко вбивать в голову

burn off уничтожать огнём; выжигать

burn out 1) выгорать (внутри) 2) перегорать (*о механизме*) 3) выдыхаться, перегорать (*о человеке и т. п.*)

burn up 1) вспыхивать, снова разгораться 2) прогорать, сгорать полностью 3) *сленг* нестись по дороге 4) *амер. разг.* разозлить, сильно рассердить

burner ['bɜ:nə(r)] *n* горелка

burning I ['bɜ:nɪŋ] *n* 1) горение 2) обжиг, обжигание, прокаливание 3) пережигание, перегорание

burning II *a* 1) жгучий; горячий; животрепещущий 2) горящий

burning-out ['bɜ:nɪŋaʊt] *n* выгорание; обгорание; прогорание

burnish ['bɜ:nɪʃ] *v* полировать

burnout ['bɜ:naʊt] *n* выгорание, выжигание, прожигание

burnt [bɜ:nt] *past, p. p. см.* **burn²** I

burp [bɜ:p] *v разг.* рыгать

burr¹ I [bɜ:(r)] *n* 1) заднеязычное произношение звука [r]; картавость 2) шум (*дрели*)

burr¹ II *v* картавить

burr² *см.* **bur**

burr³ *n* рваный край (*бумаги*); заусенец (*на металле*)

burr⁴ *n* точильный камень; оселок

burrito [bə'ri:təʊ] *n амер.* буррито, блинчик с острой начинкой (*мексиканское блюдо*)

burro ['bʌrəʊ] *n амер.* ослик

burrow I ['bʌrəʊ] *n* нора

burrow II *v* 1) рыть нору, ход 2) прятаться 3) расследовать, «раскапывать»

bursa ['bɜ:sə] *n анат.* сумка, мешок; синовиальная сумка

bursar ['bɜ:sə(r)] *n* казначей (*особ. в университете*)

bursary ['bɜ:sərɪ] *n* 1) стипендия 2) пост казначея (*в университете*) 3) канцелярия казначея

bursitis [bɜ:'saɪtɪs] *n мед.* бурсит

burst I [bɜ:st] *n* 1) взрыв; вспышка; разрыв 2) внезапное проявление; порыв; **a ~ of applause** взрыв аплодисментов 3) *радио, вчт* пакетный сигнал; пачка импульсов

burst II *v* (*past, p.p.* **burst**) 1) лопаться; взрываться; разрываться 2) прорываться; врываться; **to ~ open** распахнуться; **she ~ into the room** она ворвалась в комнату 3) переполняться (чувствами); **he was ~ing with joy** он просто сиял от радости

burst in 1) взломать; вломиться 2) ворваться (*в комнату*) 3) вмешаться (*в разговор*)

burst

burst into 1) ворва́ться *(в ко́мнату)* 2) разрази́ться, внеза́пно прорва́ться 3) внеза́пно начина́ть

burst on 1) ре́зко прерва́ть 2) неожи́данно обнару́жить, откры́ть 3) внеза́пно прийти́ в го́лову, осени́ть

burst out 1) внеза́пно начина́ться 2) соверша́ть побе́г 3) восклица́ть

burst upon *см.* **burst on**

burst with быть перепо́лненным *(чу́вством)*

bury [ˈberɪ] *v* 1) хорони́ть; зарыва́ть (в зе́млю) 2) пря́тать, закрыва́ть; **to ~ one's face in one's hands** закрыва́ть лицо́ рука́ми

burying ground [ˈberɪŋgraʊnd] *n* кла́дбище

burying place [ˈberɪŋpleɪs] *см.* **burying ground**

bus I [bʌs] *n* 1) авто́бус; **to go by ~** е́хать авто́бусом, е́хать на авто́бусе 2) *сленг* автомоби́ль, пассажи́рский самолёт *и т. п.* 3) *вчт, эл.* (электри́ческая) ши́на, магистра́ль ◊ **to miss the ~** *сленг* потерпе́ть неуда́чу, упусти́ть шанс

bus II *v* е́хать в авто́бусе

busbar [ˈbʌsˌbɑː] *n вчт, эл.* (электри́ческая) ши́на

bush [bʊʃ] *n* 1) куст; куста́рник 2) обши́рные малонаселённые простра́нства, покры́тые куста́рником, буш *(в Австра́лии и Африке)* 3) густы́е во́лосы; **~ of hair** копна́ воло́с 4) *тех.* вкла́дыш; вкла́дыш подши́пника; вту́лка; **coupling ~** соедини́тельная вту́лка ◊ **to go ~** *австрал.* стать бродя́гой; **to beat about the ~** ходи́ть вокру́г до о́коло

bushel [ˈbʊʃl] *n* бу́шель *(ме́ра ёмкости сыпу́чих тел=36,4 л)*

bushing [ˈbʊʃɪŋ] *n тех.* вту́лка; вкла́дыш; вкла́дыш подши́пника

Bushman [ˈbʊʃmən] *n* бушме́н *(представи́тель наро́дности в Африке)*

bush ranger [ˈbʊʃˌreɪndʒə(r)] *n австрал. ист.* бе́глый престу́пник

bushwhacker [ˈbʊʃˌwækə(r)] *n* 1) *австрал.* жи́тель бу́ша 2) *австрал.* тот, кто за́нят расчи́сткой бу́ша 3) *амер. ист.* партиза́н *(в гражда́нской войне́)*

bushy [ˈbʊʃɪ] *a* 1) густо́й, кусти́стый; **~ eyebrows** густы́е бро́ви 2) заро́сший куста́рником

busily [ˈbɪzɪlɪ] *adv* делови́то; в делово́й мане́ре

business [ˈbɪznɪs] *n* 1) постоя́нное заня́тие; рабо́та, профе́ссия; **what's his ~?** что он де́лает?, чем он занима́ется?, кем он рабо́тает? 2) де́ло, обя́занность; деловы́е интере́сы; **he is away on ~** он уе́хал по дела́м; **the ~ of the day** пове́стка дня; **to mean ~** говори́ть/поступа́ть серьёзно/по-делово́му; **to make it one's ~** счита́ть свое́й обя́занностью; **to stick to one's ~** быть стара́тельным, исполни́тельным; **mind your own ~!** не вме́шивайтесь не в своё де́ло! 3) комме́рческая де́ятельность; би́знес; **big ~** большо́й би́знес; **slack ~** вя́лая торго́вля 4) комме́рческое, торго́вое предприя́тие, фи́рма; **to set up in ~** нача́ть де́ло, заня́ться би́знесом 5) (вы́годная) сде́лка 6) тру́дная зада́ча, тру́дность 7) де́ло, исто́рия, слу́чай; **it's a nasty ~** э́то скве́рная исто́рия; **what a ~!** ну и дела́!; **a shady ~** тёмное де́ло 8) *attr* делово́й; **~ letter/address** делово́е письмо́/служе́бный а́дрес; **~ hours** часы́ рабо́ты/приёма посети́телей; **~ plan** би́знес-план; **~ studies** ку́рсы для ме́неджеров; **~ trip** служе́бная командиро́вка ◊ **to have no ~ to** не име́ть пра́ва, основа́ний *(сде́лать что-л.)*; **to send smb about his ~** уво́лить кого́-л., прогна́ть с рабо́ты кого́-л.; **like nobody's ~** *разг.* необыча́йно; удиви́тельным о́бразом; **that's no ~ of yours!** не ва́ше де́ло!

business accounting [ˈbɪznɪs əˈkaʊntɪŋ] *n* бухга́лтерский учёт; комме́рческие расчёты

business address [ˈbɪznɪs əˈdres] *n* а́дрес ме́ста рабо́ты, служе́бный а́дрес

business card [ˈbɪznɪs ˌkɑːd] *n* визи́тная ка́рточка, *разг.* визи́тка

business class [ˈbɪznɪs ˌklɑːs] *n* би́знес-класс *(места́ в самолёте)*

businesslike [ˈbɪznɪslaɪk] *a* 1) делово́й, делови́тый 2) то́чный, чёткий

businessman [ˈbɪznɪsmən] *n* коммерса́нт, бизнесме́н

business management [ˈbɪznɪs ˈmænɪdʒmənt] *n* управле́ние предприя́тиями, ме́неджмент

business suit [ˈbɪznɪs ˌsjuːt] *n* делово́й костю́м

businesswomen [ˈbɪznɪsˌwʊmən] *n* би́знесле́ди, делова́я же́нщина

bus interface [bʌsˈɪntəfeɪs] *n вчт* ши́нный интерфе́йс

busker [ˈbʌskə(r)] *n* у́личный музыка́нт, певе́ц

busman [ˈbʌsmən] *n* води́тель авто́буса

bus station [ˈbʌsˌsteɪʃ(ə)n] *n* авто́бусная ста́нция

bus stop [ˈbʌsstɒp] *n* авто́бусная остано́вка

bust[1] [bʌst] *n* бюст

bust[2] *n* 1) банкро́тство; **to go ~** обанкро́титься 2) запо́й 3) обла́ва

bust[3] *v сленг* 1) ло́пнуть, разорва́ться 2) *амер.* разжа́ловать 3) *амер.* арестова́ть

bustle I [ˈbʌsl] *n* суматоха, суета́

bustle II *v* 1) торопи́ться; хлопота́ть; суети́ться 2) торопи́ть

busty ['bʌstɪ] *a* пышногру́дая, с больши́м бю́стом

busy I ['bɪzɪ] *n* 1) состоя́ние за́нятости 2) сигна́л за́нятости *(телефонной линии)* 3) *сленг* сы́щик

busy II *a* 1) заня́той 2) де́ятельный; акти́вный; **it's a ~ day for me** сего́дня у меня́ мно́го дел; **the garden keeps me ~** я мно́го занима́юсь са́дом 3) беспоко́йный, суетли́вый 4) за́нятый *(о телефонной линии)*

busy III *v* дава́ть рабо́ту, занима́ть чем-л.; **to ~ oneself with smth** занима́ться чем-л.

busy-back ['bɪzɪbæk] *n* отве́тный сигна́л за́нятости *(телефонной линии)*

busybody ['bɪzɪ,bɒdɪ] *n* челове́к, су́ющий нос в чужи́е дела́

busy hours ['bɪzɪ,auə(r)z] *n pl* 1) часы́ пик 2) *вчт* пери́од максима́льной нагру́зки

busyness ['bɪzɪnɪs] *n* за́нятость; делови́тость

but I [bət; *полная форма* bʌt] *adv* то́лько; **we can ~ try** мы то́лько мо́жем попро́бовать; ну что ж, попро́буем; **he talks ~ little** он ма́ло говори́л; **he's ~ a child** он ведь совсе́м ребёнок; **the last ~ one** предпосле́дний

but II *conj* 1) но, а, тем не ме́нее; с друго́й стороны́; **they tried hard ~ did not succeed** они́ о́чень стара́лись, но ничего́ не доби́лись; **I am ready ~ they are not** я гото́в, а они́ нет; **~ then** но зато́, но с друго́й стороны́ 2) кро́ме, за исключе́нием; **we have no choice ~ to wait** у нас нет друго́го вы́бора, кро́ме как ждать, нам остаётся то́лько ждать

but III *prep* кро́ме; **everyone went ~ me** все пошли́, кро́ме меня́; **any day ~ Friday suits me** меня́ устра́ивает любо́й день, кро́ме пя́тницы; **no one ~ me** никто́, кро́ме меня́

but IV *n* возраже́ние, «но»

but V *v*: **~ me no buts** прошу́ без возраже́ний, пожа́луйста, никаки́х «но»

butane ['bju:teɪn] *n хим.* бута́н

butcher I ['butʃə(r)] *n* 1) мясни́к; **I'm going to the ~'s** я пойду́ куплю́ мя́са 2) уби́йца, пала́ч

butcher II *v* 1) забива́ть *(скот)* 2) убива́ть с бессмы́сленной жесто́костью 3) по́ртить, искажа́ть

butchery ['butʃərɪ] *n* 1) бо́йня, резня́ 2) скотобо́йня

butler ['bʌtlə(r)] *n* дворе́цкий

butt[1] [bʌt] *n* больша́я бо́чка *(для вина, пива; вместимостью 490,96 л)*

butt[2] *n* 1) то́лстый коне́ц чего́-л.; ко́мель *(дерева)* 2) прикла́д *(ружья)* 3) оку́рок 4) сигаре́та 5) *амер. сленг* за́дница

butt[3] *n* 1) предме́т насме́шек 2) цель, мише́нь 3) *pl* стре́льбище, полиго́н

butt[4] **I** *n* 1) уда́р *(головой)*; бода́ние 2) *тех.* стык *(тж ~ joint))*

butt[4] **II** *v* 1) ударя́ть(ся) голово́й 2) бода́ться 3) соединя́ть впритык
butt in вме́шиваться

butte [bju:t] *n амер.* одино́ко возвыша́ющийся холм

butt-end ['bʌt'end] *n* оста́ток

butter I ['bʌtə(r)] *n* 1) (сли́вочное) ма́сло 2) гру́бая лесть

butter II *v* 1) нама́зывать ма́слом 2) гру́бо льстить *(тж to ~ up)* ◊ **he looks as if ~ wouldn't melt in his mouth** он вы́глядит таки́м па́инькой/таки́м тихо́ней

buttercream ['bʌtəkri:m] *n* крем из сли́вочного ма́сла для конди́терских изде́лий

buttercup ['bʌtəkʌp] *n бот.* лю́тик

butterfingers ['bʌtə,fɪŋgəz] *(pl без измен.)* *разг.* растя́па

butterfly ['bʌtəflaɪ] *n* 1) ба́бочка, мотылёк 2) *attr*: **~ net** сачо́к; **~ stroke** баттерфля́й *(стиль плавания)*

butter-icing ['bʌtə(r),aɪsɪŋ] *см.* **buttercream**

buttermilk ['bʌtəmɪlk] *n* па́хта

butternut ['bʌtənʌt] *n бот.* оре́х се́рый

butterscotch ['bʌtəskɒtʃ] *n* ири́с(ка)

buttocks ['bʌtəks] *n pl* я́годицы

button I ['bʌtn] *n* 1) пу́говица 2) кно́пка; **to press/to push the ~** нажа́ть на кно́пку 3) буто́н 4) молодо́й, неразви́вшийся гриб 5) *спорт.* (ута́пливаемый) конта́ктный наконе́чник *(на острие рапиры и шпаги)* 6) *вчт* кома́ндная кно́пка; экра́нная кно́пка ◊ **not worth a ~** ничего́ не сто́ящий, никуды́шный; **on the ~** *амер. сленг* то́чно, точнёхонько, как раз

button II *v* 1) застёгивать(ся) на пу́говицы *(обыкн. to ~ up)* 2) пришива́ть пу́говицы ◊ **he's very ~ed up** он о́чень за́мкнутый челове́к, с ним не разговори́шься за́просто

button bar ['bʌtn bɑ:] *n вчт* кно́почная пане́ль

button click ['bʌtn klɪk] *n вчт* щелчо́к кно́пкой; щелчо́к мы́шью на кома́ндной кно́пке

buttonhole I ['bʌtnhəul] *n* 1) пе́тля, петли́ца 2) цвето́к в петли́це; бутонье́рка

buttonhole II *v* 1) *разг.* пристава́ть *(к кому-л.)* с утоми́тельными разгово́рами 2) обмётывать пе́тли

buttons ['bʌtnz] *n разг.* ма́льчик-посы́льный

buttress I ['bʌtrɪs] *n* 1) *стр.* контрфо́рс, подпо́ра, усто́й, бык 2) опо́ра, подде́ржка

buttress II *v* подде́рживать, служи́ть опо́рой

buxom ['bʌksəm] *a* пу́хленький; по́лный *(обыкн. о женщине)*; полногру́дая

buy I [baɪ] *n* поку́пка; **a good ~** хоро́шая поку́пка

buy

buy II *v* (*past, p.p.* **bought**) 1) купи́ть, покупа́ть 2) подкупа́ть 3) *сленг* пове́рить
buy back выкупа́ть (*про́данное*)
buy in 1) закупа́ть впрок, запаса́ть, скупа́ть 2) выкупа́ть (свои́ ве́щи) на аукцио́не 3) скупа́ть а́кции
buy off откупа́ться
buy out выкупа́ть (всё предприя́тие) и станови́ться хозя́ином
buy up 1) *см.* **buy out** 2) закупа́ть впрок, запаса́ть, скупа́ть
buyer [ˈbaɪə(r)] *n* покупа́тель; ~'s **market** ры́нок покупа́телей, конъюнкту́ра ры́нка, благоприя́тная для покупа́теля
buyer's guide [ˈbaɪə(r)z ˌgaɪd] *n* спра́вочник покупа́теля
buzz I [bʌz] *n* 1) жужжа́ние; гул 2) бормота́ние 3) суета́ 4) *разг.* слу́хи 5) *сленг* телефо́нный звоно́к 6) *сленг* не́рвное возбужде́ние
buzz II *v* 1) жужжа́ть; гуде́ть 2) звони́ть по телефо́ну 3) носи́ться, суети́ться (*тж* to ~ **about**) 4) *разг.* броса́ть, швыря́ть
buzz off *сленг* убира́ться, уходи́ть
buzzer [ˈbʌzə(r)] *n* 1) гудо́к; звоно́к; зу́ммер 2) сире́на; свист
by I [baɪ] *adv* 1) ря́дом, поблизости; **he lives close by** он живёт поблизости 2) в сто́рону; про запа́с; **he put £100 by** он отложи́л 100 фу́нтов 3) ми́мо; **they marched by** они́ промаршировали ми́мо; **the bus went by without stopping** авто́бус прое́хал ми́мо, не остана́вливаясь ◊ **by and by** со вре́менем, че́рез не́которое вре́мя; **by and large** в це́лом, в о́бщем; **by now** уже́
by II *prep* 1) у, о́коло, ря́дом; **by the fireside** у ками́на; **to stand by the window** стоя́ть у окна́ 2) ми́мо; **they drove by the church** они́ прое́хали ми́мо це́ркви 3) *указывает на автора, создателя и т. п.; переводится родительным или творительным падежами:* **a play by Shakespeare** пье́са Шекспи́ра; **a picture by Levitan** карти́на Левита́на; **a poem by Byron** поэ́ма Ба́йрона; **the dacha was built by her father** да́ча постро́ена её отцо́м; **an old castle was bought by a millionaire** ста́рый за́мок был ку́плен каки́м-то миллионе́ром 4) *во временно́м значении* к, о́коло; *или переводится наречием:* **I'll come by 7 o'clock** я приду́ к семи́ часа́м; **by next week** к сле́дующей неде́ле; **by day** днём; **by night** но́чью 5) согла́сно, по; **to judge by appearance** суди́ть по вне́шности 6) *указывает на средство, способ передвижения* на, по; *часто переводится наречием:* **to go by train** е́хать по́ездом; **we**

came by car мы прие́хали на маши́не; **to send by post** посла́ть по по́чте 7) *указывает на меры веса, длины и т. п.* на; *или переводится наречием:* **to buy by the kilo** покупа́ть килогра́ммами; **to reduce by a quarter** уме́ньшить на че́тверть ◊ **by the by** кста́ти; **by the way** ме́жду про́чим
by- [baɪ-] *pref со значениями:* 1) втори́чный; **by-product** побо́чный проду́кт 2) отдалённый, лежа́щий в стороне́; **bystreet** боковая у́лица, переу́лок 3) находя́щийся поблизости; **bystander** наблюда́тель, свиде́тель, очеви́дец
by default [baɪ dɪˈfɔːlt] *adv* 1) *вчт* по умолча́нию 2) нея́вно
bye-bye¹ [ˈbaɪbaɪ] *n дет.* бай-ба́й; **it's time to go to ~s** пора́ идти́ спать
bye-bye² [ˈbaɪˈbaɪ] *int разг.* пока́!, всего́ (хоро́шего)!
bye-law [ˈbaɪlɔː] *см.* **by-law**
by-election [ˈbaɪɪˌlekʃ(ə)n] *n* дополни́тельные вы́боры
Byelorussian I [ˌbjeləˈrʌʃ(ə)n] *n* 1) белору́с; белору́ска; **the ~s** белору́сы 2) белору́сский язы́к
Byelorussian II *a* белору́сский
by-effect [ˈbaɪɪˌfekt] *n* побо́чный эффе́кт
bygone I [ˈbaɪgɒn] *n обыкн. pl* про́шлые оби́ды; **let ~s be ~s** что бы́ло, то прошло́ (и быльём поросло́)
bygone II *a* про́шлый, проше́дший
by-law [ˈbaɪlɔː] *n* 1) постановле́ние ме́стных власте́й 2) уста́в
byline [ˈbaɪlaɪn] *n* 1) строка́ в газе́те *и т. п.*, где помеща́ется фами́лия а́втора 2) втора́я рабо́та
by-name [ˈbaɪneɪm] *n* про́звище, кли́чка
bypass I [ˈbaɪpɑːs] *n* 1) обхо́д, объе́зд 2) обво́дный кана́л 3) обхо́дный путь 4) *эл.* шунт
bypass II *v* 1) обходи́ть 2) избега́ть 3) окружа́ть, окаймля́ть 4) *эл.* шунти́ровать
bypath [ˈbaɪpɑːθ] *n* уединённая доро́га *или* тропа́
byplay [ˈbaɪpleɪ] *n* побо́чная сце́на, эпизо́д (*в пьесе*)
by-product [ˈbaɪˌprɒdəkt] *n* побо́чный проду́кт
by-road [ˈbaɪrəʊd] *n* объездна́я доро́га; бокова́я доро́га
bystander [ˈbaɪˌstændə(r)] *n* наблюда́тель, свиде́тель, очеви́дец
bystreet [ˈbaɪstriːt] *n* бокова́я у́лица, переу́лок
byte [baɪt] *n вчт* байт
by type [baɪ taɪp] *adv* по ти́пу
by value [baɪ ˈvæljuː] *adv* по значе́нию

byway ['baɪweɪ] *n* 1) объездна́я доро́га; бокова́я доро́га 2) *pl* второстепе́нные *или* малоизу́ченные о́бласти *(науки, знания)*

byword ['baɪwɜːd] *n* 1) олицетворе́ние, си́мвол; «при́тча во язы́цех» 2) погово́рка

by-work ['baɪwɜːk] *n* побо́чная рабо́та

Byzantine I [bɪ'zæntaɪn, ˌbɪzən'taɪn] *n* византи́ец

Byzantine II *a* 1) византи́йский 2) запу́танный 3) по́лный интриг, кова́рный *(о политике)*

C

C, c [siː] *n* 1) 3-я бу́ква англ. алфави́та 2) *муз.* но́та до 3) *вчт* язы́к Си

C++ *n вчт* язы́к Си++

cab [kæb] *n* 1) такси́ 2) каби́на *(водителя, оператора)* 3) *уст.* экипа́ж, кеб; изво́зчик

cabal [kə'bæl] *n* 1) та́йная интри́га 2) полити́ческая кли́ка; гру́ппа загово́рщиков

cabana [kə'bɑːnə] *n амер.* купа́льня

cabaret ['kæbəreɪ] *n* кабаре́

cabbage ['kæbɪdʒ] *n* 1) капу́ста; **sour ~** ква́шеная капу́ста 2) *разг. презр.* ине́ртный, вя́лый челове́к 3) *attr* капу́стный; **~ soup** щи

cabbala [kə'bɑːlə] *n* каббала́ *(средневеко́вое религио́зно-мисти́ческое уче́ние)*

cabbalistic [kæbə'lɪstɪk] *a* каббалисти́ческий, мисти́ческий

cabby ['kæbɪ] *n разг.* такси́ст

cabin ['kæbɪn] *n* 1) хи́жина 2) каю́та 3) каби́на самолёта

cabin-boy ['kæbɪnbɔɪ] *n мор.* ю́нга

cabin-class ['kæbɪnklɑːs] *n* каю́тный класс *(на пассажи́рском су́дне)*

cabinet I ['kæbɪnɪt] *n* 1) го́рка; бюро́ 2) ко́рпус *(радиоприёмника, телеви́зора и т.п.)*, кожу́х 3) **(C.)** кабине́т мини́стров, прави́тельство 4) *тех.* сто́йка, стелла́ж

cabinet II *a* 1) кабине́тный 2) прави́тельственный

cabinet-maker ['kæbɪnɪtˌmeɪkə] *n* 1) столя́р-краснодере́вщик 2) *шутл.* премье́р-мини́стр *(формиру́ющий но́вое прави́тельство)*

cable I ['keɪbl] *n* 1) кана́т, трос 2) ка́бель, многожи́льный про́вод 3) *эл.* сетево́й шнур, шнур пита́ния 4) телегра́мма

cable II *v* 1) телеграфи́ровать 2) закрепля́ть *(кана́том, тро́сом)* 3) *тех.* прокла́дывать ка́бель

cablegram ['keɪblgræm] *n* телегра́мма

cable television ['keɪb(ə)l ˌtelɪ'vɪʒ(ə)n] *n* ка́бельное телеви́дение

cableway ['keɪblweɪ] *n* кана́тная доро́га, фуникулёр

cabling ['keɪb(ə)lɪŋ] *n* 1) укла́дка [прокла́дка] ка́беля; монта́ж ка́беля 2) ка́бельная сеть; ка́бельная систе́ма

cabman ['kæbmən] *n* 1) такси́ст 2) *уст.* изво́зчик

caboodle [kə'buːdl] *n*: **the whole ~** *разг.* всё вме́сте, и всё тако́е; вся компа́ния

caboose [kə'buːs] *n* 1) *мор.* ка́мбуз 2) *амер.* служе́бный ваго́н в това́рном по́езде

cabotage ['kæbətɑːʒ] *n мор.* кабота́ж

cabover ['kæbə, və(r)] *n* автомоби́ль бескапо́тной компоно́вки; (грузово́й) автомоби́ль с каби́ной над дви́гателем

cabriolet [ˌkæbrɪə'leɪ] *n* легково́й автомоби́ль с ку́зовом «кабриоле́т», с откидны́м ве́рхом

cacao [kə'kɑːəʊ] *n* 1) кака́о *(боб и напи́ток)* 2) шокола́дное де́рево *(тж* **~tree)**

cachalot ['kæʃəlɒt] *n* кашало́т

cache [kæʃ] *n* 1) та́йный склад, тайни́к; **a ~ of arms** та́йный склад ору́жия 2) *вчт* сверхоперати́вная па́мять, кэш

cachet ['kæʃeɪ] *n* 1) отличи́тельный знак, ма́рка; характе́рная черта́ 2) *мед.* ка́псула, обла́тка

cackle I ['kækl] *n* 1) куда́хтанье; гогота́нье 2) хихи́канье 3) болтовня́ ◊ **cut the ~!** хва́тит болта́ть, перейдём к де́лу!

cackle II *v* 1) куда́хтать; гогота́ть 2) болта́ть

cacophony [kæ'kɒfənɪ] *n* какофо́ния

cactus ['kæktəs] *n* ка́ктус

CAD *сокр.* **(computer-aided design)** 1) автоматизи́рованное проекти́рование 2) систе́ма автоматизи́рованного проекти́рования

cad [kæd] *n* грубия́н, хам

cadastral [kə'dæstrəl] *a* када́стровый

cadaver [kə'deɪvə(r)] *n* труп

cadaverous [kə'dævərəs] *a* 1) тру́пный 2) бле́дный как смерть

CAD/CAM *сокр.* **(computer-aided design/computer-aided manufacturing)** 1) автоматизи́рованное проекти́рование и произво́дство 2) систе́ма автоматизи́рованного проекти́рования и произво́дства

caddie ['kædɪ] *n* ка́дди *(обыкн. ма́льчик, прислу́живающий при игре́ в гольф или те́ннис)*

caddish ['kædɪʃ] *a* гру́бый

caddy[1] ['kædɪ] *n* 1) ча́йница 2) *вчт* пла́стиковый конве́рт для компа́кт-ди́ска

caddy[2] *см.* **caddie**

cadence ['keɪd(ə)ns] *n* 1) интона́ция; модуля́ция 2) ритм 3) *муз.* каде́нция

cadet [kə'det] *n* 1) курса́нт вое́нного учи́лища; каде́т 2) мла́дший сын

cadge [kædʒ] *v* попроша́йничать; кля́нчить

cadger ['kædʒə(r)] *n* попроша́йка

cadmium ['kædmɪəm] *n хим.* ка́дмий

cadre [kɑ:də(r)] *n* 1) *воен.* ка́дровый соста́в 2) гру́ппа парти́йных активи́стов 3) парти́йный активи́ст

caecum ['si:kəm] *n (pl* **caeca)** *анат.* слепа́я кишка́

caesarean [si'zeərɪən] *n мед.* ке́сарево сече́ние (*тж* ~ **section)**

caesium ['si:zɪəm] *n хим.* це́зий

caesura [sɪ'zjʊərə] *n (pl тж* **caesurae** [sɪ'zjʊəri:]) цезу́ра *(пауза)*

café ['kæfeɪ] *n* кафе́

cafeteria [,kæfɪ'tɪərɪə] *n* кафете́рий

caffeine ['kæfi:n] *n* кофеи́н

cage I [keɪdʒ] *n* 1) кле́тка 2) лифт, каби́на 3) *горн.* клеть *(в шахтах)* 4) *разг.* ла́герь военнопле́нных 5) *тех.* сепара́тор; **ball** ~ сепара́тор ша́рикового подши́пника

cage II *v* сажа́ть в кле́тку; держа́ть в кле́тке

cagey ['keɪdʒɪ] *a разг.* укло́нчивый, осторо́жный

cagoule [kə'gu:l] *n* ветро́вка с капюшо́ном *(для альпинистов и т. п.)*

Cain [keɪn] *n* Ка́ин; братоуби́йца ◊ **to raise** ~ *разг.* поднима́ть сканда́л, шум; начина́ть сва́ру

caisson [kə'su:n] *n* 1) *тех.* кессо́н 2) *воен.* заря́дный я́щик 3) *attr* кессо́нный; ~ **disease** кессо́нная боле́знь

cajole [kə'dʒəʊl] *v* уговори́ть, ума́слить, упроси́ть (*into)*; вы́манить (*out of, from)*

cajolement [kə'dʒəʊlmənt] *n* угово́ры, обха́живание, упра́шивание, уле́щивание

cajolery [kə'dʒəʊlərɪ] *см.* **cajolement**

cake [keɪk] *n* 1) торт, кекс, пиро́жное 2) кусо́к, брусо́к *(мыла и т. п.);* пли́тка *(табака, прессованного чая и т. п.);* брике́т 3) лепёшка гря́зи, гли́ны *(на одежде)* ◊ ~**s and ale** *разг.* весе́лье; **a piece of** ~ *разг.* лёгкая добы́ча; нетру́дное де́ло; **to sell like hot** ~**s** раскупа́ться нарасхва́т *(о товаре)*; **you cannot eat your** ~ **and have it too** нельзя́ совмести́ть несовмести́мое; ≅ два ра́за оди́н пиро́г не съешь

CAL *сокр.* (**computer-aided learning)** компью́терное обуче́ние; автоматизи́рованное обуче́ние

calabash ['kæləbæʃ] *n* 1) ты́ква-горля́нка 2) сосу́д или калья́н из ты́квы-горля́нки

calaboose ['kælə,bu:s] *n амер. разг.* тюрьма́, куту́зка

calamitous [kə'læmɪtəs] *a* 1) бе́дственный 2) па́губный, ги́бельный

calamity [kə'læmɪtɪ] *n* 1) бе́дствие; большо́е несча́стье 2) го́ре, беда́; скорбь

calcification [,kælsɪfɪ'keɪʃ(ə)n] *n* обызвествле́ние; окостене́ние

calcify ['kælsɪfaɪ] *v* обызвествля́ть(ся); отвердева́ть

calcination [,kælsɪ'neɪʃ(ə)n] *n тех.* 1) кальцини́рование 2) прока́ливание

calcine ['kælsaɪn] *v* 1) *тех.* кальцини́ровать 2) сжига́ть дотла́

calcium ['kælsɪəm] *n хим.* ка́льций

calculable ['kælkjʊləbl] *a* поддаю́щийся счёту, исчисле́нию, измере́нию

calculate ['kælkjʊleɪt] *v* 1) вычисля́ть; подсчи́тывать; калькули́ровать 2) рассчи́тывать *(на что-л. — on)* 3) *амер.* ду́мать, полага́ть

calculated ['kælkjʊleɪtɪd] *a* 1) рассчи́танный 2) преднаме́ренный, умы́шленный

calculating ['kælkjʊleɪtɪŋ] *a* расчётливый *(о человеке)*

calculation [,kælkjʊ'leɪʃ(ə)n] *n* 1) вычисле́ние, подсчёт, калькуля́ция; **on a rough** ~ по приблизи́тельным подсчётам 2) расчёт 3) *амер.* предположе́ние, прогно́з

calculator ['kælkjʊleɪtə] *n* калькуля́тор; *вчт* вычисли́тель

calculus ['kælkjʊləs] *n (pl тж* **calculi** ['kælkjʊlaɪ]) 1) *мат.* вы́сшая матема́тика 2) *мат.* исчисле́ние; **differential** ~ дифференциа́льное исчисле́ние; **integral** ~ интегра́льное исчисле́ние 3) *мед.* ка́мень, конкреме́нт; **dental** ~ зубно́й ка́мень; **blood** ~ ве́нный конкреме́нт, флеболи́т; тромб

calculus mathematics ['kælkjʊləs ,mæθɪ'mætɪks] *n* вычисли́тельная матема́тика

caldron ['kɔ:ldr(ə)n] *см.* **cauldron**

Caledonia [,kælɪ'dəʊnɪə] *n поэт.* Шотла́ндия

Caledonian I [,kælɪ'dəʊnɪən] *n поэт.* шотла́ндец

Caledonian II *a поэт.* шотла́ндский

calendar I ['kælɪndə(r)] *n* 1) календа́рь; **loose-leaf/tear-off** ~ насто́льный/отрывно́й календа́рь 2) календа́рь-ежедне́вник *(с записями деловых встреч, переговоров и т.п.)*

calendar II *v* заноси́ть в расписа́ние, спи́сок; регистри́ровать

calendar year [,kæɪndə'jɪə] *n* календа́рный год

calender ['kælɪndə(r)] *n тех.* кала́ндр, лощи́льный пресс, като́к

calendula [kə'lendjʊlə] *n бот.* кале́ндула, ноготки́

calf[1] [kɑ:f] *n (pl* **calves)** 1) телёнок; **in** ~**s, with** ~ сте́льная *(о корове)* 2) детёныш *(оленя,* слона, кита и т. п.) 3) простофиля, телёнок 4) телячья кожа (тж ~ skin); **bound in ~** переплетённый в телячью кожу ◊ **golden ~** золотой телец

calf[2] *n* (*pl* **calves**) задняя часть голени, икра (ноги)

calf-love [ˈkɑːflʌv] *n* ребяческая любовь, юношеское увлечение

calf-skin [ˈkɑːfskɪn] *n* телячья кожа, опоек

caliber [ˈkælɪbə(r)] *амер. см.* **calibre**

calibrate [ˈkælɪbreɪt] *v* 1) калибровать; градуировать 2) выверять

calibration [ˌkælɪˈbreɪʃ(ə)n] *n* 1) калибрование; градуировка 2) выверка

calibre [ˈkælɪbə(r)] *n* 1) калибр; диаметр 2) важность, значимость; **there are few men of his ~** таких людей, как он, немного

calico I [ˈkælɪkəʊ] *n* 1) коленкор 2) *амер.* набивной ситец

calico II *a* 1) коленкоровый 2) *амер.* ситцевый

Californian I [ˌkælɪˈfɔːnɪən] *n* калифорниец

Californian II *a* калифорнийский

calk[1] **I** [kɔːk] *n* 1) шип (*в подкове или башмаке*) 2) *амер.* подковка (*на каблуке*)

calk[1] **II** *v* 1) подковывать на шипах 2) *амер.* набивать подковки (*на каблуки*)

calk[2] *v* калькировать

call I [kɔːl] *n* 1) крик; выкрик; оклик; **~s for help** крики о помощи; **within ~** поблизости, в пределах слышимости; **the ~ of a cuckoo** крик кукушки; **the ~ of a nightingale** пение соловья 2) призыв, зов; **~ to arms** призыв к оружию 3) визит, посещение; **to pay a ~** сделать визит; навестить 4) звонок (*по телефону*); **long-distance ~** междугородный телефонный звонок 5) вызов (*в суд и т. п.*) 6) призвание, влечение 7) необходимость; **there's no ~ to be rude** нет необходимости грубить 8) спрос; **there's no ~ for such goods now** на такие товары сейчас нет спроса 9) сигнал; свисток

call II *v* 1) кричать 2) (по)звать; окликать 3) звонить по телефону; **he ~ed me from London** он позвонил мне из Лондона 4) вызывать, выкликать 5) заходить; навещать; приходить в гости (*к кому-л. — on*); посещать 6) созывать 7) называть(ся) 8) призывать, апеллировать (*on*) 9) считать; **I ~ that silly** я считаю, что это глупо 10) (раз)будить; **~ me at 7** разбуди меня в семь часов 11) радировать, посылать позывные ◊ **to ~ smb names** обзывать кого-л.; **to ~ the shots/tune** брать инициативу в свои руки; **to ~ to mind** вспомнить; вызвать в памяти; **to ~ to order** а) призывать к порядку б) объявлять собрание открытым

call at заходить ненадолго, забегать, заглядывать (*к кому-л.*)

call away отзывать, вызывать

call back 1) откликаться 2) отзывать (*представителя и т. п.*) 3) возвращать назад 4) перезвонить по телефону 5) вспомнить, вызвать в памяти 6) брать свои слова назад

call down 1) *амер. разг.* ругать; давать плохой отзыв 2) *воен.* отдать приказ о начале бомбардировки

call down on насылать (*проклятия и т. п.*)

call for 1) заходить за (*кем-л., чем-л.*) 2) вызывать, требовать 3) нуждаться в (*чём-л.*)

call forth вызывать к жизни, мобилизовать

call in 1) заходить, навещать 2) приглашать к себе домой 3) вызывать (*врача, специалиста и т. п.*) для консультации 4) требовать уплаты долга

call off 1) отменять (*мероприятие*) 2) отзывать, убирать 3) прекратить (*что-л.*)

call on 1) нанести визит 2) призывать сделать (*что-л.*)

call out 1) громко выкрикнуть 2) делать вызов 3) выявлять 4) призывать к забастовке

call over зачитывать список

call round заходить ненадолго, забегать, заглядывать (*к кому-л.*)

call together собирать(ся), созывать(ся)

call up 1) будить 2) звонить по телефону 3) призывать на военную службу 4) напомнить; вспомнить

call upon 1) нанести визит 2) призывать сделать (*что-л.*)

call-back [ˈkɔːlbæk] *n* обратный вызов, обратный набор (*телефонного номера*)

call boy [ˈkɔːlbɔɪ] *n* 1) посыльный (*в гостинице и т.п.*) 2) *театр.* помощник режиссёра, приглашающий актёров на сцену

call box [ˈkɔːlbɒks] *n* телефонная будка; телефон-автомат, таксофон

call-down [ˈkɔːlˈdaʊn] *n* нагоняй, выговор

called party [kɔːld ˈpɑːtɪ] *n* вызываемая сторона (*по телефону*)

caller [ˈkɔːlə(r)] *n* 1) посетитель; гость 2) тот, кто звонит по телефону

call girl [ˈkɔːlɡɜːl] *n* проститутка, вызываемая по телефону, *разг.* «девочка по вызову»

calling [ˈkɔːlɪŋ] *n* 1) профессия 2) призвание

calling card [ˈkɔːlɪŋ ˌkɑːd] *n* 1) *амер.* визитная карточка 2) телефонная карточка (*тж* **phone card**)

calling party [ˈkɔːlɪŋ ˈpɑːtɪ] *n* вызывающая сторона (*по телефону*)

callipers [ˈkælɪpəz] *n pl* кронциркуль

callisthenics [ˌkælɪsˈθenɪks] *n pl* ритмическая гимнастика

call money [ˈkɔːl ˌmʌnɪ] *n фин.* де́ньги до вос-
тре́бования *(на денежном рынке; могут
быть отозваны по краткосрочному уведом-
лению)*

callosity [kæˈlɒsɪtɪ] *n* 1) затверде́ние; мозо́ль
2) *мед.* кело́ид *(плотное разрастание со-
единительной ткани кожи)*; **cardiac** ~ об-
ши́рный постинфа́рктный рубе́ц миока́рда,
«мозо́ль се́рдца»

callous [ˈkæləs] *a* 1) бессерде́чный, чёрствый
2) огрубе́лый, мозо́листый; жёсткий

call-over [ˈkɔːlˌəʊvə] *n* перекли́чка

callow [ˈkæləʊ] *a* 1) неопери́вшийся 2) не-
о́пытный *(о человеке)*

call-up [ˈkɔːlˌʌp] *n* призы́в (на вое́нную
слу́жбу)

callus [ˈkæləs] *n* мозо́ль; затверде́ние

calm I [kɑːm] *n* 1) зати́шье 2) споко́йствие;
тишина́ 3) штиль, безве́трие

calm II *a* 1) ти́хий, безве́тренный 2) спо-
ко́йный; ти́хий; ми́рный; **keep** ~! не вол-
ну́йтесь! 3) самоуве́ренный

calm III *v* успока́ивать(ся); умиротворя́ть
(down)

calmative [ˈkælmətɪv] *a* успока́ивающее, се-
дати́вное сре́дство

caloric [ˈkælərɪk] *a* теплово́й

calorie [ˈkælərɪ] *n* кало́рия ◊ **to watch one's**
~**s** следи́ть за ве́сом, не перееда́ть; быть на
дие́те

calorific [kæləˈrɪfɪk] *a* выделя́ющий тепло́,
теплотво́рный

calorimeter [ˌkæləˈrɪmɪtə(r)] *n* калори́метр

calumet [ˈkæljʊmet] *n* тру́бка ми́ра *(у индейцев)*

calumniate [kəˈlʌmnɪeɪt] *v* клевета́ть, поро́-
чить

calumniator [kəˈlʌmnɪeɪtə] *n* клеветни́к

calumniatory [kəˈlʌmnɪeɪtərɪ] *a* клеветни́че-
ский

calumny [ˈkæləmnɪ] *n* клевета́

Calvary [ˈkælvərɪ] *n библ.* Голго́фа

calvary [ˈkælvərɪ] *n рел.* распя́тие

calve [kɑːv] *v* 1) (о)тели́ться *(тж о слонах,
китах и т. п.)* 2) отрыва́ться от леднико́в
(об айсбергах)

calves [kɑːvz] *pl см.* **calf**

Calvinism [ˈkælvɪnɪz(ə)m] *n* кальвини́зм

calx [kælks] *n* 1) ока́лина 2) и́звесть

calyx [ˈkeɪlɪks] *n* (*pl тж* **calyces** [ˈkeɪlɪsiːz])
бот. ча́шечка

cam [kæm] *n тех.* кулачо́к, эксце́нтрик

CAM *сокр.* (**computer-aided manufacturing**)
1) автоматизи́рованное произво́дство 2)
автоматизи́рованная систе́ма управле́ния
произво́дством

camber [ˈkæmbə(r)] *n* 1) вы́пуклость, изо́-
гнутость, кривизна́ 2) *авто* разва́л колёс 3)
стрела́ проги́ба *(дорожного полотна, палубы, крыла самолёта и т. п.)*

Cambria [ˈkæmbrɪə] *n поэт., ист.* Уэ́льс

Cambrian I [ˈkæmbrɪən] *n* 1) *поэт., ист.*
уроже́нец Уэ́льса, валли́ец 2) *геол.* ке́мб-
рий, кембри́йский пери́од

Cambrian II *a* 1) *поэт. ист.* валли́йский,
уэ́льский 2) *геол.* кембри́йский

cambric [ˈkæmbrɪk] *n* бати́ст

camcorder [ˌkemˈkɔːdə(r)] *n* видеока́мера

came [keɪm] *past см.* **come**

camel [ˈkæm(ə)l] *n* верблю́д; **Arabian** ~ одногорбый верблю́д, дромаде́р; **Bactrian** ~
двугорбый верблю́д, бактриа́н

cameleer [ˌkæmɪˈlɪə(r)] *n* пого́нщик верблю́-
дов

camellia [kəˈmiːlɪə] *n бот.* каме́лия

cameo [ˈkæmɪəʊ] *n* каме́я

camera [ˈkæm(ə)rə] *n* 1) фотоаппара́т; кино-
ка́мера 2) по́лость *(напр. сердца)* ◊ **in** ~ *юр.*
при закры́тых дверя́х, в закры́том судебном заседа́нии

cameraman [ˈkæmrəmæn] *n* 1) киноопера́-
тор; телеопера́тор 2) фоторепортёр

camera-ready pages [ˈkæmərəˌredɪ ˈpeɪdʒɪz]
n полигр. оригина́л-маке́т

camiknickers [ˈkæmɪˌnɪkəz] *n pl* цельнокро́е-
ное да́мское облега́ющее бельё *(лиф плюс
панталоны)*

camomile [ˈkæməmaɪl] *n* рома́шка

camouflage I [ˈkæməflɑːʒ] *n* камуфля́ж, мас-
киро́вка

camouflage II *v* маскирова́ть; применя́ть мас-
киро́вку

camp I [kæmp] *n* 1) ла́герь; **internment** ~ ла́-
герь для военнопле́нных; **summer** ~ ле́тний
ла́герь 2) бива́к; стоя́нка

camp II *v* 1) располага́ться ла́герем, разби-
ва́ть ла́герь 2) жить по-похо́дному; **to go**
~**ing** проводи́ть о́тпуск в похо́де, в пала́тке
camp out жить в пала́тках, на откры́том
во́здухе

campaign I [kæmˈpeɪn] *n* 1) кампа́ния; **election** ~ предвы́борная кампа́ния; **to launch a**
~ нача́ть кампа́нию *(в печати и т. п.)* 2)
вое́нная опера́ция; похо́д

campaign II [kæmˈpeɪn] *v* проводи́ть кампа́-
нию

camp bed [ˈkæmpˈbed] *n* похо́дная *или* склад-
на́я крова́ть, *разг.* раскладу́шка

camp chair [ˈkæmpˈtʃeə] *n* складно́й стул

camper [ˈkæmpə(r)] *n* 1) тури́ст, живу́щий в
пала́тке 2) тури́стский жило́й автомоби́ль-
фурго́н

campfire [ˈkæmpˌfaɪə] *n* ла́герный костёр

camphor [ˈkæmfə(r)] *n* 1) ка́мфора, камфара́ 2) *attr* ка́мфорный, камфа́рный

camping [ˈkæmˈpɪŋ] *n* ке́мпинг, гости́ница для автотури́стов

camp stool [ˈkæmpstu:l] *см.* **camp chair**

campus [ˈkæmpəs] *n* 1) ка́мпус, террито́рия университе́та, ко́лле́джа *и т. п.* 2) *амер.* университе́т

camshaft [ˈkæmˈʃɑ:ft] *n тех.* распредели́тельный, кулачко́вый вал

can[1] [kən; *полная форма* kæn] *v* **(could)** *модальный глагол* мочь, быть в состоя́нии; уме́ть; *последующий смысловой глагол употребляется без частицы to*: I ~ **speak English** я уме́ю говори́ть по-англи́йски; **he said he couldn't come today** он сказа́л, что не смо́жет сего́дня прийти́; ~ **you translate this letter?** мо́жете ли вы перевести́ э́то письмо́?; **No, I cannot (can't)** нет, я не могу́; **I can't help them** я не могу́ им помо́чь

can[2] I [kæn] *n* 1) бидо́н; кани́стра 2) консе́рвная ба́нка 3) *сленг* тюрьма́ 4) *амер.* туале́т, убо́рная ◊ **in the ~** гото́во, ко́нчено

can[2] II *v* 1) консерви́ровать *(продукты)* 2) запи́сывать на плёнку

Canadian I [kəˈneɪdɪən] *n* кана́дец; кана́дка; **the ~s** кана́дцы

Canadian II *a* кана́дский

canal [kəˈnæl] *n* 1) кана́л 2) *анат.* прото́к, прохо́д; **alimentary ~** пищевари́тельный кана́л/тракт

canalization [ˌkænəlaɪˈzeɪʃ(ə)n] *n* 1) проведе́ние кана́лов 2) *мед.* образова́ние кана́льцев в тка́ни

canalize [ˈkænəlaɪz] *v* 1) проводи́ть кана́л 2) дава́ть *(чему-л.)* жела́емое направле́ние

canal-lock [kəˈnællɒk] *n* шлюз

canapé[1] [ˈkænəpɪ] *n* канапе́ *(маленький бутерброд)*

canapé[2] *n* канапе́ *(диван с приподнятым изголовьем)*

canard [kəˈnɑ:d] *n* ло́жный слух, «у́тка»

canary [kəˈneərɪ] *n* канаре́йка

canary-coloured [kəˈneərɪˌkʌləd] *a* канаре́ечного цве́та

cancel [ˈkæns(ə)l] *v* 1) отменя́ть; аннули́ровать; ~ **one's booking** отмени́ть зака́з 2) вычёркивать; стира́ть; ~ **that line** зачеркни́ э́ту стро́чку 3) погаша́ть *(марки)* 4) *мат.* сокраща́ть *(тж* **to ~ out)**

cancellation [ˌkænsəˈleɪʃ(ə)n] *n* 1) отме́на; аннули́рование 2) вычёркивание 3) погаше́ние *(марки)* 4) *мат.* сокраще́ние 5) *анат.* се́тчатое *или* гу́бчатое строе́ние

cancer [ˈkænsə(r)] *n* 1) *мед.* рак, карцино́ма; злока́чественная о́пухоль; 2) зло, бе́дствие

3) **(C.)** Рак *(созвездие и знак зодиака)*; **Tropic of C.** тро́пик Ра́ка *(Северный тропик)*

cancroid I [ˈkæŋkrɔɪd] *n мед.* канкро́ид *(форма злокачественной опухоли)*

cancroid II *a* 1) *зоол.* ракообра́зный 2) *мед.* ра́ковый, злока́чественный

c & f [ˈsi:ənˈef] *сокр.* **(cost & freight)** *ком.* сто́имость гру́за и фрахт, каф *(условие контракта – без оплаты страхования груза во время перевозки)*

candid [ˈkændɪd] *a* 1) и́скренний; чистосерде́чный 2) сня́тый скры́той ка́мерой; ~ **camera** скры́тая ка́мера

candidacy [ˈkændɪdəsɪ] *n* кандидату́ра; **to nominate/to withdraw a ~** предложи́ть/снять кандидату́ру

candidate [ˈkændɪdət] *n* кандида́т; ~ **for a post** кандида́т на пост; **presidential ~, ~ for the presidency** кандида́т на пост президе́нта

candidature [ˈkændɪdətʃə] *n* кандидату́ра

candied [ˈkændɪd] *a* 1) заса́харенный, в са́харе 2) заса́харившийся

candle [ˈkændl] *n* свеча́, све́чка ◊ **to burn the ~ at both ends** жечь свечу́ с двух концо́в; прожига́ть жизнь; **he can't hold a ~ to her** он ей в подмётки не годи́тся; **not worth the ~** не опра́вдывать затра́т, трудо́в

candle end [ˈkændlend] *n* ога́рок

candlelight [ˈkændllaɪt] *n* 1) свет свечи́; **by ~** при свеча́х 2) су́мерки

candlestick [ˈkændlstɪk] *n* подсве́чник

candour [ˈkændə(r)] *n* и́скренность; прямота́; чистосерде́чие

candy I [ˈkændɪ] *n* 1) ледене́ц 2) *pl амер.* конфе́ты; сла́дости

candy II *v* вари́ть в са́харном сиро́пе

cane I [keɪn] *n* 1) камы́ш, тростни́к 2) са́харный тростни́к 3) трость; па́лка

cane II *v* 1) бить тро́стью, па́лкой 2) плести́ из тростника́

cane chair [ˈkeɪnˌtʃeə] *n* стул с плетёным сиде́ньем

cane sugar [ˈkeɪnˌʃʊgə(r)] *n* тростнико́вый са́хар

canine [ˈkeɪnaɪn] *a* соба́чий

canister [ˈkænɪstə(r)] *n* 1) небольша́я жестяна́я ба́нка для ча́я *и т. п.* 2) коробка противога́за 3) карте́чь

canker [ˈkæŋkə(r)] *n* 1) некро́з плодо́вых дере́вьев 2) *мед.* я́звенное пораже́ние *(особ. губ и слизистой оболочки рта)*

cankered [ˈkæŋkəd] *a мед.* поражённый, разъеда́емый я́звой

cankerous [ˈkæŋkərəs] *a* 1) *мед.* поражённый я́звой 2) разъеда́ющий; разлага́ющий

cannabis [ˈkænəbɪs] *n* 1) конопля́ 2) марихуа́на; гаши́ш

canned [kænd] *a* 1) консервированный; ~ **beer** пиво в банках, баночное пиво 2) *разг.* записанный на аудионоситель *(о музыке)* 3) *сленг* пьяный

cannery [ˈkænərɪ] *n* консервный завод

cannibal [ˈkænɪbəl] *n* людоед, каннибал

cannibalism [ˈkænɪbəlɪz(ə)m] *n* каннибализм

cannon [ˈkænən] *n (pl без измен.)* артиллерийское орудие; пушка

cannonade I [ˌkænəˈneɪd] *n* канонада; орудийный огонь

cannonade II *v* обстреливать орудийным огнём

cannonball [ˈkænənbɔ:l] *n* пушечное ядро

cannon-bit [ˈkænənbɪt] *n* мундштук *(удил)*

cannon fodder [ˈkænənˌfɒdə(r)] *n* «пушечное мясо»

cannon shot [ˈkænənʃɒt] *n* пушечный выстрел

cannot [ˈkænɒt]: **I ~** я не могу *(см.* **can[1]***)*

canny [ˈkænɪ] *a* 1) ловкий, хитрый; себе на уме 2) осмотрительный

canoe I [kəˈnu:] *n* каноэ, байдарка

canoe II *v* плыть на каноэ, байдарке

canon [ˈkænən] *n* 1) закон, правило, критерий 2) *церк.* канон

cañon [ˈkænjən] *см.* **canyon**

canonical [kəˈnɒnɪkəl] *a церк.* канонический

canonize [ˈkænənaɪz] *v церк.* канонизировать

canoodle [kəˈnu:dl] *v разг.* ласкаться, обниматься

can-opener [ˈkænˌəʊp(ə)nə(r)] *n* консервный нож

canopy [ˈkænəpɪ] *n* балдахин; навес, полог; тент; **the ~ of leaves** *поэт.* сень деревьев

can't [kɑ:nt] *сокр. см.* **cannot**

cant[1] I [kænt] *n* 1) наклон; наклонное положение 2) толчок, удар

cant[1] II *v* 1) перевёртывать(ся) *(от удара)* 2) придавать наклонное положение; наклонять

cant[2] I *n* 1) лицемерие, ханжество 2) ходячее словцо; пустые фразы 3) жаргон

cant[2] II *v* говорить на жаргоне

Cantab. [ˈkæntæb] *сокр.* **(Cantabrigian)** 1) студент Кембриджского университета 2) кембриджский

Cantabrigian I [ˌkæntəˈbrɪdʒɪən] *n* 1) студент *или* выпускник Кембриджского университета 2) уроженец Кембриджа

Cantabrigian II *a* кембриджский

cantankerous [kənˈtæŋkərəs] *a* сварливый; вздорный

cantata [kænˈtɑ:tə] *n муз.* кантата

canteen [kænˈti:n] *n* 1) буфет; столовая *(для служащих)* 2) продуктовый магазин *(в во-* инской части) 3) походный ящик со столовыми принадлежностями 4) фляга

canter I [ˈkæntə] *n* кентер, лёгкий галоп ◊ **to win in a ~** выиграть/победить с лёгкостью

canter II *v* идти *или* пустить лошадь кентером, лёгким галопом

canterbury [ˈkæntəbərɪ] *n* этажёрка *(с отделениями для нот, бумаг и т. п.)*

canticle [ˈkæntɪkl] *n рел.* 1) песнь, гимн 2) **(Canticles)** *библ.* Песнь песней

cantilena [ˌkæntɪˈliːnə] *n муз.* кантилена

cantilever [ˈkæntɪliːvə(r)] *n стр.* консоль, кронштейн, укосина

canto [ˈkæntəʊ] *n* песнь *(часть поэмы)*

canton[1] [ˈkæntɒn] *n* кантон, округ *(в Швейцарии)*

canton[2] [kænˈtu:n] *v* расквартировывать *(войска)*

cantonment [kænˈtu:nmənt] *n* 1) военный городок; **winter ~** зимние квартиры 2) постоянное военное поселение *(в Индии)*

Canuck [kəˈnʌk] *n амер. сленг* канадец французского происхождения

canvas [ˈkænvəs] *n* 1) холст; парусина; брезент 2) картина, полотно 3) канва ◊ **under ~** а) в палатках б) под парусами

canvass I [ˈkænvəs] *n* 1) сбор голосов *(перед выборами)*; предвыборная агитация 2) обсуждение, дебатирование 3) *амер.* официальный подсчёт голосов; проверка подлинности поданных голосов

canvass II [ˈkænvəs] *v* 1) собирать голоса *(перед выборами)*; быть агитатором; вербовать сторонников 2) обсуждать, дебатировать 3) собирать заказы; собирать подписку *(на издания)*

canyon [ˈkænjən] *n* каньон, ущелье

caoutchouc [ˈkaʊtʃʊk] *n* каучук

cap I [kæp] *n* 1) кепка; шапка; чепец; фуражка; пилотка 2) шляпка *(гриба)* 3) колпачок; головка; крышка 4) пистон, капсюль *(тж* **percussion ~)** ◊ **~ in hand** униженно, в роли просителя; **~ and gown** шапочка и мантия *(форма англ. студентов и профессоров);* **if the ~ fits (, wear it)** *разг.* принимаете на свой счёт – значит, есть основания ≅ на воре шапка горит; **to set one's ~ at smb** завлекать кого-л.

cap II *v* 1) надевать *(кепку, шапку)* 2) насаживать *(колпачок);* вставлять *(капсюль)* 3) присуждать учёную степень *(в университетах Шотландии и Новой Зеландии)* 4) перещеголять; превзойти; **he can ~ any story** он знает истории и похлеще

capability [ˌkeɪpəˈbɪlɪtɪ] *n* 1) способность 2) *pl* потенциальные возможности 3) мощность; производительность

capable [′keɪpəbl] *a* 1) одарённый 2) способный *(of)* 3) поддающийся, восприимчивый *(of)*; **the plan is ~ of improvement** этот план может быть усовершенствован/улучшен

capacious [kə′peɪʃəs] *a* просторный, вместительный; ёмкий

capacitance [kə′pæsɪt(ə)ns] *n* эл. 1) ёмкость 2) ёмкостное сопротивление

capacitate [kə′pæsɪteɪt] *v* 1) делать способным *(for)* 2) юр. делать правоспособным

capacitor [kə′pæsɪtə(r)] *n* эл. конденсатор

capacity [kə′pæsɪtɪ] *n* 1) ёмкость, вместимость, объём *(тж* **holding ~)** 2) мощность, производительность; **labour ~** производительность труда; **load ~** грузоподъёмность 3) способность; одарённость; **she has a great ~ for making friends** у неё особый дар заводить повсюду друзей 4) положение; **in the ~ of** в качестве 5) юр. правоспособность

cape[1] [keɪp] *n* мыс

cape[2] *n* плащ; накидка

caper I [′keɪpə(r)] *n* 1) прыжок 2) *обыкн. pl* проделки, шалости; **to cut ~s** выделывать антраша, дурачиться

caper II *v* 1) прыгать 2) дурачиться, шалить

capful [′kæpfʊl] *n* полная шапка *(чего-л.)*

capillarity [ˌkæpɪ′lærɪtɪ] *n* капиллярность

capillary I [kə′pɪlərɪ] *n* капилляр

capillary II *a* капиллярный

capital[1] **I** [′kæpɪtl] *n* 1) столица 2) капитал; **fixed ~** основной капитал; **circulating/ working ~** оборотный капитал; **share ~** акционерный капитал; **loan ~** заёмный капитал 3) прописная/заглавная буква *(тж* **~ letter)**; **in ~s** заглавными буквами; **write in block ~s** напишите заглавными буквами

capital[1] **II** *a* 1) главный 2) капитальный; основной 3) *разг.* превосходный, первоклассный, отличный 4) прописной, заглавный *(о букве)* 5) смертный *(о приговоре)*; **~ punishment** смертная казнь, высшая мера наказания

capital[2] *n архит.* капитель

capital availability [′kæpɪtl əˌveɪlə′bɪlɪtɪ] *n* эк. 1) ликвидность капитала 2) наличие фондов

capital flow [′kæpɪtl ˌfləʊ] *n* эк. движение капитала

capital gains [′kæpɪtl ˌgeɪnz] *n* эк. доходы от прироста капитала

capital-intensive [′kæpɪtl ɪn′tensɪv] *a* капиталоёмкий

capital investment [′kæpɪtl ɪn′vestmənt] эк. *n* объём капиталовложений

capitalism [′kæpɪtəlɪz(ə)m] *n* капитализм

capital issue [′kæpɪtl ′ɪʃuː, ′ɪsjuː] *n* выпуск ценных бумаг

capitalist I [′kæpɪtəlɪst] *n* капиталист

capitalist II *a* капиталистический

capitalistic [ˌkæpɪtə′lɪstɪk] *a* капиталистический

capitalization[1] [ˌkæpɪtlaɪ′zeɪʃ(ə)n] *n* эк. превращение в капитал, капитализация

capitalization[2] *n* 1) выделение прописными буквами 2) преобразование в верхний регистр 3) преобразование строчных букв в прописные

capitalize [′kæpɪtəlaɪz] *v* 1) капитализировать, превращать в капитал 2) писать заглавными буквами 3) извлекать выгоду *(on)*

capitally [′kæpɪtlɪ] *adv* 1) превосходно, замечательно, великолепно 2) чрезвычайно, основательно

capitation [ˌkæpɪ′teɪʃ(ə)n] *n* 1) *ист.* подушный налог, подушная подать 2) *attr* подушный *(о налоге)*

Capitol [′kæpɪtl] *n* 1) *ист.* Капитолий *(холм и храм в древнем Риме)* 2) Капитолий, здание Конгресса США 3) *амер.* здание, в котором помещаются органы государственной власти штата

capitulate [kə′pɪtjʊleɪt] *v* капитулировать, сдаваться

capitulation [kəˌpɪtjʊ′leɪʃ(ə)n] *n* капитуляция

cap peak [′kæppiːk] *n* козырёк фуражки, кепки

capping [′kæpɪŋ] *n* авто восстановление протектора шины

cappuccino [kæpʊ′tʃiːnəʊ] *n* кофе «капуччино»

caprice [kə′priːs] *n* каприз, причуда

capricious [kə′prɪʃəs] *a* капризный; непредсказуемый

Capricorn [′kæprɪkɔːn] *n* Козерог *(созвездие и знак зодиака)*

capsize [kæp′saɪz] *v* опрокидывать(ся) *(о корабле, лодке и т. п.)*

Caps Lock key [kæps lɒk ′kiː] *n вчт* клавиша фиксации верхнего регистра *(на клавиатуре компьютера)*

capsulation [′kæpsjuːleɪʃ(ə)n] *n* герметизация

capsule [′kæpsjuːl] *n* 1) капсула 2) капсюль 3) мембрана

captain I [′kæptɪn] *n* 1) руководитель 2) капитан *(спортивной)* команды 3) капитан пассажирского *или* торгового судна; командир *(военного)* корабля; пилот, командир воздушного судна 4) *амер.* капитан I ранга, кэптен *(ВМС; соответствует званию полковника сухопутных войск)* 5) полководец

captain II v руководи́ть *(чем-л.)*

caption [ˈkæpʃ(ə)n] n 1) по́дпись *(под рисунком)*; на́дпись *(на рисунке)* 2) *кино* титр 3) заголо́вок *(статьи, главы)*

captious [ˈkæpʃəs] a приди́рчивый

captivate [ˈkæptɪveɪt] v пленя́ть, очаро́вывать; увлека́ть

captivating [ˈkæptɪveɪtɪŋ] a увлека́тельный; чару́ющий

captive I [ˈkæptɪv] n пле́нник, пле́нный; нево́льник

captive II a взя́тый в плен/в нево́лю; **to hold ~** держа́ть в плену́/в нево́ле

captivity [kæpˈtɪvɪtɪ] n плен

captor [ˈkæptə(r)] n взя́вший в плен

capture I [ˈkæptʃə] n 1) захва́т; плене́ние; пои́мка 2) добы́ча, трофе́й 3) *вчт, кино* ме́тод «захва́та движе́ния» *(при создании компью́терной графики)*

capture II v 1) захвати́ть, взять в плен 2) переда́ть, запечатле́ть *(суть, настроение и т. п.)*; **the artist has ~d the charm of winter landscape** худо́жник суме́л переда́ть очарова́ние зи́мнего пейза́жа 3) захвати́ть, увле́чь, плени́ть; **to ~ the imagination** пленя́ть воображе́ние 4) *вчт* заложи́ть да́нные, информа́цию *и т. п.* в компью́тер

car [kɑ:(r)] n 1) автомоби́ль; **racing/saloon ~** го́ночный автомоби́ль, автомоби́ль с закры́тым ку́зовом; **ambulance ~** маши́на ско́рой по́мощи; **armoured ~** брониро́ванная маши́на; **to come by ~** прие́хать на маши́не; **to get into a ~** сади́ться в маши́ну; **to get out of a ~** выходи́ть из маши́ны 2) ваго́н *(трамвая, амер. тж железнодорожный)*; **sleeping ~** спа́льный ваго́н; **smoking ~** ваго́н для куря́щих; **dining ~** ваго́н-рестора́н; **through ~** ваго́н прямо́го сообще́ния 3) кабина *(лифта, воздушного шара и т. п.)* 4) *поэт.* колесни́ца, экипа́ж

carafe [kəˈrɑ:f] n графи́н

car alarm [ˌkɑ:(r)əˈlɑ:(r)m] n автомоби́льная (противоуго́нная) сигнализа́ция

caramel [ˈkærəmel] n 1) караме́ль 2) жжёный са́хар

carat [ˈkærət] n 1) кара́т *(единица измерения веса драгоценных камней = 0,2 г)* 2) показа́тель чистоты́ зо́лота *(фактическая чистота = 24 карата)*

caravan [ˈkærəvæn] n 1) жило́й автоприце́п 2) фурго́н 3) карава́н

caraway [ˈkærəweɪ] n тмин

carbide [ˈkɑ:baɪd] n *хим.* карби́д

carbine [ˈkɑ:baɪn] n караби́н *(оружие)*

carbohydrate [ˌkɑ:bəˈhaɪdreɪt] n *хим.* углево́д

carbolic I [kɑ:ˈbɒlɪk] n карбо́ловая кислота́ *(тж ~ acid)*

carbolic II a карбо́ловый

carbon [ˈkɑ:bən] n 1) *хим.* углеро́д 2) у́гольный электро́д 3): **absorbent ~** активи́рованный у́голь 4) *см.* **carbon copy** 5) *см.* **carbon paper** 6) *attr* у́гольный; **~ dating** датиро́вка по (радио)углеро́ду

carbonade [kɑ:bəˈneɪd] n *кул.* карбона́д

carbonate [ˈkɑ:bəneɪt] n *хим.* углеки́слая соль; карбона́т

carbon copy [ˈkɑ:bənˌkɒpɪ] n 1) ко́пия, полу́ченная че́рез копи́рку 2) *разг.* то́чная ко́пия

carbonic [kɑ:ˈbɒnɪk] a *хим.* у́гольный, углеро́дный; углеро́дистый

carbonize [ˈkɑ:bənaɪz] v *тех.* 1) обу́гливать; науглеро́живать 2) коксова́ть

carbon paper [ˈkɑ:bənˌpeɪpə] n копирова́льная бума́га, копи́рка

carbuncle [ˈkɑ:bʌŋkl] n *мед., мин.* карбу́нкул

carburation [ˌkɑ:bjʊˈreɪʃ(ə)n] n *тех.* карбюра́ция, насыще́ние во́здуха пара́ми то́плива

carburettor [ˈkɑ:bjʊretə(r)] n карбюра́тор

carcass [ˈkɑ:kəs] n 1) ту́ша 2) *пренебр.* труп, те́ло 3) карка́с, о́стов; скеле́т 4) разва́лины, обло́мки

carcinogen [kɑ:ˈsɪnədʒ(ə)n] n *мед.* канцероге́н

carcinogenic [ˌkɑ:sɪnəˈdʒenɪk] a *мед.* канцероге́нный

carcinoma [ˌkɑ:sɪˈnəʊmə] n *мед.* карцино́ма, рак

card [kɑ:d] n 1) ка́рточка; откры́тка; **visiting ~** визи́тная ка́рточка; **ration ~** продово́льственная ка́рточка; **Christmas/New Year ~** рожде́ственская/нового́дняя поздрави́тельная откры́тка 2) ка́рта *(игральная)*; **plain ~** нефигу́рная ка́рта; **to shuffle the ~s** тасова́ть ка́рты 3) *pl* ка́рты; игра́ в ка́рты 4) биле́т *(членский, пригласительный)*; **membership ~** чле́нский биле́т; **admission ~** про́пуск 5) *pl разг.* докуме́нты слу́жащего *(особ. о страховании)* 6) *разг.* челове́к; «тип»; **a queer ~** чуда́к; **he's quite a ~** ну он и ти́п 7) програ́мма *(мероприятия, скачек, соревнований и т. п.)* 8) ба́нковская (пла́стиковая) ка́рточка; **cash ~** «де́нежная ка́рточка» *(для получения наличных из банкомата)*; **cheque ~** че́ковая ка́рточка *(дающая право владельцу на оплату чеков в пределах обусловленной суммы)* 9) *вчт* ка́рта, пла́та; **electronic business ~** электро́нная визи́тная ка́рточка ◊ **to have a ~ up one's sleeve** име́ть ко́зырь про запа́с; **to lay one's ~s on the table** раскры́ть свои́ ка́рты; **it is quite on the ~s** возмо́жно, весьма́ вероя́тно

cardan shaft [ˈkɑ:dnˌʃɑ:ft] n *тех.* карда́нный вал

cardboard [ˈkɑːdbɔːd] *n* картон

carder [ˈkɑːdə] *n* текст. 1) чесальщик 2) кардочесальная машина

card game [ˈkɑːdɡeɪm] *n* игра в карты, карточная игра

cardholder [ˈkɑːdˌhəʊldə] *n* владелец кредитной карточки

cardiac [ˈkɑːdɪæk] *a* анат. сердечный

cardigan [ˈkɑːdɪɡən] *n* кардиган, удлинённый жакет с длинными рукавами (обыкн. без застёжки)

cardinal I [ˈkɑːdɪnl] *n* церк. кардинал

cardinal II *a* 1) основной, главный, кардинальный 2) ярко-красный, пунцовый 3): ~ **numbers** количественные числительные

cardinal point [ˌkɑːd(ə)nəlˈpɔɪnt] *n* сторона света

cardiogram [ˈkɑːdɪəʊɡræm] *n* кардиограмма

cardiology [ˌkɑːdɪˈɒlədʒɪ] *n* кардиология

cardiovascular [ˌkɑːdɪəʊˈvæskjʊlə(r)] *a* сердечно-сосудистый

cardowner [ˈkɑːdˌəʊnə] *n* владелец кредитной карточки

cardphone [ˈkɑːdfəʊn] *n* карточный телефон-автомат, карточный таксофон

card playing [ˈkɑːdˌpleɪɪŋ] *n* игра в карты, карточная игра

card sharp(er) [ˈkɑːdˌʃɑːp(ər)] *n* шулер

card table [ˈkɑːdˌteɪbl] *n* ломберный стол, карточный стол

care I [keə] *n* 1) забота, попечение; присмотр; **in my** ~ на моём попечении; **under the** ~ **of** под присмотром, под наблюдением (кого-л.); **to take** ~ а) заботиться (о — of, about) б) смотреть (за кем-л. — for); 2) наблюдение (врача); **she's under the doctor's** ~ она находится под наблюдением врача 3) внимание, тщательность; осторожность; **have a** ~ будьте осторожны **take** ~! осторожно!, берегитесь!

care *v* 1) заботиться, проявлять заботу (о — about); ухаживать (за детьми, больными) 2) интересоваться (чем-либо — for); любить (кого-л. — for) 3) иметь желание, хотеть (+inf) ◊ **I don't** ~!, **I couldn't** ~ **less** мне всё равно!; **for all I** ~ разг. что касается меня; **who** ~**s?** кого это волнует?

care and maintenance [ˌkeə ənd ˈmeɪnt(ə)nəns] *n* уход и обслуживание

career I [kəˈrɪə] *n* 1) занятие, профессия 2) карьера, успех 3) карьер, быстрое движение; **in full** ~ во весь опор 4) attr: ~ **diplomat** профессиональный/карьерный дипломат

career II *v* мчаться (тж to ~ **about, along, over, through**)

careerist [kəˈrɪərɪst] *n* карьерист

careful [ˈkeəfʊl] *a* 1) заботливый (for, of) 2) осторожный 3) старательный; тщательный; аккуратный 4) внимательный

carefully [ˈkeəfʊlɪ] *adv* 1) осторожно, с осторожностью 2) заботливо 3) тщательно, аккуратно 4) внимательно

carefulness [ˈkeəfʊlnɪs] *n* 1) заботливость 2) осторожность 3) старательность; тщательность; аккуратность 4) внимательность

careless [ˈkeəlɪs] *a* 1) беззаботный; беспечный 2) бездумный; невнимательный 3) неаккуратный, небрежный 4) легкомысленный

carelessness [ˈkeəlɪsnɪs] *n* 1) беззаботность; беспечность 2) бездумность; невнимательность 3) неаккуратность 4) легкомыслие

carer [ˈkeərə(r)] *n* сиделка

caress I [kəˈres] *n* ласка

caress II *v* ласкать

caressing [kəˈresɪŋ] *a* ласковый, ласкающий

caretaker [ˈkeəˌteɪkə(r)] *n* 1) сторож (в доме, квартире и т. п.) 2) хранитель, смотритель (здания)

careworn [ˈkeəwɔːn] *a* измученный заботами

carfare [ˈkɑːfeə(r)] *n* амер. стоимость проезда на автобусе

cargo [ˈkɑːɡəʊ] *n* груз (обыкн. перевозимый судном или самолётом)

caribou [ˈkærɪbuː] *n* карибу (американская разновидность северного оленя)

caricature I [ˌkærɪkəˈtjʊə(r)] *n* карикатура

caricature II *v* изображать в карикатурном виде

caries [ˈkeəriːz] *n* мед. кариес

carious [ˈkeərɪəs] *a* мед. кариозный

carload [ˈkɑːləʊd] *n* 1) вагон (как мера груза) 2) загрузка вагона

carman [ˈkɑːmæn] *n* амер. 1) вагоновожатый 2) перевозчик

carmine [ˈkɑːmaɪn] *n* кармин, красный пигмент

carnage [ˈkɑːnɪdʒ] *n* избиение, резня

carnal [ˈkɑːnl] *a* 1) телесный, плотский 2) чувственный, сексуальный

carnation [kɑːˈneɪʃ(ə)n] *n* 1) красная гвоздика 2) алый цвет

carnet [ˈkɑːneɪ] *n* 1) таможенная лицензия на проезд автомобиля через границу 2) разрешение на пользование кемпингом 3) книжечка с отрывными билетами, купонами на проезд и т. п.

carnival [ˈkɑːnɪv(ə)l] *n* 1) карнавал (период шумных празднеств перед Великим постом в странах Западной Европы) 2) веселье, празднество

carnivore [ˈkɑːnɪvɔː(r)] *n* плотоя́дное живо́тное, хи́щник

carnivorous [kɑːˈnɪv(ə)rəs] *a* плотоя́дный, хи́щный

carol I [ˈkærəl] *n* весёлая пе́сня; рожде́ственский гимн (*тж* **Christmas ~**)

carol II *v* петь весёлые пе́сни; петь рожде́ственские ги́мны

carotene [ˈkærətiːn] *n* кароти́н

carotid [kəˈrɒtɪd] *n анат.* со́нная арте́рия

carousal [kəˈraʊz(ə)l] *n* кутёж; попо́йка

carousel [ˌkærəˈsel] *n* 1) карусе́ль 2) враща́ющийся за́мкнутый конве́йер (*особ. для багажа в аэропорту*)

carp¹ [kɑːp] *n* карп

carp² *v* придира́ться (*at*)

carpenter I [ˈkɑːpɪntə(r)] *n* пло́тник; столя́р

carpenter II *v* пло́тничать; столя́рничать

carpentry [ˈkɑːpɪntrɪ] *n* пло́тничное де́ло; пло́тничные рабо́ты

carpet I [ˈkɑːpɪt] *n* 1) ковёр 2) покры́тие; покро́в; **~ of snow** сне́жный покро́в; **~ of flowers** ковёр цвето́в ◊ **on the ~** на обсужде́нии; **to have smb on the ~** дава́ть нагоня́й кому́-л.

carpet II *v* 1) устила́ть ковра́ми 2) вызыва́ть для вы́говора, вызыва́ть на ковёр

carpet-bag [ˈkɑːpɪtbæg] *n* саквоя́ж

carpet-bagger [ˈkɑːpɪtˌbægə(r)] *n* 1) *амер. ист.* северя́нин, доби́вшийся влия́ния и бога́тства на ю́ге (*после гражданской войны 1861 — 1865 гг.*) 2) полити́ческий де́ятель, живу́щий вне своего́ избира́тельного о́круга 3) *разг.* полити́ческий авантюри́ст

carpet bombing [ˈkɑːpɪtˈbɒmɪŋ] *n воен.* ковро́вое бомбомета́ние

carpeting [ˈkɑːpɪtɪŋ] *n* 1) ковро́вый материа́л, ковро́вое покры́тие 2) *собир.* ковры́

carpet-knight [ˈkɑːpɪtnaɪt] *n* 1) солда́т, отси́живающийся в тылу́ 2) «парке́тный» генера́л

carpet sweeper [ˈkɑːpɪtˌswiːpə(r)] *n* щётка для чи́стки ковро́в; пылесо́с для ковро́в

carriage [ˈkærɪdʒ] *n* 1) *ж.-д.* ваго́н; **the first-class ~** ваго́н пе́рвого кла́сса; экипа́ж; каре́та 3) перево́зка, транспортиро́вка; сто́имость транспортиро́вки; **~ paid/free/forward** доста́вка опла́чена/беспла́тная доста́вка/доста́вка нало́женным платежо́м 4) оса́нка 5) каре́тка (*пишущей машинки*) 6) *воен.* лафе́т

carriageway [ˈkærɪdʒweɪ] *n* прое́зжая часть доро́ги

carrier [ˈkærɪə(r)] *n* 1) носи́льщик; посы́льный 2) тра́нспортная компа́ния; компа́ния-перево́зчик 3) (продукто́вая) пла́стиковая или бума́жная су́мка 4) бага́жник (*велосипеда, мотоцикла*) 5) *мед.* бациллоноси́тель 6) авиано́сец (*тж* **aircraft ~**) 7) *вчт* носи́тель информа́ции 8) *радио* несу́щая (частота́) (*тж* **~ frequency**)

carrier pigeon [ˈkærɪəˌpɪdʒɪn] *n* почто́вый го́лубь

carrier rocket [ˈkærɪəˌrɒkɪt] *n* раке́та-носи́тель

carrier signal [ˈkærɪə ˈsɪgn(ə)l] *n радио* несу́щий сигна́л

carrion I [ˈkærɪən] *n* па́даль

carrion II *a* 1) гни́лостный 2) отврати́тельный, тошнотво́рный

carrot [ˈkærət] *n* морко́вь

carrousel [ˌkærəˈsel] *амер. см.* **carousel**

carry [ˈkærɪ] *v* 1) нести́; носи́ть; переноси́ть; проводи́ть 2) везти́; (пере)вози́ть 3) подде́рживать (*о колоннах и т. п.*) 4) проводи́ть (*звук и т. п.*) 5) содержа́ть, нести́ в себе́ 6) доводи́ть 7) держа́ться; **he carries himself well** у него́ хоро́шая оса́нка 8) передава́ть (*новости*) 9) публикова́ть 10) име́ть (постоя́нно) в прода́же 11) доноси́ться (*о звуке*) 12) проводи́ть (*законопроект*); принима́ть (*решение*) 13) *воен.* захва́тывать, брать при́ступом 14) увлека́ть, захва́тывать 15) носи́ть ребёнка, быть бере́менной ◊ **to ~ all before one** доби́ться своего́, преодоле́ть все препя́тствия; **to ~ it off (well)** спра́виться с тру́дностями, хорошо́ перенести́; **to ~ conviction** быть убеди́тельным; **to ~ the day** одержа́ть побе́ду; **to ~ weight** име́ть вес, влия́ние

carry about носи́ть с собо́й

carry along 1) носи́ть с собо́й 2) захва́тывать, увлека́ть 3) подде́рживать, ободря́ть

carry around *см.* **carry about**

carry away 1) уноси́ть, уводи́ть 2) захва́тывать, увлека́ть

carry back 1) возвраща́ть, отдава́ть наза́д 2) переноси́ться мы́сленно в про́шлое

carry down восходи́ть к како́му-л. пери́оду в про́шлом

carry forward переноси́ть (ци́фру, су́мму) на другу́ю страни́цу

carry off 1) уноси́ть; уводи́ть 2) выи́грывать, оде́рживать побе́ду 3) уби́ть, свести́ в моги́лу 4) преодолева́ть, сноси́ть

carry on 1) носи́ть с собо́й, име́ть при себе́ 2) име́ть продолже́ние, продолжа́ть(ся) 3) не сде́рживаться 4) устра́ивать сканда́л 5) *разг.* завести́ рома́н (с кем-л.)

carry out 1) уноси́ть, выноси́ть 2) выполня́ть, осуществля́ть

carry over 1) переноси́ть (*на другое место*) 2) переходи́ть из поколе́ния в поколе́ние

carry through 1) провести в жизнь, осуществить 2) поддержать в трудное время

carry-all [ˈkærɪˌɔːl] *n* 1) *амер.* большая сумка 2) крытый экипаж

carry bag [ˈkærɪ bæg] *n* сумка для портативного компьютера

carry cot [ˈkærɪkɒt] *n* переносная детская кроватка

carry-on [ˈkærɪˈɒn] *n сленг* 1) переполох, суматоха 2) двусмысленный поступок 3) флирт; любовная интрижка

carsick [ˈkɑːsɪk] *a* не переносящий езды в автомобиле, укачиваемый в автомобиле

cart I [kɑːt] *n* 1) телега; повозка 2) тачка ◊ **to put the ~ before the horse** ставить телегу перед лошадью; делать что-л. шиворот-навыворот; начинать не с того конца; **in the ~** *разг.* в затруднительном положении; в плохой ситуации

cart II *v* 1) везти, ехать в телеге 2) *сленг* тащить с трудом, волочить

carte blanche [kɑːtˈblɑːnʃ] *n фр.* карт-бланш, свобода действий

cartel [kɑːˈtel] *n* 1) *эк.* картель 2) политический альянс

carter [ˈkɑːtə(r)] *n* возчик

Cartesian coordinates [kɑːˈtiːʒən, kɑːˈtiːzɪən kəʊˈɔːdɪnɪts] *n мат.* прямоугольные, декартовы координаты

cartful [ˈkɑːtfʊl] *n* воз *(как мера груза)*

cart-horse [ˈkɑːthɔːs] *n* ломовая лошадь

cartilage [ˈkɑːtɪlɪdʒ] *n анат.* хрящ

cartilaginous [ˌkɑːtɪˈlædʒɪnəs] *a* хрящевой

cart-load [ˈkɑːtləʊd] *см.* **cartful; a ~ of wood/hay** воз дров/сена

cartographer [kɑːˈtɒgrəfə(r)] *n* картограф

cartography [kɑːˈtɒgrəfɪ] *n* картография

carton [ˈkɑːt(ə)n] *n* картонка, пакет *(молока и т. п.)*

cartoon I [kɑːˈtuːn] *n* 1) карикатура *(преим. политическая)* 2) мультипликационный, анимационный фильм *(тж* animated ~*)* 3) картон *(этюд мозаики, фрески и т. п.)*

cartoon II *v* рисовать карикатуры

cartoonist [kɑːˈtuːnɪst] *n* 1) карикатурист 2) художник-мультипликатор, художник-аниматор

cartridge [ˈkɑːtrɪdʒ] *n* 1) патрон; **blank ~** холостой патрон; **ink ~** стержень с пастой *(в шариковой ручке)* 2) катушка с (фото)плёнкой 3) *вчт* кассета; картридж 4) картридж с видеоиграми

cartridge belt [ˈkɑːtrɪdʒˌbelt] *n* патронташ

cartridge paper [ˈkɑːtrɪdʒˌpeɪpə] *n* плотная бумага *(для черчения, рисования, патронных гильз и конвертов)*; ватман

cart-road [ˈkɑːtrəʊd] *n* просёлочная дорога

cart-track [ˈkɑːttræk] *см.* **cart-road**

carve [kɑːv] *v* 1) вырезать, резать *(по дереву, кости)* 2) высекать *(из камня)* 3) резать *(мясо за столом)*

carve out 1) вырезать узор *(по дереву, кости)* 2) высекать из камня 3) добиваться упорным трудом

carve up 1) резать на куски 2) делить, разделять 3) *авто разг.* подрезать, обгонять на большой скорости с минимальной дистанцией

carver [ˈkɑːvə] *n* 1) резчик *(по дереву, кости)* 2) нож для нарезания мяса

carve-up [ˈkɑːvʌp] *n разг.* 1) мошеннический сговор 2) раздел, делёж *(добычи, территории, сферы влияния и т. п.)*

carving [ˈkɑːvɪŋ] *n* резьба по дереву; резная фигурка, резное изделие

carving knife [ˈkɑːvɪŋˈnaɪf] *n* нож для нарезания мяса

cascade I [kæsˈkeɪd] *n* 1) небольшой водопад, каскад 2) *вчт* каскад; каскадное размещение 3) *эл.* каскад

cascade II *a* каскадный; последовательный

cascading [kæˈskeɪdɪŋ] *n* 1) *тех.* последовательное включение 2) *вчт* каскадирование; каскадное расположение (окон)

case[1] [keɪs] *n* 1) случай; **in ~ (of)** в случае; **in any ~** во всяком случае; **in that ~** в этом случае; **is it the ~ that..?** правда, что..?, верно, что..?; **that's not the ~** это не так; **it's a ~ of conscience** это дело совести 2) состояние, положение (дел); **as the ~ stands** при данном положении дел 3) *мед.* пациент; больной; **the worst ~s were sent to hospital** тяжёлые больные были отправлены в больницу 4) *юр.* (судебное) дело; **the ~ will be tried next week** дело будет слушаться на следующей неделе 5) факты, доказательства, доводы; **to have a good ~** располагать убедительными доводами 6) *грам.* падеж ◊ **just in ~** на всякий случай; **in no ~** ни в коем случае

case[2] **I** *n* 1) ящик; коробка; шкатулка; **packing ~** упаковочный ящик; **cigarette ~** портсигар 2) футляр, чехол; покрышка; кожура; *тех.* кожух; **jewel ~** пластиковый футляр для компакт-диска 3) чемодан; **overnight ~** несессер; **vanity ~** сумочка-косметичка 4) витрина 5) *полигр.* наборная касса 6) регистр клавиатуры *(компьютера)*

case[2] **II** *v* 1) класть *(в ящик, футляр и т. п.)* 2) вставлять в оправу; обшивать

case-bound [ˈkeɪsbaʊnd] *a* в твёрдом переплёте *(о книге)*

case-hardened [ˈkeɪsˌhɑːdnd] *a* 1) *тех.* зака-лённый 2) нечувствительный, загрубелый

case history [ˌkeɪsˈhɪstrɪ] *n мед.* история бо-лезни

casein [ˈkeɪsɪɪn] *n* казеин

casemate [ˈkeɪsmeɪt] *n воен.* каземат

casement [ˈkeɪsmənt] *n* 1) створный оконный переплёт 2) *поэт.* окно

case shift [ˈkeɪs ˌʃɪft] *n вчт* переключение ре-гистра (клавиатуры)

cash I [kæʃ] *n* 1) наличные деньги; (де-нежная) наличность; **in ~** при деньгах; **out of ~** не при деньгах; без денег; **~ on delivery** (*сокр.* **COD**) оплата наличными при полу-чении, наложенным платежом; **hard ~** на-личные, звонкая монета; **to pay ~** платить наличными; **I have no ~ on me** у меня нет при себе денег 2) вся сумма, весь платёж в момент покупки (*в отличие от выплаты в кредит*) (*тж* **~ down**) 3) *разг.* богатство 4) *attr* наличный (*о деньгах, расчёте*) ◊ **~ and carry** 1) мелкооптовая торговля (*при кото-рой покупатель оплачивает товар налич-ными и сам его забирает из магазина*) 2) магазин мелкооптовой торговли

cash II *v* получать наличные деньги; платить наличными

cash in 1) превращать в наличные, обнали-чивать 2) *разг.* воспользоваться (*чем-л.*) для своей выгоды

cash up 1) подсчитывать дневную выручку 2) *разг.* раскошелиться

cashcard [ˈkæʃkɑːd] *n* пластиковая кредит-ная карточка

cash desk [ˈkæʃdesk] *n* касса

cash dispenser [ˈkæʃdɪsˈpensə(r)] *n* банкомат

cashier[1] [kæˈʃɪə(r)] *n* кассир

cashier[2] *v* 1) увольнять 2) *воен.* разжаловать

cashless [ˈkæʃlɪs] *a* 1) не имеющий наличных денег 2) безналичный

cashmere [kæʃˈmɪə(r)] *n* кашемир

cashpoint [ˈkæʃpɔɪnt] *n см.* **cash dispenser**

casing [ˈkeɪsɪŋ] *n* 1) обшивка; оболочка; оби-вка; покрышка 2) кожух; футляр 3) *авто* картер

casino [kəˈsiːnəʊ] *n* казино

cask [kɑːsk] *n* бочка, бочонок

casket [ˈkɑːskɪt] *n* 1) шкатулка; ларец 2) урна с прахом 3) *амер.* гроб

casque [kæsk] *n ист., поэт.* шлем

cassation [kæˈseɪʃ(ə)n] *n юр.* кассация; **court of ~** кассационный суд

casserole [ˈkæsərəʊl] *n* кастрюля

cassette [kəˈset] *n* кассета; **audio ~** аудио-кассета; **video ~** видеокассета

cassock [ˈkæsək] *n* ряса; сутана

cast I [kɑːst] *n* 1) бросание, метание; забра-сывание (*сети, удочки и т. п.*) 2) бросок 3) число очков (*на игральной кости*) 4) форма для отливки; гипсовый слепок 5) *кино, те-атр.* состав исполнителей; распределение ролей 6) склад (*ума, характера*); тип 7) оттенок 8) лёгкое косоглазие 9) поворот, отклонение 10) образец, образчик

cast II *v* (**cast**) 1) бросать; **to ~ a glance** бро-сить взгляд; **to ~ a shadow** отбрасывать тень 2) кидать, швырять 3) закидывать (*удочку*) 4) сбрасывать (*кожу*); менять (*рога*); те-рять (*зубы*); ронять (*листья*) 5) опускать (*избирательный бюллетень*) 6) *тех.* отли-вать, лить; формовать 7) распределять (*ро-ли*); подбирать (*актёров*) на роли 8) (примерно) подсчитывать, (предваритель-но) вычислять ◊ **to ~ doubt on smth** под-вергать что-л. сомнению; **to ~ light on smth** проливать свет на что-л.; **to ~ a spell** на-кладывать заклятье; творить заклинание

cast about обдумывать, раскидывать умом

cast aside 1) откладывать (до поры) 2) от-вергать, отбрасывать; рвать отношения

cast away 1) выбрасывать 2) рвать отношения

cast back мысленно возвращаться; вспо-минать

cast down 1) разрушать, разбивать 2) по-вергать в уныние

cast in 1) *кино, театр.* давать роль 2) вы-ражать мысли, облекать мысли в слова

cast off 1) сбрасывать, скидывать 2) уда-лять, выкидывать 3) скидывать, освобож-даться 4) отдавать швартовы 5) спускать петли (*в вязанье*)

cast on набирать петли (*в вязанье*)

cast out 1) отбрасывать; выкидывать 2) от-вергать, изгонять

cast up 1) извергать, выкидывать 2) выбра-сывать на берег 3) подсчитывать, сумми-ровать; подводить итог 4) *амер. разг.* тош-нить, рвать

castanets [ˌkæstəˈnets] *n pl* кастаньеты

castaway I [ˈkɑːstəˌweɪ] *n* потерпевший ко-раблекрушение

castaway II *a* 1) потерпевший кораблекруше-ние 2) отверженный

caste [kɑːst] *n* каста

castigate [ˈkæstɪɡeɪt] *v* 1) сурово наказывать; бичевать (*словами*) 2) подвергать суровой критике

castigation [ˌkæstɪˈɡeɪʃ(ə)n] *n* 1) суровое наказание; бичевание (*словами*) 2) суровая критика

casting [ˈkɑːstɪŋ] *n* 1) бросание, метание 2) сбрасывание, смена (*кожи, рогов и т. п.*) 3) (примéрный) подсчёт; (предварительное) вычислéние 4) *кино, театр.* распределéние ролéй; подбóр актёров, *проф.* кáстинг 5) *тех.* литьё, отлúвка

casting vote [ˈkɑ:stɪŋ ˈvəʊt] *n* решáющий гóлос

cast iron [ˈkɑ:st ˈaɪən] *n* чугýн

cast-iron [ˈkɑ:st ˌaɪən] *a* 1) чугýнный 2) непреклóнный; твёрдый

castle I [ˈkɑ:sl] *n* 1) зáмок *2) шахм.* ладья ◊ **to build ~s in the air/in Spain** стрóить воздýшные зáмки; предавáться мечтáм, фантáзиям

castle II *v шахм.* рокировáть(ся)

castor¹ [ˈkɑ:stə(r)] *n* 1) бобр 2) бобёр, бобрóвый мех 3) бобрóвая струя

castor² *n* 1) колёсико, рóлик *(на нóжках мéбели)* 2) солóнка; пéречница

castor oil [ˈkɑ:stə(r)ɔɪl] *n* кастóровое мáсло

castor sugar [ˈkɑ:stə ˌʃʊgə(r)] *n* сáхарная пýдра

castrate [kæˈstreɪt] *v* кастрúровать

castration [kæˈstreɪʃ(ə)n] *n* кастрáция

casual [ˈkæʒʊəl] *a* 1) случáйный 2) непостоя́нный; нерегуля́рный; врéменный; **~ work** врéменная рабóта 3) непринуждённый; бесцеремóнный 4) небрéжный 5) повседнéвный *(об одéжде)*

casuals [ˈkæʒʊəlz] *n pl* повседнéвная одéжда *(тж* **casual wear)**

casualty [ˈkæʒʊəltɪ] *n* 1) рáненый; убúтый; *pl воен.* потéри убúтыми и рáнеными; **to suffer heavy casualties** понестú тяжёлые потéри 2) пострадáвший, жéртва 3) несчáстный слýчай

CAT *сокр.* 1) **(computer-aided translation)** систéма автоматизúрованного перевóда 2) **(computerized axial tomography)** *мед.* компью́терная аксиáльная томогрáфия

cat [kæt] *n* 1) кот; кóшка 2) живóтное семéйства кошáчьих 3) *разг.* склóчная жéнщина 4) кóшка *(плеть)* 5) кэт *(парусное судно)* ◊ **it rains ~s and dogs** дождь льёт как из ведрá; **to let the ~ out of the bag** вы́болтать секрéт; **like a ~ on hot bricks/on a hot tin roof** как на игóлках; **to put the ~ among the pigeons** навлéчь бедý; **it's enough to make a ~ laugh** óчень смешнó

cataclysm [ˈkætəklɪz(ə)m] *n* 1) катаклúзм, бéдствие, переворóт *(особ. социáльный или политúческий)* 2) потóп

catacomb [ˈkætəku:m] *n обыкн. pl* катакóмбы

catafalque [ˈkætəfælk] *n* катафáлк

catalog [ˈkætəlɒg] *амер. см.* **catalogue**

catalogue I [ˈkætəlɒg] *n* 1) каталóг; **subject ~** предмéтный каталóг; **price ~** каталóг с цéнами 2) спúсок, рéестр; пéречень 3) *амер.* учéбный план, прогрáмма

catalogue II *v* каталогизúровать, вносúть в каталóг

catalyst [ˈkætəlɪst] *n хим.* катализáтор

catamaran [ˌkætəməˈræn] *n* 1) катамарáн 2) *разг.* сварлúвая жéнщина

cat-and-dog [ˈkætəndˈdɒg] *a* как кóшка с собáкой; с постоя́нными ссóрами и скандáлами

catapult I [ˈkætəpʌlt] *n* 1) катапýльта 2) рогáтка

catapult II *v* 1) катапультúровать(ся) 2) стреля́ть из рогáтки

cataract [ˈkætərækt] *n* 1) водопáд 2) лúвень 3) *мед.* катарáкта 4) *тех.* катарáкт, тóрмоз, дéмпфер

catarrh [kəˈtɑ:(r)] *n мед.* катáр, катарáльное воспалéние *(обыкн. вéрхних дыхáтельных путéй)*

catastrophe [kəˈtæstrəfɪ] *n* 1) катастрóфа; несчáстье 2) развя́зка *(в дрáме)*

catastrophic [ˌkætəˈstrɒfɪk] *a* катастрофúческий

catcall I [ˈkætkɔ:l] *n* свист, освúстывание

catcall II *v* освúстывать

catch I [kætʃ] *n* 1) поймка 2) улóв; добы́ча 3) вы́годное приобретéние 4) ковáрный вопрóс; ловýшка; подвóх 5) щеколда; задвúжка; шпингалéт; защёлка 6) тóрмоз 7) задéржка *(дыхáния)* ◊ **he's quite a ~** он завúдный женúх

catch II *v* **(caught)** 1) ловúть; поймáть 2) схватúть 3) застúгнуть *(за чем-л. — in, at)* 4) перехвáтывать 5) заразúться, подцепúть *(болéзнь)* 6) поспéть *(на пóезд и т. п.)* 7) понимáть, улáвливать; схвáтывать *(смысл)* 8) зацепúть; прищемúть; запýтаться; попáсть 9) привлéчь *(внимáние); поразúть, увлéчь 10) загорéться; **the house caught fire** дом загорéлся 11) обгоня́ть, опережáть *(обыкн.* **to ~ up)** ◊ **to ~ sight of smb** увúдеть когó-л. мéльком; **he caught it!** ну емý и достáлось!; **catch me!** никогдá э́того не сдéлаю!

catch at 1) застúгнуть, захватúть с полúчным 2) ухватúться за *(возмóжность и т. п.)*

catch in 1) зацепúться *(за что-л.);* споткнýться *(обо что-л.)* 2) застáть на мéсте преступлéния *(тж* **to ~ smb in the act)**

catch on *разг.* 1) становúться извéстным, мóдным 2) поня́ть скáзанное 3) бы́стро схвáтывать, понимáть

catch out 1) не застáть (когó-л.) дóма, на рабóте *и т. п.* 2) *разг.* лóвко поймáть (когó-л.) на лжи *и т. п.*

catch up 1) бы́стро схватúть (что-л.) 2) подвéшивать; закрепля́ть вверхý 3) задéрживать, уде́рживать (кого-л. где-л.) 4) догна́ть, опереди́ть (кого-л.) 5) идти́ вро́вень с (кем-л., чем-л.) 6) *амер. разг.* находи́ть просчёты, про́махи (у кого-л.)

catching [′kætʃɪŋ] *a* 1) зара́зный, прили́пчивый 2) привлека́тельный

catchpenny [′kætʃ͵penɪ] *a* рассчи́танный на дешёвый успе́х; показно́й

catch-phrase [′kætʃfreɪz] *n* мо́дное, ходово́е выраже́ние

catchword [′kætʃwɜːd] *n* 1) ло́зунг 2) *театр.* ре́плика 3) *полигр.* колонти́тул

catchy [′kætʃɪ] *a* 1) легко́ запомина́ющийся (*о мелодии*); **a ~ tune** прили́пчивая мело́дия 2) привлека́тельный 3) поры́вистый (*о ветре*)

catechism [′kætɪkɪz(ə)m] *n церк.* катехи́зис

categorical [͵kætɪ′gɒrɪkəl] *a* 1) категори́ческий; безусло́вный 2) реши́тельный; я́сный

category [′kætɪgərɪ] *n* катего́рия; разря́д; класс

catenate [′kætɪneɪt] *v* сцепля́ть; образо́вывать цепь

catenation [͵kætɪneɪʃ(ə)n] *n вчт* сцепле́ние; каска́дное включе́ние

cater [′keɪtə(r)] *v* 1) поставля́ть проду́кты (*for*); обслу́живать (*for*) 2) развлека́ть, доставля́ть удово́льствие (*for*) 3) потака́ть, потво́рствовать (*to*)

caterer [′keɪtərə(r)] *n* поставщи́к проду́ктов

catering [′keɪtərɪŋ] *n* поста́вка проду́ктов

caterpillar [′kætəpɪlə(r)] *n* 1) гу́сеница 2) *attr:* гу́сеничный; **~ tractor** гу́сеничный тра́ктор

caterwaul I [′kætəwɔːl] *n* коша́чий конце́рт

caterwaul II *v* устра́ивать коша́чий конце́рт

catgut [′kætgʌt] *n* кетгу́т (*материал, используемый для изготовления струн; в хирургии*)

catharsis [kə′θɑːsɪs] *n филос.* ка́тарсис

cathedral [kə′θiːdrəl] *n* кафедра́льный собо́р

catheter [′kæθɪtə(r)] *n мед.* кате́тер

cathode [′kæθəʊd] *n эл.* като́д

Catholic I [′kæθəlɪk] *n* като́лик (*тж* **Roman ~**)

catholic II *a* 1) разносторо́нний, всеохва́тывающий 2) *церк.* вселе́нский 3) (**C.**) католи́ческий (*тж* **Roman ~**)

Catholicism [kə′θɒlɪsɪz(ə)m] *n* католи́чество, католици́зм (*тж* **Roman ~**)

catkin [′kætkɪn] *n* серёжка (*на иве, берёзе и т. п.*)

catlike [′kætlaɪk] *a* коша́чий; мя́гкий, неслы́шный

catnap [′kætnæp] *n* коро́ткий сон

cat-o'-nine-tails [′kætə′naɪnteɪlz] *n* ко́шка-девятихво́стка (*плеть*)

cat's-eye [′kætsaɪ] *n* 1) *мин.* коша́чий глаз 2) «коша́чий глаз», маги́ческий глаз (*индика-*

тор настро́йки радиоприёмника и т. п.) 3) катафо́т, доро́жный сто́лбик с катафо́том

cat's-paw [′kætspɔː] *n* 1) ору́дие в рука́х кого́-л. 2) лёгкий бриз

catsup [′kætsəp] *см.* **ketchup**

cattle [′kætl] *n* (*pl без измен.*) кру́пный рога́тый скот; **dairy/pedigree ~** моло́чный/племенно́й скот

cattle-cake [′kætlkeɪk] *n* концентри́рованный корм для скота́ (*в виде лепёшек*); кормово́й жмых

cattle-dealer [′kætl͵diːlə(r)] *n* торго́вец ското́м

cattleman [′kætlmən] *n* 1) пасту́х 2) ско́тник

cattle-ranch [′kætlræntʃ] *n* животново́дческая фе́рма

catty [′kætɪ] *a* 1) хи́трый; недоброжела́тельный; зло́бный, язви́тельный 2) коша́чий; похо́жий на ко́шку

catwalk [′kætwɔːk] *n* у́зкий пешехо́дный прохо́д вдоль моста́; у́зкий помо́ст, по́диум (*для показа мод и т. п.*)

Caucasian I [kɔː′keɪʒ(ə)n] *n* 1) кавка́зец; уроже́нец *или* жи́тель Кавка́за 2) представи́тель европеои́дной ра́сы

Caucasian II *a* кавка́зский ◊ **~ race** европеои́дная ра́са

caucus [′kɔːkəs] *n* 1) *амер.* собра́ние чле́нов одно́й па́ртии (*для выработки тактики и т. п.*) 2) та́йное фракцио́нное собра́ние

caught [kɔːt] *past, p. p. см.* **catch II**

caul [kɔːl] *n* 1) *анат.* во́дная оболо́чка плода́, околопло́дный пузы́рь 2) че́пчик ◊ **to be born with a ~** ≅ роди́ться в руба́шке

cauldron [′kɔːldrən] *n* котёл

cauliflower [′kɒlɪflaʊə(r)] *n* цветна́я капу́ста

caulk [kɔːk] *v* конопа́тить; смоли́ть (*судно*)

causal [′kɔːzəl] *a* причи́нный

causality [kɔː′zælɪtɪ] *n* причи́нность; причи́нная связь

causative [′kɔːzətɪv] *a* 1) причи́нный 2) *грам.* каузати́вный

cause I [kɔːz] *n* 1) причи́на; **~ and effect** причи́на и сле́дствие; **without good ~** без уважи́тельной причи́ны 2) основа́ние, по́вод; **there's no ~ for alarm** нет никаки́х по́водов для беспоко́йства 3) де́ло; **to make common ~ with smb** объединя́ться с кем-л. в борьбе́ за о́бщее де́ло; **the ~ of peace** де́ло ми́ра; **faithful to the ~** ве́рный де́лу; **that's a lost ~** э́то безнадёжное де́ло 4) *юр.* де́ло, проце́сс; **to plead a ~** защища́ть де́ло в суде́

cause II *v* 1) вызыва́ть, причиня́ть; быть причи́ной; **she ~d me a lot of trouble** она́ причини́ла мне мно́го неприя́тностей 2) заставля́ть, веле́ть (**+ Inf**)

cause [kɒz] *разг.* = **because**

causeless [ˈkɔːzlɪs] *a* беспричинный, необоснованный; беспочвенный

causerie [ˈkəʊzərɪ] *фр. n* статья *(особ. на литературную тему)* в форме непринуждённой беседы

causeway [ˈkɔːzweɪ] *n* 1) насыпная дорога; дамба 2) мостки

caustic I [ˈkɔːstɪk] *n хим.* едкое вещество; **lunar ~** ляпис

caustic II *a* 1) *хим.* едкий; каустический; **~ soda** едкий натр, каустик, каустическая сода 2) язвительный, саркастический

cauterize [ˈkɔːtəraɪz] *v мед.* прижигать

cautery [ˈkɔːtərɪ] *n мед.* прижигание

caution I [ˈkɔːʃ(ə)n] *n* 1) осторожность; осмотрительность 2) предостережение ◊ **he's a ~!** *разг.* он такой озорник!

caution II *v* предостерегать *(against)*

cautionary [ˈkɔːʃənərɪ] *a* предупреждающий, предостерегающий; **~ tales** назидательные истории

caution money [ˈkɔːʃ(ə)n‿mʌnɪ] *n* денежный залог; задаток

cautious [ˈkɔːʃəs] *a* осторожный; осмотрительный

cavalcade [ˌkævəlˈkeɪd] *n* кавалькада

cavalier I [ˌkævəˈlɪə(r)] *n* 1) кавалер; рыцарь 2) *ист.* роялист *(сторонник Карла I в гражданской войне в Англии 17 в.)* 3) *уст.* всадник

cavalier II *a* 1) бесцеремонный; непринуждённый 2) надменный

cavalry [ˈkævəlrɪ] *n* 1) конница, кавалерия 2) *attr* кавалерийский

cavalryman [ˈkævəlrɪmən] *n* кавалерист

cavalry twill [ˈkævəlrɪ‿twɪl] *n* плотная шерстяная ткань в рубчик, диагональ

cave I [keɪv] *n* 1) пещера 2) впадина

cave II *v* исследовать пещеры
cave in 1) оседать *(о почве, части здания)* 2) уступать, поддаваться

caveat [ˈkeɪvɪˌæt] *n* предостережение, предупреждение

cave-dweller [ˈkeɪvˌdwelə(r)] *n* 1) доисторический человек; пещерный человек 2) примитивный *или* грубый человек

caveman [ˈkeɪvmæn] *n см.* **cave-dweller**

cavern [ˈkæv(ə)n] *n* 1) пещера 2) тёмное мрачное помещение 3) *анат.* полость, впадина 4) *мед.* каверна

caviar(e) [ˈkævɪɑː(r)] *n* икра *(рыб; деликатес)*

cavil I [ˈkævɪl] *n* придирка

cavil II *v* придираться *(к — at, about)*

caving [ˈkeɪvɪŋ] *n спорт.* кейвинг, исследование пещер

cavity [ˈkævɪtɪ] *n* 1) *анат.* впадина, полость; **abdominal ~** брюшная полость 2) *мед.* кариозная полость, *разг.* дупло *(в зубе)* 3) впадина

caw I [kɔː] *n* карканье

caw II *v* каркать

cay [keɪ] *n* 1) песчаная отмель 2) коралловый риф

cayenne [keɪˈen] *n* молотый красный перец *(тж ~ pepper)*

CD *сокр.* **(compact disc)** компакт-диск

CD caddy [ˌsɪdɪˈkædɪ] *n* пластиковый конверт для компакт-диска

CD-R *сокр.* **(compact disc recordable)** *n вчт* записываемый компакт-диск *(одноразовый)*

CD-ROM *сокр.* **(compact disc read-only memory)** *n вчт* незаписываемый компакт-диск, компакт-диск постоянной памяти, компакт-диск, позволяющий только считывать информацию

CD-ROM drive [ˌsɪdɪ‿rɒm‿ˈdraɪv] *n вчт* дисковод для компакт-дисков

CD-RW *сокр.* **(compact disc rewritable)** *n вчт* перезаписываемый компакт-диск

CD-video [ˌsiːdiːˈvɪdɪəʊ] *n* видеофильм на компакт-диске

cease [siːs] *v* прекращать(ся); переставать; **~ fire!** *воен.* прекратить огонь!

cease-fire [ˈsiːsˌfaɪə] *n* 1) *воен.* приказ о прекращении огня 2) временное перемирие; прекращение огня

ceaseless [ˈsiːslɪs] *a* непрерывный, беспрестанный

cedar [ˈsiːdə(r)] *n* 1) кедр 2) *attr* кедровый

cede [siːd] *v* передавать, уступать *(права, собственность, территорию)*

ceiling [ˈsiːlɪŋ] *n* 1) потолок 2) верхний предел *(зарплаты, цен и т. п.)* 3) перекрытие, обшивка 4) *ав.* потолок, предельная высота 5) *мат.* усечение *(до ближайшего целого числа с увеличением)*

celebrate [ˈselɪbreɪt] *v* 1) праздновать 2) прославлять; **to ~ victory** торжествовать победу 3) совершать богослужение

celebrated [ˈselɪbreɪtɪd] *a* знаменитый, прославленный

celebration [ˌselɪˈbreɪʃ(ə)n] *n* 1) празднование; *pl* торжества 2) прославление 3) церковная служба

celebrity [sɪˈlebrɪtɪ] *n* 1) известный человек, знаменитость 2) слава, известность

celerity [sɪˈlerɪtɪ] *n* быстрота

celery [ˈselərɪ] *n* сельдерей

celestial [sɪˈlestɪəl] *a* 1) небесный 2) прекрасный, божественный

celibacy [ˈselɪbəsɪ] *n* безбрачие, *церк.* целибат

celibate I [ˈselɪbət] *n* холостя́к

celibate II *a* 1) *церк.* да́вший обе́т безбра́чия 2) холосто́й; холостя́цкий

cell [sel] *n* 1) ка́мера *(тюремная)* 2) мона́шеская ке́лья 3) ячея́; яче́йка *(тж полит.)* 4) *биол.* кле́тка 5) *эл.* элеме́нт

cellar [ˈselə(r)] *n* 1) подва́л *(особ. для прови́зии, угля и т. п.)* 2) (ви́нный) по́греб 3) запа́с вин

cellarer [ˈselərə(r)] *n* ке́ларь *(монах, заведующий хозяйством в монастыре)*

cellist [ˈtʃelɪst] виолончели́ст

cello [ˈtʃeləʊ] виолонче́ль

cellophane [ˈseləfeɪn] *n* 1) целлофа́н 2) *attr* целлофа́новый

cellphone [ˈselfəʊn] *n амер.* со́товый, моби́льный телефо́н, *разг.* «моби́льник» *(тж* **mobile phone**)

cellular [ˈseljʊlə(r)] *a* 1) кле́точный 2) по́ристый

cellular network [ˈseljʊlə(r)ˈnetwɜːk] *n* систе́ма со́товой свя́зи

cellular phone [ˈseljʊlə ˌfəʊn] *n амер.* со́товый, моби́льный телефо́н, *разг.* «моби́льник» *(тж* **mobile phone**)

cellulary [ˈseljʊlərɪ] *n* со́товая связь

cellulate [ˈseljʊleɪt] *a* состоя́щий из кле́ток, яче́истый

cellule [ˈseljuːl] *n биол.* кле́тка

cellulite [ˈseljʊlaɪt] *n мед.* целлюли́т *(воспаление подкожной клетчатки)*

celluloid [ˈseljʊlɔɪd] *n* 1) целлуло́ид 2) киноплёнка

cellulose I [ˈseljʊləʊs] *n* целлюло́за; клетча́тка

cellulose II *a* целлюло́зный

Celsius [ˈselsɪəs] *a* ◊ ~ **scale** шкала́ Це́льсия

Celt [kelt] *n* кельт

Celtic I [ˈkeltɪk] *n* ке́льтская гру́ппа языко́в *(включает ирландский, гэльский, бретонский, валлийский и несколько мёртвых языков)*

Celtic II *a* ке́льтский

Celticism [ˈkeltɪsɪz(ə)m] *n лингв.* кельтици́зм

cement I [sɪˈment] *n* 1) цеме́нт 2) зама́зка; строи́тельный раство́р; вя́жущее вещество́ 3) объединя́ющий при́нцип, фа́ктор 4) клей, кле́ящее вещество́

cement II *v* цементи́ровать; скрепля́ть *(тж перен.)*

cementation [ˌsiːmenˈteɪʃ(ə)n] *n* цементи́рование; цемента́ция

cement-mixer [sɪˈmentˈmɪksə(r)] *n тех.* маши́на для сме́шивания цеме́нта с водо́й

cemetery [ˈsemɪtrɪ] *n* кла́дбище

cenotaph [ˈsenətɑːf] *n* кенота́ф, па́мятник поги́бшим на войне́; па́мятник неизве́стному солда́ту

censer [ˈsensə(r)] *n церк.* кади́ло

censor I [ˈsensə(r)] *n* це́нзор

censor II *v* подверга́ть цензу́ре; просма́тривать, проверя́ть; **the book was heavily ~ed** в кни́ге бы́ли больши́е купю́ры

censorial [senˈsɔːrɪəl] *a* цензу́рный

censorious [senˈsɔːrɪəs] *a* ре́зко крити́ческий; осужда́ющий

censorship [ˈsensəʃɪp] *n* цензу́ра

censure I [ˈsenʃə(r)] *n* осужде́ние, вы́говор, порица́ние

censure II *v* порица́ть, осужда́ть; де́лать стро́гий вы́говор

census [ˈsensəs] *n* пе́репись (населе́ния)

cent [sent] *n* 1) цент *(= 0,01 доллара)* 2) евроце́нт *(=0,01 евро)* ◊ **I haven't a ~** у меня́ нет ни гроша́

cent *сокр.* **(century)** век, столе́тие

centenarian I [ˌsentɪˈneərɪən] *n* челове́к ста (и бо́лее) лет

centenarian II *a* столе́тний

centenary I [senˈtiːnərɪ] *n* 1) столе́тняя годовщи́на; столе́тие 2) пра́зднование столе́тней годовщи́ны

centenary II *a* столе́тний

center I [ˈsentə(r)] *n амер. см.* **centre I**

center II *v амер. см.* **centre II**

centering [ˈsentrɪŋ] *амер. см.* **centring**

centigrade [ˈsentɪgreɪd] *a* стогра́дусный *(о шкале термометра)*

centimeter [ˈsentɪˌmiːtə(r)] *амер. см.* **centimetre**

centimetre [ˈsentɪˌmiːtə(r)] *n* сантиме́тр

central [ˈsentrəl] *a* 1) центра́льный 2) основно́й; гла́вный

centralization [ˌsentrəlaɪˈzeɪʃ(ə)n] *n* централиза́ция

centralize [ˈsentrəlaɪz] *v* централизова́ть

centralized [ˈsentrəlaɪzd] *a* централизо́ванный

central processor [ˈsentrəl ˈprəʊsesə(r)] *n вчт* центра́льный проце́ссор, ЦП

centre I [ˈsentə(r)] *n* 1) центр; середи́на; средото́чие; **shopping/administrative ~** торго́вый/администрати́вный центр; **dead ~** *тех.* мёртвая/нулева́я то́чка 2) начи́нка *(в конфете и т. п.)* 3) *спорт.* центра́льный игро́к, центрово́й

centre II *v* 1) помеща́ть(ся) в це́нтре 2) концентри́ровать(ся); сосредото́чивать(ся) 3) *тех.* центри́ровать

centred [ˈsentəd] *a* вы́ровненный по це́нтру

centrefold [ˈsentəfəʊld] *n полигр.* цветна́я вкле́йка *(в середине журнала и т. п.)*

centreing [ˈsentrɪŋ] *амер. см.* **centring**

centre justification [ˈsentə(r) ˌdʒʌstɪfɪˈkeɪʃ(ə)n] *n вчт* выра́внивание по це́нтру

centreline [ˈsentə ˌlaɪn] *n* осева́я ли́ния; сре́дняя ли́ния; геометри́ческая ось
centrifugal [senˈtrɪfjʊg(ə)l] *a* центробе́жный; **~ force** центробе́жная си́ла
centrifuge [ˈsentrɪfjuːʤ] *n* центрифу́га
centring [ˈsentərɪŋ] *n* центри́рование
centripetal [senˈtrɪpɪtl] *a* центростреми́тельный; **~ force** центростреми́тельная си́ла
centrist [ˈsentrɪst] *n* полит. центри́ст
century [ˈsentʃərɪ] *n* столе́тие; век; **for centuries** в тече́ние веко́в; **many centuries ago** мно́го веко́в тому́ наза́д
cephalic [keˈfælɪk, seˈfælɪk] *a* анат. головно́й
ceramic [sɪˈræmɪk] *a* керами́ческий
ceramics [sɪˈræmɪks] *n* 1) кера́мика 2) керами́ческие изде́лия
ceramist [ˈserəmɪst] *n* керами́ст; гонча́р
cereal I [ˈsɪərɪəl] *n* 1) обыкн. pl хле́бные зла́ки 2) зерно́ (различных злаков) 3) pl гото́вый за́втрак, хло́пья (из различных злаков)
cereal II *a* зернoво́й; относя́щийся к хле́бным зла́кам
cerebellum [ˌserɪˈbeləm] *n* анат. мозжечо́к
cerebra [ˈserɪbrə] pl см. **cerebrum**
cerebral [ˈserɪbr(ə)l] *a* 1) анат. церебра́льный; **~ hemisphere** полуша́рие большо́го мо́зга 2) фон. церебра́льный
cerebrum [ˈserɪbrəm] *n* (pl тж **cerebra**) анат. головно́й мозг; большо́й мозг
ceremonial I [ˌserɪˈməʊnjəl] *n* церемониа́л, обря́д
ceremonial II *a* 1) церемониа́льный, обря́довый; **~ dinner** торже́ственный обе́д; **~ dress** пара́дная фо́рма 2) форма́льный, официа́льный
ceremonious [ˌserɪˈməʊnjəs] *a* 1) церемо́нный; мане́рный 2) педанти́чный
ceremony [ˈserɪmənɪ] *n* 1) церемо́ния; обря́д 2) церемо́нность; форма́льность; этике́т; **to stand (up)on ~** стро́го соблюда́ть все форма́льности; **don't stand on ~!** не церемо́ньтесь!, не стесня́йтесь!
ceroplastics [ˌsɪərəʊˈplæstɪks] *n* церопла́стика, худо́жественная ле́пка из во́ска
certain [ˈsɜːtn] *a* 1) уве́ренный; **to be/to feel ~** быть уве́ренным; **to make ~ of** удостове́риться (в чём-л.); **for ~** наверняка́ 2) определённый; несомне́нный 3) надёжный, ве́рный; **he is ~ to come** он обяза́тельно придёт 4) не́кий, како́й-то; **a ~ person told me…** оди́н челове́к сказа́л мне… 5) не́который; **to a ~ extent** до не́которой сте́пени
certainly [ˈsɜːtnlɪ] *adv* коне́чно, несомне́нно
certainty [ˈsɜːtəntɪ] *n* 1) несомне́нный факт 2) по́лная уве́ренность; **that's a ~** э́то наверняка́; **to know for a ~** знать наверняка́; **with ~** уве́ренно, определённо

certifiable [ˌsɜːtɪˈfaɪəb(ə)l] *a* 1) нужда́ющийся в документа́льном подтвержде́нии 2) разг. ненорма́льный, сумасше́дший
certificate I [səˈtɪfɪkət] *n* удостовере́ние; свиде́тельство; **~ of birth, a birth ~** свиде́тельство о рожде́нии; **a marriage ~** свиде́тельство о бра́ке; **a health ~** спра́вка о состоя́нии здоро́вья
certificate II [səˈtɪfɪkeɪt] *v* удостоверя́ть; выдава́ть удостовере́ние, свиде́тельство
certification [ˌsɜːtɪfɪˈkeɪʃ(ə)n] *n* 1) вы́дача удостовере́ния, свиде́тельства 2) удостовере́ние; сертифика́ция
certify [ˈsɜːtɪfaɪ] *v* 1) удостоверя́ть, заверя́ть 2) руча́ться; уверя́ть 3) официа́льно признава́ть невменя́емым
certitude [ˈsɜːtɪtjuːd] *n* уве́ренность; убеждённость
cerumen [səˈruːmen] *n* ушна́я се́ра
cervelat [ˈsɜːvəlɑː] *n* сервела́т
cervical [səˈvaɪk(ə)l] *a* анат. 1) заты́лочный, ше́йный 2) относя́щийся к ше́йке ма́тки, цервика́льный
cervix [ˈsɜːvɪks] *n* анат. ше́йка ма́тки
cessation [seˈseɪʃ(ə)n] *n* 1) прекраще́ние; **~ of hostilities** прекраще́ние вое́нных де́йствий, переми́рие 2) переры́в
cession [ˈseʃ(ə)n] *n* усту́пка, переда́ча (прав, собственности и т. п.)
cesspool [ˈsespuːl] *n* 1) подзе́мное храни́лище для жи́дких отхо́дов 2) выгребна́я я́ма
CET сокр. (**Central European Time**) центральноевропе́йское вре́мя
cf. сокр. (лат. **confer; compare**) сравни́(те)
chafe I [ʧeɪf] *n* 1) сса́дина 2) раздраже́ние
chafe II *v* 1) тере́ть, натира́ть 2) растира́ть 3) раздража́ться, не́рвничать
chafer [ˈʧeɪfə(r)] *n* ма́йский жук, хрущ
chaff I [ʧɑːf] *n* 1) мяки́на 2) се́чка (из соломы, сена) 3) подтру́нивание, подшу́чивание 4) отбро́сы; му́сор 5) attr соло́менный ◊ **to separate/to sift the wheat from the ~** отлича́ть хоро́шее от плохо́го, библ. отделя́ть пле́велы от пшени́цы
chaff II *v* 1) руби́ть, ре́зать (солому и т. п.) 2) подшу́чивать; поддра́знивать
chaff cutter [ˈʧɑːf ˌkʌtə(r)] *n* соломоре́зка
chaffer [ˈʧæfə(r)] *v* торгова́ться
chaffinch [ˈʧæfɪnʧ] *n* зя́блик
chaffy [ˈʧɑːfɪ] *a* пусто́й, него́дный
chagrin I [ˈʃægrɪn] *n* доса́да, си́льное огорче́ние
chagrin II *v* си́льно огорча́ть
chain I [ʧeɪn] *n* 1) цепь; цепо́чка (тж перен.); **a ~ of mountains** го́рная цепь, го́рный хребе́т; **a ~ of events** цепь собы́тий 2) pl це́пи,

око́вы *(тж перен.)* 3) сеть одноти́пных магази́нов, оте́лей, рестора́нов *и т. п.;* ~ **store** магази́н, входя́щий в сеть одноти́пных магази́нов одно́й фи́рмы *или* одного́ владе́льца 4) ме́рная цепь *(=19,8 м)* 5) *attr* цепно́й; ~ **reaction** *физ.* цепна́я реа́кция

chain II *v* 1) ско́вывать; прико́вывать; сажа́ть на цепь *(обыкн.* **to ~ up)** 2) *перен.* привя́зывать

chain armour [ˈtʃeɪn ˌɑːmə(r)] *n* кольчу́га

chain gang [ˈtʃeɪŋɡæn] *n* гру́ппа заключённых, ско́ванных одно́й це́пью и рабо́тающих на откры́том во́здухе

chair I [tʃeə] *n* 1) стул; **to offer smb a ~** предложи́ть кому́-л. сесть; **take a ~!, won't you take a ~?** сади́тесь! 2) ка́федра; **to be appointed to a ~** получи́ть ка́федру 3) председа́тельское ме́сто *(на собрании и т. п.);* **to be in the ~** председа́тельствовать; **to take the ~** председа́тельствовать *(на собрании)* 4) председа́тель *(собрания);* **to elect the ~** выбира́ть председа́теля *(собрания)* 5) *амер.* электри́ческий стул

chair II *v* 1) председа́тельствовать 2) поднима́ть и нести́ *(победителя)*

chair-car [ˈtʃeəˌkɑː(r)] *n* пассажи́рский ваго́н с мя́гкими кре́слами; сало́н-ваго́н

chairman [ˈtʃeəmən] *n* председа́тель

chairperson [ˈtʃeəpɜːs(ə)n] *n* председа́тельствующее лицо́

chairwoman [ˈtʃeəˌwʊmən] *n* же́нщина-председа́тель

chaise [ʃeɪz] *n ист.* 1) фаэто́н 2) почто́вая каре́та

chalcedony [kælˈsedənɪ] *n мин.* халцедо́н

chalet [ˈʃæleɪ] *n* 1) се́льский до́мик, шале́ *(в Швейца́рии)* 2) да́чный до́мик *(в стиле швейца́рского шале)*

chalice [ˈtʃælɪs] *n* 1) *поэт.* ча́ша, ку́бок 2) *церк.* поти́р *(чаша для причастия)*

chalk I [tʃɔːk] *n* 1) мел 2) мело́к *(для рисова́ния)* ◊ **as different as ~ and cheese** соверше́нно ра́зные; **~ and talk** преподава́ние; **by a long ~** намно́го, значи́тельно

chalk II *v* писа́ть, рисова́ть ме́лом
chalk out намеча́ть *(план)*

chalk-stone [ˈtʃɔːkstəʊn] *n мед.* отложе́ние соле́й *(в суставах)*

chalky [ˈtʃɔːkɪ] *a* 1) мелово́й; известко́вый 2) име́ющий отложе́ния соле́й

challenge I [ˈtʃælɪndʒ] *n* 1) вы́зов *(на соревнова́ние, на дуэ́ль);* **to take up a ~** приня́ть вы́зов 2) сло́жная зада́ча; возни́кшая пробле́ма; **he enjoys the ~ of the new job** тру́дности но́вой рабо́ты его́ то́лько привлека́ют 3) *юр.* отво́д *(прися́жных, свиде́теля)* 4) о́клик *(часово́го)*

challenge II *v* 1) вызыва́ть *(на соревнова́ние, на дуэ́ль);* броса́ть вы́зов 2) оспа́ривать 3) *юр.* дава́ть отво́д *(прися́жным, свиде́телю)* 4) оклика́ть; спра́шивать паро́ль 5) тре́бовать *(внима́ния)*

challenger [ˈtʃælɪndʒə] *n* 1) претенде́нт *(на зва́ние чемпио́на)* 2) *рлк.* запро́счик

challenge-response procedure [ˈtʃælɪndʒ rɪˈspɒns prəˈsiːdʒə] *n вчт* процеду́ра ти́па «запро́с – отве́т»

challenging [ˈtʃælɪndʒɪŋ] *a* 1) сло́жный 2) многообеща́ющий; перспекти́вный

chamber [ˈtʃeɪmbə(r)] *n* 1) пала́та *(особ. парла́мента);* **Lower C.** ни́жняя пала́та; **Second** *(или* **Upper) C.** ве́рхняя пала́та; **C. of Commerce** Торго́вая пала́та 2) *pl* конто́ра адвока́та; кабине́т судьи́ 3) *поэт., уст.* ко́мната 4) *тех.* ка́мера; отсе́к 5) *анат.* по́лость *(о́ргана)* 6) *attr* ка́мерный; ~ **music** ка́мерная му́зыка

chamberlain [ˈtʃeɪmbəlɪn] *n* 1) гофме́йстер; камерге́р 2) казначе́й *(корпора́ции и т. п.)*

chambermaid [ˈtʃeɪmbəmeɪd] *n* го́рничная *(в гости́нице и т. п.)*

chamber pot [ˈtʃeɪmbəpɒt] *n* ночно́й горшо́к

chameleon [kəˈmiːlɪən] *n* хамелео́н

chamfer I [ˈtʃæmfə(r)] *n* 1) жёлоб, вы́емка 2) ско́шенная кро́мка; фа́ска

chamfer II *v* стёсывать о́стрые углы́, ска́шивать

chamois [ˈʃæmwɑː] *n* 1) *зоол.* се́рна 2) [ˈʃæmɪ] за́мша *(тж* **leather)** 3) *attr* за́мшевый

champ I [tʃæmp] *n* ча́вканье

champ II *v* 1) ча́вкать 2) грызть удила́

champagne [ʃæmˈpeɪn] *n* шампа́нское

champion I [ˈtʃæmpɪən] *n* 1) чемпио́н; **world ~** чемпио́н ми́ра 2) боре́ц, защи́тник, побо́рник; **~s of peace** борцы́ за мир, сторо́нники ми́ра

champion II *a разг.* первокла́ссный

champion III *v* защища́ть; отста́ивать

championship [ˈtʃæmpɪənʃɪp] *n* 1) пе́рвенство, чемпиона́т *(в спо́рте)* 2) зва́ние чемпио́на 3) защи́та, отста́ивание *(како́го-л. де́ла)*

chance I [tʃɑːns] *n* 1) возмо́жность; вероя́тность; шанс; **to have no ~** не име́ть возмо́жности; **give me a ~ to try again** да́йте мне возмо́жность ещё раз попыта́ться; **to stand a ~** име́ть шанс 2) слу́чай; случа́йность; неожи́данность; **by sheer ~** по чи́стой случа́йности; **have you by any ~ his address?** у тебя́ случа́йно нет его́ а́дреса? 3) риск; **to take a ~, to take ~s** рискну́ть 4) сча́стье, уда́ча; **just leave it to ~** предоста́вь судьбе́ реша́ть; положи́сь на во́лю слу́чая; **he left**

nothing to ~ он всё предусмотрел 5) *attr* случайный

chance II *v* 1) *разг.* рискнуть; **let's ~ it** давай рискнём 2) случиться; **if I ~ to be** если мне случится быть

chance on/upon случайно найти, наткнуться

chance error [ʹtʃɑːns ʹerə] *n* *вчт* случайная ошибка; несистематическая ошибка

chancel [ʹtʃɑːns(ə)l] *церк.* алтарь

chancellery [ʹtʃɑːnsələrɪ] *n* 1) звание канцлера 2) *амер.* канцелярия *(посольства, консульства)*

chancellor [ʹtʃɑːnsələ(r)] *n* 1) канцлер; **Lord (High) C.** а) лорд-канцлер; спикер палаты лордов *(в Великобритании)* б) верховный судья *(в Великобритании)*; **C. of the Exchequer** министр финансов *(в Великобритании)* 2) почётный ректор университета *(в Великобритании)* 3) первый секретарь посольства 4) *амер.* председатель суда «права справедливости»

chancel-table [ʹtʃɑːns(ə)l ʹteɪbl] *n* *церк.* престол *(алтаря)*

chancery [ʹtʃɑːnsərɪ] *n* 1) **(C.)** суд лорда-канцлера 2) *ист.* канцлерский суд 3) *амер.* суд «права справедливости» 4) канцелярия *(посольства, консульства)* ◊ **in ~** в безвыходном положении

chance variable [tʃɑːns ʹve(ə)rɪəb(ə)l] *n* *мат.* случайная переменная

chancy [ʹtʃɑːnsɪ] *a* рискованный

chandelier [ˌʃændɪʹlɪə(r)] *n* 1) люстра 2) *церк.* паникадило

chandler [ʹtʃɑːndlə(r)] *n* торговец свечами, мылом, бакалейными товарами; мелочной торговец

change I [tʃeɪndʒ] *n* 1) изменение; перемена; **for a ~** для разнообразия; **a ~ for the better** изменение к лучшему; **you need a ~** вам нужна перемена обстановки 2) обмен *(денег)* 3) сдача, мелкие деньги; **small ~** мелочь 4) замена *(белья, платья)* 6) пересадка *(на железной дороге, в метро и т. п.)* 7) климакс, менопауза *(тж ~ of life)* 8) новая фаза луны, новолуние 9) *pl* перезвон *(колоколов)*

change II *v* 1) менять(ся), изменять(ся) 2) сменять, заменять 3) менять, разменивать *(деньги)*; **to ~ dollars for pounds** обменять доллары на фунты; **to ~ to** заменить на 4) переодевать(ся) 5) делать пересадку *(на железной дороге, в метро и т. п.)* 6) обмениваться *(чем-л.)*

changeability [ˌtʃeɪndʒəʹbɪlɪtɪ] *n* изменчивость, неустойчивость; непостоянство

changeable [ʹtʃeɪndʒəbl] *a* изменчивый, неустойчивый; непостоянный

channel I [ʹtʃæn(ə)l] *n* 1) канал; **the C.** Ла-Манш *(тж* **the English C.)** 2) канал, путь *(получения и передачи информации и т. п.)* 3) *тлв* канал программы; **what's on the other ~?** что по другой программе? 4) *радио* полоса частот 5) русло; фарватер 6) сток, сточная канава 7) *тех.* жёлоб, выемка, паз

channel II *v* 1) направлять по каналам *(документы и т. п.)* 2) рыть канал

chant I [tʃɑːnt] *n* 1) скандирование 2) *церк.* песнопение 3) *поэт.* песнь

chant II *v* 1) говорить нараспев; скандировать 2) петь, распевать

chanty [ʹtʃɑːntɪ] *n* матросская песня *(которую поют, чередуя соло и хор во время тяжёлых работ)*

chaos [ʹkeɪɒs] *n* 1) *рел.* хаос *(противоположность упорядоченному космосу)* 2) хаос, беспорядок

chaotic [keɪʹɒtɪk] *a* хаотический; беспорядочный

chap¹ [tʃæp] *n* *разг.* парень, малый; **old ~** старина, приятель; **poor ~** бедняга; **funny little ~** чудак, смешной человек; **he's a very decent ~** он славный малый

chap² *n* 1) челюсть *(животных)* 2) щека

chap³ *v* растрескиваться *(о коже на руках, о земле)*

chap. *сокр.* **(chapter)** глава *(в книге)*

chapel [ʹtʃæp(ə)l] *n* 1) часовня 2) церковь *(тюремная, домовая и т. п.)* 3) *брит. пренебр.* неангликанская церковь, молельня

chaperon I [ʹʃæpərəʊn] *n* 1) компаньонка *(пожилая дама, сопровождающая молодую девушку на светские мероприятия)* 2) *мед.* медсестра, ассистентка

chaperon II *v* 1) сопровождать *(молодую девушку на светские мероприятия)* 2) *мед.* помогать, ассистировать *(о медсестре)*

chaplain [ʹtʃæplɪn] *n* капеллан *(военный или корабельный священник, тж священник учебного заведения, больницы и т.п.)*

chaplet [ʹtʃæplɪt] *n* 1) венок, лента *(на голове)* 2) чётки 3) бусы

chapman [ʹtʃæpmən] *n* *ист.* коробейник

chapter [ʹtʃæptə(r)] *n* 1) глава *(в книге)*; **to the end of the ~** до конца главы; *перен.* до самого конца 2) череда, цепь *(событий и т. п.)*; **a ~ of misfortunes** полоса неудач ◊ **~ and verse** точная ссылка, достоверный источник

char [tʃɑː(r)] *v* 1) обугливать(ся) 2) обжигать

character [ʹkærɪktə(r)] *n* 1) характерная особенность; отличительная черта; *биол.* признак 2) хара́ктер; **a man of strong/weak ~** челове́к с си́льным/сла́бым хара́ктером 3) репута́ция 4) персона́ж, геро́й *(в литерату́рном произведе́нии, пье́се и т. п.)* 5) чуда́к, оригина́л; **he's quite a ~** он весьма́ оригина́лен 6) фигу́ра, ли́чность; де́ятель; **a public ~** обще́ственный де́ятель 7) роль 8) бу́ква; знак; иеро́глиф; си́мвол; **Chinese ~s** кита́йские иеро́глифы 9) характери́стика; пи́сьменная рекоменда́ция ◊ **to be in ~ for smb** быть характе́рным для кого́-л., быть в соотве́тствии с чьим-л. хара́ктером; **to be out of ~** не соотве́тствовать

characteristic I [ˌkærɪktə'rɪstɪk] *n* 1) характе́рная черта́, осо́бенность 2) *мат.* характери́стика *(логари́фма)* 3) показа́тель 4) при́знак; сво́йство 5) характеристи́ческая крива́я, характери́стика

characteristic II *a* 1) характе́рный; типи́чный *(для кого́-л. — of)* 2) характеристи́ческий

characteristic curve [ˌkærɪktə'rɪstɪkˌkɜːv] *n* характеристи́ческая крива́я, характери́стика

characterization [ˌkærɪktəraɪ'zeɪʃ(ə)n] *n* характери́стика, описа́ние хара́ктера

characterize ['kærɪktəraɪz] *v* 1) характеризова́ть 2) быть характе́рным

character set ['kærɪktəset] *n вчт* ли́терный набо́р; набо́р зна́ков; набо́р си́мволов; алфави́т

charade [ʃə'rɑːd] *n* шара́да

charcoal ['tʃɑːkəʊl] *n* 1) древе́сный у́голь 2) ра́шкуль, у́гольный каранда́ш 3) рису́нок, вы́полненный у́глем 4) тёмно-се́рый цвет *(тж ~ grey)*

charge I [tʃɑːdʒ] *n* 1) пла́та; цена́, сто́имость *(услу́г и т. п.); pl* изде́ржки; расхо́ды; **~ for admission** пла́та за вход; **free of ~** беспла́тно; **extra ~** пла́та за дополни́тельные услу́ги 2) обвине́ние; **on a ~ of** по обвине́нию в *(чём-л.)* 3) отве́тственность *(по до́лжности)*; обя́занности; **who is in ~ here?** кто здесь гла́вный?; **to take ~ of** взять *(что-л.)* под свой контро́ль, заве́довать *(чем-л.)* 4) забо́та; попече́ние, надзо́р; **to be in ~ of** смотре́ть, присма́тривать *(за кем-л.);* **to leave children in smb's ~** оста́вить дете́й на чьё-л. попече́ние; **to give smb in ~** переда́ть кого́-л. в ру́ки поли́ции 5) подопе́чный 6) *воен.* ата́ка; сигна́л к ата́ке 7) *тех.* загру́зка 8) заря́д *(электри́ческий, огнестре́льного ору́жия)* 9) нагру́зка; *перен.* бре́мя

charge II *v* 1) назнача́ть це́ну, запра́шивать пла́ту; **how much do you ~ for this?** ско́лько бу́дет э́то сто́ить?; **what did they ~ you for the work?** ско́лько с вас взя́ли за э́ту рабо́ту? 2) запи́сывать на *(чей-л.)* счёт; **~ it**

to my account запиши́те э́то на мой счёт 3) обвиня́ть, предъявля́ть обвине́ние *(with)* 4) поруча́ть, вменя́ть в обя́занность; **I was ~d to give you this document** мне поручи́ли переда́ть вам э́тот докуме́нт 5) возлага́ть отве́тственность *(with)* 6) обременя́ть *(па́мять)* 7) *воен.* атакова́ть 8) заряжа́ть *(ору́жие, аккумуля́тор)* 9) *тех.* загружа́ть 10) насыща́ть *(чем-л.)*

chargeable ['tʃɑːdʒəbl] *a* 1) подлежа́щий опла́те 2) заслу́живающий обвине́ния 3) *эл.* заряжа́емый

chargé d'affaires [ˌʃɑːzeɪdæ'feə(r)] *n (pl* **chargés d'affaires)** *дип.* пове́ренный в дела́х

charger ['tʃɑːdʒə(r)] *n* 1) боево́й конь 2) заряжа́ющий механи́зм 3) заря́дное устро́йство 4) обо́йма *(стрелко́вого ору́жия)*

chariot ['tʃærɪət] *n поэт., ист.* колесни́ца

charisma [kə'rɪzmə] *(pl* **charismata)** *n* хари́зма, харизмати́ческий дар; обая́ние

charismatic [ˌkærɪz'mætɪk] *a* харизмати́ческий; **~ movement** *рел.* харизмати́ческое движе́ние; **~ leader** харизмати́ческий ли́дер

charitable ['tʃærɪtəbl] *a* 1) ще́дрый; сострада́тельный 2) благотвори́тельный

charity ['tʃærɪtɪ] *n* 1) благотвори́тельность 2) благотвори́тельная организа́ция 3) милосе́рдие; отзы́вчивость

charity school ['tʃærɪtɪˌskuːl] *n* прию́т

charity shop ['tʃærɪtɪ ʃɒp] *n* магази́н с недороги́ми това́рами *(для малообеспе́ченных покупа́телей)*

charivari [ˌʃɑːrɪ'vɑːrɪ] *n* шум, гам

charlatan I ['ʃɑːlətən] *n* шарлата́н

charlatan II *a* шарлата́нский

charleston I ['tʃɑːlst(ə)n] *n* чарльсто́н *(та́нец)*

charleston II *v* танцева́ть чарльсто́н

charlotte ['ʃɑːlɒt] *n* шарло́тка *(сла́дкое блю́до)*

charm I [tʃɑːm] *n* 1) обая́ние; очарова́ние 2) *pl* ча́ры 3) брело́к 4) амуле́т ◊ **like a ~** прекра́сно, чуде́сно

charm II *v* 1) очаро́вывать, прельща́ть 2) заколдо́вывать; заклина́ть 3) успока́ивать, загова́ривать *(боль)*

charmer ['tʃɑːmə(r)] *n* 1) *шутл.* чаровни́ца, обая́тельная же́нщина; обая́тельный челове́к; **he is a real ~** в нём мо́ре обая́ния 2) волше́бник 3) заклина́тель *(змей)*

charming ['tʃɑːmɪŋ] *a* преле́стный, очарова́тельный; привлека́тельный, обая́тельный

charnel-house ['tʃɑːnlhaʊs] *n* склеп

chart I [tʃɑːt] *n* 1) географи́ческая *(осо́б. навигацио́нная)* ка́рта 2) диагра́мма; табли́ца 3) гра́фик 4) схе́ма; чертёж 5) *разг. pl* чарт

(список наиболее популярных текущих музыкальных записей, исполнителей, особ. в музыкальных изданиях)

chart II *v* наносить на карту; чертить карту

charter I [ˈtʃɑːtə(r)] *n* 1) *ист.* хартия, грамота; **The Great C.** *ист.* Великая хартия вольностей *(1215 г.);* **The People's C.** программа чартистов *(1838 г.)* 2) устав; ~ **of the UN** устав ООН 3) чартер; фрахтование *(судна, самолёта и т.п.)* 4) *attr:* ~ **flight** чартерный рейс

charter II *v* 1) даровать *(хартию, грамоту)* 2) фрахтовать *(судно, самолёт и т. п.);* брать внаём; **we ~ed a bus** мы взяли внаём автобус

charting [ˈtʃɑːtɪŋ] *n* 1) составление диаграммы/схемы/таблицы; вычерчивание графика 2) нанесение на карту 3) *мор.* прокладка курса

Chartism [ˈtʃɑːtɪz(ə)m] *n ист.* чартизм

charwoman [ˈtʃɑːˌwʊmən] *n* уборщица

chary [ˈtʃeərɪ] *a* 1) осторожный, осмотрительный 2) скупой *(на слова, похвалу и т. п. — of)* 3) застенчивый

chase[1] **I** [tʃeɪs] *n* 1) погоня, преследование; **to give** ~ гнаться, преследовать 2) охотничьи угодья 3) (**the** ~) охота 4) дичь; преследуемый зверь 5) *спорт.* стипль-чез *(бег или скачки с препятствиями)*

chase[1] **II** *v* 1) охотиться 2) гнаться, преследовать 3) выгонять, изгонять *(from, out of)* 4) *разг.* гоняться, бегать *(за женщиной)*, настойчиво ухаживать ◊ **go and** ~ **oneself** убирайся!, катись!

chase[2] *v* гравировать *(на металле)*

chaser [ˈtʃeɪsə(r)] *n* 1) преследователь 2) лошадь, участвующая в скачках с препятствиями 3) *разг.* пиво и т. п. после вина, водки и т. п. 4) *амер. разг.* бабник

chasm [ˈkæz(ə)m] *n* 1) глубокая расселина; пропасть 2) глубокое расхождение во взглядах и т. п.; пропасть

chassis [ˈʃæsɪ] *n (pl тж* **chassis** [ˈʃæsɪz]) *тех.* 1) шасси 2) блок; корпус; монтажная панель; каркас

chaste [tʃeɪst] *a* 1) целомудренный; девственный 2) чистый, непорочный; скромный, добродетельный 3) строгий *(о стиле)*

chasten [ˈtʃeɪsn] *v* 1) сдерживать, умерять, дисциплинировать 2) наказывать, карать

chastise [tʃæsˈtaɪz] *v* 1) делать строгий выговор 2) сурово наказывать, бить

chastisement [ˈtʃæstɪzmənt] *n* дисциплинарное взыскание; наказание

chastity [ˈtʃæstɪtɪ] *n* 1) целомудрие; девственность 2) строгость *(стиля, вкусов)*

chasuble [ˈtʃæzjʊbl] *n церк.* риза

chat I [tʃæt] *n* 1) беседа; болтовня; **to have a** ~ поговорить, поболтать; **to have a nice** ~ славно поболтать, наговориться досыта 2) *вчт* диалоговое взаимодействие; интерактивная переписка 3) *вчт* чат, обмен информацией через Интернет в реальном времени

chat II *v* 1) беседовать; болтать 2) *вчт* обмениваться информацией через Интернет в реальном времени

chat show [ˈtʃætʃəʊ] *n* теле- или радиоинтервью с известной личностью в форме непринуждённой беседы, интервью «без галстука»

chattels [ˈtʃætlz] *n pl* вещи, пожитки; **my goods and** ~ все мои пожитки, всё моё имущество

chatter I [ˈtʃætə(r)] *n* 1) болтовня 2) щебетание 3) стук *(зубов)* 4) дребезжание 5) вибрация

chatter II *v* 1) трещать, болтать без умолку 2) щебетать 3) стучать *(зубами)* 4) дребезжать 5) *тех.* дрожать, вибрировать

chatterbox [ˈtʃætəbɒks] *n* 1) болтун; болтунья 2) *амер. воен. сленг* пулемёт

chatterer [ˈtʃætərə] *n* болтун; болтунья

chatting [ˈtʃætɪŋ] *n вчт* обмен информацией через Интернет в реальном времени

chatty [ˈtʃætɪ] *a* болтливый

chaud-froid [ʃəʊˈfrwɑː] *n* заливное из мяса или рыбы

chauffeur [ˈʃəʊfə(r)] *n* (личный) шофёр

chauvinism [ˈʃəʊvɪnɪz(ə)m] *n* шовинизм; **male** ~ «мужской шовинизм», пренебрежительное отношение к женщинам

chauvinist [ˈʃəʊvɪnɪst] *n* шовинист

cheap I [tʃiːp] *a* 1) дешёвый 2) низкого качества 3) плохой, недостойный; **a** ~ **trick** нечестный приём ◊ ~ **and nasty** дешёвый и некачественный

cheap II *adv* дёшево; **to get it** ~ купить дёшево/по дешёвке; **to go** ~ идти по дешёвой цене ◊ **to get off** ~ дёшево/легко отделаться; **to feel** ~ чувствовать себя неловко; **dirt** ~ очень дёшево

cheapen [ˈtʃiːp(ə)n] *v* 1) дешеветь 2) снижать цену 3) опускаться, деградировать; **to** ~ **oneself** ронять себя, опускаться

cheaply [ˈtʃiːplɪ] *adv* 1) дёшево 2) легко, без труда; **to get off** ~ дёшево/легко отделаться

cheat I [tʃiːt] *n* 1) обманщик; мошенник, жулик, плут 2) обман; мошенничество, жульничество

cheat II *v* 1) обманывать; обжуливать, надувать 2) избежать *(чего-л. неприятного);* **we ~ed the bad weather** непогода нас не застала

cheat on *разг.* изменять *(жене или мужу)*

cheating

cheating [ˈtʃiːtɪŋ] *n* жу́льничество, моше́нничество

check[1] **I** [tʃek] *n* 1) прове́рка, контро́ль; **in ~** под контро́лем; **to keep in ~** сде́рживать; **to keep a ~ on household expenses** эконо́мно вести́ хозя́йство, стро́го следи́ть за расхо́дами по хозя́йству 2) остано́вка; заде́ржка; препя́тствие 3) *шахм.* шах 4) *амер.* счёт (*в рестора́не*); (*ба́нковский*) чек 5) номеро́к (*в гардеро́бе*); бага́жная квита́нция 6) га́лочка, отме́тка (*в докуме́нте*) 7) кле́тчатая ткань; кле́тка (*на тка́ни*) 8) *тех.* сто́пор

check[1] **II** *v* 1) проверя́ть, контроли́ровать; **we ~ed that the doors were locked** мы прове́рили, все ли две́ри бы́ли за́перты 2) сде́рживать, приостана́вливать, остана́вливать 3) *разг.* упрека́ть 4) *шахм.* объявля́ть шах 5) *амер.* отмеча́ть га́лочкой *и т. п.* 6) *амер.* сдава́ть (*в бага́ж, на хране́ние и т. п.*)

check in 1) оставля́ть ве́щи где-л. на хране́ние 2) регистри́роваться в гости́нице, аэропорту́ *и т. п.* 3) отмеча́ть прихо́д на рабо́ту

check off отмеча́ть в спи́ске как сде́ланное *или* прове́ренное

check out 1) выпи́сываться из гости́ницы *и т. п.* и опла́чивать счёт 2) *разг.* ока́нчивать рабо́ту (*в определённое вре́мя*) 3) совпада́ть 4) *разг.* ока́зываться ве́рным по́сле прове́рки

check over 1) проверя́ть напи́санное; вычи́тывать (*ру́копись*) 2) обсле́довать состоя́ние здоро́вья

check through просма́тривать, проверя́ть

check up 1) обсле́довать состоя́ние здоро́вья; проходи́ть медици́нский осмо́тр 2) проверя́ть; наводи́ть спра́вки

check[2] *n амер.* = **cheque**

checkbox [ˈtʃekbɒks] *n вчт* (кно́пка-)флажо́к; кно́пка с незави́симой фикса́цией

checked [tʃekt] *a* кле́тчатый, в кле́тку

checker [ˈtʃekə(r)] *n* 1) контролёр 2) контро́льное устро́йство 3) *амер.* касси́р в суперма́ркете 4) *pl амер.* ша́шки (*игра́*)

checkerboard [ˈtʃekəbɔːd] *n* доска́ для ша́хмат и ша́шек, ша́хматная доска́

check experiment [tʃek ɪkˈsperɪmənt] *n* контро́льный о́пыт

check-in [ˈtʃekˌɪn] *n* регистра́ция в гости́нице, аэропорту́ *и т.п.*

checklist [ˈtʃeklɪst] *n* 1) контро́льный спи́сок 2) спи́сок избира́телей 3) *тех.* поря́док пове́рки, схе́ма контро́льного испыта́ния (*обору́дования*)

checkmark [ˈtʃekmɑːk] *n* га́лочка, отме́тка (*в докуме́нте*)

checkmate I [ˈtʃekˈmeɪt] *n* 1) *шахм.* мат 2) по́лное пораже́ние, крах

checkmate II *v* 1) *шахм.* поста́вить мат, замато́вать 2) нанести́ по́лное пораже́ние

checkout [ˈtʃekaʊt] *n* 1) контро́ль 2) испыта́ние; нала́дка; отла́дка 3) *спец.* оконча́ние рабо́ты; прекраще́ние свя́зи

checkpoint [ˈtʃekpɔɪnt] *n* контро́льно-пропускно́й пункт, КПП

checkroom [ˈtʃekrʊm] *n амер.* 1) гардеро́б 2) ка́мера хране́ния

check total [ˌtʃekˈtəʊtl] *n* контро́льная су́мма (*тж* **checksum**)

checkup [ˈtʃekʌp] *n* 1) осмо́тр (*техни́ческий, медици́нский*) 2) контро́ль, прове́рка

check variable [ˌtʃekˈve(ə)rɪəb(ə)l] *n вчт* контро́льная переме́нная

cheek[1] [tʃiːk] *n* щека́ ◊ **~ by jowl** а) бли́зкий, инти́мный б) ря́дом, бок о́ бок; **to one's own ~** *разг.* всё для себя́ одного́; **to turn the other ~** не сопротивля́ться, *перен.* подста́вить другу́ю щёку

cheek[2] **I** *n* 1) на́глость, наха́льство; **to have the ~ to** име́ть на́глость (*де́лать что-л.*) 2) самоуве́ренность

cheek[2] **II** *v* дерзи́ть, груби́ть, хами́ть

cheekbone [ˈtʃiːkbəʊn] *n* скула́; **with high ~s** широкоску́лый

cheeky [ˈtʃiːkɪ] *a* на́глый, наха́льный; де́рзкий

cheep I [tʃiːp] *n* писк

cheep II *v* пища́ть

cheer I [tʃɪə(r)] *n* 1) одобри́тельное восклица́ние; **three ~s for the general** три́жды «ура́» генера́лу! 2) *pl* аплодисме́нты 3) настрое́ние; **to be of good/bad ~** быть в хоро́шем/плохо́м настрое́нии

cheer II *v* 1) одобря́ть; приве́тствовать (*гро́мкими возгла́сами*); аплоди́ровать 2) подба́дривать

cheer on подба́дривать кри́ками (*о боле́льщиках*)

cheer up утеша́ть, ободря́ть; **~ up!** не уныва́й!, не ве́шай но́са!

cheerful [ˈtʃɪəfʊl] *a* 1) в хоро́шем настрое́нии; весёлый; жизнера́достный 2) я́ркий, све́тлый; **a ~ room** све́тлая ко́мната; **~ colours** я́ркие тона́/кра́ски

cheerfulness [ˈtʃɪəfʊlnɪs] *n* жизнера́достность; бо́дрость

cheerily [ˈtʃɪərɪlɪ] *adv* ра́достно, ве́село; ободря́юще

cheerio [ˈtʃɪrɪˈəʊ] *int разг.* 1) пока́!, счастли́во! (*при расстава́нии*) 2) (за) Ва́ше здоро́вье!

cheerless [ˈtʃɪəlɪs] *a* уны́лый, безра́достный, невесёлый

cheery [ˈtʃɪərɪ] *a* живо́й, ра́достный, весёлый

cheese[1] [tʃi:z] *n* сыр; **a whole ~** голо́вка/круг сы́ра; **cottage ~** творо́г, дома́шний сыр ◊ **hard ~** *сленг* невезе́ние, неуда́ча

cheese[2] *n сленг:* **big ~** ва́жная персо́на, «ши́шка»

cheeseboard [ˈtʃi:zbɔ:d] *n* доска́ для сы́ра

cheeseburger [ˈtʃi:zˌbɜ:ge(r)] *n* чизбу́ргер

cheesecake [ˈtʃi:zkeɪk] *n* 1) творо́жный торт, чизке́йк; ватру́шка 2) *сленг* изображе́ние сексапи́льной краса́тки

cheesecloth [ˈtʃi:zˌklɒθ] *n* ма́рля

cheesemonger [ˈtʃi:zˌmʌŋge(r)] *n* торго́вец моло́чными проду́ктами

chef [ʃef] *n* шеф-по́вар

chef-d'oeuvre [ʃeɪ ˈdɜ:vr] *n (pl* **chefs-d'oeuvre)** шеде́вр

chemical [ˈkemɪk(ə)l] *a* хими́ческий

chemicals [ˈkemɪk(ə)lz] *n pl* хими́ческие препара́ты, химика́лии, химика́ты

chemist [ˈkemɪst] *n* 1) апте́карь; **the ~'s** апте́ка 2) хи́мик

chemistry [ˈkemɪstrɪ] *n* 1) хи́мия; **organic/inorganic ~** органи́ческая/неоргани́ческая хи́мия; **agricultural ~** агрохи́мия 2) *разг.* эмоциона́льный склад; сочета́ние черт хара́ктера *и т. п.*

cheque [tʃek] *n* (ба́нковский) чек; **to pay by ~** плати́ть че́ком; **to cash a ~** получи́ть де́ньги по че́ку; **a blank/crossed ~** незапо́лненный/кросси́рованный чек

cheque book [ˈtʃekbʊk] *n* че́ковая кни́жка

cheque card [ˈtʃekkɑ:d] *n* че́ковая ка́рточка

chequer I [ˈtʃekə(r)] *n* 1) *обыкн. pl* кле́тчатая мате́рия 2) *pl амер.* ша́шки *(игра; обыкн.* **checkers)**

chequer II *v* 1) расчёрчивать в кле́тку 2) разнообра́зить

chequered flag [ˈtʃekə(r)d ˈflæg] *n спорт.* кле́тчатый флаг *(для отмашки судьи на финише)*

cherish [ˈtʃerɪʃ] *v* 1) забо́тливо расти́ть, выра́щивать 2) леле́ять *(надежды, мечты и т. п.)*

cherry I [ˈtʃerɪ] *n* 1) ви́шня *(дерево; тж ~* **tree)** 2) ви́шня *(ягода)*

cherry II *a* 1) вишнёвый; **~ brandy** вишнёвый ликёр 2) вишнёвого цве́та, я́рко-кра́сный

cherry pie [ˈtʃerɪpaɪ] *n* пиро́г с ви́шнями

cherry stone [ˈtʃerɪstəʊn] *n* вишнёвая ко́сточка

cherub [ˈtʃerəb] *n (pl тж* **cherubim** [ˈtʃerəbɪm]) херуви́м

chess [tʃes] *n* ша́хматы; **to play ~** игра́ть в ша́хматы

chessboard [ˈtʃesbɔ:d] *n* ша́хматная доска́

chess computer [tʃes kəmˈpju:tə] *n* компью́тер для игры́ в ша́хматы, ша́хматный компью́тер

chessman [ˈtʃesmæn] *n* ша́хматная фигу́ра

chessplayer [ˈtʃesˌpleɪə] *n* шахмати́ст

chest [tʃest] *n* 1) сунду́к; большо́й я́щик; **~ of drawers** комо́д 2) грудна́я кле́тка 3) дома́шняя апте́чка 4) казна́; **military ~** войскова́я казна́ ◊ **to get smth off one's ~** вы́сказаться, облегчи́ть ду́шу

chesterfield [ˈtʃestəfi:ld] *n* 1) дива́н ти́па «че́стерфилд» 2) мужско́е однобо́ртное пальто́ с ба́рхатным воротнико́м

chestnut I [ˈtʃesnʌt] *n* 1) ко́нский кашта́н *(дерево и плод; тж* **Spanish ~, sweet ~)** 2) кау́рая *или* гнеда́я ло́шадь 3) изби́тый анекдо́т 4) ба́бка *(у лошади)* ◊ **to pull the ~s out of the fire for smb** ≅ чужи́ми рука́ми жар загреба́ть; таска́ть кашта́ны из огня́ для кого́-л.

chestnut II *a* кашта́новый, кашта́нового цве́та

chest-voice [ˈtʃestvɔɪs] *n* грудно́й ни́зкий го́лос

chesty [ˈtʃestɪ] *a разг.* 1) чахо́точный; со сла́быми лёгкими 2) с большо́й гру́дью, груда́стая 3) *амер.* высокоме́рный, занбсчивый

chevalier [ʃeˈvæliə(r)] *n* 1) кавале́р *(ордена)* 2) (благоро́дный) ры́царь 3) кавале́р ◊ **~ of industry/of fortune** авантюри́ст

cheviot [ˈtʃevɪət] *n* шевио́т *(ткань)*

chevron [ˈʃevrən] *n* наши́вка, шевро́н

chevy I [ˈtʃevɪ] *n* охо́та, пого́ня

chevy II *v* гна́ться

chew I [tʃu:] *n* жва́чка

chew II *v* жева́ть ◊ **to ~ upon/over smth** размышля́ть над чем-л.; **to ~ the fat/rag** *сленг* а) болта́ть б) придира́ться, ворча́ть

chewing gum [ˈtʃu:ɪŋgʌm] *n* жева́тельная рези́нка

chic I [ʃi:k] *n* шик, элега́нтность

chic II *a* шика́рный, элега́нтный

chicanery [ʃɪˈkeɪnərɪ] *n* 1) софи́стика 2) обма́н, жу́льничество

chick [tʃɪk] *n* 1) птене́ц 2) *сленг* малы́ш, ребёнок 3) *сленг* де́вочка, мила́шка

chicken [ˈtʃɪkɪn] *n* 1) цыплёнок; птене́ц 2) куря́тина 3) молокосо́с; малы́ш; **she's no ~** она́ уже́ не так молода́ 4) *attr* кури́ный; **~ soup** кури́ный бульо́н ◊ **to count one's ~s before they are hatched** *посл.* ≅ цыпля́т по о́сени счита́ют

chicken-hearted [ˈtʃɪkɪnˌhɑ:tɪd] *a* трусли́вый; малоду́шный

chicken-livered [ˈtʃɪkɪnˌlɪvəd] *n см.* **chicken-hearted**

chickenpox [ˈtʃɪkɪnpɒks] *n мед.* ветряна́я о́спа, ветря́нка

chicory [ˈtʃɪkərɪ] *n* цико́рий

chid [tʃɪd] *past см.* **chide**

chidden ['tʃɪdn] *p. p. см.* **chide**

chide [tʃaɪd] *v* (**chid**; **chidden**) брани́ть, ворча́ть

chief I [tʃiːf] *n* 1) ли́дер; руководи́тель; прави́тель 2) вождь *(племени)*; глава́ *(клана)* 3) нача́льник; шеф

chief II *a* 1) гла́вный; руководя́щий 2) основно́й, ва́жный

chiefly ['tʃiːflɪ] *adv* гла́вным о́бразом

chieftain ['tʃiːftən] *n* вождь *(племени)*; глава́ *(клана)*

chiffchaff ['tʃɪftʃæf] *n* пе́ночка *(птица)*

chiffon ['ʃɪfɒn] *n* шифо́н *(ткань)*

chignon ['ʃiːnjɒn] *n* шиньо́н

chilblain ['tʃɪlbleɪn] *n* обморо́женное ме́сто

chilblained ['tʃɪlbleɪnd] *a* обморо́женный

child [tʃaɪld] **I** *n* (*pl* **children**) 1) ребёнок; дитя́; **from a ~** с де́тства; **with ~** бере́менная; **he's only a small ~** он ещё ма́ленький; **to spoil the ~** балова́ть ребёнка 2) сын, дочь 3) пото́мок, о́тпрыск 4) порожде́ние, дети́ще ◊ **~' play** лёгкая зада́ча, па́ра пустяко́в; **a ~ of his time** дитя́ ве́ка

child II порождённый; доче́рний

childbirth ['tʃaɪldbɜːθ] *n* 1) ро́ды 2) рожда́емость

childhood ['tʃaɪldhʊd] *n* де́тство

childish ['tʃaɪldɪʃ] *a* 1) ребя́ческий 2) инфанти́льный

childlike ['tʃaɪldlaɪk] *a* де́тский, наи́вный, откры́тый лю́дям

child-minder ['tʃaɪldˌmaɪndə(r)] *n* (приходя́щая) ня́ня

children ['tʃɪldrən] *pl см.* **child**

Chilean I ['tʃɪlɪən] *n* чили́ец; чили́йка

Chilean II *a* чили́йский

chill I [tʃɪl] *n* 1) прохла́да; хо́лод; **to take the ~ off** немно́го согре́ться 2) просту́да; озно́б; **to catch a ~** простуди́ться 3) хо́лодность *(в обраще́нии)*

chill II *v* 1) охлажда́ть(ся); остуди́ть; **I was ~ed to the bone** я продро́г до косте́й 2) удруча́ть 3) *тех.* зака́ливать

chilly ['tʃɪlɪ] *a* 1) прохла́дный *(о погоде)*; промо́зглый 2) зя́бкий; скло́нный к просту́де 3) холо́дный, сухо́й, недружелю́бный *(об обраще́нии, приёме)*

chime I [tʃaɪm] *n* 1) набо́р колоколо́в 2) *pl* колоко́льный звон 3) гармо́ния; согла́сие

chime II *v* 1) звони́ть *(в колокола)* 2) би́ть *(о часа́х)* 3) соотве́тствовать, гармони́ровать *(in, with)*

chime in 1) присоединя́ться к разгово́ру, пе́нию *и т. п.* 2) соглаша́ться; вто́рить 3) совпада́ть *(with)*

chimera [kaɪˈmɪərə] *n* химе́ра

chimerical [kaɪˈmerɪk(ə)l] *a* химери́ческий, несбы́точный

chimney ['tʃɪmnɪ] *n* 1) дымохо́д 2) труба́ *(дымова́я, парохо́дная)* 3) ла́мповое стекло́ 4) рассе́лина *(в скале)*

chimney-piece ['tʃɪmnɪpiːs] *n* ками́нная доска́, по́лка над ками́ном

chimney pot ['tʃɪmnɪpɒt] *n* колпа́к дымово́й трубы́

chimney stack ['tʃɪmnɪstæk] *n* о́бщий дымохо́д

chimney sweep ['tʃɪmnɪˌswiːp] *n* трубочи́ст

chimpanzee [ˌtʃɪmpənˈziː] *n* шимпанзе́

chin [tʃɪn] *n* подборо́док ◊ **up to the ~** по́ уши, по го́рло; **to keep one's ~ up** не па́дать ду́хом; **~ up!** *разг.* не ве́шай но́са!

china I ['tʃaɪnə] *n* фарфо́р; **a piece of ~** фарфо́ровая ча́шка, статуэ́тка *и т. п.*

china II *a* фарфо́ровый

chinaclay ['tʃaɪnəˈkleɪ] *n* каоли́н, фарфо́ровая гли́на

Chinatown ['tʃaɪnətaʊn] *n* кита́йский кварта́л

chinchilla [tʃɪnˈtʃɪlə] *n* шинши́лла *(зверь и мех)*

chin-chin [ˌtʃɪnˈtʃɪn] *int разг.* 1) Ва́ше здоро́вье! *(тост)* 2) приве́т! *(при встре́че и проща́нии)*

Chinese I ['tʃaɪˈniːz] *n* 1) кита́ец; китая́нка; **the ~** *(употр. как pl)* кита́йцы 2) кита́йский язы́к

Chinese II *a* кита́йский

chink[1] [tʃɪŋk] *n* щель; тре́щина

chink[2] **I** *n* звон, звя́канье *(стака́нов, моне́т)*

chink[2] **II** *v* звене́ть, звя́кать *(о посу́де, моне́тах)*

chinless ['tʃɪnlɪs] *a разг.* слабохара́ктерный, бесхара́ктерный

chintz I [tʃɪnts] *n* оби́вочный си́тец

chintz II *a* си́тцевый

chip I [tʃɪp] *n* 1) ще́пка; стру́жка; обло́мок; оско́лок 2) зазу́брина, щерби́нка 3) жа́реный хрустя́щий карто́фель 4) *pl амер. разг.* карто́фельные чи́псы 5) фи́шка 6) *вчт* чип; криста́лл; микросхе́ма ◊ **a ~ off the old block** вы́литый оте́ц, весь в отца́ *(о ребёнке)*; **a ~ on one's shoulder** *разг.* чу́вство обделённости, оби́ды на судьбу́; **to have had one's ~s** *разг.* не уйти́ от пораже́ния, наказа́ния *и т. п.*; **when the ~s are down** *разг.* когда́ подойдёт (ну́жный) моме́нт

chip II *v* 1) струга́ть; отка́лывать; отбива́ть 2) лома́ться, би́ться *(о посу́де)*; отла́мываться 3) пробива́ть яи́чную скорлупу́ *(о цыпля́тах)* 4) нареза́ть карто́фель соло́мкой

chip in *разг.* 1) входи́ть в до́лю 2) вме́шиваться *(в разгово́р)*

chipboard ['tʃɪpbɔːd] *n* доска́ из прессо́ванных опи́лок

chipmunk [ˈtʃɪpmʌŋk] *n зоол.* бурунду́к

chipping [ˈtʃɪpɪŋ] *n* стру́жка, опи́лки, ме́лкий ще́бень *и т. п. (обыкн. используется для покрытия дорожек в саду, крыш и т. п.)*

chippy [ˈtʃɪpɪ] *n разг.* 1) магази́нчик, торгу́ющий ры́бой с жа́реным карто́фелем 2) пло́тник

chiropody [kɪˈrɒpədɪ] *n* педикю́р

chiropractic [ˌkaɪərəʊˈpræktɪk] *n* мануа́льная терапи́я

chiropractor [ˌkaɪərəʊˈpræktə(r)] *n* мануа́льный терапе́вт

chirp I [tʃɜːp] *n* чири́канье; щебета́ние

chirp II *v* 1) чири́кать; щебета́ть 2) ве́село болта́ть

chirpy [tʃɜːpɪ] *a* жизнера́достный, живо́й, весёлый

chirr I [tʃɜː] *n* стрекота́ние *(кузнечиков, сверчков)*

chirr II *v* стрекота́ть *(о кузнечиках, сверчках)*

chirrup I [ˈtʃɪrəp] *n* щебет, щебета́ние

chirrup II *v* щебета́ть

chisel I [ˈtʃɪzl] *n тех.* резе́ц, зуби́ло, долото́; **pointed** ~ гравёрный резе́ц; **wood** ~ стаме́ска

chisel II *v* 1) высека́ть; вая́ть 2) рабо́тать зуби́лом, долото́м 3) *разг.* надува́ть, обма́нывать

chiselled [ˈtʃɪzld] *a* то́нко отде́ланный, точёный; ~ **features** точёные черты́ лица́

chit¹ [tʃɪt] *n* 1) молода́я же́нщина *или* де́вушка ма́ленького ро́ста; кро́шка; **a** ~ **of a girl** девчо́нка, девчу́шка 2) ребёнок

chit² *n* 1) счёт; распи́ска 2) коро́ткая запи́ска; мемора́ндум

chit-chat [ˈtʃɪttʃæt] *n* 1) лёгкая бесе́да; болтовня́ 2) спле́тни, пересу́ды

chivalrous [ˈʃɪvəlrəs] *a* ры́царский; гала́нтный

chivalry [ˈʃɪvəlrɪ] *n* ры́царство

chivvy [ˈtʃɪvɪ] *v* гоня́ть; пресле́довать

chlamydia [kləˈmɪdɪə] *n биол.* хлами́дия

chloride [ˈklɔːraɪd] *n* 1) *хим.* хлори́д, соль хлороводоро́дной кислоты́ 2) отбе́ливающее сре́дство, содержа́щее хлори́д

chlorinate [ˈklɔːrɪneɪt] *v* хлори́ровать *(воду)*

chlorination [ˌklɔːrɪˈneɪʃ(ə)n] *n* хлори́рование *(воды)*

chlorine [ˈklɔːriːn] *n хим.* хлор

chloroform I [ˈklɒrəfɔːm] *n* хлорофо́рм

chloroform II *v* усыпля́ть хлорофо́рмом

chlorophyll [ˈklɒrəfɪl] *n бот.* хлорофи́лл

chlorousis [kləˈrəʊsɪs] *n мед.* хлоро́з *(железодефицитная анемия)*

choc [tʃɒk] *n разг.* шокола́д

chock I [tʃɒk] *n* 1) клин 2) подста́вка 3) *тех.* тормозна́я коло́дка, башма́к

chock II *v* 1) подкла́дывать подпо́рку, подпира́ть 2) *тех.* закли́нивать
chock up забива́ть до отка́за, загромозди́ть *(мебелью и т. п.)*

chock-a-block [ˈtʃɒkəˌblɒk] *a* наби́тый до отка́за, битко́м наби́тый; **the street was** ~ **with cars** у́лица была́ запру́жена автомоби́лями

chock-full [ˈtʃɒkˈfʊl] *a см.* **chock-a-block**

chocolate I [ˈtʃɒk(ə)lət] *n* 1) шокола́д 2) *pl* шокола́дные конфе́ты 3) шокола́дный цвет

chocolate II *a* 1) шокола́дный; ~ **chip** шокола́дная кро́шка; ~ **chip cookie** пече́нье с шокола́дной кро́шкой 2) шокола́дного цве́та, тёмно-кори́чневый

choice I [tʃɔɪs] *n* 1) вы́бор; отбо́р; **to make/to take one’s** ~ сде́лать вы́бор; **a wide** ~ широ́кий вы́бор; **good/excellent** ~ хоро́ший/отли́чный вы́бор 2) вы́бранный предме́т; избра́нник; избра́нница 3) альтернати́ва; **I have no** ~ **but…** у меня́ нет друго́го вы́бора, как…; мне ничего́ друго́го не остаётся, как… 4) са́мое лу́чшее, не́что отбо́рное 5) *вчт* пункт меню́; пози́ция меню́

choice II *a* отбо́рный, лу́чший

choir [ˈkwaɪə(r)] *n* 1) хор, хорово́й анса́мбль 2) церко́вный хор 3) хо́ры; кли́рос

choirboy [ˈkwaɪəbɔɪ] *n* ма́льчик, пою́щий в церко́вном хо́ре

choke I [tʃəʊk] *n* 1) *тех.* возду́шная засло́нка, дро́ссель 2) *эл.* дро́ссельная засло́нка

choke II *v* 1) души́ть 2) поперхну́ться; подави́ться; дави́ться *(от кашля)* 3) задыха́ться *(от волнения и т. п.)* 4) заглуша́ть рост *(растения)* 5) *тех.* дроссели́ровать; заглуша́ть
choke down с трудо́м прогла́тывать; с трудо́м подавля́ть *(слёзы и т. п.)*
choke up засоря́ть, забива́ть *(трубу и т. п.)*

choke-damp [ˈtʃəʊkdæmp] *n* рудни́чный газ, уду́шливый газ

choker [ˈtʃəʊkə(r)] *n* 1) туго́й га́лстук *(тж* **white** ~) 2) стоя́чий крахма́льный воротни́к

choky [ˈtʃəʊkɪ] *a* 1) задыха́ющийся 2) уду́шливый

cholera [ˈkɒlərə] *n мед.* холе́ра

choleric [ˈkɒlərɪk] *a* раздражи́тельный, вспы́льчивый; ~ **temperament** холери́ческий темпера́мент

cholesterol [kəˈlestərɒl] *n* холестери́н

choose [tʃuːz] *v* (**chose; chosen**) 1) выбира́ть 2) избира́ть 3) реша́ть, предпочита́ть; **he chose to stay** он реши́л оста́ться ◊ **I cannot** ~ **but leave** я вы́нужден был уйти́

choosy [ˈtʃuːzɪ] *a разг.* разбо́рчивый, приве́редливый; **he is** ~ **about food** он разбо́рчив в еде́

chop[1] **I** [tʃɒp] *n* 1) удар *(топором)* 2) отбивная *(обыкн. свиная или баранья)* 3) *сленг* увольнение

chop[1] **II** *v* 1) рубить *(топором)* 2) резать, крошить *(up)* 3) *разг.* урезать, резко сокращать

chop[2] *n обыкн. pl* челюсть

chop[3] **I** *n* зыбь, лёгкое волнение *(на море)*

chop[3] **II** *v:* ~ **and change** колебаться; часто менять направление

chopper [ˈtʃɒpə(r)] *n* 1) топор, колун 2) нож *(мясника)* 3) *разг.* вертолёт 4) *pl сленг* зубы 5) *амер. сленг* автомат

choppy [ˈtʃɒpɪ] *a* неспокойный, волнующийся *(о море)*

chopsticks [ˈtʃɒpstɪks] *n pl* палочки для еды *(в Китае, Японии и т. д.)*

choral [ˈkɔːr(ə)l] *a* хоровой

chorale [kɒˈrɑːl] *n* хорал

chord[1] [kɔːd] *n* 1) *мат.* хорда 2) *анат.* связка; **vocal** ~s голосовые связки 3) *поэт.* струна; **to touch the right** ~ задеть за живое; разбудить чувство, согреть душу ◊ **to strike a** ~ а) вызвать что-л. в памяти б) задеть за чувствительную струнку

chord[2] *n муз.* аккорд

chore [tʃɔː(r)] *n* 1) домашняя работа, работа по дому; **it's your turn for the ~s today** сегодня твоя очередь заниматься домашними делами 2) скучное, монотонное занятие

choreography [ˌkɒrɪˈɒɡrəfɪ] *n* хореография

chorister [ˈkɒrɪstə(r)] *n* 1) певчий, хорист 2) *амер.* регент *(руководитель хора певчих)*

chorus I [ˈkɔːrəs] *n* 1) хор; **in** ~ хором 2) музыкальное произведение для хорового исполнения 3) припев хором 4) хоровой ансамбль

chorus II *v* говорить *или* петь хором

chorus girl [ˈkɔːrəsˌɡɜːl] *n* хористка и танцовщица в мюзикле

chose [tʃəʊz] *past см.* **choose**

chosen [ˈtʃəʊzn] *p. p. см.* **choose**

chow [tʃau] *n* 1) *разг.* еда 2) чау-чау *(порода собак)*

chowder [ˈtʃaʊdə(r)] *амер. n* густая похлёбка обычно из свежей рыбы, моллюсков *или* бекона *(с луком и овощами)*

chrestomathy [kresˈtɒməθɪ] *n* хрестоматия

chrism [ˈkrɪzm] *n церк.* елей; миро

Christ [kraɪst] Христос

christen [ˈkrɪsn] *v* 1) крестить, нарекать при крещении 2) называть, давать имя 3) *разг.* пользоваться в первый раз, обновлять

Christian I [ˈkrɪstʃ(ə)n] *n* христианин; христианка

Christian II *a* христианский; ~ **name** имя *(в отличие от фамилии)*

Christianity [ˌkrɪstɪˈænɪtɪ] *n* христианство

christianize [ˈkrɪstɪənaɪz] *v* обращать в христианство

Christmas [ˈkrɪsməs] *n* 1) Рождество *(сокр. тж* **Xmas***)* 2) *attr* рождественский; ~ **cake** рождественский пирог; ~ **card** рождественская открытка; ~ **carol** рождественская песнь, рождественский гимн; ~ **holidays** рождественские каникулы; ~ **pudding** рождественский пудинг; ~ **tree** рождественская/новогодняя ёлка

Christmas box [ˈkrɪsməsbɒks] *n* рождественский подарок

Christmas Eve [ˈkrɪsməsˌiːv] *n* рождественский сочельник, канун Рождества

chromatic [krəˈmætɪk] *a* 1) цветной 2) *муз.* хроматический

chrome [krəʊm] *см.* **chromium**

chromic [ˈkrəʊmɪk] *a хим.* хромовый

chromium [ˈkrəʊmjəm] *n хим.* хром

chromolithograph [ˌkrəʊməʊˈlɪθəɡrɑːf] *n* хромолитография

chromosome [ˈkrəʊməsəʊm] *n биол.* хромосома

chronic [ˈkrɒnɪk] *a* 1) хронический, застарелый *(о болезни)*; ~ **fatigue syndrome** *мед.* синдром хронической усталости 2) *разг.* постоянный; привычный

chronicle I [ˈkrɒnɪkl] *n* хроника; летопись

chronicle II *v* заносить, записывать *(в летопись, дневник)*

chronicler [ˈkrɒnɪklə] *n* 1) хроникёр 2) летописец

chronologic(al) [ˌkrɒnəˈlɒdʒɪk(əl)] *a* хронологический

chronology [krəˈnɒlədʒɪ] *n* 1) хронология 2) хронологическая таблица

chronometer [krəˈnɒmɪtə(r)] *n* хронометр

chrysanthemum [krɪˈsænθəməm] *n* хризантема

chrysolite [ˈkrɪsəlaɪt] *n мин.* хризолит

chrysoprase [ˈkrɪsəpreɪs] *n мин.* хризопраз

chubby [ˈtʃʌbɪ] *a* пухлый, кругленький

chuck[1] [tʃʌk] *n* 1) *тех.* зажимной патрон 2) лопатка *(туши)*

chuck[2] **I** *n разг.* **(the ~)** увольнение; **he got the** ~ его уволили

chuck[2] **II** *v разг.* 1) швырять, кидать 2): **to** ~ **under the chin** потрепать по подбородку ◊ ~ **it!** *сленг* перестань!, отстань!, замолчи!
chuck in бросать, оставлять *(работу и т. п.)*
chuck out *разг.* выгонять, избавляться
chuck up *см.* **chuck in**

chuck[3] *n амер. разг.* еда, пища

chuckle I [ˈtʃʌkl] *n* смешок, хихиканье

chuckle II *v* посмеиваться, хихикать

chucklehead [ˈtʃʌklhed] *n разг.* болва́н

chuffed [tʃʌft] *a сленг* дово́льный

chug [tʃʌg] *n* пыхте́ние

chug *v* дви́гаться с пыхте́нием, пыхте́ть

chum I [tʃʌm] *n разг.* прия́тель, това́рищ

chum II *v разг.* жить в одно́й ко́мнате *(with)*
chum up (with) подружи́ться с *(кем-л.)*,
стать бли́зкими друзья́ми

chummy [ˈtʃʌmɪ] *a разг.* общи́тельный, дру́-
жественный

chump [tʃʌmp] *n* 1) *разг.* болва́н, дура́к 2)
филе́йная часть *(мясной туши)* 3) чурба́н 4)
сленг голова́, башка́; **he is off his ~** он тро́-
нулся, у него́ не все до́ма

chunk [tʃʌŋk] *n* 1) большо́й кусо́к, ломо́ть 2)
большо́е коли́чество; **a ~ of work** мно́го дел
3) *вчт* по́рция да́нных; часть да́нных 4) *вчт*
фрагме́нт; кусо́к програ́ммы

chunky [ˈtʃʌŋkɪ] *a* 1) корена́стый 2) из пло́т-
ной мате́рии

church [tʃɜːtʃ] *n* 1) це́рковь; **the C. of England**
англика́нская це́рковь 2) *attr* церко́вный

churchgoer [ˈtʃɜːtʃgəʊə(r)] *n* прихожа́нин *(особ.
регулярно посещающий церковь)*

churchwarden [ˈtʃɜːtʃˈwɔːdn] *n* 1) церко́вный
ста́роста 2) дли́нная кури́тельная тру́бка
(из глины)

churchy [ˈtʃɜːtʃɪ] *a* 1) церко́вный, относя́щий-
ся к це́ркви 2) *разг.* еле́йный

churchyard [ˈtʃɜːtʃjɑːd] *n* церко́вное кла́дби-
ще, пого́ст

churl [tʃɜːl] *n* гру́бый, невоспи́танный чело-
ве́к; грубия́н

churlish [ˈtʃɜːlɪʃ] *a* 1) гру́бый, невоспи́танный
2) скупо́й

churn I [tʃɜːn] *n* 1) маслобо́йка 2) большо́й
моло́чный бидо́н

churn II *v* 1) сбива́ть ма́сло 2) взба́лтывать;
вспе́нивать

chut [tʃʌt] *int* ну! *(выражает нетерпение)*

chute¹ [ʃuːt] *n* 1) круто́й скат, спуск 2) *тех.*
лото́к; жёлоб 3) жёлоб, по кото́рому
спуска́ются в бассе́йн

chute² [ʃuːt] *n разг.* парашю́т

chutist [ˈʃuːtɪst] *n разг.* парашюти́ст

CIA *сокр.* **(the Central Intelligence Agency)**
Центра́льное разве́дывательное управле́-
ние, ЦРУ *(США)*

cicada [sɪˈkɑːdə] *n* цика́да

cicatrice [ˈsɪkətrɪs] *n* шрам, рубе́ц

cicatrize [ˈsɪkətraɪz] *v* 1) заживля́ть 2) зажи-
ва́ть, зарубцо́вываться

cicero [ˈsɪsərəʊ] *n полигр.* ци́церо *(шрифт)*

CID *сокр.* **(the Criminal Investigation Department)** Департа́мент уголо́вного ро́зыс-
ка *(Великобритания)*

cider [ˈsaɪdə(r)] *n* сидр

c. i. f. *сокр.* **(cost, insurance, freight)** *ком.*
сто́имость, страхова́ние и фрахт, сиф *(условие контракта, по которому продавец оплачивает расходы на перевозку товаров до
порта назначения и страхует их на этот
период)*

cigar [sɪˈgɑː(r)] *n* сига́ра

cigarette [ˌsɪgəˈret] *n* сигаре́та; **a packet of ~s**
па́чка сигаре́т

cigarette case [ˌsɪgəˈretkeɪs] *n* портсига́р

cigarette end [ˌsɪgəˈretend] *n* оку́рок

cigarette holder [ˌsɪgəˈretˌhəʊldə(r)] *n* мунд-
шту́к

cigarette lighter [ˌsɪgəˈretˌlaɪtə(r)] *n* зажи-
га́лка *(тж* **lighter)**

ciliated [ˈsɪlieɪtɪd] *a* опушённый ресни́цами

cinch [ˈsɪntʃ] *n сленг:* **it's a ~** э́то де́ло ве́рное

cinchona [sɪŋˈkəʊnə] *n* 1) хи́нное де́рево 2)
хи́нная кора́; хини́н

cinder [ˈsɪndə(r)] *n* 1) *обыкн. pl* тле́ющие
у́гли 2) шлак 3) *pl* пе́пел, зола́; **burnt to a ~**
подгоре́лый, пережа́ренный *(о пище)*

Cinderella [ˌsɪndəˈrelə] *n* Зо́лушка

cindertrack [ˈsɪndətræk] *n* га́ревая доро́жка

cineaste [ˈsɪniæst] *n* кинома́н, знато́к кино́

cinema [ˈsɪnɪmə] *n* 1) кинотеа́тр 2) кино́,
кинематогра́фия

cinematheque [ˈsɪnɪmətek] *n* 1) фильмоте́ка
2) киноархи́в

cinematic [ˌsɪnɪˈmætɪk] *a* 1) кинематогра́-
фи́чный, киногени́чный 2) относя́щийся к
кино́, кинематографи́ческий

cinematograph [ˌsɪnɪˈmætəgrɑːf] *n* киноап-
пара́т

cinematographic [ˌsɪnɪˌmætəˈgræfɪk] *a* кине-
матографи́ческий

cinematography [ˌsɪnɪməˈtɒgrəfɪ] *n* кинема-
тогра́фия

cinerarium [ˌsɪnɪˈreərɪəm] *n* ни́ша для у́рны
с пра́хом

cinerary [ˈsɪnərərɪ] *a:* **~ urn** у́рна с пра́хом

cinereous [sɪˈnɪərɪəs] *a* пе́пельно-се́рый,
пе́пельного цве́та

cinnabar [ˈsɪnəbɑː(r)] *n* ки́новарь *(краска)*

cinnamon [ˈsɪnəmən] *n* 1) кори́ца 2) желто-
ва́то-кори́чневый цвет

cinque [sɪŋk] *n* пятёрка *(в картах, домино и
т. п.)*

cipher I [ˈsaɪfə(r)] *n* 1) шифр; **in ~** зашифро́-
ванный 2) ключ к ши́фру 3) ноль, нуль 4)
ничто́жество, нуль 5) моногра́мма 6) ара́б-
ская ци́фра 7) код; си́мвол

cipher II *v* 1) шифрова́ть, зашифро́вывать; ко-
ди́ровать 2) вычисля́ть, высчи́тывать *(обыкн.*
to ~ out)

circa [ˈsɜːkə] *prep* около, приблизи́тельно *(с датами)*

circle I [ˈsɜːkl] *n* 1) круг; окру́жность; **to draw a ~** начерти́ть круг; **the Arctic Circle** Се́верный поля́рный круг; **the Antarctic Circle** Ю́жный поля́рный круг 2) *театр.* я́рус; **parquet ~** амфитеа́тр; **upper ~** балко́н; галёрка 3) *астр.* орби́та 4) круг *(знако́мых, друзе́й)*; **family ~** семе́йный круг 5) кружо́к *(по уче́бной дисципли́не, интере́сам и т.п.)* 6) *pl* круги́ *(обще́ственные)*; **business/scientific/literary ~s** деловы́е/нау́чные/литерату́рные круги́ 7) цикл; кругооборо́т ◊ **a vicious ~** поро́чный круг; **to square the ~** стро́ить квадрату́ру кру́га, добива́ться невозмо́жного

circle II *v* 1) дви́гаться по кру́гу 2) враща́ться; кружи́ться 3) окружа́ть

circlet [ˈsɜːklɪt] *n* 1) кружо́к 2) брасле́т, диаде́ма

circuit [ˈsɜːkɪt] *n* 1) кругова́я пое́здка; объе́зд; маршру́т; **to make a ~ of** обходи́ть, объезжа́ть 2) *эл.* ко́нтур; схе́ма; цепь; **short ~** коро́ткое замыка́ние 3) чле́ны выездно́й се́ссии суда́ 4) суде́бный о́круг 5) сеть магази́нов, теа́тров *и т. п.*, принадлежа́щих одному́ владе́льцу 6) го́ночный трек 7) цикл спорти́вных соревнова́ний 8) длина́ окру́жности

circuit breaker [ˈsɜːkɪt ˌbreɪkə] *эл.* автомати́ческий выключа́тель, прерыва́тель

circuitous [sɜːˈkjuːɪtəs] *a* око́льный *(о пути́)*

circuitry [ˈsɜːkɪtrɪ] *n эл.* схе́мы; це́пи

circular I [ˈsɜːkjʊlə] *n* 1) циркуля́р 2) рекла́ма, проспе́кт *(рассыла́емые по по́чте)*

circular II *a* 1) кру́глый 2) кругово́й *(о движе́нии)*; враща́тельный; **a ~ tour** кольцево́й маршру́т 3) циркуля́рный 4) винтово́й *(о ле́стнице)*

circulate [ˈsɜːkjʊleɪt] *v* 1) циркули́ровать *(о слу́хах, кро́ви и т. п.)* 2) обраща́ться, находи́ться в обраще́нии *(о деньга́х)* 3) передава́ть(ся) 4) акти́вно обща́ться *(на приёме и т. п.)*

circulation [ˌsɜːkjʊˈleɪʃ(ə)n] *n* 1) кругооборо́т; кругово́е движе́ние 2) циркуля́ция *(кро́ви и т. п.)*; кровообраще́ние; **poor ~** плохо́е кровообраще́ние 3) обраще́ние *(тж де́нежное)*; **in ~** в обраще́нии; **to withdraw from ~** изыма́ть из обраще́ния; **to put in ~** пуска́ть в обраще́ние *(о деньга́х)* 4) тира́ж; распростране́ние *(газе́т, журна́лов)*

circulator [ˌsɜːkjʊˈleɪtə(r)] *n* распространи́тель *(слу́хов и т. п.)*

circulatory [ˌsɜːkjʊˈleɪtərɪ] *a* циркули́рующий

circum- [ˈsɜːkəm-] *pref в сло́жных слова́х озна́чает* вокру́г, круго́м

circumambient [ˌsɜːkəmˈæmbɪənt] *a* окружа́ющий *(о во́здухе, жи́дкости)*

circumambulate [ˌsɜːkəmˈæmbjʊleɪt] *v* обходи́ть; ходи́ть вокру́г

circumcise [ˈsɜːkəmsaɪz] *v* соверша́ть обре́зание *(у евре́ев, мусульма́н)*

circumcision [ˌsɜːkəmˈsɪʒn] *n* обре́зание *(ритуа́льный обря́д)*

circumference [sɜːˈkʌmfərəns] *n* окру́жность

circumferential [ˌsɜːkʌmfəˈrenʃ(ə)l] *a* относя́щийся к окру́жности; перифери́ческий

circumfluent [səˈkʌmflʊənt] *a* обтека́ющий

circumlocution [ˌsɜːkəmləˈkjuːʃ(ə)n] *n* 1) укло́нчивый разгово́р 2) многоречи́вость; **without further ~** без дальне́йших околи́чностей

circumlocutory [ˌsɜːkəmˈlɒkjʊtərɪ] *a* 1) многоречи́вый 2) описа́тельный

circumnavigate [ˌsɜːkəmˈnævɪgeɪt] *v* плыть вокру́г; **to ~ the globe** соверша́ть кругосве́тное пла́вание

circumnavigation [ˈsɜːkəmˌnævɪˈgeɪʃ(ə)n] *n* кругосве́тное пла́вание

circumscribe [ˈsɜːkəmskraɪb] *v* 1) *геом.* опи́сывать 2) ограни́чивать

circumscription [ˌsɜːkəmˈskrɪpʃ(ə)n] *n* 1) ограниче́ние; грани́ца, преде́л 2) на́дпись по окру́жности *(моне́ты и т. п.)*

circumspect [ˈsɜːkəmspekt] *a* осмотри́тельный; осторо́жный

circumspection [ˌsɜːkəmˈspekʃ(ə)n] *n* осмотри́тельность

circumstance [ˈsɜːkəmstəns] *n* 1) обстоя́тельство; слу́чай 2) *pl* обстоя́тельства; **family ~** семе́йные обстоя́тельства; **in/under these ~s** при э́тих/да́нных обстоя́тельствах, в таки́х усло́виях; **under no ~s** ни при каки́х обстоя́тельствах 3) *pl* материа́льное положе́ние; **in reduced ~s** в стеснённом материа́льном положе́нии, в стеснённых обстоя́тельствах; **they live in easy ~s** они́ хорошо́ обеспе́чены, они́ не зна́ют ни в чём нужды́ 4) церемо́ния 5) *pl* подро́бности, дета́ли

circumstantial [ˌsɜːkəmˈstænʃ(ə)l] *a* 1) подро́бный, обстоя́тельный 2) случа́йный; ко́свенный

circumterrestrial [ˌsɜːkəmtəˈrestrɪəl] *a* околозе́мный

circumvent [ˌsɜːkəmˈvent] *v* 1) обойти́, перехитри́ть 2) замани́ть в лову́шку

circumvention [ˌsɜːkəmˈvenʃ(ə)n] *n* 1) обма́н; введе́ние в заблужде́ние 2) уло́вка, хи́трость 3) обхо́д *(зако́на и т. п.)*

circus [ˈsɜːkəs] *n* 1) цирк 2) кру́глая пло́щадь с радиа́льно расходя́щимися у́лицами

cirrhosis [sɪˈrəʊsɪs] *n мед.* цирро́з *(пе́чени)*

cirri [ˈsɪraɪ] *pl см.* **cirrus**

cirrocumulus [ˈsɪrəʊˈkjuːmjʊləs] *n* пёристо-кучевы́е облака́

cirrostratus [ˈsɪrəʊˈstreɪtəs] *n* пёристо-слойс-тые облака́

cirrus [ˈsɪrəs] *n (pl* **cirri**) 1) пёристые облака́ 2) *бот., зоол.* у́сик

CIS *сокр.* **(the Commonwealth of Independent States)** Содру́жество незави́симых госуда́рств, СНГ

cistern [ˈsɪstən] *n* 1) цисте́рна; бак; резервуа́р 2) бачо́к *(в туалете)* 3) водоём

citadel [ˈsɪtədl] *n* 1) цитаде́ль, кре́пость 2) твердьı́ня, опло́т

citation [saɪˈteɪʃ(ə)n] *n* 1) цити́рование; цита́та, ссьı́лка, 2) упомина́ние в прика́зе

cite [saɪt] *v* 1) цити́ровать; ссыла́ться 2) упомина́ть в прика́зе 3) вызыва́ть *(в суд)*

citizen [ˈsɪtɪzn] *n* 1) граждани́н; гражда́нка 2) горожа́нин; горожа́нка 3) *амер.* шта́тский (челове́к); гражда́нское лицо́

citizenship [ˈsɪtɪznʃɪp] *n* гражда́нство

citric [ˈsɪtrɪk] *a:* ~ **acid** лимо́нная кислота́

citron [ˈsɪtrən] *n бот.* цитро́н

citrus [ˈsɪtrəs] *n бот.* 1) ци́трус 2) *attr:* ~ **fruit** ци́трусовые

city [ˈsɪtɪ] *n* 1) большо́й го́род 2) **(the C.)** Си́ти, делово́й центр Ло́ндона; *перен.* фина́нсовые и комме́рческие круги́ Ло́ндона 3) *attr* городско́й; муниципа́льный; ~ **hall** *амер.* муниципалите́т; ~ **fathers** «отцьı́ го́рода» *(руководители городской администра́ции);* ~ **page** разде́л новосте́й фина́нсов и би́знеса *(в газете)*

civic [ˈsɪvɪk] *a* 1) городско́й, муниципа́льный; ~ **centre** администрати́вный центр; администрати́вные зда́ния 2) гражда́нский; ~ **rights** гражда́нские права́

civics [ˈsɪvɪks] *n* осно́вы гражда́нского пра́ва

civil [ˈsɪvl] *a* 1) гражда́нский; ~ **aviation** гражда́нская авиа́ция; ~ **defence** гражда́нская оборо́на; ~ **engineer** инжене́р-строи́тель *(в гражданском строительстве);* ~ **law** гражда́нское пра́во; ~ **marriage** гражда́нский брак *(не освещённый церковью);* ~ **rights** гражда́нские права́; ~ **servant** госуда́рственный слу́жащий, чино́вник; ~ **war** гражда́нская война́ 2) шта́тский 3) ве́жливый, учти́вый, воспи́танный ◊ ~ **list** су́мма, ежего́дно выделя́емая парла́ментом на содержа́ние короле́вской семьи́ *(в Великобритании)*

civilian I [sɪˈvɪlɪən] *n* шта́тский (челове́к); гражда́нское лицо́

civilian II *a* шта́тский, гражда́нский

civility [sɪˈvɪlɪtɪ] *n* учти́вость, ве́жливость; любе́зность

civilization [ˌsɪvɪlaɪˈzeɪʃ(ə)n] *n* цивилиза́ция

civilize [ˈsɪvɪlaɪz] *v* цивилизова́ть

civilized [ˈsɪvɪlaɪzd] *a* цивилизо́ванный, культу́рный

civvies [ˈsɪvɪz] *n pl сленг* шта́тская *(неформенная)* оде́жда

clack I [klæk] *n* 1) треск 2) гро́мкая болтовня́

clack II *v* 1) треща́ть 2) гро́мко болта́ть

clad [klæd] *a* 1) в оде́жде, оде́тый 2) име́ющий покры́тие

cladding [ˈklædɪŋ] *n* покры́тие

claim I [kleɪm] *n* 1) тре́бование; прете́нзия; притяза́ние; зако́нное пра́во; **to lay** ~ **to smth** претендова́ть на что-л.; **his** ~ **to be a great artist is absurd** его́ прете́нзии счита́ться вели́ким худо́жником про́сто смешны́ 2) *юр.* иск, прете́нзия; **a** ~ **to an inheritance** притяза́ния на права́ насле́дства; **to make/to put in a** ~ **against smb for smth** предъяви́ть иск кому́-л. на что-л. 3) *тех.* реклама́ция 4) уча́сток, отведённый под разрабо́тку поле́зных ископа́емых; зая́вка на отво́д уча́стка

claim II *v* 1) тре́бовать; претендова́ть на что-л.; предъявля́ть прете́нзии 2) *юр.* возбужда́ть иск; заявля́ть прете́нзию 3) утвержда́ть

claimant [ˈkleɪmənt] *n* 1) *юр.* исте́ц 2) прете́нде́нт

clairvoyance [kleəˈvɔɪəns] *n* 1) яснови́дение 2) проница́тельность

clairvoyant [kleəˈvɔɪənt] *a* 1) яснови́дящий 2) проница́тельный

clam [klæm] *n* 1) съедо́бный моллю́ск 2) *перен.* засте́нчивый ти́хий челове́к

clamant [ˈkleɪmənt] *a* 1) шумли́вый 2) насто́йчивый

clamber I [ˈklæmbə(r)] *n* кара́бканье

clamber II *v* кара́бкаться; цепля́ться

clammy [ˈklæmɪ] *a* 1) кле́йкий, ли́пкий 2) холо́дный и сыро́й *(о погоде),* промо́зглый

clamor [ˈklæmə(r)] *амер. см.* **clamour**

clamorous [ˈklæmərəs] *a* шу́мный, крикли́вый

clamour I [ˈklæmə(r)] *n* 1) шум, кри́ки 2) шу́мный проте́ст

clamour II *v* 1) шуме́ть, крича́ть 2) шу́мно тре́бовать *(for);* шу́мно протестова́ть *(against)*

clamp I [klæmp] *n* 1) скоба́, скре́па, зажи́м 2) кле́тка *(кирпича);* шта́бель *(торфа)* 3) *эл.* кле́мма; фикса́тор

clamp II *v* 1) скрепля́ть, зажима́ть 2) скла́дывать *(в кучу)*

clan [klæn] *n* клан

clandestine [klænˈdestɪn] *a* та́йный, нелега́льный

clang I [klæŋ] *n* звон, лязг

clang II *v* звене́ть, ля́згать

clanger

clanger [ˈklæŋə(r)] *n сленг* оши́бка, про́мах; **to drop a ~** сде́лать про́мах

clangour [ˈklæŋgə(r)] *n* протя́жный звон; лязг

clank I [klæŋk] *n* звон *(цепей)*; бряца́ние

clank II *v* греме́ть *(цепью)*; бряца́ть

clanship [ˈklænʃɪp] *n* деле́ние на кла́ны; систе́ма кла́нов

clap¹ I [klæp] *n* 1) хло́панье *(в ладоши)* 2) уда́р *(грома)*

clap¹ II *v* 1) хло́пать в ладо́ши; аплоди́ровать 2) похло́пывать *(по плечу)* 3) хло́пать *(крыльями)* 4) упря́тать, упе́чь *(в тюрьму; in)* 5) бы́стро помести́ть; бы́стро установи́ть; **to ~ a hat on** нахлобу́чить шля́пу; **to ~ a tax** обложи́ть нало́гом

clap² *груб. сленг* три́ппер, гоноре́я

clap-net [ˈklæpˌnet] *n* сило́к для птиц

clapper [ˈklæpə(r)] *n* язы́к *(колокола)*; **to go/ to run/to drive like the ~s** дви́гаться/бежа́ть/е́хать о́чень бы́стро

claptrap [ˈklæptræp] *n разг.* треску́чая нео́умная фра́за

clarence [ˈklærəns] *n ист.* четырёхме́стная каре́та

claret I [ˈklærət] *n* 1) кларе́т *(вино типа бордо́)*, кра́сное вино́ 2) цвет бордо́

claret II *a* бордо́вый, цве́та бордо́

clarification [ˌklærɪfɪˈkeɪʃ(ə)n] *n* 1) проясне́ние 2) очи́стка, очище́ние

clarify [ˈklærɪfaɪ] *v* 1) проясня́ть(ся); де́лать я́сным 2) очища́ть, де́лать прозра́чным

clarinet [ˌklærɪˈnet] *n муз.* кларне́т

clarion I [ˈklærɪən] *n* 1) *поэт.* рожо́к; горн 2) звук рожка́

clarion II *a* зво́нкий, гро́мкий и чи́стый *(о звуке)*

clarity [ˈklærɪtɪ] *n* 1) я́сность; **~ of purpose/ thought/vision** я́сность наме́рения/мы́сли/зре́ния 2) прозра́чность

clash I [klæʃ] *n* 1) лязг *(оружия)* 2) столкнове́ние 3) конфли́кт

clash II *v* 1) ля́згать *(оружием)* 2) ста́лкиваться; приходи́ть в столкнове́ние; **to ~ into smb** столкну́ться с кем-л. 3) ста́лкиваться *(об интересах)*, дисгармони́ровать; расходи́ться *(о мнениях)*; **to ~ with smb over smth** расходи́ться во мне́ниях с кем-л. по по́воду чего-л.

clasp I [klɑːsp] *n* 1) пря́жка; застёжка; брошь 2) рукопожа́тие 3) объя́тия

clasp II *v* 1) застёгивать, пристёгивать 2) сжима́ть, пожима́ть *(руки)* 3) обнима́ть

clasp knife [ˈklɑːspˈnaɪf] *n* складно́й нож

class I [klɑːs] *n* 1) разря́д, катего́рия, класс 2) класс *(общественный)*; **the middle ~** сре́дний класс; сре́дние слои́ о́бщества; **the up-per ~** вы́сшие слои́ о́бщества; аристокра́тия 3) класс *(в школе)*; **what time do ~s begin?** когда́ начина́ются заня́тия? 4) *амер.* вы́пуск *(студентов одного года)* 5) призывники́ в а́рмию *(одного и того же года)* 6) класс *(на транспорте)* 7) биол. класс 8) *attr* кла́ссный 9) *attr* кла́ссовый ◊ **in a ~ of/on its own** еди́нственный в своём ро́де; **no ~** ни́зкого ка́чества

class II *v* классифици́ровать

class-conscious [ˈklɑːsˈkɒnʃəs] *a* име́ющий кла́ссовое созна́ние

class-consciousness [ˈklɑːsˈkɒnʃəsnɪs] *n* кла́ссовое созна́ние

classic I [ˈklæsɪk] *n* 1) кла́ссик *(писатель, художник и т. п.)* 2) анти́чный писа́тель, поэ́т 3) *pl* класси́ческие языки́ и анти́чная литерату́ра 4) *pl* изуче́ние класси́ческих языко́в и анти́чной литерату́ры, класси́ческая филоло́гия

classic II *a* 1) класси́ческий 2) образцо́вый

classical [ˈklæsɪkəl] *a* класси́ческий; **~ music** класси́ческая му́зыка

classicism [ˈklæsɪsɪz(ə)m] *n* 1) классици́зм 2) *лингв.* лати́нская или гре́ческая идио́ма

classification [ˌklæsɪfɪˈkeɪʃ(ə)n] *n* классифика́ция; сортиро́вка

classify [ˈklæsɪfaɪ] *v* классифици́ровать

classless [ˈklɑːslɪs] *a* бескла́ссовый

classmate [ˈklɑːsmeɪt] *n* однокла́ссник

classroom [ˈklɑːsruːm] *n* кла́ссная ко́мната, класс

classy [ˈklɑːsɪ] *a разг.* кла́ссный, превосхо́дный, отли́чный

clatter I [ˈklætə(r)] *n* 1) треск, стук, гро́хот; звон *(посуды и т. п.)* 2) гро́мкая болтовня́, трескотня́

clatter II *v* 1) стуча́ть; шуме́ть 2) греме́ть *(посудой и т. п.)*

clause [klɔːz] *n* 1) *грам.* предложе́ние *(как часть сложного предложения)*; **principal/ subordinate ~** гла́вное/прида́точное предложе́ние 2) статья́, пункт *(в договоре и т. п.)* 3) *вчт* опера́тор; разде́л *(опера́тора)*

claustrophilia [ˌklɔːstrəˈfɪlɪə] *n* клаустрофи́лия *(патологическое стремление запирать окна и двери из-за страха оказаться одному в незапертом помещении)*

claustrophobia [ˌklɔːstrəˈfəʊbɪə] *n* клаустрофо́бия *(патологическая боязнь замкнутого пространства)*

clave [kleɪv] *past см.* **cleave²**

clavichord [ˈklævɪkɔːd] *n ист. муз.* клавико́рды

clavicle [ˈklævɪkl] *n анат.* ключи́ца

clavier [kləˈvɪə(r)] *n муз.* 1) любо́й кла́вишный инструме́нт 2) клавиату́ра

124

claw I [klɔ:] *n* 1) ко́готь; **to cut** (*или* **to pare**) **smb's ~s** пообломать ко́гти кому́-л. 2) ла́па (*с когтями*) 3) клешня́ 4) *тех.* кле́щи; зажи́м; вы́ступ; зуб 5) *тех.* захва́тное устро́йство клешнево́го ти́па

claw II *v* 1) скрести́, цара́пать, рвать *(когтями)* 2) *мор.* лави́ровать

clay [kleɪ] *n* 1) гли́на 2) гли́няная тру́бка

clayey [ˊkleɪɪ] *a* гли́нистый

claymore [ˊkleɪmɔ:] *n* 1) *ист.* кле́ймор *(обоюдоо́стрый палаш шотл. горцев)* 2) *ист.* кле́ймор *(кельтский длинный двуручный меч)* 3) *амер. воен.* тип противопехо́тной ми́ны

clean I [kli:n] *n:* **to give it a ~** вы́чистить

clean II *a* 1) чи́стый 2) без при́меси, чи́стый 3) неиспо́льзованный 4) чистопло́тный, опря́тный 5) хорошо́ сло́женный *(о человеке)* 6) ло́вкий, уме́лый ◊ **to make a ~ job** сде́лать что-л. о́чень хорошо́; **to come ~** призна́ться во всём; **to make a ~ breast of smth** по́лностью/чистосерде́чно призна́ться в чём-л.; **to make a ~ sweep of smth** изба́виться от чего́-л.

clean III *v* 1) чи́стить, очища́ть; вычища́ть 2) убира́ть *(помещение);* мыть *(посуду)*

clean down тща́тельно вы́мыть, вы́чистить

clean off удаля́ть *(пятна и т. п.)*

clean out 1) убра́ть, вы́чистить; опорожни́ть 2) *разг.* обчи́стить, обворова́ть

clean up 1) убира́ть *(мусор и т. п.)* 2) убира́ть *(помещение)* 3) чи́стить, уничтожа́ть

clean IV *adv* 1) соверше́нно, по́лностью, совсе́м; **I ~ forgot about it** я совсе́м забы́л об э́том 2) пря́мо, начистоту́

clean-cut [ˊkli:nˊkʌt] *a* 1) ре́зко оче́рченный 2) определённый, то́чный

cleaner [ˊkli:nə(r)] *n* 1) убо́рщица 2) *pl* химчи́стка 3) чи́стящее сре́дство 4) очисти́тель; фильтр; **vacuum ~** пылесо́с ◊ **to take to the ~s** *сленг* обобра́ть *(кого-л.)* до ни́тки б) ре́зко критикова́ть

cleanhands [ˊkli:nˊhændz] *n* невино́вность; незапя́тнанная репута́ция

cleaning [ˊkli:nɪŋ] *n* убо́рка; чи́стка; **dry ~** химчи́стка; суха́я чи́стка

cleanliness [ˊklenlɪnɪs] *n* чистота́

cleanly[1] [ˊklenlɪ] *a* чистопло́тный

cleanly[2] [ˊkli:nlɪ] *adv* чи́сто

cleanse [klenz] *v* 1) чи́стить, очища́ть 2) очища́ть *(от грехов, позора; of)*

cleanser [ˊklenzə(r)] *n* очища́ющее *или* дезинфици́рующее сре́дство

clean-shaven [ˊkli:nˊʃeɪvn] *a* гла́дко вы́бритый

clean-up [ˊkli:nˊʌp] *n* чи́стка, убо́рка

clear I [klɪə(r)] *a* 1) чи́стый; я́сный; безо́блачный 2) прозра́чный; **~ soup** бульо́н 3) чёткий, отчётливый 4) поня́тный 5) я́сный *(об уме)* 6) чи́стый *(о весе, совести)* 7) уве́ренный, убеждённый *(в чём-л.; about, on)* 8) свобо́дный *(о пути);* **all ~** а) путь свобо́ден б) отбо́й *(после тревоги)* 9) це́лый, по́лный, свобо́дный; **I need two days ~** мне ну́жно два по́лностью свобо́дных дня ◊ **out of a ~ sky** соверше́нно неожи́данно, как снег на́ голову; **in the ~** а) вне подозре́ний б) вне опа́сности

clear II *v* 1) очища́ть; станови́ться я́сным, прозра́чным 2) освобожда́ть; устраня́ть *(препятствия)* 3) очи́стить (помеще́ние) от прису́тствующих 4) опра́вдывать *(обвиняемого);* снима́ть обвине́ния 5) рассе́ивать *(сомнения, подозрения)* 6) рассе́иваться *(о тучах)* 7) не заде́ть, пройти́ ми́мо; *спорт.* брать барье́р 8) уплати́ть, расплати́ться 9) очища́ть от по́шлин; уплати́ть по́шлины 10) получа́ть чи́стую при́быль ◊ **to ~ the air** разряди́ть обстано́вку; **to ~ the decks** подгото́виться к де́йствиям, быть гото́вым к бо́ю, отпо́ру *и т.п.;* **to ~ one's throat** отка́шляться, прочи́стить го́рло; **to ~ a thing with smb** проконсульти́роваться с кем-л., вы́яснить вопро́с с кем-л.

clear away 1) исчеза́ть, рассе́иваться 2) убира́ть *(посуду со стола́)*

clear off 1) исчеза́ть, рассе́иваться 2) убира́ть *(что-л.);* удаля́ть *(кого-л.)* 3) *разг.* уходи́ть, убира́ться 4) по́лностью заплати́ть долг 5) распрода́ть (по дешёвой цене́)

clear out 1) очища́ть; опорожня́ть 2) удаля́ть, выбра́сывать 3) *разг.* уходи́ть, убира́ться 4) *разг.* уезжа́ть из до́ма

clear up 1) убира́ть *(помещение)* 2) убира́ть му́сор *и т. п.* 3) зако́нчить *(что-л.)* 4) проясня́ться, улучша́ться 5) проясни́ть *(что-л.),* найти́ отве́т

clear III *adv* 1) я́сно; **to speak loud and ~** говори́ть гро́мко и отчётливо 2) совсе́м, целико́м, по́лностью ◊ **to keep ~ of him** держа́ться от него́ пода́льше; **to come ~ off** вы́йти сухи́м из воды́

clearance [ˊklɪərəns] *n* 1) расчи́стка *(под па́шню);* вы́рубка *(леса)* 2) устране́ние препя́тствий 3) тамо́женная очи́стка, очи́стка от по́шлин 4) разреше́ние *(на взлёт, посадку, доступ к информации и т. п.)* 5) *фин.* кли́ринг че́ков *или* ве́кселей 6) *тех.* зазо́р, просве́т; кли́ренс 7) *вчт* очи́стка; устано́вка в исхо́дное положе́ние

clear-cut [ˊklɪəˊkʌt] *a* 1) ре́зко оче́рченный; **~ features** пра́вильные черты́ лица́ 2) чёткий

125

clearing [ˈklɪərɪŋ] *n* 1) прояснéние; выяснéние 2) поля́на *(в лесу)* 3) расчи́щенный учáсток в лесý *(под пáшню)* 4) *фин.* кли́ринг, безнали́чные расчёты 5) *вчт* очи́стка; устанóвка в исхóдное положéние

clearing house [ˈklɪərɪŋhaʊs] *n фин.* расчётная палáта

clearly [ˈklɪəlɪ] *adv* я́сно, определённо

clear-sighted [ˈklɪəˈsaɪtɪd] *a* проницáтельный

cleartext [ˌklɪəˈtekst] *n* откры́тый, незашифрóванный текст

cleavage [ˈkliːvɪdʒ] *n* 1) расщеплéние; расхождéние 2) ложби́нка на груди́ *(при большóм декольтé)* 3) *геол.* слóйстость

cleave¹ [kliːv] *v* (**clove, cleft; cloven, cleft**) 1) раскáлывать; рассекáть 2) рассекáть *(вóду, вóздух)*

cleave² *v* (**cleaved, clave; cleaved**) оставáться вéрным *(to)*

cleaver [ˈkliːvə(r)] *n* нож *или* топóр мясникá

clef [klef] *n муз.* ключ; **bass ~** басóвый ключ; **treble ~** скрипи́чный ключ

cleft¹ **I** [kleft] *n* 1) щель, расщéлина 2) трéщина; рассéлина

cleft¹ **II** *a* раскóлотый, расщеплённый

cleft² *past, p. p. см.* **cleave**¹

cleg [kleg] *n* óвод, слепéнь

clemency [ˈklemənsɪ] *n* 1) мя́гкость *(харáктера, погóды)* 2) милосéрдие

clement [ˈklemənt] *a* 1) мя́гкий *(о харáктере, погóде)* 2) милосéрдный

clench I [klentʃ] *n* 1) сжимáние *(кулакóв)*; сти́скивание *(зубóв)* 2) заклёпывание

clench II *v* 1) сжимáть *(кулаки́);* сти́скивать *(зýбы)* 2) захвáтывать, зажимáть

clergy [ˈklɜːdʒɪ] *n* (**the ~**) духовéнство, свящéннослужи́тели

clergyman [ˈklɜːdʒɪmən] *n* свящéнник, духóвное лицó *(тж* **cleric**)

clerical [ˈklerɪk(ə)l] *a* 1) духóвный; клерикáльный 2) канцеля́рский; **~ error** оши́бка при перепи́ске, перепечáтке; **~ work** канцеля́рская /контóрская рабóта

clerk [klɑːk] *n* 1) клерк, контóрский служащий; **bank ~** бáнковский клерк 2) секретáрь; **town ~** секретáрь городскóго совéта 3) *амер.* продавéц 4) *амер.* гости́ничный служащий, портьé

clever [ˈklevə(r)] *a* 1) ýмный 2) спосóбный, одарённый 3) лóвкий; искýсный, умéлый 4) хи́трый; хитроýмный; изобретáтельный; **a ~ trick** лóвкая продéлка

cleverness [ˈklevənɪs] *n* 1) одарённость 2) лóвкость; искýсность

clevis [ˈklevɪs] *n тех.* 1) скобá, хомýт 2) ви́лка; серьгá ◊ **brake ~** ви́лка тормознóй тя́ги

cliché [ˈkliːʃeɪ] *n* 1) изби́тая фрáза, штамп, клишé 2) *полигр.* клишé

click I [klɪk] *n* 1) щёлканье *(затвóра и т. п.)*; щелчóк 2) *тех.* защёлка, собáчка; храпови́к 3) *вчт* укáзание/вы́бор мы́шью; щелчóк кнóпкой *(мы́ши)*

click II *v* 1) щёлкать; прищёлкивать *(языкóм)* 2) защёлкнуть *(дверь)* 3) *разг.* сходи́ться; соотвéтствовать; устанáвливать контáкт 4) *вчт* щёлкнуть кнóпкой *(мы́ши)*

click-and-drag [ˌklɪkən(d)ˈdræg] *v вчт* «щёлкнуть и потащи́ть», нажáть кнóпку мы́ши и отбукси́ровать

clicking [ˈklɪkɪŋ] *n вчт* щелчóк кнóпкой *(мы́ши)*; укáзание/вы́бор мы́шью

client [ˈklaɪənt] *n* клиéнт; пóльзователь; (постоя́нный) покупáтель; закáзчик

clientele [ˌkliːɑːnˈtel] *n* клиентýра

cliff [klɪf] *n* утёс, скалá

cliff-hanger [ˈklɪfˌhæŋə] *n* захвáтывающий расскáз, фильм; волнýющая развя́зка *(сериáла и т. п.)*

climacteric I [klaɪˈmæktərɪk] *n мед.* климактери́ческий пер́иод, климактéрий, кли́макс

climacteric II *a мед.* климактери́ческий

climate [ˈklaɪmɪt] *n* кли́мат

climatic [klaɪˈmætɪk] *a* климати́ческий

climatology [ˌklaɪməˈtɒlədʒɪ] *n* климатолóгия

climax I [ˈklaɪmæks] *n* 1) вы́сшая тóчка; кульминáция 2) оргáзм

climax II *v* дойти́ *или* довести́ до кульминáции

climb I [klaɪm] *n* подъём, восхождéние; **a steep ~** крутóй подъём

climb II *v* 1) поднимáться; взбирáться; влезáть, карáбкаться 2) ви́ться *(о растéнии)* 3) дéлать карьéру 4) *ав.* набирáть высотý

climb down 1) слезáть; спускáться 2) уступáть *(в спóре)*

climb up 1) взбирáться, карáбкаться 2) ви́ться квéрху *(о растéнии)*

climber [ˈklaɪmə(r)] *n* 1) альпини́ст; скалолáз 2) вью́щееся растéние 3) карьери́ст

climbing-irons [ˈklaɪmɪŋˈaɪənz] *n pl* 1) монтёрские кóгти; кóшки 2) ши́пы на óбуви альпини́стов

clime [klaɪm] *n книжн., поэт.* 1) райóн, странá 2) кли́мат

clinch I [klɪntʃ] *n* 1) сжимáние, зажимáние 2) *разг.* объя́тия 3) клинч *(в бóксе и т. п.)*

clinch II *v* 1) окончáтельно реши́ть сдéлку, вопрóс *и т. п.;* **to ~ a bargain** заключи́ть сдéлку 2) войти́ в клинч *(в бóксе и т. п.)* 3) *разг.* обнимáться 4) прибивáть гвоздь, загибáя егó

clincher [ˈklɪntʃə(r)] *n разг.* решáющий дóвод

cling [klɪŋ] *v* (**clung**) 1) ли́пнуть, прилипа́ть; льнуть; облега́ть *(о платье)* 2) остава́ться ве́рным *(друзьям, взглядам, обычаям; to)* 3) цепля́ться; кре́пко держа́ться *(за — to)* 4) *attr:* ~ **film** о́чень то́нкая плёнка *(особ. для пищевых продуктов)*

clingy [´klɪŋɪ] *a* це́пкий, прили́пчивый

clinic [´klɪnɪk] *n* 1) кли́ника, специализи́рованная больни́ца 2) поликли́ника 3) группова́я враче́бная пра́ктика 4) *амер.* ку́рсы *или* конфере́нция по како́му-л. предме́ту

clinical [´klɪnɪk(ə)l] *a* клини́ческий; ~ **death** клини́ческая смерть; ~ **medicine** клини́ческая медици́на; ~ **record** исто́рия боле́зни *(тж* **case history**)

clink[1] **I** [klɪŋk] *n* звон *(стекла, металла)*

clink[1] **II** *v* звене́ть

clink[2] *n сленг* тюрьма́

clinker[1] [´klɪŋkə(r)] *n* 1) ла́ва 2) шлак 3) *стр.* кли́нкер *(вид кирпича)*

clinker[2] *n сленг* 1) не́что восхити́тельное, превосхо́дное 2) *амер.* оши́бка, про́мах

clip[1] **I** [klɪp] *n* 1) стри́жка 2) настри́женная шерсть 3) *разг.* си́льный уда́р кулако́м 4) *кино, тлв* клип; видеокли́п; кадр 5) *разг.* бы́стрый шаг

clip[1] **II** *v* 1) стричь 2) обреза́ть; отреза́ть; подреза́ть; отсека́ть 3) глота́ть *(буквы, слова)* 4) *разг.* дать тумака́ 5) де́лать вы́резки *(из газет и т. п.)* 6) *разг.* обма́нывать, надува́ть, обира́ть 7) вы́резать изображе́ние на экра́не 8) ограни́чивать

clip[2] **I** *n* 1) скре́пка; зажи́м; **paper** ~ канцеля́рская скре́пка 2) *pl* кли́псы 3) патро́нная обо́йма 4) *тех.* хому́т; кле́мма; зажи́м; фикса́тор

clip[2] **II** *v* 1) скрепля́ть 2) схва́тывать, зажима́ть; фикси́ровать

clipboard [´klɪpbɔːd] *n вчт* бу́фер обме́на; бу́фер для обме́на да́нными; бу́фер вы́резанного изображе́ния

clipper [´klɪpə(r)] *n мор.* кли́пер *(быстроходное парусное судно)*

clippers [´klɪpəz] *n pl* 1) но́жницы *или* маши́нка для стри́жки воло́с 2) садо́вые но́жницы; сека́тор 3) *тех.* куса́чки

clipping [´klɪpɪŋ] *n* 1) газе́тная вы́резка 2) обреза́ние, подреза́ние; стри́жка

clitoris [´klɪtərɪs] *n анат.* кли́тор

clique [kliːk] *n* кли́ка

cloak I [´kləʊk] *n* 1) плащ; ма́нтия 2) покро́в ◊ **under the ~ of** под предло́гом

cloak II *v* 1) наки́дывать плащ 2) скрыва́ть, оку́тывать

cloak-and-dagger [ˌkləʊkən´dægə(r)] *a* 1) приключе́нческий 2) шпио́нский

cloakroom [´kləʊkrʊm] *n* 1) гардеро́б; раздева́лка 2) *эвф.* туале́т, убо́рная

clock[1] [klɒk] *n* 1) часы́ *(стенные, настольные, башенные);* **alarm** ~ буди́льник; **grandfather's** ~ (стари́нные) стоя́чие часы́ 2) спидо́метр; таксо́метр 3) *тех.* генера́тор частоты́ *(для измерения времени);* генера́тор та́ктовых и́мпульсов; та́ктовый генера́тор 4) *сленг* физионо́мия, ро́жа ◊ **round the** ~ круглосу́точно

clock[2] *n ист.* стре́лка *(украшение на чулке)*

clock-face [´klɒkfeɪs] *n* цифербла́т

clock-watch I [´klɒkwɒtʃ] *v* рабо́тать «от и до» *(боясь перерабо́тать ли́шнее)*

clock-watch II *n* челове́к, относя́щийся к рабо́те форма́льно, рабо́тающий без «огонька́»

clockwise [´klɒkwaɪz] *adv* по часово́й стре́лке

clockwork [´klɒkwɜːk] *n* 1) часово́й механи́зм; **everything went like** ~ всё рабо́тало как часы́, всё шло как по ма́слу 2) *attr* то́чный 3) *attr* заводно́й *(об игру́шках)*

clod [klɒd] *n* 1) ком, глы́ба *(земли, глины и т. п.)* 2) *сленг* ду́рень, болва́н 3) ше́я *(говя́жьей ту́ши)*

cloddish [´klɒdɪʃ] *a* 1) глу́пый 2) неуклю́жий

clod-hopper [´klɒdˌhɒpə(r)] *n разг.* 1) тяжё́лый башма́к 2) ду́рень, болва́н

clog I [klɒg] *n* 1) башма́к на деревя́нной подо́шве 2) *уст.* препя́тствие 3) деревя́нная коло́да *(привязываемая к нога́м живо́тного в ка́честве пут)*

clog II *v* забива́ть(ся), засоря́ть(ся); **the pipes are ~ged with leaves** тру́бы заби́ты ли́стьями

cloggy [´klɒgɪ] *a* 1) комкова́тый 2) ли́пкий, вя́зкий

cloister I [´klɔɪstə(r)] *n* 1) *архит.* кры́тая арка́да 2) мона́шеская жизнь; уедине́ние 3) монасты́рь, оби́тель

cloister II *v* помеща́ть в монасты́рь

cloistered [´klɔɪstəd] *a* 1) уединё́нный 2) мона́шеский

cloistral [´klɔɪstrəl] *a* монасты́рский; мона́шеский

clone I [kləʊn] *n биол.* клон

clone II *v биол.* клони́ровать

close[1] **I** [kləʊz] *n* коне́ц; заверше́ние, оконча́ние; **to bring to a** ~ заверши́ть; довести́ до конца́

close[1] **II** *v* 1) закрыва́ть 2) зака́нчивать *(рабо́ту, заня́тия и т. п.);* заключа́ть *(речь)* 3) заключа́ть *(сде́лку)* 4) *воен.* смыка́ть *(ряды́)* 5) *эл.* замыка́ть *(цепь)* 6) сходи́ться, сближа́ться *(with)*

close about/around окружа́ть, подступа́ть; смыка́ться

close down 1) закрыва́ться *(о магазине, фабрике и т. п.)* 2) зака́нчивать *(передачу);*

прекраща́ть *(вещание)* 3) *амер.* приближа́ться, наступа́ть

close in 1) перекры́ть, прегради́ть 2) сокраща́ться, укора́чиваться *(о днях)* 3) приближа́ться, наступа́ть

close off перекры́ть *(вход, путь)*

close on 1) души́ть, дави́ть 2) постепе́нно окружа́ть, наступа́ть 3) прищемля́ть *(две́рью и т. п.)*

close out *амер.* снижа́ть це́ны, устра́ивать распрода́жу

close up 1) блоки́ровать, закрыва́ть 2) закрыва́ться 3) приближа́ться; соединя́ться, объединя́ться 4) *разг.* замолча́ть, закры́ть рот

close upon *см.* **close on**

close with 1) сойти́сь с проти́вником 2) прийти́ к соглаше́нию

close² [kləʊs] *n* 1) огоро́женное ме́сто 2) шко́льная площа́дка 3) тупи́к *(улица)*

close³ I *a* 1) бли́зкий *(тж о родственниках, друзьях)*; **a ~ relative/friend** бли́зкий ро́дственник/друг 2) схо́дный; то́чный; **~ resemblance** большо́е схо́дство 3) облега́ющий *(об одежде)* 4) ко́ротко остри́женный 5) те́сный; со́мкнутый *(о строе)* 6) пло́тный; убо́ристый; **~ texture** пло́тная ткань; **~ writing** убо́ристый по́черк; **~ thicket** густы́е за́росли 7) почти́ ра́вный; **it was a ~ election** за кандида́тов по́дали почти́ ра́вное коли́чество голосо́в 8) внима́тельный; тща́тельный; приста́льный; **on ~ examination** при ближа́йшем рассмотре́нии; **~ attention** приста́льное внима́ние 9) ду́шный, спёртый 10) закры́тый 11) ограни́ченный, те́сный *(о круге лиц и т. п.)*; **~ corporation** за́мкнутая/закры́тая корпора́ция 12) скры́тый, закры́тый; за́мкнутый; **to keep ~** пря́таться, скрыва́ться 13) скупо́й, ска́редный 14) *фон.* закры́тый *(о звуке, слоге)* ◊ **he had a ~ shave** он был на волосо́к от сме́рти; **to live at ~ quarters** жить в тесноте́

close³ II *adv* 1) бли́зко; **~ by** ря́дом, побли́зости; **~ to** о́коло; 2) почти́; **it's ~ on 6 o'clock** сейча́с о́коло шести́

close-cropped [ˈkləʊskrɒpt] *a* о́чень ко́ротко подстри́женный

closed [kləʊzd] *a* 1) закры́тый 2) за́мкнутый, ограни́ченный, у́зкий

closed-door [ˈkləʊzˈdɔː(r)] *a* (проходя́щий) за закры́тыми дверя́ми, закры́тый для журнали́стов *(о совещании, заседании)*

closedown [ˈkləʊsˈdaʊn] *n* прекраще́ние рабо́ты в связи́ с закры́тием предприя́тия

close-fisted [ˈkləʊsˈfɪstɪd] *a* скупо́й, ска́редный

close-fitting [ˈkləʊsˈfɪtɪŋ] *a* облега́ющий *(об одежде)*; хорошо́ при́гнанный

close-knit [ˌkləʊsˈnɪt] *a* сплочённый, те́сный

closely [ˈkləʊslɪ] *adv* 1) бли́зко, те́сно; **to work ~ with smb** те́сно сотру́дничать с кем-л. 2) внима́тельно; **to look at a text ~** внима́тельно изуча́ть текст

closeness [ˈkləʊsnɪs] *n* 1) бли́зость 2) пло́тность 3) духота́

closet I [ˈklɒzɪt] *n* 1) небольшо́й кабине́т 2) (стенно́й) шкаф 3) туале́т, убо́рная 4) *attr* та́йный, скры́тый

closet II *v* проводи́ть закры́тое совеща́ние

close-up [ˈkləʊsʌp] *n* 1) *кино, тлв* кру́пный план 2) подро́бное описа́ние, рассмотре́ние

closing [ˈkləʊzɪŋ] *a* заключи́тельный; после́дний; **it a ~ date for smth** после́дний день *(подачи докуме́нтов и т. п.)*

closing bracket [ˈkləʊzɪŋ ˌbrækɪt] *n* пра́вая квадра́тная ско́бка; закрыва́ющая квадра́тная ско́бка

closing parenthesis [ˈkləʊzɪŋ pəˈrenθɪsɪs] *n* пра́вая кру́глая ско́бка; закрыва́ющая кру́глая ско́бка

closing time [ˈkləʊzɪŋtaɪm] *n* вре́мя закры́тия *(магазинов, учреждений и т. п.)*

closure I [ˈkləʊʒə(r)] *n* 1) закры́тие 2) затво́р, перегоро́дка 3) прекраще́ние пре́ний *(в парламенте)*

closure II *v* прекраща́ть пре́ния

clot I [klɒt] *n* 1) комо́к; сгу́сток 2) *мед.* тромб 3) *разг.* болва́н, дура́к

clot II *v* свёртываться; запека́ться *(о крови)*; образо́вывать комки́, сгу́стки; сгуща́ться

cloth [klɒθ] *n* 1) ткань; сукно́; холст, полотно́; **a length of ~** отре́з 2) *pl* (**cloths** [klɒðz]) куски́ мате́рии; сорта́ мате́рии 3) ска́терть, полоте́нце и т. п.; **tea ~** посу́дное полоте́нце 4) (**the ~**) духове́нство

clothe [kləʊð] *v* (**clothed, clad**) 1) одева́ть 2) облека́ть 3) покрыва́ть

clothes [kləʊðz] *n pl* 1) оде́жда; пла́тье; **to change one's ~** переоде́ться 2) посте́льное бельё

clothes hanger [ˈkləʊðz hæŋə(r)] *n* ве́шалка для оде́жды *(тж* **coat hanger***)*

clothes line [ˈkləʊðzlaɪn] *n* бельева́я верёвка

clothes peg [ˈkləʊðzpeg] *n* прище́пка для белья́

clothes pin [ˈkləʊðzpɪn] *амер. см.* **clothes peg**

clothier [ˈkləʊðɪə(r)] *n* продаве́ц мужско́й оде́жды

clothing [ˈkləʊðɪŋ] *n* 1) оде́жда; **ready-made ~** гото́вое пла́тье 2) *attr:* **~ shop** магази́н оде́жды

cloud I [klaʊd] *n* 1) о́блако; ту́ча 2) клуб *(дыма, пыли)* 3) мно́жество, ту́ча *(птиц, насе-*

комых и т. п.) 4) недовольство; грусть; **a ~ of grief** облако грусти 5) жилка, помутнение *(в камне)* 6) покров *(ночи, темноты)* ◊ **under a ~** в немилости; **a ~ on one's brow** хмурый вид; **to be in the ~s** витать в облаках; **every ~ has a silver lining** ≅ нет худа без добра; **on ~ nine/seven** *разг.* на седьмом небе от счастья

cloud II *v* 1) омрачать 2) затемнять ◊ **to ~ over, to ~ up** заволакиваться

cloudberry ['klaʊd‚berɪ] *n* морошка

cloudburst ['klaʊdbɜːst] *n* внезапный короткий ливень

cloud-capped ['klaʊdkæpt] *a* окутанный облаками *(о горных вершинах)*

cloud-land ['klaʊdlænd] *n* 1) сказочная страна, страна грёз 2) утопия

cloudless ['klaʊdlɪs] *a* безоблачный

cloudlet ['klaʊdlɪt] *n* облачко

cloudscape ['klaʊdskeɪp] *n* вид плывущих облаков; живописная группа облаков

cloudy ['klaʊdɪ] *a* 1) облачный 2) неясный; мутный, непрозрачный 3) затуманенный *(о взгляде)*

clough [klʌf] *n* ущелье

clout I [klaʊt] *n* 1) сильный удар; затрещина 2) *разг.* влияние, влиятельная сила *(в политике, бизнесе)* 3) гвоздь с широкой шляпкой 4) лоскут, заплата

clout II *v* 1) дать затрещину 2) латать, чинить *(одежду)*

clove[1] [kləʊv] *n* гвоздика *(пряность)*

clove[2] *n* зубок *(чеснока)*

clove[3] *past см.* **cleave**[1]

cloven ['kləʊvn] *p. p. см.* **cleave**[1]

clover ['kləʊvə(r)] *n* клевер ◊ **to be/ to live in ~** жить в роскоши, в достатке

clown [klaʊn] *n* 1) клоун; шут; паяц 2) дурень, недотёпа

clownish ['klaʊnɪʃ] *a* 1) шутовской 2) глупый

cloy [klɔɪ] *v* пресыщаться *(with)*

club I [klʌb] *n* 1) дубинка 2) *спорт.* клюшка; бита; булава 3) *pl карт.* трефы 4) клуб

club II *v* 1) бить дубинкой 2) устраивать складчину *(with, together)* 3) собирать деньги *(на что-л.)*

clubbable ['klʌbəb(ə)l] *a* 1) общительный 2) достойный членства в клубе

clubby ['klʌbɪ] *a амер.* общительный; дружелюбный

club-foot ['klʌbfʊt] *n* косолапость

club-footed ['klʌbfʊtɪd] *a* косолапый

club-hand ['klʌbhænd] *n* косорукость

clubman ['klʌbmən] *n* член клуба; светский человек

clubwoman ['klʌb‚wʊmən] *n* член клуба *(о женщине)*

cluck I [klʌk] *n* 1) кудахтанье 2) *сленг* дурак, болван

cluck II *v* кудахтать

clue [kluː] *n* 1) ключ (к разгадке) 2) улика 3) нить *(рассказа, мысли)*

clueless ['kluːlɪs] *a* невежественный; бестолковый

clump I [klʌmp] *n* 1) группа *(деревьев, кустов)* 2) ком, глыба 3) двойная подошва

clump II *v* 1) сажать отдельными группами 2) тяжело ступать 3) *разг.* бить, ударять

clumsiness ['klʌmsɪnɪs] *n* неуклюжесть, неловкость

clumsy ['klʌmzɪ] *a* 1) неуклюжий; нескладный; неловкий 2) грубый, топорный 3) бестактный

clung [klʌŋ] *past, p. p. см.* **cling**

cluster I ['klʌstə(r)] *n* 1) кисть, гроздь; пучок 2) купа *(деревьев)* 3) группа, скопление *(однородных предметов)* 4) кучка *(людей)* 5) пакет; пачка

cluster II *v* 1) расти пучками, гроздьями 2) скопляться; собираться группами; группироваться

clutch[1] **I** [klʌtʃ] *n* 1) сжатие, захват, схватывание 2) *pl* тиски власти *и т. п.*; **he fell into their ~es** он попал к ним в лапы 3) *авто* сцепление; **~ pedal** педаль сцепления; **the ~ slips** сцепление проскальзывает/пробуксовывает 4) *тех.* зажимное устройство 5) *тех.* муфта; **lockup ~** блокировочная муфта

clutch[1] **II** *v* 1) схватывать, зажимать; хвататься *(at)* 2) *авто* включать сцепление

clutch[2] *n* выводок *(цыплят)*

clutter I ['klʌtə(r)] *n* 1) беспорядочное скопление; беспорядок 2) куча мусора 3) *амер.* шум, гам 4) *радио* местные помехи

clutter II *v* 1) беспорядочно толпиться; создавать беспорядок 2) сваливать в кучу *(up, with)*; **the table was ~ed with papers** стол был завален бумагами

cm *сокр.* сантиметр(ы)

CNC *сокр.* **(computer numerical control)** числовое программное управление, ЧПУ

Co. *сокр.* 1) **(company)** компания *(торговая и т. п.)* 2) **(county)** графство

c/o *сокр.* через *(кого-л.)* для передачи *(кому-л.)*

co- [kəʊ-] *pref* в сложных словах указывает на совместность действий, усилий *и т. п.*

coach[1] **I** [kəʊtʃ] *n* 1) автобус *(междугородного сообщения)*; **~ tour** автобусная экскурсия; **touring ~** туристический автобус; **~ party** экскурсанты, путешествующие на автобусе 2) *ж.-д.* пассажирский вагон 3) *ист.* почтовая карета; дилижанс

coach[1] **II** *v ист.* ехать в почтовой карете, в дилижансе coach² I *n* 1) инстру́ктор; тре́нер 2) репети́тор

coach² II *v* 1) тренирова́ть 2) гото́вить, ната́скивать к экза́менам 3) инструкти́ровать

coach-box [ˈkəʊtʃbɒks] *n* ко́злы *(в карете, экипаже)*

coach-house [ˈkəʊtʃhaʊs] *n* каре́тный сара́й

coachman [ˈkəʊtʃmən] *n* ку́чер; изво́зчик

coach station [ˈkəʊtʃˌsteɪʃ(ə)n] *n* автовокза́л, автобусная ста́нция

coachwork [ˈkəʊtʃwɜːk] *n* кузовострое́ние

coadjutor [kəʊˈædʒʊtə(r)] *n* помо́щник *(духовного лица)*

coagulate [kəʊˈægjʊleɪt] *v хим.* свёртываться; коагули́ровать

coagulation [kəʊˌægjʊˈleɪʃ(ə)n] *n хим.* свёртывание; коагуля́ция

coal I [kəʊl] *n* 1) (ка́менный) у́голь; 2) уголёк *(в камине, костре и т. п.)*; to blow the ~s раздува́ть ого́нь ◊ to carry ~s to Newcastle *погов.* вози́ть у́голь в Ньюка́сл; ≅ е́хать в Ту́лу со свои́м самова́ром; to call/to haul smb over the ~s дава́ть нагоня́й, взбу́чку кому́-л.

coal II *v* 1) снабжа́ть у́глем 2) загружа́ть у́глем

coal-bed [ˈkəʊlbed] *n* у́гольный пласт

coal-black [ˈkəʊlˈblæk] *a* чёрный как смоль

coal-dust [ˈkəʊldʌst] *n* у́гольная пыль

coaler [ˈkəʊlə(r)] *n* у́гольщик *(судно, перевозящее уголь)*

coalesce [ˌkəʊəˈles] *v* 1) сраста́ться 2) объединя́ться; создава́ть коали́цию

coalescence [ˌkəʊəˈlesns] *n* сраще́ние; соедине́ние; слия́ние

coalfield [ˈkəʊlfiːld] *n* каменноу́гольный бассе́йн *или* райо́н

coal-fired [ˈkəʊlfaɪəd] *a* рабо́тающий на у́гле́

coal-gas [ˈkəʊlˈgæs] *n* свети́льный газ

coalhole [ˈkəʊlhəʊl] *n* подва́л для у́гля

coaling [ˈkəʊlɪŋ] *n* загру́зка у́гля́

coalition [ˌkəʊəˈlɪʃ(ə)n] *n* коали́ция

coalman [ˈkəʊlmæn] *n* углеко́п

coalmine [ˈkəʊlmaɪn] *n* у́гольная ша́хта

coalminer [ˈkəʊlmaɪnə(r)] *n* шахтёр-у́гольщик; забо́йщик

coal oil [ˈkəʊlɔɪl] *n амер.* кероси́н

coal-pit [ˈkəʊlpɪt] *см.* coalmine

coal-scuttle [ˈkəʊlˌskʌtl] *n* ведёрко для у́гля

coal-tar [ˈkəʊlˈtɑː(r)] *n* каменноу́гольный дёготь, каменноу́гольная смола́

coaly [ˈkəʊlɪ] *a* 1) содержа́щий у́голь 2) покры́тый у́гольной пы́лью, чума́зый

coarse [kɔːs] *a* 1) гру́бый *(об одежде, пище)* 2) кру́пный, просто́й *(о выделке и т. п.)*; шерохова́тый 3) сыро́й, необрабо́танный *(о материале)* 4) неве́жливый, гру́бый 5) непристо́йный; вульга́рный

coarsen [ˈkɔːsn] *v* грубе́ть; де́лать гру́бым

coarseness [ˈkɔːsnɪs] *n* гру́бость; непристо́йность

coast I [kəʊst] *n* 1) побере́жье; морско́й бе́рег; off the ~ of Norway у берего́в Норве́гии; the ~ is clear *перен.* путь свобо́ден 2) (the C.) *амер.* Тихоокеа́нское побере́жье *(США)* 3) снежный склон *или* спуск для ката́ния на саня́х

coast II *v* 1) дви́гаться нака́том; дви́гаться по ине́рции; спуска́ться под укло́н с вы́ключенным мото́ром 2) *амер.* ката́ться с гор на са́нках 3) пла́вать вдоль побере́жья

coastal [ˈkəʊstəl] *a* берегово́й, прибре́жный; ~ traffic кабота́жное пла́вание; ~ waters прибре́жные во́ды

coaster [ˈkəʊstə(r)] *n* 1) кабота́жное су́дно 2) подста́вка под стака́н; подно́сик для буты́лки

coastguard [ˈkəʊstgɑːd] *n* берегова́я охра́на

coasting [ˈkəʊstɪŋ] *n* кабота́жное судохо́дство; кабота́жное пла́вание

coast-line [ˈkəʊstlaɪn] *n* берегова́я ли́ния

coastwise I [ˈkəʊstwaɪz] *a* кабота́жный

coastwise II *adv* вдоль побере́жья

coat I [kəʊt] *n* 1) пальто́; жаке́т; пиджа́к; fur ~ шу́ба; sheepskin ~ дублёнка; tail ~ фрак 2) шерсть, шку́ра, мех живо́тного 3) *анат.* оболо́чка, плева́ 4) слой, покро́в 5) *тех.* облицо́вка; обши́вка ◊ ~ of arms герб; you must cut your ~ according to your cloth ≅ по оде́жке протя́гивай но́жки

coat II *v* 1) покрыва́ть сло́ем *(краски и т. п.)* 2) облицо́вывать

coatee [kəʊˈtiː] *n* (же́нская *или* де́тская) коро́ткая ку́ртка; тужу́рка

coating [ˈkəʊtɪŋ] *n* 1) слой, покро́в 2) материа́л на пальто́ 3) *тех.* облицо́вка, обши́вка

co-author [kəʊˈɔːθə(r)] *n* соа́втор

coax [kəʊks] *v* 1) угова́ривать; заба́дривать 2) выпра́шивать, выкля́нчивать; to ~ smth out of smb добива́ться (угово́рами и т.п.) чего́-л. от кого́-л. ◊ to ~ away соблазня́ть

coaxing [ˈkəʊksɪŋ] *n* заба́дривание; упра́шивание

cobalt [kəʊˈbɔːlt] *n* 1) *хим.* ко́бальт 2) ко́бальт, си́няя кра́ска

cobble¹ I [ˈkɒbl] *n* 1) булы́жник 2) *pl* кру́пный у́голь

cobble¹ II *v* мости́ть булы́жником; a ~d street булы́жная мостова́я

cobble² *v* 1) чини́ть *(обувь)* 2) гру́бо, небре́жно чини́ть, лата́ть

cobbler [ˈkɒblə(r)] *n* 1) (у́личный) сапо́жник 2) *амер.* напи́ток из вина́, са́хара и лимо́на со льдóм 3) *амер.* закрытый фруктóвый пирóг 4) *сленг* ерунда, чушь

cobblestone [ˈkɒblstəʊn] *n* булыжник

coble [ˈkəʊbl] *n* рыбáчья лóдка-плоскодóнка

cob-nut [ˈkɒbnʌt] *n бот.* 1) лещина, орéшник 2) фундýк *(орех)*

COBOL *сокр.* **(Common Business-Oriented Language)** КОБÓЛ *(универсальный язык программирования для коммерческих задач)*

cobra [ˈkəʊbrə] *n* кóбра

cobweb [ˈkɒbweb] *n* 1) паутина; *перен.* западня 2) лёгкая ткань, вуáль 3) *pl* хитросплетéния

cobwebby [ˈkɒbwebɪ] *a* затянутый паутиной

coca [ˈkəʊkə] *n бот.* кóка, кокаиновый куст

coca-cola [ˌkəʊkəˈkəʊlə] *n* кóка-кóла

cocaine [kəˈkeɪn] *n* кокаин

cocainism [kəˈkeɪnɪz(ə)m] *n мед.* кокаинизм, кокаиномáния

coccus [ˈkɒkəs] *n (pl cocci) мед.* кокк

cock¹ I [kɒk] *n* 1) петýх; 2) самéц *(птицы)* 3) самéц *(омара, краба, лосося)* 4) *сленг* друг, дружище *(форма обращения)* 5) *груб.* половóй член 6) *сленг* чушь, ерунда 7) кран 8) курóк ◊ **at half ~** не пóлностью готóвый

cock¹ II *v* 1) поднимáть(ся) 2) навострить ýши *(тж* **to ~ up)** 3) залáмывать *(шляпу)* 4) взводить курóк

cock² I *n* копнá

cock² II *v* копнить

cockade [kɒˈkeɪd] *n* кокáрда

cock-a-doodle-doo [ˈkɒkəduːdlˈduː] *n* крик петухá, кукарекý

cock-a-hoop [ˌkɒkəˈhuːp] *a* ликýющий, торжествýющий

cock-and-bull [ˈkɒkənˈbʊl] *a:* **~ story** небылица

cockatoo [ˌkɒkəˈtuː] *n* какадý *(попугай)*

cockboat [ˈkɒkbəʊt] *n* небольшáя судовáя шлюпка

cockchafer [ˈkɒkˌtʃeɪfə(r)] *n* мáйский жук, хрущ

cocker¹ [ˈkɒkə] *n* 1) любитель петушиных боёв 2) владéлец бойцóвых петухóв

cocker² *n* 1) уклáдчик сéна 2) убóрщик урожáя

cockerel [ˈkɒkər(ə)l] *n* молодóй петушóк

cocker spaniel [ˈkɒkə(r)ˈspænɪəl] *n* кóккер-спаниéль *(порода собак; тж* **cocker)**

cock-eyed [ˈkɒkaɪd] *a разг.* 1) косоглáзый, косóй 2) нелéпый, нереáльный, бестолкóвый *(о плане и т. п.)* 3) пьяный

cock-fight(ing) [ˈkɒkfaɪt(ɪŋ)] *n* петушиный бой

cockle¹ I [ˈkɒkl] *n* морщина, склáдка, изъян *(в бумаге, стекле и т. п.)*

cockle¹ II *v* 1) мóрщиться, покрывáться склáдками 2) покрывáться барáшками *(о море)*

cockle² *n* съедóбный моллюск ◊ **to warm the ~s of one's heart** рáдовать сéрдце

cock-loft [ˈkɒklɒft] *n* мансáрда, чердáк, «скворéчник»

cockney [ˈkɒknɪ] *n* 1) кóкни *(уроженец Лóндона, особ. восточной части)* 2) кóкни, лóндонское просторéчие; **~ accent** акцéнт кóкни

cock-of-the-walk [ˈkɒkəvðəˌwɔːk] *n* вáжная персóна; хозяин положéния

cockpit [ˈkɒkpɪt] *n* 1) кóкпит, кабина пилóта *(в самолёте, гоночном автомобиле и т.п.)* 2) *мор.* кóкпит; рýбка; кабина 3) арéна петушиных боёв 4) арéна борьбы

cockroach [ˈkɒkrəʊtʃ] *n* таракáн

cockscomb [ˈkɒkskəʊm] *n* грéбень петухá

cocksure [ˈkɒkˈʃʊə(r)] *a* 1) самоувéренный 2) вполнé увéренный *(of, about)*

cocktail [ˈkɒkteɪl] *n* коктéйль

cocky [ˈkɒkɪ] *a* 1) самоувéренный 2) нахáльный

coco [ˈkəʊkəʊ] *n* кокóсовая пáльма

cocoa [ˈkəʊkəʊ] *n* какáо; **~ beans** какáо-бобы; **~ butter** какáо-мáсло

coconut [ˈkəʊkənʌt] *n* 1) кокóсовый орéх, кокóс 2) *сленг* башкá 3) *attr* кокóсовый; **~ tree** кокóсовая пáльма; **~ oil** кокóсовое мáсло

cocoon [kəˈkuːn] *n* кóкон

cocotte [kəˈkɒt] *n* кокóтница, порциóнная кастрюлька *(в которой подаётся горячая закуска)*

COD *сокр.* 1) **(cash on delivery)** оплáта наличными при получéнии, налóженный платёж 2) **(Concise Oxford Dictionary)** Крáткий Оксфóрдский толкóвый словáрь английского языкá

cod I [kɒd] *n* 1) трескá 2) *attr:* **~ liver** пéчень трески; **~ liver oil** рыбий жир

cod II *v* надувáть, обмáнывать

coda [ˈkəʊdə] *n муз.* кóда

code I [kəʊd] *n* 1) код, шифр; **Morse ~** áзбука Мóрзе 2) свод сигнáлов 3) *вчт* образéц прогрáммного тéкста 4) *юр.* кóдекс, свод закóнов; **civil ~** граждáнский кóдекс; **criminal/penal ~** уголóвный кóдекс 5) закóны чéсти, морáли; **~ of honour** кóдекс чéсти

code II *v* 1) шифровáть по кóду; кодировать 2) программировать

code name [ˈkəʊdneɪm] *n* кóдовое назвáние

codeword [ˈkəʊdwɜːd] *n вчт* ключевóе слóво; дескриптор

codex [ˈkəʊdeks] *n (pl codices)* 1) стáринная рýкопись в переплёте 2) сбóрник прáвил для изготовлéния лекáрств

cod-fish [ˈkɒdfɪʃ] *см.* **cod I** 1)

codger [ˈkɒdʒə(r)] *n разг.* чудáк

codices [ˈkəʊdɪsiːz] *pl см.* **codex**

codicil [ˈkɒdɪsɪl] *n юр.* дополнéние к завещáнию

codify [ˈkɒdɪfaɪ] *v* 1) кодифици́ровать; составля́ть свод закóнов 2) систематизи́ровать

codling [ˈkɒdlɪŋ] *n* мéлкая трескá

co-driver [kəʊˈdraɪvə(r)] *n* 1) води́тель-смéнщик 2) *авто, спорт.* штýрман *(в ралли)*

coed [ˈkəʊed] *n* 1) систéма совмéстного обучéния студéнтов и студéнток 2) *амер. разг.* студéнтка в учéбном заведéнии совмéстного обучéния

coeducation [ˈkəʊˌedjuːˈkeɪʃ(ə)n] *n* совмéстное обучéние студéнтов и студéнток

coefficient [ˌkəʊɪˈfɪʃ(ə)nt] *n* коэффициéнт

coenobite [ˈsiːnəbaɪt] *n рел.* монáх, и́нок

coerce [kəʊˈɜːs] *v* принуждáть, заставля́ть *(into)*

coercion [kəʊˈɜːʃ(ə)n] *n* принуждéние, наси́лие

coercive [kəʊˈɜːsɪv] *a* принуди́тельный

coeval I [kəʊˈiːv(ə)l] *n* 1) свéрстник 2) совремéнник

coeval II *a* 1) одногó вóзраста 2) совремéнный

coexist [ˈkəʊɪɡˈzɪst] *v* сосуществовáть

coexistence [ˈkəʊɪɡˈzɪst(ə)ns] *n* сосуществовáние

coexistent [ˈkəʊɪɡˈzɪst(ə)nt] *a* сосуществýющий

C. of E. *сокр.* **(Church of England)** англикáнская цéрковь

coffee [ˈkɒfɪ] *n* кóфе; **black ~** чёрный кóфе; **white ~** кóфе с молокóм; **instant ~** раствори́мый кóфе; **~ break** переры́в на кóфе

coffee bean [ˈkɒfɪˈbiːn] *n* кофéйное зернó, зернó кóфе

coffee cup [ˈkɒfɪkʌp] *n* кофéйная чáшка

coffee grounds [ˈkɒfɪɡraʊndz] *n pl* кофéйная гýща

coffee house [ˈkɒfɪhaʊs] *n* кофéйня; кафé

coffee mill [ˈkɒfɪmɪl] *n* кофéйная мéльница, кофемóлка

coffeepot [ˈkɒfɪpɒt] *n* кофéйник

coffee shop [ˈkɒfɪʃɒp] *n* буфéт, кафé *(обычно при гости́нице)*

coffer [ˈkɒfə(r)] *n* 1) сундýк; я́щик 2) *pl* казнá 3) *архит.* кессóн *(потолка)*

coffin I [ˈkɒfɪn] *n* гроб

coffin II *v* класть в гроб

cofounder [kəʊˈfaʊndə] *n* соучреди́тель

cog [kɒɡ] *n* 1) зубéц, вы́ступ *(колеса)* 2) рядовóй член организáции, «ви́нтик» 3) *тех.* кулáк; пáлец

cogency [ˈkəʊdʒ(ə)nsɪ] *n* убеди́тельность, неоспори́мость

cogent [ˈkəʊdʒ(ə)nt] *a* убеди́тельный, неоспори́мый

cogged [kɒɡd] *a* зубчáтый

cogitate [ˈkɒdʒɪteɪt] *v* обдýмывать, размышля́ть

cogitation [ˌkɒdʒɪˈteɪʃ(ə)n] *n* обдýмывание, размышлéние

cognac [ˈkɒnjæk] *n* конья́к

cognate I [ˈkɒɡneɪt] *n* 1) рóдственник 2) *pl лингв.* рóдственные словá, словá óбщего происхождéния

cognate II *a* рóдственный; бли́зкий, óбщий по происхождéнию

cognisable [ˈkɒɡnɪzəbl] *a* 1) познавáемый 2) *юр.* подсýдный

cognisance [ˈkɒɡnɪz(ə)ns] *n* 1) знáние; **to take ~ of** замéтить 2) компетéнция 3) *юр.* подсýдность 4) знак отли́чия; эмблéма *(в герáльдике)*

cognition [kɒɡˈnɪʃ(ə)n] *n* 1) *филос.* познавáтельная спосóбность, познáние 2) знáние 3) распознавáние *(óбразов)*

cognitive [ˈkɒɡnɪtɪv] *a* познавáтельный

cognizance [ˈkɒɡnɪz(ə)ns] *амер. см.* **cognisance**

cognizant [ˈkɒɡnɪz(ə)nt] *a* знáющий, освéдомлённый *(о чём-л. — of)*

cognomen [kɒɡˈnəʊmen] *n* прóзвище

cog-wheel [ˈkɒɡwiːl] *n тех.* зубчáтое колесó, шестерня́

cohabit [kəʊˈhæbɪt] *v* сожи́тельствовать *(вне брáка)*

cohabitation [ˌkəʊhæbɪˈteɪʃ(ə)n] *n* сожи́тельство *(вне брáка)*

coheir [ˈkəʊˈeə] *n* сонаслéдник

cohere [kəʊˈhɪə(r)] *v* 1) быть свя́занным, соединённым 2) согласóвываться; быть послéдовательным

coherence [kəʊˈhɪərəns] *n* 1) согласóванность; свя́зность, послéдовательность 2) сцеплéние

coherent [kəʊˈhɪərənt] *a* 1) свя́зный *(о рéчи)* 2) согласóванный, послéдовательный 3) сцéпленный, объединённый

cohesion [kəʊˈhiːʒ(ə)n] *n* 1) сцеплéние; связь 2) сплочённость

cohesive [kəʊˈhiːsɪv] *a* связýющий

COI *сокр.* **(the Central Office of Information)** Центрáльное бюрó информáции *(прави́тельства Великобритáнии)*

coiffeur [kwɑːˈfɜː(r)] *n* парикмáхер

coiffure [kwɑːˈfjʊə(r)] *n офиц.* причёска *(часто специáльно улóженная)*

coign [kɔɪn] *n:* **~ of vantage** вы́годная пози́ция для наблюдéний

coil I [kɔɪl] *n* 1) верёвка, слóженная виткáми; бýхта *(трóса, прóвода)* 2) витóк, кольцó *(о* верёвке, змее и т. п.) 3) лóкон 4) спирáль *(контрацептив)* 5) эл. катýшка; обмóтка 6) рулóн

coil II *v* 1) свёртывать кольцóм, спирáлью *(верёвку, прóволоку)*; свернýться в кольцó *(о змее)* 2) извивáться 3) свёртывать в бýхту *(трос, провод)*

coin I [kɔɪn] *n* 1) монéта 2) металлические дéньги ◊ **to pay smb back in his own ~** отплатить комý-л. той же монéтой

coin II *v* 1) чекáнить *(монету)* 2) создавáть нóвые словá, выражéния ◊ **to ~ a phrase** *ирон.* сказáть банáльность; **to ~ money** «печáтать» дéньги, быстро разбогатéть

coinage [ˈkɔɪnɪdʒ] *n* 1) чекáнка монéт 2) металлические дéньги 3) монéтная систéма 4) создáние нóвых слов, выражéний

coincide [ˌkəʊɪnˈsaɪd] *v* 1) совпадáть 2) соотвéтствовать, согласовáться

coincidence [kəʊˈɪnsɪd(ə)ns] *n* 1) совпадéние; **sheer ~** чистое совпадéние 2) случáйное стечéние обстоятельств 3) совмещéние

coincident [kəʊˈɪnsɪdənt] *a* 1) совпадáющий 2) не противорéчащий, согласýющийся

coiner [ˈkɔɪnə(r)] *n* 1) чекáнщик монéт 2) фальшивомонéтчик

coitus [ˈkəʊɪtəs] *n физиол.* кóитус, половóй акт

coke¹ **I** [kəʊk] *n* кокс

coke¹ **II** *v* коксовáть

coke² *n разг.* кóка-кóла

Col. *сокр.* **(colonel)** полкóвник

col [kɒl] *n* седловина *(горы)*

col- [kɒl-] *см.* **com-**

colander [ˈkʌləndə(r)] *n* дуршлáг

cold I [kəʊld] *n* 1) хóлод; **severe ~** сильный хóлод, стýжа; **to keep the ~ out** содержáть в теплé 2) простýда; **to catch ~** простудиться; получить нáсморк; **a ~ in the head** *разг.* простýда; нáсморк ◊ **to be left out in the ~** быть остáвленным без внимáния, почýвствовать пренебрежительное отношéние *(к себé)*

cold II *a* 1) холóдный; **it's ~ today** сегóдня хóлодно; **your soup is getting ~** твой суп остывáет 2) озябший, застывший; **I am ~, I feel ~** мне хóлодно 3) безучáстный, равнодýшный; холóдный; **his words left me ~** его словá не трóнули меня 4) удручáющий, гнетýщий; **~ facts** печáльные фáкты 5) холóдный *(о тóне, крáске)* ◊ **~ comfort** слáбое утешéние; **~ feet** неувéренность; трýсость; **~ war** холóдная войнá; **~ wave** волнá хóлода; **in ~ blood** хладнокрóвно; **to pour/to throw ~ water on smb** охладить чей-л. пыл

cold-blooded [ˈkəʊldˈblʌdɪd] *a* 1) *зоол.* холоднокрóвный 2) хладнокрóвный, чéрствый

cold-bloodedness [ˈkəʊldˈblʌdɪdnɪs] *n* хладнокрóвие, чéрствость

cold-hearted [ˈkəʊldˈhɑːtɪd] *a* холóдный, чéрствый, бессердéчный

coldish [ˈkəʊldɪʃ] *a* холоновáтый

coldness [ˈkəʊldnɪs] *n* 1) хóлод 2) хóлодность

cold-shoulder [ˈkəʊldˈʃəʊldə(r)] *v* принимáть хóлодно, непривéтливо, окáзывать холóдный приём

cold storage [ˈkəʊldˌstɔːrɪdʒ] *n* 1) хранéние в холодильнике 2) заморáживание, приостанóвка *(дéла и т. п.)*

coleslaw [ˈkəʊlslɔː] *n* салáт из капýсты, моркóви, лýка с заправкой

colic [ˈkɒlɪk] *n мед.* кóлика; **intestinal ~** кишéчная кóлика; **renal ~** пóчечная кóлика

colitis [kəˈlaɪtɪs] *n мед.* колит

collaborate [kəˈlæbəreɪt] *v* сотрýдничать

collaboration [kəˈlæbəˈreɪʃ(ə)n] *n* сотрýдничество

collage [ˈkɒlɑːʒ] *n* коллáж

collapse I [kəˈlæps] *n* 1) обвáл, разрушéние *(здáния)*; **the World Trade Center ~** разрушéние Всемирного торгóвого цéнтра *(в Нью-Йóрке 11 сентября 2001 г.)* 2) падéние; крушéние, крах 3) *мед.* коллáпс *(острая сосýдистая недостáточность)*; шок 4) *физ.* коллáпс, гравитациóнное сжáтие

collapse II *v* 1) обвáливаться, рýшиться *(о здáнии)* 2) обессилеть 3) склáдываться *(о мéбели и т. п.)*

collapsible [kəˈlæpsəbl] *a* складнóй; разбóрный; **a ~ seat** откиднóе сидéнье

collar I [ˈkɒlə(r)] *n* 1) воротник; воротничóк; **to turn up the ~** поднять воротник 2) ошéйник 3) хомýт 4) *тех.* втýлка; шáйба; óбруч; кольцó

collar II *v* 1) схватить за воротник 2) поймáть, задержáть

collarbone [ˌkɒləbəʊn] *n анат.* ключица

collate [kəˈleɪt] *v* 1) сличáть, тщáтельно срáвнивать, сопоставлять 2) объединять; сливáть; подбирáть 3) *вчт* собирáть информáцию из различных истóчников

collateral I [kəˈlætər(ə)l] *n* 1) рóдственник *или* родствó по боковóй линии 2) *ком.* дополнительное обеспечéние

collateral II *a* 1) кóсвенный 2) параллéльный 3) побóчный, второстепéнный 4) *ком.* дополнительный *(об обеспечéнии и т. п.)*

collation [kəˈleɪʃ(ə)n] *n* 1) сличéние, срáвнивание, сопоставлéние 2) закýска; лёгкий зáвтрак *или* ýжин

colleague [ˈkɒliːg] *n* коллéга; сослуживец

collect [kəˈlekt] *v* 1) собирáть; коллекционировать 2) взимáть *(налóги, сбóры и т. п.)*

3) *разг.* получа́ть, собира́ть (де́ньги) 4) забира́ть, получа́ть; **to ~ the post** забира́ть по́чту 5) заходи́ть за *(кем-л.)*; **to ~ children from school** забира́ть дете́й из шко́лы 6) овладева́ть собо́й; собра́ться; сосредото́чиваться

collection [kəˈlekʃ(ə)n] *n* 1) сбор, собира́ние 2) колле́кция; собра́ние *(трудов)* 3) скопле́ние 4) де́нежный сбор 5) *pl* экза́мены в конце́ семе́стра *(в Оксфордском университе́те)*

collective I [kəˈlektɪv] *n* 1) коллекти́в 2) *грам.* собира́тельное и́мя существи́тельное

collective II *a* 1) коллекти́вный, о́бщий; совоку́пный 2): ~ **noun** *грам.* собира́тельное и́мя существи́тельное

collectively [kəˈlektɪvlɪ] *adv* коллекти́вно, сообща́, все вме́сте

collector [kəˈlektə(r)] *n* 1) коллекционе́р, собира́тель 2) сбо́рщик *(налогов и т. п.)*; **ticket** ~ контролёр *(в поезде и т. п.)* 3) *тех.* колле́ктор 4) *эл.* токоснима́тель, токосъёмник; щётки 5) колле́ктор *(транзистора)*

college [ˈkɒlɪdʒ] *n* 1) (университе́тский) ко́лледж 2) специа́льное вы́сшее уче́бное заведе́ние *(военное и т. п.)*; **military** ~ вое́нная акаде́мия; ~ **of education** педагоги́ческий институ́т 3) ча́стная привилегиро́ванная шко́ла *(в Великобритании)* 4) колле́гия; корпора́ция; **electoral** ~ *амер.* колле́гия вы́борщиков

collegian [kəˈliːdʒj(ə)n] *n* 1) преподава́тель *или* студе́нт ко́лледжа 2) око́нчивший ко́лледж; челове́к с университе́тским образова́нием

collegiate [kəˈliːdʒət] *a* 1) университе́тский 2) коллегиа́льный

collide [kəˈlaɪd] *v* ста́лкиваться

collie [ˈkɒlɪ] *n* ко́лли, шотла́ндская овча́рка *(порода собак)*

collier [ˈkɒlɪə(r)] *n* 1) шахтёр-у́гольщик 2) у́гольщик *(судно, перевозящее уголь)* 3) матро́с на у́гольщике

colliery [ˈkɒlɪərɪ] *n* каменноу́гольная копь *или* ша́хта

collision [kəˈlɪʒ(ə)n] *n* 1) столкнове́ние *(поездов и т. п.)*; **a head-on** ~ лобово́е столкнове́ние 2) колли́зия; противоре́чие *(интере́сов)*; конфли́кт; **to come into** ~ **(with)** вступа́ть в противоре́чие (с)

collocate [ˈkɒləkeɪt] *v* 1) располага́ть; расставля́ть 2) *лингв.* образо́вывать словосочета́ния

collocation [ˌkɒləˈkeɪʃ(ə)n] *n* 1) взаиморасположе́ние; расстано́вка 2) *лингв.* словосочета́ние

collocutor [kəˈlɒkjʊtə(r)] *n* собесе́дник

collodion [kəˈləʊdɪən] *n хим.* коллодий

collogue [kəˈləʊg] *v* бесе́довать с гла́зу на́ глаз, наедине́

colloid I [ˈkɒlɔɪd] *n хим.* колло́ид

colloid II *a хим.* колло́идный

colloquial [kəˈləʊkwɪəl] *a* разгово́рный *(о слове, выражении, стиле)*

colloquialism [kəˈləʊkwɪəlɪz(ə)m] *n* разгово́рное сло́во *или* выраже́ние; коллоквиали́зм

colloquy [ˈkɒləkwɪ] *n* разгово́р; бесе́да

collusion [kəˈluː(ʒ(ə)n] *n* сго́вор; та́йная договорённость

cologne [kəˈləʊn] *n* одеколо́н

colon¹ [ˈkəʊlən] *n* двоето́чие

colon² *n анат.* то́лстая кишка́; обо́дочная кишка́

colonel [ˈkɜːnl] *n* полко́вник

colonelcy [ˈkɜːnlsɪ] *n* зва́ние полко́вника

colonial I [kəˈləʊnɪəl] *n* 1) жи́тель коло́нии 2) особня́к, постро́енный в колониа́льном сти́ле

colonial II *a* колониа́льный; ~ **style** *амер. архит.* колониа́льный стиль

colonialism [kəˈləʊnɪəlɪz(ə)m] *n* колониали́зм

colonialist [kəˈləʊnɪəlɪst] *n* колониза́тор

colonist [ˈkɒlənɪst] *n* колони́ст, поселе́нец

colonization [ˌkɒlənaɪˈzeɪʃ(ə)n] *n* колониза́ция; заселе́ние *(чужой территории)*

colonize [ˈkɒlənaɪz] *v* колонизи́ровать; заселя́ть *(чужую территорию)*

colonizer [ˈkɒlənaɪzə] *n* 1) колониза́тор 2) колони́ст, поселе́нец

colonnade [ˌkɒləˈneɪd] *n* колонна́да

colony [ˈkɒlənɪ] *n* 1) коло́ния 2) поселе́ние

colophon [ˈkɒləfɒn] *n полигр.* 1) импри́нт изда́теля 2) выходны́е све́дения *(в стари́нных книгах, рукописях)*

colophony [kəˈlɒfənɪ] *n* канифо́ль

color [ˈkʌlə(r)] *амер. см.* **colour**

Colorado beetle [ˌkɒləˈrɑːdəʊˈbiːtl] *n зоол.* колора́дский жук

coloration [ˌkʌləˈreɪʃ(ə)n] *n* 1) окра́шивание 2) расцве́тка, раскра́ска

colorific [ˌkɒləˈrɪfɪk] *a* 1) кра́сящий 2) кра́сочный

colossal [kəˈlɒsl] *a* 1) колосса́льный, гига́нтский 2) *разг.* замеча́тельный, великоле́пный

colosseum [ˌkɒləˈsiːəm] *n* 1) большо́й стадио́н 2) **(C.)** Колизе́й

colossus [kəˈlɒsəs] *n* колосс

colostomy [kəˈlɒstəmɪ] *n мед.* колостоми́я

colostrum [kəˈlɒstrəm] *n физиол.* моло́зиво

colour I [ˈkʌlə(r)] *n* 1) цвет; оттёнок; тон; **cold ~s** холо́дные тона́ 2) кра́сящее вещество́; кра́ска; **water ~(s)** акваре́ль; **airy trans-**

parent ~s прозра́чные кра́ски; **bright** ~s я́ркие кра́ски 3) свет, вид; ра́курс; **to see things in their true** ~s ви́деть ве́щи в их и́стинном све́те; **to give/to lend** ~ пра́вильно освеща́ть *(что-л. — то)*; **to give a false** ~ непра́вильно освеща́ть *(то)*, дава́ть неве́рное освеще́ние *(то)* 4) румя́нец; **to change** ~ перемени́ться в лице́; **to lose** ~ побледне́ть; **high** ~ **in one's cheeks** румя́нец 5) окра́ска; колори́т; **local** ~ ме́стный колори́т 6) предло́г; **under** ~ **of** под предло́гом 7) *pl* цветна́я ле́нта, цветна́я оде́жда *и т. п.*, ука́зывающие на чле́нство в клу́бе, принадле́жность ко́лледжу *и т. п.* 8) *pl* флаг, зна́мя; **national** ~s госуда́рственный флаг; **to join the** ~s поступи́ть на вое́нную слу́жбу 9) *муз.* тембр ◊ **to be off** ~ нева́жно себя́ чу́вствовать; **under false** ~s обма́нным путём; лицеме́рно; **to come off with flying** ~s доби́ться успе́ха, вы́йти победи́телем; **to show one's true** ~s показа́ть свою́ и́стинную су́щность, своё и́стинное лицо́

colour II *v* 1) кра́сить, раскра́шивать 2) окра́шивать; придава́ть отте́нок 3) приукра́шивать, преувели́чивать 4) красне́ть *(о лице́, плода́х)*

colourable [ˈkʌlərəb(ə)l] *a* 1) благови́дный; правдоподо́бный 2) поддаю́щийся окра́ске

colourant [ˈkʌlərənt] *n* краси́тель

colouration [ˌkʌləˈreɪʃ(ə)n] *см.* **coloration**

colour-blind [ˈkʌləblaɪnd] *a* не спосо́бный различа́ть цвета́, страда́ющий дальтони́змом

colour-blindness [ˈkʌləˌblaɪndnɪs] *n* цветова́я слепота́, дальтони́зм

colour box [ˈkʌləbɒks] *n* пали́тра кра́сок

coloured [ˈkʌləd] *a* 1) окра́шенный, раскра́шенный 2) цветно́й *(тж о мула́тах)*

colour-fast [ˈkʌləfɑːst] *a* про́чной окра́ски, нелиня́ющий

colour film [ˈkʌləfɪlm] *n* 1) цветна́я плёнка 2) цветно́й фильм

colourful [ˈkʌləfʊl] *a* 1) кра́сочный, я́ркий 2) живо́й, я́ркий; **a** ~ **personality** я́ркая ли́чность

colouring [ˈkʌlərɪŋ] *n* 1) окра́ска; раскра́ска, расцве́тка; **protective** ~ зоол., бот. покрови́тельственная окра́ска 2) чу́вство цве́та *(у худо́жника)* 3) цвет лица́

colourless [ˈkʌləlɪs] *a* 1) бесцве́тный; бле́дный; обесцве́ченный 2) ниче́м не примеча́тельный, неинтере́сный, бесцве́тный 3) вя́лый, равноду́шный

colour palette [ˌkʌləˈpælɪt] *n* пали́тра кра́сок

colour-printing [ˈkʌləˌprɪntɪŋ] *n* полигр. цветна́я печа́ть

Colt [kəʊlt] *n* кольт *(револьве́р)*

colt [kəʊlt] *n* 1) жеребёнок 2) *разг.* новичо́к *(в спорти́вной кома́нде)*

column [ˈkɒləm] *n* 1) архит. коло́нна 2) стол-б(ик); **a** ~ **of smoke** столб ды́ма 3) столбе́ц, коло́нка *(в газе́те)* 4) графа́ 5) *воен.* коло́нна; **close** ~ со́мкнутая коло́нна 6) *мор.* кильва́терный строй 7) *авто* коло́нка; сто́йка; **steering** ~ рулева́я коло́нка 8) *вчт* разря́д

columnist [ˈkɒləmnɪst] *n* обозрева́тель; постоя́нный а́втор стате́й в газе́те

com- [kɒm-, kəm-] *pref* означа́ет совме́стное или взаи́мное де́йствие; перед слова́ми, начина́ющимися с *l, n, r* принима́ет соотве́тственно фо́рмы **col-, con-, cor-**

coma [ˈkəʊmə] *n* мед. ко́ма, комато́зное состоя́ние

comb I [kəʊm] *n* 1) гребёнка, расчёска 2) скребни́ца, скребо́к 3) гребешо́к *(петуха́)*, хохоло́к *(птиц)* 4) *текст.* чеса́лка, рядо́к 5) со́ты 6) *радио* гребе́нчатая структу́ра 7) *attr:* ~ **honey** со́товый мёд

comb II *v* 1) чеса́ть, расчёсывать 2) мять, трепа́ть *(лён и т. п.)* 3) чи́стить скребни́цей, скребко́м 4) вести́ ро́зыски; «прочёсывать»; **comb out** 1) расчёсывать 2) вычёсывать 3) разы́скивать; «прочёсывать»

combat I [ˈkɒmbət] *n* 1) бой; схва́тка; **single** ~ единобо́рство, поеди́нок 2) *attr* боево́й; строево́й

combat II *v* 1) сража́ться, би́ться 2) боро́ться *(за — for, про́тив — against, with)*

combatant I [ˈkɒmbət(ə)nt] *n* солда́т; бое́ц; уча́стник боевы́х де́йствий

combatant II *a* боево́й, строево́й

combative [ˈkɒmbətɪv] *a* 1) вои́нственный 2) драчли́вый

comber [ˈkəʊmə(r)] *n* 1) *текст.* гребнечеса́льная маши́на 2) больша́я волна́

combination [ˌkɒmbɪˈneɪʃ(ə)n] *n* 1) сочета́ние; комбина́ция; ~ **of circumstances** стече́ние обстоя́тельств 2) соедине́ние; **in** ~ **with** сообща́, вме́сте с *(кем-л., чем-л.)* 3) *pl* бельё ти́па комбинезо́на 4) *авто* мотоци́кл с коля́ской *(тж* **motor-cycle** ~)

combinative [ˈkɒmbɪnətɪv] *a* комбинацио́нный; скло́нный к комбина́циям

combinatorial [kəmˌbɪnəˈtɔːrɪəl] *a мат.* комбинато́рный

combinatorial logic [ˌkɒmbɪnəˈtɔːrɪəl ˈlɒdʒɪk] *n* комбинато́рная ло́гика *(тж* **combinational logic, combinatory logic**)

combine I [ˈkɒmbaɪn] *n* комбина́т, синдика́т; карте́ль; объедине́ние

combine II [kəmˈbaɪn] *v* 1) соединя́ться, объединя́ться 2) комбини́ровать, сочета́ть;

сме́шивать; **to ~ business and pleasure** сочета́ть прия́тное с поле́зным

combine harvester [ˈkɒmbaɪnˈhɑːvɪstə(r)] *n* с.-х. комба́йн

combings [ˈkəʊmɪŋz] *n pl* очёски

comb-out [ˈkəʊmˌaʊt] *n* 1) вычёсывание 2) чи́стка *(служащих, членов союза и т. п.)*

combustibility [kəmˌbʌstəˈbɪlɪtɪ] *n* воспламеня́емость, горю́честь

combustible [kəmˈbʌstəbl] *a* 1) горю́чий 2) легко́возбуди́мый

combustibles [kəmˈbʌstəblz] *n pl* горю́чее, то́пливо

combustion [kəmˈbʌstʃ(ə)n] *n* 1) горе́ние, сгора́ние; **spontaneous ~** самовозгора́ние 2) *хим.* окисле́ние *(органических веществ)*

come [kʌm] *v* (**came; come**) 1) приходи́ть, подходи́ть; приезжа́ть; прибыва́ть; **I'll ~ and see you tomorrow** я зайду́ к вам за́втра 2) доходи́ть, достига́ть; **to ~ of age** дости́гнуть совершенноле́тия; **it all ~s to the same thing** всё сво́дится к одному́ 3) случа́ться, происходи́ть, быва́ть; **how does it ~ that you are so late?** как случи́лось, что ты так опозда́л? 4) появля́ться, выходи́ть; **the news ~s as a surprise** но́вость появи́лась неожи́данно; **to ~ in two flavours** выпуска́ться в двух вариа́нтах 5) происходи́ть, быть ро́дом *(of)* 6) станови́ться, де́латься; **to ~ true** сбыва́ться; **my zip came undone** у меня́ расстегну́лась мо́лния 7): **to ~ to an agreement/a conclusion** прийти́ к соглаше́нию/к заключе́нию; **to ~ into a fortune** получи́ть насле́дство; **to ~ into effect/force** входи́ть в си́лу *(о законе, постановлении);* **to ~ into flower** распуска́ться, расцвета́ть; **it came into my head that...** мне пришло́ в го́лову что...; **to ~ into fashion** войти́ в мо́ду; **to ~ to oneself** приходи́ть в себя́ 8): **~!, ~!** ну!, ну!; успоко́йтесь! ◊ **~ what may** будь что бу́дет; **how ~?** *разг.* как (э́то) случи́лось?; **if it ~s to that** в тако́м/э́том слу́чае; **in days to ~** в бу́дущем; **he has it coming to him** *разг.* он своё полу́чит

come about происходи́ть, случа́ться; возника́ть

come across 1) переходи́ть че́рез доро́гу, пересека́ть 2) быть поня́тным, доходи́ть до созна́ния

come after пресле́довать

come along 1) проходи́ть, проезжа́ть 2) приходи́ть, приезжа́ть вме́сте с кем-л. 3) случа́ться, происходи́ть 4) спеши́ть, торопи́ться 5) поправля́ться *(после болезни)*

come apart разва́ливаться на куски́, рассыпа́ться

come around 1) объе́хать, обойти́ круго́м 2) меня́ть направле́ние *(о судне, ветре)* 3) заходи́ть ненадо́лго, загляну́ть 4) происходи́ть регуля́рно 5) приходи́ть в себя́ 6) меня́ть мне́ние 7) мири́ться

come away 1) убра́ть; отпусти́ть 2) отла́мываться, отходи́ть; отска́кивать 3) уезжа́ть, уходи́ть

come back 1) возвраща́ться 2) верну́ться к пре́жнему состоя́нию 3) сно́ва войти́ в мо́ду 4) вспомина́ться, возника́ть в па́мяти 5) *разг.* повторя́ть ска́занное

come by 1) проходи́ть, проезжа́ть 2) *амер.* зайти́ ненадо́лго, загляну́ть

come down 1) быть вы́веденным из стро́я, быть разру́шенным 2) приземля́ться, де́лать поса́дку 3) снижа́ться, па́дать *(о ценах и т. п.)* 4) переходи́ть по насле́дству 5) опусти́ться, дегради́ровать 6) своди́ться (к чему́-л.) 7) раскоше́литься

come forward 1) вы́ступить вперёд 2) выступа́ть, выдава́ться 3) предлага́ть по́мощь 4) поступа́ть в прода́жу 5) быть предста́вленным на рассмотре́ние

come in 1) входи́ть 2) проника́ть 3) поступа́ть, приходи́ть *(о новостях и т. п.)* 4) наступа́ть, начина́ться 5) вступа́ть в до́лжность 6) прибыва́ть, появля́ться 7) заня́ть како́е-л. ме́сто в соревнова́ниях 8) победи́ть на вы́борах 9) станови́ться мо́дным 10) оказа́ться поле́зным, пригоди́ться 11) принима́ть уча́стие 12) вступа́ть, начина́ть петь, говори́ть 13) начина́ть трансля́цию

come into 1) получа́ть насле́дство 2) возника́ть, появля́ться; входи́ть в употребле́ние

come off 1) отла́мываться; отска́кивать 2) па́дать *(с лошади)* 3) снима́ться, отсоединя́ться; сходи́ть *(о пятнах и т. п.)* 4) уходи́ть, уезжа́ть 5) *разг.* получа́ться, име́ть успе́х 6) отде́лываться *(чем-л.)* 7) сходи́ть со сце́ны

come on 1) наступа́ть 2) сле́довать за *(кем-л.)* 3) включа́ться *(об электричестве)* 4) выходи́ть *(на сцену, спортплощадку и т. п.)* 5) начина́ться 6) спеши́ть, торопи́ться 7) заступа́ть (на дежу́рство) 8) *разг. (обыкн. в повелит. наклонении)* не ве́рить, сомнева́ться

come out 1) выходи́ть 2) выпада́ть 3) появля́ться 4) выходи́ть из тюрьмы́ 5) звуча́ть 6) обнару́живаться 7) быть и́зданным, опублико́ванным 8) получа́ться, выходи́ть 9) име́ть результа́т, конча́ться 10) раскрыва́ться, выходи́ть нару́жу *(об информации)* 11) быть в ито́ге, составля́ть су́мму

come over 1) переходи́ть, пересека́ть 2) доходи́ть до созна́ния 3) меня́ть свой убежде́ния, взгля́ды *и т. п.* 4) звуча́ть со сце́ны, по ра́дио

come round *см.* **come around**

come through 1) проника́ть 2) прибыва́ть по расписа́нию 3) быть ви́димым, проявля́ться 4) передава́ться по ра́дио 5) оста́ться в живы́х, уцеле́ть 6) вы́путаться из неприя́тного положе́ния

come to 1) приходи́ть в себя́ 2) приходи́ть сно́ва в хоро́шее настрое́ние

come together 1) собра́ться, встре́титься 2) ула́дить разногла́сия

come up 1) встава́ть, поднима́ться 2) заходи́ть *(к кому-л.)* 3) возника́ть, случа́ться; появля́ться 4) подходи́ть 5) ожида́ться 6) прибыва́ть, приезжа́ть 7) *разг.* ва́жничать

come up to 1) достига́ть *(чего-л.)*, доходи́ть до *(чего-л.)* 2) приближа́ться 3) сравня́ться с *(чем-л.)*

come up with 1) догна́ть 2) идти́ вро́вень *(с кем-л., чем-л.)* 3) прийти́ к реше́нию; приду́мать *(что-л.)*

come-and-go [ˈkʌməndˈɡəʊ] *n* 1) движе́ние взад и вперёд 2) *attr* случа́йный, вре́менный *(о работнике)*

come-at-able [kʌmˈætəbl] *a* досту́пный

comeback [ˈkʌmbæk] *n* 1) возвраще́ние *(к власти и т. п.)* 2) рева́нш; возме́здие 3) *сленг* возраже́ние, уда́чный отве́т

comedian [kəˈmiːdiən] *n* комеди́йный актёр, (актёр-)ко́мик

comedienne [kəˌmediˈen] *n* комеди́йная актри́са

comedown [ˈkʌmdaʊn] *n* 1) паде́ние; упа́док 2) разочарова́ние

comedy [ˈkɒmɪdɪ] *n* коме́дия

comely [ˈkʌmlɪ] *a* 1) хоро́шенький, милови́дный 2) благопристо́йный, подоба́ющий, хоро́ший *(о поведении и т. п.)*

comer [ˈkʌmə(r)] *n* 1) тот, кто прихо́дит; посети́тель, уча́стник *и т. п.*; **the first ~** пе́рвый прише́дший; **all ~s** все прише́дшие, все жела́ющие 2) *разг.* кто-л., подаю́щий наде́жды

comestibles [kəˈmestɪblz] *n pl шутл.* съестны́е припа́сы, еда́

comet [ˈkɒmɪt] *n* коме́та

comfort I [ˈkʌmfət] *n* 1) утеше́ние; подде́ржка; **cold ~** сла́бое утеше́ние 2) успокое́ние, поко́й 3) комфо́рт 4) *pl* удо́бства; **he likes his ~s** он лю́бит жить с удо́бствами, с комфо́ртом 5) *амер.* стёганое одея́ло

comfort II *v* утеша́ть; успока́ивать

comfortable [ˈkʌmf(ə)təbl] *a* 1) удо́бный; комфорта́бельный 2) споко́йный, дово́льный; **I'm quite ~ here** мне здесь удо́бно 3)

разг. прили́чный, хоро́ший *(о заработке, доходе)*

comforter [ˈkʌmfətə(r)] *n* 1) утеши́тель 2) де́тская со́ска, пусты́шка 3) *амер.* стёганое одея́ло

comfortless [ˈkʌmfətlɪs] *a* 1) неую́тный 2) печа́льный, безуте́шный

comfy [ˈkʌmfɪ] *разг. см.* **comfortable**

comic I [ˈkɒmɪk] *n* 1) актёр-ко́мик 2) ко́микс

comic II *a* коми́ческий, юмористи́ческий; **~ opera** коми́ческая о́пера; **~ strip** ко́микс

comical [ˈkɒmɪk(ə)l] *a* коми́чный; смешно́й, заба́вный, поте́шный

coming I [ˈklmɪŋ] *n* прие́зд, прибы́тие; прихо́д

coming II *a* 1) наступа́ющий; бу́дущий, ожида́емый 2) многообеща́ющий, подаю́щий наде́жды

comity [ˈkɒmɪtɪ] *n* 1) ве́жливость 2) соо́бщество *(государств, наций)* ра́ди о́бщего бла́га

comma [ˈkɒmə] *n* запята́я; **inverted ~s** кавы́чки

command I [kəˈmɑːnd] *n* 1) кома́нда; прика́з; **at his ~** по его́ кома́нде 2) кома́ндование, боево́е управле́ние; **under ~** под кома́ндованием; **to be in ~** кома́ндовать *(of)* 3) владе́ние *(эмоциями, языком и т. п.)*; **to have a good ~ of languages** хорошо́ владе́ть иностра́нными языка́ми 4) вое́нный о́круг *(в Великобритании)* 5) *вчт* кома́нда

command II *v* 1) отдава́ть кома́нду, прика́з; прика́зывать 2) кома́ндовать 3) владе́ть *(собо́й)*, сде́рживать *(чувства)*; **to ~ oneself** владе́ть собо́й 4) распоряжа́ться, име́ть в своём распоряже́нии 5) внуша́ть *(симпа́тию, уваже́ние)* 6) госпо́дствовать *(над чем-л.)*; **the castle ~s a fine view** из о́кон за́мка открыва́ется краси́вый вид 7) *воен.* держа́ть под обстре́лом

commandant [ˌkɒmənˈdænt] *n* 1) команди́р 2) нача́льник вое́нной акаде́мии *или* вое́нного учи́лища

commandeer [ˌkɒmənˈdɪə(r)] *v* 1) привлека́ть в принуди́тельном поря́дке 2) реквизи́ровать; присва́ивать

commander [kəˈmɑːndə(r)] *n* 1) команди́р; нача́льник; кома́ндующий 2) *мор.* капита́н 2-го ра́нга

commander-in-chief [kəˈmɑːndərɪnˈtʃiːf] *n* 1) главнокома́ндующий 2) *мор.* кома́ндующий фло́том *или* эска́дрой

command file [kəˈmɑːnd ˌfaɪl] *n вчт* кома́ндный файл

commanding [kəˈmɑːndɪŋ] *a* 1) внуши́тельный, впечатля́ющий 2) домини́рующий 3) кома́ндующий

commandment [kəˈmɑːndmənt] *n* за́поведь; **the Ten Commandments** *библ.* де́сять за́поведей

commando [kəˈmɑːndəʊ] *n воен.* 1) спецна́з морско́й пехо́ты 2) комма́ндо, солда́т *или* офице́р спецна́за морско́й пехо́ты *или* деса́нтных войск

commemorate [kəˈmeməreɪt] *v* 1) пра́здновать, отмеча́ть *(годовщину, событие)* 2) служи́ть напомина́нием

commemoration [kəˌmeməˈreɪʃ(ə)n] *n* 1) пра́зднование *(годовщины);* **in ~ of** в ознаменова́ние 2) *церк.* поминове́ние

commemorative [kəˈmemərətɪv] *a* мемориа́льный, па́мятный

commence [kəˈmens] *v* начина́ть(ся)

commencement [kəˈmensmənt] *n* 1) нача́ло 2) *амер.* церемо́ния присужде́ния степене́й; а́ктовый день *(в амер. учебных заведениях)*

commend [kəˈmend] *v* 1) вверя́ть; поруча́ть 2) хвали́ть; **highly ~ed** заслу́живающий высо́кой похвалы́, оце́нки 3) рекомендова́ть

commendable [kəˈmendəbl] *a* похва́льный

commendation [ˌkɒmənˈdeɪʃ(ə)n] *n* 1) рекоменда́ция 2) похвала́

commensurable [kəˈmenʃərəb(ə)l] *a* соизмери́мый *(с чем-л. — with, to);* пропорциона́льный *(to)*

commensurate [kəˈmenʃərət] *a* соразме́рный *(with);* пропорциона́льный *(with, to)*

comment I [ˈkɒment] *n* 1) замеча́ние; кри́тика 2) толкова́ние; коммента́рий

comment II *v* 1) де́лать крити́ческие замеча́ния *(о чём-л. — upon)* 2) комменти́ровать *(что-л. — upon)* ◊ **no ~** *разг.* без коммента́риев

commentary [ˈkɒməntərɪ] *n* 1) коммента́рий; 2) репорта́ж *(по радио, телевидению)*

commentation [ˌkɒmenˈteɪʃ(ə)n] *n* 1) комменти́рование; толкова́ние *(текста)* 2) аннота́ция

commentator [ˈkɒmenteɪtə(r)] *n* коммента́тор

commerce [ˈkɒmɜːs] *n* 1) торго́вля; комме́рция 2) обще́ние

commercial I [kəˈmɜːʃ(ə)l] *n* телерекла́ма; радиорекла́ма; рекла́мная переда́ча

commercial II *a* торго́вый, комме́рческий; **~ art** иску́сство рекла́мы; **~ broadcasting** комме́рческое телеви́дение/радиовеща́ние; **~ traveller** коммивояжёр

commercial at [kəˈmɜːʃ(ə)l ət] *n* комме́рческий знак, знак @, «соба́чка»

commercialism [kəˈmɜːʃəlɪz(ə)m] *n* коммерциализа́ция

Commie [ˈkɒmɪ] *n сленг пренебр.* коммуни́ст

commingle [kɒˈmɪŋgl] *v* сме́шивать (-ся)

commiserate [kəˈmɪzəreɪt] *v* сочу́вствовать, выража́ть соболе́знование *(with)*

commiseration [kəˌmɪzəˈreɪʃ(ə)n] *n* соболе́знование

commissar [ˌkɒmɪˈsɑː(r)] *n ист.* комисса́р *(в России)*

commissariat [ˌkɒmɪˈseərɪət] *n* 1) *воен.* интенда́нтство; снабже́ние продово́льствием 2) : **People's ~** *ист.* наро́дный комиссариа́т *(в СССР до 1946 г.)*

commissary [ˈkɒmɪsərɪ] *n* 1) комисса́р; уполномо́ченный 2) *воен.* интенда́нт 3) *воен.* продово́льственный магази́н 4) *амер.* буфе́т, заку́сочная *(на киностудии и т. п.)*

commission I [kəˈmɪʃ(ə)n] *n* 1) дове́ренность; полномо́чия; компете́нция 2) коми́ссия; **interim ~** вре́менная коми́ссия 3) поруче́ние, зада́ние; зака́з *(художнику)* 4) присвое́ние офице́рского зва́ния; **he got a ~** ему́ присво́или офице́рское зва́ние 5) комиссио́нная прода́жа 6) комиссио́нное вознагражде́ние 7) соверше́ние; **~ of murder** соверше́ние уби́йства ◊ **in ~** гото́в к пла́ванию, в строю́ *(о корабле);* **out of ~** в ремо́нте, не в строю́ *(о корабле)*

commission II *v* 1) уполномо́чивать 2) поруча́ть; зака́зывать 3) *мор.* назнача́ть команди́ром корабля́ 4) *мор.* гото́вить кора́бль к пла́ванию, к боевы́м де́йствиям и т. п.

commissionaire [kəˌmɪʃəˈneə(r)] *n* швейца́р; посы́льный

commissioner [kəˈmɪʃənə(r)] *n* 1) специа́льный уполномо́ченный, представи́тель 2) член коми́ссии

commissioning [kəˈmɪʃ(ə)nɪŋ] *n* ввод в эксплуата́цию

commit [kəˈmɪt] *v* 1) поруча́ть, вверя́ть; **I ~ted my papers to his safe-keeping** я переда́л ему́ мои́ бума́ги на хране́ние 2) соверша́ть *(ошибку, преступление);* **to ~ suicide** поко́нчить с собо́й 3) заключа́ть *(в тюрьму)* 4) предава́ть *(огню, суду и т. п.)* 5) передава́ть *(законопроект в парламентскую комиссию)* 6): **to ~ oneself** принима́ть на себя́ обяза́тельства; **without ~ting myself** без вся́ких обяза́тельств с мое́й стороны́

commitment [kəˈmɪtmənt] *n* 1) обяза́тельство; **financial ~s** фина́нсовое обяза́тельства 2) заключе́ние под стра́жу 3) преда́ние суду́ 4) соверше́ние *(преступления и т. п.)*

committal [kəˈmɪtl] *n* 1) заключе́ние в тюрьму́ 2) госпитализа́ция 3) погребе́ние, преда́ние оста́нков земле́

committee[1] [kəˈmɪtɪ] *n* 1) комите́т; **standing ~** постоя́нный комите́т; **select ~** специа́льный парла́ментский комите́т 2) коми́ссия; **to appoint a** ~ назнача́ть коми́ссию

committee[2] [ˌkɒmɪˈtiː] *n юр.* опеку́н

commode [kəˈməʊd] *n* 1) комо́д 2) стульча́к для ночно́го горшка́

commodious [kəˈməʊdɪəs] *a* просто́рный

commodity [kəˈmɒdɪtɪ] *n* 1) това́р; предме́т широ́кого потребле́ния 2) *attr* това́рный

commodore [ˈkɒmədɔː(r)] *n* 1) *мор.* коммодо́р *(звание между капитаном 1-го ранга и контр-адмиралом)* 2) команди́р морско́го конво́я; ста́рший капита́н парохо́дной компа́нии 3) командо́р, президе́нт яхт-клу́ба

common I [ˈkɒmən] *n* 1) общи́нная земля́; общи́нный вы́гон 2) пра́во на по́льзование общи́нным вы́гоном, землёй 3): **they have nothing in** ~ у них нет ничего́ о́бщего; **out of the** ~ необы́чный, незауря́дный

common II *a* 1) просто́й, обыкнове́нный; обы́чный 2) просто́й, рядово́й 3) о́бщий 4) гру́бый; вульга́рный 5) общепри́нятый, распространённый; **a** ~ **error** распространённая оши́бка 6) *грам.* о́бщий; ~ **gender** о́бщий род; ~ **case** о́бщий паде́ж 7) *мат.* о́бщий; ~ **denominator** о́бщий знамена́тель 8) типово́й, станда́ртный ◊ ~ **sense** здра́вый смысл; ~**-or-garden** *разг.* обы́чный, изве́стный

commonage [ˈkɒmənɪdʒ] *n* пра́во на по́льзование общи́нным вы́гоном

commoner [ˈkɒmənə(r)] *n* 1) челове́к из наро́да; не дворяни́н 2) челове́к, име́ющий общи́нные права́ 3) студе́нт, не получа́ющий стипе́ндии

Common Era [ˌkɒmənˈɪ(ə)rə] *n* на́ша э́ра, но́вая э́ра

common fraction [ˈkɒmən ˈfrækʃ(ə)n] *n мат.* проста́я дробь

common law [ˈkɒmən ˈlɔː] *n юр.* о́бщее пра́во

commonly [ˈkɒmənlɪ] *adv* 1) обы́чно; обыкнове́нно, зауря́дно 2) посре́дственно; дёшево, пло́хо

common-mode [ˈkɒmən-məʊd] *a* 1) станда́ртный, типи́чный 2) синфа́зный

commonplace I [ˈkɒmənpleɪs] *n* о́бщее ме́сто, бана́льность

commonplace II *a* зауря́дный, бана́льный, изби́тый

commonplace-book [ˈkɒmənpleɪsˌbʊk] *n* о́бщая тетра́дь для заме́ток, цита́т *и т. п.*

common room [ˈkɒmənrʊm] *n* профе́ссорская; учи́тельская; ко́мната о́тдыха для преподава́телей

common root [ˈkɒmən ruːt] *n* о́бщий ко́рень

commons [ˈkɒmənz] *n pl* 1) **(the C.)** пала́та общи́н *(тж* **the House of Commons)** 2)

просто́й наро́д *(в отличие от высших слоёв общества)* 3) по́рция, рацио́н

commonwealth [ˈkɒmənwelθ] *n* 1) госуда́рство; демократи́ческая респу́блика; федера́ция; содру́жество 2) **(the C.)** (Брита́нское) Содру́жество *(межгосударственное объединение Великобритании и большинства её бывших колоний и доминионов)* 3) *attr:* **the C. Day** День Содру́жества ◊ **the C. of Independent States** Содру́жество незави́симых госуда́рств, СНГ

commotion [kəˈməʊʃ(ə)n] *n* 1) шум, суматоха; смяте́ние 2) волне́ния, беспоря́дки *(тж* **civil** ~)

communal [ˈkɒmjʊnəl] *a* 1) общи́нный 2) о́бщий, обще́ственный 3) коммуна́льный

commune[1] [ˈkɒmjuːn] *n* 1) общи́на 2) комму́на; **(the C.)** Пари́жская Комму́на

commune[2] [kəˈmjuːn] *v* 1) бесе́довать, обща́ться *(with)* 2) *амер. церк.* причаща́ться

communicable [kəˈmjuːnɪkəbl] *a* 1) сообща́ющийся, передава́емый, зара́зный *(о болезни)* 2) приве́тливый, любе́зный, общи́тельный, коммуника́бельный

communicate [kəˈmjuːnɪkeɪt] *v* 1) передава́ть, сообща́ть *(to)* 2) обща́ться *(with);* сноси́ться 3) быть сме́жным, сообща́ться 4) *церк.* причаща́ться

communication [kəˌmjuːnɪˈkeɪʃ(ə)n] *n* 1) переда́ча, сообще́ние *(как процесс)* 2) сообще́ние; информа́ция 3) связь; коммуника́ция; сре́дство сообще́ния, связи *(железная дорога, телеграф и т. п.)* 4) обще́ние; *pl* свя́зи; конта́кты 5) *pl воен.* коммуникацио́нные ли́нии, ли́нии свя́зи 6) *attr* служа́щий для свя́зи; коммуникацио́нный; ~ **channel** кана́л свя́зи; ~ **facilities** сре́дства свя́зи; ~ **satellite** спу́тник свя́зи; ~ **theory** тео́рия коммуника́ции

communicative [kəˈmjuːnɪkətɪv] *a* разгово́рчивый, общи́тельный

communion [kəˈmjuːnɪən] *n* 1) обще́ние 2) о́бщность *(мыслей и т. п.)* 3) *церк.* прича́стие; причаще́ние; **to take** ~ причаща́ться; **the First C.** пе́рвое прича́стие

communiqué [kəˈmjuːnɪkeɪ] *n* официа́льное сообще́ние; коммюнике́

communism [ˈkɒmjʊnɪz(ə)m] *n* коммуни́зм

communist I [ˈkɒmjʊnɪst] *n* коммуни́ст *(тж.* **C.)**

communist II *a* коммунисти́ческий; **the C. Party** коммунисти́ческая па́ртия

communistic [ˌkɒmjʊˈnɪstɪk] *a* коммунисти́ческий

community [kəˈmjuːnɪtɪ] *n* 1) жи́тели райо́на, населённого пу́нкта *и т. п.;* **the local** ~

ме́стные жи́тели 2) объедине́ние, сообще́ство, содру́жество; **the European C.** *уст.* Европе́йское Соо́бщество, Евросою́з (*тж* **the European Union**) 3) о́бщество, пу́блика 4) о́бщность; ~ **of interest** о́бщность интере́сов 5) общи́на 6) о́бщество; **for the good of the ~** ра́ди о́бщего бла́га 7) *attr* обще́ственный; ~ **centre** центр культу́рных и обще́ственных мероприя́тий (*для жи́телей го́рода, посёлка и т. п.*); ~ **chest** *амер.* обще́ственный благотвори́тельный фонд; ~ **home** исправи́тельная шко́ла для малоле́тних правонаруши́телей

commutate [ˈkɒmjuːˌteɪt] *v* эл. переключа́ть (*ток*), коммути́ровать

commutation [ˌkɒmjuːˈteɪʃ(ə)n] *n* 1) заме́на 2) юр. смягче́ние наказа́ния 3) эл. переключе́ние то́ка, коммута́ция

commutative [kəˈmjuːtətɪv] *a* заменя́ющий; заменя́емый

commutator [ˈkɒmjuːteɪtə] *n* эл. переключа́тель то́ка, коммута́тор

commute [kəˈmjuːt] *v* 1) соверша́ть регуля́рные пое́здки из при́города в го́род и обра́тно (*на по́езде, автомоби́ле*) 2) юр. смягча́ть наказа́ние 3) обме́нивать (*одну́ вещь на другу́ю*); заменя́ть 4) эл. переключа́ть (*ток*), коммути́ровать

commuter [kəˈmjuːtə(r)] *n* 1) жи́тель при́города, рабо́тающий в го́роде и регуля́рно е́здящий на рабо́ту и обра́тно (*по́ездом, на автомоби́ле*) 2) пассажи́р, име́ющий сезо́нный *или* льго́тный биле́т

compact[1] [ˈkɒmpækt] *n* соглаше́ние, догово́р

compact[2] **I** *n* 1) пу́дреница с компа́кт-пу́дрой 2) *амер.* малолитра́жный автомоби́ль

compact[2] **II** [kəmˈpækt] *a* 1) пло́тный; компа́ктный 2) малогабари́тный 3) сжа́тый (*о сти́ле*)

compact[2] **III** *v* уплотня́ть

compact disc [ˌkɒmpækt ˈdɪsk] *n* компа́кт-диск (*тж* **CD**)

compact disc drive [ˌkɒmpækt ˈdɪsk ˈdraɪv] *n* дисково́д для компа́кт-ди́сков

compaction [kəmˈpækʃ(ə)n] *n* 1) сжа́тие, уплотне́ние 2) пло́тность, сжа́тость

companion I [kəmˈpænjən] *n* 1) това́рищ; подру́га 2) спу́тник, попу́тчик 3) компаньо́н(ка) 4) спра́вочник 5) оди́н из па́рных предме́тов 6) (**C.**) кавале́р о́рдена (*ни́зшей сте́пени*)

companion II *a* сопу́тствующий; сопровожда́ющий; дополни́тельный

companion III *v* 1) сопровожда́ть 2) быть компаньо́ном

companionable [kəmˈpænjənəbl] *a* общи́тельный

companion-in-arms [kəmˈpænjənɪnˌɑːmz] *n* това́рищ по ору́жию, сора́тник

companion ladder [kəmˈpænjənˈlædə(r)] *n* мор. сходно́й трап

companionship [kəmˈpænjənʃɪp] *n* това́рищеские, дру́жеские отноше́ния

companion-way [kəmˈpænjənˈweɪ] *n* мор. сходно́й трап; сходно́й люк

company [ˈkʌmpənɪ] *n* 1) компа́ния, о́бщество; го́сти; **in ~ with** вме́сте с; **to keep ~ (with)** води́ть дру́жбу, води́ть компа́нию; **I'll come with you for ~** я пойду́ с тобо́й за компа́нию; **I'll keep you ~** я соста́влю тебе́ компа́нию; **we are expecting ~ tonight** мы ждём сего́дня госте́й; **present ~ excepted** о прису́тствующих не говоря́т 2) собесе́дник; **to be good/bad ~** быть прия́тным/ску́чным собесе́дником 3) *ком.* компа́ния, о́бщество, това́рищество; **insurance ~** страхова́я компа́ния 4) тру́ппа (*теа́тра*) 5) экипа́ж (*су́дна*) 6) *воен.* ро́та ◊ **to part ~** а) расходи́ться во взгля́дах б) прекрати́ть знако́мство

comparability [ˌkɒmpərəˈbɪlɪtɪ] *n* сравни́мость

comparable [ˈkɒmpərəb(ə)l] *a* сравни́мый

comparative I [kəmˈpærətɪv] *n* грам. сравни́тельная сте́пень

comparative II *a* сравни́тельный (*тж грам.*); относи́тельный; **to live in ~ comfort** жить в относи́тельно прили́чных усло́виях

compare [kəmˈpeə(r)] *v* 1) сра́внивать; слича́ть, сопоставля́ть 2) уподобля́ть (*to*) ◊ **to ~ notes** дели́ться впечатле́ниями

comparison [kəmˈpærɪs(ə)n] *n* 1) сравне́ние; **in ~ with** по сравне́нию с; **to bear/to stand ~ (with)** выде́рживать сравне́ние; **beyond ~** вне вся́кого сравне́ния 2) схо́дство 3) сличе́ние

compartment [kəmˈpɑːtmənt] *n* отделе́ние; купе́; мор., тех. отсе́к

compass I [ˈkʌmpəs] *n* 1) ко́мпас; буссо́ль; **the points of the ~** сто́роны све́та 2) *pl* ци́ркуль 3) окру́жность; круг 4) грани́цы, преде́лы (*зна́ний, о́пыта*); **beyond my ~** за преде́лами мои́х возмо́жностей 5) *муз.* диапазо́н

compass II *v* книжн. 1) осуществля́ть (*наме́рение*) 2) замышля́ть (*что-л. плохо́е*) 3) окружа́ть; обходи́ть круго́м

compassion [kəmˈpæʃ(ə)n] *n* сострада́ние, жа́лость; **to have/to take ~** испы́тывать жа́лость, сострада́ние (*к кому́-л. — on*)

compassionate [kəmˈpæʃənət] *a* сострада́тельный

compatibility [kəmˌpætəˈbɪlɪtɪ] *n* совмести́мость

compatible [kəmˈpætəbl] *a* совмести́мый, согласу́ющийся *(with)*; ~ **data** *вчт* совмести́мые да́нные

compatriot [kəmˈpætrɪət] *n* соотéчественник

compeer [kɒmˈpɪə(r)] *n* 1) ро́вня 2) това́рищ

compel [kəmˈpel] *v* 1) заставля́ть; принужда́ть, вынужда́ть; **I feel ~led to say...** я вы́нужден сказа́ть, что... 2) подчиня́ть; **to ~ attention** прико́вывать внима́ние

compelling [kəmˈpelɪŋ] *a* 1) неотрази́мый, непреодоли́мый 2) привлека́тельный, притяга́тельный

compendia [kəmˈpendɪə] *pl см.* **compendium**

compendious [kəmˈpendɪəs] *a* кра́ткий, сокращённый

compendium [kəmˈpendɪəm] *n* (*pl тж* **compendia**) 1) кра́ткая однотóмная энциклопéдия; кра́ткий спра́вочник 2) конспéкт, кра́ткая за́пись; резюмé 3) почто́вый набóр *(конверты и бумага)*

compensate [ˈkɒmpenseɪt] *v* 1) возмеща́ть, компенси́ровать *(убытки и т. п. — for)* 2) вознагражда́ть 3) *тех.* уравновéшивать, ура́внивать

compensation [ˌkɒmpenˈseɪʃ(ə)n] *n* 1) возмещéние, компенса́ция 2) вознаграждéние 3) *амер.* жа́лованье 4) *тех.* уравновéшивание, ура́внивание

compère [kɒmpeə(r)] *n* конферансьé

compete [kəmˈpiːt] *v* 1) соревнова́ться, состяза́ться 2) конкури́ровать

competence [ˈkɒmpɪt(ə)ns] *n* 1) спосóбность; умéние 2) компетéнтность 3) материа́льный доста́ток 4) *юр.* компетéнция; правомóчность; юрисди́кция

competency [ˈkɒmpɪt(ə)nsɪ] *см.* **competence**

competent [ˈkɒmpɪt(ə)nt] *a* 1) компетéнтный; спосóбный; **he is a ~ editor** он óчень óпытный реда́ктор 2) *юр.* правомóчный; компетéнтный 3) имéющий доста́точную власть

competition [ˌkɒmpɪˈtɪʃ(ə)n] *n* 1) кóнкурс; кóнкурсный экза́мен; **a piano/beauty ~** кóнкурс пиани́стов/красоты́ 2) конкурéнция; **severe ~** жестóкая конкурéнция 3) соревнова́ние; состяза́ние; **to be in ~ with** состяза́ться, соревнова́ться с *(кем-л.)*; **boxing/skiing ~** соревнова́ние по бóксу/лы́жные соревнова́ния; **chess ~** ша́хматный турни́р

competitive [kəmˈpetɪtɪv] *a* 1) кóнкурсный 2) конкурентоспосóбный *(о ценах и т. п.)* 3) сопéрничающий, конкури́рующий; **he is very ~** в нём силён дух сопéрничества

competitor [kəmˈpetɪtə(r)] *n* 1) конкурéнт, сопéрник 2) уча́стник кóнкурса, претендéнт, конкурса́нт

compilation [ˌkɒmpɪˈleɪʃ(ə)n] *n* компили́рование, составлéние *(сборника материалов, словаря и т. п.)*; собира́ние материа́ла

compile [kəmˈpaɪl] *v* 1) компили́ровать, составля́ть *(сборник, словарь и т. п.)* 2) собира́ть *(факты, данные)* 3) нака́пливать *(имущество)* 4) *вчт* трансли́ровать, компили́ровать

compiler [kəmˈpaɪlə(r)] *n* 1) состави́тель; компиля́тор 2) *вчт* компили́рующая програ́мма; трансля́тор

complacence [kəmˈpleɪsəns] *см.* **complacency**

complacency [kəmˈpleɪsənsɪ] *n* 1) самодовóльство 2) удовлетворённость

complacent [kəmˈpleɪsnt] *a* 1) самодовóльный 2) удовлетворённый

complain [kəmˈpleɪn] *v* 1) жа́ловаться *(тж на боль);* подава́ть жа́лобу 2) выража́ть недовóльство 3) жа́лобно стона́ть

complaint [kəmˈpleɪnt] *n* 1) жа́лоба; недовóльство; реклама́ция; **to lodge/to lay a ~** пода́ть жа́лобу *(на кого-л. — against)* 2) недомога́ние

complaisance [kəmˈpleɪz(ə)ns] *n* услу́жливость; почти́тельность, обходи́тельность

complaisant [kəmˈpleɪz(ə)nt] *a* услу́жливый, любéзный; почти́тельный, обходи́тельный

complement I [ˈkɒmplɪmənt] *n* 1) дополнéние *(тж грам.);* ~ **of an angle** *мат.* дополнéние угла́ до 90° 2) комплéкт 3) ли́чный соста́в *(воинской части, корабля; тж* **full ~**)

complement II [ˈkɒmplɪment] *v* 1) дополня́ть; служи́ть дополнéнием 2) укомплектóвывать

complementary [ˌkɒmplɪˈmentərɪ] *a* дополня́ющий; дополни́тельный, доба́вочный; ~ **medicine** нетрадициóнная медици́на *(напр. иглоука́лывание)*

complementing input [ˈkɒmplɪmentɪŋ ˈɪnpʊt] *n вчт* счётный вход

complete I [kəmˈpliːt] *a* 1) пóлный; цéльный; закóнченный 2) совершéнный, пóлный; **he is a ~ stranger to me** он мне совершéнно незнакóм; **a ~ surprise** пóлная неожи́данность

complete II *v* 1) зака́нчивать, заверша́ть 2) пополня́ть; комплектова́ть, укомплектóвывать

completely [kəmˈpliːtlɪ] *adv* совершéнно, пóлностью

completeness [kəmˈpliːtnɪs] *n* полнота́; закóнченность

completion [kəmˈpliːʃ(ə)n] *n* завершéние, оконча́ние

complex I [ˈkɒmpleks] *n* 1) кóмплекс, гру́ппа *(зданий)* 2) *психол.* кóмплекс

complex II *a* 1) ко́мплексный, составно́й 2) сло́жный; запу́танный 3) *грам.*: ~ **sentence** сложноподчинённое предложе́ние

complexion [kəmˈplekʃ(ə)n] *n* 1) цвет лица́; **dark** ~ сму́глый цвет лица́; **fair** ~ све́тлый *(не смуглый)* цвет лица́ 2) отте́нок, аспе́кт

complexity [kəmˈpleksɪtɪ] *n* сло́жность, усложнённость

compliance [kəmˈplaɪəns] *n* 1) согла́сие, соотве́тствие; **in** ~ **with** в соотве́тствии с, согла́сно 2) *вчт* согласо́ванность; сте́пень соотве́тствия 3) пода́тливость, усту́пчивость 4) уго́дливость

compliant [kəmˈplaɪənt] *a* 1) пода́тливый, усту́пчивый 2) уго́дливый 3) соотве́тствующий чему́-л., согласу́ющийся

complicate [ˈkɒmplɪˌkeɪt] *v* 1) усложня́ть; осложня́ть 2) *мед.* осложня́ться

complicated [ˈkɒmplɪkeɪtɪd] *a* сло́жный; запу́танный

complication [ˌkɒmplɪˈkeɪʃ(ə)n] *n* 1) сло́жность; тру́дность; запу́танность; сло́жное положе́ние 2) *мед.* осложне́ние

complicity [kəmˈplɪsɪtɪ] *n* соуча́стие *(в преступлении и т. п.)*

compliment I [ˈkɒmplɪmənt] *n* 1) комплиме́нт; **left-handed** ~ сомни́тельный комплиме́нт; **to pay a** ~ сде́лать комплиме́нт 2) *pl* поздравле́ние; приве́тствие; похвала́; приве́т; **give him my** ~**s** переда́йте ему́ приве́т; **with** ~**s from** с приве́том от *(в письмах, открытках)*

compliment II *v* 1) приве́тствовать; поздравля́ть *(on)* 2) подари́ть *(что-л. — with)*

complimentary [ˌkɒmplɪˈmentərɪ] *a* 1) хвале́бный, ле́стный 2) поздрави́тельный 3) пригласи́тельный, беспла́тный *(о билете)*

comply [kəmˈplaɪ] *v* исполня́ть *(просьбу, требование и т. п.)*; де́йствовать в соотве́тствии *(с чем-л.)*

component I [kəmˈpəʊnənt] *n* 1) компоне́нт, составна́я часть, у́зел; **engine** ~ у́зел дви́гателя 2) *тех.* элеме́нт; комплекту́ющее изде́лие

component II *a* составно́й; составля́ющий

componentry [kəmˈpəʊnəntrɪ] *n тех.* 1) компоне́нты, элеме́нты 2) комплекту́ющие изде́лия

comport [kəmˈpɔːt] *v* 1) вести́ себя́ 2) соотве́тствовать *(with)*

compose [kəmˈpəʊz] *v* 1) сочиня́ть *(стихи, музыку)* 2) составля́ть; компонова́ть 3) успока́ивать; **to** ~ **oneself** успока́иваться 4) ула́живать *(ссору, неприятность)* 5) *полигр.* набира́ть

composed [kəmˈpəʊzd] *a* со́бранный, сде́ржанный

composer [kəmˈpəʊzə(r)] *n* компози́тор

composite I [ˈkɒmpəzit] *n* 1) смесь; соедине́ние; что-л. составно́е 2) *спец.* компози́т, композицио́нный материа́л

composite II *a* 1) сло́жный; составно́й 2) *бот.* сложноцве́тный

composition [ˌkɒmpəˈzɪʃ(ə)n] *n* 1) составле́ние, построе́ние 2) соста́в, смесь, соедине́ние 3) сочине́ние, произведе́ние *(литературное, музыкальное)* 4) компози́ция *(в произведении искусства)* 5) шко́льное сочине́ние 6) склад ума́; хара́ктер; **jealousy is not in his** ~ он не ревни́в 7) *лингв.* образова́ние сло́жных слов 8) *юр.* компроми́ссное соглаше́ние *(о выплате долга)* 9) *полигр.* набо́р

compositor [kəmˈpɒzɪtə(r)] *n полигр.* 1) набо́рщик 2) верста́льщик

compost [ˈkɒmpɒst] *n с.-х.* компо́ст, составно́е удобре́ние

composure [kəmˈpəʊʒə(r)] *n* споко́йствие, самооблада́ние, со́бранность

compote [ˈkɒmpəʊt] *n* компо́т

compound I [ˈkɒmpaʊnd] *n* 1) смесь, соедине́ние 2) *лингв.* сло́жное сло́во

compound II *a* 1) составно́й; сло́жный; ~ **word** *лингв.* сло́жное сло́во; ~ **interest** *фин.* сло́жные проце́нты 2) *грам.* сложносочинённый *(о предложении)*

compound III [kəmˈpaʊnd] *v* 1) сме́шивать, соединя́ть; составля́ть 2) осложня́ть, увели́чивать *(трудности, проблемы)* 3) ула́живать, примиря́ть *(интересы)*; приходи́ть к компроми́ссу *(с кредитором)*

comprehend [ˌkɒmprɪˈhend] *v* 1) понима́ть, постига́ть 2) включа́ть, охва́тывать

comprehensible [ˌkɒmprɪˈhensəbl] *a* поня́тный, постижи́мый

comprehension [ˌkɒmprɪˈhenʃ(ə)n] *n* 1) понима́ние; **it passes my** ~, **it is beyond my** ~ э́то вы́ше моего́ понима́ния 2) охва́т, включе́ние 3) полнота́

comprehensive [ˌkɒmprɪˈhensɪv] *a* 1) всеобъе́млющий, всеохва́тный; исче́рпывающий; **a** ~ **study** всесторо́ннее изуче́ние/иссле́дование; **a** ~ **school** общеобразова́тельная шко́ла 2) поня́тливый, бы́стро схва́тывающий

compress I [ˈkɒmpres] *n* компре́сс

compress II [kəmˈpres] *v* сжима́ть; сда́вливать

compressed [kəmˈprest] *a* сжа́тый; уплотнённый

compression [kəmˈpreʃ(ə)n] *n* 1) сжа́тие; сда́вливание 2) *тех.* компре́ссия; уплотне́ние

compressor [kəmˈpresə(r)] *n тех.* компре́ссор; **air** ~ возду́шный компре́ссор

comprise [kəm'praɪz] *v* 1) включа́ть; заключа́ть в себе́ 2) содержа́ть, вмеща́ть; состоя́ть *(из чего-л.)*

compromise I ['kɒmprəmaɪz] *n* 1) компроми́сс; соглаше́ние 2) компрометация

compromise II *v* 1) пойти́ на компроми́сс 2) компромети́ровать

compromiser ['kɒmprəmaɪzə(r)] *n* соглаша́тель, примире́нец

comptroller [kən'trəʊlə(r)] *n* контролёр, реви́зор; инспе́ктор

compulsion [kəm'pʌlʃ(ə)n] *n* принужде́ние; **to act under** ~ де́йствовать по принужде́нию

compulsive [kəm'pʌlsɪv] *a* 1) принуди́тельный 2) зая́длый; **a** ~ **smoker** зая́длый кури́льщик

compulsory [kəm'pʌlsərɪ] *a* принуди́тельный, обяза́тельный

compunction [kəm'pʌŋkʃ(ə)n] *n* угрызе́ния со́вести; раска́яние

computable [kəm'pju:təbl] *a* исчисли́мый

computation [ˌkɒmpju:'teɪʃ(ə)n] *n* 1) вычисле́ние, расчёт 2) *вчт* маши́нное вычисле́ние

computational [ˌkɒmpjʊ'teɪʃ(ə)nəl] *a* вычисли́тельный; маши́нный; чи́сленный

compute [kəm'pju:t] *v* вычисля́ть, счита́ть, подсчи́тывать, рассчи́тывать *(с использованием компью́тера)*

computer [kəm'pju:tə(r)] *n* компью́тер, электро́нная вычисли́тельная маши́на, ЭВМ

computer-aided [kəm'pju:tə(r)eɪdɪd] *a* автоматизи́рованный; выполня́емый с по́мощью компью́тера; ~ **design** а) автоматизи́рованное проекти́рование б) систе́ма автоматизи́рованного проекти́рования; ~ **technologies** компью́терные техноло́гии; техноло́гии автоматиза́ции

computer **application** [kəm'pju:tə(r) ˌæplɪ'keɪʃ(ə)n] *n* 1) примене́ние компью́тера 2) приложе́ние; паке́т прикладны́х програ́мм

computer **architecture** [kəm'pju:tə(r) 'a:kɪtektʃə] *n* компью́терная архитекту́ра

computer-assisted [kəm'pju:tə(r)ə'sɪstɪd] *a* (вы́полненный) с по́мощью компью́тера, маши́нный

computer-based [kəm'pju:tə(r) beɪst] *a* осно́ванный на примене́нии компью́тера; с испо́льзованием маши́ны; компью́терный; маши́нный

computer **conference** [kəm'pju:tə(r) 'kɒnf(ə)rəns] *n* телеконфере́нция

computer **configuration** [kəm'pju:tə(r) kənˌfɪgjʊ'reɪʃ(ə)n] *n* конфигура́ция вычисли́тельной систе́мы; конфигура́ция компью́тера

computer-generated [kəm'pju:tə(r) 'dʒenəreɪtɪd] *a* сгенери́рованный компью́тером; маши́нно-генери́руемый

computer graphics [kəm'pju:tə(r) 'græfɪks] *n* компью́терная гра́фика

computerize [kəm'pju:təraɪz] *v* компьютеризи́ровать; автоматизи́ровать

computerized [kəm'pju:təraɪzd] *a* 1) обрабо́танный с по́мощью компью́тера 2) компьютеризи́рованный 3) испо́льзующий компью́тер

computerization [kəmˌpju:təraɪ'zeɪʃ(ə)n] *n* компьютериза́ция

computer literacy [kəmˌpju:tə(r) 'lɪt(ə)rəsɪ] *n* компью́терная гра́мотность; уме́ние рабо́тать на компью́тере

computer-literate [kəm'pju:tə'lɪtərɪt] *a* уме́ющий рабо́тать на компью́тере; владе́ющий на́выками рабо́ты на компью́тере

computer-oriented [kəm'pju:tə(r), ɒrɪentɪd] *a* 1) маши́нно-ориенти́рованный, рассчи́танный на испо́льзование компью́тера 2) вычисли́тельный *(о математическом методе)*

computerphile [kəm'pju:tə(r)'faɪl] *n* компью́терофи́л

computer program [kəm'pju:tə(r) ˌprəʊgræm] *n* компью́терная програ́мма; маши́нная програ́мма

computer **programmer** [kəm'pju:tə(r) ˌprəʊgræmə] *n* программи́ст

computer science [kəm'pju:tə(r), saɪəns] *n* вычисли́тельная те́хника *(как наука)*

computer simulation [kəm'pju:tə(r), sɪmjʊ'leɪʃ(ə)n] *n* модели́рование на компью́тере; маши́нное модели́рование

computer **virus** [kəm'pju:tə(r) 'vaɪrəs] *n* компью́терный ви́рус

comrade ['kɒmrɪd] *n* това́рищ

comrade-in-arms ['kɒmrɪdɪn, a:mz] *n* 1) това́рищ по ору́жию 2) сора́тник

comradeship ['kɒmrɪdʃɪp] *n* това́рищеские отноше́ния, това́рищество

comsat ['kɒmsæt] *сокр.* (**communication satellite**) *n* спу́тник свя́зи

con[1] [kɒn] *v сленг* жу́льничать, надува́ть

con[2] *v* вести́ су́дно, управля́ть су́дном

con- [kɒn-] *см.* **com-**

concatenate [kɒn'kætɪneɪt] *v* сцепля́ть, свя́зывать, соединя́ть (воеди́но)

concatenation [kɒnˌkætɪ'neɪʃ(ə)n] *n* 1) взаи́мная связь; сцепле́ние 2) *вчт* каска́дное включе́ние 3) *тех.* каска́д, цепь, непреры́вный ряд

concave ['kɒn'keɪv] *a* во́гнутый

concavity [kɒn'kævɪtɪ] *n* во́гнутая пове́рхность

conceal [kən´si:l] v 1) скрыва́ть, утаи́вать; **to ~ the truth** скрыва́ть пра́вду 2) пря́тать; маскирова́ть; **~ed unemployment** скры́тая безрабо́тица

concealer [kən´si:lə(r)] n укрыва́тель

concealment [kən´si:lmənt] n 1) сокры́тие, утаи́вание; укрыва́тельство 2) та́йное убе́жище; укры́тие; тайни́к

concede [kən´si:d] v 1) допуска́ть, соглаша́ться 2) уступа́ть (право и т. п.)

conceit [kən´si:t] n 1) самомне́ние; тщесла́вие; **he is full of ~** он высо́кого мне́ния о себе́ 2) причу́да, фанта́зия; причу́дливый о́браз

conceited [kən´si:tɪd] a тщесла́вный; самодово́льный

conceivable [kən´si:vəbl] a постижи́мый, поня́тный

conceive [kən´si:v] v 1) зача́ть, забере́менеть 2) вообража́ть; представля́ть себе́ 3) формули́ровать, выража́ть

concentrate I [´kɒnsəntreɪt] n концентра́т

concentrate II v 1) концентри́ровать(ся); сосредото́чивать(ся) 2) хим. сгуща́ть, выпа́ривать

concentration [ˌkɒnsən´treɪʃ(ə)n] n 1) концентра́ция; сосредото́чение; **a ~ of troops** стя́гивание/концентра́ция войск 2) сгуще́ние 3) attr концентри́рованный

concentration camp [ˌkɒnsən´treɪʃ(ə)n´kæmp] n концентрацио́нный ла́герь, концла́герь

concentric [kɒn´sentrɪk] a концентри́ческий

concept [´kɒnsept] n поня́тие, о́бщее представле́ние; конце́пция; **~car** конце́пт-кар (проект автомобиля, заключающий в себе новое техническое решение и выставляемый на обозрение на автосалоне)

conception [kən´sepʃ(ə)n] n 1) понима́ние; поня́тие 2) конце́пция, иде́я 3) за́мысел

conceptual [kən´septjʋəl] a 1) концептуа́льный 2) поня́тийный

concern I [kən´sɜ:n] n 1) забо́та; беспоко́йство; **to feel a deep ~** быть о́чень озабо́ченным 2) интере́с; значе́ние, ва́жность (чего-л.) 3) де́ло, отноше́ние, каса́тельство; **that's no ~ of mine** э́то не моё де́ло 4) фи́рма; предприя́тие ◊ **to have a ~ in smth** име́ть до́лю в како́м-л. предприя́тии

concern II v 1) каса́ться, име́ть отноше́ние к; **this ~s you** э́то каса́ется вас; **as far as I am ~ed** что каса́ется меня́ 2) интересова́ть(ся); занима́ться (вопросом, делом); **to be ~ed in** быть заинтересо́ванным в чём-л. 3) забо́титься, беспоко́иться; **don't ~ yourself about us** не беспоко́йтесь о нас ◊ **to whom it may ~** всем заинтересо́ванным ли́цам (обращение в заявке, объявлении и т. п.)

concerned [kən´sɜ:nd] a 1) име́ющий отноше́ние к чему́-л.; **the parties ~** заинтересо́ванные сто́роны 2) озабо́ченный; встрево́женный

concerning [kən´sɜ:nɪŋ] prep относи́тельно, каса́тельно

concert I [´kɒnsət] n 1) конце́рт 2) согла́сие; согласо́ванность; **in ~ with** совме́стно, по угово́ру; **to act in ~** де́йствовать согласо́ванно

concert II [kən´sɜ:t] v сгова́риваться; догова́риваться; де́йствовать сообща́

concerto [kən´tʃɜ:təʋ] n конце́рт (музыка́льная форма)

concession [kən´seʃ(ə)n] n 1) усту́пка; **to make ~s** пойти́ на усту́пки 2) конце́ссия 3) отступле́ние; отклоне́ние 4) льго́тная цена́, ски́дка, предоставля́емая определённой катего́рии гра́ждан

concession(n)aire [kənˌseʃə´neə] n концессионе́р

concessive [kən´sesɪv] a 1) усту́пчивый 2) грам. уступи́тельный

conch [kɒŋk] n ра́ковина, раку́шка

concha [´kɒŋkə] n (pl **conchae** [-ki:]) анат. ушна́я ра́ковина

conciliate [kən´sɪlɪeɪt] v 1) успока́ивать, умиротворя́ть 2) сниска́ть дове́рие, расположи́ть к себе́

conciliation [kənˌsɪlɪ´eɪʃ(ə)n] n примире́ние; умиротворе́ние

conciliator [kən´sɪlɪeɪtə(r)] n миротво́рец, примири́тель

conciliatory [kən´sɪlɪət(ə)rɪ] a примири́тельный

concise [kən´saɪs] a кра́ткий, сжа́тый; **~ dictionary** кра́ткий слова́рь; **a ~ style** лакони́чный стиль

conciseness [kən´saɪsnɪs] n кра́ткость

conclave [´kɒnkleɪv] n 1) та́йное совеща́ние 2) церк. конкла́в

conclude [kən´klu:d] v 1) зака́нчивать(ся) 2) де́лать вы́вод, заключе́ние 3) заключа́ть (договор и т. п.) 4) амер. реша́ть

conclusion [kən´klu:ʒ(ə)n] n 1) оконча́ние; **bring to a ~** зака́нчивать; **in ~** в заключе́ние 2) вы́вод; заключе́ние; **to draw a ~** де́лать вы́вод; **to jump at/to a ~** де́лать поспе́шный вы́вод; **I came to the ~ that...** я пришёл к заключе́нию что... 3) заключе́ние (договора и т. п.); **a ~ of a treaty** заключе́ние догово́ра

conclusive [kən´klu:sɪv] a 1) убеди́тельный; **~ evidence** убеди́тельные доказа́тельства 2) реша́ющий

concoct [kən´kɒkt] v 1) стря́пать 2) выду́мывать (небылицы); измышля́ть

concoction [kənˈkɒkʃ(ə)n] *n* 1) стряпня́ 2) вы́мысел; измышле́ние

concomitant [kənˈkɒmɪt(ə)nt] *a* сопу́тствующий

concord [ˈkɒŋkɔːd] *n* 1) согла́сие 2) соглаше́ние, догово́р 3) *грам.* согласова́ние 4) *муз.* гармо́ния

concordance [kənˈkɔːd(ə)ns] *n* 1) согла́сие; соотве́тствие 2) алфави́тный указа́тель слов *или* изрече́ний *(встречающихся у данного автора)*

concordant [kənˈkɔːd(ə)nt] *a* 1) согласу́ющийся 2) гармони́чный

concourse [ˈkɒŋkɔːs] *n* 1) стече́ние наро́да, толпа́ 2) скопле́ние *(чего-л.)* 3) гла́вный вестибю́ль *(вокзала)*

concrement [ˈkɒnkrɪmənt] *n мед.* конкреме́нт, ка́мень

concrete I [ˈkɒnkriːt] *n* 1) бето́н; **reinforced ~** железобето́н 2) *attr* бето́нный

concrete II *a* конкре́тный; реа́льный

concrete III *v* 1) бетони́ровать; залива́ть бето́ном 2) [kənˈkriːt] *v* сгуща́ться; затверде́вать

concretion [kənˈkriːʃ(ə)n] *n* 1) сраще́ние; сгуще́ние; коагуля́ция 2) твёрдая сро́сшаяся ма́сса 3) *мед.* конкреме́нт, ка́мень

concubine [ˈkɒŋkjʊbaɪn] *n* 1) любо́вница 2) нало́жница

concur [kənˈkɜː(r)] *v* 1) совпада́ть 2) соглаша́ться, сходи́ться во мне́ниях 3) де́йствовать сообща́

concurrence [kənˈkʌrəns] *n* 1) совпаде́ние 2) стече́ние *(обстоятельств)* 3) соде́йствие

concurrent [kənˈkʌrənt] *a* 1) совпада́ющий 2) совме́стный, де́йствующий совме́стно 3) *вчт* совмещённый, одновреме́нный

concussion [kənˈkʌʃ(ə)n] *n* 1) сотрясе́ние мо́зга; конту́зия *(тж ~ of the brain)* 2) шок, толчо́к, сотрясе́ние 3) *юр.* принужде́ние, понужде́ние

condemn [kənˈdem] *v* 1) осужда́ть, порица́ть 2) *юр.* осужда́ть, пригова́ривать; присужда́ть 3) улича́ть; **his looks ~ him** его́ вид выдаёт его́ 4) бракова́ть, признава́ть него́дным; **the building has been ~ed** зда́ние решено́ снести́

condemnation [ˌkɒndemˈneɪʃ(ə)n] *n* 1) осужде́ние 2) пригово́р *(судебный)*; **~ of crime** осужде́ние за соверше́ние преступле́ния

condemnatory [kənˈdemnətərɪ] *a* обвини́тельный; осужда́ющий

condemmed [kɒnˈdemt] *n* осуждённый, приговорённый

condensate [kənˈdenseɪt, ˈkɒndənˌseɪt] *n* конденса́т

condensation [ˌkɒndenˈseɪʃ(ə)n] *n* 1) сгуще́ние; конденса́ция; **to produce by ~** выва́ривать *(соль и т. п.)* 2) сконденси́рованная ма́сса 3) кра́ткость, сжа́тость *(изложения)* 4) уплотне́ние

condense [kənˈdens] *v* 1) сгуща́ть(ся); конденси́ровать(ся) 2) сокраща́ть *(изложение)*; сжа́то выража́ть *(мысль)*

condensed [kənˈdenst] *a* 1) конденси́рованный; сгущённый; уплотнённый 2) сжа́тый, кра́ткий 3) *полигр.* у́зкий *(о шрифте)*

condenser [kənˈdensə(r)] *n* 1) конденса́тор; *хим. тж* холоди́льник 2) *эл.* конденса́тор *(тж* **capacitor**) 3) *опт.* конде́нсор

condescend [ˌkɒndɪˈsend] *v* снизойти́; удосто́ить

condescension [ˌkɒndɪˈsenʃ(ə)n] *n* 1) снисхожде́ние 2) снисходи́тельность

condiment [ˈkɒndɪmənt] *n* припра́ва

condition I [kənˈdɪʃ(ə)n] *n* 1) усло́вие; **on ~ that...** при усло́вии, что...; **to make it a ~** поста́вить усло́вием; **on no ~** ни при каки́х усло́виях 2) состоя́ние, положе́ние; **in good/bad ~** в хоро́шем/плохо́м состоя́нии; **out of ~** в плохо́м состоя́нии, в плохо́й фо́рме, не в фо́рме; **to keep oneself in good ~** сохраня́ть фо́рму; **he is in no ~ to travel** он не в состоя́нии е́хать 3) *pl* обстоя́тельства; **living ~s** жили́щные усло́вия; **under existing ~s** при да́нных обстоя́тельствах; в настоя́щих усло́виях; **under such ~s** при таки́х усло́виях 4) *амер.* переэкзамено́вка; «хвост»

condition II *v* 1) приводи́ть в надлежа́щее состоя́ние, улучша́ть состоя́ние 2) кондициони́ровать 3) обусло́вливать 4) испы́тывать, проводи́ть испыта́ния *(материала и т. п.)* 5) *амер.* переводи́ть с переэкзамено́вкой

conditional I [kənˈdɪʃənl] *n грам.* 1) усло́вное предложе́ние 2) усло́вное наклоне́ние

conditional II *a* 1) усло́вный, обусло́вленный; **~ variable** усло́вная переме́нная 2) *грам.* усло́вный; **~ mood** усло́вное наклоне́ние

conditioned [kənˈdɪʃənd] *a* 1) обусло́вленный 2) усло́вный *(о рефлексах)* 3) кондицио́нный, станда́ртный 4) кондициони́рованный 5) вызыва́ющий определённую реа́кцию

conditioner [kənˈdɪʃənə(r)] *n* 1) кондиционе́р *(воздуха)* *(тж* air ~) 2) кондициони́рующее сре́дство, бальза́м для воло́с *(тж* hair ~)

condolatory [kənˈdəʊlətrɪ] *a* выража́ющий соболе́знование; сочу́вствующий

condole [kənˈdəʊl] *v* выража́ть соболе́знование

condolence [kənˈdəʊləns] *n* соболе́знование; **please, accept my ~** прими́те моё соболе́знование

condom [ˈkɒndɒm] *n* презервати́в

condominium [ˌkɒndəˈmɪnɪəm] *n* 1) совладе́ние, кондоми́ниум 2) *амер.* многокварти́рный дом *(где квартиры находятся в частном владении жильцов)*

condone [kənˈdəʊn] *v* 1) мири́ться, проща́ть 2) смотре́ть сквозь па́льцы

conduce [kənˈdjuːs] *v* спосо́бствовать *(to)*, вести́ *(к чему-л.)*

conducive [kənˈdjuːsɪv] *a* спосо́бствующий; **it is not a ~ atmosphere for negotiation** така́я атмосфе́ра не спосо́бствует успе́ху перегово́ров

conduct I [ˈkɒndəkt] *n* 1) поведе́ние 2) веде́ние *(дел)* 3) руково́дство

conduct II [kənˈdʌkt] *v* 1) руководи́ть, управля́ть 2) вести́ *(дела, хозяйство)* 3) *муз.* дирижи́ровать 4) *физ.* проводи́ть *(тепло, электричество)* 5) вести́; **to ~ oneself** вести́ себя́; **he ~s himself well** он хорошо́ себя́ ведёт 6) сопровожда́ть *(группу туристов и т.п.)*; **~ed tour** туристи́ческий маршру́т с сопровожда́ющим

conductance [kənˈdʌktəns] *n физ.* 1) проводи́мость 2) теплопрово́дность

conduction [kənˈdʌkʃ(ə)n] *n* 1) *физ.* теплопрово́дность 2) электропрово́дность

conductivity [ˌkɒndʌkˈtɪvɪtɪ] *n* 1) *физ.* уде́льная проводи́мость 2) уде́льная электропрово́дность

conductor [kənˈdʌktə(r)] *n* 1) (худо́жественный) руководи́тель *(хора)* 2) дирижёр, капельме́йстер 3) конду́ктор *(трамвая, автобуса)*; *амер. ж.-д.* проводни́к 4) *физ.* проводни́к 5) *эл.* про́вод 6) гид

conduit [ˈkɒndɪt] *n* 1) трубопрово́д 2) кабелепрово́д, ка́бельный кана́л 3) водопрово́дная труба́ 4) *эл.* изоляцио́нная тру́бка

cone [kəʊn] *n* 1) ко́нус 2) ши́шка *(хвойного дерева)* 3) моро́женое в ва́фельном рожке́

coney [ˈkəʊnɪ] *см.* **cony**

confabulate [kənˈfæbjʊleɪt] *v* разгова́ривать, бесе́довать

confection [kənˈfekʃ(ə)n] *n* 1) сла́сти, конди́терские изде́лия 2) мо́дный *или* изы́сканный предме́т да́мского наря́да

confectioner [kənˈfekʃnə(r)] *n* конди́тер

confectionery [kənˈfekʃnərɪ] *n* конди́терская

confederacy [kənˈfedərəsɪ] *n* 1) конфедера́ция, ли́га 2) за́говор, сго́вор

confederate I [kənˈfedərɪt] *n* 1) соо́бщник, соуча́стник *(преступления)* 2) член конфедера́ции, сою́зник 3) конфедера́т, сторо́нник Конфедера́ции *(южных штатов в гражданской войне 1861 — 1865 гг. в Америке)*

confederate II *a* конфедерати́вный; федерати́вный, сою́зный

confederate III [kənˈfedəreɪt] *v* объединя́ть(ся) в сою́з, конфедера́цию

confederation [kənˌfedəˈreɪʃ(ə)n] *n* конфедера́ция, сою́з

confer [kənˈfɜː(r)] *v* 1) присва́ивать *(звание)*; присужда́ть *(степень)* 2) совеща́ться, консульти́роваться *(together, with)*

conference [ˈkɒnfərəns] *n* 1) конфере́нция; совеща́ние; **a round-table ~** конфере́нция «за кру́глым столо́м»; **summit ~** совеща́ние на вы́сшем у́ровне; **in ~** на совеща́нии 2) съезд *(организации)* 3) спорти́вная *или* торго́вая ассоциа́ция

conference communication [ˈkɒnf(ə)rəns kəˌmjuːnɪˈkeɪʃ(ə)n] *n* конфере́нц-связь; циркуля́рная связь

conferment [kənˈfɜːmənt] *n* присвое́ние *(звания)*; присужде́ние *(степени)*

confess [kənˈfes] *v* 1) признава́ться, признава́ть *(вину)*; сознава́ться 2) испове́довать(ся)

confessant [kənˈfesənt] *n* испове́дующийся

confessedly [kənˈfesɪdlɪ] *adv* по со́бственному призна́нию; по о́бщему призна́нию

confession [kənˈfeʃən] *n* 1) призна́ние *(вины и т. п.)* 2) и́споведь 3) вероиспове́дание

confessor [kənˈfesə(r)] *n* испове́дник, духовни́к

confidant [ˌkɒnfɪˈdænt] *n* (*f* **confidante**) дове́ренное лицо́

confide [kənˈfaɪd] *v* 1) поверя́ть секре́ты, признава́ться *(to)* 2) доверя́ть, полага́ться на *(in)* 3) поруча́ть *(кому-л. — to)*

confidence [ˈkɒnfɪd(ə)ns] *n* 1) дове́рие; **to enjoy smb's ~** по́льзоваться чьим-л. дове́рием; **to take into one's ~** дове́риться 2) уве́ренность; **to speak with ~** говори́ть с уве́ренностью 3) самоуве́ренность, самонадея́нность 4) конфиденциа́льное сообще́ние; **in ~** конфиденциа́льно, по секре́ту; **in strict ~** стро́го конфиденциа́льно; **to exchange ~s** обме́ниваться та́йнами, секре́тами; секре́тничать

confidence man [ˈkɒnfɪd(ə)ns ˌmæn] *n* моше́нник *(тж* **con man, con artist, confidence trickster**)

confident [ˈkɒnfɪd(ə)nt] *a* 1) уве́ренный *(в успехе и т. п.)* 2) сме́лый, самонадея́нный

confidential [ˌkɒnfɪˈdenʃ(ə)l] *a* 1) конфиденциа́льный; секре́тный 2) по́льзующийся дове́рием, надёжный 3) довери́тельный 4) для служе́бного по́льзования

configurable [kənˌfɪgjʊˈrəb(ə)l] *a вчт* конфигури́руемый; настра́иваемый; с изменя́емой конфигура́цией

configuration [kən͵fɪgjʊˈreɪʃ(ə)n] *n* очертáние, фóрма; конфигурáция

confine I [ˈkɒnfaɪn] *n обыкн. pl* предéлы, грани́цы; **within the ~s of the town** в предéлах гóрода

confine II [kənˈfaɪn] *v* 1) ограни́чиваться 2) ограни́чиваться, держáться в предéлах 3) заключáть в тюрьмý 4) **to be ~d** рожáть; **to be ~d to bed** быть прикóванным к постéли

confinement [kənˈfaɪnmənt] *n* 1) ограничéние 2) тюрéмное заключéние; **solitary ~** одинóчное заключéние 3) рóды

confirm [kənˈfɜːm] *v* 1) подтверждáть; **to ~ smth by letter/fax** подтверди́ть что-л. письмóм/фáксом 2) подкреплять, поддéрживать *(мнение и т. п.)*; **his suspicions were ~ed** егó подозрéния подтверди́лись 3) утверждáть *(во владении, в должности, звании и т. п.)* 4) ратифици́ровать *(договор)* 5) *церк.* конфирмовáть

confirmation [͵kɒnfəˈmeɪʃ(ə)n] *n* 1) подтверждéние 2) подкреплéние, поддéржка 3) утверждéние *(во владении, в должности, звании и т. п.)* 4) *церк.* конфирмáция

confirmed [kənˈfɜːmd] *a* закоренéлый, убеждённый; **a ~ bachelor/invalid** убеждённый холостяк/ хрони́ческий больнóй

confiscate [ˈkɒnfɪskeɪt] *v* конфисковáть; реквизи́ровать

confiscation [͵kɒnfɪsˈkeɪʃ(ə)n] *n* конфискáция; реквизи́ция

conflagration [͵kɒnfləˈgreɪʃ(ə)n] *n* большóй пожáр

conflict I [ˈkɒnflɪkt] *n* 1) конфли́кт, столкновéние; противорéчие 2) борьбá

conflict II [kənˈflɪkt] *v* 1) противорéчить, стáлкиваться *(with)* 2) быть в конфли́кте *(with)*

conflicting data [kənˈflɪktɪŋ ˈdeɪtə] *вчт* противоречи́вые дáнные

confluence [ˈkɒnflʊəns] *n* 1) слияние *(рек)*; мéсто слияния 2) стечéние *(народа)*, толпá

confluent I [ˈkɒnflʊənt] *n* приток *(реки)*

confluent II *a* сливáющийся

conflux [ˈkɒnflʌks] *см.* **confluence**

conform [kənˈfɔːm] *v* 1) соотвéтствовать; согласóвываться *(с чем-л. — to)* 2) приспосáбливать(ся), принорáвливать(ся) 3) подчиняться прáвилам *(to)*

conformation [͵kɒnfɔːˈmeɪʃ(ə)n] *n* 1) устрóйство; фóрма; рельéф 2) приспособлéние, приведéние в соотвéтствие 3) подчинéние *(правилам)*

conformist [kənˈfɔːmɪst] *n* конформи́ст

conformity [kənˈfɔːmɪtɪ] *n* 1) подчинéние *(нормам поведения)*, послушáние 2) соотвéтствие, согласóванность; **in ~ with** в соотвéтствии с

confound [kənˈfaʊnd] *v* 1) поражáть, стáвить в тупи́к, смущáть 2) смéшивать, пýтать ◊ **~ it!** к чёрту!, чёрт побери́!

confounded [kənˈfaʊndɪd] *a разг.* прокля́тый; **what a ~ nuisance!** какáя досáда!, вот досáда!

confoundedly [kənˈfaʊndɪdlɪ] *adv разг.* ужáсно, стрáшно, чертóвски

confront [kənˈfrʌnt] *v* 1) смотрéть в лицó, противостоять *(опасности и т. п.)* 2) стоять лицóм к лицý; столкнýться 3) устрóить óчную стáвку *(with)* 4) сличáть, сопоставлять

confrontation [͵kɒnfrʌnˈteɪʃ(ə)n] *n* 1) противобóрство, противостояние, конфронтáция 2) óчная стáвка 3) сопоставлéние, сличéние

confuse [kənˈfjuːz] *v* 1) приводи́ть в замешáтельство, смущáть *(обыкн. в pass)*; **I was completely ~d** я совсéм растерялся, я совсéм потерял гóлову 2) смéшивать, пýтать, перепýтывать; **I often ~ her with her sister** я чáсто пýтаю её с её сестрóй 3) помрачáть сознáние 4) производи́ть беспорядок; приводи́ть в беспорядок

confused [kənˈfjuːzd] *a* 1) смущённый; в замешáтельстве, сби́тый с тóлку 2) спýтанный, перепýтанный, беспорядочный 3) бессвязный; **~ answer** тумáнный отвéт

confusion [kənˈfjuːʒ(ə)n] *n* 1) беспорядок, неразбери́ха 2) пýтаница; смешéние; **there was some ~ over the dates** былá нéкоторая пýтаница в дáтах 3) смущéние, замешáтельство

confutation [͵kɒnfjuːˈteɪʃ(ə)n] *n* опровержéние

confute [kənˈfjuːt] *v* опровергáть

congeal [kənˈdʒiːl] *v* 1) замерзáть, застывáть; морáживать 2) свёртываться, сгущáться

congelation [͵kɒndʒɪˈleɪʃ(ə)n] *n* 1) замерзáние, застывáние; заморáживание 2) свёртывание, сгущéние

congenial [kənˈdʒiːnɪəl] *a* 1) рóдственный; бли́зкий *(по духу, взглядам; with, to)*; конгениáльный 2) подходящий *(to)*

congeniality [kən͵dʒiːnɪˈælɪtɪ] *n* сродствó; бли́зость *(по духу, взглядам)*; конгениáльность

congenital [kɒnˈdʒenɪtl] *a* врождённый; прирождённый; **a ~ liar** прирождённый лгун

conger [ˈkɒŋgə(r)] *n зоол.* морскóй ýгорь

congeries [kɒnˈdʒɪəriːz] *n (pl без измен.)* скоплéние; мáсса; кýча

congest [kənˈdʒest] *v* переполнять(ся)

congested [kənˈdʒestɪd] *a* 1) *мед.* застóйный 2) перенаселённый; кишáщий 3) перегрýженный трáнспортом

congestion [kənˈdʒestʃ(ə)n] *n* 1) *мед.* застой *(крови, жёлчи)*; гиперемия 2) перенаселённость, теснота; скопление 3) перегруженность транспортом; затор *(в уличном движении)*, пробка

conglomerate I [kɒnˈglɒmərət] *n* 1) конгломерат 2) (промышленный) конгломерат, объединение отдельных фирм, компаний 3) *геол.* обломочная горная порода, конгломерат

conglomerate II [kɒnˈglɒməreɪt] *v* собираться; скопляться; превращаться в слитную массу

conglomeration [kɒnˌglɒməˈreɪʃ(ə)n] *n* 1) конгломерация, превращение в слитную массу 2) скопление; сгусток

Congolese I [ˌkɒŋgəˈliːz] *n* конголезец; конголезка; the ~ *(употр. как pl)* конголезцы

Congolese II *a* конголезский

congratulate [kənˈgrætjʊleɪt] *v* поздравлять *(с — on, upon)*

congratulation [kənˌgrætjʊˈleɪʃ(ə)n] *n* обыкн. *pl* поздравление

congratulatory [kənˈgrætjʊlətərɪ] *a* поздравительный

congregate [ˈkɒŋgrɪgeɪt] *v* собирать(ся), скапливать(ся)

congregation [ˌkɒŋgrɪˈgeɪʃ(ə)n] *n* 1) скопление, собрание, сходка 2) **(C.)** собрание профессоров, конгрегация, сенат *(в некоторых британских университетах)* 3) *церк.* прихожане; паства 4) *церк.* конгрегация, религиозное братство

congress [ˈkɒŋgres] *n* 1) конгресс; съезд 2) **(the C.)** Конгресс США

congressional [kɒŋˈgreʃənl] *a амер.* относящийся к Конгрессу

congressman [ˈkɒŋgresmən] *n амер.* конгрессмен, член Конгресса

congruence [ˈkɒŋgrʊəns] *n* 1) соответствие; согласование 2) *мат.* конгруэнтность

congruent [ˈkɒŋgrʊənt] *a* 1) см. **congruous** 2) *мат.* конгруэнтный

congruous [ˈkɒŋgrʊəs] *a* соответствующий; гармонирующий; подходящий

conic [ˈkɒnɪk] *a* конический

conical [ˈkɒnɪk(ə)l] *a* конусообразный; конический

conifer [ˈkəʊnɪfə(r)] *n* хвойное дерево

coniferous [kəˈnɪfərəs] *a* хвойный

conjectural [kənˈdʒektʃər(ə)l] *a* предположительный

conjecture I [kənˈdʒektʃə] *n* предположение; догадка

conjecture II *v* предполагать, делать предположение; строить догадки

conjoin [kənˈdʒɔɪn] *v* соединять(ся); сочетать(ся)

conjoint [ˈkɒndʒɔɪnt] *a* соединённый; объединённый

conjugal [ˈkɒndʒʊg(ə)l] *a* супружеский, брачный; ~ **rights** супружеские права

conjugality [ˌkɒndʒʊˈgælɪtɪ] *n* супружество

conjugate I [ˈkɒndʒʊgeɪt] *v* 1) *грам.* спрягать 2) совокупляться; спариваться 3) *биол.* конъюгировать; соединяться; сливаться

conjugate II [ˈkɒndʒʊgət] *a* 1) соединённый; спаренный 2) *мат.* сопряжённый 3) *бот., биол.* парный 4) *лингв.* родственный *(о слове)*

conjugation [ˌkɒndʒʊˈgeɪʃ(ə)n] *n* 1) *грам.* спряжение 2) *биол.* соединение; спаривание; конъюгация

conjunct [kənˈdʒʌŋkt] *a* соединённый; объединённый

conjunction [kənˈdʒʌŋkʃ(ə)n] *n* 1) соединение, связь; **in ~ with** вместе/совместно с 2) *грам.* союз 3) стечение *(обстоятельств)*

conjunctional [kənˈdʒʌŋkʃən(ə)l] *a грам.* относящийся к союзу, союзный

conjunctive [kənˈdʒʌŋktɪv] *a* 1) связывающий 2) *грам.* относящийся к союзу, союзный

conjunctivitis [kənˌdʒʌŋktɪˈvaɪtɪs] *n мед.* конъюнктивит

conjuncture [kənˈdʒʌŋktʃə(r)] *n* стечение обстоятельств; положение дел; конъюнктура

conjure [ˈkʌndʒə(r)] *v* 1) показывать фокусы 2) колдовать; заклинать 3) изгонять духов *(тж* **to ~ away)** 4) вызывать в воображении *(тж* **to ~ up)** 5) [kənˈdʒʊə(r)] умолять, заклинать

conjurer [ˈkʌndʒərə(r)] *n* фокусник; заклинатель

conjuror [ˈkʌndʒərə(r)] см. **conjurer**

conk I [kɒŋk] *n сленг* 1) нос 2) голова 3) удар по носу *или* по голове

conk II *v* 1) *разг.* испортиться, сломаться *(о машине; тж* **to ~ out)** 2) *сленг* стукнуть по голове; дать в нос 3) *сленг* ослабеть, сдать; умереть

connate [ˈkɒneɪt] *a* 1) врождённый 2) возникший одновременно

connatural [kəˈnætʃər(ə)l] *a* 1) врождённый 2) подобный, сходный

connect [kəˈnekt] *v* 1) соединять(ся), связывать(ся) 2) ассоциировать, связывать 3) согласовываться

connected [kəˈnektɪd] *a* 1) связанный; соединённый 2) имеющий связи; **well ~** имеющий большие связи 3) связный *(о рассказе, речи)*

connection [kəˈnekʃ(ə)n] *n* 1) связь; (при)соединение; **in this ~** в этой связи; **in ~ with** в связи с 2) сочленение 3) средство связи *или* сообщения 4) согласованность расписания *(поездов и т. п.)* 5) *обыкн. pl* связи, знакомства; **he has good business ~s** у него большие связи в деловом мире 6) родственник, свойственник

connection diagram [kə´nekʃ(ə)n ´daɪəgræm] *n* схема соединения; коммутационная схема

connective I [kə´nektɪv] *n грам.* соединительное слово

connective II *a* 1) связующий, соединительный 2) *анат.* соединительный *(о ткани)*

connector [kə´nektə] *n* 1) *тех.* соединитель; соединительное звено 2) *эл.* муфта; разъём; штепсельный разъём

connexion [kə´nekʃ(ə)n] *см.* **connection**

connivance [kə´naɪv(ə)ns] *n* потворство, попустительство

connive [kə´naɪv] *v* потворствовать

connoisseur [ˌkɒnɪ´sɜ:(r)] *n* знаток *(искусства, кулинарии и т. п.)*

connotation [ˌkɒnə´teɪʃ(ə)n] *n* 1) дополнительное значение 2) *лингв.* коннотация

connote [kɒ´nəʊt] *v* 1) иметь дополнительное значение *(о слове)* 2) иметь дополнительное следствие *(о фактах)* 3) означать

connubial [kə´nju:bɪəl] *a* брачный, супружеский

conquer [´kɒŋkə(r)] *v* 1) завоёвывать, покорять; побеждать 2) преодолевать *(препятствия и т. п.); отделываться (от привычки); обуздывать, подавлять (эмоции, страсти)* 3) покорять *(вершину горы)*

conqueror [´kɒŋkərə(r)] *n* завоеватель; победитель; **(William) the C.** *ист.* Вильгельм Завоеватель

conquest [´kɒŋkwest] *n* 1) завоевание, покорение; **the (Norman) C.** *ист.* завоевание Англии норманндцами *(в 1066 г.);* **to make a ~ of smb** а) одержать победу над кем-л. б) завоевать чьи-л. симпатии 2) завоёванная территория

Cons. *сокр.* **(Conservative)** *полит.* 1) Консервативная партия 2) член Консервативной партии, консерватор

consanguineous [ˌkɒnsæŋ´gwɪnɪəs] *a* родственный, единокровный

consanguinity [ˌkɒnsæŋ´gwɪnɪtɪ] *n* кровное родство; **lineal ~** родство по прямой линии

conscience [´kɒnʃ(ə)ns] *n* совесть; **good/clear ~** чистая совесть; **bad/guilty ~** нечистая совесть; **to have on one's ~** иметь на совести, чувствовать за собой вину; **for ~ sake** ради очистки совести ◊ **in all ~** *разг.* поистине, по всей справедливости

conscientious [ˌkɒnʃɪ´enʃəs] *a* добросовестный; честный; сознательный

conscious [´kɒnʃəs] *a* 1) (о)сознающий, мыслящий, осмысливающий; ощущающий; **to be ~ of** знать, сознавать, чувствовать; **to be ~ to the last** быть в сознании до последней минуты 2) сознательный, здравый; **he has made a ~ effort to reconcile them** он сделал сознательную попытку примирить их

consciousness [´kɒnʃəsnɪs] *n* 1) сознание; **to recover/to regain ~** прийти в себя; очнуться; **to lose ~** потерять сознание 2) осознание, понимание 3) сознательность

conscript I [´kɒnskrɪpt] *n* новобранец, призывник

conscript II [kən´skrɪpt] *v* призывать на военную службу

conscription [kən´skrɪpʃ(ə)n] *n* воинская повинность

consecrate [´kɒnsɪkreɪt] *v* 1) освящать 2) посвящать

consecrated [´kɒnsɪkreɪtɪd] *a* 1) освящённый 2) посвящённый

consecration [ˌkɒnsɪ´kreɪʃ(ə)n] *n* 1) освящение 2) посвящение

consecution [ˌkɒnsɪ´kju:ʃ(ə)n] *n* 1) последовательность 2) течение, ход *(событий)*

consecutive [kən´sekjʊtɪv] *a* последовательный; следующий один за другим

consensus [kən´sensəs] *n* 1) общее согласие 2) консенсус, согласованное мнение

consent I [kən´sent] *n* согласие; **by common/tacit ~** с общего/молчаливого согласия

consent II *v* соглашаться, выражать согласие *(to)*

consentient [kən´senʃənt] *a* 1) согласный 2) согласующийся *(с — with);* совпадающий *(c — to)*

consequence [´kɒnsɪkwəns] *n* 1) (по)следствие; **in ~ of** вследствие, в результате; **to take the ~s** отвечать, нести ответственность за последствия 2) значение, важность; **of ~** важный, существенный; **of no ~** неважный, несущественный 3) влияние, влиятельное положение; **a man of some ~** влиятельное лицо

consequent I [´kɒnsɪkwənt] *n* результат, последствие

consequent II *a* 1) вытекающий, являющийся следствием, результатом *(чего-л.);* следующий *(за — on, upon)* 2) (логически) последовательный

consequential [ˌkɒnsɪ´kwenʃ(ə)l] *a* 1) вытекающий, являющийся следствием 2) самоуверенный, важный, полный самомнения

consequently [´kɒnsɪkwəntlɪ] *adv* следовательно; поэтому; в результате

conservancy [kən´sɜ:vənsɪ] *n* 1) комитет по регулированию судоходства и рыбных промыслов, по охране рек, портов *и т. п.* 2) охрана природы 3) комитет по охране природы

conservation [ˌkɒnsɜːˈveɪʃ(ə)n] *n* 1) охра́на окружа́ющий среды́ 2) (со)хране́ние 3) консерви́рование 4) *attr:* ~ **area** приро́дный, архитекту́рный *и т. п.* заповéдник; охра́нная зо́на

conservative I [kənˈsɜːvətɪv] *n* 1) консерва́тор 2) (**C.**) *полит.* консерва́тор, член Консервати́вной па́ртии

conservative II *a* 1) консервати́вный 2) охрани́тельный; охра́нный 3) скро́мный, осторо́жный *(о подсчёте и т. п.)*; **at a ~ estimate** по скро́мным подсчётам

conservatoire [kənˈsɜːvətwɑː(r)] *n* консервато́рия

conservator [ˈkɒnsəveɪtə(r)] *n* 1) храни́тель *(музея и т. п.)* 2) член комите́та по охра́не приро́ды

conservatory [kənˈsɜːvətrɪ] *n* 1) оранжере́я, тепли́ца 2) *амер.* консервато́рия

conserve I [kənˈsɜːv] *n* обыкн. *pl* фру́кты в са́харе; варе́нье, джем

conserve II *v* 1) сохраня́ть; сберега́ть; храни́ть 2) консерви́ровать *(обычно в сахаре)*

consider [kənˈsɪdə(r)] *v* 1) обду́мывать 2) рассма́тривать, обсужда́ть 3) учи́тывать, принима́ть во внима́ние; взве́шивать *(за и против)* 4) полага́ть; счита́ть 5) счита́ться с *(кем-л., чем-л.)*; проявля́ть уваже́ние к *(кому-л., чему-л.)*; **to ~ the feelings of others** счита́ться с чу́вствами други́х люде́й

considerable [kənˈsɪdərəb(ə)l] *a* 1) большо́й, значи́тельный; ~ **income** значи́тельный до́ход 2) значи́тельный; ва́жный

considerate [kənˈsɪdərət] *a* внима́тельный; забо́тливый; такти́чный

consideration [kənˌsɪdəˈreɪʃ(ə)n] *n* 1) рассмотре́ние; обсужде́ние; **under ~** на рассмотре́нии; **without due ~** не поду́мав (как сле́дует) 2) уваже́ние, внима́ние; предупреди́тельность 3) *обыкн. pl* соображе́ние, фа́ктор; **to take into ~** принима́ть во внима́ние; **in ~ of** принима́я во внима́ние, учи́тывая; **on no ~** ни под каки́м ви́дом 4) вознаграждéние, возмещéние, компенса́ция; **she agrees to do it for a small ~** она́ согла́сна вы́полнить э́то за небольшо́е вознаграждéние ◊ **it's of no ~** э́то совершéнно нева́жно; э́то не имéет никако́го значéния

considering [kənˈsɪdərɪŋ] *prep* учи́тывая, принима́я во внима́ние; ~ **his age** учи́тывая его́ во́зраст

consign [kənˈsaɪn] *v* 1) передава́ть, препоруча́ть 2) предназнача́ть; обрека́ть; **to ~ to years of misery** обре́чь на го́ды нищеты́ 3) *ком.* отправля́ть груз, това́ры

consignee [ˌkɒnsaɪˈniː] *n* грузополуча́тель; адреса́т *(груза)*; консигна́тор

consignment [kənˈsaɪnmənt] *n* 1) отпра́вка, поста́вка това́ров 2) груз, па́ртия това́ров 3) *ком.* консигна́ция

consignor [kənˈsaɪnə(r)] *n* грузоотправи́тель; консигна́нт; комитéнт

consist [kənˈsɪst] *v* 1) состоя́ть *(из чего-л. — of)*; **the group ~s of 15 members** гру́ппа состои́т из 15 чле́нов 2) скла́дываться из, заключа́ться в, выража́ться в *(in)* 3) совмеща́ться, совпада́ть *(c — with)*

consistence [kənˈsɪstəns] *см.* **consistency**

consistency [kənˈsɪstənsɪ] *n* 1) консистéнция, пло́тность 2) послéдовательность; постоя́нство 3) крéпость, сто́йкость

consistent [kənˈsɪstənt] *a* 1) совмести́мый, согласу́ющийся 2) послéдовательный; **their arguments are not ~** их до́воды непослéдовательны 3) сто́йкий 4) единообра́зный

consistory [kənˈsɪst(ə)rɪ] *n церк.* 1) консисто́рия 2) церко́вный суд

consolation [ˌkɒnsəˈleɪʃ(ə)n] *n* 1) утешéние 2) *attr:* ~ **prize** утеши́тельный приз

consolatory [kənˈsɒlətərɪ] *a* утеши́тельный

console[1] [kənˈsəʊl] *v* утеша́ть

console[2] [ˈkɒnsəʊl] *n* 1) *архит.* консо́ль, кронштéйн 2) *тех.* пульт управлéния; консо́ль; прибо́рная пане́ль; сто́йка

consolidate [kənˈsɒlɪdeɪt] *v* 1) укрепля́ть(ся) 2) отвердева́ть, твердéть 3) объединя́ть *(территории, общества и т. п.)* 4) закрепля́ть *(завоёванные позиции и т. п.)* 5) *фин.* консолиди́ровать *(займы)*

consolidated [kənˈsɒlɪdeɪtɪd] *a* 1) консолиди́рованный; ~ **annuities** *фин.* консолиди́рованная рéнта; **C. Fund** Консолиди́рованный фонд *(в Великобритании; казначéйский счёт в Банке Англии, с которого опла́чиваются государственные расходы)* 2) сво́дный *(о донесениях, сведениях и т. п.)* 3) затвердéвший

consolidation [kənˌsɒlɪˈdeɪʃ(ə)n] *n* 1) объединéние, консолида́ция 2) слия́ние; укреплéние 3) уплотнéние, отвердéвание

consols [ˈkɒnsɒlz] *n pl фин.* консо́ли, англи́йская консолиди́рованная рéнта

consommé [kənˈsɒmeɪ] *n* крéпкий мясно́й бульо́н

consonance [ˈkɒnsənəns] *n* 1) созву́чие, гармо́ния 2) согла́сие, еди́нство *(в мыслях, мнениях и т. п.)*; **in ~ with** в согла́сии с 3) *муз.* консона́нс

consonant I [ˈkɒnsənənt] *n* 1) *фон.* согла́сный звук 2) бу́ква, изобража́ющая согла́сный звук

consonant II *a* 1) согла́сный *(c — to)*, совмести́мый *(c — with)*; гармони́чный 2) созву́чный

consonantal [ˌkɒnsəˈnæntl] *a фон.* согла́сный

consort I [ˈkɒnsɔ:t] *n* 1) *офиц.* супру́г *или* супру́га пра́вящего мона́рха; **prince ~** принц-консо́рт, супру́г короле́вы 2) *мор.* кора́бль сопровожде́ния

consort II [kənˈsɔ:t] *v* 1) обща́ться *(with)* 2) гармони́ровать; соотве́тствовать 3) сопровожда́ть

consortium [kənˈsɔ:tɪəm] *n эк.* консо́рциум

conspectus [kənˈspektəs] *n* 1) обзо́р 2) конспе́кт

conspicuous [kənˈspɪkjʊs] *a* 1) заме́тный, ви́дный, бро́ский; обраща́ющий на себя́ внима́ние; **a ~ poster** бро́ская афи́ша; **to make oneself ~ by smth** привлека́ть чем-л. к себе́ внима́ние 2) выдаю́щийся; ви́дный

conspiracy [kənˈspɪrəsɪ] *n* 1) за́говор, та́йный (престу́пный) сго́вор 2) конспира́ция

conspirator [kənˈspɪrətə(r)] *n* загово́рщик

conspiratorial [kənspɪrəˈtɔ:rɪəl] *a* загово́рщический

conspire [kənˈspaɪə(r)] *v* устра́ивать за́говор; та́йно сгова́риваться, замышля́ть

constable [ˈkʌnstəbl] *n* полице́йский; **Chief C.** нача́льник поли́ции *(в городе, графстве)*

constabulary I [kənˈstæbjʊlərɪ] *n* поли́ция, полице́йские си́лы

constabulary II *a* полице́йский, относя́щийся к поли́ции

constancy [ˈkɒnstənsɪ] *n* 1) постоя́нство 2) ве́рность *(принципам)*; твёрдость *(убеждений)* 3) сто́йкость, выно́сливость

constant I [ˈkɒnst(ə)nt] *n* 1) не́что постоя́нное, неизме́нное 2) *мат., физ.* постоя́нная величина́, конста́нта

constant II *a* 1) постоя́нный; неизме́нный; **a ~ visitor** постоя́нный посети́тель 2) ве́рный *(принципам)*; твёрдый *(в убеждениях)*

constantly [ˈkɒnst(ə)ntlɪ] *adv* 1) постоя́нно; всегда́ 2) ча́сто, то и де́ло

constellation [ˌkɒnstəˈleɪʃ(ə)n] *n* 1) созве́здие 2) плея́да 3) *вчт* совоку́пность, гру́ппа

consternation [ˌkɒnstəˈneɪʃ(ə)n] *n* у́жас, испу́г

constipate [ˈkɒnstɪpeɪt] *v мед.* вызыва́ть запо́р

constipation [ˌkɒnstɪˈpeɪʃ(ə)n] *n мед.* запо́р

constituency [kənˈstɪtjʊənsɪ] *n* 1) избира́тели 2) избира́тельный о́круг 3) клиенту́ра ◊ **to sweep a ~** получи́ть большинство́ голосо́в

constituent I [kənˈstɪtjʊənt] *n* 1) избира́тель 2) компоне́нт, составна́я часть

constituent II *a* 1) составно́й, составля́ющий 2) избира́тельный 3) законода́тельный; правомо́чный меня́ть конститу́цию

constitute [ˈkɒnstɪtju:t] *v* 1) составля́ть, быть составно́й ча́стью 2) назнача́ть; образо́вы-

вать, учрежда́ть 3) создава́ть *(прецедент и т. п.)* 4) издава́ть *или* вводи́ть в си́лу зако́н

constitution [ˌkɒnstɪˈtju:ʃ(ə)n] *n* 1) учрежде́ние, устро́йство; строе́ние; соста́в 2) конститу́ция, основно́й зако́н 3) телосложе́ние, конститу́ция; **he has a strong ~** у него́ кре́пкий органи́зм 4) *вчт* строе́ние; соста́в

constitutional I [ˌkɒnstɪˈtju:ʃənl] *n* моцио́н, прогу́лка

constitutional II *a* 1) конституцио́нный; **~ monarchy** конституцио́нная мона́рхия 2) *мед.* органи́ческий, конституциона́льный

constitutive [ˈkɒnstɪtju:tɪv] *a* 1) учреди́тельный 2) составля́ющий, составно́й

constitutor [ˈkɒnstɪtju:tə(r)] *n* учреди́тель, основа́тель

constrain [kənˈstreɪn] *v* 1) вынужда́ть, принужда́ть; **we were ~ed to act** мы бы́ли вы́нуждены вмеша́ться 2) сде́рживать; ограни́чивать; стесня́ть 3) заключа́ть в тюрьму́

constrained [kənˈstreɪnd] *a* 1) вы́нужденный 2) напряжённый; сда́вленный *(о голосе)* 3) неесте́ственный, натя́нутый *(о манерах)*

constrainedly [kənˈstreɪnɪdlɪ] *adv* 1) вы́нужденно, понево́ле 2) напряжённо, с уси́лием

constraint [kənˈstreɪnt] *n* 1) ско́ванность; стесне́ние; **to feel ~** чу́вствовать себя́ ско́ванно 2) ограниче́ние *(действий и т. п.)*; ограни́чивающее усло́вие 3) принужде́ние; давле́ние; **to act under ~** де́йствовать по принужде́нию/под давле́нием

constrict [kənˈstrɪkt] *v* сжима́ть, стя́гивать; сда́вливать, сужа́ть

constriction [kənˈstrɪkʃ(ə)n] *n* сжа́тие, стя́гивание; сокраще́ние; суже́ние

constrictor [kənˈstrɪktə(r)] *n* 1) *зоол.* уда́в 2) *анат.* констри́ктор, сжима́ющая мы́шца 3) *мед.* зажи́м, жгут

construct [kənˈstrʌkt] *v* 1) стро́ить, сооружа́ть; конструи́ровать 2) создава́ть, сочиня́ть

construction [kənˈstrʌkʃ(ə)n] *n* 1) строи́тельство, стро́йка; **under ~** стро́ящийся 2) строе́ние, зда́ние, постро́йка, сооруже́ние 3) *грам.* констру́кция ◊ **a wrong ~ on smth** непра́вильное толкова́ние чего́-л.

constructional [kənˈstrʌkʃənl] *a* 1) строи́тельный 2) структу́рный; конструкти́вный

construction site [kənˈstrʌkʃ(ə)n ˌsaɪt] *n* строи́тельная площа́дка

constructive [kənˈstrʌktɪv] *a* 1) строи́тельный 2) конструкти́вный *(о критике и т. п.)*; **~ approach** конструкти́вный подхо́д 3) тво́рческий, созида́тельный

constructivism [kənˈstrʌktɪvɪzm] *n иск.* конструктиви́зм

constructor [kənˈstrʌktə(r)] *n* 1) строи́тель 2) констру́ктор

construe [kən'stru:] v 1) истолко́вывать (слова, действия) 2) де́лать синтакси́ческий ана́лиз предложе́ния 3) грам. сочета́ть; управля́ть; тре́бовать (падежа, предлога и т. п.) 4) досло́вно переводи́ть

consul ['kɒnsəl] n ко́нсул

consular ['kɒnsjʊlə(r)] a ко́нсульский

consulate ['kɒnsjʊlɪt] n 1) ко́нсульство 2) зва́ние ко́нсула

consul general ['kɒns(ə)l‿ʤenərəl] n генера́льный ко́нсул

consult [kən'sʌlt] v 1) сове́товаться (with); консульти́роваться; совеща́ться; to ~ a doctor сове́товаться с врачо́м 2) справля́ться (по книгам, словарям, у специалистов); to ~ a dictionary справля́ться по словарю́; to ~ one's watch посмотре́ть на часы́ 3) принима́ть во внима́ние, счита́ться (с интересами и т. п.); to ~ smb's interests учи́тывать чьи-л. интере́сы

consultancy [kən'sʌltənsɪ] n консульти́рование

consultant [kən'sʌltənt] n 1) консульта́нт 2) врач-консульта́нт

consultation [,kɒnsəl'teɪʃ(ə)n] n 1) консульта́ция 2) совеща́ние; обсужде́ние

consultative [kən'sʌltətɪv] a совеща́тельный

consulting [kən'sʌltɪŋ] a 1) консульти́рующий, даю́щий консульта́ции 2) приёмный (о часах врача); ~ hours/room приёмные часы́/приёмная, кабине́т (врача́)

consume [kən'sju:m] v 1) съеда́ть, выпива́ть; поглоща́ть 2) потребля́ть; расхо́довать 3) истребля́ть; пожира́ть (об огне и т. п.); 4) быть снеда́емым (with); to be ~d with rage быть вне себя́ от я́рости; to be ~d by work «горе́ть» на рабо́те 5) тра́тить, расточа́ть (время, силы и т. п.)

consumer [kən'sju:mə(r)] n 1) потреби́тель 2) покупа́тель 3) attr потреби́тельский; ~ durables потреби́тельские това́ры дли́тельного по́льзования; ~ goods потреби́тельские това́ры; ~ research иссле́дование покупа́тельского спро́са; ~ society о́бщество потребле́ния; ~ theory тео́рия потребле́ния

consumerism [kən'sju:mərɪzm] n консьюмери́зм (защита интересов и прав потребителей)

consummate I [kən'sʌmɪt] a соверше́нный (по качеству); по́лный, зако́нченный, заверше́нный

consummate II ['kɒnsəmeɪt] v 1) заверша́ть, доводи́ть до конца́ 2) соверше́нствовать 3) осуществи́ть бра́чные отноше́ния

consummation [,kɒnsʌ'meɪʃ(ə)n] n 1) осуществле́ние бра́чных отноше́ний 2) жела́емое заверше́ние

consumption [kən'sʌmpʃ(ə)n] n 1) потребле́ние; расхо́дование 2) мед. о́бщее истоще́ние (напр. при туберкулёзе); galloping ~ скороте́чная чахо́тка 3) затра́та, расхо́д (сил, энергии и т. п.); fuel ~ расхо́д то́плива; energy ~ расхо́д, потребле́ние эне́ргии

consumptive [kən'sʌmptɪv] a истоща́ющий, изнури́тельный (о болезни)

contact I ['kɒntækt] n 1) соприкоснове́ние; конта́кт; to come into ~ with прийти́ в соприкоснове́ние с; to make ~ установи́ть конта́кт 2) лицо́, с кото́рым устана́вливается конта́кт 3) тех., эл. конта́кт; body ~ эл. соедине́ние на ма́ссу; to break ~ эл. выключа́ть ток 4) мед. бациллоноси́тель 5) pl разг. конта́ктные ли́нзы 6) attr конта́ктный; ~ lenses конта́ктные ли́нзы

contact II контакти́ровать, вступа́ть в конта́кт; свя́зывать

contagion [kən'teɪʤ(ə)n] n 1) переда́ча инфе́кции 2) инфекцио́нная боле́знь 3) вре́дное, па́губное влия́ние

contagious [kən'teɪʤəs] a 1) мед. контагио́зный, инфекцио́нный 2) зарази́тельный (о смехе и т. п.)

contain [kən'teɪn] v 1) содержа́ть в себе́; вмеща́ть 2) сде́рживать (неприятеля; страсти); to ~ oneself сде́рживаться 3) мат. дели́ться без оста́тка

container [kən'teɪnə(r)] n 1) сосу́д, вмести́лище 2) резервуа́р; конте́йнер; та́ра

contaminate [kən'tæmɪneɪt] v 1) загрязня́ть, де́лать радиоакти́вным 2) заража́ть 3) оскверня́ть

contamination [kən,tæmɪ'neɪʃ(ə)n] n 1) загрязне́ние 2) зараже́ние 3) разложе́ние, по́рча 4) лингв. контамина́ция

contemplate ['kɒntəmpleɪt] v 1) рассма́тривать 2) созерца́ть 3) предполага́ть, намерева́ться 4) размышля́ть; обду́мывать 5) ожида́ть (чего-л.)

contemplation [,kɒntem'pleɪʃ(ə)n] n 1) рассмотре́ние 2) созерца́ние 3) наме́рение 4) размышле́ние; разду́мье 5) ожида́ние (чего-л.)

contemplative ['kɒntempleɪtɪv] a созерца́тельный

contemporaneity [kən,tempərə'ni:ɪtɪ] n 1) совреме́нность 2) одновреме́нность, совпаде́ние (во времени)

contemporaneous [kən,tempə'reɪnɪəs] a 1) совреме́нный (with) 2) одновреме́нный, совпада́ющий во вре́мени (with)

contemporary I [kən'tempərərɪ] n 1) совреме́нник 2) све́рстник, рове́сник

contemporary II a 1) совреме́нный 2) одного́ во́зраста

contempt [kən´tempt] *n* 1) презрéние *(к — for)*; презрúтельное отношéние; пренебрежéние; **to hold in ~** презирáть; **to incur ~** вызывáть к себé презрúтельное отношéние 2) *юр.* неуважéние к судý *(тж ~ of court)*

contemptible [kən´temptɪbl] *a* презрéнный, ничтóжный

contemptuous [kən´temptjʋəs] *a* презрúтельный, пренебрежúтельный

contend [kən´tend] *v* 1) борóться 2) противобóрствовать; состязáться 3) спóрить, оспáривать 4) утверждáть, настáивать *(that)*

contender [kən´tendə] *n* сопéрник; претендéнт

content[1] [´kɒntent] *n* 1) *обыкн. pl* содержúмое 2) содержáние *(книги, письма и т. п.)*; оглавлéние; **form and ~** фóрма и содержáние 3) дóля *(вещества)* 4) вместúмость, ёмкость, объём 5) суть, сýщность

content[2] **I** *n* довóльство; чýвство удовлетворéния; **we talked to our heart's ~** мы наговорúлись ввóлю

content[2] **II** [kən´tent] *a predic* 1) довóльный, удовлетворённый *(with)* 2) соглáсный

content[2] **III** *v* удовлетворя́ть; **to ~ oneself with** удовлетворя́ться; довóльствоваться чем-л.

content-addressable memory [´kɒntent ə,dresəb(ə)l´mem(ə)rɪ] *n вчт* ассоциатúвная пáмять

contented [kən´tentɪd] *a* довóльный, удовлетворённый *(with)*

contention [kən´tenʃ(ə)n] *n* 1) спор; соревновáние; конкурéнция 2) предмéт спóра 3) конфлúктная ситуáция, конфлúкт

contentious [kən´tenʃəs] *a* 1) вздóрный, придúрчивый 2) спóрный

contentment [kən´tentmənt] *n* удовлетворéние, удовлетворённость

content-rich [´kɒntent ,rɪtʃ] *a* содержáтельный; с богáтым информациóнным наполнéнием

conterminous [kɒn´tɜ:mɪnəs] *a* 1) смéжный, имéющий óбщую граnúцу *(with)* 2) совпадáющий

contest I [´kɒntest] *n* 1) кóнкурс, соревновáние, состязáние; **beauty ~** кóнкурс красоты́; **close ~** упóрная борьбá на вы́борах; спор

contest II [kən´test] *v* 1) спóрить; дебатúровать, оспáривать чьё-л. утверждéние 2) состязáться, выступáть в кáчестве конкурéнта; борóться за что-л. *(for)*; **they are ~ing for the prize** онú бóрются за приз

contestant [kən´testənt] *n* 1) сопéрник; учáстник соревновáния 2) кандидáт, претендéнт; **~ for the presidency** кандидáт в президéнты

context [´kɒntekst] *n* контéкст

contextual [kən´tekstjʋəl] *a* контекстуáльный

contiguity [,kɒntɪ´gju:ɪtɪ] *n* 1) соприкосновéние 2) *психол.* ассоциáция идéй

contiguous [kən´tɪgjʋəs] *a* соприкасáющийся, прилегáющий, смéжный *(with, to)*

continence [´kɒntɪnəns] *n* 1) сдéржанность 2) воздержáние; **sexual ~** половóе/сексуáльное воздержáние

continent[1] [´kɒntɪnənt] *n* 1) материк; континéнт 2) **(the C.)** европéйский материк, *особ.* Зáпадная Еврóпа *(в противоположность Британским о-вам)* 3) континентáльная часть страны́ *(в отличие от островной части)*

continent[2] *a* 1) сдéржанный 2) воздéржанный; целомýдренный

continental I [,kɒntɪ´nentl] *n* жúтель европéйского континéнта, *особ.* западноевропéец

continental II *a* материкóвый; континентáльный; **~ climate** континентáльный клúмат; **~ breakfast** континентáльный/европéйский зáвтрак *(сок и кофе с булочкой)*

contingency [kən´tɪndʒənsɪ] *n* случáйность, непредвúденное обстоя́тельство; **to provide for every ~** предусмотрéть вся́кого рóда неожúданности

contingent I [kən´tɪndʒənt] *n* 1) *воен.* контингéнт 2) грýппа *(туристов, участников и т. п.)*

contingent II *a* 1) услóвный *(on, upon)* 2) случáйный; непредвúденный; возмóжный; **~ fee** услóвное вознаграждéние адвокáту *(лишь в случае выигрыша дела в суде)*

continual [kən´tɪnjʋəl] *a* постоя́нный, непреры́вный

continually [kən´tɪnjʋəlɪ] *adv* постоя́нно, непреры́вно

continuance [kən´tɪnjʋəns] *n* продолжúтельность, длúтельность; **of long ~** длúтельный

continuation [kən,tɪnjʋ´eɪʃ(ə)n] *n* продолжéние

continue [kən´tɪnju:] *v* 1) продолжáть(ся) 2) возобновля́ться 3) быть продолжéнием *(чего-л.)* 4) тянýться, простирáться

continued [kən´tɪnju:d] *a* 1) продолжáющийся; **to be ~** продолжéние слéдует 2) непреры́вный

continuity [,kɒntɪ´nju:ɪtɪ] *n* 1) непреры́вность 2) послéдовательная смéна *(явлений, фактов и т. п.)* 3) цéлостность

continuous [kən´tɪnjʋəs] *a* 1) непреры́вный 2) постоя́нный 3) *грам.* длúтельный

contort [kən´tɔ:t] *v* искривля́ть; искажáть

contortion [kən´tɔ:ʃ(ə)n] *n* искривлéние; искажéние

contortionist [kən'tɔ:ʃnɪst] *n* акроба́т, «челове́к-змея́»

contour I ['kɒntʊə(r)] *n* 1) очерта́ние, ко́нтур 2) *attr* ко́нтурный; ~ **line** горизонта́ль; ~ **map** ко́нтурная ка́рта

contour II *v* 1) наноси́ть ко́нтур 2) вычéрчивать горизонта́ли

contra- ['kɒntrə-] *pref в сложных словах означает* противо-

contraband I ['kɒntrəbænd] *n* контраба́нда

contraband II *a* контраба́ндный

contrabandist ['kɒntrəbændɪst] *n* контрабанди́ст

contraceptive [,kɒntrə'septɪv] *n* контрацепти́в, противозача́точное срéдство

contract¹ I ['kɒntrækt] *n* 1) догово́р, контра́кт; соглашéние; **to draw up/to conclude a** ~ соста́вить/заключи́ть контра́кт; **to break a** ~ нару́шить догово́р/контра́кт; **to be under** ~ **to smb** имéть с кем-л. контра́кт; **the** ~ **will not stand** соглашéние не бу́дет имéть си́лы 2) *attr* догово́рный; ~ **law** догово́рное пра́во

contract¹ II [kən'trækt] *v* 1) заключа́ть догово́р, контра́кт, соглашéние 2) брать, принима́ть на себя́ обяза́тельства *(по контра́кту, договóру)* 3) вступа́ть *(в брак, в союз)*; заводи́ть *(знакомство, дружбу)* 4) приобрета́ть *(привычку)* 5) влеза́ть *(в долги)* 6) зарази́ться, подхвати́ть *(болезнь)*; **to** ~ **measles** зарази́ться ко́рью

contract² *v* 1) сокраща́ть(ся), сжима́ть(ся); су́живать(ся) 2) хму́рить *(брови)*

contractable [kən'træktəb(ə)l] *a* инфекцио́нный, зара́зный *(о болезни)*

contracted¹ [kən'træktɪd] *a* обусло́вленный догово́ром

contracted² *a* 1) нахму́ренный; смо́рщенный 2) у́зкий, ограни́ченный *(о взглядах)* 3) *линг.* сокращённый, стяжённый

contractible [kən'træktɪb(ə)l] *a* спосо́бный сжима́ться, сокраща́ться

contractile [kən'træktaɪl] *a* 1) сжима́ющий(ся), сокраща́ющий(ся)

contraction [kən'trækʃ(ə)n] *n* 1) сжа́тие, сокращéние 2) родовы́е схва́тки 3) уменьшéние, су́живание 4) *линг.* стяжéние

contractive [kən'træktɪv] *a* спосо́бный сокраща́ться, сжима́ться; сжима́ющийся, сокраща́ющийся

contractor [kən'træktə(r)] *n* 1) подря́дчик 2) поставщи́к

contradict [,kɒntrə'dɪkt] *v* 1) противорéчить 2) возража́ть; отрица́ть; опроверга́ть

contradiction [,kɒntrə'dɪkʃ(ə)n] *n* 1) противорéчие 2) опровержéние; отрица́ние 3)

рéзкое несоотвéтствие; ~ **in terms** логи́ческое противорéчие

contradictor [,kɒntrə'dɪktə(r)] *n* 1) оппонéнт; проти́вник 2) спо́рщик

contradictory [,kɒntrə'dɪktərɪ] *a* 1) противорéчащий, несовмести́мый 2) противорéчивый

contradistinction [,kɒntrədɪs'tɪŋkʃ(ə)n] *n* противопоставлéние, различéние; **in** ~ **to** в отли́чие от

contradistinguish [,kɒntrədɪs'tɪŋgwɪʃ] *v* противопоставля́ть, различа́ть *(from)*

contraposition [,kɒntrəpə'zɪʃ(ə)n] *n* противоположéние

contraption [kən'træpʃn] *n шутл.* хитроу́мное сооружéние, штуко́вина, махи́на

contrariety [,kɒntrə'raɪətɪ] *n* противорéчие; разногла́сие, расхождéние

contrariness ['kɒntrərɪnɪs] *n* упря́мство, своево́лие

contrariwise ['kɒntrərɪwaɪz] *adv* 1) с друго́й стороны́ 2) наоборо́т 3) в противополо́жном направлéнии

contrary¹ I ['kɒntrərɪ] *n* противополо́жность; **on the** ~ наоборо́т; напро́тив; **to the** ~ совсéм ина́че, в противополо́жном смы́сле

contrary¹ II *a* 1) противополо́жный, обра́тный; **to be** ~ **(to)** противорéчить; идти́ вразрéз (с) 2) неблагоприя́тный; встрéчный *(о ветре)*

contrary¹ III *adv* вопреки́, несмотря́ на

contrary² [kən'treərɪ] *a разг.* упря́мый, своево́льный, капри́зный

contrast I ['kɒntrɑ:st] *n* 1) противополо́жность; контра́ст 2) сопоставлéние, противопоставлéние; **in** ~ **with** по сравнéнию с 3) *тлв, фото* оттéнок; контра́стность

contrast II [kən'trɑ:st] *v* 1) противопоставля́ть; сопоставля́ть 2) отлича́ться *(друг от друга)*; контрасти́ровать

contravene [,kɒntrə'vi:n] *v* 1) наруша́ть, преступа́ть *(правило, закон)* 2) идти́ вразрéз *(с чем-л.)*; противорéчить

contravention [,kɒntrə'venʃ(ə)n] *n* нарушéние *(правила, закона)*

contribute [kən'trɪbju:t] *v* 1) содéйствовать; спосо́бствовать *(to)* 2) жéртвовать *(деньги и т. п.)*; **to** ~ **clothing for the refugees** посыла́ть одéжду для бéженцев 3) дéлать вклад *(в науку)* 4) писа́ть статьи́ и т. п. *(для газеты, журнала)*

contribution [,kɒntrɪ'bju:ʃ(ə)n] *n* 1) содéйствие 2) вклад *(материальный, научный и т. п.)*; **to make a valuable** ~ **to science** внести́ ва́жный вклад в нау́ку 3) взнос; пожéртвование 4) статья́ *(газетная)* 5) сотру́дничество *(в журнале, газете)* 6) контрибу́ция; **to lay under** ~ налага́ть контрибу́цию; облага́ть нало́гом

contributor [kən´trɪbjʊtə(r)] *n* 1) (постоя́нный) а́втор стате́й, сотру́дник *(журнала, газеты)* 2) же́ртвователь

contributory [kən´trɪbjʊtərɪ] *a* 1) соде́йствующий, спосо́бствующий; ~ **negligence** *юр.* контрибути́вная/встре́чная вина́, небре́жность истца́ 2) де́лающий взно́сы, поже́ртвования 3) сотру́дничающий

contrite [´kɒntraɪt] *a* ка́ющийся, раска́ивающийся

contrition [kən´trɪʃ(ə)n] *n* раска́яние

contrivance [kən´traɪv(ə)ns] *n* 1) изобрете́ние 2) изобрета́тельность 3) план, за́мысел 4) вы́думка, измышле́ние; зате́я *(часто сомнительная)*

contrive [kən´traɪv] *v* 1) изобретать; выду́мывать 2) замышля́ть, затева́ть 3) ухитря́ться, суме́ть; устра́ивать *(свои дела)*

control I [kən´trəʊl] *n* 1) управле́ние, руково́дство; власть; контро́ль; **under** ~ под контро́лем; **to have good** ~ **over smb** кре́пко держа́ть кого́-л. в рука́х; **to get out of** ~ вы́йти из повинове́ния, из-под контро́ля; **to lose** ~ **over smth** потеря́ть управле́ние чем-л.; **to be beyond** ~ вы́йти из-под контро́ля/влия́ния 2) самооблада́ние; самоконтро́ль 3) контро́ль, прове́рка; **passport** ~ па́спортный контро́ль 4) регули́рование; регулиро́вка; **price** ~ регули́рование цен; **birth** ~ регули́рование/контро́ль рожда́емости 5) *pl* прибо́ры, рычаги́ управле́ния 6) гру́ппа контролёров 7) о́рган управле́ния; управля́ющий элеме́нт; элеме́нт управле́ния 8) *attr* контро́льный; ~ **board** пане́ль управле́ния; ~ **knob** ру́чка управле́ния; ~ **panel** пульт управле́ния; ~ **room** *ав.* диспе́тчерская; ~ **tower** *ав.* контро́льно-диспе́тчерский пункт

control II *v* 1) управля́ть, руководи́ть; госпо́дствовать; распоряжа́ться 2) контроли́ровать; проверя́ть 3) регули́ровать 4) владе́ть *(собой)*; сде́рживать *(свои чувства, эмоции)*

control key [kɒn´trəʊlki:] *n вчт* 1) управля́ющая кла́виша, кла́виша управле́ния *(тж* **Ctrl key)** 2) *pl* функциона́льные кла́виши

controllability [kən͵trəʊlə´bɪlɪtɪ] *n тех.* манёвренность, управля́емость

controllable [kən´trəʊləbl] *a* управля́емый, регули́руемый; поддаю́щийся управле́нию, прове́рке, контро́лю

controller [kən´trəʊlə(r)] *n* 1) контролёр, ревизо́р; инспе́ктор 2) прибо́р управле́ния; контро́ллер; регуля́тор; **heat** ~ теплово́й регуля́тор

control unit [kən´trəʊl͵ju:nɪt] *n вчт* 1) блок управле́ния 2) контро́ллер; устро́йство управле́ния

controversial [͵kɒntrə´vɜ:ʃ(ə)l] *a* 1) спо́рный, дискуссио́нный 2) лю́бящий спо́ры, поле́мику

controversy [´kɒntrəvɜ:sɪ] *n* поле́мика, диску́ссия

controvert [´kɒntrəvɜ:t] *v* 1) возража́ть, отрица́ть 2) оспа́ривать, полемизи́ровать

contumacious [͵kɒntju:´meɪʃəs] *a* неповину́ющийся, неподчиня́ющийся; непоко́рный

contumacy [´kɒntjʊməsɪ] *n* неповинове́ние, неподчине́ние

contuse [kən´tju:z] *v* конту́зить; ушиби́ть

contusion [kən´tju:ʒ(ə)n] *n* конту́зия; ушиб

conundrum [kə´nʌndrəm] *n* зага́дка, головоло́мка

convalesce [͵kɒnvə´les] *v* выздора́вливать, поправля́ться

convalescence [͵kɒnvə´lesns] *n* выздоровле́ние

convalescent [͵kɒnvə´lesnt] *a* выздора́вливающий

convene [kən´vi:n] *v* 1) созыва́ть *(собрание и т. п.)* 2) собира́ться, сходи́ться 3) вызыва́ть *(в суд)*

convener [kən´vi:nə(r)] *n* организа́тор собра́ния

convenience [kən´vi:nɪəns] *n* 1) удо́бство; **at your** ~ когда́ вам бу́дет уго́дно, удо́бно; **to suit your** ~ что́бы вам бы́ло удо́бно 2) вы́года, преиму́щество; **for the** ~ **of** в интере́сах 3) *pl* удо́бства, комфо́рт 4) убо́рная 5) *attr*: ~ **food** проду́кты бы́строго приготовле́ния; ~ **store** *амер.* суперма́ркет, рабо́тающий до по́зднего ве́чера ◊ **please answer at your earliest** ~ про́сим отве́тить как мо́жно быстре́е

convenient [kən´vi:nɪənt] *a* удо́бный, приго́дный, подходя́щий; **is it** ~ **for you to come to our place?** вам удо́бно прие́хать к нам?

convent [´kɒnv(ə)nt] *n* (же́нский) монасты́рь; ~ **school** шко́ла (для де́вочек) при монастыре́

convention [kən´venʃ(ə)n] *n* 1) обыкнове́ние, обы́чай; усло́вность; **they despise the** ~s они́ презира́ют усло́вности 2) собра́ние; съезд 3) *ист.* конве́нт 4) конве́нция, соглаше́ние, догово́р 5) усло́вное обозначе́ние

conventional [kən´venʃənl] *a* 1) обы́чный; станда́ртный; сери́йный; общепри́нятый; традицио́нный; ~ **weapons** обы́чные ви́ды вооруже́ния 2) соблюда́ющий усло́вности; **he is very** ~ он раб усло́вностей 3) конвенцио́нный, усло́вленный

conventionalism [kən'venʃən(ə)lɪzm] *n* традиционность, следование всем условностям; рутина; консерватизм

conventionalist [kən'venʃən(ə)lɪst] *n* конформист; консерватор

conventionality [kən,venʃə'nælɪtɪ] *n* условность; *pl* условности, принятые в обществе

converge [kən'vɜ:ʤ] *v* 1) сходиться *(о дорогах, линиях)* 2) сводить в одну точку, совмещать 3) *мат.* приближаться *(к пределу)*; стремиться к

convergence [kən'vɜ:ʤ(ə)ns] *n* 1) схождение в одной точке 2) совпадение, совмещение 3) *мат., биол., полит.* конвергенция 4) сходимость; конвергентность 5) сведение лучей *(в ЭЛТ)*

convergent [kən'vɜ:ʤ(ə)nt] *a* 1) сходящийся в одной точке 2) конвергентный

converging [kən'vɜ:ʤɪŋ] *a* 1) сходящийся, сосредоточенный 2) перекрёстный *(об артиллерийском огне)*

conversant ['kɒnvəs(ə)nt] *a* знакомый *(с — with)*; сведущий *(в — with)*; ~ **with a subject** знакомый с предметом *(разговора, дискуссии и т. п.)*

conversation [,kɒnvə'seɪʃ(ə)n] *n* разговор, беседа; **to carry on a** ~ вести разговор, разговаривать, беседовать *(с кем-л. — with)*

conversational [,kɒnvə'seɪʃən(ə)l] *a* 1) разговорный 2) разговорчивый 3) диалоговый; интерактивный

converse¹ [kən'vɜ:s] *v* беседовать, разговаривать

converse² I ['kɒnvɜ:s] *n* 1) обратное положение, утверждение 2) *мат.* обратная теорема

converse² II *a* обратный; противоположный

conversely ['kɒnvɜ:slɪ] *adv* обратно; наоборот

converser ['kɒnvɜ:sə] *n* партнёр по (телефонной) связи

conversion [kən'vɜ:ʃ(ə)n] *n* 1) превращение; переход *(из одного состояния в другое)*, изменение 2) обращение *(в другую веру)* 3) перемена убеждений 4) перевод *(мер, весов и т. п.)* 5) *лингв.* конверсия 6) *фин.* конверсия *(ценных бумаг)*; обмен *(валют)*; пересчёт 7) перестройка *(здания)*; переоборудование 8) *воен.* конверсия 9) *тех.* переработка; трансформирование 10) *вчт* перекодировка; преобразование; превращение

convert I ['kɒnvɜ:t] *n* 1) перешедший в другую партию 2) *рел.* обращённый в другую веру

convert II [kən'vɜ:t] *v* 1) превращать; переделывать 2) обращать *(в другую веру и т. п.)*; **he ~ed me to his views** он обратил меня в свою веру 3) *фин.* конвертировать; пере-

считывать 4) *эк.* переходить на выпуск другой продукции

converter [kən'vɜ:tə] *n* 1) *тех.* конвертер 2) *эл.* преобразователь *(тока, частоты)* 3) *вчт* устройство передачи данных с преобразованием

convertible I [kən'vɜ:təbl] *n* 1) автомобиль с убирающимся/складывающимся верхом 2) кузов с убирающимся/складывающимся верхом

convertible II *a* 1) обратимый; изменяемый 2) *фин.* конвертируемый *(о валюте)* 3) складной; откидной 4) превращаемый

convex ['kɒn'veks] *a* выпуклый

convexity [kɒn'veksɪtɪ] *n* выпуклость

convey [kən'veɪ] *v* 1) перевозить, переправлять, транспортировать *(груз, пассажиров)* 2) сообщать, передавать *(мысль, идею и т. п.)* 3) *юр.* передавать правовой титул *(особ. на недвижимость)* 4) проводить *(звук, электричество и т. п.)*; доносить, передавать *(запах)*

conveyance [kən'veɪəns] *n* 1) перевозка, транспортировка *(груза, пассажиров)* 2) сообщение *(идей, новостей и т. п.)* 3) транспортное средство 4) *юр.* передача правового титула *(особ. на недвижимость)* 5) *юр.* акт, документ о передаче правового титула

conveyor [kən'veɪə(r)] *n* *тех.* конвейер, транспортёр *(тж* ~ **belt)**

convict I ['kɒnvɪkt] *n* осуждённый; заключённый

convict II [kən'vɪkt] *v* 1) доказать виновность *(of)* 2) признать виновным; осудить

conviction [kən'vɪkʃ(ə)n] *n* 1) осуждение, признание кого-л. виновным; **to have no previous** ~ не иметь судимостей 2) убеждение; **it is my** ~ **that...** это моё убеждение, что... 3) уверенность; убеждённость; **his story doesn't carry much** ~ его рассказ не очень убедителен

convince [kən'vɪns] *v* убеждать, уверять; **I was ~d that...** я был убеждён, что...

convinced [kən'vɪnst] *a* убеждённый *(в чём-л. — of)*

convincible [kən'vɪnsəbl] *a* поддающийся убеждению

convincing [kən'vɪnsɪŋ] *a* убедительный

convivial [kən'vɪvɪəl] *a* 1) общительный, компанейский 2) праздничный; весёлый

conviviality [kən,vɪvɪ'ælɪtɪ] *n* праздничное настроение

convocation [,kɒnvə'keɪʃ(ə)n] *n* 1) созыв *(съезда, парламента и т. п.)* 2) собрание 3) совет *(университетов в Великобритании)* 4) *церк.* конвокация *(собор англикан-*

ского духовентсва епархий Кентербери и Йорка)

convocational [ˌkɒnvəˈkeɪʃ(ə)nl] *a* относя́щийся к созы́ву *(съезда, парламента и т. п.)*, собо́ру *(духовенства)*

convoke [kənˈvəʊk] *v* созыва́ть *(съезд, парламент и т. п.)*

convoluted [ˈkɒnvəluːtɪd] *a* 1) свёрнутый спира́лью 2) завито́й, изо́гнутый

convolution [ˌkɒnvəˈluːʃ(ə)n] *n* 1) изо́гнутость 2) вито́к, оборо́т *(спирали)* 3) изви́лина *(мозга)* 4) скру́чивание, свёртывание 5) *мат.* свёртка

convolvulus [kənˈvɒlvjʊləs] *n бот.* вьюно́к

convoy I [ˈkɒnvɔɪ] *n* 1) *мор.* карава́н судо́в *(сопровождаемый военными кораблями)*; конво́й 2) сопровожде́ние; конво́й 3) тра́нспортная коло́нна 4) *attr* сопровожда́ющий, конво́йный

convoy II *v* сопровожда́ть, конвои́ровать

convulsant [kənˈvʌlsənt] *a* вызыва́ющий су́дороги

convulse [kənˈvʌls] *v* 1) вызыва́ть су́дороги, конву́льсии; **to be ~d** ко́рчиться в конву́льсиях 2) заста́вить сотряса́ться от хо́хота 3) сотряса́ть, потряса́ть

convulsion [kənˈvʌlʃ(ə)n] *n* 1) су́дорога; конву́льсия 2) сотрясе́ние, колеба́ние *(почвы)* 3) потрясе́ние 4) *pl* су́дорожный смех

convulsive [kənˈvʌlsɪv] *a* су́дорожный, конвульси́вный

cony [ˈkəʊnɪ] *n* 1) кро́лик 2) кро́личий мех

coo I [kuː] *n* воркова́ние

coo II *v* воркова́ть

cook I [kʊk] *n* по́вар; повари́ха, куха́рка; *мор.* кок ◊ **too many ~s spoil the broth** *посл.* ≅ у семи́ ня́нек дитя́ без гла́зу

cook II *v* 1) гото́вить *(пищу, еду)*; вари́ть, жа́рить; стря́пать 2) вари́ться; жа́риться 3) *разг.* подде́лывать *(документы, счета)* 4) *сленг* испо́ртить, погуби́ть 5) *амер. сленг* отли́чно справля́ться 6) *разг.* затева́ться 7) *разг.* приду́мать (*небылицу; тж* **to ~ up**) ◊ **to ~ smb's goose** провали́ть, погуби́ть кого́-л.

cookbook [ˈkʊkbʊk] *n амер.* кулина́рная/пова́ренная кни́га

cook-chill food [ˈkʊkʧɪlˌfʊd] *n* заморо́женное гото́вое блю́до *(для разогревания в духовке или СВЧ-печи)*

cooker [ˈkʊkə(r)] *n* 1) плита́, печь 2) кастрю́ля; **pressure ~** кастрю́ля-скорова́рка 3) *pl* фру́кты *(особ. яблоки)* для кулина́рной обрабо́тки *(варки, запекания и т.п.)*

cookery [ˈkʊkərɪ] *n* кулина́ри́я; стряпня́

cookery book [ˈkʊkərɪbʊk] *n* кулина́рная, пова́ренная кни́га

cookhouse [ˈkʊkhaʊs] *n* 1) похо́дная ку́хня 2) ку́хня *(вне дома)*

cookie [ˈkʊkɪ] *n* 1) *амер.* (дома́шнее) пече́нье 2) *шотл.* бу́лочка

cooking [ˈkʊkɪŋ] *n* 1) приготовле́ние пи́щи, гото́вка; **to do the ~** гото́вить *(обед, ужин и т. п.)* 2) *вчт* обрабо́тка

cookout [ˈkʊkaʊt] *n амер.* пикни́к *(часто с барбекю)*

cook-room [ˈkʊkrʊm] *n* 1) ку́хня 2) *мор.* ка́мбуз

cookware [ˈkʊkweə(r)] *n* ку́хонная посу́да, ку́хонная у́тварь *(сковороды, кастрюли и т. п.)*

cool I [ˈkuːl] *n* прохла́да

cool II *a* 1) прохла́дный; све́жий; **it's getting ~er** стано́вится прохла́днее 2) споко́йный; невозмути́мый; **to keep ~** сохраня́ть споко́йствие/хладнокро́вие 3) холо́дный, неприве́тливый; **a ~ reception** прохла́дный приём 4) на́глый, наха́льный, беззасте́нчивый; **he's a ~ customer** он нагле́ц 5) *разг.* кру́гленький *(о сумме денег)*; **he lost a ~ thousand** он потеря́л/проигра́л це́лую ты́сячу до́лларов 6) *сленг* изве́стный; популя́рный 7) *сленг* «клёвый»; круто́й; замеча́тельный; шика́рный ◊ **as ~ as a cucumber** невозмути́мый, споко́йный

cool III *v* охлажда́ться, остыва́ть; охлажда́ть, студи́ть (*тж* **to ~ down**, **off**) ◊ **~ it** *сленг* осты́нь, рассла́бься

coolant [ˈkuːlənt] *n тех.* 1) охлади́тель; хладаге́нт 2) сма́зочно-охлажда́ющая жи́дкость, СОЖ

cooler [ˈkuːlə(r)] *n* 1) *амер.* холоди́льник с прозра́чной две́рцей *или* кры́шкой *(род витрин)* 2) прохлади́тельный напи́ток 3) *сленг* тюрьма́; ка́мера 4) *тех.* охлади́тель; радиа́тор; **air ~** воздухоохлади́тель

cool-headed [ˈkuːlˈhedɪd] *a* хладнокро́вный, споко́йный, рассуди́тельный

cooling [ˈkuːlɪŋ] *n* охлажде́ние

coolness [ˈkuːlnɪs] *n* 1) прохла́да 2) хладнокро́вие 3) холодо́к, охлажде́ние *(в отношениях)*

coomb [kuːm] *n* доли́на; ложби́на; овра́г

coon [kuːn] *n амер.* 1) ено́т 2) *сленг* негр, черноко́жий

coop I [kuːp] *n* 1) кле́тка *(для домашней птицы)* 2) ве́рша *(для ловли рыбы)* 3) *разг.* тюрьма́, куту́зка

coop II *v* 1) сажа́ть в кле́тку 2) держа́ть взаперти́ (*тж* **to ~ in**, **to ~ up**)

co-op [ˈkəʊɒp] *n разг.* 1) кооперати́в *(общество или магазин)* 2) коопери́рование

cooper I [ˈkuːpə(r)] *n* бо́ндарь, боча́р

cooper II *v* де́лать *или* чини́ть бо́чки, бонда́рить, бонда́рничать

cooperate [kəʊ'ɒpəreɪt] *v* 1) сотру́дничать *(с кем-л. — with)*; рабо́тать вме́сте в одно́й о́бласти *(in)* 2) соде́йствовать, спосо́бствовать 3) коопери́роваться, объединя́ться

cooperation [kəʊ,ɒpə'reɪʃ(ə)n] *n* 1) коопера́ция 2) сотру́дничество; **international ~** междунаро́дное сотру́дничество 3) коопери́рование, объедине́ние 4) *эк.* коопера́ция

cooperative [kəʊ'ɒpərətɪv] *a* 1) кооперати́вный; совме́стный 2) (охо́тно) сотру́дничающий; **he was very ~** он (нам) о́чень помо́г

cooperator [kəʊ'ɒpəreɪtə(r)] *n* коопера́тор

co-opt [kəʊ'ɒpt] *v* коопти́ровать

cooptation [,kəʊɒp'teɪʃ(ə)n] *n* коопта́ция, коопти́рование

coordinate I [kəʊ'ɔ:dɪnət] *n* 1) *мат.* координа́та 2) ро́вня; ра́вный *(по положе́нию, зва́нию и т. п.)*

coordinate II *a* 1) ра́вный по положе́нию, зва́нию, ра́нгу, пра́ву и т. п. 2) координи́рованный, согласо́ванный 3) *грам.* сочинённый *(о предложе́нии)* 4) *мат.* координа́тный

coordinate III [kəʊ'ɔ:dɪneɪt] *v* координи́ровать, согласо́вывать; приводи́ть в соотве́тствие; устана́вливать пра́вильное соотноше́ние

coordination [kəʊ,ɔ:dɪ'neɪʃ(ə)n] *n* координа́ция, координи́рование, согласова́ние

coot [ku:t] *n* 1) лысу́ха *(птица)* 2) *разг.* проста́к, глупе́ц

cop¹ [kɒp] *n разг.* полице́йский ◊ **not much/no ~** бесполе́зный; не бог весть что

cop² *v разг.* пойма́ть, заста́ть *(на месте преступле́ния)* ◊ **to ~ it** *сленг* попа́сть в переде́лку

copartner [ˈkəʊˈpɑːtnə(r)] *n* член това́рищества, партнёр, уча́стник в прибыля́х

copartnership [ˈkəʊˈpɑːtnəʃɪp] *n* партнёрство

cope¹ [kəʊp] *v* справля́ться *(with)*; **can you ~?** ты спра́виться?; **I'll ~ somehow** я ка́к-нибудь упра́влюсь

cope² *n* 1) *церк.* ри́за; ма́нтия 2) покро́в; **the ~ of heaven** небе́сный свод; **the ~ of night** покро́в но́чи

copeck [ˈkəʊpek] *n* копе́йка

co-pilot [ˈkəʊpaɪlət] *n* второ́й пило́т *(самолёта, вертолёта)*

coping [ˈkəʊpɪŋ] *n* гре́бень стены́, парапе́та

coping-stone [ˈkəʊpɪŋstəʊn] *n* карни́зный ка́мень

copious [ˈkəʊpɪəs] *a* 1) оби́льный 2) многово́дный *(о потоке)* 3) бога́тый *(о языке́, сти́ле)* 4) плодови́тый *(о писа́теле)* 5) многосло́вный *(об ора́торе)*

copper¹ I [ˈkɒpə(r)] *n* 1) медь 2) ме́дная *или* бро́нзовая моне́та 3) ме́дный котёл 4) *attr* ме́дный

copper¹ II *v* покрыва́ть ме́дью

copper² *n разг.* полице́йский

copperas [ˈkɒpərəs] *n хим.* (желе́зный) купоро́с

copperhead [ˈkɒpəhed] *n* мокаси́новый щитомо́рдник *(змея́)*

copperplate I [ˈkɒpəpleɪt] *n* ме́дная гравирова́льная доска́

copperplate II *a* каллиграфи́ческий *(о по́черке)*

coppersmith [ˈkɒpəsmɪθ] *n* ме́дник

coppery [ˈkɒpərɪ] *a* цве́та ме́ди, ме́дного цве́та

coppice [ˈkɒpɪs] *n* ро́щица; подле́сок

coprocessor [,kəʊˈprəʊsesə] *n вчт* сопроце́ссор

co-production [,kəʊprəˈdʌkʃ(ə)n] *n кино, театр* совме́стное произво́дство

copse [kɒps] *см.* **coppice**

copsewood [ˈkɒpswʊd] *n* ро́щица, подле́сок

cop-shop [ˈkɒpʃɒp] *n сленг* полице́йский уча́сток

copter [ˈkɒptə(r)] *n разг.* вертолёт

copula [ˈkɒpjʊlə(r)] *n грам.* свя́зка

copulate [ˈkɒpjʊleɪt] *v биол.* спа́риваться, совокупля́ться

copulation [,kɒpjʊˈleɪʃ(ə)n] *n* 1) *биол.* копуля́ция, спа́ривание, совокупле́ние; слу́чка 2) *грам.* связь, соедине́ние

copulative I [ˈkɒpjʊlətɪv] *n грам.* соедини́тельный сою́з

copulative II *a* 1) *грам.* соедини́тельный 2) *биол.* копуляти́вный

copy I [ˈkɒpɪ] *n* 1) ко́пия *(докуме́нта и т. п.)*; репроду́кция *(карти́ны)* 2) экземпля́р *(кни́ги, журна́ла и т. п.)* 3) ру́копись; **fair/clean ~** чистови́к, белови́к; **rough ~** чернови́к; **editor** (изда́тельский) реда́ктор 4) материа́л для печа́ти *(особ. для газе́ты)* 5) образе́ц

copy II *v* 1) снима́ть ко́пию, копи́ровать 2) спи́сывать *(тж на экза́мене)*; перепи́сывать 3) подража́ть; копи́ровать *(кого́-л.)*

copybook [ˈkɒpɪbʊk] *n* тетра́дь

copyist [ˈkɒpɪɪst] *n* 1) перепи́счик; копиро́вщик 2) подража́тель

copyleft [ˈkɒpɪleft] *n вчт сленг* общедосту́пная лице́нзия *(на програ́мму)*

copy-protected [,kɒpɪprəˈtektɪd] *a* защищённый от копи́рования

copyright I [ˈkɒpɪraɪt] *n* 1) а́вторское пра́во 2) пра́во на изда́ние

copyright II *a* 1) охраня́емый а́вторским пра́вом 2) относя́щийся к а́вторскому пра́ву

copyright III *v* осуществля́ть а́вторское пра́во

copyrighter [ˈkɒpɪraɪtə(r)] *n* владелец авторского права

coquetry [ˈkəʊkɪtrɪ] *n* кокетство

coquette [kəʊˈket] *n* кокетка

coquettish [kəʊˈketɪʃ] *a* кокетливый, игривый

cor- [kɔː-] *см.* **com-**

coracle [ˈkɒrəkl] *n* лёгкая рыбачья лодка (*в Ирландии и Уэльсе*)

coral I [ˈkɒr(ə)l] *n* коралл

coral II *a* 1) коралловый; ~ **island** коралловый риф (*тж* ~ **reef**) 2) кораллового цвета

cord I [kɔːd] *n* 1) верёвка, бечёвка; шнур 2) *анат.* связка; **vocal** ~**s** голосовые связки; **spinal** ~ спинной мозг 3) рубчик (*на ткани*) 4) *pl* вельветовые брюки 5) корд (*мера дров*) 6) *авто* корд; **tire** ~ шинный корд 7) *эл.* провод; шнур; кабель

cord II *v* связывать верёвкой (*см.* **to** ~ **up**)

cordage [ˈkɔːdɪdʒ] *n мор.* снасти; такелаж

corded [ˈkɔːdɪd] *a* рубчатый, в рубчик (*о ткани*)

cordial I [ˈkɔːdɪəl] *n* 1) напиток с фруктовым вкусом 2) успокаивающее *или* приятное на вкус лекарство

cordial II *a* сердечный, радушный, приветливый; искренний, тёплый

cordiality [ˌkɔːdɪˈælɪtɪ] *n* сердечность, радушие

cordially [ˈkɔːdɪəlɪ] *adv* сердечно, радушно

cordite [ˈkɔːdaɪt] *n* кордит (*бездымный порох*)

cordon [ˈkɔːdn] *n* 1) кордон (*военный, санитарный и т. п.*) 2) орденская лента

corduroy [ˈkɔːdərɔɪ] *n* 1) вельвет 2) *pl* вельветовые брюки

corduroy road [ˈkɔːdərɔɪˌrəʊd] *n амер.* бревенчатая гать

core I [ˈkɔː(r)] *n* 1) сердцевина; ядро; **to the** ~ насквозь; **rotten to the** ~ насквозь прогнивший 2) сущность, суть; **the** ~ **of the problem** суть проблемы 3) самая важная часть (*чего-л.*) 4) *тех.* сердечник, стержень 5) жила (*кабеля*); сердцевина (*световода*) 6) *вчт* оперативная память 7) *attr* ~ **memory** *вчт* запоминающее устройство; оперативная память; ~ **time** основное рабочее время

core II *v* удалять сердцевину

cored [kɔːd] *a* полый

co-respondent [ˌkəʊrɪˈspɒnd(ə)nt] *n юр.* соответчик (*в бракоразводном процессе*)

coriaceous [ˌkɒrɪˈeɪʃəs] *a* кожистый; похожий на кожу

coriander [ˌkɒrɪˈændə(r)] *n бот.* кориандр, кинза

cork I [kɔːk] *n* 1) пробка 2) поплавок 3) *бот.* луб 4) *attr* пробковый

cork II *v* 1) закупоривать; затыкать пробкой (*тж* **to** ~ **up**) 2) затаивать, сдерживать (*чувства*)

corkage [ˈkɔːkɪdʒ] *n* 1) дополнительная плата, взимаемая в ресторанах за обслуживание клиентов, принёсших с собой спиртные напитки 2) закупоривание и откупоривание (*бутылок*)

corked [ˈkɔːkt] *a* 1) закупоренный пробкой 2) отдающий пробкой (*о вине*)

corker [ˈkɔːkə(r)] *n сленг* нечто потрясающее; необыкновенная личность

cork-oak [ˈkɔːkəʊk] *n* пробковый дуб

corkscrew I [ˈkɔːkskruː] *n* штопор

corkscrew II *a* спиральный, винтообразный

corkscrew III *v* 1) двигаться по спирали 2) протискиваться, пролезать (*сквозь толпу*)

corky [ˈkɔːkɪ] *a* 1) пробковый; пробкообразный 2) отдающий пробкой (*о вине*)

cormorant [ˈkɔːmərənt] *n зоол.* баклан

corn[1] [kɔːn] *n* 1) зерно; *собир.* хлеба; пшеница; рожь; **standing** ~ хлеб на корню 2) *амер.* кукуруза, маис 3) зёрнышко, крупинка 4) *амер. разг.* маисовая водка 5) *разг.* банальность; избитая шутка

corn[2] *v* солить мясо; ~**ed beef** солонина

corn[3] *n* мозоль ◊ **to tread on smb's pet** ~ наступить на любимую мозоль

corn-cob [ˈkɔːnkɒb] *n* сердцевина кукурузного початка

cornea [ˈkɔːnɪə] *n анат.* роговая оболочка глаза, роговица

cornel [ˈkɔːnel] *n* 1) *бот.* кизил 2) *attr* кизиловый

corneous [ˈkɔːnɪəs] *a* роговой; роговидный

corner I [ˈkɔːnə(r)] *n* 1) угол; **to cut off a** ~ пойти напрямик, срезать угол; **to turn the** ~ завернуть за угол 2) трудное положение; затруднение (*тж* **a tight** ~); **to drive into a** ~ загнать в угол, припереть к стенке 3) (потайной) уголок, (потайное) местечко; **done in a** ~ сделанный тайно 4) отдалённое место 5) край, сторона (*света*) 6) *эк.* корнер (*спекулятивная скупка акций*); скупка всей массы товара (*в спекулятивных целях*) 7) *спорт.* угловой удар 8) *авто* поворот (дороги); **sharp/tight** ~ крутой поворот 9) *attr* угловой ◊ **just round the** ~ совсем близко, здесь рядом

corner II *v* 1) загонять в угол, в тупик; ставить в безвыходное положение 2) скупать акции, товары (*со спекулятивными целями*) 3) поворачивать за угол

cornerstone [ˈkɔːnəstəʊn] *n* краеугольный камень

cornet [ˈkɔːnɪt] *n* 1) *муз.* корне́т 2) ва́фельный рожо́к *(для моро́женого)*

corn exchange [ˈkɔːnɪks tʃeɪndʒ] *n* хле́бная би́ржа

corn-factor [ˈkɔːnˌfæktə(r)] *n* торго́вец зерно́м

cornflakes [ˈkɔːnfleɪks] *n pl* кукуру́зные хло́пья

cornflour [ˈkɔːnˌflaʊə(r)] *n* кукуру́зная, ри́совая *или* овся́ная мука́

cornflower [ˈkɔːnˌflaʊə(r)] *n бот.* василёк

cornice [ˈkɔːnɪs] *n* 1) *архит.* карни́з 2) нави́сшая над про́пастью сне́жная глы́ба

Cornish I [ˈkɔːnɪʃ] *n ист.* ко́рнский язы́к

Cornish II *a* корнуо́лльский

corn-whiskey [ˈkɔːnwɪskɪ] *n амер.* кукуру́зное ви́ски, корнви́ски

corny[1] [ˈkɔːnɪ] *a* 1) *разг.* бана́льный, изби́тый 2) сентимента́льный 3) старомо́дный 4) хле́бный, зерново́й

corny[2] *a* мозо́листый

corolla [kəˈrɒlə] *n бот.* ве́нчик

corollary [kəˈrɒlərɪ] *n* 1) *лог.* вы́вод, заключе́ние 2) сле́дствие, результа́т

corona [kəˈrəʊnə] *n (pl* **coronae** [kəˈrəʊniː]*)* 1) *астр.* коро́на; **solar ~** со́лнечная коро́на 2) *анат.* коро́нка *(зуба)* 3) вене́ц, орео́л

coronal[1] [ˈkɒrənl] *n* 1) коро́на, вене́ц; ве́нчик 2) вено́к

coronal[2] [kəˈrəʊnl] *a* 1) относя́щийся к (со́лнечной) коро́не 2) ло́бный; **~ bone** ло́бная кость

coronary [ˈkɒrənərɪ] *a анат.* корона́рный; **~ artery** корона́рная арте́рия; **~ thrombosis** *мед.* корона́рный тромбо́з

coronation [ˌkɒrəˈneɪʃ(ə)n] *n* корона́ция

coroner [ˈkɒrənə(r)] *n* ко́ронер *(сле́дователь, веду́щий дела́ о наси́льственной или скоропости́жной сме́рти)*

coronet [ˈkɒrənɪt] *n* 1) коро́на *(пэ́ров)* 2) диаде́ма 3) вено́к

corpora [ˈkɔːpərə] *pl см.* **corpus**

corporal[1] [ˈkɔːpər(ə)l] *n* капра́л; **ship's ~** капра́л корабе́льной поли́ции

corporal[2] *a* теле́сный; **~ punishment** теле́сное наказа́ние

corporate [ˈkɔːpərət] *a* корпорати́вный; о́бщий; **~ network** *вчт* корпорати́вная сеть; сеть компа́нии

corporation [ˌkɔːpəˈreɪʃ(ə)n] *n* 1) объедине́ние, корпора́ция; *амер.* акционе́рное о́бщество 2) муниципалите́т 3) *шутл.* брю́хо, пу́зо

corporeal [kɔːˈpɔːrɪəl] *a* 1) теле́сный; физи́ческий 2) веще́ственный, материа́льный

corps [kɔː] *n (pl* **corps** [kɔːz]*)* 1) *воен.* ко́рпус; род войск 2) ко́рпус; **diplomatic ~** дипломати́ческий ко́рпус 2) *attr* ко́рпусный

corps de ballet [ˌkɔːdəˈbæleɪ] *n* кордебале́т

corpse [kɔːps] *n* труп

corpulence [ˈkɔːpjʊləns] *n* доро́дность, ту́чность

corpulent [ˈkɔːpjʊlənt] *a* доро́дный, пло́тный, ту́чный

corpus [ˈkɔːpəs] *n (pl* **corpora**) 1) свод *(зако́нов, те́кстов);* **~ juris** свод зако́нов 2) ту́ловище, те́ло *(челове́ка или живо́тного)*

corpuscle [ˈkɔːpʌsl] *n* мельча́йшая части́ца; корпу́скула; **red/white (blood) ~s** *мед.* эритроци́ты/лейкоци́ты

corpuscular [kɔːˈpʌskjʊlə] *a* мельча́йший; *физ.* корпускуля́рный

corral I [kɒˈrɑːl] *n амер.* 1) заго́н *(для скота́),* кора́ль 2) *ист.* ла́герь, окружённый пово́зками

corral II *v* загоня́ть, сгоня́ть *(в заго́н)*

correct I [kəˈrekt] *a* 1) пра́вильный, ве́рный; то́чный 2) хоро́ший *(о вку́се);* корре́ктный

correct II *v* 1) исправля́ть, поправля́ть, корректи́ровать 2) пра́вить *(корректу́ру);* вноси́ть попра́вки *(в показа́ния инструме́нтов)* 3) де́лать замеча́ние; нака́зывать 4) нейтрализова́ть *(вре́дное возде́йствие)*

correctable error [kəˈrektəb(ə)l ˌerə(r)] *n* исправи́мая оши́бка; корректи́руемая оши́бка

corrected [kəˈrektɪd] исправленный; уточнённый; скорректи́рованный

correction [kəˈrekʃ(ə)n] *n* 1) исправле́ние, попра́вка; корре́кция 2) исправленный вариа́нт

corrective I [kəˈrektɪv] *n* 1) попра́вка; исправле́ние 2) корриги́рующее сре́дство

corrective II *a* 1) исправля́ющий; исправи́тельный; **~ maintenance** профилакти́ческое обслу́живание; профила́ктика 2) корриги́рующий

correctness [kəˈrektnɪs] *n* 1) пра́вильность, то́чность 2) корре́ктность, благопристо́йность

corrector [kəˈrektə(r)] *n* 1) исправля́ющий; **~ of the press** корре́ктор 2) *вчт* програ́мма-корре́ктор

correlate I [ˈkɒrɪleɪt] *n* корреля́т; соотноси́тельное поня́тие

correlate II *v* 1) находи́ться в соотве́тствии *(with, to)* 2) приводи́ть в соотве́тствие *(with, to)*

correlation [ˌkɒrɪˈleɪʃ(ə)n] *n* корреля́ция, соотноше́ние, соотнесе́ние

correlative I [kɒˈrelətɪv] *n* корреля́т; соотноси́тельное поня́тие

correlative II *a* соотноси́тельный; соотве́тственный

correspond [ˌkɒrɪsˈpɒnd] *v* 1) соотве́тствовать *(чему́-л. — with, to)* 2) быть аналоги́чным; совпада́ть *(с — with, to)* 3) перепи́сываться *(с — with)*

correspondence [ˌkɒrɪsˈpɒndəns] *n* 1) соотве́тствие *(between, with, to)*; анало́гия 2) перепи́ска; письмо́, корреспонде́нция 2) ~ **column** коло́нка с пи́сьмами чита́телей *(в газете)* 3) *attr* зао́чный *(о курсах)*; ~ **college** ко́лледж зао́чного обуче́ния

correspondent I [ˌkɒrɪsˈpɒndənt] *n* 1) лицо́, с кото́рым ведётся перепи́ска; корреспонде́нт; **he is a bad** ~ он ре́дко пи́шет 2) корреспонде́нт *(газеты и т. п.)*

correspondent II *a* соотве́тствующий *(to, with)*

corresponding [ˌkɒrɪsˈpɒndɪŋ] *a* соотве́тствующий, соотве́тственный

corridor [ˈkɒrɪdɔ:(r)] *n* коридо́р; **~s of power** «коридо́ры вла́сти», пра́вящие круги́

corrigenda [ˌkɒrɪˈdʒendə] *n pl* спи́сок опеча́ток

corrigible [ˈkɒrɪdʒɪbl] *a* исправи́мый, поправи́мый

corroborate [kəˈrɒbəreɪt] *v* подтвержда́ть, подкрепля́ть фа́ктами, свиде́тельствами

corroboration [kəˌrɒbəˈreɪʃ(ə)n] *n* подтвержде́ние, подкрепле́ние фа́ктами, свиде́тельствами

corrode [kəˈrəʊd] *v* 1) ржаве́ть, подверга́ться де́йствию корро́зии 2) корроди́ровать; разъеда́ть 3) трави́ть *(кислотой)*

corrodible [kəˈrəʊdəbl] *a* подве́рженный корро́зии

corrosion [kəˈrəʊʒ(ə)n] *n* 1) ржа́вление, корро́зия; разъеда́ние 2) ржа́вчина

corrosive I [kəˈrəʊsɪv] *n* е́дкое, разъеда́ющее вещество́, коррозио́нное сре́дство

corrosive II *a* е́дкий, разъеда́ющий, коррозио́нный

corrugate [ˈkɒrʊgeɪt] *v* 1) мо́рщить(ся) 2) *mex.* гофрирова́ть

corrugated [ˈkɒrʊgeɪtɪd] *a* гофриро́ванный, рифлёный *(о железе)*

corrugation [ˌkɒrʊˈgeɪʃ(ə)n] *n* 1) скла́дка, морщи́на *(на лбу)* 2) *mex.* гофрирова́ние, рифле́ние *(железа)* 3) вы́боина *(на дороге)*

corrupt I [kəˈrʌpt] *a* 1) испо́рченный; развращённый 2) прода́жный, подкупно́й; ~ **practices** корру́пция 3) искажённый *(о тексте)* 4) гнило́й, гнию́щий

corrupt II *v* 1) по́ртить(ся); развраща́ть(ся) 2) подкупа́ть 3) гнить, разлага́ться 4) искажа́ть *(текст)*

corrupted copy [kəˈrʌptɪd ˈkɒpɪ] *n вчт* повреждённая ко́пия

corruptibility [kəˌrʌptəˈbɪlɪtɪ] *n* прода́жность, подку́пность

corruptible [kəˈrʌptəbl] *a* поддаю́щийся по́рче, развра́ту, по́дкупу

corruption [kəˈrʌpʃ(ə)n] *n* 1) разложе́ние; развра́т 2) прода́жность, корру́пция 3) искаже́ние *(текста)* 4) по́рча, гние́ние 5) разруше́ние; наруше́ние

corsage [kɔ:ˈsɑ:ʒ] *n* 1) корса́ж 2) буке́тик, прико́лотый к корса́жу

corsair [ˈkɔ:seə(r)] *n ист.* 1) корса́р, пира́т 2) ка́пер *(судно)*; пира́тское су́дно

corselet(te) [ˈkɔ:slɪt] *n* гра́ция, корсе́т

cortège [kɔ:ˈteɪʒ] *n* корте́ж, проце́ссия

cortex [ˈkɔ:teks] *n (pl* **cortices** [ˈkɔ:tɪsi:z]*)* 1) *анат.* кора́ головно́го мо́зга 2) кора́ *(дерева)*

cortisone [ˈkɔ:tɪzəʊn] *n физиол.* кортизо́н

corundum [kəˈrʌndəm] *n мин.* кору́нд

corvée [ˈkɔ:veɪ] *n* 1) трудова́я пови́нность, *ист.* ба́рщина 2) тяжёлая рабо́та

corvette [kɔ:ˈvet] *n мор.* корве́т

cosecant [ˈkəʊˈsi:kənt] *n мат.* косе́канс

cosh [kɒʃ] *n разг.* тяжёлая дуби́нка

cosher¹ [ˈkɒʃə(r)] *v* балова́ть, не́жить

cosher² [ˈkəʊʃə(r)] *n* коше́р, коше́рная пи́ща *(пища, приготовленная по иудейским религиозным обычаям)*

co-signatory [ˈkəʊ ˈsɪgnətərɪ] *n юр.* сторона́, подписа́вшая догово́р совме́стно с други́ми сторона́ми

cosily [ˈkəʊzɪlɪ] *adv* ую́тно; удо́бно

cosine [ˈkəʊsaɪn] *n мат.* ко́синус

cosiness [ˈkəʊzɪnɪs] *n* ую́т

cosmetic I [kɒzˈmetɪk] *n* космети́ческое сре́дство

cosmetic II *a* космети́ческий; ~ **surgery** а) эстети́ческая хирурги́я б) космети́ческая опера́ция

cosmetics [kɒzˈmetɪks] *n pl* косме́тика, космети́ческие сре́дства

cosmic [ˈkɒzmɪk] *a* косми́ческий; ~ **radiation** косми́ческая радиа́ция

cosmonaut [ˈkɒzmənɔ:t] *n* космона́вт

cosmonautics [ˌkɒzməˈnɔ:tɪks] *n* космона́втика

cosmopolitan I [ˌkɒzməˈpɒlɪt(ə)n] *n* космополи́т

cosmopolitan II *a* космополити́ческий

cosmos [ˈkɒzmɒs] *n* 1) ко́смос, Вселе́нная 2) упоря́доченная систе́ма

COSPAR *сокр.* **(Committee on Space Research)** Комите́т по иссле́дованию косми́ческого простра́нства, КОСПАР

Cossack [ˈkɒsæk] *n* 1) каза́к 2) *attr* каза́цкий

cosset [ˈkɒsɪt] *n* не́жить, ласка́ть

cost I [kɒst] *n* 1) сто́имость; цена́; **the** ~ **of living** сто́имость жи́зни; **the** ~ **of freight** сто́имость перево́зки; **at the ~ of** цено́й чего́-л. 2) расхо́д, тра́та; изде́ржки; **~s of production** изде́ржки произво́дства; **at my ~** за мой счёт 3) *pl* суде́бные изде́ржки ◊ **to know/to learn to one's own ~** знать по со́бственному о́пыту; **at all ~s** во что бы то ни ста́ло

cost II *v* (**cost**) 1) сто́ить; обходи́ться 2) назнача́ть це́ну 3) *разг.* до́рого сто́ить, обходи́ться недёшево

costal [ˈkɒstl] *a* рёберный

co-star I [ˈkəʊstɑː(r)] *n* звезда́ кино́ *или* теа́тра, игра́ющая вме́сте с други́м актёром *или* друго́й актри́сой тако́й же величины́

co-star II *v* игра́ть в фи́льме *или* спекта́кле одну́ из гла́вных роле́й; игра́ть в па́ре с други́м актёром *или* друго́й актри́сой тако́й же величины́

costermonger [ˈkɒstə͵mʌŋgə(r)] *n* у́личный торго́вец фру́ктами, овоща́ми *и т. п.* с теле́жки

costless [ˈkɒstlɪs] *a* дарово́й

costly [ˈkɒstlɪ] *a* дорого́й; це́нный; **a ~ victory** побе́да, доста́вшаяся дорого́й цено́й

cost-to-use [͵kɒsttəˈjuːz] *n* соотноше́ние цена́/производи́тельность

costume [ˈkɒstjuːm] *n* костю́м, оде́жда, пла́тье

costumier [kɒsˈtjuːmɪə(r)] *n* костюме́р

cosy I [ˈkəʊzɪ] *n* стёганый чехо́л, «ба́ба» *(на чайник, кофейник и т. п.)*

cosy II *a* удо́бный; ую́тный

cot¹ [kɒt] *n* 1) хлев, заго́н 2) *поэт.* дереве́нский до́мик, хи́жина

cot² *n* 1) де́тская крова́тка 2) подвесна́я ко́йка *(на корабле)* 3) *амер.* небольша́я раскладу́шка

cotangent [ˈkəʊˈtændʒənt] *n мат.* кота́нгенс

cote [kəʊt] *n* заго́н, хлев, овча́рня

co-tenant [ˈkəʊˈtenənt] *n* соаренда́тор

coterie [ˈkəʊtərɪ] *n* круг лиц, име́ющих о́бщие интере́сы; и́збранный круг; своя́ компа́ния

cottage [ˈkɒtɪdʒ] *n* 1) котте́дж; *амер.* да́ча 2) небольшо́й дом, хи́жина

cottage cheese [ˈkɒtɪdʒˈtʃiːz] творо́г, дома́шний сыр

cottage industry [ˈkɒtɪdʒ͵ɪndʌstrɪ] *n* надо́мное произво́дство

cottage pie [ˈkɒtɪdʒˈpaɪ] *n* карто́фельная запека́нка с мя́сом

cottager [ˈkɒtɪdʒə(r)] *n* 1) се́льский жи́тель 2) *амер.* да́чник 3) батра́к, рабо́тник

cottar [ˈkɒtə(r)] *n шотл. ист.* батра́к *(живу́щий при ферме)*

cotter¹ [ˈkɒtə(r)] *см.* **cottar**

cotter² *n тех.* клин, чека́, шплинт

cotton I [ˈkɒtn] *n* 1) хло́пок 2) хлопча́тник 3) (хлопча́то)бума́жная ткань; **spun ~** бума́жная пря́жа; **printed ~** си́тец 4) ни́тка 5) ва́та

cotton II *a* 1) хло́пковый; **~ wool** ва́та 2) хлопчатобума́жный

cotton III *v* привяза́ться, полюби́ть *(to)*
cotton on понима́ть, сообража́ть; **he didn't ~ on to the joke** он не по́нял шу́тки

cotton-gin [ˈkɒtndʒɪn] *n* хлопкоочисти́тельная маши́на

cotton-mill [ˈkɒtnmɪl] *n* тексти́льная фа́брика

cotton-picking [ˈkɒtn͵pɪkɪŋ] *a амер.* неприя́тный, жа́лкий; никудышный

cotton-planter [ˈkɒtn͵plɑːntə(r)] *n* хлопково́д

cotton waste [ˈkɒtnweɪst] *n* обти́рочный материа́л, ве́тошь

cotton-wool [ˈkɒtnˈwʊl] *n* 1) *амер.* хло́пок-сыре́ц 2) ва́та

couch I [kaʊtʃ] *n* 1) куше́тка; дива́н 2) лече́ние психоана́лизом; **~ doctor** психоанали́тик

couch II *v* 1) лежа́ть на куше́тке 2) формули́ровать, выража́ть *(in)* 3) лежа́ть в норе́, берло́ге *(о зверях)* 4) притаи́ться; лежа́ть в заса́де 5) снима́ть катара́кту *(с глаз)*

cougar [ˈkuːgə(r)] *n зоол.* пу́ма, кугуа́р

cough I [kɒf] *n* ка́шель; **to give a (slight) ~** ка́шлянуть; **~ drop, ~ sweet** леденцы́ от ка́шля; **~ mixture, ~ syrup** миксту́ра от ка́шля

cough II *v* 1) ка́шлять 2) чиха́ть *(о моторе)* 3) *сленг* призна́ться, расколо́ться
cough out 1) отха́ркивать 2) говори́ть отка́шливаясь
cough up 1) *см.* **cough out** 2) *сленг* раскоше́литься 3) *сленг* не́хотя призна́ться, расколо́ться

could [kʊd] *past см.* **can¹**

coulée [ˈkuːleɪ] *n амер.* глубо́кий овра́г

coulisse [kuːˈliːs] *n* 1) *театр.* кули́са 2) ме́сто неофициа́льных перегово́ров

coulomb [ˈkuːlɒm] *n эл.* куло́н

council [ˈkaʊns(ə)l] *n* 1) сове́т *(организация)*; **the Security C.** Сове́т Безопа́сности *(ООН)*; **city/town ~** муниципалите́т, городско́й сове́т; муниципа́льный сове́т; **the Privy C.** Та́йный сове́т *(в Великобритании)*; **in C.** короле́вский, от и́мени короля́ *(закон, прика́з и т. п.)*; **~ of war** вое́нный сове́т 2) совеща́ние; **family ~** семе́йный сове́т 2) церко́вный собо́р

councillor [ˈkaʊnsɪlə(r)] *n* член сове́та

counsel I [ˈkaʊns(ə)l] *n* 1) сове́т *(указание)* 2) обсужде́ние, совеща́ние; **to hold/to take ~** совеща́ться, обсужда́ть *(с — with)* 3) адвока́т; **~ to the Crown** адвока́т коро́ны; **~ for**

the defence защи́тник подсуди́мого; ~ for the prosecution обвини́тель; the King's/the Queen's C. короле́вский адвока́т 4) наме́рение; план; to keep one's own ~ держа́ть свои́ наме́рения в секре́те; не доверя́ть свои́ пла́ны никому́ ◊ to take ~ of one's pillow ≅ у́тро ве́чера мудрене́е

counsel II v сове́товать, рекомендова́ть, дава́ть сове́т

counsellor ['kaʊnslə(r)] n 1) консульта́нт 2) дип. сове́тник 3) адвока́т (особ. в Ирландии и США)

counsellor-at-law ['kaʊnslərət'lɔ:] n адвока́т (особ. в Ирландии и США)

count¹ I [kaʊnt] n 1) (под)счёт; to keep ~ вести́ (под)счёт; to lose ~ потеря́ть счёт; to take a ~ of votes вести́ подсчёт голосо́в 2) сосчи́танное число́; о́бщая су́мма; ито́г 3) отсчёт 4) едини́ца счёта; blood ~ ана́лиз кро́ви ◊ out for the ~ а) обесси́ленный, деморализо́ванный б) кре́пко спя́щий

count¹ II v 1) счита́ть, подсчи́тывать; пересчи́тывать 2) принима́ть во внима́ние, счита́ть; рассчи́тывать (on, upon); you can ~ on me мо́жешь рассчи́тывать на меня́ 3) полага́ть, счита́ть 4) быть включённым; ~ me out (for it) не включа́йте меня́ (сюда́) 5) име́ть значе́ние; this ~s for nothing э́то не име́ет никако́го значе́ния; this does not ~ э́то не счита́ется; every second ~s ка́ждая секу́нда име́ет значе́ние

count down вести́ обра́тный отсчёт вре́мени (напр. при запуске ракеты)

count in учи́тывать; включа́ть в (список и т. п.)

count off амер. пересчи́тывать, проверя́ть коли́чество

count on полага́ться на (кого-л., что-л.)

count out 1) счита́ть вслух 2) пересчи́тывать, проверя́ть коли́чество 3) разг. не включа́ть, исключа́ть; не засчи́тывать 4) отложи́ть заседа́ние (парла́мента) из-за отсу́тствия кво́рума

count up пересчи́тывать; подсчи́тывать

count² n граф (не английского происхожде́ния)

countable ['kaʊntəbl] a исчисля́емый, исчисли́мый

countable set ['kaʊntəb(ə)l set] n счётное мно́жество

countdown ['kaʊntdaʊn] n отсчёт в обра́тном поря́дке, обра́тный (от)счёт

countenance I ['kaʊntɪnəns] n 1) выраже́ние лица́; лицо́; to change one's ~ измени́ться в лице́ 2) самооблада́ние, вы́держка; to keep one's ~ не пока́зывать ви́да; сохраня́ть

серьёзный вид; to lose ~ потеря́ть самооблада́ние; to put out of ~ смуща́ть, приводи́ть в замеша́тельство 3) соде́йствие, подде́ржка (мора́льная); to keep smb in ~ ока́зывать кому́-л. подде́ржку

countenance II v одобря́ть, поощря́ть

counter¹ ['kaʊntə(r)] n 1) прила́вок; сто́йка 2) фи́шка (в играх) 3) ша́шка (в игре)

counter² n 1) счётчик 2) член счётной коми́ссии

counter³ I n 1) за́дник (сапога, башмака) 2) спорт. отраже́ние уда́ра, встре́чный уда́р 3) обра́тное де́йствие; противове́с

counter³ II a противополо́жный

counter³ III adv в обра́тном направле́нии; про́тив

counter³ IV v 1) пари́ровать (удар) 2) противоде́йствовать

counter- ['kaʊntə(r)-] pref противо-, контр-

counteract [,kaʊntə'rækt] v 1) противоде́йствовать 2) нейтрализова́ть

counteraction [,kaʊntə'rækʃ(ə)n] n противоде́йствие, обра́тное де́йствие

counterattack I ['kaʊntərə'tæk] n контрата́ка, контрнаступле́ние

counterattack II v контратакова́ть, вести́ контрнаступле́ние

counterattraction ['kaʊntərə,trækʃ(ə)n] n 1) обра́тное притяже́ние 2) отвлека́ющее де́йствие

counterbalance I ['kaʊntə,bæləns] n противове́с

counterbalance II v уравнове́шивать

counterblast ['kaʊntəbla:st] n энерги́чный проте́ст; контрме́ра

counterblow ['kaʊntəbləʊ] n контруда́р

counterchange ['kaʊntətʃeɪndʒ] v 1) меня́ть места́ми, перемеща́ть 2) варьи́ровать

countercharge I ['kaʊntətʃa:dʒ] n встре́чное обвине́ние

countercharge II v предъявля́ть встре́чное обвине́ние

counterclaim ['kaʊntəkleɪm] n встре́чный иск

counterclockwise ['kaʊntə'klɒkwaɪz] adv про́тив часово́й стре́лки

counterculture ['kaʊntə,kʌltʃə(r)] n контркульту́ра (напр. хиппи и т. п.)

counterespionage ['kaʊntərespɪə,na:ʒ] n контрразве́дка

counterfeit I ['kaʊntəfɪt] n подде́лка, фальши́вка

counterfeit II a 1) подде́льный, подло́жный; фальши́вый 2) притво́рный

counterfeit III v 1) подде́лывать (деньги, подпись); соверша́ть подло́г (документов) 2) подража́ть, имити́ровать 3) притворя́ться

counterfeiter [ˈkaʊntəfɪtə(r)] *n* 1) фальшиво-монётчик 2) имитáтор 3) притвóрщик, обмáнщик

counterfoil [ˈkaʊntəˌfɔɪl] *n* корешóк *(билета, квитáнции и т. п.)*

counterintelligence [ˌkaʊnt(ə)rɪnˈtelɪdʒ(ə)ns] *n* контрразвéдка

countermand I [ˌkaʊntəˈmɑːnd] *n* контрприкáз

countermand II *v* 1) отдáть контрприкáз; отменять прикáз 2) отменять закáз 3) отзывáть *(воинскую часть)*

countermark I [ˈkaʊntəˌmɑːk] *n* пробúрное, контрóльное клеймó; прóба

countermark II *v* стáвить клеймó, прóбу

countermeasure [ˈkaʊntəˌmeʒə(r)] *n* 1) контрмéра 2) *pl* мéры противодéйствия; противодéйствие

countermine I [ˈkaʊntəˌmaɪn] *n* контрмúна

countermine II [ˌkaʊntəˈmaɪn] *v* 1) заклáдывать контрмúны, контрминúровать 2) расстрáивать зáговор, прóиски *и т. п.*

counterpane [ˈkaʊntəpeɪn] *n* покрывáло *(на крови́ти)*

counterpart [ˈkaʊntəpɑːt] *n* 1) двойнúк 2) лицó *или* предмéт, хорошó дополняющ/ее, -ий другóе 3) кóпия; дубликáт 4) анáлог; эквивалéнт

counterpoint [ˈkaʊntəpɔɪnt] *n* 1) *муз.* контрапýнкт 2) полифонúя, многоплáновость

counterpoise I [ˈkaʊntəpɔɪz] *n* 1) равновéсие 2) противовéс; уравновéшивающая сúла

counterpoise II *v* уравновéшивать

counter-revolution [ˈkaʊntəreˌluːʃən] *n* контрреволю́ция

counter-revolutionary I [ˈkaʊntəreˌluːʃnərɪ] *n* контрреволюционéр

counter-revolutionary II *a* контрреволюцио́нный

countersign I [ˈkaʊntəsaɪn] *n* парóль; óтзыв *(на оклик часовóго)*

countersign II *v* стáвить вторýю пóдпись *(на докумéнте)*; визúровать

countersignature [ˌkaʊntəˈsɪgnɪtʃə(r)] *n* 1) вторáя пóдпись *(на докумéнте)* 2) пóдпись, удостоверяющая другýю пóдпись

counterweight [ˈkaʊntəweɪt] *n* противовéс

counterwork I [ˈkaʊntəˌwɜːk] *n* противодéйствие

counterwork II *v* противодéйствовать; расстрáивать *(плáны)*

countess [ˈkaʊntɪs] *n* графúня

counting-house [ˈkaʊntɪŋhaʊs] *n* бухгалтéрия

countless [ˈkaʊntlɪs] *a* бесчúсленный, неисчислúмый

count-out [ˌkaʊntˈaʊt] *n* 1) *спорт.* отсчúтывание 10 секýнд *(упáвшему боксёру при нок-* дáуне) 2) перенóс заседáния палáты *(парлáмента)* за отсýтствием квóрума

country [ˈkʌntrɪ] *n* 1) странá 2) дерéвня *(в противоположность гóроду);* сéльская мéстность; **in the ~** в дерéвне, зá городом, на дáче; **to live in the ~** жить зá городом/в дерéвне 3) рóдина, отéчество; **to appeal/to go to the ~** распустúть парлáмент и назнáчить нóвые вы́боры 4) территóрия, мéстность, край; **wooded ~** лесúстая мéстность 5) óбласть, сфéра; **an unknown ~** неизвéстная óбласть 6) жúтели страны́, населéние 7) *амер.* мýзыка в стúле «кáнтри» 8) *attr* сéльский, деревéнский; зáгородный

country house [ˈkʌntrɪˈhaʊs] *n* 1) усáдьба; помéстье 2) зáгородный дом, дáча

countryman [ˈkʌntrɪmən] *n* 1) сéльский жúтель; крестьянин 2) земляк, соотéчественник

country music [ˈkʌntrɪ ˈmjuːsɪk] *n* *амер.* мýзыка в стúле «кáнтри» *(тж* **country and western**)

country seat [ˈkʌntrɪˈsiːt] *n* усáдьба; помéстье

countryside [ˈkʌntrɪˈsaɪd] *n* 1) сéльская мéстность; дерéвня *(в противоположность гóроду)* 2) сéльское населéние, сéльские жúтели

countrywoman [ˈkʌntrɪˌwʊmən] *n* 1) сéльская жúтельница; крестьянка 2) землячка, соотéчественница

county [ˈkaʊntɪ] *n* 1) грáфство *(административная единица Англии)* 2) óкруг *(в США)* 3) **(the ~)** населéние грáфства 4) *attr* относящийся к грáфству; *амер.* окружнóй; ~ **council** совéт грáфства *или* óкруга; ~ **town** глáвный гóрод грáфства *или* óкруга

coup [kuː] *n* успéх; удáчный ход

coup d'état [ˈkuːdeɪˈtɑː] *n* государственный переворóт

coupe [kuːp] *n* 1) морóженое с фрýктами, ликёром, сбúтыми слúвками и т.п. 2) десéртная вáзочка на нóжке

coupé [ˈkuːpeɪ] *n* 1) *авто* купé *(тип кузова обтекáемой формы с двумя боковыми дверями)* 2) *ж.-д.* двухмéстное купé 3) двухмéстная закры́тая карéта

couple I [ˈkʌpl] *n* 1) пáра; **in ~s** пáрами; **a courting ~** женúх и невéста; **a married ~** муж и женá, супрýжеская пáра 2) партнёры *(по тáнцам, úграм и т. п.)* 3) *тех.* момéнт; **overturning/roll ~** опрокúдывающий момéнт

couple II [ˈkʌpl] *v* 1) соединять(ся); *ж.-д.* сцеплять *(вагоны)*; сводúть в пáры 2) ассоциúровать, связывать; присоединять *(together, with)* 3) спáриваться 4) сочленять

coupled ['kʌpld] *a* 1) соединённый *(with)* 2) парный 3) связанный; спаренный

coupler ['kʌplə(r)] *n* 1) *ж.-д.* сцепщик *(вагонов)* 2) *тех.* соединительный прибор, сцепка, муфта 3) *вчт* устройство связи; элемент связи; цепь связи

couplet ['kʌplɪt] *n* двустишие

coupling ['kʌplɪŋ] *n* 1) соединение, сцепление; стыковка 2) соединительная муфта

coupon ['ku:pɒn] *n* купон; талон

courage ['kʌrɪdʒ] *n* храбрость, отвага, мужество, смелость; ~ **of one's convictions** гражданское мужество; **to take/to pluck up** ~ набраться храбрости, отважиться; **to pick up/to summon** ~ собраться с духом; **to lose** ~ упасть духом ◊ **Dutch** ~ храбрость во хмелю; **to take one's** ~ **in both hands** осмелиться, пойти на риск

courageous [kə'reɪdʒəs] *a* храбрый, отважный, смелый

courgette [kʊə'ʒet] *n* цуккини *(сорт кабачков)*

courier ['kʊrɪə(r)] *n* 1) курьер; посыльный 2) гид, сопровождающий *(группы туристов)*

course I [kɔ:s] *n* 1) курс, направление; следование, ход, течение; **the** ~ **of a river** течение реки; ~ **of events** ход событий 2) курс, маршрут *(корабля, самолёта)* 3) *спорт.* дорожка, дистанция; скаковой круг 4) курс (лекций); *pl* курсы *(обучения)* 5) блюдо; **a three-~ dinner** обед из трёх блюд 6) курс лечения; **a** ~ **of antibiotics** курс лечения антибиотиками 7) линия поведения 8) русло 9) охота с гончими 10) *мор.* нижний прямой парус ◊ **in due** ~ в своё время, должным порядком; **as a matter of** ~ само собой разумеется; **of** ~! конечно!

course II *v* 1) течь, протекать, струиться 2) преследовать; гнаться *(за дичью)*; охотиться с гончими

courser ['kɔ:sə(r)] *n* поэт. скакун, быстроногий конь

court I [kɔ:t] *n* 1) **(the ~)** суд *(тж* ~ **of law)**; судьи, члены суда; **the Supreme C.** Верховный суд; **the C. of Appeal** апелляционный суд; **to go to** ~ подавать в суд; **in** ~ на суде, во время судебного заседания; **out of** ~ не имеющий права на слушание дела в суде; **to bring smb to** ~ привлечь кого-л. к судебной ответственности; **to settle affairs out of** ~ разрешить вопрос без суда 2) здание суда 3) двор 4) площадка для игр; спортивная площадка; теннисный корт 5) двор *(короля и т. п.);* **at** ~ при дворе; **to hold a** ~ устраивать приём при дворе 6) ухаживание; **to pay one's** ~ **to smb** ухаживать за кем-л.

court II *v* 1) ухаживать 2) добиваться расположения, популярности; **to** ~ **popularity** добиваться известности 3) навлекать (на себя), накликать *(несчастье);* **to** ~ **disaster** накликать беду

court-card ['kɔ:tka:d] *n* фигурная карта в колоде *(король, валет и др.)*

courteous ['kɜ:tɪəs] *a* вежливый, учтивый

courtesan [,kɔ:tɪ'zæn] *n* куртизанка

courtesy ['kɜ:tɪsɪ] *n* 1) вежливость, учтивость; любезность; **by** ~ **of** с любезного разрешения кого-л.; **he did me the** ~ **of** он оказал мне честь 2) *attr:* ~ **bus** бесплатный автобус, предоставляемый гостям отеля или сотрудникам фирмы; ~ **call** а) визит вежливости б) ответный телефонный звонок с благодарностью; ~ **car** автомобиль, который предоставляется фирмой автосервиса владельцу на время ремонта его личного автомобиля

court-house ['kɔ:thaʊs] *n* 1) здание суда 2) *амер.* здание, в котором помещаются органы местной власти

courtier ['kɔ:tjə(r)] *n* придворный; вельможа

courtly ['kɔ:tlɪ] *a* вежливый, изысканный, утончённый; церемонный

court martial I ['kɔ:t'ma:ʃ(ə)l] *n* военный суд, трибунал

court-martial II *v* судить военным судом, судить трибуналом

courtroom ['kɔ:tru:m] *n* зал заседаний в суде

courtship ['kɔ:tʃɪp] *n* ухаживание

courtyard ['kɔ:tja:d] *n* внутренний двор

cousin ['kʌzn] *n* 1) двоюродный брат, кузен; двоюродная сестра, кузина *(тж* **first** ~, ~ **german**); **second** ~ троюродный брат; троюродная сестра 2) родственник; **to call** ~**s with smb** считать кого-л. родственником ◊ **country** ~ *презр.* деревенщина

cove [kəʊv] *n* 1) небольшая бухта 2) укромный уголок 3) *архит.* свод

covenant I ['kʌvənənt] *n* 1) соглашение 2) *юр.* договор; пункт договора 3) *рел.* завет

covenant II *v* заключать договор

Coventry ['kɒvəntrɪ] *n:* **to send smb to** ~ прекратить знакомство, общение с кем-л.

cover I ['kʌvə(r)] *n* 1) покрышка, обёртка; крышка; чехол; покрывало 2) конверт; **under the same** ~ в том же конверте 3) переплёт, крышка переплёта; обложка; **to read a book from** ~ **to** ~ прочесть книгу от корки до корки 4) покров 5) укрытие, убежище; **to take** ~ укрыться; **under** ~ под прикрытием, под защитой 6) предлог; ширма 7) *ком.* покрытие; защита, предоставляемая страхованием 8) обшивка 9) прибор *(сто-*

165

ловый), куве́рт 10) *муз.* ка́вер-ве́рсия, *разг.* ка́вер *(переработка современной песни, осуществлённая иным исполнителем)* 11) *амер.* чаевы́е в рестора́не

cover II *v* 1) покрыва́ть, закрыва́ть, прикрыва́ть, укрыва́ть *(with)* 2) охва́тывать, включа́ть 3) проходи́ть, покрыва́ть *(расстояние)* 4) освеща́ть *(события и т. п.)* в пре́ссе; дава́ть репорта́ж 5) покрыва́ть (расхо́ды) 6) огражда́ть, защища́ть 7) *воен.* прикрыва́ть *(огнём)*; держа́ть под обстре́лом 8) простира́ться 9) покрыва́ть *(кобылу)* 10) *муз.* де́лать, исполня́ть ка́вер-ве́рсию

cover in покрыва́ть кры́шей; накрыва́ть

cover over скрыва́ть; прикрыва́ть; покрыва́ть по́лностью

cover up 1) укрыва́ть, накрыва́ть *(чем-л.)* 2) *разг.* пря́тать, скрыва́ть

coverage [ˈkʌvərɪdʒ] *n* 1) охва́т; зо́на де́йствия 2) освеще́ние в сре́дствах ма́ссовой информа́ции *(события, деятеля и т. п.)* 3) *тех.* обзо́р; се́ктор обзо́ра 4) *радио* зо́на уве́ренного приёма 5) *тех.* зо́на обслу́живания; рабо́чая зо́на

coveralls [ˈkʌvərɔːlz] *n амер.* комбинезо́н, спецоде́жда

cover girl [ˈkʌvəgɜːl] *n* красо́тка с обло́жки журна́ла

covering [ˈkʌvərɪŋ] *n* покры́шка, чехо́л; покрыва́ло; оболо́чка

covering letter [ˈkʌvərɪŋˈletə(r)] *n* сопроводи́тельное письмо́

coverlet [ˈkʌvəlɪt] *n* покрыва́ло

covert [ˈkʌvət] *a* скры́тый, та́йный

cover-up [ˈkʌvərʌp] *n* сокры́тие, укрыва́тельство

covet [ˈkʌvɪt] *v* си́льно жела́ть *(чужого, недоступного)*; за́риться *(на чужое)*

covetous [ˈkʌvɪtəs] *a* 1) зави́стливый 2) жа́дный, а́лчный *(of)*

covey [ˈkʌvɪ] *n* 1) вы́водок *(куропаток)* 2) гру́ппа, ста́йка

cow[1] [kaʊ] *n* 1) коро́ва; **dry ~** я́ловая коро́ва; **to keep ~s** держа́ть моло́чный скот 2) са́мка *(слона, носорога, кита, моржа и т. п.)* ◊ **till the ~s come home** *разг.* ≅ по́сле до́ждичка в четве́рг

cow[2] *v* запу́гивать, терроризи́ровать

coward I [ˈkaʊəd] *n* трус

coward II *a поэт.* трусли́вый, боязли́вый

cowardice [ˈkaʊədɪs] *n* тру́сость; малоду́шие

cowardly [ˈkaʊədlɪ] *a* 1) трусли́вый 2) по́длый

cowboy [ˈkaʊbɔɪ] *n* 1) пасту́х 2) *амер.* ковбо́й 3) *attr:* ~ **boots** ковбо́йские сапоги́ *(с широкими раструбами и скошенными каблука-*

ми); ~ **hat** ковбо́йская шля́па *(с широкими полями)*

cowcatcher [ˈkaʊˌkætʃə(r)] *n амер. ж.-д.* предохрани́тельная решётка локомоти́ва *(для отбрасывания возможных препятствий с пути)*

cower [ˈkaʊə(r)] *v* сжима́ться, съёживаться *(от страха или холода)*

cowherd [ˈkaʊhɜːd] *n* ско́тник на фе́рме

cowhide [ˈkaʊhaɪd] *n* воло́вья ко́жа

cowl [kaʊl] *n* 1) капюшо́н 2) *церк.* сута́на с капюшо́ном 3) колпа́к *(над дымовой трубой)* 4) *ав.* обтека́тель

cowlick [ˈkaʊlɪk] *n* чуб, чу́бчик, хохоло́к

cowman [ˈkaʊmən] *n* 1) ско́тник на фе́рме 2) *амер.* скотопромы́шленник

co-worker [ˌkəʊˈwɜːkə] *n* колле́га

cowpat [ˈkaʊˌpæt] *n* «коро́вья лепёшка»

cow-pox [ˈkaʊpɒks] *n* коро́вья о́спа

cowshed [ˈkaʊʃed] *n* коро́вник

cox [kɒks] *см.* coxswain

coxcomb [ˈkɒkskəʊm] *n* 1) де́нди, фат, хлыщ 2) *уст.* шутовско́й колпа́к

coxswain [ˈkɒksweɪn, *мор.* ˈkɒksn] *n* 1) рулево́й 2) старшина́ на шлю́пке

coy [kɔɪ] *a* 1) засте́нчивый 2) притво́рно скро́мный; ума́лчивающий *(о чём-л.)*

coyote [ˈkɔɪəʊt] *n зоол.* койо́т, лугово́й волк

cozen [ˈkʌzn] *v* моро́чить, обма́нывать, моше́нничать *(of, out of, into)*

CP *сокр.* 1) (**central processor**) центра́льный проце́ссор; кома́ндный проце́ссор 2) (**Communist Party**) коммунисти́ческая па́ртия

cp. *сокр.* (**compare**) сравни́(те)

c.p. *сокр.* (**candlepower**) си́ла све́та

Cpl. *сокр.* (**Corporal**) капра́л

cps *сокр.* (**characters per second**) *вчт* си́мволы в секу́нду

CPU *сокр.* (**central processor unit**) центра́льный проце́ссор; кома́ндный проце́ссор

Cr. *сокр.* 1) (**councillor**) сове́тник 2) (**creditor**) кредито́р

crab[1] **I** [kræb] *n* 1) краб; **hermit ~** рак-отше́льник 2) (**C.**) Рак *(созвездие и знак зодиака)* 3) *тех.* лебёдка; во́рот ◊ **to catch a ~** «завяза́ть» весло́, «пойма́ть леща́»

crab[1] **II** *v разг.* 1) придира́ться, подверга́ть кри́тике 2) испо́ртить

crab[2] *n* 1) ди́кое я́блоко 2) ди́кая я́блоня *(тж* ~ **tree)**

crabbed [ˈkræbd] *a* 1) раздражи́тельный, недово́льный 2) неразбо́рчивый *(о почерке)* 3) несгово́рчивый, упря́мый 4) тру́дный для понима́ния

crabby [ˈkræbɪ] *a* 1) раздражи́тельный 2) несгово́рчивый, упря́мый

crack I [kræk] *n* 1) треск; щёлканье *(хлыста)* 2) уда́р, затре́щина 3) тре́щина; щель 4) *разг.* е́дкая шу́точка, саркасти́ческое замеча́ние 5) *разг.* попы́тка; **I'll have a ~ at it** попыта́юсь э́то сде́лать 6) *разг.* что-л. первокла́ссное 7) *разг.* дру́жеская бесе́да; хоро́шая компа́ния 8) *сленг* крэк *(наркотик)* *(тж* ~ **cocaine)** ◊ **in a ~** в одно́ мгнове́ние

crack II *a разг.* замеча́тельный, первокла́ссный; отбо́рный

crack III *v* 1) дава́ть тре́щину; тре́скаться 2) производи́ть треск, треща́ть; щёлкать (хлысто́м) 3) лома́ться *(о голосе)* 4) не вы́держать и сда́ться; слома́ться 5) *разг.* разреши́ть проблему, зада́чу 6) отпуска́ть шу́тки 7) *разг.* бо́льно уда́рить 8) распи́ть буты́лку (вина́) 9) взла́мывать; пробива́ть ◊ **to ~ a crib** *сленг* огра́бить кварти́ру

crack down on взять под жёсткий контро́ль; пресека́ть

crack out разрази́ться (сме́хом *и т. п.*)

crack up 1) тре́скаться *(о почве)* 2) разбива́ться; разруша́ться 3) *разг.* заболе́ть не́рвным расстро́йством, чо́кнуться 4) *разг.* превозноси́ть, расхва́ливать

crackbrained [ˈkrækbreɪnd] *a* ненорма́льный, чо́кнутый

crackdown [ˈkrækdaʊn] *n разг.* круты́е ме́ры *(по наведе́нию поря́дка, по борьбе с престу́пностью и т. п.)*

cracked [krækt] *a* слабоу́мный, поме́шанный

cracker [ˈkrækə(r)] *n* 1) хлопу́шка; шути́ха 2) фейерве́рк 3) *pl* щипцы́ для оре́хов *(тж* **nutcrackers)** 4) сухо́е пече́нье, кре́кер 5) *сленг* знамени́тость ◊ **to be ~s** *сленг* рехну́ться, чо́кнуться

crackle I [ˈkrækl] *n* треск, потре́скивание; хруст

crackle II *v* треща́ть, потре́скивать, хрусте́ть

crackling [ˈkræklɪŋ] *n* хрустя́щая, поджа́ристая ко́рочка

cracknel [ˈkræknl] *n* рассы́пчатое пече́нье

crackpot [ˈkrækpɒt] *n* 1) ненорма́льный, чо́кнутый 2) чуда́к

cracksman [ˈkræksmən] *n* вор-взло́мщик

cracky [ˈkrækɪ] *a* потре́скавшийся

cradle I [ˈkreɪdl] *n* 1) колыбе́ль; **from the ~** с младе́нческих лет 2) исто́ки, колыбе́ль *(цивилиза́ции, иску́сства и т. п.)* 3) *тех.* ра́ма; опо́ра 4) *стр.* лю́лька 5) рыча́г *(телефона)*

cradle II *v* 1) спря́тать, погрузи́ть *(во что-л.)* 2) кача́ть в колыбе́ли; убаю́кивать

cradling [ˈkreɪdlɪŋ] *n стр.* кружа́ло, ра́ма

craft [krɑːft] *n* 1) ремесло́; уме́ние; **the ~ of pottery** иску́сство кера́мики 2) ло́вкость, иску́сство, сноро́вка 3) *собир.* мастера́, уме́ль-

цы 4) *собир.* суда́, самолёты; **small ~** ло́дки 5) хи́трость, обма́н 6) **(the C.)** масо́нское бра́тство 7) *вчт. жарг.* неприя́тные сво́йства програ́ммы; несобира́емый му́сор; халту́ра 8) *attr* цехово́й; **~ guild** *ист.* ги́льдия

craftsman [ˈkrɑːftsmən] *n* 1) специали́ст, ма́стер *(своего дела)* 2) реме́сленник

craftsmanship [ˈkrɑːftsmənʃɪp] *n* 1) мастерство́ 2) *вчт. жарг.* халту́ра; пло́хо вы́полненная рабо́та

crafty [ˈkrɑːftɪ] *a* хи́трый, кова́рный

crag [kræg] *n* скала́, утёс

craggy [ˈkrægɪ] *a* 1) морщи́нистый; грубова́тый *(о лице)* 2) скали́стый

cragsman [ˈkrægzmən] *n* альпини́ст, скалола́з

crake [kreɪk] *n зоол.* коросте́ль

cram [kræm] *v* 1) набива́ть, наполня́ть *(до отказа)*; переполня́ть 2) впи́хивать, запи́хивать; вти́скивать *(into, down)* 3) ната́скивать *(к экзаменам)* 4) зубри́ть, зау́чивать *(тж* **to ~ up)** 5) отка́рмливать 6) *разг.* жа́дно есть, загла́тывать пи́щу

cram-full [ˈkræmˈfʊl] *a* наби́тый до отка́за

crammer [ˈkræmə(r)] *n* репети́тор

cramp¹ I [kræmp] *n* су́дорога, спа́зм

cramp¹ II *v* 1) своди́ть су́дорогой; вызыва́ть спа́змы 2) свя́зывать, стесня́ть *(движения)* ◊ **to ~ smb's style** нару́шить свобо́ду *или* есте́ственность чьих-л. де́йствий

cramp² I *n тех.* скоба́, зажи́м

cramp² II *v тех.* скрепля́ть ско́бой

cramped [kræmpt] *a* 1) стеснённый, сти́снутый 2) сведённый су́дорогой; парализо́ванный 3) неразбо́рчивый *(о почерке)*

crampons [ˈkræmpɒnz] *n pl* 1) шипы́ *(на подо́швах спорти́вной о́буви)* 2) ко́шки *(у скалола́зов и т. п.)*

cranberry [ˈkrænbərɪ] *n* клю́ква

crane I [kreɪn] *n* 1) жура́вль *(птица)* 2) *тех.* подъёмный кран 3) опера́торский кран для кино- и телека́мер

crane II *v* 1) вытя́гивать ше́ю 2) поднима́ть кра́ном *(грузы)*

cranial [ˈkreɪnɪəl] *a* черепно́й; **~ injure** черепна́я тра́вма

cranium [ˈkreɪnɪəm] *n (pl* **crania** [ˈkreɪnɪə])* че́реп

crank¹ I [kræŋk] *n тех.* кривоши́п, коле́но; коле́нчатый рыча́г; рукоя́тка

crank¹ II *a* расша́танный

crank¹ III *v* 1) сгиба́ть 2) заводи́ть маши́ну *(рукояткой)*

crank² *n* 1) чуда́к, челове́к с причу́дами 2) *амер.* зло́бный тип

cranked [kræŋkt] *a* коле́нчатый, изо́гнутый

crankshaft [ˈkræŋkʃɑːft] *n тех.* коленчатый вал

cranky[1] [ˈkræŋkɪ] *a* шаткий; расшатанный; неисправный

cranky[2] *a* 1) капризный; имеющий причуды, навязчивые идеи; эксцентричный 2) *амер.* злобный; коварный

crannied [ˈkrænɪd] *a* потрескавшийся

cranny [ˈkrænɪ] *n* щель; трещина

crap [kræp] *n сленг груб.* 1) ерунда, чепуха 2) дерьмо, говно

crape [kreɪp] *n* 1) креп; *перен.* траур 2) траурная повязка

craps [kræps] *n амер.* азартная игра в кости; **to shoot** ~ играть в кости

crapulence [ˈkræpjʊləns] *n* похмелье

crash[1] **I** [kræʃ] *n* 1) грохот, треск 2) авария, крушение; столкновение 3) крах, банкротство 4) *вчт* полный сбой (системы); фатальный сбой

crash[1] **II** *v* 1) упасть, разбиться с грохотом; рухнуть (*часто* **to** ~ **down**) 2) удариться с грохотом (*against*); столкнуться (*together*); наскочить (*на что-л.* — **into**) 3) грохотать (*о громе; тж* **to** ~ **out**) 4) потерпеть аварию, крушение 5) разориться, потерпеть крах 6) *разг.* вломиться без разрешения 7) *разг.* быть наголову разбитым 8) *вчт* дать внезапный сбой (*о компьютере или системе*)

crash[1] **III** *adv* с грохотом, с треском

crash[2] *n* холст

crash barrier [ˈkræʃˌbærɪə] *n* барьер, разделяющий полосы движения на автостраде

crash crew [ˈkræʃ kruː] *n* аварийная команда

crash helmet [ˈkræʃˌhelmɪt] *n* защитный шлем (*мотоциклиста и т. п.*)

crashing [ˈkræʃɪŋ] *a разг.* потрясающий, ужасающий, чудовищный

crash-land [ˈkræʃlænd] *v ав.* совершить вынужденную посадку

crash landing [ˈkræʃˌlændɪŋ] *n ав.* вынужденная посадка

crass [kræs] *a* 1) невероятно глупый; ~ **ignorance** полное невежество 2) грубый

crater [ˈkreɪtə(r)] *n* 1) кратер (*вулкана*) 2) воронка от снаряда

cravat [krəˈvæt] *n* широкий галстук; шейный платок; шарф

crave [kreɪv] *v* 1) страстно желать, жаждать чего-л. (*for*) 2) просить, умолять 3) требовать, вынуждать (*об обстоятельствах*)

craven I [ˈkreɪv(ə)n] *n* трус

craven II *a* трусливый

craving [ˈkreɪvɪŋ] *n* страстное желание, жажда чего-л. (*for*)

craw [krɔː] *n* зоб (*у птиц*)

crawfish [ˈkrɔːfɪʃ] *см.* **crayfish**

crawl I [krɔːl] *n* 1) ползание; **at a** ~ медленно 2) медленное движение; **to go at a** ~ медленно прогуливаться 3) *спорт.* кроль (*стиль плавания*)

crawl II *v* 1) ползать, ползти 2) двигаться очень медленно; тащиться 3) *разг.* пресмыкаться (*to*) 4) кишеть (*насекомыми*) 5) чувствовать мурашки (*по телу*)

crawler [ˈkrɔːlə(r)] *n* 1) низкопоклонник 2) ползучее растение 3) ползучее насекомое 4) гусеничный трактор 5) *pl* ползунки

crayfish [ˈkreɪfɪʃ] *n* 1) речной рак 2) лангуст

crayon [ˈkreɪən] *n* 1) цветной мелок, карандаш 2) рисунок цветным мелком, карандашом

craze I [kreɪz] *n* 1) увлечение, мода (*на что-л.* — *for*); **to be the** ~ быть в моде 2) мания

craze II *v* сводить с ума

crazed [kreɪzd] *a* 1) сумасшедший 2) увлечённый (*about*); **he is** ~ **about music** он увлечён музыкой

crazy [ˈkreɪzɪ] *a разг.* 1) сумасшедший; безумный 2) страстно увлечённый чем-л.; помешанный на чём-л. (*about*)

creak I [kriːk] *n* скрип

creak II *v* скрипеть

creaky [ˈkriːkɪ] *a* скрипучий

cream I [kriːm] *n* 1) сливки; крем; **sour** ~ сметана 2) (косметический) крем; **hand** ~ крем для рук 3) «сливки», элита 4) соль (*анекдота, рассказа*) 5) ликёр-крем 6) *attr* кремовый (*о цвете*) (*тж* **cream-coloured**) 7) *attr* сливочный (*о сырке и т. п.*); ~ **cake/bun** пирожное/булочка с кремом

cream II *v* 1) снимать сливки 2) отстаиваться 3) добавлять сливки (*в кофе, чай и т. п.*)

cream cheese [ˈkriːm ˈtʃiːz] *n* сливочный сыр(ок)

creamery [ˈkriːmərɪ] *n* 1) маслобойня; сыроварня 2) молочный магазин

creamy [ˈkriːmɪ] *a* 1) сливочный; содержащий сливки 2) кремовый (*о цвете*)

crease I [kriːs] *n* 1) складка, сгиб 2) штрих; рубчик 3) линия сгиба

crease II *v* 1) делать складки 2) утюжить (*брюки*) 3) мяться

creasing [ˈkriːsɪŋ] *n* коробление; сморщивание (*бумаги*)

creasy [ˈkriːsɪ] *a* мятый; в складках

create [kriːˈeɪt] *v* 1) творить, создавать 2) вызывать, производить (*действие, впечатление и т. п.*) 3) возводить в звание; **to be** ~**d** получить звание 4) *разг.* суетиться, поднимать шум

creation [kriːˈeɪʃ(ə)n] *n* 1) созидание, творчество 2) создание, творение 3) (**the C.**) Сотворе́ние ми́ра; мирозда́ние 4) произведе́ние *(науки, искусства)* 5) возведе́ние в зва́ние *(пэра и т. п.)* 6) разрабо́тка; формирова́ние

creative [kri:'eɪtɪv] *a* тво́рческий, созида́тельный; креати́вный

creator [kri:'eɪtə(r)] *n* 1) творе́ц, созда́тель 2) **(the C.)** Созда́тель, Бог

creature ['kri:tʃə(r)] *n* 1) живо́тное 2) (любо́е) живо́е существо́; созда́ние 3) челове́к, созда́ние *(обыкн. с эпитетом)*; **she's a helpless ~** она́ беспо́мощное существо́ 4) ста́вленник, креату́ра 5) созда́ние, творе́ние 6) *attr*: **~ comforts** необходи́мые жи́зненные бла́га

crèche [kreɪʃ] *n* 1) де́тские я́сли 2) *амер.* рожде́ственский верте́п

credence ['kri:d(ə)ns] *n* ве́ра, дове́рие; **to give ~ to smth** пове́рить чему́-л.; **letter of ~** рекоменда́тельное письмо́

credentials [krɪ'denʃ(ə)lz] *n pl* 1) манда́т, удостовере́ние; аттеста́т *и т. п.* 2) вери́тельные гра́моты *(посла)*; **to present one's ~** вруча́ть вери́тельные гра́моты

credibility [ˌkredɪ'bɪlɪtɪ] *n* вероя́тность

credible ['kredɪbl] *a* 1) заслу́живающий дове́рия; достове́рный; убеди́тельный 2) вероя́тный

credit I ['kredɪt] *n* 1) честь, заслу́га; призна́ние заслу́г; **he is a ~ to the school** он го́рдость шко́лы; **it does you ~** э́то де́лает вам честь 2) хоро́шая репута́ция; **to add to one's ~** укрепля́ть репута́цию 3) дове́рие, ве́ра; **to give ~ to** доверя́ть; **to place/to put ~ in** доверя́ть *(кому́-л.);* ве́рить *(во что́-л.)* 4) ком., фин. креди́т; **on ~** в креди́т 5) *бухг.* кре́дит 6) *амер.* зачёт 7) *амер.* удостовере́ние о прохожде́нии прослу́шанного ку́рса 8) *attr* креди́тный; **~ account** креди́тный счёт; **~ call** телефо́нный разгово́р в креди́т; **~ card** креди́тная ка́рточка; **~ insurance** страхова́ние креди́тов; страхова́ние от неупла́ты долго́в; **~ note** креди́товое ави́зо; **~ rating** креди́тный рейти́нг; **~ sale** прода́жа в креди́т; **~ transfer** креди́тный перево́д

credit II ['kredɪt] *v* 1) доверя́ть, ве́рить 2) припи́сывать что́-л. кому́-л., наделя́ть кого́-л. чем-л. *(with)* 3) *бухг.* кредитова́ть *(счёт)*

creditable ['kredɪtəbl] *a* похва́льный, досто́йный награ́ды, заслу́живающий уваже́ния

creditworthy ['kredɪtˌwɜːðɪ] *a* кредитоспосо́бный; платёжеспосо́бный

creditor ['kredɪtə(r)] *n* кредито́р

credit title ['kredɪt'taɪtl] *n* и́мя и фами́лия в ти́трах *(постановки, фильма)*

credo ['kri:dəʊ] *n* убежде́ния, кре́до

credulity [krɪ'dju:lɪtɪ] *n* дове́рчивость

credulous ['kredjʊləs] *a* дове́рчивый

creed [kri:d] *n* 1) убежде́ния, кре́до 2) **(the C.)** Си́мвол ве́ры; вероуче́ние

creek [kri:k] *n* 1) небольшо́й зали́в, бу́хта 2) у́стье реки́ 3) *амер.* ручéй; рука́в реки́

creel [kri:l] *n* больша́я плетёная корзи́на для ры́бы

creep [kri:p] *v* **(crept)** 1) по́лзать, ползти́ 2) кра́сться, подкра́дываться 3) чу́вствовать мура́шки по те́лу; **it makes me ~ all over** у меня́ от э́того пошли́ мура́шки по всему́ те́лу 4) незаме́тно надвига́ться; закра́дываться; **a suspicion crept into my mind** у меня́ закра́лось подозре́ние 5) стели́ться, ви́ться *(о растениях)*

creeper ['kri:pə(r)] *n* 1) ползу́чее, вью́щееся расте́ние 2) *зоол.* пресмыка́ющееся

creeps [kri:ps] *n pl разг.* мура́шки; **this gave him the ~** у него́ мура́шки пошли́ по те́лу от э́того

creepy ['kri:pɪ] *a* 1) *разг.* вызыва́ющий мура́шки 2) ползу́чий 3) пресмыка́ющийся

creepy-crawly ['kri:pɪ'krɔːlɪ] *n разг.* ползу́чая тварь

cremate [krɪ'meɪt] *v* креми́ровать

cremation [krɪ'meɪʃ(ə)n] *n* креми́рование, крема́ция

crematorium [ˌkremə'tɔːrɪəm] *n (pl тж* **crematoria** [ˌkremə'tɔːrɪə]) кремато́рий

crème [krem] *n* 1) крем 2) ликёр-крем

crenellated [ˌkrenə'leɪtɪd] *n* зубча́тый *(о крепостно́й стене)*

Creole ['kri:əʊl] *n* креóл; креóлка

creosote ['krɪəsəʊt] *n хим.* креозóт *(тж ~ oil)*

crêpe [kreɪp] *n* 1) креп; **~ de Chine** крепдеши́н 2) тóнкий бли́нчик

crepitate ['krepɪteɪt] *v* хрусте́ть, похру́стывать

crepitation [ˌkrepɪ'teɪʃ(ə)n] *n мед.* крепита́ция, хруст, треск; хрип

crept [krept] *past, p. p. см.* **creep**

crepuscular [krɪ'pʌskjʊlə(r)] *a* су́меречный, ту́склый

crescent I ['kresnt] *n* 1) лу́нный серп, полуме́сяц 2) что-л., име́ющее фóрму полуме́сяца 3) герб Ту́рции 4) **(the C.)** исла́м; исла́мский мир; мусульма́нство

crescent II *a* 1) име́ющий фóрму полуме́сяца, серпови́дный 2) *поэт.* расту́щий, нараста́ющий

cress [kres] *n бот.* кресс-сала́т

cresset ['kresɪt] *n* фа́кел

crest I [krest] *n* 1) гребешóк, хохолóк *(пти́цы)* 2) гри́ва, хóлка 3) гре́бень шле́ма 4) гре́бень *(горы, волны)* 5) конёк *(крыши)* 6) украше́ние-эмбле́ма наверху́ ры́царского шле́ма *(тж используется в гера́льдике);*

family ~ фами́льный герб ◊ **on the** ~ **of a wave** на подъёме; на верши́не успе́ха

crest II *v* 1) достига́ть верши́ны *(холма, волны)* 2) украша́ть гре́бнем; уве́нчивать 3) поднима́ться *(о волне)*

crested [ˈkrestɪd] *a* укра́шенный гре́бнем

crestfallen [ˈkrestˌfɔːlən] *a* удручённый, упа́вший ду́хом

cretaceous [krɪˈteɪʃəs] *a* 1) меловой, содержа́щий мел 2) **(C.)** *геол.* меловой

Cretan [ˈkriːtən] *a* кри́тский; относя́щийся к Кри́ту

cretin [ˈkretɪn] *n* крети́н

crevasse [krɪˈvæs] *n* рассе́лина в леднике́

crevice [ˈkrevɪs] *n* щель, тре́щина, расще́лина

crew[1] [kruː] *n* 1) экипа́ж *(корабля, самолёта и т. п.)* 2) брига́да 3) *разг.* компа́ния, ша́йка

crew[2] *past см.* **crow**[2] **II**

crewman [ˈkruːmən] *n* член экипа́жа, кома́нды; **space crewmen** экипа́ж косми́ческого корабля́

crib I [krɪb] *n* 1) де́тская крова́тка 2) я́сли, корму́шка 3) хи́жина, лачу́га 4) *разг.* подстро́чник 5) *разг.* шпарга́лка 6) *разг.* плагиа́т 7) *юр.* ме́лкая кра́жа

crib II *v* 1) *школ.* спи́сывать 2) *разг.* занима́ться плагиа́том 3) заключа́ть, запира́ть в те́сное помеще́ние

cribbage [ˈkrɪbɪdʒ] *n* кри́бидж *(карточная игра)*

crick [krɪk] *n* боле́зненный спазм *(мышц шеи или спины)*

cricket[1] [ˈkrɪkɪt] *n* сверчо́к ◊ **as lively/merry as a** ~ живо́й, жизнера́достный

cricket[2] **I** *n спорт.* кри́кет ◊ **not** ~ *разг.* нече́стно, не по пра́вилам

cricket[2] **II** *v* игра́ть в кри́кет

crier [ˈkraɪə(r)] *n* 1) крику́н 2) *юр.* суде́бный глаша́тай 3) *ист.* глаша́тай

crime I [kraɪm] *n* 1) преступле́ние 2) злодея́ние; **a** ~ **against humanity** преступле́ние про́тив челове́чности 3) престу́пность; **juvenile** ~ престу́пность среди́ несовершенноле́тних; **organized** ~ организо́ванная престу́пность 4) *воен.* наруше́ние уста́ва; просту́пок

crime II [kraɪm] *v воен.* кара́ть за наруше́ние уста́ва

crime-sheet [ˈkraɪmʃiːt] *n воен.* штрафно́й спи́сок

crime-writer [ˈkraɪmˌraɪtə(r)] *n* а́втор детекти́вных произведе́ний

criminal I [ˈkrɪmɪn(ə)l] *n* престу́пник; уголо́вник

criminal II *a* 1) престу́пный, кримина́льный; **the** ~ **underworld** кримина́льный мир 2) уголо́вный; ~ **law** уголо́вное пра́во 3) *разг.* безобра́зный, приско́рбный

criminalistics [ˌkrɪmɪnəˈlɪstɪks] *n амер.* криминали́стика

criminality [ˌkrɪmɪˈnælɪtɪ] *n* престу́пность; вино́вность

criminalization [ˌkrɪmɪnəlaɪˈzeɪʃn] *n* криминализа́ция

criminology [ˌkrɪmɪˈnɒlədʒɪ] *n* криминоло́гия

crimp [krɪmp] *v* 1) завива́ть *(волосы)* 2) гофрирова́ть *(ткань)* ◊ **to put a** ~ **in** *амер. сленг* помеша́ть, испо́ртить, сорва́ть

crimson I [ˈkrɪmz(ə)n] *n* тёмно-кра́сный цвет; мали́новый цвет

crimson II *a* тёмно-кра́сный; мали́новый

crimson III *v* гу́сто красне́ть

cringe I [krɪndʒ] *n* раболе́пие, низкопокло́нство

cringe II *v* 1) раболе́пствовать; подли́зываться 2) съёживаться *(от страха)*

crinkle I [ˈkrɪŋkl] *n* скла́дка, морщи́на *(на ткани, бумаге и т. п.)*

crinkle II *v* мо́рщиться; изгиба́ться

crinoline [ˈkrɪnəliːn] *n* 1) криноли́н 2) *текст.* борто́вка

cripple I [ˈkrɪpl] *n* кале́ка, инвали́д

cripple II *v* 1) кале́чить; лиша́ть трудоспосо́бности 2) ослабля́ть, разруша́ть *(предприятие);* приводи́ть в него́дность

crisis [ˈkraɪsɪs] *n (pl* **crises** [ˈkraɪsiːz]) кри́зис; **cabinet** ~ прави́тельственный кри́зис; **to bring to a** ~ довести́ до кри́зисного состоя́ния

crisis-ridden [ˈkraɪsɪsˌrɪdn] *a* поражённый, охва́ченный кри́зисом

crisp I [krɪsp] *n* хрустя́щий карто́фель, *pl* карто́фельные чи́псы *(амер.* **potato chips)**

crisp II *a* 1) рассы́пчатый, хрустя́щий 2) бодря́щий, све́жий *(о воздухе)* 3) чёткий *(о черта́х лица)* 4) живо́й *(о стиле)* 5) реши́тельный *(о манере речи и т. п.)* 6) вью́щийся, кудря́вый

crisp III *v* 1) де́лать(ся) рассы́пчатым, ло́мким 2) завива́ть(ся)

crispbread [ˈkrɪspbred] *n* хрустя́щие хле́бцы

crisper [ˈkrɪspə(r)] *n* отделе́ние для фру́ктов и овоще́й *(в холодильнике)*

crisp logic [krɪspˈlɒdʒɪk] *n* чёткая ло́гика

crispy [ˈkrɪspɪ] *a* 1) хрустя́щий; ло́мкий 2) кудря́вый 3) све́жий *(о воздухе, ветре)*

criss-cross I [ˈkrɪskrɒs] *n* рису́нок из перекре́щивающихся ли́ний

criss-cross II *a* перекрёстный; перекре́щивающийся

criss-cross III *v* перекре́щивать(ся)

criss-cross IV *adv* 1) крест-на́крест 2) наоборо́т; напереко́р

criterion [kraɪ'tɪ'rɪən] *n* (*pl* **criteria** [kraɪ'tɪərɪə]) критерий

critic ['krɪtɪk] *n* критик

critical ['krɪtɪk(ə)l] *a* 1) критический 2) придирчивый, критически настроенный 3) переломный, решающий, критический 4) рискованный, опасный (*о положении, состоянии*) 5) важный; ответственный

criticism ['krɪtɪsɪz(ə)m] *n* 1) критика; **scathing ~** жестокая критика 2) критическая статья; критический разбор

criticize ['krɪtɪsaɪz] *v* 1) осуждать 2) критиковать

critique [krɪ'ti:k] *n* критическая статья; рецензия

croak I [krəʊk] *n* 1) карканье 2) кваканье

croak II *v* 1) каркать (*тж перен.*) 2) квакать 3) брюзжать 4) *сленг* умереть 5) *сленг* убить

Croat ['krəʊæt] *n* хорват; хорватка; **the ~s** хорваты

Croatian [krəʊ'eɪʃ(ə)n] *a* хорватский

croc [krɒk] *n разг.* крокодил

crochet I ['krəʊʃeɪ] *n* вышивка тамбурным швом

crochet II *v* вышивать тамбурным швом

croci ['krəʊsɪ] *pl см.* **crocus**

crock[1] [krɒk] *n* 1) глиняный кувшин 2) черепок

crock[2] **I** *n разг.* 1) старая колымага, драндулет 2) *разг.* измотанный человек, развалина

crock[2] **II** *v* заездить, измотать (*тж* **to ~ up**)

crockery ['krɒkərɪ] *n* глиняная *или* фаянсовая посуда

crocodile ['krɒkədaɪl] *n* 1) крокодил 2) *разг.* цепочка идущих парами школьников 3) *attr* крокодиловый; **~ tears** «крокодиловы слёзы» (*неискренняя печаль или сожаление*)

crocus ['krəʊkəs] *n* (*pl тж* **croci**) *бот.* крокус

Croesus ['kri:səs] *n* Крез; *перен.* богач, финансовый туз

croft [krɒft] *n* 1) приусадебный участок (*пахотной земли*) 2) небольшая ферма, взятая в аренду (*в Сев. Англии и Шотландии*)

crofter ['krɒftə(r)] *n* мелкий арендатор (*в Сев. Англии и Шотландии*)

croissant ['krwʌsɑ:ŋ] *n* круассан, рогалик

cromlech ['krɒmlek] *n археол.* кромлех

crone [krəʊn] *n* старая карга, старуха

crony ['krəʊnɪ] *n* близкий, закадычный друг

crook I [krʊk] *n* 1) крюк, крючок 2) пастуший посох с крюком 3) посох 4) изгиб (*реки, дороги*); поворот 5) *разг.* жулик, мошенник 6) *разг.* вор, уголовник

crook II *см.* **crooked**

crook III *v* 1) скрючиваться; сгибаться 2) изгибаться, искривляться

crook-back(ed) ['krʊkbæk(t)] *a* горбатый; сгорбленный

crooked ['krʊkɪd] *a* 1) кривой, изогнутый 2) искривлённый; сгорбленный 3) нечестный, бесчестный, непорядочный

croon I [kru:n] *n* тихое задушевное пение

croon II *v* напевать тихо, задушевно

crooner ['kru:nə(r)] *n* лирический певец

crop I [krɒp] *n* 1) посевы (*тж* **growing ~, standing ~**); **out of ~** незасеянный, под паром; **under ~** засеянный 2) урожай; **heavy/poor ~** богатый/плохой урожай 3) выпуск *или* пополнение (*студентов и т. п.*) 4) кнутовище 5) очень короткая стрижка 6) обилие, масса; **a fine ~ of hair** копна густых волос 7) зоб (*у птицы*)

crop II *v* 1) подстригать, обрезать 2) ощипывать, объедать (*траву и т. п.*) 3) собирать урожай 4) давать, приносить урожай; родить (*о земле*) 5) *вчт* кадрировать, обрезать (изображение)

crop out *геол.* выходить на поверхность (*о пласте*)

crop up 1) неожиданно возникать (*о проблеме и т. п.*) 2) *см.* **crop out**

crop-eared ['krɒpɪəd] *a* 1) с купированными ушами (*о животных*) 2) коротко подстриженный

cropper ['krɒpə(r)] *n* с.-х. культура, растение ◊ **to come ~** а) грохнуться, тяжело упасть б) потерпеть неудачу

croquet I ['krəʊkeɪ] *n* крокет

croquet II *v* крокировать

croquette [krə'ket] *n* крокет, тефтеля; фрикаделька

cross I [krɒs] *n* 1) крест; **the Red Cross** Красный Крест (*международная медицинская организация*) 2) (**the C.**) распятие; символ христианской веры 3) крест (*знак отличия, награда*) 4) крестовина 5) *биол.* скрещивание (*пород*), гибридизация 6) *биол.* гибрид 7) испытания, страдания 8) пересечение; узел

cross II *a* 1) раздражённый, сердитый, злой 2) поперечный, пересекающийся 3) перекрёстный 4) противный (*о ветре*); противоположный; неблагоприятный ◊ **as ~ as two sticks** очень раздражённый; **at ~ purposes** в конфликте; в атмосфере взаимного непонимания

cross III *v* 1) пересекать; переходить (*улицу*); переправляться, переезжать (*море, океан*) 2) пересекаться 3) скрещивать (*руки, шпаги и т. п.*) 4) креститься 5) разминуться, разойтись (*о людях, письмах*) 6) *биол.* скрещиваться 7) противодействовать, препятствовать *(планам, воле и т. п.)* 8) *фин.* кросси́ровать *(чек)* ◊ **to ~ one's fingers** скрести́ть па́льцы *(чтобы повезло)*; **to ~ the floor** переметну́ться на сто́рону проти́вника *(в споре и т.п.)*; **to ~ one's heart** торже́ственно кля́сться; **to ~ one's mind** прийти́ в го́лову; **to ~ the path** перебежа́ть доро́гу *(кому-л.)*; **to ~ swords** вступи́ть в спор, *перен.* скрести́ть шпа́ги; **to ~ smb's palm** дава́ть взя́тку кому́-л.; **to ~ wires** попа́сть в запу́танную исто́рию

cross off/out вычёркивать

cross over переходи́ть, переезжа́ть, пересека́ть; переправля́ться

crossbar [ˈkrɒsbɑ:(r)] *n* 1) *тех.* попере́чина 2) *спорт.* пла́нка; перекла́дина

cross-beam [ˈkrɒsbi:m] *n тех.* попере́чная ба́лка, крестови́на

cross-bencher [ˈkrɒsbentʃə(r)] *n* незави́симый член парла́мента

crossbow [ˈkrɒsbəʊ] *n ист.* арбале́т, самостре́л

cross-bred [ˈkrɒsbred] *a* скрещённый, гибри́дный

cross-breed [ˈkrɒsbri:d] *n* по́месь, гибри́д

cross-check I [ˈkrɒstʃek] *n* 1) перепрове́рка по ра́зным исто́чникам 2) двойна́я прове́рка; перекрёстный контро́ль; перекрёстная прове́рка

cross-check II *v* 1) перепроверя́ть по ра́зным исто́чникам 2) осуществля́ть перекрёстный контро́ль; перекрёстная прове́рка

cross-country [ˈkrɒsˈkʌntrɪ] *a:* **~ run** бег по пересечённой ме́стности; **~ walk** за́городная пе́шая прогу́лка, похо́д

cross-current [ˈkrɒsˌkʌrənt] *n* попере́чное, встре́чное тече́ние

cross-cut [ˈkrɒskʌt] *n* 1) кратча́йший путь 2) попере́чный разре́з

cross-examination [ˈkrɒsɪɡˌzæmɪˈneɪʃ(ə)n] *n юр.* перекрёстный допро́с

cross-examine [ˌkrɒsɪɡˈzæmɪn] *v юр.* подверга́ть перекрёстному допро́су

cross-eyed [ˌkrɒsˈaɪd] *a* име́ющий лёгкое косогла́зие

crossfire [ˈkrɒsˌfaɪə(r)] *n воен.* перекрёстный ого́нь

cross-grained [ˈkrɒsɡreɪnd] *a* 1) свилева́тый *(о древеси́не)* 2) упря́мый, своенра́вный

crosshairs [ˈkrɒsheəz] *n pl* перекре́стие *(в опти́ческом прибо́ре)*

crossing [ˈkrɒsɪŋ] *n* 1) пересече́ние; скре́щивание; скреще́ние 2) перекрёсток 3) перехо́д *(через у́лицу)*; **zebra ~** пешехо́дный перехо́д, отме́ченный поло́сами, «зе́бра» 4) морска́я или речна́я перепра́ва; **a rough ~**

морско́й рейс в неспоко́йную пого́ду 5) *биол.* скре́щивание

cross-legged [ˈkrɒslegd] *a* со скрещёнными нога́ми

crossly [ˈkrɒslɪ] *adv* серди́то, сварли́во

crossover [ˈkrɒsəʊvə(r)] *n* перехо́д; перее́зд

crosspatch [ˈkrɒspætʃ] *n разг.* сварли́вый челове́к

cross-question [ˈkrɒsˈkwestʃ(ə)n] *см.* **cross-examine**

cross reference [ˈkrɒsˌrefərəns] *n* перекрёстная ссы́лка

crossroads [ˈkrɒsrəʊds] *n pl* 1) перекрёсток 2) *амер.* пересека́ющиеся доро́ги ◊ **at the ~** на распу́тье

cross section [krɒsˈsekʃ(ə)n] *n* 1) *тех.* попере́чное сече́ние; попере́чный разре́з; про́филь 2) срез о́бщества *(в социоло́гии)* 3) *физ.* эффекти́вное сече́ние

cross-stitch [ˈkrɒsstɪtʃ] *n* вы́шивка кресто́м

cross-talk [ˈkrɒstɔ:k] *n* 1) *радио* взаи́мные поме́хи *(между кана́лами)*; перекрёстные поме́хи; перекрёстные наво́дки 2) слове́сная перепа́лка; пререка́ния 3) *теа́тр.* бы́стрый обме́н ре́пликами

crosswise [ˈkrɒswaɪz] *adv* крест-на́крест

crossword [ˈkrɒswɜ:d] *n* кроссво́рд

crotch [krɒtʃ] *n* 1) развили́на 2) проме́жность 3) шаг *(брюк и т. п.)*

crotchet [ˈkrɒtʃɪt] *n* 1) причу́да, фанта́зия 2) *муз.* четвертна́я но́та 3) крючо́к

crotchety [ˈkrɒtʃɪtɪ] *a* капри́зный, своенра́вный

crouch [kraʊtʃ] *v* 1) припа́сть к земле́ *(для нападе́ния — о живо́тном)* 2) притаи́ться

croup[1] [kru:p] *n мед.* круп

croup[2] *n* круп *(ло́шади)*

croupier [ˈkru:pɪə(r)] *n* 1) банкомёт, крупье́ 2) помо́щник тамады́ на банке́те

crow[1] [krəʊ] *n* воро́на ◊ **as the ~ flies** ≅ по прямо́й ли́нии; **white ~** «бе́лая воро́на»; **to eat ~** *амер.* унижа́ться; сноси́ть оскорбле́ния; **~'s feet** «гуси́ные ла́пки» *(морщи́нки у глаз)*

crow[2] **I** *n* 1) пе́ние, крик петуха́ 2) гу́канье, ра́достный крик младе́нца

crow[2] **II** *v* (**crowed, crew; crowed**) 1) петь *(о петухе́)* 2) выража́ть ра́дость кри́ком, гу́кать *(о младе́нце)* 3) ликова́ть *(тж* **to ~ over**)

crowbar [ˈkrəʊbɑ:] *n* лом *(инструме́нт)*

crowd I [kraʊd] *n* 1) толпа́; **the ~** «толпа́», просто́й люд, обыва́тели 2) *разг.* компа́ния, гру́ппа люде́й 4) толкотня́ 5) мно́жество, ма́сса *(чего-л.)*; **in ~s** ма́ссами 6) стати́сты, изобража́ющие толпу́ в ма́ссовой сце́не 7) *вчт* объедине́ние; уплотне́ние; набега́ние

crowd II *v* 1) толпи́ться 2) набива́ть(ся) битко́м; заполня́ть до преде́ла; тесни́ть(ся) 3) *разг.* ока́зывать давле́ние, дави́ть; торопи́ть **crowd out** вытесня́ть, оттесня́ть

crowded ['kraudɪd] *a* 1) перепо́лненный, битко́м наби́тый 2) по́лный, напо́лненный 3) насы́щенный

crown I [kraun] *n* 1) коро́на; вене́ц; **the C.** а) коро́ль, короле́ва б) короле́вская власть, престо́л 2) вено́к *(из цвето́в)* 3) маку́шка *(головы́);* те́мя 4) кро́на, верху́шка *(де́рева)* 5) тулья́ *(шля́пы)* 6) коро́нка *(зу́ба)* 7) *ист.* кро́на *(англ. моне́та = 5 ши́ллингам)* 8) о́бод *(колеса́)* 9) *attr* коро́нный ◊ **the ~ of one's labours** заверше́ние трудо́в, «коне́ц – де́лу вене́ц»; **C. prince** насле́дный принц

crown II *v* 1) коронова́ть; венча́ть 2) вознагражда́ть 3) заверша́ть, зака́нчивать; уве́нчивать; **to ~ it all** в доверше́ние всего́ 4) поста́вить коро́нку *(на зуб)* 5) *сленг* уда́рить, дать по голове́

crowned [kraund] *a* уве́нчанный *(with)*

crow's-feet ['krəuzfut] *n pl* 1) «гуси́ные ла́пки» *(морщи́нки у глаз)* 2) *воен.* проволо́чные силки́ 3) *воен.* стальны́е ежи́

crow's-nest ['krəuznest] *n мор.* наблюда́тельная вы́шка на ма́чте, «воро́нье гнездо́»

CRT *сокр.* **(cathode-ray tube)** электро́нно-лучева́я тру́бка, ЭЛТ

crucial ['kruːʃəl] *a* реша́ющий, крити́ческий, о́чень ва́жный

crucible ['kruːsɪbl] *n* 1) рето́рта, ти́гель 2) суро́вое испыта́ние

cruciferous [kruːˈsɪfərəs] *a бот.* крестоцве́тный

crucifix ['kruːsɪfɪks] *n* распя́тие

crucifixion [ˌkruːsɪˈfɪkʃ(ə)n] *n* 1) распя́тие на кресте́ 2) **(C.)** распя́тие Христа́ 3) му́ки, страда́ния

cruciform ['kruːsɪfɔːm] *a* крестообра́зный

crucify ['kruːsɪfaɪ] *v* 1) распина́ть 2) му́чить, терза́ть 3) пресле́довать, му́чить 4) *разг.* устро́ить разно́с, смеша́ть с гря́зью

CRUD *сокр.* **(create, retrieve, update and delete)** *вчт* создава́ть, выбира́ть, заменя́ть и удаля́ть

crude [kruːd] *a* 1) сыро́й, неочи́щенный; необрабо́танный 2) гру́бый *(о мане́рах, обраще́нии и т. п.)* 3) незре́лый, необду́манный 4) приме́рный, предвари́тельный, гру́бый *(о подсчётах и т. п.)*

crudity ['kruːdɪtɪ] *n* 1) необрабо́танность 2) незре́лость; недорабо́танность 3) гру́бость *(мане́р, обраще́ния и т. п.)*

cruel [kruəl] *a* жесто́кий; бессерде́чный, безжа́лостный

cruelly ['kruəlɪ] *adv* жесто́ко; бессерде́чно, безжа́лостно

cruelty ['kruəltɪ] *n* жесто́кость; бессерде́чие, безжа́лостность

cruet-stand ['kruːɪtstænd] *n* судо́к *(столо́вый прибо́р)*

cruise I [kruːz] *n* круи́з; морско́е путеше́ствие; **a round-the-world ~** кругосве́тное пла́вание

cruise II *v* 1) пла́вать, соверша́ть круи́з 2) *мор.* крейси́ровать

cruise control ['kruːz kənˌtrəul] *n авто* устро́йство автомати́ческого поддержа́ния ско́рости движе́ния, круи́з-контро́ль

cruise missile ['kruːz ˈmɪsaɪl] *n воен.* крыла́тая раке́та

cruiser ['kruːzə(r)] *n* 1) *мор.* кре́йсер 2) круи́зный теплохо́д *(тж* **cruise liner, cruise ship**) 3) *амер.* полице́йская патру́льная маши́на

crumb I [krʌm] *n* 1) кро́шка *(хле́ба)* 2) крупи́ца, части́ца; **~s of information** обры́вки све́дений; **a ~ of comfort** хоть како́е-то утеше́ние 3) мя́киш *(хле́ба)*

crumb II *v* 1) обсыпа́ть кро́шками; обва́ливать в панирово́чных сухаря́х 2) кроши́ть

crumble ['krʌmbl] *v* 1) кроши́ться, осыпа́ться 2) ру́шиться, разруша́ться *(тж* **to ~ away**)

crumbly ['krʌmblɪ] *a* рассы́пчатый, кроша́щийся

crumby ['krʌmbɪ] *a* 1) усы́панный кро́шками 2) *разг.* дрянно́й, дешёвый, ничто́жный

crummy ['krʌmɪ] *a разг.* 1) гря́зный, проти́вный 2) дрянно́й, парши́вый; ничто́жный

crump I [krʌmp] *n воен. сленг* звук от разры́ва бо́мбы *или* снаря́да

crump II *v воен. сленг* разрыва́ться *(о бо́мбе или снаря́де)*

crumpet ['krʌmpɪt] *n* 1) сло́йка, пы́шка 2) *сленг* пы́шная краса́тка, пы́шка

crumple ['krʌmpl] *v* 1) мя́ться; ко́мкаться; мо́рщиться; съёживаться *(тж* **to ~ up**) 2) па́дать ду́хом *(тж* **to ~ up**)

crumpled ['krʌmpld] *a* мя́тый; ско́мканный

crunch I [krʌntʃ] *n* 1) хруст 2) скрип 3) *разг.* реша́ющий моме́нт; крити́ческая ситуа́ция 4) *вчт* кри́зис; нехва́тка ресу́рсов

crunch II *v* 1) грызть, хрусте́ть 2) скрипе́ть под нога́ми 3) сжима́ть; спрессо́вывать; уплотня́ть

crunchy ['krʌntʃɪ] *a* хрустя́щий

crusade I [kruːˈseɪd] *n* 1) *ист.* Кресто́вый похо́д 2) похо́д, кампа́ния *(про́тив чего́-л.)*

crusade II *v* вы́ступить похо́дом; нача́ть кампа́нию; боро́ться *(за что-л.)*

crusader [kruːˈseɪdə(r)] *n ист.* крестоносец

crush I [krʌʃ] *n* 1) дробление, измельчение 2) толкотня, давка 3) *разг.* толпа, сборище 4) фруктовый сок с мякотью 5) *сленг* сильное увлечение *(кем-л. — оп)*; предмет увлечения

crush II *v* 1) давить; дробить; измельчать *(в порошок)* 2) мять 3) подавлять, сокрушать; громить
 crush down 1) (раз)давить; крошить 2) подавлять, пресекать
 crush in втискиваться, впихиваться
 crush out 1) вытеснять 2) подавлять, сокрушать
 crush up дробить, толочь, размалывать

crush bar [ˈkrʌʃbɑː(r)] *n* театральный буфет

crush barrier [ˈkrʌʃˌbærɪə(r)] *n* металлический переносной барьер *(на стадионах, вокзалах и т.п.)*

crushing [ˈkrʌʃɪŋ] *a* сокрушительный; сокрушающий; ударный *(о силе)*

crust I [krʌst] *n* 1) корка *(хлеба);* **to earn one's ~** зарабатывать себе на жизнь 2) наст *(на снегу);* корка *(льда)* 3) *геол.* земная кора 4) осадок *(вина на стенках бутылки)* 5) *зоол.* панцирь *(ракообразных)*

crust II *v* покрываться коркой; образовывать корку

crusted [ˈkrʌstɪd] *a* 1) покрытый коркой, налётом 2) закоренелый *(о привычках, предрассудках);* застарелый

crusty [ˈkrʌstɪ] *a* 1) покрытый коркой 2) сварливый, придирчивый, раздражительный 3) жёсткий, твёрдый

crutch [krʌtʃ] *n* 1) костыль; **a pair of ~es** костыли 2) опора 3) промежность 4) шаг *(брюк и т. п.)*

crux [krʌks] *n* 1) решающий момент; главный вопрос 2) затруднение; трудность 3) **(the C.)** созвездие Южного Креста

cry I [kraɪ] *n* 1) крик; **to give a ~** крикнуть 2) плач 3) мольба; призыв *(о помощи)* 4) боевой клич; лозунг 5) общественное мнение; глас народа 6) молва 7) вой, лай ◊ **much ~ and little wool** ≅ много шума из ничего; **a far ~** а) далёкое расстояние б) большая разница; **in full ~** в бешеной погоне *(об охотничьих собаках);* *перен.* изо всех сил

cry II *v* 1) кричать, вопить; орать 2) воскликнуть, вскрикнуть 3) плакать 4) умолять; взывать *(о помощи)* 5) оглашать, объявлять
 cry down 1) заглушать криками 2) *разг.* отклонять *(идею и т. п.)* 3) *разг.* умалять, принижать; критиковать
 cry off *разг.* не выполнить *(обещание и т. п.);* отговориться

cry out 1) выкрикнуть, прокричать 2) нуждаться *(в чём-л.),* требовать *(чего-л.)*
 cry up *разг.* превозносить, расхваливать

cry-baby [ˈkraɪˌbeɪbɪ] *n* плакса

crying [ˈkraɪɪŋ] *a* 1) кричащий; плачущий 2) вопиющий, возмутительный

cryobiology [ˌkraɪəʊbaɪˈɒlədʒɪ] *n* криобиология

cryogenic [ˌkraɪəˈdʒenɪk] *a* криогенный, низкотемпературный

cryosurgery [ˌkraɪəʊˈsɜːdʒərɪ] *n мед.* криохирургия

cryotherapy [ˌkraɪəʊˈθerɪpɪ] *n мед.* криотерапия

crypt [krɪpt] *n* склеп

cryptic [ˈkrɪptɪk] *a* 1) загадочный, таинственный, сокровенный 2) зашифрованный

cryptography [krɪpˈtɒɡrəfɪ] *n* 1) шифровальное дело 2) криптография, тайнопись

crystal I [ˈkrɪstl] *n* 1) кристалл 2) горный хрусталь 3) хрусталь; хрустальная посуда 4) стекло для карманных и наручных часов 5) кварц; кварцевая пластина

crystal II *a* 1) кристаллический 2) хрустальный 2) прозрачный, чистый; кристальный

crystalline [ˈkrɪstəlaɪn] *a* 1) кристальный; прозрачный 2) кристаллический

crystallization [ˌkrɪstəlaɪˈzeɪʃ(ə)n] *n* образование кристаллов, кристаллизация

crystallize [ˈkrɪstəlaɪz] *v* 1) кристаллизоваться 2) принимать определённую форму *(об идеях, планах)* 3) засахаривать(ся) *(о фруктах)*

crystallography [ˌkrɪstəˈlɒɡrəfɪ] *n* кристаллография

CS gas [siːˈesˈɡæs] *n* слезоточивый газ

ct. *сокр.* 1) **(carat)** карат 2) **(cent)** цент

CU *сокр.* **(Cambridge University)** Кембриджский университет

cub I [kʌb] *n* 1) детёныш, щенок *(хищного зверя)* 2) юнец; молокосос 3) бойскаут младшей дружины 4) *амер.* ученик, стажёр

cub II *v* щениться

Cuban I [ˈkjuːbən] *n* кубинец; кубинка; **the ~s** кубинцы

Cuban II *a* кубинский

cubby [ˈkʌbɪ] *n* 1) комнатка, комнатушка 2) уютное, маленькое помещение; квартирка *(тж* **cubby-hole)**

cube I [kjuːb] *n* 1) куб *(тж мат.)* 2) *attr.* **~ root** *мат.* кубический корень

cube II *v мат.* возводить в куб

cubed [kjuːbd] *a мат.* возведённый в куб, в третью степень

cubic(al) [ˈkjuːbɪk(əl)] *a* кубический

cubicle [ˈkjʊbɪkl] *n* 1) кабинка *(для переодевания и т. п.)* 2) маленькая отгороженная спа́льня *(напр. в общежитии)* 3) изоли́рованная пала́та, бокс *(в больнице)*

cubiform [ˈkjuːbɪfɔːm] *a* име́ющий фо́рму ку́ба

cubism [ˈkjuːbɪzm] *n иск.* куби́зм

cuboid I [ˈkjuːbɔɪd] *n* 1) *анат.* кубови́дная кость *(плюсны ноги)* 2) *мат.* куббо́ид

cuboid II *a* име́ющий фо́рму ку́ба

cuckold I [ˈkʌkəʊld] *n уст.* муж-рогоно́сец

cuckold II *v уст.* изменя́ть своему́ му́жу

cuckoo I [ˈkʊkuː] *n* куку́шка

cuckoo II *a разг.* не в своём уме́, спя́тивший

cuckoo III [ˈkʊˈkuː] *int* ку-ку́!

cuckoo clock [ˈkʊkuːklɒk] *n* часы́ с куку́шкой

cucumber [ˈkjuːkʌmbə(r)] *n* огуре́ц

cud [kʌd] *n* жва́чка; **to chew the ~** жева́ть жва́чку; *перен.* ну́дно повторя́ть одно́ и то же

cuddle I [ˈkʌdl] *n* объя́тия

cuddle II *v* 1) сжима́ть в объя́тиях; прижима́ть к себе́ *(ребёнка)* 2) прижима́ться *(друг к другу — together)*

cuddy [ˈkʌdɪ] *n* 1) осёл 2) дура́к

cudgel I [ˈkʌdʒ(ə)l] *n* дуби́на, дуби́нка ◊ **to take up the ~s (for)** энерги́чно выступа́ть в защи́ту *(кого-л.)*

cudgel II *v* бить дуби́нкой ◊ **to ~ one's brains** лома́ть го́лову *(над проблемой и т. п.)*

cue¹ [kjuː] *n* кий (билья́рдный)

cue² I *n* 1) *театр.* ре́плика 2) намёк; **to give the ~** подсказа́ть; **to take one's ~ from smb** воспо́льзоваться чьим-л. указа́нием; после́довать чьему́-л. приме́ру 3) *тлв, радио* сигна́л ◊ **on ~** во́время; **to miss one's ~** упусти́ть моме́нт

cue² II *v* подава́ть ре́плику, сигна́л *и т. п.*

cuff¹ [kʌf] *n* 1) манже́та; обшла́г 2) отворо́т на брю́ках 3) *pl сленг* нару́чники ◊ **off the ~** без подгото́вки, экспро́мтом

cuff² I *n* уда́р руко́й, затре́щина

cuff² II *v* бить руко́й; надава́ть оплеу́х

cuff-links [ˈkʌflɪŋks] *n pl* за́понки

cuirass [kwɪˈræs] *n ист.* кира́са, па́нцирь

cuisine [kwiːˈziːn] *n* (национа́льная *и т. п.*) ку́хня; стол *(питание)*

cul-de-sac [ˈkʊldəˈsæk] *n* 1) тупи́к *(тж перен.)* 2) *анат.* слепо́й мешо́к

culinary [ˈkʌlɪnərɪ] *a* кулина́рный; **~ delights** деликате́сы

cull I [kʌl] *n* 1) отбо́р 2) отбрако́вка *(скота)*

cull II *v* 1) отбира́ть, выбира́ть *(из большого количества)* 2) отбира́ть, собира́ть *(цветы, фрукты и т. п.)* 3) отбрако́вывать *(скот)*

culminate [ˈkʌlmɪneɪt] *v* 1) достига́ть вы́сшей то́чки, апоге́я 2) *астр.* достига́ть то́чки наивы́сшего/наиме́ньшего отклоне́ния, кульмини́ровать

culmination [ˌkʌlmɪˈneɪʃ(ə)n] *n* 1) вы́сшая то́чка; кульмина́ция, кульминацио́нный пункт 2) *астр.* кульмина́ция

culpability [ˌkʌlpəˈbɪlɪtɪ] *n юр.* вино́вность

culpable [ˈkʌlpəbl] *a юр.* престу́пный; вино́вный

culprit [ˈkʌlprɪt] *n юр.* 1) обвиня́емый; подсуди́мый 2) престу́пник

cult [kʌlt] *n* культ

cultivate [ˈkʌltɪveɪt] *v* 1) возде́лывать, обраба́тывать *(землю)* 2) культиви́ровать *(растения)* 3) развива́ть, соверше́нствовать, улучша́ть *(способности и т. п.)*

cultivation [ˌkʌltɪˈveɪʃ(ə)n] *n* 1) возде́лывание *(земли)* 2) выра́щивание, культиви́рование, разведе́ние 3) культу́ра *(растений, бактерий)* 4) разви́тие, соверше́нствование *(способностей и т. п.)*

cultivator [ˈkʌltɪveɪtə(r)] *n* 1) *с.-х.* культива́тор 2) земледе́лец

cultural [ˈkʌltʃər(ə)l] *a* культу́рный

culture [ˈkʌltʃə(r)] *n* 1) культу́ра; **ancient ~** дре́вняя культу́ра 2) сельскохозя́йственная культу́ра 3) разведе́ние *(пчёл, рыб и т. п.)*, выра́щивание 4) культу́ра *(растений, бакте́рий)*

cultured [ˈkʌltʃəd] *a* 1) культу́рный, образо́ванный 2) культиви́рованный; **~ pearl** культиви́рованный же́мчуг

culvert [ˈkʌlvət] *n* трубопрово́д; дрена́жная труба́

cumber I [ˈkʌmbə(r)] *n* затрудне́ние; препя́тствие

cumber II *v* затрудня́ть, стесня́ть; препя́тствовать, меша́ть

cumbersome [ˈkʌmbəsəm] *a* 1) громо́здкий 2) обремени́тельный

Cumbrian I [ˈkʌmbrɪən] *n* жи́тель Ка́мберленда

Cumbrian II *a* ка́мберлендский

cumbrous [ˈkʌmbrəs] *см.* **cumbersome**

cum(m)in [ˈkʌmɪn] *n* тмин

cumulation [ˌkjuːmjʊˈleɪʃ(ə)n] *n* накопле́ние; скопле́ние; кумуля́ция

cumulative [ˈkjuːmjʊlətɪv] *a* совоку́пный, нако́пленный, кумуляти́вный; **the ~ evidence** совоку́пность ули́к; **~ data** нако́пленные да́нные; сумма́рные да́нные

cumulus [ˈkjuːmjʊləs] *n* (*pl* **cumuli** [ˈkjuːmjʊlaɪ]) кучевы́е облака́

cuneiform I [ˈkjuːniːfɔːm] *n* 1) клинообра́зный знак 2) кли́нопись *(способ письма, бытовавший у народов древней Передней Азии)*

cuneiform II *a* клинови́дный, клинообра́зный

cunnilingus [ˌkʌnɪˈlɪŋgəs] *n* куннили́нгус

cunning I [ˈkʌnɪŋ] *n* 1) хи́трость, кова́рство 2) уме́ние, ло́вкость

cunning II *a* 1) изобрета́тельный 2) хи́трый, кова́рный

cunt [kʌnt] *n груб. сленг* влага́лище

CUP *сокр.* (**Cambridge University Press**) Ке́мбридж Юниве́рсити Пресс *(издательство)*

cup I [kʌp] *n* 1) ча́шка; **a ~ of tea** ча́шка ча́ю 2) ку́бок, ча́рка; ча́ша 3) вино́; крюшо́н; **to be in one's ~s** быть навеселе́; **he is too fond of the ~** он лю́бит вы́пить 4) *спорт.* ку́бок 5) до́ля, судьба́; ча́ша жи́зни; **to drain the ~ of life** испи́ть ча́шу жи́зни; **the ~ is full** ча́ша (терпе́ния) перепо́лнилась 6) ча́шечка бюстга́льтера 7) *бот.* ча́шечка *(цветка)* 8) *тех.* колпачо́к; манже́та ◊ **she is not my ~ of tea** она́ не в моём вку́се

cup II *v* 1) придава́ть фо́рму ча́шки 2) скла́дывать пригоршней *(ладони)*

cupbearer [ˈkʌpˌbeəɡə(r)] *n* виноче́рпий

cupboard [ˈkʌbəd] *n* 1) буфе́т; шкаф *(для посуды)* 2) чула́н; стенно́й шкаф ◊ **a skeleton in the ~** «скеле́т в шкафу́», семе́йная та́йна

cupful [ˈkʌpfʊl] *n* по́лная ча́шка *(как мера веса и/или объёма)*

cupidity [kjuːˈpɪdɪtɪ] *n* а́лчность, жа́дность

cupola [ˈkjuːpələ] *n* ку́пол

cup-tie [ˈkʌptaɪ] *n спорт.* матч на ку́бок

cuprous [ˈkjuːprəs] *a хим.* ме́дный

cur [kɜː] *n* 1) дворня́жка, ша́вка 2) презре́нный тип

curable [ˈkjuərəbl] *a* излечи́мый

curacy [ˈkjuərəsɪ] *n* 1) сан свяще́нника *(в англиканской церкви)* 2) прихо́д *(церковный)*

curate [ˈkjuərɪt] *n* вика́рий; приходско́й свяще́нник *(в англиканской церкви)*

curative I [ˈkjuərətɪv] *n* целе́бное сре́дство

curative II *a* целе́бный

curator [kjuəˈreɪtə(r)] *n* храни́тель; кура́тор *(музея, библиотеки)*

curb I [kɜːb] *n* 1) узда́, обузда́ние 2) подгу́бный реме́нь узде́чки 3) бордю́р; огражде́ние

curb II *v* обу́здывать, сде́рживать, усмиря́ть

curd [kɜːd] *n обыкн. pl* творо́г

curdle [ˈkɜːdl] *v* 1) свёртываться *(о молоке, крови)* 2) засты́ть *(от ужаса)*; оцепене́ть

cure I [kjuə(r)] *n* 1) лече́ние, курс лече́ния 2) лека́рство; сре́дство *(против, от — for)* 3) *тех.* вулканиза́ция

cure II *v* 1) лечи́ть; вылеча́вать 2) исправля́ть *(зло)* 3) загота́вливать, консерви́ровать

cure-all [ˈkjuərˌɔːl] *n* панаце́я; сре́дство от всех бед

cureless [ˈkjuəlɪs] *a* неизлечи́мый

curette [kjuəˈret] *n* кюре́тка *(хирургический инструмент)*

curfew [ˈkɜːfjuː] *n* 1) коменда́нтский час; сигна́л о нача́ле коменда́нтского ча́са 2) *ист.* вече́рний звон *(сигнал для гашения огней)*

curio [ˈkjuərɪəʊ] *n* ре́дкая, антиква́рная вещь

curiosity [ˌkjuərɪˈɒsɪtɪ] *n* 1) любозна́тельность 2) любопы́тство 3) стра́нность 4) антиква́рная вещь, рарите́т

curious [ˈkjuərɪəs] *a* 1) любозна́тельный 2) любопы́тный 3) стра́нный, курьёзный, чудно́й 4) *эвф.* порнографи́ческий

curl I [kɜːl] *n* 1) ло́кон, завито́к; *pl* вью́щиеся во́лосы, кудря́шки 2) зави́вка 3) завито́к, спира́ль 4) завихре́ние ◊ **out of ~** не в фо́рме

curl II *v* 1) завива́ть(ся); ви́ться *(о волосах)* 2) свёртываться в клубо́к 3) ви́ться *(о дороге, тропинке)*; клуби́ться *(о дыме, облаках)* 4) криви́ть гу́бы

curl up а) свёртываться, скру́чиваться, смо́рщиваться *(от мороза, жары)* б) испыта́ть потрясе́ние

curler [ˈkɜːlə(r)] *n* бигуди́

curlicue [ˈkɜːlɪkjuː] *n* завито́к

curling [ˈkɜːlɪŋ] *a* вью́щийся

curling-irons [ˈkɜːlɪŋˌaɪənz] *n pl* щипцы́ для зави́вки

curling-tongs [ˈkɜːlɪŋtɒŋz] *см.* **curling-irons**

curly [ˈkɜːlɪ] *a* 1) вью́щийся, кудря́вый, курча́вый 2) волни́стый; изо́гнутый

curly brackets [ˈkɜːlɪ ˌbrækɪts] *n разг.* фигу́рные ско́бки

currant [ˈkʌrənt] *n* сморо́дина; **black/red/white ~s** чёрная/кра́сная/бе́лая сморо́дина

currency [ˈkʌrənsɪ] *n* 1) валю́та, де́ньги; **hard ~** свобо́дно конверти́руемая/твёрдая валю́та 2) де́нежное обраще́ние 3) употреби́тельность; **expressions in common ~** употреби́тельные выраже́ния; **to gain ~** получи́ть распростране́ние

current I [ˈkʌrənt] *n* 1) тече́ние; струя́, пото́к 2) ход, тече́ние *(событий)* 3) электри́ческий ток; **alternative/direct ~** переме́нный/постоя́нный ток; **charging ~** заря́дный ток

current II *a* 1) теку́щий, совреме́нный; **~ events** теку́щие собы́тия; **~ account** *фин.* теку́щий счёт 2) общераспространённый *(о мнениях, словах и т. п.)*; находя́щийся в обраще́нии *(о денежных знаках)*; **~ opinion** общепри́нятое мне́ние

currently [ˈkʌrəntlɪ] *adv* тепе́рь, в настоя́щее вре́мя; ны́не

curriculum [kəˈrɪkjʊləm] *n* (*pl* **curricula** [kəˈrɪkjʊlə]) уче́бный план, уче́бная програ́мма *(школы, университета)*

curriculum vitae [kəˈrɪkjʊləmˈviːtaɪ] *n* кра́ткая (авто)биогра́фия; резюме́

currier [ˈkʌrɪə(r)] *n* коже́вник

currish [ˈkɜːrɪʃ] *a* невоспи́танный, гру́бый

curry[1] [ˈkʌrɪ] *n* 1) ка́рри *(острая приправа)* 2) блю́до, запра́вленное ка́рри

curry[2] *v* 1) чи́стить скребни́цей *(лошадь)* 2) выде́лывать ко́жу

curry-comb [ˈkʌrɪˌkəʊm] *n* скребни́ца

curse I [kɜːs] *n* 1) прокля́тие; **to pronounce a ~ upon** проклина́ть *(кого-л.)* 2) руга́тельство, брань 3) бич, бе́дствие 4) (the ~) *разг.* менструа́ция ◊ **I don't care a ~** *(for)* мне наплева́ть!, **not worth a ~** ≅ гроша́ ло́маного не сто́ит; **~s come home to roost** *посл.* ≅ как ау́кнется, так и откли́кнется

curse II *v* 1) проклина́ть 2) руга́ться 3) *pass* му́читься, страда́ть *(with)*

cursed [ˈkɜːsɪd] *a* 1) прокля́тый 2) про́клятый 3) ужа́сный, отврати́тельный

cursive [ˈkɜːsɪv] *a* рукопи́сный; скоропи́сный

cursor [ˈkɜːsə(r)] *n вчт* курсо́р; указа́тель

cursory [ˈkɜːsərɪ] *a* бе́глый, пове́рхностный; **to give a ~ glance** пробежа́ть глаза́ми, бро́сить бе́глый взгляд

curt [kɜːt] *a* 1) кра́ткий 2) гру́бый, отры́вистый *(об ответе и т. п.)*

curtail [kɜːˈteɪl] *v* сокраща́ть, уре́зывать; **to ~ one's visit** сократи́ть пребыва́ние, визи́т

curtailment [kɜːˈteɪlmənt] *n* сокраще́ние, уре́зывание

curtain I [ˈkɜːtn] *n* 1) занаве́ска; портье́ра; што́ра; **to draw the ~s** задёрнуть занаве́ски 2) за́навес; **behind the ~** за кули́сами; **to ring the ~ down/up** дать звоно́к к спу́ску/подня́тию за́навеса; **the ~ rises/falls** за́навес поднима́ется/опуска́ется; **the ~ drops** за́навес па́дает/опуска́ется 3) што́рка *(затвора фотоаппарата)* ◊ **iron ~** желе́зный за́навес; **~ lecture** вы́говор, получа́емый му́жем от жены́ до́ма наедине́

curtain II *v* занаве́шивать

curtain call [ˈkɜːtnkɔːl] *n* вы́зов зри́телями актёра на сце́ну *(после закрытия занавеса)*

curtain fire [ˈkɜːtnˌfaɪə(r)] *n воен.* загради́тельный ого́нь

curtain raiser [ˈkɜːtnˌreɪzə(r)] *n* одноа́ктная пье́са *(исполняемая перед началом спектакля)*

curts(e)y I [ˈkɜːtsɪ] *n* реверанс; **to drop a ~** сде́лать реверанс

curts(e)y II *v* де́лать реверанс

curvaceous [kɜːˈveɪʃəs] *a разг.* с прия́тными окру́глыми фо́рмами *(о женской фигуре)*

curvature [ˈkɜːvətʃə(r)] *n* кривизна́, изги́б

curve I [kɜːv] *n* 1) крива́я (ли́ния) 2) изги́б, кривизна́ 3) гра́фик; диагра́мма 4) лека́ло

curve II *v* изгиба́ться; гну́ться

curvet I [kɜːˈvet] *n* курбе́т *(прыжок верховой лошади)*

curvet II *v* де́лать курбе́т

curvilinear [ˌkɜːvɪˈlɪnɪə(r)] *a* криволине́йный

curvy [ˈkɜːvɪ] *a* 1) с многочи́сленными изги́бами 2) хорошо́ сложённый, с прия́тными фо́рмами *(о женской фигуре)*

cushion I [ˈkʊʃ(ə)n] *n* 1) поду́шка 2) борт *(бильярдного стола)* 3) возду́шная поду́шка *(судна и т. п.)*

cushion II *v* 1) подкла́дывать поду́шку 2) успока́ивать, смягча́ть *(удар, шок и т. п.)* 3) ста́вить шар *(к борту бильярдного стола)*

cushy [ˈkʊʃɪ] *a разг.* 1) лёгкий и вы́годный *(о работе)* 2) *амер.* удо́бный, мя́гкий

cusp [kʌsp] *n* 1) пик *(горы)* 2) рог ме́сяца 3) то́чка возвра́та

cuspidor [ˈkʌspɪdɔː] *n амер.* плева́тельница

cuss [kʌs] *v разг.* руга́ться

cussed [ˈkʌsɪd] *a разг.* упря́мый и жёсткий

custard [ˈkʌstəd] *n* заварно́й крем

custodian [kʌsˈtəʊdjən] *n* 1) храни́тель *(музея, библиотеки)* 2) опеку́н

custody [ˈkʌstədɪ] *n* 1) охра́на; опе́ка, попечи́тельство; **to be in the ~ (of)** находи́ться под охра́ной, опе́кой 2) *юр.* задержа́ние; лише́ние свобо́ды; содержа́ние под стра́жей; **to take into ~** брать под стра́жу, заде́рживать

custom [ˈkʌstəm] *n* 1) привы́чка; **a slave to ~** раб привы́чки 2) обы́чай; **native ~s** ме́стные, тузе́мные обы́чаи 3) *юр.* обы́чное пра́во 4) клиенту́ра 5) *pl* тамо́женные по́шлины 6) *pl* тамо́жня, тамо́женное управле́ние 7) *attr* заказно́й; специализи́рованный; изгото́вленный на зака́з; **~ software** *вчт* специа́льное програ́ммное обеспе́чение; заказно́е програ́ммное обеспе́чение 8) *attr* тамо́женный; **~s duties** тамо́женные по́шлины и сбо́ры; **~s entry** тамо́женная отме́тка; **~s officer** тамо́женник; **~s union** тамо́женный сою́з

customary [ˈkʌstəmərɪ] *a* обы́чный; привы́чный; **as is ~** по обыкнове́нию, как при́нято

custom-build [ˈkʌstəmbɪld] *a* сде́ланный по зака́зу, на зака́з

customer [ˈkʌstəmə(r)] *n* 1) покупа́тель; клие́нт; зака́зчик 2) абоне́нт 3) *разг.* тип, субъе́кт; **awkward ~** тяжёлый/непокла́дистый челове́к; **queer ~** чуда́к, стра́нный тип

custom-house [ˈkʌstəmhaʊs] *n* тамо́жня, зда́ние тамо́жни *(на границе)*

cut I [kʌt] *n* 1) разре́з; поре́з, ра́на *(ножевая и т. п.)* 2) (ре́жущий) уда́р *(ножом, саблей и т. п.)* 3) сниже́ние *(цен, зарплаты)*; сокраще́ние *(штатов)* 4) вы́резка *(части текста)*, купю́ра 5) отре́з *(ткани)* 6) ре́зкое замеча́ние, вы́пад 7) покро́й; фасо́н *(платья)*;

модéль (стрúжки) 8) отрéзанный от тýши кусóк мя́са 9) рéзаная подáча мяча́ (в теннисе) 10) прекращéние знакóмства; **to give smb the ~ direct** прекрати́ть знакóмство с кем-л. 11) отрéзок; **a short ~** кратчáйший путь, путь напрями́к 12) *карт.* снятие колóды 13) гравю́ра на дéреве ◊ **a ~ above** *разг.* сто очкóв вперёд, нáголову вы́ше други́х; **a ~ and thrust of debate** оживлённый спор

cut II *v* (**cut**) 1) рéзать, разрезáть; срезáть, отрезáть; **he ~ his finger** он порéзал пáлец; **the knife won't ~** нож не рéжет 2) стричь, обрезáть (*волосы, вéтки и т. п.*); **to get/to have one's hair ~** подстри́чься 3) вскрывáть (*тж* **to ~ loose/open**) 4) причиня́ть си́льную боль; *перен.* бóльно задевáть; **his remark ~ me to the quick** его́ замечáние задéло меня́ за живóе 5) сокращáть, урезáть (*штáты*); снижáть, уменьшáть (*цéны, затрáты и т. п.*) 6) крои́ть (*одéжду*) 7) шлифовáть, грани́ть (*драгоцéнные кáмни*) 8) руби́ть, вали́ть (*лес*) 9) прорубáть (*туннель и т. п.*) 10) коси́ть, жать 11) пересекáться (*о лúниях, дорóгах и т. п.*) 12) игнори́ровать; прекращáть знакóмство 13) *амер.* не посещáть, пропускáть (*заня́тия и т. п.*) 14) *карт.* снимáть (*колóду*) 15) *кино* монти́ровать, занимáться монтажóм 16) сокращáть, срезáть путь, идти́ напрями́к 17) выключáть (*мотор и т. п.*) 18) *амер.* разбавля́ть (*напúтки*) 19) кастри́ровать 20) *сленг* удирáть, улепётывать ◊ **it ~s both ways** э́то пáлка о двух концáх; **to ~ corners** выполня́ть рабóту повéрхностно, кóе-кáк; **to ~ one's coat according to one's cloth** ≅ по одёжке протя́гивай нóжки; **to ~ dead** в упóр не ви́деть (*когó-л.*); **to ~ and run** *сленг* удирáть со всех ног; **to ~ smb down to size** *разг.* жёстко постáвить когó-л. на мéсто; **to ~ one's eye-teeth** приобрести́ житéйскую мýдрость; **to ~ short** прерывáть, обрывáть; **to ~ the mustard** *амер. сленг* дости́чь нýжного ýровня, соотвéтствовать трéбованиям

cut across 1) сокращáть, срезáть путь, идти́ напрями́к 2) идти́ вразрéз, противорéчить 3) перебивáть

cut away 1) отрезáть, отрубáть 2) давáть в разрéзе; срезáть часть (*чегó-л.*)

cut back 1) подрезáть, укорáчивать 2) возвращáться к бóлее рáнним собы́тиям 3) рéзко меня́ть направлéние 4) *разг.* сокращáть, уменьшáть

cut down 1) вали́ть, руби́ть (*дерéвья*) 2) укорáчивать, ушивáть (*одéжду*) 3) *разг.* сокращáть, уменьшáть 4) уби́ть 5) *разг.* срази́ть, постáвить (*когó-л.*) на мéсто

cut in 1) добавля́ть, примéшивать 2) вкли́нивать 3) *разг.* вмéшиваться (*в разговóр и т. п.*), перебивáть 4) *тех.* включáть, врубáть

cut off 1) обрезáть, отрезáть; отрубáть, отсекáть 2) прерывáть, перебивáть 3) предотвращáть, останáвливать 4) *тех.* отключáть; прекращáть (*снабжéние*) 5) изоли́ровать

cut out 1) вырезáть (*из бумáги*) 2) крои́ть, вырезáть 3) вырезáть, дéлать купю́ры (*из тéкста*) 4) *разг.* прекращáть; исключáть (*из чегó-л.*) 5) вытесня́ть (*конкурéнта и т. п.*) 6) *тех.* отключáть; прекращáть (*снабжéние*)

cut up 1) нарезáть (*что-л.*) мéлкими кусóчками, поруби́ть 2) изрáнить, изрéзать 3) быть достáточным, хватáть 4) *разг.* разрушáть, разбивáть 5) *разг.* устрóить разнóс, раскритиковáть 6) *разг.* дать себé вóлю, откáлывать номерá 7) *амер. разг.* дурáчиться

cut and paste I [ˌkʌtən(d)ˈpeɪst] *n вчт* вырезáние и встáвка

cut and paste II *v вчт* помести́ть в бýфер обмéна и встáвить из бýфера обмéна

cutaway [ˈkʌtəweɪ] *n* вы́резка, срéзка (*в диагрáмме, схéме и т. п.*)

cute [kjuːt] *a разг.* 1) *амер.* привлекáтельный, «с изю́минкой» 2) *амер.* жемáнный 3) ýмный; остроýмный; изобретáтельный; нахóдчивый

cuticle [ˈkjuːtɪkl] *n анат., бот.* кути́кула

cut-in [ˈkʌtɪn] *n* 1) *тех.* включéние; начáло рабóты 2) *кино* переби́вка, вставнóй кадр

cutler [ˈkʌtlə(r)] *n* ножовщи́к; торгóвец ножевы́ми издéлиями

cutlery [ˈkʌtlərɪ] *n* ножи́, ви́лки и лóжки (*столóвые прибóры*)

cutlet [ˈkʌtlɪt] *n* отбивнáя (котлéта); **veal ~** теля́чья отбивнáя

cut-off [ˈkʌtɒf] *n* 1) отрéзанный кусóк, отрéзок 2) конéц, прекращéние (*дéйствия и т. п.*) 3) *тех.* отсéчка; выключéние 4) *эл., рáдио* запирáние, срез (*частоты́*)

cut-out [ˈkʌtaʊt] *n* 1) áбрис; очертáние; прóфиль 2) вы́резанная фигýра (*из бумáги, картóна и т. п.*), кóнтур 3) *тех.* автомати́ческий выключáтель; предохрани́тель

cut-over [ˌkʌtˈəʊvə] *n тех.* 1) переключéние; перебрóска (*абонéнта на другýю стáнцию*) 2) выключéние

cutter[1] [ˈkʌtə(r)] *n* кáтер

cutter[2] *n* 1) закрóйщик 2) рéзчик (*по дéреву, кáмню*) 3) забóйщик 4) фрезá 5) врýбовая маши́на

cutthroat [ˈkʌtθrəʊt] *n* 1) уби́йца, головорéз 2) *attr* ожесточённый

cut-through [ˈkʌtθruː] *n* 1) просека 2) *attr вчт* сквозной

cutting I [ˈkʌtɪŋ] *n* 1) вырезка *(из газеты, журнала)* 2) выемка, траншея

cutting II *a* 1) резкий, острый; язвительный *(о замечании)* 2) пронизывающий *(о ветре)*

cutting-edge technology [ˈkʌtɪŋedʒ tekˈnɒlədʒɪ] *n* новейшая технология

cutting room [ˈkʌtɪŋˌruːm] *n кино, тлв* монтажная (студия)

cuttlefish [ˈkʌtlfɪʃ] *n зоол.* каракатица

cutty [ˈkʌtɪ] *n* короткая курительная трубка

cutwater [ˈkʌtˌwɔːtə(r)] *n* волнолом, волнорез

c. v. *сокр.* **(curriculum vitae)** краткая (авто)биография; резюме

Cwlth *сокр.* **(Commonwealth)** Содружество

c. w. o. *сокр.* **(cash with order)** наличный расчёт при выдаче заказа

cwt *сокр.* **(hundredweight)** центнер

cyanic acid [saɪˈænɪkˈæsɪd] *n хим.* циановая кислота

cyanide [ˈsaɪənaɪd] *n хим.* цианид; ~ **of potassium** цианистый калий

cyanogen [saɪˈænədʒɪn] *n хим.* циан

cyanosis [ˌsaɪəˈnəʊsɪs] *n мед.* цианоз

cyber cafe [ˌsaɪbəˈkæfeɪ] *n* Интернет-кафе

cybernetics [ˌsaɪbəˈnetɪks] *n* кибернетика

cyberspace [ˌsaɪbəˈspeɪs] *n* киберпространство

cyclamen [ˈsɪkləmən] *n бот.* цикламен

cycle I [ˈsaɪkl] *n* 1) цикл; период 2) велосипед

cycle II *v* 1) ездить на велосипеде 2) совершать цикл развития; повторяться циклически

cyclic [ˈsaɪklɪk] *a* 1) циклический 2) *хим.* цикличный

cyclical [ˈsaɪklɪk(ə)l] *(см.* **cyclic** 1)

cyclist [ˈsaɪklɪst] *n* велосипедист

cyclone [ˈsaɪkləʊn] *n* циклон

cyclopaedia [ˌsaɪkləˈpiːdɪə] *n* энциклопедия

cyclopaedic [ˌsaɪkləˈpiːdɪk] *a* энциклопедический

cyclotron [ˈsaɪklətrɒn] *n физ.* циклотрон

cygnet [ˈsɪgnɪt] *n* молодой лебедь

cylinder [ˈsɪlɪndə(r)] *n* 1) *мат., тех.* цилиндр 2) *тех.* вал, барабан

cylindrical [sɪˈlɪndrɪkəl] *a* цилиндрический

cymbals [ˈsɪmbəlz] *n pl муз.* тарелки

Cymric [ˈkɪmrɪk] *a* уэльский, кимрский

cynic [ˈsɪnɪk] *n* циник

cynical [ˈsɪnɪkəl] *a* циничный

cynicism [ˈsɪnɪsɪz(ə)m] *n* цинизм

cynosure [ˈsaɪnəˌzjʊə(r)] *n* 1) центр внимания, притяжения 2) путеводная звезда

cypher I, II [ˈsaɪfə(r)] *см.* **cipher I, II**

cypress [ˈsaɪprəs] *n бот.* кипарис

Cyprian I [ˈsɪprɪən] *n* уроженец Кипра, киприот

Cyprian II *a* кипрский

Cypriot(e) [ˈsɪprɪəʊt] *n* уроженец Кипра, киприот

Cyrillic I [sɪˈrɪlɪk] *n* 1) кириллица *(одна из двух первых славянских азбук)* 2) *разг.* русская азбука, русский шрифт

Cyrillic II *a* 1) кириллический; ~ **alphabet** кириллица 2) русский *(о шрифте);* ~ **font** русский шрифт, кириллица

cyst [sɪst] *n* 1) *мед.* киста 2) *анат.* пузырь

cystic [ˈsɪstɪk] *a* 1) *мед.* кистозный 2) пузырный *(относящийся к мочевому пузырю)*

cystitis [sɪˈstaɪtɪs] *n мед.* цистит

cytogenetics [ˌsaɪtəʊdʒɪˈnetɪks] *n* цитогенетика

cytology [saɪˈtɒlədʒɪ] *n* цитология

cytoplasm [ˈsaɪtəʊˌplæzm] *n биол.* цитоплазма

czar [zɑː(r)] *n* царь

Czech I [tʃek] *n* 1) чех; чешка; **the ~s** чехи 2) чешский язык

Czech II *a* чешский

D

D, d [diː] *n* 1) 4-я буква англ. алфавита 2) *муз.* нота ре

'd [-d] *разг. сокр. от* **had, should, would** после местоимений **I, you, he** *и т. д.*

DA *сокр.* **(District Attorney)** *амер.* окружной прокурор

dab¹ I [dæb] *n* 1) лёгкое прикосновение, касание, лёгкий удар 2) мазок; пятно

dab¹ II *v* 1) слегка прикасаться; прикладывать *(что-л. влажное или мягкое)* 2) ударять, тыкать *(at)* 3) делать лёгкие мазки краской

dab² *n* камбала-лиманда *(рыба)*

dab³ *n разг.* знаток, дока *(тж ~* **hand** *— at)*

dabble [ˈdæbl] *v* 1) заниматься чем-л. поверхностно, по-дилетантски 2) смачивать 3) брызгать(ся), плескать(ся)

dabbler [ˈdæblə(r)] *n* любитель, дилетант

dace [deɪs] *n* елец *(рыба)*

dacha [ˈdætʃə] *n* дача *(в России)*

dachshund [ˈdækshʊnd] *n* такса *(порода собак)*

dactyl [ˈdæktɪl] *n* 1) *лит.* дактиль 2) *мед.* палец

dactylic

dactylic I [dæk'tɪlɪk] *n обыкн. pl* дактили́ческий стих

dactylic II *a* дактили́ческий

dad [dæd] *n разг.* па́па, па́почка

daddy ['dædɪ] *см.* **dad**

dado ['deɪdəu] *n* 1) пане́ль 2) *архит.* пьедеста́л

daemon ['di:mən] *см.* **demon**

daemonic [di:'mɒnɪk] *см.* **demonic**

daffodil ['dæfədɪl] *n* 1) нарци́сс 2) бле́дно-жёлтый цвет

daft [dɑ:ft] *a разг.* 1) свихну́вшийся, рехну́вшийся, сумасше́дший 2) потеря́вший го́лову, безрассу́дный; **to go ~** потеря́ть го́лову

dag [dæg] *n* клок сваля́вшейся ше́рсти

dagger I ['dægə(r)] *n* 1) кинжа́л 2) *полигр.* кре́стик ◊ **to look ~s** броса́ть зло́бные взгля́ды; **at ~s drawn** на ножа́х

dagger II *v* 1) пронза́ть кинжа́лом 2) *полигр.* отмеча́ть кре́стиком

dago ['deɪgəu] *n амер. презр.* про́звище италья́нца, испа́нца, португа́льца, южноамерика́нца

dahlia ['deɪlɪə] *n* георги́н

Dail [dɒɪl] *n* **(the ~)** ни́жняя пала́та парла́мента Ирла́ндии (*тж* **Dail Eireann**)

daily I ['deɪlɪ] *n* 1) *разг.* ежедне́вная газе́та 2) приходя́щая домрабо́тница

daily II *a* 1) ежедне́вный; су́точный 2) регуля́рный; **~ life** обы́чная жизнь, повседне́вность

daily III *adv* ежедне́вно

daintiness ['deɪntɪnɪs] *n* изы́сканность, утончённость

dainty I ['deɪntɪ] *n* ла́комство, деликате́с

dainty II *a* 1) изы́сканный; утончённый 2) ла́комый, деликате́сный 3) разбо́рчивый

daiquiri ['dækərɪ] *n* кокте́йль «да́йкири» (*из рома, сока лайма и сахара*)

dairy ['deərɪ] *n* 1) маслобо́йня; сырова́рня 2) моло́чная (*магазин*) 3) *собир.* моло́чные проду́кты

dairyfarm ['deərɪfɑ:m] *n* моло́чная фе́рма

dairying ['deərɪŋ] *n* моло́чное хозя́йство

dairymaid ['deərɪmeɪd] *n* рабо́тница на моло́чной фе́рме; доя́рка

dairyman ['deərɪmən] *n* 1) торго́вец моло́чными проду́ктами; моло́чник 2) рабо́тник на моло́чной фе́рме

dais ['deɪɪs] *n* возвыше́ние; помо́ст; ка́федра

daisy ['deɪzɪ] *n* 1) маргари́тка 2) *сленг* что́-л. первокла́ссное

daisy chain ['deɪzɪ 'tʃeɪn] *n* 1) цвето́чная гирля́нда 2) *вчт., эл.* гирля́ндная цепь (*ряд после́довательно соединённых устро́йств*)

dale [deɪl] *n* доли́на (*особ. на се́вере Англии*) ◊ **to curse up hill and down ~** ≅ руга́ть на чём свет стои́т

dalesman ['deɪlzmən] *n* жи́тель доли́н (*на се́вере Англии*)

dalliance ['dælɪəns] *n* 1) пра́здное времяпрепровожде́ние, развлече́ния, безде́лье 2) несерьёзное отноше́ние к чему́-л.

dally ['dælɪ] *v* 1) занима́ться пустяка́ми; болта́ться без де́ла; развлека́ться 2) коке́тничать; флиртова́ть

dally away зря теря́ть вре́мя; упуска́ть возмо́жность

Dalmatian [dæl'meɪʃ(ə)n] *n* далма́тский дог, далмати́н(ец) (*порода собак*)

daltonism ['dɔ:ltənɪzm] *n мед.* дальтони́зм

dam I [dæm] *n* да́мба, плоти́на, запру́да

dam II *v* 1) запру́живать во́ду, де́лать запру́ду 2) препя́тствовать; сде́рживать (*чувства и т. п. — ир*)

damage I ['dæmɪdʒ] *n* 1) вред, поврежде́ние 2) убы́ток, уще́рб 3) *pl юр.* компенса́ция за убы́тки 4) *сленг* цена́, сто́имость; **what's the ~?** ско́лько э́то сто́ит? 5) *attr:* **~ control** *тех.* контро́ль за поврежде́ниями; *мор.* борьба́ за живу́честь (*судна*)

damage II *v* 1) по́ртить; поврежда́ть 2) наноси́ть уще́рб, убы́ток 3) дискредити́ровать

damageable ['dæmɪdʒəbl] *a* легко́ по́ртящийся

damask I ['dæməsk] *n* 1) дама́ст, камча́тная ткань 2) *ист.* дама́сская сталь; була́т

damask II *a* 1) дама́стный, камча́тный 2) сде́ланный из дама́сской ста́ли 3) а́лый

damask III *v* 1) ткать с узо́рами 2) насека́ть сталь

dame [deɪm] *n* 1) **(D.)** дейм, же́нщина-кавале́р (*титул женщины, награждённой орденом Британской империи*); **D. Grand Gross** же́нщина-кавале́р о́рдена I сте́пени 2) *шутл.* пожила́я же́нщина 3) *уст.* да́ма, госпожа́ 4) *амер. сленг* же́нщина

dammit ['dæmɪt] *int* чёрт побери́!

damn I [dæm] *n* 1) прокля́тие; руга́тельство ◊ **not to care a ~** соверше́нно не интересова́ться, наплева́ть; **it's not worth a ~** э́то гроша́ ло́маного не сто́ит

damn II *v* 1) проклина́ть; **I'll be ~ed if** будь я про́клят, е́сли; **~ him!** чёрт с ним! 2) руга́ться 3) критикова́ть, осужда́ть

damnable ['dæmnəbl] *a* отврати́тельный; ужа́сный

damnably ['dæmnəblɪ] отврати́тельно, ужа́сно, чертовски

damnation I [dæm'neɪʃ(ə)n] *n* 1) прокля́тие 2) осужде́ние

damnation II *int* прокля́тие!

damnatory ['dæmnətərɪ] *a* осужда́ющий, вызыва́ющий осужде́ние

damned I [dæmd] *a разг.* ужа́сный; а́дский; прокля́тый

damned II *adv* ужа́сно, черто́вски; **it is ~ hot** черто́вски жа́рко

damning [ˈdæmnɪŋ] **II** *a* вызыва́ющий осужде́ние; ~ **evidence** *юр.* тя́жкая ули́ка

damp I [dæmp] *n* 1) сы́рость, вла́жность; ~ **course** *стр.* слой уплотни́теля, препя́тствующего проникнове́нию сы́рости 2) уны́ние, пода́вленность; **to cast a ~ over** омрача́ть

damp II *a* сыро́й, вла́жный

damp III *v* 1) сма́чивать, увлажня́ть 2) угнета́ть, подавля́ть 3) заглуша́ть; ослабля́ть, туши́ть 4) *тех.* тормози́ть, демпфи́ровать

dampen [ˈdæmpən] *v см.* **damp III** 1) и 2)

damper [ˈdæmpə(r)] *n* 1) кто́-л. *или* что́-л. де́йствующее угнета́юще; **to put a ~ on things** испо́ртить всё удово́льствие; де́йствовать угнета́юще 2) *тех.* глуши́тель; амортиза́тор 3) *тех.* регуля́тор тя́ги; вью́шка *(в печи)*

damping [ˈdæmpɪŋ] *n* 1) увлажне́ние 2) *тех.* заглуше́ние; торможе́ние 3) *радио* затуха́ние; демпфи́рование 4) *тех.* амортиза́ция, подавле́ние

dampish [ˈdæmpɪʃ] *a* сырова́тый

damp-proof [ˈdæmppruːf] *a* влагонепроница́емый

damsel [ˈdæmz(ə)l] *n уст.* деви́ца

damson [ˈdæmz(ə)n] *n бот.* тернослива

dance I [dɑːns] *n* 1) та́нец; **country ~** наро́дный та́нец, пля́ска 2) тур *(танца)* 3) та́нцы, танцева́льный ве́чер ◊ **to lead smb a (merry) ~** *разг.* води́ть кого́-л. за́ нос, заставля́ть му́читься

dance II *v* 1) танцева́ть, пляса́ть; **shall we ~?** станцу́ем? 2) пры́гать, скака́ть; кружи́ться ◊ **to ~ to smb's tune** пляса́ть под чью́-л. ду́дку; **to ~ attendance on smb** ходи́ть пе́ред кем-л. на за́дних ла́пках

dance floor [ˈdɑːns flɔː] *n* ме́сто для та́нцев в клу́бе, рестора́не, *разг.* танцпо́л

dancehall [ˈdɑːnshɔːl] *n* танцева́льный зал; да́нсинг

dance music [ˈdɑːns ˌmjuːsɪk] *n* танцева́льная му́зыка

dancer [ˈdɑːnsə(r)] *n* 1) танцу́ющий, танцо́р 2) танцо́вщица; танцо́вщик; **ballet ~** балери́на; арти́ст бале́та

dancing I [ˈdɑːnsɪŋ] *n* та́нцы

dancing II *a* танцева́льный

dandelion [ˈdændɪlaɪən] *n* одува́нчик

dander [ˈdændə(r)] *n разг.* гнев, раздраже́ние, негодова́ние; **to get one's ~ up** рассерди́ть(ся); вы́йти из себя́

dandle [ˈdændl] *v* 1) кача́ть (ребёнка) на рука́х *или* на коле́нях 2) ласка́ть, балова́ть

dandruff [ˈdændrʌf] *n* пе́рхоть

dandy I [ˈdændɪ] *n* 1) *уст.* щёголь, де́нди 2) *разг.* не́что великоле́пное

dandy II *a амер. разг.* великоле́пный, отли́чный, первокла́ссный

dandy-brush [ˈdændɪbrʌʃ] *n* скребни́ца

Dane [deɪn] *n* датча́нин; датча́нка; **the ~s** датча́не ◊ **great ~** да́тский дог

danger [ˈdeɪndʒə(r)] *n* 1) опа́сность, угро́за, риск; **to be in ~** быть в опа́сности; **out of ~** вне опа́сности 2) *attr:* **list** спи́сок тяжелобольны́х *(в больни́це)*; ~ **money** надба́вка за риск

dangerous [ˈdeɪndʒərəs] *a* опа́сный; угрожа́ющий

danger signal [ˈdeɪndʒə ˌsɪgnəl] *n* 1) сигна́л опа́сности 2) *ж.-д.* сигна́л «путь закры́т»

dangle [ˈdæŋgl] *v* 1) свиса́ть, болта́ться 2) подве́шивать 3) соблазня́ть, дразни́ть

dangler [ˈdæŋglə(r)] *n* 1) безде́льник 2) воло́ки́та

dangling [ˈdæŋglɪŋ] *a* 1) вися́щий 2) *грам.* обосо́бленный 3) *вчт* пови́сший; ссыла́ющийся на несуществу́ющий объе́кт

Danish I [ˈdeɪnɪʃ] *n* 1) да́тский язы́к 2): **the ~** *(употр. как pl)* датча́не

Danish II *a* да́тский ◊ ~ **blue** голубо́й да́тский сыр *(сорт солёного мя́гкого сы́ра)*; ~ **pastry** небольшо́й кекс с фру́ктами и оре́хами, ча́сто покры́тый са́харной глазу́рью

dank [dæŋk] *a* сыро́й, промо́зглый

dap I [dæp] *n* 1) подпры́гивание мяча́ 2) зазу́брина

dap II *v* 1) уди́ть ры́бу 2) (слегка́) погружа́ть 3) подпры́гивать *(о мяче́)*

dapper [ˈdæpə(r)] *a* 1) опря́тно оде́тый 2) подви́жный, живо́й

dapple [ˈdæpl] *v* покрыва́ть(ся) пя́тнами

dapple-grey [ˈdæpl ˈgreɪ] *a* се́рый в я́блоках *(о лошади)*

darbies [ˈdɑːbɪz] *n pl сленг* нару́чники

dare [deə(r)] *v (past* **dared, durst**; *p. p.* **dared**; *3-е л. ед. ч. наст. вр. тж* **dare**) 1) сметь; осме́ливаться, отва́живаться; **I ~ say** осме́люсь сказа́ть, полага́ю; вероя́тно, пожа́луй; **how ~ you say such things?** как ты сме́ешь тако́е говори́ть? 2) вызыва́ть *(на — to)*; броса́ть вы́зов; **he ~d me to take it** он подби́л меня́ взять э́то 3) рискова́ть

daredevil I [ˈdeə ˌdevl] *n* сорвиголова́

daredevil II *a* безрассу́дный, отча́янный

daring I [ˈdeərɪŋ] *n* сме́лость; отва́га

daring II *a* сме́лый, отва́жный; де́рзкий

Darjeeling [dɑːˈdʒiːlɪŋ] *n* Да́рджилинг *(сорт инди́йского ча́я вы́сшего со́рта)*

dark I [dɑːk] *n* 1) тьма, темнота́, мрак; **at ~** в темноте́, но́чью; **before/after ~** до/по́сле наступле́ния темноты́ 2) неизве́стность, неве́дение; **to keep smb in the ~** держа́ть кого́-л. в неве́дении; **to be in the ~ about smth** не знать о чём-л. 3) неве́жество 4) *жив.* тень; **the lights and ~s of a picture** свет и те́ни на карти́не

dark II *a* 1) тёмный; **~ chocolate** тёмный/го́рький шокола́д; **~ glasses** тёмные/со́лнечные очки́; **to get/to grow ~** темне́ть 2) сму́глый; темноволо́сый; **~ complexion** сму́глый цвет лица́ 3) мра́чный; угрю́мый 4) тёмный, дурно́й; злове́щий 5) та́йный, секре́тный; непоня́тный, нея́сный; **to keep smth ~** держа́ть что-л. в секре́те 6) неве́жественный, необразо́ванный, тёмный ◊ **~ the D. Ages** Сре́дние века́, Средневеко́вье; **~ horse** *перен.* тёмная лоша́дка

darken [ˈdɑːkən] *v* 1) затемня́ть; де́лать тёмным 2) темне́ть, станови́ться тёмным

darkish [ˈdɑːkɪʃ] *a* темнова́тый

darkly [ˈdɑːklɪ] *adv* 1) мра́чно 2) непоня́тно, нея́сно; зага́дочно

darkness [ˈdɑːknɪs] *n* тьма, темнота́, мрак

darkroom [ˈdɑːkˈrʊm] *n* фотолаборато́рия для проя́вки и печа́ти сни́мков

darksome [ˈdɑːksəm] *a поэт.* тёмный, мра́чный; хму́рый

darling I [ˈdɑːlɪŋ] *n* 1) люби́мый; люби́мая; **my ~!** дорого́й мой!, дорога́я моя́!; голу́бчик! 2) люби́мец; **the ~ of fortune** ба́ловень судьбы́

darling II *a* люби́мый; дорого́й; ми́лый

darn¹ I [dɑːn] *n* заштопанное ме́сто, што́пка

darn¹ II *v* што́пать

darn² *v разг.* проклина́ть, руга́ть

darnel [ˈdɑːnl] *n* пле́вел, со́рная трава́

darning [ˈdɑːnɪŋ] *n* што́панье, што́пка

dart I [dɑːt] *n* 1) о́строе мета́тельное ору́жие, дро́тик; стрела́ 2) стреми́тельное движе́ние, бросо́к 3) *pl* дартс *(игра)* 4) жа́ло

dart II *v* 1) устремля́ться, ри́нуться; лете́ть стрело́й *(тж* **to ~ away, in, out, past)** 2) мета́ть *(стрелы, дротики, взгляды)*

dartboard [ˈdɑːtbɔːd] *n* кру́глая доска́ для игры́ в дартс

darting [ˈdɑːtɪŋ] *a* бы́стрый, стреми́тельный

dartingly [ˈdɑːtɪŋlɪ] *adv* бы́стро, стрело́й

dash I [dæʃ] *n* 1) стреми́тельный на́тиск, рыво́к, бросо́к; **to make a ~** бро́ситься, рвану́ться 2) тире́, черта́ 3) эне́ргия 4) при́месь, доба́вка; **to add a ~ of pepper** доба́вить немно́го пе́рца; **a ~ of purple** пурпу́рный отте́нок 5) рисо́вка; **to cut a ~** рисова́ться, красова́ться

dash II *v* 1) устреми́ться, ри́нуться; рвану́ться; **to ~ to the door** рвану́ться к две́ри; **to ~**

against/upon smth наскочи́ть, натолкну́ться на что-л. 2) броса́ть, швыря́ть 3) разбива́ть(ся) 4) бры́згать, плеска́ть 5) разруша́ть *(планы, надежды и т. п.)* 6) наброса́ть, бы́стро написа́ть *(тж* **to ~ off)** 7) *сленг* проклина́ть; **~ it!, ~ it all!** к чёрту всё!

dashboard [ˈdæʃbɔːd] *n ав., авто* прибо́рная доска́, щито́к

dash-dotted line [ˌdæʃˈdɒtɪd laɪn] *n* штрих-пункти́рная ли́ния

dashed line [ˌdæʃt ˈlaɪn] *n* пункти́рная ли́ния

dashing [ˈdæʃɪŋ] *a* 1) стреми́тельный; живо́й, энерги́чный 2) лю́бящий порисова́ться

dashpot [ˈdæʃpɒt] *n тех.* амортиза́тор

dastardly [ˈdæstədlɪ] *a уст.* трусли́вый; по́длый

data [ˈdeɪtə] *n pl* да́нные; информа́ция; све́дения

data access [ˈdeɪtəˌæksəs] *n вчт* 1) вы́борка да́нных 2) до́ступ к да́нным

data acquisition and distribution [ˈdeɪtə ˌækwɪˈzɪʃ(ə)nən(d)ˌdɪstrɪˈbjuːʃ(ə)n] *n вчт* сбор и распределе́ние да́нных

data bank [ˈdeɪtəbæŋk] *n вчт* информацио́нный банк, банк да́нных

database [ˈdeɪtəbeɪs] *n вчт* ба́за да́нных, БД

datable [ˈdeɪtəbl] *a* поддаю́щийся дати́рованию *(to)*

data processing [ˈdeɪtəprəˌsesɪŋ] *n вчт* обрабо́тка да́нных

data protection [ˈdeɪtəprəˌtekʃ(ə)n] *n вчт* защи́та да́нных, защи́та информа́ции

data transmission [ˈdeɪtətrænzˈmɪʃ(ə)n] *n вчт* переда́ча да́нных

date¹ I [deɪt] *n* 1) да́та, число́; **~ of birth** да́та рожде́ния 2) пери́од, вре́мя; срок 3) *разг.* свида́ние 4) *амер. разг.* тот, кому́ назнача́ют свида́ние ◊ **out of ~** устаре́вший; старомо́дный; **up to ~** совреме́нный, нове́йший; обновлённый; **~ and time** да́та и вре́мя *(тж* **~/time)**

date¹ II *v* 1) дати́ровать 2) относи́ть к определённому вре́мени, пери́оду 3) вести́ исчисле́ние, нача́ло *(от какой-л. даты)* 4) устаре́ть; вы́глядеть старомо́дно; **that coat really ~s you** в э́том пальто́ ты вы́глядишь старомо́дно 5) *разг.* назнача́ть свида́ние 6) *разг.* встреча́ться, ча́сто ви́деться

date² *n* 1) фи́ник 2) фи́никовая па́льма

dated [ˈdeɪtɪd] *a* ста́рый; устаре́вший; давно́ изве́стный

dateless [ˈdeɪtlɪs] *a* 1) недати́рованный 2) незапа́мятный 3) неустарева́ющий

date-palm [ˈdeɪtpɑːm] *n* фи́никовая па́льма

dative I [ˈdeɪtɪv] *n грам.* да́тельный паде́ж

dative II *a грам.* да́тельный

datum [ˈdeɪtəm] *n* (*pl* **data**) 1) да́нная величина́; исхо́дный факт 2) нача́ло отсчёта; исхо́дное положе́ние 3) *вчт* элеме́нт да́нных; едини́ца да́нных

datum line [ˈdeɪtəmˌlaɪn] *n* 1) *спец.* ба́зовая, исхо́дная ли́ния 2) *воен.* нулева́я ли́ния прице́ливания

daub I [dɔːb] *n* 1) штукату́рка; обма́зка (*гли́ной и т. п.*) 2) мазня́, пачкотня́, неуме́лый рису́нок

daub II *v* 1) обма́зывать, ма́зать (*гли́ной и т. п.*) 2) малева́ть; пло́хо рисова́ть 3) па́чкать

dauber [ˈdɔːbə(r)] *n* 1) плохо́й, неуме́лый худо́жник, мази́лка 2) инструме́нт для обма́зки

daughter [ˈdɔːtə(r)] *n* 1) дочь 2) *attr* доче́рний

daughter board [ˈdɔːtəbɔːd] *n вчт* доче́рняя пла́та

daughter-in-law [ˈdɔːtərɪnlɔː] *n* (*pl* **daughters-in-law**) жена́ сы́на, неве́стка

daughterly [ˈdɔːtəlɪ] *a* доче́рний

daunt [dɔːnt] *v* запу́гивать; устраша́ть; обескура́живать; **nothing ~ed** ничу́ть не смуща́ясь

dauntless [ˈdɔːntlɪs] *a* неустраши́мый; сто́йкий

davenport [ˈdævnpɔːt] *n* 1) небольшо́й старомо́дный пи́сьменный стол 2) *амер.* софа́; дива́н-крова́ть

davit [ˈdævɪt] *n мор.* шлюпба́лка

daw [dɔː] *n зоол.* га́лка

dawdle [ˈdɔːdl] *v* 1) тяну́ть вре́мя; безде́льничать; да́ром теря́ть вре́мя (*часто* **to ~ away**) 2) бесце́льно броди́ть, слоня́ться

dawdler [ˈdɔːdlə(r)] *n* безде́льник, ло́дырь

dawn I [dɔːn] *n* 1) рассве́т; **at ~** на рассве́те, на заре́; **from ~ till dusk** от зари́ до зари́ 2) нача́ло, зарожде́ние

dawn II *v* 1) (рас)света́ть 2) начина́ться, наступа́ть 3) станови́ться я́сным (*on, upon*); **it has ~ed upon him** его́ осени́ло

day [deɪ] *n* 1) день; су́тки; **every ~** ка́ждый день; **all (the) ~ long** весь день напролёт; **~ every other ~** че́рез день; **the ~ after tomorrow** послеза́втра; **the ~ before** накану́не; **the ~ before yesterday** позавчера́; **by the ~** подённо; **~ in, ~ out** изо дня в день; **~ and night** кру́глые су́тки, день и ночь; **~ off** выходно́й день; **red-letter ~** пра́здничный/па́мятный день, кра́сное число́ календаря́; **one ~** одна́жды; **the other ~** неда́вно, на дня́х; **some ~** когда́-нибудь; **one fine ~** в оди́н прекра́сный день; **from ~ to ~** со дня на́ день; **to a ~** день в день; **~ by ~, ~ after ~** день за днём; **one of these ~s** в ближа́йшие дни, на дня́х; **per ~** в су́тки; **this ~ fortnight/week** че́рез две неде́ли/неде́лю; **three times a ~** три ра́за в день 2) дневно́е вре́мя; **at ~** на рассве́те; **before ~** до рассве́та; **by ~** днём 3) вре́мя, пери́од; эпо́ха; **in these latter ~s, at the present** в на́ше вре́мя, тепе́рь; **in the ~s of old** в былы́е дни, времена́; **in ~s to come** в бу́дущем; **one's palmy ~s** пери́од расцве́та, крупне́йшего успе́ха; **to close/to end one's ~s** сконча́ться 4) знамена́тельный день; **Victory D.** День Побе́ды; **Independence D.** День незави́симости США; **Inauguration D.** день инаугура́ции, день вступле́ния в до́лжность вновь и́збранного президе́нта США 5) реша́ющий день; **to carry/to win the ~** одержа́ть побе́ду; **to lose the ~** проигра́ть сраже́ние 6) *attr* дневно́й ◊ **the ~ after/before the fair** сли́шком по́здно/ра́но; **to call it a ~** счита́ть де́ло сде́ланным; **let's call it a ~** на сего́дня хва́тит; **on one's ~** в уда́ре; **not one's ~** ≅ не везёт, полоса́ невезе́ния; **to save the ~** спасти́ положе́ние

day boy [ˈdeɪbɔɪ] *n* учени́к, кото́рый у́чится в шко́ле-пансио́не, но живёт до́ма

daybreak [ˈdeɪbreɪk] *n* рассве́т; **at ~** на рассве́те

day centre [ˈdeɪsentə(r)] *n* центр дневно́го пребыва́ния (*для престаре́лых и инвали́дов*)

daydream I [ˈdeɪdriːm] *n* грёзы, мечты́

daydream II *v* грёзить, мечта́ть, фантази́ровать

daydreamer [ˈdeɪˌdriːmə(r)] *n* мечта́тель, фантазёр

day girl [ˈdeɪɡɜːl] *n* учени́ца, кото́рая у́чится в шко́ле-пансио́не, но живёт до́ма

day-labourer [ˈdeɪˌleɪbərə(r)] *n* подёнщик

daylight [ˈdeɪlaɪt] *n* 1) дневно́й свет; есте́ственное освеще́ние; **in broad ~** средь бе́ла дня 2) рассве́т 3) гла́сность, публи́чность 4) *pl сленг* жи́зненные си́лы; **to scare the ~s out of smb** напуга́ть кого́-л. до сме́рти ◊ **to see ~** прозре́ть, поня́ть

daylight saving [ˈdeɪlaɪtˌseɪvɪŋ] *n* 1) перехо́д на ле́тнее вре́мя, перево́д часово́й стре́лки весно́й на час вперёд 2) *attr:* **~ time** ле́тнее вре́мя

daylong I [ˈdeɪlɒŋ] *a* для́щийся це́лый день

daylong II *adv* весь день, день-деньско́й

day nursery [ˈdeɪˌnɜːsrɪ] *n* дневны́е де́тские я́сли

day return [ˈdeɪrɪˌtɜːn] *n* биле́т туда́ и обра́тно, действи́тельный в тече́ние одного́ дня; биле́т одного́ дня (*обы́чно со ски́дкой*)

day school [ˈdeɪskuːl] *n* шко́ла без пансио́на

dayside [ˈdeɪsaɪd] *n амер.* дневна́я сме́на (*в реда́кции газе́т*)

daytime [ˈdeɪtaɪm] *n* день, дневно́е вре́мя; **in the ~** днём

day-to-day [ˈdeɪtəˈdeɪ] *a* повседне́вный

day trip [ˈdeɪtrɪp] *n* однодне́вная экску́рсия

daywork [ˈdeɪwɜːk] *n* рабо́та с почасово́й опла́той

daze I [deɪz] *n* изумле́ние; **in a ~** изумлённо, с изумле́нием

daze II *v* изумля́ть, ошеломля́ть

dazzle I [ˈdæzl] *n* 1) ослепи́тельный блеск 2) ослепи́тельное де́йствие (*светового излуче́ния*)

dazzle II *v* ослепля́ть; поража́ть

dB *сокр.* **(decibel(s))** дециба́л

DBS *сокр.* **(direct broadcasting satellites)** спу́тники прямо́й трансля́ции ра́дио- и телепереда́ч

DC *сокр.* 1) **(direct current)** постоя́нный ток 2) **(District of Columbia)** о́круг Колу́мбия (*США*)

D-Day [ˈdiːdeɪ] *n* 1) день вы́садки сою́зных войск в Евро́пе (*6 июня 1944 г.*) 2) *воен.* день нача́ла опера́ции

de- [dɪ-, de-] *pref* указывает на: 1) *лише́ние кого́-л. чего́-л. или отделе́ние одного́ предме́та от друго́го:* **to dethrone** лиши́ть тро́на, све́ргнуть 2) *обра́тное значе́ние:* **to decentralize** децентрализова́ть; **to demotivate** лиша́ть мотива́ции 3) *сниже́ние ка́чества, уменьше́ние коли́чества:* **to degrade** дегради́ровать; **to deduct** вычита́ть

deacon [ˈdiːk(ə)n] *n* дья́кон

dead I [ded] *n* 1): **the ~** (*употр. как pl*) уме́ршие, поко́йники 2) глуха́я пора́; **the ~ of night** глуха́я ночь, глубо́кая ночь; **in the ~ of winter** в глуху́ю зи́мнюю по́ру

dead II *a* 1) мёртвый 2) онеме́вший, нечувстви́тельный (*о руке, ноге, пальцах*) 3) безжи́зненный, вя́лый, безразли́чный 4) сухо́й, увя́дший (*о листьях, цветах и т. п.*) 5) неодушевлённый, неживо́й 6) вы́шедший из употребле́ния; отрабо́танный; утра́тивший си́лу, сво́йства 7) потускне́вший; загло́хший 8) однообра́зный, неинтере́сный; безысхо́дный 9) по́лный, соверше́нный; **~ certainty** по́лная уве́ренность; **in ~ earnest** соверше́нно серьёзно 10) эл. обесто́ченный; отключённый (*от сети*); разо́мкнутый (*о конта́кте*) ◊ **~ as a doornail** бездыха́нный, мёртвый; **~ and gone** давно́ проше́дший; **to be ~ with hunger** умира́ть с го́лоду; **~ shot** ме́ткий стрело́к; **~ duck** сленг неуда́чник; бесполе́зная ли́чность; **~ from the neck up** *разг.* глу́пый; **~ men** *разг.* пусты́е ви́нные буты́лки (*после выпивки*); **~ to the world** а) усну́вший б) без созна́ния

dead III *adv* соверше́нно, по́лностью; о́чень; **~ drunk** мертве́цки пья́ный; **~ tired** смерте́льно уста́лый; **~ easy** *разг.* о́чень легко́

dead-and-alive [ˈdedən əˈlaɪv] *a* ску́чный, уны́лый, моното́нный

deadbeat [ˈdedˈbiːt] *a* 1) *разг.* смерте́льно уста́лый 2) *тех.* апериоди́ческий (*об измери́тельном прибо́ре*); успоко́енный (*о магни́тной стре́лке*)

deadborn [ˈdedbɔːn] *a* мертворождённый

dead-character [ded ˈkærɪktə] *n лингв.* диакрити́ческий знак

deaden [ˈdedb] *v* 1) лиша́ть(ся) жи́зненной си́лы, эне́ргии, бле́ска 2) де́лать(ся) нечувстви́тельным; заглуша́ть, ослабля́ть, притупля́ть

dead end [ˌdedˈend] *n* 1) тупи́к 2) *перен.* тупи́к, безвы́ходное положе́ние 3) *тех.* слепо́е *или* глухо́е отве́рстие

deadeye [ˈdedaɪ] *n* 1) *мор.* ко́уш 2) *амер. разг.* ме́ткий стрело́к

deadfall [ˈdedfɔːl] *n амер.* западня́, капка́н

deadhead [ˈdedhed] *n* 1) зри́тель, прише́дший в теа́тр *или* на др. зре́лищное мероприя́тие по контрама́рке, беспла́тно; пасса́жир с беспла́тным (льго́тным) биле́том 2) неу́мный челове́к, «пусто́е ме́сто»

deadlight [ˈdedlaɪt] *n* глухо́й иллюмина́тор, глухо́е окно́ в кры́ше

deadline [ˈdedlaɪn] *n* преде́льный, кра́йний срок (*чего́-л.*)

deadlock [ˈdedlɒk] *n* мёртвая то́чка; тупи́к; безвы́ходное положе́ние

deadly I [ˈdedlɪ] *a* 1) смерте́льный; смертоно́сный 2) *разг.* ужа́сный, уби́йственный, стра́шный 3) неумоли́мый, беспоща́дный ◊ **~ sin** сме́ртный грех

deadly II *adv* 1) смерте́льно 2) кра́йне, чрезвыча́йно, ужа́сно

deadmute [ˈdedˈmjuːt] *a* глухонемо́й

deadpan [ˈdedˈpæn] *n* 1) невозмути́мый вид; невозмути́мость; бесстра́стное выраже́ние лица́ 2) *attr* невозмути́мый

dead water [ˈded ˌwɔːtə(r)] *n* 1) стоя́чая вода́ 2) *мор.* кильва́тер

dead weight [ˈdedˈweɪt] *n* 1) мёртвый груз; обу́за 2) *мор.* по́лная грузоподъёмность су́дна, де́двейт

dead wind [ˈdedˈwɪnd] *n* встре́чный/лобово́й ве́тер

deaf I [def] *a* 1) глухо́й; тугоу́хий, слабослы́шащий; **~ in one ear** глухо́й на одно́ у́хо 2) не жела́ющий слу́шать (*to*) ◊ **~ as a post** совсе́м глухо́й; глухо́й, как пень ≅ глуха́я тете́ря; **to turn a ~ ear** не обраща́ть внима́ния (*на чьи-л. слова́*)

deaf II *n*: the ~ (*употр. как pl*) глухи́е

deaf-aid [´def´eɪd] *n* слуховой аппара́т (*тж* **hearing-aid**)

deaf-and-dumb [´defən´dʌm] *a* глухонемо́й

deafen [´defn] *v* 1) оглуша́ть 2) заглуша́ть (*звук*)

deafening [´defnɪŋ] *a* 1) оглуши́тельный 2) заглуша́ющий

deaf mute [´def´mju:t] *n уст.* глухонемо́й

deafness [´defnɪs] *n* глухота́

deal¹ I [di:l] *n* 1) значи́тельное коли́чество; **a great/a good ~ of time/money** мно́го вре́мени/де́нег 2): **a great ~ со** *сравн. ст. наре́чий означает* значи́тельно, гора́здо; **a great ~ better** гора́здо лу́чше 3) *разг.* сде́лка; **square ~** че́стная сде́лка 4) *карт.* сда́ча ◊ **New D.** «Но́вый курс» (*система экономи́ческих мер президента США Ф. Д. Ру́звельта в 1933 – 38 гг.*)

deal¹ II *v* (**dealt**) 1) рассма́тривать, реша́ть (*вопрос, проблему — with*) 2) боро́ться с чем-л.; принима́ть ме́ры, стара́ться преодоле́ть что-л. (*with*) 3) поступа́ть, вести́ себя́ (*по отношению к кому-л. — by*) 4) торгова́ть (*чем-л. — in*); име́ть де́ло (*с кем-л. — with*) 5) раздава́ть, распределя́ть (*тж* **to ~ out**) 6) *карт.* сдава́ть

deal² I *n pl* ело́вые *или* сосно́вые до́ски определённого разме́ра, ди́льсы

dealer [´di:lə(r)] *n* 1) торго́вец; коммерса́нт; **retail ~** ро́зничный торго́вец; **~ in tobacco** торго́вец таба́чными изде́лиями 2) *ком.* ди́лер 3) сдаю́щий ка́рты ◊ **a plain ~** прямо́й, открове́нный челове́к

dealings [´di:lɪŋz] *n pl* делов́ые отноше́ния, комме́рческие дела́

dealt¹ [delt] *past, p. р. см.* **deal¹ II**

dean¹ [di:n] *n* 1) настоя́тель собо́ра; ста́рший свяще́нник 2) дека́н (*факульте́та*) 3) старе́йшина дипломати́ческого ко́рпуса, дуайе́н

dean² *n* у́зкая доли́на

deanery [´di:nərɪ] *n* 1) дом настоя́теля 2) церко́вный о́круг 3) декана́т 4) дека́нство

dear I [dɪə(r)] *n* возлю́бленный; возлю́бленная; дорого́й (челове́к) (*чаще в обраще́нии*)

dear II *a* 1) дорого́й, ми́лый; (*в обраще́нии тж*) (глубоко)уважа́емый; **D. Sir** уважа́емый господи́н (*официа́льное обраще́ние в письме́ и т. п.*) 2) ми́лый, преле́стный; **what a ~ bracelet!** како́й преле́стный брасле́т! 3) дорого́й, дорогостоя́щий

dear III *adv* до́рого

dear IV *int:* ~ **me!, oh** ~!, ~, ~! *выража́ет* удивле́ние, сожале́ние, сочу́вствие, огорче́ние *и т. п.*; бог мой!

dearie [´dɪərɪ] *n разг. шутл.* дорогу́ша, ми́лочка (*в обраще́нии*)

dearly [´dɪəlɪ] *adv* 1) о́чень; **he would ~ like to know** он бы о́чень хоте́л знать 2) не́жно; **to love ~** не́жно люби́ть 3) до́рого; *перен. тж* дорого́й цено́й

dearness [´dɪənɪs] *n* дороговизна

dearth [dɜ:θ] *n* недоста́ток, дефици́т (*особенно проду́ктов*)

death [deθ] *n* 1) смерть; ги́бель, коне́ц (*тж перен.*); **accidental ~** смерть в результа́те несча́стного слу́чая; **apparent ~** клини́ческая смерть; **natural/violent ~** есте́ственная/наси́льственная смерть; **to be the ~ of smb** а) быть вино́вником чьей-л. сме́рти, ги́бели б) быть губи́тельным, па́губным для кого́-л.; **at ~'s door** при сме́рти; **to ~** на́смерть, смерте́льно; **tired to ~** смерте́льно уста́вший; **to put to ~** казни́ть 2) *мед.* отмира́ние, омертвле́ние, некро́з, ги́бель 3) *мед.* сме́ртный слу́чай 4) *attr* сме́ртный; **~ penalty** сме́ртная казнь; **~ camp** ла́герь сме́рти, концла́герь; **~ cell** ка́мера сме́ртников; **~ sentence** сме́ртный пригово́р; **~ squad** *воен.* «батальо́н сме́рти»; **~ rate** у́ровень сме́ртности ◊ **as sure as ~** наверняка́; **to catch one's ~ of cold** си́льно простуди́ться; **to be ~ on** *сленг* быть иску́сным в чём-л.

deathbed [´deθbed] *n* сме́ртное ло́же

deathblow [´deθbləʊ] *n* смерте́льный, роко́вой уда́р (*тж. перен.*)

death cap [´deθkæp] *n* бле́дная пога́нка

death knell [´deθnel] *n* похоро́нный звон

deathless [´deθlɪs] *a* бессме́ртный

deathly I [´deθlɪ] *a* смерте́льный, роко́вой

deathly II *adv* смерте́льно; **~ pale** смерте́льно бле́дный

death rate [´deθˌreɪt] *n* сме́ртность; показа́тель сме́ртности

death rattle [´deθˌrætl] *n* предсме́ртный хрип

death roll [´deθrəʊl] *n* спи́сок уби́тых

death's head [´deθshed] *n* че́реп (*как эмбле́ма сме́рти*)

death struggle [´deθstrʌgl] *n* аго́ния

death trap [´deθtræp] *n* опа́сное ме́сто, опа́сность

death warrant [´deθˌwɒr(ə)nt] *n* 1) о́рдер на приведе́ние в исполне́ние сме́ртного пригово́ра 2) сме́ртный пригово́р (*тж перен.*)

deb [deb] *n разг.* дебюта́нтка

débâcle [deɪ´ba:kl] *n* 1) по́лный разгро́м; *перен.* крах 2) пани́ческое бе́гство 3) ледохо́д, вскры́тие реки́ 4) (стихи́йный) прорыв вод

debar [dɪ´ba:] *v* воспреща́ть; лиша́ть (*права на что-л.*); отстраня́ть

debark [dɪ´ba:k] *v* выса́живаться, выгружа́ться (*с су́дна*)

debarkation [ˌdiːbɑːˈkeɪʃ(ə)n] *n* высадка; выгрузка *(с судна)*

debase [dɪˈbeɪs] *v* 1) ухудшать, понижать, портить *(качество и т. п.)* 2) унижать 3) подделывать *(деньги)*

debasement [dɪˈbeɪsmənt] *n* 1) ухудшение *(качества и т. п.)* 2) унижение 3) подделка

debatable [dɪˈbeɪtəbl] *a* 1) спорный 2) оспариваемый

debate I [dɪˈbeɪt] *n* 1) дебаты, прения, дискуссия, обсуждение; **to be under ~** обсуждаться; **to open the ~** открыть дискуссию 2) полемика; спор

debate II *v* 1) обсуждать, дебатировать, дискутировать 2) спорить, оспаривать 3) размышлять, обдумывать

debater [dɪˈbeɪtə(r)] *n* участник дискуссии, прений

debauch I [dɪˈbɔːtʃ] *n* 1) дебош; попойка 2) разврат, распутство

debauch II *v уст.* 1) развращать; соблазнять 2) портить *(вкус и т. п.)*

debauchee [ˌdebɔːˈtʃiː] *n* развратник, распутник

debauchery [dɪˈbɔːtʃərɪ] *n* 1) разврат, распущенность 2) пьянство, невоздержанность

debenture [dɪˈbentʃə(r)] *n* 1) долговое обязательство, долговая расписка 2) *фин.* облигация

debilitate [dɪˈbɪlɪteɪt] *v* ослаблять, изнурять, истощать

debility [dɪˈbɪlɪtɪ] *n* 1) слабость *(здоровья и т. п.)*, истощение; **mental ~** слабоумие, деменция; **nervous ~** неврастения, нервное истощение; **sexual ~** импотенция, половое бессилие 2) *мед.* дебильность

debit I [ˈdebɪt] *n бухг.* 1) дебет; **to put to the ~** записывать/заносить в дебет 2) *attr* дебетовый; **~ card** дебетовая карточка *(для безналичной оплаты путём списания со счёта владельца)*

debit II *v бухг.* записывать, заносить в дебет

debonair [ˌdebəˈneə] *a* 1) беззаботный, весёлый 2) любезный, обходительный

debouch [dɪˈbaʊtʃ] *v* выходить на открытую местность *(из ущелья или укрытия)*

debouchment [dɪˈbaʊtʃmənt] *n* 1) выход на открытую местность *(из ущелья или укрытия)* 2) устье реки

debrief [diːˈbriːf] *v разг.* требовать отчёт о проделанной работе, выполнении задания *(у пилота, дипломата и т. п.)*

debris [ˈdebriː] *n* 1) осколки, обломки 2) развалины 3) *геол.* обломки пород 4) *мед.* зубной налёт

debt [det] *n* долг; задолженность; **a bad ~** безнадёжный долг; **national ~** государственный долг; **in ~** в долгу; **to get into ~** влезать в долги; **to pay a ~** отдавать долг; **to get out of ~** заплатить все долги, рассчитаться с долгами ◊ **I'm in your ~** я вам обязан, я ваш должник

debtor [ˈdetə(r)] *n* должник

debug [diːˈbʌg] *v разг.* 1) удалять или отключать подслушивающие устройства 2) *вчт* устранять дефекты, отлаживать *(программу)* 3) доводить, отлаживать *(аппаратуру)*

debugging [ˌdiːˈbʌgɪŋ] *n* 1) удаление *или* отключение подслушивающих устройств 2) *вчт* устранение дефектов, отладка *(программы)* 3) доводка, отладка *(аппаратуры)*

debunk [ˌdiːˈbʌŋk] *v разг.* развенчивать; разоблачать

debus [diːˈbʌs] *v воен.* высаживаться, выгружаться из автомашин

début [ˈdeɪbjuː] *n* дебют; **to make one's ~** дебютировать

débutant [ˈdebjuːtɑːŋ] *n* дебютант

débutante [ˈdebjuːtɑːnt] *n* дебютантка

Dec. *сокр.* **(December)** декабрь

dec. *сокр.* 1) **(deceased)** покойный, умерший 2) **(declared)** декларированный

deca- [ˈdekə-] *pref* дека-, десяти-

decade [ˈdekeɪd] *n* 1) десятилетие 2) десяток 3) *вчт* десятичный разряд

decade counter [ˈdekeɪd ˌkaʊntə] *n вчт* десятичный счётчик

decadence [ˈdekəd(ə)ns] *n* 1) упадок, ухудшение 2) декадентство, декаданс *(в искусстве)*

decadent I [ˈdekəd(ə)nt] *n* декадент

decadent II *a* декадентский

decaffeinate [diːˈkæfɪneɪt] *v* удалять кофеин *(из кофе или чая)*; **~d coffee** кофе без кофеина

decagon [ˈdekəgən] *n* десятиугольник

decahedral [ˌdekəˈhiːdrəl] *a* десятигранный

decalcify [diːˈkælsɪfaɪ] *v* удалять известковое вещество, декальцинировать

decamp [dɪˈkæmp] *v* 1) сниматься с лагеря, выступать из лагеря 2) внезапно скрыться, удрать

decampment [dɪˈkæmpmənt] *n* 1) выступление из лагеря 2) внезапный уход

decant [dɪˈkænt] *v* 1) сцеживать, сливать; фильтровать, декантировать 2) переливать (вино) из бутылки в графин

decanter [dɪˈkæntə(r)] *n* графин

decapitate [dɪˈkæpɪteɪt] *v* обезглавливать

decapitation [dɪˌkæpɪˈteɪʃ(ə)n] *n* обезглавливание

decarbonize [diːˈkɑːbənaɪz] *v хим.* обезуглероживать

decathlon [dɪˈkæθlən] *n спорт.* десятиборье

decay I [dɪˈkeɪ] *n* 1) гниение 2) упадок; разложение; **to fall into** ~ разрушаться, приходить в упадок 3) расстройство *(здоровья)* 4) разрушение *(здания)* 5) *физ.* распад 6) *тех.* спад; затухание; ослабление; снижение

decay II *v* 1) гнить, разлагаться; портиться 2) приходить в упадок 3) ухудшаться *(о здоровье)* 4) разрушаться *(о здании)* 5) *тех.* затухать; ослабляться; снижаться

decayed [dɪˈkeɪd] *a* гнилой, разложившийся

decease I [dɪˈsiːs] *n мед., юр.* смерть, кончина

decease II *v мед., юр.* умереть, скончаться

deceased I [dɪˈsiːst] *n* **(the ~)** покойник, покойный

deceased II *a* покойный, умерший

decedent [dɪˈsiːd(ə)nt] *n амер. юр.* покойник

deceit [dɪˈsiːt] *n* 1) обман; хитрость 2) уловка, трюк

deceitful [dɪˈsiːtfʊl] *a* 1) лживый; обманный 2) обманчивый

deceive [dɪˈsiːv] *v* обманывать; **to ~ oneself** обманываться

deceiver [dɪˈsiːvə(r)] *n* обманщик

decelerate [diːˈseləreɪt] *v* уменьшать скорость; замедлять

deceleration [diːˌseləˈreɪʃ(ə)n] *n* 1) уменьшение скорости, числа оборотов 2) *тех.* замедление, торможение

December [dɪˈsembə(r)] *n* 1) декабрь 2) *attr* декабрьский

Decembrist [dɪˈsembrɪst] *n ист.* декабрист

decency [ˈdiːsnsɪ] *n* 1) приличие, благопристойность; **by ~, in common ~** из приличия; **to observe decencies** соблюдать приличия, уважать правила приличия 2) вежливость 3) порядочность

decennial [dɪˈsenɪəl] *a* 1) десятилетний 2) происходящий каждые десять лет

decent [ˈdiːsnt] *a* 1) приличный; порядочный 2) скромный, сдержанный 3) подходящий, приемлемый 4) славный, милый; **he's a ~ chap** он славный малый; **he was ~ enough to write them** было очень любезно с его стороны написать им

decently [ˈdiːsntlɪ] *adv* 1) прилично; порядочно 2) любезно, мило

decentralize [diːˈsentrəlaɪz] *v* децентрализовывать

deception [dɪˈsepʃ(ə)n] *n* обман; притворство; ложь; хитрость

deceptive [dɪˈseptɪv] *a* обманчивый

deci- [ˈdesɪ-] *pref* деци- *(обозначает десятую часть)*

decibel [ˈdesɪbel] *n физ.* децибел

decide [dɪˈsaɪd] *v* 1) решаться; принимать решение; **to ~ in favour of/against smb** выносить решение в пользу/против кого-л.; **to ~ between** сделать выбор, выбрать 2) заставить принять решение; **that ~s me!** теперь мне ясно, что надо делать!

decided [dɪˈsaɪdɪd] *a* 1) определённый; бесспорный 2) решительный *(о человеке, характере)*

decidedly [dɪˈsaɪdɪdlɪ] *adv* определённо; несомненно, бесспорно

deciduous [dɪˈsɪdjʊəs] *a* 1) лиственный 2) роняющий, сбрасывающий *(оперение и т. п.)*; выпадающий *(о зубах и т. п.)* 3) преходящий

decigram(me) [ˈdesɪɡræm] *n* дециграмм

decilitre [ˈdesɪˌliːtə(r)] *n* децилитр

decimal I [ˈdesɪm(ə)l] *n* десятичная дробь; **recurring ~** периодическая десятичная дробь

decimal II *a* десятичный; **~ fraction** десятичная дробь; **~ currency** десятичная денежная система

decimalize [ˈdesɪməlaɪz] *v* 1) обращать в десятичную дробь 2) переводить на десятичную систему

decimate [ˈdesɪmeɪt] *v* 1) уничтожать 2) косить *(об эпидемии и т. п.)* 3) опустошать 4) *ист.* уничтожать каждого десятого

decimation [ˌdesɪˈmeɪʃ(ə)n] *n* 1) массовая гибель, опустошение 2) *ист.* уничтожение каждого десятого

decimetre [ˈdesɪˌmiːtə(r)] *n* дециметр

decipher [dɪˈsaɪfə(r)] *v* 1) расшифровывать 2) разбирать *(почерк и т. п.)*

decipherable [dɪˈsaɪf(ə)rəbl] *a* поддающийся расшифровке

decision [dɪˈsɪʒ(ə)n] *n* 1) решение; заключение; **to arrive at a ~, to come to a ~** принять решение; **to take a ~** принять решение; **the right/wrong ~** верное/неверное решение, правильное/неправильное решение 2) решимость; решительность; **a man of ~** решительный человек; **to lack ~** быть нерешительным

decision-making [dɪˈsɪʒ(ə)n ˈmeɪkɪŋ] *n* 1) принятие решения 2) *attr:* **~ process** процесс принятия решения

decisive [dɪˈsaɪsɪv] *a* 1) решающий, имеющий решающее значение 2) решительный; убедительный *(о фактах, уликах)* 3) умеющий решать быстро и правильно

decivilize [diːˈsɪvɪlaɪz] *v* приводить к одичанию

deck I [dek] *n* 1) палуба; **upper/lower ~** верхняя/нижняя палуба; **flight ~** взлётно-посадочная палуба; **on ~** на палубе; **to clear the**

~s (for action) а) *мор.* приготовиться к бою б) быть наготове; **all hands on ~!** свистать всех наверх! 2) пол *(в автобусе и т. п.)* 3) *амер.* колода карт 4) дека *(проигрывателя и т. п.)* 5) настил, палуба для загорающих; солярий *(на открытом воздухе; тж sun ~)*

deck II *v* 1) наряжать, украшать 2) настилать палубу

deck cabin [ˈdek ˌkæbɪn] *n* каюта на палубе

deckchair [ˈdek ˌtʃeə] *n* шезлонг

-decker [-ˈdekə(r)] *n*: **one-~ (two-~)** однопалубное (двухпалубное) судно; **double-~** двухэтажный автобус

deckhand [ˈdekhænd] *n* палубный матрос

deck house [ˈdekhaʊs] *n мор.* рубка

decking [ˈdekɪŋ] *n* 1) опалубка; настил палубы, палубный материал 2) украшение

deck passenger [ˈdek ˌpæsɪndʒə(r)] *n* палубный пассажир

deck shoe [ˈdekʃu:] *n* лёгкая матерчатая обувь на резиновой подмётке

declaim [dɪˈkleɪm] *v* 1) декламировать 2) говорить напыщенно, торжественно; ораторствовать 3) выступать против, осуждать *(against)*

declamation [ˌdekləˈmeɪʃ(ə)n] *n* 1) декламация; художественное слово, чтение 2) торжественная речь

declamatory [dɪˈklæmət(ə)rɪ] *a* 1) декламационный; ораторский 2) напыщенный

declaration [ˌdekləˈreɪʃ(ə)n] *n* 1) декларация; заявление 2) объявление *(войны и т. п.)*; **~ of the poll** объявление результатов голосования 3) *юр.* исковое заявление истца 4) таможенная декларация 5) *вчт* описание

declarative [dɪˈklærətɪv] *a* декларативный

declare [dɪˈkleə] *v* 1) объявлять; провозглашать; **to ~ trumps** *карт.* объявить козыри 2) заявлять; признавать; **to ~ oneself** признаться, открыться; **to ~ one's love to smb** признаться в любви кому-л.; **I am surprised, I ~** признаться, я удивлён 3) декларировать *(товар и т.п.)* на таможне; **have you anything to ~?** у вас есть что-л., подлежащее декларированию? 4) высказываться *(за — for, против — against)*

declare off отказываться *(от сделки и т. п.)*

declared [dɪˈkleəd] *a* 1) объявленный; заявленный 2) признанный

déclassé [deɪˈklæseɪ] *a* деклассированный

declassify [diːˈklæsɪfaɪ] *v* рассекречивать *(информацию и т. п.)*

declension [dɪˈklenʃ(ə)n] *n грам.* склонение

declensional [dɪˈklenʃən(ə)l] *a грам.* падежный

declinable [dɪˈklaɪnəbl] *a грам.* склоняемый

declination [ˌdeklɪˈneɪʃ(ə)n] *n* 1) наклон; отклонение 2) магнитное склонение 3) *амер.* официальный отказ

decline I [dɪˈklaɪn] *n* 1) упадок; спад; ухудшение; **on the ~** на спаде, в упадке; **to fall into a ~** ослабевать *(особ. от болезни)* 2) снижение, падение *(цен, показателей и т. п.)* 3) склон, закат *(светила, жизни, дня)*; **on the ~** на склоне дня, на закате; **the ~ of the moon** луна на ущербе

decline II *v* 1) приходить в упадок, ухудшаться, идти на убыль 2) официально отказываться; отклонять *(предложение и т. п.)* 3) уклоняться 4) наклонять(ся); клонить(ся) 5) *грам.* склонять

declivity [dɪˈklɪvɪtɪ] *n* склон, спуск; покатость; уклон *(пути)*

declutch [ˈdiːˈklʌtʃ] *v тех.* разъединять; расцеплять

decoction [dɪˈkɒkʃ(ə)n] *n фарм.* отвар *(жидкая лекарственная форма)*

decode [ˈdiːˈkəʊd] *v* расшифровывать; декодировать

decoder [diːˈkəʊdə(r)] *n* 1) шифровальщик 2) *тех.* декодер

decolorant [diːˈkʌlərənt] *n* обесцвечивающее вещество

decolorization [diːˌkʌləraɪˈzeɪʃ(ə)n] *n* обесцвечивание

decolorize [diːˈkʌləraɪz] *v* обесцвечивать

decomposable [ˌdiːkəmˈpəʊzəbl] *a* 1) разлагаемый на составные части *(into)* 2) *мат.* разложимый

decompose [ˌdiːkəmˈpəʊz] *v* 1) разлагаться, гнить 2) разлагать на составные части 3) анализировать

decomposition [ˌdiːkɒmpəˈzɪʃ(ə)n] *n* 1) разложение 2) распад, гниение 3) расщепление

decompression [ˌdiːkəmˈpreʃ(ə)n] *n* 1) декомпрессия, снижение давления 2) *attr* декомпрессионный; **~ sickness** декомпрессионная болезнь; кессонная болезнь

deconsecrate [diːˈkɒnsɪkreɪt] *v* секуляризировать *(церковное имущество)*

decontaminate [ˈdiːkənˈtæmɪneɪt] *v* обеззараживать, дезактивировать *(почву, одежду и т. п.)*

decontamination [ˈdiːkənˌtæmɪneɪʃ(ə)n] *n* обеззараживание, дезактивация

décor [ˈdeɪkɔ:(r)] *n* оформление; декорации

decorate [ˈdekəreɪt] *v* 1) украшать, декорировать 2) отделывать *(дом)*, делать ремонт помещения 3) награждать орденом, медалью *и т. п.*

decorated [ˈdekəreɪtɪd] *a* 1) украшенный, декорированный 2) награждённый орденом, знаком отличия, медалью *и т. п.*

decoration [ˌdekəreɪʃ(ə)n] *n* 1) украше́ние 2) *pl* пра́здничное убра́нство *(флаги, гирля́нды и т. n.)* 3) о́рден, знак отли́чия

decorative [ˈdekərətɪv] *a* декорати́вный

decorator [ˈdekəreɪtə(r)] *n* 1) маля́р, обо́йщик 2) *амер.* диза́йнер, оформи́тель интерье́ра *(тж* **interior ~**)

decorous [ˈdekərəs] *a* прили́чный, присто́йный

decorum [dɪˈkɔːrəm] *n* прили́чие, деко́рум; этике́т

decoy I [dɪˈkɔɪ] *n* 1) мано́к; прима́нка; лову́шка 2) искуше́ние, собла́зн 3) ло́жный объе́кт; ло́жная цель

decoy II *v* зама́нивать; завлека́ть

decoy-duck [dɪˈkɔɪdʌk] *n* подсадна́я у́тка

decrease I [ˈdiːkriːs] *n* уменьше́ние, сниже́ние, убавле́ние; **to be on the ~** идти́ на у́быль, уменьша́ться

decrease II [diːˈkriːs] *v* уменьша́ть(ся); убыва́ть, снижа́ться

decree I [dɪˈkriː] *n* 1) декре́т, ука́з 2) реше́ние, постановле́ние *(суда)*

decree II *v* издава́ть ука́з, декре́т; декрети́ровать

decrement [ˈdekrɪmənt] *n* 1) *физ.* декреме́нт 2) *тех.* затуха́ние 3) уменьше́ние, сниже́ние 4) *мед.* фа́за стиха́ния заболева́ния 5) *мат.* отрица́тельное прираще́ние

decrepit [dɪˈkrepɪt] *a* 1) дря́хлый *(о лю́дях)* 2) ве́тхий, изно́шенный

decrepitate [dɪˈkrepɪteɪt] *v* 1) *тех.* обжига́ть до растре́скивания, прока́ливать 2) потре́скивать на огне́

decrepitation [dɪˌkrepɪˈteɪʃ(ə)n] *n* 1) *тех.* обжига́ние, прока́ливание 2) потре́скивание

decrepitude [dɪˈkrepɪtjuːd] *n* 1) дря́хлость 2) ве́тхость, обветша́лость

decrescent [dɪˈkresnt] *a* убыва́ющий *(обыкн. о луне́)*

decretive [dɪˈkriːtɪv] *a* декре́тный

decriminalize [diːˈkrɪmɪnəlaɪz] *v* *юр.* реабилити́ровать; декриминализи́ровать *(дея́ние и т. n.)*

decry [dɪˈkraɪ] *v* 1) принижа́ть, преуменьша́ть значе́ние 2) порица́ть

decubitus [dɪˈkjuːbɪtəs] *n* *мед.* 1) лежа́чее положе́ние; **dorsal ~** положе́ние лёжа на спине́; **lateral ~** положе́ние лёжа на боку́; **ventral ~** положе́ние лёжа на животе́ 2) про́лежень

decumbent [dɪˈkʌmbənt] *a* *бот.* сте́лющийся по земле́

dedicate [ˈdedɪkeɪt] *v* 1) посвяща́ть *(to)* 2) надпи́сывать *(кни́гу и т. n.)*

dedicated [ˈdedɪkeɪtɪd] *a* 1) пре́данный, ве́рный; посвяти́вший себя́ *(до́лгу, де́лу)*; **he is**

~ to his work он весь в рабо́те 2) вы́деленный; назна́ченный; специализи́рованный

dedication [ˌdedɪˈkeɪʃ(ə)n] *n* посвяще́ние

deduce [dɪˈdjuːs] *v* выводи́ть *(заключе́ние и т. n. — from)*

deduct [dɪˈdʌkt] *v* вычита́ть, отнима́ть

deduction [dɪˈdʌkʃ(ə)n] *n* 1) вычита́ние; вы́чет 2) вычита́емое 3) вы́вод, заключе́ние; *лог.* деду́кция

deductive [dɪˈdʌktɪv] *a* *лог.* дедукти́вный

deed I [diːd] *n* 1) посту́пок, де́йствие 2) по́двиг 3) де́ло, факт; **in ~ and not in name** не на слова́х, а на де́ле; **in word and ~** сло́вом и де́лом 4) *юр.* докуме́нт; акт; **~ of purchase** акт о поку́пке

deed II *v* *амер. юр.* передава́ть по а́кту

deejay [diːˈdʒeɪ] *n* сленг диск-жоке́й, диджде́й *(тж* **disk jokey, DJ**)

deem [diːm] *v* полага́ть, ду́мать, счита́ть

de-energization [diːˌenədʒ(a)ɪˈzeɪʃ(ə)n] *n* *эл.* сня́тие возбужде́ния; выключе́ние, отключе́ние пита́ния, обесто́чивание

deenergize [ˌdiːˈenədʒaɪz] *v* *эл.* снима́ть возбужде́ние; выключа́ть, отключа́ть пита́ние, обесто́чивать

deep I [diːp] *n* 1) глубо́кое ме́сто; глубина́; бе́здна 2) **(the ~)** *поэт.* мо́ре, океа́н; пучи́на

deep II *a* 1) глубо́кий; **a ~ river** глубо́кая река́; **a ~ sleep** глубо́кий сон 2) си́льный, глубо́кий *(о чу́вствах)*; **~ in love** влюблённый по́ уши 3) погружённый *(во что-л.)*, поглощённый *(чем-л.)*; **to be ~ in thought** глубоко́ заду́маться 4) тёмный, густо́й, интенси́вный *(о цве́те, кра́ске)* 5) ни́зкий, глубо́кий *(о зву́ке, го́лосе)* 6) *психол.* подсозна́тельный ◊ **a ~ one** сленг продувна́я бе́стия; **to go (in) off the ~ end** вы́йти из себя́, дать во́лю эмо́циям, гне́ву; **to be ~ in debt** быть по́ уши в долга́х

deep III *adv* глубоко́; си́льно; **to go ~ into** углубля́ться; **to drink ~** си́льно пить; **into the night** до глубо́кой но́чи

deep-drawn [ˈdiːpdrɔːn] *a* вы́рвавшийся из глубины́, глубо́кий *(о вздо́хе)*

deepen [ˈdiːpən] *v* 1) углубля́ть(ся) 2) станови́ться темне́е, гу́ще *(о цве́те, кра́сках)*

deep-felt [ˈdiːpfelt] *a* глубоко́ прочу́вствованный

deep-freeze I [diːpˈfriːz] *n* 1) морози́льник 2) морози́льная ка́мера *(в холоди́льнике)* 3) приостано́вка *(де́йствия)*, откла́дывание *(де́ла)*

deep-freeze II *v* *(глубоко́)* замора́живать

deep-laid [ˈdiːpleɪd] *a* тща́тельно разрабо́танный и секре́тный *(о пла́не)*

deeply [ˈdiːplɪ] *adv* глубоко́

189

deep(ly)-rooted [ˈdiːp(lɪ)ˈruːtɪd] *a* 1) глубоко́ сидя́щий, укорени́вшийся 2) затаённый, глубо́кий *(о чу́встве)* 3) скры́тый *(о боле́зни)*; глубо́кий *(о нары́ве)*

deep-sea [ˈdiːpˈsiː] *a* глубоково́дный

deep-seated [ˈdiːpˈsiːtɪd] *см.* **deep(ly)-rooted**

deer [dɪə(r)] *n (pl без изме́н.)* оле́нь

deer-forest [ˈdɪəˌfɒrɪst] *n* оле́ний запове́дник

deer-hound [ˈdɪəhaʊnd] *n* дирха́унд, шотла́ндская борза́я

deerskin [ˈdɪəskɪn] *n* оле́нья ко́жа, за́мша

deer-stalking [ˈdɪəˈstɔːkɪŋ] *n* охо́та на оле́ней

de-escalate [diːˈeskəleɪt] *v* снижа́ть акти́вность, свора́чивать де́ятельность

deface [dɪˈfeɪs] *v* 1) искажа́ть; уро́довать, обезобра́живать 2) стира́ть, де́лать неразбо́рчивым, нечётким

defacement [dɪˈfeɪsmənt] *n* 1) искаже́ние; обезобра́живание 2) стира́ние

de facto [diːˈfæktəʊ] *adv лат.* факти́чески, де-фа́кто, на де́ле

defalcate [ˈdiːfælkeɪt] *v* соверша́ть растра́ту; присва́ивать чужи́е де́ньги

defalcation [ˌdiːfælˈkeɪʃ(ə)n] *n* присвое́ние чужи́х де́нег

defalcator [ˈdiːfælkeɪtə(r)] *n* растра́тчик

defamation [ˌdefəˈmeɪʃ(ə)n] *n* диффама́ция, дискредита́ция

defamatory [dɪˈfæmət(ə)rɪ] *a* позо́ряший, бесче́стный, дискредити́рующий

defame [dɪˈfeɪm] *v* поноси́ть; поро́чить, позо́рить, бесче́стить

defat [diːˈfæt] *v* обезжи́ривать

defatted [diːˈfætəd] *a* обезжи́ренный

default I [dɪˈfɔːlt] *n* 1) невыполне́ние усло́вий, обяза́тельств 2) *юр.* отсу́тствие, нея́вка; **to go by ~** проходи́ть в отсу́тствии отве́тчика *(о судебном деле)*; **judgement by ~** зао́чный пригово́р 3) недоста́ток чего́-л.; отсу́тствие; **in ~ of** за неиме́нием; ввиду́ отсу́тствия 4) *фин.* неупла́та, дефо́лт *(тж ~ of payment)* 5) *вчт* умолча́ние; значе́ние по умолча́нию

default II *a вчт* станда́ртный; испо́льзуемый по умолча́нию; устано́вленный по умолча́нию

default III *v* 1) не вы́полнять усло́вий, обяза́тельств 2) не яви́ться в суд 3) *юр.* выноси́ть зао́чное реше́ние, зао́чный пригово́р 4) *фин.* прекраща́ть платежи́, не выпла́чивать долг 5) *вчт* принима́ть значе́ние по умолча́нию

defaulter [dɪˈfɔːltə(r)] *n* 1) челове́к, не выполня́ющий обяза́тельств; банкро́т 2) *воен.* наруши́тель дисципли́ны; военнослу́жащий, получи́вший взыска́ние

defeasance [dɪˈfiːz(ə)ns] *n* аннули́рование, отме́на

defeasible [dɪˈfiːzəbl] *a* могу́щий быть аннули́рованным, отменённым

defeat I [dɪˈfiːt] *n* 1) пораже́ние; **to suffer a ~** потерпе́ть пораже́ние 2) неуда́ча; круше́ние *(надежд)* 3) *юр.* аннули́рование

defeat II *v* 1) наноси́ть пораже́ние; одержа́ть побе́ду 2) расстра́ивать *(планы и т. п.)*; разруша́ть *(надежды)* 3) *юр.* аннули́ровать

defeatism [dɪˈfiːtɪz(ə)m] *n* пораже́нчество, пораже́нческие настрое́ния

defeatist [dɪˈfiːtɪst] *n* пораже́нец; челове́к, зара́нее настро́ившийся на про́игрыш

defecate [ˈdefɪkeɪt] *v* 1) очища́ть 2) *мед.* опорожня́ть кише́чник

defecation [ˌdefɪˈkeɪʃ(ə)n] *n* 1) очище́ние 2) *мед.* дефека́ция, опорожне́ние кише́чника

defect I [dɪˈfekt] *n* 1) недоста́ток, неиспра́вность, дефе́кт, изъя́н; просчёт 2) поврежде́ние, наруше́ние; **corporal ~** физи́ческий недоста́ток

defect II *v* перейти́ на сто́рону проти́вника; **to ~ to the enemy** переметну́ться на сто́рону врага́

defection [dɪˈfekʃ(ə)n] *n* отсту́пничество; дезерти́рство

defective [dɪˈfektɪv] *a* 1) недоста́точный; несоверше́нный; неиспра́вный 2) дефекти́вный, у́мственно отста́лый 3) *грам.* недоста́точный *(о глаголе)*

defector [dɪˈfektə(r)] *n* перебе́жчик, невозвраще́нец, дезерти́р

defence [dɪˈfens] *n* 1) оборо́на; защи́та *(тж юр. и спорт.)*; **anti-aircraft ~** противовозду́шная оборо́на, ПВО 2) *pl воен.* оборони́тельные сооруже́ния, укрепле́ния 3) *юр.* защи́та *(на суде́)*; **counsel for the ~** защи́тник, адвока́т; **witness for the ~** свиде́тель защи́ты 4) *attr* защи́тный; **~ mechanism** защи́тная реа́кция *(организма)*

defenceless [dɪˈfenslɪs] *a* беззащи́тный

defend [dɪˈfend] *v* 1) защища́ть; обороня́ть 2) отста́ивать, подде́рживать *(мнение и т. п.)* 3) *юр.* выступа́ть защи́тником

defendant [dɪˈfendənt] *n юр.* отве́тчик; подсуди́мый, обвиня́емый

defender [dɪˈfendə(r)] *n* защи́тник; **D of. the Faith** Защи́тник ве́ры *(один из ти́тулов англ. мона́рха с 1544 г.)*

defense [dɪˈfens] *амер. см.* **defence**

defensible [dɪˈfensəbl] *a* 1) могу́щий быть защища́емым, опра́вданным 2) *воен.* удо́бный для оборо́ны; допуска́ющий оборо́ну

defensive I [dɪˈfensɪv] *n* оборо́на; оборони́тельная пози́ция; **to act/to be/to stand on the ~** обороня́ться, защища́ться

defensive II *a* оборонительный

defer[1] [dɪ'fɜ:] *v* откладывать, отсрочивать

defer[2] *v* считаться с чьим-л. мнением, уступать *(to)*

deference ['defərəns] *n* 1) уважение, почтительное отношение; **out of ~ to smb** из уважения к кому-л.; **with all due ~** при всём уважении; **to show ~ to smb** относиться почтительно к кому-л. 2) отсрочка; задержка

deferential [,defə'ren ʃ(ə)l] *a* почтительный

deferment [dɪ'fɜ:mənt] *n* отсрочка, задержка

deferrable [dɪ'fɜ:rəbl] *a* допускающий задержку

deferred [dɪ'fɜ:d] *a* отсроченный, отложенный; **~ payment** оплата в рассрочку; **~ rebate** *ком.* отсроченная скидка; **~ taxation** отсроченное налогообложение

defiance [dɪ'faɪəns] *n* 1) вызов *(на бой и т. п.)* 2) открытое неповиновение; вызывающее поведение ◊ **in ~ of** а) вопреки б) с явным пренебрежением

defiant [dɪ'faɪənt] *a* вызывающий, дерзкий

defiantly [dɪ'faɪəntlɪ] *adv* с вызовом, вызывающе, дерзко

deficiency [dɪ'fɪʃənsɪ] *n* 1) недостаток, нехватка; дефицит 2) *мед.* недостаточность; **oxygen ~** кислородное голодание

deficient [dɪ'fɪʃ(ə)nt] *a* 1) недостаточный, неполный, лишённый чего-л. *(in)* 2) несовершенный 3) умственно отсталый *(тж* **mentally ~)**

deficit ['defɪsɪt] *n* дефицит; недостаточность, отсутствие

defilade I [,defɪ'leɪd] *n воен.* естественное укрытие

defilade II *v воен.* укрывать

defile[1] [dɪ'faɪl] *v* 1) грязнить, пачкать 2) осквернять 3) развращать, портить

defile[2] **I** *n* 1) дефиле 2) теснина, ущелье

defile[2] **II** *v* дефилировать, проходить узкой колонной *(о войсках)*

defilement [dɪ'faɪlmənt] *n* 1) загрязнение 2) осквернение, профанация 3) развращение

definable [dɪ'faɪnəbl] *a* определимый

define [dɪ'faɪn] *v* 1) определять; давать определение 2) объяснять, характеризовать 3) очерчивать, определять *(границы, формы)*

defined [dɪ'faɪnd] *a* определённый

definite ['defɪnɪt] *a* определённый; точный, ясный; **~ article** *грам.* определённый артикль

definitely ['defɪnɪtlɪ] *adv* определённо, точно, со всей определённостью

definition [,defɪ'nɪʃ(ə)n] *n* 1) определение 2) определённость; точность, ясность, чёткость

definitive [dɪ'fɪnɪtɪv] *a* окончательный; решительный; полный; **a ~ biography** полная биография

deflagration [,deflə'greɪʃ(ə)n] *n хим.* дефлаграция *(выгорание взрывчатого вещества)*

deflate [dɪ'fleɪt] *v* 1) выкачивать *(воздух, газ)* 2) *эк.* сокращать количество денежных знаков в обращении 3) умалять важность *(чего-л.)* 4) *мат.* понижать порядок ◊ **he looked ~d** он ходил как в воду опущенный, он выглядел потерянным

deflation [dɪ'fleɪʃ(ə)n] *n* 1) выкачивание *(воздуха, газа)* 2) *эк.* дефляция

deflect [dɪ'flekt] *v* отклонять(ся) *(от — from)*

deflection [dɪ'flekʃ(ə)n] *n* 1) отклонение; изгиб 2) отклонение стрелки *(прибора)*

deflexion [dɪ'flekʃ(ə)n] *см.* **deflection**

defloration [,di:flɔ:'reɪʃ(ə)n] *n* лишение девственности, дефлорация

deflower [di:'flaʊə] *v* 1) лишать девственности 2) обрывать цветы 3) портить

defoliant [,di:'fəʊlɪənt] *n* дефолиант *(средство, вызывающее опадение листвы)*

defoliate [,di:'fəʊlɪeɪt] *v* 1) лишать листвы 2) уничтожать растительность

defoliation [,di:fəʊlɪ'eɪʃ(ə)n] *n* опадение листвы; удаление листвы; дефолиация

deforest [,di:'fɒrɪst] *v* обезлесить, вырубить леса

deform [dɪ'fɔ:m] *v* 1) уродовать; искажать 2) деформировать

deformation [,di:fɔ:'meɪʃ(ə)n] *n* 1) уродование; искажение 2) деформация 3) *мед.* порок развития, уродство

deformity [dɪ'fɔ:mɪtɪ] *n* 1) уродство; уродливость 2) изъян, дефект

defragmentation [di:,frægmən'teɪʃ(ə)n, -men-] *n вчт* дефрагментация

defraud [dɪ'frɔ:d] *v* обманывать; выманивать *(of)*; **he was ~ed of 1,000 dollars** у него выманили тысячу долларов

defray [dɪ'freɪ] *n* оплачивать; **to ~ expenses** оплачивать расходы

defrayal [dɪ'freɪəl] *n* оплата, покрытие расходов

defrayment [dɪ'freɪmənt] *см.* **defrayal**

defrock [,di:'frɒk] *v* лишать духовного сана

defrost [,di:'frɒst] *v* размораживать; **to ~ the windscreen** очищать ото льда ветровое стекло

deft [deft] *a* ловкий; проворный; искусный

defunct I [dɪ'fʌŋkt] *n* **(the ~)** покойник, покойный

defunct II *a* 1) умерший 2) исчезнувший; вымерший

defy [dɪ'faɪ] *v* 1) открыто проявлять неповиновение; игнорировать *(закон)*; пренебрега́ть *(мнением и т. п.)* 2) не поддава́ться *(описанию, определению)* 3) броса́ть вы́зов

degas [ˌdiːˈɡæs] *v* дегази́ровать

degeneracy [dɪˈdʒenərəsɪ] *n* вырожде́ние

degenerate I [dɪˈdʒenərət] *n* дегенера́т; вы́родок

degenerate II *a* вырожда́ющийся, дегенерати́вный

degenerate III [dɪˈdʒenəreɪt] *v* вырожда́ться, дегенери́ровать

degeneration [dɪˌdʒenəˈreɪʃ(ə)n] *n* 1) вырожде́ние 2) *мед.* дегенера́ция; перерожде́ние, деграда́ция; дистрофи́я

degenerative [dɪˈdʒenərətɪv] *a* вырожда́ющийся; дегенерати́вный

deglutition [dɪɡluˈtɪʃ(ə)n] *n* глота́ние, загла́тывание

degradation [ˌdeɡrəˈdeɪʃ(ə)n] *n* 1) пониже́ние; разжа́лование 2) униже́ние 3) упа́док; деграда́ция 4) *биол.* вырожде́ние 5) *геол.* разруше́ние *(пород)*

degrade [dɪˈɡreɪd] *v* 1) понижа́ть *(в чине, зва́нии)*; разжа́ловать 2) унижа́ть 3) снижа́ть *(ценность и т. п.)* 4) *геол.* разруша́ть *(поро́ду)* 5) приходи́ть в упа́док, дегради́ровать

degrading [dɪˈɡreɪdɪŋ] *a* 1) унизи́тельный 2) дегради́рующий

degree [dɪˈɡriː] *n* 1) сте́пень; ступе́нь; **by ~s** постепе́нно; **in some ~, to a certain ~** до изве́стной сте́пени; **in the highest ~** в вы́сшей сте́пени; **not in the slightest ~** ни в мале́йшей сте́пени, ничу́ть, ниско́лько; **to the last ~** до после́дней сте́пени 2) *мат., физ.* гра́дус 3) учёная сте́пень, зва́ние; **honorary ~** почётное зва́ние; **to take one’s ~** получи́ть сте́пень 4) положе́ние в о́бществе; ранг 5) сте́пень родства́, коле́но 6) *грам.* сте́пень сравне́ния *(тж ~ of comparison)*; **comparative ~** сравни́тельная сте́пень; **superlative ~** превосхо́дная сте́пень 7) *муз.* ступе́нь ◊ **to a ~** значи́тельно, весьма́; **third ~** допро́с с примене́нием пы́ток

degressive [dɪˈɡresɪv] *a* нисходя́щий; уменьша́ющийся

dehumanise [diːˈhjuːmənaɪz] *v* обесчелове́чивать, лиша́ть челове́ческих ка́честв

dehumanize [diːˈhjuːmənaɪz] *амер. см.* **dehumanise**

dehydrate [diːˈhaɪdreɪt] *v* обезво́живать; *хим.* дегидри́ровать *(отщепля́ть во́ду)*

dehydration [ˌdiːhaɪˈdreɪʃ(ə)n] *n* обезво́живание, *хим.* дегидрата́ция *(отщепле́ние воды́)*

de-ice [diːˈaɪs] *v* устраня́ть обледене́ние

deification [ˌdiːɪfɪˈkeɪʃ(ə)n] *n* обожествле́ние

deify [ˈdiːɪfaɪ] *v* 1) обожествля́ть 2) боготвори́ть

deign [deɪn] *v* удоста́ивать; снисходи́ть; соблаговоли́ть

deism [ˈdiːɪz(ə)m] *n рел., филос.* дейзм

deist [ˈdiːɪst] *n рел., филос.* дейст

deity [ˈdiːɪtɪ] *n* 1) божество́ 2) боже́ственность

déjà vu [ˌdeɪʒɑːˈvuː] *n фр.* 1) *психол.* «дежа вю» *(феномен «уже виденного»)* 2) *attr* зата́сканный, наби́вший оско́мину

deject [dɪˈdʒekt] *v* удруча́ть, приводи́ть в уны́ние, угнета́ть

dejected [dɪˈdʒektɪd] *a* уны́лый, пода́вленный

dejection [dɪˈdʒekʃ(ə)n] *n* 1) уны́ние; пода́вленность 2) *мед.* испражне́ния 3) *мед.* депре́ссия

de jure [diːˈdʒʊərɪ] *adv лат.* юриди́чески, де-ю́ре

delactation [dɪlʌkˈteɪʃ(ə)n] *n* 1) отня́тие ребёнка от груди́ 2) *мед.* прекраще́ние лакта́ции

delay I [dɪˈleɪ] *n* 1) заде́ржка; отсро́чка; **without ~** безотлага́тельно 2) препя́тствие, поме́ха 3) промедле́ние, проволо́чка; опозда́ние 4) *attr* заме́дленный; **~ action** заме́дленное де́йствие

delay II *v* 1) откла́дывать 2) заде́рживать, отсро́чивать 3) ме́длить; ме́шкать; опа́здывать; **don’t ~!** не ме́длите!, не ме́шкайте!

delayed [dɪˈleɪd] *a* 1) заде́ржанный; заме́дленный 2) отсро́ченный, отло́женный

delectable [dɪˈlektəbl] *a книжн.* доставля́ющий удово́льствие; восхити́тельный, преле́стный

delectation [ˌdiːlekˈteɪʃ(ə)n] *n книжн.* удово́льствие, наслажде́ние

delegacy [ˈdelɪɡəsɪ] *n* 1) делега́ция 2) делеги́рование 3) полномо́чия делега́та

delegate I [ˈdelɪɡət] *n* делега́т, представи́тель

delegate II [ˈdelɪɡeɪt] *v* 1) поруча́ть; передава́ть *(права и т. п.)* 2) делеги́ровать; уполномо́чивать

delegation [ˌdelɪˈɡeɪʃ(ə)n] *n* 1) делега́ция 2) делеги́рование, посы́лка делега́ции

delete [dɪˈliːt] *v* 1) вычёркивать *(букву, слово и т. п.)* 2) *вчт* удаля́ть; уничтожа́ть; стира́ть; **~ all** удали́ть всё

Delete key [dɪˈliːtkiː] *n вчт* кла́виша Delete; кла́виша удале́ния *(тж **Del key**)*

deleterious [ˌdelɪˈtɪərɪəs] *a* вре́дный

deletion [dɪˈliːʃ(ə)n] *n* 1) вычёркивание; уничтоже́ние *(тж перен.)* 2) *вчт* удале́ние; уничтоже́ние; стира́ние

delft [delft] *n* де́льфтский фая́нс *(тж **delftware**)*

deli [ˈdelɪ] *n разг. см.* **delicatessen**

deliberate I [dɪˈlɪbərət] *a* 1) наме́ренный, зара́нее обду́манный; **~ choice** осо́знанный вы́бор 2) осторо́жный; нереши́тельный 3) неторопли́вый *(о движениях)*

deliberate II [dɪˈlɪbəreɪt] *v* 1) обду́мывать 2) обсужда́ть

deliberately [dɪˈlɪbərətlɪ] *adv* 1) наме́ренно, умы́шленно 2) осторо́жно; нереши́тельно 3) ме́дленно

deliberation [dɪˌlɪbəˈreɪʃ(ə)n] *n* 1) обду́мывание; **after long ~** по зре́лом размышле́нии 2) обсужде́ние; совеща́ние 3) осмотри́тельность, осторо́жность 4) неторопли́вость *(движений)*

deliberative [dɪˈlɪbərətɪv] *a* совеща́тельный

delicacy [ˈdelɪkəsɪ] *n* 1) утончённость, то́нкость; изы́сканность *(красок, тонов и т. п.)* 2) сла́бость, хру́пкость, боле́зненность 3) щекотли́вость *(положения)* 4) делика́тность 5) деликате́с

delicate [ˈdelɪkət] *a* 1) утончённый, изы́сканный, то́нкий 2) изя́щный 3) сла́бый, хру́пкий, боле́зненный 4) щекотли́вый *(о вопросе, положении)* 5) делика́тный, такти́чный 6) чувстви́тельный *(о приборе)* 7) лёгкий *(о диете)*

delicates [ˈdelɪkəts] *n pl* изде́лия из то́нких тка́ней, тре́бующие бе́режной сти́рки

delicatessen [ˌdelɪkəˈtesn] *n pl* 1) деликате́сы 2) магази́н деликате́сов

delicious [dɪˈlɪʃəs] *a* 1) (о́чень) вку́сный 2) восхити́тельный, очарова́тельный

delight I [dɪˈlaɪt] *n* 1) наслажде́ние, большо́е удово́льствие; **to my ~** к моему́ вели́кому удово́льствию; **to take ~ in smth** получа́ть удово́льствие от чего́-л., наслажда́ться чем-л. 2) не́что восхити́тельное

delight II *v* 1) доставля́ть большо́е удово́льствие 2) восхища́ть(ся); наслажда́ться; **he ~s in music** му́зыка доставля́ет ему́ большо́е наслажде́ние

delighted [dɪˈlaɪtɪd] *a* дово́льный, ра́достный

delightful [dɪˈlaɪtful] *a* восхити́тельный, очарова́тельный

delimit [diːˈlɪmɪt] *v* 1) определя́ть грани́цы; размежёвывать 2) *спец.* ограни́чивать, устана́вливать преде́льные значе́ния (пара́метров)

delimitate [dɪˈlɪmɪteɪt] *v см.* **delimit**

delimitation [dɪˌlɪmɪˈteɪʃ(ə)n] *n* разграниче́ние, определе́ние грани́ц; размежева́ние

delineate [dɪˈlɪnɪeɪt] *v* 1) оче́рчивать, обрисо́вывать 2) опи́сывать, изобража́ть

delineation [dɪˌlɪnɪˈeɪʃ(ə)n] *n* 1) очерта́ние 2) описа́ние, изображе́ние

delinquency [dɪˈlɪŋkwənsɪ] *n* 1) просту́пок, прови́нность 2) правонаруше́ние *(несовершеннолетних)* 3) упуще́ние

delinquent I [dɪˈlɪŋkwənt] *n* престу́пник, правонаруши́тель *(несовершеннолетний)*

delinquent II *a* 1) вино́вный 2) не выполня́ющий свои́х обя́занностей 3) *амер.* неупла́ченный

delirious [dɪˈlɪrɪəs] *a* 1) находя́щийся в бреду́; **to grow ~** впада́ть в бред 2) бредово́й, горя́чечный; находя́щийся в бреду́, безу́мный

delirium [dɪˈlɪrɪəm] *n* 1) бред, бредово́е состоя́ние 2) си́льное возбужде́ние, исступле́ние; **~ tremens** *мед.* бе́лая горя́чка

deliver [dɪˈlɪvə(r)] *v* 1) доставля́ть *(почту, товары)* 2) передава́ть; вруча́ть 3) избавля́ть, освобожда́ть *(from)* 4) рожа́ть *(обыкн. pass.)*; **to be ~ed of** разреши́ться *(от бре́мени)* 5) принима́ть ро́ды 6) произноси́ть *(речь)*; чита́ть *(доклад, лекцию)* 7) зачи́тывать *(решение суда, приговор)* 8) представля́ть *(отчёт и т. п.)* 9) наноси́ть *(удар)*, атакова́ть 10) *вчт* подава́ть, доставля́ть; выдава́ть *(данные)* ◊ **to ~ the goods** *разг.* выполня́ть свои́ обяза́тельства *(по договору)*

deliver over передава́ть

deliver up сдава́ть *(крепость, позицию)*

deliverance [dɪˈlɪvərəns] *n* 1) избавле́ние, освобожде́ние 2) официа́льно вы́сказанное мне́ние, заявле́ние

delivery [dɪˈlɪvərɪ] *n* 1) доста́вка *(писем, товаров и т. п.)*; **the early ~** у́тренняя доста́вка корреспонде́нции; **on ~** по доста́вке 2) переда́ча; вруче́ние 3) ро́ды 4) сда́ча; вы́дача 5) мане́ра произнесе́ния ре́чи; мане́ра исполне́ния 6) *тех.* пита́ние, снабже́ние; пода́ча *(питания, топлива)* 7) *вчт* пода́ча, доста́вка; вы́дача *(да́нных)* 8) *attr:* **~ note** накладна́я; **~ order** *ком.* прика́з о поста́вке; **~ room** родова́я пала́та, *разг.* роди́лка

dell [del] *n* (леси́стая) доли́на

Delphic [ˈdelfɪk] *a* 1) тума́нный, нея́сный; двусмы́сленный 2): **~ oracle** дельфи́йский ора́кул

delta [ˈdeltə] *n* 1) де́льта *(реки)* 2) де́льта *(греческая буква)*

delude [dɪˈluːd] *v* вводи́ть в заблужде́ние, обма́нывать; **to ~ oneself** обма́нывать себя́, заблужда́ться

deluge I [ˈdeljuːdʒ] *n* 1) наводне́ние; пото́п; **(the D.)** *библ.* Всеми́рный пото́п *(тж the Flood)* 2) пото́к *(слов и т. п.)* 3) ли́вень

deluge II *v* затопля́ть; наводня́ть *(тж перен.)*

delusion [dɪˈluːʒ(ə)n] *n* 1) обма́н; заблужде́ние; иллю́зия; **to be under the ~** заблужда́ться 2) *мед.* галлюцина́ция, ма́ния, бред; **~ of grandeur** бред/ма́ния вели́чия; **~ of persecution** бред/ма́ния пресле́дования

delusive [dɪˈluːsɪv] *a* 1) обма́нчивый, при́зрачный; несбы́точный 2) *мед.* бредово́й

deluxe [dəˈlʌks] *a* 1) роско́шный 2) вы́сшего ка́чества

delve [delv] *v* ры́ться, копа́ться *(в книгах, архивах)*

demagogic [ˌdeməˈɡɒɡɪk] *a* демагоги́ческий

demagogue [ˈdeməɡɒɡ] *n* демаго́г

demagogy [deməˈɡɒɡɪ] *n* демаго́гия

demand I [dɪˈmɑːnd] *n* 1) тре́бование; **payable on** ~ опла́чиваемый по тре́бованию, по предъявле́нии; **I have many ~s on my time** у меня́ ка́ждая мину́та на счету́, у меня́ о́чень мно́го дел 2) *эк.* спрос; **supply and** ~ предложе́ние и спрос; **in** ~ име́ющий спрос 3) запро́с, потре́бность 4) *attr:* ~ **management** регули́рование спро́са и предложе́ния; ~ **pull** *эк.* избы́ток де́нег *(ведущий к инфляции)*

demand II *v* 1) тре́бовать 2) нужда́ться; **this work ~s great patience** э́та рабо́та тре́бует огро́много терпе́ния 3) спра́шивать, задава́ть вопро́с

demanding [dɪˈmɑːndɪŋ] *a* тре́бующий уме́ния, значи́тельных уси́лий, стара́ний *(о работе)*

demarcate [ˈdiːmɑːkeɪt] *v* разграни́чивать; проводи́ть демаркацио́нную ли́нию

demarcation [ˌdiːmɑːˈkeɪʃ(ə)n] *n* разграниче́ние; демарка́ция

démarche [deɪˈmɑːʃ] *n* дема́рш, дипломати́ческий шаг

demean[1] [dɪˈmiːn] *v:* **to** ~ **oneself** вести́ себя́

demean[2] *v* унижа́ть; **to** ~ **oneself** унижа́ться, роня́ть своё досто́инство

demeanour [dɪˈmiːnə(r)] *n* поведе́ние; мане́ра (держа́ться)

demented [dɪˈmentɪd] *a* сумасше́дший

démenti [ˌdeɪˈmɑːnˈtiː] *n фр.* официа́льное опроверже́ние *(слухов и т. п.)*

dementia [dɪˈmenʃə] *n мед.* 1) приобретённое слабоу́мие; **senile** ~ ста́рческое слабоу́мие 2) сумасше́ствие, помеша́тельство

demerara [ˌdeməˈreərə] *n* кори́чневый тростнико́вый са́хар *(тж* ~ **sugar)**

demerit [diːˈmerɪt] *n* 1) недоста́ток, дурна́я черта́ 2) *амер.* плоха́я оце́нка *(за поведение)*

demesne [dɪˈmeɪn] *n* 1) владе́ния; террито́рия *(принадлежащая кому-л.);* **royal/state** ~ госуда́рственные зе́мли *(в Великобритании)* 2) поме́стье, име́ние *(не сдаваемое в аренду)* 3) о́бласть, сфе́ра

demi- [ˈdemi-] *pref* полу-

demigod [ˈdemiɡɒd] *n* полубо́г

demilitarize [diːˈmɪlɪtəraɪz] *v* демилитаризи́ровать

demilitarized zone [diːˌmɪlɪtəraɪzdˈzəʊn] *n* демилитаризо́ванная зо́на

demi-monde [ˈdemiˌmɒnd] *n фр.* полусве́т

demining [diːˈmaɪnɪŋ] *n* размини́рование; обезвре́живание мин

demi-pension [demiˈpɑːŋsjɔːŋ] *n фр.* полупансио́н *(ночлег, завтрак и обед/ужин)*

demise I [dɪˈmaɪz] *n* 1) смерть, кончи́на 2) переда́ча по насле́дству *(имущества, титула и т. п.)*

demise II *v* передава́ть по насле́дству; оставля́ть по завеща́нию

demist [diːˈmɪst] *v* очища́ть *(от плёнки, влаги)* ветрово́е стекло́ автомоби́ля

demitasse [ˈdemitæs] *n* кофе́йная ча́шка

demo [ˈdeməʊ] *n* 1) *разг.* демонстра́ция, манифеста́ция 2) уча́стник демонстра́ции, демонстра́нт 3) *муз.* фрагме́нт музыка́льной за́писи, кото́рую певе́ц *или* гру́ппа посыла́ет на сту́дию звукоза́писи, *проф.* де́мо-за́пись 4) *вчт* демонстрацио́нная ве́рсия, де́мо-ве́рсия *(программы, компьютерной игры и т. п.)* 5) *амер.* демонстрацио́нная моде́ль автомоби́ля в автосало́не

demob [ˈdiːˈmɒb] *сокр. разг. см.* **demobilise**

demobilise [diːˈməʊbɪlaɪz] *v* демобилизова́ть

demobilization [ˈdiːˌməʊbɪlaɪˈzeɪʃən] *n* демобилиза́ция

demobilize [diːˈməʊbɪlaɪz] *амер. см.* **demobilise**

democracy [dɪˈmɒkrəsɪ] *n* 1) демокра́тия 2) демократи́зм 3) демократи́ческая страна́

democrat [ˈdeməˌkræt] *n* 1) демокра́т 2) **(D.)** *амер.* член демократи́ческой па́ртии, демокра́т

democratic [ˌdeməˈkrætɪk] *a* демократи́ческий; демократи́чный; **the D. Party** демократи́ческая па́ртия США

democratize [dɪˈmɒkrəˌtaɪz] *v* демократизи́ровать

démodé [deɪmɒˈdeɪ] *a фр.* вы́шедший из мо́ды, старомо́дный

demographic [deməˈɡræfɪk] *a* демографи́ческий

demography [dɪˈmɒɡrəfɪ] *n* демогра́фия

demolish [dɪˈmɒlɪʃ] *v* 1) сноси́ть *(здание)*, разруша́ть 2) разбива́ть, опроверга́ть *(теорию и т. п.)* 3) *разг.* уничто́жить, съесть, проглоти́ть

demolition [ˌdeməˈlɪʃ(ə)n] *n* 1) разруше́ние, снос 2) уничтоже́ние 3) подры́в; подрывны́е рабо́ты

demon [ˈdiːmən] *n* де́мон, злой дух

demoniac [dɪˈməʊnɪæk] *a* 1) бесновáтый, одержи́мый 2) дья́вольский, демони́ческий

demonic [diːˈmɒnɪk] *см.* **demoniac**

demonstrable [ˈdemənstrəbl] *a* 1) доказу́е-
мый 2) я́вный, очеви́дный

demonstrate [ˈdemənstreɪt] *v* 1) пока́зывать,
нагля́дно демонстри́ровать 2) проявля́ть
(чувства и т. п.) 3) дока́зывать 4) уча́ство-
вать в демонстра́ции

demonstration [ˌdemənˈstreɪʃ(ə)n] *n* 1) по-
ка́з, демонстри́рование 2) проявле́ние
(чувств и т. п.) 3) демонстра́ция 4) доказа́-
тельство 5) *воен.* демонстра́ция (вое́нной)
си́лы

demonstrative I [dɪˈmɒnstrətɪv] *n грам.* ука-
за́тельное местоиме́ние

demonstrative II *a* 1) экспанси́вный; откры́-
тый, не скрыва́ющий свои́х чувств 2) на-
гля́дный, доказа́тельный, убеди́тельный 3)
демонстрати́вный 4) *грам.* указа́тельный

demonstrator [ˈdemənstreɪtə(r)] *n* 1) уча́ст-
ник демонстра́ции, демонстра́нт 2) слу́жа-
щий компа́нии, демонстри́рующий покупа́-
телям, клие́нтам *и т. п.* рабо́ту маши́н,
обору́дования *и т. п.*, демонстра́тор 3) ас-
систе́нт профе́ссора

demoralization [dɪˌmɒrəlaɪˈzeɪʃ(ə)n] *n* демо-
рализа́ция, упа́док ду́ха; разложе́ние

demoralize [dɪˈmɒrəlaɪz] *v* демореализо́вывать

demote [dɪˈməʊt] *v* 1) понижа́ть *(в должности, зва́нии и т. п.)* 2) *вчт* понижа́ть прио-
рите́т *(объекта)*

demotivation [diːˈməʊtɪveɪʃ(ə)n] *n* лише́ние
мотива́ции, це́ли

demount [dɪˈmaʊnt] *v* разбира́ть, демонти́-
ровать

demountable [dɪˈmaʊntəbl] *a* разбо́рный, съёмный

demounting [dɪˈmaʊntɪŋ] *n* разбо́рка; демон-
та́ж

demur I [dɪˈmɜː(r)] *n* 1) возраже́ние; **without**
~ без возраже́ний 2) колеба́ние

demur II *v* 1) колеба́ться, сомнева́ться *(to, at)*
2) возража́ть; протестова́ть *(to, at)*

demure [dɪˈmjʊə(r)] *a* 1) серьёзный; степе́н-
ный 2) скро́мный

demurrer [dɪˈmʌrə(r)] *n юр.* 1) возраже́ние,
опротестова́ние 2) процессуа́льный отво́д

demythologize [ˌdiːmɪˈθɒlədʒaɪz] *v* лиша́ть
орео́ла таи́нственности, ми́стики; разве́и-
вать миф

den [den] *n* 1) ло́говище, берло́га 2) прито́н 3)
уединённая ко́мната, кабине́т

denary [ˈdiːnərɪ] *a* десяти́чный

denationalization [diːˌnæʃənəlaɪˈzeɪʃ(ə)n] *n*
денационализа́ция

denationalize [diːˈnæʃnəlaɪz] *v* 1) денациона-
лизи́ровать 2) лиша́ть национа́льных прав,
национа́льного хара́ктера

denaturalize [diːˈnætʃərəlaɪz] *v* 1) изменя́ть
приро́дные сво́йства, приро́ду *(чего-л.)*; ли-
ша́ть приро́дных сво́йств 2) лиша́ть по́д-
данства, прав гражда́нства

denature [diːˈneɪtʃə(r)] *v* 1) изменя́ть при-
ро́дные сво́йства 2) денатури́ровать *(спирт)*

denazification [dɪˌnɑːzɪfɪˈkeɪʃ(ə)n] *n* денаци-
фика́ция

dendroid [ˈdendrɔɪd] *a* древови́дный

dene[1] [diːn] *n* у́зкая леси́стая доли́на

dene[2] *n* дю́на

dengue [ˈdeŋgɪ] *n мед.* тропи́ческая лихора́д-
ка, лихора́дка де́нге *(тж ~ fever)*

denial [dɪˈnaɪəl] *n* 1) отка́з; **flat** ~ категори́-
ческий отка́з 2) отрица́ние; опроверже́ние
3) выраже́ние недове́рия *(руководи́телю,
ли́деру и т. п.)*

denier [ˈdenjə(r)] *n текст.* денье́ *(едини́ца
пло́тности воло́кон или ни́тей)*

denigrate [ˈdenɪgreɪt] *v* черни́ть, поро́чить

denim [ˈdenɪm] *n* 1) джи́нсовая ткань 2) *pl
разг.* джи́нсы; джи́нсовая оде́жда

denizen [ˈdenɪzn] *n* 1) иностра́нец, получи́в-
ший права́ гражда́нства 2) акклиматизи́-
ровавшееся живо́тное *или* расте́ние 3) ино-
стра́нное, заи́мствованное сло́во 4) *поэт.*
жи́тель, обита́тель

denominate [dɪˈnɒmɪneɪt] *v* называ́ть, име-
нова́ть

denomination [dɪˌnɒmɪˈneɪʃ(ə)n] *n* 1) веро-
испове́дание; конфе́ссия 2) досто́инство
(монеты) 3) назва́ние, наименова́ние

denominational [dɪˌnɒmɪˈneɪʃən(ə)l] *a* кон-
фессиона́льный, вероиспове́дный

denominative [dɪˈnɒmɪnətɪv] *a* нарица́тель-
ный

denominator [dɪˈnɒmɪneɪtə(r)] *n мат.* знаме-
на́тель

denotation [ˌdiːnəʊˈteɪʃ(ə)n] *n* 1) знак; обо-
значе́ние 2) значе́ние

denotative [dɪˈnəʊtətɪv] *a* 1) ука́зывающий
(на — of) 2) означа́ющий

denote [dɪˈnəʊt] *v* 1) пока́зывать, ука́зывать
(на что-л.) 2) означа́ть, зна́чить

denouement [deɪˈnuːmɑːŋ] *n лит.* развя́зка
(де́йствия)

denounce [dɪˈnaʊns] *v* 1) облича́ть, осужда́ть
2) доноси́ть 3) *дип.* денонси́ровать

denouncement [dɪˈnaʊnsmənt] *см.* **denunciation**

denouncer [dɪˈnaʊnsə(r)] *n* доно́счик

dens [dens] *n (pl* **dentes***) мед.* 1) зуб 2) зубе́ц
3) зубови́дный отро́сток

dense [dens] *a* 1) густо́й, пло́тный; ~ **fog** гус-
то́й тума́н 2) ску́ченный, пло́тный *(о насе-
ле́нии)* 3) *разг.* тупо́й, глу́пый

densitometer [ˌdensɪˈtɒmɪtə] *n тех.* денситó-метр

density [ˈdensɪtɪ] *n* 1) густотá; плóтность 2) *физ.* удéльный вес 3) глýпость, тýпость

dent I [dent] *n* 1) углублéние, вы́боина 2) урóн; опустоши́тельное дéйствие

dent II *v* 1) вдáвливать, оставля́ть след, вы́боину 2) подрывáть, разрушáть

dental [ˈdentl] *a* 1) *фон.* зубнóй, дентáльный 2) зубоврачéбный; стоматологи́ческий; ~ **mechanic** зубнóй тéхник; ~ **surgeon** хирýрг-стоматóлог; ~ **nurse** стоматологи́ческая меди́цинская сестрá

denticle [ˈdentɪkl] *n мед.* зýбчик, денти́кль

denticulate [denˈtɪkjʊlət] *a* зубчáтый; зазýбренный

dentifrice [ˈdentɪfrɪs] *n* зубнóй порошóк, зубнáя пáста

dentist [ˈdentɪst] *n* зубнóй врач, стоматóлог, данти́ст; ~ **surgeon** хирýрг-стоматóлог (*тж* **dental surgeon**)

dentistry [ˈdentɪstrɪ] *n* 1) стоматолóгия 2) стоматологи́ческая кли́ника 2) стоматологи́ческая пóмощь

dentition [denˈtɪʃ(ə)n] *n мед.* 1) зубнóй ряд 2) прорéзывание зубóв 3) зубнóй при́кус

denture [ˈdentʃə(r)] *n мед.* 1) зубнóй ряд 2) зубнóй протéз 3) набóр искýсственных зубóв

denudation [ˌdiːnjuːˈdeɪʃ(ə)n] *n* обнажéние, оголéние

denude [dɪˈnjuːd] *v* 1) обнажáть, оголя́ть 2) лишáть (*чего-л.*); обирáть

denunciation [dɪˌnʌnsɪˈeɪʃ(ə)n] *n* 1) обличéние; осуждéние, обвинéние 2) денонси́рование (*договора*)

denunciator [dɪˈnʌnsɪeɪtə(r)] *n* обличи́тель, обвини́тель

deny [dɪˈnaɪ] *v* 1) отрицáть 2) отрекáться; отпирáться 3) откáзывать(ся); **to ~ oneself** откáзывать себé в чём-л.

deodorant [diːˈəʊdərənt] *n* 1) дезодорáнт 2) освежи́тель вóздуха (*тж* **air freshener**)

deodorize [diːˈəʊdəraɪz] *v* удаля́ть неприя́тный зáпах (*дезодорантом, освежителем воздуха и т. п.*)

depart [dɪˈpɑːt] *v* 1) отправля́ться, отбывáть; уезжáть; уходи́ть; **the train ~s from this platform** пóезд отхóдит от э́той платфóрмы 2) отступáть, отклоня́ться (*от правила, обычая и т. п.*); **to ~ from one's word/one's promise** нарýшить своé слóво/обещáние 3) умирáть

departed I [dɪˈpɑːtɪd] *n* (**the ~**) *эвф.* покóйник(и)

departed II *a* былóй, прóшлый

department [dɪˈpɑːtmənt] *n* 1) отдéл; отделéние 2) вéдомство; департáмент 3) *амер.* министéрство; **State D.** госудáрственный департáмент (*министерство иностранных дел США*) 4) факультéт (*университéта*); **physics** ~ физи́ческий факультéт 5) кáфедра 6) óбласть, óтрасль (*науки, знания*) 7) *разг.* компетéнция 8) *attr:* ~ **store** универсáльный магази́н

departmental [ˌdiːpɑːtˈmentl] *a* относя́щийся к определённому отдéлу, вéдомству; вéдомственный

departure [dɪˈpɑːtʃə(r)] *n* 1) отъéзд; ухóд; **to take one's ~** уходи́ть; уезжáть 2) отступлéние, отклонéние (*от правила, нормы, обычая*) 3) отправлéние (*поезда*); вы́лет, отлёт (*самолёта*); ~ **lounge** зал отлёта (*в аэропорту*) 4) нóвый курс; нóвая ли́ния поведéния; нóвое направлéние

depasture [diːˈpɑːstʃə(r)] *v* пасти́(сь)

depend [dɪˈpend] *v* 1) зави́сеть (*on, upon*); **it ~s now on whether they agree** э́то зави́сит тепéрь от тогó, соглася́тся ли они́; **it/that ~s** э́то зави́сит от обстоя́тельств; как сказáть 2) полагáться (*on, upon*); ~ **upon it** бýдьте увéрены 3) быть на иждивéнии, зави́сеть (*от кого-л.*)

dependable [dɪˈpendəbl] *a* надёжный

dependant [dɪˈpendənt] *n* 1) иждивéнец 2) слугá 3) подчинённый

dependence [dɪˈpendəns] *n* 1) зави́симость (*upon*), зави́симое, подчинённое положéние; **alcoholic** ~ алкогóльная зави́симость 2) довéрие; **to put/to place one's ~ in/on** полагáться, надéяться на

dependency [dɪˈpendənsɪ] *n* 1) зави́симая странá, колóния 2) зави́симость, подчинённое положéние

dependent I [dɪˈpendənt] *амер. см.* **dependant**

dependent II *a* 1) зави́симый; завися́щий; находя́щийся в зави́симости 2) находя́щийся на иждивéнии 3) *грам.* подчинённый; придáточный; ~ **clause** придáточное предложéние

depersonalise [diːˈpɜːsənəlaɪz] *v* лишáть индивидуáльности

depersonalize [diːˈpɜːsənəlaɪz] *амер. см.* **depersonalise**

depict [dɪˈpɪkt] *v* 1) рисовáть, изображáть 2) опи́сывать

depilate [ˈdepɪleɪt] *v* удаля́ть избы́точные вóлосы, депили́ровать

depilation [depɪˈleɪʃ(ə)n] *n* депиля́ция

deplane [diːˈpleɪn] *v амер.* сходи́ть, высáживаться с бóрта самолёта (*тж* **disembark**)

deplete [dɪ'pli:t] *v* 1) исчéрпывать, истощáть *(силы, запáсы)* 2) опорожня́ть

depletion [dɪ'pli:ʃ(ə)n] *n* 1) уменьшéние, снижéние, истощéние 2) *мед.* кровопускáние 3) *мед.* очищéние кишéчника

deplorable [dɪ'plɔ:rəbl] *a* 1) óчень плохóго кáчества, ужасáющий 2) плачéвный, прискóрбный

deplore [dɪ'plɔ:(r)] *v* 1) оплáкивать, сожалéть 2) быть шокúрованным

deploy [dɪ'plɔɪ] *v* 1) *воен.* развёртывать *(строй)* 2) мобилизовáть *(силы)*; умéло испóльзовать *(дóводы)*

deployment [dɪ'plɔɪmənt] *n воен.* 1) развёртывание *(строя)* 2) размещéние, базúрование, дислоцúрование

deplume [di:'plu:m] *v* 1) ощúпывать, удаля́ть пéрья 2) лишúть звáний, нагрáд *и т. п.*

depolarization [di:ˌpəʊləraɪ'zeɪʃ(ə)n] *n физ.* деполяризáция

depolarize [di:'pəʊləraɪz] *v физ.* деполяризовáть

depoliticize [ˌdi:pə'lɪtɪsaɪz] *v* деполитизúровать

depopulate [di:'pɒpjʊleɪt] *v* 1) уменьшáть *или* истребля́ть населéние; обезлю́дить 2) уменьшáться *(о населéнии)*; обезлю́деть

depopulation ['di:ˌpɒpjʊ'leɪʃ(ə)n] *n* 1) уменьшéние *или* истреблéние населéния 2) сокращéние населéния

deport[1] [dɪ'pɔ:t] *v* 1) высылáть; депортúровать 2) ссылáть

deport[2] *v:* to ~ oneself вестú себя́

deportation [ˌdi:pɔ:'teɪʃ(ə)n] *n* 1) вы́сылка, депортáция 2) ссы́лка, изгнáние

deportee [ˌdi:pɔ:'ti:] *n* вы́сланный, депортúрованный

deportment [dɪ'pɔ:tmənt] *n* (хорóшие) манéры; (прилúчное) поведéние

depose [dɪ'pəʊz] *v* 1) смещáть *(с дóлжности)*; сверãáть *(с престóла)* 2) *юр.* давáть показáния под прися́гой

deposit I [dɪ'pɒzɪt] *n* 1) вклад *(в банк)*; депозúт 2) задáток; залóг 3) осáдок, отложéние 4) *горн.* зáлежь

deposit II *v* 1) склáдывать *(куда-л.)* 2) сносúть, относúть *(в другóе мéсто)* 3) сдавáть на хранéние 4) класть *(в банк)* 5) давáть задáток; оставля́ть залóг 6) депонúровать

deposit account [dɪ'pɒzɪtəˌkaʊnt] *фин.* 1) депозúтный счёт 2) авáнсовый счёт 3) *амер.* счёт в бáнке

depositary [dɪ'pɒzɪtərɪ] *n* лицó, котóрому ввéрены вклáды, сóбственность *и т. п.*; довéренное лицó

deposition [ˌdepə'zɪʃ(ə)n] *n* 1) смещéние *(с дóлжности)*; свержéние *(с престóла)*; ли-

шéние *(влáсти)* 2) *юр.* показáние под прися́гой 3) сдáча на хранéние

depositor [dɪ'pɒzɪtə(r)] *n* вклáдчик, депозúтор, депонéнт

depository [dɪ'pɒzɪtərɪ] *n* 1) хранúлище, склад 2) сокрóвищница; клáдезь 3) *см.* **depositary** 4) депозитáрий

depot ['depəʊ] *n* 1) склад 2) *ж.-д.* депó 3) автóбусный парк 4) *воен.* склад обмундировáния *и т. п.* 5) *воен.* комáндный пункт полкá 6) *амер.* железнодорóжная стáнция; автовокзáл 7) *attr* запаснóй, запáсный

deprave [dɪ'preɪv] *v* пóртить, развращáть, разлагáть

depraved [dɪ'preɪvd] *a* испóрченный, безнрáвственный

depravity [dɪ'prævɪtɪ] *n* развращённость, безнрáвственность

deprecate ['deprɪkeɪt] *v* 1) осуждáть; не одобря́ть 2) возражáть, протестовáть

deprecation [ˌdeprɪ'keɪʃ(ə)n] *n* 1) осуждéние; неодобрéние 2) возражéние, протéст 3) *уст.* мольбá

deprecative ['deprɪkətɪv] *a* 1) неодобрúтельный, осуждáющий 2) возражáющий, протестýющий

deprecatory [deprɪ'keɪtərɪ] *a* старáющийся умúлостивить, просúтельный *(тж* **deprecating)**

depreciate [dɪ'pri:ʃɪeɪt] *v* 1) обесцéнивать 2) пáдать в ценé, теря́ть стóимость 3) недооцéнивать, умаля́ть 4) теря́ть покупáтельную спосóбность, обесцéниваться *(о деньгáх)*

depreciatingly [dɪ'pri:ʃɪeɪtɪŋlɪ] *adv* пренебрежúтельно

depreciation [dɪˌpri:ʃɪ'eɪʃ(ə)n] *n* 1) амортизáция; изнáшивание 2) обесцéнение *(валю́ты)* 3) умалéние, недооцéнка

depreciatory [dɪ'pri:ʃɪətərɪ] *a* 1) обесцéнивающий 2) умаля́ющий

depredation [ˌdeprɪ'deɪʃ(ə)n] *n обыкн. pl* грабёж; разорéние

depredator ['deprɪdeɪtə(r)] *n* грабúтель, мародёр

depress [dɪ'pres] *v* 1) опускáть, понижáть 2) угнетáть, подавля́ть; удручáть 3) ослабля́ть, снижáть *(дéятельность, торгóвлю)*; ~ed area *эк.* райóн экономúческой депрéссии 4) *тех.* нажимáть кнóпку

depressant [dɪ'pres(ə)nt] *n* 1) *мед.* успокáивающее, седатúвное срéдство, депрессáнт 2) гнетýщее дéйствие

depressing [dɪ'presɪŋ] *a* гнетýщий, тя́гостный

depression [dɪ'preʃ(ə)n] *n* 1) угнетённое состоя́ние, депрéссия 2) *эк.* депрéссия, (финансовый и промышленный) застой 3) падение, снижение *(атмосферного давления)* 4) впадина, углубление

depressive [dɪˈpresɪv] *a* 1) склонный к депрессии 2) депрессивный; подавляющий, угнетающий

deprivation [ˌdeprɪˈveɪʃ(ə)n] *n* 1) лишение; потеря 2) отстранение *(от должности)*

deprive [dɪˈpraɪv] *v* 1) лишать *(чего-л. — of)* 2) *юр.* отрешать от должности

deprived [dɪˈpraɪvd] *a* 1) живущий в трудных условиях, лишённый заботы, ласки *(о детях)* 2) социально и экономически отсталый *(о районе)*

Dept. *сокр.* **(Department)** отдел, ведомство, департамент

depth [depθ] *n* 1) глубина 2) *pl* глубины; пучина, бездна 3) мудрость, глубина мысли 4) глубина чувств 5) густота *(цвета)* 6) середина; **in the ~ of night** глубокой ночью; **in the ~ of winter** среди зимы 7) *attr:* ~ **charge** глубинная бомба ◊ **out of one's ~** не по силам; **in** ~ тщательно, основательно

depurant [ˈdɪˈpjurənt] *n мед.* очистительное средство

depurate [ˈdepjʊəreɪt] *v* очищать(ся) от примесей

deputation [ˌdepjuˈteɪʃ(ə)n] *n* делегация, депутация

depute [dɪˈpjuːt] *v* 1) назначать заместителем 2) передавать полномочия *(заместителю)*

deputise [ˈdepjʊtaɪz] *v* замещать, заменять *(for)*

deputize [ˈdepjʊtaɪz] *амер. см.* **deputise**

deputy [ˈdepjʊtɪ] *n* 1) заместитель 2) депутат *(парламента)* 3) *attr:* ~ **manager** заместитель директора, управляющего

deracinate [dɪˈræsɪneɪt] *v книжн.* вырывать с корнем; искоренять

derail [dɪˈreɪl] *v* 1) устраивать крушение *(поезда)* 2) сходить с рельсов

derailment [dɪˈreɪlmənt] *n* крушение *(поезда)*

derange [dɪˈreɪndʒ] *v* 1) приводить в беспорядок, расстраивать 2) доводить до сумасшествия

deranged [dɪˈreɪndʒd] *a* сумасшедший, психически больной

derangement [dɪˈreɪndʒmənt] *n* 1) приведение в беспорядок 2) психическое расстройство

deration [diːˈræʃ(ə)n] *v* отменять карточки, ограничения в распределении продуктов и товаров

Derby [ˈdɑːbɪ] *n* дерби *(скачки)*

derby [ˈdɜːbɪ] *n амер.* котелок *(мужская шляпа)*

de règle [dəˈregl] *a* как обычно, как правильно

dereism [ˈdɪraɪz(ə)m] *n психол.* дереистический образ мышления *(фантазирование)*

derelict [ˈderɪlɪkt] *a* 1) покинутый, брошенный, оставленный 2) заброшенный, разрушающийся *(о доме и т. п.)* 3) *амер.* плохо выполняющийся *(об обязанностях и т. п.)*

dereliction [ˌderɪˈlɪkʃ(ə)n] *n* 1) упущение; нарушение долга *(тж ~ of duty)* 2) оставление; заброшенность 3) отступление моря от берега

derequisition [diːˌrekwɪˈzɪʃ(ə)n] *n* возвращение владельцу реквизированной собственности

deride [dɪˈraɪd] *v* высмеивать, осмеивать

derision [dɪˈrɪʒ(ə)n] *n* 1) высмеивание, осмеяние; насмешка; **to have/to hold in** ~ насмехаться 2) посмешище

derisive [dɪˈraɪsɪv] *см.* **derisory**

derisory [dɪˈraɪsərɪ] *a* 1) насмешливый, иронический 2) смехотворный

derivation [ˌderɪˈveɪʃ(ə)n] *n* 1) возникновение; происхождение; источник 2) *лингв.* деривация, словопроизводство 3) отвод *(воды)* 4) *эл.* ответвление, шунт 5) *мат.* вывод выражения, получение формулы

derivative I [dɪˈrɪvətɪv] *n* 1) *грам.* производное слово 2) *мат.* производная *(функции)*, дериват

derivative II *a* производный

derive [dɪˈraɪv] *v* 1) получать; извлекать 2) происходить *(от)* 3) устанавливать происхождение 4) производить *(слово и т. п.)*

dermatitis [ˌdɜːməˈtaɪtɪs] *n мед.* дерматит; **allergic** ~ аллергический дерматит; **solar** ~ солнечный дерматит

dermatologist [ˌdɜːməˈtɒlədʒɪst] *n* (врач-)дерматолог

dermatology [ˌdɜːməˈtɒlədʒɪ] *n* дерматология

derogate [ˈderəgeɪt] *v* 1) умалять *(заслуги и т. п.)* 2) ронять своё достоинство

derogation [ˌderəˈgeɪʃ(ə)n] *n* 1) умаление *(заслуг, прав)* 2) деградация

derogatory [dɪˈrɒgətərɪ] *a* умаляющий; задевающий достоинство, унижающий; унизительный

derrick [ˈderɪk] *n* 1) *тех.* деррик-кран, подъёмная машина 2) буровая вышка

derring-do [ˈderɪŋˈduː] *n* отчаянная храбрость, геройство

derry [ˈderɪ] *n*: **to have a** ~ **on smb** *австрал.* быть настроенным предубеждённо против кого-л.

dervish [ˈdɜːvɪʃ] *n* дервиш

desalinate [diːˈsælɪneɪt] *v* опреснять *(морскую воду и т. п.)*

desalination [ˌdiːsælɪˈneɪʃ(ə)n] *n* 1) опресне́ние 2) *attr* опресни́тельный; ~ **plant** опресни́тельная устано́вка

descale [diːˈskeɪl] *v* удаля́ть на́кипь *(напр. из чайника)*

descant I [ˈdeskænt] *n* 1) *муз.* ди́скант 2) мело́дия, напе́в; пе́сня

descant II [dɪsˈkænt] *v* 1) простра́нно рассужда́ть, распространя́ться *(о чём-л. — on, upon)* 2) напева́ть

descend [dɪˈsend] *v* 1) спуска́ться, сходи́ть 2) опуска́ться; снижа́ться 3) обру́шиваться, па́дать 4) напада́ть *(upon)* 5) переходи́ть, передава́ться по насле́дству 6) происходи́ть *(from)* 7) опусти́ться, дегради́ровать; **to ~ to violence** опусти́ться до примене́ния наси́лия

descendant [dɪˈsendənt] *n* пото́мок; **direct ~** пото́мок по прямо́й ли́нии

descending [dɪˈsendɪŋ] *a* 1) опуска́ющийся; спуска́ющийся, иду́щий вниз 2) напра́вленный вниз, нисходя́щий 3) *мат.* понижа́ющийся, уменьша́ющийся *(о ряде)*

descending motion [dɪˈsendɪŋˈməʊʃ(ə)n] *n* движе́ние вниз; спуск

descending order [dɪˈsendɪŋˈɔːdə] *n* поря́док убыва́ния; упоря́дочение по убыва́нию

descent [dɪˈsent] *n* 1) спуск; сниже́ние 2) склон, скат 3) происхожде́ние 4) переда́ча по насле́дству 5) пониже́ние *(температу́ры)* 6) паде́ние, зака́т *(импе́рии и т. п.)* 7) внеза́пное нападе́ние

describe [dɪˈskraɪb] *v* 1) опи́сывать, изобража́ть; характеризова́ть *(as)* 2) опи́сывать *(круг, криву́ю);* черти́ть

description [dɪˈskrɪpʃ(ə)n] *n* 1) описа́ние; изображе́ние; **to answer/to fit ~** соотве́тствовать описа́нию 2) вид, род, сорт

descriptive [dɪˈskrɪptɪv] *a* описа́тельный; изобрази́тельный

descry [dɪˈskraɪ] *v* разгляде́ть, заме́тить

desecrate [ˈdesɪkreɪt] *v* оскверня́ть *(святы́ню)*

desecration [ˌdesɪˈkreɪʃ(ə)n] *n* оскверне́ние *(святы́ни);* профана́ция

deseed [diːˈsiːd] *v* удаля́ть семена́ *(у расте́ний)*

desegregate [diːˈsegrɪgeɪt] *v* снима́ть ра́совые барье́ры *(в шко́лах, учрежде́ниях и т. п.)*

desensitize [diːˈsensɪtaɪz] *v* снижа́ть *или* снима́ть сверхчувстви́тельность *(фотоматериа́лов, у алле́ргиков и т. п.)*

desert[1] [dɪˈzɜːt] *v* 1) покида́ть, оставля́ть; броса́ть; **to ~ the sinking ship** покида́ть то́нущее су́дно 2) дезерти́ровать

desert[2] **I** [ˈdezət] *n* 1) пусты́ня 2) ску́чная те́ма, ску́чное заня́тие *и т. п.*

desert[2] **II** *a* пусты́нный; необита́емый; ~ **island** необита́емый о́стров

desert[3] [dɪˈzɜːt] *n* заслу́га; **to get/to obtain one's ~s** получи́ть по заслу́гам

deserter [dɪˈzɜːtə(r)] *n* дезерти́р

desertion [dɪˈzɜːʃ(ə)n] *n* 1) оставле́ние *(семьи и т. п.)* 2) дезерти́рство 3) забро́шенность

deserve [dɪˈzɜːv] *v* заслу́живать, быть досто́йным; **to ~ well of one's country** име́ть больши́е заслу́ги пе́ред ро́диной; **to ~ ill** не заслу́живать *(похвалы́ и т. п.)*

deservedly [dɪˈzɜːvɪdlɪ] *adv* заслу́женно, по заслу́гам, по досто́инству

deserving [dɪˈzɜːvɪŋ] *a* досто́йный, заслу́живающий *(внима́ния, похвалы́ и т. п.)*

desex [diːˈseks] *v* 1) кастри́ровать; стерилизова́ть 2) лиша́ть сексуа́льной привлека́тельности

desexualize [diːˈseksjʊəlaɪz] *v* лиша́ть половы́х разли́чий; десексуализи́ровать

desiccate [ˈdesɪkeɪt] *v* 1) высу́шивать, обезво́живать 2) высыха́ть

desiderata [dɪˌzɪdəˈreɪtə] *pl см.* **desideratum**

desiderative [dɪˈzɪdərətɪv] *a* выража́ющий жела́ние

desideratum [dɪˌzɪdəˈrɑːtəm] *n (pl* **desiderata)** что-л. недостаю́щее и жела́емое

design I [dɪˈzaɪn] *n* 1) прое́кт, план; набро́сок 2) рису́нок; узо́р 3) за́мысел, наме́рение; **by ~, with a ~** наме́ренно 4) констру́кция, диза́йн ◊ **to have ~s on** замышля́ть (дурно́е) про́тив *(кого́-л., чего́-л.)*

design II *v* 1) составля́ть план, схе́му; плани́ровать, проекти́ровать, констру́ировать 2) де́лать набро́ски, эски́зы 3) замышля́ть; намерева́ться 4) быть диза́йнером; быть проекти́ровщиком, констру́ктором 5) предназнача́ть 6) модели́ровать *(оде́жду)*

designate I [ˈdezɪgnət] *a* назна́ченный

designate II [ˈdezɪgneɪt] *v* 1) назнача́ть на до́лжность *(as)* 2) определя́ть; обознача́ть; ука́зывать

designated driver [ˈdezɪgneɪtɪdˈdraɪvə(r)] *n* назна́ченный, вы́бранный води́тель *(челове́к, кото́рый на вечери́нке не пьёт алкого́льных напи́тков, что́бы пото́м развезти́ свои́х друзе́й по дома́м)*

designation [ˌdezɪgˈneɪʃ(ə)n] *n* 1) обозначе́ние; наименова́ние; указа́ние 2) назначе́ние (на до́лжность) 3) *спец.* марки́ровка

designator [ˈdezɪgneɪtə] *n вчт* 1) указа́тель 2) обозначе́ние; код

designedly [dɪˈzaɪnɪdlɪ] *adv* наме́ренно, умы́шленно

designer [dɪˈzaɪnə(r)] *n* 1) диза́йнер; проекти́ровщик, констру́ктор 2) худо́жник, моделье́р

designing I [dɪˈzaɪnɪŋ] *n* 1) дизайн, проектирование 2) художественное конструи́рование, моделирование

designing II *a* склонный к интригам; коварный

desirability [dɪˌzaɪərəˈbɪlɪtɪ] *n* жела́тельность

desirable [dɪˈzaɪərəbl] *a* 1) жела́тельный 2) жела́нный, вожделе́нный

desire I [dɪˈzaɪə] *n* 1) (сильное) жела́ние; страсть 2) вожделе́ние 3) предме́т жела́ния

desire II *v* 1) жела́ть; (сильно) хоте́ть 2) проси́ть, тре́бовать

desirous [dɪˈzaɪərəs] *a* жа́ждущий чего́-л.; (сильно) жела́ющий *(of)*

desist [dɪˈzɪst] *v книжн.* прекраща́ть, перестава́ть

desk [desk] *n* 1) пи́сьменный стол 2) па́рта 3) конто́рка 4) отде́л *(в редакции газеты)* 5) пюпи́тр

desk clerk [ˈdeskˌklɑːk] *n* портье́ *(в гостинице)*

desk tidy [ˈdeskˌtaɪdɪ] *n* органа́йзер *(прибор на письменном столе, содержащий ручки, карандаши, скрепки и т. п.)*

desktop I [ˈdesktɒp] *n вчт* 1) рабо́чий стол; панель экра́на 2) насто́льная систе́ма; насто́льный компью́тер

desktop II *a* насто́льный *(о компьютере и т. п.)*

desktop publishing [ˈdesktɒp ˈpʌblɪʃɪŋ] *n* настольная изда́тельская систе́ма; насто́льное изда́тельство

desolate I [ˈdesələt] *a* 1) бро́шенный, поки́нутый 2) необита́емый 3) запу́щенный; опусте́вший; разру́шенный 4) уны́лый; несча́стный

desolate II [ˈdesəleɪt] *v* 1) разруша́ть; опустоша́ть 2) покида́ть; де́лать несча́стным, безуте́шным

desolation [ˌdesəˈleɪʃ(ə)n] *n* 1) опустоше́ние, разоре́ние; запусте́ние 2) забро́шенность, одино́чество; уны́ние, безуте́шность

despair I [dɪsˈpeə] *n* отча́яние; по́лная безнадёжность; **to fall into ~** приходи́ть в отча́яние

despair II *v* отча́иваться; теря́ть наде́жду *(на — of)*

despairingly [dɪsˈpeərɪŋlɪ] *adv* в отча́янии; безнадёжно

despatch [dɪsˈpætʃ] *см.* dispatch

desperado [ˌdespəˈrɑːdəʊ] *n уст.* отча́янный челове́к; сорвиголова́; *юр.* деспера́до *(лицо, склонное к совершению преступлений)*

desperate [ˈdespərət] *a* 1) отча́явшийся, потеря́вший наде́жду, безрассу́дный 2) о́чень опа́сный, отча́янный, безнадёжный; **a ~ situation** опа́сная ситуа́ция; **~ poverty** кра́йняя бе́дность 3) ужа́сный, отъя́вленный 4) кра́йне необходи́мый *(for)*

desperation [ˌdespəˈreɪʃ(ə)n] *n* 1) отча́яние, безнадёжность 2) безрассу́дство; **to drive to ~** довести́ до кра́йности

despicable [ˈdespɪkəbl] *a* презре́нный; вызыва́ющий презре́ние, брезгли́вость

despise [dɪsˈpaɪz] *v* презира́ть

despite [dɪsˈpaɪt] *prep* несмотря́ на

despiteful [dɪsˈpaɪtfʊl] *a* зло́бный

despoil [dɪsˈpɔɪl] *v* гра́бить, расхища́ть; захва́тывать

despoilment [dɪsˈpɔɪlmənt] *n* грабёж, расхище́ние; захва́т

despoliation [dɪsˌpəʊlɪˈeɪʃ(ə)n] *см.* despoilment

despond [dɪsˈpɒnd] *v* теря́ть наде́жду, па́дать ду́хом

despondency [dɪsˈpɒndənsɪ] *n* уны́ние, пода́вленность

despondent [dɪsˈpɒndənt] *a* уны́лый, пода́вленный

despot [ˈdespɒt] *n* де́спот, тира́н

despotic [deˈspɒtɪk] *a* деспоти́ческий

despotism [ˈdespətɪz(ə)m] *n* 1) деспоти́зм 2) тирани́я

dessert [dɪˈzɜːt] *n* 1) десе́рт 2) *attr* десе́ртный; **~ wine** десе́ртное вино́

dessertspoon [dɪˈzɜːtˌspuːn] *n* десе́ртная ло́жка

destabilize [diːˈsteɪbɪlaɪz] *v* дестабилизи́ровать

destination [ˌdestɪˈneɪʃ(ə)n] *n* 1) ме́сто назначе́ния; цель 2) назначе́ние, предназначе́ние, предопределе́ние 3) *вчт* адреса́т; получа́тель; пункт назначе́ния

destine [ˈdestɪn] *v* предназнача́ть; предопределя́ть

destined [ˈdestɪnd] *a* предназна́ченный

destinee [ˌdestɪˈniː] *n вчт* получа́тель *(информации)*; адреса́т

destiny [ˈdestɪnɪ] *n* судьба́

destitute [ˈdestɪtjuːt] *a* 1) си́льно нужда́ющийся, о́чень бе́дный 2) лишённый *(of)*

destitution [ˌdestɪˈtjuːʃ(ə)n] *n* нужда́, нищета́; бе́дность, лише́ния

destroy [dɪˈstrɔɪ] *v* разруша́ть; уничтожа́ть, истребля́ть

destroyer [dɪˈstrɔɪə(r)] *n* 1) разруши́тель 2) *мор.* эска́дренный миноно́сец, эсми́нец

destruct [dɪˈstrʌkt] *v амер.* уничтожа́ть *(космическую ракету и т. п.)* в це́лях безопа́сности

destruction [dɪˈstrʌkʃ(ə)n] *n* 1) разруше́ние; уничтоже́ние 2) причи́на ги́бели, разруше́ния

destructive [dɪˈstrʌktɪv] *a* 1) разруши́тельный; па́губный, ги́бельный 2) *вчт* выполня́емый с разруше́нием

destructor [dɪ'strʌktə(r)] *n* печь для сжига́ния му́сора (*тж* incinerator)

desuetude [dɪ'sjuːtjuːd] *n* неупотреби́тельность; **to fall into ~** вы́йти из употребле́ния

desultory ['dezəltərɪ] *a* 1) несвя́зный, отры́вочный 2) беспоря́дочный; пове́рхностный

detach [dɪ'tætʃ] *v* 1) открепля́ть, отвя́зывать, отделя́ть 2) *воен., мор.* выделя́ть, отряжа́ть, откомандиро́вывать

detachable [dɪ'tætʃəbl] *a* 1) отдели́мый 2) отрывно́й 3) съёмный; отделя́емый; сме́нный

detached [dɪ'tætʃt] *a* 1) беспристра́стный 2) отде́льный, обосо́бленный 3) откомандиро́ванный

detached speakers [dɪ'tætʃt'spiːkəz] *n pl* съёмные коло́нки (*в электро́нной аппарату́ре*)

detachment [dɪ'tætʃmənt] *n* 1) беспристра́стность; отчуждённость; незави́симость (*взгля́дов, ума́ и т. п.*) 2) отделённость; обосо́бленность 3) *воен., мор.* отря́д, вы́деленное подразделе́ние

detail I ['diːteɪl] *n* 1) подро́бность, дета́ль, ча́стность; **in ~** подро́бно; **to go into ~s** вдава́ться в подро́бности 2) *pl* дета́ли, ча́сти, элеме́нты 3) *воен.* наря́д, кома́нда

detail II *v* 1) детализи́ровать, перечисля́ть все дета́ли; подро́бно расска́зывать, вдава́ться в подро́бности 2) де́лать дета́льный чертёж 3) *воен.* откомандиро́вывать, выделя́ть; посыла́ть в наря́д

detain [dɪ'teɪn] *v* 1) заде́рживать, держа́ть под стра́жей 2) заде́рживать, заставля́ть ждать 3) замедля́ть

detainee [ˌdiːteɪ'niː] *n* заде́ржанный (*особ. по полити́ческим моти́вам*)

detect [dɪ'tekt] *v* 1) раскрыва́ть преступле́ние (*in*) 2) обнару́живать, выявля́ть, открыва́ть 3) *ра́дио* детекти́ровать, выпрямля́ть

detectable error [dɪ'tektəbl'erə] *n* обнаружи́мая оши́бка

detected error [dɪ'tektɪd'erə] *n* обнару́женная оши́бка

detection [dɪ'tekʃ(ə)n] *n* 1) откры́тие, обнару́же́ние, выявле́ние 2) раскры́тие преступле́ний; рабо́та сы́щика 3) *ра́дио* детекти́рование

detective I [dɪ'tektɪv] *n* сы́щик, детекти́в; **a private ~** ча́стный детекти́в

detective II *a* сыскно́й; детекти́вный

detector [dɪ'tektə(r)] *n* 1) *ра́дио* дете́ктор 2) *тех.* указа́тель, индика́тор, да́тчик

détente [deɪ'tɑːŋt] *n полит.* ослабле́ние междунаро́дной напряжённости, разря́дка

detention [dɪ'tenʃ(ə)n] *n* 1) (вы́нужденная) заде́ржка 2) *шкóл.* оставле́ние по́сле уро́ков

(*как наказа́ние*) 3) задержа́ние, содержа́ние под стра́жей

detention centre [dɪ'tenʃ(ə)n ˌsentə] *n юр.* центр вре́менного содержа́ния (*задержанных*)

deter [dɪ'tɜː(r)] *v* уде́рживать, отгова́ривать (*from*)

detergent I [dɪ'tɜːdʒ(ə)nt] *n* мо́ющее сре́дство, стира́льный порошо́к и т. п.

detergent II *a* мо́ющий; чи́стящий

deteriorate [dɪ'tɪərɪəreɪt] *v* ухудша́ться; по́ртиться, разруша́ться

deterioration [dɪˌtɪərɪə'reɪʃ(ə)n] *n* ухудше́ние; по́рча 2) *мед.* деграда́ция, разруше́ние

deteriorative [dɪ'tɪərɪərətɪv] *a* ухудша́ющий

determinant I [dɪ'tɜːmɪnənt] *n* 1) реша́ющий, определя́ющий фа́ктор 2) *мат.* детермина́нт, определи́тель 3) *биол.* детермина́нта

determinant II *a* реша́ющий, определя́ющий

determinate [dɪ'tɜːmɪnət] *a* 1) ограни́ченный отре́зком вре́мени *или* простра́нством; относи́тельный 2) определённого хара́ктера, ка́чества

determination [dɪˌtɜːmɪ'neɪʃ(ə)n] *n* 1) реши́тельность, реши́мость 2) проце́сс приня́тия реше́ния, обду́мывание 3) реше́ние 4) *мед.* кри́зис (*в тече́нии боле́зни*) 5) *мед.* ана́лиз, иссле́дование

determinative I [dɪ'tɜːmɪnətɪv] *n* реша́ющий/ определя́ющий фа́ктор

determinative II *a* определя́ющий, реша́ющий

determine [dɪ'tɜːmɪn] *v* 1) определя́ть, устана́вливать; назнача́ть 2) реша́ть, принима́ть реше́ние 3) заставля́ть, побужда́ть (*to*) 4) *юр.* истека́ть (*о сро́ке*)

determined [dɪ'tɜːmɪnd] *a* реши́тельный, твёрдый, непоколеби́мый

determiner [dɪ'tɜːmɪnə] *n лингв.* детерминати́в (*арти́кль, указа́тельное местоиме́ние и т. п.*)

determinism [dɪ'tɜːmɪnɪz(ə)m] *n филос.* детермини́зм

deterrence [dɪ'terəns] *n* сде́рживание

deterrent I [dɪ'terənt] *n* сде́рживающий фа́ктор, сде́рживающее/устраша́ющее сре́дство

deterrent II *a* сде́рживающий, препя́тствующий

detest [dɪ'test] *v* пита́ть отвраще́ние; ненави́деть

detestable [dɪ'testəbl] *a* отврати́тельный; ненави́стный

detestation [ˌdiːte'steɪʃ(ə)n] *n* 1) отвраще́ние; не́нависть; **to hold in ~** ненави́деть 2) предме́т не́нависти, отвраще́ния

dethrone [diː'θrəʊn] *v* 1) сверга́ть с престо́ла 2) лиша́ть высо́кого положе́ния, влия́ния

201

dethronement [dɪˈθrəʊnmənt] *n* 1) свержéние с престóла 2) лишéние высóкого положéния, влияния

detonate [ˈdetəˌneɪt] *v* взрывáться; детонировать

detonation [ˌdetəˈneɪʃ(ə)n] *n* взрыв; детонáция

detonator [ˈdetəˌneɪtə(r)] *n воен.* детонáтор

detour [ˈdətʊə(r)] *n* отклонéние (от прямóго пути); окóльный путь; **to make/to take a ~** сдéлать крюк

detox [dɪˈtɒks] *v* проводить дезинтоксикáцию, очищáть организм (от алкоголя, наркóтиков и т. п.)

detoxication [dɪˌtɒksɪˈkeɪʃ(ə)n] *n* детоксикáция, обезврéживание яда; дезинтоксикáция

detract [dɪˈtrækt] *v* 1) уменьшáть, отнимáть; сокращáть 2) принижáть; приуменьшáть; умалять

detraction [dɪˈtrækʃ(ə)n] *n* 1) уменьшéние 2) умалéние, принижéние

detractive [dɪˈtræktɪv] *a* умаляющий, принижáющий

detrain [diːˈtreɪn] *v* высáживать(ся) из пóезда

detriment [ˈdetrɪmənt] *n* ущéрб, вред; **without ~ to** без ущéрба для

detrimental [ˌdetrɪˈment(ə)l] *a* 1) врéдный 2) убыточный

detrition [dɪˈtrɪʃ(ə)n] *n* стирáние, изнáшивание (от трения)

detumescence [ˌdiːtjuːˈmes(ə)ns] *n* снятие, уменьшéние припухлости

deuce[1] [djuːs] *n* 1) двóйка, два очкá 2) рáвный счёт 40:40 (в теннисе)

deuce[2] *n* черт (в восклицаниях и для усиления); **what the ~!** какóго чёрта!; **a ~ of a problem** чертóвски слóжная задáча/проблéма; **the ~ to pay** ≅ жди беды

devaluation [ˌdiːvæljʊˈeɪʃ(ə)n] *n* 1) обесцéнивание 2) *эк.* девальвáция

devalue [diːˈvæljuː] *v* 1) обесцéнивать 2) *эк.* девальвировать (валюту, денежную единицу)

devastate [ˈdevəsteɪt] *v* 1) опустошáть, разорять 2): **to be ~d** быть сильно огорчённым, óчень расстрóенным

devastating [ˈdevəsteɪtɪŋ] *a* потрясáющий, ошеломляющий

devastation [ˌdevəˈsteɪʃ(ə)n] *n* опустошéние, разорéние

develop [dɪˈveləp] *v* 1) развивáть(ся) 2) совершéнствовать 3) обнаруживать(ся), проявлять(ся) (о болезни и т. п.) 4) застрáивать (участок земли); рационáльно испóльзовать (землю) 5) *фото* проявлять 6) *муз.* развивáть тéму

developer [dɪˈveləpə(r)] *n* 1) *фото* проявитель 2) застрóйщик

developing [dɪˈveləpɪŋ] *a* развивáющийся (о странé)

development [dɪˈveləpmənt] *n* 1) развитие; рост, эволюция 2) усовершéнствование, улучшéние 3) достижéние; **the latest ~s** послéдние достижéния 4) застрóенный учáсток земли, новострóйка 5) *фото* проявлéние 6) *муз.* развитие тéмы

deviance [ˈdiːvɪəns] *n психол.* отклонéние от общепринятых норм; **sexual ~** сексуáльное отклонéние

deviancy [ˈdiːvɪənsɪ] *см.* **deviance**

deviant I [ˈdiːvɪənt] *n мед.* психически больнóй, душевнобольнóй

deviant II *a* 1) аномáльный, имéющий какие-л. отклонéния (от нормы) 2) *мед.* психически больнóй, душевнобольнóй 3) *психол.* девиáнтный; **~ behaviour** девиáнтное (отклоняющееся от нормы) поведéние

deviate [ˈdiːvɪeɪt] *v* отклоняться

deviation [ˌdiːvɪˈeɪʃ(ə)n] *n* 1) отклонéние 2) *полит.* уклóн 3) *мор.* девиáция (компаса)

device [dɪˈvaɪs] *n* 1) приспособлéние; устрóйство; механизм; аппарáт; прибóр 2) план, схéма 3) затéя 4) эмблéма; девиз 5) приём, мéтод 6) элемéнт 7) бóмба; снаряд; **a nuclear ~** áтомная бóмба ◊ **to leave smb to his own ~s** предостáвить когó-л. самомý себé

devil I [ˈdevl] *n* 1) дьявол (тж **the D.**) 2) черт; злой дух 3) лóвкий, хитрый или ковáрный человéк 4) человéк, рабóтающий за другóго, *особ.* литератýрный «негр» 5) *attr:* **~ sauce** *кул.* «чéртов сóус» (очень острый соус с большим количеством специй) 6) *употр. для усиления:* **poor ~** бедняга; **lucky ~** счастливчик; **a ~ to work** рабóтает, как чёрт; **what the ~** какóго чéрта; **this door is a ~ to open** эту чёртову дверь не открыть ◊ **between the ~ and the deep blue sea** в безвыходном положéнии; ≅ мéжду двух огнéй; **go to the ~!** катись к чёрту!, провáливай!; **to raise the ~** шумéть, буянить; **~ take the hindmost!** к чёрту отстáющих!; **speak/talk of the ~** лёгок на помине; **to play the ~ with** причинить вред, наврéдить, испóртить

devil II *v* 1) готóвить óстрые блюда 2) рабóтать на когó-л. (for)

devildom [ˈdevldəm] *n* дьявольщина, чертовщина

devilfish [ˈdevlfɪʃ] *n зоол.* 1) морскóй дьявол, мáнта 2) скат 3) осьминóг 4) каракáтица 5) сéрый кит

devilish I [ˈdevlɪʃ] *a* 1) дья́вольский; а́дский 2) злонаме́ренный; кова́рный

devilish II *adv* дья́вольски, чертовски, ужа́сно

devil-may-care [ˈdevlmeɪˈkeə] *a* беспе́чный, безрассу́дный, бесшаба́шный

devilry [ˈdevlrɪ] *n* 1) дья́вольщина; чёрная ма́гия 2) недо́брые шу́тки, злы́е прока́зы

devious [ˈdiːvjəs] *a* 1) нейскренний; нечестный 2) отклоня́ющийся от прямо́го пути́ 3) око́льный, кру́жный; изви́листый 4) блужда́ющий

devise [dɪˈvaɪz] *n* юр. заве́щанная недви́жимость

devise *v* 1) приду́мывать, изобрета́ть; затева́ть 2) юр. завеща́ть недви́жимость

devisee [ˌdevɪˈziː] *n* юр. насле́дник недви́жимости

deviser [dɪˈvaɪzə(r)] *n* 1) изобрета́тель 2) юр. завеща́тель недви́жимости

devisor [ˌdevɪˈzɔː(r)] *см.* **deviser** 2)

devoid [dɪˈvɔɪd] *a* лишённый *(чего-л. — of);* не име́ющий *(чего-л. — of);* ~ **of (all) interest** лишённый (вся́кого) интере́са, ску́чный; ~ **of fear** бесстра́шный

devoir [ˈdevwɑː(r)] *n уст.* долг, обя́занность; *pl* жест ве́жливости; **to pay one's ~s to smb** засвиде́тельствовать почте́ние кому́-л.

devolution [ˌdiːvəˈluːʃ(ə)n] *n* 1) переда́ча *(власти, полномочий и т. п., особ. из центра на места)* 2) вырожде́ние, регре́сс, дегенера́ция

devolve [dɪˈvɒlv] *v* 1) переходи́ть к кому́-л. *(о должности, обязанности — on, upon)* 2) передава́ть *(обязанности, полномочия)* замести́телю *(on, upon)* 3) переходи́ть по насле́дству

Devonian I [deˈvəunjən] *n* 1) уроже́нец Де́воншира 2) *геол.* дево́нский пери́од

Devonian II *a* 1) девонши́рский 2) *геол.* дево́нский

devote [dɪˈvəut] *v* посвяща́ть (себя́), отдава́ться *(чему-л. — to)*

devoted [dɪˈvəutɪd] *a* 1) пре́данный 2) любя́щий; **a ~ husband** любя́щий муж

devotedly [dɪˈvəutɪdlɪ] *adv* пре́данно, не́жно

devotee [ˌdevəuˈtiː] *n* 1) энтузиа́ст, горя́чий сторо́нник *(чего-л. — of)* 2) фана́тик; свято́ша

devotion [dɪˈvəuʃ(ə)n] *n* 1) пре́данность; привя́занность 2) на́божность

devotional [dɪˈvəuʃ(ə)nl] *a* благочести́вый; на́божный

devour [dɪˈvauə(r)] *v* 1) пожира́ть; жа́дно есть 2) поглоща́ть; уничтожа́ть; ~**ed by anxiety** снеда́емый беспоко́йством

devouringly [dɪˈvauərɪŋlɪ] *adv* жа́дно

devout [dɪˈvaut] *a* 1) благочести́вый 2) йскренний, от всего́ се́рдца *(о пожела́нии и т. п.)*

dew I [djuː] *n* 1) роса́ 2) ка́пля, роси́нка; слеза́ 3) све́жесть

dew II *v* покрыва́ть росо́й

dewberry [ˈdjuːberɪ] *n* ежеви́ка

dewdrop [ˈdjuːdrɒp] *n* ка́пля росы́, роси́нка

dewy [ˈdjuːɪ] *a* 1) роси́стый; покры́тый росо́й 2) вла́жный 3) све́жий, освежа́ющий

dewy-eyed [ˈdjuːɪˌaɪd] *a* дове́рчивый; найвный

dexter [ˈdekstə(r)] *a* пра́вый

dexterity [dekˈsterɪtɪ] *n* 1) ло́вкость, сноро́вка; уме́ние 2) (преиму́щественное) владе́ние пра́вой руко́й, праворукость

dexterous [ˈdekstrəs] *a* 1) ло́вкий; прово́рный 2) иску́сный, уме́лый

dextral I [ˈdekstr(ə)l] *n* владе́ющий преиму́щественно пра́вой руко́й, правша́

dextral II *a* располо́женный спра́ва, правосторо́нний, пра́вый

dextrose [ˈdekstrəus] *n хим.* виногра́дный са́хар, декстро́за

dextrous [ˈdekstrəs] *см.* **dexterous**

DG *сокр.* **(director general)** генера́льный дире́ктор *(руководи́тель организа́ции)*

di- [dɪ-, daɪ-] *pref* 1) дву-, двух-; **dichromate** двухцве́тный 2) *см.* **dia-**

dia- [ˈdaɪə-] *pref* че́рез, сквозь

dia. *сокр.* **(diameter)** диа́метр

diabetes [ˌdaɪəˈbiːtiːz] *n мед.* диабе́т; са́харный диабе́т

diabetic I [ˌdaɪəˈbetɪk] *n* больно́й диабе́том, диабе́тик

diabetic II *a* диабети́ческий

diabolic(al) [ˌdaɪəˈbɒlɪk(əl)] *a* 1) дья́вольский 2) (о́чень) злой, жесто́кий

diabolism [daɪˈæbəlɪz(ə)m] *n* 1) колдовство́ 2) дья́вольская зло́ба, жесто́кость

diacritic I [ˌdaɪəˈkrɪtɪk] *n лингв.* диакрити́ческий знак

diacritic II *см.* **diacritical**

diacritical [ˌdaɪəˈkrɪtɪk(ə)l] *a* 1) различи́тельный, отличи́тельный 2) диакрити́ческий

diadem I [ˈdaɪədem] *n* 1) коро́на; вене́ц; диаде́ма 2) вено́к

diadem II *v* венча́ть коро́ной

diagnose [ˈdaɪəgnəuz] *v* ста́вить диа́гноз

diagnosis [ˌdaɪəgˈnəusɪs] *n (pl* **diagnoses** [ˌdaɪəgˈnəusiːz]) 1) диа́гноз 2) диагно́стика

diagnostic I [ˌdaɪəgˈnɒstɪk] *n* 1) симпто́м 2) *pl* диагно́стика

diagnostic II *a* диагности́ческий

diagonal I [daɪˈægən(ə)l] *n* диагона́ль

diagonal II *a* диагона́льный, иду́щий на́иско́сь

diagram I [ˈdaɪəgræm] *n* диагра́мма; схе́ма

diagram II *v* 1) составля́ть диагра́мму, схе́му 2) представля́ть в ви́де диагра́ммы, схе́мы, чертежа́

diagrammatic [ˌdaɪəgrəˈmætɪk] *a* схемати́ческий

dial I [ˈdaɪ(ə)l] *n* 1) цифербла́т; кругова́я шкала́ 2) набо́рный диск; номеронабира́тель 3) *сленг* кру́глое лицо́, «луна́»

dial II *v* 1) набира́ть но́мер *(по телефону)* 2) измеря́ть по шкале́; настра́ивать по шкале́

dialect [ˈdaɪəlekt] *n лингв.* диале́кт, наре́чие; го́вор

dialectal [ˌdaɪəˈlektl] *a лингв.* диалекта́льный

dialectical [ˌdaɪəˈlektɪk(ə)l] *a филос.* диалекти́ческий

dialectician [ˌdaɪəlekˈtɪʃ(ə)n] *n* 1) *филос.* диале́ктик 2) о́пытный спо́рщик, полеми́ст

dialectics [ˌdaɪəˈlektɪks] *n филос.* диале́ктика

dialectology [ˌdaɪəlekˈtɒlədʒɪ] *n* диалектоло́гия

dial exchange [ˈdaɪəlɪksˌtʃeɪndʒ] *n* автомати́ческая телефо́нная ста́нция

dialling code [ˈdaɪəlɪŋˌkəʊd] *n* междугоро́дний *или* междунаро́дный телефо́нный код

dialog [ˈdaɪəlɒg] *амер. см.* **dialogue**

dialogue [ˈdaɪəlɒg] *n* диало́г, обще́ние

dialogue window [ˈdaɪəlɒgˌwɪndəʊ] *n вчт* диало́говое окно́ *(тж* **dialogue box)**

dialysis [daɪˈælɪsɪs] *n хим.* диа́лиз

diamantiferous [ˌdaɪəmænˈtɪfərəs] *a* алмазоно́сный

diameter [daɪˈæmɪtə(r)] *n* диа́метр

diametral [daɪˈæmɪtr(ə)l] *a* диаметра́льный, попере́чный

diametrical [ˌdaɪəˈmetrɪk(ə)l] *a* 1) диаметра́льный 2) диаметра́льно противополо́жный

diametrically [ˌdaɪəˈmetrɪkəlɪ] *adv* диаметра́льно; ~ **opposed** диаметра́льно противополо́жный

diamond I [ˈdaɪəmənd] *n* 1) алма́з; брилли́а́нт; **rough** ~ неотшлифо́ванный алма́з; *перен.* вне́шне неотёсанный, грубова́тый, но облада́ющий больши́ми вну́тренними досто́инствами челове́к 2) ромб 3) *pl карт.* бу́бны 4) алма́з для ре́зки стекла́ 5) *амер.* площа́дка для игры́ в бейсбо́л ◊ ~ **cut** ~ *погов.* ≅ нашла́ коса́ на ка́мень

diamond II *a* 1) алма́зный; брилли́а́нтовый; ~ **wedding** брилли́а́нтовая сва́дьба *(60 лет совместной жизни) (амер.* ~ **anniversary)** 2) ромбови́дный

diamond III *v* украша́ть брилли́а́нтами

diamond-field [ˈdaɪəməndˌfiːld] *n* алма́зные ко́пи

diapason [ˌdaɪəˈpeɪz(ə)n] *n* 1) *муз.* диапазо́н 2) основно́й реги́стр орга́на

diaper I [ˈdaɪəpə(r)] *n* 1) *амер.* пелёнка 2) узо́рчатое полотно́ 3) ромбови́дный узо́р

diaper II *v* 1) *амер.* пелена́ть 2) украша́ть ромбови́дным узо́ром

diaphanous [daɪˈæfənəs] *a* прозра́чный, о́чень то́нкий *(о ткани)*

diaphoretic [ˌdaɪəfəˈretɪk] *n* потого́нное сре́дство

diaphragm [ˈdaɪəfræm] *n* 1) *анат.* диафра́гма 2) перегоро́дка 3) мембра́на 4) *бот., зоол.* перепо́нка

diapositive [ˌdaɪəˈpɒzɪtɪv] *n фото* диапозити́в

diarrhea [ˌdaɪəˈriːə] *амер. см.* **diarrhoea**

diarrhoea [ˌdaɪəˈrɪə] *n мед.* поно́с, диаре́я

diary [ˈdaɪərɪ] *n* 1) дневни́к; **to keep a** ~ вести́ дневни́к 2) календа́рь-ежедне́вник *(с записями деловых встреч, переговоров и т. п.)*

diaspora [daɪˈæsp(ə)rə] *n* диа́спора; **the connection between Israel and the Jewish** ~ свя́зи, устано́вленные ме́жду Изра́илем и евре́йской диа́спорой

diathermy [ˈdaɪəθɜːmɪ] *n мед.* диатерми́я

diathesis [daɪˈæθɪsɪs] *n мед.* диате́з

diatribe [ˈdaɪətraɪb] *n* диатри́ба, ре́зкая кри́тика, обличи́тельная речь

dibble I [ˈdɪbl] *n с.-х.* сажа́льный кол

dibble II *v с.-х.* сажа́ть расте́ния под кол *или* моты́гу

dibs [dɪbz] *n pl сленг* де́ньги

dice I [daɪs] *n* 1) *pl см.* **die**[1] 2) игра́ в ко́сти ◊ **no** ~ *сленг* безнадёга

dice II *v* 1) игра́ть в ко́сти 2) си́льно рискова́ть 3) нареза́ть ку́биками 4) графи́ть в кле́тку

dicer [ˈdaɪsə(r)] *n* игро́к в ко́сти

dichotomy [daɪˈkɒtəmɪ] *n* дихотоми́я, раздвое́ние; деле́ние на две чётко определённые ча́сти *(часто противопоставляемые друг другу)*

dichromatic [ˌdaɪkrəʊˈmætɪk] *a* двухцве́тный, дихромати́ческий

dick[1] [dɪk] *n* 1) *сленг* па́рень, тип; **clever** ~ у́мник 2) *сленг груб.* полово́й член

dick[2] *n сленг:* **to take one's** ~ кля́сться, утвержда́ть

dick[3] *n амер. сленг* детекти́в, сы́щик

dickens [ˈdɪkɪnz] *n разг.* чёрт

dicker I [ˈdɪkə(r)] *n амер.* ме́лкая сде́лка

dicker II *v* заключа́ть ме́лкие сде́лки

dickey [ˈdɪkɪ] *n разг.* 1) (пристёгиваемая) мани́шка 2) пта́шка 3) сиде́нье для ку́чера 4) за́днее откидно́е сиде́нье *(в автомобиле)*

dicky[1] [ˈdɪkɪ] *n см.* **dickey**

dicky² *a сленг* 1) сла́бый; неусто́йчивый 2) ненадёжный

dicta [ˈdɪktə] *pl см.* dictum

dictaphone [ˈdɪktəfəʊn] *n* диктофо́н

dictate I [ˈdɪkteɪt] *n* 1) *обыкн. pl* предписа́ние; наставле́ние; веле́ние 2) *полит.* дикта́т

dictate II [dɪkˈteɪt] *v* 1) диктова́ть *(письмо и т. п.)* 2) *полит.* диктова́ть *(условия и т. п.)*

dictation [dɪkˈteɪʃ(ə)n] *n* 1) дикто́вка; дикта́нт 2) предписа́ние; повеле́ние

dictator [dɪkˈteɪtə(r)] *n* дикта́тор

dictatorial [ˌdɪktəˈtɔːrɪəl] *a* 1) дикта́торский 2) вла́стный, повели́тельный

dictatorship [dɪkˈteɪtəʃɪp] *n* диктату́ра

diction [ˈdɪkʃ(ə)n] *n* 1) ди́кция 2) стиль, мане́ра выраже́ния мы́слей

dictionary [ˈdɪkʃənrɪ] *n* слова́рь; **a pronouncing** ~ фонети́ческий слова́рь

dictionary body [ˈdɪkʃən(ə)rɪ ˈbɒdɪ] *n* ко́рпус словаря́

dictionary search [ˈdɪkʃən(ə)rɪ sɜːtʃ] *n* вчт слова́рный по́иск

dictum [ˈdɪktəm] *n* (*pl* dicta) 1) официа́льное заявле́ние 2) изрече́ние; афори́зм

did [dɪd] *past см.* do¹ I

didactic [dɪˈdæktɪk] *a* дидакти́ческий, поучи́тельный

didacticism [dɪˈdæktɪsɪz(ə)m] *n* дидакти́чность, нравоучи́тельность

didactics [dɪˈdæktɪks] *n* дида́ктика

diddle [ˈdɪdl] *v сленг* 1) обма́нывать, надува́ть 2) *амер.* зря тра́тить вре́мя, болта́ться без де́ла

diddling [ˈdɪdlɪŋ] *n* : **data** ~ вчт злонаме́ренные манипуля́ции с да́нными; ввод ло́жных да́нных; подме́на да́нных

dido [ˈdaɪdəʊ] *n амер. разг.* ша́лость, прока́за, шу́тка; **to cut (up)** ~es дура́читься, шали́ть

die¹ [daɪ] *n* (*pl* dice) игра́льная кость; фи́шка ◊ **as straight as a** ~ прямо́й, че́стный; **the** ~ **is cast** жре́бий бро́шен; наза́д пути́ нет; **to be upon the** ~ быть поста́вленным на ка́рту

die² I *n* (*pl* dies) штамп; чека́н; ма́трица

die² II *v* штампова́ть, чека́нить

die³ *v* 1) умира́ть *(от чего-л. — of, from; за что-л. — for)* 2) конча́ться; исчеза́ть 3) слабе́ть; замира́ть *(о звуках);* затиха́ть *(о ветре);* гло́хнуть *(о мото́ре)* 4) *разг.* си́льно хоте́ть *(обыкн.* **to be dying for)** ◊ **to** ~ **in harness** умере́ть на своём посту́; **to** ~ **in one's boots/with one's boots on** а) умере́ть наси́льственной сме́ртью б) умере́ть скоропости́жно; **never say** ~! никогда́ не уныва́й(те), не па́дайте ду́хом!, не отча́ивайтесь!

die away 1) слабе́ть, замира́ть, затиха́ть *(о зву́ке, ве́тре и т. п.)* 2) па́дать в о́бморок, теря́ть созна́ние

die back отмира́ть *(о растениях)*

die down 1) отмира́ть 2) затиха́ть, успока́иваться; га́снуть

die off умира́ть оди́н за други́м

die out вымира́ть, исчеза́ть

die-hard [ˈdaɪhɑːd] *n полит.* твердоло́бый, консерва́тор

dielectric I [ˌdaɪɪˈlektrɪk] *n эл.* диэле́ктрик, непроводни́к; изоля́тор

dielectric II *a эл.* диэлектри́ческий; изоляцио́нный

diesel [ˈdiːz(ə)l] *n* 1) ди́зельный дви́гатель, ди́зель *(тж* ~ **engine**) 2) *attr* ди́зельный; ~ **oil** ди́зельное то́пливо

diet¹ I [ˈdaɪət] *n* 1) пи́ща, стол 2) дие́та

diet¹ II *v* быть на дие́те; держа́ть на дие́те; **to** ~ **oneself** соблюда́ть дие́ту

diet² [ˈdaɪət] *n* парла́мент *(не английский)*

dietary I [ˈdaɪətrɪ] *n* 1) дие́та; рацио́н 2) паёк

dietary II *a* диети́ческий

dietetic [ˌdaɪəˈtetɪk] *a* диети́ческий

dietetics [ˌdaɪəˈtetɪks] *n* диетоло́гия

dietitian [ˌdaɪəˈtɪʃn] *n* диетоло́г *(тж* **dietician**)

differ [ˈdɪfə(r)] *v* 1) отлича́ться, различа́ться, ра́зниться *(from)* 2) не соглаша́ться, расходи́ться *(во мнениях и т. п. — from, with);* **let's agree to** ~ пусть ка́ждый оста́нется при своём мне́нии

difference [ˈdɪfrəns] *n* 1) ра́зница, разли́чие 2) отличи́тельный при́знак 3) *мат.* ра́зность 4) разногла́сие; расхожде́ние во мне́ниях; ссо́ра; **to settle the** ~s прийти́ к согла́сию, ула́дить спор; **to put aside the** ~s забы́ть на вре́мя о разногла́сиях

difference equation [ˈdɪfrəns ɪˈkweɪʃ(ə)n] *n мат.* дифференциа́льное уравне́ние

different [ˈdɪfrənt] *a* 1) друго́й, непохо́жий; несхо́дный; **that is quite** ~ э́то совсе́м друго́е де́ло 2) разли́чный, ра́зный 3) *разг.* необы́чный

differential I [ˌdɪfəˈrenʃ(ə)l] *n* 1) ра́зница в опла́те труда́ 2) *мат.* дифференциа́л 3) ра́зность; перепа́д

differential II *a* 1) отличи́тельный 2) дифференци́рованный 3) *мат.* дифференциа́льный

differentiate [ˌdɪfəˈrenʃɪeɪt] *v* 1) различа́ться, отлича́ться 2) дифференци́роваться 3) видоизменя́ться

differentiation [ˌdɪfərenʃɪˈeɪʃ(ə)n] *n* 1) различе́ние; установле́ние разли́чий, дифференциа́ция, дифференци́рование 2) видоизмене́ние

differently [ˈdɪfrəntlɪ] *adv* разли́чно; по-ра́зному; ина́че

difficult [ˈdɪfɪkəlt] *a* 1) тру́дный, тяжёлый 2) тяжёлый *(о характере и т. п.)*; упря́мый, неужи́вчивый *(о человеке)* 3) затрудни́тельный

difficult-to-locate error [ˈdɪfɪkəlttʊləʊˈkeɪtˌerə] *n* труднообнаружи́мая оши́бка

difficult-to-obtain [ˈdɪfɪkəlttʊəbˈteɪn] *a* дефици́тный

difficulty [ˈdɪfɪkəltɪ] *n* 1) тру́дность; **with ~** нелегко́, с больши́м трудо́м 2) затрудне́ние; препя́тствие; **financial difficulties** фина́нсовые тру́дности

diffidence [ˈdɪfɪd(ə)ns] *n* засте́нчивость, ро́бость, неуве́ренность в себе́

diffident [ˈdɪfɪd(ə)nt] *a* засте́нчивый, ро́бкий, неуве́ренный в себе́

diffract [dɪˈfrækt] *v* преломля́ть *(лучи)*

diffraction [dɪˈfrækʃ(ə)n] *n физ.* дифра́кция, преломле́ние *(лучей)*

diffuse I [dɪˈfjuːs] *a* 1) рассе́янный *(о свете)* 2) многосло́вный

diffuse II [dɪˈfjuːz] *v* 1) рассе́ивать *(свет)* 2) распространя́ть 3) распыля́ть; рассыпа́ть, разбра́сывать 4) *физ.* диффунди́ровать

diffusion [dɪˈfjuːʒ(ə)n] *n* 1) распростране́ние; рассе́ивание 2) *физ.* диффу́зия 3) многосло́вие

dig I [dɪg] *n* 1) толчо́к, тычо́к; **to give smb a ~ in the ribs** ткнуть кого́-л. в бок 2) *разг.* язви́тельное замеча́ние, ко́лкость 3) (археологи́ческие) раско́пки 4) *pl разг.* жильё, «берло́га»

dig II *v* (**dug**) 1) копа́ть, рыть; выка́пывать 2) отка́пывать, разы́скивать 3) *разг.* ты́кать, толка́ть; **to ~ in the ribs** ткнуть в бок 4) *сленг* цени́ть, понима́ть 5) вести́ (археологи́ческие) раско́пки ◊ **to ~ one's feet/heels/toes in** упря́миться

dig down 1) копа́ть, рыть 2) *амер. разг.* неохо́тно плати́ть

dig in 1) зака́пывать 2) вонза́ть, втыка́ть 3) ока́пываться *(о солдатах)* 4) *разг.* укореня́ться, закрепля́ться

dig out 1) вы́копать, извле́чь 2) вы́копать я́му 3) *перен.* доиска́ться, докопа́ться

dig over *разг.* пересмотре́ть, измени́ть мне́ние, взгля́ды *и т. п.*

dig up 1) вска́пывать, перека́пывать 2) выка́пывать, вырыва́ть 3) *перен.* находи́ть, отка́пывать 4) *разг.* наскрести́ де́нег; собра́ть *(что-л.)*

digest I [ˈdaɪdʒest] *n* 1) кра́ткое изложе́ние *(законов)*; сбо́рник *(постановлений, аннота́ций и т. п.)*; спра́вочник 2) обзо́р новос-

тей *или* периоди́ческой литерату́ры; да́йджест

digest II [dɪˈdʒest] *v* 1) перева́ривать(ся) *(о пи́ще)* 2) усва́ивать 3) систематизи́ровать; классифици́ровать 4) выпа́ривать; гото́вить экстра́кт 5) переноси́ть, терпе́ть

digestible [dɪˈdʒestəbl] *a* удобовари́мый; легко́ усва́иваемый

digestion [dɪˈdʒestʃ(ə)n] *n* 1) пищеваре́ние 2) усвое́ние *(знаний и т. п.)* 3) выпа́ривание; приготовле́ние экстра́кта

digestive I [dɪˈdʒestɪv] *n* сре́дство, спосо́бствующее пищеваре́нию, диджести́в

digestive II *a* 1) пищевари́тельный; **~ system** пищевари́тельная систе́ма 2) спосо́бствующий пищеваре́нию

digger [ˈdɪgə(r)] *n* 1) землеко́п; ди́ггер *(исследователь подземных сооружений)* 2) экскава́тор; землеро́йная маши́на 3) горнорабо́чий; золотоиска́тель 4) *сленг* австрали́ец *или* новозела́ндец

digging [ˈdɪgɪŋ] *n* 1) копа́ние, рытьё; земляны́е рабо́ты 2) *pl* рудни́к; золоты́е при́иски 3) *pl разг.* жили́ще, жильё

digit [ˈdɪdʒɪt] *n* 1) ци́фра *(от 0 до 9)* 2) *вчт* разря́д 3) *вчт* си́мвол, знак 4) код 5) *анат., зоол.* па́лец

digital [ˈdɪdʒɪt(ə)l] *a* 1) цифрово́й; **~ camera** цифрово́й фотоаппара́т; **~ clock** часы́ с цифровы́м табло́; **~ signature** *вчт* электро́нно-цифрова́я по́дпись; **~ television** цифрово́е телеви́дение *(тж ~ **TV**)* 2) чи́сленный 3) дискре́тный

digitalism [ˈdɪdʒɪtəlɪz(ə)m] *n мед.* дигита́ли́зм *(отравление препаратами наперстянки)*

dignified [ˈdɪgnɪfaɪd] *a* 1) облада́ющий чу́вством со́бственного досто́инства 2) вели́чественный

dignify [ˈdɪgnɪfaɪ] *v* 1) придава́ть досто́инство; облагора́живать 2) удоста́ивать

dignitary [ˈdɪgnɪtərɪ] *n* сано́вник; высо́кое должностно́е лицо́

dignity [ˈdɪgnɪtɪ] *n* 1) досто́инство; чу́вство со́бственного досто́инства; **beneath one's ~** ни́же чьего́-л. досто́инства; **to stand (up)on one's ~** держа́ться с больши́м досто́инством; тре́бовать к себе́ до́лжного внима́ния 2) высо́кое зва́ние, сан, ти́тул

digraph [ˈdaɪgrɑːf] *n линг.* дигра́ф *(сочетание двух букв, обозначающее один звук)*

digress [daɪˈgres] *v* отступа́ть, отклоня́ться

digression [daɪˈgreʃ(ə)n] *n* отступле́ние, отклоне́ние

dike I [daɪk] *n* 1) да́мба, плоти́на 2) сто́чная кана́ва, ров 3) прегра́да, препя́тствие

dike II *v* 1) защищать дамбой 2) окапывать рвом, канавой 3) осушать, дренировать (*местность*) 4) *вчт* удалять, заглушать

dilapidate [dɪˈlæpɪdeɪt] *v* приходить в упадок, ветшать; разваливаться

dilapidated [dɪˈlæpɪdeɪtɪd] *a* полуразрушенный, ветхий, обветшалый

dilapidation [dɪˌlæpɪˈdeɪʃ(ə)n] *n* обветшание; упадок; полуразрушенное состояние

dilatation [ˌdaɪləˈteɪʃ(ə)n] *n* расширение; растяжение

dilate [daɪˈleɪt] *v* 1) расширять(ся) 2) пространно говорить, пускаться в подробности

dilation [daɪˈleɪʃ(ə)n] *см.* **dilatation**

dilator [daɪˈleɪtə(r)] *n мед.* расширитель (*инструмент*)

dilatory [ˈdɪlətərɪ] *a* 1) медлительный 2) отсрочивающий; затяжной

dildo [ˈdɪldəʊ] *n* фаллоимитатор

dilemma [dɪˈlemə] *n* 1) дилемма 2) затруднительное положение

dilettante I [ˌdɪlɪˈtæntɪ] *n* (*pl* **dilettanti** [ˌdɪlɪˈtæntɪ]) дилетант, любитель

dilettante II *a* дилетантский, любительский

diligence [ˈdɪlɪdʒ(ə)ns] *n* прилежание, усердие

diligent [ˈdɪlɪdʒ(ə)nt] *a* прилежный, усердный, старательный

dill [dɪl] *n* 1) укроп 2) *attr:* ~ **pickle** маринованный с укропом огурчик

dilly-dally [ˌdɪlɪˈdælɪ] *v разг.* 1) слоняться, болтаться 2) колебаться; мешкать

dilute I [daɪˈljuːt] *a* разбавленный, разведённый

dilute II *v* 1) разбавлять, разводить, разжижать 2) выхолащивать (*теорию и т. п.*)

dilution [daɪˈljuːʃ(ə)n] *n* 1) разбавление, разведение, разжижение 2) ослабление

dim I [dɪm] *a* 1) тусклый, мутный; неясный 2) туманный (*о предметах, представлениях*); смутный (*о воспоминаниях*) 3) слабый (*о зрении, интеллекте*) ◊ **to take a ~ view of smth** *разг.* не одобрять что-л., неодобрительно относиться к чему-л.

dim II *v* 1) делать тусклым, туманным 2) тускнеть; затуманиваться
   dim out затемнять

dime [daɪm] *n амер. разг.* 1) монета в 10 центов 2) *attr* дешёвый; ~ **novel** дешёвый бульварный роман ◊ **a ~ a dozen** а) очень дешёвый б) самый обычный

dimension I [daɪˈmenʃ(ə)n] *n* 1) измерение 2) *pl* размеры, величина

dimension II *v* проставлять размеры (*на чертеже и т. п.*)

dimensional [daɪˈmenʃ(ə)nəl] *a* 1) пространственный 2) размерный

diminish [dɪˈmɪnɪʃ] *v* 1) уменьшаться; убавляться 2) умалять, принижать

diminished [dɪˈmɪnɪʃt] *a* уменьшенный; ослабленный

diminishing [dɪˈmɪnɪʃɪŋ] *a* 1) уменьшающийся, убывающий 2) уменьшающий

diminution [ˌdɪmɪˈnjuːʃ(ə)n] *n* уменьшение, сокращение; ослабление

diminutival [dɪˌmɪnjʊˈtaɪvəl] *a грам.* уменьшительный

diminutive I [dɪˈmɪnjʊtɪv] *n грам.* уменьшительное слово; уменьшительный суффикс

diminutive II *a* 1) очень маленький; миниатюрный 2) *грам.* уменьшительный; ~ **suffix** уменьшительный суффикс

dimity [ˈdɪmɪtɪ] *n* канифас (*хлопчатобумажная ткань с рельефным тканым рисунком*)

dimmed [dɪmd] *a вчт* недоступный (*о пункте меню*)

dimness [ˈdɪmnɪs] *n* 1) тусклость; туманность 2) слабость (*зрения*)

dim-out [ˈdɪmaʊt] *n* затемнение, светомаскировка

dimple I [ˈdɪmpl] *n* ямочка (*на щеке, подбородке*)

dimple II *v* появляться (*о ямочках на щеке*)

dimply [ˈdɪmplɪ] *a* 1) с ямочками 2) подёрнутый рябью (*о воде*)

dim-wit [ˈdɪmwɪt] *n разг.* придурок, дурак

dim-witted [ˈdɪmwɪtɪd] *a разг.* глупый, тупой

din I [dɪn] *n* шум, грохот

din II *v* 1) долбить, повторять одно и то же 2) шуметь

dine [daɪn] *v* 1) обедать; **to ~ out** обедать вне дома 2) угощать обедом; давать обед ◊ **to ~ with Duke Humphrey** *шутл.* остаться без обеда

diner [ˈdaɪnə(r)] *n* 1) обедающий 2) вагон-ресторан (*тж* **dining car**) 3) *амер.* небольшой придорожный ресторанчик

dinette [daɪˈnet] *n* маленькая комната *или* часть комнаты, используемая для приёма пищи

ding I [dɪŋ] *n* звон (*колокола*)

ding II *v* (**dinged, dung**) звенеть (*о металле*)

ding-dong I [ˈdɪŋdɒŋ] *n* 1) динь-дон (*перезвон колоколов*) 2) *разг.* шумный спор; потасовка 3) *разг.* шумная пирушка

ding-dong II *a* 1) чередующийся 2) напряжённый

ding-dong III *adv разг.* настойчиво, упорно, серьёзно

dinghy [ˈdɪŋɡɪ] *n* 1) шлюпка; ялик 2) прогулочная лодка

dingle [ˈdɪŋgl] *n* глубо́кая лощи́на

dingo [ˈdɪŋgəʊ] *n зоол.* (соба́ка) ди́нго

dingy [ˈdɪndʒɪ] *a* ту́склый, тёмный; гря́зный, пы́льный

dining car [ˈdaɪnɪŋ ˌkɑ:(r)] *n* ваго́н-рестора́н

dining room [ˈdaɪnɪŋ ˌrʊm] *n* столо́вая *(ко́мната в кварти́ре)*

dinkum [ˈdɪŋkəm] *a австрал. разг.* настоя́щий, пра́вильный; по́длинный

dinky [ˈdɪŋkɪ] *a разг.* привлека́тельный; наря́дный

dinner [ˈdɪnə(r)] *n* обе́д; **to have** *(или* **to take)** ~ обе́дать; **to give a** ~ устра́ивать зва́ный обе́д; дава́ть обе́д в честь кого́-л.; **basket** ~ *амер.* пикни́к

dinner jacket [ˈdɪnə ˈdʒækɪt] *n* смо́кинг

dinner party [ˈdɪnə ˈpɑ:tɪ] *n* зва́ный обе́д

dinosaur [ˈdaɪnəsɔ:(r)] *n* дина́завр

dint I [dɪnt] *n* 1) впа́дина, след от уда́ра 2): **by** ~ **of** посре́дством; путём

dint II *v* оставля́ть вмя́тину, впа́дину

diocese [ˈdaɪəsɪs] *n церк.* диоце́з, епа́рхия *(церк. округ, управляемый епископом)*

diode [ˈdaɪəʊd] *n эл.* дио́д

diode-transistor logic [ˈdaɪəʊd trænˈzɪstə ˈlɒdʒɪk] *n вчт* дио́дно-транзи́сторная ло́гика

diopter [daɪˈɒptə(r)] *амер. см.* **dioptre**

dioptre [daɪˈɒptə(r)] *n опт.* дио́птрия

dioptric [daɪˈɒptrɪk] *a опт.* диоптри́ческий, преломля́ющий

diorama [ˌdaɪəˈrɑ:mə] *n* диора́ма

dioxide [daɪˈɒksaɪd] *n хим.* диокси́д, двуо́кись

Dip. *сокр.* **(diploma)** дипло́м; свиде́тельство

dip I [dɪp] *n* 1) погруже́ние *(в воду и т. п.)* 2) жи́дкость, раство́р *(для погружения чего-л.)* 3) окуна́ние, купа́ние; **to have/take a** ~ бы́стро искупа́ться, окуну́ться в во́ду 4) укло́н, отко́с 5) со́ус, подли́ва 6) наклоне́ние магни́тной стре́лки 7) приспу́щенное положе́ние фла́га 8) ма́каная свеча́ 9) *сленг* вор-карма́нник 10) *тех.* пониже́ние *(напряже́ния)*

dip II *v* 1) погружа́ть, окуна́ть 2) погружа́ться, окуна́ться; ныря́ть, спуска́ться, опуска́ться 3) слегка́ понижа́ться 4) че́рпать, зачёрпывать 5) салютова́ть *(флагом)*; спуска́ть *(парус)* 6) наклоня́ть *(голову при приве́тствии)* 7) опуска́ть в раство́р *и т. п.*; **to** ~ **candles** де́лать ма́каные све́чи

dip out, dip up вычёрпывать

Dip. A. D. *сокр.* **(Diploma in Art and Design)** дипло́м специали́ста по диза́йну

Dip. Ed. *сокр.* **(Diploma in Education)** дипло́м педаго́га

Dip. H. E. *сокр.* **(Diploma of Higher Education)** дипло́м о получе́нии вы́сшего образова́ния

diphtheria [dɪfˈθɪərɪə] *n мед.* дифтери́я, дифтери́т

diphthong [ˈdɪfθɒŋ] *n фон.* дифто́нг

diploma [dɪˈpləʊmə] *n* 1) дипло́м; свиде́тельство 2) официа́льный докуме́нт; госуда́рственный докуме́нт

diplomacy [dɪˈpləʊməsɪ] *n* 1) диплома́тия 2) дипломати́чность, такт

diplomaed [dɪˈpləʊməd] *a* име́ющий дипло́м, диплом́ированный

diplomat [ˈdɪpləmæt] *n* диплома́т

diplomatic [ˌdɪpləˈmætɪk] *a* 1) дипломати́ческий; ~ **corps** дипломати́ческий ко́рпус; ~ **immunity** дипломати́ческая неприкоснове́нность; ~ **relations** дипломати́ческие отноше́ния 2) дипломати́чный, такти́чный

diplomatist [dɪˈpləʊmətɪst] *n* диплома́т

dipper [ˈdɪpə(r)] *n* 1) черпа́к; ковш 2) *разг.* бапти́ст

dipping [ˈdɪpɪŋ] *n* погруже́ние

dippy [ˈdɪpɪ] *a сленг* чо́кнутый, не в себе́

dipsomaniac [ˌdɪpsə(ʊ)ˈmeɪnɪæk] *n* алкого́лик, запо́йный пья́ница

dipstick [ˈdɪpstɪk] *n тех.* щуп для измере́ния у́ровня *(жидкости)*

diptych [ˈdɪptɪk] *n иск.* ди́птих

dire [ˈdaɪə(r)] *a* 1) ужа́сный, стра́шный 2) кра́йний *(о необходимости)*; настоя́тельный

direct I [d(a)ɪˈrekt] *a* 1) прямо́й 2) непосре́дственный, прямо́й 3) прямо́й, откры́тый; я́сный, и́скренний, правди́вый *(об ответе и т. п.)* 4) по́лный, то́чный; ~ **opposite** диаметра́льно противополо́жный 5) *астр.* дви́жущийся с восто́ка на за́пад *(о планетах)*

direct II *v* 1) руководи́ть; управля́ть 2) направля́ть; прика́зывать; предпи́сывать 3) ука́зывать доро́гу 4) адресова́ть 5) наце́ливать(ся) 6) ста́вить *(спектакль, фильм)*; быть режиссёром *(спектакля, фильма)*

direct III *adv* пря́мо; непосре́дственно

direct access [d(a)ɪˈrekt ˌækses] *n вчт* прямо́й до́ступ

directed [d(a)ɪˈrektɪd] *a вчт, мат.* ориенти́рованный, напра́вленный

direction [d(a)ɪˈrekʃ(ə)n] *n* 1) руково́дство, управле́ние; **collective** ~ коллекти́вное руково́дство; **under the** ~ **of** под руково́дством 2) указа́ние, наставле́ние; распоряже́ние; *pl* директи́вы 3) направле́ние; **in the** ~ **of** по направле́нию к; **to sail in an easterly** ~ плыть в восто́чном направле́нии 4) сфе́ра, о́бласть 5) тенде́нция

directional antenna [d(a)ɪˈrekʃənl ænˈtenə] *n радио* напра́вленная анте́нна

directive I [d(a)ɪˈrektɪv] *n* 1) директи́ва 2) *вчт* управля́ющая кома́нда

directive II *a* направля́ющий; наставля́ющий

directivity [ˌd(a)ɪrekˈtɪvɪtɪ] *n физ.* 1) напра́вленность *(излучения и т. п.)* 2) коэффицие́нт напра́вленного де́йствия

directly I [d(a)ɪˈrektlɪ] *adv* 1) неме́дленно, то́тчас 2) пря́мо; непосре́дственно

directly II *conj разг.* как то́лько

directness [d(a)ɪˈrektnɪs] *n* прямота́; непосре́дственность

director [d(a)ɪˈrektə(r)] *n* 1) руководи́тель; дире́ктор 2) режиссёр; дирижёр

directorate [d(a)ɪˈrektərət] *n* 1) сове́т дире́кторо́в; правле́ние 2) дире́кция

directorship [d(a)ɪˈrektəʃɪp] *n* дире́кторство

directory [d(a)ɪˈrektərɪ] *n* 1) спра́вочник; указа́тель; а́дресная кни́га; **telephone ~** телефо́нная кни́га; телефо́нный спра́вочник 2) *вчт* директо́рия; катало́г

directress [d(a)ɪˈrektrɪs] *n* же́нщина-дире́ктор, директри́са

direful [ˈdaɪəfʊl] *a книжн.* ужа́сный, стра́шный

dirge [dɜːʤ] *n* 1) панихи́да, погреба́льная слу́жба 2) погреба́льная песнь

dirigible I [ˈdɪrɪʤɪbl] *n* дирижа́бль

dirigible II *a* управля́емый

dirk [dɜːk] *n* 1) шотла́ндский кинжа́л 2) ко́ртик

dirt [dɜːt] *n* 1) грязь; му́сор; сор 2) земля́, по́чва; грунт 3) непристо́йности, гру́бая брань; **to fling/to throw ~ at smb** облива́ть гря́зью кого́-л.; **to eat ~** глота́ть оскорбле́ние, терпе́ть униже́ние 4) га́дость; ме́рзость; **to do smb ~** сде́лать кому́-л. па́кость, нага́дить кому́-л. 5) нечисто́ты 6) *attr* земляно́й, грунтово́й; **~ road** грунтова́я доро́га ◊ **as cheap as ~** *разг.* о́чень дешёвый, деше́вле то́лько да́ром; **to treat like ~** унижа́ть; сме́шивать с гря́зью

dirt-cheap [ˈdɜːtˈʧiːp] *a разг.* о́чень дешёвый

dirtily [ˈdɜːtɪlɪ] *adv* 1) гря́зно 2) ни́зко, по́дло

dirtiness [ˈdɜːtɪnɪs] *n* 1) грязь, неопря́тность 2) по́длость, ни́зость

dirt-track [ˈdɜːttræk] *n* трек с га́ревым покры́тием *(для гонок)*

dirty I [ˈdɜːtɪ] *a* 1) гря́зный 2) неприли́чный, непристо́йный, скабрёзный; **~ stories** неприли́чные анекдо́ты 3) нече́стный *(об игроке)* 4) бу́рный, нена́стный *(о погоде)* 5) *разг.* радиоакти́вный, «гря́зный» ◊ **~ dog** негодя́й, подле́ц; **~ linen/washing** инти́мные подро́бности сканда́льного хара́ктера, «гря́зное бельё» ≅ сор из избы́; **~ look** неприя́зненный/недружелю́бный взгляд; **~**

money «гря́зные» де́ньги, де́ньги, зарабо́танные нече́стным путём; **~ trick** по́длость; нече́стная/гря́зная игра́ *(особенно в политике)*; **~ weekend** уике́нд, проведённый та́йно с любо́вницей *или* любо́вником; **the ~ end of the stick** са́мая тяжёлая *или* неприя́тная часть рабо́ты *и т. п.*; **to do the ~ on smb** подложи́ть кому́-л. свинью́

dirty II *v* па́чкать, грязни́ть, загрязня́ть

dis- [dɪs-] *pref со значением:* 1) *отрица́ния или противоположе́ния* не-; **to disbelieve** не ве́рить; **to displease** не нра́виться; **to disagree** не соглаша́ться; **dishonest** нече́стный 2) *лише́ния прав, иму́щества и т. п.:* **to disarm** разоружа́ть; **to disinherit** лиша́ть насле́дства 3) *разделе́ния, распаде́ния на соста́вные ча́сти:* **to dismember** расчленя́ть; **to dismiss** распуска́ть 4) *усиле́ния де́йствия:* **to disannul** аннули́ровать

disability [ˌdɪsəˈbɪlɪtɪ] *n* 1) неспосо́бность, нетрудоспосо́бность 2) *юр.* неправоспосо́бность, недееспосо́бность 3) *юр.* ограниче́ние, пораже́ние в права́х

disable [dɪsˈeɪbl] *v* 1) де́лать неспосо́бным, неприго́дным 2) кале́чить; лиша́ть трудоспосо́бности 3) *юр.* де́лать *или* объявля́ть недееспосо́бным, неправоспосо́бным 4) блоки́ровать; выключа́ть, отключа́ть; переводи́ть в неакти́вное состоя́ние 5) запира́ть; дава́ть отбо́й 6) отменя́ть 7) маски́ровать

disabled [dɪsˈeɪbld] *a* 1) нетрудоспосо́бный; искале́ченный; **seats for the ~** места́ для инвали́дов 2) *юр.* недееспосо́бный, неправоспосо́бный 3) *вчт* блоки́рованный; запрещённый 4) маски́рованный

disabuse [ˌdɪsəˈbjuːz] *v* выводи́ть из заблужде́ния *(of)*

disaccord I [ˌdɪsəˈkɔːd] *n* расхожде́ние, разногла́сие

disaccord II *v* расходи́ться во взгля́дах; не соглаша́ться

disadvantage [ˌdɪsədˈvɑːntɪʤ] *n* 1) невы́годное положе́ние; неудо́бство; **to be at a ~** быть в невы́годном положе́нии; **taken at ~** захва́ченный враспло́х 2) убы́ток, уще́рб, вред

disadvantageous [ˌdɪsædvɑːnˈteɪʤəs] *a* невы́годный, неблагоприя́тный; **it shows him at a ~ light** э́то представля́ет его́ в невы́годном све́те

disaffected [ˌdɪsəˈfektɪd] *a* 1) нело́яльный 2) недово́льный

disaffection [ˌdɪsəˈfekʃ(ə)n] *n* 1) нело́яльность 2) недово́льство

disaffirm [ˌdɪsəˈfɜːm] *v* 1) *юр.* отменя́ть *(реше́ние)* 2) отрица́ть, отверга́ть

disafforest [ˌdɪsəˈfɒrɪst] v вырубать леса

disagree [ˌdɪsəˈgriː] v 1) не соглашаться, расходиться во мнениях 2) ссориться 3) не совпадать, противоречить друг другу 4) быть неподходящим, вредным *(о пище, климате; with)*

disagreeable [ˌdɪsəˈgriːəbl] a 1) неприятный 2) неприветливый; сварливый

disagreement [ˌdɪsəˈgriːmənt] n 1) расхождение во мнениях, разногласие 2) разлад, ссора

disalignment [ˌdɪsəˈlaɪnmənt] n *тех.* 1) несовпадение осей; нарушение правильного положения 2) рассогласование 3) расхождение 4) несоответствие; несовпадение

disallow [ˈdɪsəˈlaʊ] v 1) отказывать; отвергать, отклонять *(просьбу и т. п.)*; **the goal was ~ed** гол не был засчитан 2) не разрешать, запрещать

disappear [ˌdɪsəˈpɪə(r)] v исчезать, пропадать

disappearance [ˌdɪsəˈpɪər(ə)ns] n исчезновение

disappoint [ˌdɪsəˈpɔɪnt] v 1) разочаровывать; **to be ~ed** быть разочарованным *(with, in, at)* 2) обманывать *(надежды и т. п. — of)*; разрушать, расстраивать *(планы и т. п.)*

disappointed [ˌdɪsəˈpɔɪntɪd] a разочарованный, расстроенный; **bitterly ~** горько разочарованный

disappointing [ˌdɪsəˈpɔɪntɪŋ] a неутешительный; печальный, грустный

disappointment [ˌdɪsəˈpɔɪntmənt] n 1) разочарование 2) причина разочарования; неприятность, огорчение

disapprobation [ˌdɪsæprəʊˈbeɪʃ(ə)n] n неодобрение

disapproval [ˌdɪsəˈpruːvəl] n неодобрение; осуждение; **a chorus of ~** буря неодобрения; буря осуждения

disapprove [ˌdɪsəˈpruːv] v не одобрять, порицать, выражать неодобрение *(of)*

disapprovingly [ˌdɪsəˈpruːvɪŋlɪ] adv неодобрительно

disarm [dɪsˈɑːm] v 1) разоружать(ся) 2) обезоруживать *(of)*

disarmament [dɪsˈɑːməmənt] n разоружение

disarrange [ˌdɪsəˈreɪndʒ] v приводить в беспорядок, дезорганизовать

disarrangement [ˌdɪsəˈreɪndʒmənt] n беспорядок; дезорганизация

disarray I [ˌdɪsəˈreɪ] n 1) беспорядок; замешательство 2) небрежность в одежде

disarray II v приводить в беспорядок, в замешательство

disassemble [ˌdɪsəˈsembl] v разбирать на части *(механизм и т. п.)*, демонтировать

disaster [dɪˈzɑːstə(r)] n 1) бедствие, несчастье; катастрофа; **natural ~** стихийное бедствие 2) attr: **~ area** район бедствия

disastrous [dɪˈzɑːstrəs] a 1) бедственный; катастрофический 2) губительный, гибельный

disavow [ˌdɪsəˈvaʊ] v 1) отрицать; отрекаться; снимать с себя ответственность 2) *полит.* дезавуировать

disavowal [ˌdɪsəˈvaʊəl] n 1) отрицание; отказ *(от чего-л.)* 2) *полит.* дезавуирование

disband [dɪsˈbænd] v 1) расходиться, рассеиваться 2) распускать; *воен.* расформировывать

disbar [dɪsˈbɑː(r)] v *юр.* лишать звания адвоката; лишать права адвокатской практики

disbelief [ˌdɪsbɪˈliːf] n неверие

disbelieve [ˌdɪsbɪˈliːv] v не верить; не доверять

disbeliever [ˌdɪsbɪˈliːvə(r)] n неверующий

disburden [dɪsˈbɜːdn] v освобождать(ся) от груза, тяжести, бремени; **to ~ one's mind** выговориться, облегчить душу

disburse [dɪsˈbɜːs] v 1) расходовать 2) оплачивать, расплачиваться

disbursement [dɪsˈbɜːsmənt] n 1) расход, трата 2) выплата; оплата

disc [dɪsk] n 1) диск; круг 2) межпозвоночный диск; **slipped ~** *мед.* грыжа межпозвоночного диска 3) *муз.* компакт-диск, *уст.* (грам)пластинка 4) *вчт* (обыкн. **disk**) магнитный диск; **floppy ~** дискета 5) attr дисковый; **~ drive** *вчт* дисковод; **~ brakes** *авто* дисковые тормоза

discard [dɪsˈkɑːd] v 1) выбрасывать, отбрасывать *(ненужное)* 2) сбрасывать *(карты)*

discern [dɪˈsɜːn] v различать, распознавать, ясно видеть; отличать

discernible [dɪˈsɜːnəbl] a различимый, заметный, видимый

discerning [dɪˈsɜːnɪŋ] a умеющий различать, разбирающийся; проницательный

discernment [dɪˈsɜːnmənt] n 1) умение различать, видеть в истинном свете; 2) проницательность

discharge I [dɪsˈtʃɑːdʒ] n 1) разгрузка 2) увольнение *(со службы)* 3) освобождение *(заключённого)*; восстановление в правах; реабилитация 4) выписка *(из больницы)* 5) выстрел; залп 6) выделение *(гноя и т. п.)*; вытекание *(жидкости)* 7) выплата *(долга)* 8) выполнение *(обязанностей)* 9) эл. разряд 10) *тех.* выпускное отверстие, выход, выпуск

discharge II *v* 1) разгружа́ть(ся) 2) выполня́ть *(обя́занности)* 3) освобожда́ть *(заключённого)*; восстана́вливать в права́х, реабилити́ровать 4) выпи́сывать *(из больни́цы)* 5) увольня́ть; распуска́ть 6) выпуска́ть заря́д, производи́ть вы́стрел 7) *эл.* разряжа́ть 8) выбра́сывать, изверга́ть 9) выделя́ть *(гной и т. п.)*; вылива́ть(ся) *(о жи́дкости)* 10) упла́чивать *(долг)* 11) *юр.* аннули́ровать (реше́ние суда́)

disciple [dɪˈsaɪpl] *n* 1) учени́к, после́дователь 2) *церк.* апо́стол

disciplinarian [ˌdɪsɪplɪˈneərɪən] *n* приве́рженец стро́гой дисципли́ны

disciplinary [ˈdɪsɪplɪnərɪ] *a* 1) дисциплини́рующий 2) дисциплина́рный, исправи́тельный

discipline I [ˈdɪsɪplɪn] *n* 1) дисципли́на, поря́док 2) дисциплини́рованность 3) обуче́ние, трениро́вка; **intellectual ~** трениро́вка ума́ 4) дисципли́на *(о́трасль нау́ки)* 5) наказа́ние 6) *церк.* умерщвле́ние пло́ти *(тж* **self-mortification, bodily mortification)**

discipline II *v* 1) нака́зывать 2) дисциплини́ровать

disc-jockey [ˈdɪskˌdʒɒkɪ] *n* диск-жоке́й, дидже́й *(тж* **DJ)**

disclaim [dɪsˈkleɪm] *v* 1) отрица́ть, не признава́ть 2) *юр.* отка́зываться *(от прав на что-л.)*

disclaimer [dɪsˈkleɪmə(r)] *n* 1) отрече́ние; отка́з; отрица́ние 2) *юр.* отка́з *(от прав на что-л.)*

disclose [dɪsˈkləʊz] *v* обнару́живать, раскрыва́ть *(та́йну, секре́т)*; разоблача́ть

disclosure [dɪsˈkləʊʒə] *n* обнаруже́ние, раскры́тие *(та́йны, секре́та)*; разоблаче́ние

disco I [ˈdɪskəʊ] *n разг.* 1) дискоте́ка 2) ди́ско *(стиль танцева́льной му́зыки, популя́рной на дискоте́ках) (тж ~* **music)**

disco II *v разг.* посеща́ть дискоте́ку

discolor [dɪsˈkʌlə(r)] *амер. см.* **discolour**

discoloration [dɪsˌkʌləˈreɪʃ(ə)n] *амер. см.* **discolouration**

discolour [dɪsˈkʌlə(r)] *v* изменя́ть цвет, окра́ску; обесцве́чивать(ся)

discolouration [dɪsˌkʌləˈreɪʃ(ə)n] *n* измене́ние цве́та, окра́ски; обесцве́чивание

discomfit [dɪsˈkʌmfɪt] *v* 1) приводи́ть в замеша́тельство, сбива́ть с то́лку 2) расстра́ивать *(пла́ны и т. п.)*

discomfiture [dɪsˈkʌmfɪtʃə(r)] *n* 1) замеша́тельство 2) расстро́йство пла́нов

discomfort I [dɪsˈkʌmfət] *n* 1) беспоко́йство, стесне́ние; недомога́ние 2) неудо́бство

discomfort II *v* причиня́ть неудо́бство, беспоко́йство; затрудня́ть

discommode [ˌdɪskəˈməʊd] *v* беспоко́ить, меша́ть

discompose [ˌdɪskəmˈpəʊz] *v* волнова́ть, трево́жить, расстра́ивать

discomposedly [ˌdɪskəmˈpəʊzɪdlɪ] *adv* беспоко́йно; трево́жно

discomposure [ˌdɪskəmˈpəʊʒə(r)] *n* беспоко́йство; волне́ние

disconcert [ˌdɪskənˈsɜːt] *v* 1) смуща́ть; приводи́ть в замеша́тельство 2) расстра́ивать *(пла́ны)*

disconnect [ˌdɪskəˈnekt] *v* 1) разъединя́ть, разделя́ть, расцепля́ть 2) *эл.* выключа́ть; отключа́ть

disconnectedly [ˌdɪskəˈnektɪdlɪ] *adv* несвя́зно, бессвя́зно; отры́висто

disconnection [ˌdɪskəˈnekʃ(ə)n] *n* 1) разъедине́ние, разобще́ние 2) *эл.* отключе́ние

disconnexion [ˌdɪskəˈnekʃ(ə)n] *см.* **disconnection**

disconsolate [dɪsˈkɒnsələt] *a* 1) безуте́шный, неуте́шный, печа́льный 2) несча́стный

discontent I [ˌdɪskənˈtent] *n* недово́льство; неудовлетворённость

discontent II *a* недово́льный; неудовлетворённый

discontent III *v* вызыва́ть недово́льство

discontented [ˌdɪskənˈtentɪd] *a* недово́льный; неудовлетворённый

discontentedly [ˌdɪskənˈtentɪdlɪ] *adv* недово́льно; с неудово́льствием

discontentment [ˌdɪskənˈtentmənt] *n* недово́льство; неудовлетворённость

discontinuance [ˌdɪskənˈtɪnjʊəns] *n* прекраще́ние, прерыва́ние

discontinue [ˌdɪskənˈtɪnjuː] *v* прерыва́ть(ся), прекраща́ть(ся); переставать

discontinuous [ˌdɪskənˈtɪnjʊəs] *a* преры́вистый; прерыва́ющийся, перемежа́ющийся

discord I [ˈdɪskɔːd] *n* 1) разногла́сие, разла́д; раздо́ры, сты́чки 2) *муз.* диссона́нс

discord II [dɪsˈkɔːd] *v* 1) расходи́ться во взгля́дах, мне́ниях *(with, from)* 2) ссо́риться, не ла́дить 3) не соотве́тствовать, дисгармони́ровать

discordance [dɪˈskɔːd(ə)ns] *n* 1) разногла́сие; несогла́сие 2) *муз.* диссона́нс

discordant [dɪˈskɔːd(ə)nt] *a* 1) несогла́сный, несхо́дный, противоречи́вый 2) *муз.* диссони́рующий

discount I [dɪsˈkaʊnt] *n* 1) *ком.* ски́дка; диско́нт; **at a ~** со ски́дкой 2) *фин.* учёт векселе́й; проце́нт ски́дки, ста́вка учёта

discount II *v* 1) не принима́ть во внима́ние, в расчёт 2) обесце́нивать, снижа́ть значе́ние 3) убавля́ть *(це́ну)*; уменьша́ть *(дохо́д)*; де́лать ски́дку, *фин.* дисконти́ровать

discount card [dɪsˈkaʊntˌkɑːd] *n* диско́нтная ка́рта *(для опла́ты поку́пок со ски́дкой)*

discountenance [dɪˈskaʊntɪnəns] *v* 1) отка́зывать в подде́ржке 2) не одобря́ть; обескура́живать

discourage [dɪˈskʌrɪdʒ] *v* 1) обескура́живать, расхола́живать 2) отгова́ривать, отсове́товать *(from)* 3) не одобря́ть, не поощря́ть; **smoking is ~d** куре́ние не поощря́ется

discouragement [dɪˈskʌrɪdʒmənt] *n* 1) обескура́живание, расхола́живание 2) обескура́женность; уны́ние

discourse I [dɪˈskɔːs] *n* 1) рассужде́ние, тракта́т; ле́кция 2) *уст.* бесе́да, разгово́р

discourse II *v* излага́ть, рассужда́ть, ора́торствовать *(on)*

discourteous [dɪsˈkɜːtɪəs] *a* неве́жливый, неучти́вый; гру́бый

discourtesy [dɪsˈkɜːtɪsɪ] *n* неве́жливость, неучти́вость; гру́бость

discover [dɪˈskʌvə(r)] *v* 1) обнару́живать, находи́ть; узнава́ть 2) де́лать откры́тис; открыва́ть

discoverer [dɪˈskʌvərə(r)] *n* (перво)открыва́тель; а́втор откры́тия

discovery [dɪˈskʌvərɪ] *n* 1) откры́тие; **the ~ of a new planet** откры́тие но́вой плане́ты 2) раскры́тие, обнару́же́ние, разоблаче́ние

discredit I [dɪsˈkredɪt] *n* 1) дискредита́ция; поте́ря авторите́та 2) недове́рие, сомне́ние; **to throw ~ on smth** подверга́ть что-л. сомне́нию 3) *фин.* лише́ние креди́та

discredit II *v* 1) дискредити́ровать; подрыва́ть авторите́т, дове́рие 2) не доверя́ть, подверга́ть сомне́нию

discreditable [dɪsˈkredɪtəbl] *a* дискредити́рующий; позо́рящий; позо́рный

discreet [dɪˈskriːt] *a* 1) осторо́жный; осмотри́тельный, благоразу́мный 2) такти́чный

discrepancy [dɪsˈkrepənsɪ] *n* 1) противоре́чие, несоотве́тствие, расхожде́ние 2) рассогласова́ние

discrepant [dɪsˈkrepənt] *a* разноречи́вый, противоречи́вый

discrete [dɪˈskriːt] *a* 1) отде́льный; разде́льный 2) дискре́тный

discretion [dɪˈskreʃ(ə)n] *n* 1) осмотри́тельность, благоразу́мие, осторо́жность 2) свобо́да де́йствий; усмотре́ние; **at the ~ of smb** на усмотре́ние кого́-л.; **the years/the age of ~** во́зраст *(в Великобрита́нии – 14 лет)*, с кото́рого челове́к несёт отве́тственность за свои́ посту́пки; **use your own ~** поступа́й по своему́ усмотре́нию 3) полномо́чия; пра́во (принима́ть) реше́ния

discriminate [dɪˈskrɪmɪneɪt] *v* 1) различа́ть, распознава́ть *(between);* отлича́ть *(from)* 2) дискримини́ровать 3) отлича́ть, выделя́ть

discriminating [dɪˈskrɪmɪneɪtɪŋ] *a* 1) спосо́бный различа́ть, разбира́ющийся, проница́тельный 2) облада́ющий хоро́шим вку́сом

discrimination [dɪˌskrɪmɪˈneɪʃ(ə)n] *n* 1) дискримина́ция; **race/sexual/age ~** ра́совая/сексуа́льная/возрастна́я дискримина́ция; **~ on the grounds of smth** дискримина́ция на основа́нии чего́-л. 2) спосо́бность; проница́тельность 3) различе́ние, распознава́ние 4) *тех.* разреша́ющая спосо́бность, разреше́ние 5) *тех.* избира́тельность; селекти́вность

discriminative [dɪˈskrɪmɪnətɪv] *a* 1) отличи́тельный, характе́рный 2) уме́ющий различа́ть, проница́тельный

discursive [dɪˈskɜːsɪv] *a* 1) переска́кивающий с одного́ вопро́са на друго́й, непосле́довательный 2) *филос.* дискурси́вный

discus [ˈdɪskəs] *n спорт.* диск

discuss [dɪˈskʌs] *v* обсужда́ть, дискути́ровать

discussion [dɪˈskʌʃ(ə)n] *n* обсужде́ние; диску́ссия; деба́ты

disdain I [dɪsˈdeɪn] *n* пренебреже́ние, презре́ние

disdain II *v* 1) презира́ть 2) смотре́ть свысока́; счита́ть ни́же своего́ досто́инства

disdainful [dɪsˈdeɪnfʊl] *a* презри́тельный, пренебрежи́тельный

disease [dɪˈziːz] *n* боле́знь, заболева́ние

diseased [dɪˈziːzd] *a* больно́й, заболе́вший

disembark [ˌdɪsɪmˈbɑːk] *v* 1) сходи́ть с бо́рта *(су́дна или самолёта);* выса́живаться *(тж* **to get off a ship** *or* **a plane**) 2) выгружа́ть *(с су́дна или из самолёта)*

disembarkation [ˌdɪsɪmbɑːˈkeɪʃ(ə)n] *n* вы́садка; вы́грузка с бо́рта *(су́дна или самолёта)*

disembarrass [ˌdɪsɪmˈbærəs] *v* 1) выводи́ть из затрудне́ния, замеша́тельства 2) освобожда́ть *(от тру́дностей, хлопо́т — of)*

disembody [ˌdɪsɪmˈbɒdɪ] *v рел.* освобожда́ть от теле́сной оболо́чки

disembogue [ˌdɪsɪmˈbəʊg] *v* впада́ть *(о реке́ — into)*

disembowel [ˌdɪsɪmˈbaʊəl] *v* потроши́ть

disembroil [ˌdɪsɪmˈbrɔɪl] *v* распу́тывать

disenchant [ˌdɪsɪnˈtʃɑːnt] *v* освобожда́ть от иллю́зий; разочаро́вывать

disencumber [ˌdɪsɪnˈkʌmbə(r)] *v* освобожда́ть от бре́мени, от затрудне́ний

disenfranchise [ˌdɪsɪnˈfræntʃaɪz] *v юр.* 1) лиша́ть избира́тельных или гражда́нских прав 2) лиша́ть о́круг представи́тельства в парла́менте

disengage [ˌdɪsɪnˈgeɪdʒ] v 1) освобождать(ся); отвязывать(ся); расцеплять(ся); разъединять(ся) 2) воен. выходить из боя

disengaged [ˌdɪsɪnˈgeɪdʒd] a 1) свободный; незанятый 2) независимый (особ. политически) 3) расцепленный; разъединённый; освобождённый

disengagement [ˌdɪsɪnˈgeɪdʒmənt] n 1) освобождение (от чего-л.); несвязанность (обязательством и т. п.) 2) расторжение помолвки 3) естественность, непринуждённость; раскованность 4) воен. выход из боя

disentangle [ˌdɪsɪnˈtæŋgl] v 1) распутывать; **to ~ a knot** распутывать, развязывать узел; **to ~ facts** разбираться в фактах 2) выпутываться из затруднений

disenthral(l) [ˌdɪsɪnˈθrɔːl] v книжн. освобождать из рабства, отпускать на волю

disentitle [ˌdɪsɪnˈtaɪtl] v лишать права (на что-л.)

disentomb [ˌdɪsɪnˈtuːm] v книжн. 1) выкапывать из могилы 2) раскапывать, находить

disestablish [ˌdɪsɪˈstæblɪʃ] v 1) отделять церковь от государства 2) отменять (установленное)

disestablishment [ˌdɪsɪˈstæblɪʃmənt] n отделение церкви от государства

disfavour I [dɪsˈfeɪvə(r)] n 1) неодобрение; нелюбовь 2) немилость; **to fall into ~** впасть в немилость; **to be in ~** быть в немилости

disfavour II v не одобрять

disfigure [dɪsˈfɪgə(r)] v обезображивать, уродовать; портить

disfigurement [dɪsˈfɪgəmənt] n 1) обезображивание 2) уродство

disforest [dɪsˈfɒrɪst] v вырубать леса

disfranchise [ˌdɪsˈfræntʃaɪz] см. **disenfranchise**

disfrock [dɪsˈfrɒk] v лишать духовного сана

disgorge [dɪsˈgɔːdʒ] v 1) извергать (лаву), изрыгать (пищу); выбрасывать 2) возвращать незаконно присвоенное, захваченное

disgrace I [dɪsˈgreɪs] n 1) позор, бесчестье; бесчестный поступок; **to bring a ~ upon smb** опозорить кого-л.; **he is a ~ to his family** он опозорил свою семью; **an absolute/utter ~** полный/страшный позор 2) немилость, опала; **to be in ~** быть в немилости, в опале

disgrace II v 1) опозорить, обесчестить 2) разжаловать; лишить расположения

disgraceful [dɪsˈgreɪsful] a позорный, бесчестный

disgruntled [dɪsˈgrʌntld] a недовольный, рассерженный; в дурном расположении духа

disguise I [dɪsˈgaɪz] n 1) переодевание, маскировка; **in ~** переодетый 2) сокрытие; **a**

compliment in ~ скрытый комплимент; **a blessing in ~** ≅ нет худа без добра 3) личина, маска

disguise II v 1) переодевать, маскировать; делать неузнаваемым 2) скрывать под видом, под маской, под личиной

disgust I [dɪsˈgʌst] n отвращение

disgust II v вызывать, внушать отвращение; **to be ~ed** чувствовать отвращение

disgustful [dɪsˈgʌstful] a отвратительный

disgusting [dɪsˈgʌstɪŋ] a внушающий отвращение; противный

dish I [dɪʃ] n 1) блюдо, тарелка, миска 2) блюдо, кушанье; **~ of the day** блюдо дня (предлагаемое рестораном в меню) 3) pl грязная, немытая посуда; **to do/to wash the dishes** мыть (грязную) посуду 4) сленг аппетитная красотка

dish II v 1) накладывать на блюдо 2) разг. обхитрить, обойти (кого-л.) 3) разг. расстроить (чьи-л. планы); разрушить (надежды, ожидания)

dish out разг. 1) подавать блюдо, кушанье; разливать; раскладывать 2) раздавать (что-л.) направо и налево

dish up разг. 1) подавать блюдо, кушанье 2) преподносить (информацию)

disharmonious [ˌdɪshaːˈməʊnɪəs] a дисгармоничный

disharmony [ˌdɪsˈhaːmənɪ] n 1) дисгармония 2) разногласие

dishcloth [ˈdɪʃklɒθ] n посудное, кухонное полотенце

dishearten [dɪsˈhaːtn] v приводить в уныние, обескураживать; **don't be ~ed!** не падай(те) духом!

dishevelled [dɪˈʃev(ə)ld] a 1) растрёпанный, взъерошенный 2) неопрятный

dishonest [dɪsˈɒnɪst] a нечестный; непорядочный; мошеннический

dishonesty [dɪsˈɒnɪstɪ] n 1) нечестность; непорядочность; мошенничество 2) бесчестный поступок; обман

dishonor [dɪsˈɒnə(r)] амер. см. **dishonour I, II**

dishonour I [dɪsˈɒnə(r)] n 1) бесчестье, позор 2) ком. неуплата по векселю

dishonour II v 1) бесчестить, позорить 2) ком. отказывать в уплате по векселю

dishonourable [dɪsˈɒnərəbl] a 1) позорный; позорящий, низкий 2) бесчестный; **~ discharge** воен. увольнение из армии из-за дисциплинарного проступка; увольнение с позором

dishtowel [ˈdɪʃˌtaʊl] n амер. посудное, кухонное полотенце

dishwasher [ˈdɪʃˌwɒʃə(r)] n 1) посудомоечная машина 2) посудомойка

213

dishwashing liquid [ˈdɪʃwɒʃɪŋ ˌlɪkwɪd] *n* средство для мытья посуды (*амер.* **washing-up liquid**)

dishwater [ˈdɪʃˌwɔːtə(r)] *n* помои

disillusion I [ˌdɪsɪˈluːʒ(ə)n] *n* утрата иллюзий, разочарование

disillusion II *v* разрушать иллюзии; разочаровывать

disinclination [ˌdɪsɪnklɪˈneɪʃ(ə)n] *n* нежелание, нерасположение

disincline [ˌdɪsɪnˈklaɪn] *v* отбивать охоту

disinfect [ˌdɪsɪnˈfekt] *v* дезинфицировать

disinfectant I [ˌdɪsɪnˈfektənt] *n* дезинфицирующее средство

disinfectant II *a* дезинфицирующий

disinfection [ˌdɪsɪnˈfekʃ(ə)n] *n* дезинфекция

disinfest [ˌdɪsɪnˈfest] *v* уничтожать вредных насекомых, производить дезинсекцию

disinformation [ˌdɪsɪnfəˈmeɪʃ(ə)n] *n* дезинформация

disingenuous [ˌdɪsɪnˈdʒenjʊəs] *a* неискренний, лицемерный

disinherit [ˌdɪsɪnˈherɪt] *v юр.* лишать наследства

disinheritance [ˌdɪsɪnˈherɪt(ə)ns] *n юр.* лишение наследства

disintegrate [dɪsˈɪntɪɡreɪt] *v* 1) разделять на составные части, дробить 2) распадаться, разрушаться; раздробляться 3) *разг.* дряхлеть; слабеть умственно

disintegration [dɪsˌɪntɪˈɡreɪʃ(ə)n] *n* 1) разделение на составные части; раздробление 2) распад, разрушение

disinter [ˌdɪsɪnˈtɜː] *v* 1) выкапывать из могилы; эксгумировать 2) раскапывать, находить (*что-л.*) после долгих поисков

disinterested [dɪsˈɪntrɪstɪd] *a* 1) бескорыстный, незаинтересованный; беспристрастный 2) равнодушный, безразличный

disjoin [dɪsˈdʒɔɪn] *v* разъединять, разделять; разобщать

disjoint I [dɪsˈdʒɔɪnt] *a* 1) *мат.* непересекающийся 2) несовместимый; несвязный

disjoint II *v* 1) разбирать на части; расчленять 2) вывихнуть

disjointed [dɪsˈdʒɔɪntɪd] *a* 1) бессвязный (*о речи*) 2) вывихнутый

disjunction [dɪsˈdʒʌŋkʃ(ə)n] *n* 1) разъединение, разобщение 2) *эл.* размыкание (*цепи*) 3) *вчт* дизъюнкция

disjunctive I [dɪsˈdʒʌŋktɪv] *n грам.* разделительный союз

disjunctive II *a* разъединяющий, разделяющий

disk [dɪsk] *амер. см.* **disc**

diskette [dɪsˈket] *n вчт* дискета

dislike I [dɪsˈlaɪk] *n* нелюбовь, нерасположение, неприязнь, антипатия

dislike II *v* не любить, чувствовать неприязнь, нерасположение, антипатию

dislocate [ˈdɪsləkeɪt] *v* 1) вывихнуть 2) нарушать, расстраивать 3) смещать, сдвигать

dislocation [ˌdɪsləˈkeɪʃ(ə)n] *n* 1) вывих 2) нарушение; смещение, сдвиг 3) дислокация

dislodge [dɪsˈlɒdʒ] *v* удалять; вытеснять; изгонять, выгонять; **to ~ the enemy from their position** выбивать противника с его позиций

disloyal [dɪsˈlɔɪəl] *a* 1) нелояльный 2) неверный, предательский

disloyalty [dɪsˈlɔɪəltɪ] *n* 1) нелояльность 2) неверность, предательство

dismal [ˈdɪzm(ə)l] *a* гнетущий; мрачный; унылый; угрюмый

dismals [ˈdɪzm(ə)lz] *n* (**the ~**) *разг.* угнетённое, мрачное настроение

dismantle [dɪsˈmæntl] *v* 1) разбирать; демонтировать; снимать оборудование 2) разоружать, расснащивать (*судно*) (*тж* **unrig**) 3) раздевать; снимать покров

dismay I [dɪsˈmeɪ] *n* 1) страх, тревога 2) уныние, тоска

dismay II *v* 1) пугать, сильно тревожить 2) приводить в отчаяние

dismember [dɪsˈmembə(r)] *v* расчленять; разделять, разрывать на части

dismemberment [dɪsˈmembəmənt] *n* расчленение; разделение

dismiss [dɪsˈmɪs] *v* 1) отпускать; распускать 2) увольнять 3) гнать от себя (*мысли, страхи*); отбрасывать (*сомнения*) 4) закрывать (*собрание и т. п.*) 5) *юр.* закрывать, прекращать (*дело*); отклонять (*иск*)

dismissal [dɪsˈmɪsəl] *n* 1) роспуск 2) увольнение; отставка 3) закрытие (*собрания и т. п.*)

dismissed [dɪsˈmɪst] *a*: **d.!** свободен (*команда*)

dismission [dɪsˈmɪʃ(ə)n] *см.* **dismissal**

dismount [ˈdɪsˈmaʊnt] *v* 1) слезать с лошади, спешиваться; **to ~ a bicycle** слезть с велосипеда 2) сбрасывать ездока (*о лошади*) 3) снимать (*с подставки, пьедестала*)

disobedience [ˌdɪsəˈbiːdɪəns] *n* непослушание, неповиновение

disobedient [ˌdɪsəˈbiːdɪənt] *a* непослушный, непокорный

disobey [ˌdɪsəˈbeɪ] *v* не слушаться, не повиноваться

disoblige [ˌdɪsəˈblaɪdʒ] *v* не считаться (*с кем-л., чем-л.*); быть нелюбезным

disobligingly [ˌdɪsəˈblaɪdʒɪŋlɪ] *adv* нелюбезно

disorder I [dɪsˈɔːdə(r)] *n* 1) беспорядок; **in ~** в беспорядке 2) беспорядки, массовые волнения 3) расстройство; нездоровье; **a sto-mach ~** *мед.* расстройство желудка 4) *вчт, тех.* нарушение нормальной работы *(аппаратуры)*; разладка

disorder II *v* 1) приводить в беспорядок 2) расстраивать *(здоровье)* 3) *вчт, тех.* нарушать нормальную работу *(аппаратуры)*; разлаживать

disorderly [dɪs'ɔːdəlɪ] *a* 1) беспорядочный; неаккуратный; неопрятный 2) *юр.* противозаконный; нарушающий общественный порядок 3) распущенный; **~ house** публичный дом

disorganization [dɪsˌɔːɡənaɪ'zeɪʃ(ə)n] *n* беспорядок; дезорганизация

disorganize [dɪs'ɔːɡənaɪz] *v* расстраивать, дезорганизовать

disorientate [dɪs'ɔːrɪenteɪt] *v* вводить в заблуждение, дезориентировать

disown [dɪs'əʊn] *v* не признавать; отказываться; отрекаться

disparage [dɪ'spærɪdʒ] *v* 1) говорить пренебрежительно; относиться с пренебрежением 2) унижать; умалять чьё-л. достоинство

disparagement [dɪ'spærɪdʒmənt] *n* 1) пренебрежение 2) умаление *(достоинства и т. п.)*

disparagingly [dɪ'spærɪdʒɪŋlɪ] *adv* пренебрежительно, с пренебрежением

disparate ['dɪspərət] *a* несоизмеримый

disparity [dɪ'spærɪtɪ] *n* неравенство, несоответствие; разница *(в чём-л.)*

dispassionate [dɪ'spæʃənət] *a* 1) беспристрастный 2) бесстрастный; спокойный

dispatch I [dɪ'spætʃ] *n* 1) отправка, отправление *(курьера, почты)* 2) депеша, сообщение, донесение 3) быстрота *(исполнения)* 4) казнь; убийство

dispatch II *v* 1) отправлять, посылать *(курьера, почту)* 2) быстро справляться *(с чем-л.)* 3) казнить; убивать 4) *разг.* быстро, наскоро есть

dispatch bearer [dɪ'spætʃˌbeərə(r)] *n* дипломатический курьер, дипкурьер

dispatcher [dɪ'spætʃə(r)] *n* 1) отправитель 2) экспедитор 3) *амер. авто* диспетчер 4) *вчт* организующая программа, диспетчер

dispatch rider [dɪ'spætʃˌraɪdə(r)] *n* курьер, доставляющий документы и посылки на мотоцикле

dispatch station [dɪ'spætʃ'steɪʃ(ə)n] *n ж.-д.* станция отправления

dispel [dɪ'spel] *v* разгонять, рассеивать, развеивать

dispensable [dɪ'spensəbl] *a* необязательный; несущественный

dispensary [dɪ'spensərɪ] *n* 1) отдел рецептов *(в аптеке)* 2) аптека *(обыкн. благотворительная)*; больничная аптека

dispensation [ˌdɪspen'seɪʃ(ə)n] *n* 1) раздача, распределение 2) освобождение *(от обязательства, наказания, обета — with, from)*; **a special ~** особое разрешение 3) отправление *(правосудия)*

dispense [dɪ'spens] *v* 1) раздавать, распределять, выдавать 2) отправлять *(правосудие)* 3) приготовлять и раздавать *(лекарства по рецептам)* 4) дозировать 5) освобождать *(от обязательства и т. п. — from)* 6): **to ~ with** обходиться без чего-л.; **let's ~ with formality** давайте обойдёмся без формальностей

dispenser [dɪ'spensə(r)] *n* 1) фармацевт 2) торговый автомат 3) *спец.* распылитель; диспергатор

dispersal [dɪ'spɜːs(ə)l] *n* 1) рассеивание 2) рассыпание

disperse [dɪ'spɜːs] *v* 1) разгонять; рассеивать, развеивать 2) разбрасывать; рассыпать 3) расходиться *(о толпе)* 4) распространять

dispersion [dɪ'spɜːʃ(ə)n] *n* 1) рассеивание, развеивание, разбрасывание 2) разбросанность 3) *физ., хим.* дисперсия 4) **(the D.)** *ист.* иудейская диаспора *(тж the Jewish diaspora)*

dispersive [dɪ'spɜːsɪv] *a* рассеивающий

dispirit [dɪ'spɪrɪt] *v* приводить в уныние, удручать

dispirited [dɪ'spɪrɪtɪd] *a* унылый, удручённый

displace [dɪs'pleɪs] *v* 1) перемещать; переставлять 2) увольнять, смещать 3) замещать, вытеснять

displaced [dɪs'pleɪst] *a*: **~ persons** перемещённые лица

displacement [dɪs'pleɪsmənt] *n* 1) перемещение, перестановка 2) увольнение, смещение 3) замещение, вытеснение 4) водоизмещение *(судна)*

display I [dɪ'spleɪ] *n* 1) показ, демонстрация; выставка 2) проявление, выказывание, демонстрация *(какого-л. чувства, свойства)* 3) выставление напоказ, хвастовство; **to make great ~ of smth** выставлять что-л. напоказ; хвастаться чем-л. 4) *вчт* визуальное воспроизведение; визуальное представление; отображение *(информации)*; вывод на экран 5) *вчт* устройство отображения; дисплей; экран дисплея 6) *полигр.* выделение особым шрифтом

display II *v* 1) показывать; выставлять, демонстрировать 2) проявлять, выказывать, демонстрировать *(чувства и т. п.)* 3) хвастать(ся) *(чем-л.)* 4) *полигр.* выделять особым шрифтом

displayable [dɪˈspleɪəbl] *a* воспроизводимый; отображаемый; демонстрируемый

display case [dɪˈspleɪ ˌkeɪs] *n* (стеклянная) витрина *(в магазине, музее)*

displease [dɪsˈpliːz] *v* не нравиться, сердить, раздражать, огорчать

displeased [dɪsˈpliːzd] *a* недовольный *(кем-л., чем-л. — at, by, with)*

displeasing [dɪsˈpliːzɪŋ] *a* неприятный

displeasure [dɪsˈpleʒə(r)] *n* неудовольствие, недовольство; досада; **to be in ~ with smb** быть в немилости у кого-л.

disport [dɪˈspɔːt] *v refl уст.* развлекаться; забавляться

disposable [dɪˈspəʊzəbl] *a* 1) одноразового употребления; **~ lighter** одноразовая зажигалка 2) *фин.* располагаемый; **~ income** располагаемый доход, доход после уплаты налогов

disposables [dɪˈspəʊzəblz] *n pl* товары недлительного пользования, товары повседневного спроса

disposal [dɪˈspəʊz(ə)l] *n* 1) расположение, размещение 2) реализация, продажа 3) управление; распоряжение; **at one's ~** в чьём-л. распоряжении; к услугам кого-л. 4) избавление *(от чего-л. ненужного)*; **the ~ of rubbish** вывоз/сжигание мусора 5) *воен.* обезвреживание, уничтожение *(невзорвавшихся боеприпасов)*

dispose [dɪˈspəʊz] *v* 1) располагать, настраивать *(к кому-л., чему-л.)*; **to be ~d** быть расположенным, быть склонным 2) располагать *(в каком-л. порядке)*

dispose of 1) распорядиться чем-л. *(путём продажи, передачи)* 2) избавиться, освободиться от чего-л., кого-л.; ликвидировать 3) убить

disposition [ˌdɪspəˈzɪʃ(ə)n] *n* 1) склонность *(к чему-л.)* 2) расположение духа; нрав, характер; **he has a cheerful ~** у него весёлый нрав 3) расположение; порядок; *воен.* диспозиция; дислокация 4) *обыкн. pl* приготовления 5) контроль; распоряжение; **to have in one's ~** иметь в своём распоряжении

dispossess [ˌdɪspəˈzes] *v юр.* 1) выселять 2) лишать (права) собственности *(of)*; отчуждать

dispossession [ˌdɪspəˈzeʃ(ə)n] *n юр.* 1) выселение 2) лишение (права) собственности; отчуждение

dispraise I [dɪsˈpreɪz] *n* порицание, неодобрение

dispraise II *v* порицать, не одобрять

disproof [dɪsˈpruːf] *n* опровержение

disproportion I [ˌdɪsprəˈpɔːʃ(ə)n] *n* диспропорция, непропорциональность, несоразмерность

disproportion II *v* делать непропорциональным, несоразмерным

disproportionate [ˌdɪsprəˈpɔːʃnɪt] *a* непропорциональный, несоразмерный

disprove [dɪsˈpruːv] *v* опровергать

disputable [dɪˈspjuːtəbl] *a* спорный; сомнительный

disputation [ˌdɪspjuːˈteɪʃ(ə)n] *n* спор; диспут

dispute I [dɪˈspjuːt] *n* 1) диспут, дебаты; спор, полемика; **beyond ~** бесспорно 2) ссора 3) конфликт *(трудовой и т. п.)*

dispute II *v* 1) спорить *(с кем-л. — with, against; о чём-л. — on, about)*; пререкаться, ссориться 2) горячо дискутировать 3) подвергать сомнению *(правильность, достоверность)* 4) оспаривать *(первенство в состязании)*; добиваться *(победы)* 5) противиться, противостоять

disqualification [dɪsˌkwɒlɪfɪˈkeɪʃ(ə)n] *n* 1) дисквалификация 2) негодность к чему-л. *(for)*

disqualify [dɪsˈkwɒlɪfaɪ] *v* 1) дисквалифицировать 2) признавать негодным, неспособным *(к чему-л.)*

disquiet I [dɪsˈkwaɪət] *n* беспокойство, тревога

disquiet II *v* беспокоить, тревожить

disquieting [dɪsˈkwaɪətɪŋ] *a* беспокойный, тревожный; беспокоящий

disquietude [dɪsˈkwaɪəˌtjuːd] *n* состояние тревоги, встревоженность

disquisition [ˌdɪskwɪˈzɪʃ(ə)n] *n* исследование, изыскание

disrate [dɪsˈreɪt] *v мор.* разжаловать

disregard I [ˌdɪsrɪˈɡɑːd] *n* невнимание; игнорирование; пренебрежение; **complete ~** полное игнорирование

disregard II *v* не обращать внимания, игнорировать; пренебрегать

disrepair [ˈdɪsrɪˈpeə] *n* плохое состояние, неисправность; **in ~** в неисправном/плохом состоянии; **to fall in ~** прийти в негодность

disreputable [dɪsˈrepjʊtəbl] *a* 1) пользующийся дурной репутацией 2) дискредитирующий, неприличный 3) неряшливый, неопрятный

disrepute [ˌdɪsrɪˈpjuːt] *n* дурная слава, плохая репутация

disrespect [ˌdɪsrɪˈspekt] *n* неуважение, непочтительность; грубость; **to treat smb with ~** обращаться с кем-л. непочтительно/грубо

dissymmetry

disrespectful [ˌdɪsrɪˈspektfʊl] *a* непочти́тельный, неве́жливый

disrobe [ˈdɪsˈrəʊb] *v* 1) раздева́ть(ся); разоблача́ть(ся) 2) лиша́ть(ся) до́лжности, влия́ния *и т. п.*

disrupt [dɪsˈrʌpt] *v* прерыва́ть, наруша́ть; разрыва́ть, разруша́ть; **to ~ a meeting** сорва́ть собра́ние/встре́чу

disruption [dɪsˈrʌpʃ(ə)n] *n* разры́в, раско́л; разруше́ние

disruptive [dɪsˈrʌptɪv] *a* разруши́тельный

dissatisfaction [ˌdɪsætɪsˈfækʃ(ə)n] *n* неудовлетворённость, недово́льство

dissatisfy [dɪˈsætɪsfaɪ] *v* не удовлетворя́ть

dissect [dɪˈsekt] *v* 1) рассека́ть 2) вскрыва́ть, анатоми́ровать 3) анализи́ровать

dissection [dɪˈsekʃ(ə)n] *n* 1) рассече́ние 2) вскры́тие, анатоми́рование 3) ана́лиз, дета́льный разбо́р 4) разделе́ние, разложе́ние, разбие́ние, расчлене́ние 5) распа́д; дезинтегра́ция; разруше́ние

dissemble [dɪˈsembl] *v* 1) скрыва́ть *(мысли, чувства)* 2) притворя́ться, лицеме́рить

dissembler [dɪˈsemblə(r)] *n* лицеме́р, притво́рщик

disseminate [dɪˈsemɪneɪt] *v* 1) рассе́ивать, разбра́сывать *(семена)* 2) распространя́ть *(иде́и, уче́ние)*

dissemination [dɪˌsemɪˈneɪʃ(ə)n] *n* 1) рассе́ивание, разбра́сывание 2) распростране́ние *(иде́й, уче́ния)*

dissension [dɪˈsenʃ(ə)n] *n* 1) разногла́сие 2) раздо́ры, ра́спри, вражда́

dissent I [dɪˈsent] *n* 1) несогла́сие; расхожде́ние во взгля́дах 2) инакомы́слие; *церк.* раско́льничество; секта́нтство

dissent II *v* 1) не соглаша́ться, расходи́ться во взгля́дах, мне́ниях *(from)* 2) *церк.* быть раско́льником; принадлежа́ть к се́кте

dissenter [dɪˈsentə(r)] *n* секта́нт; раско́льник

dissentient [dɪˈsenʃɪənt] *a* не соглаша́ющийся, име́ющий друго́е мне́ние; инакомы́слящий

dissertation [ˌdɪsəˈteɪʃ(ə)n] *n* 1) тракта́т; диссерта́ция 2) рассужде́ние

disservice [dɪsˈsɜːvɪs] *n* плоха́я услу́га, вред; **he did me a ~** он оказа́л мне плоху́ю услу́гу

dissidence [ˈdɪsɪd(ə)ns] *n* 1) разногла́сие, несогла́сие 2) инакомы́слие, диссиде́нтство

dissident I [ˈdɪsɪd(ə)nt] *n* 1) диссиде́нт, инакомы́слящий 2) *церк.* секта́нт, раско́льник

dissident II *a* 1) инакомы́слящий, диссиде́нтский 2) *церк.* секта́нтский, раско́льнический

dissimilar [dɪˈsɪmɪlə(r)] *a* непохо́жий; несхо́дный, отли́чный

dissimilarity [dɪˌsɪmɪˈlærɪtɪ] *n* несхо́дство, отли́чие, разли́чие

dissimilation [ˌdɪsɪmɪˈleɪʃ(ə)n] *n лингв.* диссимиля́ция

dissimulate [dɪˈsɪmjʊleɪt] *v* скрыва́ть; притворя́ться; симули́ровать

dissimulation [dɪˌsɪmjʊˈleɪʃ(ə)n] *n* притво́рство, лицеме́рие; симуля́ция

dissipate [ˈdɪsɪpeɪt] *v* 1) рассе́ивать; разгоня́ть *(облака́, тьму и т. п.)* 2) растра́чивать *(си́лы, де́ньги и т. п.)* 3) *разг.* кути́ть, вести́ беспу́тный о́браз жи́зни

dissipated [ˈdɪsɪpeɪtɪd] *a* 1) *уст.* распу́тный; распу́щенный 2) растра́ченный зря

dissipation [ˌdɪsɪˈpeɪʃ(ə)n] *n* 1) *уст.* беспу́тный о́браз жи́зни; кутежи́ 2) растра́чивание *(of)* 3) рассе́яние, рассе́ивание

dissociable [dɪˈsəʊʃəbl] *a* необщи́тельный

dissociate [dɪˈsəʊʃɪeɪt] *v* 1) разъединя́ть, разобща́ть; **to ~ oneself from** отмежева́ться от 2) *хим.* диссоции́ровать, разлага́ть(ся)

dissociation [dɪˌsəʊsɪˈeɪʃ(ə)n] *n* 1) разъедине́ние, разобще́ние; отмежева́ние 2) *хим.* диссоциа́ция, разложе́ние, распа́д

dissoluble [dɪˈsɒljʊbl] *a* 1) раствори́мый 2) расторжи́мый *(о догово́ре, сою́зе)*

dissolute [ˈdɪsəluːt] *a* распу́щенный, распу́тный

dissolution [ˌdɪsəˈluːʃ(ə)n] *n* 1) растворе́ние; разложе́ние, распа́д *(на составны́е ча́сти)* 2) расторже́ние *(бра́ка, догово́ра)* 3) прекраще́ние; закры́тие; ро́спуск *(парла́мента и т. п.)* 4) смерть; коне́ц; исчезнове́ние 5) распу́тство

dissolvable [dɪˈzɒlvəbl] *a* 1) раствори́мый 2) разложи́мый 3) расторжи́мый

dissolve [dɪˈzɒlv] *v* 1) растворя́ть(ся); разлага́ть(ся); разжижа́ть(ся); та́ять; **~d in tears** залива́ясь слеза́ми 2) постепе́нно исчеза́ть 3) распуска́ть *(собра́ние, парла́мент и т. п.)* 4) расторга́ть, аннули́ровать; **to ~ a business partnership** расторга́ть делово́е партнёрство

dissolvent I [dɪˈzɒlvənt] *n* раствори́тель

dissolvent II *a* растворя́ющий

dissonance [ˈdɪsənəns] *n* 1) *муз.* диссона́нс 2) разла́д

dissonant [ˈdɪsənənt] *a* 1) *муз.* диссони́рующий, нестро́йный 2) вноси́щий разла́д

dissuade [dɪˈsweɪd] *v* отгова́ривать *(from)*; разубежда́ть

dissuasion [dɪˈsweɪʒ(ə)n] *n* разубежде́ние

dissyllable [dɪˈsɪləbl] *n см.* **disyllable**

dissymmetry [dɪˈsɪmɪtrɪ] *n* 1) асимметри́я, несимметри́чность 2) *спец.* зерка́льная симме́три́я

distaff [ˈdɪstɑ:f] *n* 1) пря́лка 2) же́нская рабо́та ◊ **on the ~ side** по же́нской ли́нии *(семьи́)*

distance I [ˈdɪst(ə)ns] *n* 1) отдалённость; да́льность; даль; **at a ~** в отдале́нии; **in the ~** вдали́; **from a ~** и́здали; **striking ~** досяга́емость; **beyond/within striking ~** вне преде́лов/в преде́лах досяга́емости 2) расстоя́ние; диста́нция 3) сде́ржанность *(в обраще́нии)*; **at a respectful ~** на почти́тельном расстоя́нии; **to keep one's ~ from smb** избега́ть кого́-л.; **to keep smb at a ~** держа́ть кого́-л. на почти́тельном расстоя́нии 4) промежу́ток, отре́зок вре́мени 5) *attr* дистанцио́нный; **~ learning** дистанцио́нное обуче́ние

distance II *v* 1) держа́ть на расстоя́нии, отдаля́ть; **he tried to ~ the painful memory** он стара́лся отгоня́ть печа́льные воспомина́ния 2) оставля́ть далеко́ позади́ *(в состяза́нии и т. п.)*

distant [ˈdɪst(ə)nt] *a* 1) далёкий; да́льний; отдалённый; **the ~ past** далёкое про́шлое; **a ~ relative** да́льний ро́дственник 2) сде́ржанный, холо́дный 3) сла́бый; **~ resemblance** сла́бое, едва́ улови́мое схо́дство

distantly [ˈdɪst(ə)ntlɪ] *adv* отдалённо; **~ related** состоя́щий в да́льнем родстве́

distaste I [dɪsˈteɪst] *n* отвраще́ние

distaste II *v* пита́ть отвраще́ние

distasteful [dɪsˈteɪstfʊl] *a* неприя́тный, проти́вный *(to)*

distemper[1] [dɪˈstempə(r)] *n* соба́чья чума́

distemper[2] **I** *n* 1) *жив.* те́мпера 2) клеева́я кра́ска

distemper[2] **II** *v* 1) *жив.* писа́ть те́мперой 2) кра́сить клеево́й кра́ской

distend [dɪˈstend] *v* раздува́ть(ся), надува́ть(ся); вздува́ться

distensible [dɪˈstensɪbl] *a* растяжи́мый, эласти́чный

distension [dɪˈstenʃ(ə)n] *n* растяже́ние

distil [dɪˈstɪl] *v* 1) дистилли́ровать, очища́ть 2) извлека́ть эссе́нцию *(из расте́ний); перен.* извлека́ть са́мое суще́ственное 3) гнать *(спирт и т. п.)* 4) сочи́ться; ка́пать, стека́ть

distillation [ˌdɪstɪˈleɪʃ(ə)n] *n* дистилля́ция; перего́нка; **dry ~** суха́я перего́нка; возго́нка

distiller [dɪˈstɪlə(r)] *n* 1) винокур, дистилля́тор 2) аппара́т для перего́нки, перего́нный аппара́т

distillery [dɪˈstɪlərɪ] *n* виноку́ренный заво́д; спиртово́дочный заво́д

distinct [dɪˈstɪŋkt] *a* 1) отде́льный; осо́бый; отли́чный *(от други́х)* 2) я́сный; отчётливый; я́вный 3) определённый; **a ~ impro-**

vement определённое улучше́ние; **that was his ~ intention** таково́ бы́ло его́ твёрдое наме́рение

distinction [dɪˈstɪŋkʃ(ə)n] *n* 1) различе́ние, распознава́ние 2) разли́чие, отли́чие, ра́зница; **without any ~** без вся́кого разли́чия, без исключе́ния; **to draw a ~** провести́ разли́чие; **~ without a difference** (то́лько) ка́жущееся разли́чие; **clear/sharp ~** я́вное/заме́тное разли́чие 3) отличи́тельная осо́бенность, индивидуа́льность, оригина́льность 4) знак отли́чия; по́честь; награ́да; **he has many academic ~s** у него́ мно́го учёных зва́ний 5) высо́кие ка́чества; изве́стность; **a writer of ~** изве́стный писа́тель

distinctive [dɪˈstɪŋktɪv] *a* отличи́тельный; характе́рный

distinctly [dɪˈstɪŋktlɪ] *adv* я́сно, отчётливо; заме́тно; определённо

distinctness [dɪˈstɪŋktnɪs] *n* я́сность, отчётливость; определённость

distinguish [dɪˈstɪŋgwɪʃ] *v* 1) различа́ть(ся), отлича́ть(ся), распознава́ть, ви́деть разли́чие 2) отлича́ть, выделя́ть; характеризова́ть; **to ~ oneself (by)** отличи́ться, просла́виться

distinguishable [dɪˈstɪŋgwɪʃəbl] *a* различи́мый, отличи́мый

distinguished [dɪˈstɪŋgwɪʃt] *a* 1) выдаю́щийся, знамени́тый; зна́тный; **a ~ guest** почётный гость 2) характе́рный; необы́чный

distort [dɪˈstɔ:t] *v* 1) искажа́ть; искривля́ть 2) извраща́ть *(фа́кты и т. п.)*

distorted information [dɪsˈtɔ:tɪd ɪnfəˈmeɪʃ(ə)n] *n вчт* искажённая информа́ция

distortion [dɪˈstɔ:ʃ(ə)n] *n* 1) искаже́ние; искривле́ние 2) извраще́ние

distract [dɪˈstrækt] *v* 1) отвлека́ть, рассе́ивать *(внима́ние)* 2) смуща́ть, сбива́ть с то́лку; расстра́ивать

distracted [dɪˈstræktɪd] *a* обезу́мевший, вне себя́ *(от го́ря и т. п.)*

distraction [dɪˈstrækʃ(ə)n] *n* 1) отвлече́ние внима́ния 2) развлече́ние 3) рассе́янность, невнима́ние 4) смяте́ние, отча́яние; безу́мие; **to drive smb to ~** довести́ кого́-л. до отча́яния, до безу́мия; **to love to ~** люби́ть до безу́мия

distrain [dɪˈstreɪn] *v юр.* накла́дывать аре́ст на иму́щество в обеспе́чение до́лга

distraught [dɪˈstrɔ:t] *a* в кра́йнем смяте́нии; обезу́мевший *(от стра́ха, го́ря и т. п.)*

distress I [dɪˈstres] *n* 1) го́ре, страда́ние; беда́; бе́дствие; несча́стье 2) нужда́, нищета́; **in ~** а) в беде́ б) те́рпящий бе́дствие *(о су́дне и т. п.)* 3) истоще́ние, кра́йнее утомле́ние

distress II *v* 1) причинять горе, страдание 2) истощать, утомлять

distressed [dɪˈstrest] *a* 1) бедствующий; в горе 2) обнищавший, нуждающийся, в нищете; ~ **areas** районы хронической безработицы 3) сделанный под старину *(о мебели)*; выглядящий потёртым, поношенным *(о коже и т. п.)*

distressful [dɪˈstresfʊl] *a* горестный, многострадальный, скорбный

distressingly [dɪˈstresɪŋlɪ] *adv* прискорбно, грустно

distress signal [dɪˈstresˌsɪgnəl] *n* сигнал с судна, терпящего бедствие, сигнал SOS

distributable [dɪˈstrɪbjʊtəbl] *a* подлежащий распределению, раздаче

distribute [dɪˈstrɪbjuːt] *v* 1) распределять, раздавать 2) (равномерно) разбрасывать 3) распространять 4) размещать, располагать; классифицировать

distributed [dɪsˈtrɪbju(ː)tɪd] *a вчт* распределённый; рассредоточенный

distribution [ˌdɪstrɪˈbjuːʃ(ə)n] *n* 1) распределение; раздача 2) распространение 3) *эк.* распределение, сбыт 4) *лингв., мат.* дистрибуция

distributive I [dɪsˈtrɪbjʊtɪv] *n* 1) *грам.* разделительное местоимение; разделительное прилагательное 2) *вчт* дистрибутив

distributive II *a* 1) распределительный 2) *грам.* разделительный

distributor [dɪˈstrɪbjuːtə(r)] *n* 1) распределительная организация 2) поставщик *(товаров и т. п.)*, оптовая фирма; оптовый торговец; дистрибьютор 3) *авто* распределитель зажигания

district I [ˈdɪstrɪkt] *n* 1) район, округ; область; **electoral** ~ избирательный округ; **the Lake** ~ Озёрный край *(в Англии)* 2) *амер.* избирательный участок

district II *v* делить на районы, округа

district council [ˈdɪstrɪktˌkaʊnsl] *n* окружной совет

district nurse [ˈdɪstrɪktˌnɜːs] *n* медсестра, оказывающая помощь больным на дому; патронажная медсестра

distrust I [dɪsˈtrʌst] *n* недоверие, сомнение; подозрение

distrust II *v* не доверять, сомневаться

distrustful [dɪsˈtrʌstfʊl] *a* недоверчивый; подозрительный

disturb [dɪsˈtɜːb] *v* 1) беспокоить, мешать; нарушать 2) нарушать *(покой, тишину, душевное равновесие)*; возмущать; волновать 3) приводить в беспорядок 4) расстраивать *(планы)*

disturbance [dɪsˈtɜːbəns] *n* 1) нарушение *(тишины, порядка)* 2) волнение, тревога; беспокойство 3) нарушение прав; нанесение ущерба 4) помеха 5) нарушение в работе; неисправность

disturbed [dɪsˈtɜːbd] *a* 1) искажённый 2) с нарушенной психикой

disturber [dɪsˈtɜːbə(r)] *n* нарушитель *(тишины, порядка)*

disunion [dɪsˈjuːnɪən] *n* 1) разъединение, разобщение; разделение 2) разногласие, разлад

disunite [ˌdɪsjuːˈnaɪt] *v* разъединять(ся), разобщать(ся); разделять(ся)

disuse I [dɪsˈjuːs] *n* неупотребление; **to fall into** ~ выйти из употребления; прийти в упадок

disuse II [dɪsˈjuːz] *v* перестать употреблять, перестать пользоваться; прекратить применение

disused [dɪsˈjuːzd] *a* 1) неупотребительный 2) заброшенный

disyllabic [ˌdɪsɪˈlæbɪk] *a* двусложный

disyllable [dɪˈsɪləbl] *n* двусложное слово

disymmetry [dɪˈsɪmɪtrɪ] *см.* **dissymmetry**

ditch I [dɪtʃ] *n* 1) канава, ров; траншея 2) *тех.* канавка; выемка

ditch II *v* 1) копать канавы; окапывать рвом 2) чистить канаву, ров 3) осушать, дренировать 4) попасть в канаву, в кювет *(об автомобиле)* 5) *ав.* совершать вынужденную посадку на воду 6) *сленг* бросить в беде

ditcher [ˈdɪtʃə(r)] *n* 1) землекоп 2) канавокопатель

ditchwater [ˈdɪtʃˌwɔːtə(r)] *n* стоячая вода *(в канавах)* ◊ **dull as** ~ очень скучный, нудный

dither I [ˈdɪðə(r)] *v* 1) колебаться, не решаться 2) *диал.* дрожать

dither II *n разг.* 1) сильное возбуждение 2) смятение; нерешительность

dithered colour [ˈdɪðəd ˈkʌlə] *n* размытый цвет

dithyramb [ˈdɪθɪræm(b)] *n* дифирамб

ditto [ˈdɪtəʊ] *n* 1) то же (самое), тот же, такой же, столько же *(вместо повторения)*; **to say** ~ **to smb** *разг.* поддакивать кому-л. 2) копия

ditty [ˈdɪtɪ] *n* песенка

ditty-bag [ˈdɪtɪbæg] *n ист.* мешочек *или* коробочка солдата, матроса для иголок, ниток и др. мелочей

ditty-box [ˈdɪtɪbɒks] *см.* **ditty-bag**

diuretic [ˌdaɪjʊˈretɪk] *n* мочегонное средство, диуретик

diurnal [daɪˈɜːn(ə)l] *a* 1) дневной *(в течение дня)* 2) каждодневный, ежедневный 3) *астр.* суточный

diva [ˈdiːvə] *n* о́перная ди́ва, примадо́нна

divan [dɪˈvæn] *n* 1) дива́н, куше́тка 2) дива́н *(законодательное или административное учреждение в некоторых восточных странах)*

dive I [daɪv] *n* 1) ныря́ние; погруже́ние 2) ав. пики́рование 3) внеза́пный рыво́к; внеза́пное пониже́ние 4) *разг.* «забега́ловка», пивну́шка, рестора́н-погребо́к

dive II *v* 1) ныря́ть 2) ав. пики́ровать 3) погружа́ть(ся) (в во́ду) 4) *разг.* су́нуть ру́ку *(в карман, в сумку и т. п.)* 5) внеза́пно бро́ситься в укры́тие 6) погружа́ться, углубля́ться, уйти́ с голово́й *(в изучение чего-л. — into)*

diver [ˈdaɪvə(r)] *n* 1) ныря́льщик 2) водола́з 3) иска́тель же́мчуга; лове́ц гу́бок 4) *pl* ныря́ющая пти́ца *(нырок, гагара, пингвин и т. п.)*

diverge [daɪˈvɜːdʒ] *v* 1) расходи́ться *(об интересах, взглядах, мнениях и т. п.)* 2) отклоня́ться

divergence [daɪˈvɜːdʒ(ə)ns] *n* расхожде́ние; **a ~ of opinion** расхожде́ние во мне́ниях 2) отклоне́ние; **a ~ from the norm** отклоне́ние от но́рмы 3) диверге́нция; расходи́мость

divergency [daɪˈvɜːdʒ(ə)nsɪ] см. **divergence**

divergent [daɪˈvɜːdz(ə)nt] *a* расходя́щийся; отклоня́ющийся

diverse [daɪˈvɜːs] *a* 1) ино́й, отли́чный, отлича́ющийся 2) разнообра́зный, ра́зный

diversification [daɪˌvɜːsɪfɪˈkeɪʃ(ə)n] *n* 1) расхожде́ние 2) разнообра́зие, многообра́зие 3) эк. расшире́ние ассортиме́нта; диверсифика́ция *(производства)* 4) вложе́ние капита́ла в разли́чные ви́ды це́нных бума́г; **~ of economy** разносторо́ннее разви́тие эконо́мики

diversify [daɪˈvɜːsɪfaɪ] *v* 1) разнообра́зить, варьи́ровать 2) эк. диверсифици́ровать *(производство)*; расширя́ть ассортиме́нт 3) эк. вкла́дывать капита́л в разли́чные ви́ды це́нных бума́г

diversion [daɪˈvɜːʃ(ə)n] *n* 1) отклоне́ние; отво́д; объе́зд 2) отвлече́ние внима́ния 3) воен. отвлека́ющий уда́р, отвлека́ющий манёвр 4) развлече́ние 5) вчт разнесе́ние; разно́с

diversionist [daɪˈvɜːʃənɪst] *n* диверса́нт; сабота́жник

diversity [daɪˈvɜːsɪtɪ] *n* 1) несхо́дство 2) многообра́зие, разнообра́зие; **cultural ~** многообра́зие культу́р 3) разнови́дность

divert [daɪˈvɜːt] *v* 1) отклоня́ть; отводи́ть *(воду)* 2) отвлека́ть внима́ние 3) развлека́ть, забавля́ть

diverting [daɪˈvɜːtɪŋ] *a* развлека́тельный, занима́тельный

divertissement [ˌdiːveəˈtiːsmɑːŋ] *n* 1) развлече́ние 2) дивертисме́нт

divest [daɪˈvest] *v* 1) раздева́ть; снима́ть оде́жду *(of)* 2) отнима́ть, лиша́ть *(of)*; **to ~ oneself of smth** изба́виться, отде́латься от чего́-л.

divide I [dɪˈvaɪd] *n* 1) грани́ца, ли́ния разде́ла 2) водоразде́л

divide II *v* 1) дели́ть(ся); разделя́ть(ся) 2) разъединя́ть(ся); отделя́ть(ся) 3) расходи́ться *(о мнениях)* 4) мат. дели́ть; дели́ться без оста́тка 5) парл. голосова́ть; разделя́ть на гру́ппы при голосова́нии ◊ **~ and conquer** «разделя́й и вла́ствуй»

divided [dɪˈvaɪdɪd] *a* разделённый; разде́льный; разъёмный; составно́й; **~ skirt** ю́бка-брю́ки; **~ highway** амер. автостра́да с двумя́ *или* бо́лее полоса́ми движе́ния в ка́ждом направле́нии с раздели́тельной полосо́й посереди́не

dividend [ˈdɪvɪdend] *n* 1) фин. дивиде́нд 2) мат. дели́мое 3) вы́года

divider [dɪˈvaɪdə(r)] *n* 1) ши́рма 2) мат. дели́тель 3) тех. дели́тель напряже́ния

dividers [dɪˈvaɪdəz] *n pl* ци́ркуль

dividing line [ˈdɪvaɪdɪŋˌlaɪn] *n* грани́ца, разграничи́тельная ли́ния

divination [ˌdɪvɪˈneɪʃ(ə)n] *n* 1) предсказа́ние, гада́ние 2) то́чный прогно́з

divine I [dɪˈvaɪn] *n* 1) духо́вное лицо́; богосло́в 2) **(the D.)** Провиде́ние; Бог

divine II *a* 1) боже́ственный; свяще́нный 2) *разг.* превосхо́дный, великоле́пный

divine III *v* 1) предска́зывать, проро́чить 2) предви́деть, (пред)уга́дывать

diviner [dɪˈvaɪnə(r)] *n* прорица́тель, проро́к

diving [ˈdaɪvɪŋ] *n* 1) ныря́ние, да́йвинг 2) водола́зное де́ло 3) ав. пики́рование

diving bell [ˈdaɪvɪŋbel] *n* водола́зный ко́локол

diving dress [ˈdaɪvɪŋdres] *n* водола́зный костю́м

divinity [dɪˈvɪnɪtɪ] *n* 1) боже́ственность 2) божество́ 3) **(the D.)** Бог 4) богосло́вие, теоло́гия

divisibility [dɪˌvɪzɪˈbɪlɪtɪ] *n* дели́мость

divisible [dɪˈvɪzəbl] *a* 1) дели́мый 2) мат. дели́мый без оста́тка

division [dɪˈvɪʒ(ə)n] *n* 1) деле́ние; разделе́ние; **~ of labour** разделе́ние труда́ 2) мат. деле́ние 3) разногла́сие, расхожде́ние во взгля́дах; несогла́сие 4) отделе́ние, отде́л 5) разде́л 6) воен. диви́зия

divisive [dɪˈvaɪsɪv] *a* вызыва́ющий разногла́сия, спо́ры; **these issues are ~** по э́тим вопро́сам ча́сто возника́ют разногла́сия

divisor [dɪˈvaɪzə(r)] *n* мат. дели́тель

divorce I [dɪ'vɔːs] *n* 1) разво́д 2) отделе́ние, разделе́ние, разры́в

divorce II *v* 1) разводи́ться; расторга́ть брак; **to ~ one's wife** развести́сь с жено́й; **to get ~d** развести́сь 2) отделя́ть, разъединя́ть

divorcee [ˌdɪvɔː'siː] *n* разведённый супру́г; разведённая супру́га

divulge [daɪ'vʌldʒ] *v* разглаша́ть, выдава́ть *(тайну)*

divvy ['dɪvɪ] *n разг.* 1) до́ля, пай; дивиде́нд 2) делёж

Dixie ['dɪksɪ] *n* Ю́жные шта́ты США

dixie ['dɪksɪ] *n* похо́дный котело́к

Dixieland ['dɪksɪˌlænd] *n* 1) *см.* **Dixie** 2) диксиле́нд *(разновидность джазового оркестра)*

DIY *сокр.* **(do it yourself)** сде́лай сам

dizziness ['dɪzɪnɪs] *n* головокруже́ние

dizzy I ['dɪzɪ] *a* 1) испы́тывающий головокруже́ние; **I am ~, I feel ~** у меня́ голова́ кру́жится 2) сби́тый с то́лку 3) головокружи́тельный

dizzy II *v* 1) вызыва́ть головокруже́ние 2) ошеломля́ть

DJ *сокр.* 1) **(dinner-jacket)** смо́кинг 2) **(disc jockey)** диск-жоке́й, диджей

D. Litt. *сокр.* **(Doctor of Letters)** до́ктор литерату́ры

DM *сокр.* **(Deutschmark)** неме́цкая ма́рка *(денежная единица Германии до введения евро в 2001 г.)*

dm *сокр.* **(decimetre(s))** дециме́тр(ы)

D. Mus. *сокр.* **(Doctor of Music)** до́ктор му́зыки

DNA *сокр.* **(desoxyribonucleic acid)** *биол.* 1) дезоксирибонуклеи́новая кислота́, ДНК 2) *attr:* **~ testing** тести́рование на ДНК *(при определении отцовства, идентификации личности)*

D-notice ['diːˌnəʊtɪs] *n* прави́тельственное уведомле́ние аге́нтствам новосте́й не публикова́ть материа́лы на не́которые те́мы, свя́занные с госуда́рственной безопа́сностью

do¹ I [duː, du, də, d] *v* (**did; done**) 1) де́лать, выполня́ть 2) де́йствовать, поступа́ть 3) годи́ться, устра́ивать; подходи́ть; быть доста́точным; **that hotel will do me nicely** э́та гости́ница меня́ устра́ивает; **that will do!** а) хва́тит! б) идёт! 4) гото́вить, поставля́ть 5) возде́йствовать, ока́зывать де́йствие; **a walk would do you good** прогу́лка пойдёт вам на по́льзу 6) рабо́тать; быть за́нятым *(чем-л.);* **what does your son do?** где/кем рабо́тает ваш сын? 7) наводи́ть поря́док; приводи́ть в поря́док; **I must do my hair** мне на́до

сходи́ть в парикма́херскую 8) чу́вствовать себя́ хорошо́; поправля́ться; **the patients were doing excellently** пациенты шли на попра́вку 9) разга́дывать 10) уме́ть, справля́ться; **he never could do maths** он никогда́ не был силён в матема́тике 11) *разг.* игра́ть роль; вести́ себя́; изобража́ть *(кого-л.)* 12) *разг.* поко́нчить *(с чем-л.)* 13) быть гото́вым *(о еде);* **the potatoes are not done yet** карто́фель ещё не гото́в 14) *разг.* осма́тривать *(достопримечательности)* 15) *разг.* утомля́ть, изнуря́ть 16) *сленг* обма́нывать; **you have been done** вас наду́ли 17) *сленг* обворо́вывать; **they did a shop** они́ огра́били магази́н 18) *употребляется как вспомога́тельный гл.* а) *в отриц. и вопр. формах* **Present** *и* **Past Indefinite: I do not speak French** я не говорю́ по-францу́зски; **I did not see him** я не ви́дел его́; **do you like it?** нра́вится ли вам э́то? б) *для образования отриц. формы повелительного наклонения:* **don't be silly!** не валя́й дурака́! 19) *употребля́ется:* а) *для усиления:* **do tell** ну, скажи́, прошу́ тебя́; **I do want to go** я о́чень хочу́ пойти́ 20) *употребляется для замены какого-л. глагола (вместо его повторения):* **he likes it and so do I** ему́ э́то нра́вится, и мне то́же ◊ **how do you do!** здра́вствуйте!

do away with 1) избавля́ться *(от чего-л.);* отменя́ть 2) *разг.* уби́ть *(кого-л.)*

do by обраща́ться *(с кем-л.)*

do down *разг.* 1) брать верх, наноси́ть пораже́ние 2) критикова́ть; злосло́вить

do in *разг.* погуби́ть; уби́ть, прико́нчить *(кого-л.)*

do out *разг.* 1) убира́ть помеще́ние 2) кра́сить сте́ны, окле́ивать обо́ями *и т. п.*

do over 1) *разг.* сно́ва перекра́сить 2) *амер.* сде́лать сно́ва, повтори́ть

do up 1) застёгивать(ся); завя́зывать(ся) 2) завёртывать 3) подбира́ть во́лосы вверх 4) ремонти́ровать; де́лать ремо́нт 5) наряди́ться 6) *амер.* консерви́ровать *(фрукты)* 7) *амер.* стира́ть и гла́дить оде́жду 8) *разг.* обма́нывать, надува́ть

do without обходи́ться *(без чего-л.)*

do¹ II [duː] *n сленг* 1) примеча́тельное собы́тие *(вечеринка, опасное дело и т. п.)* 2) обма́н; мистифика́ция

do² [dəʊ] *n муз.* но́та до

do. *сокр.* **(ditto)** то́ же са́мое

DOA *сокр.* **(dead on arrival)** уме́рший *или* уме́ршая по прибы́тии (в больни́цу)

doable ['duːəbl] *a* выполни́мый, возмо́жный

dobbin ['dɒbɪn] *n* рабо́чая ло́шадь *(обыкн. смирная)*

Dobermann [ˈdəʊbəmən] *n* доберма́н-пи́нчер *(порода собак; тж ~ **pincher**)*

doc [dɒk] *n разг.* до́ктор

docile [ˈdəʊsaɪl] *a* послу́шный

docility [dəʊˈsɪlɪtɪ] *n* послуша́ние

dock¹ [dɒk] *n* щаве́ль

dock² I *n* 1) док; **dry** ~ сухо́й док 2) *амер.* при́стань ◊ **in** ~ а) в больни́це, на лече́нии б) в ремо́нте

dock² II *v* 1) ста́вить су́дно в док; входи́ть в док *(о судне)* 2) *косм.* стыкова́ться, производи́ть стыко́вку

dock³ *n юр.* ме́сто подсуди́мого в суде́, скамья́ подсуди́мых; **in the** ~ на скамье́ подсуди́мых

dock⁴ I *n* ре́пица *(хвоста животного)*

dock⁴ II *v* 1) обруба́ть, купи́ровать *(хвост)* 2) сокраща́ть, уре́зывать *(зарплату и т. п.)*

dockage [ˈdɒkɪdʒ] *n* 1) сбор за по́льзование до́ком 2) стоя́нка судо́в в до́ках

docker [ˈdɒkə(r)] *n* до́кер

docket [ˈdɒkɪt] *n* 1) этике́тка, ярлы́к *(с описанием содержания груза, адреса получателя и т. п.)* 2) квита́нция тамо́жни об упла́те по́шлины 3) вы́писка из докуме́нта 4) *юр.* досье́ судопроизво́дства; спи́сок дел к слу́шанию

docking module [ˈdɒkɪŋ ˈmɒdjuːl] *n косм.* стыко́вочный мо́дуль

dock-tailed [ˈdɒk ˌteɪld] *a* с обру́бленным/купи́рованным хвосто́м

dockyard [ˈdɒkjɑːd] *n* верфь

doctor I [ˈdɒktə(r)] *n* 1) врач, до́ктор 2) *амер.* стомато́лог 3) *амер.* ветерина́р 4) до́ктор *(учёная степень)* 5) *разг.* ма́стер по ремо́нту 6) иску́сственная му́ха *(для удочки)* 7) *сленг* судово́й по́вар; полево́й по́вар ◊ **what the ~ ordered** *разг.* что-л. вы́годное, жела́нное, поле́зное, «то, что до́ктор прописа́л»; **to go for the ~** *австрал. сленг* а) сде́лать всё возмо́жное б) поста́вить всё на ка́рту

doctor II *v разг.* 1) лечи́ть 2) кастри́ровать; стерилизова́ть 3) отла́живать, ремонти́ровать *(машину)* 4) подде́лывать; фальсифици́ровать *(продукты)* 5) присужда́ть до́кторскую сте́пень

doctoral [ˈdɒkt(ə)rəl] *a* до́кторский *(относящийся к степени)*; ~ **thesis** до́кторская диссерта́ция

doctorate [ˈdɒktərət] *n* до́кторская сте́пень

doctrinaire I [ˌdɒktrɪˈneə(r)] *n* доктринёр

doctrinaire II *a* доктринёрский

doctrinal [dɒkˈtraɪn(ə)l] *a* догмати́ческий

doctrine [ˈdɒktrɪn] *n* 1) уче́ние, доктри́на 2) ве́ра, до́гма

document I [ˈdɒkjʊmənt] *n* докуме́нт

document II *v* 1) подтвержда́ть докуме́нтами; сопровожда́ть докуме́нтами 2) внести́, вписа́ть в докуме́нт

documentary I [ˌdɒkjʊˈmentərɪ] *n* документа́льный фильм

documentary II *a* документа́льный

documentation [ˌdɒkjʊmenˈteɪʃ(ə)n] *n* 1) документа́ция 2) подтвержде́ние докуме́нтами

documented [ˈdɒkjʊmentid] *a* документи́рованный; опи́санный в документа́ции

documentor [ˈdɒkjʊmentə] *n вчт* програ́мма обрабо́тки докуме́нтов

DOD *сокр. амер.* (**Department of Defense**) Министе́рство оборо́ны

dodder¹ [ˈdɒdə(r)] *n бот.* повили́ка

dodder² *v* 1) дрожа́ть, трясти́сь *(от старости, слабости)* 2) мя́млить

dodder about/along ковыля́ть

doddery [ˈdɒdərɪ] *a* дрожа́щий, трясу́щийся; нетвёрдо стоя́щий на нога́х

dodge I [dɒdʒ] *n* 1) уклоне́ние, увёртка 2) уло́вка, хи́трость, проде́лка 3) *разг.* хи́трое устро́йство *или* сре́дство

dodge II *v* 1) избега́ть, увёртываться, уклоня́ться 2) хитри́ть, ло́вко извора́чиваться; уви́ливать

dodgem [ˈdɒdʒəm] *n* электромоби́ль *(в парке аттракционов)* *(тж ~ **car**)*

dodger [ˈdɒdʒə(r)] *n* 1) хитре́ц; ловка́ч 2) *амер.* рекла́мный листо́к 3) *сленг* бутербро́д; хлеб; еда́

dodgy [ˈdɒdʒɪ] *a* хи́трый, ло́вкий, изворо́тливый

doe [dəʊ] *n* са́мка оле́ня, кро́лика, за́йца

doer [ˈduːə(r)] *n* де́ятель; исполни́тель, рабо́тник

doeskin [ˈdəʊskɪn] *n* 1) оле́нья ко́жа; за́мша 2) мя́гкая ткань, имити́рующая за́мшу

doesn't [ˈdʌznt] *разг.* = **does not**

dog I [dɒg] *n* 1) соба́ка; пёс 2) кобе́ль; саме́ц *(о волке, лисе)* 3) *разг.* па́рень; тип; **a jolly** ~ весельча́к; **a lazy** ~ лентя́й; **a lucky** ~ счастли́вчик; **a dirty** ~ дрянно́й тип 4) *тех.* соба́чка; защёлка 5) *амер., австрал. сленг* стука́ч 6) *амер. сленг* дрянь, барахло́; прова́л ◊ ~**'s life** соба́чья жизнь, плохо́е житьё; ~**'s breakfast**, ~**'s dinner** *разг.* стра́шный беспоря́док; **hot** ~ хот-до́г, бу́лочка с горя́чей соси́ской; **top** ~ *разг.* хозя́ин положе́ния; **to go to the** ~**s** *сленг* поги́бнуть, разори́ться вконе́ц; **to die like a** ~ умере́ть как соба́ка; **not a** ~**'s chance** никаки́х ша́нсов; **to put on** ~ *разг.* ва́жничать; ~**s of war** *поэт.* у́жасы войны́; **a** ~ **in the manger** *погов.* соба́ка на се́не; **let sleeping** ~**s lie** *погов.* ≅ не буди́ ли́хо, пока́ спит ти́хо; **every** ~

has his day *погов.* ≅ бу́дет и на на́шей у́лице пра́здник; **to help a lame ~ over a stile** помо́чь в беде́

dog II *v* сле́довать по пята́м; пресле́довать

dogcart [ˈdɒgkɑːt] *n* двухколёсный экипа́ж с сиде́ньями спина́ к спине́

dog-cheap I [ˈdɒgʧiːp] *a разг.* о́чень дешёвый

dog-cheap II *adv разг.* о́чень дёшево

dog collar [ˈdɒgˌkɒlə(r)] *n* 1) оше́йник 2) высо́кий воротни́к

dog days [ˈdɒgdeɪz] *n pl* са́мые жа́ркие дни ле́та

doge [dəʊʤ] *n ист.* дож

dog-eared [ˈdɒgˌɪəd] *a* с за́гнутыми угла́ми *(о страницах)*; потрёпанный *(о книге)*

dog-eat-dog [ˈdɒgˌiːtˈdɒg] *a разг.* ожесточённый *(о конкуренции)*

dogfight [ˈdɒgfaɪt] *n* 1) возду́шный бой *(особ. между истребителями* 2) сва́лка, дра́ка; шу́мный сканда́л 3) соба́чьи бои́ *(на деньги)*

dogged [ˈdɒgɪd] *a* упря́мый, упо́рный, насто́йчивый; **it's ~ as does it** *разг.* насто́йчивый побежда́ет

doggerel [ˈdɒgər(ə)l] *n* плохи́е стихи́

doggie [ˈdɒgɪ] *см.* **doggy I**

doggish [ˈdɒgɪʃ] *a* 1) соба́чий 2) *разг.* крикли́во-мо́дный

doggo [ˈdɒgəʊ] *adv*: **to lie ~** *сленг* лежа́ть, притаи́вшись

doggy I [ˈdɒgɪ] *n* соба́чка

doggy II *a* 1) соба́чий; **~ bag** «соба́чий паке́т» *(с остатками еды из ресторана для домашнего питомца)* 2) лю́бящий соба́к

dog handler [ˈdɒgˌhændlə] *n* кино́лог, проводни́к служе́бной соба́ки *(в полиции)*

doghouse [ˈdɒghaʊs] *n амер.* соба́чья конура́

dog-lead [ˈdɒgliːd] *n* поводо́к *(для собак)*

dogma [ˈdɒgmə] *n* 1) до́гма; уче́ние 2) до́гмат

dogmatic [dɒgˈmætɪk] *a* 1) догмати́чески 2) категори́ческий, безапелляцио́нный, не допуска́ющий возраже́ний

dogmatically [dɒgˈmætɪkəlɪ] *adv* 1) догмати́чески 2) категори́ческим то́ном

do-gooder [duːˈgʊdə(r)] *n ирон.* благоде́тель челове́чества *(о витающем в облаках филантропе, реформаторе и т. п.)*

dog-rose [ˈdɒgrəʊz] *n* ди́кая ро́за, шипо́вник

dogskin [ˈdɒgskɪn] *n* ла́йка *(кожа)*

dog's-meat [ˈdɒgzmiːt] *n* 1) мя́со для соба́к 2) па́даль

dog-tired [ˈdɒgˈtaɪəd] *a* уста́лый, как соба́ка

dog-tooth [ˈdɒgtuːθ] *n* 1) зу́бчатый орна́мент или зу́бчатая кла́дка *(характерные для норманнской архитектуры)* 2) рису́нок на тка́ни в ме́лкий зу́бчик, ме́лкую клето́чку

dogtrot [ˈdɒgtrɒt] *n* рысца́

dog-violet [ˈdɒgˌvaɪəlɪt] *n бот.* фиа́лка соба́чья

doh [dəʊ] *n муз.* но́та до

doily [ˈdɔɪlɪ] *n* салфе́точка *(кружевная или бумажная)* на таре́лочках для пиро́жных и т. п.

doing [ˈduːɪŋ] *n* 1) обыкн. *pl* дела́, посту́пки 2) *разг.* нагоня́й, вы́волочка

dol. *сокр.* (**dollar(s)**) до́ллар(ы)

doldrums [ˈdɒldrəmz] *n pl* 1) плохо́е настрое́ние, уны́ние 2) стагна́ция, засто́й 3) *мор.* экваториа́льная штилева́я полоса́

dole¹ I [dəʊl] *n* 1) **(the ~)** посо́бие по безрабо́тице; **to be/to go on the ~** получа́ть посо́бие (по безрабо́тице) *(амер.* **unemployment compensation**) 2) небольшо́е посо́бие, вспомоществова́ние; благотвори́тельная разда́ча оде́жды, проду́ктов *и т. п.*

dole¹ II *v* неохо́тно, ску́по выдава́ть

dole² *n поэт.* го́ре, скорбь

doleful [ˈdəʊlfʊl] *a* скорбный, печа́льный

doll I [dɒl] *n* 1) ку́кла 2) *разг.* хоро́шенькая де́вушка *или* же́нщина, ку́колка

doll II *v разг.* наряжа́ть(ся) *(up)*

dollar [ˈdɒlə(r)] *n* 1) до́ллар 2) *attr* до́лларовый

dollar sign [ˈdɒləsaɪn] *n* знак до́ллара

dollop [ˈdɒləp] *n* большо́й кусо́к

doll's house [ˈdɒlzˌhaʊs] *n* 1) ку́кольный дом *(амер.* **dollhouse**) 2) о́чень ма́ленький дом, до́мик

dolly [ˈdɒlɪ] *n* 1) ку́колка 2) *кино, тлв* опера́торская теле́жка

dolmen [ˈdɒlmen] *n археол.* дольме́н

dolor [ˈdɒlə(r)] *амер. см.* **dolour**

dolorous [ˈdɒlərəs] *a поэт.* печа́льный, гру́стный

dolour [ˈdɒlə(r)] *n поэт.* печа́ль; го́ре

dolphin [ˈdɒlfɪn] *n зоол.* дельфи́н

dolphinarium [ˌdɒlfɪˈneərɪəm] *n* дельфина́рий

dolt [dəʊlt] *n уст.* болва́н, дура́к, ду́рень

doltish [ˈdəʊltɪʃ] *a* тупо́й, глу́пый, придуркова́тый

domain [dəˈmeɪn] *n* 1) владе́ние; име́ние 2) о́бласть, сфе́ра *(деятельности, науки)* 3) *вчт* доме́н *(адрес в Интернете; тж* **~ name**)

dome I [dəʊm] *n* 1) ку́пол; свод 2) *разг.* голова́ 3) *поэт.* вели́чественное зда́ние

dome II *v* покрыва́ть ку́полом

domed [dəʊmd] *a* куполообра́зный

domestic I [dəˈmestɪk] *n* слуга́, прислу́га

domestic II *a* 1) дома́шний; семе́йный; **~ science** *уст.* домово́дство *(тж* **home economics**);

~ **partner** *амер.* сожитель, гражданский супруг; ~ **violence** семейное/домашнее насилие *(со стороны членов семьи)* 2) отечественный; ~ **affairs (of a country)** внутренние дела *(страны)* 3) домашний, ручной *(о животных)* 4) домоседливый

domesticate [dəˈmestɪkeɪt] *v* 1) приручать *(животных)* 2) привязывать к дому, к семейной жизни 3) обучать домоводству 4) культивировать *(растения)*; акклиматизировать

domestication [dəˌmestɪˈkeɪʃ(ə)n] *n* 1) приручение, одомашнение *(животных)* 2) привычка к дому, к семейной жизни

domesticity [ˌdɒməˈstɪsɪtɪ] *n* домашняя жизнь; домашний уют

domicile I [ˈdɒmɪsaɪl] *n* 1) дом, жилище 2) (постоянное) местожительство 3) *ком.* домицилий, место платежа по векселю

domicile II *v* 1) поселиться на постоянное жительство 2) указать место платежа по векселю

dominance [ˈdɒmɪnəns] *n* господство; влияние; преобладание

dominant [ˈdɒmɪnənt] *a* господствующий; преобладающий

dominate [ˈdɒmɪneɪt] *v* 1) господствовать, властвовать 2) иметь влияние *(на кого-л.)* 3) доминировать, преобладать 4) возвышаться *(над чем-л.)*

domination [ˌdɒmɪˈneɪʃ(ə)n] *n* господство, власть; преобладание

domineer [ˌdɒmɪˈnɪə(r)] *v* 1) деспотически править, безраздельно властвовать *(over)*; владычествовать 2) держать себя высокомерно; помыкать 3) возвышаться, господствовать *(над местностью — over, above)*

domineering [ˌdɒmɪˈnɪərɪŋ] *a* 1) деспотический, властный 2) высокомерный 3) возвышающийся *(над местностью и т. п.)*

Dominican [dəˈmɪnɪkən] *n* монах-доминиканец

dominie [ˈdɒmɪnɪ] *n шотл.* школьный учитель

dominion [dəˈmɪnjən] *n* 1) власть, владычество 2) владения 3) доминион

domino [ˈdɒmɪnəʊ] *n* 1) *pl* домино *(игра)*; ~ **effect** эффект домино, цепная реакция *(события, происходящие одно за другим)* 2) домино *(маскарадный костюм)*

don[1] [dɒn] *n* 1) преподаватель *(в колледжах Оксфорда и Кембриджа)* 2) **(D.)** дон *(испанский титул)* 3) испанец

don[2] *v* надевать

donate [dəʊˈneɪt] *v* дарить; жертвовать

donation [dəʊˈneɪʃ(ə)n] *n* дар; дарение; денежное пожертвование

donative I [ˈdəʊnətɪv] *n* дар, подарок

donative II *a* дарственный

done I [dʌn] *a* 1) законченный; сделанный 2) *разг.* соответствующий обычаям; приемлемый 3) *разг.* усталый, утомлённый, измученный *(тж* ~ **in**, ~ **up)** 4) обманутый *(тж* ~ **brown)** ◊ ~ **for** *разг.* конец, крышка *(кому-л., чему-л.)*; **to have** ~ **with** избавиться; покончить *(с чем-л., кем-л.)*

done II *p. p. см.* **do**[1] **I**

donkey [ˈdɒŋkɪ] *n* осёл

donnish [ˈdɒnɪʃ] *a* 1) педантичный 2) важный, надутый

donor [ˈdəʊnə(r)] *n* 1) даритель, жертвователь 2) *мед.* донор

do-nothing [ˈduːˌnʌθɪŋ] *n* бездельник

do-nothing instruction [ˈduːˌnʌθɪŋ ɪnˈstrʌkʃ(ə)n] *n вчт* холостая/фиктивная команда

don't [dəʊnt] *разг.* = **do not**

don't care [dəʊntˈkeə] *n вчт* безразличное состояние

doodle [ˈduːdl] *v* машинально рисовать, чертить

doom I [duːm] *n* 1) судьба, рок 2) гибель, смерть 3) осуждение, приговор 4) *рел.* Страшный суд

doom II *v* осуждать; обрекать *(на — to)*; ~**ed to failure** обречённый на провал

Doomsday [ˈduːmzdeɪ] *n рел.* день Страшного суда, судный день ◊ **to wait till** ~ ждать до второго пришествия

door [dɔː] *n* 1) дверь; дверца; **front** ~ парадный вход; **emergency** ~ запасный выход; **back** ~ чёрный ход 2) дом, здание; **next** ~ рядом, по соседству; **to live next** ~ жить в соседнем доме 3) вход; выход ◊ **next** ~ **to** очень близко, почти, на волосок от; **at death's** ~ на пороге смерти; **out of** ~**s** на (открытом) воздухе; **to show smb the** ~ указать на дверь кому-л., выпроводить, выставить кого-л.; **to open a** ~ **to** сделать возможным; **to close the** ~ **to** сделать невозможным; **to force an open** ~ ломиться в открытую дверь; **to lay at the** ~ **of smb** обвинять кого-л.

doorbell [ˈdɔːbel] *n* дверной звонок

door handle [ˈdɔːˌhændl] *n* дверная ручка

doorkeeper [ˈdɔːˌkiːpə(r)] *n* швейцар

doorman [ˈdɔːmən] *см.* **doorkeeper**

doormat [ˈdɔːmæt] *n* 1) коврик у двери 2) тряпка *(о человеке)*

doorplate [ˈdɔːpleɪt] *n* табличка на дверях *(с фамилией жильца)*

doorpost [ˈdɔːpəʊst] *n* дверной косяк

doorstep [ˈdɔ:step] *n* порог

doorstone [ˈdɔ:stəun] *n* каменная плита крыльца

door-to-door [ˈdɒ:tə͵dɒ:] *a* «от двери до двери», прямой, непосредственный; ~ **delivery** доставка на дом, прямая доставка

doorway [ˈdɔ:wei] *n* дверной проём; вход; **in the** ~ в дверях

dooryard [ˈdɔ:ja:d] *n амер.* палисадник

dope I [dəup] *n* 1) густая смазка; аэролак 2) *разг.* наркотик 3) *разг.* допинг 4) *сленг* тупица, дурак 5) *сленг* секретная информация 6) *сленг* дезинформация

dope II *v* 1) давать *или* употреблять наркотики *или* допинг 2) смазывать; покрывать аэролаком

dop(e)y [ˈdəupi] *a разг.* 1) полусонный 2) одурманенный 3) глупый

Doric I [ˈdɒrik] *n архит.* дорический ордер

Doric II *a архит.* дорический

dorm [dɔ:m] *разг. см.* **dormitory**

dormancy [ˈdɔ:mənsi] *n* дремота; состояние бездействия

dormant [ˈdɔ:mənt] *a* 1) дремлющий; спящий, бездействующий; скрытый *(о силах, способностях);* **a** ~ **volcano** спящий вулкан; **to lie** ~ бездействовать 2) находящийся в спячке *(о животном)*

dormer [ˈdɔ:mə(r)] *n* слуховое окно *(тж* ~ **window)**

dormitory [ˈdɔ:mitəri] *n* 1) общая спальня *(в школе-интернате и т. п.);* дортуар 2) город-спальня, спальный район *(большого города; тж* ~ **town)** 3) *амер.* университетское общежитие

dormouse [ˈdɔ:maus] *n зоол.* соня

dorp [dɔ:p] *n* деревушка; маленький городок

dorsal [ˈdɔ:səl] *n* 1) *анат., зоол.* спинной 2) *фон.* дорсальный

dory [ˈdɔ:ri] *n амер.* рыбачья плоскодонная лодка

DOS *сокр.* **(Disk Operating System)** *вчт* дисковая операционная система, ДОС

dosage [ˈdəusidʒ] *n* 1) дозирование, дозировка 2) доза

dose I [dəus] *n* 1) доза; приём; **fatal/lethal** ~ смертельная доза 2) доля, порция; (предназначенная) часть *(работы, вознаграждения и т. п.);* **regular** ~ *разг.* изрядная порция 3) доза радиации 4) *сленг* венерическая болезнь ◊ **like a** ~ **of salts** *разг.* быстро и действенно, мгновенного действия

dose II *v* 1) давать лекарство дозами 2) дозировать 3) прибавлять спирт к вину

dosh [dɒʃ] *n сленг* деньги

doss I [dɒs] *n сленг* кровать, койка *(в ночлежном доме)*

doss II *v* 1) *разг.* кое-как переночевать *(на стульях, на полу; тж* ~ **down)** 2) бесцельно, бессмысленно проводить время *(тж* ~ **about,** ~ **around)**

dosser [ˈdɒsə(r)] *n сленг* 1) обитатель ночлежки, бомж 2) *см.* **doss-house**

dosshouse [ˈdɒshaus] *n* ночлежный дом, ночлежка

dossier [ˈdɒsiei] *n* досье

dot¹ I [dɒt] *n* 1) точка 2) очень маленький предмет, крошечная вещь ◊ **on the** ~ точно, вовремя; **the year** ~ *разг.* очень давно; ≅ при царе Горохе

dot¹ II *v* 1) ставить точки 2) отмечать пунктиром; ~**ted line** пунктирная линия 3) усеивать; **a lake** ~**ted with boats** много лодок на озере ◊ **to** ~ **the i's and cross the t's** *разг.* а) быть предельно точным б) добавлять последние штрихи, окончательно отделывать

dot² *n* приданое *(невесты)*

dot-matrix printer [ˈdɒt͵mætriks ˈprintə] *n вчт* точечно-матричный принтер

dotage [ˈdəutidʒ] *n* старческое/сенильное слабоумие; **in your** ~ *ирон.* в старости, на склоне лет

dot-and-dash [ˈdɒtənˈdæʃ] *a* состоящий из точек и тире; пунктирный *(о линии);* ~ **code** азбука Морзе

dotard [ˈdəutəd] *n* выживший из ума старик

dote [dəut] *v* 1) фанатично любить *(on, upon)* 2) впасть в детство *(о стариках);* выжить из ума

doting [ˈdəutiŋ] *a* горячо любящий, преданный

dotty [ˈdɒti] *a разг.* 1) рехнувшийся, слабоумный 2) эксцентричный 3) нелепый 4) безумно увлечённый, свихнувшийся *(на чём-л. — about, on)*

double I [ˈdʌbl] *n* 1) двойное количество; двойное качество 2) двойник 3) *театр., кино* дублёр 4) парная вещь; пара 5) изгиб *(реки);* крутой поворот, петля *(преследуемого зверя)* 6) парная игра в теннис 7) *спорт.* двойная победа *(команды)* 8) *карт.* удвоение ставки ◊ **at the** ~ убыстренным шагом; бегом

double II *a* 1) двойной, удвоенный, сдвоенный; парный; ~ **the amount** двойное количество; ~ **whisky** двойное виски; **he is** ~ **her age** он вдвое старше её 2) двуспальный; ~ **room** номер на двоих, номер с двумя кроватями *(в гостинице)* 3) двоякий; двойственный 4) двуличный; двусмысленный; **to lead a** ~ **life** вести двойную жизнь; ~ **agent** двойной агент *(в разведке)* 5) *бот.* махровый ◊ ~ **Dutch** бессмыслица; несвязная речь

double

double III *v* 1) удва́ивать; сдва́ивать 2) удва́иваться; быть вдво́е бо́льше 3) скла́дывать(ся) вдво́е 4) *театр.*: **to ~ a part** дубли́ровать роль; **to ~ the parts of a play** исполня́ть две ро́ли в пье́се 5) игра́ть двоя́кую роль 6) де́лать изги́б *(о реке); мор.* огиба́ть *(мыс)* 7) де́лать ре́зкие разворо́ты и пробега́ть по свои́м следа́м; петля́ть *(о преследуемом звере)* 8) сжима́ть *(кулаки)* 9) идти́ ускоренным ша́гом

double back повора́чивать наза́д; дви́гаться в обра́тном направле́нии

double up 1) сгиба́ть(ся) попола́м *(от боли, смеха)* 2) скрю́чиваться 3) дели́ть ко́мнату *и т. п.* с други́м жильцо́м 4) скла́дываться 5) де́лать из вы́игрыша *(на пари и т. п.)* но́вую ста́вку; де́лать двойну́ю ста́вку

double IV *adv* 1) вдво́е; вдвойне́; двоя́ко; **bent ~** а) со́гнутый (попола́м) б) ссуту́лившийся; **to see ~** двои́ться в глаза́х; **to play ~** двуру́шничать, лицеме́рить 2) вдвоём

double-barrelled [ˈdʌblˈbærəld] *a* 1) двуство́льный 2) с двойно́й фами́лией 3) со́гнутый (попола́м)

double bass [ˈdʌblˈbeɪs] *n муз.* контраба́с

double-bedded [ˈdʌblˌbedɪd] *a* с двумя́ крова́тями; с двуспа́льной крова́тью *(о комнате, гостиничном номере)*

double-breasted [ˈdʌblˈbrestɪd] *a* двубо́ртный *(о пиджаке и т. п.)*

double check [ˈdʌblˈtʃek] *n* двойна́я прове́рка

double click [ˈdʌbl klɪk] *n вчт* двойно́й щелчо́к мы́шью

double cream [ˈdʌblˈkri:m] *n* сли́вки повы́шенной жи́рности

double-cross [ˈdʌblˈkrɔ:s] *v* обма́нывать, предава́ть *(под видом помощи, сотрудничества)*

double-dealer [ˈdʌblˈdi:lə(r)] *n* обма́нщик; двуру́шник

double-dealing I [ˈdʌblˈdi:lɪŋ] *n* обма́н, двуру́шничество

double-dealing II *a* двуру́шнический

double-decker [ˈdʌblˈdekə(r)] *n* 1) двухэта́жный авто́бус *(тж ~ bus)* 2) *амер.* большо́й са́ндвич, состоя́щий из трёх ло́мтиков хле́ба, просло́енных начи́нкой *(тж* **club sandwich**)

double-density [ˈdʌblˈdensɪtɪ] *a вчт* с двойно́й пло́тностью *(о записи информации)*

double-dyed [ˈdʌblˈdaɪd] *a* закорене́лый, отъя́вленный

double-edged [ˈdʌblˈedʒd] *a* 1) обоюдо́острый; **~ sword** обоюдо́острый меч 2) противоречи́вый

double-faced [ˈdʌblfeɪst] *a* 1) двули́чный, лицеме́рный 2) двусторо́нний *(о материи)*

double feature [ˈdʌblˈfi:tʃə(r)] *n амер.* пока́з двух полнометра́жных фи́льмов; кинопрогра́мма из двух фи́льмов *(тж* **double bill**)

double figures [ˈdʌblˈfɪgəz] *n pl мат.* двузна́чные чи́сла *(амер.* **double digits**)

double first [ˈdʌblˈfɜ:st] *n* 1) отли́чные оце́нки по двум основны́м предме́там *(на экза́менах в брита́нских университе́тах)* 2) студе́нт, получи́вший отли́чные оце́нки по двум основны́м предме́там

double-lock [ˈdʌblˈlɒk] *v* запира́ть на два оборо́та

double negative [ˈdʌblˈnegətɪv] *n лингв.* двойно́е отрица́ние *(в предложе́нии)*

double-park [ˈdʌblˌpɑ:k] *v* паркова́ть маши́ну паралле́льно друго́й маши́не, припарко́ванной ра́нее

double-quick I [ˈdʌblˈkwɪk] *a* о́чень бы́стрый

double-quick II *adv* о́чень бы́стро *(тж* **in ~ time**)

double-sided [ˌdʌblˈsaɪdɪd] *a* двусторо́нний

double standard [ˈdʌblˈstændəd] *n* двойно́й станда́рт *(в политике, отношениях к людям)*

doublet [ˈdʌblɪt] *n* 1) дубле́т; дублика́т 2) *лингв.* дубле́т 3) *ист.* коро́ткий камзо́л 4) повторя́ющийся сюже́т *(в библейских или исторических текстах)*

double take [ˈdʌblˈteɪk] *n* запозда́лая отве́тная реа́кция *(на ситуацию и т. п. после первой реакции)*

double talk [ˈdʌblˈtɔ:k] *n* нейскренние слова́, ре́чи *(тж* **doublespeak**)

doubling [ˈdʌblɪŋ] *n* 1) удвое́ние; сдва́ивание 2) дубли́рование 3) ре́зкий разворо́т и пробе́г по свои́м следа́м *(преследуемого зверя)*

doubly [ˈdʌblɪ] *adv* вдво́е, вдвойне́

doubt I [daʊt] *n* сомне́ние; **to be in ~ about smth** сомнева́ться в чём-л.; **to make/to have no ~** быть уве́ренным, не име́ть сомне́ний; **beyond (a) ~** вне (вся́кого) сомне́ния; **no ~, without (a) ~** несомне́нно

doubt II *v* 1) сомнева́ться 2) не доверя́ть, подозрева́ть

doubtful [ˈdaʊtfʊl] *a* 1) по́лный сомне́ний; сомнева́ющийся, коле́блющийся 2) нея́сный; сомни́тельный, подозри́тельный; **a ~ ally** ненадёжный сою́зник

doubting Thomas [ˌdaʊtɪŋˈtɒməs] *n перен.* Фома́ неве́рующий

doubtless [ˈdaʊtlɪs] *adv* 1) несомне́нно 2) (весьма́) вероя́тно, (вполне́) возмо́жно

douche I [du:ʃ] *n* 1) душ 2) промыва́ние 3) шприц; спринцо́вка

douche II *v* де́лать промыва́ние

dough [dəʊ] *n* 1) те́сто 2) *амер. сленг* де́ньги

doughboy [ˈdəʊˌbɔɪ] *n* 1) пончик 2) *амер. сленг* солдат, пехотинец

doughnut [ˈdəʊnʌt] *n* сладкий пончик *(часто с начинкой)*, донат

doughtily [ˈdaʊtɪlɪ] *adv уст. или шутл.* доблестно, отважно

doughtiness [ˈdaʊtɪnɪs] *n уст. или шутл.* доблесть, отвага

doughty [ˈdaʊtɪ] *a уст. или шутл.* доблестный, удалой

doughy [ˈdəʊɪ] *a* 1) тестообразный 2) болезненно-бледный *(о цвете лица)*

dour [dʊə(r)] *a* суровый, строгий, чопорный

douse [daʊs] *v* 1) обливать, обрызгивать водой 2) погружать(ся) в воду, окунать(ся) 3) тушить, гасить 4) *мор.* спускать парус

dove [dʌv] *n* 1) голубь 2) человек с мягким, миролюбивым характером 3) *полит.* «голубь», сторонник мирных методов, миролюбец

dove-colour [ˈdʌvˌkʌlə(r)] *n* сизый цвет

dovecot(e) [ˈdʌvkɒt] *n* голубятня

dovelike [ˈdʌvlaɪk] *a* кроткий (как голубь)

dovetail I [ˈdʌvteɪl] *n тех., стр.* «ласточкин хвост», лапа, шип

dovetail II *v* 1) *стр.* вязать в лапу 2) плотно подгонять 3) точно подходить *(друг к другу);* соответствовать

dowager [ˈdaʊədʒə(r)] *n* 1) вдова *(титулованной особы);* **the Queen** ~ вдовствующая королева 2) *разг.* величественного вида пожилая дама

dowdy I [ˈdaʊdɪ] *n* плохо, немодно одетая женщина

dowdy II *a* 1) плохой, безвкусный; немодный *(об одежде)* 2) непривлекательный *(о женщине)*

dower I [ˈdaʊə(r)] *n* 1) часть наследства вдовы 2) *уст.* приданое 3) природный дар; талант

dower II *v* наделять талантом *(with)*

down¹ [daʊn] *n* пух, пушок

down² *n* холмистая местность

down³ I *n* 1) спуск 2) невезение; **ups and** ~**s** взлёты и падения, превратности судьбы 3) *разг.* период кризиса, депрессии ◊ **to have a** ~ **on smb** *разг.* иметь зуб на кого-л.

down³ II *a* 1) направленный вниз, книзу 2) идущий из столицы, из большого города *(о поезде)*

down³ III *v разг.* 1) спускать, опускать; сбивать 2) глотнуть (спиртного), выпить ◊ **to** ~ **tools** забастовать, прекратить работу

down³ IV *adv* 1) вниз; внизу; **the blinds were** ~ жалюзи были опущены 2) на землю, на земле; **he fell** ~ он упал на землю 3) *указы-*

вает на движение от центра к периферии, из столицы в провинцию, с севера на юг: **to go** ~ **south** ехать на юг 4) *придаёт некоторым глаголам значение совершенного вида:* **to write** ~ записать; **to copy** ~ переписать, перепечатать; **to pay** ~ выплатить 5) *указывает на ухудшение состояния, условий, уменьшение количества, размера, ослабление силы, действия и т. п.:* **to boil** ~ выкипеть; **to calm** ~ успокоить(ся); **shares are** ~ акции упали в цене 6) *указывает на связь более раннего периода времени с более поздним вплоть до;* ~ **to our days** вплоть до наших дней ◊ **to be** ~ **and out** обнищать, разориться; **to be** ~ **in the mouth** *разг.* выглядеть подавленным; **to be** ~ **on one's luck** быть в тяжёлом положении, в полосе невезения; быть удручённым; ~ **to the ground** *разг.* полностью, целиком; ~ **with!** долой!

down³ V *prep* 1) по; ~ **the road** по дороге 2) вниз по, вдоль по; ~ **the river** вниз по течению реки

down-and-outs [ˈdaʊnəndˈaʊts] *n pl* нищие, беднота, голь

down-arrow key [ˈdaʊnˈærəʊkiː] *n вчт* клавиша «стрелка вниз»

downbeat [ˈdaʊnbiːt] *a* 1) мрачный, унылый 2) расслабленный

downcast [ˈdaʊnkɑːst] *a* 1) потупленный *(о взгляде)* 2) удручённый, подавленный, унылый

down counter [ˈdaʊnˌkaʊntə] *n вчт* вычитающий счётчик; счётчик обратного действия

downer [ˈdaʊnə(r)] *n сленг* 1) транквилизатор 2) унылая личность 3) тягостное положение

downfall [ˈdaʊnfɔːl] *n* 1) упадок, разорение; развал; падение 2) ливень; сильный снегопад

downgrade [ˈdaʊngreɪd] *n* 1) склон дороги, пути 2) упадок; **on the** ~ в упадке

down-hearted [ˈdaʊnˈhɑːtɪd] *a* упавший духом, унылый

downhill I [ˈdaʊnhɪl] *n* 1) склон 2) упадок

downhill II *a* покатый

downhill III [ˌdaʊnˈhɪl] *adv* вниз (по склону); под гору ◊ **to go** ~ а) ухудшаться *(о здоровье, состоянии и т. п.)* б) катиться по наклонной плоскости, деградировать, опускаться

Downing Street [ˈdaʊnɪŋˈstriːt] *n* Даунинг-стрит *(улица в Лондоне, на которой помещается резиденция премьер-министра);* перен. британское правительство

download [ˈdaʊnˌləʊd] *v спец., вчт* 1) закладывать *(в конструкцию, в программу и*

downloading

т. п.) 2) загружа́ть, пересыла́ть (*по линии связи*)

downloading [ˈdaʊnˌləʊdɪŋ] *n* вчт загру́зка; загру́зка по ли́нии свя́зи

downplay [daʊnˈpleɪ] *v* снижа́ть ва́жность (*чего-л.*), уменьша́ть зна́чимость

downpour [ˈdaʊnpɔ:(r)] *n* ли́вень

downright I [ˈdaʊnraɪt] *a* 1) прямо́й, определённый, я́сный 2) я́вный; **a ~ lie** я́вная ложь 3) соверше́нный, по́лный; **~ nonsense** по́лная бессмы́слица

downright II *adv* соверше́нно, о́чень, вполне́

downscale I [ˈdaʊnskeɪl] *v амер.* уменьша́ть, ограни́чивать, уре́зывать, укора́чивать

downscale II *a амер.* 1) ни́зший, на ни́зшей ступе́ни социа́льной ле́стницы 2) низкока́чественный

downside [ˈdaʊnsaɪd] *n* тенде́нция к пониже́нию цен на а́кции

Down's syndrome [ˈdaʊnzˌsɪndrəʊm] *n мед.* боле́знь/синдро́м Да́уна, монголи́зм

downstairs I [ˈdaʊnsteəz] *a* располо́женный в ни́жнем этаже́, внизу́

downstairs II [daʊnˈsteəz] *adv* 1) вниз по ле́стнице 2) внизу́, в ни́жнем этаже́

downstate [ˈdaʊnsteɪt] *a, adv амер.* вдали́ от це́нтра, в глуби́нке

downstream [daʊnˈstri:m] *adv* 1) (вниз) по тече́нию 2) *вчт* в нисходя́щем направле́нии (*о передаче данных в сети*); по направле́нию основно́го тра́фика

downstroke [ˈdaʊnstrəʊk] *n тех.* движе́ние, ход вниз, опуска́ние по́ршня

downtown I [ˈdaʊntaʊn] *n амер.* делова́я часть, делово́й центр го́рода

downtown II *a амер.* располо́женный в делово́й ча́сти го́рода, в це́нтре

downtown III *adv амер.* в делову́ю часть го́рода, в центр; в делово́й ча́сти го́рода, в це́нтре

downtrend [ˈdaʊnˌtrend] *n амер.* 1) спад делово́й акти́вности 2) тенде́нция к пониже́нию

downtrodden [ˈdaʊnˌtrɒdn] *a* 1) зато́птанный; расто́птанный; вто́птанный 2) по́пранный, пове́ргнутый в прах; пода́вленный

downward I [ˈdaʊnwəd] *a* 1) спуска́ющийся; снижа́ющийся; **~ error** вчт оши́бка в ме́ньшую сто́рону 2) ме́нее значи́тельный

downward II *adv* вниз, кни́зу

downwards [ˈdaʊnwədz] *см.* **downward II**

downwind [ˈdaʊnwɪnd] *adv* в ту сто́рону, куда́ ду́ет ве́тер; по ве́тру

downy¹ [ˈdaʊnɪ] *a* 1) покры́тый пу́хом 2) пуши́стый, мя́гкий, как пух 3) *сленг* хи́трый, себе́ на уме́

downy² *a* холми́стый

dowry [ˈdaʊərɪ] *n* 1) прида́ное 2) приро́дный дар; тала́нт

doxy [ˈdɒksɪ] *n книжн.* 1) любо́вница 2) проститу́тка, потаску́ха

doyen [ˈdɔɪən] *n* дуайе́н, старе́йшина дипломати́ческого ко́рпуса

doze I [dəʊz] *n* дремо́та

doze II *v* дрема́ть

doze off вздремну́ть

dozen [ˈdʌzən] *n* 1) дю́жина; **a ~ eggs** дю́жина яи́ц; **three ~ packets** три дю́жины паке́тов 2) *pl разг.* мно́жество (*of*); **~s of misprints** мно́жество опеча́ток ◊ **long/great/baker's/devil's ~** чёртова дю́жина, трина́дцать

dozer [ˈdəʊzə(r)] *n разг.* бульдо́зер

dozy [ˈdəʊzɪ] *a* 1) со́нный; дрёмлющий 2) *разг.* глу́пый 3) *разг.* лени́вый

D. Phil. *сокр.* (**Doctor of Philosophy**) до́ктор филосо́фии

Dr. *сокр.* 1) (**Debtor**) должни́к 2) (**Doctor**) до́ктор

drab¹ I [dræb] *n* 1) ту́скло-кори́чневый цвет 2) однообра́зие, моното́нность; ску́ка

drab¹ II *a* 1) однообра́зный, ску́чный 2) ту́скло-кори́чневый

drab² *n* 1) неря́ха 2) проститу́тка

drabble [ˈdræbl] *v* забры́згать(ся), замочи́ть(ся), запа́чкать(ся)

drachm [dræm] *n* дра́хма (*единица веса*)

dracone [ˈdrækəʊn] *n* эласти́чный конте́йнер с жи́дким гру́зом, букси́руемый по мо́рю

draff [dræf] *n* помо́и; отбро́сы

draft I [drɑ:ft] *n* 1) черновик, набро́сок 2) чертёж, план; эски́з 3) чек; получе́ние де́нег по че́ку 4) отбо́р (*людей для определённой цели*) 5) спецгру́ппа, спецотря́д 6) *амер.* тя́га 7) *амер. ист.* обяза́тельная во́инская пови́нность, призы́в 8) *амер. см.* **draught**

draft II *v* 1) составля́ть план, черновик; де́лать чертёж, набро́сок 2) отбира́ть (*людей*), производи́ть отбо́р (*для спецзадания*) 3) *амер. ист.* призыва́ть на во́инскую слу́жбу

draftee [ˌdrɑ:fˈti:] *n амер. ист.* призывни́к; новобра́нец

draftsman [ˈdrɑ:ftsmən] *n амер.* 1) чертёжник 2) состави́тель докуме́нтов

drag I [dræg] *n* 1) то́рмоз (*прогресса*) 2) *тех.* тормозно́й башма́к 3) *разг.* зану́да; ну́дная, ску́чная рабо́та *или* обя́занность 4) прима́нка для соба́к (*в охоте на лису*); охо́та (*на лису*) с прима́нкой 5) дра́га, землечерпа́лка 6) *сленг* затя́жка (сигаре́той) 7) *сленг* мужска́я вечери́нка с переодева́нием в же́нское пла́тье 8) *сленг* оде́жда 9) *сленг* автомоби́ль

228

10) автого́нки 11) *амер. сленг* влия́ние, свя́зи 12) *амер. сленг* у́лица, доро́га

drag II *v* 1) тащи́ть, тяну́ть; волочи́ть; букси́ровать 2) (ме́дленно) тяну́ться; (тяжело́) тащи́ться 3) чи́стить дно дра́гой; иска́ть *(на дне реки, озера и т. п.)* дра́гой, сетя́ми 4) *разг.* наси́льно вта́скивать *(кого-л. куда-л. — to)* 5) затя́гиваться *(сигаретой и т. п. — on, at)* ◊ **to ~ one's feet/heels** наро́чно тяну́ть; неохо́тно де́лать

drag in 1) вовлека́ть, втя́гивать *(во что-л.)* 2) притя́гивать за́ уши

drag on бесконе́чно дли́ться, ску́чно тяну́ться

drag out 1) выта́скивать 2) дли́ться, простира́ться

drag up *разг.* 1) специа́льно косну́ться больно́й те́мы 2) пло́хо воспи́тывать *(ребёнка)*, ко́е-ка́к обуча́ть *(чему-л.)*

drag-and-drop I [ˌdrægən(d)ˈdrɒp] *n* вчт перемеще́ние; букси́ровка; перета́скивание

drag-and-drop II *v* вчт отбукси́ровать и оста́вить; перетащи́ть

dragée [ˈdrɑːʒeɪ] *n* 1) заса́харенный минда́ль *и т. п.* 2) сере́бряный ша́рик *(для украше́ния торта)* 3) шокола́дное драже́

dragging [ˈdrægɪŋ] *n* вчт перемеще́ние; букси́ровка; перета́скивание

draggle [ˈdrægl] *v* 1) па́чкать(ся), замочи́ть(ся) *(волочась по земле)* 2) волочи́ться, тащи́ться

draggy [ˈdrægɪ] *a разг.* 1) ску́чный, ну́дный 2) неприя́тный

drag-net [ˈdrægnet] *n* 1) не́вод, бре́день 2) сеть для ло́вли птиц 3) обла́ва, прочёсывание кварта́лов поли́цией *(в поисках престу́пников)*, *жарг.* зачи́стка

dragon [ˈdrægən] *n* драко́н

dragon-fly [ˈdrægənflaɪ] *n* стрекоза́

dragoon I [drəˈɡuːn] *n воен.* драгу́н

dragoon II *v* 1) принужда́ть си́лой 2) посыла́ть кара́тельный отря́д

drag queen [ˈdrægˌkwiːn] *n* гомосексуали́ст, игра́ющий же́нскую роль

drain I [dreɪn] *n* 1) дрена́жная кана́ва, труба́ 2) водоотво́д, водосто́к; канализацио́нная труба́ 3) *мед.* дрена́жная тру́бка 4) расхо́дование, истоще́ние; **a ~ on one's resources/strength** истоще́ние чьих-л. средств/сил ◊ **down the ~** *разг.* впусту́ю; ≅ коту́ под хвост

drain II *v* 1) дрени́ровать, осуша́ть 2) спуска́ть во́ду; отводи́ть во́ду; дать воде́ стечь 3) *мед.* дрени́ровать *(рану)* 4) опорожня́ть; пить до дна *(тж* **to ~ to the dregs**) 5) истоща́ть *(средства, силы)*

drainage [ˈdreɪnɪdʒ] *n* 1) дрени́рование, дрена́ж; осуше́ние 2) канализа́ция 3) сто́чные во́ды, нечисто́ты

drainboard [ˈdreɪnbɔːd] *амер. см.* **drainingboard**

draining-board [ˈdreɪnɪŋˌbɔːd] *n* суши́лка для вы́мытой посу́ды *(для стока воды; тж* **drainer**)

drainpipe [ˈdreɪnpaɪp] *n* 1) труба́ для сто́ка канализацио́нных вод 2) *pl* о́чень у́зкие, обтя́гивающие брю́ки

drake [dreɪk] *n* се́лезень

dram [dræm] *n* 1) *разг.* глото́к спиртно́го 2) *см.* **drachm**

drama [ˈdrɑːmə] *n* 1) дра́ма 2) драмати́зм *(ситуации и т. п.)*

dramatic [drəˈmætɪk] *a* 1) драмати́ческий, относя́щийся к дра́ме 2) драмати́чный, волну́ющий; эмоциона́льный; поража́ющий воображе́ние 3) театра́льный, де́ланный, вы́спренный

dramatics [drəˈmætɪks] *n* 1) драмати́ческое иску́сство 2) аффекта́ция, мане́рность

dramatist [ˈdræmətɪst] *n* драмату́рг *(тж* **playwright**)

dramatize [ˈdræməˌtaɪz] *v* 1) де́лать инсцениро́вку, инсцени́ровать *(литературное произведение)* 2) поддава́ться инсцениро́вке 3) драматизи́ровать *(события)*

dramaturge [ˈdræməˌtɜːdʒ] *n* 1) театра́льный постано́вщик 2) драмату́рг

dramaturgy [ˈdræməˌtɜːdʒɪ] *n* 1) драматурги́я 2) тео́рия драматурги́и

drank [dræŋk] *past см.* **drink II**

drape [dreɪp] *v* драпирова́ть(ся)

draper [ˈdreɪpə(r)] *n* торго́вец тка́нями

drapery [ˈdreɪpərɪ] *n* 1) драпиро́вка 2) *pl* занаве́ски; портье́ры 3) тка́ни 4) торго́вля тка́нями

drastic [ˈdræstɪk] *a* 1) де́йственный, реши́тельный, круто́й *(о мерах и т. п.)* 2) сильноде́йствующий *(о лекарстве)*

draught[1] [drɑːft] *n* 1) тя́га; сквозня́к 2) *мор.* оса́дка (су́дна) 3) глото́к; **to drink at a ~** вы́пить за́лпом 4) до́за миксту́ры 5) *pl* ша́шки *(игра)* 6) заки́дывание не́вода; уло́в *(тж* **a ~ of fish**) ◊ **to feel the ~** *разг.* испы́тывать фина́нсовые тру́дности

draught[2] *см.* **draft II**

draught beer [ˈdrɑːftˌbɪə(r)] *n* бочко́вое пи́во

draughtboard [ˈdrɑːftbɔːd] *n* доска́ для ша́хмат и ша́шек, ша́хматная доска́

draught-horse [ˈdrɑːftˌhɔːs] *n* тя́гловая ло́шадь, тяжелово́з

draughtsman [ˈdrɑːftsmən] *n* 1) *см.* **draftsman** 2) ша́шка *(в игре)*

draw

draw I [drɔ:] *n* 1) тяга; натяжение; вытягивание 2) человек, привлекающий внимание 3) умение привлекать внимание 4) приманка; что-л. привлекательное; **to be a great ~** иметь большой успех 5) жеребьёвка; лотерея 6) ничья, игра вничью; ничейный результат 7) затяжка *(сигаретой и т. п.)* 8) доставание оружия *(из ножен или кобуры)*; **to be quick on the ~** а) выхватывать оружие из кобуры *или* из ножен б) быстро реагировать 9) *амер.* разводная часть моста

draw II *v* (drew; drawn) 1) тащить, тянуть; волочить 2) натягивать; надвигать *(шапку)* 3) раздвигать, задёргивать, отдёргивать *(занавески, занавес)* 4) извлекать; доставать; черпать *(внимание и т. п.)*; притягивать 6) затягиваться *(сигаретой и т. п. – on, at)* 7) вытаскивать, вынимать, выдёргивать; вырывать *(тж* **to ~ out**) 8) получать *(деньги, информацию)* 9) чертить; рисовать 10) заканчивать(ся) вничью 11) приближаться, придвигаться, подходить 12) выводить *(заключение)* 13) навлекать *(на себя)* 14) иметь тягу *(о трубе)* 15) вызывать *(слёзы, аплодисменты и т. п.)* 16) настаивать(ся) *(о чае)* 17) вытягивать жребий 18) востребовать *(кого-л., чьи-л. таланты — on)* 19) выписывать *(чек)* 20) составлять *(документ)* 21) отводить в сторону *(кого-л. на разговор и т. п.)* 22) *мор.* иметь осадку *(о судне)* 23) потрошить *(птицу и т. п.)* 24) выманивать лису, барсука *и т. п.* из норы *(на охоте)* 25) длиться, простираться 26) надуваться ветром *(о парусе)* 27) проводить *(различие)* ◊ **to ~ smb's fire** отвести гнев, критику *и т.п.* кого-л. на менее важный объект; **to ~ in one's horns** поубавить спеси; **to ~ the line of smth** поставить предел чему-л.; **to ~ up** составлять, набрасывать *(документ, план и т. п.)*

draw aside отводить в сторону

draw back отступать *(от задуманного)*, оставлять

draw in 1) укорачиваться *(о днях)* 2) близиться к закату 3) вовлекать, втягивать 4) прибывать *(о поезде и т. п.)*

draw off уводить *(войска)*

draw on 1) приближаться, подходить ближе 2) приводить *(к чему-л.)*, вызывать *(что-л.)* 3) привлекать, приманивать 4) надевать *(перчатки, сапоги и т. п.)*

draw out 1) простираться 2) обнаружить(ся), выяснить(ся) 3) вызвать на разговор 4) удлиняться *(о днях)* 5) отбывать *(о поезде и т. п.)*

draw up 1) составлять *(документ)* 2) выстраиваться 3) остановиться 4) подтянуть-

ся, подобраться 5) опережать; догонять *(with, to)*

drawback [ˈdrɔ:bæk] *n* 1) недостаток, отрицательная сторона; помеха 2) невыгодное положение 3) вычет 4) *ком.* возвратная пошлина

drawbridge [ˈdrɔ:brɪdʒ] *n* разводной *или* подъёмный мост

drawer [ˈdrɔ:ə(r)] *n* 1) чертёжник 2) лицо, выписывающее чек 3) [ˈdrɔ:(r)] выдвижной ящик *(стола и т. п.)*

drawers [drɔ:z] *n pl* кальсоны

drawing [ˈdrɔ:ɪŋ] *n* 1) черчение; рисование 2) чертёж; рисунок ◊ **out of ~** неправильно нарисованный, искажённый

drawing board [ˈdrɔ:ɪŋbɔ:d] *n* чертёжная доска

drawing paper [ˈdrɔ:ɪŋˌpeɪprə(r)] *n* бумага для рисования; чертёжная бумага, ватман

drawing pen [ˈdrɔ:ɪŋpen] *n* рейсфедер

drawing pin [ˈdrɔ:ɪŋpɪn] *n* канцелярская кнопка

drawing room [ˈdrɔ:ɪŋrʊm] *n уст.* гостиная *(тж* **living room**)

drawl I [drɔ:l] *n* протяжное произношение; медлительность речи

drawl II *v* растягивать слова; говорить медленно

drawn[1] [drɔ:n] *a* 1) искажённый, испуганный, вытянувшийся *(о лице)* 2) растопленный *(о масле)* 3) закончившийся вничью *(об игре)*

drawn[2] *p. p. см.* **draw II**

dray [dreɪ] *n* подвода

dray-horse [ˈdreɪhɔ:s] *n* ломовая лошадь

drayman [ˈdreɪmən] *n* ломовой извозчик

dread I [dred] *n* сильный страх, боязнь; ужас; **to live in ~ of smth** жить в постоянном страхе перед чем-л.

dread II *v* сильно бояться, страшиться

dreadful [ˈdredfʊl] *a* 1) страшный, ужасный 2) *разг.* противный, неприятный; плохой

dreadlocks [ˈdredˌlɒks] *n pl* косички-дреды *(молодёжная причёска)*

dreadnought [ˈdrednɔ:t] *n* 1) *ист. мор.* дредноут 2) толстое сукно

dream I [dri:m] *n* 1) сон, сновидение 2) мечта, грёза

dream II *v* (*past, p. p.* **dreamt, dreamed**) 1) видеть сон; сниться 2) мечтать, грезить, воображать 3) помышлять *(обыкн. в отриц. предложениях)*; **I would not ~ of coming there** я и помыслить не мог поехать туда **dream up** выдумывать, фантазировать

dreamboat [ˈdri:mbəʊt] *n уст. разг.* 1) очень привлекательная личность *(обыч. противоположного пола)* 2) что-л. желанное, идеальное

dreamer [′dri:mə(r)] *n* 1) мечта́тель, фантазёр 2) рома́нтик, непракти́чный челове́к

dreamily [′dri:mɪlɪ] *adv* мечта́тельно

dreamland [′dri:mlænd] *n* 1) ска́зочная страна́, мир грёз 2) сон

dreamless [′dri:mlɪs] *a* без сновиде́ний, без снов

dreamlike [′dri:mlaɪk] *a* 1) ска́зочный 2) при́зрачный

dreamt [dremt] *past, p. p. см.* **dream II**

dream team [′dri:m ˌti:m] *n спорт.* кома́нда мечты́ *(составленная из лучших игроков)*

dreamy [′dri:mɪ] *a* 1) мечта́тельный, непракти́чный 2) при́зрачный, нея́сный, сму́тный 3) *разг.* чуде́сный, преле́стный 4) *поэт.* по́лный сновиде́ний

dreary [′drɪərɪ] *a* мра́чный, уны́лый; ску́чный

dredge[1] **I** [dredʒ] *n тех.* землечерпа́лка, экскава́тор; дра́га

dredge[1] **II** *v* производи́ть землечерпа́льные рабо́ты

dredge[2] *v* обсыпа́ть *(мукой, сахаром и т. п.)*

dredger [′dredʒə(r)] *n* землечерпа́лка, экскава́тор; дра́га

dreg [dreg] *n* 1) *pl* оса́док *(на дне)*; **to drink/to drain to the ~s** пить до дна 2) му́сор, отбро́сы 3) небольшо́й оста́ток; **not a ~** ни ка́пельки, ни кро́шки

drench I [drentʃ] *n* 1) промока́ние 2) ли́вень 3) до́за лека́рства *(для животного)*

drench II *v* 1) промочи́ть (наскво́зь) 2) влива́ть лека́рство *(животному)*

dress I [dres] *n* 1) (же́нское) пла́тье; **evening ~** вече́рнее пла́тье; **low ~** пла́тье с ни́зким вы́резом, декольте́ 2) оде́жда; костю́м; **full ~** пара́дная фо́рма 3) одея́ние; вне́шний покро́в

dress II *v* 1) одева́ть(ся); наряжа́ть(ся) 2) украша́ть(ся) 3) перевя́зывать *(рану)* 4) причёсывать, укла́дывать во́лосы; де́лать причёску 5) приготовля́ть, разде́лывать *(пти́цу, крабов и т. п.)* пе́ред гото́вкой блю́да; разде́лывать *(тушу)* 6) приправля́ть, заправля́ть *(салат, блюдо)* 7) унаво́живать, вноси́ть удобре́ние *(в землю)* 8) чи́стить *(лошадь)* 9) выде́лывать *(кожу)*; отде́лывать пове́рхность *(ткани, камня и т. п.)* 10) *воен.* ровня́ть строй; равня́ться; **~!** равня́йсь!

dress down *разг.* дава́ть нагоня́й, устра́ивать разно́с

dress out вы́рядить(ся)

dress up 1) наряди́ть(ся) по какому́-л. слу́чаю 2) наде́ть маскара́дный костю́м 3) приукраша́ть *(неприятные факты и т. п.)*

dress circle [′dres ′sɜːkl] *n театр.* бельэта́ж

dress coat [′dres ′kəʊt] *n* фрак

dress code [′dres ′kəʊd] *n* этике́т в оде́жде; фо́рма оде́жды

dresser[1] [′dresə(r)] *n* 1) костюме́р 2) хирурги́ческая сестра́ 3) мо́дница; мо́дник; челове́к, всегда́ элега́нтно одева́ющийся

dresser[2] *n* 1) ку́хонный буфе́т 2) *амер.* туале́тный сто́лик

dressing [′dresɪŋ] *n* 1) одева́ние 2) отде́лка 3) запра́вка *(напр. для салата)* 4) перевя́зочные материа́лы 5) *амер.* наби́вка 6) удобре́ние

dressing case [′dresɪŋkeɪs] *n* (доро́жный) несессе́р; су́мочка-космети́чка

dressing-down [′dresɪŋdaʊn] *n разг.* вы́говор, нагоня́й, головомо́йка; **to give smb a ~** устро́ить кому́-л. головомо́йку

dressing gown [′dresɪŋgaʊn] *n* дома́шний хала́т

dressing room [′dresɪŋrʊm] *n* актёрская гримубо́рная, *разг.* гриме́рка

dressing table [′dresɪŋˌteɪbl] *n* туале́тный сто́лик; трелья́ж

dressmaker [′dresˌmeɪkə(r)] *n* портни́ха

dress-preserver [′dresprɪˌzɜːvə(r)] *n* подмы́шник

dress rehearsal [′dres rɪˌhɜːs(ə)l] *n театр.* генера́льная репети́ция, *проф.* прого́н

dress sense [′dresˌsens] *n* чу́вство сти́ля, вкус в оде́жде

dress-shield [′dresʃiːld] *см.* **dress-preserver**

dressy [′dresɪ] *a* 1) лю́бящий и уме́ющий хорошо́ одева́ться 2) сти́льный, изя́щный *(об одежде)* 3) нося́щий на себе́ сли́шком мно́го оде́жды 4) чересчу́р вы́чурный *(о моде́ли одежды)*

drew [druː] *past см.* **draw II**

dribble I [′drɪbl] *n* 1) ка́панье; проса́чивание 2) то́нкая стру́йка

dribble II *v* 1) пуска́ть слю́ни 2) ка́пать; течь 3) вести́ мяч *(в футболе)* дри́блингом

driblet [′drɪblɪt] *n* 1) небольшо́е коли́чество; ка́пелька; **by ~s** по ка́пельке; **in ~s** понемно́гу 2) незначи́тельная су́мма 3) то́нкая стру́йка

dribs and drabs [ˌdrɪbz ənd ′dræbz] *n pl разг.* ме́лкие разбро́санные ча́сти *(работы и т. п.)*; ме́лочи

drier [′draɪə(r)] *см.* **dryer**

drift I [drɪft] *n* 1) (ме́дленное) тече́ние; снос *(ветром или водой)* 2) направле́ние, тенде́нция 3) смысл (выска́зываний) 4) нано́с *(песка, снега и т. п.)*; сугро́б; ку́ча *(песка)*; зано́сы 5) *мор.* дрейф; *ав.* снос 6) безде́йствие 7) *горн.* штрек

drift II *v* 1) сноси́ть(ся) тече́нием, ве́тром; дрейфова́ть 2) наноси́ть, намета́ть *(сугро*

driftage

бы, кучи песка и т. п.) 3) быть пасси́вным; плыть по тече́нию

drift apart разойти́сь

driftage [ˈdrɪftɪdʒ] *n* 1) снос, дрейф *(судна)* 2) предме́ты, вы́брошенные на бе́рег мо́ря

drifter [ˈdrɪftə(r)] *n* 1) дри́фтер *(судно для тра́лового ло́ва ры́бы)* 2) *разг.* бродя́га, бич, бомж

drift-ice [ˈdrɪftaɪs] *n* дрейфу́ющий лёд

drift-net [ˈdrɪftnet] *n* плавна́я сеть

driftwood [ˈdrɪftwʊd] *n* до́ски, деревя́нные обло́мки, приби́тые мо́рем к бе́регу *или* пла́вающие на пове́рхности

drill[1] **I** [drɪl] *n* сверло́; бур; сверли́льный стано́к

drill[1] **II** *v* сверли́ть; бури́ть

drill[2] **I** *n* 1) (строево́е) уче́ние; муштра́ 2) трениро́вка; зубрёжка 3) *разг.* обы́чная процеду́ра *(выполне́ния зада́ния и т. п.);* **you know the ~** ты зна́ешь, как э́то де́лать 4) *attr* учёбный

drill[2] **II** *v* 1) проходи́ть (строево́е) обуче́ние; трениро́ваться 2) обуча́ть, тренирова́ть; дава́ть то́чные инстру́кции *(для выполне́ния зада́ния и т. п.),* подро́бно инструкти́ровать

drill[3] **I** *n с.-х.* 1) рядова́я се́ялка 2) борозда́

drill[3] **II** *v с.-х.* се́ять ряда́ми

drill[4] *n* тик *(ткань)*

driller[1] [ˈdrɪlə(r)] *n* 1) сверли́льный стано́к 2) сверло́вщик 3) бури́льщик

driller[2] *n* инстру́ктор

drillhole [ˈdrɪlhəʊl] *n* бурова́я сква́жина

drilling[1] [ˈdrɪlɪŋ] *n* сверле́ние; буре́ние

drilling[2] *n* (строево́е) уче́ние; муштра́

drilling[3] *n* посе́в рядово́й се́ялкой

drily [draɪlɪ] *adv* 1) су́хо, в сухова́той мане́ре; с сухова́тым ю́мором 2) су́хо, в сухо́м ви́де

drink I [drɪŋk] *n* 1) питьё, напи́ток; **to have a ~ of milk** попи́ть молока́; **soft ~s** безалкого́льные напи́тки 2) кре́пкий спиртно́й напи́ток *(тж* **strong ~);** **let's have a ~** дава́й вы́пьем 3) глото́к; стака́н, по́рция *(вина́ и т. п.)* 4) пристра́стие к спиртно́му; **in ~** пья́ный

drink II *v* (**drank; drunk**) 1) пить 2) пья́нствовать, пить; **to ~ hard, to ~ like a fish** си́льно пья́нствовать 3) впи́тывать, вса́сывать вла́гу *(о расте́ниях)* 4) пропива́ть *(де́ньги, иму́щество)* ◊ **to ~ smb under the table** перепи́ть кого́-л., спои́ть собуты́льника

drink in жа́дно впи́тывать *(ка́ждое сло́во и т. п.)*

drink off вы́пить за́лпом, осуши́ть одни́м глотко́м

drink to пить за здоро́вье *(кого́-л.),* поднима́ть бока́л за *(кого́-л.)*

drink up вы́пить, осуши́ть всё до дна

drinkable [ˈdrɪŋkəbl] *a* го́дный для питья́

drink-driver [ˈdrɪŋkˌdraɪvə(r)] *n* пья́ный води́тель

drink-driving [ˈdrɪŋkˌdraɪvɪŋ] *n* вожде́ние автомоби́ля в пья́ном ви́де, в состоя́нии алкого́льного опьяне́ния *(амер.* **drunk driving)**

drinker [ˈdrɪŋkə(r)] *n* 1) пью́щий 2) пья́ница

drinking bout [ˈdrɪŋkɪŋ baʊt] *n* попо́йка

drinking chocolate [ˈdrɪŋkɪŋ ˈtʃɒklɪt] *n* горя́чий шокола́д *(напи́ток)*

drinking fountain [ˈdrɪŋkɪŋ ˈfaʊntɪn] *n* фонта́нчик с питьево́й водо́й

drinking song [ˈdrɪŋkɪŋ sɒŋ] *n* засто́льная пе́сня

drinking water [ˈdrɪŋkɪŋ ˌwɔːtə(r)] *n* питьева́я вода́

drip I [drɪp] *n* ка́панье; шум па́дающих ка́пель

drip II *v* ка́пать; па́дать ка́плями

dripping [ˈdrɪpɪŋ] *n* 1) расто́пленный жир *(при жа́рке мя́са)* 2) *pl* па́дающие ка́пли

dripping wet [ˈdrɪpɪŋ wet] *a* наскво́зь промо́кший

drippy [ˈdrɪpɪ] *a* 1) ка́плющий, протека́ющий 2) *сленг* неуме́лый, непракти́чный 3) *сленг* слезли́во-сентимента́льный *(о челове́ке)*

drive I [draɪv] *n* 1) пое́здка, автомоби́льная прогу́лка 2) побужде́ние, сти́мул, драйв; **he lacks ~** у него́ нет сти́мула *(к рабо́те и т. п.)* 3) (ча́стная) доро́га, подъездна́я алле́я *(к до́му)* 4) энерги́чные уси́лия; **armaments ~** го́нка вооруже́ний *(тж* **armaments race)** 5) *тех.* при́вод, переда́ча 6) пресле́дование *(зве́ря, неприя́теля);* обла́ва 7) обще́ственная кампа́ния 8) *спорт.* уда́р *(би́той, клю́шкой и т. п.)* 9) сплав, го́нка *(ле́са)* 10) *вчт* дисково́д; при́вод; накопи́тель

drive II *v* (**drove; driven**) 1) гнать; погоня́ть; пресле́довать 2) заставля́ть, принужда́ть 3) доводи́ть, приводи́ть; **to ~ out of one's senses** своди́ть с ума́; **to ~ to despair** доводи́ть до отча́яния 4) перегружа́ть рабо́той, переутомля́ть 5) уме́ть води́ть, вести́ *(автомоби́ль);* пра́вить *(лошадьми́)* 6) везти́, е́хать *(в автомоби́ле и т. п.)* 7) заноси́ть *(сне́гом, песко́м и т. п.);* относи́ть *(пото́ком)* 8) вбива́ть, вкола́чивать *(гвоздь)* 9) прокла́дывать *(тунне́ль, доро́гу)* 10) заключа́ть *(сде́лку и т. п.)* 11) приводи́ть в движе́ние; **to let ~** наце́ливать снаря́д/раке́ту 12) торопи́ть, загоня́ть *(куда́-л.)*

drive at *разг.* клони́ть *(к чему́-л.),* добива́ться *(чего́-л.)*

drive away прогонять; рассеивать

drive in 1) загонять *(куда-л.)* 2) заезжать *(куда-л.)*

drive into втолковывать, вбивать в голову

drive out выгонять, прогонять, изгонять

drive up (to) подъехать, подкатить *(на машине и т. п. — к чему-л.)*

drive-in [ˈdraɪvˈɪn] *n* ресторан, кинотеатр, банк *и т. п.* для автомобилистов, которые пользуются их услугами, не выходя из машины

drivel I [ˈdrɪvl] *n* глупая, бессмысленная болтовня, глупости

drivel II *v* 1) распускать слюни, сопли 2) болтать ерунду, нести околесицу

driveller [ˈdrɪvlə(r)] *n* дурень, идиот

driven [ˈdrɪvn] *p. p.* см. **drive II**

drive-on [ˈdraɪvˈɒn] *a* перевозящий автомобили *(о судне, пароме и т. п.)*

driver [ˈdraɪvə(r)] *n* 1) водитель *(транспортного средства)*, шофёр; машинист 2) *спорт.* клюшка для максимально далёкого удара *(в гольфе)*, драйвер 3) *тех.* ведущее колесо 4) *вчт* задающее устройство 5) *вчт* драйвер *(программа)* ◊ **in the ~'s seat** во главе, у руля, в руководстве

drive-through [ˈdraɪvˌθruː] *n* ресторан, банк *и т. п.* для автомобилистов, которые пользуются их услугами, не выходя из машины

driveway [ˈdraɪvweɪ] см. **drive I** 3)

driving [ˈdraɪvɪŋ] *n* 1) езда, катание 2) вождение, управление *(транспортным средством)* 3) *тех.* передача, привод

driving belt [ˈdraɪvɪŋ belt] *n* приводной ремень

driving licence [ˈdraɪvɪŋ ˌlaɪsəns] *n* водительские права *(амер.* **driver's license)**

driving school [ˈdraɪvɪŋ ˌskuːl] *n* автошкола, курсы вождения автомобиля

driving seat [ˈdraɪvɪŋ siːt] *n* : **to be in the ~** быть у руля; контролировать ситуацию

driving test [ˈdraɪvɪŋ ˈtest] *n* экзамен на получение водительских прав

driving wheel [ˈdraɪvɪŋ wiːl] *n тех.* ведущее колесо

drizzle I [ˈdrɪzl] *n* мелкий, моросящий дождь

drizzle II *v* моросить

drogue [drəʊg] *n* 1) плавучий якорь 2) *ав.* привязной аэростат

droll [drəʊl] *a* забавный; чудной

drollery [ˈdrəʊləri] *n* забава, шутка

dromedary [ˈdrɒmɪdəri] *n* одногорбый верблюд, дромадер

drone I [drəʊn] *n* 1) трутень 2) бездельник, лодырь, тунеядец 3) жужжание 4) монотонная речь

drone II *v* 1) бездельничать 2) жужжать, гудеть 3) монотонно говорить, читать

droop I [druːp] *n* 1) свисание, опускание 2) уныние 3) увядание 4) *муз.* понижение тона

droop II *v* 1) свисать, склоняться, поникать 2) повесить, понурить *(голову)*; потупить *(взгляд)* 3) *поэт.* клониться к закату 4) падать духом, впадать в уныние

drop I [drɒp] *n* 1) капля; **~s of dew** капли росы; **~ by ~**, **by ~s** капля за каплей; **in ~s** очень медленно, по капле 2) глоток 3) рюмка спиртного; **to take a ~ too much** *разг.* хватить лишнего 4) (внезапное) падение *(цен и т. п.)*; резкое снижение *(температуры)* 5) леденец, драже 6) подвеска; кулон; серьга 7) обрыв; крутой склон 8) *pl* капли *(лекарственная форма)*; **eye ~s** глазные капли; **ear ~s** ушные капли; **nasal ~s** капли для носа 9) очень малое количество, малость; **not a ~ of pity** ни капли жалости 10) *амер.* почтовый ящик; ящик для писем 11) тайник ◊ **a ~ in the bucket/ocean** ≅ капля в море

drop II *v* 1) капать, литься каплями 2) проливать *(слёзы)* 3) падать *(от усталости и т. п.)* 4) ронять; бросать; терять 5) прекращать *(разговор, переписку)*; бросать *(привычку)*; **~ it!** брось(те)!, оставь(те)! 6) довозить; подвозить; **~ me at the station** подбросьте/ подвезите меня к вокзалу 7) проронить *(слово)*; обронить *(намёк)*; **to ~ a hint** намекнуть 8) опускать *(письмо в ящик)* 9) покидать; бросать *(семью)* 10) сбрасывать *(одежду)* 11) понижать *(голос)*; опустить *(глаза)*, потупить *(взгляд)* 12) сбрасывать *(продовольствие и т. п.)* с парашютом 13) котиться; ягниться 14) терять *(очки, баллы)*; терпеть поражение *(о команде)* 15) падать; спадать; переставать; опускаться; снижаться 16) *амер. разг.* увольнять ◊ **fit/ ready to ~** очень усталый, в крайнем изнеможении; **to ~ a brick** *разг.* проговориться; ляпнуть что-л. неуместное

drop away расходиться, рассеиваться

drop back отставать; быть позади

drop back into вернуться к прежнему *(к привычке, обычаю и т. п.)*

drop down спускаться *(с холма и т. п.)*

drop in *разг.* забежать, заглянуть *(к кому-л.)*

drop off 1) постепенно исчезать, разрушаться 2) *разг.* заснуть 3) подбросить, высадить пассажира

drop out *разг.* не участвовать больше, выйти *(из игры, соревнования и т. п.)*; пропускать *(мероприятия)*

drop-and-insert [ˌdrɒpən(d)ˈɪnsɜːt] *n вчт* удале́ние и вста́вка

drop cap [ˈdrɒpˌkæp] *n* бу́квица; пе́рвая бу́ква в нача́ле главы́ (*тж* **drop capital**)

drop-curtain [ˈdrɒpˌkɜːtn] *n* па́дающий за́навес

drop-down menu [ˈdrɒpˌdaʊnˌmenjuː] *n вчт* раскрыва́ющееся меню́

drop-in centre [ˈdrɒpɪnˈsentə(r)] *n* центр обще́ния (*место встреч, консультаций и т. п.*)

drop-leaf [ˈdrɒpliːf] *n* откидна́я доска́ (*стола и т. п.*)

droplet [ˈdrɒplɪt] *n* ка́пелька

dropper [ˈdrɒpə(r)] *n* 1) пипе́тка 2) *мед.* ка́пельница

droppings [ˈdrɒpɪŋz] *n pl* 1) помёт, наво́з 2) ка́пли (*дождя, стекающего жира, воска со свечей*)

drop scone [ˈdrɒpˌskəʊn] *n* ма́ленький ола́душек

dropsical [ˈdrɒpsɪk(ə)l] *a* 1) *мед. уст.* страда́ющий водя́нкой 2) отёчный, опу́хший

dropsy [ˈdrɒpsɪ] *n* 1) *мед. уст.* водя́нка (*тж* **oedema**) 2) *сленг* взя́тка; чаевы́е

dross [drɒs] *n* 1) отбро́сы, му́сор 2) *тех.* ока́лина, шлак

drossy [ˈdrɒsɪ] *a* 1) нечи́стый, засорённый; с при́месями 2) *тех.* шла́ковый 3) никчёмный, него́дный

drought [draʊt] *n* 1) за́суха 2) дли́тельная нехва́тка (*чего-л.*)

droughty [ˈdraʊtɪ] *a* сухо́й; засу́шливый

drouth [draʊθ] *поэт. см.* **drought**

drove¹ [drəʊv] *past см.* **drive II**

drove² *n* 1) толпа́; мно́жество люде́й; **to arrive in ~s** прибыва́ть то́лпами 2) гурт, ста́до; кося́к

drover [ˈdrəʊvə(r)] *n* 1) гуртовщи́к 2) скотопромы́шленник

drown [draʊn] *v* 1) тону́ть; **to be ~ed** утону́ть 2) топи́ть(ся) 3) затопля́ть, залива́ть (*поля и т. п.*) 4) топи́ть в вине́ (*горе, неудачу*) 5) заглуша́ть (*звук, голос — out*)

drowse I [draʊz] *n* дремо́та

drowse II *v* 1) дрема́ть; быть вя́лым, со́нным, отупе́лым 2) усыпля́ть, навева́ть сон

drowsiness [ˈdraʊzɪnɪs] *n* сонли́вость; вя́лость

drowsy [ˈdraʊzɪ] *a* 1) со́нный, дре́млющий; сонли́вый 2) снотво́рный, усыпля́ющий 3) вя́лый

drub [drʌb] *v* 1) стуча́ть, ударя́ть 2) (по)би́ть, (по)колоти́ть 3) вбива́ть в го́лову, вда́лбливать (*into*) 4) выбива́ть, вышиба́ть из головы́ (*out of*)

drubbing [ˈdrʌbɪŋ] *n* побо́и

drudge I [drʌdʒ] *n* 1) челове́к, де́лающий тяжёлую, ну́дную рабо́ту 2) раб

drudge II *v* де́лать тяжёлую, ну́дную рабо́ту

drudgery [ˈdrʌdʒərɪ] *n* тяжёлая, ну́дная рабо́та, «ка́торга»

drug I [drʌg] *n* 1) лека́рство 2) нарко́тик 3) *pl амер.* сре́дства ли́чной гигие́ны (*зубная паста, мыло и т. д.*) ◊ **~ on the market** неходово́й това́р

drug II *v* 1) дава́ть, принима́ть лека́рство 2) подме́шивать (*в еду, питьё*) нарко́тики 3) употребля́ть нарко́тики

drug abuse [ˈdrʌg əˌbjuːs] *n* наркома́ния; злоупотребле́ние лека́рственными сре́дствами

drug addict [ˈdrʌgˌædɪkt] *n* наркома́н

drug baron [ˈdrʌgˌbærən] *n* наркобаро́н, наркоделе́ц (*тж* **drug lord**)

druggie [ˈdrʌgɪ] *n сленг* наркома́н

druggist [ˈdrʌgɪst] *n амер.* апте́карь

druggy [ˈdrʌgɪ] *см.* **druggie**

drug peddler [ˈdrʌgˌpedlə(r)] *n* торго́вец нарко́тиками, наркоторго́вец (*тж* **pusher**)

drug runner [ˈdrʌgˌrʌnə] *n* наркокурье́р

drug squad [ˈdrʌgˌskwɒd] *n* отде́л поли́ции по борьбе́ с нарко́тиками

drugstore [ˈdrʌgstɔː] *n амер.* апте́ка (*где, наряду с лекарствами, продают готовую еду и другие товары*)

Druid [ˈdruːɪd] *n* друи́д

drum I [drʌm] *n* 1) бараба́н 2) бараба́нный бой; звук бараба́на 3) цилиндри́ческий конте́йнер 4) *архит.* поду́шка капите́ли 5) *тех.* бараба́н, цили́ндр 6) *анат.* бараба́нная перепо́нка 7) *attr* бараба́нный

drum II *v* 1) бить в бараба́н 2) бараба́нить, стуча́ть 3) хло́пать кры́льями

drum into вда́лбливать (*задание*)

drum out *воен.* уво́лить со слу́жбы с позо́ром

drum up созыва́ть, собира́ть

drumfire [ˈdrʌmˌfaɪə(r)] *n* 1) *воен.* урага́нный ого́нь 2) шквал кри́тики

drumhead [ˈdrʌmhed] *n* 1) ко́жа на бараба́не 2) *анат.* бараба́нная перепо́нка

drum kit [ˈdrʌmkɪt] *n муз.* уда́рная устано́вка (*амер.* **drum set**)

drummer [ˈdrʌmə(r)] *n* 1) бараба́нщик 2) *амер. разг.* коммивояжёр 3) *сленг* вор

drumstick [ˈdrʌmstɪk] *n* 1) бараба́нная па́лочка 2) но́жка пригото́вленной для еды́ ку́рицы, инде́йки *и т. п.*

drunk I [drʌŋk] *n* 1) пья́ница, алкого́лик 2) *сленг* попо́йка; дебо́ш 3) *сленг* запо́й

drunk II *a* 1) пья́ный; **blind ~, dead ~** мертве́цки пьян; **to get ~** напи́ться (до́пьяна) 2) опьянённый *(успехом, властью и т. п.)* ◊ ~ **as a fiddler**, ~ **as a lord** пьян в стéльку

drunk III *р. р. см.* **drink II**

drunkard [ˈdrʌŋkəd] *n* пьянúца, алкогóлик

drunken [ˈdrʌŋkən] *a* пьяный

drunkenness [ˈdrʌŋkənɪs] *n* 1) опьянéние, хмель 2) пьянство

dry I [draɪ] *a* 1) сухóй; высохший; иссóхший 2) высохший, пересóхший *(о реке, колодце и т. п.)* 3) сухóй *(о вине)* 4) скучный; неинтерéсный; ~ **as dust** óчень скучный 5) тóнкий, суховáтый, скрытый *(о юморе, шутке)* 6) сухóй *(о законе);* **to go** ~ запрещáть продáжу спиртных напúтков; вводúть сухóй закóн 7) безразлúчный, бесстрáстный, холóдный 8) *разг.* испытывающий жáжду *(о человеке)* ◊ ~ **goods** бакалéйные товáры; ~ **measure** мéра объёма для сыпучих тел; ~ **facts** гóлые фáкты; ~ **run** *разг.* репетúция *(в театре)*

dry II *v* сушúть(ся); сóхнуть, высыхáть; **dried fruit** сухофрукты; **dried milk** сухóе молокó; **dried flowers** высушенные цветы; гербáрий **dry out** 1) высыхáть; пересыхáть 2) пройтú курс лечéния *(об алкоголике, наркомане)* **dry up** 1) пóлностью высохнуть; пересóхнуть 2) сушúть вымытую посуду 3) пóлностью выпариться, испарúться 4) пересóхнуть *(о колодце)* 5) *разг.* иссякнуть, прекратúться *(о беседе, дискуссии)*

dryad [ˈdraɪəd] *n миф.* леснáя нúмфа, дриáда

dry cleaner's [ˈdraɪˌkliːnə(r)s] *n* химчúстка

dryer [ˈdraɪə(r)] *n* 1) сушúльный прибóр, сушúлка 2) фен 3) сиккатúв

dryish [ˈdraɪɪʃ] *a* суховáтый

dryly [ˈdraɪlɪ] *см.* **drily**

dry-nurse I [ˈdraɪnɜːs] *n* няня, нянька

dry-nurse II *v* нянчить

dryrot [ˈdraɪˌrɒt] *n* сухáя гниль *(древесины)*

dry-shod [ˈdraɪˌʃɒd] *adv* не замочúв ног

D. Sc. *сокр.* **(Doctor of Science)** дóктор технúческих наук

DTP *сокр.* **(desktop publishing)** настóльная издáтельская систéма; настóльное издáтельство

dual I [ˈdjuːəl] *n грам.* двóйственное числó

dual II *a* 1) двойнóй, двóйственный; ~ **carriageway** автострáда с двумя *или* бóлее полосáми движéния в кáждом направлéнии с разделúтельной полосóй посерединé *(амер.* **divided highway**); ~**control** имéющий два пульта управлéния 2) сдвóенный

dualism [ˈdjuːəlɪz(ə)m] *n филос.* дуалúзм

duality [djuːˈælɪtɪ] *n* двóйственность

dub¹ [dʌb] *v* 1) посвящáть в рыцари 2) давáть тúтул 3) давáть прóзвище 4) смáзывать жúром

dub² *v* дублúровать *(фильм);* озвучивать *(фильм)*

dub³ *n амер. сленг* неóпытный *или* неумéлый человéк; неумéха

dubbing [ˈdʌbɪŋ] *n* 1) *кино* дубляж 2) перезáпись рáзных фоногрáмм на одну, сведéние 3) зáпись с аудиокассéты на аудиокассéту

dubiety [djuːˈbaɪətɪ] *n книжн.* 1) сомнéние, колебáние 2) что-л. вызывáющее сомнéние

dubious [ˈdjuːbɪəs] *a* 1) сомневáющийся, колéблющийся 2) сомнúтельный; подозрúтельный; ~ **company** сомнúтельная компáния 3) вызывáющий сомнéния; **a** ~ **undertaking** сомнúтельное дéло/предприятие

dubitative [ˈdjuːbɪtətɪv] *a книжн.* сомневáющийся; нерешúтельный

ducal [ˈdjuːk(ə)l] *a* гéрцогский

ducat [ˈdʌkət] *n* 1) дукáт *(золотая монета)* 2) монéта; *pl* дéньги

duchess [ˈdʌtʃɪs] *n* герцогúня

duchesse [duːˈʃes] *n* 1) сорт тяжёлого атлáса *(ткань)* 2) трельяж 3) *attr:* ~ **lace** сорт брюссéльского кружева; ~ **potatoes** картóфель дюшéс *(запечённые в духовке розаны из картофельного пюре)*

duchy [ˈdʌtʃɪ] *n* гéрцогство

duck¹ [dʌk] *n* 1) утка 2) утúное мясо, утятина 3) *ласк.* мúлочка, лáпочка, голубушка ◊ **to play** ~**s and drakes with** растрáчивать, промáтывать; **like a** ~ **to water** легкó освóиться, чувствовать себя как рыба в водé; **like water off a** ~**'s back** как с гуся водá; **a fine day/weather for young** ~**s** *шутл.* дождлúвая погóда

duck² I *n* 1) ныряние 2) быстрый «нырóк» головóй вниз *(чтобы уклониться от удара)*

duck² II *v* 1) нырять; быстро окунáть(ся) 2) быстро «нырнуть» головóй вниз *(чтобы уклониться от удара)* 3) *разг.* уклоняться, пропускáть; **to** ~ **a meeting** уклоняться от встрéчи

duck³ *n* 1) парусúна 2) *pl* парусúновые брюки

duck-legged [ˈdʌkˌlegd] *a* перевáливающийся с ногú нá ногу

duckling [ˈdʌklɪŋ] *n* утёнок

duck's-egg [ˈdʌkseg] *n* нулевóй счёт *(в крикéте)*

duck-shot [ˈdʌkʃɒt] *n* мéлкая дробь

duckweed [ˈdʌkwiːd] *n бот.* ряска

ducky [ˈdʌkɪ] *a разг.* мúлый, мúленький, прелéстный

duct [dʌkt] *n* протóк, канáл; трубá; **laccrimal** ~ *анат.* слёзный протóк

ductile [ˈdʌktaɪl] *a* 1) гúбкий, кóвкий *(о метáлле)* 2) гóдный для лéпки *(о глине и т. п.)* 3) подáтливый, послушный

ductility [dʌkˊtɪlɪtɪ] *n* 1) гибкость, ковкость *(металла)* 2) податливость, послушание

dud [dʌd] *n сленг* 1) никчёмный человек; неудачник 2) провал, неудача 3) подделка 4) неразорвавшийся снаряд 5) *pl* одежда

dude [djuːd] *n амер. сленг* 1) фат, пижон, дэнди 2) тип, парень, малый

dude ranch [ˊdjuːdˌrænʧ] *n амер.* ранчо, превращённое в базу отдыха для туристов

dudgeon [ˊdʌdʒən] *n* обида; **in high ~** с глубокой обидой, с возмущением

due I [djuː] *n* 1) должное; то, что принадлежит по праву *(кому-л.)*; **to give smb his ~** отдавать должное кому-л. 2) долг 3) *pl* сборы, взносы; налоги, пошлины

due II *a* 1) должный, причитающийся; **to fall/to become ~** наступать, истекать *(о сроке)* 2) заслуженный; надлежащий; **his ~ reward** заслуженная им награда 3) ожидаемый *(в определённое время)*; **a train is ~ at 10.30 a.m.** поезд прибывает в 10.30 утра; **in ~ course** в своё время 4) *predic* вызванный, обусловленный *(чем-л. — to)*; обязанный *(кому-л. — to)*

due III [djuː] *adv* точно, прямо *(о стрелке компаса)*

due date [ˊdjuːdeɪt] *n* дата окончания

duel I [ˊdjuːəl] *n* 1) дуэль, поединок 2) борьба, состязание между двумя участниками

duel II *v* драться на дуэли

duet [djuːˊet] *n* дуэт

due to [ˊdjuːˊtuː] *prep* потому что, из-за, вследствие, благодаря *(чему-л.)*; **they were late ~ an accident** они опоздали из-за аварии

duff [dʌf] *a сленг* поддельный; никчёмный; бесполезный

duffel [ˊdʌfəl] *см.* **duffle**

duffer [ˊdʌfə(r)] *n сленг* тупица; неумёха; никчёмный человек

duffle [ˊdʌfəl] *n* 1) грубая шерстяная ткань с начёсом 2) *амер.* спортивная *или* туристская одежда 3) *attr:* **~ bag** сумка (из ткани) цилиндрической формы через плечо; **~ coat** пальто из толстого сукна с капюшоном

dug[1] [dʌg] *past, p. p. см.* **dig II**

dug[2] *n* 1) вымя 2) сосок *(животного)*

dugout [ˊdʌgaʊt] *n* 1) *воен.* убежище, укрытие, блиндаж 2) челнок, выдолбленный из бревна

duke [ˊdjuːk] *n* 1) герцог; **royal ~** принц 2) *pl сленг уст.* кулаки

dukedom [ˊdjuːkdəm] *n* 1) герцогство 2) титул герцога

dulcify [ˊdʌlsɪfaɪ] *v* 1) смягчать 2) подслащивать

dulcimer [ˊdʌlsɪmə(r)] *n муз.* цимбалы

dull I [dʌl] *a* 1) тупой; глупый 2) скучный, нагоняющий скуку, тоску 3) пасмурный *(о погоде)* 4) тупой *(нож, край)* 5) тусклый, неясный 6) вялый, медлительный *(о человеке, животном, торговле)* 7) притупленный; тупой *(о боли)*; **~ of hearing** тугой на ухо ◊ **as ~ as ditchwater** невыносимо скучный, нудный

dull II *v* 1) притуплять(ся) 2) делать(ся) скучным, вялым, тусклым, неясным

dullard [ˊdʌləd] *n* тупица

dullish [ˊdʌlɪʃ] *a* 1) туповатый 2) скучноватый

dullness [ˊdʌlnɪs] *n* 1) скука 2) тусклость 3) вялость

duly [ˊdjuːlɪ] *adv* должным образом, правильно; как надо

dumb [dʌm] *a* 1) немой 2) бессловесный, безгласный 3) беззвучный 4) онемевший *(от удивления и т. п.)*; **to strike smb ~** ошарашить, огорошить кого-л. 5) молчаливый; замкнутый 6) *амер. разг.* глупый, тупой, тёмный

dumbbell I [ˊdʌmbel] *n* 1) *pl* гимнастические гантели 2) *амер. сленг* дурочка; дурачок

dumbbell II *v* делать упражнения с гантелями

dumbfound [dʌmˊfaʊnd] *v* поразить, ошарашить, ошеломить

dumbhead [ˊdʌmhed] *n амер. сленг* болван, «пень»

dumbness [ˊdʌmnɪs] *n* немота

dumbo [ˊdʌmbəʊ] *n сленг* болван, дурак

dumbstruck [ˊdʌmstrʌk] *a* потерявший дар речи *(от изумления, шока)*

dumb waiter [ˊdʌmˊweɪtə(r)] *n* 1) вращающийся столик; открытая этажёрка для закусок 2) лифт с подаваемыми наверх блюдами из кухни в зал ресторана

dummy I [ˊdʌmɪ] *n* 1) кукла, марионетка 2) манекен 3) чучело 4) учебная мишень в виде человеческой фигуры 5) подставное лицо 6) прототип 7) *разг.* болван, тупица 8) детская соска 9) *разг.* глухонемой

dummy II *a* 1) ложный, поддельный; фиктивный, подставной 2) учебный; пробный; **~ run** пробный запуск, пробный прогон *(аппаратуры)*

dump I [dʌmp] *n* 1) свалка; груда хлама, мусора; мусорная куча; помойка 2) *разг.* «дыра», неприятное, неуютное место 3) *воен.* полевой склад 4) *вчт* разгрузка (памяти), вывод на печать

dump II *v* 1) сбрасывать, сваливать 2) выгружать, вываливать *(мусор)* 3) *разг.* бросать, покидать, оставлять 4) *эк.* устраивать демпинг

dump on *амер.* критикова́ть; руга́ть; ополча́ться *(на кого-л.)*

dumping [ˈdʌmpɪŋ] *n* 1) сбра́сывание, сва́ливание; ~ **ground** сва́лка (отхо́дов и му́сора) 2) *эк.* де́мпинг, вы́воз по бро́совым це́нам; **currency** ~ валю́тный де́мпинг

dumpish [ˈdʌmpɪʃ] *a* уны́лый, печа́льный

dumpling [ˈdʌmplɪŋ] *n* 1) клёцка 2) я́блочный *или* фрукто́вый пу́динг; **apple** ~ я́блоко в те́сте 3) *разг.* коротышка *(о человеке)*; пы́шка

dumps [dʌmps] *n pl разг.* уны́ние, пода́вленное состоя́ние, хандра́; **in the** ~ в дурно́м настрое́нии, в депре́ссии

dumpster [ˈdʌmpstə] *n* му́сорный конте́йнер

dump truck [ˈdʌmpˌtrʌk] *n* самосва́л *(тж* **dumper truck)**

dumpy [ˈdʌmpɪ] *a* корена́стый

dun¹ I [dʌn] *n* серова́то-кори́чневый цвет

dun¹ II *a* серова́то-кори́чневый

dun² I *n* 1) насто́йчивый кредито́р 2) тре́бование упла́ты до́лга

dun² II *v* насто́йчиво тре́бовать упла́ты до́лга; пристава́ть с упла́той до́лга

dunce [dʌns] *n* тупи́ца

dunderhead [ˈdʌndəhed] *n* болва́н, дура́к

dune [djuːn] *n* дю́на

dune buggy [ˈdjuːnˌbʌɡɪ] *n* небольшо́й автомоби́ль для передвиже́ния по песча́ному пля́жу *(тж* **beach buggy)**

dung¹ I [dʌn] *n* помёт, наво́з; удобре́ние

dung¹ II *v* унаво́живать, удобря́ть наво́зом

dung² past, p. p. см. ding II

dungaree [ˌdʌŋɡəˈriː] *n текст.* хлопчатобума́жная са́ржа

dung-beetle [ˈdʌnˌbiːtl] *n* наво́зный жук

dungeon [ˈdʌndʒ(ə)n] *n* подзе́мная темни́ца, тюрьма́

dung-fly [ˈdʌnflaɪ] *n* наво́зная му́ха

dunghill [ˈdʌnhɪl] *n* наво́зная ку́ча

dunk [dʌŋk] *v* 1) мака́ть *(хлеб, печенье и т. п.)* в чай, ко́фе 2) погружа́ть, окуна́ть

dunno [dəˈnəʊ] *разг.* = (I) **do not know**

duo [ˈdjuːəʊ] *n* 1) па́рное выступле́ние *(актёров, конферансье и т. д.)* 2) *муз.* дуэ́т

duodecimal [ˌdjuːəʊˈdesɪm(ə)l] двенадцатери́чный, дуодецима́льный

duodenum [ˌdjuːəʊˈdiːnəm] *n анат.* двенадцатипе́рстная кишка́

duodenitis [ˌdjuːəʊdɪˈnaɪtɪs] *n мед.* дуодени́т

duopoly [djuˈɒpəlɪ] *n эк.* дуопо́лия *(рыночная ситуация, когда существуют только два покупателя какого-л. товара)*

duotone [ˈdjuːəˌtəʊn] *n полигр.* печа́ть в две кра́ски

dupable [ˈdjuːpəbl] *a* (легко́) поддаю́щийся обма́ну, сли́шком дове́рчивый

dupe I [djuːp] *n* 1) обма́нутый челове́к 2) дове́рчивый челове́к, проста́к

dupe II *v* обма́нывать, одура́чивать

dupery [ˈdjuːpərɪ] *n* обма́н, надува́тельство

duplex I [ˈdjuːpleks] *n* 1) кварти́ра на двух у́ровнях, двухэта́жная кварти́ра 2) *амер.* дом на две семьи́

duplex II 1) двойно́й, двусторо́нний; состоя́щий из двух часте́й 2) *амер.* двухэта́жный, име́ющий два у́ровня *(о квартире)* 3) *амер.* рассчи́танный на две семьи́ *(о доме)*

duplicate I [ˈdjuːplɪkət] *n* 1) дублика́т; ко́пия 2) *юр.* второ́й экземпля́р (докуме́нта); **made in** ~ сде́лано в двух экземпля́рах

duplicate II *a* 1) удво́енный, двойно́й; па́рный 2) в не́скольких экземпля́рах 3) в двух экземпля́рах

duplicate III [ˈdjuːplɪkeɪt] *v* 1) удва́ивать 2) снима́ть ко́пию, размножа́ть 3) дубли́ровать

duplication [ˌdjuːplɪˈkeɪʃ(ə)n] *n* 1) удва́ивание 2) сня́тие ко́пий, размноже́ние 3) ко́пия 4) дубли́рование

duplicator [ˈdjuːplɪˌkeɪtə(r)] *n* копирова́льный, мно́жительный аппара́т

duplicity [djuːˈplɪsɪtɪ] *n* двули́чность, двуру́шничество

durability [ˌdjʊərəˈbɪlɪtɪ] *n* 1) выно́сливость, живу́честь 2) про́чность; сто́йкость 3) *тех.* продолжи́тельность сро́ка слу́жбы; долгове́чность 4) надёжность

durable [ˈdjʊərəbəl] *a* 1) про́чный 2) долговре́менный; дли́тельного по́льзования *(о товарах)*

duralumin [djʊəˈræljʊmɪn] *n* дюралюми́ний

duration [djʊəˈreɪʃ(ə)n] *n* 1) продолжи́тельность; **of long** ~ долговре́менный; **of short** ~ кратковре́менный; **for the** ~ о́чень надо́лго 2) отре́зок вре́мени, срок; вре́мя

duress(e) [djʊəˈres] *n юр.* принужде́ние; **under** ~ по принужде́нию, под давле́нием

during [ˈdjʊərɪŋ] *prep* в тече́ние, в продолже́ние, во вре́мя

durst [dɜːst] *уст. past см.* **dare**

durum [ˈdjʊərəm] *n* сорт твёрдой пшени́цы *(для макарон и т. п.)*

dusk I [dʌsk] *n* су́мерки

dusk II *a поэт.* су́меречный; нея́сный, затенённый

dusk III *v поэт.* смерка́ться

duskiness [ˈdʌskɪnɪs] *n* 1) су́мрак, тени́стость 2) сму́глость

dusky [ˈdʌskɪ] *a* 1) су́мрачный, тени́стый 2) сму́глый

dust I [dʌst] *n* 1) пыль; **to make/to raise a** ~ поднима́ть пыль; *перен. разг.* поднима́ть шум 2) *бот.* пыльца́ 3) прах, бре́нные оста́нки; тлен 4) шум, сумато́ха ◊ **in the ~** а) уни́женный б) мёртвый; **~ and ashes** большо́е разочарова́ние, вели́кая доса́да; **to kiss the ~** а) пресмыка́ться б) потерпе́ть пораже́ние; **to throw ~ into smb's eyes** вводи́ть в заблужде́ние; пуска́ть пыль в глаза́; **when the ~ settles** когда́ всё успоко́ится, уля́жется

dust II *v* 1) вытира́ть, выбива́ть пыль 2) посыпа́ть *(сахаром, мукой и т. п.)* 3) запыли́ть; покрыва́ть пы́лью

dust off 1) сдува́ть, смета́ть пыль 2) вновь по́льзоваться *(чем-л. — после долгого периода забвения)*

dustbin [ˈdʌstbɪn] *n* му́сорный я́щик, конте́йнер для му́сора

dustcart [ˈdʌstkɑ:t] *n* фурго́н для му́сора, мусорово́з *(амер.* **garbage truck**)

dust-coat [ˈdʌstkəʊt] *n* пы́льник *(плащ)*

dust colour [ˈdʌstˌkʌlə(r)] *n* серова́то-кори́чневый цвет

dust cover [ˈdʌstˌkʌvə(r)] *n* суперобло́жка *(книги)*

duster [ˈdɪstə(r)] *n* 1) тря́пка для вытира́ния пы́ли 2) пылесо́с 3) пы́льник *(плащ)* 4) *амер. разг.* пы́льная бу́ря

dusting [ˈdʌstɪŋ] *n* 1) стира́ние, смета́ние, выбива́ние пы́ли 2) присыпа́ние, обсыпа́ние 3) *тех.* напыле́ние; опы́ливание 4) трёпка, побо́и; **to give smb a ~** зада́ть кому́-л. трёпку, вздуть кого́-л.

dusting powder [ˈdʌstɪŋˌpaʊdə(r)] *n* 1) тальк 2) чи́стящий *или* суша́щий порошо́к

dust jacket [ˈdʌstˌdʒækɪt] *см.* **dust cover**

dustman [ˈdʌstmən] *n* му́сорщик

dustpan [ˈdʌstpæn] *n* сово́к для му́сора

dust-proof [ˈdʌstpru:f] *a* пыленепроница́емый

dust sheet [ˈdʌstʃi:t] *n* 1) чехо́л *(для мебели)* 2) материа́л, кото́рым укрыва́ют ме́бель и пол в кварти́ре во вре́мя ремо́нта

dust storm [ˈdʌststɔ:m] *n* пы́льная бу́ря

dusty [ˈdʌstɪ] *a* 1) пы́льный 2) порошкообра́зный; пылеви́дный 3) сухо́й, неинтере́сный 4) серова́тый ◊ **not so ~** *разг.* неду́рно, не так уж пло́хо

Dutch I [dʌtʃ] *n* 1): **the ~** *(употр. как pl)* голла́ндцы 2) нидерла́ндский язы́к ◊ **to beat the ~** соверши́ть не́что из ря́да вон выходя́щее; **double ~** тараба́рщина

Dutch II *a* 1) голла́ндский; нидерла́ндский 2) *амер. сленг* неме́цкий ◊ **~ bargain** сде́лка за совме́стной вы́пивкой; **~ cap** противозача́точное сре́дство *(колпачок);* **~ courage** пья́ная у́даль; **~ treat** вечери́нка вскла́дчину; **~**

uncle «до́брый дя́дюшка»; **to go ~** дели́ть расхо́ды по́ровну, де́лать что-л. вскла́дчину

Dutchman [ˈdʌtʃmən] *n* 1) голла́ндец 2) голла́ндское су́дно 3) *амер. сленг* не́мец ◊ **Flying ~** Лету́чий голла́ндец; **I'm a ~ (if)** не я бу́ду, е́сли не

Dutchwoman [ˈdʌtʃˌwʊmən] *n* голла́ндка

duteous [ˈdju:tjəs] *a книжн.* послу́шный *(долгу);* поко́рный

dutiable [ˈdju:tjəbl] *a* подлежа́щий обложе́нию нало́гом *или* по́шлиной

dutiful [ˈdju:tɪfʊl] *a* испо́лненный чу́вства до́лга, отве́тственный; послу́шный

duty [ˈdju:tɪ] *n* 1) долг, обя́занность; **to do/to perform one's ~** исполня́ть свой долг; **honourable ~** почётная обя́занность 2) по́шлина; сбор, нало́г; **customs duties** тамо́женная по́шлина; **excess profits ~** нало́г на сверхпри́быль 3) слу́жба, рабо́та, служе́бные обя́занности; дежу́рство; **on ~** при исполне́нии служе́бных обя́занностей, на слу́жбе; на дежу́рстве; **off ~** вне слу́жбы; **to do ~ for** заменя́ть, замеща́ть 4) почти́тельность, почте́ние; **to send one's ~** засвиде́тельствовать своё почте́ние 5) *тех.* мо́щность

duty-free I [ˌdju:tɪˈfri:] *n* 1) систе́ма беспо́шлинной торго́вли 2) това́ры беспо́шлинной торго́вли *(сигареты, алкоголь и т. д.)* 3) магази́н беспо́шлинной торго́вли *(тж ~ **shop**)*

duty-free II *a* беспо́шлинный; **~ shop** магази́н беспо́шлинной торго́вли

duty-free III *adv* беспо́шлинно

duty-paid [ˈdju:tɪpeɪd] *a* опла́ченный по́шлиной

duvet [ˈdu:veɪ] *n* 1) пери́нка *(вместо одеяла)* *(амер.* **comforter**) 2) *attr:* **~ day** свобо́дный от рабо́ты день; дома́шний день

DVD *сокр.* **(digital video disk)** цифрово́й видеоди́ск, DVD-диск, ла́зерный диск форма́та DVD *(в наст. время область его примене́ния — не только видеотехника)*

DVD player [ˌdɪvɪdɪˈpleɪə(r)] *n* DVD-пле́ер, прои́грыватель DVD-ди́сков

dwarf I [dwɔ:f] *n* 1) ка́рлик 2) ка́рликовое живо́тное, расте́ние 3) *миф.* гном

dwarf II *a* ка́рликовый

dwarf III *v* 1) меша́ть ро́сту 2) подчёркивать незначи́тельность *(чего-л.)* по контра́сту *(с кем-л., чем-л.);* затмева́ть

dwarfish [ˈdwɔ:fɪʃ] *a* 1) ка́рликовый 2) недора́звитый

dwell [dwel] *v (past, p. p.* **dwelt**) 1) жить, обита́ть; находи́ться, пребыва́ть 2) заде́рживаться, остана́вливаться при чте́нии, разговóре *и т. п. (на чём-л. — (up)on)* 3) мéдлить перед взя́тием барье́ра *(о лошади)*

dweller [ˈdwelə(r)] *n* жи́тель; жиле́ц, обита́тель

dwelling [ˈdwelɪŋ] *n* жили́ще, дом

dwelling-house [ˈdwelɪŋhaʊs] *n* жило́й дом

dwelling-place [ˈdwelɪŋpleɪs] *n* местожи́тельство

dwelt [dwelt] *past, p. p. см.* **dwell**

dwindle [ˈdwɪndl] *v* 1) уменьша́ться, сокраща́ться; истоща́ться 2) теря́ть значе́ние; приходи́ть в упа́док; вырожда́ться; дегради́ровать, дегенери́ровать

dyad [ˈdaɪæd] *n* 1) *книжн.* число́ два; дво́йка; па́ра 2) *мат.* диа́да

dye I [daɪ] *n* 1) кра́ска; кра́сящее вещество́; краси́тель 2) окра́ска, цвет окра́ски; отте́нок 3) *attr* краси́льный

dye II *v* 1) кра́сить; окра́шивать 2) окра́шиваться, принима́ть окра́ску ◊ **dyed in the wool/grain** закорене́лый, отъя́вленный, махро́вый

d'ye [djə] *разг.* = **do you**

dye-house [ˈdaɪhaʊs] *n* краси́льня

dyeing [ˈdaɪɪŋ] *n* 1) кра́шение, окра́ска 2) краси́льное де́ло

dyer [ˈdaɪə(r)] *n* краси́льщик

dyestuff [ˈdaɪstʌf] *n* кра́сящее вещество́; краси́тель

dye-works [ˈdaɪwɜːks] *n* краси́льня

dying I [ˈdaɪɪŋ] *n* умира́ние, смерть; угаса́ние

dying II *a* 1) умира́ющий, угаса́ющий 2) предсме́ртный ◊ **to one's ~ day** до сме́ртного ча́са

dyke[1] **I, II** [daɪk] *см.* **dike I, II**

dyke[2] *n сленг* лесбия́нка

dynamic [daɪˈnæmɪk] *a* 1) энерги́чный, акти́вный, динами́чный 2) *физ.* динами́ческий

dynamics [daɪˈnæmɪks] *n pl* 1) дина́мика 2) дви́жущие си́лы

dynamic variable [daɪˈnæmɪk ˈve(ə)rɪəb(ə)l] *n мат.* динами́ческая переме́нная

dynamite I [ˈdaɪnəmaɪt] *n* динами́т

dynamite II *v* взрыва́ть динами́том

dynamo [ˈdaɪnəməʊ] *n* 1) *эл.* дина́мо-маши́на 2) *разг.* подви́жный/энерги́чный/мото́рный челове́к

dynamometer [ˌdaɪnəˈmɒmɪtə(r)] *n физ.* динамо́метр

dynastic [dɪˈnæstɪk] *a* династи́ческий

dynasty [ˈdɪnəstɪ] *n* дина́стия

dyne [daɪn] *n физ.* ди́на

dysentery [ˈdɪsəntrɪ] *n мед.* дизентери́я

dysfunction [dɪsˈfʌŋkʃ(ə)n] *n* 1) *мед.* дисфу́нкция 2) неспосо́бность норма́льно рабо́тать

dyslexia [dɪsˈleksɪə] *n мед.* дисле́ксия

dyspepsia [dɪsˈpepsɪə] *n мед.* диспепсия, расстро́йство пищеваре́ния

dyspeptic [dɪsˈpeptɪk] *a* 1) страда́ющий плохи́м пищеваре́нием 2) в пода́вленном состоя́нии

dysphasia [dɪsˈfeɪzɪə] *n мед.* дисфази́я, несвя́зность ре́чи

dysphoria [dɪsˈfɔːrɪə] *n* состоя́ние душе́вного, психи́ческого дискомфо́рта

dystrophy [ˈdɪstrəfɪ] *n мед.* дистрофи́я, истоще́ние

E

E, e [iː] *n* 1) *5-я буква англ. алфавита* 2) *муз.* но́та ми

E *сокр.* 1) **(east)** восто́к; восто́чный 2) **(engineering)** инжене́рное де́ло

each [iːtʃ] *pron* ка́ждый; ~ **of us** ка́ждый из нас; ~ **other** друг дру́га ◊ ~ **and every** все до еди́ного

eager [ˈiːgə(r)] *a* 1) пы́лкий, нетерпели́вый 2) стра́стно жела́ющий *(чего-л.);* стремя́щийся *(к чему-л. — for, after, about);* ~ **to learn** жа́ждущий узна́ть/вы́учить/научи́ться; ~ **for news** стремя́щийся узна́ть но́вости 3) энерги́чный ◊ ~ **beaver** *разг.* о́чень стара́тельный, приле́жный рабо́тник

eagerly [ˈiːgəlɪ] *adv* с больши́м жела́нием, охо́тно; энерги́чно

eagerness [ˈiːgənɪs] *n* пыл, рве́ние, стра́стное жела́ние

eagle [ˈiːgl] *n* 1) орёл 2) *амер.* моне́та в 10 до́лларов 3) *attr* орли́ный; ~ **eye** *перен.* зо́ркость, бди́тельность

eagle owl [ˈiːgl aʊl] *n* фи́лин

eaglet [ˈiːglɪt] *n* орлёнок

ear[1] [ɪə(r)] *n* 1) у́хо; **to prick up one's ~s** насторожи́ть у́ши, насторожи́ться; **my ~s are singing** у меня́ шуми́т в уша́х; **to be all ~s** внима́тельно слу́шать; **he was all ~s** он весь преврати́лся в слух 2) слух; **quick ~** о́стрый слух; **to play/to sing by ~** игра́ть/петь по слу́ху; **to have a good/bad/poor/no ~ for music** име́ть хоро́ший/плохо́й музыка́льный слух 3) ушко́; ру́чка *(кувшина и т. п.)* 4) внима́ние, внима́тельность; **to give ~ to** прислу́шиваться; **to have smb's ~** быть благоскло́нно вы́слушанным ◊ **over head and ~s, up to one's ~s** по́ уши *(в чём-л.);* **to**

turn a deaf ~ to игнори́ровать, не обраща́ть внима́ния, не слу́шать; **in one ~ and out the other** в одно́ у́хо вошло́, в друго́е вы́шло; **to have/to keep an ~ to the ground** прислу́шиваться к *(слухам, новым веяниям и т. п.)*, внима́тельно следи́ть за происходя́щим; **for one's own private ~** по секре́ту; **to give a thick ~** дать здоро́вую оплеу́ху; **to set by the ~s** поссо́рить

ear² [ɪə(r)] *n* ко́лос

earache ['ɪəreɪk] *n мед.* отalgи́я, боль в у́хе

eardrum ['ɪədrʌm] *n анат.* 1) бараба́нная перепо́нка 2) сре́днее у́хо

ear-flap ['ɪəflæp] *n* нау́шник *(шапки)*

earful ['ɪəfʊl] *n разг.* 1) о́чень продолжи́тельная бесе́да 2) вы́говор

earl [ɜːl] *n* граф *(в Соединённом Королевстве)*

earldom ['ɜːldəm] *n* 1) ти́тул гра́фа 2) родово́е, насле́дственное владе́ние гра́фа

earliness ['ɜːlɪnɪs] *n* 1) ра́ннее вре́мя 2) преждевре́менность

ear lobe ['ɪələʊ] *n* мо́чка у́ха

early I ['ɜːlɪ] *a* 1) ра́нний 2) предыду́щий 3) заблаговре́менный; преждевре́менный ◊ **at the earliest** не ра́нее; **at your earliest convenience** как то́лько у вас поя́вится возмо́жность; **~ bird** *разг.* ра́нняя пта́шка *(о человеке, который рано встаёт)*; **to be ~ on** быть на ра́нней ста́дии *(чего-л.)*

early II *adv* 1) ра́но; ~ **in the day** ра́но у́тром; заблаговре́менно

earlier version ['ɜːlɪər 'vɜːʃ(ə)n] *n вчт* бо́лее ра́нняя ве́рсия *(программы)*

early warning system [ˌɜːlɪ 'wɔːnɪŋ ˌsɪstəm] *n* 1) систе́ма заблаговре́менного предупрежде́ния *(о надвигающейся опасности)* 2) *воен.* систе́ма ра́ннего *или* да́льнего обнаруже́ния

earmark I ['ɪəmɑːk] *n* 1) отличи́тельный знак 2) клеймо́ на у́хе *(у животного)*

earmark II *v* 1) ассигнова́ть, выделя́ть де́ньги *(для какой-л. цели)* 2) клейми́ть *(скот)* 3) отмеча́ть

earmuffs ['ɪəmʌfs] *n* тёплые нау́шники из тка́ни *или* ме́ха

earn [ɜːn] *v* 1) зараба́тывать 2) заслу́живать

earner ['ɜːnə(r)] *n* 1) тот, кто зараба́тывает (де́ньги); **wage and salary ~ s** рабо́чие и служа́щие 2) корми́лец, добы́тчик 3) *сленг* де́нежная рабо́та, вы́годное де́льце

earnest¹ I ['ɜːnɪst] *n* 1) серьёзность, нешу́точность; **in (real/dead) ~** соверше́нно серьёзно, всерьёз 2) убеждённый, и́скренний 3) горя́чий, ре́вностный

earnest¹ II *a* серьёзный, ва́жный, нешу́точный

earnest² *n* зада́ток; зало́г

earning power ['ɜːnɪŋ ˌpaʊə] *эк.* 1) дохо́дность, при́быльность 2) квалифика́ция рабо́тника, обеспе́чивающая ему́ определённый за́работок

earnings ['ɜːnɪŋz] *n pl* за́работок

earnings-related ['ɜːnɪŋzrɪ ˌleɪtɪd] *a* рассчи́танный, исходя́ из за́работка *(о пенсии, премии и т. п.)*

earphone ['ɪəfəʊn] *n тлф, радио* нау́шники

earpiece ['ɪəpiːs] *n* 1) тру́бка телефо́на 2) нау́шники 3) ду́жка очко́в

earring ['ɪərɪŋ] *n* серьга́

earshot ['ɪəʃɒt] *n* преде́лы слы́шимости; **within/out of ~** в преде́лах/вне преде́лов слы́шимости

ear-splitting ['ɪə ˌsplɪtɪŋ] *a* оглуши́тельный

earth I [ɜːθ] *n* 1) **(E.)** Земля́ 2) су́ша 3) по́чва, грунт; земля́ **scorched ~** вы́жженная земля́ 4) *эл., радио* заземле́ние 5) нора́ *(лисы, барсука и т. д.)*; **to take ~, to go to ~** скры́ться в нору́ 6) *употребляется для усиления вопроса:* **how on ~?** каки́м же э́то о́бразом?; **it costs the ~** э́то сто́ит о́чень больши́х де́нег 7) *attr* земно́й 8) *attr* земляно́й; грунтово́й *(о дороге)* 9) *attr эл., радио* заземля́ющий ◊ **to come back/down to ~** верну́ться к повседне́вной реа́льности, спусти́ться на зе́млю; **gone to ~** в бега́х, в подпо́лье; **to burn the ~** нести́сь во весь опо́р

earth II *v* 1) зарыва́ть в зе́млю; зака́пывать; оку́чивать 2) загоня́ть в нору́ 3) зарыва́ться в нору́ 4) *эл., радио* заземля́ть 5) *ав.* сажа́ть *(самолёт)*; **to be ~ed** соверши́ть вы́нужденную поса́дку

earthbound ['ɜːθbaʊnd] *a* 1) приземлённый, земно́й; материа́льный 2) дви́жущийся к Земле́

earthen ['ɜːθ(ə)n] *a* 1) земляно́й; грунтово́й 2) гли́няный *(об изделиях)*

earthenware ['ɜːθ(ə)nweə(r)] *n* гли́няная, керами́ческая посу́да; гонча́рные изде́лия

earthing ['ɜːθɪŋ] *n эл., радио* заземле́ние

earthly ['ɜːθlɪ] *a* 1) земно́й 2) *разг. обыкн. с отрицанием* едва́ ли возмо́жный; **it is no ~ use** бесполе́зно; **not an ~ (chance)** ни мале́йшей возмо́жности

earth-nut ['ɜːθnʌt] *n* земляно́й оре́х, ара́хис

earthquake ['ɜːθkweɪk] *n* 1) землетрясе́ние 2) социа́льное потрясе́ние

earth-shattering ['ɜːθ ˌʃætərɪŋ] *a разг.* разруши́тельный, потряса́ющий

earthshine ['ɜːθʃaɪn] *n* пе́пельный свет (луны́)

earthwork ['ɜːθwɜːk] *n* 1) земляно́е укрепле́ние 2) *pl* земляны́е рабо́ты

earthworm ['ɜːθwɜːm] *n* земляно́й червь

earthy [′з:θɪ] *a* 1) земляной; землистый 2) приземлённый, земной, материальный; ~ **humour** грубый юмор

ear-trumpet [′ɪə͵trʌmpɪt] *n* слуховая трубка *(для слабослышащих)*

earwax [′ɪəwæks] *n* ушная сера

earwig [′ɪəwɪg] *n зоол.* уховёртка

ease I [i:z] *n* 1) лёгкость; **with** ~ с лёгкостью 2) облегчение 3) покой; непринуждённость, свобода; **at** ~ а) покойно, удобно, свободно б) *воен.* вольно; **ill at** ~ не по себе, неловко; **to set at** ~ успокоить, ободрить

ease II *v* 1) облегчать *(страдание, тяжесть и т. п.)*; успокаивать *(боль и т. п.)* 2) распускать, ослаблять, освобождать, умерять *(off, up)* 3) *шутл.* украсть *(что-л. — of)*

ease away *мор.* ослаблять *(канат, парус и т.п.)*

ease down *мор.* 1) снижать, сбавлять *(скорость)* 2) ослаблять *(канат, парус и т.п.)*

ease off 1) слегка сдвинуть, освободить *(что-л.)* 2) *мор.* ослаблять *(канат, парус и т.п.)* 3) *разг.* ослаблять усилия, сбавлять скорость *и т. п.*

ease round плавно завернуть за угол

ease up 1) ослабевать 2) *разг.* ослаблять усилия, сбавлять скорость *и т. п.* 3) *разг.* потесниться, освободить место *(для других)*

easel [′i:z(ə)l] *n* мольберт

easily [′i:zɪlɪ] *adv* 1) легко, свободно 2) вполне возможно; **it could** ~ **snow** может пойти и снег

easiness [′i:zɪnɪs] *n* 1) лёгкость 2) непринуждённость

east I [i:st] *n* 1) восток; *мор.* ост; **the East** а) Восток, восточные страны б) восточная часть страны, города; *амер.* восточные штаты; **Far/Near/Middle East** Дальний/Ближний/Средний Восток; **to the** ~ **(of)** к востоку (от) 2) восточный ветер; *мор.* ост

east II *a* восточный

east III *adv* к востоку (от), на восток (от)

eastbound [′i:stbaʊnd] *a* направляющийся, движущийся на восток

East-End [′i:st′end] *n* Ист-Энд *(промышленный район Лондона, расположенный к востоку от Сити)*

Easter [′i:stə(r)] *n рел.* 1) Пасха *(тж* ~ **Day,** ~ **Sunday)** 2) *attr* пасхальный; ~ **egg** пасхальное яйцо *(обыкн. из шоколада);* ~ **week** пасхальная неделя *(тж* **Bright week)**

easterly I [′i:stəlɪ] *a* 1) обращённый, направленный к востоку 2) дующий с востока, восточный *(о ветре)*

easterly II *adv* 1) к востоку, на восток 2) с востока

easterly III *n* восточный ветер

eastern I [′i:stən] *n* житель, уроженец Востока *(тж* **Eastern)**

eastern II *a* 1) живущий на Востоке 2) восточный; обращённый на восток; **E. Time** стандартное время, принятое в восточной Канаде, США и восточной Австралии

Eastern Church [′i:stən͵tʃз:tʃ] *n* **(the** ~**)** *рел.* православная церковь *(тж* **the Orthodox Church)**

easterner [′i:stənə(r)] *n* 1) житель *или* уроженец Востока 2) житель восточной части США

easternmost [′i:stənməʊst] *a* самый восточный

eastward I [′i:stwəd] *n* восточное направление

eastward II *a* направленный на восток, к востоку

eastward III *adv* к востоку, на восток, в восточном направлении

eastwards [′i:stwədz] *см.* **eastward III**

easy I [′i:zɪ] *a* 1) лёгкий, нетрудный; ~ **of access** (вполне) доступный 2) (с)покойный, удобный, благоприятный; ~ **circumstances** хорошие условия; **an** ~ **chair** удобное кресло; ~ **terms** оплата в рассрочку 3) свободный *(от страха, страданий и т. п.)* 4) непринуждённый, свободный; **an** ~ **manner** непринуждённость, непринуждённые манеры 5) уступчивый, покладистый; уживчивый 6) не пользующийся большим спросом *(о товаре, займе и т. п.)* ◊ ~ **on the trigger** *амер.* вспыльчивый, легко возбудимый; **of** ~ **virtue** лёгкого поведения *(о женщине);* **I'm** ~ *разг.* мне всё равно

easy II *adv* 1) легко, спокойно; **take it** ~! а) не торопитесь!, осторожней! б) не волнуйтесь!; не принимайте близко к сердцу! 2) спокойно; удобно; **stand** ~! *воен.* вольно! *(команда)* 3) непринуждённо ◊ ~ **come** ~ **go** *разг.* легко заработано, легко и промотано

easygoing [′i:zɪ͵gəʊɪŋ] *a* 1) спокойный, терпимый, уступчивый; уживчивый 2) лёгкий, спокойный *(о ходе лошади)*

easy-to-follow tutorial [͵i:zɪə′fɒləʊ tjuː′tɔ:rɪəl] *n* учебник для начинающих

easy-to-maintain [͵i:zɪəmeɪn′teɪn] *a* легко обслуживаемый

easy-to-test [͵i:zɪtə′test] *a* легко проверяемый; легко тестируемый; удобнотестируемый

easy-to-understand [͵i:zɪtə͵ʌndə′stænd] *a* простой; понятный

easy-to-use [͵i:zɪtə′ju:z] *a* удобный в работе, удобный в использовании

eat [i:t] *v* (**ate; eaten**) 1) есть; **to** ~ **well** иметь хороший аппетит 2) разъедать, разрушать *(away, at, into)* ◊ **to ~ one's heart out** мо́лча страда́ть; **to ~ out of smb's hand** во всём подчиня́ться кому́-л., лови́ть ка́ждое сло́во кого́-л.; **what's ~ing you?** что с тобо́й?, что на тебя́ напа́ло?; **to ~ one's words** призна́ть свою́ неправоту́

eat away 1) съеда́ть всё 2) разъеда́ть, разруша́ть

eat out обе́дать *или* у́жинать вне до́ма *(в ресторане и т. п.)*

eat up 1) съеда́ть всё 2) потребля́ть в большо́м коли́честве *(бензин и т. п.);* пожира́ть 3) быть снеда́емым *(гордостью и т. п.)*

eatable ['i:təbl] *a* съедо́бный

eatables ['i:təblz] *n pl разг.* еда́, проду́кты, съестны́е припа́сы

eaten ['i:tn] *p. p. см.* eat

eater ['i:tə(r)] *n* 1) *разг.* обе́дающий; сидя́щий за столо́м; едо́к; **a hearty/poor ~** челове́к с хоро́шим/с плохи́м аппети́том 2) столо́вый фрукт *(подаётся к столу в сыром виде, напр. яблоко)*

eating ['i:tɪŋ] *a* съедо́бный, столо́вый

eating disorder ['i:tɪŋ dɪs,ɔ:də(r)] *n мед.* наруше́ние аппети́та, пробле́ма с приёмом пи́щи *(анорексия или булимия)*

eating house ['i:tɪŋhaʊs] *n* столо́вая; заку́сочная; рестора́н

eats [i:ts] *n pl разг.* еда́, пи́ща

eau-de-Cologne [,əʊdəkə'ləʊn] *n* одеколо́н

eau-de-vie [,əʊdə'vi:] *n* кре́пкий напи́ток, *особ.* бре́нди

eaves [i:vz] *n pl* навес кры́ши, стреха́

eavesdrop ['i:vzdrɒp] *v* подслу́шивать *(тж с помощью микрофонов)*

eavesdropper ['i:vz,drɒpə] *n* 1) подслу́шивающий, люби́тель подслу́шивать 2) подслу́шивающее устро́йство, *разг.* «жучо́к»

eavesdropping ['i:vz,drɒpɪŋ] *n* 1) подслу́шивание 2) перехва́т, прослу́шивание телефо́нных разгово́ров

EB *(сокр.)* **(Encyclopaedia Britannica)** Брита́нская энциклопе́дия, энциклопе́дия «Брита́ника»

ebb I [eb] *n* отли́в ◊ **on the ~** в упа́дке; **at a low ~** в плохо́м состоя́нии, в упа́дке; **~ and flow** прили́вы и отли́вы, паде́ния и взлёты, постоя́нные измене́ния обстоя́тельств

ebb II *v* 1) отлива́ть, убыва́ть 2) угаса́ть, ослабева́ть *(часто* **to ~ away)**

ebb tide ['eb'taɪd] *n* отли́в

Ebola [i:'bəʊlə] *n мед.* ви́рус Эбо́ла, возбуди́тель геморраги́ческой лихора́дки Эбо́ла *(тж ~* **virus)**

ebony I ['ebənɪ] *n* 1) *бот.* эбе́новое де́рево 2) древеси́на эбе́нового де́рева 3) *книжн.* чёрный цвет

ebony II *a* 1) (из) чёрного де́рева, эбе́новый 2) *книжн.* чёрный

e-book [ɪ'bʊk] *n* электро́нная кни́га

EBRD *сокр.* **(European Bank for Reconstruction and Development)** Европе́йский банк реконстру́кции и разви́тия, ЕБРР

ebullient [ɪ'bʌlɪənt] *a* 1) кипу́чий, по́лный энтузиа́зма 2) кипя́щий

e-business [ɪ'bɪsnɪs] *n* электро́нный би́знес

EC *сокр.* 1) **(European Community)** *ист.* Европе́йское Соо́бщество 2) **(executive committee)** исполни́тельный комите́т

e-cash [ɪ'kæʃ] *n* электро́нные де́ньги *(для оплаты за покупки через Интернет)*

eccentric I [ɪk'sentrɪk] *n* 1) стра́нный, эксцентри́чный челове́к; чуда́к 2) *тех.* эксце́нтрик

eccentric II *a* 1) стра́нный, эксцентри́чный 2) *мат., тех.* эксцентри́ческий

eccentricity [,eksen'trɪsɪtɪ] *n* 1) эксцентри́чность 2) *мат., тех.* эксцентриси́тет

ecclesiastic I [ɪ,kli:zɪ'æstɪk] *n рел.* духо́вное лицо́, священнослужи́тель

ecclesiastic II *a см.* ecclesiastical

ecclesiastical [ɪ,kli:zɪ'æstɪkəl] *a* духо́вный; церко́вный

ECG *сокр.* **(electrocardiogram)** электрокардиогра́мма, ЭКГ

echelon ['eʃəlɒn] *n* 1) социа́льный слой, круг, у́ровень 2) эшело́н *(власти, организации, общества)* 3) *ав., воен.* эшело́н

echo I ['ekəʊ] *n* 1) э́хо; отголо́сок 2) подража́ние, имита́ция 3) подража́тель, имита́тор

echo II *v* 1) отража́ться *(о звуке)* 2) повторя́ть *(звук — об эхе)* 3) вто́рить *(кому-л.);* повторя́ть *(чьи-л. слова)* 4) подража́ть, имити́ровать

echo sounder ['ekəʊ,saʊndə(r)] *n мор.* эхоло́т

éclat [eɪ'klɑ:] *n фр.* 1) блеск, великоле́пие 2) успе́х *(в обществе),* большо́й резона́нс

eclectic I [ek'lektɪk] *n* эвкле́ктик

eclectic II *a* эклекти́ческий

eclipse I [ɪ'klɪps] *n* 1) затме́ние; **partial/total ~** части́чное/по́лное затме́ние 2) поте́ря бле́ска, пы́шности, значе́ния *(особ. в сравнении с кем-л. другим);* **in ~** оттеснённый на вторы́е ро́ли, потеря́вший было́й блеск, было́е вели́чие

eclipse II *v* 1) затмева́ть 2) теря́ть блеск, пы́шность, значе́ние *(особ. в сравнении с кем-л. другим)*

ecliptic [ɪ'klɪptɪk] *n астр.* экли́птика

eco-friendly [,i:kəʊ'frendlɪ] *a* экологи́чески безопа́сный, экологи́чески чи́стый

ecological [,i:kə'lɒʤɪkəl] *a* экологи́ческий

ecology [ɪˈkɒlədʒɪ] *n* эколо́гия

economic [ˌiːkəˈnɒmɪk] *a* 1) хозя́йственный 2) экономи́ческий; ~ **geography** экономи́ческая геогра́фия 3) *разг.* эконо́мный, бережли́вый

economical [ˌiːkəˈnɒmɪkəl] *a* эконо́мный, бережли́вый

economics [ˌiːkəˈnɒmɪks] *n* эконо́мика; наро́дное хозя́йство

economist [ɪˈkɒnəmɪst] *n* 1) экономи́ст 2) челове́к, уме́ло веду́щий фина́нсовые и хозя́йственные дела́ *(предприятия и т. п.)*

economize [ɪˈkɒnəmaɪz] *v* эконо́мить; сберега́ть; эконо́мно расхо́довать *(что-л. — on)*

economy [ɪˈkɒnəmɪ] *n* 1) хозя́йство; эконо́мика; **political ~** полити́ческая эконо́мия 2) эконо́мия, бережли́вость 3) *pl* сбереже́ния, сбережённый проду́кт 4) *attr:* ~ **class** эконо́м-класс *(самые дешёвые места в самолёте);* ~ **class syndrome** *разг.* синдро́м эконо́м-кла́сса, тромбо́з глубо́ких вен *(тж* **deep vein thrombosis, DVT)**

ecotourism [ˈiːkəʊˌtʊərɪz(ə)m] *n* экотури́зм, экологи́ческий тури́зм

ecru [ˈeɪkruː] *n* цвет небелёного полотна́, све́тло-бе́жевый цвет

ecstasy [ˈekstəsɪ] *n* 1) экста́з 2) **(Е.)** «э́кстази» *(наркотик)*

ecstatic [eksˈtætɪk] *a* 1) исступлённый; восто́рженный, экстати́ческий 2) вызыва́ющий экста́з

ECT *сокр.* **(electroconvulsive therapy)** *мед.* лече́ние электрошо́ком, электрошо́ковая терапи́я

ECU, ecu *сокр.* **(European Currency Unit)** *ист.* ЭКЮ, экю́ *(расчётная единица европейских валютных систем до 31.12.1998 г.)*

ecumenical [ˌɪkjuːˈmenɪk(ə)l] *a* экумени́ческий; общехристиа́нский; стремя́щийся к объедине́нию христиа́нских церкве́й

ecumenism [iːˈkjuːmənɪz(ə)m] *a* экумени́зм, при́нцип объедине́ния христиа́нского ми́ра

eczema [ˈeksɪmə] *n мед.* экзе́ма

ed. *сокр.* 1) **(edited by)** под реда́кцией 2) **(editor)** реда́ктор 3) **(educated)** получи́вший образова́ние 4) **(education)** образова́ние

eddy I [ˈedɪ] *n* 1) (небольшо́й) водоворо́т 2) вихрь; клубы́ *(дыма и т. п.)*

eddy II *v* кружи́ться в водоворо́те, в ви́хре

eddy currents [ˌedɪˈkʌrənts] *n эл.* вихревы́е то́ки

edema [ɪˈdiːmə] *n мед.* отёк; водя́нка *(тж* **oedema)**

Eden [ˈiːd(ə)n] *n* Эде́м, рай *(тж* **Garden of ~)**

edge I [edʒ] *n* 1) край; кро́мка; ребро́, грань; ~ **of a wood** опу́шка ле́са 2) остриё; ле́звие;

ре́жущая кро́мка *(инструмента)* 3) го́рный хребе́т; гре́бень *(горы)* 4) крити́ческое положе́ние, кра́йность 5) волну́ющая ситуа́ция, напряже́ние 6) *тех.* фронт *(импульса)* ◊ **on** ~ нетерпели́вый, раздражённый; **to set smb's teeth on** ~ заводи́ть, держа́ть в не́рвном напряже́нии кого́-л.; **to have the ~ on/over** име́ть преиму́щество; **to take the ~ off** осла́бить, уме́рить, смягчи́ть

edge II [edʒ] *v* 1) дви́гаться осторо́жно, пробира́ться *(in, into, out)* 2) окаймля́ть, обрамля́ть 3) обреза́ть края́; подстрига́ть *(траву)* 4) точи́ть, отта́чивать

edge away отходи́ть с осторо́жностью

edge into вти́скиваться

edge off *см.* **edge away**

edge on подстрека́ть

edge out потихо́ньку выбира́ться

edgeways [ˈedʒweɪz] *adv* 1) остриём, кра́ем (вперёд) 2) край к кра́ю ◊ **to get a word in** ~ вста́вить своё сло́во

edgewise [ˈedʒwaɪz] *см.* **edgeways**

edging [ˈedʒɪŋ] *n* 1) кайма́; кант 2) окаймле́ние; оканто́вка

edgy [ˈedʒɪ] *a* 1) раздражённый, не́рвный, на взво́де 2) ре́зкий, рва́ный *(о ритме, мелодии)*

edible I [ˈedɪbl] *n pl* еда́, съестно́е

edible II *a* съедо́бный

edict [ˈiːdɪkt] *n* эди́кт, ука́з

edification [ˌedɪfɪˈkeɪʃ(ə)n] *n* назида́ние, наставле́ние, поуче́ние

edifice [ˈedɪfɪs] *n* 1) (вели́чественное) зда́ние; сооруже́ние 2) сло́жная структу́ра *(организации, концепции)*

edify [ˈedɪfaɪ] *v* наставля́ть, поуча́ть

edit [ˈedɪt] *v* 1) редакти́ровать, подгота́вливать к печа́ти 2) издава́ть *(книги, газету и т. п.)* 3) монти́ровать *(фильм)* 4) гото́вить текст для компью́терной обрабо́тки 5) компили́ровать

editable [ˈedɪtəb(ə)l] *a* досту́пный для редакти́рования

editing [ˈedɪtɪŋ] *n* 1) пра́вка; редакти́рование 2) монта́ж, монти́рование *(фильма)*

edition [ɪˈdɪʃ(ə)n] *n* 1) изда́ние; **second** ~ второ́е изда́ние; **special** ~ э́кстренный вы́пуск 2) тира́ж

editor [ˈedɪtə(r)] *n* реда́ктор; **managing** ~ гла́вный реда́ктор *(тж* ~**-in-chief)**

editorial I [ˌedɪˈtɔːrɪəl] *n* передова́я (статья́), передови́ца

editorial II *a* редакцио́нный; реда́кторский

editorialist [ˌedɪˈtɔːrɪəlɪst] *n* а́втор передови́ц

editor-in-chief [ˈedɪtərɪnˈtʃiːf] *n* гла́вный реда́ктор

educate [ˈedjuːkeɪt] v 1) давать образование; воспитывать 2) обучать *(определённому делу)* 3) консультировать; информировать

educated [ˈedjuːkeɪtɪd] a 1) образованный 2) развитой *(о способности)*; свойственный образованному человеку 3) основанный на знаниях и опыте; просвещённый

education [ˌedjuːˈkeɪʃ(ə)n] n 1) образование; обучение; просвещение; **primary/higher ~** начальное/высшее образование; **compulsory ~** обязательное обучение; **trade ~** профессиональное образование; **nursery ~** дошкольное воспитание; **health ~** санитарное просвещение 2) воспитание, развитие *(способностей, характера)*; **physical ~** физическое воспитание, физическая культура

educational [ˌedjuːˈkeɪʃ(ə)nl] a 1) образовательный, учебный, педагогический 2) воспитательный

educator [ˈedjuːkeɪtə(r)] n педагог; воспитатель

educe [ɪˈdjuːs] v 1) развивать, выявлять *(способности)* 2) выводить, заключать *(from)*

eduction [ɪˈdʌkʃ(ə)n] n 1) выявление 2) вывод, заключение 3) *авто* выхлоп

edutainment software [ˌedjuˈteɪnmənt ˈsɒftwər] n *вчт* развлекательно-познавательное программное обеспечение

EEC *сокр.* **(European Economic Community)** *ист.* Европейское экономическое сообщество, ЕЭС, «Общий рынок»

EEG *сокр.* **(electroencephalogram)** электроэнцефалограмма, ЭЭГ

eel [iːl] n *зоол.* угорь

e'en [iːn] *поэт. см.* **even**[3]

e'er [eə(r)] *поэт. см.* **ever**

eerie [ˈɪərɪ] a жуткий, пугающий, страшноватый; **an ~ silence** жутковатая тишина

eery [ˈɪərɪ] *см.* **eerie**

efface [ɪˈfeɪs] v 1) стирать 2) изглаживать, вычёркивать *(из памяти и т. п.)* 3): **to ~ oneself** стушёвываться, стараться быть незаметным

effect I [ɪˈfekt] n 1) результат, следствие; **to have ~** подействовать, иметь желаемый результат; **of no ~** бесполезный; безрезультатный; **to this ~** для этой цели, для этого 2) действие, эффективность; сила; **to give to, to put into ~** вводить, приводить в действие; **to take ~, to go into ~** вступать в силу *(о законе, правиле и т. п.)*; **to bring/to carry into ~** осуществлять; **in ~** в действительности, в сущности 3) эффект, впечатление; **for ~** рассчитанный на эффект 4) *pl* имущество, багаж, поклажа 5) *pl* спецэффекты *(театральной постановки, фильма и т. п.)*

effect II v совершать; производить; выполнять; осуществлять

effective I [ɪˈfektɪv] n 1) *воен.* солдат, годный к службе 2) *pl* численный состав (армии) 3) *pl* боевой состав

effective II a 1) эффективный, успешный 2) эффектный, впечатляющий, производящий впечатление 3) действующий, действительный, имеющий силу *(о законе, правиле и т. п.)* 4) полезный, дающий эффект 5) годный к военной службе

effective date [ɪˈfektɪv ˌdeɪt] n *юр.* дата вступления в силу *(закона, правила и т.п.)*

effectual [ɪˈfektʃuəl] a 1) эффективный; достигающий цели, действенный 2) *юр.* имеющий силу, действующий, действительный

effectuate [ɪˈfektʃueɪt] v выполнять, совершать, приводить в исполнение

effeminacy [ɪˈfemɪnəsɪ] n женственность; изнеженность

effeminate [ɪˈfemɪnət] a женственный; женоподобный, изнеженный

effervescent [ˌefəˈvesnt] a 1) шипучий 2) энергичный, кипучий

effete [ɪˈfiːt] a 1) слабый, малосильный, немощный 2) истощённый, слабый

efficacious [ˌefɪˈkeɪʃəs] a эффективный; производительный

efficacy [ˈefɪkəsɪ] n эффективность, действенность

efficiency [ɪˈfiʃənsɪ] n 1) эффективность, действенность; продуктивность, производительность 2) умение; (работо)способность 3) *тех.* коэффициент полезного действия, кпд *(тж ~ **factor**))*

efficient [ɪˈfiʃənt] a 1) эффективный, действенный; продуктивный, производительный 2) знающий своё дело, умелый

effigy [ˈefɪdʒɪ] n изображение; статуя

effloresce [ˌefloːˈres] v 1) расцветать, зацветать 2) *геол.* выкристаллизовываться; выветриваться

efflorescence [ˌefloːˈresns] n 1) расцвет 2) *геол.* выветривание кристаллов

effluence [ˈefluəns] n истечение; утечка

effluent I [ˈefluənt] n 1) сток 2) рукав реки

effluent II a вытекающий

efflux [ˈeflʌks] n истечение; утечка

effort [ˈefət] n 1) усилие, напряжение 2) энергичная, решительная попытка 3) *разг.* достижение 4) произведение; **a literary ~** литературное произведение 5) программа работ; объём работ

effortless [ˈefətlɪs] a нетрудный, лёгкий, не требующий усилий

effrontery [ɪˈfrʌntərɪ] *n* на́глость, бессты́дство

effulgent [ɪˈfʌldʒənt] *a* лучеза́рный

effuse [ɪˈfjuːz] *v* 1) излива́ть, распространя́ть *(свет и т. п.)* 2) распространя́ть *(идеи и т. п.)*

effusion [ɪˈfjuːʒ(ə)n] *n* 1) изли́тие, излия́ние, пото́к 2) пото́к *(слов, стихов и т. п.)*

effusive [ɪˈfjuːsɪv] *a* преувели́ченный

EFL *сокр.* (**English as a Foreign Language**) англи́йский язы́к как иностра́нный

e.g. *сокр.* (**exempli gratia** *лат.* - for example) наприме́р

egad [ɪˈɡæd] *int уст., шутл.* ей-бо́гу!

egalitarian [ɪˌɡælɪˈteərɪən] *a* 1) относя́щийся к при́нципу равнопра́вия, эгалита́рный 2) приде́рживающийся при́нципа равнопра́вия

egg[1] [eɡ] *n* 1) яйцо́; **soft-boiled** ~ яйцо́ всмя́тку; **hard-boiled** ~ круто́е яйцо́; **fried** ~s яи́чница-глазу́нья; **scrambled** ~s яи́чница-болту́нья; **powdered** ~s яи́чный порошо́к; **bacon and** ~s яи́чница с беко́ном 2) *сленг* тип, па́рень; де́ло; **good** ~ а) хоро́ший ма́лый б) вы́годное, хоро́шее де́ло; **bad** ~ а) непутё́вый, никуды́шный челове́к б) ги́блое де́ло; **odd** ~ чуда́к 3) *мед.* яйцекле́тка ◊ **in the** ~ в са́мом зача́тке, на са́мой ра́нней ста́дии; **as sure as** ~s **is/are** ~s ≅ как два́жды два четы́ре, наверняка́; **to have/to put all one's** ~s **in one basket** положи́ть все я́йца в одну́ корзи́ну *(сделать ставку только на что-то одно, исключив использование других возможностей)*

egg[2] *v*: **to** ~ **on** подстрека́ть, подбива́ть *(на что-л.)*

egg-beater [ˈeɡˌbiːtə(r)] *n* 1) взбива́лка для яи́ц 2) *амер. сленг* вертолё́т

eggcup [ˈeɡkʌp] *n* подста́вка для яйца́ всмя́тку

egghead [ˈeɡhed] *n разг.* «яйцеголо́вый», интеллектуа́л; теоре́тик

eggplant [ˈeɡplɑːnt] *n амер.* баклажа́н

egg-shaped [ˈeɡʃeɪpt] *a* ова́льный, яйцеви́дный

eggshell [ˈeɡʃel] *n* 1) яи́чная скорлупа́ 2) что-л. о́чень хру́пкое 3) *attr* то́нкий, прозра́чный *(о фарфоре)*

egg white [ˈeɡˌwaɪt] *n* яи́чный бело́к

egocentric [ˌiːɡəʊˈsentrɪk] *a* эгоцентри́ческий

egocentricity [ˌiːɡəʊsenˈtrɪsɪtɪ] *n* эгоцентри́чность

egoism [ˈiːɡəʊɪzəm] *n* эгои́зм

egoist [ˈiːɡəʊɪst] *n* эгои́ст

egoistic(al) [ˌiːɡəʊˈɪstɪk(əl)] *a* эгоисти́чный, эгоисти́ческий

egotist [ˈiːɡəʊtɪst] *n* 1) индивидуали́ст 2) эгои́ст

egregious [ɪˈɡriːdʒəs] *a* отъя́вленный; шоки́рующий; вопию́щий

egress [ˈiːɡres] *n* 1) вы́ход 2) пра́во вы́хода

egression [iːˈɡreʃ(ə)n] *n* вы́ход

egret [ˈiːɡret] *n* (бе́лая) ца́пля

Egyptian I [ɪˈdʒɪpʃ(ə)n] *n* египтя́нин; египтя́нка; **the** ~s египтя́не

Egyptian II *a* еги́петский

eh [eɪ] *int* a?, как?, что (вы сказа́ли)?, а!, вот как!; не пра́вда ли?

eider [ˈaɪdə(r)] *n* 1) *зоол.* га́га *(тж* ~ **duck**) 2) гага́чий пух *(тж* **eiderdown**)

eiderdown [ˈaɪdədaʊn] *n* 1) гага́чий пух 2) пухо́вое стё́ганое одея́ло

eidolon [aɪˈdəʊlɒn] *n* 1) при́зрак, фанто́м 2) идеализи́рованный о́браз *(кого-л.)*

eigenvalue [ˈaɪɡ(ə)nˌvæljuː] *n мат.* со́бственное значе́ние

eight I [eɪt] *n* число́ во́семь, восьмё́рка

eight II *num* во́семь

eighteen [ˈeɪˈtiːn] *num* восемна́дцать

eighteenth I [ˈeɪˈtiːnθ] *n* восемна́дцатая часть

eighteenth II *num* восемна́дцатый

eighth I [eɪtθ] *n* восьма́я часть

eighth II *num* восьмо́й

eighties [ˈeɪtɪz] *n pl* 1) восьмидеся́тые го́ды *(столетия)* 2) во́зраст от 80 до 89 лет

eightieth I [ˈeɪtɪθ] *n* восьмидеся́тая часть

eightieth II *num* восьмидеся́тый

eight-wheeler [ˈeɪtwiːlə(r)] *n авто* четырё́хо́сный автомоби́ль

eighty [ˈeɪtɪ] *num* во́семьдесят

either I [ˈaɪðə(r)] *pron* оди́н из двух, ка́ждый из двух; тот и́ли друго́й, любо́й; о́ба, и тот и друго́й; ~ **way** в любо́м слу́чае

either II *adv, conj* 1) и́ли; ли́бо; ~... **or**... и́ли... и́ли...; ~ **go there or stay at home** и́ли поезжа́й туда́, и́ли остава́йся до́ма 2) то́же, та́кже *(при отрицании)*; **I do not like it** ~ мне э́то то́же не нра́вится; **if he does not come I shall not** ~ е́сли он не придё́т, то и я не приду́ 3) кро́ме того́

ejaculate I [ɪˈdʒækjʊlət] *n физиол.* изве́ргнутая семенна́я жи́дкость, эякуля́т *(спермы)*

ejaculate II [ɪˈdʒækjʊleɪt] *v* 1) *физиол.* изверга́ть *(семя)* 2) *уст.* восклица́ть

ejaculation [ɪˌdʒækjʊˈleɪʃ(ə)n] *n* 1) *физиол.* эякуля́ция, семяизверже́ние 2) *уст.* восклица́ние

eject [iːˈdʒekt] *v* 1) выселя́ть, выгоня́ть *(from)* 2) катапульти́роваться *(о пилоте)* 3) изверга́ть, выбра́сывать *(дым и т. п.)* 4) *вчт* выбра́сывать; выта́лкивать

eject button [ɪˈdʒektˈbʌtn] *n* кно́пка вы́грузки; кно́пка вы́броса *(диска или кассеты)*

ejection [iːˈdʒekʃ(ə)n] *n* 1) выселе́ние, изгна́ние 2) выбра́сывание, изверже́ние 3) изве́рженная, вы́брошенная ма́сса

ejector seat [ɪˈʤektəˌsiːt] *n ав.* катапульти́рующее устро́йство, катапу́льта

eke [iːk] *v*: **to ~ out** восполня́ть, рациона́льно испо́льзовать *(with, by)*; **to ~ out one's livelihood** ухитря́ться своди́ть концы́ с конца́ми

elaborate I [ɪˈlæbərət] *a* 1) тща́тельно, дета́льно разрабо́танный 2) иску́сно сде́ланный; сло́жный; вы́чурный

elaborate II [ɪˈlæbəreɪt] *v* 1) тща́тельно, дета́льно разраба́тывать, выраба́тывать 2) производи́ть

elaboration [ɪˈlæbəˈreɪʃ(ə)n] *n* разрабо́тка; совершенствование

elapse [ɪˈlæps] *v* проходи́ть, протека́ть, пролета́ть *(о времени)*

elastic I [ɪˈlæstɪk] *n* рези́нка; эласти́чный шнур

elastic II *a* 1) эласти́чный, упру́гий 2) легко́ приспоса́бливающийся, ги́бкий

elasticated [ɪˈlæstɪkeɪtɪd] *a* эласти́чный *(о ткани)*

elasticity [ɪlæsˈtɪsɪtɪ] *n* 1) ги́бкость, эласти́чность 2) хоро́шая приспособля́емость

elate [ɪˈleɪt] *v* 1) поднима́ть настрое́ние; подба́дривать; стимули́ровать 2) внуша́ть го́рдость *(за что-л.)*

elated [ɪˈleɪtɪd] *a* в припо́днятом настрое́нии

elation [ɪˈleɪʃ(ə)n] *n* 1) припо́днятое настрое́ние, восто́рг 2) *психол.* эйфори́я, экзальта́ция

elbow I [ˈelbəʊ] *n* 1) ло́коть 2) *тех.* коле́но *(трубы и т. п.)* ◊ **at one's ~** под руко́й, ря́дом; **to rub ~s with smb** *разг.* води́ть компа́нию, якша́ться с кем-л.; **out at ~s** а) си́льно поно́шенный *(об одежде)* б) обо́рванный, пло́хо оде́тый; **to give smb the ~** *разг.* оттолкну́ть, отве́ргнуть кого-л.

elbow II *v* 1) толка́ть локтя́ми; **to ~ oneself** прота́лкиваться, проти́скиваться *(in, into, through)* 2) прокла́дывать себе́ путь *(в толпе и т. п.)*

elbow-grease [ˈelbəʊgriːs] *n разг.* энерги́чная чи́стка, полиро́вка; тяжёлая рабо́та

elbow-room [ˈelbəʊrʊm] *n* просто́р *(для движе́ний, манёвра и т. п.)*

elder¹ I [ˈeldə(r)] *n* 1) бо́лее ста́рший по во́зрасту; **he is my ~** — он меня́ ста́рше 2) *pl* ста́рые лю́ди; ста́ршие; **respect your ~s** уважа́й ста́рших 3) ста́рец; старе́йшина

elder¹ II *a* ста́рший

elder² *n* бузина́

elderly [ˈeldəlɪ] *a* пожило́й, прекло́нного во́зраста

eldest [ˈeldɪst] *a* (са́мый) ста́рший

eldorado [ˌeldəˈrɑːdəʊ] *n* эльдора́до, золото́е дно; страна́ ска́зочных бога́тств

elect I [ɪˈlekt] *a* и́збранный; вы́бранный

elect II *v* 1) выбира́ть 2) избира́ть *(на выборах)*

election [ɪˈlekʃ(ə)n] *n* 1) вы́боры; **general ~** всео́бщие вы́боры; **midterm**/*амер.* **special ~** дополни́тельные вы́боры; **to hold an ~** проводи́ть вы́боры 2) избра́ние

electioneer I [ɪˌlekʃəˈnɪə(r)] *n* уча́стник предвы́борной кампа́нии; агита́тор за кандида́та

electioneer II *v* уча́ствовать в предвы́борной кампа́нии; агити́ровать за кандида́та

electioneering [ɪˌlekʃəˈnɪərɪŋ] *n* предвы́борная кампа́ния

elective [ɪˈlektɪv] *a* 1) вы́борный; и́збранный 2) име́ющий избира́тельные права́ 3) избира́тельный 4) необяза́тельный, несро́чный *(об опера́ции и т. п.)*

elector [ɪˈlektə(r)] *n* 1) избира́тель 2) *амер.* член колле́гии вы́борщиков *(на президе́нтских вы́борах)*

electoral [ɪˈlektərəl] *a* относя́щийся к избира́телям; **~ college** *амер.* колле́гия вы́борщиков *(на президе́нтских вы́борах)*

electorate [ɪˈlektərɪt] *n* избира́тели, электора́т

electric(al) [ɪˈlektrɪk(əl)] *a* электри́ческий

electrician [ɪlekˈtrɪʃ(ə)n] *n* электроте́хник; электромонтёр; эле́ктрик

electricity [ɪlekˈtrɪsɪtɪ] *n* электри́чество

electrification [ɪˌlektrɪfɪˈkeɪʃ(ə)n] *n* 1) электрифика́ция 2) электриза́ция

electrify [ɪˈlektrɪfaɪ] *v* 1) электрифици́ровать 2) электризова́ть 3) возбуди́ть, наэлектризова́ть

electrocardiogram [ɪˈlektrəʊˈkɑːdɪəgræm] *n мед.* электрокардиогра́мма, ЭКГ

electrocute [ɪˈlektrəkjuːt] *v* 1) казни́ть на электри́ческом сту́ле 2) уби́ть электри́ческим то́ком

electrocution [ɪˌlektrəˈkjuːʃ(ə)n] *n* казнь на электри́ческом сту́ле

electrode [ɪˈlektrəʊd] *n* электро́д

electroencephalogram [ɪˌlektrəʊɪnˈsefələgræm] *n* электроэнцефалогра́мма

electrolysis [ɪlekˈtrɒlɪsɪs] *n* электро́лиз

electromagnet [ɪˌlektrəʊˈmægnɪt] *n* электромагни́т

electromagnetic [ɪˌlektrəʊmægˈnetɪk] *a* электромагни́тный

electromobile [ɪˈlektrəmɒbaɪl] *n* электромоби́ль

electromotive [ɪˈlektrəʊˈməʊtɪv] *a* электродви́жущий; **~ force** электродви́жущая си́ла, эдс

electron [ɪˈlektrɒn] *n физ.* 1) электро́н 2) *attr* электро́нный

electronic [ɪlekˈtrɒnɪk] *a* электро́нный; **~ mail** электро́нная по́чта *(тж* **e-mail***)*

electronic document [ɪˌlekˈtrɒnɪkˈdɒkjʊmənt] *n* электро́нный докуме́нт; электро́нный текст

electronic magazine [ɪˌlekˈtrɒnɪk ˌmægəˈziːn] *n* электро́нный журна́л (*тж* e-zine)

electronic publishing [ɪˌlekˈtrɒnɪkˈpʌblɪʃɪŋ] *n* электро́нная изда́тельская систе́ма; электро́нное изда́тельство

electronics [ɪlekˈtrɒnɪks] *n* электро́ника

electronic text [ɪˌlekˈtrɒnɪktekst] *n* 1) электро́нный текст 2) электро́нная публика́ция (*тж* e-text)

electroplate [ɪˈlektrəpleɪt] *v* гальванизи́ровать

electroshock [ɪˈlektrə(ʊ)ʃɒk] *n* электрошо́к; ~ **therapy** *мед.* лече́ние электрошо́ком, электрошо́ковая терапи́я

electrotome [ɪˈlektrətəm] электроно́ж

elegance [ˈelɪgəns] *n* изя́щество, элега́нтность; утончённость

elegant [ˈelɪgənt] *a* 1) изя́щный, элега́нтный; утончённый 2) роско́шный (*о стиле жизни и т. п.*) 3) *амер.* превосхо́дный; прекра́сный; лу́чший

elegiac [ˌeliˈdʒaɪək] *a* элеги́ческий; гру́стный

elegy [ˈelɪdʒɪ] *n* эле́гия

element [ˈelɪmənt] *n* 1) элеме́нт, составна́я часть 2) стихи́я; **in his** ~ в свое́й стихи́и 3) *pl* осно́вы, нача́ла (*науки, профессии и т. п.*) 4) *хим.* элеме́нт

elemental [ˌeliˈmentl] *a* 1) стихи́йный; относя́щийся к четырём основны́м стихи́ям (*огню, воде, воздуху, земле*) 2) нача́льный, основно́й; элемента́рный

elementary [ˌeliˈmentərɪ] *a* 1) нача́льный; элемента́рный; просто́й; ~ **school** нача́льная шко́ла 2) *хим.* неразложи́мый

elephant [ˈelɪfənt] *n* слон; **white** ~ *перен.* обремени́тельное приобрете́ние

elephantine [ˌeliˈfæntaɪn] *a* 1) сло́новый 2) грома́дный, слоноподо́бный 3) неуклю́жий, громо́здкий

elevate [ˈeliveɪt] *v* 1) поднима́ть 2) повыша́ть (*в звании и т. п.*) 3) возвыша́ть

elevated [ˈeliveɪtɪd] *a* 1) по́днятый 2) надзе́мный, на эстака́де (*о дороге*) 3) возвы́шенный; ~ **style** возвы́шенный стиль 4) *разг.* подвы́пивший

elevation [ˌeliˈweɪʃ(ə)n] *n* 1) подня́тие; возвыше́ние 2) высота́ (*над уровнем моря, над горизонтом*) 3) холм, возвы́шенность 4) *тех.* про́филь, (вертика́льный) разре́з 5) *тех.* у́гол ме́ста 6) *тех.* у́гол возвыше́ния; у́гол накло́на

elevator [ˈeliveɪtə(r)] *n* 1) подъёмная маши́на, подъёмник 2) *ав.* руль высоты́ 3) *амер.* лифт 4) элева́тор

eleven [ɪˈlevn] *num* оди́ннадцать

eleven-plus [ɪˈlevnˈplʌs] *n ист.* экза́мен для одиннадцатиле́тних шко́льников на определе́ние их интеллектуа́льных спосо́бностей (*для выбора типа школы дальнейшего обуче́ния*)

elevenses [ɪˈlevənzɪz] *n pl разг.* чай и ко́фе в 11 часо́в утра́

eleventh I [ɪˈlevnθ] *n* оди́ннадцатая часть

eleventh II *num* оди́ннадцатый

elf [elf] *n* (*pl* **elves**) 1) *миф.* эльф 2) малы́ш, малю́тка 3) прока́зник, озорни́к

elfin [ˈelfɪn] *a* 1) относя́щийся к э́льфам, эльфи́йский 2) волше́бный

elfish [ˈelfɪʃ] 1) относя́щийся к э́льфам, эльфи́йский 2) волше́бный 3) кро́шечный 4) прока́зливый

elf-lock [ˈelflɒk] *n* спу́танные во́лосы

elicit [ɪˈlɪsɪt] *v* 1) допы́тываться, добива́ться; **to** ~ **response** добива́ться отве́та 2) выявля́ть, вызыва́ть (*скрытые возможности*)

elide [ɪˈlaɪd] *v* опуска́ть (*слог или гласный звук*) при произнесе́нии, «прогла́тывать» звук

eligibility [ˌelɪdʒɪˈbɪlɪtɪ] *n* пра́во быть и́збранным

eligible [ˈelɪdʒɪbl] *a* 1) име́ющий пра́во быть и́збранным (*for*) 2) подходя́щий, жела́тельный

eliminate [ɪˈlɪmɪneɪt] *v* 1) выбра́сывать, исключа́ть (*из — from*); освобожда́ться (*от чего-л.*) 2) уничтожа́ть, упраздня́ть; ликвиди́ровать

elimination [ɪˌlɪmɪˈneɪʃ(ə)n] *n* 1) исключе́ние, изгна́ние 2) уничтоже́ние, упраздне́ние 3) *вчт* удале́ние; исключе́ние; устране́ние

elision [ɪˈlɪʒ(ə)n] *n лингв., фон.* эли́зия

élite [ɪˈliːt] *n* эли́та; цвет (*чего-л. — of*)

elixir [ɪˈlɪksɪə(r)] *n* эликси́р

elk [elk] *n* лось

ell *n* крыло́ до́ма; *амер.* пристро́йка

ellipse [ɪˈlɪps] *n* 1) *мат.* э́ллипс 2) *см.* **ellipsis**

ellipsis [ɪˈlɪpsɪs] *n* (*pl* **ellipses** [ɪˈlɪpsiːz]) *лингв.* э́ллипсис

elliptic(al) [ɪˈlɪptɪk(əl)] *a мат., лингв.* эллипти́ческий

elm [elm] *n бот.* вяз, ильм

elocution [ˌeləˈkjuːʃ(ə)n] *n* ора́торское иску́сство

elongate [ˈiːlɒŋgeɪt] *v* 1) удлиня́ть(ся); растя́гивать(ся) 2) продлева́ть (*срок*)

elongation [ˌiːlɒŋˈgeɪʃ(ə)n, ˌelɒŋˈgeɪʃ(ə)n] *n* 1) *тех.* вытя́гивание; относи́тельное удлине́ние 2) продле́ние (сро́ка) 3) *мед.* вытяже́ние; удлине́ние

elope [ɪˈləʊp] *v* бежа́ть с возлю́бленным

eloquence [ˈeləkwəns] *n* красноречие

eloquent [ˈeləkwənt] *a* красноречивый

else [els] *adv* 1) ещё, кроме; вместо *(кого-то)*; **anybody ~** ещё кто-нибудь; **who ~?** кто ещё?; **somebody ~'s** чей-то, принадлежащий кому-то другому; **what ~ could I say?** что ещё/что, кроме этого я мог сказать? 2) иначе, или же, в противном случае, а (не) то; **run (or) ~ you will be late** бегите, а (не) то вы опоздаете

elsewhere [ˈelsˈweə(r)] *adv* где-нибудь в другом месте, где-нибудь ещё

elucidate [ɪˈluːsɪdeɪt] *v* проливать свет, разъяснять, объяснять

elucidation [ɪˌluːsɪˈdeɪʃ(ə)n] *n* разъяснение

elucidative [ɪˈluːsɪdeɪtɪv] *a* объяснительный, разъяснительный

elude [ɪˈluːd] *v* избегать, уклоняться, ускользать; не даваться

elusion [ɪˈluːʒən] *n* уклонение, увёртка

elusive [ɪˈluːsɪv] *a* 1) неуловимый, ускользающий; уклончивый 2) незапоминающийся

elves [elvz] *pl см.* elf

elvish [ˈelvɪʃ] *см.* elfish

em- [em-, ɪm-] *pref фонетический вариант* en- *перед* m, b, p

'em [əm] *разг.* = them

emaciate [ɪˈmeɪsɪeɪt] *v* изнурять, истощать

emaciation [ɪˌmeɪsɪˈeɪʃ(ə)n] *n* изнурение, истощение

e-mail [ɪˈmeɪl] *n* электронная почта, имейл

emanate [ˈeməneɪt] *v* 1) происходить *(from)* 2) исходить, истекать; испускать

emanation [ˌeməˈneɪʃ(ə)n] *n* истечение, испускание, излучение

emancipate [ɪˈmænsɪpeɪt] *v* освобождать, давать свободу; эмансипировать

emancipation [ɪˌmænsɪˈpeɪʃ(ə)n] *n* освобождение; эмансипация

emasculate I [ɪˈmæskjʊlɪt] *a* 1) лишённый силы, ослабленный; изнеженный 2) кастрированный 3) выхолощенный

emasculate II [ɪˈmæskjʊleɪt] *v* 1) ослаблять, обессиливать; изнеживать 2) кастрировать 3) выхолащивать *(идею и т. п.)*

embalm [ɪmˈbaːm] *v* 1) бальзамировать *(труп)* 2) сохранять от забвения 3) наполнять благоуханием

embalmment [ɪmˈbaːmənt] *n* 1) бальзамирование 2) бальзамирующее средство

embank [ɪmˈbæŋk] *v* 1) ограждать дамбами, насыпью 2) заключать *(реку)* в (каменную) набережную

embankment [ɪmˈbæŋkmənt] *n* 1) насыпь; дамба 2) (каменная) набережная

embargo I [ɪmˈbaːgəʊ] *n* 1) эмбарго; запрет, запрещение *(на торговлю, отношения и т. п.)*;

to lay an ~ on smth налагать эмбарго на что-л.; **to be under an ~** быть под запретом 2) наложение ареста *(напр. на судно)*, конфискация

embargo II *v* 1) налагать эмбарго 2) накладывать арест *(напр. на судно)*; реквизировать; конфисковывать

embark [ɪmˈbaːk] *v* 1) грузиться, садиться (на корабль, судно) 2) предпринимать *(что-л.)*, начинать *(какое-л. дело — on, ироп)*

embarkation [ˌembaːˈkeɪʃ(ə)n] *n* посадка, погрузка (на корабль, судно)

embarrass [ɪmˈbærəs] *v* 1) смущать, приводить в замешательство 2) обременять *(долгами)* 3) затруднять, стеснять 4) усложнять

embarrassment [ɪmˈbærəsmənt] *n* 1) замешательство, смущение 2) запутанность *(в делах, долгах)* 3) затруднение

embassy [ˈembəsɪ] *n* посольство

embed [ɪmˈbed] *v* 1) закапывать; укреплять, заделывать *(в грунте, бетоне и т. п.)*; **~ded in concrete** забетонированный, заделанный в бетон 2) запечатлеть; **~ded in one's recollection/memory** врезавшийся в память 3) внедрять; встраивать, вкладывать

embedded [ɪmˈbedɪd] *a* 1) *геол.* включённый, вкрапленный (в породу), залегающий (среди пластов) 2) *стр.* вмурованный; заделанный 3) *вчт, тех.* вложенный; встроенный

embellish [ɪmˈbelɪʃ] *v* украшать; приукрашивать

ember¹ [ˈembə(r)] *n обыкн. pl* тлеющие угольки; горячая зола

ember² *см.* ember-goose

ember-goose [ˈembəguːs] *n зоол.* полярная гагара

embezzle [ɪmˈbezl] *v* присваивать, растрачивать, расхищать *(чужие деньги, имущество)*

embezzlement [ɪmˈbez(ə)lmənt] *n* присвоение, растрата; расхищение *(чужого имущества или денег)*

embezzler [ɪmˈbezlə] *n* растратчик; расхититель

embitter [ɪmˈbɪtə(r)] *v* 1) озлоблять 2) отравлять *(чувства и т. п.)* 2) отягчать *(горе и т. п.)*

emblazon [ɪmˈbleɪz(ə)n] *v* 1) расписывать *(герб)* 2) превозносить, славить

emblem [ˈembləm] *n* эмблема, символ

emblematic(al) [ˌemblɪˈmætɪk(əl)] *a* символический

emblematize [emˈblemətaɪz] *v* служить эмблемой, символизировать

embodiment [ɪmˈbɒdɪmənt] *n* 1) воплощение, олицетворение 2) объединение; включение

embody [ɪm'bɒdɪ] *v* 1) воплощáть, реализóвывать; облекáть в конкрéтную фóрму *(мысли и т. п.)* 2) воплощáть, олицетворя́ть 3) заключáть в себé, содержáть

embolden [ɪm'bəʊld(ə)n] *v* придавáть хрáбрости, ободря́ть

embolism ['embəlɪz(ə)m] *n мед.* эмболи́я *(закупорка кровеносного сосуда)*

embosom [ɪm'bʊzəm] *v* 1) обнимáть 2) окружáть

embosomed [ɪm'bʊzəmd] *a* окружённый, обрамлённый *(with)*; заключённый мéжду *(in)*

emboss [ɪm'bɒs] *v* 1) выбивáть *(рисунок)*, чекáнить 2) украшáть рельéфом

embowel [ɪm'baʊəl] *v* потроши́ть

embrace I [ɪm'breɪs] *n* объя́тия

embrace II *v* 1) обнимáть(ся) 2) воспóльзоваться *(случаем, предложением);* **to ~ an opportunity** воспóльзоваться возмóжностью 3) принимáть *(веру, образ мыслей и т. п.);* **to ~ Christianity** приня́ть христиáнство 4) охвáтывать, включáть; заключáть в себé 5) охвáтывать взгля́дом

embrasure [ɪm'breɪʒə(r)] *n* 1) проём в стенé *(для двери, окна)* 2) амбразýра

embrocation [,embrəʊ'keɪʃ(ə)n] *n мед.* 1) примóчка 2) линимéнт *(жидкая мазь)*

embroider [ɪm'brɔɪdə(r)] *v* 1) вышивáть 2) приукрáшивать

embroidery [ɪm'brɔɪdərɪ] *n* 1) вышивáние 2) вы́шивка; вы́шитое издéлие 3) изли́шнее украшéние, прикрáсы

embroil [ɪm'brɔɪl] *v* 1) впýтывать *(в непри́ятности — with)* 2) запýтывать *(дела)*

embryo I ['embrɪəʊ] *n* эмбриóн, зарóдыш

embryo II *a* эмбрионáльный, зарóдышевый

embriology [,embrɪ'ɒləʤɪ] *n* эмбриолóгия

embryonic [,embrɪ'ɒnɪk] *a* эмбрионáльный, зарóдышевый

emcee [em'si:] *n разг.* конферансьé; церемонийме́йстер

em dash ['emdæʃ] *n вчт* дли́нное тирé; максимáльное тирé

emend [ɪ'mend] *v* исправля́ть, выправля́ть *(текст)*; вноси́ть попрáвки, изменéния

emerald I ['emərəld] *n* 1) изумрýд 2) изумрýдно-зелёный цвет

emerald II *a* изумрýдный

emerge [ɪ'mɜːʤ] *v* 1) всплывáть; появля́ться; возникáть 2) выявля́ться, выясня́ться 3) *мед.* пробуждáться, выходи́ть из наркóза

emergence [ɪ'mɜːʤ(ə)ns] *n* 1) появлéние, возникновéние, 2) *мед.* вы́ход из наркóза

emergency [ɪ'mɜːʤ(ə)nsɪ] *n* 1) внезáпно возни́кшая опáсность *(чего-л.);* непредви́денный случай; крáйняя необходи́мость, край-

ность; **in case of ~, in an ~** в слýчае крáйней необходи́мости; **a state of ~** чрезвычáйное положéние *(в стране)* 2) *мед.* неотлóжная пóмощь 3) *мед.* крити́ческое состоя́ние больнóго 4) авáрия, происшéствие 5) *attr* запáсный, авари́йный; неприкосновéнный; э́кстренный, чрезвычáйный; вы́нужденный; **~ exit** запáсный/авари́йный вы́ход; **~ landing** вы́нужденная посáдка; **~ measures** чрезвычáйные мéры

emergent [ɪ'mɜːʤ(ə)nt] *a* 1) внезáпно, недáвно появи́вшийся 2) получи́вший незави́симость *(о государстве)*

emeritus [ɪ'merɪtəs] *a* отставнóй, но сохрани́вший звáние; **professor ~** заслýженный профéссор в отстáвке

emersion [ɪ'mɜːʃ(ə)n] *n* появлéние; всплывáние, всплы́тие

emery ['emərɪ] *n* 1) наждáк 2) *attr* наждáчный; **~ paper** наждáчная бумáга

emetic [ɪ'metɪk] *n* рвóтное *(срéдство)*

EMF, emf *сокр.* **(electromotive force)** электродви́жущая си́ла, эдс

emictory [ɪ'mɪktɒrɪ] *n* мочегóнное *(срéдство)*

emigrant I ['emɪgr(ə)nt] *n* эмигрáнт; переселéнец

emigrant II *a* эмигри́рующий; эмигрáнтский

emigrate ['emɪgreɪt] *v* эмигри́ровать; переселя́ться; переезжáть

emigration [,emɪ'greɪʃ(ə)n] *n* эмигрáция; переселéние

eminence ['emɪnəns] *n* 1) высóкое положéние; знамени́тость; **of ~** знамени́тый; высóкого положéния 2) высотá, возвышéние, возвы́шенность 3) : **Your/His (E.)** Вáше/Егó Высокопреосвящéнство *(титул епископа, кардинала);* **grey ~** сéрый кардинáл

eminent ['emɪnənt] *a* 1) выдаю́щийся, знамени́тый; **~ talent** выдаю́щийся талáнт 2) возвышáющийся; возвы́шенный

emir [e'mɪə(r)] *n* эми́р

emirate ['emɪərət] *n* эмирáт

emissary ['emɪs(ə)rɪ] *n* эмиссáр

emission [ɪ'mɪʃ(ə)n] *n* 1) выделéние *(тепла);* излучéние *(света);* испускáние *(запаха)* 2) *фин.* эми́ссия, вы́пуск *(ценных бумаг, денег и т. п.)* 3) *физ.* эми́ссия электрóнов 4) *мед.* поллю́ция

emissive [ɪ'mɪsɪv] *a* излучáющий, выделя́ющий, испускáющий

emit [ɪ'mɪt] *v* 1) выделя́ть *(тепло);* излучáть *(свет);* испускáть *(запах)* 2) выделя́ть *(из организма)* 3) издавáть *(звук, крик)*

emitter [ɪ'mɪtə] *n* 1) *фин.* эмитéнт 2) *рлн* эми́ттер 3) *физ.* эми́ттер, излучáтель, истóчник излучéния

emolument

emolument [ɪˈmɒljʊmənt] *n* дохо́д; за́работок; гонора́р

e-money [ˈiːˌmʌnɪ] *см.* **e-cash**

emotion [ɪˈməʊʃ(ə)n] *n* эмо́ция; си́льное чу́вство; **with deep ~** с больши́м чу́вством

emotional [ɪˈməʊʃ(ə)nl] *a* 1) эмоциона́льный 2) взволно́ванный 3) вызыва́ющий эмо́ции, волну́ющий

emotionality [ɪˌməʊʃəˈnælɪtɪ] *n* эмоциона́льность

emotive [ɪˈməʊtɪv] *a* вызыва́ющий эмо́ции, волну́ющий

empathize [ˈempəθaɪz] *v* сопережива́ть

empathy [ˈempəθɪ] *n* сопережива́ние

emperor [ˈemp(ə)rə(r)] *n* импера́тор

emphasis [ˈemfəsɪs] *n* 1) осо́бое внима́ние, подчёркивание; ударе́ние, акце́нт; **to lay/to place special ~** придава́ть осо́бое значе́ние/осо́бую вырази́тельность 2) ре́зкость ко́нтуров *(в живописи)*

emphasize [ˈemfəsaɪz] *v* 1) придава́ть осо́бое значе́ние, подчёркивать 2) де́лать (осо́бое) ударе́ние *(на слове и т. п.)*

emphatic [ɪmˈfætɪk] *a* вырази́тельный, подчёркнутый, эмфати́ческий

emphatically [ɪmˈfætɪkəlɪ] *adv* 1) вырази́тельно; подчёркнуто 2) многозначи́тельно

emphysema [ˌemfɪˈsiːmə] *n мед.* эмфизе́ма

empire [ˈempaɪə(r)] *n* 1) импе́рия 2) *attr* импе́рский

empiric I [ɪmˈpɪrɪk] *n* 1) эмпи́рик 2) зна́харь

empiric II *см.* **empirical**

empirical [ɪmˈpɪrɪkəl] *a* эмпири́ческий, осно́ванный на о́пыте

emplacement [ɪmˈpleɪsmənt] *n* 1) устано́вка на ме́сто 2) *воен.* оруди́йный око́п

emplastic [ɪmˈplæstɪk] *a мед.* 1) пла́стырный 2) кле́йкий, ли́пкий

emplastrum [ɪmˈplaːstrʊm] *n* пла́стырь

employ I [ɪmˈplɔɪ] *n* слу́жба; **to be in the ~ of smb** служи́ть, рабо́тать у кого́-л.

employ II *v* 1) держа́ть на слу́жбе; предоставля́ть рабо́ту 2) употребля́ть, испо́льзовать, применя́ть; **to ~ a new method** примени́ть но́вый ме́тод 3) занима́ть *(кого́-л. чем-л.)*; **how do you ~ yourself in the evenings?** чем вы занима́етесь вечера́ми?

employee [ˌemplɔɪˈiː] *n* слу́жащий

employer [ɪmˈplɔɪə(r)] *n* нанима́тель, работода́тель

employment [ɪmˈplɔɪmənt] *n* 1) *эк.* за́нятость; **full ~** по́лная за́нятость 2) слу́жба, рабо́та; заня́тие 3) примене́ние, испо́льзование 4) *attr*: **~ office** бюро́ по на́йму; би́ржа труда́

empoison [ɪmˈpɔɪzn] *v* отравля́ть *(тж перен.)*

emporium [emˈpɔːrɪəm] *n* 1) большо́й магази́н, универма́г 2) торго́вый центр

empower [ɪmˈpaʊə(r)] *v* 1) уполномо́чивать; **to ~ to sign the contract** уполномо́чивать подписа́ть контра́кт 2) дава́ть возмо́жность, пра́во *(делать что-л.)*

empress [ˈemprɪs] *n* императри́ца

emptiness [ˈemptɪnɪs] *n* пустота́

empty I [ˈemptɪ] *a* 1) пусто́й; поро́жний 2) бессодержа́тельный; бесце́льный 3) *разг.* голо́дный 4) незапо́лненный; пусто́й; неза́нятый

empty II *v* 1) опорожня́ть, высыпа́ть, вылива́ть 2) пересыпа́ть, перелива́ть 3) впада́ть *(о реке; into)* 4) пусте́ть; **the streets soon emptied** у́лицы бы́стро опусте́ли

empty-handed [ˈemptɪˈhændɪd] *a* с пусты́ми рука́ми

empty-headed [ˈemptɪˈhedɪd] *a* пустоголо́вый, глу́пый

empyrean I [ˌempaɪˈriːən] *n* 1) *миф.* эмпире́и, небеса́ 2) не́бо

empyrean II *a* небе́сный, заобла́чный

em space [ˈemspeɪs] *n вчт* максима́льный пробе́л

emu [ˈiːmjuː] *n зоол.* э́му

emulate [ˈemjʊleɪt] *v* 1) соревнова́ться, стара́ться превзойти́; сопе́рничать 2) стара́тельно подража́ть 3) *вчт* эмули́ровать; имити́ровать

emulation [ˌemjʊˈleɪʃ(ə)n] *n* 1) соревнова́ние; сопе́рничество; **spirit of ~** дух соревнова́ния 2) *вчт* эмуля́ция

emulous [ˈemjʊləs] *a* сопе́рничающий, стара́ющийся превзойти́ *(в чём-л. — of)*

emulsion [ɪˈmʌlʃ(ə)n] *n* 1) эму́льсия 2) *attr*: **~ paint** водоэмульсио́нная кра́ска

emulsive [ɪˈmʌlsɪv] *a* эмульсио́нный; масляни́стый

en- [en-, ɪn] *pref служит для образования глаголов от сущ. или прил. и придаёт им значение:* а) *включения внутрь чего-л.:* **to encage** сажа́ть в кле́тку; **to encase** упако́вывать в я́щик б) *приведения в какое-л. состояние:* **to enable** дава́ть возмо́жность; **to enslave** закабаля́ть; **to enamour** возбужда́ть любо́вь

enable [ɪˈneɪbl] *v* 1) дава́ть возмо́жность, пра́во *(что-л. сделать)* 2) *вчт* разблоки́ровать; снима́ть запре́т; разреша́ть; включа́ть; активизи́ровать

encapsulation [ɪnˌkæpsjʊˈleɪʃ(ə)n] *n* 1) инкапсуля́ция 2) сокры́тие; закры́тие

enclosed [ɪnˈkləʊzd] *a* 1) закры́тый, за́мкнутый; огоро́женный; **~ in brackets** заключённый в ско́бки 2) *тех.* в закры́том исполне́нии 3) вло́женный 4) прилага́емый

enact [ɪˈnækt] v 1) предписывать; постановлять; вводить в действие *(закон)* 2) представлять, играть (роль)

enactment [ɪˈnæktmənt] n 1) закон; указ 2) введение в силу *(закона)*

enamel I [ɪˈnæm(ə)l] n 1) эмаль, финифть 2) глазурь 3) зубная эмаль

enamel II v 1) покрывать эмалью, финифтью 2) покрывать глазурью

enamelware [ɪˈnæm(ə)lweə(r)] n эмалированная посуда

enamour [ɪˈnæmə(r)] v *обыкн. pass* возбуждать любовь; влюблять; **to be ~ed of** (страстно) увлечься, любить

encamp [ɪnˈkæmp] v располагать(ся) лагерем

encampment [ɪnˈkæmpmənt] n 1) лагерь, лагерная стоянка 2) разбивка лагеря

encage [ɪnˈkeɪdʒ] v сажать в клетку

encase [ɪnˈkeɪs] v 1) упаковывать, класть в ящик 2) облекать; **~d in armour** закованный в броню 3) вставлять в рамку, обрамлять

encasement [ɪnˈkeɪsmənt] n 1) упаковка; футляр 2) *тех.* обшивка, опалубка

encash [ɪnˈkæʃ] v обналичивать *(деньги)*; получать наличными

encephalalgia [ɪnˌsefəlˈdʒɪə] n головная боль

encephalic [ˌensɪˈfælɪk] a *мед.* мозговой, относящийся к головному мозгу

encephalitis [enˌsefəˈlaɪtɪs] n *мед.* энцефалит *(воспаление головного мозга)*

encephalogram [enˈsefələʊˌgræm] n энцефалограмма

encephalon [ɪnˈsefələn] n головной мозг

enchain [ɪnˈtʃeɪn] v 1) заковывать; сажать на цепь 2) приковывать *(внимание)*; сковывать *(чувства)*

enchant [ɪnˈtʃɑːnt] v 1) очаровывать 2) околдовывать

enchanter [ɪnˈtʃɑːntə(r)] n волшебник, чародей

enchantment [ɪnˈtʃɑːntmənt] n 1) очарование 2) колдовство, магия

enchantress [ɪnˈtʃɑːntrɪs] n 1) волшебница, колдунья; чародейка 2) обворожительная женщина

enchase [ɪnˈtʃeɪs] v 1) вставлять в оправу, оправлять *(драгоценный камень)* 2) инкрустировать

encipher [ɪnˈsaɪfə(r)] v зашифровывать *(сообщение)*

encircle [ɪnˈsɜːkl] v окружать, охватывать

encircling I [ɪnˈsɜːklɪŋ] n окружение

encircling II a охватывающий, окружающий

enclasp [ɪnˈklɑːsp] v обхватывать, обнимать

enclose [ɪnˈkləʊz] v 1) окружать, огораживать; заключать 2) вкладывать *(особ. в письмо)*; прилагать; **please find ~d the documents in question** необходимые документы прилагаются

enclosure [ɪnˈkləʊʒə(r)] n 1) отгораживание; *ист.* огораживание *(общинных земель в Англии)* 2) огороженное место 3) ограда 4) вложение; приложение *(к письму и т. п.)* 5) *авто* кожух 6) *тех.* корпус; кожух; укрытие

encode [ɪnˈkəʊd] v *вчт* кодировать, шифровать *(данные)*

encoder [ɪnˈkəʊdə(r)] n *вчт* кодирующее устройство, кодер; шифратор

encompass [ɪnˈkʌmpəs] v 1) окружать 2) содержать, заключать (в себе)

encore I [ɒŋˈkɔː(r)] n вызов на «бис»

encore II v вызывать на «бис», требовать повторения

encore III int бис!

encounter I [ɪnˈkaʊntə(r)] n 1) неожиданная/случайная встреча 2) столкновение, схватка, стычка

encounter II v 1) неожиданно *или* случайно встретиться 2) сталкиваться; входить в столкновение

encourage [ɪnˈkʌrɪdʒ] v 1) ободрять; поощрять; поддерживать 2) помогать, способствовать 3) стимулировать 4) потворствовать

encouragement [ɪnˈkʌrɪdʒmənt] n 1) ободрение; поощрение 2) помощь, поддержка 3) стимулирование 4) потворствование

encouraging [ɪnˈkʌrɪdʒɪŋ] a ободряющий, одобрительный; обнадёживающий; **an ~ report** обнадёживающее заключение/сообщение

encroach [ɪnˈkrəʊtʃ] v вторгаться; посягать *(на чужую территорию, чужие права; on, upon)*

encrust [ɪnˈkrʌst] v 1) покрывать коркой 2) инкрустировать

encrypt [ɪnˈkrɪpt] v *вчт* шифровать *(данные)*

encumber [ɪnˈkʌmbə(r)] v 1) затруднять, препятствовать; мешать 2) обременять *(долгами и т. п.)* 3) загромождать

encumbrance [ɪnˈkʌmbrəns] n 1) бремя, обуза 2) препятствие, помеха; затруднение 3) *юр.* закладная *(на имущество)*

encyclop(a)edia [enˌsaɪkləʊˈpiːdɪə] n энциклопедия

encyclop(a)edic [enˌsaɪkləʊˈpiːdɪk] a энциклопедический

encyclop(a)edist [enˌsaɪkləˈpiːdɪst] n энциклопедист

end I [end] n 1) конец; край; **from ~ to ~** из конца в конец; **at both ~s of the table** на обоих концах стола; **~ on** концом к себе; **on**

end

~ стоймя́; ~ **to** ~ концо́м к концу́, вплотну́ю 2) коне́ц, оконча́ние; **no** ~ **of** без конца́, (бесконе́чно) мно́го (неприя́тностей, неуда́ч и т. п.); **to come to an** ~ приходи́ть к концу́, конча́ться; **to put an** ~ **to smth** положи́ть коне́ц чему́-л. 3) смерть; **to be near one's** ~ умира́ть, быть при́ смерти 4) результа́т, сле́дствие; **in the** ~ в конце́ концо́в, в коне́чном счёте, в результа́те 5) оста́ток, обло́мок, обры́вок 6) цель; **to what** ~? для чего́?, с како́й це́лью?; **to achieve/to gain one's** ~s дости́гнуть свое́й це́ли; **to the** ~ **that...** для того́, что́бы... 7) авто голо́вка, наконе́чник ◊ **on** ~ беспреры́вно, подря́д; **all** ~s **up** по́лностью, целико́м; **at an** ~ в изнеможе́нии; **at a loose** ~ не у дел; **to be at the** ~ **of one's tether** дойти́ до преде́ла; **to come to a bad** ~ пло́хо ко́нчить; ~ **of the road** тупи́к, безнадёжное положе́ние; **to keep one's** ~ **up** не сдава́ться; **to make both** ~s **meet** своди́ть концы́ с конца́ми; **no** ~ разг. о́чень мно́го

end II v конча́ться, заверша́ться (чем-л. — in); ока́нчиваться, зака́нчиваться ◊ **to** ~ **it (all)** разг. поко́нчить с собо́й; **to** ~ **up nowhere** конча́ться ниче́м

end off зака́нчивать, конча́ть (что-л.)

end up разг. 1) зака́нчивать карье́ру (кем-л.) 2) конча́ться (чем-л.) 3) оказа́ться (где-л.) случа́йно 4) пло́хо ко́нчить; име́ть неуда́чный коне́ц

endanger [ɪn'deɪndʒə(r)] v подверга́ть опа́сности

end-around ['endə'raʊnd] a цикли́ческий; кругово́й

en dash ['endæʃ] n вчт коро́ткое тире́

endear [ɪn'dɪə(r)] v внуша́ть любо́вь (to)

endearing [ɪn'dɪərɪŋ] a ми́лый, привлека́тельный

endearment [ɪn'dɪəmənt] n выраже́ние привя́занности; ла́ска, не́жность

endeavo(u)r I [ɪn'devə(r)] n попы́тка, уси́лие

endeavo(u)r II v прилага́ть уси́лия, стара́ться (сде́лать что-л.)

ending ['endɪŋ] n 1) оконча́ние 2) грам. оконча́ние

endless ['endlɪs] a 1) бесконе́чный, несконча́емый 2) разг. бесчи́сленный

endlong ['endlɒŋ] adv 1) пря́мо, вдоль 2) стоймя́, вертика́льно

endmost ['endməʊst] a са́мый да́льний

endocrine ['endəʊkraɪn] a эндокри́нный; ~ **gland** эндокри́нная железа́, железа́ вну́тренней секре́ции

endocrinology [,endəʊkrɪ'nɒlədʒɪ] n эндокриноло́гия

endorse [ɪn'dɔːs] v 1) подтвержда́ть; одобря́ть 2) распи́сываться на оборо́те (докуме́нта) 3) фин. индосси́ровать, де́лать переда́точную на́дпись (на че́ке, ве́кселе)

endorsement [ɪn'dɔːsmənt] n 1) подтвержде́ние; одобре́ние 2) фин. индоссаме́нт, переда́точная на́дпись (на че́ке, ве́кселе)

endoscope ['endəʊskəʊp] n мед. эндоско́п

endoscopy [en'dɒskəpɪ] n мед. эндоскопи́я

endovenous ['endəʊvenəs] a внутриве́нный

endow [ɪn'daʊ] v 1) материа́льно обеспе́чивать; дарова́ть, предоставля́ть 2) наделя́ть, одаря́ть (от приро́ды); ~**ed with great talents** одарённый больши́ми спосо́бностями

endowment [ɪn'daʊmənt] n 1) материа́льное обеспе́чение; даре́ние 2) дар; поже́ртвование 3) pl дарова́ние, тала́нт

endpaper ['endpeɪpə(r)] n полигр. фо́рзац

end-to-end [,endtʊ'end] a непреры́вный; сквозно́й

endue [ɪn'djuː] v одаря́ть, наделя́ть (with); ~**d with power** наделённый вла́стью

endurance [ɪn'djʊər(ə)ns] n 1) выно́сливость; сто́йкость 2) про́чность

endure [ɪn'djʊə(r)] v 1) выноси́ть; терпе́ть; держа́ться; **he could not** ~ **it any longer** он не мог бо́льше э́того терпе́ть 2) продолжа́ться, дли́ться

enduring [ɪn'djʊərɪŋ] a 1) про́чный, кре́пкий; сто́йкий, долгове́чный 2) тех. износосто́йкий

end user ['end,juːzə] n вчт коне́чный по́льзователь

endways ['endweɪz] adv 1) концо́м вперёд; стоймя́ 2) коне́ц к концу́

endwise ['endwaɪz] см. **endways**

enema ['enɪmə] n мед. кли́зма ◊ **to give an** ~ ста́вить кли́зму

enemy I ['enɪmɪ] n враг; неприя́тель, проти́вник; **bitter** ~ злейший враг; **he is an** ~ **to reform** он проти́вник рефо́рм

enemy II a вра́жеский, неприя́тельский

energetic [,enə'dʒetɪk] a энерги́чный

energetics [,enə'dʒetɪks] n энерге́тика

energizer ['enədʒaɪzə] n фарм. антидепресса́нт

energometer [,enə'gɔːmɪtə(r)] n тоно́метр (аппара́т для измере́ния кровяно́го давле́ния)

energy ['enədʒɪ] n 1) эне́ргия, си́ла; **atomic** ~ а́томная эне́ргия 2) pl уси́лия, акти́вность, де́ятельность; **he devotes all his energies to his work** он отдаёт все си́лы рабо́те

energy drink [,enədʒɪ'drɪŋk] n (безалкого́льный) энергети́ческий напи́ток (содержа́щий кофеи́н и витами́ны; тж **sports drink**)

enervate I [ɪ´nɜːvət] *a* слабый, бессильный; расслабленный

enervate II [´enɜːveɪt] *v* ослаблять; расслаблять; **an enervating day** душный до изнеможения день

enervation [ˌenɜːˈveɪʃ(ə)n] *n* 1) слабость; расслабленность 2) *мед.* неврастения, нервное истощение

enfant terrible [ˌɒnfɒntəˈriːbl] *фр. n* 1) несносный ребёнок 2) бестактный человек

enfeeble [ɪnˈfiːbl] *v* ослаблять

enfold [ɪnˈfəʊld] *v* 1) закутывать, завёртывать *(in, with)* 2) обнимать, обхватывать

enforce [ɪnˈfɔːs] *v* 1) проводить в жизнь *(закон)*; **to ~ a law** настаивать на строгом исполнении закона 2) принуждать, заставлять; навязывать 3) настаивать *(на требовании и т. п.)*

enforcement [ɪnˈfɔːsmənt] *n* принуждение, давление

enfranchise [ɪnˈfræntʃaɪz] *v* 1) предоставлять избирательные права 2) предоставлять (городу) право представительства в парламенте 3) *ист.* освобождать *(раба и т. п.)*

engage [ɪnˈgeɪʤ] *v* 1) нанимать; **to ~ a guide** нанять проводника 2) *(обыкн. pass)* заниматься, быть занятым *(in)*; **say I am ~d** скажите, что я занят; **to ~ in politics** заниматься политикой, пускаться в политику 3) занимать, привлекать *(внимание)*; завладевать *(вниманием)* 4) *(обыкн. pass)* быть помолвленным; обручиться; **they are ~d** они помолвлены 5) заказывать заранее, бронировать *(места и т. п.)* 6) *тех.* зацеплять; включать 7) *воен.* вступать в бой; вводить в бой

engaged [ɪnˈgeɪʤd] *a* 1) помолвленный, обручённый 2) забронированный, заказанный заранее 3) занятый *(напр. о телефонной линии)* 4) *тех.* включённый, введённый в зацепление

engagement [ɪnˈgeɪʤmənt] *n* обязательство; **to meet one's ~s** выполнять обязательства 2) дело, занятие 3) встреча; свидание 4) помолвка 5) *воен.* бой, схватка 6) *тех.* включение, зацепление

engaging [ɪnˈgeɪʤɪŋ] *a* 1) привлекательный, очаровательный; увлекательный 2) *тех.* включающий, зацепляющий

engender [ɪnˈʤendə(r)] *v* порождать; вызывать, возбуждать

engine [´enʤɪn] *n* 1) машина; мотор, двигатель; **jet ~** реактивный двигатель 2) локомотив; **steam ~** паровоз; **diesel ~** тепловоз 3) *вчт* механизм *(обработки информации)*; процессор 4) *attr* машинный; моторный

engine driver [´enʤɪnˌdraɪvə(r)] *n ж.-д.* машинист локомотива

engineer I [ˌenʤɪˈnɪə(r)] *n* 1) инженер; **civil ~** инженер-строитель 2) механик 3) *амер. ж.-д.* машинист локомотива 4) *pl воен.* инженерные части 5) *attr* инженерный

engineer II *v* 1) проектировать; сооружать, строить 2) работать инженером 3) *разг.* устраивать, затевать, придумывать

engineering [ˌenʤɪˈnɪərɪŋ] *n* 1) инженерное дело 2) конструирование; техника; **agricultural ~** агротехника; **electrical ~** электротехника; **electronic ~** электронная техника

engine-house [´enʤɪnhaʊs] *n ж.-д.* локомотивное депо

engine-plant [´enʤɪnplɑːnt] *n* 1) локомотивостроительный завод 2) машинная установка

engine-room [´enʤɪnrʊm] *n* машинное отделение; моторный отсек

enginery [´enʤɪnrɪ] *n* машины и механическое оборудование; техника

engird [ɪnˈgɜːd] *v (past, p. p.* **engirt)** опоясывать

engirdle [ɪnˈgɜːdl] *см.* **engird**

engirt [ɪnˈgɜːt] *past, p. p. см.* **engird**

English I [´ɪŋglɪʃ] *n* 1) английский язык; **Modern ~** современный английский язык; **Old ~** древнеанглийский язык; **Middle ~** среднеанглийский язык 2) **the ~** *(употр. как pl)* англичане 3) *attr:* **~ teacher** учитель/преподаватель английского языка

English II *a* английский

Englishman [´ɪŋglɪʃmən] *n* англичанин

Englishwoman [´ɪŋglɪʃˌwʊmən] *n* англичанка

engorge [ɪnˈgɔːʤ] *v* 1) жадно есть, пожирать 2) *мед.* наливаться кровью *(об органе)*; наполняться *(жидкостью)*

engorgement [ɪnˈgɔːʤmənt] *n мед.* 1) застой *(жёлчи)* 2) прилив крови, гиперемия

engraft [ɪnˈgrɑːft] *v* 1) *бот.* прививать 2) внедрять, прививать *(идеи и т. п.)* 3) включать на постоянной основе *(into)*

engraftment [ɪnˈgrɑːftmənt] *мед.* приживление *(трансплантата)*

engrain [ɪnˈgreɪn] *v* 1) внедрять, укоренять *(идеи, принципы и т. п.)* 2) пропитывать *(краской)*

engrained [ɪnˈgreɪnd] *a* отъявленный, закоренелый

engrave [ɪnˈgreɪv] *v* 1) гравировать; резать *(по дереву, камню, металлу)* 2) запечатлевать *(в памяти — оп, ироп)*

engraving [ɪnˈgreɪvɪŋ] *n* гравюра

engross [ɪnˈgrəʊs] *v* 1) завладевать целиком *(вниманием, разговором)*; полностью занимать *(чьё-л. внимание, время)*; ~ed in smth погружённый во что-л., поглощённый чем-л. 2) *юр.* переписывать документ, придавая ему надлежащую форму 3) делать копию более крупными буквами *или* большего формата

engrossing [ɪnˈgrəʊsɪŋ] *a* всепоглощающий; захватывающий

engulf [ɪnˈgʌlf] *v* 1) заваливать, подавлять 2) поглощать, затоплять; the boat was ~ed by the waves корабль захлестнули волны, и он затонул

enhance [ɪnˈhɑːns] *v* увеличивать; повышать; расширять; усиливать; it only ~d her beauty это только подчеркнуло её красоту

enhanced [ɪnˈhɑːnst] *a* улучшенный; усовершенствованный; увеличенный; расширенный

enhancement [ɪnˈhɑːnsmənt] *n* 1) увеличение; повышение; расширение 2) улучшение, оздоровление *(окружающей среды)*

enigma [ɪˈnɪgmə] *n* загадка

enigmatic(al) [ˌenɪgˈmætɪk(əl)] *a* загадочный

enjoin [ɪnˈdʒɔɪn] *v* предписывать; приказывать *(on)*

enjoy [ɪnˈdʒɔɪ] *v* 1) получать удовольствие; наслаждаться; веселиться *(тж* to ~ oneself); she ~s solitude она любит одиночество; I ~ed this book я получил удовольствие от этой книги 2) пользоваться *(правами и т. п.);* обладать *(здоровьем и т. п.)*

enjoyable [ɪnˈdʒɔɪəbl] *a* приятный, доставляющий удовольствие

enjoyment [ɪnˈdʒɔɪmənt] *n* 1) наслаждение, удовольствие 2) обладание, использование

enlace [ɪnˈleɪs] *v* обвивать, опутывать; окружать

enlarge [ɪnˈlɑːdʒ] *v* 1) увеличивать(ся); расширять(ся) 2) много говорить, распространяться *(о чём-л. — upon)* 3) *фото* увеличивать *(изображение)*

enlargement [ɪnˈlɑːdʒmənt] *n* 1) увеличение, расширение 2) рост, разрастание 3) *фото* увеличение *(изображения)*

enlighten [ɪnˈlaɪtn] *v* 1) осведомлять, просвещать *(on)* 2) *поэт.* проливать свет

enlightened [ɪnˈlaɪtnd] *a* просвещённый, свободный от предрассудков

enlightenment [ɪnˈlaɪtnmənt] *n* 1) просвещённость 2) просвещение

enlist [ɪnˈlɪst] *v* 1) (добровольно) поступать на военную службу 2) набирать, вербовать (на военную службу) 3) заручаться поддержкой

enlisted man [ɪnˈlɪstɪdˌmæn] *n амер.* солдат; матрос

enliven [ɪnˈlaɪvn] *v* оживить, развеселить

en masse [ˌɒnˈmæs] *adv фр.* все вместе; в массе

enmity [ˈenmɪtɪ] *n* враждебность, неприязнь; вражда

ennoble [ɪˈnəʊbl] *v* облагораживать

ennui [ɒˈnwiː] *n фр.* скука, тоска

enormity [ɪˈnɔːmɪtɪ] *n* 1) гнусность, порочность, чудовищность 2) чудовищное преступление 3) ужасная ошибка

enormous [ɪˈnɔːməs] *a* огромный, громадный

enough I [ɪˈnʌf] *n* достаточное количество; have you had ~? вам достаточно/хватит?; we have ~ of everything у нас всего довольно; ~ and to spare больше, чем нужно/достаточно; I have had ~ of him он мне надоел, я устал от него

enough II *a* достаточный

enough III *adv* достаточно, довольно; well ~ достаточно хорошо, очень хорошо; sure ~ без сомнения

enquire [ɪnˈkwaɪə(r)] *v* 1) спрашивать, узнавать *(у кого-л. — of)* 2) см. **inquire** 3) справляться *(о ком-л., о здоровье кого-л. — after, for)* 4) справляться о наличии, присутствии *(for)* 5) спрашивать, осведомляться *(о чём-л.)* 6) *вчт* запрашивать

enquiry [ɪnˈkwaɪərɪ] *n* 1) расспросы, расспрашивание 2) см. **inquiry** 3) *вчт* запрос

enrage [ɪnˈreɪdʒ] *v* бесить, приводить в бешенство, в ярость *(at, by, with)*

enrapture [ɪnˈræptʃə(r)] *v* восхищать, приводить в восторг

enrich [ɪnˈrɪtʃ] *v* 1) обогащать 2) удобрять *(почву)* 3) пополнять коллекцию *(музея);* расширять *(издание)* 4) витаминизировать; вносить полезные (для здоровья) добавки

enrichment [ɪnˈrɪtʃmənt] *n* 1) обогащение 2) удобрение 3) пополнение коллекции *(музея);* расширение *(издания)* 4) витаминизация

enrol(l) [ɪnˈrəʊl] *v* 1) вносить в список *(членов какой-л. организации, клуба);* (за)регистрировать 2) записываться *(в кружок, общество и т. п.)*

enrol(l)ment [ɪnˈrəʊlmənt] *n* 1) внесение в список; регистрация, запись 2) приём новых членов, участников *и т. п.* 3) *амер.* число принятых школьников, студентов

ensconce [ɪnˈskɒns] *v* уютно, удобно усесться, устроиться

enshrine [ɪnˈʃraɪn] *v* хранить, лелеять *(воспоминание, чью-л. память и т. п.)*

enshroud [ɪnˈʃraʊd] *v* полностью покрывать, окутывать; скрывать от взгляда

ensign [ˈensaɪn] *n* 1) *мор., воен.* знамя; флаг; вымпел; blue ~ синий кормовой английский флаг; **red** ~ флаг торгóвого флóта Великобритáнии; **white** ~ воéнно-морскóй флаг Великобритáнии 2) знаменóсец; *ист.* прáпорщик 3) *амер. мор.* [´ens(ə)n] э́нсин *(первичное офицерское звание в ВМС)*

ensilage I [´ensɪlɪdʒ] *n с.-х.* 1) силосовáние 2) сúлос

ensilage II *v с.-х.* силосовáть

ensile [en´saɪl] *v с.-х.* силосовáть

enslave [ɪn´sleɪv] *v* порабощáть, дéлать рабóм

enslavement [ɪn´sleɪvmənt] *n* порабощéние

ensnare [ɪn´sneə(r)] *v* поймáть в ловýшку

en space [´enspeɪs] *n вчт* нормáльный пробéл

ensue [ɪn´sju:] *v* 1) (по)слéдовать; **silence ~d** послéдовало молчáние 2) получáться в резульáте, происходúть *(from, on)*

ensuing [ɪn´sju:ɪŋ] *a* (по)слéдующий; вытекáющий

en suite [ɒn´swi:t] *adv фр.* образýющий однý квартúру, одúн нóмер *(в гостинице)*

ensure [ɪn´ʃʊə(r)] *v* обеспéчивать, гарантúровать; ручáться; **I can't ~ his success** я не могý ручáться за егó успéх; **to ~ the best results** чтóбы получúть наилýчшие результáты

entail I [ɪn´teɪl] *n юр.* 1) майорáтное наслéдование 2) майорáт, заповéдное имýщество

entail II *v* 1) влечь за собóй, вызывáть; **that will ~ great expense** э́то повлечёт больши́е расхóды 2) *юр.* учреждáть заповéдное имýщество, майорáт

entangle [ɪn´tæŋgl] *v* 1) запýтывать; впýтывать, вовлекáть; **don't get ~d in that business** не впýтывайся в э́то дéло 2) усложнáть

entanglement [ɪn´tæŋglmənt] *n* 1) запýтанность 2) затруднéние, затруднúтельное положéние 3) *воен.* заграждéние, препя́тствие 4) компрометúрующая (любóвная) связь

enter [´entə(r)] *v* 1) входúть; вступáть 2) проникáть 3) вносúть *(в списки и т. п.)*; регистрúровать 4) запúсывать(ся) *(для участия в состязаниях и т. п. — for)* 5) поступáть *(в школу, колледж)* 6) начинáть *(разговор)*; вступáть *(в отношения)*; брáться *(за какое-л. дело)* 7) вносúть *(что-л. для обсуждения)* 8) вступáть *(в должность — upon)* 9) *вчт* вводúть, вносúть *(данные)*; входúть *(в программу)*

   enter into 1) впúсывать, вносúть *(в список)* 2) начинáть *(что-л.)*, вступáть *(во что-л.)* 3) рабóтать *(над чем-л.)*, изучáть *(что-л.)* 4) входúть составнóй чáстью

   enter up запúсывать, регистрúровать

   enter upon 1) начинáть *(что-л.)*, вступáть *(во что-л.)* 2) *юр.* вступáть во владéние

enteric I [en´terɪk] *n* брюшнóй тиф *(тж ~ fever)*

enteric II *a мед* брюшнóй, кишéчный

enteritis [ˌentə´raɪtɪs] *n мед.* энтерúт *(воспаление тонкой кишки)*

Enter key [´entəˌki:] *n вчт* клáвиша ввóда, клáвиша Enter

enterocolitis [ˌentərəʊkɒ´laɪtɪs] *мед.* энтероколúт *(воспаление тонкой и толстой кишок)*

enterovirus [ˌentərəʊ´vaɪərəs] *n биол.* энтеровúрус, кишéчный вúрус

enterprise [´entəpraɪz] *n* 1) рискóванное предприя́тие 2) предприúмчивость, инициатúва 3) промы́шленное предприя́тие

enterprising [´entəpraɪzɪŋ] *a* предприúмчивый, инициатúвный, энергúчный

entertain [ˌentə´teɪn] *v* 1) развлекáть, занимáть 2) принимáть *(гостей, посетителей)* 2) принимáть во внимáние, обдýмывать; лелéять *(мечту)*; питáть *(надежду)*

entertainer [ˌentə´teɪnə(r)] *n* конферансьé; затéйник; эстрáдный артúст, эстрáдник

entertaining [ˌentə´teɪnɪŋ] *a* занимáтельный, интерéсный, забáвный

entertainment [ˌentə´teɪnmənt] *n* 1) развлечéние, увеселéние 2) эстрáдное представлéние; шóу; концéрт 3) приём *(гостей)*; звáный вéчер; **to give an ~** принимáть гостéй, давáть обéд 4) гостеприúмство; угощéние 5) удовóльствие; **much to my ~** к моемý большóму удовóльствию 6) *attr:* ~ **business** индустрúя развлечéний, шóу-бúзнес

enthral(l) [ɪn´θrɔ:l] *v* 1) очарóвывать, пленя́ть 2) порабощáть

enthrone [ɪn´θrəʊn] *v* возводúть на престóл

enthusiasm [ɪn´θju:zɪæz(ə)m] *n* востóрг; энтузиáзм

enthusiast [ɪn´θju:zɪæst] *n* энтузиáст

enthusiastic [ɪnˌθju:zɪ´æstɪk] *a* востóрженный, бýрный, горя́чий

enthusiastically [ɪnˌθju:zɪ´æstɪkəlɪ] *adv* востóрженно; с востóргом, с энтузиáзмом

entice [ɪn´taɪs] *v* соблазня́ть, замáнивать *(from, into)*; **to ~ smb away** перемани́ть когó-л.

enticement [ɪn´taɪsmənt] *n* 1) замáнивание, перемáнивание 2) соблáзн; очаровáние

enticing [ɪn´taɪsɪŋ] *a* соблазнúтельный

entire I [ɪn´taɪə(r)] *n* 1) цéлое, цéлая величинá 2) некастрúрованное живóтное

entire II *a* 1) пóлный, цéлый; сплошнóй 2) пóлный, совершéнный 3) некастрúрованный *(о животном)* 4) чúстый, беспрúмесный

entirely [ɪn´taɪəlɪ] *adv* 1) всецéло, пóлностью, вполнé, совершéнно; **I agree with you ~** я

255

по́лностью согла́сен с ва́ми 2) исключи́-
тельно, еди́нственно

entirety [ɪnˈtaɪərəti] *n* 1) полнота́, це́льность;
in its ~ во всей полноте́, по́лностью 2) о́б-
щая су́мма

entitle [ɪnˈtaɪtl] *v* 1) име́ть пра́во, основа́ние
(что-л. де́лать); **to be ~d** име́ть пра́во *(на
— to)* 2) озагла́вливать; дава́ть назва́ние,
называ́ть 3) уполномо́чивать, дава́ть пра́во

entity [ˈentɪtɪ] *n* 1) не́что реа́льно существ-
ву́ющее, реа́льность; **a separate ~** не́что от-
де́льное 2) су́щность, существо́ 3) объе́кт;
субъе́кт 4) организа́ция

entomb [ɪnˈtuːm] *v* 1) погреба́ть 2) служи́ть
гробни́цей

entombment [ɪnˈtuːmmənt] *n* 1) погребе́ние
2) моги́ла, гробни́ца

entomological [ˌentəməˈlɒdʒɪk(ə)l] *a* энтомо-
логи́ческий

entomology [ˌentəˈmɒlədʒɪ] *n* энтомоло́гия

entourage [ˌɒntʊəˈrɑːʒ] *n* 1) окруже́ние, сви́-
та, сопровожда́ющие ли́ца 2) окруже́ние,
антура́ж

entr'acte [ˈɒntrækt] *n фр.* антра́кт

entrails [ˈentreɪlz] *n pl* 1) вну́тренности, кишк-
ки́ 2) не́дра

entrance[1] [ˈentrəns] *n* 1) вхожде́ние; **no ~**
вход/въезд воспрещён 2) вход; входна́я
дверь; **back ~** чёрный ход 3) пра́во вхо́да,
въе́зда 4) вы́ход *(актёра на сце́ну)* 5) вступ-
ле́ние *(в до́лжность, в организа́цию и т. п.
— into, upon)* 6) *вчт* вход *(в програ́мму)* 7)
до́ступ 8) *attr* входно́й; **~ fee** входна́я пла́та
9) *attr* вступи́тельный; **~ examinations**
вступи́тельные экза́мены

entrance[2] [ɪnˈtrɑːns] *v* 1) очаро́вывать, завор-
ра́живать 2) приводи́ть в восто́рг, в состоя́-
ние тра́нса *(with)*

entrancing [ɪnˈtrɑːnsɪŋ] *a* очаро́вывающий,
увлека́тельный

entrant [ˈentrənt] *n* экзамену́ющийся; уча́ст-
ник *(ко́нкурса и т. п.)*

entrap [ɪnˈtræp] *v* 1) пойма́ть в лову́шку 2)
замани́ть в лову́шку, обману́ть, запу́тать

entrapment [ɪnˈtræpmənt] *n мед.* ущемле́ние
о́ргана; **nerve ~** ущемле́ние не́рва

entreat [ɪnˈtriːt] *v* умоля́ть, упра́шивать

entreaty [ɪnˈtriːtɪ] *n* мольба́

entrée [ˈɒntreɪ] *n* 1) блю́до, подава́емое пе́-
ред основны́м блю́дом, пе́рвое (блю́до) 2)
амер. основно́е блю́до *(за обе́дом)* 3) пра́во
вхо́да, до́ступ

entremets [ˌɒntrəˈmeɪ] *n* 1) дополни́тельные
(овощны́е и т. п.) блю́да *(подава́емые ме́-
жду основны́ми блю́дами)* 2) десе́рт *или*
сла́дкое блю́до

entrench [ɪnˈtrentʃ] *v* 1) *воен.* укрепля́ть
транше́ями; ока́пываться 2) укрепля́ть
свои́ пози́ции 3) вторга́ться *(на чужо́е вла-
де́ние)*, покуша́ться *(на чьи-л. пра́во —
upon)*

entrenchment [ɪnˈtrentʃmənt] *n воен.* око́п,
транше́я; полево́е укрепле́ние

entrepôt [ˈɒntrəpəʊ] *фр. n* 1) склад транзи́т-
ных това́ров, перева́лочный пункт 2) *attr:* **~
trade** транзи́тная торго́вля

entrepreneur [ˌɒntrəprəˈnɜː(r)] *n* 1) пред-
принима́тель 2) посре́дник *(в дела́х, ком-
ме́рции)*

entrust [ɪnˈtrʌst] *v* возлага́ть; поруча́ть,
вверя́ть, доверя́ть

entry [ˈentrɪ] *n* 1) вход, въезд, вступле́ние;
(торже́ственный) вы́ход 2) вход *(воро́та,
дверь и т. п.)* 3) вестибю́ль 4) у́стье *(реки́)*
5) занесе́ние *(в спи́сок, дневни́к, в бухгал-
те́рские и т. п. кни́ги)*; (отде́льная) за́пись
6) словарна́я статья́ 7) спи́сок уча́стников
(соревнова́ний и т. п.); уча́стник *(соревно-
ва́ний и т. п.)*; зая́вка *(на уча́стие в соре-
внова́ниях и т. п.)* 8) вступле́ние *(музыка́ль-
ного инструме́нта)* 9) *юр.* вступле́ние во
владе́ние 10) *attr:* **~ form** анке́та; **~ permit**
разреше́ние на въезд *(в страну́)*; **~ visa** ви́за
на въезд, въездна́я ви́за

entryphone [ˈentrɪˌfəʊn] *n* домофо́н

entwine [ɪnˈtwaɪn] *v* 1) обвива́ть *(with, about,
round)* 2) вплета́ть, сплета́ть, переплета́ть

enucleate [ɪˈnjuːklɪeɪt] *v мед.* удаля́ть, вылу́-
щивать *(о́пухоль и т. п.)*

enumerate [ɪˈnjuːməreɪt] *v* перечисля́ть

enumeration [ɪˌnjuːməˈreɪʃ(ə)n] *n* 1) перечис-
ле́ние 2) пе́речень

enumerator [ɪˈnjuːməreɪtə(r)] *n* счётчик *(при
пе́реписи населе́ния)*

enunciate [ɪˈnʌnsɪeɪt] *v* 1) чётко, я́сно произ-
носи́ть *(сло́во)* 2) формули́ровать, излага́ть
(предложе́ние, тео́рию) 3) провозглаша́ть,
объявля́ть

enure *см.* **inure**

enuresis [ˌenjʊəˈriːsɪs] *мед.* энуре́з, недержа́-
ние мочи́

envelop [ɪnˈveləp] *v* 1) заку́тывать, завёртывать 2) оку́тывать; **~ed in mystery** оку́тан-
ный та́йной 3) *воен.* окружа́ть, обходи́ть

envelope [ˈenvələʊp] *n* 1) конве́рт 2) обёртка
3) оболо́чка, обши́вка

envenom [ɪnˈvenəm] *v* отравля́ть

enviable [ˈenvɪəbl] *a* зави́дный; возбужда́-
ющий за́висть

envious [ˈenvɪəs] *a* зави́стливый; **to be ~ of
smb** зави́довать кому́-л.

environ [ɪnˈvaɪərən] *v* окружа́ть

environment [ɪnˈvaɪərənmənt] *n* 1) окружа́ющая обстано́вка, окруже́ние 2) **(the ~)** окружа́ющая среда́; эколо́гия 3) *вчт* окруже́ние; обстано́вка; вне́шние усло́вия, среда́

environmentalist [ɪnˌvaɪərənˈmentəlɪst] *n* защи́тник окружа́ющей среды́; эко́лог

environmentally [ɪnˌvaɪərənˈmentəlɪ] *adv* экологи́чески; ~ **friendly** экологи́чески благоприя́тный; экологи́чески чи́стый

environs [ˈenvɪrənz] *n pl* окре́стности; предме́стья

envisage [ɪnˈvɪzɪdʒ] *v* 1) представля́ть, рисова́ть себе́ 2) предусма́тривать, предви́деть

envoy [ˈenvɔɪ] *n* посла́нник; полномо́чный представи́тель; чрезвыча́йный посла́нник

envy I [ˈenvɪ] *n* 1) за́висть; **out of ~** из за́висти 2) предме́т за́висти

envy II *v* зави́довать; **I ~ you your good fortune** я зави́дую твое́й уда́че

enwrap [ɪnˈræp] *v* завёртывать; оку́тывать *(in, with)*

enzyme [ˈenzaɪm] *n биол.* энзи́м, ферме́нт

eparchy [ˈepɑːkɪ] *n церк.* епа́рхия

epaulet(te) [ˈepəlet] *n* эполе́т

épée [eɪˈpeɪ] *n фр. спорт.* рапи́ра; эспадро́н

ephelis [ˈefelɪs] *n (pl ephelides* [ˈefelɪds]) весну́шка *(тж* **freckle)**

ephemera [ɪˈfemərə] *n* 1) *бот., зоол.* подёнка, однодне́вка 2) не́что мимолётное, скоропреходя́щее

ephemeral [ɪˈfemər(ə)l] *a* 1) недолгове́чный, эфеме́рный 2) живу́щий то́лько оди́н *или* не́сколько дней *(о растениях, насекомых)*

epic I [ˈepɪk] *n* 1) эпи́ческая поэ́ма; сказа́ние 2) кни́га *или* фильм с эпи́ческим *или* геро́ическим сюже́том

epic II *a* эпи́ческий

epical [ˈepɪkəl] *a* эпи́ческий

epicenter [ˈepɪsentə(r)] *амер. см.* **epicentre**

epicentre [ˈepɪsentə(r)] *n* эпице́нтр *(землетрясения, взрыва и т. п.)*

epicrisis [ˈepɪkraɪsɪs] *n мед.* эпикри́з

Epicurean I [ˌepɪkjʊəˈriːən] *n* эпикуре́ец

Epicurean II *a* эпикуре́йский

epicycle [ˌepɪˈsaɪkl] *n мат.* эпици́кл

epidemic I [ˌepɪˈdemɪk] *n* эпиде́мия

epidemic II *a* эпидеми́ческий

epidemiologist [ˌepɪdiːmɪˈɒlədʒɪst] *n* эпидемио́лог

epidermis [ˌepɪˈdɜːmɪs] *n анат.* эпиде́рмис

epigram [ˈepɪgræm] *n* эпигра́мма

epigraph [ˈepɪgrɑːf] *n* эпи́граф

epilate [ˈepɪleɪt] *v* удаля́ть (нежела́тельные) во́лосы, де́лать эпиля́цию

epilation [epɪˈleɪʃ(ə)n] *n* удале́ние (нежела́тельных) воло́с, эпиля́ция

epilepsy [ˈepɪlepsɪ] *n мед.* эпиле́псия

epileptic I [ˌepɪˈleptɪk] *n* эпиле́птик

epileptic II *a* эпилепти́ческий

epilogue [ˈepɪlɒg] *n* эпило́г

epinephrine [ˌepɪˈnefrɪn] *n мед.* адренали́н

Epiphany [ɪˈpɪfənɪ] *n рел.* 1) **(the ~)** Богоявле́ние, Креще́ние *(праздник; в Западном христианстве отмечается 6 января)* 2) **(e.)** явле́ние Божества́

episcopal [ɪˈpɪskəpəl] *a* епи́скопский; епископа́льный; **the E. Church of Scotland** Епископа́льная це́рковь Шотла́ндии

episcopate [ɪˈpɪskəpət] *n* 1) сан епи́скопа 2) епа́рхия 3) **(the ~)** *собир.* епи́скопы

episode [ˈepɪsəʊd] *n* эпизо́д; происше́ствие, слу́чай

episodic(al) [ˌepɪˈsɒdɪk(əl)] *a* эпизоди́ческий; случа́йный

epistle [ɪˈpɪsl] *n* 1) посла́ние 2) **(E.)** *церк.* апо́стольское посла́ние

epistolary [ɪˈpɪstələrɪ] *a* эпистоля́рный, в фо́рме письма́

epitaph [ˈepɪtɑːf] *n* эпита́фия

epithelium [ˌepɪˈθiːlɪəm] *n анат.* эпите́лий

epithet [ˈepɪθet] *n* эпи́тет

epitome [ɪˈpɪtəmɪ] *n* 1) воплоще́ние, олицетворе́ние 2) кра́ткое содержа́ние *(книги и т. п.)* 3) резюме́

epitomize [ɪˈpɪtəmaɪz] *v* 1) воплоща́ть, олицетворя́ть 2) кра́тко излага́ть

epoch [ˈiːpɒk] *n* 1) эпо́ха 2) *геол.* пери́од; век; **glacial ~** леднико́вый пери́од 3) *вчт* нача́ло отсчёта вре́мени

epoch-making [ˈiːpɒkˌmeɪkɪŋ] *a* значи́тельный, эпоха́льный; име́ющий мирово́е значе́ние

eponym [ˈepənɪm] *n* 1) эпони́м *(человек, имя которого присваивается геогр. названию, болезни, синдрому и т. п., им открытому)* 2) эпоними́ческое назва́ние

epos [ˈepɒs] *n* э́пос; эпи́ческая поэ́ма

epoxy [ɪˈpɒksɪ] *n тех.* эпокси́дная смола́; эпокси́дный клей

equability [ˌekwəˈbɪlɪtɪ] *n* 1) равноме́рность 2) уравнове́шенность

equable [ˈekwəbl] *a* 1) равноме́рный 2) уравнове́шенный, ро́вный

equal I [ˈiːkw(ə)l] *n* ра́вный, ро́вня; **he has no ~** ему́ нет ра́вных

equal II *a* 1) ра́вный, одина́ковый; **with ~ reason** на ра́вных основа́ниях 2) равнопра́вный 3) приго́дный, спосо́бный; **she is not ~ to the task** она́ не справля́ется с э́той рабо́той

equal III *v* 1) быть ра́вным; равня́ться 2) ура́внивать

equality [iːˈkwɒlɪtɪ] *n* 1) ра́венство; равнопра́вие 2) *мат.* ра́венство; то́ждество

equalization [ˌi:kwəlaɪˈzeɪʃ(ə)n] *n* урáвнивание; компенсáция

equalize [ˈi:kwəlaɪz] *v* урáвнивать *(with, to)*; уравновéшивать; **to ~ incomes** урáвнивать доходы

equalizer [ˈi:kwəˌlaɪzə(r)] *n* 1) *тех.* уравнúтель, компенсáтор; балансúр 2) *эл.* урáвниватель, вырáвниватель 3) *муз.* корректúрующая систéма; эквалáйзер *(в проигрывателе)* 4) *амер. сленг* пистолéт

equally [ˈi:kwəlɪ] *adv* равнó, в рáвной стéпени; **to divide ~** разделúть пóровну; **to treat ~** относúться одинáково *(к детям и т. д.)*

equanimity [ˌi:kwəˈnɪmɪtɪ] *n* самооблáдание, хладнокрóвие, невозмутúмость

equate [ɪˈkweɪt] *v* равнять; урáвнивать, прирáвнивать

equation [ɪˈkweɪʒ(ə)n] *n* 1) вырáвнивание 2) *мат.* уравнéние; рáвенство

equator [ɪˈkweɪtə(r)] *n* эквáтор

equatorial [ˌekwəˈtɔ:rɪəl] *a* экваториáльный

equestrian I [ɪˈkwestrɪən] *n* всáдник

equestrian II *a* кóнный

equi- [i:kwɪ-, ɪkwɪ-] *pref* равно-; **equidistant** равноотстоя́щий; равноудалённый; **equivalent** равноцéнный, равносúльный; эквивалéнтный

equiangular [ˌi:kwɪˈæŋgjʊlə(r)] *a мат.* равноугóльный

equilateral [ˈi:kwɪˈlætərəl] *a мат.* равносторóнний

equilibrate [ɪˈkwɪlɪbreɪt] *v* уравновéшивать(ся); приводúть/приходúть в равновéсие

equilibration [ˌi:kwɪlɪˈbreɪʃ(ə)n] *n* 1) уравновéшивание 2) равновéсие

equilibrist [ɪˈkwɪlɪbrɪst] *n* канатохóдец; эквилибрúст

equilibrium [ˌi:kwɪˈlɪbrɪəm] *n* 1) равновéсие 2) уравновéшенность

equine [ˈi:kwaɪn] *a* кóнский, лошадúный

equinia [ˈi:kwaɪnɪə] *n мед.* сап

equinoctial I [ˌi:kwɪˈnɒkʃ(ə)l] *n астр.* небéсный эквáтор; равнодéнственная лúния

equinoctial II *a* равнодéнственный

equinox [ˈi:kwɪnɒks] *n* равнодéнствие; **autumn/spring ~** осéннее/весéннее равнодéнствие

equip [ɪˈkwɪp] *v* снаряжáть; оснащáть; оборýдовать; экипировáть; снабжáть

equipage [ˈekwɪpɪdʒ] *n* 1) снаряжéние, экипирóвка 2) экипáж, вы́езд

equipment [ɪˈkwɪpmənt] *n* 1) оборýдование, снаряжéние, аппаратýра, принадлéжности, оборýдование; **garden ~** садóвый инвентáрь 2) оборýдование необходúмым снаряжéнием

equipoise [ˈekwɪpɔɪz] *n* 1) равновéсие 2) противовéс

equitable [ˈekwɪtəb(ə)l] *a* справедлúвый, беспристрáстный

equity [ˈekwɪtɪ] *n* 1) справедлúвость, беспристрáстность 2) *юр.* прáво справедлúвости 3) *эк.* обыкновéнная áкция 4) *эк.* актúвы *(предприятия)* за вы́четом задóлженности

equivalence [ɪˈkwɪvələns] *n* равноцéнность, равнознáчность, равносúльность; эквивалéнтность

equivalency [ɪˈkwɪvələnsɪ] *см.* **equivalence**

equivalent I [ɪˈkwɪvələnt] *n* эквивалéнт

equivalent II *a* равноцéнный, равносúльный, рáвный по величинé *и т. п.*; эквивалéнтный

equivocal [ɪˈkwɪvəkl] *a* 1) двусмы́сленный 2) неопределённый, сомнúтельный 3) вызывáющий сомнéния, подозрéния; подозрúтельный

equivoke [ˈekwɪvəʊk] *n* двусмы́сленность, экивóк

equivoque [ˈekwɪvəʊk] *см.* **equivoke**

era [ˈɪərə] *n* э́ра, эпóха

eradiate [ɪˈreɪdɪeɪt] *v* излучáть

eradiation [ɪˌreɪdɪˈeɪʃ(ə)n] *n* излучéние

eradicate [ɪˈrædɪkeɪt] *v* 1) вырывáть с кóрнем 2) искореня́ть

eradication [ɪˌrædɪˈkeɪʃ(ə)n] *n* искоренéние

erasable [ɪˈreɪzəb(ə)l] *a* 1) поддаю́щийся подчúстке, подчищáемый *(резинкой, ножом)*; стирáемый 2) недолговéчный *(о воспоминании и т. п.)* 3) *вчт* стирáемый *(об информации)*

erase [ɪˈreɪz] *v* 1) стирáть, подчищáть 2) изглáживать, вычёркивать *(из памяти)* 3) стирáть запúсанное *(с магнитной ленты и т. п.)* 4) *вчт* стирáть; разрушáть информáцию

erase head [ɪˈreɪzˌhed] *n вчт* стирáющая голóвка, голóвка стирáния *(запоминающего устройства)*

eraser [ɪˈreɪzə(r)] *n* 1) лáстик, резúнка 2) *вчт* стирáющее устрóйство

erasure [ɪˈreɪʒə] *n* 1) стирáние, соскáбливание, подчúстка *(резинкой, ножом)* 2) подчúстка, стёртое мéсто *(в тексте)* 3) пóлное уничтожéние, стирáние с лицá землú 4) *вчт* стирáние; разрушéние информáции

ere I [eə] *prep поэт., уст.* до, пéред

ere II *conj поэт.* прéжде чем; скорéе чем

erect I [ɪˈrekt] *a* 1) прямóй, вертикáльный 2) стоя́чий, пóднятый, торчáщий

erect II *v* 1) поднимáть, выпрямля́ть 2) стрóить, воздвигáть 3) оснóвывать; создавáть

erectile dysfunction [ɪrekˈtaɪl dɪsˈfʌnkʃ(ə)n] *n мед.* эректúльная дисфýнкция, *уст.* импотéнция

erection [ɪˈrekʃ(ə)n] *n* 1) возведе́ние 2) сооруже́ние, постро́йка, строе́ние 3) *тех.* монта́ж, сбо́рка 4) *физиол.* эре́кция

eremite [ˈerɪmaɪt] *n* отше́льник, затво́рник

eremitic [ˌerɪˈmɪtɪk] *a* отше́льнический, затво́рнический

ergometer [ɜːˈgɔːmɪtə(r)] *n* эргóметр, динамóметр; ~ **bicycle** велоэргóметр

ergonomics [ˌɜːgəˈnɒmɪks] *n* эргонóмика

ergot [ˈɜːgət] *n бот.* спорынья́

Erin [ˈerɪn] *n поэт.* Ирла́ндия

ermine [ˈɜːmɪn] *n* горноста́й ◊ **to wear the ~** быть чле́ном верхóвного суда́

erode [ɪˈrəʊd] *v* 1) разъеда́ть 2) *мед.* разруша́ть *(ткани)*, подверга́ться эрóзии 3) *геол.* размыва́ть; выве́тривать

erogenous [ɪˈrɒdʒɪnəs] *a* 1) эрогéнный; ~ **zone** эрогéнная зóна 2) эроти́ческий

erosion [ɪˈrəʊʒ(ə)n] *n* эрóзия; разруше́ние, разъеда́ние, размыва́ние

erosive [ɪˈrəʊsɪv] *a* вызыва́ющий эрóзию, эрозийный; эрозиóнный

erotic [ɪˈrɒtɪk] *a* эроти́ческий

erotica [ɪˈrɒtɪkə] *n pl* эроти́ческая литерату́ра; эроти́ческое иску́сство

eroticism [ɪˈrɒtɪsɪz(ə)m] *n* эроти́чность; чрезме́рная чу́вственность

erotism [ˈerətɪz(ə)m] *n* 1) сексуа́льное возбужде́ние; эроти́зм 2) эроти́чность

err [ɜː] *v* 1) ошиба́ться, заблужда́ться 2) греши́ть

errand [ˈerənd] *n* поруче́ние; **to send on an ~** посла́ть с поруче́нием; **to go on an ~** отпра́виться по поруче́нию; **to run ~s** быть на посы́лках ◊ **a fool's ~** бесполе́зная зате́я, безнадёжное де́ло

errant [ˈerənt] *a* 1) заблу́дший, сби́вшийся с пути́ 2) *книжн.* стра́нствующий 3) блужда́ющий 4) *вчт* оши́бочный; содержа́щий, вы́звавший оши́бку

erratic [ɪˈrætɪk] *a* 1) неусто́йчивый, изме́нчивый, сумасбрóдный, беспоря́дочный; **his work is very ~** он óчень нерóвно рабóтает; **the weather there is very ~** погóда там óчень переме́нчивая 2) неуве́ренный *(в движе́ниях)*, неусто́йчивый 3) *мед.* блужда́ющий *(о болях)*

erratum [ɪˈrɑːtəm] *n (pl* **errata** [ɪˈrɑːtə]*)* опеча́тка; опи́ска

erring [ˈɜːrɪŋ] *a* 1) заблу́дший 2) ошиба́ющийся, заблужда́ющийся

erroneous [ɪˈrəʊnɪəs] *a* оши́бочный; непра́вильный; ~ **information** неве́рная информа́ция

error [ˈerə(r)] *n* 1) оши́бка; заблужде́ние; **to make/to commit an ~** сде́лать оши́бку;

впасть в заблужде́ние; **in ~** оши́бочно, по оши́бке 2) отклоне́ние, погре́шность 3) *attr:* ~ **detection and correction** *вчт* обнаруже́ние и исправле́ние оши́бок

ersatz [ˈɜːzæts] *n* эрза́ц, суррога́т

eruct [ɪˈrʌkt] *v* сры́гивать, отры́гивать

eructation [ɪɪrʌkˈteɪʃ(ə)n] *n* отры́жка

erudite [ˈeruːdaɪt] *a* 1) учёный 2) эруди́рованный

erudition [ˌeruːˈdɪʃ(ə)n] *n* эруди́ция, начи́танность; учёность

erupt [ɪˈrʌpt] *v* 1) вырыва́ться, прорыва́ться 2) изверга́ться *(о вулкане)* 3) высыпа́ть, появля́ться *(о сыпи)* 4) прорéзываться *(о зуба́х)*

eruption [ɪˈrʌpʃ(ə)n] *n* 1) изверже́ние *(вулкана)* 2) взрыв *(смеха, гнева и т. п.)* 3) прорéзывание *(зубов)* 4) *мед.* сыпь, высыпа́ние 5) *мед.* вспы́шка *(эпидемии)*

eruptive [ɪˈrʌptɪv] *a* 1) *геол.* вулкани́ческий, изве́рженный 2) *мед.* сопровожда́ющийся сы́пью

erysipelas [erɪsɪˈpeləs] *n мед.* рóжа, рóжистое воспале́ние

erythema [erɪˈθiːmə] *n мед.* эрите́ма, покрасне́ние кóжи

erythrocyte [ɪˈrɪθrəʊsaɪt] *n физиол.* эритроци́т

escalate [ˈeskəleɪt] *v* 1) бы́стро увели́чивать, расширя́ть; уси́ливать 2) обостря́ть *(конфликт и т. п.)*

escalation [ˌeskəˈleɪʃ(ə)n] *n* эскала́ция, расшире́ние, усиле́ние *(активных действий, напряжённости и т. п.)*

escalator [ˈeskəleɪtə(r)] *n* эскала́тор

escalope [ˈeskəlɒp] *n кул.* эскалóп

escapade [ˌeskəˈpeɪd] *n* шальна́я вы́ходка, эскапа́да

escape I [ɪˈskeɪp] *n* 1) бе́гство, побе́г 2) избавле́ние, спасе́ние; **to have a narrow ~** едва́ избежа́ть/быть на волосóк от опа́сности 3) уте́чка *(газа, электричества и т. п.)* 4) (вре́менный) ухóд от действи́тельности, забóт, проблéм 5) одича́вшее культу́рное растéние 6) *мед.* выделéние, проса́чивание; ~ **of blood** кровотечéние; проса́чивание крóви 7) *вчт* вы́ход *(из программы)*

escape II *v* 1) бежа́ть, соверша́ть побéг 2) избежа́ть *(опасности)*, спасти́сь; отде́латься 3) дава́ть уте́чку 4) ускольза́ть *(из па́мяти и т. п.)* 5) вырыва́ться *(о слова́х, крике, стóне)* 6) *мед.* истека́ть, проса́чиваться 7) *вчт* выходи́ть *(из программы)*

Escape key [ɪˈskeɪpkiː] *n вчт* кла́виша Escape, кла́виша вы́хода

escapeway [ɪˈskeɪpweɪ] *n* запа́сный вы́ход *(в автобусе)*

escapism [ɪ'skeɪpɪz(ə)m] *n* эскапи́зм, бе́гство от действи́тельности *(в иску́сстве)*

escapist [ɪ'skeɪpɪst] *n* писа́тель-эскапи́ст

escargot [e'skɑ:gəʊ] *n* кул. съедо́бная виногра́дная ули́тка

escarp [ɪ'skɑ:p] *n* круто́й отко́с

eschew [ɪs'tʃu:] *v* избега́ть, возде́рживаться от

Esc Key [ɪ'ski:] *см.* **Escape key**

escort I ['eskɔ:t] *n* 1) охра́на, конво́й 2) эско́рт, сопровожде́ние

escort II [ɪ'skɔ:t] *v* 1) конвои́ровать 2) эскорти́ровать, сопровожда́ть

escritoire [ˌeskrɪ'twɑ:(r)] *n* секрете́р

escrow ['eskrəʊ] *n юр.* 1) усло́вно вручённый докуме́нт, депони́рованный у тре́тьего лица́ 2) усло́вное депони́рование де́нежной су́ммы у тре́тьего лица́

escutcheon [ɪ'skʌtʃ(ə)n] *n* 1) щит, по́ле герба́ 2) сре́дняя часть кормы́ *(су́дна),* где помеща́ется назва́ние су́дна 3) защи́тная пласти́на вокру́г дверно́й ру́чки *или* замо́чной сква́жины

e-signature ['i:ˌsɪgnətʃə] *n* электро́нная по́дпись

Eskimo ['eskɪməʊ] *n* 1) эскимо́с; эскимо́ска; **the ~es** эскимо́сы 2) *attr* эскимо́сский

esophagus [ɪsəʊ'fɑ:gəs] *n мед.* пищево́д

esoteric [ˌɪsəʊ'terɪk] *a* эзотери́ческий, та́йный, предназна́ченный для посвящённых *(о тео́рии, зна́ниях)*

ESP *сокр.* **(extrasensory perception)** экстрасенсо́рные спосо́бности, сверхчу́вственное восприя́тие

especial [ɪ'speʃəl] *a* осо́бенный, исключи́тельный, осо́бый; специа́льный; **a matter of ~ importance** де́ло осо́бой ва́жности

especially [ɪ'speʃəlɪ] *adv* осо́бенно, гла́вным о́бразом

Esperanto [ˌespə'ræntəʊ] *n* эспера́нто *(иску́сственный междунаро́дный язы́к)*

espionage ['espɪəˌnɑ:ʒ] *n* шпиона́ж

esplanade [ˌesplə'neɪd] *n* эсплана́да, алле́я/на́бережная для прогу́лок *(обы́кн. вдоль мо́ря)*

espouse [ɪ'spaʊz] *v* 1) признава́ть, подде́рживать 2) *уст.* жени́ться; выдава́ть за́муж *(to)*

espresso [e'spresəʊ] *n* 1) ко́фе «эспре́ссо» 2) автома́т для приготовле́ния ко́фе «эспре́ссо»

espy [ɪ'spaɪ] *v* уви́деть, разгляде́ть; обнару́жить

Esquimau ['eskɪməʊ] *см.* **Eskimo**

esquire [ɪ'skwaɪə(r)] *n* эсква́йр, господи́н *(обы́чно сокращённо ста́вится по́сле фами́лии:* Anthony Jones, Esq.*)*

essay I ['eseɪ] *n* 1) о́черк, эссе́ 2) попы́тка

essay II [e'seɪ] *v* про́бовать, пыта́ться

essayist ['eseɪɪst] *n* очерки́ст, эссеи́ст

essence ['esns] *n* 1) су́щность, суть; **in ~** по су́ти 2) экстра́кт, эссе́нция 3) духи́

essential I [ɪ'senʃ(ə)l] *n pl* 1) осно́вы *(чего́-л.)* 2) предме́ты пе́рвой необходи́мости

essential II *a* 1) жи́зненно ва́жный, необходи́мый, неотъе́млемый; **an ~ condition** непреме́нное усло́вие 2) суще́ственный, составля́ющий су́щность *(чего́-л.)* 3) **~ oil** эфи́рное ма́сло 4) *мед.* идиопати́ческий

essentiality [ɪˌsenʃɪ'ælɪtɪ] *n* су́щность; суще́ственность

essentially [ɪ'senʃ(ə)lɪ] *adv* 1) по существу́ 2) суще́ственно, суще́ственным о́бразом

establish [ɪ'stæblɪʃ] *v* 1) осно́вывать, учрежда́ть; создава́ть; **to ~ a business** осно́вывать де́ло/предприя́тие; **to ~ a theory** создава́ть тео́рию 2) устра́ивать(ся); **he ~ed his son in a job** он устро́ил сы́на на рабо́ту 3) укореня́ться *(об обы́чае и т. п.)* 4) устана́вливать *(факт и т. п.)*

established [ɪ'stæblɪʃt] *a* 1) учреждённый 2) устано́вленный, при́знанный 3) упро́чившийся, укорени́вшийся 4) постоя́нный *(о шта́те сотру́дников)* 5) официа́льный, госуда́рственный *(о це́ркви);* **the E. Church** госуда́рственная це́рковь *(в Великобрита́нии англика́нская це́рковь —* **the Church of England***)*

establishment [ɪ'stæblɪʃmənt] *n* 1) установле́ние; созда́ние, основа́ние 2) учрежде́ние, предприя́тие; заведе́ние *(госуда́рственное или обще́ственное)* 3) штат *(слу́жащих)* 4) (дома́шнее) хозя́йство; **they keep a large ~** у них большо́й штат прислу́ги; у них большо́е хозя́йство 5) **(the ~)** исте́блишмент, пра́вящие круги́, власть иму́щие

estate [ɪ'steɪt] *n* 1) име́ние, поме́стье 2) райо́н жило́й *или* промы́шленной застро́йки с разви́той инфраструкту́рой 3) иму́щество; **personal/real ~** дви́жимое/недви́жимое иму́щество 4) *юр.* иму́щество 5) сосло́вие; **the fourth ~** *перен.* «четвёртое сосло́вие», «четвёртая власть», пре́сса

esteem I [ɪ'sti:m] *n* уваже́ние; почте́ние; **to hold smb in ~** уважа́ть кого́-л.; почита́ть кого́-л.

esteem II *v* 1) уважа́ть, почита́ть 2) счита́ть, рассма́тривать, оце́нивать

ester ['estə(r)] *n физ., хим.* (сло́жный) эфи́р

estimable ['estɪməbl] *a* досто́йный уваже́ния

estimate I ['estɪmət] *n* 1) оце́нка 2) сме́та

estimate II ['estɪˌmeɪt] *v* 1) цени́ть, оце́нивать, дава́ть оце́нку; счита́ть; **he was ~d to be a good painter** его́ счита́ли тала́нтливым художником 2) составлять смету; приблизительно подсчитывать 3) определять цену

estimation [ˌestɪˈmeɪʃ(ə)n] *n* 1) расчёт, подсчёт, прикидка 2) оценка; мнение; **in my ~** по моему мнению

estimator [ˈestɪmeɪtə(r)] *n* оценщик

Estonian I [ɪˈstəʊnɪən] *n* 1) эстонец; эстонка; **the ~s** эстонцы 2) эстонский язык

Estonian II *a* эстонский

estrange [ɪˈstreɪndʒ] *v* отдалять, отстранять

estrangement [ɪˈstreɪndʒmənt] *n* отчуждение, отчуждённость

estuary [ˈestjʊərɪ] *n* эстуарий; устье реки

ETA *сокр.* **(estimated time of arrival)** расчётное время прибытия *(самолёта, поезда и т.п.)*

etc *сокр. см.* **et cetera**

et cetera, etcetera [ɪtˈsetrə] *n лат.* 1) и так далее, и тому подобное, и прочее 2) *pl* всякая всячина

etch [etʃ] *v* 1) гравировать на металле травлением 2) производить глубокое впечатление *(on, upon)*

etcher [ˈetʃə(r)] *n* гравёр; офортист

etching [ˈetʃɪŋ] *n* 1) гравюра на металле, офорт 2) травление, гравирование на металле травлением

ETD *сокр.* **(estimated time of departure)** расчётное время отправления *(поезда, автобуса и т. п.)*, вылета *(самолёта)*

eternal [ɪˈtɜːnl] *a* 1) вечный; **~ triangle** *перен.* любовный треугольник 2) *разг.* постоянный, неизменный

eternalize [ɪˈtɜːnəlaɪz] *v* увековечивать

eternity [ɪˈtɜːnɪtɪ] *n* 1) вечность 2) *pl* вечные истины

ethanol [ˈeθəˌnɒl] *n хим.* этиловый спирт, этанол

ether [ˈiːθə(r)] *n физ., хим.* (простой) эфир

ethereal [ɪˈθɪərɪəl] *a* 1) эфирный 2) воздушный, лёгкий, бесплотный

ethereality [ɪˌθɪərɪˈælɪtɪ] *n* эфирность, лёгкость

ethic(al) [ˈeθɪk(əl)] *a* этический, нравственный, моральный

ethics [ˈeθɪks] *n* этика; **medical ~** врачебная этика

Ethiopian I [ˌiːθɪˈəʊpɪən] *n* эфиоп; эфиопка; **the ~s** эфиопы

Ethiopian II *a* эфиопский

ethnic(al) [ˈeθnɪk(əl)] *a* 1) этнический; **~ cleansing** *полит.* этнические чистки *(с применением насилия)*; **~ minority** этническое меньшинство 2) *уст.* языческий

ethnographic(al) [ˌeθnəˈgræfɪk(əl)] *a* этнографический

ethnography [eθˈnɒgrəfɪ] *n* этнография

ethnology [eθˈnɒlədʒɪ] *n* этнология

ethos [ˈiːθɒs] *n* этос, характер общества, людей, системы *и т. п.*

ethyl [ˈiːθaɪl] *n хим.* 1) этил 2) *attr.* **~ alcohol** винный спирт

etiologic(al) [ˌiːtɪəˈlɒdʒɪk(əl)] *a мед.* этиологический,

etiology [ˌiːtɪˈɒlədʒɪ] *n мед.* этиология *(наука о причинах болезней)*

etiquette [ˌetɪˈket] *n* 1) этикет 2) профессиональная этика

Eton [ˈiːtn] *n* 1) Итон, Итонский колледж *(частная школа для мальчиков)* *(тж* **~ College)** 2) *attr.* **~ collar** широкий отложной воротник

Etonian [iːˈtəʊnɪən] *n* воспитанник Итонского колледжа; выпускник Итонского колледжа

Etruscan I [ɪˈtrʌskən] *a ист.* этрусский

Etruscan II *n ист.* 1) этруск 2) этрусский язык

étude [ˈeɪtjuːd] *n муз.* этюд

étui [eˈtwiː] *n фр.* шкатулочка для иголок *и т. п.*; футлярчик

etymologic(al) [ˌetɪməˈlɒdʒɪk(əl)] *a* этимологический

etymology [ˌetɪˈmɒlədʒɪ] *n* этимология

eucalyptus [ˌjuːkəˈlɪptəs] *n (pl тж* **eucalypti** [ˌjuːkəˈlɪptaɪ]) *бот.* эвкалипт

Eucharist [ˈjuːkərɪst] *n церк.* 1) евхаристия, причастие 2) Святые Дары

eugenics [juːˈdʒenɪks] *n* евгеника

eulogize [ˈjuːlədʒaɪz] *v* восхвалять, превозносить

eulogy [ˈjuːlədʒɪ] *n* хвалебная речь; панегирик

eunuch [ˈjuːnək] *n* евнух

euphemism [ˈjuːfɪmɪz(ə)m] *n* эвфемизм

euphonic [juːˈfɒnɪk] *a* благозвучный

euphonious [juːˈfəʊnɪəs] *см.* **euphonic**

euphony [ˈjuːfənɪ] *n* благозвучие

euphoria [juːˈfɔːrɪə] *n* эйфория

euphuism [ˈjuːfjuːɪz(ə)m] *n* эвфуизм, напыщенный стиль

Eurasian I [jʊəˈreɪʒ(ə)n] *a* евразийский

Eurasian II *n* евразиец

eureka [jʊəˈriːkə] *int* эврика!

euro [ˈjʊərəʊ] *n* евро *(единая денежная единица ряда европейских стран-членов Европейского союза)*

European I [ˌjʊərəˈpɪən] *n* европеец; **the ~s** европейцы

European II *a* европейский; **the ~ Economic Community (EEC)** *ист.* Европейское экономическое сообщество, ЕЭС, «Общий рынок»; **the ~ Parliament** Европейский парламент, Европарламент; **the ~ Union** Европейский союз, Евросоюз (*тж* **the EU**)

Eurostar [ˈjʊərəʊˌstɑː] *n* «Евростар» (*скоростной экспресс, соединяющий столицы Великобритании, Франции и Бельгии; проходит по туннелю под Ла-Маншем*)

euthanasia [ˌjuːθəˈneɪzɪə] *n* эвтаназия (*содействие умиранию неизлечимого больного с его согласия; законодательно разрешено в некоторых странах*)

evacuate [ɪˈvækjʊeɪt] *v* 1) эвакуировать 2) опорожнять 3) *мед.* очищать (*напр. кишечник*)

evacuation [ɪˌvækjʊˈeɪʃ(ə)n] *n* 1) эвакуация 2) опорожнение 3) *мед.* очищение (*напр. кишечника*)

evacuee [ɪˌvækjuːˈiː] *n* эвакуированный

evade [ɪˈveɪd] *v* 1) избегать; ускользать; уклоняться (*от ответа, исполнения обязанностей и т. п.*) 2) обходить (*закон, вопрос*) 3) ускользать (*из памяти*) 4) не поддаваться (*усилиям*)

evaluate [ɪˈvæljʊeɪt] *v* 1) оценивать; вычислять 2) определять количество 3) выражать в цифрах

evaluation [ɪˌvæljʊˈeɪʃ(ə)n] *n* 1) оценка, оценивание, определение 2) анализ (*данных*) 3) вычисление

evanescent [ˌiːvəˈnesnt] *a* мимолётный

evangelical [ˌiːvænˈdʒelɪkəl] *a* 1) евангельский 2) евангелический

evangelist [ɪˈvændʒəlɪst] *n* евангелист

evaporate [ɪˈvæpəreɪt] *v* 1) испарять(ся) 2) выпаривать, обезвоживать 3) улетучиваться, исчезать

evaporation [ɪˌvæpəˈreɪʃ(ə)n] *n* 1) испарение; парообразование 2) выпаривание; обезвоживание

evasion [ɪˈveɪʒ(ə)n] *n* 1) уклонение 2) увёртка, отговорка

evasive [ɪˈveɪsɪv] *a* 1) избегающий, уклоняющийся 2) уклончивый 3) неуловимый

eve [iːv] *n* 1) канун; *рел.* сочельник; **on the ~** накануне; **Christmas E.** рождественский сочельник; **the E. of the Epiphany** крещенский сочельник 2) *поэт., уст.* вечер

even[1] **I** [ˈiːv(ə)n] *a* 1) ровный, гладкий 2) одинаковый, сходный; такой же 3) равный; находящийся на одном уровне (*with*); **~ chance** равные шансы 4) уравновешенный, спокойный, ровный (*о характере*) 5) чётный 6) целый (*о числе*) ◊ **to be/to get ~ with smb** свести счёты с кем-л.

even[1] **II** *v* 1) равнять; уравнивать (*тж* **to ~ up**) 2) выравнивать, сглаживать ◊ **to ~ up**

on *амер.* отплатить, отомстить, расквитаться

even[2] *adv* даже; **~ if, ~ though** даже если, хотя бы и; **~ as** как раз, в то самое время, как; **~ so** а) несмотря на; однако б) и в том и в другом случае

even[3] *n поэт.* вечер

even-handed [ˈiːv(ə)nˈhændɪd] *a* беспристрастный, справедливый

evening [ˈiːvnɪŋ] *n* 1) вечер 2) вечер, вечеринка 3) *attr.* вечерний; **~ dress** вечернее платье; **~ star** вечерняя звезда, Венера

even-minded [ˈiːv(ə)nˈmaɪndɪd] *a* спокойный, уравновешенный (*тж* **even-tempered**)

event [ɪˈvent] *n* 1) событие 2) случай; **in the ~ of** в случае, на случай (*чего-л.*); **in any ~, at all ~s** что бы ни случилось; **in that ~** в этом случае 3) исход, результат 4) вид спорта; номер в программе состязаний

eventful [ɪˈventfʊl] *a* полный событий, богатый событиями

eventless [ɪˈventlɪs] *a* бедный событиями

eventual [ɪˈventʃʊəl] *a* 1) происходящий в своё время; могущий случиться, возможный 2) конечный, окончательный

eventuality [ɪˌventʃʊˈælɪtɪ] *n* возможность; возможный случай

eventually [ɪˈventʃʊəlɪ] *adv* со временем; в конце концов, в конечном итоге

eventuate [ɪˈventʃʊeɪt] *v* 1) разрешаться, кончаться (*чем-л. — in*) 2) возникать, являться результатом

ever [ˈevə(r)] *adv* 1) всегда; **for ~** навсегда; **~ after, ~ since** с тех пор (как); **you are ~ in my thoughts** я всё время думаю о вас; **Yours ~** всегда Ваш (*в конце письма*); **~ hopeful** всегда с надеждой 2) когда-либо, когда-нибудь; **have you ~ been to London?** вы когда-нибудь были в Лондоне?; **hardly ~** вряд ли когда-либо, почти никогда 3) *употребляется для усиления:* **who ~ told you that?** и кто вам мог такое сказать?; **why ~ didn't you say so before?** почему же вы не сказали этого раньше?; **he's ~ so rich** он такой богатый человек; **did you ~?** *разг.* вы когда-нибудь слышали/видели такое?; **he's ~ such a good fellow** он очень хороший парень 4) как только, как можно (*в сравнительных предложениях* **as... as ~**); **be as quick as ~ you can** поторопитесь как только можете; делайте как можно скорее

everglade [ˈevəgleɪd] *n амер.* болотистая местность, местами поросшая высокой травой ◊ **E. State** Болотистый штат (*шутл. название штата Флорида*)

evergreen I [ˈevəgriːn] *n* вечнозелёное растение

evergreen II *a* вечнозелёный

ever-increasing [ˌevərɪŋˈkriːsɪŋ] *a* (всё) возрастающий, постоянно увеличивающийся

everlasting I [ˌevəˈlɑːstɪŋ] *n* 1) вечность 2) *бот.* бессмертник

everlasting II *a* 1) вечный; постоянный 2) долговечный; прочный 3) сохраняющий свою окраску и форму при засушивании *(о цветах)*

evermore [ˈevəˈmɔː(r)] *adv* навеки, навсегда

every [ˈevrɪ] *a* 1) каждый; ~ **one (of them)** каждый (из них); все; ~ **so often** временами, нерегулярно, время от времени; ~ **other** а) чередующийся б) все остальные; ~ **other day** через день 2) всякий, все; **I wish you ~ success** я желаю вам всяческого успеха; **there's ~ reason to believe them** есть все основания верить им ◊ ~ **now and again**, ~ **now and then** время от времени; ~ **time** *разг.* а) без всякого исключения б) без колебаний; ~ **which way** *амер. разг.* во все стороны; беспорядочно

everybody [ˈevrɪbɒdɪ] *pron* каждый, всякий; все

everyday [ˈevrɪdeɪ] *a* ежедневный; обычный, повседневный; ~ **life** обычная жизнь, повседневность

everyone [ˈevrɪwʌn] *pron* каждый, всякий; все

everything [ˈevrɪθɪŋ] *pron* всё

every way [ˈevrɪweɪ] *adv* 1) во всех направлениях 2) во всех отношениях

everywhere [ˈevrɪweə(r)] *adv* (по)всюду, везде

evict [iːˈvɪkt] *v* 1) выселять

eviction [iːˈvɪkʃ(ə)n] *n* 1) выселение 2) *вчт.* замещение; вытеснение

evidence I [ˈevɪdəns] *n* 1) основание, данные, факты; доказательство, свидетельство; **to give/to bear ~ of smth** свидетельствовать о чём-л.; **historical ~** исторические факты; **hard ~** веское доказательство; **there is little ~ for thinking that …** очень мало оснований считать, что… 2) *юр.* улики; свидетельские показания; **direct ~** прямые улики; **circumstantial ~** косвенные улики; **cumulative ~** совокупность улик; **presumptive ~** опровержимые показания; **to give ~** давать показания; **to call in ~** вызывать в суд в качестве свидетеля; **to turn King's/Queen's/State's ~** выдавать сообщников 3) очевидность; **in ~** заметный, на виду; имеющийся налицо; **he was nowhere in ~** его нигде не было видно

evidence II *v* служить доказательством, доказывать; свидетельствовать, подтверждать

evident [ˈevɪd(ə)nt] *a* явный, очевидный, ясный

evidential [ˌevɪˈdenʃ(ə)l] *a* основанный на очевидности; очевидный

evil I [ˈiːvl] *n* 1) зло 2) бедствие, несчастье 3) порок, грех

evil II *a* 1) порочный, дурной; пагубный 2) злой, зловредный, злонамеренный; зловещий; ~ **eye** дурной глаз; **an ~ omen** зловещий знак 3) недобрый *(о часе);* невезучий, несчастный

evil-doer [ˈiːvlˈduːə(r)] *n* 1) преступник; злодей 2) грешник

evil-minded [ˈiːvlˈmaɪndɪd] *a* злой, злобный; злонамеренный

evince [ɪˈvɪns] *v* показывать, выказывать; проявлять, выявлять

evocative [ɪˈvɒkətɪv] *a* вызывающий *(какие-л. чувства, воспоминания)*

evoke [ɪˈvəʊk] *v* 1) вызывать, пробуждать *(чувства, воспоминания и т. п.)* 2) вызывать *(духов)* 3) *тех.* индуцировать

evolution [ˌiːvəˈluːʃ(ə)n] *n* 1) развитие, постепенное изменение; эволюция 2) *воен., мор.* манёвр, перестроение, передвижение 3) *мат.* извлечение корня 4) выделение *(тепла, газа и т. п.)*

evolutional [ˌiːvəˈluːʃ(ə)nl] *см.* **evolutionary**

evolutionary [ˌiːvəˈluːʃ(ə)nərɪ] *a* эволюционный; развивающийся

evolutionism [ˌiːvəˈluːʃənɪz(ə)m] *n* теория эволюции

evolve [ɪˈvɒlv] *v* 1) разрабатывать *(теорию, план и т. п.)*; развивать 2) развиваться естественным путём, эволюционировать 3) выделять *(тепло, газ и т. п.)*

ewe [juː] *n* овца ◊ ~ **lamb** чьё-л. бесценное сокровище, самое дорогое

ewer [ˈjuːə(r)] *n* кувшин

ex- [eks-, ɪks-] *pref* со значением: 1) удаления, изъятия, нахождения вне чего-л.: **to exclude** исключать; **to extract** вырывать; **exterritorial** экстерриториальный 2) указания на прежнее звание, положение экс-, бывший; **ex-president** бывший президент; **ex-ambassador in China** бывший посол в Китае

ex [eks] *n разг.* бывший супруг; бывшая супруга

exacerbate [ekˈsæsəbeɪt] *v* 1) обострять *(болезнь и т. п.)* 2) раздражать *(человека)*

exacerbation [ekˈsæsəbeɪʃ(ə)n] *n мед.* обострение *(болезни)*

exact I [ɪgˈzækt] *a* точный; ~ **meaning** точный смысл

exact II *v* 1) взыскивать *(from, of)*; **to ~ taxes from smb** взимать с кого-л. налоги 2) (на-

263

стоя́тельно) тре́бовать; **to ~ an apology from smb** тре́бовать от кого́-л. извине́ний

exacting [ɪgˈzæktɪŋ] *a* 1) тре́бовательный, взыска́тельный 2) чрезме́рный, изнуря́ющий *(о работе и т. п.)*

exaction [ɪgˈzækʃ(ə)n] *n* 1) (настоя́тельное) тре́бование 2) вымога́тельство 3) побо́ры

exactitude [ɪgˈzæktɪtju:d] *n* то́чность

exactly [ɪgˈzæktlɪ] *adv* 1) то́чно, как ра́з; **that's ~ what I want** э́то как раз то, что мне на́до; **not ~** не совсе́м то 2) и́менно, соверше́нно ве́рно *(в ответе)*

exactor [ɪgˈzæktə(r)] *n* вымога́тель

exaggerate [ɪgˈzædʒəreɪt] *v* 1) преувели́чивать; **he always ~s** он всегда́ преувели́чивает 2) чрезме́рно подчёркивать

exaggerated [ɪgˈzædʒəreɪtɪd] *a* преувели́ченный; **~ politeness** преувели́ченная ве́жливость

exaggeration [ɪgˌzædʒəˈreɪʃ(ə)n] *n* преувеличе́ние

exaggerative [ɪgˈzædʒərətɪv] *a* преувели́чивающий

exalt [ɪgˈzɔ:lt] *v* 1) повыша́ть *(в должности, чине и т. п.)* 2) превозноси́ть; возвели́чивать; восхваля́ть 3) приводи́ть в восто́рг, в состоя́ние экзальта́ции

exaltation [ˌegzɔ:lˈteɪʃ(ə)n] *n* 1) возвыше́ние, возвели́чивание 2) повыше́ние *(в должности, чине и т. п.)* 3) восто́рг; возбужде́ние; экзальта́ция

exam [ɪgˈzæm] *разг. см.* **examination** 2)

examination [ɪgˌzæmɪˈneɪʃ(ə)n] *n* 1) осмо́тр, обсле́дование, освиде́тельствование; иссле́дование; прове́рка; **medical ~** медици́нский осмо́тр; **post-mortem ~** вскры́тие *(трупа)*; **on closer ~** при ближа́йшем рассмотре́нии 2) экза́мен; **entrance ~** вступи́тельный экза́мен; **to take an/to go in for an ~** сдава́ть/держа́ть экза́мен; **to pass an ~** вы́держать/сдать экза́мен; **to fail an ~** провали́ться на экза́мене 3) *юр.* допро́с; опро́с; рассле́дование

examinational [ɪgˌzæmɪˈneɪʃənl] *a* экзаменацио́нный

examination paper [ɪgˌzæmɪˈneɪʃ(ə)nˈpeɪpə(r)] *n* 1) экзаменацио́нный биле́т 2) экзаменацио́нная рабо́та

examine [ɪgˈzæmɪn] *v* 1) рассма́тривать; осма́тривать, иссле́довать; (о)свиде́тельствовать 2) экзаменова́ть 3) *мед.* осма́тривать больно́го 4) *юр.* допра́шивать; опра́шивать; рассле́довать

examinee [ɪgˌzæmɪˈni:] *n* экзамену́ющийся

examiner [ɪgˈzæmɪnə(r)] *n* 1) экзамена́тор 2) инспе́ктор, контролёр 3) экспе́рт

example [ɪgˈzɑ:mp(ə)l] *n* приме́р; **for ~** наприме́р; **to give/to set an ~** пока́зывать/подава́ть приме́р; **to follow smb's ~** сле́довать чьему́-л. приме́ру; **to make an ~ of smb** наказа́ть кого́-л. в приме́р други́м

exanthem(a) [ɪgˈzɑ:nθəm] *n мед.* ко́жная сыпь

exasperate [ɪgˈzɑ:spəˌreɪt] *v* 1) раздража́ть, серди́ть, выводи́ть из себя́ 2) уси́ливать *(боль и т. п.)*

exasperating [ɪgˈzɑ:spəˌreɪtɪŋ] *a* раздража́ющий, си́льно досажда́ющий

exasperation [ɪgˌzɑ:spəˈreɪʃ(ə)n] *n* си́льное раздраже́ние, озлобле́ние

excavate [ˈekskəveɪt] *v* 1) выка́пывать, отка́пывать 2) копа́ть, рыть *(яму, проход)* 3) *археол.* раска́пывать, вести́ раско́пки

excavation [ˌekskəˈveɪʃ(ə)n] *n* 1) вы́емка гру́нта, экскава́ция 2) вы́рытая я́ма, котлова́н 3) выка́пывание, обнаруже́ние 4) *археол.* раско́пки 5) *мед.* по́лость

excavator [ˈekskəveɪtə(r)] *n* 1) экскава́тор 2) землеко́п 3) *мед.* (стоматологи́ческий) экскава́тор

exceed [ɪkˈsi:d] *v* 1) превыша́ть *(по количеству, величине — by)* 2) превыша́ть преде́лы *(чего-л.)*; **to ~ instructions** превы́сить полномо́чия; **to ~ expectations** превзойти́ ожида́ния 3) превосходи́ть *(чем-л., в чём-л. — in)*

exceeding [ɪkˈsi:dɪŋ] *a* 1) огро́мный 2) чрезвыча́йный; выдаю́щийся

exceedingly [ɪkˈsi:dɪŋlɪ] *adv* чрезвыча́йно, о́чень

excel [ɪkˈsel] *v* превосходи́ть *(in, at)*; выделя́ться, отлича́ться *(as, at)*

excellence [ˈeksələns] *n* 1) превосхо́дство 2) высо́кое ка́чество; выдаю́щееся мастерство́

Excellency [ˈeksələnsɪ] *n* превосходи́тельство; **your ~** Ва́ше превосходи́тельство

excellent [ˈeksələnt] *a* превосхо́дный, великоле́пный, отли́чный

except I [ɪkˈsept] *v* исключа́ть; **present company ~ed** о прису́тствующих не говори́м

except II *prep* исключа́я, за исключе́нием, кро́ме; **~ for** а) за исключе́нием б) е́сли бы не

excepting [ɪkˈseptɪŋ] *prep* за исключе́нием, исключа́я, кро́ме

exception [ɪkˈsepʃ(ə)n] *n* 1) исключе́ние; **with the ~ of** за исключе́нием; **without ~** без исключе́ния; **to make an ~** де́лать исключе́ние 2): **to take ~ to smth** а) обижа́ться на что-л. б) возража́ть про́тив чего-л.

exceptionable [ɪkˈsepʃənəb(ə)l] *a* вызыва́ющий возраже́ния; предосуди́тельный

exceptional [ɪkˈsepʃən(ə)l] *a* исключи́тельный, необы́чный

excerpt I [ˈeksɜːpt] *n* вы́держка, отры́вок, цита́та

excerpt II [ɪkˈsɜːpt] *v* де́лать вы́держки, подбира́ть отры́вки, цита́ты

excerption [ekˈsɜːpʃ(ə)n] *n* вы́держка, отры́вок, цита́та

excess [ɪkˈses] *n* 1) избы́ток, изли́шек; **to have smth in ~ of one's needs** име́ть что-л. в изли́шке; **to ~** сли́шком 2) невозде́ржанность, неуме́ренность; изли́шество; **~ in eating and drinking** изли́шества в еде́ и питье́; **to drink to ~** пить не зна́я ме́ры 3) *pl* эксце́сс, вы́ходка 4) *attr* избы́точный, (из)ли́шний; **~ weight** изли́шний/избы́точный вес; **~ luggage/baggage** переве́с багажа́ *(подлежащий дополнительной оплате)*

excessive [ɪkˈsesɪv] *a* чрезме́рный; изли́шний

exchange I [ɪksˈtʃeɪndʒ] *n* 1) обме́н; **in ~ (for)** взаме́н, в обме́н 2) эк. обме́н валю́ты *(тж* **currency ~**) 3) ве́ксельные опера́ции, опла́та векселя́ми 4) би́ржа; **labour ~** би́ржа труда́; **stock ~** фо́ндовая би́ржа 5) (центра́льная) телефо́нная ста́нция; коммута́тор 6) *attr* обме́нный; **~ rate** обме́нный курс *(валют; тж* **rate of ~**); **~ control** валю́тный контро́ль

exchange II *v* 1) обме́нивать(ся) 2) разме́нивать *(деньги)*; обме́нивать валю́ту; **to ~ dollars for roubles** меня́ть до́ллары на рубли́

exchangeable [ɪksˈtʃeɪndʒəbl] *a* 1) го́дный для обме́на; подлежа́щий обме́ну 2) сме́нный; заменя́емый

exchequer [ɪksˈtʃekə(r)] *n* 1) казначе́йство, казна́ 2) сре́дства, фина́нсы

excise¹ [ɪkˈsaɪz] *v* отреза́ть; выреза́ть; *мед.* удаля́ть

excise² I [ˈeksaɪz] *n* акци́з, акци́зный сбор *(тж* **~ duty**)

excise² II *v* взима́ть, налага́ть акци́зный сбор

excision [ɪkˈsɪʒ(ə)n] *n мед.* иссече́ние, удале́ние

excitability [ˌɪksaɪtəˈbɪlɪtɪ] *n* 1) возбуди́мость, раздражи́мость 2) чувстви́тельность

excitable [ɪkˈsaɪtəbl] *a* легковозбуди́мый

excitant I [ˈeksɪtənt] *n* возбужда́ющее *или* стимули́рующее сре́дство, стимуля́тор

excitant II *a* возбужда́ющий, стимули́рующий

excitation [ˌeksɪˈteɪʃ(ə)n] *n* возбужде́ние; раздраже́ние

excite [ɪkˈsaɪt] *v* 1) волнова́ть; возбужда́ть 2) побужда́ть, стимули́ровать; вызыва́ть; **to ~ curiosity/interest** вызыва́ть/возбужда́ть любопы́тство/интере́с 3) эл. возбужда́ть *(ток)*

excitement [ɪkˈsaɪtmənt] *n* волне́ние, возбужде́ние

exciting [ɪkˈsaɪtɪŋ] *a* волну́ющий, возбужда́ющий; **an ~ story** волну́ющий расска́з

exclaim [ɪkˈskleɪm] *v* восклица́ть

exclamation [ˌeksкləˈmeɪʃ(ə)n] *n* 1) восклица́ние 2) *attr*: **~ mark** восклица́тельный знак

exclamatory [ɪkˈsklæmətərɪ] *a* восклица́тельный

exclude [ɪkˈsklu:d] *v* 1) исключа́ть 2) не допуска́ть *(возможности и т. п.)*

exclusion [ɪkˈsklu:ʒ(ə)n] *n* исключе́ние; **to the ~ of** за исключе́нием

exclusive [ɪkˈsklu:sɪv] *a* 1) исключа́ющий 2) недосту́пный, за́мкнутый; с ограни́ченным до́ступом, для и́збранных *(о клубе и т. п.)* 3) шика́рный, вы́сшего кла́сса; **~ hotel** шика́рный оте́ль 4) исключи́тельный, осо́бый; еди́нственный (в своём ро́де); эксклюзи́вный; монопо́льный; **~ of** исключа́я, не счита́я; **my ~ occupation** моё еди́нственное заня́тие; **~ rights** исключи́тельные/эксклюзи́вные права́

exclusively [ɪkˈsklu:sɪvlɪ] *adv* исключи́тельно, еди́нственно, то́лько

excommunicate [ˌekskəˈmju:nɪkeɪt] *v* отлуча́ть от це́ркви

ex-con [eksˈkɒn] *n разг.* бы́вший заключённый; бы́вший сока́мерник

excoriation [eksko:rɪˈeɪʃn] *n мед.* цара́пина, сса́дина

excrement [ˈekskrɪmənt] *n физиол.* экскреме́нты, испражне́ния

excrescence [ɪkˈskresns] *n* разраста́ние; наро́ст, ши́шка

excreta [ekˈskri:tə] *n физиол.* выделе́ния; испражне́ния

excrete [ɪkˈskri:t] *v физиол.* выделя́ть

excretion [ɪkˈskri:ʃ(ə)n] *n физиол.* выделе́ние, отделе́ние

excretive [ɪkˈskri:tɪv] *a физиол.* способству́ющий выделе́нию, выдели́тельный, экскрето́рный

excretory [ɪkˈskri:tərɪ] *a анат.* выводя́щий, экскрето́рный

excruciate [ɪkˈskru:ʃɪeɪt] *v* терза́ть, му́чить

exculpate [ˈekskʌlpeɪt] *v* опра́вдывать, реабилити́ровать; **to ~ smb from a charge** снять обвине́ние с кого́-л.

exculpatory [eksˈkʌlpət(ə)rɪ] *a* опра́вдывающий; оправда́тельный

excursion [ɪkˈskɜːʃ(ə)n] *n* 1) экску́рсия; пое́здка; прогу́лка; **to go on an ~** отпра́виться на экску́рсию 2) подви́жность, движе́ние 3) *вчт* отклоне́ние; сдвиг 4) *attr* экскурсио́нный

excursionist [ɪkˈskɜːʃnɪst] *n* экскурса́нт; тури́ст

excursive [ɪksˈkɜ:sɪv] *a* отклоняющийся *(от темы и т. п.)*

excursus [ekˈskɜ:səs] *n* отступление *(от темы и т. п.)*, экскурс

excusable [ɪkˈskju:zəb(ə)l] *a* извинительный, простительный

excusatory [ɪkˈskju:zət(ə)rɪ] *a* извинительный, оправдательный

excuse I [ɪkˈskju:s] *n* 1) оправдание; **in ~ of** в оправдание чего-л.; **without ~** без (достаточных) оснований; **this is no ~** это не оправдание 2) извинение; **I made my ~s** я принёс свои извинения 3) отговорка, предлог; **lame/poor ~** пустая/неудачная отговорка

excuse II [ɪkˈskju:z] *v* 1) извинять, прощать; **~ me!** извините!, простите!; **~ me for being late** извините (меня) за опоздание 2) оправдывать; **this does not ~ you** это вас не оправдывает; **to ~ oneself** оправдываться 3) освобождать *(от службы, обязанностей, налогов — from)*; **he was ~d (from) military service** он был освобождён от военной службы

exeat [ˈeksɪæt] *n* разрешение на кратковременный отпуск *(в университете и т. п.)*

execrable [ˈeksɪkrəbl] *a* отвратительный

execrate [ˈeksɪkreɪt] *v* 1) питать отвращение 2) проклинать; посылать проклятия

executable [ɪgˈzekjʊtəb(ə)l] *a* выполнимый, исполнимый

executant [ɪgˈzekjʊtənt] *n* исполнитель *(обыч. музыкального произведения)*

execute [ˈeksɪkju:t] *v* 1) казнить 2) приводить в исполнение *(решение суда, приговор и т. п.)* 3) исполнять, выполнять, осуществлять 4) исполнять *(музыкальное произведение, танец и т. п.)*

execution [ˌeksɪˈkju:ʃ(ə)n] *n* 1) казнь 2) исполнение, выполнение, осуществление; **to carry into ~** осуществлять, выполнять 3) музыкальное исполнение; мастерство исполнения 4) действие *(особ. разрушительное)*; разрушение

executioner [ˌeksɪˈkju:ʃnə(r)] *n* палач

executive I [ɪgˈzekjʊtɪv] *n* 1) исполнительная власть; исполнительный орган 2) руководитель, администратор; **Chief E.** глава исполнительной власти *(президент США, губернатор штата)* 3) амер. воен. начальник штаба части; заместитель командира

executive II *a* исполнительный; административный; организационный; **~ session** амер. закрытое заседание законодательного органа; **the ~ branch** исполнительная власть

executor [ɪgˈzekjʊtə(r)] *n* душеприказчик, исполнитель завещания

exemplar [ɪgˈzemplə(r)] *n* 1) образец 2) тип, типичный представитель

exemplary [ɪgˈzemplərɪ] *a* образцовый, примерный

exemplify [ɪgˈzemplɪfaɪ] *v* 1) приводить пример, иллюстрировать примером 2) служить примером 3) *юр.* снимать и заверять копию

exempt I [ɪgˈzempt] *a* свободный, освобождённый *(от налогов, обязанности и т. п. — from)*

exempt II *v* освобождать *(от налогов, обязанности и т. п.)*

exemption [ɪgˈzempʃ(ə)n] *n* освобождение *(от налогов, обязанности и т. п.)*

exercise I [ˈeksəsaɪz] *n* 1) физическая зарядка, тренировка; моцион; **I take very little ~** я мало двигаюсь 2) упражнение; задача, пример 3) *обыкн. pl* упражнения, комплекс упражнений 4) применение, осуществление; практика 5) *pl воен.* учение, боевая подготовка; **military ~s** манёвры, учения 6) *attr* учебный, тренировочный; **~ book** a) тетрадь б) сборник упражнений

exercise II *v* 1) осуществлять, применять, практиковать; использовать 2) упражняться; тренироваться; развиваться 3) тревожить, беспокоить *(about)* 4) *воен.* проводить учения

exert [ɪgˈzɜ:t] *v* 1) оказывать *(давление, влияние и т. п.)* 2) прилагать усилия, напрягать силы; **to ~ oneself** очень стараться, прилагать большие усилия, напрягать силы

exertion [ɪgˈzɜ:ʃ(ə)n] *n* старание, усилие; напряжение *(физическое)*, нагрузка

exeunt [ˈeksɪʌnt] *v театр.* «уходят» *(ремарка в пьесе)*

exfoliate [eksˈfəʊlɪeɪt] *v* 1) терять листву 2) шелушиться, отслаиваться

exfoliation [eksˌfəʊlɪˈeɪʃ(ə)n] *n* 1) опадание листвы 2) *мед.* шелушение, отслаивание 3) *мед.* выпадение молочных зубов

exhalation [ˌekshəˈleɪʃ(ə)n] *n* 1) выдыхание; выдох 2) испарение; пар, туман 3) выпуск *(пара, газа)*

exhale [eksˈheɪl] *v* 1) выдыхать 2) выпускать *(пар)*; выделяться *(о парах)*, испаряться 3) давать выход *(гневу и т. п.)*

exhaust I [ɪgˈzɔ:st] *n тех.* 1) выхлопные, отработавшие газы 2) выхлопная труба 3) выхлоп, выпуск *(газов)* 4) *attr* выпускной, выхлопной

exhaust II *v* 1) опустошать, вычёрпывать; высасывать, выкачивать *(воздух)*; выпускать *(пар)* 2) изнурять, истощать; выматывать; **he was ~ed by his illness** он был истощён/изнурён болезнью 3) исчерпать *(тему)*

exhausted [ɪgˈzɔːstɪd] *a* истощённый; изнурённый, обесси́ленный

exhausting [ɪgˈzɔːstɪŋ] *a* утоми́тельный; изнури́тельный

exhaustion [ɪgˈzɔːstʃ(ə)n] *n* 1) истоще́ние; изнеможе́ние; дистрофи́я 2) вытя́гивание, выса́сывание 3) *мед.* экстра́кция

exhaustive [ɪgˈzɔːstɪv] *a* исче́рпывающий, по́лный; **an ~ inquiry** всесторо́ннее иссле́дование

exhibit I [ɪgˈzɪbɪt] *n* 1) экспона́т 2) вы́ставка; экспози́ция; пока́з 3) *юр.* веще́ственное доказа́тельство

exhibit II *v* 1) выставля́ть, экспони́ровать 2) проявля́ть, пока́зывать; **to ~ courage** прояви́ть му́жество

exhibition [ˌeksɪˈbɪʃ(ə)n] *n* 1) вы́ставка 2) пока́з, демонстра́ция; проявле́ние; **to make an ~ of oneself** пока́зывать себя́ с невы́годной стороны́, де́лать из себя́ посме́шище 3) стипе́ндия

exhibitioner [ˌeksɪˈbɪʃnə(r)] *n* 1) экспоне́нт 2) стипендиа́т

exhibitionism [ˌeksɪˈbɪʃənɪz(ə)m] *n мед.* эксгибициони́зм

exhibitionist [ˌeksɪˈbɪʃ(ə)nɪst] *n мед.* эксгибициони́ст

exhibitor [ɪgˈzɪbɪtə(r)] *n* экспоне́нт

exhilarate [ɪgˈzɪləreɪt] *v* оживля́ть, весели́ть, поднима́ть настрое́ние

exhilarating [ɪgˈzɪləreɪtɪŋ] *a* веселя́щий, бодря́щий; **~ weather** бодря́щая пого́да; **an ~ companion** интере́сный собесе́дник

exhilaration [ɪgˌzɪləˈreɪʃ(ə)n] *n* весе́лье, оживле́ние

exhort [ɪgˈzɔːt] *v* увещева́ть, убежда́ть; призыва́ть *(к — to)*

exhortation [ˌegzɔːˈteɪʃ(ə)n] *n* 1) увещева́ние, призы́в 2) про́поведь

exhumation [ˌekshjuːˈmeɪʃ(ə)n] *n* выка́пывание тру́па, эксгума́ция

exigence [ˈeksɪdʒ(ə)ns] *n* кра́йняя необходи́мость; о́страя нужда́ *(в чём-л.)*

exigency [ˈeksɪdʒ(ə)nsɪ] *см.* **exigence**

exigent [ˈeksɪdʒ(ə)nt] *a* 1) тре́бовательный 2) спе́шный, сро́чный; безотлага́тельный

exiguous [egˈzɪgjʊəs] *a* ску́дный

exile I [ˈeksaɪl] *n* 1) изгна́ние, ссы́лка 2) изгна́нник, ссы́льный

exile II *v* изгоня́ть, ссыла́ть

exist [ɪgˈzɪst] *v* 1) быть, существова́ть 2) находи́ться 3) жить, существова́ть; **how could they ~ in such conditions?** как они́ мо́гут существова́ть/жить в таки́х усло́виях?

existence [ɪgˈzɪst(ə)ns] *n* 1) существова́ние 2) жизнь 3) нали́чие

existent [ɪgˈzɪst(ə)nt] *a* 1) существу́ющий 2) нали́чный

existentialism [ˌekzɪˈstenʃəlɪz(ə)m] *n филос.* экзистенциали́зм

exit I [ˈeksɪt] *n* 1) вы́ход 2) ухо́д *(актёра со сцены)* 3) смерть 4) *вчт* вы́ход; выходно́й кана́л 5) *attr*: **~ permit** разреше́ние на вы́езд *(из страны)*; **~ visa** ви́за на вы́езд, выездна́я ви́за

exit II *v театр.* «ухо́дит» *(ремарка в пьесе)*

ex-libris [eksˈliːbrɪs] *n* экскли́брис

exodus [ˈeksədəs] *n* 1) ма́ссовый ухо́д, отъе́зд; бе́гство *(тж* **mass ~)** 2) **(the E.)** *библ.* Исхо́д евре́ев из Еги́пта

ex officio [ˌeksəˈfɪʃɪəʊ] *adv лат.* по до́лжности, по положе́нию

exonerate [ɪgˈzɒnəreɪt] *v* 1) снять бре́мя *(вины, долга)* 2) оправда́ть, реабилити́ровать

exoneration [ɪgˌzɒnəˈreɪʃ(ə)n] *n* оправда́ние, реабилита́ция

exorbitant [ɪgˈzɔːbɪtənt] *a* непоме́рный, чрезме́рный; **an ~ price** непоме́рная цена́

exorcist [ˈeksɔːsɪst] *n* изгоня́ющий дья́вола, злых ду́хов

exorcize [ˈeksɔːsaɪz] *v* изгоня́ть дья́вола, злых ду́хов

exosphere [ˈeksəʊsfɪə(r)] *n* экзосфе́ра

exotic [ɪgˈzɒtɪk] *a* экзоти́ческий; **~ fruit** экзоти́ческие фру́кты

exotica [ɪgˈzɒtɪkə] *n pl* собра́ние необы́чных или ре́дких веще́й

expand [ɪkˈspænd] *v* 1) расширя́ть(ся); увели́чивать(ся) *(в объёме)*; развива́ть 2) подро́бно излага́ть; развива́ть *(мысль, тему — on)* 3) расслабля́ться, станови́ться бо́лее общи́тельным 4) раскрыва́ться, распуска́ться *(о почках, бутонах)* 5) *мат.* раскрыва́ть *(формулу)*

expander [ɪksˈpændə(r)] *n* 1) *тех.* расшири́тель 2) *спорт.* эспа́ндер

expanse [ɪkˈspæns] *n* большо́е простра́нство; протяже́ние; гладь *(водная)*

expansibility [ɪkˌspænsəˈbɪlɪtɪ] *n* растяжи́мость, расшире́ние

expansible [ɪkˈspænsəbl] *a* растяжи́мый

expansion [ɪkˈspænʃ(ə)n] *n* 1) расшире́ние, распростране́ние 2) экспа́нсия 3) рост, подъём *(торговли и т. п.)* 4) разви́тие

expansive [ɪkˈspænsɪv] *a* 1) расширя́ющийся 2) обши́рный, просто́рный 3) экспанси́вный, откры́тый, общи́тельный

expatiate [ɪkˈspeɪʃɪeɪt] *v* разглаго́льствовать, распространя́ться *(on, upon)*

expatriate [eksˈpætrɪeɪt] *v* экспатрии́ровать, изгоня́ть из оте́чества; **to ~ oneself** эмигри́ровать

expatriation [eks͵pætrɪˈeɪʃ(ə)n] *n* экспатриа́ция, изгна́ние из оте́чества

expect [ɪkˈspekt] *v* 1) ожида́ть 2) рассчи́тывать, наде́яться 3) *разг.* полага́ть, счита́ть 4): **to be ~ing** ждать ребёнка, быть бере́менной

expectancy [ɪkˈspekt(ə)nsɪ] *n* 1) ожида́ние; предвкуше́ние; наде́жда 2) вероя́тность *(of)*

expectant [ɪkˈspekt(ə)nt] *a* 1) ожида́ющий; рассчи́тывающий *(на что-л.)* 2) выжида́тельный 3) бере́менная *(тж ~* **mother)**

expectation [͵ekspekˈteɪʃ(ə)n] *n* 1) ожида́ние; **beyond ~** сверх ожида́ния; **according to ~s** как и ожида́лось; **contrary to ~s, against ~s** про́тив ожида́ния; **to meet/to come up to one's ~s** опра́вдывать ожида́ния 2) *pl* наде́жды; ви́ды на бу́дущее; **to have great ~s of smb** возлага́ть больши́е наде́жды на кого́-л. 3) вероя́тность

expectorant I [ekˈspektər(ə)nt] *n мед.* отха́ркивающее (сре́дство)

expectorant II *a мед.* отха́ркивающий

expectorate [ekˈspektəreɪt] *v* отха́ркивать, отка́шливать *(мокроту)*

expectoration [ek͵spektəˈreɪʃ(ə)n] *n мед.* 1) отха́ркивание 2) (выделенная) мокро́та; **bloody ~** кровоха́рканье

expedience [ɪkˈspiːdɪəns] *n* целесообра́зность; **on grounds of ~** исходя́ из целесообра́зности

expediency [ɪkˈspiːdɪənsɪ] *см.* **expedience**

expedient I [ɪksˈpiːdɪənt] *n* уло́вка, приём

expedient II *a* 1) целесообра́зный; надлежа́щий; уме́стный 2) удо́бный, вы́годный

expedite [ˈekspɪdaɪt] *v* ускоря́ть; бы́стро выполня́ть; спосо́бствовать продвиже́нию; **to ~ delivery** ускоря́ть доста́вку

expedition [͵ekspɪˈdɪʃ(ə)n] *n* 1) экспеди́ция 2) быстрота́, поспе́шность; **with ~** бы́стро

expeditionary [͵ekspɪˈdɪʃnərɪ] *a* экспедицио́нный

expeditious [͵ekspɪˈdɪʃəs] *a* бы́стрый, ско́рый; прово́рный

expel [ɪkˈspel] *v* 1) исключа́ть; выгоня́ть 2) выта́лкивать, выбра́сывать

expend [ɪkˈspend] *v* тра́тить, расхо́довать

expendable [ɪkˈspendəbl] *a* 1) расхо́дуемый, потребля́емый 2) не име́ющий большо́го значе́ния, бро́совый 3) однора́зовый, расхо́дный; **~ materials** расхо́дные материа́лы

expenditure [ɪkˈspendɪtʃə(r)] *n* 1) расхо́д, тра́та 2) расхо́ды; **to limit one's ~** ограни́чить свои́ расхо́ды

expense [ɪkˈspens] *n* 1) тра́та; *pl* расхо́ды, изде́ржки; **to go to great ~** си́льно потра́титься; **to pay smb's ~s** опла́чивать чьи-л.

расхо́ды; **at one's ~** за чей-л. счёт 2) затра́та, цена́; **at the ~ of one's life/health** цено́й свое́й жи́зни/здоро́вья

expensive [ɪkˈspensɪv] *a* дорого́й; **an ~ car** дорого́й автомоби́ль

experience I [ɪkˈspɪərɪəns] *n* 1) о́пыт; **to know by/from ~** знать по о́пыту; **to learn by ~** позна́ть на со́бственном о́пыте; **no ~ necessary** ста́жа/о́пыта рабо́ты не тре́буется 2) слу́чай, приключе́ние; **a strange ~** стра́нный слу́чай

experience II *v* испы́тывать; пережива́ть; знать по о́пыту; **to ~ hardship** испы́тывать тру́дности; **to ~ grief** пережива́ть го́ре

experienced [ɪkˈspɪərɪənst] *a* о́пытный; квалифици́рованный

experiment I [ɪkˈsperɪmənt] *n* о́пыт, экспериме́нт

experiment II [ɪkˈsperɪment] *v* производи́ть о́пыты, экспериме́нты, эксперименти́ровать *(on, with)*

experimental [ɪk͵sperɪˈmentl] *a* 1) эксперимента́льный, про́бный, о́пытный 2) подо́пытный

experimentalize [ɪk͵sperɪˈmentəlaɪz] *v* производи́ть о́пыты, эксперименти́ровать

experimentation [ɪk͵sperɪmenˈteɪʃ(ə)n] *n* проведе́ние о́пытов, эксперименти́рование

expert I [ˈekspɜːt] *n* знато́к, специали́ст, экспе́рт *(at, in)*

expert II *a* о́пытный, иску́сный, квалифици́рованный *(at, in)*; **~ user** *вчт* квалифици́рованный по́льзователь; **~ system** *вчт* экспе́ртная систе́ма

expert analysis [ˈekspɜːt əˈnælɪsɪs] *n* экспе́ртный ана́лиз; экспе́ртная оце́нка

expertise I [͵ekspɜːˈtiːz] *n* 1) компете́нция; зна́ние де́ла, о́пыт 2) эксперти́за

expertise II [ˈekspɜːtaɪz] *v* выража́ть компете́нтное мне́ние, дава́ть компете́нтное заключе́ние

expiate [ˈekspɪeɪt] *v* искупа́ть *(вину)*

expiration [͵ekspɪˈreɪʃ(ə)n] *n* 1) выдыха́ние, вы́дох 2) оконча́ние; истече́ние *(срока)* 3) умира́ние, смерть

expiration date [͵ekspɪˈreɪʃ(ə)n deɪt] *n* срок го́дности; срок хране́ния *(тж* **expiry date)**

expire [ɪkˈspaɪə(r)] *v* 1) выдыха́ть 2) ока́нчиваться; истека́ть *(о сроке)* 3) угаса́ть; умира́ть

expired password [ɪkˈspaɪəd ˈpɑːswɜːd] *n вчт* устаре́вший, просро́ченный паро́ль

expiry [ɪkˈspaɪərɪ] *n* 1) оконча́ние, истече́ние *(срока)* 2) умира́ние, смерть

explain [ɪkˈspleɪn] *v* объясня́ть; **to ~ oneself** а) дать разъясне́ния б) объясни́ться, предста́вить объясне́ния

explain away опра́вдываться

explanation [ˌeksplə'neɪʃ(ə)n] *n* 1) объясне́ние; разъясне́ние 2) толкова́ние

explanatory [ɪk'splænətərɪ] *a* 1) объясни́тельный 2) толко́вый (о словаре)

expletive [ɪk'spli:tɪv] *n* 1) лингв. вставно́е сло́во (напр., «значит» и т. п.); сло́во-парази́т 2) шутл. челове́к или предме́т, ну́жный для заполне́ния пусто́го ме́ста 3) бра́нное сло́во или выраже́ние, постоя́нно вставля́емое в речь ◊ "~ deleted" амер. «непеча́тное пропу́щено» (в стенограмме и т. п.)

explicable [ɪk'splɪkəbl] *a* объясни́мый

explicate ['eksplɪkeɪt] *v* развива́ть (мысль); толкова́ть, объясня́ть

explicative [ek'splɪkətɪv] *a* объясни́тельный

explicatory [ek'splɪkətərɪ] см. **explicative**

explicit [ɪk'splɪsɪt] *a* 1) я́сный, то́чный, определённый 2) и́скренний, прямо́й (о челове́ке) 3) подро́бный 4) спец. эксплици́тный

explode [ɪk'spləʊd] *v* 1) взрыва́ться 2) разража́ться (гне́вом и т. п.) 3) разбива́ть, разоблача́ть (тео́рию и т. п.) 4) бы́стро увели́чиваться (о населе́нии) 5) расчленя́ть, разбира́ть

exploded [ɪk'spləʊdɪd] *a* 1) взо́рванный, подо́рванный 2) спец. в разо́бранном ви́де; ~ **view** изображе́ние (механи́зма) в разо́бранном/перспекти́вном ви́де, покомпоне́нтное изображе́ние

exploit I ['eksplɔɪt] *n* по́двиг

exploit II [ɪk'splɔɪt] *v* 1) эксплуати́ровать; разраба́тывать (ко́пи, месторожде́ния) 2) испо́льзовать (в свои́х интере́сах), злоупотребля́ть

exploitation [ˌeksplɔɪ'teɪʃ(ə)n] *n* 1) эксплуата́ция 2) разрабо́тка (месторожде́ний)

exploiter [ɪk'splɔɪtə(r)] *n* эксплуата́тор

exploration [ˌeksplə'reɪʃ(ə)n] *n* иссле́дование; разве́дка

exploratory [ɪk'splɔ:rət(ə)rɪ] *a* иссле́довательский

explore [ɪk'splɔ:(r)] *v* 1) иссле́довать 2) геол., воен. разве́дывать 3) мед. зонди́ровать

explorer [ɪk'splɔ:rə(r)] *n* 1) иссле́дователь 2) мед. зонд

explosion [ɪk'spləʊʒ(ə)n] *n* 1) взрыв 2) вспы́шка (гне́ва и т. п.)

explosive I [ɪk'spləʊsɪv] *n* взры́вчатое вещество́, взрывча́тка

explosive II *a* 1) взры́вчатый 2) вспы́льчивый 3) бы́стрый 4) фон. взрывно́й

Expo сокр. ['ekspəʊ] *n* (**exposition**) междунаро́дная вы́ставка

exponent [eks'pəʊnənt] *n* 1) представи́тель, сторо́нник (направле́ния, тече́ния, тео́рии)

2) истолкова́тель 3) исполни́тель (муз. произведе́ния) 4) тип, образе́ц; представи́тель 5) мат. показа́тель сте́пени 6) мат. экспоне́нта

exponential [ˌekspə'nenʃ(ə)l] *a* мат. 1) экспоненциа́льный 2) показа́тельный

export I ['ekspɔ:t] *n* 1) э́кспорт 2) вчт э́кспорт (исходя́щих сообще́ний) 3) attr э́кспортный

export II [ek'spɔ:t] *v* экспорти́ровать, вывози́ть

exportation [ˌekspɔ:'teɪʃ(ə)n] *n* вы́воз, экспорти́рование

exporter [ɪk'spɔ:tə(r)] *n* экспортёр

expose [ɪk'spəʊz] *v* 1) оставля́ть незащищённым, подверга́ть возде́йствию (тепла́, све́та, непого́ды и т. п.); **to be ~d to rain** находи́ться под дождём 2) подверга́ть (опа́сности, ри́ску и т. п.); броса́ть на произво́л судьбы́ 3) разоблача́ть, раскрыва́ть; **to ~ an impostor** разоблачи́ть обма́нщика 4) выставля́ть (напока́з, на прода́жу) 5) открыва́ть, разглаша́ть (секре́т) 6) фото де́лать вы́держку 7): **~d to the east** обращённый на восто́к

exposition [ˌekspə'zɪʃ(ə)n] *n* 1) описа́ние, изложе́ние 2) объясне́ние, толкова́ние 3) вы́ставка 4) муз. экспози́ция

expositive [ek'spɒzɪtɪv] *a* 1) описа́тельный 2) объясни́тельный

expositor [ɪk'spɒzɪtə(r)] *n* толкова́тель, коммента́тор

expository [ek'spɒzɪt(ə)rɪ] *a* объясни́тельный

expostulate [ɪk'spɒstʃʊleɪt] *v* 1) протестова́ть 2) угова́ривать, увещева́ть

exposure [ɪk'spəʊʒə(r)] *n* 1) незащищённость (от опа́сности, ри́ска, возде́йствия све́та, тепла́, непого́ды и т. п.); переохлажде́ние, перегре́в, обезво́живание и т. п.; **to die of ~** поги́бнуть от переохлажде́ния 2) разоблаче́ние, раскры́тие 3) фото экспози́ция 4) местоположе́ние; вид; **the house has a southern ~** дом выхо́дит на юг

exposure meter [ɪk'spəʊʒə'mi:tə(r)] *n* фото экспоно́метр

expound [ɪk'spaʊnd] *v* 1) подро́бно излага́ть 2) толкова́ть, разъясня́ть

express¹ I [ɪk'spres] *n* 1) ж.-д. экспре́сс 2) курье́р 3) сро́чное почто́вое отправле́ние; амер. сро́чная пересы́лка (това́ров, де́нег) 4) амер. тра́нспортное аге́нтство по пересы́лке (това́ров, де́нег)

express¹ II *a* 1) спе́шный, сро́чный, э́кстренный; ~ **train** по́езд-экспре́сс 2) сро́чной доста́вки (о по́чте, посы́лке и т. п.)

express¹ III *v* 1) отправля́ть сро́чной по́чтой; амер. пересыла́ть че́рез тра́нспортное аге́нтство по пересы́лке 2) отправля́ть с курье́ром

express¹ **IV** *adv* 1) спе́шно 2) с курье́ром 3) экспре́ссом, курье́рским по́ездом

express² **I** *a* то́чный; я́сно вы́раженный, определённый

express² **II** *v* я́сно выража́ть; **to ~ oneself** выража́ть свои́ мы́сли, выска́зываться; **to ~ a wish** вы́разить жела́ние; **he ~ed himself strongly on this point** он о́чень я́сно вы́разился по э́тому вопро́су

expressible [ɪkˊspresəbl] *a* выража́емый

expression [ɪkˊspreʃ(ə)n] *n* 1) выраже́ние; **as an ~ of my thanks** в знак (мое́й) благода́рности; **beyond/past ~** невырази́мо 2) выраже́ние, оборо́т ре́чи 3) вид, выраже́ние лица́ 4) вырази́тельность, экспре́ссия

expressionism [ɪkˊspreʃənɪz(ə)m] *n иск.* экспрессиони́зм

expressive [ɪkˊspresɪv] *a* вырази́тельный

expressly [ɪkˊspreslɪ] *adv* я́сно, определённо; то́чно

expressway [ɪkˊspresweɪ] *n амер.* городска́я скоростна́я магистра́ль

expropriate [eksˊprəʊprɪeɪt] *v* экспроприи́ровать; отчужда́ть

expropriation [eksˌprəʊprɪˊeɪʃ(ə)n] *n* экспроприа́ция

expulsion [ɪkˊspʌlʃ(ə)n] *n* 1) изгна́ние; исключе́ние *(из школы и т. п.)* 2) *мед.* удале́ние, вы́брос

expunge [ɪkˊspʌndʒ] *v* вычёркивать, выма́рывать

expurgate [ˊekspəgeɪt] *v* вычёркивать, выреза́ть нежела́тельные места́ *(из книги, фильма и т. п.)*

exput [ˊekspʊt] *n вчт* извлече́ние информа́ции из ба́зы да́нных

exquisite [ˊekskwɪzɪt] *a* 1) изы́сканный, то́нкий, утончённый 2) о́стрый, восхити́тельный *(об ощущении)*

exsection [ekˊsekʃ(ə)n] *n мед.* иссече́ние, резе́кция

ex-serviceman [eksˊsɜ:vɪsmən] *n* демобилизо́ванный; отставно́й вое́нный; ветера́н

ex-situ testing [ˌeksˊsɪtju:ˊtestɪŋ] *n* контро́ль вне́шними сре́дствами

extant [ekˊstænt] *a* существу́ющий, сохрани́вшийся до настоя́щего вре́мени

extemporaneous [ekˌstempəˊreɪnɪəs] *a* импровизи́рованный, неподгото́вленный

extemporary [ɪkˊstempərərɪ] *см.* **extemporaneous**

extempore I [ekˊstempərɪ] *a* 1) импровизи́рованный, неподгото́вленный 2) бесцеремо́нный

extempore II *adv* экспро́мтом, без подгото́вки

extemporize [ɪkˊstempəraɪz] *v* импровизи́ровать, де́лать что-л. экспро́мтом, без подгото́вки

extend [ɪkˊstend] *v* 1) протя́гивать 2) простира́ться, тяну́ться 3) расширя́ться; распространя́ться; увели́чиваться 4) выка́зывать, выража́ть *(сочувствие и т. п.)*; ока́зывать *(покрови́тельство и т. п.)*; посыла́ть *(приглашение и т. п.)*; **to ~ hospitality** ока́зывать гостеприи́мство 5) продля́ть *(срок)* 6) напряга́ть си́лы

extended [ɪkˊstendɪd] *a* 1) протя́нутый; вы́тянутый, растя́нутый; протяжённый 2) дли́тельный 3) продо́лженный; продлённый 4) расши́ренный 5) *грам.* распространённый

extender [ɪkˊstendə(r)] *n* удлини́тель

extensibility [ɪkˌstensəˊbɪlɪtɪ] *n* растяжи́мость

extensible [ɪkˊstensəbl] *a* 1) растяжи́мый 2) *спец.* раздвижно́й; телескопи́ческий 3) *вчт* откры́тый

extensile [ɪkˊstensaɪl] *a* спосо́бный растя́гиваться, растяжи́мый

extension [ɪkˊstenʃ(ə)n] *n* 1) вытя́гивание, растяже́ние, удлине́ние 2) протяже́ние; протяжённость 3) расшире́ние, увеличе́ние 4) пристро́йка 5) дополни́тельный телефо́нный аппара́т 6) продле́ние сро́ка, отсро́чка; дополни́тельное вре́мя 7) зао́чное обуче́ние *(при колледже)* 8) *тех.* удлини́тель, надста́вка 9) *мед.* вытяже́ние, выпрямле́ние *(конечности)* 10) *мед.* распростране́ние *(инфекции)* 11) *вчт* расшире́ние; распростране́ние; добавле́ние

extensive [ɪkˊstensɪv] *a* 1) обши́рный, простра́нный, широ́кий 2) значи́тельный, обши́рный; **she has an ~ knowledge of this subject** у неё соли́дные/обши́рные позна́ния по э́тому предме́ту 3) экстенси́вный

extent [ɪkˊstent] *n* 1) протяже́ние; простра́нство 2) сте́пень; ме́ра; преде́лы *(возможностей)*; **to a great ~** в большо́й ме́ре/сте́пени; **to some ~** до не́которой сте́пени; **to a certain ~** в изве́стной ме́ре; до не́которой сте́пени; **to such an ~** до тако́й сте́пени, до таки́х преде́лов, в тако́й ме́ре

extenuate [ɪkˊstenjʊeɪt] *v* уменьша́ть, смягча́ть *(вину)*; стара́ться найти́ оправда́ние

extenuation [ɪkˌstenjʊˊeɪʃ(ə)n] *n* извине́ние; части́чное оправда́ние

exterior I [ɪkˊstɪərɪə(r)] *n* 1) вне́шность, нару́жность; нару́жная сторона́; **a rough ~** суро́вая вне́шность 2) экстерье́р *(животного)* 3) съёмка на нату́ре

exterior II *a* вне́шний, нару́жный

exterminate [ɪkˈstɜːmɪneɪt] *v* искореня́ть, истребля́ть, уничтожа́ть

extermination [ɪkˌstɜːmɪˈneɪʃ(ə)n] *n* истребле́ние, уничтоже́ние, искорене́ние; **mass ~** ма́ссовое уничтоже́ние

exterminatory [ɪkˈstɜːmɪnətərɪ] *a* истреби́тельный, истребля́ющий, уничтожа́ющий

external [ɪkˈstɜːnl] *a* 1) вне́шний; нару́жный 2) иностра́нный, вне́шний *(о политике)*

externalize [ɪkˈstɜːnəlaɪz] *v* облека́ть в конкре́тную фо́рму

externals [ɪkˈstɜːnlz] *n pl* 1) вне́шность 2) вне́шние обстоя́тельства 3) несуще́ственное, наносно́е

exterritorial [ˈeksˌterɪˈtɔːrɪəl] *a* экстерриториа́льный

exterritoriality [ˌeksterɪtɔːrɪˈælɪtɪ] *n* экстерриториа́льность

extinct [ɪkˈstɪŋkt] *a* 1) поту́хший; **an ~ volcano** поту́хший вулка́н 2) вы́мерший *(о народе); пресе́кшийся (о роде)* 3) уга́сший *(о надежде, чувстве)*

extinction [ɪkˈstɪŋkʃ(ə)n] *n* 1) угаса́ние; поуха́ние 2) вымира́ние *(народа)* 3) по́лное уничтоже́ние 4) погаше́ние *(долга)* 5) *тех.* затуха́ние; ослабле́ние; гаше́ние

extinguish [ɪkˈstɪŋgwɪʃ] *v* 1) гаси́ть, туши́ть 2) уничтожа́ть, истребля́ть 3) убива́ть *(надежду, любовь и т. п.);* подавля́ть *(способности)* 4) погаша́ть *(долг)* 5) заста́вить замолча́ть

extinguisher [ɪkˈstɪŋgwɪʃə(r)] *n* 1) огнетуши́тель *(тж* **fire ~)** 2) гаси́тель

extirpate [ˈekstəpeɪt] *v* 1) вырыва́ть с ко́рнем; искореня́ть 2) истребля́ть 3) *мед.* удаля́ть *(полностью какой-л. орган)*

extirpation [ˈekstəpeɪʃ(ə)n] *n мед.* экстирпа́ция *(полное удаление органа)*

extirpator [ˈekstəpeɪtə(r)] *n* 1) искорени́тель; истреби́тель 2) *с.-х.* экстирпа́тор, культива́тор

extol(l) [ɪkˈstɒl] *v* превозноси́ть, восхваля́ть

extort [ɪkˈstɔːt] *v* 1) вымога́ть *(деньги)* 2) выпы́тывать *(секрет и т. п.);* **to ~ a confession** вы́рвать призна́ние

extortion [ɪkˈstɔːʃ(ə)n] *n* 1) вымога́тельство 2) назначе́ние непоме́рно высо́ких цен

extra I [ˈekstrə] *n* 1) что-л., предоставля́емое за дополни́тельную пла́ту; **dancing is an ~** за та́нцы — осо́бая пла́та 2) *театр., кино* стати́ст 3) специа́льный вы́пуск *(газеты)*

extra II *a* 1) дополни́тельный, доба́вочный 2) э́кстренный; специа́льный, осо́бый; **~ size** о́чень большо́го разме́ра

extra III *adv* дополни́тельно, осо́бо

extra- [ˈekstrə-] *pref* со значением вне-, сверх-, экстра-; **extracellular** внеклето́чный

extract I [ˈekstrækt] *n* 1) отры́вок, вы́держка *(из книги)* 2) экстра́кт, вы́тяжка

extract II [ɪkˈstrækt] *v* 1) выта́скивать, вырыва́ть; извлека́ть *(с трудо́м);* **to ~ a cork** выта́скивать про́бку *(из бутылки);* **to ~ a tooth** удаля́ть зуб 2) вырыва́ть *(согласие и т. п.);* добыва́ть *(с трудо́м);* **to ~ ten dollars out of smb** вы́удить де́сять до́лларов у кого́-л. 3) добыва́ть *(руду и т. п.)* 4) де́лать вы́держки, вы́борки *(из книги и т. п.)* 5) выжима́ть *(сок)* 6) извлека́ть *(удово́льствие)* 7) *мат.* извлека́ть ко́рень

extraction [ɪkˈstrækʃ(ə)n] *n* 1) извлече́ние; добыва́ние 2) удале́ние зу́ба 3) происхожде́ние; **he is of German ~** он не́мец по происхожде́нию

extractive [ɪkˈstræktɪv] *a* извлека́емый, добыва́емый (в больши́х коли́чествах) *(о полезных ископаемых)*

extracurricular [ˌekstrəkəˈrɪkjʊlə(r)] *a* внеаудито́рный, сверх расписа́ния

extradite [ˈekstrədaɪt] *v* выдава́ть престу́пника *(обыкн. другому государству)*

extradition [ˌekstrəˈdɪʃ(ə)n] *n* экстради́ция, вы́дача престу́пника *(обыкн. другому государству)*

extra-high density [ˈekstrəhaɪˌdensɪtɪ] *n вчт* сверхвысо́кая пло́тность

extramarital [ˌekstrəˈmærɪt(ə)l] *a* внебра́чный

extramural [ˌekstrəˈmjʊər(ə)l] *a* 1) за́городный 2) зао́чный; вече́рний *(об обучении)* 3) внеаудито́рный, сверх расписа́ния

extraneous [ɪkˈstreɪnɪəs] *a* чу́ждый, посторо́нний; вне́шний

extraordinary [ɪkˈstrɔːdɪnərɪ] *a* 1) необыча́йный, необыкнове́нный; удиви́тельный, стра́нный 2) выдаю́щийся 3) чрезвыча́йный, экстраордина́рный

extras [ˈekstrəz] *n pl вчт* дополни́тельное обору́дование; дополни́тельные принадле́жности

extrasensory [ˌekstrəˈsensərɪ] *a* 1) экстрасенсо́рный; телепати́ческий 2) внечу́вственный

extraterrestrial [ˈekstrətɪˈrestrɪəl] *a* внеземно́й; косми́ческий

extravagance [ɪkˈstrævəgəns] *n* 1) расточи́тельность 2) изли́шество 3) сумасбро́дство; экстравага́нтность

extravagancy [ɪkˈstrævəgənsɪ] *см.* **extravagance**

extravagant [ɪkˈstrævəgənt] *a* 1) расточи́тельный 2) непоме́рный; неслы́ханно дорого́й 3) сумасбро́дный; экстравага́нтный

extravaganza [ɪkˌstrævəˈgænzə] *n* 1) фее́рия; буффона́да; фантасмаго́рия 2) фее
ри́ческое шо́у

extravasation [ɪkˌstrævəˈseɪʃ(ə)n] *n мед.* транссудáция, выпотевáние, выхождéние *(жидкости из сосудов в ткани)*

extreme I [ɪkˈstriːm] *n* 1) *обыкн. pl* крáйняя противополóжность; ~s meet противополóжности сходятся 2) крáйность; крáйняя стéпень; **to go from one ~ to the other** ударяться из однóй крáйности в другýю; **to go to ~s** впадáть в крáйности; **in the ~** чрезвычáйно, в вы́сшей стéпени 3) край; предéл 4) *мат.* крáйние члéны *(пропорции)*

extreme II *a* 1) крáйний, предéльный, вы́сший; чрезвычáйный; экстремáльный; ~ **measures** чрезвычáйные мéры 2) крáйний, экстремúстский 3) крáйний, сáмый дáльний 4) сáмый послéдний

extremely [ɪkˈstriːmlɪ] *adv* крáйне, чрезвычáйно; óчень

extremeness [ɪkˈstriːmnɪs] *n* крáйность; крáйняя стéпень

extremism [ɪkˈstriːmɪz(ə)m] *n полит.* экстремúзм

extremist [ɪkˈstriːmɪst] *n* экстремúст

extremity [ɪkˈstremɪtɪ] *n* 1) край, конéц, окончáние 2) *pl анат.* конéчности 3) крáйность; чрезвычáйные услóвия; **driven to ~** доведённый до крáйности

extricate [ˈekstrɪkeɪt] *v* выпýтывать; высвобождáть; выводúть *(из затруднительного положения)*; **to ~ oneself** выпутаться

extrinsic [ekˈstrɪnsɪk] *a* 1) несвóйственный, неприсýщий 2) внéшний

extrovert [ˈekstrəvɜːt] *n психол.* экстравéрт *(общительный, открытый человек)*

extrude [ɪkˈstruːd] *v* 1) выта́лкивать, вытеснять *(from)* 2) выдáвливать, штамповáть

extrusion [ɪkˈstruːʒ(ə)n] *n* 1) выта́лкивание, вытеснéние 2) выдáвливание, штампóвка

exuberance [ɪgˈzjuːbər(ə)ns] *n* изобúлие, пы́шность, богáтство; избы́ток

exuberant [ɪgˈzjuːbər(ə)nt] *a* 1) искря́щийся, бью́щий чéрез край *(об энергии и т. п.)*; цветýщий *(о здоровье)* 2) пы́шный, богáтый *(о растительности)* 3) обúльный, пы́шный, избы́точный

exudation [ˌegzjuːˈdeɪʃ(ə)n] *n* 1) выделéние пóта *и т. п.* 2) *мед.* экссудáт

exude [ɪgˈzjuːd] *v* выделя́ть(ся), проступáть *(о поте и т. п.)*

exult [ɪgˈzʌlt] *v* ликовáть, торжествовáть *(at, in, over)*

exultant [ɪgˈzʌlt(ə)nt] *a* ликýющий, торжествýющий

exultation [ˌɪgzʌlˈteɪʃ(ə)n] *n* ликовáние, торжествó

eye I [aɪ] *n* 1) глаз; **black ~** подбúтый глаз, синя́к под глáзом; **to see with the naked ~** вúдеть невооружённым глáзом; **to cast down one's ~s** опускáть глазá; **to shut one's ~s to smth** закрывáть глазá на что-л.; **to be all ~s** смотрéть во все глазá; **to have/to keep an ~ on** следúть за; **to cry one's ~s out** вы́плакать все глазá 2) зрéние; **to have good ~s** имéть хорóшее зрéние 3) взгляд; взор; **a friendly ~** дрýжеский взгляд; **to set one's ~s on** увúдеть; **to keep one's ~s glued on smb** не отрывáть глаз/взгля́да от когó-л.; **to catch one's ~** а) поймáть (чей-л.) взгляд б) брóсаться в глазá 4) суждéние, тóчка зрéния; **in the ~ of** с тóчки зрéния *(кого-л.)* 5) ушкó *(иголки)*; пéтелька 6) глазóк *(для наблюдéния)* 7) *сленг* сы́щик; **private ~** чáстный детектúв 8) *бот.* глазóк 9) глаз, центр урагáна 10) *горн.* ýстье шáхты ◊ **~ for ~** óко за óко; **to have an ~ for** разбирáться в чём-л., понимáть толк в чём-л.; **to have one's ~ on smth** задýмать что-л., держáть что-л. на примéте; **to keep an ~ on smth** следúть за чем-л., держáть что-л. в пóле зрéния; **to make ~s at smb** стрóить глáзки комý-л.; **to make sheep's ~s at smb** бросáть влюблённые взгля́ды на когó-л.; **to see ~ to ~ with smb** быть пóлностью соглáсным с кем-л., разделя́ть чьи-л. взгля́ды; **to keep one's ~s skinned/peeled, to keep an ~ open** держáть ýхо вострó, смотрéть в óба; **up to the ~s in smth** пó уши в чём-л.; **with an ~ to** с учётом *(чего-л.)*; **with one's ~s shut/closed** с большóй лёгкостью; **(oh) my ~(s)!** *сленг* ну и нý! *(восклицáние удивлéния)*; **that's all my ~!** *разг.* это всё вздор!

eye II [aɪ] *v* (пристáльно) смотрéть, разгля́дывать; наблюдáть

eyeball [ˈaɪbɔːl] *n* глазнóе я́блоко ◊ **(up) to the ~s** *разг.* весь, насквóзь, целикóм

eyebath [ˈaɪbɑːθ] *n* глазнáя вáнночка

eyebrow [ˈaɪbraʊ] *n* бровь; **to raise one's ~s** поднимáть брóви, удивля́ться, недоумевáть

eye-catching [ˈaɪkætʃɪŋ] *a разг.* бросáющийся в глазá, поразúтельный

eyeful [ˈaɪfʊl] *n разг.* 1) дóлгий взгляд 2) нéчто *или* нéкто, привлекáющий внимáние 3) что-л., брóшенное в глазá

eyeglass [ˈaɪglɑːs] *n* 1) лúнза 2) *pl* пенснé; очкú; лорнéт; монóкль

eyeground [ˈaɪgraʊnd] *n анат.* глазнóе дно

eyehole [ˈaɪhəʊl] *n* глазóк, щёлка; небольшóе отвéрстие

eyelash [ˈaɪlæʃ] *n* реснúца

eyelet [ˈaɪlɪt] *n* 1) ушкó, пéтелька; колéчко *(для петли)* 2) глазóк, щёлка; небольшóе отвéрстие

eyelid [ˈaɪlɪd] *n* вéко; **without batting an ~** *разг.* не сомкнýв глаз

eye-liner [ˈaɪlaɪnə(r)] *n* каранда́ш для оче́рчивания ко́нтура глаз

eye-opener [ˈaɪəʊpənə(r)] *n разг.* 1) но́вость, сенса́ция, разоблаче́ние 2) *амер.* глото́к спиртно́го *(утром для опохмеления)*

eyepiece [ˈaɪpiːs] *n* окуля́р

eye-shade [ˈaɪʃeɪd] *n* козырёк для защи́ты глаз

eye-shadow [ˈaɪʃædəʊ] *n* те́ни для век

eyeshot [ˈaɪʃɒt] *n* по́ле зре́ния; **out of** ~ вне по́ля зре́ния

eyesight [ˈaɪsaɪt] *n* зре́ние

eyesore [ˈaɪsɔː(r)] *n* что́-л. неприя́тное, оскорби́тельное для гла́за; бельмо́ на глазу́

eye strain [ˈaɪˌstreɪn] *n мед.* астенопи́я, уста́лость глаз; перенапряже́ние зре́ния *(напр. при работе на компьютере)*

eye-tooth [ˈaɪtuːθ] *n мед.* ве́рхний клык ◊ **to cut one's eye-teeth** стать благоразу́мным

eyewash [ˈaɪwɒʃ] *n* 1) глазна́я примо́чка 2) *сленг* очковтира́тельство

eyewater [ˈaɪwɔːtə(r)] *n* 1) глазна́я примо́чка 2) слёзы

eyewitness [ˈaɪˈwɪtnɪs] *n* очеви́дец, свиде́тель

eyrie [ˈaɪəri] *n* 1) орли́ное гнездо́ 2) дом, стоя́щий высоко́ в гора́х

e-zine [ˈiːzɪn] *n* электро́нный журна́л

F

F, f [ef] *n* 1) 6-я бу́ква англ. алфави́та 2) *муз.* но́та фа

F *сокр. см.* **Fahrenheit**

f *сокр.* 1) **(feminine)** же́нский (род) 2) **(frequency)** частота́

fable [ˈfeɪbl] *n* 1) ба́сня 2) *собир.* ми́фы, леге́нды 3) вы́думка, небыли́ца; ложь 4) сюже́т, фа́була

fabric [ˈfæbrɪk] *n* 1) ткань, мате́рия 2) сооруже́ние, о́стов; **repairs to the** ~ **of a building** ремо́нт зда́ния 3) структу́ра, устро́йство; **the** ~ **of society** обще́ственный строй

fabricate [ˈfæbrɪkeɪt] *v* 1) выделя́ть, изготовля́ть, собира́ть *(из готовых частей)* 2) фабрикова́ть, выду́мывать 3) подде́лывать

fabrication [ˌfæbrɪˈkeɪʃ(ə)n] *n* 1) произво́дство, изготовле́ние 2) вы́думка 3) подде́лка

fabulist [ˈfæbjʊlɪst] *n* 1) баснопи́сец 2) вы́думщик, лгун, лжец

fabulous [ˈfæbjʊləs] *a* 1) неправдоподо́бный, невероя́тный 2) *разг.* неслы́ханный, басно-

сло́вный; потряса́ющий 3) легенда́рный, мифи́ческий

façade [fəˈsɑːd] *n* 1) фаса́д 2) вне́шний вид, ви́димость

face I [feɪs] *n* 1) лицо́; ~ **to** ~ лицо́м к лицу́; **to smb's** ~ откры́то, в лицо́; **full** ~ анфа́с; **half** ~ вполоборо́та, в про́филь 2) выраже́ние лица́; **a happy** ~ счастли́вое выраже́ние лица́; **to pull a long** ~ име́ть уны́лый вид; вы́тянуться *(о лице)*; **to make** ~s грима́сничать, стро́ить ро́жи; **poker** ~ ка́менное выраже́ние лица́, бесстра́стное лицо́ 3) наха́льство, на́глость; **to have the** ~ **to say this** име́ть на́глость э́то сказа́ть 4) вне́шний вид; фаса́д; лицева́я, вне́шняя сторона́; **to lay a card** ~ **down** положи́ть ка́рту лицево́й стороно́й вниз; **on the** ~ **of (it)** на пе́рвый взгляд 5) пове́рхность; пло́скость 6) цифербла́т *(часов)* 7) *полигр.* очко́ ли́теры; гарниту́ра шри́фта ◊ **in the** ~ а) пе́ред лицо́м *(чего-л.)* б) вопреки́; **in** ~ **of** несмотря́, вопреки́; **to put a bold/brave** ~ **on it** му́жественно встреча́ть опа́сность/тру́дности; **to put one's** ~ **on** *разг.* подкра́ситься, навести́ красоту́; **to put a new** ~ **on** измени́ть вне́шний вид *(чего-л.);* **to save** ~ спаса́ть репута́цию; **to set one's** ~ **against** реши́тельно выступа́ть про́тив

face II *v* 1) стоя́ть лицо́м к, быть обращённым в каку́ю-л. сто́рону; поверну́ть(ся) лицо́м к; стоя́ть пе́ред; **the window** ~s **north** окно́ выхо́дит на се́вер 2) встреча́ть сме́ло; сме́ло смотре́ть в лицо́; **to** ~ **the facts** смотре́ть фа́ктам в лицо́; **he** ~**d the situation bravely** он не отступи́л пе́ред тру́дностями 3) отде́лывать *(платье и т. п.);* облицо́вывать; полирова́ть ◊ **to** ~ **the music** держа́ть отве́т, не боя́ться отве́тственности; **let's** ~ **it** *разг.* бу́дем открове́нны, посмо́трим фа́ктам в лицо́

face about 1) *воен.* повора́чиваться кру́гом 2) коренны́м о́бразом меня́ть *(мнение, убеждение и т. п.)*

face away смотре́ть в противополо́жном направле́нии

face down 1) лежа́ть лицо́м вниз 2) запуга́ть *(противника)* свое́й хра́бростью

face out вы́держать, не испуга́ться, не дро́гнуть

face up to сме́ло встреча́ть *(опасность, трудности)*

face-ache [ˈfeɪseɪk] *n мед.* невралги́я лицево́го не́рва

face control [ˌfeɪskəntˈrəʊl] *n* «фейс-контро́ль» *(в некоторых заведениях: отсев приходящих посетителей из-за неудовлетворительного внешнего вида; это связано с* *поддержанием престижа данного ресторана, казино и т. п.)*

face cream [ˈfeɪskriːm] *n* крем для лица

faceless [ˈfeɪslɪs] *a* безликий

facelift [ˈfeɪslɪft] *n* 1) косметическая операция на лице по устранению морщин, *разг.* подтяжка лица (*тж* **facelifting**) 2) косметический ремонт

face mask [ˈfeɪsˌmɑːsk] *n* косметическая маска для лица

face-off [ˈfeɪsɒf] *n амер.* лобовое столкновение; конфронтация

face pack [ˈfeɪspæk] *n* маска для лица

face powder [ˈfeɪspaʊdə(r)] *n* пудра (для лица)

facer [ˈfeɪsə(r)] *n разг.* 1) неожиданное затруднение, препятствие 2) *амер.* удар в лицо

facet [ˈfæsɪt] *n* 1) аспект 2) грань, фацет, фаска

facetious [fəˈsiːʃəs] *a* шутливый

facial I [ˈfeɪʃ(ə)l] *n* массаж лица; уход за лицом

facial II *a* лицевой

facile [ˈfæsaɪl] *a* 1) лёгкий, достающийся без труда 2) бойкий (*о стиле письма*), гладкий (*о речи*)

facilitate [fəˈsɪlɪteɪt] *v* 1) облегчать 2) продвигать

facility [fəˈsɪlɪtɪ] *n* 1) лёгкость 2) способность 3) плавность, беглость (*речи*) 4) *pl* возможности; благоприятные условия 5) *амер.* завод, предприятие 6) *pl* оборудование

facing [ˈfeɪsɪŋ] *n* 1) облицовка; отделка 2) *тех.* обточка поверхности 3) отделка мундира (*особ. военного*)

facsimile [fækˈsɪmɪlɪ] *n* 1) факсимиле; точная копия; **in ~** в точности 2) факсимильная связь, связь по факсу 3) (теле)факс (*тж* **fax**)

fact [fækt] *n* 1) факт; явление, свершившееся событие; **accomplished ~** совершившийся факт; **dry ~s** голые факты; **before/after the ~** *юр.* до/после событий; **to accept the ~** примириться с фактом 2) *pl* данные 3) истина, действительность; **in ~, as a matter of ~, in point of ~** действительно, на самом деле, фактически; **to know for a ~** знать точно 4) *юр.* доказательства, улики ◊ **~s and figures** факты и цифры; **a ~ of life** непреложный факт; **the ~s of life** *эвф.* информация о сексуальной жизни

faction¹ [ˈfækʃ(ə)n] *n* 1) фракция 2) разногласия, раздор

faction² *n* книга, фильм *и т. п.*, в основу которых положены реальные события

factional [ˈfækʃənəl] *a* фракционный

factious [ˈfækʃəs] *a* фракционный, склонный к фракционности, расколу

factitious [fækˈtɪʃəs] *a* искусственно созданный; искусственный

factitive [ˈfæktɪtɪv] *a грам.* каузальный

factoid [ˈfæktɔɪd] *n* воображаемый факт (*воспринимаемый как реальный*)

factor [ˈfæktə(r)] *n* 1) фактор 2) *мат.* множитель 3) агент, посредник, комиссионер 4) *тех.* коэффициент, фактор

factory [ˈfækt(ə)rɪ] *n* 1) завод, фабрика 2) *ист.* фактория 3) *attr* фабричный, заводской

factotum [fækˈtəʊtəm] *n* мастер на все руки

factual [ˈfæktjʊəl] *a* фактический; реальный, основанный на фактах

facture [ˈfæktʃə(r)] *n* фактура (*наложения краски на картине и т. п.*)

facultative [ˈfækəltətɪv] *a* факультативный, необязательный

faculty [ˈfæk(ə)ltɪ] *n* 1) дар, способность; **a ~ for mathematics** способности к математике 2) факультет 3) *амер.* профессорско-преподавательский состав университета 4) область искусства *или* науки

fad [fæd] *n* причуда, прихоть; конёк

faddy [ˈfædɪ] *a* привередливый (*особ. в еде*)

fade [feɪd] *v* 1) выцветать, линять, блёкнуть; терять свежесть 2) вянуть, увядать 3) постепенно исчезать; изглаживаться 4) стираться (*об оттенках, очертаниях*); ослабевать, замирать (*о звуках; тж* **to ~ away**) 5) ослабевать (*о чувствах*)

fade away 1) постепенно исчезать, угасать, таять; затихать 2) терять силы, здоровье

fade down постепенно уменьшать (*звук и т. п.*)

fade in *кино, радио, тлв* постепенно усиливать (*звук, изображение*)

fade out *кино, радио, тлв* постепенно убавлять (*звук, изображение*)

fadeaway [ˈfeɪdəˌweɪ] *n разг.* постепенное исчезновение

fade-in [ˈfeɪdˈɪn] *n кино, радио, тлв* увеличение звука *или* яркости изображения

fade-out [ˈfeɪdˈaʊt] *n* 1) *кино, радио, тлв* уменьшение звука *или* яркости изображения 2) *разг.* кончина, смерть

fading [ˈfeɪdɪŋ] *n радио* затухание

faeces [ˈfiːsiːz] *n pl* испражнения, кал

faff [fæf] *n разг.* суета

fag I [fæg] *n* 1) тяжёлая, нудная работа 2) *брит. сленг* сигарета 3) изнурение, истощение 4) младший ученик, оказывающий услуги старшим (*в англ. школах*) 5) *амер. сленг* гомосексуалист (*тж* **fag(g)ot**)

fag II *v* 1) утомлять(ся) (*тж* **to ~ out**) 2) корпеть, надрываться 3) оказывать услуги старшим (*в англ. школах*)

fag-end [ˈfægˈend] *n* 1) окурок 2) ненужный остаток *(чего-л.)*

fag(g)ot [ˈfægət] *n* 1) блюдо из жареной *или* запечённой печени с приправами 2) вязанка хвороста 3) пук железных прутьев 4) *амер. сленг* гомосексуалист

Fahr. *сокр. см.* **Fahrenheit**

Fahrenheit [ˈfærənhaɪt] *a* по шкале Фаренгейта ◊ ~ **scale** шкала Фаренгейта

faience [faɪˈɑːns] *n* фаянс

fail I [feɪl] *n* 1) провал, неудача ◊ **without** ~ непременно, обязательно; наверняка 2) сбой 3) повреждение 4) отказ; неисправность

fail II *v* 1) не удаваться; не сбываться; терпеть неудачу; **his attempt ~ed** его попытка не удалась 2) провалиться на экзамене; **he ~ed in history** он провалился на экзамене по истории 3) обанкротиться 4) не смочь сделать; не исполнить; **he ~ed to appear** он не появился; **don't ~ to let me know** не забудьте сообщить мне 5) обмануть ожидания 6) недоставать, не хватать; иметь недостаток в чём-л.; **the electricity ~ed** электричество отключили 7) ослабевать, угасать, терять силы; **the old man is ~ing** старик сдаёт

failing I [ˈfeɪlɪŋ] *n* 1) ошибка 2) слабость *(характера);* слабая струнка

failing II *prep* за неимением, за отсутствием

fail-safe [ˈfeɪlseɪf] *a тех.* 1) надёжный; прочный 2) работающий без сбоев, без ошибок; бесперебойный 3) безопасный; безаварийный 4) сохраняющий работоспособность при отказе отдельных элементов 5) самоотключающийся *(при аварии)*

fail-safety [ˌfeɪlˈseɪftɪ] *n тех.* 1) безаварийность 2) сохранение работоспособности при отказе отдельных элементов 3) надёжность; бесперебойность

failure [ˈfeɪljə] *n* 1) неудача, провал 2) неудачник; неудавшееся дело 3) невыполнение 4) недостаток, отсутствие чего-л.; **corn/crop** ~ неурожай 5) несостоятельность, банкротство 6) отказ в работе, остановка; **cardiac/heart** ~ *мед.* сердечная недостаточность; **engine** ~ отказ в работе двигателя, остановка двигателя 7) повреждение; неисправность

fainéant [ˌfeɪneɪˈɑːŋ] *n* лентяй, бездельник

faint I [feɪnt] *n* обморок

faint II *a* 1) слабый, незначительный; неясный, смутный; **a ~ sound** слабый звук; **not the ~est hope/chance** ни малейшей надежды/возможности 2) слабый, ослабевший; близкий к обмороку; **to feel ~** чувствовать дурноту; **to go ~** потерять сознание 3) робкий, вялый

faint III *v* падать в обморок, терять сознание *(тж* **to ~ away**)

faint-hearted [ˈfeɪntˈhɑːtɪd] *a* малодушный, трусливый

faintly [ˈfeɪntlɪ] *adv* слабо, едва; ~ **familiar** отдалённо напоминающий, чём-то похожий

fair¹ [feə(r)] *n* 1) ярмарка; **book** ~ книжная ярмарка 2) аттракционы, развлечения для публики *(в парке, на площади и т. п.)* 3) благотворительный базар; распродажа *(часто в благотворительных целях)* с увеселениями

fair² I *a* 1) справедливый, честный; беспристрастный; ~ **play** честная игра, игра по правилам; отношения, основанные на справедливости; ~ **price** настоящая/справедливая цена; ~ **and square** открытый, честный 2) белокурый, светловолосый, светлокожий; ~ **complexion** светлый *(не смуглый)* цвет лица 3) удовлетворительный, средний 4) достаточный, значительный, неплохой; ~ **amount** порядочное/значительное количество 5) благоприятный, ясный *(о погоде)* 6) чистый, незапятнанный; ~ **copy** беловик 7) прекрасный, красивый

fair² II *adv* 1) честно; ясно; открыто; прямо; **to play** ~ играть честно 2) прямо, точно ◊ ~ **enough** хорошо, ладно, идёт

fair-dealing I [ˈfeəˌdiːlɪŋ] *n* честность, прямота

fair-dealing II *a* честный, прямой

fair game [ˌfeəˈgeɪm] *n* 1) дичь, на которую разрешено охотиться; 2) объект нападок, травли

fairground [ˈfeəgraʊnd] *n* площадь, помещение ярмарки, выставки

fairing [ˈfeərɪŋ] *n* 1) *тех.* придание обтекаемой формы *(судну, самолёту и т. п.)* 2) *ав., авто, мор.* обтекатель

fairly [ˈfeəlɪ] *adv* 1) справедливо, честно, беспристрастно; ~ **speaking** откровенно говоря 2) приемлемо, сносно; ~ **well** неплохо, довольно хорошо 3) полностью, совершенно

fair-minded [ˈfeəˌmaɪndɪd] *a* справедливый, беспристрастный

fair-mindedness [ˈfeəˌmaɪndɪdnɪs] *n* чувство справедливости

fairness [ˈfeənɪs] *n вчт* 1) равнодоступность 2) равноправие, устранение дискриминации *(при доступе)*

fair-spoken [ˈfeəˌspəʊk(ə)n] *a* вежливый, учтивый, обходительный

fairway [ˈfeəweɪ] *n* судоходный канал; фарватер

fairy I [ˈfeərɪ] *n* 1) фея 2) *сленг* гомосексуалист

fairy II *a* волшебный, сказочный

fairyland [ˈfeərɪlænd] *n* сказочная, волшебная страна

fairy tale [ˈfeərɪteɪl] *n* сказка

fait accompli [ˈfeɪtəˈkɒmpli:] *n* совершившийся факт

faith [feɪθ] *n* 1) вера; доверие; **to pin one's ~ on/upon** слепо верить, полностью полагаться 2) вероисповедание, религия 3) верность *(слову, обещанию и т. п.)*; честность; **good ~** добросовестность; **bad ~** вероломство, предательство; **he acted in bad ~** он действовал вероломно; **upon my ~!, in ~!** клянусь честью! 4) обещание; обет; **to keep/to break (one's) ~** держать/нарушать слово

faithful I [ˈfeɪθʊl] *n*: **the F.** *(употр. как pl)* верующие; правоверные

faithful II *a* 1) верный, преданный 2) заслуживающий доверия

faithfully [ˈfeɪθʊlɪ] *adv* верно; честно; **yours ~** с совершенным почтением, с уважением *(вежливая концовка письма, факса)*

faithfulness [ˈfeɪθʊlnɪs] *n* 1) верность; достоверность 2) честность

faithless [ˈfeɪθlɪs] *a* 1) ненадёжный, вероломный; не заслуживающий доверия 2) неверующий

fake I [feɪk] *n* 1) подделка, фальшивка 2) притворщик, плут 3) плутовство 4) *attr* поддельный, фальшивый

fake II *v* 1) подделывать, фальсифицировать, фабриковать *(тж* **to ~ up)** 2) мошенничать 3) дурачить; притворяться, прикидываться *(больным и т. п.)*

faker [ˈfeɪkə(r)] *n* мошенник, обманщик

fakir [ˈfeɪkɪə(r)] *n* факир

falcon [ˈfɔ:lk(ə)n] *n* сокол

falconer [ˈfɔ:lk(ə)nə(r)] *n* сокольничий

falconry [ˈfɔ:lk(ə)nrɪ] *n* соколиная охота

fall I [fɔ:l] *n* 1) падение; **to have a ~** упасть; **to have a nasty/bad ~** упасть и сильно ушибиться 2) осадки; **a heavy ~ of rain** ливень; **a ~ of snow** снегопад 3) уменьшение, понижение, снижение, спад; **a ~ in temperature** понижение температуры 4) падение, упадок; **the ~ of the empire** падение империи 5) **(the F.)** *рел.* грехопадение, первородный грех 6) уклон; склон, спуск 7) *амер.* **(the ~)** осень 8) окот; помёт 9) *обыкн. pl* водопад, каскад 10) *муз.* каданс 11) *тех.* канат подъёмного блока

fall II *v* **(fell; fallen)** 1) падать 2) опускаться, спадать, понижаться 3) выпадать *(о волосах и т. п.)* 4) впадать *(о реке)* 5) стихать 6) наступать, происходить; **darkness fell** наступила темнота 7) уменьшаться; **standards fell** нормы/стандарты упали 8) вытягиваться *(о лице)* 9) опускать *(взгляд)* 10) терять власть, падать *(о правительстве и т. п.)* 11) падать, снижаться *(о нравах)* 12) разделяться, распадаться *(на части, главы и т. п.)* 13) приходиться, выпадать; **Easter falls early this year** Пасха в этом году будет ранняя; **it fell to me to write him** это мне пришлось отвечать ему 14) *как глагол-связка с предикативным прил. выражает переход из одного состояния в другое:* **to ~ asleep** заснуть; **to ~ sick** заболеть 15) пасть *(в бою)*, погибнуть 16) приходить в какое-л. состояние; **to ~ into a rage** разгневаться; **to ~ into error** впадать в ошибку, ошибаться; **to ~ in love** влюбиться; **to ~ short of** не достать; не достичь; **to ~ to pieces** разваливаться на части; **to ~ into place** прийти в себя, начать соображать; **to ~ foul of smb** поссориться, разругаться с кем-л.◊ **to ~ on one's feet** счастливо отделаться; удачно выйти из трудного положения; **to ~ flat** провалиться, не иметь успеха

fall about *разг.* падать от хохота

fall apart 1) разваливаться на части 2) окончиться неудачей, развалиться 3) прекратить отношения

fall away 1) отрываться, отпадать 2) понижаться, опускаться 3) уменьшаться, ослабевать; исчезать 4) лишать поддержки

fall back 1) падать на спину 2) падать, снижаться 3) отступать 4) отставать, терять темп

fall behind 1) отставать, терять темп 2) запаздывать *(с платежами)* 3) терять качество, становиться хуже

fall down 1) падать 2) разрушаться, рушиться *(о здании)* 3) потерпеть поражение, неудачу

fall for 1) влюбляться 2) *разг.* поддаться обману, попасться на удочку

fall in 1) случайно упасть *(куда-л.)* 2) провалиться 3) осунуться 4) *воен.* строиться 5) истекать *(о сроке, договоре)* 6) соглашаться

fall in with 1) случайно встретиться, столкнуться 2) водить компанию *(с кем-л.)* 3) соответствовать *(чему-л.)*

fall off 1) отрываться, отделяться 2) понижаться, опускаться 3) уменьшаться, ослабевать 4) ухудшаться 5) лишать поддержки

fall on 1) достигать *(чего-л.)* 2) приходиться на *(какой-л. день)* 3) случаться, происходить 4) атаковать, нападать 5) приниматься *(за дело)*; обдумывать *(что-л.)* 6) выпадать на долю

fall out 1) выпада́ть 2) па́дать, опуска́ться 3) *воен.* расходи́ться 4) покида́ть, броса́ть 5) случа́ться, происходи́ть 6) *разг.* ссо́риться

fall out of переста́ть по́льзоваться *(привиле́гиями и т. п.)*

fall over 1) па́дать споткну́вшись *(обо что-л.)* 2) стара́ться

fall through 1) провали́ться сквозь *(что-л.)* 2) не состоя́ться

fall to 1) принима́ться *(за еду)*; набра́сываться 2) начина́ть *(делать что-л.)*

fall under подпада́ть; подверга́ться

fall upon напада́ть, ната́лкиваться на что-л.

fallacious [fəˈleɪʃəs] *a* оши́бочный, ло́жный

fallacy [ˈfæləsɪ] *n* 1) оши́бка, заблужде́ние 2) ло́жный аргуме́нт

fallen [ˈfɔːl(ə)n] *a* 1) па́дший 2) па́вший в бою́

fallible [ˈfælɪbl] *a* 1) оши́бочный; веду́щий к ло́жным вы́водам 2) подве́рженный оши́бкам, мо́гущий ошиба́ться 3) *тех.* не защи́щённый от отка́зов, подве́рженный отка́зам

fall-off [ˈfɔːlɔːf] *n* сниже́ние, паде́ние; упа́док

fallout [ˈfɔːlaʊt] *n* 1) выпаде́ние радиоакти́вных оса́дков; радиоакти́вные оса́дки 2) неблагоприя́тные после́дствия *(чего-л.)*

fallow I [ˈfæləʊ] *n с.-х.* пар; необрабо́танная земля́

fallow II *a* 1) вспа́ханный под пар 2) необрабо́танный *(о земле)* 3) не получи́вший разви́тия *(об идее и т. п.)* 4) супоро́сая *(о свинье)*

fallow III *v* поднима́ть целину́

fallow deer [ˈfæləʊdɪə(r)] *n* лань

false I [fɔːls] *a* 1) ло́жный, оши́бочный, неве́рный 2) подде́льный, фальши́вый; иску́сственный 3) обма́нчивый, иллюзо́рный; **~ economy** ду́тая эконо́мика 4) нейскренний, вероло́мный 5) незако́нный

false II *adv*: **to play smb ~** преда́ть кого́-л.; поки́нуть кого́-л. в беде́

falsehood [ˈfɔːlshʊd] *n* 1) ложь, непра́вда 2) лжи́вость, нейскренность, фальши́вость 3) ло́жность; ло́жное заключе́ние

falseness [ˈfɔːlsnɪs] *n* 1) оши́бочность 2) лжи́вость, нейскренность, фальши́вость 3) вероло́мство

falsification [ˌfɔːlsɪfɪˈkeɪʃ(ə)n] *n* фальсифика́ция, подде́лка; искаже́ние, передёргивание *(фактов и т. п.)*

falsify [ˈfɔːlsɪfaɪ] *v* 1) фальсифици́ровать, подде́лывать *(документы, свидетельства и т. п.)*; искажа́ть, передёргивать *(факты и т. п.)* 2) обма́нывать, не опра́вдывать *(надежды)*

falsity [ˈfɔːlsɪtɪ] *n* ло́жность, оши́бочность

falter [ˈfɔːltə(r)] *v* 1) спотыка́ться, идти́ неуве́ренно 2) колеба́ться; тру́сить 3) запина́ться, говори́ть заика́ясь ◊ **to ~ out** пробормота́ть

faltering [ˈfɔːltərɪŋ] *a* запина́ющийся; нереши́тельный; дрожа́щий *(о голосе)*

fame [feɪm] *n* 1) изве́стность, сла́ва 2) репута́ция; **ill ~** дурна́я сла́ва

famed [feɪmd] *a* изве́стный, знамени́тый; **this place is ~ for its wines** э́та ме́стность сла́вится свои́ми ви́нами

familiar [fəˈmɪlɪə(r)] *a* 1) хорошо́ изве́стный, обы́чный, привы́чный 2) бли́зкий; хорошо́ знако́мый 3) знако́мый *(с кем-л.)* 4) фамилья́рный

familiarity [fəˌmɪlɪˈærɪtɪ] *n* 1) хоро́шее знако́мство *(с чем-л. — with)*, осведомлённость *(в чём-л.)* 2) бли́зость, бли́зкие отноше́ния 3) фамилья́рность

familiarize [fəˈmɪljəraɪz] *v* ознако́мить

family [ˈfæmɪlɪ] *n* 1) семья́, семе́йство; род; **it runs in their ~** э́то у них в роду́, э́то насле́дственное 2) *биол.* семе́йство 3) *лингв.* семья́ *(языков)* 4) *вчт* семе́йство, ряд, се́рия, совоку́пность 5) *attr* семе́йный, дома́шний; **the ~ circle** дома́шний круг; **~ doctor, ~ physician** дома́шний/семе́йный врач; **~ name** фами́лия; **~ planning** плани́рование семьи́; **a ~ man** семе́йный челове́к; **~ values** семе́йные це́нности ◊ **she is in the ~ way** она́ ждёт ребёнка

family tree [ˌfæm(ə)lɪˈtriː] *n* 1) родосло́вная; генеалоги́ческое дре́во 2) *вчт* древови́дная диагра́мма

famine [ˈfæmɪn] *n* 1) го́лод 2) больша́я нехва́тка

famish [ˈfæmɪʃ] *v* 1) голода́ть; **I'm simply ~ing** *разг.* я про́сто умира́ю с го́лоду 2) мори́ть го́лодом

famous [ˈfeɪməs] *a* 1) знамени́тый, изве́стный, просла́вленный 2) *разг.* великоле́пный, превосхо́дный

fan I [fæn] *n* 1) ве́ер 2) вентиля́тор 3) ло́пасть *(винта)*; крыло́ ветряно́й ме́льницы 4) *с.-х.* ве́ялка

fan II *v* 1) обма́хивать(ся) 2) обвева́ть, освежа́ть *(о ветре)* 3) *с.-х.* ве́ять 4) развора́чиваться ве́ером *(тж* **to ~ out)**

fan [2] *n* люби́тель, покло́нник; боле́льщик, *разг.* фана́т

fanatic I [fəˈnætɪk] *n* фана́тик

fanatic II *a* фанати́ческий

fanatical [fəˈnætɪk(ə)l] *см.* **fanatic II**

fanaticism [fəˈnætɪsɪz(ə)m] *n* фанати́зм

fancier [ˈfænsɪə(r)] *n* знато́к, люби́тель

fanciful [ˈfænsɪfʊl] *a* 1) фантасти́ческий 2) причу́дливый, прихотли́вый, капри́зный 3) стра́нный

277

fan club [ˈfænˌklʌb] *n* клуб поклóнников артиста, спортсмéна, комáнды *и т. п.*, фэнклуб

fancy I [ˈfænsɪ] *n* 1) пристрáстие, склóнность; прихоть, капри́з 2) вкус *(к чему-л.)*; **to take a ~ to smth** полюбить что-л., увлéчься чем-л.; **it is not to my ~** э́то мне не по вкýсу 3) фантáзия, воображéние 4) нереáльный óбраз; фантóм 5) **(the ~)** любители; болéльщики

fancy II *a* 1) предназнáченный для украшéния, орнаментáльный 2) прихотли́вый, причýдливый 3) фантасти́ческий; воображáемый 4) *амер.* высококáчественный *(о еде)* 5) вы́веденный в цéлях краси́вой *или* забáвной внéшности *(о порóде живóтных)* ◊ **~ dress** маскарáдный костю́м; **~ goods** мóдные безделýшки, украшéния; **~ man** *сленг* а) любóвник б) сутенёр; **~ woman** *сленг* любóвница

fancy III *v* 1) (пред)полагáть 2) *разг.* любить, нрáвиться; имéть желáние; **do you ~ a drink?** не желáете ли вы́пить чегó-нибудь? 3) *разг.* быть о себé высóкого мнéния 4) воображáть, представля́ть себé

fancy-work [ˈfænsɪwɜːk] *n* вышивáние; вы́шивка

fang [fæŋ] *n* 1) клык 2) ядови́тый зуб *(у змеи)* 3) кóрень зýба

fanlight [ˈfænlaɪt] *n* веерообрáзное окнó над двéрью *и т. п.*

fanny [ˈfænɪ] *n сленг груб.* 1) жéнские половы́е óрганы 2) *амер.* зад, зáдница

Fanny Adams [ˌfænɪˈædəmz] *n воен. сленг* 1) (совсéм) ничегó; нулевáя ви́димость 2) мясны́е консéрвы

fantail [ˈfænteɪl] *n* веерохвóстый гóлубь

fantastic(al) [fænˈtæstɪk(əl)] *a* 1) причýдливый, эксцентри́чный; экстравагáнтный 2) *разг.* потрясáющий, великолéпный, небывáлый

fantasy [ˈfæntəsɪ] *n* 1) фантáзия 2) мечтá, нереáльный óбраз 3) капри́з 4) фантасти́ческое произведéние 5) *иск., лит.* стиль «фэнтези»

far I [fɑː] *a* (*compar* **farther**, **further**; *superl* **farthest**, **furthest**) дáльний; отдалённый, далёкий *(тж* **~ off**) ◊ **~ cry** а) небли́зкий путь б) большóй промежýток врéмени; **~ be it from me** я отню́дь не собирáюсь, я далёк от

far II *adv* (*compar* **farther**, **further**; *superl* **farthest**, **furthest**) 1) далекó (*тж* **~ away**, **~ off**, **~ out**); **from ~ away** издалекá; **~ and near/wide** вездé, повсю́ду; **how ~** а) как далекó, кудá б) мнóго ли, до какóй стéпени, наскóлько; **to talk ~ in the night** проговори́ть

до глубóкой нóчи 2) горáздо, намнóго (*тж* **~ and away**, **by ~**); **it's ~ better** э́то намнóго лýчше; **to go ~** дости́чь мнóгого; **he will go ~** он далекó пойдёт; **the reforms didn't go ~** э́ти рефóрмы мáло что измени́ли, э́ти рефóрмы ничегó не дости́гли ◊ **~ from it** совсéм, отню́дь нет; **as ~ as** а) до *(какого-л. места)* б) наскóлько; **as ~ as I know** наскóлько мне извéстно; **(in) so ~ as** до тех пор покá; **so ~** до сих пóр; покá; **so ~ so good** покá всё нормáльно/хорошó/в поря́дке; **thus ~** до сих пóр; **~ gone** а) далекó зашéдший б) в тяжёлом состоя́нии *(о больном)*

far-away [ˈfɑːrəweɪ] *a* 1) дáльний, далёкий 2) отсýтствующий, мечтáтельный *(о взгля́де)*

farce [fɑːs] *n* 1) фарс 2) насмéшка, издевáтельство, фарс

farcical [ˈfɑːsɪk(ə)l] *a* 1) крáйне нелéпый, смехотвóрный 2) фáрсовый

fare I [feə(r)] *n* 1) стóимость проéзда, ценá билéта; **"Fares, please!"** «плати́те за проéзд»; **what's the ~ to Leeds?** скóлько стóит билéт до Ли́дса? 2) пассажи́р 3) стол, питáние *(в ресторáне и т. п.)*

fare II *v* 1) быть; поживáть; **how did you ~ in Paris?** как вы съéздили в Пари́ж? 2) питáться, корми́ться

Far Eastern [ˈfɑːrˈiːst(ə)n] *a* дальневостóчный

farewell I [feəˈwel] *n* 1) прощáние; **to bid to smb ~** прощáться с кем-л. 2) *attr* прощáльный; **~ kiss** прощáльный поцелýй

farewell II *int* прощáйте!, до свидáнья!

far-famed [ˈfɑːˈfeɪmd] *a* широкó извéстный

far-fetched [ˈfɑːˈfetʃt] *a* неестéственный, надýманный, притя́нутый зá уши

farina [fəˈraɪnə] *n* 1) мукá-крупчáтка 2) пýдра, порошóк 3) крахмáл

farinaceous [ˌfærɪˈneɪʃəs] *a* мучни́стый, мучнóй; порошкообрáзный

farl [fɑːl] *n шотл.* тóнкая овся́ная лепёшка

farm I [fɑːm] *n* 1) (крестья́нское) хозя́йство; фéрма, хýтор; **milk ~** молóчная фéрма; **fruit ~** плодóво-я́годное хозя́йство 2) питóмник, заповéдник; **mink ~** питóмник по разведéнию нóрок 3) жилóй дом на фéрме, фéрмерский дом

farm II *v* 1) обрабáтывать зéмлю 2) быть фéрмером, занимáться сéльским хозя́йством 3) сдавáть зéмлю в арéнду (*тж* **to ~ out**) 4) брать на воспитáние детéй (за плáту)

farmer [ˈfɑːmə(r)] *n* фéрмер

farm-hand [ˈfɑːmhænd] *n* рабóчий на фéрме

farmhouse [ˈfɑːmhaʊs] *n* жилóй дом на фéрме, фéрмерский дом

farming [ˈfɑːmɪŋ] *n* занятие сельским хозяйством; земледелие; животноводство; фермерство

farmstead [ˈfɑːmsted] *n* крестьянский двор, ферма со службами

farmyard [ˈfɑːmjɑːd] *n* двор фермы

faro [ˈfeərəʊ] *n* фараон *(карточная игра)*

far-off [ˈfɑːrɒf] *a* отдалённый, дальний

far-out [ˈfɑːraʊt] *a* 1) отдалённый, дальний 2) нетрадиционный, модерновый, экстравагантный

far-reaching [ˈfɑːˈriːtʃɪŋ] *a* 1) широкого применения 2) далекоидущий, чреватый последствиями; ~ **plans** далекоидущие планы

farrier [ˈfærɪə(r)] *n* 1) кузнец *(подковывающий лошадей)* 2) коновал, ветеринар

farriery [ˈfærɪərɪ] *n* 1) кузнечное ремесло 2) кузница

farrow I [ˈfærəʊ] *n* опорос

farrow II *v* пороситься

far-seeing [ˈfɑːˈsiːɪŋ] *a* дальновидный, предусмотрительный

far-sighted [ˈfɑːˈsaɪtɪd] *a* 1) дальнозоркий 2) дальновидный

far-sightedness [ˈfɑːˈsaɪtɪdnɪs] *n* 1) дальнозоркость 2) дальновидность

fart [fɑːt] *v разг.* 1) портить воздух, пукать 2) вести себя глупо *(about, around)*

farther I [ˈfɑːðə(r)] *a* дальний, более отдалённый; *см. тж* **further I**

farther II *adv* дальше; *см. тж* **further II**

farthermost [ˈfɑːðəməʊst] *a* самый дальний

farthest I [ˈfɑːðɪst] *a (superl см.* **far I**) самый дальний; *см. тж* **furthest I**

farthest II *adv (superl см.* **far II**) дальше всего; *см. тж* **furthest II**

farthing [ˈfɑːðɪŋ] *n уст.* фартинг *(1/4 пенса)* ◊ **it's not worth a (brass)** ~ это гроша ломаного не стоит; **it doesn't matter a** ~ это ничего не значит

fascicle [ˈfæsɪkl] *n* 1) отдельный выпуск *(части издания)* 2) пучок

fascinate [ˈfæsɪneɪt] *v* очаровывать, пленять

fascination [ˌfæsɪˈneɪʃ(ə)n] *n* очарование

fascine [fæˈsiːn] *n* фашина

Fascism [ˈfæʃɪz(ə)m] *n* фашизм

Fascist I [ˈfæʃɪst] *n* фашист

Fascist II *a* фашистский

fashion I [ˈfæʃ(ə)n] *n* 1) мода; **in** ~ в моде; модный; **out of** ~ старомодный, вышедший из моды; **to come into** ~ входить в моду; **to go out of** ~ выходить из моды; **to follow the** ~ следовать моде; **to dress in the latest** ~ одеваться по последней моде; **to be all the** ~ быть очень модным/популярным; **a woman of** ~ светская дама 2) образ, манера;

стиль; **in this** ~ таким образом; **after/in a** ~ до некоторой степени, некоторым образом 3) вид; форма

fashion II *v* 1) придавать вид, форму; выделывать 2) моделировать

fashionable [ˈfæʃnəb(ə)l] *a* 1) модный 2) фешенебельный, светский

fashion show [ˈfæʃ(ə)n ˌʃəʊ] *n* показ мод

fast¹ I [fɑːst] *n церк.* пост

fast¹ II *v* поститься

fast² I *a* 1) скорый, быстрый, быстроходный 2) скоростной *(о шоссе)* 3) спешащий, неточный *(о часах)* 4) крепкий, прочный, устойчивый; стойкий; **to make a rope** ~ закрепить верёвку 5) прочный, нелиняющий *(о краске)* 6) легкомысленный, фривольный; безнравственный; **to live a** ~ **life** вести беспутную жизнь ◊ **to pull a** ~ **one on smb** *разг.* надуть, провести кого-л.

fast² II *adv* 1) быстро, скоро, часто; **to live** ~ прожигать жизнь 2) крепко, сильно, прочно; **to stand** ~ не отступать; **to be** ~ **asleep** крепко спать 3) полностью, совсем

fast access [ˌfɑːstˈæksəs] *n вчт* 1) быстрая выборка 2) быстрый доступ

fast-acting [ˌfɑːstˈæktɪŋ] *a* быстродействующий

fasten [ˈfɑːsn] *v* 1) прикреплять, привязывать; связывать, скреплять; завинчивать, зажимать 2) запирать *(in, up)* 3) застёгивать; **to** ~ **up a shirt (with buttons)** застёгивать рубашку (на пуговицы); ~ **your seat belts!** пристегните ремни! 4) устремлять, сосредоточивать *(взгляд, мысли, надежды и т. п.; на — on, upon)* 5) ухватиться, наброситься *(on, upon)*

fasten off закреплять *(нитку)*

fastener [ˈfɑːsnə(r)] *n* 1) застёжка; зажим 2) скрепка *(для бумаг)* 3) запор; задвижка

fast food [ˈfɑːst ˌfuːd] *n* «фаст-фуд», еда быстрого приготовления *(хот-доги, гамбургеры и т. п.)*

fastidious [fæˈstɪdɪəs] *a* 1) разборчивый, требовательный, привередливый 2) брезгливый

fasting [ˈfɑːstɪŋ] *n церк.* пост

fast-talk [ˈfɑːstˌtɔːk] *v амер. разг.* уламывать, уговаривать, обхаживать

fat I [fæt] *n* 1) сало, жир 2) полнота, тучность; **to run to** ~ быть склонным к полноте 3) *тех.* смазка; тавот ◊ **to live on/off the** ~ **of the land** жить в роскоши; **the** ~ **is in the fire** ну, теперь начнётся; ≅ быть беде

fat II *a* 1) толстый, жирный, тучный 2) откормленный, упитанный; ~ **cattle** упитанный скот 3) жирный, сальный 4) маслянистый 5) плодоро́дный, ту́чный *(о земле)* 6) объёмистый *(о книге)* 7) вы́годный; **a ~ salary** хоро́шая зарпла́та; **a ~ cheque** чек на соли́дную су́мму 8) *разг.* ма́лый, о́чень небольшо́й; **a ~ chance** плохи́е ша́нсы ◊ **~ cat** *амер. сленг* бога́тый покрови́тель; туз, вороти́ла, олига́рх

fat III *v см.* **fatten**

fatal [ˈfeɪt(ə)l] *a* 1) смерте́льный 2) губи́тельный, па́губный; **a ~ mistake** роковая оши́бка; **~ error** *вчт* фата́льная оши́бка; неисправи́мая оши́бка 3) фата́льный, предрешённый, неизбе́жный

fatalism [ˈfeɪtəlɪz(ə)m] *n* фатали́зм

fatalist [ˈfeɪtəlɪst] *n* фатали́ст

fatality [fəˈtælɪtɪ] *n* 1) лета́льный исхо́д, смерть *(от несчастного случая, на войне и т. п.)* 2) же́ртва *(несчастного случая)* 3) несча́стье; несча́стный слу́чай с лета́льным исхо́дом 4) фата́льность, обречённость; рок

fate I [feɪt] *n* 1) судьба́; рок; **to tempt ~** искуша́ть судьбу́; **to share the same ~** раздели́ть ту же уча́сть; **his ~ is sealed** его́ судьба́ уже́ решена́ 2) ги́бель, смерть 3): **the Fates** *миф.* мо́йры; па́рки ◊ **as sure as ~** несомне́нно

fate II *v* 1) предопределя́ть; **they were ~d to do it** им бы́ло суждено́ э́то соверши́ть 2) обрека́ть *(на гибель);* **he was ~d to die young** ему́ суждено́ бы́ло умере́ть молоды́м

fated [ˈfeɪtɪd] *a* обречённый

fateful [ˈfeɪtfʊl] *a* 1) реша́ющий, ва́жный 2) роково́й, фата́льный; обречённый 3) проро́ческий

fat-head [ˈfæthed] *n* болва́н, дура́к

father I [ˈfɑːðə(r)] *n* 1) оте́ц 2) родонача́льник, пре́док; **to be gathered to one's ~s** отпра́виться к пра́отцам, сконча́ться 3) основа́тель, творе́ц 4) **(F.)** свяще́нник; духо́вный оте́ц 5) старе́йший член *(какого-л. о́бщества и т. п.)* 6) *pl* столпы́ о́бщества; отцы́ го́рода ◊ **Pilgrim Fathers** *амер. ист.* отцы́-пилигри́мы *(первые английские колонисты в Массачусетсе в 1620 г.);* **the Fathers of the Church, the Church Fathers** *рел.* Отцы́ Це́ркви *(христианские священнослужители, писатели, богословы и философы 2 – 8 веков);* **God the Father** Бог Оте́ц *(первая ипостась Святой Троицы)*

father II *v* 1) производи́ть, порожда́ть 2) оте́чески забо́титься 3) быть, счита́ться а́втором, созда́телем *(чего-л.)* 4) припи́сывать отцо́вство, а́вторство; возлага́ть отве́тственность *(на — on, upon)* 5) усыновля́ть

father-figure [ˈfɑːðəˌfɪɡə(r)] *n* уважа́емый старе́йшина; авторите́тный руководи́тель

fatherhood [ˈfɑːðəhʊd] *n* отцо́вство

father-in-law [ˈfɑːðərɪnlɔː] *n (pl* **fathers-in-law)** свёкор; тесть

fatherland [ˈfɑːðəlænd] *n* ро́дина, оте́чество

fatherless [ˈfɑːðəlɪs] *a* (оста́вшийся) без отца́

fatherly I [ˈfɑːðəlɪ] *a* оте́ческий

fatherly II *adv* оте́чески

fathom I [ˈfæð(ə)m] *n* морска́я са́жень *(= 6 футам или 1,82 м)*

fathom II *v* 1) вника́ть, понима́ть 2) измеря́ть глубину́ *(воды)*

fathomless [ˈfæðəmlɪs] *a* 1) бездо́нный, неизмери́мый 2) непроница́емый, непостижи́мый

fatigue I [fəˈtiːɡ] *n* 1) утомле́ние, уста́лость 2) тяжёлая утоми́тельная рабо́та 3) *воен.* хозя́йственные рабо́ты; нестроевы́е обя́занности: наря́д на рабо́ту *(тж ~ duty)*

fatigue II *v* утомля́ть, изнуря́ть *(обыч. по хозя́йству)*

fatigue party [fəˈtiːɡˌpɑːtɪ] *n воен.* солда́ты, получи́вшие нестроево́й наря́д; рабо́чая кома́нда

fatling [ˈfætlɪŋ] *n* отко́рмленное на убо́й молодо́е живо́тное

fatness [ˈfætnɪs] *n* 1) толщина́, ту́чность 2) плодоро́дность, ту́чность *(земли)* 3) ожире́ние

fatten [ˈfæt(ə)n] *v* 1) отка́рмливать *(на убо́й)* 2) жире́ть 3) удобря́ть *(землю)*

fatty I [ˈfætɪ] *n разг.* толстя́к; толсту́шка

fatty II *a* 1) жирово́й 2) то́лстый, жи́рный

fatuity [fəˈtjuːɪtɪ] *n* глу́пость, бессмы́сленность

fatuous [ˈfætjʊəs] *a* глу́пый, бессмы́сленный

faucet [ˈfɔːsɪt] *n* 1) *амер.* водопрово́дный кран 2) ве́нтиль, вту́лка

faugh [fɔː] *int* тьфу!

fault [fɔːlt] *n* 1) недоста́ток, дефе́кт, изъя́н; неиспра́вность; **to find ~ with smb** придира́ться к кому́-л. 2) оши́бка, про́мах 3) вина́; **she is at ~** она́ не права́; **it is your own ~** ты сам в э́том винова́т 4) *спорт.* непра́вильно по́данный мяч; непра́вильная пода́ча 5) *геол.* разло́м, сдвиг, сброс 6) *тех.* сбой; отка́з ◊ **to a ~** чрезме́рно, сли́шком, до абсу́рда

fault-finder [ˈfɔːltˌfaɪndə(r)] *n* приди́рчивый челове́к, приди́ра

fault-finding [ˈfɔːltˌfaɪndɪŋ] *n* 1) приди́рчивость, постоя́нные приди́рки 2) *тех.* обнаруже́ние неиспра́вностей; выявле́ние поврежде́ний

faultless [ˈfɔːltlɪs] *a* безупре́чный

faulty [ˈfɔːltɪ] *a* 1) неиспра́вный, дефе́ктный 2) оши́бочный

faun [fɔːn] *n миф.* фавн

fauna ['fɔ:nə] *n* (*pl тж* **faunae** ['fɔ:ni:]) фа́уна, живо́тный мир

faux pas [fəʊ'pɑ:] *n* беста́ктность; про́мах, ло́жный шаг, оши́бка

favor ['feɪvə(r)] *амер. см.* **favour**

favorable ['feɪvərəbl] *амер. см.* **favourable**

favorite ['feɪvərɪt] *амер. см.* **favourite I, II**

favour I ['feɪvə(r)] *n* 1) одолже́ние, любе́зность; **do me a ~** сде́лай мне одолже́ние, окажи́ мне услу́гу; **can I ask a ~ of you?** могу́ я вас попроси́ть об одолже́нии? 2) благоскло́нность, расположе́ние; ми́лость; **to gain smb's ~** расположи́ть к себе́ кого́-л.; **in ~** в почёте; в фаво́ре; **out of ~** в неми́лости; **to look with ~ on smb** относи́ться доброжела́тельно к кому́-л. 3) покрови́тельство; предпочте́ние; по́мощь, защи́та; **in our ~** в на́шу по́льзу; **to be in ~ of smth** подде́рживать что-л.; **under ~ of night** под покро́вом но́чи 4) сувени́р, значо́к; па́мятный дар

favour II *v* 1) ока́зывать предпочте́ние; **she ~s French cigarettes** она́ отдаёт предпочте́ние францу́зским сигаре́там 2) покрови́тельствовать; помога́ть, одобря́ть, подде́рживать; способствовать; **they did not ~ the proposal** они́ не одо́брили/не поддержа́ли э́то предложе́ние 3) относи́ться благоскло́нно, доброжела́тельно; благоволи́ть 4) ока́зывать любе́зность, внима́ние; **please ~ me with prompt reply** бу́дьте так любе́зны отве́тить мне как мо́жно быстре́е 5) *разг.* быть похо́жим (*на кого-л.*); **he ~s his father** он похо́ж на отца́

favourable ['feɪvərəbl] *a* 1) благоскло́нный, располо́женный 2) благоприя́тный; одобри́тельный; **a ~ reply** благоприя́тный отве́т 3) подходя́щий, удо́бный ◊ **~ event** *вчт* благоприя́тствующее собы́тие

favoured ['feɪvəd] *a* 1) привилегиро́ванный; **most ~ nation** *дип.* наибо́лее благоприя́тствуемая на́ция 2) благода́тный (*о климате*)

favourite I ['feɪvərɪt] *n* люби́мец, фавори́т

favourite II *a* люби́мый

fawn¹ I [fɔ:n] *n* 1) молодо́й оле́нь (*до 1 года*) 2) желтова́то-кори́чневый цвет, цвет беж

fawn¹ II *a* желтова́то-кори́чневый, бе́жевый

fawn¹ III *v* тели́ться (*о косулях*)

fawn² [fɔ:n] *v* 1) виля́ть хвосто́м, ласка́ться (*on, upon*) 2) подли́зываться, прислу́живаться (*on, upon*)

fawn-coloured ['fɔ:n͵kʌləd] *см.* **fawn¹ II**

fawning ['fɔ:nɪŋ] *a* раболе́пный

fax I [fæks] *сокр.* (**facsimile**) *n св.* 1) (те́ле)фа́кс; **to send by ~** посыла́ть по фа́ксу 2) факси́мильная связь, связь по фа́ксу

fax II *v* посыла́ть/передава́ть (*документ*) по фа́ксу

fax modem [fæks 'məʊdem] *n св.* факс-моде́м

faze [feɪz] *v разг.* досажда́ть, беспоко́ить; дёргать

FBA *сокр.* (**Fellow of the British Academy**) член Брита́нской Акаде́мии

FBI *сокр.* (**the Federal Bureau of Investigation**) Федера́льное бюро́ рассле́дований, ФБР (*США*)

fear I [fɪə(r)] *n* 1) страх, боя́знь; **in ~ of smth** в стра́хе пе́ред чем-л.; **for ~ of** из боя́зни, из стра́ха 2) опасе́ние ◊ **no ~** ни в ко́ем слу́чае, ни за что; **without ~ or favour** беспристра́стно

fear II *v* 1) боя́ться; **never ~!** не бо́йтесь!, ничего́ стра́шного! 2) опаса́ться (*чего-л.*) 3) почита́ть

fearful ['fɪəfʊl] *a* 1) боязли́вый, ро́бкий; боя́щийся (*чего-л.*) 2) ужа́сный, стра́шный (*тж разг. для усиления*)

fearless ['fɪəlɪs] *a* бесстра́шный

fearsome ['fɪəsəm] *a* стра́шный, гро́зный, устраша́ющий

feasibility [͵fi:zə'bɪlɪtɪ] *n* 1) осуществи́мость, выполни́мость; **~ study** те́хнико-экономи́ческое обоснова́ние 2) го́дность 3) возмо́жность, вероя́тность 4) допусти́мость

feasible ['fi:zɪbl] *a* 1) (вполне́) выполни́мый, осуществи́мый, реа́льный; возмо́жный, вероя́тный 3) подходя́щий, го́дный

feast I [fi:st] *n* 1) пир; банке́т; пра́зднество 2) большо́е удово́льствие, наслажде́ние 3) (религио́зный) пра́здник; **movable ~s** переходя́щие/подви́жные пра́здники (*напр. Пасха*); **immovable ~s** неизме́нные/неподви́жные пра́здники (*напр. Рождество*)

feast II *v* 1) пирова́ть 2) пра́здновать 3) наслажда́ться

feat [fi:t] *n* 1) по́двиг 2) проявле́ние мастерства́, иску́сства

feather I ['feðə(r)] *n* 1) перо́; *pl* опере́ние 2) пти́ца, дичь ◊ **a ~ in one's cap** предме́т го́рдости, достиже́ние; **to show the white ~** стру́сить; **in high/fine ~** в хоро́шем настрое́нии, в весёлом расположе́нии ду́ха

feather II *v* 1) покрыва́ть пе́рьями; украша́ть пе́рьями 2) выстила́ть пе́рьями (*гнездо*) ◊ **to ~ one's nest** набива́ть себе́ карма́н

feather-bed ['feðəbed] *v* устро́ить(ся) на вы́годную рабо́ту

feather-brained ['feðəbreɪnd] *a* пусто́й, ве́треный, пустоголо́вый

feathered ['feðəd] *a* 1) укра́шенный, покры́тый пе́рьями 2) крыла́тый, бы́стрый

feathering [ˈfeðərɪŋ] *n* оперéние

featherweight [ˈfeðəweɪt] *n спорт.* 1) полулёгкий вес, «вес пера» 2) спортсмéн полулёгкого вéса *(в боксе, борьбе)*

feathery [ˈfeðərɪ] *a* 1) покрытый пéрьями 2) похóжий на перó; пéристый 3) лёгкий

feature I [ˈfiːtʃə(r)] *n* 1) особенность, харáктерная чертá 2) *pl* чертý лицá 3) статьá, óчерк *(в газете или журнале, обычно под постоянной рубрикой)* 4) полнометрáжный худóжественный фильм *(тж ~ film)* 5) регулярная теле- или радиопрогрáмма 6) *тех.* фýнкция; свóйство; осóбенность; прúзнак; харáктерная, отличúтельная чертá

feature II *v* 1) отводúть вúдное мéсто *(для чего-л.)*, подчёркивать вáжность 2) печáтать на вúдном мéсте *(в газете)* 3) покáзывать на экрáне; выводúть в глáвной рóли; **featuring** в ролях снимáлись *(в титрах);* **this film ~s Peter Ustinov as Nero** в этом фúльме Пúтер Устúнов игрáет Нербна 4) быть харáктерной чертóй

featureless [ˈfiːtʃəlɪs] *a* невыразúтельный, бесцвéтный

Feb. *сокр.* **(February)** феврáль

febrile [ˈfiːbraɪl] *a мед.* лихорáдочный

February [ˈfebrʊərɪ] *n* 1) феврáль 2) *attr* феврáльский

feces [ˈfiːsiːz] *амер. см.* **faeces**

feckless [ˈfeklɪs] *a* 1) слáбый, беспóмощный; бесполéзный 2) бездýмный, пустóй; нерадúвый

feculent [ˈfekjʊlənt] *a* мýтный

fecund [ˈfiːkənd] *a* 1) плодовúтый 2) плодорóдный

fecundity [fɪˈkʌndɪtɪ] *n* 1) плодовúтость 2) плодорóдие

Fed [fed] *сокр.* **(Federal)** *n амер.* 1) сотрýдник одногó из федерáльных вéдомств *(часто в противоположность властям штата)* 2) *сленг* агéнт ФБР

fed [fed] *past, p. p. см.* **feed¹ II**

federal [ˈfedər(ə)l] *a* федерáльный

federate I [ˈfedərət] *a* федератúвный

federate II [ˈfedəreɪt] *v* объединяться на федератúвных началах; объединяться в федерáцию

federation [ˌfedəˈreɪʃ(ə)n] *n* федерáция

federative [ˈfedərətɪv] *a* федератúвный

fed-up [ˈfedˈʌp] *a* пресýтившийся *(чем-л. — with)*

fed-upness [fedˈʌpnəs] *n* пресýщенность

fee I [fiː] *n* 1) вознаграждéние, гонорáр 2) взнос; **admission/entrance ~** вступúтельный взнос; входнáя плáта; **customs ~** тамóженный сбор 3) плáта *(за обучение)* 4) *юр.* прá-

во наслéдования без ограничéний 5) *ист.* лен, феодáльное помéстье

fee II *v (past, p. p.* **feed)** 1) платúть гонорáр, вознаграждéние 2) нанимáть *(кого-л.)* за вознаграждéние

feeble [ˈfiːbl] *a* 1) слáбый, хúлый, нéмощный 2) неясный, слáбый *(об освещении и т. п.)* 3) слáбый, нетвёрдый *(о характере, уме)*

feeble-minded [ˈfiːblˈmaɪndɪd] *a* 1) неýмный, глýпый 2) слабоýмный

feed¹ I [fiːd] *n* 1) питáние, пúща 2) корм; фурáж 3) кормлéние, дáча кóрма 4) *тех.* питáние, подáча *(сырья, материала)* 5) выгон, пáстбище; поднóжный корм; **out at ~** на поднóжном кормý 6) *тех.* подающий механúзм, подающее устрóйство, питáтель

feed¹ II *v (past, p. p.* **fed)** 1) кормúть, давáть едý, пúщу 2) задавáть корм, скáрмливать 3) пастú *(скот)* 4) есть; питáться, кормúться *(чем-л. — on, упоп)* 5) снабжáть *(водой, топливом, сырьём)* 6) *тех.* подавáть сырьё, материáл; питáть ◊ **to ~ the fishes** а) утонýть, «кормúть рыб» б) страдáть морскóй болéзнью

feed back обеспéчивать обрáтной связью; получáть óтклик *(на что-л.)*

feed on 1) питáться *(чем-л.)* 2) получáть удовóльствие от *(чего-л.)*

feed up кормúть до отвáла, усúленно питáть

feed² *past, p. p. см.* **fee II**

feedback [ˈfiːdbæk] *n* 1) обрáтная реáкция; óтклик 2) *тех., эл.* обрáтная связь

feeder [ˈfiːdə(r)] *n* 1) тот, кто кóрмит; то, что питáет 2) едóк; **large ~** обжóра 3) бутýлочка *(для детского питания)* 4) дéтский нагрýдник 5) притóк *(реки)* 6) *ж.-д.* вéтка, вспомогáтельный путь *(тж ~ railway, ~ line)* 7) *тех.* подающий механúзм, подающее устрóйство, питáтель 8) *эл.* фúдер, питáющая лúния

feedforward [ˈfiːdˌfɔːwəd] *n спец.* прямáя связь, связь вперёд по цепú

feeding [ˈfiːdɪŋ] *n* питáние, кормлéние; вскáрмливание; **artificial/bottle ~** искýсственное вскáрмливание; **breast ~** груднóе вскáрмливание

feel I [fiːl] *n* 1) ощущéние, осязáние; **cold to the ~** холóдный на óщупь; **it's silk by the ~** на óщупь это похóже на шёлк; **let me have a ~** дай мне потрóгать 2) вкус к чему́-л.; чутьё; **to get the ~ of smth** освóиться с чем-л.

feel II *v (past, p. p.* **felt)** 1) ощýпывать, нащýпывать; трóгать; осязáть; давáть ощущéние; **~ how cold my hands are** потрóгайте, какúе у меня холóдные рýки; **the air ~s**

chilly воздух холодный, на улице прохладно 2) ощущать; **he is ~ing the side effects of the medicine** он ощущает побочные эффекты лекарства 3) чувствовать, воспринимать, испытывать; **I do not ~ well** я плохо себя чувствую; **she ~s happy** она счастлива, она довольна; **to ~ like** быть склонным, испытывать желание сделать *(что-л.);* **I don't ~ like a swim** мне что-то не хочется купаться; **to ~ like walking** иметь желание прогуляться (на свежем воздухе) 4) считать, полагать; сознавать; иметь определённую точку зрения *(на что-л. — about);* **I ~ we ought to accept this proposal** я считаю, что мы должны принять это предложение 5) *сленг* ласкать, оглаживать, лапать *(тж to ~ up)* 6) (со)чувствовать, (со)переживать; **I ~ for you** я вам сочувствую; **to ~ the insult deeply** остро переживать оскорбление ◊ **~ one's way** действовать с осторожностью, осмотрительно

feel about искать ощупью, нащупывать

feel for 1) сочувствовать *(кому-л.)* 2) искать ощупью, нащупывать

feel up to *разг.* быть настроенным сделать *(что-л.)*

feeler ['fi:lə(r)] *n* 1) *зоол.* щупальце, усик 2) *перен.* зондирование (почвы), пробный шар; **to put out a ~** пускать пробный шар, закидывать удочку

feeling I ['fi:lɪŋ] *n* 1) чувствительность; ощущение; **a ~ of cold** ощущение холода; **I've no ~ in my left arm** у меня онемела левая рука 2) чувство, ощущение; **to hurt smb's ~s** обидеть кого-л.; **to appeal to better ~s** взывать к лучшим чувствам 3) чувство, эмоция, волнение; **to play the violin with ~** с чувством играть на скрипке; **the speech aroused strong ~ on all sides** речь вызвала у всех возмущение; **I have no ~ about his attack on me** я не сержусь на его нападки 4) настроение; убеждение; мнение; **what is your ~ on the matter?** что вы думаете по этому поводу?

feeling II *a* 1) сочувствующий 2) чувствительный

feet [fi:t] *pl см.* **foot I**

feign [feɪn] *v* симулировать; притворяться

feint [feɪnt] *n* 1) отвлекающий манёвр, ложная атака 2) притворство; **to make a ~ of** притворяться 3) *attr* притворный, ложный

feldspar ['feldspɑ:(r)] *n мин.* полевой шпат

felicitate [fə'lɪsɪteɪt] *v* поздравлять *(on)*

felicitous [fə'lɪsɪtəs] *a* подходящий, удачный

felicity [fə'lɪsɪtɪ] *n* 1) счастье; блаженство 2) удачный подбор, меткость *(выражения)* 3) удачное, меткое выражение

feline ['fi:laɪn] *a* 1) кошачий 2) по-кошачьи грациозный, хитрый *и т. п.*

fell¹ [fel] *past см.* **fall II**

fell² *v* 1) срубать, валить *(дерево)* 2) бить, сбивать с ног

fell³ *n* 1) гора, холм 2) холмистая *или* болотистая местность *(на севере Англии)*

fell⁴ *a поэт.* жестокий, ужасный, беспощадный

fell⁵ *n* шкура, мех

fellah ['felə] *n* феллах

fellatio [fɪ'leɪʃɪəʊ] *n* фелляция, минет

feller ['felə(r)] *сленг см.* **fellow** 1)

felloe ['feləʊ] *n* обод колеса

fellow ['feləʊ] *n* 1) *разг.* человек, парень; **a good ~** славный парень; **poor ~!** бедняга; **my dear ~** дорогой мой; **old ~** старик, старина, дружище 2) тип, субъект 3) товарищ, собрат; современник 4) пара, парная вещь 5) **(F.)** член совета колледжа 6) **(F.)** член научного общества 7) стипендиат, занимающийся исследовательской работой 8) *attr:* **~ countryman** земляк, соотечественник; **~ soldier** соратник по оружию

fellow-feeling ['feləʊ'fi:lɪŋ] *n* общность взглядов *или* интересов; (взаимная) симпатия

fellow-passenger ['feləʊ'pæsɪndʒə(r)] *n* спутник, попутчик

fellowship ['feləʊʃɪp] *n* 1) чувство товарищества 2) общность интересов; соучастие *(в чём-л.)* 3) общество, компания; сообщество; корпорация 4) товарищество, братство 5) членство *(в совете колледжа, в научном обществе)* 6) стипендия для лиц, занимающихся научной работой

fellow-traveller ['feləʊ'trævlə(r)] *n* 1) попутчик 2) *полит.* сочувствующий, попутчик

felly ['felɪ] *см.* **felloe**

felon¹ ['felən] *n* (опасный) уголовный преступник

felon² *n мед.* гнойное воспаление подушечки пальца

felonious [fɪ'ləʊnɪəs] *a юр.* преступный, уголовный

felony ['felənɪ] *n юр.* (тяжкое) уголовное преступление

felspar ['felspɑ:(r)] *см.* **feldspar**

felt¹ I [felt] *n* 1) войлок; фетр 2) *attr* войлочный; фетровый; **~ boots** валенки

felt¹ II *v* 1) валять шерсть, сбивать в войлок 2) покрывать войлоком

felt² *past, p. p. см.* **feel II**

felt-tip(ped) pen [,fel(t)tɪp(t)'pen] *n* фломастер

felucca [fɪ'lʌkə] *n* фелюга *(лодка)*

female I ['fi:meɪl] *n* 1) женщина; *пренебр.* баба 2) самка; женская особь

female II *a* 1) же́нский, же́нского по́ла 2) *attr*: ~ **connector** эл. розе́тка разъёма; гнездо́; ~ **contact** эл. гнездово́й конта́кт

feminine [ˈfemɪnɪn] *a* же́нский; же́нственный

femininity [ˌfemɪˈnɪnɪtɪ] *n* же́нственность

feminism [ˈfemɪnɪz(ə)m] *n* фемини́зм

feminist [ˈfemɪnɪst] *n* фемини́ст(ка)

fen [fen] *n* боло́то, топь; **the Fens** Боло́та *(низкая болотистая местность в графствах Кембриджшир, Линкольншир и Норфолк)*

fen-berry [ˈfenˌberɪ] *n* клю́ква

fence I [fens] *n* 1) огра́да; и́згородь, забо́р; **picket** ~ частоко́л 2) *спорт.* барье́р; препя́тствие 3) *сленг* укрыва́тель, ску́пщик кра́деного ◊ **to sit on the** ~ занима́ть выжида́тельную пози́цию

fence II *v* 1) огора́живать, огражда́ть, окружа́ть *(тж* **to** ~ **about, in, off, round)** 2) защища́ть, загора́живать 3) *спорт.* фехтова́ть 4) уклоня́ться от отве́та; **to** ~ **with a question** пари́ровать вопро́с вопро́сом, уклоня́ться от прямо́го отве́та 5) брать барье́р; преодолева́ть препя́тствие *(о лошади)* 6) *сленг* укрыва́ть кра́деное, торгова́ть кра́деным

fencing [ˈfensɪŋ] *n* 1) огора́живание 2) и́згородь, забо́р, огра́да 3) *спорт.* фехтова́ние

fend [fend] *v* 1) забо́титься *(обыкн. о себе — for)* 2) отража́ть, отгоня́ть, пари́ровать *(тж* **to** ~ **away, from, off)**

fender [ˈfendə(r)] *n* 1) ками́нная решётка 2) предохрани́тельная решётка *(на локомотиве, трамвае)* 3) *мор.* кра́нец, прива́льный брус 4) *амер.* крыло́ *(автомобиля и т. п.)* 5) *амер.* брызгови́к *(над колесом автомобиля и т. п.)*

Fenian [ˈfiːnɪən] *n* *ист.* фе́ний *(член ирландского тайного общества)*

Fenland [ˈfenlənd] *n* Боло́тный край *(см. тж* **the Fens)**

fennel [ˈfenl] *n* *бот.* фе́нхель

fenny [ˈfenɪ] *a* боло́тистый

feoffee [feˈfiː] *n* *ист.* владе́лец ле́на, ле́нник

feral [ˈfɪərəl] *a* 1) ди́кий, неприручённый 2) гру́бый, жесто́кий

ferment I [ˈfɜːment] *n* 1) возбужде́ние, броже́ние умо́в 2) ферме́нт; заква́ска; дро́жжи

ferment II [fəˈment] *v* 1) броди́ть; вызыва́ть броже́ние 2) волнова́ть(ся), быть в возбужде́нии

fermentation [ˌfɜːmenˈteɪʃ(ə)n] *n* 1) ферме́нта́ция, броже́ние 2) волне́ние, возбужде́ние

fern [fɜːn] *n* *бот.* па́поротник

ferocious [fəˈrəʊʃəs] *a* ди́кий, свире́пый, жесто́кий

ferocity [fəˈrɒsɪtɪ] *n* ди́кость, свире́пость, жесто́кость

ferret¹ I [ˈferɪt] *n* 1) *зоол.* хорёк 2) *перен.* сы́щик

ferret¹ II *v* 1) охо́титься с хорько́м 2) выгоня́ть из норы́ *(from, out; away, off)* 3) ша́рить, ры́ться *(тж* **to** ~ **about)** 4) разы́скивать, выпы́тывать, разню́хивать *(тж* **to** ~ **out)**; **to** ~ **out a secret** вы́ведать секре́т

ferriferous [feˈrɪfərəs] *a* содержа́щий желе́зо; желе́зистый

ferroconcrete I [ˌferəʊˈkɒŋkriːt] *n* железобето́н

ferroconcrete II *a* железобето́нный

ferromagnetic I [ˌferəʊmægˈnetɪk] *n* ферромагне́тик

ferromagnetic II *a* ферромагни́тный

ferrous [ˈferəs] *a* содержа́щий желе́зо; желе́зистый

ferruginous [fəˈruːdʒɪnəs] *a* 1) содержа́щий желе́зо 2) цве́та ржа́вчины, краснова́то-кори́чневый

ferrule [ˈferuːl] *n* 1) металли́ческий ободо́к *или* наконе́чник 2) *тех.* о́бруч; му́фта

ferry I [ˈferɪ] *n* 1) паро́м 2) паро́мные перево́зки

ferry II *v* перевози́ть, переправля́ть(ся) *(на лодке, пароме)*

ferry-boat [ˈferɪbəʊt] *n* паро́м

ferryman [ˈferɪmən] *n* перево́зчик, паро́мщик

fertile [ˈfɜːtaɪl] *a* 1) плодоро́дный, изоби́льный 2) плодонося́щий; плодови́тый 3) изобрета́тельный *(об уме)* 4) *физ.* спосо́бный к воспроизведе́нию я́дерного то́плива

fertility [fɜːˈtɪlɪtɪ] *n* 1) плодоро́дие 2) плодови́тость 3) бога́тство *(воображения и т. п.)*

fertilization [ˌfɜːtɪlaɪˈzeɪʃ(ə)n] *n* *биол.* оплодотворе́ние

fertilize [ˈfɜːtɪlaɪz] *v* 1) удобря́ть *(почву)* 2) *биол.* оплодотворя́ть

fertilizer [ˈfɜːtɪlaɪzə(r)] *n* удобре́ние

ferule [ˈferuːl] *n* лине́йка *(ранее использовалась для наказания школьников)*

fervency [ˈfɜːv(ə)nsɪ] *n* пыл, горя́чность; рве́ние

fervent [ˈfɜːv(ə)nt] *a* пы́лкий, горя́чий; ре́вностный

fervid [ˈfɜːvɪd] *a* пы́лкий, горя́чий

fervour [ˈfɜːvə(r)] *n* жар, пыл; рве́ние; страсть

festal [ˈfestl] *a* пра́здничный; ра́достный, весёлый

fester [ˈfestə(r)] *v* 1) гно́иться *(о ране)*; вызыва́ть нагное́ние 2) си́льно досажда́ть, му́чить 3) гнить, разруша́ться

festival [ˈfestɪv(ə)l] *n* 1) пра́здник 2) фестива́ль

festive [ˈfestɪv] *a* пра́здничный; весёлый, ра́достный

festivity [fes'tɪvɪtɪ] *n* 1) весéлье 2) *обыкн. pl* прáзднество, торжествá

festoon I [fes'tu:n] *n* 1) гирляндá 2) *архит.* фестóн

festoon II *v* украшáть гирляндами, фестóнами

feta ['fetə] *n* брынза; овéчий сыр (*тж* fetta)

fetch¹ I [fetʃ] *n* 1) хи́трость, продéлка 2) *вчт* вы́зов; вы́борка

fetch¹ II *v* 1) сходи́ть за (*кем-л.*), привести́; принести́; **to (go and) ~ a doctor** сходи́ть за врачóм 2) продáть за (*какую-л. сумму*), вы́ручить; **this car won't ~ much** за э́ту маши́ну мнóго не дадýт 3) вызывáть (*слёзы, вздохи и т. п.*) 4) *разг.* ударя́ть, наноси́ть удáр 5) *разг.* волновáть, привлекáть, интриговáть 6) *вчт* выбирáть; извлекáть 7) *вчт* вызывáть ◊ **to ~ and carry** быть на побегýшках

fetch out 1) извлекáть, вытáскивать 2) выявля́ть, обнарýживать 3) издавáть, изготáвливать

fetch over 1) приводи́ть домóй 2) уговáривать (*кого-л.*) измени́ть своё мнéние

fetch round *разг.* приводи́ть в чýвство, сознáние

fetch to *см.* **fetch round**

fetch up 1) поднимáть 2) *разг.* тошни́ть 3) *разг.* закáнчивать карьéру (*кем-л.*) 4) *разг.* плóхо кóнчить

fetch² [fetʃ] *n* привидéние; двойни́к

fetching ['fetʃɪŋ] *a* привлекáтельный, очаровáтельный

fête I [feɪt] *n* 1) прáздник, прáзднество; прáздничное гуля́нье 2) имени́ны

fête II *v* прáздновать, чéствовать

fetid ['fetɪd] *a* зловóнный

fetish ['fi:tɪʃ] *n* 1) йдол, куми́р 2) фети́ш; амулéт

fetlock ['fetlɒk] *n* щётка (*над копытом лошади*)

fetter I ['fetə(r)] *n обыкн. pl* 1) ножны́е кандалы́ 2) пýты, окóвы, ýзы 3) плен, рáбство

fetter II *v* 1) закóвывать (*в кандалы*) 2) свя́зывать, скóвывать, стесня́ть

fettle ['fetl] *n* положéние, состоя́ние; **in fine ~** в хорóшей фóрме; в прекрáсном настроéнии

fetus ['fi:təs] *амер. см.* **foetus**

feud¹ [fju:d] *n* 1) (наслéдственная) враждá; междоусóбица; **blood ~** крóвная месть; **deadly ~** смертéльная враждá 2) дли́тельная ссóра

feud² *n ист.* феóд, лен

feudal ['fju:dəl] *a* феодáльный

feudalism ['fju:dəlɪzəm] *n* феодали́зм

feudality [fju:'dælɪtɪ] *n* 1) феодали́зм 2) *ист.* феóд, лен

feuilleton [ˌfɜ:jə'tɔ:ŋ] *n* раздéл (*газеты, журнáла и т. п.*), посвящённый литератýрной кри́тике, беллетри́стике *и т. п.*

fever I ['fi:və(r)] *n* 1) лихорáдочное состоя́ние; лихорáдка; жар; **brain ~** воспалéние головнóго мóзга; **scarlet ~** скарлати́на; **typhoid ~** брюшнóй тиф; **yellow/jungle ~** жёлтая лихорáдка 2) нéрвное возбуждéние

fever II *v* бросáть в жар; лихорáдить

feverish ['fi:vərɪʃ] *a* 1) лихорáдочный 2) беспокóйный

few I [fju:] *n* незначи́тельное числó, немнóгие; **the ~** меньшинствó; **not a ~** мнóго; **a good ~** поря́дочное коли́чество; **some ~** нéсколько; немнóгие

few II *a, pron* немнóго, немнóгие; нéсколько (*тж* **a ~**); **in ~ words** в немнóгих словáх, вкрáтце; **for the last ~ months** за послéдние нéсколько мéсяцев; **only a ~ of us** тóлько нéкоторые из нас; **quite a ~** довóльно мнóго ◊ **every ~ days** кáждые два-три дня; **~ and far between** óчень рéдкий; óчень рéдко

fewness ['fju:nɪs] *n* немногочи́сленность

fey [feɪ] *a* 1) стрáнный, не от ми́ра сегó 2) *шотл.* угасáющий, умирáющий

fez [fez] *n* фéска

fiancé [fi'ɑ:nseɪ] *n* жени́х

fiancée [fi'ɑ:nseɪ] *n* невéста

fiasco [fi'æskəʊ] *n* неудáча, фиáско

fib¹ I [fɪb] *n разг.* вы́думка, враньё; **to tell ~s** выдýмывать, привирáть

fib¹ II *v разг.* выдýмывать, врать

fiber ['faɪbə(r)] *амер. см.* **fibre**

fibre ['faɪbə(r)] *n* 1) волокнó, нить, фи́бра 2) стекловолокнó 3) *опт.* световóд 4) харáктер, склад харáктера; **of strong moral ~** морáльно усто́йчивый, имéющий высóкие морáльные при́нципы

fibred ['faɪbəd] *a* волокни́стый

fibreglass ['faɪbəglɑ:s] *n* стекловолокнó, фиберглáс

fibre optics [ˌfaɪbə(r)'ɒptɪks] *n* волокóнная óптика

fibroma [faɪ'brəʊmə] *n мед.* фибрóма

fibrous ['faɪbrəs] *a* 1) волокни́стый 2) жи́листый; фибрóзный

fibster ['fɪbstə(r)] *n* вруни́шка

fickle ['fɪkl] *a* непостоя́нный, измéнчивый, перемéнчивый

fiction ['fɪkʃ(ə)n] *n* 1) вы́мысел, фи́кция 2) беллетри́стика, худóжественная литератýра

fiction-monger ['fɪkʃ(ə)n'mʌŋgə(r)] *n* выдýмщик, враль

fictitious [fɪk'tɪʃəs] *a* 1) вы́думанный, вы́мышленный, воображáемый 2) фикти́вный (*о браке и т. п.*) 3) взя́тый из ромáна, нежи́зненный, нереáльный

fictive [ˈfɪktɪv] *a* 1) вымышленный, воображаемый 2) ненастоящий, притворный

fiddle I [ˈfɪdl] *n* 1) *разг.* скрипка 2) *разг.* махинация; **a tax ~** — махинация с налогами ◊ **as fit as a ~** — в прекрасной форме, в добром здравии; **as long as a ~** — вытянутый, мрачный *(о лице);* **to play first/second ~** играть первую скрипку/второстепенную роль

fiddle II *v* 1) вертеть в руках; возиться бесцельно 2) бездельничать, заниматься пустяками *(тж* **to ~ about**) 3) *сленг* обманывать, надувать, мошенничать 4) *сленг* подделывать, фальсифицировать 5) *разг.* играть на скрипке

fiddle-de-dee [ˈfɪdldɪˈdiː] *int* чепуха!, вздор!

fiddler [ˈfɪdlə(r)] *n* 1) скрипач 2) *сленг* обманщик, мошенник

fiddlestick [ˈfɪdlstɪk] *n разг.* смычок

fiddlesticks [ˈfɪdlstɪks] *int* вздор!, чепуха!

fiddly [ˈfɪdlɪ] *a разг.* 1) запутанный, чересчур сложный 2) неудобный, утомительный

fidelity [fɪˈdelɪtɪ] *n* 1) верность, преданность 2) точность, правильность 3) точность, чистота воспроизведения звука; **high ~** высокое качество воспроизведения звука *(тж сокр.* **hi-fi**)

fidget I [ˈfɪdʒɪt] *n* 1) *обыкн. pl* беспокойное состояние; суетливость 2) беспокойный человек, непоседа

fidget II *v* 1) беспокойно двигаться, суетиться, вертеться, ёрзать *(тж* **to ~ about**) 2) волноваться 3) волновать, нервировать

fidgety [ˈfɪdʒɪtɪ] *a* суетливый, беспокойный, вертлявый

fie [faɪ] *int* фу!; **~ upon you!** какой стыд!; и не стыдно?

fief [fiːf] *см.* **feud**[2]

field I [fiːld] *n* 1) поле; луг 2) месторождение *(см.* **coal-field, gold-field** *и т. п.)* 3) спортивная площадка; стадион 4) игроки, участники состязания 5) поле битвы, сражения; сражение; **in the ~** — в походе, на войне; **to keep the ~** вести военные действия; **to take the ~** начинать сражение 6) сфера, область деятельности, исследований; **what's your ~?** какая у вас специальность? 7) *физ.* поле; **electric ~** электрическое поле; **magnetic ~** магнитное поле; **~ of vision** поле зрения 8) пространство; область; зона 9) *attr* полевой; **~ hospital** полевой госпиталь ◊ **fair ~ and no favour** равные условия состязания, равные шансы для всех

field II *v* 1) *спорт.* принимать мяч (в крикете) 2) *спорт.* выпускать на поле, выставлять *(игроков)* 3) отвечать на многочисленные вопросы

field day [ˈfiːldˌdeɪ] *n* 1) пространство для манёвра 2) знаменательный, памятный день; время решительных действий 3) *амер.* день спортивных состязаний в школе *(в присутствии родителей)*

field glasses [ˈfiːldglɑːsɪz] *n* полевой бинокль *(тж* **binoculars**)

field marshal [ˈfiːldˌmɑːʃ(ə)l] *n* фельдмаршал

field mouse [ˈfiːldmaʊs] *n* полевая мышь; лесная мышь

fieldofficer [ˈfiːldˌɒfɪsə(r)] *n* старший офицер

field sports [ˈfiːldˌspɔːts] *n* занятия спортом на открытом воздухе *(особ. охота, стрельба, рыбная ловля)*

fieldwork [ˈfiːldwɜːk] *n* 1) полевая съёмка, работа в поле *(геолога и т. п.)* 2) *воен.* полевое укрепление

fiend [fiːnd] *n* 1) злой дух, демон; дьявол 2) злодей 3) *разг.* жертва вредной привычки; **drug ~** наркоман 4) *шутл.* большой любитель *(чего-л.);* **fresh-air ~** любитель свежего воздуха

fiendish [ˈfiːndɪʃ] *a* дьявольский, жестокий, злодейский

fierce [fɪəs] *a* 1) свирепый, беспощадный 2) неистовый; **~ struggle** беспощадная борьба 3) большой силы, сильный; **a ~ frost** лютый мороз

fiery [ˈfaɪərɪ] *a* 1) огненный, пылающий 2) жгучий, горячий, пламенный 3) горячий, вспыльчивый 4) воспламеняющийся *(о газе)*

fiesta [fɪˈestə] *n* фиеста, праздник

FIFA [ˈfiːfə] *сокр.* (**Fédération Internationale de Football Association**) Международная федерация футбола, ФИФА

FIFO *сокр. см.* **first-in, first-out**

fifteen [ˈfɪfˈtiːn] *num* пятнадцать

fifteenth I [ˈfɪfˈtiːnθ] *n* 1) пятнадцатая часть 2) **(the ~)** пятнадцатое число

fifteenth II *num* пятнадцатый

fifth I [fɪfθ] *n* 1) пятая часть 2) **(the ~)** пятое число

fifth II *num* пятый ◊ **~ column** пятая колонна *(предатели внутри движения, организации и т. п.)*

fifties [ˈfɪftɪz] *n pl* **(the ~)** 1) пятидесятые годы 2) возраст от 50 до 59 лет

fiftieth I [ˈfɪftɪθ] *n* пятидесятая часть

fiftieth II *num* пятидесятый

fifty [ˈfɪftɪ] *num* пятьдесят

fifty-fifty I [ˈfɪftɪˈfɪftɪ] *a* равный; **on a ~ basis** на равных основаниях

fifty-fifty II *adv* пополам, поровну; **to go ~** делить поровну

fig[1] [fɪg] *n* 1) фи́га, ви́нная я́года, инжи́р 2) *см.* **fig-tree** 3) *разг.* никчёмная вещь; **I don't care a ~!** мне наплева́ть!

fig[2] **I** *n* 1) наря́д; **in full ~** в по́лном пара́де 2) состоя́ние, настрое́ние; **in good ~** в хоро́шем настрое́нии

fig[2] **II** *v* наряжа́ть (*обыкн.* **to ~ out**)

fig. *сокр.* (**figure**) иллюстра́ция, рису́нок, чертёж (*в книге*)

fight I [faɪt] *n* 1) бой, би́тва, сраже́ние 2) схва́тка, дра́ка; **a street ~** у́личная дра́ка 3) конфли́кт, ссо́ра, борьба́; **~ for peace** борьба́ за мир; **stand-up ~** откры́тая борьба́; **sham ~** показно́й бой (*на манёврах*); вое́нная игра́; **to spoil for a ~** иска́ть ссо́ры, лезть в дра́ку 4) драчли́вость; **to have plenty of ~** быть по́лным задо́ра; **to show ~** не поддава́ться, хорошо́ держа́ть уда́р

fight II *v* (*past, p. p.* **fought**) 1) сража́ться, би́ться, вести́ бой, боро́ться, дра́ться (*с, против* — **with, against**; *за* — **for**) 2) боро́ться; защища́ть, отста́ивать (*свои взгляды, позиции и т. п.*) 3) сде́рживать (*слёзы, страх и т. п.*)*; **to ~ back tears** сде́рживать слёзы ◊ **to ~ shy of** уклоня́ться, держа́ться в стороне́

fight back 1) отража́ть ата́ку; сопротивля́ться 2) защища́ть свои́ взгля́ды 3) сде́рживать (*слёзы, смех и т. п.*) 4) не поддава́ться

fight down сде́рживать, подавля́ть (*жела́ние и т. п.*)

fight off 1) победи́ть, разби́ть (*кого-л.*) 2) преодолева́ть; отгоня́ть

fight on продолжа́ть борьбу́, сраже́ние

fight out 1) доби́ться побе́ды 2) стара́ться ула́дить (*разногласия, конфликт*)

fight through 1) боро́ться до конца́, до побе́ды 2) стара́ться доби́ться (*одобрения, принятия чего-л.*) 3) с трудо́м пробива́ться, преодолева́ть

fighter [′faɪtə(r)] *n* 1) бое́ц, во́ин; боре́ц 2) *ав.* истреби́тель

fighting I [′faɪtɪŋ] *n* сраже́ние, бой; дра́ка; борьба́; **hand-to-hand ~** рукопа́шный бой; **heavy ~** тяжёлые бои́

fighting II *a* боево́й; гото́вый к бо́ю; **~ fit** в по́лной боево́й гото́вности; в наилу́чшей фо́рме; **~ chance** шанс победи́ть в борьбе́; **~ fund** фонд для веде́ния акти́вной кампа́нии; **~ words** *разг.* агресси́вные вы́пады (*в речи, печати*)

fig-leaf [′fɪgli:f] *n* фи́говый листо́к

figment [′fɪgmənt] *n* вы́мысел, плод воображе́ния

fig-tree [′fɪgtri:] *n* смоко́вница, фи́говое де́рево

figurative [′fɪgjʊrətɪv] *a* 1) метафори́ческий, о́бразный; перено́сный, фигура́льный; **in a ~ sense** в перено́сном смы́сле 2) изобрази́тельный; пласти́ческий, скульпту́рный

figuratively [′fɪgjʊrətɪvlɪ] *adv* перено́сно, в перено́сном смы́сле

figure I [′fɪgə(r)] *n* 1) вне́шний вид, о́блик 2) фигу́ра; **to keep one's ~** следи́ть за фигу́рой 3) де́ятель, ли́чность, фигу́ра; **public ~** обще́ственный/полити́ческий де́ятель; **outstanding ~** выдаю́щаяся/заме́тная ли́чность; **a ~ of fun** неле́пая фигу́ра, посме́шище 4) ци́фра; число́; **double ~s** двузна́чные чи́сла; **in round ~s** в кру́глых чи́слах; **target ~s** контро́льные ци́фры 5) *pl* арифме́тика; **I'm not good at ~s** я слаб в арифме́тике 6) *мат.* фигу́ра; те́ло 7) изображе́ние, портре́т, ста́туя 8) иллюстра́ция, рису́нок, чертёж (*в книге; сокр.* **fig.**)*; диагра́мма 9) ритори́ческая фигу́ра (*тж* **a ~ of speech**) 10) фигу́ра (*в танцах, фигурном катании и т. п.*) ◊ **to cut a ~** производи́ть впечатле́ние, привлека́ть внима́ние; **to cut a poor ~** производи́ть жа́лкое впечатле́ние

figure II *v* 1) фигури́ровать, игра́ть ви́дную роль; **his name ~s on the list** его́ и́мя фигури́рует в спи́ске 2) изобража́ть графи́чески 3) представля́ть себе́ (*часто* **to ~ oneself**); **how do you ~ it out?** как вы э́то себе́ представля́ете? 4) обознача́ть ци́фрами 5) рассчи́тывать, подсчи́тывать; исчисля́ть 6) служи́ть си́мволом 7) выполня́ть фигу́ры (*в танцах, фигурном катании и т. п.*) 8) *амер.* счита́ть, понима́ть, полага́ть 9) *амер. разг.* сходи́ться, быть пра́вильным; **that ~s** всё схо́дится

figure in *амер.* включа́ть, вноси́ть (*расходы и т. п.*)

figure on *амер.* 1) *разг.* полага́ться, рассчи́тывать на (*что-л.*) 2) собира́ться (*что-л.*) сде́лать

figure out *амер.* 1) счита́ть, подсчи́тывать 2) понима́ть, осознава́ть; постига́ть

figure up *амер.* счита́ть, подсчи́тывать

figured [′fɪgəd] *a* узо́рный, узо́рчатый, фигу́рный

figurehead [′fɪgəhed] *n* 1) номина́льный глава́; подставно́е лицо́ 2) *ист.* носова́я фигу́ра (*на корабле*)

figure-skater [′fɪgəˌskeɪtə(r)] *n* фигури́ст; фигури́стка

figure-skating [′fɪgəˌskeɪtɪŋ] *n* фигу́рное ката́ние

figurine [ˌfɪgjʊ′ri:n] *n* статуэ́тка

filament [′fɪləmənt] *n* 1) нить, жи́лка, воло́кно 2) *эл.* нить нака́ла

filch [fɪltʃ] *v* украсть, стащить

file¹ I [faɪl] *n* 1) папка; скоросшиватель 2) подшитые бумаги, дело; **the ~s** архив; **personal ~** досье 3) *вчт* файл; **to create a ~** создавать файл; **to open a ~** открывать файл 4) подшивка *(газет и т. п.)* 5) картотека

file¹ II *v* 1) подшивать и хранить бумаги; сдавать в архив *(тж* **to ~ away)** 2) подавать документы, заявление *и т. п.* 3) посылать материал в газету 4) *вчт* формировать файл; заносить в файл

file² I *n* 1) очередь, хвост 2) ряд, шеренга, колонна; **in single ~** гуськом; **in double ~** колонной по два

file² II *v* идти гуськом; двигаться колонной
file away/off уходить шеренгой, колонной

file³ I *n* 1) напильник 2) пилка для ногтей

file³ II *v* 1) подпиливать, шлифовать; **to ~ one's nails** подпиливать ногти 2) отделывать *(стиль и т. п.)*; редактировать
file away (от)шлифовать

filer [ˈfaɪlə(r)] *n* скоросшиватель

filet [fɪˈleɪ] *n* 1) филе *(кружево)*, филейная работа 2) *кул.* филе(й)

file manager [ˌfaɪlˈmænɪdʒə(r)] *n вчт* программа управления файлами; распорядитель файлов

file name [ˌfaɪlˈneɪm] *n вчт* имя файла

filial [ˈfɪlɪəl] *a* сыновний, дочерний

filibuster I [ˈfɪlɪˌbʌstə(r)] *n* 1) обструкция *(в законодательном собрании)* 2) *амер.* обструкционист 3) *ист.* флибустьер, пират

filibuster II *v* применять обструкцию, тормозить принятие *(закона, документа и т. п.)*

filigree [ˈfɪlɪgri:] *n* филигранная работа

filing [ˈfaɪlɪŋ] *n* 1) систематизация (документов, архива) 2) подшивка (газет) 3) учёт 4) ведение/составление картотеки 5) *вчт* занесение в файл, запись в файл

filing cabinet [ˈfaɪlɪŋˌkæbɪnət] *n* 1) шкаф, стеллаж для хранения документов 2) картотека

filings [ˈfaɪlɪŋz] *n pl* металлические опилки

fill I [fɪl] *n* 1) достаточное количество *(чтобы наполнить что-л.)* 2) сытость; **to eat/to drink one's ~** наесться досыта/напиться вволю

fill II *v* 1) наполнять; заполнять; затыкать, закладывать *(отверстие)* 3) пломбировать *(зуб)* 4) занимать *(должность, вакансию)*; выполнять *(обязанности, поручения)*; исполнять *(заказ)* 5) надуваться *(о парусах)* 6) удовлетворять, насыщать 7) иметься в достаточном количестве ◊ **to ~ the bill** подходить, отвечать требованиям

fill away *мор.* двигаться по ветру

fill in 1) заполнять; затыкать 2) заполнять *(бланк, анкету)* 3) вписывать *(слова)* 4)

проводить время 5) замещать; работать временно *(тж ~* **in for)**

fill out 1) *амер.* заполнять *(бланк, анкету)* 2) *амер.* готовить лекарство согласно рецепту 3) надуваться, наполняться воздухом 4) толстеть, поправляться 5) *амер.* завершать

fill up 1) наполнять, заливать *(бензин)* в автомобиль 2) заполнять *(бланк, анкету)*

filler [ˈfɪlə(r)] *n* 1) наполнитель, заполнитель *(вещество)* 2) *тех.* прокладка 3) начинка, набивка

fillet [ˈfɪlɪt] *n* 1) *кул.* филе(й), филейная часть 2) узкая головная повязка; лента 3) *тех.* обод; валик

filling [ˈfɪlɪŋ] *n* 1) наполнение 2) зубная пломба 3) начинка *(пирога, сандвича)*

filling station [ˈfɪlɪŋˌsteɪʃ(ə)n] *n* автозаправочная станция, бензоколонка

fill-in-the-blank field [ˈfɪlɪnðəˌblæŋkˌfi:ld] *n вчт* пустое поле *(для заполнения)*

fillip I [ˈfɪlɪp] *n* 1) побуждение, стимул, толчок 2) щелчок

fillip II *v* 1) стимулировать, подталкивать 2) дать щелчок, щёлкнуть

filly [ˈfɪlɪ] *n* 1) молодая кобыла 2) *разг.* молодка, бабёнка

film I [fɪlm] *n* 1) плёнка; тонкий слой 2) *кино, фото* плёнка 3) фильм; **feature ~** полнометражный художественный фильм 4) *pl* кино, кинематограф; киноиндустрия 5) дымка, туман, пелена 6) тонкая нить 7) *тех.* перепонка, тонкая оболочка 8) *attr* кино-; **~ star** кинозвезда

film II *v* 1) производить (кино)съёмку; снимать (кино)фильм 2) экранизировать *(литературное произведение)* 3) быть фотогеничным; подходить для съёмки 4) покрывать плёнкой, оболочкой

film-goer [ˈfɪlmˌgəʊə(r)] *n* кинозритель

filmset [ˈfɪlmset] *v полигр.* делать фотонабор

filmsetting [ˈfɪlmˌsetɪŋ] *n полигр.* фотонабор

filmy [ˈfɪlmɪ] *a* 1) тонкий и прозрачный 2) покрытый плёнкой

FILO *сокр. см.* **first-in, last-out**

filter I [ˈfɪltə(r)] *n* фильтр

filter II *v* 1) фильтровать, процеживать 2) просачиваться *(о воде, новостях; тж* **to ~ out, to ~ through)**

filter bed [ˈfɪltəˌbed] *n* фильтрующий слой

filter tip [ˈfɪltəˌtɪp] *n* фильтр сигареты

filter-tipped [ˈfɪltəˌtɪpt] *a* имеющий фильтр, с фильтром *(о сигаретах)*

filth [fɪlθ] *n* 1) грязь 2) гадость 3) непристойность, сквернословие

filthy [ˈfɪlθɪ] *a* 1) грязный, нечистый 2) гадкий, мерзкий 3) непристойный

filtrate [ˈfɪltreɪt] *см.* **filter II**

filtration [fɪlˈtreɪʃ(ə)n] *n* фильтрова́ние, фильтра́ция

fin [fɪn] *n* 1) плавни́к; **dorsal ~** спинно́й плавни́к 2) *ав.* киль 3) *pl* ла́сты 4) *тех.* ребро́; пласти́на

final I [ˈfaɪn(ə)l] *n* 1) *спорт.* встре́ча в фина́ле, фина́л 2) *pl* выпускны́е экза́мены 3) после́дний вы́пуск газе́ты

final II *a* 1) после́дний, коне́чный, заключи́тельный; **~ chapter** заключи́тельная глава́ *(книги)* 2) оконча́тельный, реша́ющий; фина́льный

finale [fɪˈnɑːlɪ] *n лит., муз.* фина́л

finality [faɪˈnælɪtɪ] *n* 1) зако́нченность; оконча́тельность 2) заключе́ние; заключи́тельное де́йствие

finalize [ˈfaɪnəlaɪz] *v* 1) придава́ть оконча́тельную фо́рму 2) заверша́ть, доводи́ть до конца́

finally [ˈfaɪnəlɪ] *adv* 1) в конце́ концо́в, в заключе́ние 2) оконча́тельно

finance I [faɪˈnæns] *n* 1) фина́нсовое де́ло, фина́нсы 2) *pl* де́ньги, дохо́ды, фина́нсы

finance II *v* финанси́ровать

financial [faɪˈnænʃ(ə)l] *a* фина́нсовый

financier [faɪˈnænsɪə(r)] *n* финанси́ст

finch [fɪntʃ] *n* за́блик *(птица)*

find I [faɪnd] *n* 1) нахо́дка 2) откры́тие

find II *v (past, p. p.* **found)** 1) находи́ть, обнару́живать; **to ~ a key** найти́ ключ; **to ~ oneself** а) очути́ться, оказа́ться б) найти́ своё призва́ние в) обеспе́чивать себя́ 2) оты́скивать; **in the end I found him in Paris** в конце́ концо́в я разыска́л его́ в Пари́же 3) приходи́ть к заключе́нию, убежда́ться; **they found the solution** они́ нашли́ реше́ние 4) снабжа́ть; добыва́ть; **all found** на всём гото́вом; **he managed to ~ the money for the expedition** он раздобы́л де́ньги на экспеди́цию 5) *юр.* выноси́ть реше́ние; объявля́ть; **they found him guilty** они́ призна́ли его́ вино́вным

find out 1) обнару́жить, откры́ть; вы́яснить; разузна́ть 2) разоблачи́ть, раскры́ть

finder [ˈfaɪndə(r)] *n* 1) наше́дший; тот, кто нашёл 2) видоиска́тель *(фотоаппарата, телекамеры)* 3) *вчт* иска́тель; определи́тель ◊ **~s keepers** *разг.* кто нашёл, тот и хозя́ин

findings [ˈfaɪndɪŋz] *n pl* 1) полу́ченные да́нные, вы́воды 2) *амер.* рабо́чий инструме́нт 3) *юр.* реше́ние *(суда)*, верди́кт *(прися́жных)* 4) *юр.* обстоя́тельства де́ла

fine¹ I [faɪn] *n* штраф, пе́ня ◊ **in ~** в о́бщем, сло́вом; коро́че

fine¹ II *v* налага́ть штраф, пе́ню; штрафова́ть

fine² I *a* 1) высокока́чественный 2) великоле́пный, прекра́сный, превосхо́дный; замеча́тельный 3) то́чный, отто́ченный *(о сти́ле, замеча́нии и т. п.)* 4) чи́стый, без при́меси; очи́щенный 5) краси́вый, пропорциона́льный; изя́щный, утончённый 6) в до́бром здра́вии; **I'm ~** у меня́ всё в поря́дке 7) я́сный, со́лнечный *(о погоде)* 8) то́нкий; ме́лкий; **~ skin** то́нкая ко́жа; **~ sand** ме́лкий песо́к 9) наря́дный; оде́тый с прете́нзией 10) то́нкий *(о разли́чии);* восприи́мчивый, то́нко чу́вствующий 11) возвы́шенный *(о чу́вствах)* ◊ **~ arts** *уст.* изя́щные иску́сства *(осо́б. жи́вопись, скульпту́ра, архитекту́ра);* изобрази́тельные иску́сства; **not to put too ~ a point on it** говоря́ без обиняко́в, говоря́ пря́мо

fine² II [faɪn] *adv* 1) изя́щно, то́нко; прекра́сно; **to talk ~** изя́щно выража́ться, говори́ть остроу́мно 2) *разг.* о́чень хорошо́ ◊ **to cut/to run it ~** едва́ успе́ть

fine² III *v* де́лать прозра́чным; очища́ть

fine away/down/off де́лать то́ньше; уменьша́ть; заостря́ть

fine-drawn [ˈfaɪnˈdrɔːn] *a* 1) о́чень то́нкий 2) то́нкий, иску́сный; утончённый

fine-grained [ˈfaɪnˈɡreɪnd] *a* мелкозерни́стый

finery [ˈfaɪnərɪ] *n* пы́шный наря́д, бога́тое украше́ние

fineness [ˈfaɪnnɪs] *n* 1) то́нкость 2) изя́щество, ги́бкость 3) чистота́, высо́кое содержа́ние мета́лла 4) про́ба *(благоро́дных мета́ллов)* 5) соверше́нство, высо́кое ка́чество 6) острота́, то́нкость 7) *фото* мелкозерни́стость

fine-spun [ˈfaɪnˈspʌn] *a* 1) то́нкий *(о тка́ни)* 2) изы́сканный, утончённый 3) малоприми́мый

finesse [fɪˈnes] *n* 1) утончённость; изя́щная отде́лка 2) ухищре́ние, хи́трость

fine-tooth comb [ˈfaɪn tuːθ ˌkəʊm] *n* ча́стый гре́бень ◊ **to go over with ~** вести́ тща́тельные по́иски, прочёсывать

fine-tune [ˌfaɪnˈtjuːn] *v* настра́ивать, отла́живать *(механи́зм)*

finger I [ˈfɪŋɡə(r)] *n* 1) па́лец; **little ~** мизи́нец; **index/ring ~** указа́тельный/безымя́нный па́лец 2) стре́лка, указа́тель 3) предме́т в фо́рме па́лочек; **fish ~s** ры́бные па́лочки 4) *сленг* стука́ч 5) *сленг* вор-карма́нник 6) *сленг* полице́йский ◊ **all ~s and thumbs** неуклю́жий, нело́вкий; **to put one's ~ on** пря́мо указа́ть на *(что-л., кого-л.);* **to have a ~ in the pie** быть заме́шанным в де́ле, приложи́ть ру́ку к чему́-л.; **to twist/to wind**

smb round one's little ~ помыка́ть кем-л.; вить верёвки из кого-л.

finger II *v* 1) тро́гать, прикаса́ться, перебира́ть па́льцами; верте́ть в па́льцах 2) *муз.* ука́зывать аппликату́ру 3) игра́ть *(на музыка́льном инструме́нте)* 4) *сленг* донести́ в поли́цию

fingeralphabet [ˈfɪŋgərˌælfəbɪt] *n* а́збука глухонемы́х

fingerlanguage [ˈfɪŋgəˌlæŋgwɪdʒ] *см.* **finger-alphabet**

fingermark I [ˈfɪŋgəmɑːk] *n* 1) след, пятно́ от па́льцев 2) отпеча́ток па́льца

fingermark II *v* захвата́ть па́льцами; оста́вить следы́ от па́льцев

fingerpost [ˈfɪŋgəpəʊst] *n* указа́тельный столб *(на доро́ге)*

fingerprint [ˈfɪŋgəprɪnt] *n* 1) отпеча́ток па́льца 2) характе́рный при́знак *(чего́-л.)*; свой по́черк *(писа́теля)*; печа́ть *(ге́ния и т. п.)* 3) *спец.* отличи́тельный при́знак; сигнату́ра объе́кта 4) *вчт* идентификацио́нная ме́тка; опознава́тельный при́знак

fingertips [ˈfɪŋgətɪps] *n pl* ко́нчики па́льцев ◊ **to have at one's ~** знать вдоль и попере́к, знать как свои́ пять па́льцев

finical [ˈfɪnɪk(ə)l] *см.* **finicky**

finicking [ˈfɪnɪkɪŋ] *см.* **finicky**

finicky [ˈfɪnɪkɪ] *a* 1) разбо́рчивый, привере́дливый, приди́рчивый 2) чрезме́рно усложнённый, перегру́женный дета́лями

finis [ˈfɪnɪs] *n* коне́ц *(пи́шется в конце́ кни́ги)*

finish I [ˈfɪnɪʃ] *n* 1) коне́ц, оконча́ние 2) *спорт.* фи́ниш 3) отде́лка; **the table has a mahogany ~** стол отде́лан под кра́сное де́рево 4) зако́нченность; **his work lacks ~** его́ рабо́те не хвата́ет зако́нченности

finish II *v* 1) конча́ть(ся), зака́нчивать(ся) *(чем-л. — in, by)* 2) прико́нчить, уби́ть; докона́ть *(тж to ~ off)* 3) прекраща́ть(ся) 4) заверша́ть, отде́лывать *(тж to ~ off, to ~ up)* 5) *спорт.* финиши́ровать 6) довести́ до изнуре́ния; **I'm ~ed** я вы́дохся

finished [ˈfɪnɪʃt] *a* ко́нченый; зако́нченный, отде́ланный

finisher [ˈfɪnɪʃə(r)] *n разг.* оконча́тельный, сокруши́тельный уда́р

finishing [ˈfɪnɪʃɪŋ] *a* после́дний, оконча́тельный; **~ touches** после́дние штрихи́; **~ post** *спорт.* фи́нишный столб

finishing school [ˈfɪnɪʃɪŋˌskuːl] *n* (ча́стный) пансио́н благоро́дных деви́ц *(око́нчивших сре́днюю шко́лу; гото́вит к све́тской жи́зни)*

finite [ˈfaɪnaɪt] *a* 1) ограни́ченный, име́ющий преде́л 2) *грам.* ли́чный *(о глаго́ле)* 3) *мат.* ограни́ченный, коне́чный

finite value [ˈfaɪnaɪtˌvæljuː] *n* коне́чное значе́ние

fink [fɪŋk] *n амер. сленг* 1) стука́ч, осведоми́тель 2) штрейкбре́хер

Finn [fɪn] *n* финн, фи́нка; **the ~s** фи́нны

Finnish I [ˈfɪnɪʃ] *n* фи́нский язы́к

Finnish II *a* фи́нский

Finno-Ugric [ˌfɪnəʊˈuːgrɪk] *a* фи́нно-уго́рский

fino [ˈfiːnəʊ] *n* све́тлое сухо́е ше́рри

fiord [fjɔːd] *n* фьо́рд

fir [fɜː] *n* 1) пи́хта; ель; хво́йное де́рево *(тж ~ tree)* 2) хво́йный лес

fir cone [ˈfɜːkəʊn] *n* ело́вая ши́шка; ши́шка хво́йного де́рева

fire I [ˈfaɪə(r)] *n* 1) ого́нь, пла́мя; **an open ~** ками́н; **a camp ~** костёр; **an electric ~** а) электроками́н б) электри́ческая печь; **to set ~** разжига́ть; поджига́ть; **to light/to make up the ~** развести́ ого́нь, затопи́ть пе́чку; **to keep up a ~** подде́рживать ого́нь; **to mend the ~** подбро́сить дров, то́плива; **to sit by the ~** сиде́ть у ками́на; **on ~** в огне́, в пла́мени, горя́щий; **to catch/to take ~** загоре́ться 2) пожа́р; за́рево 3) (оруди́йный) ого́нь, стрельба́; **under ~** под огнём 4) пыл, воодушевле́ние; вдохнове́ние 5) жар, лихора́дка; **St. Anthony's ~**, **St. Francis ~** *уст. мед.* ро́жистое воспале́ние; ро́жа 6) *attr* пожа́рный; **~ station** пожа́рное депо́; **~ brigade/company** пожа́рная кома́нда; **~ extinguisher** огнетуши́тель; **~ escape** пожа́рная ле́стница 7) *attr* огнеупо́рный ◊ **to set the world/Thames on ~** отличи́ться в чём-л.; соверши́ть что-л. из ря́да вон выходя́щее; **to go through ~ and water** пройти́ сквозь ого́нь и во́ду (и ме́дные тру́бы), закали́ться в испыта́ниях

fire II *v* 1) стреля́ть, вести́ ого́нь; запуска́ть раке́ту *(at, into, on)* 2) взрыва́ть 3) *амер. разг.* выгоня́ть с рабо́ты, увольня́ть 4) поджига́ть 5) загора́ться, зажига́ться 6) воодушевля́ть; разжига́ть *(воображе́ние и т. п.)* 7) обжига́ть *(кирпичи́, посу́ду)* 8) прижига́ть ◊ **to ~ away** *разг.* начина́ть; **~ away!** говори́, выкла́дывай!; **to ~ back** *косм.* передава́ть на зе́млю *(фотосни́мки);* **to ~ off** вы́палить; **to ~ out** увольня́ть; **to ~ up** вспыли́ть

fire alarm [ˈfaɪərəˌlɑːm] *n* 1) пожа́рная трево́га 2) сигна́л пожа́рной трево́ги

firearm [ˈfaɪərɑːm] *n обыкн. pl* огнестре́льное ору́жие

fireball [ˈfaɪəbɔːl] *n* 1) *астр.* боли́д, большо́й метео́р 2) шарови́дное пла́мя *(при я́дерном взры́ве)* 3) шарова́я мо́лния

firebomb [ˈfaɪəbɒm] *n* зажига́тельная бо́мба, *разг.* зажига́лка

firebrand [ˈfaɪəbrænd] *n* 1) головёшка 2) зачинщик, подстрекатель

firebrick [ˈfaɪəbrɪk] *n* огнеупорный кирпич

firebug [ˈfaɪəbʌg] *n разг.* поджигатель, пироман

fire control [ˈfaɪəkənˌtrəʊl] *n воен.* управление огнём

firecracker [ˈfaɪəˌkrækə(r)] *n амер.* хлопушка; фейерверк

firedamp [ˈfaɪədæmp] *n* рудничный газ

fire engine [ˈfaɪərˌendʒɪn] *n* пожарная машина

firefighter [ˈfaɪəˌfaɪtə(r)] *n* пожарный

firefly [ˈfaɪəflaɪ] *n зоол.* светляк

fireguard [ˈfaɪəgɑːd] *n* каминный экран; каминная решётка

fire hose [ˈfaɪəhəʊz] *n* пожарный рукав, шланг

firehouse [ˈfaɪəhaʊs] *n амер.* пожарное депо

fire insurance [ˈfaɪərɪnˌʃʊərəns] *n* страхование от огня

fire irons [ˈfaɪərˌaɪənz] *n pl* каминные принадлежности (щипцы, кочерга, совок и т. п.)

fireman [ˈfaɪəmən] *n* 1) пожарный 2) кочегар

fire office [ˈfaɪərˌɒfɪs] *n* компания по страхованию от пожара

fireplace [ˈfaɪəpleɪs] *n* 1) камин; очаг 2) *тех.* горн

fire plug [ˈfaɪəplʌg] *n* пожарный кран, гидрант (*тж* fire hydrant)

fireproof [ˈfaɪəpruːf] *a* огнеупорный

firesafe [ˈfaɪəseɪf] *a* огнестойкий

fire screen [ˈfaɪəˌskriːn] *n* каминный экран; каминная решётка

fireside [ˈfaɪəsaɪd] *n* 1) место у камина 2) домашний очаг, дом 3) *attr* домашний; ~ **chat** неофициальная беседа

firewall [ˈfaɪəwɔːl] *n* 1) *стр.* брандмауэр (*противопожарная перегородка*) 2) *вчт* брандмауэр (*средство межсетевой защиты*)

fire warden [ˈfaɪəˌwɔːdn] *n амер.* пожарный инспектор

firewood [ˈfaɪəwʊd] *n* дрова

firework(s) [ˈfaɪəwɜːk(s)] *n* 1) фейерверк 2) взрыв (*страсти, гнева и т. п.*) 3) блеск ума, остроумия

fire worshipper [ˈfaɪəˌwɜːʃɪpə(r)] *n* огнепоклонник

firing [ˈfaɪərɪŋ] *n* 1) стрельба 2) дрова; топливо 3) обжиг 4) *вчт* запуск; активация 5) *радио* возбуждение; запуск; зажигание

firing line [ˈfaɪərɪŋˌlaɪn] *n* 1) *воен.* огневой рубеж; линия огня 2) ведущая роль (*в чём-л.*)

firing party [ˈfaɪərɪŋˌpɑːtɪ] *n воен.* 1) команда, наряженная для расстрела, расстрельная команда 2) салютная команда

firing squad [ˈfaɪərɪŋˌskwɒd] *n см.* firing party

firm¹ [fɜːm] *n* фирма

firm² **I** *a* 1) твёрдый; прочный, плотный 2) постоянный, стабильный; стойкий, непоколебимый 3) твёрдый, решительный 4) устойчивый (*о ценах и т. п.*); гарантированный, прочный

firm² **II** *v* 1) укреплять(ся) 2) уплотнять(ся) 3) утрамбовывать землю (*после посадки растений*)

firm² **III** *adv* крепко, твёрдо, прочно; неизменно

firmament [ˈfɜːməmənt] *n* небесный свод

firmness [ˈfɜːmnɪs] *n* 1) твёрдость, крепость; плотность; прочность 2) неизменность, постоянство

firmware [ˈfɜːmweə(r)] *n вчт* программно-аппаратные средства; встроенные программы

fir needle [ˈfɜːˌniːdl] *n* хвоя

first **I** [fɜːst] *n* 1) первый (*человек или предмет*) 2) первое упоминание (*чего-л.*) 3) (**the** ~) первое число (*месяца*) 4) начало; **from the** ~ с (самого) начала; **from** ~ **to last** с начала до конца; **at** ~ вначале, сперва 5) первое место (*на скачках и т. п.*) 6) *pl* первосортные товары

first **II** *a* 1) первый, ранний; **for the** ~ **time** в первый раз 2) первый, занимающий первое место; выдающийся; лучший; ~ **violin** первая скрипка ◊ **the F. Lady** *амер.* первая леди, жена президента; **the F. Family** *амер.* семья президента; ~ **school** начальная школа (*в Великобритании для детей от 5 до 9 лет*); **at** ~ **hand** из первых рук; **the** ~ **thing** элементарная вещь, начала; **in the** ~ **place** во-первых

first **III** *adv* 1) сначала, сперва; прежде всего (*тж* ~ **of all**, ~ **and foremost**) 2) впервые; **when did you** ~ **see her?** когда вы впервые увидели её? 3) скорее, предпочтительно ◊ ~ **and last** в целом, в общем; ~ **or last** рано или поздно; ~ **things** ~ сначала идут самые важные дела, потом остальные

first **IV** *пит* первый

first approximation [fɜːst əˌprɒksɪˈmeɪʃ(ə)n] *n вчт, мат.* первое/грубое приближение

first-born [ˈfɜːstbɔːn] *n* первенец

first-class **I** [ˈfɜːstˈklɑːs] *a* 1) путешествующий первым классом 2) первоклассный, превосходный

first-class **II** *adv* в первом классе, первым классом (*поезда, теплохода*)

first-come, first-served [fɜːstˈkʌm fɜːstˈsɜːvd] *вчт* «первым пришёл, первым обслужен» (*дисциплина очереди*)

291

first-ended, first-served [fɜ:st'endɪd fɜ:st'sɜ:vd] *вчт* «пе́рвым гото́в, пе́рвым обслу́жен» *(дисциплина о́череди)*

first floor ['fɜ:st'flɔ:(r)] *n* 1) второ́й эта́ж 2) *амер.* пе́рвый эта́ж

first fruits ['fɜ:st'fru:ts] *n pl* 1) ра́нние о́вощи, фру́кты 2) пе́рвые плоды́, пе́рвые результа́ты

firsthand I ['fɜ:st'hænd] *a* непосре́дственный, полу́ченный из пе́рвых рук

firsthand II *adv* непосре́дственно, из пе́рвых рук

first-in, first-out [fɜ:st'ɪn fɜ:st'aʊt] *вчт* «пе́рвым пришёл, пе́рвым обслу́жен» *(дисциплина о́череди)*

first-in, last-out [fɜ:st'ɪn lɑ:st'aʊt] *вчт* «пе́рвым пришёл, после́дним обслу́жен» *(дисциплина о́череди)*

firstling ['fɜ:stlɪŋ] *n* 1) *обыкн. pl* пе́рвые плоды́, пе́рвые результа́ты 2) пе́рвенец *(живо́тного)*

firstly ['fɜ:stlɪ] *adv* во-пе́рвых

first night ['fɜ:st'naɪt] *n* пе́рвое представле́ние, премье́ра *(в теа́тре и т. п.)*

first-nighter [,fɜ:st'naɪtə(r)] *n* постоя́нный посети́тель театра́льных премье́р

first-rate I ['fɜ:st'reɪt] *a* первокла́ссный, превосхо́дный

first-rate II *adv разг.* превосхо́дно, кла́ссно

first school ['fɜ:stsku:l] *n* шко́ла пе́рвой ступе́ни *(тип о́бщей нача́льной шко́лы для дете́й 5-10 лет)*

first thing [,fɜ:st'θɪŋ] *adv разг.* пре́жде всего́, пе́рвым де́лом; **I'll do it ~ tomorrow** э́то пе́рвое, что я сде́лаю за́втра у́тром

firth [fɜ:θ] *n* 1) у́зкий морско́й зали́в; морско́й рука́в 2) у́стье реки́

fir tree ['fɜ:tri:] *n* пи́хта; ель; хво́йное де́рево

fiscal ['fɪskəl] *a* 1) фиска́льный 2) фина́нсовый *(о го́де)*

fish¹ I [fɪʃ] *n (pl обыч. без измен.)* 1) ры́ба 2) ме́лкое морско́е живо́тное *(устрица, меду́за и т. п.)* 3) *пренебр.* тип; **cool ~** наха́л; **odd/queer ~** чуда́к 4) *мор. сленг* подво́дная ло́дка; торпе́да 5) *attr* ры́бный; ры́бий; **~ cake** ола́дья из ры́бного фа́рша, сме́шанного с отварны́м карто́фелем; **~ farm** ры́бное хозя́йство ◊ **to drink like a ~** напива́ться; быть пья́ницей; **~ out of water** не в свое́й таре́лке; **to have other ~ to fry** име́ть други́е (неотло́жные) дела́; **to feed the ~es** а) утону́ть, «корми́ть рыб» б) страда́ть морско́й боле́знью

fish¹ II *v* 1) лови́ть, уди́ть ры́бу 2) лови́ть, иска́ть *(в воде́ — for)* 3) *разг.* выпра́шивать; домога́ться *(чего́-л. — for)*; **you're ~ing for compliments** ты напра́шиваешься на комплиме́нты ◊ **to ~ in troubled waters** лови́ть ры́бку в му́тной воде́

fish² *n* фи́шка

fish and chips ['fɪʃən'tʃɪps] *n кул.* «фиш-энд-чи́пс», жа́реная ры́ба с карто́фелем

fishbone diagram ['fɪʃbəʊn'daɪəɡræm] *n вчт* схе́ма причи́нно-сле́дственных свя́зей

fishbowl ['fɪʃbəʊl] *n* кру́глый аква́риум

fisherman ['fɪʃəmən] *n* рыба́к, рыболо́в

fishery ['fɪʃərɪ] *n* 1) то́ня, ры́бное ме́сто 2) рыболо́вство, ры́бный про́мысел

fish fork ['fɪʃfɔ:k] *n* острога́

fish hook ['fɪʃhʊk] *n* рыболо́вный крючо́к

fishing ['fɪʃɪŋ] *n* ры́бная ло́вля; рыболо́вство

fishing line ['fɪʃɪŋlaɪn] *n* ле́ска

fishing rod ['fɪʃɪŋrɒd] *n* уди́лище; у́дочка

fishmonger ['fɪʃ,mʌŋɡə(r)] *n* торго́вец ры́бой

fishnet ['fɪʃnet] *a*: **~ stockings** ажу́рные чулки́, чулки́ в се́точку

fish pond ['fɪʃpɒnd] *n* 1) пруд для разведе́ния ры́бы 2) ры́бный садо́к

fishwife ['fɪʃwaɪf] *n* 1) шу́мная, сканда́льная же́нщина 2) (у́личная) торго́вка ры́бой

fishy ['fɪʃɪ] *a* 1) ры́бий; ры́бный *(о за́пахе, вку́се)* 2) ту́склый, засты́вший *(о взгля́де)* 3) *сленг* сомни́тельный, подозри́тельный

fissile ['fɪsaɪl] *a физ.* расщепля́ющийся, деля́щийся *(о ядре́)*

fission ['fɪʃ(ə)n] *n физ.* расщепле́ние, деле́ние а́томного ядра́ *(тж* **nuclear ~)**

fission bomb ['fɪʃ(ə)n,bɒm] *n* я́дерная бо́мба

fissure ['fɪʃə(r)] *n* 1) тре́щина, расще́лина; изло́м; разры́в 2) *анат.* борозда́, изви́лина

fist I [fɪst] *n* 1) кула́к; **to clench one's ~s** сжима́ть кулаки́ 2) *сленг* рука́ 3) *сленг* по́черк ◊ **to grease smb's ~** дать взя́тку, «подма́зать» кого́-л.

fist II *v* уда́рить кулако́м

fistful ['fɪstfəl] *n* горсть, при́горшня

fisticuffs ['fɪstɪkʌfs] *n pl* кула́чный бой

fistula ['fɪstjʊlə] *n мед.* фи́стула, свищ

fit¹ I [fɪt] *n* 1) припа́док, при́ступ; **~ of epilepsy/hysteria** припа́док эпиле́псии/истери́и; **a ~ of coughing** при́ступ ка́шля 2) поры́в, и́мпульс; **a ~ of energy** прили́в эне́ргии; **a ~ of rage** при́ступ гне́ва; **to work by ~s and starts** рабо́тать неро́вно, уры́вками; **we were in ~s of laughter** мы умира́ли со́ сме́ху 3) настрое́ние; капри́з; внеза́пное влече́ние, жела́ние; **a scolding ~** жела́ние поруга́ться ◊ **to give smb a ~** порази́ть, возмути́ть кого́-л.; **to have a ~** быть потрясённым/возмущённым

fit² I *n* 1) *тех.* приго́нка; **tight ~** пло́тная приго́нка 2): **to be a bad/good ~** пло́хо/хорошо́ сиде́ть *(об оде́жде)*

fit² II *a* 1) (при)го́дный, подходя́щий; приспосо́бленный 2) подгото́вленный, доста́точно компете́нтный 3) здоро́вый, бо́дрый, в (хоро́шей) фо́рме 4) подоба́ющий, досто́йный; **it is not ~** не подоба́ет; **do as you think ~** де́лайте как счита́ете ну́жным 5) гото́вый *(к чему́-л. — for)*; **I was ~ to drop** я про́сто па́дал *(от изнеможе́ния, уста́лости)*

fit² III *v* 1) подходи́ть; годи́ться; соотве́тствовать 2) приспоса́бливать(ся), прила́живать(ся) 3) быть впо́ру; хорошо́ сиде́ть; **the dress ~s well** пла́тье хорошо́ сиди́т 4) устана́вливать, монти́ровать 5) подгота́вливать, гото́вить *(к какой-л. профессии, должности и т. п.)* 6) снабжа́ть *(with)*; отде́лывать *(кабине́т, помещение)*

fit in 1) соотве́тствовать; годи́ться, подходи́ть 2) вставля́ть, впи́хивать 3) находи́ть вре́мя *(для чего-л.)* 4) приспоса́бливаться

fit on 1) совпада́ть, то́чно подходи́ть 2) примеря́ть *(одежду)*

fit out оснаща́ть; снаряжа́ть, экипирова́ть

fit to соотве́тствовать; годи́ться, подходи́ть

fit together 1) подгоня́ть; соединя́ть 2) составля́ть це́лое

fit up 1) обору́довать, оснаща́ть 2) устана́вливать, монти́ровать, собира́ть 3) устра́ивать *(в гости́ницу и т. п.)* 4) *сленг* кле́ить, шить де́ло *(кому-л.)*

fitchew [ˈfɪtʃuː] *n зоол.* хорёк

fitful [ˈfɪtfʊl] *a* поры́вистый; преры́вистый; су́дорожный

fitness [ˈfɪtnɪs] *n* 1) (при)го́дность, соотве́тствие 2) спосо́бность, подгото́вленность 3) уме́стность 4) выно́сливость, натрениро́ванность 5) фи́тнес *(комплекс упражнений и процедур для укрепления здоровья и поддержания спортивной формы)* 6) *attr:* **~ centre** фи́тнес-центр *(напр. с сауной, тренажёрным залом и т. п.)*

fit-out [ˈfɪtaʊt] *n разг.* снаряже́ние, экипиро́вка

fitter [ˈfɪtə(r)] *n* 1) закро́йщик, портно́й 2) сле́сарь-монта́жник; сбо́рщик

fitting I [ˈfɪtɪŋ] *n* 1) приме́рка 2) устано́вка, сбо́рка, монта́ж 3) *pl тех.* армату́ра, принадле́жности; **bathroom ~s** обору́дование для ва́нной 4) подго́нка

fitting II *a* го́дный, подходя́щий

fitting shop [ˈfɪtɪŋʃɒp] *n* сбо́рочная мастерска́я; сбо́рочный цех

fit-up [ˈfɪtʌp] *n театр. сленг* 1) вре́менная сце́на 2) гастроли́рующая тру́ппа; антрепри́за

five I [faɪv] *n* 1) пятёрка *(цифра)* 2) гру́ппа, кома́нда из пяти́ челове́к; пятёрка 3) пятёр-

ка *(карта)* 4) пять часо́в ◊ **bunch of ~s** *сленг* рука́; кула́к

five II *num* пять

fivefold I [ˈfaɪvfəʊld] *a* пятикра́тный

fivefold II *adv* впя́теро

five-o'clock tea [ˌfaɪvəˈklɒkˈtiː] *n* файв-о-кло́к, пятичасово́й чай

fiver [ˈfaɪvə(r)] *n разг.* пятёрка, банкно́та в пять фу́нтов сте́рлингов; *амер.* банкно́та в пять до́лларов

five-star [ˈfaɪvˈstɑː(r)] *a* пятизвёздочный *(о гостинице)*

fix I [fɪks] *n* 1) *разг.* диле́мма; затрудни́тельное положе́ние 2) определе́ние местонахожде́ния *(самолёта, корабля)* 3) *сленг* до́за нарко́тика 4) *амер. сленг* взя́точничество; взя́тки

fix II *v* 1) укрепля́ть, закрепля́ть 2) устана́вливать, назнача́ть, определя́ть, фикси́ровать *(срок, цену)* 3) исправля́ть, чини́ть, ремонти́ровать 4) внедря́ть, вводи́ть; устра́ивать; **he'll ~ everything for you** он всё для вас устро́ит 5) устремля́ть, сосредото́чивать *(взгляд, мысли и т. п. — on, upon)* 6) отмеча́ть, выявля́ть, устана́вливать, то́чно определя́ть *(какое-л. явление)* 7) привлека́ть, остана́вливать *(взгляд, внимание и т. п.)* 8) *амер. разг.* гото́вить *(еду, напитки)*; **he ~ed me a drink** он нали́л мне бока́л вина́ 9) тверде́ть; сгуща́ть(ся) 10) *разг.* подстра́ивать; догова́риваться *(за взятку)* 11) *сленг* коло́ться нарко́тиками; де́лать уко́л нарко́тиком 12) *фото* фикси́ровать, закрепля́ть

fix on 1) укрепля́ть, закрепля́ть *(на чём-л.)* 2) устремля́ть взгляд *(на что-л., кого-л.)*; концентри́ровать мысль *(на чём-л.)* 3) *разг.* остана́вливать вы́бор *(на чём-л.)* 4): **to be ~ed on** *разг.* твёрдо реши́ться

fix over *амер. разг.* приводи́ть в поря́док, чини́ть

fix up 1) *разг.* чини́ть, приводи́ть в поря́док 2) устра́ивать, ула́живать 3) снабжа́ть, обеспе́чивать 4) устра́ивать *(в гости́ницу и т. п.)* 5) *разг.* подстра́ивать; догова́риваться *(за взятку)*

fix upon см. **fix on**

fixation [fɪkˈseɪʃ(ə)n] *n* 1) фикса́ция, закрепле́ние 2) *психол.* навя́зчивая иде́я; ко́мплекс; ма́ния 3) сгуще́ние; коагуля́ция; закрепле́ние

fixative [ˈfɪksətɪv] *n* закрепи́тель; фикса́ж

fixed [fɪkst] *a* 1) неподви́жный, постоя́нный; закреплённый; фикси́рованный; **~ capital** *эк.* основно́й капита́л 2) твёрдый, устано́вленный; **~ prices** твёрдые це́ны 3) навя́зчивый *(об идее, мысли)* 4) *амер. разг.* подстро́енный 5) испра́вленный ◊ **how are you ~ for Saturday?** что вы де́лаете в суббо́ту?

fixedly [ˈfɪksɪdlɪ] *adv* 1) при́стально, в упо́р 2) твёрдо

fixed point [ˈfɪkstpɔɪnt] *n* фикси́рованная то́чка

fixed-point arithmetic [ˈfɪkstˌpɔɪnt əˈrɪθmətɪk] *n* арифме́тика с фикси́рованной то́чкой

fixings [ˈfɪksɪŋz] *n pl амер.* 1) снаряже́ние; обору́дование; принадле́жности 2) *кул.* гарни́р 3) отде́лка *(платья)*

fixture [ˈfɪkstʃə(r)] *n* 1) что-л. устано́вленное, про́чное 2) армату́ра, обору́дование 3) *разг.* лицо́, про́чно обоснова́вшееся в како́м-л. ме́сте; старожи́л 4) да́та проведе́ния *(соревнований)*; матч, соревнова́ние 5) *юр.* дви́жимость, соединённая с недви́жимостью

fizz I [fɪz] *n* 1) шипе́ние 2) *разг.* шампа́нское; шипу́чий напи́ток

fizz II *v* шипе́ть, и́скри́ться *(о вине)*

fizzle I [ˈfɪzl] *n* 1) лёгкое шипе́ние 2) фиа́ско, неуда́ча

fizzle II *v* сла́бо шипе́ть
   fizzle out конча́ться ниче́м, загло́хнуть

fizzy [ˈfɪzɪ] *a* газиро́ванный, шипу́чий

flabbergast [ˈflæbəgɑːst] *v разг.* потряса́ть, ошеломля́ть, поража́ть

flabby [ˈflæbɪ] *a* 1) отви́слый, дря́блый, вя́лый 2) сла́бый, слабохара́ктерный

flaccid [ˈflæksɪd] *a* 1) дря́блый, отви́слый 2) сла́бый, вя́лый *(о мышцах)* 3) рассла́бленный, обви́сший 4) сла́бый, бесси́льный

flack [flæk] *n см.* flak

flag¹ I [flæg] *n* 1) флаг; зна́мя; **~ of truce, white ~** бе́лый флаг парламентёра; **black ~** а) пира́тский флаг б) флаг, поднима́емый над тюрьмо́й в знак соверши́вшейся ка́зни; **yellow ~** жёлтый каранти́нный флаг; **to lower one's ~** а) спуска́ть флаг для салю́та б) сдава́ться; покоря́ться 2) флажо́к 3) *мор.* флагман, фла́гманский кора́бль 4) *вчт* флаг, флажо́к; при́знак 5) *attr* фла́гманский ◊ **to keep the ~ flying** не сдава́ться, продолжа́ть боро́ться; **to put the ~ out** пра́здновать побе́ду, успе́х; **to show the ~** а) приплы́ть с официа́льным визи́том в иностра́нный порт б) поддержа́ть честь ро́дины

flag¹ II *v* 1) поднима́ть флаг; украша́ть флага́ми 2) сигнализи́ровать фла́гами, флажка́ми
   flag down остана́вливать *(проезжа́ющую маши́ну)*

flag² *n* 1) *бот.* и́рис 2) лист удлинённой фо́рмы

flag³ I *n* 1) ка́менная плита́ для моще́ния *(тротуа́ра, мостово́й)* 2) *pl* вы́мощенный пли́тами тротуа́р

flag³ II *v* мости́ть, выстила́ть ка́менными пли́тами

flag⁴ *v* 1) ослабева́ть, затиха́ть; **the conversation ~ged** разгово́р не кле́ился, бесе́да исся́кла 2) пови́снуть, пони́кнуть

flag-captain [ˈflægˈkæptɪn] *n* команди́р фла́гманского корабля́

Flag Day [ˈflægˈdeɪ] *n амер.* «День фла́га» *(14 июня – национальный праздник США)*

flagellate [ˈflædʒəleɪt] *v* бичева́ть

flagellation [ˌflædʒəˈleɪʃ(ə)n] *n* бичева́ние

flagitious [fləˈdʒɪʃəs] *a* престу́пный, гну́сный, отврати́тельный

flagman [ˈflægmən] *n* сигна́льщик

flag-officer [ˈflægˌɒfɪsə(r)] *n* 1) адмира́л; ви́це-адмира́л; контр-адмира́л 2) командо́р яхт-клу́ба

flagon [ˈflægən] *n* 1) больша́я пло́ская буты́ль, фля́га *(для вина)* 2) кувши́н

flagpole [ˈflægˌpəʊl] *n* флагшто́к

flagrant [ˈfleɪgrənt] *a* вопию́щий, возмути́тельный; позо́рный

flagship [ˈflægʃɪp] *n* фла́гманский кора́бль, фла́гман

flagstaff [ˈflægstɑːf] *n* флагшто́к

flag station [ˈflægˌsteɪʃən] *n* остано́вка (по́езда) по тре́бованию

flagstone [ˈflægstəʊn] *n* ка́менная плита́ для моще́ния

flag-waving [ˈflægˌweɪvɪŋ] *n* попули́зм шовинисти́ческого то́лка; квасно́й патриоти́зм

flail I [fleɪl] *n* цеп

flail II *v* молоти́ть цепо́м

flair [fleə(r)] *n* 1) чутьё, нюх 2) скло́нность, тала́нт; **she has a ~ for languages** у неё спосо́бности к языка́м

flak [flæk] *n* 1) зени́тный ого́нь 2) жесто́кая кри́тика; напа́дки

flake¹ I [fleɪk] *n* 1) снежи́нка 2) пуши́стый клочо́к *(чего-л.)*; **~ of fire** и́скра 3) *pl* хло́пья 4) стру́жка 5) ряд, слой

flake¹ II *v* 1) рассла́иваться, лупи́ться *(тж* to **~ away, to ~ off)** 2) па́дать хло́пьями

flake² *n* суши́лка для ры́бы

flaky [ˈfleɪkɪ] *a* 1) хлопьеви́дный 2) сло́истый; **~ pastry** слоёное те́сто 3) *амер. сленг* чудакова́тый; чо́кнутый

flamboyant [flæmˈbɔɪənt] *a* цвети́стый, я́ркий, бро́ский; вы́чурный

flame I [fleɪm] *n* 1) пла́мя; **in ~s** в огне́; **to burst into ~** вспы́хнуть пла́менем 2) я́ркий свет 3) (любо́вный) пыл, страсть 4) *разг.* предме́т стра́сти; **an old ~ of his** его́ да́внее увлече́ние

flame II *v* 1) пыла́ть, горе́ть, пламене́ть *(тж* to **~ away, to ~ out, to ~ up)** 2) воспламеня́ть 3) вспы́хнуть, пыла́ть *(о страсти, лице — out, up)* 4) вспы́хнуть, вспыли́ть *(тж*

to ~ out) 5) сиять, светиться 6) подвергать(ся) действию огня, обжигать

flame-proof [′fleɪmpru:f] *a* невоспламеняющийся, огнестойкий

flame-thrower [′fleɪmˌθrəʊə(r)] *n воен.* огнемёт

flaming [′fleɪmɪŋ] *a* 1) пылающий, горящий 2) жаркий 3) *разг.* пылкий, пламенный, горячий; **a ~ row** ужасный скандал 4) яркий, пламенеющий

flammable [′flæməb(ə)l] *a* горючий, воспламеняющийся

flan [flæn] *n* открытый пирог

flange [flændʒ] *n* 1) *тех.* край; кромка 2) выступ, борт

flank I [flæŋk] *n* 1) бок, сторона 2) склон *(горы)* 3) боковая сторона *(здания)* 4) *воен.* фланг 5) *attr воен.* фланговый, фланкирующий

flank II *v* 1) быть расположенным *или* располагать сбоку, на фланге; граничить, примыкать 2) *воен.* фланкировать 3) угрожать с фланга 4) прикрывать фланг

flannel I [′flæn(ə)l] *n* 1) фланель 2) *pl* фланелевые брюки 3) салфетка, фланелька *(для обтирания)* 4) *сленг* ерунда; вздор 5) *сленг* лесть

flannel II *a* фланелевый

flannel III *v* 1) *разг.* льстить 2) протирать фланелью

flannelled [′flæn(ə)ld] *a* одетый во фланелевые брюки

flap I [flæp] *n* 1) что-л. прикреплённое только с одной стороны и предназначенное для прикрытия чего-л., напр.: клапан кармана, конверта, дверца люка, откидная доска стола, наушник, пола палатки *и т. п.* 2) взмах крыльев, руки 3) *разг.* паника, смятение; **don't get into a ~** не впадай в панику 4) лёгкий удар, шлепок 5) *ав.* закрылок

flap II *v* 1) махать, взмахивать, хлопать *(крыльями)* 2) *разг.* суетиться; впадать в панику 3) колебаться, колыхаться; развеваться; хлопать на ветру 4) отгонять *(тж* **to ~ away, to ~ off)** 5) шлёпать, ударять 6) *разг.* навострять уши

flapdoodle [′flæpˌdu:dl] *n* вздор, глупости, ерунда

flapjack [′flæpdʒæk] *n* 1) овсяная оладья 2) *амер.* блин

flapper [′flæpə(r)] *n* 1) хлопушка *(для мух и т. п.)* 2) паникёр 3) молодая куропатка

flare I [fleə(r)] *n* 1) зарево, яркое пламя; сверкание; вспышка *(пламени)* 2) световой сигнал; осветительная ракета 3) клёш; *pl* брюки-клёш

flare II *v* 1) расширять(ся) книзу 2) вспыхивать ярким пламенем; сверкать 3) вспыхнуть, вспылить *(тж* **to ~ out, to ~ up)**

flare-up [′fleəˈʌp] *n* 1) вспышка *(пламени, света и т. п.)* 2) бум 3) вспышка гнева; шумная ссора

flash I [flæʃ] *n* 1) вспышка 2) миг, мгновение; **in a ~** в одно мгновение, мгновенно 3) вспышка *(эмоции, чувства и т. п.)*, проблеск; **a ~ of hope** проблеск надежды; **a ~ of wit** блеск остроумия 4) срочное сообщение *(в газете, по радио и т. п.)* 5) показной блеск 6) яркое пятно 7) *кино* короткий кадр 8) *вчт* групповая запись; групповое считывание ◊ **a ~ in the pan** взлёт и быстрое падение, осечка

flash II *a разг.* 1) показной, кричащий, вульгарный 2) поддельный, фальшивый 3) воровской

flash III *v* 1) вспыхивать; пылать; сверкать 2) мелькать; промелькнуть; осенить 3) сообщать по телеграфу, по радио 4) *разг.* выставлять напоказ, бахвалиться 5) хлынуть *(о воде)* 6) *сленг* непристойно заголяться **flash up** вспыхнуть, вспылить

flashback [′flæʃbæk] *n* 1) *кино* обратный кадр 2) *тех.* обратная вспышка; обратный удар пламени

flash card [′flæʃˌkɑ:d] *n вчт* флэш-карта *(устройство внешней памяти)*

flashlight [′flæʃlaɪt] *n* 1) *фото* вспышка 2) *амер.* карманный электрический фонарь 3) сигнальный огонь; проблесковый свет маяка 4) проблесковый маячок, *разг.* «мигалка»

flashpoint [′flæʃpɔɪnt] *n* 1) температура вспышки; точка воспламенения 2) предел; очаг; **~s of war** очаги войны

flashy [′flæʃɪ] *a* кричащий, показной; бросающийся в глаза

flask [flɑ:sk] *n* 1) фляга, фляжка; **vacuum ~** термос 2) *хим.* колба

flat[1] [flæt] *n* квартира *(расположенная на одном этаже)* *(амер.* **apartment)**; **a block of ~s** многоквартирный дом

flat[2] **I** *n* 1) плоская поверхность; плоскость 2) равнина, низина; болотистая местность 3) *муз.* бемоль 4) *театр.* задник 5) *амер. разг.* спущенная шина 6) *амер. pl* туфли без каблука 7) *сленг* дурак, простофиля 8) **(the F.)** скачки без препятствий по ровной местности

flat[2] **II** *a* 1) плоский, ровный, гладкий; **as ~ as a pancake** плоский, как блин, совершенно плоский 2) мелкий, неглубокий; низкий; **~ heels** низкие каблуки 3) прямой, ясный, категорический; **a ~ refusal** категорический отка́з; **and that's** ~ и э́то оконча́тельно 4) ску́чный, вя́лый, безжи́зненный; неэнерги́чный; **to fall** ~ не произвести́ до́лжного де́йствия, впечатле́ния; не уда́ться 5) вы́дохшийся, разби́тый; **I'm** ~ я совсе́м вы́дохся 6) спусти́вший во́здух *(о шине)*; се́вший, разряди́вшийся *(о батаре́йке)* 7) *муз.* бемо́льный 8) *эк.* вя́лый, неакти́вный *(о торго́вле, конъюнкту́ре)* 9) блёклый, ту́склый *(о цве́те)* 10) полосово́й *(о желе́зе)*

flat² III *adv* 1) пло́ско, гла́дко; **to stamp** ~ притопта́ть 2) плашмя́; **to fall** ~ растяну́ться *(см. тж* **flat²** II) 3) пря́мо, я́сно; то́чно, как раз; реши́тельно; ~ **and plain** напрями́к, я́сно; **in five minutes** ~ ро́вно че́рез пять мину́т

flatbed [ˈflætbed] *a* планше́тный; планше́тного ти́па; ~ **scanner** *вчт* планше́тный ска́нер

flat-boat [ˈflætbəʊt] *n* плоскодо́нная ло́дка, ло́дка-плоскодо́нка

flat-bottomed [ˈflætˌbɒtəmd] *a* плоскодо́нный

flatcar [ˈflætkɑː(r)] *n* ваго́н-платфо́рма

flatfish [ˈflætfɪʃ] *n* пло́ская ры́ба *(камбала и т. п.)*

flat-foot [ˈflætfuːt] *n* 1) плоскосто́пие 2) *амер. сленг* полисме́н, полице́йский

flat-footed [ˈflætˌfʊtɪd] *a* 1) страда́ющий плоскосто́пием 2) *разг.* прямо́й, реши́тельный; **to come out** ~ твёрдо стоя́ть на своём ◊ **to catch** ~ застига́ть враспло́х

flatly [ˈflætlɪ] *adv* категори́чески, реши́тельно

flatness [ˈflætnɪs] *n* 1) пло́скость, ро́вность 2) безвку́сица 3) ску́ка, однообра́зие; вя́лость 4) реши́тельность, прямота́, категори́чность

flatout [ˈflætˈaʊt] *adv* 1) как мо́жно быстре́е 2) изо все́х сил; испо́льзуя все возмо́жности, ресу́рсы

flat-panel [ˈflætˌpænl] *a* с пло́ским экра́ном *(о телеви́зоре, монито́ре)*

flat racing [ˈflætˌreɪsɪŋ] *n* ска́чки по ро́вной ме́стности, гла́дкие ска́чки

flatten [ˈflætn] *v* 1) де́лать(ся) пло́ским, ро́вным; выра́внивать, разгла́живать 2) *разг.* унижа́ть, разда́вливать 3) *разг.* сбива́ть с ног

flatten out *ав.* выра́внивать *(самолёт)*

flatter [ˈflætə(r)] *v* 1) льстить; превозноси́ть 2): **to** ~ **oneself that** льстить себя́ наде́ждой, что; сметь ду́мать, что 3) приукра́шивать; придава́ть бо́лее привлека́тельный вид; **that dress** ~**s you** ты о́чень хорошо́ вы́глядишь в э́том пла́тье 4) ласка́ть *(слух, взор)*

flatterer [ˈflætərə(r)] *n* льстец

flattery [ˈflætərɪ] *n* лесть

flattie [ˈflætɪ] *n разг.* 1) ту́фля на ни́зком каблуке́ 2) плоскодо́нная ло́дка, ло́дка-плоскодо́нка 3) полице́йский

flat-top [ˈflættɒp] *n* 1) *амер. сленг* авиано́сец 2) *сленг* мужска́я коро́ткая стри́жка

flatulence [ˈflætjʊləns] *n мед.* метеори́зм

flatulent [ˈflætjʊlənt] *a* 1) *мед.* вызыва́ющий га́зы; страда́ющий метеори́змом 2) напы́щенный, наду́тый, претенцио́зный

flatus [ˈfleɪtəs] *n мед.* 1) метеори́зм 2) выделе́ние га́зов из кише́чника

flatware [ˈflætweə(r)] *n* 1) *собир.* таре́лки, блю́дца, блю́да *и т. п. (плоская посуда)* 2) *амер.* столо́вые прибо́ры; ножи́, ви́лки и ло́жки

flaunt [flɔːnt] *v* 1) рисова́ться, щеголя́ть 2) ре́ять, развева́ться *(о флагах, знамёнах)* 3) разма́хивать *(флагом)*

flautist [ˈflɔːtɪst] *n* флейти́ст

flavor I, II [ˈfleɪvə(r)] *амер. см.* **flavour I, II**

flavour I [ˈfleɪvə(r)] *n* 1) арома́т 2) прия́тный вкус, за́пах 3) характе́рная осо́бенность, отличи́тельная черта́; **with a romantic** ~ с романти́ческой но́ткой 4) при́вкус, отте́нок 5) *амер.* припра́ва ◊ ~ **of the month** мо́дное направле́ние; гвоздь сезо́на

flavour II *v* придава́ть вкус; приправля́ть

flavouring [ˈfleɪvərɪŋ] *n* 1) припра́ва, спе́ция 2) при́вкус

flavourless [ˈfleɪvəlɪs] *a* 1) безвку́сный, пре́сный 2) не име́ющий за́паха

flaw¹ I [flɔː] *n* 1) недоста́ток, дефе́кт, изъя́н; брак 2) тре́щина 3) *юр.* поро́к, дефе́кт; упуще́ние, оши́бка *(в документе и т. п.)*; **a** ~ **in the evidence** сла́бое ме́сто в доказа́тельствах

flaw¹ II *v* 1) тре́скаться; вызыва́ть тре́щины 2) поврежда́ться; по́ртиться 3) *юр.* де́лать недействи́тельным

flaw² *n* си́льный поры́в ве́тра, шквал

flawless [ˈflɔːlɪs] *a* безупре́чный

flax [flæks] *n* лён; льняно́е волокно́

flaxen [ˈflæks(ə)n] *a* 1) льняно́й 2) светло-жёлтый, соло́менный *(о цвете волос)*

flax-seed [ˈflæksˌsiːd] *n* льняно́е се́мя

flaxy [ˈflæksɪ] *a* льняно́й

flay [fleɪ] *v* 1) сдира́ть ко́жу 2) чи́стить, снима́ть ко́жицу, кожуру́, кору́ *и т. п.* 3) ре́зко критикова́ть, разноси́ть 4) вымога́ть; гра́бить, разоря́ть

flea [fliː] *n* блоха́ ◊ **a** ~ **in one's ear** ре́зкий отпо́р; суро́вый уко́р, вы́говор

fleabag [ˈfliːbæg] *n сленг* 1) проти́вный, неприя́тный тип; неопря́тный челове́к 2) барахло́, старьё

flea-bite [ˈfliːbaɪt] *n* 1) укус блохи 2) *перен.* мелкая неприятность

flea market [ˈfliːmɑːkɪt] *n* «блошиный рынок», барахолка

fleck I [flek] *n* 1) пятнышко, крапинка 2) частица, крупинка 3) веснушка

fleck II *v* покрывать пятнами, испещрять

fled [fled] *past, p. p.* см. **flee**

fledge [fledʒ] *v* 1) оперяться 2) выращивать птенцов 3) выстилать перьями и пухом *(гнездо)*

fledg(e)ling [ˈfledʒlɪŋ] *n* 1) оперившийся птенец 2) неопытный юнец

flee [fliː] *v (past, p. p.* **fled**) 1) убегать, спасаться бегством; **to ~ the country** бежать из страны 2) избегать, сторониться 3) *(только в past и p. p.)* исчезнуть, пролететь, кануть

fleece I [fliːs] *n* 1) овечья шерсть; руно 2) настриг с овцы 3) что-л., напоминающее ком шерсти: облака «барашками», пушистый снег, копна волос *и т. д.* 4) *текст.* начёс, ворс

fleece II *v* 1) вымогать *(деньги)*; обирать 2) густо покрывать, покрывать шапкой

fleecy [ˈfliːsɪ] *a* 1) шерстистый; покрытый шерстью 2) курчавый, кудрявый

fleet¹ [fliːt] *n* 1) флот; флотилия; **the ~** военный и торговый флот страны 2) парк транспортных средств *(автомобилей, автобусов, такси и т. п.)* 3) *attr:* **~ admiral** *амер.* адмирал флота

fleet² *n* узкий залив; ручей

fleet³ I *a* 1) быстрый 2) *поэт.* быстротечный 3) *диал.* мелкий, неглубокий *(о реке и т. п.)*

fleet³ II *v* 1) пролетать, исчезать, миновать 2) скользить мимо

fleet³ III *adv* неглубоко, мелко

fleeting [ˈfliːtɪŋ] *a* мимолётный, быстротечный, преходящий; краткий; **~ glimpse** мимолётный взгляд

fleetness [ˈfliːtnɪs] *n* 1) быстрота, проворство 2) быстротечность

Fleet Street [ˈfliːtˈstriːt] *n* 1) Флит-стрит *(название улицы в Лондоне, где до 90-х гг. 20 века находились редакции большинства крупных газет)* 2) *перен.* лондонская пресса

Fleming [ˈflemɪŋ] *n* фламандец

Flemish I [ˈflemɪʃ] *n* 1) фламандский язык 2) **the ~** *(употр. как pl)* фламандцы

Flemish II *a* фламандский

flense [flenz] *v* обдирать, потрошить *(кита, тюленя)*

flesh I [fleʃ] *n* 1) плоть; мясо; тело; **in ~** в теле, упитанный; **in the ~** живой; во плоти; **to lose ~** похудеть; **to put on ~** набрать вес, прибавить в весе, (по)толстеть; **~ and blood**

а) плоть и кровь б) человеческая природа; живой человек; **one's own ~ and blood** близкие (родственники); **he's my own ~ and blood** он моя плоть и кровь 2): **all ~** всё живое; люди и животные; **the way of all ~** земной путь 3) мякоть *(плода)*

flesh II *v* 1) явиться во плоти, реализоваться 2) приучать *(охотничью собаку)* к запаху крови 3) впервые обагрить кровью *(меч)* 4) дебютировать на литературном, научном *и т. п.* поприще

fleshings [ˈfleʃɪŋz] *n pl* трико телесного цвета

fleshly [ˈfleʃlɪ] *a* 1) чувственный, плотский 2) мирской, земной, материальный

fleshpots [ˈfleʃpɒts] *n pl* жизненные блага, роскошь; светская жизнь, светские удовольствия

flesh-wound [ˈfleʃwuːnd] *n* поверхностная рана

fleshy [ˈfleʃɪ] *a* мясистый

flew [fluː] *past* см. **fly² I**

flex I [fleks] *n эл.* гибкий шнур

flex II *v* сгибать, гнуть

flexibility [ˌfleksɪˈbɪlɪtɪ] *n* 1) гибкость 2) податливость, уступчивость; способность легко приспосабливаться

flexible [ˈfleksəbl] *a* 1) гибкий 2) податливый, уступчивый; легко приспособляющийся; **a ~ policy** гибкая политика

flexion [ˈflekʃ(ə)n] *n* 1) сгибание 2) изгиб, изогнутость 3) *грам.* флексия

flexional [ˈflekʃ(ə)nəl] *a грам.* флективный

flexitime [ˈfleksɪtaɪm] *n* свободный режим рабочего дня; скользящий график (работы)

flextime [ˈflekstaɪm] см. **flexitime**

flexuosity [ˌfleksjʊˈɒsɪtɪ] *n* извилистость

flexuous [ˈfleksjʊəs] *a* извилистый, вьющийся

flexure [ˈflekʃə(r)] *n* сгиб, изгиб, кривизна

flibbertigibbet [ˈflɪbətɪˈdʒɪbɪt] *n* пустой болтун, сплетник, трепло

flick I [flɪk] *n* 1) лёгкий удар *(хлыстом и т. п.)*; щелчок 2) резкое движение, толчок 3) *pl уст.* кинофильм; **to go to the ~s** пойти в кино

flick II *v* 1) щёлкать 2) смахивать, стряхивать щелчком *(пыль, крошки и т. п.; обыкн.* **to ~ away, to ~ off)** 3) стегнуть, хлестнуть

flicker I [ˈflɪkə(r)] *n* 1) мерцание, проблеск 2) трепетание, колебание 3) *pl разг.* кинофильм ◊ **without the ~ of a smile** без тени улыбки

flicker II *v* 1) мерцать, дрожать 2) гореть неровным огнём 3) колебаться, колыхаться 4) налетать *(о ветерке)* 5) вспыхивать и гаснуть *(о надежде)*

flier [ˈflaɪə(r)] см. **flyer**

flight¹ [flaɪt] *n* 1) полёт; перелёт; рейс; **non-stop ~** беспоса́дочный перелёт; **space ~** косми́ческий полёт 2) звено́ *(самолётов)* 3) ста́я *(птиц, насекомых)* (в полёте) 4) ле́стничный марш, пролёт ле́стницы *(тж ~ of stairs)* 5) град *(пуль, стрел)* 6) бег, тече́ние *(времени)* 7) ряд *(барьеров на скачках)* ◊ **in the first/top ~** на пе́рвом ме́сте; на веду́щей пози́ции

flight² *n* 1) бе́гство; побе́г; отступле́ние; **to take to ~** спаса́ться бе́гством, убега́ть; **to put to ~** обраща́ть в бе́гство 2) эк. бе́гство, уте́чка (капита́ла)

flight attendant [͵flaɪt ə'tendənt] *n* стю́ард; стюарде́сса *(в самолёте)*

flighty ['flaɪtɪ] *a* 1) ве́треный, непостоя́нный 2) поме́шанный, полоу́мный, чо́кнутый

flimsy I ['flɪmzɪ] *n* 1) о́чень то́нкая бума́га 2) ко́пия докуме́нта *(обыкн. секретного)* 3) *pl* же́нское бельё

flimsy II *a* 1) хру́пкий, непро́чный 2) неубеди́тельный, неоснова́тельный; **a ~ pretext** сомни́тельный предло́г 3) бана́льный, пусто́й 4) то́нкий *(о ткани, одежде)*

flinch [flɪntʃ] *v* 1) вздра́гивать *(от боли, удара и т. п.)* 2) отступа́ть; уклоня́ться *(от обя́занностей и т. п.)*

fling I [flɪŋ] *n* 1) бросо́к; ре́зкое движе́ние 2) разгу́л, бу́йное весе́лье; бу́йство; **to have one's ~** перебеси́ться 3): **the Highland ~** «шотла́ндская удала́я» *(быстрый шотландский сольный мужской танец)* ◊ **to have a ~ at** предприня́ть попы́тку *(сделать что-л.)*; **a final ~** ≅ гульба́ напосле́док, «после́дний но́нешний денёчек»

fling II *v* *(past, p. p.* **flung)** 1) броса́ть(ся), швыря́ть(ся), кида́ть(ся) 2) набра́сываться *(на работу и т. п.)*, энерги́чно принима́ться *(за что-л.)* 3) набра́сывать, наки́дывать *(одежду и т. п. — on)*; сбра́сывать, ски́дывать *(одежду и т. п. — off)* 4) брыка́ться 5) отбра́сывать; ре́зко отставля́ть *(тж* **to ~ away)** ◊ **to ~ oneself (up)on smb's mercy** отда́ться на ми́лость кого́-л.

fling about/around 1) разбра́сывать 2) маха́ть, разма́хивать *(руками, ногами)* 3) *разг.* сори́ть (деньга́ми)

fling aside 1) отбра́сывать в сто́рону 2) игнори́ровать, пренебрега́ть 3) отверга́ть

fling away 1) выбра́сывать, отбра́сывать 2) теря́ть, упуска́ть 3) бормота́ть, невня́тно произноси́ть 4) бро́ситься, ри́нуться вон

fling in *разг.* 1) броса́ть, прекраща́ть *(попытки и т. п.)* 2) добавля́ть в ка́честве беспла́тного приложе́ния 3) вставля́ть замеча́ния

fling off 1) сбра́сывать, стря́хивать 2) отрыва́ться от *(преследователя и т. п.)* 3) отде́лываться, избавля́ться 4) испуска́ть, излуча́ть

fling out 1) разбра́сывать, раски́дывать 2) выбра́сывать 3) выгоня́ть (из до́ма) 4) бро́ситься, ри́нуться вон 5) брыка́ться

fling up 1) броса́ть вверх 2) упуска́ть *(шанс и т. п.)* 3) броса́ть, оставля́ть (попы́тку) 4) приводи́ть к *(чему-л.)*, явля́ться результа́том *(чего-л.)* 5) объяви́ть о *(чём-л.)*, обнаро́довать

flint [flɪnt] *n* креме́нь

flinty ['flɪntɪ] *a* 1) кремни́стый; кремнёвый 2) жёсткий, суро́вый, неумоли́мый

flip I [flɪp] *n* 1) щелчо́к 2) *разг.* непродолжи́тельное путеше́ствие *(часто для развлече́ния, обычно на самолёте)*

flip II *v* 1) щёлкать, слегка́ ударя́ть 2) *тех.* перевора́чивать 3) *вчт* зерка́льно отобража́ть *(изображение)*

flip-flop ['flɪpflɒp] *n* 1) рези́новые пля́жные шлёпанцы 2) *амер.* са́льто-морта́ле 3) шлёпающие зву́ки, шлёп-шлёп 4) внеза́пное ре́зкое измене́ние *(направления, точки зре́ния и т. п.)* 5) *вчт, рлн* мультивибра́тор, три́ггер

flippancy ['flɪpənsɪ] *n* 1) легкомы́слие 2) непочти́тельность, де́рзость

flippant ['flɪpənt] *a* 1) легкомы́сленный, ве́треный 2) непочти́тельный, де́рзкий

flipper ['flɪpə(r)] *n* 1) плавни́к; пла́вательная перепо́нка 2) ласт

flirt I [flɜːt] *n* 1) коке́тка 2) толчо́к, рыво́к

flirt II *v* 1) коке́тничать, флиртова́ть *(with)* 2) заи́грывать; интересова́ться; **I am ~ing with the idea of going to Portugal** я поду́мываю, а не съе́здить ли мне в Португа́лию 3) подта́лкивать; дви́гаться рывка́ми

flirtation [flɜː'teɪʃ(ə)n] *n* уха́живание, флирт

flirtatious [flɜː'teɪʃəs] *a* коке́тливый, лю́бящий пофлиртова́ть

flit [flɪt] *v* 1) дви́гаться легко́, бесшу́мно 2) порха́ть 3) переезжа́ть 4) *разг.* та́йно съезжа́ть с кварти́ры *(скрываясь от кредиторов)*

flitter ['flɪtə(r)] *v* порха́ть

flivver ['flɪvə(r)] *n амер. сленг* 1) дешёвый автомоби́ль или самолёт, «та́чка», колыма́га 2) прова́л, неуда́ча

float I [fləʊt] *n* 1) плот 2) поплаво́к 3) буй 4) пузы́рь *(у рыбы)* 5) пла́вательный по́яс, надувно́й круг 6) лёгкая теле́жка *(для прода́жи молока и др. продуктов)* 7) платфо́рма на колёсах *(для рекламирования чего-л.)* 8) *обыкн. pl театр.* ра́мпа 9) мастеро́к *(ин-*

струмент штукатура) 10) *фин.* плавающий валютный курс

float II *v* 1) плавать, держаться на поверхности *(воды и т. п.)* 2) спускать на воду 3) плыть, нестись *(по течению, воздуху)* 4) проноситься *(в мыслях, перед глазами)* 5) сплавлять *(лес)* 6) распускать *(слух)* 7) пускать в ход *(проект, предприятие)* 8) выпускать *(акции, заём)*

floatable [ˈfləʊtəbl] *a* плавучий

floatage [ˈfləʊtɪdʒ] *n* 1) плавучесть 2) плавсредства: суда, лодки *и т. п.* 3) плавающие обломки 4) надводная часть судна

floatation [fləʊˈteɪʃ(ə)n] *n* 1) плавучесть 2) *ком.* размещение (займов); основание (предприятия) 3) *горн.* флотация

floating I [ˈfləʊtɪŋ] *n* плавание; **free** ~ свободное плавание *(в состоянии невесомости)*

floating II *a* 1) плавающий; наплавной *(о мосте)* 2) изменчивый, текучий; **the** ~ **population** миграция населения; ~ **debt** текущий долг; *фин.* краткосрочная задолженность; ~ **voter** избиратель, часто меняющий свои политические предпочтения

floating point [ˈfləʊtɪŋpɔɪnt] *n* плавающая точка

floating-point arithmetic [ˈfləʊtɪŋpɔɪnt əˈrɪθmətɪk] *n* арифметика с плавающей точкой

floaty [fləʊtɪ] *a* лёгкий, воздушный *(об одежде)*

flock[1] [flɒk] *n* 1) пушинка, клочок *(шерсти и т. п.)* 2) *pl* текст. очёс(ки); наполнитель для стёганых одеял

flock[2] **I** *n* 1) стая *(птиц)* 2) стадо *(мелкого рогатого скота и домашней птицы)* 3) толпа *(людей);* **to come in** ~**s** стекаться толпами 4) *церк.* паства 5) дети *(в семье);* ученики

flock[2] **II** *v* 1) собираться, стекаться *(о толпе);* держаться вместе 2) двигаться толпой 3) собираться, сбиваться *(в стаи)*

floe [fləʊ] *n* плавучая льдина *(тж* **ice-floe)**

flog [flɒg] *v* 1) пороть, сечь, стегать 2) подгонять *(в работе)* 3) *сленг* продавать, загонять 4) вбивать насильно *(что-л. в кого-л. — into)* 5) отучать насильно *(от чего-л. — out of)* ◊ **to** ~ **a dead horse** напрасно тратить силы, заниматься безнадёжным делом; **to** ~ **to death** замучить *(рассуждениями и т. п.)*

flogging [ˈflɒgɪŋ] *n* порка

flood I [flʌd] *n* 1) наводнение; половодье; потоп; поток *(тж перен.);* ~**s of rain** потоки дождя; **a** ~ **of tears** поток слёз; **the F.** *библ.* Всемирный потоп 2) прилив 3) *разг.* прожектор 4) *поэт.* река, море; ~ **and field** вода и суша

flood II *v* 1) затоплять, наводнять; заливать; переполнять *(водой)* 2) хлынуть

floodgate [ˈflʌdgeɪt] *n* шлюз, шлюзовой затвор

floodlight I [ˈflʌdlaɪt] *n* прожектор

floodlight II *v* освещать прожектором

floodlit [ˈflʌdlɪt] *a* освещённый, подсвеченный прожектором

flood tide [ˈflʌdˌtaɪd] *n* 1) прилив 2) неожиданный подъём, внезапное повышение *(чего-л.)*

floor I [flɔː(r)] *n* 1) пол; **to pace the** ~ ходить по комнате взад и вперёд 2) дно *(моря и т. п.)* 3) этаж, ярус; **top** ~ верхний этаж 4) места членов законодательного собрания 5) **(the** ~**)** право (следующего) выступления; **to have/to take the** ~ выступать, брать слово 6) *мат.* усечение *(до ближайшего целого числа с уменьшением)* ◊ **to take the** ~ пойти танцевать

floor II *v* 1) настилать пол 2) повалить, сбить с ног 3) *разг.* смутить, сбить с толку, поставить в тупик 4) *разг.* одолеть, преодолеть

floorboard [ˈflɔːbɔːd] *n* половица

floor cloth [ˈflɔːˌklɒθ] *n* 1) половая тряпка 2) линолеум

floorer [ˈflɔːrə(r)] *n* 1) сокрушительный удар 2) сногсшибательная новость 3) затруднительное положение

flooring [ˈflɔːrɪŋ] *n* 1) настил; ковровое покрытие 2) пол

floor lamp [ˈflɔːlæmp] *n* торшер *(тж* **standard lamp)**

floor-leader [ˈflɔːˌliːdə(r)] *n амер.* лидер партии, фракции в законодательном собрании

floor manager [ˈflɔːˌmænɪdʒə(r)] *n* 1) режиссёр телепостановки 2) дежурный администратор в магазине

floor polish [ˈflɔːˌpɒlɪʃ] *n* мастика для пола

floor show [ˈflɔːʃəʊ] *n* шоу в ночном клубе среди публики *(не на сцене)*

floor walker [ˈflɔːˌwɔːkə(r)] *n амер.* дежурный администратор в магазине

flop I [flɒp] *n* 1) шлепок 2) *сленг* провал, неудача 3) *амер. сленг* койка

flop II *v* 1) бить(ся), полоскаться *(о парусах и т. п.)* 2) плюхнуться, шлёпнуться *(тж* **to** ~ **down)** 3) проковылять, прошлёпать 4) *сленг* провалиться *(о пьесе, фильме и т. п.)* 5) *сленг* спать

flop III *int* шлёп!

flop-house [ˈflɒphaʊs] *n амер.* ночлежный дом, ночлежка

floppy [ˈflɒpɪ] *n вчт* 1) гибкий диск *(тж* ~ **disc)** 2) накопитель на гибких дисках

floppy *a* 1) болтающийся, незакреплённый 2) мягкий, нетвёрдый 3) *вчт* гибкий

floppy disc [ˈflɒpɪˈdɪsk] *n* вчт гибкий диск; дискета

flora [ˈflɔːrə] *n* (*pl тж* **florae** [ˈflɔːriː]) флора, растительный мир

floral [ˈflɔːrəl] *n* 1) цветочный 2) относящийся к флоре

florescence [flɔːˈresns] *n* цветение; расцвет

floriculture [ˈflɒrɪkʌltʃə(r)] *n* цветоводство

florid [ˈflɒrɪd] *a* 1) цветущий, румяный 2) цветистый, вычурный 3) показной

florist [ˈflɒrɪst] *n* 1) торговец цветами; **the ~'s** цветочный магазин 2) цветовод 3) флорист (*специалист по составлению букетов и композиций из растений*)

floruit [ˈflɒruɪt] *n* годы жизни и деятельности (*писателя, общественного деятеля и т. п.*)

floss [flɒs] *n* 1) шёлк-сырец 2) *мед.* зубная нить

flotilla [fləʊˈtɪlə] *n* флотилия

flotsam [ˈflɒtsəm] *n* плавающие обломки ◊ **~ and jetsam** а) всякая всячина, хлам б) бездомные бродяги; бомжи

flounce[1] **I** [flaʊns] *n* резкое движение

flounce[1] **II** *v* бросаться, метаться

flounce[2] **I** *n* оборка

flounce[2] **II** *v* отделывать оборками

flounder[1] [ˈflaʊndə(r)] *n* камбала

flounder[2] *v* 1) барахтаться; спотыкаться; тяжело, с трудом двигаться 2) путаться (*в делах, словах*); возиться

flour I [ˈflaʊə(r)] *n* 1) (пшеничная) мука 2) порошок, пудра

flour II *v* 1) посыпать мукой 2) *амер.* молоть (*зерно*)

flourish I [ˈflʌrɪʃ] *n* 1) размахивание, размашистый жест (*оружием, руками*) 2) затейливый росчерк (*пера*); завитушка 3) цветистое выражение; прикрасы 4) *муз.* туш, фанфары

flourish II *v* 1) пышно расти 2) процветать, преуспевать; **the business is ~ing** дело процветает 3) выставлять напоказ, хвастать 4) взмахивать, размахивать (*оружием, руками*)

flourishing [ˈflʌrɪʃɪŋ] *a* 1) здоровый, цветущий 2) процветающий

floury [ˈflaʊərɪ] *a* 1) мучной 2) мучнистый; рассыпчатый; **~ potatoes** рассыпчатый картофель

flout I [flaʊt] *n* насмешка, издевательство

flout II *v* насмехаться, издеваться; пренебрегать; **he ~s the conventions** он пренебрегает условностями

flow I [fləʊ] *n* 1) течение 2) поток; струя; **a steady ~** непрерывный поток 3) прилив 4) наплыв, изобилие, поток; **~ of spirits** жизнерадостность; **a ~ of complaints** поток жалоб 5) стирание, деформация (*горных пород, металла*) 6) *тех.* технологический маршрут; последовательность операций

flow II *v* 1) течь, струиться; литься; циркулировать (*о жидкости*) 2) разливаться; прибывать (*о воде*) 3) стекаться, прибывать; **people ~ed into the stadium** люди толпами стекались на стадион 4) плавно течь (*о речи*) 5) ниспадать (*о платье, складках*) 6) стираться, деформироваться (*о горных породах, металле*) 7) *уст.* изобиловать (*with*)

flow chart [ˈfləʊtʃɑːt] *n* 1) сводный график работ 2) вчт блок-схема

flower I [ˈflaʊə(r)] *n* 1) цветок; цветущее растение; **in ~** в цвету; **natural ~s** живые цветы 2) цвет, краса, лучшая часть (*чего-л. — of*) 3) цветистые фразы, красивые обороты речи 4) *attr* цветочный; **~ people** «дети-цветы», хиппи

flower II *v* 1) цвести, расцветать 2) украшать цветами *или* цветочным узором

flower-bed [ˈflaʊəbed] *n* клумба

floweret [ˈflaʊərɪt] *n* маленький цветок, цветочек

flowerpot [ˈflaʊəpɒt] *n* цветочный горшок

flower-show [ˈflaʊəʃəʊ] *n* выставка цветов

flowery [ˈflaʊərɪ] *a* 1) украшенный цветами *или* цветочным орнаментом 2) цветистый, претенциозный (*о стиле, манере выражаться и т. п.*) 3) покрытый цветами, цветущий

flowing [ˈfləʊɪŋ] *a* 1) гладкий, плавный (*о стиле*) 2) плавный, мягкий (*о линиях*) 3) свободно ниспадающий (*о волосах, парусе и т. п.*)

flown [fləʊn] *p. p. см.* **fly**[2] **I**

flowsheet [ˈfləʊʃiːt] *n* технологическая карта

flu [fluː] *n разг.* грипп; **avian/bird ~** птичий/куриный грипп

flub [flʌb] *v амер. разг.* испортить, завалить (*работу и т. п.*)

fluctuate [ˈflʌktjʊeɪt] *v* колебаться; быть неустойчивым; колыхать(ся)

fluctuation [ˌflʌktʃʊˈeɪʃ(ə)n] *n* 1) колебание; неустойчивость 2) *тех., эл. pl* колебания, флуктуации

flue [fluː] *n* 1) дымовая труба, дымоход 2) вытяжная труба, вытяжка

fluency [ˈfluːənsɪ] *n* 1) плавность, беглость (*речи*) 2) свободное владение иностранным языком

fluent [ˈfluːənt] *a* 1) гладкий, плавный, беглый (*о речи*) 2) свободно говорящий (на иностранном языке); **his German is ~** он свободно говорит по-немецки 3) плавный, изящный (*о линии*) 4) жидкий, текучий

fluently [ˈfluːəntlɪ] *adv* плáвно, глáдко, бéгло

fluff I [flʌf] *n* 1) пух, пушóк; ворс 2) пушúстый мех; пы́шные пéрья 3) *театр. сленг* плóхо вы́ученная роль ◊ **a bit of ~** *сленг груб.* аппетúтная бабёнка

fluff II *v* 1) взбивáть, распушáть; ворсúть (*тж* **to ~ up, to ~ out**) 2) *театр. сленг* плóхо знать роль, перевирáть словá рóли; читáть текст с оговóрками, пýтаясь

fluffiness [ˈflʌfɪnɪs] *n* пушúстость, распушённость

fluffy [ˈflʌfɪ] *a* пушúстый

fluid I [ˈfluːɪd] *n* 1) жúдкость 2) жúдкая *или* газообрáзная средá 3) флю́ид

fluid II *a* 1) жúдкий, текýчий 2) постоя́нно меня́ющийся, измéнчивый

fluke I [fluːk] *n* счастлúвый слýчай

fluke II *v* повезтú; получúть что-л. благодаря́ счастлúвому слýчаю

flume [fluːm] *n* 1) искýсственный канáл для отвóда воды́ (*при промышленном предприятии*) 2) ручéй в оврáге, в ущéлье

flummery [ˈflʌmərɪ] *n* пустякú, вздор; пусты́е комплимéнты

flung [flʌŋ] *past, p. p. см.* **fling II**

flunk I [flʌŋk] *n амер. разг.* провáл (*на экзáмене, собеседовании и т. п.*)

flunk II *v амер. разг.* провалúться (*на экзáмене, собеседовании и т. п.*)

flunkey [ˈflʌŋkɪ] *n* 1) ливрéйный лакéй 2) *презр.* лакéй, подхалúм

fluorescence [fluəˈresns] *n* флуоресцéнция, свечéние

fluorescent [fluəˈresnt] *a* флуоресцúрующий; флуоресцéнтный

fluoridate [ˈfluərɪdeɪt] *v* фторúровать (*вóду и т. п.*)

fluorine [ˈfluəriːn] *n хим.* фтор

flurry I [ˈflʌrɪ] *n* 1) сúльный поры́в вéтра; шквал; лúвень; снегопáд 2) всплеск актúвности, оживлéние 3) волнéние, возбуждéние

flurry II *v* волновáть, возбуждáть; будорáжить

flush¹ I [flʌʃ] *n* 1) внезáпная крáска (*на лице*), прилúв крóви (*к лицу*) 2) внезáпный притóк воды́ 3) смыв, спуск воды́ (*в туалете, канализáции*) 4) поры́в, прилúв (*чувств и т. п.*); рáдость (*побéды*) 5) внезáпный наплы́в, притóк (*товаров и т. п.*) 6) прúступ (*лихорáдки*) 7) расцвéт (*мóлодости, сил*) 8) бýйный рост (*травы и т. п.*) 9) *вчт, полигр.* вырáвнивание полéй; набóр без абзáцев; **~ left** вы́ровненное лéвое пóле; вы́ключка влéво; **~ right** вы́ровненное прáвое пóле; вы́ключка впрáво

flush¹ II *a* 1) пóлный (*до краёв, берегóв*); переполненный 2) в ýровень, в край (*with*) 3) *обыкн. predic разг.* богáтый, дéнежный; с пóлными кармáнами; с тугúм кошелькóм 4) *тех.* скры́тый; на однóм ýровне; заподлицó, впотáй

flush¹ III *v* 1) брóситься в лицó (*о крови, краске*); покраснéть; вспы́хнуть, запылáть 2) промывáть (*струёй воды*); спускáть вóду (*в туалете и т. п.*) 3) бы́стро приливáть, хлы́нуть (*о воде*); затоплять 4) быть охвáченным (*гóрдостью, рáдостью — with*)

flush¹ IV *adv* 1) вплотнýю 2) прямо, тóчно

flush² *v* 1) взлетáть, вспáрхивать (*о стáе птиц*) 2) вспýгивать, поднимáть (*дичь — о собáке*)

flush out 1) раскрывáть, обнарýживать 2) выгоня́ть, сгоня́ть

flush³ *n* флеш, пять карт однóй мáсти на рукáх (*особ. в покере*)

fluster I [ˈflʌstə(r)] *n* волнéние, суматóха

fluster II *v* 1) волновáть 2) волновáться, суетúться 3) подвы́пить

flute [fluːt] *n* флéйта

flutist [ˈfluːtɪst] *n* флейтúст

flutter I [ˈflʌtə(r)] *n* 1) порхáние 2) трепетáние, сердцебиéние 3) трéпет, волнéние 4) сенсáция; возбуждéние, переполóх 5) вибрáция 6) *ав.* флáттер, тря́ска 7) *радио* амплитýдные искажéния; фáзовые искажéния

flutter II *v* 1) махáть крыльями; порхáть 2) трепетáть, дрожáть 3) развевáться, бúться (*на ветру*) 4) будорáжить, волновáть 5) нерóвно бúться (*о пульсе*)

fluvial [ˈfluːvɪəl] *a* речнóй

flux I [flʌks] *n* 1) течéние, потóк 2) прилúв 3) истечéние 4) движéние; изменéние; **in a state of ~** в состоя́нии изменéния 5) *мед.* обúльные выделéния; истечéние

flux II *v* плáвить, растопля́ть; расплавля́ть

fly¹ [flaɪ] *n* 1) мýха; крыла́тое насекóмое 2) искýсственная мýха (*наживка для удочки*) ◊ **a ~ in the ointment** ≅ лóжка дёгтя в бóчке мёда; **there are no flies on him** a) егó не проведёшь б) он надёжен, он безупрéчен

fly² I *v* (**flew; flown**) 1) летáть; летéть; переправля́ть по вóздуху 2) вестú, пилотúровать (*самолёт*) 3) развевáться 4) мчáться, нестúсь, проносúться; **how time flies!** как летúт врéмя! 5) заставля́ть летáть; гоня́ть (*голубéй*) 6) покидáть (*странý и т. п.*) ◊ **to ~ high** быть честолюбúвым; заносúться; **to ~ in the face of** открыто не повиновáться, бросáть вы́зов (*кому-л., чему-л.*); **to let ~ at** a) стреля́ть (*в кого-л., что-л.*) б) набрáсываться с рýганью; **to send smb flying** вы́-

гнать, прогна́ть *(кого-л.)*; **to ~ off the handle** вы́йти из себя́, сорва́ться

fly at налета́ть, набра́сываться с бра́нью; вы́ругать

fly away 1) улета́ть 2) развева́ться, разлета́ться *(об одежде, волосах)*

fly by 1) пролета́ть ми́мо 2) проноси́ться, пролета́ть *(о времени)*

fly in доставля́ть по во́здуху

fly off 1) улета́ть 2) отлета́ть, отска́кивать 3) поспе́шно убега́ть

fly out 1) стреми́тельно вы́бежать 2) лета́ть в отдалённые райо́ны

fly over 1) пролета́ть над *(чем-л.)* 2) лета́ть в отдалённые райо́ны

fly past пролета́ть пара́дным стро́ем *(о самолётах)*

fly up 1) подня́ться в во́здух, вверх, ввысь 2) поднима́ться 3) перейти́ в ста́ршую гру́ппу

fly[2] **II** *n* 1) *обыкн. pl* ши́ринка, гу́льфик 2) откидно́е поло́тнище *(палатки)* 3) *театр.* колосники́ 4) полёт, перелёт

fly[3] *a сленг* осмотри́тельный, хи́трый

fly agaric [ˈflaɪˌæɡərɪk] *n* мухомо́р

fly-away [ˈflaɪəˌweɪ] *a* развева́ющийся, разлета́ющийся *(об одежде, волосах)*

fly-blown [ˈflaɪbləʊn] *a* заси́женный му́хами

fly-by [ˈflaɪˌbaɪ] *n* облёт како́го-л. объе́кта *(особ. о космическом корабле)*

fly-by-night I [ˈflaɪbaɪˌnaɪt] *a* ненадёжный челове́к

fly-by-night II *a* ненадёжный

flycatcher [ˈflaɪˌkætʃə(r)] *n* мухоло́вка *(птица)*

flyer [ˈflaɪə(r)] *n разг.* 1) лётчик, пило́т 2) пти́ца; лета́ющее насеко́мое 3) скоростно́е тра́нспортное сре́дство; экспре́сс 4) рыса́к 5) карьери́ст; **he's a** ~ он далеко́ пойдёт 6) *амер.* риско́ванное вложе́ние капита́ла 7) прыжо́к в во́здухе 8) фла́ер *(листок рекламно-информационного содержания, который обычно раздают на улице или бросают в почтовый ящик)*

flying I [ˈflaɪɪŋ] *n* 1) полёт(ы); **blind ~** полёт по прибо́рам 2) лётное де́ло

flying II *a* 1) развева́ющийся 2) бы́стрый, коро́ткий, мимолётный 3) *ав.* лётный 4) лета́ющий, лету́чий

flying boat [ˈflaɪɪŋˌbəʊt] *n ав.* лета́ющая ло́дка

flying officer [ˈflaɪɪŋˌɒfɪsə(r)] *n* офице́р-лётчик *(в Великобритании)*

flying saucer [ˈflaɪɪŋˌsɔːsə(r)] *n* лета́ющая таре́лка, неопо́знанный лета́ющий объе́кт, НЛО

flying squad [ˈflaɪɪŋskwɒd] *n* полице́йский отря́д бы́строго реаги́рования; лету́чий отря́д

flyleaf [ˈflaɪliːf] *n полигр.* фо́рзац

flyover [ˈflaɪəʊvə(r)] *n* эстака́да

fly-paper [ˈflaɪˌpeɪpə(r)] *n* ли́пкая бума́га для мух

flysheet [ˈflaɪʃiːt] *n* листо́вка; букле́т; фла́(й)ер

fly-tip [ˈflaɪtɪp] *v* выбра́сывать му́сор в непло́женном ме́сте

fly-trap [ˈflaɪtræp] *n* насекомоя́дное расте́ние

flyweight [ˈflaɪweɪt] *n спорт.* 1) лёгкий вес, «вес му́хи» 2) спортсме́н лёгкого ве́са *(в боксе, борьбе)*

flywheel [ˈflaɪwiːl] *n тех.* махово́е колесо́, махови́к

foal I [fəʊl] *n* жеребёнок; ослёнок; **in/with ~** жерёбая *(о кобыле, ослице)*

foal II *v* жереби́ться

foam I [fəʊm] *n* 1) пе́на 2) мы́ло *(на лошади)* 3) *pl* пенопла́ст *(материал)*

foam II *v* 1) пе́ниться 2) быть в мы́ле *(о лошади)* ◊ **to ~ at the mouth** прийти́ в бе́шенство

foam-rubber [ˈfəʊmˌrʌbə(r)] *n* 1) поролóн 2) *attr* пороло́новый

foamy [ˈfəʊmɪ] *a* 1) пе́нящийся, пе́нистый 2) взмы́ленный, покры́тый пе́ной

fob[1] [fɒb] *n* 1) карма́шек для часо́в 2) цепо́чка для карма́нных часо́в *(тж* ~**chain)**

fob[2] *v* обма́нывать, одура́чивать; всучива́ть, подсо́вывать

f. o. b. *сокр.* **(free on board)** *ком.* фра́нко-борт, фоб

focal [ˈfəʊk(ə)l] *a физ.* фо́кусный; ~ **distance/ length** фо́кусное расстоя́ние

foci [ˈfəʊsaɪ] *pl см.* **focus**

fo'c's'le [ˈfəʊksl] *см.* **forecastle**

focus I [ˈfəʊkəs] *n (pl тж* **foci)** 1) *физ.* фо́кус 2) центр, средото́чие; ~ **of attention** центр внима́ния 3) *мед.* оча́г *(заболевания)*

focus II *v* 1) фокуси́ровать; помеща́ть в фо́кусе 2) сосредото́чивать(ся) *(на — on)*

focusing [ˈfəʊkəsɪŋ] *n* устано́вка на фо́кус, фокусиро́вка

fodder I [ˈfɒdə(r)] *n* фура́ж; корм *(для скота)* ◊ **cannon ~** пу́шечное мя́со

fodder II *v* задава́ть корм *(скоту)*

foe [fəʊ] *n поэт.* враг, не́друг

foetal [ˈfiːtəl] *a* эмбриона́льный, заро́дышевый

foetus [ˈfiːtəs] *n* плод, эмбрио́н

fog[1] **I** [fɒg] *n* 1) тума́н 2) нея́сность, замеша́тельство; **in a ~** в расте́рянности, в замеша́тельстве 3) *фото* вуа́ль

fog[1] **II** *v* оку́тывать(ся) тума́ном; затума́нивать(ся)

fog[2] **I** *n* 1) ота́ва 2) трава́, оста́вшаяся неско́шенной на́ зиму

fog² **II** *v* 1) оста́вить траву́ неско́шенной на́ зиму 2) пасти́ скот на ота́ве

fog-bank [ˈfɒgbæŋk] *n* тума́н на мо́ре

fog-bound [ˈfɒgbaʊnd] *a* заде́ржанный тума́ном (*о судне, самолёте и т. п.*)

fogey [ˈfəʊgɪ] *n*: **old** ~ *разг.* ста́рая кало́ша, ста́рый хрыч

foggy [ˈfɒgɪ] *a* 1) тума́нный, находя́щийся в тума́не 2) сму́тный, нея́сный; **I haven't the foggiest notion of what you mean** не име́ю ни мале́йшего поня́тия о том, что ты име́ешь в виду́

fogy [ˈfəʊgɪ] *см.* **fogey**

foible [ˈfɔɪbl] *n* 1) сла́бая стру́нка, пу́нктик 2) ги́бкая часть клинка́

foil¹ [fɔɪl] *n* 1) фольга́; станио́ль 2) амальга́ма, зерка́льная наво́дка 3) контра́стный фон 4) *архит.* ли́ственный орна́мент 5) подво́дное крыло́ (*судна*)

foil² **I** *n* след зве́ря

foil² **II** *v* 1) расстра́ивать, срыва́ть пла́ны; ста́вить в тупи́к 2) сбива́ть со сле́да

foil³ *n* рапи́ра

foist [fɔɪst] *v* всучи́ть; навяза́ть, спихну́ть (*on, upon*)

fold¹ **I** [fəʊld] *n* 1) заго́н для ове́ц, овча́рня (*обыкн.* **sheepfold**) 2) па́ства

fold¹ **II** *v* загоня́ть (*овец*)

fold² **I** *n* 1) сгиба́ние 2) скла́дка; сгиб 3) *тех.* фальц 4) уще́лье, впа́дина

fold² **II** *v* 1) скла́дывать, сгиба́ть, загиба́ть; **the sofa** ~**s up** э́тот дива́н скла́дывается; **to** ~ **one's arms** скрести́ть ру́ки на груди́ 2) завёртывать; заку́тывать 3) *разг.* свора́чиваться (*о деле, предприятии*), разоря́ться; разва́ливаться 4) обхва́тывать; сжима́ть (в рука́х); **to** ~ **in arms** обнима́ть, сжима́ть в объя́тиях 5) *тех.* фальцева́ть 6) *кул.* вводи́ть, вме́шивать, осторо́жно добавля́ть (*белки и т. п.*)

fold away скла́дываться

fold back отки́дываться; скла́дываться

fold down скла́дывать попола́м; загиба́ть страни́цу

fold in вводи́ть, вме́шивать, осторо́жно добавля́ть

fold up 1) скла́дываться, свёртываться 2) завёртывать во (*что-л.*) 3) *разг.* обанкро́титься, закры́ться; прогоре́ть

fold-down keyboard [ˈfəʊld ˌdaʊn ˈkiːbɔːd] *n вчт* откидна́я клавиату́ра

folder [ˈfəʊldə(r)] *n* 1) па́пка (для бума́г); скоросшива́тель 2) букле́т, брошю́ра; проспе́кт 3) *вчт* па́пка, катало́г

folding [ˈfəʊldɪŋ] *a* складно́й; откидно́й; раздвижно́й

foliage [ˈfəʊlɪdʒ] *n* 1) листва́ 2) *архит.* ли́ственный орна́мент

foliate I [ˈfəʊlɪət] *a* 1) листообра́зный 2) ли́ственный

foliate II [ˈfəʊlɪˌeɪt] *v* 1) расщепля́ться, рассла́иваться 2) *архит.* украша́ть ли́ственным орна́ментом

folio [ˈfəʊlɪəʊ] *n* 1) фо́лио (*формат в пол-листа*) 2) колонци́фра 3) форма́т ◊ **in** ~ большо́го форма́та

folk [fəʊk] *n* (*pl тж без измен.*) 1) лю́ди 2) родня́; **old** ~**s** роди́тели 2) наро́д 3) *attr* наро́дный

folk dance [ˈfəʊk ˌdɑːns] *n* наро́дный та́нец

folklore [ˈfəʊklɔː(r)] *n* фолькло́р

folk song [ˈfəʊk ˌsɒŋ] *n* наро́дная пе́сня

folksy [ˈfəʊksɪ] *a* 1) общи́тельный 2) наро́дный (*о культуре, искусстве*)

folkweave [ˈfəʊkwiːv] *n* домотка́ная мате́рия

follicle [ˈfɒlɪk(ə)l] *n* 1) *мед.* фолли́кул, пузырёк; *анат.* мешо́чек, су́мка 2) *бот.* стручо́к

follow [ˈfɒləʊ] *v* 1) сле́довать, идти́ за (*кем-л.*) 2) пресле́довать 3) занима́ться (*чем-л.*); избира́ть профе́ссию; **to** ~ **the law** стать, быть юри́стом 4) ула́вливать смысл, понима́ть; **I** ~ **you** я вас понима́ю, я вас слу́шаю 5) следи́ть за (*ходом собы́тий и т. п.*) 6) сле́довать, быть результа́том ◊ **as** ~**s** как сле́дует ни́же; нижесле́дующее; **to** ~ **suit** стать сторо́нником (*кого-л.*), сле́довать (*кому-л.*)

follow on 1) сле́довать по́зже 2) явля́ться результа́том

follow out по́лностью осуществи́ть, вы́полнить

follow through то́чно сле́довать инстру́кциям

follow up развива́ть, заверша́ть; доводи́ть до конца́

follower [ˈfɒləʊə(r)] *n* 1) после́дователь, сторо́нник, приве́рженец 2) сле́дующий (*за кем-л.*) 3) *радио, элн* повтори́тель; следя́щее устро́йство

following I [ˈfɒləʊɪŋ] *n* 1) после́дователи, приве́рженцы 2) (**the** ~) сле́дующее; **in the** ~ ни́же, в дальне́йшем

following II *a* сле́дующий; после́дующий

follow-on [ˈfɒləʊˌɒn] *n* 1) продолже́ние 2) результа́т

follow-through [ˈfɒləʊˌθruː] *n* исполне́ние до конца́, по́лное выполне́ние

follow-up [ˈfɒləʊˌʌp] *n* 1) пресле́дование (*какой-л.*) це́ли; доведе́ние до конца́ 2) следя́щая систе́ма (*в автома́тике*) 3) *воен.* разви́тие успе́ха 4) дополни́тельное сообще́ние (*о деталях события*); но́вая информа́-

ция (*к сообщению в прессе, по радио*) 5) прове́рка исполне́ния; контро́ль; учёт

folly [ˈfɒlɪ] *n* глу́пость, безрассу́дство

foment [fəʊˈment] *v* 1) подстрека́ть; разжига́ть (*недово́льство, не́нависть и т. п.*) 2) класть компре́сс; согрева́ть

fond [fɒnd] *a* 1) не́жный, лю́бящий; **to be ~ of** люби́ть 2) наи́вный, дове́рчивый

fondle [ˈfɒndl] *v* ласка́ть, ла́сково прикаса́ться

fondly [ˈfɒndlɪ] *adv* 1) не́жно, с любо́вью 2) неоснова́тельно, наи́вно

fondness [ˈfɒndnɪs] *n* не́жность, любо́вь

fondue [ˈfɒndjuː] *n кул.* фондю́; **cheese ~** сы́рное фондю́ (*распла́вленный и подогрева́емый на столе́ сыр, в кото́рый мака́ют кусо́чки хле́ба*)

font [fɒnt] *n* 1) *церк.* купе́ль 2) резервуа́р, маслёнка (*кероси́новой ла́мпы*) 3) *вчт, полигр.* компле́кт шри́фта; шрифт

fontanelle [ˌfɒntəˈnel] *n анат.* родничо́к (*у младе́нца*)

food [fuːd] *n* 1) пи́ща (*тж перен.*); пита́ние; **wholesome ~** здоро́вая пи́ща; **mental ~** пи́ща для ума́; **~ for thought** пи́ща для размышле́ний 2) продово́льствие, проду́кты пита́ния; корм; **tinned ~** консе́рвы 3) *attr* продово́льственный; пищево́й; **~ additive** пищева́я доба́вка; **~ poisoning** пищево́е отравле́ние; **~ processor** ку́хонный комба́йн

foodie [ˈfuːdɪ] *n разг.* гурма́н

foodstuff [ˈfuːdstʌf] *n* пищево́й проду́кт, проду́кт пита́ния

fool I [fuːl] *n* 1) дура́к, глупе́ц; **to make a ~ of oneself** сваля́ть дурака́; **to make a ~ of smb** одура́чить, провести́ кого́-л.; **to act/to play the ~** валя́ть дурака́ 2) *ист.* шут ◊ **no/ nobody's ~** у́мный, проница́тельный челове́к; **~'s errand** пуста́я зате́я; **~'s paradise** иллюзо́рное сча́стье

fool II *a амер.* глу́пый, дура́цкий

fool III *v* 1) одура́чивать, обма́нывать; **you can't ~ me** меня́ не проведёшь; **to ~ smb out of his money** вы́манить у кого́-л. де́ньги 2) дура́читься

fool about *разг.* дура́читься, валя́ть дурака́; безде́льничать, бить баклу́ши

fool about with *разг.* пу́таться с кем-л.

fool around *см.* **fool about**

fool away по́пусту тра́тить вре́мя

foolery [ˈfuːlərɪ] *n* глу́пость; дура́чество; глу́пое поведе́ние

foolhardiness [ˈfuːlˌhɑːdɪnɪs] *n* безрассу́дная хра́брость

foolhardy [ˈfuːlˌhɑːdɪ] *a* безрассу́дно хра́брый, отча́янный

foolish [ˈfuːlɪʃ] *a* глу́пый

foolishness [ˈfuːlɪʃnɪs] *n* глу́пость

foolproof [ˈfuːlpruːf] *a* 1) несло́жный, поня́тный (*всем*) 2) безопа́сный при неуме́лом *или* неосторо́жном обраще́нии (*о прибо́ре, механи́зме*) 3) *вчт* защищённый от неуме́лого *или* неосторо́жного обраще́ния, *проф.* с защи́той «от дурака́»

fool-tolerance [ˌfuːlˈtɒlərəns] *n вчт* усто́йчивость к неуме́лому *или* неосторо́жному обраще́нию, *проф.* защи́та «от дурака́»

foot I [fʊt] *n* (*pl* feet) 1) нога́, ступня́; **on ~** пешко́м; *перен.* в движе́нии, в ходу́; **to set ~** ступи́ть, наступи́ть (**на — on**); *перен.* утверди́ться 2) основа́ние, опо́ра; подно́жие; ни́жняя часть (*чего́-л.*); **at the ~ of the bed** у изно́жья крова́ти 3) шаг, похо́дка; **light/ heavy feet** лёгкие/тяжёлые шаги́; **to put one's best ~ forward** прибавля́ть ша́гу, торопи́ться 4) фут (*о́коло 30,48 см*) 5) *лит.* стопа́ 6) *ист.* пехо́та; **~ and horse** пехо́та и кавале́рия 7) (*pl* foots) оса́док, подо́нки 8) *attr* ножно́й 9) *attr* пе́ший; пешехо́дный ◊ **at smb's feet** в подчинённом положе́нии; **to get one's feet wet** вя́зываться (*во что́-л.*); станови́ться уча́стником; **to have one's/ both feet on the ground** быть практи́чным челове́ком; **to have a ~ in the door** быть на пути́ к успе́ху, к уда́че; **to have one ~ in the grave** быть одно́й ного́й в моги́ле; **to have cold feet** тру́сить, волнова́ться; **to find one's feet** встать на́ ноги, утверди́ться; **to put one's ~ in it** сде́лать опло́шность, вли́пнуть, сесть в лу́жу; **to put one's ~ down** заня́ть твёрдую пози́цию; **not to put a ~ wrong** не сде́лать ни одно́й оши́бки, де́йствовать безоши́бочно; **to put one's best ~ forward** приложи́ть все уси́лия, де́йствовать энерги́чно; **to put one's feet up** передохну́ть; **to set on ~** пусти́ть в ход; **to stand on one's own feet** встать на́ ноги; стать незави́симым; **to be on one's feet** а) быть на нога́х, опра́виться по́сле боле́зни б) быть самостоя́тельным; **my ~!** как бы не так!, ещё чего!

foot II *v* 1) идти́ (пешко́м); **to ~ it** а) идти́ пешко́м б) танцева́ть 2) *разг.* заплати́ть (*по счёту*)

foot-and-mouth disease [ˌfʊtnˌmaʊθdɪˈziːz] *n вет.* я́щур

football [ˈfʊtbɔːl] *n* 1) футбо́л (*тж* **Association F.**) 2) футбо́льный мяч 3) *амер.* америка́нский футбо́л 4) *амер.* ре́гби 5) *attr:* **F. Association** Футбо́льная ассоциа́ция (*руководя́щая футбо́льная организа́ция Англии*)

footballer [ˈfʊtbɔːlə(r)] *n* футболи́ст (*тж* **football player**)

footboard [′futbɔ:d] *n* 1) поднóжка, ступéнька 2) изнóжье (кровáти)

footbrake [′futbreik] *n* ножнóй тóрмоз

footbridge [′futbridʒ] *n* пешехóдный мóст(ик)

footfall [′futfɔ:l] *n* звук шагóв

foot-hill [′futhil] *n* предгóрье

foothold [′futhəuld] *n* 1) опóра для ног 2) тóчка опóры; **to have a firm ~** имéть твёрдую опóру под ногáми

footing [′futiŋ] *n* 1) тóчка опóры; опóра; основáние; **to lose one's ~** оступúться; поскользнýться; потерять тóчку опóры; **to keep one's ~** удержáться на ногáх; **to gain a ~** а) найтú тóчку опóры б) приобрестú положéние в óбществе 2) взаимоотношéния; **on a friendly ~** в дрýжеских отношéниях *(с кем-л. — with)*; **on an equal ~** на рáвной ногé *(с кем-л. — with)*

footless [′futlis] *a* 1) безнóгий 2) лишённый основáния, опóры

footlights [′futlaits] *n pl театр.* рáмпа

footloose [′futlu:s] *a* свобóдный, не связанный ничéм

footman [′futmən] *n* 1) *ист.* пехотúнец 2) (ливрéйный) лакéй

footmark [′futma:k] *n* след, отпечáток (ногú)

footnote [′futnəut] *n* снóска *(внизу странúцы)*; подстрóчное примечáние

footpath [′futpa:θ] *n* пешехóдная дорóжка; тротуáр

footprint [′futprint] *n* 1) след, отпечáток (ногú) 2) зóна влияния *или* наблюдéния какóго-л. фáктора *или* явлéния

footrest [′futrest] *n* подстáвка, скамéечка для ног

foot-rule [′futru:l] *n* складнóй фут *(для измерéния)*

footsie [′futsi] *n разг.* заúгрывание

foot-soldier [′fut‚səuldʒə(r)] *n* пехотúнец

footsore [′futsɔ:(r)] *a* со стёртыми ногáми

footstep [′futstep] *n* 1) шаг 2) звук шагóв; пóступь ◊ **to follow/to tread in smb's ~s** идтú по чьим-л. стопáм, слéдовать чьемý-л. примéру

footstool [′futstu:l] *n* скамéечка для ног

footway [′futwei] *n* пешехóдная дорóжка, пешехóдный перехóд

footwear [′futweə(r)] *n* 1) óбувь 2) чулкú, носкú *и т. п.*

footwork [′futwɜ:k] *n* 1) рабóта ног (танцóра, гимнáста, конькобéжца *и т. п.*) 2) бýстрые *или* ýмные шагú в решéнии какóй-л. проблéмы

fop [fɒp] *n* пижóн, дéнди, фат

foppery [′fɒpəri] *n* щегольствó, фатовствó

foppish [′fɒpiʃ] *a* 1) щегольскóй, фатовáтый 2) пустóй, тщеслáвный

f. o. q. *сокр.* **(free on quay)** *ком.* фрáнко-нáбережная, фрáнко-прúстань

for I [fə(r); *полная форма* fɔ:(r)] *prep* 1) для, рáди; на; *тж передаётся дательным падежом*; **books ~ children** кнúги для детéй; **these roses are ~ you** эти рóзы вам/для вас; **it's ~ your own good** это для твоéй же пóльзы; **to read ~ pleasure** читáть рáди удовóльствия; **to cook potatoes ~ supper** готóвить картóшку на ýжин; **to save ~ a rainy day** откладывать на чёрный день; **demand ~ coal** спрос на ýголь 2) за; в обмéн на, вмéсто; **to fight ~ one's rights** борóться за свои правá; **to pay ~ a ticket** платúть за билéт; **to exchange roubles ~ dollars** обмéнивать рублú на дóллары; **to buy smth ~ £10** купúть что-л. за 10 фýнтов 3) *указывает на цель:* **to go ~ a walk** идти на прогýлку; **to send ~ a doctor** посылáть за врачóм 4) прóтив, от; **medicine ~ a cough** лекáрство от кáшля 5) *указывает на причину:* из-за, за, от; **to shout ~ joy** кричáть от рáдости; **~ lack of anything better** за неимéнием лýчшего; **to be famous ~ one's wit** слáвиться остроýмием 6) к, в направлéнии; на; в; **he left ~ Paris** он уéхал в Парúж; **a train ~ Oxford** пóезд на Óксфорд 7) *указывает на расстояние:* **he walked ~ miles** он прошёл нéсколько миль 8) в течéние, в продолжéние; **they sang ~ two hours** онú пéли два часá; **~ many years** мнóгие гóды; **~ hours** часáми; **~ a year/three years** нá год, на три гóда ◊ **all I know** наскóлько мне извéстно; **as ~ me** что касáется меня; **~ better or ~ worse** в счáстье и в несчáстье; **~ all I care** мне всё равнó(, что бýдет); **~ good** навсегдá; **~ sure** без сомнéния, безуслóвно, конéчно

for II *conj* так как, потомý что

f. o. r. *сокр.* **(free on rail)** *ком.* фрáнко-вагóн

forage I [′fɒridʒ] *n* фурáж; корм

forage II *v* 1) фуражúровать 2) добывáть продовóльствие

forasmuch [‚fɒrəz′mʌtʃ] *adv:* **~ as** так как, ввидý тогó, что; поскóльку

foray I [′fɒrei] *n* набéг, налёт

foray II *v* дéлать набéг, опустошáть

forbad, forbade [fɔ:′bæd, fə′beid] *past см.* **forbid**

forbear[1] [′fɔ:beə(r)] *n обыкн. pl* прéдки

forbear[2] [fɔ:′beə(r)] *v* (forbore; forborne) 1) воздéрживаться *(от — from)* 2) проявлять терпéние

forbearance [fɔ:′beər(ə)ns] *n* сдéржанность, выдержка

forbid [fə′bid] *v* (forbad, forbade; forbidden) запрещáть; не позволять, не разрешáть; **God ~!** бóже упасú! бóже избáви!

forbidden I [fə'bɪdn] *p. p. см.* **forbid**

forbidden II *a* запре́тный; запрещённый ◊ ~ fruit запре́тный плод

forbidding [fə'bɪdɪŋ] *a* отта́лкивающий; внуша́ющий отвраще́ние *или* страх; гро́зный

forbore [fɔː'bɔː(r)] *past см.* **forbear**²

forborne [fɔː'bɔːn] *p. p. см.* **forbear**²

force I [fɔːs] *n* 1) си́ла; мощь; **to resort to** ~ прибега́ть к си́ле; **the** ~ **of an argument** си́ла аргуме́нта 2) наси́лие; **by** ~ наси́льно, си́лой 3) си́ла, де́йствие *(закона и т. п.);* **to come into** ~ входи́ть в си́лу; **to be/to remain in** ~ быть/остава́ться в си́ле; **of no** ~ недействи́тельный 4) *обыкн. pl* вооружённые си́лы, войска́; **air** ~ вое́нно-возду́шные си́лы; **ground/land** ~s сухопу́тные, назе́мные войска́; **in** ~ значи́тельными си́лами 5) поли́ция *(тж* **police** ~) 6) вооружённый отря́д ◊ **by** ~ **of** посре́дством, путём; **to join** ~s объедина́ть уси́лия

force II *v* 1) заставля́ть, принужда́ть, вынужда́ть; навя́зывать 2) взла́мывать 3) вла́мываться; пробива́ться 4) *воен.* форси́ровать *(реку и т. п.)* 5) (пере)напряга́ть; перегружа́ть *(on, upon)* 6) иску́сственно ускоря́ть рост, созрева́ние расте́ний

forced [fɔːst] *a* 1) принуди́тельный; вы́нужденный; ~ **labour** принуди́тельный труд; ~ **landing** вы́нужденная поса́дка 2) принуждённый, натя́нутый, притво́рный 3) форси́рованный; ~ **march** форси́рованный марш

forceful ['fɔːsfʊl] *a* 1) си́льный, волево́й 2) убеди́тельный

forceless ['fɔːslɪs] *a* бесси́льный

force majeure [ˌfɔːsmæ'ʒɜː(r)] *n юр.* форс-мажо́р, непреодоли́мая си́ла

forcemeat ['fɔːsmiːt] *n* мясно́й фарш

forceps ['fɔːseps] *n (pl без измен.)* 1) щипцы́; зажи́м 2) пинце́т

forcible ['fɔːsɪbl] *a* 1) принуди́тельный, наси́льственный 2) си́льный, убеди́тельный

ford I [fɔːd] *n* брод

ford II *v* переходи́ть, переезжа́ть вброд

fore I [fɔː(r)] *n мор.* нос, носова́я часть су́дна ◊ **to the** ~ на пере́днем пла́не, на виду́; под руко́й; **to come to the** ~ вы́двинуться вперёд; **he's very much to the** ~ **these days** он тепе́рь на виду́, о нём тепе́рь говоря́т

fore II *a* 1) пере́дний 2) *мор.* носово́й

fore III *adv* впереди́; ~ **and aft** *мор.* на носу́ и на корме́; вдоль всего́ су́дна

fore- [fɔː] *pref* 1) *с сущ. означает* пере́днюю часть чего-л. пере́дний, пред-; **forepaw** пере́дняя ла́па; **forecast** предсказа́ние; прогно́з 2) *с гл.* пред-; **to foretell** предска́зывать; **to forewarn** предостерега́ть

forearm ['fɔːrɑːm] *n* предпле́чье

forebear *см.* **forebear**¹

forebode [fɔː'bəʊd] *v* 1) предвеща́ть 2) предчу́вствовать *(несчастье, беду)*

foreboding [fɔː'bəʊdɪŋ] *n* 1) плохо́е предзнаменова́ние 2) (дурно́е) предчу́вствие

forecast I ['fɔːkɑːst] *n* предсказа́ние; прогно́з

forecast II [fɔː'kɑːst] *v (past, p. p.* **forecast, forecasted)** предска́зывать

forecastle ['fəʊksl] *n мор.* бак; полуба́к

foreclose [fɔː'kləʊz] *v* 1) *юр.* исключа́ть; лиша́ть пра́ва по́льзования *или* вы́купа 2) не допуска́ть, ста́вить прегра́ды 3) предреша́ть *(вопрос)*

foredoom [fɔː'duːm] *v* обрека́ть

forefather ['fɔːˌfɑːðə(r)] *n обыкн. pl* пра́отец, пре́док

forefinger ['fɔːˌfɪŋgə(r)] *n* указа́тельный па́лец

forefoot ['fɔːfʊt] *n* пере́дняя ла́па, пере́дняя нога́ *(животного)*

forefront ['fɔːfrʌnt] *n* 1) пере́дняя часть, перёд 2) *воен.* передова́я ли́ния *(фронта),* пере́дний край 3) центр де́ятельности

foregather [fɔː'gæðə(r)] *v* 1) собира́ться; встреча́ться 2) обща́ться

forego [fɔː'gəʊ] *v* **(forewent; foregone)** отка́зываться, возде́рживаться *(от чего-либо)*

foregoing [fɔː'gəʊɪŋ] *a* предше́ствующий; вышеупомя́нутый

foregone I [fɔː'gɒn] *p. p. см.* **forego**

foregone II *a* предрешённый; ~ **conclusion** зара́нее изве́стное реше́ние

foreground I ['fɔːgraʊnd] *n* пере́дний план

foreground II *a* находя́щийся на пере́днем пла́не; *вчт* приорите́тный

forehand ['fɔːhænd] *n спорт.* фо́рхенд, уда́р откры́той раке́ткой *(в теннисе)*

forehead ['fɒrɪd] *n* лоб

foreign ['fɒrɪn] *a* 1) иностра́нный; зарубе́жный; заграни́чный; ~ **trade** вне́шняя торго́вля; **passport for** ~ **travel** заграни́чный па́спорт; ~ **goods** и́мпортные това́ры 2) незнако́мый, чужо́й, незде́шний 3) чу́ждый; иноро́дный; чужеро́дный; **a** ~ **body** *мед.* иноро́дное те́ло 4) посторо́нний, не име́ющий отноше́ния к де́лу

foreigner ['fɒrɪnə(r)] *n* иностра́нец

foreknew [fɔː'njuː] *past см.* **foreknow**

foreknow [fɔː'nəʊ] *v* **(foreknew; foreknown)** знать зара́нее; предви́деть

foreknowledge ['fɔː'nɒlɪdʒ] *n* предви́дение

foreknown [fɔː'nəʊn] *p. p. см.* **foreknow**

foreland ['fɔːlənd] *n* 1) мыс, вы́ступ 2) прибре́жная полоса́

forelock ['fɔːlɒk] *n* прядь воло́с на лбу; хохо́л ◊ **to take time by the** ~ воспо́льзоваться слу́чаем, не упусти́ть своего́

foreman [ˈfɔːmən] *n* 1) мáстер; бригадúр 2) *юр.* старшинá присяжных

foremast [ˈfɔːmɑːst] *n мор.* фок-мáчта

foremost I [ˈfɔːməust] *a* 1) основнóй, сáмый глáвный; крупнéйший 2) передний; передовóй, пéрвый

foremost II *adv* прéжде всегó, во-пéрвых (*тж* **first and ~**)

forename [ˈfɔːneɪm] *n* úмя (*в отличие от фамúлии*)

forenoon [ˈfɔːnuːn] *n мор., юр.* дополýденное врéмя, ýтро

forensic [fəˈrensɪk] *a* судéбный; ~ **medicine** судéбная медицúна

foreordain [ˌfɔːrɔːˈdeɪn] *v* предопределять

forepart [ˈfɔːpɑːt] *n* передняя часть

forepaw [ˈfɔːpɔː] *n* передняя лáпа

foreplay [ˈfɔːpleɪ] *n* 1) любóвная игрá, лáски 2) эротúческое стимулúрование (*до половóго акта*)

foreran [fɔːˈræn] *past см.* **forerun**

forerun [fɔːˈrʌn] *v* (**foreran; forerun**) 1) предшéствовать 2) предвещáть

forerunner [ˈfɔːˌrʌnə(r)] *n* 1) предшéственник; предтéча 2) предвéстник

foresail [ˈfɔːseɪl] *n мор.* фок (*пáрус*)

foresaw [fɔːˈsɔː] *past см.* **foresee**

foresee [fɔːˈsiː] *v* (**foresaw; foreseen**) предвúдеть, знать зарáнее

foreseen [fɔːˈsiːn] *p. p. см.* **foresee**

foreshadow [fɔːˈʃædəu] *v* предвещáть; служúть предостережéнием, предостерегáть

foreshore [ˈfɔːʃɔː(r)] *n* прибрéжная полосá, затопляемая прилúвом

foreshow [ˈfɔːʃəu] *v* предвúдеть; предскáзывать; предвещáть

foreshorten [fɔːˈʃɔːtn] *v* рисовáть в рáкурсе

foresight [ˈfɔːsaɪt] *n* 1) предвúдение 2) предусмотрúтельность 3) мýшка (*ружья*)

foreskin [ˈfɔːskɪn] *n анат.* крáйняя плоть

forest I [ˈfɒrɪst] *n* 1) лес 2) *attr* леснóй

forest II *v* сажáть лес; засáживать лéсом

forestall [fɔːˈstɔːl] *v* предвосхищáть, опережáть; предупреждáть; **to ~ disaster** предупредúть несчáстье

forester [ˈfɒrɪstə(r)] *n* 1) леснúчий; леснúк 2) леснóй жúтель

forestry [ˈfɒrɪstrɪ] *n* 1) лесовóдство 2) леснúчество

forestry officer [ˈfɒrɪstrɪ ɒfɪsə(r)] *n* леснúчий

foretaste I [ˈfɔːteɪst] *n* предвкушéние

foretaste II [fɔːˈteɪst] *v* предвкушáть

foretell [fɔːˈtel] *v* (*past, p. p.* **foretold**) предскáзывать

forethought [ˈfɔːθɔːt] *n* предусмотрúтельность

foretoken I [ˈfɔːtəuk(ə)n] *n* предзнаменовáние

foretoken II [fɔːˈtəuk(ə)n] *v* предвещáть

foretold [fɔːˈtəuld] *past, p. p. см.* **foretell**

forever [fəˈrevə(r)] *adv* навсегдá, навéки, навéчно

forewarn [fɔːˈwɔːn] *v* предостерегáть

forewent [fɔːˈwent] *past см.* **forego**

foreword [ˈfɔːwɜːd] *n* предислóвие; введéние (*в книге*)

forfeit I [ˈfɔːfɪt] *n* 1) штраф 2) расплáта (*за что-л.*) 3) фант; *pl* игрá в фáнты 4) конфискóванная вещь 5) конфискáция

forfeit II *a* конфискóванный

forfeit III *v* поплатúться (*чем-л.*); лишúться прáва (*на что-л.*)

forfeiture [ˈfɔːfɪtʃə(r)] *n* 1) лишéние, потéря прáва (*на что-л.*) 2) конфискáция

forgather [fɔːˈgæðə(r)] *см.* **foregather**

forgave [fəˈgeɪv] *past см.* **forgive**

forge¹ I [fɔːdʒ] *n* 1) кýзница 2) (кузнéчный) горн

forge¹ II *v* 1) изготáвливать фальшúвые дéньги 2) поддéлывать (*докумéнты*), совершáть подлóг 3) ковáть

forge² *v* увéренно продвигáться вперёд (*тж* **to ~ ahead**); выходúть вперёд (*в соревновáнии*)

forger [ˈfɔːdʒə(r)] *n* фальшивомонéтчик; фальсификáтор

forgery [ˈfɔːdʒ(ə)rɪ] *n* 1) поддéлка, подлóг 2) фальшúвый докумéнт; поддéланная пóдпись

forget [fəˈget] *v* (**forgot; forgotten**) забывáть; **to ~ oneself** а) дýмать о другúх, забывáя себя б) забывáться, поступáть недостóйно ◊ ~ **it!** это невáжно!; нé за что! (*в ответ на выражéние благодáрности*)

forgetful [fəˈgetfʊl] *a* забывчивый; ~ **of the danger** забыв об опáсности

forgetfulness [fəˈgetfʊlnɪs] *n* забывчивость

forget-me-not [fəˈgetmɪnɒt] *n бот.* незабýдка

forgivable [fəˈgɪvəbl] *a* простúтельный

forgive [fəˈgɪv] *v* (**forgave; forgiven**) прощáть

forgiven [fəˈgɪvn] *p. p. см.* **forgive**

forgiveness [fəˈgɪvnɪs] *n* 1) прощéние 2) снисходúтельность; незлопáмятность

forgiving [fəˈgɪvɪŋ] *a* снисходúтельный, великодýшный; всепрощáющий

forgo [fɔːˈgəu] (**forwent; forgone**) *см.* **forego**

forgone [fɔːˈgɒn] *p. p. см.* **forgo**

forgot [fəˈgɒt] *past см.* **forget**

forgotten [fəˈgɒtn] *p. p. см.* **forget**

fork I [fɔːk] *n* 1) вúлка 2) вúлы 3) разветвлéние; развúлка (*дорóги*) 4) *амер.* рукáв (*реки*)

fork II *v* 1) разветвля́ться 2) повора́чивать *(на развилке)* 3) копа́ть, поднима́ть ви́лами
fork out/up *сленг* раскоше́литься

forked [fɔ:kt] *a* 1) разветвлённый 2) раздвóенный 3) зигзагообра́зный *(о молнии)*

forlorn [fəˈlɔ:n] *a* 1) поки́нутый; брóшенный 2) несча́стный, жа́лкий 3) безнадёжный, отча́янный, ги́блый

form I [fɔ:m] *n* 1) фóрма, внéшний вид 2) фигу́ра *(человека)*; очерта́ние, кóнтур 3) вид, род; разнови́дность 4) класс *(школьный коллекти́в)*; **the first ~** мла́дший класс 5) бланк, образе́ц; анке́та; **to fill in the ~** запóлнить бланк/анке́ту 6) форма́льность; церемóния; процеду́ра; *(заведённый)* поря́док; **it is just a matter of ~** э́то прóсто форма́льность 7) состоя́ние, фóрма; **he was in good ~** он был в хорóшей фóрме; **out of ~** не в фóрме 8) *грам.* фóрма 9) худóжественная фóрма *(в литерату́ре, му́зыке)* 10) оборóт ре́чи 11) скаме́йка *(без спи́нки)*

form II *v* 1) придава́ть, принима́ть фóрму, вид 2) образóвывать, организóвывать, составля́ть; формирова́ть 3) развива́ться, формири́ться 4) трениро́вать; воспи́тывать 5) *воен.* строиться

formal [ˈfɔ:m(ə)l] *a* 1) официа́льный; **~ dress**, **~ wear** оде́жда для торже́ственных слу́чаев; вечéрние туале́ты 2) форма́льный, внéшний 3) пра́вильный, симметри́чный

formalism [ˈfɔ:məlɪz(ə)m] *n* формали́зм; соблюде́ние форма́льностей

formality [fɔ:ˈmælɪtɪ] *n* 1) форма́льность; церемóния 2) стрóгое соблюде́ние форма́льностей 3) формали́зм, педанти́зм

formally [ˈfɔ:məlɪ] *adv* форма́льно; официа́льно

format I [ˈfɔ:mæt] *n* 1) форма́т *(кни́ги)* 2) размéр; фóрма 3) хара́ктер, фóрма, вид 4) *вчт* форма́т *(ди́ска, за́писи)*

format II *v* 1) *полигр.* оформля́ть *(кни́ги и т. п.)* 2) *вчт* задава́ть форма́т, формати́ровать

formation [fɔ:ˈmeɪʃ(ə)n] *n* 1) образова́ние, формирова́ние 2) констру́кция 3) поря́док, построéние *(войск)* 4) *геол.* форма́ция

formative [ˈfɔ:mətɪv] *a* 1) образу́ющий 2) *лингв.* словообразу́ющий

former [ˈfɔ:mə(r)] *a* 1) прошéдший, пре́жний, да́вний 2) прéжний, бы́вший; **the ~ president** бы́вший президéнт 3) пéрвый *(из двух)*

formerly [ˈfɔ:məlɪ] *adv* прéжде, ра́ньше

formication [ˌfɔ:mɪˈkeɪʃ(ə)n] *n* мура́шки *(по те́лу)*

formidable [ˈfɔ:mɪdəbl] *a* 1) внуша́ющий страх, тре́пет; стра́шный, грóзный 2) значи́тельный, внуши́тельный 3) тру́дный

formless [ˈfɔ:mlɪs] *a* бесфóрменный

formula [ˈfɔ:mjʊlə] *n* (*pl тж* **formulae** [ˈfɔ:mjʊli:]) 1) фóрмула 2) доктри́на 3) рецéпт 4) *амер.* замени́тель груднóго молока́ 5) класс *или* фóрмула *(гóночного автомоби́ля)*

Formula 1 [ˈfɔ:mjʊləˌwʌn] *n* автогóнки «Фóрмула-1» *(междунарóдные соревнова́ния вы́сшего кла́сса)*

formulate [ˈfɔ:mjʊleɪt] *v* 1) выража́ть фóрмулой 2) чётко формули́ровать

formulation [ˌfɔ:mjʊˈleɪʃ(ə)n] *n* формулирóвка

fornication [ˌfɔ:nɪˈkeɪʃ(ə)n] *n* *уст.* незакóнное сожи́тельство; внебра́чная связь

forsake [fəˈseɪk] *v* (**forsook**; **forsaken**) покида́ть, оставля́ть

forsaken I [fəˈseɪk(ə)n] *p. p. см.* **forsake**

forsaken II *a* брóшенный, поки́нутый

forsook [fəˈsʊk] *past см.* **forsake**

forswear [fɔ:ˈsweə(r)] *v* (**forswore**; **forsworn**) 1) наруша́ть кля́тву; отрека́ться 2): **to ~ oneself** дава́ть лóжную кля́тву

forswore [fɔ:ˈswɔ:(r)] *past см.* **forswear**

forsworn [fɔ:ˈswɔ:n] *p. p. см.* **forswear**

fort [fɔ:t] *n* форт

forte [ˈfɔ:teɪ] *n* си́льная сторона́ *(в человéке)*, спосóбность, тала́нт; **dancing is not his ~** танцу́ет он плóхо

forth [fɔ:θ] *adv* 1): **to bring ~** производи́ть, порожда́ть; **to come ~** выходи́ть, выезжа́ть; **to go ~** отправля́ть в путь *(с како́й-л. це́лью)*; **to set ~** а) отправля́ть в путь *(с)* излага́ть, объясня́ть 2) *уст.* впредь; **from that time ~** впредь, начина́я с тогó врéмени 3) *уст.* вперёд; **back and ~** туда́ и сюда́

forthcoming [fɔ:θˈkʌmɪŋ] *a* предстоя́щий, приближа́ющийся; ожида́емый; **the ~ elections** предстоя́щие вы́боры

forthright I [ˈfɔ:θraɪt] *a* 1) прямóй; откровéнный 2) реши́тельный

forthright II *adv* пря́мо, напрями́к

forthwith [fɔ:θˈwɪð] *adv* тóтчас, немéдленно

forties [ˈfɔ:tɪz] *n pl* (**the ~**) 1) сороковы́е гóды 2) вóзраст от 40 до 49 лет

fortieth I [ˈfɔ:tɪəθ] *n* сорокова́я часть

fortieth II *пит* сороковóй

fortification [ˌfɔ:tɪfɪˈkeɪʃ(ə)n] *n* 1) укрепле́ние; *воен.* фортифика́ция 2) *pl* укрепле́ния

fortified [ˈfɔ:tɪfaɪd] *a* 1) *воен.* укреплённый 2) креплёный *(о вине́)*

fortify [ˈfɔ:tɪfaɪ] *v* 1) укрепля́ть, уси́ливать 2) подде́рживать дух, мора́льно укрепля́ть 3) добавля́ть крéпости *(вину́)* 4) витаминизи́ровать, обогаща́ть полéзными доба́вками *(проду́кты пита́ния)*

fortitude [ˈfɔːtɪtjuːd] *n* сила духа, мужество

fortnight [ˈfɔːtnaɪt] *n* две недели; **a ~ today, this day ~** через две недели (считая с сегодняшнего дня)

fortnightly I [ˈfɔːtˌnaɪtlɪ] *a* происходящий раз в две недели

fortnightly II *adv* (один) раз в две недели, каждые две недели

FORTRAN, Fortran [ˈfɔːtræn] *сокр.* (Formula Translation) *n вчт* ФОРТРАН (язык программирования)

fortress [ˈfɔːtrɪs] *n* крепость; **to seize a ~** взять крепость

fortuitous [fɔːˈtjuːɪtəs] *a* случайный

fortuity [fɔːˈtjuːɪtɪ] *n* случайность; случай

fortunate [ˈfɔːtʃənət] *a* счастливый, удачный; благоприятный

fortunately [ˈfɔːtʃənətlɪ] *adv* 1) к счастью 2) счастливо

fortune [ˈfɔːtʃən] *n* 1) счастье; удача, фортуна; **good ~** удача, счастье; **by good ~** по счастливой случайности; **bad/ill ~** неудача, несчастье; **to seek one's ~** попытать счастья 2) судьба; **to tell ~s** гадать, предсказывать судьбу 3) богатство, состояние; **to make a ~** нажить состояние, разбогатеть; **a small ~** *разг.* целое состояние, уйма денег; **it's worth a small ~** это стоит целое состояние; **to come into a ~** получить наследство

fortune hunter [ˌfɔːtʃənˈhʌntə(r)] *n разг.* охотник за состоянием *или* за приданым

fortuneless [ˈfɔːtʃ(ə)nlɪs] *a* 1) неудачливый 2) бедный, небогатый

fortune-teller [ˈfɔːtʃ(ə)nˌtelə(r)] *n* гадалка, ворожея, предсказатель(ница) будущего

forty [ˈfɔːtɪ] *num* сорок; **~ winks** *разг.* дремота, короткий сон (обыкн. днём)

forum [ˈfɔːrəm] *n* 1) форум, собрание, на котором проходит свободная дискуссия 2) суд; трибунал 3) *ист.* форум

forward I [ˈfɔːwəd] *n спорт.* нападающий, форвард

forward II *a* 1) передний; передовой 2) дерзкий, развязный 3) ранний; скороспелый; преждевременный 4) *ком.* срочный (о поставках, контракте); заблаговременный

forward III *v* 1) препровождать, посылать, отправлять; **to ~ a letter** посылать письмо 2) помогать, осуществлять, способствовать; ускорять

forward IV *adv* 1) вперёд 2) заблаговременно 3) впредь

forward-looking [ˈfɔːwədˌlʊkɪŋ] *a* прогрессивный; приветствующий перемены, дальновидный

forwardness [ˈfɔːwədnɪs] *n* 1) раннее развитие, созревание 2) готовность, стремление (что-л. сделать) 3) нахальство, развязность

forwards [ˈfɔːwədz] *adv* вперёд

forwent [fɔːˈwent] *past см.* **forgo**

for what it's worth [ˌfɔː wɒt ɪts ˈwɜːθ] *вчт сленг* не ручаясь за достоверность (*тж* **FWIW**)

for your information [ˌfɔː jɔː ˌɪnfəˈmeɪʃ(ə)n] *вчт сленг* к вашему сведению (*тж* **FYI**)

fossick [ˈfɒsɪk] *v австрал. разг.* шарить, искать (about, around)

fossil I [ˈfɒsl] *n* 1) ископаемое, окаменелость 2) человек с допотопными взглядами, ретроград

fossil II *a* 1) ископаемый, окаменелый 2) устаревший, допотопный

foster [ˈfɒstə(r)] *v* 1) благоприятствовать; способствовать; поощрять 2) воспитывать (неродного ребёнка, сироту); выхаживать 3) лелеять; **to ~ hope** питать надежду

foster brother [ˈfɒstəˌbrʌðə(r)] *n* сводный, молочный брат

foster child [ˈfɒstəˌtʃaɪld] *n* приёмный ребёнок, приёмыш

foster daughter [ˈfɒstəˌdɔːtə(r)] *n* приёмная дочь

foster father [ˈfɒstəˌfɑːðə(r)] *n* приёмный отец

foster mother [ˈfɒstəˌmʌðə(r)] *n* 1) кормилица 2) приёмная мать

foster parents [ˈfɒstəˌpeərənts] *n pl* приёмные родители

foster sister [ˈfɒstəˌsɪstə(r)] *n* сводная, молочная сестра

foster son [ˈfɒstəˌsʌn] *n* приёмный сын

fought [fɔːt] *past, p. p. см.* **fight II**

foul I [faʊl] *n* 1) *спорт.* нарушение правил (игры), фол 2) столкновение (при верховой езде, гребле, беге) 3) нечто мерзкое, грязное 4) ошибка

foul II *a* 1) грязный, противный; зловонный 2) загрязнённый; засорённый; сырой, гнилой (о воздухе и т. п.) 3) *разг.* скверный, отвратительный, плохой; **~ weather** скверная погода 4) бесчестный, подлый 5) неприличный, непристойный, непотребный; **~ language** сквернословие 6) гнойный, гноящийся; заразный 7) штормовой; ветреный (о погоде) 8) *спорт.* сыгранный не по правилам 9) запутанный (о канате, кабеле) 10) обросший (о подводной части судна)

foul III *v* 1) (за)пачкать(ся), (за)мараться 2) *спорт.* сделать неправильный ход, сыграть не по правилам 3) столкнуться 4) дискредитировать

foul IV *adv* нечéстно, не по прáвилам

foulard [fuː'lɑːd] *n текст.* фуля́р

foulmouth ['faʊlmaʊθ] *n* сквернослóв

found[1] [faʊnd] *past, p. p.* см. **find I**

found[2] *v* 1) заклáдывать (основáние); оснóвывать 2) учреждáть; создавáть 3) заклáдывать фундáмент *(здания и т. п.)* 4) оснóвываться, быть оснóванным *(на — on, upon)*; обоснóвывать; **well ~ed** основáтельный; **ill ~ed** неоснова́тельный

found[3] *v тех.* плáвить, лить, отливáть

foundation [faʊn'deɪʃ(ə)n] *n* 1) фундáмент (здáния) 2) основáние, оснóва, фундáмент; **to lay ~** заклáдывать фундáмент, положи́ть начáло 3) основáние, учреждéние 4) фонд; учреждéние *(основанное на чей-л. вклад)* 5) тонáльный крем; тонáльная пýдра *(для лица)*; крем-оснóва *(для макияжа)* 6) *attr:* **~ stone** краеугóльный кáмень *(теории, гипотезы)*

founder[1] ['faʊndə(r)] *n* основáтель, учреди́тель

founder[2] *n* плави́льщик, литéйщик

founder[3] *v* 1) пойти́ ко дну; пусти́ть ко дну 2) провали́ться, не осуществи́ться *(о планах)* 3) обвáливаться; подавáться, оседáть

foundling ['faʊndlɪŋ] *n* найдёныш, подки́дыш

foundry ['faʊndrɪ] *n* 1) литéйный цех; литéйный завóд 2) литéйное дéло

fount[1] [faʊnt] *n* 1) *поэт.* фонтáн; ключ; истóчник 2) см. **font**

fountain ['faʊntɪn] *n* 1) фонтáн; **drinking ~** питьевóй фонтáнчик 2) истóчник *(тж перен.)* 3) резервуáр *(авторýчки)*

fountain-head ['faʊntɪn'hed] *n* первоистóчник

fountain-pen ['faʊntɪnpen] *n* авторýчка

four I [fɔː] *n* 1) четвёрка 2) байдáрка-четвёрка ◊ **on all ~s** на четверéньках

four II *num* четы́ре

fourfold I ['fɔːfəʊld] *a* четырёхкрáтный

fourfold II *adv* вчéтверо

four-footed ['fɔː'fʊtɪd] *a* четвероногий

four-in-hand ['fɔːrɪn'hænd] *n* 1) экипáж четвёркой 2) гáлстук-самовя́з *(со свободным узлом и двумя длинными концами)*

four-seater ['fɔː'siːtə(r)] *n* четырёхмéстный автомоби́ль

foursome ['fɔːsəm] *n* грýппа из четырёх человéк

four-square ['fɔː'skweə] *a* 1) усто́йчивый, основáтельный, надёжный 2) прямóй и чéстный *(о человеке)* 3) квадрáтный

fourteen ['fɔː'tiːn] *num* четы́рнадцать

fourteenth I ['fɔː'tiːnθ] *n* четы́рнадцатая часть

fourteenth II *num* четы́рнадцатый

fourth I [fɔːθ] *n* чéтверть, четвёртая часть

fourth II *num* четвёртый ◊ **~ estate** *перен.* четвёртая власть, прéсса, журнали́сты

fourthly ['fɔːθlɪ] *adv* в-четвёртых

four-wheeled ['fɔː'wiːld] *a* четырёхколёсный; **~ drive** *авто* при́вод на четы́ре колесá, пóлный при́вод

fowl I [faʊl] *n* 1) домáшняя пти́ца 2) куря́тина 3) дичь

fowl II *v* охóтиться на дичь

fowl-run ['faʊlrʌn] *n* пти́чий двор; пти́чник

fox I [fɒks] *n* 1) лиси́ца, лисá; **arctic ~** песéц 2) ли́сий мех; **silver ~** серебри́стая/чёрно-бýрая лисá 3) хи́трый человéк, хитрéц, «лисá» *(тж* **sly ~**) 4) *амер. сленг* хорошéнькая жéнщина 5) *attr* ли́сий; **~ fur** ли́сий мех

fox II *v* хитри́ть, обмáнывать

foxed [fɒkst] *a* вы́цветший, покры́тый бýрыми пя́тнами *(о бумаге)*

foxglove ['fɒksglʌv] *n бот.* наперстя́нка

foxhound ['fɒkshaʊnd] *n* англи́йская парáтая гóнчая

fox-hunt I ['fɒkshʌnt] *n* охóта на лисý

fox-hunt II *v* охóтиться на лисý

fox terrier ['fɒks‚terɪə(r)] *n* фокстерьéр

foxtrot ['fɒkstrɒt] *n* фокстрóт

foxy ['fɒksɪ] *a* 1) ли́сий 2) хи́трый 3) ры́жий, крáсно-бýрый, краснова́то-кори́чневый 4) *амер. сленг* сексапи́льная *(о женщине)*

foyer ['fɔɪeɪ] *n* фойé

Fr. *сокр.* 1) (**Father**) отéц 2) (**French**) францýзский

fracas ['frækɑː] *n* шум, гвалт; шýмная ссóра

fraction ['frækʃ(ə)n] *v* 1) *мат.* дробь; **common/vulgar ~** простáя дробь; **decimal ~** деся́тичная дробь; **proper ~** прáвильная дробь 2) части́ца, дóля 3) *полит.* фрáкция

fractional ['frækʃən(ə)l] *a* 1) дрóбный 2) óчень незначи́тельный

fraction bar ['frækʃ(ə)n‚bɑː] *n* дрóбная чертá

fractious ['frækʃəs] *a* капри́зный; раздражи́тельный

fracture I ['fræktʃə(r)] *n* 1) *мед.* перелóм 2) излóм; трéщина

fracture II *v* ломáть(ся); раздробля́ть

fragile ['frædʒaɪl] *a* 1) хрýпкий, лóмкий 2) слáбый, некрéпкий *(о сложении, организме)*

fragility [frə'dʒɪlɪtɪ] *n* 1) хрýпкость 2) слáбость *(организма)*

fragment ['frægmənt] *n* 1) облóмок; оскóлок; обры́вок 2) отры́вок, фрагмéнт

fragmentary ['frægmənt(ə)rɪ] *a* 1) отры́вочный; обры́вочный; фрагментáрный 2) несвя́занный, разрóзненный 3) *геол.* облóмочный

fragmentation [ˌfræɡmən'teɪʃ(ə)n, -men-] *n* 1) распа́д, распаде́ние *(на части, куски)* 2) дробле́ние; фрагмента́ция 3) *биол.* размноже́ние деле́нием

fragmentation bomb [ˌfræɡmən'teɪʃ(ə)n'bɒm] *n воен.* оско́лочная бо́мба

fragrance ['freɪɡr(ə)ns] *n* арома́т, благоуха́ние

fragrant ['freɪɡr(ə)nt] *a* арома́тный, благоуха́ющий

frail[1] [freɪl] *a* 1) хру́пкий, сла́бый, боле́зненный 2) слабохара́ктерный; неусто́йчивый 3) бре́нный, преходя́щий

frail[2] *n амер. сленг* же́нщина

frailty ['freɪltɪ] *n* 1) хру́пкость, сла́бость 2) мора́льная неусто́йчивость, челове́ческая сла́бость

frame I [freɪm] *n* 1) ра́ма; ра́мка 2) карка́с, костя́к, о́стов; сруб 3) *pl* опра́ва очко́в 4) (тело)сложе́ние, конститу́ция 5) строе́ние, структу́ра; строй; систе́ма; ~ **of life** о́браз жи́зни; ~ **of mind** расположе́ние ду́ха, настрое́ние; **to be out of** ~ быть не в ду́хе 6) *вчт* фрейм; кадр; паке́т; блок да́нных 7) *вчт* ра́мка 8) *кино, тлв* кадр 9) парнико́вая ра́ма, парни́к

frame II *v* 1) вставля́ть, заключа́ть в ра́му; обрамля́ть, окружа́ть 2) стро́ить; составля́ть; конструи́ровать 3) выраба́тывать, составля́ть *(план, принципы и т. п.)* 4) приспоса́бливать *(to, into)* 5) *амер. сленг* фабрикова́ть, подстра́ивать, подставля́ть, подтасо́вывать, извраща́ть *(тж* **to** ~ **up)** 6) произноси́ть, стро́ить фра́зу

frame-up ['freɪmʌp] *n разг.* подтасо́вка фа́ктов; подстро́енное, сфабрико́ванное обвине́ние

framework ['freɪmwɜːk] *n* 1) о́стов, карка́с; ра́ма, сруб 2) строй; структу́ра; инфраструкту́ра; **the** ~ **of government** структу́ра прави́тельства 3) о́бщая схе́ма *(какой-л. деятельности)* 4) ра́мки, преде́лы 5) осно́ва

framework agreement ['freɪmwɜːk ə'griːmənt] *n* ра́мочное соглаше́ние

framing ['freɪmɪŋ] *n* 1) обрамле́ние 2) карка́с, о́стов 3) структу́ра 4) *вчт, элн* ка́дровая синхрониза́ция

franc [fræŋk] *n* франк *(денежная единица)*

franchise ['fræntʃaɪz] *n* 1) пра́во уча́ствовать в вы́борах, пра́во го́лоса 2) *ком.* франши́за, лице́нзия, выдава́емая на определённых усло́виях 3) привиле́гия; осо́бое пра́во; льго́та

franchisee [ˌfræntʃɪ'ziː] *n ком.* держа́тель франши́зы

franchisor ['fræntʃɪsə] *n ком.* тот, кто даёт франши́зу

Franciscan [fræn'sɪskən] *n* франциска́нец *(монах францисканского ордена)*

Frank [fræŋk] *n ист.* франк *(национальность)*

frank[1] [fræŋk] *a* открове́нный, и́скренний, откры́тый, прямо́й

frank[2] *v* франки́ровать *(письмо);* отправля́ть франки́рованным письмо́м

frankfurter ['fræŋkfətə(r)] *n* дли́нная то́нкая соси́ска

frankincense ['fræŋkɪnˌsens] *n церк.* ла́дан

frankly ['fræŋklɪ] *adv* откры́то, пря́мо; открове́нно *(говоря)*

frankness ['fræŋknɪs] *n* открове́нность, и́скренность; откры́тость

frantic ['fræntɪk] *a* 1) неи́стовый, бе́шеный 2) *разг.* безу́мный, отча́янный, неимове́рный; **I'm in a** ~ **hurry** я безу́мно тороплю́сь

frappé ['fræpeɪ] *a* охлаждённый *(о вине);* со льдом

fraternal [frə'tɜːn(ə)l] *a* бра́тский

fraternity [frə'tɜːnɪtɪ] *n* бра́тство; общи́на; содру́жество

fraternize ['frætənaɪz] *v* брата́ться

fratricide ['freɪtrɪsaɪd] *n* 1) братоуби́йство 2) братоуби́йца

fraud [frɔːd] *n* 1) обма́н, моше́нничество, надува́тельство 2) обма́нщик, моше́нник

fraudulent ['frɔːdjʊlənt] *a* обма́нный, моше́ннический; **by** ~ **means** обма́нным путём

fraught [frɔːt] *a predic* по́лный, (пре)испо́лненный; чрева́тый *(with)*

fray[1] [freɪ] *n* шу́мная ссо́ра; дра́ка

fray[2] *v* 1) обтрёпывать(ся), изна́шивать(ся); ~**ed cuffs** обтрёпанные манже́ты 2) истрепа́ть *(нервы);* **my nerves are** ~**ed** у меня́ не́рвы истрепа́лись

frazzle ['fræzl] *n разг.* изно́шенность, истрёпанность; **worn to a** ~ соверше́нно изно́шенный

freak [friːk] *n* 1) уро́д, дегенера́т *(тж* ~ **of nature);** не́что ненорма́льное 2) чуда́к, эксце́нтрик; поме́шанный *(на чём-л.);* **he's a health** ~ он поме́шался на своём здоро́вье 3) *разг.* наркома́н *(предпочитающий галлюциногенные наркотики, напр. ЛСД);* **acid** ~ наркома́н, принима́ющий ЛСД 4) причу́да, капри́з; вы́ходка

freakish ['friːkɪʃ] *a* 1) капри́зный; причу́дливый 2) чудакова́тый, страннова́тый

freckle I ['frekl] *n* весну́шка

freckle II *v* покрыва́ть(ся) весну́шками

freckled ['frekld] *a* весну́шчатый, в весну́шках

free I [friː] *a* 1) свобо́дный; **a** ~ **country** свобо́дная страна́; ~ **agent** име́ющий свобо́ду де́йствий 2) освобождённый; **to set** ~ освобожда́ть; выпуска́ть на свобо́ду; ~ **of charge** беспла́тный; ~ **of tax** не облага́емый нало́гом 3) беспла́тный; **a** ~ **ticket** беспла́тный биле́т 4) свобо́дный, незаня́тый; **is this seat** ~? э́то ме́сто свобо́дно?; **are you** ~ **tomorrow?** вы свобо́дны за́втра? 5) непринуждённый, свобо́дный; ~ **and easy** непринуждённый, неформа́льный 6) развя́зный, распу́щенный *(о манерах, поведении и т. п.)*; **to make** ~ **with** а) позволя́ть себе́ ли́шнее б) свобо́дно распоряжа́ться *(чужим имуществом)*; **he is too** ~ **in his language** он не стесня́ется в выраже́ниях

free II *v* освобожда́ть

free III *adv* 1) свобо́дно 2) беспла́тно

freebooter [ˈfriːˌbuːtə(r)] *n* пира́т, флибустье́р

freedman [ˈfriːdmən] *n* вольноотпу́щенник, освобождённый раб

freedom [ˈfriːdəm] *n* 1) свобо́да; незави́симость; ~ **of speech** свобо́да сло́ва; ~ **of the press** свобо́да печа́ти; ~ **of religion, religious** ~ свобо́да вероисповеда́ния 2) пра́во, привиле́гия 3) свобо́дное по́льзование; **he has the** ~ **of the library** он име́ет свобо́дный до́ступ в библиоте́ку 4) во́льность *(в общении)*, фамилья́рность

free fight [ˈfriːˈfaɪt] *n* о́бщая сва́лка, пота́совка

free form [ˌfriːˈfɔːm] *n* 1) эски́зное черче́ние 2) свобо́дная фо́рма; необусло́вленная фо́рма

freehand [ˈfriːhænd] *a* произво́льный, (сде́ланный) от руки́ *(о рисунке, эскизе)*

free-handed [ˈfriːˈhændɪd] *a* ще́дрый

freelance I [ˈfriːlɑːns] *n* челове́к, рабо́тающий по контра́кту *(не в штате)*; челове́к, рабо́тающий на вре́менных рабо́тах *(тж* **freelancer)**

freelance II *v* рабо́тать внешта́тно, рабо́тать по контра́кту

freely [ˈfriːlɪ] *adv* 1) свобо́дно; во́льно 2) оби́льно

freeman [ˈfriːmən] *n* 1) почётный граждани́н *(города)* 2) *ист.* свобо́дный незави́симый челове́к *(не раб)*

Freemason [ˈfriːˌmeɪs(ə)n] *n* масо́н

Freemasonry [ˈfriːˌmeɪs(ə)nrɪ] *n* масо́нство

free-running [ˌfriːˈrʌnɪŋ] *a тех.* автоно́мный; автоно́мно рабо́тающий; несинхронизи́рованный

free-spoken [ˈfriːˈspəʊk(ə)n] *a* открове́нный, прямо́й

freestyle [ˈfriːstaɪl] *n спорт.* фриста́йл

freethinker [ˈfriːˈθɪŋkə(r)] *n* свободомы́слящий челове́к, вольноду́мец

freeway [ˈfriːweɪ] *n амер.* 1) скоростна́я автостра́да (с регули́руемым въе́здом) 2) беспла́тная автостра́да

free-wheel [ˌfriːˈwiːl] *v* е́хать на велосипе́де без педа́лей *(особ. на спуске)*

freeze I [friːz] *n* 1) моро́з; хо́лод 2) замора́живание *(цен, зарплаты и т. п.)* 3) стоп-кадр

freeze II *v* (**froze; frozen**) 1) замора́живать; превраща́ть в лёд 2) моро́зить; **it is freezing** на у́лице моро́з 3) мёрзнуть, замерза́ть; застыва́ть, кочене́ть 4) смерза́ться, примерза́ть *(to; тж* **to** ~ **together)** 5) замора́живать, храни́ть (проду́кты) в морози́льнике 6) замора́живать, заблоки́ровать *(кредиты, фонды и т. п.)*; **to** ~ **prices/wages** замора́живать це́ны/зарпла́ту 7) замере́ть, засты́ть на ме́сте

freeze in скова́ть льдом

freeze off *разг.* держа́ть *(кого-л.)* на расстоя́нии

freeze onto 1) примерза́ть, смерза́ться 2) ухвати́ться, прицепи́ться к *(чему-л.)*

freeze out 1) замора́живать, моро́зить 2) *разг.* выжива́ть, вытесня́ть 3) *амер.* приостана́вливать из-за си́льных холодо́в 4) поби́ть моро́зом

freeze up 1) замёрзнуть, закочене́ть 2) замере́ть, засты́ть на ме́сте

freeze-frame [ˈfriːzfreɪm] *n* стоп-ка́др

freezer [ˈfriːzə(r)] *n* морози́льник, морози́льная ка́мера

freezing I [ˈfriːzɪŋ] *n* 1) замерза́ние; застыва́ние 2) замора́живание; ~ **of wages** замора́живание за́работной пла́ты

freezing II *a* 1) замора́живающий 2) ледяно́й; леденя́щий

freezing-point [ˈfriːzɪŋpɔɪnt] *n* то́чка замерза́ния

freight I [freɪt] *n* 1) перево́зка гру́зов *(по воде, по воздуху, амер. тж по суше)* 2) фрахт; груз 3) сто́имость перево́зки, фрахт 4) наём тра́нспортных средств для перево́зки гру́зов

freight II *v* 1) грузи́ть *(судно и т. п.)* 2) фрахтова́ть

freightage [ˈfreɪtɪdʒ] *n* 1) перево́зка гру́зов 2) фрахтова́ние 3) грузовмести́мость

freighter [ˈfreɪtə(r)] *n* 1) грузово́е су́дно; грузово́й самолёт 2) *амер.* това́рный ваго́н 3) получа́тель *или* отправи́тель гру́зов 4) фрахто́вщик

French I [frentʃ] *n* 1): **the** ~ *(употр. как pl)* францу́зы 2) францу́зский язы́к

French II *a* францу́зский; ~ **bean** стручко́вая фасо́ль; ~ **bread** францу́зский дли́нный бато́н, багет; ~ **door/window** застеклённая створчатая дверь, выходя́щая в сад; ~ fries карто́фель фри; ~ roof манса́рда; ~ letter *разг.* презерва́тив ◊ ~ leave а) прогу́л б) ухо́д без проща́ния, ухо́д по-англи́йски

Frenchman [ˈfrentʃmən] *n* францу́з

Frenchwoman [ˈfrentʃˌwʊmən] *n* францу́женка

frenetic [frəˈnetɪk] *a* 1) взбешённый 2) неи́стовый, фанати́чный

frenzied [ˈfrenzɪd] *a* бе́шеный, взбешённый

frenzy [ˈfrenzɪ] *n* безу́мие, неи́стовство, бе́шенство

Freon [ˈfriːɒn] *n хим.* фрео́н

frequency [ˈfriːkwənsɪ] *n* 1) ча́стая повторя́емость; частота́; часто́тность 2) *физ.* частота́; **high ~** высо́кая частота́; **low ~** ни́зкая частота́

frequent I [ˈfriːkwənt] *a* 1) ча́стый; ча́сто повторя́ющийся; ча́сто встреча́ющийся 2) привы́чный; постоя́нный; **a ~ caller/visitor** постоя́нный посети́тель, завсегда́тай, ча́стый гость

frequent II [friːˈkwent] *v* ча́сто посеща́ть

frequentative [frɪˈkwentətɪv] *a грам.* многокра́тный

frequenter [frɪˈkwentə(r)] *n* завсегда́тай, постоя́нный посети́тель, ча́стый гость

frequently [ˈfriːkwəntlɪ] *adv* ча́сто

fresco [ˈfreskəʊ] *n иск.* 1) фре́ска 2) фре́сковая жи́вопись

fresh I [freʃ] *n* све́жесть, прохла́да (*утра, осени*)

fresh II *a* 1) све́жий 2) но́вый; ~ **ideas** но́вые, све́жие мы́сли/иде́и 3) чи́стый, све́жий, неиспо́рченный 4) несолёный, пре́сный 5) натура́льный, неконсерви́рованный 6) си́льный (*о ветре*) 7) нео́пытный 8) *разг.* де́рзкий

fresh III *adv* то́лько что, неда́вно, свеже-; ~ **from the oven** пря́мо из печи́; ~**baked** свежеиспечённый

freshen [ˈfreʃən] *v* 1) освежа́ть (*тж* to ~ **up**) 2) свеже́ть; **the wind is ~ing** ве́тер уси́ливается 3) приводи́ть себя́, свою́ оде́жду в поря́док (**up**)

fresher [ˈfreʃə(r)] *n разг.* первоку́рсник

freshet [ˈfreʃɪt] *n* 1) струя́, пото́к пре́сной воды́, влива́ющийся в мо́ре 2) па́водок, полово́дье

freshly [ˈfreʃlɪ] *adv* 1) свежо́ 2) то́лько что, неда́вно; свеже- (*обыкн. в сочетании с р. р.*)

freshman [ˈfreʃmən] *n* первоку́рсник

freshwater [ˈfreʃˌwɔːtə(r)] *a* пресново́дный (*см. тж* water I)

fret¹ I [fret] *n* орна́мент (*обыкн. прямоуго́льный*)

fret¹ II *v* покрыва́ть резьбо́й; украша́ть лепны́м орна́ментом

fret² I *n* раздраже́ние, доса́да

fret² II *v* 1) заме́тно беспоко́иться, му́читься 2) раздража́ть, досажда́ть 3) подта́чивать, разъеда́ть 4) покрыва́ться ря́бью (*о воде*)

fret³ *n* лад (*в гитаре и т. п.*)

fretful [ˈfretfʊl] *a* обеспоко́енный, взволно́ванный; раздражённый

fretsaw [ˈfretsɔː] *n* ло́бзик

fretwork [ˈfretwɜːk] *n* резно́е украше́ние, вы́полненное ло́бзиком по де́реву

Freudian I [ˈfrɔɪdɪən] *n психол.* фрейди́ст

Freudian II *a психол.* фрейди́стский; ~ **slip** огово́рка по Фре́йду (*выражающая подсознательные желания и мысли*)

friable [ˈfraɪəbl] *a* кроша́щийся; ры́хлый

friar [ˈfraɪə(r)] *n* брат (*ставится перед именем*), мона́х (*обыч. принадлежащий к одному из четырёх основных монашеских орденов — августинцам, кармелитам, доминиканцам или францисканцам*)

friary [ˈfraɪərɪ] *n* мужско́й монасты́рь

fricative I [ˈfrɪkətɪv] *n фон.* фрикати́вный звук

fricative II *a фон.* фрикати́вный

friction [ˈfrɪkʃ(ə)n] *n* 1) тре́ние 2) конфли́кт, тре́ния 3) *attr* фрикцио́нный

Friday [ˈfraɪdeɪ] *n* пя́тница ◊ **man ~** помо́щник; после́дователь; **Good ~** *церк.* Страстна́я пя́тница; (*у православных*) Вели́кая пя́тница

fridge [frɪdʒ] *n разг.* холоди́льник

friend [frend] *n* 1) друг; подру́га; прия́тель; прия́тельница; **intimate/bosom ~** бли́зкий/закады́чный друг; **to make ~s with smb** подружи́ться с кем-л. 2) знако́мый; знако́мая 3) това́рищ, колле́га; **my learned ~** мой учёный колле́га (*в обращении к коллеге-адвокату*) 4) сторо́нник, доброжела́тель; помо́щник 5) покрови́тель, мецена́т 6) (**F.**) ква́кер ◊ **a ~ at court** влия́тельный друг, «рука́»; **a ~ in need is a ~ indeed** *посл.* друзья́ познаю́тся в беде́

friendless [ˈfrendlɪs] *a* не име́ющий друзе́й, одино́кий

friendliness [ˈfrendlɪnɪs] *n* дружелю́бие, дру́жеское уча́стие

friendly [ˈfrendlɪ] *a* 1) дру́жеский, дру́жественный; **to be on ~ terms with smb** быть в дру́жеских отноше́ниях с кем-л. 2) дружелю́бный; благоскло́нный, сочу́вствующий; гото́вый помо́чь 3) благотво́рный, благоприя́тный 4) *воен.* свой, невра́жеский; принадлежа́щий свои́м войска́м

friendship [ˈfrendʃɪp] *n* 1) дру́жба 2) дружелю́бие

frieze [friːz] *n архит.* фриз

frigate ['frɪgɪt] *n мор.* 1) фрегат 2) сторожевой корабль

fright I [fraɪt] *n* 1) испуг; страх; **to give a ~** испугать; **to take ~** испугаться 2) *разг.* страшилище, пугало; **she looked a ~** она выглядела крайне нелепо

fright II *v поэт.* пугать

frighten ['fraɪtn] *v* (ис)пугать; напугать; **to be ~ed** испугаться; быть испуганным; **to ~ into smth** запугать и заставить сделать что-л.; **to ~ out of smth** запугиванием заставить отказаться от чего-л.; **to ~ smb out of his wits** до смерти напугать кого-л.

frightened ['fraɪtnd] *a* испуганный, напуганный

frightful ['fraɪtful] *a* 1) страшный, ужасный, пугающий 2) отталкивающий, неприятный; безобразный

frigid ['frɪdʒɪd] *a* 1) равнодушный, апатичный; сухой, холодный 2) леденящий 3) *мед.* фригидный 4) холодный (*о климате*)

frigidity [frɪ'dʒɪdɪtɪ] *n* 1) холодность, безразличие, равнодушие 2) мерзлота; **eternal ~** вечная мерзлота 3) *мед.* фригидность

frill [frɪl] *n* 1) оборка; оборки, сборки 2) *pl* ужимки; важничанье; **to put on ~s** важничать; манерничать 3) *pl* украшательства, ненужные выкрутасы (*лит. стиля и т. п.*); манерничанье

fringe I [frɪndʒ] *n* 1) бахрома 2) обрамление; кайма 3) чёлка 4) край, обочина 5) побочная тема; что-л. второстепенное 6) *attr:* **~ medicine** нетрадиционная медицина; **~ theatre** маленький экспериментальный театр

fringe II *v* 1) обшивать, украшать бахромой 2) обрамлять, окаймлять

frippery ['frɪpərɪ] *n* 1) дешёвые кричащие украшения 2) напыщенность стиля; пустые фразы 3) безделушки

Frisco ['frɪskəu] *n разг.* г. Сан-Франциско

frisk I [frɪsk] *n* прыжок

frisk II *v* 1) прыгать, скакать, резвиться 2) *сленг* быстро обыскать (*в поисках оружия*)

frisky ['frɪskɪ] *a* весёлый, резвый, игривый

frith [frɪθ] *см.* **firth**

fritter[1] ['frɪtə(r)] *n* оладья (*яблочная и т. п.*); пончик

fritter[2] *v* зря тратить (*время, деньги, силы и т. п.*); растрачивать по мелочам (*тж* **to ~ away**)

fritz [frɪts] *n сленг* поломка, авария; **on the ~** *амер. сленг* сломанный, вышедший из строя; плохо работающий

frivolity [frɪ'vɒlɪtɪ] *n* легкомыслие; поверхностность (*суждений и т. п.*)

frivolous ['frɪvələs] *a* легкомысленный, пустой, поверхностный, несерьёзный; **a ~ remark** несерьёзное замечание

frizz I [frɪz] *n* 1) курчавые волосы 2) завиток

frizz II *v* 1) завивать мелкими кудряшками 2) обрабатывать пемзой *или* скребком

frizzle[1] **I** ['frɪzl] *n* жёсткие курчавые волосы

frizzle[1] **II** *v* 1) завивать мелкими кудряшками 2) виться, курчавиться (*тж* **to ~ up**)

frizzle[2] *v* 1) жарить(ся) с шипением; шипеть (на сковородке, углях и т. п.) 2) изнемогать от жары (*тж* **to ~ up**)

frizzy ['frɪzɪ] *a* курчавый, в мелких кудряшках; **~ hair** жёсткие курчавые волосы

fro [frəu] *adv:* **to and ~** туда и обратно, взад и вперёд

frock [frɒk] *n* 1) платье 2) *см.* **frock-coat** 3) *церк.* ряса

frock-coat ['frɒk'kəut] *n* сюртук

frog [frɒg] *n* лягушка

Froggy ['frɒgɪ] *n сленг презр.* француз, «лягушатник»

froggy ['frɒgɪ] *a* 1) лягушачий 2) холодный, как лягушка 3) *сленг презр.* французский

frog-in-the-throat ['frɒgɪnðə'θrəut] *n разг.* хрипота, охриплость

frogmen ['frɒgmən] *n pl* боевые пловцы (*в армии или спецслужбах*)

frolic I ['frɒlɪk] *n* 1) веселье, шалости, проказы 2) весёлая пирушка, попойка

frolic II *v* веселиться, резвиться, проказничать

frolicsome ['frɒlɪksəm] *a* игривый, шаловливый, проказливый

from [frəm; *полная форма* frɒm] *prep* 1) указывает на движение, удаление от какого-л. предмета из, от; с; **he arrived ~ New York** он прибыл из Нью-Йорка; **to come ~ abroad** приехать из-за границы; **~ end to end** из конца в конец; **to rise ~ a chair** встать со стула; **to take a book ~ a shelf** взять книгу с полки 2) указывает на расстояние от какого-л. предмета от; **we are 50 kilometres ~ Moscow** мы находимся в пятидесяти километрах от Москвы 3) во временном значении указывает на удаление от определённого момента с, от; **~ January to June** с января по июнь; **~ childhood** с детства; **~ that time** с того времени; **~ the very first**, **~ the outset** с самого начала; **~ the beginning** с (самого) начала; **~ now on** с этого момента и далее; **~ day to day** изо дня в день; **~ time to time** время от времени 4) указывает на происхождение, источник от, из, по; **he is ~ Glasgow** он родом из Глазго; **I got a letter ~ my friend** я получил письмо от своего́ прия́теля; **quotations ~ O. Wilde** цита́ты из О. Уа́йльда; **do not judge ~ appearances** нельзя́ суди́ть по вне́шности; **to speak ~ memory** говори́ть по па́мяти; **a present ~ my friend** пода́рок от дру́га 5) *указывает на отнятие, ограничение и т. п.* от, у; **he borrowed 100 dollars ~ me** он за́нял у меня́ 100 до́лларов; **they took his gun ~ him** они́ забра́ли у него́ пистоле́т; **I dissuaded him ~ sending this telegram** я отговори́л его́ от посы́лки э́той телегра́ммы 6) *указывает на причину* из, от, из-за; **to suffer ~ cold** страда́ть от хо́лода; **to die ~ hunger** умере́ть от го́лода; **he did it ~ boredom** он сде́лал э́то со ску́ки; **~ carelessness** из-за небре́жности; **~ curiosity** из любопы́тства 7) *указывает на различие* от; **not to know black ~ white** не отлича́ть бе́лого от чёрного

front I [frʌnt] *n* 1) перёд; пере́дний план; **in ~ of** впереди́, пе́ред; **to the ~** вперёд; **to come to the ~** вы́двинуться, обрати́ть на себя́ внима́ние 2) фаса́д 3) *воен.* фронт; передова́я; **to go to the ~** уйти́ на фронт 4) спло́чённость, фронт; **united ~** еди́ный фронт 5) лицо́; *поэт.* чело́ 6) примо́рский бульва́р, на́бережная *(тж* **the sea ~)** 7) мани́шка 8) *радио* фронт *(импульса)* 9): **to have the ~ to** име́ть на́глость *(сделать что-л.)*

front II *a* 1) пере́дний 2) *фон.* переднеязы́чный 3) *воен.* фронтово́й

front III *v* 1) быть обращённым к; выходи́ть на *(on, to, towards, upon)* 2) противостоя́ть 3) *сленг* служи́ть прикры́тием, ши́рмой

frontage [ˈfrʌntɪdʒ] *n* 1) фаса́д 2) палиса́дник 3) грани́ца уча́стка *(проходящая по дороге, реке)* 4) *воен.* ширина́ фро́нта

frontal [ˈfrʌntl] *a* 1) *воен.* лобово́й, фронта́льный 2) *анат.* ло́бный

front bencher [ˈfrʌntˈbentʃə(r)] *n парл.* 1) член прави́тельства, мини́стр 2) член «тенево́го кабине́та»

front door [ˌfrʌntˈdɔː] *n* гла́вный, пара́дный вход

frontier [ˈfrʌntɪə(r)] *n* 1) грани́ца 2) преде́л *(знаний)* 3) *attr* пограни́чный

frontiersman [ˈfrʌntɪəzmən] *n* 1) жи́тель пограни́чного райо́на 2) *амер. ист.* поселе́нец, колони́ст

frontispiece [ˈfrʌntɪspiːs] *n архит., полигр.* фронтиспи́с

frontlet [ˈfrʌntlɪt] *n* 1) повя́зка на лбу 2) лоб живо́тного 3) пятно́ на лбу живо́тного

front line [ˈfrʌntˌlaɪn] *n воен.* ли́ния фро́нта

front man [ˈfrʌntˌmæn] *n* 1) соли́ст, ли́дер *(в музыка́льной гру́ппе),* *проф.* фронтме́н 2)

пресс-секрета́рь, «лицо́» компа́нии *или* фи́рмы 3) подставно́е лицо́, «ши́рма»

front matter [ˌfrʌntˈmætə(r)] *n полигр.* вступи́тельная часть (кни́ги); сбо́рный лист; обло́жка и ти́тульные листы́

front page [ˈfrʌntˌpeɪdʒ] *n* пе́рвая полоса́ *(газе́ты)*

front runner [ˈfrʌntˌrʌnə(r)] *n* наибо́лее вероя́тный победи́тель, претенде́нт; фавори́т *(в состяза́нии, ко́нкурсе)*

front slash [ˌfrʌntˈslæʃ] *n вчт* пряма́я коса́я черта́, си́мвол /

frost I [frɒst] *n* 1) моро́з; **hoar ~** и́ней, и́зморозь; **black ~** моро́з без сне́га; **25 degrees of ~** 25 гра́дусов моро́за 2) хо́лодность, суро́вость; холо́дный приём 3) *разг.* неуда́ча, прова́л

frost II *v* 1) подмора́живать, покрыва́ть и́неем; зайндеве́ть; моро́зить 2) побива́ть моро́зом 3) *тех.* мати́ровать *(стекло́, мета́лл)* 4) *амер.* покрыва́ть глазу́рью; посыпа́ть са́харной пу́дрой

frostbite [ˈfrɒstbaɪt] *n* отморо́женное ме́сто

frostbitten [ˈfrɒstˌbɪtn] *a* обморо́женный, отморо́женный

frosted [ˈfrɒstɪd] *a* 1) покры́тый и́неем; *перен.* тро́нутый седино́й 2) тро́нутый моро́зом 3) посы́панный са́харной пу́дрой; покры́тый глазу́рью 4) ма́товый *(о стекле́, мета́лле)*

frost-hardy [ˈfrɒstˌhɑːdɪ] *a* морозосто́йкий, морозоусто́йчивый

frosting [ˈfrɒstɪŋ] *n* 1) *амер.* глазу́рь 2) *тех.* мати́рование стекла́, мета́лла *и т. п.*

frost-work [ˈfrɒstˌwɜːk] *n* моро́зные узо́ры (на стекле́)

frosty [ˈfrɒstɪ] *a* 1) моро́зный 2) зайндеве́вший 3) *перен.* седо́й 4) холо́дный, неприве́тливый

froth I [frɒθ] *n* 1) пе́на 2) болтовня́; ерунда́, пусто́е

froth II *v* 1) пе́ниться; покрыва́ться пе́ной 2) вспе́нивать 3) взмы́лить(ся) *(о лоша́ди)*

frothy [ˈfrɒθɪ] *a* пе́нистый

frown I [fraʊn] *n* 1) сдви́нутые, насу́пленные бро́ви 2) хму́рый вид, взгляд; неодобре́ние

frown II *v* 1) (на)хму́риться, насу́питься; хму́рить бро́ви 2) смотре́ть неодобри́тельно, не одобря́ть *(at, on, upon)*

frowsty [ˈfraʊstɪ] *a* ду́шный, спёртый, за́тхлый

frowzy [ˈfraʊzɪ] *a* 1) за́тхлый; спёртый 2) гря́зный, нечистопло́тный, неря́шливый

froze [frəʊz] *past см.* **freeze**

frozen I [ˈfrəʊzn] *p. p. см.* **freeze**

frozen II *a* 1) заморо́женный; замёрзший, засты́вший 2) холо́дный, чёрствый

FRS *сокр.* **(Fellow of the Royal Society)** член короле́вского о́бщества

fructiferous [frʌk'tɪfərəs] *a* плодонося́щий

fructify ['frʌktɪfaɪ] *v* 1) приноси́ть плоды́, плодоноси́ть 2) оплодотворя́ть

fructose ['frʌktəʊs] *n* фрукто́за, фрукто́вый са́хар

frugal ['fru:gəl] *a* 1) бережли́вый, эконо́мный 2) ску́дный, скро́мный; **a ~ meal** скро́мное/ ску́дное угоще́ние

frugality [fru:'gælɪtɪ] *n* 1) бережли́вость, эконо́мность 2) уме́ренность

fruit I [fru:t] *n* 1) фрукт; **dried ~** сухофру́кты; **candied ~s** цука́ты 2) плод; **to bear ~** приноси́ть плоды́, плодоноси́ть 3) *обыкн. pl* плоды́, результа́ты (труда́) 4) *амер. сленг* гомосексуали́ст 5) *attr* фрукто́вый; **~ salad** фрукто́вый сала́т; **~ cocktail** фрукто́вый кокте́йль *(консерви́рованные фру́кты в си́ропе)* ◊ **forbidden ~** запре́тный плод

fruit II *v* приноси́ть плоды́, плодоноси́ть

fruitage ['fru:tɪdʒ] *n* 1) плодоноше́ние 2) (весь) урожа́й фру́ктов, плодо́в

fruitcake ['fru:tkeɪk] *n* 1) пиро́г с начи́нкой из сухофру́ктов 2) *сленг* приду́рок, чу́дик

fruiter ['fru:tə(r)] *n* 1) плодо́вое де́рево 2) садово́д 3) су́дно, перевозя́щее фру́кты

fruitful ['fru:tfʊl] *a* 1) плодоро́дный, плодови́тый 2) плодотво́рный 3) вы́годный, принося́щий по́льзу

fruition [fru:'ɪʃ(ə)n] *n* 1) плодоноше́ние 2) реализа́ция, осуществле́ние *(жела́ний, наде́жд)*

fruitless ['fru:tlɪs] *a* 1) беспло́дный 2) неуда́вшийся; бесполе́зный

fruit sugar ['fru:t‚ʃʊgə(r)] *n* фрукто́за, фрукто́вый са́хар

fruit tree ['fru:t‚tri:] *n* фрукто́вое де́рево

fruity ['fru:tɪ] *a* 1) фрукто́вый 2) со́чный, глубо́кий, мелоди́чный *(о го́лосе)* 3) *разг.* сма́чный, непристо́йный, неприли́чный; **a ~ joke** солёная шу́тка; **a ~ story** неприли́чный анекдо́т

frump [frʌmp] *n* 1) немо́дно оде́тая же́нщина 2) ста́рый хрыч, разва́лина

frustrate [frʌ'streɪt] *v* расстра́ивать, разруша́ть *(пла́ны, за́мыслы, наде́жды)*

frustrated [frʌ'streɪtɪd] *a* неудовлетворённый *(от несбы́вшихся наде́жд, стремле́ний)*; разби́тый, разочаро́ванный

frustration [frʌ'streɪʃ(ə)n] *n* 1) расстро́йство *(пла́нов)*; круше́ние *(наде́жд)* 2) неудовлетворённость, разочарова́ние 3) *мед., психол.* фрустра́ция, истоще́ние не́рвной систе́мы

fry¹ I [fraɪ] *n* 1) субпроду́кты для жарко́го 2) жарко́е 3) *амер.* пикни́к

fry¹ II *v* 1) жа́рить(ся) 2) *сленг* казни́ть на электри́ческом сту́ле

fry up разогрева́ть *(еду́)* на сковороде́

fry² ** *n* ме́лкая рыбёшка ◊ **small ~ а) *пренебр.* ме́лкая со́шка б) де́ти

frying pan ['fraɪŋpæn] *n* сковорода́ ◊ **out of the ~ into the fire** *погов.* ≅ из огня́ да в по́лымя

fry-up ['fraɪ‚ʌp] *n разг.* жарко́е; жа́реная пи́ща

ft. *сокр.* **(foot; feet)** фут; фу́ты

fubsy ['fʌbzɪ] *a* то́лстый и ни́зенький

fuchsia I ['fju:ʃə] *n бот.* фу́ксия

fuchsia II *a* ро́зовый

fuck I ['fʌk] *n груб.* 1) полово́й акт 2) партнёр по се́ксу

fuck II *v груб.* 1) име́ть половы́е сноше́ния, совокупля́ться 2) замота́ть, запоро́ть *(что-л. — about, around)* 3) *как восклица́ние* чёрт возьми́!, будь про́клят!

fuddle I ['fʌdl] *n* 1) пу́таница, неразбери́ха 2) опьяне́ние 3) попо́йка

fuddle II *v* 1) одурма́нивать; **I'm completely ~d** *разг.* у меня́ в голове́ сплошно́й тума́н, я пло́хо сообража́ю 2) пья́нствовать, напива́ться; спа́ивать

fudge I [fʌdʒ] *n* 1) мя́гкая конфе́та, тяну́чка, пома́дка 2) глу́пости, ерунда́, чушь 3) сфабрико́ванная информа́ция; враньё, небыли́цы 4) «в после́днюю мину́ту» *(ру́брика в газе́тах)*

fudge II *v* 1) вы́думать, сфабрикова́ть, «состря́пать» 2) сде́лать неуме́ло, кое-ка́к

fudge III *int* вздор!, чушь!

fuel I [fjʊəl] *n* то́пливо; горю́чее

fuel II *v* запаса́ться то́пливом; заправля́ть(ся) горю́чим; снабжа́ть то́пливом, горю́чим

fugacious [fju:'geɪʃəs] *a* мимолётный

fuggy ['fʌgɪ] *a разг.* ду́шный, спёртый *(о во́здухе)*

fugitive I ['fju:dʒɪtɪv] *n* 1) бегле́ц 2) бе́женец 3) дезерти́р

fugitive II *a* 1) бе́глый, бежа́вший 2) мимолётный; быстроте́чный 3) недолгове́чный, име́ющий вре́менный успе́х

fugue [fju:g] *n муз.* фу́га

fulcrum ['fʌlkrəm] *n (pl fulcra* ['fʌlkrə]*)* 1) *физ.* то́чка опо́ры, центр враще́ния 2) сре́дство для достиже́ния це́ли

fulfil [fʊl'fɪl] *v* 1) исполня́ть, выполня́ть, осуществля́ть; **to ~ oneself** реализова́ть себя́, состоя́ться; разви́ть свои́ спосо́бности 2) заверша́ть

fulfill [fʊl'fɪl] *амер. см.* **fulfil**

fulfilment [fʊl'fɪlmənt] *n* 1) выполне́ние, исполне́ние, осуществле́ние 2) завершіе́ние

full I [fʊl] *n* 1) вы́сшая то́чка *(чего́-л.)*; кульмина́ция 2) полнолу́ние; **the moon is past**

the ~ луна́ на ущербе 3) всё; це́лое; **in ~** по́лностью; **to pay in ~** оплати́ть всё по́лностью; **to the ~** вполне́, в по́лной ме́ре

full II *a* 1) по́лный; це́лый; напо́лненный 2) сы́тый 3) оби́льный 4) по́лный, подро́бный 5) то́лстый, по́лный 6) широ́кий, свобо́дный *(о платье)* 7) перепо́лненный (эмо́циями *и т. п.*) 8) сленг пья́ный, подвы́пивший

full III *adv* 1) по́лностью; вполне́ 2) пря́мо, то́чно; как раз 3) бо́лее чем доста́точно

full age [ˈfʊlˌeɪdʒ] *n* совершенноле́тие

fullback [ˈfʊlbæk] *n спорт.* защи́тник

full-blooded [ˈfʊlˈblʌdɪd] *a* 1) чистокро́вный 2) полнокро́вный 3) си́льный

full-blown [ˈfʊlˈbləʊn] *a* вполне́ распусти́вшийся *(о цветке)*

full board [ˈfʊlˈbɔːd] *n* по́лный пансио́н в гости́нице *и т. п. (проживание, завтрак, обед и ужин)*

full dress [ˈfʊlˈdres] *n* по́лная пара́дная фо́рма

full-dress [ˈfʊlˈdres] *a* гла́вный, основно́й; большо́й ва́жности *(о дебатах и т. п.)*

fuller [ˈfʊlə(r)] *n* сукнова́л, валя́льщик

full-face [ˈfʊlˈfeɪs] *a* изображённый в фас к зри́телю

full-fledged [ˈfʊlˈfledʒd] *a* зако́нченный, сложи́вшийся; вполне́ разви́вшийся

full house [ˈfʊlˌhaʊs] *n* аншла́г, по́лный зри́тельный зал; по́лная аудито́рия

full-length I [ˈfʊlˈleŋθ] *n* портре́т во весь рост

full-length II *a* 1) несокращённый, неукоро́ченный 2) вы́полненный во весь рост *(о портрете, статуе)* 3) *кино* полнометра́жный

full-length III *adv* во всю длину́; **to fall ~** упа́сть, растяну́вшись во весь рост

ful(l)ness [ˈfʊlnɪs] *n* 1) полнота́ 2) оби́лие

full marks [ˈfʊlˌmɑːks] *n pl* отли́чная оце́нка; вы́сший балл

full moon [ˈfʊlˌmuːn] *n* полнолу́ние

full-scale [ˈfʊlˌskeɪl] *a* 1) полномасшта́бный; всеобъе́млющий 2) (вы́полненный) в нату́ра́льную величину́

full stop [ˈfʊlˌstɒp] *n* то́чка *(знак препинания)*

full-term [ˈfʊlˈtɜːm] *a* доно́шенный, зре́лый *(о новорождённом)*

full-time I [ˈfʊlˌtaɪm] *n* 1) по́лный рабо́чий день 2) *спорт.* по́лное вре́мя игры́

full-time II *a* занима́ющий всё (рабо́чее) вре́мя; **~ job** рабо́та на по́лный рабо́чий день; шта́тная рабо́та *или* до́лжность

full-timer [ˈfʊlˌtaɪmə(r)] *n* шта́тный рабо́тник; рабо́тник, за́нятый по́лный рабо́чий день

fully [ˈfʊlɪ] *adv* вполне́, соверше́нно; по́лностью

fully compatible [ˈfʊlɪ kəmˈpætəb(ə)l] *a* по́лностью совмести́мый

fulminant [ˈfʌlmɪnənt] *a* 1) молниено́сный 2) *мед.* скороте́чный

fulminate [ˈfʌlmɪneɪt] *v* 1) гне́вно осужда́ть, громи́ть *(against)* 2) сверка́ть *(как молния)*; взрыва́ться 3) бы́стро развива́ться, скороте́чно протека́ть *(о болезни)*

fulsome [ˈfʊlsəm] *a* чрезме́рный, неуме́ренный *(о лести и т. п.)*

fulvous [ˈfʌlvəs] *a* краснова́то-жёлтый

fumble [ˈfʌmbl] *v* 1) ша́рить, нащу́пывать, ры́ться *(for, after)* 2) нело́вко, неуме́ло обраща́ться

fume I [fjuːm] *n* 1) *обыкн. pl* пары́, испаре́ния; га́зы; **exhaust ~s** выхлопны́е га́зы; **to send off ~s** выделя́ть испаре́ния 2) си́льное раздраже́ние; при́ступ гне́ва; **in a ~** в си́льном раздраже́нии

fume II *v* 1) дыми́ть; выделя́ть га́зы, испаре́ния *и т. п.* 2) оку́ривать; кури́ть благово́ния *(обыкн.* **to ~ away**) 3) возмуща́ться, кипяти́ться *(at)*

fumigate [ˈfjuːmɪgeɪt] *v* оку́ривать

fun [fʌn] *n* весе́лье, заба́ва; шу́тка; **what ~!** как ве́село!; **to have ~** весели́ться, ве́село проводи́ть вре́мя; **to make ~ of smb** высме́ивать, дразни́ть кого́-л., подшу́чивать над кем-л.; **for ~** в шу́тку, шу́тки ра́ди; **he is great ~** с ним так ве́село, он о́чень заба́вен ◊ **like ~** а) жи́во, прово́рно б) мно́го, о́чень в) как бы не так

function I [ˈfʌŋkʃ(ə)n] *n* 1) фу́нкция; предназначе́ние 2) *pl* служе́бные, профессиона́льные обя́занности 3) торже́ственная церемо́ния, торжество́; приём, банке́т

function II *v* функциони́ровать, де́йствовать; выполня́ть свои́ фу́нкции

functional [ˈfʌŋkʃənl] *a* функциона́льный

functionary [ˈfʌŋkʃənərɪ] *n* должностно́е лицо́; чино́вник; функционе́р

function key [ˈfʌŋkʃ(ə)n kiː] *n вчт* функциона́льная кла́виша *(тж* **F key)**

fund I [fʌnd] *n* 1) запа́с; резе́рв; фонд; **a ~ of tenderness** запа́с не́жности 2) фонд; капита́л; **relief ~** фонд по́мощи; **public ~** обще́ственный фонд 3) *pl* де́нежные сре́дства; **in ~s** *разг.* при деньга́х; **out of ~s** без де́нег 4) *pl* **(the ~s)** госуда́рственные це́нные бума́ги

fund II *v* 1) добыва́ть *или* предоставля́ть де́ньги, сре́дства *(для какой-л. цели)*, финанси́ровать 2) вкла́дывать де́ньги в це́нные бума́ги 3) де́лать запа́с, откла́дывать про запа́с

fundamental I [ˌfʌndəˈmentl] *n* 1) при́нцип, основно́е пра́вило 2) *pl* осно́вы

fundamental II *a* 1) основнóй, основополагáющий 2) фундаментáльный; ~ **science** фундаментáльная наýка

fundamentalism [ˌfʌndəˈmentəlɪz(ə)m] *n рел.* фундаментали́зм; **Islamic** ~ исла́мский фундаментали́зм

fund-raiser [ˈfʌndˌreɪzə(r)] *n* тот, кто и́щет фина́нсовой подде́ржки *(для проекта, предприятия и т. п.)*; сбóрщик срéдств *(в пользу чего-л.)*

fund-raising [ˈfʌndˌreɪzɪŋ] *n* пóиски финáнсовой подде́ржки *(для проекта, предприятия и т. п.)*; кампа́ния по сбóру срéдств

funeral [ˈfjuːnər(ə)l] *n* 1) пóхороны 2) *attr* похорóнный ◊ **that's your** ~ *сленг* э́то вáше дéло

funereal [fjuːˈnɪərɪəl] *a* похорóнный; трáурный; ~ **parlour**, *амер.* ~ **home** трáурный зал *(для прощания с покойным)*; ~ **urn** погребáльная ýрна

funfair [ˈfʌnfeə] *n* парк аттракциóнов

fungi [ˈfʌŋgaɪ] *pl см.* **fungus**

fungicide [ˈfʌnʤɪˌsaɪd] *n* фунгици́дное, противогрибкóвое срéдство

fungous [ˈfʌŋgəs] *a* гýбчатый, ноздревáтый

fungus [ˈfʌŋgəs] *n* (*pl тж* **fungi**) 1) гриб; плéсень 2) *мед.* грибóк

funicular I [fjuːˈnɪkjʊlə(r)] *n* фуникулёр (*тж* ~ **railway**)

funicular II *a* канáтный

funk¹ I [fʌŋk] *n сленг* 1) испýг, страх, пáника; **in a (blue)** ~ *уст.* óчень напýганный 2) трус

funk¹ II *v сленг* 1) трýсить 2) боя́ться 3) уклоня́ться

funk² *v разг.* 1) кури́ть, пускáть дым 2) окýривать *(кого-л.)* ды́мом 3) воня́ть, смердéть

funk³ I *n муз.* 1) фанк, джаз в сти́ле «фанк» *(напоминающий негритянские духовные песнопения, возник в 60-х годах 20 в.)* 2) фанк *(направление в музыке, представляющее сплав стиля соул и рок-н-ролла, возникло в I пол. 20 в.)*

funky¹ [ˈfʌŋkɪ] *a сленг* 1) ритми́чный *(о музыке)* 2) мóдный, экстравагáнтный 3) *амер.* воню́чий

funky² *a сленг* 1) напýганный 2) трусли́вый

funnel [ˈfʌn(ə)l] *n* 1) ворóнка 2) дымовáя трубá *(парохода)* 3) *тлв* кóнус кинескóпа

funny [ˈfʌnɪ] *a* 1) смешнóй, забáвный; коми́ческий 2) стрáнный, необъясни́мый; **there's something** ~ тут что-то не так 3) *разг.* чуднóй, не (совсéм) в себé ◊ ~ **business** *сленг* обмáн, мошéнничество; тёмные дели́шки; ~ **farm** *сленг* психýшка; ~ **man** клóун; кóмик; ~ **money** *разг.* а) обесцéненные (инфля-

 цией) дéньги, «деревя́нные» дéньги б) фальши́вые дéньги; ~ **paper** газéта, журнáл юмористи́ческого, развлекáтельного харáктера

fur I [fɜː(r)] *n* 1) мех; *обыкн. pl* пушни́на, мехá 2) шерсть; шкýр(к)а 3) *собир.* пушнóй зверь; ~ **and feather** пушнóй зверь и дичь 4) налёт *(на языке больного)* 5) нáкипь *(в чайнике, котле, трубах)*; осáдок *(в вине)* ◊ **to make the** ~ **fly** подня́ть шум, затéять ссóру

fur II *a* пушнóй

fur III *v* 1) *только p. p.* опушáть, подбивáть мéхом 2) покрывáться налётом *(о языке больного)* 3) покрывáться нáкипью

furbelow [ˈfɜːbɪləʊ] *n* 1) обóрка 2) *pl презр.* дешёвые украшéния, побряку́шки

furbish [ˈfɜːbɪʃ] *v* 1) чи́стить, очищáть; полировáть (*тж* **to** ~ **up**) 2) подновля́ть, ремонти́ровать, реставри́ровать (*тж* **to** ~ **up**)

furcate [ˈfɜːkeɪt] *a* раздвóенный; разветвлённый

furious [ˈfjʊərɪəs] *a* взбешённый, разъярённый, нéистовый; **fast and** ~ бýйный, шýмный *(о веселье и т. п.)*

furl [fɜːl] *v* склáдывать, свёртывать, скáтывать; убирáть *(паруса)*

furlong [ˈfɜːlɒŋ] *n* фáрлонг, восьмáя часть ми́ли *(= 201 м; единица измерения, применяемая на скачках)*

furlough I [ˈfɜːləʊ] *n* óтпуск, увольни́тельная

furlough II *v амер.* предоставля́ть óтпуск, давáть увольни́тельную

furnace [ˈfɜːnɪs] *n* печь; тóпка; горн

furnish [ˈfɜːnɪʃ] *v* 1) обставля́ть, меблировáть 2) снабжáть, предоставля́ть *(with)*

furnished [ˈfɜːnɪʃt] *a* меблирóванный, обстáвленный

furnishings [ˈfɜːnɪʃɪŋz] *n pl* 1) мéбель, обстанóвка 2) домáшняя ýтварь

furniture [ˈfɜːnɪʧə(r)] *n* 1) мéбель, обстанóвка; ~ **and fittings** обстанóвка и оборýдование 2) оборýдование; фурниту́ра; аксессуáры

furred [fɜːd] *a* 1) опушённый, отдéланный, подби́тый мéхом 2) пуши́стый 3) облóженный *(о языке)* 4) покры́тый нáкипью

furrier [ˈfʌrɪə(r)] *n* меховщи́к, скорня́к

furrow I [ˈfʌrəʊ] *n* 1) борозда́ 2) глубóкая морщи́на

furrow II *v* 1) пахáть; дéлать бóрозды 2) бороздить *(море и т. п.)* 3) покрывáть морщи́нами

furrowy [ˈfʌrəʊɪ] *a* морщи́нистый

furry [ˈfɜːrɪ] *a* 1) меховóй; напоминáющий мех, пуши́стый 2) покры́тый, подби́тый мéхом

further I [ˈfɜːðə(r)] *a (compar см.* **far I**) 1) бо́лее отдалённый; **on the ~ side of the street** на друго́й стороне́ у́лицы 2) дальне́йший, поздне́йший; **until ~ notice** впредь до дальне́йшего уведомле́ния 3) дополни́тельный, доба́вочный; **to give ~ instructions** дать дополни́тельные/дальне́йшие указа́ния

further II *adv (compar см.* **far II**) 1) да́льше, да́лее 2) кро́ме того́, к тому́ же

further III *v* продвига́ть; спосо́бствовать, соде́йствовать

furtherance [ˈfɜːðərəns] *n* продвиже́ние; соде́йствие

furthermore [ˈfɜːðəˈmɔː(r)] *adv* кро́ме того́, к тому́ же

furthermost [ˈfɜːðəməʊst] *a* са́мый да́льний, са́мый отдалённый

furthest I [ˈfɜːðɪst] *a (superl см.* **far I**)
furthest II *adv (superl см.* **far II**)

furtive [ˈfɜːtɪv] *a* 1) скры́тый, та́йный; сде́ланный втайне́; **a ~ glance** взгляд укра́дкой 2) укра́денный, сокры́тый 3) ворова́тый

furtively [ˈfɜːtɪvlɪ] *adv* укра́дкой, кра́дучись; скры́тно

fury [ˈfjʊərɪ] *n* 1) я́рость, неи́стовство, бе́шенство; **in a ~** в я́рости/бе́шенстве; **like ~** неи́стово, си́льно 2) фу́рия

furze [fɜːz] *n бот.* утёсник обыкнове́нный

fuse[1] **I** [fjuːz] *n* запа́л, фити́ль, взрыва́тель
fuse[1] **II** *v* поджига́ть *(фитиль и т. п.);* вви́нчивать взрыва́тель

fuse[2] **I** *n эл.* пла́вкий предохрани́тель, про́бка
fuse[2] **II** *v* пла́вить(ся); расплавля́ть(ся), сплавля́ть(ся)

fuse box [ˈfjuːzˌbɒks] *n эл.* (распредели́тельный) шкаф с предохрани́телями

fuse cutout [ˈfjuːz kʌˌtaʊt] *n эл.* пла́вкий предохрани́тель, про́бка

fusee [fjuːˈziː] *n* дли́нная спи́чка, не га́снущая на ветру́

fuselage [ˈfjuːzɪlɑːʒ] *n ав.* фюзеля́ж

fusibility [ˌfjuːzɪˈbɪlɪtɪ] *n* пла́вкость

fusible [ˈfjuːzɪbl] *a* пла́вкий

fusillade I [ˌfjuːzɪˈleɪd] *n* 1) стрельба́ 2) расстре́л 3) постоя́нная кри́тика, постоя́нные напа́дки

fusillade II *v* 1) обстре́ливать 2) расстре́ливать

fusion [ˈfjuːʒ(ə)n] *n* 1) пла́вка 2) распла́вленная ма́сса; сплав 3) коали́ция, слия́ние 4) *муз.* фьюжн *(направление в музыке, представляющее сплав этнической музыки, джаза и рока)* 5) *кул.* фьюжн *(сплав азиатской и европейской кухни)* 6) *attr:* **~ bomb** термоя́дерная бо́мба

fuss I [fʌs] *n* 1) суматоха, шум, суета́; возбужде́ние; волне́ние из-за пустяко́в; **to make a ~** подня́ть шум; **to make a ~ of/over smb/smth** носи́ться с кем-л./чем-л.; **what a ~ about nothing** ско́лько шу́му из-за вся́кой ерунды́ 2) суетли́вый челове́к

fuss II *v* 1) суети́ться; занима́ться пустяка́ми, волнова́ться из-за пустяко́в 2) надоеда́ть, беспоко́ить по пустяка́м

fuss about/around 1) чрезме́рно беспоко́иться, забо́титься, суети́ться 2) раздража́ть свои́ми забо́тами, пристава́ниями

fuss over забо́титься, беспоко́иться о *(ком-л., чём-л.)*

fuss up *амер.* вы́рядиться; наряжа́ть, украша́ть

fusspot [ˈfʌspɒt] *n разг.* суетли́вый челове́к

fussy [ˈfʌsɪ] *a* суетли́вый, беспоко́йный

fustian [ˈfʌstɪən] *n* 1) бумазе́я, флане́ль 2) напы́щенный стиль 3) *attr* бумазе́йный, фланелевый 4) *attr* напы́щенный, претенцио́зный

fusty [ˈfʌstɪ] *a* 1) за́тхлый, спёртый 2) устаре́вший, старомо́дный

futile [ˈfjuːtaɪl] *a* 1) тще́тный, бесполе́зный 2) пусто́й, пове́рхностный

futility [fjuːˈtɪlɪtɪ] *n* 1) тще́тность, бесполе́зность 2) пустота́, пове́рхностность

future I [ˈfjuːtʃə(r)] *n* 1) бу́дущее; **for the ~, in the ~** впредь, в бу́дущем 2) перспекти́вы; бу́дущность; **the ~ of the industry** перспекти́вы разви́тия промы́шленности; **there's no ~ in it** э́то бесперспекти́вно 3) *грам.* бу́дущее вре́мя 4) *pl эк.* фью́черсы, сро́чные контра́кты 5) *attr эк.* фью́черсный, сро́чный; **~ contract** фью́черсный контра́кт; **~s market** фью́черсный ры́нок; **~ value** бу́дущая сто́имость

future II *a* бу́дущий

futurism [ˈfjuːtʃərɪz(ə)m] *n иск.* футури́зм

futurist [ˈfjuːtʃərɪst] *n иск.* футури́ст

futurity [fjuːˈtʊərɪtɪ] *n* 1) бу́дущее; бу́дущность 2) *рел.* загро́бная жизнь

futurologist [ˌfjuːtʃəˈrɒlədʒɪst] *n* футуро́лог

futurology [ˌfjuːtʃəˈrɒlədʒɪ] *n* футуроло́гия

fuze [fjuːz] *амер. см.* **fuse**[1] **I**

fuzee [fjuːˈziː] *амер. см.* **fusee**

fuzz [fʌz] *n* 1) пушо́к, пуши́нка 2) пуши́стые, пы́шные во́лосы 3) *сленг* поли́ция; полице́йский

fuzzily [ˈfʌzɪlɪ] *adv* нея́сно, сму́тно

fuzzy [ˈfʌzɪ] *a* 1) пуши́стый 2) вью́щийся, курча́вый 3) нея́сный, сму́тный; неопределённый

fwd *сокр.* (**forward**) 1) вперёд; да́льше 2) пере́дний

FWIW *сокр. см.* **for what it's worth**

f. y. *сокр. амер.* (**fiscal year**) фина́нсовый год

FYI *сокр. см.* **for your information**

fylfot [ˈfɪlfɒt] *n* сва́стика

G

G, g [ʤiː] *n* 1) 7-я буква англ. алфавита 2) *муз.* нота соль

g *сокр.* 1) **(gram(s))** грамм(ы) 2) **(gravity)** земно́е притяже́ние

GAAP *сокр.* **(generally accepted accounting principles)** общепри́нятые при́нципы бухга́лтерского учёта

gab I [gæb] *n разг.* 1) болтовня́; **stop your ~!** переста́нь болта́ть!; заткни́сь! 2) болтли́вость; **he's got the gift of the ~** у него́ язы́к хорошо́ подве́шен; у него́ бо́йкая речь

gab II *v разг.* болта́ть, трепа́ться

gabardine [ˈɡæbədiːn] *n* габарди́н *(ткань)*

gabble I [ˈɡæbl] *n* бормота́ние, невня́тная речь

gabble II *v* 1) тарато́рить, выпа́ливать 2) бормота́ть, невня́тно говори́ть

gaberdine [ˈɡæbədiːn] *см.* **gabardine**

gable [ˈɡeɪbl] *n архит.* 1) фронто́н, щипе́ц 2) конёк кры́ши

gabled [ˈɡeɪbld] *a* остроконе́чный *(о крыше)*

gad[1] [gæd] *v* шля́ться, шата́ться *(обыкн.* **to ~ about, around)**

gad[2] *int* выражает изумление: **by ~!** ей-бо́гу!

gadabout [ˈɡædəbaʊt] *n* праздношата́ющийся, бродя́га

gadfly [ˈɡædflaɪ] *n* 1) о́вод, слепе́нь 2) надое́дливый челове́к, пристава́ла

gadget [ˈɡæʤɪt] *n* 1) *разг.* приспособле́ние, устро́йство 2) *вчт* поле́зная ме́лочь *(программное или аппаратное средство, служащее для удобства пользователей)* 3) небольшо́й прибо́р совреме́нной бытово́й те́хники

gadget addiction [ˈɡæʤɪt əˈdɪkʃ(ə)n] *n* психологи́ческая зави́симость от приобрете́ния и испо́льзования совреме́нных электро́нных прибо́ров *(мобильного телефона, CD-плеера, ноутбука и т. п.)*

Gael [ɡeɪl] *n* г(а)эл, шотла́ндский кельт; ирла́ндский кельт

Gaelic I [ˈɡeɪlɪk] *n* г(а)э́льский язы́к

Gaelic II *a* г(а)э́льский

gaff[1] [gæf] *n* острога́

gaff[2] *n*: **to blow the ~** *разг.* проговори́ться, разболта́ть секре́т

gaffe [gæf] *n* опло́шность; ло́жный шаг; **to make a ~** допусти́ть опло́шность

gaffer [ˈɡæfə(r)] *n разг.* 1) стари́к, старика́н; старина́ 2) деся́тник, прора́б

gag I [gæg] *n* 1) кляп, затьı́чка 2) шу́тка, остро́та 3) *театр.* шутли́вая импровиза́ция; отсебя́тина, *проф.* «гэг»

gag II *v* 1) вставля́ть кляп 2) затыка́ть рот *(кому-л.),* заста́вить замолча́ть 2) *театр.* вставля́ть отсебя́тину, подпуска́ть остро́ты 3) *разг.* тошни́ть, вывора́чивать *(от — on)*

gaga [ˈɡɑːɡɑː] *a разг.* вы́живший из ума́, слегка́ рехну́вшийся

gage I, II [ɡeɪʤ] *амер. см.* **gauge I, II**

gaggle [ˈɡæɡl] *n* 1) ста́до гусе́й 2) *разг.* шу́мная, говорли́вая толпа́ *(туристов, школьников и т. п.)*

gaiety [ˈɡeɪətɪ] *n* весе́лье, весёлость

gaily [ˈɡeɪlɪ] *adv* 1) ве́село 2) я́рко

gain I [ɡeɪn] *n* 1) при́быль; вы́игрыш; приба́вка; нажи́ва 2) увеличе́ние, усиле́ние; приро́ст 3) *эл., рад.* коэффицие́нт усиле́ния 4) *эл., рад.* усиле́ние

gain II *v* 1) достига́ть; добива́ться; получа́ть, приобрета́ть 2) зараба́тывать, добыва́ть 3) извлека́ть по́льзу, вы́году; выи́грывать *(in);* **to ~ in understanding** получи́ть бо́льше понима́ния 4) улучша́ться; набира́ться *(знаний, опыта и т. п.);* **he is ~ing strength** он набира́ется сил 5) идти́ вперёд, спеши́ть *(о часах);* **my watch ~s** мои́ часы́ спеша́т ◊ **to ~ access/admittance/entry to smth** получа́ть до́ступ к чему́-л.; **to ~ weight** прибавля́ть в ве́се

gain by/from извлека́ть вы́году, по́льзу из *(чего-л.);* улучша́ть; выи́грывать от *(чего-л.)*

gain in увели́чиваться, прибавля́ть

gain on 1) захва́тывать часть су́ши *(о море)* 2) нагоня́ть 3) обходи́ть конкуре́нта

gain over перема́нивать; завоёвывать *(чьё-л.)* дове́рие

gain upon *см.* **gain on**

gainful [ˈɡeɪnfʊl] *a* вы́годный, сто́ящий; дохо́дный, при́быльный

gainings [ˈɡeɪnɪŋz] *n pl* за́работок; дохо́д; вы́игрыш

gainsaid [ɡeɪnˈsed] *past, p. p. см.* **gainsay**

gainsay [ɡeɪnˈseɪ] *v (past, p. p.* **gainsaid)** 1) противоре́чить 2) отрица́ть

gainst, 'gainst [ɡeɪnst] *поэт. см.* **against**

gait [ɡeɪt] *n* похо́дка; **with an unsteady ~** нетвёрдый похо́дкой

gaiters [ˈɡeɪtəz] *n pl* ге́тры

gal [ɡæl] *n амер. разг.* девчо́нка, де́вушка

gala [ˈɡɑːlə] *n* 1) пра́зднество, торжество́ 2) *attr* пра́здничный, пара́дный; **~ night** пра́здничный ве́чер

galactic [ɡəˈlæktɪk] *a астр.* галакти́ческий

galantine [ˈɡæləntiːn] *n кул.* галанти́н *(заливное блюдо из мяса или птицы)*

galaxy [ˈɡæləksɪ] *n* 1) *астр.* гала́ктика 2) *астр.* (the G.) Гала́ктика *(в которую входит Земля)* 3) плея́да *(талантливых, выдающихся людей)*

gale [ɡeɪl] *n* 1) штормово́й ве́тер; шторм; **it's blowing a ~ outside** ве́тер сбива́ет с ног; **~ force 8 (Beaufort scale)** шторм в во́семь ба́ллов *(по шкале Бофо́рта)* 2) взрыв сме́ха *и т. п.*

gall[1] [ɡɔːl] *n* 1) жёлчь 2) си́льное раздраже́ние; зло́ба; жёлчность; **full of ~** по́лный зло́бы 3) *разг.* на́глость

gall[2] I [ɡɔːl] *n* натёртое ме́сто, пузы́рь; сса́дина

gall[2] II *v* 1) натере́ть *(ногу и т. п.)* 2) раздража́ть, беспоко́ить

gallant I [ˈɡælənt, ɡəˈlænt] *n уст.* све́тский челове́к, гала́нтный кавале́р

gallant II *a* 1) хра́брый, сме́лый; до́блестный; **a ~ soldier** хра́брый солда́т 2) прекра́сный, велича́вый *(о корабле)* 3) *уст.* изы́сканно ве́жливый, гала́нтный, учти́вый 4) [ɡəˈlænt] любо́вный, гала́нтный

gallantry [ˈɡæləntrɪ] *n* 1) хра́брость, сме́лость 2) *уст.* гала́нтность, учти́вость 3) уха́живания, гала́нтная любо́вная игра́

gall bladder [ˈɡɔːlˌblædə(r)] *n анат.* жёлчный пузы́рь

galleon [ˈɡælɪən] *n мор. ист.* галео́н

gallery [ˈɡælərɪ] *n* 1) карти́нная галере́я *(тж* **picture ~**); **the National G.** Национа́льная галере́я *(крупнейшее собрание картин в Великобритании, находится в Лондоне)* 2) *театр.* галёрка; пу́блика на галёрке; **to play to the ~** игра́ть на пу́блику, потака́ть вку́сам толпы́ 3) по́ртик; коло́ннада; галере́я; балко́н; прохо́д; **the press ~** балко́н для пре́ссы *(в англ. палате общин)* 4) *горн.* штрек, што́льня

galley [ˈɡælɪ] *n* 1) *мор. ист.* гале́ра; *pl* ка́торжные рабо́ты *(на галерах)* 2) *мор.* вельбо́т, ги́чка 3) *мор., ав.* ка́мбуз 4): **~ proof** *полигр.* гра́нка

galley-slave [ˈɡælɪsleɪv] *n* 1) *ист.* раб *или* ка́торжник на гале́ре 2) челове́к, выполня́ющий тяжёлую рабо́ту

Gallic [ˈɡælɪk] *a* 1) га́лльский 2) типи́чно францу́зский

Gallicism [ˈɡælɪsɪzəm] *n* галлици́зм

galligaskins [ˌɡælɪˈɡæskɪnz] *n pl шутл.* широ́кие брю́ки

gallipot [ˈɡælɪpɒt] *n* обливна́я ба́нка *(для мазей, эмульсий и т. п.)*

gallium [ˈɡælɪəm] *n хим.* га́ллий

gallivant [ˌɡælɪˈvænt] *v разг. уст.* 1) шля́ться, броди́ть 2) волочи́ться, флиртова́ть

gallon [ˈɡælən] *n* галло́н *(мера жидких и сыпучих тел в Англии = 4,54 л; в США = 3,78 л)*; **imperial ~** англи́йский галло́н

galloon [ɡəˈluːn] *n* галу́н

gallop I [ˈɡæləp] *n* 1) гало́п; **at a ~** гало́пом; **at full ~** во весь опо́р 2) о́чень высо́кий темп, о́чень высо́кая ско́рость

gallop II *v* 1) скака́ть во весь опо́р; галопи́ровать 2) пуска́ть гало́пом *(лошадь)* 3) о́чень бы́стро что-л. де́лать *(напр. читать, говорить; часто* **to ~ over, to ~ through**) 4) *мед.* бы́стро прогресси́ровать, галопи́ровать *(о болезни)*

gallows [ˈɡæləʊz] *n* 1) *pl* ви́селица *(тж* **~ pole, ~ tree**) 2) *attr:* **~ humour** «чёрный ю́мор»

gallows bird [ˈɡæləʊzbɜːd] *n разг.* ви́сельник, негодя́й

gallstone [ˈɡɔːlstəʊn] *n мед.* жёлчный конкреме́нт, жёлчный ка́мень

galoot [ɡəˈluːt] *n разг.* у́валень

galop I [ˈɡæləp] *n* гало́п *(танец)*

galop II *v* танцева́ть гало́п

galore [ɡəˈlɔː(r)] *adv (ставится после сущ.)* в изоби́лии; **flowers ~** мо́ре цвето́в

galoshes [ɡəˈlɒʃɪz] *n* гало́ши

galumph [ɡəˈlʌmf] *v разг.* шу́мно пры́гать, скака́ть

galvanic [ɡælˈvænɪk] *a* 1) неожи́данный, встря́хивающий, стимули́рующий; энерги́чный 2) *эл.* гальвани́ческий

galvanize [ˈɡælvənaɪz] *v* 1) побужда́ть; оживля́ть 2) *тех.* гальванизи́ровать 3) оцинко́вывать

gambade [ɡæmˈbɑːd] *n* 1) прыжо́к, курбе́т *(лошади)* 2) неожи́данная вы́ходка, эскапа́да

gambado [ɡæmˈbɑːdəʊ] *см.* **gambade**

gambit [ˈɡæmbɪt] *n* 1) *шахм.* гамби́т 2) нача́ло, пе́рвый шаг *(в дискуссии, споре и т. п.)* 3) уло́вка

gamble I [ˈɡæmbl] *n* 1) риско́ванное предприя́тие; риско́ванная попы́тка 2) аза́ртная игра́

gamble II *v* 1) игра́ть в аза́ртные и́гры 2) рискова́ть *(в надежде на большой выигрыш)* *(with)*

gamble away прои́грывать *(состояние и т. п.)*

gambler [ˈɡæmblə(r)] *n* (аза́ртный) игро́к; картёжник

gambol I [ˈɡæmbəl] *n* прыжо́к, скачо́к

gambol II *v* пры́гать, скака́ть

game[1] I [ɡeɪm] *n* 1) игра́; **~s of chance** аза́ртные и́гры; **card ~** игра́ в ка́рты; **computer/video ~** компью́терная *или* ви́деоигра; **to**

play a good/poor ~ быть хорóшим/плохи́м игрокóм; **to be on/off one's ~** быть в фóрме/быть не в фóрме 2) *pl* состяза́ния, соревнова́ния, и́гры; **the Olympic Games** олимпи́йские и́гры 3) *спорт.* гейм; па́ртия 4) развлечéние, заба́ва; шу́тка; **to make ~ of smb** высмéивать когó-л. 5) за́мысел, план; **so that's your ~** так вот что ты заду́мал 6) улóвка, хи́трость; **none of your ~s!** брóсьте ва́ши фóкусы! ◊ **to play the ~** поступа́ть по пра́вилам, справедли́во; **the ~ is not worth the candle** *погов.* игра́ не стóит свеч; **the ~ is up** дéло прóиграно, ка́рта би́та; **on the ~** *сленг* занима́ться проститу́цией

game¹ **II** *a* 1) задóрный, бóйкий; живóй 2) готóвый *(на что-л.);* **to be ~ for anything** пойти́ на что угóдно

game¹ **III** *v* игра́ть в аза́ртные и́гры

game² *n* дичь; **big ~** кру́пная дичь ◊ **he's easy ~** егó легкó провести́

game³ *a* покалéченный *(о ноге, руке)*

gamebag [ˈɡeɪmbæɡ] *n* ягдта́ш

game cartridge [ˈɡeɪmˈkɑːtrɪdʒ] *n* игровóй ка́ртридж, ка́ртридж с компью́терной или ви́деоигрóй

gamecock [ˈɡeɪmkɒk] *n* бойцóвый пету́х

game computer [ˈɡeɪmkəmˈpjuːtə] *n* игровóй компью́тер, игровóй ПК

gamekeeper [ˈɡeɪmˌkiːpə(r)] *n* éгерь, охóтничий инспéктор

gamely [ˈɡeɪmlɪ] *adv* стóйко, бóдро

gamer [ˈɡeɪmə(r)] *n* игрóк в компью́терные или видеои́гры, *жарг.* «гéймер»

game reserve [ˈɡeɪmrɪˌzɜːv] *n* прирóдный заповéдник; охóтничий заповéдник

game show [ˈɡeɪmʃʊu] *n* телевизиóнная игра́ *(с целью получить приз)*

games master [ˈɡeɪmzˌmɑːstə(r)] *n* преподава́тель физкульту́ры

gamesome [ˈɡeɪmsəm] *a* весёлый, шутли́вый

gamester [ˈɡeɪmstə(r)] *n* (аза́ртный) игрóк, картёжник

game theory [ˈɡeɪm ˈθɪ(ə)rɪ] *n мат.* теóрия игр

game warden [ˈɡeɪmˌwɔːd(ə)n] *n* охóтничий инспéктор

gaming house [ˈɡeɪmɪŋˌhaʊs] *n* игóрный дом

gaming industry [ˈɡeɪmɪŋˌɪndʌstrɪ] *n* игóрный би́знес

gamma rays [ˈɡæməˌreɪz] *n pl физ.* га́мма-лучи́

gammon¹ **I** [ˈɡæmən] *n* (свинóй) óкорок

gammon¹ **II** *v* копти́ть óкорок

gammon² **I** *n* обма́н, надува́тельство

gammon² **II** *v* 1) притворя́ться 2) обма́нывать

gammon² **III** *int* чушь!, ерунда́!

gamp [ɡæmp] *n разг.* (большóй) зонт

gamut [ˈɡæmət] *n* 1) цéлая сéрия, ряд *(событий, явлений)*; полнота́, весь спектр *(чего-л.)* 2) *муз.* га́мма

gamy¹ [ˈɡeɪmɪ] *a* живóй, задóрный

gamy² *a* 1) с душкóм *(о дичи)* 2) *амер.* сканда́льный, «жа́реный»

gander [ˈɡændə(r)] *n* 1) гуса́к 2) *сленг* взгляд

gang¹ [ɡæŋ] *n* 1) ба́нда, ша́йка 2) брига́да *(рабочих)* 3) набóр, комплéкт *(инструментов)* 4) *разг.* компа́ния

gang² *v шотл.* идти́

gang bang [ˈɡæŋˌbæŋ] *n сленг* 1) группово́е изнаси́лование 2) óргия

gangboard [ˈɡæŋbɔːd] *см.* **gangplank**

ganger [ˈɡæŋə(r)] *n* деся́тник, бригади́р

ganglia [ˈɡæŋɡlɪə] *pl см.* **ganglion**

gangling [ˈɡæŋɡlɪŋ] *a* нескла́дный *(о человеке)*

ganglion [ˈɡæŋɡlɪən] *n* (*pl* **ganglia**) 1) *анат.* нéрвный у́зел, га́нглий 2) центр *(деятельности, интересов)*

gangplank [ˈɡæŋplæŋk] *n* 1) *мор.* схóдни 2) *стр.* мосткú

gang rape [ˈɡæŋ, reɪp] *n* группово́е изнаси́лование

gangrene [ˈɡæŋɡriːn] *n мед.* гангрéна

gangrenous [ˈɡæŋɡrɪnəs] *a* гангренóзный

gangster [ˈɡæŋstə(r)] *n* га́нгстер, банди́т

gangway [ˈɡæŋweɪ] *n* 1) прохóд *(между ряда́ми крéсел)* 2) *мор.* схóдни; трап 3) *стр.* мосткú

gantry [ˈɡæntrɪ] *n* 1) *тех.* порта́л *(подъёмного крана)* 2) пусковáя ба́шня косми́ческой ракéты 3) подста́вка для бóчек

gaol I [dʒeɪl] *n* 1) тюрьма́; **to break ~** бежа́ть из тюрьмы́ 2) тюрéмное заключéние

gaol II *v* сажа́ть в тюрьму́

gaol-bird [ˈdʒeɪlbɜːd] *n* арестáнт

gaoler [ˈdʒeɪlə(r)] *n* тюрéмный надзира́тель, тюрéмщик

gap [ɡæp] *n* 1) пробéл, прóпуск; интерва́л; **to fill up the ~** запóлнить прóпуск, пробéл; **a ~ in one's knowledge** пробéл в зна́ниях 2) брешь, пролóм *(в стене, заборе)* 3) (глубóкое) расхождéние *(во взгля́дах и т. п.)* 4) глубóкое ущéлье; прохóд *(в горах)* 5) *тех.* зазóр, промежу́ток

gape I [ɡeɪp] *n* 1) изумлённый, недоумéнный взгляд 2) зевóк 3) **(the ~s)** а) зевóта *(болезнь кур)* б) *шутл.* при́ступ зевóты 4) отвéрстие; зия́ние

gape II *v* 1) раскры́ть рот *(от изумления)*; смотрéть, рази́нув рот 2) глазéть, пя́литься 3) зия́ть 4) зева́ть

garage I [ˈɡærɑːʒ, ˈɡærɪdʒ] *n* 1) гара́ж 2) слу́жба автосéрвиса *(в виде большого гаража)*

garage II *v* ста́вить в гара́ж

garage sale [ˈgærɑːʒˌseɪl] *n амер.* дешёвая распрода́жа *(обычно в благотвори́тельных це́лях)*

garb I [gɑːb] *n* 1) одея́ние, наря́д 2) мане́ра одева́ться, стиль в оде́жде

garb II *v обыкн. pass* одева́ть, облача́ть

garbage [ˈgɑːbɪdʒ] *n* 1) му́сор, отбро́сы 2) макулату́ра, низкопро́бная литерату́ра 3) *вчт* неве́рная *или* бесполе́зная информа́ция

garbage can [ˈgɑːbɪdʒˌkæn] *n амер.* му́сорное ведро́; му́сорный я́щик

garble I [ˈgɑːb(ə)l] *n* 1) искаже́ние, фальсифика́ция 2) отбо́р, сортиро́вка

garble II *v* 1) пу́тать 2) подтасо́вывать, искажа́ть *(фа́кты и т. п.)* 3) *вчт* искажа́ть, по́ртить 4) *вчт* отбира́ть, сортирова́ть

garbled file [ˈgɑːb(ə)ldˌfaɪl] *n вчт* испо́рченный файл

garbling [ˈgɑːblɪŋ] *n вчт* искаже́ние информа́ции, фальсифика́ция информа́ции

garçon [ˈgɑːsɒŋ] *n* гарсо́н, официа́нт *(во францу́зском рестора́не)*

garden I [ˈgɑːd(ə)n] *n* 1) сад; **the G. of England** «Сад А́нглии» *(гра́фство Кент, сла́вится свои́ми фрукто́выми сада́ми)* 2) *pl* парк 3) огоро́д *(тж* **kitchen-~**) 4) *attr* садо́вый; ~ **centre** магази́н «всё для са́да» *(где продаю́тся саже́нцы, удобре́ния, садо́вый инвента́рь, садо́вая ме́бель и т. п.)*; ~ **party** приём госте́й в саду́, вечери́нка в саду́; ~ **tools** садо́вый инвента́рь

garden II *v* разводи́ть сад; рабо́тать в саду́, занима́ться садо́выми рабо́тами

gardener [ˈgɑːdnə(r)] *n* садо́вник; **landscape** ~ ландша́фтный диза́йнер

gardening [ˈgɑːdnɪŋ] *n* садово́дство; рабо́ты в саду́; **landscape** ~ ландша́фтный диза́йн

gargle I [ˈgɑːgl] *n* полоска́ние *(для го́рла)*

gargle II *v* полоска́ть *(го́рло)*

garish [ˈgeərɪʃ] *a* 1) я́ркий, бро́ский, крича́щий *(о кра́сках)* 2) показно́й

garland I [ˈgɑːlənd] *n* 1) вено́к; гирля́нда 2) приз, па́льма пе́рвенства 3) антоло́гия

garland II *v* украша́ть гирля́ндами, венка́ми

garlic [ˈgɑːlɪk] *n* чесно́к; **a clove of** ~ зубо́к, до́лька чеснока́

garment [ˈgɑːmənt] *n* 1) предме́т оде́жды 2) *pl* оде́жда 3) покро́в, одея́ние ◊ **nether ~s** *шутл.* брю́ки

garner I [ˈgɑːnə(r)] *n поэт.* жи́тница, амба́р; храни́лище

garner II *v* скла́дывать в амба́р; запаса́ть; храни́ть *(in)*

garnet [ˈgɑːnɪt] *n мин.* грана́т

garnish I [ˈgɑːnɪʃ] *n* 1) гарни́р 2) украше́ние; отде́лка

garnish II *v* 1) гарни́ровать *(блю́до)* 2) украша́ть; отде́лывать

garniture [ˈgɑːnɪtʃə(r)] *n* 1) гарни́р 2) украше́ние; отде́лка

garret [ˈgærət] *n* черда́к; мансарда

garrison I [ˈgærɪsən] *n* гарнизо́н

garrison II *v* ста́вить, вводи́ть гарнизо́н

garrulity [gæˈruːlɪtɪ] *n* говорли́вость, словоохо́тливость; болтли́вость

garrulous [ˈgærʊləs] *a* говорли́вый, словоохо́тливый; болтли́вый

garter [ˈgɑːtə(r)] *n* 1) подвя́зка 2) **(the G.)** о́рден Подвя́зки *(вы́сший о́рден в Великобрита́нии) (тж* **the Order of G.**)

gas I [gæs] *n* 1) газ; **natural** ~ приро́дный газ; **air** ~ *тех.* карбюри́рованный газ; горю́чая смесь; **producer** ~ *тех.* генера́торный газ; **deceptive** ~ *воен.* маскиру́ющий газ; **to turn on/off the** ~ включи́ть/вы́ключить газ 2) *воен.* отравля́ющее вещество́, ОВ 3) *горн.* мета́н, рудни́чный газ 4) *амер. разг.* бензи́н; газоли́н; горю́чее; **step on the** ~ приба́вь га́зу 5) *разг.* пусто́й разгово́р; бахва́льство 6) *attr* га́зовый; ~ **cooker** га́зовая плита́; ~ **fire** ками́н, отопи́тельный прибо́р, испо́льзующий газ; ~ **camera** га́зовая ка́мера; ~ **main** газопрово́д; ~ **mask** противога́з; ~ **ring** га́зовая горе́лка; ~ **turbine** га́зовая турби́на

gas II *v* 1) отравля́ть га́зом 2) выделя́ть газ 3) *амер. разг.* заправля́ться горю́чим 4) *разг.* болта́ть по́пусту; бахва́литься, хва́статься *(тж* **to** ~ **away**)

gas alarm [ˈgæsəˌlɑːm] *n воен.* хими́ческая трево́га

gasbag [ˈgæsbæg] *n* 1) га́зовый балло́н 2) *сленг* болту́н; пустозво́н; трепло́

gas burner [ˈgæsˌbɜːnə(r)] *см.* **gas-jet**

gas engine [ˈgæsˌendʒɪn] *n* га́зовый дви́гатель

gaseous [ˈgæsɪəs] *a* газообра́зный; га́зовый

gash I [gæʃ] *n* 1) глубо́кий поре́з; глубо́кая ра́на 2) глубо́кий разре́з, надре́з

gash II *v* наноси́ть глубо́кую ра́ну; си́льно поре́зать

gasholder [ˈgæsˌhəʊldə(r)] *n* газго́льдер, га́зовое храни́лище

gasification [ˌgæsɪfɪˈkeɪʃ(ə)n] *n* превраще́ние в газ; газифика́ция

gasify [ˈgæsɪfaɪ] *v* превраща́ть в газ; газифици́ровать

gas-jet [ˈgæsdʒet] *n* га́зовая горе́лка

gasket [ˈgæskɪt] *n тех.* прокла́дка; **to blow a** ~ срыва́ть прокла́дку; *перен.* неожи́данно рассерди́ться, рассвирепе́ть

gaslight [ˈgæslaɪt] *n ист.* га́зовый фона́рь *(тж* **gas lamp**)

gasman

gasman [ˈgæsmən] *n* слесарь-газовщик

gas meter [ˈgæsˌmiːtə(r)] *n* газомер; газовый счётчик

gasolene [ˈgæsəliːn] *n* 1) газолин 2) *амер.* бензин

gasoline [ˈgæsəliːn] *см.* **gasolene**

gasometer [gæˈsɒmitə(r)] *n* газохранилище

gasp I [gɑːsp] *n* затруднённое дыхание, удушье; **at one's last ~** при последнем издыхании

gasp II *v* 1) тяжело дышать, задыхаться 2) разевать рот *(от изумления)* ◊ **to ~ for** страстно желать чего-л.; **to ~ out** произносить задыхаясь, выпаливать *(слова)*

gasper [ˈgɑːspə(r)] *n сленг* сигарета

gas producer [ˈgæsprəˌdjuːsə(r)] *n* газогенератор

gas-proof [ˈgæspruːf] *a* газонепроницаемый

gassed [gæst] *a* 1) отравленный газами 2) *воен.* заражённый отравляющими веществами

gasser [ˈgæsə(r)] *n разг.* 1) болтун 2) нечто потрясающее; неотразимая личность

gas-shell [ˈgæsʃel] *n воен.* химический снаряд

gas shelter [ˈgæsˌʃeltə(r)] *n* газоубежище

gas station [ˈgæsˌsteɪʃ(ə)n] *n амер.* бензозаправочная станция, бензоколонка

gassy [ˈgæsɪ] *a* 1) похожий на газ 2) наполненный газом 3) *разг.* пустой, бессмысленный *(о разговоре)*

gas tank [ˈgæsˌtæŋk] *n амер.* 1) бак для горючего, бензобак 2) резервуар для газа

gastrectomy [gæˈstrektəmɪ] *n мед.* гастрэктомия; резекция желудка

gastric [ˈgæstrɪk] *a* желудочный; **~ juice** желудочный сок

gastritis [gæˈstraɪtɪs] *n мед.* гастрит

gastroenteritis [ˌgæstrəʊˌentəˈraɪtɪs] *n мед.* гастроэнтерит

gastronome [ˈgæstrənəʊm] *n* гурман

gastronomic [ˌgæstrəˈnɒmɪk] *a* гастрономический

gastronomy [gæˈstrɒnəmɪ] *n* гастрономия

gastroscope [ˈgæstrəskəʊp] *n мед.* гастроскоп

gaswarfare [ˈgæsˌwɔːfeə(r)] *n* химическая война

gasworks [ˈgæswɜːks] *n* газовый завод

gate [geɪt] *n* 1) ворота 2) вход, выход 3) шлагбаум 4) количество зрителей *(на стадионе и т. п.)*; **a big ~** много болельщиков/зрителей 5) входная плата *(на стадион и т. п.)* 6) шлюз, затвор 7) выход на посадку *(в аэропорту)* 8) горный проход 9) *амер. сленг* отставка, увольнение; **to get the ~** получить отставку; **to give the ~** уволить 10) *вчт, рлн* логический элемент, вентиль

gatecrash [ˈgeɪtˌkræʃ] *v* приходить без приглашения

gatecrasher [ˈgeɪtˌkræʃə(r)] *n* незваный гость

gatehouse [ˈgeɪthaʊs] *n* сторожка у ворот, домик привратника

gatekeeper [ˈgeɪtˌkiːpə(r)] *n* привратник

gate money [ˈgeɪtˌmʌnɪ] *см.* **gate** 5)

gatepost [ˈgeɪtpəʊst] *n* столб ворот ◊ **between you and me and the ~** между нами говоря; под строгим секретом, строго между нами

gateway [ˈgeɪtweɪ] *n* 1) подворотня; арка, проход 2) ворота

gather [ˈgæðə(r)] *v* 1) собирать(ся), скопляться 2) поднимать *(с земли, пола)* 3) накоплять, приобретать 4) снимать, собирать *(урожай)*; рвать *(цветы)*; собирать *(ягоды, грибы)* 5) делать вывод, заключать 6) морщить *(лоб)* 7) собирать в сборки *(при шитье)* 8) *мед.* нагнаиваться, нарывать ◊ **to ~ way** *мор.* начинать движение, набирать ход

gather in 1) собирать и убирать *(урожай в хранилище)* 2) собирать в сборки *(при шитье)* 3) собирать, скапливать

gather together 1) собираться; образовывать толпу, группу *и т. п.* 2) **to gather oneself together** взять себя в руки

gather up 1) собирать, подбирать, поднимать 2) убирать на место 3) напрягать мышцы 4) собраться с силами

gathering [ˈgæð(ə)rɪŋ] *n* 1) собрание, встреча; сборище; скопление 2) *мед.* нагноение, нарыв 3) собирание, комплектование

gathers [ˈgæðəz] *n pl* сборки *(на платье)*

GATT, Gatt *сокр.* **(General Agreement on Tariffs and Trade)** Общее соглашение по тарифам и торговле, ГАТТ

gauche [gəʊʃ] *a* 1) неловкий, неуклюжий, нескладный 2) бестактный

gaucho [ˈgaʊtʃəʊ] *n* гаучо *(южно-американский ковбой)*

gaud [gɔːd] *n* 1) мишура; безвкусные украшения; кричащий наряд 2) *pl* пышные празднества, церемонии

gaudy I [ˈgɔːdɪ] *n* (ежегодный) торжественный обед в честь бывших выпускников *(в колледжах Оксфордского и Кембриджского университетов)*

gaudy II *a* яркий, кричащий, безвкусный

gauge I [geɪdʒ] *n* 1) калибр, шаблон; мера, размер; **to take the ~ of** измерять; оценивать 2) измерительный прибор 3) *ж.-д.* ширина колей; **broad/narrow ~** широкая/узкая колея 4) критерий

gauge II *v* 1) точно измерять, вымерять 2) градуировать, наносить деления 3) оценивать, давать оценку *(личности, ситуации и* *т. п.)*; **to ~ correctly** пра́вильно оцени́ть 4) стандартизи́ровать

Gaul [gɔːl] *n ист.* галл

Gaulish I [ˈgɔːlɪʃ] *n* га́лльский язы́к

Gaulish II *a* га́лльский

gaunt [gɔːnt] *a* 1) худо́й, исхуда́лый, изможд́ённый, изнурённый 2) мра́чный, безра́достный *(на вид)*

gauntlet[1] [ˈgɔːntlɪt] *n* 1) перча́тка с кра́гами 2) *ист.* перча́тка, ла́тная рукави́ца ◊ **to fling/to throw down the ~** броса́ть вы́зов; **to pick/to take up the ~** принима́ть вы́зов

gauntlet[2] *n*: **to run the ~** а) проходи́ть сквозь строй б) подверга́ться ре́зкой/жёсткой кри́тике

gauntry [ˈgɔːntrɪ] *см.* **gantry** 3)

gauze [gɔːz] *n* 1) газ *(ткань)* 2) ма́рля 3) то́нкая металли́ческая се́тка 4) ды́мка, лёгкий тума́н

gauzy [ˈgɔːzɪ] *a* то́нкий, просве́чивающий *(о ткани)*

gave [geɪv] *past см.* **give I**

gavel [ˈgævl] *n* молото́к *(аукциони́ста или председателя собрания)*

gawk [gɔːk] *n* неуклю́жий, нело́вкий челове́к; разі́ня

gawky [ˈgɔːkɪ] *a* неуклю́жий *или* чересчу́р засте́нчивый; глупова́тый

gay [geɪ] *a* 1) *уст.* весёлый, беззабо́тный 2) *уст.* я́ркий, пёстрый *(о красках)* 3) *разг.* гомосексуа́льный; «голубо́й» 4) *разг.* беспу́тный, распу́тный

gaze I [geɪz] *n* при́стальный взгляд

gaze II *v* при́стально смотре́ть *(на — at, on, upon)*, вгля́дываться

gazebo [gəˈziːbəʊ] *n* 1) за́городный, да́чный до́мик с откры́тыми терра́сами 2) бельведе́р

gazelle [gəˈzel] *n* газе́ль

gazette I [gəˈzet] *n* 1) ве́домственный печа́тный о́рган, ве́домственная газе́та, ве́стник 2) прави́тельственный бюллете́нь *(содержащий сообщения о назначениях, награждениях и т. п.)*

gazette II *v* опублико́вывать в ве́домственной газе́те *или* прави́тельственном бюллете́не

gazetteer [ˌgæzɪˈtɪə(r)] *n* спи́сок географи́ческих назва́ний *(в атласе, словаре)*

gazump [gəˈzʌmp] *v разг.* незако́нно повыша́ть це́ну на вновь постро́енный дом *(против первоначальной договорной)*

GB *сокр.* **(Great Britain)** Великобрита́ния

GDP *сокр.* **(gross domestic product)** эк. валово́й вну́тренний проду́кт, ВВП

gear I [gɪə(r)] *n* 1) *тех.* шестерня́, зубча́тая переда́ча; при́вод; **in ~** включённый, рабо́-

та́ющий; **out of ~** вы́ключенный, нерабо́тающий; не в поря́дке 2) *авто* переда́ча, ско́рость; **first/second/third ~** пе́рвая/втора́я/тре́тья переда́ча/ско́рость; **reverse ~** за́дний ход 3) механи́зм, аппара́т; прибо́р; **landing ~** *ав.* шасси́ 4) приспособле́ния; принадле́жности 5) хозя́йственные това́ры; предме́ты дома́шнего обихо́да 6) *разг.* мо́дная оде́жда, мо́дные тря́пки 7) *мор.* осна́стка 8) у́пряжь

gear II *v* 1) приспоса́бливать; прила́живать 2) снабжа́ть при́водом, переда́чей 3) подгота́вливать, приводи́ть в гото́вность 4) приводи́ть в движе́ние *(механизм)* 5) сла́женно рабо́тать ◊ **to be (all) ~ed up (for)** быть наготове; быть наце́ленным *(на что-л.)*

gear down *авто* переходи́ть на ни́зшую переда́чу; снижа́ть ско́рость

gear up *авто* переходи́ть на вы́сшую переда́чу; увели́чивать ско́рость

gearbox [ˈgɪəbɒks] *n авто* коро́бка скоросте́й, коро́бка переда́ч

gearing [ˈgɪərɪŋ] *n тех.* 1) зубча́тый при́вод, зубча́тая переда́ча 2) *ком.* размеще́ние ча́сти дивиде́нда среди́ вы́бранных реципие́нтов

gear lever [ˈgɪəˌlevə(r)] *n авто* рыча́г переключе́ния переда́ч *(тж* **gear stick)**

gearwheel [ˈgɪəwiːl] *n* шестерня́, зубча́тое колесо́

gee[1] [dʒiː] *int* ну и ну́!, вот э́то да!

gee[2] *int* но! *(понука́ние ло́шади) (тж* **gee-ho, gee-(h)up, gee-wo)**

gee-gee [ˈdʒiːdʒiː] *n разг.* лоша́дка

geese [giːs] *pl см.* **goose**[1]

geezer [ˈgiːzə(r)] *n сленг* старика́шка

Geiger counter [ˈgaɪgə(r)ˈkaʊntə(r)] *n физ.* счётчик Ге́йгера

geisha [ˈgeɪʃə] *n* ге́йша

gel [dʒel] *n* гель; **shower ~** гель для ду́ша

gelatin(e) [ˌdʒeləˈtiːn] *n* желати́н

gelatinous [dʒɪˈlætɪnəs] *a* желати́новый; студени́стый

gelation [dʒɪˈleɪʃ(ə)n] *n* застыва́ние; загусте́ние *(при низкой температуре)*

geld [geld] *v* кастри́ровать, стерилизова́ть *(животное)*

gelding [ˈgeldɪŋ] *n* ме́рин

gelid [ˈdʒelɪd] *a* ледяно́й, студёный, о́чень холо́дный

gem I [dʒem] *n* 1) драгоце́нный ка́мень; самоцве́т 2) ге́мма 3) *перен.* настоя́щее сокро́вище, жемчу́жина

gem II [dʒem] *v* украша́ть драгоце́нными камня́ми

geminate I [ˈdʒemɪneɪt] *a* сдво́енный

geminate II *v* 1) сдва́ивать, удва́ивать 2) располага́ть па́рами

gemination [ˌdʒemɪˈneɪʃ(ə)n] *n* сдва́ивание, удвое́ние

Gemini [ˈdʒemɪnaɪ] *n* Близнецы́ *(созвездие и знак зодиака)*

gemma [ˈdʒemə] *n (pl* **gemmae** [ˈdʒemi:]) *бот.* по́чка

gemmate [ˈdʒemeɪt] *v* пуска́ть по́чки; размножа́ться почкова́нием

gemmation [dʒeˈmeɪʃ(ə)n] *n* образова́ние по́чек; почкова́ние

gemmate [ˈdʒemeɪt] *v* пуска́ть по́чки; размножа́ться почкова́нием

gemmation [dʒeˈmeɪʃ(ə)n] *n* образова́ние по́чек; почкова́ние

gem(m)ology [dʒeˈmɒlədʒɪ] *n* нау́ка о драгоце́нных камня́х

gemstone [ˈdʒemstəʊn] *n* драгоце́нный ка́мень

Gen. *сокр.* 1) **(general)** генера́л 2) **(the Genesis)** *библ.* Кни́га Бытия́

gendarme [ˈʒɒndɑːm] *n* жанда́рм

gendarmerie [ʒɒnˈdɑːmərɪ] *n* жандарме́рия

gender [ˈdʒendə(r)] *n* 1) *грам.* род; **masculine/feminine/neuter ~** мужско́й/же́нский/сре́дний род 2) *шутл.* пол

gender changer [ˈdʒendə ˈtʃeɪndʒə] *n эл.* переходни́к разъёма *(для подключения вилочного соединителя к гнездовому или наоборот)*

gene [dʒi:n] *n биол.* ген

genealogical [ˌdʒi:nɪəˈlɒdʒɪk(ə)l] *a* генеалоги́ческий; **~ tree** генеалоги́ческое дре́во

genealogy [ˌdʒi:nɪˈælədʒɪ] *n* 1) родосло́вная 2) генеало́гия

genera [ˈdʒenərə] *pl см.* **genus**

general I [ˈdʒenərəl] *n* 1) генера́л; **lieutenant ~** генера́л-лейтена́нт; **major ~** генера́л-майо́р 2) полково́дец; страте́г

general II *a* 1) о́бщий, всео́бщий, о́бщего хара́ктера; **in ~** вообще́, в о́бщих черта́х; **~ anaesthetic** анестези́рующее сре́дство для нарко́за; **~ election** всео́бщие вы́боры; **~ practitioner** терапе́вт; врач о́бщей пра́ктики; **~ strike** всео́бщая забасто́вка 2) повсеме́стный, широко́ распространённый; обы́чный 3) генера́льный; гла́вный, руково́дящий; **~ manager** генера́льный дире́ктор; гла́вный управля́ющий; **~ Post Office** главпочта́мп

generalisation [ˌdʒenərəlaɪˈzeɪʃ(ə)n] *n* обобще́ние

generalise [ˈdʒenərəlaɪz] *v* 1) обобща́ть 2) говори́ть на о́бщие те́мы, неопределённо 3) вводи́ть в о́бщее употребле́ние

generalised [ˈdʒen(ə)rəlaɪzd] *a* о́бщий, обобщённый, универса́льный

generalissimo [ˌdʒen(ə)rəˈlɪsɪməʊ] *n* генерали́ссимус

generality [ˌdʒenəˈrælɪtɪ] *n* 1) положе́ние, утвержде́ние о́бщего хара́ктера; *pl* о́бщие места́, о́бщие рассужде́ния *(в речи и т. п.)* 2) неопределённость, расплы́вчатость; отсу́тствие конкре́тных да́нных *и т. п.* 3) всео́бщность 4) большинство́

generalization [ˌdʒenərəlaɪˈzeɪʃ(ə)n] *амер. см.* **generalisation**

generalize [ˈdʒenərəlaɪz] *амер. см.* **generalise**

generalized [ˈdʒen(ə)rəlaɪzd] *амер. см.* **generalised**

general licence [ˈdʒen(ə)rəl ˈlaɪs(ə)ns] *n* генера́льная лице́нзия, о́бщая лице́нзия

generally [ˈdʒenərəlɪ] *adv* 1) обы́чно 2) в большинстве́ слу́чаев 3) в о́бщем смы́сле; в о́бщих черта́х; вообще́; **~ speaking** вообще́ говоря́ 4) бо́льшей ча́стью; **not ~ known** по бо́льшей ча́сти неизве́стный

general-purpose [ˈdʒen(ə)rəlˈpɜːpəs] *a* 1) *спец.* универса́льный, о́бщего назначе́ния, многоцелево́й 2) *воен.* фуга́сный; **~ bomb** фуга́сная бо́мба

generalship [ˈdʒenər(ə)lʃɪp] *n* 1) вое́нное, полково́дческое иску́сство 2) генера́льский чин 3) уме́лое руково́дство

generate [ˈdʒenəreɪt] *v* 1) порожда́ть, вызыва́ть; производи́ть 2) генери́ровать *(напр. волны, электричество)* 3) *вчт* создава́ть, образо́вывать, формирова́ть

generated error [ˌdʒenəˈreɪtɪd ˈerə] *n* 1) нако́пленная, сумма́рная оши́бка 2) порожда́емая, генери́руемая оши́бка

generation [ˌdʒenəˈreɪʃ(ə)n] *n* 1) поколе́ние; **the rising ~** подраста́ющее поколе́ние; **the younger ~** мла́дшее поколе́ние 2) но́вая ступе́нь *(в развитии техники)*; но́вое поколе́ние *(компьютеров и т. п.)* 3) зарожде́ние, возникнове́ние; образова́ние, произво́дство, генери́рование 4) произведе́ние пото́мства; пото́мство; генера́ция 5) *рлн, эл.* генера́ция, возбужде́ние *(колеба́ний)*

generative [ˈdʒenərətɪv] *a* производя́щий, порожда́ющий

generator [ˌdʒenəˈreɪtə(r)] *n* 1) *тех.* генера́тор 2) а́втор иде́й, конце́пций 3) *вчт* програ́мма-генера́тор 4) *тех.* формирова́тель, формиру́ющее устро́йство

generic [dʒɪˈnerɪk] *a* 1) о́бщий; о́бщего хара́ктера 2) родово́й; характе́рный для определённого кла́сса, ви́да *(животных)* 3) немаркиро́ванный *(о товаре)* 4) типово́й

generosity [ˌdʒenəˈrɒsɪtɪ] *n* 1) ще́дрость 2) великоду́шие; благоро́дство *(характера)*

generous [ˈʤenərəs] *a* 1) щéдрый 2) великодýшный; благорóдный *(о характере, поступке)* 3) обúльный; **a ~ portion** большáя пóрция 4) густóй, крéпкий *(о вине)*

genesis [ˈʤenɪsɪs] *n* 1) происхождéние, возникновéние; гéнезис 2) **(the G.)** *библ.* Кнúга Бытия́

genet [ˈʤenɪt] *n зоол.* генéтта

genetic [ʤəˈnetɪk] *a* генетúческий; **~ code** генетúческий код; **~ fingerprinting** гéнная дактилоскопúя; **~ engineering** гéнная инженéрия

genetically modified [ʤəˌnetɪklɪˈmɒdɪfaɪd] *a* генетúчески модифицúрованный; **~ food** генетúчески модифицúрованные продýкты

genetics [ʤəˈnetɪks] *n* генéтика

genette [ʤɪˈnet] *см.* **genet**

genial [ˈʤiːnɪəl] *a* 1) сердéчный, радýшный; доброжелáтельный 2) мя́гкий, тёплый *(о климате)* 3) привéтливый

geniality [ˌʤiːnɪˈælɪtɪ] *n* 1) сердéчность, радýшие; доброжелáтельность 2) мя́гкость *(климата и т. п.)* 3) привéтливость

genie [ˈʤiːnɪ] *n (pl* **genii)** джинн *(дух в мусульманской мифологии)*

genii[1] [ˈʤiːnɪaɪ] *pl см.* **genie**

genii[2] *pl см.* **genius** 3)

genista [ʤɪˈnɪstə] *n бот.* дрок

genital [ˈʤenɪtəl] *a* половóй, генитáльный

genitalia [ˌʤenɪˈteɪlɪə] *см.* **genitals**

genitals [ˈʤenɪtəlz] *n pl* половы́е óрганы, генитáлии

genitive [ˈʤenɪtɪv] *грам.* родúтельный падéж

genito-urinary [ˌʤenɪtəʊˈjʊərɪnərɪ] *a* мочеполовóй

genius [ˈʤiːnɪəs] *n* 1) гениáльность; большóй талáнт 2) гéний, гениáльный человéк 3) *(pl* **genii)** дух; **evil/good ~** злой/дóбрый дух 4) дух *(нации, века и т. п.)*

genocide [ˈʤenəsaɪd] *n* геноцúд

genre [ˈʒɑːŋr] *n* 1) жанр; манéра, стиль 2) жáнровая жúвопись *(тж ~* **painting)**

gent [ʤent] *n разг.* 1) господúн, джентльмéн 2) *pl* мужскáя одéжда *(отдел в магазине)* 3) **(the Gents)** мужскóй туалéт

genteel [ʤenˈtiːl] *a* 1) утончённый, изы́сканный *(о манерах)* 2) *ирон.* из вы́сшего óбщества, свéтский, аристократúческий

gentility [ʤenˈtɪlɪtɪ] *n* 1) принадлéжность к вы́сшему óбществу, знáти; сослóвное превосхóдство 2) аристократúческие манéры, замáшки 3) аристокрáтия, аристокрáты

gentle [1] [ˈʤentl] *n* нажúвка *(для ужения рыбы)*

gentle [2] *a* 1) мя́гкий, дóбрый, спокóйный; крóткий *(о характере)* 2) нéжный, лáсковый 3)

тúхий, послýшный, смúрный *(о животном)* 4) знáтный, дворя́нского происхождéния

gentlefolk [ˈʤentlfəʊk] *n pl книжн.* дворя́нство, знать

gentleman [ˈʤentlmən] *n* 1) господúн *(обращение к мужчине)* 2) благорóдный, хорошó воспúтанный, поря́дочный человéк; джентльмéн 3) знáтный *или* богáтый человéк со свéтскими манéрами 4) придвóрный; **~ in waiting** камергéр ◊ **~'s agreement** джентльмéнское соглашéние

gentleman-at-arms [ˈʤentlmənətˈɑːmz] *n* лейб-гвардéец

gentlemanly [ˈʤentlmənlɪ] *a* 1) вéжливый, воспúтанный, с хорóшими манéрами 2) ведýщий себя́ по-джентльмéнски

gentleness [ˈʤentlnɪs] *n* мя́гкость, крóтость

gentlewoman [ˈʤentlˌwʊmən] *n уст.* дворя́нка, лéди

gently [ˈʤentlɪ] *adv* 1) мя́гко, лáсково, нéжно 2) спокóйно, тúхо

gentry [ˈʤentrɪ] *n* мелкопомéстное дворя́нство, джéнтри

genuine [ˈʤenjʊɪn] *a* 1) пóдлинный, úстинный, неподдéльный 2) úскренний; **with ~ pleasure** с нескрывáемым удовóльствием

genus [ˈʤiːnəs] *n (pl* **genera)** 1) *биол.* род 2) сорт

geobotany [ˌʤiːəʊˈbɒtənɪ] *n* геоботáника

geocentric [ˌʤiːəʊˈsentrɪk] *a* геоцентрúческий

geochemistry [ˌʤiːəʊˈkemɪstrɪ] *n* геохúмия

geodesy [ʤiːˈɒdɪsɪ] *n* геодéзия

geographer [ʤɪˈɒɡrəfə(r)] *n* геóграф

geographic(al) [ʤɪəˈɡræfɪk(əl)] *a* географúческий

geography [ʤɪˈɒɡrəfɪ] *n* геогрáфия

geologic(al) [ʤɪəˈlɒʤɪk(əl)] *a* геологúческий

geologist [ʤɪˈɒləʤɪst] *n* геóлог

geology [ʤɪˈɒləʤɪ] *n* геолóгия

geomagnetism [ˌʤiːəʊˈmæɡnɪtɪzm] *n* геомагнетúзм

geometric(al) [ʤɪəˈmetrɪk(əl)] *a* геометрúческий; **~ progression** геометрúческая прогрéссия

geometry [ʤɪˈɒmɪtrɪ] *n* геомéтрия

geophysics [ˌʤiːəʊˈfɪzɪks] *n* геофúзика

geopolitics [ˌʤiːəʊˈpɒlɪtɪks] *n* геополúтика

geopolitical [ˌʤiːəʊpəˈlɪtɪkəl] *a* геополитúческий

George [ʤɔːʤ] *n сленг* автопилóт

Georgian[1] **I** [ˈʤɔːʤən] *n* 1) грузúн; грузúнка; **the ~s** грузúны 2) грузúнский язы́к

Georgian[1] **II** *a* грузúнский

Georgian[2] **I** *n* урожéнец штáта Джóрджия *(в США)*

Georgian

Georgian[2] **II** *a* относя́щийся к шта́ту Джо́рджия

Georgian[3] *a* георгиа́нский, эпо́хи одного́ из англи́йских короле́й Гео́ргов *(18 в.)*; ~ **architecture** георгиа́нский стиль в архитекту́ре

geothermal [ˌdʒi:əʊˈθɜ:məl] *a* геотерми́ческий, геотерма́льный

geranium [dʒɪˈreɪnɪəm] *n бот.* гера́нь

geriatric [ˌdʒerɪˈætrɪk] *a* 1) гериатри́ческий; относя́щийся к пожило́му во́зрасту 2) *разг.* устаре́вший, ста́рый

geriatrics [ˌdʒerɪˈætrɪks] *n* гериатри́я *(область медицины, связанная с лечением людей пожилого возраста)*

germ [dʒɜ:m] *n* 1) микро́б 2) заро́дыш, эмбрио́н; *бот.* за́вязь 3) зача́ток, нача́ло; **in** ~ в зача́точном состоя́нии, неразвитый, неразрабо́танный 4) *attr* бактериологи́ческий; ~ **warfare** бактериологи́ческая война́

German I [ˈdʒɜ:mən] *n* 1) не́мец; не́мка; **the** ~**s** не́мцы 2) неме́цкий язы́к

German II *a* неме́цкий, герма́нский

german [ˈdʒɜ:mən] *a* 1) родно́й *(в сочетании с* **brother, sister)**; **brother** ~ родно́й брат 2) двою́родный *(в сочетании с* **cousin); cousin** ~ двою́родный брат

germane [dʒɜ:ˈmeɪn] *a* уме́стный; име́ющий отноше́ние *(к чему-л. — to)*

Germanic I [dʒɜ:ˈmænɪk] *n лингв.* 1) герма́нская гру́ппа языко́в 2) герма́нский праязы́к

Germanic II *a лингв.* герма́нский; ~ **studies** германи́стика

Germanist [ˈdʒɜ:mənɪst] *n* филолог-германи́ст

German shepherd [ˈdʒɜ:mənˈʃepəd] *n* неме́цкая овча́рка

germicidal [ˈdʒɜ:mɪsaɪdl] *a* бактерици́дный

germinal [ˈdʒɜ:mɪnl] *a* 1) заро́дышевый; зача́точный 2) выраба́тывающий, подаю́щий иде́и

germinate [ˈdʒɜ:mɪneɪt] *v* 1) прораста́ть; дава́ть по́чки; пуска́ть ростки́ 2) зарожда́ться 3) генери́ровать иде́и; развива́ть иде́и 4) порожда́ть

germination [ˌdʒɜ:mɪˈneɪʃ(ə)n] *n* 1) прораста́ние 2) разви́тие, рост

gerontology [ˌdʒerɒnˈtɒlədʒɪ] *n* геронтоло́гия

gerrymander I [ˈgerɪmændə(r)] *n* подтасо́вка *(фактов)*; манипули́рование да́нными; махина́ции

gerrymander II *v* подтасо́вывать *(результаты выборов и т. п.)*; манипули́ровать да́нными; фальсифици́ровать

gerund [ˈdʒer(ə)nd] *n грам.* геру́ндий

gesso [ˈdʒesəʊ] *n* гипс *(для скульптурных работ)*

gestation [dʒeˈsteɪʃ(ə)n] *n* 1) бере́менность; пери́од бере́менности 2) вына́шивание *(плана, идеи и т. п.)*

gesticulate [dʒeˈstɪkjʊleɪt] *v* жестикули́ровать

gesticulation [dʒeˌstɪkjʊˈleɪʃ(ə)n] *n* жестикуля́ция

gesture I [ˈdʒestʃə(r)] *n* 1) жест; жестикуля́ция; **facial** ~ ми́мика 2) посту́пок, жест; **fine** ~ благоро́дный жест/посту́пок

gesture II *v* жестикули́ровать

get [get] *v (past, p. p.* **got**; *амер. p. p.* **gotten**) 1) получа́ть; **to** ~ **an answer/a prize** получа́ть отве́т/приз 2) достава́ть, добыва́ть; **to** ~ **a job** получи́ть/найти́ рабо́ту; **to** ~ **$200 a week** зараба́тывать 200 до́лларов в неде́лю; **where did you** ~ **these ideas?** где ты набра́лся э́тих иде́й?; **to** ~ **one's own way** доби́ться своего́ 3) доставля́ть, приноси́ть; ~ **these letters for me** принеси́те мне э́ти пи́сьма 4) покупа́ть, приобрета́ть; **I'll go and** ~ **some milk** я схожу́ за молоко́м; **try to** ~ **the tickets** постара́йся купи́ть биле́ты; **I got it cheap** я купи́л э́то (о́чень) дёшево 5) успе́ть *(на автобус, поезд и т. п.)*; **did he** ~ **his train?** он успе́л на по́езд? 6) пригото́вить *(еду и т. п.)* 7) станови́ться; **it's** ~**ting cold/dark** стано́вится холодне́е/темне́е; **to** ~ **rich** разбогате́ть; **she got interested in painting** она́ ста́ла интересова́ться жи́вописью 8) заболе́ть, подхвати́ть боле́знь; **he got a flu** он подхвати́л грипп 9) прибы́ть *(куда-л.)*, добра́ться; попа́сть; **I got there by bus** я добра́лся туда́ авто́бусом; **how did you** ~ **there?** как вы туда́ попа́ли?; **we got absolutely nowhere** мы ничего́ не дости́гли, у нас ничего́ не получи́лось 10): **to have got** име́ть, облада́ть; **I've got a headache** у меня́ разболе́лась голова́; **I haven't got any change** у меня́ нет ме́лочи 11): **to have got to** быть до́лжным, обя́занным *(что-л. сде́лать)*; **I've got to write a letter** мне ну́жно/я до́лжен написа́ть письмо́ 12) заста́вить, уговори́ть *(сделать что-л.)*; вовле́чь; **I got them to help me** я уговори́л их помо́чь мне 13) *разг.* понима́ть; **do you** ~ **me?** вы меня́ по́няли?; **got it?** поня́тно? **I** ~ **your point** я по́нял вас пра́вильно 14) *разг.* раздража́ть, «достава́ть»; **he got me** он меня́ доста́л 15) *разг.* озада́чивать 16) вбива́ть в го́лову; **to** ~ **into one's head** вбить себе́ в го́лову 17) начина́ть; **let's** ~ **going!** пошли́!, пое́хали!

get about 1) передвига́ться; путеше́ствовать 2) быть сно́ва на нога́х *(после болезни)* 3) распространя́ться *(о новостях и т. п.)*

get across 1) переходи́ть *(дорогу)*; пересека́ть *(пространство)* 2) станови́ться изве́стным; доводи́ть до све́дения *(кого-л.)*

get along 1) продвига́ться 2) посыла́ть; доставля́ть; брать (с собо́й) 3) *разг.* уходи́ть, убира́ться 4) проходи́ть, пролета́ть (*о времени*) 5) продержа́ться, пережи́ть; обходи́ться (*чем-л.*) 6) де́лать успе́хи; хорошо́ справля́ться 7) ла́дить, быть в хоро́ших отноше́ниях

get around *см.* **get round**

get away 1) уходи́ть, уезжа́ть 2) брать о́тпуск 3) тро́гать с ме́ста 4) выта́скивать, вынима́ть 5) сбега́ть, ускольза́ть 6): **get away with you!** я тебе́ не ве́рю!, да брось ты!

get back 1) отойти́ наза́д, в сто́рону 2) верну́ться (домо́й) 3) верну́ться в пре́жнее состоя́ние 4) получи́ть (*что-л.*) наза́д; вновь обрести́ 5) возвраща́ть, класть (*на пре́жнее ме́сто*) 6) верну́ться, сно́ва прийти́ к вла́сти

get behind 1) отстава́ть 2) уменьша́ться 3) просро́чивать (*платежи́*)

get by 1) проходи́ть (ми́мо), проезжа́ть (ми́мо) 2) продержа́ться, обходи́ться, пережи́ть 3) достига́ть прие́млемого у́ровня 4) годи́ться, подходи́ть 5) сходи́ть с рук, удава́ться

get down 1) спуска́ться, сходи́ть, слеза́ть; снима́ть (*отку́да-л.*) 2) опуска́ться на коле́ни, на четвере́ньки 3) сруби́ть; свали́ть 4) свали́ть с ног 5) сбить, подстрели́ть 6) с трудо́м прогла́тывать 7) запи́сывать, де́лать за́писи 8) *разг.* утомля́ть, угнета́ть

get in 1) входи́ть, вмеща́ться; помеща́ться 2) заноси́ть (*внутрь*), загоня́ть; приводи́ть (в дом) 3) попада́ть, проника́ть, пролива́ться 4) приходи́ть, прибыва́ть 5) собира́ть (*урожа́й и т. п.*) 6) запаса́ться (*чем-л.*), закупа́ть 7) вызыва́ть на́ дом 8) доставля́ть, приноси́ть 9) вставля́ть (*замеча́ние и т. п.*) 10) *разг.* принима́ть уча́стие; присоединя́ться 11) поступа́ть в уче́бное заведе́ние 12) избира́ться, пройти́ на вы́борах 13) включи́ть (*куда́-л.*), устро́ить

get off 1) убира́ть, снима́ть, удаля́ть; раздева́ться 2) слеза́ть, сходи́ть 3) выходи́ть, выса́живаться (*из тра́нспорта*) 4) отчи́стить, стере́ть (*пя́тна, следы́ и т. п.*) 5) уезжа́ть, отправля́ться, отбыва́ть 6) стартова́ть 7) спаса́ть (*с тону́щего корабля́*) 8) посыла́ть по по́чте и т. п. 9) *разг.* избежа́ть наказа́ния, спасти́сь 10) изба́виться, отде́латься 11) *разг.* уложи́ть спать; убаю́кать 12) зау́чить, запо́мнить 13) зака́нчивать рабо́ту (*в како́е-л. вре́мя*) 14) име́ть выходно́й 15) жени́ться; вы́йти за́муж 16) *амер. разг.* отка́лывать (*шу́тки*), выки́дывать (*номера́*) 17) снима́ть психи́ческое напряже́ние

get on 1) надева́ть (*оде́жду*) 2) разводи́ть (*ого́нь*); ста́вить (*на ого́нь*); включа́ть (*свет, газ и т. п.*) 3) сади́ться (*в тра́нспорт*); сади́ться на ло́шадь 4) идти́ (*о вре́мени*); старе́ть 5) продвига́ться вперёд, де́лать успе́хи; достига́ть результа́та 6) ла́дить 7) продолжа́ть де́лать (*по́сле переры́ва*) 8) *разг.* поторопи́ться (*с чем-л.*)

get out 1) вылеза́ть, выходи́ть, выбира́ться 2) вынима́ть, выта́скивать 3) выса́живаться 4) отчища́ть, удаля́ть (*пя́тна*) 5) выводи́ть (*маши́ну из гаража́*) 6) брать (*де́ньги из ба́нка, кни́гу в библиоте́ке и т. п.*) 7) удаля́ться, убега́ть; избавля́ться 8) соверша́ть побе́г 9) выпуска́ть 10) печа́тать, публикова́ть, выпуска́ть 11) рассыла́ть (*те́ксты, журна́лы и т. п.*) 12) вычисля́ть 13) призыва́ть к забасто́вке

get over 1) переходи́ть (*че́рез доро́гу*); переправля́ться (*че́рез ре́ку и т. п.*) 2) приезжа́ть (*к кому́-л.*), навеща́ть (*кого́-л.*) 3) довести́ до созна́ния 4) перенести́ (*опера́цию и т. п.*)

get past 1) проходи́ть, проезжа́ть (ми́мо) 2) быть прие́млемым, годи́ться, сходи́ть

get round 1) е́здить, путеше́ствовать 2) вновь встать на́ ноги (*по́сле боле́зни*), попра́виться 3) распространя́ться (*о новостя́х и т. п.*) 4) навеща́ть, посеща́ть (*кого́-л.*) 5) убеди́ть, уговори́ть (*кого́-л.*)

get round to верну́ться (*к чему́-л.*) по́сле переры́ва

get through 1) проходи́ть, пробира́ться сквозь (*что-л.*) 2) проника́ть (*куда́-л.*) 3) вы́держать экза́мен; перейти́ на сле́дующий курс и т. п. 4) проводи́ть че́рез парла́мент; проходи́ть че́рез парла́мент 5) доходи́ть до (*кого́-л.*); попада́ть к (*кому́-л.*) 6) связа́ться (*с кем-л.*) по телефо́ну и т. п. 7) зако́нчить, заверши́ть рабо́ту

get together 1) собира́ть(ся) 2) встреча́ться (*для перегово́ров и т. п.*) 3) объединя́ться; скла́дываться (*для опла́ты чего́-л.*) 4) *разг.* достига́ть согла́сия

get up 1) поднима́ться, взбира́ться, залеза́ть (*наве́рх*) 2) встава́ть 3) выта́скивать, выдёргивать 4) воздвига́ть, сооружа́ть 5) встава́ть с посте́ли, встава́ть у́тром 6) поднима́ться (*по́сле боле́зни*) 7) увели́чиваться, уси́ливаться 8) возника́ть, зарожда́ться (*о чу́вствах*) 9) *разг.* вы́учить, подгото́вить 10) *разг.* организова́ть (*что-л.*) 11) офо́рмить (*кни́гу и т. п.*); подгото́вить (*наря́д и т. п.*) 12) наряжа́ться

get up to 1) добира́ться, достига́ть 2) достига́ть определённого у́ровня, станда́рта

3) затева́ть, замышля́ть *(что-л. дурное или забавное)*

get-at-able [get'ætəbl] *a разг.* досту́пный

getaway ['getəweɪ] *n разг.* бе́гство, побе́г; **to make one's ~** бежа́ть, устро́ить побе́г

get-out ['getaʊt] *n* предло́г, отгово́рка

get-rich-quick ['get‚rɪtʃ‚kwɪk] *a разг.* стремя́щийся бы́стро разбогате́ть

getter ['getə(r)] *n* 1) добы́тчик; приобрета́тель 2) *физ.* ге́ттер, газопоглоти́тель

getting started ['getɪŋ 'stɑːtɪd] введе́ние *(раздел документации)*

get-together ['getə‚geðə(r)] *n разг.* сбо́рище; тусо́вка

get-up ['getʌp] *n разг.* 1) мане́ра одева́ться; стиль 2) сти́льная оде́жда 3) оформле́ние *(книги)*

get-up-and-go ['getʌpən‚gəʊ] *n разг.* предприи́мчивость, эне́ргия, напо́р

gewgaw ['gjuːgɔː] *n* безделу́шка, безде́лица

geyser[1] ['gaɪzə(r)] *n* ге́йзер

geyser[2] [giːzə(r)] *n* нагрева́тель воды́; га́зовая коло́нка *(в ванне)*

ghastly I ['gɑːstlɪ] *a* 1) стра́шный, ужа́сный 2) мёртвенно-бле́дный; **she looked ~** она́ ужа́сно вы́глядела 3) *разг.* кра́йне неприя́тный, скве́рный

ghastly II *adv* стра́шно, ужа́сно; **~ pale** бле́дный как смерть

gherkin ['gɜːkɪn] *n* корнишо́н; солёный *или* марино́ванный огуре́ц

ghetto ['getəʊ] *n* ге́тто

ghost [gəʊst] *n* 1) привиде́ние, при́зрак; дух; тень *(умершего)* 2) тень, лёгкий след *(чего-л.)*, намёк; **not a ~ of a chance** ни мале́йшей наде́жды; **the ~ of a smile** чуть заме́тная улы́бка, тень улы́бки

ghostly ['gəʊstlɪ] *a* при́зрачный

ghost-writer ['gəʊst‚raɪtə(r)] *n* литерату́рный негр, писа́тель, пи́шущий для друго́го писа́теля *(с гро́мким и́менем)*

ghoul [guːl] *n* 1) упы́рь, вурдала́к 2) некрофи́л

GHQ *сокр.* **(General Headquarters)** ста́вка гла́вного кома́ндования; общевойсково́й штаб

GI ['dʒiː'aɪ] *сокр.* **(government issue)** *амер.* 1) солда́т, рядово́й 2) арме́йский, вое́нного образца́

giant I ['dʒaɪənt] *n* 1) гига́нт, велика́н, исполи́н 2) *attr* гига́нтский; огро́мный; исполи́нский

giant II *a* гига́нтский; огро́мный; исполи́нский

giant-like ['dʒaɪəntlaɪk] *a* гига́нтский; огро́мный; исполи́нский

giaour ['dʒaʊə(r)] *n* гяу́р, неве́рный

Gib. [dʒɪb] *n сокр.* **(Gibraltar)** *разг.* Гибралта́р

gibber I ['dʒɪbə(r)] *n* невня́тная болтовня́, бормота́ние

gibber II *v* невня́тно бормота́ть

gibberish ['dʒɪbərɪʃ] *n* невня́тная речь; тараба́рщина

gibbet I ['dʒɪbɪt] *n* 1) ви́селица 2) пове́шение

gibbet II *v* 1) ве́шать, казни́ть че́рез пове́шение 2) выставля́ть на позо́р, на посме́шище

gibbon ['gɪbən] *n зоол.* гиббо́н

gibbosity [gɪ'bɒsɪtɪ] *n* 1) вы́пуклость 2) горба́тость

gibbous ['gɪbəs] *a* 1) вы́пуклый 2) горба́тый

gibe I [dʒaɪb] *n* насме́шка

gibe II *v* насмеха́ться *(над — at)*

giblets ['dʒɪblɪts] *n pl* (гуси́ные, кури́ные *и т. п.)* потроха́

giddiness ['gɪdɪnɪs] *n* 1) головокруже́ние 2) легкомы́слие, взба́лмошность

giddy ['gɪdɪ] *a* 1) испы́тывающий головокруже́ние; **to feel ~** чу́вствовать головокруже́ние 2) головокружи́тельный, кружа́щий го́лову *(об успехе и т. п.)* 3) легкомы́сленный, ве́треный 4) вызыва́ющий головокруже́ние

gift I [gɪft] *n* 1) пода́рок, дар 2) спосо́бности, дарова́ние, тала́нт; **a ~ for languages** спосо́бности к языка́м

gift II *v* 1) дари́ть 2) одаря́ть, наделя́ть *(чем-л. — with)*

gifted ['gɪftɪd] *a* о́чень спосо́бный, одарённый, тала́нтливый

gig[1] [gɪg] *n* 1) кабриоле́т 2) ги́чка *(быстроходная лодка)*

gig[2] **I** *n разг.* выступле́ние, конце́рт джа́зовой *или* поп-гру́ппы

gig[2] **II** *v разг.* дава́ть конце́рты *(о джазе или поп-группе)*

gig[3] *n* острога́

gigantic [dʒaɪ'gæntɪk] *a* гига́нтский, грома́дный

giggle I ['gɪgl] *n* 1) хихи́канье 2) *разг.* смешна́я вещь; шу́тка; заба́вная ли́чность

giggle II *v* хихи́кать

GIGO *сокр.* **(garbage in, garbage out)** *вчт* «му́сор на вхо́де – му́сор на вы́ходе», при́нцип «како́в вопро́с – тако́в отве́т»

gigolo ['ʒɪgələʊ] *n* жи́голо, наёмный партнёр *(в та́нцах)*

gigot ['dʒɪgət] *n* бара́нья нога́

gild[1] [gɪld] *v* золоти́ть, покрыва́ть позоло́той ◊ **to ~ the lily** улучша́ть и без того́ хоро́шее, занима́ться нену́жным де́лом

gild[2] *см.* **guild**

gilded ['gɪldɪd] *a* позоло́ченный ◊ **~ youth** золота́я молодёжь

gilding [ˈɡɪldɪŋ] *n* 1) золочéние 2) позолóта

gill[1] [ɡɪl] *n* обыкн. *pl* 1) жáбры 2) пластúнки грибá 3) вторóй подборóдок ◊ **green about the ~s** болéзненного вúда

gill[2] *n* 1) лесúстый оврáг 2) гóрный потóк

gill[3] [dʒɪl] *n* чéтверть пúнты (*англ. = 0,142 л, амер. = 0,118 л*)

gillyflower [ˈdʒɪlɪˌflaʊə(r)] *n* 1) левкóй 2) *редко* гвоздúка

gilt I [ɡɪlt] *n* 1) позолóта 2) *pl ком.* золотообрéзные цéнные бумáги (*тж* **gilt-edged securities**)

gilt II *a* 1) золочёный, позолóченный 2) цвéта зóлота

gilt-edged [ˈɡɪltedʒd] *a* с золотúм обрéзом

gimcrack I [ˈdʒɪmkræk] *n* безделýшка, дешёвое украшéние

gimcrack II *a* брóский и безвкýсный; сдéланный с претéнзией, но нúзкого кáчества

gimlet [ˈɡɪmlɪt] *n* 1) урáвчик 2) коктéйль из джúна и сóка лáйма

gimmick [ˈɡɪmɪk] *n амер.* трюк, улóвка, примáнка; **an advertising ~** реклáмный трюк/приём

gin[1] [dʒɪn] *n* джин (*крепкий алкогольный напиток*) ◊ **~ and tonic** джин с тóником

gin[2] **I** *n* 1) западня, капкáн 2) джин (*хлопкоочистительная машина*) 3) *тех.* подъёмная лебёдка; вóрот

gin[2] **II** *v* 1) очищáть хлóпок 2) ловúть в западню

ginger I [ˈdʒɪndʒə(r)] *n* 1) имбúрь 2) рúжий, рыжевáтый цвет 3) воодушевлéние; «изюминка» 4) стúмул

ginger II *a* рúжий; рыжевáтый; **a ~ cat** рúжий кот

ginger III *v* 1) приправлять имбирём 2) взбáдривать, подстёгивать, подхлёстывать (*тж* **to ~ up**)

ginger beer [ˈdʒɪndʒəˌbɪə(r)] *n* имбúрное пúво

gingerbread[1] **I** [ˈdʒɪndʒəbred] *n* (имбúрный) прúник

gingerbread[2] *a* показнóй, брóский, безвкýсный

gingerly I [ˈdʒɪndʒəlɪ] *a* осторóжный, осмотрúтельный; рóбкий

gingerly II *adv* осторóжно

ginger nut [ˈdʒɪndʒəˌnʌt] *n* имбúрное печéнье (*тж* **ginger snap**)

gingery [ˈdʒɪndʒərɪ] *a* 1) имбúрный, прúный 2) рыжевáтый

gingham [ˈɡɪŋəm] *n* гúнем, клéтчатая *или* полосáтая хлопчатобумáжная ткань

gingivitis [ˌdʒɪndʒɪˈvaɪtɪs] *n мед.* гингивúт, воспалéние дёсен

ginseng [ˈdʒɪnseŋ] *n* женьшéнь

Gipsy I [ˈdʒɪpsɪ] *n* 1) цыгáн; цыгáнка; **the Gipsies** цыгáне 2) цыгáнский язúк

Gipsy II *a* цыгáнский

giraffe [dʒɪˈrɑːf] *n* жирáф

gird[1] [ɡɜːd] *v* (*past, p. p.* **girded, girt**) 1) подпоáсываться; надевáть пóяс 2) окружáть, опоáсывать 3) прикреплять орýжие к пóясу ◊ **to ~ (up) one's loins** приготóвиться к бою

gird[2] **I** *n* насмéшка

gird[2] **II** *v* насмехáться (*над — at*)

girder [ˈɡɜːdə(r)] *n* 1) бáлка, переклáдина 2) фéрма (*моста*) 3) *радио* мáчта

girdle I [ˈɡɜːdl] *n* 1) пóяс, кушáк 2) эластúчный пóяс, корсéт 3) *анат.* пóяс 4) кольцó (*на дереве — при кольцевании*)

girdle II *v* 1) подпоáсывать 2) кольцевáть (*плодовые деревья*)

girl [ɡɜːl] *n* 1) дéвочка 2) *разг.* дéвушка; молодáя жéнщина; **shop ~** продавщúца; **old ~** мúлая, старýшка (*в обращении*) 3) *разг.* возлюбленная 4) служáнка, прислýга

girlfriend [ˈɡɜːlfrend] *n* 1) дéвушка, любúмая, подрýжка 2) любóвница

girlhood [ˈɡɜːlhʊd] *n* дéвичество

girlie [ˈɡɜːlɪ] *a разг.* помещáющий фотогрáфии гóлых красóток (*о журнале*)

girlish [ˈɡɜːlɪʃ] *a* 1) девúческий 2) похóжий на дéвочку (*о мальчике*)

girt [ɡɜːt] *past, p. p. см.* **gird**[1]

girth I [ɡɜːθ] *n* 1) обхвáт; размéр в обхвáте 2) подпрýга

girth II *v* 1) подтягивать подпрýгу 2) окружáть, опоáсывать 3) мéрить в обхвáте

gist [dʒɪst] *n* суть, сýщность, глáвное

give I [ɡɪv] *n* эластúчность; гúбкость, устýпчивость, поклáдистость ◊ **~ and take** а) взаúмные устýпки, компромúсс б) обмéн (*мнениями*)

give II *v* (**gave; given**) 1) давáть 2) даровáть, жáловать (*награду*) 3) вручáть (*послание, записку и т. п.*); передавáть (*привет*); **~ her my best wishes** передáйте ей привéт от меня 4) платúть, оплáчивать; **how much did you ~ for this?** скóлько ты заплатúл/отдáл за это? 5) поручáть; предоставлять; подавáть; **he was given command of the regiment** емý поручúли комáндовать полкóм 6) устрáивать, давáть (*обед, приём и т. п.*) 7) отдавáть, посвящáть (*время, труд*) 8) выносúть (*приговор и т. п.*); **he was given two years** емý дáли два гóда тюрьмы 9) выскáзывать (*свои соображения и т. п.*) 10) *в сочетаниях с существительными выражает однократное действие и передаётся русским глаголом, соответствующим по*

значению существительному: to ~ **birth**
роди́ть; **to ~ a smile** улыбну́ться; **to ~ a look**
взгляну́ть; **to ~ a sigh** вздохну́ть 11) подава́ться, оседа́ть *(о фундаменте здания и т. п.);*
прогиба́ться; прова́ливаться 12) уступа́ть; **I
~ you this point** я уступа́ю вам в э́том вопро́се/пу́нкте ◊ **to ~ as good as one gets** отвеча́ть тем же, не оставла́ться в долгу́; **to ~ and
take** обменя́ться *(словами, ударами и т. п.);*
~ or take приблизи́тельно, по приблизи́тельным подсчётам; **to ~ smb his due** отдава́ть до́лжное кому́-л.; **to ~ it to smb** *разг.*
зада́ть жа́ру кому́-л.; **to ~ smb what for**
разг. показа́ть кому́-л., где ра́ки зиму́ют;
not to ~ a damn *разг.* наплева́ть; **what ~s?**
разг. каки́е но́вости?, что но́венького?

give away 1) отдава́ть, раздава́ть, дари́ть 2)
проговори́ться, неча́янно вы́дать секре́т 3)
выдава́ть *(кого-л.)* 4) задава́ть лёгкий вопро́с
5) упусти́ть шанс 6) отдава́ть за́муж 7) уступа́ть в ве́се проти́внику *(в боксе, на бегах)*
give back 1) возвраща́ть, отдава́ть *(что-л.
владельцу)* 2) отража́ть *(звук, свет)*
give forth издава́ть, публикова́ть
give in 1) вруча́ть, подава́ть 2) называ́ть
(и́мя) 3) уступа́ть, сдава́ться
give off 1) испуска́ть, выделя́ть *(запах,
жидкость и т. п.)* 2) дава́ть ростки́
give out 1) посыла́ть *(лучи, звуки и т. п.)* 2)
раздава́ть 3) обнаро́довать; опубликова́ть
4) провозглаша́ть, объявля́ть 5) выдава́ть
себя́ *(за кого-л.)* 6) иссяка́ть, конча́ться 7)
разг. броса́ть рабо́тать, отка́зываться
give over 1) *разг.* переста́ть, прекрати́ть *(делать что-л.)* 2) передава́ть *(что-л. кому-л.)*
give round передава́ть по кру́гу
give up 1) отка́зываться *(от чего-л.)*; оставля́ть, броса́ть, прекраща́ть; избавля́ться
(от чего-л.) 2) броса́ть *(работу, учёбу)* 3)
оста́вить попы́тки 4) *разг.* сдава́ться 5) ста́вить крест *(на ком-л., чём-л.)* 6) прекраща́ть, рвать отноше́ния 7) выдава́ть *(кого-л.,
что-л.)* 8) уступа́ть, сдава́ть пози́ции
give up to 1) отда́ть *(помещение кому-л. или
подо что-л.)* 2) посвяти́ть *(что-л.)* по́лностью *(чему-л.)*
give-away [ˈgɪvəˌweɪ] *n разг.* 1) неча́янное
раскры́тие та́йны 2) дешёвая цена́; о́тданное да́ром *или* по дешёвке
given I [ˈgɪvn] *p. p. см.* **give I**
given II *a* 1) да́нный; **under the ~ conditions**
при да́нных обстоя́тельствах 2) приве́рженный *(чему-л.)*; увлека́ющийся
giver [ˈgɪvə(r)] *n* тот, кто отдаёт, да́рит; дари́тель
gizzard [ˈgɪzəd] *n* 1) второ́й желу́док *(у птиц)*

2) *разг.* го́рло, гло́тка; **to stick in one's ~**
стать поперёк го́рла
glacé [ˈglæseɪ] *a* 1) глазиро́ванный, заса́харенный 2) сатини́рованный *(о ткани);* отполиро́ванный
glacial [ˈgleɪsɪəl] *a* 1) ледяно́й, холо́дный, как
лёд, леденя́щий *(тж перен.)* 2) леднико́вый; **~ epoch/period** леднико́вый пери́од 3)
хим. кристаллизо́ванный
glacier [ˈglæsɪə(r)] *n* ледни́к, гле́тчер
glaciology [ˌgleɪsɪˈɒlədʒɪ] *n* гляциоло́гия
glad [glæd] *a* 1) *predic* дово́льный, рад; **I'm
very ~ to meet you** о́чень рад познако́миться с ва́ми; **I'm ~ of it** я о́чень э́тому рад 2)
ра́достный, прия́тный, утеши́тельный *(об
известиях)* 3) я́ркий, ра́дующий глаз
gladden [ˈglædn] *v* ра́довать
glade [gleɪd] *n* поля́на, прога́лина; про́сека
gladiator [ˈglædɪeɪtə(r)] *n* гладиа́тор
gladiolus [ˌglædɪˈəʊləs] *n* (*pl тж* **gladioli**)
бот. гладио́лус
gladly [ˈglædlɪ] *adv* с ра́достью; охо́тно
gladsome [ˈglædsəm] *a поэт.* ра́достный
Gladstone bag [ˈglædstənˌbæg] *n* ко́жаный
саквоя́ж
glair [gleə(r)] *n* яи́чный бело́к
glamor [ˈglæmə(r)] *амер. см.* **glamour**
glamorous [ˈglæmərəs] *a* блестя́щий, очарова́тельный; чару́ющий, плени́тельный
glamour I [ˈglæmə(r)] *n* 1) блеск, очарова́ние; обая́ние; **to cast a ~ over** очарова́ть,
плени́ть; **the ~ of Vienna** очарова́ние Ве́ны
2) эффе́ктная вне́шность, красота́ *(особ.
достигнутая благодаря косметике);* шик;
гламу́р 3) *attr:* **~ girl** мо́дная красо́тка, шика́рная деви́ца
glamour II *v* 1) очаро́вывать, пленя́ть 2) *разг.*
придава́ть шик
glam rock [ˈglæmrɒk] *n* глэм-ро́к *(стиль рок-
музыки, уделяющий особое внимание внешнему облику артиста и визуальным эффектам на концерте)*
glance I [glɑːns] *n* 1) бы́стрый взгляд; **at a ~** с
одного́ взгля́да; **to give a ~ at** взгляну́ть на;
to cast a ~ at smb бро́сить бы́стрый взгляд
на кого́-л.; **to cast a stealthy ~** взгляну́ть
укра́дкой 2) вспы́шка, сверка́ние
glance II *v* 1) бы́стро взгляну́ть *(на — at)*;
бе́гло просма́тривать *(over)* 2) скользну́ть
по пове́рхности 3) переска́кивать *(с одной
темы на другую)* 4) вспы́хнуть, блесну́ть,
сверкну́ть; мелькну́ть
gland[1] [glænd] *n* 1) *анат.* железа́; **lymph ~**
лимфати́ческая железа́ 2) *pl* минда́лины,
гла́нды
gland[2] *n тех.* са́льник

glanders [ˈglændəz] *n pl вет.* сап

glandular [ˈglændjʊlə(r)] *а* желёзистый; гландуля́рный; **~ fever** *мед.* инфекцио́нный мононуклео́з, моноцита́рная анги́на

glare I [gleə(r)] *n* 1) я́ркий свет; ослепи́тельный блеск 2) блестя́щая мишура́ 3) *вчт* бли́ки 4) при́стальный *или* серди́тый взгляд

glare II *v* 1) при́стально *или* серди́то смотре́ть *(на — at)* 2) ослепи́тельно сверка́ть

glaring [ˈgleərɪŋ] *а* 1) гру́бый, вопию́щий *(об ошибке)* 2) я́ркий, ослепи́тельный *(о свете)* 3) при́стальный *или* серди́тый *(о взгляде)* 4) крича́щий, бро́ский

glasnost [ˈglæsˌnɒst] *n русск.* гла́сность, поли́тика гла́сности *(в период перестройки)*

glass I [glɑ:s] *n* 1) стекло́ 2) стекля́нная посу́да; стака́н, бока́л, рю́мка; **to clink ~es** чо́каться 3) зе́ркало 4) парнико́вая ра́ма, парни́к; **under ~** в парнике́ 5) ли́нза; телеско́п; бино́кль; песо́чные часы́; баро́метр 6) лу́па; микроско́п 7) *pl* очки́ 8) *разг.* спиртно́е; вы́пивка; **he has had a ~ too much** он хвати́л ли́шнего, он пьян 9) *attr* стекля́нный; **a ~ door** стекля́нная дверь

glass II *v* 1) вставля́ть стёкла, остекля́ть 2) смотре́ть в бино́кль

glassblower [ˈglɑ:sˌbləʊə(r)] *n* стеклоду́в

glass case [ˈglɑ:sˌkeɪs] *n* витри́на

glass-cloth [ˈglɑ:sˌklɒθ] *n* посу́дное, ку́хонное полоте́нце

glass-culture [ˈglɑ:sˌkʌltʃə(r)] *n* парнико́вая культу́ра

glass-cutter [ˈglɑ:sˌkʌtə(r)] *n* 1) стеко́льщик 2) алма́з *(для резки стекла)*, стеклоре́з

glass-dust [ˈglɑ:sdʌst] *n* нажда́к

glassful [ˈglɑ:sfʊl] *n* стака́н *(как мера ёмкости)*

glasshouse [ˈglɑ:shaʊs] *n* 1) тепли́ца; оранжере́я; парни́к 2) стеко́льный заво́д

glass-paper [ˈglɑ:sˌpeɪpə(r)] *n* нажда́чная бума́га

glassware [ˈglɑ:sweə(r)] *n* стекля́нная посу́да, стекло́

glass-work [ˈglɑ:swɜ:k] *n* 1) стеко́льное произво́дство 2) *pl* стеко́льный заво́д

glassy [ˈglɑ:sɪ] *а* 1) зерка́льный, гла́дкий 2) ту́склый, стекля́нный, безжи́зненный *(о взгляде)*

glaucoma [glɔ:ˈkəʊmə] *n мед.* глауко́ма

glaze I [gleɪz] *n* 1) глазу́рь; гля́нец 2) *амер.* то́нкий слой льда, ледяна́я ко́рка

glaze II *v* 1) застекля́ть, вставля́ть стёкла 2) покрыва́ть глазу́рью 3) *кул.* глазирова́ть 4) тускне́ть, стекленёть *(о глазах)* 5) полирова́ть

glazier [ˈgleɪzjə(r)] *n* стеко́льщик

glazy [ˈgleɪzɪ] *а* 1) глянцеви́тый 2) ту́склый, остеклене́вший *(о глазах)*

gleam I [gli:m] *n* 1) сла́бый о́тсвет, о́тблеск, отраже́ние *(лучей заходящего солнца)* 2) про́блеск *(надежды и т. п.)*

gleam II *v* 1) свети́ться, мерца́ть 2) отража́ться *(от какого-л. блестящего предмета)*

glean [gli:n] *v* 1) собира́ть по кро́хам *(данные и т. п.);* **to ~ some information** собра́ть ко́е-каки́е све́дения 2) подбира́ть коло́сья *(после жатвы)*

gleanings [ˈgli:nɪŋz] *n pl* со́бранные (по крупи́цам) фа́кты; обры́вки све́дений

glee [gli:] *n* 1) весе́лье, ра́достное ликова́ние 2) пе́сня *(для нескольких голосов)*

gleeful [ˈgli:fʊl] *а* весёлый, ра́достный

glen [glen] *n* лощи́на, у́зкая (го́рная) доли́на

glengarry [glenˈgærɪ] *n* шотла́ндская ша́пка *(с двумя лентами сзади)*

glib [glɪb] *а* 1) сладкоречи́вый, речи́стый, многосло́вный 2) бо́йкий *(о речи)*

glide I [glaɪd] *n* 1) скольже́ние; пла́вное движе́ние 2) *ав.* плани́рование 3) *муз.* хромати́ческая га́мма 4) *фон.* глайд *(переходный элемент в звуковом потоке)*

glide II *v* 1) скользи́ть; пла́вно дви́гаться, протека́ть 2) *ав.* плани́ровать 3) проходи́ть незаме́тно, пролета́ть *(о времени)* 4) пла́вно переходи́ть *(во что-л.)* 5) дви́гаться кра́дучись, кра́сться

glider [ˈglaɪdə(r)] *n ав.* 1) планёр 2) планери́ст

gliding [ˈglaɪdɪŋ] *n* 1) скольже́ние 2) плани́рование

glim [glɪm] *n* сла́бый свет

glimmer I [ˈglɪmə(r)] *n* 1) мерца́ющий, сла́бый свет 2) сла́бый про́блеск *(надежды и т. п.)*

glimmer II *v* мерца́ть, ту́скло свети́ть

glimpse I [glɪmps] *n* 1) бы́стро промелькну́вшая карти́на; **to catch a ~ of smb/smth** уви́деть кого́-л./что-л. ме́льком 2) про́блеск, сла́бый намёк

glimpse II *v* 1) уви́деть ме́льком 2) бро́сить бы́стрый взгляд 3) промелькну́ть

glint I [glɪnt] *n* вспы́шка, сверка́ние; блеск; **the ~ of steel** блеск ста́ли

glint II *v* 1) вспы́хивать, сверка́ть; **his eyes ~ed with amusement** его́ глаза́ искри́лись весе́льем 2) отража́ть *(свет);* я́рко блесте́ть

glissade I [glɪˈsɑ:d] *n* 1) скольже́ние *(с горы и т. п.);* соска́льзывание 2) глиссе́ *(в танцах)*

glissade II *v* де́лать глиссе́ *(в танцах)*

glisten [ˈglɪsn] *v* сверка́ть, блесте́ть; искри́ться; **to ~ with dew** блесте́ть от росы́

glitch [glɪtʃ] *n амер. сленг* 1) небольшо́е затрудне́ние 2) (внеза́пная) ава́рия; (внеза́пный) отка́з 3) *вчт* кратковре́менная поме́ха, сбой, «глюк» 4) *вчт* непредусмо́тренный си́мвол

glitter I [ˈglɪtə(r)] *n* 1) искря́щийся блеск, сверка́ние; **the ~ of gold** сверка́ние зо́лота 2) пы́шность, великоле́пие

glitter II *v* 1) блесте́ть, сверка́ть, и́скри́ться 2) блиста́ть; покоря́ть *(блеском ума́, си́лой аргуме́нтов и т. n.)* ◊ **all is not gold that ~s** *посл.* не всё то зо́лото, что блести́т

glitterati [ˌglɪtəˈrɑːti] *n pl* сленг мо́дные литера́торы *или* шоуме́ны

glitz [glɪts] *n* сленг пы́шная показу́ха; мо́дная тусо́вка

gloaming [ˈgləʊmɪŋ] *n* поэт. вече́рние су́мерки

gloat [gləʊt] *v* 1) та́йно злора́дствовать 2) жа́дно смотре́ть, пожира́ть глаза́ми *(over, upon)*

global [ˈgləʊb(ə)l] *a* 1) глоба́льный, всеми́рный, мирово́й; **~ warming** глоба́льное потепле́ние 2) охва́тывающий мно́гие предме́ты, гру́ппу това́ров *и т. n.*; всео́бщий

globalization [ˌgləʊbəlaɪˈzeɪʃ(ə)n] *n* глобализа́ция *(иде́я объедине́ния мирово́й экономи́ки и культу́ры разви́тых стран в еди́ное це́лое)*

global variable [ˈgləʊb(ə)l ˈve(ə)rɪəb(ə)l] *n* вчт глоба́льная переме́нная

globbing [ˈglɒbɪŋ] *n* вчт подстано́вка

globe [gləʊb] *n* 1) **(the ~)** земно́й шар 2) небе́сное те́ло 3) шар, шарови́дное те́ло 4) гло́бус; **terrestrial/celestial ~** географи́ческий/небе́сный гло́бус 5) держа́ва *(эмбле́ма вла́сти мона́рха)* 6) сфери́ческий стекля́нный сосу́д *(ла́мпа, кру́глый аква́риум и т. д.)* 7) глазно́е я́блоко 8) *attr* шарови́дный, сфери́ческий

globe-trotter [ˈgləʊbˌtrɒtə(r)] *n* зая́длый путеше́ственник

globose [ˈgləʊbəʊs] *a* шарови́дный, сфери́ческий

globular [ˈglɒbjʊlə(r)] *a* шарови́дный, сфери́ческий

globule [ˈglɒbjuːl] *n* 1) ша́рик; ка́пля 2) пилю́ля

glom [glɒm] *v* амер. сленг сворова́ть, сти́брить

gloom I [gluːm] *n* 1) мрак, тьма 2) уны́ние, пода́вленное настрое́ние

gloom II *v* 1) быть в мра́чном, пода́вленном настрое́нии, быть в уны́нии; име́ть хму́рый вид 2) хму́риться, покрыва́ться ту́чами 3) приводи́ть в уны́ние

gloomy [ˈgluːmɪ] *a* 1) тёмный, мра́чный 2) угрю́мый, пода́вленный; хму́рый, уны́лый

glop [glɒp] *n* амер. сленг бала́нда, по́йло

glorification [ˌglɔːrɪfɪˈkeɪʃ(ə)n] *n* прославле́ние; восхвале́ние

glorify [ˈglɔːrɪfaɪ] *v* 1) прославля́ть, превозноси́ть 2) восхваля́ть 3) захва́ливать; приукра́шивать

gloriole [ˈglɔːrɪəʊl] *n* орео́л, сия́ние, нимб

glorious [ˈglɔːrɪəs] *a* 1) сла́вный, знамени́тый 2) *разг.* прекра́сный, великоле́пный, восхити́тельный 3) *ирон.* немы́слимый, невероя́тный; **a ~ muddle** жу́ткая неразбери́ха 4) *разг.* подвы́пивший, под му́хой

glory I [ˈglɔːrɪ] *n* 1) сла́ва 2) прославле́ние, триу́мф 3) великоле́пие, красота́ 4) *разг.* восто́рженное состоя́ние, экзальта́ция 5) орео́л, сия́ние ◊ **Old G.** *амер. разг.* госуда́рственный флаг США; **to go to ~** *разг.* умере́ть

glory II *v* горди́ться *(чем-л. — in)*

gloss¹ I [glɒs] *n* 1) лоск, вне́шний блеск 2) обма́нчивая нару́жность

gloss¹ II *v* наводи́ть лоск

   gloss over 1) скрыва́ть, сгла́живать 2) стара́ться умолча́ть *или* превра́тно истолкова́ть

gloss² I *n* 1) гло́сса, заме́тка на поля́х 2) толкова́ние 3) неве́рное истолкова́ние чьих-л. слов 4) подстро́чник 5) глосса́рий

gloss² II *v* 1) де́лать заме́тки на поля́х; снабжа́ть коммента́рием 2) истолко́вывать в неблагоприя́тном све́те 3) составля́ть глосса́рий

glossary [ˈglɒsərɪ] *n* 1) спи́сок слов, словáрь *(приложенный в конце книги)*, глосса́рий *(тж* **gloss**) 2) сбо́рник примеча́ний, толкова́ний, коммента́риев

glossographer [glɒˈsɒgrəfə(r)] *n* состави́тель глосса́риев *или* коммента́риев

glossy I [ˈglɒsɪ] *a* блестя́щий, лосня́щийся, гля́нцевый; **~ magazine** гля́нцевый журна́л; **~ paper** гля́нцевая бума́га

glossy II *n* 1) гля́нцевый журна́л 2) гля́нцевая фотогра́фия

glottis [ˈglɒtɪs] *n* анат. голосова́я щель

glove I [glʌv] *n* перча́тка, рукави́ца ◊ **to fit like a ~** быть как раз впо́ру; **to throw down the ~** бро́сить перча́тку, бро́сить вы́зов; **to take up the ~** подня́ть перча́тку, приня́ть вы́зов; **with the ~s off** без церемо́ний, гру́бо; жесто́ко, беспоща́дно

glove II *v* надева́ть перча́тки

glove compartment [ˌglʌv kəmˈpɑːtmənt] *n* перча́точный я́щик, *разг.* «бардачо́к» *(в автомоби́ле)*

glover [ˈglʌvə(r)] *n* перча́точник

glow I [gləʊ] *n* 1) пыл, жар, нака́л 2) свет, свече́ние; за́рево, о́тблеск *(пожа́ра, зака-*

та); ~ **of campfire** свет от костра 3) румя́нец *(на щека́х)* 4) оживлённость; пыл, страсть; вну́тренний ого́нь 5) ощуще́ние вну́тренней си́лы, хоро́шее самочу́вствие

glow II *v* 1) свети́ться, сия́ть 2) накаля́ться, раскаля́ться 3) пыла́ть, пламене́ть 4) пыла́ть *(о щека́х)* 5) разогрева́ться *(от ходьбы, упражне́ний)* 6) сгора́ть *(от стра́сти, любви́ и т. п.)*

glower[1] [ˈglaʊə(r)] *n* нить нака́ливания

glower[2] *v* серди́то смотре́ть *(на — at)*

glowing [ˈgləʊɪŋ] *a* 1) (я́рко) светя́щийся 2) раскалённый 3) горя́чий, пы́лкий 4) тёплый *(о кра́сках)* 5) румя́ный *(о щека́х)*; ~ **with health** пы́шущий здоро́вьем 6) вселя́ющий чу́вство удовлетворе́ния; ~ **report** интере́сный, содержа́тельный докла́д

glow-worm [ˈgləʊwɜːm] *n* светля́к

glucose [ˈgluːkəʊs] *n* глюко́за, виногра́дный са́хар

glue I [gluː] *n* клей; **bee** ~ пчели́ный клей; **fish** ~ ры́бий клей

glue II *v* 1) кле́ить, прикле́ивать 2) не своди́ть глаз, не отрыва́ть взгля́да

gluey [ˈgluːɪ] *a* кле́йкий, ли́пкий

glum [glʌm] *a* мра́чный, хму́рый, угрю́мый

glut I [glʌt] *n* 1) избы́ток това́ров *(на ры́нке)*, перепроизво́дство; изоби́лие; **a** ~ **of tomatoes** изоби́лие помидо́р (на ры́нке) 2) чу́вство насыще́ния; пресыще́ние

glut II *v* 1) насыща́ть; пресыща́ть; удовлетворя́ть *(жела́ния и т. п.)*; **to** ~ **oneself with grapes** объе́сться виногра́дом 2) зава́ливать *(това́рами)*; затова́ривать

gluten [ˈgluːtən] *n* клейкови́на

glutinous [ˈgluːtɪnəs] *a* кле́йкий

glutton [ˈglʌtən] *n* 1) обжо́ра 2) *разг.* жа́дный *(на что-л.)* челове́к; **a** ~ **for work** жа́дный на рабо́ту 3) *зоол.* росома́ха

gluttonous [ˈglʌtənəs] *a* прожо́рливый, ненасы́тный

gluttony [ˈglʌtənɪ] *n* обжо́рство

glycerol [ˈglɪsəˌrɒl] *n* глицери́н

GM *сокр.* 1) (**general manager**) генера́льный дире́ктор 2) (**genetically modified**) генети́чески модифици́рованный *(о расте́ниях, проду́ктах)*

G-man [ˈdʒiːmæn] *n амер. разг.* аге́нт Федера́льного бюро́ рассле́дований, аге́нт ФБР

GMT *сокр.* (**Greenwich Mean Time**) сре́днее вре́мя по Гри́нвичскому меридиа́ну

gnarled [nɑːld] *a* узлова́тый *(о рука́х)*; с наро́стами *(о древеси́не)*; сучкова́тый, криво́й *(о де́реве)*

gnash [næʃ] *v* скрежета́ть, скрипе́ть зуба́ми

gnat [næt] *n* кома́р; кровосо́сущее насеко́мое

gnaw [nɔː] *v (p. p.* **gnawed, gnawn**) 1) грызть, глода́ть 2) разъеда́ть *(о кислоте́)* 3) подта́чивать *(здоро́вье)*; терза́ть, му́чить; **he was** ~**ed by doubt** его́ терза́ли сомне́ния

gnawn [nɔːn] *p. p. см.* **gnaw**

gneiss [naɪs] *n геол.* гнейс

gnocchi [ˈnɒkɪ] *n pl кул.* клёцки по-италья́нски *(с добавле́нием сы́ра и зе́лени)*

gnome[1] [nəʊm] *n* афори́зм

gnome[2] *n* гном, ка́рлик

gnostic [ˈnɒstɪk] *a филос.* гности́ческий

GNP *сокр.* (**gross national product**) *эк.* валово́й национа́льный проду́кт, ВНП

go I [gəʊ] *n* 1) движе́ние, ход; **on the** ~ а) в постоя́нном движе́нии б) в постоя́нном рабо́чем режи́ме 2) эне́ргия; акти́вность, воодушевле́ние; **she has a lot of** ~ **in her, she's full of** ~ она́ полна́ эне́ргии 3) *разг.* успе́х, уда́ча; **give it a** ~ попыта́й сча́стья; **it's no** ~ ничего́ не выхо́дит 4) *разг.* попы́тка; **to have a** ~ **at smth** попыта́ться, рискну́ть что-л. предприня́ть 5) *разг.* неожи́данный поворо́т де́ла; **a pretty** ~ ! хоро́шенькое де́льце! 6) боле́знь, при́ступ боле́зни; **a bad** ~ **of flu** тяжёлый грипп, си́льная просту́да 7) *разг.* по́рция спиртно́го, еды́ ◊ **all the** ~ *разг.* о́чень в мо́де, о́чень мо́дный

go II *v* (**went; gone**) 1) идти́, ходи́ть; е́хать *(по́ездом, автомоби́лем и т. п.)*; лете́ть *(самолётом)*; передвига́ться; **where are you going?** куда́ вы идёте?; **this train goes to St. Petersburg** э́тот по́езд идёт в Санкт-Петербу́рг 2) уходи́ть, уезжа́ть; вылета́ть; отправля́ться; направля́ться; **it's time for us to** ~ нам пора́ уходи́ть/уезжа́ть/отправля́ться; **the train goes from platform nine** по́езд отхо́дит от девя́той платфо́рмы; **let's** ~ **for a swim** дава́й пойдём купа́ться/на пляж; **to** ~ **for a walk** пойти́ (по)гуля́ть; **to** ~ **and fetch smth** сходи́ть за чем-л.; **he went for a doctor** он сходи́л за врачо́м, он вы́звал врача́ 3) *(с после́дующим глаго́лом в фо́рме Gerund)* отпра́виться, пойти́, пое́хать; **to** ~ **shopping** отпра́виться за поку́пками, пойти́ по магази́нам; **to** ~ **skiing** пойти́ ката́ться на лы́жах 4) вести́ *(о доро́ге, пути́)*; простира́ться, тяну́ться *(в како́м-л. направле́нии)*; пролега́ть; **the road goes to Moscow** э́та доро́га ведёт в Москву́ 5) де́йствовать, рабо́тать, функциони́ровать *(о механи́зме)*; ходи́ть *(о часа́х)*; би́ться *(о се́рдце, пу́льсе)*; **my watch goes fast/slow** мои́ часы́ спеша́т/отстаю́т; **the car wouldn't** ~ маши́на не заводи́лась 6) быть, находи́ться в како́м-л. состоя́нии; **to** ~ **hungry** голода́ть; **to** ~ **pale/sick** побледне́ть/заболе́ть; **to** ~ **thirsty**

испы́тывать жа́жду, хоте́ть пить 7) *разг.* умере́ть, сконча́ться; **he is gone** он поги́б 8) идти́, проходи́ть, исчеза́ть *(о времени или расстоянии);* **summer has gone** ле́то прошло́; **the last two kilometres went quickly** после́дние два киломе́тра пролете́ли незаме́тно 9) име́ть определённый текст *(о докуме́нте, телегра́мме, пе́сне и т. п.);* **the fax goes like that...** в фа́ксе говори́тся... 10) подходи́ть; сочета́ться; **the scarf doesn't ~ with the hat** э́тот шарф не подхо́дит к шля́пе 11) помеща́ться, умеща́ться; **this won't ~ into the box** э́то не войдёт в коро́бку 12) идти́, продвига́ться *(о дела́х);* **we'll see how things ~** посмо́трим, как пойду́т дела́; **I hope all is going well with you** я наде́юсь, у вас всё в поря́дке; **everything goes wrong** всё идёт не так 13) продава́ться *(за каку́ю-л. це́ну);* **the car went for half price** маши́ну про́дали за полцены́ 14) ко́нчиться; ру́хнуть, слома́ться; **his sight is going** он теря́ет зре́ние; **the car will have to ~** с маши́ной придётся расста́ться; **the battery has gone** батаре́йка се́ла 15) обанкро́титься; потерпе́ть крах 16) быть подходя́щим; пригожда́ться; быть к ме́сту; **anything goes** всё подойдёт, всё пригоди́тся; **what I say goes** как я скажу́, так и бу́дет 17) сле́довать *(чему́-л.),* руково́дствоваться *(чем-л.);* **it's a good rule to ~ by** тако́му пра́вилу сто́ит сле́довать 18) регуля́рно посеща́ть; **to ~ to school** ходи́ть в шко́лу; **to ~ to church** ходи́ть в це́рковь, быть прихожа́нином 19) присужда́ться *(о при́зе и т. п.);* **first prize went to my friend** пе́рвый приз завоева́л мой прия́тель 20) каса́ться, име́ть отноше́ние; **that goes for you too** э́то к тебе́ то́же отно́сится 21): **to be going to (do smth)** собира́ться, намерева́ться *(что-л. сде́лать);* **I'm going to see you next summer** я собира́юсь к вам прие́хать сле́дующим ле́том; **he is going to write you a letter** он собира́ется написа́ть вам письмо́ ◊ **as/so far as it goes** пока́ что, до настоя́щего вре́мени *(выраже́ние, смягча́ющее категори́чность выска́зывания);* **who goes there?** кто идёт? *(о́клик часово́го);* **it goes without saying** само́ собо́й разуме́ется; **to ~ out of one's way** стара́ться изо все́х сил; **to ~ it** *разг.* а) де́йствовать энерги́чно, напроло́м б) гуля́ть на всю кату́шку; **to ~ it strong** *разг.* хвати́ть че́рез край; **to ~ a long way** а) име́ть заме́тное де́йствие б) хвата́ть надо́лго *(о запа́сах, деньга́х и т. п.)*

go about 1) е́здить, ходи́ть повсю́ду; путеше́ствовать 2) быть сно́ва на нога́х *(после болезни)* 3) циркули́ровать, ходи́ть *(о но́востях, инфекцио́нной боле́зни и т. п.)* 4) встреча́ться, обща́ться

go across 1) переходи́ть, пересека́ть *(доро́гу и т. п.)* 2) доходи́ть до созна́ния

go ahead 1) идти́ впереди́; дви́гаться вперёд 2) продолжа́ть 3) начина́ть *(говори́ть и т. п.)* 4) улучша́ться; продвига́ться

go along 1) дви́гаться вперёд, продвига́ться *(по доро́ге)* 2) идти́ вме́сте с *(кем-л.)* 3) де́лать успе́хи; продвига́ться, развива́ться 4) *разг.* уходи́ть прочь

go away 1) уходи́ть 2) уезжа́ть по́сле сва́дьбы 3) прекраща́ться

go back 1) отступа́ть, дви́гаться наза́д возвраща́ться; *перен.* возвраща́ться к *(мы́сли, привы́чкам и т. п.)* 3) вспомина́ть 4) переводи́ть *(стре́лки часо́в)* наза́д

go back on 1) не вы́полнить *(обеща́ния и т. п.)* 2) изменя́ть *(кому́-л.)*

go before предше́ствовать

go beyond выходи́ть за преде́лы; превыша́ть; ока́зываться сли́шком тру́дным

go by 1) проходи́ть, проезжа́ть ми́мо 2) проходи́ть *(о вре́мени)* 3) быть упу́щенным *(о ша́нсе, возмо́жности)*

go down 1) спуска́ться 2) опуска́ться на коле́ни, на ко́рточки 3) сади́ться, заходи́ть *(о со́лнце)* 4) па́дать 5) слабе́ть, затуха́ть 6) идти́ ко дну, тону́ть 7) спада́ть *(об отёке и т. п.)* 8) простира́ться, тяну́ться 9) быть запи́санным 10) уезжа́ть из кру́пного го́рода в прови́нцию 11) быть при́нятым с одобре́нием 12) быть в упа́дке 13) прои́грывать, терпе́ть пораже́ние

go far 1) пойти́ далеко́, преуспе́ть 2) хвата́ть надо́лго *(о запа́сах)*

go in 1) входи́ть 2) помеща́ться, входи́ть 3) скрыва́ться за облака́ми *(о со́лнце, луне́, звёздах)* 4) *разг.* быть по́нятым, доходи́ть

go in for 1) вы́держать, пройти́ *(ко́нкурс и т. п.)* 2) увлека́ться, занима́ться *(чем-л.)* 3) предпочита́ть

go off 1) уходи́ть, уезжа́ть *(осо́б. внеза́пно)* 2) уходи́ть со сце́ны *(об актёре)* 3) прекраща́ться 4) отключа́ться 5) проходи́ть, удава́ться 6) ухудша́ться 7) *разг.* засыпа́ть 8) взрыва́ться

go on 1) продолжа́ть путь 2) простира́ться 3) надева́ться, налеза́ть 4) вести́ себя́; жить 5) продолжа́ть *(по́сле переры́ва)* 6) спеши́ть, торопи́ться 7) продолжа́ться, дли́ться 8) случа́ться, происходи́ть 9) включа́ться *(о механи́зме, электри́честве)* 10) де́лать успе́хи, продвига́ться

go out 1) выходи́ть; уходи́ть 2) уезжа́ть далеко́ 3) выходи́ть в свет, быва́ть в о́бществе

4) сообщаться, рассылаться *(о новостях и т. п.)* 5) гаснуть *(об огне, свете)* 6) истрачиваться 7) устаревать, выходить из моды 8) подходить к концу, кончаться *(о периоде, сроке)* 9) *разг.* умирать 10) отходить от активной деятельности 11) *разг.* терять сознание 12) забастовать, прекратить работу

go over 1) проходить, пролетать над *(чем-л.)* 2) падать; опрокидываться 3) подходить *(к кому-л.)* поговорить; наносить визит *(кому-л.)* 4) быть принятым с одобрением

go round 1) обходить, объезжать 2) ходить, гулять 3) распространяться, расходиться 4) хватать, быть достаточным 5) осматривать *(местность)* 6) крутиться, вертеться 7) расхаживать

go through 1) проходить насквозь; проникать 2) проходить через парламент *(о законе)* 3) быть одобренным *(о соглашении и т. п.)* 4) изнашиваться, протираться

go together 1) идти вместе 2) постоянно встречаться; быть любовниками 3) сопутствовать; происходить одновременно 4) подходить, гармонировать, сочетаться

go under 1) тонуть *(о корабле)* 2) терпеть крах, разоряться 3) терять сознание *(под воздействием газа, наркоза и т. п.)*

go up 1) подниматься, забираться наверх 2) выходить вперёд 3) увеличиваться, подниматься, становиться выше 4) брать более высокую ноту 5) надуваться 6) строиться, воздвигаться 7) взрываться 8) возникать, раздаваться *(о шуме, аплодисментах и т. п.)* 9) подниматься *(о театральном занавесе)* 10) ехать в большой город *(из провинции)* 11) считаться лучшим, более стоящим; предпочитаться

go without обходиться без *(чего-л.)*

goad I [gəʊd] *n* 1) бодец *(палка или посох погонщика стада)* 2) стимул

goad II *v* 1) подгонять *(стадо)* 2) побуждать; стимулировать; подстрекать; **to ~ smb into doing smth** подбивать кого-л. сделать что-л. 3) приводить в ярость, бесить

go-ahead I [ˈgəʊəhed] *n* 1) предприимчивый, инициативный человек 2) *разг.* разрешение действовать; **they have got the ~ at last** наконец им дали «зелёную улицу»

go-ahead II *a* предприимчивый

goal [gəʊl] *n* 1) цель 2) место назначения 3) задача, целевая установка 4) *спорт.* ворота; **to keep ~** быть вратарём, стоять в воротах 5) *спорт.* гол; **to score a ~** забить гол

goalie [ˈgəʊlɪ] *разг. см.* **goalkeeper**

goalkeeper [ˈgəʊlˌkiːpə(r)] *n спорт.* вратарь, голкипер

goal-minder [ˈgəʊlˌmaɪndə(r)] *n амер. спорт.* хоккейный вратарь

goalmouth [ˈgəʊlˌmaʊθ] *n спорт.* вратарская площадка

goal post [ˈgəʊlˌpəʊst] *n спорт.* стойка ворот

go-as-you-please [ˈgəʊəzjuːˈpliːz] *a* 1) ничем не сдерживаемый; беспрепятственный 2) неограниченный, нестеснённый

goat [gəʊt] *n* 1) козёл; коза 2) **(G.)** Козерог *(созвездие и знак зодиака)* 3) *разг.* дурак, болван 4) *амер.* козёл отпущения ◊ **to play the giddy ~** *разг.* валять дурака; **to get smb's ~** *разг.* рассердить кого-л., действовать кому-л. на нервы

goatee [gəʊˈtiː] *n* козлиная бородка

goatherd [ˈgəʊthɜːd] *n* козопас

goatish [ˈgəʊtɪʃ] *a* 1) козлиный 2) похотливый

goatskin [ˈgəʊtskɪn] *n* 1) сафьян 2) изделие из сафьяна 3) бурдюк

goatsucker [ˈgəʊtˌsʌkə(r)] *n* козодой *(птица)*

goaty [ˈgəʊtɪ] *a* козлиный

gobbet [ˈgɒbɪt] *n* 1) кусок сырого мяса, провизии 2) отрывок из текста *(для критического анализа, экзаменационной работы)*

gobble¹ [ˈgɒbl] *v* жадно есть; пожирать

gobble² *v* 1) кулдыкать *(об индюке)* 2) сердито ворчать, бормотать *(тж* **to ~ out)**

gobby [ˈgɒbɪ] *n сленг* 1) моряк береговой охраны 2) *амер.* моряк, матрос

Gobelin [ˈgəʊbəlɪn] *n* гобелен *(тж ~* **tapestry)**

go-between [ˈgəʊbɪˌtwiːn] *n* посредник

goblet [ˈgɒblɪt] *n* кубок, бокал

goblin [ˈgɒblɪn] *n* гоблин

go-by [ˈgəʊbaɪ] *n*: **to give smb the ~** не замечать, игнорировать кого-л.

god [gɒd] *n* 1) бог, божество; **household ~s** миф. лары и пенаты *(покровители домашнего очага)* 2) **(G.)** Бог, Всевышний, Господь 3) идол, кумир 4) *как междометие:* **by G.!** ей-богу!; **oh G.!, my G.!** боже!, боже мой!, господи!; **for G.'s sake!** ради бога!; **thank G.!** слава богу!; **G. forbid!** боже сохрани!; не дай бог!; **G. bless you!** будьте здоровы!; **G. damn him!** будь он проклят!

godchild [ˈgɒdtʃaɪld] *n* крестник; крестница

god-daughter [ˈgɒdˌdɔːtə(r)] *n* крестница

goddess [ˈgɒdɪs] *n* богиня

godfather [ˈgɒdˌfɑːðə(r)] *n* 1) крёстный (отец) 2) *амер.* глава мафии, глава преступного клана

God-fearing [ˈgɒdˌfɪərɪŋ] *n* богобоязненный

godforsaken [ˈgɒdfəˌseɪkn] *a разг.* заброшенный, захолустный; Богом забытый; **what a ~ hole!** какая дыра!

godless [ˈgɒdlɪs] *a* безбожный

godlike [ˈgɒdlaɪk] *a* божéственный; богоподóбный

godliness [ˈgɒdlɪnɪs] *n* нáбожность

godly [ˈgɒdlɪ] *a* благочести́вый, нáбожный

godmother [ˈgɒdˌmʌðə(r)] *n* крёстная (мать)

godparent [ˈgɒdˌpeərənt] *n* крёстный (отéц); крёстная (мать)

godsend [ˈgɒdsend] *n* неожи́данное счáстье, удáча

godsent [ˈgɒdsent] *a* ниспóсланный Бóгом

godson [ˈgɒdsʌn] *n* крéстник

Godspeed [ˈgɒdˈspiːd] *int* удáчи! счастли́вого пути́!

goer [ˈgəʊə(r)] *n* 1) иду́щий, ходóк; **he's a slow** ~ он плóхо/мéдленно хóдит 2) *разг.* гуля́ка, «ходóк»

goffer [ˈgəʊfə(r)] *v* гофрировáть

go-getter [ˈgəʊˈgetə(r)] *n разг.* предприи́мчивый, лóвкий делéц

goggle I [ˈgɒgl] *a* вы́пученный (*о глазáх*)

goggle II *v* 1) смотрéть широкó раскры́тыми глазáми 2) тарáщить глазá

goggled [ˈgɒgld] *a* нося́щий защи́тные очки́, в защи́тных очкáх

goggles [ˈgɒglz] *n pl* 1) защи́тные очки́ (*тж* **protective** ~); тёмные очки́ 2) *разг.* очки́ 3) изумлённый взгляд, «больши́е глазá» 4) вертя́чка (*болéзнь овéц*)

go-go [ˈgəʊˌgəʊ] *n разг.* 1) совремéнный ритм, ритми́чная танцевáльная му́зыка; ~ **dancers** профессионáльные танцóры, исполня́ющие зажигáтельные эроти́ческие тáнцы (*на эстрáде, в клубах, на дискотеке*) 2) живóй, энерги́чный, раскóванный; динами́чный

going [ˈgəʊɪŋ] *a* 1) функциони́рующий, дéйствующий, рабóтающий; **a** ~ **concern** рабóтающее предприя́тие; **to get** ~ собирáться дéлать (*что-л.*), готóвиться к дéйствию 2) существу́ющий, имéющийся в нали́чии 3) теку́щий

goitre [ˈgɔɪtə(r)] *n мед.* зоб

goings-on [ˈgəʊɪŋzˈɒn] *n pl* поведéние (*осóб. подозри́тельное в морáльном аспéкте*); повáдки

gold I [gəʊld] *n* 1) зóлото 2) золоты́е монéты; издéлия из зóлота 3) богáтство 4) цéнная вещь 5) золоти́стый цвет; **old** ~ цвет червóнного зóлота 6) центр мишéни (*при стрельбé из лука*)

gold II *a* 1) золотóй; ~ **card** золотáя (бáнковская) кáрточка; ~ **medal** золотáя медáль 2) золоти́стого цвéта, золоти́стый

gold digger [ˈgəʊldˌdɪgə(r)] *n* 1) золотоискáтель 2) *сленг* авантюри́стка; жéнщина, тя́нущая из мужчи́н дéньги

gold dust [ˈgəʊldˌdʌst] *n* золотóй песóк

golden [ˈgəʊld(ə)n] *a* 1) золотóй, сдéланный из зóлота 2) золоти́стый; ~ **retriever** золоти́стый ретри́вер (*порóда охóтничьих собáк*) 3) цéнный, вáжный; **it's a** ~ **opportunity** это прекрáсная возмóжность ◊ ~ **boy/girl** счастли́вчик; ~ **handshake** *разг.* кру́пное дéнежное пособие при вы́ходе на рáннюю пéнсию; ~ **jubilee** золотóй юбилéй; ~ **mean** золотáя середи́на; ~ **rule** золотóе прáвило

gold fever [ˈgəʊldˌfiːvə(r)] *n* золотáя лихорáдка

gold field [ˈgəʊldfiːld] *n* райóн золоты́х при́исков

goldfinch [ˈgəʊldfɪntʃ] *n зоол.* щегóл

goldfish [ˈgəʊldfɪʃ] *n* золотáя ры́бка

goldilocks [ˈgəʊldɪlɒks] *n* 1) *бот.* лю́тик золоти́стый 2) златоку́драя дéвушка, золоти́стая блонди́нка; «золотáя голóвка»; **G.** Златовлáска (*в скáзке*)

gold mine [ˈgəʊldmaɪn] *n* 1) золотóй при́иск 2) *разг.* «золотóе дно»

gold rush [ˈgəʊldrʌʃ] *n* золотáя лихорáдка

goldsmith [ˈgəʊldsmɪθ] *n* ювели́р; золоты́х дел мáстер

golf I [gɒlf] *n* гольф (*игрá*)

golf II *v* игрáть в гольф

golf bag [ˈgɒlfbæg] *n* су́мка игрокá в гóльф (*для клю́шек и мячéй*)

golf club [ˈgɒlfklʌb] *n* клю́шка для гóльфа

golfer [ˈgɒlfə(r)] *n* игрóк в гольф

golf links [ˈgɒlflɪŋks] *n* площáдка для игры́ в гольф (*тж* **golf course**)

gollop [ˈgɒləp] *v разг.* жáдно глотáть

golly [ˈgɒlɪ] *int разг.:* **by** ~! да что ты?, неужéли?

gondola [ˈgɒndələ] *n* 1) гондóла (*лóдка*) 2) гондóла, корзи́на (*воздушного шáра*) 3) *амер. ж.-д.* вагóн-платфóрма, полувагóн 4) островнáя гóрка (*подстáвка с пóлками для выклáдки товáра в середине торгóвого зáла*) 5) вагóнчик (лы́жного) подъёмника

gondolier [ˌgɒndəˈlɪə(r)] *n* гондольéр

gone I [gɒn] *p. p. см.* **go I**

gone II *a* 1) прошéдший, истёкший 2) утрáченный, потéрянный 3) безнадёжный, пропáщий 4) умéрший 5) *разг.* (берéменная) на какóм-л. мéсяце; **she's five months** ~ онá на шестóм мéсяце 6) *сленг* потеря́вший гóлову, в экстáзе (*от чего-л.*)

goner [ˈgɒnə(r)] *n сленг* кóнченый, пропáщий человéк

gonfalon [ˈgɒfələn] *n* знáмя; хору́гвь

gong [gɒŋ] *n* гонг

gonorrh(o)ea [ˌgɒnəˈrɪə] *n мед.* гоноре́я

goo [guː] *n* 1) что-л. ли́пкое, тягу́чее 2) сентиментáльщина

good I [gʊd] *n* 1) добро́; бла́го; по́льза; **to do ~** де́лать добро́; **for your own ~** ра́ди ва́шего бла́га; **it's all to the ~** э́то всё к лу́чшему; **it will do you ~** э́то вам принесёт по́льзу, э́то вам помо́жет; **it's no ~ talking to her** бесполе́зно с ней говори́ть; **what ~ will it do?** кака́я в э́том по́льза?; **up to no ~** ни к чему́ не го́дный 2) *pl см.* **goods** ◊ **for ~ (and all)** навсегда́, оконча́тельно

good II *a* (*compar* **better**; *superl* **best**) 1) хоро́ший 2) го́дный, подходя́щий; поле́зный; **this medicine is ~ for cough** э́то лека́рство хорошо́ помога́ет от ка́шля 3) уме́лый, спосо́бный; компете́нтный; **~ at languages** спосо́бный к языка́м 4) надёжный, кре́пкий; ка́чественный 5) здоро́вый, си́льный; в хоро́шей фо́рме 6) до́брый, доброжела́тельный 7) ми́лый, прия́тный; **how ~ of you!** как ми́ло с ва́шей стороны́! 8) обосно́ванный, логи́чный; здра́вый; **a ~ reason** ве́ская причи́на 9) платёжеспосо́бный 10) доброка́чественный; све́жий (*о пище*) 11) значи́тельный, серьёзный; **to have a ~ talk** серьёзно обо всём поговори́ть ◊ **to make ~** а) возмеща́ть б) исполня́ть (*обеща́ние*); **to be as ~ as one's word** держа́ть своё сло́во; **he made ~** он весьма́ преуспе́л в жи́зни; **be so ~ as to open the window** бу́дьте добры́, откро́йте, пожа́луйста, окно́; **the Good Book** *уст.* Би́блия; **~ works** благотвори́тельность; **~ afternoon!** до́брый день!; **to take in ~ part** не оби́деться

good-by(e) I [gʊd'baɪ] *n* проща́ние; **to say ~** проща́ться

good-by(e) II *int* до свида́ния!, проща́й(те)!

good-fellowship [ˌgʊd'feləʊʃɪp] *n* общи́тельность

good-for-nothing [ˈgʊdfə,nʌθɪŋ] *n* никчёмный, пусто́й челове́к; безде́льник

good-hearted [ˈgʊd'hɑːtɪd] *a* добросерде́чный

good-humoured [ˈgʊd'hjuːməd] *a* доброду́шный

goodie [ˈgʊdɪ] *см.* **goody**[1]

good-looker [ˌgʊd'lʊkə(r)] *n разг.* краса́вец; краса́вица

good-looking [ˈgʊd'lʊkɪŋ] *a* краси́вый, привлека́тельный, интере́сный; хоро́шенький; милови́дный

goodly [ˈgʊdlɪ] *a* 1) краси́вый 2) внуши́тельный, кру́пный; значи́тельный

goodman [ˈgʊdmæn] *n шотл. уст.* хозя́ин до́ма, глава́ семьи́

good-natured [ˈgʊd'neɪtʃəd] *a* до́брый, терпели́вый; доброжела́тельный; ужи́вчивый

goodness [ˈgʊdnɪs] *n* 1) доброде́тель 2) доброта́, великоду́шие 3) це́нные сво́йства (*плодо́в, проду́ктов и т. п.*) 4) *как междоме́тие:* **~ gracious!** го́споди!; **~ me!** бо́же мой!; **for ~' sake** ра́ди бо́га; **~ knows** кто его́ зна́ет; **thank ~!** сла́ва бо́гу!

goods [gʊdz] *n pl* 1) това́р(ы); **industrial ~** промы́шленные изде́лия; **consumer ~** потреби́тельские това́ры; **knitted ~** трикота́жные изде́лия, трикота́ж; **~ and chattels** ли́чные ве́щи, пожи́тки 2) бага́ж, груз 3) *attr* това́рный (*о по́езде и т. п.*); бага́жный; **a ~ train** това́рный соста́в

good-tempered [ˈgʊd'tempəd] *a* с ро́вным хара́ктером; уравнове́шенный

good-timer [ˈgʊd,taɪmə(r)] *n* пове́са, гуля́ка; люби́тель покути́ть, повесели́ться

goodwife [ˈgʊdwaɪf] *n шотл. уст.* хозя́йка до́ма

goodwill [ˈgʊd'wɪl] *n* 1) доброжела́тельность, дру́жеское расположе́ние; до́брая во́ля 2) гото́вность (*сде́лать что-л.*) 3) *ком.* сто́имость нематериа́льных элеме́нтов компа́нии (*напр. деловы́х свя́зей, репута́ции и т.п.*)

goody[1] [ˈgʊdɪ] *n* 1) *разг.* люби́мец пу́блики, куми́р 2) *обыкн. pl* ра́зные вку́сные ве́щи

goody[2] *n уст.* хозя́йка, ма́тушка

goody-goody I [ˈgʊdɪ,gʊdɪ] *n* пай-ма́льчик; угодли́вый челове́к

goody-goody II *a разг.* ха́нжеский, слаща́вый

gooey [ˈguːɪ] *a* 1) густо́й и ли́пкий 2) *сленг* слаща́во-сентимента́льный

go-off [ˈgəʊ'ɔːf] *n разг.* нача́ло, старт; **at the first ~** с са́мого нача́ла

goof I [guːf] *n сленг* 1) болва́н, о́лух 2) оши́бка, ляп

goof II *v сленг* 1) по́ртить, пу́тать 2) дать ма́ху 3) безде́льничать, ло́дырничать (*off*)

goofed [guːft] *a сленг* накача́вшийся нарко́тиками; под ка́йфом

goofy [ˈguːfɪ] *a* глу́пый; бестолко́вый; тупо́й

goon [guːn] *n* 1) *амер. сленг* головоре́з, наёмный банди́т 2) *сленг* болва́н, тупи́ца

goose[1] [guːs] *n* (*pl* **geese**) 1) гусь; гусы́ня 2) простофи́ля, проста́к 3) *attr* гуси́ный ◊ **all his geese are swans** он (постоя́нно) преувели́чивает; **to cook one's own ~** *посл.* ≅ руби́ть сук, на кото́ром сиди́шь; **to kill the ~ that lays the golden eggs** *посл.* ≅ заре́зать ку́рицу, несу́щую золоты́е я́йца; уничто́жить исто́чник дохо́да; **can't say bo to a ~** ≅ и му́хи не оби́дит; о́чень ро́бкий, засте́нчивый

goose[2] *n* (*pl* **gooses**) портно́вский утю́г

gooseberry [ˈgʊzbərɪ] *n* крыжо́вник ◊ **to play ~** *разг.* сопровожда́ть влюблённых, быть тре́тьим ли́шним

goose-egg [ˈguːseg] *n* 1) гуси́ное яйцо́ 2) *амер.* нуль, нулево́й счёт (*в и́грах*)

goose-flesh [ˈguːsfleʃ] *n* гуси́ная ко́жа *(от хо́лода, страха)*

gooseneck [ˈguːznek] *n разг.* у́зкое ме́сто *(напр. в произво́дстве, тж* **bottleneck***)*

GOP *сокр. амер.* **(Grand Old Party)** республика́нская па́ртия США

gopher [ˈgəʊfə(r)] *n зоол.* 1) америка́нская мешо́тчатая кры́са 2) су́слик 3) черепа́ха-го́фер *(живу́щая на ю́ге США)*

Gordian knot [ˌgɔːdiənˈnɒt] *n*: **to cut the ~** разруби́ть го́рдиев у́зел, реши́ть пробле́му силовы́м путём

gore[1] [gɔː(r)] *n* запёкшаяся кровь

gore[2] *v* (за)бода́ть, пронза́ть *(рога́ми, би́внями и т. п.)*

gore[3] **I** *n* клин *(в пла́тье и т. п.)*

gore[3] **II** *v* вставля́ть клин

gorge I [gɔːdʒ] *n* 1) уще́лье 2) обжо́рство 3) съе́денная пи́ща 4) *уст.* гло́тка, го́рло; **my ~ rises at this** меня́ от э́того тошни́т 5) *амер.* зава́л; про́бка 6) *воен.* го́ржа

gorge II *v* жа́дно есть; обжира́ться; объеда́ться; **he ~d himself on pancakes** он объе́лся блина́ми

gorgeous [ˈgɔːdʒəs] *a* 1) я́ркий, кра́сочный 2) *разг.* великоле́пный, превосхо́дный; **we had a ~ time** мы прекра́сно провели́ вре́мя 3) *разг.* порази́тельно краси́вый

gorget [ˈgɔːdʒɪt] *n* 1) ожере́лье 2) горже́т 3) *ист.* ла́тный воротни́к, горже́т; нагру́дный знак 4) цветно́е пятно́ на ше́йке пти́цы

gorgon [ˈgɔːgən] *n* меге́ра

gorilla [gəˈrɪlə] *n* гори́лла

gormandize [ˈgɔːməndaɪz] *v* 1) жа́дно есть, пожира́ть 2) объеда́ться, обжира́ться

gorse [gɔːs] *n бот.* утёсник обыкнове́нный

gory [ˈgɔːrɪ] *a* 1) крова́вый; окрова́вленный 2): **~ details** «грязь», пика́нтные подро́бности *(о жи́зни изве́стных люде́й)*

gosh [gɒʃ] *int разг.*: **by ~!** не мо́жет быть!, да что вы! *(выраже́ние изумле́ния)*

gosling [ˈgɒzlɪŋ] *n* гусёнок

gospel [ˈgɒsp(ə)l] *n* 1) **(G.)** Ева́нгелие 2) непрело́жная и́стина 3) религио́зные убежде́ния ◊ **~ truth** су́щая, и́стинная пра́вда

gospeller [ˈgɒspələ(r)] *n* 1) евангели́ст 2) пропове́дник; **hot ~** а) ре́вностный пурита́нин б) горя́чий пропове́дник, я́ростный защи́тник, апологе́т

gossamer [ˈgɒsəmə(r)] *n* 1) паути́на, ни́ти паути́ны *(в во́здухе)* 2) о́чень то́нкая ткань, газ

gossip I [ˈgɒsɪp] *n* 1) спле́тни; слу́хи 2) болтовня́, пра́здные разгово́ры 3) ку́мушка, спле́тница; спле́тник 4) *attr*: **~ column** све́тская хро́ника *(в газе́те)*

gossip II *v* спле́тничать, передава́ть слу́хи

gossip-monger [ˈgɒsɪpˌmʌŋgə(r)] *n* распространи́тель слу́хов, спле́тен; спле́тник; спле́тница

gossipy [ˈgɒsɪpɪ] *a* 1) лю́бящий посплетнича́ть 2) пусто́й, пра́здный *(о болтовне́)*

got [gɒt] *past, p. p. см.* **get**

Goth [gɒθ] *n* 1) *ист.* гот 2) ва́рвар, ванда́л

Gothic I [ˈgɒθɪk] *n* 1) го́тский язы́к 2) *архит., иск.* готи́ческий стиль, го́тика 3) готи́ческий шрифт

Gothic II *a* 1) го́тский 2) *архит., иск.* готи́ческий 3) ва́рварский, неве́жественный

go-to-meeting [ˈgəʊtəˈmiːtɪŋ] *a шутл.* наря́дный, пара́дный, лу́чший *(о костю́ме, шля́пе и т. п.)*

gotta [ˈgɒtə] *разг.* = **have got**; **have got to**

gotten [ˈgɒtn] *амер. p. p. см.* **get**

gouge I [gaʊdʒ] *n* 1) полукру́глое долото́ 2) *амер. разг.* обма́н, надува́тельство, вымога́тельство

gouge II *v* 1) выда́лбливать 2) *амер. разг.* обма́нывать, надува́ть; вымога́ть де́ньги

gourd [gʊəd] *n* 1) ты́ква 2) сосу́д, вы́долбленный из ты́квы

gourmand I [ˈgʊəmənd] *n* 1) гурма́н 2) обжо́ра

gourmand II *a* лю́бящий пое́сть; прожо́рливый

gourmet [ˈgʊəmeɪ] *n* гурма́н

gout [gaʊt] *n мед.* пода́гра

gouty [ˈgaʊtɪ] *a мед.* 1) подагри́ческий 2) страда́ющий пода́грой

Gov. *сокр.* 1) **(Government)** прави́тельство 2) **(Governor)** губерна́тор

gov. *сокр.* **(governor)** губерна́тор

govern [ˈgʌvən] *v* 1) пра́вить, управля́ть, руководи́ть 2) влия́ть *(на что-л., кого-л.)*; направля́ть, определя́ть *(курс, ход собы́тий)* 3) владе́ть *(собо́й, свои́ми страстя́ми)* 4) *грам.* управля́ть

governance [ˈgʌvənəns] *n* управле́ние, руково́дство; контро́ль

governess [ˈgʌvənɪs] *n* гуверна́нтка

governing [ˈgʌvənɪŋ] *a* пра́вящий; **~ body** администра́ция, правле́ние, управле́ние

government [ˈgʌvənmənt] *n* 1) прави́тельство; **the Russian G.** росси́йское прави́тельство; **responsible ~** отве́тственное мини́стерство 2) фо́рма правле́ния 3) управле́ние; **local ~** ме́стное самоуправле́ние 4) *attr* прави́тельственный; госуда́рственный; **G. House** дом прави́тельства, резиде́нция прави́тельства; **~ papers/securities** госуда́рственные це́нные бума́ги; **~ issue** *амер.* финанси́руемый госуда́рством; **~ health**

warning официа́льное предупрежде́ние о вреде́ куре́ния *(печа́тается на ка́ждой па́чке сигаре́т, а тж в рекла́ме)*

governmental [ˌɡʌvənˈmentl] *a* прави́тельственный, госуда́рственный

governor [ˈɡʌvənə(r)] *n* 1) прави́тель 2) губерна́тор 3) коменда́нт *(кре́пости)* 4) нача́льник тюрьмы́ 5) *сленг* нача́льник, хозя́ин, босс 6) *сленг* оте́ц 7) *тех.* регуля́тор

Governor-General [ˈɡʌvənəˈdʒenərəl] *n* (генера́л-)губерна́тор *(доминио́нов, входя́щих в Содру́жество)*

Govt. *сокр.* **(Government)** прави́тельство

gowk [ɡaʊk] *n диал.* 1) куку́шка 2) дура́к, недоу́мок, тупи́ца

gown I [ɡaʊn] *n* 1) широ́кое и дли́нное же́нское пла́тье; **dressing ~** хала́т 2) ма́нтия *(судьи́, преподава́теля или студе́нта университе́та и т. п.)* 3) хала́т хиру́рга 4) *собир.* преподава́тели и студе́нты университе́та

gown II *v* одева́ть, быть оде́тым; **she was perfectly ~ed** она́ была́ прекра́сно оде́та

goy [ɡɔɪ] *n сленг презр.* нееве́рей, гой, необре́занный

GP *сокр.* **(general practitioner)** врач о́бщей пра́ктики; терапе́вт

gr. *сокр.* **(gram(s))** гра́мм(ы)

grab I [ɡræb] *n* 1) бы́строе хвата́тельное движе́ние 2) захва́т, присвое́ние; хи́щничество 3) *тех.* ковш; черпа́к 4) *спорт.* захва́т доски́ *(трюково́й элеме́нт в скейтбо́рдинге и сноубо́рдинге)* ◊ **up for ~s** *сленг* легко́ присва́иваемый, досту́пный; ≅ бери́ кому́ не лень

grab II *v* 1) хвата́ть 2) захва́тывать, присва́ивать 3) *сленг* привлека́ть внима́ние

grabber [ˈɡræbə(r)] *n* рвач, хапу́га

grabble [ˈɡræbl] *v* 1) ощу́пывать, нащу́пывать 2) по́лзать на четвере́ньках *(в по́исках чего́-л.; for)*

grabby [ˈɡræbɪ] *a разг.* жа́дный, рва́ческий

grace I [ɡreɪs] *n* 1) гра́ция, изя́щество; **full of ~** по́лный гра́ции 2) такт, прили́чие, любе́зность; **with good ~** любе́зно, охо́тно; **with bad ~** неохо́тно; **he had the ~ to apologize** у него́ хвати́ло та́кта извини́ться 3) благоскло́нность, благоволе́ние; **to be in smb's good ~s** по́льзоваться чьим-л. расположе́нием; **to fall from ~** впасть в неми́лость 4) *pl* привлека́тельные ка́чества, досто́инства 5) ми́лость, милосе́рдие 6) отсро́чка *(платежа́);* льго́та 7) ми́лость, све́тлость *(в обраще́нии);* **Your G.** ва́ша све́тлость 8) **(the Graces)** *pl миф.* Гра́ции

grace II *v* 1) придава́ть изя́щество, красоту́ 2) удоста́ивать, награжда́ть

graceful [ˈɡreɪsfʊl] *a* 1) грацио́зный, изя́щный; элега́нтный 2) постепе́нный

graceless [ˈɡreɪslɪs] *a* непривлека́тельный, некраси́вый; лишённый обая́ния

gracious I [ˈɡreɪʃəs] *a* 1) ми́лостивый, милосе́рдный 2) снисходи́тельный

gracious II *int:* **~ me!** бо́же мой!

gradate [ɡrəˈdeɪt] *v* 1) *жив.* переходи́ть от одного́ отте́нка к друго́му 2) располага́ть по степеня́м *(разви́тия и т. п.)*

gradation [ɡrəˈdeɪʃ(ə)n] *n* 1) постепе́нность, града́ция 2) *обыкн. pl* сте́пень, ступе́нь разви́тия 3) *pl* перехо́дные ступе́ни 4) *жив.* постепе́нный перехо́д от одного́ отте́нка, то́на к друго́му 5) *лингв.* чередова́ние гла́сных, абла́ут

grade I [ɡreɪd] *n* 1) сте́пень, зва́ние; ранг 2) ка́чество, сорт 3) отме́тка 4) *амер.* класс *(шко́льный)* 5) гра́дус 6) *амер. ж.-д.* укло́н; градие́нт; **on the down ~** под укло́н; **on the up ~** на подъёме 7) улу́чшенная поро́да скота́ ◊ **to make the ~** *разг.* доби́ться успе́ха, дости́чь жела́емого у́ровня 8) у́ровень, приорите́т 9) *тех.* сте́пень чистоты́

grade II *v* 1) располага́ть по степеня́м, ра́нгам и т. п. 2) сортирова́ть 3) ста́вить отме́тки 4) сме́шивать кра́ски для получе́ния ну́жных отте́нков 5) *с.-х.* улучша́ть поро́ду скота́ скре́щиванием 6) *ж.-д.* нивели́ровать

grader [ˈɡreɪdə(r)] *n* 1) сортиро́вщик 2) *тех.* гре́йдер 3) *амер.* учени́к *(како́го-л. кла́сса)*

gradient [ˈɡreɪdjənt] *n* 1) укло́н, накло́н 2) *физ.* градие́нт 3) склоне́ние *(стре́лки баро́метра)*

grading [ˈɡreɪdɪŋ] *n* 1) классифика́ция, упоря́дочение 2) квалификацио́нная шкала́ *(в спо́рте и т. п.)* 3) сортиро́вка 4) *амер.* аттеста́ция, выставле́ние отме́ток

gradual [ˈɡrædjʊəl] *a* постепе́нный

gradually [ˈɡrædjʊəlɪ] *adv* постепе́нно, ма́лопома́лу

graduate I [ˈɡrædjʊɪt] *n* 1) име́ющий учёную сте́пень 2) око́нчивший вы́сшее уче́бное заведе́ние; челове́к с вы́сшим образова́нием 3) *амер.* выпускни́к шко́лы, уче́бного заведе́ния

graduate II [ˈɡrædjʊeɪt] *v* 1) получи́ть учёную сте́пень 2) око́нчить университе́т *(from)* 3) *амер.* око́нчить уче́бное заведе́ние 4) градуи́ровать, наноси́ть деле́ния 5) располага́ть в после́довательном поря́дке

graduation [ˌɡrædjʊˈeɪʃ(ə)n] *n* 1) получе́ние учёной сте́пени *(после́ оконча́ния университе́та)* 2) оконча́ние ку́рса *(в уче́бном за-*

ведении — from) 3) градуиро́вка *(сосуда и т. п.)*

Graeco-Roman [ˌgriːkəʊ'rəʊmən] *a* 1) гре́ко-ри́мский, класси́ческий 2) *спорт.* гре́ко-ри́мский *(о борьбе)*

graffiti [grə'fiːtɪ] *n pl* граффи́ти; на́дписи, рису́нки на сте́нах

graft[1] **I** [grɑːft] *n* 1) *с.-х.* привой 2) приви́вка *(растения)* 3) *мед.* импланта́ция; транспланта́ция

graft[1] **II** *v* 1) привива́ть *(растение — in, into, on, together)* 2) *мед.* имплантировать; трансплантировать

graft[2] **I** *n разг.* 1) взя́точничество, систе́ма по́дкупов 2) взя́тка, незако́нные дохо́ды

graft[2] **II** *v разг.* дава́ть, брать взя́тки; подкупа́ть

grafter[1] ['grɑːftə(r)] *n* 1) *с.-х.* привой 2) нож *(садовый)*

grafter[2] *n разг.* взя́точник

grafting ['grɑːftɪŋ] *n с.-х.* приви́вка

Grail [greɪl] *n миф.* Граа́ль, ча́ша Граа́ля *(тж* Holy ~)

grain I [greɪn] *n* 1) зерно́ 2) *собир.* зерно́, хле́бные зла́ки 3) крупи́нка *(сахара, соли и т. п.)*; песчи́нка, мельча́йшая части́ца 4) гран *(единица веса = 0,0648 г)* 5) зерни́стость, грануля́ция 6) волокно́, жи́лка; фи́бра; **dyed in** ~ окра́шенный в пря́же 7) строе́ние, структу́ра *(дерева, камня)* 8) склад хара́ктера, приро́дные скло́нности; **in** ~ по приро́де, по нату́ре ◊ **against the** ~ про́тив ше́рсти; не по душе́; про́тив во́ли; **there's not a** ~ **of truth in it** в э́том нет ни ка́пли пра́вды

grain II *v* 1) кра́сить под де́рево *или* мра́мор 2) де́лать пове́рхность зерни́стой 3) кра́сить в пря́же 4) дроби́ть, раздробля́ть 5) очища́ть шку́ру, ко́жу от ше́рсти

grainy ['greɪnɪ] *a* зерни́стый, гранули́рованный

gram[1] [græm] *n бот.* ме́лкий туре́цкий горо́шек

gram[2] *см.* **gramme**

grammar ['græmə(r)] *n* 1) грамма́тика 2) *attr* граммати́ческий

grammar school ['græməskuːl] *n* 1) сре́дняя класси́ческая шко́ла 2) *амер.* ста́ршие кла́ссы сре́дней шко́лы

grammatical [grə'mætɪk(ə)l] *a* 1) граммати́ческий 2) граммати́чески пра́вильный

gramme [græm] *n* грамм

gramophone ['græməfəʊn] *n уст.* прои́грыватель *(тж* **record player**)

grampus ['græmpəs] *n* 1) дельфи́н-каса́тка 2) тяжело́ дыша́щий челове́к

granary ['grænərɪ] *n* 1) амба́р; зернохрани́лище 2) жи́тница, хлеборо́дная о́бласть

grand I [grænd] *n* 1) роя́ль *(тж* ~ **piano**) 2) *амер. сленг* ты́сяча до́лларов

grand II *a* 1) великоле́пный, роско́шный; пы́шный 2) вели́чественный; импоза́нтный; грандио́зный 3) гла́вный, основно́й; ва́жный 4) возвы́шенный, благоро́дный 5) зна́тный; бога́тый 6) вели́кий *(в титулах)*; **G. Duke** вели́кий князь 7) *разг.* прекра́сный, замеча́тельный, кла́ссный

grandad ['grændæd] *n разг.* де́душка

grandchild ['græntʃaɪld] *n* внук; вну́чка

granddaughter ['græn,dɔːtə(r)] *n* вну́чка

grandee [græn'diː] *n* 1) (испа́нский) гранд 2) вельмо́жа, сано́вник

grandeur ['grændjə(r)] *n* 1) великоле́пие, ро́скошь, пы́шность; вели́чие 2) высо́кий чин; высо́кое положе́ние в о́бществе 3) благоро́дство хара́ктера, вели́чие ду́ха

grandfather ['græn,fɑːðə(r)] *n* де́душка, дед ◊ ~ **clock** высо́кие напо́льные часы́

grandiloquence [græn'dɪləkwəns] *n* высокопа́рность, напы́щенность *(речи)*

grandiloquent [græn'dɪləkwənt] *a* высокопа́рный, напы́щенный; велеречи́вый

grandiose ['grændɪəʊs] *a* 1) грандио́зный; производя́щий си́льное впечатле́ние 2) претенцио́зный

grand jury [græn'dʒʊərɪ] *n юр.* большо́е жюри́ *(присяжные, решающие вопрос о предании обвиняемого суду присяжных)*

grandma ['grænmɑː] *см.* **grandmama**

grand mal [ˌgrɒn'mæl] *n мед.* большо́й эпилепти́ческий припа́док

grandmama ['grænmə,mɑː] *n разг.* ба́бушка

grand master ['grænd'mɑːstə(r)] *n* 1) *шахм.* гроссме́йстер 2) вели́кий маги́стр *(рыцарского ордена)*, гроссме́йстер

grandmother ['græn,mʌðə(r)] *n* ба́бушка ◊ **to teach one's** ~ **to suck eggs** ≅ я́йца ку́рицу не у́чат

grand nephew ['græn,nefjuː] *n* внуча́тый племя́нник

grand niece ['græn,niːs] *n* внуча́тая племя́нница

grandpa ['grænpɑː] *n разг.* де́душка

grandpapa ['grænpə,pɑː] *n разг. уст.* де́душка

grandparents ['græn,peərənts] *n pl* де́душка и ба́бушка

grandsire ['græn,saɪə(r)] *n уст.* пре́док

grandson ['grænsʌn] *n* внук

grandstand ['grænd,stænd] *a* центра́льная трибу́на *(на стадионе, ипподроме)*

grange [greɪndʒ] *n* фе́рма с надво́рными постро́йками

granite ['grænɪt] *n* 1) грани́т 2) *attr* грани́тный

granitic [grəˈnɪtɪk] *a* грани́тный

granny [ˈgrænɪ] *n разг.* ба́бушка

granny bond [ˈgrænɪˌbɒnd] *n фин.* индекси́рованный сберега́тельный сертифика́т

grant I [grɑːnt] *n* 1) дар, даре́ние 2) грант; дота́ция, субси́дия 3) стипе́ндия

grant II *v* 1) разреша́ть, дозволя́ть 2) дарова́ть, жа́ловать; дари́ть 3) дава́ть дота́цию, субси́дию 4) допуска́ть; соглаша́ться; ~ed that... допу́стим, что...; to take for ~ed счита́ть само́ собо́й разуме́ющимся; принима́ть как аксио́му

grantee [grɑːnˈtiː] *n* получа́ющий грант, субси́дию; получа́ющий в дар

grant-in-aid [ˈgrɑːntɪnˈeɪd] *n* субси́дия, дота́ция

granular [ˈgrænjʊlə(r)] *a* зерни́стый, грануля́рованный

granulate [ˈgrænjʊleɪt] *v* 1) грануля́роваться 2) затя́гиваться, зажива́ть (о ране)

granulation [ˌgrænjʊˈleɪʃ(ə)n] *n* 1) грануля́ция; грануля́рование 2) заживле́ние (раны)

granule [ˈgrænjuːl] *n* зёрнышко

grape [greɪp] *n* 1) виногра́д 2) (the ~) *разг.* вино́ 3) *см.* grapeshot

grapefruit [ˈgreɪpfruːt] *n* гре́йпфрут

grapeshot [ˈgreɪpʃɒt] *n воен. ист.* карте́чь

grape sugar [ˈgreɪpˌʃʊgə(r)] *n* виногра́дный са́хар, глюко́за

grapevine [ˈgreɪpvaɪn] *n* 1) виногра́дная лоза́ 2) *разг.* неподтверждённая информа́ция, слу́хи; I heard on the ~... говоря́т, что...

graph [grɑːf] *n* гра́фик, диагра́мма

graphic [ˈgræfɪk] *a* 1) графи́ческий, изобрази́тельный; ~ arts гра́фика 2) кра́сочный, живо́й (о рассказе); a ~ description я́ркое описа́ние

graphics [ˈgræfɪks] *n* 1) гра́фика (особ. иллюстра́ции) 2) диза́йн; computer ~ компью́терный диза́йн; компью́терная гра́фика

graphics card [ˌgræfɪksˈkɑːd] *n вчт* графи́ческая пла́та (в компьютере)

graphite [ˈgræfaɪt] *n* графи́т

graphology [grəˈfɒlədʒɪ] *n* графоло́гия

grapple I [ˈgræpl] *n* 1) ко́шка, крюк 2) схва́тка 3) *спорт.* захва́т (в поединке борцо́в)

grapple II *v* сцепи́ться, схвати́ться (в схва́тке) ◊ to ~ with a problem би́ться над реше́нием вопро́са, пробле́мы

grappling iron [ˈgræplɪŋˌaɪən] *n* ко́шка, крюк

grasp I [grɑːsp] *n* 1) хва́тка 2) контро́ль (над ситуа́цией и т. п.) 3) понима́ние; спосо́бность бы́стро схва́тывать; it's beyond my ~ э́то вы́ше моего́ понима́ния; to be ~ быть досту́пным для понима́ния; within ~ в преде́лах досяга́емости

grasp II *v* 1) ухвати́ться (за — at) 2) схва́тывать, зажима́ть (в руке) 3) кре́пко держа́ться (за что-л.) 4) понима́ть, схва́тывать смысл, суть; усва́ивать ◊ to ~ the nettle реши́тельно приступа́ть к тру́дному де́лу, сме́ло бра́ться за де́ло

grasper [ˈgrɑːspə(r)] *n* рвач, хапу́га

grasping [ˈgrɑːspɪŋ] *a* жа́дный

grass I [grɑːs] *n* 1) трава́ 2) па́стбище; to be at ~ быть на подно́жном корму́; to send out to ~ выгоня́ть (скот) в по́ле 3) лужа́йка, газо́н; keep off the ~ по газо́ну не ходи́ть (надпись) 4) *сленг* марихуа́на, тра́вка 5) *сленг* доно́счик, стука́ч 6) *горн.* пове́рхность земли́ ◊ not to let the ~ grow under one's feet де́йствовать энерги́чно, не упуска́ть слу́чая; at ~ на о́тдыхе, в о́тпуске; out to ~ в отста́вке, на пе́нсии

grass II *v* 1) засева́ть траво́й 2) *амер.* выгоня́ть (скот) в по́ле 3) *разг.* сбива́ть с ног 4) *сленг* доноси́ть (в поли́цию), стуча́ть 5) выта́скивать ры́бу на бе́рег

grasshopper [ˈgrɑːsˌhɒpə(r)] *n* кузне́чик

grass roots [ˌgrɑːsˈruːts] *n pl* 1) осно́вы; первоисто́чник 2) просты́е лю́ди (особ. избира́тели); рядовы́е чле́ны полити́ческой па́ртии, организа́ции

grass snake [ˈgrɑːsˌsneɪk] *n зоол.* уж

grass widow [ˌgrɑːsˈwɪdəʊ] *n* соло́менная вдова́

grassy [ˈgrɑːsɪ] *a* 1) покры́тый траво́й 2) травяно́й; травяни́стый

grate[1] [greɪt] *n* ками́нная решётка

grate[2] *v* 1) тере́ть (на тёрке) 2) скрести́ с ре́жущим слух зву́ком 3) раздража́юще де́йствовать (на кого-л. — on, upon) 4) скрежета́ть (зубами) 5) скрипе́ть (о двери и т. п.)

grateful [ˈgreɪtfʊl] *a* 1) благода́рный, призна́тельный 2) прия́тный

grater [ˈgreɪtə(r)] *n* тёрка

graticule [ˈgrætɪkjuːl] *n спец.* градуи́рованная, масшта́бная се́тка

gratification [ˌgrætɪfɪˈkeɪʃ(ə)n] *n* 1) удовлетворе́ние; удово́льствие 2) вознагражде́ние

gratify [ˈgrætɪfaɪ] *v* 1) ра́довать глаз; доставля́ть удово́льствие 2) потво́рствовать, уступа́ть (капризам)

grating[1] [ˈgreɪtɪŋ] *n* решётка

grating[2] *a* 1) скрипу́чий 2) де́йствующий раздража́юще; де́йствующий на не́рвы

gratis [ˈgreɪtɪs] *adv* беспла́тно, да́ром

gratitude [ˈgrætɪtjuːd] *n* благода́рность

gratuitous [grəˈtjuːɪtəs] *a* 1) беспла́тный; даровой 2) беспричи́нный; незаслу́женный; ~ insult незаслу́женное оскорбле́ние; a ~ remark оскорби́тельное замеча́ние

343

gratuity [grəˈtjuːɪtɪ] *n* 1) де́нежный пода́рок *(при выходе на пенсию, в отста́вку и т. п.)* 2) «ча́евые» 3) *воен.* наградны́е

gratulatory [ˈgrætjʊlətərɪ] *a* поздрави́тельный

grave¹ [greɪv] *n* 1) моги́ла 2) надгро́бный па́мятник, надгро́бие 3) смерть ◊ **to turn in one's ~** в гробу́ переверну́ться *(от возмуще́ния, гне́ва)*

grave² *a* 1) ва́жный, серьёзный; ве́ский 2) серьёзный, торже́ственный; **he looked ~** у него́ был о́чень серьёзный вид 3) угрожа́ющий, трево́жный; **a ~ situation** серьёзное положе́ние, трево́жная ситуа́ция

grave³ *v* (**graved; graved, graven**) запечатлева́ть *(в па́мяти — in, on)* ◊ **~n image** и́дол, куми́р

grave⁴ [grɑːv] *a* ни́зкий *(о то́не, зву́ке)*

gravel I [ˈgrævəl] *n* 1) гра́вий 2) *мед.* мочево́й песо́к

gravel II *v* 1) посыпа́ть гра́вием 2) приводи́ть в замеша́тельство

graven [ˈgreɪvən] *p. p. см.* **grave³**

graver [ˈgreɪvə(r)] *n* резе́ц

gravestone [ˈgreɪvstəʊn] *n* надгро́бный па́мятник, надгро́бие; моги́льная плита́

graveyard [ˈgreɪvjɑːd] *n* кла́дбище

gravid [ˈgrævɪd] *a* бере́менная

gravitate [ˈgrævɪteɪt] *v* 1) тяготе́ть, стреми́ться *(к чему́-л.)* 2) *физ.* притя́гивать(ся)

gravitation [ˌgrævɪˈteɪʃ(ə)n] *n физ.* гравита́ция, тяготе́ние, притяже́ние

gravitational [ˌgrævɪˈteɪʃən(ə)l] *a физ.* гравитацио́нный; **~ field** гравитацио́нное по́ле

gravity [ˈgrævɪtɪ] *n* 1) *физ.* си́ла тя́жести; тяготе́ние, притяже́ние; **centre/force of ~** центр/си́ла тя́жести; **specific ~** уде́льный вес 2) ва́жность, серьёзность 3) торже́ственность; степе́нность 4) уравнове́шенность

gravy [ˈgreɪvɪ] *n* 1) (мясна́я) подли́вка; со́ус 2) шальны́е де́ньги

gray I, II, III [greɪ] *амер. см.* **grey I, II, III**

gray keys [ˈgreɪkiːz] *n вчт* се́рые кла́виши

graze¹ [greɪz] *v* 1) сдира́ть, оцара́пать, натира́ть *(ко́жу)* 2) слегка́ задева́ть, дотра́гиваться, каса́ться *(against, along)*

graze² *v* 1) пасти́сь, щипа́ть траву́ 2) пасти́ *(скот)*; держа́ть на подно́жном корму́

grazer [ˈgreɪzə(r)] *n* живо́тное на подно́жном корму́

grazier [ˈgreɪzjə(r)] *n* животново́д, скотово́д

grease I [griːs] *n* 1) сма́зка, сма́зочный материа́л; мазь 2) топлёное са́ло, жир

grease II [griːz] *v* сма́зывать; зама́сливать ◊ **to ~ the palm** *разг.* дава́ть взя́тку

grease box [ˈgriːsˌbɒks] *n тех.* маслёнка; бу́кса

grease gun [ˈgriːsˌgʌn] *n тех.* шприц для сма́зки

greasepaint [ˈgriːspeɪnt] *n* театра́льный грим

greaseproof [ˈgriːspruːf] *a* жиронепроница́емый; **~ paper** жиронепроница́емая бума́га; перга́мент

greaser [ˈgriːzə(r)] *n* 1) сма́зчик 2) сма́зочное приспособле́ние

greasy [ˈgriːzɪ] *a* 1) жи́рный, са́льный 2) ско́льзкий 3) прито́рный, еле́йный

great [greɪt] *a* 1) о́чень большо́й, огро́мный, грома́дный; **a ~ change** огро́мные переме́ны; **to a ~ extent** в большо́й сте́пени 2) си́льный, интенси́вный; **a ~ storm** си́льная бу́ря 3) ва́жный, большо́го значе́ния, значи́тельный 4) вели́чественный, торже́ственный; возвы́шенный; **a ~ occasion** торже́ственное собы́тие 5) вели́кий; **a ~ thinker** вели́кий мысли́тель 6) знамени́тый, выдаю́щийся; замеча́тельный 7) о́пытный, иску́сный; понима́ющий, разбира́ющийся *(в чём-л. — at, on)* 8) *разг.* превосхо́дный, чуде́сный; **we had a ~ holiday** мы чуде́сно провели́ о́тпуск; **that's ~!** вот здо́рово! 9) *в степеня́х родства́* пра-; **~grandchild** пра́внук; **~grandfather** пра́дед

greatcoat [ˈgreɪtkəʊt] *n* 1) пальто́ 2) шине́ль

great-hearted [ˈgreɪtˈhɑːtɪd] *a* великоду́шный

greatly [ˈgreɪtlɪ] *adv* о́чень, значи́тельно, намно́го

greatness [ˈgreɪtnɪs] *n* 1) вели́чие, сла́ва 2) (больша́я) величина́

Greats [greɪts] *n разг.* заключи́тельные экза́мены на сте́пень бакала́вра по класси́ческой филоло́гии и филосо́фии *(в Оксфорд-ском университе́те)*

Grecian [ˈgriːʃən] *a* гре́ческий, э́ллинский *(осо́б. об архитекту́ре)*

greed [griːd] *n* жа́дность, а́лчность; **out of ~** от жа́дности

greediness [ˈgriːdɪnɪs] *n* 1) прожо́рливость, обжо́рство 2) жа́дность, а́лчность

greedy [ˈgriːdɪ] *a* 1) прожо́рливый, скло́нный к перееда́нию 2) жа́дный, а́лчный 3) си́льно жела́ющий *(чего́-л.)*, нужда́ющийся *(в чём-л.)* *(for)*; **~ for affection** нужда́ющийся в ла́ске *(of, for)* 4) скупо́й

Greek I [griːk] *n* 1) грек; греча́нка; **the ~s** гре́ки 2) гре́ческий язы́к ◊ **it is ~ to me** э́то для меня́ соверше́нно непоня́тно, э́то для меня́ кита́йская гра́мота

Greek II *a* гре́ческий

green I [griːn] *n* 1) зелёный цвет; зелёная кра́ска; **a painting in greys and ~s** карти́на в се́рых и зелёных тона́х 2) зелёная лужа́йка; пусты́рь, заро́сший траво́й; площа́дка для игр на откры́том во́здухе 3) расти́тельность; (*pl*) о́вощи, зе́лень 4) мо́лодость, си́ла; **in the ~** в расцве́те сил 5) зелёный свет (*светофора; тж перен.*) 6) **(G.)** «зелёный», член па́ртии «зелёных» 7) *pl сленг* до́ллары, «зелёные», «зе́лень», «гри́ны» 8) *pl сленг* полово́й акт 9) *сленг* марихуа́на

green II *a* 1) зелёный 2) покры́тый траво́й, листво́й; зелене́ющий 3) незре́лый, неспе́лый, зелёный 4) необрабо́танный, сыро́й 5) молодо́й; нео́пытный, наи́вный 6) бле́дный, боле́зненный (*о цвете лица*) 7) по́лный сил, цвету́щий 8) расти́тельный, овощно́й (*о пище, диете*); **~ salad** зелёный сала́т ◊ **to turn ~ (with envy)** позелене́ть (*от за́висти*); **she's got ~ fingers** она́ уме́ет выра́щивать расте́ния, у неё всё хорошо́ растёт (*в огоро́де, на балко́не и т. п.*)

green III *v* 1) зелене́ть 2) кра́сить в зелёный цвет 3) *сленг* разыгра́ть, подшути́ть

greenbacks [ˈgriːnbæks] *n pl амер.* до́лларовые банкно́ты, до́ллары, *разг.* ба́ксы

green belt [ˈgriːnˈbelt] *n* зелёный по́яс, зелёная зо́на (*вокру́г большо́го го́рода*)

Green Beret [ˈgriːnˈbereɪ] *n разг.* «зелёный бере́т», деса́нтник (*а́рмии Великобрита́нии или США*)

green card [ˈgriːnˌkɑːd] *n* 1) междунаро́дное страхово́е свиде́тельство для автомобили́стов 2) вид на жи́тельство (*в США*), зелёная ка́рта, «грин кард», «грин-ка́рта»

green crop [ˈgriːnˌkrɒp] *n с.-х.* зелёные корма́, кормовы́е культу́ры

greenery [ˈgriːnərɪ] *n* расти́тельность; зелёная листва́

green-eyed [ˈgriːnaɪd] *a* ревни́вый; зави́стливый; **the ~ monster** ре́вность

greengage [ˈgriːnˈgeɪdʒ] *n* ренкло́д (*сорт слив*)

greengrocer [ˈgriːnˌgrəʊsə(r)] *n* торго́вец овоща́ми и фру́ктами; зеленщи́к

greengrocery [ˈgriːnˌgrəʊsərɪ] *n* 1) фрукто́вый, овощно́й магази́н 2) фру́кты; о́вощи, зе́лень

greenhorn [ˈgriːnhɔːn] *n* новичо́к, нео́пытный челове́к

greenhouse [ˈgriːnhaʊs] *n* оранжере́я, тепли́ца ◊ **~ effect** парнико́вый эффе́кт, потепле́ние атмосфе́ры

greenish [ˈgriːnɪʃ] *a* зеленова́тый

greenkeeper [ˈgriːnˌkiːpə(r)] *n* владе́лец, содержа́тель площа́дки для игры́ в гольф

Greenpeace [ˈgriːnˌpiːs] *n* «Гринпи́с» (*междунаро́дная организа́ция по защи́те окружа́ющей среды́*)

green product [ˈgriːnˌprɒdʌkt] *n* экологи́чески чи́стый проду́кт

green-room [ˈgriːnrʊm] *n* ко́мната о́тдыха (*для актёров*); **to talk ~** спле́тничать о театра́льных дела́х

greenstuff [ˈgriːnˌstʌf] *n* 1) расти́тельность 2) о́вощи

greensward [ˈgriːnswɔːd] *n* 1) дёрн 2) газо́н, лужа́йка

green tea [ˈgriːnˈtiː] *n* зелёный чай

Greenwich Mean Time [ˈgrenɪtʃˈmiːnˈtaɪm] *n* сре́днее вре́мя по Гри́нвичу, сре́днее вре́мя по Гри́нвичскому меридиа́ну

greeny [ˈgriːnɪ] *см.* greenish

greet [griːt] *v* 1) приве́тствовать, здоро́ваться 2) встреча́ть (*аплодисме́нтами, во́згласами и т. п.*); **he was ~ed with derision** его́ встре́тили насме́шками

greeting [ˈgriːtɪŋ] *n* 1) приве́тствие; приве́т; **with warmest ~s** с горя́чим приве́том 2) встре́ча (*аплодисме́нтами, во́згласами*) ◊ **~s card** поздрави́тельная откры́тка

gregarious [grɪˈgeərɪəs] *a* 1) общи́тельный 2) живу́щий ста́дами, ста́ями 3) расту́щий гро́здьями

gremlin [ˈgremlɪn] *n* гре́млин, прока́зливый злой дух

grenade [grɪˈneɪd] *n* 1) грана́та 2) огнетуши́тель ◊ **~ launcher** гранатомёт

grenadier [ˌgrenəˈdɪə(r)] *n* гренаде́р

grenadine [ˈgrenəˌdiːn] *n* грана́товый экстра́кт, сиро́п; гренади́н

grew [gruː] *past см.* grow

grey I [greɪ] *n* 1) се́рый цвет 2) се́рый костю́м; мате́рия се́рого цве́та 3) су́мрак 4) ло́шадь се́рой ма́сти

grey II *a* 1) се́рый 2) па́смурный, о́блачный 3) мра́чный, безра́достный, уны́лый 4) седо́й, седе́ющий (*о волоса́х*); **to turn ~** седе́ть 5) се́рый, невырази́тельный, незаме́тный

grey III *v* 1) станови́ться се́рым, сере́ть 2) седе́ть

greybeard [ˈgreɪbɪəd] *n уст.* стари́к

grey-headed [ˈgreɪˈhedɪd] *a* седо́й; ста́рый

grey-hen [ˈgreɪhen] *n* тете́рка

greyhound [ˈgreɪhaʊnd] *n* борза́я (*поро́да соба́к*)

greyish [ˈgreɪɪʃ] *a* 1) серова́тый 2) седе́ющий, с про́седью

grey market [ˈgreɪˈmɑːkɪt] *n эк.* «се́рый» ры́нок (*характеризу́ется перепрода́жей дефици́тных това́ров*)

grid [grɪd] *n* 1) решётка 2) систе́ма разби́вки на квадра́ты (*на ка́ртах и т. п.*) 3) сеть э́нерго- и газоснабже́ния и т. п.; энергети́ческая систе́ма 4) сеть у́лиц го́рода (*располо́женных паралле́льно друг дру́гу и пере-*

секающихся с другими улицами, параллельными между собой) 5) се́тка 6) координа́тная се́тка

griddle [ˈgrɪdl] *n* сковоро́дка *(для блинов, оладий и т. п.)*

gridiron [ˈgrɪdˌaɪən] *n* 1) решётка для жа́рки, гриль 2) кле́тка *(для постановки судна в док)* 3) *театр.* колосники́ 3) *амер. разг.* по́ле для америка́нского футбо́ла 4) *амер. разг.* америка́нский футбо́л

grief [griːf] *n* 1) го́ре, си́льное огорче́ние 2) беда́, несча́стье; **to come to ~** попа́сть в беду́

grievance [ˈgriːv(ə)ns] *n* оби́да, по́вод для жа́лоб

grieve [griːv] *v* 1) си́льно огорча́ть 2) горева́ть, печа́литься, убива́ться *(at, for, about, over)*

grievous [ˈgriːvəs] *a* 1) мучи́тельный *(о боли);* **~ bodily harm** *юр.* тя́жкие теле́сные повреди́ния 2) го́рестный, печа́льный; приско́рбный 3) вопию́щий

griffin [ˈgrɪfɪn] *n миф.* грифо́н

griffon [ˈgrɪfən] *n* 1) грифо́н *(порода собак)* 2) *зоол.* гриф

grig [grɪg] *n* 1) *зоол.* у́горь речно́й 2) сверчо́к; кузне́чик; **as lively/merry as a ~** о́чень весёлый

grill I [grɪl] *n* 1) гриль, решётка 2) жа́ренные на гри́ле ры́ба, мя́со *и т. д.*; гриль-ассорти́ 3) гриль-бар

grill II *v* 1) жа́рить на решётке, гри́ле 2) пали́ть *(о солнце)* 3) жа́риться на со́лнце 4) вести́ суро́вый допро́с

grim [grɪm] *a* 1) мра́чный, суро́вый 2) неумоли́мый, беспоща́дный, жесто́кий 3) стра́шный, злове́щий 4) неприя́тный, непригля́дный; **~ reality** жесто́кая/непригля́дная ре́альность

grimace I [grɪˈmeɪs] *n* грима́са

grimace II *v* грима́сничать

grime I [graɪm] *n* грязь, въе́вшаяся в ко́жу; са́жа, ко́поть

grime II *v* па́чкать, грязни́ть

grimy [ˈgraɪmɪ] *a* закопчённый; гря́зный

grin I [grɪn] *n* усме́шка, ухмы́лка

grin II *v* ска́лить зу́бы, ухмыля́ться *(чему-л. — at)* ◊ **to ~ and bear it** сто́йко переноси́ть что-л.

grind I [graɪnd] *n* 1) разма́лывание, перема́лывание 2) *разг.* тяжёлая, ну́дная рабо́та; **what a frightful ~!** кака́я ка́торжная рабо́та! 3) *сленг* уме́ние верте́ть бёдрами *(о танцоре)* 4) ска́чки с препя́тствиями

grind II *v (past, p. p.* **ground)** 1) моло́ть, разма́лывать 2) растира́ть, толо́чь 3) точи́ть, отта́чивать; шлифова́ть 4) ста́чиваться;

шлифова́ться 5) скрежета́ть; тере́ться обо что-л. со скри́пом 6) угнета́ть, зада́вливать *(тж* **to ~ down)** 7) корпе́ть; зубри́ть 8) сде́лать что-л. с больши́м трудо́м 9) верте́ть ру́чку *(ручной мельницы, шарманки)* 10) *сленг* верте́ть бёдрами *(о танцоре)*

grinder [ˈgraɪndə(r)] *n* 1) точи́льщик; шлифо́вщик 2) ме́льница; **coffee ~** кофе́йная ме́льница, кофемо́лка; **meat ~** *амер.* мясору́бка 3) коренно́й зуб

grindstone [ˈgraɪndstəʊn] *n* 1) точи́льный ка́мень, точи́ло 2) жёрнов ◊ **to keep one's nose to the ~** рабо́тать без переды́шки, вка́лывать

grip I [grɪp] *n* 1) схва́тывание, хва́тка, зажа́тие; **a ~ of steel** желе́зная хва́тка; **to come to ~s with smb** схвати́ться с кем-л. 2) уме́ние держа́ть контро́ль *(над ситуацией и т. п.)*; уме́ние завладе́ть внима́нием 3) спосо́бность поня́ть, схвати́ть суть 4) *тех.* зажи́м; тиски́ 5) ру́чка, рукоя́тка 6) доро́жная су́мка

grip II *v* 1) схвати́ть; сжать; кре́пко держа́ть 2) понима́ть, схва́тывать, постига́ть 3) охва́тывать *(о чувствах, эмоциях)* 4) овладева́ть внима́нием, подде́рживать интере́с *(слушателей и т. п.)* 5) держа́ть доро́гу *(об автомоби́ле)*

gripe I [graɪp] *n* 1) *pl* ко́лики, спа́змы *(желудка, кишечника)* 2) *разг.* жа́лоба 3) зажа́тие, зажи́м

gripe II *v* 1) *разг.* жа́ловаться, ныть 2) вызыва́ть ко́лики

grippe [grɪp] *n разг.* грипп

grisly [ˈgrɪzlɪ] *a* стра́шный, жу́ткий, наводя́щий у́жас, ужа́сный

grist [grɪst] *n* 1) зерно́ для помо́ла 2) со́лод ◊ **~ to smb's mill** исто́чник дохо́да, при́были

gristle [ˈgrɪsl] *n анат.* хрящ

grit[1] [grɪt] *n* 1) песчи́нки, сори́нки; ме́лкий песо́к; гра́вий 2) крупнозерни́стый песча́ник 3) *разг.* твёрдость хара́ктера, вы́держка; **he's got ~** ему́ хва́тит хара́ктера, вы́держки

grit[2] *v* 1) посыпа́ть песко́м, гра́вием 2) скрежета́ть *(зубами)*, сти́снуть зу́бы 3) скрипе́ть *(под ногами)*

grits [grɪts] *n pl* овся́ная крупа́

gritty [ˈgrɪtɪ] *a* содержа́щий песо́к, с песко́м; песча́ный

grizzle [ˈgrɪzl] *v* 1) капри́зно хны́кать *(о детях)* 2) жа́ловаться, ныть

grizzled [ˈgrɪzld] *a* поседе́вший, с про́седью

grizzly I [ˈgrɪzlɪ] *n* гри́зли *(северо-америка́нский серый медведь)* *(тж* **~ bear)**

grizzly II *a* 1) се́рый 2) седо́й; седовла́сый

groan I [grəʊn] *n* стон

groan II *v* 1) стона́ть; о́хать; **to ~ inwardly** быть обеспоко́енным, расстро́енным 2) говори́ть со вздо́хами, сто́нами (*тж* **to ~ out**)

groats [grəʊts] *n pl* (овся́ная) крупа́

grocer [ˈgrəʊsə(r)] *n* бакале́йщик, торго́вец бакале́йными това́рами

grocery [ˈgrəʊsərɪ] *n* 1) бакале́я 2) *pl* проду́кты, продово́льственные това́ры

grog [grɒg] *n* грог, пунш

groggy [ˈgrɒgɪ] *a* нетвёрдо стоя́щий на нога́х (*от слабости и т. п.*); неусто́йчивый

groin [grɔɪn] *n* 1) пах 2) *архит.* кресто́вый свод

groom I [grʊm] *n* 1) ко́нюх; грум 2) жени́х 3) офице́р при дворе́

groom II *v* 1) ходи́ть, уха́живать за ло́шадью 2) следи́ть за вне́шним ви́дом (*кого-л.*); **well ~ed** ухо́женный, холёный 3) гото́вить на до́лжность, к како́й-л. де́ятельности

groomsman [ˈgrʊmzmən] *n* ша́фер

groove I [gruːv] *n* 1) вы́емка, желобо́к; паз; про́рез 2) рути́на, привы́чная колея́; заведённый поря́док; **to get into a ~** войти́ в колею́ ◊ **in the ~** *сленг* в мо́де

groove II *v* 1) де́лать вы́емку, про́рез и т. п. 2) *сленг* процвета́ть; хорошо́ проводи́ть вре́мя

grope [grəʊp] *v* 1) ощу́пывать; идти́ о́щупью 2) нащу́пывать, иска́ть (*for*); **I was groping for answer** я иска́л отве́т 3) *сленг* ла́пать

gropingly [ˈgrəʊpɪŋlɪ] *adv* на о́щупь, о́щупью

grosgrain [ˈgrəʊgreɪn] *n* шёлковая ткань в ру́бчик

gross I [grəʊs] *n* двена́дцать дю́жин, гросс (*счёт мелких галантере́йных и других това́ров*); **by the ~** о́птом

gross II *a* 1) ту́чный, жи́рный 2) гру́бый, вульга́рный, непристо́йный 3) гру́бый, вопию́щий; **a ~ injustice** вопию́щая несправедли́вость 4) валово́й, без отчисле́ний; бру́тто; **~ income** валово́й дохо́д, **~ weight** вес бру́тто 5) бу́йный, пы́шный (*о расти́тельности*) 6) объёмистый, масси́вный 7) просто́й, гру́бый, примити́вный; **~ error** гру́бая оши́бка

grotesque I [grəʊˈtesk] *n* 1) гроте́ск 2) коми́ческое изображе́ние (*кого-л., чего-л.*)

grotesque II *a* 1) гроте́скный 2) абсу́рдный, неле́пый

grotto [ˈgrɒtəʊ] *n* грот

grotty [ˈgrɒtɪ] *a сленг* неприя́тный, гря́зный; непривлека́тельный

grouch I [graʊtʃ] *n разг.* 1) ворчу́н, брюзга́ 2) плохо́е настрое́ние 3) оби́да

grouch II *v разг.* ворча́ть

ground¹ I [graʊnd] *n* 1) земля́, по́чва, грунт; **sandy ~** песча́ная по́чва; **stony ~** камени́стый грунт; **below ~** под землёй; **to fall to the ~** упа́сть; **to till the ~** обраба́тывать зе́млю 2) террито́рия; площа́дка; уча́сток земли́; **uneven ~** неро́вная ме́стность; **a ~ for building** строи́тельная площа́дка; **football ~** футбо́льное по́ле; **to cover much ~** покры́ть большо́е расстоя́ние 3) *pl* сад, приуса́дебный уча́сток 4) *часто pl* основа́ние, моти́в, причи́на; **there are ~s for thinking/believing that...** есть основа́ния ду́мать/ве́рить, что...; **~s for divorce** причи́на/основа́ние для разво́да 5) осно́ва для договорённости, рассмотре́ния и т. п.; **common ~** о́бщая платфо́рма, общие взгля́ды (*на что-л.*) 6) *жив.* фон, грунт 7) оса́док, гу́ща (*на дне*); **coffee ~s** кофе́йная гу́ща 8) дно мо́ря; **to touch the ~** косну́ться дна 9) *эл.* заземле́ние, «земля́» ◊ **to break new/fresh ~** прокла́дывать но́вые пути́, быть нова́тором; **down to the ~** *разг.* основа́тельно, всесторо́нне; соверше́нно, по́лностью; **to fall to the ~** провали́ться, ру́хнуть (*о плане и т. п.*); **to gain/to make ~** де́лать успе́хи, продвига́ться (к цели); **to get off the ~** *разг.* уда́чно нача́ть; **to give/to lose ~** а) отступа́ть б) теря́ть преиму́щество (*в споре, борьбе́ и т. п.*); **to go to ~** скрыва́ться, не пока́зываться на лю́дях до́лгое вре́мя, залечь на дно; **to hold one's ~** не уступа́ть пози́ций, твёрдо держа́ться свое́й то́чки зре́ния; **on the ~** в ста́дии произво́дства, гото́вый к практи́ческому воплоще́нию; **on one's own ~** на свои́х усло́виях; **thin on the ~** немногочи́сленный; **to work/to run oneself into the ~** *разг.* загна́ть себя́ рабо́той, довести́ себя́ до изнеможе́ния

ground¹ II *v* 1) не разреша́ть вы́лет (само́лёту) 2) *мор.* посади́ть на мель; наскочи́ть на мель 3) обуча́ть осно́вам предме́та (*in*) 4) обосно́вывать (*принцип, положение — on*) 5) *эл.* заземля́ть 6) класть, броса́ть (*оружие*) на зе́млю

ground² *past, p. p. см.* **grind II**

ground bus [ˈgraʊndbʌs] *n эл.* ши́на заземле́ния

ground control [ˈgraʊnd kənˌtrəʊl] *n ав.* диспе́тчерское назе́мное управле́ние, управле́ние с земли́ (*самолётом, косми́ческим корабдём*)

ground floor [ˈgraʊnd ˈflɔː(r)] *n брит.* ни́жний эта́ж; пе́рвый эта́ж ◊ **to get in on the ~** а) оказа́ться в вы́игрышном положе́нии б) быть держа́телем а́кций с са́мого основа́ния фи́рмы

ground forces [ˈgraʊndˌfɔːsɪz] *n pl* сухопу́тные войска́

grounding [ˈgraʊndɪŋ] *n* 1) обуче́ние осно́вам предме́та; заложе́ние осно́в зна́ний 2) эл. заземле́ние, «земля́»

groundless [ˈgraʊndlɪs] *a* необосно́ванный, беспо́чвенный, лишённый основа́ний

ground meat [ˈgraʊndˌmiːt] *n* мясно́й фарш

ground rent [ˈgraʊndˌrent] *n* аре́ндная пла́та, ре́нта за земе́льные уча́стки (особ. под застро́йку)

ground rule [ˈgraʊndˌruːl] *n* основно́е, гла́вное пра́вило

ground staff [ˈgraʊndˌstɑːf] *n ав.* назе́мный персона́л

groundwater [ˈgraʊndˌwɔːtə(r)] *n* грунтовы́е во́ды

groundwork [ˈgraʊndwɜːk] *n* 1) подготови́тельная рабо́та 2) фунда́мент, осно́ва

ground zero [ˈgraʊndˌzɪ(ə)rəʊ] *n* 1) эпице́нтр а́томного взры́ва 2) центр, са́мая середи́на; ядро́ 3) *стр.* нулева́я отме́тка; (**G. Z.**) нулева́я отме́тка, мемориа́л (*на месте разруше́ния Всеми́рного торго́вого це́нтра в Нью-Йо́рке 11 сентября́ 2001 г. в результа́те тера́кта*)

group I [gruːp] *n* 1) гру́ппа 2) группиро́вка, фра́кция 3) *ав.* авиагру́ппа

group II *v* 1) группирова́ть(ся); собира́ть(ся) (*тж* to ~ **together**) 2) подбира́ть в тон цвета́, кра́ски 3) классифици́ровать

group captain [ˈgruːpˌkæptɪn] *n* полко́вник авиа́ции (*в Великобрита́нии*)

group scheduling [ˈgruːpˌʃedjuːlɪŋ] *n* группово́е плани́рование

group therapy [ˈgruːpˌθerəpɪ] *n* лече́ние пацие́нтов в гру́ппе, группова́я терапи́я

grouse[1] [graʊs] *n* (*pl без изм`ен.*) шотла́ндская куропа́тка; **black** ~ те́терев-коса́ч; **great** ~ глуха́рь; **white** ~ бе́лая куропа́тка; **hazel** ~ ря́бчик

grouse[2] **I** *n разг.* жа́лоба

grouse[2] **II** *v разг.* ворча́ть, брюзжа́ть

grove [grəʊv] *n* ро́ща, ро́щица

grovel [ˈgrɒvl] *v* заи́скивать, подхали́мничать; пресмыка́ться

groveller [ˈgrɒvlə(r)] *n* подхали́м

grow [grəʊ] *v* (**grew**; **grown**) 1) расти́, выраста́ть 2) пуска́ть ростки́, дава́ть побе́ги 3) возраста́ть, увели́чиваться; уси́ливаться; **the crowd grew** толпа́ росла́; **to keep steadily ~ing** неукло́нно возраста́ть 4) выра́щивать, культиви́ровать; **to ~ potatoes** выра́щивать карто́фель 5) отра́щивать (*бо́роду, во́лосы*) 6) *как глаго́л-свя́зка в составно́м именно́м сказу́емом* станови́ться, де́латься;

days are ~ing shorter дни стано́вятся коро́че; **to ~ tired** устава́ть, утомля́ться; **it is ~ing late** уже́ по́здно; **she grew pale** она́ побледне́ла

grow back сно́ва вываста́ть, отраста́ть

grow down станови́ться коро́че, уменьша́ться

grow in враста́ть

grow into 1) враста́ть 2) превраща́ться (*в кого́-л. или во что́-л.*) с во́зрастом, со вре́менем

grow on станови́ться привы́чным; начина́ть нра́виться

grow out прораста́ть

grow out of выраста́ть (*из чего́-л.*)

grow over зараста́ть

grow together сраста́ться

grow up 1) станови́ться взро́слым 2) создава́ться, возника́ть

grower [ˈgrəʊə(r)] *n* 1) (*в сочета́ниях ти́па* **fruit-grower**) садово́д, садо́вник 2): **a fast** ~ быстрорасту́щее расте́ние

growing I [ˈgrəʊɪŋ] *n* рост; выра́щивание

growing II *a* расту́щий, увели́чивающийся; возраста́ющий

growl I [graʊl] *n* 1) рыча́ние 2) ворча́ние 3) раска́т (*гро́ма*)

growl II *v* 1) рыча́ть 2) ворча́ть 3) греме́ть, грохота́ть (*о гро́ме*)

growler [ˈgraʊlə(r)] *n* 1) брюзга́, ворчу́н 2) небольшо́й а́йсберг

grown [grəʊn] *р. р. см.* **grow**

grown-up I [ˈgrəʊnʌp] *n* взро́слый (челове́к)

grown-up II *a* взро́слый

growth [grəʊθ] *n* 1) рост, разви́тие 2) увеличе́ние, приро́ст; распростране́ние 3) *мед.* новообразова́ние, о́пухоль 4) культиви́рование 5) по́росль; **a** ~ **of weeds** бу́йный рост сорняко́в 6) *attr эк.*: ~ **industry** расту́щая о́трасль; ~ **recession** спад те́мпов ро́ста; ~ **stocks** а́кции, цена́ на кото́рые повыша́ется

groyne [grɔɪn] *n мор.* волноре́з, волноло́м

grub I [grʌb] *n* 1) личи́нка 2) *разг.* еда́, пи́ща

grub II *v* 1) неглубоко́ вска́пывать (*зе́млю*), расчища́ть уча́сток; поло́ть (*сорняки́*) (*часто* to ~ **up**) 2) корчева́ть, выкорчёвывать (*часто* to ~ **up**, to ~ **out**) 3) ры́ться, копа́ться (*в кни́гах, архи́вах*); раздобыва́ть (*све́дения и т. п.*) в кни́гах и т. п. (*тж* to ~ **up**, to ~ **out**) 4) корпе́ть, надрыва́ться (*тж* to ~ **along**, to ~ **away**)

grubby [ˈgrʌbɪ] *a* 1) гря́зный, неопря́тный 2) черви́вый

grudge I [grʌdʒ] *n* недово́льство, оби́да; **to have a** ~ **against smb, to bear smb a** ~ быть в оби́де на кого́-л.; име́ть зуб про́тив кого́-л.

grudge II *v* 1) неохо́тно дава́ть, неохо́тно разреша́ть, жале́ть *(что-л. для кого-л.)*; **to ~ the money for smth** жале́ть де́нег на что-л. 2) зави́довать; **I don't ~ his success** я не зави́дую его́ успе́ху

grudgingly ['grʌdʒɪŋlɪ] *adv* неохо́тно, не́хотя

gruel [gruəl] *n* жи́дкая овся́ная ка́ша, размазня́

gruel(l)ing I ['gruəlɪŋ] *a* о́чень тяжёлый, изма́тывающий

gruel(l)ing II *n* тяжёлый о́пыт, тя́жкие испыта́ния; наказа́ние

gruesome ['gru:səm] *a* стра́шный, ужа́сный, отврати́тельный

gruff [grʌf] *a* 1) гру́бый, си́плый *(о голосе)* 2) гру́бый, ре́зкий

grumble I ['grʌmbl] *n* 1) ро́пот, недово́льство 2) ворча́ние 3) гром, раска́т гро́ма

grumble II *v* 1) жа́ловаться, ворча́ть *(на — at, about, over)* 2) бормота́ть, бурча́ть 3) греме́ть, грохота́ть

grumbler ['grʌmblə(r)] *n* ворчу́н, брюзга́

grumpy ['grʌmpɪ] *a* сварли́вый, раздражи́тельный

grunt I [grʌnt] *n* хрю́канье

grunt II *v* 1) хрю́кать 2) недово́льно хмы́кать; недово́льно бурча́ть

gryphon ['grɪfən] *см.* **griffin**

GSM *сокр.* **(global system for mobile communications)** глоба́льная систе́ма моби́льной свя́зи

G-string ['dʒi:strɪŋ] *n* набе́дренная повя́зка

Gt. *сокр.* **(Great)** вели́кий

guanaco [gwə'na:kəʊ] *n зоол.* гуана́ко

guarantee I [ˌgærən'ti:] *n* 1) гара́нтия, руча́тельство 2) зало́г 3) поручи́тель

guarantee II *v* 1) гаранти́ровать, руча́ться 2) страхова́ть *(against)*; **~d stocks** *фин.* а́кции с гаранти́рованной вы́платой дивиде́ндов

guarantor [ˌgærən'tɔ:(r)] *n* гара́нт, поручи́тель

guaranty ['gærəntɪ] *n* гара́нтия, обяза́тельство, зало́г

guard I [gɑ:d] *n* 1) бди́тельность; осторо́жность; настороже́нность; **to be on one's ~** быть насторо́же/начеку́; **to catch smb off his ~** заста́ть кого́-л. враспло́х 2) часово́й, карау́льный 3) конво́ир; сто́рож; охра́нник 4) охра́на, конво́й; карау́л; **to be ~** быть в карау́ле; **to keep/to stand ~** стоя́ть в карау́ле; охраня́ть; **under armed ~** в сопровожде́нии вооружённой охра́ны; **a ~ of honour** почётный карау́л; **the advance(d) ~** *воен.* аванга́рд 5) *pl* гва́рдия; **Horse Guards** Короле́вская ко́нная гва́рдия *(в Великобрита́нии)* 6) предохрани́тельное приспособле́ние; **the ~ of a sword** га́рда холо́дного

оружия 7) *спорт.* защи́тник 8) блок *(приём в боевых искусствах)* 9) *ж.-д.* конду́ктор 10) *attr* сторожево́й, охра́нный; карау́льный; **~ dog** сторожева́я соба́ка

guard II *v* 1) охраня́ть, защища́ть *(от — from, against)* 2) сторожи́ть, охраня́ть, стере́чь, карау́лить 3) храни́ть, оберега́ть, предохраня́ть 4) снабжа́ть маши́ны, механи́змы предохрани́тельными *или* охра́нными устро́йствами 5) сде́рживать, контроли́ровать *(мысли, чувства)*; подбира́ть выраже́ния 6) принима́ть ме́ры предосторо́жности, остерега́ться *(against)*

guard boat ['gɑ:d ˌbəʊt] *n* сторожево́е су́дно

guard duty ['gɑ:d ˌdju:tɪ] *n* карау́льная слу́жба

guarded ['gɑ:dɪd] *a* осторо́жный

guardedly ['gɑ:dɪdlɪ] *adv* осторо́жно, осмотри́тельно

guardhouse ['gɑ:dhaʊs] *n* 1) карау́льное помеще́ние 2) гауптва́хта

guardian ['gɑ:djən] *n* 1) храни́тель; защи́тник; **~ angel** а́нгел-храни́тель 2) *юр.* опеку́н, попечи́тель

guardianship ['gɑ:djənʃɪp] *n* опе́ка; опеку́нство

guardroom ['gɑ:drʊm] *см.* **guardhouse**

guardsman ['gɑ:dsmən] *n* 1) карау́льный, часово́й; солда́т охра́ны 2) гварде́ец

gubernatorial [ˌgju:bənə'tɔ:rɪəl] *a* губерна́торский

gudgeon ['gʌdʒən] *n* 1) песка́рь 2) проста́к, простофи́ля; «шля́па»

guerneys ['gɜ:nɪz] *n pl* носи́лки

guer(r)illa [gə'rɪlə] *n* 1) партиза́н 2) *attr* партиза́нский; **~ war(fare)** партиза́нская война́

guess I [ges] *n* предположе́ние, дога́дка; приблизи́тельный расчёт; **at a ~, by ~** предположи́тельно; **it's anybody's ~** об э́том мо́жно то́лько дога́дываться

guess II *v* 1) предполага́ть; прики́дывать; стро́ить дога́дки; **to keep smb ~ing** *разг.* ничего́ не сообща́ть кому́-л., держа́ть кого́-л. в неве́дении 2) *амер. разг.* полага́ть, счита́ть; **I ~ they're right** я ду́маю/я полага́ю, они́ пра́вы 3) отга́дывать, дога́дываться, уга́дывать

guesswork ['geswɜ:k] *n* дога́дки, предположе́ния

guest [gest] *n* 1) гость; **~ of honour** почётный гость 2) постоя́лец *(в гости́нице)*; **paying ~** тот, кто снима́ет ко́мнату в ча́стном до́ме 3) приглашённый актёр, режиссёр; гастролёр

guest house ['gesthaʊs] *n* 1) пансио́н 2) гостево́й до́мик

guesstimate ['gestɪmət] *n разг.* оце́нка, осно́ванная как на дога́дках, так и на расчётах *(от* **guess** *+* **estimate***)*

guest room [ˈgestrʊm] *n* комната для гостей

guffaw I [gʌˈfɔ:] *n* хохот, гогот

guffaw II *v* хохотать, гоготать

guidance [ˈgaɪdəns] *n* 1) консультация, совет; наставление 2) руководство

guide I [gaɪd] *n* 1) проводник 2) гид, экскурсовод 3) консультант, советчик 4) ведущий принцип 5) путеводитель; **a G. to London** путеводитель по Лондону 6) руководство, пособие, справочник; **a ~ to gardening** справочник садовода 7) ориентир 8) *тех.* направляющая (деталь)

guide II *v* 1) вести, быть проводником 2) руководить, направлять; вести дела 3) руководствоваться (чем-л.)

guidebook [ˈgaɪdbʊk] *n* путеводитель

guided missile [ˈgaɪdɪdˈmɪsaɪl] *n воен.* управляемая ракета

guide dog [ˈgaɪd dɒg] *n* собака-поводырь (для слепых)

guidepost [ˈgaɪdpəʊst] *n* указательный столб

guild [gɪld] *n* 1) организация, общество (взаимопомощи и т. п.) 2) *ист.* гильдия, цех

Guildhall [ˈgɪldˈhɔ:l] *n* (the ~) ратуша (в Лондоне)

guile [gaɪl] *n* обман; вероломство; коварство; **full of ~** вероломный; **to get smth by ~** добыть что-л. обманом

guileful [ˈgaɪlfʊl] *a* вероломный, коварный

guileless [ˈgaɪllɪs] *a* простодушный, бесхитростный

guillotine I [ˌgɪləˈti:n] *n* 1) *ист.* гильотина 2) *тех.* резальная машина, резак 3) *мед.* хирургический инструмент

guillotine II *v ист.* отправить на гильотину, гильотинировать

guilt [gɪlt] *n* виновность; вина

guiltily [ˈgɪltɪlɪ] *adv* с виноватым видом

guiltless [ˈgɪltlɪs] *a* 1) невиновный, невинный 2) не знающий (чего-л. — *of*)

guilty [ˈgɪltɪ] *a* 1) виновный (в — *of*); (**not**) ~ (не)виновен (приговор суда); **he was found ~ of murder** его признали виновным в убийстве 2) чувствующий вину; виноватый (о взгляде и т. п.); ~ **conscience** нечистая совесть 3) преступный; **a ~ secret** позорная тайна

guinea [ˈgɪnɪ] *n ист.* гинея (денежная единица = 1,05 фунта)

guinea-fowl [ˈgɪnɪfaʊl] *n* цесарка

guinea-pig [ˈgɪnɪpɪg] *n* 1) морская свинка 2) *разг.* «подопытный кролик»

guise [gaɪz] *n* 1) обманчивая внешность, маска, личина; предлог; **in/under the ~ of** под видом, под маской 2) наружность, облик 3) *уст.* стиль одежды; одеяние

guitar [gɪˈtɑ:(r)] *n* гитара

gulch [gʌlʃ] *n амер.* овраг, ущелье (с горным потоком)

gulf I [gʌlf] *n* 1) морской залив 2) (**the G.**) Персидский залив; **the G. War** «Война в Персидском заливе» (боевые действия США против Ирака в 1991 г.) 3) пропасть, бездна, пучина 4) *перен.* пропасть (разделяющая взгляды и т. п.); **there is a wide ~ between them** их разделяет пропасть

gulf II *v* поглощать

gull¹ [gʌl] *n* чайка

gull² *v* дурачить, обманывать; **he's easily ~ed** его легко обмануть

gullet [ˈgʌlɪt] *n анат.* пищевод

gullibility [ˌgʌlɪˈbɪlɪtɪ] *n* доверчивость, легковерие

gullible [ˈgʌləbl] *a* слишком доверчивый, легковерный

gully [ˈgʌlɪ] *n* 1) размытый водой овраг, промоина 2) сточная канава

gulp I [gʌlp] *n* 1) (большой) глоток; **at one ~** залпом, одним глотком 2) глоток спиртного

gulp II *v* 1) глотать с жадностью *или* усилием, давиться (*тж* **to ~ down**) 2) сдерживать (рыдания), глотать (слёзы) (*тж* **to ~ back**, **to ~ down**)

gum¹ [gʌm] *n обыкн. pl* десна; ~ **disease** *мед.* заболевание дёсен

gum² **I** *n* 1) растительный клей, камедь, гумми, смола 2) *амер.* жевательная резинка, жвачка (*тж* **chewing ~**) 3) *бот.* эвкалипт 4) *attr:* ~ **elastic** резина, каучук

gum² **II** *v* 1) склеивать (*тж* **to ~ down**, **together**, **up**) 2) выделять камедь, смолу 3) : **to ~ up** *разг.* испортить, нарушить (что-л.)

gumboil [ˈgʌmbɔɪl] *n мед.* десневой абсцесс, *разг.* флюс

gumboots [ˈgʌmbu:ts] *n pl* резиновые сапоги

gummy [ˈgʌmɪ] *a* 1) липкий, клейкий 2) выделяющий камедь, смолу

gumption [ˈgʌmpʃ(ə)n] *n разг.* 1) находчивость, предприимчивость 2) здравый смысл; практическая смётка

gumshoe [ˈgʌmʃu:] *n амер.* 1) *разг.* галоша 2) *сленг* полицейский, сыщик

gum tree [ˈgʌmtri:] *n бот.* эвкалипт ◊ **up a ~** *перен.* в очень затруднительном положении

gun I [gʌn] *n* 1) ружьё; винтовка; **sporting ~** охотничье ружьё 2) пистолет; револьвер 3) *тех.* распылитель; шприц 4) стрелок, охотник 5) *амер.* вооружённый бандит 6) выстрел 7) электронная пушка 8) *attr* орудийный, пушечный ◊ **to stick to one's ~s** отстаивать свои позиции, не сдаваться; **to go great ~s** *разг.* действовать без промедле́ния, энерги́чно; де́йствовать успе́шно; **big ~** *разг.* ва́жная персо́на, «ши́шка»

gun II *v* 1) застрели́ть *(кого-л.)* 2) обстре́ливать, стреля́ть 3) *вчт* наси́льственно прерыва́ть *(процесс)*, «убива́ть»

gunboat [ˈgʌnbəʊt] *n мор.* каноне́рка

gun carriage [ˈgʌnˌkærɪʤ] *n воен.* лафе́т

gun crew [ˈgʌnkru:] *n воен.* оруди́йный расчёт

gunman [ˈgʌnmən] *n амер.* вооружённый банди́т, уби́йца

gunner [ˈgʌnə(r)] *n* 1) артиллери́ст; пулемётчик; канони́р 2) *ав.* стрело́к 3) охо́тник

gunnery [ˈgʌnərɪ] *n* 1) артиллери́йское де́ло 2) артиллери́йская стрельба́

gunny [ˈgʌnɪ] *n* гру́бая ткань из джу́та, рого́жка

gunpowder [ˈgʌnˌpaʊdə(r)] *n* по́рох; **white ~** безды́мный по́рох

gunroom [ˈgʌnrʊm] *n* 1) *воен.* помеще́ние для хране́ния ору́жия, оруже́йная 2) каюткомпа́ния мла́дших офице́ров *(на вое́нных корабля́х)*

gunrunning [ˈgʌnˌrʌnɪŋ] *n* незако́нный ввоз ору́жия; незако́нная торго́вля ору́жием

gunship [ˈgʌnʃɪp] *n* вое́нный вертолёт с по́лным компле́ктом вооруже́ния на борту́

gunshot [ˈgʌnʃɒt] *n* 1) вы́стрел *(из ружья́ и т. п.)* 2) да́льность вы́стрела; **within ~** на расстоя́нии вы́стрела; **out of ~** вне досяга́емости вы́стрела

gunslinger [ˈgʌnˌslɪŋə(r)] *n амер. сленг* вооружённый банди́т

gunsmith [ˈgʌnsmɪθ] *n* оруже́йный ма́стер, оруже́йник

gunwale [ˈgʌnəl] *n мор.* планши́р

gurgle I [ˈgɜ:gl] *n* бу́льканье

gurgle II *v* бу́лькать

guru [ˈgʊru:] *n* гуру́, учи́тель

gush I [gʌʃ] *n* 1) ли́вень; внеза́пный пото́к *(чего-л.);* **a ~ of oil/blood** нефтяно́й фонта́н/ струя́ кро́ви 2) излия́ние, поры́в *(чувств);* пото́к *(слов);* **a ~ of tears** пото́к слёз

gush II *v* 1) хлы́нуть; бить струёй 2) излива́ть(ся) *(о чу́вствах);* **to ~ over smth** восторга́ться чем-л.

gusher [ˈgʌʃə(r)] *n* 1) нефтяно́й фонта́н 2) эмоциона́льный челове́к; челове́к, бу́рно выража́ющий свои́ чу́вства

gushy [ˈgʌʃɪ] *a* бу́рно выража́ющий свои́ чу́вства; эмоциона́льный

gusset [ˈgʌsɪt] *n* вста́вка, клин *(в оде́жде)*

gust [gʌst] *n* 1) си́льный поры́в *(ветра);* внеза́пно хлы́нувший дождь; взметну́вшееся пла́мя *и т. п.* 2) вспы́шка *(гне́ва и т. п.);* взрыв эмо́ций

gustation [gʌˈsteɪʃ(ə)n] *n* про́ба на вкус

gusto [ˈgʌstəʊ] *n* вкус, смак, удово́льствие; **he ate with ~** он ел с больши́м аппети́том

gusty [ˈgʌstɪ] *a* поры́вистый; бу́рный, ве́треный; **a ~ wind** поры́вистый ве́тер

gut I [gʌt] *n* 1) кишка́; **blind ~** слепа́я кишка́ 2) *pl* вну́тренности 3) *разг.* си́ла во́ли; му́жество; **he's got plenty of ~s** он си́льный челове́к; у него́ есть си́ла во́ли; **he has no ~s** он слаба́к 4) *pl разг.* содержа́ние; суть 5) струна́ *(из кишки́)* 6) *мед.* кетгу́т 7) у́зкий проли́в; у́зкий прохо́д ◊ **to hate smb's ~s** *разг.* смерте́льно ненави́деть кого-л.; **to sweat/to work one's ~s** си́льно утомля́ться на рабо́те, перенапряга́ться; **a ~ reaction** инстинкти́вная реа́кция

gut II *v* 1) опустоша́ть *(помеще́ние);* выгора́ть *(при пожа́ре)* 2) потроши́ть *(ры́бу)* 3) ухвати́ть суть, гла́вное содержа́ние *(кни́ги)*

gutless [ˈgʌtlɪs] *a разг.* безво́льный, сла́бый, бесхара́ктерный

gutsy [ˈgʌtsɪ] *a разг.* 1) си́льный, му́жественный 2) жа́дный

gutta-percha [ˌgʌtəˈpɜ:tʃə] *n* гуттапе́рча

gutter I [ˈgʌtə(r)] *n* 1) водосто́чный жёлоб 2) сто́чная кана́ва *(вдоль тротуа́ра)* 3) **(the ~)** низы́; трущо́бы, жи́тели трущо́б; **to rise from the ~** вы́йти из низо́в 4) *вчт, полигр.* промежу́ток ме́жду коло́нками 5) *вчт, полигр.* вну́тренние поля́ страни́ц *(для формирова́ния корешка́)* 6) *attr* у́личный, бульва́рный; **~ press** бульва́рная пре́сса

gutter II *v* стека́ть *(по жёлобу, кана́ве)*

guttersnipe [ˈgʌtəsnaɪp] *n* у́личный мальчи́шка, беспризо́рник

guttural I [ˈgʌtərəl] *n фон.* задненёбный, веля́рный звук; гутура́льный звук

guttural II *a* 1) горта́нный 2) *фон.* задненёбный, веля́рный; гутура́льный

guy¹ I [gaɪ] *n* 1) *разг.* па́рень, ма́лый; **a regular/a nice ~** сла́вный ма́лый; **a wise ~** у́мник 2) чу́чело, пу́гало 3) стра́нно *или* смешно́ оде́тый челове́к

guy¹ II *v* 1) осме́ивать; издева́ться 2) выставля́ть изображе́ние *(кого-л.)*

guy² I *n мор.* оття́жка, ва́нта, трос

guy² II *v мор.* укрепля́ть оття́жками; расча́ливать

guzzle [ˈgʌzəl] *v* жа́дно есть, пить; пожира́ть

guzzler [ˈgʌzlə(r)] *n* обжо́ра; пья́ница

gym [ʤɪm] *n* 1) *сокр. разг. см.* **gymnasium** 1) 2) *сокр. разг. см.* **gymnastics**

gymnasium [ʤɪmˈneɪzɪəm] *n (pl тж* **gymnasia** [ʤɪmˈneɪzɪə]) 1) гимнасти́ческий, спорти́вный зал 2) ста́ршие кла́ссы шко́лы *(в Герма́нии и скандина́вских стра́нах)*

gymnast [ˈʤɪmnæst] *n* гимна́ст; гимна́стка

gymnastic [ʤɪmˈnæstɪk] *a* гимнасти́ческий

gymnastics [ʤɪmˈnæstɪks] *n pl* гимна́стика

gynaecological [ˌgaɪnɪkəˈlɒʤɪk(ə)l] *a* гинекологи́ческий

gynaecology [ˌgaɪnɪˈkɒləʤɪ] *n* гинеколо́гия

gyp¹ [ʤɪp] *n разг.* 1) нездоро́вье, боль 2) большо́е неудо́бство 3) вы́говор

gyp² *n разг.* служи́тель *(в Кембриджском и Даремском университетах)*

gyp³ **I** *n сленг* моше́нник, шу́лер

gyp³ **II** *v сленг* моше́нничать

gypsum [ˈʤɪpsəm] *n* гипс

gypsy [ˈʤɪpsɪ] *n* 1) *пренебр.* цыга́н; цыга́нка 2) кочёвник; скита́лец, «перекати́-по́ле»

gyrate [ˌʤaɪəˈreɪt] *v* враща́ться по кру́гу; дви́гаться по спира́ли

gyration [ʤaɪˈreɪʃ(ə)n] *n* 1) враща́тельное движе́ние 2) циркуля́ция

gyrocompass [ˈʤaɪərəʊˌkʌmpəs] *n ав., мор.* гироко́мпас

gyropilot [ˈʤaɪərəʊˌpaɪlət] *n ав., мор.* автопило́т

gyroscope [ˈʤaɪərəˌskəʊp] *n* гироско́п

H

H, h [eɪʧ] *n* 8-я бу́ква англ. алфави́та; **to drop one's hs** не произноси́ть h там, где ну́жно *(характерно для лондонского просторечия – кокни)*

H *сокр.* 1) **(hard)** твёрдый *(о карандаше и т. п.)* 2) **(heroin)** *сленг* герои́н 3) **(hydrant)** гидра́нт

h. *сокр.* 1) **(hecto-)** гекто- 2) **(height)** высота́ 3) **(horse)** ло́шадь 4) **(hot)** жа́ркий, горя́чий 5) **(hour(s))** час(ы́) 6) **(husband)** муж, супру́г

ha¹ [hɑ:] *int* ба! ха! *(выражает удивление, подозрение, радость)*

ha² *сокр.* **(hectare(s))** гекта́р(ы)

haberdasher [ˈhæbədæʃə(r)] *n уст.* 1) торго́вец галантере́ей 2) *амер.* продаве́ц мужско́й оде́жды, белья́; владе́лец магази́на мужско́й оде́жды, белья́

haberdashery [ˈhæbədæʃərɪ] *n* 1) галантере́я 2) *амер. уст.* мужско́е бельё; мужска́я оде́жда 3) *амер. уст.* магази́н мужско́й оде́жды, белья́

habiliments [həˈbɪlɪmənts] *n pl* оде́жда, одея́ние

habit I [ˈhæbɪt] *n* 1) привы́чка; обы́чай, обыкнове́ние; **from ~** по привы́чке; **to get**

into the **~** of усво́ить привы́чку, привыка́ть; **to get out of the ~** of броса́ть привы́чку, отвыка́ть; **driving ~s** *авто* стиль/мане́ра вожде́ния; **it has become a ~ with her** э́то вошло́ у неё в привы́чку 2) сво́йство, осо́бенность; склад ума́ 3) сложе́ние, телосложе́ние; **of lean ~** худоща́вый 4) амазо́нка *(женский костюм для верховой езды; тж* **riding-habit)** 5) *биол.* хара́ктер разви́тия; поведе́ние, пова́дки

habit II *v обыкн. pass книжн.* одева́ть; облача́ть

habitable [ˈhæbɪtəbl] *a* обита́емый, го́дный для жилья́

habitant [ˈhæbɪtənt] *n* жи́тель

habitat [ˈhæbɪtæt] *n* 1) *биол.* ме́сто обита́ния, ме́сто распростране́ния 2) есте́ственная среда́ 3) жили́ще

habitation [ˌhæbɪˈteɪʃ(ə)n] *n* 1) прожива́ние 2) жили́ще; жильё

habitual [həˈbɪʧʊəl] *a* 1) обы́чный; привы́чный 2) запра́вский; зая́длый, закоренё́лый; **a ~ liar** отъя́вленный лгун; **a ~ smoker** неисправи́мый кури́льщик

habitually [həˈbɪʧʊəlɪ] *adv* привы́чно, по привы́чке

habituate [həˈbɪʧʊeɪt] *v* приуча́ть *(to)*; **to be ~d** привы́кнуть

habitude [ˈhæbɪtjuːd] *n* 1) скло́нность, расположе́ние *(к чему-л.)* 2) обы́чай, привы́чка

habitué [həˈbɪtjʊeɪ] *n* постоя́нный посети́тель, ча́стый гость, завсегда́тай

hacienda [hæsɪˈendə] *n* гасие́нда, планта́ция, име́ние *(в испаноговорящих странах Латинской Америки)*

hack¹ **I** [hæk] *n* 1) уда́р носко́м сапога́, башмака́ 2) ра́на, сса́дина от уда́ра ного́й 3) моты́га; кирка́, кайла́ 4) *вчт жарг.* рабо́та, вы́полненная в спе́шке; поде́лка

hack¹ **II** *v* 1) разруба́ть; кромса́ть 2) проруба́ть доро́гу *(в зарослях)* 3) ударя́ть проти́вника в го́лень *(при игре в футбол)* 4) наноси́ть ре́заную ра́ну 5) *вчт жарг.* незако́нно получа́ть до́ступ к компью́терным да́нным, взла́мывать *(программу или систему защиты)* 6) *сленг* справля́ться; ула́живать

hack² **I** *n* 1) верхова́я ло́шадь 2) наёмная ло́шадь 3) кля́ча 4) челове́к, выполня́ющий тяжёлую, ну́дную рабо́ту за друго́го, подёнщик 5) литерату́рный негр, литерату́рный подёнщик 6) *attr.* **~ work** халту́ра

hack² **II** *v* 1) е́хать верхо́м *(не спеша)* 2) опошля́ть; халту́рить

hacker [ˈhækə(r)] *n вчт жарг.* ха́кер *(1. системный программист-фанатик 2. профессиональный взломщик вычислительных систем)*

hacking [´hækɪŋ] *a*: ~ **cough** сухóй кáшель

hackle I [´hækl] *n* 1) пéрья на шée петухá и другúх птиц 2) искýсственная нажúвка для рыбной лóвли *(в виде мухи)* 3) грéбень для льна ◊ **with his ~s up** разъярённый; **to make smb's ~s rise** разозлúть когó-л.

hackle II *v* чесáть лён

hackney [´hæknɪ] *n* 1) верховáя лóшадь 2) *attr* наёмный

hackneyed [´hæknɪd] *a* банáльный, избúтый, расхóжий

hacksaw [´hæksɔ:] *n mex.* ножóвка *(пила для работы по металлу)*

had [həd, əd; *полная форма* hæd] *past, p. p.* см. **have I**

haddock [´hædək] *n pl без измен.* пúкша *(вид трески)*

hadn't [´hædnt] *разг. сокр.* (**had not**)

haematic [hi:´mætɪk] *a мед.* кровянóй

haematite [´hi:mətaɪt] *n мин.* крáсный железнáк, гематúт

haematology [,hi:mə´tɒlədʒɪ] *n мед.* гематолóгия

haematoma [,hi:mə´təʊmə] *n мед.* гематóма

haemoglobin [,hi:mə´gləʊbɪn] *n физиол.* гемоглобúн

haemophilia [,hi:mə´fɪlɪə] *n мед.* гемофилúя

haemorrhage [´hemərɪdʒ] *n мед.* кровотечéние; кровоизлиáние; **cerebral ~** внутримозговóе кровоизлиáние, кровоизлиáние в мозг

haemorrhoids [´hemərɔɪdz] *n pl мед.* геморрóй

haemostatic [,hi:məʊ´stætɪk] *n* кровоостанáвливающее, гемостатúческое срéдство

haft I [hɑ:ft] *n* рукоáтка *(кинжала);* эфéс *(шашки, сабли);* черенóк, рýчка *(ножа)*

haft II *v* снабжáть рукоáткой, насáживать *(на черенок, ручку и т. п.)*

hag [hæg] *n* 1) стáрая каргá 2) вéдьма

haggard [´hægəd] *a* измождённый

haggis [´hægɪs] *n шотл.* хáггис *(телячьи или бараньи потроха, запечённые в рубце)*

haggle [´hægl] *v* 1) вéчно спóрить 2) торговáться *(about, over)*

hagiography [hægɪ´ɒgrəfɪ] *n рел.* житиá святых

hagridden [´hæg,rɪdn] *a* мýчимый кошмáрами; пóлный тревóг, мрáчных мыслей

ha ha [hɑ:´hɑ:] *int* ха-ха-хá!

hail¹ I [heɪl] *n* град

hail¹ II *v* 1): **it is ~ing, it ~s** идёт град 2) сыпаться грáдом; осыпáть грáдом *(ударов, упрёков и т. п.)*

hail² I *n* привéтствие; óклик; **within ~** на расстоáнии слышимости человéческого гóлоса

hail² II *v* 1) привéтствовать 2) окликáть; **to ~ a taxi** ловúть таксú 3) провозглашáть, объявлять *(кого-л. кем-л.)* 4) **to ~ from** быть рóдом *(откуда-л.),* происходúть из; **where do you ~ from?** откýда вы рóдом?

hail² III *int* привéт!

hail-fellow-well-met [´heɪl,feləʊ´wel´met] *a уст.* блúзкий, дрýжеский; в блúзких отношéниях

hailstone [´heɪlstəʊn] *n* грáдина

hailstorm [´heɪlstɔ:m] *n* лúвень с грáдом; сúльный град

hair [heə(r)] *n* 1) вóлос 2) вóлосы; **iron-grey ~** пéпельные вóлосы; **to brush/to comb one's ~** причёсываться, расчёсывать вóлосы; **to have one's ~ done** дéлать причёску; **to lose one's ~** лысéть 3) щетúна; шерсть *(животных)* 4) ворс 5) *attr* волосянóй; **a ~ mattress** волосянóй матрáц; **a ~ shirt** *рел.* власянúца *(нательная рубаха монаха из грубого полотна)* ◊ **to split a ~** вдавáться в тóнкости, копáться в мелочáх; **to keep one's ~ on** *разг.* не терять спокóйствия, самооблáдания; **to let one's ~ down** *разг.* отвестú дýшу; **it made his ~ stand on end** у негó вóлосы стáли дыбом; **not to turn a ~** и глáзом не моргнýть; **to a ~** точь-в-тóчь

hairbreadth [´heəbredθ] *n* минимáльное расстоáние *(тж* **hair's breadth***);* **within/by a ~ of** на волосóк *(от чего-л.)*

hairbrush [´heəbrʌʃ] *n* щётка для волóс

hairclipper [´heə,klɪpə(r)] *n* машúнка для стрúжки волóс

hair-curlers [´heə,kɜ:ləz] *n pl* бигудú

haircut [´heəkʌt] *n* стрúжка

hairdo [´heədu:] *n разг.* причёска

hairdresser [´heə,dresə(r)] *n* парикмáхер

hairdrier [´heə,draɪə(r)] *n* фен *(для сýшки волóс) (тж* **hairdryer***)*

hair grip [´heəgrɪp] *n* закóлка для волóс

hairless [´heəlɪs] *a* безволóсый; лысый

hairline [´heəlaɪn] *n* 1) лúния рóста волóс 2) тóнкая, волоснáя лúния 3) визúрная лúния 4) *attr* тóчный

hairpiece [´heəpi:s] *n* шиньóн *(накладной)*

hairpin [´heəpɪn] *n* 1) шпúлька 2) *attr*: ~ **bend** крутóй поворóт *(дороги), проф.* «шпúлька» *(особ. на гоночной трассе)*

hair-raising [´heə,reɪzɪŋ] *a* жýткий, кошмáрный; ужасáющий

hair-splitting [´heə,splɪtɪŋ] *n* мéлочный педантúзм, мéлочность, крохобóрство

hairspray [´heəspreɪ] *n* лак для волóс

hairspring [´heəsprɪŋ] *n* волосóк, пружúнка *(в часовом механизме)*

hairstyle [´heəstaɪl] *n* (мóдная) причёска

hair trigger [´heə,trɪgə(r)] *n воен.* спусковóй крючóк; курóк; шнéллер

hairy [ˈheərɪ] *a* волоса́тый

hajj [hædʒ] *n* рел. хадж *(паломничество мусульман в Мекку)*

hake [heɪk] *n (pl без измен.)* хек *(рыба)*

halberd [ˈhælbəd] *n ист.* алеба́рда

halcyon [ˈhælsɪən] *a* безмяте́жный, ми́рный; счастли́вый *(о времени)*; ~ **days** ти́хие, я́сные, счастли́вые дни

hale[1] [heɪl] *a* здоро́вый, си́льный; ~ **and hearty** здоро́вый и бо́дрый, по́лный сил

hale[2] *v* тащи́ть, тяну́ть с уси́лием

half I [hɑːf] *n (pl* **halves)** 1) полови́на; **by halves** попола́м; **to cut costs by** ~ вдво́е уме́ньшить расхо́ды; **a good** ~ до́брая полови́на; ~ **an hour** полчаса́; ~ **a year** полго́да; ~ **past five** полови́на шесто́го, полшесто́го; **one and a** ~ полтора́; **a year and a** ~ полтора́ го́да 2) *разг. см.* **half-back** 3) *разг.* полпи́нты *(пива и т. п.)* 4) *спорт.* тайм 5) *разг.* (льго́тный) биле́т за полови́ну сто́имости ◊ **to go halves with smth** дели́ть что-л. по́ровну, попола́м; **he's too clever by** ~ он сли́шком уж у́мный, он сли́шком себе́ на уме́; **to do smth by halves** де́лать ко́е-ка́к

half II *a* полови́нный; части́чный

half III *adv* наполови́ну; части́чно; **he was** ~ **asleep** он почти́ спал; **it is** ~ **raining,** ~ **snowing** идёт дождь со сне́гом ◊ **not** ~ а) не совсе́м, не по́лностью б) совсе́м не; **not** ~ **bad** совсе́м непло́хо в) изо всех сил; **it didn't** ~ **rain** дождь лил как из ведра́

half-and-half [ˈhɑːfnˈhɑːf] *a* 1) сме́шанный в ра́вных коли́чествах 2) полови́нчатый

half-back [ˈhɑːfˈbæk] *n спорт.* полузащи́тник

half-baked [ˈhɑːfˈbeɪkt] *a* 1) непропечённый, полусыро́й 2) непроду́манный; незре́лый 3) глу́пый

half-blood [ˈhɑːfblʌd] *n* 1) сво́дный брат *или* сво́дная сестра́ 2) родство́ по одному́ из роди́телей 3) полукро́вка

half board [ˈhɑːfbɔːd] *n* полупансио́н в гости́нице *и т. п. (номер, завтрак и ужин)*

half-bred [ˈhɑːfbred] *a* нечистокро́вный

half-breed [ˈhɑːfbriːd] *n* 1) *презр.* челове́к сме́шанной ра́сы; мети́с 2) гибри́д; полукро́вка

half-brother [ˈhɑːfˌbrʌðə(r)] *n* единокро́вный *или* единоутро́бный брат

half-caste [ˈhɑːfkɑːst] *n презр.* челове́к сме́шанной ра́сы; мула́т

half-crown [ˈhɑːfˈkraʊn] *n ист.* полкро́ны *(монета в 12,5 пенса)*

half-done [ˈhɑːfˈdʌn] *a* недоде́ланный; недожа́ренный

half-hearted [ˈhɑːfˈhɑːtɪd] *a* 1) равноду́шный; **he's rather** ~ **about this plan** он относится к э́тому пла́ну без вся́кого энтузиа́зма, э́тот план его́ не привлека́ет 2) нереши́тельный; вя́лый; **to make a** ~ **attempt** *(to do smth)* сде́лать нереши́тельную попы́тку *(что-л. осуществи́ть)*

half holiday [ˈhɑːfˌhɒlədeɪ] *n* укоро́ченный рабо́чий день

half-length [ˈhɑːfˈleŋθ] *n* поясно́й портре́т

half-mast [ˈhɑːfˈmɑːst] *n:* **flags were at** ~ фла́ги бы́ли приспу́щены

half-mesh [ˈhɑːf meʃ] *n* знак ра́венства, си́мвол =

half pay [ˈhɑːfpeɪ] *n* полови́нный *или* уре́занный окла́д; уре́занный дохо́д *(при выходе на пенсию)*

halfpenny [ˈheɪpnɪ] *n* 1) *ист.* полпе́нни, полпе́нса *(монета)* 2) *attr* грошо́вый

half-price [ˈhɑːfˈpraɪs] *adv* за полцены́

half-seas-over [ˈhɑːfsiːzˈəʊvə(r)] *a predic разг.* подвы́пивший

half-sister [ˈhɑːfˌsɪstə(r)] *n* единокро́вная *или* единоутро́бная сестра́

half-sum [ˈhɑːf sʌm] *n* полусу́мма

half-term [ˈhɑːftɜːm] *n* полови́на уче́бного семе́стра

half-time [ˈhɑːfˈtaɪm] *n* 1) *спорт.* полови́на игры́ 2) переры́в ме́жду та́ймами 3) непо́лный рабо́чий день

half tone [ˈhɑːftəʊn] *n* 1) *муз., жив.* полуто́н 2) *полигр.* автоти́пия 3) *полигр.* ра́стровое изображе́ние

halfway I [ˈhɑːfˈweɪ] *a* 1) находя́щийся на полпути́ 2) полови́нчатый; недоста́точный; ~ **measures** полуме́ры *(тж* **half-measures)** ◊ ~ **house** а) компроми́сс б) дом вре́менного прожива́ния *(для лиц, вышедших из тюрьмы или психиатрической больницы)*

halfway II *adv* 1) на полпути́ 2) *амер.* в како́й-то сте́пени, бо́лее и́ли ме́нее ◊ **to meet smb** ~ пойти́ с кем-л. на компроми́сс, на взаи́мные усту́пки

halfwit [ˈhɑːfwɪt] *n* 1) *разг.* по́лный дура́к, идио́т 2) слабоу́мный, поме́шанный, сумасше́дший

halfwitted [ˈhɑːfˈwɪtɪd] *a* 1) о́чень глу́пый 2) слабоу́мный

half-yearly I [ˈhɑːfˈjɜːlɪ] *a* полугодово́й

half-yearly II *adv* раз в полго́да

halibut [ˈhælɪbət] *n* па́лтус *(рыба)*

halitosis [ˌhælɪˈtəʊsɪs] *n мед.* неприя́тный за́пах изо рта́ *(тж* **bad breath)**

hall [hɔːl] *n* 1) пере́дняя, вестибю́ль, холл; *амер.* коридо́р 2) зал 3) поме́щичья уса́дьба, поме́щичий дом *(в Англии)* 4) студе́нческое общежи́тие *(в англ. колледжах)* 5) о́бщая столо́вая *(в англ. колледжах)* 6) общественное зда́ние; **Town H.** ра́туша, муниципалите́т

hallelujah [ˌhælɪˈluːjə] *int* аллилу́йя!

hallmark I [ˈhɔːlˈmaːk] *n* 1) проби́рное клеймо́, про́ба 2) отличи́тельный при́знак (высо́кого ка́чества)

hallmark II *v* 1) ста́вить про́бу 2) отмеча́ть зна́ком ка́чества

hallo [həˈləu] *см.* **hello**

halloo I [həˈluː] *int* 1) ату́! 2) эй! 3) да ну!

halloo II *v* 1) крича́ть ату́, натра́вливать соба́к 2) нау́ськивать, подстрека́ть 3) оклика́ть

hallow [ˈhæləu] *v* 1) освяща́ть 2) чтить (как святы́ню), почита́ть

Halloween [ˌhæləuˈiːn] *n* Хэллоуи́н, кану́н Дня всех святы́х *(31 октября)*

hallucination [həˌluːsɪˈneɪʃ(ə)n] *n* галлюцина́ция

hallucinogen [həˈluːsɪnədʒ(ə)n] *n* галлюциноге́нное вещество́, галлюциноге́н

hallway [ˈhɔːlˌweɪ] *n* 1) прихо́жая, пере́дняя, холл 2) *амер.* коридо́р

halm [hɔːm] *см.* **haulm**

halo I [ˈheɪləu] *n* 1) нимб; ве́нчик 2) орео́л, сия́ние 3) *астр.* гало́

halo II *v* окружа́ть орео́лом

halogen [ˈhælədʒ(ə)n] *n хим.* галоге́н

halt¹ I [hɔːlt] *n* 1) остано́вка; прива́л; **to call a ~** назнача́ть прива́л; **to come to a ~** остана́вливаться; приостана́вливаться 2) *ж.-д.* полуста́нок 3) *тех.* остано́в, отключе́ние

halt¹ II *v* 1) остана́вливаться, де́лать остано́вку; **~!** стой! *(команда)* 2) приостана́вливаться; прекраща́ться

halt² ** *v* 1) колеба́ться, не реша́ться 2) запина́ться; **in a ~ing voice неуве́ренным го́лосом, запина́ясь

halter I [ˈhɔːltə(r)] *n* 1) недоу́здок 2) верёвка с пе́тлей *(на виселице)*

halter II *v* 1) надева́ть недоу́здок, приуча́ть к узде́ 2) ве́шать *(на виселице)*

halve [haːv] *v* 1) дели́ть попола́м; дели́ть по́ровну 2) сокраща́ть наполови́ну, уменьша́ть вдво́е

halves [haːvz] *pl см.* **half I**

ham I [hæm] *n* 1) о́корок, ветчина́ 2) бедро́, ля́жка 3) *сленг* сла́бый, плохо́й актёр 4) *разг.* радиолюби́тель

ham II *v сленг* гру́бо, пло́хо игра́ть *(об актёрах)*; переи́грывать

hamburger [ˈhæmbɜːgə(r)] *n* га́мбургер, ру́бленая котле́та *(подаётся обычно с булочкой; тж* **beefburger, burger**)

ham-fisted [hæmˈfɪstɪd] *a разг.* неуклю́жий, нело́вкий, нескла́дный

ham-handed [hæmˈhændɪd] *см.* **ham-fisted**

hamlet [ˈhæmlɪt] *n* дереву́шка

hammer I [ˈhæmə(r)] *n* 1) молото́к; мо́лот; **throwing the ~** *спорт.* мета́ние мо́лота; **auctioneer's ~** молото́к аукциони́ста; **to come under the ~** пойти́ с молотка́ *(на аукционе)*; **~ and sickle** серп и мо́лот *(эмблема)* 2) куро́к, уда́рник ◊ **~ and tongs** *разг.* изо всех сил, с большо́й эне́ргией

hammer II *v* 1) бить (молотко́м), закола́чивать, вбива́ть 2) колоти́ть, стуча́ть 3) кова́ть, чека́нить 4) вбива́ть в го́лову *(in)* 5) *разг.* разби́ть на́голову, разгроми́ть 6) объявля́ть несостоя́тельным должнико́м

hammer away at *разг.* 1) упо́рно рабо́тать над *(чем-л.)* 2) упо́рно повторя́ть, тверди́ть *(что-л.)*

hammer down прибива́ть гвоздя́ми

hammer in(to) *разг.* вталко́вывать, вда́лбливать

hammer out 1) выбива́ть, чека́нить 2) сплю́щивать, выправля́ть 3) выбива́ть, выкола́чивать 4) *разг.* бить по клавиату́ре 5) *разг.* обсужда́ть, выраба́тывать *(решение, план и т. п.)*

hammer-blow [ˈhæməbləu] *n* мо́щный, сокруши́тельный уда́р

hammering [ˈhæmərɪŋ] *n* 1) закола́чивание, вбива́ние; стук 2) *разг.* сокруши́тельный разгро́м, по́лная побе́да

hammersmith [ˈhæməsmɪθ] *n* кузне́ц

hammock [ˈhæmək] *n* гама́к; подвесна́я ко́йка *(на судне)*

hamper¹ [ˈhæmpə(r)] *v* меша́ть, препя́тствовать, затрудня́ть

hamper² *n* 1) больша́я корзи́на с кры́шкой для проду́ктов *(особ. для пикника)* 2) вы́бор блюд, напи́тков, угоще́ний *(для зва́ного обе́да и т. п.)*

hamster [ˈhæmstə(r)] *n* хомя́к

hamstring I [ˈhæmstrɪŋ] *n* подколе́нное сухожи́лие

hamstring II *v (past, p. p.* **hamstrung** *или* **hamstringed)** 1) подреза́ть сухожи́лия; кале́чить 2) препя́тствовать *(чему-л.)*, ослабля́ть

hamstrung [ˈhæmstrʌŋ] *p. p. от* **hamstring II**

hand I [hænd] *n* 1) рука́ *(кисть руки)*; **the back of the ~** ты́льная сторона́ руки́; **~ in** рука́ о́б руку; вме́сте; **to shake ~s** здоро́ваться за́ руку, обме́ниваться рукопожа́тиями; **to offer one's ~** а) протяну́ть ру́ку *(для пожа́тия)* б) сде́лать предложе́ние *(о бра́ке)*; **~s off!** ру́ки прочь!; **~s up!** ру́ки вверх!; **at ~** под руко́й, здесь же, бли́зко; **they were holding ~s** они́ держа́лись за́ руки; **from ~ to ~** из рук в ру́ки; **to vote by show of ~s**

голосова́ть просты́м подня́тием руки́; **to come to ~** попа́сть в ру́ки 2) контроли́рование; власть; **to have/to keep in ~** распоряжа́ться, управля́ть; **to have the matter in ~** принима́ть необходи́мые ме́ры; **he's in good ~s** он в хоро́ших рука́х; **to take oneself in ~s** взять себя́ в ру́ки; **it is no longer in my ~s** э́то уже́ не в мое́й вла́сти; **to get smth off one's ~s** изба́виться от чего́-л., освободи́ться от отве́тственности за что-л.; **to get/to be out of ~** отби́ться от рук; **to change ~s** переходи́ть из рук в ру́ки 3) стре́лка часо́в 4) уме́ние; **a ~ for making smth** уме́ние что-л. сде́лать, пригото́вить 5) исполни́тель, рабо́тник; **a good ~ at/in smth** иску́сный/разбира́ющийся в чём-л.; **an old ~ at smth** о́пытный в чём-л. 6) по́черк; **a legible ~** разбо́рчивый по́черк 7) по́дпись; **to witness the ~ of smb** заверя́ть чью-л. по́дпись 8) (наёмный) рабо́тник; рабо́чий; член кома́нды *(корабля́)*; **factory ~** фабри́чный рабо́чий; **all ~s on deck!** *мор.* свиста́ть всех наве́рх! *(команда)* 9) *карт.* игро́к; па́ртия; ка́рты в руке́ игрока́ 10) пере́дняя ла́па *(животного)* 11) исто́чник информа́ции; **at first ~** из пе́рвых рук 12) сторона́; **on every ~, on all ~s** со всех сторо́н; **on the one ~..., on the other ~...** с одно́й стороны́..., с друго́й стороны́... 13) ширина́ ладо́ни *(как мера)* 14) *pl разг.* аплодисме́нты; **let's give him a big ~** дава́йте ему́ как сле́дует поаплоди́руем 15) гроздь бана́нов 16) *attr* сде́ланный вручну́ю, ручно́й рабо́ты ◊ **to live from ~ to mouth** кое-ка́к перебива́ться, жить впро́голодь; **to get/to have/to keep one's ~ in smth** не теря́ть профессиона́льных на́выков в чём-л., держа́ть ма́рку, не теря́ть уме́ния; **~ in glove** те́сно свя́занный, в бли́зких отноше́ниях; **to have/to take a ~ in smth** уча́ствовать в чём-л., приложи́ть ру́ку к чему́-л.; **to have one's ~s full** быть о́чень за́нятым, име́ть мно́го забо́т; **to try one's ~ at smth** попро́бовать заня́ться чем-л.; **he makes money ~ over fist** он де́ньги лопа́той гребёт; **he can turn his ~ to anything** он всё уме́ет, он на все ру́ки ма́стер; **to give/to lend a ~** помо́чь *(в чём-л.)*; **~s down** за́просто, без труда́

hand II *v* 1) передава́ть; вруча́ть 2) *разг.* легко́ уступи́ть ◊ **to ~ it to smb** *разг.* отдава́ть до́лжное кому́-л.; **we've got to ~ it to him for courage** на́до отда́ть ему́ до́лжное, он хра́брый челове́к

hand back отдава́ть, возвраща́ть

hand down 1) помо́чь сойти́ вниз 2) передава́ть из поколе́ния в поколе́ние 3) *амер.* объявля́ть, обнаро́довать

hand in 1) вруча́ть 2) предлага́ть; передава́ть, подава́ть

hand on 1) передава́ть из рук в ру́ки 2) передава́ть *(знания, информа́цию, тради́ции и т. п.)* 3) передава́ть свой пост *(кому́-л.)*

hand out 1) раздава́ть, выдава́ть 2) раздава́ть *(вещи, по́мощь и т. п.)*

hand over 1) передава́ть *(друго́му)* 2) передава́ть *(полномо́чия и т. п.)* 3) выдава́ть, передава́ть *(властя́м)*

hand round раздава́ть, разноси́ть

handbag [´hændbæg] *n* да́мская су́мочка

handball [´hændbɔ:l] *n спорт.* гандбо́л

handbarrow [´hænd͵bærəʊ] *n* ручна́я теле́жка; та́чка

handbill [´hændbɪl] *n* рекла́мный листо́к, проспе́кт

handbook [´hændbʊk] *n* руково́дство, спра́вочник; путеводи́тель

handcart [´hændkɑ:t] *n* ручна́я теле́жка, та́чка

handcuff I [´hændkʌf] *n обыкн. pl* нару́чники

handcuff II *v* надева́ть нару́чники

handedness [´hændɪdnəs] *n вчт* настро́йка под рабо́чую ру́ку *(право- или леворукого пользователя)*

handful [´hændfʊl] *n* 1) при́горшня, горсть 2) небольшо́е коли́чество, го́рстка 3) *разг.* «наказа́ние», «беда́»; **the boy is quite a ~** э́тот мальчи́шка — су́щее наказа́ние

handglass [´hændglɑ:s] *n* 1) (ручна́я) лу́па 2) ручно́е зе́ркало

hand grenade [´hændgrɪ͵neɪd] *n воен.* ручна́я грана́та

handgrip [´hændgrɪp] *n* 1) пожа́тие руки́ 2) рукоя́тка

handgun [´hændgʌn] *n* пистоле́т; револьве́р

hand-held [´hændheld] *a* ручно́й, карма́нный, портати́вный

handhold [´hændhəʊld] *n* то, за что мо́жно ухвати́ться руко́й; по́ручень, пери́ла *и т. п.*

handicap I [´hændɪkæp] *n* 1) *спорт.* гандика́п; соревнова́ния, го́нки *и т. п.* с гандика́пом 2) поме́ха, затрудне́ние 3) физи́ческий недоста́ток, дефе́кт; у́мственная отста́лость

handicap II *v* 1) *спорт.* ура́внивать си́лы *(противников)* 2) ста́вить в невы́годное положе́ние

handicapped [´hændɪkæpt] *a* 1) страда́ющий физи́ческим недоста́тком 2) у́мственно отста́лый

handicraft [´hændɪkrɑ:ft] *n* 1) наро́дный про́мысел; ручна́я рабо́та; ремесло́ 2) *attr* реме́сленный, куста́рный; ручно́й рабо́ты

handicraftsman [´hændɪ͵krɑ:ftsmən] *n* реме́сленник, куста́рь

handily [ˈhændɪlɪ] *adv* ло́вко, иску́сно

handiness [ˈhændɪnɪs] *n* 1) лёгкая управля́емость; поворо́тливость 2) ло́вкость; иску́сность

handiwork [ˈhændɪwɜːk] *n* ручна́я рабо́та; ручно́е изде́лие; рукоде́лие

handkerchief [ˈhæŋkətʃɪf] *n* носово́й плато́к

handkey [ˈhændkiː] *n вчт* устро́йство иденти́фикации по руке́

handle I [ˈhændl] *n* 1) ру́чка; рукоя́тка 2) по́вод, удо́бный слу́чай; **to give a ~ to smth** дать по́вод к чему́-л. ◊ **a ~ to one's name** *разг.* ти́тул; **to fly off the ~** вы́йти из себя́

handle II *v* 1) тро́гать рука́ми, держа́ть в рука́х 2) обраща́ться, обходи́ться *(с кем-л., чем-л.)*; **he can ~ his subordinates/a gun** он зна́ет, как вести́ себя́ с подчинёнными/как обраща́ться с автома́том 3) торгова́ть *(чем-л.)* 4) трактова́ть, обсужда́ть

handlebar [ˈhændlbɑː(r)] *n* руль *(велосипеда, мотоцикла)*

handler [ˈhændlə] *n* 1) тре́нер 2) секунда́нт *(в боксе)* 3) дрессиро́вщик, укроти́тель 4) заве́дующий скла́дом, завскла́дом 5) *спец.* манипуля́тор 6) *вчт* устро́йство обрабо́тки; програ́мма обрабо́тки; устро́йство ручно́го управле́ния 7) *вчт* дра́йвер

handling [ˈhændlɪŋ] *n* 1) обхожде́ние, обраще́ние *(с кем-л.)* 2) *тех.* обраще́ние *(с чем-л.)*; спо́соб эксплуата́ции; обслу́живание; манипули́рование 3) управле́ние; регули́рование 4) *вчт* обрабо́тка; **data ~** обрабо́тка да́нных /информа́ции

handmade [ˈhændmeɪd] *a* ручно́й рабо́ты, сде́ланный вручну́ю

hand-me-downs [ˈhændmiːˈdaʊnz] *n pl* оде́жда, кото́рая перехо́дит в семье́ от ста́ршего к мла́дшему

handout [ˈhændaʊt] *n* 1) *амер.* беспла́тная разда́ча проду́ктов, оде́жды *и т. п.*; гуманита́рная по́мощь 2) текст заявле́ния для печа́ти; кра́ткий текст докла́да, раздава́емый в аудито́рии слу́шателям, те́зисы

hand-pick [ˈhændpɪk] *v* тща́тельно подбира́ть

handrail [ˈhændreɪl] *n* пери́ла, по́ручень

handsaw [ˈhændsɔː] *n* ручна́я пила́

handsel [ˈhænsəl] *n* 1) пода́рок к Но́вому го́ду 2) пе́рвый взнос; зада́ток, зало́г 3) предвкуше́ние

handset [ˈhændset] *n* 1) телефо́нная тру́бка 2) пульт дистанцио́нного управле́ния *(напр. телевизором)*

hands-free-phone [ˈhændzˌfriːˈfəʊn] *n* (моби́льный) телефо́н с нау́шниками и микрофо́ном

handshake [ˈhændʃeɪk] *n* рукопожа́тие

handsome [ˈhænsəm] *a* 1) краси́вый; привлека́тельной нару́жности *(о мужчине)*; краси́вый *(о вещи)* 2) ще́дрый 3) гума́нный *(об обращении)* 4) значи́тельный, изря́дный *(о сумме, цене и т. п.)* ◊ **~ is that ~ does** *погов.* ≅ су́дят не по слова́м, а по дела́м

handspring [ˈhændsprɪŋ] *n спорт.* переворо́т вперёд *(в акробатике, опорном прыжке)*

hand-to-hand [ˈhændtəˈhænd] *a* рукопа́шный *(о бое)*

handwork [ˈhændwɜːk] *n* ручна́я рабо́та

handwriting [ˈhændˌraɪtɪŋ] *n* по́черк

handy [ˈhændɪ] *a* 1) удо́бный *(для пользования)*; **to come in ~** пригоди́ться 2) име́ющийся под руко́й 3) ло́вкий, иску́сный

handyman [ˈhændɪmən] *n* ма́стер на все ру́ки

hang I [hæŋ] *v* *(past, p. p.* **hung)** 1) ве́шать, подве́шивать; наве́шивать; разве́шивать 2) окле́ивать *(стены)* обо́ями 3) *(past, p. p.* **hanged)** пове́сить, казни́ть 4) пови́снуть 5) сиде́ть *(на фигуре)* *(о платье и т. п.)* 6) *вчт* незаплани́рованно остана́вливаться, «зависа́ть» *(о компьютере)* ◊ **to ~ heavy/heavily** ме́дленно тяну́ться *(о времени)*; **to ~ on every word** лови́ть ка́ждое сло́во, слу́шать с замира́нием; **~ it!** чёрт возьми́!; **I'm ~ed if I know** хоть убе́й, не зна́ю

hang about/around 1) броди́ть; слоня́ться без де́ла; окола́чиваться 2) води́ть компа́нию *(с кем-л.)*

hang behind отстава́ть *(от други́х)*

hang in *амер. разг.* держа́ться, продержа́ться

hang on 1) *разг.* держа́ться, продержа́ться 2) *разг.* ждать у телефо́на 3) продолжа́ться, дли́ться

hang out 1) высо́вываться 2) выве́шивать 3) *разг.* держа́ться, продержа́ться 4) *разг.* прожива́ть, обита́ть

hang over продолжа́ться, остава́ться *(на несколько дней, лет)*

hang together 1) остава́ться це́лым, в це́лости 2) подходи́ть друг к дру́гу; сочета́ться, соотве́тствовать

hang up 1) положи́ть телефо́нную тру́бку, прекрати́ть разгово́р 2) *разг.* откла́дывать, переноси́ть срок 3) *разг.* помеша́ться *(на чём-л.)*, име́ть навя́зчивую иде́ю

hang II *n то́лько sg* 1) вид, мане́ра; **mark the ~ of the dress, skirt** *etc* обрати́те внима́ние на то, как сиди́т пла́тье, ю́бка *и т. п.* 2) *разг.* значе́ние, смысл; спо́соб де́йствия; **to get the ~ of** поня́ть, в чём де́ло 3) склон, скат ◊ **not a ~** ниско́лько, ничу́ть; **I don't give/care a ~** *разг.* мне наплева́ть, мне до ла́мпочки

hangar [´hæŋə(r)] *n* ангáр; навéс

hangdog [´hæŋdɒg] *a* присты́женный, винова́тый *(о виде)*

hanger [´hæŋə(r)] *n* 1) вéшалка, плéчики *(для одежды)* 2) подвéска; крюк, крючóк

hanger-on [´hæŋər´ɒn] *n* (*pl* **hangers-on**) *презр.* 1) прихлебáтель 2) навя́зчивый поклóнник, обожáтель

hanging [´hæŋɪŋ] *n* 1) повéшение *(казнь)* 2) *обыкн. pl* занавéски, драпирóвки, портьéры 3) *вчт* незапланúрованный останóв, «зависáние» *(компьютера)*

hangman [´hæŋmən] *n* палáч

hangnail [´hæŋneɪl] *n* заусéнец

hangover [´hæŋ͵əʊvə(r)] *n* 1) похмéлье 2) пережúток

hang-up [´hæŋ͵ʌp] *n* 1) *амер. сленг* причúна нервóзности, раздражéния; жáлоба 2) *сленг* «пýнктик», идефúкс 3) *вчт* незапланúрованный останóв, «зависáние» *(компьютера)* 4) *тех.* сигнáл разъединéния

hank [hæŋk] *n* мотóк; **a ~ of wool** мотóк шéрсти

hanker [´hæŋkə(r)] *v* жáждать чегó-л.; мечтáть, тосковáть о чём-л. *(after, for)*

hanky [´hæŋkɪ] *n разг.* носовóй платóк

hanky-panky [´hæŋkɪ´pæŋkɪ] *n сленг* 1) приставáния 2) кóзни, продéлки; мошéнничество

hansel [´hænsəl] *см.* **handsel**

hansom [´hænsəm] *n* двухколёсный экипáж *(с местом для кучера сзади)*

haphazard I [hæp´hæzəd] *a* случáйный; бессистéмный

haphazard II *adv* случáйно

hapless [´hæplɪs] *a* несчáстный, злополýчный

happen [´hæpən] *v* 1) случáться, происходúть; **what ~ed to her?** что с ней произошлó?; **whatever ~s** чтó бы ни случúлось; **what ~ed next?** что бы́ло потóм? 2) случáйно оказáться; оказáться; **I ~ed to be there** я случáйно оказáлся там; **as it ~s** случúлось так, что…, как оказáлось… 3) случáйно найтú, натолкнýться *(on)* ◊ **to ~ upon** натолкнýться, случáйно встрéтить

happening [´hæp(ə)nɪŋ] *n* 1) слýчай, собы́тие 2) *театр.* хéппенинг, спонтáнная импровизáция *(на какую-л. тему)*

happily [´hæpɪlɪ] *adv* 1) счáстливо; удáчно 2) к счáстью

happiness [´hæpɪnɪs] *n* счáстье

happy [´hæpɪ] *a* 1) счастлúвый; удáчный 2) довóльный 3) прия́тный, подходя́щий 4) *predic* рад, счáстлив 5) *разг.* навеселé, пья́ный ◊ **H. New Year!** С Нóвым гóдом!; ~ **birthday!** с днём рождéния!; ~ **event** *разг.*

рождéние ребёнка; ~ **medium** компромúсс; неприя́тие крáйностей; ~ **hunting-ground** вы́годное предприя́тие, заня́тие; ~ **hour** *амер.* врéмя дня, когдá спиртны́е напúтки продаю́т *(в баре, гостинице и т. п.)* по снúженным цéнам

happy-go-lucky I [´hæpɪgəʊ͵lʌkɪ] *a* беспéчный, беззабóтный

happy-go-lucky II *adv* по вóле слýчая, самó собóй

harangue I [hə´ræŋ] *n* (торжéственная) речь, обращéние *(к публике)*

harangue II *v* произносúть речь, обращáться с рéчью

harass [´hærəs] *v* 1) беспокóить, тревóжить 2) измáтывать 3) приставáть, домогáться

harassment [´hærəsmənt] *n* 1) беспокóйство, раздражéние 2) приставáния, домогáтельства; **sexual ~** сексуáльные домогáтельства, приставáния; **racial ~** рáсовые/расúстские вы́пады, преслéдования по рáсовому признáку

harbinger [´hɑ:bɪndʒə(r)] *n* вéстник; предвéстник

harbor I, II [´hɑ:bə(r)] *амер. см.* **harbour I, II**

harborage [´hɑ:bərɪdʒ] *амер. см.* **harbourage**

harbour I [´hɑ:bə(r)] *n* 1) гáвань 2) убéжище, пристáнище

harbour II *v* 1) давáть убéжище; укрывáть; приютúть 2) таúть *(мысли)*; затáивать *(неприязнь, злобу и т. п.)* 3) становúться на я́корь в гáвани

harbourage [´hɑ:bərɪdʒ] *n* стоя́нка судóв в гáвани

hard I [hɑ:d] *a* 1) твёрдый; жёсткий; **a ~ bed** жёсткая кровáть; ~ **water** жёсткая водá 2) трýдный, тяжёлый; **a ~ task** трýдное дéло; **a ~ problem** трудноразрешúмая проблéма; **it's ~ to say** трýдно сказáть 3) сурóвый, тяжёлый; **a ~ life** тяжёлая/нелёгкая жизнь 4) чёрствый, безжáлостный; **a ~ master** сурóвый хозя́ин; ~ **facts** жестóкие фáкты 5) сурóвый *(о климате)*; сúльный *(о ливне, морозе)*; **a ~ climate** сурóвый климáт; ~ **frost** сúльный морóз 6) неприя́тный, рéзкий *(о голосе, цвете)* 7) работáющий, усéрдный; **a ~ worker** прилéжный рабóтник 8) сúльный, энергúчный; **a ~ blow** сúльный/тяжёлый удáр 9) *фин.* твёрдый, устóйчивый *(о ценах и т. п.)*; ~ **currency** твёрдая валю́та 10) *фон.* твёрдый *(о согласном звуке)* ◊ ~ **of hearing** тугóй нá ухо; **a ~ and fast rule** твёрдое прáвило; ~ **cash** налúчные; **a ~ case** несговóрчивый человéк; **he's a ~ case** с ним трýдно имéть дéло; ~ **luck** невезéние; ~ **stuff** *сленг* спиртнóе, вúски

hard II *adv* 1) си́льно, упо́рно, энерги́чно; с си́лой; **to pull ~** тяну́ть изо всех сил; **it was raining ~** шёл си́льный дождь; **I tried ~** я о́чень стара́лся 2) с трудо́м, тяжело́; тру́дно 3) бли́зко, ря́дом; вплотну́ю; **the car followed ~ behind** маши́на шла за на́ми вплотну́ю; **my school was ~ by our house** моя́ шко́ла была́ совсе́м ря́дом с на́шим до́мом 4) твёрдо, в твёрдом ви́де; **the jelly set ~** желе́ затверде́ло ◊ **to be ~ on smb** быть тру́дным, неприя́тным для кого́-л.; **he was ~ put to it to choose between them** ему́ бы́ло тру́дно вы́брать (ме́жду ни́ми); **to go ~ with smb** оберну́ться неуда́чей для кого́-л.; **to be ~ up** быть без де́нег, ко́е-как переби-ва́ться, оказа́ться на мели́; **to drink ~** кре́п-ко вы́пить

hardback [ˈhɑːdbæk] *n* 1) полигр. твёрдый переплёт 2) кни́га в твёрдом переплёте (*тж* **hardcover**)

hardbitten [ˈhɑːdˌbɪtn] *a разг.* искушённый, вида́вший ви́ды; **he's a ~ devil** он стре́ля-ный воробе́й

hard-boiled [ˈhɑːdˈbɔɪld] *a* 1) сва́ренный вкру-ту́ю 2) о́пытный, искушённый; зна́ющий жизнь

hard copy [ˈhɑːdˈkɒpɪ] 1) полигр. печа́тный текст 2) вчт печа́тная ко́пия; документа́ль-ная ко́пия, проф. твёрдая ко́пия

hardcore [ˈhɑːdˌkɔː(r)] *n* ха́рдкор (стиль со-време́нной танцева́льной му́зыки с о́чень бы́стрым ри́тмом; сформирова́лся в конце́ 20 в. как часть рэ́йв-культу́ры)

hard disk [ˈhɑːdˌdɪsk] *n вчт* жёсткий диск (*тж* **hard drive**)

hard drug [ˈhɑːdˌdrʌɡ] *n* тяжёлый нарко́тик (напр. герои́н)

hard-earned [ˈhɑːdˌɜːnd] *a* с трудо́м зарабо́-танный

harden [ˈhɑːdn] *v* 1) де́латься твёрдым, твер-де́ть 2) закаля́ться 3) ожесточа́ться; стано-ви́ться чёрствым, бесчу́вственным 4) *тех.* зака́ливать; цементи́ровать

hard-featured [ˌhɑːdˈfiːtʃəd] *a* с гру́быми черта́ми лица́

hard-fisted [ˌhɑːdˈfɪstɪd] *a* скупо́й

hard-headed [ˌhɑːdˈhedɪd] *a* практи́чный, тре́звый; зна́ющий жизнь

hard-hearted [ˌhɑːdˈhɑːtɪd] *a* чёрствый, бес-серде́чный, жесто́кий

hardihood [ˈhɑːdɪhʊd] *n* отва́га; де́рзость, безрассу́дная сме́лость

hardily [ˈhɑːdɪlɪ] *adv* сме́ло, отва́жно

hardiness [ˈhɑːdɪnɪs] *n* кре́пость, выно́сливость

hard line [ˌhɑːdˈlaɪn] *n* жёсткий курс (в по-ли́тике)

hard-liner [ˌhɑːdˈlaɪnə(r)] *n* сторо́нник жёст-кого ку́рса в поли́тике

hardly [ˈhɑːdlɪ] *adv* 1) едва́, лишь; едва́ ли; е́ле 2) с трудо́м; наси́лу 3) гру́бо, ре́зко

hard-mouthed [ˈhɑːdˈmaʊðd] *a* 1) тугоу́здый (о лошади) 2) неподатливый

hardness [ˈhɑːdnɪs] *n* 1) твёрдость; про́чность, кре́пость 2) суро́вость (климата); жёст-кость (воды)

hard-nosed [ˌhɑːdˈnəʊzd] *a разг.* практи́ч-ный; твёрдый, неусту́пчивый

hard nut [ˌhɑːdˈnʌt] *n сленг* круто́й па́рень; драчу́н; «кре́пкий оре́шек» (*тж* **hard case**)

hard-on [ˌhɑːdˈɒn] *n сленг груб.* эре́кция

hard-pressed [ˌhɑːdˈprest] *a* 1) пресле́дуемый по пята́м 2) о́чень за́нятый, загру́женный сро́чной рабо́той

hard rock [ˌhɑːdˈrɒk] *n муз.* тяжёлый рок, хард-ро́к

hard sell [ˌhɑːdˈsel] *n* навя́зчивая, агресси́в-ная рекла́ма (какого-л. товара)

hardshell [ˈhɑːdʃel] *a амер.* непоколеби́мый, непреклонный, ортодокса́льный

hardship [ˈhɑːdʃɪp] *n* лише́ния, нужда́, тру́д-ности, испыта́ния; **to undergo ~s** перено-си́ть лише́ния

hardtack [ˈhɑːdtæk] *n* суха́рь, гале́та

hardtop [ˈhɑːdtɒp] *n авто* твёрдый верх; жёст-кая кры́ша

hardup [ˌhɑːdˈʌр] *a* 1) си́льно нужда́ющийся 2) в затрудни́тельном положе́нии (for)

hardware [ˈhɑːdweə(r)] *n* 1) скобяны́е изде́-лия 2) тяжёлая армату́ра; вооруже́ние 3) вчт электро́нная и механи́ческая часть компью́тера, проф. «желе́зо» (в отличие от програ́ммного обеспечения)

hardware check [ˈhɑːdweəˌtʃek] *n* аппара́т-ный контро́ль, аппара́тная прове́рка

hardware error [ˈhɑːdweəˌerə] *n* аппара́тная оши́бка

hard-wearing [ˈhɑːdˌweərɪŋ] *a* износоусто́й-чивый, но́ский, про́чный

hardwood [ˈhɑːdwʊd] *n* твёрдая древеси́на

hardy [ˈhɑːdɪ] *a* 1) выно́сливый, сто́йкий, кре́пкий 2) зимосто́йкий (о растении)

hare [heə(r)] *n* за́яц ◊ **~ and hounds** «за́яц и соба́ки» (игра); **to run with the ~ and hunt with the hounds** служи́ть и на́шим, и ва́-шим

harebell [ˈheəbel] *n бот.* колоко́льчик

hare-brained [ˈheəbreɪnd] *a* безду́мный, без-рассу́дный

harelip [ˈheəˌlɪp] *n мед.* (врождённая) расще́-лина губы́, «за́ячья губа́»

harem [ˈhɑːrɪm] *n* гаре́м

haricot [ˈhærɪkəʊ] *n* фасо́ль (*тж* **~ bean**)

hark [hɑ:k] *v уст.* внима́тельно слу́шать; ~! слу́шай!, чу!; *охот.* ищи!; **to ~ back to** возвраща́ться к те́ме бесе́ды

harlequin [ˈhɑːlɪkwɪn] *n* 1) арлеки́н 2) шут, пая́ц

harlot [ˈhɑːlət] *n* проститу́тка

harlotry [ˈhɑːlətrɪ] *n* развра́т

harm I [hɑːm] *n* вред, уще́рб; **to do ~** приноси́ть вред; **it will do no ~** э́то не причини́т вреда́; **to come to ~** попа́сть в беду́; **to keep out of ~'s way** держа́ться пода́льше от (всего́) дурно́го, вре́дного; **to think/to mean no ~** не име́ть дурны́х наме́рений

harm II *v* наноси́ть вред, вреди́ть

harmful [ˈhɑːmfʊl] *a* вре́дный, па́губный

harmless [ˈhɑːmlɪs] *a* безвре́дный, безоби́дный; **a ~ snake** неядови́тая змея́

harmonic [hɑːˈmɒnɪk] *a* гармони́чный

harmonica [hɑːˈmɒnɪkə] *n* губна́я гармо́ника

harmonious [hɑːˈməʊnɪəs] *a* 1) гармони́чный, гармони́ческий 2) мелоди́чный 3) дру́жный, согла́сный

harmonium [hɑːˈməʊnɪəm] *n* фисгармо́ния

harmonize [ˈhɑːmənaɪz] *v* 1) *муз.* аранжи́ровать, гармонизи́ровать 2) приводи́ть в гармо́нию; согласо́вывать

harmony [ˈhɑːmənɪ] *n* 1) *муз.* гармо́ния; благозву́чие 2) гармо́ния, согла́сие; **to be in ~ with smb** быть в согла́сии с кем-л.

harness I [ˈhɑːnɪs] *n* 1) у́пряжь, сбру́я 2) *эл.* жгут 3) *ист.* доспе́хи ◊ **in ~** за рабо́той, на рабо́те; **to die in ~** умере́ть на своём посту́

harness II *v* 1) запряга́ть 2): **to ~ natural resources** испо́льзовать/разраба́тывать приро́дные ресу́рсы

harp I [hɑːp] *n* а́рфа

harp II *v* 1) повторя́ть одно́ и то же, завести́ шарма́нку *(on, on about)* 2) игра́ть на а́рфе

harper [ˈhɑːpə(r)] *n* арфи́ст; арфи́стка

harpist [ˈhɑːpɪst] *см.* **harper**

harpoon I [hɑːˈpuːn] *n* гарпу́н; острога́

harpoon II *v* бить гарпуно́м

harpsichord [ˈhɑːpsɪkɔːd] *n* клавеси́н

harpy [ˈhɑːpɪ] *n* 1) (**H.**) *миф.* га́рпия 2) стяжа́тель, хи́щник

harridan [ˈhærɪd(ə)n] *n* ста́рая карга́, ста́рая ве́дьма

harrier[1] [ˈhærɪə(r)] *n* го́нчая *(на за́йца)*; *pl* свора го́нчих *(с охо́тниками)*

harrier[2] *n* лунь *(птица)*

harrier[3] *n* граби́тель, разори́тель

harrow I [ˈhærəʊ] *n с.-х.* борона́

harrow II *v* 1) *с.-х.* борони́ть 2) причиня́ть душе́вную боль, терза́ть, му́чить

harry [ˈhærɪ] *v* 1) опустоша́ть, разоря́ть, гра́бить 2) изводи́ть, му́чить

harsh [hɑːʃ] *a* 1) ре́зкий, неприя́тный 2) гру́бый, бесчу́вственный; жесто́кий

harshness [ˈhɑːʃnɪs] *n* ре́зкость; гру́бость; жесто́кость

harslet [ˈhɑːslɪt] *см.* **haslet**

hart [hɑːt] *n* оле́нь *(самец старше пяти лет)*

hartshorn [ˈhɑːtshɔːn] *n уст.* 1) оле́ний рог 2) нашаты́рный спирт *(тж* **spirit of ~**)

harum-scarum I [ˌheərəmˈskeərəm] *n* безрассу́дный, легкомы́сленный челове́к

harum-scarum II *a* безрассу́дный, легкомы́сленный, опроме́тчивый

harvest I [ˈhɑːvɪst] *n* 1) жа́тва; убо́рка урожа́я; сбор (плодо́в) 2) урожа́й 3) результа́ты, плоды́ *(деятельности)*

harvest II *v* 1) жать; убира́ть урожа́й; собира́ть (плоды́) 2) *перен.* пожина́ть плоды́

harvester [ˈhɑːvɪstə(r)] *n* 1) жнец; жни́ца 2) *с.-х.* убо́рочная маши́на; комба́йн; жа́тка

has [həz, əz, z; *полная форма* hæz] *3-е л. ед. ч. наст. вр. гл.* **to have**

has-been [ˈhæzˌbiːn] *n разг.* 1) бы́вший (челове́к), челове́к, потеря́вший своё пре́жнее положе́ние, влия́ние *и т. п.* 2) что-л., потеря́вшее своё значе́ние, ва́жность, вы́шедшее из употребле́ния

hash I [hæʃ] 1) хаш, горя́чее блю́до из ру́бленого мя́са 2) смесь 3) мешани́на; пу́таница; **to make a ~ of** напу́тать, напо́ртить 4) материа́л, полу́ченный из перерабо́танного втори́чного сырья́ 5) *эл.* электри́ческие шумы́, электри́ческие поме́хи 6) *вчт* ненужные, случа́йные да́нные, нену́жная информа́ция, *проф.* «му́сор» ◊ **to settle smb's ~** разде́латься с кем-л.

hash II *v* 1) руби́ть, кроши́ть *(мясо)* 2) перераба́тывать втори́чное сырьё 3) *вчт* хеши́ровать, рандомизи́ровать, переме́шивать

hashish [ˈhæʃiːʃ] *n* гаши́ш

haslet [ˈhæzlɪt] *n* жа́реные потроха́

hasn't [ˈhæznt] *разг.* = **has not**

hasp I [hɑːsp] *n* засо́в, запо́р

hasp II *v* запира́ть на засо́в

hassle [ˈhæsəl] *n разг.* 1) полоса́ невзго́д, бед 2) перебра́нка, ссо́ра; сты́чка, дра́ка

hassock [ˈhæsək] *n* 1) поду́шечка *(для коленопреклонения в церкви)* 2) пук травы́

haste [heɪst] *n* спе́шка, поспе́шность, торопли́вость; **in ~** второпя́х, в спе́шке, на ско́рую ру́ку; **to make ~** торопи́ться; **make ~!** поторопи́сь! ◊ **~ makes waste** ≅ поспеши́шь — люде́й насмеши́шь

hasten [ˈheɪsn] *v* 1) спеши́ть, торопи́ться 2) торопи́ть; подгоня́ть; **to ~ a process** ускоря́ть проце́сс

hastily [ˈheɪstɪlɪ] *adv* 1) поспе́шно, торопли́во; на́спех, второпя́х 2) необду́манно 3) запа́льчиво

hastiness [ˈheɪstɪnɪs] *n* 1) поспе́шность 2) необду́манность 3) вспы́льчивость

hasty [ˈheɪstɪ] *a* 1) поспе́шный, торопли́вый 2) необду́манный, опроме́тчивый 3) вспы́льчивый, запа́льчивый

hat I [hæt] *n* шля́па; ша́пка; **fur ~** мехова́я ша́пка; **knitted ~** вя́заная ша́почка; **high/silk/top ~** цили́ндр ◊ **~ in hand** уни́женно; подобостра́стно; **out of a ~** науга́д, наобу́м; **to keep it under one's ~** *разг.* держа́ть в секре́те; зама́лчивать; **to take off one's ~ to smb** относи́ться к кому́-л. с почте́нием, преклоня́ться пе́ред кем-л.; **to talk through one's ~** *сленг* а) хва́стать б) нести́ чушь; **to pass the ~ round** пусти́ть ша́пку по кру́гу, собира́ть поже́ртвования; **to throw one's ~ in the ring** приня́ть вы́зов

hat II *v* надева́ть шля́пу

hatbox [ˈhætbɒks] *n* карто́нка для шляп

hatch¹ [hætʃ] *n* 1) люк; кры́шка лю́ка; **under ~es** а) под па́лубой б) в отсу́тствии в) уме́рший; погребённый 2) шлюзова́я ка́мера, шлюз

hatch² I *n* 1) выведе́ние *(цыпля́т)* 2) вы́водок

hatch² II *v* 1) вылупля́ться из яйца́ 2) выси́живать *(цыпля́т)* 3) выводи́ть *(цыпля́т)* в инкуба́торе 4) замышля́ть *(за́говор и т. п.)*; вына́шивать *(иде́ю и т. п.)*

hatch³ *v* штрихова́ть

hatchback [ˈhætʃbæk] *n* авто «хэтчбэ́к», легкова́й автомоби́ль с ку́зовом с накло́нной за́дней две́рью

hatcher [ˈhætʃə(r)] *n* 1) насе́дка 2) инкуба́тор 3) загово́рщик

hatchery [ˈhætʃərɪ] *n* пито́мник; садо́к

hatchet [ˈhætʃɪt] *n* топо́рик ◊ **to bury the ~** прекрати́ть ра́спри, заключи́ть мир

hatchet-faced [ˈhætʃɪtfeɪst] с ре́зкими и о́стрыми черта́ми *(о лице́)*

hatchet job [ˈhætʃɪt͵dʒɒb] *n разг.* ре́зкие напа́дки в печа́ти

hatchet man [ˈhætʃɪtmæn] *n разг.* 1) наёмный уби́йца 2) наёмный писа́ка

hatchway [ˈhætʃweɪ] *n* люк

hate I [heɪt] *n* не́нависть

hate II *v* 1) ненави́деть 2) *разг.* не люби́ть, не нра́виться, не хоте́ть; **I ~ to bother you** мне о́чень не хо́чется вас беспоко́ить; **I ~ getting up early** я терпе́ть не могу́ ра́но встава́ть

hateful [ˈheɪtfʊl] *a* ненави́стный; отврати́тельный, гну́сный

hater [ˈheɪtə(r)] *n* ненави́стник

hatless [ˈhætlɪs] *a* без шля́пы, с непокры́той голово́й

hatred [ˈheɪtrɪd] *n* не́нависть

hatstand [ˈhætstænd] *n* ве́шалка для шляп

hatter [ˈhætə(r)] *n* 1) шля́пный ма́стер; шля́пница; моди́стка 2) продаве́ц шляп

haughtiness [ˈhɔːtɪnɪs] *n* высокоме́рие, надме́нность

haughty [ˈhɔːtɪ] *a* высокоме́рный, надме́нный

haul I [hɔːl] *n* 1) тя́га; волоче́ние, выта́скивание, вытя́гивание 2) перево́зка, е́здка, рейс 3) уло́в; добы́ча 4) *горн.* отка́тка 5) *ж.-д.* пробе́г

haul II *v* 1) тащи́ть, тяну́ть, волочи́ть 2) перевози́ть 3) *горн.* отка́тывать 4) меня́ть курс *(о су́дне)* 5) *разг.* привлека́ть к отве́ту, вызыва́ть на ковёр

haulage [ˈhɔːlɪdʒ] *n* 1) транспортиро́вка, доста́вка, перево́зка 2) сто́имость доста́вки, перево́зки

hauler [ˈhɔːlə(r)] *амер. см.* **haulier**

haulier [ˈhɔːlə(r)] *n* 1) *горн.* отка́тчик 2) фи́рма, осуществля́ющая перево́зку, транспорти́ровку гру́зов 3) *авто* грузово́й автомоби́ль, грузови́к

haulm [hɔːm] *n* 1) сте́бель 2) ботва́; соло́ма

haunch [hɔːntʃ] *n* 1) бедро́, ля́жка 2) за́дняя нога́, филе́йная часть *(ту́ши оле́ня и т. п.)*

haunt I [hɔːnt] *n* 1) ча́сто посеща́емое ме́сто 2) прито́н 3) водопо́й

haunt II *v* 1) явля́ться *(о привиде́ниях, при́зраках)* 2) ча́сто посеща́ть 3) пресле́довать *(о мы́слях, воспомина́ниях)*; упо́рно возвраща́ться *(к чему́-л.)*

haunted [ˈhɔːntɪd] *a* 1) посеща́емый при́зраками, привиде́ниями; про́клятый, заколдо́ванный 2) ча́сто посеща́емый

haunter [ˈhɔːntə(r)] *n* постоя́нный посети́тель, завсегда́тай

hautboy [ˈəʊbɔɪ] *n муз.* гобо́й

haute couture [͵əʊtkuːˈtjʊə(r)] *n* высо́кая мо́да, «от кутю́р»

hauteur [əʊˈtɜː(r)] *n* надме́нность, высокоме́рие

have I [hæv] *n* 1): **the ~s and ~-nots** иму́щие и неиму́щие 2) *сленг* обма́н, моше́нничество

have II [həv; *полная форма* hæv] *v* (*past, p. p.* **had**) 1) име́ть 2) содержа́ть (в себе́); **their house has two floors** в их до́ме два этажа́ 3) испы́тывать, подверга́ться; **I had a headache** у меня́ боле́ла голова́; **to ~ a good time** прия́тно проводи́ть вре́мя 4) получа́ть, принима́ть; **I had a letter from her** я получи́л от неё письмо́ 5) есть, пить; **to ~ a beer** вы́пить пи́ва; **to ~ breakfast/lunch** за́втракать, обе́дать 6) *с Inf* быть до́лжным, обя́занным; **you don't ~ to apologize** не ну́жно извиня́ться; **you ~ to explain it** вам на́до э́то объясни́ть 7) *обыкн. в отриц. форме* допуска́ть, позволя́ть; **I won't ~ it** я э́того не допущу́ 8) *как вспомогательный глагол для образования перфектной формы:* **I ~ seen this film** я ви́дел э́тот фильм; **~ you met him?** вы с ним встреча́лись? 9) *с отглагольными существительными означает конкретное действие:* **to ~ a swim** искупа́ться, попла́вать; **to ~ a walk** погуля́ть, прогуля́ться ◊ **you've been had** *разг.* тебя́ обману́ли/провели́; **I'll let him ~ it!** *разг.* я ему́ зада́м!; **I've had it** *разг.* сдаю́сь, ва́ша взяла́; **I had it!** а) я по́нял! б) я приду́мал!; **~ it your own way** де́лай как зна́ешь, де́лай по-сво́ему; **to ~ smth on smb** знать что́-либо компромети́рующее про кого́-л.; **to ~ it in for smb** *разг.* име́ть зуб на кого́-л.

have away: to have it away име́ть та́йную инти́мную связь *(с кем-л.)*

have in приглаша́ть, вызыва́ть *(кого-л.)*

have off 1) снять оде́жду 2) вы́учить наизу́сть 3) име́ть переры́в в рабо́те; име́ть выходно́й

have on 1) быть оде́тым *(во что-л.)* 2) быть за́нятым 3) *разг.* обма́нывать, мо́рочить го́лову *(ра́ди шу́тки)*

have out 1) приглаша́ть *(куда-л.)* 2) выясня́ть *(отношения, вопрос и т. п.)*

have round приглаша́ть в го́сти

haven [ˈheɪvn] *n* 1) га́вань 2) убе́жище, приста́нище

haver [ˈheɪvə(r)] *n обыкн. pl шотл.* глу́пая болтовня́, чушь

haversack [ˈhævəsæk] *n уст.* вещево́й мешо́к, рюкза́к; ра́нец

havoc [ˈhævək] *n* разоре́ние, опустоше́ние; разруше́ние; **to make ~ of, to play ~ with** губи́ть, разоря́ть, опустоша́ть ◊ **cry "~"!** ≅ «Всем смерть!»

haw [hɔ:] *n* боя́рышник

hawk¹ **I** [hɔ:k] *n* небольша́я хи́щная пти́ца; со́кол; я́стреб; *перен.* хи́щник

hawk¹ **II** *v* 1) охо́титься с со́колом 2) налета́ть, напада́ть как я́стреб *(at)*

hawk² *v* 1) торгова́ть вразно́с 2) распространя́ть *(новости, сплетни)*

hawk³ *v* шу́мно прочища́ть го́рло, отка́шливать(ся), отха́ркивать(ся)

hawker¹ [ˈhɔ:kə(r)] *n* у́личный торго́вец

hawker² *n* охо́тник с со́колом

hawk-eyed [ˈhɔ:kaɪd] *a* име́ющий о́строе зре́ние; зо́ркий; *перен.* бди́тельный

hawser [ˈhɔ:zə(r)] *n* трос

hawthorn [ˈhɔ:θɔ:n] *n* боя́рышник

hay I [heɪ] *n* 1) се́но; **to make ~** заготовля́ть се́но 2) *attr* сенно́й; **~ fever** *мед.* сенна́я лихора́дка, поллино́з ◊ **to make ~ of** пу́тать, вноси́ть пу́таницу, неразбери́ху; **make ~ while the sun shines** *посл.* ≅ коси́ коса́, пока́ роса́; **to hit the ~** отпра́виться на боковы́ю

hay II *v* загота́вливать се́но, коси́ть (траву́) и суши́ть се́но

haycock [ˈheɪkɒk] *n* копна́ се́на

hay-fork [ˈheɪfɔ:k] *n* ви́лы

haying [ˈheɪɪŋ] *n амер.* сеноко́с

hayloft [ˈheɪlɒft] *n* сенова́л

haymaker [ˈheɪˌmeɪkə(r)] *n* 1) рабо́чий на сеноко́се; косе́ц 2) сенокоси́лка 3) *сленг* си́льный уда́р

haymaking [ˈheɪˌmeɪkɪŋ] *n* сеноко́с

hayrick [ˈheɪrɪk] *см.* **haystack**

hayseed [ˈheɪsi:d] *n амер. разг.* дереве́нщина

haystack [ˈheɪstæk] *n* стог се́на

haywire [ˈheɪwaɪə(r)] *a разг.* 1) в по́лном беспоря́дке; **my TV's gone ~** у меня́ телеви́зор барахли́т 2): **to go ~** чо́кнуться, спя́тить

hazard I [ˈhæzəd] *n* 1) риск, опа́сность; **at all ~s** во что бы то ни ста́ло; **to run the ~ of** рискова́ть *(чем-л.)*; **safety ~** угро́за безопа́сности; *авто* **skid ~** угро́за зано́са 2) шанс 3) *спорт.* препя́тствие (в гольфе)

hazard II *v* 1) осме́литься; **I'd ~ the guess that...** я осме́люсь вы́сказать дога́дку 2) рискова́ть; **they ~ed their lives** они́ рискова́ли свое́й жи́знью

hazard light [ˈhæzədˌlaɪt] *n авто* авари́йный светово́й сигна́л, авари́йный ого́нь

hazardous [ˈhæzədəs] *a* риско́ванный, опа́сный

haze¹ **I** [heɪz] *n* 1) лёгкий тума́н, ды́мка 2) тума́н в голове́

haze¹ **II** *v* затума́нивать(ся)

haze² *v* 1) *мор.* изнуря́ть рабо́той 2) *амер.* пристава́ть, задева́ть

hazel I [ˈheɪzl] *n* оре́шник, лещи́на

hazel II *a* све́тло-кори́чневый; ка́рий

hazelhen [ˈheɪzlhen] *n* ря́бчик

hazelnut [ˈheɪzlnʌt] *n* лесно́й оре́х, фунду́к

haziness [ˈheɪzɪnɪs] *n* тума́нность

hazy [ˈheɪzɪ] *a* 1) тума́нный; подёрнутый ды́мкой 2) сму́тный, нея́сный; **a ~ idea** тума́нная/нея́сная иде́я

HB *сокр.* (**hard black**) твёрдый чёрный гри́фель (карандаша́)

Hb *сокр.* (**haemoglobin**) гемоглоби́н

HBM *сокр.* (**Her** *or* **His Britannic Majesty**) Её (Его́) Вели́чество Короле́ва (Коро́ль) Великобрита́нии

H-bomb [ˈeɪtʃ ˈbɒm] *n* водоро́дная бо́мба

HC *сокр.* (**the House of Commons**) пала́та о́бщин *(в парламенте Великобритании)*

he [hi:, hı] *pron pers* он

he- [hı-] *pref, прибавляемый к существительным для обозначения самца животного:* **he-goat** козёл

head I [hed] *n* 1) голова́; **from ~ to foot** с головы́ до ног; **to shake one's ~** кача́ть голово́й; **to hang down one's ~** ве́шать го́лову, уныва́ть 2) ум, интелле́кт; **a clear ~** я́сный ум; **he has a good ~ on his shoulders** он у́мный; он па́рень с голово́й, у него́ есть голова́ на плеча́х 3) что-л., напомина́ющее по фо́рме или пози́ции го́лову *(головка винта, шляпка гвоздя, режущая часть инструмента, верхушка дерева, шапка пены, кочан капусты и т. д.)* 4) глава́, руководи́тель 5) пере́дняя, головна́я часть *(процессии и т. п.)*; **at the ~ of** во главе́ 6) изголо́вье 7) ру́брика, разде́л; подзаголо́вок 8) *(pl без измен.)* голова́ скота́; **twenty ~ of cattle** два́дцать голо́в скота́ 9) вы́сшая то́чка, кри́зис; **to bring to a ~** обостря́ть; **to come to a ~** подойти́ к развя́зке; дости́гнуть крити́ческой то́чки 10) аве́рс, лицева́я сторона́ меда́ли или моне́ты 11) мыс 12) нос *(судна)* 13) голо́вка *(проигрывателя)* 14) *тех.* давле́ние; напо́р *(воды)* 15) исто́к реки́, ручья́ ◊ **~ first** а) голово́й вперёд б) очертя́ го́лову; **~ of hair** ша́пка/копна́ воло́с; **~ over ears** по́ уши; **~ over heels** а) вверх торма́шками, кувырко́м; ку́барем б) по́лностью, целико́м; **~ and shoulders** значи́тельно, намно́го; **~s or tails** орёл и́ли ре́шка; **I cannot make ~ or tail of it** не могу́ ничего́ поня́ть; **to keep one's ~** сохраня́ть споко́йствие; **to keep one's ~ above water** а) избежа́ть банкро́тства, разоре́ния б) избежа́ть опа́сности; **to turn smb's ~** кружи́ть го́лову кому́-л.; **off one's ~** вне себя́; как сумасше́дший; **off the top of one's ~** экспро́мтом, без подгото́вки; как сле́дует не поду́мав; **to go to the ~** уда́рить в го́лову, опьяни́ть; **out of one's ~** а) потеря́вший го́лову, обезу́мевший б) вы́думанный, взя́тый из головы́; **to go out of one's ~** сойти́ с ума́, чо́кнуться; **to put out of one's ~** вы́бросить из головы́, забы́ть; **over one's ~** а) вы́ше чьего́-л. понима́ния б) че́рез го́лову кого́-л.; не счита́ясь с кем-л.; **to hold up one's ~** быть уве́ренным в себе́, высоко́ держа́ть го́лову; **to lose one's ~** потеря́ть го́лову, впасть в па́нику; **to keep one's ~ down** *разг.* держа́ться ти́хо, незаме́тно; затаи́ться; **to put ~s together** совеща́ться; **to take/to get it into one's ~** забра́ть себе́ в го́лову; **to get one's ~ down** *сленг* а) ложи́ться спать б) серьёзно взя́ться за выполне́ние зада́ния; **to give smb his**

дать кому́-л. свобо́ду де́йствий, развяза́ть ру́ки

head II *a* 1) гла́вный, веду́щий; **the ~ surgeon** гла́вный хиру́рг; **the ~ waiter** метрдоте́ль 2) головно́й, пере́дний

head III *v* 1) возглавля́ть, руководи́ть 2) озагла́вливать 3) направля́ть(ся); держа́ть курс *(на — for)* 4) брать нача́ло; вытека́ть 5) достига́ть крити́ческой то́чки; **he's ~ing for trouble** он ле́зет на рожо́н 6) формирова́ть *(крону, колос)* 7) *спорт.* игра́ть голово́й; пры́гать в во́ду вниз голово́й ◊ **to ~ back, to ~ off** прегражда́ть путь, препя́тствовать *(кому-л.)*

head back 1) повора́чивать наза́д, возвраща́ться 2) препя́тствовать, прегражда́ть путь *(кому-л.)*

head in посыла́ть (мяч) в воро́та голово́й *(в футболе)*

head off 1) препя́тствовать, прегражда́ть путь *(кому-л.)* 2) перехва́тывать *(кого-л.)* 3) не допуска́ть, предотвраща́ть, отводи́ть

head out *амер.* дости́чь ва́жного, поворо́тного моме́нта

head up 1) возгла́вить *(что-л.)* 2) образо́вывать кочаны́ *(о растении)* 3) дава́ть заголо́вок, озагла́вливать

headache ['hedeık] *n* головна́я боль; **bad/splitting ~** си́льная головна́я боль ◊ **this is your ~** э́то твоя́ пробле́ма, тебе́ об э́том ду́мать

headband ['hedbænd] *n* головна́я повя́зка, ле́нта; о́бруч для воло́с

head-dress ['heddres] *n* наря́дный головно́й убо́р; украше́ние для причёски, головно́е украше́ние

header ['hedə(r)] *n* 1) *спорт.* уда́р голово́й *(в футболе)*; прыжо́к в во́ду вниз голово́й 2) *разг.* паде́ние вниз голово́й 3) *тех.* водяно́й колле́ктор *(тж* **header-tank)** 4) *полигр.* заголо́вок, «ша́пка»; ве́рхний колонти́тул

header and footer ['hedəən(d)'futə] *n полигр.* колонти́тулы

headgear ['hedgıə(r)] *n* головно́й убо́р

heading ['hedıŋ] *n* 1) заголо́вок, «ша́пка»; ру́брика *(в газете, журнале)*; **cross ~** подзаголо́вок *(в газетной статье)* 2) разде́л; деле́ние на разде́лы; **to come/to fall under two ~s** дели́ться на две гру́ппы, катего́рии 3) *горн.* штрек, што́льня 4) курс, направле́ние

headlamp ['hedlæmp] *см.* **headlight**

headland ['hedlənd] *n* 1) мыс 2) незапа́ханный край по́ля

headless ['hedlıs] *a* 1) не име́ющий головы́, верху́шки 2) безголо́вый, безмо́зглый 3) без руководи́теля, без главы́

headlight ['hedlaɪt] *n* (передняя) фа́ра *(автомоби́ля)*; головно́й проже́ктор *(локомоти́ва)*; носово́й ого́нь *(су́дна)*

headline I ['hedlaɪn] *n* 1) газе́тный заголо́вок 2) кра́ткая сво́дка основны́х новосте́й *(по ра́дио, телеви́дению)* ◊ **to hit/to make the ~s** *разг.* быть гла́вной но́востью

headline II *v* озагла́вить, дать заголо́вок

headliner ['hed‚laɪnə(r)] *n амер.* веду́щий актёр, гла́вный исполни́тель, звезда́ *(чьё имя на афи́ше пи́шется кру́пными бу́квами)*; *муз.* хедла́йнер *(исполни́тель или гру́ппа, выступа́ющие после́дними на фестива́ле или конце́рте)*

headlong I ['hedlɒŋ] *a* стреми́тельный; опроме́тчивый

headlong II *adv* 1) голово́й вперёд 2) стреми́тельно; стремгла́в, очертя́ го́лову

headman ['hedmən] *n* вождь *(пле́мени и т. п.)*

headmaster [hed'mɑ:stə(r)] *n* дире́ктор шко́лы *(тж* **headteacher***)*

headmistress [hed'mɪstrɪs] *n* же́нщина-дире́ктор шко́лы *(тж* **headteacher***)*

headmost ['hedməʊst] *a* передово́й, пере́дний

head-on ['hed'ɒn] *a* лобово́й *(о столкнове́нии и т. п.)*

headphones ['hedfəʊnz] *n pl* нау́шники *(для аудиоаппарату́ры)*; **stereo ~** стереонау́шники

headpiece ['hedpi:s] *n* 1) заста́вка *(в кни́ге)* 2) шлем

headquarters ['hed'kwɔ:təz] *n* гла́вное управле́ние, штаб; **General H.** штаб, штаб-кварти́ра; ста́вка, гла́вное кома́ндование, генера́льный штаб

headrest ['hedrest] *n* подголо́вник *(кре́сла)*

headset ['hedset] *n* 1) нау́шники *(для аудиоаппарату́ры)* 2) гарниту́ра *(пило́та, опера́тора телефо́нной и радиосвя́зи и т. п.)*

head-shrinker ['hed‚ʃrɪŋkə(r)] *n сленг* психиа́тр

headsman ['hedzmən] *n* пала́ч

headspring ['hedsprɪŋ] *n* 1) исто́к *(реки́)* 2) гла́вный исто́чник *(иде́й и т. п.)*

headstall ['hedstɔ:l] *n* недоу́здок

headstone ['hedstəʊn] *n* надгро́бный па́мятник, надгро́бие

headstrong ['hedstrɒŋ] *a* упря́мый, своево́льный

head-voice ['hedvɔɪs] *n* высо́кий го́лос

headwater ['hed‚wɔ:tə(r)] *n pl* во́ды с верхо́вья; исто́к *(реки́)*

headway ['hedweɪ] *n* (про)движе́ние вперёд; прогре́сс

headwork ['hedwɜ:k] *n* у́мственная рабо́та

heady ['hedɪ] *a* 1) опьяня́ющий, кре́пкий *(о напи́тке)* 2) кружа́щий го́лову, пьяня́щий 3) опроме́тчивый

heal [hi:l] *v* 1) зажива́ть *(о ра́не)*; выле́чиваться 2) лечи́ть, изле́чивать *(of)* 3) облегча́ть *(душе́вную боль)*, успока́ивать

heal-all ['hi:l‚ɔ:l] *n* универса́льное сре́дство, лека́рство; панаце́я

healer ['hi:lə(r)] *n* цели́тель, хи́лер

healing I ['hi:lɪŋ] *n* 1) заживле́ние *(ра́ны)* 2) излече́ние

healing II *a* лече́бный, целе́бный

health [helθ] *n* 1) здоро́вье; **to regain one's ~** вы́здороветь; **"Health and Beauty"** космети́ческий сало́н/магази́н «Здоро́вье и красота́» 2) *attr* гигиени́ческий; санита́рный; лече́бный; **~ centre** лече́бный/медици́нский консультати́вный центр; **~ certificate** медици́нская спра́вка; **~ farm** оздорови́тельный центр; **~ service** медици́нское обслу́живание, медици́нская по́мощь; **~ visitor** патрона́жная сестра́ ◊ **to drink to smb's ~** пить за чьё-л. здоро́вье

healthful ['helθfʊl] *a* поле́зный для здоро́вья, целе́бный

healthy ['helθɪ] *a* 1) здоро́вый 2) поле́зный для здоро́вья

heap I [hi:p] *n* 1) гру́да, ку́ча 2) *pl разг.* ма́сса, мно́жество; **I have ~s of time** у меня́ ма́сса вре́мени; **I've ~s to do** у меня́ ку́ча дел; **he is ~ better** *разг.* ему́ гора́здо лу́чше; **~ of times** мно́го раз, ты́сячу раз 3) *сленг* ста́рая разва́лина *(об автомоби́ле или зда́нии)*

heap II *v* 1) собира́ть в ку́чу, нака́пливать *(тж* **to ~ up, to ~ together***)* 2) нагружа́ть с ве́рхом *(with)* 3) осыпа́ть *(награ́дами, оскорбле́ниями; кого́-л. — иро́п)*

hear [hɪə(r)] *v* (*past, p. p.* **heard**) 1) слы́шать 2) слу́шать; выслу́шивать *(тж* **to ~ out***)* 3) услы́шать, узна́ть *(о — of, about; тж* **to get to ~***)*; получа́ть изве́стие *(from)* 4) *юр.* слу́шать де́ло, разбира́ть, заслу́шивать

heard [hɜ:d] *past, p. p. см.* **hear**

hearer ['hɪərə(r)] *n* слу́шатель

hearing ['hɪərɪŋ] *n* 1) слух 2) преде́л слы́шимости; **within/out of ~** в преде́лах/за преде́лами слы́шимости; **in smb's ~** в чьём-л. прису́тствии 3) слу́шание, выслу́шивание; **to give both sides a fair ~** внима́тельно вы́слушать о́бе стороны́ 4) *юр.* слу́шание де́ла; допро́с в суде́

hearing aid ['hɪərɪŋ‚eɪd] *n* слухово́й аппара́т

hearken ['hɑ:kən] *v уст.* слу́шать, выслу́шивать

hearsay ['hɪəseɪ] *n* слу́хи, молва́; **by ~** по слу́хам

hearsay evidence [ˈhɪəseɪˈevɪdəns] *n* *юр.* свидетельства, основанные на слухах; показания с чужих слов

hearse [hɜ:s] *n* катафалк

heart [hɑ:t] *n* 1) сердце; *перен.* душа; **he had a bad ~** у него было больное сердце; **at ~** в глубине души; **from the ~** искренне, от всей души; **close to one's ~** близко к сердцу; **~ to** искренне, душевно; **to take to ~** принимать близко к сердцу; **with all one's ~** всем сердцем, от всей души, всей душой; **with a heavy/leaden ~** с тяжёлым сердцем; **to break smb's ~** разбить кому-л. сердце; **after one's own ~** по душе, по сердцу; **to cry one's ~ out** выплакаться; **I hadn't the ~ to refuse** у меня не хватило сил отказаться; **have a ~!** сжальтесь! 2) сердцевина, ядро, центр; **in the ~ of the forest** в глубине леса 3) суть, сущность; **to get to the ~ of the matter** добраться до самой сути дела 4) способность чувствовать, любить; **she has no ~** она бесчувственный человек, у неё нет сердца 5) храбрость, мужество; **to pluck up ~** собраться с духом; **to lose ~** падать духом, приуныть; **out of ~** в унынии; в плохом настроении; **his ~ sank** у него упало сердце 6) *pl карт.* черви ◊ **by ~** наизусть; **to have one's ~ in the right place** иметь добрые (*или* хорошие) намерения; **to wear one's ~ on one's sleeve** не отличаться сдержанностью, не уметь скрывать свои чувства; **to have one's ~ in one's boots** впасть в уныние; **to have one's ~ in one's mouth** сильно испугаться; ≅ душа в пятки ушла

heartache [ˈhɑ:teɪk] *n* душевная боль, скорбь

heartbeat [ˈhɑ:tbi:t] *n* 1) *мед.* сердцебиение; сердечное сокращение (*тж* **heart-throb**) 2) волнение

heartbreaking [ˈhɑ:tˌbreɪkɪŋ] *a* надрывающий душу, душераздирающий

heartbroken [ˈhɑ:tˌbrəʊk(ə)n] *a* убитый горем; с разбитым сердцем

heartburn [ˈhɑ:tbɜ:n] *n* изжога

heart disease [ˈhɑ:tdɪˌzi:z] *n* болезнь сердца

hearten [ˈhɑ:tn] *v* (*тж* **to ~ up**) 1) ободрять, подбодрять 2) приободриться, воспрянуть духом

heart failure [ˈhɑ:tˌfeɪljə(r)] *n мед.* сердечная недостаточность; нарушение сердечной деятельности

heartfelt [ˈhɑ:tfelt] *a* искренний; глубоко прочувствованный

hearth [hɑ:θ] *n* 1) очаг; печь, камин 2) домашний очаг (*тж* **~ and home**) 3) *тех.* под печи, горн

hearthrug [ˈhɑ:θrʌg] *n* коврик перед камином

heartily [ˈhɑ:tɪlɪ] *adv* 1) искренне, сердечно, тепло; **to thank ~** горячо/сердечно поблагодарить; **I ~ agree** я всем сердцем с вами согласен; **to eat ~** есть с аппетитом 2) очень; совсем; **I am ~ glad/sorry** я очень рад/очень сожалею

heartiness [ˈhɑ:tɪnɪs] *n* 1) искренность, сердечность 2) крепость, сила

heartless [ˈhɑ:tlɪs] *a* бессердечный, безжалостный

heart-rending [ˈhɑ:tˌrendɪŋ] *a* тяжёлый, причиняющий боль, горестный

heartsease [ˈhɑ:tsi:z] *n бот.* анютины глазки

heartsick [ˈhɑ:tsɪk] *a* удручённый, подавленный

heartstrings [ˈhɑ:tstrɪŋz] *n pl* глубоко спрятанные чувства, струны сердца

heart-to-heart [ˌhɑ:ttəˈhɑ:t] *a* искренний, душевный; **~ talk** разговор по душам

hearty [ˈhɑ:tɪ] *a* 1) крепкий, бодрый, здоровый 2) энергичный, сильный 3) обильный (*о еде*); **to have a ~ appetite** иметь прекрасный аппетит 4) сердечный, тёплый, дружеский

heat I [hi:t] 1) тепло, жар; *тех.* нагрев, накал; **red/white ~** красное/белое каление 2) зной, жара; **parching ~** палящий зной 3) пыл, накал страстей, горячность; **fever ~** жар; **in the ~ of the battle** в пылу борьбы; **he said it in the ~ of the moment** он сказал это сгоряча 4): **at a ~** за один раз; в один приём 5) забег; заплыв 6) период течки (*у животных*) 7) *сленг* неотступное преследование (*полицией и т. п.*)

heat II *v* 1) нагревать(ся), накалять(ся) (*тж* **to ~ up**) 2) разогревать (*пищу; тж* **to ~ up**) 3) топить, затапливать 4) разжигать, воспламенять (*страсти и т. п.*); разгорячить(ся)

heat capacity [ˌhi:tkəˈpæsɪtɪ] *n* теплоёмкость

heated [ˈhi:tɪd] *a* 1) разгорячённый, возбуждённый 2) горячий

heat engine [ˈhi:tˌendʒɪn] *n* тепловой двигатель

heater [ˈhi:tə(r)] *n* 1) нагревательный прибор; обогреватель; радиатор 2) кипятильник, электрогрелка *и т. п.*

heath [hi:θ] *n* 1) вересковая пустошь 2) вереск

heath-berry [ˈhi:θˌberɪ] *n* черника и другие ягоды, растущие среди вереска

heathen I [ˈhi:ðən] *n* язычник (*тж* **pagan**)

heathen II *a* языческий

heathendom [ˈhi:ðəndəm] *n* язычество, языческий мир

heathenish [ˈhi:ðənɪʃ] *a* 1) языческий 2) варварский

heathenism [ˈhiːðnɪz(ə)m] *n* 1) язычество (*тж* **paganizm**) 2) варварство

heather [ˈheðə(r)] *n* вереск

heating [ˈhiːtɪŋ] *n* 1) нагревание; нагрев; накал 2) отопление; **central ~** центральное отопление

heat-lightning [ˈhiːtˈlaɪtnɪŋ] *n* зарница

heatproof [ˈhiːtpruːf] *a* жаростойкий

heat sink [ˈhiːtsɪŋk] *спец.* 1) поглотитель тепла; сток теплового потока 2) радиатор, теплоотвод

heatstroke [ˈhiːtstrəʊk] *n* тепловой удар

heatwave [ˈhiːtweɪv] *n* период сильной жары

heave I [hiːv] *n* 1) подъём, вздымание; **~ of the sea** волнение на море 2) бросок 3) тяга 4) *pl вет.* запал

heave II *v* (*past, p. p.* **heaved**, *мор.* **hove**) 1) тянуть, поднимать; тянуть (*якорь, канат*); перемещать (*тяжести*) 2) испускать, с трудом издавать (*звук*); тяжело вздыхать 3) вздыматься; подниматься и опускаться (*о волнах*) 4) *разг.* бросать 5) тужиться (*при рвоте*) ◊ **~ in sight** *мор. разг.* показаться на горизонте

heave to *мор.* ложиться в дрейф, лежать в дрейфе; держаться против волны

heave-ho! [ˈhiːvˈhəʊ] *int мор.* дружно!, взяли! (*восклицание при подъёме якоря*)

heaven [ˈhevən] *n* 1) небо, обиталище Бога и ангелов 2) **(H.)** Бог, Провидение 3) *pl поэт.* небо, небеса ◊ **in seventh ~** на седьмом небе, на верху блаженства; **by H.!** ей-богу!; **good/thank H.!** слава богу!, боже мой!; **to move ~ and earth** пустить в ход все средства, приложить невероятные усилия, поднять всех на ноги

heavenly [ˈhevənlɪ] *a* 1) Божественный, небесный 2) небесный; **~ body** *астр.* небесное тело 3) *разг.* восхитительный, чудесный, изумительный

heavily [ˈhevɪlɪ] *adv* 1) тяжело 2) сильно 3) тягостно

heaviness [ˈhevɪnɪs] *n* 1) тяжесть; большой вес 2) грузность 3) подавленное состояние, уныние

heavy I [ˈhevɪ] *a* 1) тяжёлый 2) тяжёлый, нагруженный 3) сильный (*о дожде, ударе и т. п.*); бурный (*о море*) 4) обильный, богатый (*об урожае и т. п.*) 5) трудный, тяжёлый; **~ work** тяжёлая, трудоёмкая работа 6) интенсивный, глубокий; **~ sleep** глубокий сон 7) тяжеловесный (*о стиле, языке литературного произведения*) 8) туповатый, медленно соображающий 9) плохо пропечённый (*о хлебе и т. п.*) 10) грубый (*о чертах лица*) 11) скучный, монотонный; слишком серьёзный, мрачный

heavy II *adv* тяжело; тягостно; **to hang ~** медленно тянуться (*о времени*)

heavy-duty [ˌhevɪˈdjuːtɪ] *a* 1) предназначенный для тяжёлых работ 2) сверхмощный; высокопроизводительный 3) *авто* большегрузный

heavy-handed [ˌhevɪˈhændɪd] *a* 1) нескладный, неуклюжий 2) действующий подавляюще, деспотический

heavy-hearted [ˌhevɪˈhɑːtɪd] *a* с тяжёлым сердцем, опечаленный

heavy-laden [ˌhevɪˈleɪdn] *a* 1) тяжело гружённый 2) удручённый, опечаленный

heavy metal [ˌhevɪˈmet(ə)l] *n муз.* хэви-метал, металл (*стиль современной музыки*)

heavyweight [ˈhevɪweɪt] *n* 1) *спорт.* тяжеловес, спортсмен тяжёлой весовой категории (*в боксе, борьбе и т. п.*) 2) авторитет, влиятельная личность, личность, имеющая вес; **literary ~s such as Dickens and Hardy** признанные литературные авторитеты/классики, такие как Диккенс и Харди

Heb. *сокр.* **(Hebrew)** 1) иврит; древнееврейский 2) иудейский

Hebrew I [ˈhiːbruː] *n* 1) иудей, еврей 2) древнееврейский язык; иврит

Hebrew II *a* древнееврейский; иудейский

heckle [ˈhekl] *v* забрасывать вопросами, мешать оратору замечаниями

hectare [ˈhektɑː(r)] *n* гектар

hectic I [ˈhektɪk] *n* 1) чахоточный больной 2) чахоточный румянец, жар

hectic II *a* 1) лихорадочный, суматошный; беспорядочный, сумбурный 2) чахоточный; **~ fever** изнуряющая лихорадка

hectolitre [ˈhektəˌliːtə(r)] *n* гектолитр

hector I [ˈhektə(r)] *n* задира, забияка

hector II *v* задирать (*кого-л.*); грозиться

he'd [hiːd] *разг.* = **he had, he would**

hedge I [heʤ] *n* 1) (живая) изгородь 2) преграда; препятствие

hedge II *v* 1) огораживать(ся) (живой) изгородью (*in*) 2) страховать себя от возможных потерь, рисков 3) уклоняться от решения вопроса, прямого ответа 4) подстригать живую изгородь ◊ **to ~ in** сжимать со всех сторон, окружать; **to ~ off** отгораживать

hedgehog [ˈheʤhɒg] *n* 1) ёж; *амер. тж* дикобраз 2) неуживчивый человек

hedgerow [ˈheʤrəʊ] *n* ряд кустов, образующих живую изгородь

hedonism [ˈhiːdənɪz(ə)m] *n* 1) *филос.* гедонизм 2) погоня за удовольствиями, жажда наслаждений

heebie-jeebies [ˌhiːbɪˈʤiːbɪz] *n pl сленг* нервозность; приступ депрессии *или* раздражения

heed I [hi:d] *n* внима́ние; внима́тельное отноше́ние; **to take ~ of smth** принима́ть что-л. во внима́ние; **to pay ~ to smth** обраща́ть внима́ние на что-л., уделя́ть внима́ние чему́-л.; **to take no ~ of** не обраща́ть/не уделя́ть внима́ния

heed II *v* обраща́ть, уделя́ть внима́ние; принима́ть во внима́ние

heedful [ˈhi:dfʊl] *a* внима́тельный; забо́тливый

heedless [ˈhi:dlɪs] *a* невнима́тельный, небре́жный; неосторо́жный

hee-haw I [ˈhi:ˈhɔ:] *n* крик осла́

hee-haw II *v* 1) крича́ть *(об осле)* 2) оглуши́тельно хохота́ть, *разг.* «ржать»

heel¹ I [hi:l] *n* 1) пя́тка; **at/on the ~s of (smb, smth)** по пята́м, сле́дом; **under the ~ of smb** под пято́й кого́-л.; **~!** за мной! *(команда для собаки)* 2) пя́тка *(чулка, носка)*; за́дник *(ботинка)*; каблу́к; **to click one's ~s** щёлкать, прису́кивать каблука́ми; **down at ~** а) сто́птанный *(об обуви)* б) неря́шливо *или* о́чень бе́дно оде́тый 3) ко́рка хле́ба, сы́ра; горбу́шка 4) *разг.* подле́ц, негодя́й, мерза́вец ◊ **~ of Achilles** ахилле́сова пята́, уязви́мое ме́сто; **to cool/to kick one's ~s** дожида́ться, до́лго ждать; **to take to one's ~s** удира́ть, улепётывать

heel¹ II *v* 1) прибива́ть каблуки́; де́лать набо́йки на каблуки́ 2) щёлкать, прису́кивать каблука́ми *(в танце)* 3) ударя́ть пя́ткой по мячу́

heel² I *n мор.* крен

heel² II *v мор.* крени́ться; кренгова́ть *(тж to ~ down)*

heeler [ˈhi:lə(r)] *n амер.* помо́щник полити́ческого де́ятеля

heeltap [ˈhi:ltæp] *n* 1) набо́йка на каблуке́ 2) недопи́тый напи́ток *(в стакане)*; **no ~s!** пить до дна!

heft I [heft] *n амер.* вес; тя́жесть

heft II *v амер.* определя́ть вес чего́-л. *(приподнимая на руке)*; взве́шивать

hefty [ˈheftɪ] *a* 1) *разг.* здорове́нный 2) значи́тельный, изря́дный; **~ blow** си́льный уда́р; **~ dinner** сы́тный обе́д

hegemonic [ˌhedʒɪˈmɒnɪk] *a* руководя́щий, веду́щий, гла́вный

hegemony [hɪˈdʒeмənɪ] *n* гегемо́ния, руково́дство

heifer [ˈhefə(r)] *n зоол.* тёлка

heigh [heɪ] *int* эй!

heigh-ho [ˈheɪˈhəʊ] *int* восклица́ние, выража́ющее доса́ду, уста́лость о-хо-хо́!, эх!

height [haɪt] *n* 1) высота́; рост; **of average ~** сре́днего ро́ста; **to be 10 m in ~** име́ть 10 ме́тров в высоту́; **at a ~ of** на высоте́ 2) возвы́шенность, холм 3) вы́сшая то́чка, вы́сшая сте́пень; **in the ~ of the battle** в разга́ре би́твы; **the ~ of fashion** «после́дний крик» мо́ды

heighten [ˈhaɪtn] *v* повыша́ть(ся); увели́чивать(ся); уси́ливать(ся)

heinous [ˈheɪnəs] *a* гну́сный, чудо́вищный, ужа́сный *(о преступлении, преступнике)*

heir [eə(r)] *n* насле́дник

heirdom [ˈeədəm] *n* насле́дование; насле́дство

heiress [ˈeərɪs] *n* насле́дница

heirloom [ˈeəlu:m] *n* 1) фами́льная вещь 2) насле́дственное иму́щество; вещь, доста́вшаяся по насле́дству

held [held] *past, p. p. см.* **hold¹ II**

helical [ˈhelɪkl] *a* спира́льный; винтово́й

helices [ˈhelɪsi:z] *pl см.* **helix**

helicopter [ˈhelɪkɒptə(r)] *n* вертолёт

heliograph [ˈhi:lɪəʊgrɑ:f] *n* гелио́граф

heliotherapy [ˌhi:lɪəʊˈθerəpɪ] *n мед.* гелиотерапи́я

heliotrope [ˈhi:lɪətrəʊp] *n бот.* гелиотро́п

heliport [ˈhelɪpɔ:t] *n* вертолётная площа́дка

helium [ˈhi:lɪəm] *n хим.* ге́лий

helix [ˈhi:lɪks] *n (pl* **helices**) 1) спира́льная ли́ния, спира́ль 2) *архит.* завито́к 3) *анат.* завито́к ушно́й ра́ковины

hell [hel] *n* 1) ад 2) *как восклицание для выражения удивления, досады; служит также для усиления высказывания:* **~!** чёрт возьми́!; **a ~ of a mess** черто́вски неприя́тное положе́ние; **like ~** отча́янно; неимове́рно; **what the ~ do you want?** како́го чёрта вам ну́жно?; **the ~ of a lot of money** ку́ча де́нег, де́ньги дева́ть не́куда, «де́нег ку́ры не клюю́т» ◊ **go to ~!** иди́(те) к чёрту!; **to raise ~** подня́ть жу́ткий сканда́л; **to beat/to knock the ~ out of smb** *разг.* изби́ть кого́-л. до полусме́рти; **come ~ or high water** несмотря́ ни на каки́е препя́тствия, в любо́м слу́чае; **for the ~ of it** *разг.* ра́ди заба́вы; про́сто так; **to get/to catch ~** *разг.* получи́ть взбу́чку, нарва́ться на неприя́тности; **to give smb ~** *разг.* руга́ть кого́-л. на чём свет стои́т; отде́лать кого́-л. как сле́дует; **all ~ was let loose** тут тако́е начало́сь!

he'll [hi:l] *разг.* **= he will**

Hellas [ˈhelæs] *n* Элла́да

hell-cat [ˈhelkæt] *n* меге́ра

Hellene [ˈheli:n] *n* э́ллин, (дре́вний) грек

Hellenic I [heˈli:nɪk] *n* (дре́вне)гре́ческий язы́к

Hellenic II *a* э́ллинский, (дре́вне)гре́ческий

hellion [ˈhelɪən] *n амер. разг.* непослу́шный озорно́й ребёнок, сорване́ц

hellish [ˈhelɪʃ] *a* áдский; отврати́тельный, ужа́сный

hello [həˈləʊ] *int* 1) приве́т! 2) алло́!, слу́шаю! 3) эй!, послу́шай!

helm¹ [helm] *n* руль; штурва́л; **the man at the ~** рулево́й; ко́рмчий ◊ **at the ~** во главе́ *(государства, организации и т. п.)*, у руля́

helm² *n уст., поэт.* шлем

helmet [ˈhelmɪt] *n* шлем, ка́ска

helmsman [ˈhelmzmən] *n* рулево́й, ко́рмчий

helot [ˈhelət] *n ист.* ило́т, раб *(в древней Спарте)*

help I [help] *n* 1) по́мощь; **can I be of any ~ to you?** не могу́ ли я вам чём-нибудь помо́чь?; **we need your ~** нам нужна́ ва́ша по́мощь 2) помо́щник; помо́щница 3) прислу́га, дома́шняя рабо́тница, домрабо́тница, помо́щница по хозя́йству; **mother's ~** бо́нна; гуверна́нтка 4) сре́дство спасе́ния; **there's no ~ for it** тут ниче́м не помо́жешь 5) *вчт* подска́зка, диало́говая спра́вка

help II *v* 1) помога́ть, ока́зывать по́мощь 2) облегча́ть *(боль, страдание и т. п.)*; **it will ~ your cough** э́то помо́жет вам от ка́шля 3) помо́чь избежа́ть, предотврати́ть; **it can't be ~ed** здесь ничего́ не поде́лаешь, э́тому не помо́жешь 4) удержа́ться, воздержа́ться; **one can't ~ liking her** её невозмо́жно не полюби́ть; **she could not ~ crying** она́ не могла́ удержа́ться от слёз 5) раздава́ть *(кушанье за столом - to)*; **may I ~ you to some fish?** положи́ть вам ры́бы?; **please ~ yourself to what you like best** бери́те, пожа́луйста, что вам бо́льше нра́вится

help back помо́чь верну́ться

help down 1) помо́чь сойти́ 2) помо́чь отнести́ *(что-л.)* вниз

help into помо́чь войти́

help off помо́чь спусти́ться вниз

help on подбодря́ть

help out 1) помо́чь вы́браться *(откуда-л.)* 2) выруча́ть, оказа́ть по́мощь

help over 1) помо́чь *(в затруднении)*; помо́чь продержа́ться

help to 1) угоща́ть(ся) 2) присво́ить *(что-л.)*

help up 1) помо́чь встать *(на́ ноги)* 2) помо́чь отнести́ *(что-л.)* наве́рх

helper [ˈhelpə(r)] *n* помо́щник; помо́щница

helpful [ˈhelpʊl] *a* поле́зный

helpfully [ˈhelpʊlɪ] *adv* 1) с большо́й по́льзой 2) любе́зно; с гото́вностью

helping [ˈhelpɪŋ] *n* по́рция *(еды)*; **will you have a second ~?** не хоти́те ли доба́вки?

help key [ˈhelpkiː] *n вчт* кла́виша вы́зова подска́зки

helpless [ˈhelplɪs] *a* беспо́мощный

helpmate [ˈhelpmeɪt] *n* помо́щник, партнёр; подру́га

helter-skelter I [ˈheltəˈskeltə(r)] *a* сде́ланный на́спех, ко́е-ка́к

helter-skelter II *adv* в беспоря́дке, как попа́ло

helve [helv] *n* рукоя́тка; черено́к

Helvetian [helˈviːʃ(ə)n] *a* швейца́рский

hem¹ **I** [hem] *n* подо́гнутый срез; подру́бочный, краево́й шов

hem¹ **II** *v* подруба́ть, подшива́ть *(подол, край скатерти и т. п.)*

 hem in окружа́ть *(кого-л.)*; зажима́ть, прижима́ть

hem² **I** [həm] *int* гм!

hem² **II** *v* произноси́ть «гм», пока́шливать, запина́ться, мя́млить

he-man [ˈhiːˈmæn] *n разг. ирон.* настоя́щий мужчи́на, «ма́чо»

hemisphere [ˈhemɪsfɪə(r)] *n* полуша́рие

hemistich [ˈhemɪstɪk] *n* полусти́шие

hemlock [ˈhemlɒk] *n* 1) *бот.* болиголо́в 2) тсу́га, ге́млок *(хвойное дерево)*

hemoglobin [ˌhiːməˈɡləʊbɪn] *амер. см.* **haemoglobin**

hemorrhage [ˈhemərɪdʒ] *амер. см.* **haemorrhage**

hemp [hemp] *n* 1) конопля́ 2) марихуа́на; **Indian ~** гаши́ш 3) пенька́

hempen [ˈhempən] *a* пенько́вый

hemstitch I [ˈhemstɪtʃ] *n* мере́жка; ажу́рная стро́чка

hemstitch II *v* де́лать мере́жку, ажу́рную стро́чку

hen [hen] *n* 1) ку́рица 2) са́мка *(некоторых птиц, а также краба, омара и лосося)*

henbane [ˈhenbeɪn] *n бот.* белена́

hence [hens] *adv* 1) с э́тих пор; с э́того вре́мени; **many years ~** че́рез мно́го лет 2) сле́довательно, потому́, отсю́да; **~ we may conclude that...** отсю́да мы мо́жем заключи́ть, что...

henceforth [ˈhensˈfɔːθ] *adv* с э́тих пор; впредь

henceforward [ˈhensˈfɔːwəd] *см.* **henceforth**

henchman [ˈhentʃmən] *n* 1) сторо́нник, приве́рженец; приближённый 2) *ист.* оружено́сец; паж

hen-coop [ˈhenkuːp] *n* кле́тка для кур

hen-harrier [ˈhenˌhærɪə(r)] *n* лунь *(птица)*

hen-house [ˈhenˌhaʊs] *n* куря́тник

henna I [ˈhenə] *n* хна

henna II *v* окра́шивать хной

hen party [ˈhenˌpɑːtɪ] *n разг.* деви́чник, же́нская вечери́нка *(тж* **hen night**)

hen-pecked [ˈhenpekt] *a* находя́щийся под каблуко́м у жены́

hepatic [hɪˈpætɪk] *a* 1) печёночный, относящийся к печени 2) полезный для печени 3) красновато-коричневый

hepatitis [ˌhepəˈtaɪtɪs] *n мед.* гепатит

heptagon [ˈheptəgən] *n мат.* семиугольник

her I [hɜː(r)] *pron pers* 1) (*косв. n. от* **she**) её, ей, ею, о ней; **have you seen ~?** видели ли вы её?; **I didn't see ~** я её не видел 2) *разг.* она; **it's ~** это она

her II *pron poss* её; принадлежащий ей; **it is ~ book** это её книга

herald I [ˈherəld] *n* 1) вестник 2) *ист.* герольд

herald II *v* возвещать (о приходе)

heraldic [heˈrældɪk] *a* геральдический

heraldry [ˈherəldrɪ] *n* геральдика

herb [hɜːb] *n* 1) трава, травянистое растение 2) *pl* разнотравье

herbaceous [hɜːˈbeɪʃəs] *a* травянистый

herbage [ˈhɜːbɪdʒ] *n собир.* трава, травяной покров, травостой

herbal [ˈhɜːb(ə)l] *a* травяной, из трав (*об отваре и т. п.*); **~ essence** настойка из трав

herbalist [ˈhɜːbəlɪst] *n* травник, сборщик и знаток лекарственных трав

herbarium [hɜːˈbeərɪəm] *n* гербарий

herbicide [ˈhɜːbɪsaɪd] *n* гербицид

herbivorous [hɜːˈbɪvərəs] *a* травоядный

Herculean [ˌhɜːkjʊˈliːən] *a* 1) геркулесовский, очень сильный 2) очень трудный

herd I [hɜːd] *n* 1) стадо 2) *презр.* толпа 3) *как компонент сложных слов* пастух; скотник (*см.* **cowherd**) 4) *attr* стадный (*об инстинкте*)

herd II *v* 1) ходить стадом (*with*); *перен.* толпиться 2) пасти ◊ **to ~ together** сбиваться в кучу

herdsman [ˈhɜːdzmən] *n* пастух

here [hɪə(r)] *adv* 1) здесь, тут; **~ and there** тут и там, там и сям; **~ and there and everywhere** повсюду; **I am a stranger ~** я нездешний 2) сюда; **bring it ~** неси это сюда 3) вот; **~ he comes** вот он, а вот и он; **~'s your key** вот ваш ключ ◊ **neither ~ nor there** некстати, ни к селу ни к городу; **~ goes!** начали!, начнём!, пошли!; **~ we go again** *разг.* ну опять тоже самое; **~ you are** возьмите, нате; **~'s to you!** за ваше здоровье!

hereabouts [ˌhɪərəˈbaʊts] *adv* где-то здесь, поблизости

hereafter I [hɪərˈɑːftə(r)] *n* 1) будущее 2) загробный мир

hereafter II *adv* в будущем; в дальнейшем

hereby [ˈhɪəˈbaɪ] *adv* 1) таким образом 2) настоящим; этим, сим

hereditary [hɪˈredɪtərɪ] *a* 1) наследственный; наследный; **a ~ ruler** наследный правитель 2) традиционный (*в данной семье, в роду*)

heredity [hɪˈredɪtɪ] *n* наследственность

herein [ˈhɪərˈɪn] *adv* при сём; в этом; отсюда (*в документах*)

hereinafter [ˌhɪərɪnˈɑːftə(r)] *adv* ниже, в дальнейшем (*в документах*)

hereof [hɪərˈɒv] *adv* 1) об этом 2) отсюда, из этого (*в документах*)

here's [hɪəz] *разг.* = **here is**

heresy [ˈherəsɪ] *n* ересь

heretic [ˈherətɪk] *n* еретик; инакомыслящий

heretical [hɪˈretɪkəl] *a* еретический

hereto [hɪəˈtuː] *adv* к этому, к тому (же) (*в документах*)

heretofore [ˌhɪətʊˈfɔː(r)] *adv* прежде, до сих пор (*в документах*)

hereupon [ˌhɪərəˈpɒn] *adv* 1) после этого 2) вследствие этого

herewith [hɪəˈwɪð] *adv* 1) при сём (*прилагается*) 2) настоящим (*сообщается и т. п.*)

heritable [ˈherɪtəbl] *a* 1) наследуемый, могущий передаваться по наследству 2) способный наследовать

heritage [ˈherɪtɪdʒ] *n* наследство; наследие

hermaphrodite [hɜːˈmæfrədaɪt] *n* гермафродит

hermetic I [hɜːˈmetɪk] *n* герметизирующий состав, герметик

hermetic II *a* герметический; герметичный

hermit [ˈhɜːmɪt] *n* отшельник

hermitage [ˈhɜːmɪtɪdʒ] *n* жилище отшельника; уединённое жилище

hernia [ˈhɜːnɪə] *n мед.* грыжа

hero [ˈhɪərəʊ] *n* герой

heroic I [hɪˈrəʊɪk] *n* 1) *pl* высокопарный стиль 2) пятистопный ямб (*тж* **~ verse**)

heroic II *a* 1) героический, геройский 2) высокопарный, напыщенный (*о языке*) 3) эпический, героический

heroin [ˈherəʊɪn] *n* героин

heroine [ˈherəʊɪn] *n* героиня

heroism [ˈherəʊɪz(ə)m] *n* героизм, геройство

heron [ˈherən] *n* цапля

herpes [ˈhɜːpiːz] *n мед.* герпес

herpetology [ˌhɜːpɪˈtɒlədʒɪ] *n* герпетология

herring [ˈherɪŋ] *n* сельдь; **salted ~** солёная селёдка

herring-bone [ˈherɪŋbəʊn] *n* 1) «ёлочка», вышивка *или* шов «ёлочкой» 2) подъём в гору «ёлочкой» (*на лыжах*) 3) кладка кирпичей в «ёлочку» 4) ткань в «ёлочку» (*разновидность твида*)

hers [hɜːz] *pron poss* её; **this book is ~** эта книга её; **of ~** принадлежащий ей, её; **a friend of ~** её приятельница/приятель

herself [hɜːˈself] *pron* 1) *употребляется для усиления* сама́; **she told me this** ~ она́ сама́ мне так сказа́ла; **she does all the cooking** ~ она́ сама́ себе́ гото́вит 2) *refl* себя́, само́е себя́, -сь; **she bought** ~ **a new dress** она́ купи́ла себе́ но́вое пла́тье; **she has hurt** ~ она́ уши́блась 3): **she did it all by** ~ она́ сде́лала э́то всё сама́/одна́; **by** ~ самостоя́тельно; одино́ко; **she lives by** ~ она́ живёт одна́/одино́ко ◊ **she is not** ~ она́ сама́ не своя́; **she came to** ~ она́ пришла́ в себя́

hertz [hɜːts] *n физ.* герц (*единица частоты*)

he's [hiːz] *разг.* = **he is, he has**

hesitant [ˈhezɪt(ə)nt] *a* коле́блющийся, нереши́тельный

hesitate [ˈhezɪteɪt] *v* колеба́ться, не реша́ться; сомнева́ться; **if you have some doubt, don't** ~ **to ask me** если у вас возни́кнут каки́е-ли́бо сомне́ния, обраща́йтесь ко мне без колеба́ний

hesitatingly [ˈhezɪteɪtɪŋlɪ] *adv* нереши́тельно

hesitation [ˌhezɪˈteɪʃ(ə)n] *n* колеба́ние, нереши́тельность; сомне́ние

heterodox [ˈhetərədɒks] *a* неортодокса́льный, ерети́ческий

heterogeneity [ˌhetərəʊdʒɪˈniːɪtɪ] *n спец.* разноро́дность; гетероге́нность

heterogeneous [ˌhetərəʊˈdʒiːnɪəs] *a* разноро́дный; гетероге́нный

heterosexual [ˌhetərəʊˈseksjʊəl] *a* гетеросексуа́льный, испы́тывающий полово́е влече́ние к ли́цам противополо́жного по́ла

het up [hetˈʌp] *a разг.* возбуждённый, взволно́ванный; взви́нченный

heuristic [ˌhjʊ(ə)ˈrɪstɪk] *a* эвристи́ческий

heuristics [ˌhjʊ(ə)ˈrɪstɪks] *n лог.* эври́стика

HEW *сокр.* (**Department of Health, Education, and Welfare**) *амер.* Департа́мент здравоохране́ния, образова́ния и социа́льного обеспе́чения

hew [hjuː] *v* (**hewed; hewed, hewn**) 1) руби́ть, разруба́ть; **to** ~ **one's way** проруба́ть себе́ доро́гу 2) обтёсывать
hew down сруба́ть
hew off отруба́ть
hew out высека́ть, выруба́ть

hewer [ˈhjuːə(r)] *n* 1) дровосе́к 2) каменотёс 3) *горн.* забо́йщик ◊ ~**s of wood and drawers of water** выполня́ющие тяжёлую физи́ческую рабо́ту, чернорабо́чие

hewn [hjuːn] *p. p. см.* **hew**

hex I [heks] *v амер.* 1) занима́ться колдовство́м 2) заколдо́вывать

hex II *n амер.* 1) колдовски́е ча́ры 2) ве́дьма, колду́нья

hexadecimal [ˌheksəˈdesɪm(ə)l] *a мат., вчт* шестнадцатери́чный

hexagon [ˈheksəgən] *n мат.* шестиуго́льник

hexameter [hekˈsæmɪtə(r)] *n лит.* гекза́метр

hey [heɪ] *int* 1) эй! (*оклик*) 2) а? (*выражает вопрос, удивление и т. п.*)

heyday [ˈheɪdeɪ] *n* расцве́т, зени́т, апоге́й

HF *сокр.* (**high frequency**) высо́кая частота́, ВЧ

hf. *сокр.* (**half**) полови́на

HGV *сокр.* (**heavy goods vehicle**) большегру́зный грузово́й автомоби́ль; грузово́й автомоби́ль большо́й грузоподъёмности

H-hour [ˈeɪtʃˌaʊə(r)] *n воен.* час «Ч», вре́мя нача́ла опера́ции

hi [haɪ] *int амер. разг.* 1) приве́т! 2) *см.* **hey**

hiatus [haɪˈeɪtəs] *n* 1) пробе́л, про́пуск 2) *лингв.* зия́ние

hibernate [ˈhaɪbəneɪt] *v* 1) зимова́ть, проводи́ть зи́му в спя́чке (*о животных*) 2) пребыва́ть в безде́йствии

hibernation [ˌhaɪbəˈneɪʃ(ə)n] *n* 1) зи́мняя спя́чка 2) *вчт* состоя́ние ожида́ния, состоя́ние безде́йствия; ~ **mode** режи́м «спя́чки», режи́м пони́женного энергопотребле́ния

Hibernian I [haɪˈbɜːnjən] *n поэт.* ирла́ндец

Hibernian II *a поэт.* ирла́ндский

hiccup I [ˈhɪkʌp] *n* икота́

hiccup II *v* ика́ть

hick [hɪk] *n амер. разг.* се́льский жи́тель, провинциа́л, «дереве́нщина»

hickey [ˈhɪkɪ] *n* 1) *разг.* шту́ка, шту́чка, штуко́вина 2) *эл.* приспособле́ние для крепле́ния электроармату́ры 3) прыщ 4) краснота́ или синя́к от поцелу́я, засо́с 5) *полигр.* мара́шка, пятно́ кра́ски на о́ттиске (*полиграфи́ческий брак*)

hickory [ˈhɪkərɪ] *n бот.* ги́кори, ка́рия (*дерево и древесина*)

hid [hɪd] *past, p. p. см.* **hide**²

hidden I [ˈhɪdn] *a* скры́тый; та́йный; ~ **treasure** клад; ~ **meaning** скры́тый смысл; ~ **unemployment** скры́тая безрабо́тица

hidden II *p. p. см.* **hide**²

hide¹ **I** [haɪd] *n* шку́ра, ко́жа; **raw** ~ сыромя́тная, недублёная ко́жа ◊ **to save one's** ~ спаса́ть свою́ шку́ру; **to tan smb's** ~ отколоти́ть, отдуба́сить кого́-л.

hide¹ **II** *v разг.* вы́пороть, отколоти́ть

hide² *v* (**hid; hid, hidden**) пря́тать; скрыва́ть; **to** ~ **the truth** скрыва́ть пра́вду

hide-and-seek [ˈhaɪdən(d)ˈsiːk] *n* (игра́ в) пря́тки

hideaway [ˈhaɪdəweɪ] *n* укры́тие, убе́жище

hidebound [ˈhaɪdbaʊnd] *a* 1) ограни́ченный, с у́зким кругозо́ром 2) ограни́ченного де́йствия (*о законе, правиле*) 3) о́чень худо́й, недоко́рмленный (*о скоте*)

hideous [ˈhɪdɪəs] *a* 1) стра́шный, ужа́сный, гну́сный 2) *разг.* проти́вный, отврати́тельный

hiding[1] [ˈhaɪdɪŋ] *n разг.* побо́и; **to give a good ~** хороше́нько вы́драть

hiding[2] *n* 1) скрыва́ние; сокры́тие; **in ~** скрыва́ясь, в бега́х 2) та́йное убе́жище

hiding place [ˈhaɪdɪŋpleɪs] *n* потаённое ме́сто, тайни́к; та́йное убе́жище

hie [haɪ] *v поэт.* бы́стро идти́, спеши́ть

hierarchy [ˈhaɪərɑːkɪ] *n* иера́рхия

hieroglyph [ˈhaɪərəglɪf] *n* иеро́глиф

hieroglyphic [ˌhaɪərəˈglɪfɪk] *a* иероглифи́ческий

hieroglyphics [ˌhaɪərəˈglɪfɪks] *n pl* иеро́глифика

hi-fi [ˈhaɪˌfaɪ] *n* высо́кое ка́чество воспроизведе́ния зву́ка (*тж* **high fidelity**)

higgle [ˈhɪgl] *v* торгова́ться

higgledy-piggledy I [ˈhɪgldɪˈpɪgldɪ] *n* полне́йший беспоря́док

higgledy-piggledy II *a* беспоря́дочный, спу́танный

higgledy-piggledy III *adv* в беспоря́дке, как попа́ло

high I [haɪ] *n* 1) *метео* о́бласть повы́шенного давле́ния, антицикло́н 2) высо́кий у́ровень; **to reach a new ~** дости́чь но́вых высо́т 3) *амер. разг.* вы́сшая шко́ла 4) *сленг* «кайф», состоя́ние эйфори́и (*после приня́тия нарко́тика*)

high II *a* 1) высо́кий; возвы́шенный 2) вы́сший, гла́вный, верхо́вный 3) возвы́шенный, благоро́дный 4) интенси́вный, си́льный, высо́кий; **~ blood pressure** высо́кое (кровяно́е) давле́ние; **~ temperature** высо́кая температу́ра 5) дорого́й, высо́кий (*о це́нах и т. п.*); **~ taxes** высо́кие нало́ги; **~ pay** высо́кая зарпла́та; **~ prices** высо́кие це́ны 6) бога́тый, вы́сшего ка́чества; роско́шный; **of ~est quality** вы́сшего ка́чества; **~ life** жизнь в ро́скоши, жизнь вы́сших слоёв, эли́ты 7) высо́кий, ре́зкий (*о зву́ке*) 8) наивы́сший, кра́йний; **~ point** вы́сшая то́чка; наилу́чшее достиже́ние; **it is ~ time to go** давно́ пора́ идти́ 9) слегка́ испо́рченный (*о мя́се*) 10) *фон.* ве́рхний ◊ **~ and dry** а) вы́брошенный на бе́рег (*о су́дне*) б) отста́вший от собы́тий, жи́зни; **~ and low** (лю́ди) вся́кого зва́ния (*см. тж* **high III** ◊); **~ and mighty** *разг.* высокоме́рный; **~, wide, and handsome** *разг.* све́тский, небре́жный; сти́льный, мане́рный; **to be on one's ~ horse** вести́ себя́ высокоме́рно, смотре́ть на всех свысока́; **~ on the list (of priorities)** о́чень ва́жный, подлежа́щий сро́чному рассмотре́нию

high III *adv* 1) высоко́ 2) си́льно; в высо́кой сте́пени; кра́йне; **to run ~** разгора́ться, уси́ливаться 3) до́рого 4) ре́зко (*о зву́ке*) ◊ **to stand ~** быть в почёте; быть на взлёте; **~ and low** везде́, повсю́ду (*см. тж* **high II** ◊); **to run ~** а) подыма́ться, вздыма́ться (*о мо́ре*) б) разгора́ться (*о чу́вствах*)

highball [ˈhaɪbɔːl] *n амер.* «ха́йбол», ви́ски с со́довой и льдом в высо́ком стака́не

high-born [ˈhaɪbɔːn] *a* зна́тного происхожде́ния

high-bred [ˈhaɪbred] *a* 1) поро́дистый, хоро́шей поро́ды 2) хорошо́ воспи́танный

highbrow [ˈhaɪbraʊ] *n разг.* интеллектуа́л, «высоколо́бый»

high capacity [ˌhaɪkəˈpæsɪtɪ] *n* 1) высо́кая пропускна́я спосо́бность 2) высо́кая мо́щность 3) высо́кая производи́тельность

High Church [ˌhaɪˈtʃɜːtʃ] *n* «Высо́кая це́рковь» (*направле́ние в англика́нской це́ркви, тяготе́ющее к католици́зму, придаёт большо́е значе́ние авторите́ту духове́нства, та́инствам, обря́дности и т. п.*)

high-coloured [ˈhaɪˈkʌləd] *a* 1) румя́ный 2) я́ркий, живо́й (*об описа́нии*) 3) приукра́шенный

high-end [ˌhaɪˈend] *a* 1) лиди́рующий в спи́ске (*по какому́-л. показа́телю*) 2) профессиона́льный 3) высокопроизводи́тельный; высококла́ссный, высокока́чественный

higher-up [ˌhaɪərˈʌp] *n разг.* высо́кий чин, ва́жная персо́на, «ши́шка»

highfalutin [ˌhaɪfəˈluːtɪn] *a* напы́щенный

high-flier [ˌhaɪˈflaɪə(r)] *см.* **high-flyer**

high-flown [ˈhaɪfləʊn] *a* напы́щенный

high-flyer [ˌhaɪˈflaɪə(r)] *n* честолю́бец, челове́к с амби́циями

high-frequency [ˌhaɪˈfriːkwənsɪ] *a* высокочасто́тный; коротково́лновый

high-grade [ˈhaɪgreɪd] *a* высокосо́ртный, высокока́чественный

high-handed [ˌhaɪˈhændɪd] *a* вла́стный; своево́льный; высокоме́рный

high hat [ˌhaɪˈhæt] *n амер.* 1) ва́жная персо́на 2) сноб

high-jump [ˈhaɪdʒʌmp] *n разг.* суро́вое наказа́ние

highland [ˈhaɪlənd] *n обыкн. pl* го́рная страна́; **the H.** Се́верное наго́рье, Се́веро-шотла́ндское наго́рье (*се́веро-за́пад Шотла́ндии*) (*тж* **Scottish Highlands, Highlands of Scotland**)

Highlander [ˈhaɪləndə(r)] *n* шотла́ндский го́рец

highlight I [ˈhaɪlaɪt] *n обыкн. pl* 1) светово́й эффе́кт (*в жи́вописи, фотогра́фии*) 2) ос-

371

новной *или* са́мый интере́сный моме́нт 3) *вчт* подсве́тка, выделе́ние ◊ **to be in the ~** быть в це́нтре внима́ния

highlight II *v* 1) выдвига́ть на пе́рвый план; привлека́ть внима́ние *(к чему-л.)*, высве́чивать ва́жность *и т. п. (чего-л.)* 2) *вчт* подсве́чивать, выделя́ть подсве́ткой

highlighter [ˈhaɪlaɪtə(r)] *n* ма́ркер

highly [ˈhaɪlɪ] *adv* 1) о́чень, весьма́; си́льно; **~ amusing** о́чень заба́вный 2) благоприя́тно, благоскло́нно; положи́тельно; **to think ~ of smb** высоко́ цени́ть кого́-л.

high-minded [ˌhaɪˈmaɪndɪd] *a* благоро́дный, высоконра́вный

highness [ˈhaɪnɪs] *n* 1) высота́; возвы́шенность 2) высо́кая сте́пень чего́-л. 3) : (H.) Высо́чество *(титул)*; **Your (His) H.** Ва́ше (Его́) Высо́чество

high order [haɪˈɔːdə] *n мат., вчт* ста́рший разря́д

high-pitched [ˌhaɪˈpɪtʃt] *a* 1) высо́кий, ре́зкий *(о звуке, голосе)* 2) острове́рхий *(о крыше)* 3) возвы́шенный *(о стиле)*

high-pressure [ˌhaɪˈpreʃə(r)] *a* 1) рабо́тающий под высо́ким давле́нием *(о машине и т. п.)* 2) ока́зывающий давле́ние; агресси́вный; интенси́вный, напряжённый

high-priority [ˌhaɪpraɪˈɒrɪtɪ] *a* первоочередно́й, са́мый ва́жный

high profile [ˌhaɪˈprəʊfaɪl] *n* привлече́ние внима́ния *(к чему-л.)*, выставле́ние напока́з; реклами́рование

high road [ˈhaɪˈrəʊd] *см.* highway

high-roller [ˌhaɪˈrəʊlə(r)] *n амер. сленг* мот, транжи́ра

high season [ˈhaɪˌsiːz(ə)n] *n* пик, разга́р сезо́на *(на курорте)*, *проф.* «высо́кий сезо́н»

high-sounding [ˌhaɪˈsaʊndɪŋ] *a* претенцио́зный, напы́щенный, гро́мкий

high-speed [ˌhaɪˈspiːd] *a* высокоскоростно́й

high-spirited [ˌhaɪˈspɪrɪtɪd] *a* живо́й, весёлый; по́лный жи́зни

high spot [ˌhaɪˈspɒt] *n сленг* изве́стное ме́сто, ва́жное собы́тие *и т. п.*

high-stepper [ˌhaɪˈstepə] *n* челове́к ва́жного, велича́вого ви́да

High Street [ˌhaɪˈstriːt] *n* Гла́вная у́лица *(название гла́вной улицы города или городско́го района в Великобритании)*

high-strung [ˈhaɪstrʌŋ] *a* чувстви́тельный; не́рвный

high table [ˌhaɪˈteɪbl] *n* «высо́кий стол» *(стол на возвыше́нии в столо́вой колле́джа для профессоро́в и членов сове́та колле́джа)*

high tea [ˌhaɪˈtiː] *n* чай с пло́тной заку́ской; ра́нний у́жин с ча́ем

high tech [ˌhaɪˈtek] *n* высо́кая техноло́гия *(особ. в электронике)* *(тж* **high technology)**

high tension [ˌhaɪˈtenʃ(ə)n] *n эл.* высо́кое напряже́ние

high tide [ˈhaɪˈtaɪd] *n мор.* прили́в; по́лная вода́

high-up [ˈhaɪˈʌp] *n разг.* ва́жная персо́на, «ши́шка»

high voltage [ˌhaɪˈvəʊltədʒ] *n эл.* высо́кое напряже́ние

highway [ˈhaɪweɪ] *n* 1) автомагистра́ль, автостра́да, шоссе́ 2) прямо́й путь *(к чему-л.)*; **on the ~ to success** на пути́ к успе́ху

highwayman [ˈhaɪweɪmən] *n ист.* разбо́йник с большо́й доро́ги

hijack I [ˈhaɪdʒæk] *n* уго́н, похище́ние *(напр. самолёта)* *(тж* **hijacking)**

hijack II *v* 1) угоня́ть, похища́ть *(напр. самолёт)* 2) соверша́ть налёт на това́рный по́езд, грузово́й автомоби́ль *и т. п.* с це́лью грабежа́ 3) захва́тывать власть *(в организа́ции, партии и т. п.)*

hijacker [ˈhaɪdʒækə(r)] *n* возду́шный пира́т, уго́нщик самолётов

hike I [haɪk] *n* 1) дли́тельная пе́шая прогу́лка; похо́д 2) *амер.* повыше́ние *(цен и т. п.)*

hike II *v* 1) *разг.* ходи́ть пешко́м, гуля́ть 2) бродя́жничать 3) *воен.* идти́ пе́шим стро́ем

hiking [ˈhaɪkɪŋ] *n* пе́шие похо́ды; **to go ~** ходи́ть в пе́шие похо́ды

hilarious [hɪˈleərɪəs] *a* 1) о́чень заба́вный, умори́тельный 2) весёлый, шу́мный

hilarity [hɪˈlærɪtɪ] *n* шу́мное весе́лье, весёлость

hill I [hɪl] *n* 1) холм, возвы́шенность; го́рка 2) ку́ча 3) укло́н *(дороги)*

hill II *v* 1) насыпа́ть ку́чу 2) оку́чивать *(растения)*

hillbilly [ˈhɪlˌbɪlɪ] *n амер. презр.* деревéнщина

hillock [ˈhɪlək] *n* хо́лмик, буго́р

hillside [ˈhɪlˌsaɪd] *n* склон холма́, горы́; косого́р

hillwalking [ˈhɪlˌwɔːkɪŋ] *n* пе́шие похо́ды по холми́стой ме́стности

hilly [ˈhɪlɪ] *a* холми́стый

hilt [hɪlt] *n* рукоя́тка *(кинжала и т. п.)*, эфéс *(сабли и т. п.)* ◊ **(up) to the ~** целико́м и по́лностью

him [hɪm] *pron pers* 1) *(косв. п. от he)* его́, ему́, им, о нём 2) *разг.* он; **that's ~** э́то он

himself [hɪmˈself] *pron* 1) *refl* себя́, самого́ себя́, -ся; **he persuaded ~** он убежда́л самого́ себя́; **he works for ~** он рабо́тает на себя́; **he hurt ~** он уши́бся 2) *употребляется для усиления* сам; **he did it all ~** он сде́лал всё сам/оди́н 3): **by ~** самостоя́тельно, сам,

оди́н; **he lives by ~** он живёт оди́н/оди-
но́ко ◊ **he is not ~** он сам не свой; **he came
to ~** он пришёл в себя́

hind[1] [haɪnd] *n ист.* 1) *шотл.* рабо́тник на
фе́рме 2) *презр.* дереве́нщина

hind[2] *n* са́мка оле́ня

hind[3] *a* за́дний

hinder I [ˈhaɪndə(r)] *a* за́дний

hinder II [ˈhɪndə(r)] *v* меша́ть, препя́тство-
вать; служи́ть поме́хой; **don't ~ me in my
work** не меша́йте мне рабо́тать

Hindi [ˈhɪndɪ] *n* язы́к хи́нди

hindmost [ˈhaɪndməʊst] *a* 1) са́мый за́дний 2)
са́мый отдалённый

hindrance [ˈhɪndrəns] *n* препя́тствие, поме́-
ха; **I don't want to be a ~ to you** я не хочу́
быть вам поме́хой

hindsight [ˈhaɪndsaɪt] *n* 1): **to see with ~** по-
нима́ть за́дним число́м, быть кре́пким за́д-
ним умо́м 2) *воен.* прице́л

Hindu I [ˈhɪndu:] *n* инду́с

Hindu II *a* инду́сский

Hinduism [ˈhɪndu:ɪz(ə)m] *n* индуи́зм

Hindustani [ˌhɪndʊˈstɑ:nɪ] *n* язы́к хинду-
ста́ни

hinge I [hɪndʒ] *n* 1) шарни́р, пе́тля 2) суть;
сте́ржень, ось ◊ **off the ~s** в расстро́йстве, в
разо́бранном ви́де

hinge II *v* 1) зави́сеть *(от чего-л. — on)*; **all ~s
on the weather** всё зави́сит от пого́ды 2)
висе́ть на пе́тлях, враща́ться на шарни́рах
3) приве́шивать на пе́тлях, прикрепля́ть на
шарни́рах

hint I [hɪnt] *n* 1) намёк; **to drop/to give a ~**
намекну́ть; **to take a ~** поня́ть намёк 2)
сове́т; **~s on cooking** кулина́рные сове́ты 3)
тень, лёгкий след; **a ~ of perfume** сла́бый
за́пах духо́в

hint II *v* намека́ть *(на что-л. — at, that)*; **what
are you ~ing at?** на что ты намека́ешь?

hinterland [ˈhɪntəlænd] *n* 1) райо́н(ы) вглубь
от прибре́жной полосы́ *или* грани́цы 2)
райо́н, тяготе́ющий к како́му-л. це́нтру 3)
воен. глубо́кий тыл

hip[1] [hɪp] *n* бедро́; **measurement round the ~s**
объём бёдер

hip[2] *n* я́года, плод шипо́вника

hip[3] *a сленг* 1) сти́льный, клёвый 2) зна́ющий,
понима́ющий *(to)*

hip[4] *int* **:~, ~, hurrah!** гип, гип, ура́!

hip bath [ˈhɪpbɑ:θ] *n* малогабари́тная, сидя́-
чая ва́нна

hip flask [ˈhɪpflɑ:sk] *n* пло́ская (карма́нная)
фля́жка *(обыкн. с алкоголем)*

hip hop [ˈhɪphɒp] *n* 1) хип-хо́п *(современный
музыкальный стиль с использованием эле-*

*ментов рэпа, подчёркнутого ритма и сэм-
плов, зародился в среде афроамериканцев в
конце 20 в.)* 2) хип-хоп-культу́ра *(появив-
шаяся в конце 20 в. уличная культура афроамериканцев; включает музыку стиля
хип-хоп, брейк-данс и творчество диджеев)*

hipped [hɪpt] *a амер. сленг* 1) поме́шанный
(на чём-л.) 2) заде́тый, оби́женный

hippie [ˈhɪpɪ] *n разг.* хи́ппи

hippo [ˈhɪpəʊ] *сокр. разг. см.* **hippopotamus**

hippodrome [ˈhɪpədrəʊm] *n* 1) да́нсинг 2) ип-
подро́м 3) цирк

hippopotamus [ˌhɪpəˈpɒtəməs] *n* (*pl тж*
hippopotami [ˌhɪpəˈpɒtəmaɪ]) гиппопота́м,
бегемо́т

hippy [ˈhɪpɪ] *см.* **hippie**

hipster[1] [ˈhɪpstə(r)] *n сленг* стиля́га; би́тник

hipster[2] *a* держа́щийся, сидя́щий на бёдрах
(об одежде)

hire I [ˈhaɪə(r)] *n* 1) наём, прока́т; **the ~ of a
building** сня́тие помеще́ния; **to let out on ~**
сдава́ть внаём; дава́ть напрока́т 2) пла́та за
наём

hire II *v* нанима́ть; снима́ть
hire out сдава́ть внаём, дава́ть напрока́т

hireling [ˈhaɪəlɪŋ] *n презр.* наёмник, найми́т

hire purchase [ˈhaɪəˈpɜ:tʃəs] *n* поку́пка в
рассро́чку, в креди́т *(амер.* **instalment plan***)*

hirsute [ˈhɜ:sju:t] *a* волоса́тый; косма́тый;
непричёсанный

his [hɪz] *pron poss* его́; принадлежа́щий ему́;
it is ~ book э́то его́ кни́га

Hispanic I [hɪˈspænɪk] *n* испаноговоря́щий
*(особ. латиноамериканского происхожде-
ния)*, живу́щий в США

Hispanic II *a* 1) относя́щийся к Испа́нии 2)
относя́щийся к испаноязы́чным странам;
латиноамерика́нский

Hispanist [ˈhɪspənɪst] *n* фило́лог-испани́ст

hiss I [hɪs] *n* шипе́ние

hiss II *v* 1) шипе́ть 2) освисты́вать
hiss away/down/off освиста́ть, прогна́ть *(со
сцены и т. п.)*

histamine [ˈhɪstəmɪn] *n биол.* гистами́н

histology [hɪˈstɒlədʒɪ] *n* гистоло́гия

historian [hɪˈstɔ:rɪ(ə)n] *n* исто́рик

historic [hɪˈstɒrɪk] *a* истори́ческий, име́ющий
истори́ческое значе́ние

historical [hɪˈstɒrɪk(ə)l] *a* 1) истори́ческий,
относя́щийся к исто́рии; истори́чески уста-
но́вленный *(о факте и т. п.)* 2) истори́че-
ский *(о фильме, романе)*

historiography [hɪˌstɔ:rɪˈɒɡrəfɪ] *n* историо-
гра́фия

history [ˈhɪstərɪ] *n* 1) исто́рия 2) *мед.* исто́рия
боле́зни

histrionic [ˌhɪstrɪˈɒnɪk] *a* 1) актёрский; театра́льный, сцени́ческий 2) наи́гранный, театра́льный

histrionics [ˌhɪstrɪˈɒnɪks] *n pl* 1) театра́льность, наи́гранность, неесте́ственность 2) театра́льное иску́сство

hit I [hɪt] *n* 1) уда́р, толчо́к 2) попада́ние; **direct ~** прямо́е попада́ние 3) *разг.* хит: пе́сня, спекта́кль, фильм и *т. п.*, по́льзующиеся больши́м комме́рческим успе́хом; **to make a ~** име́ть успе́х; **the new play was a big ~** но́вая пье́са име́ла шу́мный успе́х/была́ гвоздём сезо́на 4) вы́пад; нападки (*at*); **that's a ~ at you** э́то в твой а́дрес 5) уда́ча

hit II *v* (*past, p. p.* **hit**) 1) ударя́ть, бить 2) ударя́ться; ста́лкиваться; **he was ~ by a car** его́ сби́ла маши́на 3) попада́ть в цель 4) задева́ть за живо́е; **to ~ it** попа́сть в то́чку 5) (случа́йно) найти́, напа́сть, натолкну́ться (*на мысль и т. п. — ирон*) 6) *разг.* добира́ться (*куда-л.*); **to ~ the town** добра́ться до го́рода 7) *разг.* распи́ть (буты́лку) 8) *амер. сленг* огра́бить; уби́ть ◊ **to ~ below the belt** бить ни́же по́яса; поступа́ть нече́стно, несправедли́во, ни́зко; **to ~ the hay/sack** *разг.* ложи́ться спать; **to ~ home** оказа́ть благотво́рное влия́ние; **to ~ the road**/*амер.* **trail** *сленг* уйти́, скры́ться; **this will ~ the pocket** э́то уда́рит по карма́ну

hit back 1) нанести́ отве́тный уда́р 2) отве́тить на напа́дки

hit in забро́сить (мяч)

hit off 1) *разг.* копи́ровать, подража́ть (*кому-л.*) 2) **~ it off** *разг.* дружи́ть, ла́дить (*с кем-л.*)

hit out критикова́ть (*кого-л.*); напада́ть на (*кого-л.*)

hit up 1) уда́ром подбро́сить (мяч) вверх 2) *амер. разг.* усе́рдно рабо́тать; с чу́вством игра́ть (*на музыка́льных инструме́нтах*)

hitch I [hɪtʃ] *n* 1) заде́ржка, зами́нка, поме́ха; **without a ~** гла́дко, без поме́х; ≅ без сучка́, без задо́ринки 2) толчо́к 3) у́зел, пе́тля 4) заце́пка

hitch II *v* 1) зацепля́ться, закрепля́ться; сцепля́ть, скрепля́ть 2) привя́зывать (*лошадь*) 3) подта́лкивать, подтя́гивать, тащи́ть 4) *разг. см.* **hitchhike**

hitchhike [ˈhɪtʃhaɪk] *v* путеше́ствовать на попу́тных маши́нах, автосто́пом

hither [ˈhɪðə(r)] *adv книжн.* сюда́; **~ and thither** туда́ и сюда́

hitherto [ˌhɪðəˈtuː] *adv* до настоя́щего вре́мени, до сих пор

hitman [ˈhɪtmæn] *n сленг* наёмный, профессиона́льный уби́йца

hit parade [ˈhɪtpəˌreɪd] *n* (the ~) *уст.* хит-пара́д (*публикуемый в специа́льных изда́ниях или передаваемый по радио и ТВ список самых популярных песен, музыкальных клипов, альбомов*) (*тж* **charts**)

HIV *сокр.* (**human immunodeficiency virus**) ви́рус иммунодефици́та челове́ка, ВИЧ

hive I [haɪv] *n* 1) у́лей 2) пчели́ный рой 3) ме́сто, центр делово́й акти́вности 4) киша́щая ма́сса; ≅ мураве́йник

hive II *v* 1) сажа́ть (пчёл) в у́лей 2) посели́ть, приюти́ть 3) ро́йться 4) жить всем вме́сте, сообща́

hives [haɪvz] *n pl мед.* сыпь; крапи́вница

HIV positive [ˌeɪtʃ aɪˈviː ˈpɒzɪtɪv] *a* ВИЧ-инфици́рованный

HL *сокр.* (**the House of Lords**) пала́та ло́рдов (*в парла́менте Великобрита́нии*)

hl *сокр.* (**hectolitre(s)**) гектоли́тр(ы)

HM *сокр.* 1) (**Her (or His) Majesty('s)**) Её (*или* Его́) Вели́чество 2) (**headmaster**) дире́ктор шко́лы

HMG *сокр.* (**Her or His Majesty's Government**) прави́тельство Её (*или* Его́) Вели́чества короле́вы (короля́) Великобрита́нии

ho [həʊ] *int* эй!

ho. *сокр.* (**house**) дом

hoar I [hɔː(r)] *n* 1) и́ней; и́зморозь 2) ста́рость

hoar II *a поэт., книжн.* седо́й, побеле́вший

hoard I [hɔːd] *n* 1) запа́с(ы), накопле́ния; припря́танные де́ньги 2) подбо́р фа́ктов

hoard II *v* запаса́ть; копи́ть, припря́тывать

hoarder [ˈhɔːdə(r)] *n* запа́сливый челове́к; скопидо́м

hoarding [ˈhɔːdɪŋ] *n* 1) щит для афи́ш, рекла́мных объявле́ний 2) вре́менный забо́р вокру́г стро́йки

hoar-frost [ˈhɔːˈfrɒst] *n* и́ней; и́зморозь

hoarse [hɔːs] *a* хри́плый, охри́пший; **to cry/to talk oneself ~** докрича́ться/договори́ться до хрипоты́, охри́пнуть от кри́ка/разгово́ра

hoary [ˈhɔːrɪ] *a* 1) седо́й 2) дре́вний, ста́рый 3) изби́тый (*о шу́тке, анекдо́те*); ≅ с бородо́й

hoax I [həʊks] *n* 1) ро́зыгрыш, шу́тка, трюк 2) обма́н, мистифика́ция

hoax II *v* разыгра́ть, провести́, подшути́ть

hob [hɒb] *n* 1) по́лка в ками́не для подогрева́ния пи́щи 2) ве́рхняя нагрева́тельная пло́скость плиты́ (*с горе́лками*)

hobble I [ˈhɒbl] *n* 1) хромота́, прихра́мывание 2) пу́ты

hobble II *v* 1) прихра́мывать, хрома́ть, ковыля́ть 2) запина́ться 3) стрено́жить ло́шадь

hobbledehoy [ˈhɒbldɪhɔɪ] *n разг.* 1) неуклю́жий подро́сток 2) хулига́н

hobby [ˈhɒbɪ] *n* хóбби, любúмое заня́тие

hobby-horse [ˈhɒbɪhɔːs] *n* 1) игрýшечная лошáдка, пáлочка с лошадúной головóй 2) любúмая тéма разговóра, конёк; **to start on one's ~** сесть на своегó любúмого конькá

hobgoblin [ˌhɒbˈɡɒblɪn] *n* 1) бесёнок, чертёнок; домовóй 2) хобгóблин *(злой дух в виде карлика-уродца)* 3) пýгало, страшúлище

hobnail [ˈhɒbneɪl] *n* сапóжный гвоздь *(с большóй шля́пкой)*

hobnob [ˈhɒbnɒb] *v* 1) водúть компáнию, тéсно общáться; якшáться 2) выпивáть вмéсте

hobo [ˈhəʊbəʊ] *n амер.* стрáнствующий рабóчий, хóбо; бродя́га

hock[1] **I, II** [hɒk] *см.* **hough I, II**

hock[2] *n* рейнвéйн *(вино)*

hock[3] **I** *n амер. сленг* залóг, заклáд; **in ~** а) в заклáде б) в тюрьмé

hock[3] **II** *v сленг* заклáдывать *(вещь)*

hockey [ˈhɒkɪ] *n* 1) хоккéй на травé; **ice ~** хоккéй с шáйбой 2) *амер.* хоккéй с шáйбой

hocus [ˈhəʊkəs] *v* 1) обмáнывать, одурáчивать, разы́грывать 2) одурмáнивать наркóтиками

hocus-pocus I [ˈhəʊkəsˈpəʊkəs] *n* фóкус; продéлка, обмáн

hocus-pocus II *v* продéлать фóкус, одурáчить; обманýть, надýть

HOD *сокр.* **(home and office delivery)** достáвка *(товаров)* домóй и в óфис

hod [hɒd] *n стр.* лотóк *(для подноски кирпичéй, извести)*

hodgepodge [ˈhɒdʒpɒdʒ] *см.* **hotchpotch**

Hodgkin's disease [ˈhɒdʒkɪnz dɪˌziːz] *n мед.* лимфогранулематóз, хронúческий злокáчественный лимфоматóз, болéзнь Хóджкина

hodman [ˈhɒdmən] *n* 1) подрýчный кáменщика 2) литератýрный подёнщик, литератýрный «негр»

hoe I [həʊ] *n* моты́га

hoe II *v* моты́жить, разрыхля́ть зéмлю

hoe-cake [ˈhəʊkeɪk] *n амер.* кукурýзная лепёшка

hog I [hɒɡ] *n* 1) свинья́; бóров 2) *разг.* жáдный грýбый человéк; **greedy ~** обжóра 3) годовáлая овцá ◊ **to go the whole ~** дéлать что-л. основáтельно и до концá; идтú на всё, ни перед чéм не останáвливаться; идтú напролóм

hog II *v* 1) *разг.* жáдно хватáть, загребáть; скопидóмничать 2) выгибáть(ся); искривля́ться

hogback [ˈhɒɡbæk] *n* óстрый грéбень холмá

hoggish [ˈhɒɡɪʃ] *a* 1) свúнский, гря́зный 2) жáдный

Hogmanay [ˈhɒɡməneɪ] *n шотл.* 1) канýн Нóвого гóда 2) новогóдний пирóг, подáрок *(особ. детям)*

hogshead [ˈhɒɡzhed] *n* 1) большáя бóчка 2) хóгсхед *(мера жидкости —около 238 л)*

hogwash [ˈhɒɡwɒʃ] *n* 1) *разг.* чушь, ерундá, чепухá 2) кýхонные отбрóсы, помóи *(для свинéй)*

hoick [hɔɪk] *n разг.* рéзкий толчóк, рывóк

hoist I [hɔɪst] *n* 1) подъём, подня́тие 2) подъёмник, лифт 3) лебёдка

hoist II *v* 1) поднимáть *(флаг, парусá, груз)* 2) подсáживать ◊ **to ~ with one's own petard** навредúть себé самомý(, замышля́я недóброе прóтив другóго), ≅ попáсть в я́му, вы́рытую другóму

hoity-toity I [ˌhɔɪtɪˈtɔɪtɪ] *a* 1) надмéнный; снобúстский; вáжничающий 2) обúдчивый

hoity-toity II *int ирон.* скажúте пожáлуйста!

hokey [ˈhəʊkɪ] *a амер. сленг* сентиментáльно-слащáвый; мелодрамáтический

hokey-pokey [ˌhəʊkɪˈpəʊkɪ] *n разг.* 1) *см.* **hocus-pocus** 2) сорт морóженого

hokum [ˈhəʊkəm] *n амер. сленг* 1) *театр., кино* сцéна, диалóг *и т. п.*, рассчúтанные на дешёвый эффéкт; ненатурáльные стрáсти 2) чушь, ахинéя

hold[1] **I** [həʊld] *n* 1) захвáт, захвáтывание, взя́тие; завладéние; **to catch/to take ~ of smth** ухватúться за что-л.; овладевáть чем-л.; **to keep a tight ~ on** крéпко держáть *(за что-л.)*; **to let go one's ~ of** выпускáть из рук 2) ушкó, захвáт 3) власть; влия́ние; **to have some ~ over smb** имéть какýю-то власть над кем-л.; **to get a firm ~ of** прóчно завладéть 4) *спорт.* захвáт *(в борьбé)*

hold[1] **II** *v (past, p. p. held)* 1) держáть, удéрживать; поддéрживать 2) вмещáть; содержáть, заключáть в себé; **the kettle ~s 2 litres** чáйник вмещáет два лúтра 3) имéть; владéть 4) занимáть *(пост, дóлжность)* 5) держáться, не поддавáться, выдéрживать; **will the rope ~?** вы́держит ли верёвка? 6) проводúть, устрáивать *(собрáние, меропрúятие, конферéнцию и т. п.)*; **to ~ talks** вестú переговóры 7) сдéрживать, останáвливать; задéрживать 8) считáть, полагáть 9) оставáться в сúле *(о закóне и т. п.)*; **this rule will ~ in all cases** э́то прáвило отнóсится ко всем слýчаям 10) резервúровать *(местá)* ◊ **to ~ aloof** избегáть óбщества, сторонúться людéй; **to ~ cheap** презирáть; **~ everything!/it!** прекратúть!, стоп!; **~ hard!** стой!; **to ~ the fort** а) врéменно замещáть б) спрáвиться с нештáтной ситуáцией; **to ~ good/valid** быть действúтельным; **to ~**

smb's hand поддéрживать когó-л. в трýдную минýту; **to ~ one's horses** *разг.* убáвить темп, тон *и т. п.*; ≅ попридержáть конéй; **to ~ the line** а) не уступáть б) продолжáть разговóр по телефóну, продолжáть занимáть телефóн; **to ~ one's tongue** *разг.* попридержáть язык; **to ~ water** быть послéдовательным, логúчным *(об аргумéнте)*; **this argument won't ~ water** э́тот аргумéнт не выдéрживает крúтики; **there is no ~ing him** с ним не слáдить, егó не удержáть

hold against имéть претéнзии к *(кому-л.)*, имéть *(что-л.)* прóтив

hold back 1) удéрживать, сдéрживать, придéрживать 2) сдéрживать *(чувства)* 3) препя́тствовать развúтию 4) задéрживать *(когó-л., что-л.)* 5) утáивать 6) оставáться в сторонé; удéрживаться 7) мешáть *(сдéлать что-л.)*

hold by придéрживаться *(чегó-л.);* поступáть в соотвéтствии с *(чем-л.)*

hold down 1) удéрживать на нúзком ýровне 2) сдéрживать рвóту 3) держáться за мéсто, удéрживаться на рабóте 4) держáть в подчинéнии

hold forth разглагóльствовать, распространя́ться

hold in 1) втя́гивать *(что-л.)* 2) удéрживать *(лóшадь и т. п.)* 3) сдéрживать себя́

hold off 1) держáться на расстоя́нии 2) прерывáть(ся), отклáдывать(ся)

hold on 1) продолжáть держáться *(за что-л.);* удéрживаться 2) прикрепля́ть 3) продолжáться, длúться 4) продолжáть путь, движéние 5) ждать у телефóна, не вéшать трýбку 6) *разг.* продержáться; не уступáть, не отступáть

hold out 1) протянýть рýку 2) напрáвить орýжие 3) выражáть *(надéжду и т. п.)* 4) быть достáточным, хватáть 5) продержáться, не уступáть

hold over отклáдывать на бóлее пóздний срок

hold together оставáться цéлым, едúным

hold up 1) поднимáть, поддéрживать 2) задéрживать *(когó-л., что-л.)* 3) останáвливать с цéлью ограблéния; грáбить с применéнием орýжия 4) *амер. разг.* отбирáть мнóго дéнег 5) приводúть в кáчестве примéра 6) выдéрживать; держáть под контрóлем

hold² *n* трюм

holdall [ˈhəʊldɔːl] *n* 1) большáя мя́гкая сýмка с рýчками 2) я́щик для инструмéнтов

hold-back [ˈhəʊldbæk] *n* помéха, препя́тствие

holder [ˈhəʊldə(r)] *n* 1) рýчка, рукоя́тка 2) держáтель, обладáтель, владéлец; арендáтор; **ticket/licence ~** обладáтель билéта/владéлец лицéнзии

holdfast [ˈhəʊldfɑːst] *n* 1) крéпкая хвáтка, захвáт; **to lose one's ~** вы́пустить из рук 2) *тех.* скобá, крюк

holding [ˈhəʊldɪŋ] *n* 1) (арендóванный) учáсток землú 2) владéние *(цéнными бумáгами, акциями)* 3) удéрживание, закреплéние

holding company [ˈhəʊldɪŋ ˈkʌmpəni] *n эк.* хóлдинговая компáния

hold-up [ˈhəʊldʌp] *n разг.* 1) вооружённый налёт, ограблéние 2) останóвка, затóр *(в движéнии трáнспорта);* прóбка

hole I [həʊl] *n* 1) дырá, отвéрстие; **a ~ in the defence** брешь в оборóне 2) углублéние, я́ма, я́мка 3) лýнка для мячá 4) норá 5) *разг.* убóгое жилúще, «берлóга» 6) захолýстье, «дырá» 7) *разг.* затруднúтельное положéние; **in a ~** в бедé, в бéдственном положéнии ◊ **to make a ~ in** опустошúть, разбазáрить *(запáсы, сбережéния и т. п.)*

hole II *v* 1) пробивáть отвéрстия; продыря́вливать 2) зарывáться, уходúть в норý 3) загоня́ть шар в лýнку

hole-and-corner [ˈhəʊlənd ˈkɔːnə(r)] *a* тáйный, скры́тый

holey [ˈhəʊli] *a* дыря́вый

holiday [ˈhɒlɪdeɪ] *n* 1) *(чáсто pl)* óтпуск; **school ~s** шкóльные канúкулы; **to be on ~** он в óтпуске; **to take/to make ~** взять óтпуск 2) день óтдыха; нерабóчий, выходнóй день; прáздник; **bank/public ~** официáльный выходнóй день 3) *attr* прáздничный; каникуля́рный

holiday-maker [ˈhɒlɪdɪˌmeɪkə(r)] *n* отдыхáющий, отпускнúк

holiness [ˈhəʊlɪnɪs] *n* 1) свя́тость 2): **His H.** Егó Святéйшество *(тúтул пáпы рúмского)*

holistic [hɒˈlɪstɪk] *a* цéлостный

holla I [ˈhɒlə] *n* óклик, óкрик

holla II *int* эй!

holland [ˈhɒlənd] *n* 1) холст, полотнó; **brown ~** небелёное сурóвое полотнó 2) *pl* **(H.)** голлáндская вóдка, джин

Hollander [ˈhɒləndə(r)] *n* 1) голлáндец 2) голлáндский корáбль

holler [ˈhɒlə(r)] *v амер. сленг* кричáть, орáть

hollow I [ˈhɒləʊ] *n* 1) впáдина, углублéние; пóлость, пустотá 2) дуплó 3) лощúна

hollow II *a* 1) пóлый, пустóй, пустотéлый 2) ввáлившийся, впáлый; **~ cheeks** впáлые щёки; **~ eyes** ввáлившиеся глазá 3) глухóй *(о звýке, тóне)* 4) голóдный 5) пустóй, незначúтельный, бесполéзный; **a ~ victory**

бесполе́зная побе́да 6) неи́скренний, фальши́вый

hollow III *v* выда́лбливать (*тж* to ~ **out**)

hollow IV *adv разг.* соверше́нно, по́лностью

hollow-eyed [ˈhɒləʊaɪd] *a* с вва́лившимися глаза́ми

hollow-hearted [ˈhɒləʊˈhɑːtɪd] *a* неи́скренний

hollowware [ˈhɒləʊˌweə(r)] *n собир.* ча́йники, кувши́ны *и т. п.* (*глубокая посуда*)

holly [ˈhɒlɪ] *n бот.* па́дуб

hollyhock [ˈhɒlɪhɒk] *n бот.* ма́льва, алте́й ро́зовый

Hollywood [ˈhɒlɪwʊd] *n* 1) Голливу́д, центр америка́нской киноиндустри́и 2) *перен.* америка́нская кинематогра́фия

holm[1] [həʊm] *n* 1) острово́к на реке́, о́зере 2) по́йма

holm[2] *n бот.* дуб ка́менный

holm-oak [ˈhəʊmˈəʊk] *см.* **holm**[2]

holocaust [ˈhɒləkɔːst] *n* 1) ма́ссовая ги́бель, всео́бщее уничтоже́ние; **nuclear** ~ я́дерная катастро́фа 2) сожже́ние же́ртвы 3) (the H.) холоко́ст, ма́ссовое уничтоже́ние евре́ев наци́стами в 1939 – 45 гг.

hologram [ˈhɒləgræm] *n физ.* гологра́мма (*тж* **holograph**)

holography [hɒˈlɒgrəfɪ] *n физ.* гологра́фия

holster [ˈhəʊlstə(r)] *n* кобура́

holt I [həʊlt] *n поэт.* 1) ро́ща 2) леси́стый холм

holt II *n* нора́ вы́дры

holy [ˈhəʊlɪ] *a* свято́й; свяще́нный; ~ **water** свята́я вода́; ~ **day** религио́зный пра́здник; **the H. Family** *библ.* Свято́е семе́йство; **H. Father** па́па ри́мский; **the H. Land** Палести́на, Иуде́я; **H. Bible, H. Writ, H. Scripture** Свяще́нное Писа́ние, Би́блия; **the H. See** святе́йший престо́л, па́пский престо́л; **H. Spirit** *библ.* Свято́й Дух; **H. Week** Страстна́я неде́ля

holystone I [ˈhəʊlɪstəʊn] *n* песча́ник (*для чистки палубы*); пе́мза

holystone II *v* чи́стить, дра́ить пе́мзой (*палубу*)

homage [ˈhɒmɪdʒ] *n* 1) уваже́ние, почте́ние; **to pay/to do** ~ засвиде́тельствовать почте́ние, ока́зывать зна́ки глубо́кого уваже́ния 2) *ист.* принесе́ние васса́лом кля́твы ве́рности сеньо́ру

home I [həʊm] *n* 1) дом; **at** ~ до́ма; **to feel at** ~ быть как до́ма; **make yourself at** ~ бу́дьте как до́ма; **he is from** ~ его́ нет до́ма 2) дома́шний оча́г; семья́, родны́е; дома́шний круг 3) ро́дина, отчи́зна 4) прию́т; **a** ~ **for the old** дом (*для*) престаре́лых 5) ме́сто возникнове́ния, зарожде́ния (*чего-л.*) 6) дом (*в играх*) ◊ **to be at** ~ (*at, in, on, with*) хорошо́ знать (*что-л.*); свобо́дно владе́ть (*предметом, темой*); **for me this is** ~ **from** ~ э́то мой второ́й дом

home II *a* 1) дома́шний; семе́йный; родно́й; ~ **language** *амер.* родно́й язы́к 2) вну́тренний (*о торговле, политике и т. п.*); оте́чественный (*о товарах и т. п.*) 3) *спорт.* игра́емый на своём по́ле (*о матче*)

home III *v* 1) возвраща́ться домо́й (*особ. о почтовом голубе*) 2) наводи́ть на цель по ра́дио *и т. п.* (*о ракетах*) 3) предоставля́ть дом (*кому-л.*)

home IV *adv* 1) домо́й; **on the way** ~ по доро́ге домо́й; **to write** ~ писа́ть пи́сьма домо́й 2) *амер.* до́ма 3) в цель, в то́чку; **to strike** ~ попа́сть в цель, в то́чку 4) до отка́за, до упо́ра; до конца́; **to drive** ~ а) заби́ть (*гвоздь*) б) убеди́ть, втолкова́ть ◊ **to bring** ~ убеди́ть, втолкова́ть; **to come** ~ **to smb** доходи́ть (*до кого-л.*), стать поня́тным; **nothing to write** ~ **about** *разг.* ничего́ осо́бенного, ничего́ интере́сного

homebody [ˈhəʊmˌbɒdɪ] *n* домосе́д

home-bred [ˈhəʊmˈbred] *a* доморо́щенный; просто́й

home-coming [ˈhəʊmˌkʌmɪŋ] *n* возвраще́ние домо́й, на ро́дину

Home Counties [ˌhəʊmˈkaʊntɪz] *n pl* гра́фства, окружа́ющие Ло́ндон (*Мидлсекс, Эссекс, Кент, Суррей*)

home economics [ˈhəʊmˌiːkəˈnɒmɪks] *n* домово́дство (*школьный предмет, изучающий ведение домашнего хозяйства и кулинарию*)

home-felt [ˈhəʊmfelt] *a* (глубоко́) прочу́вствованный

home key [ˈhəʊm kiː] *n вчт* кла́виша возвра́та курсо́ра в исхо́дное положе́ние

homeland [ˈhəʊmlænd] *n* ро́дина, оте́чество

homeless [ˈhəʊmlɪs] *a* бездо́мный

homelike [ˈhəʊmlaɪk] *a* дома́шний, ую́тный

homeliness [ˈhəʊmlɪnɪs] *n* 1) простота́, безыску́сность 2) невзра́чность 3) дома́шний ую́т; привы́чная обстано́вка

homely [ˈhəʊmlɪ] *a* 1) просто́й, скро́мный 2) некраси́вый, невзра́чный 3) дома́шний, ую́тный 4) хозя́йственный, уме́ющий вести́ хозя́йство

home-made [ˌhəʊmˈmeɪd] *a* пригото́вленный по-дома́шнему (*о блюде*)

homeopathy [ˌhəʊmɪˈɒpəθɪ] *n* гомеопа́тия

home page [ˌhəʊmˈpeɪdʒ] *n вчт* 1) нача́льная, гла́вная страни́ца (*сайта*) 2) дома́шняя страни́ца (*в Интернете*)

home port [ˌhəʊmˈpɔːt] *n* порт припи́ски

home rule [ˈhəʊmruːl] *n* 1) самоуправле́ние, автоно́мия 2) *ист.* го́мруль

homesick [ˈhəʊmsɪk] *a* тоску́ющий по до́му, по ро́дине

home-sickness [ˈhəʊmˌsɪknɪs] *n* тоска́ по ро́дине, по до́му, ностальги́я

homespun I [ˈhəʊmspʌn] *n* домотка́ная мате́рия

homespun II *a* 1) домотка́ный 2) просто́й, безыску́сный

homestead [ˈhəʊmsted] *n* 1) дом с пристро́йками; уса́дьба; фе́рма 2) *амер.* уча́сток поселе́нца

home-style [ˌhəʊmˈstaɪl] *a амер.* пригото́вленный по-дома́шнему *(о блюде)*

home town [ˌhəʊmˈtaʊn] *n* родно́й го́род, «ма́лая ро́дина»

home trade [ˌhəʊmˈtreɪd] *n* вну́тренняя торго́вля, торго́вые свя́зи внутри́ страны́

home truth [ˌhəʊmˈtruːθ] *n* го́рькая пра́вда (о себе́)

homeward I [ˈhəʊmwəd] *a* веду́щий, иду́щий к до́му, домо́й

homeward II *adv* к до́му, домо́й

homeward-bound [ˈhəʊmwədˈbaʊnd] *a* возвраща́ющийся домо́й *(о корабле)*

homewards [ˈhəʊmwədz] *см.* **homeward II**

homework [ˈhəʊmwɜːk] *n* 1) дома́шнее зада́ние *(школьника)* 2) подготови́тельная рабо́та, подгото́вка *(к чему-л.)*

homeworker [ˈhəʊmwɜːkə] *n* надо́мный рабо́тник, надо́мник; надо́мница

homey [ˈhəʊmɪ] *a* дома́шний, ую́тный

homicidal [ˌhɒmɪˈsaɪdl] *a* относя́щийся к уби́йству; **a ~ maniac** уби́йца-манья́к

homicide [ˈhɒmɪsaɪd] *n амер. юр.* 1) уби́йство 2) уби́йца

homily [ˈhɒmɪlɪ] *n* 1) про́поведь 2) поуче́ние

homing [ˈhəʊmɪŋ] *a* 1) возвраща́ющийся домо́й; почто́вый *(о голубе)* 2) самонаводя́щийся *(о ракете и т. п.)*

hominy [ˈhɒmɪnɪ] *n амер.* мамалы́га, кукуру́зная ка́ша

homo [ˈhəʊməʊ] *n разг.* гомосексуали́ст, «голубо́й»

homogeneity [ˌhəʊmədʒɪˈniːtɪ] *n спец.* одноро́дность; гомоге́нность

homogeneous [ˌhɒməʊˈdʒiːnɪəs] *a* одноро́дный; гомоге́нный

homograph [ˈhɒməgrɑːf] *n лингв.* омо́граф

homologous [həˈmɒləgəs] *a* соотве́тственный

homonym [ˈhɒmənɪm] *n* 1) *лингв.* омо́ним 2) однофами́лец

homophone [ˈhɒməfəʊn] *n лингв.* омофо́н

homosexual I [ˌhəʊməʊˈseksjʊəl] *n* гомосексуали́ст

homosexual II *a* гомосексуа́льный

homy [ˈhəʊmɪ] *см.* **homey**

Hon. *сокр.* 1) **(honorary)** почётный 2) **(honourable)** достопочте́нный

hone I [həʊn] *n* точи́льный ка́мень; осело́к

hone II *v* точи́ть

honest [ˈɒnɪst] *a* 1) че́стный, поря́дочный; **he is ~ in his dealings** он поря́дочный челове́к 2) правди́вый, и́скренний; **to be ~** че́стно говоря́; **I shall be ~ with you** я бу́ду с ва́ми открове́нен, я скажу́ вам пря́мо 3) настоя́щий, неподде́льный

honestly [ˈɒnɪstlɪ] *adv* 1) че́стно 2) действи́тельно, на са́мом де́ле; **I don't ~ know** я действи́тельно (ничего́) не зна́ю

honesty [ˈɒnɪstɪ] *n* 1) че́стность 2) правди́вость, прямота́

honey [ˈhʌnɪ] *n* 1) мёд 2) сла́дость 3) *разг.* дорога́я, дорого́й; люби́мая, люби́мый *(в обраще́нии)*

honeybee [ˈhʌnɪbiː] *n* (рабо́чая) пчела́

honeycomb I [ˈhʌnɪkəʊm] *n* 1) (медо́вые) со́ты 2) яче́истая структу́ра 3) *тех.* ра́ковина *(в металле)*

honeycomb II *v* прорыва́ть подзе́мные тунне́ли, образо́вывать пеще́ры *и т. п.*

honeydew [ˈhʌnɪdjuː] *n* 1) медвя́ная роса́; *поэт.* некта́р 2) сорт ды́ни 3) таба́к, пропи́танный па́токой

honeyed [ˈhʌnɪd] *a* медо́вый; сла́дкий *(как мёд)*

honeymoon I [ˈhʌnɪmuːn] *n* медо́вый ме́сяц

honeymoon II *v* проводи́ть медо́вый ме́сяц *(in, at)*

honey-mouthed [ˈhʌnɪˌmaʊðd] *a* медоточи́вый, сладкоречи́вый

honeysuckle [ˈhʌnɪˌsʌkl] *n бот.* жи́молость

honied [ˈhʌnɪd] *см.* **honeyed**

honk I [hɒŋk] *n* 1) крик ди́ких гусе́й 2) автомоби́льный гудо́к

honk II *v* 1) крича́ть *(о диких гусях)* 2) сигна́лить, гуде́ть *(об автомобиле)*

honky [ˈhɒŋkɪ] *n амер. сленг презр.* бе́лый *(употр. в речи афроамериканцев)*

honor I, II [ˈɒnə(r)] *амер. см.* **honour I, II**

honorable [ˈɒnərəbl] *амер. см.* **honourable**

honorarium [ˌɒnəˈrɛərɪəm] *n (pl тж* **honoraria** [ˌɒnəˈrɛərɪə])* гонора́р

honorary [ˈɒnərərɪ] *a* 1) почётный; **an ~ member** почётный член 2) исполня́ющий обя́занности, рабо́ту без вознагражде́ния, на обще́ственных нача́лах

honorific [ˌɒnəˈrɪfɪk] *a* выража́ющий почте́ние, почти́тельный

honour I [ˈɒnə(r)] *n* 1) почёт, уваже́ние; **to pay ~** ока́зывать уваже́ние, свиде́тельство вать своё почтéние 2) хорóшая репутáция, дóброе и́мя 3) честь; слáва; **in ~ of smb** в честь когó-л.; **I hold it a ~ to be your guest** я считáю за честь быть вáшим гóстем; **to be an ~ to one's school/family** дéлать честь своéй шкóле/семьé 4) *pl* пóчести; **military ~s** вóинские пóчести 5) *pl унив.* отли́чие 6) **(H.): Your H.!** Вáша Честь! *(в обращении к судье, в США — к мэру)* ◊ **to do the ~s of the house** исполня́ть обя́занности хозя́ина/хозя́йки дóма; занимáть гостéй; **(up)on my ~** чéстное слóво, кляну́сь чéстью

honour II *v* 1) глубокó уважáть, почитáть, чтить 2) удостáивать *(чего-л. — with)* 3) плати́ть *(по чеку)* 4) выражáть признáтельность

honourable [ˈɒnərəbl] *a* 1) благорóдный; чéстный; уважáемый, достóйный 2) **(H.)** достопочтéнный *(форма обращения)*

Hon. Sec. *сокр.* **(Honorary Secretary)** почётный секретáрь

hooch [huːtʃ] *n амер. разг.* крéпкий алкогóльный напи́ток; самогóн

hood[1] **I** [hʊd] *n* 1) капюшóн 2) верх экипáжа; верх ку́зова *(автомобиля)* 3) *амер.* капóт *(двигателя)* 4) *тех.* колпáк; чехóл

hood[1] **II** *v* покрывáть, закрывáть капюшóном, колпакóм *и т. п.*

hood[2] *n амер. сленг* гáнгстер, банди́т

hoodie [ˈhʊdɪ] *n* сéрая ворóна

hoodlum [ˈhuːdləm] *n* 1) хулигáн 2) гáнгстер, банди́т

hoodoo I [ˈhuːduː] *n амер.* 1) неудáча, несчáстье, бедá 2) ктó-л., чтó-л., принося́щие несчáстье 3) колдовствó, шамáнство

hoodoo II *v амер.* приноси́ть несчáстье; сглáзить

hoodwink [ˈhʊdwɪŋk] *v* обману́ть, сжу́льничать

hooey I [ˈhuːɪ] *n амер. разг.* чепухá, ерундá

hooey II *int* чушь!, вздор!, ерундá!

hoof I [huːf] *n (pl тж* **hooves)** 1) копы́то; **on the ~** живóй, живьём *(о скоте);* **cloven ~** раздвóенное копы́то 2) копы́тное живóтное ◊ **~-and-mouth disease** *амер.* я́щур *(болезнь скота)*

hoof II *v* 1) бить копы́том 2) *сленг* пнуть; толкну́ть ◊ **to ~ it** *сленг* а) идти́ пешкóм б) танцевáть

hoofer [ˈhuːfə(r)] *n амер. разг.* танцóр

hook I [hʊk] *n* 1) крюк; крючóк; **~ and eye** крючóк *(застёжка)* 2) серп 3) крутóй изги́б; излу́чина *(реки)* 4) хук *(удар в боксе)* 5) лову́шка, западня́ ◊ **by ~ or by crook** всéми прáвдами и непрáвдами; ≅ не мытьём, так кáтаньем; **off the ~** а) *разг.* в безопáсности, в поря́дке б) в сня́том положéнии *(о телефонной трубке)*; **off the ~s** *сленг* мёртвый, умéрший; **to sling/to take one's ~** удрáть, смы́ться; ≅ смáтывать у́дочки; **on one's own ~** по сóбственному почи́ну; под свою́ отвéтственность; **~ line and sinker** пóлностью, совершéнно, совсéм

hook II *v* 1) зацепля́ть *(крюком);* надевáть, навéшивать *(на крюк)* 2) застёгивать(ся) на крючки́ 3) лови́ть *(рыбу)* 4) *разг.* поймáть на у́дочку, подцепи́ть; **she has ~ed a husband** онá подцепи́ла себé му́жа 5) *сленг* крáсть 6): **to ~ it** *сленг* удрáть, смы́ться ◊ **to be ~ed on smth** *сленг* имéть пристрáстие к чему́-л., помешáться на чём-л.; **to ~ up** *тех.* монти́ровать электри́ческое *или* электрóнное оборудование, подсоединя́ть оборудование

hookah [ˈhʊkə] *n* калья́н

hooked [hʊkt] *a* 1) крючковáтый; **a ~ nose** крючковáтый нос 2) имéющий крючки́ 3) *амер.* свя́занный крючкóм

hooker[1] [ˈhʊkə(r)] *n* 1) рыболóвное су́дно 2) *презр.* посу́дина *(о судне)*

hooker[2] *n сленг* проститу́тка

hookey [ˈhʊkɪ] *n амер.:* **to play ~** *сленг* прогу́ливать *(уроки, занятия)*

hooking [ˈhʊkɪŋ] *n* 1) *спорт.* задéржка сопéрника клю́шкой *(в хоккее)* 2) *сленг* проститу́ция 3) *вчт* подключéние чéрез áдрес

hook-nosed [ˈhʊkˈnəʊzd] *a* с крючковáтым нóсом

hook-up [ˈhʊkʌp] *n* 1) сцеплéние, соединéние 2) *радио разг.* одноврéменная передáча однóй прогрáммы по нéскольким стáнциям 3) *тех.* схéма расположéния 4) *тех.* принципиáльная схéма; монтáжная схéма

hookworm [ˈhʊkwɜːm] *n* нематóда *(глист)*

hooky [ˈhʊkɪ] *см.* **hookey**

hooligan [ˈhuːlɪɡən] *n* хулигáн

hoop[1] **I** [huːp] *n* 1) óбруч; óбод 2) ворóта *(в крокете)* 3) *ист.* криноли́н ◊ **to be put/to go through the ~(s)** быть подвéргнутым тяжёлому испытáнию

hoop[1] **II** *v* набивáть óбручи; скрепля́ть обручáми

hoop[2] **I** *n* 1) крик, ги́канье 2) кáшель *(при коклю́ше)*

hoop[2] **II** *v* кричáть, ги́кать

hooper [ˈhuːpə(r)] *n* бóндарь, бочáр

hoopoe [ˈhuːpuː] *n* удóд *(птица)*

hoops [huːps] *n амер. разг.* баскетбóл

hoopskirt [ˈhuːpskɜːt] *n ист.* криноли́н

hoosegow [ˈhuːsɡaʊ] *n амер. сленг* тюрьмá, кату́зка

hoot I [huːt] *n* 1) крик совы́ 2) звук гудкá *(автомобиля, парохода)* 3) кри́ки, улюлю́-

канье ◊ **I don't care/give a ~** *разг.* мне на
это наплева́ть; **it doesn't matter two ~s** это
ничего́ не зна́чит

hoot II *v* 1) крича́ть *(о сове)* 2) гуде́ть *(о гудке, сирене)* 3) крича́ть *(на кого-л. — at)*;
улюлю́кать; **to ~ with laughter** *разг.* хохота́ть во всё го́рло

hooter [ˈhuːtə(r)] *n* гудо́к, сире́на, реву́н

hoover [ˈhuːvə(r)] *v* пылесо́сить

hooves [huːvz] *pl см.* **hoof I**

hop[1] **I** [hɒp] *n* 1) прыжо́к, скачо́к 2) *разг.* та́нцы 3) *ав.* полёт на коро́ткое расстоя́ние;
перелёт

hop[1] **II** *v* 1) скака́ть на одно́й ноге́, подпры́гивать 2) пры́гать 3) перепры́гивать *(over)*
4) *разг.* соверша́ть коро́ткую пое́здку; бы́стро меня́ть пози́цию 5) *разг.* вска́кивать (на
ходу́) в ваго́н *и т. п.* ◊ **~ it!** *сленг* убира́йся!,
прова́ливай!; **to ~ the twig/stick** а) удра́ть,
смы́ться б) умере́ть

hop[2] **I** *n* хмель *(растение)*

hop[2] **II** *v* собира́ть хмель

hope I [həʊp] *n* наде́жда; **a faint ~** сла́бая
наде́жда; **forlorn ~** безнадёжное де́ло; **is
there any ~ that...?** есть ли кака́я-нибудь
наде́жда на то, что...? ◊ **not a ~!** *разг.* ни
мале́йшего ша́нса!; **to lose/to give up ~**
потеря́ть/оста́вить наде́жду

hope II *v* 1) наде́яться; **I ~ so** наде́юсь, что это
так; **I ~ not** наде́юсь, что э́того не бу́дет; **to
~ against hope** наде́яться, не име́я для э́того
основа́ний, наде́яться несмотря́ ни на что;
let's ~ for the best бу́дем наде́яться на
лу́чшее 2) ожида́ть, предвкуша́ть *(for)*

hoped-for [ˈhəʊpt fɔː] *a* ожида́емый

hopeful I [ˈhəʊpfʊl] *n* челове́к, подаю́щий
наде́жды

hopeful II *a* 1) по́лный наде́жд, наде́ющийся
2) обнадёживающий 3) подаю́щий больши́е наде́жды, многообеща́ющий

hopefulness [ˈhəʊpfʊlnɪs] *n* больши́е наде́жды; оптими́зм

hopeless [ˈhəʊplɪs] *a* 1) потеря́вший наде́жду
2) безнадёжный; **a ~ situation** безвы́ходное
положе́ние

hopelessness [ˈhəʊplɪsnɪs] *n* безнадёжность

hopper[1] [ˈhɒpə(r)] *n* 1) прыгу́н 2) пры́гающее насеко́мое 3) (ваго́н-)хо́ппер 4) *тех.*
бу́нкер, загру́зочная воро́нка

hopper[2] *n* собира́тель хме́ля

hopple [ˈhɒpl] *v* стрено́жить

hopscotch [ˈhɒpskɒtʃ] *n* «кла́ссы», «кла́ссики» *(детская игра)*

horde I [hɔːd] *n* 1) вата́га, толпа́ 2) ста́я; рой
3) орда́

horde II *v* собира́ться то́лпами

horizon [həˈraɪzən] *n* 1) горизо́нт; **on the ~** на
горизо́нте *(тж перен.)* 2) *pl* кругозо́р

horizontal I [ˌhɒrɪˈzɒnt(ə)l] *n* горизонта́ль

horizontal II *a* горизонта́льный

hormone [ˈhɔːməʊn] *n* физиол. гормо́н; **~ replacement therapy** *мед.* гормонозамести́тельная терапи́я

hormonal [hɔːˈməʊnəl] *a* гормона́льный

horn I [hɔːn] *n* 1) рог 2) *pl* ро́жки *(улитки)*;
у́сики *(насекомого)* 3) рог *(материал)* 4)
рожо́к *(муз. инструмент)*; охо́тничий рог
5) гудо́к *(автомобиля и т. п.)* 6) *тех.*
вы́ступ, шип 7) предме́т в фо́рме ро́га *(сосуд, прибор и т. п.)* 8) *attr* рогово́й ◊ **~ of
plenty** рог изоби́лия; **on the ~s of a dilemma** меж двух огне́й; **to draw in one's ~s**
прити́хнуть, присмире́ть

horn II *v* забода́ть ◊ **to ~ in (on)** *сленг* вме́шиваться, влеза́ть

hornbeam [ˈhɔːnbiːm] *n* граб *(дерево)*

horned [hɔːnd] *a* рога́тый

hornet [ˈhɔːnɪt] *n* зоол. кру́пная оса́; ше́ршень

hornpipe [ˈhɔːnpaɪp] *n* хо́рнпайп, матро́сский
та́нец

horn-rimmed [ˈhɔːn rɪmd] *a* в роговой опра́ве

horny [ˈhɔːnɪ] *a* 1) рогово́й; рогови́дный 2)
мозо́листый 3) *сленг* сексуа́льно возбуждённый

horny-handed [ˈhɔːnɪ ˈhændɪd] *a* с мозо́листыми рука́ми

horology [həˈrɒlədʒɪ] *n* часово́е де́ло

horoscope [ˈhɒrəskəʊp] *n* гороско́п

horrendous [həˈrendəs] *a* наводя́щий у́жас

horrible [ˈhɒrɪb(ə)l] *a* 1) ужаса́ющий, ужа́сный, стра́шный 2) *разг.* отврати́тельный,
ужа́сный

horrid [ˈhɒrɪd] *a* 1) отврати́тельный, ужа́сный, стра́шный 2) *разг.* о́чень неприя́тный,
проти́вный

horrific [hɒˈrɪfɪk] *a* ужаса́ющий

horrify [ˈhɒrɪfaɪ] *v* 1) ужаса́ть, страши́ть;
наводи́ть у́жас 2) шоки́ровать

horror [ˈhɒrə(r)] *n* 1) у́жас, си́льный страх 2)
отвраще́ние *(к чему-л. — of)* 3) *разг.* большо́й озорни́к ◊ **the ~s** припа́док бе́лой горя́чки

horror film [ˈhɒrə ˌfɪlm] *n* фильм у́жасов, *разг.*
«у́жастик»

horror-stricken [ˈhɒrə ˌstrɪkən] *a* потрясённый, в у́жасе

horror-struck [ˈhɒrə ˌstrʌk] *см.* **horror-stricken**

horse I [hɔːs] *n* 1) ло́шадь, конь; **saddle/race/
draught ~** верхова́я/скакова́я/упряжна́я ло́шадь; **to get on ~** сесть на ло́шадь; **to ride a
~** скака́ть на ло́шади; **to ride a ~ to death**

загна́ть ло́шадь; **to ~!** по ко́ням! 2) *собир.* ко́нница; кавале́рия; **light ~** лёгкая кавале́рия 3) *спорт.* конь *(гимнасти́ческий снаря́д)* 4) подста́вка, ко́злы 5) *attr* ко́нный; ко́нский ◊ **from the ~'s mouth** из пе́рвых уст; из авторите́тного исто́чника; **~ sense** *разг.* просто́й здра́вый смысл; **~ opera** *амер. сленг* ве́стерн *(фильм);* **white ~s** бара́шки *(на мо́ре);* **dark ~** «тёмная лоша́дка»; **to be on/to mount the high ~** ва́жничать; **to flog a dead ~** занима́ться бесполе́зным де́лом; **don't look a gift ~ in the mouth** *посл.* дарёному коню́ в зу́бы не смо́трят

horse II *v* 1) безде́льничать, болта́ться без де́ла *(about, around)* 2) поставля́ть лошаде́й 3) сади́ться, вска́кивать на ло́шадь; е́хать верхо́м

horse-and-buggy [ˈhɔːsənˌbʌgɪ] *a амер.* старомо́дный, из про́шлых лет

horseback [ˈhɔːsbæk] *n*: **on ~** верхо́м

horsebox [ˈhɔːsbɒks] *n* фурго́н для перево́зки лошаде́й

horse-breeding [ˌhɔːsˈbriːdɪŋ] *n* конево́дство

horse chestnut [ˌhɔːsˈtʃesnʌt] *n* ко́нский кашта́н

horse-cloth [ˈhɔːsklɒθ] *n* попо́на

horse-collar [ˈhɔːsˌkɒlə(r)] *n* хому́т

horse-coper [ˈhɔːsˌkəʊpə(r)] *см.* **horse-dealer**

horse-cover [ˈhɔːsˌkʌvə(r)] *см.* **horse-cloth**

horse-dealer [ˈhɔːsˌdiːlə(r)] *n* торго́вец лошадьми́

horse-drawn [ˈhɔːsdrɔːn] *a* на ко́нной тя́ге

horseflesh [ˈhɔːsfleʃ] *n* 1) кони́на 2) *собир.* ко́нский соста́в *(описа́ние лошаде́й, принима́ющих уча́стие в ска́чках, аукцио́не и т. п.)*

horsefly [ˈhɔːsflaɪ] *n* слепе́нь

Horse Guards [ˈhɔːsˌgɑːdz] *n pl* Короле́вская ко́нная гва́рдия *(в Великобрита́нии)*

horsehair [ˈhɔːsheə(r)] *n* 1) ко́нский во́лос 2) *attr* сде́ланный из ко́нского во́лоса

horseless [ˈhɔːslɪs] *a* безлоша́дный

horseman [ˈhɔːsmən] *n* вса́дник; нае́здник

horsemanship [ˈhɔːsmənʃɪp] *n* иску́сство верхово́й езды́

horsemeat [ˈhɔːsˌmiːt] *n* кони́на

horseplay [ˈhɔːspleɪ] *n* шу́мная игра́, развлече́ние

horsepower [ˈhɔːsˌpaʊə(r)] *n тех.* лошади́ная си́ла, л. с. *(тж сокр.* **hp)**

horse racing [ˈhɔːsˌreɪsɪŋ] *n* ска́чки

horseradish [ˈhɔːsˌrædɪʃ] *n бот.* хрен

horse-riding [ˈhɔːsˌraɪdɪŋ] *n* верхова́я езда́ *(тж* **riding)**

horseshoe [ˈhɔːʃʃuː] *n* подко́ва

horsewhip I [ˈhɔːswɪp] *n* хлыст

horsewhip II *v* хлеста́ть хлысто́м

horsewoman [ˈhɔːsˌwʊmən] *n* вса́дница; нае́здница

hors(e)y [ˈhɔːsɪ] *a* 1) ко́нский, лошади́ный 2) увлека́ющийся лошадьми́, ко́нным спо́ртом

horticulture [ˈhɔːtɪkʌltʃə(r)] *n* садово́дство

horticulturist [ˌhɔːtɪˈkʌltʃərɪst] *n* садово́д

hosanna [həʊˈzænə] *int библ.* оса́нна!, сла́ва!

hose I [həʊz] *n* 1) шланг, рука́в, кишка́ 2) *pl уст.* чулки́ и носки́, чуло́чно-носо́чные изде́лия

hose II *v* полива́ть из шла́нга

hosier [ˈhəʊzɪə(r)] *n уст.* торго́вец чуло́чно-носо́чными изде́лиями

hosiery [ˈhəʊzɪərɪ] *n собир.* 1) чуло́чно-носо́чные изде́лия 2) бельево́й трикота́ж

hospice [ˈhɒspɪs] *n* 1) богаде́льня, прию́т 2) хо́спис *(больни́ца и́ли отделе́ние в больни́це с осо́бым ухо́дом для тяжелобольны́х, ча́сто неизлечи́мых пацие́нтов)* 3) гости́ница *(монасты́рская)*

hospitable [ˈhɒspɪtəbl] *a* гостеприи́мный

hospital [ˈhɒspɪtl] *n* 1) больни́ца; **a maternity ~** роди́льный дом; **a mental ~** психиатри́ческая больни́ца 2) *воен.* го́спиталь; **field ~** полево́й го́спиталь 3) *attr* больни́чный; **a ~ nurse** больни́чная (мед)сестра́; **~ train** санита́рный по́езд

hospitalise [ˈhɒspɪtəlaɪz] *v* госпитализи́ровать, помеща́ть в больни́цу

hospitality [ˌhɒspɪˈtælɪtɪ] *n* гостеприи́мство, раду́шие

hospitalize [ˈhɒspɪtəlaɪz] *амер. см* **hospitalise**

host[1] [həʊst] *n* 1) мно́жество, ма́сса; толпа́ 2) *уст.* во́йско ◊ **~(s) of heaven, the heavenly ~** а) небе́сные свети́ла б) а́нгелы, си́лы небе́сные; **a ~ in himself** оди́н сто́ит мно́гих

host[2] *n* 1) хозя́ин *(до́ма)* 2) хозя́ин гости́ницы 3) *биол.* хозя́ин *(для парази́тов)* 4) веду́щий ра́дио- и́ли телепереда́чи 5) *вчт* гла́вный компью́тер, хост-компью́тер 6) *attr* гла́вный, ба́зовый, веду́щий, основно́й

hostage [ˈhɒstɪdʒ] *n* 1) зало́жник; **to exchange ~s** обменя́ться зало́жниками 2) зало́г

hostel [ˈhɒstəl] *n* 1) (молодёжное) общежи́тие, хо́стел 2) молодёжная турба́за

hostess [ˈhəʊstɪs] *n* 1) хозя́йка *(до́ма)* 2) веду́щая ра́дио- *или* телепереда́чи 3) стюарде́сса

hostile [ˈhɒstaɪl] *a* 1) вра́жеский, неприя́тельский 2) недружелю́бный, неприя́зненный, вражде́бный, вражде́бно настро́енный

hostility [hɒˈstɪlɪtɪ] *n* 1) вражде́бность 2) состоя́ние войны́ 3) *pl* вое́нные де́йствия; **to open hostilities** нача́ть вое́нные де́йствия

hostler [ˈɒslə(r)] *n амер. ж.-д.* сле́сарь-ремо́нтник

hot I [hɒt] *a* 1) горя́чий; жа́ркий; ~ **chocolate** горя́чий шокола́д *(напиток)*; ~ **spring** горя́чий исто́чник, горя́чий ключ 2) о́стрый, пря́ный 3) разгорячённый; **I am** ~ мне жа́рко; 4) пы́лкий, увлека́ющийся 5) раздражённый, возбуждённый; **to get** ~ разгорячи́ться, разволнова́ться 6) све́жий, после́дний, горя́чий *(о новостях и т. п.)*; ~ **news** са́мые све́жие но́вости 7) горя́чий *(о следе)* 8) отли́чный, кла́ссный *(об игроке)* 9) *сленг* кра́деный 10) *сленг* разы́скиваемый поли́цией 11) *сленг* радиоакти́вный ◊ **to go** ~ **and cold** броса́ть то в жар, то в хо́лод; **to get into** ~ **water** *разг.* попа́сть в беду́; опозо́риться; ~ **air** *сленг* пусты́е или хвастли́вые ре́чи; ~ **potato** *разг.* тру́дный вопро́с, щекотли́вая те́ма; запу́танная ситуа́ция; ~ **stuff** *разг.* а) о́чень спосо́бный челове́к б) ва́жная персо́на; ва́жное де́ло в) секс-бо́мба; секс-си́мвол г) рома́н, фильм *и т. п.* я́рко вы́раженного эроти́ческого содержа́ния; **to be** ~ **under the collar** вы́йти из себя́, разгорячи́ться; **to make it** ~ **for smb** пресле́довать кого́-л., не дава́ть кому́-л. поко́я; **not so** ~ *разг.* так себе́; **to be** ~ **on smth** *разг.* увлека́ться чем-л. сверх ме́ры; **to go/to sell like** ~ **cakes** расходи́ться/продава́ться, как горя́чие пирожки́

hot II *adv* 1) горячо́, жа́рко 2) возбуждённо, раздражённо 3) пы́лко ◊ **to give it smb** ~ *разг.* зада́ть жа́ру; **to get it** ~ *разг.* получи́ть хоро́ший нагоня́й

hotbed [ˈhɒtbed] *n* 1) парни́к 2) исто́чник, расса́дник *(болезни и т. п. — of)*

hot-blooded [ˈhɒtˈblʌdɪd] *a* пы́лкий, стра́стный

hot-brained [ˈhɒtˈbreɪnd] *см.* **hot-headed**

hotchpot [ˈhɒtʃpɒt] *см.* **hotchpotch**

hotchpotch [ˈhɒtʃpɒtʃ] *n* 1) вся́кая вся́чина, смесь, мешани́на, беспоря́дочная ку́ча 2) блю́до из мно́гих компоне́нтов, *особ.* рагу́ *или* густа́я похлёбка из овоще́й с бара́ниной

hot dog [ˈhɒtdɒg] *n разг.* хот-до́г, бу́лочка с горя́чей соси́ской

hotel [həʊˈtel] *n* гости́ница, оте́ль; **to stay in a** ~ останови́ться в гости́нице; **to book/to check into a** ~ посели́ться/останови́ться в оте́ле

hotfoot I [ˈhɒtfʊt] *v* нести́сь, мча́ться

hotfoot II *adv* бы́стро; поспе́шно; **to chase** ~ пресле́довать по пята́м; **to come down** ~ примча́ться

hothead [ˈhɒthed] *n* горя́чая голова́ *(о челове́ке)*

hot-headed [ˈhɒtˈhedɪd] *a* горя́чий; опроме́тчивый

hothouse [ˈhɒthaʊs] *n* тепли́ца, оранжере́я

hot key [ˈhɒtkiː] *n вчт* кла́виша бы́строго вы́зова фу́нкции, активизи́рующая, операти́вная кла́виша, *проф.* «горя́чая кла́виша»

hot line [ˈhɒtlaɪn] *n* «горя́чая (телефо́нная) ли́ния» *(особ. для свя́зи ме́жду глава́ми госуда́рств)*

hot link [ˈhɒt lɪnk] *n вчт* ли́ния экстренной свя́зи, «горя́чая ли́ния»

hot money [ˈhɒtmʌnɪ] *n* «горя́чие» де́ньги *(капита́лы, ча́сто перемеща́емые из страны́ в страну́ из-за опасе́ния обесце́нивания)*

hotpot [ˈhɒtpɒt] *n* мя́со, тушённое в горшо́чке с овоща́ми и карто́фелем

hot rod [ˈhɒtrɒd] *n разг.* «хотро́д», автомоби́ль с видоизменённым ку́зовом и узла́ми от автомоби́лей други́х ма́рок *(для достиже́ния бо́льшей мо́щности и ско́рости)*

hot seat [ˈhɒtsiːt] *n сленг* 1) опа́сная рабо́та, де́ятельность 2) электри́ческий стул

hotshot [ˈhɒtʃɒt] *n амер. разг.* 1) о́чень спосо́бный челове́к 2) ва́жная персо́на

hot spot [ˈhɒtspɒt] *n* горя́чая то́чка; опа́сное ме́сто

hotspur [ˈhɒtspɜː(r)] *n* горя́чий, несде́ржанный челове́к

hot-tempered [ˌhɒtˈtempəd] *a* вспы́льчивый, горя́чий

Hottentot [ˈhɒtntɒt] *n* готтенто́т

hotty [ˈhɒtɪ] *n разг.* гре́лка

hot-water bottle [ˌhɒtˈwɔːtəˌbɒtl] *n* гре́лка

hough I [hɒk] *n* поджи́лки, коле́нное сухожи́лие *(живо́тного)*

hough II *v* подреза́ть поджи́лки

hound I [haʊnd] *n* 1) го́нчая соба́ка, ище́йка; **the** ~**s** сво́ра го́нчих; **to ride to** ~**s** охо́титься с го́нчими на лису́ 2) *разг.* негодя́й, мерза́вец

hound II *v* 1) пресле́довать, трави́ть, выжива́ть *(кого́-л.)* 2) охо́титься с го́нчими, трави́ть соба́ками

hour [ˈaʊə(r)] *n* 1) час 2) вре́мя (дня); **office/opening** ~**s** часы́ рабо́ты *(учрежде́ний, магази́нов и т. п.)*; **lunch** ~ обе́денное вре́мя; **the off** ~**s** свобо́дные часы́, часы́ досу́га 3): **to keep early** ~**s** встава́ть *или* ложи́ться ра́но; **to keep late** ~**s** встава́ть *или* ложи́ться по́здно; **the small** ~**s** вре́мя по́сле полу́ночи; **rush** ~**s** часы́-пик ◊ **after** ~**s** по́сле закры́тия *(учрежде́ния)*; **till all** ~**s** допоздна́; **at the eleventh** ~ в после́дний моме́нт

hourglass [ˈaʊəglɑːs] *n* песо́чные часы́

hour hand [ˈaʊəhænd] *n* часова́я стре́лка

houri [ˈhʊərɪ] *n* гу́рия *(в исла́мской мифоло́гии — де́ва, услажда́ющая пра́ведников в раю́)*

hourly I [´aʊəlɪ] *a* 1) ежечáсный 2) (óчень) чáстый; непрестáнный 3) почасовóй; ~ **wage** почасовáя оплáта

hourly II *adv* 1) ежечáсно, кáждый час 2) чáсто, непрестáнно

house I [haʊs] *n* 1) дом, здáние; жилúще; **a detached** ~ особнЯк; **apartment** ~ многоквартúрный дом; **poultry** ~ птúчник 2) дом, хозЯйство; **to keep** ~ вестú хозЯйство; **to keep open** ~ жить открытым дóмом, принимáть большóе колúчество гостéй; **to keep (to) the** ~ сидéть дóма, не выходúть 3) динáстия, род 4) (религиóзное) брáтство (*тж* **religious** ~) 5) кóлледж университéта 6) (*тж* the H.) палáта (*парламента*); **the Upper H.** вéрхняя палáта; **of two ~s** двухпалáтный; **the H. of Commons** палáта óбщин (*в парламенте Великобритании*); **the H. of Lords** палáта лóрдов (*в парламенте Великобритании*); **the H. of Representatives** палáта представúтелей (*в Конгрессе США*); **to keep/to make a H.** обеспéчить квóрум (*в палате общин*) 7) торгóвая фúрма; **on the** ~ за счёт фúрмы; за казённый счёт; **publishing** ~ издáтельство 8) теáтр; аудитóрия, пýблика; **a full** ~ пóлный сбор, аншлáг; **a packed/empty** ~ пóлный/пустóй зал/теáтр 9) сеáнс кинó 10) гостúница 11) ресторáн; бар; погребóк 12) (the H.) *разг.* (лóндонская) бúржа 13) *амер. разг.* публúчный дом, бордéль 14) *attr* домáшний; **to be under** ~ **arrest** быть под домáшним арéстом ◊ **to get on like a** ~ **on fire** быстро подружúться с кем-л./войтú в довéрие к комý-л.; **as safe as** ~s пóлностью безопáсный, гарантúрующий пóлную безопáсность; ~ **and home** домáшний уют; стéны роднóго дóма; **to set up** ~ начáть самостоЯтельную жизнь, отделúться от семьú

house II *v* 1) предоставлЯть жилúще, поселЯть; помещáть, размещáть 2) складúровать, хранúть (*товары*)

house agent [´haʊs͵eɪdʒənt] *n* агéнт по˙ недвúжимости, риэˊлтор

houseboat [´haʊsbəʊt] *n* лóдка, приспосóбленная для жильЯ, плавýчий дом

housebreaker [´haʊs͵breɪkə(r)] *n* 1) воˊр-взлóмщик 2) специалúст по снóсу домóв

houseful [´haʊsfʊl] *n* пóлный дом (*кого-л., чего-л.*)

household I [´haʊshəʊld] *n* 1) семьЯ, домочáдцы, домáшние 2) домáшнее хозЯйство 3) домовóдство

household II *a* домáшний, семéйный

householder [´haʊshəʊldə(r)] *n* 1) владéлец дóма, квартúры 2) съёмщик дóма, квартúры 3) главá семьú

house husband [´haʊs͵hʌzbənd] *n* хозЯин дóма; неработáющий муж, занимáющийся хозЯйством и детьмú при работáющей женé

housekeeper [´haʊs͵ki:pə(r)] *n* эконóмка

housekeeping [´haʊs͵ki:pɪŋ] *n* 1) ведéние домáшнего хозЯйства; домовóдство 2) ведéние дел, делопроизвóдство 3) *вчт* организациóнные операˊции; организýющие, управлЯющие дéйствия

house magazine [´haʊs͵mægəzɪn] *n* журнáл, выпускáемый фúрмой (*рассказывающий о её деятельности*)

housemaid [´haʊsmeɪd] *n* гóрничная; убóрщица

housemaster [´haʊs͵mɑ:stə(r)] *n* завéдующий пансиóном при шкóле

house physician [´haʊsfɪ͵zɪʃ(ə)n] *n* 1) врач, живýщий при больнúце 2) врач-интéрн

houseproud [´haʊs͵praʊd] *a* проявлЯющий чрезмéрную забóту о чистотé и порЯдке в дóме

housetop [´haʊstɒp] *n* крыша ◊ **to proclaim/to shout from the** ~s провозглашáть во всеуслышание

house-trained [´haʊs͵treɪnd] *a* приýченный к дóму, с хорóшими привычками (*о животном*)

housewarming [´haʊs͵wɔ:mɪŋ] *n* прáзднование новосéлья, новосéлье

housewife [´haʊswaɪf] *n* 1) хозЯйка дóма; домáшняя хозЯйка, домохозЯйка (*неработающая женщина, занимающаяся хозяйством и детьми*) 2) [´hʌzɪf] рабóчая шкатýлка (*с принадлежностями для шитья*), шкатýлка для нúток, игóлок *и т. п.*

housewifely [´haʊswaɪflɪ] *a* хозЯйственный, домовúтый

housework [´haʊswɜ:k] *n* домáшняя рабóта, рабóта по дóму

housing[1] [´haʊzɪŋ] *n* 1) *собир.* домá, жилúщный фонд 2) обеспéчение жилúщем 3) убéжище, приют 4) *тех.* кожýх, футлЯр, корóбка 5) *тех.* выемка, паз

housing[2] *n* попóна

housing benefit [´haʊzɪŋ͵benɪfɪt] *n* жилúщное посóбие (*выдаваемое правительством Великобритании малообеспеченным гражданам*)

hove [həʊv] *past, p. p. см.* **heave** II

hovel [´hɒvəl] *n* 1) лачýга, хибáрка 2) навéс

hover [´hɒvə(r)] *v* 1) парúть (*о птице; тж* **to** ~ **over**); порхáть (*о бабочке*) 2) быть вблизú; ждать поблúзости; болтáться (*около — about, around*) 3) быть в нерешúтельности, мéдлить

hovercraft [ˈhɒvəkrɑːft] *n собир.* трáнспортные срéдства на воздýшной подýшке

hovertrain [ˈhɒvətreɪn] *n* монорéльсовый трáнспорт на воздýшной подýшке

how [haʊ] *adv* 1) как?, какúм óбразом?; ~ **can it be done?** как э́то мóжно сдéлать?; ~ **did it happen?** как э́то случúлось?; **I don't know ~ to open it** я не знáю, как э́то откры́ть 2) скóлько; ~ **old are you?** скóлько вам лет?; ~ **much does it cost?** скóлько э́то стóит?; ~ **far is it?** далекó ли э́то? 3) как, что; ~ **do you like my hat?** как вам нрáвится моя́ шля́пка?; ~ **kind of you!** как э́то мúло с вáшей стороны́! 4) почемý?; ~ **so?** как так?, почемý так?; ~ **is it you don't know her address?** почемý э́то вы не знáете её áдреса? ◊ ~ **are you?** как вы себя́ чýвствуете?, как вáше здорóвье?; ~ **do you do?** здрáвствуйте!; ~ **about...** как насчёт...; **and ~!** *сленг* ещё как!, ещё бы!, óчень дáже!

how-d'ye-do [ˈhaʊdɪˈduː] *n разг.* нелóвкое положéние; **here's a nice ~!** вот попáли!

however I [haʊˈevə(r)] *adv* как бы ни; скóлько бы ни

however II *conj* тем не мéнее, несмотря́ на; однáко

howitzer [ˈhaʊɪtsə(r)] *n воен.* гáубица

howl I [haʊl] *n* 1) вой, завывáние 2) стон, крик 3) *радио* вой, свист

howl II *v* 1) выть, завывáть 2) грóмко стонáть *(от боли)*; ревéть
howl down заглушáть *(рёвом, криком)*

howler [ˈhaʊlə(r)] *n* 1) *разг.* грубéйшая, нелéпейшая ошúбка 2) *зоол.* ревýн *(обезья́на)* 3) плакáльщик 4) *тех.* ревýн; сирéна

howling [ˈhaʊlɪŋ] *a* 1) вóющий 2) *сленг* потрясáющий; невероя́тный; **it was a ~ bore** бы́ло невероя́тно скýчно

howsoever [ˌhaʊsəʊˈevə(r)] *adv* как бы ни

hoy¹ [hɔɪ] *n* 1) небольшóе береговóе сýдно 2) бáржá, плашкóут

hoy² *int* эй!

hoyden [ˈhɔɪdn] *n* девчóнка-сорванéц

h.p. *сокр.* 1) **(horsepower)** лошадúная сúла 2) **(high pressure)** высóкое давлéние

HQ *сокр.* **(headquarters)** глáвное управлéние; штаб

HR *сокр. амер.* **(the House of Representatives)** палáта представúтелей *(Конгресса США)*

hr. *сокр.* **(hour)** час

HRH *сокр.* **(Her or His Royal Highness)** Её/Егó Королéвское Высóчество

hrs. *сокр.* **(hours)** часы́

HRT *сокр.* **(hormone replacement therapy)** *мед.* гормонозаместúтельная терапúя

HT *сокр.* **(high tension)** высóкое напряжéние

HTML *сокр.* **(Hypertext Markup Language)** *вчт* язы́к размéтки гипертéкста, язы́к HTML

hub [hʌb] *n* 1) ступúца колесá; втýлка 2) центр *(внимания, интересов и т. п.)*; ~ **of the universe** центр мироздáния, пуп землú

hubbub [ˈhʌbʌb] *n* 1) шум, гам 2) волнéния, беспоря́дки

hubby [ˈhʌbɪ] *n разг.* муженёк

hubcap [ˈhʌbkæp] *n тех.* колпáк колесá

huckleberry [ˈhʌklberɪ] *n* чернúка

huckster I [ˈhʌkstə(r)] *n* 1) торгáш 2) *амер.* тот, кто реклáмирует товáр и продвигáет егó на ры́нок 3) *уст.* ýличный торгóвец

huckster II *v* 1) торговáться 2) занимáться мéлочнóй торгóвлей

huddle I [ˈhʌdl] *n* 1) толпá 2) грýда, кýча 3) *амер. разг.* тáйное совещáние, тáйный сгóвор 4) суматóха

huddle II *v* 1) толпúться, теснúться *(тж to ~ together, up)*; **the sheep ~d together** óвцы сбúлись в кýчу 2) свернýться калáчиком, съёжиться, сжáться в комóк *(тж to ~ up)* 3) свáливать в беспоря́дке, уклáдывать кóе-кáк

hue¹ [hjuː] *n* цвет, оттéнок, тон

hue² *n:* ~ **and cry** крúки «ловú», «держú!»; погóня *(за кем-л.)*

huff I [hʌf] *n* прúступ гнéва, раздражéния; **in a ~** в сúльном раздражéнии

huff II *v* 1) выпускáть пар, пыхтéть 2) сердúть, раздражáть 3) запýгивать 4) обижáть(ся), оскорбля́ть(ся)

huffy [ˈhʌfɪ] *a* 1) обúдчивый 2) обúженный; **don't be ~** не обижáйся

hug I [hʌg] *n* 1) крéпкое объя́тие; **to give a ~** обня́ть 2) *спорт.* захвáт

hug II *v* 1) крéпко обнимáть, сжимáть в объя́тиях 2) держáться *(берега и т. п.)* 3) вéрить (в предрассýдки и т. п.); держáться традúции 4): **to ~ oneself on/for smth** поздрáвить себя́ с чем-л.

huge [hjuːdʒ] *a* огрóмный, громáдный

hugely [ˈhjuːdʒlɪ] *adv* óчень; чрезвычáйно

hugger-mugger I [ˈhʌgəˌmʌgə(r)] *n* 1) секрéтность; **in ~** тайкóм, украдкой 2) беспоря́док

hugger-mugger II *a* 1) тáйный 2) беспоря́дочный

hugger-mugger III *v* 1) дéлать тайкóм, скры́то 2) замáлчивать 3) дéлать кóе-кáк

hugger-mugger IV *adv* 1) тáйно, украдкой 2) беспоря́дочно

Huguenot [ˈhjuːgənɒt] *n ист.* гугенóт

huh [hə] *int* гм!, хм!

hulk [hʌlk] *n* 1) кóрпус, óстов не гóдного к плáванию корабля́ 2) громóздкое неповоро́тливое су́дно 3) неуклю́жий челове́к 4) что-л. громо́здкое, несскла́дное

hulking [ˈhʌlkɪŋ] *a разг.* громо́здкий, неуклю́жий

hull¹ **I** [hʌl] *n* 1) ко́рпус *(корабля)* 2) *ав.* фюзеля́ж

hull¹ **II** *v* проби́ть снаря́дом ко́рпус корабля́

hull² **I** *n* шелуха́, скорлупа́, кожура́

hull² **II** *v* очища́ть от шелухи́, лущи́ть

hullabaloo [ˌhʌləbəˈluː] *n* шум, кри́ки, гвалт

hulled [hʌld] *a* лущёный, очи́щенный

hullo [hʌˈləʊ] *int* алло́!

hum¹ **I** [hʌm] *n* жужжа́ние; глухо́й шум, гул

hum¹ **II** *v* 1) жужжа́ть; гуде́ть 2) напева́ть под нос, мурлы́кать *(песенку)* 3) говори́ть запина́ясь; **to ~ and haw** мя́млить, тяну́ть 4) *разг.* проявля́ть акти́вность; **the work is ~ming** рабо́та кипи́т, идёт по́лным хо́дом

hum² *int* гм!

human I [ˈhjuːmən] *n* челове́к; **~s** лю́ди

human II *a* челове́ческий; сво́йственный челове́ку

human-aided [ˈhjuːmənˌeɪdɪd] *a* с уча́стием челове́ка

humane [hjuːˈmeɪn] *a* 1) гума́нный, челове́чный 2) гуманита́рный *(о науке)*

humanism [ˈhjuːmənɪz(ə)m] *n* гумани́зм, гума́нность

humanitarian I [hjuːˌmænɪˈtɛərɪən] *n* 1) гумани́ст 2) филантро́п

humanitarian II *a* гума́нный, человеколюби́вый

humanity [hjuːˈmænɪtɪ] *n* 1) челове́чество, род челове́ческий 2) гума́нность, челове́чность 3) *pl* (**the humanities**) гуманита́рные нау́ки *(особ. классическая филология)*

humanize [ˈhjuːmənaɪz] *v* 1) де́лать бо́лее челове́чным; очелове́чивать 2) де́лать бо́лее гума́нным

humankind [ˈhjuːmənˌkaɪnd] *n* челове́чество, род челове́ческий

humanly [ˈhjuːmənlɪ] *adv* по-челове́чески; гума́нно

human-made [ˈhjuːmənˌmeɪd] *a* иску́сственный, сде́ланный рука́ми челове́ка, рукотво́рный

humble I [ˈhʌmbl] *a* 1) скро́мный; смире́нный 2) просто́й, скро́мный, бе́дный; **a ~ dwelling** скро́мное жили́ще ◊ **in my ~ opinion** *ирон.* по моему́ скро́мному мне́нию; **to eat ~ pie** уни́женно проси́ть проще́ния

humble II *v* 1) смиря́ть 2) понижа́ть ста́тус

humble-bee [ˈhʌmblbiː] *n* шмель

humbug I [ˈhʌmbʌg] *n* 1) обма́н, притво́рство 2) пуста́я болтовня́ 3) обма́нщик 4) мя́тная караме́ль

humbug II [ˈhʌmbʌg] *v* обма́нывать

humdrum I [ˈhʌmdrʌm] *n* однообра́зие, ску́ка; бана́льность

humdrum II *a* 1) ску́чный, заура́дный 2) моното́нный, однообра́зный

humid [ˈhjuːmɪd] *a* сыро́й, вла́жный *(о воздухе, климате)*

humidifier [hjuːˈmɪdɪfaɪə(r)] *n* увлажни́тель во́здуха

humidify [hjuːˈmɪdɪfaɪ] *v* увлажня́ть

humidity [hjuːˈmɪdɪtɪ] *n* сы́рость, вла́жность

humiliate [hjuːˈmɪlɪeɪt] *v* унижа́ть

humiliation [hjuːˌmɪlɪˈeɪʃ(ə)n] *n* униже́ние

humility [hjuːˈmɪlɪtɪ] *n* смире́ние, поко́рность, кро́тость

hummingbird [ˈhʌmɪŋbɜːd] *n* коли́бри

humming-top [ˈhʌmɪŋtɒp] *n* волчо́к, юла́

hummock [ˈhʌmək] *n* 1) хо́лмик; буго́р 2) (ледяно́й) то́рос

humor I, II, [ˈhjuːmə(r)] *амер. см.* **humour I, II**

humorist [ˈhjuːmərɪst] *n* юмори́ст

humorous [ˈhjuːmərəs] *a* 1) юмористи́ческий 2) смешно́й, коми́ческий

humour I [ˈhjuːmə(r)] *n* 1) ю́мор; **dry ~** мане́ра говори́ть смешны́е ве́щи невозмути́мым то́ном 2) чу́вство ю́мора *(тж* **sense of ~**) 3) настрое́ние; скло́нность, расположе́ние *(к чему-л.* — *for*); **in good/bad ~** в хоро́шем/плохо́м настрое́нии; **out of ~** не в ду́хе; **I'm not in the ~ for walking** у меня́ нет настрое́ния идти́ гуля́ть

humour II *v* 1) потака́ть, ублажа́ть 2) приноро́вливаться

humous [ˈhjuːməs] *a* перегно́йный

hump I [hʌmp] *n* 1) горб 2) буго́р 3) крити́ческая то́чка, перело́мный моме́нт; **we're over the ~ now** мы почти́ на фи́нишной прямо́й, мы сде́лали са́мое гла́вное 4) *сленг* тоска́, хандра́; **to give smb the ~** нагоня́ть тоску́ на кого́-л.

hump II *v* 1) *разг.* с трудо́м поднима́ть 2) го́рбиться 3) приводи́ть в дурно́е настрое́ние 4) *груб. сленг* переспа́ть

humpback [ˈhʌmpbæk] *n* 1) горб 2) горбу́н; горбу́нья 3) *attr:* **~ bridge** горба́тый мост

humpbacked [ˈhʌmpbækt] *a* горба́тый

humph [həmf] *int* гм!

humpty-dumpty [ˌhʌmptɪˈdʌmptɪ] *n* 1) коро́тышка; толстя́к; Шалта́й-Болта́й 2) что-л. разби́тое вдре́безги

humpy [ˈhʌmpɪ] *a* неро́вный, бугри́стый

humus [ˈhjuːməs] *n* перегно́й

Hun [hʌn] *n* 1) *ист.* гунн 2)ванда́л, ва́рвар

hunch I [hʌntʃ] *n* 1) предчу́вствие; **to have a ~** име́ть предчу́вствие 2) намёк 3) горб 4) то́лстый кусо́к, ломо́ть

hunch II *v* го́рбиться (*тж* to ~ **up**)

hunchback [ˈhʌntʃbæk] *n* горбу́н; горбу́нья

hundred I [ˈhʌndrəd] *n* со́тня; числó стó; **to sell by the** ~ продава́ть со́тнями ◊ **one** ~ **per cent** на стó процéнтов, вполнé, пóлностью

hundred II *num* стó

hundredfold I [ˈhʌndrədfəʊld] *a* стокра́тный

hundredfold II *adv* вó стó крáт

hundred-percent [ˈhʌndrədpəˌsent] *a разг.* стопроцéнтный, совершéнный, закóнченный

hundredth I [ˈhʌndrədθ] *n* сóтая часть

hundredth II *num* сóтый

hundredweight [ˈhʌndrədweɪt] *n* цéнтнер (*в Великобритании = 50,8 кг, в США = 45,4 кг*)

hung [hʌŋ] *past, p. p. см.* **hang I**

Hungarian I [hʌŋˈgeərɪən] *n* 1) венгр; венгéрка; **the** ~s вéнгры 2) венгéрский язы́к

Hungarian II *a* венгéрский

hunger I [ˈhʌŋgə(r)] *n* 1) гóлод 2) си́льное желáние (*after, for*)

hunger II *v* 1) быть голóдным, чýвствовать гóлод 2) си́льно желáть, жáждать чегó-л. (*after, for*)

hungerstrike [ˈhʌŋgəstraɪk] *n* голодóвка

hungrily [ˈhʌŋgrɪlɪ] *adv* жáдно, с жáдностью

hungry [ˈhʌŋgrɪ] *a* 1) голóдный; голодáющий; **to go** ~ быть постоя́нно голóдным 2) горячó желáющий, жáждущий чегó-л. (*for*) 3) скýдный, тóщий (*о почве*)

hunk [hʌŋk] *n разг.* 1) большóй кусóк, ломóть 2) верзи́ла 3) *разг.* неотрази́мый красáвец

hunkers [ˈhʌŋkəz] *n pl* бёдра

hunky-dory [ˌhʌŋkɪˈdɔːrɪ] *a разг.* превосхóдный, отли́чный

hunt I [hʌnt] *n* 1) охóта 2) охóтники с гóнчими 3) пóиски (*for*)

hunt II *v* 1) охóтиться 2) преслéдовать, гнать (*зверя*) 3) искáть, разы́скивать (*after, for*)

hunt after охóтиться; гоня́ться

hunt down 1) поймáть, затрави́ть (*зверя*) 2) вы́следить (*кого-л.*)

hunt for искáть, разы́скивать

hunt out оты́скивать

hunt through перевры́ть всё в пóисках

hunt up отыскáть, откопáть (*в книгах, архивах*)

hunter [ˈhʌntə(r)] *n* 1) охóтник 2) гýнтер (*охóтничья лóшадь*) 3) охóтничья собáка 4) кармáнные часы́ с кры́шкой

hunting [ˈhʌntɪŋ] *n* 1) охóта 2) *attr* охóтничий

huntingbox [ˈhʌntɪŋbɒks] *n* охóтничий дóмик

hunting-ground [ˈhʌntɪŋˌɡraʊnd] *n* 1) охóтничьи угóдья 2) благодáтная óбласть, тéма *и т. п.* для наýчных исслéдований

huntsman [ˈhʌntsmən] *n* охóтник

hurdle I [ˈhɜːdl] *n* 1) *спорт.* препя́тствие, барьéр 2) переноснáя загорóдка, переноснóй барьéр 3) прегрáда, препя́тствие

hurdle II *v* 1) принимáть учáстие в барьéрном бéге, в скáчках 2) *спорт.* брать барьéр; преодолевáть препя́тствие 3) огорáживать переносны́ми загорóдками 4) преодолевáть трýдности, препя́тствия

hurdler [ˈhɜːdlə] *n спорт.* 1) бегýн-барьери́ст 2) скаковáя лóшадь, лóшадь, учáствующая в скáчках

hurdle-race [ˈhɜːdlreɪs] *n* 1) скáчки с препя́тствиями 2) барьéрный бег (*тж* **hurdling**)

hurdy-gurdy [ˈhɜːdɪˌɡɜːdɪ] *n* шармáнка

hurl I [hɜːl] *n* си́льный бросóк

hurl II *v* швыря́ть; **to** ~ **oneself** брóситься (*на — at, upon*)

hurly-burly [ˈhɜːlɪˌbɜːlɪ] *n* переполóх, сумáтоха; суетá; смятéние

hurrah I [hʊˈrɑː] *int* урá!

hurrah II *v* кричáть «урá!»

hurray I, II [hʊˈreɪ] *см.* **hurrah I, II**

hurricane [ˈhʌrɪkən] *n* урагáн

hurricane deck [ˈhʌrɪkənˌdek] *n мор.* штормовóй мóстик

hurried [ˈhʌrɪd] *a* торопли́вый, поспéшный; ~ **steps** торопли́вые шаги́; **a** ~ **departure** поспéшный отъéзд; **we ate a** ~ **meal** мы нáспех перекуси́ли

hurriedly [ˈhʌrɪdlɪ] *adv* торопли́во, поспéшно

hurry I [ˈhʌrɪ] *n* 1) спéшка; торопли́вость, поспéшность; **in a** ~ а) в спéшке, второпя́х б) *разг.* легкó, с лёгкостью; **to be in a** ~ торопи́ться, спеши́ть; **no** ~ никакóй спéшки нет, не к спéху; **what's the** ~? к чемý такáя спéшка? 2) нетерпели́вое желáние, стремлéние (*сделать что-л. — for*)

hurry II *v* 1) торопи́ться, спеши́ть 2) подгоня́ть, торопи́ть; ~ **up!** поторопи́сь!, поспеши́!

hurry along торопи́ть, поторáпливать; ускоря́ть (*решение, дело и т. п.*)

hurry away поспеши́ть прочь

hurry back поспеши́ть назáд; поспéшно вернýться

hurry down бы́стро спусти́ться вниз

hurry in поспéшно войти́

hurry off *см.* **hurry away**

hurry on *см.* **hurry along**

hurry up 1) спеши́ть, торопи́ться 2) бы́стро подойти́, прибли́зиться к (*кому-л.*)

hurry-scurry I [ˌhʌrɪˈskʌrɪ] *n* беспоря́дочная спéшка, сумáтоха

hurry-scurry II *a* суетли́вый, сумáтошный

hurry-scurry III *adv* нáспех, как попáло

hurst [hɜːst] *n* 1) хо́лмик 2) о́тмель 3) ро́щица

hurt I [hɜːt] *n* 1) уши́б, ра́на, поврежде́ние 2) уще́рб

hurt II *v* (*past, p. p.* **hurt**) 1) ушиби́ть, пора́нить; **to get ~** ушиби́ться, пора́ниться 2) заде́ть (*чьи-л. чувства*), оби́деть; **you ~ their feelings** вы их оби́дели 3) боле́ть; **where does it ~?** где боли́т?; **my arm ~s** у меня́ боли́т рука́

hurtful [′hɜːtfʊl] *a* принося́щий боль

hurtle [′hɜːtl] *v* уст. 1) лете́ть, нести́сь с шу́мом 2) ударя́ться (*обо что-л.*), ста́лкиваться с тре́ском

husband I [′hʌzbənd] *n* муж, супру́г

husband II *v* относи́ться по-хозя́йски, эконо́мить, бере́чь; **to ~ resources** эконо́мить ресу́рсы

husbandry [′hʌzbəndrɪ] *n* 1) земледе́лие; фе́рмерство; **animal ~** животново́дство 2) рачи́тельность, бережли́вость

hush I [hʌʃ] *n* тишина́ (*особ. после шумного разговора, спора и т. п.*)

hush II *v* 1) заста́вить замолча́ть; успоко́ить; водвори́ть тишину́ 2) замолча́ть, ути́хнуть; **hush up** зама́лчивать; замя́ть (*дело*)

hush III *int* тс!, ти́ше!, замолчи́!

hushaby [′hʌʃəbaɪ] *int* ба́ю-ба́й

hush-hush [hʌʃ′hʌʃ] *a* разг. секре́тный, засекре́ченный

hush money [′hʌʃˌmʌnɪ] *n* взя́тка за молча́ние

husk I [hʌsk] *n* шелуха́

husk II *v* очища́ть от шелухи́, лущи́ть

huskily [′hʌskɪlɪ] *adv* хри́пло, хри́плым го́лосом

husky[1] [′hʌskɪ] *a* 1) хри́плый, охри́пший, си́плый 2) покры́тый шелухо́й, в шелухе́ 3) сухо́й (*как шелуха*) 4) разг. ро́слый, здоро́вый

husky[2] *n* ла́йка (*собака*)

hussar [hʊ′zɑː(r)] *n* гуса́р

hussy [′hʌsɪ] *n* 1) на́глая деви́ца 2) уст. потаску́шка

hustings [′hʌstɪŋz] *n* избира́тельная, предвы́борная кампа́ния

hustle I [′hʌsəl] *n* 1) толкотня́; суета́ 2) разг. моше́нничество, обма́н

hustle II *v* 1) толка́ть(ся), пиха́ть(ся) 2) торопи́ть, подгоня́ть 3) прота́лкивать (*что-л.*); принужда́ть (*into*) 4) амер. сленг моше́нничать; всу́чивать (*товар и т. п.*) 5) сленг занима́ться проститу́цией; **hustle in(to)** 1) впи́хивать, вта́лкивать 2) втя́гивать, вовлека́ть; **hustle out** выпи́хивать, выта́лкивать

hustler [′hʌslə(r)] *n* сленг 1) пробивно́й па́рень 2) амер. моше́нник, жу́лик, тёмная ли́чность 3) шлю́ха, проститу́тка

hut I [hʌt] *n* 1) лачу́га, хи́барка 2) воен. бара́к, каза́рма

hut II *v* 1) воен. размеща́ть в бара́ках, каза́рмах 2) жить в бара́ках, лачу́гах

hutch [hʌtʃ] *n* 1) кле́тка для кро́ликов 2) разг. лачу́га, хиба́рка 3) амер. буфе́т с откры́тыми по́лками для посу́ды

hutment [′hʌtmənt] *n* воен. размеще́ние по бара́кам, каза́рмам

hyacinth [′haɪəsɪnθ] *n* бот. гиаци́нт

hyaena [haɪ′iːnə] см. **hyena**

hybrid I [′haɪbrɪd] *n* гибри́д; гибри́дная систе́ма

hybrid II *a* 1) гибри́дный 2) биол. разноро́дный

hybridization [ˌhaɪbrɪdaɪ′zeɪʃ(ə)n] *n* биол. скре́щивание, гибридиза́ция

hydra [′haɪdrə] *n* зоол. ги́дра

hydrangea [haɪ′dreɪndʒə] *n* бот. горте́нзия

hydrant [′haɪdrənt] *n* водоразбо́рный кран, гидра́нт

hydrate [′haɪdreɪt] *n* хим. гидра́т; **~ of lime** гашёная и́звесть

hydraulic [haɪ′drɔːlɪk] *a* гидравли́ческий

hydraulics [haɪ′drɔːlɪks] *n* гидра́влика

hydrocarbon [′haɪdrəʊ′kɑːbən] *n* хим. углеводоро́д

hydrodynamics [ˌhaɪdrəʊdaɪ′næmɪks] *n* гидродина́мика

hydroelectric [′haɪdrəʊɪ′lektrɪk] *a* гидроэлектри́ческий

hydrofoil [′haɪdrəfɔɪl] *n* су́дно на подво́дных кры́льях

hydrogen [′haɪdrədʒən] *n* 1) хим. водоро́д; **~ peroxide** пе́рекись водоро́да 2) attr водоро́дный; **~ bomb** водоро́дная бо́мба

hydrolysis [haɪ′drɒlɪsɪs] *n* хим. гидро́лиз

hydropathic [ˌhaɪdrə′pæθɪk] *a* водолече́бный, гидротерапевти́ческий

hydropathy [haɪ′drɒpəθɪ] *n* водолече́ние, гидротерапи́я

hydrophobia [ˌhaɪdrə′fəʊbɪə] *n* мед. 1) гидрофоби́я, водобоя́знь 2) бе́шенство

hydroplane [′haɪdrəʊpleɪn] *n* 1) гли́ссер 2) гидропла́н

hydroponics [ˌhaɪdrə′pɒnɪks] *n* гидропо́ника

hydrostatics [ˌhaɪdrəʊ′stætɪks] *n* гидроста́тика

hydrotherapy [ˌhaɪdrə′θerəpɪ] *n* водолече́ние, гидротерапи́я

hydroxide [haɪ′drɒksaɪd] *n* хим. гидрокси́д

hyena [haɪ′iːnə] *n* гие́на

hygiene [′haɪdʒiːn] *n* гигие́на

hygienic [haɪ′dʒiːnɪk] *a* гигиени́ческий; здоро́вый

hymen [′haɪmen] *n* анат. де́вственная плева́

hymeneal [ˌhaɪmɪˈniːəl] *a книжн.* бра́чный

hymn [hɪm] *n* церко́вный гимн

hype[1] [haɪp] *n сленг* 1) широ́кая и назо́йливая рекла́мная кампа́ния 2) моше́нничество, надува́тельство

hype[2] *n сленг* 1) наркома́н 2) шприц, игла́ 3) инъе́кция *(наркотика)*

hyperactive [ˌhaɪpəˈræktɪv] *a мед.* гиперакти́вный

hyperbole [haɪˈpɜːbəlɪ] *n* гипе́рбола, преувеличе́ние

hyperborean I [ˌhaɪpəbɔːˈriːən] *n поэт.* гипербо́реец, жи́тель Се́вера, северя́нин

hyperborean II *a поэт.* гиперборе́йский, се́верный

hyperinflation [ˈhaɪpər ɪnˈfleɪʃ(ə)n] *n эк.* гиперинфля́ция, галопи́рующая, безу́держная инфля́ция *(тж* **galloping inflation**)

hypermarket [ˈhaɪpəˌmɑːkɪt] *n* гиперма́ркет, гига́нтский торго́вый ко́мплекс

hyperopia [ˈhaɪpərəpɪə] *n мед.* дальнозо́ркость, гиперметропи́я *(тж* **long-sightedness**)

hypersensitive [ˌhaɪpəˈsensɪtɪv] *a* сверхчувстви́тельный

hypersonic [ˈhaɪpəˈsɒnɪk] *a* сверхзвуково́й; ультразвуково́й

hypertension [ˈhaɪpəˈtenʃ(ə)n] *n мед.* гипертензи́я; артериа́льная гипертензи́я, *уст.* гипертони́я

hypertonic [ˌhaɪpəˈtɒnɪk] *a* 1) напряжённый *(о мышцах)* 2) гипертони́ческий

hypertrophy [haɪˈpɜːtrəfɪ] *n* гипертрофи́я

hyphen I [ˈhaɪf(ə)n] *n* дефи́с

hyphen II *v* писа́ть че́рез дефи́с

hyphenate [ˈhaɪfəneɪt] *см.* **hyphen II**

hyphenation [ˌhaɪfəˈneɪʃ(ə)n] *n* 1) постано́вка дефи́са 2) слогоделе́ние, разби́вка по слога́м 3) перено́с *(слова)*; ~ **and justification** *вчт* перено́с *(слов)* и вы́ключка

hypnosis [hɪpˈnəʊsɪs] *n* гипно́з

hypnotic I [hɪpˈnɒtɪk] *n* 1) снотво́рное (сре́дство) 2) челове́к под гипно́зом

hypnotic II *a* 1) гипноти́ческий 2) снотво́рный ◊ ~ **sleep** гипноти́ческий сон, сон под гипно́зом

hypnotist [ˈhɪpnətɪst] *n* гипнотизёр

hypnotize [ˈhɪpnətaɪz] *v* гипнотизи́ровать

hypo [ˈhaɪpəʊ] *n разг.* 1) шприц 2) инъе́кция

hypochondria [ˌhaɪpəˈkɒndrɪə] *n* пода́вленное состоя́ние, ипохо́ндрия

hypocrisy [hɪˈpɒkrɪsɪ] *n* лицеме́рие, ха́нжество

hypocrite [ˈhɪpəkrɪt] *n* лицеме́р, ханжа́

hypocritical [ˌhɪpəˈkrɪtɪk(ə)l] *a* лицеме́рный, ха́нжеский

hypodermic I [ˌhaɪpəˈdɜːmɪk] *n* 1) шприц 2) инъе́кция

hypodermic II *a* подко́жный

hypophysis [haɪˈpɒfɪsɪs] *n анат.* гипо́физ

hypostasis [haɪˈpɒstəsɪs] *n рел.* ипоста́сь *(лицо, существо)*

hypotension [ˌhaɪpəˈtenʃ(ə)n] *n мед.* гипотензи́я; артериа́льная гипотензи́я, *уст.* гипотони́я

hypotenuse [haɪˈpɒtənjuːz] *n мат.* гипотену́за

hypothecate [haɪˈpɒθɪkeɪt] *v* закла́дывать (недви́жимость)

hypothermia [ˌhaɪpəʊˈθɜːmɪə] *n мед.* гипотерми́я

hypothesis [haɪˈpɒθɪsɪs] *n (pl* **hypotheses** [haɪˈpɒθɪsiːz]) гипо́теза, предположе́ние

hypothetical [ˌhaɪpəʊˈθetɪkəl] *a* гипотети́ческий

hysteresis [ˌhɪstəˈriːsɪs] *n физ.* 1) гистере́зис; запа́здывание 2) жёсткий режи́м возбужде́ния

hysteria [hɪˈstɪərɪə] *n* истери́я

hysteric [hɪˈsterɪk] *n* исте́рик; истери́чка

hysterical [hɪˈsterɪkəl] *a* истери́ческий, истери́чный

hysterics [hɪˈsterɪks] *n* 1) исте́рика 2) *разг.* неудержи́мый смех, припа́док сме́ха

I

I[1], **i** [aɪ] *n* 9-я бу́ква англ. алфави́та ◊ **to dot one's i's and cross one's t's** ста́вить то́чки над i

I[2] *pron pers* я

I[3] *пит* ри́мская ци́фра «1»

I. *сокр.* (**island**) о́стров

IAEA *сокр.* (**International Atomic Energy Agency**) Междунаро́дное аге́нтство по а́томной эне́ргии, МАГАТЭ

iamb [ˈaɪæmb] *см.* **iambus**

iambi [aɪˈæmbaɪ] *pl см.* **iambus**

iambic I [aɪˈæmbɪk] *n* ямби́ческий стих

iambic II *a* ямби́ческий

iambus [aɪˈæmbəs] *n (pl тж* **iambi**) *лит.* ямб

IATA *сокр.* (**International Air Transport Association**) Междунаро́дная ассоциа́ция возду́шного тра́нспорта

iatrogenic [aɪˌætrəˈdʒenɪk] *a* ятроге́нный, возни́кший в результа́те медици́нского иссле́дования *или* лече́ния *(о заболевании)*

ib. *см.* **ibid**

Iberian [aɪˈbɪərɪən] *a* 1) *ист.* иберийский 2) относящийся к Испании и Португалии

ibid. *сокр.* там же

ibis [ˈaɪbɪs] *n зоол.* йбис

IBM *сокр.* (**International Business Machines**) корпорация IBM *(крупнейший мировой производитель компьютерной техники; США)*; **~compatible** совместимый с компьютерами фирмы IBM, IBM-совместимый

IBRD *сокр.* (**International Bank for Reconstruction and Development**) Международный банк реконструкции и развития, МБРР

IBS *сокр.* (**irritable bowel syndrome**) *мед.* синдром раздражённой толстой кишки, слизистый колит

i/c *сокр.* 1) (**in charge**) в *(чём-л.)* ведении 2) (**in command**) под командованием

IC *сокр.* 1) (**integrated circuit**) интегральная схема, ИС 2) (**internal combustion**) внутреннее сгорание

ICAO *сокр.* (**International Civil Aviation Organization**) Международная организация гражданской авиации, ИКАО

ICC *сокр.* (**International Chamber of Commerce**) Международная торговая палата

ice I [aɪs] *n* 1) лёд; **to fall through the ~** провалиться под лёд 2) мороженое *(тж* **ice cream**) 3) *сленг* бриллианты 4) *attr* ледяной; ледовый ◊ (**skating**) **on thin ~** в опасном, рискованном положении; **to break the ~** разбить лёд; сделать первый шаг; **to cut no ~** а) не иметь значения б) действовать безрезультатно

ice II *v* 1) замораживать; добавлять лёд *(в напиток)* 2) покрывать(ся) льдом *(over, up)* 3) покрывать *(торт и т. п.)* сахарной глазурью

Ice Age [ˈaɪseɪdʒ] *n* ледниковый период

ice axe [ˈaɪsæks] *n* ледоруб

iceberg [ˈaɪsbɜːg] *n* айсберг

iceblink [ˈaɪsblɪŋk] *n* отблеск льда *(на горизонте)*

ice-boat [ˈaɪsbəʊt] *n* 1) буер *(сани с парусом)* 2) ледокол

ice-bound [ˈaɪsbaʊnd] *a* затёртый льдами

icebox [ˈaɪsbɒks] *n амер. уст.* холодильник

ice breaker [ˈaɪsˌbreɪkə(r)] *n* ледокол

ice cap [ˈaɪskæp] *n* вечные *(арктические, полярные)* льды

ice coffee [ˌaɪsˈkɒfɪ] *n* «айс-кофе», кофе со льдом, молоком и сахаром *(прохладительный напиток)*

ice-cold [ˈaɪsˌkəʊld] *a* ледяной, холодный, как лёд

ice cream [ˈaɪsˈkriːm] *n* мороженое

ice cube [ˈaɪsˌkjuːb] *n* кубик льда *(для напитков)*

ice-drift [ˈaɪsdrɪft] *n* 1) дрейф льда 2) торосы

ice-field [ˈaɪsfiːld] *n* ледяное поле; полярные льды

icefloe [ˈaɪsfləʊ] *n* плавучая льдина

ice hockey [ˈaɪsˌhɒkɪ] *n* хоккей с шайбой *(амер.* **hockey**)

icehouse [ˈaɪshaʊs] *n* ледник, хранилище для льда

Icelander [ˈaɪsləndə(r)] *n* исландец; исландка; **the ~s** исландцы

Icelandic I [aɪsˈlændɪk] *n* исландский язык

Icelandic II *a* исландский

ice lolly [ˈaɪsˌlɒlɪ] *n* мороженое-эскимо

iceman [ˈaɪsmæn] *n амер.* полярный путешественник, полярник

ice pack [ˈaɪspæk] *n* паковый лёд, торосистый лёд

ice-skater [ˈaɪsˌskeɪtə(r)] *n* конькобежец

ice-skates [ˈaɪsˌskeɪts] *n* коньки

ice-skating [ˈaɪsˌskeɪtɪŋ] *n* катание на коньках

ice tea [ˌaɪsˈtiː] *n* «айс-ти», чай со льдом, лимоном и сахаром *(прохладительный напиток) (тж* **iced tea**)

ichthyology [ˌɪkθɪˈɒlədʒɪ] *n* ихтиология

icicle [ˈaɪsɪkl] *n* сосулька

icily [ˈaɪsɪlɪ] *adv перен.* холодно; ледяным тоном

icing [ˈaɪsɪŋ] *n* 1) (сахарная) глазурь 2) обледенение *(судна, самолёта)* 3) *спорт.* проброс шайбы через все зоны *(в хоккее)* 4) *attr*: **~ sugar** сахарная пудра *(амер.* **confectioner's sugar**)

icon [ˈaɪkɒn] *n* 1) *рел.* икона 2) изображение, портрет; статуя 3) *вчт* пиктограмма *(графический символ на экране компьютера), проф.* иконка *(тж* **ikon**)

iconography [ˌaɪkəˈnɒgrəfɪ] *n* иконография

iconostasis [ˌaɪkəˈnɒstəsɪs] *n церк.* иконостас

icon-painting [ˈaɪkɒnˌpeɪntɪŋ] *n* иконопись

ICU *сокр.* (**intensive care unit**) *мед.* отделение интенсивной терапии

icy [ˈaɪsɪ] *a* 1) очень холодный, ледяной 2) покрытый льдом 3) крайне неприветливый, ледяной *(о тоне, взгляде)*

ID *сокр.* (**identification, identity**) 1) установление личности; личность 2) удостоверение личности *(тж* **ID card, ID pass**)

id [ɪd] *n психол.* «оно», подсознание

i. d. *сокр.* (**inner diameter**) внутренний диаметр

I'd [aɪd] *разг.* = **I would, I should, I had**

IDA *сокр.* (**International Development Association**) Международная ассоциация развития

idea [aɪˈdɪə] *n* 1) мысль, идея; **that's not a bad ~** это неплохая идея; **what gave you the**

~ **that...?** откуда вы взяли, что...?; **fixed** ~ навязчивая идея 2) понятие, представление; **to have an** ~ **of smth** иметь понятие, представление о чём-л.; **not the remotest/ the faintest** ~ ни малейшего представления; **to give a good** ~ **of smth** дать хорошее описание чего-л.; **I had no** ~ **you were there** я и не подозревал, что вы были там 3) воображение, фантазия; **what an** ~**!** что за фантазия!; **the very** ~**!** *разг.* только подумать!, что ещё за глупости?; **what's the big** ~**?** *разг.* что это ты задумал?

ideal I [aɪˈdɪəl] *n* идеал; совершенство

ideal II *a* 1) идеальный, совершенный 2) мысленный 3) воображаемый, нереальный

idealism [aɪˈdɪəlɪz(ə)m] *n* идеализм

idealist [aɪˈdɪəlɪst] *n* идеалист

idealistic [aɪˌdɪəˈlɪstɪk] *a* идеалистический

idealization [aɪˌdɪəlaɪˈzeɪʃ(ə)n] *n* идеализация

idealize [aɪˈdɪəlaɪz] *v* идеализировать

ideal value [aɪˌdɪəlˈvælju:] *n мат.* идеальная величина, идеальное значение

idée fixe [ˌiːdeɪˈfiːks] *n фр. психол.* навязчивая идея, идефикс

idem [ˈɪdem] *n* то же (самое); тот же *(автор книги)*

identic(al) [aɪˈdentɪk(əl)] *a* 1) одинаковый, идентичный *(with)* 2) тот же (самый) *(об одном и том же предмете)* 3) *мат.* тождественный

identification [aɪˌdentɪfɪˈkeɪʃ(ə)n] *n* 1) отождествление 2) установление личности; опознание 3) *вчт* идентификация, опознавание, распознавание 4) *вчт* обозначение, метка 5) *attr* опознавательный; ~ **card** удостоверение личности; ~ **parade** *юр.* процедура опознания, опознание *(подозреваемого)*

identify [aɪˈdentɪfaɪ] *v* 1) устанавливать личность; опознавать; **to** ~ **oneself** предъявить удостоверение личности 2) устанавливать, выбирать *(метод, способ и т. п.)* 3) отождествля́ть(ся); счита́ть(ся) причастным, солидаризироваться *(with)* 4) устанавливать тождество *(with)*

Identikit [aɪˈdentɪkɪt] *n* фоторобот *(составленный по описанию свидетелей портрет подозреваемого лица)*

identity [aɪˈdentɪtɪ] *n* 1) личность, индивидуальность 2) установление личности 3) тождественность, идентичность 4) *мат.* тождество 5) *attr*: ~ **card** удостоверение личности *(тж* **ID card, ID pass)**

ideogram [ˈɪdɪəˌɡræm] *n* идеограмма, условный символ *(в идеографическом письме)*

ideological [ˌaɪdɪəˈlɒdʒɪk(ə)l] *a* идеологический

ideology [ˌaɪdɪˈɒlədʒɪ] *n* идеология

idiocy [ˈɪdɪəsɪ] *n* 1) идиотство, идиотизм, идиотское поведение, крайняя глупость 2) *мед.* идиотия

idiom [ˈɪdɪəm] *n лингв.* 1) идиома, идиоматическое выражение 2) диалект, говор, наречие; **local** ~ местный диалект

idiomatic [ˌɪdɪəˈmætɪk] *a лингв.* 1) идиоматический 2) характерный для данного языка

idiosyncrasy [ˌɪdɪəˈsɪŋkrəsɪ] *n* 1) склад ума, эмоциональный настрой, характер поведения, свойственные данной личности 2) *мед.* идиосинкразия, повышенная чувствительность

idiot [ˈɪdɪət] *n* 1) *разг.* дурак, идиот 2) *мед.* идиот

idiot board [ˈɪdɪətˌbɔːd] *n разг.* телесуфлёр *(экран с текстом, написанным крупными буквами, в помощь выступающему)*

idiot card [ˈɪdɪətˌkɑːd] *см.* **idiot board**

idiotic [ˌɪdɪˈɒtɪk] *a* идиотский

idle I [ˈaɪdl] *a* 1) ленивый, праздный; **to be** ~ бездельничать 2) неработающий, бездействующий; незанятый; **to stand** ~ не работать *(о предприятии, механизме)* 3) праздный, пустой, досужий; ~ **talk** пустая болтовня 4) бесполезный; **to lie** ~ лежать без употребления 5) неэффективный, пустой; неосновательный 6) свободный, незанятый

idle II *v* 1) *тех.* работать, вращаться вхолостую 2) лениться, бездельничать; **to** ~ **away time** проводить время в безделье, тратить время попусту

idleness [ˈaɪdlnɪs] *n* 1) лень, праздность, безделье; **to live in** ~ жить в праздности 2) отсутствие работы; бездействие

idler [ˈaɪdlə(r)] *n* 1) *уст.* лентяй, бездельник 2) *тех.* направляющее колесо; направляющий шкив 3) *тех.* промежуточная шестерня

idly [ˈaɪdlɪ] *adv* праздно, бесцельно

idol [ˈaɪdl] *n* идол; кумир; **cinema** ~ популярный киноартист, кинозвезда

idolater [aɪˈdɒlətə(r)] *n* 1) идолопоклонник 2) горячий поклонник

idolatry [aɪˈdɒlətrɪ] *n* 1) идолопоклонство 2) обожание, поклонение

idyll [ˈɪdɪl] *n* идиллия

idyllic [ɪˈdɪlɪk] *a* идиллический

i. e. *сокр.* **(id est)** *лат.* то есть; другими словами

if I [ɪf] *n* предположение, условие; **too many** ~**s about it** здесь слишком много условного *(мало реального)* ◊ **if ifs and ans were pots and pans** *погов.* ≅ если бы да кабы

if II *conj* 1) служит для выражения условия если; **if you think so, why don't you speak**

to him? если ты так ду́маешь, почему́ не поговори́шь с ним? 2) *при глаго́лах в сослага́тельном наклоне́нии слу́жит для выраже́ния предположе́ния, стремле́ния, жела́ния* е́сли бы; **if I were a pilot I would go there** е́сли бы я был пило́том, я бы полете́л туда́; **if my brother were here, he'd help** е́сли бы мой брат был здесь, он бы помо́г 3) да́же е́сли; хотя́ и; **a good film, if rather long** хоро́ший фильм, хотя́ и длиннова́тый 4) *в ко́св. вопро́се* ли; **I don't know if he'll agree** я не зна́ю, согласи́тся ли он 5): **as if** как бу́дто; **as if he didn't hear** как бу́дто он не слы́шал 6): **if any** е́сли таковы́е име́ются 7): **if only** е́сли бы то́лько; **if only I knew!** е́сли бы я то́лько знал!

IFC *сокр.* (**International Finance Corporation**) Междунаро́дная фина́нсовая корпора́ция

if clause ['ɪfklɔ:z] *n вчт* усло́вное предложе́ние; усло́вный опера́тор

iffy ['ɪfɪ] *a разг.* неопределённый, по́лный нея́сностей

igneous ['ɪgnɪəs] *a* 1) о́гненный 2) *геол.* вулкани́ческого происхожде́ния

ignis fatuus [ˌɪgnɪs'fætjʊəs] *n* блужда́ющий огонёк; *перен.* обма́нчивая наде́жда

ignite [ɪg'naɪt] *v* зажига́ть(ся), воспламеня́ть(ся); загора́ться

igniter [ɪg'naɪtə(r)] *n тех.* электро́д-зажига́тель, поджига́ющий электро́д

ignition [ɪg'nɪʃən] *n* 1) *авто* зажига́ние 2) *тех.* зажига́ние, воспламене́ние

ignoble [ɪg'nəʊbl] *a* ни́зкий, по́длый; ни́зменный

ignominious [ˌɪgnə'mɪnɪəs] *a* 1) позо́рный, посты́дный 2) унизи́тельный

ignominy ['ɪgnəmɪnɪ] *n* позо́р

ignoramus [ˌɪgnə'reɪməs] *n* неве́жда, нéуч

ignorance ['ɪgnərəns] *n* 1) незна́ние, неве́дение, неосведомлённость (*of*) 2) неве́жество

ignorant ['ɪgnərənt] *a* 1) неве́жественный 2) незна́ющий; неинформи́рованный; неосведомлённый (*of, in*) 3) *разг.* невоспи́танный, не уме́ющий себя́ вести́

ignore [ɪg'nɔ:(r)] *v* 1) не принима́ть в расчёт; не обраща́ть внима́ния, игнори́ровать 2) *вчт* пропуска́ть, не учи́тывать; ~ **all** пропусти́ть всё

ikon *см.* **icon**

il- [ɪl-] *pref име́ющий отриц. значе́ние; встреча́ется то́лько в слова́х, ко́рни кото́рых начина́ются с* l: **illogical** нелоги́чный

ilk [ɪlk] *n* 1) *разг.* семья́, класс, гру́ппа *и т. п.* 2): **of that ~** *шотл.* той же фами́лии

ill I [ɪl] *n* 1) *pl* бе́ды, несча́стья 2) вред, уще́рб 3) зло

ill II *a* 1) *predic* больно́й; **to be ~** быть больны́м; **he's seriously/critically ~** он серьёзно бо́лен; **to fall ~** заболе́ть 2) плохо́й; дурно́й; ~ **repute** дурна́я сла́ва; ~ **breeding** плохи́е мане́ры, плохо́е воспита́ние 3) вре́дный 4) злой, вражде́бный; ~ **will** вражде́бность; злой у́мысел; ~ **feelings** вражде́бные чу́вства ◊ **to do an ~ turn to smb** навреди́ть/принести́ вред кому́-л.; ~ **success** неуда́ча, прова́л; **an ~ wind** неблагоприя́тные обстоя́тельства

ill III *adv* 1) пло́хо; неблагоприя́тно; **to speak ~ of smb** пло́хо говори́ть, отзыва́ться о ком-л.; **she took it ~ that I didn't come** она́ была́ весьма́ недово́льна, что я не пришёл 2) едва́ (ли), с трудо́м; ~ **provided** пло́хо обеспе́ченный; **I can ~ afford to buy a new dress** я не могу́ позво́лить себе́ купи́ть но́вое пла́тье ◊ **to be/to feel ~ at ease** чу́вствовать себя́ нело́вко/не в свое́й таре́лке

I'll *разг.* = **I shall, I will**

ill-advised [ˌɪləd'vaɪzd] *a* 1) неблагоразу́мный 2) пло́хо проду́манный, неуда́чно соста́вленный

ill-affected [ˌɪlə'fektɪd] *a* нерасполо́женный (*к* — *towards*)

ill-assorted [ˌɪlə'sɔ:tɪd] *a* пло́хо подо́бранный, неподходя́щий

ill-bred [ˌɪl'bred] *a* пло́хо воспи́танный, невоспи́танный, гру́бый

ill-disposed [ˌɪldɪs'pəʊzd] *a* 1) недоброжела́тельный, нерасполо́женный (*к* — *towards*) 2) злой

illegal [ɪ'li:g(ə)l] *a* 1) нелега́льный; ~ **immigrant/alien** нелега́льный иммигра́нт 2) противозако́нный, незако́нный 3) *вчт* несанкциони́рованный, недопусти́мый, запрещённый, неразрешённый; ~ **access** несанкциони́рованный/неразрешённый до́ступ

illegally [ɪ'li:g(ə)lɪ] *adv* 1) нелега́льно 2) незако́нно

illegibility [ɪˌledʒɪ'bɪlɪtɪ] *n* неразбо́рчивость (*по́черка, шри́фта и т. п.*)

illegible [ɪ'ledʒɪbl] *a* неразбо́рчивый, неудобочита́емый; ~ **handwriting** неразбо́рчивый по́черк; ~ **signature** нечёткая/неразбо́рчивая по́дпись

illegitimacy [ˌɪlɪ'dʒɪtɪməsɪ] *n* незако́нность

illegitimate I [ˌɪlɪ'dʒɪtɪmɪt] *a* 1) незаконнорождённый, внебра́чный 2) незако́нный; неузако́ненный 3) неподоба́ющий 4) неве́рный, непра́вильный (*о вы́воде*)

illegitimate II [ˌɪlɪ'dʒɪtɪmeɪt] *v* объявля́ть незако́нным

391

ill-equipped [ˌɪlɪˈkwɪpt] *a* 1) плохо оборудованный, плохо обеспеченный *(чем-л.)* 2) неквалифицированный

ill-fated [ˌɪlˈfeɪtɪd] *a* злополучный; несчастливый; приносящий несчастье

ill-favoured [ˌɪlˈfeɪvəd] *a* непривлекательный; неприятный, отталкивающий

ill feeling [ˌɪlˈfiːlɪŋ] *n* вражда; враждебность; неприязнь

ill-fitting [ˌɪlˈfɪtɪŋ] *a* плохо пригнанный, плохо сидящий; не подходящий по размеру *(об одежде)*

ill-founded [ˌɪlˈfaʊndɪd] *a* необоснованный

ill-gotten [ˌɪlˈɡɒtn] *a* доставшийся, добытый нечестным путём; ~ **gains** нечестно добытый капитал

ill health [ˌɪlˈhelθ] *n* плохое здоровье; плохое самочувствие, недомогание

ill-humoured [ˌɪlˈhjuːməd] *a* в плохом настроении

illiberal [ɪˈlɪbər(ə)l] *a* 1) нетерпимый 2) ограниченный, отсталый 3) малообразованный 4) скупой 5) грубый, вульгарный

illicit [ɪˈlɪsɪt] *a* незаконный, запрещённый

illiteracy [ɪˈlɪtərəsɪ] *n* неграмотность

illiterate I [ɪˈlɪtərət] *n* неграмотный (человек)

illiterate II *a* 1) неграмотный 2) необразованный

ill-judged [ˌɪlˈdʒʌdʒd] *a* 1) неблагоразумный 2) непродуманный; неверный

ill-mannered [ˌɪlˈmænəd] *a* невоспитанный, невежливый

ill-natured [ˌɪlˈneɪtʃəd] *a* грубый, злобный, злой; сварливый

illness [ˈɪlnɪs] *n* болезнь, заболевание; **caisson/decompression** ~ декомпрессионная болезнь; кессонная болезнь; **fatal** ~ неизлечимое/смертельное заболевание; **incapacitating** ~ заболевание, приводящее к потере трудоспособности; **mental** ~ психическое заболевание; **chronic/long-term** ~ хроническое заболевание

illogical [ɪˈlɒdʒɪk(ə)l] *a* нелогичный

ill-omened [ˌɪlˈəʊmənd] *a* зловещий, предвещающий несчастье

ill-spoken [ˌɪlˈspəʊk(ə)n] *a* пользующийся дурной репутацией

ill-starred [ˌɪlˈstɑːd] *a* несчастливый, неудачливый; родившийся под несчастливой звездой

ill-tempered [ˌɪlˈtempəd] *a* раздражительный; с плохим характером

ill-timed [ˌɪlˈtaɪmd] *a* несвоевременный

ill-treat [ˌɪlˈtriːt] *v* плохо, грубо обращаться

ill-treatment [ˌɪlˈtriːtmənt] *n* плохое, дурное обращение

illuminant I [ɪˈluːmɪnənt] *n* 1) осветительный прибор, светильник 2) источник света

illuminant II *a* осветительный

illuminate [ɪˈluːmɪneɪt] *v* 1) освещать 2) устраивать иллюминацию; подсвечивать *(здание и т. п.)* 3) раскрашивать *(заглавные буквы в рукописи и т. п.)*; украшать рукопись рисунками, виньетками *и т. п.* 4) разъяснять, толковать 5) просвещать

illumination [ɪˌluːmɪˈneɪʃ(ə)n] *n* 1) освещение 2) освещённость, яркость; *обыкн. pl* иллюминация 3) цветные рисунки, украшения *(в рукописи)* 4) озарение

illuminator [ɪˌluːmɪˈneɪtə(r)] *n* 1) осветительный прибор, светильник 2) *тех.* облучатель 2) художник-иллюстратор

illumine [ɪˈluːmɪn] *v книжн. см.* **illuminate**

ill-use [ˌɪlˈjuːz] *см.* **ill-treat**

illusion [ɪˈluːʒ(ə)n] *n* 1) иллюзия; заблуждение 2) обман чувств; мираж; **an optical** ~ оптический обман; **to give/to create the** ~ **of smth** создать иллюзию чего-л.

illusionist [ɪˈluːʒənɪst] *n* иллюзионист, фокусник

illusive [ɪˈluːsɪv] *см.* **illusory**

illusory [ɪˈluːs(ə)rɪ] *a* обманчивый, иллюзорный

illustrate [ˈɪləstreɪt] *v* 1) иллюстрировать 2) пояснять, иллюстрировать *(примерами)*

illustration [ˌɪləsˈtreɪʃ(ə)n] *n* 1) иллюстрация, рисунок 2) пример

illustrative [ˈɪləstreɪtɪv] *a* иллюстративный, пояснительный

illustrator [ˈɪləstreɪtə(r)] *n* художник-иллюстратор

illustrious [ɪˈlʌstrɪəs] *a* знаменитый, прославленный

ill will [ˌɪlˈwɪl] *n* неприязнь; вражда

ILO *сокр.* (**International Labour Organization**) Международная организация труда, МОТ

I'm [aɪm] *разг.* = **I am**

im- *pref* имеющий отрицательное значение; встречается только в словах, корни которых начинаются с *m, b, p:* **immoral** аморальный; **immovable** неподвижный, недвижимый; **impermeable** непроницаемый; **impossible** невозможный; **imbalance** нарушение баланса, дисбаланс

image I [ˈɪmɪdʒ] *n* 1) образ, изображение 2) имидж; престиж, репутация; **to think too much of one's** ~ слишком заботиться о своём и́мидже/прести́же 3) отраже́ние *(в зерка́ле)* 4) ко́пия, подо́бие; **he is the very/ living ~ of his father** он вы́литый оте́ц 5) мета́фора; **to speak in ~s** говори́ть о́бразно 6) рису́нок 7) отпеча́ток

image II *v* 1) изобража́ть; создава́ть о́браз; отобража́ть 2) вызыва́ть в воображе́нии; я́рко опи́сывать 3) отража́ть *(как в зерка́ле)*

image-maker [′ımıdʒ͵meıkə(r)] *n* имиджме́йкер

imaginable [ı′mædʒınəbl] *a* вообрази́мый

imaginary [ı′mædʒın(ə)rı] *a* вообража́емый; мни́мый

imagination [ı͵mædʒı′neıʃ(ə)n] *n* воображе́ние; фанта́зия

imaginative [ı′mædʒınətıv] *a* облада́ющий бога́тым воображе́нием

imagine [ı′mædʒın] *v* 1) представля́ть себе́, вообража́ть 2) полага́ть, ду́мать 3) предполага́ть; дога́дываться

imaginings [ı′mædʒınıŋz] *n pl* фанта́зии, причу́ды; игра́ воображе́ния

imbecile I [′ımbısı:l] *n* 1) *мед.* имбеци́л, слабоу́мный 2) *разг.* дура́к

imbecile II *a* 1) *мед.* имбеци́льный, слабоу́мный, психи́чески неполноце́нный 2) *разг.* глу́пый

imbecility [͵ımbı′sılıtı] *n* 1) *мед.* слабоу́мие, имбеци́льность 2) *разг.* глу́пость; неразу́мный посту́пок

imbibe [ım′baıb] *v* 1) пить, выпива́ть *(особ. кре́пкие напи́тки)* 2) усва́ивать, ассимили́ровать, впи́тывать *(иде́и и т. п.)* 3) вса́сывать, поглоща́ть, впи́тывать 4) вдыха́ть

imbroglio [ım′brəυlıəυ] *n* 1) сло́жная, запу́танная ситуа́ция 2) беспоря́дочная ку́ча

imbrue [ım′bru:] *v* обагри́ть, запятна́ть *(кро́вью)*

imbue [ım′bju:] *v* 1) наполня́ть *(чу́вством)*; вдохновля́ть *(иде́ями и т. п.)* 2) пропи́тывать, насыща́ть 3) кра́сить *(ткань и т. п.)*

IMF *сокр.* **(the International Monetary Fund)** Междунаро́дный валю́тный фонд, МВФ

IMHO *сокр.* **(in my humble opinion)** *вчт сленг* по моему́ скро́мному мне́нию *(испо́льзуется в перепи́ске по электро́нной по́чте)*

imitate [′ımıteıt] *v* 1) подража́ть, копи́ровать, имити́ровать 2) передра́знивать 3) быть похо́жим

imitation [͵ımı′teıʃ(ə)n] *n* 1) подража́ние, имити́рование 2) ко́пия 3) подде́лка, имита́ция 4) *attr* иску́сственный, подде́льный; **~ leather** иску́сственная ко́жа

imitative [′ımıtətıv] *a* 1) подража́тельный 2) иску́сственный, подде́льный ◊ **~ arts** изобрази́тельное иску́сство

imitator [′ımıteıtə(r)] *n* подража́тель, имита́тор

immaculate [ı′mækjυlıt] *a* 1) чи́стый, незапя́тнанный 2) соверше́нный, безукори́зненный *(об исполне́нии)* 3) безупре́чный ◊ **the I. Conception** *рел.* Непоро́чное зача́тие

immaterial [͵ımə′tıərıəl] *a* 1) несуще́ственный, нева́жный 2) бестеле́сный, нематериа́льный

immature [͵ımə′tjυə(r)] *a* 1) недоразви́вшийся 2) не вполне́ зре́лый, недоста́точно ра́звитый *(эмоциона́льно и интеллектуа́льно)*, инфанти́льный 3) неспе́лый, незре́лый

immaturity [͵ımə′tjυərıtı] *n* незре́лость, недоста́точная ра́звитость

immeasurable [ı′meʒər(ə)bl] *a* неизмери́мый, огро́мный

immediate [ı′mi:dıət] *a* 1) неме́дленный, безотлага́тельный, сро́чный 2) ближа́йший 3) непосре́дственный, прямо́й *(о взаимоотноше́ниях, де́йствиях)*

immediately [ı′mi:dıətlı] *adv* 1) неме́дленно, сро́чно 2) непосре́дственно

immemorial [͵ımı′mɔ:rıəl] *a:* **from time ~** с незапа́мятных времён

immense [ı′mens] *a* 1) огро́мный, грома́дный, необъя́тный 2) о́чень значи́тельный; **an ~ difference** о́чень больша́я ра́зница 3) *разг.* превосхо́дный, великоле́пный

immensely [ı′menslı] *adv* чрезвыча́йно, о́чень; в значи́тельной сте́пени

immensity [ı′mensıtı] *n* безме́рность

immerse [ı′mɜ:s] *v* 1) погружа́ть 2) вовлека́ть *(in)*

immersion [ı′mɜ:ʃ(ə)n] *n* погруже́ние

immigrant I [′ımıgrənt] *n* иммигра́нт, пересе́ленец

immigrant II *a* иммигри́рующий, переселя́ющийся

immigrate [′ımı͵greıt] *v* иммигри́ровать, переселя́ть(ся)

immigration [͵ımı′greıʃ(ə)n] *n* иммигра́ция; **documented~** лега́льная иммигра́ция; **illegal/undocumented ~** нелега́льная иммигра́ция

imminence [′ımınəns] *n* приближе́ние опа́сности; угро́за *(чего́-л.)*

imminent [′ımınənt] *a* надвига́ющийся, угрожа́ющий

immitigable [ı′mıtıgəbl] *a* неумоли́мый

immobile [ı′məυbaıl] *a* неподви́жный; недви́жимый

immobility [͵ıməυ′bılıtı] *n* 1) неподви́жность 2) *юр.* недви́жимое иму́щество, недви́жимость

immobilize [ɪ'məʊbɪlaɪz] *v* 1) де́лать неподви́жным; ско́вывать 2) остана́вливать 3) изыма́ть из обраще́ния *(монету)*

immobilizer [ɪ'məʊbɪlaɪzə(r)] *n* авто иммобила́йзер *(устройство, лишающее автомобиль подвижности при попытке угона)*

immoderate [ɪ'mɒdərət] *a* неуме́ренный, чрезме́рный

immodest [ɪ'mɒdɪst] *a* 1) нескро́мный; на́глый 2) неприли́чный, бессты́дный

immodesty [ɪ'mɒdɪstɪ] *n* 1) нескро́мность; на́глость 2) неприли́чие, бессты́дство

immolate ['ɪməʊleɪt] *v* приноси́ть в же́ртву, соверша́ть жертвоприноше́ние

immolation [,ɪməʊ'leɪʃ(ə)n] *n* же́ртва

immoral [ɪ'mɒr(ə)l] *a* безнра́вственный, амора́льный; распу́щенный; ~ **earnings** де́ньги, полу́ченные за сексуа́льные услу́ги

immorality [,ɪmə'rælɪtɪ] *n* безнра́вственность, амора́льность

immortal [ɪ'mɔːtl] *a* бессме́ртный; ве́чный; ~ **glory** неувяда́емая сла́ва

immortality [,ɪmɔː'tælɪtɪ] *n* бессме́ртие

immortalize [ɪ'mɔːtəlaɪz] *v* увекове́чи(ва)ть

immovability [ɪ,muːvə'bɪlɪtɪ] *n* 1) неподви́жность 2) непоколеби́мость 3) бесстра́стие

immovable [ɪ'muːvəbl] *a* 1) неподви́жный; недви́жимый 2) непоколеби́мый 3) бесстра́стный 4) не подве́рженный измене́ниям, неизменя́емый 5) *юр.* недви́жимый *(об имуществе)*

immovables [ɪ'muːvəblz] *n pl юр.* недви́жимое иму́щество, недви́жимость

immune [ɪ'mjuːn] *a* 1) невоспри́имчивый *(к болезни)*, облада́ющий иммуните́том *(к — from, against, to)* 2) имму́нный; ~ **system** имму́нная систе́ма

immunity [ɪ'mjuːnɪtɪ] *n* 1) иммуните́т, невоспри́имчивость *(к — from)* 2) освобожде́ние *(от платежа, налога и т. п.);* 3) *юр.* неприкоснове́нность; иммуните́т; **diplomatic** ~ дипломати́ческая неприкоснове́нность; **to grant smb** ~ дать гара́нтии неприкоснове́нности 4) *вчт* усто́йчивость, защищённость *(от вируса)*

immunize ['ɪmjuːnaɪz] *v* иммунизи́ровать

immunodeficiency [,ɪmjuːnəʊdɪ'fɪʃ(ə)nsɪ] *n* иммунодефици́т

immunology [,mjuː'nɒlədʒɪ] *n* иммуноло́гия

immunotherapy [,ɪmjuːnəʊ'θerəpɪ] *n* иммунотерапи́я

immure [ɪ'mjʊə(r)] *v* 1) замуро́вывать 2) заключа́ть в тюрьму́ 3): **to** ~ **oneself** запере́ться в четырёх стена́х

immutable [ɪ'mjuːtəbl] *a* неизме́нный; неизменя́емый

IMO *сокр.* **(in my opinion)** *вчт сленг* по моему́ мне́нию *(используется в переписке по электронной почте)*

imp [ɪmp] *n* 1) озорни́к 2) чертёнок, бесёнок

impact I ['ɪmpækt] *n* 1) уда́р, столкнове́ние *(on, against)* 2) возде́йствие, влия́ние; **the ~ of his ideas on society** возде́йствие его́ иде́й на обще́ственное созна́ние

impact II [ɪm'pækt] *v* сжима́ть, зажима́ть, про́чно укрепля́ть *(into, in)*

impair [ɪm'peə(r)] *v* ослабля́ть; наноси́ть вред; **his sight is ~ed** его́ зре́ние уху́дшилось

impairment [ɪm'peə(r)mənt] *n* ухудше́ние; ослабле́ние; **hearing** ~ ухудше́ние/ослабле́ние слу́ха

impale [ɪm'peɪl] *v* пронза́ть, прока́лывать *(on, upon, with)*

impalpable [ɪm'pælpəbl] *a* 1) непостижи́мый; тру́дный для понима́ния 2) неосяза́емый, неощути́мый; *мед.* непальпи́руемый 3) мельча́йший *(о порошке и т. п.)*

impark [ɪm'pɑːk] *v* 1) помеща́ть (живо́тных) в запове́дник 2) отводи́ть зе́млю под парк; разбива́ть парк

impart [ɪm'pɑːt] *v* 1) сообща́ть *(новости и т. п.)* 2) наделя́ть, придава́ть

impartial [ɪm'pɑːʃ(ə)l] *a* беспристра́стный, непредвзя́тый

impartiality [ɪm,pɑːʃɪ'ælɪtɪ] *n* непредвзя́тость, справедли́вость

impassable [ɪm'pɑːsəbl] *a* непроходи́мый; непрое́зжий; ~ **road** непрое́зжая доро́га

impasse ['æmpɑːs] *n* тупи́к; безвы́ходное положе́ние; **to reach an** ~ зайти́ в тупи́к *(о переговорах и т. п.)*

impassible [ɪm'pæsɪbl] *a* 1) бесстра́стный 2) нечувстви́тельный; бесчу́вственный

impassioned [ɪm'pæʃ(ə)nd] *a* охва́ченный стра́стью; в стра́стном поры́ве; стра́стный

impassive [ɪm'pæsɪv] *a* 1) безмяте́жный, споко́йный 2) бесстра́стный 3) нечувстви́тельный; бесчу́вственный

impatience [ɪm'peɪʃ(ə)ns] *n* нетерпели́вость; раздраже́ние

impatient [ɪm'peɪʃənt] *a* 1) нетерпели́вый 2) раздражи́тельный 3) стремя́щийся *(сделать что-л.)*

impeach [ɪm'piːtʃ] *v* 1) предъявля́ть обвине́ние в госуда́рственном преступле́нии 2) *амер.* объявля́ть импи́чмент вы́сшему должностно́му лицу́, возбужда́ть де́ло об отстране́нии от до́лжности (президе́нта) 3) подверга́ть сомне́нию; **they ~ed his honesty** они́ сомнева́лись в его́ че́стности

impeachment [ɪm'piːtʃmənt] *n* 1) привлече́ние к суду́ за госуда́рственное преступле́ние 2) *амер.* импи́чмент *(процедура привлечения к ответственности высших гражданских должностных лиц)* 3) порица́ние; обвине́ние

impeccable [ɪmˈpekəbl] *a* безупре́чный

impecunious [ˌɪmpɪˈkjuːnɪəs] *a* безде́нежный, бе́дный, ни́щий

impedance [ɪmˈpiːd(ə)ns] *n эл.* по́лное сопротивле́ние, импеда́нс

impede [ɪmˈpiːd] *v* меша́ть, препя́тствовать

impediment [ɪmˈpedɪmənt] *n* 1) поме́ха, препя́тствие 2) дефе́кт ре́чи *(тж an ~ in speech)*

impel [ɪmˈpel] *v* 1) вынужда́ть; побужда́ть 2) продвига́ть, толка́ть; приводи́ть в движе́ние

impellent I [ɪmˈpelənt] *n* дви́жущая си́ла

impellent II *a* побужда́ющий, дви́гающий

impend [ɪmˈpend] *v* 1) надвига́ться 2) угрожа́ть, нависа́ть *(over)*

impending [ɪmˈpendɪŋ] *a* надвига́ющийся, предстоя́щий; немину́емый; **the ~ elections** предстоя́щие вы́боры

impenetrable [ɪmˈpenɪtrəbl] *a* 1) непроходи́мый; **~ darkness** непрогля́дная тьма 2) непроница́емый; **an ~ expression** непроница́емое выраже́ние (лица́) 3) непостижи́мый 4) неподдаю́щийся, непробива́емый

impenitent [ɪmˈpenɪtənt] *a* нераска́явшийся

imperative I [ɪmˈperətɪv] *n грам.* повели́тельное наклоне́ние

imperative II *a* 1) настоя́тельный, неотло́жный 2) вла́стный, повели́тельный 3) *грам.* повели́тельный *(о наклоне́нии)*

imperceptible [ˌɪmpəˈseptəbl] *a* неощути́мый; незначи́тельный

imperfect I [ɪmˈpɜːfɪkt] *n грам.* проше́дшее несоверше́нное вре́мя, имперфе́кт

imperfect II *a* 1) непо́лный, недоста́точный 2) несоверше́нный; дефе́ктный 3) *грам.* обознача́ющий незако́нченное де́йствие

imperfection [ˌɪmpəˈfekʃ(ə)n] *n* 1) неполнота́ 2) несоверше́нство 3) недоста́ток, дефе́кт

imperial [ɪmˈpɪərɪəl] *a* 1) импе́рский 2) импера́торский 3) вы́сший, верхо́вный *(о вла́сти)* 4) вели́чественный 5) великоле́пный 6) устано́вленный, станда́ртный *(об англ. ме́рах)*; **~ gallon** англи́йский галло́н

imperialism [ɪmˈpɪərɪəlɪz(ə)m] *n* империали́зм

imperialist I [ɪmˈpɪərɪəlɪst] *a* империали́ст

imperialist II *a* империалисти́ческий

imperialistic [ɪmˌpɪərɪəˈlɪstɪk] *см.* **imperialist II**

imperil [ɪmˈperɪl] *v* подверга́ть опа́сности

imperious [ɪmˈpɪərɪəs] *a* 1) вла́стный, повели́тельный; надме́нный 2) настоя́тельный, безотлага́тельный

imperishable [ɪmˈperɪʃəbl] *a* 1) ве́чный, неруши́мый 2) непо́ртящийся

imperium [ɪmˈpɪərɪəm] *n* абсолю́тная власть, всевла́стие

impermeable [ɪmˈpɜːmɪəbl] *a* непроница́емый, гермети́чный

impermissible [ˌɪmpɜːˈmɪsəbl] *a* непозволи́тельный

impersonal [ɪmˈpɜːsənl] *a* 1) безли́кий 2) *грам.* безли́чный

impersonate [ɪmˈpɜːsəneɪt] *v* 1) перевоплоща́ться 2) выдава́ть себя́ *(за кого́-л.)* 3) исполня́ть, игра́ть роль *(кого́-л.)*

impersonation [ɪmˌpɜːsəˈneɪʃ(ə)n] *n* 1) перевоплоще́ние 2) исполне́ние ро́ли *(кого́-л.)* 3) подража́ние, имита́ция 4) олицетворе́ние 5) *вчт* маскиро́вка под зако́нного по́льзователя

impersonator [ɪmˈpɜːsəneɪtə] *n* 1) челове́к, изобража́ющий, имити́рующий кого́-л.; пароди́ст, имита́тор 2) челове́к, выдаю́щий себя́ за кого́-л.

impertinence [ɪmˈpɜːtɪnəns] *n* 1) де́рзость, наха́льство 2) неуме́стность

impertinent [ɪmˈpɜːtɪnənt] *a* 1) де́рзкий, наха́льный 2) неуме́стный; не относя́щийся к де́лу 3) неле́пый

imperturbability [ˌɪmpətɜːbəˈbɪlɪtɪ] *n* невозмути́мость, споко́йствие

imperturbable [ˌɪmpəˈtɜːbəb(ə)l] *a* невозмути́мый, споко́йный

impervious [ɪmˈpɜːvɪəs] *a* 1) невосприи́мчивый; **~ to argument** не поддаю́щийся угово́рам, не реаги́рующий на до́воды 2) непроница́емый; **~ to water** водонепроница́емый

impetuosity [ɪmˌpetjʊˈɒsɪtɪ] *n* импульси́вность

impetuous [ɪmˈpetjʊəs] *a* 1) стреми́тельный, поры́вистый, импульси́вный; **an ~ nature** поры́вистая, импульси́вная нату́ра 2) запа́льчивый, необду́манный

impetus [ˈɪmpɪtəs] *n* 1) дви́жущая си́ла; ско́рость 2) и́мпульс, сти́мул; **to give a big ~ to smth** дать мо́щный толчо́к к разви́тию чего́-л.

impiety [ɪmˈpaɪətɪ] *n* 1) нечести́вость 2) непочти́тельность, неуваже́ние

impinge [ɪmˈpɪndʒ] *v* 1) оставля́ть след, результа́т *(при взаимоде́йствии, соприкоснове́нии — upon)* 2) покуша́ться *(на — on, upon)*

impious [ˈɪmpɪəs] *a* нечести́вый

impish [ˈɪmpɪʃ] *a* прока́зливый

implacability [ɪmˌplækəˈbɪlɪtɪ] *n* неумоли́мость

implacable [ɪmˈplækəb(ə)l] *a* неумоли́мый

implant [ɪmˈplɑ:nt] v 1) насаждáть, вселя́ть, внедря́ть; **the idea was firmly ~ed in his head** э́та мы́сль про́чно засéла в егó головé 2) *мед.* имплантúровать, вживля́ть

implantation [ˌɪmplɑ:nˈteɪʃ(ə)n] n *мед.* имплантáция, вживлéние

implausible [ɪmˈplɔ:zɪbl] a неправдоподóбный, невероя́тный

implement I [ˈɪmplɪmənt] n 1) орýдие, инструмéнт 2) *pl* принадлéжности; оборýдование

implement II [ˈɪmplɪmənt] v 1) исполня́ть, выполня́ть, осуществля́ть, реализóвывать 2) снабжáть, обеспéчивать *(оборудованием и т. п.)* 3) вводúть в эксплуатáцию, внедря́ть

implementation [ˌɪmplɪmənˈteɪʃ(ə)n] n 1) осуществлéние, выполнéние, реализáция *(плана и т. п.)* 2) снабжéние, обеспéчение 3) *вчт* реализáция, разрабóтка

implicate [ˈɪmplɪkeɪt] v 1) вовлекáть, впýтывать; **to be ~d in smth** быть замéшанным в чём-л. 2) подразумевáть, заключáть в себé

implication [ˌɪmplɪˈkeɪʃ(ə)n] n 1) причáстность 2) подразумевáемое, подтéкст; **by ~** кóсвенным óбразом

implicit [ɪmˈplɪsɪt] a 1) подразумевáемый; нея́сно, скры́то вы́раженный; **~ criticism** скры́тая крúтика 2) пóлный, беспрекослóвный *(о повиновении и т. п.);* **~ faith** слепáя вéра

implied [ɪmˈplaɪd] a 1) подразумевáемый; предполагáемый 2) *юр.* кóсвенный, вытекáющий из обстоя́тельств 3) потенциáльный

implore [ɪmˈplɔ:(r)] v умоля́ть

imply [ɪmˈplaɪ] v 1) подразумевáть; предполагáть; намекáть 2) знáчить, заключáть в себé

impolite [ˌɪmpəˈlaɪt] a невéжливый, грýбый

impolitic [ɪmˈpɒlɪtɪk] a 1) неблагоразýмный 2) бестáктный

imponderable [ɪmˈpɒndərəbl] a 1) не поддáющийся учёту, трудноуловúмый 2) невесóмый

import¹ I [ˈɪmpɔ:t] n 1) úмпорт, ввоз 2) *обыкн. pl* предмéты ввóза, статьú úмпорта; úмпортные товáры 3) *attr* úмпортный

import¹ II [ɪmˈpɔ:t] v импортúровать; ввозúть

import² I [ˈɪmpɔ:t] n 1) смысл, значéние 2) вáжность

import² II [ɪmˈpɔ:t] v 1) означáть, подразумевáть; выражáть

importance [ɪmˈpɔ:t(ə)ns] n вáжность, большóе значéние; значúтельность; **to be of ~** имéть (большóе) значéние; **that is of no ~** э́то не имéет значéния, э́то невáжно; **to attach ~** придавáть (большóе) значéние, считáть вáжным

important [ɪmˈpɔ:tənt] a 1) вáжный, значúтельный 2) напы́щенный

importation [ˌɪmpɔ:ˈteɪʃ(ə)n] n úмпорт, ввоз

imported [ɪmˈpɔ:tɪd] a úмпортный; **~ goods** úмпортные товáры

importunate [ɪmˈpɔ:tjʊnɪt] a 1) настóйчивый, назóйливый 2) срóчный, безотлагáтельный

importune [ɪmˈpɔ:tju:n] v 1) домогáться, надоедáть прóсьбами 2) приставáть

importunity [ˌɪmpɔ:ˈtju:nɪtɪ] n назóйливость; *pl* настóйчивые прóсьбы

impose [ɪmˈpəʊz] v 1) налагáть *(обязательство on, upon);* облагáть *(налогом, пошлиной on)* 2) вынуждáть *(к чему-л.);* навя́зывать(ся) 3) импонúровать, производúть впечатлéние *(on, upon)*

imposing [ɪmˈpəʊzɪŋ] a впечатля́ющий, внушúтельный; импозáнтный

imposition [ˌɪmpəˈzɪʃ(ə)n] n 1) введéние (налóга); обложéние (налóгом) 2) налóг 3) дополнúтельное брéмя, дополнúтельное трéбование 4) добáвочный урóк, дополнúтельная рабóта *(в виде наказания в англ. школах)*

impossibility [ɪmˌpɒsɪˈbɪlɪtɪ] n 1) невозмóжность 2) что-л. невозмóжное

impossible [ɪmˈpɒsɪbl] a невозмóжный; **to do/to perform the ~** сдéлать невозмóжное 2) *разг.* невыносúмый

impostor [ɪmˈpɒstə(r)] n 1) самозвáнец 2) мошéнник; шарлатáн; плут

imposture [ɪmˈpɒstʃə(r)] n обмáн, мошéнничество

impotence [ˈɪmpət(ə)ns] n 1) бессúлие 2) *мед.* импотéнция, половóе бессúлие

impotent [ˈɪmpətənt] a 1) бессúльный, слáбый; беспóмощный 2) *мед.* страдáющий импотéнцией

impound [ɪmˈpaʊnd] v 1) конфискóвывать 2) завладевáть 3) загоня́ть *(скот)* 4) запирáть, заключáть, изолúровать

impoverish [ɪmˈpɒv(ə)rɪʃ] v 1) доводúть до нищеты́, разоря́ть 2) истощáть *(почву, силы)*

impracticable [ɪmˈpræktɪkəbl] a 1) неосуществúмый 2) непроéзжий 3) несговóрчивый, строптúвый

impractical [ɪmˈpræktɪk(ə)l] a 1) непрактúчный, негóдный к испóльзованию 2) *амер.* неосуществúмый

imprecate [ˈɪmprɪkeɪt] v насылáть прокля́тия *(upon)*

imprecation [ˌɪmprɪˈkeɪʃ(ə)n] n прокля́тие

impregnability [ɪmˌpreɡnəˈbɪlɪtɪ] *n* непристу́пность; неуязви́мость

impregnable[1] [ɪmˈpreɡnəbl] *a* непристу́пный, непоколеби́мый; неуязви́мый

impregnable[2] *a* проница́емый, могу́щий быть пропи́танным *(какой-л. жидкостью)*

impregnate I [ˈɪmpreɡneɪt] *v* 1) оплодотворя́ть 2) наполня́ть, пропи́тывать *(with)*

impregnate II [ɪmˈpreɡnət] *a* 1) бере́менная 2) пропи́танный *(with)*

impregnation [ˌɪmpreɡˈneɪʃ(ə)n] *n* 1) зача́тие; оплодотворе́ние 2) пропи́тывание

impresario [ˌɪmprɪˈsɑːrɪəʊ] *n* импреса́рио, антрепренёр

impress I [ˈɪmpres] *n* печа́ть, отпеча́ток *(тж перен.)*

impress II [ɪmˈpres] *v* 1) производи́ть глубо́кое впечатле́ние, поража́ть; **I was not particularly ~ed by the film** фильм не произвёл на меня́ осо́бого впечатле́ния 2) стара́ться внуши́ть, подчёркивать *(значение, интерес и т. п.)*, запечатлева́ть *(on)* 3) отпеча́тывать, печа́тать 4) ста́вить печа́ть; штемпелева́ть

impression [ɪmˈpreʃ(ə)n] *n* 1) впечатле́ние; **under the ~ (of)** под впечатле́нием; **to make an ~ on smb** произвести́ на кого́-л. впечатле́ние 2) представле́ние, мне́ние; **my ~ is ...** моё мне́ние таково́... 3) подража́ние, имита́ция *(чьего-л. голоса, манер и т. п.)* 4) отпеча́ток; о́ттиск 5) печа́тание; тисне́ние 6) тира́ж; изда́ние

impressionable [ɪmˈpreʃənəbl] *a* впечатли́тельный

impressionism [ɪmˈpreʃənɪz(ə)m] *n иск.* импрессиони́зм

impressionist [ɪmˈpreʃənɪst] *n иск.* импрессиони́ст

impressive [ɪmˈpresɪv] *a* вырази́тельный; производя́щий глубо́кое впечатле́ние

imprest [ˈɪmprest] *n* подотчётная су́мма

imprint I [ˈɪmprɪnt] *n* 1) отпеча́ток; о́ттиск 2) *полигр.* штамп; тисне́ние 3) *полигр.* выходны́е да́нные *(тж* **publisher's ~, printer's ~**); импри́нт

imprint II [ɪmˈprɪnt] *v* 1) оставля́ть след, запечатлева́ть 2) отпеча́тывать, де́лать отпеча́ток, о́ттиск *(on, with)*

imprison [ɪmˈprɪz(ə)n] *v* 1) заключа́ть в тюрьму́ 2) лиша́ть свобо́ды

imprisonment [ɪmˈprɪz(ə)nmənt] *n* 1) (тюре́мное) заключе́ние 2) лише́ние свобо́ды

improbability [ɪmˌprɒbəˈbɪlɪtɪ] *n* неправдоподо́бие, невероя́тность

improbable [ɪmˈprɒbəbl] *a* неправдоподо́бный, невероя́тный

improbity [ɪmˈprəʊbɪtɪ] *n* нече́стность, непоря́дочность

impromptu I [ɪmˈprɒmptjuː] *n* экспро́мт; импровиза́ция

impromptu II *a* импровизи́рованный; сде́ланный экспро́мтом

impromptu III *adv* экспро́мтом, без подгото́вки

improper [ɪmˈprɒpə(r)] *a* 1) неприли́чный 2) неуме́стный; **an ~ remark** неуме́стное замеча́ние 3) непра́вильный; **~ fraction** *мат.* непра́вильная дробь 4) неве́рный, запрещённый

impropriety [ˌɪmprəˈpraɪətɪ] *n* 1) наруше́ние прили́чий 2) непра́вильность 3) неуме́стность

improvable [ɪmˈpruːvəbl] *a* 1) могу́щий быть улу́чшенным, усоверше́нствованным 2) приго́дный для обрабо́тки *(о земле)*

improve [ɪmˈpruːv] *v* улучша́ть, соверше́нствовать; **to ~ one's English** соверше́нствовать свой англи́йский

improved [ɪmˈpruːvd] *a* улу́чшенный, усоверше́нствованный; уточнённый

improvement [ɪmˈpruːvmənt] *n* 1) улучше́ние, усоверше́нствование 2) улу́чшенный вариа́нт; **his new car is an ~ on the old one** его́ но́вая маши́на гора́здо лу́чше ста́рой

improvident [ɪmˈprɒvɪdənt] *a* 1) непредусмотри́тельный 2) расточи́тельный, небережли́вый

improvisation [ˌɪmprəvaɪˈzeɪʃ(ə)n] *n* импровиза́ция

improvisator [ɪmˈprɒvɪzeɪtə(r)] *n* импровиза́тор

improvise [ˈɪmprəvaɪz] *v* импровизи́ровать

imprudence [ɪmˈpruːd(ə)ns] *n* неосмотри́тельность, опроме́тчивость; неосторо́жность

imprudent [ɪmˈpruːd(ə)nt] *a* неосмотри́тельный, опроме́тчивый; неосторо́жный

impudence [ˈɪmpjʊd(ə)ns] *n* де́рзость, на́глость; бессты́дство

impudent [ˈɪmpjʊd(ə)nt] *a* де́рзкий, на́глый; бессты́дный

impugn [ɪmˈpjuːn] *v* оспа́ривать, ста́вить под сомне́ние

impulse [ˈɪmpʌls] *n* толчо́к; и́мпульс, поры́в; **to act on ~** де́йствовать под влия́нием поры́ва

impulsion [ɪmˈpʌlʃ(ə)n] *n* побужде́ние; и́мпульс

impulsive [ɪmˈpʌlsɪv] *a* 1) импульси́вный, поры́вистый 2) побужда́ющий, дви́жущий

impulsively [ɪmˈpʌlsɪvlɪ] *adv* импульси́вно, поры́висто

impulsiveness [ɪmˈpʌlsɪvnɪs] *n* импульси́вность, поры́вистость

impunity [ɪmˈpjuːnɪtɪ] *n* 1) безнака́занность; **with ~** безнака́занно 2) освобожде́ние от наказа́ния

impure [ɪmˈpjʊə(r)] *a* 1) сме́шанный, содержа́щий при́меси 2) гря́зный 3) гря́зный, непристо́йный; **~ thoughts** непристо́йные мы́сли

impurity [ɪmˈpjʊərɪtɪ] *n* при́месь

imputation [ˌɪmpjuːˈteɪʃ(ə)n] *n* 1) обвине́ние *(в чём-л.)*; вмене́ние в вину́ 2) припи́сывание *(кому-л. чего-л.)*; **~ against witness** юр. дискредита́ция свиде́теля

impute [ɪmˈpjuːt] *v* 1) вменя́ть в вину́ 2) припи́сывать *(кому-л. что-л.)*

in I [ɪn] *prep* 1) указывает на нахождение внутри, в пределах чего-л. в, на, у; **in a house** в до́ме; **in the north** на се́вере; **in Paris** в Пари́же; **he's in his office** он у себя́ в о́фисе 2) указывает на какой-то период времени в, во вре́мя; в тече́ние; че́рез; **in February** в феврале́; **in summer** ле́том; **in the reign of Peter the Great** во вре́мя ца́рствования Петра́ Вели́кого, при Петре́ I; **in a week/an hour** че́рез неде́лю/час 3) указывает на форму, манеру исполнения, обстановку: **to pay in cash** плати́ть нали́чными; **to write in pencil** писа́ть карандашо́м; **to arrive in groups** прибыва́ть гру́ппами; **to be in despair/anger** быть в отча́янии/в гне́ве; **in danger** в опа́сности; **it was written in French** э́то бы́ло напи́сано по-францу́зски; **in good weather** в хоро́шую пого́ду; **to walk in the rain** гуля́ть под дождём 4) указывает на отношение одного числа к другому: **one in a hundred** оди́н на со́тню; **one man in three** оди́н челове́к из трёх

in II *adv* 1) внутри́; внутрь; до́ма; на слу́жбе; **he's not in** его́ нет, он вы́шел; **the doctor lives in** врач живёт при больни́це; **in and out** туда́ и сюда́ 2) у вла́сти; **when the Tories were in** когда́ консерва́торы бы́ли у вла́сти; **our candidate got in** наш кандида́т прошёл в парла́мент 3) в мо́де; **long skirts are in** в мо́де дли́нные ю́бки 4) у платфо́рмы; **the train is in** по́езд стои́т у платфо́рмы 5) на хоро́шем счету́; **in with** в хоро́ших отноше́ниях; **he's in with his boss** он на хоро́шем счету́ у нача́льства ◊ **in on the secret** посвящённый в та́йну; **he's in for a shock** его́ ждёт неприя́тный сюрпри́з

in III *n*: **~s and outs** а) все вхо́ды и вы́ходы б) все дета́ли; вся подного́тная

in-¹ [ɪn-] *pref* со значением включения внутрь, нахождения внутри чего-л.: **inland** вну́тренняя часть страны́; **inborn** врождённый

in-² [ɪn-] *с отрицательным значением; pref* встречается в словах, корни которых на-чинаются с любого звука, кроме *l*, *m*, *b*, *p* и *r* (см. il-, im-², ir-) не-, без-, бес-; **incapable** неспосо́бный; **inorganic** неорган́ический; **insensitive** бесчу́вственный

inability [ˌɪnəˈbɪlɪtɪ] *n* 1) неспосо́бность; неуме́ние 2) невозмо́жность

inaccessibility [ˌɪnækˌsesɪˈbɪlɪtɪ] *n* недосту́пность

inaccessible [ˌɪnækˈsesəbl] *a* недосту́пный, недосяга́емый

inaccuracy [ɪnˈækjʊrəsɪ] *n* нето́чность

inaccurate [ɪnˈækjʊrət] *a* нето́чный

inaction [ɪnˈækʃ(ə)n] *n* безде́йствие, пасси́вность

inactive [ɪnˈæktɪv] *a* безде́ятельный, пасси́вный

inactivity [ˌɪnækˈtɪvɪtɪ] *n* безде́ятельность; ине́ртность

inadequacy [ɪnˈædɪkwəsɪ] *n* 1) недоста́точность 2) несоотве́тствие *(чему-л.)*; неадеква́тность

inadequate [ɪnˈædɪkwət] *a* 1) недоста́точный 2) не отвеча́ющий тре́бованиям, своему́ назначе́нию; **he proved ~ to this job** э́та рабо́та ему́ не подхо́дит 3) несоразме́рный; неадеква́тный

inadmissible [ˌɪnədˈmɪsəbl] *a* недопусти́мый, неприе́млемый

inadvertence [ˌɪnədˈvɜːt(ə)ns] *n* 1) неумы́шленность, ненаме́ренность 2) невнима́тельность, небре́жность; **due to ~** по недосмо́тру

inadvertency [ˌɪnədˈvɜːt(ə)nsɪ] *см.* **inadvertence**

inadvertent [ˌɪnədˈvɜːt(ə)nt] *a* 1) неумы́шленный, неча́янный 2) невнима́тельный, небре́жный

inadvisable [ˌɪnədˈvaɪzəbl] *a* нерекоменду́емый

inalienable [ɪnˈeɪlɪənəbl] *a* неотъе́млемый

inalterable [ɪnˈɒltərəbl] *a* неизме́нный, неизменя́емый

inane I [ɪˈneɪn] *n* (**the ~**) пустота́, бесконе́чное простра́нство

inane II *a* 1) бессмы́сленный, глу́пый 2) пусто́й, бессодержа́тельный

inanimate [ɪnˈænɪmət] *a* 1) безжи́зненный 2) неодушевлённый, неживо́й; **~ matter** нежива́я мате́рия; **~ nature** нежива́я приро́да 3) ску́чный

inanimation [ɪnˌænɪˈmeɪʃ(ə)n] *n* 1) безжи́зненность 2) неодушевлённость

inanition [ˌɪnəˈnɪʃ(ə)n] *n* (кра́йнее) истоще́ние

inanity [ɪnˈænɪtɪ] *n* 1) бессмы́сленность 2) пустота́, бессодержа́тельность

inapplicable [ɪnˈæplɪkəbl] *a* неприме́ни́мый, неподходя́щий

inappreciable [ˌɪnəˈpriːʃ(ə)bl] *a* 1) незаме́тный; не принима́емый в расчёт, незначи́тельный 2) бесце́нный

inappreciation [ˌɪnəˌpriːʃɪˈeɪʃ(ə)n] *n* недооце́нка

inapprehensible [ɪnˌæprɪˈhensəbl] *a* непостижи́мый

inappropriate [ˌɪnəˈprəʊprɪət] *a* неподходя́щий; неуме́стный; **your remark is** ~ ва́ше замеча́ние неуме́стно

inapt [ɪnˈæpt] *a* 1) неподходя́щий; неуме́стный 2) неуме́лый, неспосо́бный

inaptitude [ɪnˈæptɪtjuːd] *n* 1) несоотве́тствие 2) неуме́ние, неспосо́бность

inarticulate [ˌɪnɑːˈtɪkjʊlət] *a* 1) нечленоразде́льный; косноязы́чный; невня́тный; бессвя́зный 2) немо́й

inartistic [ˌɪnɑːˈtɪstɪk] *a* нехудо́жественный; **he is** ~ у него́ нет худо́жественного вку́са/чутья́

inasmush [ɪnəzˈmʌtʃ] *adv*: ~ **as** ввиду́ того́, что; так как; поско́льку

inattention [ˌɪnəˈtenʃ(ə)n] *n* невнима́ние

inattentive [ˌɪnəˈtentɪv] *a* 1) невнима́тельный 2) неве́жливый

inaudible [ɪnˈɔːdɪbl] *a* неслы́шный; едва́ слы́шный

inaugurate [ɪˈnɔːgjʊreɪt] *v* 1) торже́ственно вводи́ть в до́лжность *(президента)* 2) торже́ственно открыва́ть *(памятник, выставку и т. п.)* 3) начина́ть, вводи́ть *(реформы и т. п.)*

inauguration [ɪˌnɔːgjʊˈreɪʃ(ə)n] *n* 1) торже́ственное вступле́ние в до́лжность *(президента)*, инаугура́ция; **the I. Day** День инаугура́ции *(президента в США; 20 января)* 2) торже́ственное откры́тие *(памятника, выставки и т. п.)*

inauspicious [ˌɪnɔːˈspɪʃəs] *a* неблагоприя́тный, не предвеща́ющий ничего́ хоро́шего; злове́щий

inborn [ˈɪnbɔːn] *a* врождённый

inbreathe [ɪnˈbriːð] *v* 1) вдыха́ть 2) вдохновля́ть

inbred [inˈbred] *a* 1) врождённый 2) рождённый от роди́телей, состоя́щих в родстве́

Inc. *сокр.* **(Incorporated)** *амер.* облада́ющий права́ми юриди́ческого лица́, явля́ющийся корпора́цией

incalculable [ɪnˈkælkjʊləbl] *a* 1) неисчисли́мый, несме́тный, огро́мный 2) не просчи́тываемый зара́нее 3) непредска́зуемый *(о человеке)*

incandescence [ˌɪnkænˈdes(ə)ns] *n* 1) нака́л, нака́ливание 2) кра́сное кале́ние

incandescent [ˌɪnkænˈdes(ə)nt] *a* 1) раскалённый; накалённый; ~ **lamp** ла́мпа нака-

ливания, электрола́мпочка 2) ослепи́тельный, сверка́ющий

incapability [ɪnˌkeɪpəˈbɪlɪtɪ] *n* неспосо́бность; неприго́дность

incapable [ɪnˈkeɪpəbl] *a* неспосо́бный; неприго́дный *(к, на — of)*

incapacitate [ˌɪnkəˈpæsɪteɪt] *v* 1) лиша́ть трудоспосо́бности; выводи́ть из стро́я 2) дисквалифици́ровать 3) *юр.* ограни́чивать в право- *или* дееспосо́бности; поража́ть в права́х

incapacity [ˌɪnkəˈpæsɪtɪ] *n* 1) неспосо́бность; неприго́дность *(к — for)* 2) *юр.* неправоспосо́бность, недееспосо́бность; пораже́ние в права́х

incarcerate [ɪnˈkɑːsəreɪt] *v* заключа́ть в тюрьму́; лиша́ть свобо́ды

incarnate I [ɪnˈkɑːnət] *a* воплощённый; **a devil** ~ воплощённое зло

incarnate II [ˈɪnkɑːneɪt] *v* воплоща́ть

incarnation [ˌɪnkɑːˈneɪʃ(ə)n] *n* 1) воплоще́ние; **the I. (of Christ)** *рел.* Воплоще́ние Христа́ 2) *мед.* заживле́ние тка́ни; грануля́ция

incendiarism [ɪnˈsendɪərɪz(ə)m] *n* 1) поджо́г 2) подстрека́тельство

incendiary I [ɪnˈsendɪərɪ] *n* 1) *воен.* зажига́тельный снаря́д 2) поджига́тель

incendiary II *a* 1) поджига́ющий 2) *воен.* зажига́тельный 3) подстрека́ющий

incense¹ I [ˈɪnsens] *n* ла́дан

incense¹ II *v* кади́ть; кури́ть фимиа́м

**incense² ** [ɪnˈsens] *v* серди́ть, приводи́ть в негодова́ние, я́рость

incensed [ɪnˈsenst] *a* си́льно рассе́рженный; в я́рости

incentive I [ɪnˈsentɪv] *n* побуди́тельная причи́на, сти́мул

incentive II *a* побуди́тельный

inception [ɪnˈsepʃ(ə)n] *n* нача́ло

inceptive [ɪnˈseptɪv] *a* 1) начина́ющий(ся) 2) нача́льный 3) *грам.* начина́тельный

incertitude [ɪnˈsɜːtɪtjuːd] *n* неопределённость; неуве́ренность

incessant [ɪnˈses(ə)nt] *a* непрекраща́ющийся, непреры́вный

incest [ˈɪnsest] *n* кровосмеше́ние, инце́ст

inch¹ I [ɪntʃ] *n* 1) дюйм (= 2,54 см) 2) ма́лое коли́чество, ма́лое расстоя́ние *и т. п.*; ~ **by** ~ постепе́нно, понемно́гу, ма́ло-пома́лу; **by** ~**es** совсе́м ря́дом, вблизи́; **to miss by** ~**es** пролете́ть в миллиме́тре *(от чего-л.)*; **within an** ~ **of** совсе́м бли́зко, на волосо́к от ◊ **every** ~ по́лностью; целико́м; **he's every** ~ **a soldier** он вое́нная ко́сточка; **give a person an** ~ **and he (she) will take a mile** дай ему́ (ей) па́лец, он(а́) и ру́ку отхва́тит

inch[1] **II** *v* ме́дленно дви́гаться (*тж* to ~ one's way forward) ◊ to ~ along *амер. сленг* де́лать ме́дленные, но ве́рные успе́хи

inch[2] *n шотл.* (ма́ленький) острово́к

inchoate I [ˈɪnkəʊeɪt] *a* 1) то́лько что на́чатый 2) неразви́вшийся, зача́точный, рудимента́рный

inchoate II *v* начина́ть, дава́ть нача́ло, порожда́ть

incidence [ˈɪnsɪd(ə)ns] *n* 1) спо́соб, ско́рость де́йствия *и т. п.* 2) сфе́ра распростране́ния, де́йствия 3) *физ.* паде́ние *(луча, линии и т. п.)* 4) *мед.* заболева́емость 5) *ав.* у́гол ата́ки

incident I [ˈɪnsɪd(ə)nt] *n* 1) слу́чай, происше́ствие 2) инциде́нт 3) эпизо́д *(в пьесе, поэме, романе)*

incident II *a* 1) прису́щий *(to)* 2) *физ.* па́дающий *(о луче и т. п. — ирон)* 3) сме́жный

incidental [ˌɪnsɪˈdent(ə)l] *a* 1) второстепе́нный, дополни́тельный, побо́чный 2) *физ.* случа́йный 3) прису́щий, сопу́тствующий; **problems ~ to adolescence** пробле́мы подростко́вого во́зраста; **~ music** музыка́льный фон, музыка́льная те́ма к кино- *или* телефи́льму; музыка́льное сопровожде́ние *(в передаче и т. п.)*

incidentally [ˌɪnsɪˈdentəlɪ] *adv* случа́йно

incinerate [ɪnˈsɪnəreɪt] *v* сжига́ть дотла́; испепеля́ть

incinerator [ɪnˈsɪnəreɪtə(r)] *n* 1) мусоросжига́тельная печь 2) печь кремато́рия

incipient [ɪnˈsɪpɪənt] *a* начина́ющийся; нача́льный

incise [ɪnˈsaɪz] *v* 1) де́лать разре́з, надре́з 2) рассека́ть 3) насека́ть, гравирова́ть

incision [ɪnˈsɪʒ(ə)n] *n* 1) разре́з, надре́з; рассече́ние 2) насе́чка 3) *мед.* ре́заная ра́на

incisive [ɪnˈsaɪsɪv] *a* 1) проница́тельный 2) ко́лкий, ре́зкий 3) ре́жущий, о́стрый; проника́ющий

incisor [ɪnˈsaɪzə(r)] *n* резе́ц *(зуб)*

incite [ɪnˈsaɪt] *v* 1) подстрека́ть 2) побужда́ть, понужда́ть

incitement [ɪnˈsaɪtmənt] *n* 1) возбужде́ние 2) подстрека́тельство 3) побуди́тельная причи́на; сти́мул

incivility [ˌɪnsɪˈvɪlɪtɪ] *n* неве́жливость, гру́бость

inclement [ɪnˈklemənt] *a* суро́вый, холо́дный *(о климате)*; нена́стный, хму́рый *(о погоде)*

inclinable [ɪnˈklaɪnəbl] *a* скло́нный, располо́женный *(к чему-л. — to)*

inclination [ˌɪnklɪˈneɪʃ(ə)n] *n* 1) скло́нность, накло́нность, предрасположе́ние *(to, for)*; **to follow one's ~s** сле́довать свои́м влече́ниям/

накло́нностям 2) накло́н, укло́н; скат; **the ~ of the road** укло́н доро́ги 3) отклоне́ние, склоне́ние *(магнитной стрелки)*

incline I [ˈɪnklaɪn] *n* накло́н; накло́нная пло́скость

incline II [ɪnˈklaɪn] *v* 1) склоня́ть *(кого-л. к чему-л. — to, for)* 2) быть скло́нным, располо́женным *(к чему-л.)* 3) наклоня́ть(ся)

inclose [ɪnˈkləʊz] *см.* **enclose**

inclosure [ɪnˈkləʊʒə(r)] *см.* **enclosure**

include [ɪnˈkluːd] *v* включа́ть; заключа́ть, содержа́ть (в себе́)

including [ɪnˈkluːdɪŋ] *prep* включа́я, в том числе́

inclusion [ɪnˈkluːʒ(ə)n] *n* включе́ние

inclusive [ɪnˈkluːsɪv] *a* включа́ющий в себя́, содержа́щий (в себе́); **pages 5 to 25 ~** страни́цы от 5 до 25 включи́тельно; **their terms are ~** у них в це́ну вхо́дит опла́та всех услу́г; **all ~** «всё включено́» *(форма оплаты туристической путёвки, когда проезд, питание, проживание и все услуги входят в её стоимость)*

incognito I [ˌɪnkɒɡˈniːtəʊ] *n* инко́гнито

incognito II *adv* инко́гнито, под чужи́м и́менем

incognizant [ɪnˈkɒɡnɪzənt] *a* не зна́ющий, не ве́дающий

incoherence [ˌɪnkəʊˈhɪərəns] *n* несвя́зность; непосле́довательность

incoherent [ˌɪnkəʊˈhɪərənt] *a* бессвя́зный; несвя́зный; **an ~ account** несвя́зный расска́з *(о происшедшем)*

incombustible [ˌɪnkəmˈbʌstɪbl] *a* негорю́чий, огнесто́йкий

income [ˈɪnkʌm] *n* 1) дохо́д, годово́й дохо́д; **~ in kind** дохо́д в натура́льной фо́рме; **national ~** национа́льный дохо́д; **~ per head** дохо́д на ду́шу населе́ния 2) прихо́д 3) *attr* дохо́дный; **~ bond** дохо́дная облига́ция; **~ distribution** распределе́ние дохо́дов; **~ profit** чи́стый дохо́д; **~ stock** при́быльные це́нные бума́ги

incomer [ˈɪnˌkʌmə(r)] *n* 1) входя́щий; воше́дший 2) пришле́ц; иммигра́нт 3) прее́мник

income tax [ˈɪnkʌmˌtæks] *n* 1) подохо́дный нало́г 2) *attr*: **~ allowances** нало́говые ски́дки при упла́те подохо́дного нало́га); **~ return** нало́говая деклара́ция

incoming I [ˈɪnkʌmɪŋ] *n* 1) прихо́д, прибы́тие 2) *обыкн. pl* дохо́ды, поступле́ния

incoming II *a* 1) входя́щий, приближа́ющийся, прибыва́ющий 2) вступа́ющий *(в права владения, должность и т. п.)* 3) поступа́ющий *(о доходе, платеже)* 4) наступа́ющий, сле́дующий

incommensurable [ˌɪnkə'menʃərəbl] *a* 1) несоизмеримый; несоразмерный (*c — with*) 2) *мат.* иррациональный

incommensurate [ˌɪnkə'menʃərət] *a* непропорциональный, несоответствующий (*with, to*)

incommode [ˌɪnkə'məʊd] *v* мешать; беспокоить

incommodious [ˌɪnkə'məʊdɪəs] *a* неудобный

incommunicable [ˌɪnkə'mju:nɪkəbl] *a* непередаваемый

incommunicado [ˌɪnkəˌmju:nɪ'ka:dəʊ] *a* 1) лишённый общения, связи с внешним миром 2) содержащийся в одиночной камере (*о заключённом*)

incommunicative [ˌɪnkə'mju:nɪkətɪv] *a* необщительный

incomparable [ɪn'kɒmpərəbl] *a* бесподобный, несравненный 2) несравнимый (*c — with, to*)

incompatibility [ˌɪnkəmpætə'bɪlɪtɪ] *n* несовместимость; несоответствие

incompatible [ˌɪnkəm'pætɪbl] *a* несовместимый

incompetence [ɪn'kɒmpɪt(ə)ns] *n* 1) некомпетентность; неспособность 2) *юр.* неправоспособность; недееспособность; **mental ~** невменяемость 3) *мед.* недостаточность (*клапанов и т. п.*)

incompetent [ɪn'kɒmpɪt(ə)nt] *a* 1) некомпетентный; неспособный 2) *юр.* неправоспособный; недееспособный

incomplete [ˌɪnkəm'pli:t] *a* 1) неполный 2) незаконченный, незавершённый 3) недостаточный (*о знаниях*)

incomprehensible [ɪnˌkɒmprɪ'hensɪbl] *a* непонятный, непостижимый; невразумительный

incomprehension [ɪnˌkɒmprɪ'henʃ(ə)n] *n* непонимание

incompressible [ˌɪnkəm'presɪbl] *a* несжимающийся, несжимаемый

inconceivable [ˌɪnkən'si:vəbl] *a* 1) невообразимый, немыслимый 2) *разг.* необычный, невероятный

inconclusive [ˌɪnkən'klu:sɪv] *a* 1) неубедительный 2) нерешающий, недостаточный для решения

incongruity [ˌɪnkɒn'gru:ɪtɪ] *n* 1) неуместность, нелепость 2) несоответствие

incongruous [ɪn'kɒngrʊəs] *a* 1) неуместный, нелепый 2) несоответствующий, неподходящий; несовместимый (*with*)

inconsecutive [ˌɪnkən'sekjʊtɪv] *a* непоследовательный

inconsequence [ɪn'kɒnsɪkwəns] *n* непоследовательность

inconsequent [ɪn'kɒnsɪkwənt] *a* 1) непоследовательный, нелогичный 2) не относящийся к делу, к сути вопроса

inconsequential [ɪnˌkɒnsɪ'kwenʃ(ə)l] 1) неважный, несущественный 2) *см.* **inconsequent**

inconsiderable [ˌɪnkən'sɪdərəbl] *a* незначительный

inconsiderate [ˌɪnkən'sɪdərət] *a* 1) неосмотрительный, опрометчивый 2) невнимательный, нечуткий; **to be ~ of smb's feelings** не считаться с чьими-л. чувствами

inconsistent [ˌɪnkən'sɪst(ə)nt] *a* 1) непоследовательный, противоречивый; **his arguments are ~** его доводы противоречивы 2) несовместимый; несообразный

inconsolable [ˌɪnkən'səʊləbl] *a* безутешный

inconspicuous [ˌɪnkən'spɪkjʊəs] *a* незаметный, не бросающийся в глаза, не привлекающий внимания

inconstant [ɪn'kɒnst(ə)nt] *a* 1) непостоянный, изменчивый, переменчивый 2) нерегулярный

incontestable [ˌɪnkən'testəbl] *a* неоспоримый, неопровержимый, бесспорный

incontinence [ɪn'kɒntɪnəns] *n* 1) *мед.* недержание мочи 2) невоздержанность

incontinent [ɪn'kɒntɪnənt] *a* 1) страдающий недержанием мочи 2) невоздержанный

incontrovertible [ˌɪnkɒntrə'vɜ:tɪbl] *a* неоспоримый, неопровержимый

inconvenience I [ˌɪnkən'vi:nɪəns] *n* неудобство; **to cause ~, to put to ~** стеснять, причинять неудобство

inconvenience II *v* причинять неудобство, стеснять

inconvenient [ˌɪnkən'vi:nɪənt] *a* 1) неудобный; затруднительный; **~ time** неудобное время 2) беспокойный

inconvertible [ˌɪnkən'vɜ:tɪbl] *a* 1) *фин.* неконвертируемый (*о валюте*) 2) необратимый (*о процессе*)

inconvincible [ˌɪnkən'vɪnsəbl] *a* не поддающийся убеждению

incoordination [ˌɪnkəʊˌɔ:dɪ'neɪʃ(ə)n] *n* несогласованность

incorporate I [ɪn'kɔ:pərət] *a* соединённый, объединённый; входящий, включённый (*куда-л.*)

incorporate II [ɪn'kɔ:pəreɪt] *v* 1) соединять(ся), объединять(ся) 2) смешивать(ся) (*c — with*) 3) включать, вводить в состав (*компании, объединения и т. п.*) 4) регистрировать (*фирму, компанию и т. п.*) в качестве юридического лица

incorporated [ɪn'kɔ:pəreɪtɪd] *a* 1) зарегистрированный как корпорация; обладающий правами юридического лица 2) *тех.* встроенный

incorporation [ɪnˌkɔːpəˈreɪʃ(ə)n] *n* 1) соединение, объединение 2) *ком.* инкорпорирование

incorporeal [ˌɪnkɔːˈpɔːrɪəl] *a* невещественный; бесплотный

incorrect [ˌɪnkəˈrekt] *a* 1) неверный, неправильный; ошибочный 2) некорректный

incorrigible [ɪnˈkɒrɪdʒɪbl] *a* неисправимый

incorruptible [ˌɪnkəˈrʌptɪbl] *a* 1) неподкупный 2) непортящийся 3) нетленный

increase I [ˈɪnkriːs] *n* 1) рост, увеличение; **an ~ in population** рост населения; **an ~ in income** возрастание/рост доходов; **an ~ in wages** прибавка к зарплате; повышение зарплаты; **price/tax ~** рост цен/налогов 2) прирост, прибавление

increase II [ɪnˈkriːs] *v* расти, возрастать; увеличивать(ся); усиливать(ся)

increasing [ɪnˈkriːsɪŋ] *a* растущий, возрастающий, увеличивающийся

increasingly [ɪnˈkriːsɪŋlɪ] *adv* всё более и более; во всё возрастающем размере

incredibility [ɪnˌkredɪˈbɪlɪtɪ] *n* невероятность, неправдоподобие

incredible [ɪnˈkredɪbl] *a* невероятный, неправдоподобный

incredulity [ˌɪnkrɪˈdjuːlɪtɪ] *n* недоверчивость

incredulous [ɪnˈkredjʊləs] *a* недоверчивый

increment [ˈɪnkrɪmənt] *n* 1) возрастание, увеличение 2) прибавка *(к зарплате и т. п.)* 3) инкремент, приращение, шаг

incriminate [ɪnˈkrɪmɪneɪt] *v* 1) инкриминировать; вменять в вину 2) обвинять в преступлении

incriminatory [ɪnˈkrɪmɪnət(ə)rɪ] *a* обвинительный; инкриминирующий

incrustation [ˌɪnkrʌˈsteɪʃ(ə)n] *n* 1) образование корки *(при затвердении)* 2) кора, корка; *тех.* накипь 3) инкрустирование

incubate [ˈɪnkjʊbeɪt] *v* 1) высиживать, выводить цыплят 2) выращивать *(бактерии и т. п.)*

incubation [ˌɪnkjʊˈbeɪʃ(ə)n] *n* 1) высиживание, выведение цыплят 2) *мед.* инкубационный период *(тж ~ period)*

incubator [ˈɪnkjʊbeɪtə(r)] *n* инкубатор

inculcate [ˈɪnkʌlkeɪt] *v* внедрять, внушать *(in, upon)*

inculcation [ˌɪnkʌlˈkeɪʃ(ə)n] *n* внедрение, насаждение *(идей и т. п.)*

inculpate [ˈɪnkʌlpeɪt] *v* обвинять; изобличать

incumbent [ɪnˈkʌmbənt] *a* возложенный *(на кого-л. — upon)*; обязательный; **it is ~ upon me to help them** я обязан помочь им; **it is ~ on you to appear there** вы обязаны появиться там

incunabula [ˌɪnkjuːˈnæbjʊlə] *n pl* 1) инкунабулы, первопечатные книги 2) ранняя стадия *(развития чего-л.)*

incur [ɪnˈkɜː(r)] *v* подвергаться *(чему-л.)*; навлекать; **to ~ displeasure** навлечь на себя недовольство; **to ~ debts** наделать долгов, влезть в долги; **to ~ heavy losses** понести большие убытки/потери

incurability [ɪnˌkjʊərəˈbɪlɪtɪ] *n* неизлечимость, *мед.* инкурабельность

incurable I [ɪnˈkjʊərəbl] *n* неизлечимый, инкурабельный больной

incurable II *a* неизлечимый, *мед.* инкурабельный ◊ **~ illness/disease** неизлечимая болезнь; **an ~ optimist** неисправимый оптимист

incuriosity [ɪnˌkjʊərɪˈɒsɪtɪ] *n* отсутствие любопытства, любознательности

incurious [ɪnˈkjʊərɪəs] *a* 1) нелюбопытный; нелюбознательный 2) невнимательный

incursion [ɪnˈkɜːʃ(ə)n] *n* 1) набег, внезапное нападение 2) вторжение, нашествие

incurved [ˈɪnˈkɜːvd] *a* вогнутый

incuse [ɪŋˈkjuːz] *n* чеканка, изображение (на монете)

indebted [ɪnˈdetɪd] *a* 1) обязанный; **I am ~ to you for your help** я чувствую себя обязанным, ты мне так помог 2) должный *(кому-л.)*, в долгу *(у кого-л. — to)*

indebtedness [ɪnˈdetɪdnɪs] *n* задолженность; долг *(тж перен.)*

indecency [ɪnˈdiːs(ə)nsɪ] *n* неприличие, непристойность

indecent [ɪnˈdiːs(ə)nt] *a* неприличный, непристойный; **~ assault** *юр.* непристойное нападение; **~ exposure (of the person)** *юр.* непристойное обнажение в общественном месте

indecipherable [ˌɪndɪˈsaɪfərəbl] *a* не поддающийся расшифровке

indecision [ˌɪndɪˈsɪʒ(ə)n] *n* нерешительность

indecisive [ˌɪndɪˈsaɪsɪv] *a* 1) нерешающий; нерешённый 2) нерешительный

indeclinable [ˌɪndɪˈklaɪnəbl] *a грам.* несклоняемый

indecorous [ɪnˈdekərəs] *a* неблагопристойный; дурного вкуса

indecorum [ˌɪndɪˈkɔːrəm] *n* нарушение приличий

indeed [ɪnˈdiːd] *adv* 1) действительно, в самом деле; **she was ~ a remarkable personality** она была действительно замечательной личностью; **who is this Mr Smith? — Who is he, ~?** кто этот г-н Смит? — Кто он, в самом деле? 2) *служит для усиления:* **thank you very much ~** огромное вам спасибо; **yes, ~!** ну конечно же!, да, конечно!

indefatigable [ˌɪndɪˈfætɪɡəbl] *a* неутомимый

indefeasible [ˌɪndɪˈfiːzɪbl] *a* неотъемлемый; непреложный, нерушимый

indefensible [ˌɪndɪˈfensɪbl] *a* 1) несостоятельный, не могущий быть оправданным 2) *воен.* плохо подготовленный к обороне

indefinable [ˌɪndɪˈfaɪnəbl] *a* неопределённый; **it has an ~ charm** в этом есть какое-то неуловимое очарование

indefinite [ɪnˈdefɪnɪt] *a* 1) неопределённый 2) неограниченный 3) *грам.* неопределённый; **~ article** неопределённый артикль; **~ pronoun** неопределённое местоимение

indefinitely [ɪnˈdefɪnɪtlɪ] *adv* бесконечно, до бесконечности; на неопределённый срок

indelible [ɪnˈdelɪbl] *a* 1) неизгладимый; **an ~ impression** неизгладимое впечатление 2) несмываемый, нестираемый; **~ ink** химические чернила

indelicacy [ɪnˈdelɪkəsɪ] *n* неделикатность, бестактность; нескромность

indelicate [ɪnˈdelɪkət] *a* неделикатный, бестактный; нескромный

indemnify [ɪnˈdemnɪfaɪ] *v* 1) обезопасить, застраховать *(from, against)* 2) освободить от наказания *(за — for)* 3) возмещать, компенсировать *(за — for)*

indemnity [ɪnˈdemnɪtɪ] *n* 1) возмещение, компенсация 2) страхование от ущерба; гарантия возмещения убытков 3) контрибуция

indent I [ɪnˈdent] *n* 1) официальный заказ на партию товара 2) линия отрыва, отрывная линия 3) *юр.* индент, документ с отрывными дубликатами; документ, составленный в двух и более экземплярах

indent II *v* 1) *полигр.* начинать с абзаца, делать отступ 2) разделять две копии документа по изрезанной линии *(для большего подтверждения подлинности)* 3) реквизировать 4) зазубривать; вырезать, насекать *(зубцами)*

indentation [ˌɪndenˈteɪʃ(ə)n] *n* 1) зубец, вырез 2) *полигр.* абзац, отступ, сдвиг 3) извилина, углубление *(берега)*

indented [ɪnˈdentɪd] *a* зубчатый, зазубренный; **an ~ coastline** изрезанная береговая линия

indention [ɪnˈdenʃ(ə)n] *см.* **indentation**

indenture [ɪnˈdentʃə(r)] *n юр.* индент, документ с отрывными дубликатами; документ, составленный в двух и более экземплярах

independence [ˌɪndɪˈpendəns] *n* 1) независимость 2) самостоятельность

independent [ˌɪndɪˈpendənt] *a* 1) независимый 2) самостоятельный

indescribable [ˌɪndɪˈskraɪbəbl] *a* неописуемый

indestructible [ˌɪndɪˈstrʌktəbl] *a* неразрушимый, нерушимый

indeterminable [ˌɪndɪˈtɜːmɪnəbl] *a* неопределимый

indeterminate [ˌɪndɪˈtɜːmɪnət] *a* 1) неопределимый; нерешённый 2) неопределённый, неясный

indetermination [ˈɪndɪˌtɜːmɪˈneɪʃ(ə)n] *n* 1) нерешительность 2) неопределённость

index I [ˈɪndeks] *n (pl тж* **indices**) 1) индекс, показатель, коэффициент 2) (алфавитный) указатель 3) стрелка 4) указательный палец *(тж ~* **finger**) 5) *мат.* показатель степени

index II *v* 1) снабжать указателем 2) заносить в указатель 3) формировать индекс, индексировать

indexation [ˌɪndekˈseɪʃ(ə)n] *n эк.* индексация

index number [ˈɪndeksˌnʌmbə(r)] *n эк.* показатель индекса

Indiaman [ˈɪndɪəmæn] *n ист.* торговое судно Ост-Индской компании

Indian I [ˈɪndɪən] *n* 1) индиец; **the ~s** индийцы 2) индеец *(тж* **American ~**); **the ~s** индейцы ◊ **~ ink** тушь; **~ summer** а) «бабье лето» б) тихая старость, закат жизни

Indian II *a* 1) индийский 2) индейский

Indiarubber [ˈɪndɪəˈrʌbə(r)] *n* 1) резинка для стирания, ластик 2) каучук *(тж* **rubber**)

indicate [ˈɪndɪkeɪt] *v* 1) указывать, показывать; означать; обозначать 2) требовать *(лечения, принятия мер и т. п.)*; предписывать

indication [ˌɪndɪˈkeɪʃ(ə)n] *n* 1) признак, симптом, знак 2) показание *(прибора)*

indicative I [ɪnˈdɪkətɪv] *n грам.* изъявительное наклонение

indicative II *a* 1) указывающий, показывающий, свидетельствующий *(of)* 2) *грам.* изъявительный; **the ~ mood** изъявительное наклонение

indicator [ˈɪndɪkeɪtə(r)] *n* 1) индикатор 2) указатель 3) *авто* сигнал поворота 4) информационное табло *(на вокзале и т. п.)* 5) стрелка *(циферблата и т. п.)* 6) *тех.* контрольно-измерительный прибор

indicatory [ˈɪndɪkətərɪ] *см.* **indicative II** 1)

indices [ˈɪndɪsiːz] *pl см.* **index I**

indicia [ɪnˈdɪʃɪə] *n pl* 1) отличительные признаки 2) знаки, указатели

indict [ɪnˈdaɪt] *v* предъявлять обвинение

indictable [ɪnˈdaɪtəbl] *a юр.* являющийся основанием для уголовного преследования; подлежащий рассмотрению в суде; **an ~ offence** уголовное преступление

indictment [ɪnˈdaɪtmənt] *n* обвинение, обвинительный акт; **to bring in an ~** предъявлять обвинение

indifference [ɪnˈdɪfrəns] *n* 1) равноду́шие, безразли́чие 2) незначи́тельность, малова́жность 3) нейтра́льная, беспристра́стная пози́ция

indifferent [ɪnˈdɪfrənt] *a* 1) посре́дственный; незначи́тельный 2) равноду́шный, безразли́чный 3) незаинтересо́ванный 4) *хим., эл.* нейтра́льный

indigenous [ɪnˈdɪdʒɪnəs] *a* тузе́мный, ме́стный

indigent [ˈɪndɪdʒ(ə)nt] *a* нужда́ющийся, бе́дный

indigested [ˌɪndaɪˈdʒestɪd] *a* 1) бесфо́рменный 2) непроду́манный, нея́сный 3) непереваренный *(о пище)*

indigestible [ˌɪndɪˈdʒestɪbl] *a* 1) труднопереvа́риваемый, неудобовари́мый 2) тру́дный для понима́ния, неудобовари́мый

indigestion [ˌɪndɪˈdʒestʃ(ə)n] *n мед.* диспепси́я, расстро́йство пищеваре́ния

indignant [ɪnˈdɪgnənt] *a* негоду́ющий, возмущённый

indignation [ˌɪndɪgˈneɪʃ(ə)n] *n* негодова́ние, возмуще́ние

indignity [ɪnˈdɪgnɪtɪ] *n* 1) неуважи́тельное отноше́ние, неуваже́ние 2) унизи́тельность (положе́ния); униже́ние

indirect [ˌɪndaɪˈrekt] *a* 1) непрямо́й, око́льный *(о пути)* 2) ко́свенный *(тж грам.)*; побо́чный; ~ **question** ко́свенный вопро́с; ~ **speech** ко́свенная речь; ~ **tax** *эк.* ко́свенный нало́г 3) укло́нчивый *(об ответе)*

indiscernible [ˌɪndɪˈsɜːnɪbl] *a* неразличи́мый

indiscreet [ˌɪndɪˈskriːt] *a* 1) нескро́мный, беста́ктный 2) необду́манный, неосторо́жный

indiscrete [ɪnˈdɪskriːt] *a* неразделённый, нерасчленённый

indiscretion [ˌɪndɪˈskreʃ(ə)n] *n* 1) неосторо́жность 2) нескро́мность, беста́ктность

indiscriminate [ˌɪndɪˈskrɪmɪnət] *a* 1) неразбо́рчивый; **to be ~ in one's choice** быть неразбо́рчивым в вы́боре 2) сме́шанный, беспоря́дочный

indiscrimination [ˈɪndɪˌskrɪmɪˈneɪʃ(ə)n] *n* неразбо́рчивость

indispensable [ˌɪndɪˈspensəbl] *a* 1) необходи́мый 2) обяза́тельный *(о правиле и т. п.)*

indispose [ˌɪndɪˈspəʊz] *v* 1) де́лать непригодным, неспосо́бным *(к чему-л. — for)* 2) отвраща́ть *(towards, from)*

indisposed [ˌɪndɪˈspəʊzd] *a* 1) нездоро́вый 2) нерасположенный; **he seems ~ to help me** он, похо́же, не расположен мне помо́чь

indisposition [ˌɪndɪspəˈzɪʃ(ə)n] *n* 1) недомога́ние, нездоро́вье 2) нерасположе́ние, нежела́ние, отвраще́ние *(to, towards)*

indisputable [ˌɪndɪˈspjuːtəbl] *a* неоспори́мый, бесспо́рный

indissoluble [ˌɪndɪˈsɒljʊbl] *a* 1) *хим.* нераствори́мый, неразложи́мый 2) неразры́вный, про́чный 3) *юр.* несторжи́мый

indistinct [ˌɪndɪˈstɪŋkt] *a* 1) нея́сный, сму́тный 2) неотчётливый, невня́тный

indistinctive [ˌɪndɪˈstɪŋktɪv] *a* нехаракте́рный, не име́ющий характе́рных при́знаков

indistinguishable [ˌɪndɪˈstɪŋgwɪʃəbl] *a* неразличи́мый

indite [ɪnˈdaɪt] *v шутл.* излага́ть в письме́; писа́ть

indivertible [ˌɪndɪˈvɜːtɪbl] *a* неотврати́мый

individual I [ˌɪndɪˈvɪdjʊəl] *n* 1) отде́льное лицо́, индиви́дуум; ли́чность 2) *юр.* физи́ческое лицо́; **private** ~ ча́стное лицо́; **public** ~ должностно́е лицо́

individual II *a* 1) отде́льный, ча́стный; едини́чный 2) характе́рный, осо́бенный 3) индивидуа́льный, ли́чный

individualism [ˌɪndɪˈvɪdjʊəlɪz(ə)m] *n* индивидуали́зм

individualist [ˌɪndɪˈvɪdjʊəlɪst] *n* индивидуали́ст

individuality [ˌɪndɪvɪdjʊˈælɪtɪ] *n* 1) индивидуа́льность, неповтори́мость 2) *pl* осо́бенности ли́чности

individualize [ˌɪndɪˈvɪdjʊəlaɪz] *v* 1) индивидуализи́ровать 2) то́чно, дета́льно определя́ть, устана́вливать

individually [ˌɪndɪˈvɪdjʊəlɪ] *adv* 1) ли́чно, персона́льно 2) осо́бенно, необы́чно 3) по отде́льности

indivisibility [ˌɪndɪvɪzɪˈbɪlɪtɪ] *n* недели́мость

indivisible [ˌɪndɪˈvɪzɪbl] *a* недели́мый

Indo-Chinese [ˌɪndəʊtʃaɪˈniːz] *a* индокита́йский

indocile [ɪnˈdəʊsaɪl] *a* непослу́шный, непоко́рный

indoctrinate [ɪnˈdɒktrɪneɪt] *v* 1) внуша́ть, вбива́ть в го́ловы *(идеи - with)* 2) обуча́ть, инструкти́ровать

Indo-European [ˌɪndəʊˌjʊərəˈpiːən] *a* индоевропе́йский

indolence [ˈɪndələns] *n* ле́ность, лень, пра́здность

indolent [ˈɪndələnt] *a* 1) лени́вый, бездея́тельный 2) *мед.* безболе́зненный

indomitable [ɪnˈdɒmɪtəbl] *a* неукроти́мый; неусту́пчивый; упо́рный, упря́мый

Indonesian I [ˌɪndəˈniːzjən] *n* индонези́ец; индонези́йка

Indonesian II *a* индонези́йский

indoor [ˈɪndɔː(r)] *a* ко́мнатный; происходя́щий в закры́том помеще́нии

indoors [ɪnˈdɔːz] *adv* внутри́ до́ма, в поме-
ще́нии; **to stay ~** не выходи́ть, остава́ться
до́ма

indorse [ɪnˈdɔːs] *см.* **endorse**

indorsement [ɪnˈdɔːsmənt] *см.* **endorsement**

indraft [ˈɪndrɑːft] *амер. см.* **indraught**

indraught [ˈɪndrɑːft] *n* 1) тя́га 2) прито́к *(воздуха, воды и т. п.)*

indubitable [ɪnˈdjuːbɪtəbl] *a* несомне́нный

induce [ɪnˈdjuːs] *v* 1) убежда́ть; заставля́ть 2)
вызыва́ть, порожда́ть 3) *мед.* стимули́ро-
вать 4) *эл.* индукти́ровать

inducement [ɪnˈdjuːsmənt] *n* побуди́тельная
причи́на, сти́мул, побужда́ющий фа́ктор

induct [ɪnˈdʌkt] *v* 1) официа́льно вводи́ть в
до́лжность 2) устана́вливать, водворя́ть
(into) 3) вводи́ть *(в курс дел и т. п.)* 4)
амер. зачисля́ть на вое́нную слу́жбу

inductee [ˌɪndʌkˈtiː] *n амер.* новобра́нец, за-
чи́сленный на вое́нную слу́жбу

induction [ɪnˈdʌkʃ(ə)n] *n* 1) официа́льное
введе́ние в до́лжность 2) *мед.* стимуля́ция
(ро́дов) 3) *лог.* инду́кция 4) *амер.* зачис-
ле́ние на вое́нную слу́жбу 5) *эл.* инду́кция
6) введе́ние *(в курс дела и т. п.)*

induction coil [ɪnˈdʌkʃ(ə)n ˌkɔɪl] *n эл.* кату́ш-
ка индукти́вности

inductive [ɪnˈdʌktɪv] *a* 1) *лог.* индукти́вный
2) *эл.* индукцио́нный

inductor [ɪnˈdʌktə(r)] *n эл.* инду́ктор

indue [ɪnˈdjuː] *см.* **endue**

indulge [ɪnˈdʌldʒ] *v* 1) предава́ться *(чему-л. —
in)*; уступа́ть свои́м жела́ниям, позволя́ть
себе́ удово́льствие; **to ~ in smoking a cigar**
позволя́ть себе́ иногда́ вы́курить сига́ру 2)
потво́рствовать, потака́ть 3) *разг.* пить,
напива́ться; **he ~s too much** он си́льно пьёт

indulgence [ɪnˈdʌldʒ(ə)ns] *n* 1) снисходи́тель-
ность; терпи́мость (к сла́бостям) 2) потво́р-
ство, потака́ние (свои́м сла́бостям) 3)
льго́та; привиле́гия; ми́лость 4) *церк.* ин-
дульге́нция

indulgent [ɪnˈdʌldʒ(ə)nt] *a* 1) нестро́гий, сни-
сходи́тельный, терпи́мый (к сла́бостям, не-
доста́ткам) 2) потво́рствующий; дозволя́-
ющий сли́шком мно́гое

indurate [ˈɪndjʊəreɪt] *v* 1) де́латься твёрдым;
затверде́ть 2) де́латься бесчу́вственным;
очерстве́ть

induration [ˌɪndjʊəˈreɪʃ(ə)n] *n* 1) затверде́ние
2) огрубле́ние, чёрствость

industrial I [ɪnˈdʌstrɪəl] *n обыкн. pl* а́кции
промы́шленных предприя́тий

industrial II *a* промы́шленный; индустриа́ль-
ный; произво́дственный; **~ action** де́йствия
про́тив предпринима́телей, администра́ции

(в ходе трудово́го конфли́кта); **~ bank** про-
мы́шленный банк; *амер.* банк потреби́тель-
ского креди́та; **~ development** промы́шлен-
ное строи́тельство; **~ dispute** трудово́й кон-
фли́кт, трудово́й спор; **~ estate** промы́ш-
ленная зо́на, промзо́на; ко́мплекс промы́ш-
ленных зда́ний *(амер.* **~ park**); **~ espionage**
промы́шленный шпиона́ж

industrialist [ɪnˈdʌstrɪəlɪst] *n* промы́шленник

industrialization [ɪnˌdʌstrɪəlaɪˈzeɪʃ(ə)n] *n*
индустриализа́ция

industrious [ɪnˈdʌstrɪəs] *a* стара́тельный,
усе́рдный, приле́жный

industry [ˈɪndəstrɪ] *n* 1) промы́шленность,
индустри́я; **home/light/heavy ~** оте́чествен-
ная/лёгкая/тяжёлая промы́шленность; **the
tourist ~** индустри́я тури́зма, туристи́че-
ский би́знес 2) прилежа́ние, стара́ние 3)
де́ятельность; предпринима́тельство, би́з-
нес; **crime ~** престу́пный би́знес; **drug ~**
наркоби́знес; сбыт нарко́тиков

indwell [ɪnˈdwel] *v* *(past, p. p.* **indwelt)**
книжн. постоя́нно пребыва́ть *(в мыслях,
воображе́нии и т. п.)*

indwelt [ˈɪnˈdwelt] *past, p. p. см.* **indwell**

Indy Car racing [ˈɪndɪ kɑː ˌreɪsɪŋ] *n* автого́н-
ки «Инди Кар» *(междунаро́дные соревно-
ва́ния; прово́дятся в основно́м в США на
ова́льных тра́ссах-стадио́нах с профили́ро-
ванными поворо́тами; см.* **banking**[2]*)*

inebriate I [ɪˈniːbrɪət] *n* пья́ница

inebriate II *a* пья́ный, опьяне́вший

inebriate III [ɪˈniːbrɪeɪt] *v* опьяня́ть, пьяни́ть

inedibility [ɪnˌedɪˈbɪlɪtɪ] *n* несъедо́бность

inedible [ɪnˈedɪbl] *a* несъедо́бный

inedited [ɪnˈedɪtɪd] *a* неи́зданный

ineffable [ɪnˈefəbl] *a* невырази́мый

ineffaceable [ˌɪnɪˈfeɪsəbl] *a* неизглади́мый

ineffective [ˌɪnɪˈfektɪv] *a* 1) неэффекти́вный,
безрезульта́тный; не даю́щий эффе́кта; не
достига́ющий це́ли 2) неспосо́бный, неуме́лый

ineffectual [ˌɪnɪˈfektʃʊəl] *a* 1) неэффекти́в-
ный, безрезульта́тный 2) неуме́лый, без-
да́рный

inefficacious [ˌɪnefɪˈkeɪʃəs] *a* неэффекти́вный
(о лека́рстве и т. п.)

inefficiency [ˌɪnɪˈfɪʃ(ə)nsɪ] *n* 1) неэффекти́в-
ность, безрезульта́тность 2) неспосо́бность,
безда́рность

inefficient [ˌɪnɪˈfɪʃ(ə)nt] *a* 1) неэффекти́вный;
безрезульта́тный; пло́хо рабо́тающий 2)
неспосо́бный, безда́рный 3) неквалифици́-
рованный

inelegant [ɪnˈelɪgənt] *a* 1) неизя́щный, без-
вку́сный 2) неотде́ланный, неотшлифо́ван-
ный *(о сти́ле)*

ineligible [ɪn´elɪdʒɪbl] *a* 1) не могу́щий быть и́збранным 2) неправомо́чный 3) неподходя́щий, него́дный; нежела́тельный

inept [ɪ´nept] *a* 1) неуме́лый 2) неподходя́щий, неуме́стный 3) неле́пый, глу́пый

ineptitude [ɪ´neptɪtju:d] *n* 1) неспосо́бность, неуме́ние 2) неуме́стность 3) глу́пость

inequality [ˌɪnɪ´kwɒlɪtɪ] *n* 1) нера́венство; **social ~** социа́льное нера́венство; **economic ~** экономи́ческое нера́венство; **racial ~** ра́совое нера́венство; **sexual ~** сексуа́льное нера́венство 2) неро́вность *(поверхности)*

inequitable [ɪn´ekwɪtəbl] *a* несправедли́вый

inequity [ɪn´ekwɪtɪ] *n* несправедли́вость

ineradicable [ˌɪnɪ´rædɪkəbl] *a* неискорени́мый

inerrancy [ɪn´erənsɪ] *n* непогреши́мость

inert [ɪ´nɜ:t] *a* 1) ине́ртный; **~ gas** ине́ртный газ 2) вя́лый, безде́ятельный, ине́ртный

inertia [ɪ´nɜ:ʃɪə] *n* 1) *физ.* ине́рция, си́ла ине́рции 2) вя́лость, ине́ртность; засто́йность

inescapable [ˌɪnɪ´skeɪpəbl] *a* неизбе́жный

inessential [´ɪnɪ´senʃ(ə)l] *a* несуще́ственный

inestimable [ɪn´estɪməbl] *a* неоцени́мый

inevitability [ɪnˌevɪtə´bɪlɪtɪ] *n* неизбе́жность

inevitable [ɪn´evɪtəbl] *a* 1) неизбе́жный, немину́емый 2) *разг.* неизме́нный, надое́вший

inexact [ˌɪnɪg´zækt] *a* нето́чный

inexactitude [ˌɪnɪg´zæktɪtju:d] *n* нето́чность

inexcusable [ˌɪnɪk´skju:zəbl] *a* непрости́тельный

inexhaustible [ˌɪnɪg´zɔ:stəbl] *a* 1) неисчерпа́емый, неистощи́мый, неиссяка́емый; **~ supplies** неисчерпа́емые запа́сы 2) неутоми́мый

inexorable [ɪn´eksərəbl] *a* неумоли́мый, непрекло́нный

inexpedient [ˌɪnɪk´spi:dɪənt] *a* нецелесообра́зный

inexpensive [ˌɪnɪk´spensɪv] *a* недорого́й, дешёвый

inexperience [ˌɪnɪk´spɪərɪəns] *n* нео́пытность

inexperienced [ˌɪnɪk´spɪərɪənst] *a* нео́пытный

inexpert [ɪn´ekspɜ:t] *a* 1) неуме́лый 2) не владе́ющий *(вопросом, темой, делом)*; нео́пытный

inexpiable [ɪn´ekspɪəbl] *a* 1) неискупи́мый *(о вине)*; непрости́тельный 2) неутоли́мый

inexplicable [ɪnɪk´splɪkəbl] *a* необъясни́мый

inexplicit [ˌɪnɪk´splɪsɪt] *a* нея́сно вы́раженный, нея́сный, неопределённый

inexpressible [ˌɪnɪk´spresɪbl] *a* невырази́мый

inexpressive [ˌɪnɪk´spresɪv] *a* невырази́тельный

inextinguishable [ˌɪnɪk´stɪŋgwɪʃəbl] *a* 1) неугаси́мый 2) е́ле подавля́емый, безу́держный *(о смехе)*

inextricable [ɪn´ekstrɪkəbl] *a* сло́жный, запу́танный, неразреши́мый, безвы́ходный; **~ confusion** немы́слимая пу́таница

infallibility [ɪnˌfælɪ´bɪlɪtɪ] *n* непогреши́мость; **the papal ~** непогреши́мость Па́пы Ри́мского *(религиозный догмат)*

infallible [ɪn´fælɪbl] *a* 1) непогреши́мый 2) ве́рный, безоши́бочный

infamous [´ɪnfəməs] *a* 1) позо́рный, посты́дный 2) бесче́стный, ни́зкий, по́длый

infamy [´ɪnfəmɪ] *n* 1) позо́р, бесче́стье 2) ни́зость, по́длость

infancy [´ɪnfənsɪ] *n* 1) младе́нчество 2) *юр.* несовершенноле́тие 3) *юр.* малоле́тство

infant I [´ɪnfənt] *n* 1) младе́нец, ребёнок 2) *юр.* несовершенноле́тний 3) *юр.* малоле́тний

infant II *a* де́тский, младе́нческий

infanticide [ɪn´fæntɪsaɪd] *n* детоуби́йство

infantile [´ɪnfəntaɪl] *a* 1) младе́нческий, де́тский; **~ paralysis** *мед. уст.* полиомиели́т *(тж* **polio(myelitis)**) 2) инфанти́льный, неразви́тый

infantilism [ɪn´fæntɪlɪzm] *n* инфантили́зм

infantry [´ɪnfəntrɪ] *n* 1) пехо́та 2) *attr* пехо́тный

infantryman [´ɪnfəntrɪmən] *n* пехоти́нец

infatuate [ɪn´fætjʊeɪt] *v* увлека́ть, кружи́ть го́лову

infatuated [ɪn´fætjʊeɪtɪd] *a* си́льно увлечённый, влюблённый

infatuation [ɪnˌfætjʊ´eɪʃ(ə)n] *n* си́льное увлече́ние; ослепле́ние; влюблённость

infect [ɪn´fekt] *v* заража́ть

infection [ɪn´fekʃ(ə)n] *n* 1) инфе́кция 2) инфекцио́нная боле́знь 3) зарази́тельность

infectious [ɪn´fekʃəs] *a* 1) инфекцио́нный, зара́зный, *мед.* контагио́зный 2) зарази́тельный

infective [ɪn´fektɪv] *см.* **infectious**

infer [ɪn´fɜ:(r)] *v* 1) заключа́ть, де́лать вы́вод 2) подразумева́ть

inference [´ɪnfərəns] *n* 1) вы́вод, умозаключе́ние 2) логи́ческий вы́вод, заключе́ние, сле́дствие

inferior I [ɪn´fɪərɪə(r)] *n* подчинённое лицо́, подчинённый

inferior II *a* 1) ни́зший *(по положению, чину)* 2) ни́зкого ка́чества; **~ coffee** ко́фе ни́зкого ка́чества 3) располо́женный, напи́санный и *т. п.* ни́же 4) *вчт, мат.* подчинённый, ни́жний, мла́дший

inferiority [ɪnˌfɪərɪ´ɒrɪtɪ] *n* 1) бо́лее ни́зкое положе́ние, ни́зкое ка́чество и *т. п.* 2) *attr.* **~ complex** *психол.* ко́мплекс неполноце́нности

infernal [ɪnˈfɜ:nl] *a* 1) а́дский; дья́вольский 2) *разг.* чертóвский, ужа́сный

inferno [ɪnˈfɜ:nəu] *n* ад, преиспóдняя

infertile [ɪnˈfɜ:taɪl] *a* беспло́дный; неплодорóдный

infertility [ˌɪnfɜ:ˈtɪlɪtɪ] *n* беспло́дие; неплодорóдие

infest [ɪnˈfest] *v* заража́ть парази́тами; кише́ть

infidelity [ˌɪnfɪˈdelɪtɪ] *n* неве́рность, изме́на; **conjugal ~** супру́жеская изме́на

infighting [ˈɪnˌfaɪtɪŋ] *n* борьба́ внутри́ организа́ции; схва́тка «под коврóм»

infiltrate [ˈɪnfɪlˌtreɪt] *v* проника́ть, проса́чиваться *(тж перен.);* **to ~ the enemy lines** перейти́ ли́нию фро́нта

infiltration [ˌɪnfɪlˈtreɪʃ(ə)n] *n* 1) проникнове́ние, инфильтра́ция 2) *мед.* инфильтра́т 3) *вчт* несанкциони́рованное проникнове́ние, несанкциони́рованный дóступ *(в систему)*

infiltrator [ˈɪnfɪlˌtreɪtə] *n* злоумы́шленник, прони́кший куда́-л., незакóнно втóргшееся лицó

infinite I [ˈɪnfɪnɪt] *n:* **the ~** бесконéчное простра́нство; **the I.** Бог

infinite II *a* 1) бесконéчный; безграни́чный, беспредéльный 2) несмéтный 3) *грам.* нели́чный 4) бесчи́сленный

infinitesimal I [ˌɪnfɪnɪˈtesɪm(ə)l] *n мат.* бесконéчно ма́лая величина́

infinitesimal II *a* бесконéчно ма́лый

infinitive I [ɪnˈfɪnɪtɪv] *n грам.* инфинити́в; неопределённая фóрма глагóла

infinitive II *a грам.* неопределённый

infinity [ɪnˈfɪnɪtɪ] *n* бесконéчность

infirm [ɪnˈfɜ:m] *a* 1) нéмощный, дря́хлый; **aged and ~** ста́рый и дря́хлый 2) сла́бый, нереши́тельный

infirmary [ɪnˈfɜ:mərɪ] *n* лазарéт, изоля́тор *(в монастыре, школе и т. п.)*

infirmity [ɪnˈfɜ:mɪtɪ] *n* 1) нéмощность, дря́хлость 2) слабохара́ктерность; сла́бость вóли

inflame [ɪnˈfleɪm] *v* 1) возбужда́ть, распаля́ть; **~d with anger** разгнéванный 2) *мед.* воспаля́ться 3) зажига́ть(ся), воспламеня́ть(ся), вспы́хивать

inflammable I [ɪnˈflæməbl] *n* легкó воспламеня́ющееся веществó

inflammable II *a* 1) легкó воспламеня́ющийся 2) (легкó) возбуди́мый

inflammation [ˌɪnfləˈmeɪʃ(ə)n] *n* 1) воспламенéние 2) *мед.* воспалéние

inflammatory [ɪnˈflæmət(ə)rɪ] *a* 1) возбужда́ющий; **an ~ speech** подстрека́тельская речь 2) *мед.* воспали́тельный

inflatable [ɪnˈfleɪtəbl] *a* надувнóй

inflate [ɪnˈfleɪt] *v* 1) надува́ть, нака́чивать 2) надува́ться, раздува́ться *(от важности и т. п. — with)* 3) *эк.* вызыва́ть инфля́цию 4) взви́нчивать цéны

inflated [ɪnˈfleɪtɪd] *a* наду́тый, напы́щенный

inflation [ɪnˈfleɪʃ(ə)n] *n* 1) надува́ние; наполнéние га́зом; вздутие 2) *эк.* инфля́ция; **galloping ~** галопи́рующая/безу́держная инфля́ция, гиперинфля́ция

inflationary [ɪnˈfleɪʃ(ə)nərɪ] *a эк.* инфляциóнный; **an ~ policy** инфляциóнная поли́тика

inflect [ɪnˈflekt] *v* 1) *муз.* модули́ровать 2) *грам.* изменя́ть оконча́ние слóва; склоня́ть; спряга́ть 3) сгиба́ть

inflection [ɪnˈflekʃ(ə)n] *n* 1) сгиба́ние 2) *грам.* флéксия 3) *муз.* модуля́ция

inflexible [ɪnˈfleksɪbl] *a* 1) негну́щийся, неги́бкий; жёсткий 2) непреклóнный, несгиба́емый; упря́мый

inflexion [ɪnˈflekʃən] *см.* **inflection**

inflexional [ɪnˈflekʃən(ə)l] *a лингв.* 1) изменя́емый *(о слове)*, изменя́ющий оконча́ние 2) флекти́вный

inflict [ɪnˈflɪkt] *v* 1) наноси́ть *(удар, ущерб и т. п.)* 2) причиня́ть *(боль, страдание и т. п.)* 3) налага́ть *(взыскание, штраф и т. п.)*

infliction [ɪnˈflɪkʃ(ə)n] *n* 1) причинéние *(боли, страдания и т. п.)* 2) наложéние *(штрафа и т. п.)* 3) страда́ние 4) наказа́ние

inflow [ˈɪnfləu] *n* 1) впадéние 2) притóк, напльíв *(чего-л.)*

inflowing I [ˈɪnfləuɪŋ] *n* впадéние

inflowing II *a* впада́ющий, втека́ющий

influence I [ˈɪnfluəns] *n* влия́ние, (воз)дéйствие *(на — upon, over, with);* **under the ~ of smth** под влия́нием чего-л.

influence II *v* влия́ть, воздéйствовать

influent I [ˈɪnfluənt] *n* притóк *(реки)*

influent II *a* втека́ющий, впада́ющий

influential [ˌɪnfluˈenʃ(ə)l] *a* влия́тельный

influenza [ˌɪnfluˈenzə] *n мед.* (эпидеми́ческий) грипп *(тж разг.* **flu**); **avian/bird ~** пти́чий/кури́ный грипп

influx [ˈɪnflʌks] *n* 1) притóк, напльíв 2) впадéние *(в реку)*

inform [ɪnˈfɔ:m] *v* 1) сообща́ть, информи́ровать, уведомля́ть; осведомля́ть; **keep me ~ed of development** держи́те меня́ в ку́рсе дел 2) доноси́ть *(against, on)*

informal [ɪnˈfɔ:məl] *a* 1) неофициа́льный, неформа́льный; **~ atmosphere** непринуждённая атмосфéра 2) разговóрный *(о стиле)*

informality [ˌɪnfɔ:ˈmælɪtɪ] *n* отступлéние от фóрмы; несоблюдéние форма́льностей, церемóний

informant [ɪnˈfɔ:mənt] *n* информа́тор, осведоми́тель, донóсчик

informatics [ˌɪnfəˈmætɪks] *n* информа́тика (*тж* **information science**)

information [ˌɪnfəˈmeɪʃ(ə)n] *n* 1) информа́ция, сообще́ние; све́дения; изве́стия, но́вости; **a piece of ~** но́вость 2) зна́ние, осведомлённость; **he's a mine of ~** он зна́ет всё, он про́сто кла́дезь зна́ний 3) *юр.* обвине́ние, жа́лоба 4) информи́рование, доведе́ние до све́дения 5) *attr:* ~ **technology** информацио́нные техноло́гии (*тж* **IT**); ~ **science** информа́тика; ~ **theory** тео́рия информа́ции

informative [ɪnˈfɔːmətɪv] *a* 1) информацио́нный 2) поучи́тельный; **an ~ article** содержа́тельная статья́

informatization [ˌɪnfəmetaɪˈzeɪʃ(ə)n] *n* информатиза́ция, распростране́ние информацио́нных техноло́гий

informed [ɪnˈfɔːmd] *a* 1) зна́ющий; осведомлённый 2) образо́ванный

informer [ɪnˈfɔːmə(r)] *n* информа́тор, осведоми́тель, доно́счик

infotainment [ˌɪnfəʊˈteɪnmənt] *n* *тлв* «развлека́тельные но́вости» (*телепрограммы о реальных событиях, создаваемые для развлечения; от* **information** + **entertainment**)

infraction [ɪnˈfrækʃ(ə)n] *n* *юр.* наруше́ние (*закона, права и т. п.*)

infractor [ɪnˈfræktər] *n* *юр.* наруши́тель (*закона и т. п.*)

infrared [ˌɪnfrəˈred] *a* *физ.* инфракра́сный

infrasonic [ˌɪnfrəˈsɒnɪk] *a* *физ.* инфразвуково́й

infrastructure [ˈɪnfrəstrʌktʃə(r)] *n* инфраструкту́ра

infrequent [ɪnˈfriːkwənt] *a* ре́дкий, неча́стый

infringe [ɪnˈfrɪndʒ] *v* 1) наруша́ть (*закон, право, обещание и т. п.*) 2) посяга́ть (*на — on, upon*)

infringement [ɪnˈfrɪndʒmənt] *n* наруше́ние; посяга́тельство

infuriate [ɪnˈfjʊərɪeɪt] *v* приводи́ть в я́рость, в бе́шенство

infuse [ɪnˈfjuːz] *v* 1) вселя́ть (*чувство, наде́жду и т. п.;* into) 2) наста́ивать (*чай, тра́вы*) 3) влива́ть (into)

infusion [ɪnˈfjuːʒ(ə)n] *n* 1) насто́й, вы́тяжка, экстра́кт 2) при́месь 3) *мед.* влива́ние, инфу́зия

ingathering [ˈɪnˌɡæð(ə)rɪŋ] *n* сбор (*урожа́я*)

ingenious [ɪnˈdʒiːnɪəs] *a* изобрета́тельный; хитроу́мный; **an ~ invention** хитроу́мное изобрете́ние

ingenuity [ˌɪndʒɪˈnjuːɪtɪ] *n* изобрета́тельность; нахо́дчивость

ingenuous [ɪnˈdʒenjʊəs] *a* 1) простоду́шный, бесхи́тростный 2) откры́тый, и́скренний, чистосерде́чный

ingest [ɪnˈdʒest] *v* 1) прогла́тывать 2) усва́ивать (*знания*)

inglorious [ɪnˈɡlɔːrɪəs] *a* 1) позо́рный 2) бессла́вный

ingoing [ˈɪnˌɡəʊɪŋ] *a* входя́щий, вступа́ющий

ingot [ˈɪŋɡət] *n* сли́ток; брусо́к мета́лла

ingraft [ɪnˈɡrɑːft] *см.* **engraft**

ingrained [ˌɪnˈɡreɪnd] *a* 1) укорени́вшийся; застаре́лый 2) прони́кший, впита́вшийся

ingrate [ɪnˈɡreɪt] *a* неблагода́рный

ingratiate [ɪnˈɡreɪʃɪeɪt] *v* стара́ться понра́виться, заи́скивать; **to ~ oneself with smb** заи́скивать пе́ред кем-л.

ingratitude [ɪnˈɡrætɪtjuːd] *n* неблагода́рность

ingredient [ɪnˈɡriːdɪənt] *n* ингредие́нт, составна́я часть

ingress [ˈɪnɡres] *n* вход, до́ступ; пра́во вхо́да, до́ступа

in-group [ˈɪnɡruːp] *n* кружо́к, соо́бщество единомы́шленников (*со сходными интересами*)

ingrowing [ˈɪnɡrəʊɪŋ] *a* вро́сший (*о ногте*)

inguinal [ˈɪnɡwɪn(ə)l] *a* *анат.* па́ховый; ~ **hernia** па́ховая гры́жа

ingulf [ɪnˈɡʌlf] *см.* **engulf**

inhabit [ɪnˈhæbɪt] *v* населя́ть; жить, обита́ть

inhabitant [ɪnˈhæbɪt(ə)nt] *n* жи́тель, обита́тель, жиле́ц

inhalation [ˌɪnhəˈleɪʃ(ə)n] *n* 1) вдыха́ние 2) *мед.* ингаля́ция

inhale [ɪnˈheɪl] *v* 1) де́лать ингаля́цию; вдыха́ть 2) затя́гиваться (*при курении*)

inhaler [ɪnˈheɪlə(r)] *n* 1) *мед.* ингаля́тор 2) респира́тор

inhere [ɪnˈhɪə(r)] *v* 1) быть прису́щим (*кому-л., чему-л. — in*) 2) принадлежа́ть (*о правах*)

inherent [ɪnˈhɪərənt] *a* прису́щий; неотъе́млемый; сво́йственный

inherit [ɪnˈherɪt] *v* 1) насле́довать, получа́ть по насле́дству 2) унасле́довать (*черты характера и т. п.*)

inheritable [ɪnˈherɪtəbl] *a* 1) насле́дственный 2) име́ющий права́ насле́дства 3) насле́дуемый

inheritance [ɪnˈherɪt(ə)ns] *n* 1) насле́дство; **to leave smb an ~** оста́вить кому́-л. насле́дство; ~ **tax** нало́г на насле́дство 2) (у)насле́дование 3) насле́дственность

inheritor [ɪnˈherɪtə(r)] *n* насле́дник

inhibit I [ɪnˈhɪbɪt] *v* сде́рживать, подавля́ть; стесня́ть; тормози́ть

inhibit II *n* *вчт* запреще́ние, запре́т

inhibited [ɪnˈhɪbɪtɪd] *a* стесни́тельный; ско́ванный

inhibition [ˌɪnhɪˈbɪʃ(ə)n] *n* 1) сде́рживание, подавле́ние; стесни́тельность 2) *психол.* торможе́ние 3) *вчт* запреще́ние, запре́т

inhomogeneous [ɪnhə'mɒdʒɪnəs] *a* неоднородный

inhospitable [ɪn'hɒspɪtəbl] *a* негостеприимный; неприветливый

inhospitality [ɪnˌhɒspɪ'tælɪtɪ] *n* негостеприимство; неприветливость

in-house ['ɪnhaus] *a* 1) частный, предназначенный для внутреннего пользования 2) внутриведомственный

inhuman [ɪn'hju:mən] *a* 1) бесчеловечный, жестокий 2) не свойственный человеку; нечеловеческий

inhumane [ˌɪnhju:'meɪn] *a* негуманный

inhumanity [ˌɪnhju:'mænɪtɪ] *n* бесчеловечность, жестокость

inimical [ɪ'nɪmɪkəl] *a* 1) враждебный, неприязненный *(to)* 2) вредный *(to)*

inimitable [ɪ'nɪmɪtəbl] *a* неподражаемый

iniquitous [ɪ'nɪkwɪtəs] *a* чудовищный, ужасный

iniquity [ɪ'nɪkwɪtɪ] *n* чудовищное беззаконие

initial I [ɪ'nɪʃəl] *a* (перво)начальный, исходный

initial II *v* ставить инициалы; **to ~ a document** парафировать документ

initialization [ɪˌnɪʃɪəlaɪ'zeɪʃ(ə)n] *n вчт* 1) инициирование, возбуждение, запуск 2) установка в начальное состояние *(перед первым включением)*

initials [ɪ'nɪʃəlz] *n pl* инициалы

initiate I [ɪ'nɪʃɪət] *a* 1) посвящённый *(в тайну)* 2) недавно принятый *(в общество)*

initiate II [ɪ'nɪʃɪeɪt] *v* 1) начинать, приступать *(к чему-л.);* быть инициатором *(чего-л.)* 2) посвящать *(в тайну — into)*; **to ~ smb into a secret** посвящать кого-л. в тайну 3) принимать в члены общества *и т.п. (into)* 4) *вчт* положить начало, инициировать, запустить 5) включать, приступать

initiation [ɪˌnɪʃɪ'eɪʃ(ə)n] *n* 1) начинание, основание 2) посвящение *(в тайну)* 3) принятие *(в общество)*; инициация 4) инициирование, возбуждение 5) включение, запуск 6) создание, образование 7) *attr* вступительный *(о взносе)*

initiative I [ɪ'nɪʃɪətɪv] *n* инициатива; **on one's own ~** по собственной инициативе; **to take the ~ (in smth)** взять инициативу

initiative II *a* начальный

inject [ɪn'dʒekt] *v* 1) впрыскивать, вводить, делать инъекцию *(в — into)* 2) вставлять *(замечание и т. п.)*

injection [ɪn'dʒekʃ(ə)n] *n* 1) инъекция, укол; вливание 2) лекарство для инъекций

injudicious [ˌɪndʒu:'dɪʃəs] *a* необдуманный, неблагоразумный

Injun ['ɪndʒ(ə)n] *n амер. разг.* индеец

injunction [ɪn'dʒʌŋkʃ(ə)n] *n* 1) приказание 2) судебное предписание; судебный запрет

injure ['ɪndʒə(r)] *v* 1) ушибать, ранить; повреждать; **to ~ one's leg** повредить/ушибить/поранить ногу; **the ~d** раненые 2) портить, вредить; **the ~d party** *юр.* потерпевшая сторона

injurious [ɪn'dʒuərɪəs] *a* 1) вредный, губительный 2) оскорбительный *(о словах)* 3) несправедливый, приносящий зло

injury ['ɪndʒərɪ] *n* 1) повреждение; травма; ранение; ушиб 2) ущерб, вред 3) оскорбление

injustice [ɪn'dʒʌstɪs] *n* несправедливость; **you do him an ~** вы несправедливы к нему

ink I [ɪŋk] *n* 1) чернила; **to write in ~** писать чернилами; **invisible ~** симпатические чернила 2) типографская краска *(тж* **printer's ~)**

ink II *v* мазать, пачкать чернилами; покрывать краской

ink-jet printer ['ɪnk dʒet ˌprɪntə] *n* струйный принтер *(тж* **ink-spray printer)**

inkling ['ɪŋklɪŋ] *n* намёк; лёгкое подозрение *(of)*

ink pad ['ɪŋkpæd] *n* штемпельная подушечка

inkstand ['ɪŋkstænd] *n* письменный прибор

inkwell ['ɪŋkwel] *n* чернильница *(вделанная в стол или в чернильный прибор)*

inky ['ɪŋkɪ] *a* 1) испачканный чернилами, в чернилах 2) чёрный, как чернила

inlaid I ['ɪn'leɪd] *past, p. p. см.* **inlay II**

inlaid II *a* мозаичный; инкрустированный; **an ~ floor** паркетный пол

inland I ['ɪnlənd] *n* внутренняя область страны *(удалённая от моря или границ)*

inland II *a* расположенный в центральной части, внутри страны; внутренний; **~ sea** внутреннее море; **the I. Revenue** Управление налоговых сборов *(в Великобритании) (тж* **the Board of Inland Revenue)**

inland III [ɪn'lænd] *adv* внутри страны; вглубь страны

in-laws ['ɪnlɔ:z] *n pl* родственники со стороны другого супруга

inlay I ['ɪnleɪ] *n* 1) инкрустация; мозаика 2) *тлв* совмещение

inlay II ['ɪn'leɪ] *v (past, p. p.* **inlaid)** 1) покрывать инкрустацией, мозаикой 2) вставлять; вкладывать

inlet I ['ɪnlet] *n* 1) небольшой залив, бухта 2) вставка 3) *тех.* впуск, впускное отверстие 4) ввод 5) вход, входное отверстие 6) *attr* впускной

inlet II *v* 1) вставлять 2) вводить

in-line ['ɪnlaɪn] *a* 1) расположенный в строгой последовательности *(о механизмах,* *операциях)* 2) действующий, сданный в эксплуатацию 3) *вчт* подключённый, встроенный

in loco parentis [ɪnˌləʊkəʊpəˈrentɪs] *adv лат.* в качестве родителя, вместо родителя

inly [ˈɪnlɪ] *adv поэт.* внутренне, глубоко; искренне

inlying [ˈɪnˌlaɪɪŋ] *a* лежащий внутри, внутренний

inmate [ˈɪnmeɪt] *n* 1) заключённый 2) больной, пациент *(в больнице)* 3) жилец, обитатель

in memoriam [ɪnmɪˈmɔːrɪæm] *prep* в память, памяти *(ушедшего из жизни)*

inmost [ˈɪnməʊst] *a* 1) самый отдалённый 2) глубочайший, сокровенный; ~ **thoughts** сокровенные мысли

inn [ɪn] *n* 1) небольшая гостиница; постоялый двор 2) трактир; паб 3): **the Inns of Court** «Судебные инны» *(четыре юридические корпорации, готовящие адвокатов-барристеров в Лондоне)*

innards [ˈɪnədz] *n pl разг.* внутренности, требуха

innate [ɪˈneɪt] *a* врождённый

inner [ˈɪnə(r)] *a* внутренний; ~ **tube** (автомобильная) камера; ~ **space** а) верхние слои атмосферы б) океанские глубины, подводное морское *или* океанское пространство; ~ **city** «внутренний город» *(центральный район некоторых больших городов в Великобритании, особенно с ветхими зданиями)*

innermost [ˈɪnəməʊst] *см.* **inmost**

innings [ˈɪnɪŋz] *n (pl без измен.)* 1) (очередная) подача мяча *(в крикете)* 2) период нахождения у власти *(политической партии, деятеля)* 3) период активной трудовой деятельности *(человека);* ◊ **a good long** ~ полоса удач; **you had your** ~ ваше время прошло

innkeeper [ˈɪnˌkiːpə(r)] *n* хозяин гостиницы, постоялого двора

innocence [ˈɪnəs(ə)ns] *n* 1) невиновность; **in all** ~ ненамеренно 2) невинность; простота, наивность

innocent I [ˈɪnəs(ə)nt] *n* невинный младенец

innocent II *a* 1) невиновный *(of)* 2) невинный, чистый, непорочный 3) наивный, простодушный 4) *разг.* лишённый *(чего-л. — of)*

innocuous [ɪˈnɒkjʊəs] *a* безвредный; **an** ~ **snake** неядовитая змея

innovate [ˈɪnəʊveɪt] *v* вводить новшества, перемены

innovation [ˌɪnəʊˈveɪʃ(ə)n] *n* нововведение, новшество

innovator [ˈɪnəʊveɪtə(r)] *n* новатор; рационализатор

innoxious [ɪˈnɒkʃəs] *a* безвредный

innuendo [ˌɪnjʊˈendəʊ] *n* косвенный, скрытый намёк; выпад

innumerable [ɪˈnjuːmərəbl] *a* неисчислимый, бесчисленный, несметный

inobservance [ˌɪnəbˈzɜːv(ə)ns] *n* 1) невнимание; невнимательность 2) несоблюдение *(законов, обычаев и т. п.)*

inoculate [ɪˈnɒkjʊleɪt] *v* 1) прививать, делать (предохранительную) прививку 2) внушать, прививать, насаждать *(идеи и т. п.)*

inoculation [ɪˌnɒkjʊˈleɪʃ(ə)n] *n* 1) *бот., вет., мед.* прививка 2) внедрение *(идей, навыков и т. п.)*

inoffensive [ˌɪnəˈfensɪv] *a* 1) необидный 2) безобидный, безвредный

inoperable [ɪnˈɒpərəbl] *a мед.* неоперабельный

inoperative [ɪnˈɒpərətɪv] *a* недействующий; неэффективный

inopportune [ɪnˈɒpətjuːn] *a* несвоевременный

inordinate [ɪˈnɔːdɪnɪt] *a* 1) чрезмерный, неумеренный; непомерный 2) беспорядочный

inorganic [ˌɪnɔːˈgænɪk] *a* 1) неорганический; ~ **chemistry** неорганическая химия 2) чуждый

in-out [ˌɪnˈaʊt] *n тех.* ввод – вывод

in-patient [ˈɪnˌpeɪʃənt] *n* стационарный больной

input [ˈɪnpʊt] *n* 1) ввод, подача, пуск; вводное устройство 2) входные данные; входной материал 3) *вчт* ввод, вход информации; входная информация

inquest [ˈɪnkwest] *n юр.* расследование, следствие; дознание

inquietude [ɪnˈkwaɪətjuːd] *n* беспокойство

inquire [ɪnˈkwaɪə(r)] *v* 1) узнавать, наводить справки, осведомляться *(у — of, from; о — after, for)* 2) исследовать, расследовать *(что-л. — into)*

inquiry [ɪnˈkwaɪərɪ] *n* 1) расследование, следствие; **to set up an** ~ начать расследование 2) запрос, наведение справок; **to make inquiries** наводить справки 3) опрос

inquiry agent [ɪnˈkwaɪərɪˈeɪdʒ(ə)nt] *n* частный детектив

inquisition [ˌɪnkwɪˈzɪʃ(ə)n] *n* 1) слишком пристрастное расследование 2) **(the I.)** *ист.* инквизиция

inquisitive [ɪnˈkwɪzɪtɪv] *a* 1) излишне любопытный; выискивающий *(что-л.)* 2) любознательный, пытливый

inquisitor [ɪnˈkwɪzɪtə(r)] *n* 1) судебный следователь 2) *ист.* инквизитор

inroad [ˈɪnrəʊd] *n* 1) посяга́тельство; **to make ~s on smb's time** отня́ть сли́шком мно́го вре́мени у кого́-л. 2) вторже́ние, наше́ствие

inrush [ˈɪnrʌʃ] *n* 1) напо́р, на́тиск 2) обва́л 3) проры́в *(напр. воды)*

ins. *сокр.* 1) **(inches)** дю́ймы 2) **(insurance)** страхова́ние; страхо́вка

insalubrious [ˌɪnsəˈluːbrɪəs] *a* вре́дный для здоро́вья, нездоро́вый *(о кли́мате или ме́стности)*

insane [ɪnˈseɪn] *a* 1) душевнобольно́й, психи́чески больно́й 2) *разг.* безу́мный, сумасше́дший, безрассу́дный

insanitary [ɪnˈsænɪt(ə)rɪ] *a* антисанита́рный

insanity [ɪnˈsænɪtɪ] *n* 1) *мед.* психо́з 2) *разг.* безрассу́дство, глу́пость

insatiable [ɪnˈseɪʃəbl] *a* ненасы́тный, неутоли́мый *(of)*

insatiate [ɪnˈseɪʃɪət] *см.* **insatiable**

inscribe [ɪnˈskraɪb] *v* 1) впи́сывать, надпи́сывать 2) начерта́ть на ка́мне, де́реве, мета́лле 3) посвяща́ть; надпи́сывать на па́мять

inscription [ɪnˈskrɪpʃ(ə)n] *n* на́дпись

inscrutable [ɪnˈskruːtəbl] *a* 1) непостижи́мый, таи́нственный 2) непроница́емый *(о выраже́нии лица́)*

insect [ˈɪnsekt] *n* 1) насеко́мое 2) ничто́жное существо́, ничто́жество 3) *attr:* **~ repellent** репелле́нт *(вещество́, отпу́гивающее насеко́мых)*

insecticide [ɪnˈsektɪsaɪd] *n* инсектици́д

insectivorous [ˌɪnsekˈtɪvərəs] *a* зоол. насекомоя́дный

insecure [ˌɪnsɪˈkjʊə(r)] *a* 1) ненадёжный; небезопа́сный 2) незащищённый

insecurity [ˌɪnsɪˈkjʊərɪtɪ] *n* ненадёжность; незащищённость; небезопа́сность

inseminate [ɪnˈsemɪneɪt] *v* осеменя́ть, оплодотворя́ть

insensate [ɪnˈsenseɪt] *a* 1) неодушевлённый 2) бесчу́вственный, лишённый чувств 3) неразу́мный, глу́пый

insensibility [ɪnˌsensɪˈbɪlɪtɪ] *n* 1) бессозна́тельное состоя́ние, о́бморок 2) бесчу́вственность, чёрствость 3) равноду́шие *(to)*

insensible [ɪnˈsensɪbl] *a* 1) упа́вший в о́бморок, лежа́щий без созна́ния 2) нечувстви́тельный 3) бесчу́вственный, чёрствый 4) незаме́тный, неощути́мый

insensitive [ɪnˈsensɪtɪv] *a* нечувстви́тельный, невоспри́имчивый; равноду́шный

inseparable [ɪnˈsepərəbl] *a* 1) неразлу́чный 2) неотдели́мый, неотделя́емый

insert I [ˈɪnsɜːt] *n* 1) вста́вка, вкле́йка 2) *полигр., тех.* вкла́дыш

insert II [ɪnˈsɜːt] *v* 1) вставля́ть, де́лать вста́вки 2) помеща́ть *(статью́, объявле́ние и т. п.)* в

газе́те 3) вноси́ть, вкла́дывать, включа́ть 4) *тех.* монти́ровать, устана́вливать 5) эл. включа́ть в сеть

insertion [ɪnˈsɜːʃ(ə)n] *n* 1) вкла́дывание, вста́вка 2) добавле́ние, вста́вка *(в ру́копись, корректу́ру)* 3) вкла́дыш 4) вста́вка *(в пла́тье)*; проши́вка 5) ввод 6) вре́зка 7) *тех.* монта́ж, устано́вка, сбо́рка *(схе́мных плат)*

inset I [ˈɪnset] *n* 1) *полигр.* вкле́йка, вкла́дка; вкла́дыш 2) вста́вка *(в пла́тье, в украше́ние и т. п.)*

inset II [ɪnˈset] *v* 1) вставля́ть 2) *полигр.* де́лать вкле́йки, вкла́дки

inshore I [ˌɪnˈʃɔː(r)] *a* прибре́жный

inshore II *adv* бли́зко к бе́регу

inside I [ɪnˈsaɪd] *n* 1) вну́тренняя сторона́, часть; вну́тренность; **in the ~ of the building** внутри́ зда́ния; **the ~ of a week** середи́на неде́ли 2) изна́нка; **~ out** наизна́нку 3) *(обыкн. pl) разг.* вну́тренности, желу́док и кише́чник

inside II *a* вну́тренний; **~ information** секре́тная информа́ция

inside III *adv* внутрь, внутри́; **come ~** заходи́те; **~ of a week** в преде́лах неде́ли

inside IV *prep* внутрь, внутри́, с вну́тренней стороны́, в; **to go ~ the house** войти́ в дом

insider [ˈɪnˈsaɪdə(r)] *n* 1) свой челове́к; член *(о́бщества или организа́ции)* 2) посвящённый в та́йну 3) шта́тный сотру́дник, хорошо́ осведомлённый сотру́дник 4) вну́тренний наруши́тель

insidious [ɪnˈsɪdɪəs] *a* 1) незаме́тно подкра́дывающийся *(о боле́зни и т. п.)* 2) кова́рный, вероло́мный, преда́тельский

insight [ˈɪnsaɪt] *n* 1) проникнове́ние *(into)*; проница́тельность 2) интуи́ция 3) *психол.* инса́йт, дога́дка, озаре́ние

insignia [ɪnˈsɪgnɪə] *n pl* 1) зна́ки отли́чия 2) значки́ 3) *воен.* зна́ки разли́чия

insignificance [ˌɪnsɪgˈnɪfɪkəns] *n* 1) незначи́тельность, малова́жность 2) бессодержа́тельность

insignificant [ˌɪnsɪgˈnɪfɪkənt] *a* 1) незначи́тельный, нева́жный; ничто́жный 2) бессодержа́тельный, пусто́й

insincere [ˌɪnsɪnˈsɪə(r)] *a* нейскренний

insincerity [ˌɪnsɪnˈserɪtɪ] *n* нейскренность

insinuate [ɪnˈsɪnjʊeɪt] *v* 1) внуша́ть, вселя́ть *(сомне́ние, недове́рие и т. п.)* 2) занима́ться инсинуа́циями, броса́ть тень, намека́ть 3) *refl* внедря́ться, втира́ться *(в дове́рие и т. п. — into)*; **to ~ oneself into smb's favour** втере́ться кому́-л. в дове́рие

insinuation [ɪnˌsɪnjʊˈeɪʃ(ə)n] *n* инсинуа́ция

insipid [ɪn'sɪpɪd] *a* 1) скучный, неинтересный 2) безжизненный, вялый 3) безвкусный, пресный

insist [ɪn'sɪst] *v* настаивать *(на — on, upon)*

insistence [ɪn'sɪst(ə)ns] *n* 1) настояние, требование 2) настойчивость

insistency [ɪn'sɪst(ə)nsɪ] *см.* insistence

insistent [ɪn'sɪst(ə)nt] *a* настойчивый

insolation [,ɪnsəʊ'leɪʃ(ə)n] *n физ.* инсоляция

insole ['ɪn,səʊl] *n* стелька *(для обуви)*

insolence ['ɪnsələns] *n* пренебрежительное высокомерие, дерзость, наглость

insolent ['ɪnsələnt] *a* дерзкий, наглый, оскорбительный

insoluble [ɪn'sɒljʊbl] *a* 1) неразрешимый; **an ~ problem** неразрешимая проблема 2) нерастворимый

insolvent I [ɪn'sɒlv(ə)nt] *n* несостоятельный должник; банкрот

insolvent II *a* несостоятельный, неплатёжеспособный

insomnia [ɪn'sɒmnɪə] *n* бессонница

insomuch [,ɪnsəʊ'mʌtʃ] *adv:* ~ **that** настолько, что; до такой степени, что

inspect [ɪn'spekt] *v* 1) внимательно осматривать, рассматривать; **to ~ smb's luggage** осмотреть багаж кого-л. 2) проверять, обследовать, инспектировать; **to ~ the school** инспектировать школу

inspection [ɪn'spekʃ(ə)n] *n* 1) осмотр, освидетельствование; **medical ~** медицинский осмотр 2) проверка, инспектирование 3) экспертиза

inspector [ɪn'spektə(r)] *n* 1) инспектор; контролёр, ревизор 2) наблюдатель; надзиратель 3) инспектор *(полицейский чин)*

inspiration [,ɪnspə'reɪʃ(ə)n] *n* 1) вдохновение; **to draw ~ from smth** черпать в чём-л. вдохновение 2) вдохновляющая мысль, идея 3) вдыхание, вдох

inspire [ɪn'spaɪə(r)] *v* 1) вдохновлять, воодушевлять; стимулировать 2) внушать *(чувство и т. п.)* 3) тайно внушать, инспирировать 4) вдыхать

inspirit [ɪn'spɪrɪt] *v* 1) вдохнуть *(жизнь, силы и т. п.),* оживить 2) ободрять, воодушевлять, вдохновлять

instability [,ɪnstə'bɪlɪtɪ] *n* 1) неустойчивость, нестабильность 2) неуравновешенность

install [ɪn'stɔ:l] *v* 1) *тех., вчт* инсталлировать, устанавливать 2) собирать, монтировать 3) официально вводить в должность 4) помещать, устраивать

installation [,ɪnstə'leɪʃ(ə)n] *n* 1) *тех.* установка; проводка; монтаж, сборка 2) введение в должность 3) помещение, размеще-

ние; *вчт* инсталляция 4) *иск.* инсталляция *(произведение изобразительного искусства с использованием различных конструкций и предметов)*

instalment [ɪn'stɔ:lmənt] *n* 1) очередной взнос, частичный платёж; **by ~s** в рассрочку; **payment by ~s** рассрочка платежа 2) отдельный выпуск *или* часть *(книги);* рассказ, повесть *и т. п.* с продолжением *(в журнале);* серия *(телефильма)*

instance I ['ɪnstəns] *n* 1) пример; **for ~** например 2) отдельный случай; **in this ~** в этом случае; **in the first ~** сначала, в первую очередь 3) настояние, требование; **at the ~ of smb** по чьему-л. настоянию, по чьему-л. требованию 4) *юр.* судебный процесс 5) экземпляр, копия

instance II *v* приводить в качестве примера

instant I ['ɪnstənt] *n* мгновение, минута, момент; **this ~** сейчас же, сию минуту; **on the ~** немедленно, тотчас; **the ~ (that)...** как только...

instant II *a* 1) немедленный, незамедлительный; **an ~ result** быстрый результат 2) быстрорастворимый; ~ **coffee** растворимый кофе; ~ **drink** быстрорастворимый напиток *(чай, кофе, лимонад)* 3) быстрого приготовления *(о еде);* ~ **food** продукт *или* блюдо быстрого приготовления *(обыкн. консервированные или замороженные)* 4) спешный, неотложный 5) текущий, текущего месяца *(в коммерческой переписке);* **the 1st ~** 1-го сего месяца

instantaneous [,ɪnstən'teɪnɪəs] *a* мгновенный, моментальный

instantly ['ɪnstəntlɪ] *adv* тотчас, немедленно

instead [ɪn'sted] *adv* вместо; взамен; ~ **of going (answering,** *etc)* вместо того, чтобы пойти (ответить *и т. п.);* **she can't go there, take me ~** она не может туда пойти, возьми меня вместо неё

instep ['ɪnstep] *n* подъём *(ноги, ботинка)*

instigate ['ɪnstɪgeɪt] *v* подстрекать, провоцировать

instigation [,ɪnstɪ'geɪʃ(ə)n] *n* подстрекательство

instil(l) [ɪn'stɪl] *v* 1) внушать *(идеи и т. п.);* прививать *(привычки, взгляды и т. п.)* 2) накапать, вливать по капле *(лекарство)*

instinct I ['ɪnstɪŋkt] *n* 1) инстинкт; **an ~ for self-preservation** инстинкт самосохранения; **herd ~** стадное чувство 2) внутреннее чутьё, интуиция; **by ~** инстинктивно, по интуиции

instinct II [ɪn'stɪŋkt] *a predic* полный, (пре)исполненный *(чего-л. — with)*

instinctive [ɪn'stɪŋktɪv] *a* инстинктивный, врождённый; бессознательный

institute I [´ınstıtju:t] *n* 1) нау́чная *и т. п.* организа́ция, нау́чное *и т. п.* учрежде́ние 2) институ́т 3) *амер.* краткосро́чные ку́рсы для преподава́телей

institute II *v* 1) учрежда́ть, осно́вывать; вводи́ть; **to ~ new procedures** вводи́ть но́вые поря́дки 2) возбужда́ть *(дело в суде)*; начина́ть *(расследование и т. п.)*

institution [ˌınstı´tju:ʃ(ə)n] *n* 1) основа́ние, учрежде́ние *(чего-л. — of)* 2) учрежде́ние; институ́т, заведе́ние; о́бщество; **educational ~** уче́бное заведе́ние 3) устано́вленный поря́док, обы́чай *и т. п.*; **a long-established ~** да́вний обы́чай 4) *разг., шутл.* непреме́нный атрибу́т

instruct [ın´strʌkt] *v* 1) обуча́ть *(in)*; инструкти́ровать, наставля́ть 2) дава́ть указа́ния, распоряже́ния 3) сообща́ть, информи́ровать

instruction [ın´strʌkʃ(ə)n] *n* 1) *pl* указа́ния, директи́вы 2) обуче́ние; инструкта́ж, инструкти́рование 3) *вчт* кома́нда; опера́тор 4) *вчт* програ́мма де́йствий 5) *attr* уче́бный

instructional [ın´strʌkʃənl] *a* уче́бный

instructive [ın´strʌktıv] *a* поучи́тельный

instructor [ın´strʌktə(r)] *n* 1) учи́тель; инстру́ктор 2) *амер.* преподава́тель университе́та

instrument I [´ınstrəmənt] *n* 1) инструме́нт, ору́дие 2) музыка́льный инструме́нт; **stringed ~s** стру́нные инструме́нты 3) *тех.* (измери́тельный) прибо́р; **to fly by ~s** *ав.* лета́ть по прибо́рам 4) *юр.* докуме́нт 5) *attr:* **~ board/panel** *ав., тех.* прибо́рная доска́; прибо́рный щито́к

instrument II *v муз.* инструментова́ть

instrumental [ˌınstrə´mentl] *a* 1) *муз.* инструмента́льный 2) соверша́ющийся при по́мощи прибо́ров, по прибо́рам 3) спосо́бствующий *(чему-л.)*; **to be ~ in smth** спосо́бствовать, соде́йствовать чему́-л. 4) *грам.* инструмента́льный, твори́тельный *(о падеже)*

instrumentality [ˌınstrəmen´tælıtı] *n*: **by the ~ of** че́рез посре́дство, посре́дством

instrumentation [ˌınstrəmen´teıʃ(ə)n] *n* 1) *муз.* инструменто́вка 2) оснаще́ние аппарату́рой, инструме́нтами; аппарату́ра 3) измери́тельные прибо́ры, измери́тельная аппарату́ра 4) измере́ния

insubordinate [ˌınsə´bɔ:dnət] *a* недисциплини́рованный; непоко́рный

insubordination [´ınsə,bɔ:dı´neıʃ(ə)n] *n* неподчине́ние, неповинове́ние, непослуша́ние

insubstantial [ˌınsəb´stænʃəl] *a* 1) неоснова́тельный, несуще́ственный; **an ~ meal** лёгкая заку́ска 2) иллюзо́рный

insufferable [ın´sʌf(ə)rəbl] *a* 1) невыноси́мый, нестерпи́мый; **~ pain** невыноси́мая боль 2) недопусти́мый; **~ rudeness** недопусти́мая гру́бость

insufficiency [ˌınsə´fıʃ(ə)nsı] *n* недоста́точность

insufficient [ˌınsə´fıʃ(ə)nt] *a* недоста́точный; неудовлетвори́тельный

insufflate [´ınsəfleıt] *v мед.* вдува́ть

insular [´ınsjʊlə(r)] *a* 1) островно́й; изоли́рованный 2) ограни́ченный; нера́звитый

insulate [´ınsjʊleıt] *v* изоли́ровать *(тж тех.)*

insulating [´ınsjʊleıtıŋ] *a тех.* изоляцио́нный, изоли́рующий; **~ tape** изоляцио́нная ле́нта

insulation [ˌınsjʊ´leıʃ(ə)n] *n* 1) изоля́ция, отделе́ние, обособле́ние 2) *тех.* изоляцио́нный материа́л *(тж **insulating material**)*

insulator [´ınsjʊleıtə(r)] *n* 1) *тех.* изоля́тор; изоляцио́нный материа́л 2) *эл.* диэле́ктрик

insulin [´ınsjʊlın] *n мед.* инсули́н

insult I [´ınsʌlt] *n* оскорбле́ние; **to swallow an ~** проглоти́ть оби́ду

insult II [ın´sʌlt] *v* оскорбля́ть, наноси́ть оскорбле́ние

insuperable [ın´sju:pərəbl] *a* непреодоли́мый, неодоли́мый

insupportable [ˌınsə´pɔ:təbl] *a* невыноси́мый, нестерпи́мый

insurance [ın´ʃʊərəns] *n* 1) страхова́ние; **life ~** страхова́ние жи́зни 2) страхова́я вы́плата, су́мма страхова́ния, *разг.* страхо́вка 3) *attr* страхово́й; **~ policy** страхово́й по́лис; **~ premium** страхово́й взнос; **~ agent** страхово́й аге́нт

insure [ın´ʃʊə(r)] *v* (за)страхова́ть(ся); **to ~ oneself against theft** застрахова́ть своё иму́щество от кра́жи

insurgent I [ın´sɜ:dʒ(ə)nt] *n* повста́нец, мяте́жник, уча́стник восста́ния

insurgent II *a* повста́нческий; восста́вший

insurmountable [ˌınsɜ:´maʊntəbl] *a* непреодоли́мый

insurrection [ˌınsə´rekʃ(ə)n] *n* восста́ние; мяте́ж

insurrectional [ˌınsə´rekʃ(ə)nl] *a* 1) повста́нческий 2) мяте́жный

insurrectionist [ˌınsə´rekʃ(ə)nıst] *n* повста́нец, мяте́жник, уча́стник восста́ния

insusceptible [ˌınsə´septəbl] *a* нечувстви́тельный; невосприи́мчивый

intact [ın´tækt] *a* неповреждённый, це́лый; **the roof was left ~** кры́ша до́ма уцеле́ла

intake [´ınteık] *n* 1) впуск; впускно́е, входно́е отве́рстие 2) потребле́ние 3) приём уча́щихся, студе́нтов; набо́р *(куда-л.)* 4) *attr* впускно́й; приёмный

intangible [ın´tændʒəbl] *a* 1) неосяза́емый; неулови́мый 2) непостижи́мый

integer [ˈɪntɪdʒə(r)] *n мат.* це́лое (число́)

integral I [ˈɪntɪgrəl] *n мат.* интегра́л

integral II *a* 1) неотъе́млемый; **an ~ part** неотъе́млемая часть 2) по́лный, це́лый 3) *мат.* интегра́льный

integrate [ˈɪntɪˌgreɪt] *v* 1) составля́ть еди́ное це́лое; объединя́ть, соединя́ть *(into)* 2) *мат.* интегри́ровать

integrated [ˈɪntɪˌgreɪtɪd] *a* 1) всеобъе́млющий; объединённый; ко́мплексный 2) интегри́рованный, объединённый, комбини́рованный 3) *мат.* интегра́льный 4) встро́енный; **an ~ personality** це́льная нату́ра

integrity [ɪnˈtegrɪtɪ] *n* 1) че́стность, прямота́; неподку́пность 2) полнота́, це́лостность, нетро́нутость 3) достове́рность 4) работоспосо́бность

integument [ɪnˈtegjʊmənt] *n* нару́жный покро́в *(кожа, кора и т. п.)*

intellect [ˈɪntɪlekt] *n* ум, интелле́кт; **the great ~s (of the age)** вели́кие умы́ (совреме́нности, эпо́хи)

intellection [ˌɪntɪˈlekʃ(ə)n] *n* у́мственная де́ятельность; мысли́тельный проце́сс

intellective [ˌɪntɪˈlektɪv] *a* у́мственный, мысли́тельный

intellectual I [ˌɪntɪˈlektjʊəl] *n* 1) мы́слящий челове́к; интеллектуа́л 2) *pl* **(the ~s)** интеллиге́нция; интеллектуа́лы

intellectual II *a* 1) у́мственный; интеллектуа́льный; **~ property** интеллектуа́льная со́бственность 2) мы́слящий

intelligence [ɪnˈtelɪdʒəns] *n* 1) ум; у́мственные спосо́бности; интелле́кт; **superior/average ~** хоро́шие/сре́дние у́мственные спосо́бности 2) смышлёность; поня́тливость 3) сбор све́дений, информа́ции; разве́дка 4) *вчт* све́дения, информа́ция, сообще́ния 5) *attr* разве́дывательный; **~ department** разве́дывательное управле́ние; **~ service** слу́жба разве́дки 6) *attr* у́мственный; **~ quotient** коэффицие́нт у́мственного разви́тия, коэффицие́нт IQ *(тж* **IQ)**

intelligent [ɪnˈtelɪdʒənt] *a* 1) у́мный, разу́мный, рациона́льный 2) смышлёный; поня́тный 3) *вчт* интеллектуа́льный, с ра́звитой ло́гикой 4) *вчт* микропроце́ссорный; программи́руемый

intelligentsia [ɪnˌtelɪˈdʒentsɪə] *n* интеллиге́нция

intelligibility [ɪnˌtelɪdʒəˈbɪlɪtɪ] *n* я́сность, чёткость, разбо́рчивость *(сигнала, почерка и т. п.)*

intelligible [ɪnˈtelɪdʒɪbl] *a* поня́тный, вразуми́тельный

intemperance [ɪnˈtempərəns] *n* 1) неуме́ренность 2) невозде́ржанность, пья́нство

intemperate [ɪnˈtempərət] *a* 1) несде́ржанный 2) невозде́ржанный, си́льно пью́щий

intend [ɪnˈtend] *v* 1) намерева́ться, собира́ться *(сделать что-л.)* 2) предназнача́ть; **that remark was ~ed for you** э́то замеча́ние бы́ло в твой а́дрес 3) подразумева́ть; **he ~ed it as a joke** он хоте́л то́лько пошути́ть

intense [ɪnˈtens] *a* 1) си́льный, интенси́вный 2) напряжённый 3) глубо́кий, серьёзный; **he is very ~** он о́чень серьёзно настро́ен

intensely [ɪnˈtenslɪ] *adv* си́льно, глубоко́

intensify [ɪnˈtensɪfaɪ] *v* уси́ливать(ся)

intension [ɪnˈtenʃ(ə)n] *n* напряжённость, интенси́вность; уси́лие

intensity [ɪnˈtensɪtɪ] *n* си́ла, интенси́вность, глубина́; напряже́ние

intensive [ɪnˈtensɪv] *a* 1) интенси́вный, напряжённый; **~ care** *мед.* а) интенси́вная терапи́я б) отделе́ние интенси́вной терапи́и *(в больнице)* 2) серьёзный, глубо́кий 3) *грам.* усили́тельный

intent I [ɪnˈtent] *n* 1) наме́рение 2) предназначе́ние 3) за́мысел, у́мысел ◊ **to all ~s and purposes** а) в су́щности, факти́чески б) во всех отноше́ниях

intent II *a* 1) наме́ренный *(что-л. сделать)*; скло́нный *(к чему-л. — on)* 2) си́льно увлечённый *(чем-л. — on)* 3) при́стальный; насто́йчивый; **an ~ look** при́стальный взгляд

intention [ɪnˈtenʃ(ə)n] *n* наме́рение, цель; **my ~ is** я намерева́юсь, я наме́рен; **without ~** неумы́шленно, ненаме́ренно

intentional [ɪnˈtenʃənl] *a* умы́шленный, преднаме́ренный

inter [ɪnˈtɜː(r)] *v* хорони́ть, предава́ть земле́

inter- [ˈɪntə(r)-] *pref* 1) меж-, между-; **interdental** межзу́бный *(о звуке)* 2) взаимо-; **interact** взаимоде́йствовать 3) пере-; **to interlace** переплета́ться

interact [ˌɪntərˈækt] *v* взаимоде́йствовать, де́йствовать, влия́ть друг на дру́га

interaction [ˌɪntərˈækʃ(ə)n] *n* 1) взаимоде́йствие; взаимовлия́ние 2) взаимосвя́зь, обме́н информа́цией

interactive [ˌɪntərˈæktɪv] *a* 1) взаимоде́йствующий, взаимовлия́ющий 2) *вчт* интеракти́вный, диало́говый; **~ process** интеракти́вный проце́сс

interbank [ˈɪntəbæŋk] *a* межба́нковский

interblend [ˌɪntəˈblend] *v* сме́шивать, переме́шивать, *тж перен.*

interbreed [ˌɪntəˈbriːd] *v* скре́щиваться *(о породах животных)*

intercede [ˌɪntəˈsiːd] *v* хода́тайствовать, вступа́ться, проси́ть *(за кого-л. — for, перед кем-л. — with)*

intercellular [ˌɪntə'seljʊlə(r)] *a* биол. межклеточный

intercept [ˌɪntə'sept] *v* 1) перехватывать *(письмо, транспорт и т. п.)* 2) останавливать, задерживать; преграждать путь 3) отключать *(свет, воду и т. п.)* 4) мат. отсекать *(дугу, отрезок)*

interception [ˌɪntə'sepʃ(ə)n] *n* 1) перехват(ывание) 2) преграждение

interceptor [ˌɪntə'septə(r)] *n* ав., воен. (истребитель-)перехватчик

intercessor [ˌɪntə'sesə(r)] *n* ходатай; посредник

interchange I [ˈɪntətʃeɪndʒ] *n* 1) обмен 2) смена, чередование; перестановка

interchange II [ˌɪntə'tʃeɪndʒ] *v* 1) обмениваться 2) чередоваться 3) заменять, переставлять, менять местами

interchangeable [ˌɪntə'tʃeɪndʒəbl] *a* 1) взаимозаменяемый 2) сменный 3) равнозначный

intercharacter spaces [ɪnˌtɜːˈkærɪktə ˈspeɪsɪz] *n pl* вчт межсимвольные промежутки

intercity [ˌɪntə'sɪtɪ] *a* междугородный

intercollegiate [ˌɪntəkə'liːdʒət] *a* межуниверситетский *(о спортивных соревнованиях и т. п.)*

intercom [ˈɪntəkɒm] *n* разг. селекторная связь, внутренняя телефонная связь *(в служебных помещениях, самолёте и т. п.)* *(тж* **intercommunication**)

intercommunicate [ˌɪntəkə'mjuːnɪkeɪt] *v* общаться друг с другом, между собой

intercommunication [ˌɪntəkəˌmjuːnɪ'keɪʃ(ə)n] *n* 1) связь, общение, обмен мнениями 2) двусторонняя *или* многосторонняя связь 3) селекторная связь, внутренняя телефонная связь *(в служебных помещениях, самолёте и т. п.)* 4) переговорное устройство

intercommunion [ˌɪntəkə'mjuːnɪən] *n* взаимосвязь, общение

interconnect [ˌɪntəkə'nekt] *v* связывать(ся)

intercontinental [ˌɪntəˌkɒntɪ'nent(ə)l] *a* межконтинентальный

intercourse [ˈɪntəkɔːs] *n* 1) общение; связь, сношения 2) сексуальная связь *(тж* **sexual** ~)

interdepartmental [ˌɪntəˌdɪpɑːt'ment(ə)l] *a* межведомственный

interdependence [ˌɪntədɪ'pendəns] *n* взаимозависимость, взаимосвязь

interdependent [ˌɪntədɪ'pendənt] *a* взаимозависимый, взаимосвязанный

interdict I [ˈɪntədɪkt] *n* 1) запрещение, запрет 2) *церк.* интердикт, запрет на участие в богослужении *(в католичестве)* *(тж* **interdiction**)

interdict II [ˌɪntə'dɪkt] *v* 1) запрещать, воспрещать 2) удерживать *(from)*

interdictory [ˌɪntə'dɪktərɪ] *a* запретительный

interest I [ˈɪntrəst] *n* 1) интерес; заинтересованность; **to take** ~ интересоваться *(чем-л.* — **in**); **it is of great** ~ **to me** это мне очень интересно 2) увлечение; хобби 3) выгода; доля *(в чём-л.)*; материальная заинтересованность; **it is in her** ~**s** это в её интересах, это ей выгодно; **to look after one's own** ~**s** не упустить своего 4) процент(ы); **simple/compound** ~ простые/сложные проценты; **high/low rate of** ~ высокая/низкая процентная ставка; ~**bearing** приносящий доход, проценты; ~**free** беспроцентный, беспроцентный; **with** ~ с процентами; *перен.* с лихвой 5) важность, значение; **of no little** ~ немаловажный 6) группа лиц, объединённых общими интересами; **the landed** ~ землевладельцы

interest II *v* интересовать; заинтересовывать; **I am** ~**ed in the cinema** меня интересует кино; **I am** ~**ed to know** мне интересно знать

interested [ˈɪntrəstɪd] *a* заинтересованный *(в чём-л.* — **in**)

interesting [ˈɪntrəstɪŋ] *a* интересный

interface I [ˈɪntəfeɪs] *n* вчт 1) интерфейс 2) сопряжение, согласование

interface II *v* 1) согласовывать, сопрягать, обеспечивать сопряжение 2) взаимодействовать

interfere [ˌɪntə'fɪə(r)] *v* 1) мешать; препятствовать, служить помехой, препятствием 2) вмешиваться *(in)*; **don't** ~ **in my business** не вмешивайся в мои дела; **she's always interfering** она вечно во всё вмешивается

interference [ˌɪntə'fɜr(ə)ns] *n* 1) вмешательство 2) помеха, препятствие 3) *радио* помехи 4) *физ.* интерференция

interflow I [ˈɪntəfləʊ] *n* слияние

interflow II [ˌɪntə'fləʊ] *v* сливаться

interfuse [ˌɪntə'fjuːz] *v* 1) смешиваться, перемешиваться 2) проникать, пропитывать, пронизывать

intergovernmental [ˌɪntəˌɡʌvən'ment(ə)l] *a* межправительственный

intergrowth [ˈɪntəˌɡrəʊθ] *n* прорастание

interim I [ˈɪntərɪm] *n* промежуток времени; **in the** ~ тем временем; **at** ~ временно исполняющий обязанности

interim II *a* временный, временно назначенный, промежуточный; предварительный

interior I [ɪn'tɪərɪə(r)] *n* 1) внутренняя часть, внутренняя сторона 2) внутренняя область страны *(удалённая от моря и границ)* 3) внутренние дела *(страны)*; **Department of the I.** Министерство внутренних дел 4) интерьер; ~ **decorator** дизайнер интерьера (*тж* **interior designer**) 5) вну́тренний мир (*кого-л.*)

interior II *a* вну́тренний

interject [ˌɪntəˈdʒekt] *v* прерыва́ть замеча́нием, вставля́ть замеча́ние

interjection [ˌɪntəˈdʒekʃ(ə)n] *n* 1) восклица́ние 2) *грам.* междоме́тие

interlace I [ˌɪntəˈleɪs] *n* вчт 1) чередова́ние, перемеже́ние 2) чересстро́чная развёртка

interlace II *v* 1) переплета́ться, сплета́ться 2) чередова́ться, перемежа́ться

interlard [ˌɪntəˈlɑːd] *v* пересыпа́ть, уснаща́ть (*речь иностранными словами и т. п.*)

interleave [ˌɪntəˈliːv] *v* 1) *полигр.* прокла́дывать бе́лую бума́гу ме́жду листа́ми кни́ги 2) *геол.* лежа́ть пласта́ми ме́жду слоя́ми поро́ды 3) располага́ть череду́ющимися пласта́ми, слоя́ми; просла́ивать 4) чередова́ть, перемежа́ть

interlibrary [ˈɪntəˌlaɪbrərɪ] *a* межбиблиоте́чный

interline[1] [ˌɪntəˈlaɪn] *v* ста́вить дополни́тельную подкла́дку, подстёжку (*к одежде*)

interline[2] *v* впи́сывать ме́жду строк; вставля́ть сло́во в строку́

interlinear [ˌɪntəˈlɪnɪə(r)] *a* междустро́чный; подстро́чный

interlink [ˌɪntəˈlɪŋk] *v* те́сно свя́зывать

interlock I [ˌɪntəˈlɒk] *n* *mex.* 1) блокиро́вка 2) блокиро́вочное устро́йство

interlock II *v* 1) блоки́ровать 2) сцепля́ться, соединя́ться

interlocking [ˌɪntəˈlɒkɪŋ] *n* *mex.* 1) блоки́ровка, блоки́рование, запира́ние 2) взаимозави́симость (механи́змов); взаи́мное сцепле́ние

interlocution [ˌɪntələʊˈkjuːʃ(ə)n] *n* бесе́да, диало́г; собесе́дование

interlocutor [ˌɪntəˈlɒkjʊtə(r)] *n* собесе́дник

interlocutory [ˌɪntəˈlɒkjʊtərɪ] *a* 1) в ви́де бесе́ды, разгово́ра 2) *юр.* предвари́тельный (*о постановлении и т. п.*)

interlope [ˌɪntəˈləʊp] *v* вме́шиваться в чужи́е дела́; посяга́ть на чужи́е права́, деловы́е интере́сы

interloper [ˌɪntəˈləʊpə(r)] *n* 1) наруши́тель 2) челове́к, вме́шивающийся в чужи́е дела́

interlude [ˈɪntəluːd] *n* 1) промежу́ток 2) *театр.* антра́кт 3) *муз.* интерлю́дия 4) *вчт* вста́вка

intermarriage [ˌɪntəˈmærɪdʒ] *n* 1) брак ме́жду ли́цами ра́зных национа́льностей, рас; сме́шанный брак 2) брак ме́жду ро́дственниками

intermarry [ˌɪntəˈmærɪ] *v* 1) породни́ться; смеша́ться (*о расах, национальностях*) 2) вступа́ть в брак с ро́дственником

intermediary I [ˌɪntəˈmiːdɪərɪ] *n* посре́дник

intermediary II *a* 1) посре́днический 2) промежу́точный

intermediate I [ˌɪntəˈmiːdɪət] *n* вчт 1) промежу́точное звено́ 2) промежу́точный проду́кт 3) промежу́точная ста́дия

intermediate II *a* промежу́точный; *амер.* ~ **school** сре́дняя шко́ла

intermediate III [ˌɪntəˈmiːdɪeɪt] *v* быть посре́дником (*между — between*)

intermediation [ˌɪntəˌmiːdɪˈeɪʃ(ə)n] *n* посре́дничество

intermediator [ˌɪntəˈmiːdɪeɪtə(r)] *n* посре́дник

interment [ɪnˈtɜːmənt] *n* погребе́ние

interminable [ɪnˈtɜːmɪnəbl] *a* бесконе́чный

intermingle [ˌɪntəˈmɪŋgl] *v* 1) сме́шивать(ся), переме́шивать(ся) 2) обща́ться

intermission [ˌɪntəˈmɪʃ(ə)n] *n* 1) переры́в; приостано́вка; па́уза; **without** ~ беспреры́вно 2) *театр.* антра́кт 3) *школ.* переме́на

intermit [ˌɪntəˈmɪt] *v* прерва́ть(ся), останови́ть(ся)

intermittent [ˈɪntəˈmɪt(ə)nt] *a* 1) перемежа́ющийся; преры́вистый; с перебо́ями 2) нерегуля́рный

intermix [ˌɪntəˈmɪks] *v* сме́шивать(ся)

intermixture [ˌɪntəˈmɪkstʃə(r)] *n* смеше́ние; смесь

intern I [ˈɪntɜːn] *n* *амер.* интерн (*студент-медик или молодой врач, работающий в больнице и живущий при ней*) (*тж* **house-man**)

intern II [ɪnˈtɜːn] *v* 1) интерни́ровать 2) *амер.* проходи́ть медици́нскую пра́ктику, рабо́тать интерном

internal [ɪnˈtɜːnl] *a* 1) вну́тренний; **not for** ~ **use** внутрь не принима́ть, то́лько для нару́жного примене́ния (*надпись на лекарстве*); ~ **clock** биологи́ческие часы́, биори́тмы (*человека*); ~ **medicine** *мед.* консервати́вное лече́ние, терапи́я 2) душе́вный, сокрове́нный 3) *mex.* встро́енный; ~ **clock** встро́енные часы́ (*напр. в компьютер*)

international [ˌɪntəˈnæʃənl] *a* междунаро́дный; интернациона́льный; ~ **law** междунаро́дное пра́во; ~ **community** *полит.* междунаро́дное соо́бщество

internationalism [ˌɪntəˈnæʃənəlɪz(ə)m] *n* интернационали́зм

internationalize [ˌɪntəˈnæʃənəlaɪz] *v* 1) де́лать(ся) интернациона́льным 2) ста́вить (*территорию и т. п.*) под контро́ль *или* защи́ту ра́зных госуда́рств

interne [ɪnˈtɜ:n] *см.* **intern I**

internecine [ˌɪntəˈni:saɪn] *a* междоусобный; истребительный

internee [ˌɪntɜ:ˈni:] *n* интернированный

Internet [ˈɪntənet] *n* (сеть) Интернет; ~ café Интернет-кафе *(тж* **cyber café)**

internist [ɪnˈtɜ:nɪst] *n* (врач-)терапевт; *амер.* врач общей практики *(тж* **general practitioner)**

internment [ɪnˈtɜ:nmənt] *n* интернирование

interpellate [ɪnˈtɜ:peleɪt] *v* делать запрос *(в парламенте)*

interpellation [ɪnˌtɜ:peˈleɪʃ(ə)n] *n* запрос *(в парламенте)*

interplanetary [ˌɪntəˈplænɪt(ə)rɪ] *a* межпланетный

interplay [ˈɪntəˈpleɪ] *n* взаимодействие

Interpol [ˈɪntəpɒl] *n сокр.* **(International Criminal Police Organization)** Международная организация уголовной полиции, Интерпол

interpolate [ɪnˈtɜ:pəleɪt] *v* 1) интерполировать; делать вставки в текст чужой рукописи *(особ. с целью изменения даты её написания)* 2) *мат.* интерполировать

interpose [ˌɪntəˈpəʊz] *v* 1) вставлять, вводить 2) прерывать беседу, разговор *(замечаниями и т. п.)* 3) вклиниваться; вмешиваться

interpret [ɪnˈtɜ:prɪt] *v* 1) толковать, истолковывать; **to ~ events/remarks/dreams** истолковывать события/замечания/толковать сны 2) устно переводить; быть устным переводчиком

interpretation [ɪnˌtɜ:prɪˈteɪʃən] *n* объяснение, толкование, истолкование; интерпретация, трактовка; **to be open to various ~s** поддаваться самым разным толкованиям

interpretative [ɪnˈtɜ:prɪtətɪv] *a* объяснительный

interpreter [ɪnˈtɜ:prɪtə(r)] *n* 1) истолкователь, интерпретатор 2) устный переводчик 3) *вчт* интерпретирующая программа

interregnum [ˌɪntəˈregnəm] *n (pl тж* **interregna** [ˌɪntəˈregnə])* междуцарствие

interrelated [ˌɪntərɪˈleɪtɪd] *a* взаимосвязанный

interrelation [ˌɪntərɪˈleɪʃ(ə)n] *n* взаимоотношение, взаимосвязь

interrogate [ɪnˈterəgeɪt] *v* 1) допрашивать 2) опрашивать, запрашивать

interrogation [ɪnˌterəˈgeɪʃ(ə)n] *n* 1) допрос 2) опрос

interrogative [ˌɪntəˈrɒgətɪv] *a* вопросительный *(тж грам.)*

interrogator [ɪnˈterəgeɪtə(r)] *n* допрашивающий; следователь

interrogatory I [ˌɪntəˈrɒgət(ə)rɪ] *n* 1) допрос, дознание 2) опросный лист

interrogatory II *a* вопросительный

interrupt [ˌɪntəˈrʌpt] *v* 1) прерывать 2) перебивать; **don't ~!** не перебивай! 3) препятствовать

interruption [ˌɪntəˈrʌpʃ(ə)n] *n* 1) перерыв; прерывание 2) остановка, задержка 3) *тех.* разрыв, разъединение; нарушение

intersect [ˌɪntəˈsekt] *v* пересекаться; перекрещиваться; перерезать

intersection [ˌɪntəˈsekʃ(ə)n] *n* 1) пересечение 2) *мат.* точка пересечения

intersex [ˈɪntəseks] *n* гермафродит

interspace [ˈɪntəspeɪs] *n* интервал, промежуток

intersperse [ˌɪntəˈspɜ:s] *v* 1) рассеивать, разбрасывать, рассыпать *(среди, между —* among, between) 2) разнообразить, пересыпать *(чем-л. —* with)

interstate I [ˈɪntəˌsteɪt] *n* шоссе, проходящее через несколько штатов США

interstate II [ˌɪntəˈsteɪt] *a* проходящий через несколько штатов США; относящийся к разным штатам США

interstellar [ˌɪntəˈstelə(r)] *a* межзвёздный

interstice [ɪnˈtɜ:stɪs] *n* щель, расщелина

intertwine [ˌɪntəˈtwaɪn] *v* переплетать(ся)

intertwist [ˌɪntəˈtwɪst] *v* скручивать(ся), перекручивать(ся); переплетать(ся)

interval [ˈɪntəv(ə)l] *n* 1) промежуток, интервал; **at ~s** а) с промежутками б) тут и там в) время от времени 2) перерыв, перемена; пауза 3) *театр.* антракт 4) *муз.* интервал 5) диапазон 6) шаг сетки частот

intervene [ˌɪntəˈvi:n] *v* 1) происходить *(в определённый промежуток времени, между какими-л. событиями)* 2) вмешиваться, вступаться (in) 3) быть расположенным между (between) 4) являться помехой

intervention [ˌɪntəˈvenʃ(ə)n] *n* 1) вмешательство; интервенция; **armed ~** вооружённое вмешательство, военная интервенция 2) посредничество

interventionist [ˌɪntəˈvenʃənɪst] *n* интервент

intervertebral [ˌɪntəˈvɜ:tɪbr(ə)l] *a анат.* межпозвоночный

interview I [ˈɪntəvju:] *n* 1) собеседование *(при приёме в колледж, на работу)*; встреча 2) интервью 3) беседа, разговор *(с глазу на глаз)*

interview II *v* беседовать; интервьюировать

interviewee [ˌɪntəvju:ˈi:] *n* интервьюируемое лицо

interviewer [ˈɪntəvju:ə(r)] *n* 1) журналист, берущий интервью; интервьюер 2) проводящий собеседование, опрос 3) *социол.* обследователь

interweave [͵ɪntə´wiːv] *v* (interwove; interwoven) 1) заткать; покрыть тканым узором; вплести 2) *тех.* прошивать

interwove [͵ɪntə´wəʊv] *past см.* interweave

interwoven [͵ɪntə´wəʊvn] *p. p. см.* interweave

intestate [ɪn´testət] *a*: **to die ~** умереть, не оставив завещания

intestinal [ɪn´testɪn(ə)l] *a анат.* кишечный

intestine [ɪn´testɪn] *n обыкн. pl* кишки, кишечник; **small/large ~** тонкая/толстая кишка

intimacy [´ɪntɪməsɪ] *n* 1) близость, интимность 2) интимная связь, интимные отношения

intimate[1] **I** [´ɪntɪmət] *n* близкий друг

intimate[1] **II** *a* 1) близкий, хорошо знакомый; **to have an ~ knowledge of smth** очень хорошо знать что-л. 2) интимный 3) сокровенный, глубоко личный

intimate[2] [´ɪntɪ͵meɪt] *v* 1) ставить в известность, объявлять, сообщать 2) намекать

intimation [͵ɪntɪ´meɪʃ(ə)n] *n* 1) извещение, заявление, объявление 2) намёк

intimidate [ɪn´tɪmɪdeɪt] *v* запугивать

intimidation [ɪn͵tɪmɪ´deɪʃ(ə)n] *n* запугивание

into [´ɪntə; *полная форма* ´ɪntʊ] *prep* 1) *указывает на движение внутрь, на включение в пределы чего-л.* в, на; **to go ~ the house/the shop** войти в дом/в магазин; **to include ~ the list** включить в список 2) *указывает на переход в новое состояние, качество, форму* в; до; **to translate ~ Russian** перевести на русский (язык); **to work oneself ~ rage** довести себя до бешенства; **this house has been converted ~ a hospital** этот дом был превращён в больницу 3) *указывает на деление на части* на; **to divide ~ three parts** разделить на три части

intolerable [ɪn´tɒlərəbl] *a* невыносимый, нестерпимый

intolerance [ɪn´tɒlər(ə)ns] *n* нетерпимость

intolerant [ɪn´tɒlərənt] *a* нетерпимый; **he is ~ of criticism** он нетерпим к критике

intonation [͵ɪntə´neɪʃ(ə)n] *n* 1) интонация 2) модуляция *(голоса)* 3) пение речитативом; произнесение нараспев

intone [ɪn´təʊn] *v* 1) петь, произносить речитативом; произносить нараспев 2) модулировать *(голос)* 3) *лингв.* интонировать

intoxicant I [ɪn´tɒksɪkənt] *n* опьяняющий напиток

intoxicant II *a* опьяняющий

intoxicate [ɪn´tɒksɪkeɪt] *v* опьянять; возбуждать

intoxicated [ɪn´tɒksɪkeɪtɪd] *a* 1) пьяный 2) опьянённый, возбуждённый

intoxication [ɪn͵tɒksɪ´keɪʃ(ə)n] *n* 1) *мед.* интоксикация, отравление 2) опьянение *(тж* **alcoholic ~)**

intra- [´ɪntrə-] *pref* внутри-; **intravenous** внутривенный

intracellular [͵ɪntrə´seljʊlə(r)] *a биол.* внутриклеточный

intracranial [͵ɪntrə´kreɪnɪəl] *a мед.* внутричерепной

intractable [ɪn´træktəbl] *a* 1) непокорный, неподатливый 2) несговорчивый, упрямый

intramolecular [͵ɪntrəmə´lekjʊlə(r)] *a* внутримолекулярный

intramural [͵ɪntrə´mjʊərəl] *a* 1) (происходящий) в стенах *(дома, школы и т. п.)* 2) очный, дневной *(об обучении)*

intramuscular [͵ɪntrə´mʌskjʊlə(r)] *a* внутримышечный

intranet [´ɪntrənet] *n вчт* локальная (компьютерная) сеть

intransigent I [ɪn´trænsɪdʒ(ə)nt] *n* человек, не изменяющий своим принципам; непримиримый

intransigent II *a* непримиримый, непреклонный

intransitive [ɪn´trɑːnsɪtɪv] *a грам.* непереходный *(о глаголе)*

intrauterine [͵ɪntrə´juːtəraɪn] *a* внутриматочный; **~ device** внутриматочная спираль *(контрацептив)*

intravenous [͵ɪntrə´viːnəs] *a* внутривенный

in-tray [´ɪntreɪ] *n* ящик, контейнер для входящих документов

intrepid [ɪn´trepɪd] *a* бесстрашный, неустрашимый

intrepidity [͵ɪntrɪ´pɪdɪtɪ] *n* бесстрашие, неустрашимость

intricacy [´ɪntrɪkəsɪ] *n* запутанность, усложнённость; путаница

intricate [´ɪntrɪkət] *a* запутанный, сложный

intrigue I [ɪn´triːg] *n* интрига; **~s** интриги, козни

intrigue II *v* 1) интриговать *(против — against)* 2) вызывать интерес, любопытство, (за)интриговать

intriguing [ɪn´triːgɪŋ] *a* интригующий, вызывающий интерес, интересный

intrinsic [ɪn´trɪnzɪk] *a* 1) присущий, свойственный *(чему-л.)*; **his ~ honesty** присущая ему прямота 2) внутренний, встроенный

intro [´ɪntrəʊ] *n разг.* 1) представление, знакомство 2) *муз.* интродукция

introduce [͵ɪntrə´djuːs] *v* 1) представлять *(кого-л. кому-л. — to)*; знакомить *(с кем-л. — to)*; **may I ~ Mr. Brown to you** разрешите представить вам г-на Брауна; **introducing...** в такой-то роли дебютирует... *(в титрах фильма)* 2) вносить на рассмотрение, обсуждение *(вопрос, законопроект* *и т. п.)* 3) вводи́ть (в употребле́ние) 4) вставля́ть

introduction [ˌɪntrəˈdʌkʃ(ə)n] *n* 1) введе́ние, внесе́ние 2) официа́льное представле́ние, знако́мство; рекоменда́ция 3) предисло́вие, введе́ние 4) *муз.* интроду́кция 5) вво́дный курс; о́бщее ознакомле́ние *(с вопро́сом)*

introductory [ˌɪntrəˈdʌkt(ə)rɪ] *a* вво́дный, вступи́тельный; ~ **chapter/lesson** вво́дная глава́, введе́ние/вво́дное заня́тие; ~ **offer/ price** специа́льное предложе́ние/специа́льная (сни́женная) цена́ *(но́вого това́ра для привлече́ния покупа́телей)*

introspect [ˌɪntrəˈspekt] *v* занима́ться самоана́лизом

introspection [ˌɪntrəˈspekʃ(ə)n] *n* самоана́лиз, самонаблюде́ние, интроспе́кция

introspective [ˌɪntrəˈspektɪv] *a* занима́ющийся самоана́лизом, интроспекти́вный

introvert I [ˈɪntrəvɜːt] *n* 1) *психол.* интрове́рт *(челове́к, сосредото́ченный на своём вну́треннем ми́ре)* 2) засте́нчивый челове́к

introvert II [ˌɪntrəˈvɜːt] *v психол.* быть интрове́ртом, сосредото́чиваться на само́м себе́

intrude [ɪnˈtruːd] *v* 1) вторга́ться *(into)* 2) навя́зывать(ся) *(upon)*; **I hope I'm not intruding** наде́юсь, я вам не меша́ю

intruder [ɪnˈtruːdə(r)] *n* 1) навя́зчивый челове́к 2) взло́мщик 3) наруши́тель, злоумы́шленник

intrusion [ɪnˈtruːʒ(ə)n] *n* 1) вторже́ние *(into)* 2) бесцеремо́нное вмеша́тельство; **sorry for the** ~ извини́те за вторже́ние/за беспоко́йство 3) присвое́ние чужи́х прав *или* чужо́й со́бственности

intrusive [ɪnˈtruːsɪv] *a* навя́зчивый, назо́йливый

intrust [ɪnˈtrʌst] *амер. см.* **entrust**

intuition [ˌɪntjuːˈɪʃən] *n* интуи́ция, чутьё

intuitive [ɪnˈtjuːɪtɪv] *a* интуити́вный

intumesce [ˌɪntjuːˈmes] *v* опуха́ть, припуха́ть

inundate [ˈɪnʌndeɪt] *v* 1) наводня́ть, затопля́ть 2) засыпа́ть вопро́сами *и т. п.*

inundation [ˌɪnʌnˈdeɪʃ(ə)n] *n* наводне́ние, затопле́ние

inure [ɪˈnjʊə(r)] *v* 1) закаля́ть, приуча́ть *(к тру́дностям, хо́лоду и т. п. — to)* 2) *юр.* вступа́ть в си́лу, быть действи́тельным

invade [ɪnˈveɪd] *v* 1) вторга́ться, захва́тывать 2) овладева́ть, заполня́ть, нахлы́нуть *(о чу́встве и т. п.)* 3) посяга́ть *(на чьи-л. права́)*

invader [ɪnˈveɪdə(r)] *n* захва́тчик, оккупа́нт

invalid¹ I [ˈɪnvəliːd] *n* больно́й; инвали́д

invalid¹ II *a* 1) больно́й; нетрудоспосо́бный 2) (предназна́ченный) для больны́х

invalid¹ III *v* 1) признава́ть него́дным к вое́нной слу́жбе *(по состоя́нию здоро́вья)* 2) де́лать(ся) инвали́дом, нетрудоспосо́бным

invalid² [ɪnˈvælɪd] *a* 1) недействи́тельный, не име́ющий зако́нной си́лы; ~ **passport/document** недействи́тельный па́спорт/докуме́нт; **to declare a marriage** ~ объяви́ть брак недействи́тельным 2) недостове́рный, непра́вильный

invalidate [ɪnˈvælɪdeɪt] *v* де́лать недействи́тельным, лиша́ть зако́нной си́лы

invalidation [ɪnˌvælɪˈdeɪʃ(ə)n] *n* лише́ние зако́нной си́лы

invaluable [ɪnˈvæljʊəbl] *a* бесце́нный, неоцени́мый; **his** ~ **contribution** его́ бесце́нный вклад

invariability [ɪnˌveərɪəˈbɪlɪtɪ] *n* неизменя́емость, неизме́нность

invariable [ɪnˈveərɪəbl] *a* 1) неизменя́емый, неизме́нный 2) *мат.* постоя́нный, неизменя́ющийся

invariance [ɪnˈve(ə)rɪəns] *n спец.* инвариа́нтность

invasion [ɪnˈveɪʒ(ə)n] *n* 1) вторже́ние, наше́ствие, нападе́ние; **foreign** ~ иностра́нное вторже́ние 2) *юр.* посяга́тельство *(на чьи-л. права́)*; ~ **of privacy** вторже́ние в ча́стную жизнь 3) *мед.* инва́зия

invasive [ɪnˈveɪsɪv] *a* 1) захва́тнический; экспансиони́стский; наси́льственный 2) *мед.* инвази́вный

invective [ɪnˈvektɪv] *n* 1) *обыкн. pl* оскорбле́ния, руга́тельства; брань, ру́гань 2) оскорби́тельный вы́пад

inveigh [ɪnˈveɪ] *v* зло́бно напада́ть, руга́ть, поноси́ть

inveigle [ɪnˈveɪgl] *v* зама́нивать, обольща́ть, совраща́ть; втя́гивать *(во что-л.)*

invent [ɪnˈvent] *v* 1) изобрета́ть 2) приду́мывать; выду́мывать

invention [ɪnˈvenʃ(ə)n] *n* 1) изобрета́тельность 2) изобрете́ние 3) вы́думка, вы́мысел

inventive [ɪnˈventɪv] *a* изобрета́тельный

inventor [ɪnˈventə(r)] *n* изобрета́тель

inventory I [ˈɪnvəntərɪ] *n* 1) инвента́рная о́пись, пе́речень *(предме́тов)* 2) предме́ты, внесённые в инвента́рный спи́сок 3) инвентариза́ция 4) материа́льно-произво́дственные запа́сы, запа́с материа́лов

inventory II *v* вноси́ть в инвента́рный спи́сок; инвентаризи́ровать

inverse I [ɪnˈvɜːs] *n* обра́тный поря́док

inverse II *a* обра́тный; противополо́жный; **in** ~ **proportion** в обра́тной пропо́рции; ~ **polarity** *эл.* обра́тная/противополо́жная поля́рность

inversion [ɪnˈvɜːʃ(ə)n] *n* 1) переве́рнутость; измене́ние поря́дка на обра́тный 2) *грам.* инве́рсия

invert I [ˈɪnvɜ:t] *n* гомосексуалист

invert II [ɪnˈvɜ:t] *v* 1) переворачивать, перевёртывать, опрокидывать 2) переставлять, менять местами

invertebrate I [ɪnˈvɜ:tɪbrət] *n* беспозвоночное (животное)

invertebrate II *a* 1) беспозвоночный 2) бесхребетный, бесхарактерный

inverted commas [ɪnˌvɜ:tɪdˈkɒməz] *n pl грам.* кавычки

invest [ɪnˈvest] *v* 1) инвестировать; помещать, вкладывать *(деньги в производство)* 2) *разг.* делать покупку 3) облекать, наделять *(полномочиями и т. п. - in, with)* 4) окутывать *(with, in)* 5) *воен.* окружить, осадить *(укреплённый пункт и т. п.)*

investigate [ɪnˈvestɪgeɪt] *v* 1) исследовать, изучать 2) расследовать

investigation [ɪnˌvestɪˈgeɪʃ(ə)n] *n* 1) исследование, изучение 2) расследование; **to hold an ~** вести расследование

investigator [ɪnˈvestɪgeɪtə(r)] *n* исследователь

investigatory [ɪnˈvestɪgeɪtərɪ] *a* исследовательский

investiture [ɪnˈvestɪtʃə(r)] *n* введение в должность, во владение; инвеститура

investment [ɪnˈvestmənt] *n* 1) инвестиции, (капитало)вложение, вклад капитала, помещение денег в производство 2) предприятия и т. п., в которые вложены деньги 3) облечение *(полномочиями и т. п.)* 4) *воен.* осада, блокада 5) *attr* инвестиционный; **~ bank** инвестиционный банк; **~ bond** инвестиционный сертификат; **~ company/trust** инвестиционная компания/инвестиционный траст/фонд; **~ income** доход на инвестиции; **~ grant** инвестиционная субсидия, инвестиционный стимул

investor [ɪnˈvestə(r)] *n* инвестор; **foreign ~** иностранный инвестор

inveterate [ɪnˈvet(ə)rət] *a* закоренелый; заядлый; застарелый; **an ~ bachelor** убеждённый холостяк

invidious [ɪnˈvɪdɪəs] *a* обидный, оскорбительный, возмутительный *(о поведении, обращении и т. п.)*

invigilate [ɪnˈvɪdʒəleɪt] *v* следить за порядком на экзаменах

invigorate [ɪnˈvɪgəreɪt] *v* придавать силы, бодрость, укреплять

invigorative [ɪnˈvɪgərətɪv] *a* бодрящий, укрепляющий

invincibility [ɪnˌvɪnsɪˈbɪlɪtɪ] *n* непобедимость

invincible [ɪnˈvɪnsɪbl] *a* непобедимый

inviolability [ɪnˌvaɪələˈbɪlɪtɪ] *n* незыблемость, нерушимость; неприкосновенность

inviolable [ɪnˈvaɪələbl] *a* нерушимый, незыблемый; неприкосновенный

inviolate [ɪnˈvaɪələt] *a* неосквернённый, нетронутый

invisibility [ɪnˌvɪzɪˈbɪlɪtɪ] *n* невидимость

invisible [ɪnˈvɪzɪbl] *a* невидимый; **~ to the naked eye** незаметный, невидимый невооружённым глазом; **~ assets** *фин.* невидимые активы; **~ balance** *фин.* «невидимый» баланс

invitation [ˌɪnvɪˈteɪʃ(ə)n] *n* 1) приглашение 2) повод, намёк *(тж* **open ~**)

invite [ɪnˈvaɪt] *v* 1) приглашать 2) призывать, просить 3) привлекать; навлекать; **he's inviting trouble** он напрашивается на неприятности

inviting [ɪnˈvaɪtɪŋ] *a* привлекательный; соблазнительный, заманчивый; **it looks very ~** это выглядит очень заманчиво

in vitro [ˌɪnˈvi:trəʊ] *a мед.* в пробирке, «ин витро»; **~ fertilization** искусственное оплодотворение, оплодотворение «ин витро»

invocation [ˌɪnvəˈkeɪʃ(ə)n] *n* 1) мольба, заклинание 2) *поэт.* обращение к музе

invoice [ˈɪnvɔɪs] *n* 1) счёт-фактура; накладная 2) расчёт, вычисление 3) учёт

invoke [ɪnˈvəʊk] *v* 1) вызывать заклинанием *(духов и т. п.)* 2) призывать; взывать *(о помощи, защите)*; **to ~ the protection of the law** взывать к закону о защите

involuntary [ɪnˈvɒlənt(ə)rɪ] *a* невольный; непроизвольный; **an ~ smile** невольная улыбка

involute I [ˈɪnvəlu:t] *n* 1) *книжн.* что-л. сложное, запутанное 2) *мат.* эвольвента, развёртка

involute II *a книжн.* 1) сложный, запутанный 2) скрученный, закрученный 3) свёрнутый внутрь, спиральный

involution [ˌɪnvəˈlu:ʃ(ə)n] *n* 1) запутанность, сложность; затейливость *(рисунка и т. п.)* 2) завёртывание; сворачивание спиралью 3) *мат.* возведение в степень, инволюция

involve [ɪnˈvɒlv] *v* 1) вовлекать, втягивать, впутывать; **to be ~d in some shady business** ввязаться в сомнительное предприятие 2) включать в себя; **what does this job ~?** в чём состоит эта работа? 3) влечь за собой

involved [ɪnˈvɒlvd] *a* сложный, запутанный

involvement [ɪnˈvɒlvmənt] *n* 1) вовлечение *(во что-л.)* 2) затруднительное положение; денежные затруднения

invulnerable [ɪnˈvʌlnərəb(ə)l] *a* неуязвимый

inward I [ˈɪnwəd] *a* 1) внутренний, обращённый внутрь; **~ investment** инвестиции из-за рубежа; иностранные инвестиции 2) внутренний, духовный

inward II *adv* 1) внутрь, вовнутрь; **~-looking** погружённый в себя 2) внутренне

inwardly [ˈɪnwədlɪ] *adv* 1) внутри; внутрь 2) внутренне, про себя

inwards [ˈɪnwədz] *см.* **inward II**

IOC *сокр.* (**International Olympic Committee**) Международный олимпийский комитет, МОК

iodine [ˈaɪədiːn] *n* йод

ion [ˈaɪən] *n физ.* ион

Ionic [aɪˈɒnɪk] *a* ионический

ionic [aɪˈɒnɪk] *a физ.* ионный

ionisation [ˌaɪənaɪˈzeɪʃ(ə)n] *n* ионизация

ionise [ˈaɪənaɪz] *v* ионизировать

ionization [ˌaɪənaɪˈzeɪʃ(ə)n] *амер. см.* **ionisation**

ionize [ˈaɪənaɪz] *амер. см.* **ionise**

ionizer [ˈaɪənaɪzə(r)] *n* ионизатор

ionosphere [aɪˈɒnəsfɪə(r)] *n* ионосфера

iota [aɪˈəʊtə] *n* йота, малая величина, мельчайшая доля; **there is not an ~ of truth in it** в этом нет и доли правды

IOU [ˌaɪəʊˈjuː] *сокр.* (**I owe you**) долговая расписка, «я вам должен»

IPA *сокр.* (**International Phonetic Alphabet**) международная фонетическая транскрипция

IP address [ˌaɪˈpiː əˈdres] (**International Protocol address**) *n вчт* IP-адрес *(используемый для идентификации узла в сети и отсылки информации на него или в Интернет)*

IQ *сокр.* (**intelligence quotient**) коэффициент умственного развития, коэффициент IQ

ir- [ɪr-] *pref со значением отрицания; встречается только в словах, корни которых начинаются с* **r**: **irregular** неправильный; **irreconcilable** непримиримый

IRA *сокр.* (**the Irish Republican Army**) Ирландская республиканская армия, ИРА

Iranian I [ɪˈreɪnɪən] *n* 1) иранец; иранка; **the ~s** иранцы 2) персидский язык

Iranian II *a* иранский

Iraqi I [ɪˈrɑːkɪ] *n* житель Ирака

Iraqi II *a* иракский

irascible [ɪˈræsɪbl] *a* раздражительный, вспыльчивый

irate [aɪˈreɪt] *a* гневный, разгневанный

ire [ˈaɪə(r)] *n поэт.* гнев

ireful [ˈaɪəfʊl] *a* гневный

iridescence [ˌɪrɪˈdesns] *n* радужность

iridescent [ˌɪrɪˈdesnt] *a* радужный; переливчатый

iris [ˈaɪərɪs] *n* 1) *анат.* радужная оболочка глаза 2) *бот.* ирис

Irish I [ˈaɪərɪʃ] *n* 1): **the ~** (*употр. как pl*) ирландцы 2) ирландский язык

Irish II *a* ирландский ◊ **~ coffee** кофе по-ирландски *(с добавлением виски и взбитых сливок)*; **~ stew** ирландское рагу *(тушёная* баранина с картофелем и др. овощами)*; **~ Setter** ирландский сеттер *(порода собак)*

Irishman [ˈaɪərɪʃmən] *n* ирландец

Irishwoman [ˈaɪərɪʃˌwʊmən] *n* ирландка

irk [ɜːk] *v* надоедать, досаждать, утомлять

irksome [ˈɜːksəm] *a* надоедливый, утомительный, нудный

IRL *сокр.* (**in real life**) *вчт сленг* по-настоящему, в реальной жизни *(в т.ч. вне Интернета)*

iron I [ˈaɪən] *n* 1) железо; **cast ~** чугун; **scrap ~** металлолом 2) изделие из железа 3) утюг 4) *pl* цепи, оковы; **in ~s** в кандалах 5) *pl* стремена ◊ **as hard as ~** суровый, жестокий; **a man of ~** человек с железной волей; **~ ration** неприкосновенный запас; **strike while the ~ is hot** *посл.* куй железо, пока горячо; **too many ~s in the fire** слишком много дел одновременно

iron II *a* железный; **~ ore** железная руда ◊ **the I. Curtain** «железный занавес»; **the I. Maiden** гильотина; **the I. Lady** «Железная леди» *(прозвище, данное журналистами Маргарет Тэтчер в бытность её премьер-министром Великобритании)*

iron III *v* 1) гладить, утюжить 2) крыть железом 3) заковывать

iron out сглаживать, улаживать *(трудности и т. п.)*

ironclad [ˈaɪənklæd] *a* 1) бронированный; непробиваемый 2) надёжный; верный; **~ guarantee** надёжная гарантия

ironic(al) [aɪˈrɒnɪk(əl)] *a* иронический

ironing [ˈaɪənɪŋ] *n* глаженье, глажка

ironing board [ˈaɪənɪŋ ˌbɔːd] *n* гладильная доска

ironmaster [ˈaɪənˌmɑːstə(r)] *n* владелец завода металлоизделий

ironmonger [ˈaɪənˌmʌŋgə(r)] *n* торговец скобяными, хозяйственными товарами

ironmongery [ˈaɪənˌmʌŋgərɪ] *n уст.* металлоизделия, скобяные изделия

ironside [ˈaɪənsaɪd] *n* 1) бесстрашный человек 2) (**I.**) *pl ист.* «железнобокие» *(войска Кромвеля)*

ironware [ˈaɪənˌweə(r)] *n* металлоизделия, металлическая посуда *и т. п.*

ironworks [ˈaɪənwɜːks] *n* предприятие чёрной металлургии; чугунолитейный завод

irony[1] [ˈaɪrənɪ] *n* ирония; **bitter/cruel ~** горькая/жестокая ирония

irony[2] [ˈaɪənɪ] *a* железный; подобный железу

irradiance [ɪˈreɪdɪəns] *n* излучение; сияние

irradiant [ɪˈreɪdɪənt] *a* сияющий, светящийся

irradiate [ɪˈreɪdɪeɪt] *v* 1) *физ.* излучать, иррадиировать 2) освещать 3) проливать свет *(на что-л.)*

irradiation [ɪˌreɪdɪˈeɪʃ(ə)n] *n* 1) *физ.* излуче́ние, иррадиа́ция 2) освеще́ние 3) сия́ние, свече́ние

irrational I [ɪˈræʃən(ə)l] *n мат.* иррациона́льное число́

irrational II *a* 1) нерациона́льный, неразу́мный; ~ **behaviour** глу́пое/неразу́мное поведе́ние; **an ~ person** неразу́мный челове́к 2) *мат.* иррациона́льный

irrationality [ɪˌræʃəˈnælɪtɪ] *n* 1) нерациона́льность, неразу́мность, нелоги́чность 2) *мат.* иррациона́льность

irreclaimable [ˌɪrɪˈkleɪməbl] *a* 1) неисправи́мый 2) неприго́дный для обрабо́тки *(о земле)*

irreconcilable [ɪˈrekənsaɪləbl] *a* 1) непримири́мый 2) несовмести́мый, противоречи́вый *(о заявлениях, идеях и т. п.)*

irrecoverable [ˌɪrɪˈkʌvərəbl] *a* непоправи́мый; невозмести́мый, безвозвра́тный

irrecusable [ˌɪrɪˈkjuːzəbl] *a* бесспо́рный

irredeemable [ˌɪrɪˈdiːməbl] *a* 1) безнадёжный; непоправи́мый 2) не подлежа́щий разме́ну на моне́ты *(о бумажных деньгах)*

irreducible [ˌɪrɪˈdjuːsɪbl] *a* 1) непреврати́мый *(в иное состояние и т. п.)* 2) *мед.* невправи́мый 3) *мат.* несократи́мый 4) минима́льный

irrefutable [ɪˈrefjʊtəbl] *a* неопроверж́имый

irregular [ɪˈregjʊlə(r)] *a* 1) непра́вильный, не отвеча́ющий станда́ртам, но́рмам; нерегуля́рный 2) несимметри́чный; неравноме́рный; неро́вный *(о поверхности)* 3) незако́нный; наруша́ющий пра́вила 4) *воен.* нерегуля́рный 5) *грам.* непра́вильный 6) беспоря́дочный

irregularity [ɪˌregjʊˈlærɪtɪ] *n* 1) непра́вильность; наруше́ние пра́вил 2) неро́вность *(поверхности)*; несимметри́чность; неравноме́рность, нерегуля́рность 3) перебо́й 4) оши́бка 5) препя́тствие

irregulars [ɪˈregjʊləz] *n pl* нерегуля́рные войска́

irrelevance [ɪˈrelɪvəns] *n* 1) неуме́стность 2) не́что неуме́стное

irrelevant [ɪˈrelɪvənt] *a* 1) неуме́стный, не относя́щийся к де́лу; **it's ~ to the present situation** э́то не име́ет отноше́ния к да́нной ситуа́ции 2) неподходя́щий, несоотве́тствующий

irreligious [ˌɪrɪˈlɪdʒəs] *a* нерелигио́зный; атеисти́ческий

irremediable [ˌɪrɪˈmiːdɪəbl] *a* 1) непоправи́мый 2) неизлечи́мый

irremissible [ˌɪrɪˈmɪsɪbl] *a* 1) непрости́тельный 2) стро́го обяза́тельный

irremovable [ˌɪrɪˈmuːvəbl] *a* 1) неустрани́мый 2) несменя́емый *(о должности)*

irreparable [ɪˈrepərəbl] *a* непоправи́мый; неисправи́мый; ~ **damage** непоправи́мый уще́рб

irreplaceable [ˌɪrɪˈpleɪsəbl] *a* незамени́мый

irrepressible [ˌɪrɪˈpresɪbl] *a* неудержи́мый; неугомо́нный, неукроти́мый; ~ **laughter** безу́держный хо́хот

irreproachable [ˌɪrɪˈprəʊtʃəbl] *a* безупре́чный, безукори́зненный

irresistible [ˌɪrɪˈzɪstɪbl] *a* 1) непреодоли́мый 2) неотрази́мый, влеку́щий; ~ **fascination** неотрази́мое очарова́ние

irresolute [ɪˈrezəluːt] *a* нереши́тельный

irresolution [ɪˌrezəˈluːʃ(ə)n] *n* нереши́тельность

irrespective [ˌɪrɪˈspektɪv] *a* безотноси́тельный; не завис́ящий *(от чего-л.)*

irresponsibility [ˌɪrɪˌspɒnsəˈbɪlɪtɪ] *n* безотве́тственность

irresponsible [ˌɪrɪˈspɒnsɪbl] *a* 1) не несу́щий отве́тственности 2) безотве́тственный

irresponsive [ˌɪrɪˈspɒnsɪv] *a* не отвеча́ющий, не реаги́рующий *(на — to)*

irretrievable [ˌɪrɪˈtriːvəbl] *a* непоправи́мый; невозврати́мый

irreverent [ɪˈrevərənt] *a* непочти́тельный

irreversibility [ˌɪrɪvɜːsəˈbɪlɪtɪ] *n* 1) невозмо́жность отме́ны, пересмо́тра 2) необрати́мость *(процесса)*

irreversible [ˌɪrɪˈvɜːsɪbl] *a* 1) необрати́мый 2) непрело́жный, неруши́мый

irrevocable [ɪˈrevəkəbl] *a* бесповоро́тный, оконча́тельный

irrigate [ˈɪrɪgeɪt] *v* 1) ороша́ть 2) *мед.* промыва́ть

irrigation [ˌɪrɪˈgeɪʃ(ə)n] *n* 1) ороше́ние, ирри́га́ция 2) *мед.* промыва́ние; спринцева́ние

irrigative [ˈɪrɪgətɪv] *a* ороси́тельный, ирригацио́нный

irritable [ˈɪrɪtəbl] *a* 1) раздражи́тельный 2) *мед.* воспалённый, раздражённый

irritant I [ˈɪrɪt(ə)nt] *n* раздража́ющее, стимули́рующее сре́дство

irritant II *a* раздража́ющий

irritate [ˈɪrɪteɪt] *v* раздража́ть

irritation [ˌɪrɪˈteɪʃ(ə)n] *n* раздраже́ние *(тж мед.)*

irritative [ˈɪrɪteɪtɪv] *a* раздража́ющий

irruption [ɪˈrʌpʃ(ə)n] *n* 1) вторже́ние; наше́ствие 2) разли́тие; взрыв

Is. *сокр.* (**Island**(s)) о́стров, острова́

is [z, s; *полная форма* ɪz] *3-е л. ед. ч. наст. вр. глагола* to be

ISBN *сокр.* (**International Standard Book Number**) Междунаро́дный станда́ртный кни́жный но́мер, ISBN

isinglass ['aɪzɪŋglɑ:s] *n* 1) рыбий клей, желатин 2) *разг.* слюда

Islam ['ɪzlɑ:m] *n* ислам

Islamic [ɪz'læmɪk] *a* исламский; ~ **fundamentalism** исламский фундаментализм

Islamism ['ɪzləmɪzm] *n* исламизм *(вероучение, религиозная система мусульман)*

Islamist ['ɪzləmɪst] *n* исламист

Islamize ['ɪzləmaɪz] *v* обращать в ислам

island ['aɪlənd] *n* 1) остров 2) «островок безопасности» *(на проезжей части улицы)* 3) *attr* островной

islander ['aɪləndə(r)] *n* житель острова, островитянин

isle [aɪl] *n поэт.* остров *(тж в геогр. названиях)*; **I. of Islay** остров Айли

islet ['aɪlɪt] *n* островок

isn't ['ɪznt] *разг. сокр.* (**is not**) 3-е л. ед. ч. наст. вр. глагола to be с отрицанием

ISO *сокр.* (**International Organization for Standardization**) Международная организация по стандартизации

isolate ['aɪsəleɪt] *v* 1) изолировать, обособлять 2) *хим.* выделять

isolated ['aɪsə͵leɪtɪd] *a* изолированный, отделённый; уединённый; **an ~ village** отдалённая деревня; **an ~ instance** отдельный случай

isolation [͵aɪsə'leɪʃ(ə)n] *n* 1) изоляция, изолирование 2) уединение, уединённость 3) *attr*: **~ ward** *мед.* изолятор

isolationism [͵aɪsə'leɪʃənɪz(ə)m] *n полит.* изоляционизм

isolator ['aɪsəleɪtə(r)] *n эл.* изолятор

isotherm ['aɪsəʊθɜ:m] *n* изотерма

isotope ['aɪsətəʊp] *n физ.* изотоп

ISP *сокр.* (**Internet service provider**) *вчт* провайдер, поставщик Интернет-услуг

Israeli I [ɪz'reɪlɪ] *n* израильтянин; израильтянка

Israeli II *a* израильский

Israelite ['ɪzrɪəlaɪt] *n ист.* израильтянин, иудей

ISSN *сокр.* (**International Standard Serial Number**) Международный стандартный серийный номер, ISSN

issue I ['ɪsju:, 'ɪʃu:] *n* 1) выпуск *(акций, ценных бумаг, марок, займа и т. п.);* тираж; издание; **an ~ of coins/shares** выпуск монет/акций 2) номер *(журнала, газеты);* **a back ~ of a magazine** старый номер журнала 3) вытекание, истечение; выделение 4) выходное отверстие 5) спорный вопрос; вопрос на повестке дня; насущная проблема; **to be at ~** а) расходиться во мнении, во взглядах б) быть нерешённым, спорным *(о вопросе, деле и т. п.);* **to take/to join ~** вступить в спор; начать дискуссию, обсуж-

дение вопроса 6) исход, результат; **in the ~** в конечном счёте, в итоге 7) потомство, дети; **to die without ~** умереть бездетным

issue II *v* 1) выходить, исходить, вытекать 2) происходить *(from);* иметь результатом, завершаться *(in)* 3) выпускать; издавать; **the book was ~d two years ago** книга вышла в свет два года назад 4) снабжать; официально выдавать; **to ~ passports** выдавать паспорта; **to ~ orders** рассылать приказы; **they were ~d with provisions** их снабдили провизией

isthmus ['ɪsməs] *n* перешеек

IT *сокр.* (**information technologies**) информационные технологии, ИТ

it I [ɪt] *pron* 1) *pers* он, она, оно *(о предметах и животных)* 2) *demonstr* это 3) *при безл. гл. и оборотах не переводится:* **it is early/late/cold/hot** рано/поздно/холодно/жарко; **it is raining/snowing** идёт дождь/снег 4) *в качестве дополнения вместе с глаголами образует разговорные идиомы:* **to come it strong** зайти слишком далеко; хватить через край; **that's just it!** вот именно!, вот то-то и оно!

it II *n разг.* 1) верх совершенства, идеал; **to be it** быть выдающимся *(в чём-л.)* 2) сексапильность; **she's got it** она очень привлекательна, в ней есть «изюминка»

Italian I [ɪ'tæljən] *n* 1) итальянец; итальянка; **the ~s** итальянцы 2) итальянский язык

Italian II *a* итальянский

italic [ɪ'tælɪk] *a* курсивный; ~ **type** курсивный шрифт, курсив *(тж italics)*

italicize [ɪ'tælɪsaɪz] *v* 1) выделять курсивом 2) подчёркивать, выделять *(в рукописи)* 3) выделять, усиливать (в речи)

italics [ɪ'tælɪks] *n pl* курсивный шрифт, курсив

itch I [ɪtʃ] *n* 1) зуд 2) чесотка 3) страстное стремление, сильная тяга *(к — for);* **she's got the ~ to travel** у неё тяга к путешествиям

itch II *v* 1) чесаться, вызывать зуд; **I'm ~ing all over from mosquitoes** у меня всё тело чешется от комаров 2) нетерпеливо желать; не терпеться; **I'm ~ing to tell you the news** мне не терпится сообщить вам новость; **my fingers ~ to be at him** у меня руки чешутся задать ему трёпку

itchy ['ɪtʃɪ] *a* вызывающий зуд; зудящий

item ['aɪtəm] *n* 1) отдельный предмет *(из списка товаров и т. п.)* 2) пункт, статья *(счёта, расхода и т. п.)* 3) вопрос *(повестки дня);* номер *(программы)* 4) новость, сообщение *(в газете)*

itemize ['aɪtəmaɪz] *v* составлять перечень, список; перечислять по пунктам

iterate [ˈɪtəreɪt] *v* повторя́ть, говори́ть *или* де́лать что-л. неоднокра́тно 2) *мат.* итери́ровать

iteration [ˌɪtəˈreɪʃ(ə)n] *n* 1) повторе́ние 2) шаг ци́кла, цикл 3) *мат.* итера́ция

itinerant [ɪˈtɪnərənt] *a* 1) стра́нствующий, переезжа́ющий с ме́ста на ме́сто 2) объезжа́ющий свой о́круг *(о проповеднике и т. п.)*

itinerary I [aɪˈtɪnərərɪ] *n* 1) маршру́т 2) путевы́е заме́тки 3) путеводи́тель

itinerary II *a* путево́й, доро́жный

itinerate [ɪˈtɪnəreɪt] *v* объезжа́ть свой о́круг *(о проповеднике и т. д.)*

it'll [ɪtl] *разг.* = it will; it shall

ITO *сокр.* **(International Trade Organization)** Междунаро́дная торго́вая организа́ция

it's [ɪts] *разг. сокр.* **(it is)**

its [ɪts] *pron poss* принадлежа́щий ему́, ей; его́, её; свой, своя́, своё

itself [ɪtˈself] *pron refl* 1) сам, само́, сама́; **by ~** отде́льно; **in ~** само́ по себе́, по свое́й су́ти 2) себя́; -ся, -сь; себе́

ITU *сокр.* **(International Telecommunication Union)** Междунаро́дный телекоммуника́ционный сою́з

ITV *сокр.* **(Independent Television)** Незави́симое телеви́дение *(группа телевизионных компаний в Великобритании)*

IU *сокр.* **(international unit)** междунаро́дная едини́ца

IUD *сокр.* **(intra-uterine device)** внутрима́точная спира́ль *(контрацептив)*

I've [aɪv] *разг. сокр.* **(I have)**

IVF *сокр.* **(in vitro fertilization)** *мед.* иску́сственное оплодотворе́ние, оплодотворе́ние «ин ви́тро»

ivory [ˈaɪvərɪ] *n* 1) слоно́вая кость 2) цвет слоно́вой ко́сти 3) *pl разг.* предме́ты из слоно́вой ко́сти *(игральные кости, бильярдные шары, клавиши и т. п.)* 4) *pl сленг* зу́бы; **to show one's ivories** *разг.* ска́лить зу́бы 5) *attr* (из) слоно́вой ко́сти 6) *attr* цве́та слоно́вой ко́сти

ivy [ˈaɪvɪ] *n бот.* плющ

J

J, j [dʒeɪ] *n* 10-я бу́ква англ. алфави́та

jab I [dʒæb] *n* 1) уда́р, пино́к, толчо́к 2) уда́р ко́лющим предме́том 3) *разг.* уко́л; **cholera ~** приви́вка от холе́ры

jab II *v* 1) толка́ть, пиха́ть 2) вонза́ть, втыка́ть *(into)* 3) уколо́ть

jabber I [ˈdʒæbə(r)] *n* 1) пуста́я болтовня́, трескотня́ 2) *вчт сленг* тараба́рщина *(длительная передача бессмысленных последовательностей знаков)*

jabber II *v* болта́ть, тарато́рить, треща́ть

jacinth [ˈdʒæsɪnθ] *n мин.* гиаци́нт

Jack [dʒæk] *n*: **~ Frost** Моро́з Кра́сный Нос; **~ tar** матро́с; **before you could say ~ Robinson** *разг. уст.* в два счёта; и а́хнуть не успе́л

jack¹ I [dʒæk] *n* 1) *тех.* домкра́т, лебёдка; рыча́г 2) *карт.* вале́т 3) челове́к, па́рень; **every man ~** вся́кий и ка́ждый; все до одного́; **~ of-all-trades** на все ру́ки ма́стер 4) *сленг* сы́щик 5) *амер. сленг* де́ньги 6) *эл.* гнездо́, разъём

jack¹ II [dʒæk] *v* 1) поднима́ть домкра́том *(тж* **to ~ up**) 2) *разг.* повыша́ть це́ны

Jack² *n мор.* гюйс, флаг; **Union J.** «Ю́нион Джек», госуда́рственный флаг Соединённого Короле́вства, брита́нский национа́льный флаг; **to have a ~ up** с по́днятым фла́гом

jackal [ˈdʒæk(ə)l] *n* 1) шака́л 2) *разг.* челове́к, выполня́ющий для друго́го черново́ю рабо́ту; подру́чный; приспе́шник

jackass [ˈdʒækæs] *n* 1) осёл 2) дура́к, болва́н

jackboot [ˈdʒækbuːt] *n* 1) сапо́г 2) *ист.* ботфо́рт

jackdaw [ˈdʒækdɔː] *n зоол.* га́лка

jacket I [ˈdʒækɪt] *n* 1) пиджа́к; ку́ртка; жаке́т; френч; **Eton ~** коро́ткая ку́ртка; **Norfolk ~** ку́ртка с по́ясом 2) суперобло́жка 3) кожура́ *(картофеля)*; **~ potatoes** карто́фель в мунди́ре 4) *тех.* кожу́х *(машины)* 5) шку́ра *(животного)* 6) *тех.* оболо́чка (ка́беля), руба́шка 7) конве́рт

jacket II *v* 1) надева́ть пиджа́к, жаке́т 2) *тех.* покрыва́ть чехло́м, надева́ть кожу́х

jackhammer [ˈdʒækˌhæmə(r)] *n амер.* 1) пневмати́ческий, отбо́йный молото́к 2) дрель

jack-in-the-box [ˈdʒækɪnðəˌbɒks] *n* «чёрт из табаке́рки» *(игрушка)*

jackknife [ˈdʒæknaɪf] *n* 1) складно́й нож 2) прыжо́к сгиба́ясь-разгиба́ясь *(в воду)*

jack-o'-lantern [ˈdʒækəˌlæntən] *n* 1) блужда́ющий огонёк 2) фона́рь из ты́квы *(с прорезями)*

jackplug [ˈdʒækplʌɡ] *тех.* конта́ктный штырёк, ште́кер

jackpot [ˈdʒækpɒt] *n* 1) *карт.* банк 2) джекпо́т *(сумма всех выигрышей в лотерее и т. п.)*; са́мый большо́й вы́игрыш; **to hit the ~** *разг.*

сорва́ть куш; вы́играть са́мый большо́й приз; име́ть огро́мный успе́х

jack towel [ˈdʒækˌtaʊəl] *n* полоте́нце о́бщего по́льзования на ро́лике

Jacuzzi [dʒəˈkuːzɪ] *n фирм.* джаку́зи *(гидромасса́жная ва́нна)*

jade¹ [dʒeɪd] *n мин.* нефри́т; жаде́ит

jade² I *n* 1) кля́ча 2) шлю́ха, де́вка

jade² II *v* заéздить, изму́чить

jaded [ˈdʒeɪdɪd] *a* 1) заéзженный, заму́ченный, о́чень уста́вший 2) пресы́тившийся

jadeite [ˈdʒeɪdaɪt] *n мин.* жаде́ит

jag I [dʒæg] *n* 1) зубе́ц, о́страя верши́на *(скалы́, утёса)* 2) зазу́брина

jag II *v* 1) разрыва́ть 2) де́лать зазу́брины, выреза́ть зубца́ми

jag III *n сленг* попо́йка; загу́л, запо́й

jagged [ˈdʒægɪd] *a* 1) с неро́вно разо́рванными края́ми 2) зубча́тый, зазу́бренный

jaggy [ˈdʒægɪ] *см.* **jagged**

jaguar [ˈdʒægjʊə(r)] *n* ягуа́р

jail I [dʒeɪl] *n* 1) тюрьма́ 2) тюре́мное заключе́ние

jail II *v* заключа́ть, сажа́ть в тюрьму́

jailbird [ˈdʒeɪlbɜːd] *n* 1) заключённый, ареста́нт 2) уголо́вник-рециди́вист

jailbreak I [ˈdʒeɪlbreɪk] *n* побе́г из тюрьмы́

jailbreak II *v* бежа́ть из тюрьмы́

jailer [ˈdʒeɪlə(r)] *n уст.* тюре́мщик

jalousie [ˈʒæluˌziː] *n* жалюзи́

jam¹ [dʒæm] *n* 1) варе́нье; джем 2) *разг.* настоя́щее удово́льствие, и́стинное наслажде́ние ◊ ~ **tomorrow** дава́ть пусты́е обеща́ния

jam² I *n* 1) сжа́тие, зажима́ние; защемле́ние 2) да́вка; зато́р; **traffic ~** «про́бка» *(в у́личном движе́нии);* **there was a terrible ~ at the bar** в ба́ре бы́ло полно́ наро́ду 3) *разг.* затрудни́тельное положе́ние, сло́жная ситуа́ция 4) перебо́и в рабо́те *(маши́ны и т. п.)* 5) *муз. разг.* джэм, совме́стная импровиза́ция музыка́нтов *(изнача́льно джа́зовая) (тж ~* **session)**

jam² II *v* 1) зажима́ть, сжима́ть, сти́скивать; защемля́ть; **to ~ one's finger in the door** прищеми́ть па́лец две́рью 2) вти́скивать, впи́хивать *(into)* 3) набива́ть(ся) битко́м 4) загора́живать, запру́живать *(прохо́д, у́лицу и т. п.);* **to ~ the entrance** загороди́ть въезд *(куда́-л.)* 5) *тех.* закли́нивать 6) *радио* глуши́ть переда́чи друго́й радиоста́нции, создава́ть радиопоме́хи 7) *муз. разг.* совме́стно импровизи́ровать *(о музыка́нтах)*

jamb [dʒæm] *n* 1) коса́к *(окна́, две́ри)* 2) *pl* боковы́е сте́нки ками́на

jamboree [ˌdʒæmbəˈriː] *n* 1) вечери́нка; весёлое засто́лье 2) слёт бойска́утов

jamjar [ˈdʒæmdʒɑː(r)] *n* ба́нка для варе́нья

jammer [ˈdʒæmə] *n радио* 1) исто́чник поме́х 2) переда́тчик поме́х, глуши́тель

jammy [ˈdʒæmɪ] *a* 1) нама́занный варе́ньем 2) *разг.* счастли́вый; уда́чный; везу́чий

Jan. *сокр.* **(January)** янва́рь

jane [ˈdʒeɪn] *n сленг* ба́ба, же́нщина; **a plane ~** обы́чная ба́ба

jangle I [ˈdʒæŋgl] *n* гро́мкое звя́канье, лязг, кла́цанье; звон *(цепе́й и т. п.)*

jangle II *v* 1) гро́мко звене́ть, звя́кать, ля́згать 2) ре́зать слух *(гро́мкими, неприя́тными интона́циями и т. п.)*

janitor [ˈdʒænɪtə(r)] *n* 1) швейца́р; вахтёр 2) дво́рник; сто́рож *(зда́ния)*

January [ˈdʒænjʊərɪ] *n* 1) янва́рь 2) *attr* янва́рский

Jap [dʒæp] *n разг.* япо́нец

japan I [dʒəˈpæn] *n* 1) чёрный (япо́нский) лак 2) лакиро́ванная япо́нская шкату́лка, безделу́шка *и т. п.*

japan II *v* покрыва́ть чёрным ла́ком

Japanese I [ˌdʒæpəˈniːz] *n* 1) япо́нец; япо́нка; **the ~** *(употр. как pl)* япо́нцы 2) япо́нский язы́к

Japanese II *a* япо́нский

jape I [dʒeɪp] *n* шу́тка, ро́зыгрыш

jape II *v* шути́ть, разы́грывать

jar¹ [dʒɑː(r)] *n* 1) кувши́н; ба́нка 2) *разг.* кру́жка пи́ва

jar² I *n* 1) ре́зкий дребезжа́щий звук 2) сотрясе́ние; толчо́к; дрожа́ние 3) не́рвное потрясе́ние, шок; **his words gave me a nasty ~** его́ слова́ меня́ неприя́тно порази́ли 4) несогла́сие, дисгармо́ния; ссо́ра

jar² II *v* 1) де́йствовать на не́рвы, коро́бить *(on);* **his voice ~s on me** его́ го́лос ре́жет мне слух 2) дребезжа́ть 3) не сочета́ться, дисгармони́ровать 4) спо́рить, ссо́риться

jar³ *n:* **on the ~** приоткры́тый

jargon [ˈdʒɑːgən] *n* 1) жарго́н 2) ди́кое сочета́ние слов; тарабáрщина

jargonize [ˈdʒɑːgənaɪz] *v* говори́ть на жарго́не; употребля́ть в ре́чи жарго́нные слова́ *или* профессиона́льные те́рмины

jasmin(e) [ˈdʒæsmɪn] *n* жасми́н

jasper [ˈdʒæspə(r)] *n мин.* я́шма

jaundice I [ˈdʒɔːndɪs] *n* 1) *мед.* желту́ха 2) жёлчность; мра́чность, зло́бность 3) за́висть; ре́вность

jaundice II *v* 1) вызыва́ть желту́ху, разли́тие жёлчи 2) *обыкн. р. р.* возбужда́ть за́висть, ре́вность

jaundiced [ˈdʒɔːndɪst] *a* 1) жёлчный; предвзя́тый 2) зави́стливый; ревни́вый

jaunt I [dʒɔːnt] *n* увесели́тельная прогу́лка, поéздка

jaunt II *v* отправляться в увеселительную прогулку

jauntiness [ˈdʒɔ:ntɪnɪs] *n* 1) беспечность; живость, бойкость 2) самодовольство, самоуверенность

jaunty [ˈdʒɔ:ntɪ] *a* 1) беспечный; весёлый, бойкий 2) самодовольный, самоуверенный

Javanese I [ˌdʒɑ:vəˈni:z] *n* 1) яванец; яванка; **the ~** *(употр. как pl)* яванцы 2) яванский язык

Javanese II *a* яванский

javelin [ˈdʒævəlɪn] *n спорт.* метательное копьё; **to throw the ~** метать копьё

jaw I [dʒɔ:] *n* 1) челюсть ◊ **smb's ~ dropped** у кого-л. челюсть отвисла/отпала *(степень сильнейшего удивления или потрясения)* 2) *pl* рот, пасть; **in the ~s of death** в когтях смерти 3) *pl* теснина; узкий проход *(в долину, залив и т. п.)* 4) *pl тех.* тиски, клещи 5) *разг.* болтливость; болтовня; **hold your ~!** заткнись! 6) *разг.* скучное нравоучение, нудные наставления

jaw II *v разг.* долго и нудно говорить, наставлять; читать длинные нотации

jawbone [ˈdʒɔ:bəʊn] *n анат.* челюстная кость

jaw-breaker [ˈdʒɔ:ˌbreɪkə(r)] *n разг.* труднопроизносимое слово

jay [dʒeɪ] 1) сойка *(птица)* 2) пустослов, балаболка

jaywalker [ˈdʒeɪˌwɔ:kə(r)] *n* неосторожный пешеход

jazz I [dʒæz] *n* 1) джаз, джазовая музыка 2) *сленг* выпендривание; бредни; **all that ~** вся эта ерунда

jazz II *v* исполнять джазовую музыку, играть в джазе; танцевать под джаз

jealous [ˈdʒeləs] *a* 1) ревнивый; **to be ~ (of smb)** ревновать *(к кому-л.)* 2) завистливый; **a ~ nature** завистливая натура 3) ревностный

jealousy [ˈdʒeləsɪ] *n* 1) ревность 2) зависть

jean [dʒi:n] *n* джинсовая ткань, *разг.* джинса

jeans [dʒi:nz] *n pl* джинсы

jeep [dʒi:p] *n авто* джип, внедорожник

jeer I [dʒɪə(r)] *n* насмешка, издёвка

jeer II *v* высмеивать, издеваться, глумиться *(над — at)*; **to ~ at smb** зло издеваться над кем-л.

jeez [dʒi:z] *int сленг* ну, даёшь!, ого!

jejune [dʒɪˈdʒu:n] *n* 1) скудоумный, убогий, мелкий 2) пустой, незрелый 3) скучный, неинтересный 4) бесплодный *(о почве)*

jelly I [ˈdʒelɪ] *n* 1) желе 2) студень, заливное

jelly II *v* застывать *(о желе и т. п.)*; превращаться в желе

jellyfish [ˈdʒelɪfɪʃ] *n* 1) медуза 2) *разг.* бесхарактерный, мягкотелый человек, «тряпка»

jelly-like [ˈdʒelɪˌlaɪk] *a* желеобразный; студневидный

jemmy [ˈdʒemɪ] *n* воровской ломик, «фомка»

jenny [ˈdʒenɪ] *n* 1) самка *(птицы или животного)* 2) ослица 3) *тех.* подъёмный кран, лебёдка

jeopardise [ˈdʒepədaɪz] *v* подвергать опасности, риску

jeopardy [ˈdʒepədɪ] *n* опасность, большой риск; **to be in ~** быть в опасности

jeremiad [ˌdʒerɪˈmaɪæd] *n* горькая жалоба, сетования

jerk¹ I [dʒз:k] *n* 1) толчок, рывок; дёрганье 2) судорога; **the ~s** конвульсии 3) *pl разг.* зарядка, физические упражнения

jerk¹ II *v* 1) двигаться резкими толчками; дёргать *(о поезде и т. п.)* 2) резко толкать 3) *спорт.* поднимать над головой *(штангу и т. п.)* рывком

jerk off *груб. сленг* мастурбировать, заниматься онанизмом

jerk² *v* вялить мясо длинными тонкими полосками

jerky [ˈdʒз:kɪ] *a* 1) тряский; двигающийся толчками 2) судорожный 3) отрывистый

Jerry [ˈdʒerɪ] *n воен. сленг* немец

jerry [ˈdʒerɪ] *n сленг* ночной горшок

jerry-building [ˈdʒerɪˌbɪldɪŋ] *n* непрочное строение

jerry-built [ˈdʒerɪbɪlt] *a* построенный на скорую руку, непрочный

jerrycan [ˈdʒerɪkæn] *n* канистра

jersey [ˈdʒз:zɪ] *n* 1) свитер; вязаная кофта 2) джерси *(трикотажная ткань)* 3) джерсейская порода коров *(тж ~ cow)*

jessamine [ˈdʒesəmɪn] *см.* **jasmin(e)**

jest I [dʒest] *n* 1) шутка; подшучивание; **in ~** в шутку; **for a ~** шутки ради 2) объект шуток, насмешек; **a standing ~** объект, предмет постоянных насмешек

jest II *v* 1) шутить, подшучивать 2) насмехаться

jester [ˈdʒestə(r)] *n* придворный шут

Jesuit [ˈdʒezjʊɪt] *n* иезуит

Jesus [ˈdʒi:zəs] *int разг.* господи!, боже!

jet¹ I [dʒet] *n* 1) (бьющая) струя *(воды, пара, газа)* 2) *тех.* форсунка; сопло 3) реактивный двигатель 4) реактивный самолёт 5) *attr* реактивный; **~ booster** *ав.* реактивный ускоритель

jet¹ II *v* бить струёй

jet² *n* 1) *мин.* гагат, чёрный янтарь 2) *см.* **jet-black**

jet-black [ˌdʒetˈblæk] *a* чёрный как смоль

jet engine [ˌdʒetˈendʒɪn] *n* реактивный двигатель

jet-fighter [ˌʤet'faɪtə(r)] *n* реактивный истребитель

jet lag [ˌʤet'læg] *n* нарушение биологического ритма организма при перелёте *(на реактивном самолёте)* через несколько часовых поясов

jet-propelled [ˌʤetprə'peld] *a* с реактивным двигателем *(о самолёте и т. п.)*

jetsam ['ʤetsəm] *n* груз, предметы, обломки корабля, унесённые во время бури и прибитые к берегу

jet set [ˌʤet'set] *n разг.* богачи, богатые

jet setter [ˌʤet'setə(r)] *n разг.* богач, избранный

jettison I ['ʤetɪsən] *n* (аварийный) сброс груза за борт

jettison II *v* 1) (аварийно) сбрасывать груз за борт 2) отделаться *(от чего-л.)*; **to ~ an old fridge** выбросить старый холодильник; **to ~ plans** отвергать планы

jetty ['ʤetɪ] *n* мол, пристань, пирс

Jew [ʤu:] *n* 1) еврей; еврейка 2) *ист.* иудей

jewel I ['ʤu:əl] *n* 1) драгоценный камень; **to set a ~** вставлять драгоценный камень в оправу 2) драгоценность; **the crown ~s** драгоценности королевской семьи 3) камень (в часах) 4) сокровище 5) *attr:* **~ box** футляр для компакт-дисков;**~ case** шкатулка/футляр для драгоценностей

jewel II *v* 1) украшать драгоценными камнями 2) вставлять камни *(в часовой механизм)*

jeweller ['ʤu:ələ(r)] *n* ювелир

jewel(le)ry ['ʤu:əlrɪ] *n* драгоценности; ювелирные изделия

Jewess ['ʤu:es] *n уст. презр.* еврейка

Jewish ['ʤu:ɪʃ] *a* еврейский

Jewry ['ʤʊərɪ] *n* 1) *собир.* евреи 2) *ист.* еврейский квартал *(в городе)*

jib¹ I [ʤɪb] *n* 1) *мор.* кливер 2) *тех.* поперечина, укосина; стрела крана ◊ **the cut of smb's ~** *мор. разг.* чья-л. манера держаться, одеваться *и т. п.*

jib¹ II *v мор.* перебрасывать, перекидывать *(парус)*

jib² *v* 1) упираться *(о лошади)* 2) упрямиться, артачиться 3) наотрез отказываться *(что-л. делать; at)*

jib³ I *n тех.* зажимное приспособление, прижимная планка

jib³ II *v тех.* зажимать, фиксировать

jibber ['ʤɪbə(r)] *n* норовистая лошадь

jibe I, II [ʤaɪb] *см.* **gibe I, II**

jibe III *v амер. разг.* 1) соглашаться 2) соответствовать, совпадать

jiff(y) ['ʤɪf(ɪ)] *n разг.* миг, минутка; **in a ~** в один миг; **wait half a ~** подожди(те) минутку

Jiffy bag ['ʤɪfɪbæg] *n* большой почтовый пакет *(с пухлой подкладкой; для бандеролей и т. п.)*

jig I [ʤɪg] *n* 1) джига *(танец)* 2) *тех.* зажимное устройство, приспособление 3) *тех.* шаблон; калибр

jig II *v* 1) танцевать джигу 2) подпрыгивать; метаться 3) работать с зажимными приспособлениями

jiggery-pokery ['ʤɪgərɪ'pəʊkərɪ] *n разг.* махинации, тёмные делишки

jiggle ['ʤɪgl] *v* покачивать, слегка трясти

jigsaw ['ʤɪgsɔ:] *n* машинная ножовка; ажурная пила

jigsaw puzzle ['ʤɪgsɔ:ˌpʌzl] *n* 1) пазл, составная картинка-загадка *(тж* **jigsaw,** *тж* **puzzle)** 2) головоломка, трудная задача

jihad [ʤɪ'hæd] *n рел.* джихад, священная война *(во имя распространения ислама)*

jilt I [ʤɪlt] *n* жестокая кокетка, обманщица

jilt II *v* обманывать, обольщать *(особ. о женщине)*; **she has ~ed him** она бросила его

Jim Crow [ʤɪm'krəʊ] *n амер. презр.* негр, чёрный

jimmy ['ʤɪmɪ] *амер. см.* **jemmy**

jingle I ['ʤɪŋgl] *n* 1) звяканье, побрякивание, бренчание 2) созвучие, аллитерация 3) *пренебр.* стишок, вирши

jingle II *v* 1) позвякивать, побрякивать, звенеть, бренчать 2) изобиловать аллитерациями 3) *пренебр.* сочинять стишки

jingo I ['ʤɪŋgəʊ] *n* войнствующий ура-патриот, шовинист

jingo II *a* шовинистический

jingoism ['ʤɪŋgəʊɪz(ə)m] *n* войнствующий ура-патриотизм, национал-патриотизм, шовинизм

jink [ʤɪŋk] *n* уклонение, уловки

jinx [ʤɪŋks] *n разг.* 1) человек *или* вещь, приносящие несчастье 2) сглаз, проклятие

JIT *сокр.* **(just in time)** точно ко времени

jitter ['ʤɪtə] *n* 1) дрожание, вибрация, флуктуация 2) *тлв* дрожание изображения 3) шум, помехи, случайные искажения

jitters ['ʤɪtəz] *n pl разг.* нервное возбуждение; чувство страха; **to have/get the ~** трястись от страха

jittery ['ʤɪtərɪ] *a разг.* нервный, нервничающий, нервозный

jiu-jitsu [ʤju:'ʤɪtsu:] *n спорт.* джйу-джитсу

Jnr *сокр.* **(Junior)** младший

job¹ I [ʤɒb] *n* 1) работа, труд; служба; занятие; **to look for a ~** искать работу; **odd ~s** случайная работа; **by the ~** сдельно *(об оплате)* 2) должность; место; **out of a ~** без работы 3) *разг.* дело; работа, задание; **it's**

quite a ~ зада́ние/зада́ча не из лёгких, здесь на́до потруди́ться 4) уро́к, зада́ние 5) *сленг* кра́жа; **he's off on a ~** он пошёл на де́ло 6) испо́льзование своего́ положе́ния в ли́чных интере́сах; махина́ции 7) состоя́ние, положе́ние дел; **a bad ~** безнадёжное де́ло; **good ~** хоро́шее состоя́ние дел ◊ **it's just the ~** э́то и́менно то, что ну́жно; **~s for the boys** *разг.* тёплые места́ для свои́х сторо́нников; **on the ~** (находя́щийся) в рабо́те, *разг.* при де́ле; **on-the-~ training** обуче́ние на рабо́чем ме́сте, в проце́ссе рабо́ты

job¹ II *v* 1) рабо́тать на случа́йных рабо́тах 2) рабо́тать сде́льно 3) быть ма́клером 4) злоупотребля́ть свои́м служе́бным положе́нием 5) занима́ться махина́циями, провора́чивать дела́ 6) *амер. сленг* моше́нничать, надува́ть

job² I *n* тычо́к, толчо́к, рыво́к

job² II *v* 1) кольну́ть; пырну́ть, ткнуть 2) рвану́ть ло́шадь за удила́

jobber [ˈʤɒbə(r)] *n* 1) биржево́й ма́клер 2) *амер.* опто́вый торго́вец, оптови́к 3) *амер.* бро́кер 4) рабо́тающий на сде́льщине, сде́льщик 5) недобросо́вестный деле́ц

jobbery [ˈʤɒbərɪ] *n* 1) испо́льзование служе́бного положе́ние в коры́стных це́лях 2) сомни́тельные опера́ции; спекуля́ция

jobbing [ˈʤɒbɪŋ] *n* рабо́та по отде́льным догово́рам, зака́зам; нерегуля́рная рабо́та

job centre [ˈʤɒbˌsentə(r)] *n* центр за́нятости, госуда́рственное бюро́ по трудоустро́йству

jobless [ˈʤɒblɪs] *a* безрабо́тный

Job's comforter [ˈʤəʊbzˌkʌmfətə(r)] *n* го́реутеши́тель *(ещё бо́лее усугубля́ющий несча́стье)*

jobwork [ˈʤɒbwɜːk] *n* сде́льная рабо́та, сде́льщина

Jock [ʤɒk] *n сленг* шотла́ндец

jock [ʤɒk] *n разг.* жоке́й

jockey I [ˈʤɒkɪ] *n* 1) жоке́й 2) *attr* жоке́йский

jockey II *v* 1) обману́ть, перехитри́ть; **to ~ for position** сде́лать карье́ру все́ми пра́вдами и непра́вдами, проле́зть наве́рх; не стесня́ться в сре́дствах для достиже́ния свои́х це́лей

jocose [ʤəˈkəʊs] *a* шутли́вый; игри́вый; коми́ческий; с ю́мором

jocosity [ʤəʊˈkɒsɪtɪ] *n* шутли́вость; игри́вость; ю́мор

jocular [ˈʤɒkjʊlə(r)] *a* весёлый; шутли́вый; заба́вный; остроу́мный

jocund [ˈʤɒkənd] *a* весёлый, оживлённый; жизнера́достный

jocundity [ʤəˈkʌndɪtɪ] *n* весе́лье, оживлённость

Joe Bloggs [ˌʤəʊˈblɒgz] *n разг.* сре́дний англича́нин; сре́дний брита́нец

jog I [ʤɒg] *n* 1) толчо́к, подта́лкивание 2) труса́; рыса́; ме́дленная, тря́ская езда́

jog II *v* 1) бе́гать трусцо́й 2) идти́ ры́сью *(о лошади)* 3) е́хать не спеша́, трясти́сь; тащи́ться *(часто* **to ~ on, to ~ along**) 4) ме́дленно продвига́ться, развива́ться; **to ~ along somehow** ко́е-как продвига́ться *(о делах)* 5) толка́ть, подта́лкивать; **to ~ smb's memory** заста́вить кого́-л. вспо́мнить

jogger [ˈʤɒgə(r)] *n* челове́к, бе́гающий трусцо́й *(для укрепле́ния здоро́вья)*

jogging [ˈʤɒgɪŋ] *n* бег трусцо́й

joggle I [ˈʤɒgl] *n* лёгкий толчо́к; встря́хивание

joggle II *v* 1) толка́ть, подта́лкивать; трясти́ 2) дви́гаться толчка́ми; трясти́сь *(по дороге)*

jogtrot [ˈʤɒgtrɒt] *n* 1) рыса́ 2) однообра́зие, рути́на

john [ʤɒn] *n амер. сленг* убо́рная, туале́т

John Bull [ˌʤɒnˈbʊl] *n* 1) Джон Буль – типи́чный англича́нин 2) англича́не *(как на́ция, осо́б. в про́шлом)*

johnny [ˈʤɒnɪ] *n разг.* па́рень, ма́лый

join I [ʤɔɪn] *n* соедине́ние; то́чка, ме́сто соедине́ния; стык; шов

join II *v* 1) соединя́ться; присоединя́ться 2) объединя́ть; свя́зывать; **to ~ forces** объединя́ть уси́лия 3) вступа́ть в чле́ны *(общества, партии, организа́ции и т. п.);* **to ~ a club/a party** вступи́ть в клуб/в па́ртию 4) поступи́ть *(на вое́нную слу́жбу);* прибы́ть в часть; **to ~ the army** пойти́/поступи́ть на вое́нную слу́жбу 5) впада́ть, слива́ться *(о ручье́, ре́чке)* 6) быть сме́жным; грани́чить

join in уча́ствовать; присоединя́ться, подключа́ться

join on присоединя́ться

join together соединя́ть

join up 1) соединя́ться 2) поступи́ть на вое́нную слу́жбу

joinder [ˈʤɔɪndə(r)] *n юр.* соедине́ние *(исков и т. п.)*

joiner [ˈʤɔɪnə(r)] *n* 1) столя́р 2) *разг.* общи́тельный челове́к

joinery [ˈʤɔɪnərɪ] *n* 1) столя́рное де́ло, ремесло́; **he does ~** он столя́рничает 2) столя́рная мастерска́я 3) столя́рные изде́лия

joint I [ʤɔɪnt] *n* 1) соедине́ние, ме́сто соедине́ния; стык 2) *анат.* суста́в; **out of ~** а) вы́вихнутый б) не в поря́дке 3) часть разру́бленной ту́ши; **a ~ of meat** кусо́к мя́са 4) *сленг* пивна́я, прито́н 5) *сленг* сигаре́та с марихуа́ной 6) *бот.* у́зел *(у расте́ния)* 7) *тех.* шарни́р, паз, шов; **a universal** ~ ги́бкое соедине́ние

joint II *a* о́бщий, совме́стный; соединённый, объединённый; ~ **action** совме́стные де́йствия; **a** ~ **declaration** совме́стное заявле́ние; ~ **account** о́бщий счёт; ~ **owners** совладе́льцы; ~ **venture** совме́стное предприя́тие

joint III *v* 1) сочленя́ть; пригоня́ть *(две части)* 2) расчленя́ть; разнима́ть *(на части)*

jointly [ˈʤɔɪntlɪ] *adv* совме́стно, вме́сте, сообща́

joint-stock [ˈʤɔɪntstɒk] *a* акционе́рный; **a** ~ **company** акционе́рная компа́ния; **a** ~ **bank** акционе́рный банк

jointure I [ˈʤɔɪntʃə(r)] *n* иму́щество, запи́санное на и́мя жены́; вдо́вья часть насле́дства

jointure II *v* вы́делить часть иму́щества, насле́дства жене́

joist [ʤɔɪst] *n* ба́лка, перекла́дина, стропи́ло

joke I [ʤəʊk] *n* 1) шу́тка; **for a** ~ шу́тки ра́ди; **in** ~ в шу́тку; **to crack/to cut** ~**s** отпуска́ть шу́тки; **to see a** ~ понима́ть шу́тку; **to play a** ~ **on smb** подшути́ть над кем-л.; **practical** ~ гру́бая шу́тка, сы́гранная с кем-л.; **it is no** ~ э́то не шу́тка, де́ло нешу́точное 2) остро́та 3) посме́шище 4) курьёзный, смешно́й слу́чай; анекдо́т

joke II *v* шути́ть, подшу́чивать; **he was only joking** он про́сто пошути́л; **joking apart** шу́тки в сто́рону

joker [ˈʤəʊkə(r)] *n* 1) шутни́к, насме́шник; балагу́р 2) *сленг* ма́лый, па́рень 3) *карт.* джо́кер 4) *амер. разг.* двусмы́сленная фра́за *или* статья́ в зако́не ◊ **the** ~ **in the pack** непредви́денный фа́ктор, неожи́данность

joky [ˈʤəʊkɪ] *a* шутли́вый

jollification [ˌʤɒlɪfɪˈkeɪʃ(ə)n] *n разг.* пиру́шка, кутёж

jollify [ˈʤɒlɪfaɪ] *v* весели́ться, кути́ть, гуля́ть

jollity [ˈʤɒlɪtɪ] *n* 1) весе́лье 2) пра́здник, пра́зднование

jolly I [ˈʤɒlɪ] *a* 1) весёлый, оживлённый, в хоро́шем настрое́нии 2) слегка́ навеселе́, подвы́пивший 3) *разг.* прия́тный, сла́вный; **we had a** ~ **time with them** мы сла́вно повесели́лись у них

jolly II *adv разг.* о́чень; **it's** ~ **hard** э́то чертовски тру́дно; ~ **good!** здо́рово!, отли́чно!; **you can** ~ **well do it yourself** ты прекра́сно спра́вишься с этим сам

jollyboat [ˈʤɒlɪbəʊt] *n мор.* четвёрка (шлюпка)

jolt I [ʤəʊlt] *n* 1) толчо́к 2) встря́ска; **the news gave us a** ~ но́вость нас потрясла́

jolt II *v* 1) толка́ть; трясти́, подбра́сывать 2) взволнова́ть, потрясти́ 3) трясти́сь (по доро́ге) *(тж* **to** ~ **along**)

jolty [ˈʤəʊltɪ] *a* тря́ский; уха́бистый

jonquil [ˈʤɒŋkwɪl] *n* 1) нарци́сс 2) бле́дно-жёлтый цвет

jorum [ˈʤɔːrəm] *n* больша́я ча́ша *(особ. с пу́ншем)*

josh [ʤɒʃ] *n сленг* добpoду́шная, безоби́дная шу́тка

joss [ʤɒs] *n* кита́йский и́дол, кита́йский божо́к

joss-house [ˈʤɒshaʊs] *n* кита́йский храм, куми́рня

jostle I [ˈʤɒsl] *n* 1) толчо́к 2) толкотня́ 3) столкнове́ние

jostle II *v* 1) толка́ть(ся), пиха́ть(ся) 2) отта́лкивать, отпи́хивать *(away, from)* 3) ната́лкиваться *(against)* 4) сцепи́ться, подра́ться *(with)*

jot I [ʤɒt] *n* йо́та; **not a** ~ ни на йо́ту, ни ка́пли

jot II *v* сде́лать кра́ткую за́пись, наброса́ть *(тж* **to** ~ **down**)

jotting [ˈʤɒtɪŋ] *n* кра́ткая, бе́глая за́пись

joule [ʤuːl] *n эл.* джо́уль

journal [ˈʤɜːn(ə)l] *n* 1) журна́л; газе́та *(преимущественно специализированные)* 2) дневни́к; за́писи 3) *юр.* протоко́л (суде́бного) заседа́ния 4) *мор.* судово́й журна́л 5) *бухг.* журна́л, реги́стр 6) *тех.* ше́йка *(вала, оси)*; ца́пфа

journalese [ˌʤɜːnəˈliːz] *n* газе́тный стиль, газе́тный язы́к; газе́тные, журна́льные шта́мпы

journalism [ˈʤɜːnəlɪz(ə)m] *n* профе́ссия журнали́ста, журнали́стика

journalist [ˈʤɜːnəlɪst] *n* 1) журнали́ст 2) реда́ктор журна́ла, газе́ты

journalistic [ˌʤɜːnəˈlɪstɪk] *a* журнали́стский, относя́щийся к журнали́стике

journey I [ˈʤɜːnɪ] *n* 1) пое́здка; путеше́ствие *(сухопутное)*; **pleasure** ~ увесели́тельная пое́здка; **to be on a** ~ путеше́ствовать; **to go on/to make a** ~ отправля́ться в путеше́ствие; **have a good** ~! счастли́вого пути́!; **return** ~ обра́тный путь 2) рейс

journey II *v* путеше́ствовать; соверша́ть пое́здку, рейс

journeyman [ˈʤɜːnɪmən] *n* 1) квалифици́рованный рабо́чий, рабо́тающий по на́йму; подёнщик 2) подмасте́рье

joust [ʤaʊst] *n ист.* 1) ры́царский поеди́нок *(тж и на турни́ре)* 2) ры́царский турни́р

Jove [ʤəʊv] *n миф.* Юпи́тер ◊ **by** ~! ей-бо́гу!, кляну́сь!

jovial [ˈdʒəʊvɪəl] *a* весёлый, жизнелюби́вый; общи́тельный

joviality [ˌdʒəʊvɪˈælɪtɪ] *n* жизнера́достность; общи́тельность

jowl [dʒaʊl] *n* 1) че́люсть; челюстна́я кость 2) щека́ 3) двойно́й подборо́док 4) зоб *(у птиц)*

joy I [dʒɔɪ] *n* ра́дость, весе́лье; удово́льствие; **to jump for ~** пры́гать от ра́дости; **it's a ~ to see you again** о́чень рад ви́деть вас сно́ва; **to the ~ of** к ра́дости *(кого-л.)*

joy II *v поэт.* ра́довать(ся)

joy-bells [ˈdʒɔɪbelz] *n pl* пра́здничный, торже́ственный колоко́льный звон

joyful [ˈdʒɔɪfʊl] *a* по́лный ра́дости, радо́стный, счастли́вый

joyless [ˈdʒɔɪlɪs] *a* безра́достный, невесёлый

joyous [ˈdʒɔɪəs] *a* ра́достный *(о событии и т. п.)*

joy-ride [ˈdʒɔɪraɪd] *n разг.* уго́н автомоби́ля с це́лью поката́ться на нём *(тж* **joy-riding**)

joystick [ˈdʒɔɪstɪk] *n* 1) *ав. разг.* рыча́г управле́ния 2) джо́йстик; координа́тная ру́чка *(устройство управления в виде ручки; применяется для компьютерных и видеоигр)*

JP *сокр.* **(Justice of the Peace)** мирово́й судья́

JPEG *сокр. вчт* алгори́тм JPEG *(стандартный метод сжатия изображения)*

Jr. *сокр.* **(Junior)** мла́дший

jubilance [ˈdʒuːbɪləns] *n* ликова́ние

jubilant [ˈdʒuːbɪlənt] *a* лику́ющий

jubilate [ˈdʒuːbɪleɪt] *v* ликова́ть, торжествова́ть

jubilation [ˌdʒuːbɪˈleɪʃ(ə)n] *n* ликова́ние

jubilee [ˈdʒuːbɪliː] *n* юбиле́й; **silver/golden ~** двадцатипятиле́тний *или* серебря́ный/пятидесятиле́тний *или* золото́й юбиле́й, сере́бряная/золота́я сва́дьба

Judaic [dʒuːˈdeɪɪk] *a* иуде́йский, евре́йский

Judaism [ˈdʒuːdeɪɪzm] *n* 1) иудаи́зм 2) *собир.* иуде́и, евре́и

judas [ˈdʒuːdəs] *n* 1) **(J.)** преда́тель 2) дверно́й глазо́к

judge I [dʒʌdʒ] *n* 1) судья́; **~ advocate** судья́-адвока́т, *амер.* вое́нный прокуро́р; **J. Advocate General** гла́вный судья́-адвока́т, *амер.* нача́льник управле́ния вое́нной юсти́ции 2) член жюри́; арби́тр, экспе́рт; **~s** жюри́ 3) трете́йский судья́ 4) знато́к, цени́тель; **a good ~ of wine** большо́й знато́к вин; **I'm no ~ of that** я пло́хо в э́том разбира́юсь

judge II *v* 1) суди́ть, вести́ де́ло в суде́; выноси́ть пригово́р 2) реша́ть, определя́ть; оце́нивать 3) счита́ть, полага́ть; **I ~ him a fool** я счита́ю, что он про́сто дура́к; **to ~ by appearances** суди́ть по вне́шнему ви́ду

judgement [ˈdʒʌdʒmənt] *n* 1) сужде́ние, мне́ние; оце́нка; **in my ~** на мой взгляд, по-

мо́ему; **to rely on smb's ~** прислу́шиваться к чьему́-л. мне́нию 2) здра́вый смысл, рассуди́тельность; проница́тельность; **use your own ~** положи́сь на своё чутьё, прислу́шайся к здра́вому смы́слу; **against one's better ~** вопреки́ здра́вому смы́слу 3) суде́бное реше́ние; пригово́р; **to pass ~** выноси́ть реше́ние, пригово́р; **~ by default** реше́ние в по́льзу истца́ *(за неявкой ответчика)* 4) *часто шутл.* наказа́ние, ка́ра

Judgement Day [ˈdʒʌdʒməntdeɪ] *n рел.* день Стра́шного суда́, Су́дный день *(тж* **the Last Day, the Doomsday**)

judgment [ˈdʒʌdʒmənt] *см.* **judgement**

judicature [ˈdʒuːdɪkətʃə(r)] *n* 1) отправле́ние правосу́дия 2) зва́ние судьи́ 3) суде́йский ко́рпус 4) суд; суде́бная систе́ма

judicial [dʒuːˈdɪʃəl] *a* 1) суде́бный; суде́йский 2) критику́ющий, вынося́щий оце́нку; беспристра́стный

judiciary [dʒuːˈdɪʃɪərɪ] *n* 1) *собир.* су́дьи; суде́йский ко́рпус 2) суде́бная систе́ма

judicious [dʒuːˈdɪʃəs] *a* разу́мный, разбира́ющийся в дела́х, здравомы́слящий, рассуди́тельный

judo [ˈdʒuːdəʊ] *n спорт.* дзюдо́

jug I [dʒʌg] *n* 1) кувши́н 2) *сленг* тюрьма́, кут́узка 3) *pl амер. сленг* гру́ди

jug II *v* 1) туши́ть в горшо́чке *(зайца, кролика)* 2) *разг.* сажа́ть в тюрьму́

jugful [ˈdʒʌgfʊl] *n* кувши́н *(как мера)*

jugged [dʒʌgd] *a* зубча́тый

juggins [ˈdʒʌgɪnz] *n сленг* дура́к

juggle I [ˈdʒʌgl] *n* 1) жонгли́рование 2) обма́н, надува́тельство

juggle II *v* 1) жонгли́ровать 2) извраща́ть, передёргивать *(факты, слова — with)* 3) обма́нывать; надува́ть; **to ~ a person out of a thing** обма́ном вы́манить у кого́-л. каку́ю-л. вещь

juggler [ˈdʒʌglə(r)] *n* 1) жонглёр; фо́кусник 2) шарлата́н, моше́нник

jugglery [ˈdʒʌglərɪ] *n* 1) жонгли́рование; ло́вкость рук 2) обма́н, моше́нничество

Jugoslav I [ˌjuːgəʊˈslɑːv] *n ист.* жи́тель Югосла́вии

Jugoslav II *a ист.* югосла́вский

jugular I [ˈdʒʌgjʊlə(r)] *n анат.* яре́мная ве́на

jugular II *a анат.* ше́йный; **~ vein** яре́мная ве́на

juice [dʒuːs] *n* 1) сок; **orange ~** апельси́новый сок; **gastric ~** желу́дочный сок 2) су́щность, суть *(чего-л.)* 3) *разг.* электроэне́ргия 4) *разг.* бензи́н

juicer [ˈdʒuːsə] *n* (электри́ческая) соковыжима́лка

juicy [ˈʤuːsɪ] *a* 1) сочный 2) *разг.* интересный; колоритный 3) *разг.* пикантный; скандальный; **a ~ bit of gossip** скандальные подробности 4) *разг.* прибыльный

ju-jitsu [ʤuːˈʤɪtsuː] *см.* **jiu-jitsu**

jukebox [ˈʤuːkbɒks] *n* платный музыкальный автомат *(в кафе и т. п.)*

Jul. *сокр.* **(July)** июль

julep [ˈʤuːlep] *n* 1) лекарственное питьё 2) *амер.* мятный джулеп *(алкогольный напиток из коньяка или виски с водой, мятой и льдом)*

Julian [ˈʤuːlɪən] *a* юлианский, относящийся к Юлию Цезарю; **~ calendar** юлианский календарь, юлианское летосчисление; **~ date** дата по юлианскому календарю

July [ʤuːˈlaɪ] *n* 1) июль 2) *attr* июльский

jumble I [ˈʤʌmbl] *n* куча; мешанина; беспорядок; **a ~ of clothes** беспорядочная куча одежды; **a ~ of voices** гул голосов

jumble II *v* 1) быть, лежать в беспорядке; перепутаться *(up)* 2) беспорядочно двигаться; толкаться

jumblesale [ˈʤʌmblseɪl] *n* дешёвая распродажа подержанных вещей *(на благотворительном базаре)*

jumble-shop [ˈʤʌmblʃɒp] *n* магазин уценённых товаров, подержанных вещей

jumbo [ˈʤʌmbəʊ] *n разг.* 1) огромное животное *(слон и т. п.)* 2) человек большого роста, массивного телосложения; гигант 3) вещь огромных размеров 4) *attr* огромный, гигантский; **~ jet** *разг.* джамбо-джет, огромный пассажирский самолёт, аэробус *(первоначально «Боинг-747»)*

jump I [ʤʌmp] *n* 1) прыжок, скачок; **high/ long ~** прыжок в высоту/в длину; **standing/running ~** прыжок с места/с разбега 2) вздрагивание *(от неожиданности, испуга)*; **the ~s** *разг.* нервная горячка 3) внезапное повышение, скачок *(цен, температуры и т. п.)*; **a ~ in prices** резкий скачок цен 4) внезапный переход, резкая смена *(разговора, мыслей и т. п.)* 5) препятствие, барьер *(в скачках)* 6) *вчт* переход *(в программе)*, оператор перехода ◊ **on the ~** *разг.* в движении; в спешке; **to get/to have the ~ on smb** опередить кого-л., действовать быстрее кого-л.

jump II *v* 1) прыгать, скакать; **to ~ for joy** прыгать от радости 2) вскакивать; подскакивать, подпрыгивать; перескакивать; перепрыгивать *(тж to ~ over)*; **to ~ to one's feet** быстро встать, вскочить на ноги 3) вздрагивать 4) быстро, резко изменяться *(о статусе, положении, мыслях и т. п.)* 5) вне-

запно повышаться, скакать *(о ценах и т. п.)* 6) охотно принять, ухватиться за что-л. *(предложение и т. п. — at)* 7) быстро пробежать (глазами) *(место в книге и т. п.)* 8) сходить *(с рельсов)* 9) брать, преодолевать препятствие 10) подбрасывать, качать 11) проскочить *(светофор и т. п.)* 12) наброситься *(на кого-л. - on)* ◊ **to ~ out of one's skin** *разг.* а) быть вне себя от радости б) подскочить от испуга; **to ~ down smb's throat** *разг.* а) ругать, распекать кого-л. б) резко возражать кому-л.; **to ~ to conclusions** делать поспешные выводы; **to ~ the queue** *разг.* лезть без очереди; **~ to it!** *разг.* поживее!, давай-давай!

jump at 1) прыгать на *(кого-л.)* 2) ухватиться за *(возможность, предложение и т. п.)*

jump down спрыгивать вниз

jump in 1) впрыгивать *(куда-л.)* 2) *разг.* действовать быстро и энергично

jump off 1) соскакивать, спрыгивать 2) *воен.* начинаться *(об атаке)*

jump on наскакивать, нападать

jump over перепрыгивать

jump up подпрыгивать; вскакивать

jumped-up [ˌʤʌmptˈʌp] *a разг.* наглый, самоуверенный; зазнавшийся

jumper¹ [ˈʤʌmpə(r)] *n* 1) прыгун; скакун 2) прыгающее насекомое *(блоха, кузнечик и т. п.)*

jumper² *n* 1) джемпер, свитер 2) парусиновая рубаха (матроса)

jumper³ *n тех.* 1) перемычка, соединительный провод 2) переключатель

jumping jack [ˈʤʌmpɪŋˌʤæk] *n* 1) род фейерверка *(с повторяющимися залпами)* 2) фигурка с дёргающимися руками и ногами *(игрушка)*

jump seat [ˈʤʌmpsiːt] *n амер.* откидное сиденье *(в автомобиле)*

jump suit [ˈʤʌmpsjuːt] *n* комбинезон

jumpy [ˈʤʌmpɪ] *a* 1) раздражительный, нервный, нервозный 2) действующий на нервы

Jun. *сокр.* **(June)** июнь

junction [ˈʤʌŋkʃ(ə)n] *n* 1) соединение, стык; точка соединения 2) *ж.-д.* железнодорожный узел, узловая станция 3) место слияния *(рек)*; перекрёсток; развилка *(дороги)* 4) переход, контакт *(между разнородными материалами)* 5) *attr*: **~ box** эл. соединительная муфта

juncture [ˈʤʌŋktʃə(r)] *n* 1) соединение, сочленение; место соединения 2) особое стечение обстоятельств; критический момент; **at this ~** в этот решающий момент; **at a critical ~** в критический момент

June [dʒuːn] *n* 1) июнь 2) *attr* июньский

jungle [ˈdʒʌŋgl] *n* 1) джунгли; **the law of the ~** закон джунглей 2) заросли, дебри; **a ~ of weeds** засилье сорняков

jungly [ˈdʒʌŋglɪ] *a* покрытый густыми зарослями, джунглями

junior I [ˈdʒuːnɪə(r)] *n* 1) младший *(по возрасту)* 2) подчинённый; младший *(по служебному положению)* 3) студент младшего курса 4) *амер.* студент предпоследнего курса 5) *спорт.* юниор

junior II *a* младший *(по возрасту, положению)*

junior college [ˌdʒuːnɪəˈkɒlɪdʒ] *n амер.* колледж с двухлетним сроком обучения *(тж* **two-year college, community college)**

juniper [ˈdʒuːnɪpə(r)] *n* можжевельник

junk¹ [dʒʌŋk] *n* 1) хлам, барахло, старьё 2) *сленг* наркотик *(особ. героин)* 3) ломоть, кусок *(чего-л.)* 4) *мор.* солонина 5) *вчт* информационный мусор

junk² *n* джонка

junket I [ˈdʒʌŋkɪt] *n* 1) пир, угощение 2) пикник 3) *уст.* сладкое молочное блюдо

junket II *v* пировать; устраивать пикник

junk food [ˈdʒʌŋkˌfud] *n разг.* еда быстрого приготовления, фаст-фуд *(напр. сэндвичи, гамбургеры и т. п.)*

junkie [ˈdʒʌŋkɪ] *n сленг* наркоман

junk mail [ˈdʒʌŋkˌmeɪl] *n* реклама, приходящая по почте, факсу, электронной почте

junk shop [ˈdʒʌŋkˌʃɒp] *n* магазин подержанных вещей: мебели, картин, книг *и т. п.*

junta [ˈdʒʌntə] *n полит.* хунта

Jupiter [ˈdʒuːpɪtə(r)] *n астр., миф.* Юпитер ◊ **by ~!** ей-богу!, клянусь

jural [ˈdʒuər(ə)l] *a* правовой, юридический

jurat [ˈdʒuəræt] *n* 1) судья; присяжный (заседатель) 2) присяга

juridical [dʒuəˈrɪdɪk(ə)l] *a* 1) юридический; законный, правовой 2) судебный

jurisdiction [ˌdʒuərɪsˈdɪkʃ(ə)n] *n* 1) отправление правосудия 2) юрисдикция 3) властные полномочия 4) территория в подведомственности органа власти

jurisprudence [ˌdʒuərɪsˌpruːd(ə)ns] *n* правоведение, юриспруденция; **medical ~** судебная медицина *(тж* **forensic medicine)**

jurisprudent I [ˌdʒuərɪsˌpruːdənt] *n* юрист, правовед

jurisprudent II *a* правоведческий; сведущий в законах, знающий законы

jurist [ˈdʒuərɪst] *n* 1) правовед; автор трудов по праву 2) *амер.* юрист

juror [ˈdʒuərə(r)] *n* 1) присяжный (заседатель) 2) член жюри 3) человек, приносящий присягу

jury [ˈdʒuərɪ] *n* 1) присяжные (заседатели); **trial by ~** суд присяжных; **common ~** обычный состав присяжных; **grand ~** большое (следственное) жюри *(решающее вопрос о подсудности данного случая)*; **coroner's ~** коронерское жюри, состав присяжных при коронере *(расследующем случаи насильственной смерти)* 2) жюри *(по присуждению премий, наград и т. п.)*

jury box [ˈdʒuərɪbɒks] *n* место, скамья присяжных в суде

juryman [ˈdʒuərɪmən] *n* 1) присяжный (заседатель) 2) член жюри

just I [dʒʌst] *a* 1) справедливый; **a ~ sentence** справедливый приговор 2) заслуженный, обоснованный; **to get one's ~ reward** получить заслуженную награду 3) верный, точный, правильный

just II *adv* 1) как раз, точно; именно; **~ as you say** как раз то, что вы говорите; **it's ~ what we need** это именно то, что нам нужно; **~ about here** где-то здесь 2) только что; **~ now** только сейчас, только что; **I have ~ seen him** я только что видел его 3) *разг.* вполне, совсем, совершенно; определённо; **it's ~ fine!** это просто великолепно! 4) едва, еле-еле; **it's only ~ enough for two** этого едва хватит на двоих 5) только; **I was ~ going** я только собрался уходить; **it's ~ a joke** это только шутка; **~ shut the door!** только закройте дверь!; **~ listen to her!** вы только послушайте её!; **~ a moment, please!** одну минуточку!

justice [ˈdʒʌstɪs] *n* 1) справедливость; **to do him ~** надо отдать ему должное/справедливость; **they did ~ to her pie** они отдали должное её пирогу, они с удовольствием отведали её пирог 2) правосудие; **to administer ~** отправлять правосудие 3) судья *(особ. верховного суда в Великобритании)*; **J. of the Peace** мировой судья

justifiable [ˈdʒʌstɪfaɪəbl] *a* могущий быть рассмотренным в судебном порядке

justification [ˌdʒʌstɪfɪˈkeɪʃ(ə)n] *n* 1) оправдание, реабилитация 2) подтверждение, подкрепление *(фактами)*; основание *(для утверждения, вывода и т. п.)* 3) извинение, оправдание 4) обоснование 5) *вчт, полигр.* выключка *(строк)*, выравнивание; **no ~** без выравнивания

justificatory [ˈdʒʌstɪfɪˌkeɪtərɪ] *a* оправдательный; подтверждающий

justified [ˈdʒʌstɪfaɪd] *a* 1) справедливый; правомерный 2) выровненный

justify [ˈdʒʌstɪfaɪ] *v* 1) оправдывать *(человека, поступок)*; извинять; **to ~ oneself** оправдываться 2) подтвержда́ть, подкрепля́ть *(фак-тами)*; **our research does not ~ this theory** на́ши иссле́дования не подтвержда́ют э́ту тео́рию 3) обосно́вывать 4) *полигр.* выра́внивать, выключа́ть строку́

jut I [dʒʌt] *n* вы́ступ

jut II *v* выступа́ть, выдава́ться *(тж* to ~ **out)**

Jute [dʒu:t] *n ист.* ют; **the ~s** пле́мя ю́тов *(одно из древнегерманских племён)*

jute [dʒu:t] *n* 1) джут 2) *attr* джу́товый

juvenescence [ˌdʒu:vəˈnesns] *n* ю́ность

juvenile I [ˈdʒu:vənaɪl] *n* 1) ю́ноша, подро́сток 2) кни́га для ю́ношества

juvenile II *a* 1) ю́ный, ю́ношеский; ~ **delinquency** престу́пность несовершенноле́тних; ~ **court** суд по дела́м несовершенноле́тних 2) предназна́ченный для ю́ношества

juvenilia [ˌdʒu:vəˈnɪlɪə] *n pl* ю́ношеские или ра́нние произведе́ния *(известных писателей, художников)*

juxtapose [ˌdʒʌkstəˈpəʊz] *v* помеща́ть ря́дом; сопоставля́ть

juxtaposition [ˌdʒʌkstəpəˈzɪʃ(ə)n] *n* 1) сопоставле́ние 2) размеще́ние ря́дом, соедине́ние

K

K, k [keɪ] *n 11-я буква англ. алфавита*

kail [keɪl] *см.* **kale**

Kalashnikov [kəˈlæʃnɪˌkɒf] *n русск.* автома́т Кала́шникова

kale [keɪl] *n* 1) кудря́вая капу́ста *(тж* curly ~) 2) *амер. сленг* де́ньги

kaleidoscope [kəˈlaɪdəskəʊp] *n* калейдоско́п

kaleyard [ˈkeɪljɑ:d] *n шотл.* огоро́д

kamikaze [ˌkæmɪˈkɑ:zɪ] *n ист.* (пило́т-)камика́дзе

kanaka [kəˈnækə] *n* кана́к *(житель тихоокеанских островов)*

kangaroo [ˌkæŋgəˈru:] *n* кенгуру́ ◊ ~ **closure** *парл. разг.* «кенгуру́», прекраще́ние пре́ний *(процедурный приём, позволяющий спикеру или председателю комитета всей палаты самому отбирать поправки к законопроекту, как бы перескакивая с одной поправки на другую)*; ~ **court** *разг.* суд «кенгуру́», незако́нное суде́бное разбира́тельство; суде́бный фарс; ~ **justice** *разг.* а) самосу́д, самочи́нная распра́ва б) суде́бный произво́л, инсцени́рованный проце́сс

kaolin(e) [ˈkeɪəlɪn] *n* каоли́н, бе́лая гли́на

kaput [kæˈpʊt] *a predic сленг* разби́тый, побеждённый, уничто́женный

karakul [ˈkærəkʊl] *n* кара́куль

karaoke [ˌkærɪˈəʊkɪ] *n* карао́ке *(пение любителями «живьём» в микрофон популярных песен под инструментальную фонограмму)*

karate [kəˈrɑ:tɪ] *n спорт.* карата́

karma [ˈkɑ:mə] *n* ка́рма

karri [ˈkærɪ] *n австрал.* эвкали́пт

kayak [ˈkaɪæk] *n* 1) кая́к *(эскимосская лодка)* 2) байда́рка

Kazakh I [kɑ:ˈzɑ:k] *n* 1) каза́х; каза́шка; **the ~** *(употр. как pl)* каза́хи 2) каза́хский язы́к

Kazakh II *a* каза́хский

kebab [kɪˈbæb] *n* кеба́б *(блюдо из мяса на шампурах)*

kedgeree [ˈkedʒərɪ] *n* кеджери́ *(жаркое из риса и рыбы с добавлением пряного порошка карри)*

keek [ki:k] *v шотл.* подгля́дывать

keel I [ki:l] *n* 1) киль *(судна)* 2) *поэт.* кора́бль

keel II *v* перевора́чивать ки́лем вверх **keel over** опроки́дывать(ся)

keen [ki:n] *a* 1) энерги́чный, по́лный рве́ния 2) стра́стно увлека́ющийся, жела́ющий, стремя́щийся; **a ~ angler** стра́стный рыболо́в; **to be ~ on smth** си́льно увлека́ться чем-л.; **I'm not very ~ on pop music** я не осо́бенно люблю́ поп-му́зыку; **he's ~ on her** он о́чень е́ю увлечён 3) живо́й *(об интересе и т. п.)*; проница́тельный *(об уме, взгляде)*; **he has a ~ eye for colour** он то́нко чу́вствует цвет; **a ~ glance** проница́тельный взгляд 4) то́нкий *(о слухе)*; ~ **hearing** о́стрый слух 5) о́стрый; **a ~ blade** о́строе ле́звие 6) си́льный, ре́зкий; прони́зывающий *(о ветре)*

keep I [ki:p] *n* 1) содержа́ние, пропита́ние, проко́рм; **to earn one's ~** зараба́тывать себе́ на пропита́ние; **he's not worth his ~** ему́ зря де́ньги пла́тят 2) *ист.* гла́вная ба́шня за́мка, основно́е укрепле́ние за́мка ◊ **for ~s** *разг.* навсегда́

keep II *v (past, p. p.* **kept)** 1) держа́ть, име́ть; оставля́ть *(у себя)*; **to ~ the room for another week** оста́вить за собо́й ко́мнату/но́мер ещё на неде́лю; **you may ~ this** э́то вам *(о подарке)* 2) храни́ть, сохраня́ть; держа́ть; **to ~ cool** храни́ть в прохла́дном ме́сте; **where do you ~ salt?** где у тебя́ соль?; **to ~ in mind** по́мнить 3) уде́рживать *(от чего-л.)* 4) заде́рживать; **I won't ~ you long** я вас до́лго не задержу́; **what kept you?** что вас задержа́ло? 5) соблюда́ть *(обычаи, законы)* 6) держа́ть *(скот, домашних животных и т. п.)*; **to ~ hens** держа́ть кур 7) содержа́ть *(семью)*; **to ~ a big house** содержа́ть большо́й дом 8) име́ть *(ла́вку, магази́н);* **we don't ~ it** мы э́того това́ра не де́ржим 9) держа́ть *(сло́во),* исполня́ть *(обеща́ние)* 10) управля́ть, вести́ дела́ 11) вести́ *(дневни́к, счета́ и т. п.)* 12) подде́рживать *(поря́док)* 13) охраня́ть, защища́ть, нести́ охра́ну 14) держа́ться, сохраня́ться, храни́ться *(в определённом положе́нии, состоя́нии);* **the meat will not ~ long** мя́со до́лго не пролежи́т 15) находи́ться, держа́ться; **to ~ indoors** сиде́ть, находи́ться до́ма 16) *с прича́стием настоя́щего вре́мени глаго́ла ука́зывает на продолжа́ющийся хара́ктер де́йствия, напр.:* **he ~s talking** он продолжа́ет говори́ть; он всё говори́т и говори́т; **she ~s crying** она́ всё вре́мя пла́чет ◊ **how are you ~ ing?** как пожива́ете?, как себя́ чу́вствуете?; **to ~ one's feet** устоя́ть на нога́х; **to ~ up with the Joneses** жить не ху́же други́х

keep about 1) име́ть в нали́чии, под рука́ми 2) держа́ть при себе́

keep ahead 1) остава́ться в лиди́рующем положе́нии 2) де́лать успе́хи, быть впереди́

keep around *см.* **keep about**

keep away 1) держа́ться в стороне́; отсу́тствовать 2) остерега́ться; не подпуска́ть; избега́ть

keep back 1) держа́ться в стороне́, на за́днем пла́не 2) уде́рживать на ме́сте, не пуска́ть 3) сде́рживать *(слёзы, гнев и т. п.)* 4) меша́ть разви́тию 5) заде́рживать 6) ута́ивать, держа́ть в секре́те

keep behind 1) держа́ться позади́ *(чего-л.)* 2) оставля́ть по́сле заня́тий; заде́рживать

keep by держа́ть под руко́й

keep down 1) наклони́ться, пригну́ться 2) приглуши́ть; сба́вить, уба́вить 3) сде́рживать рво́ту 4) подавля́ть, сде́рживать *(чу́вства)*

keep in 1) втяну́ть 2) оста́вить, не выбра́сывать 3) сде́рживать *(чу́вства)* 4) остава́ться внутри́ *(зда́ния и т. п.)* 5) подде́рживать *(ого́нь)* 6) держа́ть запа́с *(чего-л.)*

keep in with подде́рживать дру́жеские отноше́ния *(с кем-л.)*

keep off 1) держа́ться в стороне́ 2) убира́ться, исчеза́ть 3) заде́рживать, препя́тствовать

keep on 1) не снима́ть *(оде́жды)* 2) держа́ть *(свет и т. п.)* включённым 3) продолжа́ть де́лать *(что-л.)* 4) *разг.* простра́нно рассужда́ть, распространя́ться *(на каку́ю-л. те́му)*

keep out не входи́ть; держа́ться вне *(чего-л.)*

keep under держа́ть под контро́лем

keep up 1) содержа́ть в до́лжном поря́дке 2) продолжа́ть, не прекраща́ть 3) дли́ться, продолжа́ться 4) по́здно ложи́ться спать 5)

держа́ться наравне́, не отстава́ть; **to ~ to date** обновля́ть *(постоя́нно)*

keep up to подде́рживать пре́жний у́ровень; не роня́ть ма́рку

keep up with 1) не отстава́ть от *(кого-л.)* 2) быть в ку́рсе *(чего-л.),* быть хорошо́ осведомлённым

keeper [ˈkiːpə(r)] *n* 1) храни́тель, смотри́тель *(музе́я, запове́дника и т. п.);* сто́рож 2) лесни́чий 3) служи́тель зоопа́рка 4) *спорт.* врата́рь *(тж* **goalkeeper**) 5) проду́кт дли́тельного хране́ния 6) *юр.* надзира́тель; нача́льник *(тюрьмы́)* 7) *в сло́жных слова́х име́ет значе́ние* хозя́ин, владе́лец: **innkeeper** хозя́ин гости́ницы, **shopkeeper** владе́лец магази́на

keep-fit [ˈkiːpfɪt] *n* гимна́стика, физи́ческие упражне́ния, заря́дка *(осо́б. заня́тия в гру́ппе);* **to do ~** де́лать заря́дку

keeping [ˈkiːpɪŋ] *n* 1) содержа́ние, хране́ние; попече́ние; **in safe ~** в безопа́сности; в сохра́нности 2) согласо́ванность, гармо́ния; согла́сие; **in ~ with** в согла́сии с; **out of ~** несогласо́ванно

keepsake [ˈkiːpseɪk] *n* пода́рок, безделу́шка на па́мять, сувени́р

kef [kef] *n* 1) кайф 2) прия́тное безде́лье, ничегонеде́лание

keg [keg] *n* бочо́нок *(ёмкостью до 10 галло́нов)*

Kelt [kelt] *см.* **Celt**

kemp [kemp] *n* гру́бый во́лос *(в ше́рсти);* грубошёрстная мате́рия

ken I [ken] *n* кругозо́р; **it's beyond my ~** э́то вы́ше моего́ понима́ния

ken II *v шотл. (past, p. p.* **kent)** узнава́ть; знать

kennel I [ˈkenl] *n* 1) соба́чья конура́ 2) бе́дное жили́ще; лачу́га, хиба́рка

kennel II *v* 1) загоня́ть в конуру́ 2) жить в конуре́

kent [kent] *past, p. p. см.* **ken II**

Kentish [ˈkentɪʃ] *a* ке́нтский

Kenyan [ˈkenjən] *a* кени́йский, относя́щийся к Ке́нии

kept [kept] *past, p. p. см.* **keep II**

keratin [ˈkerətɪn] *n* керати́н, рогово́е вещество́

kerb [kɜːb] *n* край тротуа́ра, бордю́р

kerbstone [ˈkɜːbstəʊn] *n* бордю́рный ка́мень

kerchief [ˈkɜːtʃɪf] *n* головно́й плато́к; косы́нка

kerchiefed [ˈkɜːtʃɪft] *a* покры́тый платко́м, косы́нкой; в платке́, в косы́нке

kernel [ˈkɜːnl] *n* 1) фрукто́вая ко́сточка; се́мечко; ядро́ *(оре́ха и т. п.)* 2) зерно́, зёрнышко 3) *перен.* суть де́ла 4) *филос.* рациона́льное зерно́

kerosene [ˈkerəsi:n] *n* кероси́н

kerosine [ˈkerəsi:n] *см.* **kerosene**

kersey [ˈkз:zɪ] *n* гру́бая шерстяна́я ткань в ру́бчик

kestrel [ˈkestr(ə)l] *n* пустельга́ *(птица)*

ketch [ketʃ] *n* небольшо́е двухма́чтовое су́дно

ketchup [ˈketʃʌp] *n* ке́тчуп

kettle [ˈketl] *n* (металли́ческий) ча́йник; **to put on the ~** поста́вить ча́йник (на ого́нь); **the ~ is boiling** ча́йник кипи́т ◊ **a pretty ~ of fish** запу́танное де́ло, неприя́тная исто́рия; «весёленькое де́ло»

kettledrum [ˈketldrʌm] *n муз.* лита́вра

key¹ I [ki:] *n* 1) ключ; **skeleton/master ~** отмы́чка; универса́льный ключ; **under lock and ~** под замко́м, за кре́пкими запо́рами 2) эл. ключ, кно́пка; **telegraph ~** ключ Мо́рзе 3) га́ечный ключ 4) подстро́чный перево́д; ключ *(к упражнениям, задачам и т. п.)*, собра́ние отве́тов *(к задачам и т. п.)* 5) кла́виша; **~s** клавиату́ра 6) разга́дка *(к решению чего-л.)* 7) муз. ключ, тона́льность; реги́стр, высота́ то́на; **major/minor ~** мажо́рная/мино́рная тона́льность; **to speak in a high/low ~** говори́ть высо́ким/ни́зким го́лосом 8) ключева́я пози́ция 9) тех. клин; шпо́нка; закре́п 10) леге́нда *(пояснение условных обозначений на карте, рисунке, схеме)* 11) *attr* гла́вный, ключево́й, кома́ндный; **~ industry** веду́щая о́трасль промы́шленности

key¹ II *v* 1) запира́ть на ключ 2) тех. закрепля́ть кли́ном, шпо́нкой *(тж* **to ~ in, to ~ on)** 3) настра́ивать *(муз. инструмент)* 4) приводи́ть в соотве́тствие *(с чем-л.)* 5) писа́ть объявле́ния в газе́те, испо́льзуя усло́вные обозначе́ния *(для определённого адресата)*

key up взви́нчивать, нерви́ровать, возбужда́ть

key² *n* риф *(особ. в районе Вест-Индских островов)*

keyboard [ˈki:bɔ:d] *n* клавиату́ра *(пишущей машинки, компьютера, музыкального инструмента)*

keyboarder [ˈki:ˌbɔ:də] *n* (компью́терный) набо́рщик

keyboardist [ˈki:ˌbɔ:dɪst] *n муз. проф.* кла́вишник

keyboard shortcut [ˈki:bɔ:d ˈʃɔ:tkʌt] *n вчт* клавиату́рное сокраще́ние; кла́виша бы́строго вы́зова кома́нды, «бы́страя кла́виша»

keycap [ˈki:kæp] *n вчт* кла́вишный колпачо́к

key card [ˈki:kɑ:d] *n* электро́нный ключ к замку́ в ви́де пласти́ковой ка́рточки

keyed-up [ˈki:dʌp] *a разг.* не́рвный, взви́нченный, возбуждённый

keyhole [ˈki:həʊl] *n* замо́чная сква́жина

keyhole surgery [ˈki:həʊlˌsз:dʒərɪ] *n* мини-инвази́вная хирурги́я; хирурги́ческие опера́ции, проводи́мые лапароскопи́ческим ме́тодом

keymap [ˈki:mæp] *n* ко́нтурная ка́рта

keynote [ˈki:nəʊt] *n* 1) лейтмоти́в; основна́я мысль 2) муз. основно́й тон, тона́льность

keypad [ˈki:pæd] *n* 1) миниатю́рная клавиату́ра *(на телефоне и т. п.)* 2) кно́почная пане́ль *или* консо́ль 3) вспомога́тельная, специализи́рованная клавиату́ра

key-ring [ˈki:rɪŋ] *n* кольцо́ для ключе́й

keystone [ˈki:stəʊn] *n* 1) краеуго́льный ка́мень, основно́й при́нцип 2) архит. замко́вый *или* ключево́й ка́мень, замо́к *(свода или арки)*

keystroke [ˈki:strəʊk] *n* уда́р по кла́више; нажа́тие *(или отжа́тие)* кла́виши *(на клавиатуре пишущей машинки, компьютера, музыкального инструмента)*

keytop [ˈki:tɒp] *n* пове́рхность кла́виши; на́дпись на кла́више

keyword [ˈki:wз:d] *n* 1) вчт ключево́е сло́во 2) колонти́тул *(в словарях, энциклопедиях)* 3) леге́нда *(пояснение условных обозначений на карте, рисунке, схеме)*

kg *сокр.* **(kilogram)** килогра́мм

khaki I [ˈkɑ:kɪ] *n* 1) ха́ки *(материя защитного цвета)* 2) фо́рменная оде́жда из ха́ки 3) цвет ха́ки

khaki II *a* защи́тного цвета, цвета́ ха́ки, коричнева́то-зелёный

khan [kɑ:n] *n* хан

Khmer I [kmeə(r)] *n* 1) кхмер; **the ~s** кхме́ры 2) кхме́рский язы́к

Khmer II *a* кхме́рский

kHz *сокр.* **(kilohertz)** килоге́рц

kibble [ˈkɪbəl] *v* дроби́ть

kibbutz [kɪˈbʊts] *n (pl* **kibbutzim** [ˌkɪbʊˈtsi:m])** кибу́ц *(поселение-коммуна для совместного проживания и труда в Израиле)*

kibe [kaɪb] *n* воспали́вшееся отморо́женное ме́сто *(особ. на пятке)* ◊ **to tread on one's ~s** наступи́ть на люби́мую мозо́ль, заде́ть кого́-л. за живо́е

kibitz [ˈkɪbɪts] *v разг.* быть назо́йливым, надоеда́ть *(с советами и т. п.)*

kibitzer [ˈkɪbɪtsə(r)] *n разг.* непро́шенный сове́тчик; назо́йливый челове́к, вме́шивающийся в чужи́е дела́

kibosh [ˈkaɪbɒʃ] *n сленг* чепуха́, ерунда́ ◊ **to put the ~ on smth** положи́ть коне́ц, прикончи́ть что-л.

kick I [kɪk] *n* 1) уда́р ного́й, копы́том; пино́к; **to get the ~** получи́ть пино́к 2) *спорт.* уда́р;

penalty ~ штрафной удар 3) *разг.* удовольствие, приятное возбуждение; кайф; **just for ~s** просто ради удовольствия 4) *разг.* силы, сопротивляемость; жизненная энергия; **he has no ~ left** он весь выдохся 5) отдача ружья 6) *разг.* футболист; **good/bad ~** хороший/плохой игрок 7) *разг.* крепость *(спиртного напитка)*; **a cocktail with a ~ in it** крепкий коктейль

kick II *v* 1) пинаться; ударять ногой; брыкаться, лягаться; **to ~ downstairs** пинком спустить с лестницы 2) *разг.* скандалить, бузить; выражать недовольство, возражать, сопротивляться *(тж* **to ~ against, to ~ at**) 3) *спорт.* забивать гол ◊ **to ~ the bucket** *сленг* умереть, отдать концы; **to ~ smb upstairs** отправить в почётную отставку; **to ~ one's heels** томиться в ожидании

kick about 1) перебрасываться, перекидываться 2) *разг.* существовать, жить 3) *разг.* валяться в беспорядке 4) бить, пинать; плохо обращаться *(с кем-л.)* 5) *разг.* помыкать *(кем-л.)*

kick against противодействовать, сопротивляться

kick around *см.* **kick about**

kick away 1) гонять мяч 2) отшвыривать

kick back 1) отвечать на удар 2) *разг.* рецидивировать *(о болезни)*

kick down 1) сбивать с ног 2) переходить на низшую передачу *(о двигателе)*

kick in 1) загнать пинками *(внутрь чего-л.)* 2) выбивать, разбивать

kick off 1) отшвыривать ногой 2) начинать игру; вводить мяч в игру 3) *разг.* начинать *(что-л.)* 4) *амер. разг.* уходить, покидать 5) *амер. разг.* умереть, протянуть ноги

kick out 1) вышвырнуть, выгнать 2) вывести мяч из игры *(в футболе)* 3) *разг.* выгнать (с работы, из дома *и т. п.*)

kick up 1) поднимать пыль ногами 2): **to ~ a fuss/dust/noise/row** поднимать шум, устраивать скандал, затевать свару

kickback ['kɪkbæk] *n разг. амер.* выплата соучастнику части незаконно полученных денег; взятка за услугу, *жарг.* «откат»

kickboxing ['kɪk‚bɒksɪŋ] *n спорт.* кикбоксинг

kicker ['kɪkə(r)] *n* 1) брыкливая лошадь 2) футболист, подающий мяч 3) *амер. сленг* скандалист, бузотёр 4) фраза перед заголовком

kickoff ['kɪkɒf] *n* 1) *спорт.* начало футбольного матча 2): **for a ~** *разг.* для начала

kickshaw ['kɪkʃɔ:] *n* красивая безделушка, милый пустячок

kick-starter ['kɪkstɑ:tə(r)] *n* ножной стартер *(мотоцикла, газонокосилки)*

kid[1] **I** [kɪd] *n* 1) козлёнок 2) лайка *(кожа)* 3) *разг.* ребёнок 4) малыш(ка), крошка, детка *(в обращении)* 5) *attr* лайковый 6) *attr* детский; младший; **~ brother/sister** *разг.* младший брат/младшая сестра ◊ **to handle smth with ~ gloves** обращаться с чем-л. с величайшей осторожностью, деликатностью; **~'s stuff** *сленг* проще простого, ясно каждому

kid[1] **II** *v* ягниться

kid[2] **I** *n* обман, надувательство

kid[2] **II** *v* 1) обманывать, надувать 2) дразнить ◊ **no ~ding** *сленг* это серьёзно, это не шутка

kiddie, kiddy ['kɪdɪ] *n сленг, разг.* ребёнок, малыш

kid-glove ['kɪdglʌv] *a* мягкий, осторожный, деликатный

kidnap ['kɪdnæp] *v* похищать людей *(особ. детей)* с целью выкупа

kidnapper ['kɪdnæpə(r)] *n* похититель людей *(особ. детей)* с целью выкупа

kidnapping ['kɪdnæpɪŋ] *n* похищение людей *(особ. детей)* с целью выкупа, киднеппинг

kidney ['kɪdnɪ] *n* 1) *анат.* почка; **floating ~** блуждающая почка 2) склад характера, натура, тип 3) *attr анат.* почечный 4) *attr* похожий на почку; **~ bean** фасоль; **~ dish** (медицинский) лоток в форме почки; **~ machine** *мед.* искусственная почка, аппарат искусственной почки, гемодиализатор

kif [kɪf] *см.* **kef**

kike [kaɪk] *n амер. сленг презр.* еврей

kill I [kɪl] *n* 1) убийство; уничтожение 2) добыча, отстреленные на охоте животные 3) *воен. разг.* уничтожение цели 4) аннулирование, уничтожение

kill II *v* 1) убивать 2) губить, уничтожать, разрушать; **drink ~ed him** пьянство погубило его 3) забивать, резать *(скот)* 4) отключать, выключать, глушить 5) *разг.* причинять боль; **my feet are ~ing me** у меня страшно болят ноги 6) *разг.* убивать время 7) *разг.* сильно поразить, потрясти; **to be dressed to ~** быть потрясающе одетым 8) *разг.* допить бутылку до конца, «раздавить» бутылочку ◊ **to ~ two birds with one stone** убить двух зайцев (одним ударом); **to ~ the fatted calf** устроить торжественный обед в честь кого-л.

kill off отделаться, избавиться от кого-л., убить; уничтожить

killer ['kɪlə(r)] *n* 1) наёмный, профессиональный убийца, киллер 2) *разг.* что-л. сверхэффе́ктное, потряса́ющее; гро́мкая сенса́ция

killing [ˈkɪlɪŋ] *a разг.* 1) о́чень смешно́й, умори́тельный 2) изма́тывающий, убий́ственный

killjoy [ˈkɪldʒɔɪ] *n* ну́дный, ску́чный челове́к, брюзга́; **he's a ~** он ве́чно отравля́ет други́м удово́льствие

kiln [kɪln] *n* печь для о́бжига и су́шки *(извести, кирпича́ и т. п.)*

kilo [ˈkiːləʊ] *n* 1) килогра́мм, кило́ 2) киломе́тр

kilobyte [ˈkɪləbaɪt] *n вчт* килоба́йт

kilocalorie [ˈkɪləˌkæləri] *n* килокало́рия

kilogram(me) [ˈkɪləgræm] *n* килогра́мм

kilometer [ˈkɪləˌmiːtə(r)] *амер. см.* **kilometre**

kilometre [ˈkɪləˌmiːtə(r)] *n* киломе́тр

kilowatt [ˈkɪləwɒt] *n* килова́тт

kilowatt-hour [ˌkɪləwɒtˈaʊə(r)] *n* килова́тт-час

kilt I [kɪlt] *n* 1) кил(ь)т, ю́бка шотла́ндского го́рца *(часть шотла́ндского национа́льного костю́ма)* 2) кле́тчатая ю́бка в скла́дку *(же́нская и́ли де́тская)*

kilt II *v* 1) подтыка́ть подо́л 2) собира́ть в скла́дки

kilter [ˈkɪltə(r)] *n* поря́док; **off ~, out of ~** не в поря́дке

kiltie [ˈkɪltɪ] *n* 1) тот, кто но́сит кил(ь)т 2) шотла́ндский солда́т в национа́льном костю́ме

kimono [kɪˈməʊnəʊ] *n* кимоно́

kin I [kɪn] *n* родня́, родны́е, ро́дственники; родство́; **near of ~** бли́зкие ро́дственники; **next of ~** ближа́йшие ро́дственники; **blood ~** кро́вные ро́дственники

kin II *a predic* ро́дственный; **~ to** ро́дственный; подо́бный, похо́жий

kind¹ [kaɪnd] *n* 1) род; семе́йство; **human ~** челове́ческий род, род людско́й 2) поро́да *(животных)* 3) разря́д, класс; разнови́дность 4) сорт, тип; **of a better ~** лу́чшего со́рта; улу́чшенного ти́па; **what ~ of cheese do you want?** како́й сорт сы́ра вам ну́жен?; **what ~ of person is he?** что он за челове́к?; **all ~s of people** са́мые ра́зные лю́ди; **all ~s of** вся́кого ро́да 5) приро́да, су́щность; **to act after one's ~** быть ве́рным себе́ *(в посту́пках)* ◊ **in ~** нату́рой; **to pay in ~** плати́ть нату́рой; **to repay in ~** отплати́ть тем же; **a ~ of** не́сколько, отча́сти, что́-то вро́де; как бу́дто; **coffee of a ~** бурда́, а не ко́фе; плохо́й ко́фе; **something of the ~** что́-нибудь в э́том ро́де; **nothing of the ~** ничего́ подо́бного; **they are two of a ~** что оди́н, что друго́й, о́ба хоро́ши

kind² *a* 1) до́брый, серде́чный; **they were very ~ to me** они́ бы́ли о́чень добры́ ко мне; **it is very ~ of you** э́то о́чень любе́зно с ва́шей стороны́ 2) внима́тельный, дружелю́бный, располо́женный, доброжела́тельный; **would you be so ~ as to tell me...** бу́дьте добры́, скажи́те мне...

kindergarten [ˈkɪndəˌɡɑːtn] *n* де́тский сад *(тж* **nursery school**)

kind-hearted [kaɪndˈhɑːtɪd] *a* до́брый, добросерде́чный, мя́гкий

kindle [ˈkɪndl] *v* 1) зажига́ть, разжига́ть; раста́пливать *(печь и т. п.)* 2) возбужда́ть, разжига́ть *(стра́сти, воображе́ние и т. п.)* 3) загора́ться, вспы́хивать; **wood didn't ~** дрова́ не загоре́лись

kindliness [ˈkaɪndlɪnɪs] *n* доброта́

kindling [ˈkɪndlɪŋ] *n* расто́пка

kindly I [ˈkaɪndlɪ] *a* 1) до́брый, благожела́тельный 2) мя́гкий, прия́тный *(о кли́мате)*

kindly II *adv* доброжела́тельно, тепло́; любе́зно; **~ show me the way** бу́дьте любе́зны, скажи́те, как пройти́; **would you ~ pass the salt** бу́дьте добры́, переда́йте соль; **she ~ helped me with my work** она́ любе́зно помогла́ мне в рабо́те ◊ **to take ~ to smth/smb** хорошо́/с удово́льствием приня́ть что-л./кого́-л.; **he doesn't ~ to work** он не о́чень-то стара́ется на рабо́те, он не «гори́т» на рабо́те

kindness [ˈkaɪndnɪs] *n* 1) доброта́ 2) одолже́ние, любе́зность; внима́ние *(к кому́-л.);* **to do smb a ~** оказа́ть кому́-л. внима́ние/любе́зность; **have the ~...** бу́дьте любе́зны...

kindred I [ˈkɪndrɪd] *n* 1) родны́е, родня́ 2) кро́вное родство́ 3) схо́дство нату́р, хара́ктеров

kindred II *a* 1) ро́дственный 2) схо́дный, похо́жий; аналоги́чный; **~ souls** родны́е ду́ши

kinematics [ˌkɪnɪˈmætɪks] *n* кинема́тика

kinetic [kaɪˈnetɪk] *a физ.* кинети́ческий; **~ energy** кинети́ческая эне́ргия

kinetics [kaɪˈnetɪks] *n* кине́тика

king [kɪŋ] *n* 1) коро́ль, царь; **the ~ of beasts** царь звере́й, лев 2) магна́т, коро́ль; **oil ~s** нефтяны́е короли́ 3) *шахм., карт.* коро́ль

kingdom [ˈkɪŋdəm] *n* короле́вство, ца́рство; **the United Kingdom** Соединённое Короле́вство; **animal ~** живо́тный мир, живо́тное ца́рство ◊ **~ come** *сленг* ве́чность, загро́бный мир; **till ~ come** *сленг* навсегда́, наве́ки

kingfisher [ˈkɪŋˌfɪʃə(r)] *n* зиморо́док *(птица)*

kinglet [ˈkɪŋlɪt] *n презр.* царёк

kingly [ˈkɪŋlɪ] *a* короле́вский; ца́рственный; вели́чественный

king-size [ˈkɪŋsaɪz] *a* име́ющий разме́р бо́льше обы́чного; о́чень большо́й

kink I [kɪŋk] *n* 1) загиб, перегиб; перекручивание; узел 2) завиток *(волос)* 3) заскок, причуда, странность 4) изгиб 5) петля

kink II *v* свёртывать(ся) в петлю, перекручивать(ся); виться

kinky [ˈkɪŋkɪ] *a* курчавый, в мелких кудряшках

kinsfolk [ˈkɪnzfəʊk] *n pl* родственники, родня

kinship [ˈkɪnʃɪp] *n* 1) родство; **real ~** настоящее *(кровное)* родство 2) сходство

kinsman [ˈkɪnzmən] *n* родственник

kinswoman [ˈkɪnzˌwʊmən] *n* родственница

kiosk [ˈkiːɒsk] *n* 1) киоск 2) телефонная будка

kip [kɪp] *n сленг* 1) сон, дремота 2) ночлёжка 3) бордель

kipper I [ˈkɪpə(r)] *n* копчёная рыба; копчёная селёдка

kipper II *v* коптить, солить, вялить рыбу

kirby-grip [ˈkɜːbɪgrɪp] *n* заколка для волос

Kirghiz I [ˈkɪəgɪz] *n* 1) киргиз; киргизка; **the ~** *(употр. как pl)* киргизы 2) киргизский язык

Kirghiz II *a* киргизский

kirk [kɜːk] *n шотл.* церковь; **the K.** Пресвитерианская церковь Шотландии *(тж the Church of Scotland)*

kirsch [kɪəʃ] *n* кирш, вишнёвая водка, вишнёвка

kismet [ˈkɪsmet] *n* рок, судьба

kiss I [kɪs] *n* поцелуй; **tender/gentle ~** нежный поцелуй; **to give a ~** поцеловать; **to wave/to blow a ~** послать воздушный поцелуй ◊ **~ of life** искусственное дыхание «рот в рот»

kiss II *v* целовать(ся) ◊ **to ~ smth goodbye** *разг.* распрощаться с чем-л., примириться с потерей чего-л.; **to ~ the dust/the ground** быть поверженным, потерпеть полное поражение; **to ~ the Book** принимать присягу

kit[1] [kɪt] *n* 1) набор инструментов *и т. п.*; **first-aid ~** аптечка 2) снаряжение 3) комплект деталей, частей *(для сборки чего-л.)* 4) кадка

kit[2] *n* котёнок

kitbag [ˈkɪtbæg] *n* вещевой мешок

kitchen [ˈkɪtʃɪn] *n* кухня

kitchenette [ˌkɪtʃɪˈnet] *n* маленькая кухня, кухонька; часть комнаты, выделенная под кухню

kitchengarden [ˈkɪtʃɪnˈgɑːdn] *n* огород

kitchenware [ˈkɪtʃɪnweə(r)] *n* кухонные принадлежности, кухонная утварь *(сковородки, вилки, ножи и т. п.)*

kite [kaɪt] *n* 1) бумажный змей; **to fly a ~** а) запускать змея б) пускать пробный шар 2) коршун 3) эк. дутый вексель

kite-flying [ˈkaɪtˌflaɪɪŋ] *n эк.* получение денег под дутый вексель

Kitemark [ˈkaɪtmɑːk] *n* товарный знак качества в виде бумажного змея *(в Великобритании: присваиваемый Британским институтом стандартов)*

kith [kɪθ] *n*: **~ and kin** друзья и родные

kitsch [kɪtʃ] *n* кич, массовая низкопробная продукция

kitten I [ˈkɪtən] *n* котёнок ◊ **to have ~s** *разг.* нервничать, волноваться

kitten II *v* котиться

kittle [ˈkɪtl] *a* обидчивый; капризный; непредсказуемый; трудный *(в общении)*

kitty[1] [ˈkɪtɪ] *n* кис(к)а *(в обращении к кошке)*

kitty[2] *n* 1) общественные деньги 2) *карт.* банк

kiwi [ˈkiːwiː] *n* 1) киви *(тж ~ fruit, ~ berry)* 2) птица киви *(символ Новой Зеландии)* 3) *разг. шутл.* прозвище новозеландца

KKK *сокр.* **(Ku Klux Klan)** *амер.* ку-клукс-клан

kl *сокр.* **(kilolitre)** килолитр

Kleenex [ˈkliːneks] *n фирм.* бумажные косметические салфетки; бумажные носовые платки

kleptomania [ˌkleptəʊˈmeɪnɪə] *n* клептомания

kloof [kluːf] *n* ущелье *(в Южной Африке)*

km *сокр.* **(kilometre)** километр

knack [næk] *n* 1) умение, сноровка; **he has a ~ with cats** он умеет обращаться с кошками 2) привычка

knacker [ˈnækə(r)] *v сленг* 1) утомлять, изнурять 2) портить; разрушать

knacky [ˈnækɪ] *a* ловкий, умелый

knag [næg] *n* 1) нарост, узел *(на дереве)* 2) сук

knaggy [ˈnægɪ] *a* сучковатый

knap [næp] *v* бить щебень

knapsack [ˈnæpsæk] *n* рюкзак; ранец *(тж* **rucksack)**

knar [nɑː(r)] *n* нарост, узел *(на стволе дерева)*

knave [neɪv] *n* 1) мошенник, жулик 2) *карт.* валет

knavery [ˈneɪvərɪ] *n* жульничество, мошенничество

knavish [ˈneɪvɪʃ] *a* жульнический, мошеннический

knead [niːd] *v* 1) месить *(тесто, глину и т. п.)* 2) смешивать в массу 3) массировать, разминать

kneading-trough [ˈniːdɪŋtrɒf] *n* квашня

knee [niː] *n* 1) колено; **to go down on one's ~s** становиться на колени; **to feel weak at the**

~s чу́вствовать дрожь в коле́нях; **up to one's ~s** по коле́но 2) наколе́нник 3) *тех.* (соедини́тельное) коле́но 4) *attr* коле́нный ◊ **on bended ~(s)** а) умоля́я, упра́шивая б) в благогове́нии

knee-bend ['ni:bend] *n* сгиба́ние ног в коле́нях

knee-breeches ['ni:͵brɪtʃɪz] *n pl* бри́джи

kneecap ['ni:kæp] *n анат.* надколе́нная ча́шечка, надколе́нник (*тж* **kneepan**)

knee-deep ['ni:di:p] *a* по коле́но

knee joint ['ni:dʒɔɪnt] *n анат.* коле́нный суста́в

kneel [ni:l] *v* (*past, p. p.* **knelt**) 1) станови́ться на коле́ни 2) стоя́ть на коле́нях (*перед кем-л.* — *to, before*)

knee-length ['ni:leŋθ] *a* до коле́н

knees-up ['ni:zʌp] *n разг. уст.* весёлая вечери́нка, весёлое сбо́рище

knell I [nel] *n* 1) похоро́нный, погреба́льный звон 2) дурно́е предзнаменова́ние

knell II *v* 1) звони́ть при похорона́х 2) звуча́ть злове́ще; предвеща́ть дурно́е

knelt [nelt] *past, p. p. см.* **kneel**

knew [nju:] *past см.* **know I**

Knickerbocker ['nɪkəbɒkə(r)] *n* уроже́нец или жи́тель Нью-Йо́рка (*особ. потомок голландских поселенцев*)

knickerbockers ['nɪkəbɒkəz] *n pl ист.* коро́ткие брю́ки до коле́н

knickers ['nɪkəz] *n* 1) же́нские тру́сики (*амер.* **panties**) 2) *амер. см.* **knickerbockers**

knick-knack ['nɪknæk] *n* безделу́шка, украше́ние

knick-knackery ['nɪknækərɪ] *n* безделу́шки, вещи́цы

knife I [naɪf] *n* (*pl* **knives**) 1) нож; **bread ~** нож для хле́ба; **carving ~** разде́лочный нож; **table ~** столо́вый нож 2) нож хиру́рга, ска́льпель 3) *тех.* скребо́к, струг, резе́ц 4) *attr* ножево́й ◊ **to get a ~ into smb** име́ть зуб про́тив кого́-л.; ре́зко выка́зывать свою́ неприя́знь к кому́-л.; пресле́довать кого́-л.; **before you can say ~** *разг.* неме́дленно, то́тчас же, в оди́н моме́нт; ≅ и а́хнуть не успе́л

knife II *v* ре́зать, коло́ть ножо́м; наноси́ть уда́р ножо́м

knife-bayonet ['naɪf 'beɪənɪt, -net] *n* штык-нож

knife-edge ['naɪfedʒ] *n* 1) острие́ ножа́ 2) кра́йне опа́сная пози́ция, ситуа́ция 3) опо́рная при́зма (*весов и т. п.*)

knife-grinder ['naɪf͵graɪndə(r)] *n* точи́льщик

knife-rest ['naɪfrest] *n* подста́вка для ножа́

knight [naɪt] *n* 1) челове́к, име́ющий зва́ние ры́царя (*титул, даваемый монархом за* личные заслуги перед отечеством) 2) *ист.* ры́царь 3) кавале́р одного́ из вы́сших англи́йских орде́нов; **K. of the Bath** кавале́р о́рдена Ба́ни; **K. of the Garter** кавале́р о́рдена Подвя́зки 4) *шахм.* конь ◊ **~ of the road** а) разбо́йник б) коммивояжёр в) бродя́га г) води́тель такси́

knighterrant ['naɪt'er(ə)nt] *n* 1) стра́нствующий ры́царь 2) донкихо́т, рома́нтик

knighthood ['naɪthud] *n* ры́царство; зва́ние ры́царя

knightly I ['naɪtlɪ] *a* ры́царский, благоро́дный

knightly II *adv* по-ры́царски

knit [nɪt] *v* (*past, p. p.* **knitted, knit**) 1) вяза́ть (*кофту, носки и т. п.*); **to ~ a jumper** вяза́ть джэ́мпер 2) хму́рить, сдви́нуть бро́ви 3) сраста́ться (*о сломанной кости и т. п.*) 4) соединя́ться, объединя́ться (*на основе общих целей, интересов и т. п.; тж* **to ~ together**)

knit up 1) поднима́ть спу́щенные пе́тли; чини́ть 2) связа́ть (*кофту и т. п.*) 3) положи́ть коне́ц (*ссоре и т. п.*)

knitted ['nɪtɪd] *a* вя́заный, трикота́жный

knitter ['nɪtə(r)] *n* 1) вяза́льщик, вяза́льщица 2) *см.* **knitting machine**

knitting ['nɪtɪŋ] *n* вяза́ние

knitting machine ['nɪtɪŋmə͵ʃi:n] *n* вяза́льная маши́на; трикота́жная маши́на

knitting needle ['nɪtɪŋ͵ni:dl] *n* вяза́льная спи́ца

knitwear ['nɪtweə(r)] *n* 1) вя́заные изде́лия 2) трикота́жные изде́лия, трикота́ж

knitwork ['nɪtwɜ:k] *n* 1) вяза́ние 2) вя́заные изде́лия 3) трикота́жные изде́лия, трикота́ж

knives [naɪvz] *pl см.* **knife I**

knob [nɒb] *n* 1) ши́шка, вы́пуклость 2) предме́т, име́ющий фо́рму ши́шки (*ручка двери, набалдашник и т. п.*) 3) небольшо́й кусо́к, ша́рик (*масла, угля и т. п.*) 4) *тех.* ру́чка, кно́пка, рукоя́тка

knobble ['nɒbl] *n* ма́ленькая ши́шка, ши́шечка

knobby ['nɒbɪ] *a* шишкова́тый, в ши́шках

knobstick ['nɒbstɪk] *n* дуби́нка

knock I [nɒk] *n* 1) стук в дверь 2) уда́р 3) перебо́и (*в машине*) ◊ **to get the ~** а) лиши́ться рабо́ты б) *театр.* не име́ть успе́ха у пу́блики; **to take the ~** а) обнища́ть; разори́ться б) пережива́ть уда́р судьбы́

knock II *v* 1) ударя́ть, бить, стуча́ть, колоти́ть 2) стуча́ть(ся) в дверь (*тж* **to ~ at the door**) 3) забива́ть, выбива́ть, сбива́ть; **to ~ the bottom out of a box** вы́бить дно у я́щика; **to ~ a hole in the fence** проби́ть дыру́ в огра́де 4) *сленг* ошеломля́ть, поража́ть, изумля́ть 5) *сленг* ре́зко отзыва́ться; придира́ться 6) сленг груб. тра́хать ◊ ~ **on wood** постучи́ по де́реву(, чтобы не сгла́зить); **to ~ smb cold** изби́ть кого́-л. до́ сме́рти; **to ~ smb dead** разг. потрясти́, изуми́ть кого́-л.; **to ~ into the middle of next week** разг. дать как сле́дует по башке́, всы́пать по пе́рвое число́; **to ~ into a cocked hat** изби́ть, намя́ть бока́; **to ~ spots easily** легко́ одержа́ть побе́ду, победи́ть с лёгкостью

knock about 1) гоня́ть, ката́ть в ра́зных направле́ниях 2) разг. жить, пожива́ть 3) разг. валя́ться 4) гру́бо, жесто́ко обраща́ться (с кем-л.) 5) разг. шата́ться, болта́ться, броди́ть; разъезжа́ть; быва́ть в ра́зных края́х, стра́нах 6) разг. води́ть компа́нию (с кем-л.)

knock against 1) уда́риться (обо что-л.) 2): **to knock one's head against a brick wall** би́ться голово́й о сте́нку; занима́ться безнадёжным де́лом, напра́сно тра́тить си́лы

knock around см. **knock about**

knock away 1) до́лго стуча́ть (в дверь) 2) вы́бить уда́ром

knock back 1) отве́тить уда́ром на уда́р, отбива́ть наза́д 3) разг. мно́го пить, выпива́ть 4) разг. разори́ться (на чём-л.); влете́ть в копе́ечку

knock down 1) сбить уда́ром 2) сбить с ног, свали́ть (кого́-л.) 3) сноси́ть дом 4) разбира́ть на ча́сти (мебель и т. п.) 5) разг. разбива́ть (аргуме́нты, до́воды) 6) разг. продава́ть с молотка́, продава́ть за полцены́ 7) разг. сбива́ть це́ну 8) амер. разг. зараба́тывать де́ньги 9) разг. порази́ть, потрясти́, ошеломи́ть

knock in 1) вбива́ть 2) разг. вда́лбливать, вбива́ть (в го́лову)

knock off 1) сбива́ть, сшиба́ть; стря́хивать 2) разг. зака́нчивать, закругля́ть (рабо́ту) 3) разг. сбива́ть це́ну 4) разг. на́спех написа́ть, настрочи́ть (стихи́, му́зыку и т. п.) 5) разг. уби́ть, приши́ть 6) разг. укра́сть; обчи́стить (кого́-л.) 7) разг. одержа́ть верх, победи́ть 8) сленг груб. переспа́ть, тра́хаться (с кем-л.) ◊ **knock it off!** амер. ты э́то брось! хва́тит!

knock out 1) выбива́ть, выкола́чивать 2) нокаути́ровать 3) усыпи́ть, одурма́нить 4) разби́ть, разру́шить 5) разг. перенапря́чься 6) разг. порази́ть, потрясти́

knock over 1) свали́ть, опроки́нуть 2) свали́ть с ног, сбить 3) разг. ошеломи́ть, порази́ть 4) разг. легко́ одержа́ть верх, одержа́ть лёгкую побе́ду 5) амер. разг. огра́бить, обчи́стить

knock together 1) ста́лкиваться 2) на́спех сколоти́ть 3): **to knock their heads together**

привести́ (кого-л.) в чу́вство, образу́мить (кого-л.)

knock up 1) на́спех сколоти́ть, соруди́ть 2) пригото́вить на ско́рую ру́ку 3) зараба́тывать де́ньги 4) си́льно утоми́ть 5) амер. сленг обрюха́тить

knockabout I [ˈnɒkəbaʊt] n пло́хо, гру́бо поста́вленная пье́са; балага́н

knockabout II a 1) рассчи́танный на непритяза́тельный вкус; ~ **comedy** фарс, балага́н 2) повседне́вный, рабо́чий (об оде́жде)

knock-down I [ˈnɒkˈdaʊn] n спорт. нокда́ун

knock-down II a 1) сокруши́тельный (об уда́ре) 2) о́чень ни́зкий (о цене́) 3) разбо́рный (о ме́бели и т. п.)

knocker [ˈnɒkə(r)] n 1) молото́чек на две́ри (вме́сто звонка́), дверно́й молото́к 2) разг. коммивояжёр 3) pl сленг груб. гру́ди, си́ськи ◊ **up to the ~** сленг в хоро́шей фо́рме; лу́чше не́куда

knockout [ˈnɒkaʊt] n 1) си́льный уда́р (лиша́ющий созна́ния) 2) спорт. нока́ут 3) разг. я́ркая ли́чность; потряса́ющее собы́тие; сногсшиба́тельная вещь; **the show was a ~** шо́у име́ло бе́шеный успе́х

knoll [nəʊl] n хо́лмик, буго́р

knot I [nɒt] n 1) у́зел 2) галу́н, шнур, бант 3) мор. у́зел (едини́ца ско́рости) 4) гру́ппа, ку́чка (люде́й) 5) у́зы, те́сная связь 6) наро́ст, ши́шка (на расте́нии, на те́ле); у́зел, сучо́к 7) затрудне́ние, запу́танная ситуа́ция; загво́здка; **Gordian ~** го́рдиев у́зел; **to cut the ~** разруба́ть у́зел 8) гла́вная ли́ния, нить (сюже́та); суть (вопро́са) ◊ **to tie in ~s** разг. сбить с то́лку, оконча́тельно запу́тать

knot II v завя́зывать узло́м

knotty [ˈnɒtɪ] a 1) узлова́тый; сучкова́тый 2) запу́танный; **a ~ problem** сло́жная пробле́ма

knout [naʊt] n ист. кнут, бич

know I [nəʊ] n: **to be in the ~** разг. быть в ку́рсе де́ла

know II v (**knew; known**) 1) знать; **let me ~** да́йте мне знать; **as far as I ~** наско́лько изве́стно; **how should I ~?** отку́да мне знать?; **to get to ~ about smth** узна́ть, услы́шать о чём-л. 2) быть знако́мым (с кем-л.); **I don't ~ him but I ~ of him** я с ним не знако́м, но слы́шал о нём 3) име́ть каки́е-либо зна́ния, знать; **he knew German** он знал неме́цкий (язы́к) 4) узнава́ть, отлича́ть; **to ~ by sight** знать в лицо́; **I knew her by voice** я узна́л её по го́лосу ◊ **for all I ~** наско́лько мне изве́стно; отку́да мне знать; **to ~ better than** быть (о́чень) осторо́жным; **to ~ one's own mind** быть реши́тельным, не колеба́ться; **to ~ a thing or two** разбира́ться *(в чём-л.)*, быть óпытным; **to ~ what's what** знать жизнь; знать что почём; **not if I ~** тóлько не по моéй вóле; **you never ~** кто знáет; никогдá не знáешь(, что бýдет)

know-all [ˈnəʊˈɔːl] *n разг.* всезнáйка

know-how [ˈnəʊhaʊ] *n* 1) óпыт, умéние 2) нóу-хáу, владéние технолóгией и секрéтами произвóдства

knowing I [ˈnəʊɪŋ] *n* знáние; понимáние ◊ **there's no ~** никтó не знáет

knowing II *a* 1) хи́трый, лóвкий 2) знáющий

knowingly [ˈnəʊɪŋlɪ] *adv* 1) сознáтельно 2) понимáюще, с понимáнием

knowledge [ˈnɒlɪdʒ] *n* 1) знáние 2) познáния, знáния; **his ~ of Shakespear** егó знáние твóрчества Шекспи́ра; **lack of ~** недостáток знáний; **a branch of ~** óтрасль знáний 3) осведомлённость; **to come to one's ~** станови́ться извéстным комý-л.; **to my ~** наскóлько я знáю; **without my ~** без моегó вéдома 4) знакóмство

known I [nəʊn] *p. p. см.* **know I**

known II *a* извéстный; **~ facts** извéстные фáкты; **to become ~ for smth** быть чем-л. извéстным, прослáвиться чем-л.

know-nothing [ˈnəʊˌnʌθɪŋ] *n* 1) невéжда 2) *филос.* агнóстик

knuckle I [ˈnʌkl] *n* 1) сустáв пáльца; костя́шка пáльца 2) нóжка *(телячья, свиная)* 3) *тех.* шарни́р ◊ **to rap on/over the ~s** дать нагоня́й, всы́пать как слéдует

knuckle II *v* ударя́ть, стучáть костя́шками пáльцев

knuckle down: to ~ down to work энерги́чно взя́ться за рабóту

knuckle under уступáть, подчиня́ться

knuckle-bones [ˈnʌklbəʊnz] *n pl* игрá в бáбки

knuckleduster [ˈnʌklˌdʌstə(r)] *n* кастéт

knur(r) [nɜ:(r)] *n* ýзел, нарóст *(на дереве)*

KO *сокр.* **(knockout)** *спорт.* нокáут

koala [kəʊˈɑːlə] *n зоол.* коáла, сýмчатый медвéдь *(тж ~ **bear**)*

kobold [ˈkəʊbɒld] *n* кóбольд, злой дух, живýщий в шáхтах *(в немецкой мифологии)*

KO'd [keɪˈəʊd] *a* нокаути́рованный

kohl [kəʊl] *n* сурьмá

kohlrabi [kəʊlˈrɑːbɪ] *n бот.* кольрáби

kolinsky [kəˈlɪnskɪ] *n* 1) *зоол.* колонóк 2) мех колонкá

kolkhoz [ˈkɒlkɒz] *n русск.* колхóз

kook [ku:k] *n амер. сленг* чóкнутый

kooky [ˈku:kɪ] *a сленг* свихнýвшийся, не в себé

kopeck [ˈkəʊpek] *см.* **copeck**

Koran [kɔːˈrɑːn] *n* **(the ~)** Корáн *(тж the* **Quran**)

Korean I [kəˈriːən] *n* 1) корéец; корея́нка; **the ~s** корéйцы 2) корéйский язы́к

Korean II *a* корéйский

kosher I [ˈkəʊʃə(r)] *n* кошéрная пи́ща

kosher II *a* 1) кошéрный *(о пище)* 2) *разг.* прáвильный, вéрный, и́стинный

kotow I, II [kəʊˈtaʊ] *см.* **kowtow I, II**

kowtow I [kaʊˈtaʊ] *n* 1) ни́зкий поклóн 2) раболéпие

kowtow II *v* 1) ни́зко кла́няться; класть земны́е поклóны 2) раболéпствовать

kraal [krɑ:l] *n* крааль *(в Южной Африке)*

kraft [krɑ:ft] *n* крафт-бумáга, плóтная кори́чневая упакóвочная бумáга *(тж ~ **paper**)*

Kraut [kraʊt] *n сленг презр.* нéмец

Kremlin [ˈkremlɪn] *n* 1) Кремль 2) *attr* кремлёвский ◊ **the ~** росси́йское прави́тельство

krimmer [ˈkrɪmə(r)] *n* мерлýшка *(мех)*

Krishnaism [ˈkrɪʃnəˌɪz(ə)m] *n* кришнаи́зм

kudos [ˈkju:dɒs] *n разг.* слáва

Ku Klux Klan [ˌku:klʌksˈklæn] *n амер.* куклукс-клáн

kung fu [kʊŋˈfu:] *n* кун(г)-фý *(китайское боевое искусство)*

Kurd [kɜ:d] *n* курд; **the ~s** кýрды

Kurdish [ˈkɜ:dɪʃ] *a* кýрдский

kV *сокр.* **(kilovolt)** киловóльт

kvass [kvɑ:s] *n русск.* квас

kW *сокр.* **(kilowatt)** киловáтт

kWh *сокр.* **(kilowatt-hour)** киловáтт-час

kyle [kaɪl] *n шотл.* ýзкий морскóй проли́в

L

L, l [el] *n* 1) *12-я буква англ. алфавита* 2) ри́мская ци́фра «50»

l *сокр.* 1) **(left)** лéвый 2) **(length)** длинá 3) **(line)** ли́ния 4) **(litre)** литр

la [lɑ:] *n муз.* нóта ля

Lab. *сокр.* **(Labour)** лейбори́стская пáртия

lab [læb] *n разг.* лаборатóрия

label I [ˈleɪbl] *n* 1) наклéйка, би́рка, этикéтка; ярлы́к 2) торгóвая мáрка, товáрный знак, лейбл *(особ. дома моделей, студии звукозаписи)* 3) *неодобр.* ярлы́к 4) помéта *(в словаре)* 5) мéтка 6) почтóвая мáрка

label II *v* 1) приклéивать, прикрепля́ть этикéтку, ярлы́к 2) *перен.* приклéивать ярлы́к 3) относи́ть к какóй-л. категóрии, грýппе 4) *физ.* мéтить *(радиоактивным изотопом)* 5) помечáть, маркировáть

labial I [ˈleɪbɪəl] *n фон.* губно́й, лабиа́льный звук

labial II *a анат.* губно́й, лабиа́льный

labialization [ˌleɪbɪəlaɪˈzeɪʃ(ə)n] *n фон.* лабиализа́ция

labile [ˈleɪbaɪl] *a физ., хим., мед.* неусто́йчивый, лаби́льный; **~ equilibrium** неусто́йчивое равнове́сие

lability [ləˈbɪlɪtɪ] *n физ., хим., мед.* неусто́йчивость, (функциона́льная) подви́жность, лаби́льность

labiodental I [ˌleɪbɪəʊˈdentl] *n фон.* губно-зубно́й, лабиодента́льный звук

labiodental II *a фон.* гу́бно-зубно́й, лабиодента́льный

labor I, II [ˈleɪbə(r)] *амер. см.* **labour I, II**

laboratory I [ləˈbɒrətərɪ] *n* лаборато́рия, кабине́т (в шко́ле); **~ assistant** лабора́нт; лабора́нтка

laboratory II *a* лаборато́рный; **~ test/experiment** лаборато́рный тест/экспериме́нт

Labor Day [ˈleɪbədeɪ] *n амер.* День труда́ *(первый понедельник сентября)*

laborious [ləˈbɔːrɪəs] *a* 1) тяжёлый, трудоёмкий 2) вы́мученный, тяжелове́сный, натя́нутый *(о стиле)* 3) трудолюби́вый, усе́рдный

labour I [ˈleɪbə(r)] *n* 1) труд; рабо́та; уси́лия; **lost ~** напра́сный труд, напра́сные стара́ния, тще́тные уси́лия; **hard ~** ка́торжные рабо́ты; **forced ~** принуди́тельный труд 2) трудя́щиеся, рабо́чий класс 3) рабо́чая си́ла, рабо́чие; трудово́й ресу́рс; **shortage of ~** нехва́тка рабо́чей си́лы; **~ exchange** *уст.* би́ржа труда́ 4) **(L.)** лейбори́стская па́ртия; **a ~ MP** член парла́мента от лейбори́стской па́ртии 5) ро́ды; родовы́е му́ки; **to be in ~** рожа́ть, му́читься ро́дами 6) *attr* трудово́й; рабо́чий; **~ force** рабо́чая си́ла, рабо́чие *(на заводе и т. п.)*; **~ camp** исправи́тельно-трудово́й ла́герь; **~ union** *амер.* профсою́з; **~ conflict/dispute** трудово́й конфли́кт/спор *(между рабочими и предпринимателем)* 7) **(L.)** *attr* лейбори́стский ◊ **~ of love** бескоры́стный труд, люби́мое де́ло; труд, принося́щий бо́льше мора́льное, не́жели материа́льное удовлетворе́ние

labour II *v* 1) напряжённо труди́ться 2) прилага́ть уси́лия, добива́ться *(for или to + Inf)*; **to ~ for peace** добива́ться ми́ра, боро́ться за мир 3) тща́тельно, дета́льно разраба́тывать; **no need to ~ the point** не сто́ит до́лго остана́вливаться на э́том пу́нкте 4) рабо́тать, де́йствовать в тяжёлых усло́виях 5) продвига́ться с трудо́м

laboured [ˈleɪbəd] *a* 1) доста́вшийся с больши́м трудо́м 2) затруднённый *(о движении)*

3) вы́мученный, тяжелове́сный, натя́нутый, нату́жный; **a ~ joke** вы́мученная шу́тка

labourer [ˈleɪbərə(r)] *n* неквалифици́рованный рабо́чий, чернорабо́чий

Labourite [ˈleɪbəraɪt] *n* лейбори́ст, член лейбори́стской па́ртии

labour market [ˈleɪbəˌmɑːkɪt] *n* ры́нок труда́

Labour Party [ˈleɪbəˌpɑːtɪ] *n* **(the ~)** лейбори́стская па́ртия

labour-saving [ˈleɪbəˌseɪvɪŋ] *a* трудосберега́ющий, бо́лее рациона́льный *(о приспособлении, электроприборе и т. п.)*

labyrinth [ˈlæbərɪnθ] *n* лабири́нт

lace I [leɪs] *n* 1) кру́жево, кружева́ 2) шнуро́к 3) галу́н, позуме́нт *(обыкн.* **silver ~**)

lace II *v* 1) шнурова́ть, зашнуро́вывать; затя́гивать шнуро́м 2) отде́лывать *(кружевом, тесьмой и т. п.)* 3) добавля́ть кре́пкие спиртны́е напи́тки *(коньяк, ликёр)* в чай, ко́фе

lacerate [ˈlæsəreɪt] *v* 1) раздира́ть, разрыва́ть; ра́нить; кале́чить 2) терза́ть *(сердце, душу)*

lachrymal [ˈlækrɪməl] *a* слёзный *(относящийся к слезам или слёзным путям)*

lachrymatory [ˈlækrɪmətərɪ] *a* вызыва́ющий слезотече́ние, слезоточи́вый *(о газе)*

lachrymose [ˈlækrɪməʊs] *a* слезли́вый; пла́чущий, в слеза́х, вызыва́ющий слёзы, гру́стный

lacing [ˈleɪsɪŋ] *n* 1) отде́лка шнуро́м, тесьмо́й 2) шнур; шнуро́вка 3) *разг.* по́рка, битьё 4) добавле́ние кре́пких спиртны́х напи́тков *(коньяка, ликёра)* в чай, ко́фе

lack I [læk] *n* недоста́ток, нехва́тка, неполноце́нность, отсу́тствие *(чего-л. — of)*; **for ~ of smth** за недоста́тком, за отсу́тствием чего́-л.; **no ~** оби́лие; **~ of blood** малокро́вие, анеми́я; **~ of self-control** отсу́тствие самоконтро́ля

lack II *v* не хвата́ть, недостава́ть; **he ~s experience** ему́ не хвата́ет о́пыта

lackadaisical [ˌlækəˈdeɪzɪkəl] *a* 1) вя́лый, то́мный 2) сентимента́льный

lacker I, II [ˈlækə(r)] *см.* **lacquer I, II**

lackey I [ˈlækɪ] *n* 1) лаке́й, прислу́жник 2) подхали́м

lackey II *v* лаке́йствовать, угодничать

lacklustre [ˈlækˌlʌstə(r)] *a* ту́склый, невырази́тельный *(о глазах, взгляде)*

laconic [ləˈkɒnɪk] *a* неразгово́рчивый *(о челове́ке)*; лакони́чный, кра́ткий *(о речи)*

laconism [ˈlækənɪz(ə)m] *n* лакони́зм

lacquer I [ˈlækə(r)] *n* 1) лак; политу́ра 2) *attr:* **~ ware** *собир.* лаки́рованные изде́лия

lacquer II *v* покрыва́ть ла́ком, лакирова́ть

lacquey I, II [ˈlækɪ] *см.* **lackey I, II**

lacrimal [ˈlækrɪməl] *см.* **lachrymal**

lacrimatory [ˈlækrɪmətərɪ] *см.* **lachrymatory**

lacrimose [ˈlækrɪməʊs] *см.* **lachrymose**

lactation [lækˈteɪʃən] *n* 1) выделе́ние молока́, лакта́ция 2) пери́од кормле́ния гру́дью

lactic [ˈlæktɪk] *a* моло́чный

lactiferous [lækˈtɪfərəs] *a* 1) выделя́ющий молоко́ 2) *бот.* выделя́ющий мле́чный сок

lactose [ˈlæktəʊz] *n хим.* моло́чный са́хар, лакто́за

lacuna [ləˈkjuːnə] *n (pl тж* **lacunae** [ləˈkjuːniː]*)* 1) пробе́л, про́пуск *(в тексте, рукописи);* лаку́на 2) пробел в зна́ниях, лаку́на 3) *анат.* углубле́ние, впа́дина, лаку́на *(в кости)*

lacy [ˈleɪsɪ] *a* кружевно́й

lad [læd] *n* 1) ма́льчик; ю́ноша 2) *разг.* па́рень, парене́к, ма́лый; **a regular ~** руба́ха-па́рень; **a bit of a ~** гуля́ка

ladder I [ˈlædə(r)] *n* 1) ле́стница *(приставная, складная, верёвочная);* стремя́нка 2) служе́бная ле́стница; **to climb the ~** де́лать карье́ру, продвига́ться вверх по служе́бной ле́стнице 3) трап *(на судне)* 4) спусти́вшаяся пе́тля *(на чулке)* 5) *тех* цепна́я схе́ма; многозве́нная схе́ма

ladder II *v* 1) обору́довать ле́стницей *или* ле́стницами 2) спуска́ться *(о петле на чулке)*

laddie [ˈlædɪ] *n разг.* мальчуга́н, парни́шка

lade [leɪd] *v* (**laded; laded, laden**) грузи́ть, нагружа́ть

laden I [ˈleɪdn] *p. p. см.* **lade**

laden II *a* 1) гружёный, (тяжело́) нагружённый *(with);* заста́вленный *(угощениями, кушаньями);* гну́щийся под тя́жестью *(плодов)* 2) с тяжёлым се́рдцем; обременённый *(грехами, скорбями)*

ladies' man [ˈleɪdɪzˌmæn] *n* сердцее́д, донжуа́н, соблазни́тель

ladies room [ˈleɪdɪzˌruːm] *n* да́мская ко́мната, да́мский туале́т *(в общественном месте)* *(тж* **the Ladies**)

ladieswear [ˈleɪdɪzˌweə] *n* 1) же́нская оде́жда 2) магази́н же́нской оде́жды

lading [ˈleɪdɪŋ] *n* 1) груз 2) фрахт 3) погру́зка

ladle I [ˈleɪdl] *n* 1) разлива́тельная ло́жка, поло́вник 2) *тех.* ковш, черпа́к

ladle II *v* че́рпать, разлива́ть

ladle out ще́дро раздава́ть, наделя́ть

lady [ˈleɪdɪ] *n* 1) да́ма; госпожа́; **an old ~** пожила́я да́ма; **first ~** *амер.* пе́рвая ле́ди, супру́га президе́нта; **my ~** суда́рыня *(обращение)* 2) **(L.)** ле́ди *(титул знатной дамы)* 3) *разг.* жена́ 4) хозя́йка до́ма 5) *уст.* да́ма се́рдца, возлю́бленная 6) **(the Ladies)** же́нский туале́т 7) *attr:* **~ doctor** же́нщина-врач 8) *рел.* **Our L.** Богоро́дица, Богома-терь *(тж* **the Mother of God**) 9) *attr рел.:* **the L. Day** Благове́щение (Бо́жией Ма́тери) *(тж* **the Annunciation (Day), the Marymass)**

ladybird [ˈleɪdɪbɜːd] *n* бо́жья коро́вка

ladybug [ˈleɪdɪbʌg] *амер. см.* **ladybird**

lady-in-waiting [ˈleɪdɪɪnˈweɪtɪŋ] *n (pl* **ladies-in-waiting**) придво́рная да́ма, фре́йлина

lady-killer [ˈleɪdɪˌkɪlə(r)] *n ирон.* сердцее́д, донжуа́н, соблазни́тель

ladylike [ˈleɪdɪlaɪk] *a* 1) с хоро́шими мане́рами, воспи́танная 2) же́нственный, мане́рный *(о мужчине)*

lady-love [ˈleɪdɪlʌv] *n* возлю́бленная; неве́ста

ladyship [ˈleɪdɪʃɪp] *n* 1) ти́тул, зва́ние ле́ди 2): **your (her) ~** ва́ша (её) ми́лость *(в обраще́нии, упоминании)*

lady's maid [ˈleɪdɪzmeɪd] *n ист.* го́рничная, камери́стка

lag¹ I [læg] *n* 1) заде́ржка, отстава́ние, запа́здывание 2) интерва́л

lag¹ II *v* запа́здывать, отстава́ть, тащи́ться *(тж* **to ~ behind**)

lag² I *n сленг* рециди́вист, уголо́вник со ста́жем *(тж* **old ~**)

lag² II *v сленг* 1) сажа́ть в тюрьму́, в куту́зку 2) аресто́вывать

lag³ I *n* 1) термоизоля́ция, термоизоляцио́нный материа́л *(для труб, бойлера и т. п.)* 2) обши́вка *(напр. досками)*

lag³ II *v* 1) покрыва́ть термоизоляцио́нным материа́лом, термоизоли́ровать 2) обшива́ть *(напр. досками)*

lager [ˈlɑːgə(r)] *n* ла́гер, сорт све́тлого пи́ва

laggard I [ˈlægəd] *n* 1) у́вален 2) безде́льник

laggard II *a* медли́тельный, вя́лый

lagging¹ [ˈlægɪŋ] *n* 1) термоизоля́ция, термоизоляцио́нный материа́л *(для труб, бойлера и т. п.)* 2) обши́вка *(напр. досками)*

lagging² *n* заде́ржка, запа́здывание, отстава́ние

lagoon [ləˈguːn] *n* лагу́на

lah [lɑː] *n муз.* но́та ля

laic I [ˈleɪɪk] *n* миря́нин

laic II *a* све́тский, мирско́й

laicize [ˈleɪɪsaɪz] *v* секуляризи́ровать

laid [leɪd] *past, p. p. см.* **lay¹ I**

lain [leɪn] *p. p. см.* **lie² I**

lair [leə(r)] *n* 1) берло́га, лого́вище, нора́ *(тж перен.)* 2) заго́н для скота́

laird [leəd] *n шотл.* поме́щик

laissez-faire [ˌleseɪˈfeə(r)] *n фр. эк.* поли́тика невмеша́тельства госуда́рства в эконо́мику; свобо́дная конкуре́нция

laity [ˈleɪtɪ] *n собир.* 1) миря́не 2) непрофессиона́лы 3) обыва́тели

lake [leɪk] *n* о́зеро; **the Great Lakes** Вели́кие озёра *(пять пресноводных озёр между США и Канадой: Верхнее, Мичиган, Гурон, Эри, Онтарио);* **the Lakes** *см.* **Lake District**

Lake Country [ˈleɪkˌkʌntrɪ] *n см.* **Lake District**

Lake District [ˈleɪkˌdɪstrɪkt] *n* Озёрный край *(на северо-западе Англии)*

Lakeland [ˈleɪklənd] *см.* **Lake District**

lakelet [ˈleɪklɪt] *n* озерцо́

laky [ˈleɪkɪ] *a* озёрный, со мно́жеством озёр

lam [læm] *v сленг* бить, колоти́ть

lama¹ [ˈlɑːmə] *n рел.* ла́ма *(духовный наставник в тибетском буддизме)*

lama² *n см.* **llama**

lamb I [læm] *n* 1) ягнёнок; бара́шек; **Persian ~** кара́куль 2) мя́со молодо́го бара́шка 3) а́гнец; поко́рная ове́чка; наи́вное дитя́; **the L., L. of God** А́гнец Бо́жий; **like a ~** кро́тко, поко́рно (как ове́чка)

lamb II *v* ягни́ться

lambada [læmˈbɑːdə] *n* ламба́да *(современный латиноамериканский танец)*

lambency [ˈlæmbənsɪ] *n* сверка́ние, блеск; свече́ние

lambent [ˈlæmbənt] *a* 1) светя́щийся 2) лучи́стый, сверка́ющий *(о глазах)* 3) блестя́щий *(об уме и т. п.)*

lambkin [ˈlæmkɪn] *n* ягнёночек

lamblike [ˈlæmlaɪk] *a* кро́ткий; неви́нный

lambrequin [ˈlæmbəkɪn] *n* ламбреке́н *(верхняя часть оконной или дверной драпировки)*

lambskin [ˈlæmskɪn] *n* 1) овчи́на 2) ко́жа *(для переплётов)* 3) *attr* сде́ланный из овчи́ны; **~ mittens** ва́режки из овчи́ны

lambswool [ˈlæmzwʊl] *n* то́нкая ове́чья шерсть

lame I [leɪm] *a* 1) хромо́й; уве́чный; **~ of** *(или* **in**) **a leg** хрома́ющий на одну́ но́гу 2) неубеди́тельный, сла́бый *(о доводе, объяснении)* 3) непра́вильный, непо́лный *(о размере стиха)* ◊ **~ duck** а) уве́чный *или* сла́бый челове́к, кале́ка б) *амер.* президе́нт не у дел *(в последний период своего срока, особ. при передаче власти преемнику)* в) фи́рма-банкро́т

lame II *v* уве́чить, кале́чить

lamé [ˈlɑːmeɪ] *n* ламе́ *(парчовая ткань)*

lamebrain [ˈleɪmbreɪn] *n разг.* дурачо́к, дурно́й; **he is no ~** он совсе́м не дура́к/отню́дь не про́мах

lamely [ˈleɪmlɪ] *adv* 1) хрома́я, прихра́мывая 2) запина́ясь; нескла́дно, пло́хо

lameness [ˈleɪmnɪs] *n* хромота́

lament I [ləˈment] *n* 1) стена́ние; се́тование, го́рькая жа́лоба 2) эле́гия, печа́льная песнь 3) погреба́льная песнь

lament II *v* 1) го́рько жа́ловаться, се́товать; **to ~ the good old days** тоскова́ть по до́брому ста́рому вре́мени 2) опла́кивать *(for)*

lamentable [ˈlæməntəbl] *a* 1) приско́рбный, плаче́вный, удруча́ющий *(о состоянии дел, событии, нравах и т. п.);* **to be in ~ state** быть в плаче́вном состоя́нии

lamentation [ˌlæmənˈteɪʃ(ə)n] *n* жа́лобы, се́тования, ламента́ции

laminate [ˈlæmɪneɪt] *v* 1) расщепля́ть(ся), рассла́ивать(ся) на то́нкие пласти́нки 2) прока́тывать (мета́лл) в то́нкие листы́ 3) покрыва́ть листовы́м мета́ллом, пла́стиком и т. п. 4) ламини́ровать

laminated [ˈlæmɪneɪtɪd] *a* 1) листово́й; сло́истый 2) ламини́рованный

lamination [ˌlæmɪˈneɪʃ(ə)n] *n* 1) рассло́ение; расплю́щивание, раска́тывание *(на листы, пластины и т. п.)* 2) сло́истая структу́ра 3) покры́тие; ламини́рование

lamp I [læmp] *n* 1) ла́мпа; свети́льник; фона́рь; **red ~** а) кра́сный фона́рь на желе́зной доро́ге как сигна́л опа́сности б) кра́сный свет у кварти́ры врача́ *или* у две́ри апте́ки; **oil ~** кероси́новая ла́мпа; **standard ~** торше́р 2) *поэт.* свети́ло 3) (электри́ческая) ла́мпочка 4) *церк.* лампа́да ◊ **to smell of the ~** быть вы́мученным, иску́сственным *(о стиле, слоге)*

lamp II *v* 1) освеща́ть 2) *поэт.* свети́ть

lampblack [ˈlæmpblæk] *n* ла́мповая ко́поть, са́жа

lamp chimney [ˈlæmpˌtʃɪmnɪ] *n* ла́мповое стекло́ *(керосиновой лампы)*

lamp holder [ˈlæmpˌhəʊldə(r)] *n* ла́мповый патро́н

lamplight [ˈlæmplaɪt] *n* свет ла́мпы

lamplighter [ˈlæmpˌlaɪtə(r)] *n* фона́рщик ◊ **like a ~** о́чень бы́стро

lampoon I [læmˈpuːn] *n* зла́я сати́ра; памфле́т; па́сквиль

lampoon II *v* писа́ть памфле́т(ы)

lampooner [læmˈpuːnə(r)] *n* памфлети́ст; пасквиля́нт

lampoonist [læmˈpuːnɪst] *см.* **lampooner**

lamppost [ˈlæmppəʊst] *n* фона́рный столб ◊ **between you and me and the ~** ≅ ме́жду на́ми (говоря́)

lamprey [ˈlæmprɪ] *n* мино́га

lampshade [ˈlæmpʃeɪd] *n* абажу́р

lamp socket [ˈlæmpˌsɒkɪt] *см.* **lamp holder**

lamp standard [ˈlæmpˈstændəd] *n* у́личный фона́рь

LAN *сокр.* (**local area network**) *вчт* лока́льная (корпорати́вная) компью́терная сеть

Lancaster [ˈlæŋkəstə(r)] *n*: House of ~ *ист.* дина́стия/дом Ланка́стеров, А́лая Ро́за *(в войне Алой и Белой Розы)*

lance I [lɑ:ns] *n* 1) пи́ка, копьё 2) острога́, гарпу́н 3) *мед.* ланце́т ◊ **to break a ~** лома́ть ко́пья, спо́рить *(с кем-л. – with)*

lance II *v* 1) *мед.* вскрыва́ть ланце́том; **to ~ a boil** вскрыва́ть ланце́том нары́в 2) пронза́ть пи́кой

lance corporal [ˈlɑ:ns ˈkɔ:pərəl] *n воен.* мла́дший капра́л

lancer [ˈlɑ:nsə(r)] *n* 1) *воен. ист.* ула́н 2) *pl* лансье́ *(старинный танец)*

lance sergeant [ˈlɑ:ns ˈsɑ:dʒənt] *n* мла́дший сержа́нт

lancet [ˈlɑ:nsɪt] *n мед.* ланце́т

land I [lænd] *n* 1) земля́, су́ша *(тж dry ~)*; **on ~** на су́ше; **to travel by ~** путеше́ствовать по су́ше; **to reach ~** дости́гнуть бе́рега, приста́ть к бе́регу 2) земля́, по́чва; **rich/ poor ~** плодоро́дная/бе́дная по́чва 3) страна́; госуда́рство; **native ~** ро́дина, оте́чество 4) земе́льная со́бственность; **~s** поме́стья 5) *attr* сухопу́тный; **~ forces** *воен.* сухопу́тные си́лы, сухопу́тные войска́ 6) *attr* земе́льный; **~ reform** земе́льная рефо́рма ◊ **~ of cakes** *разг.* Страна́ лепёшек, Шотла́ндия; **~ of promise** *библ.* Земля́ обетова́нная; **no man's ~** ничья́ная полоса́, нейтра́льная зо́на; **the ~ of Nod** *ирон.* ца́рство сна; **how the ~ lies** как обстоя́т дела́; **in the ~ of the living** *шутл.* на э́том све́те, ещё живо́й

land II *v* 1) выса́живать(ся) на бе́рег; прича́ливать 2) *ав.* приземля́ться, производи́ть поса́дку 3) приводи́ть к чему́-л.; доводи́ть до чего́-л.; **to ~ in difficulties/in a nice mess** ста́вить в затрудни́тельное положе́ние, впу́тывать в исто́рию 4) *разг.* уда́рить; попа́сть *(в кого-л., во что-л.)* 5) выгружа́ть; выта́скивать на бе́рег 6) *разг.* доби́ться *(чего-л.)*; **he ~ed a good job** он доби́лся хоро́шего ме́ста

land agent [ˈlænd ˈeɪdʒənt] *n* 1) аге́нт по прода́же земе́льной со́бственности 2) управля́ющий име́нием

land bank [ˈlændbæŋk] *n* земе́льный банк

landbreeze [ˈlændbri:z] *n* береговой ве́тер, бриз

landed [ˈlændɪd] *a* 1) владе́ющий земе́льной со́бственностью 2) земе́льный; **~ property** земе́льная со́бственность

landfall [ˈlændfɔ:l] *n* 1) *мор.* откры́тие бе́рега, появле́ние су́ши на горизо́нте 2) о́ползень

landfill [ˈlændfɪl] *n* 1) захороне́ние отхо́дов 2) му́сорная сва́лка

landholder [ˈlænd ˌhəʊldə(r)] *n* владе́лец *или* аренда́тор земе́льного уча́стка

landing [ˈlændɪŋ] *n* 1) вы́садка на бе́рег 2) *воен.* вы́садка, деса́нт 3) *ав.* приземле́ние, поса́дка; **emergency** *or* **crush/soft/ forced ~** авари́йная/мя́гкая/вы́нужденная поса́дка 4) ме́сто вы́садки; прича́л 5) *ав.* поса́дочная площа́дка *(тж ~ place)* 6) ле́стничная площа́дка 7) *attr воен.* деса́нтный; **~ forces** деса́нтные войска́ 8) *attr ав.* поса́дочный

landing net [ˈlændɪŋ net] *n* рыболо́вный сачо́к

landing party [ˈlændɪŋpɑ:tɪ] *n* деса́нт, деса́нтный отря́д

landing place [ˈlændɪŋpleɪs] *n* 1) ме́сто вы́садки; прича́л 2) *ав.* поса́дочная площа́дка

landing stage [ˈlændɪŋsteɪdʒ] *n* при́стань; прича́л

landing strip [ˈlændɪŋstrɪp] *n ав.* взлётно-поса́дочная полоса́, ВПП *(тж runway)*

landlady [ˈlænd ˌleɪdɪ] *n* 1) владе́лица до́ма *(сдающая квартиры)*, домовладе́лица 2) хозя́йка гости́ницы, пансио́на *и т. п.*

land laws [ˈlændlɔ:z] *n pl* земе́льное пра́во

landless [ˈlændlɪs] *a* безземе́льный

land-locked [ˈlændlɒkt] *a* 1) окружённый су́шей; закры́тый по́лностью *или* почти́ по́лностью *(напр.о гавани)* 2) не име́ющий вы́хода к мо́рю

landloper [ˈlænd ˌləʊpə(r)] *n шотл.* бродя́га

landlord [ˈlændlɔ:d] *n* 1) землевладе́лец, поме́щик 2) владе́лец до́ма *(сдающий кварти́ры)*, домовладе́лец 3) хозя́ин гости́ницы, пансио́на *и т. п.*

landlubber [ˈlænd ˌlʌbə(r)] *n мор. разг. уст.* 1) новичо́к в морско́м де́ле, «сала́га» 2) сухопу́тный жи́тель, не моря́к

landmark [ˈlændmɑ:k] *n* 1) ориенти́р (на ме́стности), заме́тный объе́кт 2) межево́й знак, столб; ве́ха 3) поворо́тный пункт в жи́зни, исто́рии, истори́ческая ве́ха

landmass [ˈlændmɑ:s] *см.* **landmark**

landmine [ˈlændmaɪn] *n воен.* противопехо́тная ми́на

landocracy [lænˈdɒkrəsɪ] *n шутл.* земе́льная аристокра́тия, землевладе́льцы

land office [ˈlænd ˈɒfɪs] *n амер.* госуда́рственная конто́ра, регистри́рующая земе́льные сде́лки ◊ **~ business** дохо́дное де́ло, корму́шка

landowner [ˈlænd ˌəʊnə(r)] *n* землевладе́лец

landowning I [ˈlænd ˌəʊnɪŋ] *n* землевладе́ние

landowning II *a* землевладе́льческий

landrail [ˈlændreɪl] *n зоол.* коросте́ль

landscape [ˈlændskeɪp] *n* 1) ландша́фт, пейза́ж 2) *жив.* пейза́ж; пейза́жная жи́вопись

3) *полигр.* альбо́мная ориента́ция листа́, альбо́мный спуск

landscape gardener [ˈlændskeɪpˌgɑːdnə(r)] *n* ландша́фтный диза́йнер (*тж* **landscape architect**)

landscape gardening [ˈlændskeɪpˌgɑːdnɪŋ] *n* садо́во-па́рковая, ландша́фтная архитекту́ра, ландша́фтный диза́йн (*тж* **landscaping, landscape architecture**)

landscape painter [ˈlændskeɪpˌpeɪntə(r)] *n* пейзажи́ст

landslide [ˈlændslaɪd] *n* 1) о́ползень 2) убеди́тельная побе́да на вы́борах (*с подавляющим большинство́м голосов*); **a ~ for the left** внуши́тельная побе́да ле́вых 3) *attr*: **~ victory/win** убеди́тельная побе́да на вы́борах

landslip [ˈlændslɪp] *n* о́ползень

landsman [ˈlændzmən] *n* сухопу́тный жи́тель, не моря́к

land surveyor [ˈlændsəˌveɪə(r)] *n* землеме́р

landward(s) [ˈlændwəd(z)] *adv* к бе́регу

lane [leɪn] *n* 1) переу́лок; **~s and alleys** закоу́лки 2) у́зкая (се́льская) у́лица; доро́жка, тропи́нка (*обыкн. между изгородя́ми*) 3) ряд, полоса́ (движе́ния) на прое́зжей ча́сти у́лицы; **inside/outside ~** вну́тренний/вне́шний ряд 4) *спорт.* доро́жка (*для пла́вания, бе́га и т. п.*) 5) морска́я или возду́шная тра́сса 6) прохо́д (*между ряда́ми*) ◊ **it's a long ~ that has no turning** всему́ ра́но и́ли по́здно прихо́дит коне́ц, переме́ны неизбе́жны

language [ˈlæŋgwɪdʒ] *n* 1) язы́к; **native ~** родно́й язы́к; **finger/sign ~** язы́к же́стов, язы́к глухонемы́х 2) мане́ра выража́ться 3) брань; скверносло́вие (*тж* **bad ~, foul ~**); **strong ~** си́льные выраже́ния 4) *юр.* формули́ровка 5) *attr:* **~ laboratory** лингафо́нный кабине́т (*для изуче́ния иностра́нных языко́в*)

languid [ˈlæŋgwɪd] *a* 1) то́мный, вя́лый, апати́чный 2) сла́бый; безжи́зненный

languish [ˈlæŋgwɪʃ] *v* 1) слабе́ть, ча́хнуть 2) принима́ть то́мный вид 3) томи́ться, тоскова́ть (*for*)

languor [ˈlæŋgə(r)] *n* 1) вя́лость, апати́чность; уста́лость 2) то́мность; томле́ние 3) засто́й

laniard [ˈlænjəd] *см.* **lanyard**

lank [læŋk] *a* 1) гла́дкий, прямо́й (*о волоса́х*) 2) дли́нный и мя́гкий (*о траве́ и т. п.*) 3) высо́кий и худо́й, худоща́вый 4) то́щий, ма́лой упи́танности (*о скоте́*)

lanky [ˈlæŋkɪ] *a* 1) долговя́зый, то́щий и длинноно́гий 2) дли́нный (*о нога́х*)

lanolin [ˈlænəlɪn] *n* ланоли́н

lantern [ˈlæntən] *n* 1) фона́рь; **magic ~** волше́бный/проекцио́нный фона́рь 2) *архит.* фона́рь; светова́я ка́мера маяка́ ◊ **~ jaws** худо́е дли́нное лицо́ со впа́лыми щека́ми

lanyard [ˈlænjəd] *n* 1) ремешо́к, шнур (*для свистка́, бинокля и т. п.*) 2) *мор.* тро́совый та́лреп 3) *воен.* вытяжно́й шнур

lap[1] **I** [læp] *n* 1) коле́ни 2) подо́л; пола́, фа́лда; кла́пан (*кармана*) 3) лощи́на, уще́лье 4) *спорт.* круг; эта́п; зае́зд (*в соревнова́нии*); **~ of honor** круг почёта (*амер.* **victory ~**) 5) *тех.* накла́дка; откидно́й кла́пан ◊ **in/on smb's ~** на чьей-л. отве́тственности; **in the ~ of the gods** как судьбе́ бу́дет уго́дно; **in the ~ of luxury** в ро́скоши

lap[1] **II** *v* 1) завёртывать; оку́тывать; охва́тывать, окружа́ть 2) *тех.* перекрыва́ть внапу́ск 3) свиса́ть, спуска́ться

lap[2] **I** *n* 1) лака́ние 2) жи́дкая пи́ща для живо́тных 3) плеск (волн) 4) *сленг* «помо́и», по́йло, некре́пкий напи́ток

lap[2] **II** *v* 1) лака́ть 2) жа́дно пить (*тж* **to ~ up, to ~ down**) 3) упива́ться (*комплиме́нтами, спле́тнями и т. п.*) 4) плеска́ться о бе́рег (*о волна́х*)

lap[3] **I** *n тех.* 1) прити́р 2) полирова́льный или шлифова́льный круг 3) шлифова́ние, шлифо́вка

lap[3] **II** *v тех.* 1) полирова́ть, шлифова́ть 2) притира́ть; доводи́ть

laparoscopy [ˌlæpəˈrɒskəpɪ] *n мед.* лапароскопи́я

laparotomy [ˌlæpəˈrɒtəmɪ] *n мед.* лапаротоми́я, чревосече́ние

lapdog [ˈlæpdɒg] *n* ко́мнатная соба́чка

lapel [ləˈpel] *n* отворо́т, ла́цкан; **~ microphone** петли́чный микрофо́н, *проф.* «петли́чка»

lapidary I [ˈlæpɪdərɪ] *n* огра́нщик, грани́льщик драгоце́нных или подело́чных камне́й

lapidary II *a* 1) относя́щийся к камня́м 2) вы́гравированный на ка́мне 3) кра́ткий, сжа́тый, лапида́рный (*о стиле*)

lapis lazuli [ˌlæpɪsˈlæzuːlɪ] *n мин.* ля́пис-лазу́рь, лазури́т

Laplander [ˈlæplændə(r)] *n* лапла́ндец; лапла́ндка

Lapp [læp] *n* 1) саа́ми, лопа́рь; лопа́рка; **the ~s** саа́ми, лопари́ 2) язы́к саа́ми

lapping [ˈlæpɪŋ] *n тех.* 1) шлифова́ние, шлифо́вка 2) дово́дка; прити́рка

Lappish I [ˈlæpɪʃ] *n* язы́к саа́ми

Lappish II *a* саа́мский, лопа́рский

lapse I [læps] *n* 1) про́мах, упуще́ние; опи́ска; погре́шность 2) прегреше́ние; отклоне́ние (от пра́вильного пути́); **a ~ of memory** провал в памяти; **a ~ from one's principles** отступление от своих принципов 3) промежуток времени; **after a ~ of three years** спустя три года 4) *юр.* прекращение, переход (права), утрата силы

lapse II *v* 1) сбиться с правильного пути; пасть (*нравственно*) 2) впадать (*в какое-л. состояние*); **to ~ into second childhood** впасть в детство 3) *юр.* терять силу; истекать; переходить (*о праве*) 4) проходить, исчезать (*об обычае, интересе и т. п.*)

laptop I [ˈlæptɒp] *n* дорожный компьютер, *разг.* лэптоп (*тж* **~ computer**)

laptop II *a* переносной, портативный

lapwing [ˈlæpwɪŋ] *n* чибис (*тж* **peewit**)

larcenous [ˈlɑːsənəs] *a* воровской

larceny [ˈlɑːsənɪ] *n юр. уст.* воровство; хищение имущества (*тж* **theft**); **grand ~** хищение имущества в крупных размерах; **minor/petit/petty ~** мелкое воровство, мелкая кража

larch [lɑːtʃ] *n* лиственница

lard I [lɑːd] *n* топлёное свиное сало, лярд; **to fry in ~** жарить на свином сале

lard II *v* 1) шпиговать, нашпиговывать 2) уснащать, пересыпать (*речь метафорами, терминами и т. п.*)

larder [ˈlɑːdə(r)] *n* кладовая

lardy [ˈlɑːdɪ] *a* сальный, жирный

lares [ˈlɑːriːz] *n pl миф., поэт.* лары; **~ and penates** лары и пенаты, домашний очаг, дом

large I [lɑːdʒ] *n*: **at ~** а) на свободе; **to set at ~** освободить, выпустить на свободу; **the murderer is still at ~** убийца всё ещё не пойман б) в целом; во всём объёме в) пространно, подробно, в деталях (*рассказать, описать*) г) без определённой цели; **promises made at ~** неопределённые обещания; **in ~** в большом масштабе, на широкую ногу

large II *a* 1) большой; крупный; **a ~ firm** крупная компания 2) значительный; всеобъемлющий 3) многочисленный (*о населении и т. п.*); **a ~ audience** многочисленная аудитория; **a ~ crowd** многолюдная толпа 4) широкий (*о взглядах, толковании*)

large-hearted [ˌlɑːdʒ ˈhɑːtɪd] *a* великодушный

largely [ˈlɑːdʒlɪ] *adv* в значительной степени, в большой мере; в основном, главным образом; **her success was ~ due to luck** её успех в значительной степени объясняется везением

large-minded [ˈlɑːdʒ ˈmaɪndɪd] *a* с широкими взглядами, либеральный, свободный от предрассудков; толерантный

largeness [ˈlɑːdʒnɪs] *n* 1) большой, крупный размер; большая величина 2) широта взгля-

дов 3) щедрость, великодушие

large-scale [ˈlɑːdʒskeɪl] *a* крупный, крупномасштабный; **~ reforms** крупные, радикальные реформы; **~ operations** крупномасштабные операции

largess(e) [lɑːˈdʒes] *n* 1) щедрый дар 2) щедрость

lariat [ˈlærɪət] *n* лассо, аркан

lark[1] [lɑːk] *n* жаворонок

lark[2] **I** *n разг.* весёлая шутка; шалость; **just for a ~** шутки ради

lark[2] **II** *v разг.* шутить; резвиться, шалить

larky [ˈlɑːkɪ] *a* весёлый, любящий шутки, забавы

larrikin [ˈlærɪkɪn] *n* хулиган

larrup [ˈlærəp] *v разг.* бить, избивать; пороть

larva [ˈlɑːvə] *n* (*pl* **larvae** [ˈlɑːviː]) личинка; **frog ~** головастик

larval [ˈlɑːvəl] *a* личиночный, в стадии личинки

laryngitis [ˌlærɪnˈdʒaɪtɪs] *n мед.* ларингит, воспаление гортани

laryngotomy [ˌlærɪŋˈɡɒtəmɪ] *n мед.* ларинготомия (*рассечение гортани*)

larynx [ˈlærɪŋks] *n анат.* гортань

lasagne [ləˈsænjə] *n кул.* 1) широкая лапша 2) лазанья (*итальянское блюдо из широкой лапши, запечённой с мясным фаршем, сыром, и/или овощами*) (*тж* **lasagna**)

lascivious [ləˈsɪvɪəs] *a* сладострастный, похотливый

laser [ˈleɪzə(r)] *n физ.* лазер

laser disc [ˈleɪzə ˌdɪsk] *n* лазерный диск

laser printer [ˈleɪzə ˌprɪntə(r)] *n* лазерный принтер

lash I [læʃ] *n* 1) плеть, хлыст; кнут 2) удар плетью, кнутом; **the ~** порка 3) критика, упрёки 4) ресница

lash II *v* 1) хлестать, стегать 2) хлестать (*о воде*); нестись потоком 3) доводить (*до бешенства и т. п. — to, into*) 4) понуждать, подгонять 5) ругать 6) привязывать (*to, on*) 7) стучать по крыше, в окно (*о дожде*)
  lash out а) внезапно лягнуть; кинуться б) разразиться (*бранью и т. п.*)

lasher [ˈlæʃə(r)] *n* 1) верёвка, ремень 2) вязальная проволока

lashing [ˈlæʃɪŋ] *n* 1) порка; наказание 2) верёвка, ремень

lashings [ˈlæʃɪŋz] *n pl разг.* множество, масса (*чего-л. — of*)

lass [læs] *n шотл.* девушка

lassie [ˈlæsɪ] *n разг.* девушка, девочка

lassitude [ˈlæsɪtjuːd] *n* усталость; вялость

lasso I [ˈlæsəʊ] *n* лассо, аркан

lasso II *v* ловить лассо, арканом, арканить

last¹ I [lɑ:st] *n* 1) что-л. после́днее *или* кто-л. после́дний; **the ~, this** после́дний из упомя́нутых; **my ~** мой мла́дший ребёнок; **to breathe one's ~** испусти́ть после́дний вздох, умере́ть 2) коне́ц; **to the ~, till the ~** а) до конца́ б) до сме́рти; **the ~ of** коне́ц чего́-л.; **at ~** наконе́ц

last¹ II *a* 1) после́дний; оконча́тельный; **at the ~ meeting** на после́днем собра́нии; **~ station** после́дняя/коне́чная остано́вка; **~ but one** предпосле́дний; **~ but two** тре́тий с конца́; **~ but not least** после́днее, но не ме́нее ва́жное; **~ name** фами́лия (*тж* **surname**); **the ~ rites/offices** *церк.* погреба́льная/помина́льная слу́жба, церемо́ния 2) про́шлый; **~ year** про́шлый год; в про́шлом году́; **~ week** про́шлая неде́ля; на про́шлой неде́ле; **she left ~ Monday** она́ уе́хала в про́шлый поне́дельник 3) после́дний оста́вшийся, еди́нственный; **our ~ chance** наш после́дний шанс 4) нежела́тельный; **he's the ~ man I want to see** его́ мне ме́ньше всего́ хо́чется ви́деть

last¹ III *adv* 1) по́сле всех (остальны́х); **he spoke ~** он выступа́л после́дним 2) в после́дний раз; **when did you ~ hear from him?** когда́ он писа́л/звони́л вам после́дний раз? 3) на после́днем ме́сте, в конце́, под коне́ц (*при перечисле́нии*)

last² *v* 1) быть доста́точным, хвата́ть; **enough food to ~ me a month** мне хва́тит запа́са еды́ на ме́сяц 2) продолжа́ться, дли́ться; **the play ~s two hours** пье́са идёт два часа́ 3) сохраня́ться; держа́ться; носи́ться (*о тка́ни*) (*ча́сто* **to ~ out**)

last³ *n* коло́дка (*сапо́жная*) ◊ **to stick to one's ~** занима́ться свои́м де́лом, не вме́шиваться в чужи́е дела́

lasting ['lɑ:stɪŋ] *a* 1) продолжи́тельный, дли́тельный 2) про́чный, постоя́нный; неизме́нный; **a ~ peace** про́чный мир

lastly ['lɑ:stlɪ] *adv* в конце́ концо́в, наконе́ц; под коне́ц, на после́днем ме́сте (*при перечисле́нии*)

latch I [lætʃ] *n* 1) щеко́лда, запо́р; задви́жка, защёлка, соба́чка 2) замо́к

latch II *v* 1) закрыва́ть, запира́ть; **all doors ~ securely** все две́ри надёжно запира́ются 2) фикси́ровать, зажима́ть

latch on *разг.* 1) пристава́ть, цепля́ться 2) понима́ть, сообража́ть

latchkey ['lætʃki:] *n* 1) ключ от замка́ 2) *attr:* **~ child** ребёнок с ключо́м (*оди́н до́ма, пока́ роди́тели на рабо́те*) (*тж* **~ kid**)

late I [leɪt] *a* (*compar* **later, latter**; *superl* **latest, last**) 1) запозда́вший, опозда́вший; **to be ~** опозда́ть; **it is too ~ to go** тепе́рь уже́ по́здно е́хать; **to be ~ with the rent** просро́чить упла́ту за кварти́ру 2) по́здний; запозда́лый; **at this ~ hour** в э́тот по́здний час; **a ~ harvest** по́здний урожа́й; **~ strawberries** по́здние сорта́ клубни́ки 3) бы́вший; **the ~ goverment** пре́жнее прави́тельство 4) поко́йный, уме́рший; **my ~ husband** мой поко́йный муж 5) неда́вний, после́дний; **of ~ years** за/в после́дние го́ды

late II *adv* (*compar* **later**; *superl* **latest**) 1) по́здно; **early or ~** ра́но и́ли по́здно; **too ~** сли́шком по́здно; **better ~ than never** лу́чше по́здно, чем никогда́; **to work ~ at night** рабо́тать до по́здней но́чи; **as ~ as 1904** ещё в 1904 году́; **~ in the year** к концу́ го́да 2) неда́вно, за после́днее вре́мя (*тж* **of ~**) ◊ **~ in the day** *разг.* сли́шком по́здно, почти́ бесполе́зно; **~ in life** в ста́рости

latecomer ['leɪtˌkʌmə(r)] *n* прибы́вший поздне́е, по́зже; опозда́вший

lateen [lə'ti:n] *a мор.* лати́нский, треуго́льный (*о па́русе*)

lately ['leɪtlɪ] *adv* неда́вно, в после́днее вре́мя; **have you seen him ~?** вы его́ ви́дели в после́днее вре́мя?; **quite ~** совсе́м неда́вно

latency ['leɪt(ə)nsɪ] *n* 1) скры́тое состоя́ние, лате́нтность 2) *вчт* вре́мя запа́здывания, заде́ржка, вре́мя ожида́ния

lateness ['leɪtnɪs] *n* опозда́ние; запозда́лость; **owing to the ~ of the hour** из-за по́зднего вре́мени

latent ['leɪtənt] *a* 1) скры́тый, в скры́том состоя́нии, лате́нтный; **~ failure** *вчт* скры́тый/нея́вный отка́з 2) нераскры́вшийся, непрояви́вшийся, неосуществлённый

later I ['leɪtə(r)] *a* (*compar см.* **late** I) бо́лее по́здний; **a ~ version** бо́лее по́здняя реда́кция (*напр. те́кста*); **in his ~ years he lived in Italy** в после́дние го́ды он жил в Ита́лии

later II *adv* (*compar см.* **late** II) по́зже, поздне́е; **~ on** пото́м, впосле́дствии; **I'll come ~ on** я приду́ попо́зже; **no ~ than yesterday** не да́лее как вчера́

lateral I ['lætərəl] *n* 1) бокова́я часть; ветвь, ответвле́ние 2) *горн.* горизонта́льная вы́работка

lateral II *a* 1) боково́й; попере́чный; горизонта́льный 2) побо́чный, второстепе́нный 3) *воен.* фла́нговый; рока́дный ◊ **~ thinking** оригина́льное мышле́ние; нетрадицио́нный/нетривиа́льный подхо́д к реше́нию пробле́мы

latest I ['leɪtɪst] *a* (*superl см.* **late** I) са́мый по́здний; са́мый после́дний (*об изве́стиях, моде́лях и т. п.*); **on Friday at the ~** са́мое поздне́е в пя́тницу

latest II *adv superl см.* **late II**

latex [ˈleɪteks] *n* ла́текс *(1. млечный сок каучуконосов 2. синтетический материал)*

lath I [lɑːθ] *n* пла́нка, ре́йка; дра́нка

lath II *v* прибива́ть пла́нки

lathe [leɪð] *n* тока́рный стано́к

lather I [ˈlɑːðə(r)] *n* 1) мы́льная пе́на 2) пе́на, мы́ло *(на лошади)*

lather II *v* 1) мы́литься; намы́ливать(ся) 2) взмы́ливаться *(о лошади)* 3) *разг.* бить, колошма́тить

lathery [ˈlɑːðərɪ] *a* 1) намы́ленный, в мы́льной пе́не 2) взмы́ленный *(о лошади)* 3) *разг.* ду́тый, нереа́льный

Latin I [ˈlætɪn] *n* лати́нский язы́к, латы́нь; **classical/vulgar** ~ класси́ческая/вульга́рная латы́нь ◊ **hog** ~ «порося́чья латы́нь» *(английский школьный жаргон)*; **thieves'** ~ воровско́й жарго́н

Latin II *a* 1) лати́нский; **a** ~ **scholar** латини́ст; **the** ~ **Church** Ри́мско-католи́ческая це́рковь *(тж* **the Roman Catholic Church**) 2) рома́нский *(о народе, языке)*

latin [ˈlætɪn] *n* латиноамерика́нская (танцева́льная) му́зыка

Latina [læˈtiːnə] *n* латиноамерика́нка

Latin American I [ˈlætɪn əˈmerɪkən] *n* латиноамерика́нец; латиноамерика́нка

Latin American II *a* латиноамерика́нский

latitude [ˈlætɪtjuːd] *n* 1) *геогр.* широта́; **high/low** ~s высо́кие/тропи́ческие широ́ты 2) широта́ взгля́дов; терпи́мость 3) (больша́я) свобо́да де́йствий, мне́ний; **we were allowed great** ~ **in expressing our opinions** нам была́ дана́ больша́я свобо́да в выраже́нии на́ших мне́ний, взгля́дов

latrine [ləˈtriːn] *n* отхо́жее ме́сто, обще́ственная убо́рная *(в лагере, казарме и т. п.)*

latter [ˈlætə(r)] *a* 1) после́дний, второ́й *(из упомянутых)* 2) *compar см.* **late I** 3) после́дний; по́здний; **in the** ~ **part of the week** в конце́ неде́ли

latter-day [ˌlætəˈdeɪ] *a* совреме́нный, нове́йший; **L. Saints** «Святы́е после́днего дня» *(официальное название мормонов, тж* **Mormons**)

latterly [ˈlætəlɪ] *adv* 1) к концу́, под коне́ц *(жизни и т. п.)* 2) неда́вно

lattice [ˈlætɪs] *n* 1) решётка; **crystal** ~ *физ.* кристалли́ческая решётка 2) *attr* решётчатый

latticed [ˈlætɪst] *a* решётчатый

Latvian I [ˈlætvɪən] *n* 1) латы́ш; латы́шка; **the** ~s латыши́ 2) латы́шский язы́к

Latvian II *a* латви́йский; латы́шский

laud I [lɔːd] *n* хвала́; хвале́бный гимн

laud II *v* восхваля́ть, превозноси́ть

laudable [ˈlɔːdəbl] *a* похва́льный, досто́йный похвалы́

laudation [lɔːˈdeɪʃ(ə)n] *n* восхвале́ние

laudatory [ˈlɔːdətərɪ] *a* хвале́бный

laugh I [lɑːf] *n* 1) смех; **to give a** ~ рассмея́ться; **to raise a** ~ вы́звать смех; **we had a good** ~ мы от души́ повесели́лись 2) *разг.* что-л. смешно́е, коми́чное ◊ **to have the last** ~ вы́йти победи́телем

laugh II *v* смея́ться; **to** ~ **at smb/smth** смея́ться над кем-л./чем-л. ◊ **to** ~ **in smb's face** смея́ться в лицо́ кому́-л., откры́то издева́ться над кем-л.; **to** ~ **in one's sleeve** ра́доваться исподтишка́; **he** ~s **best who** ~s **last** *посл.* хорошо́ смеётся тот, кто смеётся после́дним

laugh away заглуша́ть сме́хом; отмахну́ться со сме́хом

laugh off 1) отмахну́ться смея́сь; подня́ть настрое́ние сме́хом 2) *разг.* отшути́ться, отде́латься шу́ткой 3) ◊ **to laugh one's head off** *разг.* хохота́ть до упа́ду

laugh out насме́шками прогна́ть *(кого-л.)*

laugh up: to laugh up one's sleeve *разг.* смея́ться в кула́к, смея́ться исподтишка́

laughable [ˈlɑːfəbl] *a* смешно́й, заба́вный, коми́чный

laughing I [ˈlɑːfɪŋ] *n* смех; **I couldn't speak for** ~ от сме́ха я не мог произнести́ ни сло́ва

laughing II *a* 1) смею́щийся, весёлый 2) смешно́й; **it's no** ~ **matter** э́то совсе́м не смешно́, тут смея́ться не́чему; ~ **stock** посме́шище, предме́т насме́шек

laughing gas [ˈlɑːfɪŋɡæs] *n* веселя́щий газ

laughing stock [ˈlɑːfɪŋˌstɒk] *n* посме́шище, предме́т насме́шек

laughter [ˈlɑːftə(r)] *n* смех; хо́хот; **roars of** ~ взры́вы хо́хота; ~ **lines** морщи́нки у глаз, «лу́чики»

launch I [lɔːntʃ] *n* 1) барка́с; ка́тер 2) спуск *(су́дна)* на́ воду 3) за́пуск, пуск *(напр. раке́ты)*; вы́пуск *(напр. торпе́ды)*; ~ **vehicle** раке́та-носи́тель

launch II *v* 1) спуска́ть *(су́дно)* на́ воду 2) запуска́ть *(напр. раке́ту)*; выпуска́ть *(торпе́ду и т. п.)* 3) запуска́ть *(но́вый проду́кт)* в произво́дство 4) пуска́ть в ход, начина́ть; броса́ться *(в атаку)* *(тж* **to** ~ **out, to** ~ **into)**; **an enterprise** пуска́ть предприя́тие 5) разрази́ться *(бранью; тж* **to** ~ **out)**

launcher [ˈlɔːntʃə(r)] *n* 1) пускова́я устано́вка 2) раке́та-носи́тель *(тж* **rocket** ~) 3) ста́ртовое сооруже́ние

launching [ˈlɔːntʃɪŋ] *n* 1) спуск *(су́дна)* на́ во́ду 2) за́пуск *(раке́ты и т. п.)* 3) броса́ние, мета́ние 4) *attr:* ~ **pad** пусковáя, стáртовая платфóрма *(космической ракеты)*

launder [ˈlɔːndə(r)] *v* 1) стирáть *(бельё)* 2) стирáться *(о ткани)* 3) *разг.* «отмывáть» *(деньги)*

launderette [lɔːnˈdret] *n* прáчечная-автомáт, прáчечная самообслýживания

laundress [ˈlɔːndrɪs] *n* прáчка

laundry [ˈlɔːndrɪ] *n* 1) прáчечная 2) бельё *(для стирки или из стирки)*

laureate [ˈlɔːrɪɪt] *n* лауреáт; **Nobel** ~ лауреáт Нóбелевской прéмии, нóбелевский лауреáт

laurel I [ˈlɒrəl] *n* 1) *бот.* лавр 2) *обыкн. pl* лáвры; лаврóвый венóк; пóчести ◊ **to rest on one's ~s** почивáть на лáврах

laurel II *v* венчáть лаврóвым венкóм

lava [ˈlɑːvə] *n* лáва

lavage [ˈlævɪʤ] *n* *мед.* промывáние *(желудка, кишечника и т. п.)*, орошéние, лавáж

lavatory [ˈlævətərɪ] *n* убóрная, туалéт

lave [leɪv] *v* *поэт.* 1) мыть 2) ѳмывáть *(о ручье и т. п.)*

lavender [ˈlævɪndə(r)] *n* 1) лавáнда 2) блéдно-лилóвый цвет 3) *attr:* ~ **water** лавáндовая водá

lavish I [ˈlævɪʃ] *a* 1) обúльный, чрезмéрный; роскóшный; ~ **furnishings** роскóшная меблирóвка, обстанóвка 2) *(слишком)* щéдрый, расточúтельный

lavish II *v* щéдро расточáть; **they ~ gifts on the children** онú засыпáют детéй подáрками

lavishness [ˈlævɪʃnɪs] *n* 1) обúлие 2) щéдрость, расточúтельность

law [lɔː] *n* 1) закóн, прáвило; **to pass a** ~ ввестú закóн; **to break a** ~ нарýшить закóн; **according to** ~ соглáсно закóну; **in** ~ по закóну; **it's against the** ~ э́то противозакóнно; ~**s of nature** закóны прирóды; ~ **of gravitation** закóн всемúрного тяготéния; **the** ~ **of the jungle** «закóн джýнглей» 2) закóнность, порядок; ~ **and order** правопорядок 3) прáво; юриспрудéнция; ~ **of copyright, copyright** ~ áвторское прáво; ~ **of crime(s)** уголóвное прáво; ~ **of God** а) Бóжье прáво *(в христианстве – нормативные заповеди Ветхого и Нового Заветов)* б) морáльный закóн, естéственное прáво *(по христианской теологии)*; ~ **of honour** кóдекс чéсти; ~ **of (merchant) shipping** морскóе прáво; ~ **of nations** международное прáво *(тж* **international** ~); ~ **of outer space** космúческое прáво; ~ **of the air** воздýшное прáво; ~ **of the land** прáво, дéйствующее на территóрии странý; **civil** ~ граждáнское прáво; **to read** ~ изучáть прáво; **common** ~ а) непúсаный закóн б) обы́чное прáво; **employment** ~

трудовóе прáво; **exchange** ~ вéксельное прáво; **ex post facto** ~ закóн с обрáтной сúлой 4) суд, судéбный процéсс; **to go to** ~ обращáться/подавáть в суд; **to take smb to** ~ привлекá/ть когó-л. к судý 5) профéссия юрúста; **to practise** ~ быть юрúстом 6) прáвила *(соревнований, игры и т. п.)* 7) прáвило, прúнцип 8) фóрмула 9) теорéма; **the ~s of harmony** закóны гармóнии ◊ **to lay down the** ~ говорúть категорúческим тóном, не допускáть возражéний; **he is a** ~ **unto himself** у негó свой закóны, он сам себé судья́; **necessity knows no** ~ *посл.* для нуждý нет закóна

law-abiding [ˈlɔːəˌbaɪdɪŋ] *a* законопослýшный

lawbreaker [ˈlɔːˌbreɪkə(r)] *n* правонарушúтель, нарушúтель закóна

law court [ˈlɔːˌkɔːt] *n* суд

law firm [ˈlɔːˌfɜːm] *n* юридúческая фúрма, юридúческая консультáция

lawful [ˈlɔːfʊl] *a* закóнный, правомéрный

lawgiver [ˈlɔːˌgɪvə(r)] *n* законодáтель; законодáтельная власть, законодáтельный óрган

lawless [ˈlɔːlɪs] *a* 1) неправомéрный; незакóнный; неправомóчный 2) не подчиняющийся закóнам 3) находящийся вне закóна

lawlessness [ˈlɔːlɪsnɪs] *n* произвóл, беззакóние, *жарг.* беспредéл

lawmaker [ˈlɔːˌmeɪkə(r)] *n* законодáтель; законодáтельная власть, законодáтельный óрган

lawman [ˈlɔːmæn] *n* *амер.* шерúф

lawn[1] [lɔːn] *n* батúст *(ткань)*

lawn[2] *n* лужáйка, газóн

lawnmower [ˈlɔːnˌməʊə(r)] *n* газонокосúлка

lawn tennis [ˈlɔːnˌtenɪs] *n* *спорт.* большóй тéннис, *уст.* лáун-тéннис

lawny [ˈlɔːnɪ] *a* батúстовый

lawsuit [ˈlɔːsuːt] *n* *юр.* судéбное дéло, судéбный процéсс; иск, тяжба

lawterm [ˈlɔːtɜːm] *n* юридúческий тéрмин

lawyer [ˈlɔːɪə(r)] *n* адвокáт; юрúст; **company** ~ юрисконсýльт

lax [læks] *a* 1) небрéжный; неряшливый; расхлябанный 2) неплóтный 3) нестрóгий; **they are too** ~ **with the students** онú слишком потакáют студéнтам; **a** ~ **teacher** нестрóгий учúтель; ~ **discipline** слáбая дисциплúна 4) вялый, слáбый; ~ **muscles** слáбая/вялая мускулатýра

laxative I [ˈlæksətɪv] *n* слабúтельное (срéдство)

laxative II *a* слабúтельный

laxity [ˈlæksɪtɪ] *n* 1) небрéжность; расхлябанность; распýщенность 2) отсýтствие дисциплúны

lay¹ **I** [leɪ] *v* (*past, p. p.* **laid**) 1) класть, положи́ть; прокла́дывать; **to ~ pipes** прокла́дывать трубопрово́д 2) примина́ть (*траву и т. п.*); прибива́ть (*пыль*); **to ~ low** а) повали́ть, опроки́нуть б) унижа́ть 3) приводи́ть в како́е-л. состоя́ние, положе́ние; закла́дывать (*осно́вы и т. п.*); **to ~ bare** обнажа́ть, открыва́ть, пока́зывать; **to ~ open** открыва́ть, оставля́ть незащищённым; **the town was laid waste** го́род был разорён 4) нести́сь (*о ку́рице; тж* **to ~ eggs**) 5) припи́сывать (*что-л. кому́-л.*); предъявля́ть (*обвине́ние*); налага́ть (*взыска́ние и т. п.*); **to a tax on smth** обложи́ть что-л. нало́гом; **to ~ claim to smth** предъяви́ть к чему́-л. прете́нзию 6) накрыва́ть (стол); **to ~ the table for supper** накрыва́ть к у́жину 7) *разг.* держа́ть пари́, би́ться об закла́д 8) *сленг груб.* переспа́ть (*с кем-л.*) ◊ **to ~ hold of smth** схвати́ть что-л.; **to ~ one's hands on smth** найти́, приобрести́ что-л.; **to ~ it thick/with a trowel** *разг.* чересчу́р захвали́ть; гру́бо льсти́ть; **to ~ to rest** похорони́ть

lay about *разг. уст.* набра́сываться, напада́ть на (*кого-л.*)

lay along растяну́ть во всю длину́

lay aside 1) откла́дывать в сто́рону 2) откла́дывать (*работу и т. п.*) 3) броса́ть (*привы́чку и т. п.*) 4) откла́дывать (*де́ньги*); сберега́ть (*для како́й-л. це́ли*)

lay away 1) откла́дывать в сто́рону 2) де́лать сбереже́ния, откла́дывать (*де́ньги*)

lay by *см.* **lay aside**

lay down 1) устана́вливать, утвержда́ть 2) закла́дывать; прокла́дывать (*доро́гу и т. п.*) 3) де́лать ста́вку; рискова́ть (*деньга́ми*) 4) засева́ть (*по́ле траво́й по́сле зла́ковых культу́р*) 5) отмеча́ть (на ка́рте); составля́ть (*схе́му, план*)

lay off 1) *разг.* отдыха́ть, де́лать передышку 2) *разг.* отстава́ть (*от кого́-л.*) 3) *разг.* вре́менно увольня́ть 4) размеща́ть, распределя́ть (*отве́тственность по догово́ру*) 5) *амер. разг.* перестава́ть носи́ть (*каку́ю-л. оде́жду*)

lay on 1) проводи́ть (*во́ду, электри́чество и т. п.*) 2) *разг.* снабжа́ть (*чем-л.*) 3) налага́ть (*по́шлину, нало́г и т. п.*) 4) дра́ться, осыпа́ть уда́рами

lay out 1) открыва́ться взо́ру (*о ви́де, пейза́же*) 2) выкла́дывать, вынима́ть (*оде́жду, еду́ и т. п.*) 3) плани́ровать, разбива́ть, располага́ть 4) *разг.* тра́тить (*де́ньги, си́лы*) 5) сбива́ть с ног; вы́вести из стро́я 6) напряга́ться, стара́ться 7) *амер. разг.* руга́ть

lay over 1) *амер.* де́лать остано́вку на ночь (*в пути́*) 2) откла́дывать на бо́лее по́здний срок 3) украша́ть, отде́лывать 4) *разг.* справля́ться лу́чше други́х

lay to остана́вливаться (*о су́дне*)

lay up 1) *уст.* откла́дывать про запа́с, впрок 2) провоци́ровать (*что-л.*) в бу́дущем 3) ста́вить (на ремо́нт *или* зи́мнюю стоя́нку) 4) укла́дывать в посте́ль; прико́вывать к посте́ли

lay¹ **II** *n* 1) (рас)положе́ние (*чего́-л.*); рельеф ме́стности 2) *разг.* род заня́тий, профе́ссия, рабо́та; по́прище 3) *разг. груб.* сексуа́льный партнёр ◊ **she is an easy ~** *сленг* она́ слаба́ на передо́к

lay² *past см.* **lie**² **I**

lay³ *n* 1) стихотворе́ние, балла́да 2) пе́ние птиц

lay⁴ *a* 1) све́тский, мирско́й 2) непрофессиона́льный

layabout [ˈleɪəbaʊt] *n* безде́льник; лентя́й; тот, кто околачивается (*где-л.*); бродя́га

lay-by [ˈleɪbaɪ] *n* 1) площа́дка для стоя́нки автомаши́н у шоссе́ 2) *ж.-д.* запа́сный путь, разъе́зд, тупи́к

layer I [ˈleɪə(r)] *n* 1) слой, пласт 2) (ку́рица-) несу́шка; **this hen is a good/bad ~** э́та ку́рица хорошо́/пло́хо несётся 3) *бот.* отво́док 4) *вчт* у́ровень

layer II *v* размножа́ть отво́дками (*расте́ния*)

layette [leɪˈet] *n* прида́ное новорождённого

lay figure [ˈleɪ fɪɡə(r)] *n* 1) манеке́н (*в мастерско́й худо́жника*) 3) невырази́тельная, се́рая ли́чность 2) неправдоподо́бный, нереа́льный персона́ж

layman [ˈleɪmən] *n* 1) миря́нин 2) неспециали́ст (*тж* **layperson**)

lay-off [ˈleɪɔːf] *n* 1) приостано́вка (*напр. рабо́ты*) 2) вре́менное увольне́ние рабо́тников

layout [ˈleɪaʊt] *n* 1) план, плани́ровка, разби́вка (*па́рка и т. п.*) 2) расположе́ние (*предме́тов, това́ров, экспона́тов и т. п.*); вы́кладка 3) компоно́вка, раскла́дка; *вчт* раскла́дка клавиату́ры (*на компью́тере*) 4) *полигр.* оригина́л-маке́т, вёрстка (*кни́ги, газе́ты и т. п.*)

layover [ˈleɪəʊvə(r)] *n* передышка, остано́вка (*в пути́ и т. п.*)

lazaret [ˌlæzəˈret] *n* 1) лепрозо́рий 2) инфекцио́нная больни́ца 3) каранти́нное зда́ние или су́дно (*тж* **lazaretto**)

laze [leɪz] *v* лени́ться, безде́льничать (*тж* **to ~ around, to ~ about**)

laziness [ˈleɪzɪnɪs] *n* лень; **out of ~** из-за ле́ни, от ле́ни

lazy [ˈleɪzɪ] *a* лени́вый

lazybones [ˈleɪzɪbəʊnz] *n разг.* лентя́й

lb *сокр.* **(pound)** фунт *(мера веса)*

LCD *сокр.* 1) **(liquid crystal display)** *вчт* жидкокристалли́ческий дисплей, ЖК-дис-пле́й 2) **(lowest common denominator)** *мат.* наиме́ньший о́бщий знамена́тель

LD *сокр.* 1) **(laser disc)** ла́зерный диск 2) **(le-thal dose)** смерте́льная до́за

Ld *сокр.* **(lord)** лорд

lea [li:] *n поэт.* луг, по́ле

leach I [li:tʃ] *n* 1) рапа́, рассо́л 2) щёлок

leach II *v* 1) выщела́чивать 2) обесса́харивать

lead[1] **I** [li:d] *n* 1) руково́дство; ли́дерство; **to take the** ~ брать на себя́ руково́дство, инициати́ву; **to be in the** ~ быть во главе́, быть ли́дером 2) приме́р; **to follow the** ~ **of smb** сле́довать чьему́-л. приме́ру 3) пе́рвенство, пе́рвое ме́сто; 4) ключ *(к разга́дке)*; направле́ние (в по́иске); **it gives the police a** ~ э́то наво́дит поли́цию на след 5) поводо́к *(для соба́к)* 6) *театр.* гла́вная роль; исполни́тель(ница) гла́вной ро́ли 7) *карт.* первый ход; **it is your** ~ ваш ход, вам начина́ть 8) *эл.* про́вод 9) *геол.* жи́ла 10) опереже́ние, упрежде́ние 11) *полигр.* междустро́чный пробе́л, интерлинья́ж; **immediate** ~ нулево́й интерлинья́ж

lead[1] **II** *v (past, p. p.* **led)** 1) вести́; приводи́ть; **to** ~ **the way** идти́ во главе́, вести́ за собо́й; **where does this road** ~? куда́ ведёт э́та доро́га?; **to** ~ **nowhere** ни к чему́ не приводи́ть 2) руководи́ть, возглавля́ть; кома́ндовать; **to** ~ **the party/the expedition** руководи́ть па́ртией/возглавля́ть экспеди́цию 3) идти́ пе́рвым, лиди́ровать *(в соревнова́нии)* 4) вести́ *(какую-л. линию, жизнь)*; **to** ~ **a quiet life** вести́ споко́йную, разме́ренную жизнь 5) *карт.* ходи́ть; **to** ~ **hearts** ходи́ть с черве́й ◊ **to** ~ **astray** сбива́ть с пути́ и́стинного; **to** ~ **by the nose** держа́ть в подчине́нии; **to** ~ **up the garden path** *разг.* вводи́ть в заблужде́ние, обма́нывать

lead away 1) уводи́ть 2) увлека́ть (за собо́й) 3) отвлека́ть *(внима́ние)*

lead back 1) отводи́ть наза́д 2) вести́ наза́д *(о доро́ге)* 3) возвраща́ться наза́д *(к пре́жней те́ме и т. п.)*

lead in *муз.* вступа́ть

lead off 1) уводи́ть 2) начина́ть, открыва́ть *(что-л.)*

lead on 1) пока́зывать доро́гу 2) *разг.* вводи́ть в заблужде́ние 3) *разг.* подбива́ть, подстрека́ть *(на что-л.)*

lead out вовлека́ть в разгово́р

lead up (to) 1) вести́ к *(какому-л. результа́ту, собы́тию и т. п.)* 2) вести́ к *(какой-л. те́ме и т. п.)*, клони́ть к *(чему-л.)*

lead[2] [led] *n* 1) свине́ц 2) графи́т 3) гри́фель *(каранда́ша)* 4) *мор.* лот; **to cast/to heave the** ~ проме́рить глубину́ 5) *pl* свинцо́вые листы́ для покры́тия кры́ши 6) *полигр.* шпон 7) свинцо́вая пло́мба 8) грузи́ло; дробь; пу́ли 9) *attr* свинцо́вый

leaden [ˈledn] *a* 1) свинцо́вый 2) се́рый *(о не́бе, ту́чах)* 3) тяжёлый 4) медли́тельный; тяжелове́сный

leader [ˈliːdə(r)] *n* 1) руководи́тель, глава́, вождь; ли́дер; **political** ~s полити́ческие ли́деры 2) *амер.* дирижёр 3) ре́гент *(хо́ра)*; пе́рвая скри́пка 4) передова́я *(статья́)*, передови́ца 5) заголо́вок 6) пункти́р, пункти́рная ли́ния 7) ука́зывающая ли́ния, ли́ния со стре́лкой, вы́носка *(на чертеже́)* 8) пере́дняя ло́шадь *(в упря́жке)* 9) *бот.* гла́вная ветвь, гла́вный побе́г *(расте́ния)*

leadership [ˈliːdəʃɪp] *n* 1) руково́дство, управле́ние 2) уме́ние руководи́ть

lead-in [ˈliːd,ɪn] *n* введе́ние *(чего-л.)*; вступле́ние; ввод

leading [ˈliːdɪŋ] *a* 1) веду́щий; руководя́щий; передово́й, головно́й; ~ **article** передова́я *(статья́)*, передови́ца *(тж* **leader***)*; ~ **man/ lady** исполни́тель/исполни́тельница гла́вной ро́ли; ~ **writer** изве́стный писа́тель; ~ **question** наводя́щий вопро́с; ~ **edge** передово́й рубе́ж, пере́дний край разви́тия *(нау́ки, те́хники и т.п.)* 2) *тех.* веду́щий, направля́ющий, ходово́й

leading-strings [ˈliːdɪŋstrɪŋz] *n pl* по́мочи ◊ **in** ~ на поводу́, несамостоя́тельный, зави́симый

lead-off [ˈliːd,ɔːf] *n* нача́ло

lead terminal [ˌliːd ˈtɜːmɪn(ə)l] *n эл.* 1) зажи́м, кле́мма 2) ввод, вы́вод; вход, вы́ход

leaf I [liːf] *n (pl* **leaves)** 1) лист 2) листва́; **to come into** ~ покрыва́ться листво́й *(о дере́вьях)*; **in** ~ покры́тый листво́й 3) ча́йный лист 4) листово́й таба́к 5) лист мета́лла; лист кни́ги; **loose** ~ *полигр.* вкладно́й лист, вкла́дка 6) ство́рка *(две́ри)*; откидна́я доска́ 7) *полигр.* фольга́ *(листова́я)* 8) *attr* листово́й ◊ **to turn over a new** ~ нача́ть но́вую жизнь, испра́вить были́е оши́бки

leaf II *v* 1) покрыва́ться листво́й 2) листа́ть, перели́стывать *(through)*

leafage [ˈliːfɪdʒ] *n* листва́

leafless [ˈliːflɪs] *a* безли́стный

leaflet [ˈliːflɪt] *n* 1) ли́стик, листо́чек, листо́к 2) листо́вка, брошю́ра, букле́т

leaf-stalk [ˈliːfstɔːk] *n* черешо́к *(листа́)*

leafy [ˈliːfɪ] *a* покры́тый ли́стьями, густоли́ственный

league I *n* ли́га, сою́з; **in** ~ **with** в сою́зе с *(кем-л.)*

league II *v* объединя́ть(ся); образова́ть сою́з

leaguer [ˈliːgə(r)] *n* амер. член ли́ги *или* сою́за

leak I [liːk] *n* 1) течь, уте́чка; **to spring/to start a ~** дать течь; **to stop/to plug a ~** заде́лывать течь 2) уте́чка информа́ции; **a security ~** уте́чка секре́тной информа́ции ◊ **to have/to take a ~** *сленг* мочи́ться

leak II *v* 1) дава́ть течь, пропуска́ть во́ду 2) проса́чиваться (*тж об информации*)
leak out 1) проса́чиваться, вытека́ть 2) обнару́живаться, станови́ться изве́стным (*о тайне, секретной информации и т. п.*)

leakage [ˈliːkɪdʒ] *n* 1) уте́чка, течь, проса́чивание 2) уте́чка (секре́тной) информа́ции

leak-proof [ˈliːkˌpruːf] *a* непроница́емый, гермети́чный

leaky [ˈliːkɪ] *a* 1) дыря́вый, име́ющий течь, проте́чку, негермети́чный; **the roof is ~** кры́ша протека́ет 2) *разг.* не уме́ющий храни́ть секре́ты, болтли́вый

lean¹ I [liːn] *n* нежи́рное мя́со

lean¹ II *a* 1) худо́й, то́щий; **as ~ as a rake** худо́й как ще́пка 2) нежи́рный (*о мясе*) 3) ску́дный; несы́тный

lean² I *n* 1) накло́н 2) скло́нность

lean² II *v* (*past, p. p.* **leaned, leant**) 1) наклоня́ться, сгиба́ться 2) опира́ться, прислоня́ться (*on, against*) 3) полага́ться (*на — on, upon*) 4) склоня́ться, име́ть скло́нность, тенде́нцию (*к чему-л. — to, towards*) ◊ **to ~ over backwards** ударя́ться в другу́ю кра́йность

leaning [ˈliːnɪŋ] *n* 1) скло́нность, тенде́нция 2) пристра́стие

leanness [ˈliːnnɪs] худоба́, истоще́ние

leant [lent] *past, p. p. см.* **lean² I**

lean-to [ˈliːnˌtuː] *n* односка́тная пристро́йка (*к зданию*); наве́с

leap I [liːp] *n* прыжо́к, скачо́к; **in one ~** одни́м прыжко́м ◊ **a ~ in the dark** прыжо́к в неизве́стность, риско́ванный шаг; **by ~s and bounds** с большо́й быстрото́й, стреми́тельно

leap II *v* (*past, p. p.* **leapt, leaped**) пры́гать, скака́ть; подска́кивать; перепры́гивать (*тж* **to ~ over**)

leap day [ˈliːpdeɪ] *n* 29 февраля́ (*см. тж* **leap year**)

leapfrog [ˈliːpfrɒg] *n* чехарда́

leapt [lept] *past, p. p. см.* **leap II**

leap year [ˈliːpjɜː(r)] *n* високо́сный год

learn [lɜːn] *v* (*past, p. p.* **learnt, learned**) 1) учи́ться; учи́ть, изуча́ть; обуча́ться; **to ~ Italian** вы́учиться италья́нскому языку́; **to ~ a trade** обуча́ться ремеслу́; **to ~ by heart**, **to ~ by rote** учи́ть наизу́сть 2) запомина́ть, учи́ть наизу́сть; **to ~ one's part** вы́учить свою́ роль 3) узнава́ть; **to ~ the news from**

smb узна́ть от кого́-л. но́вости 4) *груб.* проучи́ть

learned I [ˈlɜːnɪd] *a* учёный; **~ works** учёные труды́; **a ~ journal** нау́чный журна́л

learned II [lɜːnt] *past, p. p. см.* **learn**

learner [ˈlɜːnə(r)] *n* учени́к; уча́щийся; **an advanced ~** хорошо́ подгото́вленный, продви́нутый учени́к; **~ (driver)** учени́к(-води́тель); **learner's permit** *амер.* вре́менное води́тельское удостовере́ние, вре́менные права́ (*тж* **provisional licence**)

learner-friendly [ˌlɜːnəˈfrendlɪ] *a* просто́й в употребле́нии, дохо́дчивый; учи́тывающий ну́жды обуча́ющихся; **this dictionary/textbook is ~** э́тот слова́рь/уче́бник прост в употребле́нии

learning [ˈlɜːnɪŋ] *n* 1) уче́ние; изуче́ние 2) учёность, зна́ния, эруди́ция; **~ by association** обуче́ние по ассоциа́ции; **~ by doing** обуче́ние на со́бственном о́пыте; **~ by example** обуче́ние на приме́рах; **~ by experience** обуче́ние о́пытом; **~ by insight** обуче́ние, осно́ванное на понима́нии; **~ from mistakes** обуче́ние на оши́бках; **he is a man of ~** он челове́к учёный, он широко́ образо́ванный челове́к; **the New L.** Возрожде́ние; **~ difficulties, ~ disabilities** пробле́мы в обуче́нии, заде́ржка в разви́тии

learnt [lɜːnt] *past, p. p. см.* **learn**

lease I [liːs] *n* аре́нда; догово́р аре́нды; сда́ча внаём; **by/on ~** в аре́нду; **according to the terms of the ~** по усло́виям аре́нды; **to renew a ~** продлева́ть срок аре́нды ◊ **to take a new ~ of/on life** воспря́нуть ду́хом, прида́ть но́вые си́лы, возроди́ться вновь

lease II *v* сдава́ть *или* брать в аре́нду; арендова́ть; снима́ть; **she ~s the flat from her friends** она́ снима́ет кварти́ру у друзе́й

leasehold I [ˈliːshəʊld] *n* арендо́ванное иму́щество; аре́нда, наём

leasehold II *a* арендо́ванный; **~ property** арендо́ванное иму́щество; **~ land** арендо́ванная земля́

leaseholder [ˈliːshəʊldə(r)] *n* аренда́тор; съёмщик

leash I [liːʃ] *n* при́вязь, поводо́к (*для собак*) ◊ **to hold in ~** держа́ть как на при́вязи, сде́рживать; **to let off the ~** спуска́ть с поводка́; *тж перен.* развя́зывать ру́ки

leash II *v* держа́ть на при́вязи

leasing [ˈliːzɪŋ] *n эк.* 1) ли́зинг, долгосро́чная аре́нда (*машин и оборудования*) 2) вы́дача обору́дования напрока́т

least I [liːst] *n* са́мое ма́лое коли́чество; са́мое ме́ньшее; **that's the ~ you can do** э́то са́мое ме́ньшее, что вы смо́жете сде́лать; **at ~** по кра́йней ме́ре; **not in the ~** ничу́ть, ниско́лько; **to say the ~ (of it)** мя́гко говоря́

least II *a* (*superl см.* **little II**) наиме́ньший, мале́йший; ◊ **~ significant bit** *вчт* мла́дший двои́чный разря́д, мла́дший бит; **~squares method** *вчт* ме́тод наиме́ньших квадра́тов

least III *adv* (*superl см.* **little III**) в наиме́ньшей сте́пени, наиме́нее; **I'm not the ~ tired** я ниско́лько не уста́л

leather I [ˈleðə(r)] *n* 1) ко́жа; **patent ~** лаки́рованная ко́жа; **Morocco ~** сафья́н; **artificial ~** иску́сственная ко́жа 2) ко́жаные изде́лия 3) реме́нь 4) *pl* кра́ги 5) *сленг* футбо́льный мяч 6) *attr* ко́жаный; **~ jacket/coat** ко́жаный пиджа́к/ко́жаное пальто́

leather II *v* 1) покрыва́ть, обшива́ть ко́жей 2) поро́ть ремнём

leatherette [ˌleðəˈret] *n* иску́сственная ко́жа

leathering [ˈleðərɪŋ] *n* 1) *тех.* ко́жаная наби́вка 2) по́рка (*ремнём*); **to give smb a ~** вы́пороть кого́-л.

leathern [ˈleðən] *a уст.* ко́жаный

leather-neck [ˈleðənek] *n амер.* солда́т морско́й пехо́ты

leathery [ˈleðərɪ] *a* 1) напомина́ющий ко́жу 2) жёсткий (*о мясе*)

leave I [liːv] *n* 1) разреше́ние, позволе́ние; **by/with your ~** с ва́шего разреше́ния 2) о́тпуск, *воен.* увольни́тельная (*тж* **~ of absence**); **on ~** в о́тпуске; **on sick ~** в о́тпуске по боле́зни; на больни́чном; **to take one's ~** уезжа́ть; проща́ться (*с кем-л.; of*) ◊ **to take French ~** а) уйти́, не проща́ясь б) прогу́ливать; **to take ~ of one's senses** потеря́ть рассу́док, спя́тить

leave II *v* (*past, p. p.* **left**) 1) уходи́ть; уезжа́ть; отходи́ть (*о поезде*); **it's time for us to ~** нам пора́ идти́/уходи́ть 2) оставля́ть, покида́ть; **he left France in 1999** он поки́нул Фра́нцию/уе́хал из Фра́нции в 1999 году́ 3) оставля́ть в како́м-л. состоя́нии; **~ the window open, please** оста́вьте окно́ откры́тым, пожа́луйста; **the story left him cold** расска́з его́ не тро́нул; **~ it (at that)!** *разг.* оста́вьте!, хва́тит! 4) оставля́ть, забыва́ть; **I left my gloves in the car** я забы́л перча́тки в маши́не 5) оставля́ть в насле́дство 6) предоставля́ть; **~ it to me** предоста́вьте э́то мне; **I ~ it to you** предоставля́ю вам (*решать, делать и т. п.*) ◊ **to ~ alone** оставля́ть в поко́е; **to ~ word with smb** оста́вить запи́ску, сообще́ние у кого́-л.; **to ~ smb to himself/to his own devices** предоста́вить кого́-л. самому́ себе́; **it ~s much to be desired** оставля́ет жела́ть лу́чшего

leave about/around разбра́сывать (*вещи, де́ньги и т. п.*)

leave aside не принима́ть во внима́ние, не брать в расчёт

leave behind 1) забыва́ть взять 2) оставля́ть, покида́ть (*ме́сто*) 3) оставля́ть по́сле себя́

leave down снижа́ть (*гро́мкость зву́ка, я́ркость све́та*)

leave in оставля́ть без измене́ний; не выбра́сывать

leave off 1) снима́ть (*оде́жду*) 2) броса́ть (*привы́чку и т. п.*)

leave on 1) не снима́ть, продолжа́ть носи́ть (*оде́жду*) 2) оставля́ть включённым (*свет, газ и т. п.*)

leave out 1) оставля́ть (*для кого́-л.*), откла́дывать 2) не включа́ть (в спи́сок), исключа́ть 3) не принима́ть во внима́ние, не брать в расчёт 4) игнори́ровать

leave over 1) откла́дывать, переноси́ть (*о сро́ках, реше́ниях и т. п.*) 2): **to be left over** остава́ться по́сле деле́ния, распределе́ния и т. п.

leave up оставля́ть наверху́ *или* на виду́

leave with 1) оставля́ть на попече́ние (*кого́-л.*) 2) предоставля́ть (*кому́-л.*) принима́ть (*реше́ния и т. п.*)

leaved [liːvd] *a* покры́тый листво́й

leaven I [ˈlevən] *n* 1) дро́жжи, заква́ска; разрыхли́тель ◊ **of the same ~** из одного́ те́ста 2) возде́йствие, влия́ние

leaven II *v* 1) ста́вить на дрожжа́х 2) влия́ть, возде́йствовать

leaves [liːvz] *pl см.* **leaf I**

leavings [ˈliːvɪŋz] *n pl* оста́тки, объе́дки; отбро́сы

Lebanese I [ˌlebəˈniːz] *n* лива́нец; лива́нка; **the ~** лива́нцы

Lebanese II *a* лива́нский

lech [letʃ] *n разг.* 1) по́хоть 2) развра́тник

lecher [ˈletʃə(r)] *n* развра́тник, распу́тник

lecherous [ˈletʃərəs] *a* распу́тный, развра́тный

lechery [ˈletʃərɪ] *n* распу́тство, развра́т

lectern [ˈlektɜːn] *n* 1) ка́федра; трибу́на (*докла́дчика*) 2) *церк.* ка́федра пропове́дника

lection [ˈlekʃ(ə)n] *n* разночте́ние, вариа́нт

lecture I [ˈlektʃə(r)] *n* 1) ле́кция; **to give/to deliver a ~** чита́ть ле́кцию 2) нота́ция; вы́говор; **to give/to read smb a ~** отчи́тывать кого́-л. 3) *attr* лекцио́нный; **~ theatre** зал/аудито́рия для ле́кций (*тж* **~ hall**)

lecture II *v* 1) чита́ть ле́кции; **he is lecturing on English literature** он чита́ет ле́кции по англи́йской литерату́ре 2) чита́ть нота́цию, отчи́тывать

lecturer [ˈlektʃərə(r)] *n* 1) ле́ктор 2) преподава́тель *(университета, колледжа)*

LED *сокр.* **(light emitting diode)** светоизлуча́ющий дио́д, светодио́д

led [led] *past, p. p. см.* **lead II**

ledge [ledʒ] *n* 1) вы́ступ, край, борт; карни́з; **window ~** подоко́нник 2) по́лка 3) риф; шельф 4) *горн.* ру́дная жи́ла, за́лежь

ledger [ˈledʒə(r)] *n* 1) *бухг.* бухга́лтерская кни́га, гроссбу́х 2) *стр.* обвя́зка, ла́га, ле́жень 3) моги́льная плита́

ledger-bait [ˈledʒəbeɪt] *n* нажи́вка

lee [liː] *n* 1) защи́та, укры́тие; **under the ~ of smth** под защи́той чего́-л. 2) подве́тренная сторона́ 3) *attr* подве́тренный; **the ~ side (of a ship)** подве́тренный борт су́дна

leech [liːtʃ] *n* 1) пия́вка; **to stick like a ~** приста́ть как пия́вка 2) вымога́тель, парази́т

leek [liːk] *n* лук-поре́й *(тж как национальная эмблема Уэльса)*

leer I [lɪə(r)] *n* косо́й взгляд, хи́трый *или* зло́бный взгляд

leer II *v* броса́ть косы́е взгля́ды; поеда́ть глаза́ми; смотре́ть недоброжела́тельно *или* с хитрецо́й

leery [ˈlɪərɪ] *a сленг* 1) хи́трый 2) насторо́женный

lees [liːz] *n pl* 1) оса́док на дне; **to drink/to drain to the ~** вы́пить всё до дна; *перен.* испи́ть ча́шу до дна 2) оста́тки, отбро́сы

leeward I [ˈliːwəd] *n* подве́тренная сторона́

leeward II *a* подве́тренный

leeward III *adv* под ве́тер, в подве́тренную сто́рону

leeway [ˈliːweɪ] *n* 1) *мор.* дрейф (су́дна) под ве́тер 2) *ав.* снос (самолёта) ве́тром 3) допусти́мое отклоне́ние; допусти́мая свобо́да де́йствий 4) *амер.* запа́с про́чности, безопа́сности ◊ **to make up ~** а) вы́йти из затрудни́тельного положе́ния б) наверста́ть упу́щенное

left¹ I [left] *n* 1) ле́вая сторона́; ле́вая рука́; *воен.* ле́вый фланг; **to keep to the ~** держа́ться ле́вой стороны́; **to turn to the ~** поверну́ть нале́во 2) **(the L.)** *(употр. как pl) полит.* ле́вые си́лы, ле́вые па́ртии, ле́вые ◊ **~, right, and centre** *разг.* везде́, где то́лько мо́жно; напра́во и нале́во

left¹ II *a* ле́вый *(тж полит.)*; **~ bank** ле́вый бе́рег; **~ wing** а) ле́вое крыло́ *(политической партии)* б) *воен., спорт.* ле́вый фланг; **~ back** *спорт.* ле́вый защи́тник; **~ aligned** *вчт* вы́ровненный по ле́вому кра́ю, вы́ровненный сле́ва; **~ alignment** *вчт* выра́внивание по ле́вому кра́ю; **~ angle** *вчт* знак ме́ньше, си́мвол <; **~ arrow** *вчт* стре́лка

вле́во; **~ indent** *вчт* о́тступ сле́ва, левосторо́нний о́тступ; **~ justification** *вчт* выра́внивание по ле́вому кра́ю; **~justified** *вчт* вы́ровненный по ле́вому кра́ю; **~ parenthesis** *вчт* открыва́ющая ско́бка, ле́вая ско́бка ◊ **to have two ~ feet** быть неуклю́жим, нело́вким

left¹ III *adv* нале́во, сле́ва; **turn ~** поверни́те нале́во

left² *past, p. p. см.* **leave II**

left-hand [ˈlefthænd] *a* 1) ле́вый; **~ drive** левосторо́ннее движе́ние *(принятая система дорожного движения в Великобритании, Австралии, Японии)* 2) сде́ланный ле́вой руко́й; **~ blow** уда́р ле́вой (руко́й) 3) *тех.* с ле́вым хо́дом, с ле́вой резьбо́й *(о винте)*

left-handed [leftˈhændɪd] *a* 1) де́лающий всё ле́вой руко́й, левору́кий 2) сде́ланный ле́вой руко́й 3) дви́жущийся про́тив часово́й стре́лки; *тех.* с ле́вым хо́дом, с ле́вой резьбо́й *(о винте)* 4) неуклю́жий, нескла́дный 5) двусмы́сленный, сомни́тельный *(о комплименте и т. п.)* 6) морганати́ческий *(о браке)*

left-hander [leftˈhændə(r)] *n* 1) левша́ 2) уда́р ле́вой (руко́й)

leftie [ˈleftɪ] *см.* **lefty**

leftism [ˈleftɪzm] *n полит.* 1) ле́вая поли́тика, левизна́ 2) лева́чество

leftist [ˈleftɪst] *n полит.* член ле́вой па́ртии, ле́вый

left luggage office [ˌleftˈlʌgɪdʒˈɒfɪs] *n* ка́мера хране́ния *(на вокзале, в аэропорту и т. п.)*

leftmost [ˈleftˌməʊst] *a* са́мый ле́вый

leftovers [ˈleftˌəʊvə(r)] *n* оста́тки *(еды)*; объе́дки

leftward I [ˈleftwəd] *a* 1) ле́вый 2) ле́вый *(о настроениях)*; лева́цкий

leftward II *adv см.* **leftwards**

leftwards [ˈleftwədz] *adv* сле́ва, вле́во

left-wing [ˈleftˌwɪŋ] *a полит.* ле́вый, радика́льный; социалисти́ческий *(о политической партии или её крыле)*

lefty [ˈleftɪ] *n полит. разг.* ле́вый, лева́к

leg I [leg] *n* 1) нога́ *(обычно для обозначения всей нижней конечности)* 2) *анат.* го́лень *(часть ноги между коленом и ступнёй)*; **to stretch one's ~s** размя́ть но́ги, пройти́сь; **to run off one's ~s** сби́ться с ног; **to take to one's ~s** убежа́ть, удра́ть; улепетну́ть; **to stand on one's own ~s** стоя́ть на свои́х нога́х, быть незави́симым; **to find one's ~s** быть в состоя́нии стоя́ть *или* идти́; **to keep one's ~s** не па́дать, стоя́ть 3) штани́на 4) но́жка *(стола, стула и т. п.)*; сто́йка, подста́вка; опо́ра 5) эта́п путеше́ствия, пути́, забе́га *и т. п.*; тур 6) *тех.* коле́но 7) *мор.* галс 8) голени́ще 9) нога́, за́дняя голя́шка *(часть туши)*; ~ of mutton бара́нья нога́; ~ of pork о́корок 10) отре́зок ло́маной ли́нии 11) *мат.* сторона́ (многоуго́льника); ка́тет ◊ to pull smb's ~ *разг.* дура́чить, разы́грывать кого́-л., шути́ть над кем-л.; not to have a ~ to stand on не име́ть доказа́тельств, оправда́ний; to shake a ~ *разг.* танцева́ть

leg II *v*: to ~ it *разг.* отшага́ть; отмаха́ть; набе́гаться

legacy ['legəsɪ] *n* 1) насле́дство 2) насле́дие; ~ of the past насле́дие про́шлого 3) *attr*: ~ system *вчт* ста́рая/унасле́дованная систе́ма

legal ['li:gəl] *a* 1) юриди́ческий, правово́й; a ~ document правово́й/юриди́ческий докуме́нт; the ~ faculty юриди́ческий факульте́т; ~ advice консульта́ция юри́ста 2) зако́нный; узако́ненный; лега́льный; a ~ owner зако́нный владе́лец 3) суде́бный; ~ costs суде́бные изде́ржки; a ~ decision реше́ние суда́

legality [li:'gælɪtɪ] *n* зако́нность; лега́льность

legalize ['li:gəlaɪz] *v* узако́нивать, легализова́ть

legate ['legət] *n рел.* лега́т, па́пский посо́л

legatee [,legə'ti:] *n* насле́дник

legation [lɪ'geɪʃ(ə)n] *n* дипломати́ческая ми́ссия

legend ['ledʒənd] *n* 1) леге́нда 2) на́дпись *(на моне́те, медали и т. п.)*

legendary ['ledʒəndərɪ] *a* легенда́рный

legerdemain [,ledʒədə'meɪn] *n* 1) ло́вкость рук, фо́кусы, трю́ки 2) ло́вкий обма́н; игра́ слова́ми, софи́стика

leggings ['legɪŋz] *n pl* 1) ле́ггинсы 2) кра́ги

leggy ['legɪ] *a* длиннохо́гий

legibility [,ledʒɪ'bɪlɪtɪ] *n* разбо́рчивость, чёткость *(почерка, шрифта)*

legible ['ledʒəbl] *a* разбо́рчивый, чёткий

legion ['li:dʒ(ə)n] *n* 1) легио́н; foreign ~ иностра́нный легио́н *(наёмники в армии)* 2) мно́жество, тьма́ ◊ L. of Honour о́рден Почётного легио́на *(во Франции)*

legionary I ['li:dʒənərɪ] *n* легионе́р

legionary II *a* легионе́рский

legislate ['ledʒɪsleɪt] *v* издава́ть зако́ны

legislation [,ledʒɪs'leɪʃ(ə)n] *n* законода́тельство; зако́ны; labour ~ трудово́е законода́тельство, зако́ны о труде́

legislative ['ledʒɪslətɪv] *a* законода́тельный; the ~ branch законода́тельная власть *(тж the legislature)*

legislator ['ledʒɪsleɪtə(r)] *n* законода́тель

legislature ['ledʒɪsleɪtʃə(r)] *n* законода́тельная власть

legitimacy [lɪ'dʒɪtɪməsɪ] *n* зако́нность; узако́ненность

legitimate I [lɪ'dʒɪtɪmɪt] *a* 1) зако́нный; узако́ненный; ~ drama, ~ theatre «настоя́щий теа́тр», драмати́ческий теа́тр *(в отличие от мюзикла, шоу, кино и т. п.)* 2) законнорождённый

legitimate II [lɪ'dʒɪtɪmeɪt] *v* 1) узако́нивать 2) опра́вдывать, служи́ть оправда́нием

legitimation [lɪ,dʒɪtɪ'meɪʃ(ə)n] *n юр.* узако́нивание, легитимиза́ция

legman ['legmən] *n* репортёр

Lego ['legəʊ] *n фирм.* «Ле́го» *(развивающий конструктор для детей)*

leg-pull ['legpʊl] *n* шу́тка, попы́тка подшути́ть *(над кем-л.)*, разыгра́ть *(кого-л.)*

legroom ['legru:m] *n* свобо́дное простра́нство *(в проходе, под столом)* для ног

legume ['legju:m] *n бот.* 1) стручо́к 2) *pl собир.* бобо́вые

leguminous [lɪ'gju:mɪnəs] *a бот.* бобо́вый, стручко́вый

legwork ['legwɜ:k] *n* рабо́та, тре́бующая больши́х физи́ческих нагру́зок, свя́занных с ходьбо́й, переёздами

leisure ['leʒə(r)] *n* 1) свобо́дное вре́мя, досу́г; at ~ на досу́ге; никуда́ не спеша́; I'll do it at my ~ я э́то сде́лаю на досу́ге/, когда́ у меня́ бу́дет свобо́дное вре́мя; I have little ~ у меня́ ма́ло свобо́дного вре́мени 2) *attr* свобо́дный, незаня́тый *(о времени и т. п.)*; ~ time свобо́дное вре́мя; ~ clothes оде́жда для о́тдыха и спо́рта

leisured ['leʒəd] *a* досу́жий, пра́здный

leisurely I ['leʒəlɪ] *a* нетороли́вый, споко́йный; at a ~ pace *(весьма́)* нетороли́во; a ~ holiday «лени́вый» о́тпуск, по́лное безде́лье в о́тпуске

leisurely II *adv* не спеша́, споко́йно, обду́манно

leisurewear ['leʒəweə(r)] *n* оде́жда для о́тдыха и спо́рта

leitmotif ['laɪtməʊti:f] *n муз.* лейтмоти́в

LEM *сокр.* (lunar excursion module) 1) луноxо́д 2) мо́дуль для иссле́дования пове́рхности Луны́

lemma ['lemə] *n* 1) *лингв., мат.* ле́мма 2) деви́з; кра́ткая анноца́ция; кра́ткое введе́ние

lemming ['lemɪŋ] *n зоол.* ле́мминг

lemon ['lemən] *n* 1) лимо́н 2) лимо́нный цвет 3) *разг.* нестоя́щий челове́к; него́дная вещь 4) *attr* лимо́нный; лимо́нного цве́та ◊ to hand smb a ~ *разг.* обману́ть, наду́ть кого́-л.

lemonade [,lemə'neɪd] *n* лимона́д

lemon-drop ['leməndrɒp] *n* лимо́нный ледене́ц

lemon squash ['lemən,skwɒʃ] *n* прохлади́тельный напи́ток из лимо́нного со́ка *и др.*

ингредиентов *(часто продаётся концентрированным)*

lemon-squeezer [ˈlemənˌskwiːzə(r)] *n* соковыжималка для цитрусовых

lemony [ˈlemənɪ] *a* лимонный

lemur [ˈliːmə(r)] *n зоол.* лемур

lend [lend] *v (past, p. p.* **lent**) 1) давать взаймы, одалживать; **can you ~ me ten dollars?** можешь ли ты одолжить мне десять долларов?; **can you ~ me a car?** можно мне воспользоваться вашей машиной? 2) ссужать деньги под проценты 3) давать, предоставлять *(помощь и т. п.)* 4) придавать *(какое-л. качество, нюанс и т. п.);* **to ~ some charm to smth** придавать некое очарование чему-л. 5): **to ~ itself** быть пригодным; **this system ~s itself to abuse** при такой системе возможны злоупотребления ◊ **to ~ an ear/one's ears** слушать, выслушать; **to ~ a hand** помочь

lender [ˈlendə(r)] *n* кредитор

lend-lease [ˈlendˌliːs] *n амер.* ленд-лиз, передача взаймы *или* в аренду *(имущества, вооружения и т. п.)*

length [leŋθ] *n* 1) длина; **at full ~** во всю длину, растянувшись; **to measure one's ~** растянуться во весь рост 2) расстояние 3) продолжительность, длительность; **of some ~** довольно длительный 4) отрез *(ткани);* отрезок; кусок 5) *фон.* долгота гласного *или* слога ◊ **at ~** а) подробно, со всеми деталями б) наконец; **to go to any/great ~s** идти на всё, ни перед чем не останавливаться; **she'll go to any ~s to get her way** она пойдёт на всё, лишь бы добиться своего; **to keep smb at arm's ~** держать кого-л. на почтительном расстоянии

lengthen [ˈleŋθən] *v* удлинять(ся); **to ~ a skirt** удлинять юбку; **the days are ~ing** дни становятся длиннее

lengthways [ˈleŋθweɪz] *adv* в длину, вдоль

lengthwise I [ˈleŋθwaɪz] *a* продольный

lengthwise II *adv* в длину, вдоль

lengthy [ˈleŋθɪ] *a* слишком длинный, растянутый *(о речи и т. п.)*

lenience [ˈliːnɪəns] *n* мягкость, снисходительность

leniency [ˈliːnɪənsɪ] *см.* lenience

lenient [ˈliːnɪənt] *a* мягкий, снисходительный; **a ~ judge** нестрогий судья

lenitive I [ˈlenɪtɪv] *n мед.* успокаивающее; болеутоляющее (средство)

lenitive II *a мед.* успокаивающий; болеутоляющий

lenity [ˈlenɪtɪ] *n* милосердие, мягкосердечие; кротость

lens [lenz] *n* 1) линза; оптическое стекло 2) объектив *(фотокамеры)* 3) *анат.* хрусталик глаза *(тж* **crystalline ~**)

Lent[1] [lent] *n церк.* Великий пост

lent[2] *past, p. p. см.* **lend**

Lenten [ˈlentən] *a* 1) *церк.* великопостный 2) постный; **~ fare** постная пища

lentil [ˈlentɪl] *n* чечевица

Leo [ˈliːəʊ] *n* Лев *(созвездие и знак зодиака)*

leonine [ˈliːənaɪn] *a* львиный; подобный льву

leopard [ˈlepəd] *n* леопард ◊ **a ~ can't change its spots** *посл.* ≅ горбатого могила исправит

leopardess [ˈlepədɪs] *n* самка леопарда

leper [ˈlepə(r)] *n* прокажённый, больной проказой

leprosarium [ˌleprəˈseərɪəm] *n* лепрозорий *(тж* **leper colony**)

leprosy [ˈleprəsɪ] *n мед.* лёпра, *уст.* проказа

leprous [ˈleprəs] *a* прокажённый, свойственный проказе

lesbian I [ˈlezbɪən] *n* лесбиянка

lesbian II *a* лесбийский, лесбиянский

lese-majesty [liːˈzmædʒɪstɪ] *n* 1) государственная измена 2) оскорбление монарха, высшего государственного лица

lesion [ˈliːʒ(ə)n] *n* 1) *юр.* убыток, вред, ущерб 2) *мед.* поражение, повреждение *(органа, ткани)*

less I [les] *n* меньшее количество, число; меньшая сумма; **for ~ than 100 dollars** меньше, чем за 100 долларов; **in ~ than an hour's time** меньше, чем за час; **none the ~** тем не менее ◊ **in ~ than no time** *шутл.* моментально, мгновенно; **much ~** тем более, не говоря уж

less II *a (compar см.* **little II**) меньший; **in a ~ degree** в меньшей степени; **the pain grew ~** боль уменьшилась

less III *adv (compar см.* **little III**) меньше, менее; **~ likely** менее вероятно; **more or ~ right** более или менее верно

less IV *prep* без; **a month ~ three days** месяц без трёх дней

lessee [leˈsiː] *n* съёмщик, арендатор

lessen [ˈlesən] *v* 1) уменьшать(ся) 2) преуменьшать *(заслуги, достоинства и т. п.)*

lesser [ˈlesə(r)] *a (compar см.* **little II**) меньший; **the ~ of two evils** меньшее из двух зол

lesson [ˈlesən] *n* 1) урок; **to do ~s** готовить уроки; **to give/to take ~s** давать/брать уроки; **to take private ~s** брать частные уроки 2) *pl* занятия 3) урок, предостережение; **let that be a ~ to you** пусть это послужит тебе уроком; **to teach smb a ~** преподать кому-л. урок 4) *церк.* поучение *(отрывок из Библии, читаемый во время службы)*

lessor [leˊsɔ:(r)] *n* сдаю́щий в аре́нду, хозя́ин, арендода́тель

lest [lest] *conj* 1) чтобы не; **write it down ~ you forget** запиши́ э́то (куда́-нибудь), а то забу́дешь 2) как бы не; **she was anxious ~ she should be late** она́ беспоко́илась, как бы не опозда́ть

let I [let] *n* сда́ча внаём; **a long ~** долгосро́чная сда́ча внаём; **he can't get a ~ for the flat** он ника́к не мо́жет сдать кварти́ру

let II *v* (*past, p. p.* let) 1) позволя́ть, разреша́ть; пуска́ть, дава́ть; **~ me know** да́йте мне знать, сообщи́те мне; **to ~ him go** отпусти́ть его́; **~ me help you** разреши́те мне помо́чь вам; **he wouldn't ~ us come** он не разреши́л нам прийти́; **to ~ slip** проговори́ться; оговори́ться; **to ~ loose** отпуска́ть, освобожда́ть 2) сдава́ть внаём; **the house was ~ to new tenants** дом был сдан но́вым жильца́м; **"to ~"** «сдаётся» (*надпись*) 3) *в повел. накл.* употребля́ется как вспомога́тельный глагол, выража́ющий пожела́ние, приглаше́ние, прика́зание и т. п.: **~'s go** пойдём, пошли́; **~'s see what can be done** посмо́трим, что мо́жно сде́лать; **~ me see** покажи́ мне; **~ him try!** пусть попро́бует!; **~ every one do his duty** пусть ка́ждый выполня́ет свой долг; **~ AB be equal to CD** пусть **AB** равно́ **CD** ◊ **to ~ go** выпуска́ть из рук, из-под контро́ля; **to ~ oneself go** а) переста́ть сде́рживаться, дать во́лю свои́м чу́вствам б) опусти́ться, переста́ть следи́ть за собо́й; **to ~ oneself in for a lot of trouble** нарыва́ться на неприя́тности, лезть на рожо́н; **to ~ off steam** вы́пустить пар, разряди́ться; **to ~ fly** напа́сть, атакова́ть; обру́шиться с напа́дками; **to ~ alone** а) оставля́ть в поко́е, не беспоко́ить б) не счита́я, не включа́я, не говоря́ уже́; **to ~ one's hair down** *разг.* расслабля́ться

let down 1) удлиня́ть, выпуска́ть (*одежду*) 2) спуска́ть (*шину и т. п.*) 3) снижа́ться пе́ред поса́дкой (*о самолёте*) 4) подводи́ть, разочаро́вывать (*кого-л.*) 5) *амер.* расслабля́ться 6): **to let smb down gently** постепе́нно подгота́вливать кого́-л.; спуска́ть на тормоза́х

let in 1) впуска́ть (*в помеще́ние*) 2) дава́ть до́ступ (*чему-л.*) 3) признава́ть, допуска́ть 4) выпуска́ть в швах; де́лать вста́вки (*в оде́жде*)

let in for *разг.* напра́шиваться, нарыва́ться (на неприя́тности)

let in on *разг.* посвяща́ть (*кого-л. во что-л.*), расска́зывать (*кому-л.*) о (*свои́х пла́нах и т. п.*)

let off 1) выса́живать, выпуска́ть (*из помеще́ния*) 2) вы́стрелить; взорва́ть 3) *разг.* поми́ловать; отпусти́ть 4) *разг. груб.* по́ртить во́здух, пу́кать

let on *разг.* вы́дать та́йну; проболта́ться

let out 1) выпуска́ть (*на у́лицу, на во́лю и т. п.*) 2) пропуска́ть (*во́ду и т. п.*) 3) изда́ть (*крик и т. п.*) 4) проговори́ться, проболта́ться 5) пога́снуть, поту́хнуть 6) выпуска́ть (в швах) (*оде́жду*) 7) *мор.* разверну́ть (паруса́)

let up 1) ослабева́ть, проходи́ть 2) снижа́ть акти́вность, темп

let up on 1) смягча́ться, станови́ться до́брым 2) снижа́ть акти́вность в рабо́те (*над чем-л.*)

lethal [ˊli:θəl] *a* смерте́льный, *мед.* лета́льный; **~ dose** смерте́льная до́за; **~ weapon** смертоно́сное ору́жие

lethargic [lɪˊθɑ:dʒɪk] *a* 1) вя́лый, апати́чный, безжи́зненный 2) *мед.* летарги́ческий

lethargy [ˊleθədʒɪ] *n* 1) вя́лость, ине́ртность, апа́тия 2) *мед.* летарги́я

let-down [ˊletdaʊn] *n* разочарова́ние

Lethe [ˊli:θɪ] *n миф., поэт.* Ле́та

let-off [ˊletɒf] *n* проще́ние

let-out [ˊletaʊt] *n разг.* возмо́жность избежа́ть (*чего-л.*)

Lett [let] *n уст.* 1) латы́ш; латы́шка; **the ~s** латыши́ 2) латы́шский язы́к

letter I [ˊletə(r)] *n* 1) бу́ква; **capital/small ~** прописна́я/строчна́я бу́ква; **in block ~s** печа́тными бу́квами; **~ for ~** досло́вно, то́чно 2) письмо́; **registered ~** заказно́е письмо́; **~ of credit** аккредити́в; **~ of indemnity** *ком.* гаранти́йное письмо́; **~ of administration** *юр.* суде́бное полномо́чие на управле́ние иму́ществом уме́ршего; **~s of credence** *дип.* вери́тельные гра́моты; **~s patent** пате́нтная гра́мота, пате́нт 3) то́чная формулиро́вка (*усло́вий догово́ра, пу́нктов пра́вил и т. п.*); **the ~ of the law** бу́ква зако́на 4) *pl* литерату́ра; **man of ~s** писа́тель, литера́тор 5) *полигр.* ли́тера, бу́ква ◊ **to the ~** соверше́нно то́чно; **the ~ and the spirit** дух и бу́ква, фо́рма и содержа́ние

letter II *v* 1) помеча́ть бу́квами, надпи́сывать 2) вытисня́ть загла́вие на переплёте

letterbox [ˊletəbɒks] *n* почто́вый я́щик

letter-card [ˊletəkɑ:d] *n* почто́вая откры́тка

lettered [ˊletəd] *a* образо́ванный, начи́танный

letter-friend [ˊletəfrend] *n* друг по перепи́ске (*тж* **pen-friend**)

letterhead [ˊletəhed] *n* ша́пка на официа́льном бла́нке (*назва́ние фи́рмы, реквизи́ты и т. п.*)

lettering [ˈletərɪŋ] *n* (печа́тная) на́дпись; тисне́ние

letter-paper [ˈletəˌpeɪpə(r)] *n* почто́вая бума́га

letter-perfect [ˈletəˈpɜːfɪkt] *a театр.* твёрдо заучи́вший свою́ роль

letterpress [ˈletəpres] *n* 1) печа́тный текст *(в книге с иллюстрациями)* 2) *полигр.* высо́кая печа́ть

Lettish I [ˈletɪʃ] *n уст.* латы́шский язы́к

Lettish II *a уст.* латы́шский

lettuce [ˈletɪs] *n* 1) *бот.* сала́т-лату́к 2) *сленг* бума́жные де́ньги, «капу́ста»

let-up [ˈletʌp] *n разг.* ослабле́ние; приостано́вка

leucocyte [ˈluːkəsaɪt] *n физиол.* лейкоци́т

leukaemia [luːˈkiːmɪə] *n мед.* лейкеми́я, белокро́вие

leukemia [luːˈkiːmɪə] *амер. см.* **leukaemia**

lev [lev] *n (pl* **leva** [ˈlevə]*)* лев *(денежная единица Болгарии)*

levant [lɪˈvænt] *v* скры́ться, не уплати́в долго́в

levee[1] [ˈlevɪ] *n* 1) *ист.* приём при англи́йском короле́вском дворе́ *(с присутствием одних мужчин)* 2) *амер.* официа́льный приём *(гостей)*

levee[2] *n амер.* 1) да́мба *(для защиты от наводнения)* 2) при́стань

level I [ˈlevl] *n* 1) у́ровень; **on a ~ with** на одно́м у́ровне с; **sea ~** у́ровень мо́ря 2) равни́на; пло́ская горизонта́льная пове́рхность 3) ватерпа́с, у́ровень *(инструмент)* ◊ **to find (one's) own ~** а) знать своё ме́сто б) найти́ себе́ ра́вных; **on the ~** *разг.* че́стно; **is he on the ~?** *разг.* он поря́дочный челове́к?; **to do one's ~ best** *разг.* сде́лать всё возмо́жное

level II *a* 1) пло́ский, ро́вный; горизонта́льный; на одно́м у́ровне *(c — with)* 2) равноме́рный, ра́вный, одина́ковый; **to make the score ~** сравня́ть счёт 3) уравнове́шенный, ро́вный, споко́йный; **in ~ tones** в споко́йных тона́х; ро́вным го́лосом

level III *v* 1) ура́внивать, нивели́ровать; унифици́ровать 2) сра́внивать с землёй; сноси́ть; **to ~ to/with the ground** сровня́ть с землёй; **to ~ up/down** повыша́ть/понижа́ть *(при выра́внивании)* 3) це́литься; наводи́ть *(оружие; at)* 4) наце́ливать, направля́ть *(удар, обвинения и т. п. — at, against)* 5) помеща́ть на оди́н у́ровень; идти́ вро́вень; выра́вниваться; **wages are ~ling off** зарпла́та выра́внивается

level-headed [ˌlevlˈhedɪd] *a* уравнове́шенный, споко́йный; здравомы́слящий

lever I [ˈliːvə(r)] *n* рыча́г

lever II *v* поднима́ть, передвига́ть рычаго́м

leverage [ˈliːvərɪdʒ] *n* 1) де́йствие рычага́; подъёмная си́ла рычага́ 2) сре́дства для достиже́ния це́ли; свя́зи, влия́ние 3) систе́ма рычаго́в 4) *амер. ком.* ле́веридж, «при́нцип рычага́», испо́льзование заёмного капита́ла

leveret [ˈlevərɪt] *n* зайчо́нок

leviathan [lɪˈvaɪəθən] *n* 1) *библ.* левиафа́н 2) не́что огро́мное, исполи́нское *(особ. о корабле)*

Levis [ˈliːvaɪz] *n pl* джи́нсы фи́рмы Levis

levitation [ˌlevɪˈteɪʃ(ə)n] *n* левита́ция

levity [ˈlevɪtɪ] *n* легкомы́слие

levy I [ˈlevɪ] *n* 1) сбор, взима́ние *(налогов, пошлин и т. п.)*; су́мма сбо́ра 2) набо́р рекру́тов; новобра́нцы; ополче́ние; **~ in mass** поголо́вный набо́р, всео́бщая мобилиза́ция; **national ~** наро́дное ополче́ние

levy II *v* 1) облага́ть *(налогом, пошлиной и т. п.)* 2) взима́ть *(налоги, пошлины и т. п.)* 3) набира́ть *(рекрутов)* 4) вести́ *(войну — upon, against)*

lewd [luːd] *a* 1) похотли́вый 2) непристо́йный, неприли́чный

lexical [ˈleksɪkəl] *a* 1) слова́рный 2) лекси́ческий

lexicographer [ˌleksɪˈkɒgrəfə(r)] *n* лексико́граф, состави́тель, а́втор словаре́й

lexicography [ˌleksɪˈkɒgrəfɪ] *n* лексикогра́фия, составле́ние словаре́й

lexicology [ˌleksɪˈkɒlədʒɪ] *n* лексиколо́гия

lexicon [ˈleksɪkən] *n* слова́рь; лексико́н

lexis [ˈleksɪs] *n* 1) сло́вник; спи́сок слов *(в словаре)* 2) коли́чество слов в языке́; ле́ксис

LF *сокр.* **(low frequency)** ни́зкая частота́, НЧ

l. h. *сокр.* **(left hand)** ле́вая рука́

liability [ˌlaɪəˈbɪlɪtɪ] *n* 1) отве́тственность; обя́занность; **~ to pay taxes** обя́занность плати́ть нало́ги 2) обу́за, поме́ха; **he's a real ~** он причиня́ет мно́го хлопо́т, он больша́я обу́за 3) *pl* задо́лженность, долги́; **to meet one's liabilities** покры́ть долги́, задо́лженность 4) подве́рженность, скло́нность 5) *амер.* поме́ха

liable [ˈlaɪəbl] *a* 1) обя́занный *(to + Inf)*; свя́занный обяза́тельством; отве́тственный *(за — for)*; **everyone is ~ to pay income tax** ка́ждый обя́зан плати́ть подохо́дный нало́г 2) подве́рженный *(болезни и т. п. — to)*; подлежа́щий; **she is ~ to colds** она́ подве́ржена просту́дам; **goods ~ to duty** това́ры, облага́емые по́шлиной 3) вероя́тный, возмо́жный; **it is ~ to snow** вероя́тно, ско́ро пойдёт снег; **glass is ~ to break** стекло́ легко́ бьётся

liaise [lɪ'eɪz] *v разг.* устана́вливать, подде́рживать конта́кт, связь

liaison [lɪ'eɪzɒn] *n* 1) *воен.* связь, взаимоде́йствие 2) любо́вная связь 3) свя́зывающее вещество́; запра́вка *(для со́уса)* 4) *фон.* свя́зывание коне́чного согла́сного с нача́льным гла́сным после́дующего сло́ва 5) *attr воен.* относя́щийся к войска́м свя́зи *(об офице́ре, авиа́ции и т. п.)*

liana [lɪ'ɑːnə] *n* лиа́на

liar ['laɪə(r)] *n* лгун ◊ ~s have need of good memories *посл.* лжеца́м на́до име́ть хоро́шую па́мять

Lib. *сокр.* **(Liberal)** либера́л; член либера́льной па́ртии

lib [lɪb] *n разг.* освобожде́ние; **women's** ~ движе́ние за ра́вные права́ же́нщин с мужчи́нами, феминисти́ческое движе́ние

libation [laɪ'beɪʃ(ə)n] *n* возлия́ние; *шутл.* вы́пивка

libber ['lɪbə(r)] *n разг.* уча́стница феминисти́ческого движе́ния, феминистка

libel I ['laɪbəl] *n* клевета́; **he was sued for** ~ его́ привлекли́ к суду́ за клевету́

libel II *v* клевета́ть

libeller ['laɪblə(r)] *n* клеветник

libellous ['laɪbələs] *a* клеветни́ческий

liberal I ['lɪbərəl] *n* 1) либера́л 2) **(L.)** *полит.* либера́л, член либера́льной па́ртии

liberal II *a* 1) ще́дрый; великоду́шный 2) оби́льный 3) либера́льный; свободомы́слящий; **a man of** ~ **outlook** свободомы́слящий, либера́льных взгля́дов челове́к 4) гуманита́рный; **the** ~ **arts** гуманита́рные нау́ки; ~ **education** гуманита́рное образова́ние, о́бщее образова́ние 5) **(L.)** *полит.* либера́льный; **the L. Government** прави́тельство либера́лов

liberalism ['lɪbərəlɪz(ə)m] *n* либерали́зм

liberality [ˌlɪbə'rælɪtɪ] *n* 1) ще́дрость 2) широта́ взгля́дов; терпи́мость

liberate ['lɪbəreɪt] *v* 1) освобожда́ть 2) *хим.* выделя́ть

liberation [ˌlɪbə'reɪʃ(ə)n] *n* 1) освобожде́ние 2) *хим.* выделе́ние *(вещества́)*

liberator ['lɪbəreɪtə(r)] *n* освободи́тель

libertine I ['lɪbətiːn] *n* 1) распу́тник 2) вольноду́мец 3) своево́льный челове́к

libertine II *a* 1) распу́щенный, безнра́вственный 2) свободомы́слящий 3) своево́льный, упря́мо пресле́дующий свои́ це́ли, жела́ния

liberty ['lɪbətɪ] *n* 1) свобо́да; **at** ~ свобо́дный, на свобо́де; **to set at** ~ выпуска́ть на свобо́ду; ~ **of the press/of speech/of conscience** свобо́да печа́ти/сло́ва/со́вести 2) *pl* привиле́гии 3) во́льность; **to take the** ~ **to do/of**

doing smth взять на себя́ сме́лость сде́лать что-л.; **to take liberties with smb** позволя́ть себе́ во́льности с кем-л.

libertyman ['lɪbətɪmən] *n* моря́к, уво́ленный на бе́рег

libidinous [lɪ'bɪdɪnəs] *a* сладостра́стный

libido [lɪ'biːdəʊ] *n* либи́до, сексуа́льное влече́ние

Libra ['liːbrə] *n* Весы́ *(созве́здие и знак зодиа́ка)*

librarian [laɪ'brɛərɪən] *n* библиоте́карь

library ['laɪbrərɪ] *n* 1) библиоте́ка; **reference** ~ спра́вочная библиоте́ка; **the L. of Congress** Библиоте́ка Конгре́сса *(национа́льная библиоте́ка США)* 2) фильмоте́ка; колле́кция ди́сков *и т. п.* 3) се́рия книг, объединённых о́бщей те́мой; библиоте́ка 4) *attr* библиоте́чный

libretto [lɪ'bretəʊ] *n* либре́тто

Libyan I ['lɪbɪən] *n* ливи́ец; ливи́йка; **the** ~**s** ливи́йцы

Libyan II *a* ливи́йский

lice [laɪs] *pl см.* **louse**

licence ['laɪsəns] *n* 1) официа́льное разреше́ние, лице́нзия; удостовере́ние, пра́во, пате́нт; **to issue a** ~ вы́дать разреше́ние/лице́нзию; **driving** ~ води́тельские права́ 2) сли́шком во́льное поведе́ние, изли́шняя во́льность 3) поэти́ческая, писа́тельская во́льность *(тж* **poetic** ~*)*; своево́лие

license I ['laɪsəns] *амер. см.* **licence**

license II *v* разреша́ть; дава́ть лице́нзию, лицензи́ровать

licensed ['laɪsənst] *a* 1) име́ющий разреше́ние, лице́нзию *(на что-л.)* 2) при́знанный; диплами́рованный, аттесто́ванный

licensee [ˌlaɪsən'siː] *n* лицензиа́т, получа́тель лице́нзии

licensor ['laɪsənsə(r)] *n* лицензиа́р, фи́рма, продаю́щая лице́нзию

licentious [laɪ'senʃəs] *a* распу́щенный, безнра́вственный, распу́тный

lichen ['laɪkən] *n* 1) *бот.* лиша́йник 2) *мед.* лиша́й

licit ['lɪsɪt] *a* не запрещённый зако́ном; зако́нный

lick I [lɪk] *n* 1) обли́зывание 2) незначи́тельное коли́чество, ка́пелька, кусо́чек *(чего́-л.);* **a** ~ **of paint** мазо́к кра́ской 3) *разг.* бы́стрый шаг; **at full** ~ бы́стрым ша́гом ◊ **a** ~ **and a promise** *разг.* а) бы́строе умыва́ние, мытьё на́спех б) ко́е-ка́к сде́ланная рабо́та; **just give the room a** ~ **and a promise** ты хоть немно́го убери́сь в ко́мнате

lick II *v* 1) лиза́ть, обли́зывать; **to** ~ **one's chops/lips** обли́зываться, предвкуша́ть что-л.;

to ~ the plate clean вылизывать тарелку 2) лизать *(о языках пламени, волнах и т. п.)* 3) *разг.* побивать, превосходить 4) *разг.* бить ◊ to ~ into shape придать надлежащий вид, привести в порядок; to ~ smb's boots *разг.* подхалимничать перед кем-л.

lickerish [ˈlɪkərɪʃ] *a* 1) распутный 2) любящий полакомиться; жадный, падкий *(до чего-л., на что-л.)*

licking [ˈlɪkɪŋ] *n разг.* 1) побои; порка 2) поражение *(в игре, состязании)*; разгром

lickspittle [ˈlɪkspɪtl] *n* подхалим

lid [lɪd] *n* 1) крышка 2) веко *(тж* eyelid*)* ◊ to put the (tin) ~ on smth *разг.* положить конец чему-л.; to take the ~ off *разг.* обнаружить, сделать явным

lido [ˈliːdəʊ] *n* 1) открытый плавательный бассейн 2) городской пляж

lie¹ I [laɪ] *n* ложь, обман; to tell a ~ солгать; to give the ~ to smth показывать ложность чего-л., опровергать ◊ white ~ невинная ложь; ложь во благо

lie¹ II *v (pres. p.* lying*)* 1) лгать 2) быть обманчивым *(о наружности, виде)*

lie² I *n* (рас)положение; рельеф местности; the ~ of the land а) характер местности б) положение вещей, состояние дел

lie² II *v (past* lay; *p. p.* lain; *pres. p.* lying*)* 1) лежать 2) находиться, быть *(в каком-л. состоянии, положении)*; to ~ in ruins лежать в развалинах; the book lay unopened книга лежала нераскрытой; to ~ low а) лежать распростёртым б) *разг.* скрываться, таиться 3) заключаться *(в чём-л.)* it ~s with you to decide ваше дело решать; the choice/the responsibility ~s with him выбор за ним/ответственность лежит на нём 4) быть расположенным *(о городе, озере и т. п.)*; the town ~s in the valley город расположен/лежит в долине; the road ~s over the mountains дорога проходит через горы 5) покоиться *(в могиле)* 6) *юр.* быть законным, допустимым ◊ as far as in me ~s всё что в моих силах; let ~ не поднимайте *(вопрос, тему и т. п. для дискуссии)*; not to take lying down не потерпеть, не принимать

lie about/around 1) слоняться без дела 2) валяться где попало *(о вещах)*

lie back откинуться на *(подушку, спинку стула и т. п.)*

lie behind пройти, кончиться; лежать, находиться позади

lie beyond 1) находиться вдали, вдалеке 2) ожидать в будущем 3) быть *(кому-л.)* не по силам, не по способностям

lie down 1) лечь, прилечь 2) *разг.* молча глотать обиды *и т. п. (особ. в выражении* to take smth lying down*)*

lie down under молча, безропотно сносить невзгоды, обиды *и т. п.*

lie in 1) подолгу валяться по утрам в постели 2) заключаться в *(чём-л.)*

lie off 1) находиться на расстоянии от берега *или* от другого судна *(о судне)* 2) прекратить работу, перестать работать

lie out 1) лежать под открытым небом 2) простираться вдаль, тянуться 3) быть помещённым под проценты *(о сумме денег)*

lie over откладываться, переноситься

lie to *мор.* лежать в дрейфе; держаться против ветра

lie up 1) лежать в постели *(о больном)* 2) стоять на приколе, в доке *(о судне)* 3) скрываться от полиции

lie with быть на чьей-л. ответственности; входить в чьи-л. обязанности

lie within быть в пределах *(чьих-л. полномочий, контроля и т. п.)*

lie detector [ˈlaɪdɪˌtektə(r)] *n* детектор лжи, полиграф *(прибор)*

liege [liːdʒ] *n ист.* 1) сеньор *(тж* ~ lord*)* 2) *обыкн. pl* вассалы

liegeman [ˈliːdʒmæn] *n* 1) *ист.* вассал 2) послушный исполнитель, последователь

lien [lɪən] *n юр.* 1) право удержания 2) залоговое право 3) привилегированное право

lieu [ljuː] *n*: in ~ of вместо

lieutenant [lefˈtenənt, *амер.* ljuːˈtenənt] *n* 1) лейтенант 2) заместитель, помощник

lieutenant colonel [lefˈtenəntˈkɜːnl] *n* подполковник

lieutenant general [lefˈtenəntˈdʒenrəl] *n* генерал-лейтенант

lieutenant governor [lefˈtenəntˈɡʌvənə] *n* 1) *амер.* вице-губернатор *(штата)* 2) (L. G.) вице-губернатор *(титул представителя монарха на Нормандских островах и на острове Мэн)*

life [laɪf] *n (pl* lives*)* 1) жизнь; продолжительность жизни; animal/plant ~ жизнь животных/растений; for ~ (на) всю жизнь; I've lived here all my ~ я всю жизнь живу здесь; at his time of ~ в его возрасте; everyday ~ повседневная жизнь; to fight for one's ~ бороться за свою жизнь; what a ~! ну и жизнь!; to bring/to come to ~ привести/прийти в себя *(после обморока)*; to take one's own ~ покончить (жизнь) самоубийством; he barely escaped with his ~ он еле спасся 2) образ жизни; regular ~ регулярный/правильный образ жизни; country/

high/home ~ дереве́нская/све́тская/семе́йная жизнь; **she leads an active** ~ она́ ведёт акти́вную жизнь 3) срок слу́жбы, долгове́чность, ресу́рс *(прибора, машины и т. п.)*; срок существова́ния *(организации и т. п.)* 4) жи́зненная си́ла, эне́ргия; жи́вость; **full of** ~ по́лный жи́зни, сил; **to put some** ~ **into smth** прида́ть чему́-л. жи́зненной эне́ргии, воодушеви́ть 5) жизнеописа́ние, биогра́фия 6) нату́ра *(в живописи)*; натура́льная величина́; **to the** ~ то́чно; **as large as** ~ а) в натура́льную величину́ б) *разг.* со́бственной персо́ной ◊ **still** ~ натюрмо́рт; **to see** ~ знать жизнь, повида́ть мир; **he was the** ~ **and soul of the party** он был душо́й о́бщества; **I cannot for the** ~ **of me** хоть убе́й, не могу́; **upon my** ~! кляну́сь жи́знью!, че́стное сло́во!; **while there is** ~ **there is hope** *посл.* пока́ челове́к жив, он наде́ется; наде́жда умира́ет после́дней

life-and-death [ˌlaɪfənˈdeθ] *a* жи́зненно ва́жный, о́стрый; отча́янный; ~ **struggle** борьба́ не на жизнь, а на смерть

lifebelt [ˈlaɪfbelt] *n* 1) спаса́тельный круг 2) *амер.* спаса́тельный по́яс

lifeblood [ˈlaɪfblʌd] *n* исто́чник жи́зни, си́лы

lifeboat [ˈlaɪfbəʊt] *n* спаса́тельная шлю́пка

lifebuoy [ˈlaɪfbɔɪ] *n* спаса́тельный круг

life expectancy [ˈlaɪfɪkˌspektənsɪ] *n* 1) ожида́емая продолжи́тельность жи́зни *(в статистике)* 2) ожида́емый срок слу́жбы *(прибора и т. п.)*

life-giving [ˈlaɪfˌgɪvɪŋ] *a* живи́тельный, животво́рный

lifeguard [ˈlaɪfgɑːd] *n* спаса́тель на во́дах

life insurance [ˈlaɪfɪnˌʃʊərəns] *n* страхова́ние жи́зни

lifejacket [ˈlaɪfˌdʒækɪt] *n* спаса́тельный жиле́т

lifeless [ˈlaɪflɪs] *a* 1) неживо́й; бездыха́нный, мёртвый 2) лежа́щий без созна́ния, в о́бмороке 3) безжи́зненный 4) ску́чный

lifelike [ˈlaɪflaɪk] *a* сло́вно живо́й, как в жи́зни

lifeline [ˈlaɪflaɪn] *n* 1) спаса́тельный трос, ле́ер 2) жи́зненно ва́жная коммуника́ция, «доро́га жи́зни» 3) телефо́н «горя́чей ли́нии»; телефо́н дове́рия 4) челове́к, на кото́рого мо́жно положи́ться

lifelong [ˈlaɪflɒŋ] *a* на всю жизнь *(о друге, увлечении)*; в тече́ние всей жи́зни; пожи́зненный

life preserver [ˈlaɪfprɪˌzɜːvə] *n* 1) *амер.* спаса́тельный жиле́т 2) дуби́нка, нали́тая свинцо́м

lifer [ˈlaɪfə(r)] *n сленг* приговорённый к пожи́зненному заключе́нию

life sentence [ˈlaɪfˌsentəns] *n* пожи́зненное заключе́ние

life-size(d) [ˈlaɪfˈsaɪz(d)] *a* в натура́льную величину́

lifestyle [ˈlaɪfstaɪl] *n* стиль жи́зни

life support system [ˌlaɪf sʌˌpɔːt ˈsɪstəm] *n* 1) *мед.* аппарату́ра поддержа́ния жизнедея́тельности органи́зма *(тж* **life support machine)** 2) *косм.* систе́ма обеспече́ния жизнедея́тельности *(на орбите)*

life's-work [ˈlaɪfswɜːk] *n* труд *или* де́ло всей жи́зни

lifetime [ˈlaɪftaɪm] *n* 1) продолжи́тельность жи́зни; **the chance of a** ~ возмо́жность, кото́рая быва́ет раз в жи́зни 2) срок слу́жбы, долгове́чность, ресу́рс *(механизма, машины и т. п.)*; ~ **warranty/guarantee** бессро́чная гара́нтия

lift I [lɪft] *n* 1) подня́тие, подъём 2): **to give smb a** ~ подвезти́, подбро́сить кого́-л.; **I'll give you a** ~ **to the airport** я подбро́шу тебя́ до аэропо́рта 3) лифт; подъёмник 4) подъёмная си́ла 5) воодушевле́ние 6) возвы́шенность ◊ **dead** ~ непоси́льная зада́ча

lift II *v* 1) поднима́ть *(тж* **to** ~ **off, to** ~ **up)** 2) поднима́ться 3) воодушевля́ть; оживля́ть; **the news** ~**ed our spirits** но́вость нас приободри́ла 4) рассе́иваться *(о тумане, мраке)* 5) устраня́ть, снима́ть *(барьеры и т. п.)*; **the blockade was** ~**ed** блока́да была́ снята́ 6) копа́ть, выка́пывать *(картофель и т. п.)* 7) *разг.* ворова́ть, красть 8) *разг.* соверша́ть плагиа́т ◊ **he didn't** ~ **a finger (to help them)** он и па́льцем не пошевельну́л (помо́чь им)

lift-off [ˈlɪftɒf] *n* старт косми́ческой раке́ты

ligament [ˈlɪgəmənt] *n анат.* свя́зка

ligature I [ˈlɪgətʃə(r)] *n* 1) связь, соедине́ние, свя́зывание 2) *мед.* лигату́ра, ни́тка для перевя́зки *(кровеносного сосуда)* 3) *полигр.* лигату́ра 4) *муз.* ли́га, лигату́ра, лега́то

ligature II *v мед.* перевя́зывать *(кровеносный сосуд)*

light¹ I [laɪt] *n* 1) свет; дневно́й свет; освеще́ние; **in a good** ~ при хоро́шем освеще́нии, хорошо́ ви́дный; **by the** ~ **of candle** при све́те свечи́; **electric** ~ электри́ческое освеще́ние; **to stand in smb's** ~ заслоня́ть кому́-л. свет 2) исто́чник све́та *(огонь, свеча, лампа, маяк и т. п.)* 3) *pl* иллюмина́ция 4) *pl* светофо́р; **red/green** ~**s** кра́сный/зелёный свет; **stop at the** ~ останови́сь у светофо́ра 5) то́чка зре́ния, аспе́кт; **this casts a new** ~ **on the situation** э́то пролива́ет но́вый свет на всю ситуа́цию 6) свет зна́ний, просвещённость 7) *pl* (у́мственные) спосо́бности;

according to his ~s по его понятиям 8) светило, знаменитость 9) просвет, окно ◊ **northern/polar ~s** северное сияние; **to bring to ~** выявлять, разоблачать; выводить на чистую воду; **in the ~ of** в свете *(чего-л.)*, согласно полученной информации; **to throw/to shed ~ on smth** проливать свет на что-л.; **to show smb in a bad ~** показывать кого-л. в невыгодном свете

light[1] **II** *a* светлый

light[1] **III** *v (past, p. p.* lit, lighted) 1) зажигаться 2) освещать; светить 3) оживляться *(о лице);* загораться *(о глазах) (тж* **to ~ up)**

light[2] *a* 1) лёгкий; легковесный 2) нетрудный, лёгкий 3) незначительный; **~ punishment** лёгкое наказание 4) некрепкий *(о напитке);* лёгкий *(о пище);* **~ beer** некрепкое/лёгкое пиво 5) несерьёзный; легкомысленный; беспечный, весёлый; **~ music** лёгкая музыка; **to make ~ of** не придавать значения, относиться несерьёзно 6) рыхлый, пористый

light[3] *v (past, p. p.* lit, lighted) 1) неожиданно натолкнуться на что-л. *(on, upon);* **he lit on this manuscript by chance** ему случайно попала в руки эта рукопись 2) *уст.* сходить, спускаться *(тж* **to ~ down, to ~ off)**
light into *разг.* нападать, атаковать
light out *разг.* уйти, исчезнуть

light-and-shade [ˌlaɪtən(d)ˈʃeɪd] *n* жив. светотень

lighten[1] [ˈlaɪtən] *v* 1) освещать 2) светлеть 3) светиться; сверкать; **it ~ed** сверкнула молния

lighten[2] *v* 1) облегчать; делать(ся) более лёгким; **to ~ the load** снять (лишний) груз 2) приносить облегчение, успокаивать 3) смягчать *(наказание)*

lighter[1] [ˈlaɪtə(r)] *n* зажигалка

lighter[2] *n мор.* лихтер; портовая баржа

light-fingered [ˈlaɪtˌfɪŋgəd] *a* 1) ловкий 2) вороватый, нечистый на руку

light-footed [ˈlaɪtˌfʊtɪd] *a* быстроногий

light-headed [ˈlaɪtˌhedɪd] *a* 1) пустой, легкомысленный 2) чувствующий головокружение 3) в бреду, безумный

light-hearted [ˈlaɪtˈhɑːtɪd] *a* беспечный, весёлый

lighthouse [ˈlaɪthaʊs] *n* маяк

light industry [ˈlaɪtˈɪndəstrɪ] *n* лёгкая промышленность

lighting [ˈlaɪtɪŋ] *n* 1) осветительная аппаратура 2) освещение

lighting-up time [ˌlaɪtɪŋˈʌpˈtaɪm] *n* время включения освещения *(тж фар автомобилей)*

lightly [ˈlaɪtlɪ] *adv* 1) слегка, легко, без усилий; **to take off ~** отделаться лёгким наказанием, легко отделаться 2) беспечно, весело; несерьёзно; **to take ~** не принимать всерьёз; **to speak ~ of smb** неуважительно говорить о ком-л.

light meter [ˈlaɪtˌmiːtə(r)] *n фото* экспонометр

light-minded [ˈlaɪtˈmaɪndɪd] *a* легкомысленный

lightness [ˈlaɪtnɪs] *n* 1) лёгкость 2) беспечность; легкомыслие

lightning [ˈlaɪtnɪŋ] *n* молния; **sheet/summer ~** зарница; **like ~** с быстротой молнии, молниеносно

lightning arrester [ˈlaɪtnɪŋ əˈrestə(r)] *см.* **lightning conductor**

lightning conductor [ˈlaɪtnɪŋ kənˌdʌktə(r)] *n* молниеотвод, громоотвод

lightning rod [ˈlaɪtnɪŋˌrɒd] *см.* **lightning conductor**

light pen [ˈlaɪtpen] *n вчт* световое перо

lights [laɪts] *n pl* лёгкие *(субпродукт)*

lightship [ˈlaɪtʃɪp] *n* плавучий маяк

lightsome [ˈlaɪtsəm] *a* 1) лёгкий, грациозный 2) проворный, быстрый 3) весёлый, беспечный

lightweight I [ˈlaɪtweɪt] *n* 1) человек *или* предмет легче среднего веса 2) *спорт.* легковес, спортсмен лёгкой весовой категории *(в боксе, борьбе и т. п.)* 3) невлиятельная, неавторитетная личность; личность, не имеющая веса; **political ~** невлиятельный политик, политик, не имеющий авторитета/влияния 4) *разг.* «слабак», быстро пьянеющий человек

lightweight II *a* 1) легче среднего веса 2) легковесный, несерьёзный, неважный

lignite [ˈlɪgnaɪt] *n* бурый уголь, лигнит

likable [ˈlaɪkəbl] *см.* **likeable**

like[1] **I** [laɪk] *n* кто-л. равный кому-л. по положению, должности *и т. п.;* нечто подобное, похожее, одинаковое; **and the ~** и тому подобное; **we shall not see his ~ again** такого человека нам больше не встретить; **did you ever see the ~ of it?** видели ли вы когда-нибудь что-либо подобное?; **the ~s of her** *разг.* люди, подобные ей ◊ **~ cures** ≅ клин клином вышибают

like[1] **II** *a* 1) похожий, подобный; **in ~ cases** в подобных случаях; **what is he ~?** что он собой представляет?, что он за человек? 2) одинаковый, равный ◊ **as two peas** похожи как две капли воды; **~ father ~ son** каков отец, таков и сын; ≅ яблоко от яблони недалеко падает

463

like

like¹ **III** *adv* 1) *разг.* вероя́тно, возмо́жно; **(as) ~ as not** весьма́ вероя́тно 2) *уст.* так, подо́бно э́тому 3) *сленг* так сказа́ть

like¹ **IV** *prep* 1) так; как что-л., как кто-л.; **he swims ~ a fish** он пла́вает как ры́ба; **she is just ~ a sister to me** она́ мне как сестра́ 2) *в сочета́ниях:* **I felt ~ crying** мне хоте́лось пла́кать; **it looks ~ snow** похо́же, пойдёт снег; **he looked ~ a ghost** он был похо́ж на привиде́ние

like² **I** *n обыкн. pl* симпа́тии, скло́нности, влече́ния; **~s and dislikes** симпа́тии и антипа́тии

like² **II** *v* люби́ть, нра́виться; **I ~ him** он мне нра́вится; **she ~s swimming** она́ лю́бит пла́вать; **as you ~** как вам уго́дно; **how do you ~ your tea?** како́й чай вы пьёте(, покре́пче или послабе́е)?; **I should ~** я хоте́л бы, мне хоте́лось бы

likeable [ˈlaɪkəbl] *a* прия́тный, симпати́чный

likelihood [ˈlaɪklɪhʊd] *n* вероя́тность; **in all ~** по всей вероя́тности

likely I [ˈlaɪklɪ] *a* 1) вероя́тный; правдоподо́бный; **a ~ story** убеди́тельный расска́з 2) подходя́щий; **several ~ candidates** не́сколько подходя́щих кандидату́р 3) ожида́емый; **he is not ~ to come** он скоре́е всего́ не придёт, он вряд ли придёт; **it's not ~ to happen** вряд ли э́то случи́тся

likely II *adv* вероя́тно; **as ~ as not** вполне́ вероя́тно; **most ~** вероя́тнее всего́, о́чень возмо́жно

liken [ˈlaɪkən] *v* сра́внивать; находи́ть схо́дство, уподобля́ть *(to)*

likeness [ˈlaɪknɪs] *n* 1) схо́дство *(между — between; с — to)* 2) подо́бие; портре́т; **speaking ~** вы́литый портре́т, то́чная ко́пия 3) подо́бие, о́браз, личи́на *(of)*; **in the ~ of a friend** под личи́ной дру́га; **in the ~ of a frog** в о́бразе лягу́шки *(в сказке)*

likewise [ˈlaɪkwaɪz] *adv* 1) та́кже, то́же 2) подо́бно

liking [ˈlaɪkɪŋ] *n* 1) расположе́ние, любо́вь; **I took an immediate ~ to her** она́ мне сра́зу понра́вилась 2) скло́нность, вкус *(к чему-л. — for)*; **a ~ for Spanish food** любо́вь к испа́нской ку́хне; **it is to my ~** э́то мне по вку́су

lilac I [ˈlaɪlək] *n* сире́нь

lilac II *a* сире́невый, лило́вый

lilliputian I [ˌlɪlɪˈpjuːʃ(ə)n] *n* лилипу́т

lilliputian II *a* кро́шечный

lilt I [lɪlt] *n* 1) жи́вость *(ритма, походки)*; весёлый ритм 2) жива́я, весёлая пе́сенка 3) чи́стый, прия́тный го́лос

lilt II *v* жи́во, ве́село дви́гаться, говори́ть, петь

lily [ˈlɪlɪ] *n* 1) ли́лия 2) *attr* ма́тово-бе́лый, лиле́йный

lily-livered [ˈlɪlɪˌlɪvəd] *a* трусли́вый

lily of the valley [ˈlɪlɪəvðəˈvælɪ] *n* ла́ндыш

lily-white [ˈlɪlɪˈwaɪt] *a* 1) лиле́йно-бе́лый 2) безупре́чный; незапя́тнанный

limb¹ [lɪm] *n* 1) коне́чность *(тела)* 2) сук, больша́я ве́тка 3) отро́г *(горы)* 4) *разг.* непослу́шный ребёнок, ма́ленький разбо́йник ◊ **a ~ of the law** *шутл.* блюсти́тель поря́дка, страж зако́на *(о полицейском и т. п.)*; **out on a ~** а) в изоля́ции, ото́рванный б) в невы́годном положе́нии; **to escape with life and ~** легко́ отде́латься

limb² *n* 1) *астр.* лимб, край *(солнца, луны)* 2) лимб, кругова́я шкала́ *(в приборах)*

limber¹ [ˈlɪmbə(r)] *n воен.* передо́к *(орудия)*

limber² **I** *a* 1) ги́бкий 2) прово́рный

limber² **II** *v* де́лать(ся) ги́бким; размина́ть(ся)

limbo [ˈlɪmbəʊ] *n* 1) *рел.* чисти́лище 2) тюрьма́, заточе́ние 3) забве́ние, забро́шенность

lime¹ **I** [laɪm] *n* и́звесть; **quick/burnt ~** негашёная и́звесть; **slaked ~** гашёная и́звесть

lime¹ **II** *v* 1) бели́ть и́звестью 2) удобря́ть и́звестью

lime² *n бот.* лайм

lime-juice [ˈlaɪmdʒuːs] *n* сок ла́йма

limekiln [ˈlaɪmkɪln] *n* печь для о́бжига и́звести

limelight [ˈlaɪmlaɪt] *n* 1) свет ра́мпы 2): **in the ~** в це́нтре внима́ния; на волне́ популя́рности, в зени́те сла́вы

limerick [ˈlɪmərɪk] *n* ли́мерик *(шутливое стихотворение из пяти строк)*

limescale [ˈlaɪmˌskeɪl] *n* на́кипь *(в чайниках, трубах и т.п.)*

limestone [ˈlaɪmstəʊn] *n* известня́к

lime-tree [ˈlaɪmtriː] *n бот.* ли́па *(тж* lime)

limey [ˈlaɪmɪ] *n амер. уст. пренебр.* англича́нин

limit I [ˈlɪmɪt] *n* преде́л, грани́ца; **to set a ~** установи́ть преде́л; положи́ть коне́ц; **within ~s** в преде́лах, уме́ренно; **beyond ~** за преде́лами, безграни́чно; **to know no ~s** не знать преде́ла *(чему-л.)*; **we have to set a ~ to expenses** мы вы́нуждены установи́ть преде́л расхо́дов; **this is the ~!** *разг.* э́то перехо́дит вся́кие грани́цы

limit II *v* ограни́чивать; **he ~ed himself to three cigarettes a day** он ограни́чил себя́ тремя́ сигаре́тами в день

limitary [ˈlɪmɪtərɪ] *a* 1) ограничи́тельный 2) ограни́ченный 3) пограни́чный

limitation [ˌlɪmɪˈteɪʃ(ə)n] *n* 1) ограниче́ние 2) *pl* недоста́тки; **to know one's ~s** знать свой недостатки 3) ограниченность, предел; предельный срок

limited ['lɪmɪtɪd] *a* ограниченный; ~ **means** ограниченные средства; ~ **company** *ком.* (акционерное) общество с ограниченной ответственностью; ~ **edition** ограниченный тираж издания

limitless ['lɪmɪtlɪs] *a* 1) безграничный; беспредельный, неограниченный 2) безлимитный (*о тарифе*)

limo ['lɪməʊ] *n амер. разг.* лимузин

limousine ['lɪmʊziːn] *n* лимузин; шикарный автомобиль

limp[1] **I** [lɪmp] *n* хромота, прихрамывание; **to have a bad** ~ сильно хромать; **to walk with a** ~ прихрамывать

limp[1] **II** *v* хромать, прихрамывать; идти с трудом; **he** ~**ed to the door** он еле проковылял к двери

limp[2] *a* 1) мягкий, нежёсткий (*о воротничке, переплёте книги*) 2) слабый, вялый; **the flowers are** ~ цветы завяли; **a** ~ **handshake** вялое рукопожатие; **to feel** ~ чувствовать вялость

limpet ['lɪmpɪt] *n.*: **stick like a** ~ пристать, как банный лист; ~ **mine** магнитная мина

limpid ['lɪmpɪd] *a* 1) прозрачный 2) ясный, понятный (*о языке, стиле*)

limy ['laɪmɪ] *a* известковый

linage ['laɪnɪdʒ] *n* 1) число строк в рукописи *или* печатном материале 2) построчная оплата

linchpin ['lɪntʃpɪn] *n* чека (*колеса*)

linctus ['lɪŋktəs] *n* микстура от кашля

linden ['lɪndən] *n бот. амер.* липа

line[1] **I** [laɪn] *n* 1) линия, черта 2) верёвка, шнур; провод; **clothes** ~ бельевая верёвка; **fishing** ~ леска, леса 3) морщина 4) *pl* очертания, контур 5) ряд; шеренга; вереница 6) *амер.* очередь 7) граница, предел; **border** ~ демаркационная линия; **to draw the** ~ a) провести границу б) установить предел чему-л. (**at**) 8) строка, строчка; **to drop a few** ~**s** черкнуть несколько строк; **a** ~ **of poetry** строчка стихов 9) *муз.* линейка 10) *pl театр.* слова роли; **he didn't know his** ~**s** он плохо знал роль 11) (**the L.**) экватор 12) железнодорожная, теплоходная *или* воздушная линия; **branch** ~ железнодорожная ветка 13) линия (*телефонная, телеграфная и т. п.*); **the** ~ **is engaged** линия занята; **the** ~ **is bad** плохо слышно; **hold the** ~ не вешайте трубку 14) *воен.* линия фронта; **behind the enemy** ~**s** в тылу врага; ~ **of defence** оборонительный рубеж 15) род занятий, специальность; **that is not in my** ~

это не по моей специальности 16) образ действия, линия поведения; установка; **to take a strong** ~ действовать жёстко, энергично; **in** ~ **with** в согласии с, в соответствии с; **to come into** ~ **with smb** согласиться с кем-л., присоединиться к кому-л.; **his** ~ **of thought** ход его мыслей 17) направление, линия в моде; **a new** ~ **in hats** новые фасоны шляп, новая линия головных уборов 18) происхождение, родословная; **male/female** ~ мужская/женская линия; **the last of the royal** ~ последний отпрыск королевского рода 19) линия (*мера длины = 1/12 дюйма*) 20) *pl* свидетельство о браке (*тж* **marriage** ~**s**) ◊ **all along the** ~ во всём, во всех отношениях; **something along those** ~**s** что-нибудь в этом роде; **end of the** ~ тупик, тупиковая ситуация; **to get a** ~ **on** *разг.* разузнать (*о чём-л., ком-л.*); **on the** ~ a) в рискованном положении б) у телефона, на линии; **it's hard** ~**s on her** для неё это большое несчастье; **to toe the** ~ придерживаться привычных правил, быть в определённых рамках

line[1] **II** *v* 1) проводить, чертить линии; линовать; отмечать чертой 2) покрывать морщинами; **a face** ~**d with age** лицо, испещрённое морщинами 3) строиться, выстраиваться в ряд; становиться в очередь; тянуться вдоль чего-л. (*тж* **to** ~ **up**)

line out наметить, начертить (план)

line up 1) выстраиваться, строиться в ряд; становиться в очередь 2) строить в шеренгу 3) организовывать; подготавливать 4) объединять усилия; объединяться с политическими целями 5) выравнивать строки 6) *юр.* предъявлять для опознания

line up behind сплотиться вокруг (*кого-л.*)

line up with поддерживать (чьё-л.) мнение, поддерживать (чьи-л.) действия

line[2] *v* 1) делать подкладку; подбивать; обивать, обшивать изнутри; облицовывать 2) служить подкладкой 3) *разг.* наполнять, набивать; **to** ~ **one's pocket/purse** набивать карман/кошелёк, наживаться (*особ. нечестным путём*); **to** ~ **one's stomach** подкрепляться (*едой*)

lineage ['lɪnɪdʒ] *n* происхождение, родословная

lineal ['lɪnɪəl] *a* 1) происходящий по прямой линии от кого-л.; прямой (*о родстве*) 2) линейный

lineament ['lɪnɪəmənt] *n обыкн. pl* 1) черты (лица) 2) отличительная черта

linear ['lɪnɪə(r)] *a* 1) линейный 2) узкий и длинный

lined [laɪnd] *a* изборождённый морщи́нами, морщи́нистый

lineman [ˈlaɪnmən] *n* 1) лине́йный монтёр *(электро- и телефонной линий)* 2) ж.-д. путево́й обхо́дчик

linen I [ˈlɪnɪn] *n* 1) холст, льняно́е полотно́ 2) (посте́льное) бельё ◊ **to wash one's dirty ~ in public** выноси́ть сор из избы́

linen II *a* льняно́й; бельево́й; **~ cupboard** бельево́й шкаф, комо́д

line printer [ˈlaɪnˈprɪntə] *n вчт* постро́чно печа́тающий при́нтер

liner[1] [ˈlaɪnə(r)] *n* ре́йсовый самолёт *или* теплохо́д, ла́йнер

liner[2] *n тех.* 1) прокла́дка; облицо́вка 2) вкла́дыш; вту́лка, ги́льза

linesman [ˈlaɪnzmən] *n* 1) *спорт.* судья́ на ли́нии, *проф.* ла́йнсмен 2) см. **lineman**

line-up [ˈlaɪnʌp] *n* 1) расстано́вка сил 2) строй 3) *спорт.* расстано́вка игроко́в 4) *юр.* предъявле́ние для опозна́ния

ling [lɪŋ] *n* ве́реск

linger [ˈlɪŋgə(r)] *v* 1) ме́длить, ме́шкать 2) заде́рживаться, остава́ться 3) вози́ться *(over, upon)* 4) затя́гиваться, тяну́ться *(о болезни)*

lingerie [ˈlænʒərɪ] *n* да́мское бельё

lingering [ˈlɪŋgərɪŋ] *a* 1) медли́тельный 2) томи́тельный; затяну́вшийся 3) затяжно́й *(о болезни)*

lingo [ˈlɪŋgəʊ] *n разг.* 1) иностра́нный язы́к 2) профессиона́льный жарго́н

lingua franca [ˌlɪŋgwəˈfræŋkə] *n* 1) ли́нгва фра́нка, язы́к обще́ния *(для лиц разных национальностей)* 2) систе́ма, сре́дство взаимопонима́ния

lingual [ˈlɪŋgwəl] *n* 1) *анат.* язы́чный, лингва́льный 2) *лингв.* языково́й

linguist [ˈlɪŋgwɪst] *n* лингви́ст, языкове́д

linguistic [lɪŋˈgwɪstɪk] *a* лингвисти́ческий, языкове́дческий

linguistics [lɪŋˈgwɪstɪks] *n* лингви́стика, языкозна́ние

liniment [ˈlɪnɪmənt] *n* линиме́нт, жи́дкая мазь

lining [ˈlaɪnɪŋ] *n* 1) подкла́дка 2) вну́треннее покры́тие 3) *тех.* обкла́дка, оби́вка, обши́вка, облицо́вка ◊ **every cloud has a silver ~** нет ху́да без добра́

link[1] **I** [lɪŋk] *n* 1) звено́ в цепи́ 2) связу́ющее звено́; связь; **missing ~** недостаю́щее звено́; **to establish close ~s** установи́ть те́сную связь 3) *pl* конта́кты, свя́зи; у́зы; **cultural ~s** культу́рные свя́зи 4) тра́нспортное сообще́ние *(между двумя пунктами)* 5) *pl* за́понки *(тж* **cuff-links)** 6) пе́тля *(в вязанье)*

link[1] **II** *v* 1) соединя́ть, свя́зывать *(together, to, with)* 2) переплета́ть *(руки)* 3) примыка́ть, присоединя́ться *(on, to, into)*

link[2] *n ист.* фа́кел

linkage [ˈlɪŋkɪʤ] *n* соедине́ние; связь; систе́ма свя́зи

linking verb [ˈlɪŋkɪŋˌvɜːb] *n лингв.* глаго́л-свя́зка

links [lɪŋks] *n pl* 1) по́ле для игры́ в гольф 2) *шотл.* дю́ны

linkup [ˈlɪŋkʌp] *n тех.* соедине́ние; сочлене́ние

linn [lɪn] *n шотл.* 1) водопа́д 2) уще́лье; овра́г

linnet [ˈlɪnɪt] *n* конопля́нка *(птица)*

lino [ˈlaɪnəʊ] *сокр.* **(linoleum)** линолеум

linoleum [lɪˈnəʊliəm] *n* линолеум

linotype [ˈlaɪnəʊtaɪp] *n полигр.* линоти́п

linseed [ˈlɪnsiːd] *n* 1) льняно́е се́мя 2) *attr* льняно́й; **~ oil** льняно́е ма́сло

linsey-woolsey [ˌlɪnzɪˈwʊlzɪ] *n* гру́бая полушерстяна́я ткань

lint [lɪnt] *n* ко́рпия

lintel [ˈlɪntl] *n* прито́лока; перемы́чка *(над оконным или дверным проёмом)*

liny [ˈlaɪnɪ] *a* морщи́нистый

lion [ˈlaɪən] *n* 1) лев 2) **(L.)** Лев *(созвездие и знак зодиака)* 3) знамени́тость, звезда́ 4) национа́льная эмбле́ма Великобрита́нии

lioness [ˈlaɪənɪs] *n* льви́ца

lion-hearted [ˈlaɪənˌhɑːtɪd] *a* хра́брый и великоду́шный

lion-hunter [ˈlaɪənˌhʌntə(r)] *n* 1) охо́тник на льво́в 2) челове́к, гоня́ющийся за знамени́тостями

lionize [ˈlaɪənaɪz] *v* носи́ться *(с кем-л.)*, как со знамени́тостью, превозноси́ть *(кого-л.)*

lip I [lɪp] *n* 1) губа́; **to bite one's ~** куса́ть гу́бы 2) край *(сосуда)* 3) *сленг* де́рзкие ре́чи; наха́льство; **none of your ~!** не дерзи́! ◊ **stiff upper ~** упо́рство; выно́сливость; **to keep a stiff upper ~** а) сохраня́ть вы́держку, му́жество б) упо́рствовать

lip II *v* каса́ться губа́ми

lip balm [ˈlɪp bɑːm] *n* бальза́м для губ

lip gloss [ˈlɪp glɒs] *n* блеск для губ

lip-language [ˈlɪpˌlæŋgwɪʤ] *n* уме́ние *(глухонемого)* чита́ть по губа́м

lippy [ˈlɪpɪ] *a разг.* 1) наха́льный, де́рзкий 2) говорли́вый; болтли́вый

lip-read [ˈlɪpriːd] *v* чита́ть по губа́м *(о глухонемом)*

lipsalve [ˈlɪpsælv] *n* 1) гигиени́ческая губна́я пома́да, мазь для губ 2) лесть

lip-service [ˈlɪpˌsɜːvɪs] *n* неи́скренние увере́ния

lipstick [ˈlɪpstɪk] *n* губна́я пома́да

lip-sync(h) [ˈlɪp sɪŋk] *v* петь *или* говори́ть под фоногра́мму

liqueur [lɪˈkjʊə(r)] *n* ликёр

liquid I [ˈlɪkwɪd] *n* 1) жи́дкость 2) *фон.* пла́вный звук [l, r]

liquid II *a* 1) жи́дкий; теку́чий 2) прозра́чный, све́тлый 3) пла́вный *(о звуке)*; зву́чный 4) *фин.* быстрореализу́емый, ликви́дный; ~ **assets/capital** ликви́дные акти́вы/ликви́дный капита́л 5) неусто́йчивый, легкоменя́ющийся, изме́нчивый, непостоя́нный

liquidate [ˈlɪkwɪdeɪt] *v* 1) обанкро́титься *(о фирме и т. п.)* 2) продава́ть *(пакет акций)* за нали́чные де́ньги 3) ликвиди́ровать, уничто́жить; навсегда́ изба́виться

liquidation [ˌlɪkwɪˈdeɪʃ(ə)n] *n* 1) банкро́тство; **to go into** ~ обанкро́титься 2) прода́жа *(пакета акций)* за нали́чные де́ньги 3) ликвида́ция; уничтоже́ние

liquidator [ˈlɪkwɪdeɪtə(r)] *n фин.* ликвида́тор *(лицо, ведающее распродажей имущества банкрота)*

liquidity [lɪˈkwɪdɪtɪ] *n фин.* ликви́дность *(активов и т. п.)*

liquidize [ˈlɪkwɪdaɪz] *v* сме́шивать ми́ксером; превраща́ть в жи́дкое состоя́ние

liquidizer [ˈlɪkwɪdaɪzə(r)] *n* ми́ксер; бле́ндер

liquor I [ˈlɪkə(r)] *n* 1) спиртно́й напи́ток *(тж* **spirit**); **hard** ~ кре́пкий напи́ток, спиртно́е; **in** ~, **the worse for** ~ подвы́пивший; ~ **store** ви́нный магази́н 2) отва́р 3) *фарм.* раство́р

liquor II *v* 1) сма́зывать *(кожу)* жи́ром 2) выма́чивать *(солод)* 3) *разг.* выпива́ть *(тж* **to** ~ **up**)

liquorice [ˈlɪkərɪs] *n* лакри́ца

liquorish [ˈlɪkərɪʃ] *a* 1) *см.* **lickerish** 2) лю́бящий вы́пить

lira [ˈlɪərə] *n (pl тж* **lire** [ˈlɪərɪ]*)* ли́ра *(денежная единица Турции)*

lisp I [lɪsp] *n* 1) шепеля́вость 2) шо́рох, ше́лест

lisp II *v* шепеля́вить

lissom(e) [ˈlɪsəm] *a* 1) ги́бкий 2) лёгкий, бы́стрый, прово́рный

list[1] **I** [lɪst] *n* 1) спи́сок; пе́речень; **the active** ~ *воен.* ка́дровый соста́в; **casualty** ~ спи́сок поте́рь; **the retired** ~ спи́сок отставны́х офице́ров; **shopping** ~ спи́сок поку́пок; **duty** ~ расписа́ние дежу́рств; **subscription** ~ подписно́й лист; **black** ~ чёрный спи́сок; **to put on the** ~ внести́ в спи́сок; **push-down** ~ *вчт* магази́нный спи́сок, стек; **push-up** ~ *вчт* о́чередь, обра́тный магази́нный спи́сок 2) *pl* аре́на борьбы́; *ист.* турни́рная аре́на, риста́лище 3) край, кро́мка, кайма́ 4) *attr:* ~ **price** цена́ по прейскура́нту, цена́ по прайсли́сту́

list[1] **II** *v* составля́ть спи́сок; вноси́ть в спи́сок; перечисля́ть

list[2] **I** *n* крен, накло́н; **to have/to take a** ~ накрени́ться

list[2] **II** *v* накрени́ться

listed building [ˌlɪstɪdˈbɪldɪŋ] *n* зда́ние, находя́щееся под охра́ной госуда́рства

listed company [ˌlɪstɪdˈkʌmpənɪ] *n фин.* компа́ния, а́кции кото́рой зарегистри́рованы на фо́ндовой би́рже

listed securities [ˌlɪstɪdsɪˈkjʊrɪtɪs] *n фин.* це́нные бума́ги, зарегистри́рованные на би́рже

listen [ˈlɪsn] *v* 1) слу́шать, прислу́шиваться *(к чему-л.; to)* 2) внима́тельно выслу́шивать 3) слу́шаться, прислу́шиваться *(к совету и т. п.)* **listen in** 1) подслу́шивать *(телефонные разговоры)* 2) слу́шать ра́дио

listener [ˈlɪsnə(r)] *n* 1) слу́шатель; **to be a bad** ~ не уме́ть слу́шать *(других)* 2) радиослу́шатель

listening post [ˈlɪsnɪŋˌpəʊst] *n воен.* 1) пост подслу́шивания, перехва́та 2) ста́нция прослу́шивания электро́нных средств свя́зи

listing [ˈlɪstɪŋ] *n* 1) составле́ние спи́сков, рее́стров, внесе́ние в спи́сок 2) *бирж.* ли́стинг, регистра́ция це́нных бума́г на би́рже 3) *вчт* ли́стинг, распеча́тка

listless [ˈlɪstlɪs] *a* безразли́чный, апати́чный, вя́лый

lit[1] [lɪt] *past, p. p. см.* **light**[1] **III**

lit[2] *past, p. p. см.* **light**[3]

liter [ˈliːtə(r)] *амер. см.* **litre**

literacy [ˈlɪtərəsɪ] *n* гра́мотность

literal [ˈlɪtərəl] *a* 1) буква́льный, досло́вный; то́чный; **a ~ translation** досло́вный перево́д 3) бу́квенный 2) сухо́й, прозаи́чный, без воображе́ния

literally [ˈlɪtərəlɪ] *adv* 1) досло́вно, сло́во в сло́во; то́чно, буква́льно 2) без преувеличе́ния

literary [ˈlɪtərərɪ] *a* литерату́рный; **a ~ man** а) литера́тор б) знато́к литерату́ры

literate I [ˈlɪtərɪt] *n* гра́мотный челове́к; образо́ванный челове́к

literate II *a* гра́мотный; образо́ванный, начи́танный

literature [ˈlɪtərətʃə(r)] *n* литерату́ра

lithe [laɪð] *a* ги́бкий

lithium [ˈlɪθɪəm] *n хим.* ли́тий

lithograph I [ˈlɪθəgrɑːf] *n* литогра́фия; литогра́фский о́ттиск

lithograph II *v* литографи́ровать

lithography [lɪˈθɒgrəfɪ] *n* 1) литогра́фия *(способ печати)* 2) пло́ская *или* офсе́тная печа́ть 3) проду́кция пло́ской *или* офсе́тной печа́ти

lithotomy [lɪˈθɒtəmɪ] *n мед.* литотоми́я, камнесече́ние

lithotripsy [ˈlɪθətrɪpsɪ] *n мед.* литотрипсия, камнедробление

Lithuanian I [ˌlɪθjuːˈeɪnɪən] *n* 1) литовец; литовка; **the ~s** литовцы 2) литовский язык

Lithuanian II *a* литовский

litigant [ˈlɪtɪgənt] *n юр.* сторона (в судебном деле)

litigate [ˈlɪtɪgeɪt] *v* 1) *юр.* выступать в качестве стороны в процессе 2) оспаривать (в суде)

litigation [ˌlɪtɪˈgeɪʃ(ə)n] *n юр.* тяжба, судебный спор, процесс

litigious [lɪˈtɪdʒəs] *a юр.* спорный, подлежащий судебному разбирательству

litmus [ˈlɪtməs] *n хим.* 1) лакмус 2) *attr:* **~ paper** лакмусовая бумага

litre [ˈliːtə(r)] *n* литр

Litt. D. *сокр.* (**Doctor of Letters**) доктор литературы, литературоведения

litter[1] [ˈlɪtə(r)] *n* 1) паланкин 2) носилки

litter[2] **I** *n* 1) сор, мусор 2) беспорядок 3) помёт (приплод свиней, собак, кошек и др. животных) 4) подстилка (для скота)

litter[2] **II** *v* 1) сорить, разбрасывать 2) пороситься, щениться и т. п. 3) подстилать (солому и т. п.)

litter-box [ˈlɪtəbɒks] *n* урна для мусора, мусорный ящик

litterbug [ˈlɪtəbʌg] *n* человек, сорящий на улице, в общественных местах

littery [ˈlɪtərɪ] *a* замусоренный; захламлённый

little I [ˈlɪt(ə)l] *n* 1) немного(е), небольшое количество; кое-что; **a ~** немного; **not a ~** совсем немало; вполне достаточно; **~ or nothing** почти ничего; **he did what ~ he could** он сделал то немногое, что мог; **to make ~ of** быть невысокого мнения (о ком-л., чём-л.), не придавать большого значения (чему-л.) 2) короткий период времени, короткий промежуток; **after a ~** немного спустя; **for a ~** ненадолго 3) небольшое расстояние ◊ **from ~ up** с детства

little II *a* (*compar* **less, lesser;** *superl* **least**) 1) маленький, малый, небольшой; *часто употр. в ласкательной форме;* **a ~ town** маленький город; **~ finger** мизинец; **wait a ~ while** подожди(те) немного; **what a nice ~ man!** какой милый человек! 2) незначительный, несущественный; **to gain ~ advantage (from smth)** добиться незначительной выгоды (от чего-л.); **no ~** значительный, большой 3) мелкий, мелочный, ограниченный; **the ~ things of life** житейские мелочи; **you ~ rascal!** негодник какой!

little III *adv* 1) (*compar* **less;** *superl* **least**) мало, немного; **he is ~ known** его мало знают;

~ more than an hour немного более часа; **by ~** мало-помалу, понемногу 2) совсем не; едва; **they ~ thought** они совсем не думали

littleness [ˈlɪtlnɪs] *n* 1) незначительность; небольшой размер; небольшая степень 2) мелочность, ограниченность

littoral I [ˈlɪtərəl] *n* побережье; приморский, прибрежный район, приморье

littoral II *a* прибрежный

liturgy [ˈlɪtɜːdʒɪ] *n рел.* литургия

livable [ˈlɪvəbl] *a* 1) пригодный для жилья 2) уживчивый, общительный

live[1] [lɪv] *v* жить; существовать; **to ~ to a great old age** дожить до глубокой старости; **he ~d an amazing life** он прожил удивительную жизнь; **to ~ high, to ~ like lords** жить по-царски, жить на широкую ногу; **to ~ on vegetables** питаться овощами ◊ **~ and let ~** живи и давай жить другим; **one ~s and learns** век живи, век учись; **to ~ it up** кутить, гулять, развлекаться вовсю

live in жить при (колледже, больнице и т. п.)

live on 1) продолжать жить 2) пережить (кого-л. или что-л.)

live out 1) жить не по месту работы 2) доживать 3) жить по определённым принципам

live over снова пережить; перебирать в памяти

live through пережить (что-л.)

live up to 1) оправдать (ожидания) 2) жить согласно (принципам и т. п.) 3) быть достойным (кого-л.)

live[2] [laɪv] *a* 1) живой 2) *радио, тлв* передающийся в прямом эфире, «живьём» (не в записи); **~ recording** *муз.* концертная запись (исполнителя, группы и т. п.) 3) энергичный, живой; влиятельный 4) жизненный, реальный; актуальный (о вопросе, просьбе); **a ~ issue** злободневный вопрос 5) непогасший, горящий; действующий; **~ embers** тлеющие угольки 6) неразорвавшийся (о снаряде) 7) *эл.* под напряжением; включённый; подключённый к источнику питания; **a ~ wire** провод под напряжением

liveable [ˈlɪvəbl] *см.* **livable**

live-in [ˈlɪvˈɪn] *a* не связанный узами брака (об отношениях); свободный; **a ~ partner** сожитель, сожительница

livelihood [ˈlaɪvlɪhʊd] *n* средства к существованию

liveliness [ˈlaɪvlɪnɪs] *n* живость; оживление

livelong [ˈlɪvlɒŋ] *a поэт.* весь, целый (о дне, ночи)

lively [ˈlaɪvlɪ] *a* 1) живой, полный жизни; энергичный 2) быстрый; **a ~ pace** быстрый шаг 3) оживлённый; весёлый; **a ~ argument** оживлённый спор; **to take a ~ interest in smth** проявля́ть живе́йший интере́с 4) я́ркий *(о красках, описании, впечатлении и т. п.)* ◊ **to make things ~ for smb** устро́ить весёлую жизнь кому́-л.

liven [ˈlaɪvn] *v разг.* оживля́ть(ся) *(тж* **to ~ up)**

liver[1] [ˈlɪvə(r)] *n* 1) *анат.* пе́чень 2) *кул.* печёнка 3) *attr:* **~ salts** *мед.* сре́дство от расстро́йства пищеваре́ния и разли́тия жёлчи; **~ sausage** ли́верная колбаса́ *(амер.* **liverwurst)**

liver[2] *n:* **good ~** а) доброде́тельный челове́к б) гурма́н; жуи́р; **a free ~** челове́к, живу́щий в своё удово́льствие; **a clean ~** чистю́ля; **loose ~** распу́тник; **fast ~** прожига́тель жи́зни

liver-coloured [ˈlɪvəˌkʌləd] *a* краснова́то-кори́чневого цве́та

liveried [ˈlɪvərɪd] *a* ливре́йный, в ливре́е

liverish [ˈlɪvərɪʃ] *a разг.* 1) страда́ющий боле́знью пе́чени 2) жёлчный, раздражи́тельный

livery [ˈlɪvərɪ] *n* 1) ливре́я 2) *ист.* костю́м чле́на ги́льдии 3) наря́д; покро́в; **winter ~ of birds** зи́мнее опере́ние птиц 4) пла́тная коню́шня 5) *амер.* прока́т лошаде́й 6) *attr:* **~ stable** пла́тная коню́шня

lives [laɪvz] *pl см.* **life**

livestock [ˈlaɪvstɒk] *n* дома́шний скот

livid [ˈlɪvɪd] *a* 1) ме́ртвенно-бле́дный 2) *разг.* о́чень злой, си́льно разозлённый

living I [ˈlɪvɪŋ] *n* 1) жизнь, о́браз жи́зни; **standard of ~** у́ровень жи́зни; **simple ~** проста́я, скро́мная жизнь 2) сре́дства к существова́нию; **to make/to earn one's ~** зараба́тывать на жизнь 3) *attr:* **~ conditions** жили́щные усло́вия; **a ~ wage** прожи́точный ми́нимум

living II *a* 1) живо́й, живу́щий сейча́с, совреме́нный 2) о́чень похо́жий, живо́й, вы́литый

living room [ˈlɪvɪŋˌrʊm] *n* о́бщая ко́мната, гости́ная

lizard [ˈlɪzəd] *n* я́щерица

LJ *сокр.* **(Lord Justice)** лорд-судья́

ll. *сокр.* **(lines)** ли́нии

'll [l] *разг. сокр. от* **shall** *или* **will**; **I'll come** я приду́

llama [ˈlɑːmə] *n зоол.* ла́ма

LLB *сокр.* **(Bachelor of Laws)** бакала́вр пра́ва

LLC *сокр.* **(logical link control)** *вчт* управле́ние логи́ческим соедине́нием

LLD *сокр.* **(Doctor of Laws)** до́ктор пра́ва

LLM *сокр.* **(Master of Laws)** маги́стр пра́ва

Lloyd's [lɔɪdz] *n* Лло́йд *(морское страховое общество)* (тж **~ of London**); **~ List** ежедне́вник Лло́йда; **~ Register** реги́стр Лло́йда

lm *сокр.* **(lumen)** *физ.* лю́мен

load I [ləʊd] *n* 1) груз; па́ртия гру́за; **a ~ of coal** груз у́гля 2) тя́жесть, груз, бре́мя *(ответственности и т. п.)*; нагру́зка; **a teaching ~** педагоги́ческая нагру́зка 3) *pl разг.* мно́жество, избы́ток *(of)*; **we have ~s of time** у нас у́йма вре́мени 4) *тех.* нагру́зка; *воен.* заря́д 5) *вчт* загру́зка *(программы)* 6) *вчт* запра́вка ◊ **that's a ~ off my mind** у меня́ гора́ с плеч

load II *v* 1) грузи́ть(ся); нагружа́ть 2) обременя́ть, нагружа́ть *(заданиями, работой и т. п.)* 3) осыпа́ть *(подарками, почестями и т. п.)* 4) отягоща́ть, перегружа́ть 5) заряжа́ть *(оружие, кинокамеру и т. п.)* 6) *вчт* загружа́ть 7) *вчт* заправля́ть

loaded [ˈləʊdɪd] *a* 1) нагру́женный 2) *сленг* бога́тый 3) *сленг* пья́ный 4) с подво́хом; со скры́тым значе́нием *(о вопросе, заявлении)*

loader [ˈləʊdə(r)] *n* 1) погру́зчик, погру́зочное приспособле́ние 2) гру́зчик

loading [ˈləʊdɪŋ] *n* 1) погру́зка 2) *эл.* нагру́зка 3) увеличе́ние страхо́вки *(в связи с увеличе́нием риска)* 4) *воен.* заряжа́ние 5) *вчт* загру́зка 6) *вчт* запра́вка 7) *вчт* ввод

load line [ˌləʊdˈlaɪn] *n мор. ком.* грузова́я ватерли́ния, у́ровень загру́зки

load pack [ˈləʊdpæk] *n* вьюк

loadstar [ˈləʊdstɑː(r)] *см.* **lodestar**

loaf[1] [ləʊf] *n (pl* **loaves)** 1) карава́й, буха́нка хле́ба; бато́н 2) са́харная голова́ *(тж* **sugar ~)** 3) мясно́й руле́т, ветчина́ в оболо́чке и т. п. 4) *сленг* голова́, башка́

loaf[2] **I** *n* безде́льничанье

loaf[2] **II** *v* 1) сло́няться 2) безде́льничать

loafer [ˈləʊfə(r)] *n* 1) безде́льник 2) *pl* ту́фли-мокаси́ны

loam [ləʊm] *n* 1) сугли́нок; **sandy ~** су́песь 2) формо́вочная гли́на

loamy [ˈləʊmɪ] *a* сугли́нистый

loan I [ləʊn] *n* 1) заём; ссу́да; креди́т; **state/domestic ~** госуда́рственный/вну́тренний заём; **bank ~** ба́нковская ссу́да; **personal ~** ссу́да ча́стному лицу́; **on ~** взаймы́ 2) заи́мствование *(о слове, обычае)*

loan II *v* предоставля́ть заём; дава́ть взаймы́; ссужа́ть

loanholder [ˈləʊnˌhəʊldə(r)] *n* держа́тель за́йма

loan translation [ˈləʊntrənsˌleɪʃ(ə)n] *n лингв.* ка́лька

loanword [ˈləʊnwɜːd] *n* заи́мствованное сло́во

loath [ləʊθ] *a predic* несклонный, нежела́ющий; **to be ~** не хоте́ть; **nothing ~** охо́тно, без вся́ких возраже́ний

loathe [ləʊð] *v* 1) чу́вствовать отвраще́ние 2) *разг.* о́чень не люби́ть

loathsome [ˈləʊðsəm] *a* отврати́тельный, отта́лкивающий

loaves [ləʊvz] *pl см.* **loaf**[1]

lob [lɒb] *v* высоко́ подбра́сывать мяч; *спорт.* де́лать свечу́, посыла́ть мяч высоко́ вверх

lobar [ˈləʊbə(r)] *a мед.* лоба́рный, относя́щийся к до́ле

lobby I [ˈlɒbɪ] *n* 1) вестибю́ль; пере́дняя; фойе́ 2) кулуа́ры *(парла́мента)*; ~ **correspondent** журнали́ст, веду́щий репорта́ж из брита́нского парла́мента 3) *полит.* ло́бби

lobby II *v* ока́зывать возде́йствие на чле́нов парла́мента, лобби́ровать

lobbyist [ˈlɒbɪɪst] *n полит.* лобби́ст

lobe [ləʊb] *n* 1) *анат.* до́ля, до́лька; **renal ~s** по́чечные до́ли 2) мо́чка у́ха *(тж* ~ **of the ear)**

lobectomy [ləˈbektəmɪ] *n мед.* удале́ние до́ли *(лёгкого, щитови́дной железы́ и т. п.),* лобэктоми́я

lobster [ˈlɒbstə(r)] *n* ома́р ◊ **red as a** ~ кра́сный как рак

lobster-eyed [ˈlɒbstəraɪd] *a* пучегла́зый

lobster thermidor [ˌlɒbstəˈθɜːmɪdɔː(r)] *n* блю́до из ома́ров с гриба́ми, яйцо́м, сли́вками, хе́ресом, подава́емое в па́нцире под сы́ром

local I [ˈləʊkəl] *n* 1) ме́стный жи́тель 2) при́городный по́езд, авто́бус *и т. п.* 3) *разг.* ме́стный паб 4) *амер.* ме́стная профсою́зная организа́ция 5) *мед.* анестези́рующее сре́дство ме́стного де́йствия *(тж* ~ **anaesthetic)**

local II *a* 1) ме́стный; ~ **authority** ме́стные вла́сти; ~ **time** ме́стное вре́мя 2) *мед.* лока́льный; очаго́вый

locale [ləʊˈkɑːl] *n* ме́сто де́йствия

localism [ˈləʊkəlɪz(ə)m] *n* 1) ме́стный патриоти́зм; ме́стные интере́сы 2) *лингв.* ме́стное выраже́ние, диалекти́зм 3) ме́стный обы́чай 4) у́зость, ограни́ченность взгля́дов, интере́сов

locality [ləʊˈkælɪtɪ] *n* 1) *обыкн. pl* окре́стности 2) населённый пункт 3) ме́стность; местоположе́ние; **I have no sense of** ~ я пло́хо ориенти́руюсь (на ме́стности)

localize [ˈləʊkəlaɪz] *v* 1) ограни́чивать распростране́ние, локализо́вывать 2) относи́ть к определённому ме́сту

locate [ləʊˈkeɪt] *v* 1) обнару́живать, определя́ть ме́сто, обнару́живать то́чное местонахожде́ние 2) располага́ть, размеща́ть; поселя́ть; **to be ~d (in)** а) жить (в) б) быть располо́женным (в), находи́ться (в) 3) находи́ться 4) локализо́вывать, ука́зывать местонахожде́ние *(чего-л.)*

location [ləʊˈkeɪʃ(ə)n] *n* 1) местоположе́ние 2) размеще́ние, поселе́ние 3) обнаруже́ние, определе́ние ме́ста *(чего-л.)* 4) *вчт* ячейка, а́дрес ячейки *(памяти)* 5) *кино* ме́сто нату́рных съёмок, нату́ра

locative [ˈlɒkətɪv] *n грам.* ме́стный паде́ж, локати́в

locator [lɒʊˈkeɪtə(r)] *n* 1) *амер.* землеме́р 2) *тех.* иска́тель, лока́тор 3) *вчт* указа́тель, лока́тор 4) *вчт* сре́дство по́иска, устро́йство обнаруже́ния 5) а́дрес докуме́нта *(в информацио́нной систе́ме)*

loch [lɒk] *n шотл.* 1) о́зеро 2) у́зкий морско́й зали́в

loc. cit. *сокр.* **(loco citato)** *лат.* в вышеприведённом те́ксте

lock[1] **I** [lɒk] *n* 1) замо́к, запо́р; **Yale** ~ америка́нский замо́к; **under** ~ **and key** под замко́м 2) шлюз 3) зато́р, про́бка *(в у́личном движе́нии)* 4) чека́ *(колеса́)*; сто́пор; фикса́тор 5) *спорт.* захва́т «на ключ» *(в борьбе́)* 6) замо́к *(ружья́)* ◊ ~, **stock and barrel** целико́м, по́лностью

lock[1] **II** *v* 1) запира́ть(ся) на замо́к 2) зажима́ть, сжима́ть 3) соединя́ть, сцепля́ть, сплета́ть 4) шлюзова́ть

lock away 1) держа́ть под замко́м 2) держа́ть взаперти́; посади́ть в тюрьму́; упря́тать *(куда-л.)* 3) храни́ть в та́йне

lock in 1) запере́ть *(где-л.)* 2) окружа́ть со всех сторо́н 3) блоки́ровать

lock into соединя́ть, сцепля́ть *(с чем-л.)*

lock on *воен.* вести́ слеже́ние *(за объе́ктом)*

lock onto стыкова́ться, пло́тно соединя́ться

lock out 1) не впуска́ть *(закры́в дверь)* 2) объявля́ть лока́ут

lock together сжима́ть, сти́скивать

lock up 1) держа́ть взаперти́; упря́тать 2) упря́тать в тюрьму́; изоли́ровать от о́бщества 3) запере́ть *(зда́ние)* на́ ночь 4) *фин.* помеща́ть капита́л в неликви́дные акти́вы 5) *амер. разг.* подстра́ивать

lock[2] *n* 1) ло́кон; *pl тж* во́лосы 2) пучо́к, клок

locker [ˈlɒkə(r)] *n* 1) запира́ющийся шка́фчик, я́щик 2) *мор.* рунду́к

locker-room [ˈlɒkərʊm] *n* раздева́лка с запира́ющимися шка́фчиками

locket [ˈlɒkɪt] *n* медальо́н

lock gate [ˈlɒkˈgeɪt] *n* воро́та шлю́за

lock keeper [ˈlɒkˌkiːpə(r)] *n* опера́тор шлю́за

lockout [ˈlɒkaʊt] *n эк.* лока́ут

lockpick [ˈlɒkpɪk] *n* отмы́чка

locksmith [ˈlɒksmɪθ] *n* сле́сарь

lockup [ˈlɒkʌp] *n* 1) ка́мера предвари́тельного заключе́ния; полице́йская тюрьма́ 2) вытрезви́тель 3) служе́бное помеще́ние; магази́н, скла́д *и т. п.* 4) *фин.* помеще́ние капита́ла в неликви́дные акти́вы 5) вре́мя закры́тия магази́нов 6) *вчт* запира́ние, блоки́ровка 7) *авто* блокиро́вка 8) *attr* запира́ющийся

loco¹ [ˈləʊkəʊ] *n разг.* локомоти́в

loco² *a сленг* чо́кнутый, свихну́вшийся; **to go ~ over the girl** сходи́ть с ума́ по э́той де́вушке

locomotion [ˌləʊkəˈməʊʃ(ə)n] *n* передвиже́ние

locomotive I [ˈləʊkəˌməʊtɪv] *n* локомоти́в (*тж* ~ **engine**); **diesel** ~ теплово́з; **electric** ~ электрово́з; **steam** ~ парово́з

locomotive II *a* дви́жущий(ся); ~ **power** дви́жущая си́ла

locum [ˈləʊkəm] *n* замести́тель (*особ. врача, священника*) (*тж* ~ **tenens**); **to do ~s** вре́менно замеща́ть, исполня́ть обя́занности (*врача, священника*)

locust [ˈləʊkəst] *n* 1) саранча́ 2) *амер.* цика́да 3) *бот.* лжеака́ция; бе́лая ака́ция

locution [ləˈkjuːʃ(ə)n] *n* оборо́т ре́чи; идио́ма

lode [ləʊd] *n горн.* (ру́дная) жи́ла; за́лежь

loden [ˈləʊdən] *n* 1) то́лстая водонепроница́емая шерстяна́я ткань 2) тёмно-зелёный цвет

lodestar [ˈləʊdstɑː(r)] *n* 1) Поля́рная звезда́ 2) путево́дная звезда́

lodestone [ˈləʊdstəʊn] *n* 1) *мин.* магнети́т, магни́тный железня́к 2) не́что привлека́тельное, притяга́тельное, «магни́т»

lodge I [lɒdʒ] *n* 1) сторо́жка; помеще́ние привра́тника, вахтёра, швейца́ра, садо́вника *и т. д.* 2) охо́тничий до́мик (*тж* **hunting** ~) 3) дом, гости́ница в куро́ртном ме́сте 4) резиде́нция главы́ ко́лледжа в Ке́мбридже 5) масо́нская ло́жа 6) нора́ (*напр. выдры*); ха́тка (*бобра*) 7) *амер.* вигва́м

lodge II *v* 1) подава́ть (*жалобу, заявление*) 2) помеща́ть, класть (*в банк, на хранение*), депони́ровать 3) размести́ть(ся); посели́ть(ся); приюти́ть 4) всади́ть (*пулю*); застря́ть (*о пуле*) 5) приби́ть (*ветром*); поле́чь от ве́тра (*о посевах и т. п.*)

lodgement [ˈlɒdʒmənt] *n* 1) пода́ча (*жалобы, заявления и т. п.*), размеще́ние (*заявок и т. п.*) 2) поселе́ние, размеще́ние 3) *фин.* депони́рование де́нежных сумм 4) скопле́ние (*чего-л.*); зато́р

lodger [ˈlɒdʒə(r)] *n* жиле́ц, квартиросъёмщик; **to take in ~s** сдава́ть ко́мнаты (*жильца́м*)

lodging [ˈlɒdʒɪŋ] *n* 1) кров; вре́менное жили́ще 2) *pl* (снима́емая) ко́мната; но́мер (в гости́нице), кварти́ра ◊ **board and** ~ пита́ние и прожива́ние, стол и кров

lodging house [ˈlɒdʒɪŋ ˌhaʊs] *n* меблиро́ванные ко́мнаты; апартаме́нты (*амер.* **rooming house**)

lodgment [ˈlɒdʒmənt] *см.* **lodgement**

loess [lɜːs] *n геол.* лёсс

lo-fi [ˌləʊˈfaɪ] *a муз.* запи́санный на небольшо́й сту́дии без испо́льзования дорогостоя́щих средств звукоза́писи (*об электронной музыке*)

loft I [lɒft] *n* 1) черда́к 2) сенова́л (*тж* **hay** ~) 3) хо́ры (*в церкви*) 4) *амер.* ко́мната наверху́ 5) голубя́тня (*тж* **pigeon** ~) 6) уда́р вверх (*в гольфе*)

loft II *v* посыла́ть мяч высоко́ вверх (*в гольфе*)

loftiness [ˈlɒftɪnɪs] *n* 1) больша́я высота́ 2) высокоме́рие, надме́нность 3) вели́чественность 4) возвы́шенность, благоро́дство (*мыслей, целей и т. п.*)

lofty [ˈlɒftɪ] *a* 1) о́чень высо́кий 2) возвы́шенный, благоро́дный; ~ **duty/ideas** чу́вство высо́кого до́лга/возвы́шенные иде́алы 3) высокоме́рный; надме́нный 4) вели́чественный; ста́тный

log I [lɒg] *n* 1) бревно́; коло́да, чурба́н 2) *мор.* лаг 3) *вчт.* файл регистра́ции, журна́л 4) *мат.* логари́фм 5) радиогра́мма 6) *см.* **log book** 1) ◊ **to sleep like a** ~ спать как уби́тый

log II *v* 1) руби́ть лес; заготовля́ть лес 2) вноси́ть в ва́хтенный журна́л 3) *вчт* регистри́ровать; протоколи́ровать

log in *вчт* входи́ть в систе́му, регистри́роваться

log off *вчт* выходи́ть из систе́мы

log on *см.* **log in**

log out *см.* **log off**

logan [ˈləʊgən] *n* валу́н (*качающийся при прикосновении*)

loganberry [ˈləʊgənbərɪ] *n* лога́нова я́года (*гибрид малины и ежевики*)

logarithm [ˈlɒgərɪðəm] *n мат.* логари́фм

log book [ˈlɒgˌbʊk] *n* 1) ва́хтенный *или* бортово́й журна́л 2) формуля́р (*самолёта, автомашины и т.п.*)

log cabin [ˈlɒgˌkæbɪn] *n* бреве́нчатая хи́жина

logged [lɒgd] *a* 1) пропи́танный водо́й 2) расчи́щенный от ле́са

logger [ˈlɒgə(r)] *n* лесору́б (*тж* **lumberjack, lumberman**)

loggerhead [ˈlɒgəhed] *n*: **to be at ~s** ссо́риться; **to set at ~s** натра́вливать

loggia [ˈləʊdʒə] *n* 1) арка́да, кры́тая галере́я 2) ло́джия

logging [ˈlɒgɪŋ] *n* 1) лесозагото́вка 2) вы́возка, трелёвка ле́са

logic [ˈlɒdʒɪk] *n* ло́гика; ~ **chopping** софи́стика

logical [ˈlɒdʒɪkəl] *a* 1) логи́ческий 2) логи́чный, после́довательный, убеди́тельный

login [ˈlɒgɪn] *n вчт* 1) нача́ло рабо́ты, нача́ло сеа́нса 2) регистра́ция на вхо́де по́льзователя в систе́му

logistics [ləˈdʒɪstɪks] *n pl* логи́стика, материа́льно-техни́ческое обеспе́чение

logo [ˈləʊgəʊ] *сокр. разг. см.* logotype

LOGO [ˈlɒgəʊ] *вчт* Ло́го *(язык программи́рования)*

logoff [ˈlɒgɒf] *n вчт* 1) коне́ц сеа́нса, коне́ц рабо́ты 2) регистра́ция на вы́ходе по́льзователя из систе́мы

logotype [ˈlɒgəˌtaɪp] *n* ма́рка *(фирмы, издательства и т. п.)*, эмбле́ма, логоти́п

logout [ˈlɒgaʊt] *n вчт* 1) коне́ц сеа́нса, коне́ц рабо́ты 2) регистра́ция на вы́ходе по́льзователя из систе́мы

logrolling [ˈlɒgrəʊlɪŋ] *n амер.* 1) *разг.* взаи́мные услу́ги *(в политике)*, «ты — мне, я — тебе́» 2) состяза́ние на пла́вающих брёвнах

loin [lɔɪn] *n* 1) *pl* поясни́ца 2) филе́йная часть *(туши)* ◊ **to gird up one's ~s** *библ.* препоя́сать свои́ чре́сла *(собраться с силами, подготовиться к чему-л.)*

loincloth [ˈlɔɪnklɒθ] *n* набе́дренная повя́зка

loiter [ˈlɔɪtə(r)] *v* 1) слоня́ться без де́ла 2) ме́шкать, ме́длить

loiterer [ˈlɔɪtərə(r)] *n* 1) безде́льник 2) медли́тельный челове́к, копу́ша

loitering [ˈlɔɪtərɪŋ] *n* бродя́жничество

LOL *сокр. вчт* 1) **(laughing out loud)** я гро́мко смею́сь *(стандартная эмоциональная фраза при переписке по электронной почте)* 2) **(lots of love)** с наилу́чшими пожела́ниями, с любо́вью *(фраза в конце электронного послания)*

loll [lɒl] *v* 1) сиде́ть развали́сь; стоя́ть облокоти́сь 2) высо́вывать язы́к *(обыкн.* **to ~ out)**

lollipop [ˈlɒlɪpɒp] *n* леденца́ на па́лочке ◊ **~ lady** *разг.* же́нщина, помога́ющая де́тям переходи́ть у́лицу по доро́ге в шко́лу

Londoner [ˈlʌndənə(r)] *n* ло́ндонец

lone [ləʊn] *a* 1) одино́кий; **to play a ~ hand** де́йствовать в одино́чку 2) уединённый, забро́шенный

loneliness [ˈləʊnlɪnɪs] *n* одино́чество

lonely [ˈləʊnlɪ] *a* 1) одино́кий; **I felt ~** я почу́вствовал себя́ одино́ким 2) уединённый; **to lead a ~ life** жить уединённо; **a ~ road** пусты́нная, безлю́дная доро́га

loner [ˈləʊnə(r)] *n* одино́чка; нелюди́м; **he's a ~** он лю́бит быть оди́н

lonesome [ˈləʊnsəm] *a* 1) одино́кий 2) тоскли́вый, уны́лый, забро́шенный ◊ **by/on one's ~** совсе́м оди́н; в одино́чку

long[1] **I** [lɒŋ] *n* 1) до́лгий срок, до́лгий промежу́ток вре́мени; **before ~** вско́ре, ско́ро; **for ~** надо́лго; **it will not take ~** э́то не займёт мно́го вре́мени 2) *фон.* до́лгий гла́сный 3) *pl фин.* долгосро́чные обяза́тельства ◊ **the ~ and the short of it** коро́че говоря́

long[1] **II** *a* 1) дли́нный; **it's a ~ way (to)** далеко́ (до) 2) до́лгий, продолжи́тельный; долгосро́чный; **a ~ winter** до́лгая зима́; **for a ~ time** давно́, до́лго; **a ~ lease** долгосро́чная аре́нда; **~ friendship** да́вняя дру́жба; **an hour ~** продолжа́ющийся час 3) *фон.* до́лгий (*о гласном звуке*) 4) ме́дленный, медли́тельный; **how ~ you are!** как вы копа́етесь!; **he is very ~ in coming** он о́чень до́лго не идёт ◊ **in the ~ run** а) в тече́ние дли́тельного вре́мени б) в конце́ концо́в; **~ dozen** трина́дцать; **a ~ figure/price** о́чень высо́кая цена́; **~ haul** дли́тельные уси́лия; **~ in the tooth** в прекло́нных года́х, ста́рый; **~ tongue** многосло́вие; болтли́вость; **~ drink** (алкого́льный) напи́ток в высо́ком стака́не; **~ vacation** ле́тние кани́кулы *(у школьников и студентов)*

long[1] **III** *adv* до́лго; давно́; **~ ago** давно́; **~ before** задо́лго до; **all day ~** весь день, це́лый день; **how ~ will you stay?** ты надо́лго здесь?; **as ~ as, so ~ as** пока́, до тех пор (пока́); е́сли то́лько; **take the book as ~ as you return it** бери́ э́ту кни́гу, но то́лько верни́ ◊ **so ~** *разг.* пока́!, до ско́рого!

long[2] *v* 1) стра́стно жела́ть, жа́ждать *(чего-л; for, to)* 2) тоскова́ть

long-ago I [ˈlɒŋəˈgəʊ] *n* далёкое про́шлое

long-ago II *a* давнопроше́дший, да́вний

longbow [ˈlɒŋbəʊ] *n* большо́й лук *(оружие)*

long-dated [ˈlɒŋˌdeɪtɪd] *a* долгосро́чный

long-distance [ˈlɒŋˌdɪstəns] *a* 1) междугоро́дный *(о телефонном звонке, транспорте)* 2) долгосро́чный *(о прогнозе погоды)*

long-drawn(-out) [ˈlɒŋˈdrɔːn(aʊt)] *a* (сли́шком) затяну́вшийся

longevity [lɒnˈdʒevɪtɪ] *n* 1) долгове́чность; до́лгая жизнь 2) срок слу́жбы, ресу́рс 3) продолжи́тельность

long face [ˈlɒŋˌfeɪs] *n*: **to make/to pull a ~** поскучне́ть, помрачне́ть; ≅ (у неё, у него́) лицо́ вы́тянулось

longhair [ˈlɒŋheə(r)] *n* длинноволо́сый *(хиппи, рокер, интеллектуал)*

long-headed [ˈlɒŋˌhedɪd] *a* проница́тельный, дальнови́дный

longing I [ˈlɒŋɪŋ] *n* си́льное жела́ние, стремле́ние *(for)*

longing II *a* си́льно жела́ющий, жа́ждущий

longitude [ˈlɒndʒɪtjuːd] *n геогр.* долгота́

longitudinal [ˌlɒndʒɪ'tju:dɪnl] *a* 1) продо́льный 2) *геогр.* относя́щийся к долготе́

long johns ['lɒŋˌdʒɒnz] *n pl разг.* кальсо́ны

longjump ['lɒndʒʌmp] *n спорт.* прыжки́ в длину́

long-legged ['lɒŋˌlegd] *a* длиннно́гий; быстроно́гий, бы́стрый

long-life ['lɒŋˌlaɪf] *a* дли́тельного хране́ния, по́льзования (о продуктах, товарах)

long-lived ['lɪŋˈlɪvd] *a* долгове́чный

long-playing ['lɒŋpleɪɪŋ] *a* долгоигра́ющий (о пластинке); ~ **record** долгоигра́ющая пласти́нка (тж **LP**)

long-range ['lɒŋ'reɪndʒ] *a* 1) да́льнего де́йствия; да́льний; дальнобо́йный (об орудии) 2) долгосро́чный; ~ **weather forecast** долгосро́чный прогно́з пого́ды

long-running ['lɒŋˌrʌnɪŋ] *a* для́щийся до́лгое вре́мя; ~ **conflict** затяну́вшийся конфли́кт

longshoreman ['lɒŋʃɔ:mən] *n амер.* до́кер, порто́вый гру́зчик

long shot ['lɒŋˌʃɒt] *n* 1) дога́дка без доказа́тельств 2) риско́ванное де́ло; риско́ванная попы́тка ◊ **not by a** ~ ни в ко́ей ме́ре

long-sighted ['lɒŋ'saɪtɪd] *a* 1) дальнозо́ркий 2) дальнови́дный, предусмотри́тельный

longspun ['lɒŋspʌn] *a* растя́нутый, несконча́емый

long-standing ['lɒŋˌstændɪŋ] *a* да́вний, давни́шний

long-suffering ['lɒŋˌsʌfərɪŋ] *a* многострада́льный

long-term ['lɒŋ'tɜ:m] *a* долгосро́чный; долговре́менный; дли́тельный; ~ **investments** эк. долгосро́чные инвести́ции; ~ **memory** долговре́менная па́мять

long-time ['lɒŋtaɪm] *a* дли́тельный; долговре́менный

long-tongued ['lɒŋˌtʌŋd] *a* болтли́вый

longueurs [lɔ:ŋ'gɜ:z] *n pl* длинно́ты (в романе, пьесе и т. п.)

long waves ['lɒŋˌweɪvz] *n pl радио* дли́нные во́лны, ДВ

longways ['lɒŋweɪz] *adv* в длину́

long-winded ['lɒŋ'wɪndɪd] *a* 1) многосло́вный, затя́нутый, ску́чный 2) спосо́бный до́лго бежа́ть не задыха́ясь

longwise ['lɒŋwaɪz] *adv* в длину́

loo [lu:] *n разг.* убо́рная, туале́т

loofah ['lu:fɑ:] *n* 1) *бот.* люфа́ 2) моча́лка из лю́фы

look I [lʊk] *n* 1) взгляд; **to give a** ~ посмотре́ть, взгляну́ть; **he gave me a furious** ~ он бро́сил на меня́ я́ростный взгляд; **to have a** ~ а) посмотре́ть (на — at); **let's have a** ~ **at it** дава́й взгля́нем на э́то; посмо́трим, что

э́то тако́е б) ознако́миться 2) *pl* нару́жность, вид; **good** ~**s** красота́, краси́вая вне́шность; **you can't judge by** ~**s** нельзя́ суди́ть по вне́шности; вне́шность обма́нчива; **to lose** ~**s** теря́ть красоту́, привлека́тельность; **I don't like the** ~ **of things** не нра́вится мне всё э́то

look II *v* 1) смотре́ть, гляде́ть; ~ **this way** посмотри́ сюда́; **to** ~ **ahead** а) смотре́ть вперёд б) ду́мать о бу́дущем 2) следи́ть, внима́тельно смотре́ть; ~ **ahead!** береги́сь! 3) вы́глядеть, име́ть вид; **you** ~ **well** ты хорошо́ вы́глядишь; **to** ~ **like** быть похо́жим; **she** ~**s her age** она́ вы́глядит на свой во́зраст; **it** ~**s like rain** похо́же, бу́дет дождь; **he** ~**s good in this hat** э́та шля́па ему́ о́чень идёт; **you** ~ **as if you are disappointed** ты вы́глядишь разочаро́ванным; **you don't** ~ **yourself** ты на себя́ не похо́ж 4) выходи́ть на (о комнате, окнах); **the house** ~**s south** о́кна до́ма выхо́дят на юг ◊ ~ **here** послу́шай(те); **to** ~ **at him** су́дя по его́ ви́ду; **to** ~ **for trouble** напра́шиваться на неприя́тности; **to** ~ **daggers at smb** зло смотре́ть на кого́-л.

look about 1) огля́дываться; осма́триваться 2) подыска́ть, присма́тривать

look after уха́живать, присма́тривать (за кем-л., чем-л.); забо́титься (о ком-л., чём-л.)

look at 1) смотре́ть на (кого́-л., что́-л.) 2) рассма́тривать, изуча́ть; полага́ть

look back вспомина́ть про́шлое, огля́дываться наза́д

look for 1) иска́ть, разы́скивать 2) ожида́ть, наде́яться

look forward to с нетерпе́нием ожида́ть, ждать; предвкуша́ть

look in зайти́, загляну́ть (к кому́-л.)

look out 1) *разг.* быть насторо́же 2) выбира́ть, высма́тривать 3) выходи́ть на (об окнах и т. п.; **into, on, over, upon**)

look over 1) просма́тривать, прогля́дывать 2) пропусти́ть, не заме́тить

look round 1) огля́дываться круго́м 2) разду́мывать; взве́шивать 3) осма́тривать (здание и т. п.)

look through 1) внима́тельно просмотре́ть; изучи́ть 2) ви́деть наскво́зь

look up 1) иска́ть (в справочнике); смотре́ть (по словарям) 2) навести́ть прое́здом

look up to уважа́ть, почита́ть, высоко́ ста́вить

lookalike [ˌlʊkə'laɪk] *n* двойни́к, о́чень похо́жий (на кого́-л.) челове́к

looker ['lʊkə(r)] *n* 1) *разг.* краса́вчик; красо́тка 2) *вчт* блок просмо́тра

looker-on [ˈlʊkərˈɒn] *n* (*pl* **lookers-on**) зри́тель, наблюда́тель, очеви́дец (*тж* **onlooker**)

look-in [ˈlʊkˈɪn] *n разг.* 1) кра́ткое посеще́ние, коро́ткий визи́т 2) шанс на успе́х

looking-glass [ˈlʊkɪŋglɑːs] *n уст.* зе́ркало (*тж* **mirror**)

lookout [ˈlʊkaʊt] *n* 1) бди́тельность; **on the ~ for** а) настороже́ б) в по́исках (*чего-л.*); **to keep a ~** стоя́ть на карау́ле, на стра́же 2) наблюда́тельный пост 3) наблюда́тель 4) вид (*на море, город и т. п.*) 5) ви́ды, перспекти́вы ◊ **that's his ~** э́то его́ де́ло, э́то то́лько его́ каса́ется

loom[1] [luːm] *n* тка́цкий стано́к

loom[2] *v* 1) нея́сно вырисо́вываться, мая́чить 2) нависа́ть, угрожа́ть (*over*)

loon [luːn] *n* 1) *зоол.* гага́ра 2) *сленг* чо́кнутый, сумасше́дший, псих

loony [ˈluːnɪ] *a сленг* чо́кнутый, сумасше́дший, псих (*тж* **~ tune**)

loony-bin [ˈluːnɪbɪn] *n сленг* психу́шка, дурдо́м

loop I [luːp] *n* 1) петля́ 2) спира́ль (*контрацептив*) 3) окружна́я доро́га; обго́нный путь 4) *ав.* мёртвая петля́, петля́ Не́стерова; **to loop the ~** *ав.* де́лать мёртвую петлю́ 5) *вчт* кругово́й реги́стр

loop II *v* де́лать петлю́; закрепля́ть петлёй

loophole [ˈluːphəʊl] *n* 1) лазе́йка 2) бойни́ца

loose I [luːs] *n* 1) раско́ванность; **to give (a) ~ to one's feelings** дать вы́ход, во́лю чу́вствам 2): **to be on the ~** кути́ть, гуля́ть; весели́ться на по́лную кату́шку

loose II *a* 1) свобо́дный; вы́пущенный на во́лю; **to let ~** выпуска́ть, освобожда́ть 2) незакреплённый, незафикси́рованный, ненатя́нутый; развя́занный; **the button is ~** пу́говица вот-во́т оторвётся 3) широ́кий, просто́рный, болта́ющийся (*об одежде*) 4) пло́хо упако́ванный; неупако́ванный; рассыпно́й 5) нето́чный, неопределённый; расплы́вчатый; **a ~ translation** во́льный/нето́чный перево́д 6) ры́хлый (*о почве*); непло́тный (*о ткани и т. п.*) 7) небре́жный, неря́шливый 8) распу́щенный (*о человеке*); **a ~ life** распу́тная жизнь 9) *тех.* холосто́й ◊ **we're at a ~ end** нам не́чего де́лать; **she's got a screw ~** у неё не все до́ма

loose III *v* 1) освобожда́ть, дава́ть во́лю 2) развя́зывать, распуска́ть; ослабля́ть; отпуска́ть 3) вы́стрелить

loosely [ˈluːslɪ] *adv* 1) свобо́дно 2) непло́тно, сла́бо 3) широ́ко, просто́рно 4) неопределённо; небре́жно

loosen [ˈluːsn] *v* 1) ослабля́ть; развя́зывать, распуска́ть 2) разжима́ть; расша́тывать 3)

ослабля́ть (*дисципли́ну*) 4) *мед.* ока́зывать послабля́ющее де́йствие на кише́чник

loot I [luːt] *n* 1) трофе́и, добы́ча 2) награ́бленное добро́ 3) незако́нные дохо́ды чино́вников 4) *сленг* де́ньги

loot II *v* гра́бить

lop[1] **I** [lɒp] *n* отру́бленные ве́тки, су́чья (*тж* **~ and top**)

lop[1] **II** *v* 1) отреза́ть, обруба́ть ве́тки, су́чья 2) очища́ть де́рево от су́чьев (*обыкн.* **to ~ off**, **to ~ away**) 3) обкорна́ть

lop[2] *v* 1) свиса́ть 2) опуска́ть (*уши*) 3) дви́гаться неро́вным ша́гом 4) слоня́ться без де́ла (*тж* **to ~ about**)

lope I [ləʊp] *n* прыжки́, скачки́ (*особ. живо́тных*)

lope II *v* дви́гаться скачка́ми

lop-eared [ˈlɒpɪəd] *a* вислоу́хий

lop-sided [lɒpˈsaɪdɪd] *a* 1) кривобо́кий, кособо́кий 2) однобо́кий; несимметри́чный

loquacious [lɒˈkweɪʃəs] *a* говорли́вый, болтли́вый (*тж* **talkative**)

loquacity [lɒˈkwæsɪtɪ] *n* говорли́вость, болтли́вость

lord I [lɔːd] *n* 1) хозя́ин, господи́н; повели́тель; **~ of the manor** владе́лец поме́стья 2) лорд (*титул*); член пала́ты ло́рдов; **L. Chancellor** лорд-ка́нцлер (*председатель пала́ты ло́рдов*); **L. Mayor** лорд-мэ́р; **the Lords** пала́та ло́рдов; **my Lord** [mɪˈlɔːd] мило́рд (*как обраще́ние*) 3) **(L.)** Бог, Госпо́дь; **Our L.** Христо́с; **the Lord's Prayer** «О́тче наш» (*моли́тва*) ◊ **to live like a ~** жить в ро́скоши

lord II *v* 1) дава́ть ти́тул ло́рда 2): **to ~ it over** кома́ндовать, распоряжа́ться; ва́жничать

lordliness [ˈlɔːdlɪnɪs] *n* 1) великоле́пие, пы́шность 2) высокоме́рие

lordly I [ˈlɔːdlɪ] *a* 1) го́рдый, высокоме́рный; вла́стный (*о тоне и т. п.*) 2) ба́рственный, ва́жный 3) пы́шный, роско́шный; вели́чественный

lordly II *adv* 1) го́рдо, надме́нно 2) по-ба́рски

lordship [ˈlɔːdʃɪp] *n* 1) власть, госпо́дство, владе́ние (*of, over*) 2) **(L.)** све́тлость (*как обраще́ние*); **Your/His ~** Ва́ша/Его́ све́тлость (*в обраще́нии, при упомина́нии*)

lore [lɔː(r)] *n* позна́ния (*в какой-л. о́бласти*)

lorgnette [lɔːˈnjet] *n* 1) лорне́т 2) театра́льный бино́кль

lorry [ˈlɒrɪ] *n* 1) грузови́к (*амер.* **truck**) 2) *ж.-д.* (ваго́н-)платфо́рма

lory [ˈlɔːrɪ] *n зоол.* ло́ри (*попуга́й*)

lose [luːz] *v* (*past, p. p.* **lost**) 1) теря́ть; лиша́ться; утра́чивать; **to ~ interest** потеря́ть интере́с; **to ~ one's job** потеря́ть рабо́ту; **she**

lost her looks она́ подурне́ла 2) упуска́ть *(возмо́жность, слу́чай и т. п.);* **I lost that remark** я прослу́шал э́то замеча́ние; **his wit was lost on them** они́ не оцени́ли его́ остроу́мие 3) прои́грывать; потерпе́ть неуда́чу; **to ~ a game/a war** проигра́ть игру́/проигра́ть войну́ 4) напра́сно тра́тить *(вре́мя, уси́лия и т. п.)* 5) терпе́ть поте́ри, убы́ток, уще́рб *(от — by)* 6) *pass* погиба́ть, пропада́ть 7) вызыва́ть поте́рю *(чего́-л.);* причиня́ть уще́рб 8): **to ~ oneself** заблуди́ться; **to ~ oneself in** погрузи́ться во что-л. 9) отстава́ть *(о часа́х);* **that watch ~s five minutes a day** э́ти часы́ отстаю́т на пять мину́т в су́тки ◊ **to be lost to smth** быть не подве́рженным чему́-л.; **to ~ one's head** теря́ть го́лову; **to ~ one's temper** вы́йти из себя́; **to ~ one's cool** *разг.* потеря́ть самооблада́ние

loser [ˈluːzə(r)] *n* 1) проигра́вший; **he is a good ~** он уме́ет прои́грывать; **the ~ must pay** проигра́вший пла́тит; **to come off a ~** проигра́ть, оста́ться в про́игрыше 2) *разг.* неуда́чник

losings [ˈluːzɪŋz] *n pl* поте́ри; про́игрыш

loss [lɒs] *n* 1) поте́ря, утра́та; уро́н; *pl воен.* поте́ри; **to have a ~, to meet with a ~** понести́ поте́рю; **to suffer heavy ~es** понести́ тяжёлые поте́ри *(в бою́)* 2) убы́ток; **dead ~** чи́стый убы́ток; **to sell at a ~** продава́ть в убы́ток ◊ **to be at a ~** быть в затрудне́нии, в замеша́тельстве; **to be at a ~ for words** не найти́, что сказа́ть

loss adjuster [ˈlɒsəˌdʒʌstə] *n* страхово́й инспе́ктор *(определя́ющий су́мму страхово́й вы́платы)*

lost [lɒst] *past, p. p. см.* **lose**

lot I [lɒt] *n* 1) *разг.* большо́е коли́чество, ма́сса; **a ~ of, quite a ~ of** мно́го; **a ~ of money** ку́ча де́нег; **~s and ~s of** о́чень большо́е коли́чество чего́-л.; **I read a ~** я мно́го чита́ю; **she's a ~ better** ей намно́го лу́чше; **a fat ~** *сленг* о́чень мно́го; *ирон.* о́чень ма́ло; **a fat ~ you care!** *сленг* тебе́ наплева́ть! 2) жре́бий; **by ~** по жре́бию; **to cast/to draw ~s** броса́ть/тяну́ть жре́бий; **the ~ fell upon me** жре́бий пал на меня́ 3) судьба́, до́ля, у́часть; **it fell to my ~** мне вы́пало на до́лю; **a hard ~** тяжёлая у́часть; **to throw in one's ~ with smb** раздели́ть судьбу́ с кем-л. 4) *амер.* уча́сток (земли́); **parking ~** стоя́нка автомоби́лей, *разг.* па́ркинг 5) па́ртия *(това́ров, предме́тов)* 6) гру́ппа люде́й, компа́ния 7) лот *(на аукцио́не)* ◊ **a bad ~** плохо́й челове́к

lot II *v* дели́ть на ча́сти, разбива́ть на уча́стки *(тж* **to ~ out)**

lotion [ˈləʊʃ(ə)n] *n* 1) лосьо́н 2) примо́чка

lottery [ˈlɒtərɪ] *n* лотере́я

lotto [ˈlɒtəʊ] *n* лото́

lotus [ˈləʊtəs] *n бот.* ло́тос

lotus-eater [ˈləʊtəsˌiːtə(r)] *n* эпикуре́ец, сибари́т

loud I [laʊd] *a* 1) гро́мкий 2) шу́мный; шумли́вый 3) крича́щий *(о цве́те и т. п.);* вульга́рный

loud II *adv* гро́мко; **out ~** вслух; гро́мко

loudly [ˈlaʊdlɪ] *adv* 1) гро́мко; шу́мно 2) крича́ще *(оде́тый и т. п.)*

loud-mouth [ˈlaʊdmaʊθ] *n разг.* крику́н

loud-mouthed [ˈlaʊdˌmaʊðd] *a разг.* горла́стый

loudspeaker [ˈlaʊdˌspiːkə(r)] *n* громкоговори́тель, репроду́ктор

lough [lɒk] *n ирл.* о́зеро; зали́в

lounge I [laʊndʒ] *n* 1) холл, вестибю́ль; зал ожида́ния 2) гости́ная 3) пра́здное времяпрепровожде́ние

lounge II *v* 1) сиде́ть развали́сь, отдыха́ть, рассла́биться 2) слоня́ться, безде́льничать

lounge bar [ˈlaʊndʒbɑː(r)] *n* ла́ундж *(дополни́тельный бар в не́которых паба́х, обыкн. бо́лее высо́кого кла́сса, чем бар-сало́н)*

lounge chair [ˈlaʊndʒˌtʃeə(r)] *n* (удо́бное) кре́сло

lounger [ˈlaʊndʒə] *n* 1) праздношата́ющийся; безде́льник 2) кре́сло, дива́н для гости́ной; уголо́к для о́тдыха *(в до́ме)*

lounge suit [ˈlaʊndʒˌsjuːt] *n* пиджа́чная па́ра, повседне́вный мужско́й костю́м *(в отли́чие от фра́ков, смо́кингов)*

lour [ˈlaʊə(r)] *v* 1) хму́ро смотре́ть; хму́риться 2) темне́ть, хму́риться *(о не́бе)*

louse I [laʊs] *n (pl* **lice)** вошь

louse II *v*: **to ~ up** *сленг* испо́ртить, напорта́чить

lousy [ˈlaʊzɪ] *a* 1) вши́вый 2) *разг.* ни́зкий, гну́сный 3): **~ with** *разг.* по́лный, перепо́лненный; **~ with money** о́чень бога́тый, с наби́тыми карма́нами, с то́лстым кошелько́м

lout [laʊt] *n* грубия́н

loutish [ˈlaʊtɪʃ] *a* гру́бый, неотёсанный

lovable [ˈlʌvəbl] *a* симпати́чный, привлека́тельный, ми́лый

love I [lʌv] *n* 1) любо́вь; влюблённость; любо́вные отноше́ния, любо́вная связь; **to be in ~ with smb, to fall in ~ with smb** влюби́ться в кого́-л.; **to make ~ to** быть в инти́мных отноше́ниях с кем-л.; **in ~ (with)** влюблённый; **she's always in and out of ~** она́ така́я влюбчивая 2) предме́т любви́; возлю́бленный, -ная 3) *разг.* ми́лочка, дорогу́ша *(в обраще́нии)* 4) приве́т; **give him**

my ~ передайте ему от меня горячий привет; **lots of** ~ с любовью, с горячим приветом *(в конце письма)* 5) *спорт.* ноль *(особ. в теннисе)*; ~ **all** счёт ноль — ноль ◊ **for the ~ of** ради, во имя; **not for ~ or money** *разг.* ни за что, ни за какие деньги; **there's no ~ lost between them** они недолюбливают друг друга

love II *v* 1) любить 2) восхищаться, боготворить 3) хотеть, желать; **I would ~ to see you again** мне бы так хотелось повидать вас снова

love affair ['lʌvəˌfeə(r)] *n* роман, любовная связь

lovebird ['lʌvbɜːd] *n* неразлучник *(маленький попугай с ярким оперением)*

love bite ['lʌvbaɪt] *n* след от поцелуя, засос

love child ['lʌvˌtʃaɪld] *n* внебрачный ребёнок, дитя любви

loveless ['lʌvlɪs] *a* без любви; нелюбящий; нелюбимый

loveliness ['lʌvlɪnɪs] *n* привлекательность, красота; очарование

lovelock ['lʌvlɒk] *n* маленький локон у виска *или* спускающийся на лоб

lovelorn ['lʌvlɔːn] *a* 1) страдающий от безнадёжной любви 2) покинутый *(любимым человеком)*

lovely ['lʌvlɪ] *a* 1) очень привлекательный, красивый 2) милый, прелестный, очаровательный 3) *разг.* восхитительный

lovemaking ['lʌvˌmeɪkɪŋ] *n* любовная игра, ласки; физическая близость

love-match ['lʌvmætʃ] *n* брак по любви

lover ['lʌvə(r)] *n* 1) влюблённый 2) любовник; возлюбленный 3) *pl* влюблённая пара; любовники 4) любитель *(чего-л. — of)*; **a music** ~ меломан

lovesick ['lʌvsɪk] *a* страдающий, томящийся от любви

loving ['lʌvɪŋ] *a* любящий, нежный; **your ~ friend** твой верный/преданный друг

loving cup ['lʌvɪŋ ˌkʌp] *n* «чаша любви», круговая чаша

low[1] I [ləʊ] *a* 1) низкий; невысокий 2) низкого происхождения 3) небольшой, низкий; **a ~ price** низкая цена; **a ~ attendance** низкая посещаемость 4) подавленный, пониженный; **to feel ~** чувствовать себя подавленным; быть в плохом настроении 5) скудный, низкокалорийный *(о пище)*; ограниченный 6) тихий *(о голосе)*; низкий *(о ноте)* 7) неблагоприятный; **to have a ~ opinion of smb** быть невысокого мнения о ком-л. 8) вульгарный, низменный; низкий, подлый; ~ **behaviour** низкое поведение ◊ **in water** в бедственном/тяжёлом положении

low[1] II *adv* 1) низко 2) тихо; слабо

low[2] I [ləʊ] *n* мычание

low[2] II *v* мычать

low-born ['ləʊbɔːn] *a* низкого происхождения

low-bred ['ləʊbred] *a* невоспитанный, плохо воспитанный

low-brow I ['ləʊbraʊ] *n разг.* человек, не блещущий интеллектом; малообразованный человек

low-brow II *a разг.* неинтеллигентный; малообразованный

Low Church [ˌləʊ'tʃɜːtʃ] *n* «Низкая церковь» *(направление в англиканской церкви, противопоставляемое «Высокой церкви», отрицательно относящееся к ритуальности и уделяющее больше внимания евангелическим текстам)*

low-cut ['ləʊkʌt] *a* с глубоким декольте, с глубоким вырезом *(о платье)*

low-down I ['ləʊdaʊn] *n разг.* подноготная; полная информация *(о ком-л.)*

low-down II *a* 1) низкий, подлый 2) вульгарный

low-end [ləʊ 'end] *a* 1) младший, минимальный 2) низкопроизводительный 3) с ограниченными возможностями

lower[1] I ['ləʊə(r)] *a (compar см.* **low**[1] I*)* низший; нижний; **the ~ animals** низшие животные; **the ~ school** младшие классы; **the ~ deck** нижняя палуба

lower[1] II *v* 1) снижать(ся), понижать(ся); опускать(ся); **to ~ prices** снижать цены 2) спускать *(шлюпку, парус, флаг)* 3) унижать 4) уменьшать(ся)

lower[2] ['laʊə(r)] *см.* **lour**

lowermost ['ləʊəməʊst] *a* самый нижний

low-grade ['ləʊ'greɪd] *a* 1) низкосортный; низкого качества 2) малой мощности

low-heeled [ləʊ'hiːld] *a* на низком каблуке *(об обуви)*

lowland ['ləʊlənd] *n обыкн. pl* низменность, низина; **the Lowlands** Шотландская низменность *(район центральной Шотландии в долинах рек Форт и Клайд) (тж* **Scottish Lowlands, Lowlands of Scotland)**

lowlander ['ləʊləndə(r)] *n* 1) житель низин, долин 2) **(L.)** житель центральной Шотландии, житель Шотландской низменности

low-level [ˌləʊ'lev(ə)l] *a* 1) на небольшой высоте; невысокий 2) незначительный, невысокого ранга 3) *вчт* нижнего уровня, низкоуровневый; ~ **formatting** форматирование нижнего уровня, низкоуровневое форматирование

lowlight ['ləʊlaɪt] *n* 1) застойное время; отсутствие значительных событий 2) *pl* пряди воло́с, окра́шенные бо́лее тёмной кра́ской

lowly [′ləʊlɪ] *a* скро́мный; смире́нный

low mass [ˌləʊ′mæs] *n церк.* ма́лая ме́сса *(обедня в англиканской «Высокой церкви»)*

low-minded [ləʊ′maɪndɪd] *a* гру́бый, вульга́рный, ни́зкий

low-order [ˌləʊ′ɔ:də] *a вчт* мла́дший *(о разряде)*

low-paid [ləʊ′peɪd] *a* низкоопла́чиваемый

low-pitched [ləʊ′pɪtʃt] *a* 1) ни́зкий *(о звуке)* 2) поло́гий *(о крыше)*

low-powered [ləʊ′paʊəd] *a тех.* маломо́щный

low profile [ˌləʊ′prəʊfaɪl] *n* стремле́ние избежа́ть внима́ния, рекла́мы; жела́ние оста́ться в тени́

low season [′ləʊˌsi:z(ə)n] *n* «мёртвый сезо́н», зати́шье, безлю́дье *(на курорте и т. п.)*

low-spirited [ləʊ′spɪrɪtɪd] *a* пода́вленный, удручённый

Low Sunday [′ləʊˌsʌndɪ] *n церк.* Фомино́ воскресе́нье, пе́рвое воскресе́нье по́сле Па́схи

low-tech [ləʊ′tek] *n* несло́жная, устаре́вшая техноло́гия

low tide [′ləʊˌtaɪd] *n* отли́в *(на морском побережье)*.

loyal [′lɔɪəl] *a* ве́рный, лоя́льный; пре́данный; **a ~ friend** ве́рный/пре́данный друг

loyalty [′lɔɪəltɪ] *n* ве́рность, лоя́льность; пре́данность

lozenge [′lɒzɪndʒ] *n* 1) ромб 2) табле́тка 3) ледене́ц

LP *сокр.* 1) **(light pen)** *вчт* светово́е перо́ 2) **(linear programming)** *вчт* лине́йное программи́рование 3) **(long-playing)** долгоигра́ющий 4) **(low pressure)** ни́зкое давле́ние

LPG *сокр.* **(liquefied petroleum gas)** сжи́женный газ *(топливо)*

L-plate [′elpleɪt] *n* табли́чка «за рулём учени́к-води́тель»

LSD [ˌeles′di:] *n сокр.* **(lysergic acid diethylamide)** ЛСД *(наркотик) (тж* **acid)**

l.s.d. [′eles′di:] *n* фу́нты сте́рлингов, ши́ллинги и пе́нсы; *разг.* де́ньги

Lt. *сокр.* **(Lieutenant)** лейтена́нт

Ltd *сокр.* **(Limited)** с ограни́ченной отве́тственностью *(о компании)*

lubber [′lʌbə(r)] *n* у́валень

lubberly I [′lʌbəlɪ] *a* неуклю́жий, нескла́дный

lubberly II *adv* неуклю́же, неуме́ло

lubricant I [′lu:brɪkənt] *n* сма́зочный материа́л, сма́зка

lubricant II *a* сма́зочный; используемый для сма́зки

lubricate [′lu:brɪkeɪt] *v* сма́зывать *(механизм и т. п.)*

lubrication [ˌlu:brɪ′keɪʃ(ə)n] *n* сма́зка, сма́зывание *(механизма и т. п.)*

lubricator [′lu:brɪkeɪtə(r)] *n* 1) маслёнка 2) сма́зчик

lubricious [lu:′brɪʃəs] *a* 1) гла́дкий, ско́льзкий 2) уве́ртливый 3) похотли́вый

luce [lu:s] *n* щу́ка

lucent [′lu:sənt] *a* 1) светя́щийся 2) прозра́чный, просве́чивающийся

lucerne [lu:′sɜ:n] *n бот.* люце́рна

lucid [′lu:sɪd] *a* 1) поня́тный, я́сный 2) я́сный, прозра́чный; **a ~ mind** я́сный ум

lucidity [lu:′sɪdɪtɪ] *n* 1) я́сность, поня́тность 2) я́сность, прозра́чность

Lucifer [′lu:sɪfə(r)] *n* Люци́фер, Сатана́

luck [lʌk] *n* сча́стье; уда́ча; везе́ние; счастли́вый слу́чай; **good ~** уда́ча, счастли́вый слу́чай; **for ~** на сча́стье; **good ~!** счастли́во!, жела́ю успе́ха!; **bad/ill ~** несча́стье, неуда́ча; невезе́ние; **hard ~** го́рькая у́часть; **his ~ held** уда́ча ему́ не измени́ла; **to try one's ~** попыта́ть сча́стья; **he's down on his ~** ему́ не везёт ◊ **just my ~!** мне как всегда́ не везёт!; **worse ~** к сожале́нию, к несча́стью; **as ~ would have it** а) как наро́чно б) к сча́стью; **devil's own ~** необыкнове́нная уда́ча; ≅ черто́вски везёт; **no such ~!** *разг.* и не наде́юсь!

luckily [′lʌkɪlɪ] *adv* к сча́стью; сча́стливо

luckless [′lʌklɪs] *a* несчастли́вый, невезу́чий

lucky [′lʌkɪ] *a* 1) счастли́вый; уда́чливый; **~ you!** везёт же тебе́! 2) принося́щий сча́стье, уда́чу 3) уда́чный; **a ~ guess** счастли́вая дога́дка

lucrative [′lu:krətɪv] *a* при́быльный, дохо́дный

lucre [′lu:kə(r)] *n* бары́ш, вы́года ◊ **filthy ~** презре́нный мета́лл

ludicrous [′lu:dɪkrəs] *a* неле́пый, смехотво́рный

lues [′lu:i:z] *n мед.* 1) си́филис, лю́эс 2) эпиде́мия, чума́

lug¹ I [lʌg] *n* 1) волоче́ние; дёрганье 2) *pl амер. разг.* ва́жничанье, напы́щенность; **to put on ~s** ва́жничать, напуска́ть на себя́ ва́жность

lug¹ II *v* 1) тащи́ть(ся), волочи́ть(ся) 2) дёргать *(at)* 3) некста́ти начина́ть разгово́р *(о чём-л. — in, into)* 4) втя́гивать, наси́льно вовлека́ть *(along)*

lug² *n тех.* ушко́, проу́шина; зажи́м; ру́чка

luggage [′lʌgɪdʒ] *n* 1) бага́ж; **to register ~** сдава́ть бага́ж 2) *attr* бага́жный; **~ cart** теле́жка для багажа́

lugubrious [lu:′gu:brɪəs] *a* мра́чный, тра́урный

lukewarm [ˈluːkwɔːm] *a* 1) тепловатый 2) безразличный

lull I [lʌl] *n* временное затишье

lull II *v* 1) убаюкивать 2) усыплять *(подозрения и т. п.)* 3) успокаивать *(боль)* 4) успокаиваться, затихать *(о буре и т. п.)*

lullaby [ˈlʌləbaɪ] *n* колыбельная (песня)

lumbago [lʌmˈbeɪɡəʊ] *n мед.* люмбаго

lumbar [ˈlʌmbə(r)] *a анат.* поясничный

lumber¹ I [ˈlʌmbə(r)] *n* 1) громоздкие ненужные вещи, хлам 2) *амер.* пиломатериалы

lumber¹ II *v* 1) обременять, нагружать *(with)* 2) сваливать в беспорядке 3) загромождать *(проход и т. п.)* 4) заготавливать лес, лесоматериалы

lumber² *v* проезжать с грохотом, громыхать *(along, by, past)*

lumbering [ˈlʌmbərɪŋ] *n* лесоразработки

lumberman [ˈlʌmbəmən] *n* 1) лесоруб 2) лесопромышленник

lumber-mill [ˈlʌmbəmɪl] *n* лесопильный завод

lumber-room [ˈlʌmbərʊm] *n* чулан

lumbersome [ˈlʌmbəsəm] *a* неуклюжий

lumen [ˈluːmen] *n физ.* люмен *(единица светового потока)*

luminance [ˈluːmɪnʌns] *n физ.* яркость

luminary [ˈluːmɪnərɪ] *n* 1) светило 2) знаменитость, светило; **show-business luminaries** звёзды шоу-бизнеса

luminescence [ˌluːmɪˈnesns] *n* свечение, люминесценция

luminescent [ˈluːmɪˈnes(ə)nt] *a* светящийся, люминесцентный

luminosity [ˈluːmɪˌnɒsɪtɪ] *n* 1) *физ.* яркость 2) *опт.* светосила

luminous [ˈluːmɪnəs] *a* 1) светящийся, яркий; блестящий 2) ясный, понятный; объясняющий *(что-л.)*, проливающий свет

lumme [ˈlʌmɪ] *int сленг* господи!, боже мой!

lummox [ˈlʌməks] *n амер. сленг* 1) увалень 2) дубина, чурбан, глупая башка

lump I [lʌmp] *n* 1) ком, комок; глыба; **a ~ of clay** ком глины; **a ~ in the throat** комок в горле 2) *разг.* груда, куча; **in the ~** оптом, гуртом; *перен.* в целом 3) опухоль; шишка; **a ~ on the forehead** шишка на лбу 4) чурбан, дубина, тупица

lump II *v* 1) сваливать в (одну) кучу *(together, with)* 2) швырять без разбора 3) тяжело ступать *(along)* 4) грузно садиться, плюхаться *(down)* 5) : **to ~ it** *разг.* смириться с чем-л.; «проглотить»

lumped [lʌmpt] *a вчт* с сосредоточенными параметрами

lumper [ˈlʌmpə(r)] *n* грузчик

lumping [ˈlʌmpɪŋ] *a* 1) *разг.* огромный 2) полный, большой *(о весе)* 3) тяжёлый *(о поступи)*

lumpish [ˈlʌmpɪʃ] *a* 1) грузный; неуклюжий 2) тупой, глупый

lumpy [ˈlʌmpɪ] *a* комковатый; в буграх

lunacy [ˈluːnəsɪ] *n* 1) сумасшествие, безумие 2) *юр.* невменяемость 3) *разг.* безумие, большая глупость

lunar [ˈluːnə(r)] *a* лунный; **~ module** *косм.* лунный модуль; **~ orbit** лунная орбита

lunatic I [ˈluːnətɪk] *n* сумасшедший, помешанный

lunatic II *a* 1) сумасшедший, безумный; **~ asylum** *уст.* сумасшедший дом *(тж psychiatric hospital)* 2) глупый; с вывертами

lunation [luːˈneɪʃ(ə)n] *n* лунный месяц

lunch I [lʌntʃ] *n* 1) обед *(в середине дня)*, ланч 2) лёгкая закуска

lunch II *v* обедать *(в середине дня)*

lunchbox [ˈlʌntʃˌbɒks] *n* коробочка для завтрака *(который берёт с собой школьник, служащий и т. п.)*

lunch break [ˈlʌntʃˌbreɪk] *n* обеденный перерыв

luncheon [ˈlʌntʃən] *n офиц.* обед, ланч

luncheonnette [ˌlʌntʃəˈnet] *n амер.* кафе, закусочная

lunch hour [ˈlʌntʃˌaʊə(r)] *n* обеденный перерыв

lunch time [ˈlʌntʃˌtaɪm] *см.* **lunch hour**

lung [lʌŋ] *n* 1) *анат.* лёгкое; **the ~s** лёгкие 2) *pl*: **the ~s of London** зелёный массив Лондона, парки Лондона

lunge¹ I [lʌndʒ] *n* 1) корда 2) манеж

lunge¹ II *v* гонять на корде *(лошадь)*

lunge² I *n* 1) толчок, стремительное движение вперёд, рывок вперёд 2) *спорт.* выпад *(в фехтовании)*

lunge² II *v* 1) устремиться, рвануться, ринуться 2) наносить удар; делать выпад

lupin [ˈluːpɪn] *n бот.* люпин

lupus [ˈluːpəs] *n мед.* волчанка, люпоидный туберкулёз кожи

lurch¹ I [lɜːtʃ] *n* 1) крен *(судна)* 2) шатающаяся походка

lurch¹ II *v* 1) крениться 2) идти шатаясь

lurch² *n*: **to leave smb in the ~** бросить кого-л. в беде

lurcher [ˈlɜːtʃə(r)] *n* 1) собака-ищейка 2) *уст.* воришка 3) *уст.* шпион

lure I [ljʊə(r)] *n* 1) соблазн, притягательность 2) *охот.* приманка

lure II *v* 1) соблазнять, завлекать 2) *охот.* приманивать

lurid [ˈljʊərɪd] *a* 1) пылающий; неестественно яркий 2) пугающий, устрашающий, зловещий 3) аляповатый, кричащий *(о красках)* 4) мёртвенно-бледный, посиневший

lurk [lɜ:k] *v* 2) скрываться в засаде 1) таиться; незаметно подстерегать

lurking I [ˈlɜ:kɪŋ] *n вчт* просмотр электронной почты без передачи информации

lurking II *a* потайной, скрытый; подсознательный

luscious [ˈlʌʃəs] *a* 1) сочный, ароматный 2) *разг.* восхитительный, великолепный 3) перегруженный *(метафорами, эпитетами)* 4) сексуально привлекательный

lush[1] [lʌʃ] *a* сочный, буйный, роскошный *(о растительности)*

lush[2] **I** *n амер. сленг* спиртные напитки

lush[2] **II** *v амер. сленг* пить, напиваться, надираться

lust I [lʌst] *n* 1) вожделение, похоть 2) страсть *(к чему-л. — of, for)* 3) пыл; **the ~ of battle** разгар битвы; упоение боем

lust II *v* испытывать вожделение, страстно желать *(after, for)*

luster [ˈlʌstə(r)] *амер. см.* **lustre**

lustful [ˈlʌstfʊl] *a* похотливый, сладострастный

lustiness [ˈlʌstɪnɪs] *n* сила, бодрость, крепость

lustre [ˈlʌstə(r)] *n* 1) блеск, лоск, глянец 2) слава, величие, блеск; **to add ~ to smth, to shed/to throw ~ on smth** придавать блеск чему-л. 3) люстра

lustreless [ˈlʌstəlɪs] *a* тусклый, матовый; без блеска

lustrous [ˈlʌstrəs] *a* блестящий, глянцевый

lusty [ˈlʌstɪ] *a* крепкий, здоровый

lute[1] [lu:t] *n муз.* лютня

lute[2] *n* замазка, мастика

Lutheran I [ˈlu:θərən] *n* лютеранин

Lutheran II *a* лютеранский

luxuriance [lʌɡˈʒʊərɪəns] *n* 1) изобилие; пышность 2) богатство *(воображения и т. п.)*

luxuriant [lʌɡˈʒʊərɪənt] *a* 1) обильный; плодородный 2) буйный, пышный *(о растительности)*; **~ hair** пышные, густые волосы 3) цветистый *(о слоге)*

luxuriate [lʌɡˈʒʊərɪeɪt] *v* наслаждаться *(чем-л. — in, on)*; роскошествовать, предаваться неге, нежиться

luxurious [lʌɡˈʒʊərɪəs] *a* 1) роскошный, пышный 2) очень удобный, комфортный 3) любящий роскошь, наслаждения

luxury [ˈlʌkʃərɪ] *n* 1) роскошь; предмет роскоши; **a life of ~** жизнь в роскоши 2) большое удовольствие, наслаждение 3) *attr* роскошный; **~ hotel** роскошный отель

LV *сокр.* **(luncheon voucher)** ваучер на обед, ланч

LW *сокр.* **(long waves)** *радио* длинные волны, ДВ

LWM *сокр.* **(low-water mark)** отметка нижнего уровня воды

lycée [ˈli:seɪ] *n* лицей

lye [laɪ] *n* щёлок

lying[1] **I** [ˈlaɪɪŋ] *n* ложь, лживость

lying[1] **II** *a* ложный, лживый, обманчивый

lying[1] **III** *pres. p. см.* **lie**[1] **II**

lying[2] **I** *n* 1) лежание 2) место для лежания, ложе; лежанка

lying[2] **II** *a* лежащий, лежачий

lying[2] **III** *pres. p. см.* **lie**[2] **II**

lying-in [ˈlaɪɪŋˈɪn] *n уст.* роды

lymph [lɪmf] *n физиол.* лимфа; **~ gland/node** лимфатический узел

lymphatic [lɪmˈfætɪk] *a* 1) *физиол.* лимфатический 2) флегматичный

lymphocyte [ˈlɪmfəsaɪt] *n физиол.* лимфоцит

lynch [lɪntʃ] *v* линчевать

lynx [lɪŋks] *n зоол.* рысь

lynx-eyed [ˈlɪŋksaɪd] *a* с острым зрением

Lyon Court [ˈlaɪənˌkɔ:t] *n* Геральдический суд Шотландии

lyre [ˈlaɪə(r)] *n* лира

lyre-bird [ˈlaɪəbɜ:d] *n зоол.* лирохвост

lyric I [ˈlɪrɪk] *n* 1) лирическое стихотворение 2) *pl* лирика 3) слова, текст песни

lyric II *a* лирический

lyrical [ˈlɪrɪkəl] *a* 1) лирический 2) *разг.* восторженный; бурный, эмоциональный

lyricism [ˈlɪrɪsɪz(ə)m] *n* 1) лиризм 2) лирическое настроение; возвышенные чувства

lyricist [ˈlɪrɪsɪst] *n* поэт-песенник; автор текста песни

lyrist[1] [ˈlɪrɪst] *n* (поэт-)лирик

lyrist[2] [ˈlaɪərɪst] *n* играющий на лире

lysis [ˈlaɪsɪs] *n (pl* **lyses** [ˈlaɪsi:z]) *мед.* лизис, распад *(напр. клетки)*

lysosome [ˈlaɪsəsəʊm] *n биол.* лизосома

M

M, m [em] *n* 1) *13-я буква англ. алфавита* 2) **(M)** римская цифра «1000»

M *сокр.* 1) **(Master)** магистр 2) **(member)** член *(какой-л. организации)* 3) **(motorway)** автострада

m *сокр.* 1) **(married)** женатый 2) *грам.* **(masculine)** мужской род 3) **(metre)** метр 4) **(mile)** миля 5) **(million)** миллион 6) **(minute)** минута

MA *сокр.* **(Master of Arts)** маги́стр гуманита́рных нау́к

ma [mɑ:] *n разг.* ма́ма

ma'am [mæm] *сокр.* **(madam)** суда́рыня, мада́м, госпожа́

Mac [mæk] *n разг.* шотла́ндец

mac [mæk] *n сокр.* **(mackintosh)** *разг.* макинто́ш, непромока́емый плащ

macabre [mə´kɑ:br] *a* мра́чный, жу́ткий

macadam [mə´kædəm] *n* щебёночное покры́тие

macadamize [mə´kædəmaiz] *v* мости́ть щебнем, де́лать щебёночное покры́тие; гудрони́ровать доро́гу

macaque [mə´kæk] *n* мака́ка

macaroni [ˌmækə´rəʊni] *n* 1) макаро́ны 2) *ист.* франт, фат *(в Англии в XVIII в.)*

macaronic [ˌmækə´rɒnik] *a* макарони́ческий, бурле́скный, шутли́вый *(о стиле)*

macaroon [ˌmækə´ru:n] *n* минда́льное *или* оре́ховое пече́нье

macaw [mə´kɔ:] *n* а́ра *(попугай)*

mace[1] [meis] *n* 1) жезл 2) *ист.* булава́

mace[2] *n* муска́тный оре́х

macerate [´mæsəreit] *v* 1) разма́чивать, размягча́ть; растворя́ть 2) изнуря́ть, истоща́ть *(голоданием, постом и т. п.)*

maceration [ˌmæsə´reiʃ(ə)n] *n* 1) размягче́ние, разма́чивание 2) изнуре́ние, истоще́ние *(голоданием, постом и т. п.)*

machete [mə´tʃeti] *n* маче́те

machiavellian [ˌmækiə´veliən] *a* беспринци́пный, неразбо́рчивый в сре́дствах; кова́рный

machinable [mə´ʃi:nəb(ə)l] *a вчт* 1) маши́ночита́емый 2) обраба́тываемый маши́ной

machination [ˌmæki´neiʃ(ə)n] *n* махина́ция

machine [mə´ʃi:n] *n* 1) маши́на; механи́зм; стано́к; аппара́т; **centrifugal** ~ центрифу́га; **knitting** ~ вяза́льная маши́на; **mincing** ~ мясору́бка; **drilling** ~ сверли́льный стано́к 2) автомоби́ль, велосипе́д *и т. п.* 3) аппара́т *(государственный, партийный);* **state** ~ госуда́рственный аппара́т; **party** ~ парти́йный аппара́т 4) *attr* маши́нный

machine code [mə´ʃi:n ˌkɒud] *n вчт* 1) маши́нный код 2) систе́ма, набо́р, соста́в кома́нд

machine gun I [mə´ʃi:n ˌɡʌn] *n* пулемёт

machine-gun II *v* стреля́ть из пулемёта

machine-gunner [mə´ʃi:n ˌɡʌnə(r)] *n* пулемётчик

machinery [mə´ʃi:nəri] *n* 1) маши́ны; маши́нное обору́дование 2) дета́ли маши́н; механи́змы 3) аппара́т *(государственный, партийный и т. п.)*

machine tool [mə´ʃi:n ˌtu:l] *n* деревообраба́тывающий *или* металлоре́жущий стано́к

machine translation [mə´ʃi:n ˌtrəns´leiʃ(ə)n] *n вчт* маши́нный перево́д; автомати́ческий перево́д

machine washable [mə´ʃi:n´wɒʃəbl] *a* предназна́ченный для сти́рки в стира́льной маши́не, предназна́ченный для автомати́ческой сти́рки

machinist [mə´ʃi:nist] *n* 1) машини́ст; меха́ник; опера́тор 2) машинострои́тель

machismo [mə´tʃizməu] *n* я́рко вы́раженное мужско́е нача́ло; демонстра́ция мужско́й си́лы, мачи́зм

macho [´mætʃəu] *n* 1) настоя́щий мужчи́на, ма́чо 2) *см.* **machismo** 3) *attr* го́рдый свое́й мужско́й си́лой, мачи́стский

mackerel [´mækrəl] *n* макре́ль, ску́мбрия

mackintosh [´mækintɒʃ] *n* 1) макинто́ш, непромока́емый плащ 2) прорези́ненная ткань

macro [´mækrə(ʊ)] *n вчт* 1) ма́крос, макрокома́нда 2) макроопределе́ние 3) макрофу́нкция 4) макрострукту́ра

macrocosm [´mækrəʊ ˌkɒz(ə)m] *n* Вселе́нная, макроко́см

macroeconomics [ˌmækrəʊ ˌi:kə´nɒmiks] *n* макроэконо́мика

mad I [mæd] *a* 1) сумасше́дший, безу́мный; **to go** ~ сойти́ с ума́; **to drive smb** ~ своди́ть кого́-л. с ума́; **like** ~ *разг.* как сумасше́дший *(бежать, кричать и т. п.)* 2) бе́шеный *(о животном)* 3) сумасбро́дный, безрассу́дный; **what a** ~ **thing to do!** како́е сумасше́ствие/безу́мие! 4) поме́шанный на чём-л., увлечённый кем-л., чем-л. *(after, about, for, on);* **he's** ~ **about her** он с ума́ схо́дит по ней 5) *разг.* разозлённый, взбешённый; **to get** ~ рассерди́ться; **don't get** ~ **at me** не серди́тесь на меня́ ◊ ~ **as a hatter/as a March hare** совсе́м спя́тивший

mad II *v амер.* выводи́ть из себя́, серди́ть

madam [´mædəm] *n* 1) суда́рыня, мада́м, госпожа́ *(в обращении)* 2) *разг.* самоуве́ренная молода́я да́ма 3) содержа́тельница публи́чного до́ма

madcap [´mædkæp] *n* 1) сумасбро́д; сорвиголова́ 2) *attr* сумасбро́дный

mad cow disease [mæd ˌkau di ˌzi:z] *n вет.* гу́бчатый энцефали́т, *разг.* коро́вье бе́шенство *(тж* **bovine spongiform encephalopathy, BSE)**

madden [´mædn] *v* 1) своди́ть с ума́ 2) си́льно раздража́ть, беси́ть

made I [meid] *past, p. p. см.* **make II**

made II *a* 1) сде́ланный, изгото́вленный; пригото́вленный 2) со́зданный иску́сственно 3) сложённый *(обыкн. в сочетаниях);* **well-made** хорошо сложённый

made-to-measure [ˈmeɪd tə͵meʒə] *a* сделанный, сшитый по индивидуа́льному зака́зу *(об одежде)*

made-to-order [ˈmeɪd tə ͵ɔːdə(r)] *a* сделанный, изготовленный по зака́зу *или* по зая́вке

made-up [ˈmeɪdʌp] *a* 1) иску́сственный 2) вы́думанный 3) с макия́жем; загримиро́ванный

madhouse [ˈmædhaʊs] *n разг.* 1) сумасше́дший дом 2) по́лный разгро́м, сканда́л

madly [ˈmædlɪ] *adv разг.* кра́йне, о́чень, безу́мно; **they are ~ in love** они́ безу́мно влюблены́ (друг в дру́га)

madman [ˈmædmən] *n* сумасше́дший, свихну́вшийся; *перен.* безу́мец

madness [ˈmædnɪs] *n* 1) сумасше́ствие, безу́мие 2) бе́шенство

madras [məˈdræs] *n* пло́тная полоса́тая хлопчатобума́жная мате́рия

madwoman [ˈmædˌwʊmən] *n* сумасше́дшая, безу́мная

maelstrom [ˈmeɪlstrəm] *n* 1) водоворо́т, вихрь 2) сумя́тица

mafia [ˈmæfɪə] *n* ма́фия

mafioso [͵mæfɪˈəʊsəʊ] *n* член ма́фии, мафио́зи

mag [mæg] *сокр.* (**magazine**) *n разг.* журна́л

mag. *сокр.* 1) (**magnetic**) магни́тный 2) (**magneto**) эл. магне́то, магнитоэлектри́ческий генера́тор

magazine [͵mægəˈziːn] *n* 1) (периоди́ческий) журна́л 2) *воен.* обо́йма, магази́н *(для патро́нов)* 3) *тех.* магази́н *(для пода́чи загото́вок в стано́к-автома́т)* 4) *воен.* склад боеприпа́сов; вещево́й склад

magdalen [ˈmægdəlɪn] *n* раска́явшаяся гре́шница

magenta [məˈdʒentə] *n* я́ркий пурпу́рный цвет

maggot [ˈmægət] *n* 1) личи́нка 2) блажь, причу́да *(тж* a ~ **in one's brain**)

maggoty [ˈmægətɪ] *a* 1) черви́вый 2) с причу́дами, блажно́й

Magi [ˈmeɪdʒaɪ] *pl* (**the three ~**) *библ.* волхвы́

magic I [ˈmædʒɪk] *n* 1) ма́гия, колдовство́, волшебство́; ча́ры 2) очарова́ние ◊ **like ~** о́чень бы́стро, мгнове́нно; **to work like ~** бы́стро поде́йствовать *(о лека́рстве и т. п.)*

magic II *a* маги́ческий, волше́бный; ~ **number/figure** маги́ческое число́; ~ **carpet** ковёр-самолёт; ~ **wand** волше́бная па́лочка

magical [ˈmædʒɪkəl] *см.* **magic II**

magician [məˈdʒɪʃ(ə)n] *n* 1) маг, волше́бник 2) фо́кусник

magisterial [͵mædʒɪˈstɪərɪəl] *a* 1) вла́стный 2) авторите́тный 3) суде́бный, суде́йский

magistracy [ˈmædʒɪstrəsɪ] *n* 1) до́лжность судьи́ 2) магистрату́ра

magistral [məˈdʒɪstrəl] *a* авторите́тный

magistrate [ˈmædʒɪstrət] *n* (мирово́й) судья́; **police ~** полице́йский судья́

magma [ˈmægmə] *n геол.* ма́гма

Magna C(h)arta [͵mægnəˈkɑːtə] *n ист.* Вели́кая ха́ртия во́льностей *(1215 г.)*

magnanimity [͵mægnəˈnɪmɪtɪ] *n* великоду́шие

magnanimous [mægˈnænɪməs] *a* великоду́шный

magnate [ˈmægneɪt] *n* магна́т; **oil ~** нефтяно́й коро́ль; **financial ~** фина́нсовый магна́т

magnesia [mægˈniːʒə] *n хим.* окси́д ма́гния, магне́зия

magnesium [mægˈniːzɪəm] *n хим.* ма́гний

magnet [ˈmægnɪt] *n* магни́т

magnetic [mægˈnetɪk] *a* 1) магни́тный; ~ **field** магни́тное по́ле; ~ **pole** магни́тный по́люс Земли́; ~ **tape** магни́тная ле́нта *(для аудио- и видеоза́писи)* 2) притяга́тельный, магнети́ческий

magnetism [ˈmægnɪtɪz(ə)m] *n* 1) магнети́зм; притяже́ние; **terrestrial/earth ~** земно́й магнети́зм 2) притяга́тельность (ли́чности)

magnetize [ˈmægnɪtaɪz] *v* 1) намагни́чивать(ся) 2) притя́гивать, привлека́ть 3) гипнотизи́ровать

magneto [mægˈniːtəʊ] *n эл.* магне́то, магнитоэлектри́ческий генера́тор

magnification [͵mægnɪfɪˈkeɪʃ(ə)n] *n* 1) увеличе́ние 2) кра́тность увеличе́ния 3) усиле́ние

magnificence [mægˈnɪfɪsəns] *n* великоле́пие

magnificent [mægˈnɪfɪsənt] *a* 1) великоле́пный, вели́чественный 2) пы́шный, роско́шный 3) *разг.* прекра́сный, изуми́тельный

magnifier [ˈmægnɪfaɪə(r)] *n* 1) лу́па, увеличи́тельное стекло́ 2) *радио* усили́тель

magnify [ˈmægnɪfaɪ] *v* 1) увели́чивать 2) преувели́чивать

magnifying [ˈmægnɪfaɪɪŋ] *a* увеличи́тельный; ~ **glass** увеличи́тельное стекло́

magnitude [ˈmægnɪtjuːd] *n* 1) величина́, разме́ры 2) ва́жность; **of the first ~** первостепе́нной ва́жности 3) *астр.* звёздная величина́ 4) *мат.* мо́дуль, абсолю́тное значе́ние ве́ктора 5) амплиту́да 6) гро́мкость *(звука)*

magnolia [mægˈnəʊlɪə] *n* магно́лия

magnum [ˈmægnəm] *n* 1) больша́я ви́нная буты́лка *(почти в два раза бо́льше обы́чной)* 2) патро́н *или* снаря́д большо́го кали́бра 3) пистоле́т большо́го кали́бра

magpie [ˈmægpaɪ] *n* 1) соро́ка 2) болту́н; болту́нья 3) собира́тель, коллекционе́р *(всяких, в том числе нену́жных веще́й)*

Magyar I [ˈmægjɑ:(r)] *n* 1) венгр, мадьяр; венгéрка, мадьярка 2) венгéрский язык

Magyar II *a* венгéрский

maharaja(h) [ˌmɑ:həˈrɑ:dʒə] *n* махарáджа

maharanee [ˌmɑ:həˈrɑ:nɪ] *n* махарáни *(супруга махараджи)*

maharishi [ˌmɑ:həˈrɪʃɪ] *n* гуру́, учи́тель

mahatma [məˈhætmə] *n* махáтма, мудрéц

mahogany [məˈhɒɡənɪ] *n* 1) крáсное дéрево 2) цвет крáсного дéрева

maid [meɪd] *n* 1) служáнка, прислýга; гóрничная 2) *уст., поэт.* дéвушка 3): old ~ стáрая дéва; ~ of honour а) фрéйлина б) *амер.* подрýжка невéсты

maiden I [ˈmeɪdən] *n уст., поэт.* дéвушка

maiden II *a* 1) дéвичий; ~ name дéвичья фами́лия 2) незамýжняя; ~ aunt *уст.* незамýжняя немолодáя тётка 3) чи́стый, дéвственный 4) пéрвый (в жи́зни); неиспрóбованный; ~ flight пéрвый полёт *(самолёта и т. п.)*; ~ speech пéрвая речь *(вновь избранного политика)*

maidenhood [ˈmeɪdənhʊd] *n* дéвичество

maidenly [ˈmeɪdənlɪ] *a* дéвичий, деви́ческий

maidservant [ˈmeɪdˌsɜ:vənt] *n* служáнка, прислýга

mail¹ I [meɪl] *n* 1) пóчта 2) пришéдшая пóчта, почтóвая корреспондéнция; fan ~ пи́сьма от поклóнников 3) почтóвый пóезд *(тж ~ train)* 4) *вчт* электрóнная пóчта *(тж e-mail)* 5) *attr* почтóвый

mail¹ II *v* посылáть по пóчте, пóчтой

mail² I *n* броня́, доспéхи ◊ chain-mail, ring-mail кольчýга; plate-mail лáты

mail² II *v* покрывáть бронёй

mail address [ˈmeɪl əˈdres] *n* 1) почтóвый áдрес 2) áдрес электрóнной пóчты

mailbag [ˈmeɪlbæɡ] *n* сýмка, мешóк с пóчтой *(тж postbag)*

mailbox [ˈmeɪlbɒks] *n* 1) *амер.* почтóвый я́щик *(тж postbox)* 2) *вчт* почтóвый я́щик (электрóнной пóчты)

mail-boat [ˈmeɪlbəʊt] *n* почтóвый теплохóд

mail carrier [ˈmeɪlˌkærɪə] *n амер.* почтальóн *(тж mailman, брит. postman)*

maillot [mæˈjəʊ] *n фр.* 1) гимнасти́ческое, балéтное трикó 2) закры́тый купáльник

mailman [ˈmeɪlmən] *n амер.* почтальóн

mail-order [ˈmeɪlˌɔ:də(r)] *n* закáз *(товаров, книг)* по пóчте, закáз пóчтой

maim [meɪm] *v* калéчить, увéчить

main I [meɪn] *n* 1) магистрáль *(водопроводная, газовая и т. п.)* 2) *поэт.* открытое мóре; океáн 3) *обыкн. pl* эл. питáющая ли́ния, питáющий прóвод, электри́ческая сеть; ~s voltage напряжéние сети, сетевóе напряжé-

ние 4) крáсная строкá 5): in the ~ в основнóм; глáвным óбразом ◊ with might and ~ всéми си́лами, всей мóщью

main II *a* глáвный, основнóй; важнéйший; the ~ street глáвная ýлица; the ~ course основнóе блюдо *(за обедом)*; ~ line железнодорóжная магистрáль

main board [ˌmeɪnˈbɔ:d] *n* 1) *тех.* глáвный пульт; глáвная (коммутацóнная) панéль 2) *вчт* объедини́тельная плáта; системная плáта, *проф.* матери́нская плáта

mainframe [ˈmeɪnfreɪm] *n вчт* универсáльная (вычисли́тельная) маши́на

mainland [ˈmeɪnlənd] *n* матери́к

mainline [ˈmeɪnlaɪn] *v* 1) сли́шком мнóго поглощáть, съедáть чегó-л. 2) *сленг* колóться (наркóтиками)

mainly [ˈmeɪnlɪ] *adv* бóльшей чáстью, в основнóм; глáвным óбразом

mainmast [ˈmeɪnmɑ:st] *n мор.* грот-мáчта

main menu [ˈmeɪnˈmenju:] *n вчт* основнóе, глáвное меню́

mainsail [ˈmeɪnseɪl] *n мор.* грот *(самый большой парус на корабле)*

mainspring [ˈmeɪnsprɪŋ] *n* 1) ходовáя пружи́на *(часового механизма)* 2) глáвная дви́жущая си́ла, глáвный сти́мул

mainstay [ˈmeɪnsteɪ] *n* 1) глáвная поддéржка, глáвная опóра, глáвный оплóт 2) *мор.* грóта-штáг

mainstream [ˈmeɪnstri:m] *n* 1) основнáя тендéнция, глáвное направлéние *(в моде, настроениях и т. п.)* 2) *муз.* мейнстри́м 3) основнóе течéние реки́, глáвная рекá *(в системе рек и притоков)*

maintain [meɪnˈteɪn] *v* 1) поддéрживать; to ~ law and order поддéрживать прáвопоря́док; to ~ relations поддéрживать отношéния 2) сохраня́ть; to ~ the status quo сохраня́ть существýющее положéние 3) содержáть; to ~ the family/the army содержáть семью́/áрмию 4) оказывать *(помощь, поддержку)*; отстáивать 5) утверждáть *(that)*

maintainability [meɪnˈteɪnəˌbɪlɪtɪ] *n тех.* 1) ремонтопригóдность 2) эксплуатацóнная надёжность 3) восстанáвливаемость 4) удóбство эксплуатáции, удóбство обслýживания

maintenance [ˈmeɪntənəns] *n* 1) поддéржка, поддержáние; сохранéние 2) содержáние *(семьи и т. п.)*; срéдства к существовáнию; to pay for smb's ~ оплáчивать расхóды по содержáнию когó-л. 3) техни́ческое обслýживание; реглáментные рабóты 4) *вчт* сопровождéние (прогрáммного обеспéчения); поддéржка; вéдение (фáйла) 5) *attr* обслýживающий; ~ **costs** эксплуатацио́нные расхо́ды; ~ **crew** брига́да техни́ческого обслу́живания

maize [meɪz] *n* кукуру́за, ма́ис

majestic [məˈdʒestɪk] *a* вели́чественный

majesty [ˈmædʒɪstɪ] *n* 1) вели́чественность, вели́чие 2) (**M.**) Вели́чество *(титул)*; **Your M.** Ва́ше Вели́чество

majolica [məˈjɒlɪkə] *n иск.* майо́лика

major¹ **I** [ˈmeɪdʒə(r)] *n* 1) совершенноле́тний 2) *амер.* гла́вный предме́т, предме́т специализа́ции *(в колледже)*; **her ~ is psychology** она́ специализи́руется по психоло́гии

major¹ **II** *a* 1) гла́вный, основно́й; ва́жный, значи́тельный; **the ~ event** ва́жное собы́тие; **of ~ importance** первостепе́нной ва́жности 2) бо́льший 3) ста́рший; **Smith ~** Смит ста́рший 4) *муз.* мажо́рный; **a ~ key** мажо́рная тона́льность

major¹ **III** *v амер.* специализи́роваться по како́му-л. предме́ту *(в колледже)* *(тж* **to ~ in**); **he is ~ing in philosophy** он специализи́руется по филосо́фии

major² *n* майо́р

major-domo [ˌmeɪdʒəˈdəʊməʊ] *n* дворе́цкий, мажордо́м

major-general [ˌmeɪdʒəˈdʒenərəl] *n* генера́л-майо́р

majority [məˈdʒɒrɪtɪ] *n* 1) большинство́; ~ **of votes** большинство́ голосо́в; **absolute/overwhelming ~** абсолю́тное/подавля́ющее большинство́; **in the ~ of cases** в большинстве́ слу́чаев; **to be elected by a narrow ~** быть и́збранным незначи́тельным большинство́м 2) совершенноле́тие; **to reach one's ~** дости́чь совершенноле́тия 3) чин, зва́ние майо́ра 4) *attr* мажорита́рный ◊ **to join the ~** умере́ть

make I [meɪk] *n* 1) сорт, ма́рка; произво́дство; **is this your own ~?** э́то ва́ша рабо́та? 2) фасо́н; **do you like the ~ of that coat?** нра́вится ли вам фасо́н э́того пальто́? 3) склад хара́ктера 4) разви́тие, проце́сс ◊ **on the ~** *сленг* а) стремя́щийся к нажи́ве; де́лающий карье́ру б) жела́ющий/жела́ющая познако́миться для инти́мных встреч

make II *v* (*past, p. p.* **made**) 1) де́лать; соверша́ть; создава́ть; производи́ть 2) (*с Inf без to*) заставля́ть, побужда́ть; ~ **him laugh** рассмеши́те его́ 3) назнача́ть; образо́вывать; **they made him ambassador** его́ назна́чили посло́м 4) составля́ть, гото́вить; запи́сывать; **to ~ a list/a will** составля́ть спи́сок/завеща́ние; **to ~ a report/notes** писа́ть отчёт/де́лать за́писи 5) составля́ть, равня́ться; образо́вывать; **2 and 3 ~ 5** два плюс три

равня́ется пяти́ 6) зараба́тывать; приобрета́ть; **how much do you ~ a month?** ско́лько вы зараба́тываете в ме́сяц!; **he has made a lot of friends** он приобрёл мно́го друзе́й 7) гото́вить, приготавливать; **to ~ tea/coffee** завари́ть чай/свари́ть ко́фе 8) убира́ть, приводи́ть в поря́док; ~ **the beds** застели́ посте́ли, прибери́ в спа́льне 9) станови́ться, стать; сде́латься; **he made a great leader** он стал тала́нтливым/выдаю́щимся руководи́телем 10) дви́гаться, отправля́ться; **we made towards the town** мы напра́вились к го́роду 11) *разг.* успе́ть, поспе́ть; дости́гнуть *(тж* **to ~ it**) 12) предполага́ть; **what do you ~ the time?** как по-ва́шему, кото́рый сейча́с час?; **I don't know what to ~ of her** не зна́ю, что сказа́ть о ней 13) *с прямым дополнением, выраженным существительным, образует устойчивые словосочетания:* **to ~ arrangements** организо́вывать; **to ~ a visit** посети́ть; **to ~ a start** начина́ть ◊ **to ~ friends** подружи́ться; **to ~ believe** притворя́ться, де́лать вид; **to ~ do (with)** дово́льствоваться, обходи́ться (чем-л.); **to ~ money** разбогате́ть; **to ~ much/the best of it** а) вы́годно распоряди́ться *(чем-л.)*, получи́ть ма́ксимум вы́годы, удово́льствия *(от чего-л.)* б) придава́ть большо́е значе́ние *(чему-л.)*; **to ~ nothing of** а) не обраща́ть никако́го внима́ния, не придава́ть значе́ния б) не поня́ть; не суме́ть сде́лать; **to ~ one's way** продолжа́ть (де́лать), продвига́ться; **to ~ clear** чётко объясни́ть; твёрдо заве́рить

make away убега́ть, ускольза́ть

make away with скры́ться, прихвати́в что-л. *(драгоценности, деньги и т. п.)*

make off скры́ться, улизну́ть

make out 1) выпи́сывать, составля́ть *(чек, документ и т. п.)* 2) я́сно ви́деть, чётко различа́ть 3) поня́ть, разобра́ться; узна́ть *(что-л.)* 4) справля́ться 5) установи́ть бли́зкие отноше́ния 6) притворя́ться, де́лать вид 7) *амер.* преуспе́ть в жи́зни 8) *амер. сленг* занима́ться любо́вью

make over 1) переде́лывать, по́лностью изменя́ть 2) передава́ть в други́е ру́ки *(о со́бственности)* 3) *сленг* занима́ться любо́вью

make up 1) возмеща́ть, компенси́ровать 2) приду́мывать, сочиня́ть; выду́мывать 3) по́льзоваться косме́тикой; де́лать макия́ж; гримирова́ться 4) составля́ть, собира́ть, ско́лачивать 5) приводи́ть в поря́док; устана́вливать 6) выполня́ть, изгота́вливать *(по заказу, по рецепту и т. п.)*; гото́вить *(лекарство)* 7) стели́ть *(постель)*; убира́ть *(комнату, номер)* 8) помири́ться

make up for возмещать, компенсировать; **to ~ lost time** навёрстывать упущенное время

make-believe I [ˈmeɪkbɪˌliːv] *n* притворство; предлог

make-believe II *a* 1) притворный 2) воображаемый

make-over [ˈmeɪkˌəʊvə(r)] *n* (полное) изменение внешности (*после косметической операции*); изменение причёски, стиля одежды *и т. п.*

makepeace [ˈmeɪkpiːs] *n* миротворец

maker [ˈmeɪkə(r)] *n* 1) создатель, творец 2) **(our M.)** Бог, Создатель

makeshift [ˈmeɪkʃɪft] *n* 1) временная замена 2) *attr* импровизированный, временный, временно заменяющий что-л.

make-to-order [ˈmeɪk təˈɔːdə] *n* изготовление на заказ

make-up [ˈmeɪkʌp] *n* 1) косметика, макияж, грим; **to use ~** пользоваться косметикой 2) натура, склад (*характера*) 3) состав 4) *полигр.* вёрстка

makeweight [ˈmeɪkweɪt] *n* довесок, добавка

making [ˈmeɪkɪŋ] *n* 1) изготовление, производство; **in the ~** в процессе работы, создания; **the army was the ~ of him** благодаря службе в армии он выдвинулся 2) *pl* заработок 3) *pl* задатки; **the ~s of a pianist** задатки пианиста 4) *pl амер. разг.* табак и бумага для самокруток

mako [ˈmækəʊ] *n зоол.* голубая акула

mal- [mæl-] *pref со значением* плохой, неправильный; **maladjusted** плохо пригнанный; *тех.* плохо настроенный, плохо отрегулированный; **malfunctioning** плохое функционирование; **to maladminister** плохо управлять, неумело руководить

malachite [ˈmæləkaɪt] *n мин.* малахит

malacology [ˌmæləˈkɒlədʒɪ] *n* малакология, наука о моллюсках

maladjusted [ˌmæləˈdʒʌstɪd] *a* 1) плохо пригнанный; *тех.* плохо настроенный, плохо отрегулированный 2) неприспособленный (*о человеке*)

maladministration [ˌmælədˌmɪnɪˈstreɪʃ(ə)n] *n* плохое управление, неумелое руководство

maladroit [ˌmæləˈdrɔɪt] *a* неуклюжий, неловкий

malady [ˈmælədɪ] *n* болезнь (*тж перен.*)

Malaga [ˈmæləgə] *n* малага (*вино*)

malaria [məˈleərɪə] *n* малярия

malarial [məˈleərɪəl] *a* малярийный

Malay I [məˈleɪ] *n* 1) малаец; **the ~s** малайцы 2) малайский язык

Malay II *a* малайский

Malayan I, II [məˈleɪən] *см.* **Malay I, II**

malcontent [ˈmælkənˌtent] *a* недовольный

male I [meɪl] *n* 1) мужчина 2) самец

male II *a* 1) мужской; **~ cat** кот; **~ lead** главная мужская роль 2) *тех.*: **~ screw** шуруп, винт; **~ thread** наружная резьба; **~ connector** эл. вилка разъёма; **~ contact** эл. штырь, штыревой контакт

malediction [ˌmælɪˈdɪkʃ(ə)n] *n* проклятие

malefactor [ˈmælɪfæktə(r)] *n* преступник, злоумышленник

maleficent [məˈlefɪsnt] *a* пагубный, вредный; вредоносный

malevolence [məˈlevələns] *n* недоброжелательство, злобность

malevolent [məˈlevələnt] *a* недоброжелательный, злой, злобный

malfeasance [mælˈfiːzəns] *n юр.* 1) должностное преступление (*тж* **official ~**) 2) правонарушение

malformation [ˌmælfɔːˈmeɪʃ(ə)n] *n* порок развития; патологическое изменение (*кости и т. п.*); уродство

malformed [mælˈfɔːmd] *a* уродливый, уродливой формы

malfunction I [mælˈfʌŋkʃ(ə)n] *n* 1) нарушение функции; плохое функционирование 2) сбой, неисправность

malfunction II *v* плохо функционировать

malice [ˈmælɪs] *n* 1) злоба, злость, злобность; **to bear smb ~** таить злобу на кого-л. 2) *юр.* преступное намерение

malicious [məˈlɪʃəs] *a* 1) злобный 2) преднамеренный

malign I [məˈlaɪn] *a* 1) вредный; пагубный 2) *мед.* злокачественный 3) злобный, злой

malign II *v* злословить, клеветать

malignant [məˈlɪgnənt] *a* 1) *мед.* злокачественный; **~ tumour** злокачественная опухоль 2) злобный, зловредный

malignity [məˈlɪgnɪtɪ] *n* 1) *мед.* злокачественность 2) злобность, зловредность

malinger [məˈlɪŋgə(r)] *v* симулировать (болезнь)

malingerer [məˈlɪŋgərə] *n* симулянт

mall [mæl, mɔːl] *n* 1) крытая аркада, аллея для гулянья 2) большой торговый центр, гипермаркет, молл (*часто с ресторанами, кафе, кинотеатром*) (*тж* **shopping ~**)

mallard [ˈmælɑːd] *n* дикая утка

malleability [ˌmælɪəˈbɪlɪtɪ] *n* 1) ковкость 2) податливость; уступчивость

malleable [ˈmælɪəbl] *a* 1) ковкий (*о металле*) 2) податливый; уступчивый

mallet [ˈmælɪt] *n* деревянный молоток, киянка

mallow [ˈmæləʊ] *n бот.* мальва

malnutrition [ˌmælnjuːˈtrɪʃ(ə)n] *n* плохо́е, недоста́точное пита́ние, недоеда́ние

malpractice [mælˈpræktɪs] *n* 1) небре́жность, невнима́ние *(врача к пациенту)*; наруше́ние профессиона́льной э́тики 2) незако́нные де́йствия

malt I [mɔːlt] *n* 1) со́лод 2) *attr* солодо́вый; ~ **liquor** *амер.* сорт кре́пкого пи́ва; ~ **whisky** ячме́нное ви́ски

malt II *v* солоди́ть; осола́живать

Maltese I [mɔːlˈtiːz] *n* мальти́ец; **the** ~ мальти́йцы

Maltese II *a* мальти́йский

malt-house [ˈmɔːlthaʊs] *n* солодо́вня

Malthusian I [mælˈθjuːzɪən] *n* мальтузиа́нец

Malthusian II *a* мальтузиа́нский

maltreat [mælˈtriːt] *v* пло́хо, жесто́ко обраща́ться

maltreatment [mælˈtriːtmənt] *n* плохо́е, жесто́кое обраще́ние

mam(m)a [ˈmæmə] *n дет.* ма́ма

mammal [ˈmæməl] *n* млекопита́ющее

mammary gland [ˈmæmərɪ ˌɡlænd] *n анат.* моло́чная железа́

mammography [mæˈmɒɡrəfɪ] *n мед.* маммогра́фия

Mammon [ˈmæmən] *n книжн.* мамо́на, де́ньги, бога́тство

mammoth I [ˈmæməθ] *n* ма́монт

mammoth II *a* грома́дный, гига́нтский

mammy [ˈmæmɪ] *n* 1) *дет.* ма́ма, ма́мочка 2) *амер.* ня́ня-негритя́нка *(в семье белых)*

man I [mæn] *n* (*pl* **men**) 1) мужчи́на 2) челове́к; **any** ~ любо́й челове́к; **no** ~ никто́; **(all) to a** ~ все до одного́, все без исключе́ния; **old** ~ стари́к; оте́ц; дружи́ще; **the rights of** ~ права́ челове́ка; **the** ~ **in the street** обы́чный челове́к; **the right** ~ **in the right place** челове́к на своём ме́сте, хоро́ший рабо́тник 3) рабо́чий, рабо́тник; **men and management** рабо́чие и администра́ция 4) рядово́й: солда́т, матро́с; **officers and men** офице́ры и солда́ты 5) слуга́ 6) муж; ~ **and wife** муж и жена́; **to pronounce** smb ~ **and wife** провозгласи́ть/объяви́ть кого́-л. му́жем и жено́й 7) *в устойчивых словосочетаниях* а) *как общественный деятель или представитель профессии:* ~ **of letters** писа́тель; **men of the pen** литера́торы; ~ **of science** учёный; **public** ~ обще́ственный де́ятель; ~ **of property** состоя́тельный челове́к, со́бственник; **plainclothes** ~ сы́щик б) *как обладатель качеств:* ~ **of courage** хра́брый челове́к; ~ **of taste** челове́к со вку́сом; ~ **of distinction** выдаю́щийся, изве́стный челове́к; ~ **of genius** гениа́льный челове́к,

ге́ний; ~ **of vision** проница́тельный челове́к; ~ **of principle** принципиа́льный челове́к; ~ **of no principles** беспринци́пный челове́к; ~ **of sense** разу́мный челове́к; ~ **of no scruples** недобросо́вестный, бессо́вестный челове́к; **self-made** ~ челове́к, сде́лавший сам себя́, доби́вшийся в жи́зни успе́ха; **wise** ~ мудре́ц; ~ **of iron** челове́к с желе́зной во́лей; ~ **of the world** а) све́тский челове́к б) челове́к, умудрённый жи́зненным о́пытом; ~ **about town** све́тский челове́к; прожига́тель жи́зни; **family** ~ семе́йный челове́к; семьяни́н; домосе́д; ~ **of family** а) зна́тный челове́к б) *амер.* семе́йный челове́к; **lady's** ~ да́мский уго́дник; **to be one's own** ~ быть незави́симым, самостоя́тельным 8): **best** ~ ша́фер 9) пе́шка *(в шахматах)*; ша́шка ◊ **good** ~! молоде́ц!; ~ **about town** челове́к, ча́сто посеща́ющий рестора́ны, клу́бы *и т.п.*, *разг.* «тусо́вщик»; **snow** ~ снёжная ба́ба, снегови́к; ~ **of straw** а) соло́менное чу́чело б) фикти́вный проти́вник в) ненадёжный челове́к; **I'm your** ~! я к ва́шим услу́гам!; я согла́сен!

man II [mæn] *v* 1) укомплекто́вывать людьми́, персона́лом 2) подбодря́ть; **to** ~ **oneself** взять себя́ в ру́ки

mana [ˈmɑːnə] *n* 1) маги́ческая си́ла 2) власть; прести́ж

manacle I [ˈmænəkl] *n обыкн. pl* 1) нару́чники 2) пу́ты

manacle II *v* 1) надева́ть нару́чники 2) свя́зывать, препя́тствовать

manage [ˈmænɪdʒ] *v* 1) управля́ть, заве́довать, руководи́ть; **to** ~ **a factory/office/ restaurant** руководи́ть/управля́ть фа́брикой, заве́довать конто́рой/рестора́ном 2) уме́ть обраща́ться, справля́ться, управля́ться; владе́ть; **can you** ~ **the boat alone?** ты спра́вишься оди́н с ло́дкой?; **she couldn't** ~ **the work** она́ не справля́лась с рабо́той; **they cannot** ~ **their teenage son** сын-подро́сток не слу́шается их 3) обходи́ться; **they somehow** ~ **on 20 pounds a week** они́ как-то ухитря́ются прожи́ть на 20 фу́нтов в неде́лю 4) удава́ться; добива́ться; **I** ~**d to catch the train** я успе́л на по́езд

manageable [ˈmænɪdʒəbl] *a* 1) поддаю́щийся управле́нию, управля́емый 2) выполни́мый 3) послу́шный, сгово́рчивый, пода́тливый

management [ˈmænɪdʒmənt] *n* 1) управле́ние, руково́дство, ме́неджмент 2) (**the** ~) дире́кция, администра́ция, правле́ние 3) уме́ние владе́ть *(инструментом, ситуаци́ей и т. п.)*; уме́ние справля́ться *(с работой)* 4) схе́ма лече́ния *(болезни)* 5) уло́вка, хи́трость

manager [ˈmænɪdʒə(r)] *n* 1) управляющий, менеджер; заведующий; **executive** ~ исполнительный директор 2) импресарио 3) хозяин; хозяйка; **she is a good** ~ она хорошая хозяйка

managerial [ˌmænɪˈdʒɪərɪəl] *a* административный; относящийся к управлению

managing [ˈmænɪdʒɪŋ] *a* 1) руководящий; исполнительный; ~ **director** исполнительный директор; директор-распорядитель 2) деловой, энергичный

mandarin¹ [ˈmændərɪn] *n* 1) *ист.* мандарин *(китайский чиновник)* 2) бюрократ 3) важный чин; номенклатурный работник; партийный руководитель 4) фарфоровая фигурка кивающего мандарина

mandarin² *n* 1) мандарин *(плод)* 2) оранжевый цвет

mandate I [ˈmændeɪt] *n* 1) мандат 2) поддержка избирателей *(кандидата)*; наказ *(избирателей и т. п.)* 3) *юр.* доверенность; поручение; распоряжение; решение суда 4) папский рескрипт

mandate II *v* 1) предоставлять полномочия кому-л. 2) *амер.* давать официальный приказ; издавать закон

mandated [ˈmændeɪtɪd] *a* подмандатный

mandatory [ˈmændətərɪ] *a* обязательный; принудительный; ~ **sentence** *юр.* обязательное *(по закону)* наказание

mandible [ˈmændɪbl] *n анат.* мандибула, нижняя челюсть *(у позвоночных)*; подклювье *(у птиц)*

mandoline [ˌmændəˈliːn] *n муз.* мандолина

mandragora [mænˈdrægərə] *n бот.* мандрагора; корень мандрагоры

mandrill [ˈmændrɪl] *n зоол.* мандрил

mane [meɪn] *n* грива

manège [mæˈneɪʒ] *n* 1) манеж 2) выездка лошади 3) верховая езда

maneuver I, II [məˈnuːvə(r)] *амер. см.* **manoeuvre I, II**

manful [ˈmænfʊl] *a* мужественный; решительный

manganese [ˈmæŋgəˌniːz] *n хим.* марганец

manganic [mæŋˈgænɪk] *a хим.* марганцевый

mange [meɪndʒ] *n вет.* чесотка, парша

mangel(-wurzel) [ˈmæŋgl(ˈwɜːzl)] *n* кормовая свёкла

manger [ˈmeɪndʒə(r)] *n* ясли, кормушка

mangle¹ [ˈmæŋgl] *v* 1) рубить, кромсать 2) уродовать, калечить 3) искажать *(текст и т. п.)*

mangle² **I** *n уст.* каток *(для белья)*

mangle² **II** *v уст.* катать бельё

mango [ˈmæŋgəʊ] *n бот.* манго

mangold [ˈmæŋgəʊld] *см.* **mangel(-wurzel)**

mangrove [ˈmæŋgrəʊv] *n* 1) *бот.* мангровое дерево 2) *pl* мангровые леса, заросли

mangy [ˈmeɪndʒɪ] *a* 1) чесоточный, паршивый 2) грязный, заросший, запущенный; потрёпанный

manhandle [ˈmænˌhændl] *v* 1) перемещать *(вручную)* 2) *разг.* грубо обращаться

manhole [ˈmænhəʊl] *n* люк; кабельный колодец

manhood [ˈmænhʊd] *n* 1) возмужалость, зрелость 2) мужество 3) мужская потенция 4) мужское население *(страны)*

man-hour [ˈmænaʊə] *n* человеко-час

manhunt [ˈmænhʌnt] *n* розыск преступника; облава; погоня

mania [ˈmeɪnɪə] *n* мания; **homicidal/persecution** ~ мания убийства/преследования

maniac I [ˈmeɪnɪæk] *n* маньяк

maniac II *a* 1) маниакальный; помешанный 2) заядлый

maniacal [məˈnaɪəkəl] *a* маниакальный

manic [ˈmænɪk] *a* маниакальный; ~**depressive** *психол.* маниакально-депрессивный *(о психозе)*

manicure I [ˈmænɪkjʊə(r)] *n* 1) маникюр 2) маникюрша

manicure II *v* делать маникюр

manicurist [ˈmænɪkjʊərɪst] *n* маникюрша

manifest I [ˈmænɪfest] *n* 1) *мор.* декларация судового груза 2) список пассажиров *(на борту самолёта, теплохода)* 3) перечень грузов в товарном поезде

manifest II *a* ясный, очевидный

manifest III *v* 1) проявлять, обнаруживать; **to** ~ **some interest** проявлять интерес 2) делать очевидным; доказывать 3) появляться *(о привидении)* 4) заносить в декларацию судового груза

manifestation [ˌmænɪfesˈteɪʃ(ə)n] *n* 1) проявление, обнаружение; доказательство 2) манифестация

manifesto [ˌmænɪˈfestəʊ] *n* манифест

manifold I [ˈmænɪfəʊld] *n* 1) многофункциональный предмет, прибор; предмет, имеющий разнообразные формы, части 2) копия *(через копирку)* 3) *тех.* коллектор; трубопровод

manifold II *a* 1) многообразный, разнородный, многоаспектный 2) многочисленный

manikin [ˈmænɪkɪn] *n* 1) карлик 2) манекен

manila [məˈnɪlə] *n* манильская бумага, плотная бумага светло-коричневого цвета *(для упаковки, конвертов и т. п.)*

manipulate [məˈnɪpjʊleɪt] *v* 1) умело обращаться 2) манипулировать; подтасовывать

manipulation [mə'nɪpjʊ'leɪʃ(ə)n] *n* 1) манипуляция, воздействие; обращение 2) подтасовка, манипулирование *(фактами, ситуацией и т. п.)* 3) *мед.* ручное исследование, ручной приём, манипуляция 4) *вчт* обработка *(данных)*

manipulator [mə'nɪpjʊleɪtə(r)] *n* 1) манипулятор 2) робот 3) передающий ключ *(телеграфа, радио)*

mankind [mæn'kaɪnd] *n* 1) человечество; человеческий род 2) ['mænkaɪnd] мужчины

manlike ['mænlaɪk] *a* 1) мужской, свойственный мужчине 2) мужеподобный

manliness ['mænlɪnɪs] *n* мужественность

manly ['mænlɪ] *a* 1) мужественный 2) мужеподобный 3) подобающий мужчине

man-made ['mæn,meɪd] *a* искусственный, созданный руками человека, рукотворный

manna ['mænə] *n библ.* манна небесная

manned [mænd] *a* пилотируемый *(о летательном аппарате)*; обитаемый *(о космической станции)*

mannequin ['mænɪkɪn] *n* 1) манекенщица, модель 2) манекен

manner ['mænə(r)] *n* 1) способ, образ действий; стиль *(поведения, жизни)*; ~ of life образ жизни; in such a ~ таким образом, таким способом 2) *pl* обычаи, нравы; a comedy of ~s комедия нравов 3) *pl* хорошие манеры, хорошее воспитание; умение вести себя; he has no ~s он плохо воспитан; mind your ~s веди себя как следует *иск.* стиль, манера *(художника)*; ~ of execution манера исполнения; he paints after/in the ~ of Rénoir он пишет в манере Ренуара ◊ in a ~ в некотором смысле; до известной степени; in a ~ of speaking в какой-то степени, можно сказать; after a ~ кое-как, как-нибудь; by no ~ of means ни в коем случае, никоим образом

mannerism ['mænərɪz(ə)m] *n* 1) манерность 2) *иск.* маньеризм

mannerist ['mænərɪst] *n иск.* маньерист

mannerliness ['mænəlɪnɪs] *n* вежливость, воспитанность; учтивость

mannerly ['mænəlɪ] *a* вежливый, воспитанный, с хорошими манерами

mannish ['mænɪʃ] *a* 1) мужеподобный 2) характерный для мужчины, свойственный мужчине

manoeuvre I [mə'nu:və] *n* 1) манёвр 2) *pl воен.* манёвры; on ~s на манёврах 3) уловка

manoeuvre II *v* 1) маневрировать; he ~d the car into the garage он с трудом завёл машину в гараж 2) *воен., мор.* проводить манёвры 3) хитростью заставлять, добиваться *(into, out, away)*

man-of-war [,mænəv'wɔ:(r)] *n (pl* men-of-war) военный корабль

manor ['mænə(r)] *n* 1) поместье, усадьба 2) помещичий дом, дом-усадьба *(тж* ~ house)

man-o'-war [,mænə'wɔ:(r)] *см.* man-of-war

manpower ['mæn,paʊə(r)] *n* 1) рабочая сила; рабочие 2) личный состав; кадры

mansard ['mænsa:d] *n* 1) мансарда 2) мансардная крыша *(тж* ~ roof)

manse [mæns] *n* дом шотландского пастора

mansion ['mænʃ(ə)n] *n* большой дом, усадьба; особняк

Mansion House ['mænʃən,haʊs] *n* (the ~) официальная резиденция лорд-мэра в Лондоне

man-size(d) ['mæn,saɪz(d)] *a* имеющий размер, высоту человеческого роста

manslaughter ['mæn,slɔ:tə(r)] *n юр.* непредумышленное убийство

mantelpiece ['mæntlpi:s] *n* облицовка камина; каминная доска, полка над камином

mantis ['mæntɪs] *n зоол.* богомол *(насекомое)*

mantle I ['mæntl] *n* 1) накидка, мантия 2) покров 3) *тех.* газокалильная сетка

mantle II *v* 1) покрывать, окутывать 2) краснеть *(о лице)*; приливать к лицу *(о крови)* 3) покрываться накипью, плёнкой

mantrap ['mæntræp] *n* ловушка, западня

manual I ['mænjʊəl] *n* 1) руководство; справочник; учебник 2) клавиатура органа

manual II *a* 1) ручной; с ручным управлением; ~ controls ручное управление 2) физический *(о работе)*; ~ worker чернорабочий

manually ['mænjʊəlɪ] *adv* вручную; ручным способом

manufacture I [,mænjʊ'fæktʃə(r)] *n* производство; of foreign ~ иностранного производства

manufacture II *v* 1) производить, выделывать 2) фабриковать, изобретать *(ложь и т.п.)*

manufacturer [,mænjʊ'fæktʃərə(r)] *n* 1) изготовитель, производитель 2) промышленник, предприниматель

manufacturing [,mænjʊ'fæktʃərɪŋ] *n* 1) производство, изготовление 2) выделка 3) обработка

manumission [,mænjʊ'mɪʃ(ə)n] *n ист.* 1) освобождение от рабства 2) вольная *(документ, дающий право на освобождение от рабства)*

manure I [mə'njʊə(r)] *n* навоз, удобрение

manure II *v* удобрять, унавоживать

manuscript I ['mænjʊskrɪpt] *n* рукопись

manuscript II *a* рукописный

Manx I [mæŋks] *n*: **the ~** *(употр. как pl)* жи́тели о-ва Мэн

Manx II *a* с о-ва Мэн; **~ cat** бесхво́стая ко́шка

Manxman [ˈmæŋksmən] *n* жи́тель, уроже́нец о-ва Мэн

many I [ˈmenɪ] *n* мно́жество; мно́гие; **~ of those present** мно́гие из прису́тствующих; **the ~** большинство́; мно́жество; **a good ~** большо́е, поря́дочное коли́чество; дово́льно мно́го; **a great ~** огро́мное коли́чество; ма́сса, мно́жество

many II *a* (*compar* **more**; *superl* **most**) мно́гие, мно́го; **in ~ cases** во мно́гих слу́чаях; **~ times** мно́го раз; **~ years ago** мно́го лет наза́д; **how ~ people?** ско́лько люде́й/наро́ду?; **as ~** сто́лько же; **as ~ as you like** (сто́лько,) ско́лько хоти́те; **as ~ as that?** так мно́го?; **as ~ again** вдво́е; ещё сто́лько же; **not so ~ as** ме́ньше, чем; **half as ~** вдво́е ме́ньше; **one too ~** ли́шний, нежела́тельный; **to be one too ~ for smb** превосходи́ть кого́-л., быть сильне́е, иску́снее, умне́е кого́-л.

Maoism [ˈmaʊɪzm] *n* маои́зм

Maori [ˈmaʊrɪ] *n* 1) ма́ори 2) язы́к ма́ори

map I [mæp] *n* 1) ка́рта (*географическая и т. п.*); **celestial ~** ка́рта звёздного не́ба; **underground ~** схе́ма ста́нций метро́; **contour(ed) ~** ко́нтурная ка́рта; **to follow a ~** дви́гаться по ка́рте 2) схе́ма, план ◊ **off the ~** *разг.* устаре́вший, не име́ющий значе́ния; забро́шенный; **on the ~** занима́ющий ва́жное положе́ние, значи́тельный

map II *v* наноси́ть на ка́рту

map out плани́ровать, составля́ть план, програ́мму

maple [ˈmeɪpl] *n* 1) клён 2) *attr* клено́вый; **~ sugar** клено́вый са́хар; **~ syrup** клено́вый сиро́п

maple-leaf [ˌmeɪplˈliːf] *n* клено́вый лист (*эмблема Канады*)

Mar. *сокр.* (**March**) март

mar [mɑː(r)] *v* по́ртить, повреждать ◊ **to make or ~** *погов.* ≅ ли́бо пан, ли́бо пропа́л

maraschino [ˌmærəsˈkiːnəʊ] *n* мараски́н, ликёр из ви́шни со́рта мара́ска

marathon [ˈmærəθən] *n спорт.* марафо́н, марафо́нский бег (*тж* **race**)

maraud [məˈrɔːd] *v* мародёрствовать

marauder [məˈrɔːdə(r)] *n* мародёр

marauding I [məˈrɔːdɪŋ] *n* мародёрство

marauding II *a* мародёрствующий, гра́бящий

marble [ˈmɑːbl] *n* 1) мра́мор 2) *pl* скульпту́ра из мра́мора 3) *pl* (мра́морные) ша́рики (*детская игра*) 4) *attr* мра́морный ◊ **he has lost his ~s** у него́ не все до́ма

marcel [mɑːˈsel] *n* горя́чая зави́вка воло́с (*тж* **~ wave**)

March [mɑːtʃ] *n* 1) март 2) *attr* ма́ртовский

march¹ I [mɑːtʃ] *n* 1) *воен.* марш, перехо́д; **forced ~** форси́рованный марш, марш-бросо́к 2) марш проте́ста; демонстра́ция 3) ход, разви́тие (*событий, науки и т. п.*) 4) *муз.* марш; **funeral ~** похоро́нный марш ◊ **to steal a ~ on smb** опереди́ть кого́-л.

march¹ II *v* 1) марширова́ть 2) дви́гать(ся) выступа́ть; соверша́ть марш; **to ~ ahead** идти́ вперёд; **the army ~ed on the town** а́рмия дви́нулась на го́род; **forward ~!** ша́гом марш! 3) уча́ствовать в ма́рше проте́ста

march away уводи́ть

march off 1) выступа́ть, нача́ть дви́гаться (ма́ршем) 2) отводи́ть

march on 1) продвига́ться вперёд 2) продолжа́ть (де́йствовать)

march out выходи́ть, выступа́ть; выводи́ть (во́йска)

march² I *n обыкн. pl* пригра́ничный райо́н, пригра́ничная полоса́ (*особ. между Англией и Шотландией или Англией и Уэльсом*)

march² II *v* грани́чить (*upon, with*)

marching orders [ˈmɑːtʃɪŋˈɔːdəz] *n* 1) *воен.* прика́з о выступле́нии 2) *разг.* увольне́ние, отста́вка ◊ **he's got his ~** его́ уво́лили

marchioness [ˈmɑːʃənə] *n* марки́за (*в Соединённом Королевстве*)

march past [ˈmɑːtʃpɑːst] *n* прохожде́ние церемониа́льным ша́гом, торже́ственный марш (*на параде и т. п.*)

Mardi Gras [ˌmɑːdɪˈɡrɑː] *n* 1) вто́рник на ма́сляной неде́ле, «Бли́нный вто́рник» (*амер.* **Shrove Tuesday**) 2) *амер.* карнава́л, бу́рное весе́лье, наро́дный пра́здник в Но́вом Орлеа́не и др. города́х шта́та Луизиа́на 3) *австрал.* карнава́л; весёлое пра́здничное гуля́нье

mare [meə(r)] *n* 1) кобы́ла 2) *сленг* ба́ба

mare's-nest [ˈmeəznest] *n* иллю́зия, заблужде́ние

margarine [ˌmɑːdʒəˈriːn] *n* маргари́н

marge¹ [mɑːdʒ] *n разг.* маргари́н

marge² *n поэт.* край, грань

margin [ˈmɑːdʒɪn] *n* 1) край, грань; опу́шка (*леса*) 2) по́ле (*страницы*) 3) запа́с (*времени, денег и т. п.*); **wide ~ of** большо́й запа́с (*времени и т. п.*); **~ of safety** *тех.* надёжность; запа́с про́чности 4) (допуска́емый) преде́л 5) кайма́, грани́ца 6) *ком.* ма́ржа, ра́зница, оста́ток 7) *фин.* ра́зница ме́жду це́нами прода́жи и поку́пки це́нных бума́г; при́быль ◊ **by a narrow ~** е́ле-е́ле, с трудо́м; с незначи́тельным преиму́ществом

marginal [ˈmɑːdʒɪnəl] *a* 1) напи́санный на поля́х (*книги*) 2) кра́йний 3) несуще́ственный, небольшо́го значе́ния; of ~ **interest** не представля́ющий большо́го интере́са 4) маргина́льный, находя́щийся ме́жду катего́риями, гру́ппами *и т. п.*; промежу́точный

marginalia [ˌmɑːdʒɪˈneɪlɪə] *n pl* заме́тки на поля́х *(книги)*

marguerite [ˌmɑːgəˈriːt] *n бот.* маргари́тка

marigold [ˈmærɪgəʊld] *n бот.* 1) ноготки́, кале́ндула 2) ба́рхатцы

marihuana [ˌmærɪˈhwɑːnə] *n* марихуа́на

marijuana [ˌmærɪˈhwɑːnə] *см.* **marihuana**

marina [məˈriːnə] *n* га́вань для яхт, прогу́лочных катеро́в *и т. п.*

marinade I [ˌmærɪˈneɪd] *n* 1) марина́д 2) мя́со, ры́ба *и т. п.* в марина́де

marinade II *v* маринова́ть

marinate [ˈmærɪneɪt] *см.* **marinade II**

marine I [məˈriːn] *n* 1) флот; **merchant/mercantile** ~ торго́вый флот 2) **(M.)** морско́й пехоти́нец; **the ~s** морска́я пехо́та *(тж* **the Royal Marines**, *амер.* **the Marine Corps)** 3) карти́на с морски́м пейза́жем, мари́на ◊ **tell that to the ~s** *разг.* ври бо́льше!, расска́зывай ска́зки!

marine II *a* 1) морско́й 2) фло́тский; вое́нно-морско́й

mariner [ˈmærɪnə(r)] *n книжн.* моря́к; матро́с

marionette [ˌmærɪəˈnet] *n* марионе́тка

marital [ˈmærɪtəl] *a* 1) супру́жеский, бра́чный; ~ **status** семе́йное положе́ние 2) принадлежа́щий му́жу, му́жнин

maritime [ˈmærɪtaɪm] *a* 1) морско́й 2) примо́рский; берегово́й

marjoram [ˈmɑːdʒərəm] *n бот.* майора́н

mark¹ I [mɑːk] *n* 1) знак; след; пятно́; ме́тка; отпеча́ток; **exclamation/question** ~ восклица́тельный/вопроси́тельный знак; **highwater** ~ у́ровень прили́ва 2) отме́тка, оце́нка, балл; **top ~s** вы́сшая оце́нка, вы́сший балл; **bad/good** ~ плоха́я/хоро́шая отме́тка 3) при́знак, показа́тель; ~ **of respect** при́знак почте́ния, уваже́ния 4) знак, клеймо́ 5) крест *(вместо по́дписи)* 6) но́рма, станда́рт, при́нятый у́ровень; **below the** ~ пло́хо, ни́же сре́днего *(о ка́честве)*; не на высоте́ *(положе́ния)*; **up to the** ~ хоро́ший, удовлетвори́тельный; соотве́тствующий но́рме; **her work is not up to the** ~ её рабо́та не на у́ровне 7) цель, мише́нь; **to hit/to miss the** ~ попа́сть в цель/промахну́ться; **beside/wide of the** ~ ми́мо це́ли; *перен.* не по существу́; неве́рно 8) изве́стность; **to make one's** ~ доби́ться изве́стности; **of** ~ изве́стный *(о челове́ке)* 9) *спорт.* ли́ния ста́рта; **to get off the** ~ взять старт; **on your ~s!** на старт! ◊

easy ~ *амер. сленг* проста́к; **to overstep the** ~ перейти́ грани́цы дозво́ленного

mark¹ II *v* 1) ста́вить знак; помеча́ть; штемпелева́ть; маркирова́ть; ме́тить *(бельё)*; оставля́ть след 2) ста́вить балл, отме́тку 3) ука́зывать, обознача́ть; выража́ть; **he ~ed his approval by nod** он вы́разил своё одобре́ние кивко́м 4) отмеча́ть; замеча́ть; **they ~ed his displeasure** они́ заме́тили, что он недово́лен 5) выставля́ть це́ну *(на това́ре)* 6) отмеча́ть, пра́здновать *(собы́тие, годовщи́ну и т. п.)* ◊ ~ **my words** запо́мните мои́ слова́

mark down 1) снижа́ть це́ны 2) наме́тить *(кого́-л.)* в же́ртву

mark off разделя́ть, разграни́чивать

mark out 1) наме́тить план *(де́йствий)* 2) предназнача́ть; рассчи́тывать; **to be ~ed out for success** быть рассчи́танным на успе́х 3) разделя́ть, разграни́чивать

mark up 1) повыша́ть це́ны 2) пра́вить текст, де́лать те́кстовые попра́вки

mark² *n* ма́рка *(де́нежная едини́ца)*

markdown [ˈmɑːkdaʊn] *n* сниже́ние цен(ы́); ски́дка

marked [mɑːkt] *a* 1) отме́ченный; клеймёный 2) заме́ченный; заме́тный; ~ **man** а) челове́к, за кото́рым следя́т б) изве́стный челове́к 3) ви́дный, изве́стный

marker [ˈmɑːkə(r)] *n* 1) указа́тель; ме́тка 2) клеймо́вщик; разме́тчик 3) закла́дка *(в кни́ге)* 4) сигна́льный флажо́к 5) ма́ркер *(ру́чка, флома́стер)* 6) *амер. сленг* долгова́я распи́ска

market I [ˈmɑːkɪt] *n* 1) ры́нок; **black** ~ чёрный ры́нок 2) торго́вля; сбыт; **to be on the** ~, **to come into the** ~ поступа́ть в прода́жу, на ры́нок; **to put on the** ~ пуска́ть в прода́жу 3) спрос; **to find a** ~ по́льзоваться спро́сом 4) **(the M.)** *уст.* Европе́йское экономи́ческое соо́бщество, ЕЭС, «О́бщий ры́нок» 5) *амер.* продово́льственный магази́н 6) *attr* ры́ночный; ~ **economy** ры́ночная эконо́мика; ~ **orientation** ры́ночная ориента́ция; ~ **price** ры́ночная цена́; ~ **research** иссле́дования ры́нка; ~ **testing** ры́ночные испыта́ния *(но́вого това́ра)*; ~ **value** ры́ночная сто́имость

market II *v* 1) торгова́ть *или* покупа́ть на ры́нке 2) продава́ть, сбыва́ть; находи́ть ры́нок *(для своего́ това́ра)*

marketable [ˈmɑːkɪtəbl] *a* 1) по́льзующийся спро́сом *(о това́ре)* 2) прода́жный, иду́щий в прода́жу

market-day [ˈmɑːkɪtdeɪ] *n* день рабо́ты ры́нка, база́рный день

market garden [ˌmɑːkɪtˈɡɑːdn] *n* огоро́д, сад для выра́щивания овоще́й и фру́ктов на прода́жу

marketing [ˈmɑːkɪtɪŋ] *n* 1) реализа́ция, сбыт 2) ма́ркетинг, изуче́ние усло́вий ры́нка и его́ тенде́нций

marketplace [ˈmɑːkɪtpleɪs] *n* ры́ночная пло́щадь

marksman [ˈmɑːksmən] *n* ме́ткий стрело́к, сна́йпер

mark-up [ˈmɑːkʌp] *n* 1) повыше́ние цен(ы́); наце́нка 2) попра́вка к те́ксту

marl I [mɑːl] *n* ме́ргель; известко́вая гли́на

marl II *v* удобря́ть ме́ргелем

marmalade [ˈmɑːməleɪd] *n* джем *(особ. апельси́новый или лимо́нный, ча́сто с цедро́й)*

marmoset [ˈmɑːməzet] *n* марты́шка

marmot [ˈmɑːmət] *n* зоол. суро́к

maroon¹ I [məˈruːn] *n* тёмно-бордо́вый цвет

maroon¹ II *a* тёмно-бордо́вого цве́та

**maroon² ** *v* 1) выса́живать и поселя́ть на необита́емом о́строве *или* в безлю́дной ме́стности *(в наказа́ние)* 2) отре́зать от вне́шнего ми́ра; изоли́ровать

marquee [mɑːˈkiː] *n* 1) больша́я пала́тка, тент, шатёр 2) афи́ша, объявле́ние

marquess [ˈmɑːkwɪs] *n* марки́з *(в Соединённом Короле́встве)*

marquis [ˈmɑːkwɪs] *n* марки́з *(в др. европе́йских стра́нах, не в Соединённом Короле́встве)*

marquise [mɑːˈkiːz] *n* марки́за *(в др. европе́йских стра́нах, не в Соединённом Короле́встве)*

marram [ˈmærəm] *n* бот. песколю́б

marriage [ˈmærɪdʒ] *n* 1) брак; заму́жество; жени́тьба; **an aunt by ~** тётка му́жа/жены́; **~ of convenience** брак по расчёту 2) сва́дьба 3) те́сный сою́з, едине́ние

marriageable [ˈmærɪdʒəbl] *a* дости́гший бра́чного во́зраста

married [ˈmærɪd] *a* жена́тый; заму́жняя; **to get ~** жени́ться; вы́йти за́муж; вступи́ть в брак;; **a ~ couple** супру́жеская па́ра

marrow [ˈmærəʊ] *n* 1) ко́стный мозг 2) су́щность, суть, гла́вное 3) кабачо́к *(овощ; тж* **vegetable ~)** ◊ **to the ~** до мо́зга косте́й

marrowbone [ˈmærəʊbəʊn] *n* 1) мозгова́я кость 2) *pl шутл.* коле́ни; **down on your ~s!** на коле́ни!, проси́ проще́ния!

marry [ˈmærɪ] *v* 1) жени́ться; выходи́ть *или* выдава́ть за́муж, сочета́ть 2) соединя́ть, сочета́ть

Mars [mɑːz] *n астр., миф.* Марс

Marseillaise [ˌmɑːseɪˈjeɪz] *n* Марселье́за

marsh [mɑːʃ] *n* 1) боло́то 2) боло́тистая ме́стность 3) *attr* боло́тный; боло́тистый; **~ gas** боло́тный газ, мета́н; **~ marigold** *бот.* калу́жница боло́тная

marshal I [ˈmɑːʃəl] *n* 1) (M.) ма́ршал; **air ~** ма́ршал авиа́ции 2) церемониймейстер 3) *амер.* суде́бный исполни́тель

marshal II *v* 1) выстра́ивать *(войска́, проце́ссию)* 2) располага́ть в определённом поря́дке 3) торже́ственно вводи́ть, ввести́ *(in, into)*

marshland [ˈmɑːʃlənd] *n* боло́тистая ме́стность; боло́то

marshmallow [mɑːʃˈmæləʊ] *n* 1) *бот.* алте́й 2) конди́терское изде́лие ти́па зефи́ра *или* суфле́ *(первонача́льно де́лалось из ко́рня алте́я)*

marshy [ˈmɑːʃɪ] *a* боло́тистый, то́пкий

marsupial I [mɑːˈsuːpɪəl] *n зоол.* су́мчатое живо́тное

marsupial II *a зоол.* су́мчатый

mart [mɑːt] *n* 1) торго́вый центр 2) аукцио́нный зал 3) ры́нок; я́рмарка

marten [ˈmɑːtɪn] *n зоол.* куни́ца

martial [ˈmɑːʃəl] *a* 1) вое́нный; **~ law** вое́нное положе́ние 2) во́инственный; **~ arts** боевы́е иску́сства; спорти́вные единобо́рства

Martian I [ˈmɑːʃən] *n* марсиа́нин

Martian II *a* марсиа́нский

martin [ˈmɑːtɪn] *n зоол.* ла́сточка

martinet [ˌmɑːtɪˈnet] *n* сторо́нник стро́гой дисципли́ны *(особ. в а́рмии, на фло́те)*

Martini [mɑːˈtiːnɪ] *n* марти́ни *(ве́рмут и кокте́йль)*

martyr I [ˈmɑːtə(r)] *n* му́ченик, страда́лец

martyr II *v* преда́ть му́ченической сме́рти; (за)му́чить

martyrdom [ˈmɑːtədəm] *n* 1) му́ченичество 2) муче́ние, му́ка

martyrology [ˌmɑːtəˈrɒlədʒɪ] *n* мартиро́лог, жизнеописа́ние му́чеников (за ве́ру)

marvel I [ˈmɑːvəl] *n* 1) чу́до 2) необыча́йная, изуми́тельная вещь

marvel II *v* поража́ться, изумля́ться

marvellous [ˈmɑːvələs] *a* чуде́сный, необыча́йный, необыкнове́нный, изуми́тельный

Marxism [ˈmɑːksɪzəm] *n* маркси́зм

Marxist I [ˈmɑːksɪst] *n* маркси́ст

Marxist II *a* маркси́стский

marzipan [ˌmɑːzɪˈpæn] *n* марципа́н

mascara [mæˈskɑːrə] *n* тушь для ресни́ц

mascot [ˈmæskət] *n* талисма́н; челове́к, живо́тное *или* предме́т, принося́щий сча́стье, уда́чу

masculine I [ˈmɑːskjʊlɪn] *n* 1) *грам.* мужско́й род 2) сло́во мужско́го ро́да

masculine II *a* 1) мужско́й 2) му́жественный, си́льный 3) мужеподо́бный

maser [ˈmeɪzə(r)] *n* физ. ма́зер, микроволно́вый ква́нтовый генера́тор

mash I [mæʃ] *n* 1) тёплое по́йло из отрубе́й, зерна́ *и т. п.* 2) *разг.* карто́фельное пюре́ (*тж* **mashed potatoes**) 3) су́сло 4) ме́сиво, ма́сса; смесь

mash II *v* 1) разда́вливать, размина́ть 2) зава́ривать со́лод

masher [ˈmæʃə] *n* толку́шка (*для приготовления пюре и т. п.*)

mask I [mɑːsk] *n* 1) ма́ска 2) противога́з (*тж* **gas mask**) 3) ма́ска, личи́на; **under the ~ of** под личи́ной (*кого-л.*) 4) трафаре́т, шабло́н 5) диафра́гма 6) ра́мка

mask II *v* 1) надева́ть ма́ску 2) маскирова́ться 3) скрыва́ть (*чувства*)

masked [mɑːskt] *a* 1) в ма́ске, переоде́тый; **~ ball** бал-маскара́д 2) *воен.* замаскиро́ванный

mason [ˈmeɪsn] *n* 1) ка́менщик 2) **(M.)** масо́н

Masonic [məˈsɒnɪk] *a* масо́нский

masonry [ˈmeɪsnrɪ] *n* 1) ка́менная кла́дка 2) **(M.)** масо́нство

masquerade I [ˌmæskəˈreɪd] *n* 1) маскара́д 2) притво́рство 3) подме́на, подло́г 4) нелега́льное проникнове́ние

masquerade II *v* 1) надева́ть ма́ску, переодева́ться (*кем-л.*) 2) притворя́ться, выдава́ть себя́ (*за кого-л.*)

mass¹ I [mæs] *n* 1) ма́сса; **confused ~** беспоря́дочная ма́сса 2) большо́е коли́чество, мно́жество; **a great ~ of people** ма́сса/у́йма наро́ду; **he is a ~ of cuts and bruises** он весь в поре́зах и синяка́х 3) *pl* (наро́дные) ма́ссы, наро́д 4) *attr* ма́ссовый; **~ market** ры́нок ма́ссового спро́са; **~ media** сре́дства ма́ссовой информа́ции, СМИ; **~ production** ма́ссовое/сери́йное произво́дство

mass¹ II *v* 1) собира́ть(ся) в ку́чу 2) сосредото́чивать, стя́гивать (*войска*)

mass² *n рел.* ме́сса, обе́дня; **to say/to celebrate ~** служи́ть обе́дню

massacre I [ˈmæsəkə(r)] *n* 1) резня́, избие́ние 2) по́лный разгро́м

massacre II *v* устра́ивать резню́

massage I [ˈmæsɑːʒ] *n* масса́ж

massage II *v* масси́ровать, де́лать масса́ж

massage parlour [ˈmæsɑːʒ ˈpɑːlə(r)] *n* 1) масса́жный кабине́т 2) *эвф.* публи́чный дом

masseur [mæˈsɜː(r)] *n* массажи́ст

masseuse [mæˈsɜːz] *n* массажи́стка

massif [ˈmæsiːf] *n* го́рный масси́в

massive [ˈmæsɪv] *a* 1) масси́вный 2) си́льный; большо́й; масси́рованный

mass-produce [ˌmæsprəˈdjuːs] *v* занима́ться ма́ссовым, сери́йным произво́дством

mast [mɑːst] *n* ма́чта ◊ **to serve/to sail before the ~** быть просты́м матро́сом

mastectomy [mæˈstektəmɪ] *n мед.* мастэктоми́я, удале́ние моло́чной железы́

master I [ˈmɑːstə(r)] *n* 1) хозя́ин; владе́лец; господи́н; **the ~ of the house** хозя́ин до́ма; **to be ~ of** владе́ть, облада́ть; **to be one's own ~** быть самостоя́тельным 2) капита́н торго́вого су́дна 3) учи́тель; дире́ктор (*школы*); глава́ (*колледжа*); **English ~** преподава́тель англи́йского языка́; **~ of a college** глава́ ко́лледжа (*в Оксфорде и Кембридже*) 4) ма́стер; специали́ст; **past ~** знато́к своего́ де́ла; **he's a past ~ at chess** он непревзойдённый шахмати́ст; **to make oneself ~ of smth** доби́ться соверше́нства в чём-л., овладе́ть чем-л. 5) вели́кий худо́жник, ма́стер; **old ~s** а) ста́рые мастера́ б) карти́ны ста́рых мастеро́в 6) маги́стр (*учёная степень*); **~ degree** сте́пень маги́стра 7) оригина́л, образе́ц; ма́стер-за́пись 8) господи́н (*при обращении к юношам; ставится перед именем*) 9) *attr* гла́венствующий, гла́вный ◊ **~ of ceremonies** а) церемониймейстер б) *амер.* конферансье́

master II *v* 1) преодолева́ть (*трудности*) 2) подчини́ть себе́ 3) владе́ть, овладева́ть (*чувствами, языком и т. п.*) 4) руководи́ть, управля́ть

Mastercard [ˈmɑːstəˌkɑːd] *n фирм.* «Ма́стеркард» (*международная кредитная карточка*)

master class [ˈmɑːstəˌklɑːs] *n* показа́тельный уро́к при́знанного ма́стера, ма́стер-класс (*обыкн. в искусстве*)

masterful [ˈmɑːstəfʊl] *a* 1) вла́стный 2) ма́стерский, сво́йственный большо́му ма́стеру

master key [ˈmɑːstəˌkiː] *n* отмы́чка; универса́льный ключ (*ко всем дверям в доме*)

masterly I [ˈmɑːstəlɪ] *a* ма́стерский, соверше́нный

masterly II *adv* ма́стерски

mastermind [ˈmɑːstəˌmaɪnd] *n* выдаю́щийся ум; организа́тор и разрабо́тчик (*операции, проекта*), *разг.* «мозг»

masterpiece [ˈmɑːstəpiːs] *n* шеде́вр (*тж* **masterwork**)

mastership [ˈmɑːstəʃɪp] *n* 1) мастерство́ 2) гла́венство 3) до́лжность, обя́занности учи́теля, дире́ктора

masterstroke [ˈmɑːstəstrəʊk] *n* гениа́льный/уда́чный ход

master switch [ˈmɑːstə swɪtʃ] *n* о́бщий выключа́тель; руби́льник

master touch [ˈmɑːstətʌtʃ] *n* по́черк, рука́, мазо́к ма́стера

mastery [ˈmɑːstərɪ] *n* 1) госпо́дство, власть; превосхо́дство; ~ **of the seas** госпо́дство на мо́ре 2) соверше́нное владе́ние *(чем-л.)*; мастерство́; ~ **of the 'cello** соверше́нное владе́ние виолонче́лью

masthead [ˈmɑːsthed] *n мор.* топ ма́чты

mastic [ˈmæstɪk] *n* 1) смола́ фиста́шки масти́чной 2) *бот.* фиста́шка масти́чная *(тж ~* **tree**) 3) масти́ка; клей

masticate [ˈmæstɪkeɪt] *v* жева́ть

masticatory [ˈmæstɪkətərɪ] *a* жева́тельный

mastiff [ˈmæstɪf] *n* масти́ф *(порода собак)*

mastitis [mæˈstaɪtɪs] *n мед.* масти́т

mastodon [ˈmæstədɒn] *n* мастодо́нт

masturbation [ˌmæstəˈbeɪʃ(ə)n] *n* мастурба́ция

mat¹ **I** [mæt] *n* 1) ко́врик, полови́к, цино́вка; мат; **on the ~** *сленг* в беде́; **to leave on the ~** *сленг* отказа́ть в приёме, в разгово́ре 2) подста́вка, салфе́тка *(под лампу, блюдо и т. п.)*; **mouse ~** *вчт* ко́врик для (компью́терной) мы́ши ◊ **to be on the ~** *сленг* получа́ть вы́говор; **to have smb on the ~** вызыва́ть кого́-л. на ковёр

mat¹ **II** *v* 1) спу́таться, сваля́ться *(о волосах и т. п.; тж* **to ~ together**) 2) устила́ть, покрыва́ть цино́вками, ма́тами

mat² *см.* **matte I, II**

matador [ˈmætədɔː(r)] *n* матадо́р

match¹ **I** [mætʃ] *n* 1) состяза́ние, матч; **a return ~** рева́нш 2) досто́йный проти́вник; **to meet one's ~** встре́тить досто́йного проти́вника 3) брак; (подходя́щая) па́ртия; **to make a good ~** уда́чно вы́йти за́муж, жени́ться; соста́вить подходя́щую па́ртию 4) па́ра, ро́вня; па́рная *или* подходя́щая *(по качеству)* вещь; **he is no ~ for her** он ей не па́ра

match¹ **II** *v* 1) подходи́ть, хорошо́ сочета́ться *(по характеру, качеству, цвету и т. п.)*; **to ~ colours well** хорошо́ сочета́ть цвета́ 2) противопоставля́ть, сра́внивать *(with, against)*; **to ~ one's strength against smb** ме́риться си́лами с кем-л. 3) подбира́ть (под па́ру) 4) отождествля́ть 5) совпада́ть, соотве́тствовать

match² *n* спи́чка; **to strike/to light a ~** чи́ркнуть спи́чкой, заже́чь спи́чку

matchbox [ˈmætʃbɒks] *n* спи́чечная коро́бка, спи́чечный коробо́к

matching [ˈmætʃɪŋ] *n* 1) сравне́ние, сопоставле́ние 2) сочета́ние 3) отождествле́ние 4) *тех.* подбо́р; соразме́рение; согласова́ние; приго́нка 5) *тех.* совпаде́ние *(отверстий и т. п.)*

matchless [ˈmætʃlɪs] *a* несравне́нный, несравни́мый, бесподо́бный

matchmaker [ˈmætʃmeɪkə(r)] *n* сва́ха

matchmaking [ˈmætʃmeɪkɪŋ] *n* сватовство́

matchstick [ˈmætʃˌstɪk] *n* спи́чка

matchwood [ˈmætʃwʊd] *n* 1) древеси́на, го́дная для изготовле́ния спи́чек 2) спи́чечная соло́мка ◊ **to make ~ of** разби́ть, расколоти́ть вдре́безги

mate¹ **I** [meɪt] *n* 1) (со)това́рищ; *(в обраще́нии)* прия́тель, друг; **room ~** това́рищ по ко́мнате 2) *разг.* супру́г(а), сожи́тель(ница) 3) саме́ц; са́мка 4) помо́щник, подру́чный 5) *мор.* помо́щник капита́на *(на торго́вом су́дне)*

mate¹ **II** *v* 1) спа́ривать(ся) *(о птицах, живо́тных)* 2) сочета́ть(ся) бра́ком

mate² **I** *n шахм.* мат

mate² **II** *v шахм.* поста́вить мат

mater [ˈmeɪtə(r)] *n школ. сленг шутл.* мать

material I [məˈtɪərɪəl] *n* 1) материа́л; **raw ~s** сырьё 2) ткань, мате́рия 3) *pl* принадле́жности; необходи́мые материа́лы; **building ~s** строи́тельные материа́лы; **writing ~s** пи́сьменные принадле́жности 4) информа́ция, материа́л; фа́кты; **to collect ~s for a book** собира́ть материа́л для кни́ги

material II *a* 1) материа́льный, физи́ческий, веще́ственный; ~ **evidence** веще́ственные доказа́тельства 2) материа́льный, практи́ческий; ~ **loss/damage** материа́льный уще́рб; ~ **needs** физи́ческие потре́бности 3) суще́ственный, ва́жный

materialise [məˈtɪərɪəlaɪz] *v* 1) материализова́ться 2) осуществля́ть; претворя́ть в жизнь

materialism [məˈtɪərɪəlɪz(ə)m] *n филос.* материали́зм

materialist I [məˈtɪərɪəlɪst] *n филос.* материали́ст

materialist II *a филос.* материалисти́ческий

materialistic [məˌtɪərɪəˈlɪstɪk] *см.* **materialist II**

materialize [məˈtɪərɪəlaɪz] *амер. см.* **materialise**

maternal [məˈtɜːnl] *a* 1) матери́нский; ~ **instinct** матери́нский инсти́нкт 2) с матери́нской стороны́, по матери́нской ли́нии *(о родственниках)*

maternity [məˈtɜːnɪtɪ] *n* 1) матери́нство 2) *attr* ~ **leave** о́тпуск по бере́менности и ро́дам; ~ **dress** пла́тье для бере́менных; ~ **ward** роди́льное отделе́ние

matey [ˈmeɪtɪ] *a разг.* общи́тельный, дружелю́бный, дру́жественный; ~ **chat** дру́жеская бесе́да, дру́жеский разгово́р

mathematical [ˌmæθɪˈmætɪkəl] *a* математи́ческий

mathematician [ˌmæθɪməˈtɪʃən] *n* матема́тик

mathematics [ˌmæθɪˈmætɪks] *n* матема́тика (*тж* pure ~); applied ~ прикладна́я матема́тика

maths [mæθs] *n разг.* матема́тика (*амер.* math)

matinée [ˈmætɪneɪ] *n* дневно́й спекта́кль; дневно́й сеа́нс

matins [ˈmætɪnz] *n pl* 1) *церк.* (за)у́треня (*тж* morning prayer) 2) *поэт.* у́треннее щебета́ние птиц; to be at ~ петь у́треннюю пе́сню (*о птицах*)

matriarchy [ˈmeɪtrɪɑːkɪ] *n* матриарха́т

matrices [ˈmætrɪsiːz] *pl см.* matrix

matricide [ˈmeɪtrɪsaɪd] *n* 1) матереуби́йство 2) матереуби́йца

matriculate [məˈtrɪkjʊleɪt] *v* принима́ть, зачисля́ть *или* быть при́нятым в вы́сшее уче́бное заведе́ние

matriculation [məˌtrɪkjʊˈleɪʃ(ə)n] *n* приня́тие, зачисле́ние в вы́сшее уче́бное заведе́ние

matrimonial [ˌmætrɪˈməʊnɪəl] *a* супру́жеский, бра́чный, матримониа́льный

matrimony [ˈmætrɪmənɪ] *n* брак, супру́жество

matrix [ˈmeɪtrɪks] *n* (*pl тж* matrices) 1) *тех.* ма́трица; фо́рма 2) *анат.* осно́ва; скеле́т; ма́трица 3) *геол.* основна́я ма́сса (*породы*); цементи́рующий материа́л 4) *вчт* ма́трица, дешифра́тор

matron [ˈmeɪtrən] *n* 1) заму́жняя же́нщина; почте́нная мать семе́йства, матро́на 2) заве́дующая хозя́йством (*школы и т. п.*); сестра́-хозя́йка; эконо́мка

matte I [mæt] *n* 1) паспарту́ 2) ма́товая кра́ска

matte II *a* ма́товый; не име́ющий бле́ска

matted [ˈmætɪd] *a* 1) покры́тый цино́вками, половика́ми 2) спу́танный (*о волосах*)

matter I [ˈmætə(r)] *n* 1) вещество́, материа́л; grey ~ се́рое вещество́ (*головно́го мо́зга*); *разг.* ум; dead ~ неоргани́ческое вещество́ 2) *филос.* мате́рия 3) су́щность, содержа́ние; the subject ~ предме́т, те́ма (*лекции, доклада*); form and ~ фо́рма и содержа́ние 4) де́ло, вопро́с; a ~ of fact факт, реа́льная действи́тельность; as a ~ of fact на са́мом де́ле, факти́чески; ~ of course де́ло есте́ственное, само́ собо́й разуме́ющееся; as a ~ of course обяза́тельно, по привы́чке, автомати́чески; ~ of life and death вопро́с жи́зни и сме́рти; a ~ of argument спо́рный вопро́с; ~ of taste де́ло вку́са; ~ of opinion спо́рный вопро́с; money ~s де́нежные вопро́сы; it is no laughing ~ э́то не шу́точное де́ло; a ~ of two days вопро́с двух дней; to push the ~ through доводи́ть де́ло до конца́

5) материа́л, информа́ция; printed ~ печа́тный материа́л; reading ~ материа́л для чте́ния 6) *мед.* гной ◊ what's the ~? в чём де́ло?, что случи́лось?; what's the ~ with you? что с ва́ми?; no ~ ничего́, нева́жно, всё равно́; it is/makes no ~ нева́жно, не име́ет значе́ния; no ~ what he says что бы он ни говори́л; for that ~, for the ~ of that что каса́ется э́того, в э́том отноше́нии; in the ~ of что каса́ется, в отноше́нии; not to mince the ~ говори́ть пря́мо, без обиняко́в

matter II *v* 1) име́ть значе́ние; it doesn't ~ э́то нева́жно, э́то не име́ет значе́ния; what does it ~? како́е э́то име́ет значе́ние? 2) выделя́ть гной, гнои́ться

matter-of-course [ˈmætərəvˈkɔːs] *a* само́ собо́ю разуме́ющийся; есте́ственный

matter-of-fact [ˈmætərəvˈfækt] *a* сухо́й, проза́ический, сугу́бо делово́й; практи́чный; she is very ~ она́ о́чень практи́чная осо́ба

matting ¹ [ˈmætɪŋ] *n* материа́л для плете́ния цино́вок

matting ² *n тех.* мати́рование

mattock [ˈmætək] *n* моты́га; кирка́

mattress [ˈmætrɪs] *n* матра́ц, тюфя́к; air ~ надувно́й матра́ц; spring ~ пружи́нный матра́ц

mature I [məˈtjʊə(r)] *a* 1) зре́лый, спе́лый; созре́вший; ~ student студе́нт, поступи́вший в ко́лледж *или* университе́т по́сле 25 лет 2) хорошо́ проду́манный 3) подлежа́щий опла́те (*ввиду наступления срока платежа — о полисе, облигации, векселе*)

mature II *v* 1) созре́ть; по́лностью разви́ться 2) доводи́ть до соверше́нства (*план, систе́му и т. п.*) 3) наступа́ть (*о сроке платежа, погашения*)

maturity [məˈtjʊərɪtɪ] *n* 1) зре́лость 2) заве́ршённость 3) срок платежа́

maty [ˈmeɪtɪ] *см.* matey

matzo(h) [ˈmɑːtsəʊ] *n* маца́

maud [mɔːd] *n* доро́жный плед

maudlin [ˈmɔːdlɪn] *a* слезли́вый, сентимента́льный

maul I [mɔːl] *n* колоту́шка; кува́лда

maul II *v* 1) избива́ть до синяко́в 2) гру́бо, небре́жно обраща́ться 3) жесто́ко критикова́ть, разноси́ть

maunder [ˈmɔːndə(r)] *v* 1) бессвя́зно говори́ть, бормота́ть 2) де́йствовать *или* дви́гаться неуве́ренно, вя́ло; е́ле шевели́ться

mausoleum [ˌmɔːsəˈlɪəm] *n* мавзоле́й

mauve [məʊv] *a* розова́то-лило́вый

mavis [ˈmeɪvɪs] *n поэт.* пе́вчий дрозд

mawkish [ˈmɔːkɪʃ] *n* 1) слаща́вый, сентимента́льный 2) при́торный на вкус

max. *сокр.* (**maximum**) ма́ксимум

maxi [ˈmæksɪ] *n разг.* ма́кси *(одежда)*

maxilla [mækˈsɪlə] *n* (*pl* **maxillae** [-li:]) ве́рхняя че́люсть *(позвоночных)*

maxim [ˈmæksɪm] *n* 1) афори́зм, сенте́нция; ~s прописны́е и́стины 2) при́нцип, пра́вило поведе́ния

maximalist [ˈmæksɪməlɪst] *n* максимали́ст

maximize [ˈmæksɪmaɪz] *v* доводи́ть, увели́чивать до преде́ла

maximum I [ˈmæksɪməm] *n* ма́ксимум

maximum II *a* максима́льный

May [meɪ] *n* 1) май 2) (**m.**) *поэт.* расцве́т жи́зни 3) *attr* ма́йский 4) *attr* первома́йский; ~ **Day** Пе́рвое ма́я, первома́йский пра́здник

may [meɪ] *v* (*past* **might**) *модальный глагол, последующий глагол употребляется без частицы to* 1) мочь, име́ть возмо́жность; *в сочетании с Perfect Infinitive* возмо́жно, мо́жет быть; **it ~/might rain** мо́жет пойти́ дождь; **I might come** я, мо́жет быть, приду́; **I might have said so** я мог бы так сказа́ть; я, мо́жет быть, так и сказа́л; **be that as it** ~ ка́к бы то ни́ было 2) *указывает на разрешение* мо́жно; ~ **I come in?** мо́жно войти́?; ~ **we ask you?** мы мо́жем вас спроси́ть? 3) *выражает вежливое предложение, пожелание:* **you might try to write to him** вы могли́ бы написа́ть ему́ письмо́ 4) *выражает пожелание:* ~ **you be very happy!** жела́ю вам сча́стья!

maybe [ˈmeɪbi:] *adv* мо́жет быть

mayday [ˈmeɪdeɪ] *n* радиосигна́л бе́дствия; ~ **call** призы́в о по́мощи

mayflower [ˈmeɪflaʊə(r)] *n* весе́нний, ма́йский цвето́к *(ландыш, черёмуха и т. п.)*

mayhem [ˈmeɪhem] *n* 1) нанесе́ние уве́чья 2) суета́, да́вка

mayonnaise [ˌmeɪəˈneɪz] *n* майоне́з

mayor [mɛə(r)] *n* мэр

maypole [ˈmeɪpəʊl] *n* ма́йское де́рево *(украшенный цветами, лентами, гирляндами столб, вокруг которого танцуют в весенний праздник Первого мая в Англии)*

maze I [meɪz] *n* 1) лабири́нт 2) пу́таница; **to be in a** ~ быть в затрудне́нии

maze II [meɪz] *v* сбива́ть с то́лку, путать

mazy [ˈmeɪzɪ] *a* запу́танный

MB *сокр.* (**megabyte**) *вчт* мегаба́йт

MBA *сокр.* (**Master of Business Administration**) маги́стр эконо́мики управле́ния, маги́стр делово́го администри́рования

MC *сокр. амер.* (**Member of Congress**) член Конгре́сса США

M. Ch. *сокр.* (**Master of Surgery**) маги́стр хирурги́и

mCi *сокр.* (**millicurie**) милликюри́

M. Com. *сокр.* (**Master of Commerce**) маги́стр комме́рции

MD *сокр.* (**Doctor of Medicine**) до́ктор медици́ны

ME *сокр.* (**myalgic encephalomyelitis**) *мед.* синдро́м хрони́ческой уста́лости (*тж* **chronic fatigue syndrome**)

me[1] [mi:, mɪ] *pron pers* (*косв. п. от* **I**) 1) меня́, мне 2) *разг.* я; **it's me** э́то я ◊ **me and mine** я и мои́ ро́дственники

me[2] [mi:] *n муз.* но́та ми

mead[1] [mi:d] *n поэт.* луг

mead[2] *n* медо́вый напи́ток, медову́ха

meadow [ˈmedəʊ] *n* луг

meager [ˈmi:gə(r)] *амер. см.* **meagre**

meagre [ˈmi:gə(r)] *a* 1) ску́дный, ограни́ченный, недоста́точный; ~ **earnings** ску́дные за́работки 2) бе́дный по содержа́нию; невырази́тельный; убо́гий; бессодержа́тельный 3) худо́й, то́щий

meal[1] [mi:l] *n* приём пи́щи: за́втрак, обе́д, у́жин; еда́; **before/after** ~s до/по́сле еды́; **evening** ~ у́жин; **to have a square** ~ пло́тно пообе́дать

meal[2] *n* мука́ *(особ. не пшеничная)*; **whole** ~ непросе́янная мука́

meals on wheels [ˈmi:lzɒnˈwi:lz] *n* доста́вка обе́дов на́ дом *(для инвалидов, престаре́лых)*

meal ticket [ˈmi:lˌtɪkɪt] *n* 1) льго́тный тало́н на пита́ние *(в столовой)* 2) исто́чник дохо́да

mealtime [ˈmi:ltaɪm] *n* вре́мя приня́тия пи́щи *(время обеда, ужина и т. д.)*

mealy [ˈmi:lɪ] *a* 1) мучно́й; мучни́стый; в муке́ 2) ры́хлый 3) бле́дный 4) *см.* **mealy-mouthed**

mealy-mouthed [ˈmi:lɪmaʊðd] *a* боя́щийся вы́сказаться пря́мо, открове́нно; ≅ мя́мля

mean[1] **I** [mi:n] *n* 1) середи́на; **the golden** ~ золота́я середи́на 2) *мат.* сре́днее число́; **arithmetical** ~ сре́днее арифмети́ческое

mean[1] **II** *a* сре́дний; ~ **square** среднеквадрати́чный; ~ **time** сре́днее вре́мя; ~ **value** сре́дняя величина́

mean[2] *a* 1) скупо́й, ска́редный, прижи́мистый; **he's** ~ **with his money** он скупова́т 2) по́длый, ни́зкий; **what a** ~ **thing to say!** так говори́ть по́дло! 3) посре́дственный, сла́бый 4) убо́гий, жа́лкий; захуда́лый; **a** ~ **appearance** жа́лкий вид; **to feel** ~ чу́вствовать себя́ нело́вко

mean[3] *v* (*past, p. p.* **meant**) 1) зна́чить, означа́ть, име́ть значе́ние; **what does this word** ~? како́е значе́ние у э́того сло́ва?; **what does it** ~? что э́то зна́чит?; **your attention** ~s

a lot to me ваше внимание о́чень мно́го зна́чит для меня́ 2) собира́ться, намерева́ться; **I ~ to help you** я намерева́юсь помо́чь вам; **to ~ well/ill** име́ть хоро́шие/плохи́е наме́рения 3) ду́мать, подразумева́ть; **what do you ~?** что вы име́ете в виду́?; что вы хоти́те сказа́ть? 4) предназнача́ть(ся); **it was ~t for you** э́то предназнача́лось вам

meander I [mɪˈændə(r)] n 1) изги́б *(доро́ги)*, излу́чина *(реки́)* 2) *архит.* меа́ндр

meander II v 1) броди́ть (без це́ли) *(тж* **to ~ along)** 2) извива́ться, изгиба́ться *(о реке́, доро́ге)*

meaning I [ˈmiːnɪŋ] n 1) значе́ние, смысл; **the ~ of the word** значе́ние сло́ва; **what's the ~ of this?** что всё э́то зна́чит? 2) ва́жность, значи́тельность

meaning II a (мно́го)значи́тельный, вырази́тельный

meaningful [ˈmiːnɪŋfʊl] a по́лный значе́ния; значи́тельный, ва́жный

meaningless [ˈmiːnɪŋlɪs] a бессмы́сленный

meanly [ˈmiːnlɪ] adv 1) по́дло, ни́зко 2) ску́по 3) сла́бо, посре́дственно

meanness [ˈmiːnnɪs] n 1) ни́зость, по́длость 2) посре́дственность

means [miːnz] n pl 1) спо́соб, сре́дство; **by ~ of** при по́мощи, посре́дством 2) де́нежные сре́дства; **to live beyond one's ~** жить не по сре́дствам ◊ **by all ~** а) коне́чно б) во что́ бы то ни ста́ло, обяза́тельно; **by any ~** любы́ми сре́дствами, каки́м бы то ни́ было о́бразом; **by some ~ or other** так и́ли ина́че; **by no ~** нико́им о́бразом, отню́дь не; **by fair ~ or foul** все́ми пра́вдами и непра́вдами

meant [ment] *past, p. p. см.* **mean**³

meantime I [ˈmiːntaɪm] n: **in the ~** тем вре́менем, ме́жду тем

meantime II *см.* **meanwhile II**

meanwhile I [ˈmiːnwaɪl] n промежу́ток вре́мени

meanwhile II adv ме́жду тем, тем вре́менем

measles [ˈmiːzlz] n 1) *мед.* корь; **German/ French/fire ~** (корева́я) красну́ха 2) *вет.* финно́з

measly [ˈmiːzlɪ] a 1) *разг.* жа́лкий, ничто́жный 2) корево́й, больно́й ко́рью 3) заражённый трихи́нами *или* фи́ннами *(о мя́се)*

measurable [ˈmeʒərəbl] a измери́мый

measurably [ˈmeʒərəblɪ] adv 1) значи́тельно 2) до изве́стной сте́пени

measurand [ˈmeʒərənd] n *мат.* измеря́емая величина́

measure I [ˈmeʒə(r)] n 1) ме́ра; едини́ца измере́ния; **dry/liquid ~** ме́ра сыпу́чих тел/ жи́дкостей; **cubic/square ~** куби́ческая/ мет-

ри́ческая ме́ра; **linear ~** ме́ра длины́ 2) ме́рка; **to take smb's ~** снять ме́рку с кого́-л.; **made to ~** сши́тый по ме́рке; **to have a suit made to ~** сшить костю́м на зака́з 3) ме́ра, сте́пень, коли́чество; **in a great/large ~** в большо́й сте́пени; **in a/some ~** отча́сти, части́чно; до не́которой сте́пени; **beyond ~** чрезме́рно, в о́чень значи́тельной сте́пени; **to improve beyond ~** значи́тельно улу́чшить 4) мери́ло, крите́рий 5) ме́ра, мероприя́тие; **preventive ~s** профилакти́ческие ме́ры; **to take ~s** принима́ть ме́ры 6) *мат.* дели́тель; **greatest common ~** наибо́льший о́бщий дели́тель 7) *поэт.* метр, разме́р 8) *амер. муз.* такт

measure II v 1) ме́рить, измеря́ть; отмеря́ть *(тж* **to ~ off)** 2) име́ть разме́ры; **the rug ~s six metres** ковёр име́ет шесть ме́тров в длину́ 3) снима́ть ме́рку *(для пошива оде́жды)* 4) оце́нивать *(ситуа́цию, хара́ктер и т. п.);* **to ~ with one's eye** сме́рить взгля́дом 5) поме́риться си́лами *(with, against)*

measure out отмеря́ть; дози́ровать

measure up to 1) достига́ть *(чего́-л.)* 2) опра́вдывать ожида́ния, соотве́тствовать

measured [ˈmeʒəd] a 1) разме́ренный; ме́рный, ритми́чный 2) взве́шенный, обду́манный *(о слова́х, ре́чи)*

measureless [ˈmeʒələs] a неизмери́мый; безме́рный

measurement [ˈmeʒəmənt] n 1) измере́ние 2) pl разме́ры 3) систе́ма мер

measuring jug [ˈmeʒərɪŋˌdʒʌg] n ме́рная кру́жка *(тж* **measuring cup)**

measuring tape [ˈmeʒərɪŋˌteɪp] n ме́рная ле́нта

meat [miːt] n 1) мя́со; **chilled ~** охлаждённое мя́со 2) суть, основно́е содержа́ние 3) *амер.* мя́коть *(фру́ктов)*; сердцеви́на, ядро́ *(оре́хов и т. п.)*; мя́со *(моллю́сков и т.п.)* ◊ **to be ~ and drink to smb** быть огро́мным удово́льствием для кого́-л.; ≅ хле́бом не корми́

meatball [ˈmiːtbɔːl] n фрикаде́лька; тефте́ля; бито́к

meat chopper [ˈmiːtˌʧɒpə(r)] n мясору́бка

meaty [ˈmiːtɪ] a 1) мяси́стый 2) содержа́тельный *(о ле́кции и т. п.)*

meccano [məˈkɑːnəʊ] n констру́ктор *(де́тская игра́)*

mechanic [mɪˈkænɪk] n меха́ник; **motor ~** автомеха́ник

mechanical [mɪˈkænɪkəl] a 1) маши́нный; механи́ческий; **~ engineering** машинострое́ние 2) машина́льный, автомати́ческий 3) *филос.* механисти́ческий

mechanician [ˌmekəˈnɪʃ(ə)n] *n* машинострои́тель; констру́ктор

mechanics [mɪˈkænɪks] *n* меха́ника

mechanise [ˈmekənaɪz] *v* механизи́ровать

mechanism [ˈmekənɪz(ə)m] *n* 1) механи́зм, устро́йство 2) те́хника исполне́ния 3) *филос.* механици́зм

mechanize [ˈmekənaɪz] *амер. см.* **mechanise**

M. Econ. *сокр.* (Master of Economics) маги́стр эконо́мики

Med [med] *n разг.* Средизе́мное мо́ре

M. Ed. *сокр.* (Master of Education) маги́стр педаго́гики

medal [ˈmedl] *n* меда́ль; о́рден

medalled [ˈmedld] *a* 1) награждённый меда́лью, о́рденом 2) уве́шанный меда́лями, ордена́ми

medallion [mɪˈdæljən] *n* медальо́н

meddle [ˈmedl] *v* вме́шиваться не в своё де́ло *(in, with)*, сова́ть свой нос в чужи́е дела́

meddler [ˈmedlə(r)] *n* надое́дливый, вме́шивающийся в чужи́е дела́ челове́к

meddlesome [ˈmedlsəm] *a* вме́шивающийся, су́ющий нос не в свои́ дела́, назо́йливый

media [ˈmiːdɪə] *n pl* 1) *см.* **medium I** 2) (the ~) сре́дства ма́ссовой информа́ции, СМИ *(тж* **mass media***)*

mediaeval [ˌmedɪˈiːvəl] *см.* **medieval**

medial [ˈmiːdɪəl] *a* сре́дний; среди́нный

median I [ˈmiːdɪən] *n* 1) *анат.* среди́нная арте́рия 2) *мат.* медиа́на

median II *a* сре́дний, среди́нный

mediate I [ˈmiːdɪɪt] *a* промежу́точный

mediate II [ˈmiːdɪeɪt] *v* 1) служи́ть свя́зью, посре́дником; посре́дничать *(между)* 2) занима́ть промежу́точное положе́ние

mediation [ˌmiːdɪˈeɪʃ(ə)n] *n* посре́дничество

mediator [ˈmiːdɪeɪtə(r)] *n* 1) посре́дник 2) *мед.* (нейро)медиа́тор

medic [ˈmedɪk] *n разг.* 1) врач, до́ктор 2) студе́нт-ме́дик

medical I [ˈmedɪkəl] *n разг.* медици́нский осмо́тр; диспансериза́ция

medical II *a* 1) медици́нский, враче́бный; ~ **care** медици́нское обслу́живание; ~ **certificate** спра́вка о состоя́нии здоро́вья; ~ **examination** медици́нский осмо́тр 2) терапевти́ческий

medical practitioner [ˈmedɪkəlˌprækˈtɪʃənə(r)] *n* 1) терапе́вт, врач о́бщей пра́ктики *(тж* **general practitioner***)* 2) хиру́рг

medicament [meˈdɪkəmənt] *n* лека́рство, медикаме́нт

medicate [ˈmedɪkeɪt] *v* 1) лечи́ть (лека́рствами) 2) пропи́тывать (лека́рством)

medicinal [meˈdɪsɪnəl] *a* целе́бный; лече́бный, лека́рственный; ~ **plants** лека́рственные расте́ния

medicine [ˈmedsɪn] *n* 1) медици́на; терапи́я 2) лека́рство; ~ **for a cough** лека́рство от ка́шля; **patent** ~ патенто́ванное сре́дство 3) колдовство́; заклина́ние 4) амуле́т

medicine chest [ˈmedsɪntʃest] *n* (дома́шняя) апте́чка *(тж* **medicine cabinet***)*

medicine man [ˈmedsɪnˌmæn] *n* зна́харь, колду́н *(особ. среди североамериканских инде́йцев)*

medico [ˈmedɪkəʊ] *n разг.* 1) врач, до́ктор 2) студе́нт-ме́дик

medieval [ˌmedɪˈiːvəl] *a* средневеко́вый

mediocre [ˌmiːdɪˈəʊkə(r)] *a* посре́дственный, зауря́дный

mediocrity [ˌmiːdɪˈɒkrɪtɪ] *n* посре́дственность

meditate [ˈmedɪteɪt] *v* 1) размышля́ть, разду́мывать *(on, upon)* 2) созерца́ть; медити́ровать 3) замышля́ть

meditation [ˌmedɪˈteɪʃən] *n* 1) разду́мье; **deep in** ~ в глубо́ком разду́мье 2) созерца́ние; медита́ция

meditative [ˈmedɪtətɪv] *a* 1) заду́мчивый 2) созерца́тельный

Mediterranean [ˌmedɪtəˈreɪnɪən] *a* 1) средиземномо́рский 2) с вне́шностью южа́нина; смуѓлый и невысо́кий

medium I [ˈmiːdɪəm] *n (pl тж* **media***)* 1) середи́на, среди́нное положе́ние; **the happy** ~ золота́я середи́на 2) сре́дство, спо́соб *(передачи, достижения и т. п.)*; **through/by the** ~ **of** посре́дством, че́рез посре́дство; **the media of communication** сре́дства ма́ссовой информа́ции 3) *физ., биол.* среда́ 4) обстано́вка; усло́вия *(жизни)* 5) раствори́тель *(красок)* 6) *(pl* ~**s**) ме́диум

medium II *a* сре́дний; уме́ренный; ~ **waves** *радио* сре́дние во́лны; ~ **dry** полусухо́й *(о вине)*

medley [ˈmedlɪ] *n* 1) смесь 2) сме́шанное о́бщество 3) *муз.* попурри́

medusa [mɪˈdjuːsə] *n (pl* ~**e**) меду́за

meed [miːd] *n поэт.* награ́да

meek [miːk] *a* кро́ткий, сми́рный; мя́гкий

meerschaum [ˈmɪəʃ(ə)m] *n* 1) *геол.* морска́я пе́нка, сепиоли́т 2) пе́нковая кури́тельная тру́бка

meet I [miːt] *n* ме́сто сбо́ра *(охотников, спортсменов)*

meet II *v (past, p. p.* **met***)* 1) встреча́ть; **to** ~ **smb** встреча́ть кого́-л.; **we'll** ~ **you at the station** мы вас встре́тим на вокза́ле 2) встреча́ться, ви́деться; собира́ться, сходи́ться *(тж* **to** ~ **together***)* 3) знако́мить(ся); **I'd like you to** ~ **Tony** я хоте́л бы познако́мить вас с То́ни; **have you met?** вы (ра́ньше) встреча́лись?, вы знако́мы? 4) пересека́ться *(о дорогах и т. п.)* 5) идти на-встре́чу; отвеча́ть тре́бованиям; удовлетво-ря́ть *(желания, потребности и т. п.)*; **to ~ the requirements** отвеча́ть тре́бованиям 6) противостоя́ть, встреча́ть гру́дью; **to ~ objections** отверга́ть возраже́ния; **to ~ a challenge** принима́ть вы́зов 7) опла́чивать *(обяза́тельства, счета́ и т. п.)* ◊ **to ~ smb half way** идти́ на компроми́сс с кем-л.

meet with 1) встре́титься с *(кем-л., чем-л.)*; натолкну́ться на *(кого́-л., что-л.)* 2) испыта́ть, подве́ргнуться

meeting ['mi:tɪŋ] *n* 1) встре́ча 2) собра́ние, заседа́ние; **general/annual ~** о́бщее/годово́е собра́ние; **summit ~** встре́ча на вы́сшем у́ровне, са́ммит; **to hold a ~** проводи́ть собра́ние 3) ми́тинг; **to convene a ~** организо́вывать ми́тинг 4): **race ~** ска́чки

meeting-house ['mi:tɪŋˌhaus] *n* рел. моли́твенный дом *(тж* **prayer house)**

megabyte ['megəbaɪt] *n вчт* мегаба́йт

megalith ['megəlɪθ] *n архит.* мегали́т

megalomania [ˌmegələ'meɪnɪə] *n психол.* ма́ния вели́чия

megalopolis [ˌmegə'lɒpəlɪs] *n* го́род-гига́нт, мегапо́лис

megaphone ['megəfəun] *n* мегафо́н

megaton ['megətʌn] *n* мегато́нна

megawatt ['megəwɒt] *n* мегава́тт

megrim ['mi:grɪm] *n* 1) при́хоть, причу́да 2) *pl* плохо́е настрое́ние, депре́ссия

melancholic [ˌmelən'kɒlɪk] *a* гру́стный, печа́льный, меланхоли́ческий

melancholy I ['melənkəlɪ] *n* грусть, печа́ль, меланхо́лия

melancholy II *a* гру́стный, печа́льный, меланхоли́ческий

melanin ['melənɪn] *n* мелани́н *(пигмент)*

melanoma [ˌmelə'nəumə] *n мед.* мелано́ма *(один из видов ра́ка ко́жи)*

meld [meld] *v амер.* слива́ться, объединя́ться

mêlée ['meleɪ] *n* схва́тка, дра́ка, сва́лка; рукопа́шный бой; бли́жний бой

meliorate ['mi:lɪəreɪt] *v* 1) улучша́ть(ся) 2) *с.-х.* мелиори́ровать

meliorative ['mi:lɪəreɪtɪv] *a* 1) улучша́ющий 2) *с.-х.* мелиорати́вный

melliferous [mɪ'lɪfərəs] *a* медоно́сный

mellifluous [me'lɪfluəs] *a* медоточи́вый, сладкозву́чный

mellow I ['meləu] *a* 1) мя́гкий, со́чный, глубо́кий *(о го́лосе, цве́те и т. п.)* 2) умудрённый *(года́ми, о́пытом)* 3) добро-ду́шный 4) немно́го пья́ный, подвы́пивший 5) спе́лый, сла́дкий и со́чный *(о фру́ктах)* 6) вы́держанный *(о вине́)* 7) плодоро́дный, жи́рный *(о по́чве)*

mellow II *v* 1) смягча́ться; **he ~ed with age** с года́ми он стал мя́гче 2) созрева́ть; де́латься спе́лым, со́чным

melodious [mɪ'ləudɪəs] *a* 1) мелоди́чный 2) сладкозву́чный

melodrama ['meləˌdrɑ:mə] *n* 1) мелодра́ма 2) мелодрамати́чность, театра́льность *(же́стов, слов и т. п.)*

melody ['melədɪ] *n* 1) мело́дия 2) мелоди́чность

melon ['melən] *n* ды́ня; **water ~** арбу́з

melt I [melt] *n* 1) распла́вленный мета́лл 2) пла́вка *(коли́чество мета́лла)*

melt II *v* 1) та́ять 2) пла́вить(ся), растопля́ть(ся) 3) растворя́ться 4) распла́каться, разрази́ться слеза́ми *(тж* **to ~ into tears)** 5) смягча́ть(ся); **his heart ~ed with pity** его́ се́рдце перепо́лнилось жа́лостью 6) слива́ться *(об очерта́ниях)*

melt away раста́ять; исчеза́ть вдали́

melt down 1) расплавля́ть 2) переплавля́ть

meltdown ['meltdaun] *n* плавле́ние радиоакти́вных материа́лов в я́дерном реа́кторе *(в результа́те дефе́ктов охлажда́ющей систе́мы)*

melting I ['meltɪŋ] *n* 1) плавле́ние, пла́вка 2) та́яние

melting II *a* 1) пла́вящийся 2) та́ющий 3) не́жный, тро́гательный

melting point ['meltɪŋˌpɔɪnt] *n* то́чка плавле́ния

melting pot ['meltɪŋˌpɒt] *n* 1) смеше́ние на́ций, наро́дов, рас *(в каком-л. ме́сте)* 2) переплете́ние иде́й, тео́рий и т. п.

melt water ['meltˌwɔːtə(r)] *n* та́лая вода́

member ['membə(r)] *n* 1) член; **a full ~** полнопра́вный член; **M. of Parliament** член парла́мента *(тж* **MP)** 2) *грам., мат.* член 3) *анат.* коне́чность 4) *анат.* пе́нис 5) *тех.* элеме́нт, дета́ль 6) *attr*: **a ~ country** госуда́рство-член *(организа́ции, догово́ра и т. п.)*

membership ['membəʃɪp] *n* 1) чле́нство 2) коли́чество чле́нов *(организа́ции)* 3) *attr* чле́нский

membrane ['membreɪn] *n* 1) *анат.* плёнка; оболо́чка; плева́; перепо́нка 2) *тех.* мембра́на

membran(e)ous [mem'breɪn(ɪ)əs] *a* перепо́нчатый; плёночный

memento [mɪ'mentəu] *n* напомина́ние

memo ['meməu] *n разг.* па́мятная запи́ска; циркуля́р

memoir ['memwɑː(r)] *n* 1) *pl* мемуа́ры, воспомина́ния 2) *(авто)*биогра́фия 3) *pl* учёные запи́ски *(о́бщества)*

memorable ['memərəbl] *a* па́мятный, незабыва́емый

memorandum [ˌmeməˈrændəm] *n* (*pl тж* **memoranda** [ˌmeməˈrændə]) 1) па́мятная запи́ска; циркуля́р; докладна́я запи́ска 2) па́мятка 3) мемора́ндум

memorial I [mɪˈmɔːrɪəl] *n* па́мятник; мемориа́л

memorial II *a* па́мятный, мемориа́льный, устано́вленный в па́мять; ~ **plaque** па́мятная/мемориа́льная доска́

memorize [ˈmeməraɪz] *v* 1) запомина́ть; зау́чивать 2) увекове́чивать

memory [ˈmemərɪ] *n* 1) па́мять; **short** ~ коро́ткая па́мять; **a good** ~ **for faces** хоро́шая па́мять на ли́ца; **retentive** ~ хоро́шая па́мять; **from** ~ по па́мяти, наизу́сть; **in** ~ **of** в па́мять (*кого-л., чего-л.*); **to commit to** ~ запомина́ть, зау́чивать наизу́сть; **to escape one's** ~ улету́чиваться из па́мяти; **within the** ~ **of men, within living** ~ на па́мяти живу́щих 2) воспомина́ние; **memories of childhood** воспомина́ния де́тства 3) *вчт* запомина́ющее устро́йство, ЗУ; па́мять; **random-access** ~ операти́вная па́мять; **read-only** ~ постоя́нная па́мять

memory bank [ˈmemərɪˌbæŋk] *n* *вчт* банк па́мяти

memory card [ˈmemərɪˌkɑːd] *n* *вчт* ка́рта, пла́та па́мяти (*в фотоаппарате, видеоприставке, видеокамере*)

memory lane [ˈmemərɪleɪn] *n* ностальги́ческое путеше́ствие в про́шлое, воспомина́ния

men [men] *pl см.* **man I**

menace I [ˈmenəs] *n* угро́за

menace II *v* угрожа́ть

menacingly [ˈmenəsɪŋlɪ] *adv* угрожа́юще

ménage [meɪˈnɑːʒ] *n* дома́шние, домоча́дцы

menagerie [mɪˈnædʒərɪ] *n* звери́нец

mend I [mend] *n* запла́та, ла́тка, зашто́панная дыра́ ◊ **on the** ~ на попра́вку, на улучше́ние (*о здоровье, делах и т. п.*)

mend II *v* 1) што́пать; чини́ть; ремонти́ровать; **to** ~ **shoes/a TV set** чини́ть о́бувь/телеви́зор 2) улучша́ть(ся), поправля́ться (*о здоровье*) 3) подбро́сить дров, то́плива (*в огонь и т. п.*) ◊ **to** ~ **one's ways/manners** испра́вить своё поведе́ние, испра́виться; **to** ~ **one's pace** уско́рить шаг

mendacious [menˈdeɪʃəs] *a* лжи́вый

mender [ˈmendə(r)] *n* 1) тот, кто чи́нит, што́пает *и т. п.* 2) ремо́нтный ма́стер, ремо́нтник

mendicant I [ˈmendɪkənt] *n* 1) ни́щий 2) ни́щенствующий мона́х

mendicant II *a* ни́щенствующий

menfolk [ˈmenfəʊk] *n* 1) *pl* мужчи́ны, мужско́е населе́ние 2) мужчи́ны, мужска́я часть (*семьи, компании и т. п.*)

menial I [ˈmiːnɪəl] *n презр.* слуга́, лаке́й

menial II *a* лаке́йский, рабо́лепный

meningitis [ˌmenɪnˈdʒaɪtɪs] *n мед.* менинги́т

menopause [ˈmenəpɔːz] *n физиол.* менопа́уза, климактери́ческий пери́од, кли́макс; **the male** ~ мужско́й климактери́ческий пери́од (*связанный с возрастом и проблемами в сексуальной жизни*)

menses [ˈmensiːz] *n физиол.* менструа́ция (*тж* **period**)

men's room [ˈmensˌrʊm] *n амер.* мужско́й туале́т (*в общественном месте*)

menstruate [ˈmenstrʊeɪt] *v физиол.* менструи́ровать

menstruation [ˌmenstrʊˈeɪʃ(ə)n] *n физиол.* менструа́ция

mensural [ˈmensjʊrəl] *a* 1) ме́рный; измери́тельный 2) *муз.* мензура́льный

mensuration [ˌmensjʊəˈreɪʃ(ə)n] *n* измере́ние

menswear [ˈmenzweə(r)] *n* 1) мужска́я оде́жда 2) магази́н мужско́й оде́жды

mental [ˈmentəl] *a* 1) у́мственный 2) мы́сленный, производи́мый в уме́; **a** ~ **image** мы́сленный о́браз 3) *разг.* психи́чески больно́й; ~ **illness** психи́ческое заболева́ние

mentality [menˈtælɪtɪ] *n* 1) склад ума́; ментали́тет 2) спосо́бность мышле́ния, интелле́кт 3) умонастрое́ние, о́браз мы́слей

mentally [ˈmentəlɪ] *adv* мы́сленно

menthol [ˈmenθɒl] *n хим.* менто́л

mention I [ˈmenʃ(ə)n] *n* упомина́ние; **to make** ~ **of** упомяну́ть кого-л. *или* о ком-л., о чём-л

mention II *v* упомина́ть; ссыла́ться; **don't** ~ **it** не сто́ит (благода́рности, извине́ния); **not to** ~ не говоря́ уже́ о

mentor [ˈmentɔː(r)] *n* наста́вник, ме́нтор

menu [ˈmenjuː] *n* 1) меню́ 2) *вчт* систе́ма кома́нд, меню́; ~ **bar** строка́ меню́; гла́вное меню́; зо́на заголо́вков меню́ ~ **item** пункт меню́, кома́нда меню́

MEP *сокр.* (**Member of European Parliament**) член Европе́йского парла́мента

mercantile [ˈmɜːkəntaɪl] *a* 1) торго́вый, комме́рческий; ~ **marine** торго́вый флот 2) мерканти́льный, торга́шеский

mercenary I [ˈmɜːsɪnərɪ] *n* наёмник

mercenary II *a* коры́стный; **from** ~ **motives** из коры́стных побужде́ний

mercer [ˈmɜːsə] *n* торго́вец шёлком

mercery [ˈmɜːsərɪ] *n* торго́вля шёлком

merchandise [ˈmɜːtʃəndaɪz] *n* 1) това́ры 2) сувени́ры (*с символикой спорт. команды, посвящённые муз. группе и т. п.*)

merchant I [ˈmɜːtʃənt] *n* 1) опто́вый торго́вец; коммерса́нт, купе́ц 2) *амер.* ла́вочник

merchant II *a* торго́вый, комме́рческий; ~ **bank** комме́рческий банк; ~ **navy** торго́вый флот (*амер.* ~ **marine**)

merchantman [ˈmɜːʧəntmən] *n* торго́вое су́дно

merciful [ˈmɜːsɪfʊl] *a* милосе́рдный; сострада́тельный

mercifully [ˈmɜːsɪfʊlɪ] *adv* 1) милосе́рдно 2) к сча́стью

merciless [ˈmɜːsɪlɪs] *a* безжа́лостный

mercurial I [mɜːˈkjʊərɪəl] *n* рту́тный препара́т

mercurial II *a* 1) живо́й, подви́жный 2) рту́тный

Mercury [ˈmɜːkjʊrɪ] *n астр., миф.* Мерку́рий

mercury [ˈmɜːkjʊrɪ] *n* 1) ртуть 2) рту́тный препара́т 3) *attr* рту́тный

mercy [ˈmɜːsɪ] *n* 1) ми́лость, поща́да; милосе́рдие; проще́ние; сострада́ние; **an act of** ~ акт милосе́рдия; **to cry/to beg for** ~ проси́ть поща́ды, проще́ния, снисхожде́ния; **at the** ~ **of** во вла́сти (*кого-л., чего-л.*); **to show** ~ **to smb** проявля́ть ми́лость, снисхожде́ние к кому́-л.; **to have** ~ **(up)on** щади́ть 2) *attr:* ~ **mission** гуманита́рная ми́ссия; ~ **killing** эвтана́зия

mere [mɪə] *a* 1) просто́й, не бо́лее чем; **by** ~ **chance** по чи́стой/просто́й случа́йности 2) су́щий, всего́ лишь; **she's a** ~ **child** она́ су́щее дитя́, она́ совсе́м ребёнок

merely [ˈmɪəlɪ] *adv* про́сто, то́лько; **I** ~ **want to say…** я про́сто хочу́ сказа́ть…

meretricious [ˌmerɪˈtrɪʃəs] *a* 1) показно́й, мишу́рный, ненастоя́щий 2) распу́тный

merge [mɜːʤ] *v* 1) слива́ть(ся), соединя́ть(ся), объединя́ть(ся); **the voices ~ed** голоса́ слили́сь 2) поглоща́ть

merger [ˈmɜːʤə(r)] *n* объедине́ние, слия́ние (*организа́ций, компа́ний, фирм*)

meridian I [məˈrɪdɪən] *n* 1) меридиа́н 2) расцве́т (*жи́зни*)

meridian II *a* 1) полу́денный; (находя́щийся) в зени́те 2) вы́сший, кульминацио́нный

meridional [məˈrɪdɪənl] *a* 1) ю́жный (*особ. о Евро́пе*) 2) меридиона́льный

meringue [məˈræŋ] *n* мере́нга, (пиро́жное) безе́

merino [məˈriːnəʊ] *n* 1) мерино́с (*поро́да ове́ц*) 2) мерино́совая шерсть 3) *attr* мерино́совый

merit I [ˈmerɪt] *n* 1) заслу́га; **an award for ~s** награ́да за заслу́ги; **to make a** ~ **of** ста́вить себе́ в заслу́гу 2) *pl* досто́инства; высо́кие ка́чества; **the artistic ~s of a film** худо́жественные досто́инства фи́льма

merit II *v* заслу́живать

meritorious [ˌmerɪˈtɔːrɪəs] *a* заслу́живающий похвалы́, награ́ды; похва́льный

mermaid [ˈmɜːmeɪd] *n* руса́лка; на́яда

merman [ˈmɜːmæn] *n* водяно́й

merrily [ˈmerɪlɪ] *adv* ве́село, оживлённо

merriment [ˈmerɪmənt] *n* весе́лье

merry [ˈmerɪ] *a* 1) весёлый; **to make** ~ весели́ться 2) *разг.* навеселе́, подвы́пивший

merry-go-round [ˈmerɪɡəʊˌraʊnd] *n* 1) карусе́ль 2) пери́од повы́шенной акти́вности

merrymaker [ˈmerɪˌmeɪkə(r)] *n уст.* весельча́к

merrymaking [ˈmerɪˌmeɪkɪŋ] *n уст.* весе́лье, заба́вы, поте́ха

mésalliance [meˈzælɪəns] *n* нера́вный брак, мезалья́нс

mescalin(e) [ˈmeskəliːn] *n* мескали́н (*нарко́тик*)

mesh I [meʃ] *n* 1) пе́тля́, яче́йка, отве́рстие (*се́ти, решета́ и т. п.*) 2) *pl* се́ти 3) *pl* лову́шка, западня́ 4): **in** ~ *тех.* в зацепле́нии

mesh II *v* 1) пойма́ть в се́ти 2) *тех.* зацепля́ться

meshy [ˈmeʃɪ] *a* се́тчатый; яче́истый

mesmerise [ˈmezməraɪz] *v* гипнотизи́ровать

mesmerism [ˈmezmərɪzəm] *n* 1) гипноти́зм 2) гипно́з

mesmerize [ˈmezməraɪz] *амер. см.* **mesmerise**

meson [ˈmezɒn] *n физ.* мезо́н

mesosphere [ˈmesəʊˌsfɪə(r)] *n* мезосфе́ра

Mesozoic [ˌmesəʊˈzəʊɪk] *a геол.* мезозо́йский; ~ **era** мезозо́йская э́ра

mess¹ I [mes] *n* 1) беспоря́док; пу́таница; **to make a** ~ произвести́ беспоря́док; запу́тать дела́; **in a** ~ а) в беспоря́дке б) в неприя́тном положе́нии 2) неприя́тность, неприя́тное положе́ние; **to get into a** ~ попа́сть в беду́; **to make a** ~ **of one's life** испо́ртить себе́ жизнь; **a jolly** ~ **I am in!** ну и попа́л же я в переплёт! 3) грязь, нечисто́ты (*дома́шних живо́тных*); **the cat made a** ~ **on the floor** ко́шка наде́лала на полу́ 4) похлёбка, болту́шка (*для живо́тных*)

mess¹ II *v* 1) производи́ть беспоря́док, пу́таницу; **the papers were all ~ed up** все бума́ги бы́ли перепу́таны 2) по́ртить де́ло 3) па́чкать

mess about 1) вози́ться; копа́ться 2) *разг.* пу́таться (*с кем-л.*)

mess² I *n* 1) о́бщий стол, о́бщее пита́ние 2) каю́т-компа́ния, офице́рская столо́вая (*тж* ~ **hall**, ~ **room**) 3) *attr* столо́вый; **a** ~ **tin** котело́к (*металли́ческая посу́да*)

mess² II *v* обе́дать совме́стно, за о́бщим столо́м

message I [ˈmesɪʤ] *n* 1) сообще́ние, донесе́ние; посла́ние; **error** ~ *вчт* сообще́ние об ошибке; **to deliver/to leave a ~** принести/ оставить письмо, записку; **to transmit a ~ by radio** передавать сообщение по радио; **to send a ~ by e-mail** послать сообщение по электронной почте; **there is a ~ for you** a) для вас есть письмо, записка б) вам просили передать 2) поручение, миссия; **to go on a ~** отправиться с донесением, с поручением

message II *v* 1) посылать сообщение *(особ. по электронной почте)* 2) передавать сигналами, сигнализировать

messenger [ˈmesɪndʒə(r)] *n* посыльный; курьер; связной

messmate [ˈmesmeɪt] *n* однокашник; сослуживец

Messrs [ˈmesəz] *n pl* господа *(ставится перед фамилиями владельцев фирмы)*

messy [ˈmesɪ] *a* 1) грязный 2) беспорядочный, находящийся в беспорядке; запутанный

mestizo [meˈstiːzəʊ] *n* метис

met[1] [met] *past, p. p. см.* **meet I**

met[2] *a разг.* 1) метеорологический 2) относящийся к метрополии

metabolism [meˈtæbəlɪz(ə)m] *n* обмен веществ, метаболизм

metal I [ˈmetəl] *n* 1) металл; **ferrous ~s** чёрные металлы; **non-ferrous ~s** цветные металлы 2) *pl* рельсы 3) расплавленное стекло 4) щебень 5) *ж.-д.* балласт *(тж* **road-metal**) 6) *attr* металлический; **~ fatigue** *тех.* усталость металла; **heavy ~** a) тяжёлая артиллерия б) веские аргументы в) хэви-метал *(стиль современной рок-музыки)*

metal II *v* 1) покрывать металлом 2) мостить, покрывать щебнем

metalled [ˈmetld] *a* 1) имеющий металлическое покрытие; бронированный 2) шоссированный; покрытый щебнем

metallic [mɪˈtælɪk] *a* металлический

metallurgical [ˌmetəˈlɜːdʒɪkəl] *a* металлургический

metallurgist [meˈtælədʒɪst] *n* металлург

metallurgy [mɪˈtælədʒɪ] *n* металлургия

metalwork [ˈmetlwɜːk] *n* 1) работа по металлу 2) металлические изделия

metamorphose [ˌmetəˈmɔːfəʊz] *v* превращать, обращать *(в — into)*; изменять *(форму, природу чего-л.)*

metamorphosis [ˌmetəˈmɔːfəsɪs] *n (pl* **metamorphoses** [ˌmetəˈmɔːfəsiːz]) метаморфоза, превращение

metaphor [ˈmetəfɔː(r)] *n* метафора

metaphorical [ˌmetəˈfɒrɪkəl] *a* метафорический

metaphysical [ˌmetəˈfɪzɪkəl] *a* метафизический

metaphysics [ˌmetəˈfɪzɪks] *n* метафизика

metastasis [meˈtæstəsɪs] *n (pl* **metastases** [-ˌsiːz]) *мед.* метастаз

metathesis [mɪˈtæθɪsɪs] *n (pl* **metatheses** [-ˌsiːz]) *грам.* метатеза

mete[1] [miːt] *n* граница; пограничный столб или знак

mete[2] *v поэт.* 1) измерять 2) отмерять *(тж* **to ~ out**); назначать *(награду, наказание)*

meteor [ˈmiːtɪə(r)] *n* 1) метеор 2) *attr* метеорный; **~ shower** метеорный дождь

meteoric [ˌmiːtɪˈɒrɪk] *a* 1) метеорологический, атмосферный, атмосферический 2) метеорический; метеорный 3) головокружительный, умопомрачительный *(об успехе, карьере)*

meteorite [ˈmiːtɪəraɪt] *n* 1) метеорит 2) *attr* метеоритный

meteorological [ˌmiːtjərəˈlɒdʒɪkəl] *a* метеорологический

meteorology [ˌmiːtjəˈrɒlədʒɪ] *n* 1) метеорология 2) метеорологические условия *(какого-л. региона)*

meter[1] [ˈmiːtə(r)] *n* счётчик; измеритель, измерительный прибор

meter[2] *амер. см.* **metre**[1]

methane [ˈmeθeɪn] *n хим.* метан

method [ˈmeθəd] *n* 1) метод, способ; **the latest ~s** новейшие методы; **teaching ~s** методика преподавания 2) система; порядок; **a man of ~** человек порядка, пунктуальный человек 3) классификация

methodical [mɪˈθɒdɪkəl] *a* 1) методичный; методический 2) систематический

Methodist I [ˈmeθədɪst] *n рел.* методист

Methodist II *a рел.* методистский

meths [meθs] *n разг.* метиловый спирт

methyl [ˈmeθɪl] *n хим.* 1) метил 2) *attr* метиловый

methylated spirit [ˈmeθɪleɪtɪdˈspɪrɪt] *n* метиловый спирт

meticulous [məˈtɪkjʊləs] *a* тщательный; точный *(до мелочей)*

metonymy [mɪˈtɒnɪmɪ] *n лит.* метонимия

metre[1] [ˈmiːtə(r)] *n* метр *(единица длины)*

metre[2] *n* метр, размер *(в стихосложении)*

metric [ˈmetrɪk] *a* метрический; **the ~ system** метрическая система мер

metrical [ˈmetrɪkəl] *a* 1) метрический *(о стихосложении)* 2) измерительный; **~ geometry** метрическая геометрия

metrology [mɪˈtrɒlədʒɪ] *n* метрология

metronome [ˈmetrənəʊm] *n* метроном

metropolis [mɪˈtrɒpəlɪs] *n* 1) столица; **the ~** Лондон 2) метрополия 3) центр деловой активности

metropolitan I [ˌmetrəˈpɒlitən] *n* 1) архиепи́скоп; митрополи́т (*тж* ~ **bishop**) 2) жи́тель столи́цы

metropolitan II *a* 1) столи́чный; **the M. Police** ло́ндонская поли́ция 2) относя́щийся к метропо́лии 3) епархиа́льный

mettle [ˈmetl] *n* 1) хара́ктер, темпера́мент; **to show one's** ~ прояви́ть себя́; показа́ть, на что спосо́бен 2) пыл, рве́ние; горя́чность; **to be on one's** ~ проявля́ть пыл, горячо́ взя́ться за де́ло, вы́ложиться до конца́ 3) хра́брость, му́жество

mettlesome [ˈmetlsəm] *a* сме́лый, горя́чий, рья́ный

mew[1] **I, II** [mju:] *см.* **miaow I, II**

mew[2] *n* ча́йка (*тж* **sea-mew**)

mew[3] **I** *n* кле́тка (*для сокола, ястреба*)

mew[3] **II** *v* 1) сажа́ть в кле́тку 2) запира́ть, сажа́ть под замо́к (*тж* **to** ~ **up**)

mewl [mju:l] *v* 1) хны́кать 2) мяу́кать

mews [mju:z] *n* сто́йла; коню́шни

Mexican I [ˈmeksikən] *n* мексика́нец; **the ~s** мексика́нцы

Mexican II *a* мексика́нский

mezzanine [ˈmezəni:n] *n* 1) антресо́ли 2) *театр.* помеще́ние под сце́ной 3) *амер. театр.* бельэта́ж

MF *сокр.* (**medium frequency**) сре́дняя частота́

MFA *сокр.* (**Master of Fine Arts**) маги́стр иску́сствове́дения

mg *сокр.* (**milligram**) миллигра́мм

Mgr *сокр.* (**manager**) ме́неджер, управля́ющий

MHR *сокр.* (**Member of the House of Representatives**) член пала́ты представи́телей (*в США, Австралии*)

MHz *сокр.* (**megahertz**) мегаге́рц

MI *сокр.* (**Military Intelligence**) *ист.* вое́нная разве́дка (*в Великобритании*)

mi [mi:] *n муз.* но́та ми

mi. *сокр. амер.* (**mile**) ми́ля

MI5 [ˌem aɪˈfaɪv] *сокр.* (**Military Intelligence 5**) МИ5, секре́тная слу́жба, слу́жба госуда́рственной безопа́сности (*сокращённое назва́ние контрразведки в Великобритании*)

MI6 [ˌem aɪˈsɪks] *сокр.* (**Military Intelligence 6**) МИ6, секре́тная разве́дывательная слу́жба (*сокращённое название службы внешней разведки в Великобритании*)

miaow I [mi:ˈaʊ] *n* мяу́канье

miaow II *v* мяу́кать

mica [ˈmaɪkə] *n* слюда́

mice [maɪs] *pl см.* **mouse I**

mickey [ˈmɪkɪ] *n* издёвка; **to take the** ~ **out of smb** *сленг* дразни́ть кого́-л., насмеха́ться над кем-л.

microbe [ˈmaɪkrəʊb] *n* микро́б

microbiology [ˌmaɪkrəʊbaɪˈɒlədʒɪ] *n* микробиоло́гия

microchip [ˈmaɪkrəʊtʃɪp] *n вчт* микрочи́п

microcircuit [ˈmaɪkrəʊˌsɜːkɪt] *n вчт* микросхе́ма

microclimate [ˈmaɪkrəʊˌklaɪmɪt] *n* микрокли́мат

microcomputer [ˈmaɪkrəʊkəmˌpju:tə(r)] *n* микрокомпью́тер, микроЭВМ

microcosm [ˈmaɪkrəʊkɒzəm] *n* 1) микроко́см 2) миниатю́рное изображе́ние

microelectronics [ˌmaɪkrəʊɪlekˈtrɒnɪks] *n* микроэлектро́ника

microfibre [ˈmaɪkrəʊˌfaɪbə] *n* микрофи́бра (*материал для одежды*)

microfiche [ˈmaɪkrəʊˌfi:ʃ] *n вчт* микрофи́ша

microfilm I [ˈmaɪkrəʊfɪlm] *n* микрофи́льм

microfilm II *v* снима́ть на микрофи́льм, микрофильми́ровать

microfloppy [ˈmaɪkrəʊˌflɒpɪ] *n вчт* ги́бкий микроди́ск (*тж* ~ **disk**)

microlight [ˈmaɪkrəʊˌlaɪt] *n* небольшо́й одно- или двухме́стный самолёт (*амер.* **microlite**)

micromesh [ˈmaɪkrəʊmeʃ] *a* мелкосе́тчатый (*о ткани, трикотаже*)

micron [ˈmaɪkrɒn] *n* микро́н (*одна миллион-ная метра*)

microorganism [ˌmaɪkrəʊˈɔ:gənɪz(ə)m] *n* микроорганизм

microphone [ˈmaɪkrəfəʊn] *n* микрофо́н

microprocessor [ˌmaɪkrəʊˈprəʊsesə(r)] *n вчт* микропроце́ссор

microscope [ˈmaɪkrəskəʊp] *n* микроско́п; **electron(ic)** ~ электро́нный микроско́п

microscopic(al) [ˌmaɪkrəˈskɒpɪk(əl)] *a* микроскопи́ческий

microsurgery [ˌmaɪkrəʊˈsɜːdʒərɪ] *n* микрохирурги́я; **eye** ~ микрохирурги́я гла́за; **vascular** ~ сосу́дистая микрохирурги́я

microwave [ˈmaɪkrəweɪv] *n* микроволно́вая печь, СВЧ-печь (*тж* ~ **oven**)

mid [mɪd] *a* сре́дний, среди́нный

midday [ˈmɪddeɪ] *n* 1) по́лдень 2) *attr* полу́денный

middle I [ˈmɪdl] *n* середи́на

middle II *a* 1) сре́дний 2) уме́ренный; **to steer/to take a** ~ **course** держа́ться середи́ны, проводи́ть уме́ренный курс

middle-aged [ˈmɪdlˌeɪdʒd] *a* сре́дних лет; сре́днего во́зраста

Middle Ages [ˈmɪdlˈeɪdʒɪz] *n pl* (**the** ~) Сре́дние века́, Средневеко́вье

middlebrow [ˈmɪdlbraʊ] *a разг.* с невысо́ким интелле́ктом (*о человеке*)

middle class [ˈmɪdlklɑ:s] *n* (**the** ~) сре́дний класс (*общества*)

Middle English [ˌmɪdl'ɪŋglɪʃ] *n* среднеанглийский язы́к *(конец 11 в. – конец 15 в.)*

middle-of-the-road ['mɪdləvʒə'rəʊd] *a* уме́ренный, уме́ренных взгля́дов

middle school [ˌmɪdl'sku:l] *n* шко́ла второ́й ступе́ни *(в Великобритании — для детей в возрасте 9 — 13 лет)*

middleman ['mɪdlmæn] *n* посре́дник; комиссионе́р

middleweight ['mɪdlweɪt] *n спорт.* 1) сре́дний вес 2) средневе́с, спортсме́н сре́дней весово́й катего́рии *(в боксе, борьбе и т. п.)*

middling I ['mɪdlɪŋ] *a* 1) сре́дний 2) посре́дственный; второстепе́нный

middling II *adv* та́к себе, сре́дне

middlings ['mɪdlɪŋz] *n pl* второсо́ртный това́р

middy ['mɪdɪ] *разг. см.* **midshipman**

midfield ['mɪdfɪld] *n спорт.* полузащи́тники

midge [mɪdʒ] *n разг.* кома́р, мо́шка

midget ['mɪdʒɪt] *n* 1) кро́шка, ка́рлик; о́чень ма́ленькое существо́ 2) *attr* о́чень ма́ленького разме́ра, миниатю́рный

MIDI *сокр.* (**Musical Instrument Digital Interface**) станда́ртный интерфе́йс для написа́ния му́зыки на компью́тере, систе́ма MIDI

midi ['mɪdɪ] *n разг.* ми́ди *(одежда)*

midland I ['mɪdlənd] *n* 1) *pl* (**the Midlands**) Ми́дленде, центра́льные гра́фства А́нглии 2) вну́тренняя, центра́льная часть страны́

midland II *a* 1) сре́дний, центра́льный; удалённый от мо́ря 2) вну́тренний

midlife crisis [ˌmɪdlaɪf'kraɪsɪs] *n ирон.* кри́зис сре́днего во́зраста

midmost ['mɪdməʊst] *a* центра́льный, находя́щийся в са́мом це́нтре

midnight ['mɪdnaɪt] *n* 1) по́лночь 2) непрогля́дная, сплошна́я тьма 3) *attr* полу́ночный

midriff ['mɪdrɪf] *n анат.* диафра́гма

midship ['mɪdʃɪp] *n* сре́дняя часть корабля́

midshipman ['mɪdʃɪpmən] *n* 1) корабе́льный гардемари́н 2) *ист.* ми́чман

midst I [mɪdst] *n* середи́на; **in the ~ of** среди́, ме́жду; **in our/your ~** среди́ нас/вас, в на́шей/ва́шей среде́

midst II *prep поэт. см.* **amidst**

midsummer ['mɪdˌsʌmə(r)] *n* середи́на ле́та; ле́тнее солнцестоя́ние *(22 июня);* **M. Day** Ива́нов день *(24 июня)*

midway ['mɪdweɪ] *adv* на полпути́; **we turned back** — мы верну́лись с полдоро́ги

midweek ['mɪdwi:k] *n* середи́на неде́ли

midwife ['mɪdwaɪf] *n (pl midwives)* акуше́рка; повива́льная ба́бка, повиту́ха

midwinter [mɪd'wɪntə(r)] *n* середи́на зимы́; зи́мнее солнцестоя́ние *(22 декабря)*

mien [mi:n] *n* 1) ми́на, выраже́ние лица́ 2) мане́ра держа́ть себя́

miff [mɪf] *v разг.* оби́деть

might¹ [maɪt] *past см.* **may**

might² *n* си́ла, мощь, могу́щество; **with all one's might, with ~ and main** изо все́х сил

might-have-been ['maɪthəvˌbi:n] *n разг.* 1) упу́щенная возмо́жность 2) неуда́чник; несостоя́вшийся челове́к

mightily ['maɪtɪlɪ] *adv* 1) си́льно 2) *разг.* о́чень, стра́шно, чрезвыча́йно

mightiness ['maɪtɪnɪs] *n* 1) мо́щность 2) вели́чие

mighty I ['maɪtɪ] *a* 1) мо́щный; могу́щественный; **a ~ nation** могу́щественная на́ция; **a ~ blow** мо́щный уда́р 2) кру́пный, масси́вный 3) *разг.* о́чень большо́й, грома́дный

mighty II *adv разг.* о́чень; **it's ~ awkward** э́то ужа́сно нело́вко

mignonette [ˌmɪnjə'net] *n бот.* резеда́

migraine ['mi:greɪn] *n* мигре́нь

migrant I ['maɪgrənt] *n* 1) переселе́нец; мигра́нт 2) коче́вник 3) перелётная пти́ца

migrant II *a* 1) кочу́ющий 2) перелётный

migrate [maɪ'greɪt] *v* 1) переселя́ться; мигри́ровать 2) кочева́ть 3) совершáть перелёт *(о птицах)*

migration [maɪ'greɪʃən] *n* 1) переселе́ние; мигра́ция 2) перелёт *(птиц)*

migratory ['maɪgrətərɪ] *a* 1) кочу́ющий 2) перелётный 3) *мед.* блужда́ющий

mike¹ [maɪk] *n разг.* микрофо́н

mike² I *n сленг* безде́лье; **to do a ~** безде́льничать

mike² II *v сленг* безде́льничать, отлы́нивать от рабо́ты

milage ['maɪlɪdʒ] *см.* **mileage**

milch [mɪltʃ] *a* моло́чный *(о скоте);* **~ cow** до́йная коро́ва

mild [maɪld] *a* 1) ти́хий, мя́гкий, кро́ткий *(о человеке)* 2) мя́гкий, нестро́гий *(о правиле, наказании и т. п.)* 3) мя́гкий, тёплый *(о климате, погоде и т. п.);* **a ~ climate/ evening** мя́гкий кли́мат/тёплый ве́чер 4) сла́бый, некре́пкий, лёгкий *(о пиве, лекарстве и т. п.);* небстрый *(о пище)*

mildew ['mɪldju:] *n* 1) ми́лдью *(болезнь растений)* 2) пле́сень

mildly ['maɪldlɪ] *adv* мя́гко; кро́тко; слегка́; **to put it ~** мя́гко выража́ясь

mildness ['maɪldnɪs] *n* мя́гкость, кро́тость; снисходи́тельность

mile [maɪl] *n* 1) ми́ля *(= 1609 м);* **a nautical ~** морска́я ми́ля *(= 1852 м)* 2) *разг.* большо́е расстоя́ние; **it's ~s away** э́то о́чень далеко́; **~s from anywhere** в глуши́, далеко́ от больши́х городо́в ◊ **~s better** гора́здо, мно́го лу́чше; **they were ~s out in their reckoning** они́ си́льно оши́блись в расчётах; **she sticks out a ~ among them** она́ среди́ них как бе́лая воро́на

mileage [ˈmaɪlɪdʒ] *n* 1) число́ про́йденных миль 2) проездны́е де́ньги 3) *разг.* вы́года

milepost [ˈmaɪlpəʊst] *n* ми́льный столб

milestone [ˈmaɪlstəʊn] *n* 1) ми́льный ка́мень 2) ве́ха (*в жизни, истории*)

milieu [ˈmiːljɜː] *n* среда́, окруже́ние

militant I [ˈmɪlɪtənt] *n* активи́ст

militant II *a* вои́нствующий; вои́нственный

militarism [ˈmɪlɪtərɪz(ə)m] *n* милитари́зм

militarist [ˈmɪlɪtərɪst] *n* милитари́ст

militarization [ˌmɪlɪtəraɪˈzeɪʃ(ə)n] *n* милитари-за́ция

militarize [ˈmɪlɪtəraɪz] *v* милитаризи́ровать; военизи́ровать

military I [ˈmɪlɪtərɪ] *n* (**the ~**) *собир.* войска́; вое́нные

military II *a* вое́нный, во́инский; **~ service** во́инская слу́жба; **~ police** вое́нная поли́ция

militate [ˈmɪlɪteɪt] *v* говори́ть, свиде́тельствовать про́тив (*об уликах, доказательствах и т. п.; against*)

militia [mɪˈlɪʃə] *n* 1) наро́дное ополче́ние 2) мили́ция

milk I [mɪlk] *n* 1) молоко́; **new ~** парно́е молоко́; **condensed ~** сгущённое молоко́ 2) мле́чный сок (*растений*) 3) *attr* моло́чный; **~ chocolate** моло́чный шокола́д; **~ bar** моло́чное кафе́ ◊ **~ of human kindness** прису́щая челове́честву доброта́; **to cry over spilt ~** ≅ поте́рянного не воро́тишь; **~ and honey** изоби́лие, благоде́нствие; ≅ моло́чные ре́ки, кисе́льные берега́

milk II *v* 1) дои́ть 2) извлека́ть вы́году, эксплуати́ровать, «дои́ть» 3) *сленг* перехва́тывать, прослу́шивать (*телеграфные, телефонные сообщения*)

milk and water [ˈmɪlkənˈwɔːtə(r)] *n* пусты́е рассужде́ния, бессодержа́тельный разгово́р; сла́бое произведе́ние

milker [ˈmɪlkə(r)] *n* 1) дои́р; доя́рка 2) дои́льный аппара́т (*тж* **milking machine**) 3) дойная коро́ва

milkmaid [ˈmɪlkmeɪd] *n* доя́рка

milkman [ˈmɪlkmən] *n* продаве́ц молока́, моло́чник

milkshake [ˈmɪlkʃeɪk] *n* моло́чный кокте́йль

milksop [ˈmɪlksɒp] *n* бесхара́ктерный челове́к, «тря́пка», «ба́ба»

milk-white [ˈmɪlkwaɪt] *a* моло́чно-бе́лый

milky [ˈmɪlkɪ] *a* 1) моло́чный 2) затума́ненный 3) безво́льный, сла́бый, изне́женный ◊ **the M. Way** *астр.* Мле́чный Путь

mill I [mɪl] *n* 1) ме́льница; **coffee ~** кофе́йная ме́льница, кофемо́лка 2) заво́д, фа́брика; **paper ~** бума́жная фа́брика 3) кула́чный бой 4) *attr* ме́льничный 5) *attr* фабри́чный, заводский ◊ **to be/to go through the ~** пройти́ суро́вые испыта́ния, мно́го испыта́ть (*в жизни*)

mill II *v* 1) моло́ть; ру́шить (*зерно*); дроби́ть (*руду*); **to ~ steel** прока́тывать сталь 2) беспоря́дочно кружи́ть (*о стаде, толпе; тж* **to ~ about**) 3) *сленг* бить, молоти́ть

millboard [ˈmɪlbɔːd] *n* то́лстый карто́н (*переплётный материал*)

millennium [mɪˈlenɪəm] *n* тысячеле́тие, милле́ниум

miller [ˈmɪlə(r)] *n* 1) ме́льник 2) фрезеро́вщик

millet [ˈmɪlɪt] *n* про́со

mill-hand [ˈmɪlhænd] *n* фабри́чный *или* заводско́й рабо́чий

milliard [ˈmɪljəd] *n* миллиа́рд

milligram(me) [ˈmɪlɪɡræm] *n* миллигра́мм

millilitre [ˈmɪlɪˌliːtə(r)] *n* миллили́тр

millimetre [ˈmɪlɪˌmiːtə(r)] *n* миллиме́тр

milliner [ˈmɪlɪnə(r)] *n* моди́стка

millinery [ˈmɪlɪnərɪ] *n* 1) да́мские шля́пы 2) магази́н, ателье́ да́мских шляп

million [ˈmɪljən] *n* 1) миллио́н 2) (**the ~**) мно́жество, ма́сса 3) *pl разг.* о́чень мно́го; **~s of years** о́чень мно́го/миллио́ны лет

millionaire [ˌmɪljəˈnɛə(r)] *n* миллионе́р

millpond [ˈmɪlpɒnd] *n* ме́льничный пруд, запру́да

millstone [ˈmɪlstəʊn] *n* 1) жёрнов 2) тяжёлое бре́мя

mime I [maɪm] *n* 1) пантоми́ма 2) мим

mime II *v* изобража́ть мими́чески; пока́зывать пантоми́му

mimic I [ˈmɪmɪk] *n* подража́тель, имита́тор

mimic II *a* подража́тельный

mimic III *v* 1) передра́знивать 2) подража́ть, походи́ть на

mimicry [ˈmɪmɪkrɪ] *n* 1) имити́рование, подража́ние 2) *биол.* мимикри́я

miminy-piminy [ˌmɪmɪnɪˈpɪmɪnɪ] *a* жема́нный, аффекти́рованный

Min. *сокр.* 1) (**Minister**) мини́стр 2) (**Ministry**) министе́рство

min. *сокр.* 1) (**minimum**) ми́нимум; минима́льный 2) (**minute**) мину́та

mince I [mɪns] *n* (мясно́й) фарш (*амер.* **ground beaf**)

mince II *v* 1) провёртывать (*мясо и т. п.*) че́рез мясору́бку 2) смягча́ть (*слова, выражения*); **let's not ~ matters/words** дава́йте говори́ть без обиняко́в; не бу́дем толо́чь

во́ду в сту́пе 3) жема́нно говори́ть, дви́-
гаться

mincemeat [ˈmɪnsmiːt] *n* 1) сла́дкая смесь из
сухофру́ктов, оре́хов, цука́тов и пря́ностей
(*часто испо́льзуется для приготовле́ния
рожде́ственского ке́кса*) 2) мясно́й фарш ◊
to make ~ of по́лностью разгроми́ть (*противника, аргуме́нты, до́воды*)

mincer [ˈmɪnsə(r)] *см.* **mincing machine**

mincing [ˈmɪnsɪŋ] *a* жема́нный

mincing machine [ˈmɪnsɪŋ məˌʃiːn] *n* мясо-
ру́бка (*амер.* **meat grinder**)

mind I [maɪnd] *n* 1) ум, ра́зум; рассу́док; ин-
телле́кт; **a brilliant ~** блестя́щий ум; **to be
of sound ~** быть в здра́вом уме́; **to come to ~**
прийти́ на ум, прийти́ в го́лову; **she's not in
her right ~** она́ не в своём уме́; **to be out of
one's ~** сойти́ с ума́, обезу́меть; **at/in the
back of one's ~** в глубине́ души́, созна́ния
2) па́мять; **to bear/to keep in ~** по́мнить, не
забыва́ть; име́ть в виду́; **to bring/to call to ~**
вспомина́ть, припомина́ть, заставля́ть себя́
вспо́мнить; **it went out of my ~** я на́чисто
э́то забы́л, э́то ускользну́ло у меня́ из па́-
мяти 3) мне́ние; о́браз мы́слей; **to be of the
same ~** разделя́ть одно́ и то́ же мне́ние; **to
my ~** на мой взгляд, по-мо́ему; **to keep an
open ~ on smth** пока́ не соста́вить мне́ния о
чём-л.; **frame of ~** умонастрое́ние, располо-
же́ние; **she doesn't know her own ~** она́
сама́ не зна́ет, чего́ хо́чет 4) наме́рение, же-
ла́ние; **to have in ~** собира́ться, намере-
ва́ться; **I have a ~ to come** я собира́юсь
прийти́; **to have a good ~ to do smth** соби-
ра́ться сде́лать что-л.; **to change one's ~ to
do smth** переду́мать де́лать что-л.; **to be in
two ~s about smth** не реша́ться на что-л.,
разду́мывать, как поступи́ть; **to set one's ~
on doing smth** твёрдо реши́ть де́лать что-л.
5) мысли́тель; **the great ~s of that time**
вели́кие умы́ того́ вре́мени ◊ **to make up
one's ~** реши́ться; **to give smb a piece of
one's ~** отруга́ть, отчита́ть кого́-л.; **to have
smth on one's ~** быть обеспоко́енным, оза-
бо́ченным чем-л.; **~ over matter** дух вы́ше
мате́рии

mind II *v* 1) возража́ть (*обычно в вопр. и отриц. предложе́ниях*); **do you ~ if I smoke?**
вы не возража́ете, е́сли я закурю́?; **if you
don't ~** е́сли вы не возража́ете; **would you ~
opening the window?** пожа́луйста, откро́й-
те окно́; **I don't ~ it** нет, ниско́лько; мне всё
равно́ 2) по́мнить; **~ you come in time** не
забу́дь прийти́ во́время 3) забо́титься, при-
сма́тривать; **to ~ the house** присма́тривать
за до́мом 4) обраща́ть внима́ние, придава́ть

значе́ние; **I don't ~ the cold** я не бою́сь
хо́лода; **never ~!** ничего́!, не беда́!, всё рав-
но́! 5) остерега́ться, бере́чься; **~ the steps!**
осторо́жно, ступе́ньки; **~ the doors, please!**
осторо́жно, две́ри закрыва́ются! (*объявле́-
ние в ло́ндонском метро́*) ◊ **~ you** я вас уве-
ря́ю, коне́чно, не сомнева́йтесь; **to ~ one's
Ps and Qs** следи́ть за свои́ми слова́ми, свои́м
поведе́нием; быть осторо́жным, осмотри́-
тельным

mind-bending [ˈmaɪndˌbendɪŋ] *a* вызыва́ю-
щий галлюцина́ции, галлюциноге́нный (*о
наркотике*); изменя́ющий пси́хику

mind-blowing [ˈmaɪndˌbləʊɪŋ] *a сленг* 1) по-
тряса́ющий, ошеломля́ющий 2) вызыва́ю-
щий галлюцина́ции, галлюциноге́нный (*о
наркотике*)

mind-boggling [ˈmaɪndˌbɒglɪŋ] *a разг.* потря-
са́ющий

minded [ˈmaɪndɪd] *a* располо́женный (*что-л.
сде́лать*); **if he were so ~** е́сли он пожела́-
ет/захо́чет

-minded [-maɪndɪd] *в сло́жных слова́х;* **high-
minded** великоду́шный

mindful [ˈmaɪndfʊl] *a* внима́тельный, по́мня-
щий об отве́тственности (*of*)

mindless [ˈmaɪndlɪs] *a* 1) бессмы́сленный 2)
не ду́мающий (*о чём-л. — of*), не счита́ю-
щийся (*с чем-л. — of*)

mine¹ [maɪn] *pron poss* мой, моя́, моё; мои́; **a
friend of ~** мой прия́тель; **it's no business of
~** э́то не моё де́ло

mine² I *n* 1) рудни́к, при́иск 2) исто́чник (*ин-
форма́ции*); **he is a ~ of information** он хо-
дя́чая энциклопе́дия 3) *воен.* ми́на 4) *ист.*
подко́п

mine² II *v* 1) разраба́тывать рудни́к; добыва́ть
руду́, у́голь 2) мини́ровать 3) *перен.* под-
ка́пываться (*под кого́-л.*); подрыва́ть (*репу-
та́цию и т. п.*)

minefield [ˈmaɪnfiːld] *n* ми́нное по́ле

minelayer [ˈmaɪnˌleɪə(r)] *n мор.* ми́нный за-
гради́тель

miner [ˈmaɪnə(r)] *n* горня́к, шахтёр, горня́к

mineral I [ˈmɪnərəl] *n* 1) минера́л 2) *pl* поле́з-
ные ископа́емые 3) *pl разг.* минера́льная
вода́

mineral II *a* 1) минера́льный 2) *хим.* неор-
гани́ческий

mineralogy [ˌmɪnəˈrælədʒɪ] *n* минерало́гия

minesweeper [ˈmaɪnˌswiːpə(r)] *n мор.* ми́н-
ный тра́льщик

minethrower [ˈmaɪnˌθrəʊə(r)] *n* миномёт

minever [ˈmɪnɪvə(r)] *см.* **miniver**

mineworker [ˈmaɪnˌwɜːkə(r)] *n* шахтёр, гор-
ня́к

mingle [ˈmɪŋgl] *v* смéшивать(ся); **to ~ in/with the crowd** смешáться с толпóй

mini [ˈmɪnɪ] *n разг.* мúни *(одежда)*

miniature I [ˈmɪnɪtʃə(r)] *n* миниатюра

miniature II *a* миниатюрный

miniature III *v* изображáть в миниатюре

minibar [ˈmɪnɪˌbɑ:] *n* минибáр *(в гостинице)*

minibus [ˈmɪnɪbʌs] *n* микроавтóбус

minicar [ˈmɪnɪkɑ:(r)] *n* малолитрáжный автомобúль, малолитрáжка

minigun [ˈmɪnɪgʌn] *n воен. разг.* ручнóй многоствóльный пулемёт

minikin I [ˈmɪnɪkɪn] *n* крóшечное существó

minikin II *a* 1) крóшечный 2) жемáнный, манéрный

minima [ˈmɪnɪmə] *pl см.* **minimum**

minimal [ˈmɪnɪm(ə)l] *a* 1) минимáльный 2) óчень мáленький

minimax [ˈmɪnɪmæks] *n мат.* минимáкс

minimise [ˈmɪnɪmaɪz] *v* преуменьшáть, минимизúровать

minimize [ˈmɪnɪmaɪz] *амер. см.* **minimise**

minimum [ˈmɪnɪməm] *n* (*pl* **minima**) 1) мúнимум 2) *attr* минимáльный; **~ wage** минимáльная зарáботная плáта

mining [ˈmaɪnɪŋ] *n* 1) гóрное дéло; гóрная промышленность; разрабóтка полéзных ископáемых 2) *attr* гóрный; рýдный; горнодобывáющий; **~ engineer** гóрный инженéр; **~ hole** бурóвая сквáжина

minion [ˈmɪnjən] *n* 1) фаворúт, любúмец, **~ of fortune** бáловень судьбы 2) *презр.* креатýра, послýшное орýдие *(кого-л.)*

miniskirt [ˈmɪnɪskɜ:t] *n* мúни-юбка

minister I [ˈmɪnɪstə(r)] *n* 1) минúстр; **prime ~** премьéр-минúстр; **cabinet ~** член кабинéта минúстров 2) свящéнник, пáстор *(тж* **~ of church**) 3) *дип.* послáнник; совéтник посóльства; **~ plenipotentiary** полномóчный представúтель

minister II *v* прислýживать, помогáть *(to)*; **to ~ to a sick man** ухáживать за больным

ministerial [ˌmɪnɪˈstɪərɪəl] *a* 1) свящéннический, пáстырский 2) служéбный; способствующий *(чему-л.)* 3) министéрский 4) поддéрживающий прави́тельство

ministry [ˈmɪnɪstrɪ] *n* 1) министéрство 2) (**the ~**) кабинéт минúстров 3) (**the ~**) духовéнство 4) духóвный сан 5) служéние 6) срок пребывáния у влáсти минúстра *или* кабинéта минúстров

minivan [ˈmɪnɪˌvæn] *n авто* пассажúрский минифургóн, *проф.* минивэн

miniver [ˈmɪnɪvə(r)] *n* горностáй *(мех)*

mink [mɪŋk] *n зоол.* нóрка

minnow [ˈmɪnəʊ] *n* 1) пескáрь, гольян; мéлкая пресновóдная рыба 2) *разг.* мéлкая рыбёшка

minor I [ˈmaɪnə(r)] *n* 1) несовершеннолéтний 2) *муз.* минóрный ключ, минóр 3) *амер.* непрофилúрующий, факультатúвный предмéт *(студента в колледже)*

minor II *a* 1) мéньший; мéнее значúтельный, второстепéнный; мáлый; **a ~ position** незначúтельный пост; **~ repairs** мéлкий ремóнт; **~ injuries** лёгкие ранéния 2) *муз.* минóрный 3) млáдший *(из двух братьев в школе)*

minority [maɪˈnɒrɪtɪ] *n* 1) мéньшее числó; меньшинствó; **national minorities** национáльные меньшúнства; **to be in the ~** быть в меньшинствé 2) несовершеннолéтние

minster [ˈmɪnstə(r)] *n* 1) большóй храм; кафедрáльный собóр 2) монастырская цéрковь, цéрковь при монастырé

minstrel [ˈmɪnstrəl] *n* 1) менестрéль 2) бéлый исполнúтель негритянских пéсен *(загримúрованный негром; в 19 в. – начале 20 в.)*

mint¹ [mɪnt] *n* 1) *бот.* мята 2) мятная конфéта 3) *attr* мятный

mint² I *n* 1) монéтный двор 2) большáя сýмма дéнег *(тж* **a ~ of money**); **to make a ~ of money** заработáть кýчу дéнег 3) происхождéние, истóчник *(идей, нóвшеств и т. п.)*

mint² II *v* 1) чекáнить 2) выдýмывать, изобретáть *(слова, фрáзы)*

mintage [ˈmɪntɪdʒ] *n* 1) чекáнка *(монéт)* 2) изобретéние, нóвшество

minuend [ˈmɪnjʊend] *n мат.* уменьшáемое

minuet [ˌmɪnjʊˈet] *n* менуэт

minus I [ˈmaɪnəs] *n* 1) мúнус; знак мúнуса 2) *attr* минусóвый; **~ temperature** минусóвая температýра

minus II *a* отрицáтельный *(о величинé, заряде и т. п.)*

minus III *prep* без, мúнус

minuscule [ˈmɪnəskju:l] *n* минýскул, строчнáя бýква *(в средневекóвых рукопúсях)*

minute¹ I [ˈmɪnɪt] *n* 1) минýта; **just a ~, wait a ~** (подождúте) однý минýту, однý минýточку; **at the last ~** в послéднюю минýту; **the ~ (that)** как тóлько; **to the ~** минýта в минýту 2) запúска, корóткая зáпись; *pl* протокóл *(заседáния)*

minute¹ II *v* 1) протоколúровать, вести́ протокóл

minute² ** [maɪˈnju:t] *a* 1) мéлкий, мельчáйший; **~ particles мельчáйшие частúцы 2) незначúтельный; **~ quantity** ничтóжная дóза 3) тщáтельный, тóчный; подрóбный, детáльный; тщáтельно проработанный

minute hand [ˈmɪnɪthænd] *n* минýтная стрéлка

minutely [maɪ'njuːtlɪ] *adv* тща́тельно, по-дро́бно, дета́льно

minuteman ['mɪnɪtmæn] *n амер.* 1) полити́чески акти́вный челове́к, активи́ст 2) **(M.)** тип трёхступе́нчатой межконтинента́льной баллисти́ческой раке́ты

minuteness [maɪ'njuːtnɪs] *n* 1) то́чность; тща́тельность 2) ма́лость; ничто́жное коли́чество

minutiae [maɪ'njuːʃiː:] *n pl лат.* ме́лочи; дета́ли, подро́бности; **fingerprint ~** дета́ли дактилоскопи́ческого узо́ра

minx [mɪŋks] *n* де́рзкая девчо́нка; коке́тка; шалу́нья

miracle ['mɪrəkl] *n* чу́до; **to work ~s** твори́ть чудеса́; **by some ~** каки́м-то чу́дом

miraculous [mɪ'rækjʊləs] *a* 1) чуде́сный; сверхъесте́ственный; чудоде́йственный 2) удиви́тельный

mirage ['mɪrɑːʒ] *n* мира́ж

Miranda Rights [mɪ'rændə raɪts] *n pl амер.* юриди́ческие права́ заде́ржанного, «пе́речень Мира́нды» *(право храни́ть молча́ние, право воспо́льзоваться по́мощью адвока́та, право знать, что любо́е его́ выска́зывание мо́жет быть испо́льзовано про́тив него́; на́званы по и́мени Э. Мира́нды, отстоя́вшего э́ти права́ в суде́ в 1966 г.)*

Miranda warning [mɪ'rændə wɔːnɪŋ] *n амер.* информи́рование заде́ржанного о его́ права́х *(из так называ́емого «пе́речня Мира́нды», см. Miranda Rights)*

mire I ['maɪə(r)] *n* боло́тная грязь, тряси́на ◊ **to find oneself/to stick in the ~** оказа́ться в тяжёлом, затрудни́тельном положе́нии

mire II *v* 1) завя́знуть в боло́те, тряси́не 2) оказа́ться в затрудни́тельном положе́нии

mirror I ['mɪrə(r)] *n* 1) зе́ркало; **rear/wing ~** *авто* зе́ркало за́днего ви́да/боково́е зе́ркало 2) *attr* зерка́льный; **~ image** зерка́льное изображе́ние

mirror II *v* отража́ть, отобража́ть

mirth [mɜːθ] *n* весе́лье

mirthful ['mɜːθfʊl] *a* весёлый, ра́достный

miry ['maɪərɪ] *a* то́пкий

mis- [mɪs-] *pref со значе́нием неправильно́сти, ло́жности:* **misprint** опеча́тка;

misadjustment [ˌmɪsə'ʤʌstmənt] *n тех.* 1) неве́рная регулиро́вка *или* устано́вка 2) несогласо́ванность

misadventure [ˌmɪsəd'venʧə(r)] *n* несча́стье, несча́стный слу́чай

misalignment [ˌmɪsə'laɪnmənt] *n тех.* 1) несовпаде́ние с о́сью, несоо́сность, смеще́ние от оси́ 2) разрегулиро́вка, разъюстиро́вка

misanthrope ['mɪzənθrəʊp] *n* мизантро́п

misapply [ˌmɪsə'plaɪ] *v* 1) непра́вильно употребля́ть 2) злоупотребля́ть

misapprehend [ˌmɪsæprɪ'hend] *v* превра́тно понима́ть

misapprehension [ˌmɪsæprɪ'henʃ(ə)n] *n* недоразуме́ние; **to be/to labour under a ~** пребыва́ть в заблужде́нии

misappropriation [ˌmɪsə prəʊprɪ'eɪʃ(ə)n] *n* незако́нное присвое́ние *(де́нег)*, растра́та

misbehave [ˌmɪsbɪ'heɪv] *v* пло́хо себя́ вести́

misbehaviour [ˌmɪsbɪ'heɪvɪə(r)] *n* плохо́е поведе́ние; просту́пок

misbelief [ˌmɪsbɪ'liːf] *n* заблужде́ние, е́ресь

misbeliever [ˌmɪsbɪ'liːvə(r)] *n* ерети́к

misbirth [mɪs'bɜːθ] *n мед.* самопроизво́льный або́рт; вы́кидыш

miscalculate [ˌmɪs'kælkjʊleɪt] *v* просчита́ться, ошиби́ться в расчёте

miscalculation [ˌmɪsˌkælkjʊ'leɪʃ(ə)n] *n* 1) просчёт, неве́рный расчёт 2) оши́бка в вычисле́ниях, оши́бка в расчёте

miscall [mɪs'kɔːl] *v* 1) называ́ть не тем и́менем 2) *диал.* руга́ть

miscarriage [mɪs'kærɪʤ] *n* 1) *мед.* самопроизво́льный або́рт; вы́кидыш *(пла́на и т. п.)*; **~ of justice** *юр.* суде́бная оши́бка 3) недоста́вка по а́дресу

miscarry [mɪs'kærɪ] *v* 1) не вы́носить, потеря́ть ребёнка; име́ть вы́кидыш 2) потерпе́ть неуда́чу *(о пла́не и т. п.)* 3) затеря́ться, не дойти́ до адреса́та

miscellanea [ˌmɪsə'leɪnɪə] *n pl* 1) литерату́рная смесь 2) альмана́х, сбо́рник

miscellaneous [ˌmɪsə'leɪnɪəs] *a* 1) разнообра́зный, ра́зный; **~ items/goods** са́мые ра́зные предме́ты/това́ры; **a ~ collection of people** пёстрое о́бщество 2) разносторо́нний *(о челове́ке)* 3) сме́шанный

miscellany [mɪ'selənɪ] *n* 1) смесь 2) альмана́х, сбо́рник

mischance [mɪs'ʧɑːns] *n* неуда́ча; **by some ~** к несча́стью, по несча́стной случа́йности

mischief ['mɪsʧɪf] *n* 1) ша́лости, прока́зы; озорство́; **full of ~** озорно́й, прока́зливый; **to get into ~** набедоку́рить, напрока́зничать 2) вред, зло; **to make ~** ссо́рить; **to do smb a ~** причини́ть зло кому́-л.

mischief-maker ['mɪsʧɪf meɪkə(r)] *n* интрига́н; интрига́нка

mischievous ['mɪsʧɪvəs] *a* 1) зло́бный, вре́дный; **a ~ rumour** зло́бные спле́тни, нагово́ры 2) озорно́й, шаловли́вый *(о ребёнке)*

misconceive [ˌmɪskən'siːv] *v* 1) име́ть непра́вильное представле́ние 2) непра́вильно понима́ть, превра́тно истолко́вывать

misconception [ˌmɪskən'sepʃ(ə)n] *n* 1) непра́вильное представле́ние 2) заблужде́ние, неве́рное истолкова́ние

misconduct I [mɪs'kɒndəkt] *n* 1) дурно́е, плохо́е поведе́ние 2) плохо́е управле́ние, плохо́е исполне́ние; **professional** ~ должностно́е преступле́ние

misconduct II [ˌmɪskən'dʌkt] *v* 1) пло́хо вести́ себя́ 2) пло́хо исполня́ть, пло́хо управля́ть

misconstruction [ˌmɪskən'strʌkʃ(ə)n] *n* неве́рное, превра́тное истолкова́ние

misconstrue [ˌmɪskən'stru:] *v* непра́вильно, неве́рно истолко́вывать; искажа́ть смысл *(слов)*

miscount I [mɪs'kaʊnt] *n* непра́вильный подсчёт; просчёт

miscount II *v* непра́вильно подсчи́тывать; просчита́ться

miscreant I ['mɪskrɪənt] *n* негодя́й, подо́нок

miscreant II *a* ни́зкий, по́длый; развращённый

misdeal [mɪs'di:l] *v (past, p. p.* **misdealt)** 1) непра́вильно сдава́ть *(карты)*, подтасо́вывать 2) поступа́ть непра́вильно

misdealing [mɪs'di:lɪŋ] *n* нече́стный посту́пок

misdealt [mɪs'delt] *past, p. p. см.* **misdeal**

misdeed [mɪs'di:d] *n* 1) злодея́ние; преступле́ние 2) просту́пок

misdemeanour [ˌmɪsdɪ'mi:nə(r)] *n* суде́бно наказу́емый просту́пок, ме́лкое преступле́ние

misdiagnose [ˌmɪs'daɪəgˌnəʊz] *v* ошиби́ться в диа́гнозе, поста́вить неве́рный диа́гноз

misdirect [ˌmɪsdɪ'rekt] *v* 1) неве́рно адресова́ть, отпра́вить не по а́дресу 2) дава́ть непра́вильные указа́ния

misdirection [ˌmɪsdɪ'rekʃ(ə)n] *n* непра́вильное указа́ние

misdoing [mɪs'du:ɪŋ] *см.* **misdeed**

miser ['maɪzə(r)] *n* скря́га, скупе́ц

miserable ['mɪzərəbl] *a* 1) несча́стный, жа́лкий; **to feel** ~ чу́вствовать себя́ несча́стным; **to look** ~ вы́глядеть несча́стным 2) бе́дный, убо́гий, жа́лкий; **a** ~ **sum** ми́зерная су́мма

miserably ['mɪzərəblɪ] *adv* 1) убо́го, жа́лко 2) о́чень, ужа́сно; **to be** ~ **depressed** быть в ужа́сно пода́вленном состоя́нии

miserliness ['maɪzəlɪnəs] *n* ску́пость

miserly ['maɪzəlɪ] *a* скупо́й

misery ['mɪzərɪ] *n* 1) страда́ние, муче́ние; **to be in/to suffer** ~ му́читься, страда́ть; **to put smb out of his** ~ облегчи́ть чьи-л. страда́ния; **to put a dog out of his** ~ усыпи́ть соба́ку 2) *разг.* ворчу́н, ны́тик ◊ ~ **loves company** беда́ не прихо́дит одна́; *посл.* ≅ пришла́ беда́ – отворя́й воро́та

misfeasance [ˌmɪs'fi:zəns] *n юр.* злоупотребле́ние вла́стью

misfire I [mɪs'faɪə(r)] *n* 1) осе́чка 2) неза́пуск *(дви́гателя)* 3) неуда́ча, прова́л

misfire II *v* 1) дать осе́чку 2) не состоя́ться; ру́хнуть *(о пла́нах и т. п.)*

misfit ['mɪsfɪt] *n* 1) челове́к не на своём ме́сте; **he's a** ~ **in that job** он не годи́тся для э́той рабо́ты 2) пло́хо сидя́щая оде́жда

misfortune [mɪs'fɔ:tʃu:n] *n* беда́, несча́стье; **she met with** ~ с ней стрясла́сь беда́

misgave [mɪs'geɪv] *past см.* **misgive**

misgive [mɪs'gɪv] *v (past* **misgave**; *p. p.* **misgiven)** вызыва́ть дурны́е предчу́вствия, внуша́ть опасе́ния

misgiven [mɪs'gɪvn] *p. p. см.* **misgive**

misgiving [mɪs'gɪvɪŋ] *n* опасе́ние, плохо́е предчу́вствие

misgovern [mɪs'gʌvən] *v* пло́хо управля́ть, пло́хо руководи́ть

misguide [mɪs'gaɪd] *v* вводи́ть в заблужде́ние

mishandle [mɪs'hændl] *n* пло́хо обраща́ться

mishap ['mɪshæp] *n* неприя́тное происше́ствие; ка́зус, оши́бка; **without** ~ без происше́ствий; без оши́бок

mishear [mɪs'hɪə(r)] *v (past, p. p.* **misheard)** ослы́шаться

misheard [mɪs'hɜ:d] *past, p. p. см.* **mishear**

misinform [ˌmɪsɪn'fɔ:m] *v* дезинформи́ровать

misinformation [ˌmɪsɪnfə'meɪʃ(ə)n] *n* дезинформа́ция

misinterpret ['mɪsɪn'tɜ:prɪt] *v* непра́вильно, неве́рно истолко́вывать

misjudge [mɪs'dʒʌdʒ] *v* неве́рно оце́нивать; неве́рно суди́ть *(о ком-л., о чём-л.)*

mislaid [mɪs'leɪd] *past, p. p. см.* **mislay**

mislay [mɪs'leɪ] *v (past, p. p.* **mislaid)** положи́ть не на ме́сто; затеря́ть

mislead [mɪs'li:d] *v (past, p. p.* **misled)** вводи́ть в заблужде́ние

misleading [mɪs'li:dɪŋ] *a* вводя́щий в заблужде́ние

misled [mɪs'led] *past, p. p. см.* **mislead**

mismanage [mɪs'mænɪdʒ] *v* пло́хо управля́ть *(чем-л.)*, пло́хо вести́ дела́

mismatch I ['mɪsmætʃ] *n* несовпаде́ние, несоотве́тствие

mismatch II [mɪs'mætʃ] *v* 1) пло́хо сочета́ться, не соотве́тствовать 2) не подходи́ть *(друг к дру́гу — о му́же и жене́)*

misnomer [mɪs'nəʊmə(r)] *n* 1) непра́вильное и́мя или назва́ние 2) непра́вильное употребле́ние и́мени или те́рмина

misogynist [mɪ'sɒdʒənɪst] *n* женоненави́стник, женофо́б

misplace [mɪs'pleɪs] *v* 1) положи́ть не на (своё) ме́сто 2) дове́рить(ся) кому́-л., не заслу́живающему дове́рия

misprint I [ˈmɪsprɪnt] *n* опеча́тка

misprint II *v* 1) непра́вильно напеча́тать 2) сде́лать опеча́тку

mispronunciation [ˌmɪsprəˌnʌnsɪˈeɪʃ(ə)n] *n* непра́вильное произноше́ние

misquote [mɪsˈkwəʊt] *v* непра́вильно цити́ровать

misread [mɪsˈriːd] *v* (*past, p. p.* **misread** [mɪsˈred]) непра́вильно чита́ть, непра́вильно толкова́ть

misrepresent [ˌmɪsreprɪˈzent] *v* искажа́ть, представля́ть в ло́жном све́те, передёргивать

misrepresentation [ˌmɪsreprɪzenˈteɪʃ(ə)n] *n* искаже́ние, представле́ние в ло́жном све́те

misrule [mɪsˈruːl] *n* 1) плохо́е управле́ние, плохо́е руково́дство 2) беспоря́док, ана́рхия

miss[1] [mɪs] *n* 1) мисс, ба́рышня 2) (**M.**) мисс, госпожа́ (*обращение к девушке или незамужней женщине; ставится перед фамилией*) 3) *разг.* де́вушка, девчу́шка; **a proper little ~** бо́йкая девчу́шка

miss[2] **I** *n* 1) про́мах 2) отсу́тствие ◊ **to give smth a ~** избега́ть чего́-л.; **a lucky ~** счастли́вое избавле́ние

miss[2] **II** *v* 1) промахну́ться, не попа́сть в цель; **to ~ a target** не попа́сть в цель; **the bullet just ~ed him** пу́ля чуть не заде́ла его́ 2) опозда́ть (*на поезд, автобус и т. п.*) 3) пропусти́ть; прогляде́ть; не услы́шать; не заста́ть; **I ~ed what he said** я прослу́шал, что он сказа́л; **you didn't ~ much** ты немно́го потеря́л 4) упусти́ть (*возможность*); **it's a chance not to be ~ed** э́ту возмо́жность нельзя́ упусти́ть 5) скуча́ть, чу́вствовать отсу́тствие (*кого-л., чего-л.*); **did you ~ me?** вы скуча́ли по мне? 6) заме́тить пропа́жу (*чего-л.*); **when did you first ~ the key?** когда́ вы обнару́жили пропа́жу ключа́? 7) избежа́ть ◊ **to ~ a boat** упусти́ть возмо́жность/шанс; **you've ~ed the point** ты не по́нял, в чём де́ло; **not to ~ a trick** не упусти́ть своего́

miss out 1) опусти́ть (*слово и т. п.*); вы́черкнуть (*имя из списка*) 2) не застава́ть, пропуска́ть, упуска́ть (*on*)

misshapen [mɪsˈʃeɪpən] *a* уро́дливый; деформи́рованный

missile I [ˈmɪsaɪl] *n* 1) *воен.* реакти́вный снаря́д, раке́та; **guided ~** управля́емая раке́та; **nuclear ~** раке́та с я́дерным заря́дом; **winged ~** крыла́тая раке́та 2) : **~ weapon** *ист.* мета́тельное ору́жие

missile II *a* раке́тный, реакти́вный; **~ base** раке́тная ба́за

missing [ˈmɪsɪŋ] *a* недостаю́щий; отсу́тствующий; пропа́вший; **~ pages** недостаю́щие страни́цы

mission [ˈmɪʃ(ə)n] *n* 1) зада́ние, поруче́ние, ми́ссия; *воен.* боева́я зада́ча; **to go on a ~** отпра́виться с поруче́нием 2) призва́ние 3) ми́ссия; **trade ~** торго́вое представи́тельство

missionary I [ˈmɪʃənərɪ] *n* миссионе́р

missionary II *a* миссионе́рский

missis [ˈmɪsɪz] *n прост.* 1) ми́ссис; госпожа́, хозя́йка 2) жена́, хозя́йка

missive [ˈmɪsɪv] *n* официа́льное письмо́; посла́ние; *шутл.* дли́нное посла́ние

misspell [mɪsˈspel] *v* (*past, p. p.* **misspelt**) писа́ть с орфографи́ческими оши́бками

misspelling [ˌmɪsˈspelɪŋ] *n* опеча́тка, непра́вильное написа́ние; орфографи́ческая оши́бка

misspelt [mɪsˈspelt] *past, p. p. см.* **misspell**

misspend [mɪsˈspend] *v* (*past, p. p.* **misspent**) зря, по́пусту тра́тить

misspent [mɪsˈspent] *past, p. p. см.* **misspend**

misstate [mɪsˈsteɪt] *v* (с)де́лать ло́жное *или* непра́вильное заявле́ние

misstatement [mɪsˈsteɪtmənt] *n* ло́жное *или* непра́вильное заявле́ние

misstep [mɪsˈstep] *n* ло́жный, неве́рный шаг

mist I [mɪst] *n* тума́н; ды́мка; и́зморось; **Scotch ~** густо́й тума́н с и́зморосью

mist II *v* 1) застила́ть, оку́тывать тума́ном 2) запотева́ть 3) застила́ть слеза́ми

mistake I [mɪˈsteɪk] *n* 1) оши́бка; **by ~** по оши́бке; **to make a ~** ошиби́ться, сде́лать оши́бку; **and no ~** несомне́нно; непреме́нно, обяза́тельно; **my ~!** винова́т! 2) заблужде́ние

mistake II *v* (**mistook; mistaken**) 1) ошиба́ться; заблужда́ться; **you are ~n** вы ошиба́етесь; **he mistook my meaning** он не по́нял смы́сла мои́х слов 2) перепу́тать; (оши́бочно) приня́ть за; **he often gets ~n for his brother** его́ с бра́том ча́сто пу́тают

mistaken I [mɪˈsteɪkən] *p. p. см.* **mistake II**

mistaken II *a* оши́бочный

mister [ˈmɪstə(r)] *n* (*сокр.* **Mr**) ми́стер, господи́н (*ставится перед фамилией*)

mistimed [mɪsˈtaɪmd] *a* сде́ланный, ска́занный не во́время *или* некста́ти

mistletoe [ˈmɪsltəʊ] *n бот.* оме́ла

mistook [mɪsˈtʊk] *past см.* **mistake II**

mistral [ˈmɪstrɑːl] *n* мистра́ль (*холодный ветер на юге Франции*)

mistreat [mɪsˈtriːt] *v* пло́хо обраща́ться

mistreatment [mɪsˈtriːtmənt] *n* плохо́е обраще́ние

mistress [ˈmɪstrɪs] *n* 1) хозя́йка (до́ма) 2) хозя́йка положе́ния 3) *уст.* владе́лица 4) *уст.*

учи́тельница; **head** ~ же́нщина-дире́ктор *(учебного заведения)* 5) любо́вница 6) *(сокр.* **Mrs** [′mɪsɪz]) ми́ссис, госпожа́ *(ставится перед фамилией замужней женщины)*

mistrust I [mɪs′trʌst] *n* недове́рие, подозре́ние

mistrust II *v* не доверя́ть, подозрева́ть

mistrustful [mɪs′trʌstfʊl] *a* недове́рчивый, подозри́тельный

misty [′mɪstɪ] *a* 1) тума́нный; затума́ненный; ~ **outlines** тума́нные очерта́ния; **it′s getting** ~ ложи́тся тума́н 2) сму́тный, нея́сный

misunderstand [ˌmɪsʌndə′stænd] *v (past, p. p.* **misunderstood)** непра́вильно поня́ть, истолкова́ть; **don′t** ~ **me** не пойми́те меня́ превра́тно

misunderstanding [ˌmɪsʌndə′stændɪŋ] *n* 1) непра́вильное понима́ние, истолкова́ние 2) недоразуме́ние 3) размо́лвка

misunderstood [ˌmɪsʌndə′stʊd] *past, p. p. см.* **misunderstand**

misusage [mɪs′juːsɪʤ] *n* 1) непра́вильное употребле́ние 2) плохо́е обраще́ние

misuse I [mɪs′juːs] *n* 1) непра́вильное употребле́ние 2) злоупотребле́ние; **alcohol** ~ злоупотребле́ние алкого́лем

misuse II [mɪs′juːz] *v* 1) непра́вильно употребля́ть 2) злоупотребля́ть 3) пло́хо обраща́ться

mite [maɪt] *n* 1) грош, полу́шка; **not a** ~ во́все нет, совсе́м нет 2) кро́шка, ребёнок 3) скро́мная ле́пта

mitigate [′mɪtɪgeɪt] *v* смягча́ть; ослабля́ть; уменьша́ть

mitigation [ˌmɪtɪ′geɪʃ(ə)n] *n* смягче́ние; облегче́ние; ослабле́ние; уменьше́ние

mitre [′maɪtə(r)] *n церк.* ми́тра

mitt [mɪt] *n* 1) *см.* **mitten** 1) 2) ми́тенка, перча́тка без ко́нчиков па́льцев 3) *сленг* рука́, кула́к

mitten [′mɪtn] *n* 1) ва́режка, рукави́ца 2) *pl сленг* боксёрские перча́тки

mittimus [′mɪtɪməs] *n лат. юр.* о́рдер на аре́ст, на заключе́ние в тюрьму́

mix I [mɪks] *n* 1) смесь 2) *разг.* компа́ния 3) соста́в, номенклату́ра, ассортиме́нт

mix II *v* 1) меша́ть; сме́шивать; приготовля́ть смесь 2) сочета́ться, гармони́ровать 3) сходи́ться, обща́ться; ла́дить; **you must learn to** ~ на́до уме́ть ла́дить с людьми́; **they do not** ~ **well** они́ не подхо́дят друг дру́гу; они́ не ла́дят друг с дру́гом

mix up 1) хорошо́ переме́шивать 2) спу́тать, перепу́тать 3) впу́тывать; **to be** ~**ed up in smth** быть заме́шанным в чём-л.

mixed [mɪkst] *a* сме́шанный; разноро́дный; **a** ~ **marriage** сме́шанный брак; ~ **sweets** кон-

фе́ты ассорти́; **to have** ~ **feelings about smth** относи́ться к чему́-л. со сме́шанным чу́вством; ~ **blessing** не то́лько преиму́щества, но и недоста́тки; и хоро́шего и плохо́го понемно́жку

mixer [′mɪksə(r)] *n* 1) меша́лка; смеси́тель; ми́ксер 2) *разг.:* **a good/bad** ~ общи́тельный/необщи́тельный челове́к

mixture [′mɪkstʃə(r)] *n* 1) сме́шивание 2) смесь 3) миксту́ра

mix-up [′mɪks′ʌp] *n разг.* неразбери́ха, пу́таница; недоразуме́ние

miz(z)en [′mɪzn] *n мор.* биза́нь

mizzle I [′mɪzl] *n* и́зморось, ме́лкий дождь

mizzle II *v* мороси́ть; **it** ~**s** мороси́т

ml *сокр.* **(millilitre)** миллили́тр

M. Litt. *сокр.* **(Master of Letters)** маги́стр литерату́ры

mm *сокр.* **(millimetre)** миллиме́тр

M. Mus. *сокр.* **(Master of Music)** маги́стр му́зыки

mnemonic(al) [nɪ′mɒnɪk(əl)] *a* мнемони́ческий

mnemonics [nɪ′mɒnɪks] *n* мнемо́ника; мнемоте́хника

MO *сокр.* **(medical officer)** офице́р медици́нской слу́жбы; вое́нный врач

mo [məʊ] *n разг.* моме́нт, миг, мину́та; **wait a** ~ подожди́те мину́тку

moan I [məʊn] *n* 1) стон 2) завыва́ние (ве́тра)

moan II *v* 1) стона́ть 2) *разг.* жа́ловаться; ворча́ть; ныть

moat I [məʊt] *n* ров, напо́лненный водо́й

moat II *v* окружа́ть рвом с водо́й

mob I [mɒb] *n* 1) толпа́, сбо́рище 2) *сленг* ша́йка, ба́нда

mob II *v* 1) окружа́ть, набра́сываться толпо́й 2) толпи́ться

mobile [′məʊbaɪl] *a* 1) подвижно́й, моби́льный, переносно́й 2) изме́нчивый, подви́жный; **a** ~ **face** живо́е, подви́жное лицо́ 3) моби́льный, лёгкий; ~ **home** карава́н-прице́п *(для жилья)*; дом на колёсах *(амер.* **trailer)**; ~ **forces** *воен.* моби́льные войска́

mobile phone [′məʊbaɪl′fəʊn] *n* моби́льный, со́товый телефо́н, *разг.* моби́льник *(амер.* **cellphone, cellular phone)**

mobility [məʊ′bɪlɪtɪ] *n* 1) подви́жность, моби́льность 2) изме́нчивость

mobilise [′məʊbɪlaɪz] *v* 1) мобилизова́ть 2) пуска́ть в обраще́ние

mobilization [ˌməʊbɪlaɪ′zeɪʃ(ə)n] *n* мобилиза́ция

mobilize [′məʊbɪlaɪz] *амер. см.* **mobilise**

mobster [′mɒbstə(r)] *n сленг* га́нгстер

moccasin [′mɒkəsɪn] *n* 1) мокаси́н 2) *амер.* мокаси́новая змея́

mocha [ˈmɒkə] *n* кóфе мóкко (*тж* ~ **coffee**)

mock I [mɒk] *n* посмéшище, объéкт насмéшек

mock II *a* 1) поддéльный; имити́рующий; инсцени́рованный 2) лóжный; мни́мый, притвóрный; ~ **modesty** притвóрная/лóжная скрóмность

mock III *v* 1) насмехáться, потешáться (*at*); высмéивать 2) дразни́ть; передрáзнивать

mocker [ˈmɒkə(r)] *n* насмéшник

mockery [ˈmɒkərɪ] *n* 1) осмеáние; издевáтельство 2) посмéшище 3) фарс, парóдия

mockingbird [ˈmɒkɪŋbɜːd] *n* пересмéшник (*птица*)

mock-up [ˈmɒkˈʌp] *n* макéт, модéль

MOD *сокр.* **(the Ministry of Defence)** Министéрство оборóны (*Великобритании*)

mod [mɒd] *a разг.* совремéнный, мóдный; модернóвый ◊ ~ **cons** все удóбства (*в квартире*)

modal [ˈməʊdəl] *a грам.* модáльный; ~ **verb**, ~ **auxiliary** модáльный глагóл

mode [məʊd] *n* 1) спóсоб, мéтод 2) óбраз дéйствий; ~ **of life** óбраз/уклáд жи́зни 3) обы́чай, мóда 4) *муз.* тонáльность 5) режи́м (*работы*) 6) тип, вид 7) состоя́ние

mode key [ˌməʊd ˈkiː] *n вчт* клáвиша переключéния режи́мов

model I [ˈmɒdəl] *n* 1) модéль; макéт 2) модéль, мáрка (*автомобиля и т. п.*) 3) образéц; **a** ~ **of self-discipline** образéц самодисципли́ны 4) натýрщик; натýрщица 5) манекéнщица, модéль (*тж* **fashion** ~) 6) *attr* образцóвый, примéрный

model II *v* 1) модели́ровать; лепи́ть 2) создавáть по модéли, по образцý (*after, on, upon*) 3) пози́ровать худóжнику 4) рабóтать манекéнщицей

model(l)ing [ˈmɒdlɪŋ] *n* 1) исполнéние по модéли 2) модели́рование 3) макети́рование 4) лепнáя рабóта 5) *тех.* формóвка

modem [ˈməʊdem] *n вчт* модéм, модуля́тор-демодуля́тор

moderate[1] **I** [ˈmɒdərət] *n полит.* «умéренный»; придéрживающийся умéренных взгля́дов

moderate[1] **II** *a* 1) умéренный; сдéржанный; воздéржанный 2) срéдний (*о качестве*); не óчень си́льный 3) *полит.* умéренных взгля́дов

moderate[2] [ˈmɒdəreɪt] *v* 1) умеря́ть, смягчáть, сдéрживать 2) станови́ться мя́гче, ровнéе; смягчáться 3) затихáть, стихáть

moderation [ˌmɒdəˈreɪʃ(ə)n] *n* 1) умéренность; воздéржанность; ~ **in eating** умéренность в едé; **in** ~ умéренно, в мéру 2) вы-держка (*характера*) 3) **(M.)** *pl* пéрвый публи́чный экзáмен на стéпень бакалáвра (*в Оксфорде*)

moderator [ˈmɒdəreɪtə(r)] *n* 1) арби́тр, посрéдник 2) председáтель собрáния 3) экзаменáтор 4) *тех.* регуля́тор 5) *физ.* замедли́тель 6) *вчт* координáтор (*в группе инспекти́рования программ*); посрéдник (*программа или человек*)

modern I [ˈmɒdən] *n* совремéнный человéк, совремéнник

modern II *a* 1) совремéнный; ~ **language** совремéнный язы́к; **in** ~ **times** в нáше врéмя 2) нóвый; ~ **history** нóвая истóрия

modernise [ˈmɒdənaɪz] *v* модернизи́ровать

modernism [ˈmɒdənɪz(ə)m] *n* 1) модерни́зм 2) нóвый тéрмин; неологи́зм

modernize [ˈmɒdənaɪz] *амер. см.* **modernise**

modest [ˈmɒdɪst] *a* 1) скрóмный 2) застéнчивый 3) умéренный

modesty [ˈmɒdɪstɪ] *n* 1) скрóмность 2) умéренность

modification [ˌmɒdɪfɪˈkeɪʃ(ə)n] *n* 1) (видо)изменéние, модификáция 2) *лингв.* переглас óвка, умлáут

modifier [ˈmɒdɪfaɪə(r)] *n* 1) модификáтор 2) *грам.* определéние

modify [ˈmɒdɪfaɪ] *v* 1) (видо)изменя́ть, модифици́ровать 2) смягчáть 3) *грам.* определя́ть 4) *лингв.* видоизменя́ть с пóмощью переглас óвки

modish [ˈməʊdɪʃ] *a* мóдный

modular [ˈmɒdjulə] *a* 1) *мат.* мóдульный 2) *тех.* агрегати́рованный, с использованием мóдулей; ~ **structure** мóдульная констрýкция

modulate [ˈmɒdjuleɪt] *v* модули́ровать

modulation [ˌmɒdjuˈleɪʃ(ə)n] *n* модуля́ция

module [ˈmɒdjuːl] *n мат., тех.* мóдуль

mogul[1] [ˈməʊgəl] *n* 1) **(M.) the Great** ~ *ист.* Вели́кий Могóл 2) богáтый и влия́тельный человéк; магнáт; **a media** ~ магнáт, владéющий СМИ, мéдиа-магнáт; **a movie** ~ кино-магнáт

mogul[2] *спорт.* мóгул (*один из видов фристайла*)

mohair [ˈməʊheə(r)] *n* 1) ангóрская шерсть 2) мохéр

Mohammedan I [məʊˈhæmɪdən] *n* магометáнин, мусульмáнин; магометáнка, мусульмáнка

Mohammedan II *a* магометáнский, мусульмáнский

Mohican [məʊˈhiːkən] *n* могикáнин, индéец из плéмени могикáн

moiety [ˈmɔɪətɪ] *n юр., книжн.* полови́на

moil I [mɔɪl] *n уст.* тяжёлая, изнури́тельная рабо́та

moil II *v уст.* выполня́ть тяжёлую рабо́ту (*тж* to toil and ~)

moire [mwɑ:(r)] *n* 1) муа́р *(ткань)* 2) *физ., тлв* муа́р, муа́ровая фигу́ра

moiré [ˈmwɑ:reɪ] *a* муа́ровый

moist [mɔɪst] *a* 1) сыро́й, вла́жный 2) дождли́вый

moisten [ˈmɔɪsn] *v* сма́чивать; увлажня́ть

moisture [ˈmɔɪstʃə(r)] *n* вла́га; вла́жность

moisturize [ˈmɔɪstʃəraɪz] *v* увлажня́ть, сма́чивать

molar I [ˈməʊlə(r)] *n* коренно́й зуб, моля́р

molar II *a* коренно́й *(о зубе)*

molasses [məˈlæsɪz] *n амер.* чёрная па́тока, мела́сса

mold [məʊld] *амер. см.* **mould**

Moldavian I [mɒlˈdeɪvɪən] *n* 1) молдава́нин; молдава́нка; the ~s молдава́не 2) молда́вский язы́к

Moldavian II *a* молда́вский

molder [ˈməʊldə(r)] *амер. см.* **moulder**

molding [ˈməʊldɪŋ] *амер. см.* **moulding**

moldy [ˈməʊldɪ] *амер. см.* **mouldy**

mole¹ [məʊl] *n* ро́динка

mole² *n* 1) *зоол.* крот 2) *разг.* «крот», аге́нт иностра́нной разве́дки, внедри́вшийся в госуда́рственную организа́цию, учрежде́ние *и т. п.*

mole³ *n* 1) мол 2) да́мба

molecular [məˈlekjʊlə(r)] *a* молекуля́рный

molecule [ˈmɒlɪkjuːl] *n* моле́кула

molehill [ˈməʊlhɪl] *n* крото́вина ◊ to make a **mountain out of a** ~ де́лать из му́хи слона́

moleskin [ˈməʊlskɪn] *n* 1) крото́вый мех 2) *текст.* молески́н

molest [məˈlest] *v* 1) пристава́ть, досажда́ть 2) напада́ть с це́лью сексуа́льного наси́лия

molestation [ˌmɒleˈsteɪʃ(ə)n] *n* пристава́ние; домога́тельство

molester [məˈlestə(r)] *n* наси́льник; хулига́н

moll [mɒl] *n сленг уст.* 1) подру́жка га́нгстера 2) проститу́тка

mollification [ˌmɒlɪfɪˈkeɪʃ(ə)n] *n* успокое́ние, смягче́ние

mollify [ˈmɒlɪfaɪ] *v* успока́ивать, смягча́ть

mollusc [ˈmɒləsk] *n* моллю́ск

mollusk [ˈmɒləsk] *амер. см.* **mollusc**

mollycoddle I [ˈmɒlɪkɒdl] *n* не́женка; ма́менькин сыно́к

mollycoddle II *v* изне́живать

Molotov Cocktail [ˌmɒlətɒfˈkɒkteɪl] *n воен.* «кокте́йль Мо́лотова» *(бутылка с зажига́тельной смесью, первонача́льно самоде́льное оружие; получи́ло распростране́ние во* время Великой Отечественной войны 1941-45 гг.)

molten [ˈməʊltən] *a* распла́вленный

mom [mɒm] *n амер. разг.* ма́ма

moment [ˈməʊmənt] *n* 1) моме́нт, миг, мгнове́ние; **just a ~, one ~, wait a ~** оди́н моме́нт, одну́ мину́тку, сию́ мину́ту; **at any ~** в любо́й моме́нт, в любо́е вре́мя; **at the ~** в настоя́щее вре́мя, сейча́с; **at that ~** в то вре́мя, тогда́; **that's all for the ~** пока́ всё; на сего́дня всё; **in a ~** вот-вот, о́чень ско́ро; **not for a ~** ни на секу́нду, никогда́; **the ~ (that)** как то́лько; **this ~** а) неме́дленно, сейча́с же; то́тчас б) то́лько что; **at odd ~s** уры́вками, ме́жду де́лом; **to the ~** то́чно в срок 2) ва́жность, значи́тельность; **of great ~** ва́жный; **of little ~, of no ~** незначи́тельный, малозна́чащий, нева́жный

momenta [məʊˈmentə] *pl см.* **momentum**

momentary [ˈməʊməntərɪ] *a* 1) мгнове́нный, момента́льный 2) кратковре́менный

momently [ˈməʊməntlɪ] *adv книжн.* 1) с мину́ты на мину́ту 2) ка́ждую мину́ту 3) на миг, на мгнове́ние

momentous [məˈmentəs] *a* ва́жный, име́ющий большо́е значе́ние; ~ **discovery** ва́жное откры́тие

momentum [məˈmentəm] *n (pl* **momenta**) 1) *физ., мех.* коли́чество движе́ния 2) и́мпульс, толчо́к, дви́жущая си́ла; **to gather ~** набира́ть ско́рость, си́лу *(о движении, теории и т. п.)*

mommy [ˈmɒmɪ] *n амер.* ма́ма, ма́мочка

Mon. *сокр.* **(Monday)** понеде́льник

monarch [ˈmɒnək] *n* мона́рх

monarchic(al) [məˈnɑːkɪk(əl)] *a* монархи́ческий

monarchist [ˈmɒnəkɪst] *n* монархи́ст

monarchy [ˈmɒnəkɪ] *n* 1) мона́рхия; **constitutional ~** конституцио́нная мона́рхия 2) **(the ~)** короле́вская семья́

monastery [ˈmɒnəstərɪ] *n* монасты́рь *(мужско́й)*

monastic I [məˈnæstɪk] *n* мона́х *(тж* **monk)**

monastic II *a* 1) монасты́рский 2) мона́шеский

Monday [ˈmʌndeɪ] *n* понеде́льник

monetarism [ˈmʌnɪtərɪzm] *n эк.* монетари́зм

monetary [ˈmʌnɪtərɪ] *a* 1) валю́тный; относя́щийся к де́нежному оборо́ту; **the International M. Fund** Междунаро́дный валю́тный фонд, МВФ 2) де́нежный; моне́тный; ~ **unit** де́нежная едини́ца

money [ˈmʌnɪ] *n* 1) де́ньги; **ready ~** нали́чные де́ньги; **hot ~** а) де́ньги, добы́тые нече́стным путём б) «горя́чие» де́ньги *(капитал, вывозимый за границу из опасения его обес-*

ценивания, налогового обложения и т. п.); **to make** ~ заработать деньги; разбогатеть; **to put** ~ **into** вкладывать деньги, инвестировать; **to put** ~ **aside, to save** ~ откладывать деньги; **to raise** ~ добывать деньги *(для какой-л. цели)*, организовывать фонд; **to come into** ~ получить наследство; **in the** ~ *разг.* при деньгах; в выигрыше; **there's** ~ **in it** это выгодное дело 2) *attr* денежный; финансовый; ~ **market** финансовый рынок; ~ **supply** денежная масса (в обращении); ~ **matter** денежные дела ◊ **for my** ~ на мой взгляд, как я считаю

moneybags [ˈmʌnɪbægz] *n pl разг.* денежный мешок, богач

money box [ˈmʌnɪbɒks] *n* копилка

money-grubber [ˈmʌnɪˌgrʌbə(r)] *n разг.* стяжатель

moneylender [ˈmʌnɪˌlendə(r)] *n* ростовщик

moneymaker [ˈmʌnɪmeɪkə(r)] *n* 1) человек, зарабатывающий много денег 2) идея, дело и т. п., приносящие много денег; «золотое дно»

monger [ˈmʌŋɡə(r)] *n* 1) торговец *(обыкн. в сложных словах)*; **ironmonger** торговец металлическими изделиями; **fishmonger** торговец рыбой 2) *в сочетаниях:* **warmonger** поджигатель войны; провокатор; **scandalmonger** распространитель нелицеприятных слухов, возбудитель скандала

Mongol I [ˈmɒŋɡəl] *n* монгол; монголка; **the** ~**s** монголы

Mongol II *a* монгольский

Mongolian [mɒŋˈɡəʊlɪən] *n* 1) *см.* **Mongol I** 2) монгольский язык

mongolism [ˈmɒŋɡəlɪzm] *n мед.* болезнь *или* синдром Дауна, монголизм

Mongoloid [ˈmɒŋɡəlɔɪd] *a* монголоидный

mongoose [ˈmɒŋɡuːs] *n зоол.* мангуста

mongrel I [ˈmʌŋɡrəl] *n* 1) дворняжка, дворняга 2) помесь

mongrel II *a* нечистокровный

monies [ˈmʌnɪz] *n pl см.* **money** 1)

monition [məˈnɪʃ(ə)n] *n книжн.* предостережение

monitor [ˈmɒnɪtə(r)] *n* 1) староста в классе 2) советник; советчик 3) *тех.* монитор, дисплей 4) *тлв* видеоконтрольное устройство, видеомонитор 5) *физ.* дозиметр

monitoring [ˈmɒnɪt(ə)rɪŋ] *n* 1) контроль 2) подслушивание; радиоперехват 3) *физ.* дозиметрический контроль 4) мониторинг, непрерывный контроль, отслеживание

monk [mʌŋk] *n* монах

monkey I [ˈmʌŋkɪ] *n* 1) обезьяна 2) шалун, озорник 3) *сленг* 500 фунтов (стерлингов);

амер. 500 долларов ◊ **to make a** ~ **of smb** выставить кого-л. на посмешище; **to have a** ~ **on one's back** *сленг* быть наркоманом

monkey II *v* 1) передразнивать 2) портить 3) разыгрывать, подшучивать 4) дурачиться

monkey business [ˈmʌŋkɪˌbɪznɪs] *n разг.* 1) подшучивание, розыгрыш; проказы 2) бессмысленная работа 3) тёмные делишки

monkeyish [ˈmʌŋkɪʃ] *a* 1) обезьяний 2) проказливый, шаловливый

monkey-puzzle [ˈmʌŋkɪpʌzl] *n бот.* араукария чилийская

monkey tricks [ˈmʌŋkɪtrɪks] *n pl разг.* шалости, проказы *(амер.* **monkeyshines)**

monkey wrench [ˈmʌŋkɪrentʃ] *n тех.* разводной гаечный ключ

monkish [ˈmʌŋkɪʃ] *a* монашеский

mono- [ˈmɒnə-] *pref* со значением одно-, моно-; **monobasic** *хим.* одноосновный; **monoculture** *с.-х.* монокультура; **monodrama** пьеса для одного актёра; моноспектакль

monochrome I [ˈmɒnəkrəʊm] *n* монохромное изображение

monochrome II *a* одноцветный, монохромный; однокрасочный

monocle [ˈmɒnəkl] *n* монокль

monocular I [mɒnˈɒkjʊlə] *n* монокуляр, монокулярный прибор

monocular II *a* монокулярный

monogamy [mɒˈnəɡəmɪ] *n* моногамия, единобрачие

monogram [ˈmɒnəɡræm] *n* монограмма

monograph [ˈmɒnəɡrɑːf] *n* монография

monolith [ˈmɒnəlɪθ] *n* монолит

monolithic [ˌmɒnəˈlɪθɪk] *a* монолитный

monologue [ˈmɒnəlɒɡ] *n* монолог

mononucleosis [ˌmɒnəʊˌnjuːklɪˈəʊsɪs] *n амер. мед.* инфекционный мононуклеоз, моноцитарная ангина

monoplane [ˈmɒnəpleɪn] *n ав.* моноплан

monopolise [məˈnɒpəlaɪz] *v* монополизировать

monopolist [məˈnɒpəlɪst] *n* 1) монополист 2) *attr* монополистический

monopolization [məˌnɒpəlaɪˈzeɪʃ(ə)n] *n* монополизация

monopolize [məˈnɒpəlaɪz] *амер. см.* **monopolise**

monopoly [məˈnɒpəlɪ] *n* монополия

monorail [ˈmɒnəʊreɪl] *n* 1) монорельсовая железная дорога 2) поезд монорельсовой железной дороги

monosyllabic [ˌmɒnəsɪˈlæbɪk] *a* односложный

monosyllable [ˈmɒnəˌsɪləbl] *n* односложное слово; **in** ~**s** односложно, кратко

monotheism [ˈmɒnəʊθɪˌɪz(ə)m] *n рел.* монотеизм *(единобожие, вера в единого Бога)*

monotone I [ˈmɒnətəʊn] *n* монотонность

monotone II *a* монотонный, однообразный; навевающий скуку

monotonous [məˈnɒtənəs] *a* монотонный; однообразный, скучный

monotony [məˈnɒtənɪ] *n* монотонность; однообразие, скука

monotype [ˈmɒnətaɪp] *n полигр.* монотип

monsoon [mɒnˈsuːn] *n* 1) муссон *(ветер)* 2) сезон дождей

monster I [ˈmɒnstə(r)] *n* 1) чудовище 2) урод

monster II *a* исполинский, громадный

monstrosity [mɒnˈstrɒsɪtɪ] *n* 1) чудовище 2) чудовищность

monstrous [ˈmɒnstrəs] *a* 1) уродливый 2) исполинский, громадный 3) чудовищный; ~ **crimes** чудовищные преступления 4) *разг.* нелепый, абсурдный; **how** ~! какая нелепость!

montage [mɒnˈtɑːʒ] *n кино, радио, тлв* монтаж

month [mʌnθ] *n* месяц; **for a** ~ на месяц; **next** ~ в следующем месяце; **this day** ~ через месяц ◊ **a** ~ **of Sundays** бесконечно долгий срок, вечность

monthly I [ˈmʌnθlɪ] *n* ежемесячное издание *(журнал, газета и т. п.)*

monthly II *a* ежемесячный; месячный

monthly III *adv* ежемесячно

monument [ˈmɒnjʊmənt] *n* памятник, монумент

monumental [ˌmɒnjʊˈmentl] *a* 1) монументальный; огромный 2) поразительный, изумительный; ~ **ignorance** поразительное невежество 3) увековечивающий

moo I [muː] *n* мычание

moo II *v* мычать

mooch [muːtʃ] *v сленг* 1) болтаться, шляться без дела; лоботрясничать 2) *амер.* пить, развлекаться *и т. п.* бесплатно, задаром

mood¹ [muːd] *n* настроение; **to be in a good/bad** ~ быть в хорошем/плохом настроении; **a man of** ~s человек настроения; **in the** ~ в настроении; расположенный *(что-л. делать)*; **in no** ~ не в настроении; нерасположенный; **he's in one of his** ~s он опять не в настроении

mood² [muːd] *n* 1) *грам.* наклонение 2) *муз.* тональность

moody [ˈmuːdɪ] *a* 1) неровный, переменчивый; подверженный частым сменам настроения 2) угрюмый, в плохом настроении, не в настроении

moon I [muːn] *n* 1) луна; месяц; **full** ~ полнолуние, полная луна; **new** ~ новолуние, молодой месяц; **half** ~ полумесяц 2) *астр.* спутник (планеты) 3) лунный месяц 4) *поэт.* месяц ◊ **to cry for the** ~ желать невозможного; **once in a blue** ~ очень редко, в кои-то веки; **over the** ~ в восторге; очень счастливый

moon II *v*: **to** ~ **about/around** ходить как неприкаянный; бесцельно проводить время

moonbeam [ˈmuːnbiːm] *n* полоса лунного света

moon blindness [ˈmuːnˌblaɪndnɪs] *n мед.* куриная слепота

mooncalf [ˈmuːnkɑːf] *n* дурачок

moonlight I [ˈmuːnlaɪt] *n* 1) лунный свет 2) *attr* лунный, освещённый луной

moonlight II *v разг.* подрабатывать *(обыкн. по вечерам)*; работать по совместительству

moonlit [ˈmuːnlɪt] *a* освещённый луной, в лунном свете

moonscape [ˈmuːnskeɪp] *n* 1) поверхность луны; лунный ландшафт 2) пустырь, заброшенный участок земли, «лунный пейзаж»

moonshine [ˈmuːnʃaɪn] *n* 1) вздор, чепуха; пустые фантазии 2) *амер. сленг* самогон; контрабандные спиртные напитки

moonshiner [ˈmuːnˌʃaɪnə(r)] *n амер. сленг* 1) самогонщик 2) контрабандист, ввозящий спирт; бутлегер

moonstone [ˈmuːnstəʊn] *n* лунный камень

moonstruck [ˈmuːnstrʌk] *a сленг* помешанный, ненормальный

Moor [mʊə(r)] *n* 1) марокканец 2) *ист.* мавр

moor¹ [mʊə(r)] *n* местность, поросшая вереском; вересковая пустошь

moor² *v* причалить; пришвартовать(ся)

moorings [ˈmʊərɪŋz] *n pl мор.* 1) место стоянки 2) мёртвые якоря; швартовы

Moorish [ˈmʊərɪʃ] *a* мавританский

moorland [ˈmʊələnd] *n* местность, поросшая вереском; вересковая пустошь

moose [muːs] *n* лось

moot I [muːt] *a* спорный; **a** ~ **point** спорный вопрос

moot II *v* ставить вопрос на обсуждение

mop I [mɒp] *n* 1) швабра 2) космы *(волос)*; **a** ~ **of hair** копна волос

mop II *v* 1) мыть пол шваброй 2) вытирать, смахивать *(слёзы, пот)*

mop up 1) вытирать; осушать 2) *разг.* пожирать, поглощать; транжирить 3) уничтожать, приканчивать 4) *воен.* очищать от неприятеля, *проф.* проводить зачистку

mope I [məʊp] *n* 1) хандрящий человек 2) *pl* **(the** ~s**)** хандра

mope II *v* хандрить

moped [ˈməʊped] *n* мопед

moppet [ˈmɒpɪt] *n разг.* крошка, малютка

moraine [məˈreɪn] *n геол.* морена, ледниковое отложение

moral I [ˈmɒrəl] *n* 1) мораль, поучение; **to point the ~** поучать 2) *pl* нравственность, мораль, нравственные нормы; нравы

moral II *a* 1) моральный, нравственный, этический; **~ standards** этические нормы; **~ sense** способность различать добро и зло; **~ support** моральная поддержка; **~ victory** моральная победа 2) добродетельный; **a ~ man** высоконравственный/порядочный человек 3) нравоучительный

morale [məˈrɑːl] *n* моральное состояние

moralise [ˈmɒrəlaɪz] *v* 1) морализировать, поучать 2) исправлять нравы 3) извлекать урок *(из чего-л.)*; подчёркивать моральную сторону *(чего-л.)*

moralist [ˈmɒrəlɪst] *n* 1) моралист 2) добродетельный человек

morality [məˈrælɪtɪ] *n* 1) мораль, этика 2) *pl* нравственное поведение 3) нравоучение; **copybook ~** прописная мораль 4) *attr*: **~ play** *ист.* моралите

moralize [ˈmɒrəlaɪz] *амер. см.* **moralise**

morally [ˈmɒrəlɪ] *adv* морально, нравственно, в нравственном отношении

morass [məˈræs] *n* болото, трясина, топь

moratorium [ˌmɒrəˈtɔːrɪəm] *n* мораторий

morbid [ˈmɔːbɪd] *a* 1) склонный к чёрной меланхолии; с болезненным интересом к мрачным сторонам жизни; **~ curiosity** нездоровое любопытство 2) патологический 3) ужасный, отвратительный

morbidity [mɔːˈbɪdɪtɪ] *n* 1) склонность к чёрной меланхолии; болезненный интерес к мрачным сторонам жизни 2) заболеваемость 3) процент смертности

mordant I [ˈmɔːdənt] *n* протрава, морилка

mordant II *a* 1) колкий, язвительный 2) едкий, разъедающий

more I [mɔː(r)] *a* 1) *(compar см.* **much II**, **many II)** больший; больше; **~ sense** больше смысла 2) ещё; **five ~** ещё пять; **bring some ~ water** принесите ещё воды; **some ~ tea?** ещё чаю?

more II *adv* 1) *(compar см.* **much III)** больше, более; **the ~ the better** чем больше, тем лучше; **the ~... the ~...** чем больше..., тем больше...; **~ and** ~ всё более и более; **the ~ she gets, the ~ she wants** чем больше она имеет, тем больше ей хочется иметь; **~ or less** а) более или менее б) приблизительно; **~ than enough** более чем достаточно; **and what is ~** и что ещё важно, и что ещё важнее; **he is no ~** его нет больше, он умер

2) служит для образования сравн. ст. прил. и наречий: **~ beautiful** более красивый; **~ naturally** естественнее; **~ easily** легче 3) опять, ещё; **once ~** ещё раз; **never ~** никогда

moreen [mɒˈriːn] *n* плотная ткань в рубчик *(для портьер и т. п.)*

morel [məˈrel] *n* сморчок *(гриб)*

morello [məˈreləʊ] *n бот.* вишня кислая

moreover [mɔːˈrəʊvə(r)] *adv* кроме того, более того

mores [ˈmɔːreɪz] *n pl* нравы

Moresque [mɒˈresk] *a архит., иск.* мавританский; **~ style** мавританский стиль

morganatic [ˌmɔːɡəˈnætɪk] *a* морганатический *(о браке)*

morgue [mɔːɡ] *n* морг

moribund [ˈmɒrɪbʌnd] *a* умирающий; угасающий

Mormon [ˈmɔːmən] *n* мормон; **(m.)** *перен.* многожёнец

morn [mɔːn] *n поэт.* утро

morning [ˈmɔːnɪŋ] *n* 1) утро; **good ~!** здравствуйте!, с добрым утром!; **in the ~s** по утрам; **this ~** сегодня утром; **tomorrow ~** завтра утром 2) *поэт.* утренняя заря, восход солнца, рассвет 3) *attr* утренний; **~ papers** утренние газеты; **~ prayer** утренняя молитва ◊ **~ after** похмелье

Moroccan I [məˈrɒkən] *n* марокканец; марокканка

Moroccan II *a* марокканский

morocco [məˈrɒkəʊ] *n* 1) сафьян 2) *attr* сафьяновый

moron [ˈmɔːrɒn] *n* слабоумный

morose [məˈrəʊs] *a* мрачный, угрюмый

morphia [ˈmɔːfɪə] *уст. см.* **morphine**

morphine [ˈmɔːfiːn] *n* морфий

morphological [ˌmɔːfəˈlɒdʒɪkəl] *a* морфологический

morphology [mɔːˈfɒlədʒɪ] *n* морфология

morrow [ˈmɒrəʊ] *n книжн.* **(the ~)** следующий день; **on the ~ of** вслед за, по окончании

morse [mɔːs] *n зоол.* морж

morsel [ˈmɔːsəl] *n* кусочек

mortal I [ˈmɔːtəl] *n* человек, смертный

mortal II *a* 1) смертный 2) смертельный; **a ~ enemy/blow** смертельный враг/удар; **~ sin** смертный грех; **~ combat** смертельная битва/схватка 3) *разг.* сильный, ужасный; **in a ~ hurry** в страшной спешке 4) *разг.* смертельно скучный ◊ **it's of no ~ use** трудно вообразить, какая от этого польза

mortality [mɔːˈtælɪtɪ] *n* 1) смертность, летальность 2) смертность 3) процент смертности *(тж* **~ rate)**

mortally [′mɔːtəlɪ] *adv* смертéльно

mortar I [′mɔːtə(r)] *n* 1) известкóвый растврóр; цемéнтный растврóр 2) стýпка, стýпа 3) *воен.* мортúра; миномёт

mortar II *v* скрепля́ть известкóвым *или* цемéнтным растврóром

mortarboard [′mɔːtəbɔːd] *n* головнóй убóр с квадрáтным вéрхом у англи́йских профессóров и выпускникóв университéтов

mortgage I [′mɔːgɪʤ] *n фин.* закла́д; закладнáя; ипотéка

mortgage II *v* 1) *фин.* закла́дывать; получáть ссýду под недви́жимость 2) ручáться

mortgagee [ˌmɔːgə′ʤiː] *n фин.* кредитóр по закладнóй, залогодержáтель

mortgagor [′mɔːgɪʤə(r)] *n фин.* должни́к по закладнóй

mortician [mɔː′tɪʃ(ə)n] *n амер.* владéлец похорóнного бюрó

mortification [ˌmɔːtɪfɪ′keɪʃ(ə)n] *n* 1) униже́ние, оби́да 2) подавлéние *(чувства);* умерщвлéние *(плоти)* 3) *мед.* омертвéние

mortify [′mɔːtɪfaɪ] *v* 1) унижáть; **to feel mortified** чýвствовать себя́ глубокó уни́женным 2) подавля́ть *(чувства, страсти и т. п.);* умерщвля́ть *(плоть)* 3) *мед.* омертвéть

mortuary I [′mɔːtjʊərɪ] *n* морг

mortuary II *a* похорóнный; **~ urn** ýрна с прáхом

mosaic I [məʊ′zeɪɪk] *n* мозáика

mosaic II *a* мозаи́чный

Moslem I, II [′mɒzlem] *см.* **Muslim I, II**

mosque [mɒsk] *n* мечéть

mosquito [mɒs′kiːtəʊ] *n* 1) комáр; моски́т 2) *attr* противомоски́тный

mosquito boat [mɒs′kiːtəʊˌbəʊt] *n амер.* торпéдный кáтер

mosquito net [mɒs′kiːtəʊˌnet] *n* противомоски́тная сéтка

moss I [mɒs] *n* 1) мох 2) торфяни́к, торфянóе болóто

moss II *v* зарастáть мхом; быть покры́тым мхом

mossy [′mɒsɪ] *a* мши́стый

most I [məʊst] *n* бóльшая часть; наибóльшее коли́чество; **~ of them were missing** бóльшая часть из них пропáла; **to make the ~ of smth** испóльзовать что-л. наилýчшим óбразом

most II *a* (*superl см.* **much II, many II**) наибóльший; **in ~ cases** в большинствé слýчаев; **for the ~ part** бóльшей чáстью

most III *adv* (*superl см.* **much III**) 1) бóльше всегó 2) *служит для образования превосх. ст. прил. и наречий:* **~ interesting** сáмый/ наибóлее интерéсный; **~ probably** вероя́тнее всегó; **~ certainly** вне вся́кого сомнéния

3) óчень, весьмá; **this is ~ odd** э́то весьмá/óчень стрáнно 4): **at (the) ~** сáмое бóльшее; **three at (the) ~** сáмое бóльшее три

mostly [′məʊstlɪ] *adv* бóльшей чáстью, глáвным óбразом; обы́чно

mote [məʊt] *n* пыли́нка

motel [məʊ′tel] *n* мотéль

motet [məʊ′tet] *n* песнопéние

moth [mɒθ] *n* 1) моль 2) мотылёк; **like a ~ to a candle flame** как мотылёк на плáмя свечи́; *перен.* привлечённый кем-л. *или* чем-л.

mothball [′mɒθbɔːl] *n* нафтали́новый шáрик (от мóли)

moth-eaten [′mɒθˌiːtn] *a* 1) изъéденный, поби́тый мóлью 2) устарéвший, допотóпный

mother I [′mʌðə(r)] *n* 1) мать; мáма; **expectant ~** бýдущая мать, берéменная жéнщина (*тж* **mother-to-be**); **adoptive ~** приёмная мать 2) **(M. Superior)** мать-настоя́тельница 3) *attr* роднóй *(о языке, стране);* **~ tongue** роднóй язы́к; **~ country** а) рóдина, отéчество б) метропóлия

mother II *v* 1) быть мáтерью 2) забóтиться как мать 3) давáть начáло *(чему-л.)*

motherboard [′mʌðəbɔːd] *n вчт* объедини́тельная плáта; систéмная плáта, *проф.* матери́нская плáта

motherhood [′mʌðəhʊd] *n* матери́нство

mother-in-law [′mʌðərɪnlɔː] *n* (*pl* **mothers-in-law**) тёща; свекрóвь

motherland [′mʌðəlænd] *n* рóдина, отéчество

motherless [′mʌðəlɪs] *a* лишённый мáтери, без мáтери

motherly [′mʌðəlɪ] *a* матери́нский

mother-of-pearl I [′mʌðərəv′pɜːl] *n* перламýтр

mother-of-pearl II *a* перламýтровый

mothproof [′mɒθpruːf] *a* защищённый от мóли *(об одежде)*

mothy [′mɒθɪ] *a* пóлный мóли *(о шкафе, одежде и т. п.)*

motif [məʊ′tiːf] *n* лейтмоти́в, основнáя идéя

motion I [′məʊʃ(ə)n] *n* 1) движéние; ход; **forward/seesaw ~** движéние вперёд/колебáтельное движéние; **to set/to put in ~** приводи́ть в движéние 2) телодвижéние, жест 3) предложéние *(в комитете, на собрании);* **to bring forward a ~** вноси́ть предложéние; **the ~ was carried** предложéние бы́ло при́нято 4) *юр.* запрóс в суд 5) *физиол.* стул, испражнéния

motion II *v* показáть, пригласи́ть, помани́ть жéстом; **he ~ed me to a seat** он жéстом пригласи́л меня́ сесть

motional [′məʊʃ(ə)nl] *a* 1) дви́гательный 2) дви́жущий

motionless [´məʊʃ(ə)nlɪs] *a* неподви́жный; без движе́ния

motion picture [´məʊʃ(ə)n´pɪktʃə(r)] *n амер.* кинокарти́на, фильм

motion sickness [´məʊʃ(ə)n͵sɪknɪs] *n амер.* морска́я боле́знь; ука́чивание

motivate [´məʊtɪveɪt] *v* 1) мотиви́ровать, служи́ть моти́вом; служи́ть причи́ной, по́водом 2) побужда́ть

motivation [͵məʊtɪ´veɪʃ(ə)n] *n* 1) побужде́ние, мотива́ция 2) мотивиро́вка; изложе́ние моти́вов 3) побуди́тельные моти́вы

motive I [´məʊtɪv] *n* 1) моти́в, побужде́ние; по́вод 2) *см.* **motif**

motive II *a* 1) дви́жущий 2) дви́гательный

motive III *v см.* **motivate**

motiveless [´məʊtɪvlɪs] *a* не име́ющий основа́ния, беспочве́нный

motley I [´mɒtlɪ] *n* 1) пёстрая, невообрази́мая смесь 2) *ист.* шутовско́й костю́м; **to wear the** ~ быть шуто́м, разы́грывать шута́

motley II [´mɒtlɪ] *a* 1) разноцве́тный, пёстрый 2) разноше́рстный; ~ **crowd** пёстрая толпа́

motor I [´məʊtə(r)] *n* 1) мото́р; дви́гатель 2) автомоби́ль, маши́на

motor II *a* 1) дви́гательный; ~ **neurone disease** *мед.* атрофи́я дви́гательных нейро́нов, мы́шечная атрофи́я 2) автомоби́льный, мото́рный; ~ **racing** автого́нки (*амер.* **auto racing**); ~ **vehicle** автомоби́ль; тра́нспортное сре́дство

motor III *v* е́хать, везти́ на автомоби́ле

motor bicycle [´məʊtə͵baɪsɪkl] *n* 1) мотоци́кл 2) мопе́д

motorbike [´məʊtəbaɪk] *разг. см.* **motor bicycle**

motorboat [´məʊtəbəʊt] *n* мото́рная ло́дка, мото́рка

motorcade [´məʊtəkeɪd] *n* корте́ж автомоби́лей; автоколо́нна

motor car [´məʊtəka:(r)] *n* 1) *уст.* легково́й автомоби́ль, легкова́я маши́на 2) *амер.* мото́рный ваго́н (электропо́езда)

motorcycle [´məʊtə͵saɪkl] *n* мотоци́кл

motorcyclist [´məʊtə͵saɪklɪst] *n* мотоцикли́ст

motoring [´məʊtərɪŋ] *n* 1) автомоби́льное де́ло, автоде́ло 2) автомоби́льный спорт 3) *attr* автомоби́льный, авто-; ~ **school** автошко́ла, ку́рсы вожде́ния, води́тельские ку́рсы

motorist [´məʊtərɪst] *a* автомобили́ст

motorize [´məʊtəraɪz] *v* моторизи́ровать

motorman [´məʊtəmən] *n* машини́ст

motormouth [´məʊtə͵maʊs] *n сленг* болту́н, болтли́вый челове́к

motorway [´məʊtəweɪ] *n* автостра́да (*обыкн. с транспортными развязками; в Великобритании обозначается M1, M2 и т. п.*)

mottle I [´mɒtl] *n* кра́пинка, пя́тнышко

mottle II *v* покрыва́ть кра́пинками, пя́тнышками; испещря́ть

mottled [´mɒtld] *a* покры́тый кра́пинками, пя́тнышками; испещрённый

motto [´mɒtəʊ] *n* 1) деви́з 2) эпи́граф

moufflon [´mu:flɒn] *n зоол.* муфло́н

mould¹ I [məʊld] *n* 1) (лите́йная) фо́рма; шабло́н; ма́трица 2) фо́рмочка (*для пудинга и т. п.*) 3) склад хара́ктера ◊ **cast in the same** ~ одина́ковый, похо́жий; одного́ скла́да

mould¹ II *v* 1) формова́ть; отлива́ть в фо́рму 2) лепи́ть; **to** ~ **smth in/out of clay** лепи́ть что-л. из гли́ны 3) де́лать по шабло́ну; создава́ть по образцу́ (*on, upon*) 4) формирова́ть хара́ктер *и т. п.*; **to** ~ **policy** формирова́ть поли́тику 5) превраща́ть в (*into*)

mould² I *n* 1) взрыхлённая по́чва; **man of** ~ просто́й сме́ртный 2) перегно́й, гу́мус

mould² II *v* рыхли́ть зе́млю

mould up оку́чивать

mould³ I *n* пле́сень

mould³ II *v* пле́сневеть

moulder¹ [´məʊldə(r)] *v* 1) рассыпа́ться (в прах), разлага́ться (*тж* **to** ~ **away**) 2) распада́ться, приходи́ть в упа́док

moulder² *n* 1) лите́йщик; формо́вщик 2) созда́тель

moulding [´məʊldɪŋ] *n* 1) *обыкн. pl архит.* лепно́е украше́ние 2) лепна́я ра́ма 3) *авто* мо́лдинг

mouldy [´məʊldɪ] *a* 1) запле́сневелый; ~ **bread** хлеб, покры́тый пле́сенью 2) устаре́лый; давно́ вы́шедший из мо́ды 3) *разг.* ску́чный, надое́вший

moult I [məʊlt] *n* ли́нька (*у птиц, животных*)

moult II *v* линя́ть (*о птицах, животных*)

mound¹ [maʊnd] *n* на́сыпь; курга́н; холм

mound² *n* держа́ва (*эмблема*)

mount¹ I [maʊnt] *n* 1) подло́жка; паспарту́; опра́ва 2) верхова́я ло́шадь 3) *тех.* держа́тель, патро́н

mount¹ II *v* 1) поднима́ться (*в гору, по лестнице и т. п.*); взбира́ться; **to** ~ **a ladder** взбира́ться по ле́стнице 2) сади́ться верхо́м; сажа́ть на ло́шадь; оседла́ть; **to** ~ **a horse/a bicycle** сади́ться на ло́шадь/на велосипе́д 3) увели́чиваться, нараста́ть (*тж* **to** ~ **up**); **excitement was** ~**ing** волне́ние нараста́ло 4) устана́вливать (*на возвышение*); помеща́ть (*на подложку и т. п.*) 5) оправля́ть, вставля́ть в ра́му, опра́ву 6) устраивать *(просмотр пьесы, выставку и т. п.)* 7) начина́ть *(выступление, кампанию)*; **to ~ an attack** атакова́ть, идти́ в ата́ку 8) устана́вливать (ору́дие) 9) набива́ть чу́чело

mount² *n перед названием* гора́; **M. Everest** гора́ Эвере́ст

mountain [ˈmauntɪn] *n* 1) гора́ 2) ма́сса, мно́жество; **a ~ of work** гора́ дел, ку́ча дел 3) *attr* го́рный; **~ bike** а) го́рный велосипе́д б) ма́унтин-байк, го́рный велосипе́д *(вид спорта)* ◊ **to move ~s** верши́ть чудеса́, го́ры свора́чивать; **to make ~s out of a molehills** де́лать из му́хи слона́

mountaineer [ˌmauntɪˈnɪə(r)] *n* 1) альпини́ст 2) го́рец

mountaineering [ˌmauntɪˈnɪərɪŋ] *n* альпини́зм

mountainous [ˈmauntɪnəs] *a* 1) гори́стый 2) огро́мный

mountain range [ˈmauntɪn reɪndʒ] *n* го́рная цепь

mountebank [ˈmauntɪbæŋk] *n* шарлата́н

mounted [ˈmauntɪd] *a* 1) верхово́й, ко́нный; **~ police** ко́нная поли́ция 2) моторизо́ванный

mounting [ˈmauntɪŋ] *n* 1) устано́вка, монта́ж 2) опра́ва 3) наби́вка чу́чела

mourn [mɔːn] *v* опла́кивать; скорбе́ть; **to ~ smb's death** опла́кивать чью́-л. смерть

mourner [ˈmɔːnə(r)] *n* 1) прису́тствующий на похорона́х 2) пла́кальщик

mournful [ˈmɔːnful] *a* ско́рбный; тра́урный; мра́чный

mourning [ˈmɔːnɪŋ] *n* 1) тра́ур; **to wear ~ for smb** носи́ть тра́ур по кому́-л.; **in ~** в тра́уре 2) *attr* тра́урный

mouse I [maus] *n (pl* **mice)** 1) мышь; **harvest ~** полева́я мышь 2) *вчт* (компью́терная) мышь; **~ click** щелчо́к кно́пкой мы́ши, нажа́тие кно́пки мы́ши; **~ pad** ко́врик для мы́ши 3) *сленг* подби́тый глаз

mouse II [mauz] *v* 1) лови́ть мыше́й 2) высле́живать

mousetrap [ˈmaustræp] *n* мышело́вка

moussaka [muˈsɑːkə] *n* муса́ка *(греческое блюдо из мясного фарша, баклажан и сыра)*

mousse [muːs] *n* 1) *кул.* мусс *(1. сладкое блюдо из взбитых сливок, яиц, фруктов или шоколада 2. мясное или рыбное пюре, сбитое со сливками и специями)* 2) мусс, сре́дство для укла́дки воло́с

mousseline [muːsˈliːn] *n* 1) мусли́н *(ткань)* 2) со́ус из яиц и сли́вок

moustache [məˈstɑːʃ] *n* усы́

mousy [ˈmauzɪ] *a* 1) похо́жий на мышь; мыши́ный 2) мыши́ного цве́та 3) ро́бкий

mouth¹ [mauθ] *n* 1) рот; **by word of ~** у́стно; **from ~ to ~** из уст в уста́; **keep your ~ shut!** *груб.* замолчи́!, заткни́сь! 2) (входно́е) отве́рстие; горлови́на; вход *(в пещеру и т. п.)* 3) у́стье *(реки)* 4) *разг.* болтли́вость, многосло́вие 5) *разг.* наха́льство 6) едо́к ◊ **to stop smb's ~** затыка́ть рот кому́-л.; **to put words into smb's ~** внуша́ть кому́-л. свои́ мы́сли; **she took the words out of my ~** она́ сло́вно чита́ла мои́ мы́сли; **down in the ~** в уны́нии, в плохо́м настрое́нии; **to give ~** подава́ть го́лос *(о собаке)*; **to open one's ~ wide** заломи́ть це́ну; ожида́ть сли́шком мно́гого

mouth² *v* 1) изрека́ть, говори́ть высокопа́рно 2) чётко выгова́ривать слова́ 3) брать, класть в рот 4) грима́сничать 5) приуча́ть ло́шадь к узде́

mouthful [ˈmauθful] *n* кусо́к; глото́к ◊ **to say a ~** сказа́ть что-л. ва́жное

mouth organ [ˈmauθ ˌɔːgən] *n* губна́я гармо́ника *(тж* **harmonica)**

mouthpiece [ˈmauθpiːs] *n* 1) мундшту́к 2) микрофо́н 3) вырази́тель, ру́пор *(мнений, интересов каких-л. групп)* 4) *амер. разг.* адвока́т

mouth-to-mouth [ˈmauθtəˌmauθ] *n мед.* иску́сственное дыха́ние «рот в рот» *(тж* **~ resuscitation)**

mouthwash [ˈmauθwɒʃ] *n* 1) полоска́ние для рта 2) *разг.* чушь, ерунда́

mouthy [ˈmauʒɪ] *a* 1) многоречи́вый, многосло́вный 2) напы́щенный

movable [ˈmuːvəbl] *a* 1) подвижно́й; передвижно́й 2) *юр.* дви́жимый *(об имуществе)*

movables [ˈmuːvəblz] *n pl* 1) дви́жимость, дви́жимое иму́щество 2) ли́чное иму́щество

move I [muːv] *n* 1) движе́ние, де́йствие; **on the ~** а) на ходу́; в движе́нии б) в разви́тии 2) перее́зд *(на другое место, другую кварти́ру)* 3) шаг, посту́пок; а́кция; **to make a ~** предпринима́ть что-л. 4) ход *(в игре)* 5) перемеще́ние, пересы́лка ◊ **to get a ~ on** *разг.* спеши́ть

move II *v* 1) дви́гать, передвига́ть; передвига́ться 2) де́лать ход *(в игре)*, дви́гать фигу́ры 3) перевози́ть; переезжа́ть; **to ~ furniture** перевози́ть ме́бель 4) враща́ться *(в обществе)*; **to ~ in artistic circles** враща́ться в артисти́ческих круга́х 5) (рас)тро́гать; волнова́ть; вызыва́ть *(смех, гнев и т. п.)*; **to be deeply ~d** быть глубоко́ тро́нутым; **to ~ to tears** растро́гать до слёз 6) побужда́ть; **what ~d you to change your mind?** что заста́вило вас измени́ть мне́ние? 7) вноси́ть *(предложение и т. п.)* 8) расти́, разви-

517

ва́ться 9) де́йствовать, предпринима́ть *(что-л.);* **they ~d to reduce unemployment** они́ предпринима́ли ме́ры для уменьше́ния безрабо́тицы 10) *физиол.* вызыва́ть де́йствие (кише́чника)

move about передвига́ть(ся); перемеща́ть(ся)

move ahead продвига́ться вперёд; идти́ впереди́

move along проходи́ть, идти́ да́льше

move away 1) расходи́ться; уезжа́ть 2) уе́хать *(из какого-л. места)* 3) перемени́ть мне́ние, то́чку зре́ния

move forward 1) дви́гаться вперёд, продвига́ться 2) улучша́ться, продвига́ться

move in 1) въезжа́ть в (но́вый) дом; заселя́ть 2) вводи́ть *(войска, подкрепления)*

move off 1) отходи́ть 2) отодвига́ть

move on 1) отправля́ться в путь 2) продвига́ть вперёд 3) продолжа́ть движе́ние

move out 1) выселя́ть(ся), съезжа́ть *(с квартиры)* 2) отправля́ться в путь

move over уступи́ть своё ме́сто, свою́ до́лжность

move up 1) продвига́ться вверх 2) потесни́ться, пододви́нуться, придви́нуться 3) идти́ на повыше́ние *(по службе)* 4) продви́нуть *(войска)* вперёд

move upwards улучша́ться, расти́

movement [ˈmuːvmənt] *n* 1) движе́ние; передвиже́ние; перее́зд; **spontaneous ~** поры́в 2) телодвиже́ние 3) (обще́ственное) движе́ние 4) *pl* чьи-л. передвиже́ния, де́йствия 5) *ком.* оживле́ние *(на рынке)*; измене́ние цен 6) ход *(машины, механизма)* 7) разви́тие де́йствия *(в литературном произведении)* 8) (самостоя́тельная) часть музыка́льного произведе́ния 9) *физиол.* дефека́ция *(тж* **bowel ~)**

mover [ˈmuːvə(r)] *n* 1) дви́жущая си́ла 2) инициа́тор *(предложения и т. п.)* 3) *амер.* перево́зчик ме́бели 4) а́втор уда́чной иде́и 5) *авто* тяга́ч *(тж* **prime ~)** ◊ **~ and shaker** влия́тельная персо́на; нача́льник

movie [ˈmuːvɪ] *n амер.* кинофи́льм; телефи́льм

movies [ˈmuːvɪz] *n амер.* **(the ~)** 1) киноиндустри́я 2) кинотеа́тр *(тж* **movie theater)**

moving [ˈmuːvɪŋ] *a* 1) дви́жущий(ся); **~ van** *амер.* автомоби́ль-эвакуа́тор 2) тро́гательный, волну́ющий

mow I [məʊ] *n амер.* 1) стог, скирда́ 2) сенова́л

mow II *v* **(mowed; mowed, mown)** коси́ть (траву́)

mow down коси́ть, убива́ть, уничтожа́ть *(в больших количествах)*

mow off ска́шивать, выка́шивать

mower [ˈməʊə(r)] *n* 1) косе́ц, коса́рь 2) сенокоси́лка; газонокоси́лка *(тж* **lawnmower)**

mown [məʊn] *p. p. см.* **mow II**

MP *сокр.* 1) **(Member of Parliament)** член парла́мента 2) **(military police)** вое́нная поли́ция

m.p. *сокр.* **(melting point)** то́чка плавле́ния

MP3 [ˌem piːˈθriː] *сокр. n вчт* 1) спо́соб сжа́тия звуково́й, осо́бенно музыка́льной, информа́ции, в файл *(для уменьшения её объёма и последующей передачи по электронной почте или сети Интернет)* 2) файл, со́зданный при по́мощи техноло́гии MP3 3) *attr:* **~ player** MP3-плéер *(устройство для воспроизведения MP3-файлов)*

mph. *сокр.* **(miles per hour)** миль в час

MPhil. *сокр.* **(Master of Philosophy)** маги́стр филосо́фии

Mr [ˈmɪstə(r)] *сокр.* **(mister)** ми́стер, господи́н

MRBM *сокр.* **(medium-range ballistic missile)** баллисти́ческая раке́та сре́днего ра́диуса де́йствия

Mrs [ˈmɪsɪz] *сокр.* **(mistress)** ми́ссис, госпожа́

MS *сокр.* 1) **(manuscript)** ру́копись 2) **(Master of Science)** маги́стр (есте́ственных) нау́к 3) **(Master of Surgery)** маги́стр хирурги́и 4) **(motor ship)** *амер.* теплохо́д 5) **(multiple sclerosis)** *мед.* рассе́янный склеро́з

Ms *сокр.* [məz; mɪz] госпожа́ *(независимо от семейного положения)*

MSc. *сокр.* **(Master of Science)** маги́стр (есте́ственных) нау́к

MS-DOS *сокр.* **(Microsoft Disk Operating System)** *вчт фирм.* ди́сковая операцио́нная систе́ма фи́рмы Ма́йкрософт, «МС-ДОС»

MSS *сокр.* **(manuscripts)** ру́кописи

Mt. *сокр.* **(Mount)** гора́

MTech. *сокр.* **(Master of Technology)** маги́стр техни́ческих нау́к

MTV [ˌem tiːˈviː] *сокр.* **(music television)** МТВ, «Эм-ти-ви́» *(амер. телевещательная музыкальная компания)*

much I [mʌtʃ] *n* мно́гое; мно́го; **~ of what they said is true** мно́гое из того́, что они́ сказа́ли, справедли́во; **how ~ does it cost?** ско́лько э́то сто́ит?; **I don't see ~ of him** я его́ ре́дко ви́жу; **it's too ~** э́то уж сли́шком; **to make ~ of smth** быть высо́кого мне́ния о чём-л., придава́ть большо́е значе́ние чему́-л.; **not ~ of a...** плохо́й, нева́жный; **not ~ of a painter** плохо́й худо́жник; **not ~ to look at** не тако́й уж краси́вый; **I expected as ~** я и́менно э́того и ожида́л

much II *a* (*compar* **more;** *superl* **most**) мно́го; **there's not ~ food in the house** в до́ме оста́-

лось мало продуктов; **twice as ~ money** в два раза больше денег; **very ~** очень, очень даже

much III *adv* (*compar* **more**; *superl* **most**) 1) очень; **I'm ~ obliged to you** я вам очень обязан 2) много, гораздо, больше (*служит для усиления сравн. ст.*); **~ better** гораздо лучше; **~ taller** гораздо выше 3) почти; **~ of a size** почти того же размера; **they're ~ of an age** они примерно одного возраста ◊ **so ~ for your help** и ты считаешь это помощью?; **a bit ~** чересчур; **as ~ as to say** как бы желая сказать

muchness ['mʌtʃnɪs] *n*: **much of a ~** почти такой же, почти одинаковый

mucilage ['mju:sɪlɪdʒ] *n* клейкое вещество (*растений*); растительный клей

muck I [mʌk] *n* 1) навоз 2) грязь; мусор 3) *разг.* мерзость ◊ **to make a ~ of things** *разг.* всё перепутать, испортить

muck II *v* 1) чистить (*конюшню и т. п.*) 2) пачкать, грязнить 3) унавоживать
muck about *разг.* 1) слоняться 2) возиться
muck in взяться (*за дело*) всем вместе
muck up *разг.* напортить, напортачить

mucker ['mʌkə(r)] *n сленг* 1) приятель 2) *амер.* хам 3) тяжёлое падение ◊ **to come a ~** попасть в беду

muckrake ['mʌkreɪk] *v* заниматься сбором грязных сплетен (*особ. об известных людях*), копаться в грязном белье; «разгребать грязь»

mucky ['mʌkɪ] *a* грязный, загрязнённый

mucous ['mju:kəs] *a* слизистый; **~ membrane** *анат.* слизистая оболочка

mucus ['mju:kəs] *n* слизь

mud [mʌd] *n* грязь (*тж перен.*); слякоть; **to stick/to get stuck in the ~** завязнуть; **to throw ~ at smb** обливать кого-л. грязью

muddle I ['mʌdl] *n* беспорядок; путаница; неразбериха; **to make a ~ of** спутать, перепутать (*что-л.*); **things got into a ~** всё так запуталось

muddle II *v* 1) путать, вносить беспорядок (*тж* **to ~ up, to ~ together**) 2) сбивать с толку 3) не справляться, делать кое-как 4) возиться
muddle along/on кое-как справляться
muddle through с грехом пополам довести дело до конца
muddle up перепутать, спутать

muddle-headed ['mʌdl‚hedɪd] *a* бестолковый

muddy I ['mʌdɪ] *a* 1) грязный, в грязи, забрызганный грязью; запачканный 2) мутный; тусклый; дымчатый 3) помутившийся (*о рассудке*)

muddy II *v* 1) запачкать в грязи, забрызгать грязью 2) (за)мутить

mudflap ['mʌd‚flæp] *амер. см.* **mudguard**

mud-flat ['mʌdflæt] *n* берег моря, обнажаемый при отливе

mudguard ['mʌdgɑ:d] *n* авто брызговик

mudpack ['mʌdpæk] *n* косметическая маска, содержащая глину

mud-slinging ['mʌd‚slɪŋɪŋ] *n разг.* очернительство, клевета

muesli ['mu:zlɪ] *n кул.* мюсли

muezzin [mu:'ezɪn] *n рел.* муэдзин (*служитель мечети, призывающий мусульман на молитву*)

muff¹ [mʌf] *n* муфта (*тж тех.*)

muff² I *n* 1) неловкий, нескладный человек 2) промах

muff² II *v* 1) напортить, напортачить 2) промахнуться, промазать

muffin ['mʌfɪn] *n* круглая сдобная булочка

muffle ['mʌfl] *v* 1) закутывать, укутывать (*часто* **to ~ up**) 2) заглушать (*крик, шум и т. п.*)

muffler ['mʌflə(r)] *n* 1) *уст.* шарф, кашне 2) *муз.* сурдинка 3) *тех. амер.* глушитель

mufti ['mʌftɪ] *n рел.* муфтий (*высшее духовное лицо государства у мусульман-суннитов*); **in ~** *уст.* не в форме, в штатском

mug¹ I [mʌg] *n* 1) кружка 2) *сленг* морда, рыло; рот 3) *сленг* простак, простофиля; дурачок 4) *амер. сленг* вор; гангстер, бандит; **~ shot** фотография для полицейских архивов

mug¹ II *v* 1) нападать на улице (*о хулиганах*) 2) хватать за горло, душить 3) *сленг* гримасничать, строить рожи, кривляться (*особ. перед публикой, телекамерой*)

mug² *v сленг* зубрить (*тж* **to ~ up**)

mugger ['mʌgə(r)] *n сленг* вор, грабитель

muggins ['mʌgɪnz] *n разг.* простофиля; дурачок

muggy ['mʌgɪ] *a* влажный, душный, удушливый; **it's ~ today** сегодня душно

mugwump ['mʌgwʌmp] *n амер.* 1) влиятельная персона; босс 2) независимый член партии

mulatto I [mju:'lætəʊ] *n* мулат; мулатка

mulatto II *a* смуглый (как мулат)

mulberry ['mʌlbərɪ] *n* 1) *бот.* шелковица, тутовое дерево 2) тутовая ягода 3) *attr* тёмнокрасный

mulch I [mʌlʃ] *n с.-х.* мульча

mulch II *v с.-х.* мульчировать

mulct I [mʌlkt] *n* штраф

mulct II *v* 1) штрафовать 2) выманивать, обманом отнимать (*of*)

mule[1] [mju:l] *n* 1) мул 2) тупи́ца, осёл; упря́мец; **as stubborn as a ~** упря́мый как осёл 3) гибри́д, по́месь *(часто употр. как attr)*

mule[2] *n* ту́фля без за́дника, шлёпанец

muleteer [ˌmju:lɪˈtɪə(r)] *n* пого́нщик му́лов

mulish [ˈmju:lɪʃ] *a* упря́мый (как осёл)

mull[1] [mʌl] *v* обду́мывать, размышля́ть *(часто to ~ over)*

mull[2] *v* подогрева́ть вино́ с пря́ностями; гото́вить глинтве́йн

mull[3] *n* мусли́н *(ткань)*

mullah [ˈmʌlə] *n* рел. мулла́

mullet [ˈmʌlɪt] *n*: **red ~** барабу́лька *(рыба)*; **grey ~** кефа́ль *(рыба)*

multi- [ˈmʌltɪ-] *pref* со значением много-; мульти-; **multilingual** многоязы́чный; разноязы́кий; **multicolour** многоцве́тный, многокра́сочный

multiaccess I [ˌmʌltɪˈækses] *n* вчт коллекти́вный, мно́жественный до́ступ, мультидо́ступ

multiaccess II *a* вчт коллекти́вного по́льзования; с мно́жественным до́ступом

multichannel [ˌmʌltɪˈtʃænəl] *a* многокана́льный

multifarious [ˌmʌltɪˈfɛərɪəs] *a* разнообра́зный

multiform [ˈmʌltɪfɔ:m] *a* многообра́зный

multilateral [ˌmʌltɪˈlætərəl] *a* многосторо́нний *(о соглашении, конференции и т. п.)*

multilayer I [ˌmʌltɪˈleɪə] *n* физ. мультисло́й, полимолекуля́рный слой

multilayer II *a* многосло́йный; многоя́русный

multilevel [ˌmʌltɪˈlev(ə)l] *a* многоу́ровневый

multimedia I [ˌmʌltɪˈmi:dɪə] *n* 1) вчт ко́мплексное представле́ние информа́ции, мультиме́диа 2) ко́мплекс средств ма́ссовой информа́ции

multimedia II *a* 1) мультимеди́йный 2) охва́тывающий *или* испо́льзующий не́сколько средств ма́ссовой информа́ции

multimeter [mʌltɪˈmɪtə] *n* тех. универса́льный измери́тельный прибо́р, мультиме́тр

multimillionaire [ˌmʌltɪmɪljəˈneə(r)] *n* мультимиллионе́р

multinational I [ˌmʌltɪˈnæʃ(ə)nəl] *n* транснациона́льная корпора́ция, ТНК

multinational II *a* 1) многонациона́льный 2) транснациона́льный *(о корпорации, компании)*

multinomial [ˌmʌltɪˈnəʊmɪəl] *n* мат. многочле́н

multiple I [ˈmʌltɪpl] *n* мат. кра́тное число́; **least/lowest common ~** наиме́ньшее о́бщее кра́тное

multiple II *a* 1) составно́й; име́ющий мно́го часте́й; соединённый; **~ shop** амер. магази́н, входя́щий в сеть магази́нов одно́й фи́рмы, сетево́й магази́н *(амер. ~ store)* 2) многочи́сленный; многообра́зный; **~ pile-up** авто ава́рия, в кото́рой пострада́ли не́сколько автомоби́лей 3) мат. кра́тный

multiple sclerosis [ˈmʌltɪpl skleˈrəʊsɪs] *n* мед. рассе́янный склеро́з

multiplex I [ˈmʌltɪpleks] *n* многоза́льный кинотеа́тр, мультипле́кс *(тж ~ cinema)*

multiplex II *a* 1) сло́жный 2) многокра́тный

multiplicand [ˌmʌltɪplɪˈkænd] *n* мат. мно́жимое

multiplication [ˌmʌltɪplɪˈkeɪʃ(ə)n] *n* 1) мат. умноже́ние 2) увеличе́ние; биол. размноже́ние 3) attr: **~ table** табли́ца умноже́ния; **~ sign** знак умноже́ния

multiplicity [ˌmʌltɪˈplɪsɪtɪ] *n* 1) разнообра́зие 2) многочи́сленность

multiplier [ˈmʌltɪplaɪə(r)] *n* мно́житель, коэффицие́нт

multiply [ˈmʌltɪplaɪ] *v* 1) мат. умножа́ть, мно́жить 2) биол. размножа́ться 3) увели́чивать(ся)

multipolar [ˌmʌltɪˈpəʊlə(r)] *a* многополя́рный

multiprocessing [ˌmʌltɪˈprəʊsesɪŋ] *n* вчт многопроце́ссорная обрабо́тка

multi-purpose [ˌmʌltɪˈpɜ:pəs] *a* многоцелево́й

multi-role [ˌmʌltɪˈrəʊl] *a* многофункциона́льный

multi-stage [ˈmʌltɪsteɪdʒ] *a* многоступе́нчатый *(о ракете и т. п.)*

multi-storey I [ˌmʌltɪˈstɔ:rɪ] *n* многоэта́жный дом

multi-storey II *a* многоэта́жный

multitude [ˈmʌltɪtju:d] *n* 1) мно́жество; ма́сса; **a ~ of people** ма́сса/то́лпы наро́да 2) **(the ~)** просты́е лю́ди, наро́д

multitudinous [ˌmʌltɪˈtju:dɪnəs] *a* многочи́сленный

multi-user [ˌmʌltɪˈusə] *a* вчт многоабоне́нтский; многопо́льзовательский

mum[1] [mʌm] *a* разг. молчали́вый; **to keep ~** пома́лкивать ◊ **~'s the word** об э́том ни сло́ва

mum[2] *n* разг. ма́ма, ма́мочка

mum[3] *v* уча́ствовать в пантоми́ме; пока́зывать пантоми́му

mumble I [ˈmʌmbl] *n* бормота́нье

mumble II *v* 1) бормота́ть 2) с трудо́м жева́ть

mumbo-jumbo [ˌmʌmbəʊˈdʒʌmbəʊ] *n* 1) тараба́рщина; бессмы́слица 2) объе́кт поклоне́ния, и́дол

mummer [ˈmʌmə(r)] *n* уча́стник пантоми́мы

mummery [ˈmʌməгɪ] *n* 1) *презр.* нелепая церемония, фарс 2) пантомима

mummify [ˈmʌmɪfaɪ] *v* 1) мумифицировать, превращать в мумию 2) сморщиваться, ссыхаться; мумифицироваться

mummy¹ [ˈmʌmɪ] *n разг.* мама, мамочка

mummy² *n* 1) мумия 2) мумия *(минеральная краска)* 3) мумиё

mumps [mʌmps] *n* 1) *мед.* эпидемический паротит, *разг.* свинка 2) хандра, плохое настроение

munch [mʌntʃ] *v* чавкать, хрустеть, грызть

mundane [ˈmʌndeɪn] *a* 1) банальный, расхожий; ~ **tasks** *вчт* повседневные/рутинные задачи 2) светский, мирской

municipal [mjuːˈnɪsɪpəl] *a* 1) муниципальный; ~ **elections** муниципальные выборы 2) самоуправляющийся

municipality [mjuːˌnɪsɪˈpælɪtɪ] *n* 1) город, район с самоуправлением 2) муниципалитет

munificence [mjuːˈnɪfɪsns] *n* щедрость

munificent [mjuːˈnɪfɪsnt] *a* очень щедрый *(о подарке или дарителе)*

munition I [mjuːˈnɪʃ(ə)n] *n обыкн. pl* боеприпасы; снаряжение

munition II *v* снабжать армию

mural I [ˈmjʊərəl] *n* стенная живопись, стенная роспись; фреска

mural II *a* стенной

murder I [ˈmɜːdə(r)] *n* (преднамеренное) убийство; **to commit** ~ совершить убийство ◊ **to cry blue** ~ поднять страшную тревогу; завопить что есть силы; ~ **will out** *посл.* ≅ шила в мешке не утаишь; **to get away with** ~ *разг.* ≅ как с гуся вода

murder II *v* 1) убивать, совершать убийство 2) уродовать, коверкать; очень плохо исполнять *(пьесу, этюд и т. п.)*

murderer [ˈmɜːdərə(r)] *n* убийца

murderous [ˈmɜːdərəs] *a* 1) убийственный, смертельный 2) кровавый, кровожадный

murk I [mɜːk] *n* 1) темнота, мрак 2) непроглядная пелена *(тумана, дождя)*

murk II *a диал., поэт.* тёмный, мрачный

murky [ˈmɜːkɪ] *a* тёмный, сумрачный; **a** ~ **night** глухая/тёмная ночь; ~ **water** мутная вода

murmur I [ˈmɜːmə(r)] *n* 1) неясный шум; журчание; шорох, шёпот, шелест; жужжание 2) приглушённые голоса 3) ворчание, бормотание

murmur II *v* 1) журчать; шелестеть; жужжать 2) шептать; бормотать; ворчать 3) роптать *(на — at, against)*

murphy [ˈmɜːfɪ] *n сленг* картофелина, картошка

murrain [ˈmʌrɪn] *n* чума *(рогатого скота)*

Mus. B. *сокр.* (**Bachelor of Music**) бакалавр музыки *(тж* **Mus. Bac.**)

muscat [ˈmʌskət] *n* мускат *(сорт винограда и вино из этого винограда)*

muscle [ˈmʌsl] *n* 1) мускул, мышца; **facial** ~ лицевой мускул; **not to move a** ~ оставаться неподвижным; ≅ ни один мускул не дрогнул; **to pull** ~ *разг.* потянуть мышцу 2) физическая сила

muscology [mʌsˈkɒlədʒɪ] *n* бриология *(наука о мхах)*

Muscovite I [ˈmʌskəvaɪt] *n* 1) москвич; москвичка 2) *уст.* русский

Muscovite II *a* 1) московский 2) *уст.* русский

muscular [ˈmʌskjʊlə(r)] *a* 1) мускульный, мышечный; ~ **dystrophy** мышечная дистрофия 2) мускулистый

musculature [ˈmʌskjʊlətʃə(r)] *n* мускулатура

Mus. D. *сокр.* (**Doctor of Music**) доктор музыки *(тж* **Mus. Doc.**)

muse¹ [mjuːz] *n* (**M**) муза

muse² **I** *n уст.* задумчивость

muse² **II** *v* 1) размышлять, раздумывать *(над — on, upon, over)* 2) задумчиво, мечтательно смотреть *(на — on)*

museum [mjuːˈzɪəm] *n* 1) музей 2) *attr:* ~ **piece** музейный экспонат *(тж перен.)*

mush [mʌʃ] *n* 1) кашица, масса 2) *амер.* кукурузная каша 3) сентиментальный вздор

mushroom I [ˈmʌʃrʊm] *n* 1) гриб 2) *attr* грибной; грибовидный; ~ **cloud** грибовидное облако *(от ядерного взрыва)* 3) *attr* быстрорастущий, растущий как грибы; ~ **growth** быстрый рост, быстрое развитие

mushroom II *v* 1) быстро расти, быстро развиваться 2) распространяться в виде шляпки гриба *(об облаке)* 3) собирать грибы; **to go** ~**ing** ходить за грибами/по грибы

music [ˈmjuːzɪk] *n* 1) музыка; **sheet** ~ ноты; **to compose/to write** ~ писать/сочинять музыку; **to set to** ~ положить на музыку; **to read** ~ читать ноты (с листа) 2) музыкальные произведения; музыкальные композиции ◊ **to face the** ~ безбоязненно встретить критику, не дрогнуть перед испытаниями, трудностями

musical I [ˈmjuːzɪkəl] *n* мюзикл

musical II *a* 1) музыкальный; ~ **instruments** музыкальные инструменты; ~ **objects** *вчт* музыкальные объекты 2) мелодичный, гармоничный

musicale [ˌmjuːzɪˈkɑːl] *n амер.* вечер музыки

music hall [ˈmjuːzɪkˌhɔːl] *n* мюзик-холл

musician [mjuːˈzɪʃən] *n* музыкант

music stand [ˈmjuːzɪkˌstænd] *n* пюпитр для нот

musk [mʌsk] *n* 1) мускус 2) запах мускуса 3) *attr* мускусный

muskeg [ˈmʌskeg] *n* торфяное болото

musket [ˈmʌskɪt] *n ист.* мушкет

musketeer [ˌmʌskɪˈtɪə(r)] *n ист.* мушкетёр

muskrat [ˈmʌskræt] *n зоол.* ондатра

Muslim I [ˈmʌslɪm] *n* мусульманин; мусульманка

Muslim II *a* мусульманский

muslin [ˈmʌzlɪn] *n текст.* 1) муслин 2) *амер.* миткаль

muso [ˈmjuːzəʊ] *n сленг* музыкант

musquash [ˈmʌskwɒʃ] *см.* **muskrat**

muss I [mʌs] *n амер. разг.* путаница, беспорядок

muss II *v амер. разг.* приводить в беспорядок (*часто* to ~ up)

mussel [ˈmʌsl] *n* 1) *зоол.* мидия 2) двустворчатая раковина

must¹ [mʌst] *v* (*past* **had to**) *модальный глагол* 1) должен, обязан (*последующий глагол употр. без частицы to*); **you ~ go now** вы должны сейчас уйти; **we ~ help them** мы должны/обязаны им помочь; **I had to stay there** я должен был там остаться; **I ~ ask you to leave** я вынужден просить вас покинуть помещение 2) должно быть, вероятно; **he ~ have learnt about it** он, должно быть, узнал об этом

must² *n* плесень

mustache [məsˈtɑːʃ] *амер. см.* **moustache**

mustang [ˈmʌstæŋ] *n* мустанг

mustard [ˈmʌstəd] *n* 1) горчица 2) *attr* горчичный; **~ gas** *воен.* горчичный газ, иприт

muster I [ˈmʌstə(r)] *n* 1) сбор, смотр, перекличка; осмотр; **to pass ~** оказаться годным, выдержать испытание 2) *attr:* **~ point, ~ station** сборный пункт (*особенно на судне*), где люди должны собираться в случае опасности

muster II *v* собирать(ся); **to ~ (up) one's courage** собрать всё мужество

muster roll [ˈmʌstəˌrəʊl] *n воен.* список личного состава

must finish [ˈmʌstˈfɪnɪʃ] *n вчт* принудительное окончание (*работы*)

mustn't [ˈmʌsnt] *разг.* = **must not**

must start [ˈmʌstˈstɑːt] *n вчт* принудительное начало (*работы*)

musty [ˈmʌstɪ] *a* 1) заплесневелый, затхлый; запущенный; **~ atmosphere** затхлая атмосфера 2) устаревший

mutable [ˈmjuːtəbl] *a книжн.* подверженный переменам, изменчивый, переменчивый

mutant [ˈmjuːtənt] *n биол.* мутант

mutate [mjuːˈteɪt] *v* 1) *биол.* подвергаться мутации; мутировать 2) *фон.* подвергаться перегласовке, умлауту

mutation [mjuːˈteɪʃ(ə)n] *n* 1) изменение 2) *биол.* мутация 3) *фон.* перегласовка, умлаут

mute I [mjuːt] *n* 1) немой (человек) 2) *театр.* статист 3) наёмный участник похоронной церемонии, процессии 4) *лингв.* немой гласный *или* согласный; непроизносимая буква

mute II *a* 1) немой 2) безмолвный, молчаливый; **~ button** кнопка отключения звука, слышимости (*на телефоне и т. п.*) 3) *лингв.* немой (*о звуке*); непроизносимый (*о букве*)

mute III *v муз.* надевать сурдинку; **with ~d strings** под сурдинку

mutilate [ˈmjuːtɪleɪt] *v* 1) калечить, увечить 2) портить; искажать (*смысл*)

mutilation [ˌmjuːtɪˈleɪʃ(ə)n] *n* 1) увечье 2) искажение

mutineer [ˌmjuːtɪˈnɪə(r)] *n* мятежник, бунтовщик

mutinous [ˈmjuːtɪnəs] *a* мятежный; **~ spirit** бунтарский дух

mutiny I [ˈmjuːtɪnɪ] *n* мятеж, бунт; восстание

mutiny II *v* поднять мятеж, восстать, взбунтоваться

mutter I [ˈmʌtə(r)] *n* 1) бормотание 2) ворчание

mutter II *v* 1) бормотать; говорить невнятно 2) ворчать (*на — against, at*) 3) говорить тихо, по секрету

mutton [ˈmʌtn] *n* 1) баранина 2) *attr* бараний; **~ chop** баранья отбивная ◊ **~ dressed as lamb** *разг.* молодящаяся старуха

mutton chop [ˈmʌtnˈtʃɒp] *n* 1) баранья отбивная 2) *pl* расширяющиеся книзу бакенбарды (*тж* **~ whiskers**)

mutton-headed [ˈmʌtnˌhedɪd] *a* тупоголовый, тупой

mutual [ˈjuːtʃʊəl] *a* 1) взаимный, обоюдный; **by ~ agreement** по обоюдному согласию; **~ aid** взаимопомощь 2) общий; **a ~ interest** общий интерес

mutuality [ˌmjuːtʃʊˈælɪtɪ] *n* взаимность, обоюдность

muzzle I [ˈmʌzl] *n* 1) дуло; жерло 2) намордник 3) морда (*животного*)

muzzle II *v* 1) надевать намордник 2) заставить (за)молчать

muzzy [ˈmʌzɪ] *a* 1) плохо соображающий, отупевший 2) опьяневший, одуревший 3) неясный, расплывчатый (*о контурах и т. п.*)

MW *сокр.* 1) (**medium waves**) средние волны 2) (**megawatt**) мегаватт

MY *сокр.* (**motor yacht**) мото́рная я́хта

my [maɪ] *pron poss* мой; моя́; моё; мои́; ~ **two cents** *вчт жарг.* мой скро́мный вклад *(в переписке по электронной почте)*

mycelium [maɪˈsiːlɪəm] *n бот.* грибни́ца, мице́лий

mycology [maɪˈkɒlədʒɪ] *n* миколо́гия

myelitis [ˌmaɪɪˈlaɪtɪs] *n мед.* миели́т *(воспаление спинного мозга)*

myocardium [ˌmaɪəʊˈkɑːdɪəm] *n анат.* миока́рд, серде́чная мы́шца

myoma [maɪˈəʊmə] *n мед.* мио́ма

myope [ˈmaɪəʊp] *n* близору́кий челове́к

myopia [maɪˈəʊpjə] *n* близору́кость, миопи́я *(тж* **short-sightedness**)

myopic [maɪˈɒpɪk] *a* близору́кий *(тж* **short-sighted**)

myriad I [ˈmɪrɪəd] *n* 1) *pl* мириа́ды, несме́тное число́ 2) *редк.* де́сять ты́сяч

myriad II *a* бесчи́сленный, несме́тный

myrrh [mɜː(r)] *n* ми́рра *(благовоние)*

myrtle [ˈmɜːtl] *n бот.* мирт

myself [maɪˈself] *pron* 1) *refl* себя́, меня́, -ся 2) *употр. для усиления* сам; **I made it all by** ~ я всё э́то сде́лал сам

mysterious [mɪsˈtɪərɪəs] *a* таи́нственный

mystery [ˈmɪstərɪ] *n* 1) та́йна; **wrapped in** ~ оку́танный та́йной; **to make a** ~ **of smth** сде́лать секре́т из чего́-л. 2) *церк.* та́инство 3) *ист.* мисте́рия *(тж* ~ **play**)

mystic I [ˈmɪstɪk] *n* ми́стик

mystic II *a* 1) относя́щийся к ми́стике, мисти́ческий 2) таи́нственный, непоня́тный, внуша́ющий страх

mystical [ˈmɪstɪkəl] *см.* **mystic II**

mysticism [ˈmɪstɪsɪz(ə)m] *n* мистици́зм

mystification [ˌmɪstɪfɪˈkeɪʃ(ə)n] *n* мистифика́ция

mystify [ˈmɪstɪfaɪ] *v* 1) мистифици́ровать 2) озада́чивать 3) окружа́ть таи́нственностью 4) затемня́ть смысл, усложня́ть

mystique [mɪˈstiːk] *n* зага́дочность, таи́нственность

myth [mɪθ] *n* 1) миф 2) вы́думанное, вы́мышленное лицо́, собы́тие *и т. п.*

mythical [ˈmɪθɪkəl] *a* мифи́ческий, легенда́рный

mythisize [ˈmɪθɪsaɪz] *v* мифологизи́ровать; превраща́ть в миф

mythological [ˌmɪθəˈlɒdʒɪkəl] *a* мифологи́ческий

mythology [mɪˈθɒlədʒɪ] *n* мифоло́гия; **Greek** ~ гре́ческая мифоло́гия; **Roman** ~ ри́мская мифоло́гия

mythomania [ˌmɪθəʊˈmeɪnɪə] *n психол.* мифома́ния, псевдоло́гия

myx(o)edema [ˌmɪksəˈdiːmə] *n мед.* микседе́ма, сли́зистый отёк

N

N, n [en] *n* 1) *14-я буква англ. алфавита* 2) *мат.* неопределённая величина́; **to the nth** (**degree**) а) в тако́й-то сте́пени б) до любо́го преде́ла

N. *сокр.* 1) (**newton**) нью́тон 2) (**north**) се́вер 3) (**northern**) се́верный 4) (**nuclear**) я́дерный 5) *шахм.* (**knight**) конь

n. *сокр.* 1) (**name**) и́мя 2) (**noon**) по́лдень 3) (**note**) а) заме́тка; за́пись; примеча́ние б) отме́тить, заме́тить 4) (**noun**) и́мя существи́тельное

'n ' *сокр. разг.* (**and**) и

NA, N/A, n/a *сокр.* 1) (**not applicable**) не примени́мо 2) (**not available**) не име́ющийся в нали́чии, отсу́тствующий (в да́нный моме́нт)

NAAFI *сокр.* (**Navy, Army and Air Force Institutes**) 1) слу́жбы ВМС, ВВС и сухопу́тных войск *(в Великобритании)* 2) столо́вая *или* магази́н для брита́нских военнослу́жащих

nab [næb] *v сленг* пойма́ть, схвати́ть; арестова́ть

nabob [ˈneɪbɒb] *n* 1) *ист.* набо́б 2) *разг.* де́нежный мешо́к, бога́ч

nacelle [nəˈsel] *n* откры́тая каби́на *(самолёта)*; корзи́на *(аэростата)*; гондо́ла *(дирижабля)*

nacre [ˈneɪkə(r)] *n* перламу́тр

nadir [ˈneɪdɪə(r)] *n* 1) *астр.* нади́р 2) пери́од кра́йнего упа́дка; са́мый ни́зкий у́ровень

naevus [ˈniːvəs] *n* (*pl* **naevi** [ˈniːvaɪ]) *мед.* не́вус, роди́мое пятно́

naff[1] [næf] *a сленг* 1) старомо́дный, убо́гий, жа́лкий 2) дрянно́й

naff[2] *v сленг* уходи́ть, убира́ться, сма́тываться (*тж* **to** ~ **off**)

Naffy [ˈnæfɪ] *сленг см.* **NAAFI**

nag[1] [næg] *n разг.* 1) зану́да; приди́ра 2) *разг. уст.* кля́ча

nag[2] *v* 1) постоя́нно придира́ться *(к кому-л.; at)*; донима́ть приди́рками, пили́ть 2) сверли́ть, му́чить *(о боли, мысли, угрызениях совести)*

nagger [ˈnægə(r)] *n* 1) приди́ра, ворчу́н 2) сварли́вая же́нщина, «пила́»

naiad [ˈnaɪæd] *n миф.* наяда

naïf [nɑːˈiːf] *см.* **naïve**

nail I [neɪl] *n* 1) гвоздь 2) ноготь; коготь; **to cut one's ~s** стричь ногти; **to do one's ~s** делать маникюр ◊ **on the ~** тотчас же; **to pay on the ~** платить наличными; **to hit the (right) ~ on the head** попасть в точку, угадать; **hard as ~s** а) жестокий б) закалённый

nail II *v* 1) забивать гвозди; прибивать, приколачивать гвоздями 2) приковывать *(внимание)* 3) *разг.* схватить, задержать; арестовать 4) *разг.* обнаружить, уличить, накрыть; **to be ~ed** попасться ◊ **to ~ one's colours to the mast** занять принципиальную позицию

nail down 1) заколачивать *(крышку и т. п.)* гвоздями 2) прижать к стенке *(кого-л.)*; заставить *(кого-л.)* принять решение 3) уловить, схватить смысл *(чего-л.)* 4) скреплять, закреплять; устанавливать

nail up 1) приколачивать *(что-л.)* на видное место 2) заколачивать *(окна, двери и т. п.)*

nail bar [ˈneɪl ˌbɑː(r)] *n амер.* маникюрный салон; маникюрный кабинет

nail brush [ˈneɪl ˌbrʌʃ] *n* щёточка для ногтей

nail clippers [ˈneɪl ˌklɪpəs] *n* щипчики для ногтей

nail enamel [ˈneɪlɪ ˌnæməl] *амер. см.* **nail polish**

nail file [ˈneɪl faɪl] *n* пилка для ногтей

nailing [ˈneɪlɪŋ] *a сленг* потрясающий, превосходный

nail polish [ˈneɪl ˌpɒlɪʃ] *n* лак для ногтей

nail scissors [ˈneɪl ˌsɪsəz] *n* маникюрные ножницы

nail varnish [ˈneɪl ˌvɑːnɪʃ] *n* лак для ногтей

naïve, naive [nɑːˈiːv, naɪˈiːv] *a* 1) наивный 2) безыскусный

naïvety, naivety [nɑːˈiːvtɪ, naɪˈiːvtɪ] *n* 1) наивность, простодушие 2) безыскусность

naked [ˈneɪkɪd] *a* 1) голый, обнажённый, нагой; **to strip ~** раздеваться догола 2) явный, неприкрашенный; **the ~ truth** голая правда 3) неприкрытый; расчехлённый; открытый; **a ~ flame** открытое пламя 4) невооружённый; незащищённый; **to the ~ eye** невооружённым глазом; **a ~ wire** оголённый провод 5) лишённый листвы, растительности и т. п.

namby-pamby I [ˌnæmbɪ ˈpæmbɪ] *n* 1) размазня; нюня 2) жеманная беседа

namby-pamby II *a* сентиментальный, жеманный; приторный

name I [neɪm] *n* 1) имя; **first/Christian/given ~** имя *(в отличие от фамилии)*; **pet ~** ласкательное/уменьшительное имя; **by ~** по имени; **what's your ~?** как вас зовут?; **in the ~ of** от имени, именем; во имя; **to go by the ~ of** быть известным как... 2) фамилия *(тж* **family ~, second ~**); **maiden ~** девичья фамилия; **married ~** фамилия по мужу; **full ~** имя и фамилия; **assumed ~** псевдоним; вымышленное имя 3) название, наименование; **the ~ of a river** название реки; **proper ~** *грам.* имя собственное 4) репутация, слава, имя; **a good ~** хорошая репутация; **bad/ill ~** дурная слава, плохая репутация 5) известный человек; **the great ~s of history** исторические личности ◊ **to call ~s** ругать/обзывать *(кого-л.)*; **he hasn't a penny to his ~** у него ни гроша за душой

name II *v* 1) называть, давать имя; называть по имени; **to ~ after smb** называть в честь кого-л. 2) перечислять; упоминать; **he was ~d in the report** о нём упомянули в докладе 3) указывать, назначать *(день, цену)*; **to ~ a date for a conference** назначить дату конференции

name day [ˈneɪmdeɪ] *n* именины

name-dropping [ˈneɪm ˌdrɒpɪŋ] *n* упоминание известных имён вскользь *(чтобы подчеркнуть свои связи)*

nameless [ˈneɪmlɪs] *a* 1) не имеющий имени, безымянный 2) анонимный; неизвестный 3) не поддающийся никакому описанию, отвратительный 4) невыразимый, несказанный

namely [ˈneɪmlɪ] *adv* а именно, то есть

name part [ˈneɪmpɑːt] *n* заглавная роль *(в пьесе и т. п.)*

nameplate [ˈneɪmpleɪt] *n* 1) табличка с фамилией *(на двери)* 2) *тех.* табличка с информацией *(на аппаратуре, станке)*, *спец.* шильдик

namesake [ˈneɪmseɪk] *n* тёзка

nan [næn] *n разг.* бабушка

nana [ˈnɑːnə] *n сленг* дурак, болван

nancy [ˈnænsɪ] *n сленг уст.* гомосексуалист, гомик *(тж ~ **boy**)*

nankeen [nænˈkiːn] *n* 1) нанка *(грубая хлопчатобумажная ткань)* 2) *pl* нанковые брюки

nanna [ˈnænə] *см.* **nan**

nanny [ˈnænɪ] *n дет.* няня ◊ **the ~ state** *социол.* патерналистское государство *(гарантирующее гражданам определённые социальные блага и лишающее их самостоятельности и независимости)*

nannygoat [ˈnænɪ(gəʊt)] *n* коза

nanotechnology [ˈnænəʊtek ˌnɒlədʒɪ] *n* нанотехнологии *(компьютерные технологии для производства и использования устройств молекулярных масштабов)*

nap¹ **I** [næp] *n* дремо́та, коро́ткий сон *(обыкн. днём)*; **to have/to snatch/to take a ~** вздремну́ть, соснýть; **to steal a ~** вздремну́ть укра́дкой

nap¹ **II** *v* дрема́ть; **to be caught ~ping** быть засти́гнутым враспло́х

nap² *n* ворс, начёс *(на ткани)*

nap³ *n*: **to go ~ (on)** поста́вить всё на ка́рту

napalm I [ˈneɪpɑːm] *n* 1) напа́лм 2) *attr* напа́лмовый

napalm II *v* бомбардирова́ть, сжига́ть напа́лмом

nape [neɪp] *n* заты́лок; за́дняя часть ше́и *(тж ~ of the neck)*

naphtha [ˈnæfθə] *n хим.* на́фта; лигро́ин

naphthalene [ˈnæfθəˌliːn] *n* нафтали́н

napkin [ˈnæpkɪn] *n* 1) салфе́тка *(тж table ~)* 2) пелёнка; подгу́зник 3) ма́ленькое полоте́нце, рукави́чка для обтира́ния

napkin ring [ˈnæpkɪŋˌrɪŋ] *n* кольцо́ для салфе́тки

nappy [ˈnæpɪ] *n* пелёнка; подгу́зник *(амер.* **diaper)**

narcissus [nɑːˈsɪsəs] *n (pl тж* **narcissi** [nɑːˈsɪsaɪ]) *бот.* нарци́сс

narcolepsy [ˈnɑːkəˌlepsɪ] *n мед.* нарколепси́я, нарколепти́ческая боле́знь

narcosis [nɑːˈkəʊsɪs] *n* нарко́з

narcotic I [nɑːˈkɒtɪk] *n* 1) наркоти́ческое сре́дство; нарко́тик 2) снотво́рное

narcotic II *a* 1) наркоти́ческий 2) усыпля́ющий, снотво́рный

nark [nɑːk] *n сленг* осведоми́тель, стука́ч

narrate [nəˈreɪt] *v* 1) повествова́ть, расска́зывать 2) *кино, тлв* комменти́ровать *(за ка́дром)*

narration [nəˈreɪʃ(ə)n] *n* 1) повествова́ние, расска́з 2) *кино, тлв* ди́кторский текст; текст от а́втора, а́вторский коммента́рий

narrative I [ˈnærətɪv] *n* 1) по́весть, расска́з 2) повествова́ние, изложе́ние *(событий, фактов и т. п.)*

narrative II *a* повествова́тельный

narrator [nəˈreɪtə(r)] *n* 1) расска́зчик 2) *кино, тлв* ди́ктор *(за ка́дром)*; коммента́тор

narrow I [ˈnærəʊ] *n обыкн. pl* у́зкая часть *(пролива, реки)*; у́зкая у́лица, у́зкий прое́зд

narrow II *a* 1) у́зкий; те́сный 2) ограни́ченный; **~ circumstances** стеснённые обстоя́тельства 3) немно́го превыша́ющий *(в численном отношении)*; незначи́тельный; **a ~ majority** незначи́тельное большинство́; **we had a ~ escape** мы едва́ спасли́сь 4) у́зкий, ограни́ченный *(об уме, взглядах и т. п.);* **of ~ views** ограни́ченных взгля́дов 5) тща́тельный, стро́гий *(об осмотре и т. п.)* ◊ **~**

Seas ма́лые моря́; проли́вы, отделя́ющие Великобрита́нию от контине́нта Евро́пы и от Ирла́ндии *(Ла-Манш, Па-де-Кале, пролив Святого Георга и Северный пролив)*

narrow III *v* 1) су́живать(ся); уменьша́ть(ся) 2) ограни́чивать

narrow gauge [ˈnærəʊ ˌɡeɪdʒ] *n* у́зкая колея́ *(уже английской стандартной ж.-д. колеи)*

narrowly [ˈnærəʊlɪ] *adv* 1) у́зко, те́сно 2) чуть-чу́ть, едва́ 3) тща́тельно, подро́бно; при́стально; **to regard ~** при́стально посмотре́ть

narrow-minded [ˌnærəʊˈmaɪndɪd] *a* ограни́ченный, недалёкий; нетерпи́мый; ко́сных взгля́дов

narrowness [ˈnærəʊnɪs] *n* у́зость

NASA *сокр.* **(National Aeronautics and Space Administration)** Национа́льное управле́ние по аэрона́втике и иссле́дованию косми́ческого простра́нства, НА́СА *(США)*

nasal I [ˈneɪzəl] *n фон.* носово́й, наза́льный звук

nasal II *a* 1) носово́й 2) гнуса́вый

nasalize [ˈneɪzəlaɪz] *v фон.* произноси́ть в нос, назализи́ровать

nascent [ˈnæsnt] *a* нарожда́ющийся, появля́ющийся, образу́ющийся

nastily [ˈnɑːstɪlɪ] *adv* зло́бно, зло

nasturtium [nəˈstɜːʃəm] *n бот.* насту́рция

nasty [ˈnɑːstɪ] *a* 1) отврати́тельный; проти́вный; скве́рный, ме́рзкий; **a ~ smell** проти́вный/ме́рзкий за́пах; **~ weather** ме́рзкая пого́да 2) угрожа́ющий, опа́сный; тяжёлый; **things are beginning to look ~ for him** де́ло принима́ет для него́ скве́рный оборо́т; **a ~ illness** тяжёлая боле́знь 3) злонра́вный, злой; **she's got a ~ temper** у неё скве́рный хара́ктер; **don't be ~!** не зли́сь!; **to turn ~** обозли́ться 4) гря́зный, га́дкий 5) неприли́чный ◊ **a ~ bit/piece of work** *разг.* омерзи́тельная ли́чность

nat. *сокр.* 1) **(national)** национа́льный 2) **(natural)** натура́льный, есте́ственный, приро́дный

natal [ˈneɪtəl] *a* ната́льный, относя́щийся к рожде́нию, ро́дам

natality [nəˈtælɪtɪ] *n* рожда́емость; коэффицие́нт рожда́емости

natation [nəˈteɪʃ(ə)n] *n книжн.* пла́вание

nation [ˈneɪʃ(ə)n] *n* 1) наро́д, на́ция 2) наро́дность 3) госуда́рство, страна́; **developed ~** ра́звитая страна́; **developing ~** развива́ющаяся страна́; **exporting ~** страна́-экспортёр; **most favoured ~** *ком.* страна́, по́льзующаяся ста́тусом наибо́льшего благоприя́тствования 4) пле́мя *или* гру́ппа племён америка́нских инде́йцев

national I [ˈnæʃənəl] *n* граждани́н, по́дданный *(какого-л. государства)*; **foreign ~s** иностра́нные по́дданные

national II *a* 1) национа́льный, наро́дный; **~ dress/costume/holiday** национа́льный костю́м/пра́здник; **~ minority** национа́льное меньши́нство; **~ referendum** национа́льный/наро́дный рефере́ндум 2) госуда́рственный; **~ anthem** госуда́рственный гимн; **~ debt** госуда́рственный долг; **~ economy** наро́дное хозя́йство; **~ elections** всео́бщие вы́боры; **~ papers** центра́льные газе́ты

nationalism [ˈnæʃənəlɪz(ə)m] *n* 1) патриоти́зм 2) национали́зм

nationalist I [ˈnæʃənəlɪst] *n* 1) боре́ц за национа́льную незави́симость 2) национали́ст

nationalist II *a* националисти́ческий

nationality [ˌnæʃəˈnælɪtɪ] *n* 1) гражда́нство, по́дданство; **dual ~** двойно́е гражда́нство; **to deprive of ~** лиша́ть гражда́нства 2) национа́льность, национа́льная принадле́жность 3) национа́льные черты́, национа́льный хара́ктер

nationalization [ˌnæʃənəlaɪˈzeɪʃ(ə)n] *n* национализа́ция

nationalize [ˈnæʃənəlaɪz] *v* 1) национализи́ровать 2) принима́ть в по́дданство, натурализова́ть

nationwide [ˈneɪʃənwaɪd] *a* общенаро́дный, всенаро́дный

native I [ˈneɪtɪv] *n* 1) уроже́нец *(of)* 2) коренно́й жи́тель; тузе́мец, абориге́н 3) ме́стное расте́ние *или* живо́тное

native II *a* 1) родно́й; **~ land** ро́дина; **~ language** родно́й язы́к *(тж* **home language)** 2) иско́нный; ме́стный; тузе́мный; **to go ~** переня́ть ме́стные обы́чаи 3) прирождённый 4) есте́ственный, чи́стый; натура́льный; саморо́дный 5) прису́щий, сво́йственный *(to)*

nativity [nəˈtɪvɪtɪ] *n* 1) **(the N.)** *рел.* Рождество́ 2) рожде́ние 3) гороско́п

NATO [ˈneɪtəʊ] *сокр.* **(North Atlantic Treaty Organization)** Североатланти́ческий сою́з, НАТО

natrium [ˈneɪtrɪəm] *n хим.* на́трий

natron [ˈneɪtrən] *n мин.* натри́т, со́да

natter [ˈnætə(r)] *v разг.* 1) болта́ть, трепа́ться 2) жа́ловаться, ворча́ть, ныть

natty [ˈnætɪ] *a разг.* 1) мо́дно сши́тый 2) изя́щно, опря́тно оде́тый 3) ло́вкий

natural I [ˈnætʃərəl] *n* 1) челове́к, сло́вно со́зданный приро́дой для како́й-л. де́ятель-

ности; **she is a ~ for the leadership** она́ прирождённый руководи́тель 2) *муз.* бека́р *(нотный знак)*

natural II *a* 1) есте́ственный, приро́дный; **~ gas** приро́дный газ; **~ history** естествозна́ние; природове́дение 2) натура́льный, настоя́щий; **~ stones** натура́льные ка́мни 3) непринуждённый 4) обы́чный, норма́льный 5) прису́щий *(кому-л.),* врождённый; прирождённый; **he is a ~ orator** он прирождённый ора́тор; **it comes ~ to him** э́то получа́ется у него́ есте́ственно; э́то ему́ легко́ даётся 6) внебра́чный *(о ребёнке);* **a ~ son** побо́чный сын

naturalism [ˈnætʃərəlɪz(ə)m] *n* натурали́зм

naturalist [ˈnætʃərəlɪst] *n* 1) естествоиспыта́тель 2) натурали́ст *(в искусстве)*

naturalistic [ˌnætʃərəˈlɪstɪk] *a* натуралисти́ческий

naturalization [ˌnætʃərəlaɪˈzeɪʃ(ə)n] *n* 1) натурализа́ция, предоставле́ние прав гражда́нства 2) акклиматиза́ция *(растений, животных)* 3) заи́мствование но́вых слов *(в языке)*

naturalize [ˈnætʃərəlaɪz] *v* 1) натурализова́ться *(об иммигранте),* приня́ть, получи́ть гражда́нство 2) акклиматизи́ровать *(растения, животных)* 3) заи́мствовать но́вые слова́ *(в язык)*

naturally [ˈnætʃərəlɪ] *adv* 1) есте́ственно; **to behave ~** вести́ себя́ есте́ственно/непринуждённо 2) коне́чно, есте́ственно 3) по приро́де, по су́ти

nature [ˈneɪtʃə(r)] *n* 1) су́щность, основно́е сво́йство; **in the ~ of things** в приро́де веще́й; **in the course of ~** при есте́ственном хо́де веще́й 2) *(часто* **N.)** приро́да; **the laws of ~** зако́ны приро́ды; **against/contrary to ~** противоесте́ственно 3) род, сорт, тип; **something of that ~** что́-то в э́том ро́де 4) хара́ктер, прирождённые ка́чества; **by ~** по приро́де; **she is shy by ~** она́ засте́нчива по приро́де 5) нрав, нату́ра; **good ~** доброду́шие; **ill ~** злой хара́ктер 6) *иск.* нату́ра; **to draw from ~** рисова́ть с нату́ры

nature cure [ˈneɪtʃəˌkjʊə(r)] *n мед.* натуропа́тия *(лечение с применением природных факторов, напр. воды, тепла)*

nature reserve [ˈneɪtʃəɪˌzɜːʊ] *n* приро́дный запове́дник

nature study [ˈneɪtʃəˌstʌdɪ] *n* природове́дение; естествозна́ние

naught [nɔːt] *n* 1) *уст.* ничто́; **to set at ~** пренебрега́ть, не уважа́ть; ≈ ни в грош не ста́вить; **to bring to ~** свести́ на нёт, разру́-

шить; **to come to** ~ свести́сь к нулю́, ничего́ не доби́ться 2) *амер.* нуль, ноль

naughty [ˈnɔːtɪ] *a* 1) непослу́шный, шаловли́вый; **don't be** ~ веди́ себя́ как сле́дует, не шали́ 2) *разг.* неприли́чный, непристо́йный, скабрёзный

nausea [ˈnɔːzɪə] *n* 1) тошнота́ 2) отвраще́ние

nauseate [ˈnɔːzɪeɪt] *v* 1) чу́вствовать тошноту́ 2) вызыва́ть отвраще́ние; чу́вствовать отвраще́ние

nauseating [ˌnɔːzɪˈeɪtɪŋ] *a* тошнотво́рный

nauseous [ˈnɔːzɪəs] *a* отврати́тельный; тошнотво́рный

nautical [ˈnɔːtɪkəl] *a* морско́й; морехо́дный; ~ **mile** морска́я ми́ля

naval [ˈneɪvəl] *a* вое́нно-морско́й; фло́тский; a ~ **base** вое́нно-морска́я ба́за; ~ **supremacy** превосхо́дство на мо́ре

nave[1] [neɪv] *n архит.* неф

nave[2] *n* 1) ступи́ца *(колеса́)* 2) *тех.* вту́лка

navel [ˈneɪvəl] *n* 1) пупо́к, пуп 2) центр *(чего-л.)*

navigable [ˈnævɪgəbl] *a* 1) судохо́дный 2) го́дный для морско́го пла́вания 3) управля́емый *(о воздухоплавательном средстве)*

navigate [ˈnævɪgeɪt] *v* 1) управля́ть *(кораблём, самолётом)* 2) пла́вать *(на корабле́ и т. п.)*; лета́ть *(на самолёте)* 3) *разг.* прокла́дывать путь *(в толпе́ и т. п.)* 4) помога́ть по ка́рте *(водителю в автомобиле)*; *спорт.* быть шту́рманом в автого́нке

navigation [ˌnævɪˈgeɪʃ(ə)n] *n* 1) навига́ция; судохо́дство; **inland** ~ речно́е судохо́дство 2) кораблевожде́ние *(наука)* 3) пла́вание, морско́е путеше́ствие 4) *вчт* передвиже́ние, навига́ция

navigator [ˈnævɪgeɪtə(r)] *n* 1) *мор., ав.* шту́рман; навига́тор 2) морепла́ватель 3) *вчт* програ́мма-навига́тор

navvy [ˈnævɪ] *n уст.* землеко́п

navy [ˈneɪvɪ] *n* 1) вое́нно-морско́й флот; **the Royal N.** брита́нский вое́нно-морско́й флот 2) *поэт.* эска́дра, флоти́лия 3) морско́е ве́домство 4) *attr* вое́нно-морско́й

navy-blue [ˈneɪvɪˈbluː] *a* тёмно-си́ний

nay I [neɪ] *n* отрица́тельный отве́т; го́лос про́тив; отка́з; **the ~s have it** большинство́ про́тив; **yeas and ~s** голоса́ «за» и «про́тив»; **to say smb** ~ отказа́ть кому́-л.; **he will not take** ~ он не при́мет отка́за

nay II *adv* 1) бо́лее того́; да́же 2) *уст.* нет

naysay [ˈneɪseɪ] *v амер.* отка́зывать; отрица́ть

Nazi I [ˈnɑːtsɪ] *n* наци́ст, фаши́ст

Nazi II *a* наци́стский, фаши́стский

Nazism [ˈnɑːtsɪz(ə)m] *n* наци́зм, фаши́зм

NBA *сокр.* **(National Basketball Association)** Национа́льная баскетбо́льная ассоциа́ция,

НБА *(в США – высшая профессиона́льная баскетбо́льная лига)*

NBC *сокр.* **(National Broadcasting Company)** *амер.* Национа́льная ра́дио- и телевеща́тельная компа́ния, «Эн-би-си́»

NCO *сокр.* **(non-commissioned officer)** военнослу́жащий сержа́нтского соста́ва

n. d. *сокр.* **(no date)** недати́рованный; без да́ты

NE *сокр.* **(north-east)** се́веро-восто́к

né [neɪ] *a* урождённый

Neanderthal [nɪˈændətɑːl] *a* неандерта́льский; ~ **man** неандерта́лец

neap I [niːp] *n* квадрату́рный, наиме́ньший прили́в *(тж* ~ **tide)**

neap II *v* 1) убыва́ть *(о прили́ве)* 2): **to be ~ed** оказа́ться на мели́

near I [nɪə(r)] *a* 1) бли́зкий; близлежа́щий; ближа́йший *(тж о времени)*; **on the ~ bank** на э́том берегу́; **the ~est way** кратча́йший путь; **in the very ~ future** в са́мом ближа́йшем бу́дущем 2) бли́зкий *(о родственнике)*; **a ~ relative** бли́зкий ро́дственник; **one's ~est and dearest** родны́е и бли́зкие 3) ле́вый *(о колесе́, ноге́ ло́шади)* 4) прямо́й *(о пути́)* 5) *уст.* скупо́й, прижи́мистый ◊ **the N. East** Бли́жний Восто́к; **it's a ~ miss** ≅ пронесло́; ~ **thing** чуде́сное избавле́ние; ≅ е́ле-е́ле спасся́

near II *adv* 1) бли́зко, побли́зости; ~ **to come** приближа́ться; ~ **at hand** а) под руко́й, ря́дом б) ско́ро 2) почти́, чуть не; **she was ~ to crying** она́ чуть не запла́кала ◊ **far and** ~ повсю́ду, повсеме́стно

near III *prep* 1) у, о́коло, во́зле, недалеко́ от; ~ **my home** недалеко́ от моего́ до́ма 2) к, о́коло *(о времени)*; **it must be ~ 5** уже́ должно́ быть о́коло пяти́ *(часо́в)* ◊ ~ **the knuckle** на гра́ни прили́чного, дозво́ленного

near IV *v* приближа́ться, подходи́ть

nearby I [ˈnɪəbaɪ] *a* близлежа́щий, сосе́дний

nearby II *adv* побли́зости, недалеко́, неподалёку

nearly [ˈnɪəlɪ] *adv* 1) почти́; чуть не; ~ **empty** почти́ пусто́й 2) о́коло, приблизи́тельно 3) бли́зко ◊ **not** ~ отню́дь не, далеко́ не

nearness [ˈnɪənɪs] *n* бли́зость

near-sighted [nɪəˈsaɪtɪd] *a амер.* близору́кий

near-sightedness [nɪəˈsaɪtɪdnɪs] *n амер.* близору́кость

neat [niːt] *a* 1) аккура́тный, опря́тный 2) стро́йный, изя́щный 3) чёткий, я́сный 4) ло́вкий, иску́сный 5) неразба́вленный; **to drink whisky** ~ пить ви́ски неразба́вленным 6) *амер. разг.* хоро́ший, отли́чный

neath I, II [ni:θ] *уст., поэт. см.* **beneath I, II**

neat-handed [ni:t′hændɪd] *a* ло́вкий, иску́сный

nebula [′nebjʊlə] *n* 1) *астр.* тума́нность 2) *мед.* помутне́ние рогово́й оболо́чки *(глаза)*

nebulous [′nebjʊləs] *a* 1) о́блачный 2) сму́тный, нея́сный, тума́нный; бесфо́рменный

necessarily [′nesəsərɪlɪ] *adv* обяза́тельно, непреме́нно

necessary I [′nesɪsərɪ] *n* 1) всё необходи́мое 2) *pl* предме́ты пе́рвой необходи́мости *(тж* **the necessaries of life)** 3) **(the ~)** *разг.* де́ньги

necessary II *a* 1) необходи́мый, ну́жный; **the ~ documents** необходи́мые докуме́нты 2) неизбе́жный; **a ~ evil** неизбе́жное зло

necessitate [nɪ′sesɪteɪt] *n* 1) вызыва́ть необходи́мость, де́лать необходи́мым 2) *амер.* вынужда́ть, заставля́ть

necessitous [nɪ′sesɪtəs] *a* бе́дный, нужда́ющийся

necessity [nɪ′sesɪtɪ] *n* 1) необходи́мость, потре́бность, нужда́; **of ~** по необходи́мости; **in case of ~** в слу́чае необходи́мости; **to be under the ~ of doing smth** быть вы́нужденным сде́лать что-л. 2) неизбе́жность 3) нужда́, бе́дность, стеснённые обстоя́тельства; **to be in ~** нужда́ться 4) *pl* предме́ты пе́рвой необходи́мости *(тж* **prime necessities)** ◊ **~ is the mother of invention** *посл.* голь на вы́думки хитра́

neck I [nek] *n* 1) ше́я; **to break one's ~** слома́ть/сверну́ть себе́ ше́ю *(при падении);* **to get it in the ~** *разг.* а) получи́ть по ше́е б) получи́ть вы́говор; **to risk one's ~** рискова́ть свое́й голово́й 2) во́рот, воротни́к; горлови́на 3) го́рлышко *(бутылки)* 4) ше́йка *(скрипки, виолончели и т. п.)* 5) у́зкая часть *(чего-л.);* прохо́д, проли́в 6) переше́ек, коса́; мыс; **a narrow ~ of land** переше́ек 7) *анат.* ше́йка 8) *разг.* на́глость, наха́льство 9) *attr* ше́йный ◊ **to be up to one's ~ in work** *разг.* быть за́нятым по го́рло; **~ and ~** *спорт.* голова́ в го́лову; **~ of the woods** *разг.* глушь, отдалённое ме́сто; **it's ~ or nothing** ≅ ли́бо пан, ли́бо пропа́л

neck II *v разг.* целова́ться, обнима́ться; ласка́ться

neckband [′nekbænd] *n* 1) во́рот *(рубашки)* 2) барха́тка *(на шее)*

neckcloth [′nekklɒθ] *n уст.* га́лстук; ше́йный плато́к

neckerchief [′nekətʃɪf] *n* ше́йный плато́к, косы́нка, шарф

necklace [′nekləs] *n* ожере́лье

necklet [′neklɪt] *n* 1) ожере́лье 2) горже́тка

neckline [′neklaɪn] *n* вы́рез *(платья, блузки)*

necktie [′nektaɪ] *n амер.* га́лстук

neckwear [′nekweə(r)] *n собир.* воротнички́, га́лстуки, ша́рфы *и т. п.*

necrology [ne′krɒlədʒɪ] *n* 1) спи́сок (неда́вно) уме́рших 2) некроло́г

necromancer [′nekrəʊmænsə] *n* чернокни́жник

necromancy [′nekrəʊmænsɪ] *n* некрома́нтия, чёрная ма́гия

necrophilia [ˌnekrə′fɪlɪə] *n* некрофили́я

necropolis [ne′krɒpəlɪs] *n* некро́поль

necrosis [ne′krəʊsɪs] *n мед.* некро́з, омертве́ние тка́ней

nectar [′nektə] *n* 1) фрукто́вый сок с мя́котью 2) цвето́чный сок, медо́к 3) *миф.* некта́р, напи́ток бого́в *(тж* **~ of the gods)** 4) чуде́сный, вку́сный напи́ток, некта́р

nectarine [′nektə′ri:n] *n* нектари́н *(фрукт)*

NEDC *сокр.* **(National Economic Development Council)** Национа́льный сове́т по экономи́ческому разви́тию *(Великобритания)*

neddy [′nedɪ] *n разг.* о́слик

née [neɪ] *a* урождённая *(ставится после фами́лии замужней женщины:* **Mrs Jones, née Phillips)**

need I [ni:d] *n* 1) необходи́мость, на́добность, нужда́; потре́бность; **in case of ~** в слу́чае необходи́мости; **if ~ be/were** е́сли ну́жно, е́сли потре́буется; **there is no ~ to do it** нет необходи́мости/нет на́добности/не ну́жно де́лать э́то; **to be in ~ of, to have ~ of** нужда́ться в чём-л.; **the house is badly in ~ of repair** дом нужда́ется в сро́чном ремо́нте; **to meet the ~s** удовлетворя́ть потре́бности 2) бе́дность, нищета́, нужда́; **in times of ~** в тру́дную мину́ту

need II *v* 1) нужда́ться в чём-л.; име́ть потре́бность; **they ~ money** им нужны́ де́ньги; 2) тре́боваться; **it ~s to be done soon** э́то ну́жно быстре́е де́лать 3) быть до́лжным *(в отриц. и вопр. предложениях как модальный глагол; последующий Inf употр. без to);* **you ~ not go there** вам не сле́дует е́здить туда́; **she ~ not have done it** ей не сле́довало де́лать э́того; **you ~n't worry** вам не сле́дует беспоко́иться

needful I [′ni:dfʊl] *n* **(the ~)** *разг.* де́ньги

needful II *a* необходи́мый, насу́щный, потре́бный

needle I [′ni:dl] *n* 1) игла́, иго́лка; **to ply one's ~** занима́ться шитьём, шить; **to look for a ~ in a haystack** *(или* **in a bundle of hay)** иска́ть иго́лку в сто́ге се́на; занима́ться безнадёжным де́лом; **as sharp as a ~** ≅ а) о́стрый как бри́тва б) проница́тельный 2) вязáльная спи́ца; крючóк *(для вязáния)* 3) стрéлка *(кóмпаса, прибóра)* 4) хвóйная игóлка 5) обели́ск 6) острокóнéчная вершина, пик 7) шпиль *(бáшни, колокóльни)* 8) **(the ~)** *сленг* нéрвное состоя́ние, раздражéние; **to get/to have the ~** нéрвничать, зли́ться 9) *attr* игóльный; игóльчатый 10) *attr* швéйный ◊ **to be on the ~** быть наркомáном; впры́скивать в вéну наркóтики; *жарг.* сидéть на иглé; **to be on pins and ~s** быть/чýвствовать себя́, как на игóлках

needle II *v* 1) *разг.* поддевáть, подкáлывать; раздражáть 2) шить, зашивáть, прокáлывать иглóй

needle-case [ˈniːdlkeɪs] *n* игóльник

needle-lace [ˈniːdlleɪs] *n* крýжево, вя́занное крючкóм

needless [ˈniːdlɪs] *a* ненýжный; бесполéзный; **~ to say...** не говоря́ ужé о...

needlewoman [ˈniːdlˌwʊmən] *n* 1) портни́ха; швея́ 2) рукодéльница

needlework [ˈniːdlwɜːk] *n* шитьё; вышивáние; рукодéлие

needs [niːdz] *adv*: **if ~ must** éсли необходи́мо; **we must ~ go** нам нáдо идти́

needy [ˈniːdɪ] *a* нуждáющийся, бéдствующий

ne'er [nɛə(r)] *поэт. см.* **never** 1)

ne'er-do-well I [ˈnɛəduːˌwel] *n* бездéльник

ne'er-do-well II *a* никудá не гóдный, никчёмный

nefarious [nɪˈfeərɪəs] *a* гнýсный, порóчный, безнрáвственный

negate [nɪˈgeɪt] *v* 1) отрицáть 2) отвергáть

negation [nɪˈgeɪʃ(ə)n] *n* отрицáние

negative I [ˈnegətɪv] *n* 1) отрицáние; отрицáтельный отвéт *и т. n.*; **to answer in the ~** отрицáтельно отвéтить 2) *фото* негати́в 3) отрицáтельная сторонá; отрицáтельный факт; отрицáтельный персонáж 4) откáз, несоглáсие 5) *грам.* отрицáтельная части́ца

negative II *a* 1) отрицáтельный, негати́вный; **a ~ answer** отрицáтельный отвéт 2) *фото* негати́вный, обрáтный *(об изображéнии)* 3) неконструкти́вный *(о пози́ции и т. n.)*

negative III *v* 1) откáзывать; наклáдывать запрéт, вéто 2) отрицáть; опровергáть 3) нейтрализовáть *(дéйствие чегó-л.)*

neglect I [nɪˈglekt] *n* 1) пренебрежéние; небрéжное отношéние; **parental ~** отсýтствие роди́тельского внимáния 2) запýщенность, забрóшенность; **in a state of ~** в запýщенном состоя́нии

neglect II *v* 1) не забóтиться, проявля́ть мáло забóты; пренебрегáть; **to ~ duties** пренебрегáть обя́занностями 2) запускáть *(делá, заня́тия и т. n.)*; **she ~s her appearance** онá

не следи́т за собóй; **to ~ a cold** запускáть простýду 3) не обращáть внимáния; **to ~ a warning** не обрати́ть внимáния на предупреждéние

neglected [nɪˈglektɪd] *a* забрóшенный, запýщенный; неря́шливый; **he looked ~** у негó был неря́шливый вид

neglectful [nɪˈglektfʊl] *a* 1) небрéжный; невнимáтельный, пренебрежи́тельный 2) неради́вый

negligé(e) [ˈneglɪʒeɪ] *n* пеньюáр; домáшнее плáтье; домáшняя одéжда

negligence [ˈneglɪdʒəns] *n* 1) небрéжность, невнимáние, нерадивость 2) неосторóжность, неосмотри́тельность; недосмóтр; халáтность 3) неря́шливость

negligent [ˈneglɪdʒənt] *a* 1) небрéжный, нерадивый; халáтный 2) беспéчный

negligible [ˈneglɪdʒɪbl] *a* незначи́тельный; не принимáемый во внимáние; **a ~ quantity** ничтóжное коли́чество

negotiable [nɪˈgəʊʃəbl] *a* 1) могýщий стать предмéтом переговóров; обсуждáемый 2) проходи́мый *(о дорóгах)*; достýпный *(о вершинах)*

negotiate [nɪˈgəʊʃɪeɪt] *v* 1) вести́ переговóры; обсуждáть услóвия; договáриваться; **to ~ for peace/truce** вести́ переговóры о ми́ре/перемирие 2) договори́ться, соверши́ть *(сдéлку и т. n.)*; **to ~ a contract** заключи́ть контрáкт; **to ~ a loan** получи́ть заём *(на каки́х-л. услóвиях)* 3) преодолевáть *(трýдности, препя́тствия и т. n.)*; **to ~ a bridge** переправля́ться чéрез мост 4) пускáть в обращéние *(вéксель и т. n.)*

negotiating I [nɪˈgəʊʃɪeɪtɪŋ] *n* 1) ведéние переговóров 2) *attr:* **the ~ table** *полит.* стол переговóров

negotiating II *a* договáривающийся; **~ parties** договáривающиеся стóроны; **~ skills** искýсство ведéния переговóров

negotiation [nɪˌgəʊʃɪˈeɪʃ(ə)n] *n* переговóры; обсуждéние услóвий; ведéние переговóров; **to enter into ~s with smb** вступи́ть в переговóры с кем-л.; **in the course of ~s** в хóде переговóров; **to be under ~** быть предмéтом переговóров, обсуждéния; **to break off ~s** прекрати́ть переговóры; **to interrupt ~s** прервáть переговóры

negotiator [nɪˈgəʊʃɪeɪtə] *n* 1) лицó, ведýщее переговóры; учáстник переговóров 2) посрéдник

Negress, negress [ˈniːgrɪs] *n презр.* негритя́нка

Negrillo [neˈgrɪləʊ] *n* пигмéй *(в Áфрике)*

Negrito [neˈgriːtəʊ] *n* негритóс *(Малáйского архипелáга)*

Negro, negro I [ˈniːgrəʊ] *n презр.* негр; the ~es нéгры; *(предпочтительное слово* **Black**, *тж амер.* **African American)**

Negro, negro II *a* негритя́нский

Negroid [ˈniːgrɔɪd] *a* негро́идный

neigh I [neɪ] *n* ржáние

neigh II *v* ржáть

neghbor [ˈneɪbə(r)] *амер. см.* **neighbour**

neighbour I [ˈneɪbə(r)] *n* 1) сосéд; сосéдка 2) бли́жний; **to love one's ~** люби́ть бли́жнего своегó 3) находя́щийся ря́дом предмéт 4) *attr* сосéдний

neighbour II *v* грани́чить *(on, upon)*

neighbourhood [ˈneɪbəhʊd] *n* 1) окрéстности, óкруг, райóн 2) сосéди 3) добрососéдские отношéния *(тж* **good ~)** ◊ **in the ~ of** приблизи́тельно, óколо

neighbouring [ˈneɪbərɪŋ] *a* сосéдний

neighbourly [ˈneɪbəlɪ] *a* добрососéдский, общи́тельный, дру́жественный

neither I [ˈnaɪðə(r), *амер.* ˈniːðə(r)] *a, pron* никакóй, ни оди́н (из); ни тот, ни другóй; ~ **of them came** ни оди́н из них не пришёл; **in ~ case** ни в том, ни в другóм слýчае

neither II *adv* 1) ни…; ~… **nor** ни… ни; **it is ~ hot nor cold** ни жáрко, ни хóлодно 2) тáкже не *(в отриц. предложениях);* **he cannot drive ~ can his wife** он не умéет води́ть маши́ну, и егó женá тóже; ~ **do I** и я тáкже *(после глагола в отриц. форме)* ◊ **it's ~ here nor there** ≅ ни к селý, ни к гóроду

neither III *conj уст.* ни

nelly [ˈnelɪ] *n сленг* глупéц; размазня́ ◊ **not on your ~** *уст.* никогдá, тóчно нет

Nelson's Column [ˌnelsnzˈkɒləm] *n* колóнна Нéльсона *(памятник адмиралу Нельсону на Трафальгарской площади в Лондоне)*

nemesis [ˈnemesɪs] *n* возмéздие

nenuphar [ˈnenjʊfɑː(r)] *n бот.* водянáя ли́ния

neocolonialism [ˌniːəʊkəˈləʊnɪəlɪz(ə)m] *n* неоколониали́зм

neologism [niːˈɒlədʒɪz(ə)m] *n* неологи́зм

neon [ˈniːən] *n хим.* 1) неóн 2) *attr* неóновый; ~ **lamp** неóновая лáмпа

neonatal [ˈneɒneɪtəl] *a* 1) новорождённый 2) *мед.* неонатáльный

neonatology [ˌneɒneɪˈtɒlədʒɪ] *n мед.* неонатоло́гия

neophyte [ˈnɪəfaɪt] *n* неофи́т, новообращённый

nephew [ˈnevjuː, ˈnefjuː] *n* племя́нник

nephrite [ˈnefraɪt] *n мин.* нефри́т

nephritis [nɪˈfraɪtɪs] *n мед.* нефри́т, воспалéние пóчек

nepotism [ˈnepətɪz(ə)m] *n* непоти́зм, кумовствó, семéйственность

Neptune [ˈneptjuːn] *n астр., миф.* Непту́н

nereid [ˈnɪərɪɪd] *n миф.* нереи́да

nerve I [nɜːv] *n* 1) нерв; **visual/sympathetic ~** зри́тельный/симпати́ческий нерв 2) прису́тствие ду́ха, му́жество, вы́держка, самообладáние; **to have the ~ to do smth** имéть му́жество сдéлать чтó-л.; **to lose one's ~** потеря́ть самообладáние 3) си́ла, энéргия; **to strain every ~** напря́чь все си́лы; приложи́ть все уси́лия 4) *разг.* нáглость, нахáльство; **they've got a ~ to do it** у них хвати́ло нáглости сдéлать э́то 5) *pl* нéрвное состоя́ние, нервóзность, нéрвы; **to be in a state of ~s** нéрвничать; **it gets on my ~s** э́то дéйствует мне на нéрвы; **to set one's ~s on edge** си́льно раздражáть когó-л., доводи́ть когó-л.; **to have no ~s** быть крáйне невозмути́мым; ~**s of steel** желéзные нéрвы 6) *бот.* жи́лка 7) *attr* нéрвный; ~ **fibre** *анат.* нéрвное волокнó; ~ **gas** *воен.* нéрвно-паралити́ческий газ

nerve II *v* придавáть си́лу, хрáбрость; **to ~ oneself** собрáться с ду́хом

nerveless [ˈnɜːvlɪs] *a* 1) слáбый, вя́лый, лишённый энéргии, бóдрости 2) увéренный, спокóйный 3) *анат.* лишённый нéрвов

nerve-(w)racking [ˈnɜːvˌrækɪŋ] *a* дéйствующий на нéрвы

nervine [ˈnɜːvaɪn] *a* успокáивающий нéрвы, снимáющий нéрвное напряжéние *(о лекарстве)*

nervous [ˈnɜːvəs] *a* 1) нéрвный; **the ~ system** нéрвная систéма, ~ **breakdown** нéрвный срыв, нéрвное расстрóйство 2) возбуди́мый; нервóзный; взволнóванный; **to get/to feel ~** нéрвничать; **that makes me ~** э́то дéйствует мне на нéрвы 3) дéйствующий на нéрвы 4) напряжённый, нéрвный; ~ **tension** нéрвное напряжéние

nervousness [ˈnɜːvəsnɪs] *n* нервóзность; нéрвное напряжéние

nervy [ˈnɜːvɪ] *a* 1) *разг.* нéрвный, нéрвничающий, возбуждённый 2) *амер.* самоувéренный, самонадéянный; нáглый

ness [nes] *n* мыс

nest I [nest] *n* 1) гнездó; **to build a ~** вить гнездó; **wasp's ~** оси́ное гнездó 2) ую́тный уголóк, гнёздышко 3) притóн 4) вы́водок *(птиц, животных)* 5) грýппа однорóдных предмéтов; ~ **egg** эк. «припáс», отлóженные на чёрный день дéньги, *разг.* занáчка

nest II *v* 1) вить гнездó; гнезди́ться 2) разоря́ть гнёзда *(тж* **to go ~ing)** 3) вставля́ть оди́н предмéт в другóй

nestle [ˈnesl] *v* 1) удóбно, ую́тно усáживаться, устрáиваться *(in, into, among; тж* **to ~**

down); **she ~d down in a chair** она́ ую́тно устро́илась в кре́сле 2) прильну́ть, прижа́ться *(к — to)* 3) юти́ться, укрыва́ться

nestling [ˈneslɪŋ] *n* птене́ц, пте́нчик

net¹ I [net] *n* 1) сеть; се́ти; **fishing ~** рыболо́вная сеть; **to cast a ~** заки́дывать сеть 2) се́тка 3) западня́, се́ти 4) *attr:* **~ curtain** прозра́чная занаве́ска, занаве́ска «в се́точку»

net¹ II *v* 1) лови́ть сетя́ми; расставля́ть се́ти *(тж перен.)* 2) попа́сть в се́тку *(о мяче)* 3) плести́ се́ти

net² I *n* чи́стый дохо́д

net² II *a* чи́стый, не́тто *(о весе, доходе)*; **~ weight** чи́стый вес, вес не́тто

net² III *v* получа́ть *или* приноси́ть чи́стый дохо́д

netball [ˈnetbɔ:l] *n* нетбо́л *(облегчённый вариант баскетбола)*

nether [ˈneðə(r)] *a* уст., шутл. ни́жний; **~ regions/world** ад

Netherlander [ˈneðələndə(r)] *n* нидерла́ндец, голла́ндец

Netherlandish [ˈneðələndɪʃ] *a* нидерла́ндский, голла́ндский

nethermost [ˈneðəməʊst] *a* са́мый ни́жний

netiquette [ˈnetɪket] *n* вчт «сетево́й этике́т» *(для пользователей Интернета)*

netting [ˈnetɪŋ] *n* се́тчатая мате́рия

nettle I [ˈnetl] *n* 1) крапи́ва 2) *attr* крапи́вный ◊ **to grasp the ~** сме́ло бра́ться за де́ло, не боя́ться тру́дностей

nettle II *v* 1) раздража́ть, злить 2) обжига́ть крапи́вой

nettle rash [ˈnetlræʃ] *n* мед. крапи́вная лихора́дка, крапи́вница

network [ˈnetwɜ:k] *n* 1) сеть, се́тка 2) сеть *(железных дорог, каналов и т. п.)* 3) сеть аге́нтов, сотру́дников *и т. п.* 4) *радио, тлв* сетево́е веща́ние 5) *вчт* (вычисли́тельная) сеть 6) *вчт* сетево́й гра́фик

networking [ˈnetwɜ:kɪŋ] *n* вчт 1) организа́ция се́ти, созда́ние се́ти 2) переда́ча да́нных по сети́

neuralgia [njʊəˈrældʒə(r)] *n* невралги́я

neurasthenia [ˌnjʊərəsˈθi:nɪə] *n* неврастени́я

neuritis [njʊəˈraɪtɪs] *n* мед. неври́т

neuroleptic I [ˈnju(ə)rəˌleptɪk] *n* фарм. нейроле́птик, транквилиза́тор

neurologist [njʊəˈrɒlədʒɪst] *n* невропато́лог

neurology [njʊəˈrɒlədʒɪ] *n* невроло́гия

neurosis [njʊəˈrəʊsɪs] *n* невро́з

neurosurgery [ˌnjʊərəˈsɜ:dʒərɪ] *n* нейрохирурги́я

neurotic [njʊəˈrɒtɪk] *a* не́рвный, невроти́ческий

neuter I [ˈnju:tə(r)] *n* 1) *грам.* сре́дний род; существи́тельное, прилага́тельное, место-

име́ние сре́днего ро́да 2) кастри́рованное живо́тное

neuter II *a* 1) сре́днего ро́да 2) кастри́рованный, бесплодный

neutral I [ˈnju:trəl] *n* 1) нейтра́льное госуда́рство 2) граждани́н нейтра́льного госуда́рства 3) *авто* нейтра́льного переда́ча 4) нейтра́льный цвет, нейтра́льная расцве́тка

neutral II *a* 1) нейтра́льный 2) нея́сный, промежу́точный; неопределённый *(о цвете)* 3) беспо́лый

neutrality [njuːˈtrælɪtɪ] *n* нейтралите́т

neutralise [ˈnjuːtrəlaɪz] *v* 1) объявля́ть нейтра́льным 2) нейтрализова́ть, обезвре́живать

neutralize [ˈnjuːtrəlaɪz] *амер. см.* **neutralise**

neutrino [njuːˈtriːnəʊ] *n* физ. нейтри́но

neutron [ˈnjuːtrɒn] *n* физ. 1) нейтро́н 2) *attr* нейтро́нный; **~ bomb** нейтро́нная бо́мба

never [ˈnevə(r)] *adv* 1) никогда́; **~ in (all) my life** никогда́ в жи́зни; **I have ~ been to Rome** я никогда́ не был в Ри́ме; **well, I ~!, I ~ did!** никогда́ ничего́ подо́бного не (ви́дел, говори́л *и т. п.)* 2) *разг. употр. для усиления отрицания:* **~ a one** ни оди́н; **~ fear** не беспоко́йтесь, бу́дьте споко́йны 3) *разг.* коне́чно же нет; не мо́жет быть ◊ **~ mind!** ничего́!, нева́жно!, пустяки́!; не беспоко́йтесь!; **~ so** как бы ни

nevermore [ˌnevəˈmɔ:(r)] *adv* никогда́ бо́льше

nevertheless [ˌnevəðəˈles] *adv* тем не ме́нее; несмотря́ на; одна́ко; всё же

new [njuː] *a* 1) но́вый 2) неда́вний, неда́внего происхожде́ния 3) друго́й, но́вый; **in a ~ way** по-но́вому 4) све́жий; парно́й *(о молоке)*; молодо́й *(о вине, картофеле, месяце)*; **~ potatoes** молодо́й карто́фель; **~ moon** молодо́й ме́сяц, новолу́ние 5) вновь и́збранный *(парламент и т. п.)* 6) незнако́мый; **I'm ~ in these parts** я здесь челове́к но́вый 7) совреме́нный; нове́йший; после́дний *(о моде)*

newbie [ˈnjuːbɪ] *n* вчт новичо́к *(новый пользователь сети, особ. Интернет),* сленг «ча́йник»

newblown [ˈnjuːbləʊn] *a* то́лько что расцве́тший, то́лько что распусти́вшийся

newborn I [ˈnjuːbɔ:n] *n* новорождённый

newborn II *a* 1) новорождённый 2) возрождённый

newbuilt [ˈnjuːbɪlt] *a* 1) вновь вы́строенный 2) перестро́енный

newcomer [ˈnjuːˌkʌmə(r)] *n* 1) вновь прибы́вший, прие́зжий 2) новичо́к

new-fallen [njuːˈfɔ:lən] *a* то́лько что вы́павший *(о снеге)*

newfangled [nju:'fæŋgld] *a пренебр.* ново-
мо́дный

new-found ['nju:faʊnd] *a* вновь обретённый

Newfoundland [nju:'faʊndlənd] *n* ньюфа́унд-
ленд, водола́з *(порода собак)*

newish ['nju:ıʃ] *a* дово́льно но́вый

new-laid ['nju:leɪd] *a* свежеснесённый *(о
яйце)*

newly ['nju:lı] *adv* 1) неда́вно, то́лько что; ~
painted то́лько что покра́шенный 2) вновь,
за́ново 3) по-но́вому, по-друго́му

newlyweds ['nju:lı,wedz] *n pl* новобра́чные;
молодожёны

new media [,nju:'mi:dıə] *n pl* но́вые инфор-
мацио́нные техноло́гии *(напр. Интернет,
цифровое телевидение)*

newness ['nju:nıs] *n* новизна́

news [nju:z] *n* изве́стие, но́вость *(обыкн. с гл.
в ед. ч.)*; **good ~** прия́тная/хоро́шая но́вость;
what's the ~? что но́вого?; **hot ~** све́жие
но́вости; **that is no ~** э́то не но́вость; **they're
in the ~** о них пи́шут в газе́тах, о них гово-
ря́т по ра́дио ◊ **no ~ is good ~** *посл.* отсу́тст-
вие новосте́й — само́ по себе́ хоро́шая но́-
вость; **bad ~ travels quickly** *посл.* ≅ худы́е
ве́сти не лежа́т на ме́сте

news agency [,nju:z'eɪdʒənsı] *n* аге́нтство
новосте́й, информацио́нное аге́нтство

newsagent ['nju:z,eɪdʒənt] *n* газе́тный киоскёр

newsboy ['nju:zbɔı] *n* газе́тчик, разно́счик газе́т

newsbrief ['nju:zbri:f] *n* кра́ткие но́вости;
но́вость одно́й строко́й

newscast ['nju:zkɑ:st] *n* переда́ча после́дних
изве́стий *(по радио, телевидению)*

newsdealer ['nju:z,di:lə(r)] *амер. см.* **newsagent**

news desk ['nju:z,desk] *n* отде́л новосте́й *(в
газете, на радио и телевидении)*

news-gatherer ['nju:z,gæðərə(r)] *n* коммен-
та́тор новосте́й

newsman ['nju:zmən] *n* корреспонде́нт газе́-
ты; репортёр; журнали́ст

newsmonger ['nju:z,mʌŋgə(r)] *n* спле́тник;
спле́тница

newspaper ['nju:s,peɪpə(r)] *n* 1) газе́та 2) *attr*
газе́тный

newspaperman ['nju:speɪpəmən] *n* журна-
ли́ст, газе́тчик

newsprint ['nju:zprınt] *n* газе́тная бума́га

newsreader ['nju:z,ri:də(r)] *n* ди́ктор после́д-
них изве́стий

newsreel ['nju:zri:l] *n* кинохро́ника, киножур-
на́л

newsroom ['nju:zrʊm] *n* отдел новосте́й *(в
газете, на радио и т. п.)*

news-sheet ['nju:zʃi:t] *n* листо́вка

newsstand ['nju:zstænd] *n* газе́тный киоск
(тж **newspaper stand**)

news vendor ['nju:z,vendə] *n* (у́личный) про-
даве́ц газе́т

newsy ['nju:zı] *a разг.* бога́тый новостя́ми

newt [nju:t] *n* трито́н

New Testament [,nju:'testəmənt] *n* (**the ~**)
рел. Но́вый Заве́т

new-world [,nju:'wɜ:ld] *a* относя́щийся к Но́-
вому Све́ту, Аме́рике

New Year [,nju:'jıə(r)] *n* 1) Но́вый год;
Happy ~! С Но́вым го́дом!; **to see the ~ in**
встреча́ть Но́вый год 2) *attr* нового́дний

New Yorker [,nju:'jɔ:kə(r)] *n* жи́тель Нью-
Йо́рка

next I [nekst] *n* сле́дующий, ближа́йший че-
лове́к *или* предме́т; **~ please!** сле́дующий,
пожа́луйста!

next II *a* 1) ближа́йший, сосе́дний; **in the ~
room** в сосе́дней ко́мнате; **~ of kin** ближа́й-
ший ро́дственник; **~ to nothing** почти́ ни-
чего́ 2) сле́дующий; **at the ~ stop** на сле́-
дующей остано́вке; **I'm ~ after you** я стою́
за ва́ми 3) бу́дущий; **in the ~ life** на том
све́те

next III *adv* 1) зате́м, пото́м; **what will we do
~?** что нам де́лать пото́м?; **what ~?** что же
да́льше? 2) сно́ва; **when we ~ meet** когда́
мы сно́ва встре́тимся

next IV *prep* ря́дом, о́коло; **I was sitting ~ to
him** я сиде́л ря́дом с ним; **my room is ~ to
yours** моя́ ко́мната ря́дом с ва́шей

next-door [,nekst'dɔ:(r)] *a* ближа́йший, со-
се́дний; **the ~ neighbours** ближа́йшие сосе́ди

nexus ['neksəs] *n* 1) цепь *(событий, пред-
ставлений)* 2) связь, у́зы 3) *грам.* не́ксус

NFL *сокр.* (**National Football League**) Нацио-
на́льная футбо́льная ли́га *(в США - высшая
профессиональная лига американского футбола)*

NFU *сокр.* (**National Farmers' Union**) Сою́з
фе́рмеров *(Великобритания)*

NGO *сокр.* (**non-governmental organization**)
неправи́тельственная организа́ция

NHI *сокр.* (**National Health Insurance**) госу-
да́рственное медици́нское страхова́ние

NHL *сокр.* (**National Hockey League**) Нацио-
на́льная хокке́йная ли́га, НХЛ *(американо-
канадская высшая профессиональная хок-
кейная лига)*

NHS *сокр.* (**National Health Service**) Госу-
да́рственная слу́жба здравоохране́ния *(Великобритания)*

NI *сокр.* 1) (**National Insurance**) госуда́рст-
венное страхова́ние 2) (**Northern Ireland**)
Се́верная Ирла́ндия

Niagara [naɪˈæɡərə] *n*: **a ~ of protests** шквал протéстов

nib [nɪb] *n* 1) перó; остриё пера 2) остриё, óстрый конéц *(предмета)*

nibble I [ˈnɪbl] *n* 1) чýточка, кáпелька 2) осторóжная попытка; проявлéние интерéса 3) *pl* лёгкая мéлкая закýска для коктéйлей *(орéшки, чипсы)* 4) *вчт* полубáйт *(четыре бита)*, слог

nibble II *v* 1) обкýсывать; общипывать *(at)* 2) есть мáленькими кусóчками 3) не решáться, осторóжничать *(at)*

niblick [ˈnɪblɪk] *n спорт.* нúблик, разновидность клюшки для гóльфа

nibs [nɪbz] *n шутл.*: **his ~** егó мúлость

nice [naɪs] *a* 1) приятный, мúлый, симпатичный, слáвный 2) дóбрый, внимáтельный; тактичный, деликáтный; **it's very ~ of you** óчень любéзно с вáшей стороны 3) тóнкий, деликáтный *(о вопрóсе, разлúчии и т. п.)* 4) изящный, сдéланный со вкýсом, изысканный 5) разбóрчивый, приверéдливый; чувствúтельный, тóнкий; **he has a ~ eye for detail** он тóнкий наблюдáтель 6) тщáтельный, аккурáтный 7) вкýсный *(о пúще)* 8) *ирон.*: **a ~ mess you've made** ну и кáшу ты завари́л!

nice-looking [ˈnaɪsˌlʊkɪŋ] *a* миловúдный, мúлый, привлекáтельный

nicely [ˈnaɪslɪ] *adv* 1) хорошó, мúло, любéзно 2) тóнко, деликáтно 3) *разг.* как раз, так как нáдо; **it will suit me ~** э́то мне как раз подойдёт

nicety [ˈnaɪsɪtɪ] *n* 1) *чáсто pl* тóнкость, мéлкие детáли 2) тóчность; **to a ~** тóчно, óчень вéрно 3) утончённость, изящество 4) разбóрчивость, щепетúльность

niche [nɪtʃ, niːʃ] *n* 1) нúша 2) хорóшая дóлжность, «тёплое местéчко»; **she found her ~ in life** онá нашлá своё мéсто в жúзни

Nick [nɪk] *n*: **Old ~** дья́вол

nick I [nɪk] *n* 1) мéтка, зарýбка 2) щербúна; трéщина 3) *сленг* **(the ~)** тюрьмá; полицéйский учáсток 4) *разг.* тóчный момéнт врéмени; **in the ~ of time** как раз вóвремя

nick II *v* 1) дéлать мéтки, зарýбки 2) *сленг* задержáть, поймáть 3) *сленг* укрáсть, стащúть

nickel I [ˈnɪkəl] *n* 1) *хим.* нúкель 2) *разг.* монéта в 5 цéнтов *(в США и Канáде)* 3) *attr* нúкелевый

nickel II *v* никелировáть

nicker [ˈnɪkə(r)] *n сленг* фунт *(стéрлингов)*

nick-nack [ˈnɪknæk] *n* безделýшка, украшéние

nickname I [ˈnɪkneɪm] *n* прóзвище; клúчка

nickname II *v* давáть прóзвище

nicotine [ˈnɪkətɪn] *n* 1) никотúн 2) *attr*: **~ gum** жевáтельная резúнка с никотúном *(для желáющих брóсить курúть)*

nidus [ˈnaɪdəs] *n* 1) гнездó, скóпище насекóмых 2) рассáдник, очáг

niece [niːs] *n* племя́нница

niff I [nɪf] *n разг.* неприятный зáпах, вонь

niff II *v разг.* неприятно пáхнуть, воня́ть

nifty [ˈnɪftɪ] *a разг.* 1) остроýмный 2) изя́щный, стúльный

niggard [ˈnɪɡəd] *n* скря́га, скупéц

niggardly I [ˈnɪɡədlɪ] *a* 1) скупóй 2) скýдный; **a ~ sum** жáлкая сýмма *(дéнег)*

niggardly II *adv* 1) скýпо 2) скýдно

nigger [ˈnɪɡə(r)] *n презр.* негр; чернокóжий ◊ **a ~ in the woodpile** тáйная, скрытая причúна *(неудáч и т. п.)*

niggle [ˈnɪɡl] *v* 1) занимáться мелочáми; мелочúться 2) придирáться по пустякáм

niggling [ˈnɪɡlɪŋ] *a* 1) раздражáющий своéй мéлочностью 2) мéлочный

nigh I [naɪ] *a уст., поэт.* блúзкий, блúжний

nigh II *adv уст., поэт.* поблúзости, ря́дом

night [naɪt] *n* 1) ночь; **in the ~, at ~** нóчью; **by ~** к нóчи; **during the ~** в течéние нóчи; **all ~ long** всю ночь напролёт; **every ~** по ночáм; **good ~!** спокóйной нóчи!; **to have a good/bad ~** хорошó/плóхо спать нóчью; **to stay over ~** переночевáть 2) вéчер; **last ~** вчерá вéчером; **late at ~** пóздно вéчером; **every ~** кáждый вéчер; **the ~ before last** позавчерá вéчером 3) темнотá, (ночнóй) мрак 4) вечéрний досýг, вечéрнее времяпрепровождéние *и т. п.*; **a ~ out** а) вечерúнка б) ýжин в рестóране в) вéчер в гостя́х; **first ~** премьéра *(в теáтре и т. п.)*; **to make a ~ of it** прокутúть всю ночь, устрóить гуля́нку 5) *attr* ночнóй; вечéрний

nightbird [ˈnaɪtbɜːd] *n* ночнóй гуля́ка; полунóчник

night-blindness [ˈnaɪtˌblaɪndnɪs] *n* курúная слепотá

nightcap [ˈnaɪtkæp] *n* 1) стакáнчик спиртнóго нá ночь 2) *ист.* ночнóй чепéц, ночнóй колпáк

nightclub [ˈnaɪtklʌb] *n* ночнóй клуб

nightdress [ˈnaɪtdres] *n* ночнáя сорóчка, ночнáя рубáшка *(жéнская, дéтская)*

nightfall [ˈnaɪtfɔːl] *n* сýмерки; **by ~** к вéчеру

night fighter [ˈnaɪtˌfaɪtə(r)] *n ав.* ночнóй истребúтель

nightgown [ˈnaɪtɡaʊn] *уст. см.* **nightdress**

nightie [ˈnaɪtɪ] *n разг.* ночнáя сорóчка, ночнáя рубáшка

nightingale [ˈnaɪtɪŋɡeɪl] *n* соловéй

nightjar [ˈnaɪtdʒɑː(r)] *n* козодóй *(птúца)*

nightlife [ˈnaɪtˌlaɪf] *n* ночна́я жизнь, ночны́е развлече́ния *(особ. в ночных клубах)*

nightlight [ˈnaɪtlaɪt] *n* ночни́к

night-long I [ˈnaɪtlɒŋ] *a* для́щийся всю ночь

night-long II *adv* в тече́ние всей но́чи, всю ночь

nightly I [ˈnaɪtlɪ] *a* 1) ночно́й 2) ежено́щный, происходя́щий ка́ждую ночь 3) ежевече́рний

nightly II *adv* но́чью, по ноча́м

nightmare [ˈnaɪtmeə(r)] *n* кошма́р *(тж перен.);* **bureaucratic** ~ бюрократи́ческие проволо́чки

night school [ˈnaɪtskuːl] *n* вече́рняя шко́ла; вече́рние ку́рсы

nightscope [ˈnaɪtskəʊp] *n* прибо́р ночно́го ви́дения

nightshade [ˈnaɪtʃeɪd] *n бот.* паслён; **deadly** ~ беладо́нна

night shift [ˈnaɪtˌʃɪft] *n* ночна́я сме́на

nightshirt [ˈnaɪtʃɜːt] *n* ночна́я руба́шка *(мужская)*

night-soil [ˈnaɪtsɔɪl] *n* нечисто́ты *(вывозимые ночью)*

nightspot [ˈnaɪtspɒt] *n разг.* ночно́й клуб

nightstick [ˈnaɪtstɪk] *n амер.* полице́йская дуби́нка с подсве́ткой *(для ночного патрулирования)*

night-time [ˈnaɪttaɪm] *n* ночно́е вре́мя, ночь; **in the** ~ но́чью

night watch [ˈnaɪtˈwɒtʃ] *n* 1) ночно́й дозо́р 2) ночна́я ва́хта

night watchman [ˌnaɪtˈwɒtʃmən] *n* ночно́й сто́рож

nightwear [ˈnaɪtˌweə] *n* ночна́я руба́шка, ночна́я соро́чка; пижа́ма

nigrescent [naɪˈɡresənt] *a* чернова́тый, черне́ющий

nihilism [ˈnaɪɪlɪz(ə)m] *n* нигили́зм

nil [nɪl] *n* нуль *(особ. при счёте в играх)* ◊ **virtually/practically** ~ бли́зко к нулю́ *(напр. о шансах);* ~ **by mouth** *мед.* ничего́ не принима́ть че́рез рот *(предписание врача больному, особ. в больнице)*

nimbi [ˈnɪmbaɪ] *pl см.* **nimbus**

nimble [ˈnɪmbl] *a* 1) прово́рный, лёгкий *(в движениях);* ло́вкий; подви́жный 2) живо́й, сообрази́тельный; **a** ~ **mind** живо́й/бы́стрый ум

nimbus [ˈnɪmbəs] *n (pl тж* **nimbi**) 1) нимб, сия́ние 2) *метео* дождево́е о́блако

niminy-piminy [ˌnɪmɪnɪˈpɪmɪnɪ] *a* жема́нный

nincompoop [ˈnɪŋkəmpuːp] *n* дурачо́к, проста́к, простофи́ля

nine I [naɪn] *n* девя́тка ◊ **the N.** *миф.* де́вять муз; **dressed up to the** ~**s** разоде́тый в пух и прах

nine II *num* де́вять ◊ ~ **times out of ten** почти́ всегда́; ~ **days' wonder** кратковре́менная сенса́ция

ninefold I [ˈnaɪnfəʊld] *a* девятикра́тный

ninefold II *adv* в де́вять раз (бо́льше)

ninepins [ˈnaɪnpɪnz] *n pl* ке́гли ◊ **to go down/ to fall/to drop like** ~ неожи́данно заболе́ть/ потерпе́ть неуда́чу в чём-л. *(о большом количестве людей)*

nineteen [naɪnˈtiːn] *num* девятна́дцать ◊ **to talk** ~ **to the dozen** треща́ть без у́молку

nineteenth I [naɪnˈtiːnθ] *n* девятна́дцатая часть

nineteenth II *num* девятна́дцатый

nineties [ˈnaɪntɪz] *n pl* (**the** ~) 1) девяно́стые го́ды 2) во́зраст от 90 до 99 лет

ninetieth I [ˈnaɪntɪθ] *n* девяно́стая часть

ninetieth II *num* девяно́стый

ninety [ˈnaɪntɪ] *num* девяно́сто

ninny [ˈnɪnɪ] *n сленг уст.* простофи́ля, глупе́ц

ninth I [naɪnθ] *n* девя́тая часть

ninth II *num* девя́тый

nip¹ I [nɪp] *n* 1) щипо́к; уку́с 2) е́дкое замеча́ние, ко́лкость 3): **a** ~ **in the air** моро́зный во́здух

nip¹ II *v* 1) щипа́ть; куса́ть; отщи́пывать *(off)* 2) прищеми́ть, зажа́ть *(in)* 3) поби́ть *(морозом)* 4) повреди́ть; прекрати́ть разви́тие; **to** ~ **smth in the bud** пресе́чь что-л. в ко́рне 5) *разг.* торопи́ться, спеши́ть *(along, in, out, round);* **he** ~**ped upstairs** он побежа́л наве́рх; **she** ~**ped down to the shop** она́ сбе́гала в магази́н 6) *амер. сленг* стащи́ть, стяну́ть

nip² *n* глото́к *(спиртного);* **a** ~ **of brandy** глото́к коньяка́; **to freshen the** ~ опохмеля́ться

nipper [ˈnɪpə(r)] *n* 1) тот, кто и́ли то, что куса́ется 2) клешня́ *(краба, рака)* 3) *разг. уст.* ребёнок 4) *pl* острогу́бцы, куса́чки, кле́щи; пинце́т

nipping [ˈnɪpɪŋ] *a* 1) моро́зный; ре́зкий *(о ветре)* 2) е́дкий, ко́лкий

nipple [ˈnɪpl] *n* 1) сосо́к *(груди)* 2) со́ска, надева́емая на буты́лку 3) *тех.* ни́ппель, па́трубок

nippy [ˈnɪpɪ] *a разг.* 1) прово́рный, пры́ткий 2) *см.* **nipping** 1)

nirvana [nɜːˈvɑːnə] *n* нирва́на

nisei [niːˈseɪ] *n амер.* америка́нец япо́нского происхожде́ния

nisi [ˈnaɪsaɪ] *a лат. юр.* неоконча́тельный, вступа́ющий в си́лу с определённого сро́ка

nit [nɪt] *n* 1) гни́да 2) *сленг* идио́т, болва́н

nite [naɪt] *n* 1) ночь 2) ве́чер *(вариант написания слова "night"; обыкн. в рекламе и заголовках)*

niter [ˈnaɪtə(r)] *амер. см.* **nitre**

nit-picking [ˈnɪtpɪkɪŋ] *n разг.* мелочная придирчивость

nitrate I [ˈnaɪtreɪt] *n хим.* соль азотной кислоты, нитрат

nitrate II *v хим.* нитрировать

nitre [ˈnaɪtə(r)] *n хим.* селитра

nitric [ˈnaɪtrɪk] *a хим.* азотный; ~ **acid** азотная кислота

nitrite [ˈnaɪtraɪt] *n хим.* соль азотистой кислоты, нитрит

nitrogen [ˈnaɪtrədʒən] *n хим.* 1) азот 2) *attr* азотный

nitrogenous [naɪˈtrɒdʒɪnəs] *a хим.* азотный

nitroglycerine [ˌnaɪtrəʊˈɡlɪsərɪn] *n хим.* нитроглицерин

nitrous [ˈnaɪtrəs] *a хим.* азотистый

nitty-gritty [ˌnɪtɪˈɡrɪtɪ] *n* (**the ~**) *сленг* подробности, подноготная *(какого-л. дела)*

nitwit [ˈnɪtwɪt] *n разг.* дурак, идиот

nix[1] [nɪks] *n сленг* нуль, ничего, ничто

nix[2] *n миф.* никс, водяной

nix[3] *int сленг* осторожно! *(предупреждение об опасности)*

nixie [ˈnɪksɪ] *n миф.* русалка

NLP *сокр.* (**neurolinguistic programming**) *психол.* нейролингвистическое программирование, НЛП

n. m. *сокр.* (**nautical mile**) морская миля

NMR *сокр.* (**nuclear magnetic resonance**) ядерный магнитный резонанс, ЯМР

No., no. *сокр.* 1) *амер.* (**north**) север 2) (**number**) номер

no I [nəʊ] *n* 1) отрицание; отказ; **to say no** отказать; **he won't take no for an answer** он не примет отказа 2) голос «против»; **the noes** голоса «против»

no II *a* 1) никакой; **there is no excuse** нет никакого оправдания; **no alternative** нет другого выхода 2) не, совсем не; **he's no fool** он вовсе не дурак; **it's no easy task** это совсем не лёгкое дело; **he's no scholar** никакой он не учёный; **it's no joke** это не шутка 3) *означает запрещение:* **no smoking!** не курить!; **no parking** парковка машин запрещена 4) *означает невозможность:* **there's no denying the fact** нельзя отрицать того факта; **there's no knowing...** нельзя знать..., никогда не знаешь...; **no go** невозможно, бесполезно; **no place** *амер.* нигде ◊ **no man's land** *воен.* «ничья земля», ничейная полоса; **no matter** неважно, не имеет значения; **no way** а) невозможно б) (никак) не согласен

no III *part, adv* нет; не; **no, thank you** нет, спасибо; **I have no more to say** мне больше нечего сказать

Noah's ark [ˈnəʊəz, ˈnɔːz ɑːk] *n рел.* Ноев ковчег

nob [nɒb] *n сленг* 1) голова; башка 2) важная особа, «шишка»

nobble [ˈnɒbl] *v сленг* 1) испортить лошадь *(перед скачками)* 2) добыть *(деньги и т. п.)* нечестным путём 3) дать взятку, подкупить 4) поймать *(преступника)* 5) украсть

Nobelist [nəʊˈbelɪst] *n амер.* лауреат Нобелевской премии, нобелевский лауреат

Nobel Prize [ˈnəʊbelˈpraɪz] *n* Нобелевская премия

nobility [nəʊˈbɪlɪtɪ] *n* 1) благородство; великодушие 2) (**the ~**) высшее дворянство, аристократия, знать

noble I [ˈnəʊbl] *a* 1) благородный, знатный, знатного происхождения 2) благородный; великодушный 3) величественный, величавый 4) прекрасный, превосходный

noble II *n см.* **nobleman**

nobleman [ˈnəʊblmən] *n* дворянин; пэр *(в Англии)*

noble-minded [ˈnəʊblˈmaɪndɪd] *a* великодушный, благородный

noblewoman [ˈnəʊblˌwʊmən] *n* дворянка

nobly [ˈnəʊblɪ] *adv* 1) благородно 2) прекрасно, превосходно

nobody [ˈnəʊbədɪ] *pron, n* 1) никто; ~ **knows** никто не знает; **I spoke to** ~ я никому не говорил; **she had** ~ **to advise her** ей не с кем было посоветоваться 2) никому не известный человек; человек, не имеющий веса, влияния; **I knew him when he was just a** ~ я его знал, когда он ещё был никем

no-brainer [ˌnəʊˈbreɪnə] *n сленг* лёгкий вопрос, нетрудная проблема

nock [nɒk] *n* зарубка на роге лука *или* конце стрелы *(для тетивы)*

noctambulist [nɒkˈtæmbjʊlɪst] *n* сомнамбула, лунатик

nocturnal [nɒkˈtɜːnl] *a* ночной

nocturne [ˈnɒktɜːn] *n* 1) *муз.* ноктюрн 2) *жив.* ночной пейзаж

nocuous [ˈnɒkjʊəs] *a книжн.* ядовитый; вредоносный

nod I [nɒd] *n* кивок; **to give a** ~ кивнуть ◊ **to get the** ~ *амер.* получить одобрение

nod II *v* 1) кивать головой *(в знак приветствия, согласия)* 2) клевать носом, дремать 3) наклоняться и качаться *(о деревьях, цветах и т. п.)* 4) прозевать *(что-л.)* 5) покоситься *(о зданиях, постройках)*

nod off *разг.* заснуть, задремать

nod through *разг.* одобрить без обсуждения

nodal [ˈnəʊdl] *a* центральный, узловой

noddle [ˈnɒdl] *n сленг уст.* голова, башка́

noddy [ˈnɒdɪ] *n* 1) проста́к, простофи́ля 2) *зоол.* глупы́ш *(птица)*

node [nəʊd] *n* 1) *бот., мед.* у́зел, наро́ст, утолще́ние 2) у́зел, узлова́я то́чка 3) *мат.* то́чка пересече́ния 4) центр переплете́ния *или* пересече́ния 5) *вчт* верши́на (де́рева, гра́фа) 6) *вчт* у́зел сети́

nodule [ˈnɒdjuːl] *n* 1) узело́к; уплотне́ние; желва́к 2) *мед.* узелко́вое утолще́ние, у́зел

nodus [ˈnəʊdəs] *n (pl* nodi [ˈnəʊdaɪ]*)* сло́жное сплете́ние обстоя́тельств, завя́зка интри́ги

nog¹ [nɒg] *n* 1) кре́пкое пи́во 2) я́ичный кокте́йль *(тж* **egg** ~*)*

nog² *n* деревя́нный клин, гвоздь

noggin [ˈnɒgɪn] *n* 1) небольша́я кру́жка 2) небольша́я по́рция алкого́ля 3) *сленг уст.* голова́, башка́

no-go [ˌnəʊˈgəʊ] *a:* ~ **area** закры́тый райо́н; райо́н с въе́здом по специа́льным пропуска́м

nohow [ˈnəʊhaʊ] *adv амер.* ника́к, никои́м о́бразом

noise I [nɔɪz] *n* 1) шум, гро́хот, крик, гвалт; **to make a** ~ шуме́ть, крича́ть; **to make a great** ~ **about smth** поднима́ть шум из-за чего́-л. 2) *радио, рлн* поме́хи, шумы́ ◊ **a big** ~ ва́жная персо́на, «ши́шка»

noise II *v* обнаро́довать, разгласи́ть *(тж* **to** ~ **abroad)**

noiseless [ˈnɔɪzlɪs] *a* 1) беззву́чный, безмо́лвный 2) бесшу́мный

noise pollution [ˌnɔɪz pəˈluːʃ(ə)n] *n* шумово́е загрязне́ние *(шум, превышающий допустимые нормы)*

noisome [ˈnɔɪsəm] *a* 1) вре́дный, нездоро́вый 2) воню́чий, злово́нный 3) отврати́тельный

noisy [ˈnɔɪzɪ] *a* 1) шу́мный; **it's very** ~ **here** здесь о́чень шу́мно 2) шумли́вый 3) крича́щий, я́ркий *(о цвете и т. п.)*

nomad I [ˈnəʊmæd] *n* 1) коче́вник 2) бродя́га

nomad II *a* 1) кочево́й 2) бродя́чий

nomadic [nəʊˈmædɪk] *a* кочево́й, кочу́ющий

nomenclature [nəʊˈmenklətʃə(r)] *n* 1) номенклату́ра 2) терминоло́гия

nominal [ˈnɒmɪnəl] *a* 1) номина́льный 3) именно́й *(тж грам.)* 2) незначи́тельный *(о сумме, платеже и т. п.)*

nominally [ˈnɒmɪnəlɪ] *adv* номина́льно

nominate [ˈnɒmɪneɪt] *v* 1) выдвига́ть, выставля́ть кандида́та *(на выборах)* 2) назнача́ть *(на должность)* 3) назнача́ть, называ́ть *(дату, место)* 4) выдвига́ть, номини́ровать *(на какую-л. премию, звание и т.п.)*

nomination [ˌnɒmɪˈneɪʃ(ə)n] *n* 1) выдвиже́ние кандида́та *(на выборах)* 2) назначе́ние *(на должность)* 3) номина́ция *(на конкурсах, фестивалях)*

nominative I [ˈnɒmɪnətɪv] *n грам.* имени́тельный паде́ж

nominative II *a грам.* имени́тельный

nominee [ˌnɒmɪˈniː] *n* кандида́т *(на должность или на избрание)*; номина́нт

non- [nɒn] *pref* придаёт *сущ. и прил.* отриц. смысл: **non-payment** неупла́та, неплатёж; **non-edible** несъедо́бный

non-acceptance [ˌnɒnəkˈseptəns] *n* неприя́тие

nonaccessibility [nɒnəkˌsesəˈbɪlɪtɪ] *n* недосту́пность

non-addictive [ˌnɒnəˈdɪktɪv] *a* не вызыва́ющий привыка́ния *(о лекарстве и т. п.)*

nonage [ˈnəʊnɪdʒ] *n* несовершенноле́тие; незре́лость

nonagenarian [ˌnəʊnədʒɪˈneərɪən] *n* челове́к в во́зрасте от 90 до 99 лет

non-aggression [ˌnɒnəgˈreʃ(ə)n] *n* 1) ненападе́ние 2) *attr* ~ **pact** пакт о ненападе́нии

non-aggressive [ˌnɒnəgˈresɪv] *a* неагресси́вный

non-alcoholic [ˌnɒnælkəˈhɒlɪk] *a* не содержа́щий алкого́ля; безалкого́льный

non-aligned [ˌnɒnəˈlaɪnd] *a* неприсоедини́вшийся (к блоку), не входя́щий в бло́ки; нейтра́льный

non-allergic [ˌnɒnəˈlɜːdʒɪk] *a* не вызыва́ющий аллерги́и

non-appearance [ˌnɒnəˈpɪərəns] *n* непоявле́ние; нея́вка; отсу́тствие

non-arrival [ˌnɒnəˈraɪvəl] *n* неприбы́тие; непоступле́ние

non-attendance [ˌnɒnəˈtendəns] *n* непосеще́ние *(занятий)*; нея́вка

non-believer [ˌnɒnbɪˈliːvə(r)] *n* неве́рующий, атеи́ст

non-belligerent [ˌnɒnbəˈlɪdʒərənt] *a* невою́ющий, не находя́щийся в состоя́нии войны́

nonchalance [ˈnɒnʃələns] *n* 1) беззабо́тность, беспе́чность 2) безразли́чие

nonchalant [ˈnɒnʃələnt] *a* 1) беззабо́тный, беспе́чный 2) безразли́чный

non-classified [nɒnˈklæsɪfaɪd] *a* несекре́тный, незасекре́ченный; откры́тый *(об информа́ции)*

non-com [ˌnɒnˈkɒm] *n воен. разг.* сержа́нт

non-combatant [ˌnɒnˈkɒmbətənt] *a* нестроево́й; гражда́нский

non-committal [ˌnɒnkəˈmɪtəl] *a* укло́нчивый; ни к чему́ не обя́зывающий

non-conductor [ˌnɒnkənˈdʌktə(r)] *n физ.* непроводни́к; диэле́ктрик; изоля́тор

nonconformist [ˌnɒnkənˈfɔːmɪst] *n* нонконформи́ст; инакомы́слящий, диссиде́нт

non-cooperation [ˌnɒnkəuˌɒpəˈreɪʃ(ə)n] *n* поли́тика бойко́та; отка́з от сотру́дничества

non-delivery [ˌnɒndɪˈlɪvərɪ] *n* недоста́вка; непоста́вка

nondescript I [ˈnɒndɪskrɪpt] *n* не́что неопределённое

nondescript II *a* неопределённого ви́да; невзра́чный, незаме́тный

nondisclosure [ˌnɒndɪsˈkləuʒə] *n* неразглаше́ние (*секретной информации*)

none I [nʌn] *pron* никто́, ничто́; ни оди́н; ~ **of them** никто́ из них; **I want ~ of these books** мне э́ти кни́ги не нужны́ ◊ ~ **of your advice!** не нужны́ мне ва́ши сове́ты!; ~ **of that!** чтоб э́того бо́льше не́ было!; прекрати́те э́то!; ~ **but** то́лько

none II *adv* ниско́лько, совсе́м не, во́все не; ~ **too happy** совсе́м не рад; **things are ~ too well at the moment** сейча́с дела́ не так хороши́; ~ **the less** тем не ме́нее; **I am ~ the better for it** мне от э́того ниско́лько не ле́гче

non-effective I [ˌnɒnɪˈfektɪv] *n* челове́к, не го́дный к строево́й слу́жбе

non-effective II *a* неприго́дный; неэффекти́вный

nonentity [nɒˈnentɪtɪ] *n* 1) никто́; ничто́жный челове́к, ничто́жество 2) небытие́ 3) несуществу́ющая вещь

non-essential [ˌnɒnɪˈsenʃəl] *a* несуще́ственный, нева́жный

non-features [nɒnˈfiːtʃəz] *n pl разг. кино, тлв* документа́льные фи́льмы

non-ferrous [nɒnˈferəs] *a* цветно́й (*о металле*)

non-fiction [nɒnˈfɪkʃ(ə)n] *n* «нон-фи́кшн», документа́льная, биографи́ческая, нау́чно-популя́рная *и т. п.* литерату́ра (*в отличии от художественной*)

non-flammable [nɒnˈflæməbl] *a* негорю́чий

non-fulfilment [ˌnɒnfʊlˈfɪlmənt] *n* невыполне́ние

non-glare [nɒnˈgleə] *a* не даю́щий бли́ков, безбли́ковый

non-governmental [ˌnɒnɡʌvənˈmentəl] *a* неправи́тельственный

non-interference [ˌnɒnˌɪntəˈfɪərəns] *n* невмеша́тельство

non-intervention [ˌnɒnɪntəˈvenʃ(ə)n] *n* невмеша́тельство (*особ. в дела др. государства*)

non-invasive [ˌnɒn ɪnˈveɪsɪv] *a мед.* неинвази́вный, бескро́вный, атравмати́чный (*напр. о методе исследования*)

non-iron [ˌnɒn ˈaɪən] *a* не тре́бующий гла́женья (*об одежде*)

nonlethals [nɒnˈliːθəlz] *n pl* несме́ртельные боевы́е сре́дства, несме́ртельное ору́жие

non-member [nɒnˈmembə(r)] *n* нечле́н (*организации*)

non-metal [ˌnɒnˈmetəl] *a* неметалли́ческий

non-nuclear [ˌnɒnˈnjuːklɪə(r)] *a* нея́дерный; **a ~ country** страна́, не облада́ющая я́дерным ору́жием, нея́дерная держа́ва

non-participating [ˌnɒnpɑːˈtɪsɪpeɪtɪŋ] *a* неуча́ствующий

non-party [ˌnɒnˈpɑːtɪ] *a* беспарти́йный

non-persistent [ˌnɒnpəˈsɪstənt] *a* несто́йкий (*о газе*)

nonplus I [nɒnˈplʌs] *n* замеша́тельство; **at a ~** в затрудни́тельном положе́нии, в тупике́

nonplus II *v* приводи́ть в замеша́тельство, озада́чивать

non-prescription [ˌnɒnprəˈskrɪpʃ(ə)n] *a* отпуска́емый без реце́пта (*о лекарстве*)

non-productive [ˌnɒnprəˈdʌktɪv] *a* непродукти́вный; непроизводи́тельный

non-profit [nɒnˈprɒfɪt] *a* некомме́рческий, не ста́вящий це́лью получи́ть при́быль

non-proliferation [ˌnɒnprəˌlɪfəˈreɪʃ(ə)n] *n* 1) нераспростране́ние; **nuclear ~** нераспростране́ние я́дерного ору́жия 2) *attr:* ~ **treaty** догово́р о нераспростране́нии я́дерного ору́жия

non-renewable [ˌnɒnrɪˈnjuːəbl] *a* невозобновля́емый; ~ **energy sources** невозобновля́емые исто́чники эне́ргии

non-resident [nɒnˈrezɪdənt] *n* нерезиде́нт; лицо́, не прожива́ющее постоя́нно в да́нной ме́стности, стране́

non-resistant I [ˌnɒnrɪˈzɪstənt] *n* непротивле́нец

non-resistant II *a* не ока́зывающий сопротивле́ния, несопротивля́ющийся

non-reversible [ˌnɒnrɪˈvɜːsɪbl] *a* 1) необрати́мый 2) *тех.* нереверси́вный

nonsense I [ˈnɒnsəns] *n* 1) вздор, бессмы́слица; чушь; **sheer ~** су́щий вздор, соверше́нная чепуха́; **to talk ~** говори́ть глу́пости, нести́ чушь 2) бессмы́сленные посту́пки, глу́пое поведе́ние 3) абсу́рд, абсу́рдность

nonsense II *int* глу́пости!; чушь!, ерунда́!

nonsensical [nɒnˈsensɪkəl] *a* неле́пый, бессмы́сленный

non-smoker [nɒnˈsməukə(r)] *n* 1) некуря́щий 2) ваго́н для некуря́щих

non-stop [nɒnˈstɒp] *a* 1) безостано́вочный, не име́ющий остано́вок *или* переры́вов, рабо́тающий в режи́ме «нон-сто́п» 2) прямо́го сообще́ния (*о поезде*); беспоса́дочный (*о перелёте*)

nonsuch [ˈnʌnsʌtʃ] *n* образе́ц, соверше́нство

nonsuit I [nɒnˈsjuːt] *n юр.* прекращение судебного дела

nonsuit II *v юр.* прекращать судебное дело

non-U [nɒnˈjuː] *a разг. уст.* не принятый в высшем обществе

non-union [nɒnˈjuːnjən] *a* не состоящий членом профсоюза

non-violence [nɒnˈvaɪələns] *n* отказ от насильственных методов; неприменение насилия

non-volatile [ˌnɒnˈvɒlataɪl] *a* 1) долговременный 2) *хим.* нелетучий 3) *вчт* не разрушаемый, не изменяющийся при отключении питания

non-voter [nɒnˈvəʊtə(r)] *n* избиратель, не участвующий в выборах

noodle[1] [ˈnuːdl] *n обыкн. pl* лапша

noodle[2] *n* 1) простак, простофиля, растяпа, «шляпа» 2) *сленг* голова, башка

nook [nʊk] *n* укромный уголок; закоулок

nooky [ˈnʊkɪ] *n сленг* половой акт

noon [nuːn] *n* 1) полдень; **at ~** в полдень 2) расцвет; кульминация

noonday [ˈnuːndeɪ] *n* 1) полдень, время около полудня 2) *attr* полуденный

no one [ˈnəʊwʌn] *pron* никто

noontide [ˈnuːntaɪd] *n* 1) полдень 2) расцвет, зенит *(жизни, деятельности и т. п.)*

noontime [ˈnuːntaɪm] *n* полдень

noose I [nuːs] *n* 1) петля; лассо, аркан 2) ловушка

noose II *v* 1) поймать в силки; заманить в ловушку 2) завязывать петлю ◊ **to put one's head in a ~** погубить себя

nope [nəʊp] *adv разг.* нет

nor [nɔː(r)] *conj* и не, да и не, также не, не, ни; **neither you ~ she were there** ни тебя, ни её там не было; **I never saw him, ~ did you** я никогда его не видел, да и ты тоже

Nordic [ˈnɔːdɪk] *a* северный, нордический; скандинавский

nor'-easter [ˈnɔːˈriːstə(r)] *см.* **north-easter**

norland [ˈnɔːlənd] *n* северный район, северные земли

norm [nɔːm] *n* 1) норма, стандарт, образец 2) норма *(выработки)*

normal I [ˈnɔːməl] *n* 1) нормальная температура 2) нормальное состояние; нормальный, стандартный размер *и т. п.* 3) *мат.* перпендикуляр 4) *тех.* нормаль

normal II *a* 1) нормальный, обыкновенный, обычный; общепринятый 2) стандартный 3) *мат.* перпендикулярный

normalcy [ˈnɔːməlsɪ] *амер. см.* **normality**

normality [nɔːˈmælɪtɪ] *n* нормальность; нормальное, обычное состояние

normalise [ˈnɔːməlaɪz] *v* нормализировать; приводить к стандарту, норме

normalize [ˈnɔːməlaɪz] *амер. см.* **normalise**

normally [ˈnɔːməlɪ] *adv* нормально, обыкновенно, обычно; как правило

Norman I [ˈnɔːmən] *n* 1) нормандец 2) *ист.* норманн 3) нормандский диалект французского языка *(тж ~ French — официальный язык Англии 12 — 14 вв.)*

Norman II *a* 1) нормандский 2) *ист.* норманнский

Norse I [nɔːs] *n* 1) норвежский язык 2) норвежцы 3) древние скандинавы; викинги 4) группа скандинавских языков; **Old ~** а) древнескандинавский язык б) древненорвежский язык

Norse II *a* 1) древнескандинавский 2) древненорвежский

Norseman [ˈnɔːsmən] *n* 1) норвежец 2) древний скандинав; викинг

north I [nɔːθ] *n* 1) север; *мор.* норд; **to the ~** на север; **magnetic ~** северный магнитный полюс 2) **(the N.)** северные страны

north II *a* 1) северный; **a ~ wind** северный ветер, норд; **the N. Sea** Северное море; **the N. Pole** Северный полюс; **the N. Star** Полярная звезда 2) обращённый на север

north III *adv* к северу, на север, в северном направлении; **~ of** к северу от; севернее *(чего-л.)*

northbound [ˈnɔːθbaʊnd] *a* направляющийся, ведущий на север

north-east I [ˌnɔːθˈiːst] *n* северо-восток; *мор.* норд-ост

north-east II *a* северо-восточный

north-east III *adv* к северо-востоку, на северо-восток

northeaster [nɔːθˈiːstə(r)] *n* сильный северо-восточный ветер, норд-ост

north-easterly I [nɔːθˈiːstəlɪ] *a* 1) северо-восточный, расположенный к северо-востоку 2) дующий с северо-востока *(о ветре)*

north-easterly II *adv* 1) с северо-востока 2) к северо-востоку

north-eastern [nɔːθˈiːstən] *a* северо-восточный

north-eastwards [nɔːθˈiːstwədz] *adv* на северо-восток, к северо-востоку

norther [ˈnɔːðə(r)] *n амер.* сильный северный ветер

northerly I [ˈnɔːðəlɪ] *a* 1) обращённый, направленный к северу 2) дующий с севера, северный *(о ветре)*

northerly II *adv* 1) к северу, на север 2) с севера

northern [ˈnɔːðən] *a* 1) северный; находящийся *или* живущий на севере; **the ~ lights**

се́верное сия́ние 2) се́верный, обращённый на се́вер

northerner [ˈnɔːənə(r)] *n* жи́тель се́вера, северя́нин

northernmost [ˈnɔːðənməʊst] *a* са́мый се́верный

northing [ˈnɔːθɪŋ] *n мор.* дрейф на се́вер

Northland [ˈnɔːθlənd] *n поэт.* 1) *pl* се́верные зе́мли; се́верные стра́ны 2) Скандина́вия

Northman [ˈnɔːθmən] *n* 1) жи́тель Скандина́вского полуо́строва, скандина́в 2) норве́жец

Northumbrian I [nɔːˈθʌmbrɪən] *n* 1) нортумбри́ец 2) *ист.* нортумбри́йский диале́кт 3) се́верный диале́кт *(современного англ. языка)*

Northumbrian II *a* нортумбри́йский; нортумберле́ндский

northward I [ˈnɔːθwəd] *n* се́верное направле́ние

northward II *a* напра́вленный на се́вер, к се́веру

northward III *adv* к се́веру, на се́вер

northwards [ˈnɔːθwədz] *см.* **north-ward III**

north-west I [ˈnɔːθˈwest] *n* се́веро-за́пад; *мор.* норд-ве́ст

north-west II *a* се́веро-за́падный

north-west III *adv* к се́веро-за́паду, на се́веро-за́пад

north-wester [nɔːθˈwestə(r)] *n* си́льный се́веро-за́падный ве́тер, норд-ве́ст

north-westerly I [nɔːθˈwestəlɪ] *a* 1) се́веро-за́падный, располо́женный к се́веро-за́паду 2) ду́ющий с се́веро-за́пада *(о ветре)*

north-westerly II *adv* 1) с се́веро-за́пада 2) к се́веро-за́паду

north-western [nɔːθˈwestən] *a* се́веро-за́падный

north-westwards [nɔːθˈwestwədz] *adv* к се́веро-за́паду, на се́веро-за́пад

Norwegian I [nɔːˈwiːdʒən] *n* 1) норве́жец; норве́жка; **the ~s** норве́жцы 2) норве́жский язы́к

Norwegian II *a* норве́жский

nor'-wester [nɔːˈwestə(r)] *n* 1) *см.* **north-wester** 2) стака́н спиртно́го 3) зюйдве́стка

nose I [nəʊz] *n* 1) нос; **a snub ~** вздёрнутый нос; **to blow one's ~** сморка́ться; **to talk/to speak through the ~** говори́ть в нос, гнуса́вить 2) обоня́ние; чутьё, нюх; **to have a good ~** име́ть хоро́шее чутьё *(тж перен.)*; **to follow one's ~** а) руково́дствоваться чутьём б) идти́ пря́мо вперёд 3) арома́т *(вина, чая, табака)* 4) но́сик *(чайника)*; го́рлышко 5) нос, носова́я/пере́дняя часть *(судна, самолёта, автомобиля и др. транспортных средств)* 6) *сленг* осведоми́тель, стука́ч ◇

by a ~ с незначи́тельным переве́сом; **on the ~** *амер. сленг* то́чно, пря́мо; **under one's ~** у себя́ под но́сом, пря́мо пе́ред собо́й; **to count ~s** подсчи́тывать голоса́ прису́тствующих; **to pay through the ~** плати́ть бе́шеные де́ньги; **to put smb's ~ out of joint** а) расстро́ить кого́-л. б) вы́жить кого́-л.; **to keep/to put smb's ~ to the grindstone** заставля́ть кого́-л. выкла́дываться, рабо́тать без о́тдыха; **to turn up one's ~** *(at) разг.* относи́ться с презре́нием, вороти́ть нос; **to cut off one's ~ to spite one's face** самому́ себе́ вы́рыть я́му, навреди́ть себе́ (, жела́я навреди́ть друго́му); **to get up smb's ~** *сленг* разозли́ть кого́-л.; **to keep one's ~ clean** *сленг* у́мно вести́ себя́, не лезть на рожо́н; **with one's ~ in the air** с высокоме́рием, надме́нно, свысока́

nose II *v* 1) ню́хать, чу́ять, чу́вствовать за́пах, обоня́ть 2) тяну́ть но́сом, вдыха́ть но́сом 3) проню́хать, разню́хать *(тж* **to ~ out**); **she ~d out our secret** она́ вы́ведала наш секре́т 4) выве́дывать, высле́живать, выню́хивать *(about, around);* вы́следить *(after, for)* 5) осторо́жно продвига́ться вперёд

nosebag [ˈnəʊzbæg] *n* то́рба *(для лошади)*

noseband [ˈnəʊzbænd] *n* нахра́пник (узде́чки)

nosebleed [ˈnəʊzˌbliːd] *n мед.* носово́е кровоте́чение

nosedive I [ˈnəʊzdaɪv] *n* 1) *ав.* пики́рование; **to fall into a ~** пики́ровать 2) ре́зкое паде́ние, внеза́пный обва́л *(цен и т. п.)*

nosedive II *v ав.* пики́ровать

nosegay [ˈnəʊzgeɪ] *n уст.* ма́ленький буке́т цвето́в

nosepiece [ˈnəʊzpiːs] *n* 1) *см.* **noseband** 2) *тех.* наконе́чник, сопло́

noserag [ˈnəʊzræg] *n сленг* носово́й плато́к

nose-wheel [ˌnəʊzˈwiːl] *n ав.* пере́днее шасси́ *(самолёта)*

nosey [ˈnəʊzɪ] *см.* **nosy**

nosh [nɒʃ] *n сленг* 1) еда́; проду́кты 2) *амер.* лёгкая заку́ска

noshery [ˈnɒʃərɪ] *n сленг* рестора́н; заку́сочная

nosology [nəˈsɒlədʒɪ] *n мед.* нозоло́гия *(раздел медицины, изучающий виды заболеваний и их классификацию)*

nostalgia [nɒˈstældʒɪə] *n* 1) тоска́ по про́шлому 2) тоска́ по ро́дине, ностальги́я

nostalgic [nɒˈstældʒɪk] *a* ностальги́ческий; **she is ~ for the past** она́ тоску́ет по про́шлому

nostril [ˈnɒstrɪl] *n* ноздря́

nostrum [ˈnɒstrəm] *n* 1) патенто́ванное лека́рство; панаце́я от всех боле́зней; чудо-

539

де́йственное сна́добье 2) излю́бленный приём *(политиков)*

nosy [ˈnəʊzɪ] *a* 1) *разг.* любопы́тный, сую́щий всю́ду свой нос 2) носа́тый 3) си́льно па́хнущий

not [nɒt] *adv* не, ни, нет; **~ a thing** (совсе́м) ничего́ ◊ **~ at all** совсе́м не; ниско́лько, ничу́ть; не сто́ит (благода́рности); **~ a bit** ниско́лько, во́все нет; **~ in the least** ничу́ть, ниско́лько; **~ but, ~ but that, ~ but what** хотя́; не то что́бы; **~ half** о́чень, весьма́; **~ a few** мно́гие ◊ **~ for the world** ни за что на све́те

notability [ˌnəʊtəˈbɪlɪtɪ] *n* 1) изве́стность 2) изве́стный челове́к, знамени́тость

notable I [ˈnəʊtəbl] *n* знамени́тый, выдаю́щийся челове́к

notable II *a* выдаю́щийся; значи́тельный, заме́тный

notably [ˈnəʊtəblɪ] *adv* в осо́бенности, осо́бенно

notarial [nəʊˈteərɪəl] *a* нотариа́льный

notarize [ˈnəʊtəraɪz] *v амер.* нотариа́льно заверя́ть *(договор и т. п.)*

notary [ˈnəʊtərɪ] *n* нота́риус *(тж ~ **public**)*

notation [nəʊˈteɪʃ(ə)n] *n* 1) нота́ция, систе́ма обозначе́ния, за́писи *(особыми знаками, символами)*; **musical ~** но́тная за́пись 2) *амер.* за́пись, запи́сывание 3) *вчт* систе́ма счисле́ния 4) *вчт* представле́ние; за́пись

notch I [nɒtʃ] *n* 1) зару́бка; ме́тка; зазу́брина, вы́емка; про́резь 2) *разг.* сте́пень *(продвижения, развития и т. п.);* **to move up a ~** немно́го продви́нуться вперёд 3) *амер.* глубо́кое уще́лье

notch II *v* де́лать зару́бки; наноси́ть ме́тки, ме́тить

note I [nəʊt] *n* 1) *обыкн. pl* заме́тка, (коро́ткая) за́пись; **to make a ~ of smth** запи́сывать что-л., де́лать за́писи; **to take down ~s of a lecture** записа́ть ле́кцию 2) наблюде́ние; мне́ние; **to compare ~s** обме́ниваться мне́ниями 3) запи́ска; **leave me a ~** оста́вь мне запи́ску 4) (дипломати́ческая) но́та; **exchange of ~s** обме́н но́тами; **to hand/to present a ~** вруча́ть но́ту 5) примеча́ние, сно́ска; **explanatory ~s** коммента́рии 6) распи́ска; **~ of hand, promissory ~** долгово́е обяза́тельство; **circular ~** аккредити́в; **contract ~** договорна́я запи́ска; контра́кт 7) банкно́та; **Bank of England ~s** банкно́ты Англи́йского ба́нка 8) внима́ние; **to take ~ of smth** заме́тить что-л.; **worthy of ~** досто́йный внима́ния; **places of ~** достопримеча́тельности 9) изве́стность; **a person of ~** изве́стная ли́чность 10) *муз.* но́та 11) тон;

но́тка; **to change one's ~** измени́ть тон, заговори́ть по-друго́му; **to strike the right ~** взять ве́рный тон; **a ~ of warning** но́тка/отте́нок предупрежде́ния 12) пе́ние; крик; ка́рканье *(птиц)* 13) знак; **~ of exclamation** восклица́тельный знак; **~ of interrogation** вопроси́тельный знак

note II *v* 1) замеча́ть, обраща́ть внима́ние; принима́ть к све́дению 2) запи́сывать, де́лать за́писи, заноси́ть в записну́ю кни́жку *и т. п. (down)* 3) упомина́ть, отмеча́ть, ука́зывать

notebook [ˈnəʊtbʊk] *n* 1) записна́я кни́жка 2) *вчт* портати́вный компью́тер, *проф.* но́утбук

notecard [ˈnəʊtˌkɑːd] *n* раскладна́я, двойна́я откры́тка

notecase [ˈnəʊtkeɪs] *n* бума́жник

noted [ˈnəʊtɪd] *a* знамени́тый, изве́стный *(for)*

notepad [ˈnəʊtpæd] *n* 1) блокно́т, записна́я кни́жка 2) *вчт* «Блокно́т» *(программа — текстовый редактор)*

notepaper [ˈnəʊtˌpeɪpə(r)] *n* 1) почто́вая бума́га 2) бума́га для заме́ток

noteworthy [ˈnəʊtˌwɜːðɪ] *a* досто́йный внима́ния, примеча́тельный

nothing I [ˈnʌθɪŋ] *n* 1) ничто́, ничего́; **I need ~** мне ничего́ не ну́жно; **~ of the kind, ~ of the sort** ничего́ подо́бного; **~ doing** ничего́ не вы́йдет, ничего́ не поде́лаешь; **there's ~ in it for us** э́то нам ничего́ не даст; **all to ~** всё ни к чему́ 2) пустя́к; **it is a mere ~** э́то про́сто пустя́к; **the little ~s of life** ме́лочи жи́зни 3) небытие́, нереа́льность 4) ноль, нуль ◊ **for ~** беспла́тно; **to think ~ of smth** не боя́ться чего́-л.; **to say ~ of** не говоря́ уже́ о...; **to have ~ to do with smb** не име́ть ничего́ о́бщего с кем-л.; **~ doing** но́мер не пройдёт; **~ venture ~ have** *посл.* ≅ волко́в боя́ться — в лес не ходи́ть

nothing II *adv* ниско́лько, совсе́м нет; **it helped us ~** э́то нам совсе́м не помогло́

nothingness [ˈnʌθɪŋnɪs] *n* 1) ничто́, небытие́, нереа́льность 2) пустяки́ 3) ничто́жество

notice I [ˈnəʊtɪs] *n* 1) внима́ние; наблюде́ние; **to take no ~ of smb** не обраща́ть внима́ния на кого́-л.; **to attract smb's ~** привле́чь чье́-л. внима́ние; **it has come to our ~** нам ста́ло изве́стно; **beneath one's ~** не заслу́живающий чьего́-л. внима́ния 2) объявле́ние; афи́ша; **to put a ~ in the papers** помести́ть объявле́ние в газе́тах; **obituary ~** некроло́г 3) извеще́ние, уведомле́ние, сообще́ние; предупрежде́ние; **until further ~** до дальне́йшего уведомле́ния; **without (prior)**

без предупрежде́ния; **to give ~** сообща́ть, уведомля́ть; **to send a ~** посла́ть извеще́ние/уведомле́ние; **at/on short ~** то́тчас же; сра́зу же; **at a moment's ~** неме́дленно; предупрежде́ние; **to give smb a week's ~** предупреди́ть кого-л. за неде́лю 4) официа́льное уведомле́ние об увольне́нии; **to give in one's ~** пода́ть заявле́ние об ухо́де; **to dismiss without ~** уво́лить без предупрежде́ния 5) реце́нзия; о́тзыв в печа́ти *(на пьесу, фильм и т. п.)*

notice II *v* 1) замеча́ть, обраща́ть внима́ние; **I didn't ~ her coming in** я не заме́тил, как она́ вошла́ 2) отмеча́ть, ука́зывать, упомина́ть

noticeable [ˈnəʊtɪsəbl] *a* 1) заме́тный, приме́тный 2) примеча́тельный

noticeboard [ˈnəʊtɪsbɔːd] *n* доска́ объявле́ний

notifiable [ˈnəʊtɪfaɪəbl] *a* подлежа́щий регистра́ции, отме́тке *(об инфекционном заболевании)*

notification [ˌnəʊtɪfɪˈkeɪʃ(ə)n] *n* 1) уведомле́ние, извеще́ние, предупрежде́ние 2) регистра́ция

notify [ˈnəʊtɪfaɪ] *v* 1) извеща́ть, уведомля́ть, информи́ровать 2) доводи́ть до всео́бщего све́дения, объявля́ть

notion [ˈnəʊʃ(ə)n] *n* 1) иде́я, мысль 2) поня́тие, представле́ние; **I haven't the slightest/ foggiest ~ where he is now** я не име́ю ни мале́йшего представле́ния о том, где он сейча́с нахо́дится 3) взгляд, мне́ние 4) наме́рение; **I have a ~ of going to Venice** я собира́юсь посмотре́ть Вене́цию 5) *pl* предме́ты повседне́вного обихо́да, ну́жные ме́лочи

notional [ˈnəʊʃənl] *a* 1) вообража́емый 2) умозри́тельный, теорети́ческий 3) *грам.* зна́чимый, смысловой *(о глаголе)*

notoriety [ˌnəʊtəˈraɪətɪ] *n* 1) печа́льная изве́стность, дурна́я сла́ва 2) печа́льно изве́стная ли́чность

notorious [nəʊˈtɔːrɪəs] *a* по́льзующийся дурно́й сла́вой; отъя́вленный; неисправи́мый; **a ~ liar** отъя́вленный лгун; **~ for its climate** изве́стный свои́м плохи́м кли́матом

notwithstanding I [ˌnɒtwɪθˈstændɪŋ] *prep* несмотря́ на, вопреки́

notwithstanding II *adv* тем не ме́нее, одна́ко, всё же

nought [nɔːt] *n* 1) *мат.* нуль; **~s and crosses** кре́стики — но́лики *(игра)* 2) *поэт., уст.* ничто́; **to bring to ~** своди́ть на нет

noun [naʊn] *n грам.* и́мя существи́тельное; **collective ~** и́мя существи́тельное собира-

тельное; **common ~** и́мя существи́тельное нарица́тельное; **proper ~** и́мя существи́тельное со́бственное; **verbal ~** отглаго́льное существи́тельное

nourish [ˈnʌrɪʃ] *v* 1) пита́ть, корми́ть 2) леле́ять *(мечту, надежду)*

nourishing [ˈnʌrɪʃɪŋ] *a* пита́тельный

nourishment [ˈnʌrɪʃmənt] *n* 1) пита́ние 2) пи́ща

nous [naʊs] *n* 1) *разг.* здра́вый смысл; смышлёность, сообрази́тельность 2) *филос.* ра́зум, интелле́кт

Nov. *сокр.* (**November**) ноя́брь

novel[1] [ˈnɒvəl] *n* рома́н; **historical ~** истори́ческий рома́н

novel[2] *a* но́вый, оригина́льный; неизве́данный; **~ food** генети́чески модифици́рованные проду́кты *(тж* **GM food)**

novelese [ˌnɒvəˈliːz] *n пренебр.* стиль дешёвых, бульва́рных рома́нов

novelette [ˌnɒvəˈlet] *n* 1) нове́лла; по́весть 2) *пренебр.* бульва́рный рома́н, дешёвое чти́во; любо́вный рома́н

novelist [ˈnɒvəlɪst] *n* писа́тель-романи́ст, а́втор рома́на

novelty [ˈnɒvəltɪ] *n* 1) новизна́; оригина́льность; **a ~ wears off** новизна́ прохо́дит 2) нови́нка, но́вшество; **novelties in footwear** но́вые моде́ли о́буви 3) *pl* дешёвые сувени́ры, игру́шки, бижуте́рия

November [nəʊˈvembə(r)] *n* 1) ноя́брь 2) *attr* ноя́брьский

novice [ˈnɒvɪs] *n* 1) *церк.* послу́шник; послу́шница 2) *церк.* новообращённый 3) новичо́к *(at, in)*

now I [naʊ] *n* да́нный моме́нт; настоя́щее вре́мя; **before ~** ра́ньше; **by ~** к настоя́щему моме́нту; **till ~** до настоя́щего моме́нта; **up to ~** до сих по́р

now II *adv* 1) тепе́рь, сейча́с; в настоя́щее вре́мя; **do it right ~** сде́лай э́то сейча́с; **~ everybody has a fridge** тепе́рь у ка́ждого есть холоди́льник 2) то́тчас же, сию́ же мину́ту, неме́дленно; **they must go ~** они́ должны́ сейча́с же уйти́; **by ~ everything was ready** к э́тому вре́мени всё бы́ло гото́во 3) тогда́, в то вре́мя *(в рассказе)* 4) ну что, ну вот, коне́чно, да ла́дно; **~ what happened next** ну, вот что да́льше бы́ло; **come ~!** да что ты!, неуже́ли?; **~ stop it** ну ладно, хва́тит; **~ then!** ну же!); послу́шай(те)! ◊ **every ~ and then** то и де́ло; **~ and again/ then** вре́мя от вре́мени; **just ~** то́лько что; **as of ~** с э́того вре́мени; **for ~** на э́тот раз; пока́

now III *conj* когда́, раз; **~ you are here, why not stay?** раз вы уже́ здесь, почему́ бы вам не оста́ться?; **~ that...** тепе́рь, когда́...

nowadays I [ˈnaʊədeɪz] *n* настоящее время

nowadays II *adv* теперь, в настоящее время; в наши дни

noway [ˈnəʊweɪ] *adv* ни в коем случае

nowhere [ˈnəʊweə(r)] *adv* нигде, никуда; **he was ~ to be seen** его нигде не было видно ◊ **to get ~** ни к чему не привести; **to come from ~** появиться неизвестно откуда, внезапно появиться, внезапно произойти; **near** совсем не близко, далеко; **in the middle of ~** *разг.* вдали от цивилизации

no-win [ˈnəʊˈwɪn] *a*: **~ situation** патовая ситуация *(никто не выигрывает)*

nowise [ˈnəʊwaɪs] *adv* никоим образом; отнюдь не

noxious [ˈnɒkʃəs] *a* вредный; ядовитый; нездоровый

nozzle [ˈnɒzl] *n тех.* выпускное отверстие; наконечник, насадка, сопло

NP *сокр.* (**Notary Public**) нотариус

n. p. *сокр.* (**no place of publication**) без указания места публикации

nr *сокр.* (**near**) около; близко

NS *сокр.* 1) (**new series**) новая серия 2) (**new style**) новый стиль

n't [nt] *разг.* = **not**

Nth. *сокр.* (**north**) север

nth [enθ] *a* энный; **to the nth (degree)** до любых пределов

NTP *сокр.* (**normal temperature and pressure**) нормальная температура и нормальное давление

nuance [ˈnjuːɑːns] *n* оттенок, нюанс

nub [nʌb] *n* 1) суть *(дела, рассказа)*; **that's the ~ of the question** в этом суть вопроса 2) комок; кусок *(угля)* 3) остаток, обломок

nubble [ˈnʌbl] шишка, небольшое утолщение; комок

nubile [ˈnjuːbaɪl] *a* сексуально привлекательная; достигшая брачного возраста *(о женщине)*

nubuck [ˈnjuːbʌk] *n* нубук *(сорт выделанной кожи)*

nuciferous [njuːˈsɪfərəs] *a бот.* орехоплодный

nuclear [ˈnjuːklɪə(r)] *a* 1) ядерный; атомный; **~ balance** ядерный паритет; **~ club** «ядерный клуб» *(государства, обладающие ядерным оружием)*; **~ device** ядерное устройство; **~ energy** ядерная энергия; **~ physics** ядерная физика; **~ reactor** ядерный реактор; **~ test** испытание ядерного оружия; **~ weapon** ядерное оружие; **~ winter** ядерная зима *(климатическая катастрофа, вызванная ядерным взрывом)* 2) *биол.* содержащий ядро; относящийся к ядру 3) *социол.*

нуклеарный; **~ family** нуклеарная семья *(союз мужчины и женщины, проживающих вместе со своими детьми)*

nucleate [ˈnjuːklɪeɪt] *v* образовывать ядро

nucleus [ˈnjuːklɪəs] *n* (*pl тж* **nuclei** [ˈnjuːklɪaɪ]) 1) ядро *(тж физ.)*. 2) центр, ядро 3) *биол.* ядро клетки 4) *физиол.* ядро центральной нервной системы

nude I [njuːd] *n* 1) *иск.* обнажённая фигура, ню 2) обнажённое тело; **in the ~** в обнажённом виде

nude II *a* голый, нагой; обнажённый

nudge I [nʌdʒ] *n* лёгкий толчок (локтем)

nudge II *v* слегка подталкивать локтем

nudist [ˈnjuːdɪst] *n* нудист

nudity [ˈnjuːdɪtɪ] *n* нагота

nugatory [ˈnjuːgətərɪ] *a* неэффективный; тщетный, напрасный

nugget [ˈnʌgɪt] *n* 1) *геол* самородок 2) *кул.* наггет *(небольшие кусочки филе в кляре)*; **chicken ~s** куриные наггетсы 3) крупица; **~ of information** крупица информации

nuisance [ˈnjuːsəns] *n* 1) неприятность, досада; неудобство; **what a ~!** какая досада!; **this lock is a ~** вечно с этим замком возня 2) неприятный, надоедливый человек; **to make a ~ of oneself** надоедать; **he is a perfect ~** он страшно надоедлив, от него нет никакого спасения 3): **public ~** нарушение или нарушитель общественного порядка

nuke I [njuːk] *n разг.* ядерное оружие

nuke II *v* 1) *разг.* использовать ядерное оружие 2) *разг.* разогревать *или* готовить что-л. в микроволновой печи 3) *вчт сленг* грохнуть, преднамеренно убить *(содержимое всего каталога или диска)*

null [nʌl] *a predic* 1) недействительный; **~ and void** *юр.* недействительный; не имеющий силы 2) несуществующий; сводящийся к нулю; никакой

nullah [ˈnʌlə] *n инд.* долина с высохшим руслом, наполняющимся водой только в сезон дождей

nullification [ˌnʌlɪfɪˈkeɪʃ(ə)n] *n* 1) *юр.* аннулирование, признание недействительным 2) *тех.* обнуление; сброс 3) *рлн* подавление помех 4) *вчт* сведение к нулю, нуллификация

nullify [ˈnʌlɪfaɪ] *v* 1) *юр.* аннулировать, признавать недействительным; расторгать, отменять 2) *тех.* обнулять; сбрасывать показания 3) *рлн* подавлять помехи 4) *вчт* сводить к нулю, нуллифицировать

nullity [ˈnʌlɪtɪ] *n* 1) *юр.* недействительность; **~ of marriage** недействительность брака 2) ничтожность 3) ничтожество

numb I [nʌm] *a* онемéлый, онемéвший; окоченéлый; **my fingers have gone ~** у меня пáльцы окоченéли; **my leg is ~** у меня ногá затеклá; **to be ~ with grief** окаменéть от гóря

numb II *v* 1) вызывáть онемéние, окоченéние 2) ошеломлять

number I [ˈnʌmbə(r)] *n* 1) числó; цифра; **a whole ~** цéлое числó; **a broken ~** дробь; **an even ~** чётное числó; **an odd ~** нечётное числó 2) *pl* арифмéтика 3) колúчество, числó; **a ~ of** цéлый ряд, мнóго; **quite a ~** какóе-то колúчество, цéлый ряд; **in great ~s** в большóм колúчестве; **a large ~ of people** мнóго нарóду; **without ~** бесчúсленное мнóжество; мнóго раз; **in a ~ of cases** в ряде слýчаев 4) нóмер; **room ~ 5** кóмната нóмер пять; **registration ~** регистрациóнный нóмер; **wrong ~** вы не тудá попáли *(ответ по телефóну)* 5) вы́пуск, нóмер *(газéты, журнáла);* **back ~** а) стáрый нóмер *(газéты, журнáла)* б) отстáлый человéк 6) нóмер *(прогрáммы)* 7) компáния, коллектúв; **among our ~** из нáшей компáнии 8) *грам.* числó ◊ **his ~ is up** *разг.* емý конéц, емý кры́шка; **to have smb's ~** *разг.* раскусúть когó-л.; **~ one** *разг.* сóбственная персóна, сóбственное «я»; **~ two** заместúтель, вторóе лицó в руковóдстве; **N. Ten, No 10** официáльная резидéнция премьéр-минúстра Великобритáнии на Дáунинг-стрит, 10 в Лóндоне

number II *v* 1) причислять; быть в числé *(among);* **I ~ you among my friends** я причисляю вас к моúм друзьям 2) нумеровáть; **to ~ pages** нумеровáть странúцы 3) насчúтывать; **the company ~s 500 employees** компáния насчúтывает 500 слýжащих 4) считáть 5) *воен.* рассчúтываться ◊ **his days are ~ed** егó дни сочтены́, он дóлго не протянет

number off дéлать переклúчку

numberless [ˈnʌmbəlɪs] *a* бесчúсленный, неисчислúмый

number plate [ˈnʌmbə ˌpleɪt] *n авто* номернóй знак *(амер.* **license plate***)*

numbness [ˈnʌmnɪs] *n* онемéние, окоченéние

numerable [ˈnjuːmərəbl] *a* исчислúмый, поддáющийся счёту

numeral I [ˈnjuːmərəl] *n* 1) *грам.* úмя числúтельное; **cardinal ~** колúчественное числúтельное; **ordinal ~** порядковое числúтельное 2) цифра; **Arabic/Roman ~s** арáбские/рúмские цифры

numeral II *a* числовóй; цифровóй

numeration [ˌnjuːməˈreɪʃ(ə)n] *n* 1) исчислéние, счёт 2) счислéние; система счислéния;

decimal ~ десятúчная система счислéния 3) нумерáция

numerator [ˈnjuːməreɪtə(r)] *n* 1) *мат.* числúтель (дрóби) 2) вычислúтель; нумерáтор; счётчик

numerical [njuːˈmerɪkəl] *a* числовóй; цифровóй

numerology [ˌnjuːməˈrɒlədʒɪ] *n* нумеролóгия

numerous [ˈnjuːmərəs] *a* многочúсленный; **in ~ cases** во мнóгих случаях

numismatics [ˌnjuːmɪzˈmætɪks] *n* нумизмáтика

Numeric Lock key [njuːˈmerɪkˈlɒkˈkiː] *n вчт* клáвиша переключéния и фиксáции числовóго регúстра *(тж* **Num Lock key***)*

numskull [ˈnʌmskʌl] *n* тупáя башка́, болвáн, тупúца

nun [nʌn] *n* монáхиня

nunnery [ˈnʌnərɪ] *n* жéнский монасты́рь

nuptial [ˈnʌpʃəl] *a* брáчный, свáдебный

nuptials [ˈnʌpʃəlz] *n pl* свáдьба

nurse I [nɜːs] *n* 1) медицúнская сестрá, медсестрá; **male ~** медбрáт 2) няня 3) *зоол.* рабóчая пчелá; рабóчий муравéй 4): **the ~ of liberty** колыбéль свобóды

nurse II *v* 1) рабóтать медсестрóй 2) ухáживать *(за больны́м)* 3) нянчить 4) кормúть грýдью, выкáрмливать *(ребёнка)* 5) лечúть *(простýду, нáсморк и т. п.)* 6) ухáживать *(за растéниями)* 7) лелéять *(надéжду);* питáть, тайть *(злóбу и т. п.)*

nurseling [ˈnɜːslɪŋ] *см.* **nursling**

nursemaid [ˈnɜːsmeɪd] *n* няня, нянька

nursery [ˈnɜːsrɪ] *n* 1) дéтская *(кóмната)* 2) *(дéтские)* ясли *(тж* **day ~***)* 3) питóмник 4) инкубáтор 5) садóк *(для рыб)* 6) *attr:* **~ rhyme** дéтский стишóк; **~ school** дéтский сад; **~ slope** полóгий спуск для начинáющих *(гóрно)*лы́жников

nursing [ˈnɜːsɪŋ] *n* 1) ухóд за больны́ми, престарéлыми 2) *attr:* **~ home** дом престарéлых и инвалúдов; **~ sister** патронáжная сестрá

nursling [ˈnɜːslɪŋ] *n* 1) груднóй ребёнок 2) питóмец 3) *бот.* сéянец, сáженец; молодóе растéние

nurture I [ˈnɜːtʃə(r)] *n* 1) воспитáние, обучéние *(осóб. детéй)* 2) вырáщивание 3) питáние

nurture II *v* 1) воспúтывать, обучáть 2) вырáщивать; питáть 3) вынáшивать *(план и т. п.)*

nut [nʌt] *n* 1) орéх 2) гáйка 3) *сленг* головá, башкá, «котелóк» 4) *сленг* чóкнутый, сумасшéдший 5) *сленг* сумасбрóд, чýдик; **he's a health-food ~** он помешáлся на здорóвой пúще ◊ **a hard ~ to crack** трýдная задáча, тру́дное де́ло; **he's a tough ~** он кре́пкий оре́шек; **to be off one's ~s** сленг чо́кнуться, свихну́ться; **to do one's ~** сленг вы́йти из себя́; **for ~s** совсе́м; ниско́лько; **he drives me ~s** он меня́ про́сто бе́сит; **~s and bolts of smth** практи́ческие дета́ли, сто́роны чего́-л.

nutcase [´nʌtkeɪs] *n* сленг чо́кнутый, псих

nutcracker [´nʌtˌkrækə] *n* 1) щипцы́ для оре́хов 2) кедро́вка, оре́ховка *(птица)*

nutgall [´nʌtgɔ:l] *n* черни́льный оре́шек

nuthouse [´nʌthaus] *n* сленг психиатри́ческая больни́ца, сумасше́дший дом

nutmeg [´nʌtmeg] *n* муска́тный оре́х

nutria [´nju:trɪə] *n* 1) зоол. ну́трия 2) мех ну́трии

nutrient [´nju:trɪənt] *a* пита́тельный

nutriment [´nju:trɪmənt] *n* 1) пи́ща; корм 2) пита́тельная среда́; сти́мул (для разви́тия)

nutrition [nju:´trɪʃ(ə)n] *n* 1) пита́ние 2) пи́ща; корм 3) нау́ка о пра́вильном пита́нии

nutritionist [nju:´trɪʃənɪst] *n* дието́лог

nutritious [nju:´trɪʃəs] *a* пита́тельный

nutritive I [´nju:trɪtɪv] *n* пита́тельное вещество́ *(тж ~ **substance**)*

nutritive II *a* 1) пита́тельный 2) пищево́й

nuts I [nʌts] *n* сленг псих, ненорма́льный, чо́кнутый

nuts II *int* сленг чушь!, ерунда́!, вздор!

nutshell [´nʌtʃel] *n* оре́ховая скорлупа́ ◊ **in a ~** кра́тко, вкра́тце, в двух слова́х

nutter [´nʌtə(r)] *n* сленг чо́кнутый, псих

nutting [´nʌtɪŋ] *n* сбор оре́хов

nutty [´nʌtɪ] *a* 1) по́лный оре́хов 2) име́ющий оре́ховый вкус 3) сленг чо́кнутый, ненорма́льный, не в своём уме́

nutwood [´nʌtwu:d] *n* бот. лещи́на, оре́шник

nuzzle [´nʌzl] *v* 1) тере́ться но́сом, мо́рдой *(обо что-л.)* сова́ть нос, мо́рду *(at, against, into)* 3) прикорну́ть; ую́тно сверну́ться, уле́чься

NW сокр. **(north-west)** се́веро-за́пад

NY сокр. **(New York)** Нью-Йо́рк

nyctalopia [ˌnɪktə´ləupɪə] *n* мед. никталопи́я, кури́ная слепота́

nylon [´naɪlɒn] *n* 1) нейло́н 2) *pl уст.* нейло́новые чулки́ *(тж ~ **stockings**)*

nymph [nɪmf] *n* 1) миф. ни́мфа 2) поэт. краси́вая, стро́йная де́вушка 3) зоол. ни́мфа; личи́нка *(бабочки)*

nymphet [´nɪmfet] *n* 1) миф. молода́я ни́мфа 2) разг. привлека́тельная молода́я де́вушка, нимфе́тка

nympho [´nɪmfəu] *n* разг. нимфома́нка

nympholepsy [´nɪmfəlepsɪ] *n* экста́з, неуёмный восто́рг; жела́ние невозмо́жного

nymphomania [ˌnɪnfə´meɪnɪə] *n* нимфома́ния

nymphomaniac [ˌnɪmfə´meɪnɪæk] *n* нимфома́нка

NZ сокр. **(New Zealand)** Но́вая Зела́ндия

O

O, o¹ [əu] *n* 1) *15-я бу́ква англ. алфави́та* 2) нуль, ноль

o² *int см.* **oh; O dear me!** о бо́же!, бо́же мой!

oaf [əuf] *n* 1) неуклю́жий челове́к 2) дура́к, придуро́к

oafish [´əufɪʃ] *a* глу́пый, нескла́дный

oak [əuk] *n* 1) дуб 2) древеси́на ду́ба 3) *attr* дубо́вый; ~ **door** дубо́вая дверь

oak apple [´əuk ˌæpl] *см.* **oak-gall**

oaken [´əukən] *a книжн.* дубо́вый

oak gall [´əukgɔ:l] *n* черни́льный оре́шек

oakum [´əukəm] *n* па́кля

OAP сокр. **(old-age pensioner)** пенсионе́р по ста́рости

oar I [ɔ:(r)] *n* 1) весло́; **to pull an ~** грести́; **to rest/**амер. **to lay on one's ~s** суши́ть вёсла; *перен.* рассла́биться; осла́бить уси́лия 2) гребе́ц; **a good/practised ~** хоро́ший/о́пытный гребе́ц ◊ **to put one's ~ in** разг. вме́шиваться *(в разговор, чужие дела и т. п.)*

oar II *v* грести́

oared [ɔ:d] *a* име́ющий вёсла, весе́льный

oarlock [´ɔ:lɒk] *n амер.* уклю́чина

oarsman [´ɔ:zmən] *n* гребе́ц

OAS сокр. 1) **(the Organization of American States)** Организа́ция америка́нских госуда́рств, ОАГ 2) **(on active service)** на действи́тельной слу́жбе

oasis [əu´eɪsɪs] *n (pl* **oases** [əu´eɪsi:z]*)* оа́зис

oat [əut] *n обыкн. pl* овёс ◊ **to feel one's ~s** *разг.* а) быть весёлым, оживлённым б) *амер.* чу́вствовать свою́ си́лу; **to sow one's wild ~s** отда́ть дань ю́ношеским увлече́ниям, перебеси́ться

oatcake [´əut´keɪk] *n* овся́ная лепёшка

oaten [´əutn] *a* 1) овся́ный 2) соло́менный

oath [əuθ] *n* 1) кля́тва; прися́га; **to break one's ~** нару́шить кля́тву *или* прися́гу; **to put smb on ~** приводи́ть кого́-л. к прися́ге; **on/under ~** под прися́гой; **to swear/to take an ~** а) дава́ть кля́тву ве́рности б) принима́ть прися́гу 2) прокля́тия, руга́тельства

oath-breaking [´əuθˌbreɪkɪŋ] *n* наруше́ние кля́твы *или* прися́ги

oatmeal ['əʊtmi:l] *n* 1) овсяная крупа 2) овсяная каша, овсянка 3) светлый серо-коричневый цвет

ob. *сокр. (лат.* **obiit)** скончался, скончалась

obduracy ['ɒbdjʊrəsɪ] *n* 1) упрямство 2) закоснелость

obdurate ['ɒbdjʊrɪt] *a* 1) упрямый 2) закоснелый, несговорчивый

obedience [əʊ'bi:dɪəns] *n* послушание, повиновение; **in ~ to** согласно

obedient [əʊ'bi:dɪənt] *a* послушный, покорный; **~ to the law** послушный закону, законопослушный

obeisance [əʊ'beɪsəns] *n* 1) почтительный поклон, реверанс; **to make an ~** сделать реверанс 2) почтение, уважение; **to do/to pay ~ to smb** выражать кому-л. почтение

obelisk ['ɒbɪlɪsk] *n* 1) обелиск 2) *полигр.* знак сноски

obese [əʊ'bi:s] *a* жирный, ожиревший, тучный

obesity [əʊ'bi:sɪtɪ] *n* ожирение, тучность

obey [ə'beɪ] *v* слушаться, повиноваться; подчиняться, выполнять приказания; **to ~ orders** выполнять приказ(ы)

obfuscate ['ɒbfʌskeɪt] *v* 1) затемнять *(вопрос, смысл и т. п.)* 2) сбивать с толку

obit ['ɒbɪt] *n разг.* некролог

obituary [ə'bɪtjʊərɪ] *n* некролог

object I ['ɒbdʒɪkt] *n* 1) предмет; вещь; объект; **an unidentified flying ~ (UFO)** неопознанный летающий объект, НЛО; **an ~ of ridicule** объект насмешек, посмешище 2) цель, намерение; **to achieve one's ~** достичь своей цели 3) *грам.* дополнение; **direct/indirect ~** прямое/косвенное дополнение; **prepositional ~** предложное дополнение 4) *разг.* нелепая *или* жалкая личность; нечто нелепое, смехотворное; **a nice ~ you look!** ну и вид у тебя!

object II [əb'dʒekt] *v* 1) возражать *(против чего-л.),* протестовать *(against, to)* 2) не одобрять; не переносить; **do you ~ to smoking?** не возражаете, если я закурю?; **she ~ed to his manners** ей не нравились его манеры

object-finder ['ɒbdʒɪkt,faɪndə(r)] *n фото* видоискатель

object-glass ['ɒbdʒɪkt,gla:s] *n опт.* объектив

objection [əb'dʒekʃ(ə)n] *n* 1) возражение; протест; **to make ~** возражать; **to see no ~s to smth** не видеть никаких возражений против чего-л. 2) неприятие, нелюбовь, неодобрение

objectionable [əb'dʒekʃənəbl] *a* 1) вызывающий возражения 2) неприятный, неудобный; нежелательный; **~ behaviour** предосудительное поведение

objective I [ɒb'dʒektɪv] *n* 1) цель; объект; **the ~ of the research** цель/объект исследований; **a military ~** военный объект 2) *грам.* объектный *или* косвенный падеж 3) *опт.* объектив

objective II *a* 1) действительный, реальный 2) объективный 3) *грам.* относящийся к дополнению; **~ case** объектный *или* косвенный падеж

objectivity [,ɒbdʒek'tɪvɪtɪ] *n* объективность, беспристрастность

objectless ['ɒbdʒɪktlɪs] *a* беспредметный, бесцельный

object lesson ['ɒbdʒɪkt,lesn] *n* наглядный урок, наглядный пример

objector [əb'dʒektə(r)] *n* тот, кто возражает; **conscientious ~** человек, отказывающийся от военной службы по политическим *или* религиозным мотивам

object-oriented ['ɒbdʒɪkt,ɔ:rɪentɪd] *a вчт.* объектно-ориентированный; **~ computer language** объектно-ориентированный язык программирования

objurgate ['ɒbdʒəgeɪt] *v книжн.* укорять

objurgation [,ɒbdʒə'geɪʃ(ə)n] *n книжн.* попрёк, укор

objurgatory [ɒb'dʒɜ:gətərɪ] *a* укоризненный

oblation [əʊ'bleɪʃ(ə)n] *n* 1) жертвоприношение, жертва 2) пожертвование 3) **(O.)** *церк.* причащение, святое причастие, евхаристия

obligate ['ɒblɪgeɪt] *v* обязывать

obligation [,ɒblɪ'geɪʃ(ə)n] *n* 1) обязательство; **to fulfil one's ~s** выполнить свои обязательства 2) обязанность; **to be under an ~ to smb** быть обязанным кому-л., быть в долгу перед кем-л. 3) принудительная сила, обязательность *(закона, договора и т. п.);* **of ~** обязательный

obligatory [ɒ'blɪgətərɪ] *a* 1) обязывающий, принуждающий 2) обязательный; **these lectures are ~ for all students** посещение этих лекций обязательно для всех студентов

oblige [ə'blaɪdʒ] *v* 1) обязывать, заставлять; **to be ~d to do smth** быть вынужденным сделать что-л. 2) делать одолжение; оказывать услугу; **I did it to ~ you** я сделал это, чтобы вам угодить 3): **much ~d** очень вам благодарен, премного обязан/благодарен *(как выражение благодарности)*

obliging [ə'blaɪdʒɪŋ] *a* обязательный, услужливый, любезный

oblique I [ə'bli:k] *a* 1) наклонный, косой 2) непрямой, окольный; косвенный; **an ~ reference** косвенная ссылка 3) *грам.* косвенный; **~ speech** косвенная речь

oblique II *v* отклоня́ться

obliquity [ə'blɪkwɪtɪ] *n* 1) накло́н; переко́с; скос 2) отклоне́ние от прямо́го пути́

obliterate [ə'blɪtəreɪt] *v* 1) вычёркивать, стира́ть 2) уничтожа́ть; **to be completely ~d** быть стёртым с лица́ земли́

obliteration [ə,blɪtə'reɪʃ(ə)n] *n* 1) уничтоже́ние; вычёркивание 2) забве́ние

oblivion [ə'blɪvɪən] *n* забве́ние; **to fall/to pass/ to sink into ~** быть пре́данным забве́нию

oblivious [ə'blɪvɪəs] *a* 1) забы́вчивый; забыва́ющий 2) не замеча́ющий, не созна́ющий чего́-л. *(to, of)*; **to be ~ of one's surroundings** не замеча́ть ничего́ вокру́г; **~ of the weather** не замеча́ющий, кака́я пого́да за окно́м

oblong ['ɒblɒŋ] *a* продолгова́тый

obloquy ['ɒbləkwɪ] *n* дурна́я сла́ва; позо́р

obnoxious [əb'nɒkʃəs] *a* проти́вный, отврати́тельный

oboe ['əʊbəʊ] *n муз.* гобо́й

obscene [ɒb'si:n] *a* непристо́йный, неприли́чный

obscenity [ɒb'si:nɪtɪ] *n* 1) неприли́чие, непристо́йность 2) гря́зное руга́тельство

obscurantism [,ɒbskjʊə'ræntɪzm] *n* обскуранти́зм, мракобе́сие

obscure I [əb'skjʊə(r)] *a* 1) нея́сный, непоня́тный; скры́тый 2) сму́тный *(об о́бразе, представле́нии)* 3) тёмный, мра́чный 4) скры́тый, глубо́кий *(о значе́нии)* 5) незаме́тный; малоразличи́мый 6) малоизве́стный, безве́стный

obscure II *v* 1) де́лать нея́сным; затрудня́ть понима́ние 2) затмева́ть 3) затемня́ть; закрыва́ть (собо́й)

obscurity [əb'skjʊərɪtɪ] *n* 1) тьма, мрак 2) непоня́тное ме́сто *(в те́ксте и т. п.)*, нея́сность 3) неизве́стность, безве́стность; **to live in ~** жить в безве́стности

obsequies ['ɒbsɪkwɪz] *n pl* обря́д погребе́ния, по́хороны

obsequious [əb'si:kwɪəs] *a* уго́дливый, заи́скивающий, подобостра́стный

observable [əb'zɜ:vəbl] *a* заме́тный, приме́тный; (хорошо́) ви́димый

observance [əb'zɜ:vəns] *n* 1) соблюде́ние *(зако́на, пра́вил, обы́чаев и т. п.)* 2) обря́д, ритуа́л; церемо́ния

observant [əb'zɜ:vənt] *a* 1) наблюда́тельный 2) соблюда́ющий *(зако́ны, пра́вила)*

observation [,ɒbzə'veɪʃ(ə)n] *n* 1) наблюде́ние; **under ~** под наблюде́нием; **this escaped ~** э́то ускользну́ло от наблюде́ния 2) наблюда́тельность 3) замеча́ние, ре́плика, выска́зывание 4) соблюде́ние *(зако́на, пра-*

вил и т. п.) 5) *attr* наблюда́тельный *(о пу́нкте и т. п.)*; **~ post** наблюда́тельный пункт

observatory [əb'zɜ:vətərɪ] *n* обсервато́рия

observe [əb'zɜ:v] *v* 1) наблюда́ть, замеча́ть; следи́ть 2) соблюда́ть *(зако́ны, обы́чаи и т. п.)*; **to ~ an anniversary** отмеча́ть годовщи́ну 3) изуча́ть 4) де́лать замеча́ние, замеча́ть

observer [əb'zɜ:və(r)] *n* 1) наблюда́тель; **casual ~** невнима́тельный наблюда́тель 2) обозрева́тель *(в газе́те и т. п.)*; **military ~** вое́нный обозрева́тель

obsess [əb'ses] *v* овладе́ть, пресле́довать *(о мы́сли, стра́хе и т. п.)*; **to be ~ed by smth** быть одержи́мым чем-л.

obsession [əb'seʃ(ə)n] *n* 1) одержи́мость, помеша́тельство; наважде́ние 2) навя́зчивая иде́я

obsolescent [,ɒbsə'lesnt] *a* выходя́щий из употребле́ния, устарева́ющий, уходя́щий

obsolete ['ɒbsəli:t] *a* устаре́лый, устаре́вший, вы́шедший из употребле́ния

obstacle ['ɒbstəkl] *n* препя́тствие, поме́ха; **to overcome/to surmount ~s** преодолева́ть препя́тствия; **to put ~s in smb's path** чини́ть препя́тствия кому́-л.

obstacle-race ['ɒbstəklreɪs] *n* ска́чки с препя́тствиями

obstetric(al) [əb'stetrɪk(əl)] *a* акуше́рский

obstetrics [əb'stetrɪks] *n* акуше́рство

obstinacy ['ɒbstɪnəsɪ] *n* упря́мство; упо́рство

obstinate ['ɒbstɪnət] *a* 1) упря́мый; **~ as a mule** упря́мый как осёл 2) упо́рный, насто́йчивый

obstreperous [əb'strepərəs] *a* шу́мный, беспоко́йный; **an ~ child** сорване́ц

obstruct [əb'strʌkt] *v* 1) загражда́ть *(путь)*, препя́тствовать *(движе́нию)*; меша́ть; **to ~ the road** загора́живать доро́гу; **to ~ traffic** меша́ть движе́нию тра́нспорта 2) устра́ивать обстру́кцию *(в парла́менте)*

obstruction [əb'strʌkʃ(ə)n] *n* 1) затрудне́ние продвиже́ния, блоки́рование 2) загражде́ние; препя́тствие, поме́ха 3) обстру́кция *(в парла́менте)*

obstructive [əb'strʌktɪv] *a* 1) препя́тствующий, меша́ющий; **they were very ~** они́ всё вре́мя чини́ли препя́тствия 2) обструкцио́нный

obtain [əb'teɪn] *v* 1) получа́ть, достава́ть; доби́ться, дости́гнуть; **to ~ permission** получи́ть разреше́ние, доби́ться разреше́ния 2) быть при́знанным, быть распространённым; **this custom still ~s** э́тот обы́чай всё ещё существу́ет

obtainable [əb'teɪnəbl] *a* достижи́мый, досту́пный; **it's quite ~** э́то вполне́ досту́пно/ достижи́мо

obtrude [əb'tru:d] *v* навя́зывать(ся); **to ~ one's views/opinions on smb** навя́зывать кому́-л. свои́ взгля́ды/мне́ния

obtrusive [əb'tru:sɪv] *a* навя́зчивый

obtuse [əb'tju:s] *a* 1) тупо́й, бестолко́вый, глу́пый 2) тупо́й, нео́стрый; **an ~ angle** тупо́й у́гол

obverse I ['ɒbvɜ:s] *n* (**the ~**) лицева́я сторона́ *(монеты, медали и т. п.)*

obverse II [ɒb'vɜ:s] *a* лицево́й, нару́жный

obviate ['ɒbvɪeɪt] *v* справля́ться *(с трудностью)*; устраня́ть

obvious ['ɒbvɪəs] *a* очеви́дный, я́сный, я́вный; **it was ~ that...** бы́ло я́сно, что...; **to state the ~** говори́ть очеви́дные и́стины

obviously ['ɒbvɪəslɪ] *adv* я́вно, очеви́дно; **he was ~ upset** он был я́вно расстро́ен

occasion I [ə'keɪʒ(ə)n] *n* 1) собы́тие; **for the ~** по тако́му слу́чаю, ра́ди тако́го собы́тия; **to celebrate the ~** отме́тить/отпра́здновать э́то собы́тие; **it was quite an ~** э́то бы́ло це́лое собы́тие 2) слу́чай, возмо́жность; **on ~** при слу́чае; **on the ~ of smb's marriage** по слу́чаю бракосочета́ния; **to seize the ~** (вос)по́льзоваться слу́чаем; **on that ~** в тот раз 3) по́вод, причи́на; обстоя́тельство; **to give ~ to smth** дава́ть по́вод для чего́-л.; **there is no ~ for...** нет основа́ний для... ◊ **to rise to the ~** оказа́ться на высоте́ положе́ния

occasion II *v* вызыва́ть, служи́ть причи́ной; **that is what ~ed me to be silent** вот почему́ я молча́л

occasional [ə'keɪʒ(ə)nl] *a* 1) случа́ющийся иногда́; ре́дкий; **they pay us an ~ visit** они́ и́зредка нас навеща́ют 2) приуро́ченный к определённому моме́нту *или* собы́тию; **~ verses** стихи́, напи́санные к определённому собы́тию/по определённому по́воду 3) *вчт* случа́йный; **~ user** случа́йный/непрофессиона́льный по́льзователь 4) *лингв.* окказиона́льный

occasionally [ə'keɪʒ(ə)nəlɪ] *adv* и́зредка; вре́мя от вре́мени

Occident ['ɒksɪdənt] *n поэт.* (**the ~**) За́пад, стра́ны За́пада

Occidental [,ɒksɪ'dentl] *n* жи́тель За́пада

occidental [,ɒksɪ'dentl] *a* за́падный; относя́щийся к стра́нам За́пада

occlude [ɒ'klu:d] *v* заку́поривать, закрыва́ть *(отверстие, поры)*

occult I [ɒ'kʌlt] *n* (**the ~**) маги́ческие, сверхъесте́ственные си́лы

occult II *a* мисти́ческий, сверхъесте́ственный, маги́ческий, окку́льтный; **the ~ arts** окку́льтные нау́ки

occupancy ['ɒkjʊpənsɪ] *n юр.* 1) заня́тие, завладе́ние 2) срок владе́ния, аре́нды

occupant ['ɒkjʊpənt] *n* 1) жиле́ц, обита́тель 2) вре́менный владе́лец

occupation [,ɒkjʊ'peɪʃ(ə)n] *n* 1) заня́тие, времяпрепровожде́ние 2) профе́ссия; **what's your ~?** чем вы занима́етесь?, какова́ ва́ша профе́ссия? 3) вре́менное по́льзование 4) завладе́ние, заня́тие; **~ of a flat** въезд в кварти́ру 5) оккупа́ция; **army of ~** оккупацио́нная а́рмия

occupational [,ɒkjʊ'peɪʃ(ə)nl] *a* профессиона́льный; **an ~ disease** профессиона́льное заболева́ние; **~ therapy** трудова́я терапи́я, трудотерапи́я

occupier ['ɒkjʊpaɪə(r)] *n* 1) жиле́ц 2) вре́менный владе́лец; аренда́тор

occupy ['ɒkjʊpaɪ] *v* 1) занима́ть *(дом, помещение)*; арендова́ть 2) занима́ть *(время, внимание)*; **to ~ oneself with smth** занима́ться чем-л. 3) занима́ть *(должность)* 4) завладе́ть; оккупи́ровать

occur [ə'kɜ:(r)] *v* 1) происходи́ть, име́ть ме́сто, случа́ться 2) приходи́ть на ум, в го́лову; **it ~red to me** мне пришло́ в го́лову, я вдруг поду́мал

occurrence [ə'kʌrəns] *n* 1) слу́чай, происше́ствие; **a common enough ~** вполне́ обы́чное явле́ние 2) распространённость, встреча́емость; **to be of frequent ~** быть ча́стым явле́нием

ocean ['əʊʃ(ə)n] *n* 1) океа́н 2) *attr* океа́нский

ocean-going ['əʊʃ(ə)n,gəʊɪŋ] *a* океа́нский *(о судне)*; **~ liner** океа́нский ла́йнер

oceanic [,əʊʃɪ'ænɪk] *a* океа́нский, океани́ческий

oceanographer [,əʊʃə'nɒɡrəfə(r)] *n* океано́граф

oceanography [,əʊʃə'nɒɡrəfɪ] *n* океаногра́фия

ocelot ['ɒsɪlɒt] *n зоол.* оцело́т

ochlocracy [ɒk'lɒkrəsɪ] *n* охлокра́тия, власть толпы́

ochre ['əʊkə(r)] *n* 1) о́хра 2) желтова́то-кори́чневый цвет

o'clock [ə'klɒk]: **it is now six ~** сейча́с шесть часо́в; **by five ~** к пяти́ часа́м

OCR *сокр.* (**optical character recognition**) *вчт* опти́ческое распознава́ние си́мволов

Oct. *сокр.* (**October**) октя́брь

oct. *сокр. см.* **octavo**

octagon ['ɒktəɡən] *n* восьмиуго́льник

octagonal [ɒk'tæɡənəl] *a* восьмиуго́льный

octal ['ɒktəl] *a* 1) окта́льный, восьмигра́нный 2) *вчт* восьмери́чный

octane ['ɒkteɪn] *n* 1) *хим.* окта́н 2) *attr*: **high ~ petrol** высокоокта́новый бензи́н

octave ['ɒktɪv] *n* 1) *муз.* окта́ва 2) восьмисти́шие, окта́ва; окте́т *(сонета)* 3) ви́нная бо́чка *(ёмкостью около 61 л)*

octavo [ɒk'teivəʊ] *n* октáв *(формат книги в 1/8 долю листа)*

October [ɒk'təʊbə(r)] *n* 1) октябрь 2) *attr* октябрьский

octogenarian I [ˌɒktəʊdʒɪ'neərɪən] *n* восьмидесятилéтний человéк

octogenarian II *a* восьмидесятилéтний

octophore ['ɒktəfɔ:(r)] *n вчт* симвoл #, решётка

octopus ['ɒktəpəs] *n* осьминóг, спрут

ocular I ['ɒkjʊlə(r)] *n опт.* окуляр

ocular II *a* 1) глазнóй; окулярный 2) зримый, видимый; наглядный; ~ **proof** наглядное доказáтельство

oculist ['ɒkjʊlɪst] *n* окулист

OD [əʊ'di:] *n сокр.* (**overdose**) *амер. сленг* передозирóвка наркóтика

odd [ɒd] *a* 1) стрáнный, необычный; чуднóй 2) случáйный, нерегулярный *(о работе, заработке и т. п.)* 3) нечётный; ~ **numbers** нечётные числа 4) дополнительный, лишний; **twenty** ~ двáдцать с лишним 5) непáрный *(о перчатке, носке и т. п.)*; разрóзненный *(о томах издания)* ◊ ~ **man out** а) лишний человéк б) «бéлая ворóна»

oddity ['ɒdɪtɪ] *n* 1) чудáк, стрáнный человéк 2) стрáнный случáй; удивительная вещь 3) стрáнность; стрáнная осóбенность, стрáнная чертá

odd jobs [ˌɒd'dʒɒbs] *n* мéлкие хозяйственные рабóты по дóму *(ремонт, подвеска полок и т. п.)*

oddly ['ɒdlɪ] *adv* стрáнно; чуднó; до стрáнности; ~ **enough** как (это) ни стрáнно

oddments ['ɒdmənts] *n pl* разрóзненные предмéты; остáтки

odds [ɒdz] *n pl (употр. тж как sg)* 1) рáзница; нерáвенство; **to make** ~ **even** уничтóжить рáзницу 2) преимущество 3) шáнсы; **the** ~ **are against an agreement** мáло шáнсов на подписáние соглашéния; **what are the** ~? какие есть шáнсы 4) разноглáсие; **to be at** ~ а) расходиться во мнéниях б) не лáдить, ссóриться *(about)* ◊ ~ **and ends** остáтки; рáзные мéлочи; всякая всячина; **by all** ~ безуслóвно, конéчно; **over the** ~ сверх договóрной цены; **what's the** ~? *разг.* какóе это имéет значéние?

odds-on [ˌɒdz'ɒn] *a*: **this horse is** ~ **favourite** все стáвят на эту лóшадь

ode [əʊd] *n* óда

odeum ['əʊdɪəm] *n* 1) *ист.* одеóн, круглое здáние для музыкáльных представлéний *(в Дрéвней Грéции)* 2) театрáльно-концéртный зал

odious ['əʊdɪəs] *a* ужáсный, отвратительный; одиóзный

odium ['əʊdɪəm] *n* 1) всеóбщая нéнависть; **to incur** ~ вызывáть всеóбщее негодовáние 2) одиóзность

odor ['əʊdə(r)] *амер. см.* **odour**

odoriferous [ˌəʊdə'rɪfərəs] *a* благоухáющий, душистый

odorous ['əʊdərəs] *a* пахучий; благоухáющий

odour ['əʊdə(r)] *n* 1) зáпах; аромáт 2) привкус 3) слáва, репутáция; **to be in bad/ill** ~ имéть плохую репутáцию

OECD *сокр.* (**the Organization for Economic Cooperation and Development**) Организáция экономического сотрудничества и развития, ОЭСР *(при ООН)*

OED *сокр.* (**the Oxford English Dictionary**) Óксфордский словáрь англи́йского языкá

oesophagus [i:'sɒfəgəs] *n анат.* пищевóд

of [əv; *полная форма* ɒv] *prep* указывает на 1) *происхождéние, причину, áвторство; передаётся род. падежом:* **the works of Dickens** произведéния Диккенса; **people of the past** люди прóшлого; **to die of hunger** умерéть от гóлода 2) *материáл, из котóрого сдéлан какóй-л. предмéт из;* **a house of bricks** дом из кирпичá; **it is made of plastic** это сдéлано из плáстика 3) *принадлéжность лицу или предмéту; передаётся род. падежом:* **in the garden of the school** в саду шкóлы; **the tip of the iceberg** верхушка áйсберга 4) *часть от цéлого:* **a kilo of sugar** килогрáмм сáхара; **a member of parliament** член парлáмента 5) *кáчество или свóйство:* **a man of tact** тактичный человéк; **man of genius** гениáльный человéк; **a man of medium height** человéк срéднего рóста 6) *направлéние, расстояние:* **north of London** к сéверу от Лóндона 7) *врéмя:* **of an evening** кáк-нибудь вéчером; **of late** недáвно; **of old** давнó 8) *избавлéние от;* **to get rid of smth** избáвиться от чегó-л. 9) *содéржимов какóго-л. вместилища; передаётся род. падежом:* **a glass of milk** стакáн молокá; **a cup of tea** чáшка чáю; **a sack of flour** мешóк муки 10): **to be sure of smth** быть увéренным в чём-л.; **to be proud of smb** гордиться кем-л.; **to be afraid of smth** боáться чегó-л.; **to be ashamed of smth** стыдиться чегó-л.; **to be certain of smth** быть твёрдо увéренным в чём-л.

Off. *сокр.* 1) (**office**) контóра, óфис 2) (**officer**) офицéр

off I [ɒf] *a* 1) дáльний, отдалённый 2) прáвый *(о сторонé);* **the** ~ **side** прáвая сторонá 3) *разг.* плóхо себя чувствующий; **I'm feeling a bit** ~ мне немнóго нездорóвится

off II *adv* указывает на: 1) *удалéние, расстояние:* **a long way** ~ далекó 2) *снятие* *предмета одежды*: with his coat ~ без пальто; ~ with your hat! снимите шляпу! 3) *избавление*: ~ with you! прочь!, убирайся! 4) *прекращение, отмену или законченный характер действия*: to break ~ negotiations прервать переговоры; to pay ~ заплатить всё сполна; it's his day ~ у него сегодня выходной 5) *выключение аппарата, механизма*: to turn ~ the gas выключить газ; switch ~ the light! выключи(те) свет! 6) *материальное положение человека*: this man is well ~ это обеспеченный человек; they are badly ~ они бедны, они обнищали 7) *ухудшение качества*: the meat has gone ~ мясо протухло ◊ ~ and on время от времени; с перерывами

off III *prep* указывает на: 1) *удаление с поверхности предмета* с; the bag fell ~ the chair сумка упала со стула 2) *неучастие в чём-л.*: he is ~ school with a cold он не пошёл в школу из-за простуды; ~ duty не на службе, свободный от службы 3) *отход, отклонение от нормы*: ~ one's balance потерявший равновесие; he's ~ smoking он бросил курить; ~ colour имеющий нездоровый вид; бледный 4) *расстояние* от; a village ~ the main road деревня рядом с шоссе; ~ the coast неподалёку от берега

offal [ˈɒfəl] *n* 1) потроха, требуха; субпродукты 2) отбросы

offbeat [ˈɒfbiːt] *a* эксцентричный, необычный

offcut [ˈɒfkʌt] *n* обрубок, отрезок *и т. п.*

off day [ˈɒfdeɪ] *n*: it was one of my ~s в тот день я был не в форме; это был не самый лучший день для меня

offence [əˈfens] *n* 1) *юр.* правонарушение; an ~ against the law нарушение закона 2) обида, оскорбление; no ~ meant (я) не хотел вас обидеть; ничего обидного здесь нет; не в обиду будь сказано; to give ~ to smb обижать кого-л.; to take ~ обижаться (*на at*) 3) нападение; наступление

offenceless [əˈfenslɪs] *a* безобидный

offend [əˈfend] *v* 1) обижать, оскорблять; причинить неприятность; to be ~ed быть обиженным 2) нарушать (*закон, приличия и т. п. — against*)

offender [əˈfendə(r)] *n* 1) правонарушитель, преступник; juvenile ~ малолетний преступник 2) обидчик

offense [əˈfens] *амер. см.* offence

offensive I [əˈfensɪv] *n воен.* наступление (*тж перен.*); to go on/to take the ~ переходить в наступление/в атаку

offensive II *a* 1) обидный; оскорбительный 2) неприятный, противный (*о запахе*) 3) на-

ступательный; ~ warfare наступательные военные действия

offer I [ˈɒfə(r)] *n* предложение; to make/to accept an ~ сделать/принять предложение; I'm open to ~s я готов выслушать любые предложения ◊ on ~ (имеется) в продаже; the goods on ~ предлагаемые/имеющиеся в продаже товары

offer II *v* 1) предлагать; to ~ help предлагать помощь; I can ~ no explanation у меня нет объяснения 2) представляться (*о случае, возможности*); if opportunity ~s если представится возможность 3) предлагать к продаже (*товары*) 4) оказывать (*сопротивление*)

offering [ˈɒfərɪŋ] *n* 1) пожертвования; подношение 2) жертвоприношение

offer price [ˈɒfəˌpraɪs] *n ком.* 1) запрашиваемая цена, цена продавца 2) курс, предлагаемый продавцом ценных бумаг

offertory [ˈɒfətərɪ] *n* 1) *церк.* дароприношение 2) пожертвования, собранные в церкви

off-guard [ˌɒfˈɡɑːd] *a* врасплох, неожиданно; to catch smb ~ застать кого-л. врасплох

offhand I [ɒfˈhænd] *a* бесцеремонный, небрежный

offhand II *adv* 1) бесцеремонно 2) экспромтом, без подготовки

offhandedly [ɒfˈhændɪdlɪ] *adv* бесцеремонно, небрежно

off-hook signal [ɒfˈhukˈsɪɡnəl] *n тлф* сигнал ответа абонента

office [ˈɒfɪs] *n* 1) контора, офис; канцелярия; editorial ~ редакция; private ~ личный кабинет; inquiry ~ справочное бюро; post ~ почтовое отделение, почта 2) должность; служба; функция; to hold ~ in the ministry занимать пост в министерстве; to take ~ вступать в должность; to get/to come into ~ принять дела, приступить к исполнению обязанностей 3) власть; властные полномочия; to enter ~ прийти к власти; to be in ~ быть правящей партией 4) управление, ведомство; министерство; head ~ главное управление; Foreign Office Министерство иностранных дел (*в Великобритании*); Home Office Министерство внутренних дел (*в Великобритании*) 5) услуга; through the good ~s of a friend благодаря помощи друга 6) церковная служба; обряд; the last ~s похоронный обряд 7) *pl* службы, подсобные помещения 8) *сленг* намёк 9) *attr* офисный; служебный; корпоративный; ~ hours часы работы (*организации*); ~ copy заверенная копия; for ~ use для внутреннего/служебного пользования; ~ block офисное зда́ние (*амер.* ~ **building**); ~ **party** корпорати́вная вечери́нка (*для сотрудников*)

officeboy [ˈɒfɪsbɔɪ] *n* посы́льный, курье́р; ме́лкий клерк

officer I [ˈɒfɪsə(r)] *n* 1) офице́р; **liaison** ~ офице́р свя́зи; ~ **of the day** дежу́рный офице́р; **non-commissioned** ~ военнослу́жащий сержа́нтского соста́ва 2) полице́йский (*тж* **police** ~) 3) чино́вник; должностно́е лицо́; госуда́рственный слу́жащий; **custom-house** ~ тамо́женный чино́вник 4) капита́н торго́вого су́дна 5) член правле́ния (*клуба и т. п.*); **to elect new** ~**s** вы́брать но́вое правле́ние

officer II *v обыкн. pass* 1) укомплектова́ть офице́рским соста́вом 2) кома́ндовать

official I [əˈfɪʃəl] *n* чино́вник, должностно́е лицо́; госуда́рственный *или* ба́нковский слу́жащий

official II *a* 1) служе́бный; ~ **duties** служе́бные обя́занности; **for** ~ **use only** то́лько для служе́бного по́льзования 2) официа́льный; **in** ~ **circles** в официа́льных круга́х; ~ **birthday** *брит.* официа́льный день рожде́ния суверёна (в ию́не) (*не совпадающий с настоящим днём рождения*); ~ **language** официа́льный/госуда́рственный язы́к 3) форма́льный, бюрократи́ческий 4) при́нятый в фармакопе́е

officialdom [əˈfɪʃəldəm] *n* 1) *собир.* чино́вники; официа́льные ли́ца 2) бюрократи́зм

officialese [ə͵fɪʃəˈliːz] *n* канцеля́рский, казённый стиль письма́

officially [əˈfɪʃəlɪ] *adv* официа́льно

officiant [əˈfɪʃɪənt] *n* свяще́нник, соверша́ющий богослуже́ние (*тж* **officiating priest**)

officiate [əˈfɪʃɪeɪt] *v* 1) исполня́ть обя́занности (*кого-л. — as*); **to** ~ **as host** исполня́ть обя́занности хозя́ина, быть за хозя́ина 2) соверша́ть богослуже́ние

officious [əˈfɪʃəs] *a* 1) официо́зный 2) назо́йливый, навя́зчивый; уго́дливый

offing [ˈɒfɪŋ] *n* взмо́рье; морска́я даль ◊ **in the** ~ а) недалеко́, неподалёку б) в недалёком бу́дущем

offish [ˈɒfɪʃ] *a разг.* 1) нелюди́мый, необщи́тельный; держа́щийся в стороне́ 2) чо́порный

off-line I [ˈɒflaɪn] *a* 1) *вчт* автоно́мный, переведённый в автоно́мный режи́м 2) *вчт* не подключённый в сеть (*особ. в Интернет*), *проф.* оффла́йновый 3) *тех.* вы́ключенный (*об устройстве, аппаратуре*)

off-line II *adv* автоно́мно, незави́симо, вне се́ти; **to go** ~ *вчт* отключи́ться от се́ти

off-peak [ˈɒfpiːk] *a* не в часы́ пик

offprint [ˈɒfprɪnt] *n* отде́льный о́ттиск (*статьи и т. п.*)

off-putting [ˈɒf͵pʊtɪŋ] *a* обескура́живающий

off-season [ˈɒf͵siːzən] *n* межсезо́нное зати́шье; мёртвый сезо́н (*тж* **dead season**)

offset I [ˈɒfset] *n* 1) *см.* **offshoot** 2) возмеще́ние, компенса́ция 3) *полигр.* офсе́т, офсе́тная печа́ть 4) смеще́ние, сдвиг 5) рассогласова́ние 6) компенса́ция, корре́кция 7) ветвле́ние

offset II *v* 1) возмеща́ть, компенси́ровать 2) отводи́ть, смеща́ть 3) *полигр.* печа́тать офсе́тным спо́собом

offshoot [ˈɒfʃuːt] *n* побе́г; ответвле́ние; отро́сток

offshore [ˈɒfʃɔː(r)] *a* 1) находя́щийся далеко́ от бе́рега 2) направля́ющийся с бе́рега; береговой (*о ветре*); ~ **islands** прибре́жные острова́ 3) *ком., фин.* офшо́рный

offside [ˈɒfsaɪd] *n спорт.* положе́ние вне игры́, офса́йд

offspring [ˈɒfsprɪŋ] *n* 1) пото́мок, о́тпрыск 2) плод, результа́т (*чего-л.*)

off-stage [ˈɒfsteɪdʒ] *adv* за кули́сами

off-the-cuff [͵ɒfðəˈkʌf] *a* импровизи́рованный; неподгото́вленный

off-the-peg [͵ɒfðəˈpeg] *a* гото́вый, сши́тый, сде́ланный не на зака́з (*об одежде*) (*амер.* **off-the-rack**)

off-the-shelf [͵ɒfðəˈʃelf] *a* 1) гото́вый, име́ющийся в нали́чии, в прода́же 2) станда́ртный (*о запасных частях и т. п.*) 3) приго́дный к испо́льзованию

off-the-wall [͵ɒfðəˈwɔːl] *a сленг* абсу́рдный, кра́йне неле́пый, несура́зный

off-white [ɒfˈwaɪt] *a* бе́лый с серова́тым *или* желтова́тым отте́нком; не чи́сто бе́лый

oft [ɒft] *adv поэт.* ча́сто

often [ˈɒfn] *adv* ча́сто; ~ **and** ~ весьма́ ча́сто

oft-recurring [ˈɒftrɪˈkɜːrɪŋ] *a* ча́сто повторя́ющийся

oft-times [ˈɒfttaɪmz] *adv* ча́сто, мно́го раз

ogle I [ˈəʊgl] *n* влюблённый взгляд

ogle II *v* броса́ть влюблённые взгля́ды; стро́ить гла́зки

ogre [ˈəʊgə(r)] *n* великан-людое́д (*в сказках*)

ogress [ˈəʊgrɪs] *n* велика́нша-людое́дка (*в сказках*)

oh [əʊ] *int* о!, ах!, ой!, ох!; **oh how awful!** ах, како́й у́жас!; **oh boy!** да ну!, неуже́ли?, вот э́то да!

ohm [əʊm] *n эл.* ом

ohmage [ˈəʊmɪdʒ] *n эл.* сопротивле́ние в о́мах

ohmic [ˈəʊmɪk] *a эл.* оми́ческий; акти́вный; ~ **resistance** оми́ческое сопротивле́ние

OHMS *сокр.* (**on Her/His Majesty's Service**) на слу́жбе Её/Его́ Вели́чества; состоя́щий на королевской *(государственной или военной)* службе

oho [əʊˈhəʊ] *int* ого!

oil I [ɔɪl] *n* 1) масло *(растительное или минеральное)*; **vegetable/olive ~** растительное/оливковое масло; **volatile ~s** эфирные, летучие масла; **cod-liver ~** рыбий жир 2) *амер.* нефть; **to strike ~** а) найти нефть б) внезапно разбогатеть, напасть на золотую жилу 3) керосин 4) *pl* масляная краска, масло; **to paint in ~s** писать маслом 5) *pl разг.* картина, написанная маслом 6) смазочный материал ◊ **to pour ~ on the flame** подливать масла в огонь; **to pour ~ on troubled waters** умиротворять, успокаивать

oil II *v* смазывать; пропитывать маслом ◊ **to ~ smb's hand/palm** дать кому-л. взятку; **to ~ one's tongue** льстить, угодничать; **to ~ the wheels** быстро уладить дело; **well ~ed** *разг.* вдрызг пьяный

oil-bearing [ˈɔɪlˌbeərɪŋ] *a* нефтеносный

oilcake [ˈɔɪlkeɪk] *n* жмых

oilcan [ˈɔɪlkæn] *n тех.* маслёнка

oilcloth [ˈɔɪlklɒθ] *n* 1) клеёнка 2) непромокаемая, водоотталкивающая ткань

oil-colour [ˈɔɪlˌkʌlə(r)] *n обыкн. pl* масляная краска

oil-derrick [ˈɔɪlˌderɪk] *n* нефтяная вышка

oil engine [ˈɔɪlˌendʒɪn] *n тех.* дизельный двигатель

oiler [ˈɔɪlə(r)] *n* 1) *тех.* маслёнка 2) нефтеналивное судно, танкер 3) *амер.* нефтяная скважина

oilfield [ˈɔɪlfiːld] *n* месторождение нефти

oil-fired [ˈɔɪlˌfaɪəd] *a* работающий на нефти *(об отоплении)*

oil-fuel [ˈɔɪlfjʊəl] *n* жидкое топливо

oil-lamp [ˈɔɪllæmp] *n* масляная лампа

oilman [ˈɔɪlmən] *n* 1) продавец масляных красок, *уст.* москательщик 2) смазчик 3) *амер.* нефтепромышленник

oil-paint [ˈɔɪlˌpeɪnt] *см.* **oil-colour**

oil-painting [ˈɔɪlˌpeɪntɪŋ] *n* 1) живопись маслом 2) картина, написанная маслом

oil-paper [ˈɔɪlˌpeɪpə(r)] *n* промасленная бумага, восковка

oilskin [ˈɔɪlskɪn] *n* 1) непромокаемая, водоотталкивающая ткань 2) *pl* костюм из непромокаемой ткани; непромокаемый плащ

oilstone [ˈɔɪlstəʊn] *n* оселок, точильный камень

oil well [ˈɔɪlwel] *n* нефтяная скважина

oily [ˈɔɪlɪ] *a* 1) масляный; маслянистый, жирный 2) льстивый, елейный

ointment [ˈɔɪntmənt] *n* мазь, притирание

OK I [əʊˈkeɪ] *n разг.* одобрение

OK II *a predic разг.* всё в порядке; хорошо

OK III *v* (*past, p. p.* **OK'd**; *pres. p.* **OK'ing**) *разг.* одобрять, дать одобрение

OK IV *int разг.* хорошо!, ладно!, идёт!

okay [əʊˈkeɪ] *см.* **OK**

old I [əʊld] *n* 1): **the ~** *(употр. как pl)* старики 2) (давнее) прошлое; **of ~** в прежнее время; в старину; **from of ~** исстари

old II *a* 1) старый; **an ~ man** старик; **an ~ woman** старуха; **~ people** старики; **to get/to grow ~** стариться; **how ~ is he?** сколько ему лет?; **he is twenty years ~** ему двадцать лет 2) старинный; давний 3) бывший в употреблении; изношенный 4) прежний, бывший, прошлый; **~ times** прежние времена 5) старческий; старообразный 6) *разг.* придаёт сущ. ласкательное значение: **~ boy** дружище; **~ man** старина; **good ~ times** доброе старое время ◊ **~ age** старость; **~ bird** опытный человек, стреляный воробей; **~ boy network** *разг.* круг бывших однокашников, узы старой дружбы *(между бывшими выпускниками привилегированных школ или колледжей)*; **the ~ country** метрополия; **O. Glory** *амер.* государственный флаг США; **~ hand** эксперт; **~ hat** *разг.* нечто надоевшее, устаревшее; **~ lady** *разг.* а) матушка б) жена; **~ maid** старая дева; **~ man** *разг.* начальник, главный; **O. Nick** дьявол, чёрт; **an ~ one** избитая шутка; **~ masters** старые мастера *(великие художники 13 — 17 в.в.)*; **~ school** приверженность старым традициям; **the O. Testament** *рел.* Ветхий Завет; **the O. World** Старый Свет, Европа

old-age pension [ˌəʊldeɪdʒˈpenʃ(ə)n] *n* пенсия по старости

olden [ˈəʊldən] *a уст.* давний, былой

old-fashioned [ˌəʊldˈfæʃənd] *a* старомодный; устаревший

oldish [ˈəʊldɪʃ] *a* староватый

oldster [ˈəʊldstə(r)] *n* пожилой человек

old-time [ˈəʊldtaɪm] *a* старинный, прежних времён

old-timer [ˈəʊldˈtaɪmə(r)] *n амер.* 1) старожил 2) ветеран

old-world [ˈəʊldwɜːld] *a* относящийся к Старому Свету

oleander [ˌəʊlɪˈændə(r)] *n бот.* олеандр

O level [ˈəʊˌlevəl] *сокр.* (**Ordinary Level**) экзамен по программе средней школы на обычном уровне в Великобритании *(с 1988 г. заменён экзаменом на получение аттестата об общем среднем образовании)*

olfactory I [ɒlˈfæktərɪ] *n обыкн. pl* орган обоняния

olfactory II *a* обоня́тельный

oligarchy [ˈɒlɪgɑːkɪ] *n* олига́рхия

olio [ˈəʊlɪəʊ] *n* 1) блю́до из тушёного мя́са с овоща́ми 2) смесь; мешани́на; вся́кая вся́чина

olive I [ˈɒlɪv] *n* 1) оли́ва, масли́на *(плод и де́рево)* 2) оли́вковый цвет, се́ро-зелёный цвет

olive II *a* оли́вкового цве́та, се́ро-зелёного цве́та

olive-branch [ˈɒlɪvbrɑːntʃ] *n* оли́вковая ветвь *(как символ мира)*; **to hold out the ~** де́лать ми́рные предложе́ния, де́лать ми́рные шаги́

olive oil [ˈɒlɪvˈɔɪl] *n* оли́вковое, прова́нское ма́сло

olive wood [ˈɒlɪvwʊd] *n* 1) оли́вковая ро́ща 2) древеси́на оли́вкового де́рева

Olympiad [əˈlɪmpɪæd] *n* олимпиа́да

Olympic [əˈlɪmpɪk] *a* олимпи́йский; **the ~ games** олимпи́йские и́гры *(тж the Olympics)*

ombudsman [ˈɒmbʊdzmən] *n* о́мбудсмен, уполномо́ченный по рассмотре́нию жа́лоб ча́стных лиц на рабо́ту госуда́рственных учрежде́ний

omega [ˈəʊmɪgə] *n* оме́га *(последняя буква греческого алфавита)*

omelet(te) [ˈɒmlɪt] *n* омле́т; яи́чница

omen I [ˈəʊmen] *n* предзнаменова́ние, знак; **a good/bad ~** хоро́шая/плоха́я приме́та, хоро́ший/дурно́й знак

omen II *v* служи́ть предзнаменова́нием; предвеща́ть

ominous [ˈɒmɪnəs] *a* злове́щий; угрожа́ющий; **to look ~** предвеща́ть недо́брое

omission [əˈmɪʃ(ə)n] *n* 1) про́пуск 2) упуще́ние, опло́шность; **it was an ~ on my part** э́то бы́ло упуще́нием с мое́й стороны́

omit [əˈmɪt] *v* 1) пропуска́ть, опуска́ть; не включа́ть 2) упуска́ть; пренебрега́ть; **to ~ to do smth** забы́ть сде́лать что-л.

omnibus I [ˈɒmnɪbəs] *n* 1) *книжн.* о́мнибус, авто́бус 2) сбо́рник; одното́мник

omnibus II *a* 1) всеохва́тывающий, всеобъе́млющий 2) охва́тывающий не́сколько разде́лов, предме́тов *и т. п.*

omnicompetent [ˌɒmnɪˈkɒmpɪtənt] *a* облада́ющий все́ми полномо́чиями

omnidirectional [ˌɒmnɪdɪˈrekʃnəl] *a* *рлн* всенапра́вленный; **~ antenna** всенапра́вленная анте́нна; **~ beacon** всенапра́вленный мая́к

omnipotent [ɒmˈnɪpətənt] *a* всемогу́щий

omnipresent [ˌɒmnɪˈprezənt] *a* вездесу́щий

omniscient [ɒmˈnɪsɪənt] *a* всеве́дущий

omnivorous [ɒmˈnɪvərəs] *a* 1) вся́дный *(тж перен.)* 2) всепожира́ющий

on I [ɒn] *prep* 1) *в пространственном значе́нии указывает:* а) *на нахожде́ние на пове́рхности другого предмета* на; **on the table** на столе́; **on the wall** на стене́; **on the road** на доро́ге; **on board the ship** на борту́ корабля́ б) *на нахожде́ние около чего-л.* ме́ста на, у; **the town on the sea** го́род у мо́ря; **the house on the motorway** дом о́коло шоссе́ в) *на направле́ние движе́ния* на, по; **to throw on the ground** бро́сить на́ пол; **on the left side of the road** по ле́вой стороне́ доро́ги 2) *во временно́м значе́нии указывает:* а) *на определённый день неде́ли, на определённую да́ту, определённое время* в; **see you on Sunday** уви́димся в воскресе́нье; **on Thursday** в четве́рг; **on June the first** пе́рвого ию́ня; **on the next day** на сле́дующий день; **on time** во́время б) *на после́довательность де́йствий* по, по́сле; **on arrival in London** по прибы́тии в Ло́ндон; **on my return** по́сле моего́ возвраще́ния 3) *указывает исхо́дные основа́ния, причи́ну, исто́чник:* **on a new pinciple** на но́вых при́нципах; **on the grounds that...** на том основа́нии, что...; **on my account** за мой счёт; **on this account** по э́той причи́не; **on the authority** по прика́зу; **to live on a pension** жить на пе́нсию; **to be on diet** быть на дие́те 4) *указывает цель, назначе́ние де́йствия:* **on purpose** наро́чно, наме́ренно; **on sale** в прода́же; **on business** по де́лу 5) *указывает на состоя́ние, хара́ктер, усло́вия де́йствия* в, на; **on leave** в о́тпуске; **on duty** на дежу́рстве; **on the trial** под сле́дствием; **to be on strike** бастова́ть; **on the run/move** на ходу́; в движе́нии, в разви́тии; **to be on the committee** быть чле́ном коми́ссии; **on speaking terms** знако́мый *(с кем-л.)*; **on a friendly footing** на дру́жеской ноге́; **he's on to smth** *разг.* он что́-то затева́ет 6) о, об, каса́тельно; **a book on ants** кни́га о муравья́х; **a lecture on history** ле́кция по исто́рии

on II [ɒn] *adv указывает:* 1) *на продолже́ние де́йствия:* **to read/to walk on** продолжа́ть чита́ть/идти́; **go on!** продолжа́йте!; **they went on** они́ шли да́льше; **and so on** и так да́лее 2) *на нали́чие какой-л. оде́жды на ком-л.:* **what had she on?** во что она́ была́ оде́та?, что бы́ло на ней?; **she had her blue coat on** на ней бы́ло си́нее пальто́; **he put his boots on** он наде́л сапоги́ 3) *на движе́ние да́льше:* **from June on** начина́я с ию́ня (и да́льше); **later on** позднее, по́зже; **time is getting on** вре́мя идёт 4) *на включе́ние како́го-л. механи́зма в де́йствие:* **turn on the gas** включи́(те) газ; **switch on the light** включи́(те) свет; **the radio is on** ра́дио включено́; **the light is on** свет включён;

somebody left the tap on кто́-то оста́вил кран откры́тым 5) *на иду́щие спекта́кли, фи́льмы и т. п.*: what's on in the theatre? что сего́дня идёт в теа́тре?; the trip is not on пое́здку отмени́ли

once I [wʌns] *n* оди́н раз; for this/that ~ на э́тот раз; ~ is enough доста́точно одного́ ра́за

once II *adv* 1) (оди́н) раз; ~ a week раз в неде́лю; I saw him ~ я ви́дел его́ оди́н раз; ~ again/more ещё раз; ~ or twice не́сколько раз; more than ~ не раз, неоднокра́тно; not ~ ни ра́зу, никогда́; ~ in a while, ~ and again иногда́, вре́мя от вре́мени; ~ every day раз в день; ~ and for all раз и навсегда́ 2) не́когда, когда́-то; одна́жды; ~ upon a time когда́-то, давны́м-давно́ 3) как то́лько; сто́ит то́лько; ~ he understands... как то́лько он поймёт..., сто́ит то́лько ему́ поня́ть... ◊ at ~ то́тчас, сра́зу, неме́дленно; all at ~ внеза́пно, неожи́данно, вдруг

once-over [ˈwʌnsˌəʊvə(r)] *n разг.* бе́глый просмо́тр

oncology [ɒnˈkɒlədʒɪ] *n* онколо́гия

oncoming I [ˈɒnˌkʌmɪŋ] *n* приближе́ние

oncoming II *a* надвига́ющийся, приближа́ющийся

one I [wʌn] *n* 1) едини́ца, (число́) оди́н; ~ by ~ оди́н за други́м, друг за дру́гом; поодино́чке; ~ and all все вме́сте и ка́ждый в отде́льности; for ~ в ча́стности; I for ~ do not agree а я не согла́сен; at ~ в согла́сии, согла́сно, единоду́шно 2) *слово-замести́тель определя́емого; ста́вится во избежа́ние повторе́ния*: a new coat and an old ~ но́вое пальто́ и ста́рое; the black cat and the ginger ~ чёрный кот и ры́жий кот 3) *разг.* стака́нчик спиртно́го; to have ~ for the road вы́пить стака́нчик на доро́гу

one II *a* 1) еди́ный; це́лый; with ~ voice единоду́шно 2) еди́нственный; the ~ way to do it еди́нственный спо́соб сде́лать э́то; ~ of the best оди́н из лу́чших; his ~ talent его́ еди́нственный тала́нт 3) одина́ковый, тако́й же; it is all ~ безразли́чно; всё одно́ 4) неопределённый, како́й-то; ~ day одна́жды; ~ summer's day одна́жды в ле́тний день; ~ fine morning в одно́ прекра́сное у́тро; at ~ time когда́-то, ка́к-то

one III *пит* оди́н ◊ ~ or two немно́го, не́сколько; ~ too many сли́шком мно́го; number ~ сам, со́бственная персо́на

one IV *pron* 1) не́кто, кто́-то; he isn't the ~ I meant я не его́ име́л в виду́; he's a great ~ for reading он большо́й охо́тник до чте́ния 2) *в неопределённо-ли́чных предложе́ниях*:

~ never knows никогда́ не зна́ешь; ~ must not forget не сле́дует забыва́ть; how can ~ avoid it? как э́того мо́жно избежа́ть? 3): the little ~s де́ти; our dear ~s на́ши дороги́е; she's like ~ of the family она́ у нас как член семьи́

one-armed [ˈwʌnˌɑːmd] *a* однору́кий ◊ ~ bandit *сленг* «однору́кий банди́т» *(игрово́й автома́т)*

one-eyed [ˈwʌnˌaɪd] *a* одногла́зый

onefold [ˈwʌnˌfəʊld] *a* просто́й, несло́жный

one-horse [ˈwʌnˌhɔːs] *a* 1) одноко́нный 2) *разг.* маломо́щный 3) *разг.* ме́лкий, незначи́тельный

one-legged [ˈwʌnˌlegd] *a* 1) однonóгий 2) однобо́кий, односторо́нний

oneness [ˈwʌnnɪs] *n* 1) одино́чество 2) исключи́тельность 3) согла́сие, еди́нство 4) то́ждество

one-night stand [ˈwʌnnaɪtˌstænd] *n сленг* партнёр на одну́ ночь

one-piece [ˈwʌnpiːs] *n* закры́тый купа́льник

oner [ˈwʌnə(r)] *n сленг* 1) оди́н фунт (сте́рлингов) 2) замеча́тельная ли́чность; необыкнове́нный предме́т

onerous [ˈɒnərəs] *a* обремени́тельный, тя́гостный

oneself [wʌnˈself] *pron refl* 1) себя́; -ся; себе́; to do for ~ де́лать для себя́; to keep to ~ ≅ быть за́мкнутым, необщи́тельным; to wash ~ умыва́ться 2) сам; самому́ себе́; самого́ себя́

one-sided [ˈwʌnˌsaɪdɪd] *a* 1) пристра́стный, предубеждённый 2) односторо́нний; ~ interpretation односторо́ннее толкова́ние 3) однобо́кий

one-time [ˌwʌnˈtaɪm] *a* про́шлый, было́й

one-track [ˌwʌnˈtræk] *a* 1) однcoле́йный 2) ограни́ченный, у́зкий; ~ mind ограни́ченное мышле́ние

one-way [ˌwʌnˈweɪ] *a* односторо́нний *(о движе́нии и т. п.)*; a ~ street у́лица с односторо́нним движе́нием; ~ communication односторо́нняя связь; ~ ticket биле́т (на тра́нспорт) в одно́м направле́нии, биле́т в оди́н коне́ц

onfall [ˈɒnˌfɔːl] *n* нападе́ние

ongoing [ˈɒnˌɡəʊɪŋ] *a* продолжа́ющийся; иду́щий; ~ discussions иду́щие диску́ссии

on-hook signal [ɒnˈhʊkˈsɪɡnəl] *n тлф* сигна́л отбо́я

onion [ˈʌnjən] *n* лук; лу́ковица; spring ~s зелёный лук ◊ to know one's ~s хорошо́ разбира́ться в чём-л., знать толк в чём-л.

onion ring [ˈʌnjənˌrɪŋ] *n* коле́чко, кружо́к лу́ка

onion skin [ˈʌnjənˌskɪn] *n* лу́ковая шелуха́

on-line I [ˈɒnlaɪn] *n вчт* диало́говый режи́м

on-line II *a вчт* 1) напряму́ю подключённый *(к базе данных и т. п.)* 2) интеракти́вный, диало́говый, операти́вный, *проф.* онла́йновый 3) неавтоно́мный, рабо́тающий в систе́ме 4) подключённый к сети́, подключённый к Интерне́ту

on-line III *adv вчт* в сети́, в режи́ме он-ла́йн, операти́вно досту́пный; **to go/to come ~** войти́/включи́ться в сеть

onlooker [ˈɒnˌlʊkə] *n* зри́тель, наблюда́тель; (случа́йный) свиде́тель

only I [ˈəʊnlɪ] *a* еди́нственный; оди́н; **one and ~** оди́н еди́нственный; **an ~ child** еди́нственный ребёнок; **our ~ chance** наш еди́нственный шанс

only II *adv* то́лько; исключи́тельно, еди́нственно; **not ~** не то́лько; **if ~** е́сли бы то́лько; **~ just** то́лько что; **we'll be ~ too glad to help you** мы бу́дем то́лько ра́ды помо́чь вам; **~ think!** поду́мать то́лько!

only III *conj разг.* но, то́лько; **I'd gladly do it, ~ I feel ill** я бы с ра́достью сде́лал э́то, то́лько я себя́ пло́хо чу́вствую; **~ that** е́сли бы не то, что

on-off [ˈɒnˌɒf] *a:* **~ switch** *mex.,* эл. 1) двухпозицио́нный переключа́тель 2) выключа́тель (электро)пита́ния

onrush [ˈɒnrʌʃ] *n* 1) на́тиск; ата́ка 2) пото́к

on-screen [ˌɒnˈskriːn] *a вчт, тлв* экра́нный, пока́зываемый на экра́не

onset [ˈɒnset] *n* 1) ата́ка, нападе́ние 2) (бу́рное) нача́ло; **the ~ of a disease** нача́ло боле́зни

on-site service [ɒnˌsaɪtˈsɜːvɪs] *n mex.* обслу́живание на ме́сте эксплуата́ции

onslaught [ˈɒnslɔːt] *n* стреми́тельная ата́ка

onto [ˈɒntʊ] *prep* на; **to get ~ a horse** вскочи́ть на ло́шадь

on top [ɒnˈtɒp] *adv* пове́рх, над

onus [ˈəʊnəs] *n* бре́мя, обя́занность; отве́тственность

onward I [ˈɒnwəd] *a* продвига́ющийся, иду́щий вперёд; **the ~ movement** движе́ние вперёд

onward II *см.* **onwards**

onwards [ˈɒnwədz] *adv* вперёд; впереди́; да́льше; **from that time ~** с тех пор

onyx [ˈɒnɪks] *n мин.* о́никс

oodles [ˈuːdlz] *n сленг* мно́го, мно́жество; **~ of fun** ма́сса удово́льствий

oof [uːf] *n сленг* де́ньги, бога́тство

oofy [ˈuːfɪ] *a сленг* бога́тый

oolite [ˈəʊəlaɪt] *n геол.* ооли́т

ooze I [uːz] *n* 1) ме́дленное выделе́ние жи́дкости 2) жи́дкая грязь; ил

ooze II *v* 1) ме́дленно вытека́ть; выделя́ться *(из пор);* сочи́ться *(о крови, гное)* 2) проявля́ть, выка́зывать; **to ~ sympathy** выка́зывать сочу́вствие

oozy [ˈuːzɪ] *a* и́листый, ти́нистый; вя́зкий

op [ɒp] *n воен., мед. разг.* опера́ция

opacity [əˈpæsɪtɪ] *n* 1) непрозра́чность; ма́товость; **acoustic ~** звуконепроница́емость 2) нея́сность; сму́тность *(образа)* 3) ту́пость, глу́пость

opal [ˈəʊpəl] *n мин.* опа́л

opaque [əʊˈpeɪk] *a* 1) непрозра́чный; ма́товый 2) нея́сный, сму́тный 3) тупо́й, глу́пый

OPEC *сокр.* **(Organization of Petroleum Exporting Countries)** Организа́ция стран-экспортёров не́фти, ОПЕК

open I [ˈəʊpən] *n* **(the ~)** откры́тое простра́нство; **in the ~** на откры́том во́здухе; **to come out into the ~** *перен.* откры́то вы́сказаться, быть открове́нным

open II *a* 1) откры́тый; раскры́тый; непокры́тый; раскры́вшийся *(о цветке);* **to leave the door ~** оста́вить дверь откры́той; **~ country** откры́тая ме́стность; **an ~ wound** откры́тая ра́на; **~ vowel** *фон.* откры́тый гла́сный звук 2) досту́пный, откры́тый *(о выставке, собра́нии и т. п.);* **they keep ~ house** дом у них откры́т для всех; **~ market** эк. откры́тый ры́нок; **~ system** *вчт* откры́тая систе́ма *(имеющая связи с внешним миром)* 3) открове́нный, и́скренний; откры́тый; **to be ~ with smb** быть открове́нным с кем-л. 4) незаня́тый; **the post is still ~** до́лжность всё ещё не за́нята; **we are ~ to offers** мы ждём предложе́ний *(о закупках и т. п.)* 5) свобо́дный *(о пути);* свобо́дный ото льда *(о реке и т. п.)* 6) мя́гкий, без моро́за *(о погоде, зиме)* ◊ **he's an ~ book** у него́ на лице́ всё напи́сано; **I have an ~ mind about it** я ещё не при́нял никако́го реше́ния относи́тельно э́того

open III *v* 1) открыва́ть(ся), раскрыва́ть(ся); вскрыва́ть(ся); **to ~ an umbrella** раскры́ть зонт; **to ~ a map** разверну́ть ка́рту; **to ~ a new hospital** откры́ть но́вую больни́цу 2) начина́ть(ся), открыва́ть(ся); **to ~ a conversation** начина́ть разгово́р; **to ~ a bank account** откры́ть счёт в ба́нке

open into сообща́ться, быть сме́жными *(о комнатах)*

open on to выходи́ть на что-л. *(о балконе, окнах и т. п.)*

open out раскрыва́ть(ся), развёртывать(ся)

open up раскрыва́ться, обнару́живаться

open-air [ˌəʊpnˈeə(r)] *a* (находя́щийся) на откры́том во́здухе; **an ~ theatre** ле́тний теа́тр

open-armed [ˌəʊpən'ɑ:md] *a* с распростёртыми объя́тиями

opencast ['əʊpənkɑ:st] *n горн.* 1) откры́тая вы́работка, карье́р 2) *attr* (добы́тый) откры́тым спо́собом

open-eared [ˌəʊpən'ɪəd] *a* внима́тельно слу́шающий

opener ['əʊpənə(r)] *n* 1) консе́рвный нож (*тж* **can ~**), *разг.* открыва́лка 2) *спорт.* пе́рвая игра́ сезо́на 3) *разг.* пе́рвый но́мер програ́ммы

open-eyed [ˌəʊpn'aɪd] *a* 1) всё замеча́ющий, зо́ркий; отдаю́щий себе́ отчёт 2) удивлённый 3) бди́тельный

open-handed [ˌəʊpn'hændɪd] *a* щéдрый

open-hearted [ˌəʊpən'hɑ:tɪd] *a* чистосерде́чный, с откры́той душо́й

open-heart surgery [ˌəʊpən,hɑ:t'sɜ:dʒərɪ] *n мед.* опера́ция на откры́том се́рдце

opening I ['əʊpnɪŋ] *n* 1) отве́рстие; щель; расще́лина 2) нача́ло; вступи́тельная часть; откры́тие (*выставки, съезда и т. п.*) 3) *шахм.* дебю́т

opening II *a* нача́льный; вступи́тельный; исхо́дный; **the ~ chapters** пе́рвые гла́вы (*книги*); **an ~ address** вступи́тельное сло́во; **~ ceremony** церемо́ния откры́тия; **~ night** премье́ра (*пьесы*); **~ hours/time** часы́ рабо́ты магази́на, сало́на *и т. п.*

openly ['əʊpnlɪ] *adv* 1) открове́нно 2) откры́то, публи́чно

open-minded [ˌəʊpn'maɪndɪd] *a* 1) восприи́мчивый к но́вому, облада́ющий широ́кими взгля́дами 2) непредубеждённый

open-mouthed [ˌəʊpn'maʊθt] *a* си́льно удивлённый, изумлённый

openness ['əʊpnnɪs] *n* 1) прямота́, открове́нность, и́скренность 2) я́вность, очеви́дность 3) непредубеждённость 4) гла́сность, откры́тость (*обсуждения*)

openwork ['əʊpnwɜ:k] *n* ажу́рная рабо́та, ажу́рное изде́лие

opera ['ɒpərə] *n* о́пера

operability [ˌɒp(ə)rə'bɪlɪtɪ] *n* 1) де́йственность 2) работоспосо́бность 3) *мед.* опера́бельность

operable ['ɒpərəbl] *a* 1) рабо́чий, де́йствующий 2) *мед.* опера́бельный

opera glasses ['ɒpərə,glɑ:sɪz] *n* театра́льный бино́кль

opera hat ['ɒpərə,hæt] *n* складно́й цили́ндр, *уст.* шапокля́к

opera house ['ɒpərə,haʊs] *n* о́перный теа́тр

operate ['ɒpəreɪt] *v* 1) управля́ть, приводи́ть в де́йствие; **can you ~ this machine?** вы зна́ете, как управля́ть э́тим механи́змом? 2) де́йствовать, функциони́ровать, рабо́тать 3) ока́зывать де́йствие, де́йствовать (*о лека́рстве и т. п.*) 4) *мед.* опери́ровать, де́лать опера́цию (*on*) 5) производи́ть опера́ции (*военные, банковские и т. п.*) 6) эксплуати́ровать, разраба́тывать

operatic [ˌɒpə'rætɪk] *a* о́перный

operating ['ɒpəreɪtɪŋ] *a* 1) *мед.* операцио́нный; **~ table** операцио́нный стол; **~ theatre** операцио́нная (*амер.* **~ room**) 2) эксплуатацио́нный, теку́щий; **~ costs** теку́щие расхо́ды

operation [ˌɒpə'reɪʃ(ə)n] *n* 1) де́йствие; рабо́та; опера́ция; **business ~s** комме́рческие опера́ции; **in ~** в де́йствии 2) проце́сс; **the ~ of breathing** проце́сс дыха́ния 3) опера́ция (*хирургическая*) 4) *воен.* опера́ция; боевы́е де́йствия 5) *мат.* де́йствие

operational [ˌɒpə'reɪʃənl] *a* 1) операти́вный; находя́щийся в рабо́те 2) эксплуатацио́нный, теку́щий (*о расходах, стоимости*)

operative I ['ɒpərətɪv] *n* 1) (квалифици́рованный) рабо́чий 2) *амер.* ча́стный детекти́в

operative II *a* 1) де́йствующий (*о законе и т. п.*); де́йстви́тельный 2) операти́вный 3) операцио́нный

operator ['ɒpəreɪtə(r)] *n* 1) опера́тор 2) меха́ник 3) деле́ц; бро́кер ◊ **big ~s** *разг.* а) кру́пные дельцы́ б) моше́нники; **a smooth/shrewd ~** *разг.* ловка́ч, продувна́я бе́стия

operetta [ˌɒpə'retə] *n* опере́тта

ophthalmologist [ˌɒfθæl'mɒlədʒɪst] *n* офтальмо́лог

ophthalmology [ˌɒfθæl'mɒlədʒɪ] *n* офтальмоло́гия

opiate I ['əʊpɪət] *n* опиа́т, препара́т содержа́щий о́пиум

opiate II *a* 1) содержа́щий о́пиум 2) снотво́рный; болеутоля́ющий

opine [əʊ'paɪn] *v* выска́зывать мне́ние

opinion [ə'pɪnjən] *n* 1) мне́ние; **public ~** обще́ственное мне́ние; **in my ~** по моему́ мне́нию; **to be of the ~ that...** полага́ть, что...; **to have no ~ of smb** быть невысо́кого мне́ния о ком-л.; **~s differ** ≅ о вку́сах не спо́рят 2) заключе́ние специали́ста (*часто письменное*); **medico-legal ~** суде́бно-медици́нская эксперти́за

opinionated [ə'pɪnjəneɪtɪd] *a* самоуве́ренный; упря́мый; приде́рживающийся до́гмы

opium ['əʊpɪəm] *n* о́пиум

opiumden [ˌəʊpɪəm'den] *n* прито́н кури́льщиков о́пиума

opossum [ə'pɒsəm] *n зоол.* опо́ссум

opponent I [ə'pəʊnənt] *n* проти́вник; оппоне́нт

opponent II *a* имеющий противоположные взгляды; несогласный

opportune [ˈɒpətjuːn] *a* благоприятный, подходящий *(о моменте и т. п.)*; своевременный; **an ~ remark** уместное замечание

opportunism [ˈɒpətjuːnɪz(ə)m] *n* оппортунизм; приспособленчество

opportunist [ˈɒpətjuːnɪst] *n* оппортунист

opportunity [ˌɒpəˈtjuːnɪtɪ] *n* удобный случай; благоприятная возможность; **to take the ~** воспользоваться случаем; **to miss/to let slip an ~** упустить возможность/случай; **to await one's ~** ждать удобного случая

oppose [əˈpəʊz] *v* 1) сопротивляться, противиться; возражать; **to ~ the motion** быть против предложения 2) мешать, препятствовать 3) противопоставлять

opposite I [ˈɒpəzɪt] *n* противоположность; **direct/exact ~** полная противоположность

opposite II *a* 1) расположенный напротив 2) противоположный, обратный; **in the ~ direction** в противоположном/обратном направлении ◊ **~ number** человек, занимающий ту же должность в другой компании, организации *и т. п.*

opposite III *adv* напротив; против; **he lives just ~** он живёт прямо напротив

opposite IV *prep* напротив; против; **they sat ~ each other** они сидели друг против друга

opposition [ˌɒpəˈzɪʃ(ə)n] *n* 1) сопротивление, противодействие; **~ to the plan** противодействие (этому) плану; **to meet with ~** встречать сопротивление 2) противоположность, контраст 3) *полит.* оппозиция 4) *астр.* противостояние

oppress [əˈpres] *v* 1) угнетать, притеснять 2) подавлять, угнетать, терзать; **to feel ~ed** быть подавленным

oppression [əˈpreʃ(ə)n] *n* 1) притеснение, гнёт 2) подавленность, угнетённое состояние

oppressive [əˈpresɪv] *a* 1) гнетущий, тягостный; **~ heat** гнетущий зной 2) жестокий, деспотический; **an ~ regime** деспотическое правление

oppressor [əˈpresə(r)] *n* угнетатель, притеснитель

opprobrious [əˈprəʊbrɪəs] *a* оскорбительный; позорный

opprobrium [əˈprəʊbrɪəm] *n* позор

opt [ɒpt] *v* выбирать, делать выбор *(for, between)*

opt out отказаться от участия, не участвовать

optic [ˈɒptɪk] *a* глазной, зрительный; **~ nerve** *анат.* зрительный нерв

optical [ˈɒptɪkəl] *a* оптический; **~ disk** *вчт* магнитооптический диск *(тж* **magneto-**

optical disk); ~ fibre *вчт* оптоволокно, световод; **~ illusion** оптический обман

optics [ˈɒptɪks] *n* оптика *(1. раздел физики 2. собирательное название оптических приборов)*

optimal [ˈɒptɪm(ə)l] *a* оптимальный; наиболее благоприятный

optimism [ˈɒptɪmɪz(ə)m] *n* оптимизм

optimist [ˈɒptɪmɪst] *n* оптимист

optimistic [ˌɒptɪˈmɪstɪk] *a* оптимистический

optimization [ˌɒptɪmaɪˈzeɪʃ(ə)n] *n* оптимизация, определение оптимальных характеристик

optimize [ˈɒptɪmaɪz] *v* 1) выбирать наиболее выгодное решение, оптимизировать 2) быть оптимистом

optimum [ˈɒptɪməm] *n* 1) совокупность наиболее благоприятных условий, оптимум 2) *attr* оптимальный

option [ˈɒpʃ(ə)n] *n* 1) выбор; **I've no ~** у меня нет выбора 2) право, свобода выбора 3) *ком.* опцион 4) вариант, альтернатива 5) *вчт* версия, опция

optional [ˈɒpʃənl] *a* 1) необязательный, факультативный, дополнительный; **~ studies** факультативные занятия 2) выбираемый, выборочный

opulence [ˈɒpjʊləns] *n* 1) большое состояние, богатство 2) пышность, роскошь; изобилие

opulent [ˈɒpjʊlənt] *a* 1) (очень) богатый 2) пышный, роскошный

opus [ˈəʊpəs] *n* 1) *муз.* опус 2) *шутл.* сочинение, труд

or[1] [ɔː] *a ист.* геральдический золотой *или* жёлтый *(о цвете)*

or[2] *conj* или; **or else** иначе, а то; **put your coat on or else you'll catch cold** надень пальто, а то простудишься; **either... or** или... или

oracle [ˈɒrəkl] *n* 1) оракул 2) предсказание, прорицание

oracular [ɒˈrækʊlə(r)] *a* 1) пророческий 2) загадочный; двусмысленный

oracy [ˈɔːrəsɪ] *n* владение устной речью

oral I [ˈɔːrəl] *n разг.* устный экзамен

oral II *a* 1) устный 2) *мед.* оральный, ротовой

orally [ˈɔːrəlɪ] *adv* устно

orange I [ˈɒrɪndʒ] *n* 1) апельсин; **blood ~** королёк 2) апельсиновое дерево 3) оранжевый цвет 4) *attr* апельсиновый; **~ squash** напиток из разбавленного концентрированного апельсинового сока

orange II *a* оранжевый

orange blossom [ˈɒrɪndʒ ˌblɒsəm] *n* 1) померанцевый цвет 2) флёрдоранж *(украшение невесты)*

orange peel [ˈɒrɪndʒpi:l] *n* 1) апельси́новая ко́рка 2) неро́вная, бугри́стая пове́рхность

orangery [ˈɒrɪndʒərɪ] *n* апельси́новая планта́ция; оранжере́я *(для выращивания апельсиновых деревьев)*

orang-outang, orang-utan [ɔ:ˌræŋju:ˈtæn] *n* зоол. орангута́нг

orate [ɔ:ˈreɪt] *v* шутл. ора́торствовать, разглаго́льствовать

oration [ɔ:ˈreɪʃ(ə)n] *n* 1) (торже́ственная) речь 2) *грам.*: **direct** ~ пряма́я речь; **indirect** ~ ко́свенная речь

orator [ˈɒrətə(r)] *n* ора́тор

oratorical [ˌɒrəˈtɒrɪkəl] *a* 1) ора́торский 2) ритори́ческий

oratorio [ˌɒrəˈtɔ:rɪəu] *n* муз. орато́рия

oratory[1] [ˈɒrətərɪ] *n* 1) ора́торское иску́сство; рито́рика; краснере́чие 2) бога́тая рито́рикой речь

oratory[2] *n* часо́вня; моле́льня

orb [ɔ:b] *n* 1) держа́ва *(королевская регалия)* 2) *поэт.* небе́сное свети́ло 3) *поэт.* глаз

orbit I [ˈɔ:bɪt] *n* 1) орби́та; **planned** ~ за́данная орби́та; **to put a satellite into** ~ вы́вести спу́тник на орби́ту 2) сфе́ра де́ятельности 3) *анат.* глазна́я впа́дина

orbit II *v* 1) выходи́ть на орби́ту; дви́гаться по орби́те 2) выводи́ть на орби́ту

orbital [ˈɔ:bɪtəl] *a* 1) орбита́льный, дви́жущийся по орби́те 2) *анат.* глазно́й

orchard [ˈɒtʃəd] *n* фрукто́вый сад

orchestra [ˈɔ:kɪstrə] *n* 1) орке́стр 2) оркестро́вая я́ма *(тж* ~ **pit**) 3) *амер.* пе́рвые ряды́ парте́ра *(тж* ~ **stalls**)

orchestral [ɔ:ˈkestrəl] *a* оркестро́вый

orchestrate [ˈɔ:kɪstreɪt] *v* оркестрова́ть, инструментова́ть

orchestration [ˌɔ:keˈstreɪʃ(ə)n] *n* оркестро́вка, инструменто́вка

orchid [ˈɔ:kɪd] *n* орхиде́я

ordain [ɔ:ˈdeɪn] *v* 1) посвяща́ть в духо́вный сан 2) предпи́сывать 3) предопределя́ть

ordeal [ɔ:ˈdi:l] *n* 1) тяжёлое испыта́ние 2) *ист.* «суд Бо́жий», орда́лии

order I [ˈɔ:də(r)] *n* 1) поря́док, после́довательность; **in alphabetical** ~ в алфави́тном поря́дке 2) поря́док, хоро́шее состоя́ние, испра́вность; **in good** ~ в поря́дке; **out of** ~ не в поря́дке, неиспра́вный; **to put in** ~ приводи́ть в поря́док; **to get out of** ~ испо́ртиться 3) прика́з; распоряже́ние; **by** ~ **of the general** по прика́зу генера́ла; **to give** ~s отдава́ть прика́з(ы) 4) поря́док, споко́йствие; **to keep/to restore** ~ соблюда́ть/восстана́вливать поря́док 5) класс о́бщества, социа́льная гру́ппа; **the lower** ~s ни́зшие

слой о́бщества 6) род, сорт; сте́пень, ранг 7) зака́з; **to place an** ~ **(for smth)** сде́лать зака́з (на что-л.); **made to** ~ сде́ланный на зака́з; **on** ~ зака́зано 8) ры́царский *или* мона́шеский о́рден 9) духо́вный сан; **to take holy** ~s стать духо́вным лицо́м 10) *биол.* отря́д; подкла́сс 11) *архит.* о́рдер; **Doric** ~ дори́ческий о́рдер 12) о́рдер; разреше́ние, про́пуск; **postal/money** ~ почто́вый/де́нежный перево́д 13) *воен.* строй; **in battle/marching** ~ в боево́м/похо́дном строю́; **open** ~ разо́мкнутый строй 14) поря́док *(собрания и т. п.)*; уста́в, регла́мент; **standing** ~s уста́в; регла́мент; ~ **of the day** пове́стка дня *(собрания)* 15) *мат.* сте́пень; поря́док; ~ **of magnitude** поря́док величины́; ~ **of relevance** поря́док зна́чимости ◊ **apple-pie** ~ образцо́вый поря́док; **in** ~ **that** с тем, что́бы; **in** ~ **to** для того́, что́бы; **that's a pretty tall** ~ э́то тру́дная зада́ча

order II *v* 1) прика́зывать; предпи́сывать; распоряжа́ться; **he was** ~ed **home** его́ отосла́ли домо́й 2) зака́зывать, де́лать зака́з 3) приводи́ть в поря́док; **to** ~ **one's affairs** привести́ свои́ дела́ в поря́док 4) назнача́ть, пропи́сывать *(лекарство)* 5) предопределя́ть; **fate** ~ed **it otherwise** судьба́ распоряди́лась ина́че

order about кома́ндовать, помыка́ть, гоня́ть

order book [ˈɔ:dəˌbuk] *n* кни́га зака́зов

order form [ˈɔ:dəˌfɔ:m] *n* бланк зака́за

ordering [ˈɔ:d(ə)rɪŋ] *n* 1) приведе́ние в поря́док; упоря́дочение 2) распределе́ние, размеще́ние *(заказов)* 3) управле́ние, заве́дование 4) зака́з 5) классифика́ция

orderliness [ˈɔ:dəlɪnɪs] *n* поря́док, аккура́тность

orderly I [ˈɔ:dəlɪ] *n* 1) санита́р; санита́рка *(в больнице)* 2) *воен.* ордина́рец

orderly II *a* 1) пра́вильный, регуля́рный; **an** ~ **mind** организо́ванный ум 2) аккура́тный, опря́тный; в по́лном поря́дке 3) дисциплини́рованный; хоро́шего поведе́ния; **the crowd was quite** ~ пу́блика соблюда́ла поря́док 4) *воен.* дежу́рный

order number [ˌɔ:dəˈnʌmbə] *n* 1) поря́дковый но́мер 2) но́мер (для) зака́за *(чего-л.)*

order of priority [ˈɔ:də(r) əvˌpraɪˈɒrɪtɪ] *n* вчт очерёдность приорите́тов

ordinal I [ˈɔ:dɪnl] *n* грам. поря́дковое числи́тельное *(тж* **number**)

ordinal II *a* грам. поря́дковый

ordinance [ˈɔ:dɪnəns] *n* 1) ука́з, декре́т; постановле́ние 2) обря́д

ordinary [ˈɔ:dnərɪ] *a* 1) обы́чный, обыкнове́нный; ордина́рный; норма́льный; **an** ~

man обыкнове́нный челове́к; **an ~ reader** рядово́й чита́тель; **out of the ~** необы́чный, исключи́тельный; **~ seaman** мла́дший матро́с; **~ shares** *фин.* обыкнове́нные а́кции 2) заура́дный, посре́дственный

ordination [ˌɔːdɪˈneɪʃ(ə)n] *n* 1) посвяще́ние в духо́вный сан 2) классифика́ция

ordnance [ˈɔːdnəns] *n* 1) артиллери́йские ору́дия; артилле́рия 2) артиллери́йско-техни́ческое и вещево́е снабже́ние ◊ **O. Survey** Госуда́рственное картографи́ческое управле́ние *(составляет и издаёт географические карты Великобритании)*

ordure [ˈɔːdjʊə(r)] *n* 1) наво́з; грязь 2) непристо́йность

ore [ɔː(r)] *n* руда́; **mineral ~** руда́, содержа́щая минера́л; **iron ~** желе́зная руда́

ore-dressing [ˈɔːˌdresɪŋ] *n* обрабо́тка *или* обогаще́ние руд

organ [ˈɔːgən] *n* 1) о́рган; **sense ~s** о́рганы чувств; **vocal ~s** о́рганы ре́чи; **digestive ~s** о́рганы пищеваре́ния 2) *шутл.* пе́нис 3) печа́тный о́рган 4) о́рган, учрежде́ние; **~s of government** прави́тельственные о́рганы 5) *муз.* орга́н; **mouth ~** губна́я гармо́ника

organ-grinder [ˈɔːgənˌgraɪndə(r)] *n* шарма́нщик

organic [ɔːˈgænɪk] *a* 1) органи́ческий 2) эколо́ги́чески чи́стый; генети́чески немодифици́рованный; **~ food** эколо́ги́чески чи́стые/генети́чески немодифици́рованные проду́кты 3) органи́чный

organism [ˈɔːgənɪz(ə)m] *n* органи́зм

organist [ˈɔːgənɪst] *n* органи́ст

organization [ˌɔːgənaɪˈzeɪʃ(ə)n] *n* 1) организа́ция 2) устро́йство; формирова́ние

organize [ˈɔːgənaɪz] *v* организо́вывать; **to ~ conference** гото́вить созы́в конфере́нции

organized [ˈɔːgənaɪzd] *a* 1) организо́ванный; **~ crime** организо́ванная престу́пность 2) со́бранный, дисциплини́рованный

organizer [ˈɔːgənaɪzə(r)] *n* 1) организа́тор, устро́итель 2) календа́рь-ежедне́вник *(с за́писями деловых встреч, переговоров и т. п.)* 3) *вчт* организа́тор, компью́терный секрета́рь *(программа)* 4) *вчт* записна́я кни́жка, органа́йзер *(карманный компьютер с фу́нкциями рабочего календаря-ежедневника, телефонного справочника и т. п.)*

organ-loft [ˈɔːgənlɒft] *n* галере́я в це́ркви для орга́на, хо́ры

organoleptic [ˌɔːgənəʊˈleptɪk] *a* органолепти́ческий

organza [ɔːˈgænzə] *n* органза́ *(тонкая прозрачная ткань)*

orgasm [ˈɔːgæzm] *n* орга́зм

orgiastic [ˌɔːdʒɪˈæstɪk] *a* похо́жий на о́ргию; разну́зданный

orgy [ˈɔːdʒɪ] *n* о́ргия

oriel [ˈɔːrɪəl] *n архит.* э́ркер, фона́рь *(тж ~ window)*

Orient [ˈɔːrɪənt] *n* **(the ~)** *уст.* Восто́к, стра́ны Восто́ка

orient I [ˈɔːrɪənt] *a* 1) *поэт.* восто́чный 2) блестя́щий, я́ркий

orient II *v* 1) определя́ть местонахожде́ние, ориенти́ровать; **to ~ oneself** ориенти́роваться 2) располага́ть фаса́дом на восто́к *(напр. храм)*

Oriental [ˌɔːrɪˈentl] *n* жи́тель Восто́ка

oriental [ˌɔːrɪˈentl] *a* восто́чный, характе́рный для Восто́ка

orientalist [ˌɔːrɪˈentəlɪst] *n* востокове́д, ориентали́ст

orientate [ˈɔːrɪənteɪt] *v* ориенти́ровать(ся)

orientation [ˌɔːrɪənˈteɪʃ(ə)n] *n* ориента́ция; ориенти́рование

orienteering [ˌɔːrɪənˈtɪərɪŋ] *n* спорти́вное ориенти́рование, ориенти́рование на ме́стности

orifice [ˈɒrɪfɪs] *n* 1) отве́рстие 2) у́стье, вы́ход

oriflamme [ˈɒrɪflæm] *n* 1) зна́мя, ло́зунг *(в сражении, борьбе)* 2) что-л. я́ркое, броса́ющееся в глаза́

origami [ˌɒrɪˈgɑːmɪ] *n* орига́ми *(японское иску́сство складывания фигурок из бумаги)*

origan [ˈɒrɪgən] *n бот.* души́ца

origanum [əˈrɪgənəm] *см.* **origan**

origin [ˈɒrɪdʒɪn] *n* 1) нача́ло, исто́чник, исто́к; **the ~s of civilization** исто́ки цивилиза́ции 2) происхожде́ние; **of humble ~** незна́тного происхожде́ния; **a word of Latin ~** сло́во лати́нского происхожде́ния 3) *мат.* нача́ло координа́т 4) *мат.* нача́ло отсчёта 5) пункт отправле́ния

original I [əˈrɪdʒənl] *n* 1) оригина́л, по́длинник; **the ~ and the copy** по́длинник и ко́пия; **in the ~** в по́длиннике, в оригина́ле 2) чуда́к, оригина́л

original II *a* 1) первонача́льный; врождённый; **~ sin** *рел.* перворо́дный грех 2) по́длинный; **an ~ Renoir** Ренуа́р в по́длиннике; **in the ~ text** в по́длиннике 3) оригина́льный, самобы́тный; но́вый

originality [əˌrɪdʒɪˈnælɪtɪ] *n* 1) оригина́льность, самобы́тность 2) новизна́

originally [əˈrɪdʒɪnəlɪ] *adv* 1) первонача́льно 2) по происхожде́нию

originate [əˈrɪdʒɪneɪt] *v* 1) порожда́ть, создава́ть, дава́ть нача́ло; **to ~ a new fashion** ввести́ но́вую мо́ду 2) происходи́ть, брать нача́ло, возника́ть *(from, in)*

origination [ə͵rɪdʒɪˈneɪʃ(ə)n] *n* 1) порожде́ние 2) нача́ло, происхожде́ние

originator [əˈrɪdʒɪneɪtə(r)] *n* а́втор, созда́тель; инициа́тор

oriole [ˈɔːrɪəʊl] *n* и́волга

orlop [ˈɔːlɒp] *n мор.* ни́жняя па́луба

ornament I [ˈɔːnəmənt] *n* 1) украше́ние 2) орна́мент

ornament II *v* украша́ть

ornamental [͵ɔːnəˈmentl] *a* слу́жащий украше́нием, декорати́вный; **it is purely ~** э́то про́сто для украше́ния

ornamentation [͵ɔːnəmenˈteɪʃ(ə)n] *n* 1) украше́ние; украша́тельство 2) украше́ния

ornate [ɔːˈneɪt] *a* 1) со мно́гими украше́ниями; бога́то у́бранный 2) цвети́стый, витиева́тый *(о стиле)*

ornithologist [͵ɔːnɪˈθɒlədʒɪst] *n* орнито́лог

ornithology [͵ɔːnɪˈθɒlədʒɪ] *n* орнитоло́гия

orphan I [ˈɔːfən] *n* 1) сирота́ 2) *полигр.* вися́чая строка́

orphan II *a* сиро́тский

orphan III *v* лиша́ть роди́телей, де́лать сирото́й

orphanage [ˈɔːfənɪdʒ] *n* прию́т для сиро́т; де́тский дом

orphaned [ˈɔːfənd] *a* осироте́вший; осироте́лый

orphanhood [ˈɔːfənhʊd] *n* сиро́тство

orrery [ˈɒrərɪ] *n* планета́рий

orthodox [ˈɔːθədɒks] *a* 1) ортодокса́льный 2) **(O.)** *рел.* правосла́вный; **the O. Church** правосла́вная це́рковь

orthodoxy [ˈɔːθədɒksɪ] *n* ортодокса́льность

orthoepy [ˈɔːθəʊepɪ] *n лингв.* орфоэ́пия

orthogonal [ɔːˈθɒɡən(ə)l] *a мат.* прямоуго́льный, ортогона́льный

orthographic [͵ɔːθəˈɡræfɪk] *a* орфографи́ческий

orthography [ɔːˈθɒɡrəfɪ] *n* орфогра́фия, правописа́ние

orthopaedics [͵ɔːθəˈpiːdɪks] *n* ортопеди́я

orthopaedist [͵ɔːθəˈpiːdɪst] *n* ортопе́д

OS *сокр.* 1) **(old style)** ста́рый стиль 2) **(ordinary seaman)** мла́дший матро́с

Oscar [ˈɒskə(r)] *n* пре́мия «О́скар» *(тж* **Academy Award** – *ежегодная награда Американской академии кинематографических искусств и наук, присуждаемая с 1929 г. за наивысшие достижения в американском и мировом кинематографе по 23 номинациям)*

oscillate [ˈɒsɪleɪt] *v* кача́ться; колеба́ться *(тж перен.)*

oscillation [͵ɒsɪˈleɪʃ(ə)n] *n* колеба́ние, вибра́ция

oscillator [͵ɒsɪˈleɪtə] *n эл.* генера́тор; осцилля́тор

osier [ˈəʊʒə(r)] *n* 1) и́ва; и́вовая лоза́ 2) *attr* и́вовый

osseous [ˈɒsɪəs] *a* 1) кости́стый 2) костяно́й; окостене́лый

ossification [͵ɒsɪfɪˈkeɪʃ(ə)n] *n* окостене́ние

ossify [ˈɒsɪfaɪ] *v* (о)костене́ть

ossuary [ˈɒsjʊərɪ] *n* 1) склеп 2) кремацио́нная у́рна

ostensible [ɒsˈtensəbl] *a* мни́мый; показно́й

ostentation [͵ɒstenˈteɪʃ(ə)n] *n* выставле́ние напока́з, хвастовство́

ostentatious [͵ɒstenˈteɪʃəs] *a* показно́й, нарочи́тый, афиши́руемый

osteopath [ˈɒstɪəpæθ] *n* остеопа́т

osteoporosis [͵ɒstɪəʊpəˈrəʊsɪs] *n мед.* остеопоро́з

ostler [ˈɒslə(r)] *n уст.* ко́нюх на постоя́лом дворе́

ostracism [ˈɒstrəsɪz(ə)m] *n* остраки́зм

ostracize [ˈɒstrəsaɪz] *v* подверга́ть остраки́зму, изгоня́ть (из о́бщества)

ostrich [ˈɒstrɪtʃ] *n* стра́ус

OT *сокр.* 1) **(occupational therapy)** трудова́я терапи́я, трудотерапи́я 2) **(the Old Testament)** *рел.* Ве́тхий Заве́т 3) **(overtime)** *спорт.* дополни́тельное вре́мя ма́тча

otalgia [ɒˈtældʒɪə] *n мед.* отталги́я, боль в у́хе

other I [ˈʌðə(r)] *a* 1) друго́й, ино́й; **some ~ time** в друго́й раз; **in ~ words** ины́ми слова́ми; **none ~ than my son** не кто ино́й, как мой сын 2) *с сущ. во мн. ч.* остальны́е; **~ guests** остальны́е го́сти

other II *pron* друго́й; **one or ~** тот и́ли друго́й; **where are the ~s?** где остальны́е?, где все други́е?

other III *adv* ина́че; **he could not do ~ than he did** он не мог поступи́ть ина́че

otherwise [ˈʌðəwaɪz] *adv* 1) ина́че, ины́м спо́собом *или* о́бразом; по-друго́му; **he thinks ~** он ду́мает ина́че 2) в други́х отноше́ниях 3) и́ли же, ина́че, в проти́вном слу́чае; **hurry up, ~ I'll go alone** поторопи́сь, а то я уйду́ оди́н

other-worldly [ˈʌðə͵wɜːldlɪ] *a* 1) кра́йне непракти́чный, не от ми́ра сего́ 2) потусторо́нний

otitis [əˈtaɪtɪs] *n мед.* оти́т, воспале́ние у́ха

OTON *сокр.* **(on the other hand)** с друго́й стороны́ *(используется в переписке по электронной почте)*

otter [ˈɒtə(r)] *n* вы́дра

Ottoman I [ˈɒtəmən] *n ист.* ту́рок

Ottoman II *a ист.* туре́цкий

ottoman [ˈɒtəmən] *n* дива́н, оттома́нка

OU *сокр.* 1) (**Open University**) откры́тый университе́т 2) (**Oxford University**) О́ксфордский университе́т

ouch [aʊtʃ] *int* ух!, ох!, ой!

ought [ɔːt] *v модальный глагол, выражает* 1) *долженствование* сле́дует, сле́довало; **you ~ to go there** вам сле́довало пойти́ туда́; **it ~ not to be allowed** э́того не сле́дует разреша́ть 2) *вероятность:* **it ~ to be a fine day tomorrow** за́втра, должно́ быть, бу́дет хоро́ший день

ounce[1] [aʊns] *n* 1) (*сокр.* oz) у́нция (= *28,3 г*) 2) ка́пля, чу́точка; **if he had one ~ of common sense** е́сли бы у него́ была́ хоть ка́пля здра́вого смы́сла

ounce[2] *n* барс, и́рбис

OUP *сокр.* (**Oxford University Press**) изда́тельство «О́ксфорд Юниве́рсити Пресс»

our [ˈaʊə(r)] *pron poss* наш, на́ша, на́ше, на́ши; **~ country** на́ша страна́

ours [ˈaʊəz] *pron poss* (*абсолютная форма; употр. самостоятельно, без сущ.*) наш; **this book is ~** э́та кни́га на́ша; **friends of ~** на́ши друзья́; **it is no concern of ~** э́то не на́ше де́ло

ourselves [aʊəˈselvz] *pron* 1) *refl* себя́; сами́х себя́, -сь; **between ~** ме́жду собо́й; **we speak only for ~** мы говори́м то́лько за себя́ 2) *употребляется для усиления* (мы) са́ми; **we ~ will do the work** мы са́ми сде́лаем э́ту рабо́ту

oust [aʊst] *v* выгоня́ть, вытесня́ть, занима́ть чьё-л. ме́сто

ouster [ˈaʊstə(r)] *n* 1) *юр.* выселе́ние; конфиска́ция 2) *амер.* увольне́ние

out I [aʊt] *n* 1) *разг.* лазе́йка, вы́ход; путь к отступле́нию 2) (**the ~s**) оппозицио́нные па́ртии, оппози́ция ◊ **at ~s** на ножа́х, во вражде́

out II *a* 1) *спорт.* выездно́й, не на своём по́ле (*о матче*) 2) отдалённый

out III *adv указывает на:* 1) *действие, направленное наружу; часто переводится глаголом с приставкой* вы-; **to go ~** выходи́ть; **to run ~** выбега́ть; **to take ~** вынима́ть; **they live ~ in the country** они́ живу́т за́ городом; они́ живу́т в дере́вне; **he is ~** его́ нет до́ма; **the secret is ~** секре́т раскры́т; **the book is ~** кни́га вы́шла в свет; **the flowers are ~** цветы́ распусти́лись 2) *завершённый характер действия:* **to type ~** напеча́тать; **to fill ~** заполня́ть; расширя́ть(ся) 3) *причину, основание, цель действия:* **to act ~ of pity/of curiosity/of gratitude/of kindness** де́йствовать из жа́лости/из любопы́тства/из благода́рности/по доброте́ ду-

шевной 4) *прекращение действия, функции:* **lights are ~** огни́ пога́сли; **the idea is ~** иде́я устаре́ла, иде́я неактуа́льна 5) *отсутствие признака, выраженного существительным:* **~ of colour** вы́цветший, вы́горевший; **~ of coal** без у́гля; **~ of health** больно́й; **~ of work** безрабо́тный; **to be ~ of one's mind** быть не в своём уме́ ◊ **~ and about** (сно́ва) на нога́х; **~ and away** намно́го, гора́здо; **~ and ~** тща́тельно; в вы́сшей сте́пени; **to be ~ for smth** подъи́скивать что-л.; **to run flat ~** бежа́ть что есть си́лы; **with it!** выкла́дывай!, расска́зывай всё!

out IV *prep* (**~ of**) 1) *указывает на положение вне, за пределами чего-л.* из; **to look ~ of the window** вы́глянуть в окно́, смотре́ть из окна́; **she went ~ of the room** она́ вы́шла из ко́мнаты; **to be ~ of town** не быть в го́роде 2) *указывает на материал, из которого сделан предмет:* **this house is made ~ of brick** дом сде́лан из кирпича́ 3) *указывает на часть целого:* **two cases ~ of ten** два слу́чая из десяти́ 4) *из* (*чего-л.*); **to drink ~ of glasses** пить из стака́нов

out V *int* вон!, прочь!

out- [aʊt-] *pref* 1) *глаголам придаёт значение превосходства* пере-; **outgrow** перерасти́; **outrun** перегна́ть, обогна́ть 2) *глаголам придаёт значение завершённости* вы-; **outflow** вы́течь; **outspeak** выска́зывать(ся) 3) *существительным и прилагательным придаёт значение:* а) *выхода, проявления:* **outburst** вы́ход чу́вствам б) *отдалённости:* **outlying** отдалённый

outage [ˈaʊtɪdʒ] *n* 1) просто́й (в рабо́те) 2) *тех.* по́лный отка́з, по́лный вы́ход из стро́я, ава́рия 3) *амер. эл.* по́лное отключе́ние электроэне́ргии 4) утру́ска, усу́шка; уте́чка

out-and-away [ˈaʊtəndəˈweɪ] *adv* намно́го

out-and-out [ˈaʊtəndˈaʊt] *a* по́лный, соверше́нный

out-and-outer [ˌaʊtəndˈaʊtə(r)] *n сленг* 1) само́ соверше́нство 2) экстреми́ст

outbade [aʊtˈbeɪd] *past см.* **outbid**

outbalance [aʊtˈbæləns] *v* 1) превосходи́ть 2) переве́шивать

outbid [aʊtˈbɪd] *v* (**outbid, outbade; outbid, outbidden**) предлага́ть бо́лее высо́кую це́ну (*на аукционе*)

outbidden [aʊtˈbɪdn] *p. p. см.* **outbid**

outboard I [ˈaʊtˌbɔːd] *a* подвесно́й; находя́щийся за борто́м; **~ motor** подвесно́й (ло́дочный) мото́р

outboard II *adv* за бо́ртом

outbound [ˈaʊtbaʊnd] *a* 1) отбыва́ющий (за грани́цу); уходя́щий в мо́ре (*о корабле*) 2) отправля́емый на э́кспорт (*о грузе*)

outbrave [aʊtˈbreɪv] v 1) превосходить храбростью 2) не побояться; выдержать *(что-л.)*

outbreak [ˈaʊtbreɪk] n 1) взрыв, вспышка, бурное проявление *(чувств)*; an ~ of anger вспышка гнева 2) начало *(революции, забастовки, войны)*; an ~ of war начало войны

outbuilding [ˈaʊtˌbɪldɪŋ] n 1) пристройка 2) pl службы

outburst [ˈaʊtbɜːst] n взрыв, вспышка; ~ of tears поток слёз

outcast I [ˈaʊtkɑːst] n 1) изгнанник 2) бездомный, бомж

outcast II a 1) изгнанный, отверженный 2) бездомный, бесприютный

outclass [aʊtˈklɑːs] v превосходить

outcome [ˈaʊtkʌm] n результат; последствие

outcrop [ˈaʊtkrɒp] n 1) геол. обнажение пород 2) внезапное проявление *(чего-л.)*

outcry I [ˈaʊtkraɪ] n 1) крик, выкрик 2) протест

outcry II v 1) кричать, выкрикивать 2) протестовать

outdated [aʊtˈdeɪtɪd] a устаревший; вышедший из моды

outdid [aʊtˈdɪd] past см. outdo

outdistance [aʊtˈdɪstəns] v обогнать, перегнать

outdo [aʊtˈduː] v (outdid; outdone) превзойти, затмить; he outdid them in cunning он превзошёл их в хитрости

outdone [aʊtˈdʌn] p. p. см. outdo

outdoor [ˈaʊtdɔː(r)] a (находящийся или происходящий) на открытом воздухе, вне дома

outdoors [aʊtˈdɔːz] adv на открытом воздухе, вне дома; they spent a lot of time ~ они много времени проводили на воздухе

outer [ˈaʊtə(r)] a 1) наружный, внешний; the ~ world внешний мир; общество; ~ garments верхняя одежда 2) отдалённый; the ~ suburbs/islands дальние окраины/острова; ~ space космическое пространство, космос 3) филос. объективный

outermost [ˈaʊtəməʊst] a самый дальний, самый отдалённый *(от центра)*

outerwear [ˈaʊtəˌweə] n собир. верхняя одежда

outface [aʊtˈfeɪs] v смутить дерзким взглядом или вызывающим поведением

outfall [ˈaʊtfɔːl] n устье *(реки)*

outfield [ˈaʊtfiːld] n 1) наиболее удалённая часть поля *(в крикете и бейсболе)* 2) отдалённое поле

outfight [aʊtˈfaɪt] v 1) иметь перевес над противником 2) воен. побеждать в бою

outfighting [aʊtˈfaɪtɪŋ] n воен. бой на дальних подступах

outfit I [ˈaʊtfɪt] n 1) костюм; a skiing ~ лыжный костюм 2) снаряжение, обмундирование; camping ~ походное снаряжение 3) разг. небольшая фирма, компания

outfit II v снаряжать, экипировать

outflank [aʊtˈflæŋk] v 1) выйти во фланг *(противнику)* 2) обойти, перехитрить *(кого-л.)*

outflew [aʊtˈfluː] past см. outfly

outflow I [ˈaʊtfləʊ] n истечение; выход; сток

outflow II [aʊtˈfləʊ] v вытекать

outflown [aʊtˈfləʊn] p. p. см. outfly

outfly [aʊtˈflaɪ] v (outflew; outflown) обогнать (в полёте) 2) лететь быстрее *(кого-л.)*

outgeneral [aʊtˈdʒenərəl] v победить превосходством тактики, превзойти в военном искусстве

outgo [ˈaʊtɡəʊ] n расход, издержки

outgoing [ˈaʊtˌɡəʊɪŋ] a 1) общительный, открытый; дружеский 2) уходящий в отставку, побеждённый 3) уходящий, отбывающий, отъезжающий 4) исходящий *(о почте)*

outgoings [ˈaʊtˌɡəʊɪŋz] n pl расходы, издержки

outgrew [aʊtˈɡruː] past см. outgrow

outgrow [aʊtˈɡrəʊ] v (outgrew; outgrown) 1) перерасти *(кого-л., что-л.)*; вырасти *(из одежды)* 2) отделаться с возрастом от привычки, увлечения и т. п.

outgrown [aʊtˈɡrəʊn] p. p. см. outgrow

outgrowth [ˈaʊtɡrəʊθ] n 1) нарост 2) отросток; отпрыск 3) продукт, результат

outhouse [ˈaʊthaʊs] n 1) надворная постройка 2) флигель 3) амер. отдельно стоящий туалет; туалет вне дома

outing [ˈaʊtɪŋ] n (загородная) прогулка; an ~ to the sea поездка к морю

outjockey [aʊtˈdʒɒkɪ] v перехитрить

outjump [aʊtˈdʒʌmp] v перепрыгнуть, прыгнуть дальше *(кого-л.)*

outlandish [aʊtˈlændɪʃ] a 1) заморский, чужеземный, нездешний 2) диковинный, странный

outlast [aʊtˈlɑːst] v 1) продолжаться дольше чем... 2) прожить дольше чем..., пережить; the dog will ~ him собака его переживёт

outlaw I [ˈaʊtlɔː] n 1) человек вне закона, беглец, изгой 2) бандит, разбойник

outlaw II v 1) объявлять кого-л. вне закона; изгонять 2) амер. лишать законной силы

outlawry [ˈaʊtlɔːrɪ] n объявление вне закона, изгнание

outlay [ˈaʊtleɪ] n расходы, затраты; смета расходов; ~ on clothes расходы на одежду

outlet [ˈaʊtlet] n 1) выходное или выпускное отверстие 2) выход; выпуск; сток 3) отдушина, выход *(для чувств и т. п.)*; **to find an ~ for one's energies** найти выход своей энергии 4) рынок сбыта; **to find an ~ for goods** найти рынок сбыта для товаров

outline I [ˈaʊtlaɪn] *n* 1) набросок, эскиз; план; **in broad/general ~** в общих чертах 2) очертание, контур 3) *pl* основы 4) схема; конспект 5) *вчт* иерархическая структура

outline II *v* 1) нарисовать, начертить контур 2) обрисовать (в общих чертах); сделать набросок; **to ~ one's views** обрисовать в общих чертах свои взгляды

outlive [aʊtˈlɪv] *v* пережить *(кого-л., что-л.)*

outlook [ˈaʊtlʊk] *n* 1) перспективы, виды на будущее; прогноз 2) точка зрения; взгляд (на мир); **world ~** мировоззрение 3) (открывающийся) вид

outlying [ˈaʊtˌlaɪɪŋ] *a* дальний, отдалённый, далёкий

outmanoeuvre [ˌaʊtməˈnuːvə(r)] *v* добиться преимущества своим умением; перехитрить, обойти

outmatch [aʊtˈmætʃ] *v* превосходить

outmoded [aʊtˈməʊdɪd] *a* старомодный, устаревший; ненужный

outnumber [aʊtˈnʌmbə(r)] *v* превосходить численно

out-of-date [ˌaʊtəvˈdeɪt] *a* устарелый, устаревший; старомодный

out-of-doors [ˌaʊtəvˈdɔːz] *см.* **outdoors**

out-of-pocket [ˌaʊtəvˈpɒkɪt] *a:* **~ expenses** оплата наличными

out-of-the-way [ˌaʊtəvðəˈweɪ] *a* 1) отдалённый, труднодоступный *(о селении и т. п.)* 2) необычный, странный

out-of-town [ˌaʊtəvˈtaʊn] *a* загородный, находящийся за городом

out-of-work [ˌaʊtəvˈwɜːk] *a* не имеющий работы

outpace [aʊtˈpeɪs] *v* обгонять, опережать

outpatient [ˈaʊtˌpeɪʃənt] *n* 1) амбулаторный больной 2) *attr:* **~ department** поликлиника при больнице; **~ clinic** поликлиника; амбулатория

outplay [aʊtˈpleɪ] *v* обыграть

outpost [ˈaʊtpəʊst] *n* 1) аванпост 2) сторожевая застава 3) отдалённое поселение

outpouring [aʊtˈpɔːrɪŋ] *n обыкн. pl* излияние (чувств)

output [ˈaʊtpʊt] *n* 1) продукция, выпуск 2) *тех.* производительность, мощность 3) *вчт* вывод данных 4) *тех.* вывод, выход 5) выходные данные, результаты

outrage I [ˈaʊtreɪdʒ] *n* 1) грубое нарушение закона, прав; насилие; **an ~ against humanity** преступление против человечества 2) оскорбление; надругательство 3) чувство глубокого возмущения, негодования

outrage II *v* 1) грубо нарушать закон, права 2) глубоко возмущать; **public opinion was ~d** общественное мнение было возмущено 3) оскорблять; шокировать

outrageous [aʊtˈreɪdʒəs] *a* 1) неистовый 2) возмутительный; оскорбительный; неслыханный 3) (очень) жестокий

outran [aʊtˈræn] *past см.* **outrun**

outrank [aʊtˈræŋk] *v* 1) иметь более высокий чин 2) превосходить

outré [ˈuːtreɪ] *a* экстравагантный; выходящий за рамки принятого

outridden [aʊtˈrɪdn] *p. p. см.* **outride**

outride [aʊtˈraɪd] *v* (**outrode**; **outridden**) 1) опередить, перегнать 2) выдержать *(шторм, несчастье)*

outright I [ˈaʊtraɪt] *a* 1) совершённый; прямой, решительный; **an ~ refusal** решительный отказ; **an ~ manner** открытая манера, прямой подход *(к чему-л.)* 2) явный

outright II [aʊtˈraɪt] *adv* 1) вполне, совершённо; полностью; **to buy a house ~** купить дом, уплатив всю сумму сразу 2) прямо, открыто; **to win the contest ~** одержать решительную победу на соревнованиях; **to reject ~** решительно отвергнуть

outrival [aʊtˈraɪvəl] *v* превзойти

outrode [aʊtˈrəʊd] *past см.* **outride**

outrun [aʊtˈrʌn] *v* (**outran**; **outrun**) 1) обогнать, опередить 2) убежать, сбежать 3) переходить все границы, преступать черту

outsat [aʊtˈsæt] *past, p. p. см.* **outsit**

outset [ˈaʊtset] *n* 1) отправление; начало; **at the ~** вначале; **from the ~** с самого начала 2) *вчт, полигр.* отступ

outshine [aʊtˈʃaɪn] *v* затмить, превзойти

outside I [aʊtˈsaɪd] *n* 1) наружная сторона; **to open to the ~** открываться наружу *(об окне, двери и т. п.)* 2) наружность, внешность; **judging from the ~** судя по внешнему виду 3) внешний мир; внешняя среда; **from the ~** извне, из внешнего мира 4) крайняя степень; **at the ~** самое большее, в лучшем случае

outside II *a* 1) наружный, внешний; **~ lane** *авто* полоса обгона *(амер.* **passing lane**); **the ~ world** внешний мир 2) посторонний, внешний; **without ~ help** без посторонней помощи 3) крайний, предельный, наибольший 4) крайний *(о месте)*; **an ~ seat** место у окна

outside III *adv* 1) снаружи, извне; наружу; **and in** снаружи и внутри 2) на открытом, свежем воздухе, на улице; **it's cold ~** на у́лице хо́лодно; **she went ~** она́ вы́шла и́з дому

outside IV *prep* вне, за, у; за преде́лами, за преде́лы; ~ **the door** за две́рью; ~ **the house** у до́ма, ря́дом с до́мом, пе́ред до́мом; ~ **the range** за преде́лами досяга́емости; **it's ~ my experience** у меня́ нет о́пыта в э́том де́ле

outsider [aʊtˈsaɪdə(r)] *n* 1) посторо́нний челове́к, чужо́й; не член *(организации, клуба и т. п.)* 2) челове́к из друго́го *(обыкн. ни́зшего)* кру́га; чужа́к, не ро́вня 3) *спорт.* аутса́йдер

outsit [aʊtˈsɪt] *v* (*past, p. p.* **outsat**) пересиде́ть *(кого-л.);* засиде́ться

outsize [ˈaʊtsaɪz] *a* бо́льше обы́чного разме́ра, нестанда́ртного разме́ра

outskirts [ˈaʊtskɜ:ts] *n pl* 1) окра́ина, предме́стье; окре́стности 2) опу́шка *(ле́са)*

outsmart [aʊtˈsmɑ:t] *v разг.* перехитри́ть, провести́

outsourcing [ˈaʊtsɔ:sɪŋ] *n тех.* аутсо́рсинг, испо́льзование вне́шних ресу́рсов для реше́ния со́бственных зада́ч, переда́ча ча́сти зака́зов сторо́нним организа́циям

outspoken [aʊtˈspəʊkən] *a* открове́нный, прямо́й; пря́мо вы́сказанный

outspread I [aʊtˈspred] *a* распростёртый; расстила́ющийся

outspread II *v* (*past, p. p.* **outspread**) 1) распространя́ть(ся) 2) простира́ться, расстила́ться

outstanding [aʊtˈstændɪŋ] *a* 1) выдаю́щийся; знамени́тый; ~ **natural beauty** изуми́тельная красота́ приро́ды 2) неупла́ченный *(о до́лге и т. п.)* 3) незако́нченный, невы́полненный; неразрешённый *(о вопро́се, спо́ре);* **business still ~** незако́нченные дела́

outstation [ˈaʊtsteɪʃ(ə)n] *n* филиа́л организа́ции, фи́рмы *и т. п.* в друго́м го́роде

outstay [aʊtˈsteɪ] *v* 1) заси́живаться, остава́ться сли́шком до́лго; злоупотребля́ть гостеприи́мством 2) вы́держать, вы́стоять

outstep [aʊtˈstep] *v* переступа́ть грани́цы, черту́; выходи́ть за преде́лы

outstretched [aʊtˈstretʃt] *a* 1) протя́нутый *(о руке́ и т. п.)* 2) растя́нутый, растяну́вшийся

outstrip [aʊtˈstrɪp] *v* 1) обгоня́ть, опережа́ть 2) превосходи́ть *(в чём-л.)*

out-take [ˈaʊtteɪk] *n* вы́резанные места́ из фи́льма *и т. п.*

out-talk [aʊtˈtɔ:k] *v* не дать сказа́ть сло́ва (друго́му), заболта́ть, заговори́ть

out-top [aʊtˈtɒp] *v* быть вы́ше; превыша́ть, превосходи́ть

out-tray [ˈaʊttreɪ] *n* я́щик, конте́йнер для исходя́щих докуме́нтов

outvote [aʊtˈvəʊt] *v* получи́ть бо́льшее коли́чество голосо́в

outwalk [aʊtˈwɔ:k] *v* идти́ быстре́е *или* да́льше *(кого-л.)*

outward I [ˈaʊtwəd] *a* 1) напра́вленный нару́жу 2) вне́шний, нару́жный 3) отплыва́ющий в мо́ре, за грани́цу, в да́льнее пла́вание

outward II *adv* нару́жу, вне, за преде́лы

outward bound [ˈaʊtwədˈbaʊnd] *a* отплыва́ющий за грани́цу *(о корабле́, су́дне);* **ships ~ from London** корабли́, отплыва́ющие из Ло́ндона

outwardly [ˈaʊtwədlɪ] *adv* вне́шне, по ви́ду, на вид; ~ **calm** вне́шне споко́йный

outwards [ˈaʊtwədz] *adv* нару́жу; **to turn ~** вы́вернуть нару́жу

outwear [aʊtˈweə(r)] *v* (**outwore; outworn**) 1) изна́шивать 2) истоща́ть *(си́лы, терпе́ние и т. п.)* 3) сохраня́ться, носи́ться до́льше *(об оде́жде)*

outweigh [aʊtˈweɪ] *v* 1) быть тяжеле́е 2) переве́шивать; быть важне́е, значи́тельнее; **this ~s all other considerations** э́то переве́шивает все остальны́е соображе́ния

outwit [aʊtˈwɪt] *v* перехитри́ть, провести́ *(кого-л.)*

outwore [aʊtˈwɔ:(r)] *past см.* **outwear**

outwork [ˈaʊtwɜ:k] *n* 1) *воен.* вне́шнее, передово́е укрепле́ние 2) надо́мная рабо́та

outworn I [aʊtˈwɔ:n] *a* 1) изно́шенный 2) изнурённый, вы́дохшийся 3) устаре́вший; старомо́дный *(о взгля́дах, обы́чаях)* 4) изби́тый *(о цита́те и т. п.)*

outworn II *p. p. см.* **outwear**

ouzel [ˈu:zl] *n* дрозд

oval I [ˈəʊvəl] *n* ова́л

oval II *a* ова́льный

ovary [ˈəʊvərɪ] *n* 1) *анат.* яи́чник 2) *бот.* за́вязь

ovation [əʊˈveɪʃ(ə)n] *n* ова́ция

oven [ˈʌvn] *n* духо́вка; пе́чка; суши́льный шкаф

ovenproof [ˈʌvnpru:f] *a* жаропро́чный; предназна́ченный для испо́льзования в духо́вке

oven-ready [ˌʌvnˈredɪ] *a:* ~ **food** гото́вое блю́до, предназна́ченное для разогрева́ния в духо́вке *или* пе́чке

ovenware [ˈʌvnweə(r)] *n собир.* жаропро́чная посу́да

over I [ˈəʊvə(r)] *a* 1) ве́рхний 2) вышестоя́щий 3) изли́шний, избы́точный; чрезме́рный

over II *adv* 1) *ука́зывает на повсеме́стность де́йствия, на де́йствие по всей пове́рхности чего-л.:* **all ~** повсю́ду; **the table was**

covered all ~ with letters стол был весь завален письмами; **I ache all** ~ у меня всё болит 2) *указывает на движение через что-л. или из какого-л. отдалённого места; часто переводится глаголом с приставкой* пере-; **to jump** ~ перепрыгивать; **to knock** ~ перевернуть, опрокинуть; **to look** ~ осмотреть (со всех сторон); **to sail** ~ переплыть *(на судне)*; **they're** ~ **from Canada** они приехали из Канады; **when are you coming** ~ **to see us?** когда вы приедете к нам в гости?; **come** ~ **here** иди сюда 3) *указывает на передачу чего-л. одним лицом другому:* **to hand smth** ~ **to smb** передавать что-л. кому-л. 4) *указывает на повторение, часто с изменением:* **you have to do it all** ~ **again** тебе придётся всё переделать; **to repeat smth** ~ **and** ~ **again** повторять что-л. снова и снова 5) *указывает на прекращение действия:* **the lesson/the meeting is** ~ занятие/собрание окончено; **the war was** ~ война окончилась; **it is all** ~ **between them** между ними всё кончено 6) чересчур, слишком, сверх; ~ **particular** слишком привередливый; **they were not** ~ **polite** они были не слишком вежливы ◊ ~ **and above** в добавление, к тому же; **that's him all** ~ *разг.* это так на него похоже, в этом он весь

over III *prep* 1) *указывает на положение или движение над другим предметом* над; через; ~ **the town** над городом 2) *указывает на положение поперёк чего-л., от одного края до другого* через; **the bridges** ~ **the Thames** мосты через Темзу 3) *указывает на местоположение по ту сторону улицы, реки, моря и т. п.* по ту сторону, за; ~ **the street** на той стороне улицы; ~ **the sea** по ту сторону океана, за океаном, за морем; ~ **there** там, на той стороне 4) *указывает на движение, распространение по территории* по; **all** ~ **the country** по всей стране; **to travel** ~ **Europe** объездить всю Европу, путешествовать по Европе 5) *указывает на промежуток времени, в течение которого происходило действие* за; в течение; ~ **the whole period** за весь этот период, в течение всего этого времени; **to stay** ~ **the weekend** оставаться на уикенд 6) свыше, больше; **2 million** свыше 2 миллионов 7) за; у; на; **a bottle** за бутылкой (вина); **they were sitting** ~ **the fire** они сидели у камина 8) о, из-за; **to quarrel** ~ **smth** ссориться из-за чего-л.; **to worry** ~ **smth** беспокоиться о чём-л.

over- ['əʊvə-] *pref* со значением сверх-, над-, пере-, чрезмерно

overact ['əʊvər'ækt] *v* переигрывать (роль); утрировать

overall I ['əʊvərɔ:l] *n* (рабочая) спецодежда; *pl* комбинезон

overall II *a* 1) общий, всеобщий; всеохватывающий 2) полный, общий, суммарный; предельный; ~ **dimensions** габаритные размеры; ~ **majority** подавляющее большинство

overarch [,əʊvər'ɑ:tʃ] *v* покрывать сводом, аркой

overate [,əʊvər'eit] *past см.* **overeat**

overawe [,əʊvər'ɔ:] *v* внушать благоговейный страх

overbalance I [,əʊvə'bæləns] *n* перевес

overbalance II *v* 1) вывести из равновесия 2) перевешивать; превосходить *(по весу, значению и т. п.)*

overbear [,əʊvə'beə(r)] *v* (**overbore; overborne**) 1) подавлять 2) превозмогать 3) превосходить

overbearing [,əʊvə'beəriŋ] *a* властный, подавляющий; повелительный *(о тоне)*

overblouse ['əʊvə,blaʊz] *n* блуз(к)а навыпуск

overblown ['əʊvə'bləʊn] *a* 1) напыщенный, надутый 2) отцветающий, увядающий

overboard ['əʊvəbɔ:d] *adv* за борт; **man** ~! человек за бортом!; **to throw** ~ выбросить за борт *(тж перен.)*

overbold [,əʊvə'bəʊld] *a* слишком смелый, отчаянный

overbook ['əʊvəbuk] *v* продать или зарезервировать большее количество билетов по сравнению с наличием мест *(особ. на самолёт)*

overbooking ['əʊvəbukiŋ] *n* продажа или резервирование большего количества билетов по сравнению с наличием мест *(особ. на самолёт), разг.* овербукинг

overbore [,əʊvə'bɔ:(r)] *past см.* **overbear**

overborne [,əʊvə'bɔ:n] *p. p. см.* **overbear**

overbrim [,əʊvə'brim] *v* переливать(ся) через край; переполнять(ся)

overbuild [,əʊvə'bild] *v* 1) надстраивать 2) слишком плотно застраивать *(район, участок)*

overburden [,əʊvə'bɜ:dn] *v* перегружать

overbusy [,əʊvə'bizi] *a* очень занятый, сверхзанятый

overcame [,əʊvə'keim] *past см.* **overcome**

overcast I ['əʊvəkɑ:st] *a* покрытый облаками; пасмурный *(о погоде)*

overcast II *v* (*past, p. p.* **overcast**) 1) покрывать(ся) *(облаками, тучами);* затемнять 2) зашивать через край

overcharge I [,əʊvə'tʃɑ:dʒ] *n* 1) *ком.* завышенная цена 2) *эл.* перезаряд

overcharge II *v* 1) *ком.* завышать цену 2) *эл.* перезаряжать 3) перегружать *(описаниями, деталями и т. п.)*

overcloud [ˌəʊvəˈklaʊd] *v* 1) затягиваться облаками 2) омрачаться

overcoat [ˈəʊvəkəʊt] *n* пальто

overcome [ˌəʊvəˈkʌm] *v* (**overcame; overcome**) 1) побороть, победить, преодолеть 2) охватить *(о чувстве)*; ~ by a) охваченный *(эмоциями и т. п.)* б) измученный, истощённый; **she was ~ by grief** она была убита горем

overconfident [ˌəʊvəˈkɒnfɪdənt] *a* самонадеянный, самоуверенный

overcook [ˌəʊvəˈkʊk] *v* переваривать, пережаривать *(о пище)*

overcrop [ˌəʊvəˈkrɒp] *v* истощать землю

overcrowd [ˌəʊvəˈkraʊd] *v* переполнять *(помещение и т. п.)*; толпиться

overcrowded [ˌəʊvəˈkraʊdɪd] *a* переполненный *(о помещении, транспорте)*

overdid [ˌəʊvəˈdɪd] *past см.* **overdo**

overdo [ˌəʊvəˈduː] *v* (**overdid; overdone**) 1) перестараться; переусердствовать 2) преувеличивать, утрировать, переигрывать 3) пережарить; переварить

overdone I [ˌəʊvəˈdʌn] *p. p. см.* **overdo**

overdone II [ˈəʊvəˈdʌn] *a* 1) преувеличенный, утрированный 2) пережаренный; переваренный

overdose I [ˈəʊvədəʊs] *n* слишком большая доза, передозировка *(лекарств, наркотиков)*

overdose II *v* давать *или* принимать слишком большую дозу *(лекарств, наркотиков)*

overdraft [ˈəʊvədrɑːft] *n* превышение своего кредита в банке

overdraw [ˌəʊvəˈdrɔː] *v* (**overdrew; overdrawn**) 1) превысить кредит в банке 2) преувеличивать; приукрашивать *(рассказ)*

overdrawn [ˌəʊvəˈdrɔːn] *p. p. см.* **overdraw**

overdress [ˌəʊvəˈdres] *v* 1) одеваться слишком нарядно, броско 2) надевать на себя слишком много одежды

overdrew [ˌəʊvəˈdruː] *past см.* **overdraw**

overdrink [ˌəʊvəˈdrɪŋk] *v* выпить слишком много, перепить

overdrive [ˌəʊvəˈdraɪv] *v* (**overdrove; overdriven**) 1) переутомить, изнурить 2) загнать *(лошадь)*

overdriven [ˌəʊvəˈdrɪvn] *p. p. см.* **overdrive**

overdrove [ˌəʊvəˈdrəʊv] *past см.* **overdrive**

overdue [ˌəʊvəˈdjuː] *a* 1) запоздалый, запоздавший; **the train is ~** поезд запаздывает 2) просроченный 3) *мед.* переношенный *(о новорождённом)*

overeat [ˌəʊvərˈiːt] *v* (**overate; overeaten**) объедаться; переедать

overeaten [ˌəʊvərˈiːtn] *p. p. см.* **overeat**

overestimate I [ˌəʊvərˈestɪmɪt] *n* слишком высокая оценка, переоценка

overestimate II [ˌəʊvərˈestɪmeɪt] *v* переоценивать

overexcited [ˌəʊvərɪkˈsaɪtɪd] *a* перевозбуждённый

over-exercise [ˌəʊvəˈeksəsaɪz] *v* перенапрягать(ся)

overexpose [ˌəʊvərɪkˈspəʊz] *v* 1) слишком долго подвергать *(действию, опасности и т. п.)* 2) *фото* передержать

overexposure [ˌəʊvərɪkˈspəʊʒə] *n* 1) *амер.* слишком большая шумиха *(вокруг кого-л.)*; слишком частое упоминание в печати и т. п. 2) *фото* передержка

overextend [ˌəʊvərɪkˈstend] *v* перегружать работой, поручениями и т. п.

overfed [ˌəʊvəˈfed] *past, p. p. см.* **overfeed**

overfeed [ˌəʊvəˈfiːd] *v* (*past, p. p.* **overfed**) перекармливать

overfilling [ˌəʊvəˈfɪlɪŋ] *n* 1) переливание через край 2) *вчт* переполнение

overflight [ˈəʊvəflaɪt] *n* полёт над чужой территорией; перелёт границы

overflow I [ˈəʊvəfləʊ] *n* 1) переливание через край 2) избыток; избыточное количество 3) *вчт* переполнение

overflow II [ˌəʊvəˈfləʊ] *v* 1) переливаться через край 2) разливаться *(о реке)*; затоплять 3) переполняться; **to ~ with wealth** купаться в золоте

overfly [ˌəʊvəˈflaɪ] *v* перелетать *(границу, местность и т. п.)*; пролетать *(над чем-л.)*

overfond [ˌəʊvəˈfɒnd] *a* слишком любящий *(что-л., кого-л.)*

overfulfil [ˌəʊvəfʊlˈfɪl] *v* перевыполнять

overgrew [ˌəʊvəˈgruː] *past см.* **overgrow**

overgrow [ˌəʊvəˈgrəʊ] *v* (**overgrew; overgrown**) 1) расти слишком быстро; заглушать *(о растениях)*; **a path ~n with weeds** тропинка, заросшая сорняками 2) перерасти; **to ~ one's clothes** вырасти из одежды

overgrown I [ˌəʊvəˈgrəʊn] *p. p. см.* **overgrow**

overgrown II *a* 1) заросший 2) переросший

overgrowth [ˈəʊvəgrəʊθ] *n* чрезмерный, беспорядочный рост; разрастание

overhang I [ˈəʊvəhæŋ] *n* выступ, навес

overhang II [ˌəʊvəˈhæŋ] *v* (*past, p. p.* **overhung**) 1) выдаваться, нависать 2) нависать, угрожать

overhaul I [ˈəʊvəhɔːl] *n* 1) тщательный осмотр 2) капитальный ремонт

overhaul II [ˌəʊvəˈhɔːl] *v* 1) тща́тельно осма́тривать 2) капита́льно ремонти́ровать 3) догоня́ть

overhead I [ˈəʊvəhed] *a* 1) ве́рхний; надзе́мный; **an ~ railway** надзе́мная желе́зная доро́га 2) накладно́й *(о расходах)*

overhead II *adv* наверху́; на ве́рхнем этаже́; на не́бе

overhear [ˌəʊvəˈhɪə(r)] *v (past, p. p.* **overheard)** 1) подслу́шивать 2) неча́янно услы́шать

overheard [ˌəʊvəˈhɜːd] *past, p. p. см.* **overhear**

overheat I [ˈəʊvəhiːt] *n* перегре́в(а́ние)

overheat II [ˈəʊvəˈhiːt] *v* перегрева́ть(ся)

overhung [ˈəʊvəhʌŋ] *past, p. p. см.* **overhang II**

overindulge [ˌəʊvərɪnˈdʌldʒ] *v* позволя́ть сли́шком мно́го, злоупотребля́ть *(обыкн. удовольствиями)*; балова́ть; **they ~d last night** они́ вчера́ в гостя́х переусе́рдствовали в еде́ и питье́

overindulgent [ˌəʊvərɪnˈdʌldʒənt] *a* чересчу́р снисходи́тельный

overissue [ˌəʊvəˈrɪʃuː] *v* напеча́тать сверх договорно́го тиража́

overjoyed [ˌəʊvəˈdʒɔɪd] *a* о́чень дово́льный; ра́достный, счастли́вый

overkill [ˌəʊvəˈkɪl] *v* многокра́тно уничто́жить

overladen [ˌəʊvəˈleɪdn] *a* перегру́женный

overlaid [ˌəʊvəˈleɪd] *past, p. p. см.* **overlay II**

overlain [ˌəʊvəˈleɪn] *p. p. см.* **overlie**

overland I [ˈəʊvəlænd] *a* сухопу́тный

overland II [ˌəʊvəˈlænd] *adv* по су́ше, на су́ше

overlap I [ˌəʊvəˈlæp] *n* 1) перекрыва́ние; наложе́ние, совмеще́ние; части́чное совпаде́ние 2) *тех.* нахлёстка; перекры́тие

overlap II *v* 1) части́чно покрыва́ть, перекрыва́ть; **the pleats ~** скла́дки нахо́дят одна́ на другу́ю 2) части́чно совпада́ть; **our tasks ~** на́ши зада́чи части́чно совпада́ют

overlapping I [ˌəʊvəˈlæpɪŋ] **I** *n тех.* 1) совмеще́ние; перекры́тие; нахлёстка 2) рабо́та с перекры́тием

overlapping II *a* перекрыва́ющий(ся); части́чно совпада́ющий

overlay I [ˈəʊvəleɪ] *n* 1) ка́лька *(схемы, рисунка)* 2) *вчт* перекры́тие 3) покры́шка; салфе́тка, покрыва́ющая что-л. 4) *микр.* покры́тие, ве́рхний слой

overlay II [ˌəʊvəˈleɪ] *v (past, p. p.* **overlaid)** покрыва́ть *(слоем чего-л., краской и т. п.)*

overlay III [ˌəʊvəˈleɪ] *past см.* **overlie**

overleaf [ˌəʊvəˈliːf] *adv* на оборо́те *(страни́цы)*; **see ~** смотри́ на оборо́те

overleap [ˌəʊvəˈliːp] *v* 1) перепры́гивать, переска́кивать 2) пропуска́ть

overlie [ˌəʊvəˈlaɪ] *v (overlay; overlain)* 1) лежа́ть на чём-л., над чем-л. 2) придави́ть во сне ребёнка

overload I [ˈəʊvələʊd] *n* перегру́зка

overload II [ˌəʊvəˈləʊd] *v* перегружа́ть

overlook [ˌəʊvəˈlʊk] *v* 1) не обрати́ть внима́ния, пропусти́ть, прогляде́ть 2) смотре́ть сквозь па́льцы, закрыва́ть глаза́ *(на что-л.)* 3) возвыша́ться *(над городом и т. п.)* 4) смотре́ть на что-л. све́рху 5) выходи́ть на; **the window ~s the sea** из окна́ открыва́ется вид на мо́ре 6) надзира́ть 7) сгла́зить

overlord [ˈəʊvəlɔːd] *n* верхо́вный влады́ка, повели́тель

overly [ˈəʊvəlɪ] *adv амер., шотл.* чрезме́рно, сли́шком

overman [ˈəʊvəmæn] *n* 1) *горн.* деся́тник 2) *филос.* «сверхчслове́к», суперме́н

overmaster [ˌəʊvəˈmɑːstə(r)] *v* 1) покоря́ть 2) овладе́ть, захвати́ть *(о чувстве)*

overmatch [ˌəʊvəˈmætʃ] *v* превосходи́ть, быть сильне́е, спосо́бнее *и т. п. (кого-л.)*

over-much [ˌəʊvəˈmʌtʃ] *adv* чрезме́рно, сли́шком

over-nice [ˌəʊvəˈnaɪs] *a* сли́шком разбо́рчивый

overnight I [ˈəʊvənaɪt] *a* происходя́щий в тече́ние ночи́; **the weather changed ~** пого́да за́ ночь измени́лась; **an ~ bag** доро́жная су́мка, саквоя́ж

overnight II *adv* 1) (с ве́чера и) всю ночь; **to stay ~** переночева́ть 2) неожи́данно, вдруг

overnighter [ˌəʊvəˈnaɪtə(r)] *n* 1) челове́к, остана́вливающийся на ночле́г 2) доро́жная су́мка, саквоя́ж

overpaid [ˌəʊvəˈpeɪd] *past, p. p. см.* **overpay**

over-particular [ˌəʊvəpəˈtɪkjʊlə(r)] *a* чересчу́р тре́бовательный, приди́рчивый, привере́дливый

overpass I [ˌəʊvəˈpɑːs] *n амер.* путепрово́д

overpass II *v* 1) переходи́ть, пересека́ть *(границу и т. п.)* 2) преодоле́ть; вы́держать до конца́

overpast [ˌəʊvəˈpɑːst] *a* про́шлый, давно́ проше́дший

overpay [ˌəʊvəˈpeɪ] *v (past, p. p.* **overpaid)** переплачивать

overplay [ˌəʊvəˈpleɪ] *v* переи́грывать, сли́шком акценти́ровать; **to ~ one's hand** а) преувели́чивать свои́ возмо́жности, спосо́бности б) испо́ртить де́ло, сли́шком переи́грывая

overplus [ˈəʊvəplʌs] *n* избы́ток, изоби́лие

overpopulated [ˌəʊvəˈpɒpjʊleɪtɪd] *a* перенаселённый

overpower [ˌəʊvəˈpaʊə(r)] v подавля́ть, побежда́ть; одолева́ть; **they were ~ed by the heat** их угнета́ла жара́

overpowering [ˌəʊvəˈpaʊərɪŋ] a 1) непреодоли́мый 2) подавля́ющий

overprice [ˌəʊvəˈpraɪs] v дава́ть сли́шком высо́кую це́ну, завыша́ть це́ну

overprint I [ˌəʊvəˈprɪnt] n полигр. наложе́ние (цвето́в); печа́ть с наложе́нием (цвето́в)

overprint II v 1) напеча́тать пове́рх уже́ напеча́танного 2) напеча́тать сли́шком мно́го экземпля́ров

over-production [ˌəʊvəprəˈdʌkʃ(ə)n] n перепроизво́дство

overproof [ˈəʊvəpruːf] a вы́ше устано́вленного гра́дуса (о спирте)

overran [ˌəʊvəˈræn] past см. **overrun**

overrate [ˌəʊvəˈreɪt] v переоце́нивать

overreach [ˌəʊvəˈriːtʃ] v перехитри́ть, обману́ть; **to ~ oneself** просчита́ться, обману́ться; зарва́ться

overridden [ˌəʊvəˈrɪdn] p. p. см. **override**

override [ˌəʊvəˈraɪd] v (**overrode; overridden**) 1) попира́ть, подавля́ть; не принима́ть во внима́ние 2) перее́хать, задави́ть 3) накла́дываться, находи́ть друг на дру́га (о частях) 4) прое́хать (по вра́жеской террито́рии) 5) загна́ть (лошадь)

overripe [ˌəʊvəˈraɪp] a перезре́лый

overrode [ˌəʊvəˈrəʊd] past см. **override**

overrule [ˌəʊvəˈruːl] v отверга́ть, отклоня́ть (предложение, довод и т. п.); счита́ть недействи́тельным; **to ~ all objections** отклоня́ть все возраже́ния

overrun [ˌəʊvəˈrʌn] v (**overran; overrun**) 1) распространя́ться (за пределы); наводня́ть; обыкн. pass зараста́ть (сорняками; with); **the town was ~ with tourists** го́род был наводнён тури́стами 2) перелива́ться че́рез край 3) переходи́ть черту́ грани́цы; превыша́ть лими́ты 4) завоева́ть и опустоши́ть (страну)

oversaw [ˌəʊvəˈsɔː] past см. **oversee**

overseas I [ˌəʊvəˈsiːz] a иностра́нный, заграни́чный; замо́рский; вне́шний (о торговле)

oversea(s) II adv за грани́цей

oversee [ˌəʊvəˈsiː] v (**oversaw; overseen**) надзира́ть, наблюда́ть

overseen [ˌəʊvəˈsiːn] p. p. см. **oversee**

overseer [ˈəʊvəsɪə(r)] n надзира́тель; надсмо́трщик

overset [ˌəʊvəˈset] v (past, p. p. **overset**) 1) наруша́ть, расстра́ивать (порядок и т. п.) 2) опроки́дывать

oversexed [ˌəʊvəˈsekst] a сексуа́льно озабо́ченный, гиперсексуа́льный

overshadow [ˌəʊvəˈʃædəʊ] v 1) затмева́ть 2) затемня́ть, затеня́ть

overshoe [ˈəʊvəˌʃuː] n гало́ша

overshoot [ˌəʊvəˈʃuːt] v (past, p. p. **overshot**) 1) пролете́ть поса́дочную площа́дку (о самолёте); промахну́ться (при стрельбе и т п.) 2) зайти́ сли́шком далеко́; преувели́чить

overshot [ˌəʊvəˈʃɒt] past, p. p. см. **overshoot**

oversight [ˈəʊvəsaɪt] n 1) недосмо́тр, опло́шность, про́мах, оши́бка; **by an ~** по недосмо́тру 2) надзо́р; **to be under the ~ of smb.** быть под надзо́ром кого́-л.

oversimplify [ˌəʊvəˈsɪmplɪfaɪ] v изли́шне упроща́ть; понима́ть сли́шком упрощённо

oversize(d) [ˈəʊvəsaɪz(d)] a име́ющий разме́ры бо́льше обы́чных

oversleep [ˌəʊvəˈsliːp] v (past, p. p. **overslept**) проспа́ть

oversleeve [ˈəʊvəˈsliːv] n нарука́вник

overslept [ˌəʊvəˈslept] past, p. p. см. **oversleep**

overspend [ˌəʊvəˈspend] v (past, p. p. **overspent**) 1) тра́тить, расхо́довать сли́шком мно́го 2) истра́тить бо́льше поло́женного

overspent [ˌəʊvəˈspent] past, p. p. см. **overspend**

overspill [ˈəʊvəspɪl] n избы́точное населе́ние

overspread [ˌəʊvəˈspred] v (past, p. p. **overspread**) 1) простира́ть(ся); распространя́ть(ся) 2) покрыва́ть

overstaff [ˌəʊvəˈstɑːf] v име́ть разду́тые шта́ты, име́ть сли́шком мно́го слу́жащих

overstate [ˌəʊvəˈsteɪt] v преувели́чивать

overstatement [ˌəʊvəˈsteɪtmənt] n преувеличе́ние

overstay [ˌəʊvəˈsteɪ] v задержа́ться (в гостя́х), засиде́ться

overstep [ˌəʊvəˈstep] v 1) переступи́ть, перешагну́ть 2) переходи́ть грани́цы

overstock I [ˌəʊvəˈstɒk] n изли́шний запа́с, избы́ток (товаров и т. п.)

overstock II v затова́ривать(ся)

overstrain [ˌəʊvəˈstreɪn] v перенапряга́ть, переутомля́ть

overstrung [ˌəʊvəˈstrʌŋ] a перенапряжённый

oversupply [ˌəʊvəsəˈplaɪ] v поставля́ть сли́шком мно́го (товаров и т. п.)

oversusceptible [ˌəʊvəsəˈseptɪbl] a сверхчувстви́тельный, о́чень уязви́мый

overt [ˈəʊvɜːt] a откры́тый, я́вный, нескрыва́емый

overtake [ˌəʊvəˈteɪk] v (**overtook; overtaken**) 1) обогна́ть; наверста́ть 2) засти́гнуть (враспло́х)

overtaken [ˌəʊvəˈteɪkən] p. p. см. **overtake**

overtax [ˌəʊvəˈtæks] v 1) чрезме́рно обремена́ть, перенапряга́ть 2) облага́ть чрезме́рным нало́гом

over-the-counter [ˌəʊvə ðəˈkaʊntə] a: ~ **medicine** лека́рство, отпуска́емое без реце́пта

overthrew [ˌəʊvəˈθruː] past см. **overthrow II**

overthrow I [ˈəʊvəθrəʊ] n 1) ниспроверже́ние, сверже́ние 2) пораже́ние; круше́ние, расстро́йство (планов и т. п.)

overthrow II [ˌəʊvəˈθrəʊ] v (**overthrew**; **overthrown**) 1) низверга́ть, сверга́ть 2) разруша́ть, уничтожа́ть

overthrown [ˌəʊvəˈθrəʊn] p. p. см. **overthrow II**

overtime I [ˈəʊvətaɪm] n 1) сверхуро́чное вре́мя; **to work/to be on** ~ рабо́тать сверхуро́чно 2) амер. спорт. дополни́тельное вре́мя ма́тча

overtime II adv сверхуро́чно

overtone [ˈəʊvətəʊn] n 1) муз. оберто́н 2) намёк; **his words had sinister** ~s в его́ слова́х таи́лся злове́щий намёк

overtook [ˌəʊvəˈtʊk] past см. **overtake**

overtop [ˌəʊvəˈtɒp] v 1) возвыша́ться (над чем-л.); быть вы́ше 2) превосходи́ть; затмева́ть

overtrump [ˌəʊvəˈtrʌmp] v перекрыва́ть ста́ршим ко́зырем

overture [ˈəʊvətjʊə(r)] n 1) муз. увертю́ра 2) обыкн. pl нача́ло перегово́ров 3) инициати́ва; предложе́ние (на переговорах); **to make peace** ~s де́лать ми́рные предложе́ния, вы́ступить с ми́рной инициати́вой

overturn I [ˈəʊvətɜːn] n сверже́ние; переворо́т

overturn II [ˌəʊvəˈtɜːn] v 1) опроки́дывать(ся) 2) па́дать 3) ниспроверга́ть, сверга́ть; уничтожа́ть

overvalue I [ˌəʊvəˈvæljuː] n переоце́нка

overvalue II v переоце́нивать, дава́ть сли́шком высо́кую оце́нку; придава́ть сли́шком большо́е значе́ние

overview [ˈəʊvəvjuː] n 1) о́бщее представле́ние (о каком-л. предмете); впечатле́ние в о́бщих черта́х 2) обзо́р

overvoltage [ˈəʊvəˌvəʊltɪdʒ] n эл. перенапряже́ние; повыше́ние, бросо́к напряже́ния в сети́

overweening [ˌəʊvəˈwiːnɪŋ] a высокоме́рный; самонаде́янный, самоуве́ренный

overweight I [ˈəʊvəweɪt] n 1) изли́шек ве́са 2) переве́с, превосхо́дство, преоблада́ние

overweight II [ˌəʊvəˈweɪt] a predic бо́льше, тяжеле́е поло́женного ве́са; ~ **luggage** бага́ж с переве́сом, бага́ж тяжеле́е, чем поло́жено по но́рме (амер. ~ **baggage**)

overweight III [ˌəʊvəˈweɪt] v обыкн. p. p. сли́шком перегружа́ть (with)

overwhelm [ˌəʊvəˈwelm] v 1) овладева́ть, одолева́ть, переполня́ть (о чувстве) 2) сокруша́ть, подавля́ть 3) ошеломля́ть, пора́жать 4) зава́ливать (работой) 5) залива́ть, затопля́ть

overwhelming [ˌəʊvəˈwelmɪŋ] a 1) несме́тный 2) непреодоли́мый 3) подавля́ющий; ~ **majority** подавля́ющее большинство́ 4) реши́тельный, по́лный (о победе, пораже́нии и т. п.)

overwork I [ˈəʊvəwɜːk] n 1) сверхуро́чная рабо́та 2) перегру́зка, перенапряже́ние

overwork II [ˌəʊvəˈwɜːk] v 1) сли́шком мно́го рабо́тать 2) перегружа́ть рабо́той 3) переутомля́ться (тж **to** ~ **oneself**)

overwrite [ˌəʊvəˈraɪt] v 1) писа́ть пове́рх друго́го те́кста 2) перепи́сывать 3) вчт перезапи́сывать 4) вчт накла́дывать одну́ за́пись на другу́ю

overwrought [ˌəʊvəˈrɔːt] a 1) перевозбуждённый, взви́нченный 2) переутомлённый

ovum [ˈəʊvəm] n биол. яйцо́, же́нская заро́дышевая кле́тка

owe [əʊ] v 1) быть до́лжным (кому-л.); **he** ~**s me 10 dollars** он мне до́лжен де́сять до́лларов 2) быть в долгу́ (перед кем-л.); быть обя́занным (кому-л., чему-л.); **she** ~**s her success to sheer luck** свои́м успе́хом она́ обя́зана чи́стой случа́йности

owing [ˈəʊɪŋ] a 1) до́лжный, причита́ющийся; **there's still 10 dollars** ~ **to me** мне ещё должны́ де́сять до́лларов 2): ~ **to** благодаря́, всле́дствие

owl [aʊl] n сова́

owlet [ˈaʊlɪt] n молода́я сова́, совёнок

owlish [ˈaʊlɪʃ] a похо́жий на сову́

owl-light [ˈaʊllaɪt] n су́мерки

own I [əʊn] a 1) свой; **with one's** ~ **eyes** свои́ми глаза́ми 2) со́бственный; ли́чный; **to have a flat of one's** ~ име́ть со́бственную кварти́ру; **she has money of her** ~ у неё есть свои́ де́ньги; **for reasons of his** ~ по изве́стным то́лько ему́ причи́нам 3) родно́й (об отце, брате и т. п.); **his** ~ **brother** его́ родно́й брат; **among my** ~ среди́ (свои́х) родны́х ◊ **to come into one's** ~ получи́ть призна́ние; **to get one's** ~ **back** разг. рассчита́ться с кем-л.; **to hold one's** ~ стоя́ть на своём; не дава́ть себя́ в оби́ду

own II v 1) владе́ть, име́ть; **to** ~ **property** владе́ть со́бственностью 2) признава́ть(ся); **he** ~**s himself in the wrong** он признаёт, что не прав; **to** ~ **to smth** признава́ться в чём-л. **own up** открове́нно признава́ться; сознава́ться (в чём-л.)

owner ['əʊnə(r)] *n* 1) владе́лец, со́бственник, хозя́ин; **factory ~** фабрика́нт; **joint ~** совладе́лец 2) *сленг* капита́н корабля́

ownerless ['əʊnəlıs] *a* не име́ющий хозя́ина, бесхо́зный

ownership ['əʊnəʃıp] *n* 1) со́бственность, владе́ние 2) пра́во со́бственности

ox [ɒks] *n* (*pl* **oxen**) бык; вол

oxalic [ɒk'sælık] *a хим.* щаве́левый; **~ acid** щаве́левая кислота́

oxbow ['ɒksbəʊ] *n* ярмо́

Oxbridge ['ɒksbrıdʒ] *n разг.* О́ксбридж, О́ксфордский и Ке́мбриджский университе́ты (*как старе́йшие университеты страны – символ первоклассного образования*)

oxen ['ɒksən] *n* 1) *pl см.* **ox** 2) кру́пный рога́тый скот

ox-eyed ['ɒksaıd] *a* большегла́зый, воло́окий

Oxf. *сокр.* (**Oxford**) О́ксфорд

Oxfam ['ɒksfæm] *сокр.* (**Oxford Committee for Famine Relief**) О́ксфордский комите́т по́мощи голода́ющим (*оказывающий гуманитарную помощь голодающим и пострадавшим от стихийных бедствий в различных странах*)

Oxford bags ['ɒksfəd,bægz] *n* широ́кие брю́ки

Oxford blue ['ɒksfəd,blu:] *n* тёмно-си́ний цвет

oxherd ['ɒkshɜ:d] *n* пасту́х

oxhide ['ɒkshaıd] *n* воло́вья шку́ра

oxidation [,ɒksı'deıʃ(ə)n] *n хим.* окисле́ние

oxide ['ɒksaıd] *n* окси́д; **carbonic ~** окси́д углеро́да

oxidize ['ɒksıdaız] *v* окисля́ть(ся)

Oxon. *сокр.* (**Oxonian**) име́ющий отноше́ние к О́ксфордскому университе́ту

Oxonian I [ɒk'səʊnıən] *n* 1) студе́нт, выпускни́к *или* преподава́тель О́ксфордского университе́та 2) уроже́нец, жи́тель О́ксфорда

Oxonian II *a* о́ксфордский

oxtail ['ɒksteıl] *n* 1) бы́чий хвост 2) *attr:* **~ soup** суп из бы́чьих хвосто́в

oxtongue ['ɒkstʌŋ] *n кул.* говя́жий язы́к

oxygen ['ɒksıdʒən] *n* 1) *хим.* кислоро́д 2) *attr* кислоро́дный; **~ mask** кислоро́дная ма́ска

oxygenous [ɒk'sıdʒınəs] *a* кислоро́дный

oxymoron [,ɒksı'mɔ:rɒn] *n лит.* оксю́морон

oyster ['ɔıstə(r)] *n* у́стрица; **~ bed** у́стричный садо́к ◊ **close/dumb as an ~** ≅ нем как ры́ба

Oz [ɒz] *n австрал. сленг* Австра́лия

oz *сокр.* (**ounce**) у́нция

ozocerite [əʊ'zəʊkəraıt] *n мин.* озокери́т

ozokerite [əʊ'zəʊkəraıt] *см.* **ozocerite**

ozone ['əʊzəʊn] *n* 1) *хим.* озо́н 2) *attr* озо́новый; **~ layer** озо́новый слой (*атмосферы*)

ozone-friendly [,əʊzəʊn'frendlı] *a* не поврежда́ющий озо́новый слой (*о химических соединениях*)

ozonize ['əʊzənaız] *v* озони́ровать

P

P, p [pi:] *n* 16-я бу́ква англ. алфави́та ◊ **to mind one's P's and Q's** соблюда́ть прили́чия, вести́ себя́ как сле́дует

P *сокр.* (**parking**) стоя́нка автотра́нспорта, автостоя́нка, па́ркинг (*дорожный знак*)

p. *сокр.* 1) (**page**) страни́ца 2) (**penny, pence**) пе́нни, пенс

PA *сокр.* 1) (**personal assistant**) ли́чный помо́щник 2) (**public address**) гро́мкая связь

pa [pɑ:] *n разг.* па́па

p. a. *сокр.* (**per annum**) *лат.* в год; ежего́дно

pabulum ['pæbjʊləm] *n* пи́ща для ума́ (*тж* **mental ~**)

pace[1] **I** [peıs] *n* 1) шаг; длина́ ша́га; **to be about 10 ~s away** быть в десяти́ шага́х от 2) ско́рость, темп; шаг; **to keep ~ with** идти́ в но́гу (*с кем-л.*); поспева́ть за (*кем-л.*); **to quicken the ~** убыстря́ть шаг, приба́вить хо́ду; **to set the ~ for** задава́ть темп (*кому-л., чему-л.*); **to stand the ~** выде́рживать темп; **at a quick/great ~** о́чень бы́стро; **at a slow ~** о́чень ме́дленно; **at a snail's ~** черепа́шьим ша́гом 3) похо́дка, по́ступь 4) аллю́р; и́ноходь ◊ **to put smb through his ~s** прове́рить кого́-л. на де́ле

pace[1] **II** *v* 1) шага́ть, ходи́ть, расха́живать; **to ~ a room** ходи́ть по ко́мнате; **to ~ up and down** ходи́ть взад и вперёд 2) идти́ ша́гом; идти́ и́ноходью (*о лошади*) 3) задава́ть темп, ритм 4) ме́рить (*расстояние, помещение*) шага́ми (*тж* **to ~ out, to ~ off**)

pace[2] ['peısı] *prep* при всём уваже́нии (*к кому-л.*)

pacemaker ['peısmeıkə(r)] *n* 1) ли́дер забе́га, го́нки (*задающий темп*) 2) *мед.* электрокардиостимуля́тор, води́тель ри́тма, *проф.* пейсме́йкер

pacer ['peısə(r)] *n* инохо́дец

pacesetter ['peıs,setə(r)] *n* 1) ли́дер 2) *см.* **pacemaker** 1)

pacha ['pɑ:ʃə] *см.* **pasha**

pacific I [pə'sıfık] *n* (**the P.**) Ти́хий океа́н

pacific II *a* 1) ми́рный, ми́рно настро́енный, миролюби́вый, споко́йный 2) **(P.)** тихоокеа́нский

pacification [ˌpæsɪfɪˈkeɪʃ(ə)n] *n* 1) умиротворе́ние, успокое́ние 2) восстановле́ние ми́ра, споко́йствия *(в стране)*

pacifier [ˈpæsɪfaɪə(r)] *n* 1) миротво́рец 2) успока́ивающее сре́дство 3) *амер.* со́ска-пусты́шка

pacifism [ˈpæsɪfɪz(ə)m] *n* пацифи́зм

pacifist [ˈpæsɪfɪst] *n* пацифи́ст

pacify [ˈpæsɪfaɪ] *v* 1) успока́ивать, мири́ть, умиротворя́ть 2) восстана́вливать мир, споко́йствие *(в стране)* 3) усмиря́ть

pack I [pæk] *n* 1) свя́зка, тюк, вьюк, ки́па, паке́т; па́чка 2) рюкза́к, ра́нец 3) ша́йка, ба́нда *(воров и т. п.)*; гру́ппа; сбо́рище 4) колода́ *(карт)* 5) сво́ра *(собак)*; ста́я *(волков)* 6) мно́жество, ма́сса; **a ~ of lies** сплошна́я ложь 7) па́ковый лёд *(тж ~ ice)* 8) *мед.* тампо́н 9) *мед.* обёртывание 10) упако́вка 11) уплотне́ние 12) *тех.* блок, мо́дуль, сбо́рка, у́зел 13) *эл.* портати́вный исто́чник пита́ния *(тж* **power ~**) 14) *attr* упако́вочный 15) *attr* вью́чный

pack II *v* 1) упако́вывать, запако́вывать, укла́дывать; **to ~ one's case/things** уложи́ть свои́ ве́щи 2) укла́дываться *(в дорогу; тж* **to ~ up**) 3) заполня́ть, забива́ть *(пространство, помещение —* **with**)*;* **the bus was ~ed** авто́бус был битко́м наби́т; **the restaurant was ~ed with guests** рестора́н был по́лон приглашённых 4) расфасо́вывать *(продукты)* 5) *разг.* носи́ть ору́жие 6) собира́ться в ста́и *(о животных)* ◊ **to send smb ~ing** прогна́ть кого́-л.

pack off выпрова́живать, отправля́ть; прогоня́ть

pack up *разг.* прекрати́ть, зако́нчить *(рабо́ту и т. п.)*

package I [ˈpækɪdʒ] *n* 1) паке́т, свёрток; тюк 2) упако́вка 3) *дип., ком.* ко́мплексное соглаше́ние; паке́т соглаше́ний; ко́мплексная сде́лка; **~ of measures** ко́мплекс мер 4) конте́йнер, упако́ванный объе́кт 5) *тех.* ко́мплект, набо́р; *вчт* паке́т (програ́мм) 6) *тех.* блок, мо́дуль, сбо́рка, у́зел 7) *тех.* исполне́ние, вариа́нт 8) *тех.* ко́рпус 9) *attr:* **a ~ deal** *дип., ком.* ко́мплексное соглаше́ние; **a ~ holiday/tour** туристи́ческая пое́здка с по́лной опла́той, по́лный туристи́ческий паке́т; турпое́здка по систе́ме «всё включено́»

package II *v* упако́вывать

packaging [ˈpækɪdʒɪŋ] *n* 1) упако́вка, компоно́вка 2) спо́соб упако́вки 3) упако́вочное де́ло 4) *эл.* монта́ж *(схемы)*

pack animal [ˈpækˌænɪməl] *n* вью́чное живо́тное

packer [ˈpækə(r)] *n* 1) упако́вщик; упако́вщица 2) упако́вочная маши́на

packet [ˈpækɪt] *n* 1) паке́т, свя́зка, па́чка; **a ~ of books** свя́зка/па́чка книг; **a ~ of letters** па́чка пи́сем; **a ~ of sweets** паке́т(ик) конфе́т 2) *см.* **packet-boat** ◊ **he's made a ~** он сорва́л куш; **it cost me a ~** э́то мне влете́ло в копе́ечку

packet-boat [ˈpækɪtbəʊt] *n ист.* почто́вый парохо́д, пакетбо́т

packhorse [ˈpækhɔːs] *n* вью́чная ло́шадь

packing [ˈpækɪŋ] *n* 1) упако́вка, укла́дка, уку́порка; **to do ~** упако́вывать, укла́дывать 2) прокла́дочный материа́л 3) *тех.* наби́вка *(сальника)*, уплотне́ние 4) *кул.* консерви́рование 5) нагроможде́ние, скопле́ние; наплы́в

packing case [ˈpækɪŋkeɪs] *n* упако́вочный я́щик *(тж* **packing crate**)

pack saddle [ˈpækˌsædl] *n* вью́чное седло́

packthread [ˈpækθred] *n* шпага́т, бечёвка

pact [pækt] *n* пакт, догово́р; **non-aggression ~** догово́р о ненападе́нии; **~ of peace** пакт ми́ра; **security ~** догово́р о безопа́сности; **to enter into ~** заключи́ть догово́р

pad¹ I [pæd] *n* 1) мя́гкая прокла́дка 2) блокно́т; бюва́р 3) штемпельная поду́шечка 4) поду́шечка *(на лапах некоторых живо́тных)* 5) ла́па *(зайца, лисицы и т. п.)* 6) площа́дка *(для запуска ракеты);* **launching ~** ста́ртовая площа́дка 7) *вчт* клавиату́ра; кла́вишная пане́ль

pad¹ II *v* 1) заполня́ть мя́гкой прокла́дкой; подбива́ть ва́той; **a ~ded quilt** стёганое одея́ло 2) растя́гивать, изли́шне детализи́ровать *(рассказ и т. п.; тж* **to ~ out**)

pad² *v* 1) мя́гко ступа́ть 2) идти́ пешко́м; путеше́ствовать пешко́м

padding [ˈpædɪŋ] *n* наби́вочный материа́л, наби́вка

paddle I [ˈpædl] *n* 1) весло́ *(с широкой лопа́стью)*; байда́рочное весло́ 2) ло́пасть 3) *зоол.* плавни́к; ласт; пла́вательная пласти́нка

paddle II *v* 1) грести́ одни́м весло́м; плыть на байда́рке 2) плеска́ться в воде́; шлёпать по воде́

paddle wheel [ˈpædlwiːl] *n* гребно́е колесо́

paddock [ˈpædək] *n* 1) вы́гон, заго́н; лужа́йка *(при ипподроме)* 2) *австрал.* по́ле; уча́сток земли́

Paddy [ˈpædɪ] *n разг., часто презр.* Пэ́дди, ирла́ндец

paddy¹ [ˈpædɪ] *n* 1) ри́совое по́ле, ри́совые чеки́ *(тж* **paddy-field**) 2) необру́шенный рис, рис-зерно́

paddy² *n разг.* приступ гнева

padlock I [ˈpædlɒk] *n* висячий замок

padlock II *v* запирать на висячий замок

paean [ˈpiːən] *n* хвалебная песнь

paederast [ˈpedəræst] *см.* **pederast**

paediatrician [ˌpiːdɪəˈtrɪʃ(ə)n] *n* педиатр

paediatrics [ˌpiːdɪˈætrɪks] *n* педиатрия

paedophile [ˈpiːdəˌfaɪl] *n* педофил

paedophilia [ˌpiːdəˈfɪlɪə] *n* педофилия

paella [paɪˈelə] *n* паэлья *(испанское блюдо из риса, мяса, морепродуктов, овощей)*

pagan I [ˈpeɪgən] *n* язычник

pagan II *a* языческий

paganism [ˈpeɪgənɪzm] *n* язычество

page¹ **I** [peɪdʒ] *n* 1) страница; **front/back** ~ первая/последняя страница *(газеты)*; **home** ~ *вчт* (домашняя) страница в Интернете; **title** ~ титульный лист; **on** ~ **23** на странице 23 2) *вчт* поисковый вызов

page¹ **II** *v* нумеровать страницы

page² **I** *n* 1) мальчик-слуга 2) *ист.* паж

page² **II** *v*: **to** ~ **smb** вызывать, выкликать кого-л. *(по радио, пейджеру и т. п. в гостинице, аэропорту и т. п.)*

pageant [ˈpædʒənt] *n* 1) красивое зрелище; пышная процессия; карнавальное шествие 2) живая картина *(на исторический сюжет)* 3) показной блеск; бессодержательное шоу 4) *амер.* конкурс красоты

pageantry [ˈpædʒəntrɪ] *n* 1) помпа, видимость, блеф; пустое, бессодержательное, но пышно оформленное представление 2) костюмы, музыка, декорации *(к представлению)*

pageboy [ˈpeɪdʒbɔɪ] *n* 1) *см.* **page**² **I** 2) 2) стрижка «(под) пажа» *(волосы до плеч с загнутыми внутрь концами)*

page down key [ˈpeɪdʒdaʊn ˌkiː] *n вчт* клавиша листания вперёд *(тж* **PgDn key**)

pager [ˈpeɪdʒə(r)] *n* пейджер, абонентский приёмник поискового вызова *(тж* **beeper**)

page up key [ˈpeɪdʒʌp ˌkiː] *n вчт* клавиша листания назад *(тж* **PgUp key**)

paginate [ˈpeɪdʒɪneɪt] *v* 1) нумеровать страницы 2) *полигр., вчт* разбивать текст на полосы, верстать

pagination [ˌpeɪdʒɪˈneɪʃ(ə)n] *n* 1) нумерация страниц, пагинация 2) *полигр., вчт* разбивка текста по полосам, вёрстка

pagoda [pəˈgəʊdə] *n* пагода

pah [pɑː] *int* фу!

paid [peɪd] *past, p. p. см.* **pay**¹ **II**

paid-up [ˌpeɪdˈʌp] *a* уплаченный, внесённый *(о деньгах)*; выплаченный

pail [peɪl] *n* ведро

pailful [ˈpeɪlfʊl] *n* полное ведро *(как мера)*

paillasse [ˈpælɪæs] *см.* **palliasse**

paillette [pæˈljet] *n* блёстка

pain I [peɪn] *n* 1) боль; **sharp** ~ острая боль; **to stand the** ~ выносить боль; **I have a** ~ **in my back** у меня болит спина 2) страдание, горе; **to cause smb great** ~ причинить кому-л. боль, сильно огорчить кого-л. 3) *pl* усилия, старания; **for my** ~**s** за мои труды, мне в награду; **to take great** ~**s** прилагать все усилия, очень стараться; **to be at great** ~**s doing smth** стараться (изо всех сил) делать что-л. 4): ~ **in the neck** *разг.* чистое наказание ◊ **on/under** ~ **of death** под страхом смерти

pain II *v* 1) причинять боль, страдания; **his behaviour** ~**s me** его поведение огорчает меня 2) болеть

painful [ˈpeɪnfʊl] *a* 1) болезненный 2) мучительный, тягостный, тяжёлый 3) трудный, тяжёлый; ~ **climb** трудный подъём

painkiller [ˈpeɪnˌkɪlə(r)] *n* болеутоляющее средство

painless [ˈpeɪnlɪs] *a* безболезненный

painstaking [ˈpeɪnzˌteɪkɪŋ] *a* старательный; кропотливый, тщательный

paint I [peɪnt] *n* 1) краска; **a coat of** ~ слой краски 2) *pl* краски 3) *шутл.* румяна

paint II *v* 1) красить, окрашивать; **to** ~ **the walls pink** выкрасить стены в розовый цвет 2) писать красками, рисовать; раскрашивать; **to** ~ **a picture** рисовать картину; **to** ~ **in oils** писать маслом 3) описывать в ярких красках; давать живое описание; **to** ~ **in bright colours** приукрашивать; представлять в розовом свете 4) *шутл.* краситься, румяниться ◊ **to** ~ **the lily** заниматься бесполезным, пустым делом

paint out закрашивать *(надпись и т. п.)*

paintball [ˈpeɪntbɔːl] *n* 1) красящий шарик, шарик с (маркирующим) красителем 2) пейнтбол *(игра)*

paintbrush [ˈpeɪntbrʌʃ] *n* кисть

painted [ˈpeɪntɪd] *a* окрашенный

painter¹ [ˈpeɪntə(r)] *n* 1) художник, живописец; **animal** ~ анималист; **landscape** ~ пейзажист; **portrait** ~ портретист 2) маляр; ~ **and decorator** маляр-обойщик

painter² *n мор.* (носовой) фалинь

painting [ˈpeɪntɪŋ] *n* 1) живопись; **mural** ~ фресковая живопись 2) картина 3) окраска, покраска

pair I [peə(r)] *n* 1) пара; **in** ~**s** парами; **a** ~ **of gloves/shoes** пара перчаток/туфель; **a** ~ **of scissors** ножницы; **a** ~ **of tights** колготки 2) супружеская пара, супруги; жених и невеста 3) *pl* партнёры *(в картах)* 4) пара лошадей; парная упряжка 5) *attr* парный

pair II *v* 1) соединя́ться по́ двое; располага́ться па́рами 2) сочета́ться бра́ком 3) спа́риваться

pair off разделя́ться попа́рно; *разг.* жени́ться, выходи́ть за́муж *(with)*

pairing [´peərɪŋ] *n брит. парл.* взаи́мное неуча́стие в голосова́нии двух представи́телей ра́зных па́ртий

pajamas [pə´dʒɑ:məz] *амер. см.* **pyjamas**

Pakistani I [ˌpɑ:kɪs´tɑ:nɪ] *n* пакиста́нец; пакиста́нка

Pakistani II *a* пакиста́нский

pal I [pæl] *n разг.* друг, прия́тель

pal II *v разг.* подружи́ться *(тж* **to ~ up)**

palace [´pælɪs] *n* 1) дворе́ц 2) роско́шный особня́к 3) *attr* дворцо́вый; ~ **garden** дворцо́вый парк; ~ **coup/revolution** дворцо́вый переворо́т

palaeontologist [ˌpælɪɒn´tɒlədʒɪst] *n* палеонто́лог

palaeontology [ˌpælɪɒn´tɒlədʒɪ] *n* палеонтоло́гия

palais [´pæleɪ] *n разг.* танцева́льный зал, да́нсинг

palankeen [ˌpælən´ki:n] *n* паланки́н, носи́лки

palanquin [ˌpælən´ki:n] *см.* **palankeen**

palatability [ˌpælətə´bɪlɪtɪ] *n* прия́тный вкус

palatable [´pælətəbl] *a* 1) вку́сный, прия́тный на вкус 2) прие́млемый *(о предложении и т. п.)*

palatal I [´pælətl] *n фон.* палата́льный звук

palatal II *a* 1) *анат.* нёбный 2) *фон.* палата́льный

palatalization [´pælətəlaɪ´zeɪʃ(ə)n] *n фон.* палатализа́ция

palatalize [´pælətəlaɪz] *v фон.* палатализова́ть, смягча́ть

palate [´pælət] *n* 1) *анат.* нёбо; **hard/soft** ~ твёрдое/мя́гкое нёбо; **cleft** ~ *мед.* расщеплённое нёбо, во́лчья пасть 2) вкус, аппети́т 3) скло́нность, интере́с; **a fine** ~ то́нкий вкус

palatial [pə´leɪʃəl] *a* 1) дворцо́вый 2) роско́шный, вели́чественный *(о здании)*

palaver I [pə´lɑ:və(r)] *n* 1) пуста́я болтовня́, говори́льня 2) лесть, льсти́вые ре́чи 3) *уст.* до́лгие перегово́ры

palaver II *v* 1) занима́ться пусто́й болтовнёй 2) льстить, уле́щивать

pale¹ I [peɪl] *a* 1) бле́дный; **to turn** ~ побледне́ть 2) блёклый 3) ту́склый, сла́бый, нея́ркий *(о свете и т. п.)* 4) све́тлый; ~ **ale** све́тлый эль; све́тлое пи́во

pale¹ II *v* 1) бледне́ть 2) тускне́ть

pale² I *n* 1) кол 2) огра́да, частоко́л 3) столб, сто́йка *(ограждения)* 4) грани́ца, преде́лы;

beyond the ~ перейдя́ вся́кие грани́цы прили́чия

pale² II *v* обноси́ть огра́дой, частоко́лом

paled [peɪld] *a* огоро́женный *(частоколом)*

paleface [´peɪlfeɪs] *n* бледноли́цый, бе́лый челове́к

Palestinian I [ˌpælɪ´stɪnɪən] *n* палести́нец; палести́нка

Palestinian II *a* палести́нский

palette [´pælɪt] *n* 1) пали́тра 2) *attr:* ~ **knife** мастихи́н

palimony [´pælɪmənɪ] *n амер. разг.* алиме́нты *(после развода)*

palindrome [´pælɪndrəʊm] *n лит.* палиндро́м

paling [´peɪlɪŋ] *n* забо́р, частоко́л

palisade I [ˌpælɪ´seɪd] *n* 1) палиса́д, частоко́л, деревя́нный забо́р 2) *pl амер.* гряда́ скал

palisade II *v* обноси́ть частоко́лом, забо́ром

palish [´peɪlɪʃ] *a* бледнова́тый

pall¹ [pɔ:l] *n* 1) покро́в *(на гробе)* 2) гроб 3) покро́в, заве́са

pall² *v* 1) приеда́ться, надоеда́ть, станови́ться неинтере́сным, утоми́тельным 2) перенасыща́ть, пресыща́ть *(тж* **to ~ on)**

pallbearer [´pɔ:lˌbeərə(r)] *n* несу́щий гроб *(на похорона́х)*

pallet¹ [´pælɪt] *n* соло́менный тюфя́к

pallet² *n* 1) грузово́й поддо́н, палéта 2) тра́нспортный стелла́ж

palliasse [´pælɪæs] *n* соло́менный тюфя́к

palliate [´pælɪeɪt] *v* 1) облегча́ть *(боль)* 2) извиня́ть, смягча́ть *(обиду, вину)*; преуменьша́ть *(преступление)*

palliation [ˌpælɪ´eɪʃ(ə)n] *n* 1) вре́менное облегче́ние *(боли)* 2) смягче́ние, извине́ние *(обиды, вины)*; преуменьше́ние *(преступления)*

palliative I [´pælɪətɪv] *n* паллиати́в, полуме́ра; вре́менное облегче́ние

palliative II *a* 1) паллиати́вный 2) смягча́ющий

pallid [´pælɪd] *a* мёртвенно-бле́дный

pallidness [´pælɪdnɪs] *n* мёртвенная бле́дность

pall-mall [pæl´mæl] *n* «пэлл-мэлл», стари́нная игра́ в шары́

pallor [´pælə(r)] *n* бле́дность

pally [´pælɪ] *a разг. уст.* прия́тельский, дру́жеский

palm¹ I [pɑ:m] *n* 1) ладо́нь 2) отро́сток оле́ньего ро́га 3) ло́пасть *(весла)* 4) ла́па *(якоря)* ◊ **in the** ~ **of one's hand** держа́ть в свое́й вла́сти, контроли́ровать *(ситуацию и т. п.)*; **to grease/to oil smb's** ~ «подма́зать», дать взя́тку; **to have an itching** ~ охо́тно брать взя́тки

palm¹ II *v* пря́тать в ладо́ни

palm off всу́чивать, подсо́вывать *(кому-л. — on, upon)*

palm[2] *n* 1) па́льма, па́льмовое де́рево *(тж ~ tree)* 2) па́льмовая ветвь *(как символ побе́ды, триу́мфа); перен.* побе́да, триу́мф; **to bear/to carry off the ~** получи́ть па́льму пе́рвенства/одержа́ть побе́ду; **to yield the ~** уступи́ть па́льму пе́рвенства *(кому-л. — to)*; призна́ть себя́ побеждённым 3) *attr* па́льмовый; **~ oil** па́льмовое ма́сло; **P. Sunday** *рел.* Ве́рбное воскресе́нье

palmcorder [ˈpɑːmˌkɔːdə] *n* портати́вная видеока́мера

palmetto [pælˈmetəʊ] *n* пальме́тто; ка́рликовая па́льма

palmful [ˈpɑːmfʊl] *n* горсть *(чего-л.)*

palmistry [ˈpɑːmɪstrɪ] *n* хирома́нтия

palm rest [ˈpɑːmrest] *n вчт* упо́р для рук *(под клавиату́рой)*

palm-size [ˈpɑːmsaɪz] *a* карма́нный, карма́нного разме́ра

palmtop [ˈpɑːmtɒp] *n* карма́нный персона́льный компью́тер, карма́нный ПК, КПК, *разг.* «наладо́нник», «карма́нник» *(тж ~ computer)*

palmy [ˈpɑːmɪ] *a* 1) уса́женный па́льмами 2) цвету́щий, счастли́вый, процвета́ющий

palpable [ˈpælpəbl] *a* 1) ощути́мый, осяза́емый 2) очеви́дный, я́вный 3) *мед.* пальпи́руемый

palpate [ˈpælpeɪt] *v мед.* пальпи́ровать; ощу́пывать

palpitant [ˈpælpɪtənt] *a* трепе́щущий

palpitate [ˈpælpɪteɪt] *v* 1) пульси́ровать, би́ться 2) дрожа́ть, трепета́ть

palpitation [ˌpælpɪˈteɪʃ(ə)n] *n* 1) трепета́ние 2) си́льное сердцебие́ние 3) пульса́ция

palsy I [ˈpɔːlzɪ] *n* парали́ч

palsy II *v* парализова́ть

palter [ˈpɔːltə(r)] *v* 1) криви́ть душо́й; уви́ливать, хитри́ть 2) занима́ться пустяка́ми

paltry [ˈpɔːltrɪ] *a* ме́лкий, незначи́тельный, пустяко́вый, ничто́жный

pampas [ˈpæmpəs] *n pl* пампа́сы

pamper [ˈpæmpə(r)] *v* балова́ть, изне́живать

pamphlet [ˈpæmflɪt] *n* 1) брошю́ра 2) памфле́т

pamphleteer I [ˌpæmflɪˈtɪə(r)] *n* памфлети́ст

pamphleteer II *v* писа́ть памфле́ты

pan I [pæn] *n* 1) сковорода́ *(тж frying ~)* 2) (широ́кая) кастрю́ля 3) ча́шка *(весо́в)* 4) *тех.* поддо́н, лото́к 5) унита́з 6) *амер. сленг* лицо́

pan II *v* 1) *разг.* ре́зко критикова́ть, разноси́ть, устра́ивать разно́с 2) промыва́ть *(золотоно́сный песо́к)* с по́мощью лотка́

pan out удава́ться, устра́иваться

panacea [ˌpænəˈsɪə] *n* панаце́я

panache [pəˈnæʃ] *n* 1) султа́н, плюма́ж *(украше́ние на шле́ме)* 2) рисо́вка, удальство́

panada [pəˈnɑːdə] *n* хле́бный пу́динг

panama [ˈpænəˌmɑː] *n* пана́ма *(тж ~ hat)*

Panamanian I [ˌpænəˈmeɪnɪən] *n* жи́тель Пана́мы

Panamanian II *a* пана́мский

pan-American [ˌpænəˈmerɪkən] *a* панамерика́нский

pancake [ˈpænkeɪk] *n* блин, ола́дья; **as flat as ~** пло́ский как блин

Pancake Tuesday [ˈpænkeɪkˌtjuːzdɪ] *n рел.* «Бли́нный вто́рник», вто́рник пе́ред Пе́пельной средо́й *(тж Pancake Day)*

pancreas [ˈpæŋkrɪəs] *n анат.* поджелу́дочная железа́

pancreatitis [ˌpæŋkrɪəˈtaɪtɪs] *n мед.* панкреати́т

panda [ˈpændə] *n зоол.* па́нда

pandemic I [pænˈdemɪk] *n мед.* пандеми́я

pandemic II *a мед.* пандеми́ческий

pandemonium [ˌpændɪˈməʊnɪəm] *n* 1) сканда́л, по́лное смяте́ние; столпотворе́ние 2) *рел.* обита́лище де́монов

pander I [ˈpændə(r)] *n* 1) сво́дник 2) посо́бник

pander II *v* 1) сво́дничать 2) потво́рствовать, угожда́ть *(капри́зам, ни́зменным вку́сам и т. п.)*

pane [peɪn] *n* 1) око́нное стекло́ 2) пане́ль; кле́тка *(узо́ра)* 3) грань *(бриллиа́нта, га́йки)*

paned [peɪnd] *a* остеклённый, застеклённый

panegyric [ˌpænɪˈdʒɪrɪk] *n* хвала́, панеги́рик

panegyrical [ˌpænɪˈdʒɪrɪkəl] *a* хвале́бный

panel I [ˈpænəl] *n* 1) пане́ль; филёнка 2) *тех.* распредели́тельный щит; пульт управле́ния; прибо́рная пане́ль *или* доска́ 3) вста́вка *(из друго́го материа́ла)* в пла́тье 4) уча́стники теле- *или* радиодиску́ссии, ток-шо́у 5) *юр.* соста́в прися́жных 6) гру́ппа экспе́ртов, консультацио́нная коми́ссия, гру́ппа специали́стов 7) *амер.* комите́т

panel II *v* 1) обшива́ть пане́лями 2) отде́лывать пла́тье вста́вкой из друго́го материа́ла

panelling [ˈpænəlɪŋ] *n* пане́льная обши́вка, обши́вка пане́лями

panful [ˈpænfʊl] *n* по́лная кастрю́ля, сковорода́ *(чего-л.)*

pang [pæŋ] *n* о́страя боль; **~s of conscience** угрызе́ния со́вести; **~s of hunger** му́ки го́лода; **birth ~s** родовы́е схва́тки

panhandle [ˈpænˌhændl] *n* 1) ру́чка сковороды́, кастрю́ли 2) *амер.* у́зкий вы́ступ террито́рии ме́жду двумя́ шта́тами

panic I [ˈpænɪk] *n* па́ника; **in ~** в па́нике; **seized by ~** охва́ченный па́никой

panic II *a* пани́ческий; **~ attack** при́ступ па́ники; **~ button** «трево́жная кно́пка», подаю́щая сигна́л на пульт охра́ны, в поли́цию *(напр. об ограблении)*

panic III *v* впада́ть в па́нику, паникова́ть

panicky [ˈpænɪkɪ] *a* пани́ческий; **to be ~** паникова́ть

panic-monger [ˈpænɪkˌmʌŋgə(r)] *n* паникёр

panic-stricken [ˈpænɪkˌstrɪkən] *a* охва́ченный па́никой; в па́нике, в стра́хе

panne [pæn] *n* панба́рхат

pannier [ˈpænɪə(r)] *n* корзи́на *(особ. вьючная)*

pannikin [ˈpænɪkɪn] *n* ми́сочка; кру́жка

panoplied [ˈpænəplɪd] *a* во всеору́жии

panoply [ˈpænəplɪ] *n* доспе́хи, по́лное вооруже́ние *(воина)*

panorama [ˌpænəˈrɑːmə] *n* панора́ма

pan pipes [ˈpænpaɪps] *n pl* свире́ль

pansy [ˈpænzɪ] *n* 1) *бот.* аню́тины гла́зки 2) *разг.* гомосексуали́ст, педера́ст

pant I [pænt] *n* 1) тяжёлое дыха́ние, оды́шка; пыхте́ние 2) бие́ние *(сердца)*

pant II *v* 1) тяжело́ дыша́ть, задыха́ться; пыхте́ть 2) говори́ть задыха́ясь; выпа́ливать *(обыкн.* **to ~ out)** 3) стра́стно жела́ть *(чего-л. — for, after)* 4) си́льно би́ться *(о сердце)*

pantalet(te)s [ˌpæntəˈlets] *n pl* 1) *ист.* де́тские *или* да́мские панталóны 2) же́нские рейту́зы

pantaloon [ˌpæntəˈluːn] *n* 1) *ист.* панталóны в обтя́жку; рейту́зы 2) *амер.* брю́ки

pantechnicon [pænˈteknɪkən] *n уст.* ме́бельный фургóн

pantheon [ˈpænθɪən] *n* пантеóн

panther [ˈpænθə(r)] *n зоол.* 1) панте́ра 2) *амер.* пу́ма, кугуа́р

pantie-girdle [ˈpæntɪˌgɜːdl] *n* по́яс-трусы́ *(женское бельё)*

panties [ˈpæntɪz] *n pl разг.* же́нские тру́сики

pantihose [ˈpæntɪhəʊz] *n амер.* колгóтки

pantile [ˈpæntaɪl] *n стр.* волни́стая черепи́ца

pantomime [ˈpæntəmaɪm] *n* пантоми́ма

pantry [ˈpæntrɪ] *n* 1) кладовáя, чула́н 2) буфе́тная *(для посуды и т. п.)*

pants [pænts] *n pl* 1) кальсóны; трусы́ 2) *амер. разг.* брю́ки ◊ **to bore/to scare the ~ off** *разг.* надое́сть/напуга́ть дó смерти; **to have ants in one's ~** име́ть неприя́тности; **with one's ~ off** засти́гнутый в са́мый неподходя́щий момéнт

pantyhose [ˈpæntɪhəʊz] *n амер.* колгóтки

panzer [ˈpæntsə(r)] *a воен.* бронета́нковый; брони́рованный; **~ division** бронета́нковая диви́зия

pap [pæp] *n* 1) ка́шка, каши́ца 2) лёгкое, развлека́тельное чти́во 3) ерундá

papa [pəˈpɑː] *n уст. дет.* па́па

papacy [ˈpeɪpəsɪ] *n рел.* па́пство

papal [ˈpeɪpəl] *a рел.* па́пский

paparazzo [ˌpæpəˈrɑːtsəʊ] *n* (фоторепортёр-) папара́цци

paper I [ˈpeɪpə(r)] *n* 1) бумáга; **brown/wrapping ~** обёрточная бумáга; **a sheet of ~** лист бумáги; **carbon ~** копировáльная бумáга, копи́рка; **to put on ~** запи́сывать 2) газéта 3) докумéнт; *pl* ли́чные докумéнты; **ship's ~s** судовы́е докумéнты; **to send in one's ~s** а) послáть свой докумéнты *(в учебное заведение и т. п.)* б) подáть в отстáвку 4) экзаменациóнный билéт 5) нау́чный доклáд, статья́ 6) обóи *(тж* **wall ~)** 7) *собир.* вексе́ля; банкнóты, бумáжные дéньги 8) бумáжная обёртка; пакéтик 9) *сленг* контрамáрка 10) *attr* бумáжный; **~ money** бумáжные дéньги, банкнóты; **~ tiger** «бумáжный тигр», пустáя угрóза; **~ towel** бумáжное полотéнце

paper II *v* 1) окле́ивать обóями 2) *театр. сленг* заполня́ть теáтр контрамáрочниками 3) закле́ивать, покрывáть бумáгой

paperback [ˈpeɪpəbæk] *n* кни́га в мя́гкой облóжке

paperclip [ˈpeɪpəklɪp] *n* канцеля́рская скрéпка

paper hanger [ˈpeɪpəˌhæŋə(r)] *n* обóйщик

paper knife [ˈpeɪpəˌnaɪf] *n* нож для разрезáния бумáги

paper mill [ˈpeɪpəˌmɪl] *n* бумáжная фáбрика

paperweight [ˈpeɪpəweɪt] *n* пресс-папьé

paperwork [ˈpeɪpəˌwɜːk] *n* канцеля́рская рабóта; рабóта с бумáгами, докумéнтами

papery [ˈpeɪpərɪ] *a* тóнкий, как бумáга

papier mâché [ˌpæpɪeɪˈmɑːʃeɪ] *n* папьé-машé

papist [ˈpeɪpɪst] *n неодобр.* катóлик; папи́ст

papoose [pəˈpuːs] *n амер.* 1) индéйский ребёнок 2) рюкзáк, в котóром нóсят ребёнка на спинé

paprika [ˈpæprɪkə] *n* крáсный пéрец, пáприка

Papuan I [ˈpæpjʊən] *n* папуáс; папуáска; **the ~s** папуáсы

Papuan II *a* папуáсский

papula [ˈpæpjʊlə] *n мед.* пáпула, узелóк

papule [ˈpæpjʊlə] *см.* **papula**

papyrus [pəˈpaɪərəs] *n* (*pl* **papyri** [pəˈpaɪəraɪ]) 1) папи́рус 2) *attr* папи́русный

par[1] [pɑː(r)] *n* 1) нормáльное коли́чество, кáчество, состоя́ние; **on a ~** в срéднем; **above/below ~** вы́ше/ни́же нóрмы; **I feel below ~** мне не по себé, я невáжно себя́ чу́вствую 2) паритéт, рáвенство; **on a ~ (with)** наравнé, на рáвных правáх, началáх (с) 3) номинáльная сто́имость, номина́л; **above/below ~** вы́-ше/ни́же номина́льной сто́имости; **at ~** по номина́льной сто́имости 4) *attr* норма́ль-ный, сре́дний

par² *n сокр. разг.* пара́граф; коро́ткая газе́тная заме́тка

para [ˈpærə] *n разг.* 1) (парашюти́ст-)деса́нт-ник 2) пара́граф

parable [ˈpærəbl] *n* 1) при́тча 2) аллего́рия

parabola [pəˈræbələ] *n мат.* пара́бола

parabolic [ˌpærəˈbɒlɪk] *a* 1) иносказа́тель-ный 2) *мат.* параболи́ческий

parachute I [ˈpærəʃuːt] *n* 1) парашю́т 2) *attr* парашю́тный

parachute II *v* спуска́ться с парашю́том

parachutist [ˈpærəˌʃuːtɪst] *n* 1) парашюти́ст 2) *pl* парашю́тно-деса́нтные войска́

parade I [pəˈreɪd] *n* 1) пара́д 2) *воен.* плац 3) пока́з, вы́ставка; **to make a ~ of smth** щего-ля́ть чем-л., выставля́ть что-л. напока́з 4) ме́сто для прогу́лок; промена́д 5) проце́с-сия, ше́ствие

parade II *v* 1) *воен.* стро́иться; идти́ стро́ем, маршинова́ть 2) ше́ствовать 3) выставля́ть напока́з; **to ~ one's learning** щеголя́ть свое́й учёностью

parade ground [pəˈreɪdˌɡraʊnd] *n воен.* (уче́бный) плац

paradigm [ˈpærədaɪm] *n грам.* паради́гма

paradise [ˈpærədaɪs] *n* 1) **(P.)** рай; **a bird of ~** ра́йская пти́ца 2) *театр. разг.* галёрка ◊ **a fool's ~** нереа́льный мир, иллю́зии, при́-зрачное сча́стье

paradox [ˈpærədɒks] *n* парадо́кс

paradoxical [ˌpærəˈdɒksɪkəl] *a* парадокса́льный

paraffin [ˈpærəfɪn] *n* 1) парафи́н 2) кероси́н 3) *attr* парафи́новый 4) *attr* кероси́новый; **~ lamp** кероси́новая ла́мпа

paragon [ˈpærəɡən] *n* образе́ц (соверше́нст-ва); **a ~ of virtue** образе́ц доброде́тели

paragraph I [ˈpærəɡrɑːf] *n* 1) абза́ц 2) пара́граф 3) газе́тная заме́тка

paragraph II *v* дели́ть на абза́цы

parallel I [ˈpærəlel] *n* 1) паралле́ль, соот-ве́тствие, анало́гия; **to draw a ~ between** проводи́ть паралле́ль ме́жду *(чем-л., кем-л.)*, сра́внивать 2) паралле́льная ли́ния 3) *геогр.* паралле́ль

parallel II *a* 1) паралле́льный; **~ lines** парал-ле́льные ли́нии; **~ port** *вчт* паралле́льный порт 2) подо́бный, схо́дный, аналоги́чный

parallel III *v* 1) соотве́тствовать 2) проводи́ть паралле́ль, сра́внивать 3) *эл.* соединя́ть па-ралле́льно

parallelism [ˈpærəlelɪz(ə)m] *n* параллели́зм, паралле́льность

Paralympics [ˌpærəˈlɪmpɪks] *n* **(the ~)** Пара-олимпи́йские и́гры, Паралимпиа́да *(для люде́й с ограни́ченными физи́ческими воз-мо́жностями)*

paralyse [ˈpærəlaɪz] *v* парализова́ть

paralysis [pəˈrælɪsɪs] *n (pl* **paralyses** [pəˈrælɪsiːz]) парали́ч

paralytic I [ˌpærəˈlɪtɪk] *n* парали́тик

paralytic II *a* парали́чный

paramedic [ˌpærəˈmedɪk] *n* 1) *воен.* ме́дик парашю́тно-деса́нтных войск *(врач, фельд-шер, санитар)* 2) врач, сбра́сываемый к больно́му на парашю́те *(в труднодоступ-ных местах)* 3) *амер.* медрабо́тник со сре́д-ним образова́нием *(медсестра, фельдшер, лаборант и т. п.)*; парами́дик *(человек, обу-ченный оказывать медицинскую помощь на месте аварии, катастрофы; им может быть полицейский, пожарный и т. п.)*

paramedical [ˌpærəˈmedɪkəl] *a* относя́щийся к сре́днему медици́нскому персона́лу *или* к параме́дикам

parameter [pəˈræmɪtə] *n* 1) пара́метр, ·коэф-фицие́нт, характери́стика 2) ме́рка, крите́-рий; показа́тель

paramilitary [ˌpærəˈmɪlɪtərɪ] *a* военизи́ро-ванный

paramount [ˈpærəmaʊnt] *a* верхо́вный; вы́с-ший; важне́йший, первостепе́нный; **of ~ importance** первостепе́нной ва́жности

paramour [ˈpærəmʊə(r)] *n уст.* любо́вник; любо́вница

paranoia [ˌpærəˈnɔɪə] *n мед.* парано́йя

paranormal [ˈpærənɔːməl] *a* паранорма́ль-ный; **~ phenomena** паранорма́льные явле́-ния

parapet [ˈpærəpɪt] *n* 1) парапе́т 2) *воен.* бру́ст-вер

paraph [ˈpæræf] *n* ро́счерк

paraphernalia [ˌpærəfəˈneɪlɪə] *n pl* ве́щи, принадле́жности; вся́кая вся́чина

paraphrase I [ˈpærəfreɪz] *n* переска́з, пара-фра́з(а)

paraphrase II *v* переска́зывать

parapsychology [ˌpærəsaɪˈkɒlədʒɪ] *n* пара-психоло́гия

parasite [ˈpærəsaɪt] *n* 1) *биол.* парази́т 2) ту-нея́дец, парази́т

parasitic [ˌpærəˈsɪtɪk] *a* паразити́ческий

parasitism [ˈpærəsaɪtɪz(ə)m] *n* паразити́зм

parasitize [ˈpærəsɪtaɪz] *v* паразити́ровать

parasol [ˌpærəˈsɒl] *n* зо́нтик от со́лнца

parataxis [ˌpærəˈtæksɪs] *n грам.* парата́ксис, бессою́зное подчине́ние *или* сочине́ние

parathyroid [ˌpærəˈθaɪrɔɪd] *n анат.* около-щитови́дная железа́

paratool [͵pærə´tuːl] *n тех.* многоцелевóй инструмéнт

paratrooper [´pærətruːpə(r)] *n воен.* парашютúст-десáнтник

paratroops [´pærətruːps] *n pl воен.* парашютно-десáнтные войскá

paratyphoid [͵pærə´taifɔid] *n мед.* паратúф

parboil [´paːbɔil] *v* обвáривать кипяткóм; слегкá отвáривать

parcel I [´paːsl] *n* 1) пакéт, свёрток; ýзел 2) посы́лка 3) учáсток земли́ 4) пáртия товáра

parcel II *v* 1) завёртывать; свя́зывать (*тж* to ~ **up**) 2) дели́ть на чáсти (*тж* to ~ **out**)

parcel bomb [´paːsl bɒm] *n* взрывнóе устрóйство, замаскирóванное под посы́лку

parch [paːtʃ] *v* 1) пересыхáть; запекáться (*о губах*) 2) слегкá поджáривать, подсýшивать

parched [paːtʃt] *a* пересóхший; запёкшийся (*о губах*); **I'm ~** я умирáю от жáжды; **the ground is ~** земля́ пересóхла

parching [´paːtʃiŋ] *a* паля́щий

parchment [´paːtʃmənt] *n* 1) пергáмент 2) рýкопись на пергáменте 3) пергáментная бумáга (*тж* **paper**)

pardner [´paːdnə(r)] *n амер. разг.* партнёр; товáрищ

pardon I [´paːdn] *n* 1) прощéние, извинéние; **I beg your ~** прошý прощéния!, прости́те!, извини́те! 2) *юр.* поми́лование; **free ~** поми́лование; **general ~** амни́стия 3) *ист.* пáпская индульгéнция

pardon II *v* 1) прощáть, извиня́ть; **~ me!** прошý прощéния!, извини́те (меня́)! 2) поми́ловать

pardonable [´paːdnəbl] *a* извини́тельный, прости́тельный

pardoner [´paːdnə(r)] *n ист.* продавéц индульгéнций

pare [peə(r)] *v* 1) срезáть кожурý, чи́стить (*овощи, фрукты*) 2) подрезáть, стричь нóгти 3) сокращáть, урéзывать (*расходы*) (*тж* to ~ **away**, to ~ **down**)

parent [´peərənt] *n* 1) роди́тель; отéц, мать; *pl* роди́тели 2) прéдок 3) производи́тель 4) истóчник 5) организáция-учреди́тель, компáния-учреди́тель (*тж* ~ **company**) 6) *attr* исхóдный; ~ **plant** исхóдное растéние, растéние-роди́тель; ~ **state** метропóлия

parentage [´peərəntidʒ] *n* происхождéние, ли́ния родствá

parental [pə´rentl] *a* роди́тельский; отцóвский, матери́нский; ~ **rights and responsibilities** роди́тельские правá и обя́занности

parenthesis [pə´renθəsis] *n* (*pl* **parentheses** [pə´renθəsiːz]) 1) *грам.* ввóдное слóво *или* предложéние 2) *pl* крýглые скóбки 3) интермéдия

parenthetic(al) [͵pærən´θetik(əl)] *a* ввóдный, заключённый в скóбки

parenthood [´peərənthud] *n* отцóвство, матери́нство

par excellence [͵paːreksə´laːns] *adv* по преимýществу; глáвным óбразом

parfait [͵paː´fei] *n амер.* парфé (*десéрт из слоёв морóженого и фрýктов*)

pariah [´pæriə] *n* пáрия

paring [´peəriŋ] *n* 1) срéзывание 2) *pl* обрéзки, очи́стки

parish [´pæriʃ] *n* 1) церкóвный прихóд 2) óкруг (*тж* **civil ~**) 3) прихожáне 4) *амер.* óкруг в штáте Луизиáна 5) *attr* прихóдский; ~ **church** прихóдская цéрковь; ~ **priest** прихóдский свящéнник ◊ **to go on the ~** получáть пособие по бéдности

parishioner [pə´riʃənə(r)] *n* прихожáнин; прихожáнка

Parisian I [pə´riziən] *n* парижáнин; парижáнка
Parisian II *a* пари́жский

parity [´pæriti] *n* 1) рáвенство 2) соотвéтствие, анало́гия 3) *эк.* паритéт, равноцéнность

park I [paːk] *n* 1) парк; **national ~** заповéдник; **the P.** Гáйд-парк (*в Лóндоне*) 2) стоя́нка автотрáнспорта, автостоя́нка, *разг.* паркóвка 3) плóщадь, мéсто, отведённые для специáльных цéлей; **industrial ~** промы́шленная вы́ставка 4) *амер.* футбóльное пóле; спортплощáдка

park II *v* 1) стáвить (*автомаши́ну*) на стоя́нку; парковáться 2) *разг.* врéменно оставля́ть

parking [´paːkiŋ] *n* стоя́нка автотрáнспорта, автостоя́нка, пáркинг; **no ~** стоя́нка запрещенá

parking lights [´paːkiŋ ͵laits] *n pl авто* стоя́ночные фонари́

parking lot [´paːkiŋ ͵lɒt] *n амер.* стоя́нка автотрáнспорта, автостоя́нка, пáркинг

parking meter [´paːkiŋ ͵miːtə(r)] *n* счётчик автостоя́нки, счётчик врéмени стоя́нки

parking ticket [´paːkiŋ ͵tikit] *n* уведомлéние о штрáфе за нарушéние прáвил стоя́нки

Parkinson's disease [´paːkinsənz di͵siːz] *n мед.* дрожáтельный парали́ч, болéзнь Паркинсóна (*тж* **Parkinson's**)

parkland [´paːklænd] *n* лесопáрк

parkway [´paːkwei] *n амер.* обсáженная дерéвьями дорóга; дорóга с пáрковыми посáдками по обéим сторонáм

parky [´paːki] *a разг.* прохлáдный (*о вóздухе*); **it's ~ today** сегóдня прохлáдно

parlance [´paːləns] *n* манéра говори́ть, выражáться; **in common ~** в просторéчии; **in legal ~** на юриди́ческом языкé

parlay I [´paːlei] *n амер.* пари́

parlay II *v амер.* держа́ть пари́, ста́вить *(на ска́чках и т. п.)*

parley I [ˈpɑːlɪ] *n* перегово́ры *(вою́ющих сторо́н)*; **to hold a ~** вести́ перегово́ры *(о переми́рии)*

parley II *v* вести́ перегово́ры, обсужда́ть

parliament [ˈpɑːləmənt] *n* 1) парла́мент; **a member of ~** член парла́мента; **to sit in ~** быть чле́ном парла́мента 2) *attr* парла́ментский

parliamentarian I [ˌpɑːləmenˈteərɪən] *n* 1) член парла́мента, парламента́рий 2) *ист.* сторо́нник парла́мента *(в эпо́ху гражда́нской войны́ в Англии в 17 ве́ке)*

parliamentarian II *a* парла́ментский

parliamentary [ˌpɑːləˈmentərɪ] *a* 1) парла́ментский; парламента́рный 2) ве́жливый, дипломати́чный *(особ. о мане́ре выража́ться)*

parlor [ˈpɑːlə(r)] *амер. см.* **parlour**

parlour [ˈpɑːlə(r)] *n* 1) зал, кабине́т; **beauty ~** космети́ческий кабине́т; **massage ~** масса́жный кабине́т; **ice-cream ~** кафе́-моро́женое 2) *уст.* гости́ная, о́бщая ко́мната; ко́мната о́тдыха 3) *attr:* **~ games** *уст.* ко́мнатные и́гры

parlour-maid [ˈpɑːləmeɪd] *n уст.* го́рничная

parochial [pəˈrəʊkɪəl] *a* 1) прихо́дский 2) ме́стный, у́зкий, ограни́ченный *(об интере́сах, взгля́дах)*

parodist [ˈpærədɪst] *n* пароди́ст

parody I [ˈpærədɪ] *n* паро́дия

parody II *v* пароди́ровать

parole I [pəˈrəʊl] *n* 1) усло́вно-досро́чное освобожде́ние, освобожде́ние под че́стное сло́во; **on ~** взя́тый на пору́ки, освобождённый усло́вно 2) че́стное сло́во, обеща́ние 3) *воен.* паро́ль

parole II *v* освобожда́ть под че́стное сло́во

parolee [pəˌrəʊˈliː] *n* освобождённый под че́стное сло́во

paronym [ˈpærənɪm] *n лингв.* паро́ним

parotitis [ˌpærəˈtaɪtɪs] *n мед.* пароти́т *(воспале́ние околоу́шной же́лезы)*; **contagious/ epidemic ~** эпидеми́ческий пароти́т, сви́нка

paroxysm [ˈpærəksɪz(ə)m] *n мед.* 1) парокси́зм, припа́док, при́ступ 2) спазм, су́дорога

parquet I [ˈpɑːkeɪ] *n* 1) парке́т 2) *амер.* пере́дние ряды́ парте́ра 3) *attr* парке́тный

parquet II *v* настила́ть парке́т

parquetry [ˈpɑːkɪtrɪ] *n* парке́т; парке́тные рабо́ты

parricide [ˈpærɪsaɪd] *n* 1) отцеуби́йство; матереуби́йство 2) отцеуби́йца; матереуби́йца

parrot I [ˈpærət] *n* попуга́й

parrot II *v* (бессмы́сленно) повторя́ть, как попуга́й

parry I [ˈpærɪ] *n* пари́рование, отраже́ние уда́ра

parry II *v* отража́ть, пари́ровать *(удар)*

parse [pɑːz] *v* 1) де́лать граммати́ческий разбо́р 2) де́лать лекси́ческий ана́лиз 3) де́лать синтакси́ческий разбо́р

parsec [ˈpɑːsek] *n астр.* парсе́к

parsimonious [ˌpɑːsɪˈməʊnɪəs] *a* 1) бережли́вый, эконо́мный 2) прижи́мистый, скупо́й

parsimony [ˈpɑːsɪmənɪ] *n* 1) бережли́вость, эконо́мия 2) ску́пость

parsing [ˈpɑːzɪŋ] *n* 1) граммати́ческий разбо́р 2) лекси́ческий ана́лиз 3) синтакси́ческий ана́лиз; синтакси́ческий разбо́р

parsley [ˈpɑːslɪ] *n бот.* петру́шка

parsnip [ˈpɑːsnɪp] *n бот.* пастерна́к

parson [ˈpɑːsn] *n уст.* прихо́дский свяще́нник

parsonage [ˈpɑːsnɪdʒ] *n* дом прихо́дского свяще́нника

part I [pɑːt] *n* 1) часть; **a great ~** бо́льшая часть; **~ and parcel, an integral ~** неотъе́млемая часть; **for the most ~** бо́льшей ча́стью; гла́вным о́бразом; **in ~** ча́стью; **the better ~** до́брая полови́на, большинство́ 2) *грам.:* **~ of speech** часть ре́чи 3) часть *(механи́зма, аппара́та и т. п.)*; дета́ль; **spare ~s** запасны́е ча́сти 4) часть те́ла; о́рган; **the ~s** полвы́е о́рганы 5) часть *(в кни́ге)*; вы́пуск; **a novel in three ~s** рома́н в трёх частя́х 6) до́ля; уча́стие; **to take ~ in smth** принима́ть уча́стие в чём-л. 7) обя́занность, де́ло; **I have done my ~** я сде́лал своё де́ло 8) роль; **to act/to play a ~** игра́ть роль 9) *муз.* па́ртия; го́лос; **the violin ~** па́ртия скри́пки 10) сторона́ *(в спо́ре и т. п.)*; **for my ~** что каса́ется меня́, с мое́й стороны́; **on the ~ of** от и́мени; **to take smb's ~** стать на сто́рону кого́-л. 11) *pl* ме́стность, край; **in foreign ~s** в чужи́х края́х; **in these ~s** в э́тих края́х, в э́тих места́х; **are you from these ~s?** вы из э́тих мест?, вы зде́шний? 12) *pl уст.* спосо́бности; **a man of many ~s** одарённый челове́к ◊ **to have neither ~ nor lot in** не име́ть ничего́ о́бщего с; **to take in bad ~** оби́деться

part II *v* 1) дели́ть(ся); разделя́ть(ся); расступа́ться 2) расстава́ться, разлуча́ться, расходи́ться; **we ~ed the best of friends** мы расста́лись лу́чшими друзья́ми 3) расстава́ться *(с веща́ми, деньга́ми и т. п.)* 4) де́лать пробо́р *(в волоса́х)* ◊ **that's where I ~ company with you** здесь мы с ва́ми расхо́димся (во взгля́дах)

partake [pɑːˈteɪk] *v* (**partook; partaken**) 1) принима́ть уча́стие (в чём-л. — *in, of*); разделя́ть *(с кем-л. — with)* 2) *разг.* отве́дать *(что-л. — of)* 3) име́ть отте́нок, отдава́ть *(of)*

partaken [pɑːˈteɪkən] *p. p. см.* **partake**

partaker [pɑːˈteɪkə(r)] *n* уча́стник

parted [ˈpɑːtɪd] *a* разделённый; разлучённый

parterre [pɑːˈteə(r)] *n* 1) цветни́к 2) *амер.* за́дние ряды́ парте́ра, амфитеа́тр

partial [ˈpɑːʃəl] *a* 1) части́чный, неполный; **a ~ success** части́чный успе́х 2) пристра́стный 3) неравноду́шный *(к — to)*

partiality [ˌpɑːʃɪˈælɪtɪ] *n* 1) пристра́стность, предубеждённость 2) скло́нность

participant [pɑːˈtɪsɪpənt] *n* уча́стник

participate [pɑːˈtɪsɪpeɪt] *v* 1) принима́ть уча́стие, уча́ствовать *(in)* 2) разделя́ть *(чу́вства — in)* 3) име́ть отте́нок, при́вкус; отдава́ть *(of)*

participation [pɑːˌtɪsɪˈpeɪʃ(ə)n] *n* уча́стие

participator [pɑːˈtɪsɪpeɪtə(r)] *n* уча́стник

participial [ˌpɑːtɪˈsɪpɪəl] *a грам.* прича́стный

participle [ˈpɑːtɪsɪpl] *n грам.* прича́стие; **present ~** прича́стие настоя́щего вре́мени; **past ~** прича́стие проше́дшего вре́мени

particle [ˈpɑːtɪkl] *n* 1) части́ца; **a ~ of dust** пыли́нка 2) *грам.* части́ца; а́ффикс

particoloured [ˈpɑːtɪˌkʌləd] *a* пёстрый, разноцве́тный

particular I [pəˈtɪkjʊlə(r)] *n* 1) ча́стность, дета́ль, подро́бность; **in ~** в ча́стности; конкре́тно; в осо́бенности; **to go into ~s** вдава́ться в подро́бности 2) *pl* подро́бная информа́ция; подро́бный отчёт; **personal ~s** ли́чные да́нные; **to give all the ~s** дава́ть подро́бный отчёт

particular II *a* 1) отде́льный, определённый; **in this ~ case** в да́нном слу́чае; **I need this ~ book** и́менно э́та кни́га мне нужна́ 2) осо́бый, осо́бенный; исключи́тельный; **for no ~ reason** без осо́бой причи́ны 3) тре́бовательный, разбо́рчивый, щепети́льный; тща́тельный; **she is very ~ about her food/company** она́ о́чень разбо́рчива в еде́/в друзья́х; **to be ~ in one's speech** о́чень следи́ть за свое́й ре́чью, быть аккура́тным в выраже́ниях 4) подро́бный, дета́льный, обстоя́тельный

particularism [pəˈtɪkjʊlərɪz(ə)m] *n* 1) исключи́тельная приве́рженность *(кому-л., чему-л.)* 2) *полит.* партикуляри́зм

particularity [pəˌtɪkjʊˈlærɪtɪ] *n* 1) осо́бенность, специ́фика 2) обстоя́тельность, тща́тельность

particularize [pəˈtɪkjʊləraɪz] *v* вдава́ться в подро́бности

particularly [pəˈtɪkjʊləlɪ] *adv* 1) осо́бенно, в осо́бенности; о́чень; **he ~ mentioned that**

point он осо́бо отме́тил э́тот пункт 2) подро́бно, в дета́лях, в подро́бностях 3) в ча́стности

parting I [ˈpɑːtɪŋ] *n* 1) расстава́ние; проща́ние; **at ~** на проща́ние 2) пробо́р *(амер.* **part)** 3) разделе́ние

parting II *a* 1) проща́льный; **~ shot** заключи́тельная ре́зкая ре́плика *(в разговоре)* 2) разделя́ющийся; разветвля́ющийся, расходя́щийся

partisan [ˌpɑːtɪˈzæn] *n* 1) сторо́нник, приве́рженец 2) партиза́н 3) *attr* партиза́нский

partisanship [ˌpɑːtɪˈzænʃɪp] *n* приве́рженность

partition I [pɑːˈtɪʃ(ə)n] *n* 1) разделе́ние, отделе́ние 2) отделе́ние *(в ящике стола, в шкафу)* 3) перегоро́дка, перебо́рка; вну́тренняя стена́ *(в доме)*

partition II *v* разделя́ть; расчленя́ть

partition off отгора́живать перегоро́дкой

partitioning [pɑːˈtɪʃ(ə)nɪŋ] *n* 1) выделе́ние разде́лов 2) разбие́ние, секциони́рование 3) *вчт* разделе́ние; декомпози́ция

partitive I [ˈpɑːtɪtɪv] *n грам.* раздели́тельное сло́во, партити́в

partitive II *a грам.* раздели́тельный, партити́вный

partly [ˈpɑːtlɪ] *adv* части́чно; отча́сти

partner I [ˈpɑːtnə(r)] *n* 1) компаньо́н, партнёр; па́йщик; **general ~** *эк.* гла́вный партнёр с неограни́ченной (иму́щественной) отве́тственностью; **limited ~** *эк.* партнёр с ограни́ченной (иму́щественной) отве́тственностью; **nominal ~** номина́льный партнёр 2) партнёр *(в танцах, игре и т. п.)* 3) супру́г(а); муж, жена́ 4) (со)уча́стник

partner II *v* быть партнёром

partnership [ˈpɑːtnəʃɪp] *n* 1) партнёрство 2) компа́ния, това́рищество

partook [pɑːˈtʊk] *past см.* **partake**

part-owner [ˈpɑːtˌəʊnə(r)] *n* совладе́лец

partridge [ˈpɑːtrɪdʒ] *n* куропа́тка

part-time [ˈpɑːtˈtaɪm] *a* за́нятый неполный рабо́чий день; **a ~ student** студе́нт вече́рнего отделе́ния, студе́нт-вече́рник

parturient [pɑːˈtjʊrɪənt] *a книжн.* разреша́ющаяся от бре́мени, рожа́ющая

parturition [ˌpɑːtjʊˈrɪʃ(ə)n] *n книжн.* ро́ды

party [ˈpɑːtɪ] *n* 1) компа́ния; приём госте́й, ве́чер; вечери́нка; **a dancing ~** танцева́льный ве́чер; **a stag ~** холостя́цкая вечери́нка; **dinner ~** зва́ный обе́д; **to give a ~** устро́ить ве́чер, принима́ть госте́й 2) гру́ппа, экспеди́ция, па́ртия, отря́д; кома́нда; **a rescue ~** спаса́тельный отря́д; **fishing ~** компа́ния рыбако́в; **search ~** поиско́вый отря́д 3) политическая па́ртия; **opposition/ruling** ~ оппозицио́нная/пра́вящая па́ртия; **to join a** ~ вступи́ть в па́ртию 4) *юр.* сторона́ 5) (со)уча́стник 6) *разг.* персо́на, челове́к

Pascal [ˈpæsˈkɑːl] *n* *вчт* Паска́ль *(язык программирования)*

pasha [ˈpɑːʃə] *n* паша́

pashmina [pæʃˈmɪnə] *n* пашми́на, дли́нный тёплый же́нский шарф

pass I [pɑːs] *n* 1) прохо́д; перева́л 2) получе́ние проходно́го ба́лла; успе́шная сда́ча экза́мена; **to get a** ~ сдать экза́мен 3) про́пуск; *воен.* увольни́тельная 4) беспла́тный биле́т; контрама́рка 5) *спорт., карт.* пас 6) вы́пад *(в фехтовании)* 7) крити́ческое положе́ние; **to come to a pretty** ~ да́льше не́куда 8) фарва́тер ◊ **to make a** ~ **at smb** *разг.* приударя́ть за кем-л.

pass II *v* 1) проходи́ть, проезжа́ть, пролета́ть, дви́гаться *(мимо чего-л.; by; через что-л.; across, over)* 2) переходи́ть, пересека́ть, переезжа́ть; переправля́ть(ся) 3) передава́ть; ~ **them a letter** переда́й им письмо́ 4) превыша́ть, выходи́ть за преде́лы; **it** ~**es my comprehension** э́то вы́ше моего́ понима́ния 5) успе́шно сдава́ть *(экзамен)* 6) ста́вить отме́тку; пропуска́ть *(экзаменующегося)* 7) выде́рживать *(пробу, испытание)*; быть одо́бренным, пропу́щенным, вы́пущенным; **that won't** ~ э́то не пройдёт; **to** ~ **smb fit** призна́ть го́дным *(к слу́жбе)* 8) пуска́ть в обраще́ние 9) быть в обраще́нии 10) происходи́ть, случа́ться 11) проходи́ть *(о времени)* 12) проводи́ть *(время, отпуск и т. п.)* 13) принима́ть *(закон, резолюцию)*; получа́ть одобре́ние *(законодательного органа)* 14) выноси́ть *(решение, приговор — on, upon)* 15) превраща́ться, переходи́ть *(из одного состояния в другое)* 16) подходи́ть к концу́; конча́ться; умира́ть 17) пропуска́ть, не замеча́ть 18) проводи́ть *(рукой)* 19) *спорт., карт.* пасова́ть 20) *мед.* мочи́ться; испражня́ться; **to** ~ **water** мочи́ться ◊ **to** ~ **one's eyes over smth** бе́гло просмотре́ть что-л.; **to** ~ **the time of day with smb** поболта́ть с кем-л.; **words** ~**ed between them** они́ поспо́рили

pass along 1) передава́ть *(сообщение и т. п.)* да́льше, по цепо́чке 2) проходи́ть в друго́й коне́ц *(вагона и т. п.)*

pass away 1) прия́тно проводи́ть вре́мя 2) ко́нчиться, прекрати́ться 3) умере́ть, сконча́ться

pass back посыла́ть *(мяч)* наза́д; пасова́ть наза́д

pass by 1) проходи́ть, проезжа́ть ми́мо *(не замечая чего-л., кого-л.)* 2) проходи́ть, про-

лета́ть *(о времени)* 3) не обраща́ть внима́ния, пренебрега́ть *(чем-л., кем-л.)*

pass down переходи́ть из поколе́ния в поколе́ние; передава́ться по насле́дству

pass for пройти́ испыта́ние; вы́держать экза́мен на *(кого-л.)*

pass forward посыла́ть *(мяч)* вперёд; пасова́ть вперёд

pass in 1) входи́ть, проходи́ть 2) посыла́ть, передава́ть

pass off 1) проходи́ть, прекраща́ться; исчеза́ть 2) проходи́ть уда́чно 3) пропуска́ть ми́мо уше́й 4) сбыва́ть нелега́льным путём

pass on 1) проходи́ть да́льше 2) передава́ть да́льше 3) продолжа́ть, идти́ да́льше *(свои́м путём)*; переходи́ть к *(другому вопросу)*

pass out 1) раздава́ть беспла́тно 2) *разг.* па́дать в о́бморок

pass over 1) переправля́ться 2) оставля́ть без внима́ния, пропуска́ть 3) обойти́ *(по службе)*

pass up 1) передава́ть наве́рх 2) поднима́ться вверх 3) упуска́ть шанс, не испо́льзовать возмо́жность

passable [ˈpɑːsəbl] *a* 1) сно́сный, удовлетвори́тельный; **his work is quite** ~ его́ рабо́ту мо́жно назва́ть вполне́ прили́чной 2) проходи́мый, прое́зжий

passably [ˈpɑːsəblɪ] *adv* доста́точно; сно́сно

passage I [ˈpæsɪdʒ] *n* 1) прохо́д, прое́зд 2) перее́зд, рейс, пое́здка *(по мо́рю или само-лётом)* 3) пла́та за прое́зд; **to pay one's** ~ плати́ть за прое́зд 4) коридо́р, пасса́ж; прохо́д, путь; кана́л 5) перева́л; перепра́ва 6) перехо́д, превраще́ние 7) пра́во прохо́да, до́ступа 8) отры́вок *(из книги и т. п.)* 9) *муз.* пасса́ж 10) прохожде́ние законопрое́кта *(че́рез парла́мент)*; утвержде́ние *(закона)* 11) *pl* перепа́лка, столкнове́ние, сты́чка; **to have stormy** ~**s with smb** име́ть с кем-л. кру́пный разгово́р; ~ **of arms** схва́тка, бой 12) *вчт* прого́н, прохо́д *(программы)*

passage II *v* дви́гаться бо́ком *(о лошади)*

passageway [ˈpæsɪdʒweɪ] *n* прохо́д; коридо́р; пасса́ж

passband [ˈpɑːsbænd] *n* полоса́ пропуска́ния часто́т *(радиоприёмника и т. п.)*

passbook [ˈpɑːsbʊk] *n* ба́нковская расчётная кни́жка

passenger [ˈpæsɪndʒə(r)] *n* 1) пассажи́р 2) *attr* пассажи́рский; ~ **seat** пассажи́рское ме́сто

passe-partout [ˌpæspɑːˈtuː] *n* 1) отмы́чка 2) паспарту́

passerby [ˌpɑːsəˈbaɪ] *n* (*pl* **passers-by** [ˌpɑːsəzˈbaɪ]) прохо́жий

passing I [ˈpɑːsɪŋ] *n* 1) in ~ мимохо́дом 2) *книжн.* кончи́на, смерть

passing II *a* 1) преходя́щий, мимолётный 2) бе́глый, случа́йный; **a ~ glance** бе́глый взгляд 3) пове́рхностный, неглубо́кий; **a ~ knowledge of French** пове́рхностное зна́ние францу́зского языка́

passingly [ˈpɑːsɪŋlɪ] *adv* мимохо́дом, ме́жду про́чим

passion [ˈpæʃ(ə)n] *n* 1) си́льное чу́вство, страсть 2) вспы́шка, при́ступ гне́ва; **to fly into a ~** прийти́ в я́рость 3) стра́стное увлече́ние, страсть 4) энтузиа́зм, пыл 5) предме́т стра́сти 6) **(the P.)** *рел.* стра́сти Госпо́дни, кре́стные му́ки 7) *attr рел.*: **P. Sunday** пя́тое воскресе́нье Вели́кого поста́; **the P. Week** Страстна́я неде́ля, после́дняя неде́ля Вели́кого поста́ (*тж* **the Holy Week**)

passionate [ˈpæʃənət] *a* 1) горя́чий, пы́лкий 2) вспы́льчивый 3) стра́стный

passionflower [ˈpæʃənˌflaʊə(r)] *n бот.* страстоцве́т, пассифло́ра

passionless [ˈpæʃənlɪs] *a* бесстра́стный, невозмути́мый, холо́дный

Passiontide [ˈpæʃəntaɪd] *n церк.* пя́тая и шеста́я неде́ли Вели́кого поста́

passive I [ˈpæsɪv] *n* (**the ~**) *грам.* страда́тельный зало́г

passive II *a* 1) пасси́вный, безде́ятельный; **~ resistance** пасси́вное сопротивле́ние; **~ smoking** пасси́вное куре́ние (*вдыха́ние ды́ма окружа́ющими кури́льщика*) 2) поко́рный 3) *грам.* страда́тельный

passkey [ˈpɑːskiː] *n* 1) отмы́чка 2) *вчт* паро́ль, ключ до́ступа

Passover [ˈpɑːsˌəʊvə(r)] *n рел.* 1) Пе́сах, евре́йская па́сха 2) пасха́льный а́гнец

passport [ˈpɑːspɔːt] *n* 1) па́спорт 2) *attr* па́спортный; **~ control** па́спортный контро́ль (*на грани́це*)

password [ˈpɑːswɜːd] *n* паро́ль

past I [pɑːst] *n* 1) про́шлое; **in the ~** в про́шлом 2) (**the ~**) *грам.* проше́дшее вре́мя

past II *a* 1) про́шлый, мину́вший; бы́вший 2) *грам.* проше́дший; **the ~ tense** проше́дшее вре́мя

past III *adv* ми́мо; **the years have flown ~** го́ды пролете́ли

past IV *prep* 1) за, по́сле; **he is ~ sixty** ему́ за шестьдеся́т; **she's ~ her prime** она́ уже́ не молода́; **~ noon** по́сле полу́дня 2) за; ми́мо; **the station is ~ the shop** вокза́л (нахо́дится) сра́зу за магази́ном 3) сверх, свы́ше; **~ belief** невероя́тно

pasta [ˈpæstə] *n* 1) макаро́нные изде́лия 2) па́ста, блю́до из макаро́н

paste I [peɪst] *n* 1) па́ста, ма́сса 2) те́сто (*сдо́бное*) 3) клей, кле́йстер 4) масти́ка 5) паште́т 6) страз

paste II *v* 1) скле́ивать; накле́ивать; обкле́ивать (*with*) 2) *сленг* избива́ть 3) *сленг* си́льно бомби́ть 4) *вчт* вставля́ть (*из бу́фера*)

pasteboard [ˈpeɪstbɔːd] *n* 1) карто́н 2) *вчт* бу́фер обме́на, карма́н 3) *attr* карто́нный 4) *attr* непро́чный

pastel [ˈpæstəl] *n* 1) пасте́ль 2) пасте́льный тон, блёклый отте́нок 3) *attr* пасте́льный

paste-up [ˈpeɪstʌp] *n полигр.* раскле́йка, маке́т кни́ги, статьи́ *и т. п.*

pasteurize [ˈpɑːstjəraɪz] *v* пастеризова́ть

pastiche [pæˈstiːʃ] *n* 1) попурри́; компози́ция (*музыка́льная, литерату́рная и т. п.*) 2) созда́ние попурри́

pastille [ˈpæstɪl] *n* 1) ледене́ц, пасти́лка, лепёшка 2) аромати́ческая кури́тельная све́чка

pastime [ˈpɑːstaɪm] *n* прия́тное времяпрепровожде́ние, прия́тное заня́тие, развлече́ние; игра́

pastor [ˈpɑːstə(r)] *n церк.* па́стор

pastoral I [ˈpɑːstərəl] *n* пастора́ль

pastoral II *a* 1) пасту́шеский 2) па́стбищный 3) пастора́льный

pastorate [ˈpɑːstərət] *n* 1) па́сторство 2) *собир.* па́сторы

pastry [ˈpeɪstrɪ] *n* 1) (сдо́бное) те́сто; **short/flaky ~** песо́чное/слоёное те́сто 2) *pl* конди́терские изде́лия, пиро́жные

pasturage [ˈpɑːstʃərɪʤ] *n* 1) па́стбище 2) па́стбищное скотово́дство

pasture I [ˈpɑːstʃə(r)] *n* 2) подно́жный корм 1) па́стбище, вы́гон

pasture II *v* пасти́(сь)

pasty[1] [ˈpeɪstɪ] *a* 1) тестообра́зный 2) одутлова́тый, бле́дный (*тж* **~-faced**)

pasty[2] [ˈpæstɪ] *n* пиро́г, пирожо́к

Pat [pæt] *n разг.* Пэт (*про́звище ирла́ндца*)

pat[1] **I** [pæt] *n* 1) похло́пывание 2) шлепо́к 3) комо́к сби́того ма́сла

pat[1] **II** *v* 1) слегка́ похло́пывать 2) пригла́живать

pat[2] *adv* 1) как раз; то́чка в то́чку; **to come ~** подоспе́ть во́время 2) нагото́ве; **to have smth ~** име́ть нагото́ве; **he knows it all off ~** он зна́ет э́то всё назубо́к 3): **to stand ~** *амер.* держа́ться своего́ реше́ния; вести́ свою́ ли́нию, не отступа́ться

patball [ˈpætbɔl] *n* переки́дывание мяча́ друг дру́гу; игра́ в мяч (*двух игроко́в*)

patch I [pætʃ] *n* 1) запла́та 2) повя́зка (на глазу́) 3) пла́стырь; повя́зка 4) пятно́ 5) *разг.* пери́од вре́мени; **a bad ~** полоса́ невезе́ния 6) небольшо́й уча́сток (*земли́*) 7) лоскут; обрывок 8) *вчт* корректировка; заплата, вставка в программу ◊ **not a ~ on** ничто в сравнении, в подмётки не годится

patch II *v* латать, чинить, ставить заплаты

patch up 1) чинить на скорую руку; задёлывать 2) улаживать *(ссору)*

patchwork [ˈpætʃwɜ:k] *n* 1) пэчворк, искусство шитья из лоскут(к)ов 2) лоскутное одеяло *и т. п.*; изделия из лоскут(к)ов 3) мешанина 4) *attr* лоскутный; пёстрый

patchy [ˈpætʃɪ] *a* 1) разношёрстный, неоднородный 2) обрывочный *(о знаниях, сведениях)*

pate [peɪt] *n разг.* 1) голова, башка 2) *шутл.* ум

pâté [ˈpæteɪ] *n фр. кул.* паштет

patency [ˈpeɪtənsɪ] *n* явность, очевидность

patent I [ˈpeɪtənt] *n* 1) патент; диплом 2) запатентованное изобретение 3) *attr* патентный; ~ **law** патентное право; ~**s and trademarks** патенты и товарные знаки

patent II *a* 1) очевидный, явный; открытый 2) запатентованный, имеющий патент 3) патентованный; ~ **medicine** патентованное лекарство, отпускаемое без рецепта лекарство 4) оригинальный, новаторский

patent III *v* получать патент

patentee [ˌpeɪtənˈti:] *n* владелец патента

patent leather [ˌpeɪtəntˈleðə(r)] *n* лакированная кожа

patentor [ˈpeɪtəntə(r)] *n* лицо *или* учреждение, выдающее патенты

paternal [pəˈtɜ:nl] *a* 1) отцовский 2) отеческий 3) со стороны отца, родственный по отцу

paternalism [pəˈtɜ:nəlɪz(ə)m] *n полит.* патернализм

paternity [pəˈtɜ:nɪtɪ] *n* 1) отцовство 2) происхождение по отцу 3) авторство 4) *attr:* ~ **leave** отпуск по уходу за ребёнком, предоставляемый отцу; ~ **test** (генетический) тест на установление отцовства

paternoster [ˌpætəˈnɒstə(r)] *n* 1) молитва «Отче наш» *(тж* **the Lord's prayer)** 2) чётки; зерно чёток большего размера 3) патерностер, движущийся без остановки лифт *(тж* **lift)**

path [pɑ:θ] *n* 1) тропа, тропинка, дорожка 2) беговая дорожка; трек 3) путь *(жизненный);* **our ~s never crossed again** наши пути больше не пересекались 4) линия действия *или* поведения

pathetic [pəˈθetɪk] *a* возбуждающий жалость, трогательный; **in a ~ voice** жалобным тоном

pathfinder [ˈpɑ:θˌfaɪndə(r)] *n* исследователь, первопроходец

pathless [ˈpɑ:θlɪs] *a* 1) бездорожный; непроторённый 2) неисследованный

pathogenic [ˌpæθəˈdʒenɪk] *a* патогенный, болезнетворный

pathological [ˌpæθəˈlɒdʒɪkəl] *a* патологический

pathology [pəˈθɒlədʒɪ] *n* патология

pathos [ˈpeɪθɒs] *n* проникновенность; способность вызывать жалость, сострадание

pathway [ˈpɑ:θweɪ] *n* 1) тропа, тропинка; дорожка 2) мостки

patience [ˈpeɪʃəns] *n* 1) терпение; **I have no ~ with him** я потерял с ним всякое терпение, он выводит меня из себя 2) настойчивость 3) пасьянс; **to play ~** раскладывать пасьянс

patient I [ˈpeɪʃənt] *n* пациент, больной

patient II *a* 1) терпеливый 2) настойчивый 3) допускающий *(of)*

patina [ˈpætɪnə] *n* патина

patio [ˈpætɪəʊ] *n* внутренний дворик, патио

patriarch [ˈpeɪtrɪɑ:k] *n* 1) глава рода, семьи 2) *церк.* патриарх 3) родоначальник, основатель; старейшина

patriarchal [ˌpeɪtrɪˈɑ:kəl] *a* 1) патриархальный 2) *церк.* патриарший

patriarchate [ˈpeɪtrɪɑ:kət] *n церк.* патриархия; резиденция патриарха

patriarchy [ˈpeɪtrɪɑ:kɪ] *n* патриархат

patrician I [pəˈtrɪʃən] *n* 1) *ист.* патриций 2) аристократ

patrician II *a* 1) аристократический 2) *ист.* патрицианский

patricide [ˈpætrɪsaɪd] *n* 1) отцеубийство 2) отцеубийца

patrimony [ˈpætrɪmənɪ] *n* 1) родовое поместье 2) наследство

patriot [ˈpeɪtrɪət] *n* патриот

patriotic [ˌpætrɪˈɒtɪk] *a* патриотический

patriotism [ˈpætrɪətɪz(ə)m] *n* патриотизм

patrol I [pəˈtrəʊl] *n* 1) патрулирование 2) патруль; караул, дозор; **on ~** патрулирующий 3) *attr* патрульный; дозорный; ~ **car** патрульная машина

patrol II *v* патрулировать

patrolman [pəˈtrəʊlmən] *n* 1) *амер.* полицейский 2) патрульный (полицейский)

patron [ˈpeɪtrən] *n* 1) покровитель, патрон; меценат 2) постоянный покупатель, постоянный клиент 3) заступник 4) *attr:* ~ **saint,** ~ **protector** святой-покровитель *(страны, города, человека и т. д.)*

patronage [ˈpætrənɪdʒ] *n* 1) покровительство; заступничество; шефство; финансовая поддержка 2) покровительственный вид, снисходительное отношение 3) постоянные покупатели, клиентура

patronize [ˈpætrənaɪz] *v* 1) относи́ться покрови́тельственно, снисходи́тельно 2) покрови́тельствовать; ока́зывать фина́нсовую подде́ржку 3) быть постоя́нным покупа́телем, клие́нтом

patronymic [ˌpætrəˈnɪmɪk] *n* 1) родово́е и́мя 2) о́тчество

patsy [ˈpætsɪ] *n амер. сленг* проста́к, лопу́х

patten [ˈpætn] *n* деревя́нный башма́к, сабо́

patter¹ **I** [ˈpætə(r)] *n* 1) топота́нье 2) стук *(дождя, капель)*

patter¹ **v** 1) бараба́нить, стуча́ть *(о дожде, каплях)* 2) топота́ть *(о ребёнке)*

patter² **I** *n* 1) бы́страя речь, скорогово́рка 2) жарго́н, арго́

patter² **II** *v* говори́ть скорогово́ркой; тарато́рить

pattern I [ˈpætən] *n* 1) рису́нок, узо́р *(на ковре, ткани и т. п.)* 2) о́браз *(жизни)*; мане́ра *(поведения и т. п.)*; **the ~ of one's daily life** повседне́вный о́браз жи́зни 3) моде́ль; диза́йн; вы́кройка; **to take a ~ of** снять вы́кройку *(с чего-л.)* 4) образе́ц, приме́р *(для подража́ния)*; **following the ~ of** по образцу́ *(чего-л., кого-л.)* 5) образе́ц *(ткани, обоев и т. п.)* 6) *тех.* трафаре́т, фо́рма, шабло́н 7) *спец.* систематизи́рованная структу́ра, строе́ние, моде́ль, конфигура́ция 8) *тех.* схе́ма, диагра́мма 9) *attr* приме́рный, образцо́вый

pattern II *v* 1) де́лать по образцу́, копи́ровать *(after, on, upon)* 2) украша́ть узо́ром

patty [ˈpætɪ] *n* 1) пирожо́к; лепёшка 2) *амер.* пирожо́к с мя́сом

paucity [ˈpɔːsɪtɪ] *n* малочи́сленность

paunch I [pɔːntʃ] *n* 1) живо́т, брюшко́, пу́зо 2) пе́рвый желу́док, рубе́ц *(у жва́чных)*

paunch II *v* потроши́ть

paunchy [ˈpɔːntʃɪ] *a* с брюшко́м

pauper [ˈpɔːpə(r)] *n уст.* бедня́к

pauperise [ˈpɔːpəraɪz] *v* доводи́ть до нищеты́

pauperism [ˈpɔːpərɪz(ə)m] *n* нищета́, паупери́зм

pauperize [ˈpɔːpəraɪz] *амер. см.* **pauperise**

pause I [pɔːz] *n* 1) (вре́менная) остано́вка, переры́в; переды́шка 2) па́уза 3) нереши́тельность, замеша́тельство; **at ~** в нереши́тельности; **to give ~ to** приводи́ть в замеша́тельство 4) *лит.* цезу́ра 5) *муз.* ферма́та

pause II *v* 1) остана́вливаться, де́лать па́узу 2) находи́ться в нереши́тельности, ме́длить; **to ~ upon smth** задержа́ться на чём-л.

Pause key [ˈpɔːz ˌkiː] *n вчт* кла́виша па́узы

pave [peɪv] *v* 1) мости́ть; настила́ть *(пол)* 2) устила́ть *(цветами и т. п.)* 3) гото́вить; прокла́дывать путь *(кому-л., чему-л.)*; **to ~ the way for smth** прокла́дывать путь чему́-л.

pavement [ˈpeɪvmənt] *n* 1) тротуа́р *(амер.* **sidewalk**) 2) доро́жное покры́тие; покры́тие для по́ла *и т. п.* 3) *амер.* мостова́я 4) *attr:* ~ **artist** у́личный худо́жник; ~ **café** у́личное кафе́

pavilion I [pəˈvɪljən] *n* 1) павильо́н; бесе́дка 2) пала́тка, шатёр 3) танцева́льная вера́нда; ле́тний конце́ртный зал; ле́тний теа́тр 4) больни́чный ко́рпус

pavilion II *v* стро́ить павильо́ны

paving [ˈpeɪvɪŋ] *n* 1) мостова́я 2) доро́жное покры́тие

paving stone [ˈpeɪvɪŋ ˌstəʊn] *n* брусча́тка; плита́ *(для мощения тротуаров, улиц; тж* **paving slab**)

paw I [pɔː] *n* 1) ла́па 2) *разг.* рука́

paw II *v* 1) тро́гать, скрести́ ла́пой 2) бить копы́том 3) *разг.* хвата́ть, ла́пать

pawn¹ [pɔːn] *n шахм.* пе́шка *(тж перен.)*

pawn² **I** *n* зало́г, закла́д; **at/in ~** в закла́де

pawn² **II** *v* 1) закла́дывать *(вещи)*; нести́ *(вещи)* в ломба́рд 2) руча́ться; **to ~ one's life** руча́ться жи́знью

pawnbroker [ˈpɔːnˌbrəʊkə(r)] *n* 1) хозя́ин ломба́рда 2) ломба́рд *(тж* **pawnbroker's**)

pawnshop [ˈpɔːnʃɒp] *n* ломба́рд

pax [pæks] *int школ. сленг* чур-чура́!, мир!

pay¹ **I** [peɪ] *n* 1) пла́та, вы́плата 2) зарпла́та, жа́лованье, окла́д; за́работок; **full ~** по́лная ста́вка; **half ~** полста́вки; **in the ~** на окла́де; **take-home ~** чи́стый за́работок *(за вы́четом нало́гов)*; **what's the ~?** ско́лько пла́тят?

pay¹ **II** *v (past, p. p.* **paid)** 1) плати́ть; **to ~ a bill** плати́ть по счёту 2) вознагражда́ть *(за услу́ги и т. п.)*, опла́чивать *(рабо́ту)* 3) выпла́чивать *(долг, су́мму компенса́ции и т. п.)*; возмеща́ть 4) окупа́ться, быть вы́годным; приноси́ть дохо́д *(о це́нных бума́гах)*; **does it ~?** э́то вы́годно? 5) обраща́ть *(внима́ние; на — to)*; ока́зывать *(уваже́ние)*; говори́ть *(комплиме́нты)* 6) наноси́ть визи́т, посеща́ть *(тж* **to ~ a visit)** ◊ **to ~ one's respects to smb** засвиде́тельствовать своё почте́ние кому́-л.; **to ~ one's way** не залеза́ть в долги́; **to ~ through the nose** *разг.* сори́ть деньга́ми; **that puts paid to our plans** *разг.* на́шим пла́нам коне́ц

pay away тра́тить де́ньги

pay back 1) возвраща́ть де́ньги *(кому-л.)* 2) отплати́ть, отомсти́ть

pay down 1) распла́чиваться нали́чными 2) выпла́чивать часть сто́имости *(при рассро́чке)*

pay for 1) плати́ть за *(что-л.)* 2) поплати́ться за *(что-л.)*

pay in вносить деньги на банковский счёт

pay off 1) расплатиться полностью 2) *разг.* отплатить, отомстить 3) рассчитать *(кого-л.)* 4) *разг.* окупиться 5) *мор.* не слушаться руля

pay out 1) сильно потратиться 2) *разг.* выплачивать частями 3) выплачивать проценты по вкладам

pay over выплачивать деньги

pay up расплатиться сполна; выплатить долг(и)

pay² *v мор.* смолить

payable [ˈpeɪəbl] *a* 1) подлежащий уплате, выплате 2) выгодный, доходный

pay-as-you-earn [ˌpeɪəzjʊˈzːn] *n эк.* вычет налогов из текущего дохода

pay-as-you-go [ˌpeɪəzjʊˈgəʊ] *n* 1) *эк.* выплата пенсий из текущих доходов *(не из фонда)* 2) предварительная оплата определённого времени разговора по мобильному телефону

payback [ˈpeɪbæk] *n* окупаемость, отдача; прибыль от инвестиций

pay bed [ˈpeɪˌbed] *n* платное койко-место *(в больнице)*

pay claim [ˈpeɪkleɪm] *n* требование повышения зарплаты

pay day [ˈpeɪdeɪ] *n* день выдачи зарплаты; день платежа

pay dirt [ˈpeɪdɜːt] *n амер.* выгодное дело; выгодная инвестиция

PAYE *сокр. см.* **pay-as-you-earn**

payee [peɪˈiː] *n* получатель *(денег)*; предъявитель чека

payer [ˈpeɪə(r)] *n* плательщик

paying [ˈpeɪɪŋ] *a* выгодный, доходный; рентабельный; ~ **guest** квартирант

payload [ˈpeɪləʊd] *n* полезная нагрузка

paymaster [ˈpeɪˌmɑːstə(r)] *n* кассир, казначей; **P. General** генеральный казначей *(в Великобритании)*

payment [ˈpeɪmənt] *n* 1) плата, платёж, уплата; **cash** ~ наличный расчёт; ~ **in kind** плата натурой 2) вознаграждение, компенсация

payoff [ˈpeɪɔːf] *n сленг* 1) выплата жалованья 2) развязка *(событий)*; кульминация 3) окончательный расчёт 4) выгода; прибыль

payout [ˈpeɪaʊt] *n* выплата

pay packet [ˈpeɪˌpækɪt] *n* конверт с зарплатой, зарплата в конверте

payphone [ˈpeɪfəʊn] *n* телефон-автомат, таксофон

payroll [ˈpeɪrəʊl] *n* платёжная ведомость

pay TV [ˌpeɪ tiːˈviː] *n* платный канал телевидения

PC *сокр.* 1) (**personal computer**) персональный компьютер, ПК 2) (**politically correct**) политкорректный 3) (**private circuit**) *вчт* выделенная линия, выделенный абонентский канал

p. c. *сокр.* 1) (**per cent**) процент 2) (**postcard**) почтовая открытка

PC-compatible [ˌpiːsɪkɒmˈpætɪb(ə)l] *a вчт* 1) ПК-совместимый 2) совместимый с IBM PC

pct, *сокр. амер.* (**per cent**) процент

PD *сокр. амер.* (**Police Department**) полицейское управление

pd *сокр.* (**paid**) уплачено, выплачено; оплаченный

PDA *сокр.* (**personal digital assistant**) личный электронный секретарь; карманный персональный компьютер, карманный ПК, КПК, *разг.* «наладонник», «карманник»

PDF *сокр.* (**Portable Document Format**) *вчт* формат переносимого документа, формат PDF

PE *сокр.* (**physical education**) физическое воспитание, физическая подготовка

pea [piː] *n* 1) горох; **split** ~s лущёный горох; **garden/green** ~s зелёный горошек; **sweet** ~s душистый горошек 2) горошина; **as like as two** ~s ≅ похожи как две капли воды 3) *attr* гороховый; ~ **soup** гороховый суп

peace [piːs] *n* 1) мир; **at** ~ в мире *(с кем-л. — with)*; **universal/world** ~ всеобщий мир, мир во всём мире; **lasting** ~ прочный мир; **to ensure** ~ обеспечивать мир; **to make** ~ а) заключать мир б) помириться; **to make one's** ~ **with smb** помириться с кем-л. 2) спокойствие, порядок; **to break the** ~ нарушать общественный порядок; **to keep the** ~ сохранять порядок, не нарушать спокойствия; не поднимать скандала 3) тишина, покой; **leave me in** ~! оставь(те) меня в покое!; ~ **of mind** душевный покой; **to hold one's** ~ (про)молчать; **rest in** ~ покойся с миром *(эпитафия)* 4) *attr* мирный; ~ **talks** мирные переговоры; ~ **movement** движение за мир

peaceable [ˈpiːsəbl] *a* мирный, миролюбивый

peaceful [ˈpiːsfʊl] *a* мирный, спокойный

peace-keeper [ˈpiːskiːpə] *n* солдат миротворческих сил; миротворец

peace-keeping [ˈpiːsˈkiːpɪŋ] *n* 1) поддержание мира; сохранение мира; восстановление мира 2) операции по поддержанию мира, миротворческие операции

peace-lover [ˈpiːsˌlʌvə(r)] *n* сторонник мира

peace-loving [ˈpiːsˌlʌvɪŋ] *a* миролюбивый

peacemaker [ˈpiːsˌmeɪkə(r)] *n* миротворец

peace pipe [ˈpiːspaɪp] *n* трубка мира

peace process [ˈpiːsprɒʊsəs] *n дип.* процесс мирного урегулирования

peacetime [ˈpiːstaɪm] *n* 1) ми́рное вре́мя 2) *attr* относя́щийся к ми́рному вре́мени

peach¹ [piːtʃ] *n* 1) пе́рсик 2) пе́рсиковый цвет 3) *сленг уст.* что-л. вы́сшего со́рта, высо́кого ка́чества

peach² *v сленг* доноси́ть, стуча́ть *(against, on, upon)*

peach-coloured [ˈpiːtʃˌkʌləd] *a* пе́рсикового цве́та

peach-tree [ˈpiːtʃtriː] *n* пе́рсиковое де́рево

peachy [ˈpiːtʃɪ] *a* 1) похо́жий на пе́рсик, пе́рсиковый 2) *амер. разг.* преле́стный, очарова́тельный, замеча́тельный

peacock [ˈpiːkɒk] *n* 1) павли́н 2) *attr* павли́ний

peafowl [ˈpiːfaʊl] *n* павли́н; па́ва

peahen [ˈpiːˈhen] *n* па́ва

pea-jacket [ˈpiːˌdʒækɪt] *n* 1) *мор.* бушла́т 2) тужу́рка, ку́ртка

peak¹ [piːk] *n* 1) пик, остроконе́чная верши́на 2) козырёк *(фуражки, кепки)* 3) кли́нышек *(бороды)* 4) верши́на *(кривой)* 5) вы́сшая то́чка; **to be at its ~** — быть в разга́ре; быть на верши́не *(славы и т. п.)* 6) *тех.* пик, вы́брос, вы́сшая то́чка, ма́ксимум 7) *тех.* амплиту́да 8) *attr* амплиту́дный 9) *attr* пи́ковый, максима́льный; **~ load** *тех.* макси-ма́льная нагру́зка; **~ hour** час «пик»

peak² *v* слабе́ть, ча́хнуть; **~ and pine** ча́хнуть, увяда́ть

peaked¹ [piːkt] *a* остроконе́чный

peaked² *a* осу́нувшийся; заостри́вшийся *(о чертах лица)*

peaky [ˈpiːkɪ] *a* 1) измождённый 2) бле́дный

peal I [piːl] *n* 1) звон, перезво́н колоколо́в; трезво́н 2) набо́р колоколо́в 3) раска́т *(грома)*; взрыв *(смеха)*; гро́хот *(орудий)*

peal II *v* 1) раздава́ться, греме́ть 2) звони́ть в колокола́; трезво́нить 3) возвеща́ть зво́ном колоколо́в *(тж* **to ~ out)**

peanut [ˈpiːnʌt] *n* 1) ара́хис, земляно́й оре́х 2) *attr* ара́хисовый; **~ butter** ара́хисовое ма́сло ◊ **my pay is just ~s** мне пла́тят гроши́

pear [peə(r)] *n* 1) гру́ша 2) гру́шевое де́рево 3) *attr* гру́шевый

pearl I [pɜːl] *n* 1) же́мчуг; **a ~** жемчу́жина, **cultivated ~s** культиви́рованный же́мчуг 2) *pl* жемчу́жное ожере́лье 3) перламу́тр 4) ка́пля росы́, роси́нка; слеза́ 5) не́что драго-це́нное, дорого́е 6) *attr* жемчу́жный ◊ **to cast ~s before swine** *посл.* мета́ть би́сер пе́ред сви́ньями

pearl II *v* 1) *поэт.* осыпа́ть же́мчугом 2) вы-ступа́ть ка́плями; **~ed with dew** покры́тый ка́плями росы́ 3) ру́шить *(ячмень и т. п.)* 4) добыва́ть же́мчуг, ныря́ть за же́мчугом

pearl barley [ˈpɜːlˌbɑːlɪ] *n* перло́вая крупа́

pearl-diver [ˈpɜːlˌdaɪvə(r)] *n* ловец же́мчуга

pearly [ˈpɜːlɪ] *a* 1) похо́жий на же́мчуг, жемчу́жный 2) содержа́щий же́мчуг, жемчу́ж-ный 3) усы́панный, укра́шенный же́мчугом

peart [pɪət] *a амер.* оживлённый, весёлый

pear-tree [ˈpeətriː] *n* гру́шевое де́рево

peasant [ˈpezənt] *n* 1) крестья́нин 2) *attr* кре-стья́нский; се́льский

peasantry [ˈpezəntrɪ] *n* крестья́нство

pease [piːz] *n уст.* горо́х

pease pudding [ˈpiːzˌpʊdɪŋ] *n уст.* горо́хо-вый пу́динг

peat [piːt] *n* 1) торф 2) *attr* торфяно́й

peatbog [ˈpiːtbɒg] *n* торфяни́к, торфяно́е бо-ло́то

peatmoss [ˈpiːtmɒs] *n бот.* торфяно́й мох, сфа́гнум

peaty [ˈpiːtɪ] *a* торфяно́й

pebble [ˈpebl] *n* 1) га́лька 2) го́рный хруста́ль 3) ли́нза *(из горного хрусталя)* 4) неотшли-фо́ванный драгоце́нный ка́мень ◊ **he is not the only ~ on the beach** на нём свет кли́ном не сошёлся

pebbly [ˈpeblɪ] *a* покры́тый га́лькой

peccable [ˈpekəbl] *a* гре́шный, грехо́вный

peccadillo [ˌpekəˈdɪləʊ] *n* ма́ленький грех, грешо́к

peccant [ˈpekənt] *a* 1) грехо́вный 2) боле́з-ненный, нездоро́вый

peccary [ˈpekərɪ] *n амер.* ди́кая свинья́, пе́кари

peck¹ [pek] *n* че́тверть бу́шеля *(мера сыпучих тел)*

peck² I *n* 1) клево́к 2) торопли́вый поцелу́й 3) *сленг* еда́, жратва́

peck² II *v* 1) клева́ть 2) торопли́во поцелова́ть 3) долби́ть, прода́лбливать 4) *разг.* есть неохо́тно, ковыря́ться в таре́лке 5) копа́ть кирко́й *(up, down)* понемно́гу, отщи́пывать *(at)*

pecker [ˈpekə(r)] *n* 1) *разг.* нос; клюв; **keep your ~ up!** не уныва́й!, не ве́шай но́са! 2) *амер. сленг груб.* пе́нис

peckish [ˈpekɪʃ] *a разг.* 1) голо́дный; **to feel ~** проголода́ться 2) *амер.* раздражи́тельный

pectin [ˈpektɪn] *n хим.* пекти́н

pectoral [ˈpektərəl] *a* 1) грудно́й *(тж о голо-се)*; **~ muscles** мы́шцы груди́ 2) нагру́дный

peculiar I [pɪˈkjuːlɪə(r)] *n* ли́чная со́бствен-ность, привиле́гия *и т. п.*

peculiar II *a* 1) стра́нный, необы́чный, свое-обра́зный 2) характе́рный, сво́йственный 3) осо́бый; индивидуа́льный

peculiarity [pɪˌkjuːlɪˈærɪtɪ] *n* 1) стра́нность, своеобра́зие 2) осо́бенность, характе́рная черта́

pecuniary [pɪˈkju:nɪərɪ] *a* де́нежный; ~ **aid** де́нежная по́мощь

pedagogic(al) [ˌpedəˈgɒdʒɪk(əl)] *a* педагоги́ческий

pedagogics [ˌpedəˈgɒdʒɪks] *n* педаго́гика

pedagogue [ˈpedəgɒg] *n уст.* педаго́г; учи́тель

pedagogy [ˈpedəˌgɒdʒɪ] *n* педаго́гика

pedal I [ˈpedl] *n* педа́ль; **brake** ~ *авто* педа́ль ножно́го то́рмоза; **loud/soft** ~ *муз.* пра́вая/ле́вая педа́ль *(рояля)* ◊ **take your foot off the** ~ *разг.* не дави́ на газ, не наезжа́й, рассла́бься!

pedal II *a* 1) *зоол.* ножно́й 2) педа́льный; ~ **bin** му́сорный конте́йнер с педа́лью

pedal III *v* нажима́ть педа́ль; рабо́тать педа́лями

pedal pushers [ˈpedlˌpuʃəs] *n pl спорт.* же́нские обтя́гивающие брю́чки, длино́й чуть за коле́но, *разг.* «велосипе́дки»

pedant [ˈpedənt] *n* 1) педа́нт 2) доктринёр

pedantic [pɪˈdæntɪk] *a* педанти́чный

pedantry [ˈpedəntrɪ] *n* педанти́зм

peddle [ˈpedl] *v* 1) торгова́ть ме́лким това́ром, торгова́ть вразно́с 2) проповедовать *(идеи, образ жизни и т. п.)* 3) торгова́ть нарко́тиками

peddler [ˈpedlə] *n* 1) торго́вец нарко́тиками 2) *амер. см.* **pedlar**

pederast [ˈpedəræst] *n* педера́ст

pederasty [ˈpedəræstɪ] *n* педера́стия

pedestal [ˈpedɪstl] *n* 1) пьедеста́л, постаме́нт 2) ба́за, основа́ние 3) ту́мба *(письменного стола)*

pedestrian I [pɪˈdestrɪən] *n* 1) пешехо́д 2) *attr* пешехо́дный; ~ **crossing** пешехо́дный перехо́д; ~ **precinct** пешехо́дная зо́на; пешехо́дная у́лица

pedestrian II *a* прозаи́ческий, ску́чный

pedicular [pɪˈdɪkjʊlə(r)] *a* вши́вый, покры́тый вша́ми

pedicure [ˈpedɪkjʊə(r)] *n* 1) педикю́р 2) педикю́рша

pedigree [ˈpedɪgri:] *n* 1) родосло́вная 2) происхожде́ние, этимоло́гия *(слова)* 3) *attr* племенно́й; ~ **cattle** поро́дистый скот

pedigreed [ˈpedɪgri:d] *a* поро́дистый

pediment [ˈpedɪmənt] *n архит.* фронто́н

pedlar [ˈpedlə(r)] *n амер.* 1) разно́счик, коробе́йник 2) спле́тник

pedlary [ˈpedlərɪ] *n* 1) торго́вля вразно́с 2) ме́лкий това́р

pedometer [pɪˈdɒmɪtə(r)] *n* шагоме́р

pee [pi:] *v разг.* мочи́ться

peek I [pi:k] *n* взгляд укра́дкой; бы́стрый взгляд

peek II *v* загля́дывать *(тж* to ~ **in**); выгля́дывать *(тж* to ~ **out**); бы́стро взгляну́ть

peel¹ I [pi:l] *n* кожура́, шелуха́; ко́жица, ко́рка; **candied** ~ цука́т

peel¹ II *v* 1) снима́ть кожуру́, ко́жицу; чи́стить *(фрукты, овощи)* 2) лупи́ться, сходи́ть, шелуши́ться *(о коже; тж* to ~ **off**) 3) *сленг* раздава́ться

peel² *n* пе́карская лопа́та

peeler [ˈpi:lə(r)] *n* прибо́р, маши́нка для удале́ния ко́рки, кожуры́ *и т. п.*; **potato** ~ нож-картофелечи́стка

peeling [ˈpi:lɪŋ] *n* 1) кожура́, очи́стки; **potato/apple** ~**s** карто́фельные/я́блочные очи́стки 2) шелуше́ние *(кожи)* 3) пи́линг *(косметическая процедура, отшелушивающая и омолаживающая кожу)* 4) *attr* ~ **mask** отшелу́шивающая (косметическая) ма́ска

peep¹ I [pi:p] *n* 1) взгляд укра́дкой; бы́стрый взгляд; **to get a** ~ **of** уви́деть ме́льком; **to have/to take a** ~ **at** взгляну́ть на 2) про́блеск; **at** ~ **of day** на рассве́те

peep¹ II *v* 1) смотре́ть сквозь ма́ленькое отве́рстие *(through)*; подгля́дывать 2) броса́ть бе́глый взгляд, взгляну́ть *(на что-л.; at)* 3) выгля́дывать, прогля́дывать *(о солнце, луне; out)* 4) проявля́ться *(о качестве; часто* to ~ **out**)

peep into загля́дывать, заходи́ть *(куда-л.)*

peep² I *n* писк; чири́канье

peep² II *v* пища́ть; чири́кать

peeper [ˈpi:pə(r)] *n* 1) тот, кто подсма́тривает 2) *разг.* глаз 3) *амер. сленг* ча́стный детекти́в

peep-hole [ˈpi:phəʊl] *n* смотрово́е отве́рстие; глазо́к

peeping I [ˈpi:pɪŋ] *n* подсма́тривание, подгля́дывание; **keyhole** ~ подсма́тривание че́рез замо́чную сква́жину

peeping II *a* выгля́дывающий; высма́тривающий, подгля́дывающий

peepshow [ˈpi:pʃəʊ] *n* пип-шо́у *(наблюдение за эротическими сценами через глазок)*

peer¹ [pɪə(r)] *v* 1) всма́триваться, вгля́дываться *(at, into, through)* 2) появля́ться, пока́зываться, выгля́дывать *(о солнце)*

peer² I *n* 1) ра́вный, ро́вня; **without** ~ несравне́нный 2) рове́сник; совреме́нник 3) пэр, лорд; **a life** ~ пожи́зненный пэр; **he was made a** ~ его́ возвели́ в пэ́ры

peer² II *v* равня́ться *(с кем-л.)*, быть ра́вным *(кому-л.)*

peerage [ˈpɪərɪdʒ] *n* 1) сосло́вие пэ́ров, вы́сшая знать 2) зва́ние пэ́ра 3) родосло́вная кни́га пэ́ров

peer group [ˈpɪəˌgru:p] *n социол.* гру́ппа ро́вней *(социальный коллектив с общими характеристиками)*

peer pressure [ˈpɪəˌpreʃə] *n социол.* давле́ние све́рстников *(оказывающее влияние на характер поведения подростков)*

peeve I [piːv] *n разг.* раздража́ющее обстоя́тельство; **my pet ~** «люби́мая мозо́ль», больно́е ме́сто

peeve II *v разг.* раздража́ть

peeved [piːvd] *a разг.* раздражённый

peevish [ˈpiːvɪʃ] *a* ворчли́вый, сварли́вый; раздражи́тельный; капри́зный

peewee [ˈpiːwiː] *n амер. сленг* коротышка

peg I [peg] *n* 1) ко́лышек; деревя́нный гвоздь 2) ве́шалка; крючо́к *(вешалки) (тж* **coat ~**); прище́пка для белья́ *(тж* **clothes ~**) 3) коло́к *(музыкального инструмента)* 4) *тех.* вту́лка, заты́чка ◊ **(clothes) off the ~** гото́вое пла́тье; **a round ~ in a square hole** челове́к не на своём ме́сте; не подходя́щий к да́нной рабо́те челове́к; **a ~ to hang a thing on** предло́г, по́вод *(для какого-л. разговора);* **to take smb down a ~ or two** осади́ть кого́-л., сбить спесь с кого́-л.

peg II *v* 1) забива́ть ко́лышек, деревя́нный гвоздь, закрепля́ть ко́лышками *(обыкн.* **to ~ down, in, out**) 2) держа́ть це́ну на одно́м у́ровне 3) *разг.* швыря́ть, броса́ть 4) *амер. сленг* узна́ть хороше́нько *(кого-л.),* раскуси́ть *(кого-л.) (at)*

peg away *разг.* корпе́ть над *(над чем-л.);* вка́лывать

peg down 1) закрепля́ть ко́лышками 2) *разг.* свя́зывать, ограни́чивать *(кого-л.)* 3) устана́вливать *(цену, курс)* на одно́м у́ровне

peg out 1) разве́сить вы́стиранное бельё и прикрепи́ть с по́мощью прище́пок 2) размеча́ть ко́лышками *(участок земли)* 3) *сленг* умере́ть, отда́ть концы́

pegging [ˈpegɪŋ] *n* 1) закрепле́ние ко́лышками 2) *эк.* замора́живание *(цен, заработной платы);* фикса́ция ку́рса валю́ты

peg leg [ˈpegˌleg] *n уст.* деревя́нная нога́, деревя́нный проте́з

pegtop [ˈpegtɒp] *n* юла́, волчо́к

pejorative [ˈpiːdʒərətɪv] *a* уничижи́тельный

pekoe [ˈpiːkəʊ] *n* вы́сший сорт чёрного ча́я, пеко́

pelage [ˈpelɪdʒ] *n* мех, шерсть, шку́ра живо́тных

pelagian [pɪˈleɪdʒɪən] *a биол.* живу́щий в откры́том мо́ре *(о животных, растениях)*

pelagic [pɪˈlædʒɪk] *a* пелаги́ческий, морско́й

pelargonium [ˌpeləˈgəʊnɪəm] *n бот.* гера́нь, пеларго́ния

pelerine [ˈpeləriːn] *n* пелери́на

pelf [pelf] *n презр., шутл.* де́ньги; бога́тство

pelican [ˈpelɪkən] *n* пелика́н

pelican crossing [ˌpelɪkənˈkrɒsɪŋ] *n* у́личный перехо́д «пелика́н», где пешехо́д мо́жет переключа́ть светофо́р нажа́тием кно́пки

pelisse [peˈliːs] *n* 1) дли́нная манти́лья 2) гуса́рский ме́нтик

pellet [ˈpelɪt] *n* 1) ша́рик, ка́тышек *(из бума́ги, хлеба)* 2) пилю́ля 3) дроби́нка, пу́ля

pell-mell I [ˈpelˈmel] *n* беспоря́док, неразбери́ха; мешани́на

pell-mell II *a* беспоря́дочный, пу́таный

pell-mell III *adv* в беспоря́дке, впереме́шку, как попа́ло

pellucid [pɪˈluːsɪd] *a* 1) прозра́чный 2) я́сный, прозра́чный *(о стиле, языке и т. п.)*

pelt¹ I [pelt] *n* 1) си́льный уда́р; попада́ние 2): **at full ~** по́лным хо́дом

pelt¹ II *v* 1) забра́сывать *(камнями и т. п.);* сы́пать уда́ры 2) обру́шиваться на *(кого-л.)* 3) лить, бараба́нить *(о дожде; тж* **to ~ down**) 4) бежа́ть, торопи́ться

pelt² *n* шку́ра; овчи́на; ко́жа

pelting [ˈpeltɪŋ] *a* проливно́й *(о дожде)*

peltry [ˈpeltrɪ] *n* пушно́й това́р, пушни́на, меха́

pelvic [ˈpelvɪk] *a анат.* та́зовый

pelvis [ˈpelvɪs] *n (pl* **pelves** [ˈpelviːz]) *анат.* таз

PEN *сокр.* (**International Association of Poets, Playwrights, Editors, Essayists and Novelists**) Междунаро́дный ПЕН-клу́б (литера́торов)

Pen. *сокр.* (**Peninsula**) полуо́стров

pen¹ I [pen] *n* 1) ру́чка; перо́; рейсфе́дер *(чертёжный);* **ballpoint ~** ша́риковая ру́чка; **fibretip ~** флома́стер; **fountain ~** перьева́я ру́чка; **~ and ink** а) пи́сьменные принадле́жности б) пи́сьменные рабо́ты; письмо́; **to put ~ to paper** взя́ться за перо́, нача́ть писа́ть 2) литерату́рный труд; писа́тельский труд; стиль; **to live by one's ~** жить литерату́рным трудо́м; **fluent ~** бо́йкое перо́; **to wield a skilful ~** владе́ть перо́м, облада́ть литерату́рным тала́нтом 3) писа́тель; литера́тор; **the best ~s of the day** лу́чшие писа́тели совреме́нности

pen¹ II *v* 1) писа́ть *(ру́чкой)* 2) сочиня́ть, писа́ть

pen² I *n* 1) небольшо́й заго́н *(для скота, пти́цы)* 2) помеще́ние для аресто́ванных *(при полице́йском уча́стке)* 3) фе́рма, планта́ция *(на Яма́йке)* 4) *амер. сленг* тюрьма́, куту́зка

pen² II *v* 1) загоня́ть *(скот)* 2) держа́ть взаперти́, запира́ть *(in, up)*

pen³ *n* са́мка ле́бедя

penal [ˈpiːnl] *a* 1) подлежа́щий наказа́нию, наказу́емый *(о преступлении);* **a ~ offence**

наказу́емое правонаруше́ние 2) уголо́вный; ~ **code** уголо́вный ко́декс

penalise [ˈpiːnəlaɪz] v 1) нака́зывать; штрафова́ть (тж спорт) 2) ста́вить в невы́годное положе́ние, ухудша́ть чьё-л. положе́ние

penalize [ˈpiːnəlaɪz] амер. см. **penalise**

penalty [ˈpenltɪ] n 1) наказа́ние; взыска́ние; **on/under** ~ под стра́хом наказа́ния; **to pay the** ~ **for one's mistakes** распла́чиваться за свои́ оши́бки 2) спорт. штраф, наказа́ние (за нарушение правил игры); штрафно́й уда́р, пена́льти (тж ~ **kick**) 3) attr штрафно́й; ~ **area** штрафна́я площа́дка; ~ **shoot-out** се́рия штрафны́х бро́сков

penance [ˈpenəns] n 1) самонаказа́ние, раска́яние 2) церк. епитимья́

pen-and-ink [ˈpenəndˈɪŋk] a сде́ланный перо́м (о рисунке); напи́санный перо́м

pence [pens] n pl см. **penny** ◊ **take care of the** ~ **and the pounds will take care of themselves** посл. береги́ пе́нсы, а фу́нты са́ми себя́ сберегу́т; ≅ копе́йка рубль бережёт

penchant [ˈpɑːŋʃɑːŋ] n скло́нность, увлече́ние (for); **a slight** ~ небольшо́е увлече́ние

pencil I [ˈpensl] n каранда́ш; **in** ~ напи́санный карандашо́м, в карандаше́; **eyebrow** ~ каранда́ш для брове́й

pencil II v 1) писа́ть, рисова́ть карандашо́м 2) раскра́шивать карандаша́ми; тушева́ть 3) плани́ровать (совещание, встречу и т. п.); запи́сывать у себя́ в календаре́

pencil case [ˈpenslkeɪs] n пена́л

pencil sharpener [ˈpenslˌʃɑːpənə(r)] n точи́лка для карандаше́й

pendant [ˈpendənt] n 1) брело́к, подве́ска, куло́н 2) мор. вы́мпел 3) мор. шке́нтель 4) па́ра, дополне́ние (к какому-л. предмету)

pendent [ˈpendənt] a 1) вися́щий, вися́чий, свиса́ющий 2) нерешённый; в подве́шенном состоя́нии 3) грам. незако́нченный (о предложении)

pending I [ˈpendɪŋ] a 1) нерешённый, ожида́ющий реше́ния 2) надвига́ющийся, неминуе́мый 3) вчт пови́сший, подве́шенный 4) вчт жду́щий, находя́щийся в ожида́нии

pending II prep 1) в продолже́ние, в тече́ние 2) до, вплоть до; в ожида́нии; ~ **his return** до его́ возвраще́ния, в ожида́нии его́ возвраще́ния

pending tray [ˈpendɪŋˌtreɪ] n па́пка (документов, деловых бумаг) «к рассмотре́нию»

pendulous [ˈpendjʊləs] a 1) вися́чий, подве́шенный 2) кача́ющийся

pendulum [ˈpendjʊləm] n ма́ятник ◊ **swing of the** ~ (ре́зкое) колеба́ние обще́ственного мне́ния

penetrable [ˈpenɪtrəbl] a проница́емый

penetrate [ˈpenɪtreɪt] v 1) проника́ть внутрь 2) проходи́ть, входи́ть (into, through, to) 3) прони́зывать, пропи́тывать (чем-л.; with) 4) постига́ть, понима́ть, вника́ть; **to** ~ **a mystery** проника́ть в та́йну

penetrating [ˈpenɪtreɪtɪŋ] a 1) проница́тельный; ~ **look** проница́тельный взгляд 2) пронзи́тельный (о голосе, звуке и т. п.); ~ **voice** пронзи́тельный го́лос; ~ **wind** ре́зкий, прони́зывающий ве́тер

penetration [ˌpenɪˈtreɪʃ(ə)n] n 1) проникнове́ние 2) проница́емость 3) проница́тельность 4) воен. наступле́ние с це́лью проры́ва

penetrative [ˈpenɪtrətɪv] a 1) проника́ющий 2) пронзи́тельный, ре́зкий (о звуке) 3) проница́тельный; ~ **analysis** тща́тельный ана́лиз

pen friend [ˈpenfrend] n друг по перепи́ске

penguin [ˈpeŋgwɪn] n пингви́н

penholder [ˈpenˌhəʊldə(r)] n ру́чка (для пера́)

penicillin [ˌpenɪˈsɪlɪn] n пеницилли́н

peninsula [pɪˈnɪnsjʊlə] n полуо́стров

peninsular [pɪˈnɪnsjʊlə(r)] a полуостровно́й

penis [ˈpiːnɪs] n (pl **penes** [ˈpiːniːz]) анат. пе́нис, полово́й член

penitence [ˈpenɪtəns] n раска́яние; покая́ние

penitent I [ˈpenɪtənt] n ка́ющийся гре́шник

penitent II a ка́ющийся

penitential [ˌpenɪˈtenʃəl] a покая́нный

penitentiary I [ˌpenɪˈtenʃərɪ] n 1) амер. тюрьма́ стро́гого режи́ма 2) церк. пенитенциа́рий (судебный орган папской курии)

penitentiary II a исправи́тельный, пенитенциа́рный

penknife [ˈpennaɪf] n перочи́нный нож

penman [ˈpenmən] n 1) ист. каллигра́ф, писе́ц 2) писа́тель

penmanship [ˈpenmənʃɪp] n 1) каллигра́фия, чистописа́ние 2) стиль писа́теля, мане́ра письма́ писа́теля

pen name [ˈpenneɪm] n псевдони́м

pennant [ˈpenənt] n мор., спорт. вы́мпел

pennies [ˈpenɪz] pl см. **penny**

penniless [ˈpenɪlɪs] a безде́нежный; нужда́ющийся, бе́дный

penn'orth [ˈpenəθ] см. **pennyworth**

penny [ˈpenɪ] n 1) (pl **pence** — о денежной сумме; **pennies** — об отдельных монетах) пе́нни, пенс (0,01 фунта) 2) (pl **pennies**) амер. разг. моне́та в 1 цент ◊ **a** ~ **for your thoughts!** о чём призаду́мались?; **a pretty** ~ кру́гленькая/изря́дная су́мма; **in for a** ~, **in for a pound** посл. ≅ назва́лся гру́здем, полеза́й в ку́зов; **like a bad** ~ нежела́тельное возвращёние; **not a ~ to bless oneself with** ни гроша́ за душо́й, в карма́не пу́сто; **pennies from heaven** *разг.* ма́нна небе́сная; **the ~ drops** *разг.* наконе́ц-то (до тебя́) дошло́; **two a ~** почти́ да́ром

penny-pinching [ˈpenɪˌpɪntʃɪŋ] *a* скупо́й, ска́редный

penny wise [ˈpenɪˌwaɪz] *a* ме́лочный; **~ and pound foolish** скупо́й в мелоча́х и расточи́тельный в кру́пном

pennyworth [ˈpenɪˌwɜːθ] *n* 1) о́чень небольшо́е коли́чество това́ра 2) *attr* грошо́вый ◊ **not a ~** ни чу́точки, ни ка́пельки

penology [piːˈnɒlədʒɪ] *n* пеноло́гия, нау́ка о наказа́ниях и тюре́мном содержа́нии престу́пников

pen pal [ˈpenpæl] *n разг.* друг по перепи́ске

pen-pusher [ˈpenpʊʃə(r)] *n разг. презр.* канцеля́рский слу́жащий, «бума́жная душа́»

pension[1] **I** [ˈpenʃ(ə)n] *n* 1) пе́нсия; посо́бие; **disability ~** пе́нсия по инвали́дности; **old-age ~** пе́нсия по ста́рости; **to draw a ~** получа́ть пе́нсию; **to retire on a ~** уходи́ть на пе́нсию 2) *attr* пенсио́нный; **~ book** пенсио́нная кни́жка, пенсио́нное удостовере́ние; **~ fund** пенсио́нный фонд; **~ plan/ scheme** схе́ма отчисле́ний в пенсио́нный фонд

pension[1] **II** *v* назнача́ть пе́нсию

pension off отправля́ть на пе́нсию

pension[2] [pɑːˈsjɔ̃ːn] *n* пансио́н; **terms with full ~** сто́имость прожива́ния с по́лным пансио́ном

pensionable [ˈpenʃ(ə)nəbl] *a:* **~ age** пенсио́нный во́зраст; **~ pay** пенсио́нные вы́платы/отчисле́ния

pensionary I [ˈpenʃənərɪ] *n* пенсионе́р

pensionary II *a* пенсио́нный

pensioner [ˈpenʃənə(r)] *n* пенсионе́р

pensive [ˈpensɪv] *a* 1) заду́мчивый; углублённый в свои́ мы́сли 2) печа́льный

penstock [ˈpenstɒk] *n* шлюз, шлю́зный затво́р

pent [pent] *a* за́пертый, заключённый

penta- [ˈpentə-] *pref* пяти́-; **pentagon** пятиуго́льник

Pentagon [ˈpentəgən] *n* (**the ~**) Пентаго́н, мини́стерство оборо́ны США

pentathlon [penˈtæθlən] *n спорт.* пятибо́рье

Pentecost [ˈpentɪkɒst] *n церк.* Тро́ица, Пятидеся́тница

penthouse [ˈpenthaʊs] *n* пентха́ус, фешене́бельные апартаме́нты на кры́ше *или* на ве́рхнем этаже́ зда́ния

pent-up [ˌpentˈʌp] *a* скры́тый, сде́рживаемый (*о чу́встве*)

penult(imate) I [pɪˈnʌlt(ɪmɪt)] *n* предпосле́дний слог

penult(imate) II *a* предпосле́дний

penurious [pɪˈnjʊərɪəs] *a* 1) бе́дный, нужда́ющийся 2) ска́редный, скупо́й 3) ску́дный

penury [ˈpenjʊrɪ] *n* 1) кра́йняя бе́дность; нищета́; безде́нежье 2) нехва́тка, недоста́ток (*of*)

peon [ˈpiːən] *n* пео́н, батра́к, подёнщик (*в Лати́нской Аме́рике*)

peonage [ˈpiːənɪdʒ] *n* батра́чество

peony [ˈpiːənɪ] *n бот.* пио́н

people I [ˈpiːpl] *n* 1) наро́д, на́ция; пле́мя; ; **the English ~** англича́не 2) (*употр. как pl*) лю́ди; населе́ние, жи́тели; **chosen ~** изве́стные лю́ди; **country ~** дереве́нские жи́тели; **most ~** большинство́ люде́й; **professional ~** лю́ди определённой профе́ссии **working ~** трудя́щиеся; и́збранные; **young ~** молодёжь; **~ say...** говоря́т... 3) родны́е, ро́дственники; **my ~** мои́ ро́дственники, мои́ родны́е

people II *v* заселя́ть; населя́ть; **thickly ~d** густонаселённый

people person [ˈpiːpl ˌpɜːsn] *n* общи́тельный, коммуника́бельный челове́к

pep I [pep] *n разг.* 1) бо́дрость ду́ха, эне́ргия 2) *attr:* **~ pills** стимули́рующие табле́тки

pep II *v:* **to ~ up** *разг.* вселя́ть бо́дрость ду́ха, взба́дривать

pepper I [ˈpepə(r)] *n* пе́рец

pepper II *v* 1) пе́рчить 2) осыпа́ть, забра́сывать (*вопро́сами, обвине́ниями и т. п.*)

pepperbox [ˈpepəbɒks] *n* пе́речница

peppercorn [ˈpepəkɔːn] *n* перчи́нка, зёрнышко пе́рца

pepper mill [ˈpepəmɪl] *n* ме́льница для пе́рца

peppermint [ˈpepəmɪnt] *n* 1) *бот.* пе́речная мя́та 2) мя́тная лепёшка, мя́тный ледене́ц

pepper pot [ˈpepəpɒt] *n* пе́речница

peppery [ˈpepərɪ] *a* 1) напе́рченный, о́стрый, жгу́чий 2) вспы́льчивый, раздражи́тельный

peppy [ˈpepɪ] *a сленг* энерги́чный, по́лный сил

peptic [ˈpeptɪk] *a физиол.* пищевари́тельный; **~ ulcer** *мед.* пепти́ческая я́зва (*желу́дка или двенадцатиперстной кишки́*)

per [pɜː(r)] *prep* 1) в, на, за; **~ annum/year** в год; **~ capita** на челове́ка, на ду́шу (населе́ния); **~ yard** за ярд 2) по, че́рез, посре́дством; **~ post** по по́чте 3) согла́сно, по; **as ~ instructions** согла́сно/как поло́жено по инстру́кциям

peradventure [ˌpærədˈventʃə(r)] *n уст., шутл.* неизве́стность; сомне́ние; сомни́тельный факт; **beyond/without ~** вне вся́кого сомне́ния

perambulate [pəˈræmbjʊleɪt] *v* 1) ходи́ть взад и вперёд; расха́живать, разгу́ливать 2) объезжа́ть *(территорию)*; обходи́ть грани́цы *(владений)*

perambulator [pəˈræmbjʊleɪtə(r)] *n уст.* де́тская коля́ска

P/E ratio [ˌpiːˈreɪʃɪəʊ] *n эк.* отноше́ние ры́ночной цены́ *(напр. акции)* к чи́стой при́были компа́нии *(в расчёте на одну акцию)* *(тж* **price-earning(s) ratio**)

perceivable [pəˈsiːvəbl] *a* заме́тный, различи́мый, ощути́мый

perceive [pəˈsiːv] *v* 1) ощуща́ть; воспринима́ть, чу́вствовать; замеча́ть; различа́ть 2) осознава́ть, понима́ть, постига́ть

per cent [pəˈsent] *n* проце́нт; **a discount of five ~** пятипроце́нтная ски́дка; **three ~** три проце́нта

percentage [pəˈsentɪdʒ] *n* 1) проце́нт; проце́нтное отноше́ние; **a high ~** большо́й проце́нт, большо́е коли́чество 2) *разг.* до́ля, часть, вы́игрыш *(от сделки)*

percept [ˈpɜːsept] *n филос.* объе́кт или результа́т восприя́тия

perceptible [pəˈseptəbl] *a* 1) заме́тный, ощути́мый, различи́мый 2) познава́емый, постига́емый

perception [pəˈsepʃ(ə)n] *n* 1) восприя́тие; позна́ние 2) понима́ние 3) *филос.* перце́пция

perceptive [pəˈseptɪv] *a* воспринима́ющий, познаю́щий

perceptivity [ˌpɜːsepˈtɪvɪtɪ] *n* восприи́мчивость

perch[1] **I** [pɜːtʃ] *n* 1) насе́ст, жёрдочка 2) высо́кое, но ненадёжное положе́ние; уязви́мая пози́ция 3) ме́ра длины́ *(=5,03 м)* ◊ **to knock smb off his ~** осади́ть кого́-л.

perch[1] **II** *v* 1) сади́ться на насе́ст; сиде́ть на ве́тке, жёрдочке *(о птицах)* 2) взобра́ться, вскара́бкаться 3) *обыкн. p. p.* находи́ться, располага́ться на возвы́шенности

perch[2] [pɜːtʃ] *n* о́кунь

perchance [pəˈtʃɑːns] *adv уст., поэт.* 1) возмо́жно, мо́жет быть 2) случа́йно

percolate [ˈpɜːkəleɪt] *v* 1) проце́живать, фильтрова́ть 2) проника́ть, проса́чиваться 3) вари́ть ко́фе в кофева́рке

percolator [ˈpɜːkəleɪtə(r)] *n* кофева́рка; ко́фе-маши́на

percuss [pɜːˈkʌs] *v мед.* высту́кивать

percussion [pɜːˈkʌʃ(ə)n] *n* 1) *муз.* уда́рные инструме́нты, перку́ссия 2) *мед.* перку́ссия, высту́кивание 3) покола́чивание *(приём массажа)* 4) столкнове́ние, сотрясе́ние 5) *attr* уда́рный, взрывно́й

percussionist [pɜːˈkʌʃənɪst] *n* уда́рник, игра́ющий на уда́рных инструме́нтах музыка́нт

percussive [pɜːˈkʌsɪv] *a* уда́рный

percutaneous [ˌpɜːkjʊˈteɪnɪəs] *a* подко́жный *(об инъекции и т. п.)*

perdition [pɜːˈdɪʃ(ə)n] *n* прокля́тие, поги́бель, ве́чные му́ки

perdurable [pəˈdjʊərəbl] *a книжн.* ве́чный, постоя́нный

peregrinate [ˈperɪɡrɪneɪt] *v шутл.* стра́нствовать, путеше́ствовать

peremptory [pəˈremptərɪ] *a* 1) не допуска́ющий возраже́ний; категори́чный, безапелляцио́нный 2) повели́тельный, вла́стный 3) сле́дующий до́гме; догмати́ческий

perennial I [pəˈrenɪəl] *n бот.* многоле́тнее расте́ние

perennial II *a* 1) круглогоди́чный 2) многоле́тний *(о растении)* 3) неувяда́емый, ве́чный 4) непересыха́ющий *(о реке и т. п.)*

perestroika [ˌpereˈstrɔɪkə] *n русск. полит.* перестро́йка

perfect I [ˈpɜːfɪkt] *n грам.* перфе́кт

perfect II *a* 1) зако́нченный; по́лный; це́льный 2) соверше́нный, безупре́чный; **he speaks ~ Spanish** он говори́т безупре́чно по-испа́нски 3) то́чный; абсолю́тный; **a ~ copy** то́чная ко́пия; **~ pitch** абсолю́тный слух 4) хорошо́ подгото́вленный; прекра́сный 5) и́стинный, по́лный; **a ~ stranger** соверше́нно незнако́мый челове́к 6) *грам.* перфе́ктный; **the ~ tense** перфе́ктное вре́мя

perfect III [pəˈfekt] *v* 1) соверше́нствовать 2) заверша́ть, зака́нчивать

perfection [pəˈfekʃ(ə)n] *n* 1) соверше́нствование 2) зако́нченность, соверше́нство; **to ~** в соверше́нстве; **he plays his role to ~** он дости́г соверше́нства, игра́я э́ту роль 3) *pl* досто́инства, соверше́нства 4) заверше́ние

perfective [pəˈfektɪv] *a грам.* соверше́нный; **the ~ aspect** соверше́нный вид (глаго́ла)

perfectly [ˈpɜːfɪktlɪ] *adv* 1) соверше́нно; вполне́, по́лностью 2) отли́чно; в соверше́нстве

perfidious [pəˈfɪdɪəs] *a* преда́тельский, вероло́мный

perfidy [ˈpɜːfɪdɪ] *n* преда́тельство, вероло́мство

perforate [ˈpɜːfəreɪt] *v* 1) просве́рливать, перфори́ровать; пробура́вливать; пробива́ть *(отверстия)* 2) проника́ть *(into, through)*

perforation [ˌpɜːfəˈreɪʃ(ə)n] *n* 1) просве́рливание, перфора́ция; пробива́ние *(отверстий)* 2) *мед.* перфора́ция, прободе́ние *(напр. язвы желудка)*

perforce [pəˈfɔːs] *adv уст.* по необходи́мости; во́лей-нево́лей

perform [pəˈfɔːm] *v* 1) выполня́ть, исполня́ть *(обещание, задание, приказание и т. п.)*; де́лать, соверша́ть; **he ~ed his task well** он хорошо́ вы́полнил зада́ние; **to ~ an opera-**

589

tion де́лать опера́цию; **to ~ one's duty** испо́лнить свой долг 2) игра́ть, исполня́ть *(роль, музыка́льное произведе́ние и т. п.)*

performance [pəˈfɔːməns] *n* 1) исполне́ние, выполне́ние 2) *театр.* спекта́кль, конце́рт; перформа́нс, де́йство; **tonight's ~** вече́рний спекта́кль/сеа́нс; **the show had 60 ~s** спекта́кль шёл шестьдеся́т раз 3) де́йствие, результа́ты де́йствий; **they put up a good ~** они́ показа́ли хоро́шие результа́ты 4) *разг.* сце́на, демонстрати́вное поведе́ние; **she made such a ~ about washing-up** она́ устро́ила це́лую сце́ну из-за мытья́ посу́ды

performer [pəˈfɔːmə] *n* 1) исполни́тель 2) *разг.* позёр

perfume I [ˈpɜːfjuːm] *n* 1) арома́т, прия́тный за́пах 2) духи́, *разг.* парфю́м; **expensive ~** дорого́й парфю́м

perfume II [pəˈfjuːm] *v* (на)души́ть духа́ми

perfumer [pəˈfjuːmə(r)] *n* парфюме́р

perfumery [pəˈfjuːmərɪ] *n* 1) парфюме́рия 2) парфюме́рный магази́н

perfunctory [pəˈfʌŋktərɪ] *a* небре́жный, пове́рхностный; **~ inquiry** пове́рхностное, чи́сто форма́льное рассле́дование

perfuse [pəˈfjuːz] *v* 1) обры́згивать, опры́скивать 2) залива́ть, промыва́ть; наполня́ть *(водо́й, све́том)*

pergola [ˈpɜːɡələ] *n* пе́ргола, уви́тая расте́ниями бесе́дка *или* галере́я в па́рке

perhaps [pəˈhæps] *adv* мо́жет быть, возмо́жно, пожа́луй

peri [ˈpɪərɪ] *n* 1) *миф.* пе́ри 2) краса́вица

peril I [ˈperɪl] *n* серьёзная опа́сность; **at your ~** на ваш страх и риск; **in ~ of** с большо́й опа́сностью *(для жи́зни)*; с больши́м ри́ском

peril II *v* подверга́ть опа́сности

perilous [ˈperɪləs] *a* опа́сный

perimeter [pəˈrɪmɪtə(r)] *n* 1) *мат.* пери́метр 2) вне́шняя грани́ца *(укрепле́ния и т. п.)*

perinatal [ˌperɪˈneɪtəl] *a мед.* перината́льный *(относя́щийся к пери́оду непосре́дственно до и по́сле родо́в)*

period [ˈpɪərɪəd] *n* 1) пери́од, срок; **for a ~ of six years** на срок в шесть лет; **~ of validity** срок де́йствия 2) вре́мя, эпо́ха; **of the ~** той эпо́хи, того́ вре́мени; **the custom of the ~** обы́чай того́ вре́мени 3) цикл 4) уро́к; вре́мя, отведённое на заня́тие, ле́кцию 5) *амер.* то́чка; **to put a ~ to** поста́вить то́чку; положи́ть коне́ц *(чему́-л.)* 6) *грам.* пери́од, зако́нченное предложе́ние 7) *физиол.* менструа́ция 8) *attr* периоди́ческий; **~ pain** периоди́ческие бо́ли *(у же́нщин)*

periodic [ˌpɪərɪˈɒdɪk] *a* 1) периоди́ческий; **~ error** *вчт* периоди́ческая оши́бка 2) цикли́ческий

periodical I [ˌpɪərɪˈɒdɪkəl] *n* периоди́ческое изда́ние

periodical II *a* периоди́ческий

peripatetic [ˌperɪpəˈtetɪk] *a* 1) рабо́тающий по совмести́тельству в не́скольких шко́лах *(об учи́теле)* 2) стра́нствующий 3) **(P.)** *филос.* перипатети́ческий; аристо́телевский

peripheral I [pəˈrɪfərəl] *n вчт* перифери́йное устро́йство, *pl* перифери́йное обору́дование, *проф.* перифери́я

peripheral II *a* перифери́йный, негла́вный; вне́шний

periphery [pəˈrɪfərɪ] *n* перифери́я, окру́жность

periphrastic [ˌperɪˈfræstɪk] *a* иносказа́тельный

periscope [ˈperɪskəʊp] *n* периско́п

perish [ˈperɪʃ] *v* 1) погиба́ть 2) по́ртиться 3) *обы́кн. pass* страда́ть *(от переохлажде́ния и т. п.)* ◊ **~ the thought!** бо́же упаси́!, типу́н тебе́ на язы́к!

perishable [ˈperɪʃəbl] *a* скоропо́ртящийся; **~ food** скоропо́ртящиеся проду́кты

perishables [ˈperɪʃəblz] *n pl* скоропо́ртящийся това́р; скоропо́ртящиеся проду́кты

peristyle [ˈperɪstaɪl] *n архит.* перисти́ль

peritonitis [ˌperɪtəˈnaɪtɪs] *n мед.* перитони́т

periwig [ˈperɪwɪɡ] *n ист.* пу́дреный пари́к

periwigged [ˈperɪwɪɡd] *a* нося́щий пари́к, в парике́

perjure [ˈpɜːdʒə(r)] *v* лжесвиде́тельствовать **to ~ oneself** огова́ривать самого́ себя́

perjured [ˈpɜːdʒəd] *a* потерпе́вший от лжесвиде́тельства, оговорённый

perjurer [ˈpɜːdʒərə] *n* лжесвиде́тель

perjury [ˈpɜːdʒərɪ] *n* лжесвиде́тельство; **legal ~** лжесвиде́тельство в суде́

perk[1] [pɜːk] *разг. см.* **perquisite**

perk[2] *v* вски́нуть го́лову

perk up 1) оживля́ться 2) прихора́шиваться

perky [ˈpɜːkɪ] *a* 1) де́рзкий; самоуве́ренный 2) весёлый, живо́й, бо́йкий

perm [pɜːm] *n* хими́ческая зави́вка *(воло́с)*

permafrost [ˈpɜːməfrɒst] *n* ве́чная мерзлота́

permanence [ˈpɜːmənəns] *см.* **permanency**

permanency [ˈpɜːmənənsɪ] *n* 1) постоя́нство 2) что-л. постоя́нное; постоя́нная рабо́та и *т. п.*

permanent [ˈpɜːmənənt] *a* постоя́нный, неизме́нный; пермане́нтный; **a ~ job** постоя́нная рабо́та; **~ address** постоя́нное местожи́тельство; **~ commission** постоя́нная коми́ссия; **~ wave** хими́ческая зави́вка *(воло́с)*

permanently [ˈpɜːmənəntlɪ] *adv* постоя́нно, неизме́нно

permeability [ˌpɜːmɪəˈbɪlɪtɪ] *n физ.* 1) проница́емость, пропускна́я спосо́бность 2) водопроница́емость 3) магни́тная проница́емость

permeable [ˈpɜːmɪəbl] *a* 1) проница́емый 2) водопроница́емый

permeant [ˈpɜːmɪənt] *a* проница́емый, пропуска́ющий

permeate [ˈpɜːmɪeɪt] *v* 1) проходи́ть *(сквозь какую-л. массу)*, проника́ть; насыща́ть, пропи́тывать 2) распространя́ться *(among, through)*

permissible [pəˈmɪsəbl] *a* позволи́тельный, допусти́мый

permission [pəˈmɪʃ(ə)n] *n* разреше́ние; **with your ~** с ва́шего разреше́ния, с ва́шего позволе́ния

permissive [pəˈmɪsɪv] *a* 1) допуска́ющий, дозволя́ющий; снисходи́тельный, либера́льный; **the ~ society** о́бщество нестро́гих нра́вов 2) разреша́ющий

permit I [ˈpɜːmɪt] *n* 1) разреше́ние 2) про́пуск 3) удостовере́ние

permit II [pəˈmɪt] *v* 1) разреша́ть, позволя́ть; **smoking is not ~ted** куре́ние не разреша́ется 2) дава́ть возмо́жность; **weather ~ting** е́сли пого́да позво́лит 3) допуска́ть *(of)*; **the situation ~s of no delay** обстано́вка тре́бует безотлага́тельных де́йствий

permutation [ˌpɜːmjʊˈteɪʃ(ə)n] *n* перестано́вка *(тж мат.)*

pernicious [pɜːˈnɪʃəs] *a* вре́дный, вредоно́сный; разруши́тельный, ги́бельный, па́губный; **a ~ influence on smb** па́губное влия́ние на кого́-л.; **~ anaemia** *мед.* злока́чественная/перницио́зная анеми́я

pernickety [pəˈnɪkɪtɪ] *a разг.* 1) привере́дливый 2) тре́бующий та́кта, щекотли́вый

perorate [ˈperəreɪt] *v* 1) резюми́ровать, де́лать заключе́ние 2) вести́ простра́нные ре́чи, разглаго́льствовать

peroration [ˌperəˈreɪʃ(ə)n] *n* заключе́ние, резюме́ в конце́ ре́чи

peroxide [pəˈrɒksaɪd] *n хим.* перокси́д, пе́рекись; **hydrogen ~** пе́рекись водоро́да

perpendicular I [ˌpɜːpənˈdɪkjʊlə(r)] *n* 1) перпендикуля́р; перпендикуля́рная ли́ния; **out of ~** не под прямы́м угло́м, с накло́ном 2) вертика́ль

perpendicular II *a* 1) перпендикуля́рный 2) вертика́льный

perpetrate [ˈpɜːpɪtreɪt] *v* наруша́ть зако́н, соверша́ть преступле́ние

perpetrator [ˈpɜːpɪtreɪtə(r)] *n* наруши́тель, престу́пник

perpetual [pəˈpetjʊəl] *a* 1) ве́чный; **~ motion** ве́чное движе́ние 2) постоя́нный, непреры́вный 3) пожи́зненный 4) *разг.* постоя́нный, несконча́емый *(о жалобах, ссорах и т. п.)*; **this ~ bickering** э́ти ве́чные перепа́лки

perpetuate [pəˈpetjʊeɪt] *v* увекове́чивать

perpetuity [ˌpɜːpɪˈtjuːɪtɪ] *n* 1) ве́чность; **in/for/to ~** навсегда́, наве́ки 2) пожи́зненная ре́нта 3) бессро́чное владе́ние *(чем-л.)*

perplex [pəˈpleks] *v* 1) си́льно озада́чивать, сбива́ть с то́лку 2) вноси́ть пу́таницу, запу́тывать

perplexed [pəˈplekst] *a* 1) озада́ченный, сби́тый с то́лку, растéрянный 2) запу́танный

perplexing [pəˈpleksɪŋ] *a* озада́чивающий, сбива́ющий с то́лку

perplexity [pəˈpleksɪtɪ] *n* 1) озада́ченность, недоуме́ние, растéрянность 2) затрудне́ние

perquisite [ˈpɜːkwɪzɪt] *n* при́работок; дополни́тельное преиму́щество

perry [ˈperɪ] *n* пе́рри, гру́шевый сидр

persecute [ˈpɜːsɪkjuːt] *v* 1) пресле́довать, подверга́ть гоне́ниям *(за убеждения и т. п.)* 2) надоеда́ть, пристава́ть *(с вопросами и т. п.)*

persecution [ˌpɜːsɪˈkjuːʃ(ə)n] *n* 1) пресле́дование, гоне́ние 2) *attr:* **~ mania/complex** *мед.* ма́ния пресле́дования

persecutor [ˈpɜːsɪkjuːtə(r)] *n* пресле́дователь, гони́тель

perseverance [ˌpɜːsɪˈvɪərəns] *n* упо́рство, насто́йчивость

persevere [ˌpɜːsɪˈvɪə(r)] *v* упо́рно добива́ться своего́, насто́йчиво продолжа́ть *(in, at, with)*

persevering [ˌpɜːsɪˈvɪərɪŋ] *a* насто́йчивый, упо́рный

Persian I [ˈpɜːʃ(ə)n] *n* 1) перс; персия́нка; **the ~s** пе́рсы 2) перси́дский язы́к

Persian II *a* перси́дский; **~ cat** перси́дская ко́шка; **~ carpet** перси́дский ковёр

persiennes [ˌpɜːsɪˈenz] *n* жалюзи́; ста́вни

persiflage [ˈpɜːsɪˌflɑːʒ] *n* безоби́дное подшу́чивание

persimmon [pɜːˈsɪmən] *n бот.* хурма́

persist [pəˈsɪst] *v* 1) упо́рствовать, насто́йчиво продолжа́ть *(in)* 2) остава́ться, сохраня́ться; продолжа́ть *(деятельность и т. п.)*

persistence [pəˈsɪstəns] *n* 1) упо́рство, насто́йчивость; **to show great ~ in smth** проявля́ть большо́е упо́рство в чём-л. 2) выно́сливость 3) постоя́нство

persistency [pəˈsɪstənsɪ] *см.* persistence

persistent [pəˈsɪstənt] *a* 1) упо́рный, насто́йчивый; **~ demands** насто́йчивые тре́бования 2) сто́йкий, выно́сливый, живу́чий 3) постоя́нный; непреста́нный; **a ~ cough** непрекраща́ющийся ка́шель

person [ˈpɜːsən] *n* 1) челове́к, осо́ба, лицо́, ли́чность; **a very important ~ (VIP)** ва́жная осо́ба, ва́жное лицо́, VIP-персо́на; **he was there in ~** он был там ли́чно; **in ~** ли́чно, со́бственной персо́ной, сам; **not a single ~**

ни души́, никого́ 2) вне́шний о́блик; **she is always neat in her ~** она́ всегда́ вы́глядит опря́тно 3) персона́ж, де́йствующее лицо́ 4) *грам.* лицо́ 5) *зоол.* о́собь

persona [pɜːˈsəʊnə] *n* (*pl* **personae** [-niː]) 1) и́мидж 2): **~ grata** *дип.* персо́на гра́та; **~ non grata** *дип.* персо́на нон гра́та

personable [ˈpɜːsənəbl] *a* ви́дный, представи́тельный

personage [ˈpɜːsənɪdʒ] *n* 1) выдаю́щаяся ли́чность; ва́жная осо́ба 2) персона́ж, де́йствующее лицо́

personal [ˈpɜːsənəl] *a* 1) ли́чный; **a ~ letter** письмо́ ли́чного хара́ктера, ча́стное письмо́; **from ~ experience** по ли́чному о́пыту; **to become ~** переходи́ть на ли́чности; **~ trainer** ли́чный тре́нер 2): **~ property** *юр.* а) дви́жимое иму́щество б) ли́чное иму́щество 3) *грам.* ли́чный; **~ pronoun** ли́чное местоиме́ние

personal column [ˈpɜːsənəlˈkɒləm] *n* разде́л ча́стных объявле́ний в газе́те

personal computer [ˈpɜːsənəl kəmˈpjuːtə(r)] *n* персона́льный компью́тер, ПК (*тж* **PC**)

personal digital assistant [ˈpɜːsənəlˈdɪdʒɪtəl əˈsɪstənt] *n* ли́чный электро́нный секрета́рь, карма́нный персона́льный компью́тер, карма́нный ПК, КПК, *разг.* «наладо́нник», «карма́нник»

personalise [ˈpɜːsənəlaɪz] *v* олицетворя́ть

personality [ˌpɜːsəˈnælɪtɪ] *n* 1) ли́чность, индивидуа́льность 2) сво́йства, осо́бенности хара́ктера (*кого-л.*) 3) изве́стная ли́чность, знамени́тость; **a TV ~** звезда́ телеэкра́на 4) *обыкн. pl* вы́пады (*против кого-л.*) 5) *attr:* **~ cult** культ ли́чности; **~ disorder** *психол.* измене́ние ли́чности

personalize [ˈpɜːsənəlaɪz] *амер. см.* **personalise**

personally [ˈpɜːsənəlɪ] *adv* ли́чно; что каса́ется меня́; **don't take this ~** не принима́й э́то на свой счёт; **~ I disagree with you** что каса́ется меня́, то я с ва́ми не согла́сен

personal stereo [ˌpɜːsənəlˈsterɪəʊ] *n* пле́ер для аудиокассе́т *или* компа́кт-ди́сков

personalty [ˈpɜːsənəltɪ] *n юр.* дви́жимое иму́щество

personification [pɜːˌsɒnɪfɪkeɪʃ(ə)n] *n* олицетворе́ние, воплоще́ние

personify [pɜːˈsɒnɪfaɪ] *v* олицетворя́ть, персонифици́ровать, воплоща́ть

personnel [ˌpɜːsəˈnel] *n* 1) ли́чный соста́в; персона́л, штат 2) отде́л ка́дров (*тж* **human resources**)

perspective I [pəˈspektɪv] *n* 1) перспекти́ва 2) ве́рный взгляд на ве́щи; **let's get this into ~**

дава́йте посмо́трим на э́то в и́стинном све́те 3) открыва́ющийся вид

perspective II *a* перспекти́вный

perspicacious [ˌpɜːspɪˈkeɪʃəs] *a* проница́тельный

perspicacity [ˌpɜːspɪˈkæsɪtɪ] *n* проница́тельность

perspicuity [ˌpɜːspɪˈkjuːɪtɪ] *n* я́сность, прозра́чность

perspicuous [pəˈspɪkjʊəs] *a* 1) я́сный, поня́тный, дохо́дчивый 2) я́сно, дохо́дчиво выража́ющий свои́ мы́сли

perspiration [ˌpɜːspəˈreɪʃ(ə)n] *n* 1) пот, испа́рина 2) поте́ние, потоотделе́ние

perspire [pəˈspaɪə(r)] *v* поте́ть, покрыва́ться испа́риной

persuade [pəˈsweɪd] *v* 1) убежда́ть (*of, that*) 2) угова́ривать (*to + Inf, into*); отгова́ривать (*away, from, out of*)

persuader [pəˈsweɪdə(r)] *n* 1) убежда́ющий, угова́ривающий челове́к 2) *сленг* револьве́р, нож *и т. п.*

persuasion [pəˈsweɪʒ(ə)n] *n* 1) убежде́ние, угова́ривание; **by means of ~** ме́тодом убежде́ния; **power of ~** си́ла убежде́ния 2) убеди́тельность 3) убеждённость; мне́ние; **he is not of that ~** он не разделя́ет э́то мне́ние 4) вероиспове́дание 5) *разг.* гру́ппа; **the male ~** мужска́я компа́ния

persuasive [pəˈsweɪsɪv] *a* убеди́тельный

pert [pɜːt] *a* 1) де́рзкий, развя́зный 2) шика́рный, небре́жно элега́нтный (*об одежде*)

pertain [pɜːˈteɪn] *v* 1) относи́ться, име́ть отноше́ние (*к — to*) 2) принадлежа́ть (*to*) 3) быть сво́йственным 4) подходи́ть, подоба́ть

pertinacious [ˌpɜːtɪˈneɪʃəs] *a* упря́мый

pertinacity [ˌpɜːtɪˈnæsɪtɪ] *n* упря́мство, неусту́пчивость

pertinent [ˈpɜːtɪnənt] *a* относя́щийся к де́лу; подходя́щий; уме́стный; **a ~ remark** уме́стное замеча́ние, замеча́ние по существу́

perturb [pəˈtɜːb] *v* 1) приводи́ть в смяте́ние, в беспоря́док 2) беспоко́ить, волнова́ть, трево́жить

perturbation [ˌpɜːtɜːˈbeɪʃ(ə)n] *n* смяте́ние; беспоко́йство, волне́ние

perusal [pəˈruːzəl] *n* внима́тельное прочте́ние

peruse [pəˈruːz] *v* 1) внима́тельно чита́ть 2) смотре́ть изуча́юще, рассма́тривать

Peruvian I [pəˈruːvɪən] *n* перуа́нец; перуа́нка; **the ~s** перуа́нцы

Peruvian II *a* перуа́нский

pervade [pɜːˈveɪd] *v* наполня́ть, пропи́тывать (*ароматом и т. п.*); распространя́ться

pervasive [pəˈveɪsɪv] *a* проника́ющий всю́ду

perverse [pə'vɜːs] *a* 1) упо́рствующий, несгово́рчивый 2) своенра́вный, капри́зный 3) извращённый, поро́чный

perversion [pə'vɜːʃ(ə)n] *n* извраще́ние; извращённость

perversity [pə'vɜːsɪtɪ] *n* 1) несгово́рчивость 2) извращённость, поро́чность

pervert I ['pɜːvɜːt] *n* извращённый челове́к, извраще́нец

pervert II [pə'vɜːt] *v* 1) совраща́ть 2) вводи́ть в заблужде́ние 3) извраща́ть

perverted [pə'vɜːtɪd] *a* извращённый; развращённый

pervious ['pɜːvɪəs] *a* 1) проница́емый, пропуска́ющий *(влагу)* 2) восприи́мчивый

peseta [pə'seɪtə] *n ист.* песе́та *(испанская денежная единица и монета до введения евро в 2001 г.)*

pesky ['peskɪ] *a амер. сленг* беспоко́йный, надое́дливый

peso ['peɪsəʊ] *n* пе́со *(денежная единица ряда латиноамериканских стран)*

pessary ['pesərɪ] *n мед.* песса́рий, ма́точное кольцо́

pessimism ['pesɪmɪzm] *n* пессими́зм

pessimist ['pesɪmɪst] *n* пессими́ст

pessimistic [ˌpesɪ'mɪstɪk] *a* пессимисти́ческий

pest [pest] *n* 1) надое́дливый челове́к 2) *с.-х.* парази́т, вреди́тель; **garden ~s** садо́вые вреди́тели 3) *уст.* чума́; мор

pester ['pestə(r)] *v* пристава́ть, надоеда́ть

pesticide ['pestɪsaɪd] *n с.-х.* пестици́д

pest house ['pest ˌhaʊs] *n ист.* чумно́й бара́к

pestiferous [pe'stɪfərəs] *a* 1) зара́зный; вредоно́сный 2) па́губный, вре́дный

pestilence ['pestɪləns] *n книжн.* эпиде́мия; мор; чума́

pestilent ['pestɪlənt] *a* 1) смерте́льный, опа́сный для жи́зни 2) вредоно́сный, вре́дный, па́губный 3) *разг.* надое́дливый

pestle I ['pesl] *n* пе́стик *(ступки)*

pestle II *v* толо́чь пе́стиком

pet¹ I [pet] *n* 1) люби́мец 2) дома́шнее живо́тное; **they keep lots of ~s** у них в до́ме мно́го живо́тных 3) *attr* люби́мый

pet¹ II *v* 1) балова́ть, ласка́ть 2) *сленг* обнима́ться, целова́ться

pet² *n* скве́рное настрое́ние; **to be in a ~** быть в дурно́м настрое́нии, быть не в ду́хе

petal ['petəl] *n бот.* лепесто́к

petard [pɪ'tɑːd] *n* пета́рда, хлопу́шка

peter ['piːtə(r)] *v*: **to ~ out** уменьша́ться, истоща́ться, иссяка́ть *(о запасах, энтузиазме и т. п.)*

Peter Pan [ˌpiːtə'pæn] *n* Пи́тер Пэн *(персонаж одноимённой пьесы Дж. Барри, оли-* цетворе́ние инфанти́льного мужчи́ны, ве́чного ма́льчика)

petersham ['piːtəʃəm] *n* 1) пальто́ «пи́тершам» *(мужское, из тяжёлого драпа)* 2) пло́тная ре́псовая ле́нта *(для шляп, поясов и т. п.)*

petition I [pɪ'tɪʃ(ə)n] *n* 1) проше́ние, про́сьба, пети́ция; хода́тайство; **to present a ~** подава́ть проше́ние, пети́цию; **a ~ for mercy** хода́тайство о поми́ловании 2) моли́тва

petition II *v* обраща́ться с пети́цией; подава́ть проше́ние

petitioner [pɪ'tɪʃnə(r)] *n* 1) проси́тель 2) *юр.* исте́ц

petrel ['petrəl] *n зоол.* буреве́стник

petrifaction [ˌpetrɪ'fækʃ(ə)n] *n* 1) окамене́ние 2) окамене́лость 3) оцепене́ние

petrify ['petrɪfaɪ] *v* 1) оцепене́ть, остолбене́ть 2) поража́ть, ошеломля́ть 3) окаменева́ть, застыва́ть *(в камне)*

petrodollar ['petrəʊˌdɒlə(r)] *n* нефтедо́ллар

petroglyph [pe'trɒglɪf] *n* петрогли́ф *(надпись или рисунок, высеченный на камне)*

petrography [pe'trɒgrəfɪ] *n* петрогра́фия

petrol ['petrəl] *n* 1) бензи́н; газоли́н 2) *attr* бензи́новый; **~ bomb** *воен.* буты́лка с зажига́тельной сме́сью; **~ pump** а) бензоколо́нка б) бензонасо́с; **~ station** бензоколо́нка *(амер.* **gas station**); **~ gauge** указа́тель у́ровня бензи́на; **~ tank** бензоба́к *(амер.* **gas tank**); **~ tanker** бензово́з

petroleum [pɪ'trəʊlɪəm] *n* 1) нефть 2) *attr* нефтяно́й; **~ jelly** вазели́н

petrology [pɪ'trɒlədʒɪ] *n* петроло́гия

petticoat ['petɪkəʊt] *n* 1) ни́жняя ю́бка 2) *сленг* же́нщина, де́вушка; *pl* же́нский пол 3) *attr* же́нский

pettifog ['petɪfɒg] *v* 1) занима́ться крючкотво́рством 2) цепля́ться к мелоча́м, пустяка́м

pettifogger ['petɪfɒgə(r)] *n* крючкотво́р; интрига́н

pettifogging ['petɪfɒgɪŋ] *a* ни́зкий, кля́узный, ме́лочный

pettiness ['petɪnɪs] *n* ме́лочность

pettish ['petɪʃ] *a* оби́дчивый; вздо́рный

petty ['petɪ] *a* 1) ме́лкий, незначи́тельный; **~ officials** ме́лкие чино́вники; **~ crime** *юр.* малозначи́тельное преступле́ние; ме́лкое правонаруше́ние 2) пустяко́вый, ничто́жный 3) ме́лочный

petulance ['petjʊləns] *n* раздражи́тельность; оби́дчивость

petulant ['petjʊlənt] *a* оби́дчивый, капри́зный, вздо́рный; **a ~ old man** вздо́рный стари́к

petunia [pɪˈtjuːnɪə] *n бот.* петуния

pew [pjuː] *n* 1) скамья со спинкой в церкви 2) *разг.* сиденье; **take a ~** садитесь

pewter [ˈpjuːtə(r)] *n* 1) сплав олова со свинцом 2) оловянная кружка; оловянная посуда

pfennig [ˈpfenɪg] *n ист.* пфенниг *(немецкая мелкая монета до введения евро в 2001 г.)*

phallic [ˈfælɪk] *a* фаллический

phallus [ˈfæləs] *n (pl* **phalli** [ˈfælaɪ]) фаллос

phantasy [ˈfæntəsɪ] *уст. см.* **fantasy**

phantom [ˈfæntəm] *n* 1) призрак, фантом; привидение 2) *attr* призрачный, иллюзорный; **~ ship** корабль-призрак

pharaoh [ˈfeərəʊ] *n ист.* фараон

pharisee [ˈfærɪsiː] *n* фарисей, ханжа, лицемер

pharmaceutical [ˌfɑːməˈsjuːtɪkl] *a* фармацевтический; **~ company** фармацевтическая компания

pharmacist [ˈfɑːməsɪst] *n* фармацевт

pharmacology [ˌfɑːməˈkɒlədʒɪ] *n* фармакология

pharmacy [ˈfɑːməsɪ] *n* 1) фармация, аптечное дело 2) аптека

pharos [ˈfeərɒs] *n* маяк

pharyngitis [ˌfærɪnˈdʒaɪtɪs] *n мед.* фарингит, боль в горле *(тж* **sore throat**)

pharynx [ˈfærɪŋks] *n анат.* глотка

phase I [feɪz] *n* стадия, фаза

phase II *v:* **to ~ out** постепенно сокращать, снимать, убирать

phase reversal [ˌfeɪz rɪˈvɜːs(ə)l] *n тех.* опрокидывание фазы, изменение фазы на 180 градусов

phase shift [ˌfeɪzˈʃɪft] *n* 1) *тех.* сдвиг фазы, сдвиг по фазе 2) *вчт* временной сдвиг кода

PhD [ˌpiːeɪtʃˈdiː] *сокр.* (**Doctor of Philosophy**) 1) доктор философии 2) докторская степень *(в любой науке)*

pheasant [ˈfeznt] *n зоол.* фазан

phenobarbitone [ˌfiːnəʊˈbɑːbɪˌtəʊn] *n фарм.* фенобарбитал *(снотворное; амер.* **phenobarbital**)

phenol [ˈfiːnɒl] *n хим.* фенол

phenomena [fɪˈnɒmɪnə] *pl см.* **phenomenon**

phenomenal [fɪˈnɒmɪnl] *a* необычайный, феноменальный

phenomenon [fɪˈnɒmɪnən] *n (pl* **phenomena**) 1) явление, эффект; **natural ~** явление природы 2) необыкновенное явление, феномен

pheromone [ˈferəˌməʊn] *n биол.* феромон

phew [fjuː] *int* уф!; ну и ну!

phial [ˈfaɪəl] *n* склянка, пузырёк, флакон

philander [fɪˈlændə(r)] *v* ухаживать, волочиться

philanderer [fɪˈlændərə(r)] *n* волокита, донжуан, бабник

philanthropist [fɪˈlænθrəpɪst] *n* филантроп

philanthropy [fɪˈlænθrəpɪ] *n* филантропия

philately [fɪˈlætəlɪ] *n* филателия

philharmonic [ˌfɪlhɑːˈmɒnɪk] *a* филармонический; музыкальный *(об обществе)*

philistine I [ˈfɪlɪstaɪn] *n* филистер, обыватель

philistine II *a* филистерский, обывательский

phillumenist [fɪˈljuːmənɪst] *n* филуменист *(коллекционер спичечных этикеток)*

philological [ˌfɪləˈlɒdʒɪkəl] *a* филологический

philologist [fɪˈlɒlədʒɪst] *n* филолог

philology [fɪˈlɒlədʒɪ] *n* филология

philosopher [fɪˈlɒsəfə(r)] *n* философ ◊ **the philosopher's stone** философский камень

philosophic(al) [ˌfɪləˈsɒfɪk(əl)] *a* философский

philosophise [fɪˈlɒsəfaɪz] *v* философствовать

philosophize [fɪˈlɒsəfaɪz] *амер. см.* **philosophise**

philosophy [fɪˈlɒsəfɪ] *n* философия

phiz [fɪz] *n разг.* физиономия, лицо

phlebitis [flɪˈbaɪtɪs] *n мед.* флебит, воспаление вены

phlegm [flem] *n* 1) мокрота, слизь 2) флегматичность

phlegmatic [fleɡˈmætɪk] *a* флегматичный

phlox [flɒks] *n бот.* флокс

phobia [ˈfəʊbɪə] *n мед.* фобия; навязчивый страх

phoenix [ˈfiːnɪks] *n* 1) *миф.* феникс 2) необыкновенная личность; нечто уникальное

phone¹ I [fəʊn] *n разг.* 1) телефон; **by/over the ~** по телефону; **on the ~** у телефона; **to answer the ~** ответить по телефону; **to get smb on the ~** дозвониться кому-л. 2) *attr* телефонный; **~ number** номер телефона; **~ sex** секс по телефону

phone¹ II *v разг.* звонить по телефону

phone² *n фон.* фон, звук речи

phone book [ˈfəʊnbʊk] *n* телефонный справочник

phone box [ˈfəʊnbɒks] *n* телефонная будка; телефон-автомат

phone call [ˈfəʊnkɔːl] *n* телефонный звонок

phonecard [ˈfəʊnkɑːd] *n* телефонная пластиковая карточка

phoneme [ˈfəʊniːm] *n лингв.* фонема

phonemic [fəʊˈniːmɪk] *a лингв.* фонематический

phonetic [fəˈnetɪk] *a* фонетический

phonetics [fəˈnetɪks] *n* 1) фонетика 2) произношение; **his ~ is good** у него хорошее произношение

phonetist [ˈfəʊnɪtɪst] *n* фонетист

phoney I [ˈfəʊnɪ] *n разг.* 1) подделка, обман, «липа» 2) жулик, обманщик; притворщик; шарлатан

phoney II *a разг.* подде́льный, фальши́вый; ду́тый; **there's something ~ about him** в нём есть кака́я-то фальшь

phonic [ˈfəʊnɪk] *a* звуково́й, акусти́ческий

phonograph [ˈfəʊnəɡrɑːf] *n* 1) *ист.* фоно́граф 2) *амер.* прои́грыватель (*тж* **record player**)

phonology [fəˈnɒlədʒɪ] *n* фоноло́гия

phony I, II [ˈfəʊnɪ] *разг. см.* **phoney I, II**

phosphate [ˈfɒsfeɪt] *n хим.* фосфа́т

phosphoric [fɒsˈfɒrɪk] *a* 1) *хим.* фо́сфорный 2) фосфори́ческий

phosphorous [ˈfɒsfərəs] *a хим.* фо́сфористый

phosphorus [ˈfɒsfərəs] *n хим.* фо́сфор

photo [ˈfəʊtəʊ] *разг. см.* **photograph I**

photo booth [ˈfəʊtəʊˌbuːθ] *n* каби́нка для момента́льного фотографи́рования

photocell [ˈfəʊtəʊsel] *n* фотоэлеме́нт (*тж* **photoelectric cell**)

photocopier [ˈfəʊtəʊˌkɒpɪə] *n* фотокопирова́льное устро́йство

photocopy I [ˈfəʊtəʊˌkɒpɪ] *n* фотоко́пия

photocopy II *v* де́лать фотоко́пии, фотокопи́ровать

photo finish [ˈfəʊtəʊˌfɪnɪʃ] *n спорт.* фото́финиш

photogenic [ˌfəʊtəʊˈdʒenɪk] *a* фотогени́чный

photograph I [ˈfəʊtəɡrɑːf] *n* фотогра́фия, фотосни́мок, фотока́рточка

photograph II *v* фотографи́ровать, снима́ть

photographer [fəˈtɒɡrəfə(r)] *n* фото́граф

photographic [ˌfəʊtəˈɡræfɪk] *a* фотографи́ческий; **~ memory** фотографи́ческая па́мять, па́мять на все уви́денные дета́ли

photography [fəˈtɒɡrəfɪ] *n* 1) фотогра́фия 2) *кино* рабо́та опера́тора; **director of ~** опера́тор

photomontage [ˌfəʊtəʊmɒnˈtɑːʒ] *n* фотомонта́ж

photooffset [ˌfəʊtəʊˈɒfset] *n полигр.* фотоофсе́т, пло́ская офсе́тная печа́ть

photosensitive [ˌfəʊtəˈsensɪtɪv] *a* светочувстви́тельный

photosetting [ˈfəʊtəʊˌsetɪŋ] *n полигр.* фотонабо́р

photosynthesis [ˌfəʊtəʊˈsɪnθɪsɪs] *n биол.* фотоси́нтез

phrasal verb [ˌfreɪz(ə)lˈvɜːb] *n лингв.* фра́зовый глаго́л

phrase I [freɪz] *n* 1) выраже́ние, фра́за, (усто́йчивый) оборо́т; словосочета́ние; **set ~** усто́йчивое словосочета́ние 2) слог, стиль (*речи*); **in simple ~** просты́м языко́м 3) *муз.* фра́за 4) *pl* пусты́е слова́

phrase II *v* 1) выража́ть слова́ми, формули́ровать 2) *муз.* фрази́ровать

phrase book [ˈfreɪzbʊk] *n* разгово́рник

phraseological [ˌfreɪzɪəˈlɒdʒɪkəl] *a* фразеологи́ческий

phraseology [ˌfreɪzɪˈɒlədʒɪ] *n* 1) фразеоло́гия 2) мане́ра выража́ться

phrasing [ˈfreɪzɪŋ] *n* 1) формулиро́вка 2) *муз.* фразиро́вка

phreaker [ˈfriːkə] *n* телефо́нный моше́нник, телефо́нный взло́мщик 2) *вчт* сетево́й взло́мщик

phut [fʌt] *adv:* **to go ~** *разг.* ло́пнуть, потерпе́ть крах, ко́нчиться ниче́м

physic [ˈfɪzɪk] *n уст.* 1) *разг.* лека́рство 2) медици́на

physical [ˈfɪzɪkəl] *a* физи́ческий; материа́льный; **~ fitness** хоро́шая физи́ческая фо́рма, физи́ческая подгото́вленность; **~ world** *филос.* материа́льный мир; **~ education** физи́ческое воспита́ние, физи́ческая культу́ра, физи́ческая подгото́вка; **~ examination** экза́мен по физкульту́ре

physician [fɪˈzɪʃən] *n* врач; терапе́вт; **consulting ~** врач-консульта́нт

physicist [ˈfɪzɪsɪst] *n* фи́зик

physics [ˈfɪzɪks] *n* фи́зика

physiological [ˌfɪzɪəˈlɒdʒɪkəl] *a* физиологи́ческий

physiologist [ˌfɪzɪˈɒlədʒɪst] *n* физио́лог

physiology [ˌfɪzɪˈɒlədʒɪ] *n* физиоло́гия

physiotherapy [ˌfɪzɪəʊˈθerəpɪ] *n* физиотерапи́я

physique [fɪˈziːk] *n* телосложе́ние

pianist [ˈpɪənɪst] *n* пиани́ст; пиани́стка

piano [pɪˈænəʊ] *n* фортепья́но; **grand ~** роя́ль; **upright ~** пиани́но; **to play the ~** игра́ть на пиани́но/на роя́ле

pianoforte [pɪˌænəʊˈfɔːtɪ] *n* фортепья́но

piano organ [pɪˌænəʊˈɔːɡən] *n* шарма́нка

piano player [pɪˌænəʊˈpleɪə(r)] *n* 1) пиани́ст; пиани́стка 2) пиано́ла

piazza [pɪˈætsə] *n* 1) городска́я пло́щадь (*в Ита́лии*) 2) *амер.* вера́нда

pibroch [ˈpiːbrɒk] *n муз.* вариа́ция для шотла́ндской волы́нки

pica [ˈpaɪkə] *n мед.* извращённый аппети́т

picaresque [ˌpɪkəˈresk] *a* авантю́рный, плуто́вско́й (*о рома́не*)

picaroon [ˌpɪkəˈruːn] *n* 1) плут 2) банди́т 3) пира́т 4) пира́тское су́дно

piccaninny [ˌpɪkəˈnɪnɪ] *n* негритёнок

piccolo [ˈpɪkələʊ] *n муз.* фле́йта пи́кколо

pick[1] [pɪk] *v* 1) выбира́ть, отбира́ть; подбира́ть; **to ~ and choose** быть разбо́рчивым 2) собира́ть, рвать (*цветы́, фру́кты и т. п.*); **to ~ an apple** сорва́ть я́блоко 3) ковыря́ть, выко́вывать; **to ~ a lock** открыва́ть замо́к отмы́чкой; **to ~ one's nose** ковыря́ть в носу́

595

4) обгла́дывать *(кость)* 5) чи́стить, обди-
ра́ть, очища́ть; ощи́пывать *(птицу)* 6) есть
(маленькими кусочками); клева́ть 7) *амер.*
перебира́ть *(струны банджо и т. п.)* 8)
осторо́жно пробира́ться, обходи́ть *(лужи и
т. п.)* ◊ **to ~ holes in smth** разнести́ в пух и
прах

pick at *разг.* 1) неохо́тно есть, ковыря́ться
(в таре́лке) 2) слегка́ затро́нуть *(тему, вопрос)* 3) придира́ться; ворча́ть

pick off 1) срыва́ть, обрыва́ть 2) перестре-
ля́ть по одному́

pick on 1) выбира́ть, отбира́ть; остана́вли-
ваться на *(чём-л.)* 2) *разг.* прицепи́ться,
привяза́ться к *(кому-л.)*

pick out 1) удаля́ть, выко́вывать 2) выби-
ра́ть 3) узнава́ть *(среди других)* 4) подби-
ра́ть мело́дию *(по слуху)* 5) понима́ть смысл

pick up 1) поднима́ть, подбира́ть 2) захо-
ди́ть, заезжа́ть *(за кем-л., чем-л.)* 3) подби-
ра́ть; брать *(пассажира)* 4) *разг.* познако́-
миться *(с кем-л.)*, подцепи́ть *(кого-л.)* 5)
пойма́ть, схвати́ть, арестова́ть 6) различа́ть
(звук, свет, запах и т. п.); лови́ть *(сигналы)*
7) прибира́ть *(ко́мнату)* 8) *разг.* зараба́ты-
вать немно́го де́нег 9) *разг.* покупа́ть 10)
разг. случа́йно узна́ть 11) выздора́вливать,
поправля́ться 12) набира́ть ско́рость 13)
поднима́ть пе́тлю *(в вязании)* 14) разрых-
ля́ть (зе́млю) кирко́й

pick² [pɪk] *n* 1) вы́бор; **take your ~** выбира́йте
2) **the ~ of the basket** что-л. са́мое отбо́р-
ное, са́мое лу́чшее; **he's the ~ of the bunch**
он среди́ них всех са́мый лу́чший

pick³ *n* 1) кирка́; кайло́; **ice ~** ледору́б 2) зубо-
чи́стка

pickaback [ˈpɪkəbæk] *adv* на спине́, за пле-
ча́ми

pickaninny [ˈpɪkənɪnɪ] *амер. см.* **piccaninny**

pickax(e) I [ˈpɪkæks] *n* киркомоты́га

pickax(e) II *v* рабо́тать киркомоты́гой

picked [pɪkt] *a* 1) со́бранный 2) отобранный;
отбо́рный

picket I [ˈpɪkɪt] *n* 1) кол 2) пике́т 3) пике́тчик
4) *воен.* (сторожева́я) заста́ва; пост

picket II *v* 1) выставля́ть пике́ты; **to ~ a
factory** пикети́ровать заво́д 2) огора́живать
3) привя́зывать к колу́ 4) *воен.* охраня́ть

picking [ˈpɪkɪŋ] *n* 1) сбор *(ягод, фруктов и
т. п.)* 2) *pl* оста́тки, объе́дки 3) *pl* ме́лкая
пожи́ва; **considerable ~s** значи́тельный ба-
ры́ш 4) сортиро́вка, сортирова́ние, отбо́р 5)
вы́бор

pickle I [ˈpɪkl] *n* 1) обыкн. *pl* соле́нья; мари-
но́ванные огурцы́; пи́кули 2) рассо́л; мари-
на́д 3) *разг.* неприя́тное положе́ние; **I'm in**

a bit of a ~ я влип 4) *разг.* озорно́й ребёнок,
озорни́к

pickle II *v* соли́ть, маринова́ть

picklock [ˈpɪklɒk] *n* 1) взло́мщик 2) отмы́чка

pick-me-up [ˈpɪkmɪʌp] *n разг.* тонизи́рующее
сре́дство; энергети́ческий напи́ток; **let's
have a ~** дава́й вы́пьем по ма́ленькой

pickpocket [ˈpɪkˌpɒkɪt] *n* вор-карма́нник; **beware of ~s!** остерега́йтесь воро́в-карма́нни-
ков!, береги́те карма́ны!

pickup [ˈpɪkʌp] *n* 1) *авто* пика́п *(тж ~ **truck**)*
2) *сленг* случа́йное знако́мство, случа́йная
связь 3) ада́птер; звукоснима́тель 4) *тех.*
да́тчик

picky [ˈpɪkɪ] *a разг.* чересчу́р разбо́рчивый

picnic I [ˈpɪknɪk] *n* 1) пикни́к 2) что-л. прия́т-
ное; **it's no ~** э́то не шу́тка, э́то не лёгкое
де́ло 3) *attr:* **~ basket, ~ hamper** корзи́на
для пикника́

picnic II *v* принима́ть уча́стие в пикнике́

picric [ˈpɪkrɪk] *a хим.:* **~ acid** пикри́новая
кислота́

Pict [pɪkt] *n ист.* пикт

pictogram [ˈpɪktəgræm] *n* пиктогра́мма

pictorial I [pɪkˈtɔːrɪəl] *n* иллюстри́рованный
журна́л

pictorial II *a* 1) иллюстри́рованный; **a ~ magazine** иллюстри́рованный журна́л 2) изо-
брази́тельный; **~ art** изобрази́тельное ис-
ку́сство 3) живопи́сный 4) пиктографи́-
ческий, рису́ночный

picture I [ˈpɪktʃə(r)] *n* 1) карти́на, карти́нка,
изображе́ние; **to frame a ~** вставля́ть карти́-
ну в ра́мку 2) портре́т; фотогра́фия; **there
was a ~ of him in the paper** в газе́те была́
напеча́тана его́ фотогра́фия 3) о́браз 4) *pl*
кинофи́льм, кинокарти́на; кино́ *(амер.* **movie)** 5) изображе́ние на телеэкра́не 6) во-
площе́ние *(здоровья и т. п.)* 7) то́чная ко́-
пия *(кого-л.)* ◊ **in the ~** по́лностью в ку́рсе
де́ла; по́лностью информи́рованный, посвящённый; **out of the ~** незаде́йствованный,
неакти́вный; не име́ющий отноше́ния; **to
get the ~** *разг.* улови́ть смысл, тенде́нцию *и
т. п.*

picture II *v* 1) писа́ть *(красками);* рисова́ть 2)
опи́сывать 3) вообража́ть, представля́ть се-
бе́ *(тж* **to ~ to oneself)**

picture book [ˈpɪktʃəbʊk] *n* (де́тская) кни́жка
с карти́нками

picture card [ˈpɪktʃəkɑːd] *n* фигу́рная ка́рта
(король, дама, валет)

picture gallery [ˈpɪktʃəˌgælərɪ] *n* карти́нная
галере́я

picture goer [ˈpɪktʃəˌgəʊə(r)] *n* люби́тель ки-
но́, кинома́н *(тж* **cinema goer)**

picture postcard [ˌpɪktʃə'pəʊstkɑːd] *n* почтóвая открытка с видом *(какого-л. города, пейзажа и т. п.)*

picturesque [ˌpɪktʃə'resk] *a* 1) живописный; колоритный 2) óбразный, яркий, цветистый

picture writing ['pɪktʃə,raɪtɪŋ] *n* пиктографическое письмó

piddle ['pɪdl] *v разг.* мочиться, ходить помáленькому *(о ребёнке)*; дéлать лýжу *(о щенке, котёнке и т. п.)*

piddling ['pɪdlɪŋ] *a* пустякóвый, пустячный, мéлкий, ничтóжный

pie¹ [paɪ] *n* 1) пирóг; пирожóк; **meat ~** пирожóк с мясом; **shepherd's ~** картóфельная запекáнка с мясом 2) что-л. в фóрме пирогá 3) *сленг* лёгкое дéло, пáра пустякóв 4) *спец.* сéктор, часть, фрагмéнт; детáль, штýка ◊ **as easy as ~** óчень легкó, прóще простóго; **~ in the sky** что-л. нереáльное, несбыточное; **to eat humble ~** смиряться, покоряться; унижáться

pie² *n уст.* сорóка

piebald I ['paɪbɔːld] *n* пéгая лóшадь

piebald II *a* 1) пéгий 2) пёстрый; разношёрстный

piece I [piːs] *n* 1) кусóк, часть; учáсток; **a ~ of paper/cheese** лист бумáги/кусóк сыра; **a ~ of ground/of road** учáсток земли/дорóги; **a ~ of water** пруд, небольшóе óзеро; **~ by ~** по кускáм, постепéнно; частями; **by the ~** за штýку; поштýчно; сдéльно; **to take to ~s** разбирáть на чáсти; *перен.* подвергáть сурóвой критике 2) облóмок, оскóлок, обрывок, клочóк; **to break to ~s** разбить вдрéбезги; **to fall to ~s** изорвáться, разлéзться по швам; **to tear to ~s** разорвáть на клочки 3) монéта; **50p ~** монéта в 50 пéнсов 4) произведéние, пьéса; картина; **a ~ of art** произведéние искýсства, худóжественное произведéние; **a ~ of music** музыкáльное произведéние; **a ~ of painting** картина; **a ~ of poetry** стихотворéние; **museum ~** музéйная вещь/рéдкость 5) отдéльный предмéт, штýка; **a ~ of furniture** часть обстанóвки, мéбели *(стул, стол и т. п.)*; **a ~ of luggage** мéсто багажá; **a ~ of silver/china** издéлие из серебрá/фарфóра; **a ~ of wall paper** рулóн обóев 6) примéр, образéц *(чего-л.)*; поступок; **a good ~ of work** хорошó выполненная рабóта; **a ~ of advice** совéт; **a ~ of folly** сумасшéдший поступок; **a ~ of impudence** образéц нахáльства, нахáльный поступок; **a ~ of luck** удáча; **a ~ of news** нóвость 7) шáхматная фигýра; шáшка; фишка 8) *сленг* бабёнка *(тж ~ of goods)* 9) *амер. сленг* пай, дóля *(в предприятии)* 10) *амер. сленг* орýжие; ружьё; писто-

лéт ◊ **all in one ~** цéлый и невредимый; **to go to ~s** сильно пошатнýться *(о здорóвье)*; **his nerves have gone to ~s** у негó нéрвное переутомлéние; **it's a ~ of cake!** *разг.* éто прóще простóго!; **to give a ~ of one's mind** *разг.* высказаться напрямик; отчитáть *(кого-л.)*

piece II *v* 1) соединять, собирáть по кусóчкам; комбинировать; **to ~ a cup together** склéить (разбитую) чáшку; **to ~ the story together** разобрáться, наконéц, в éтой истóрии/ситуáции 2) чинить, латáть *(одежду)*

piecemeal I ['piːsmiːl] *a* частичный, постепéнный

piecemeal II *adv* частично, постепéнно; по частям

piecework ['piːswɜːk] *n* сдéльная рабóта; **he's on ~** он на сдéльщине

piecrust ['paɪkrʌst] *n* кóрочка пирогá

pied [paɪd] *a* пёстрый, пятнистый

pied-à-terre [ˌpjeɪdɑː'teə(r)] *n фр.* небольшáя квартира *(где хозяин лишь иногдá останавливается — по делáм и т. п.)*

pier [pɪə(r)] *n* 1) пирс 2) мол, волнорéз 3) свáя, устóй, бык *(мóста)* 4) простéнок

pierce [pɪəs] *v* 1) пронзáть, протыкáть, прокáлывать 2) пробурáвливать; сверлить 3) проникáть *(о свéте, звýке)* 4) пронизывать *(о хóлоде)* 5) проклáдывать путь *(сквозь зáросли и т. п.)*

piercing I ['pɪəsɪŋ] *n* 1) прокóл 2) пирсинг *(прокáлывание ушéй, губ, щёк и т. п. для ношéния небольших украшéний)*

piercing II *a* 1) пронзительный *(о крике)* 2) óстрый *(о бóли, чýвстве)* 3) пронизывающий *(о взгляде, вéтре, хóлоде)* 4) *воен.* бронебóйный

pier-glass ['pɪəglɑːs] *n* высóкое зéркало, трюмó

piety ['paɪɪti] *n* благочéстие, нáбожность; пиетéт

piezoelectric I [paɪˌiːzəʊɪ'lektrɪk] *n физ.* пьезоэлектрический материáл, пьезоэлéктрик

piezoelectric II *a физ.* пьезоэлектрический

piezoelectricity [paɪˌiːzəʊɪlek'trɪsɪti] *n физ.* пьезоэлектричество

piezomagnetic I [paɪˌiːzəʊmæg'netɪk] *n физ.* пьезомагнитный материáл, пьезомагнéтик

piezomagnetic II *a физ.* пьезомагнитный

piezomagnetism [paɪˌiːzəʊ'mægnɪtɪz(ə)m] *n физ.* пьезомагнетизм

piffle I ['pɪfl] *n разг.* ерундá, вздор

piffle II *v разг.* говорить глýпости, болтáть, нести чушь

piffling ['pɪflɪŋ] *a* ничтóжный, пустякóвый

pig I [pɪg] *n* 1) свинья; поросёнок 2) свинина; поросятина; **roast ~** жáреный поросёнок 3) *разг.* грязнýля, неряха; неопрятный челове́к, «свинья́» 4) *разг.* неприя́тная ситуа́ция; неприя́тное де́ло 5) *тех.* чу́шка, болва́нка 6) *сленг* полице́йский ◊ ~s might fly *посл.* ≅ быва́ет, что и коро́вы лета́ют; to buy a ~ in a poke *посл.* ≅ покупа́ть кота́ в мешке́; to make a ~ of oneself обжира́ться; to make a ~'s ear of smth *разг.* всё испо́ртить, напорта́чить; in a ~'s eye *разг.* коне́чно нет; ~ in the middle ≅ меж двух огне́й

pig II *v* 1) пороси́ться 2) *разг.* есть как свинья́ 3) жить в грязи́, неую́те; **we rather ~ it in the country** у нас на да́че всё неустро́ено, живём примити́вно

pigeon [ˈpɪʤɪn] *n* 1) го́лубь; голу́бка; **carrier ~** почто́вый го́лубь 2) проста́к, «шля́па»

pigeon-breasted [ˌpɪʤɪnˈbrestɪd] *a* с кури́ной гру́дью, с килеви́дной грудно́й кле́ткой *(о челове́ке)* *(тж* **pigeon-chested)**

pigeon-hearted [ˌpɪʤɪnˈhɑːtɪd] *a* трусли́вый

pigeon-hole I [ˈpɪʤɪnhəʊl] *n* 1) отделе́ние для бума́г *(пи́сьменного стола́ и т. п.)* 2) голуби́ное гнездо́

pigeon-hole II *v* раскла́дывать бума́ги по по́лочкам

pigeonry [ˈpɪʤɪnrɪ] *n* голубя́тня

piggery [ˈpɪɡərɪ] *n* 1) свиноферма 2) свина́рник, хлев

piggish [ˈpɪɡɪʃ] *a* 1) свино́й 2) сви́нский, гря́зный 3) жа́дный 4) упря́мый

piggy [ˈpɪɡɪ] *n* сви́нка, поросёнок

piggyback [ˈpɪɡɪbæk] *adv* 1) на зако́рках, на плеча́х и спине́ 2) на платфо́рме, на возвыше́нии

piggybacking [ˈpɪɡɪbækɪŋ] *n вчт. жарг.* проникнове́ние *(в систему)* под прикры́тием зако́нного по́льзователя *или* с испо́льзованием его термина́ла

piggy bank [ˈpɪɡɪˌbæŋk] *n* копи́лка в фо́рме свиньи́

pigheaded [ˈpɪɡˈhedɪd] *a* упря́мый

pig-iron [ˈpɪɡˌaɪən] *n* чугу́н в чу́шках

pigment [ˈpɪɡmənt] *n* пигме́нт

pigmentation [ˌpɪɡmənˈteɪʃ(ə)n] *n* пигмента́ция

pigmy [ˈpɪɡmɪ] *см.* **pygmy**

pignut [ˈpɪɡnʌt] *n* земляно́й оре́х, ара́хис

pigpen [ˈpɪɡpen] *амер. см.* **pigsty**

pigskin [ˈpɪɡskɪn] *n* 1) свина́я ко́жа 2) *амер. разг.* футбо́льный мяч 3) *attr* сде́ланный из свино́й ко́жи

pigsty [ˈpɪɡstaɪ] *n* свина́рник

pigswill [ˈpɪɡswɪl] *n* по́йло для свине́й, помо́и

pigtail [ˈpɪɡteɪl] *n* коси́чка, хво́стик (из воло́с)

pike¹ [paɪk] *n* щу́ка

pike² I *n* 1) пи́ка; копьё; о́стрый наконе́чник 2) остриё, шип 3) пик, о́страя верши́на

pike² II *v* зака́лывать *(пикой, копьём)*

pike³ *n* 1) тамо́женная заста́ва 2) пла́тная доро́га

piker [ˈpaɪkə(r)] *n* осторо́жный *или* ро́бкий челове́к

pikestaff [ˈpaɪkstɑːf] *n* дре́вко пи́ки, копья́

pilaff [pɪˈlæf] *n* плов

pilaster [pɪˈlæstə(r)] *n архит.* пиля́стр(а)

pilau [pɪˈlaʊ] *см.* **pilaff**

pilchard [ˈpɪltʃəd] *n зоол.* сарди́на

pile¹ I [paɪl] *n* 1) ку́ча, гру́да; **a ~ of rubbish** ку́ча/гру́да му́сора 2) ки́па, па́чка, сто́пка; **a ~ of books** сто́пка книг 3) грома́дное зда́ние 4) *разг.* мно́жество, ма́сса 5) *разг.* состоя́ние; куш; **to make one's ~** сколоти́ть состоя́ние 6) эл. батаре́я 7) я́дерный реа́ктор *(тж* **atomic ~)** 8) погреба́льный костёр

pile¹ II *v* 1) скла́дывать, сва́ливать в ку́чу; нагроможда́ть 2) собира́ть, нака́пливать *(тж* **to ~ up)** 3) ска́пливаться, толпи́ться, наби́ваться *(in, into, on, out of)* ◊ **to ~ it on** *разг.* преувели́чить, переборщи́ть

pile² I *n* сва́я

pile² II *v* забива́ть сва́и

pile³ *n* 1) ворс 2) шерсть, во́лос, пух

piled [paɪld] *a* ворси́стый

piles [paɪlz] *n pl разг.* геморро́й

pile-up [ˈpaɪlˌʌp] *n авто* ава́рия, при кото́рой не́сколько автомоби́лей вреза́ются друг в дру́га

pilfer [ˈpɪlfə(r)] *v* ворова́ть; стяну́ть

pilferage [ˈpɪlfərɪʤ] *n* ме́лкая кра́жа, ме́лкое воровство́

pilferer [ˈpɪlfərə(r)] *n* ме́лкий жу́лик, вори́шка

pilgrim [ˈpɪlgrɪm] *n* 1) пало́мник, пилигри́м 2) стра́нник

pilgrimage [ˈpɪlgrɪmɪʤ] *n* 1) пало́мничество 2) дли́тельное путеше́ствие

pill [pɪl] *n* 1) пилю́ля, табле́тка 2) *разг.* противозача́точная табле́тка 3) *разг.* неприя́тная необходи́мость; унизи́тельная ситуа́ция 4) *разг.* мяч, шар ◊ **a bitter/hard ~ to swallow** го́рькая пилю́ля, тя́гостная необходи́мость; **to sugar/to sweeten the ~** подсласти́ть пилю́лю

pillage I [ˈpɪlɪʤ] *n* грабёж; мародёрство

pillage II *v* гра́бить; мародёрствовать

pillar [ˈpɪlə(r)] *n* 1) столб, коло́нна 2) опо́ра, столп ◊ **from ~ to post** взад и вперёд, туда́ и сюда́; из одного́ положе́ния в друго́е

pillar box [ˈpɪləbɒks] *n уст.* большо́й кра́сный почто́вый я́щик *(в Великобритании)*

pillbox [ˈpɪlbɒks] *n* 1) коро́бочка для пилю́ль 2) *шутл.* ма́ленькая пло́ская шля́пка, шля́пка-«табле́тка» 3) *воен.* дот

pillion [ˈpɪljən] *n* за́днее сиде́нье *(мото-цикла)*; **to ride ~** е́хать на за́днем сиде́нье мотоци́кла

pillock [ˈpɪlək] *n сленг* болва́н, дура́к

pillory I [ˈpɪlərɪ] *n ист.* позо́рный столб; **to be put in the ~** быть вы́ставленным к позо́рному столбу́/на посме́шище

pillory II *v* 1) выставля́ть на осмея́ние, поруга́ние; пригвозди́ть к позо́рному столбу́ 2) *ист.* ста́вить к позо́рному столбу́

pillow [ˈpɪləʊ] *n* 1) поду́шка 2) *тех.* поду́шка, подкла́дка, вкла́дыш

pillowcase [ˈpɪləʊkeɪs] *n* на́волочка

pillow slip [ˈpɪləʊslɪp] *см.* **pillowcase**

pillowy [ˈpɪləʊɪ] *a* мя́гкий (как поду́шка)

pilose [ˈpaɪləʊz] *a* волоса́тый

pilot I [ˈpaɪlət] *n* 1) пило́т, лётчик 2) ло́цман 3) (о́пытный) проводни́к 4) *тлв* пило́тный вы́пуск, пило́тная програ́мма *(первая из серии подобных программ для определения её рейтинга)* 5) *ав., мор.* автопило́т 6) *attr* о́пытный, эксперимента́льный; **a ~ plant** о́пытная устано́вка; **a ~ project** эксперимента́льный прое́кт 7) *attr* рулево́й, шту́рманский ◊ **to drop the ~** отве́ргнуть ве́рного сове́тчика

pilot II *v* 1) вести́, управля́ть, пилоти́ровать 2) быть проводнико́м, проводи́ть, направля́ть

pilotage [ˈpaɪlətɪdʒ] *n* 1) *ав.* пилоти́рование; пилота́ж 2) ло́цманское де́ло 3) ло́цманский сбор

pilot-cloth [ˈpaɪlətklɒθ] *n* то́лстое си́нее сукно́

pilot-house [ˈpaɪləthaʊs] *n мор.* рулева́я ру́бка

pilous [ˈpaɪləs] *см.* **pilose**

pimento [pɪˈmentəʊ] *n* души́стый, гвозди́чный пе́рец

pimiento [ˌpɪmɪˈentəʊ] *n* кра́сный пе́рец

pimp I [pɪmp] *n* сутенёр

pimp II *v* сво́дничать; быть сутенёром

pimping [ˈpɪmpɪŋ] *a* 1) ме́лкий 2) сла́бый, боле́зненный

pimple [ˈpɪmpl] *n* прыщ, пры́щик; у́горь

pimpled [ˈpɪmpld] *a* прыща́вый; угрева́тый

pimply [ˈpɪmplɪ] *см.* **pimpled**

PIN [pɪn] *сокр.* **(personal identification number)** ли́чный но́мер, PIN-код *(даваемый банком, телефонной компанией и т. д. для идентификации клиента; тж ~ number)*

pin I [pɪn] *n* 1) була́вка; шпи́лька; зако́лка; **drawing ~** кно́пка; **safety ~** безопа́сная була́вка 2) ке́гля 3) *муз.* колок 4) *pl сленг уст.* но́ги; **he is quick on his ~s** он бы́стро хо́дит/бе́гает 5) бочо́нок (пи́ва) в 4 $1/12$ галло́на 6) *амер.* брошь 7) *тех.* штифт, болт;

ца́пфа; шкво́рень; ше́йка 8) *эл.* вы́вод, штырёк, ште́кер 9) *воен.* чека́ ◊ **I don't care a ~** мне наплева́ть; **I've got ~s and needles in my foot** у меня́ нога́ затекла́; **not a ~ to choose between them** их друг от дру́га не отличи́шь; **to be on ~s and needles** быть как на иго́лках; **you could have heard a ~ drop** ≅ слы́шно бы́ло, как му́ха пролети́т

pin II *v* 1) прика́лывать, пришпи́ливать *(к чему-л. — to)*; ска́лывать *(обыкн.* **to ~ together)**; **to ~ a notice to a board** приколо́ть объявле́ние к доске́; **she ~ned her hair** она́ заколо́ла во́лосы шпи́лькой/зако́лкой 2) возлага́ть *(вину, ответственность — on)*; **to ~ the blame on smb** свали́ть всю вину́ на кого́-л. 3) свя́зывать *(обещанием и т. п.)*; *часто* **to ~ down)**

pinafore [ˈpɪnəfɔː(r)] *n уст.* пере́дник; фа́ртук

pince-nez [ˈpænsneɪ] *n* пенсне́

pincers [ˈpɪnsəz] *n pl* 1) щипцы́, кле́щи; пинце́т 2) *зоол.* клешни́

pincette [pænˈset] *n* щи́пчики, пинце́т

pinch I [pɪntʃ] *n* 1) щипо́к 2) щепо́тка *(соли и т. п.)* 3) кра́йняя нужда́; **at a ~** в кра́йнем слу́чае; **to feel the ~** испы́тывать нужду́ 4) *сленг* кра́жа 5) *сленг* аре́ст ◊ **take that with a ~ of salt** не о́чень-то верь э́тому, отнеси́сь к э́тому скепти́чески

pinch II *v* 1) ущипну́ть, прищеми́ть 2) жать *(об обуви)* 3) искривля́ться, искажа́ться *(о лице)* 4) съёжиться *(от холода)* 5) му́читься *(от голода)* 6) эконо́мить, скупи́ться; уре́зывать, ограни́чивать 7) *сленг* стащи́ть, укра́сть 8) *сленг* арестова́ть

pinchbeck [ˈpɪntʃbek] *n* 1) томпа́к 2) фальши́вые драгоце́нности; подде́льная вещь, подде́лка 3) *attr* подде́льный

pin connector [ˈpɪn kɒˈnektə] *n тех., эл.* штырько́вый разъём

pincushion [ˈpɪnˌkʊʃ(ə)n] *n* поду́шечка для була́вок

pine¹ [paɪn] *n* 1) сосна́ *(тж ~ tree)* 2) *разг.* анана́с 3) *attr* сосно́вый; **~ needles** сосно́вая хвоя́

pine² *v* 1) ча́хнуть *(тж* **to ~ away)**; томи́ться *(for)* 2) жа́ждать, изныва́ть, тоскова́ть *(по чему-л. — after)*

pineapple [ˈpaɪnˌæpl] *n* 1) анана́с 2) *attr* анана́совый

pine cone [ˈpaɪnkəʊn] *n* сосно́вая ши́шка

pinery [ˈpaɪnərɪ] *n* 1) сосно́вое насажде́ние; сосно́вый бор 2) анана́сная тепли́ца

pinfold [ˈpɪnfəʊld] *n* заго́н для скота́

ping I [pɪŋ] *n* свист *(пули и т. п.)*

ping II *v* просвисте́ть

ping-pong [΄pɪŋpɒn] *n* пинг-по́нг, насто́льный те́ннис (*тж* **table tennis**)

pinhead [΄pɪnhed] *n* 1) була́вочная голо́вка 2) *сленг* тупи́ца, дура́к, приду́рок

pinion[1] [΄pɪnjən] *n* 1) оконе́чность пти́чьего крыла́; (махово́е) перо́ 2) *поэт.* крыло́

pinion[2] *n тех.* шестерня́; зубча́тое колесо́

pink[1] **I** [pɪŋk] *n* 1) ро́зовый цвет 2) *бот.* гвозди́ка 3) (**the ~**) расцве́т; само́ соверше́нство; **the ~ of health** воплоще́ние здоро́вья; **the ~ of perfection** верх соверше́нства; **in the ~** *разг.* в расцве́те сил, здоро́вья; в хоро́шей фо́рме

pink[1] **II** *a* ро́зовый; **~ slip** *амер. разг.* уведомле́ние об увольне́нии

pink[2] *v* 1) протыка́ть, прока́лывать 2) украша́ть ды́рочками, зубца́ми (*тж* **to ~ out**)

pink-colour [͵pɪŋk΄kʌlə] *a* относя́щийся к профе́ссиям, традицио́нно счита́ющимся же́нскими (*напр. секретари, продавщицы*)

pinkie [΄pɪŋkɪ] *n* 1) *сленг* мизи́нец 2) *амер. сленг* алкого́лик, пья́ница, алка́ш

pinkish [΄pɪŋkɪʃ] *a* розова́тый

pinnace [΄pɪnɪs] *n мор.* 1) *ист.* полубарка́с, команди́рский ка́тер 2) шлю́пка

pinnacle [΄pɪnəkl] *n* 1) кульмина́ция, верши́на, кульминацио́нный пункт 2) верши́на горы́ 3) бельведе́р

pinny [΄pɪnɪ] *n дет.* пере́дничек

pinpoint I [΄pɪnpɔɪnt] *n* 1) острие́ була́вки 2) пя́тнышко с о́чень ма́лым диа́метром

pinpoint II *v* то́чно определя́ть; то́чно ука́зывать

pinpointing [΄pɪnpɔɪntɪŋ] *n* (то́чное) определе́ние местоположе́ния

pinprick [΄pɪnprɪk] *n* була́вочный уко́л (*тж перен.*)

pint [paɪnt] *n* пи́нта (*мера ёмкости = 0,57 л в Великобритании и 0,48 л — в США*) ◊ **to pull ~s** рабо́тать в ба́ре, подава́я спиртны́е напи́тки

pinto [΄pɪntəʊ] *a амер.* пе́гий, пятни́стый

pin-up [΄pɪnʌp] *n разг.* фотогра́фия журна́льной красо́тки, кинозвезды́ *и т. п.* (*тж* **~ girl**)

piny [΄paɪnɪ] *a* изоби́лующий со́снами; сосно́вый

pioneer I [͵paɪə΄nɪə(r)] *n* 1) инициа́тор, зачина́тель 2) пионе́р, пе́рвый поселе́нец, колони́ст 3) *воен.* сапёр 4) пионе́р (*член пионерской организации*)

pioneer II *v* 1) быть зачина́телем, инициа́тором, первопрохо́дцем 2) прокла́дывать путь

pious [΄paɪəs] *a* на́божный, благочести́вый

pip[1] [pɪp] *n* 1) ко́сточка, се́мечко, зёрнышко (*плода*) 2) звёздочка (*на погонах*) 3) очко́ (*в домино и т. п.*)

pip[2] *n*: **it gives me the ~** *разг.* э́то на меня́ наго́ня́ет тоску́; **to get the ~** *разг.* расстро́иться

pip[3] *n* коро́ткий гудо́к, сигна́л

pip[4] *n* типу́н (*болезнь домашней птицы*)

pip[5] *v разг.* 1) подстрели́ть 2) положи́ть коне́ц; одержа́ть верх (*над кем-л.*); **to ~ at the post** обойти́ на са́мом фи́нише 3) забаллоти́ровать

pip out умере́ть

pipe I [paɪp] *n* 1) труба́, трубопрово́д 2) (кури́тельная) тру́бка; **clay ~** гли́няная тру́бка; **to smoke the ~ of peace** вы́курить тру́бку ми́ра, прийти́ к соглаше́нию 3) свире́ль, ду́дка; *pl* волы́нка 4) пе́ние, свист (*птиц*) 5) ви́нная бо́чка (*тж как мера ёмкости = 105 галлонам или 477 л*) ◊ **put that in your ~ and smoke it** *разг.* тебе́ бу́дет над чем поду́мать; **to hit the ~** *амер. сленг* поку́ривать марихуа́ну, гаши́ш

pipe II *v* 1) игра́ть (*на свирели, дудке и т. п.*) 2) пуска́ть, передава́ть, перека́чивать по труба́м 3) прокла́дывать тру́бы 4) *мор.* вызыва́ть ду́дкой, свиста́ть 5) издава́ть ре́зкий звук, свисте́ть 6) украша́ть ка́нтом

pipe away 1) до́лго игра́ть на духовы́х инструме́нтах 2) отводи́ть по труба́м 3) дава́ть сигна́л к отплы́тию

pipe down *разг.* замолча́ть, заткну́ться

pipe into пуска́ть по труба́м, перека́чивать

pipe up запе́ть *или* заговори́ть высо́ким го́лосом

pipeclay [΄paɪpkleɪ] *n* 1) мя́гкая бе́лая трубо́чная гли́на 2) *attr* сде́ланный из бе́лой гли́ны

pipedream [΄paɪpdri:m] *n* фанта́зия, несбы́точная мечта́

pipeful [΄paɪpfʊl] *n* по́лная тру́бка (*табаку*)

pipeline [΄paɪplaɪn] *n* 1) трубопрово́д; нефтепрово́д 2) кана́л информа́ции, исто́чник информа́ции ◊ **in the ~** на подхо́де; бли́зко к заверше́нию

piper [΄paɪpə(r)] *n* ду́дочник; волы́нщик ◊ **to pay the ~** брать на себя́ расхо́ды

pipette [pɪ΄pet] *n* пипе́тка

piping I [΄paɪpɪŋ] *n* 1) игра́ (*на дудке и т. п.*) 2) насви́стывание; писк; пе́ние птиц 3) тру́бы, систе́ма труб (*отопления, водоснабже́ния и т. п.*) 4) кант, отде́лка ка́нтом (*на одежде*) 5) узо́р (*на торте*)

piping II *a* пискли́вый, визгли́вый ◊ **~ hot** *разг.* о́чень горя́чий; с пы́лу, с жа́ру

pipkin [΄pɪpkɪn] *n* гли́няный горшо́чек; гли́няная ми́ска

pipy [΄paɪpɪ] *a* 1) тру́бчатый 2) ре́зкий (*о звуке*)

piquancy [΄pi:kənsɪ] *n* пика́нтность, острота́

piquant [΄pi:kənt] *a* пика́нтный, о́стрый; **~sauce** пика́нтный со́ус

pique I [pi:k] *n* уязвлённое самолюбие, обида, раздражение; **in a fit of ~** в порыве раздражения; **out of ~** с досады, со злости

pique II *v* 1) уколоть, задеть *(самолюбие)*, уязвить 2) возбуждать *(интерес, любопытство)* 3): **to ~ oneself on** гордиться собой, задаваться 4) *ав.* пикировать

piquet [pɪˈket] *n карт.* пикет

piracy [ˈpaɪərəsɪ] *n* 1) пиратство 2) нарушение авторского права, «пиратство» 3) хищение интеллектуальной собственности

piranha [pɪˈrɑ:njə] *n зоол.* пиранья

pirate I [ˈpaɪərət] *n* 1) пират 2) пиратский корабль 3) нарушитель авторского права, «пират»

pirate II *v* самовольно переиздавать, тиражировать *(книги, компакт-диски и т. д.)*, заниматься «пиратством»

piratic(al) [paɪˈrætɪk(əl)] *a* пиратский

pirogue [pɪˈrəʊg] *n* пирога *(лодка)*

Pisces [ˈpaɪsi:z] *n* Рыбы *(созвездие и знак Зодиака)*

piscine [pɪˈsi:n] *n* плавательный бассейн

pish [pɪʃ] *int* фи!

piss [pɪs] *v сленг груб.* мочиться

piss about *сленг* валять дурака; лодырничать, бездельничать

piss down *сленг* лить как из ведра *(о дожде)*

piss off *сленг* уходить, убираться

pissed [pɪst] *a сленг груб.* пьяный в стельку

pistachio [pɪsˈtɑ:ʃɪəʊ] *n* 1) фисташковое дерево 2) фисташка *(тж ~ nut)* 3) бледно-зелёный цвет 4) *attr* бледно-зелёный

pistil [ˈpɪstɪl] *n бот.* пестик

pistol [ˈpɪstəl] *n* пистолет; револьвер

piston [ˈpɪstən] *n* 1) *тех.* поршень 2) пистон, клапан *(духового инструмента)* 3) *attr* поршневой

piston rod [ˈpɪstənrɒd] *n тех.* шатун

pit¹ I [pɪt] *n* 1) яма; впадина; углубление; **air ~** воздушная яма; **orchestra ~** оркестровая яма; **the ~ of the stomach** подложечная ямка 2) шахта; забой; карьер; шурф 3) волчья яма, западня 4) оспина *(на коже)* 5) *ист.* задние ряды партера 6) публика партера 7) **(the ~)** ад, преисподняя *(тж* **bottomless ~)** 8) арена для петушиных боёв 9) **(the ~s)** боксы *(в автомобильных гонках)*; **~ stop** остановка в боксе *(во время автогонки)* 10) *сленг* койка

pit¹ II *v* 1) мериться *(силами, умом и т. п.)* 2) стравливать для боя *(петухов, собак и т. п.)* 3) рыть ямы 4) покрывать оспинами 5) закладывать в ямы для хранения *(овощи)*

pit² I *n амер.* косточка *(фруктовая)*

pit² II *v амер.* вынимать, удалять косточки *(из фруктов)*

pit-a-pat [ˈpɪtəˌpæt] *adv* с лёгким постукиванием, стуком; **his heart went ~** его сердце затрепетало

pitch¹ I [pɪtʃ] *n* 1) *спорт.* игровое поле; площадка; часть крикетного поля между линиями подающих, отбивающего и боулера 2) высота *(тона, звука и т. п.)*; степень, сила *(чувства, переживания и т. п.)*; **~ of voice** высота голоса; **perfect ~** абсолютный слух; **to rise to fever ~** достичь лихорадочного возбуждения; **to sing off ~** фальшивить 3) наклон, скат; покатость 4) *мор.* килевая качка; **to give a ~** зарыться носом *(о корабле)* 5) партия товара 6) бросок 7) постоянное место *(уличного торговца)*

pitch¹ II *v* 1) разбивать *(палатку, лагерь)* 2) бросать, метать; подавать *(мяч)* 3) укреплять, устанавливать *(в каком-л. положении)* 4) придавать определённую окраску, тональность *(словам, аргументам и т. п.)* 5) тяжело упасть *(against, into)* 6) испытывать килевую качку *(о корабле)* 7) *муз.* придавать определённую высоту

pitch into *разг.* 1) набрасываться *(с руганью, ударами и т. п.)* 2) жадно набрасываться на *(еду, работу и т. п.)*

pitch on/upon случайно выбрать

pitch² I *n* 1) смола, дёготь, вар 2) битум

pitch² II *v* смолить

pitch-black [ˌpɪtʃˈblæk] *a* чёрный как смоль

pitch-dark [ˌpɪtʃˈdɑ:k] *см.* **pitch-black**

pitched [pɪtʃt] *a*: **~ battle** генеральное сражение

pitcher¹ [ˈpɪtʃə(r)] *n* кувшин ◊ **little ~s have long ears** *погов.* маленькие дети слышат много лишнего; **the ~ goes often to the well** *погов.* повадился кувшин по воду ходить

pitcher² *n спорт.* подающий мяч, питчер *(в бейсболе)*

pitchfork [ˈpɪtʃfɔ:k] *n* вилы

pitchy [ˈpɪtʃɪ] *a* 1) смолистый; смоляной 2) чёрный как смоль

piteous [ˈpɪtɪəs] *a* жалкий, достойный сожаления

pitfall [ˈpɪtfɔ:l] *n* ловушка, западня

pith [pɪθ] *n* 1) сердцевина, мякоть *(растения)* 2) суть, существо *(дела)*; **the ~ and marrow of smth** самая суть чего-л. 3) сила, энергия

pithless [ˈpɪθlɪs] *a* 1) не имеющий сердцевины 2) бессодержательный 3) бесхарактерный

pithy [ˈpɪθɪ] *a* 1) сжатый и выразительный *(о стиле)* 2) сильный, энергичный 3) имеющий сердцевину

pitiable [´pɪtɪəbl] *a* 1) жа́лкий, несча́стный 2) ничто́жный

pitiful [´pɪtɪfʊl] *a* 1) жа́лкий, вызыва́ющий жа́лость; **a ~ sight** жа́лкое зре́лище 2) ничто́жный, презре́нный

pitiless [´pɪtɪlɪs] *a* безжа́лостный

pitman [´pɪtmən] *n* 1) (*pl* **pitmen**) шахтёр 2) (*pl* **pitmans**) *амер. тех.* шату́н

pittance [´pɪtəns] *n* 1) небольшо́е жа́лованье, гроши́; ску́дный дохо́д; **a mere ~** жа́лкая пода́чка 2) небольшо́е коли́чество

pitter-patter [´pɪtə͵pætə(r)] *см.* **pit-a-pat**

pity I [´pɪtɪ] *n* жа́лость, сожале́ние; **for ~’s sake!** ра́ди бо́га! умоля́ю вас!; **it’s a (great) ~** (о́чень) жаль; **more’s the ~** тем ху́же; **what a ~!** как жаль!; **out of ~ for smb** из жа́лости к кому́-л.; **to feel ~ for smb** жале́ть кого́-л.; **to take ~ on smb** сжа́литься над кем-л.

pity II *v* жале́ть, испы́тывать жа́лость

pityingly [´pɪtɪɪŋlɪ] *adv* с жа́лостью

pivot I [´pɪvət] *n* 1) то́чка опо́ры, то́чка враще́ния 2) сте́ржень, ось 3) центр, центра́льная фигу́ра (*в каком-л. деле, предприятии*)

pivot II *v* 1) враща́ться вокру́г о́си; верте́ться 2) снабжа́ть сте́ржнем

pivotal [´pɪvətəl] *a* 1) стержнево́й, осево́й 2) основно́й, центра́льный

pixie [´pɪksɪ] *n* фе́я, пи́кси (*в европейской мифологии*)

pixy [´pɪksɪ] *см.* **pixie**

pizza [´piːtsə] *n* пи́цца

pizzazz [pɪ´zæs] *n* *амер. сленг* эне́ргия, жи́вость, душе́вный подъём

pizzeria [͵piːtsə´riːə] *n* пиццери́я

pl *сокр.* (**plural**) *грам.* мно́жественное число́

placable [´plækəbl] *a* кро́ткий, незлопа́мятный, доброду́шный

placard I [´plækɑːd] *n* плака́т, афи́ша

placard II *v* 1) раскле́ивать (*плакаты, объявления, рекламы*) 2) реклами́ровать (*посредством расклеивания плакатов, рекламных листков*)

placate [plə´keɪt] *v* успока́ивать, умиротворя́ть; примиря́ть

place I [pleɪs] *n* 1) ме́сто; **a good ~ for a picnic** хоро́шее ме́сто для пикника́; **all over the ~** по всему́ помеще́нию, по всей ко́мнате; **in ~ of** вме́сто; **to give ~ to** уступа́ть ме́сто, дава́ть ме́сто; **to move from ~ to ~** переходи́ть/переезжа́ть с ме́ста на ме́сто; **to take ~** име́ть ме́сто, случа́ться, происходи́ть 2) сиде́нье, ме́сто (*в транспорте, в театре, за столом и т. п.*); **to reserve ~s** заказа́ть биле́ты 3) дом, жили́ще; за́городный дом; уса́дьба 4) населённый пункт; ме́стность;

дере́вня, посёлок; го́род 5) до́лжность; положе́ние; **his ~ in history** его́ ме́сто в исто́рии 6) ме́сто в кни́ге, глава́, отры́вок 7) пози́ция, ме́сто (*в игре, системе и т. п.*); **he took, the third ~** он за́нял тре́тье ме́сто 8) *вчт* разря́д ◊ **in ~** уме́стный, подходя́щий; **in the first ~** пе́рвым де́лом; **~ in the sun** ме́сто под со́лнцем, благополу́чие; **out of ~** неуме́стный, неподходя́щий; **there is no ~ like home** *посл.* ≅ в гостя́х хорошо́, а до́ма лу́чше; **to go ~s** *разг.* преуспева́ть; **to keep smb in his ~** держа́ть кого́-л. в узде́, не дава́ть кому́-л. зазнава́ться; **to put smb in his ~** поста́вить кого́-л. на ме́сто

place II *v* 1) помеща́ть, размеща́ть, ста́вить, класть 2) определя́ть ме́сто, положе́ние; классифици́ровать 3) устра́ивать на ме́сто, до́лжность 4) де́лать, размеща́ть зака́з 5) де́лать инвести́ции, помеща́ть де́ньги (*в какое-л. дело*) 6) *спорт.* присуди́ть призово́е ме́сто

placebo [plə´siːbəʊ] *n* плаце́бо (*нейтральное вещество, внешне имитирующее какое-л. лекарство*); **~ effect** эффе́кт плаце́бо, эффе́кт пусты́шки

place-mat [´pleɪsmæt] *n* подста́вка, салфе́тка под таре́лку

place-name [´pleɪsneɪm] *n* географи́ческое назва́ние, топо́ним

placenta [plə´sentə] *n* *анат.* плаце́нта, де́тское ме́сто

place setting [´pleɪs͵setɪŋ] *n* столо́вый прибо́р

placid [´plæsɪd] *a* споко́йный, ми́рный, безмяте́жный

placidity [plə´sɪdɪtɪ] *n* споко́йствие, безмяте́жность

placket [´plækɪt] *n* 1) разре́з (*на юбке, рубашке*) 2) карма́н (*юбки*)

plafond [plæ´fɒŋ] *n* *архит.* плафо́н (*лепнина, роспись на потолке*)

plagiarism [´pleɪdʒərɪz(ə)m] *n* плагиа́т

plagiarist [´pleɪdʒərɪst] *n* плагиа́тор

plagiarize [´pleɪdʒəraɪz] *v* занима́ться плагиа́том

plague I [pleɪg] *n* 1) (**the ~**) чума́; мор; **bubonic ~** бубо́нная чума́; **pneumonic ~** лёгочная чума́ 2) бе́дствие, бич, наказа́ние; **a ~ of rats** наше́ствие крыс 3) *разг.* доса́да, неприя́тность, беспоко́йство

plague II *v* 1) зачумля́ть 2) *разг.* беспоко́ить, му́чить, надоеда́ть; **to ~ smb with questions** изводи́ть кого́-л. вопро́сами

plaguesome [´pleɪgsəm] *a* *разг.* доса́дный, надое́дливый, доку́чливый

plaice [pleɪs] *n* ка́мбала

plaid [plæd] *n* 1) шотла́ндка *(ткань)* 2) плед 3) *attr:* ~ **skirt** кле́тчатая ю́бка, ю́бка из шотла́ндки

plain¹ **I** [pleɪn] *a* 1) я́сный, очеви́дный, поня́тный; **as ~ as a pikestaff** я́сный как день, очеви́дный 2) просто́й, без прете́нзий, без украше́ний; обыкнове́нный; ~ **chocolate** шокола́д без (добавле́ния) молока́; го́рький шокола́д *(амер.* **dark chocolate**); ~ **flour** проста́я мука́ *(без добавок)* *(амер.* **all-purpose flour**); ~ **food** проста́я пи́ща 3) гла́дкий, без рису́нка *(о ткани)* 4) некраси́вый *(о лице)* 5) откровенный, прямо́й; ~ **dealing** прямота́, открове́нность; **in ~ English** просты́ми слова́ми; **to be ~ with smb** говори́ть открове́нно с кем-л.

plain¹ **II** *adv* 1) я́сно, открове́нно, чётко; **to speak ~** говоря́ открове́нно 2) про́сто; **that's ~ silly** э́то про́сто глу́по

plain² *n* 1) равни́на 2) *pl* сте́пи; пре́рии

plain clothes [ˌpleɪnˈkləʊðs] *n pl* 1) шта́тская оде́жда полице́йских 2) *attr:* ~ **man** полице́йский в шта́тском *(с целью маскировки)*

plainly [ˈpleɪnlɪ] *adv* открове́нно, пря́мо, без обиняко́в

plainsman [ˈpleɪnzmən] *n* жи́тель равни́ны

plainsong [ˈpleɪnsɒŋ] *n муз., рел.* григориа́нский хора́л

plain-spoken [ˈpleɪnˈspəʊkən] *a* прямо́й, открове́нный

plaint [pleɪnt] *n* 1) *юр.* иск 2) *уст., поэт.* жа́лоба, стена́ние, плач

plaintiff [ˈpleɪntɪf] *n юр.* исте́ц; исти́ца

plaintive [ˈpleɪntɪv] *a* жа́лобный, зауны́вный

plait I [plæt] *n* 1) коса́ *(волос)* 2) скла́дка *(на платье)*

plait II *v* заплета́ть, плести́ ко́су

plan I [plæn] *n* 1) план; прое́кт; **let's make ~s for our summer holidays** дава́й сплани́руем наш ле́тний о́тпуск; **to draw a ~** соста́вить план 2) за́мысел 3) чертёж, схе́ма; **a ~ of the house** план до́ма 4) расписа́ние

plan II *v* 1) плани́ровать, составля́ть план; проекти́ровать 2) стро́ить пла́ны; ожида́ть *(on)* 3) намерева́ться, затева́ть 4) черти́ть план *(здания и т. п.)*

plane¹ **I** [pleɪn] *n* 1) пло́скость 2) прое́кция 3) самолёт; **to go by ~** лета́ть самолётом 4) у́ровень *(знаний, достижений и т. п.)*

plane¹ **II** *a* пло́ский, ро́вный; **a ~ surface** пло́ская пове́рхность; ~ **geometry** планиме́трия

plane¹ **III** *v* скользи́ть; *ав.* плани́ровать

plane² **I** *n* руба́нок, фуга́нок

plane² **II** *v* строга́ть, выра́внивать; состру́гивать *(away, down)*

plane³ *n* плата́н *(тж* ~ **tree**)

plane sailing [ˌpleɪnˈseɪlɪŋ] *n* 1) *мор.* пла́вание по локсодро́мии 2) нетру́дное де́ло, лёгкое зада́ние

planet [ˈplænɪt] *n астр.* 1) плане́та 2) **(the ~)** плане́та Земля́ и всё живо́е на ней

planetarium [ˌplænɪˈteərɪəm] *n* планета́рий

planetary [ˈplænɪtərɪ] *a* 1) плане́тный, плане́тарный 2) мирско́й; всеми́рный 3) стра́нствующий, блужда́ющий

plangent [ˈplændʒənt] *a* 1) гу́лкий, вибри́рующий *(о звуке)* 2) печа́льный, зауны́вный

plank I [plæŋk] *n* 1) (обшивна́я) доска́, пла́нка 2) пункт (парти́йной) програ́ммы

plank II *v* 1) обшива́ть доска́ми, пла́нками; настила́ть до́ски 2) *сленг* выкла́дывать де́нежки, плати́ть *(тж* **to ~ down, to ~ out**) 3) *амер.* жа́рить на па́лочках

plank bed [ˈplæŋkbed] *n* на́ры

planking [ˈplæŋkɪŋ] *n* доща́тая обши́вка; доща́тый насти́л, доща́тый пол

plankton [ˈplæŋktən] *n биол.* планкто́н

planner [ˈplænə] *n* 1) проекти́ровщик, плани́ровщик 2) календа́рь-ежедне́вник *(с расписанием деловых встреч и т. п.)*

plant¹ **I** [plɑːnt] *n* 1) расте́ние; **garden ~** садо́вое расте́ние; **in ~** расту́щий, в расцве́те 2) са́женец, расса́да 3) заво́д, фа́брика; маши́нное обору́дование 4) *разг.* подбро́шенный компрома́т, «просочи́вшиеся све́дения»

plant¹ **II** *v* 1) сажа́ть расте́ния; заса́живать (расте́ниями) *(with)* 2) выпуска́ть малько́в *(для разведения)* 3) устана́вливать, закрепля́ть *(в каком-л. положении)* 4) внедря́ть *(идеи, взгляды)*; насажда́ть *(принципы и т. п.)* 5) осно́вывать коло́нию, заселя́ть 6) внедря́ть *(осведомителя, сыщика)*; устана́вливать сле́жку 7) *разг.* подбра́сыватьули́ку, компрома́т *и т. п.*

plant out выса́живать в грунт

plantain [ˈplæntɪn] *n бот.* подоро́жник

plantar wart [ˈplæntəˌwɔːt] *n мед.* подо́швенная борода́вка *(тж* **verruca**)

plantation [plænˈteɪʃ(ə)n] *n* 1) планта́ция 2) насажде́ние 3) *ист.* коло́ния

planter [ˈplɑːntə(r)] *n* 1) планта́тор 2) горшо́к для (ко́мнатных) расте́ний 3) *с.-х.* са́жалка

plant-louse [ˈplɑːntˌlaʊs] *n* тля

plaque [plɑːk] *n* 1) декорати́вная таре́лка; плаке́тка 2) *мед.* бля́шка 3) почётный знак, значо́к

plash¹ **I** [plæʃ] *n* 1) всплеск 2) лу́жа

plash¹ **II** *v* плеска́ть(ся)

plash² *v* плести́ плете́нь; переплета́ть *(ветви)*

plashy [ˈplæʃɪ] *a* 1) плеска́ющийся 2) боло́тистый, то́пкий

plasma [′plæzmə] *n* 1) *физиол.* пла́зма 2) *биол.* протопла́зма 3) *мин.* гелиотро́п, зелёный халцедо́н 4) *физ.* пла́зма 5) *физ.* положи́тельный столб (тле́ющего разря́да), положи́тельное тле́ющее свече́ние 6) *attr* пла́зменный; ~ **screen** пла́зменный экра́н; пла́зменный диспле́й (*тж* ~ **display**)

plasmoid [′plæzmɔɪd] *n физ.* плазмо́ид, сгу́сток пла́змы

plaster I [′plɑ:stə(r)] *n* 1) штукату́рка; **the ~ of Paris** гипс 2) пла́стырь; **mustard ~** горчи́чник

plaster II *v* 1) штукату́рить 2) гу́сто нама́зывать (*вареньем и т. п.*); обкле́ивать (всю пове́рхность) 3) накла́дывать пла́стырь 4) *сленг* **to be ~ed** быть в сте́льку пья́ным 5) *сленг* си́льно обстре́ливать, бомби́ть

plasterer [′plɑ:stərə(r)] *n* штукату́р

plastic I [′plæstɪk] *n* 1) пластма́сса; пла́стик 2) *attr* пластма́ссовый; пла́стиковый; ~ **bomb** пла́стиковая бо́мба; ~ **bullet** пла́стиковая пу́ля

plastic II *a* 1) пласти́ческий; ~ **arts** пласти́ческое иску́сство; ~ **surgeon** пласти́ческий хиру́рг, хиру́рг-пла́стик; ~ **surgery** пласти́ческая хирурги́я 2) лепно́й, скульпту́рный 3) пласти́чный, ги́бкий 4) *амер. разг.* неесте́ственный, иску́сственный; ненастоя́щий

plasticine [′plæstɪsi:n] *n фирм.* пластили́н

plasticity [plæs′tɪsɪtɪ] *n* пласти́чность, ги́бкость

plastron [′plæstrən] *n* 1) ко́жаный нагру́дник фехтова́льщика 2) *ист.* ла́тный нагру́дник 3) мани́шка

plat I [plæt] *n* 1) уча́сток земли́ 2) план, ка́рта (ме́стности)

plat II *v* заплета́ть

platan [′plætən] *см.* **plane**³

plat du jour [ˌplɑ:du:′ʒu:ə(r)] *n фр.* дежу́рное блю́до, блю́до дня (*в меню*)

plate I [pleɪt] *n* 1) таре́лка; **a soup/dinner ~** глубо́кая/ме́лкая таре́лка 2) пласти́нка, табли́чка, доще́чка (*тж на двери с фамилией*) 3) эста́мп; гравю́ра 4) иллюстра́ция (*на отде́льном листе*); вкле́йка 5) *геол.* (литосфе́рная) плита́ 6) *полигр.* стереоти́п, печа́тная фо́рма 7) *тех.* пласти́на; лист, полоса́ (мета́лла) 8) приз, ку́бок 9) *разг.* вставна́я че́люсть (*тж* **dental ~**) ◊ **on a ~** *разг.* на таре́лочке (*подавать, преподнести*), без труда́; **to have a lot on one's ~** име́ть мно́го дел; ≅ дел по го́рло

plate II *v* 1) покрыва́ть мета́ллом; золоти́ть; серебри́ть; никелирова́ть 2) обшива́ть мета́ллом; бронирова́ть, покрыва́ть бронёй 3) *тех.* плаки́ровать 4) *полигр.* изготовля́ть стереоти́п, клише́

plateau [′plætəʊ] *n* (*pl тж* **plateaux**) *геол.* плато́; плоского́рье

plateful [′pleɪtfʊl] *n* по́лная таре́лка (*как мера*); **a ~ of porridge** таре́лка ка́ши

plate glass [′pleɪtˌglɑ:s] *n* то́лстое витри́нное стекло́

platelayer [′pleɪtˌleɪə(r)] *n* путево́й рабо́чий

plate tectonics [ˌpleɪt tek′tɒnɪks] *n геол.* текто́ника плит, но́вая глоба́льная текто́ника

platform [′plætfɔ:m] *n* 1) платфо́рма, возвыше́ние, помо́ст 2) трибу́на 3) *ж.-д.* платфо́рма, перро́н 4) площа́дка (*вагона и т. п.*) 5) полити́ческая платфо́рма 6) подо́шва «платфо́рма»

plating [′pleɪtɪŋ] *n* 1) покры́тие мета́ллом; гальванопокры́тие; металлиза́ция 2) листова́я обши́вка

platinum [′plætɪnəm] *n хим.* 1) пла́тина 2) *attr* пла́тиновый

platitude [′plætɪtju:d] *n* бана́льность, по́шлость; изби́тая шу́тка, фра́за

platitudinous [ˌplætɪ′tju:dɪnəs] *a* изби́тый, бана́льный, по́шлый, пло́ский

platonic [plə′tɒnɪk] *a* платони́ческий

platoon [plə′tu:n] *n* 1) *воен.* взвод 2) гру́ппа, отря́д

platter [′plætə(r)] *n* 1) большо́е пло́ское блю́до 2) *кул.* отде́льное блю́до с наре́зкой (*в ресторане*); **a seafood ~** ассорти́ из морепроду́ктов 3) *уст.* (граммофо́нная) пласти́нка ◊ **on a (silver) ~** *перен.* на (серебря́ном) блю́дечке

plaudits [′plɔ:dɪts] *n pl* рукоплеска́ния, аплодисме́нты, ова́ции; шу́мное одобре́ние

plausibility [ˌplɔ:zɪ′bɪlɪtɪ] *n* вероя́тность, правдоподо́бие

plausible [′plɔ:zɪbl] *a* 1) вероя́тный, правдоподо́бный 2) благови́дный; **a ~ excuse** благови́дный предло́г 3) уме́ющий внуша́ть дове́рие

play I [pleɪ] *n* 1) игра́ (*тж спорт*); **to be at ~** игра́ть; **out of ~** вне игры́; **fair ~** игра́ по пра́вилам, че́стная игра́; **foul ~** нече́стная/гря́зная игра́; **rough ~** гру́бая игра́; **the ~ of fancy** игра́ воображе́ния; ~ **of words** игра́ слова́ми; ~ **on words** игра́ слов, каламбу́р; **he said it in ~** он сказа́л э́то в шу́тку; **it's a child's** ~ э́то пустяко́вое де́ло 2) пье́са, спекта́кль; **to go to the ~** идти́ в теа́тр; **to produce a** ~ поста́вить пье́су 3) аза́ртная игра́ 4) де́йствие, движе́ние; **to bring into ~** приводи́ть в де́йствие, пуска́ть в ход; **to come into ~** начина́ть де́йствовать 5) перели́вы (*красок*); игра́ (*света*); плеск (*воды*)

6) просто́р, свобо́да движе́ний, де́йствий; **to give free ~ to one's imagination** дать во́лю воображе́нию ◊ **to make ~** де́йствовать уме́ло, энерги́чно

play II *v* 1) игра́ть, резви́ться, развлека́ться; уча́ствовать в игре́; игра́ть *(в какую-л. игру)*; *тж спорт.*; **to ~ tennis/cards** игра́ть в те́ннис/в ка́рты; **to ~ for money** игра́ть на де́ньги 2) исполня́ть, игра́ть *(роль, музыка́льное произведе́ние)*; **to ~ piano/violin** игра́ть на роя́ле/на скри́пке; **he was ~ing Hamlet** он исполня́л роль/игра́л Га́млета 3) выезжа́ть на гастро́ли; выступа́ть *(где-л.)* 4) разы́грывать *(кого-л.)*, дура́читься; вести́ себя́ легкомы́сленно; **to ~ the fool** дура́читься; **to ~ upon smb's feelings** игра́ть на чьих-л. чу́вствах 5) ходи́ть *(шашкой, ка́ртой)* 6) свобо́дно дви́гаться *(о механизме)* 7) бить *(о струях воды, фонта́не)*; перелива́ться *(о све́те, кра́сках)* ◊ **to ~ one's cards right/well** уда́чно испо́льзовать свой ко́зыри, возмо́жности; **to ~ ducks and drakes** броса́ть ка́мешки по воде́, «печь блины́»; **to ~ fast and loose with** *уст.* вести́ себя́ безотве́тственно, быть ненадёжным; **to ~ for time** тяну́ть вре́мя; **to ~ fair** поступа́ть че́стно, по пра́вилам; **to ~ false** предава́ть; **to ~ foul** жу́льничать; **to ~ the idiot/fool/innocent** прики́дываться дурачко́м, *разг.* приду́риваться; **to ~ it cool** *разг.* быть невозмути́мым, споко́йным, не теря́ть головы́ *(во время какого-л. действия)*; **to ~ into the hands of smb** сыгра́ть на́ руку кому́-л.; **to ~ safe** избега́ть ри́ска, де́йствовать осторо́жно

play about 1) игра́ть, забавля́ться, резви́ться 2) приводи́ть в беспоря́док 3) флиртова́ть *(с кем-л.)*

play against игра́ть про́тив *(кого-л.)*

play along *разг.* 1) тяну́ть с отве́том 2) де́лать вид, что соглаша́ешься

play around *см.* **play about**

play back 1) верну́ть *(мяч и т. п.)* проти́внику 2) воспроизводи́ть, прои́грывать звуко- или видеоза́пись

play down *разг.* преуменьша́ть, умаля́ть

play in встреча́ть му́зыкой *(напр. гостей)*

play on 1) продолжа́ть игру́ 2) вводи́ть игрока́ в игру́ *(в футболе)*

play out 1) игра́ть на у́лице 2) доигра́ть до конца́ 3) разы́грывать; развора́чивать *(действие, сраже́ние)* 4) провожа́ть му́зыкой *(напр. гостей)* 5) дава́ть вы́ход *(чувствам)*

play over переигра́ть, сыгра́ть сно́ва

play up 1) испо́льзовать *(что-л.)* с це́лью привлече́ния внима́ния 2) *амер. разг.* реклами́ровать

play up to поды́грывать *(кому-л.)*

playable ['pleɪəbl] *a* го́дный, подходя́щий для игры́ *(о поле, площадке)*

play-actor ['pleɪˌæktə(r)] *n* 1) актёр 2) неи́скренний челове́к, позёр

playback ['pleɪbæk] *n* 1) воспроизведе́ние, прои́грывание (звуко- или видеоза́писи) 2) (звуко)воспроизводя́щее устро́йство

playbill ['pleɪbɪl] *n уст.* 1) театра́льная афи́ша 2) *амер.* театра́льная програ́ммка

playboy ['pleɪbɔɪ] *n* плейбо́й, пове́са

played out ['pleɪdˌaʊt] *a* измо́танный, вы́дохшийся

player ['pleɪə(r)] *n* 1) игро́к 2) музыка́нт; **a piano ~** пиани́ст 3) прои́грыватель; пле́ер *(тж record ~)* 4) *уст.* актёр, арти́ст

playfellow ['pleɪˌfeləʊ] *n* друг де́тства, това́рищ по де́тским и́грам

play-field ['pleɪfiːld] *n* спорти́вная площа́дка; игрова́я площа́дка; игрово́е по́ле

playful ['pleɪfʊl] *a* 1) игри́вый, шаловли́вый 2) шутли́вый

playfulness ['pleɪfʊlnɪs] *n* игри́вость

playgoer ['pleɪˌgəʊə(r)] *n* театра́л; постоя́нный зри́тель

playground ['pleɪgraʊnd] *n* де́тская игрова́я площа́дка

playhouse ['pleɪhaʊs] *n* 1) драмати́ческий теа́тр 2) игру́шечный до́мик 3) *амер.* до́мик для игр *(на детской площадке)*

playing card ['pleɪɪŋˌkɑːd] *n* игра́льная ка́рта

playing field ['pleɪɪŋfiːld] *n* спорти́вная площа́дка; игрова́я площа́дка; игрово́е по́ле

playmaker ['pleɪmeɪkə] *n спорт.* плейме́йкер; игро́к, организу́ющий ата́ку в кома́нде *(в футболе)*

playmate ['pleɪmeɪt] *n* друг де́тства, това́рищ по де́тским и́грам

play-off [ˌpleɪˈɒf] *n спорт.* 1) реша́ющая игра́, реша́ющий матч 2) плей-о́фф, ма́тчи на выбыва́ние

playpen ['pleɪpen] *n* де́тский мане́ж

playschool ['pleɪskuːl] *n* де́тский сад *(для детей от 2 до 4 лет; тж* **playgroup***)*

plaything ['pleɪθɪŋ] *n* игру́шка *(тж перен.)*

playtime ['pleɪtaɪm] *n* 1) вре́мя о́тдыха, развлече́ний 2) переме́на, вре́мя о́тдыха на све́жем во́здухе у шко́льников *(амер.* **recess***)*

playwright ['pleɪraɪt] *n* драмату́рг

plaza ['plɑːzə] *n* 1) городска́я пло́щадь 2) торго́вый ко́мплекс

plea [pliː] *n* 1) мольба́; про́сьба; **a ~ for help** про́сьба о по́мощи; **a ~ for mercy** *юр.* проше́ние о поми́ловании 2) *юр.* заявле́ние *(защитника или подсудимого)* 3) оправда́ние; до́вод

plead [pli:d] *v* 1) обраща́ться с про́сьбой; хода́тайствовать *(за кого-л. — for);* **to ~ for more time to pay** упра́шивать отсро́чить платёж 2) де́лать заявле́ние в суде́; **to ~ (not) guilty** (не) призна́ть себя́ вино́вным 3) выступа́ть в ка́честве адвока́та; защища́ть (в суде́) 4) отста́ивать *(что-л. — for);* выступа́ть про́тив *(чего-л. — against)* 5) ссыла́ться на *(что-л.)* в ка́честве оправда́ния

pleader [ˈpli:də(r)] *n* защи́тник, адвока́т

pleading [ˈpli:dɪŋ] *n* 1) *pl юр.* состяза́тельные бума́ги; заявле́ния истца́ и отве́тчика *(перед судебным разбирательством)* 2) засту́пничество, хода́тайство

pleasant [ˈplezənt] *a* 1) прия́тный 2) сла́вный, ми́лый

pleasantly [ˈplezəntlɪ] *adv* любе́зно; прия́тно

pleasantness [ˈplezəntnɪs] *n* прия́тные ка́чества

pleasantry [ˈplezəntrɪ] *n* 1) любе́зность 2) шутли́вая мане́ра *(вести беседу);* шутли́вость, весёлость

please I [pli:z] *v* 1) доставля́ть удово́льствие, ра́довать; **anxious to ~** жела́ющий угоди́ть, быть прия́тным; **she's easily ~d** ей легко́ угоди́ть 2) *pass* получа́ть удово́льствие; **I'm ~d to help you** я бу́ду рад помо́чь вам; **to be ~d with smth** быть дово́льным чем-л.; **as ~d as Punch** чрезвыча́йно дово́лен 3) нра́виться; **do as you ~** де́лайте, как вам нра́вится/как вы хоти́те 4) *как вежливые фразы:* **if you ~** пожа́луйста; **listen to me, if you ~** послу́шайте меня́, пожа́луйста

please II *int* пожа́луйста; *(выражает вежливую просьбу)* **would you help me, ~** помоги́те мне, пожа́луйста; *(выражает усиление)* **~, stop making all this noise!** не шуми́те так, пожа́луйста!; *(вежливая форма приня́тия предложения)* **would you like some coffee? – Yes, ~** не хоти́те ли ко́фе? – Да, пожа́луйста

pleased [ˈpli:zd] *a* дово́льный; рад; **(I'm) ~ to meet you** рад с ва́ми познако́миться; **we're ~ with the results** мы дово́льны результа́тами

pleasing [ˈpli:zɪŋ] *a* 1) прия́тный, доставля́ющий удово́льствие 2) привлека́тельный

pleasurable [ˈpleʒərəbl] *a* доставля́ющий удово́льствие, наслажде́ние; прия́тный

pleasure I [ˈpleʒə(r)] *n* 1) удово́льствие; наслажде́ние; **it gives me great/much ~** э́то доставля́ет мне большо́е удово́льствие; **it's my ~** э́то для меня́ удово́льствие; **with ~** с удово́льствием; **to take ~ in smth** наслажда́ться чем-л., испы́тывать большо́е удово́льствие от чего-л.; **may we have the ~ of**

your company? а) разреши́те соста́вить вам компа́нию! б) позво́льте вас пригласи́ть!; **it's a ~** не сто́ит благода́рности, пожа́луйста *(в ответ на благодарность)* 2) развлече́ние; о́тдых; **the ~s of the rich** развлече́ния бога́тых; **to travel for business or ~** е́здить/путеше́ствовать по дела́м или для о́тдыха 3) *книжн.* во́ля, соизволе́ние; **at ~** по жела́нию 4) *attr* развлека́тельный, увесели́тельный

pleasure II *v* 1) наслажда́ться, испы́тывать удово́льствие *(in)* 2) *разг.* ублажа́ть, доставля́ть удово́льствие *(обыкн. о сексуальном удовлетворении)*

pleasure boat [ˈpleʒəbəʊt] *n* прогу́лочный ка́тер

pleasure craft [ˈpleʒəkrɑ:ft] *см.* **pleasure boat**

pleasure ground [ˈpleʒəgraʊnd] *n* 1) площа́дка для игр; спортплоща́дка 2) парк

pleat I [pli:t] *n* скла́дка; **accordion ~s** гофре́

pleat II *v* де́лать скла́дки; плиссирова́ть, гофрирова́ть

pleb [pleb] *n разг.* плебе́й, простолюди́н

plebeian I [plɪˈbi:ən] *n* плебе́й, простолюди́н

plebeian II *a* 1) плебе́йский 2) гру́бый, вульга́рный

plebiscite [ˈplebɪsɪt] *n* плебисци́т

pledge I [pledʒ] *n* 1) (торже́ственное) обеща́ние, обе́т; заро́к; **election ~s** предвы́борные обеща́ния; **to take the ~** дать обе́т воздержа́ния 2) зало́г, закла́д; **to leave in ~** оставля́ть в зало́г; **to put in ~** заложи́ть; **to take out of ~** вы́купить из закла́да 3) поручи́тельство 4) тост ◊ **the ~ of love** плод любви́, (жела́нный) ребёнок

pledge II *v* 1) отдава́ть в зало́г, закла́дывать 2) дава́ть обе́т, торже́ственно обеща́ть 3) быть свя́занным *(словом, обетом)* 4) пить за здоро́вье *(кого-л.)*

pledgee [pleˈdʒi:] *n* залогодержа́тель

pledger [ˈpledʒə(r)] *n* залогода́тель *(лицо, отдавшее что-л. в залог)*

pleiad [ˈplaɪəd] *n* плея́да

plenary [ˈpli:nərɪ] *a* 1) по́лный, абсолю́тный, неограни́ченный 2) плена́рный *(о заседании)*

plenipotentiary I [ˌplenɪpəˈtenʃ(ə)rɪ] *n* полномо́чный представи́тель

plenipotentiary II *a* 1) полномо́чный 2) по́лный, неограни́ченный *(о власти)*

plenitude [ˈplenɪtju:d] *n* 1) полнота́; зако́нченность 2) изоби́лие

plenteous [ˈplentɪəs] *a поэт.* оби́льный

plentiful [ˈplentɪful] *a* 1) оби́льный, изоби́льный; **a ~ supply** большо́й запа́с; **fruit is ~ (just now)** сейча́с фру́кты в изоби́лии 2) бога́тый *(чем-л.);* плодоро́дный

plenty I [′plentɪ] *n* 1) оби́лие, изоби́лие; мно́жество; ~ **of** мно́го; **there's ~ of time** вре́мени вполне́ доста́точно 2) избы́ток; **in ~** в избы́тке

plenty II *adv разг.* вполне́, дово́льно, доста́точно

plenum [′pli:nəm] *n* 1) пле́нум 2) *тех.* прито́чная вентиля́ция (*тж* ~ **ventilation**)

pleonasm [′pli:ənæz(ə)m] *n лингв.* плеона́зм

plethora [′pleθərə] *n* 1) (пере)избы́ток 2) *мед.* полнокро́вие, плето́ра

pleura [′plʊərə] *n анат.* пле́вра

pleurisy [′plʊərɪsɪ] *n мед.* плеври́т

plexus [′pleksəs] *n анат.* сплете́ние (*нервов, сосудов*); **solar ~** со́лнечное сплете́ние

pliability [ˌplaɪə′bɪlɪtɪ] *n* 1) ги́бкость 2) усту́пчивость, пода́тливость

pliable [′plaɪəbl] *a* 1) ги́бкий 2) пода́тливый, усту́пчивый

pliant [′plaɪənt] *a* 1) ги́бкий 2) мя́гкий, усту́пчивый

pliers [′plaɪəz] *n pl* плоскогу́бцы; кле́щи

plight [plaɪt] *n* тяжёлое положе́ние; **in a sad/sorry ~** в тяжёлом состоя́нии; **in an evil ~** в скве́рном положе́нии; **in a wretched ~** в бе́дственном положе́нии

plimsolls [′plɪmsəlz] *n pl* ке́ды

plinth [plɪnθ] *n* цо́коль; постаме́нт

PLO *сокр.* (**the Palestine Liberation Organization**) Организа́ция освобожде́ния Палести́ны, ООП

plod I [plɒd] *n* 1) тяжёлый труд 2) гру́зная похо́дка

plod II *v* 1) плести́сь, тащи́ться (*часто* **to ~ along**) 2) корпе́ть (*над чем-л.; at*)

plodder [′plɒdə(r)] *n разг.* работя́га, тру́женик

plodding [′plɒdɪŋ] *a* уси́дчивый, трудолюби́вый, мно́го рабо́тающий

plonk¹ I [plɒŋk] *v* 1) небре́жно швырну́ть 2) бро́сить с шу́мом

plonk¹ II *n* шум от паде́ния (*тяжёлого предмета и т. п.*)

plonk² *n разг.* дешёвое вино́

plop I [plɒp] *n* шлёпанье (*по воде*)

plop II *v* булты́хнуться, шлёпнуться (*в воду*)

plosion [′pləʊʒ(ə)n] *n фон.* взрыв, пло́зия

plosive I [′pləʊsɪv] *n фон.* взрывно́й согла́сный (звук)

plosive II *a фон.* взрывно́й (*о согласном звуке*)

plot I [plɒt] *n* 1) уча́сток (земли́) 2) фа́була; сюже́т 3) за́говор 4) *амер.* чертёж; диагра́мма, гра́фик, план, схе́ма, крива́я 5) *воен.* тра́сса 6) *воен.* засе́чка це́ли

plot II *v* 1) составля́ть, черти́ть план; де́лать чертёж 2) устра́ивать за́говор; замышля́ть

преступле́ние 3) отмеча́ть на ка́рте, диагра́мме 4) составля́ть криву́ю (*по отме́ченным точкам*) 5) стро́ить гра́фик

plotter [′plɒtə(r)] *n* 1) заговóрщик; интрига́н 2) *спец.* графопострои́тель 3) картосостави́тельский прибо́р 4) карто́граф-состави́тель 5) планшети́ст; топо́граф

plough I [plaʊ] *n* 1) плуг 2) снегоочисти́тель 3) па́шня 4) (**the P.**) Больша́я Медве́дица (*созвездие; амер.* **the Big Dipper**) ◊ **to put one's hand to the ~** взя́ться за реше́ние (тру́дной) зада́чи; взя́ться за де́ло

plough II *v* 1) паха́ть 2) проводи́ть борозду́ 3) борозди́ть (*море и т. п.*); рассека́ть (*волны*) 4) продвига́ться вперёд с больши́м трудо́м, одолева́ть (*through*); **to ~ through to the end of the book** с трудо́м прочита́ть кни́гу до конца́ 5) *разг.* провали́ться (*на экзамене*); **I ~ed the exam** я завали́л экза́мен

ploughman [′plaʊmən] *n* па́харь

ploughshare [′plaʊʃeə(r)] *n с.-х.* ле́мех ◊ **to beat swords into ~** *библ.* перекова́ть мечи́ на ора́ла

plover [′plʌvə(r)] *n зоол.* ржа́нка

plow I, II [plaʊ] *амер. см.* **plough I, II**

ploy [plɔɪ] *n разг.* хи́трый ход, уло́вка, обходно́й манёвр

PLS *сокр.* (**please**) пожа́луйста (*используется при перепи́ске по электро́нной по́чте*)

pluck I [plʌk] *n* 1) му́жество, отва́га; **full of ~** отва́жный 2) дёрганье, выдёргивание 3) потроха́, ли́вер

pluck II *v* 1) собира́ть, рвать (*цветы*) 2) ощи́пывать (*птицу*); выдёргивать (*волосы*) 3) хвата́ться за (*at*) 4) перебира́ть (*струны*) 5) обобра́ть, огра́бить 6) обману́ть, наду́ть ◊ **to ~ up courage (to do smth)** собра́ться с ду́хом(, что́бы сде́лать что-л.)

plucky [′plʌkɪ] *a* отва́жный, сме́лый, хра́брый

plug I [plʌg] *n* 1) заты́чка; заглу́шка, про́бка 2) *эл.* штéпсель, штéпсельная ви́лка, штéкер 3) запа́льная свеча́; **spark ~** свеча́ зажига́ния 4) разъём 5) штырь, штырёк 6) прессо́ванный таба́к, пли́тка табака́ (*для жева́ния*) 7) *разг.* рекла́ма, реклами́рование (*идей, новых товаров и т. п.*) ◊ **to pull the ~** *разг.* спуска́ть во́ду в туале́те

plug II *v* 1) затыка́ть, заку́поривать (*тж* **to ~ up**) 2) *разг.* корпе́ть (*тж* **to ~ away**) 3) сленг ударя́ть, бить; стреля́ть 4) *разг.* насто́йчиво рекомендова́ть, реклами́ровать (*какое-л. средство, новый товар и т. п.*)

plug in *эл.* вставля́ть штéпсель

plug connector [ˌplʌg kə′nektə] *n эл.* ви́лочная часть разъёма, ви́лка; штéпсельный разъём

plug-in I [ˈplʌgɪn] *n* 1) эл. штепсельное соединение; вставная муфта 2) *вчт* сменная плата 3) *вчт* дополнительный программный модуль

plug-in II *a* 1) вставной; штепсельный, штыревой, со штепсельным контактом 2) блочный, съёмный, сменный 3) встраиваемый, интегрированный

plug-ugly [ˈplʌgˌʌglɪ] *n амер. сленг* хулиган, бандит

plum [plʌm] *n* 1) слива; **French ~** чернослив 2) сливовое дерево 3) тёмно-фиолетовый цвет 4) изюм 5) *разг.* лакомый кусочек *(часто attr);* **a ~ job** тёпленькое местечко 6) *attr* сливовый; **~ jam** сливовый джем 7) *attr* в форме сливы; **~ tomato** помидор в форме сливы, помидор-сливка

plumage [ˈpluːmɪʤ] *n* оперение

plumb I [plʌm] *n* 1) лот, грузило 2) отвес; **out of ~** неперпендикулярно, невертикально

plumb II *a* 1) вертикальный, отвесный 2) явный; **~ nonsense** полная чушь

plumb III *v* 1) измерять глубину 2) ставить по отвесу, точно вертикально

plumb IV *adv* 1) точно, прямо, как раз; **~ in the middle** прямо посередине 2) *амер. сленг* совершенно, абсолютно; **~ crazy** совсем сумасшедший 3) вертикально, перпендикулярно

plumbago [plʌmˈbeɪgəʊ] *n* графит

plumbeous [ˈplʌmbɪəs] *a* 1) свинцовый; похожий на свинец 2) свинцового цвета

plumber [ˈplʌmə(r)] *n* слесарь-водопроводчик

plumbic [ˈplʌmbɪk] *a хим.* содержащий свинец

plumbing [ˈplʌmɪŋ] *n* 1) **(the ~)** водопровод и канализация; водопроводная система 2) водопроводное дело 3) *разг.* сантехника

plum duff [ˈplʌmdʌf] *n* пудинг с изюмом

plume I [pluːm] *n* 1) перо 2) султан, плюмаж ◊ **in borrowed ~s** ≅ «в павлиньих перьях»

plume II *v* 1) оправлять перья *(о птице)* 2) украшать перьями, плюмажем 3): **to ~ oneself (up) on** кичиться, задирать нос

plummet I [ˈplʌmɪt] *n* 1) свинцовый отвес 2) лот 3) грузило *(удочки)*

plummet II *v* резко падать, резко опускаться *(о самолёте, ценах и т. п.)*

plummy [ˈplʌmɪ] *a разг.* 1) глубокий, бархатистый *(о голосе)* 2) завидный, хороший, выгодный 3) изобилующий сливами

plump¹ I [plʌmp] *a* полный, пухлый, толстенький; **a ~ baby** пухлый младенец

plump¹ II *v* полнеть, толстеть *(тж* **to ~ up, to ~ out)**

plump² I *n* неожиданное, тяжёлое падение

plump² II *a* прямой, категорический; **a ~ "no"** категорическое «нет»

plump² III *v* 1) грохнуться, бухнуться, шлёпнуться 2) решительно выбрать что-нибудь одно *(одну возможность, одного кандидата и т. п.)* 3) выпалить, выболтать

plump² IV *adv разг.* 1) внезапно 2) прямо, напрямик; **he told me ~** он так мне прямо и сказал

plum pudding [ˌplʌmˈpʊdɪŋ] *n уст.* рождественский пудинг *(с изюмом, пряностями и т. п.; тж* **Christmas pudding)**

plumy [ˈpluːmɪ] *a* 1) покрытый перьями 2) украшенный султаном, плюмажем

plunder I [ˈplʌndə(r)] *n* 1) грабёж, разграбление 2) добыча, награбленное имущество 3) *разг.* прибыль, выгода

plunder II *v* грабить

plunderer [ˈplʌndərə(r)] *n* грабитель

plunge I [plʌnʤ] *n* 1) ныряние, погружение, окунание 2) *attr:* **~ pool** небольшой бассейн с холодной водой (для купания после сауны) ◊ **to take the ~** *разг.* сделать решительный шаг

plunge II *v* 1) погружать(ся), нырять, окунать(ся) 2) ввергать *(in, into)* 3) бросаться, кидаться, рвануться *(down, into)* 4) бросаться вперёд *(о лошади)* 5) *разг.* азартно играть; рисковать 6) *разг.* залезать в долги 7) обрываться *(о скале, дороге)* ◊ **to ~ into a lively discussion** вступить в оживлённую дискуссию

plunger [ˈplʌnʤə(r)] *n* 1) *тех.* плунжер, поршень 2) шток 3) *разг.* азартный игрок

plunging [ˈplʌnʤɪŋ] *a* 1) ныряющий, погружающийся 2) *воен.* навесной *(об огне)*

plunk I [plʌŋk] *n* звон *(струны)*

plunk II *v* 1) перебирать струны 2) звенеть *(о струне)* 3) *амер.* шумно упасть, шлёпнуться

pluperfect I [pluːˈpɜːfɪkt] *n* **(the ~)** *грам.* давнопрошедшее время, плюсквамперфект

pluperfect II *a грам.* давнопрошедший, предпрошедший

plural I [ˈplʊərəl] *n* **(the ~)** *грам.* множественное число; форма множественного числа

plural II *a* многочисленный; множественный

pluralism [ˈplʊərəlɪzm] *n* плюрализм

plurality [plʊəˈrælɪtɪ] *n* 1) множественность 2) плюрализм 3) *амер.* относительное большинство голосов

plus I [plʌs] *n* 1) знак плюс 2) положительная величина 3) преимущество, плюс

plus II *a* 1) добавочный 2) положительный *(о величине, электрическом заряде)* 3) выше нуля, плюсовой *(о температуре)*

plus III *prep* плюс

plus fours [plʌs'fɔ:z] *n pl* брюки гольф

plush [plʌʃ] *n* 1) плюш; плис 2) *attr* плю-шевый; плисовый

plushy ['plʌʃɪ] *a разг.* стильный, роскошный, шикарный

plutocracy [plu:'tɒkrəsɪ] *n* плутократия

plutocrat ['plu:təkræt] *n* плутократ

plutonium [plu:'təʊnɪəm] *n хим.* плутоний

pluvial ['plu:vɪəl] *a* 1) дождливый 2) вызван-ный, причинённый дождями; *геол.* плю-виальный

pluviometer [ˌplu:vɪ'ɒmɪtə(r)] *n* дождемер

pluvious ['plu:vɪəs] *a* дождливый

ply¹ [plaɪ] *v* 1) упорно трудиться; постоянно работать, совершенствовать мастерство 2) потчевать, угощать 3) засыпать *(вопроса-ми, просьбами)* 4) постоянно курсировать *(о транспорте)* 5) *мор.* лавировать

ply² *n* 1) слой; складка 2) виток *(верёвки)*

plywood ['plaɪwʊd] *n* фанера

PM *сокр.* 1) **(post-mortem)** посмертный 2) **(Prime Minister)** премьер-министр

p. m., pm *сокр. (лат.* **post meridiem)** после полудня; *(столько-то часов)* пополудни

PMS *сокр.* **(premenstrual syndrome)** *мед.* предменструальный синдром

PMT *сокр.* **(premenstrual tension)** *мед.* пред-менструальный синдром

pneumatic [nju:'mætɪk] *a* пневматический, воздушный; ~ **drill** отбойный молоток

pneumatics [nju:'mætɪks] *n* пневматика

pneumonia [nju:'məʊnɪə] *n мед.* воспаление лёгких, пневмония; **atypical** ~ атипичная пневмония

PO *сокр.* 1) **(petty officer)** старшина *(на фло-те)* 2) **(pilot officer)** пилот 3) **(postal order)** почтовый перевод 4) **(post pffice)** почтовое отделение, почта

po [pəʊ] *n разг.* ночной горшок

poach¹ [pəʊtʃ] *v* варить яйца без скорлупы

poach² *v* 1) заниматься браконьерством, неза-конно охотиться 2) вторгаться *(в чужие владения);* присваивать *(чужие идеи и т. п.)* 3) вмешиваться *(в чужие дела, лич-ную жизнь кого-л.);* посягать *(на чьи-л. права)* 4) вытаптывать *(траву)* копытами

PO box [ˌpi:'əʊˌbɒks] *n* почтовый, абонент-ский ящик *(в почтовом адресе)*

pock [pɒk] *n* оспина, рябин(к)а *(на лице)*

pocket I ['pɒkɪt] *n* 1) карман; **to pick a** ~ вытащить, украсть из кармана 2) отделение *(в чемодане и т. п.)* 3) деньги 4) район, очаг *(сопротивления, безработицы и т. п.)* 5) луза *(бильярда)* 6) полость, впадина 7) *ав.* воздушная яма 8) *горн.* карман, гнездо

9) *attr* карманный; ~ **dictionary** карманный словарь ◊ **in smb's** ~ а) у кого-л. под конт-ролем б) в близких отношениях с кем-л.; **in** ~ а) имеющийся в наличии б) с прибылью; **out of** ~ в убытке, с потерей; **deep ~s** большой карман, денег куры не клюют

pocket II *v* 1) класть в карман 2) присваивать, прикарманивать 3) подавлять, прятать *(эмоции, чувства)* 4) загонять шар *(в лузу)*

pocketbook ['pɒkɪtbʊk] *n* 1) записная книжка 2) бумажник 3) *амер.* кошелёк, сумочка 4) *амер.* книга карманного формата *(в бу-мажной обложке)*

pocketful ['pɒkɪtfʊl] *a* полный карман *(чего-л.)*

pocket knife ['pɒkɪtnaɪf] *n* перочинный нож *(тж* **penknife)**

pocket money ['pɒkɪtˌmʌnɪ] *n* карманные деньги

pocket-sized ['pɒkɪtˌsaɪzd] *a* карманный; кар-манного формата; ~ **computer** карманный персональный компьютер, карманный ПК, КПК, *разг.* «наладонник», «карманник»

pockmark ['pɒkmɑ:k] *n* оспина, рябин(к)а *(на лице)*

pock-marked ['pɒkmɑ:kt] *a* рябой

pod I [pɒd] *n* 1) стручок 2) кокон *(шелко-пряда)* 3) грузовой отсек *(самолёта)* ◊ **in** ~ *разг.* беременная

pod II *v* 1) покрываться стручками 2) лу-щить, шелушить

podded ['pɒdɪd] *a* 1) стручковый 2) *разг.* состоятельный, зажиточный

podgy ['pɒdʒɪ] *a разг.* низенький и толстый

podium ['pəʊdɪəm] *n* подиум; помост

podzolic [pɒd'zɒlɪk] *a* подзолистый *(о почве)*

poem ['pəʊɪm] *n* 1) стихотворение 2) поэма

poet ['pəʊɪt] *n* поэт

poetaster [ˌpəʊɪ'tæstə(r)] *n пренебр.* рифмоплёт

poetess ['pəʊɪtɪs] *n* поэтесса

poetic(al) [pəʊ'etɪk(əl)] *a* 1) поэтический 2) стихотворный

poetics [pəʊ'etɪks] *n* поэтика

poetry ['pəʊɪtrɪ] *n* поэзия; стихи

po-faced [pəʊ'feɪst] *a* 1) с каменным лицом, без юмора 2) самодовольный, чванливый

pogrom ['pɒgrəm] *n русск.* погром

poignancy ['pɔɪnjənsɪ] *n* 1) острота 2) пи-кантность 3) резкость *(боли)* 4) острота *(пе-реживаний, воспоминаний)*

poignant ['pɔɪnjənt] *a* 1) острый; колкий 2) едкий 3) резкий *(о боли)* 4) трогательный, вызывающий сочувствие 5) пикантный

poignantly ['pɔɪnjəntlɪ] *adv* 1) остро, колко; резко 2) трогательно

point I [pɔɪnt] *n* 1) остриё; наконечник; за-острённый конец; **the** ~ **of a needle** кончик иглы́; **at the ~ of the sword** вооружённой си́лой, огнём и мечо́м 2) то́чка; **five ~ seven** (5.7) пять це́лых семь деся́тых; **~ of interrogation** вопроси́тельный знак; **~ of view** то́чка зре́ния 3) ме́сто, пункт, то́чка; **a ~ of departure** отправно́й пункт; **cardinal ~s** сто́роны све́та 4) (крити́ческий) моме́нт; **at the ~ of** накану́не, на гра́ни; **at the ~ of death** при́ смерти; **to be on the ~ of doing smth** собира́ться сде́лать что-л. в ближа́йшем бу́дущем; **we are on the ~ of leaving the place** мы собира́емся уе́хать отсю́да 5) выступа́ющая часть; мыс; верши́на 6) де́ло, вопро́с, пункт; **at all ~s** во всех отноше́ниях; **a ~ of honour** де́ло че́сти; **~ of order** процеду́рный вопро́с; **I see your ~** я понима́ю, что́ вы хоти́те сказа́ть/что́ вы име́ете в виду́; **to make one's ~ clear** я́сно вы́сказаться, вы́разить свою́ мысль; **in ~ of fact** в са́мом де́ле, действи́тельно, факти́чески; **in ~ of** в отноше́нии, что каса́ется 7) суть, существо́ де́ла; **the ~ in question** те́ма бесе́ды, обсужде́ния; **to come/to get to the ~** дойти́ до су́ти де́ла; **keep to the ~** бли́же к де́лу, говори́те по существу́; **to speak to the ~** говори́ть по существу́; **off/beside the ~** не на те́му, не по существу́ 8) черта́, ка́чество; отде́льная сторона́ (какого-л. явления); **to touch upon some ~s** затро́нуть не́которые моме́нты (в сообще́нии, отчёте и т. п.); **that's my weak ~** э́то моя́ сла́бая сторона́; **what is his strong ~?** в чём его́ си́льная сторона́?; **I make a ~ of walking to my work** я положи́л за пра́вило ходи́ть пешко́м на рабо́ту 9) деле́ние шкалы́ (термо́метра, ко́мпаса и т. п.) 10) очко́; **to give ~s to smb** дава́ть не́сколько очко́в вперёд (тж перен.) 11) ж.-д. стре́лочный перево́д, стре́лка 12) воен. головно́й дозо́р 13) охот. сто́йка (у соба́ки) ◊ **up to a ~** до изве́стной сте́пени; **not to put too fine a ~ on it** по́просту говоря́

point II v 1) ука́зывать, пока́зывать (на — at, to) 2) наводи́ть (оружие, телескоп и т. п.; на — at) 3) ука́зывать направле́ние (to) 4) говори́ть, свиде́тельствовать (о — to); **it all ~s to murder** всё ука́зывает на уби́йство 5) точи́ть (каранда́ш); зата́чивать (инструме́нт) 6) расставля́ть зна́ки препина́ния 7) охот. де́лать сто́йку (о собаке)

point out ука́зывать; пока́зывать; обраща́ть внима́ние

point up подчёркивать; придава́ть осо́бое значе́ние

point-blank I [pɔɪntˊblæŋk] a 1) произведённый в упо́р, прямо́й наво́дкой (о выстреле)

2) реши́тельный, прямо́й (об ответе, вопросе и т. п.)

point-blank II adv 1) в упо́р; прямо́й наво́дкой; **to fire ~** вы́стрелить в упо́р 2) реши́тельно, категори́чески, прямо, наотре́з

point-duty [ˊpɔɪntˌdjuːtɪ] n регулиро́вка у́личного движе́ния

pointed [ˊpɔɪntɪd] a 1) остроконе́чный; заострённый 2) о́стрый, ко́лкий, язви́тельный (о замечании) 3) подчёркнутый, я́вный

pointedly [ˊpɔɪntɪdlɪ] adv 1) о́стро 2) стара́ясь подчеркну́ть; со значе́нием; многозначи́тельно

pointer [ˊpɔɪntə(r)] n 1) стре́лка (весов, часов) 2) указа́тель 3) ука́зка 4) разг. намёк 5) по́йнтер (порода собак)

pointless [ˊpɔɪntlɪs] a 1) бессмы́сленный, безду́мный; бесце́льный 2) спорт. не вы́игравший ни одного́ очка́

pointsman [ˊpɔɪntsmən] n 1) стре́лочник 2) у́личный регулиро́вщик

point of presence [ˊpɔɪnt əvˊprezəns] n вчт 1) то́чка вхо́да в сеть 2) то́чка прису́тствия (в телеконфере́нц-связи)

point variable [ˊpɔɪnt ˊve(ə)rɪəb(ə)l] n вчт переме́нная ти́па «то́чка»

pointy [ˊpɔɪntɪ] a заострённый; с о́стрым концо́м

poise I [pɔɪz] n 1) самооблада́ние 2) равнове́сие; уравнове́шенность; стаби́льность 3) поса́дка головы́; оса́нка

poise II v 1) баланси́ровать, держа́ть равнове́сие 2) находи́ться в равнове́сии 3) держа́ть оса́нку 4) пари́ть (в воздухе)

poison I [ˊpɔɪzən] n 1) яд, отра́ва 2) разг. тлетво́рное влия́ние 3) attr ядови́тый; **~ gas** ядови́тый газ 4) attr отравля́ющий (о веществе)

poison II v 1) отравля́ть, трави́ть 2) заража́ть (местность) 3) по́ртить, развраща́ть

poisoner [ˊpɔɪzənə(r)] n отрави́тель

poisoning [ˊpɔɪzənɪŋ] n 1) отравле́ние 2) зараже́ние (местности) 3) развраще́ние

poisonous [ˊpɔɪzənəs] a 1) ядови́тый 2) разг. зло́бный; вредоно́сный; **a ~ tongue** злой язы́к; **~ pen letter** анони́мное письмо́, анони́мка

poke I [pəuk] n толчо́к, тычо́к

poke II v 1) ты́кать (пальцем, палкой), сова́ть (тж to ~ in, up, down); **to ~ smb in the ribs** подта́лкивать кого́-л.; **to ~ and pry, to ~ one's nose into** разг. сова́ть нос не в своё де́ло 2) меша́ть (кочергой) 3) сленг груб. тра́хаться

poke about разузнава́ть, разню́хивать, любопы́тничать

poker[1] [ˈpəʊkə(r)] *n* кочергá

poker[2] *n карт.* пóкер

poker-faced [ˈpəʊkəˌfeɪst] *a* с бесстрáстным, кáменным лицóм

poker-work [ˈpəʊkəwɜːk] *n* выжигáние по дéреву

pokey [ˈpəʊkɪ] *n амер. сленг* тюрьмá, тюрягá

poky [ˈpəʊkɪ] *a* тéсный и захламлённый *(о помещении, комнате и т. п.)*; it's ~ here здесь нéгде повернýться

polar [ˈpəʊlə(r)] *a* 1) полярный; ~ **bear** бéлый/полярный медвéдь; ~ **circle** полярный круг; ~ **fox** песéц; ~ **lights** сéверное сияние 2) пóлюсный 3) диаметрáльно противопо-лóжный

polarity [pəʊˈlærɪtɪ] *n* 1) *физ.* полярность 2) пóлная противополóжность

polarize [ˈpəʊləraɪz] *v физ.* поляризовáть

Polaroid [ˈpəʊlərɔɪd] *n* «Поларóид» *(1. фирменное название дымчатого стекла для очков, ламп и т. п. 2. фирменное название фотоаппарата с мгновенной выдачей фотоснимка)*

Pole [pəʊl] *n* поляк; пóлька; the ~s поляки

pole[1] [pəʊl] *n* 1) шест, кол, жердь; багóр 2) столб; **telegraph** ~ телегрáфный столб; **under bare** ~s *мор.* со спýщенными парусáми 3) дышло ◊ **up the** ~ *сленг* а) свихнýвший-ся, не в себé б) в неприятном положéнии

pole[2] *n* пóлюс; **magnetic** ~ магнитный пóлюс; the **North P.** Сéверный пóлюс; the **South P.** Южный пóлюс ◊ **to be** ~s **apart** быть диаметрáльно противополóжными

poleaxe I [ˈpəʊlæks] *n* 1) *ист.* бердыш; алебáрда 2) резáк *(мясника)*

poleaxe II *v* наносить удáр, рубить топорóм

polecat [ˈpəʊlkæt] *n* хорёк

polemic(al) [pəˈlemɪk(əl)] *a* полемический

polemic(s) [pəˈlemɪk(s)] *n* полéмика

pole position [ˈpəʊl pɒˈsɪʃ(ə)n] *n спорт.* пóул-позиция *(первая позиция на старте в автомобильных гонках)*

polestar [ˈpəʊlstɑː(r)] *n* 1) Полярная звездá 2) путевóдная звездá

pole vault [ˈpəʊlvɔːlt] *n* (the ~) *спорт.* прыжки с шестóм

police I [pəˈliːs] *n* 1) полиция; the ~ *(употр. как pl)* полицéйские; **military** ~ воéнная полиция; **mounted** ~ кóнная полиция 2) *attr* полицéйский; ~ **state** тоталитáрное госудáрство

police II *v* 1) поддéрживать порядок *(в стране, городе)* 2) обеспéчивать полицéйскими; обеспéчивать охрáну

police court [pəˈliːskɔːt] *n* (городскóй) полицéйский суд

policeman [pəˈliːsmən] *n* полицéйский

police officer [pəˈliːs ˈɒfɪsə(r)] *n* полицéйский

police station [pəˈliːs ˈsteɪʃ(ə)n] *n* полицéйский учáсток

policewoman [pəˈliːsˌwʊmən] *n* жéнщина-полицéйский

policy[1] [ˈpɒlɪsɪ] *n* 1) политика; **foreign** ~ внéшняя политика страны; **give-and-take** ~ политика взаимных устýпок; **for reasons of** ~ по политическим соображéниям 2) линия поведéния, курс, стратéгия 3) благоразýмие, дальновидность 4) мéтод, алгоритм

policy[2] *n* страховóй пóлис

policyholder [ˈpɒlɪsɪˌhəʊldə(r)] *n* держáтель страховóго пóлиса

polio [ˈpəʊlɪəʊ] *сокр. см.* **poliomyelitis**

poliomyelitis [ˌpəʊlɪəʊˌmaɪəˈlaɪtɪs] *n мед.* полиомиелит

Polish I [ˈpəʊlɪʃ] *n* пóльский язык

Polish II *a* пóльский

polish I [ˈpɒlɪʃ] *n* 1) лак, политýра; срéдство для полирóвки *(мебели и т. п.)*; **floor** ~ мастика для пóла; **shoe** ~ крем для óбуви 2) полирóвка 3) элегáнтность, лоск; изысканность *(манер)*

polish II *v* 1) полировáть; шлифовáть; чистить óбувь 2) шлифовáть *(стиль, манеры и т. п.)*

polish off быстро спрáвиться с едóй, быстро опустошить тарéлку

polish up подучить *(что-л.)*; усовершéнствовать, улýчшить

polished [ˈpɒlɪʃt] *a* 1) полирóванный; a ~ **table** полирóванный стол 2) изысканный, элегáнтный

polite [pəˈlaɪt] *a* 1) вéжливый, воспитанный 2) культýрный, образóванный 3) изысканный *(об обществе)*; изящный *(о стиле письма)*; ~ **society** изысканное óбщество *(тж* ~ **company)**

politeness [pəˈlaɪtnɪs] *n* вéжливость, воспитанность

politic [ˈpɒlɪtɪk] *a* 1) разýмный, обдýманный; благоразýмный 2) лóвкий, хитрый; тóнкий, политичный; a ~ **move** тóнкий ход

political [pəˈlɪtɪkəl] *a* политический; относящийся к политике; ~ **geography** политическая геогрáфия; ~ **prisoner** политзаключённый; ~ **science** политолóгия

politically correct [pəˈlɪtɪkəlɪ kəˈrekt] *a* политкоррéктный; ~ **behaviour** политкоррéктное поведéние *(не оскорбляющее, не дискриминирующее людей по расовому, национальному и др. признакам)*

politician [ˌpɒlɪˈtɪʃ(ə)n] *n* 1) политик, политический дéятель 2) *амер. презр.* политикáн

politicize [pə´lɪtɪsaɪz] *v* 1) политизи́ровать 2) говори́ть о поли́тике, рассужда́ть на те́мы поли́тики

politico [pə´lɪtɪkəʊ] *n разг.* 1) поли́тик 2) лю́бящий поговори́ть о поли́тике

politics [´pɒlɪtɪks] *n* 1) поли́тика; **to talk ~** говори́ть о поли́тике 2) полити́ческие убежде́ния; **what are your ~?** каки́х полити́ческих убежде́ний вы приде́рживаетесь?

polity [´pɒlɪtɪ] *n* 1) госуда́рственное устро́йство 2) госуда́рство

polka [´pɒlkə] *n* 1) **(the ~)** по́лька *(танец)* 2) *attr:* **~ dot** рису́нок в горо́шек *(на ткани)*

poll[1] **I** [pəʊl] *n* 1) голосова́ние; **to go to the ~s** голосова́ть, принима́ть уча́стие в вы́борах 2) подсчёт голосо́в на вы́борах 3) результа́ты голосова́ния 4) число́ по́данных голосо́в; **a heavy/light ~** высо́кий/ни́зкий проце́нт уча́стия в вы́борах 5) опро́с обще́ственного мне́ния; **exit ~** опро́с избира́телей на вы́ходе с избира́тельного уча́стка *(сразу после их голосования)* 6) **(the polls)** избира́тельный уча́сток 7) *шутл.* голова́, заты́лок

poll[1] **II** *v* 1) голосова́ть 2) подсчи́тывать голоса́ 3) регистри́ровать избира́телей 4) подстрига́ть *(деревья, кусты)*

poll[2] [pɒl] *n* (дома́шний) попуга́й, «по́пка»

pollard [´pɒləd] *n* 1) безро́гое живо́тное 2) подстри́женное де́рево

pollen [´pɒlɪn] *n бот.* пыльца́

pollinate [´pɒlɪneɪt] *v бот.* опыля́ть

polling [´pəʊlɪŋ] *n* голосова́ние; **~ was light** проголосова́ло ма́ло наро́ду; **Gallup ~** *амер.* опро́с населе́ния с це́лью выявле́ния обще́ственного мне́ния

polling booth [´pəʊlɪŋbu:ð] *n* каби́на для голосова́ния

polling centre [´pəʊlɪŋˌsentə(r)] *n* избира́тельный уча́сток *(тж* **polling station)**

pollster [´pəʊlstə(r)] *n* челове́к, проводя́щий опро́с обще́ственного мне́ния

poll tax [´pəʊltæks] *n* поду́шный нало́г

pollute [pə´lu:t] *v* 1) загрязня́ть 2) оскверня́ть 3) развраща́ть

pollution [pə´lu:ʃ(ə)n] *n* 1) загрязне́ние; **~ of the environment** загрязне́ние окружа́ющей среды́ 2) оскверне́ние 3) *физиол.* поллю́ция

polo [´pəʊləʊ] *n спорт.* по́ло; **water ~** во́дное по́ло

polo neck [´pəʊləʊˌnek] *n* сви́тер-водола́зка *(тж* **polo-neck sweater;** *амер.* **turtleneck)**

polo shirt [´pəʊləˌʃɜ:t] *n* руба́шка «по́ло» *(трикотажная, с коротким рукавом, на трёх пуговицах)*

polonium [pə´ləʊnɪəm] *n хим.* поло́ний

poltergeist [´pɒltəgaɪst] *n* полтерге́йст

poltroon [pɒl´tru:n] *n* трус

poly- [´pɒlɪ-] *pref со значением* много-; **polychromatic** многоцве́тный, многокра́сочный, полихромати́ческий

polyester [ˌpɒlɪ´estə(r)] *n хим.* сло́жный полиэфи́р

polygamy [pɒ´lɪgəmɪ] *n* полига́мия, многобра́чие

polyglot [´pɒlɪglɒt] *n* полигло́т

polygon [´pɒlɪgən] *n* многоуго́льник

polygraph [´pɒlɪgrɑ:f] *n* полигра́ф, дете́ктор лжи

polymer [´pɒlɪmə(r)] *n хим.* полиме́р

polyp [´pɒlɪp] *n зоол., мед.* поли́п

Polynesian I [ˌpɒlɪ´ni:ʒən] *a* полинези́йский

Polynesian II *n* полинези́ец; полинези́йка

polyphony [pə´lɪfənɪ] *n муз.* полифони́я, многоголо́сие

polysemantic [´pɒlɪsɪ´mæntɪk] *a* полисеманти́ческий, многозна́чный

polysemy [´pɒlɪsi:mɪ] *n* полисеми́я, многозна́чность

polysyllabic [´pɒlɪsɪ´læbɪk] *a грам.* многосло́жный

polysyllable [´pɒlɪˌsɪləbl] *n грам.* многосло́жное сло́во

polytechnic I [ˌpɒlɪ´teknɪk] *n* полите́хникум

polytechnic II *a* политехни́ческий

polytheism [´pɒlɪθɪˌɪz(ə)m] *n рел.* политеи́зм, многобо́жие

polyvalent [ˌpɒlɪ´veɪlənt] *a хим.* поливале́нтный, многовале́нтный

pomade [pə´mɑ:d] *n* бриоли́н *(для укладки волос)*

pomander [pə´mændə(r)] *n* аромати́ческий ша́рик *(как дезинфицирующее средство, хранящееся в шкафах, мешках, коробах и т. п.)*

pomegranate [´pɒmˌgrænɪt] *n бот.* грана́т

Pomeranian [ˌpɒmə´reɪnɪən] *n* шпиц *(порода собак)*

pomp [pɒmp] *n* пы́шность, по́мпа

pompon [´pɒmpɒn] *n* помпо́н

pomposity [pɒm´pɒsɪtɪ] *n* напы́щенность, помпе́зность

pompous [´pɒmpəs] *a* 1) напы́щенный 2) пы́шный, помпе́зный

ponce [pɒns] *n сленг* 1) сутенёр 2) гомосексуали́ст

poncho [´pɒntʃəʊ] *n* по́нчо

pond I [pɒnd] *n* 1) пруд; водоём, бассе́йн 2) садо́к *(для разведения рыбы)*

pond II *v* запру́живать

ponder [´pɒndə(r)] *v* размышля́ть, тща́тельно обду́мывать *(тж* **to ~ on, to ~ over)**

ponderable [´pɒndərəbl] *a* весо́мый, материа́льный

ponderous [ˈpɒndərəs] *a* 1) увесистый 2) тяжеловесный, скучный *(о стиле)*

ponderously [ˈpɒndərəslɪ] *adv* тяжело, тяжеловесно

pone [pəʊn] *n амер.* кукурузная лепёшка

pongee [pɒnˈdʒiː] *n* чесуча *(ткань)*

pontiff [ˈpɒntɪf] *n* понтифик, папа римский *(тж sovereign/supreme ~, pontifex)*

pontificate [pɒnˈtɪfɪkeɪt] *v* 1) считать (себя) непогрешимым; быть догматиком 2) важно разглагольствовать

pontoon¹ [pɒnˈtuːn] *n* 1) *мор.* плашкоут 2) понтон; понтонный мост 3) кессон 4) поплавок *(гидросамолёта)*

pontoon² *n карт.* двадцать одно, «очко»

pony [ˈpəʊnɪ] *n* 1) пони 2) стопка, рюмка 3) *сленг* 25 фунтов (стерлингов) 4) *pl сленг* скачки

pooch [puːtʃ] *n амер. сленг* собака

poodle [ˈpuːdl] *n* пудель

poof [pʊf] *n сленг презр.* 1) неженка, нюня, маменькин сынок 2) гомосексуалист

poofter [ˈpʊftə(r)] *см.* poof

pooh [puː] *int* фу!, тьфу!, чепуха!

pooh-pooh [puːˈpuː] *v разг.* высмеивать, насмехаться; отмахиваться с презрением; плевать хотеть *(на что-л.)*

pool¹ [puːl] *n* 1) небольшой пруд 2) лужа 3) глубокое место, омут 4) плавательный бассейн *(тж swimming ~)* 5) **(the P.)** Пул, название участка реки Темзы ниже Лондонского моста *(тж* **Pool of London)**

pool² **I** *n* 1) объединение ресурсов, капиталов; фонд 2) объединение, парк, бюро; **translator's ~** бюро переводчиков; **typing ~** наборный цех, бюро по набору текстов; **transport ~** автопарк 3) соглашение между предпринимателями для устранения конкуренции, пул 4) *карт.* пулька, банк 5) пул *(американский вид бильярда)* 6): **the (football) ~s** вид (футбольной) лотереи

pool² **II** *v* 1) объединять ресурсы, капиталы; организовывать дело на паях 2) обмениваться *(опытом, информацией и т. п.)*

poolroom [ˈpuːlrʊm] *n амер.* 1) помещение для заключения пари *(на скачках и т. п.)* 2) помещение для игры в пул, бильярдная *(тж* **pool hall)**

poop¹ **I** [puːp] *n мор.* корма; ют, полуют

poop¹ **II** *v* 1) захлёстывать корму *(о волне)* 2) зачерпнуть кормой

poop² *v амер. сленг* изматывать, «доставать»

poor I [pʊə(r)] *a* 1) бедный, неимущий, нищий 2) недостаточный, плохой; **~ visibility** плохая видимость; **a ~ driver** плохой водитель; **the pay is ~** (здесь) плохо платят 3) несчастный, бедный, жалкий, вызывающий сожаление; **you ~ thing!** ах ты, бедняга! 4) низкий, плохой *(об урожае, качестве)*, неплодородный, тощий *(о почве)* 5) бледный *(о речи, выступлении)*, малоинтересный ◊ **as ~ as a church mouse** *погов.* ≅ беден, как церковная мышь; **to take a ~ view of smth/smb** быть невысокого мнения о чём-л./ком-л.

poor II *n*: **the ~** *(употр. как pl)* беднота, бедные, неимущие

poor-box [ˈpʊəbɒks] *n* кружка, ящик *(особ. в церкви)* для сбора пожертвований в пользу нуждающихся

poorhouse [ˈpʊəhaʊs] *n ист.* работный дом; богадельня

poor-law [ˈpʊəlɔː] *n ист.* закон об оказании помощи бедным

poorly I [ˈpʊəlɪ] *a разг.* нездоровый, плохо себя чувствующий

poorly II *adv* 1) плохо, недостаточно; неважно; **she's looking ~** она неважно выглядит 2) неудачно, плохо

poorness [ˈpʊənɪs] *n* скудость *(тж почвы)*; недостаточность

poor-spirited [ˈpʊəˈspɪrɪtɪd] *a* трусливый, малодушный

pop¹ **I** [pɒp] *n* 1) отрывистый звук, хлопок *(как от выскочившей пробки)* 2) *разг.* шипучий напиток 3) *сленг*: **in ~** в закладе

pop¹ **II** *v* 1) хлопнуть, выстрелить *(тж о бутылке с шипучим напитком)* 2) трескаться *(о каштанах и т. п.)* 3) неожиданно появиться, прийти, заявиться; заскочить; **to ~ in and out** бегать взад и вперёд 4) *разг.* стрелять *(из оружия)* 5) засунуть, закинуть *(into)* 6) *сленг* заложить, отдать в заклад 7) *сленг* впрыснуть *(наркотик)* ◊ **to ~ the question** *разг.* делать предложение

pop¹ **III** [pɒp] *adv*: **to go ~** взорваться

pop¹ **IV** *int* хлоп!

pop² **I** *n разг.* поп-музыка; поп-культура

pop² **II** *a разг.* в стиле «поп»; **~ group** поп-группа

pop³ *n амер. разг.* папа

popcorn [ˈpɒpkɔːn] *n* воздушная кукуруза, попкорн

pop-down menu [pɒpˈdaʊn ˈmenjuː] *n вчт* спускающееся, выпадающее меню

pope [pəʊp] *n* **(the P.)** папа римский *(тж* **pontiff, pontifex)**

popemobile [ˈpəʊpməˌbiːl] *n разг.* папамобиль, специальный автомобиль папы римского *(с бронированными стеклянными стенками и крышей)*

pop-eyed [ˈpɒpaɪd] *a* 1) с вытаращенными, выпученными глазами; пучеглазый 2) ошарашенный

popgun [ˈpɒpɡʌn] *n* детское духовое ружьё

popinjay [ˈpɒpɪndʒeɪ] *n* щёголь, хлыщ

popish [ˈpəʊpɪʃ] *a презр.* католический

poplar [ˈpɒplə(r)] *n* тополь

poplin [ˈpɒplɪn] *n* поплин *(ткань)*

poppet [ˈpɒpɪt] *n разг.* коротышка, малыш *(особ. в ласк. обращении)*

popple I [ˈpɒpl] *n* плескание, плеск

popple II *v* 1) плескаться 2) бурлить, вскипать

poppy [ˈpɒpɪ] *n* 1) мак 2) *attr* маковый

poppycock [ˈpɒpɪkɒk] *n разг.* ерунда, чушь, мура

pop-shop [ˈpɒpʃɒp] *n разг.* ломбард

popsy [ˈpɒpsɪ] *n разг.* красотка, малышка *(в обращении к молодой женщине)*

populace [ˈpɒpjʊləs] *n* 1) простой народ, простой люд 2) *презр.* чернь, сброд

popular [ˈpɒpjʊlə(r)] *a* 1) народный; ~ **front** народный фронт 2) популярный; **he is ~ with the students** он пользуется популярностью среди студентов; **I wasn't very ~ with them** они меня не очень-то жаловали; ~ **culture** *иск.* поп-культура 3) общедоступный; **at ~ prices** по доступным ценам

popularity [ˌpɒpjʊˈlærɪtɪ] *n* популярность

popularize [ˈpɒpjʊləraɪz] *v* 1) популяризировать 2) излагать в доступной, понятной форме *(сложные научные или технические вопросы и т. п.)*

popularly [ˈpɒpjʊləlɪ] *adv* 1) популярно 2) всем народом; в народе; **it's ~ supposed that...** в народе говорят, что...

populate [ˈpɒpjʊleɪt] *v* населять; заселять; **densely ~d** густонаселённый

population [ˌpɒpjʊˈleɪʃ(ə)n] *n* 1) население, жители 2) заселение 3) *attr:* ~ **explosion** демографический взрыв; ~ **grouth** (при)рост населения

populist [ˈpɒpjʊlɪst] *n* популист

populistic [ˌpɒpjʊˈlɪstɪk] *a* популистский

populous [ˈpɒpjʊləs] *a* густонаселённый

pop-up I [ˈpɒpʌp] *n* книга-раскладушка; открытка-раскладушка

pop-up II *a* 1) раскрывающийся вверх; выскакивающий кверху 2) *вчт* всплывающий; ~ **menu** всплывающее меню

porcelain [ˈpɔːsəlɪn] *n* 1) фарфор 2) изделие из фарфора 3) *attr* фарфоровый

porcellaneous [ˌpɔːsəˈleɪnɪəs] *a* фарфоровый

porch [pɔːtʃ] *n* 1) подъезд, крыльцо 2) *амер.* веранда, терраса 3) крытая галерея

porcine [ˈpɔːsaɪn] *a* свиной

porcupine [ˈpɔːkjʊpaɪn] *n зоол.* дикобраз

pore¹ [pɔː] *n* пора; отверстие

pore² [pɔː(r)] *v* 1) размышлять *(over, on, upon)* 2) вчитываться 3) сосредоточенно разглядывать *(at)*

pork [pɔːk] *n* 1) свинина 2) *attr* свиной; ~ **pie** запечённая в тесте свинина

porker [ˈpɔːkə(r)] *n* откормленный *(на убой)* поросёнок

porkling [ˈpɔːklɪŋ] *n* поросёнок

porky [ˈpɔːkɪ] *a* 1) *разг.* жирный, толстый 2) свиной

porn [pɔːn] *n разг.* порнография

porno I [ˈpɔːnəʊ] *n разг.* порнография, порно

porno II *a разг.* порнографический; **a hard ~ movie** крутой порнофильм, жёсткое порно

pornographic [ˌpɔːnəˈɡræfɪk] *a* порнографический

pornography [pɔːˈnɒɡrəfɪ] *n* порнография

porous [ˈpɔːrəs] *a* пористый

porpoise [ˈpɔːpəs] *n зоол.* морская свинья, дельфин

porridge [ˈpɒrɪdʒ] *n* (овсяная) каша, овсянка

porringer [ˈpɒrɪndʒə(r)] *n* мисочка *(для каши, супа)*

port¹ [pɔːt] *n* 1) порт, гавань; **free ~** открытый порт, порто-франко; ~ **of call/of destination** порт назначения; ~ **of registration** порт приписки 2) приют, убежище 3) *вчт* порт, вход 4) *attr* портовый ◊ **any ~ in a storm** в беде любой выход хорош

port² I *n мор.* 1) *см.* **porthole** 2) левый борт; **land to ~!** слева по борту земля! 3) *attr* левый; ~ **side** левый борт; **on the ~ bow** слева по носу

port² II *v мор.* перекладывать руль налево

port³ *n* 1) *воен.* строевая стойка с оружием 2) осанка

port⁴ *n* портвейн *(тж ~* **wine***)*

portability [ˌpɔːtəˈbɪlɪtɪ] *n* портативность, мобильность

portable [ˈpɔːtəbl] *a* 1) портативный, переносной; съёмный, разборный; ~ **TV/computer** переносной телевизор/компьютер 2) изменяемый *(о праве, льготе и т. п.)*

portage I [ˈpɔːtɪdʒ] *n* 1) перевозка, транспортировка; провоз 2) волок 3) стоимость перевозки

portage II *v* переправлять волоком

portal [ˈpɔːtl] *n* 1) портал, главный вход 2) ворота 3) *вчт* портал *(в Интернете)* 4) *attr* портальный

portative [ˈpɔːtətɪv] *a* портативный, передвижной

portend [pɔːˈtend] *v* предвещать

portent [ˈpɔːtent] *n* 1) предзнаменование, знамение, знак; предвестник 2) чудо

portentous [pɔːˈtentəs] *a* 1) предвещающий недоброе, зловещий 2) напыщенный *(о человеке)*

porter[1] [ˈpɔːtə(r)] *n* 1) носи́льщик; гру́зчик 2) швейца́р; вахтёр, по́ртер 3) *амер. уст.* проводни́к спа́льного ваго́на

porter[2] *n уст.* по́ртер, тёмное пи́во

porterhouse [ˈpɔːtəhaʊs] *n* 1) *ист.* таве́рна гру́зчиков 2) *амер.* бифште́ксная, заку́сочная

portfolio [pɔːtˈfəʊlɪəʊ] *n* 1) портфе́ль 2) *фин.* портфе́ль це́нных бума́г 3) до́лжность мини́стра 4) образцы́, эски́зы *(работы худо́жника)* 5) портфо́лио *(образцы фотогра́фий актёра, моде́ли)*

porthole [ˈpɔːthəʊl] *n мор.* (бортово́й) иллюмина́тор

portico [ˈpɔːtɪkəʊ] *n архит.* по́ртик, кры́тая галере́я

portière [ˌpɔːtɪˈeə(r)] *n* портье́ра

portion I [ˈpɔːʃ(ə)n] *n* 1) часть, до́ля 2) по́рция 3) уде́л, у́часть 4) прида́ное

portion II *v* 1) дели́ть на ча́сти 2) выделя́ть часть, до́лю; наделя́ть 3) наделя́ть прида́ным

portion out распределя́ть, производи́ть разде́л

portionless [ˈpɔːʃənlɪs] *a* не име́ющая прида́ного *(о неве́сте)*

portliness [ˈpɔːtlɪnɪs] *n* ту́чность, полнота́

portly [ˈpɔːtlɪ] *a* доро́дный, ту́чный

portmanteau[1] [pɔːtˈmæntəʊ] *n (pl тж* **portmanteaux**) *уст.* чемода́н с двумя́ отделе́ниями

portmanteau[1] *n лингв.* сло́во-гибри́д *(сло́жное слово, образо́ванное из нача́льной ча́сти одного́ слова и коне́чной ча́сти друго́го, напр.* **smoke** + **fog** получи́лось **smog** *смог)*

portrait [ˈpɔːtrɪt] *n* 1) портре́т; **full-length ~** портре́т во весь рост; **half-length ~** поясно́й портре́т; **to sit for a ~** пози́ровать для портре́та 2) изображе́ние; описа́ние 3) *полигр.* кни́жная ориента́ция листа́, кни́жный спуск 4) *attr* портре́тный

portraitist [ˈpɔːtrɪtɪst] *n* худо́жник-портрети́ст

portraiture [ˈpɔːtrɪtʃə(r)] *n* 1) портре́тная жи́вопись 2) (графи́ческое) изображе́ние 3) портре́т(ы)

portray [pɔːˈtreɪ] *v* 1) рисова́ть портре́т 2) изобража́ть, опи́сывать

portrayal [pɔːˈtreɪəl] *n* 1) созда́ние портре́та 2) изображе́ние, описа́ние

Portuguese I [ˌpɔːtjʊˈgiːz] *n* 1) португа́лец; португа́лка; **the ~** *(употр. как pl)* португа́льцы 2) португа́льский язы́к

Portuguese II *a* португа́льский

pose[1] **I** [pəʊz] *n* 1) по́за; **to strike a ~** принима́ть по́зу 2) пози́рование

pose[1] **II** *v* 1) принима́ть по́зу; пози́ровать 2) представля́ться *(кем-л.)*, принима́ть вид *(кого-л.)*; **to ~ as a lexicographer** счита́ть себя́ специали́стом по лексикогра́фии 3) рисова́ться 4) ста́вить *(вопрос, пробле́му и т. п.)* 5) ста́вить в определённую по́зу *(нату́рщика)*

pose[2] *v* озада́чивать, ста́вить в тупи́к

poser [ˈpəʊzə] *n* тру́дный вопро́с, головоло́мка

poseur [pəʊˈzɜː] *n* позёр

posh [pɒʃ] *a разг.* 1) сти́льный, шика́рный 2) бога́тый; принадлежа́щий к вы́сшим слоя́м о́бщества; **to speak with a ~ accent** име́ть аристократи́ческое произноше́ние

position I [pəˈzɪʃ(ə)n] *n* 1) (ме́сто)положе́ние, расположе́ние; **in/out of ~** на/не на ме́сте; **the ~ of a town** расположе́ние го́рода; **to fix one's ~** определя́ть положе́ние *(корабля́ и т. п.)* 2) пози́ция; по́за; **in an awkward ~** в неудо́бной по́зе 3) состоя́ние; **in a ~ to do smth** в состоя́нии сде́лать что-л. 4) отноше́ние *(к чему́-л. — on);* **to change one's ~ on smth** измени́ть своё отноше́ние к чему́-л. 5) до́лжность, ме́сто рабо́ты 6) *attr:* **~ paper** мемора́ндум с изложе́нием (полити́ческой) пози́ции

position II *v* 1) ста́вить, помеща́ть, располага́ть 2) определя́ть местоположе́ние 3) позициони́ровать

positional [pəˈzɪʃnəl] *a* позицио́нный

positive I [ˈpɒzɪtɪv] *n* 1) *грам.* положи́тельная сте́пень 2) *мат.* положи́тельное значе́ние 3) *фото* позити́в

positive II *a* 1) положи́тельный, позити́вный; конструкти́вный 2) уве́ренный; самоуве́ренный; **I'm ~ about it** я в э́том уве́рен 3) определённый, я́вный; абсолю́тный; **~ proof** определённое доказа́тельство; **it's a ~ disgrace** э́то про́сто позо́р 4) *грам.* положи́тельный *(о сте́пени)* ◊ **~ discrimination** предоставле́ние специа́льных льгот же́ртвам дискримина́ции, пресле́дований *(полити́ческих, ра́совых и т. п.)*

positively [ˈpɒzɪtɪvlɪ] *adv* 1) безусло́вно, несомне́нно 2) категори́чески, реши́тельно

posse [ˈpɒsɪ] *n* 1) (вооружённый) отря́д 2) *амер.* подкрепле́ние, гру́ппа гра́ждан, со́бранная шери́фом *(для проведе́ния опера́ции)*

possess [pəˈzes] *v* 1) владе́ть, облада́ть; **to ~ property** владе́ть со́бственностью; **to be ~ed of** име́ть, облада́ть 2) овладева́ть, захва́тывать *(о чу́встве и т. п.);* **she was ~ed by the idea that...** она́ была́ одержи́ма иде́ей, что...; **what ~es you?** что на тебя́ нашло́?

possessed [pəˈzest] *a* одержи́мый; ненорма́льный

615

possession [pə´zeʃ(ə)n] 1) владе́ние, облада́ние; **in ~ of smth** владе́ющий чем-л.; **in the ~ of** находя́щийся в чьём-л. владе́нии; **to come into/to take ~ of** вступи́ть во владе́ние, стать владе́льцем 2) *pl* владе́ния, со́бственность; иму́щество 3) *pl* зави́симая террито́рия; **overseas ~s** замо́рские владе́ния

possessive I [pə´zesɪv] *n грам.* притяжа́тельный паде́ж (*тж* **~ case**)

possessive II *a* 1) со́бственнический 2) *грам.* притяжа́тельный; **~ pronoun** притяжа́тельное местоиме́ние

possessor [pə´zesə(r)] *n* владе́лец, облада́тель

possibility [ˌpɒsɪ´bɪlɪtɪ] *n* возмо́жность, вероя́тность

possible [´pɒsɪbl] *a* 1) возмо́жный, вероя́тный; **if (it's) ~** е́сли возмо́жно; **as often as ~** как мо́жно ча́ще; **that's not ~** э́то невозмо́жно, прие́млемый, терпи́мый

possibly [´pɒsɪblɪ] *adv* возмо́жно, мо́жет быть

possum [´pɒsəm] *n разг.* опо́ссум ◊ **to play ~** а) прики́дываться больны́м *или* мёртвым б) прики́дываться ничего́ не зна́ющим

post¹ I [pəʊst] *n* 1) столб, сто́йка, кол; **the frontier ~** пограни́чный столб; **starting ~** *спорт.* столб у ста́рта; **winning ~** *спорт.* столб у фи́ниша 2) сва́я, подпо́рка 3) *эл.* зажи́м, кле́мма 4) *радио* штырь (*в волново́де*)

post¹ II *v* раскле́ивать объявле́ния, афи́ши (*обыкн.* **to ~ up**); объявля́ть; реклами́ровать (*посре́дством объявле́ний*)

post² I *n* 1) по́чта (*амер.* **mail**); **by ~** по́чтой, по по́чте; **by return ~** с обра́тной по́чтой; **by registered ~** заказны́м письмо́м 2) доста́вка по́чты; доста́вленная по́чта; **has the ~ come yet?** по́чта пришла́? 3) почто́вое отделе́ние (*тж* **~ office**) 4) *attr* почто́вый; **~ room** ко́мната для входя́щей и исходя́щей по́чты, курье́рская

post² II *v* 1) отправля́ть по по́чте; опуска́ть в почто́вый я́щик 2) доставля́ть са́мые после́дние но́вости, держа́ть в ку́рсе после́дних собы́тий, информи́ровать (*тж* **to ~ up**) 3) спеши́ть, торопи́ться 4) выве́шивать информа́цию (*напр. на стене́; тж* **to ~ up**) 5) *вчт* отправля́ть сообще́ние

post² III *adv* спе́шно

post³ I *n* 1) *воен.* пост 2) пост, до́лжность 3) *воен.* форт, укрепле́ние 4) *амер. воен.* гарнизо́н

post³ II *v* расставля́ть (*солда́т, часовы́х и т. п.*)

post⁴ *prep* по́сле

post- [pəʊst-] *pref* со значе́нием по́сле; **postnatal** послеродово́й

postage [´pəʊstɪdʒ] *n* сто́имость почто́вого отправле́ния; почто́вые расхо́ды; **inland ~** вну́тренний почто́вый тари́ф

postage stamp [ˌpəʊstɪdʒ´stɑːmp] *n* почто́вая ма́рка

postal I [´pəʊstəl] *n амер.* почто́вая откры́тка

postal II *a* почто́вый; **~ order** де́нежный (почто́вый) перево́д

postbag [´pəʊstbæg] *n* су́мка почтальо́на, су́мка с по́чтой

postbox [´pəʊstbɒks] *n* почто́вый я́щик

postcard [´pəʊstkɑːd] *n* почто́вая откры́тка

post-chaise [´pəʊstʃeɪz] *n ист.* почто́вая каре́та

postcode [´pəʊstkəʊd] *n* почто́вый код (*амер.* **zip code**)

postdate [pəʊst´deɪt] *v* дати́ровать бо́лее по́здним число́м

poster [´pəʊstə(r)] *n* 1) плака́т, афи́ша, по́стер 2) репроду́кция карти́ны большо́го форма́та

posterior I [pɒ´stɪərɪə(r)] *n обыкн. pl* зад

posterior II *a* 1) после́дующий, поздне́йший (*to*) 2) за́дний

posterity [pɒ´sterɪtɪ] *n* пото́мство; пото́мки

postern [´pɒstən] *n* 1) за́дняя дверь 2) боково́й вход

postfix [´pəʊstfɪks] *n грам.* су́ффикс

post-free [ˌpəʊst´friː] *adv* без почто́вых расхо́дов, с беспла́тной пересы́лкой

postgraduate [pəʊst´grædjʊɪt] *n* 1) аспира́нт 2) *attr* аспира́нтский

post-haste [´pəʊstˌheɪst] *adv* о́чень спе́шно

posthumous [´pɒstjʊməs] *a* 1) посме́ртный 2) рождённый по́сле сме́рти отца́

postie [´pəʊstɪ] *n разг.* почтальо́н

postil(l)ion [pɒ´stɪljən] *n* форе́йтор

post-impressionism [ˌpəʊstɪm´preʃənɪzm] *n иск.* постимпрессиони́зм

postindustrial [ˌpəʊstɪn´dʌstrɪəl] *a* постиндустриа́льный; **~ society** постиндустриа́льное о́бщество

postman [´pəʊstmən] *n* почтальо́н

postmark I [´pəʊstmɑːk] *n* почто́вый штемпель

postmark II *v* штемпелева́ть (*пи́сьма и т. п.*)

postmaster [´pəʊstˌmɑːstə] *n* нача́льник почто́вого отделе́ния

postmeridian [ˌpəʊstmə´rɪdɪən] *a* послеполу́денный

post meridiem [ˌpəʊstmə´rɪdɪəm] *adv* по́сле полу́дня (*сокр.* **p. m.**)

post-modern [pəʊst´mɒdən] *a иск.* постмодерни́стский, относя́щийся к постмодерни́зму

post-modernism [pəʊst´mɒdənɪzm] *n иск.* постмодерни́зм

post-mortem I [pəʊst´mɔːtəm] *n* вскры́тие тру́па, аутопси́я

post-mortem II *a* посме́ртный

postnatal [pəʊst'neɪtəl] *a* послеродово́й; ~ **depression** *мед.* послеродова́я депре́ссия

post-nuptial [pəʊst'nʌpʃəl] *a* по́сле бра́чной церемо́нии

post-obit [pəʊst'ɒbɪt] *n* обяза́тельство уплати́ть кредито́ру по получе́нии насле́дства

post office ['pəʊst‚ɒfɪs] *n* 1) по́чта, почто́вое отделе́ние, отделе́ние свя́зи 2) (the P.O.) почто́вое ве́домство, (госуда́рственная) по́чта 3) *attr* почто́вый; ~ **box** почто́вый я́щик

post-paid ['pəʊst'peɪd] *a* с опла́ченными почто́выми расхо́дами, с опла́ченной пересы́лкой

postpone [pəʊst'pəʊn] *v* откла́дывать, отсро́чивать

postponement [pəʊst'pəʊnmənt] *n* отсро́чка; перено́с *(события и т. п.)*

postposition ['pəʊstpə'zɪʃ(ə)n] *n грам.* постпози́ция

postprandial [pəʊst'prændɪəl] *a шутл.* послеобе́денный

postprocessor ['pəʊst‚prəʊsesə] *n вчт* постпроце́ссор

postscript ['pəʊstskrɪpt] *n* постскри́птум *(сокр.* **P. S.)**

post-tax [pəʊst'tæks] *a* оста́вшийся за вы́четом нало́гов *(о доходе)*

postulate ['pɒstjʊleɪt] *v* 1) постули́ровать 2) тре́бовать, обусло́вливать

posture I ['pɒstʃə(r)] *n* 1) по́за, положе́ние 2) оса́нка 3) состоя́ние *(дел, здоровья и т. п.)*

posture II *v* 1) приня́ть по́зу, положе́ние; пози́ровать 2) ста́вить в по́зу

postwar [pəʊst'wɔ:(r)] *a* послевое́нный

posy ['pəʊzɪ] *n* 1) буке́тик цвето́в 2) *уст.* деви́з *(выгравированный на кольце)*

pot I [pɒt] *n* 1) горшо́к, котело́к; кру́жка 2) ча́йник, кофе́йник 3) цвето́чный горшо́к *(тж* **flower ~)** 4) колпа́к дымово́й трубы́ 5) *разг.* кру́гленькая су́мма 6) *спорт. сленг* ку́бок 7) *сленг* марихуа́на ◊ **big ~** ва́жная персо́на; **the ~ calls the kettle black** *погов.* ≅ чья бы коро́ва мыча́ла, а твоя́ бы молча́ла; **to keep the ~ boiling** а) зараба́тывать на жизнь б) продолжа́ть занима́ться свои́м де́лом; **to make the ~ boil** зараба́тывать себе́ на кусо́к хле́ба; **to go to ~** *разг.* а) разори́ться, вы́лететь в трубу́ б) пойти́ насма́рку; **~s of money/of time** *разг.* ку́ча де́нег/ у́йма вре́мени

pot II *v* 1) класть в горшо́к или в котело́к 2) консерви́ровать; **to ~ jam** раскла́дывать варе́нье по ба́нкам 3) сажа́ть в горшо́к *(цветы)* 4) сажа́ть на горшо́к *(ребёнка)* 5) загоня́ть в лу́зу *(шар)* 6) застрели́ть в упо́р 7) *амер. сленг* пить, напива́ться

potable ['pəʊtəbl] *a* приго́дный для питья́, питьево́й

potage ['pɒtɪdʒ] *n* густа́я похлёбка

potash ['pɒtæʃ] *n хим.* пота́ш

potassic [pə'tæsɪk] *a хим.* кали́йный

potassium [pə'tæsɪəm] *n хим.* ка́лий

potation [pəʊ'teɪʃ(ə)n] *n* 1) питьё, вы́пивка 2) спиртно́й напи́ток

potato [pə'teɪtəʊ] *n* 1) карто́фель; **new ~es** молодо́й карто́фель; **sweet ~** бата́т, сла́дкий карто́фель; **baked ~es** печёная карто́шка; **mashed ~es** карто́фельное пюре́; **jacket ~es** карто́фель «в мунди́ре» 2) *разг.* ды́рка на пя́тке (чулка́, носка́) 3) *амер. сленг* голова́, башка́ 4) *attr* карто́фельный; ~ **chips** карто́фельные чи́псы *(амер.* **crisps);** ~ **peeler** нож-картофелечи́стка

pot-belly ['pɒtbelɪ] *n* брюшко́, пу́зо, большо́й живо́т

pot-boiler ['pɒt‚bɔɪlə(r)] *n разг.* 1) халту́ра 2) халту́рщик

poteen [pɒ'ti:n] *n* ирла́ндский самого́н *(из картофеля)*

potency ['pəʊtənsɪ] *n* 1) эффекти́вность, де́йственность *(лекарства и т. п.);* кре́пость *(напитка)* 2) си́ла, могу́щество 3) *физиол.* (сексуа́льная) поте́нция

potent ['pəʊtənt] *a* 1) могу́щественный; си́льный 2) сильноде́йствующий 3) убеди́тельный 4) облада́ющий сексуа́льной поте́нцией

potentate ['pəʊtənteɪt] *n* мона́рх; прави́тель

potential I [pə'tenʃəl] *n* 1) потенциа́л 2) *эл.* ра́зность потенциа́лов, напряже́ние

potential II *a* потенциа́льный; ~ **energy** потенциа́льная эне́ргия

potentiality [pə‚tenʃɪ'ælɪtɪ] *n* потенциа́льность

potentially [pə'tenʃəlɪ] *adv* возмо́жно; потенциа́льно

pot-head ['pɒthed] *n* кури́льщик марихуа́ны; наркома́н

pot-herb ['pɒthɜ:b] *n* зе́лень с гря́дки *(петру́шка, укро́п и т. п.)*

pot-hole ['pɒthəʊl] *n* ры́твина, вы́боина

potion ['pəʊʃ(ə)n] *n* 1) насто́йка, миксту́ра 2) зе́лье, сна́добье 3) до́за лека́рства

pot plant [pɒt'plɑ:nt] *n* ко́мнатное, горшо́чное расте́ние

pot-pourri [pəʊ'pʊərɪ] *n* 1) пучо́к, свя́зка сухи́х цвето́в и аромати́чных трав 2) попурри́

pot roast [pɒt'rəʊst] *n* мя́со, тушённое в горшо́чке с овоща́ми

potsherd ['pɒtʃɜ:d] *n* черепо́к

potter[1] ['pɒtə(r)] *n* гонча́р

potter[2] *v* 1) ло́дырничать, безде́льничать; слоня́ться *(about, around)* 2) рабо́тать спустя́ рукава́; вози́ться (*с чем-л.* — *at, with*) 3) убива́ть вре́мя

pottery [ˈpɒtərɪ] *n* 1) гли́няная посу́да, керами́ческие изде́лия, кера́мика 2) гонча́рное де́ло 3) гонча́рная мастерска́я

potting shed [ˈpɒtɪŋ ˌʃed] *n* сара́й

potty[1] [ˈpɒtɪ] *a сленг* 1) чо́кнутый, рехну́вшийся, не в себе́ 2) ме́лкий, незначи́тельный, пустя́чный

potty[2] *n разг.* ночно́й горшо́к (*для ребёнка*)

pot-valiant [ˈpɒtˌvælɪənt] *a* хра́брый во хмелю́

pouch I [paʊtʃ] *n* 1) мешо́чек, су́мка, су́мочка 2) кисе́т 3) что-л. в ви́де мешка́ (*мешки под глазами и т. п.*) 4) *воен.* подсу́мок 5) *зоол.* су́мка (*у сумчатых животных*); защёчный мешо́к

pouch II *v* 1) класть в карма́н *или* в мешо́к 2) прикарма́нить 3) пло́хо сиде́ть, висе́ть мешко́м (*об одежде*)

pouf [puːf] *см.* poof

poulard [puːˈlɑːd] *n* пуля́рка, бро́йлерная ку́рица

poult [pəʊlt] *n* цыплёнок, индюшо́нок *и т. п.*; птене́ц

poulterer [ˈpəʊltərə(r)] *n* торго́вец дома́шней пти́цей

poultice I [ˈpəʊltɪs] *n* припа́рка

poultice II *v* ста́вить припа́рки

poultry [ˈpəʊltrɪ] *n* 1) дома́шняя пти́ца 2) *attr:* ~ **breeding** птицево́дство

pounce I [paʊns] *n* 1) внеза́пный налёт, наско́к, прыжо́к 2) ко́готь (*ястреба и т. п.*)

pounce II *v* 1) налета́ть, наки́дываться; ри́нуться (*на кого-л.*) 2) схвати́ть когтя́ми 3) ухвати́ться за чью-л. оши́бку, огово́рку (*с целью критики*)

pound[1] [paʊnd] *n* 1) фунт (*англ. = 453,6 г*) 2) фунт сте́рлингов (*тж* ~ **sterling**; *денежная единица Великобритании*)

pound[2] *v* 1) колоти́ть, бить, дуба́сить; **to** ~ **to pieces** разби́ть/расколоти́ть на куски́; **to** ~ **the table with one's fist** колоти́ть по столу́ кулако́м 2) толо́чь 3) обстре́ливать, бомбарди́ровать (*at, on*) 4) продвига́ться, пробира́ться с трудо́м (*along*) 5) колоти́ться (*о сердце*)

pound[3] **I** *n* 1) заго́н (*для скота*) 2) ме́сто заключе́ния; тюрьма́

pound[3] **II** *v* 1) загоня́ть (*в загон*) 2) заключа́ть в тюрьму́

pound coin [ˌpaʊndˈkɔɪn] *n* моне́та (*досто́инством*) в 1 фунт

pounder[1] [ˈpaʊndə(r)] *n* 1) пе́стик (*ступки*) 2) *амер. сленг* полице́йский

pounder[2] *n* предме́т ве́сом в оди́н фунт

pound note [ˌpaʊndˈnəʊt] *n* банкно́та (досто́инством) в 1 фунт (*в настоящее время имеет хождение только в Шотландии*)

pound sign [ˌpaʊndˈsaɪn] *n* 1) знак фу́нта £ 2) *амер.* решётка, знак решётки, #

pour [pɔː(r)] *v* 1) ли́ть(ся); **it is** ~**ing** идёт проливно́й дождь, льёт как из ведра́ 2) налива́ть (*into*) 3) вали́ть, хлы́нуть (*о толпе, потоке* — *in, out*) 4) ода́ривать, осыпа́ть (*подарками и т.п.* — *down, out, forth*) 5) излива́ться, изверга́ться (*тж о словах* — *out*) ◊ **it never rain but it** ~**s** беда́ не прихо́дит одна́, пришла́ беда́ — отворя́й воро́та; **to** ~ **cold water on smb** расхола́живать кого́-л.

pourboire [pʊəˈbwɑː(r)] *n* чаевы́е

pout I [paʊt] *n*: **to be in the** ~**s** ду́ться

pout II *v* надува́ть гу́бы; ду́ться

pouter [ˈpaʊtə(r)] *n* наду́тый, ве́чно недово́льный челове́к

poverty [ˈpɒvətɪ] *n* 1) бе́дность; **to live in** ~ жить в бе́дности; **to sink into** ~ впасть в нищету́ 2) ску́дость; оскуде́ние

poverty-stricken [ˈpɒvətɪˌstrɪkən] *a* бе́дный, обнища́вший, впа́вший в нищету́

POW *сокр.* (**prisoner of war**) военнопле́нный

powder I [ˈpaʊdə(r)] *n* 1) порошо́к 2) пу́дра 3) по́рох; **smokeless** ~ безды́мный по́рох ◊ **to keep one's** ~ **dry** быть начеку́, быть бди́тельным; **not worth** ~ **and shot** ≅ овчи́нка вы́делки не сто́ит; **to take a** ~ *сленг* бы́стро смы́ться

powder II *v* 1) пу́дрить(ся) 2) посыпа́ть порошко́м 3) толо́чь, превраща́ть в порошо́к

powder flask [ˈpaʊdəflɑːsk] *n ист.* порохо́вница

powder magazine [ˈpaʊdəmægəˌziːn] *n* порохово́й по́греб

powder metallurgy [ˈpaʊdəmeˌtælədʒɪ] *n* порошко́вая металлу́ргия

powder puff [ˈpaʊdəpʌf] *n* пухо́вка

powder room [ˈpaʊdərʊm] *n уст.* же́нский туале́т (*на вокзале, в ресторане и т. п.*)

powdery [ˈpaʊdərɪ] *a* 1) рассы́пчатый, порошкообра́зный 2) обсы́панный пу́дрой, порошко́м

power [ˈpaʊə(r)] *n* 1) си́ла, эне́ргия; мощь; **electric** ~ электроэне́ргия; **locomotive** ~ дви́жущая си́ла; **nuclear** ~ я́дерная эне́ргия 2) мо́щность, производи́тельность 3) (госуда́рственная) власть; **supreme** ~ верхо́вная власть; **in** ~ у вла́сти 4) полномо́чия; **the** ~**s of president** полномо́чия президе́нта; ~ **of attorney** полномо́чие, дове́ренность; **emergency** ~**s** чрезвыча́йные полномо́чия 5) могу́щество, власть; **military** ~ вое́нное могу́щество, вое́нная мощь; **the** ~ **of veto** пра́во вéто 6) *часто pl* спосóбности, сúлы, возмóжности; **mental ~s** ýмственные спосóбности; **~ of speech** дар рéчи; **purchasing ~** покупáтельная спосóбность; **it's out of my ~** э́то не в моúх сúлах; **I'll do all in my ~** я сдéлаю всё, что в моúх сúлах 7) держáва; **the great ~s** велúкие держáвы; **a naval ~** морскáя держáва 8) (электро)питáние *(механизма, аппаратуры, агрегата)* 9) *разг.* мáсса, мнóжество; **a ~ of good** большáя пóльза 10) *мат.* стéпень; **~ of two** стéпень числá два 11) *attr* силовóй, энергетúческий ◊ **more ~ to your elbow!** желáю успéха!, с бóгом!; **the ~s that be** сúльные мúра сегó

power block ['pauəblɒk] *n* политúческое объединéние нéскольких стран, междунарóдный политúческий блок

powerboat ['pauəbəut] *n* мотóрный кáтер *(тж* **speedboat)**

power cut ['pauəkʌt] *n* отключéние электрúчества *(тж* **power failure)**

powerful ['pauəful] *a* 1) мóщный, сúльный, могýчий 2) могýщественный 3) сúльнодéйствующий 4) я́ркий, эмоционáльный, сúльный *(о речи, описании)*

powerhouse ['pauəhaus] *n* 1) электростáнция 2) óчень энергúчный человéк; что-л. мóщное

powerless ['pauəlis] *a* бессúльный

power plant ['pauə plɑ:nt] *n* 1) силовáя устанóвка 2) электростáнция

power point ['pauə‚pɔint] *n* (электрúческая) розéтка; вы́вод

power shovel ['pauə‚ʃʌvl] *n* экскавáтор

power station ['pauə‚steiʃ(ə)n] *n* электростáнция

power supply ['pauəsə‚plai] 1) (электро)питáние; подвóд энéргии, мóщности; энергоснабжéние 2) истóчник питáния

power tool ['pauə‚tu:l] *n* электроинструмéнт

powwow I ['pauwau] *n* собрáние, совещáние, конферéнция *(первоначально собрание у индейцев)*

powwow II *v* устрáивать совещáние, созывáть конферéнцию

pox [pɒks] *n мед.* 1) болéзнь с высыпáниями на кóже *(напр. оспа)* 2) *уст. разг.* сúфилис

poxy ['pɒksi] *a* 1) больнóй кóжной болéзнью 2) *сленг* паршúвый, плохóго кáчества

p. p. *сокр.* **(pages)** странúцы

PPE *сокр.* **(philosophy, politics, and economics)** курс филосóфии, полúтики и эконóмики *(в Оксфордском университете)*

PPS *сокр.* **(post postscriptum)** вторóй *или* ещё одúн постскрúптум

PR *сокр.* **(public relations)** свя́зи с общéственностью, *разг.* пиáр

PRA *сокр.* **(President of the Royal Academy)** президéнт Королéвской акадéмии *(в Великобритании)*

practicable ['præktikəbl] *a* осуществúмый, реáльный

practical ['præktikəl] *a* 1) практúческий; **~ training** практúческие заня́тия 2) практúчный; полéзный; **~ mind** практúчный ум; **a ~ kitchen** удóбная кýхня 3) фактúческий, настоя́щий

practically ['præktikəli] *adv* 1) практúчески 2) фактúчески, на дéле 3) почтú

practice I ['præktis] *n* 1) прáктика; **to put into ~** ввестú в прáктику, в обихóд, в обращéние 2) обы́чай, привы́чка; нáвык 3) прáктика, тренирóвка; **to be in ~** быть в хорóшей профессионáльной фóрме; **to be out of ~** не имéть прáктики, теря́ть нáвыки 4) прúнятая прáктика, процедýра 5) *обыкн. pl* интрúги, махинáции; **sharp ~** мошéнничество; **corrupt ~s** взя́точничество

practice II *v амер. см.* **practise**

practician [præk'tiʃ(ə)n] *n* прáктик

practise ['præktis] *v* 1) применя́ть 2) упражня́ться, тренировáться, практиковáться 3) имéть прáктику *(о враче, юристе)*

practised ['præktist] *a* óпытный, с большúм óпытом

practising ['præktisiŋ] *a* практикýющий *(о враче, юристе)*

practitioner [præk'tiʃənə(r)] *n* практикýющий врач *или* юрúст; **general ~** врач óбщей прáктики, терапéвт

pragma ['prægmə] *n вчт* прáгма, дирекúва, указáние

pragmatic [præg'mætik] *a* прагматúческий

pragmatical [præg'mætikəl] *a* 1) назóйливый 2) догматúчный

pragmatism ['prægmətiz(ə)m] *n* прагматúзм

prairie ['preəri] *n* 1) прéрия, степь 2) *attr* живýщий в прéрии

prairie schooner ['preəri'sku:nə(r)] *n амер. ист.* фургóн пéрвых переселéнцев (на Дúкий Зáпад)

prairie wolf ['preəri'wulf] *n зоол.* койóт

praise I [preiz] *n* 1) похвалá; **beyond ~** вы́ше вся́ких похвáл 2) восхвалéние; **to sing the ~s** восхваля́ть, петь дифирáмбы

praise II *v* 1) хвалúть; **to ~ to the skies** восхваля́ть, превозносúть до небéс 2) возносúть хвалý, восхваля́ть

praiseworthy ['preiz‚wз:ði] *a* достóйный похвалы́, похвáльный

pram[1] [præm] *n* дéтская коля́ска *(амер.* **baby carriage)**

pram[2] [prɑ:m] *n* плоскодóнное сýдно

prana [´prɑ:nə] *n филос.* пра́на

prance I [prɑ:ns] *n* скачо́к, курбе́т

prance II *v* 1) гарцева́ть, станови́ться на дыбы́ 2) ва́жничать, задава́ться; ва́жно расха́живать (*тж* to ~ about)

prandial [´prændɪəl] *a офиц. или шутл.* обе́денный

prank [præŋk] *n* проде́лка, вы́ходка, ша́лость; to play ~s отка́лывать номера́

prankish [´præŋkɪʃ] *a* шаловли́вый; озорно́й

prat [præt] *n сленг* 1) приду́рок, болва́н 2) ягоди́цы, зад

prate I [preɪt] *n* пустосло́вие, пуста́я болтовня́

prate II *v* 1) занима́ться пусто́й болтовнёй 2) нести́ вздор

pratfall [´prætfɔ:l] *n амер. сленг* 1) паде́ние на зад 2) унизи́тельный прова́л

prattle I [´prætl] *n* 1) ле́пет 2) глу́пая болтовня́

prattle II *v* 1) лепета́ть 2) болта́ть

prattler [´prætlə(r)] *n* 1) ребёнок, малы́ш 2) болту́н, говору́н

prawn [prɔ:n] *n (кру́пная)* креве́тка

prawn cocktail [´prɔ:n kɒk´teɪl] *n* кокте́йль из креве́ток (*холодная закуска*)

praxis [´præksɪs] *n* 1) при́нятая пра́ктика; обы́чай 2) упражне́ния (*для приобретения навыка*)

pray [preɪ] *v* 1) моли́ться (*за кого-л. — for*); to ~ (to God) for smb моли́ться (Бо́гу) за кого́-л. 2) умоля́ть, проси́ть; ~! пожа́луйста!, прошу́ вас!; ~ be seated прошу́ сади́ться ◊ to ~ to the porcelain *сленг* рвать в туале́те

prayer¹ [preə(r)] *n* 1) моли́тва; to say one's ~s моли́ться, чита́ть моли́твы; her ~s were answered её моли́твы бы́ли услы́шаны 2) мольба́ 3) *attr* моли́твенный; ~ beads чётки; ~ mat, ~ rug моли́твенный ко́врик (*у мусульман*) ◊ not to have a ~ *амер. разг.* не име́ть никако́го ша́нса

prayer² [´preɪə(r)] *n* 1) моля́щийся 2) проси́тель

prayer book [´preəbʊk] *n* моли́твенник

pre- [pri:-] *pref* со значением до-, пред-; зара́нее; pre-war довое́нный; pre-school дошко́льный

preach [pri:tʃ] *v* пропове́довать; to ~ sermon чита́ть про́поведь

preacher [´pri:tʃə(r)] *n* пропове́дник

preachment [´pri:tʃmənt] *n разг.* нравоуче́ние, ску́чная про́поведь

preachy [´pri:tʃɪ] *a разг.* лю́бящий поуча́ть, морализи́ровать, чита́ть нравоуче́ния

prealignment [priə´laɪnmənt] *n тех.* предвари́тельная, гру́бая настро́йка

preamble [pri:´æmbl] *n* 1) преа́мбула 2) вступле́ние, предисло́вие

preamplifier [ˌpri:´æmplɪfaɪə] *n рлн* предвари́тельный усили́тель, предусили́тель

prearrange [pri:ə´reɪndʒ] *v* зара́нее подгота́вливать, плани́ровать зара́нее

prebend [´prebend] *n* 1) пребе́нда (*в католической церкви*) 2) земля́ или нало́г, даю́щие пребе́нду

precarious [prɪ´kɛərɪəs] *a* неопределённый; ненадёжный; риско́ванный

precaution [prɪ´kɔ:ʃ(ə)n] *n* 1) предосторо́жность; ме́ра предосторо́жности; to take ~s приня́ть ме́ры предосторо́жности (*против чего-л. — against*) 2) *pl разг.* предохране́ние, примене́ние противозача́точных средств

precautionary [prɪ´kɔ:ʃnərɪ] *a* предупреди́тельный (*о мерах и т. п.*)

precede [prɪ´si:d] *v* 1) предше́ствовать 2) идти́ впереди́ кого́-л. 3) занима́ть бо́лее высо́кое положе́ние (*по должности, званию*)

precedence [´presɪdəns] *n* 1) предше́ствование 2) пе́рвенство, приорите́т; to take ~ over smth тре́бовать внима́ния в пе́рвую о́чередь, име́ть приорите́т; бо́лее высо́кое положе́ние (*по должности, званию и т. п.*); старшинство́; order of ~ поря́док старшинства́

precedent I [´presɪdənt] *n* прецеде́нт; to create a ~ создава́ть прецеде́нт; there's no ~ for this э́то беспрецеде́нтно

precedent II [prɪ´si:dənt] *a* предше́ствующий

preceding [prɪ´si:dɪŋ] *a* предыду́щий, предше́ствующий

precept [´pri:sept] *n* 1) указа́ние, наставле́ние 2) за́поведь 3) *юр.* предписа́ние, распоряже́ние (*суда, судьи*); о́рдер (*на арест*)

preceptor [prɪ´septə(r)] *n* наста́вник

precinct [´pri:sɪŋkt] *n* 1) террито́рия, прилега́ющая к зда́нию це́ркви, ко́лледжа и т. п. (*часто огороженная*) 2) *pl* окре́стности; a shopping ~ торго́вый райо́н 3) *амер.* избира́тельный уча́сток 4) *амер.* полице́йский уча́сток

precious I [´preʃəs] *a* 1) драгоце́нный; ~ stones драгоце́нные ка́мни; ~ metals благоро́дные мета́ллы 2) дорого́й, люби́мый; my ~ мой ми́лый 3) изы́сканный; мане́рный (*о стиле, языке*) 4) *разг. для усиления:* he has got into a ~ mess он попа́л в переде́лку

precious II *adv разг.* о́чень; здо́рово; he thinks ~ little of me он меня́ ни во что не ста́вит

precipice [´presɪpɪs] *n* про́пасть, обры́в

precipitance [prɪ´sɪpɪtəns] *см.* precipitancy

precipitancy [prɪ´sɪpɪtənsɪ] *n* 1) стреми́тельность 2) опроме́тчивость

precipitant [prɪ´sɪpɪtənt] *a* 1) стреми́тельный 2) опроме́тчивый, поспе́шный

precipitate I [prɪˈsɪpɪtət] *n хим.* осадок

precipitate II *a* 1) стремительный 2) опрометчивый, неосмотрительный

precipitate III [prɪˈsɪpɪteɪt] *v* 1) ускорять; ввергать *(в войну и т. п.)* 2) броситься 3) *хим.* осаждать(ся) 4) выпадать *(об осадках)*

precipitation [prɪˌsɪpɪˈteɪʃ(ə)n] *n* 1) стремительность 2) падение 3) *хим.* осаждение 4) выпадение осадков

precipitous [prɪˈsɪpɪtəs] *a* обрывистый, крутой

précis [ˈpreɪsiː] *n* краткое изложение

precise [prɪˈsaɪs] *a* 1) точный, точно выраженный; определённый; **at that ~ moment** как раз в этот момент 2) скрупулёзный, педантичный, пунктуальный 3) тщательный

precisely [prɪˈsaɪslɪ] *adv* 1) точно, чётко, определённо; педантично 2) именно так, точно *(в ответ на обращение)*

precision [prɪˈsɪʒ(ə)n] *n* 1) точность; чёткость; аккуратность, пунктуальность 2) меткость

preclude [prɪˈkluːd] *v* 1) устранять, предотвращать; **it ~s all doubts** это устраняет все сомнения 2) мешать, препятствовать *(from);* **that will ~ me from doing my duty** это помешает мне выполнить мой долг

precocious [prɪˈkəʊʃəs] *a* 1) развитой не по годам *(о ребёнке)* 2) скороспелый; преждевременный

precocity [prɪˈkɒsɪtɪ] *n* раннее развитие

precognition [ˌpriːkɒgˈnɪʃ(ə)n] *n* предвидение *(часто экстрасенсорное)*

pre-Columbian [ˌpriːkəˈlʌmbɪən] *a* доколумбов, существовавший до открытия Америки

preconceived [ˌpriːkənˈsiːvd] *a* предвзятый; **a ~ idea** предвзятое мнение

preconception [ˌpriːkənˈsepʃ(ə)n] *n* предвзятое мнение; предубеждение

precondition [ˌpriːkənˈdɪʃ(ə)n] *n* непременное (предварительное) условие

precook [priːˈkʊk] *v* предварительно отварить, обжарить *и т. п.*

precool [priːˈkuːl] *v* предварительно охладить

precursor [priːˈkɜːsə(r)] *n* 1) предвестник 2) предшественник; предтеча

precursory [priːˈkɜːsərɪ] *a* 1) вводный, вступительный 2) предвещающий *(of)*

predacious [prɪˈdeɪʃəs] *a* хищный

predator [ˈpredətə(r)] *n* 1) хищник 2) эк. компания, стремящаяся установить контроль над другими компаниями

predatory [ˈpredətərɪ] *a* 1) хищный 2) грабительский, хищнический; **~ instincts** хищнические инстинкты

predecessor [ˈpriːdɪsesə(r)] *n* 1) предшественник 2) предок

predestination [priːˌdestɪˈneɪʃ(ə)n] *n* предопределение

predestine [priːˈdestɪn] *v* предопределять

predetermine [ˌpriːdɪˈtɜːmɪn] *v* 1) предрешать, направлять заранее 2) предопределять

predicament [prɪˈdɪkəmənt] *n* 1) неприятное или неловкое положение; затруднение; **what a ~!** какая досада! 2) *лог.* категория

predicant [ˈpredɪkənt] *n ист.* проповедник

predicate I [ˈpredɪkət] *n грам.* сказуемое, предикат

predicate II [ˈpredɪkeɪt] *v* утверждать; основывать утверждение *(на чём-л.)*

predication [ˌpredɪˈkeɪʃ(ə)n] *n* 1) утверждение 2) *грам.* предикация

predicative I [prɪˈdɪkətɪv] *n грам.* именная часть составного сказуемого

predicative II *a грам.* предикативный

predict [prɪˈdɪkt] *v* предсказывать

predictability [prɪˌdɪktəˈbɪlɪtɪ] *n* предсказуемость

predictable [prɪˈdɪktəbl] *a* предсказуемый

prediction [prɪˈdɪkʃ(ə)n] *n* предсказание

predilection [ˌpriːdɪˈlekʃ(ə)n] *n* пристрастие, склонность *(к чему-л. — for)*

predispose [ˈpriːdɪˈspəʊz] *v* 1) предрасполагать 2) склонять *(к чему-л. — to)*

predisposition [ˈpriːˌdɪspəˈzɪʃ(ə)n] *n* предрасположение, склонность

predominance [prɪˈdɒmɪnəns] *n* преобладание, господство *(чего-л.)*

predominant [prɪˈdɒmɪnənt] *a* преобладающий, доминирующий

predominate [prɪˈdɒmɪneɪt] *v* преобладать, господствовать *(над — over)*

pre-elect [ˌpriːɪˈlekt] *v* 1) выбирать заранее; участвовать в предварительных выборах

pre-election [ˌpriːɪˈlekʃ(ə)n] *n* предварительные выборы

pre-eminent [priːˈemɪnənt] *a* выдающийся

pre-empt [priːˈempt] *v* 1) завладевать, приобретать раньше других 2) предвосхищать 3) *воен.* упреждать 4) резервировать 5) *вчт* вытеснять

preemption [priːˈempʃ(ə)n] *n* 1) преимущественное право покупки 2) захват, овладение; присвоение 3) *воен.* упреждение 4) *вчт* вытеснение

pre-emptive [priːˈemptɪv] *a* 1) преимущественный *(о праве на покупку)* 2) упреждающий *(об ударе, нападении)* 3) *вчт* вытесняющий

preen [priːn] *v* 1) чистить *(перья)* клювом 2): **to ~ oneself** прихорашиваться

pre-establish [ˌpriːɪˈstæblɪʃ] *v* устанавливать, основывать заранее

pref. *сокр.* 1) **(preface)** предисло́вие 2) **(preference)** предпочте́ние 3) **(preferred)** предпочти́тельный

prefab [ˈpriːfæb] *n разг.* сбо́рный котте́дж, дом

prefabricate [priːˈfæbrɪkeɪt] *v* 1) изгота́вливать бло́ки сбо́рных домо́в 2) изгота́вливать заводски́м спо́собом

preface I [ˈprefəs] *n* 1) предисло́вие, введе́ние, вво́дная часть 2) проло́г; вступи́тельная часть *(речи)*

preface II *v* снабжа́ть предисло́вием, вво́дной ча́стью

prefatory [ˈprefətərɪ] *a* вво́дный, вступи́тельный

prefect [ˈpriːfekt] *n* 1) префе́кт 2) ста́роста кла́сса *(в британских школах)*

prefecture [ˈpriːfektjʊə(r)] *n* префекту́ра

prefer [prɪˈfɜː] *v* 1) предпочита́ть; отдава́ть предпочте́ние *(чему-л.)*; **to ~ coffee to tea** предпочита́ть ко́фе ча́ю 2) подава́ть *(жало-бу, отчёт и т. п.)* 3) повыша́ть *(по службе)*

preferable [ˈprefərəbl] *a* предпочти́тельный

preferably [ˈprefərəblɪ] *adv* предпочти́тельно, жела́тельно, лу́чше

preference [ˈprefərəns] *n* 1) предпочте́ние 2) преиму́щественное пра́во; льго́та 3) льго́тная тамо́женная по́шлина, префере́нция 4) преиму́щество, привиле́гия 5) *вчт* конфигура́ция 6) *вчт* глоба́льный, устано́вочный пара́метр

preferential [ˌprefəˈrenʃəl] *a* 1) по́льзующийся предпочте́нием; первоочередно́й; **~ payment** *фин.* первоочередно́й платёж *(кредито́ру)* 2) льго́тный, преференциа́льный *(о пошлинах)*

preferment [prɪˈfɜːmənt] *n* 1) предпочте́ние 2) продвиже́ние по слу́жбе, повыше́ние

prefix I [ˈpriːfɪks] *n* 1) *грам.* пре́фикс, приста́вка 2) указа́ние на ти́тул, зва́ние *и т. п.*, стоя́щее пе́ред фами́лией или и́менем; **Dr. Thompson** д-р То́мпсон

prefix II *v* 1) предпосла́ть 2) присоедини́ть в ви́де пре́фикса

preformatted [prɪˈfɔːmætɪd] *a* *вчт* 1) предвари́тельно отформати́рованный *(о диске)* 2) в за́данном форма́те *(о данных)*

pregnable [ˈpregnəbl] *a* ненадёжно, пло́хо укреплённый; уязви́мый

pregnancy [ˈpregnənsɪ] *n* 1) бере́менность; **~ test** тест на бере́менность 2) чрева́тость 3) бога́тство *(воображения)*

pregnant [ˈpregnənt] *a* 1) бере́менная 2) многозначи́тельный; **words ~ with meaning** слова́, по́лные смы́сла 3) бога́тый, тво́рческий *(о воображении, уме)* 4) чрева́тый *(последствиями)*

preheat [priːˈhiːt] *v* предвари́тельно разогре́ть

prehistoric [ˌpriːhɪˈstɒrɪk] *a* доистори́ческий

preinstalled [priːɪnˈstɔːld] *a* *вчт* прединсталли́рованный, зара́нее устано́вленный

prejudge [ˈpriːˈdʒʌdʒ] *v* 1) предреша́ть зара́нее *(часто необоснованно)* 2) выноси́ть реше́ние до суда́, до рассле́дования

prejudice I [ˈpredʒʊdɪs] *n* 1) предвзя́тость, предубежде́ние 2) предрассу́док; **racial ~s** ра́совые предрассу́дки; **steeped in ~** по́лный предрассу́дков 3) вред, уще́рб; ущемле́ние *(прав и т. п.)*; **in ~ of, to the ~ of smb** в уще́рб кому́-л.; **without ~ to smb** без уще́рба для кого́-л.

prejudice II *v* 1) наноси́ть уще́рб, причиня́ть вред 2) настра́ивать *(за или против кого-л., чего-л.)*; **to ~ in favour of smth** распола-га́ть *(кого-л.)* в по́льзу чего́-л.; **to ~ against smb** настра́ивать про́тив кого́-л.

prejudicial [ˌpredʒʊˈdɪʃəl] *a* вре́дный, па́губный

prelate [ˈprelət] *n* *церк.* прела́т

prelim [ˈpriːlɪm] *n* *разг.* 1) вступи́тельный экза́мен 2) *полигр.* сбо́рный лист; страни́цы, иду́щие до основно́го ко́рпуса кни́ги

preliminary I [prɪˈlɪmɪnərɪ] *n pl* 1) подгото-ви́тельные мероприя́тия 2) предвари́тельные перегово́ры

preliminary II *a* предвари́тельный, прелими-на́рный; **~ examination** вступи́тельный экза́мен

prelude I [ˈpreljuːd] *n* 1) вступле́ние *(к чему-л. — to, of)* 2) *муз.* прелю́дия

prelude II *v* служи́ть вступле́нием

premarital [priːˈmærɪtəl] *a* добра́чный *(особ. об отношениях)*

premature [ˌpreməˈtjʊə(r)] *a* 1) преждевре́-менный 2) поспе́шный, пло́хо проду́манный, скороспе́лый

premedication [ˌpriːmedɪˈkeɪʃ(ə)n] *n* 1) медикаменто́зная подгото́вка к опера́ции, пре-медика́ция 2) лека́рственное сре́дство для премедика́ции

premeditated [priːˈmedɪteɪtɪd] *a* преднаме́-ренный; обду́манный зара́нее; *юр.* преду-мы́шленный

premeditation [priːˌmedɪˈteɪʃ(ə)n] *n* преднаме́-ренность

premier I [ˈpremɪə(r)] *n* премье́р-мини́стр

premier II *a* пе́рвый, первостепе́нный

première [ˈpremɪeə(r)] *n* премье́ра

premise I [ˈpremɪs] *n* 1) предпосы́лка 2) *pl* помеще́ние, дом *(с прилегающими пристрой-ками и участком земли)* 3) *pl* *юр.* преа́мбу-ла а́кта, заявле́ния *и т. п.* с перечисле́нием владе́ний ◊ **to be consumed on the ~s** про-даётся в ро́злив

premise II [prɪ'maɪz] *v* предпосылать

premium ['pri:mɪəm] *n* 1) страховая премия 2) награда, премия; **to put a ~ on** поощрять 3) премия, надбавка 4) *фин.* премия; лаж; **at a ~** а) выше номинала б) в большом спросе 5) *attr* выигрышный; **~ bonds** *фин.* выигрышные облигации

premonition [ˌpriːmə'nɪʃ(ə)n] *n* 1) предупреждение, предостережение 2) предчувствие; **~ of danger** предчувствие опасности

premonitory [prɪ'mɒnɪtərɪ] *a* предостерегающий

prenatal [priː'neɪtəl] *a* 1) дородовой, предродовой, пренатальный 2) внутриутробный

prentice ['prentɪs] *n уст.* подмастерье

preoccupation [priːˌɒkjʊ'peɪʃ(ə)n] *n* 1) занятие места *и т. п.* раньше другого 2) озабоченность, поглощённость *(чем-л.)*

preoccupied [priː'ɒkjʊpaɪd] *a* поглощённый мыслями, озабоченный

preoccupy [priː'ɒkjʊpaɪ] *v* 1) занимать, поглощать внимание 2) занять, захватить раньше других

pre-ordain [ˌpriːɔː'deɪn] *v* предопределять

prep[1] **I** [prep] *n разг.* 1) приготовление уроков 2) *амер.* студент подготовительных курсов *(при колледже)*

prep[1] **II** *a разг.* приготовительный, подготовительный

prep[2] *n сокр. см.* **preposition**

prepaid [prɪ'peɪd] *past, p. p. от* **prepay**

preparation [ˌprepə'reɪʃ(ə)n] *n* 1) приготовление; **to make ~s** готовиться; проводить подготовку *(к чему-л. — for); **in ~ for** имея в виду 2) подготовка; выполнение домашних заданий 3) препарат

preparative I [prɪ'pærətɪv] *n* 1) *воен., мор.* сигнал «(го)товсь» 2) подготовительный этап; подготовка

preparative II *a* подготовительный, подготавливающий

preparatory I [prɪ'pærətərɪ] *n* 1) приготовительная школа 2) *амер.* частная школа, готовящая к поступлению в колледж *или* университет

preparatory II *a* 1) вступительный 2) подготовительный; приготовительный

preparatory III *adv* прежде чем, до того как *(to)*

prepare [prɪ'peə(r)] *v* готовить, приготавливать, подготавливать

preparedness [prɪ'peədnɪs] *n* готовность *(особ. к войне)*

prepay [priː'peɪ] *v (past, p. p.* **prepaid**) платить вперёд; проплачивать; **reply ~** с оплаченным ответом

prepayment [priː'peɪmənt] *n* предоплата, плата вперёд

preplan [priː'plæn] *v* планировать заранее

preponderance [prɪ'pɒndərəns] *n* перевес, преобладание; большинство

preponderant [prɪ'pɒndərənt] *a* преобладающий

preponderate [prɪ'pɒndəreɪt] *v* 1) превосходить, превышать *(over)* 2) преобладать, иметь перевес *(over)*

preposition [ˌprepə'zɪʃ(ə)n] *n грам.* предлог

prepositional [ˌprepə'zɪʃənəl] *a грам.* предложный

prepositive [priː'pɒzɪtɪv] *a грам.* препозитивный

prepossess [ˌpriːpə'zes] *v* 1) внушать *(чувство)* 2) овладевать *(о чувстве, мысли)* 3) предрасполагать

prepossessing [ˌpriːpə'zesɪŋ] *a* располагающий, притягивающий, привлекательный

prepossession [ˌpriːpə'zeʃ(ə)n] *n* 1) предубеждение 2) предрасположение

preposterous [prɪ'pɒstərəs] *a* нелепый, абсурдный

prepotent [prɪ'pəʊtənt] *a* более могущественный, более влиятельный *и т. п.* (, чем другие)

preppy I ['prepɪ] *n амер. разг.* 1) воспитанник дорогой частной школы 2) стильно и дорого одетый молодой человек

preppy II *a амер. разг.* модный, стильный, с иголочки

preprandial [priː'prændɪəl] *a офиц. или шутл.* предобеденный

preprint ['priːprɪnt] *n* часть текста, опубликованная до выхода в свет всего произведения

preprocessor [priː'prəʊsesə] *n вчт* препроцессор

prep school [prep'skuːl] *n* 1) приготовительная школа *(тж* **preparatory school**) 2) *амер.* частная школа, готовящая к поступлению в колледж *или* университет

prepuce ['priːpjuːs] *n анат.* крайняя плоть

Pre-Raphaelite [priː'ræfəlaɪt] *n иск.* прерафаэлит

prerequisite [priː'rekwəzɪt] *n* предпосылка; (непременное) условие

prerogative [prɪ'rɒgətɪv] *n* прерогатива, исключительное право

Pres. *сокр.* **(President)** президент

presage I ['presɪdʒ] *n* 1) предзнаменование, знамение, знак 2) предчувствие

presage II *v* 1) предвещать, знаменовать 2) предчувствовать; иметь предчувствие; предсказывать

presbyopia [ˌprezbɪˈəʊpɪə] *n* ста́рческая даль-
нозо́ркость

presbyter [ˈprezbɪtə(r)] *n* *церк.* пресви́тер;
старе́йшина

Presbyterian I [ˌprezbɪˈtɪərɪən] *n* пресвите-
риа́нин

Presbyterian II *a* пресвитериа́нский

presbytery [ˈprezbɪtərɪ] *n* 1) *церк.* алта́рь 2)
дом католи́ческого свяще́нника

pre-school [ˈpriːˌskuːl] *a* дошко́льный; ~ **education** дошко́льное воспита́ние

prescient [ˈpresɪənt] *a* облада́ющий да́ром
предви́дения; прови́дческий

prescind [prɪˈsɪnd] *v* 1) отделя́ть, отсека́ть
(часть от целого) 2) отвлека́ть *(от чего-л.;
from)*

prescribe [prɪˈskraɪb] *v* 1) пропи́сывать *(лекарство; кому-л. — to, for; против чего-л.
— for)*; **to ~ a course of treatment** назна́чить
курс лече́ния; **to ~ smth for smb's illness**
прописа́ть что-л. про́тив боле́зни 2) пред-
пи́сывать

prescript [ˈpriːskrɪpt] *n* предписа́ние, указа́ние

prescription [prɪˈskrɪpʃ(ə)n] *n* 1) предпи́сы-
вание; предписа́ние 2) реце́пт *(врача)*; **to
write out a** вы́писать реце́пт; **on ~** по
реце́пту 3) лека́рство, отпуска́емое по ре-
це́пту врача́ *(тж ~ drug)* 4) *юр.* пра́во да́в-
ности *(погасительной или приобретатель-
ной)* 5) *юр.* да́вность

prescriptive [prɪˈskrɪptɪv] *a* 1) даю́щий пред-
писа́ния, инстру́кции; предпи́сывающий 2)
лингв. норма́ти́вный 3) *юр.* осно́ванный на
пра́ве да́вности

preselect [ˌpriːsɪˈlekt] *v* отобра́ть, вы́брать
зара́нее

presence [ˈprezəns] *n* 1) прису́тствие, нали́-
чие; **in his ~** в его́ прису́тствии; **~ of mind**
прису́тствие ду́ха 2) оса́нка, вне́шний вид;
an august ~ ца́рственная оса́нка

presence-chamber [ˈprezənsˈtʃeɪmbə(r)] *n*
приёмный зал *(монарха, высокого долж-
ностного лица и т. п.)*

present¹ I [ˈprezənt] *n* (**the ~**) 1) настоя́щее
вре́мя; **at** ~ тепе́рь, сейча́с, в да́нное вре́мя;
up to the ~ до настоя́щего вре́мени; **for the
~** на э́тот раз, пока́ 2) *грам.* настоя́щее вре́мя

present¹ II *a* 1) *predic* прису́тствующий; **to be
~** прису́тствовать; **these ~** здесь прису́тст-
вующие 2) ны́нешний, настоя́щий; совре-
ме́нный; да́нный; **in the ~ case** в да́нном
слу́чае 3) *грам.* настоя́щий *(о времени или
форме)*; **the ~ participle** прича́стие настоя́-
щего вре́мени

present² I *n* пода́рок; **to make a ~ of this book**
подари́ть э́ту кни́гу

present² II [prɪˈzent] *v* 1) подава́ть, представ-
ля́ть, передава́ть на рассмотре́ние *(документ, диссертацию, доклад и т. п.)* 2) дари́ть,
преподноси́ть *(что-л. — with)* 3) ста́вить
(пьесу), дава́ть *(спектакль, концерт)* 4) пред-
ставля́ть *(кого-л. кому-л. — to)*; **let me ~ my
friend** разреши́те предста́вить моего́ дру́га;
to ~ oneself яви́ться, прийти́ 5) слать, по-
сыла́ть *(благодарность, привет)* 6) явля́ть-
(ся), представля́ть *(собо́й)* 7) предъявля́ть
(билет, паспорт и т. п.); **to ~ a cheque for
payment** предъяви́ть чек к опла́те

presentable [prɪˈzentəbl] *a* прили́чный, пре-
зента́бельный

presentation [ˌprezənˈteɪʃ(ə)n] *n* 1) презен-
та́ция, представле́ние *(to)* 2) преподнесе́ние
(подарка) 3) пода́рок, подноше́ние 4) *театр.*
представле́ние 5) пока́з, экспози́ция 6) вос-
произведе́ние, изложе́ние 7) *мед.* предле-
жа́ние *(плода)* 8) *attr:* ~ **copy** экземпля́р
кни́ги, пода́ренный а́втором кому́-л.

present-day [ˈprezntˈdeɪ] *a* совреме́нный,
ны́нешний

presentee [ˌprezənˈtiː] *n* 1) получа́тель по-
да́рка 2) представля́емое *(кому-л.)* лицо́

presentiment [prɪˈzentɪmənt] *n* предчу́вствие

presently [ˈprezəntlɪ] *adv* 1) ско́ро, вско́ре,
немно́го вре́мени спустя́ 2) *амер.* сейча́с

presentment [prɪˈzentmənt] *n* *юр.* заявле́ние
прися́жных под прися́гой об изве́стных им
фа́ктах по де́лу

preservation [ˌprezəˈveɪʃ(ə)n] *n* 1) сохране́-
ние, охра́на *(природы, памятников архитектуры и т. п.)* 2) сохра́нность; **in a good
state of ~** в хоро́шей сохра́нности 3) кон-
серви́рование

preservative I [prɪˈzɜːvətɪv] *n* сре́дство для
консерви́рования, консерва́нт

preservative II *a* консерви́рующий, сохра-
ня́ющий

preserve I [prɪˈzɜːv] *n* 1) *pl* варе́нье, джем,
консе́рвы, презе́рвы 2) запове́дник *(тж
game ~)*

preserve II *v* 1) храни́ть *(овощи, фрукты и
т.п.)* 2) сохраня́ть, оберега́ть; **to ~ an old
building** бере́чь стари́нное зда́ние; **to ~ smb
from harm** оберега́ть кого́-л. от беды́; **she's
well ~d** она́ хорошо́ сохрани́лась 3) кон-
серви́ровать фру́кты, я́годы; вари́ть варе́нье
4) охраня́ть от браконье́ров

preserved [prɪˈzɜːvd] *a* законсерви́рованный

preset I [ˌpriːˈset] *a* *спец.* зара́нее устано́в-
ленный; зара́нее наведённый, за́данный, за-
ра́нее запрограмми́рованный

preset II *v* 1) зара́нее, предвари́тельно уста-
на́вливать, задава́ть *(условия, величину и т. п.)*
2) инициализи́ровать

preside [prɪˈzaɪd] *v* председа́тельствовать *(at, over)*

presidency [ˈprezɪdənsɪ] *n* 1) президе́нтство 2) срок президе́нтства

president [ˈprezɪdənt] *n* 1) президе́нт 2) председа́тель, президе́нт *(общества, совета и т. п.)* 3) глава́ ко́лледжа 4) *амер.* ре́ктор университе́та 5) *амер.* глава́ компа́нии, фи́рмы 6) председа́тель собра́ния

presidential [ˌprezɪˈdenʃəl] *a* президе́нтский

presidium [prɪˈsɪdɪəm] *n* прези́диум

press¹ I [pres] *n* 1) нажи́м, нажа́тие, нада́вливание 2) пресс 3) печа́тный стано́к 4) печа́тание, печа́ть *(изданий);* **to be in the ~** быть в печа́ти; **to go/to send to ~** пойти́/отосла́ть в типогра́фию *(для печа́ти)* 5) печа́ть, пре́сса; **~ roundup** обзо́р печа́ти 6) о́тзыв в печа́ти; **his book got a good ~** его́ кни́га получи́ла хоро́ший о́тзыв в печа́ти 7) типогра́фия 8) изда́тельство 9) да́вка, сва́лка 10) толпа́ 11) спе́шка; сро́чная рабо́та; **in the ~ of business** за сро́чной рабо́той; в суете́ дел 12) **linen ~** шкаф для белья́

press¹ II *v* 1) жать, сжима́ть, прижима́ть, дави́ть, нада́вливать; **to ~ a switch** нажа́ть выключа́тель; **~ and hold down** *вчт* нажа́ть и уде́рживать *(кнопку мыши)* 2) гла́дить утюго́м 3) выжима́ть *(сок из фруктов, ягод и т. п.)* 4) прессова́ть 5) наста́ивать; **to ~ hard** настоя́тельно тре́бовать 6) торопи́ть *(с — for);* **they are ~ing for an answer** они́ торо́пят с отве́том; **to be ~ed for time** име́ть ма́ло вре́мени, о́чень торопи́ться 7) навя́зывать *(кому-л. — on, upon)*

press² [pres] *v ист.* вербова́ть наси́льно *(в армию)*

press agency [ˈpresˌeɪdʒənsɪ] *n* аге́нтство печа́ти

press agent [ˈpresˌeɪdʒənt] *n* аге́нт по печа́ти и рекла́ме; представи́тель по свя́зям с обще́ственностью

press conference [ˈpresˌkɒnfərəns] *n* пресс-конфере́нция

press gallery [ˈpresˌɡælərɪ] *n* места́ для пре́ссы, журнали́стов

pressie [ˈpresɪ] *n разг.* пода́рок

pressing [ˈpresɪŋ] *a* 1) сро́чный, неотло́жный; **~ business** неотло́жное де́ло; **~ debts** сро́чные долги́ 2) наста́ительный; **a ~ need** настоя́тельная потре́бность

pressman [ˈpresmən] *n* 1) журнали́ст, газе́тчик 2) печа́тник

pressmark [ˈpresmɑːk] *n* библиоте́чный шифр *(книги)*

press-on [ˈpresˌɒn] *n* бельё, оде́жда для гла́жки

press release [ˈpresrɪˌliːz] *n* пресс-рели́з

press-up [ˈpresˌʌp] *n* отжима́ние *(на руках)*

pressure [ˈpreʃə(r)] *n* 1) давле́ние; **high/low ~** высо́кое/ни́зкое давле́ние; **blood ~** кровяно́е давле́ние; **standard ~** норма́льное (атмосфе́рное) давле́ние 2) гнёт, давле́ние; напряже́ние; **under ~** под давле́нием, не по со́бственному жела́нию; **to do smth under ~** сде́лать что-л. под давле́нием; **to bring ~ upon smb** ока́зывать давле́ние на кого́-л. 3) затрудне́ние; **financial ~** де́нежные затрудне́ния 4) *эл.* электродви́жущая си́ла, эдс 5) *тех.* прессова́ние

pressure cooker [ˈpreʃəˌkʊkə(r)] *n* кастрю́ля-скорова́рка

pressure gauge [ˈpreʃəˌɡeɪdʒ] *n тех.* мано́метр

pressure group [ˈpreʃəˌɡruːp] *n полит.* инициати́вная гру́ппа *(для продвижения чьих-л. проектов, интересов);* лобби́рующая группиро́вка

pressure point [ˈpreʃəˌpɔɪnt] *n* 1) *мед.* болева́я то́чка 2) *мед.* то́чка пережа́тия *(для остановки кровотечения)* 3) сло́жная полити́ческая ситуа́ция

pressure suit [ˈpreʃəˌs(j)uːt] *n ав., косм.* высо́тный скафа́ндр

pressurized [ˈpreʃəraɪzd] *a* гермети́ческий, герметизи́рованный

prestige [preˈstiːʒ] *n* прести́ж

prestigious [preˈstɪdʒəs] *a* прести́жный

presumable [prɪˈzjuːməbl] *a* возмо́жный, вероя́тный; предположи́тельный

presumably [prɪˈzjuːməblɪ] *adv* вероя́тно; предположи́тельно

presume [prɪˈzjuːm] *v* 1) (пред)полага́ть, допуска́ть 2) осме́литься, позво́лить себе́; **I wouldn't ~ to advise you** я не осме́люсь сове́товать вам; **to ~ too much** сли́шком себе́ позволя́ть 3) полага́ться *(на что-л. — on, upon)*

presumedly [prɪˈzjuːmɪdlɪ] *adv* вероя́тно; предположи́тельно

presuming [prɪˈzjuːmɪŋ] *a* самонаде́янный

presumption [prɪˈzʌmpʃ(ə)n] *n* 1) самонаде́янность 2) предположе́ние, допуще́ние, вероя́тность 3) *юр.* презу́мпция

presumptive [prɪˈzʌmptɪv] *a* предполага́емый, предположи́тельный

presumptuous [prɪˈzʌmptjʊəs] *a* (сли́шком) самонаде́янный; на́глый, наха́льный

presuppose [ˌpriːsəˈpəʊz] *v* предполага́ть

presupposition [priːˌsʌpəˈzɪʃ(ə)n] *n* 1) предположе́ние 2) предпосы́лка

pre-teen [priːˈtiːn] *a* доподростко́вый *(о возрасте до 13 лет)*

pretence [prɪˈtens] *n* 1) притво́рство; **false ~s** обма́н, притво́рство 2) отгово́рка, предло́г;

under the ~ of под предло́гом 3) прете́нзия; **to make no ~ to learning** не претендова́ть на учёность 4) претенцио́зность

pretend [prɪ'tend] *v* 1) притворя́ться, де́лать вид; симули́ровать; **to ~ knowledge** сде́лать вид, что зна́ешь 2) претендова́ть *(на — to)*

pretended [prɪ'tendɪd] *a* притво́рный, лицеме́рный

pretender [prɪ'tendə(r)] *n* 1) претенде́нт *(на трон, титул)* 2) притво́рщик, лицеме́р

pretense [prɪ'tens] *амер. см.* **pretence**

pretension [prɪ'tenʃ(ə)n] *n* 1) прете́нзия; притяза́ние 2) претенцио́зность

pretentious [prɪ'tenʃəs] *a* 1) претенцио́зный 2) показно́й, наро́читый

preterit(e) ['pretərɪt] *n грам.* проше́дшее вре́мя, прете́рит

preternatural [ˌpriːtə'nætʃərəl] *a* сверхъесте́ственный

pre-tested [prɪ'testɪd] *a* предвари́тельно проте́сти́рованный

pretext ['priːtekst] *n* предло́г, отгово́рка

prettify ['prɪtɪfaɪ] *v* приукра́шивать

prettiness ['prɪtɪnɪs] *n* пре́лесть, милови́дность

pretty I ['prɪtɪ] *a* 1) привлека́тельный, преле́стный; хоро́шенький *(о женщинах, детях)*; **a ~ girl** хоро́шенькая/симпати́чная де́вушка; **what a ~ brooch!** кака́я преле́стная бро́шка! 2) прия́тный, симпати́чный 3) *разг.* значи́тельный, изря́дный; **a ~ mess!** хоро́шенькая исто́рия!; **a ~ state of affairs** то ещё положе́ньице

pretty II *n:* **my ~** ми́лочка моя́!, голу́бчик *(в обраще́нии)*

pretty III *adv разг.* вполне́, дово́льно, доста́точно; **that's ~ good** э́то вполне́ прили́чно/ совсе́м непло́хо; **I'm ~ tired** я весьма́ уста́л; **~ much (the same)** почти́ (тако́й же)

pretuning [prɪ'tjuːnɪŋ] *n тех.* предвари́тельная настро́йка

prevail [prɪ'veɪl] *v* 1) победи́ть, одоле́ть, возоблада́ть 2) преоблада́ть, госпо́дствовать, превали́ровать 3) быть распространённым **prevail (up)on** убеди́ть, уговори́ть

prevailing [prɪ'veɪlɪŋ] *a* 1) преоблада́ющий, госпо́дствующий 2) распространённый

prevalence ['prevələns] *n* 1) преоблада́ние, госпо́дство 2) широ́кое распростране́ние

prevalent ['prevələnt] *a* 1) преоблада́ющий 2) широко́ распространённый, общепри́нятый

prevaricate [prɪ'værɪkeɪt] *v* говори́ть укло́нчиво; уви́ливать, извора́чиваться

prevent [prɪ'vent] *v* предотвраща́ть, предупрежда́ть; препя́тствовать *(чему-л. — from)*; **to ~ crime** предотвраща́ть преступле́ние; **to ~ from coming** помеша́ть прийти́

prevention [prɪ'venʃ(ə)n] *n* предотвраще́ние, предупрежде́ние ◊ **~ is better than cure** *посл.* предупрежде́ние лу́чше лече́ния

preventive I [prɪ'ventɪv] *n* предохрани́тельная ме́ра; профилакти́ческое сре́дство

preventive II *a* предупреди́тельный; предохрани́тельный, профилакти́ческий; превенти́вный; **~ measures** предупреди́тельные ме́ры; профилакти́ческие ме́ры, профила́ктика; **~ medicine** профилакти́ческая медици́на

preview ['priːvjuː] *n* 1) (предвари́тельный) закры́тый просмо́тр *(фильма)*; верниса́ж; **public ~** обще́ственный просмо́тр 2) *амер.* ано́нс фи́льма 3) анонс, предвари́тельная статья́ *(напр. в журнале)*

previous I ['priːviəs] *a* 1) предыду́щий, предше́ствующий; **in ~ years** в про́шлые го́ды; **he had a ~ engagement** у него́ уже́ была́ назна́чена встре́ча на э́то вре́мя 2) преждевре́менный, поспе́шный

previous II *adv:* **~ to** до, пе́ред, пре́жде, ра́нее

previously ['priːviəslɪ] *adv* 1) пре́жде, ра́нее 2) предвари́тельно, зара́нее

prevision [priː'viʒ(ə)n] *n* предви́дение

pre-war [priː'wɔː(r)] *a* довое́нный

prey I [preɪ] *n* 1) добы́ча; **beast of ~** хи́щник; **bird of ~** хи́щная пти́ца 2) же́ртва; **to fall/to become a ~ to** пасть же́ртвой *(чего-л.)*; **she is a ~ to fears** она́ подве́ржена ра́зным стра́хам

prey II *v* 1) охо́титься, лови́ть 2) подта́чивать *(здоровье)*; му́чить; **fear ~ed on his mind** страх му́чил его́

price I [praɪs] *n* 1) цена́; **at reduced ~s** по сни́женным це́нам; **fixed ~s** твёрдые це́ны; **cost ~** себесто́имость; **to pay a high ~** до́рого заплати́ть; **to set a ~** назна́чить це́ну; **to cut ~s** снижа́ть це́ны; **at any ~** любо́й цено́й, во что бы то ни ста́ло 2) це́нность; **above/ beyond/without ~** бесце́нный 3) ценово́й; **~ level** у́ровень цен ◊ **at a ~** о́чень до́рого

price II *v* оце́нивать; назнача́ть це́ну

price cutting ['praɪsˌkʌtɪŋ] *n* сниже́ние цен

priceless ['praɪslɪs] *a* 1) бесце́нный; неоцени́мый 2) *разг.* заба́вный, бесподо́бный

price-list ['praɪslɪst] *n* прейскура́нт, прайс-ли́ст

price tag ['praɪstæg] *n* ярлы́к с ценой, це́нник

pricey ['praɪsɪ] *a разг.* дорого́й, дорогосто́ящий

prick I [prɪk] *n* 1) уко́л, проко́л 2) о́страя боль *(как от укола)*; **the ~s of conscience** угрызе́ния со́вести 3) *сленг груб.* пе́нис 4) *сленг груб.* приду́рок ◊ **to kick against the ~s** ≅ лезть на рожо́н

prick II *v* 1) колоть 2) прокалывать, накалывать 3) мучить, терзать *(об угрызениях совести и т. п.)* 4) накалывать *(узор)*; делать разметки *(на ткани)* 5) высаживать *(растения — out)*

prick up a) поднимать уши *(о собаке и т. п.)* б) настораживаться

prickle I [′prɪkl] *n* 1) шип, колючка; иголка *(ежа)* 2) покалывание *(по телу)*

prickle II *v* 1) колоть 2) вызывать покалывание

prickly [′prɪklɪ] *a* колючий; ~ **roses** колючие розы; **a ~ sensation** ощущение покалывания

pride I [praɪd] *n* 1) гордость; **to take a ~ in smth** гордиться чем-л. 2) предмет гордости; **he is the ~ of his family** он гордость семьи 3) спесь, гордыня 4) чувство собственного достоинства; **false ~** спесь, чванство 5) зоол. прайд *(львов)* 6) расцвет, высшая степень ◊ ~ **of the morning** туман на рассвете *(знак хорошей погоды)*; **to put one's ~ in one's pocket, to pocket one's ~** смирить гордыню

pride II *v:* **to ~ oneself (up)on** гордиться *(кем-л., чем-л.)*

priest [pri:st] *n* 1) священник 2) жрец

priestly [′pri:stlɪ] *a* 1) свойственный духовному лицу 2) жреческий

prig I [prɪg] *n* 1) педант; моралист 2) *сленг* воришка

prig II *v сленг* воровать

priggish [′prɪgɪʃ] *a* 1) педантичный 2) самодовольный

prim I [prɪm] *a* чопорный; натянутый; жеманный; ~ **and proper** чопорный

prim II *v* принимать чопорный, натянутый, официальный вид

primacy [′praɪməsɪ] *n* 1) первенство 2) сан архиепископа

prima donna [,pri:mə′dɒnə] *n* примадонна

prima facie [,praɪmə′feɪʃi:] *adv лат.* по первому впечатлению, на первый взгляд

primal [′praɪməl] *a* 1) первоначальный, первобытный 2) главный, основной

primary I [′praɪmərɪ] *n* 1) что-л. главное, основное 2) *pl амер.* предварительные выборы *(тж ~ elections)* 3) *астр.* планета Солнечной системы 4) *эл.* первичная обмотка *(тж ~ winding)*

primary II *a* 1) основной, главный, первостепенный; ~ **cause** основная причина; **our ~ concern** наша первоочередная задача; ~ **copy** основная/первая копия 2) первичный, первоначальный; ~ **(health) care** первая медицинская помощь 3) начальный *(об образовании)*; ~ **education** начальное образо-

вание; ~ **school** начальная школа 4) основной *(о цвете)*; ~ **colours** основные цвета

primate [′praɪmeɪt] *n* 1) *зоол.* примат 2) примас, архиепископ в англиканской церкви; **P. of All England** примас всей Англии, архиепископ Кентерберийский *(тж* **Archbishop of Canterbury**); **P. of England** архиепископ Йоркский *(тж* **Archbishop of York**)

prime¹ I [praɪm] *n* 1) расцвет; **in the ~ of life, in one's ~** в расцвете сил 2) начало, ранний период; **the ~ of the year** весна

prime¹ II *a* 1) важнейший, главный, основной; **P. Minister** премьер-министр 2) превосходный; лучший, высшего качества 3) первичный 4) *мат.* простой *(о числе)*

prime² *v* 1) приводить *(что-л.)* в готовность 2) вставлять *(запал, взрыватель)* 3) *тех.* заправлять *(двигатель)*; наполнять *(насос)* 4) грунтовать *(холст)* 5) инструктировать, подготавливать *(кого-л.)* заранее 6) *разг.* накормить *(досыта)*, напоить *(допьяна)*; ~**d with hearty meal** плотно поевши; **he was well ~d** он уже был пьян

prime number [,praɪm′nʌmbə] *n мат.* простое число

primer¹ [′praɪmə(r)] *n* 1) букварь; учебник для начинающих 2) вводный курс 3) *жив.* грунтовка; грунт

primer² *n* капсюль; запал, детонатор

prime time [′praɪm,taɪm] *n* прайм-тайм *(время суток, когда телеаудитория самая большая, обычно вечер)*

primeval [praɪ′mi:vəl] *a* первобытный

priming [′praɪmɪŋ] *n* 1) *жив.* грунтовка; грунт 2) заготовка *(для кулинарии)* 3) запал; детонатор

primitive I [′prɪmɪtɪv] *n* 1) художник-примитивист 2) примитив

primitive II *a* 1) первобытный 2) примитивный 3) простой, непритязательный 4) основной, изначальный

primordial [praɪ′mɔ:dɪəl] *a* изначальный, исконный; фундаментальный

primp [prɪmp] *v* принаряжаться

primrose [′prɪmrəʊz] *n* 1) *бот.* первоцвет, примула 2) *attr* бледно-жёлтый

Primus [′praɪməs] *n фирм.* примус *(прибор с горелкой для приготовления пищи, тж ~ stove)*

prince [prɪns] *n* 1) принц; **the P. of Wales** принц Уэльский *(наследник королевского престола – старший сын английского монарха)* 2) *ист.* князь

princeling [′prɪnslɪŋ] *n презр.* князёк

princely [′prɪnslɪ] *a* 1) царственный, царский 2) великолепный, роскошный

627

princess [prɪnˈses] *n* 1) принце́сса; **the P. Royal** ста́ршая дочь англи́йского мона́рха 2) *ист.* княги́ня; княжна́

principal I [ˈprɪnsɪpəl] *n* 1) глава́, нача́льник 2) глава́ *(колледжа)*; ре́ктор *(университе́та)*; дире́ктор *(шко́лы)* 3) гла́вное де́йствующее лицо́; веду́щий актёр, исполни́тель 4) *юр.* основно́й уча́стник; исполни́тель преступле́ния 5) *фин.* основна́я су́мма; основно́й капита́л 6) уча́стник дуэ́ли, дуэля́нт 7) *фин.* довери́тель, принципа́л *(от лица́ кото́рого де́йствует бро́кер, аге́нт)* 8) *вчт* администра́тор до́ступа *(в систе́ме)*

principal II *a* 1) гла́вный, основно́й; важне́йший 2) веду́щий

principality [ˌprɪnsɪˈpælɪtɪ] *n* кня́жество; **the P.** Уэ́льс

principally [ˈprɪnsɪplɪ] *adv* гла́вным о́бразом, бо́льшей ча́стью, в основно́м

principle [ˈprɪnsɪpl] *n* 1) при́нцип; **on ~** из при́нципа; **in ~** в при́нципе; **of ~** принципиа́льный; **a man of ~** принципиа́льный челове́к; **a matter of ~** принципиа́льный вопро́с; **of no ~s** беспринци́пный 2) пра́вило, зако́н; **the ~ of relativity** тео́рия относи́тельности 3) *(перво)*причи́на; осно́ва 4) *хим., физ.* составна́я часть, элеме́нт

prink [prɪŋk] *v* наряжа́ться, прихора́шиваться *(тж* **to ~ up)**

print I [prɪnt] *n* 1) отпеча́ток, след 2) печа́тание; тира́ж; **to be in ~** вы́йти из печа́ти; **to be out of ~** быть распро́данной *(о кни́ге)* 3) печа́тное изда́ние; газе́та 4) шрифт; печа́ть; **blue ~** си́нька, светоко́пия 5) гравю́ра, эста́мп 6) *фото* отпеча́ток *(с негати́ва)* 7) си́тец 8) *pl амер. разг.* отпеча́тки па́льцев

print II *v* 1) печа́тать *(кни́гу, газе́ту)*; издава́ть; **the book is ~ing now** кни́га печа́тается; **to ~ one's name** написа́ть своё и́мя печа́тными бу́квами 2) отпеча́тывать, оставля́ть след 3) *фото* печа́тать *(с негати́ва)* 4) запечатлева́ться *(в па́мяти, созна́нии)* 5) *текст.* набива́ть *(ткань)* 6) *амер. разг.* брать отпеча́тки па́льцев

printed circuit [ˌprɪntədˈsɜːkət] *n рлн* печа́тная схе́ма

printed matter [ˌprɪntədˈmætə] *n* печа́тные материа́лы, печа́тная проду́кция

printer¹ [ˈprɪntə(r)] *n* 1) печа́тник; полигра́фист 2) владе́лец типогра́фии; **to send smth to the ~'s** отправля́ть что-л. в типогра́фию/ в печа́ть 3) *вчт* печа́тающее устро́йство, при́нтер

printer² *n текст.* набо́йщик *(тка́ни)*

printing [ˈprɪntɪŋ] *n* 1) печа́тание 2) печа́тное изда́ние

printing house [ˈprɪntɪŋhaʊs] *n* типогра́фия *(тж* **print shop)**

printing press [ˈprɪntɪŋˌpres] *n* печа́тный стано́к

printmaker [ˈprɪntmeɪkə(r)] *n* печа́тник; полигра́фист

printout [ˈprɪntaʊt] *n* распеча́танный *(с компью́тера)* материа́л, распеча́тка

print run [ˈprɪntrʌn] *n* тира́ж *(кни́ги, газе́ты и т.п.)*

print shop [ˈprɪntʃɒp] *n* типогра́фия

prior¹ [ˈpraɪə(r)] *a* предше́ствующий; **~ to** ра́ньше, пре́жде, до

prior² *n* прио́р, настоя́тель небольшо́го монастыря́

prioritize [praɪˈɒrɪtaɪz] *v* 1) располага́ть в поря́дке очерёдности *(по сро́чности, по ва́жности и т. п.)*; устана́вливать очерёдность *(выполне́ния рабо́т и т. п.)* 2) отдава́ть, ока́зывать предпочте́ние; уделя́ть первостепе́нное внима́ние 3) устана́вливать *или* определя́ть приорите́ты

prioritizing [praɪˈɒrɪtaɪzɪŋ] *n* установле́ние, определе́ние приорите́тов

priority [praɪˈɒrɪtɪ] *n* 1) старшинство́, приорите́т 2) поря́док очерёдности, сро́чности; очерёдность; **to discuss smth in order of ~** обсужда́ть что-л. в поря́дке очерёдности; **to take ~ of** предше́ствовать 3) преиму́щественное пра́во 4) предше́ствование

priory [ˈpraɪərɪ] *n* прио́рство, небольшо́й монасты́рь

prism [ˈprɪz(ə)m] *n* при́зма

prison [ˈprɪz(ə)n] *n* 1) тюрьма́; заключе́ние; **to put to ~** посади́ть в тюрьму́ 2) *attr:* **~ camp** ла́герь для военнопле́нных

prison-breaking [ˈprɪznˌbreɪkɪŋ] *n* побе́г из тюрьмы́

prisoner [ˈprɪznə(r)] *n* 1) заключённый, аресто́ванный 2) военнопле́нный *(тж* **~ of war)**; **to take/to make smb ~** взять кого́-л. в плен

prissy [ˈprɪsɪ] *a* чо́порный; ха́нжеский

pristine [ˈprɪstiːn] *a* 1) чи́стый, неиспо́рченный 2) в первонача́льном ви́де

privacy [ˈpraɪvəsɪ] *n* 1) уедине́ние, уединённость; одино́чество 2) неразглаше́ние; секре́тность 3) ча́стная жизнь

private I [ˈpraɪvət] *n* 1) рядово́й, солда́т *(тж* **~ soldier)** 2) *pl разг.* половы́е о́рганы *(тж* **parts)**

private II *a* 1) ча́стный; ли́чный; **my ~ opinion** моё ли́чное мне́ние; **~ property** ча́стная со́бственность; **in ~ life** в ча́стной жи́зни 2) уединённый; **are we ~ here?** мы здесь одни́? 3) та́йный, секре́тный; конфиденциáльный; ~ **detective** частный детектив; **in ~** а) частным образом б) по секрету, конфиденциально; **to keep smth ~** держать что-л. в тайне 4) рядовой *(о военнослужащем)*

privateer [ˌpraɪvəˈtɪə(r)] *n мор. ист.* приватир, капер

privately [ˈpraɪvətlɪ] *adv* лично; частным образом; **to speak to smb ~** говорить с кем-л. конфиденциально

privation [praɪˈveɪʃ(ə)n] *n* лишения, нужда

privatisation [ˌpraɪvətaɪˈzeɪʃ(ə)n] *v* приватизация

privatise [ˈpraɪvətaɪz] *v* приватизировать

privatize [ˈpraɪvətaɪz] *амер. см.* **privatise**

privilege I [ˈprɪvɪlɪdʒ] *n* привилегия, преимущество; **to be a ~** доставлять исключительное удовольствие *(слушать, видеть кого-л. и т. п.)*

privilege II *v* 1) давать привилегию, льготу 2) освобождать *(от обязанности и т. п.)*

privileged [ˈprɪvɪlɪdʒd] *a* привилегированный

privy [ˈprɪvɪ] *a* посвящённый *(в чьи-л. планы и т. п.)*; **P. Council** Тайный совет *(при монархе)* ◊ **to be ~ to** быть причастным к *(чему-л.)*

prize¹ I [praɪz] *n* 1) приз, премия; **Nobel ~** Нобелевская премия; **a cash ~** денежная премия 2) награда 3) выигрыш; **the ~s of life** жизненные блага 4) *attr* премированный, удостоенный премии

prize¹ II *v* высоко ценить

prize² *n* 1) *мор.* трофей; захваченное судно; **to become a ~ of** быть захваченным; **to make (a) ~ of** захватить 2) *attr* призовой; **naval ~ law** морское призовое право

prizefighter [ˈpraɪzˌfaɪtə(r)] *n уст.* боксёр-профессионал

prizewinner [ˈpraɪzˌwɪnə(r)] *n* 1) призёр; победитель *(соревнования и т. п.)* 2) лауреат; **Nobel P.** нобелевский лауреат

pro¹ [prəʊ] *n разг.* профессионал, специалист

pro² *n* аргумент «за»; **to weigh up the ~s and cons** взвесить все «за» и «против»

pro- [prəʊ-] *pref* 1) *со значением* сторонник 2) *со значением* заместитель; вместо; **prorector** проректор 3) *со значением* вперёд, впереди; **progress** прогресс; **proceed** продолжать

probabilistic [ˌprɒbəbɪˈlɪstɪk] *a* 1) вероятный, вытекающий из теории вероятностей 2) *филос., рел.* пробабилистичный

probability [ˌprɒbəˈbɪlɪtɪ] *n* вероятность; возможность; **in all ~** по всей вероятности; **the ~ is that** по-видимому; вполне вероятно, что…; **there is no ~ of/that** совершенно невероятно, что…;

probable [ˈprɒbəbl] *a* вероятный, возможный; **it seems ~ that…** по всей вероятности…, вполне возможно, что…

probably [ˈprɒbəblɪ] *adv* вероятно

probate I [ˈprəʊbɪt] *n юр.* 1) официальное утверждение завещания 2) заверенная копия завещания

probate II *v юр.* утверждать завещание

probation [prəˈbeɪʃ(ə)n] *n* 1) стажировка, испытательный срок 2) *юр.* условное освобождение на поруки 3) *церк.* послушничество 4) *attr:* **~ officer** инспектор, наблюдающий за поведением условно осуждённых преступников

probationary [prəˈbeɪʃnərɪ] *a* испытательный

probationer [prəˈbeɪʃnə(r)] *n* 1) испытуемый; стажёр 2) *юр.* лицо, условно осуждённое 3) *церк.* послушник; послушница

probe I [prəʊb] *n* 1) *мед., тех.* зонд; **space ~** космический зонд, космическая исследовательская ракета 2) расследование 3) *тех.* щуп, пробник

probe II *v* 1) *мед., тех.* зондировать, исследовать зондом 2) расследовать

probity [ˈprəʊbɪtɪ] *n* честность, неподкупность

problem [ˈprɒbləm] *n* проблема, вопрос; задача *(тж мат.)*; **the housing ~** жилищная проблема; **to face a ~** решать вопрос; **to solve a ~** решить задачу

problematic(al) [ˌprɒblɪˈmætɪk(əl)] *a* проблематичный; спорный; сомнительный

procedure [prəˈsiːdʒə(r)] *n* 1) процедура; **legal ~** судебная процедура; **standard/proper ~** стандартная процедура 2) образ действий; поведение 3) технологический процесс, технология 4) методика

proceed [prəˈsiːd] *v* 1) продолжать; продвигаться вперёд 2) продолжать, действовать дальше; **to ~ with one's work** продолжать работу 3) возобновлять *(дело, игру)*; приняться за; **how shall we ~?** как мы начнём?; **to ~ to the next point** перейти к следующему пункту 4) поступать, вести себя 5) *юр.* возбуждать дело *(against)*

proceeding [prəˈsiːdɪŋ] *n* 1) поступок; **a doubtful ~** сомнительный поступок 2) *pl* судопроизводство, ведение дела; **to take legal ~s (against)** возбуждать дело (против) 3) *pl* труды, записки *(научного общества, конференции)* 4) *pl* протоколы

proceeds [ˈprəʊsiːdz] *n pl* выручка, доход

process I [ˈprəʊses] *n* 1) процесс; ход, движение; **to be in ~** происходить, иметь место; **~ of construction** строительство 2) технологический процесс, способ 3) *юр.* вызов в суд, суде́бное предписа́ние 4) *юр.* суде́бный проце́сс

process II [prə'ses] *v* 1) подверга́ть технологи́ческой обрабо́тке, обраба́тывать; **to ~ a film** проявля́ть плёнку; **to ~ information** обрабо́тать (полу́ченную) информа́цию 2) *юр.* возбужда́ть де́ло, проце́сс

processed [prə'sest] *a* обрабо́танный; **~ cheese** пла́вленый сыр

processing [prə'sesɪŋ] *n* 1) обрабо́тка 2) перерабо́тка (пищевы́х) проду́ктов

procession I [prə'seʃ(ə)n] *n* проце́ссия

procession II *v* уча́ствовать в проце́ссии

processor ['prəʊsesə(r)] *n* 1) *тех., вчт* проце́ссор 2) ку́хонный комба́йн (*тж* **food ~**) 3) компа́ния по перерабо́тке сырья́; **meat ~** компа́ния-производи́тель мясны́х проду́ктов, мясоперераба́тывающий заво́д

proclaim [prə'kleɪm] *v* 1) объявля́ть, провозглаша́ть 2) выявля́ть, обнару́живать; **an accent that ~s you a Scot** ваш акце́нт выдаёт ва́ше шотла́ндское происхожде́ние

proclamation [ˌprɒklə'meɪʃ(ə)n] *n* объявле́ние, провозглаше́ние

proclivity [prə'klɪvɪtɪ] *n* скло́нность, тенде́нция

procrastinate [prəʊ'kræstɪneɪt] *v* откла́дывать, ме́длить, тяну́ть

procrastination [prəʊˌkræstɪ'neɪʃ(ə)n] *n* промедле́ние

procreate ['prəʊkrɪeɪt] *v* порожда́ть, производи́ть пото́мство

procreation [ˌprəʊkrɪ'eɪʃ(ə)n] *n* порожде́ние

proctology [prɒk'tɒlədʒɪ] *n мед.* проктоло́гия

proctor ['prɒktə(r)] *n* про́ктор, надзира́тель, инспе́ктор (*в некоторых английских и американских университетах*)

procure [prə'kjʊə(r)] *v* 1) обеспе́чивать, достава́ть, добыва́ть 2) приводи́ть (*к чему-л.*), спосо́бствовать 3) сво́дничать

prod I [prɒd] *n* 1) тычо́к; **a ~ with a bayonet** уда́р штыко́м 2) сти́мул, толчо́к 3) пробо́йник, ши́ло 4) *тех.* щуп, про́бник

prod II *v* 1) ты́кать, коло́ть 2) подгоня́ть, понужда́ть; подстрека́ть

prodigal I ['prɒdɪgəl] *n* 1) мот, расточи́тель 2) *библ.* раска́явшийся гре́шник, блу́дный сын (*тж* **~ son**)

prodigal II *a* 1) расточи́тельный 2) ще́дрый, изоби́льный (*of*)

prodigality [ˌprɒdɪ'gælɪtɪ] *n* 1) расточи́тельность 2) изоби́лие, пы́шность

prodigious [prə'dɪdʒəs] *a* 1) удиви́тельный, изуми́тельный 2) огро́мный 3) невероя́тный

prodigy ['prɒdɪdʒɪ] *n* 1) вундерки́нд 2) чу́до

produce I ['prɒdju:s] *n* 1) проду́кция, проду́кт(ы) 2) результа́т (*усилий, труда́*)

produce II [prə'dju:s] *v* 1) предъявля́ть (*доказа́тельства и т. п.*) 2) производи́ть, выраба́тывать; изготовля́ть; выдава́ть проду́кцию 3) вынима́ть, извлека́ть, достава́ть (*из карма́на, су́мки и т. п.*) 4) приноси́ть результа́т; вызыва́ть 5) (по)ста́вить (*спекта́кль, фильм*) 6) *мат.* проводи́ть, продолжа́ть (*ли́нию*)

producer [prə'dju:sə(r)] *n* 1) производи́тель, изготови́тель 2) *кино, тлв, театр.* продю́сер; **associate ~** второ́й продю́сер; **supervisor ~** гла́вный продю́сер 3) *тех.* генера́тор 4) *attr* генера́торный

producible [prə'dju:sɪbl] *a* производи́мый

product ['prɒdʌkt] *n* 1) проду́кт, изде́лие, това́р; **dairy ~s** моло́чные проду́кты 2) результа́т 3) *хим.* проду́кт реа́кции 4) *мат.* произведе́ние 5) *мат.* пересече́ние (*мно́жеств*)

production [prə'dʌkʃ(ə)n] *n* 1) произво́дство; изготовле́ние; вы́работка; **mass ~** ма́ссовое произво́дство 2) проду́кция, това́ры 3) произведе́ние (*литерату́ры, иску́сства*) 4) постано́вка (*спекта́кля, фи́льма*)

productive [prə'dʌktɪv] *a* 1) производи́тельный; **~ labour** производи́тельный труд 2) плодоро́дный 3) плодови́тый 4) продукти́вный, поле́зный; плодотво́рный

productivity [ˌprɒdʌk'tɪvɪtɪ] *n* 1) продукти́вность, производи́тельность; **~ of labour** производи́тельность труда́; **~ of land** урожа́йность по́чвы 2) эффекти́вность

Prof. *сокр.* (**Professor**) профе́ссор

profanation [ˌprɒfə'neɪʃ(ə)n] *n* опошле́ние, профана́ция

profane I [prə'feɪn] *a* 1) све́тский, мирско́й; непосвящённый 2) нечести́вый, богоху́льный 3) язы́ческий

profane II *v* оскверня́ть

profanity [prə'fænɪtɪ] *n* профана́ция; оскверне́ние

profess [prə'fes] *v* 1) откры́то признава́ть, выража́ть, заявля́ть 2) де́лать вид, притворя́ться, прики́дываться 3) проявля́ть (*интере́с и т. п.*) 4) признава́ть, испове́довать (*ве́ру*) 5) занима́ться како́й-л. де́ятельностью 6) преподава́ть 7) принима́ть в религио́зный о́рден

professed [prə'fest] *a* 1) откры́тый 2) показно́й; мни́мый; **for all his ~ learning** несмотря́ на всю его́ показну́ю учёность

professedly [prə'fesɪdlɪ] *adv* я́вно, откры́то

profession [prə'feʃ(ə)n] *n* 1) профе́ссия; **legal ~** профе́ссия юри́ста; **medical ~** профе́ссия врача; **liberal** ~s свободные профессии 2) люди одной профессии 3) признание, заверение *(в своих чувствах);* **the ~s of friendship** заверения в дружбе 4) вероисповедание 5) обет *(при вступлении в религиозный орден)* ◊ **the oldest** ~ древнейшая профессия, проституция

professional I [prəˈfeʃənəl] *n* профессионал; специалист; **tennis** ~ теннисист-профессионал

professional II *a* профессиональный; **to seek** ~ **advice** обращаться к специалисту за консультацией

professionalism [prəˈfeʃənəlɪz(ə)m] *n* профессионализм

professor [prəˈfesə(r)] *n* 1) профессор 2) *амер.* университетский преподаватель

professorate [prəˈfesərət] *n собир.* профессура, профессора

professorial [ˌprɒfiˈsɔːrɪəl] *a* профессорский

professorship [prəˈfesəʃɪp] *n* профессорство

proffer I [ˈprɒfə(r)] *n книжн.* предложение

proffer II *v* предлагать *(услуги, помощь и т. п.)*

proficiency [prəˈfiʃənsɪ] *n* опытность, умение, сноровка

proficient I [prəˈfiʃənt] *n* специалист, знаток

proficient II *a* опытный, умелый, искусный *(в чём-л.; in, at);* **is he** ~ **in French?** он хорошо знает французский язык?

profile I [ˈprəʊfaɪl] *n* 1) профиль, очертание; **In** ~ в профиль 2) контур 3) краткий биографический очерк 4) характерная манера, поза 5) *тех.* вертикальный разрез, вертикальное сечение ◊ **to keep a low** ~ держаться в тени, избегать огласки, рекламы

profile II *v* изображать в профиле *или* в разрезе; рисовать в профиль

profit I [ˈprɒfit] *n* 1) *обыкн. pl* прибыль, доход; **at a** ~ с прибылью, с выгодой; **gross** ~s валовой доход; **net** ~ чистый доход 1) выгода, польза; **to make a** ~ **on smth** извлекать выгоду из чего-л. 3) *attr:* **forecast** прогноз прибыли; ~ **making** извлечение прибыли; ~ **sharing** участие в прибыли; ~ **tax** налог на прибыль

profit II *v* 1) получать пользу; **what will it** ~ **them?** какая им от этого польза? 2) приносить прибыль, выгоду

profitability [ˌprɒfitəˈbɪlɪtɪ] *n* прибыльность

profitable [ˈprɒfitəbl] *a* 1) выгодный, доходный, прибыльный 2) полезный

profiteer I [ˌprɒfiˈtɪə(r)] *n* спекулянт

profiteer II *v* спекулировать

profligacy [ˈprɒfligəsɪ] *n* 1) распутство 2) расточительность

profligate I [ˈprɒfligit] *n* 1) распутник 2) расточитель

profligate II *a* 1) распутный 2) расточительный

proforma invoice [prəˈfɔːmɪnˈvɔɪs] *n ком.* примерный счёт-фактура

profound [prəˈfaʊnd] *a* 1) глубокий, мудрый, дальновидный; **a** ~ **thinker** глубокий мыслитель 2) основательный; ~ **knowledge** основательные/глубокие знания 3) полный, абсолютный; ~ **ignorance** глубокое/полное невежество 4) глубокий *(о вздохе)* 5) укоренившийся *(о болезни)*

profoundness [prəˈfaʊndnɪs] *см.* profundity

profundity [prəˈfʌndɪtɪ] *n* 1) глубина 2) пропасть

profuse [prəˈfjuːs] *a* 1) щедрый *(на что-л. — in, of)* 2) обильный, изобильный; богатый *(чем-л.);* чрезмерный; *мед.* профузный

profusely [prəˈfjuːslɪ] *adv* обильно, чрезмерно

profusion [prəˈfjuːʒ(ə)n] *n* 1) обилие, богатство, избыток 2) чрезмерная роскошь 3) расточительность

progenitor [prəʊˈdʒenɪtə(r)] *n* 1) предок 2) предшественник 3) оригинал

progeny [ˈprɒdʒɪnɪ] *n* 1) потомок, потомство 2) последователи, ученики 3) результат

prognosis [prɒgˈnəʊsɪs] *n (pl* **prognoses** [prɒgˈnəʊsiːz])* прогноз

prognostic I [prɒgˈnɒstɪk] *n* предвестник; предсказание; предвещающий знак, признак

prognostic II *a* предвещающий

program [ˈprəʊgræm] *амер. см.* **programme**

programmable [ˈprəʊgræməbl] *a* 1) *вчт* программируемый; поддающийся программированию 2) с программным управлением

programme I [ˈprəʊgræm] *n* 1) программа; **TV** ~ программа телепередач; **computer** ~ компьютерная программа 2) план *(действий, работ);* **what is our** ~**?** чем мы займёмся? 3) учебный план, учебная программа 4) *attr* программный

programme II *v* 1) составлять программу 2) *вчт* **(program)** программировать

programmed learning [ˌprəʊgræmdˈlɜːnɪŋ] *n* программированное обучение *(тж* **programmed instruction)**

programmer [ˌprəʊˈgræmə(r)] *n* программист

programming [ˈprəʊgræmɪŋ] *n вчт* 1) составление программы 2) выполнение программы 3) программирование

progress I [ˈprəʊgres] *n* 1) продвижение 2) прогресс; движение вперёд; развитие; **the** ~ **of science** прогресс науки; **to be in** ~ а) развиваться б) вестись *(о переговорах, следствии и т. п.)* 3) улучшение; успехи; **to make** ~ а) делать успехи б) поправляться *(после болезни),* идти́ на попра́вку 4) тече́ние вре́мени, собы́тий

progress II [prə'gres] *v* 1) продвига́ться вперёд 2) прогресси́ровать, развива́ться 3) де́лать успе́хи

progression [prə'greʃ(ə)n] *n* 1) продвиже́ние, движе́ние вперёд 2) *мат.* прогре́ссия; **arithmetical** ~ арифмети́ческая прогре́ссия; **geometric** ~ геометри́ческая прогре́ссия

progressionist [prə'greʃənɪst] *n* сторо́нник прогре́сса

progressive I [prə'gresɪv] *n* прогресси́вный де́ятель

progressive II *a* 1) поступа́тельный; ~ **motion** поступа́тельное движе́ние 2) прогресси́вный 3) возраста́ющий, прогресси́рующий; ~ **taxation** прогресси́вное налогообложе́ние

prohibit [prə'hɪbɪt] *v* 1) запреща́ть 2) меша́ть, не дава́ть *(делать что-л.; from)* 3) препя́тствовать

prohibition [ˌprəʊɪ'bɪʃ(ə)n] *n* 1) запре́т, запреще́ние 2) **(P.)** *амер.* сухо́й зако́н, запре́т на прода́жу спиртны́х напи́тков *(1920 – 33 гг.)*

prohibitive [prəʊ'hɪbɪtɪv] *a* 1) запрети́тельный *(о пошлине и т. п.)* 2) непоме́рно высо́кий *(о налоге, цене и т. п.)* 3) запреща́ющий, препя́тствующий

project I ['prɒdʒekt] *n* 1) прое́кт, план; предложе́ние; **to start a** ~ вы́двинуть прое́кт 2) стро́йка, строи́тельство 3) нау́чный прое́кт *(как студенческая работа)*

project II [prə'dʒekt] *v* 1) проекти́ровать 2) составля́ть, обду́мывать (план) 3) выдава́ться, выступа́ть, нависа́ть 4) отбра́сывать, отража́ть *(тень, луч света)* 5) выбра́сывать, выпуска́ть *(снаряд)* 6) проеци́ровать на экра́н; пока́зывать (фильм) на экра́не

projectile I [prə'dʒektaɪl] *n* снаря́д *(реактивный);* пу́ля

projectile II *a* мета́тельный

projection [prə'dʒek ʃ(ə)n] *n* 1) проекти́рование; прое́кт 2) прое́кция 3) прое́кция на экра́не 4) вы́ступ; наве́с

projector [prə'dʒektə(r)] *n* 1) кинопрое́ктор 2) прожёктор 3) проекти́ровщик

prolapse ['prəʊlæps] *n мед.* прола́пс, выпаде́ние; **mitral valve** ~ прола́пс митра́льного кла́пана, ПМК

proletarian I [ˌprəʊlɪ'teərɪən] *n* пролета́рий

proletarian II *a* пролета́рский

proletariat(e) [ˌprəʊlɪ'teərɪət] *n* пролетариа́т

proliferate [prə'lɪfəreɪt] *v* размножа́ться; бы́стро расти́, увели́чиваться, разраста́ться; распространя́ться

proliferous [prə'lɪfərəs] *a* 1) пы́шно разраста́ющийся 2) бы́стро распространя́ющийся, размножа́ющийся

prolific [prə'lɪfɪk] *a* 1) плодоро́дный 2) плодови́тый 3) изоби́лующий *(чем-л. — in, of)*

prolix ['prəʊlɪks] *a* ну́дный, тягу́чий; многосло́вный

prolog ['prəʊlɒg] *амер. см.* **prologue**

prologue ['prəʊlɒg] *n* проло́г

prolong [prə'lɒŋ] *v* 1) продлева́ть, отсро́чивать 2) продолжа́ть *(линию)*

prolongation [ˌprəʊlɒŋ'geɪʃ(ə)n] *n* 1) продле́ние, отсро́чка, пролонга́ция 2) продолже́ние *(линии)*

prolonged [prə'lɒŋd] *a* 1) дли́тельный, продолжи́тельный 2) затяну́вшийся *(о посеще́нии и т. п.)*

promenade I [ˌprɒmə'nɑːd] *n* 1) прогу́лка; гуля́нье 2) ме́сто для гуля́нья; на́бережная; алле́я; промена́д 3) *амер.* (шко́льный *или* студе́нческий) бал, та́нцы 4) *attr* прогу́лочный; ~ **deck** прогу́лочная па́луба *(теплохо́да)*

promenade II *v* 1) прогу́ливаться 2) выводи́ть на прогу́лку

prominence ['prɒmɪnəns] *n* 1) изве́стность; **to gain** ~ сниска́ть изве́стность 2) вы́ступ; вы́пуклость, неро́вность

prominency ['prɒmɪnənsɪ] *n* заме́тное, ви́дное положе́ние

prominent ['prɒmɪnənt] *a* 1) выступа́ющий, торча́щий; ~ **teeth** торча́щие зу́бы, выступа́ющие вперёд зу́бы 2) заме́тный 3) ви́дный, изве́стный; **a** ~ **scientist** изве́стный учёный

promiscuity [ˌprɒmɪs'kjuːɪtɪ] *n* 1) промискуите́т, беспоря́дочность сексуа́льных свя́зей; распу́щенность 2) разноро́дность, разноше́рстность; сме́шанный хара́ктер *(чего-л.)*

promiscuous [prə'mɪskjʊəs] *a* 1) распу́щенный *(о челове́ке);* беспоря́дочный *(о сексуа́льных связях)* 2) разноро́дный, разноше́рстный; спу́танный; сме́шанный

promise I ['prɒmɪs] *n* 1) обеща́ние; **to give/to make a** ~ дать обеща́ние; **to break one's** ~ не сдержа́ть обеща́ния; **to keep one's** ~ сдержа́ть обеща́ние, испо́лнить обе́щанное; **to go back on one's** ~ наруша́ть обеща́ние 2) перспекти́ва; **of great** ~ подаю́щий наде́жды, многообеща́ющий; **she shows** ~ она́ подаёт наде́жды

promise II *v* 1) обеща́ть 2) уверя́ть *(обыч. в 1-м лице);* **I** ~ **you** уверя́ю вас, че́стное сло́во 3) подава́ть наде́жды

Promised Land [ˌprɒmɪst'lænd] *n* **(the ~)** *библ.* Земля́ обетова́нная *(тж* **the Land of Promise, the Land of Covenant**)

promising ['prɒmɪsɪŋ] *a* подаю́щий наде́жды; **a** ~ **student** одарённый, подаю́щий наде́жды студе́нт; **the weather looks** ~ пого́да обеща́ет быть хоро́шей

promissory [ˈprɒmɪsərɪ] *a* содержа́щий обяза́тельства; **a ~ note** долгова́я распи́ска, просто́й ве́ксель

promo [ˈprəʊməʊ] *n разг.* рекла́ма, рекла́мная а́кция *(по продвиже́нию това́ра на ры́нке)*

promontory [ˈprɒməntərɪ] *n геогр.* мыс

promote [prəˈməʊt] *v* 1) повыша́ть, продвига́ть *(по слу́жбе)*; повыша́ть в чи́не 2) соде́йствовать, спосо́бствовать 3) реклами́ровать и продвига́ть (това́р) на ры́нок 4) продвига́ть *(ша́шку)* в да́мки

promoter [prəˈməʊtə(r)] *n* 1) лицо́, спосо́бствующее разви́тию *или* организа́ции чего́-л., *проф.* промо́утер 2) спо́нсор, мецена́т; покрови́тель 3) учреди́тель компа́нии *(тж* **company ~**) 4) *хим.* промо́тор; актива́тор

promotion [prəˈməʊʃ(ə)n] *n* 1) повыше́ние, продвиже́ние *(по слу́жбе и т. п.)* 2) соде́йствие, поощре́ние 3) рекла́ма и продвиже́ние (това́ра) на ры́нке, *проф.* промо́ушн

prompt I [prɒmpt] *n* 1) подска́зка; напомина́ние 2) *ком.* день платежа́; срок платежа́; день сда́чи това́ра и произво́дства платежа́ 3) *вчт* подска́зка; приглаше́ние к де́йствию

prompt II *a* 1) бы́стрый, прово́рный 2) ско́рый, неме́дленный; незамедли́тельный; **a ~ reply** незамедли́тельный отве́т 3) сро́чный *(об опла́те)* 4) подлежа́щий неме́дленной доста́вке и опла́те *(о това́ре)*

prompt III *v* 1) побужда́ть, подта́лкивать; **what ~ed you to do that?** что заста́вило тебя́ сде́лать э́то? 2) подска́зывать; *театр.* суфли́ровать 3) внуша́ть *(мысль и т. п.)*

prompt-box [ˈprɒmptbɒks] *n* суфлёрская бу́дка

prompter [ˈprɒmptə(r)] *n* 1) побуди́тель к де́йствию 2) суфлёр 3) телесуфлёр, *проф.* про́мптер

prompting [ˈprɒmptɪŋ] *n* побужде́ние

promptitude [ˈprɒmptɪtjuːd] *n* 1) быстрота́, прово́рство 2) своевре́менность, аккура́тность *(в платежа́х)*

promptly [ˈprɒmtlɪ] *adv* 1) бы́стро, неме́дленно 2) своевре́менно; то́чно

promulgate [ˈprɒmʌlgeɪt] *v* 1) распространя́ть *(уче́ние, ве́ру и т. п.)* 2) объявля́ть, обнаро́довать, опублико́вывать *(зако́н, ука́з)*

promulgation [ˌprɒmʌlˈgeɪʃ(ə)n] *n* 1) распростране́ние 2) обнаро́дование, опубликова́ние *(зако́на, ука́за)*

prone [prəʊn] *a* 1) распростёртый, лежа́щий ничко́м 2) *predic* скло́нный; **he's ~ to colds** он скло́нен к просту́дам

prong I [prɒŋ] *n* 1) зуб(е́ц) *(вил)* 2) эта́п, ста́дия како́го-л. пла́на

prong II *v* 1) протыка́ть (ви́лами) 2) перевора́чивать, поднима́ть ви́лами

pronominal [prəˈnɒmɪnl] *a грам.* местоиме́нный

pronoun [ˈprəʊnaʊn] *n грам.* местоиме́ние

pronounce [prəˈnaʊns] *v* 1) произноси́ть, выгова́ривать 2) официа́льно заявля́ть, объявля́ть 3) выска́зываться 4) объявля́ть (пригово́р); **to ~ a sentence on smb** объяви́ть пригово́р кому́-л.

pronounceable [prəˈnaʊnsəbl] *a* произноси́мый

pronounced [prəˈnaʊnst] *a* 1) произнесённый 2) ре́зко вы́раженный; я́вный

pronouncement [prəˈnaʊnsmənt] *n* 1) объявле́ние реше́ния *или* пригово́ра 2) официа́льное заявле́ние

pronto [ˈprɒntəʊ] *adv разг.* бы́стро, неме́дленно

pronunciation [prəˌnʌnsɪˈeɪʃ(ə)n] *n* произноше́ние; вы́говор

proof I [pruːf] *n* 1) доказа́тельство 2) испыта́ние, про́ба; прове́рка; **to put a theory to the ~** подве́ргнуть тео́рию прове́рке 3) кре́пость *(спи́рта)* 4) *полигр.* корректу́ра; **galley ~s** *уст.* гра́нки; **page ~s** вёрстка; **to read smth in ~s** чита́ть корректу́ру 5) контро́льный о́ттиск, про́бный отпеча́ток ◊ **the ~ of the pudding is in the eating** *посл.* всё проверя́ется пра́ктикой

proof II *a* 1) непроница́емый; непробива́емый; не поддаю́щийся *(чему́-л.)*; **they are ~ against temptation** они́ не поддаю́тся собла́зну 2) защищённый 3) устано́вленной кре́пости *(о спи́рте)*

proofread [ˈpruːfˌriːd] *v* чита́ть корректу́ру

proofreader [ˈpruːfˌriːdə(r)] *n* корре́ктор

proof-sheet [ˈpruːfʃiːt] *n* корректу́рный о́ттиск

prop I [prɒp] *n* 1) подпо́рка, подста́вка 2) опо́ра, подде́ржка 3) *тех.* опо́рная ли́ния *(на чертеже́)*

prop II *v* подпира́ть, подде́рживать *(тж* **to ~ against, to ~ up**)

prop. *сокр.* (**proprietor**) владе́лец, хозя́ин

propaganda [ˌprɒpəˈgændə] *n* пропага́нда

propagandist [ˌprɒpəˈgændɪst] *n* пропаганди́ст

propagate [ˈprɒpəgeɪt] *v* 1) размножа́ться; разводи́ть *(скот, с.-х. культу́ры и т. п.)* 2) распространя́ться 3) передава́ться по насле́дству *(о сво́йствах и т. п.)* 4) *физ.* передава́ть *(звук, свет, тепло́)* на расстоя́ния

propagation [ˌprɒpəˈgeɪʃ(ə)n] *n* 1) размноже́ние; разведе́ние 2) распростране́ние

propel [prə'pel] *v* 1) дви́гать вперёд; приводи́ть в движе́ние 2) стимули́ровать

propeller [prə'pelə(r)] *n* 1) *ав.* возду́шный винт; пропе́ллер 2) *мор.* гребно́й винт

propensity [prə'pensiti] *n* скло́нность, предрасположе́ние *(к чему-л.; to)*

proper ['prɒpə(r)] *a* 1) то́чный, пра́вильный; подходя́щий, надлежа́щий; **with ~ respect** с до́лжным уваже́нием; **in the ~ way** надлежа́щим о́бразом; **at the ~ time** в ну́жное вре́мя; **the ~ clothes** подходя́щая (для слу́чая) оде́жда; **~ fraction** *мат.* пра́вильная дробь 2) прили́чный, присто́йный 3) прису́щий, сво́йственный; **the castle ~ was destroyed long ago** со́бственно за́мок был давно́ разру́шен 4) со́бственный; **a ~ noun** *грам.* и́мя со́бственное 5) *разг.* основа́тельный, настоя́щий; **they had a ~ row about it** они́ устро́или из-за э́того настоя́щий сканда́л

properly ['prɒpəli] *adv* 1) как сле́дует, пра́вильно, до́лжным о́бразом; **to treat smb ~** обраща́ться с кем-л. до́лжным о́бразом 2) со́бственно, стро́го говоря́; **~ speaking** со́бственно говоря́ 3) прили́чно, согла́сно прили́чиям; **to behave ~** вести́ себя́ прили́чно 4) *разг.* здо́рово, хороше́нько

propertied ['prɒpətɪd] *a* иму́щий, име́ющий со́бственность

property ['prɒpəti] *n* 1) со́бственность; **real ~** недви́жимая со́бственность, недви́жимость; **personal ~** ли́чное иму́щество, индивидуа́льная со́бственность; **public ~** обще́ственная со́бственность, обще́ственное достоя́ние; **private ~** ча́стная со́бственность 2) сво́йство, ка́чество, характери́стика 3) *pl театр., кино* реквизи́т 4) *attr:* **~ insurance** страхова́ние иму́щества; **~ tax** нало́г на недви́жимое иму́щество ◊ **it's already common ~** э́то уже́ всем изве́стно

property man ['prɒpətɪmæn] *n* бутафо́р; реквизи́тор *(в театре, на киностудии)*

property room ['prɒpətɪruːm] *n* бутафо́рская, реквизи́торская *(помещение в театре, на киностудии)*

prophecy ['prɒfɪsɪ] *n* проро́чество

prophesy ['prɒfɪsaɪ] *v* проро́чить, предска́зывать

prophet ['prɒfɪt] *n* 1) проро́к; **the Prophets** кни́ги проро́ков Ве́тхого Заве́та 2) предска́затель 3) **(the P.)** *рел.* Магоме́т

prophetic(al) [prə'fetɪk(əl)] *a* проро́ческий

prophylactic I [,prɒfɪ'læktk] *n мед.* 1) профила́ктическое сре́дство; профилакти́ческие ме́ры, профила́ктика 2) *амер.* презервати́в

prophylactic II *a мед.* профилакти́ческий

prophylaxis [,prɒfɪ'læksɪs] *n мед.* профила́ктика, профилакти́ческие ме́ры

propinquity [prə'pɪŋkwɪtɪ] *n* бли́зость, родство́

propitiate [prə'pɪʃɪeɪt] *v* 1) примиря́ть, умиротворя́ть 2) уми́лостивля́ть

propitious [prə'pɪʃəs] *a* 1) благоприя́тный 2) благоскло́нный

propolis ['prɒpəlɪs] *n* пропо́лис

proponent [prə'pəʊnənt] *n* защи́тник, сторо́нник *(теории и т. п.)*

proportion I [prə'pɔːʃ(ə)n] *n* 1) пропо́рция, соотноше́ние; **in ~ to** соразме́рно; **out of ~** несоизмери́мо, несоразме́рно; **don't lose your sense of ~** не теря́йте чу́вства ме́ры 2) *pl* разме́ры; **to be of perfect ~s** быть идеа́льных разме́ров 3) часть, до́ля

proportion II *v* соразмеря́ть *(с чем-л.; to)*

proportional I [prə'pɔːʃənl] *n мат.* член пропо́рции

proportional II *a* пропорциона́льный

proportionate [prə'pɔːʃənət] *a* пропорциона́льный, соразме́рный

proposal [prə'pəʊzəl] *n* предложе́ние; **to make a ~** а) внести́ предложе́ние б) сде́лать предложе́ние *(о браке)*

propose [prə'pəʊz] *v* 1) предлага́ть, вноси́ть предложе́ние 2) предполага́ть, намерева́ться 3) де́лать предложе́ние *(о браке — to)* 4) представля́ть *(кандидата на должность);* **he was ~d as chairman** его́ вы́двинули на пост председа́теля 5) провозглаша́ть тост *(за кого-л., что-л.)*

proposition [,prɒpə'zɪʃ(ə)n] *n* 1) заявле́ние, утвержде́ние 2) предложе́ние 3) *мат.* теоре́ма 4) *разг.* предприя́тие, де́ло 5) *разг.* (оскорби́тельное) предложе́ние сексуа́льного хара́ктера ◊ **he is a tough ~** с ним тру́дно име́ть де́ло

propound [prə'paʊnd] *v* 1) выдвига́ть, ста́вить на обсужде́ние *(план, вопрос)* 2) *юр.* предъявля́ть завеща́ние для утвержде́ния

proprietary I [prə'praɪətərɪ] *n* 1) со́бственник, владе́лец; хозя́ин 2) *собир.* класс со́бственников, владе́льцы 3) пра́во со́бственности 4) патенто́ванное лека́рственное сре́дство

proprietary II *a* 1) со́бственнический; составля́ющий со́бственность, ча́стный; име́ющий отноше́ние к со́бственности 2) патенто́ванный *(о лекарстве)*

proprietor [prə'praɪətə(r)] *n* владе́лец, со́бственник; хозя́ин; **landed ~** землевладе́лец

proprietress [prə'praɪətrɪs] *n* владе́лица; хозя́йка

propriety [prəˈpraɪɪtɪ] *n* 1) присто́йность, прили́чие; **to observe the proprieties** соблюда́ть прили́чия 2) уме́стность

props [prɒps] *n pl театр., кино* бутафо́рия, реквизи́т

propulsion [prəˈpʌlʃ(ə)n] *n* 1) толчо́к; движе́ние вперёд 2) дви́жущая, побужда́ющая си́ла

propulsive [prəˈpʌlsɪv] *a* приводя́щий в движе́ние; побужда́ющий

pro rata [prəʊˈrɑːtə] *adv лат.* пропорциона́льно

prorogation [ˌprɔrəˈgeɪʃ(ə)n] *n* переры́в в рабо́те парла́мента

prorogue [prəˈrəʊg] *v* 1) откла́дывать *(сессию парламента)* 2) отсро́чивать

prosaic [prəˈzeɪɪk] *a* 1) прозаи́ческий 2) прозаи́чный, повседне́вный, ску́чный

proscenium [prəˈsiːnɪəm] *n (pl* **proscenia** [prəʊˈsiːnɪə]) *театр.* авансце́на

proscribe [prəˈskraɪb] *v* 1) изгоня́ть, исключа́ть; высыла́ть 2) объявля́ть вне зако́на 3) запреща́ть

proscription [prəˈskrɪpʃ(ə)n] *n* 1) исключе́ние; изгна́ние 2) объявле́ние вне зако́на 3) запреще́ние 4) *ист.* проскри́пция

prose I [prəʊz] *n* 1) про́за 2) (ску́чная) повседне́вность; **the ~ of existence** про́за жи́зни 3) *attr* прозаи́ческий; **~ works** прозаи́ческие произведе́ния, про́за

prose II *v* 1) говори́ть ну́дно, ску́чно 2) писа́ть про́зой

prosector [prəˈsektə(r)] *n* прозе́ктор

prosecute [ˈprɒsɪkjuːt] *v* 1) пресле́довать суде́бным поря́дком; **he was ~ed for theft** его́ осуди́ли за кра́жу 2) вести́; проводи́ть *(занятия, расследование)*

prosecution [ˌprɒsɪˈkjuːʃ(ə)n] *n* 1) суде́бное пресле́дование 2) **(the ~)** *юр.* обвине́ние *(сторона в судебном процессе)* 3) веде́ние *(занятий, дел, расследования)*

prosecutor [ˈprɒsɪkjuːtə(r)] *n* обвини́тель *(на судебном процессе)*; **public ~** прокуро́р

proselyte [ˈprɒsɪlaɪt] *n* новообращённый, прозели́т

proselytize [ˈprɒsɪlɪtaɪz] *v* обраща́ть в свою́ ве́ру

prosit [ˈprəʊsɪt] *int* за Ва́ше здоро́вье!

prosody [ˈprɒsədɪ] *n* просо́дия

prospect I [ˈprɒspekt] *n* 1) перспекти́ва; *обыкн. pl* пла́ны, ви́ды, наде́жды на бу́дущее; **cheerful/gloomy ~s** блестя́щие/мра́чные перспекти́вы; **what are his ~s?** каковы́ его́ перспекти́вы?, что его́ ждёт?; **to have no ~s** не име́ть никаки́х перспекти́в; **in ~** в перспекти́ве, в бу́дущем 2) открыва́ющийся вид *(на местность, город и т. п.)*; пано-

ра́ма 3) потенциа́льный клие́нт 4) *геол., горн.* разве́дка, изыска́ние

prospect II [prəˈspekt] *v* иссле́довать, де́лать изыска́ния; **to ~ for gold** иска́ть зо́лото; **to ~ well/ill** быть перспекти́вным/неперспекти́вным *(о месторождении)*

prospective [prəˈspektɪv] *a* бу́дущий, ожида́емый, предполага́емый; **a ~ customer** возмо́жный покупа́тель, потенциа́льный клие́нт; **~ increase/offer** возмо́жный приро́ст/ожида́емое предложе́ние

prospector [prəˈspektə(r)] *n геол., горн.* разве́дчик, изыска́тель; стара́тель

prospectus [prəˈspektəs] *n* проспе́кт *(книги, издания, учебного заведения, торговой компании и т. п.)*

prosper [ˈprɒspə(r)] *v* преуспева́ть, процвета́ть; де́лать успе́хи; **his business is ~ing** его́ де́ло процвета́ет

prosperity [prɒˈsperɪtɪ] *n* процвета́ние, благоде́нствие; благосостоя́ние

prosperous [ˈprɒspərəs] *a* 1) цвету́щий, процвета́ющий 2) успе́шный 3) зажи́точный, состоя́тельный 4) благоприя́тный, попу́тный *(о ветре)*

prostate [ˈprɒsteɪt] *n анат.* предста́тельная железа́, проста́та *(тж ~* **gland)**

prosthesis [ˈprɒsθɪsɪs] *n* 1) проте́з 2) *лингв.* проте́за

prostitute I [ˈprɒstɪtjuːt] *n* 1) проститу́тка 2) прода́жный челове́к

prostitute II *v* 1) занима́ться проститу́цией 2) проститу́ировать, изменя́ть свои́м убежде́ниям

prostitution [ˌprɒstɪˈtjuːʃ(ə)n] *n* 1) проститу́ция 2) проститу́ирование

prostrate I [ˈprɒstreɪt] *a* 1) лежа́щий ничко́м 2) распростёртый, пове́рженный 3) обесси́левший, в простра́ции

prostrate II [prɒˈstreɪt] *v* 1) поверга́ть ниц; **to ~ oneself** а) па́дать ниц *(before, at)* б) унижа́ться 2) истоща́ть, изнуря́ть

prostration [prɒˈstreɪʃ(ə)n] *n* 1) пове́рженное состоя́ние 2) истоще́ние; упа́док сил, простра́ция

prosy [ˈprəʊzɪ] *a* прозаи́ческий, ску́чный, утоми́тельный

protagonist [prəʊˈtægənɪst] *n* 1) гла́вный геро́й, гла́вное де́йствующее лицо́ 2) актёр, игра́ющий гла́вную роль; гла́вный исполни́тель 3) побо́рник *(of, for)*

protasis [ˈprɒtəsɪs] *n (pl* **protases** [ˈprɒtəsiːz]) *грам.* про́тазис

protect [prəˈtekt] *v* 1) защища́ть *(от — from; против — against)*; охраня́ть; предохраня́ть 2) *эк.* проводи́ть поли́тику протекциони́зма

protection [prəˈtekʃ(ə)n] *n* 1) защи́та, охра́на; предохране́ние; **labour** ~ охра́на труда́ 2) покрови́тельство 3) *см.* **protectionism** 4) *attr:* ~ **money** отступны́е; де́ньги, вымога́емые кримина́льными элеме́нтами за предоставле́ние «кры́ши»; ~ **racket** рэ́кет, вымога́тельство де́нег престу́пными группиро́вками за предоставле́ние «кры́ши»

protectionism [prəˈtekʃənɪz(ə)m] *n эк.* протекциони́зм

protective [prəˈtektɪv] *a* 1) защи́тный, охра́нный; предохрани́тельный 2) покрови́тельственный, защити́тельный; ~ **tariffs** *эк.* покрови́тельственные тари́фы; **to feel ~ towards smb** испы́тывать жела́ние защити́ть кого́-л.; ~ **custody** систе́ма защи́ты свиде́телей *(от ме́сти престу́пников; предусма́тривает сме́ну ме́ста жи́тельства, рабо́ты, докуме́нтов и т. д.)*

protector [prəˈtektə(r)] *n* 1) защи́тник 2) покрови́тель, храни́тель 3) *ист.* ре́гент; **(Lord) P.** протéктор *(ти́тул Кро́мвеля)* 4) *тех.* предохрани́тель; протéктор

protectorate [prəˈtektərət] *n* протектора́т

protégé [ˈprɒtɪdʒeɪ] *n* протеже́

protein [ˈprəʊtiːn] *n биол.* протеи́н, бело́к

pro tem [prəʊ ˈtem] *adv лат. разг.* пока́, на да́нный моме́нт *(по́лная фо́рма* **pro tempore**)

protest I [ˈprəʊtest] *n* 1) проте́ст; **to make/to lodge a** ~ заявля́ть проте́ст, протестова́ть 2) опротестова́ние *(ве́кселя)* ◊ **under** ~ про́тив во́ли; наси́льно

protest II [prəˈtest] *v* 1) протестова́ть, возража́ть 2) опротесто́вывать *(ве́ксель)* 3) торже́ственно заявля́ть, заверя́ть; **I** ~ я заверя́ю вас

Protestant [ˈprɒtɪstənt] *n рел.* 1) протеста́нт 2) *attr* протеста́нтский

Protestantism [ˈprɒtɪstəntɪz(ə)m] *n рел.* протеста́нтство

protestation [ˌprɒtɪˈsteɪʃ(ə)n] *n* 1) торже́ственное завере́ние, заявле́ние; **~s of friendship** завере́ния в дру́жбе 2) проте́ст, возраже́ние

protocol I [ˈprəʊtəkɒl] *n* 1) протоко́л 2) пра́вила дипломати́ческого этике́та, дипломати́ческий протоко́л 3) *дип.* прелимина́рный догово́р, соглаше́ние 4) дополни́тельное междунаро́дное соглаше́ние, протоко́л 5) *вчт* протоко́л, спо́соб обме́на информа́цией ме́жду компью́терами *или* систе́мами

protocol II *v* протоколи́ровать, вести́ протоко́л

proton [ˈprəʊtɒn] *n физ.* прото́н

prototype [ˈprəʊtətaɪp] *n* 1) прототи́п, прообраз 2) о́пытный образе́ц, маке́т, моде́ль 3) этало́н

protract [prəˈtrækt] *v* 1) ме́длить; тяну́ть, затя́гивать; ме́длить 2) черти́ть *(план)*

protracted [prəˈtræktɪd] *a* затяну́вшийся; затяжно́й; **a ~ argument** затяну́вшийся спор

protractile [prəˈtræktaɪl] *a* спосо́бный вытя́гиваться, выдвига́ться

protraction [prəˈtrækʃ(ə)n] *n* 1) затя́гивание, проволо́чка, промедле́ние 2) нанесе́ние на план; вычерчивание 3) де́йствие разгиба́тельной мы́шцы

protractor [prəˈtræktə(r)] *n* 1) *тех.* транспорти́р, угломе́р 2) *анат.* разгиба́тельная мы́шца, протра́ктор

protrude [prəˈtruːd] *v* 1) выступа́ть, выдава́ться, торча́ть; **his eyes** ~ у него́ глаза́ навы́кате 2) высо́вывать

protruding [prəˈtruːdɪŋ] *a* выдаю́щийся, выступа́ющий вперёд, торча́щий

protrusion [prəˈtruːʒ(ə)n] *n* 1) вы́ступ 2) выпя́чивание

protrusive [prəˈtruːsɪv] *a* выступа́ющий, торча́щий; выдаю́щийся вперёд

protuberance [prəˈtjuːbərəns] *n* 1) вы́пуклость; бугоро́к 2) *мед.* о́пухоль 3) *астр.* протубера́нец

protuberant [prəˈtjuːbərənt] *a* вы́пуклый, вы́пяченный, выдаю́щийся вперёд

proud [praʊd] *a* 1) го́рдый; **to be ~ of** горди́ться *(чем-л., кем-л.)* 2) спеси́вый, надме́нный, высокоме́рный 3) дово́льный; **as ~ as a peacock** ва́жный, го́рдый как павли́н; 4) торже́ственный; **a ~ day for us** настоя́щий пра́здник для нас 5) внуши́тельный, велича́вый; великоле́пный *(о веща́х)* ◊ **to do** ~ *разг.* расще́дриться *(ра́ди кого́-л.),* осы́пать ми́лостями *(кого́-л.)*

proud-hearted [ˌpraʊdˈhɑːtɪd] *a* надме́нный, зано́счивый

proudly [ˈpraʊdlɪ] *adv* го́рдо, с го́рдостью

prove [pruːv] *v* 1) дока́зывать 2) удостоверя́ть 3) *с после́дующим Inf смыслово́го глаго́ла* оказа́ться, ока́зываться; **the report ~d to be untrue** отчёт оказа́лся лжи́вым 4) *мат.* проверя́ть *(реше́ние)* 5) *юр.* утвержда́ть завеща́ние

provenance [ˈprɒvɪnəns] *n* 1) происхожде́ние, исто́чник; **its ~ is doubtful** сомни́тельного происхожде́ния 2) *иск.* провена́нс

provender [ˈprɒvɪndə(r)] *n* 1) корм *(для скота́)* 2) *шутл.* еда́

provenience [prəˈviːnɪəns] *амер. см.* **provenance**

proverb [ˈprɒvɜːb] *n* посло́вица; погово́рка

proverbial [prəˈvɜːbɪəl] *a* воше́дший в посло́вицу; широко́ изве́стный; легенда́рный

provide [prəˈvaɪd] *v* 1) обеспе́чивать, снабжа́ть; доставля́ть; **to ~ with money** обеспе́-

чить/снабди́ть деньга́ми 2) предусма́тривать; принима́ть ме́ры *(for)* 3) загота́вливать

provided [prə'vaɪdɪd] *conj* при усло́вии; лишь бы; е́сли то́лько; ~ **that** при усло́вии, что; в том слу́чае, е́сли

providence ['prɒvɪdəns] *n* 1) **(P.)** провиде́ние 2) предусмотри́тельность; бережли́вость

provident ['prɒvɪdənt] *a* 1) предусмотри́тельный; осторо́жный 2) бережли́вый, расчётливый

providential [,prɒvɪ'denʃəl] *a* 1) предопределённый 2) счастли́вый, успе́шный; **a ~ escape** счастли́вое избавле́ние

provider [prə'vaɪdə(r)] *n* 1) поставщи́к 2) корми́лец (семьи́) 3) *вчт* прова́йдер *(поставщик Интернет-услуг; тж* **Internet service** *~)*

providing [prə'vaɪdɪŋ] *conj* при усло́вии, учи́тывая

province ['prɒvɪns] *n* 1) о́бласть, прови́нция 2) *pl* удалённая от це́нтра ме́стность, перифери́я, прови́нция 3) сфе́ра де́ятельности, о́бласть зна́ний; компете́нция; **that's outside my ~** э́то не в мое́й компете́нции 4) *церк.* митропо́лия, архиепископи́я

provincial I [prə'vɪnʃəl] *n* провинциа́л

provincial II *a* провинциа́льный

provincialism [prə'vɪnʃəlɪz(ə)m] *n* провинциали́зм

provinciality [prə,vɪnʃɪ'ælɪtɪ] *n* провинциа́льность

proving ground ['pru:vɪŋ,graʊnd] *n* воен., тех.* полиго́н

provision I [prə'vɪʒ(ə)n] *n* 1) заготовле́ние, заготовка 2) снабже́ние, обеспе́чение; **the ~ of housing** предоставле́ние жилья́; **to make ~s for one's future** обеспе́чивать своё бу́дущее 3) *pl* съестны́е припа́сы, запа́сы проду́ктов, провиа́нт 4) *юр.* положе́ние *(договора и т. п.);* **the ~s of the agreement** положе́ния/усло́вия договора 5) ме́ра предосторо́жности *(против — against);* **the law has made ~ for that** э́то предусмо́трено зако́ном

provision II *v* снабжа́ть продово́льствием

provisional [prə'vɪʒənl] *a* 1) вре́менный; ~ **government** вре́менное прави́тельство; ~ **licence** вре́менное води́тельское удостовере́ние 2) предвари́тельный 3) **(P.)** относя́щийся к экстреми́стскому крылу́ Ирла́ндской республика́нской а́рмии; **the P. IRA** экстреми́стское крыло́ Ирла́ндской республика́нской а́рмии *(тж* **the Provos)**

proviso [prə'vaɪzəʊ] *n* огово́рка, усло́вие *(в документе)*

provisory [prə'vaɪzərɪ] *a* 1) вре́менный 2) усло́вный

Provo ['prəʊvəʊ] *n* член экстреми́стского крыла́ Ирла́ндской республика́нской а́рмии

provocation [,prɒvə'keɪʃ(ə)n] *n* 1) подстрека́тельство; провока́ция 2) раздраже́ние

provocative I [prə'vɒkətɪv] *n* 1) возбужда́ющее сре́дство 2) возбуди́тель, раздражи́тель

provocative II *a* 1) возбужда́ющий, провоци́рующий, стимули́рующий *(интерес, любопытство);* соблазня́ющий; ~ **dress** откровенный/вызыва́ющий наря́д 2) раздража́ющий

provoke [prə'vəʊk] *v* 1) вызыва́ть, возбужда́ть; побужда́ть 2) провоци́ровать 3) раздража́ть, серди́ть, злить; **don't ~ the dog** не зли́те соба́ку

provoking [prə'vəʊkɪŋ] *a* доса́дный, неприя́тный

provost ['prɒvəst] *n* 1) глава́ *(колледжа)* 2) *шотл.* мэр го́рода 3): ~ **marshal** нача́льник вое́нной поли́ции

prow [praʊ] *n* 1) нос *(корабля, самолёта)* 2) *поэт.* кора́бль

prowess ['praʊɪs] *n* 1) мастерство́, иску́сность 2) до́блесть, у́даль

prowl I [praʊl] *v* 1) кра́сться *(к добыче)*; ры́скать *(в поисках добычи)*

prowl II *n:* **on the ~** в по́исках сомни́тельных приключе́ний

proximate ['prɒksɪmət] *a* ближа́йший, непосре́дственный

proximity [prɒk'sɪmɪtɪ] *n* бли́зость; ~ **of blood** кро́вное родство́

proximo ['prɒksɪməʊ] *adv ком.* сле́дующего ме́сяца; **on the 3rd ~** тре́тьего числа́ сле́дующего ме́сяца

proxy ['prɒksɪ] *n* 1) полномо́чие, дове́ренность 2) переда́ча го́лоса, полномо́чий; дове́ренность *(на право голосования и т. п.);* **to vote by ~** голосова́ть по дове́ренности 3) замести́тель; уполномо́ченный; **to stand ~ for smb** быть чьим-л. уполномо́ченным 4) *вчт* мо́дуль-посре́дник, се́рвер-посре́дник, *проф.* про́кси-се́рвер

prude [pru:d] *n* 1) скро́мница, не в ме́ру стыдли́вая же́нщина 2) ханжа́

prudence ['pru:dəns] *n* 1) осторо́жность, осмотри́тельность 2) благоразу́мие, рассуди́тельность

prudent ['pru:dənt] *a* 1) осторо́жный, осмотри́тельный 2) благоразу́мный, рассуди́тельный

prudery ['pru:dərɪ] *n* притво́рная, изли́шняя стыдли́вость

prudish [ˈpruːdɪʃ] *a* 1) чересчу́р щепети́льный, стыдли́вый 2) ха́нжеский

prune I [pruːn] *n* 1) черносли́в 2) *разг.* ту́пица, приду́рок

prune II *v* 1) обреза́ть, подстрига́ть *(деревья и т. п. — off, away)* 2) сокраща́ть *(расходы);* **to ~ costs** уре́зать расхо́ды 3) упроща́ть, убира́ть ли́шнее *(of)*

prurient [ˈprʊərɪənt] *a* похотли́вый

Prussian I [ˈprʌʃən] *n ист.* прусса́к

Prussian II *a ист.* пру́сский

prussic [ˈprʌsɪk] *a:* **~ acid** сини́льная кислота́

pry[1] [praɪ] *v* 1) вме́шиваться, сова́ть нос *(в чужие дела — into);* допы́тываться 2) смотре́ть с любопы́тством; подгля́дывать, подсма́тривать *(тж* **to ~ about, to ~ into)**

pry[2] *v амер.* поднима́ть *или* вскрыва́ть при по́мощи рычага́

prying [ˈpraɪɪŋ] *a* 1) пытли́вый 2) назо́йливо любопы́тный

PS, ps *сокр.* **(postscript)** постскри́птум

psalm [sɑːm] *n* псало́м

psalmist [ˈsɑːmɪst] *n* а́втор псалмо́в; псалмопе́вец

psalter [ˈsɔːltə(r)] *n* псалты́рь

pseud [sjuːd] *n разг.* позёр; притво́рщик

pseudo [ˈsjuːdəʊ] *a* фальши́вый, притво́рный; подде́льный

pseudo- [ˈsjuːdəʊ-] *pref* ложно-, псевдо-

pseudonym [ˈsjuːdənɪm] *n* псевдони́м

pshaw [pʃɔː] *int* фу!, тьфу!

psoriasis [səˈraɪəsɪs] *n мед.* псориа́з

PST *сокр.* **(Pacific Standard Time)** *амер.* тихоокеа́нское станда́ртное вре́мя

psych [saɪk] *v разг.* 1) подгото́вить психологи́чески *(к чему-л. неприятному)* 2) подверга́ть психоана́лизу *(out)* 3) запу́гивать *(out)*

psyche [ˈsaɪkɪ] *n* 1) душа́; дух 2) пси́хика

psychedelic [ˌsaɪkɪˈdelɪk] *a* психодели́ческий, галлюциноге́нный

psychiatric(al) [ˌsaɪkɪˈætrɪk(əl)] *a* психиатри́ческий; **~ hospital** психиатри́ческая больни́ца

psychiatrist [saɪˈkaɪətrɪst] *n* психиа́тр

psychiatry [saɪˈkaɪətrɪ] *n* психиатри́я

psychic [ˈsaɪkɪk] *a* яснови́дящий; телепати́ческий; **~ phenomena** сверхъесте́ственные явле́ния

psycho [ˈsaɪkəʊ] *n разг.* психопа́т, ненорма́льный

psychoanalysis [ˌsaɪkəʊəˈnælɪsɪs] *n* психоана́лиз

psychoanalyst [ˌsaɪkəʊˈænəlɪst] *n* психоанали́тик, специали́ст по психоана́лизу

psychological [ˌsaɪkəˈlɒdʒɪkəl] *a* психологи́ческий; **~ warfare** психологи́ческая война́

psychologist [saɪˈkɒlədʒɪst] *n* психо́лог

psychology [saɪˈkɒlədʒɪ] *n* психоло́гия

psychopath [ˈsaɪkəʊpæθ] *n* психопа́т

psychotherapist [ˌsaɪkəʊˈθerəpɪst] *n* психотерапе́вт

PT *сокр.* **(physical training)** физи́ческая подгото́вка; физи́ческая культу́ра, физкульту́ра

pt. *сокр.* 1) **(part)** часть 2) **(pint)** пи́нта 3) **(point)** то́чка

ptarmigan [ˈtɑːmɪɡən] *n* бе́лая куропа́тка; **rock ~** го́рная куропа́тка

Pte. *сокр.* **(private)** рядово́й, солда́т

pterodactyl [ˌterəˈdæktɪl] *n* птерода́ктиль

PTO *сокр.* **(please turn over)** пожа́луйста, переверни́те страни́цу

Ptolemaic [ˌtɒlɪˈmeɪɪk] *a* птолеме́ев

ptomain [ˈtəʊmeɪn] *n* птома́ин, тру́пный яд

pub [pʌb] *n разг.* паб, пивна́я, кабачо́к

puberty [ˈpjuːbətɪ] *n* полова́я зре́лость

pubic [ˈpjuːbɪk] *a анат.* лобко́вый

pubis [ˈpjuːbɪs] *n анат.* лобко́вая кость

public I [ˈpʌblɪk] *n* 1) пу́блика; обще́ственность; наро́д; **the general ~** широ́кая пу́блика; **in ~** откры́то, публи́чно 2) *разг.* паб, пивна́я, кабачо́к

public II *a* 1) (обще)наро́дный; **~ holiday** национа́льный/госуда́рственный пра́здник *(тж* **bank holiday)** 2) обще́ственный; **~ peace** обще́ственный поря́док 3) госуда́рственный; **~ servants** госуда́рственные слу́жащие 4) коммуна́льный; **~ service** коммуна́льные услу́ги 5) публи́чный, откры́тый, общедосту́пный; **~ figure** обще́ственный де́ятель; публи́чная ли́чность; **~ library** публи́чная библиоте́ка; **~ opinion** обще́ственное мне́ние; **~ transport** обще́ственный тра́нспорт *(амер.* **~ transportation)** 6) откры́тый, гла́сный; **~ debate** откры́тая диску́ссия; **to make smth ~** оглаша́ть/опублико́вывать что-л.

public-address system [ˌpʌblɪk əˈdres ˌsɪstəm] *n* систе́ма громкоговоря́щей свя́зи *(тж* **PA system)**

publican [ˈpʌblɪkən] *n* 1) владе́лец па́ба 2) *австрал.* хозя́ин гости́ницы 3) откупщи́к *(в Дре́внем Ри́ме)*

publication [ˌpʌblɪˈkeɪʃ(ə)n] *n* опубликова́ние; публика́ция; изда́ние *(книги, журнала, газеты)*

publicist [ˈpʌblɪsɪst] *n* 1) рекла́мный аге́нт; аге́нт по свя́зям с обще́ственностью 2) публици́ст; корреспонде́нт газе́ты *(тж* **publicity agent)**

publicity [pʌbˈlɪsɪtɪ] *n* 1) рекла́ма 2) гла́сность; **to give ~ to smth** предава́ть что-л. гла́сности; **to aviod ~** избега́ть гла́сности

publicize [ˈpʌblɪsaɪz] *v* 1) реклами́ровать 2) публикова́ть, де́лать изве́стным; оповеща́ть, извеща́ть

publicly [ˈpʌblɪklɪ] *adv* публи́чно, откры́то

public relations [ˈpʌblɪk rɪˈleɪʃ(ə)nz] *n pl* свя́зи с обще́ственностью *(де́ятельность, осуществля́емая компа́нией, организа́цией, изве́стной ли́чностью и т. п. на профессиона́льном у́ровне с испо́льзованием СМИ, рекла́мы), разг.* пиа́р *(тж* **PR***)*

publish [ˈpʌblɪʃ] *v* 1) печа́таться *(об а́вторе)* 2) издава́ть, опублико́вывать

publisher [ˈpʌblɪʃə(r)] *n* 1) изда́тель 2) *амер.* владе́лец газе́ты

publishing [ˈpʌblɪʃɪŋ] *n* 1) изда́тельское де́ло 2) *attr:* ~ **firm**, ~ **house** изда́тельство

puce [pjuːs] *a* краснова́то-кори́чневый

puck[1] [pʌk] *n спорт.* ша́йба

puck[2] *n* 1) эльф, дух-прока́зник 2) (ребёнок-) озорни́к

pucker I [ˈpʌkə(r)] *n* морщи́на, скла́дка

pucker II *v* мо́рщить(ся); де́лать скла́дки

puckish [ˈpʌkɪʃ] *a* прока́зливый, шаловли́вый, озорно́й

pud [pʊd] *разг. см.* **pudding**

pudding [ˈpʊdɪŋ] *n* 1) пу́динг; **hasty** ~ заварно́й пу́динг; **plum** ~ *уст.* плам-пу́динг, пу́динг с изю́мом *(традицио́нное рожде́ственское блю́до; тж* **Christmas pudding***)* 2) десе́рт; сла́дкое; **what's for** ~? что у нас на десе́рт? 3) блю́до из те́ста и мя́са; **Yorkshire** ~ йоркши́рский пу́динг *(запечённое в те́сте мя́со)*

pudding basin [ˌpʊdɪŋˈbeɪsɪn] *n* 1) фо́рма для пу́динга 2) стри́жка «под горшо́к»

puddle I [ˈpʌdl] *n* 1) лу́жа, лу́жица 2) гли́няная обма́зка, обкла́дка

puddle II *v* 1) меси́ть гли́ну; обкла́дывать гли́ной 2) мути́ть во́ду; бара́хтаться в лу́же 3) трамбова́ть 4) *тех.* пудлингова́ть *(желе́зо)*

puddly [ˈpʌdlɪ] *a* покры́тый лу́жами, в лу́жах

pudendum [pjuːˈdendəm] *n (pl* **pudenda** [pjuːˈdendə]) *анат.* нару́жные же́нские половы́е о́рганы

pudgy [ˈpʌdʒɪ] *a разг.* то́лстый, пу́хлый

pueblo [ˈpweblǝʊ] *n* 1) пу́эбло *(селе́ние инде́йцев с пригна́нными друг к дру́гу многоя́русными дома́ми)* 2) жи́тель пу́эбло

puerile [ˈpjʊǝraɪl] *a* ребя́ческий; незре́лый

puerperal [pjuːˈɜːpǝrǝl] *a:* ~ **fever** роди́льная горя́чка

Puerto Rican I [ˌpwɜːtǝʊˈriːkǝn] *n* пуэрторика́нец; **the** ~**s** пуэрторика́нцы

Puerto Rican II *a* пуэрторика́нский

puff I [pʌf] *n* 1) дунове́ние, поры́в *(ве́тра)* 2) дымо́к; струя́, клуб *(ды́ма, па́ра)* 3) сло́йка,

слоёный пирожо́к 4) буф *(на рука́ве)* 5) крикли́вая рекла́ма; чересчу́р восто́рженные о́тзывы *(о кни́ге и т. п.)* 6) пухо́вка 7) *амер.* пухо́вое стёганое одея́ло

puff II *v* 1) дуть коро́ткими поры́вами 2) попы́хивать *(сига́рой)*; выпуска́ть дым *(при куре́нии — away, out)*; **to** ~ **away at a pipe** попы́хивать тру́бкой 3) пыхте́ть, тяжело́ дыша́ть; **to** ~ **and blow** пыхте́ть, задыха́ться; **to be** ~**ed** запыха́ться 4) пуска́ть клубы́ *(ды́ма — away, out, up)* 5) опуха́ть, надува́ться *(тж* **to** ~ **out, to** ~ **up***)*; **to** ~ **up a balloon** наду́ть шар; **her eyes were** ~**ed up** у неё бы́ли опу́хшие глаза́ 6) кичи́ться, хвата́ться 7) чрезме́рно расхва́ливать; назо́йливо реклами́ровать

puff-ball [ˈpʌfbɔːl] *n* дождеви́к *(гриб)*

puffed-up [ˈpʌftˈʌp] *a* кичли́вый, хвастли́вый; ва́жничающий

puff pastry [ˌpʌfˈpeɪstrɪ] *n* слоёное те́сто

puffy [ˈpʌfɪ] *a* 1) одутлова́тый, опу́хший *(о лице́)* 2) пу́хлый, то́лстый 3) поры́вистый *(о ве́тре)* 4) запыха́вшийся

pug[1] [pʌg] *n* мопс *(поро́да соба́к)*

pug[2] *n* мя́тая гли́на *(для изготовле́ния кирпича́, посу́ды и т. п.)*

pug[3] *n разг.* боксёр

pugilism [ˈpjuːdʒɪlɪz(ǝ)m] *n* бокс; кула́чный бой

pugilist [ˈpjuːdʒɪlɪst] *n* боксёр

pugnacious [pʌɡˈneɪʃǝs] *a* драчли́вый

pug-nosed [ˈpʌɡnǝʊzd] *a* с приплю́снутым но́сом

puke [pjuːk] *v сленг* рвать, тошни́ть

pukka [ˈpʌkǝ] *a инд.* 1) настоя́щий, полноце́нный 2) высокока́чественный, первокла́ссный 3) надёжный

pule [pjuːl] *v книжн.* хны́кать; стона́ть

pull I [pʊl] *n* 1) тя́га; си́ла тя́ги; **to give a** ~ **at** дёрнуть 2) *разг.* проте́кция, блат 3) притяга́тельная си́ла 4) глото́к *(спиртно́го)* 5) уси́лие *(для подъёма вверх)* 6) шнуро́к, ру́чка *(звонка́)* 7) гре́бля; **to go for a short** ~ поката́ться на ло́дке

pull II *v* 1) тяну́ть, тащи́ть; вытя́гивать, выдёргивать; дёргать; **to** ~ **a rope** тяну́ть кана́т; **to** ~ **a bell** дёргать шнур звонка́; **to** ~ **the curtains** задёргивать занаве́ски 2) растя́гивать *(мы́шцу и т. п.)* 3) надвига́ть, натя́гивать 4) грести́, идти́ на вёслах 5) поднима́ться в го́ру, соверша́ть подъём 6) останови́ть ло́шадь *(натяну́в во́жжи)* 7) затя́гиваться *(сига́ретой и т. п.)* 8) цеди́ть *(вино́)* из бо́чки 9) *разг.* провора́чивать дели́шки *(обыч. незако́нно)* 10) *спорт.* отбива́ть, посыла́ть мяч *(вле́во; в кри́кете, го́льфе)* ◊

to ~ **a face** состро́ить ро́жу, грима́су; **to ~ smb's leg** моро́чить го́лову кому́-л., подшути́ть над кем-л.; **to ~ the plug on** *разг.* разгроми́ть, победи́ть; **to ~ strings/wires** пусти́ть в ход свя́зи, блат; **to ~ one's weight** вы́полнить свою́ часть рабо́ты; **to ~ oneself together** сде́рживаться, контроли́ровать свои́ эмо́ции *(после стресса)*

pull about гру́бо, бесцеремо́нно обраща́ться *(с кем-л., чем-л.)*

pull aside отзыва́ть *(кого-л.)* в сто́рону (для конфиденциа́льного разгово́ра)

pull by дёргать, тяну́ть за *(что-л.)*

pull down 1) сноси́ть 2) сбива́ть с ног 3) *разг.* выходи́ть *(из депрессии и т. п.)*

pull over 1) подъезжа́ть (к тротуа́ру, к обо́чине) 2) натя́гивать (че́рез го́лову)

pull round 1) поверну́ть в обра́тном направле́нии 2) *разг.* поправля́ться, вылечи́ваться 3) *разг.* спаса́ть *(от краха, разорения)*

pull through 1) протя́гивать, продева́ть че́рез *(что-л.)* 2) *разг.* вы́жить, попра́виться, опра́виться 3) *разг.* спаса́ть *(от краха, разорения)*

pull up 1) выта́скивать, выдёргивать; поднима́ть 2) продвига́ться, приближа́ться 3) остана́вливать, сде́рживать (ло́шадь) 4) *разг.* руга́ть, упрека́ть 5) *разг.* исправля́ть, улучша́ть, соверше́нствовать 6) настига́ть, догоня́ть

pull-down menu [‚puldaun'menju:] *n* вчт спуска́ющееся, ниспада́ющее меню́

pullet ['pulit] *n* молода́я (ку́рица)

pulley ['puli] *n* шкив; блок, во́рот; **driving ~** приводно́й/веду́щий шкив

Pullman ['pulmən] *n* 1) пульма́новский спа́льный ваго́н 2) по́езд, состоя́щий из спа́льных ваго́нов

pullover ['pul‚əuvu(r)] *n* пуло́вер, сви́тер

pulmonary ['pʌlmənəri] *a анат.* лёгочный

pulp I [pʌlp] *n* 1) мя́коть *(плода)*; **to reduce to ~** преврати́ть в мя́гкую ма́ссу 2) бума́жная, древе́сная ма́сса *(тж* **wood ~**) 3) пу́льпа *(зуба)* 4) *attr* плохо́го ка́чества; из макулату́ры

pulp II *v* превраща́ть(ся) в мя́гкую ма́ссу

pulpit ['pulpit] *n* 1) ка́федра *(проповедника)* 2) **(the ~)** *pl собир.* проповедники

pulpwood ['pʌlpwud] *n тех.* бала́нсовая древеси́на, бала́нсы *(для изготовления бумаги)*

pulpy ['pʌlpi] *a* мя́гкий, мяси́стый

pulsar ['pʌlsɑ:(r)] *n астр.* пульса́р

pulsate [pʌl'seit] *v* пульси́ровать, би́ться

pulse¹ I [pʌls] *n* 1) пульс; **to feel smb's ~** щу́пать пульс у кого́-л.; **to take smb's ~** счи-

та́ть пульс у кого́-л. 2) бие́ние *(сердца, жизни);* вибра́ция 3) *муз.* бит; ритм 4) ритм уда́ров *(вёсел и т. п.)* 5) настрое́ние; **to stir one's ~s** поднима́ть настрое́ние

pulse¹ II *v* пульси́ровать; би́ться *(о сердце и т. п.)*

pulse² *n* бобо́вые; бобы́

pulverize ['pʌlvəraiz] *v* 1) растира́ть, размельча́ть, превраща́ть в порошо́к 2) распыля́ть, рассыпа́ть 3) разбива́ть на́голову, по́лностью сокруши́ть

pulverizer ['pʌlvəraizə(r)] *n* распыли́тель, пульвериза́тор

puma ['pju:mə] *n зоол.* пу́ма

pumice I ['pʌmis] *n* пе́мза *(тж* **~ stone**)

pumice II *v* тере́ть, чи́стить пе́мзой

pummel ['pʌml] *v* бить кулака́ми, колоти́ть

pump¹ I [pʌmp] *n* насо́с; **air ~** возду́шный насо́с; **petrol ~** бензонасо́с; бензоколо́нка ◊ **all hands to the ~** навали́сь!/дружне́е! *(призыв к слаженной трудной работе)*

pump¹ II *v* 1) кача́ть насо́сом; **to ~ dry** выка́чать до́суха 2) наполня́ть во́здухом *(лёгкие и т. п.)*; нагнета́ть во́здух 3) выспра́шивать, выве́дывать, выу́живать све́дения *(у кого-л.; out of)*

pump out выка́чивать

pump up нака́чивать *(воду)*

pump² *n* (лакиро́ванная) ба́льная ту́фля; ту́фля-ло́дочка

pump iron ['pʌmpaiən] *n разг.* упражне́ния с ганте́лями, шта́нгой и т. п.

pumpkin ['pʌmpkin] *n* ты́ква

pump room ['pʌmprum] *n* 1) насо́сное отделе́ние 2) буве́т *(на курорте с минера́льными во́дами)*

pun [pʌn] *n* игра́ слов; каламбу́р

Punch [pʌntʃ] *n* Панч, Петру́шка; **~ and Judy** Панч и Джу́ди *(действующие лица кукольной комедии)*; **as pleased as ~** о́чень дово́льный

punch¹ I [pʌntʃ] *n* 1) уда́р кулако́м 2) *разг.* си́ла, эне́ргия; **he lacks ~** ему́ не хвата́ет эне́ргии

punch¹ II *v* ударя́ть кулако́м

punch² *n* пунш

punch³ I *n* компо́стер; пробо́йник

punch³ II *v* компости́ровать, пробива́ть отве́рстия

punchball ['pʌntʃbɔ:l] *n спорт.* подвесна́я боксёрская гру́ша *(тж* **punch(ing) bag**)

punchy ['pʌntʃi] *a* по́лный эне́ргии, си́льный, энерги́чный, напо́ристый

punctilious [pʌŋk'tiliəs] *a* педанти́чный, щепети́льный

punctual ['pʌŋktjuəl] *a* пунктуа́льный, то́чный

punctuality [ˌpʌŋktjʊˈælɪtɪ] *n* пунктуа́льность, то́чность

punctuate [ˈpʌŋktjʊeɪt] *v* 1) ста́вить, расставля́ть зна́ки препина́ния 2) прерыва́ть, перемежа́ть

punctuation [ˌpʌŋktjʊˈeɪʃ(ə)n] *n* 1) пунктуа́ция 2) *attr:* ~ **mark** знак препина́ния

puncture I [ˈpʌŋktʃə(r)] *n* 1) проко́л *(шины и т. п.)* 2) *мед.* пу́нкция 3) пробо́й *(изоляции)*

puncture II *v* 1) прока́лывать *(шину и т. п.)*; пробива́ть *(отверстие)* 2) име́ть проко́л *(о шине)*; **my tyre has ~d** у меня́ проко́л ши́ны

pundit [ˈpʌndɪt] *n* 1) учёный инду́с, па́ндит 2) *шутл.* знато́к; учёный муж

pungency [ˈpʌndʒənsɪ] *n* е́дкость, острота́

pungent [ˈpʌndʒənt] *a* е́дкий, о́стрый

Punic [ˈpjuːnɪk] *a ист.* пуни́ческий; относя́щийся к Карфаге́ну

punish [ˈpʌnɪʃ] *v* 1) нака́зывать 2) налага́ть взыска́ние 3) *разг.* бить 4) зада́ть пе́рцу; жесто́ко обраща́ться

punishable [ˈpʌnɪʃəbl] *a* заслу́живающий наказа́ния

punishment [ˈpʌnɪʃmənt] *n* наказа́ние; **corporal** ~ теле́сное наказа́ние

punitive [ˈpjuːnɪtɪv] *a* кара́тельный

punk I [pʌŋk] *n* 1) ничто́жное существо́; никчёмная вещь, хлам, дрянь 2) бессмы́слица, вздор 3) *муз.* стиль «панк» *(тж* ~ **rock)** 4) панк *(тж* ~ **rocker)** 5) *амер.* хулига́н 6) *амер.* новичо́к, «сала́га»

punk II *a* 1) ничто́жный, нену́жный; дрянно́й 2) относя́щийся к па́нкам и панк-ро́ку

punster [ˈpʌnstə(r)] *n* остря́к

punt[1] **I** [pʌnt] *n* плоскодо́нная ло́дка, плоскодо́нка

punt[1] **II** *v* плыть на плоскодо́нке *(отта́лкиваясь шестом)*

punt[2] **I** *n спорт.* выбива́ние мяча́ из рук *(в регби)*

punt[2] **II** *v спорт.* вы́бить мяч из рук

punter [ˈpʌntə(r)] *n* 1) игро́к *(профессиона́льный)* 2) *разг.* клие́нт; зри́тель 3) *сленг* клие́нт *(проститу́тки)*

puny [ˈpjuːnɪ] *a* 1) ма́ленький, малоро́слый 2) хи́лый, тщеду́шный 3) жа́лкий; **our** ~ **efforts** на́ши жа́лкие уси́лия

pup I [pʌp] *n* 1) щено́к 2) детёныш *(волчо́нок, лисёнок, тюленёнок)* 3) самонаде́янный молодо́й челове́к

pup II *v* щени́ться

pupa [ˈpjuːpə] *n (pl* **pupae** [ˈpjuːpiː])* ку́колка *(насеко́мого)*

pupate [pjuːˈpeɪt] *v* оку́кливаться *(о насекомых)*

pupil[1] [ˈpjuːpəl] *n* учени́к, уча́щийся; воспи́танник

pupil[2] *n* зрачо́к

pupil(l)age [ˈpjuːpɪlɪdʒ] *n* 1) учени́чество 2) малоле́тство

pupil(l)ary[1] [ˈpjuːpɪlərɪ] *a* учени́ческий

pupil(l)ary[2] *a* зрачко́вый

puppet [ˈpʌpɪt] *n* 1) ку́кла, марионе́тка; **master of ~s** кукcolor 2) *attr* ку́кольный *(о теа́тре)* 3) *attr* марионе́точный *(о прави́тельстве и т. п.)*

puppeteer [ˌpʌpɪˈtɪə(r)] *n* ку́кольник *(арти́ст и ма́стер)*

puppet-play [ˈpʌpɪtpleɪ] *n* ку́кольный спекта́кль

puppetry [ˈpʌpɪtrɪ] *n* 1) иску́сство ку́кольных спекта́клей 2) притво́рство, лицеме́рие

puppet-show [ˈpʌpɪtʃəʊ] *n* ку́кольный теа́тр

puppy [ˈpʌpɪ] *n* 1) щено́к 2) самонаде́янный юне́ц, молокосо́с

purblind [ˈpɜːblaɪnd] *a* 1) подслепова́тый 2) недальнови́дный, тупо́й, тупова́тый

purchasable [ˈpɜːtʃəsəbl] *a* прода́жный

purchase I [ˈpɜːtʃəs] *n* 1) поку́пка, заку́пка 2) ку́пленная вещь, поку́пка 3) де́йствие рычага́; то́чка опо́ры; упо́р 4) рыча́г; та́ли; во́рот 5) годово́й дохо́д с земли́ 6) *attr:* ~ **price** цена́ поку́пки

purchase II *v* 1) покупа́ть, закупа́ть; приобрета́ть; **purchasing power** *эк.* покупа́тельная спосо́бность 2) *тех.* поднима́ть *(рычаго́м, лебёдкой и т. п.)*

purchaser [ˈpɜːtʃəsə(r)] *n* покупа́тель

pure [pjʊə(r)] *a* 1) чи́стый; беспри́месный; ~ **air** чи́стый во́здух; ~ **gold** чи́стое зо́лото 2) чистокро́вный 3) настоя́щий, чисте́йший; **by** ~ **chance** по чи́стой случа́йности 4) целому́дренный, непоро́чный; безупре́чный 5) просто́й, и́скренний *(о стиле)* 6) я́сный, чи́стый *(о звуке, ноте)* 7) теорети́ческий; отвлечённый 8) *вчт* чи́стый, без побо́чного эффе́кта *(о функции или процедуре)*

purée [ˈpjʊəreɪ] *n* пюре́

purely [ˈpjʊəlɪ] *adv* 1) исключи́тельно, по́лностью, целико́м 2) соверше́нно, вполне́

purgative I [ˈpɜːgətɪv] *n мед.* слаби́тельное

purgative II *a* 1) очища́ющий 2) *мед.* слаби́тельный; очисти́тельный

purgatorial [ˌpɜːgəˈtɔːrɪəl] *a* очисти́тельный, искупи́тельный

purgatory I [ˈpɜːgətərɪ] *n рел.* чисти́лище

purgatory II *a* очисти́тельный

purge I [pɜːdʒ] *n* 1) очище́ние; чи́стка *(тж политическая)* 2) *мед.* слаби́тельное 3) *вчт* стира́ние, уничтоже́ние

purge II *v* 1) очища́ть, прочища́ть, освобожда́ть, избавля́ть *(of, from)* 2) *полит.* проводи́ть чи́стку 3) дава́ть слаби́тельное 4) сла́бить 5) *вчт* стира́ть, уничтожа́ть, чи́стить

purification [ˌpjʊərɪfɪ'keɪʃ(ə)n] *n* очи́стка, очище́ние

purifier ['pjʊərɪfaɪə(r)] *n тех.* очисти́тель

purify ['pjʊərɪfaɪ] *v* очища́ть *(of, from)*

purism ['pjʊərɪzm] *n* пури́зм

purist ['pjʊərɪst] *n* пури́ст

Puritan ['pjʊərɪtən] *n* 1) пурита́нин 2) **(p.)** свято́ша

puritan ['pjʊərɪtən] *a* пурита́нский, стро́гих нра́вов

puritanical [ˌpjʊərɪ'tænɪkəl] *a неодобр.* пурита́нский

Puritanism ['pjʊərɪtənɪzəm] *n* 1) пурита́нство 2) **(p.)** стро́гие нра́вы

purity ['pjʊərɪtɪ] *n* 1) чистота́ 2) неви́нность, непоро́чность 3) про́ба *(драгоценных металлов)*

purl[1] **I** [pɜ:l] *n* 1) вя́зка изна́ночной пе́тлей 2) галу́н, бахрома́, кант

purl[1] **II** *v* вяза́ть изна́ночной пе́тлей

purl[2] **I** *n* журча́ние

purl[2] **II** *v* журча́ть

purler ['pɜ:lə(r)] *n разг.* паде́ние вниз голово́й

purlieu ['pɜ:lju:] *n* 1) *pl* грани́цы, преде́лы 2) *pl* излю́бленные, ча́сто посеща́емые места́ 3) *pl* окра́ины, предме́стье, при́город

purple I ['pɜ:pl] *n* 1) пурпу́рный, тёмно-кра́сный, багро́вый цвет 2) фиоле́товый цвет 3) *церк.* порфи́ра 4) сан кардина́ла

purple II *a* 1) пурпу́рный, тёмно-кра́сный, багро́вый 2) фиоле́товый

purple III *v* багрове́ть

purport I ['pɜ:pɔ:t] *n* 1) о́бщее содержа́ние, смысл 2) *юр.* текст докуме́нта

purport II [pɜ:'pɔ:t] *v* 1) означа́ть, подразумева́ть 2) говори́ть, свиде́тельствовать *(о чём-л.)*

purpose I ['pɜ:pəs] *n* 1) цель, назначе́ние; наме́рение; **for various ~s** для ра́зных це́лей; **to pursue one's ~** добива́ться свое́й це́ли; **to answer/to serve the ~** отвеча́ть це́ли, своему́ назначе́нию; годи́ться; **for that ~** с э́той це́лью; **to the ~** кста́ти, к де́лу; **beside the ~** нецелесообра́зно; **on ~** наро́чно, наме́ренно 2) результа́т; успе́х; **to good ~** с больши́м успе́хом; **to little ~** с ма́лым успе́хом, с ма́лым результа́том; **to some ~** с не́которым успе́хом; **to no ~** безрезульта́тно; напра́сно

purpose II *v* намерева́ться

purposeful ['pɜ:pəsfʊl] *a* 1) целеустремлённый 2) име́ющий наме́рение; преднаме́ренный

purposeless ['pɜ:pəslɪs] *a* 1) бесце́льный 2) бесполе́зный

purposely ['pɜ:pəslɪ] *adv* наро́чно, с це́лью; наме́ренно

purr I [pɜ:(r)] *n* мурлы́канье

purr II *v* мурлы́кать

purse I [pɜ:s] *n* 1) кошелёк 2) *амер.* су́мка; су́мочка 3) де́ньги; (де́нежные) фо́нды; **the public ~** казна́; **to button up one's ~** скупи́ться; **to have a common ~** име́ть о́бщие сре́дства 4) де́нежный приз, пре́мия; **to give/to put up a ~** присужда́ть пре́мию, дава́ть приз

purse II *v:* **to ~ one's lips** поджима́ть гу́бы

purse-strings ['pɜ:sstrɪŋz] *n pl:* **to hold the ~** распоряжа́ться деньга́ми

pursuance [pə'sju:əns] *n* выполне́ние, исполне́ние; **in ~ of** во исполне́ние *(чего-л.)*, согла́сно *(чему-л.);* **in ~ of one's duties** при исполне́нии свои́х обя́занностей

pursuant [pə'sju:ənt] *adv:* **~ to** согла́сно чему́-л.

pursue [pə'sju:] *v* 1) пресле́довать; сле́довать, бежа́ть за кем-л.; гна́ться; **to ~ the thief** пресле́довать во́ра; **to ~ fame** гна́ться за сла́вой 2) пресле́довать цель 3) де́йствовать *(по пла́ну);* сле́довать *(поли́тике)* 4) занима́ться *(иссле́дованиями и т. п.);* име́ть профе́ссию 5) продолжа́ть *(заня́тия, обсужде́ние, пое́здку, путеше́ствие)*

pursuer [pə'sju:ə(r)] *n* 1) пресле́дователь, пресле́дующий 2) *шотл. юр.* исте́ц

pursuit [pə'sju:t] *n* 1) пресле́дование, пого́ня; **in ~ of** в пого́не за, пресле́дуя; в по́исках 2) заня́тие; **daily ~s** повседне́вные заня́тия, дела́; **leisure ~s** заня́тия на досу́ге 3) *спорт.* го́нка пресле́дования

pursy ['pɜ:sɪ] *a* страда́ющий оды́шкой; ту́чный

purulent ['pjuːrʊlənt] *a* гно́йный, гноя́щийся

purvey [pə'veɪ] *v* 1) обеспе́чивать, снабжа́ть *(продуктами, одеждой и т. п.)* 2) загота́вливать

purveyance [pə'veɪəns] *n* загото́вка, обеспече́ние, снабже́ние

purveyor [pə'veɪə(r)] *n* поставщи́к, загото́витель

purview ['pɜ:vju:] *n* 1) сфе́ра (действия зако́на и т. п.) 2) компете́нция 3) круг де́ятельности 4) кругозо́р

pus [pʌs] *n* гной

push I [pʊʃ] *n* 1) толчо́к; **to give a ~** толкну́ть, пихну́ть 2) энерги́чная попы́тка; **to make a ~** из ко́жи лезть 3) *воен.* наступле́ние, продвиже́ние вперёд 4) предприи́мчивость, напо́ристость; **she's got ~** она́ пробивна́я 5) проте́кция, блат ◊ **he's got the ~** его́ вы́гнали с рабо́ты

push II *v* 1) толка́ть; прота́лкивать 2) нажима́ть; **to ~ a button** нажа́ть на кно́пку 3) пробива́ться, проти́скиваться 4) стара́ться вы́двинуться; пробива́ть себе́ доро́гу *(в жизни)* 5) заставля́ть, принужда́ть; понужда́ть *(кого-л. к чему-л. — to)* 6) ускоря́ть, торопи́ть 7) реклами́ровать; продвига́ть на ры́нок *(товары)* 8): **to ~ed for** располага́ть ма́лым коли́чеством *(времени, денег)* ◊ **to ~ one's luck** а) торопи́ть собы́тия б) неопра́вданно рискова́ть

push about *разг.* гру́бо обраща́ться *(с кем-л.)*

push along 1) толка́ть перед собо́й, продвига́ть 2) *разг.* уходи́ть

push around *см.* **push about**

push back 1) отодвига́ть; оттесня́ть, оттáлкивать 2) *воен.* оттесня́ть проти́вника

push down свали́ть, опроки́нуть, смять

push forward 1) наступа́ть, продвига́ться вперёд 2) продолжа́ть реши́тельно дви́гаться вперёд; спеши́ть 3) *разг.* стара́ться вы́двинуться, привле́чь внима́ние

push in 1) с си́лой впи́хивать, засо́вывать 2) пролеза́ть без о́череди

push off 1) ста́лкивать 2) отплыва́ть, отва́ливать 3) *разг.* начина́ть(ся)

push on *разг.* 1) продолжа́ть упо́рно дви́гаться вперёд, продвига́ться; спеши́ть 2) побужда́ть, заставля́ть

push out 1) выгоня́ть, выставля́ть вон 2) *разг.* отплыва́ть, отва́ливать

push over опроки́дывать; вали́ть с ног

push through 1) прота́лкиваться, пробива́ться 2) *разг.* ока́зывать подде́ржку, прота́лкивать

push up 1) толка́ть, подта́лкивать вверх 2) повыша́ть *(цены и т. п.)* 3) *разг.* подта́лкивать сза́ди

push-button [ˈpʊʃˌbʌtn] *n* 1) кно́пка *(звонка, выключа́теля)* 2) *attr* кно́почный *(об управле́нии)*; **~ phone** кно́почный телефо́н

pushcart [ˈpʊʃkɑ:t] *n* ручна́я теле́жка, та́чка

pushchair [ˈpʊʃtʃeə(r)] *n* прогу́лочная (складна́я) де́тская коля́ска

pusher [ˈpʊʃə(r)] *n* 1) *разг.* торго́вец нарко́тиками, наркоторго́вец 2) *разг.* толка́ч, пробивно́й челове́к 3) *тех.* прота́лкивающее устро́йство

pushful [ˈpʊʃfʊl] *a* самоуве́ренный, напо́ристый

pushing [ˈpʊʃɪŋ] *a* энерги́чный, предприи́мчивый; напо́ристый

pushover [ˈpʊʃˌəʊvə(r)] *n разг.* 1) пустяко́вое де́ло 2) слабово́льный челове́к

push technology [ˈpʊʃ tekˈnɒlədʒɪ] *n вчт* техноло́гия принуди́тельной нака́чки информа́ции *(в се́рверы се́ти)*

pushy [ˈpʊʃɪ] *a неодобр.* сли́шком самоуве́ренный; пробивно́й

pusillanimous [ˌpju:sɪˈlænɪməs] *a* ро́бкий, трусли́вый; малоду́шный

puss [pʊs] *n разг.* 1) ки́ска, ко́шечка 2) коке́тливая, игри́вая де́вушка; **sly ~** коке́тка 3) за́яц

pussy [ˈpʊsɪ] *n* 1) ки́ска 2) *сленг груб.* аппети́тная ба́бёнка 3) *сленг груб.* же́нские нару́жные половы́е о́рганы

pussy-cat [ˈpʊsɪkæt] *n* ки́ска, ко́шечка

pussyfoot [ˈpʊsɪfʊt] *v* 1) идти́ мя́гкой, краду́щейся похо́дкой 2) де́йствовать осторо́жно, с огля́дкой

pussy willow [ˈpʊsɪˌwɪləʊ] *n* ве́рба

pustular [ˈpʌstjʊlə(r)] *a* прыща́вый

pustulate [ˈpʌstjʊleɪt] *v* покрыва́ться прыща́ми

put [pʊt] *v (past, p. p.* **put)** 1) класть, положи́ть, (по)ста́вить; **to ~ a book on a table** положи́ть кни́гу на стол; **to ~ money in the bank** положи́ть де́ньги в банк; **have you ~ sugar in my coffee?** ты положи́л мне са́хару в ко́фе?; **to ~ to bed** укла́дывать спать; **to ~ into shape** прида́ть фо́рму 2) помеща́ть; **to ~ to prison** сажа́ть в тюрьму́; **to ~ flowers in water** поста́вить цветы́ в во́ду 3) приводи́ть *(в какое-л. состоя́ние)*; **to ~ in order** приводи́ть в поря́док; **to ~ smb at his ease** дать кому́-л. почу́вствовать себя́ непринуждённо 4) налага́ть *(резолю́цию, ве́то и т. п.)*; вводи́ть *(нало́г)* 5) выража́ть; излага́ть; **to ~ into words** выража́ть слова́ми; **to ~ to music** переложи́ть на му́зыку 6) переводи́ть *(с одного́ языка́ на друго́й — from... into)* 7) назнача́ть, определя́ть *(це́ну и т. п. — at)* 8) вкла́дывать *(де́ньги — into)* 9) ста́вить *(на ло́шадь на ска́чках — on)* 10) применя́ть, испо́льзовать; **~ it to good use** испо́льзуй э́то в благи́х це́лях 11) ста́вить *(на рассмотре́ние — to)* 12) продолжа́ть путь в за́данном направле́нии

put about 1) *мор.* сде́лать поворо́т, лечь на друго́й галс 2) распространя́ть, распуска́ть *(слух и т. п.)* 3) *шотл.* беспоко́ить, серди́ть

put across 1) стро́ить мост че́рез *(что-л.)* 2) *разг.* излага́ть, формули́ровать 3) *разг.* успе́шно проде́лать *(что-л.)*

put aside 1) откла́дывать в сто́рону 2) прерыва́ть *(рабо́ту, заня́тие)* 3) поко́нчить с *(чем-л.)* 4) откла́дывать *(де́ньги)* 5) не принима́ть во внима́ние

put away 1) убира́ть, упря́тывать 2) откла́дывать, копи́ть *(де́ньги)* 3) отложи́ть това́р *(для кого́-л.)* 4) избавля́ться, отде́лываться 5) *разг.* сожра́ть, сло́пать

put back 1) отодвига́ть, откла́дывать наза́д 2) прижима́ть *(у́ши)* 3) возвраща́ть, класть наза́д 4) верну́ть пре́жний вес 5) возвращаться в гавань *(о судне)* 6) отбрасывать назад; тормозить 7) откладывать на более поздний срок 8) *амер.* оставлять на второй год

put behind задерживать, откладывать

put by 1) откладывать в сторону 2) прерывать *(работу, занятие)* 3) отказаться от *(чего-л.)* 4) откладывать *(деньги)* 5) стараться не замечать, не принимать во внимание

put down 1) опускать 2) посадить; садиться *(о самолёте и т. п.)* 3) высаживать *(из машины)* 4) прекращать *(работу и т. п.)* 5) записывать *(что-л.)* 6) запасаться *(продуктами)* 7) *разг.* сожрать, слопать 8) усыплять *(животное)* 9) подавлять, заставлять молчать 10) *разг.* осуждать; одёргивать

put forward 1) продвигать вперёд 2) предлагать, выдвигать 3) ускорять

put in 1) помещать внутрь 2) сажать *(растения)* 3) добавлять, вставлять 4) прерывать *(разговор)*, вмешиваться 5) заходить в порт *(о судне)* 6) вкладывать *(деньги)* 7) прилагать усилия 8) проводить время; заниматься *(чем-л.)* 9) подавать *(заявление и т. п.)*; записываться *(на соревнования и т. п.)* 10) *вчт* вводить

put off 1) высаживать *(из машины)* 2) выключать *(свет, газ и т. п.)* 3) откладывать, отсрочивать 4) отделаться, избавиться 5) отчаливать *(о судне)*

put on 1) надевать; одеваться 2) включать *(свет, газ и т. п.)* 3) прибавлять, увеличивать *(вес, размер)* 4) увеличивать *(скорость)* 5) добавлять, прибавлять 6) ставить *(спектакль)* 7) включать в число участников 8) *разг.* притворяться; напускать *(вид)* 9) *амер. разг.* обманывать, водить за нос

put out 1) высовывать, вытягивать; вывешивать 2) вынимать, доставать *(откуда-л.)* 3) давать ростки, бутоны *(о растении)* 4) посылать, отправлять; выгонять 5) отправляться, отчаливать *(о судне)* 6) прилагать усилия, стараться 7) предлагать, излагать 8) производить *(товары)* 9) издавать, публиковать 10) выключать, гасить 11) вывихнуть *(сустав и т. п.)* 12) выбивать из колеи, беспокоить 13) выходить из себя, сердиться 14) *разг.* путать *(планы, расчёты)* 15) тратить *(деньги)* 16) *вчт* устранять, убирать

put over *разг.* 1) добиться успеха 2) откладывать, отсрочивать

put through 1) завершить, закончить 2) соединять *(по телефону)*; дозвониться 3) подготовить *(кого-л. к чему-л.)* 4) проводить *(закон в парламенте)*

put under лишать сознания, «отключать»

put up 1) поднимать в высоту; запускать *(ракету и т. п.)* 2) строить, возводить 3) вывешивать; выставлять 4) повышать *(цену)* 5) упаковывать 6) снабжать деньгами 7) выдвигать *(аргумент)* 8) выставлять на продажу 9) останавливаться *(в гостинице и т. п.)*; размещать *(где-л.)*; устраивать *(на ночлег)* 10) выставлять *(свою кандидатуру)* 11) выдвигать *(чью-л. кандидатуру)* 12) консервировать *(фрукты и т. п.)* 13) *разг.* устраивать, подстраивать *(что-л.)* 14) убирать, ставить *(в гараж, на стоянку)*

put up with *разг.* терпеть, мириться, примиряться с *(чем-л.)*

putative [′pju:tətɪv] *a* предполагаемый

put-on [′pʊt,ɒn] *n разг.* обман, надувательство

putrefaction [,pju:trɪ′fækʃ(ə)n] *n* гниение; разложение

putrefy [′pju:trɪfaɪ] *v* гнить; разлагаться

putrescent [pju:′tresnt] *a* гниющий

putrid [′pju:trɪd] *a* 1) гнилой; разлагающийся 2) испорченный

putridity [pju:′trɪdɪtɪ] *n* гниль, гнилость

putsch [pʊtʃ] *n* путч

puttee [′pʌtɪ] *n* 1) обмотка *(для ног)* 2) *амер.* крага

putter[1] [′pʌtə(r)] *n спорт.* паттер, клюшка для удара низом *(в гольфе)*

putter[2] *v амер.:* **to ~ about** бродить без цели, болтаться без дела

putty I [′pʌtɪ] *n* замазка; шпатлёвка

putty II *v* шпатлевать; замазывать замазкой, раствором

put-up [′pʊt′ʌp] *a разг.* задуманный; спланированный заранее; **it's a ~ job** это всё подстроено

puzzle I [′pʌzl] *n* 1) загадка; головоломка, паззл 2) неразрешимый вопрос 3) замешательство

puzzle II *v* 1) ставить в тупик, приводить в недоумение, озадачивать 2) запутывать 3) ломать голову *(над чем-л. — over)*

puzzlement [′pʌzlmənt] *n* замешательство

puzzler [′pʌzlə(r)] *n* трудная задача

puzzling [′pʌzlɪŋ] *a* приводящий в замешательство

PVC *сокр.* **(polyvinyl chloride)** *хим.* поливинилхлорвинил

Pvt. *сокр.* **(private)** 1) частный 2) *амер.* рядовой солдат

PW *сокр.* **(police woman)** женщина-полицейский

p. w. *сокр.* **(per week)** в неделю, на неделю

PWA *сокр.* **(person with AIDS)** *разг.* больной СПИДом

pyelitis [,paɪə′laɪtɪs] *n мед.* пиелит

pygmy [ˈpɪgmɪ] *n* пигмéй

pyjamas [pəˈdʒɑːməz] *n pl* пижáма

pyramid [ˈpɪrəmɪd] *n* пирамúда

pyramidal [pɪˈræmɪdəl] *a* пирамидáльный

pyre [ˈpaɪə(r)] *n* погребáльный костёр

Pyrex [ˈpaɪəreks] *n фирм.* огнеупóрное стеклó *(для изготовления посуды)*

pyrites [paɪˈraɪtiːz] *n геол.* сéрный колчедáн, пирúт

pyromania [ˌpaɪərəʊˈmeɪnɪə] *n* пиромáния

pyrotechnics [ˌpaɪərəʊˈteknɪks] *n* пиротéхника

pyrrhic [ˈpɪrɪk] *a:* ~ **victory** пúррова побéда

Pythagorean I [paɪˌθæɡəˈriːən] *n* пифагорéец

Pythagorean II *a* пифагорéйский

python [ˈpaɪθən] *n зоол.* питóн

pyx [ˈpɪks] *n церк.* ящичек для хранéния хлéба для причáстия

Q

Q, q [kjuː] *n* 17-я бýква англ. алфавúта

Q. *сокр.* 1) (**Queen**) королéва 2) (**Queen's**) королéвский 3) (**question**) вопрóс

Q.C. *сокр.* (**Queen's Counsel**) королéвский адвокáт

QED *сокр.* (**quod erat demonstrandum**) *лат.* что и трéбовалось доказáть

QM *сокр.* (**Quartermaster**) квартирмéйстер

qr *сокр.* (**quarter**) чéтверть

QSO *сокр.* (**quasi-stellar object**) *астр.* квазизвёздный объéкт

q. t. *сокр. разг.* (**quiet**): **on the q. t.** тайкóм, втихомóлку

qu *сокр.* (**question**) вопрóс

qua [kwɑː] *adv* в кáчестве

quack[1] I [kwæk] *n* кря́канье *(уток)*

quack[1] II *v* 1) кря́кать 2) *разг.* болтáть, нестú вздор

quack[2] *n* 1) знáхарь, целúтель 2) шарлатáн 3) *сленг* врач, мéдик 4) *attr* знáхарский

quackery [ˈkwækərɪ] *n* (медицúнское) шарлатáнство

quad[1] [kwɒd] *n разг.* четырёхугóльник

quad[2] *разг. см.* **quadruplets**

quad[3] *n полигр.* 1) квадрáт *(типографская единица измерения наборного материала)* 2) *pl* пробéльный материáл

quadragenarian [ˌkwɒdrədʒɪˈneərɪən] *n* сорокалéтний (человéк) *(в возрасте от 40 до 49 лет)*

Quadragesima [ˌkwɒdrəˈdʒesɪmə] *n церк.* пéрвое воскресéние Велúкого постá за 40 дней до Пáсхи *(тж* ~ **Sunday**)

quadragesimal [ˌkwɒdrəˈdʒesɪməl] *a* для́щийся сóрок дней *(особ. о посте)*

quadrangle [ˈkwɒdˌræŋgl] *n* 1) четырёхугóльник 2) четырёхугóльный двор

quadrangular [kwɒˈdræŋgələ] *a* четырёхугóльный

quadrant [ˈkwɒdrənt] *n мат.* квадрáнт

quadrat [ˈkwɒdrət] *n полигр.* 1) квадрáт *(типографская единица измерения наборного материала)* 2) *pl* пробéльный материáл

quadrate I [ˈkwɒdrət] *n* квадрáт; квадрáтный предмéт

quadrate II *a* квадрáтный; четырёхугóльный

quadratic [kwɒˈdrætɪk] *a мат.* квадрáтный; ~ **equation** квадрáтное уравнéние

quadrature [ˈkwɒdrətʃə(r)] *n* квадратýра

quadrennial [kwɒˈdrenɪəl] *a* 1) для́щийся четы́ре гóда 2) происходя́щий раз в четы́ре гóда

quadrennium [kwɒˈdrenɪəm] *n* перúод в четы́ре гóда, четырёхлéтие

quadriceps [ˈkwɒdrɪˌseps] *n pl анат.* четырёхглáвая мы́шца

quadrilateral I [ˌkwɒdrɪˈlætərəl] *n* четырёхугóльник

quadrilateral II *a* четырёхсторóнний

quadrille [kwəˈdrɪl] *n* кадрúль

quadrillion [kwɒˈdrɪljən] *n мат.* 1) септильóн (10^{24}) 2) *амер.* квадрильóн (10^{15})

quadripartite [ˌkwɒdrɪˈpɑːtaɪt] *a* состоя́щий из четырёх частéй

quadroon [kwɒˈdruːn] *n* квартерóн *(ребёнок мулатки и белого, имеющий, таким образом, четверть негритянской крови)*

quadrophonic [ˌkwɒdrəˈfɒnɪk] *a* квадрофонúческий *(тж* **quadraphonic**)

quadruped [ˈkwɒdruped] *n* четвероногое *(животное)*

quadruple I [ˈkwɒdrʊpl] *n* учетверённое колúчество

quadruple II *a* 1) учетверённый; четырёхкрáтный 2) состоя́щий из четырёх частéй 3) четырёхсторóнний *(о соглашении)*

quadruple III *v* учетверя́ть

quadruplets [ˈkwɒdrʊplɪts] *n pl* чéтверо близнецóв

quaff [kwɑːf] *v* пить большúми глоткáми, зáлпом

quag [kwæg] *см.* **quagmire**

quaggy [ˈkwægɪ] *a* 1) тóпкий, болóтистый 2) дря́блый

quagmire [ˈkwægmaɪə(r)] *n* 1) болóто, топь, трясúна 2) трýдная ситуáция, дилéмма

quail[1] [kweɪl] *n* пе́репел

quail[2] *v* испуга́ться, стру́сить, дро́гнуть

quaint [kweɪnt] *a* 1) заба́вный, оригина́льный, необы́чный, причу́дливый 2) чудно́й, стра́нный; **~ customs** стра́нные обы́чаи

quake I [kweɪk] *n* 1) *разг.* землетрясе́ние 2) дрожа́ние, дрожь

quake II *v* дрожа́ть, трясти́сь; содрога́ться; **to ~ with fear** дрожа́ть от стра́ха

Quaker [ˈkweɪkə(r)] *n* ква́кер

quaky [ˈkweɪkɪ] *a* дрожа́щий

qualification [ˌkwɒlɪfɪˈkeɪʃ(ə)n] *n* 1) обыкн. *pl* квалифика́ция; профессиона́льная подгото́вка; **to have necessary ~s** име́ть ну́жную квалифика́цию *(для заня́тия како́й-л. до́лжности)* 2) ограничи́тельное усло́вие, ограниче́ние, огово́рка 3) избира́тельный ценз; **age/property ~** возрастно́й/иму́щественный ценз; **residential ~** ценз осе́длости 4) дипло́м; аттеста́т; удостовере́ние; сте́пень 5) *спорт.* квалифика́ция, отбо́рочный эта́п *(в соревнова́нии)*

qualified [ˈkwɒlɪfaɪd] *a* 1) (высоко)квалифици́рованный, облада́ющий необходи́мой подгото́вкой; компете́нтный; **he is a highly ~ specialist** он о́чень кру́пный специали́ст; **a ~ teacher** дипломи́рованный педаго́г 2) подходя́щий, приго́дный 3) ограни́ченный 4) *спорт.* проше́дший отбо́р *(на соревнова́ниях)*

qualifier [ˈkwɒlɪfaɪə(r)] *n грам.* определи́тель

qualify [ˈkwɒlɪfaɪ] *v* 1) дава́ть подгото́вку, обуча́ть *(for)* 2) дава́ть пра́во (на заня́тие до́лжности *и т. п.)* 3) квалифици́ровать, определя́ть *(как — as)* 4) уточня́ть, ограни́чивать; де́лать огово́рки *(к заявле́нию и т. п.)* 5) умеря́ть, смягча́ть 6) разбавля́ть *(спирт и т. п.)* 7) *спорт.* пройти́ отбо́рочный эта́п *(соревнова́ния)*

qualitative [ˈkwɒlɪtətɪv] *a* ка́чественный

quality [ˈkwɒlɪtɪ] *n* 1) ка́чество; сорт; **high/poor ~** вы́сшее/плохо́е ка́чество; **of good ~** высо́кого ка́чества; **~ control** контро́ль ка́чества; **~ of life** ка́чество жи́зни; **~ assurance** гара́нтия ка́чества 2) высо́кое ка́чество, высокосо́ртность 3) сво́йство, осо́бенность 4) *attr* (высоко)ка́чественный, высо́кого ка́чества; **a ~ product** высокока́чественный проду́кт

qualm [kwɔːm] *n* 1) сомне́ния, колеба́ния; **~s of conscience** угрызе́ния со́вести 2) при́ступ дурноты́, тошноты́

quandary [ˈkwɒndərɪ] *n* 1) недоуме́ние 2) затрудни́тельное положе́ние, тру́дная ситуа́ция

quango [ˈkwæŋɡəʊ] *n сокр.* (**quasi-autonomous non-governmental organization**) «ква́нго», квазиавтоно́мная неправи́тельственная организа́ция *(организа́ция, финанси́руемая госуда́рством, но сама́ не явля́ющаяся госуда́рственным управле́нием, напр. Брита́нский сове́т)*

quant [kwɒnt] *n* специали́ст по ка́чественному ана́лизу, «квант» *(нанима́емый фина́нсовыми учрежде́ниями за высо́кую пла́ту с це́лью прогнози́рования гряду́щих измене́ний сто́имости це́нных бума́г, това́ров и т. п.)*

quanta [ˈkwɒntə] *pl см.* **quantum**

quantifier [ˈkwɒntɪˌfaɪə] *n лингв.* квантифика́тор, ква́нторное сло́во *(коли́чественное числи́тельное, наре́чие и т. д.)*

quantitative [ˈkwɒntɪtətɪv] *a* коли́чественный

quantity [ˈkwɒntɪtɪ] *n* 1) коли́чество; **negligible ~** незначи́тельное коли́чество 2) *pl* большо́е коли́чество; **in large quantities** в большо́м коли́честве, ма́ссами 3) *фон.* долгота́ зву́ка 4) *мат.* величина́; **unknown ~** неизве́стная величина́, неизве́стное 5) *attr:* **~ surveyor** эк. оце́нщик затра́т, расхо́дов *(на строи́тельство и т. д.)*

quantum [ˈkwɒntəm] *n* (*pl* **quanta**) 1) *физ.* квант 2) коли́чество, су́мма 3) до́ля, часть 4) *attr* ква́нтовый; **~ mechanics** ква́нтовая меха́ника; **~ theory** ква́нтовая тео́рия

quarantine I [ˈkwɒrəntiːn] *n* каранти́н; **to put in ~** посади́ть на каранти́н

quarantine II *v* подверга́ть каранти́ну

quark[1] [kwɑːk] *n физ.* кварк

quark[2] *n* сорт нежи́рного творога́

quarrel[1] **I** [ˈkwɒrəl] *n* 1) ссо́ра; раздо́ры; спор; **to pick/to seek a ~** иска́ть по́вод для ссо́ры, начина́ть ссо́ру 2) разры́в отноше́ний

quarrel II *v* ссо́риться; придира́ться, брани́ться; спо́рить

quarrel[1] *n* арбале́тная стрела́

quarrelsome [ˈkwɒrəlsəm] *a* вздо́рный; зади́ристый; сварли́вый

quarry[1] **I** [ˈkwɒrɪ] *n* 1) каменоло́мня, карье́р 2) исто́чник информа́ции, све́дений

quarry[1] **II** *v* 1) разраба́тывать карье́р, добыва́ть ка́мень из карье́ра 2) ры́ться *(в кни́гах, докуме́нтах и т. п.)*; добыва́ть (информа́цию, ну́жный материа́л)

quarry[2] *n* 1) добы́ча *(на охо́те)* 2) наме́ченная же́ртва

quart [kwɔːt] *n* 1) ква́рта *(= 1/4 галло́на = 1,14 л; амер. = 0,95 л)* 2) сосу́д ёмкостью в 1 ква́рту ◊ **to try to put a ~ into a pint pot** ≅ пыта́ться сде́лать невозмо́жное

quarter I [ˈkwɔːtə(r)] *n* 1) чётверть, четвёртая часть *(чего-л. — of)* 2) квартáл *(года)* 3) чётверть часá; **a ~ to one/***амер.* **of one** без чётверти час 4) шкóльная чётверть; *амер.* семéстр *(в университете)* 5) *амер.* чётверть дóллара, 25 цéнтов 6) квартáл *(города)* 7) сторонá, часть свéта 8) мéсто, мéстность, сторонá; **from every ~, from all ~s** со всех сторóн; **to see at close ~s** увúдеть вблизú 9) *pl* квартúра, помещéние; **to move to new ~s** переезжáть на нóвое мéсто/на нóвую квартúру 10) *pl воен.* квартúры, казáрмы; **winter ~s** зúмние квартúры 11) четвертúна тýши; **hind ~** зáдняя часть, óкорок 12) пощáда; **to give no ~** не давáть пощáды 13) квáртер *(мера веса и объёма сыпучих тел)* ◊ **in the highest ~s** в вы́сших кругáх; **to come to close ~s** а) схватúться врукопáшную б) сцепúться в спóре

quarter II *v* 1) делúть на четы́ре чáсти 2) *ист.* четвертовáть 3) расквартирóвывать *(войска)* 4) останáвливаться на квартúре, квартировáть *(at)*

quarterback [ˈkwɔːtəˌbæk] *n* 1) *спорт.* разы́грывающий *(капитан команды в американском футболе)* 2) лúдер *(в компании)*

quarter day [ˈkwɔːtədeɪ] *n* день квартáльных платежéй

quarterdeck [ˈkwɔːtədek] *n мор.* ют; шкáнцы

quarterly I [ˈkwɔːtəlɪ] *n* издáние, выходя́щее раз в три мéсяца

quarterly II *a* квартáльный, происходя́щий раз в три мéсяца

quarterly III *adv* раз в три мéсяца, поквартáльно

quartermaster [ˈkwɔːtəˌmɑːstə(r)] *n* 1) *воен.* квартирмéйстер; начáльник хозя́йственной чáсти 2) *мор.* старшинá-рулевóй

quartern [ˈkwɔːtən] *n* 1) чётверть, четвёртая часть 2) бухáнка хлéба вéсом четы́ре фýнта 3) четвёртая часть нéкоторых едúниц измерéния *(напр. пинты)* 4) чётверть листá *(бумаги)*

quartet(te) [kwɔːˈtet] *n муз.* квартéт

quarto [ˈkwɔːtəʊ] *n* 1) чётверть листá 2) кнúга формáтом в 1/4 листá

quartz [kwɔːts] *n* 1) *мин.* кварц 2) *attr* квáрцевый; **~ watch** квáрцевые (нарýчные) часы́; **~ lamp** квáрцевая лáмпа

quasar [ˈkweɪzɑː(r)] *n астр.* квазáр

quash [kwɒʃ] *v* 1) аннулúровать, отменя́ть 2) подавля́ть *(восстание и т. п.)*

quasi [ˈkwɑːzɪ] *adv* как бýдто; как бы; я́кобы

quatercentenary [ˌkwætəsenˈtiːnərɪ] *n* четырёхсотлéтие

quatrain [ˈkwɒˌtreɪn] *n* четверостúшие

quaver I [ˈkweɪvə(r)] *n* 1) *муз.* восьмáя (нóты) 2) трель 3) дрожáние гóлоса

quaver II *v* 1) дрожáть, вибрúровать *(о голосе, звуке)* 2) выводúть трéли 3) говорúть дрожáщим гóлосом *(тж* **to ~ out**)

quavery [ˈkweɪvərɪ] *a* дрожáщий

quay [kiː] *n* прúстань, мол, причáл

quayside [ˈkiːsaɪd] *n* прúстань; нáбережная

queasy [ˈkwiːzɪ] *a* 1) испы́тывающий тошнотý 2) слáбый *(о желудке)* 3) щепетúльный 4) привередлúвый, разбóрчивый

queen I [kwiːn] *n* 1) (**the Q.**) королéва; **~ dowager** вдóвствующая королéва; **~ Mother** королéва-мать *(мать царствующего монарха)* 2) мáтка *(у пчёл)* 3) *шахм.* ферзь 4) *карт.* дáма 5) победúтельница кóнкурса красоты́ *и т. п.* 6) *сленг* (пассúвный) гомосексуалúст

queen II *v* 1) дéлать королéвой 2): **to ~ it** а) держáться королéвой б) возглавля́ть, заправля́ть *(о женщине)* 3) *шахм.* проводúть в ферзú; проходúть в ферзú

queenie [ˈkwiːnɪ] *n сленг* (пассúвный) гомосексуалúст

queenly [ˈkwiːnlɪ] *a* королéвский, цáрственный; велúчественный

queer I [kwɪə(r)] *a* 1) стрáнный, чудаковáтый; **he's a ~ fish** он чудáк 2) сомнúтельный, подозрúтельный; **there is something ~ about it** здесь чтó-то нелáдно/чтó-то не то 3) чýвствующий недомогáние 4) *сленг презр.* гомосексуáльный, «голубóй» ◊ **in Q. street** *сленг* а) в долгáх б) в бедé

queer II *v сленг* пóртить; **to ~ smb's pitch** расстрóить чьи-л. плáны, не дать комý-л. использовать свой шáнсы

quell [kwel] *v* подавля́ть *(страх, сопротивление)*

quench [kwentʃ] *v* 1) утоля́ть *(жажду)* 2) гасúть, тушúть 3) закáливать *(сталь)* 4) подавля́ть *(желание)* 5) охлаждáть *(пыл)* 6) *сленг* затыкáть рот

quenchless [ˈkwentʃlɪs] *a* неугасúмый, неутолúмый

quern [kwɜːn] *n* ручнáя мéльница

querulous [ˈkwerʊləs] *a* жáлующийся, капрúзный, брюзглúвый, вéчно недовóльный

query I [ˈkwɪərɪ] *n* 1) вопрóс; сомнéние; **there is a ~ as to the truth of his report** есть сомнéния насчёт правдúвости егó отчёта 2) вопросúтельный знак 3) *вчт* опрóс *(в сети)* 4) *вчт* запрóс *(к базе данных)*; **~ by example** запрóс по образцý

query II *v* 1) спрáшивать, осведомля́ться 2) выражáть сомнéние, подвергáть сомнéнию, усомнúться; **they queried the bill** онú усомнúлись в прáвильности счёта

quest I [kwest] *n* 1) поиски; **in ~ of** в поисках *(чего-л., кого-л.)* 2) искомое, искомый предмет

quest II *v* вести поиски, разыскивать *(for)*

question I [ˈkwestʃ(ə)n] *n* 1) вопрос; **to ask a ~** задать вопрос; **to answer a ~** ответить на вопрос; **a leading ~** наводящий вопрос 2) (обсуждаемый) вопрос, дело, проблема; **a topical ~** актуальный вопрос; **to raise a ~** поднять вопрос; **to bring up the ~ of smth** поднять вопрос о чём-л.; **that's the ~** вот в чём вопрос; **to settle a ~** решить вопрос, уладить дело; **it is not the ~** дело не в этом; **beside the ~** не по существу (вопроса); **it's the ~ of money** вопрос/дело упирается в деньги; **it is out of the ~** об этом не может быть и речи; **a matter in ~** обсуждаемый вопрос 3) сомнение; **beyond all ~** вне всякого сомнения; **to call smth in ~** поставить что-л. под сомнение

question II *v* 1) спрашивать, ставить вопросы; опрашивать 2) допрашивать 3) сомневаться, ставить под сомнение; **to ~ the truth of smth** сомневаться в истинности чего-л. 4) исследовать *(факты, данные)*

questionable [ˈkwestʃənəbl] *a* 1) сомнительный, ненадёжный 2) подозрительный 3) непроверенный

questioner [ˈkwestʃənə(r)] *n* 1) тот, кто задаёт вопрос 2) интервьюер

questionless [ˈkwestʃənlɪs] *a* несомненный, бесспорный

question mark [ˈkwestʃənmɑːk] *n* вопросительный знак, знак вопроса

questionnaire [ˌkwestʃəˈneə(r)] *n* анкета, вопросник

queue I [kjuː] *n* 1) очередь, хвост *(амер.* **line**); **to stand in ~** стоять в очереди; **to jump the ~** встать/пройти без очереди 2) *вчт* очередь; очерёдность *(запросов)* 3) коса *(волос)*

queue II *v* стоять в очереди; становиться в очередь *(тж* **to ~ up**, *амер.* **to line up**)

queuing [ˈkjuːɪŋ] *n вчт* постановка в очередь, организация/формирование очереди

quibble I [ˈkwɪbl] *n* 1) увертка, уклонение *(от вопроса);* софизм 2) игра слов, каламбур

quibble II *v* уклоняться от прямого ответа

quick I [kwɪk] *a* 1) быстрый; скорый; **to be ~** спешить; **be ~!** живее!, поторопитесь! 2) живой, проворный 3) быстро схватывающий, понятливый; **~ to understand** сообразительный 4) тонкий, обострённый *(о слухе, зрении и т. п.);* **a ~ eye** зоркий глаз; **~ to sympathize** отзывчивый; **~ to take offen-**

ce обидчивый ◊ **~ on the draw** *разг.* с быстрой реакцией *(особ. о стрелках);* **~ on the uptake** быстро схватывающий, понятливый; **~ and dirty** *разг.* сделанный кое-как, сляпанный наспех

quick II *n* 1) наиболее чувствительное место; **to bite nails to the ~** грызть ногти до крови; **to cut smb to the ~** задеть кого-л. за живое; **to the ~** до мозга костей, до глубины души 2): **the ~ and the dead** живые и мёртвые

quick III *adv* быстро; живо

quicken [ˈkwɪkən] *v* 1) ускоряться, убыстряться 2) оживляться 3) возбуждать

quickersort [ˈkwɪkəsɔːt] *n вчт* ускоренная, убыстрённая сортировка

quick-freeze [ˈkwɪkˌfriːz] *v* быстро замораживать *(свежие)* продукты

quickie [ˈkwɪkɪ] *n разг.* 1) наспех сделанная работа, халтура 2) залпом выпитая рюмка 3) *сленг* быстрый секс, секс второпях

quicklime [ˈkwɪklaɪm] *n* негашёная известь

quickly [ˈkwɪklɪ] *adv* быстро; скоро

quickness [ˈkwɪknɪs] *n* быстрота; **~ of mind** живость ума

quicksand [ˈkwɪksænd] *n* зыбучий песок, плывун

quickset [ˈkwɪkset] *n* живая изгородь

quicksilver [ˈkwɪkˌsɪlvə(r)] *n* 1) ртуть *(тж* **mercury**) 2) живость *(характера, темперамента)*

quicksort [ˈkwɪksɔːt] *n вчт* быстрая сортировка

quick-tempered [kwɪkˈtempəd] *a* вспыльчивый

quick-witted [kwɪkˈwɪtɪd] *a* 1) быстро схватывающий суть *(вопроса);* сообразительный, находчивый 2) остроумный

quid[1] [kwɪd] *n* кусок прессованного табака для жевания

quid[2] *n (pl без измен.) сленг* фунт стерлингов

quiddity [ˈkwɪdɪtɪ] *n* 1) *филос.* сущность, суть 2) софизм

quidnunc [ˈkwɪdnʌŋk] *n уст.* сплетник, болтун

quid pro quo [ˌkwɪd prəʊˈkwəʊ] *n лат.* услуга за услугу

quiescence [kwɪˈesns] *n* покой, неподвижность; пассивность

quiescent [kwɪˈesnt] *a* неподвижный; бездействующий, пассивный

quiet I [ˈkwaɪət] *n* покой, спокойствие; тишина, безмолвие; **the ~ of the night** ночной покой ◊ **on the ~** втайне; тайком

quiet II *a* 1) тихий, спокойный; неслышный, бесшумный; **keep ~!** не шумите!; замолчите! 2) спокойный, мирный; **a ~ corner**

тихий уголо́к; **a ~ horse** сми́рная ло́шадь 3) скро́мный *(об образе жизни)* 4) нея́ркий, небро́ский, споко́йный *(о красках)* 5) скры́тый; содержа́щийся в та́йне; **to keep smth ~** ума́лчивать о чём-л., скрыва́ть что-л.

quiet III *v* успока́иваться
  quiet down утиха́ть; **the wind ~ed down** ве́тер ути́х

quieten [ˈkwaɪətn] *v* успока́иваться; унима́ться; утиха́ть

quietism [ˈkwaɪətɪz(ə)m] *n* 1) ухо́д из (акти́вной) жи́зни, пасси́вное созерца́ние жи́зни; *филос.* квиети́зм 2) непротивле́ние, непротивле́нчество

quietly [ˈkwaɪətlɪ] *adv* ти́хо, споко́йно; **we dined ~** мы споко́йно пообе́дали

quietness [ˈkwaɪətnɪs] *n* 1) споко́йствие, тишина́, поко́й 2) *авто, тех.* бесшу́мность

quietude [ˈkwaɪɪtjuːd] *n* поко́й, тишина́, мир

quietus [kwaɪˈiːtəs] *n* 1) что-л. успокои́тельное, подавля́ющее 2) ухо́д из жи́зни, коне́ц, смерть

quill I [kwɪl] *n* 1) пти́чье перо́ 2) (гуси́ное) перо́ (для письма́) *(тж ~ pen)* 3) игла́ дикобра́за 4) свире́ль *(из тростника)*

quill II *v* гофрирова́ть

quilt I [kwɪlt] *n* стёганое одея́ло; стёганое покрыва́ло; квилт

quilt II *v* 1) стега́ть *(одеяло и т. п.)* 2) заши́вать *(что-л.)* под подкла́дку 3) компили́ровать, занима́ться компиля́цией

quince [kwɪns] *n* айва́

quincentenary [ˌkwɪnsenˈtiːnərɪ] *n* пятисотле́тие

quinine [kwɪˈniːn] *n* хини́н

quinquagenarian I [ˌkwɪŋkwədʒɪˈneərɪən] *n* пятидесятиле́тний (челове́к) *(в возрасте от 50 до 59 лет)*

quinquagenarian II *a* пятидесятиле́тний

Quinquagesima [ˌkwɪŋkwəˈdʒesɪmə] *n церк.* после́днее воскресе́нье пе́ред Пе́пельной средо́й за 50 дней до Па́схи *(тж ~ Sunday)*

quinquennial [kwɪnˈkwenɪəl] *a* 1) для́щийся пять лет 2) происходя́щий раз в пять лет

quinquennium [kwɪnˈkwenɪəm] *n* пери́од в пять лет; пятиле́тие

quinsy [ˈkwɪnzɪ] *n* анги́на

quint [kwɪnt] *n* 1) *карт.* пять карт одно́й ма́сти *(в пикете и т. п.)*, квинт 2) *муз.* кви́нта

quintal [ˈkwɪntl] *n* це́нтнер, квинта́л *(метрический – 100 кг, в Англии – 50,8 кг, в США – 45,36 кг)*

quintessence [kwɪnˈtesns] *n* квинтэссе́нция

quintet(te) [kwɪnˈtet] *n муз.* квинте́т

quintuple I [ˈkwɪntjʊpl] *a* 1) пятикра́тный 2) состоя́щий из пяти́ часте́й

quintuple II [ˈkwɪntjʊpl] *v* увели́чивать(ся) в пять раз

quintuplets [ˈkwɪntjʊplɪts] *n pl* пять близнецо́в

quip [kwɪp] *n* 1) остро́та; эпигра́мма 2) увёртка, уклоне́ние *(от вопроса)*; софи́зм

quire [ˈkwaɪə(r)] *n полигр.* 1) десть *(бумаги)* 2) сфальцо́ванный печа́тный лист; **in ~s** несброшюро́ванный, в листа́х

quirk [kwɜːk] *n* 1) вы́верт, выкрута́сы, причу́ды; **he has his ~s** у него́ есть свои́ бзи́ки 2) при́хоть приро́ды 3) завито́к, ро́счерк пера́

quirt I [kwɜːt] *n* ара́пник

quirt II *v* хлеста́ть ара́пником

quisling [ˈkwɪzlɪŋ] *n уст.* коллаборациони́ст; преда́тель *(от собственного имени – Квислинг – норвежский полит. деятель времён Второй мировой войны)*

quit I [kwɪt] *a predic* освободи́вшийся, отде́лавшийся *(от чего-л., кого-л.)*; **to be/to get ~ of smb/smth** освободи́ться, отде́латься от кого́-л./чего́-л.

quit II *v* 1) покида́ть, оставля́ть 2) *амер.* броса́ть, прекраща́ть *(что-л.)*; **~ grumbling** переста́нь ворча́ть 3) уходи́ть *(с работы и т. п.)*; **she ~ted her job** она́ ушла́ с рабо́ты

quite [kwaɪt] *adv* 1) совсе́м, соверше́нно; вполне́, всеце́ло; **~ new** совсе́м но́вый; **~ happy** вполне́ счастли́вый; **I'm ~ sure** я вполне́ уве́рен; **oh, ~!** да!, вполне́! 2) в не́которой сте́пени, дово́льно; **it is ~ hot/late** дово́льно жа́рко/по́здно 3) о́чень; **that was ~ a party!** вот э́то бы́ло засто́лье!

quits [kwɪts] *a predic:* **to be ~** расквита́ться, быть в расчёте; **to call it/to cry ~** пойти́ на мирову́ю, прийти́ к согла́сию, не име́ть бо́льше прете́нзий друг к дру́гу

quittance [ˈkwɪtəns] *n* 1) освобожде́ние *(от обязательств, платы и т. п.)* 2) возмеще́ние, упла́та до́лга

quitter [ˈkwɪtə(r)] *n* 1) челове́к, легко́ броса́ющий на́чатое де́ло 2) ненадёжный челове́к; трус

quiver[1] **I** [ˈkwɪvə(r)] *n* дрожь, тре́пет

quiver[1] **II** *v* дрожа́ть, трепета́ть, трясти́сь; **to ~ with indignation** дрожа́ть от негодова́ния

quiver[2] *n* колча́н ◊ **an arrow left in one's ~** сре́дство, оста́вшееся про запа́с

quiverful [ˈkwɪvəfʊl] *n* 1) по́лный колча́н стрел 2) *шутл.* многоде́тная семья́

qui vive [kiːˈviːv] *n:* **on the ~** насторо́же, начеку́

quixotic [kwɪkˈsɒtɪk] *a* донкихо́тский

quixotism [ˈkwɪksətɪz(ə)m] *n* донкихо́тство *(тж* **quixotry)**

quiz¹ I [kwɪz] *n* 1) шу́тка, мистифика́ция 2) стра́нная ли́чность, чуда́к

quiz¹ II *v* 1) смотре́ть с любопы́тством 2) шути́ть; подшу́чивать; насмеха́ться

quiz² I [kwɪz] *n* прове́рка зна́ний, опро́с; тест

quiz² II *v* проверя́ть зна́ния (с по́мощью те́стов), тести́ровать

quizzical [ˈkwɪzɪkəl] *a* 1) недоумева́ющий, вопроси́тельный (*о взгляде*) 2) насме́шливый 3) чудакова́тый

quod I [kwɒd] *n сленг* тюрьма́, кату́зка

quod II *v сленг* сажа́ть в тюрьму́

quoin [kɔɪn] *n* 1) вне́шний у́гол зда́ния 2) *архит.* углово́й ка́мень кла́дки 3) *тех.* клин

quoit [kɔɪt] *n* мета́тельное кольцо́; **to play ~s** мета́ть ко́льца

quondam [ˈkwɒndæm] *a* бы́вший (*тж* **former**)

quorum [ˈkwɔːrəm] *n* кво́рум

quota [ˈkwəʊtə] *n* кво́та; до́ля, часть; **the ~ of imports** и́мпортная кво́та

quotation [kwəʊˈteɪʃ(ə)n] *n* 1) цити́рование 2) цита́та; **a ~ from Shakespeare** цита́та из Шекспи́ра 3) *эк.* котиро́вка, курс; указа́ние цены́ (*продавца*)

quotation marks [kwəʊˈteɪʃənmɑːks] *n pl* кавы́чки; **to put (smth) in ~** поста́вить в кавы́чки

quote I [kwəʊt] *n разг.* 1) цита́та 2) *pl* кавы́чки; **start of ~s** откро́йте кавы́чки; **end of ~s** закро́йте кавы́чки

quote II *v* 1) цити́ровать; ссыла́ться; **to ~ from Byron** цити́ровать Ба́йрона 2) *эк.* назнача́ть це́ну; коти́ровать (*at*)

quoth [kwəʊθ] *v уст.* сказа́л(а)

quotidian [kwɒˈtɪdɪən] *a* 1) ежедне́вный 2) бана́льный, надое́вший, изби́тый

quotient [ˈkwəʊʃənt] *n мат.* ча́стное

Quran [kɔːˈrɑːn] *n* (**the Q.**) Кора́н (*тж* **the Koran**)

QWERTY keyboard [ˌkwɜːtɪ ˈkiːbɔːd] *n* станда́ртная клавиату́ра компью́тера, станда́ртное расположе́ние кла́виш на клавиату́ре, клавиату́ра QWERTY

qy. *сокр.* (**query**) вопро́с

R

R, r [ɑː] *n 18-я бу́ква англ. алфави́та* ◊ **the three R's (reading, (w)riting, (a)rithmetic)** *разг.* чте́ние, письмо́, арифме́тика

R. *сокр.* 1) (**rabbi**) равви́н 2) (**radius**) ра́диус 3) (**railway**) желе́зная доро́га 4) (**Réaumur**) по шкале́ Реомю́ра 5) (**rector**) ре́ктор 6) (**Republican**) республика́нец, член Республика́нской па́ртии (*США*) 7) (**right**) пра́вый 8) (**river**) река́ 9) (**road**) доро́га

R. A. *сокр.* 1) (**Rear Admiral**) контр-адмира́л 2) (**Royal Academy**) Короле́вская акаде́мия

R. A. A. *сокр.* (**the Royal Academy of Arts**) Короле́вская акаде́мия изобрази́тельных иску́сств

R. A. A. F. *сокр.* (**the Royal Australian Air Force**) Вое́нно-возду́шные си́лы Австра́лии

rabbi [ˈræbaɪ] *n* равви́н

rabbit I [ˈræbɪt] *n* 1) кро́лик 2) *разг.* плохо́й игро́к

rabbit II *v* охо́титься на кро́ликов

rabbitburrow [ˈræbɪtˌbʌrəʊ] *n* кро́личья нора́

rabbit ears [ˈræbɪtˌɪə(r)s] *n амер.* V-о́бразная телевизио́нная анте́нна

rabbit hutch [ˈræbɪthʌtʃ] *n* кле́тка для дома́шних кро́ликов; крольча́тник

rabbit warren [ˈræbɪtˌwɒrən] *n* кро́личий садо́к

rabble [ˈræbl] *n* 1) толпа́, сбо́рище 2) (**the ~**) сброд

rabid [ˈræbɪd] *a* 1) фанати́чный 2) я́ростный, неи́стовый; безу́мный 3) бе́шеный (*о собаке и т. п.*)

rabidity [ræˈbɪdɪtɪ] *n* 1) фанати́зм 2) я́рость, неи́стовство

rabies [ˈreɪbiːz] *n мед.* бе́шенство, водобоя́знь

R. A. C. *сокр.* 1) (**Royal Agricultural College**) Короле́вский сельскохозя́йственный ко́лледж 2) (**Royal Automobile Club**) Короле́вский автомоби́льный клуб

raccoon [rəˈkuːn] *см.* **racoon**

race¹ I [reɪs] *n* 1) состяза́ние в бе́ге; забе́г; го́нки; **the ~s** ска́чки; **obstacle ~s** ска́чки с препя́тствиями 2) го́нка; **armaments/arms ~** го́нка вооруже́ний 3) бы́стрый ход, бы́строе движе́ние; бы́строе *или* си́льное тече́ние; пото́к 4) *уст.* жи́зненный путь

race¹ II *v* 1) уча́ствовать в соревнова́ниях по бе́гу, в забе́гах; уча́ствовать в ска́чках; состяза́ться в ско́рости 2) бежа́ть, мча́ться 3) гнать (*лошадь, машину*) ◊ **to ~ against time** спеши́ть зако́нчить что-л., быть в запа́рке

race² *n* 1) ра́са; **the white ~** бе́лая ра́са 2) род, пле́мя; **the human ~** род челове́ческий; челове́чество 3) поро́да; сорт; род 4) специфи́ческий арома́т; буке́т (*вина*) (*тж* **~ of wine**) 5) *attr* ра́совый; **~ relations** межнациона́льные отноше́ния

race-card [ˈreɪskɑːd] *n* програ́мма ска́чек

racecourse [ˈreɪskɔːs] *n* 1) трек, бегова́я доро́жка 2) скаково́й круг, ипподро́м

race-hatred [ˈreɪsˌheɪtrɪd] *n* расовая нена́висть

racehorse [ˈreɪshɔːs] *n* скакова́я ло́шадь

race meeting [ˈreɪsˌmiːtɪŋ] *n* конноспорти́вные соревнова́ния; ска́чки; бега́

racer [ˈreɪsə(r)] *n* 1) го́нщик 2) уча́стник го́нок *или* ска́чек 3) скакова́я ло́шадь 4) го́ночная я́хта, го́ночный автомоби́ль *и т. п.*

racetrack [ˈreɪstræk] *n* 1) автодро́м 2) *амер. см.* **racecourse**

raceway [ˈreɪsweɪ] *n амер.* кана́л для подво́да воды́ *(на мельницу)*

rachitis [ræˈkaɪtɪs] *n мед.* рахи́т

racial [ˈreɪʃəl] *a* расовый; ~ **prejudice** ра́совые предрассу́дки

racialism [ˈreɪʃəlɪz(ə)m] *n* раси́зм

racialist [ˈreɪʃəlɪst] *n* раси́ст

racing I [ˈreɪsɪŋ] *n* 1) забе́г; го́нки; ска́чки; бега́ 2) игра́ на ска́чках *и т. п.*

racing II *a* 1) го́ночный; ~ **car** го́ночный автомоби́ль 2) скаково́й

racism [ˈreɪsɪz(ə)m] *см.* **racialism**

rack¹ I [ræk] *n* 1) ве́шалка 2) суши́лка 3) бага́жная по́лка *(тж* **luggage ~**) 4) корму́шка 5) ра́ма; сто́йка; штати́в 6) *ист.* ды́ба; *перен.* пы́тка, муче́ние; **to be on the ~** му́читься

rack¹ II *v* 1) му́чить, пыта́ть 2) напряга́ть, изнуря́ть; **to ~ one's brains over the problem** лома́ть го́лову над пробле́мой 3) класть на по́лку

rack² *n:* **to go to ~ and ruin** а) обветша́ть б) идти́ к разоре́нию, кра́ху

racket¹ [ˈrækɪt] *n* раке́тка *(для игры в теннис и т. п.)*

racket² I *n* 1) шум, гам; галдёж; **to make a terrible ~** подня́ть стра́шный шум 2) развлече́ния; рассе́янный о́браз жи́зни; загу́л; **to go on the ~** пусти́ться в загу́л 3) *разг.* рэ́кет, шанта́ж, вымога́тельство ◊ **to stand the ~ (of)** а) опла́чивать расхо́ды; распла́чиваться за что-л. б) брать на себя́ отве́тственность, отвеча́ть за что-л.

racket² II *v* 1) производи́ть шум, беспоря́док 2) вести́ рассе́янный о́браз жи́зни

racketeer [ˌrækɪˈtɪə(r)] *n амер.* рэкети́р, вымога́тель, банди́т, га́нгстер

racketeering [ˌrækɪˈtɪərɪŋ] *n* рэ́кет, бандити́зм, вымога́тельство

rackety [ˈrækɪtɪ] *a* шу́мный, беспоря́дочный

rack-rent I [ˈrækrent] *n* непоме́рно высо́кая аре́ндная пла́та

rack-rent II *v* взима́ть о́чень высо́кую аре́ндную пла́ту

racoon [rəˈkuːn] *n зоол.* ено́т

racquet [ˈrækɪt] *см.* **racket¹**

racy [ˈreɪsɪ] *a* 1) си́льный, живо́й, энерги́чный 2) колори́тный, запомина́ющийся; пика́нтный; **a ~ style** я́ркий стиль; **a ~ story** пика́нтная исто́рия 3) характе́рный; с осо́бым вку́сом *или* за́пахом *(о вине, фруктах и т. п.)*

Rad. *сокр.* **(Radical)** радика́л; радика́льный

RADA *сокр.* **(Royal Academy of Dramatic Arts)** Короле́вская акаде́мия драмати́ческого иску́сства

radar [ˈreɪdɑː(r)] *n* 1) рада́р, радиолока́тор 2) радиолока́ция

radar gun [ˌreɪdɑːˈɡʌn] *n* портати́вный рада́р *(для замера скорости автомобиля)*

radial [ˈreɪdɪəl] *a* 1) радиа́льный; лучево́й 2) *анат.* лучево́й

radiance [ˈreɪdɪəns] *n* 1) сия́ние 2) великоле́пие, блеск

radiancy [ˈreɪdɪənsɪ] *см.* **radiance**

radiant [ˈreɪdɪənt] *a* 1) лучи́стый, излуча́ющий, светя́щийся 2) сия́ющий, лучеза́рный; **a ~ smile** сия́ющая улы́бка; **his face was ~ with happiness** его́ лицо́ сия́ло от сча́стья

radiate I [ˈreɪdɪət] *a* расходя́щийся луча́ми

radiate II [ˈreɪdɪeɪt] *v* 1) излуча́ть *(свет, тепло)*; **to ~ health** излуча́ть здоро́вье 2) расходи́ться ра́диусами, луча́ми (из це́нтра)

radiation [ˌreɪdɪˈeɪʃ(ə)n] *n* 1) излуче́ние; лучеиспуска́ние 2) радиоакти́вное излуче́ние, радиа́ция; облуче́ние; **solar ~** со́лнечная радиа́ция 3) *attr* радиацио́нный, радиоакти́вный; ~ **sickness** лучева́я боле́знь

radiator [ˈreɪdɪeɪtə(r)] *n* радиа́тор, батаре́я (отопле́ния)

radical I [ˈrædɪkəl] *n* 1) **(R.)** *полит.* радика́л 2) *хим.* радика́л 3) *мат.* знак ко́рня; ко́рень 4) *лингв.* ко́рень (сло́ва)

radical II *a* 1) коренно́й, основно́й 2) радика́льный, по́лный 3) **(R.)** *полит.* радика́льный 4) *мат.* относя́щийся к ко́рню 5) *лингв.* корнево́й

radicalism [ˈrædɪkəlɪz(ə)m] *n полит.* радикали́зм

radii [ˈreɪdɪaɪ] *pl см.* **radius**

radio I [ˈreɪdɪəʊ] *n* 1) ра́дио, радиовеща́ние 2) радиоприёмник 3) радиогра́мма 4) радиосвя́зь

radio II *v* передава́ть по ра́дио; ради́ровать

radio- [ˈreɪdɪəʊ-] *в сложных словах* радио-

radioactive [ˌreɪdɪəʊˈæktɪv] *a* радиоакти́вный

radioactivity [ˌreɪdɪəʊækˈtɪvɪtɪ] *n* радиоакти́вность

radiogram [ˈreɪdɪəʊɡræm] *n* 1) рентге́новский сни́мок 2) радиогра́мма 3) радио́ла

radiograph I [ˈreɪdɪəʊɡrɑːf] *n* рентге́новский сни́мок

radiograph II *v* де́лать рентге́новский сни́мок

radiolocation [ˌreɪdɪəʊləʊˈkeɪʃ(ə)n] *n* радиолока́ция

radiologist [ˌreɪdɪˈɒlədʒɪst] *n* рентгено́лог

radiology [ˌreɪdɪˈɒlədʒɪ] *n* 1) рентгеноло́гия 2) радиоло́гия

radio operator [ˈreɪdɪəʊˈɒpəreɪtə(r)] *n* ради́ст

radio station [ˈreɪdɪəʊˈsteɪʃ(ə)n] *n* радиоста́нция

radiotelegram [ˌreɪdɪəʊˈtelɪɡræm] *n* радиотелегра́мма

radiotelephone [ˌreɪdɪəʊˈtelɪfəʊn] *n* радиотелефо́н

radiotherapy [ˌreɪdɪəʊˈθerəpɪ] *n* рентгенотерапи́я, радиотерапи́я

radish [ˈrædɪʃ] *n бот.* реди́с; **horse ~** хрен

radium [ˈreɪdɪəm] *n хим.* ра́дий

radius [ˈreɪdɪəs] *n* (*pl тж* **radii**) 1) ра́диус; **within a ~ of** в ра́диусе *(чего-л.)* 2) преде́лы, грани́цы *(действия, влияния и т. п.)* 3) спи́ца *(колеса)* 4) *анат.* лучева́я кость

radon [ˈreɪdɒn] *n хим.* радо́н

RAF *сокр.* **(the Royal Air Force)** Вое́нно-возду́шные си́лы Великобрита́нии

raf [ræf] *n разг. см.* **RAF**

raff [ræf] *n* 1) сброд, отбро́сы о́бщества 2) *шотл.* му́сор, отхо́ды, отбро́сы

raffish [ˈræfɪʃ] *a* беспу́тный

raffle I [ˈræfl] *n* (вещева́я) лотере́я

raffle II *v* 1) разы́грывать в лотере́е 2) уча́ствовать в лотере́е

raft¹ I [rɑːft] *n* 1) плот 2) паро́м

raft¹ II *v* 1) переправля́ться, сплавля́ться на плоту́ 2) гнать плоты́; сплавля́ть лес

raft² *n амер. разг.* мно́жество, ма́сса

rafter¹ [ˈrɑːftə(r)] *см.* **raftsman**

rafter² *n стр.* стропи́ло

rafting [ˈrɑːftɪŋ] *n спорт.* ра́фтинг *(скоростное прохождение порогов на специальном плоту)*

raftsman [ˈrɑːftsmən] *n* плотого́н

rag¹ [ræg] *n* 1) тря́пка; лоску́т 2) *pl* лохмо́тья; **in ~s** в лохмо́тьях, обо́рванный 3) обры́вок; клочо́к 4) *pl* тряпьё, тря́пки 5) *разг. пренебр.* тря́пка *(о занавесе, флаге, парусе)*; листо́к *(о газете)* 6) *attr* тряпи́чный; **~ doll** тряпи́чная ку́кла ◊ **glad ~s** *разг.* наря́дная оде́жда, наря́д; **not a ~** ничего́; **to chew the ~** *разг.* ворча́ть; пили́ть кого́-л.

rag² I *n сленг* шу́мное весе́лье; проде́лки, вы́ходки шу́мной (молодёжной) компа́нии; **for a ~** для заба́вы

rag² II *v сленг* 1) дразни́ть; разы́грывать, подшу́чивать 2) шуме́ть

ragamuffin [ˈræɡəmʌfɪn] *n* оборва́нец

rag-and-bone-man [ˌræɡənˈbəʊnmæn] *n* старьёвщик

rag-bolt [ˈræɡbəʊlt] *n тех.* а́нкерный болт

rage I [reɪdʒ] *n* 1) я́рость, неи́стовство; **to fly into a ~** прийти́ в я́рость 2) *разг.* пова́льное увлече́ние, мо́да; **to be all the ~** быть о́чень мо́дным

rage II *v* 1) беси́ться, бушева́ть, неи́стовствовать; быть в си́льном гне́ве; **to ~ against smb** си́льно разозли́ться на кого́-л. 2) бушева́ть, неи́стовствовать *(о непогоде, шторме)*; свире́пствовать *(об эпидемии и т. п.)*; **to ~ itself out** зати́хнуть, прекрати́ться *(о буре и т. п.)*

ragged [ˈræɡɪd] *a* 1) рва́ный, изо́рванный *(об одежде и т. п.)* 2) обо́рванный, оде́тый в лохмо́тья 3) потрёпанный, неаккура́тный; запу́щенный *(о саде)* 4) рва́ный *(о ране)*; зазу́бренный *(о краях)* 5) шерохова́тый, пло́хо отрабо́танный *(о стиле и т. п.)* 6) неро́вный

raggery [ˈræɡərɪ] *n разг.* «тря́пки», оде́жда

raging [ˈreɪdʒɪŋ] *a* 1) я́ростный, бушу́ющий 2) си́льный *(о боли и т. п.)*

raglan [ˈræɡlən] *n* оде́жда с рукава́ми-регла́н

ragman [ˈræɡmən] *n* старьёвщик

ragout [ræˈɡuː] *n кул.* рагу́

rag-picker [ˈræɡˌpɪkə(r)] *n* старьёвщик

ragtag [ˈræɡtæɡ] *n разг.* (вся́кий) сброд

ragtime [ˈræɡtaɪm] *n муз.* 1) рэ́гтайм *(стиль игры на фортепьяно)* 2) му́зыка в сти́ле рэ́гтайм

ragwort [ˈræɡwɜːt] *n бот.* кресто́вник

raid I [reɪd] *n* 1) налёт, набе́г, рейд 2) обла́ва

raid II *v* 1) соверша́ть налёт, рейд; производи́ть обла́ву 2) вторга́ться

raider [ˈreɪdə(r)] *n* 1) уча́стник налёта, ре́йда, налётчик 2) *воен.* ре́йдер 3) *ав.* самолёт, соверша́ющий налёт

rail¹ I [reɪl] *n* 1) перекла́дина, попере́чина, брус 2) пери́ла, по́ручни; огра́да 3) рельс; **to go off the ~s** сойти́ с ре́льсов; **off the ~s** а) соше́дший с ре́льсов б) вы́битый из колеи́ в) спя́тивший 4) железнодоро́жный путь; **to travel by ~** е́хать по желе́зной доро́ге 5) ве́шалка ◊ **thin as a ~** худо́й как ще́пка; **to sit on the ~** *амер.* выжида́ть, занима́ть выжида́тельную пози́цию

rail¹ II *v* 1) огора́живать, отгора́живать *(in, off)* 2) прокла́дывать ре́льсы

rail² *v* руга́ть, брани́ть; упрека́ть *(at, against)*

rail³ *n* водяно́й пастушо́к *(птица)*

railing [ˈreɪlɪŋ] *n* 1) пери́ла; огра́да 2) *авто* приспособле́ние на кры́ше *(для багажа)*

raillery [ˈreɪlərɪ] *n* доброду́шное подшу́чивание

railroad I [′reɪlrəʊd] *n амер.* 1) желе́зная доро́га 2) железнодоро́жная колея́ (*тж ~ track*) 3) *attr* железнодоро́жный; ~ **crossing** железнодоро́жный перее́зд

railroad II *v амер.* 1) путеше́ствовать, е́здить, перевози́ть по желе́зной доро́ге 2) стро́ить желе́зную доро́гу 3) *разг.* прота́лкивать, прота́скивать, проводи́ть в спе́шном поря́дке (*дело, закон и т. п. — through*) 4) *разг.* протолкну́ть, устро́ить (*кого-л. куда-л. — to, into*) 5) *сленг* сажа́ть в тюрьму́ (*по ло́жному обвине́нию*)

railway [′reɪlweɪ] *n* 1) желе́зная доро́га; **circular** ~ окружна́я желе́зная доро́га 2) железнодоро́жная колея́ (*тж ~ line*) 3) *attr* железнодоро́жный; ~ **carriage** железнодоро́жный ваго́н; ~ **station** железнодоро́жный вокза́л; железнодоро́жная ста́нция

railwayman [′reɪlweɪmən] *n* железнодоро́жный слу́жащий, железнодоро́жник

railway-yard [′reɪlweɪ͵jɑːd] *n* сортиро́вочная ста́нция

raiment [′reɪmənt] *n уст., поэт.* оде́жда, одея́ние

rain I [reɪn] *n* 1) дождь; **heavy/torrential/ pouring** ~ проливно́й дождь; (**come**) ~ **or shine** в любу́ю пого́ду; **if the** ~ **keeps off** е́сли не бу́дет дождя́ 2) (**the** ~s) *pl* сезо́н (тропи́ческих) дожде́й 3) пото́к, руче́й (*слёз*); град (*уда́ров, пуль*)

rain II *v* 1): **it** ~s, **it is** ~ing идёт дождь; **it is** ~ing **cats and dogs** дождь льёт как из ведра́ 2) ли́ться; сы́паться (*в большо́м коли́честве*) ◊ **it never** ~s **but it pours** *посл.* ≅ пришла́ беда́, отворя́й ворота́; беда́ (никогда́) не прихо́дит одна́

rainbow [′reɪnbəʊ] *n* 1) ра́дуга 2) *attr* ра́дужный; ~ **trout** ра́дужная форе́ль 3) *attr перен.* многонациона́льный; ~ **nation** многонациона́льное госуда́рство

raincheck [′reɪntʃek] *n амер. разг.*: **to take a** ~ откла́дывать на бо́лее по́здний срок

raincoat [′reɪnkəʊt] *n* (непромока́емый) плащ, дождеви́к

raindrop [′reɪndrɒp] *n* дождева́я ка́пля, ка́пля дождя́

rainfall [′reɪnfɔːl] *n* оса́дки; коли́чество оса́дков

rainforest [′reɪn͵fɒrɪst] *n* тропи́ческий лес; вла́жные джу́нгли

rain gauge [′reɪngeɪʤ] *n метео* дождеме́р

rainless [′reɪnlɪs] *a* засу́шливый

rainproof [′reɪnpruːf] *a* непромока́емый

rainstorm [′reɪnstɔːm] *n* (си́льный) ли́вень

raintight [′reɪntaɪt] *см.* **rainproof**

rainwater [′reɪn͵wɔːtə(r)] *n* дождева́я вода́

rain-worm [′reɪnwɜːm] *n* дождево́й червь

rainy [′reɪnɪ] *a* 1) дождли́вый 2) дождево́й (*о ту́чах и т. п.*) ◊ **for/against a** ~ **day** на чёрный день

raise I [reɪz] *n* 1) *амер.* повыше́ние, увеличе́ние (*зарпла́ты и т.п.*) 2) подня́тие, подъём

raise II *v* 1) поднима́ть; **to** ~ **one's hand** поднима́ть ру́ку; **to** ~ **a flag** поднима́ть флаг 2) стро́ить, воздвига́ть 3) вызыва́ть, порожда́ть; пробужда́ть; **to** ~ **doubts** вызыва́ть сомне́ния 4) расти́ть, выра́щивать; **to** ~ **sheep** разводи́ть ове́ц; **to** ~ **children** расти́ть дете́й 5) увели́чивать, повыша́ть (*зарпла́ту и т. п.*); **to** ~ **prices** повыша́ть це́ны 6) повыша́ть (*в до́лжности*); выдвига́ть; **to** ~ **to power** привести́ к вла́сти 7) собира́ть (*во́йско, нало́ги, де́ньги*) 8) поднима́ть (*го́лос*) 9) ста́вить те́сто 10) издава́ть (*во́зглас, крик*) 11) снима́ть (*барье́ры, блока́ду*) 12) добыва́ть, извлека́ть (*из недр*) ◊ **to** ~ **hell/Cain** поднима́ть шум, сканда́л; начина́ть беспоря́дки; **to** ~ **the roof** *разг.* шуме́ть, буя́нить; **to** ~ **from the dead** верну́ть к жи́зни

raisin [′reɪzn] *n* изю́м

rajah [′rɑːʤə] *n ист.* раджа́

rake¹ I [reɪk] *n* гра́бли ◊ **as thin as a** ~ худо́й как ще́пка

rake¹ II [reɪk] *v* 1) сгреба́ть; разгреба́ть; зара́внивать гра́блями 2) собира́ть (*обыкн.* **to** ~ **up, to** ~ **together**) 3) иска́ть, ры́ться (*among, in, through*)

rake in 1) загреба́ть де́ньги 2) иска́ть, ры́ться

rake out 1) выгреба́ть 2) добыва́ть с трудо́м

rake up вороши́ть; **to** ~ **an old scandal** разду́вать ста́рый сканда́л

rake² *n* гуля́ка, распу́тник

rake³ *n* отклоне́ние от перпендикуля́ра; укло́н

rake-off [′reɪk͵ɔːf] *n сленг* 1) до́ля посре́дника, комиссио́нные 2) незако́нная при́быль (*уча́стника в де́ле*); взя́тка

raker [′reɪkə(r)] *n* 1) гра́бли 2) рабо́тающий гра́блями

rakish¹ [′reɪkɪʃ] *a* 1) щегольско́й, щеголева́тый 2) распу́тный, распу́щенный

rakish² *a* быстрохо́дный (*о корабле́*)

rally¹ I [′rælɪ] *n* 1) восстановле́ние (*сил*) 2) объедине́ние 3) собра́ние, сбор, слёт; ма́ссовый ми́тинг

rally¹ II *v* 1) собира́ться 2) собира́ться вновь; воссоедини́ться; сплоти́ться 3) приходи́ть на по́мощь 4) восстана́вливать си́лы (*по́сле боле́зни и т. п.*)

rally² *спорт.* ра́лли

rally³ *v* подшу́чивать, подтру́нивать (*над кем-л.*)

RAM *сокр.* (**random access memory**) *вчт* запомина́ющее устро́йство с произво́льной вы́боркой, ЗУПВ; операти́вное запомина́ющее устро́йство, ОЗУ

R. A. M. *сокр.* **(Royal Academy of Music)** Короле́вская акаде́мия му́зыки

ram I [ræm] *n* 1) бара́н 2) **(R.)** Ове́н *(созвездие и знак зодиака)* 3) тара́н 4) *тех.* ба́ба *(молота, копра)*

ram II *v* 1) тара́нить 2) забива́ть, вкола́чивать; **to ~ into smb, to ~ it home** вбива́ть в го́лову 3) уда́риться; вре́заться; **a lorry/**амер. **a truck ~med into the bus** грузови́к вре́зался в авто́бус

ramble I [ˈræmbl] *n* прогу́лка

ramble II *v* 1) броди́ть, шля́ться без це́ли 2) вести́ несвя́зный разгово́р, переска́кивать с одно́й те́мы на другу́ю 3) беспоря́дочно расти́, располага́ться

rambler [ˈræmblə(r)] *n* 1) праздношата́ющийся 2) ползу́чее расте́ние

rambling [ˈræmblɪŋ] *a* 1) слоня́ющийся без це́ли 2) беспоря́дочно разбро́санный, постро́енный без пла́на 3) бессвя́зный, запу́танный *(о разговоре, рассказе)* 4) ползу́чий *(о растении)*

ramification [ˌræmɪfɪˈkeɪʃ(ə)n] *n* 1) разветвле́ние, ответвле́ние 2) ве́тка; отро́сток; ветвь 3) *собир.* ве́тви де́рева

ramify [ˈræmɪfaɪ] *v* разветвля́ться

rammer [ˈræmə(r)] *n* 1) *тех.* трамбо́вка; ба́ба 2) *воен.* шо́мпол

rammish [ˈræmɪʃ] *a* ре́зко па́хнущий; воню́чий

ramp¹ I [ræmp] *n* накло́нная пло́скость; скат, укло́н; па́ндус

ramp¹ II *v* 1) стоя́ть на за́дних ла́пах *(о геральдическом животном)* 2) принима́ть угрожа́ющую по́зу 3) быть в я́рости, бушева́ть 4) бу́йно расти́ *(о растениях)*

ramp² I [ræmp] *n сленг* вымога́тельство; грабёж

ramp² II *v сленг* занима́ться вымога́тельством

rampage I [ræmˈpeɪʤ] *n* неи́стовство, я́рость, бу́йство; **on the ~** в я́рости

rampage II *v* неи́стовствовать, бу́йствовать

rampageous [ræmˈpeɪʤəs] *a* неи́стовый, бу́йный, я́ростный

rampancy [ˈræmpənsɪ] *n* неи́стовство

rampant [ˈræmpənt] *a* 1) стоя́щий на за́дних ла́пах *(о геральдическом животном)* 2) неи́стовый, разъярённый; безу́держный 3) бу́йно разро́сшийся *(о растениях)* 4) весьма́ распространённый, принима́ющий угрожа́ющие разме́ры; **famine is ~ there** там свире́пствует го́лод

rampart I [ˈræmpɑːt] *n* 1) (крепостно́й) вал 2) опло́т, защи́та; опо́ра; опо́рный пункт

rampart II *v* укрепля́ть защи́тным ва́лом

ramper [ˈræmpə] *n сленг* моше́нник, афери́ст; вымога́тель

ramrod [ˈræmrɒd] *n воен.* шо́мпол

ramshackle [ˈræmˌʃækl] *a* ве́тхий, полуразвали́вшийся

ran [ræn] *past см.* **run II**

ranch I [rɑːntʃ] *n* 1) ра́нчо, кру́пная животново́дческая фе́рма 2) *амер.* фе́рма

ranch II *v* 1) жить на ра́нчо; занима́ться скотово́дством 2) *амер.* жить на фе́рме

rancher [ˈrɑːntʃə(r)] *n* 1) хозя́ин ра́нчо 2) рабо́тник на ра́нчо

ranchman [ˈrɑːntʃmən] *амер. см.* **rancher**

rancid [ˈrænsɪd] *a* проту́хший, прого́рклый; **to go ~** проту́хнуть

rancidity [rænˈsɪdɪtɪ] *n* прого́рклость; ту́хлый за́пах, вкус

rancidness [ˈrænsɪdnɪs] *см.* **rancidity**

rancorous [ˈræŋkərəs] *a* зло́бный, озло́бленный

rancour [ˈræŋkə(r)] *n* зло́ба; злопа́мятность

R & D *сокр.* **(research and development)** нау́чные иссле́дования и о́пытно-констру́кторские разрабо́тки, НИОКР

random I [ˈrændəm] *n:* **at ~** случа́йно, науга́д, науда́чу

random II *a* случа́йный; вы́бранный науга́д, пе́рвый попа́вшийся; беспоря́дочный; **a ~ selection of smth** случа́йный, непроду́манный подбо́р чего́-л.

random access [ˈrændəm ˌækses] *n вчт* 1) произво́льная вы́борка 2) произво́льный до́ступ, прямо́й до́ступ 3) случа́йный поря́док вы́борки

random-access memory [ˈrændəm ˌækses ˈmem(ə)rɪ] *n вчт* запомина́ющее устро́йство с произво́льной вы́боркой, ЗУПВ; операти́вное запомина́ющее устро́йство, ОЗУ

random sampling [ˌrændəm ˈsɑːmplɪŋ] *n* случа́йная вы́борка *(в статистике)*

ranee [ˈrɑːniː] *n ист.* ра́ни *(супруга правителя в Индии)*

rang [ræŋ] *past см.* **ring² II**

range¹ I [reɪnʤ] *n* 1) ряд, ли́ния *(зданий и т. п.)*; цепь, верени́ца 2) ли́ния; направле́ние 3) амплиту́да, диапазо́н, преде́лы *(измерения)* 4) ра́диус де́йствия; **~ of vision** кругозо́р, по́ле зре́ния 5) да́льность *(полёта)*; диста́нция *(стрельбы)*; **out of ~** вне досяга́емости 6) стре́льбище, полиго́н; **rifle ~** тир 7) круг интере́сов; сфе́ра де́ятельности; **a wide ~ of activities** разма́х де́ятельности 8) ряд; се́рия; цепь; **a new ~ of cars** но́вая се́рия автомоби́лей; **a mountain ~** го́рная цепь 9) ареа́л, о́бласть распростране́ния *(растения, животного)* 10) *амер.* пáстбище 11) *тех.* шкалá 12) открытая мéстность, степь 13) *геол.* гóрный кряж, гóрная систéма 14) ассортимéнт, сортамéнт; номенклатýра; **a wide ~ of goods** большóй выбор товáров

range¹ **II** *v* 1) выстрáивать(ся) в ряд; располагáться в определённом порядке; **guards were ~d along the route** охрáна выстроилась вдоль всегó пути слéдования 2) классифицировать 3): **to ~ oneself** присоединяться, примыкáть 4) бродить, стрáнствовать, *(over, through)* 5) окидывать взглядом 6) простирáться, тянýться вдоль *(чего-л.)*; **fields ~ for miles** поля простирáются на мили вокрýг 7) колебáться, изменяться *(в известных пределах)* 8) встречáться, имéть распространéние *(о растении, животном)* 9) охвáтывать *(об исследованиях, интересах и т. п.)* 10) *воен.* пристрéливаться; бить *(на определённое расстояние - об орудии)* 11) измерять дáльность

range² *n* 1) кýхонная плитá *(тж.* **kitchen ~)** 2) *тех.* агрегáт, устанóвка

rangefinder [ˈreɪndʒˌfaɪndə(r)] *n тех.* дальномéр

ranger [ˈreɪndʒə(r)] *n* 1) лесничий 2) кóнный полицéйский 3) *pl воен. амер.* десáнтно-диверсиóнные чáсти, «рéйнджеры» 4) бродяга

rangy [ˈreɪndʒɪ] *a* 1) бродячий, блуждáющий 2) поджáрый и с длинными ногáми *(о животном)* 3) обширный, прострáнный

rank¹ **I** [ræŋk] *n* 1) ранг, категóрия, разряд; **of high ~** высóкого рáнга 2) звáние, чин; **honorary ~** почётное звáние 3): **the ~s, the ~ and file** рядовóй состáв, рядовые; **to rise from the ~s** выдвинуться из рядовых в офицéры; **to reduce to the ~s** разжáловать в рядовые 4) высóкое положéние; **(the) ~ and fashion** высшее óбщество 5) ряд; шерéнга; **to break ~** выйти из строя; **a taxi ~** стоянка такси

rank¹ **II** *v* 1) быть в рядý *(кого-л., чего-л.)*, считáться; **he ~s among the best writers** егó считáют одним из лýчших писáтелей 2) занимáть *(определённое)* положéние; **to ~ high/low** занимáть высóкое/низкое положéние 3) *амер.* быть выше *(по чину, звáнию)* 4) располагáть в определённом порядке; классифицировать 5) строиться, выстрáиваться в шерéнгу, в ряд 6) *вчт* ранжировáть, устанáвливать очерёдность 7) перечислять

rank² *a* 1) пышный, бýйный *(о растительности)* 2) плодорóдный, тýчный *(о почве)* 3) зарóсший 4) прогóрклый; воню́чий 5) отъявленный; пóлный, совершéнный; **~ injustice** вопию́щая несправедливость; **~ treason** пóдлая измéна 6) грýбый; отвратительный

ranker [ˈræŋkə(r)] *n* офицéр, выслужившийся из рядовых

ranking I [ˈræŋkɪŋ] *n* 1) расположéние; расстанóвка 2) *спорт.* клáссное мéсто в состязáнии 3) *спец.* ранжировáние; расстанóвка по стéпени вáжности

ranking II *a* 1) вышестоящий, стоящий выше по звáнию, положéнию *и т. п.* 2) *воен.* стáрший по звáнию 3) высокопостáвленный; занимáющий высóкое положéние 4) вáжный, замéтный 5) *спорт.* (перво)клáссный

rankle [ˈræŋkl] *v* причинять боль; мýчить, терзáть *(о неприятном воспоминании, обиде и т. п.)*

ransack [ˈrænsæk] *v* 1) рыться, шáрить *(в поисках чего-л.)* 2) грáбить *(квартиру и т. п.)*

ransom I [ˈrænsəm] *n* выкуп; **to hold smb to ~** держáть когó-л. в залóжниках, трéбовать выкуп за когó-л.

ransom II *v* 1) выкупáть; освобождáть за выкуп 2) *церк.* искупáть *(вину, грех)*

rant I [rænt] *n* разглагóльствование; грóмкие словá

rant II [rænt] *v* 1) с вáжностью разглагóльствовать; говорить грóмкие словá; **to ~ and rave** разорáться 2) декламировать

ranunculus [rəˈnʌŋkjʊləs] *n (pl тж* **ranunculi** [rəˈnʌŋkjʊlaɪ]) *бот.* лю́тик

rap¹ **I** [ræp] *n* 1) (лёгкий) удáр; лёгкий стук; **a ~ on the door** стук в дверь 2) *сленг* наказáние; **to take the ~** отдувáться *(за что-л.)* 3) *муз.* рэп *(1. способ исполнения рифмóванного текста под ритмичную музыку 2. любóй стиль музыки, который использует рэп, особенно стиль хип-хоп — hip hop)*

rap¹ **II** *v* 1) слегкá ударять; стучáть, постýкивать 2) рéзко отвéтить; грýбо крикнуть, гáркнуть *(out)* ◊ **to ~ smb over the knuckles** дать комý-л. по рукáм; задáть комý-л. трёпку, окоротить когó-л.

rap² *n:* **not a ~** ни грошá; **I don't care a ~** мне наплевáть

rapacious [rəˈpeɪʃəs] *a* 1) жáдный 2) хищный

rapacity [rəˈpæsɪtɪ] *n* жáдность

rape I [reɪp] *n* 1) изнасилование; **multiple ~** группово́е изнасилование 2) насилие, насильственное дéйствие

rape II *v* насиловать

rapid I [ˈræpɪd] *a* 1) быстрый, скóрый; **~ transit (system)** *амер.* скоростнóй городскóй трáнспорт *(метро, электрички)*; **~ fire**

воен. бе́глый ого́нь; **R. Reaction Force** *воен.* си́лы бы́строго реаги́рования 2) круто́й *(о спуске, склоне)*

rapid II *n обыкн. pl* стремни́на, речно́й поро́г

rapid access [ˈræpɪdˌækses] *n вчт* 1) бы́стрый до́ступ 2) бы́страя вы́борка

rapidity [rəˈpɪdɪtɪ] *n* быстрота́, ско́рость

rapier [ˈreɪpɪə(r)] *n спорт.* рапи́ра

rapine [ˈræpaɪn] *n* грабёж

rapist [ˈreɪpɪst] *n* наси́льник

rapport [ræˈpɔː(r)] *n* связь, отноше́ния; согла́сие; **to establish a ~ with smb** установи́ть взаимопонима́ние с кем-л.

rapprochement [rəˈprɒʃmɑːŋ] *n* сближе́ние, возобновле́ние дру́жеских отноше́ний

rapt [ræpt] *a* 1) поглощённый, увлечённый; **~ in thought** поглощённый мы́слью 2) восхищённый, в восто́рге 3) похи́щенный, унесённый

rapture [ˈræptʃə(r)] *n* 1) восто́рг, восхище́ние; **to be in ~s over/about smth** быть в восто́рге от чего́-л.; **to go into ~s** прийти́ в восто́рг 2) похище́ние

rapturous [ˈræptʃərəs] *a* восто́рженный

rara avis [ˈreərə ˈeɪvɪs] *n лат.* ре́дкость, дико́вин(к)а, «ре́дкая пти́ца»

rare[1] [reə(r)] *a* 1) ре́дкий, ре́дкостный; необы́чный, осо́бенный; **a ~ plant** ре́дкое расте́ние; **of ~ beauty** ре́дкостной красоты́ 2) замеча́тельный, исключи́тельный *(о па́мяти, спосо́бностях и т. п.)* 3) разрежённый; **~ atmosphere** разрежённый во́здух 4) ине́ртный *(о газе)*

rare[2] *a* недожа́ренный; **~ meat** мя́со с кро́вью

rare event [ˌreəɪˈvent] *n вчт* ре́дкое собы́тие; маловероя́тное собы́тие

rarefaction [ˌreərɪˈfækʃ(ə)n] *n* разреже́ние; разжиже́ние

rarefy [ˈreərɪfaɪ] *v* 1) разрежа́ться; разжижа́ться 2) очища́ть

rarely [ˈreəlɪ] *adv* 1) ре́дко, нечасто 2) необыча́йно, исключи́тельно

rarity [ˈreərɪtɪ] *n* 1) ре́дкость 2) ре́дкое явле́ние; ре́дкая вещь; не́что необы́чное; рарите́т 3) разрежённость *(воздуха и т. п.)*

rascal [ˈrɑːskəl] *n* моше́нник, негодя́й

rascality [rɑːsˈkælɪtɪ] *n* моше́нничество

rash[1] [ræʃ] *a* стреми́тельный, поспе́шный, опроме́тчивый

rash[2] *n мед.* сыпь, высыпа́ния

rasher [ˈræʃə(r)] *n* то́нкий ло́мтик беко́на *(для поджа́ривания)*

rashness [ˈræʃnɪs] *n* поспе́шность, опроме́тчивость

rasp I [rɑːsp] *n* 1) ре́зкий, скребу́щий звук 2) *тех.* ра́шпиль

rasp II *v* 1) скрести́, тере́ть; скобли́ть; подпи́ливать 2) дребезжа́ть; скрежета́ть 3) говори́ть скрипу́чим го́лосом 4) ре́зать у́хо

raspberry [ˈrɑːzbərɪ] *n* 1) мали́на 2) *сленг* звук, выража́ющий пренебреже́ние, презре́ние; **to give/to hand smb a ~** вы́разить кому́-л. своё презре́ние

raspberry-cane [ˈrɑːzbərɪkeɪn] *n обыкн. pl* мали́нник

rasping [ˈrɑːspɪŋ] *a* скрежещущий *(о звуке)*; скрипу́чий *(о голосе)*

Rastafarian [ˌræstəˈfeərɪən] *n* растафа́ри *(последователь религиозного учения, возникшего на Яма́йке среди чернокожего населения в начале 20 в.)*

Rastaman [ˈræstəmən] *n* растама́н *(см. тж* **Rastafarian***)*

raster [ˈræstə] *n вчт* растр, двуме́рный масси́в то́чек

rat I [ræt] *n* 1) кры́са 2) *сленг* преда́тель 3) *сленг* мерза́вец 4) *сленг:* **~s!** вздор!, ерунда́! ◊ **like a drowned ~** наскво́зь промо́кший; **to have ~s in the attic** *сленг* не все до́ма, ви́нтиков не хвата́ет; **to smell a ~** *разг.* подозрева́ть (нела́дное); **~ race** жи́зненная го́нка *(за благами, успехом и т. п.)*

rat II *v* 1) *сленг* предава́ть, изменя́ть 2) истребля́ть крыс

rat on *сленг* стуча́ть *(на кого́-л.)*

ratable [ˈreɪtəbl] *см.* **rateable**

ratcatcher [ˈrætˌkætʃə(r)] *n* крысоло́в

ratchet [ˈrætʃɪt] *n тех.* храпови́к; соба́чка

rate[1] **I** [reɪt] *n* 1) но́рма; ста́вка; тари́ф; коэффицие́нт; проце́нт; **the ~s of wages** ста́вки зарабо́тной пла́ты; **~ of exchange** обме́нный курс валю́т, валю́тный курс; **the dollar ~** курс до́ллара; **~ of return** но́рма при́были; **~ of interest** ссу́дный проце́нт; **to borrow at a high ~ of interest** взять ссу́ду под высо́кий проце́нт 2) цена́; **the regular ~** обы́чная цена́; **they offer cheap ~s in winter** зимо́й у них ни́зкие це́ны 3) темп, ско́рость; **~ of growth** те́мпы ро́ста; **at the ~ of 60 km an hour** со ско́ростью 60 км/час 4) *pl* ме́стные сбо́ры, муниципа́льные нало́ги 5) разря́д, класс; сорт 6) *тех.* расхо́д *(воды и т. п.)* 7) соотноше́ние, отноше́ние; сте́пень; до́ля; пропо́рция 8) разме́р ◊ **at any ~** во вся́ком слу́чае; **at that ~** в тако́м слу́чае; **at this ~** при таки́х усло́виях

rate[1] **II** *v* 1) оце́нивать, определя́ть, устана́вливать; **how do you ~ his chances?** как вы оце́ниваете его́ ша́нсы? 2) счита́ть, рассма́тривать; цени́ть; **they ~ him highly** они́ его́ о́чень це́нят; **he was ~d among the best students** он счита́лся одни́м из са́мых лу́чших студе́нтов 3) облага́ть нало́гом

rate² [reɪt] *v* устра́ивать разно́с, руга́ть

rateable [ˈreɪtəbl] *a* 1) пропорциона́льный 2) облага́емый нало́гом

ratepayer [ˈreɪtˌpeɪə(r)] *n* налогоплате́льщик

rather [ˈrɑːðə(r)] *adv* 1) до не́которой сте́пени, немно́го, не́сколько; **I'm ~ tired** я немно́го уста́л; **it's ~ strange** сто не́сколько стра́нно; **I know him ~ well** я его́ дово́льно хорошо́ зна́ю 2) охо́тнее, лу́чше, предпочти́тельнее; **I would ~ go than stay here** я бы лу́чше ушёл, чем оста́лся здесь 3) верне́е, скоре́е, пра́вильнее 4): **~!** *разг.* да!, да, коне́чно! *(в ответ)*

rathskeller [ˈrɑːtsˌkelə(r)] *n* *амер.* пивно́й зал *или* рестора́н в подва́льчике

ratification [ˌrætɪfɪˈkeɪʃ(ə)n] *n* *юр.* ратифика́ция *(договора и т. п.)*

ratify [ˈrætɪfaɪ] *v* *юр.* ратифици́ровать, подпи́сывать *(договор и т. п.)*

rating¹ [ˈreɪtɪŋ] *n* 1) ре́йтинг, оце́нка 2) класс, разря́д; ранг; положе́ние 3) обложе́ние нало́гом 4) *тех.* мо́щность; производи́тельность 5) *мор.:* **officers and ~s** офице́ры и матро́сы

rating² *n* нагоня́й

ratio [ˈreɪʃɪəʊ] *n* 1) отноше́ние; коэффицие́нт; пропо́рция; соотноше́ние; **in direct ~ to smth** в прямо́й пропо́рции к чему́-л.; **in the ~ of 3 to 1** в отноше́нии три к одному́ 2) *тех.* переда́точное число́ 3) *мат.* мно́житель 4) *мат.* сте́пень

ration I [ˈræʃ(ə)n] *n* 1) паёк; по́рция; рацио́н; **daily ~ of bread** су́точный рацио́н хле́ба; **emergency/iron ~** неприкоснове́нный запа́с; **reduced ~** уме́ньшенный паёк 2) *pl* продово́льствие, провиа́нт *(для военнослужащих)* 3) *attr* пайко́вый; норми́рованный; **~ card** (продово́льственная) ка́рточка, тало́н *(на получение своей нормы продуктов)*

ration II *v* 1) норми́ровать вы́дачу како́го-л. проду́кта; выдава́ть по ка́рточкам 2) выдава́ть паёк

rational [ˈræʃənəl] *a* разу́мный; рациона́льный; целесообра́зный

rationalism [ˈræʃənəlɪz(ə)m] *n* рационали́зм

rationalist I [ˈræʃənəlɪst] *n* рационали́ст

rationalist II *a* рационалисти́ческий

rationalistic [ˌræʃənəˈlɪstɪk] *a* рационалисти́ческий

rationality [ˌræʃəˈnælɪtɪ] *n* разу́мность, рациона́льность

rationalization [ˌræʃənəlaɪˈzeɪʃ(ə)n] *n* 1) рационализа́ция 2) *мат.* освобожде́ние от иррациона́льностей

rationalize [ˈræʃənəlaɪz] *v* 1) объясня́ть рационалисти́чески, осно́вываясь на реа́ль-

ности; дава́ть разу́мное объясне́ние 2) рационализи́ровать 3) *мат.* освобожда́ть от иррациона́льностей

rationing [ˈræʃənɪŋ] *n* нормирова́ние проду́ктов, това́ров

rat poison [ˈrætˌpɔɪz(ə)n] *n* кры́синый яд

rat run [ˈrætˌrʌn] *n* бокова́я доро́га; объездно́й путь

ratsbane [ˈrætsbeɪn] *n* 1) отра́ва для крыс 2) ядови́тое расте́ние

rat-tat [ˌrætˈtæt] *n* стук в дверь

ratter [ˈrætə(r)] *n* 1) живо́тное-крысоло́в 2) *сленг* преда́тель, изме́нник

rattle I [ˈrætl] *n* 1) треск, гро́хот 2) погрему́шка 3) трещо́тка *(ночного сторожа)* 4) шум, сумато́ха 5) пуста́я болтовня́

rattle II *v* 1) треща́ть; грохота́ть; дребезжа́ть; бараба́нить *(о дожде)*; **the cart ~d over the cobbles** теле́жка прогромыха́ла по булы́жной мостово́й 2) дви́гать(ся) с гро́хотом 3) прота́скивать *(закон и т. п.)* 4) бы́стро говори́ть, треща́ть; «отбараба́нить» *(урок, стихи и т. п.)* 5) *разг.* раздража́ть; заставля́ть не́рвничать; **to get ~d** не́рвничать, теря́ть споко́йствие

rattlebox [ˈrætlbɒks] *n* 1) де́тская погрему́шка 2) ста́рый автомоби́ль, драндуле́т

rattler [ˈrætlə(r)] *n* 1) ста́рый автомоби́ль, драндуле́т 2) *разг.* грему́чая змея́ 3) *сленг* я́ркий образе́ц *(чего-л.)*; не́что необыкнове́нное

rattlesnake [ˈrætlsneɪk] *n* грему́чая змея́

rattling I [ˈrætlɪŋ] *a* 1) грохо́чущий, шу́мный 2) *уст. перен.* захва́тывающий, волну́ющий 3) бы́стрый, энерги́чный *(о шаге, ходьбе)*

rattling II *adv* о́чень, чрезвыча́йно

rat trap [ˈrætˌtræp] *n* 1) крысоло́вка 2) *амер. сленг* ста́рое запу́щенное зда́ние, «крыся́тник»

ratty [ˈrætɪ] *a* 1) кры́синый 2) кища́щий кры́сами 3) *разг.* раздражённый, серди́тый 4) *разг.* проти́вный, ме́рзкий

raucous [ˈrɔːkəs] *a* хри́плый, ре́зкий *(о го́лосе, смехе)*

raunchy [ˈrɔːntʃɪ] *a* *разг.* 1) гру́бый, поха́бный 2) *амер.* гря́зный, неря́шливый

ravage I [ˈrævɪdʒ] *n* 1) опустоше́ние, разоре́ние 2) *pl* разруши́тельное де́йствие

ravage II *v* опустоша́ть, разоря́ть; **~d by fire** опустошённый пожа́ром

rave¹ [reɪv] *n* 1) рейв *(стиль современной му́зыки, сформирова́вшийся в конце 20 в. на дискоте́ках и сочета́ющий в себе элеме́нты техно (techno) и хардко́ра (hardcore)* 2) танцева́льная вечери́нка, дискоте́ка под му́зыку в сти́ле рейв

rave² *v* 1) бре́дить, быть в бреду́ 2) восторга́ться *(about, of)*; **he ~s about rock music** он про́сто бре́дит рок-му́зыкой 3) неи́стовствовать, бесновáться; бушевáть *(о мо́ре, ветре и т. п.)*

ravel I [´rævəl] *n* 1) у́зел 2) запу́танность, пу́таница 3) обры́вок *(нитки и т. п.)*

ravel II *v* 1) запу́тывать 2) усложня́ть 3) протирáться, изнáшиваться *(о ткани)* 4) распу́тывать *(часто* **to ~ out)**

ravelin [´rævlɪn] *n ист.* равели́н

raven¹ [´reɪvən] *n* во́рон

raven² [´rævn] *v* 1) гра́бить 2) иска́ть добы́чу 3) жа́дно есть, пожирáть

raven-haired [ˌreɪvnˊheəd] *a* с волоса́ми цве́та во́ронова крылá

ravenous [´rævənəs] *a* 1) жа́дный, изголода́вшийся; прожо́рливый; **a ~ appetite** во́лчий аппети́т 2) хи́щный

raver [´reɪvə(r)] *n* 1) люби́тель дискотéчных вечери́нок, рéйвер 2) *уст. разг.* гуля́ка

ravin [´rævɪn] *n поэт.* грабёж; **beast of ~** хи́щный зверь

ravine [rəˊviːn] *n* уще́лье; глубо́кий овра́г

raving I [´reɪvɪŋ] *n часто pl* бред

raving II *a* бредово́й; в бреду́; горя́чечный

raving III *adv разг.:* **he's ~ mad** он совсе́м спя́тил

ravioli [ˌrævɪˊəʊlɪ] *n кул.* равио́ли

ravish [´rævɪʃ] *v* 1) изнаси́ловать 2) восхищáть, приводи́ть в восто́рг 3) *уст.* похищáть

ravishing [´rævɪʃɪŋ] *a* восхити́тельный, очаровáтельный, упои́тельный

ravishment [´rævɪʃmənt] *n* 1) изнаси́лование 2) восто́рг, упоéние 3) *уст.* похище́ние

raw I [rɔː] *n* сса́дина; больно́е ме́сто ◊ **in the ~** в натурáльном ви́де, без прикра́с; **to touch smb on the ~** заде́ть кого́-л. за живо́е

raw II *a* 1) сыро́й, необрабо́танный; **~ materials** сырьё; **~ sugar** нерафини́рованный са́хар; **~ meat** сыро́е мя́со 2) недовáренный, недожа́ренный 3) неразбáвленный *(о спирте)* 4) необрабо́танный *(о данных)* 5) нео́пытный, необу́ченный 6) с обо́дранной ко́жей; **a ~ wound** откры́тая ра́на 7) сыро́й, промо́зглый *(о погоде)* 8) неотде́ланный, незако́нченный *(о произведении искусства)* 9) *амер. сленг* нече́стный; **~ deal** нече́стная сде́лка, махинáция

raw-boned [´rɔːbəʊnd] *a* костля́вый, то́щий

rawhide [´rɔːhaɪd] *n* 1) сыромя́тная ко́жа 2) плеть из сыромя́тной ко́жи

ray¹ **I** [reɪ] *n* 1) луч; **cosmic ~s** косми́ческие лучи́, косми́ческое излуче́ние; **gamma ~s** гáмма-лучи́ 2) про́блеск; **a ~ of hope** про́блеск надéжды

ray¹ **II** *v* 1) излуча́ть 2) расходи́ться луча́ми

ray² *n* скат *(рыба)*

rayon [´reɪɒn] *n* иску́сственный шёлк

raze [reɪz] *v* 1) разруша́ть до основа́ния, сноси́ть; **to ~ to the ground** стере́ть с лица́ земли́, сровня́ть с землёй 2) вычёркивать, стира́ть *(из памяти и т. п.)*

razor I [´reɪzə(r)] *n* бри́тва; **safety ~** безопа́сная бри́тва

razor II *v* брить

razor-back [´reɪzəbæk] *n* полоса́тик *(кит)*

razor-edge [´reɪzərˌedʒ] *n* 1) остриё бри́твы; о́стрый край 2) о́стрый гре́бень горы́ 3) опа́сное, крити́ческое положе́ние

razor-sharp [ˌreɪzəˊʃɑːp] *a* 1) о́стрый, как бри́тва 2) с о́стрым умо́м 3) чёткий, я́сный *(об изображении)*

razz [ræz] *v амер. сленг* поддра́знивать, насмеха́ться

razzle-dazzle [´ræzəlˌdæzəl] *n сленг* 1) шум, суетá, волне́ние 2) кутёж, шу́мное весе́лье

RC *сокр.* 1) (**Roman Catholic**) а) като́лик б) ри́мско-католи́ческий 2) (**the Red Cross**) Кра́сный Крест 3) (**reinforced concrete**) железобето́н

RCA *сокр.* (**Royal College of Art**) Короле́вский ко́лледж иску́сств

RCAF *сокр.* (**the Royal Canadian Air Force**) Вое́нно-возду́шные си́лы Канáды

RCM *сокр.* (**Royal College of Music**) Короле́вский музыка́льный ко́лледж

RCP *сокр.* (**Royal College of Physicians**) Короле́вский терапевти́ческий ко́лледж

RCS *сокр.* 1) (**Royal College of Scientists**) Короле́вский нау́чный ко́лледж 2) (**Royal College of Surgeons**) Короле́вский хирурги́ческий ко́лледж

Rd. *сокр.* (**road**) доро́га, шоссе́

re¹ [reɪ] *n муз.* ре

re² [riː] *prep* относи́тельно, каса́тельно *(чего-л.)*, *(в документах, официальной переписке)*; **re your letter** относи́тельно Вáшего письмá

re- [riː-] *pref* указывает: а) *на повторение действия, выраженного основным словом:* **to reprint** перепеча́тывать; **to re-elect** переизбира́ть б) *на возобновление действия:* **to renew** возобновля́ть в) *на переделку чего-л.:* **to reorganize** реорганизо́вывать; **to reshape** придавáть но́вую фо́рму

reach I [riːtʃ] *n* 1) протя́гивание *(руки и т. п.)* 2) досяга́емость; **within/out of ~** в преде́лах/вне преде́лов досяга́емости; **within easy ~** побли́зости, под руко́й 3) круг *(понимáния)*; сфе́ра; охва́т, кругозо́р; **it is beyond my ~** э́то вы́ше моего́ понима́ния 4) протяже́ние, простра́нство; **the upper ~es** верхо́вья (реки́)

reach II *v* 1) протя́гивать, вытя́гивать (*часто* **to ~ out**); **to ~ a hand out for smth** протя́гивать ру́ку за чем-л. 2) передава́ть, подава́ть; **can you ~ me down my case?** не могли́ бы вы пода́ть мне чемода́н с по́лки? 3) достава́ть, брать (*с по́лки и т. п.*) 4) доезжа́ть, доходи́ть; достига́ть 5) составля́ть (*су́мму*) 6) добива́ться (*чего́-л.*), достига́ть результа́та; **to ~ an agreement** дости́чь согла́сия 7) ока́зывать влия́ние; **to ~ one's audience** заста́вить слу́шать свою́ аудито́рию ◊ **to ~ for the sky** ста́вить себе́ (сли́шком) высо́кие це́ли, стреми́ться к недостижи́мому

reach-me-down [′ri:tʃmɪ′daʊn] *a* сде́ланный не на зака́з, гото́вый (*об оде́жде; тж* **off-the-rack, ready-made**)

react [rɪ′ækt] *v* 1) реаги́ровать 2) противоде́йствовать (*against*); ока́зывать сопротивле́ние 3) (воз)де́йствовать, влия́ть (*on, upon*) 4) *хим.* вызыва́ть реа́кцию

re-act [ri:′ækt] *v* повтори́ть, испо́лнить ещё раз

reactance [rɪ′æktəns] *n эл.* реакти́вное сопротивле́ние, реакта́нс

reaction [rɪ′ækʃ(ə)n] *n* 1) реа́кция; отве́тное де́йствие; реаги́рование 2) противоде́йствие 3) *полит.* реа́кция, реакцио́нные си́лы; **force of ~** си́лы реа́кции 4) *хим.* реа́кция, взаимоде́йствие

reactionary I [rɪ′ækʃ(ə)nərɪ] *a полит.* реакцио́нный

reactionary II *n полит.* реакционе́р

reactionist [rɪ′ækʃ(ə)nɪst] *см.* **reactionary II**

reactive [rɪ′æktɪv] *a* 1) реаги́рующий 2) противоде́йствующий

reactor [rɪ′æktə(r)] *n физ.* реа́ктор; **nuclear ~** а́томный реа́ктор

read¹ I [ri:d] *n* 1) чте́ние 2) *разг.* занима́тельная кни́жка; чти́во; **it's a really good ~** э́то интере́сно почита́ть

read¹ II *v* (*past, p. p.* **read** [red]) 1) чита́ть; **to ~ aloud** чита́ть вслух; **to ~ to oneself** чита́ть про себя́; **to ~ smb to sleep** чита́ть, пока́ слу́шатель не засну́л 2) объясня́ть, истолко́вывать; понима́ть; **I ~ it differently** я понима́ю/толку́ю э́то по-друго́му 3) пока́зывать (*о прибо́ре*) 4) разга́дывать (*сон, зага́дку*); **to ~ smb's palm** гада́ть кому́-л. по руке́; **to ~ smb's future** предска́зывать чьё-л. бу́дущее 5) гласи́ть (*о фра́зе, докуме́нте*); **the letter ~s as follows:** в письме́ говори́тся, что: 6) изуча́ть; **she is ~ing German** она́ изуча́ет неме́цкий язы́к; **to ~ for a doctorate** гото́вить до́кторскую диссерта́цию 7) *вчт*

снима́ть ко́пию; переноси́ть; вводи́ть *или* извлека́ть (*да́нные — in; out*) ◊ **to ~ between the lines** чита́ть ме́жду строк; **to ~ smb like a book** ви́деть кого́-л. наскво́зь

read out 1) чита́ть вслух 2) *амер.* исключа́ть из па́ртии, организа́ции *и т. п.*

read up изуча́ть; гото́виться по специа́льности

read² [red] *past, p. p. см.* **read¹ I**

readability [ˌri:də′bɪlɪtɪ] *n* удобочита́емость, чита́бельность; чита́емость

readable [′ri:dəbl] *a* 1) чёткий, удобочита́емый, чита́бельный 2) легко́ чита́ющийся, занима́тельный, интере́сный

readdress [ˌri:ə′dres] *v* переадресо́вывать

reader [′ri:də(r)] *n* 1) чита́тель 2) кни́га для чте́ния (*уче́бник*); хрестома́тия 3) ле́ктор (*в университе́те*); доце́нт 4) рецензе́нт (*в изда́тельстве*) 5) корре́ктор (*тж* **proof-~**) 6) чтец (*особ. в це́ркви*) 7) *вчт* счи́тывающее устро́йство, счи́тыватель 8) *вчт* програ́мма чте́ния

readership [′ri:dəʃɪp] *n* чита́тели, чита́тельская аудито́рия

readily [′redɪlɪ] adv 1) охо́тно, с гото́вностью; **he ~ agreed** он охо́тно согласи́лся 2) про́сто, без труда́

read-in [′ri:d ˌɪn] *n вчт* ввод да́нных; счи́тывание (*информа́ции*) во вну́треннюю па́мять

readiness [′redɪnɪs] *n* 1) гото́вность; состоя́ние гото́вности 2) нахо́дчивость

reading [′ri:dɪŋ] *n* 1) чте́ние 2) начи́танность; **a person of wide ~** начи́танный челове́к 3) чте́ние на пу́блике, публи́чное чте́ние; чи́тка 4) *обыкн.* pl показа́ния (*прибо́ра*) 5) толкова́ние, понима́ние (*фа́ктов, сообще́ний и т. п.*) 6) интерпрета́ция 7) чте́ние законопрое́кта (в парла́менте); **the first/second ~** пе́рвое/второ́е чте́ние (в парла́менте)

reading-desk [′ri:dɪŋdesk] *n* пюпи́тр

reading-lamp [′ri:dɪŋlæmp] *n* насто́льная ла́мпа

reading-room [′ri:dɪŋrʊm] *n* чита́льный зал, чита́льня

readjust [ˌri:ə′dʒʌst] *v* переде́лывать, приспоса́бливать, регули́ровать

readjustment [ˌri:ə′dʒʌstmənt] *n* переде́лка, приспособле́ние, регулиро́вка

README file [′ri:dmi:ˌfaɪl] *n вчт* ознакоми́тельный файл

readmit [ˌri:əd′mɪt] *v* сно́ва приня́ть

read-only [ˌri:d′əʊnlɪ] *a вчт* неизменя́емый; досту́пный то́лько для чте́ния

read-only memory [ˌri:d′əʊnlɪ′mem(ə)rɪ] *n вчт* постоя́нное запомина́ющее устро́йство, ПЗУ

read-out [ˈriːdˌaʊt] *n* 1) отсчёт; считывание данных; снятие показаний *(приборов)* 2) выборка информации 3) *вчт* вывод данных, вывод и считывание; распечатка 4) *вчт* извлечённая информация 5) *спец.* дисплей, индикаторная панель

read/write [ˈriːdˌraɪt] *n вчт* чтение – запись, считывание – запись

ready I [ˈredɪ] *a обыкн. predic* 1) готовый; ~ **meal** готовое (к употреблению) блюдо 2) выражающий готовность 3) быстрый; незамедлительный; **a ~ wit** быстрый ум 4) легкодоступный, находящийся под рукой; ~ **at hand** тут же, под рукой; **a ~ sale** бойкая торговля 5) наличный *(о деньгах)*

ready II *n сленг* наличные деньги, банкноты

ready-made [ˌredɪˈmeɪd] *a* сделанный не на заказ, готовый *(об одежде; тж* **off-the-rack, reach-me-down***)*

reaffirm [ˌriːəˈfɜːm] *v* подтверждать снова

reagent [riːˈeɪdʒənt] *n хим.* реактив, реагент

real I [rɪəl] *a* 1) действительный, реальный; настоящий, подлинный; истинный 2) недвижимый; ~ **estate** недвижимое имущество

real II *adv разг.* очень

realign [ˌriːəˈlaɪn] *v* перегруппировать *(силы и т. п.)*; перестроить *(ряды)*

realism [ˈrɪəlɪz(ə)m] *n* реализм

realist [ˈrɪəlɪst] *n* реалист

realistic [rɪəˈlɪstɪk] *a* 1) реалистический 2) практический, реальный, реалистичный

reality [rɪˈælɪtɪ] *n* 1) реальность, действительность; **in ~** на самом деле, в действительности 2) истинность, подлинность

realizable [ˈrɪəlaɪzəbl] *a* 1) поддающийся пониманию 2) осуществимый

realization [ˌrɪəlaɪˈzeɪʃ(ə)n] *n* 1) осуществление, реализация 2) понимание, осознание; **to have a true/full ~ of smth** ясно сознавать что-л., вполне отдавать себе отчёт в чём-л. 3) реализация, продажа

realize [ˈrɪəlaɪz] *v* 1) понимать, осознавать; **not to ~ the problems** не понимать (стоящих перед кем-л.) проблем 2) осуществлять, выполнять 3) реализовывать, продавать; получать прибыль

really [ˈrɪəlɪ] *adv* 1) действительно, на самом деле 2) *(как вопрос)* разве?, неужели?, это так?

realm [relm] *n* 1) *юр.* королевство 2) область, сфера; **the ~ of imagination** царство мечты, область фантазий; **the ~ of beauty** царство/мир красоты

real time [ˌrɪəlˈtaɪm] *n вчт* реальное время, реальный масштаб времени

real-time [ˌrɪəlˈtaɪm] *a вчт* (производимый) в реальном времени

realtor [ˈriːəltə(r)] *n амер.* риэлтор, агент по продаже недвижимости

realty [ˈriːəltɪ] *n* недвижимое имущество, недвижимость

ream[1] [riːm] *n* стопа, пачка бумаги *(480 листов)*

ream[2] *v тех.* рассверливать, развёртывать

reamer [ˈriːmə(r)] *n тех.* развёртка

reanimate [riːˈænɪmeɪt] *v* 1) оживлять, возвращать к жизни 2) реанимировать

reap [riːp] *v* 1) жать 2) собирать урожай 3) пожинать плоды (своих трудов) ◊ **to ~ as one has sown** что посеешь, то и пожнёшь

reaper [ˈriːpə(r)] *n* 1) жнец 2) *с.-х.* жатка ◊ **the (grim) R.** смерть

reaping-hook [ˈriːpɪŋhʊk] *n* серп

reaping-machine [ˈriːpɪŋməˌʃiːn] *см.* **reaper** 2)

reappear [ˌriːəˈpɪə(r)] *v* вновь появляться

reappoint [ˌriːəˈpɔɪnt] *v* вновь назначать

rear[1] [rɪə(r)] *n* 1) тыл; **to bring up the ~** замыкать шествие; **in (the) ~** в тылу 2) задняя сторона; задний конец; **at/in the ~ of the house** а) позади дома б) в задней части дома 3) спина 4) *attr* задний, тыльный

rear[2] *v* 1) поднимать; возносить 2) воздвигать *(памятник и т. п.)* 3) воспитывать; выращивать 4) становиться на дыбы *(тж* **to ~ up***)*

rear admiral [ˌrɪəˈædmərəl] *n* контр-адмирал

rearguard [ˈrɪəɡɑːd] *n* арьергард

rearm [riːˈɑːm] *v* перевооружать(ся)

rearmament [riːˈɑːməmənt] *n* перевооружение

rearmost [ˈrɪəməʊst] *a* самый задний, последний

rearrange [ˌriːəˈreɪndʒ] *v* располагать по-новому; переставлять

rear-view mirror [ˌrɪəvjuːˈmɪrə(r)] *n авто* зеркало заднего вида

rearward I [ˈrɪəwəd] *n* замыкающая часть, арьергард; тыл

rearward II *a* задний, тыльный

rearward III *см.* **rearwards**

rearwards [ˈrɪəwədz] *adv* назад, в тыл, в сторону тыла

reason I [ˈriːz(ə)n] *n* 1) причина, основание; объяснение, оправдание; **that is the ~ why...** вот по какой причине..., вот почему...; **by ~ of smth** по причине чего-л.; **for one ~ or another** по той *или* иной причине; **for no good ~, for no ~ at all** без всякой причины; **with ~** не без основания; **to give one’s ~s** дать свои объяснения, объяснить причины 2) разум, рассудок; здравый смысл; **in ~** разумный, рассудительный; **beyond ~** неблагоразумный; **to bring to ~** образумить;

to lose one's ~ лиши́ться ра́зума, рассу́дка; **to listen to ~** прислу́шаться к го́лосу рассу́дка; **it stands to ~** соверше́нно я́сно, разуме́ется

reason II *v* 1) рассужда́ть *(about, of, upon)* 2) *обыкн. p. p.* проду́мывать, обду́мывать 3) убежда́ть, угова́ривать *(into)*; разубежда́ть *(out of)*

reason out хорошо́ проду́мать, проду́мать до конца́

reasonable [ˈriːzənəbl] *a* 1) (благо)разу́мный; **let's be ~** дава́йте подойдём к стому разу́мно 2) уме́ренный, прие́млемый, сно́сный; **~ prices** уме́ренные це́ны

reasonably [ˈriːzənəblɪ] *adv* 1) разу́мно, обосно́ванно 2) дово́льно; сно́сно

reasoning [ˈriːznɪŋ] *n* рассужде́ние; аргумента́ция

reassemble [ˌriːəˈsembl] *v* вновь собира́ть

reassert [ˈriːəˈsɜːt] *v* заверя́ть, (ещё раз) подтвержда́ть

reassess [ˌriːəˈses] *v* за́ново оце́нивать, де́лать переоце́нку

reassurance [ˌriːəˈʃʊərəns] *n* увере́ние, заве́ре́ние

reassure [ˌriːəˈʃʊə(r)] *v* увещева́ть, убежда́ть, заверя́ть, успока́ивать

reave [riːv] *v (past, p. p. reft) уст.* 1) похища́ть 2) отнима́ть; гра́бить

rebate I [ˈriːbeɪt] *n* ски́дка *(с цены́)*, усту́пка

rebate II *v* де́лать ски́дку, уступа́ть *(в цене́)*

rebel I [ˈrebəl] *n* 1) повста́нец; бунтовщи́к 2) бунта́рь 3) *attr* повста́нческий; мяте́жный

rebel II [rɪˈbel] *v* 1) восстава́ть *(против — against)* 2) ока́зывать сопротивле́ние; взбунтова́ться 3) протестова́ть

rebellion [rɪˈbeljən] *n* восста́ние; мяте́ж

rebellious [rɪˈbeljəs] *a* 1) восста́вший 2) мяте́жный, бунта́рский 3) недово́льный, непоко́рный; **a ~ child** непослу́шный, своенра́вный ребёнок

rebind [riːˈbaɪnd] *v (past, p. p. rebound)* сно́ва переплета́ть *(кни́гу)*

rebirth [riːˈbɜːθ] *n* возрожде́ние; второ́е рожде́ние

reboot I [ˌriːˈbuːt] *n вчт* перезагру́зка, переза́пуск

reboot II *v вчт* перезагружа́ть, перезапуска́ть

reborn [riːˈbɔːn] *a* возрождённый

rebound¹ [riːˈbaʊnd] *past, p. p. см.* **rebind**

rebound² I [ˈriːbaʊnd] *n* отско́к, отда́ча, рикоше́т; **to hit on the ~** бить *или* уда́рить рикоше́том ◊ **to do smth on the ~** сде́лать что́-л. в пи́ку *(кому́-л.) (обыкн. вы́йти за́муж, жени́ться)*

rebound² II [rɪˈbaʊnd] *v* 1) отска́кивать, рикоше́тировать 2) име́ть обра́тное де́йствие *(upon)*

rebuff I [rɪˈbʌf] *n* 1) ре́зкий отка́з, отпо́р 2) неуда́ча *(неожи́данная)*

rebuff II *v* 1) дава́ть отпо́р, отверга́ть 2) *воен.* отража́ть ата́ку

rebuild [riːˈbɪld] *v (past, p. p. rebuilt)* за́ново отстра́ивать; перестра́ивать

rebuke I [rɪˈbjuːk] *n* 1) упрёк 2) замеча́ние, вы́говор

rebuke II *v* упрека́ть, укоря́ть

rebury [riːˈberɪ] *v* перезахора́нивать

rebus [ˈriːbəs] *n* ре́бус

rebut [rɪˈbʌt] *v* 1) опроверга́ть 2) дава́ть отпо́р

rebuttal [rɪˈbʌt(ə)l] *n* опроверже́ние

recalcitrant [rɪˈkælsɪtrənt] *a* непоко́рный, непослу́шный; упря́мый

recall I [rɪˈkɔːl] *n* 1) отозва́ние, отзы́в *(депута́та, посла́)*; **letters of ~** отзывны́е гра́моты 2) проце́сс воспомина́ния; спосо́бность восстанови́ть что́-л. в па́мяти ◊ **beyond ~** безвозвра́тно, непоправи́мо; **the chance is gone beyond ~** возмо́жность безвозвра́тно упу́щена

recall II *v* 1) отзыва́ть; вызыва́ть обра́тно 2) вспомина́ть, припомина́ть 3) напомина́ть 4) отменя́ть *(прика́з, зака́з, назначе́ние)* 5) брать обра́тно 6) *воен.* призыва́ть *(из запа́са)*

recant [rɪˈkænt] *v* отка́зываться, отрека́ться

recantation [ˌriːkænˈteɪʃ(ə)n] *n* отрече́ние

recap I [ˈriːkæp] *n разг.* резюме́

recap II *v разг.* резюми́ровать

recapitulate [ˌriːkəˈpɪtjʊleɪt] *v* резюми́ровать, сумми́ровать *(вы́воды и т. п.)*

recapitulation [ˌriːkəˌpɪtjʊˈleɪʃ(ə)n] *n* вы́вод, резюме́

recapitulative [ˌriːkəˈpɪtjʊlətɪv] *a* конспекти́вный *(об обзо́ре и т. п.)*

recapture [riːˈkæptʃə(r)] *v* 1) взять, захвати́ть обра́тно 2) вновь воссозда́ть *(пережива́ние, чу́вство и т. п.)*

recast I [riːˈkɑːst] *n* прида́ние но́вой фо́рмы; переде́лка

recast II *v (past, p. p. recast)* 1) придава́ть но́вую фо́рму; переде́лывать 2) улучша́ть 3) за́ново ста́вить *(пье́су и т. п.)*; **to ~ a play** за́ново поста́вить пье́су, перераспредели́ть ро́ли

recce [ˈrekɪ] *n разг.* разве́дка; рекогносциро́вка

recede [rɪˈsiːd] *v* 1) удаля́ться, ретирова́ться; **to ~ into the background** отступа́ть на за́дний план 2) быть пока́тым, сре́занным *(о лбе, подборо́дке)* 3) убыва́ть, идти́ на у́быль 4) отка́зываться *(от усло́вий догово́ра и* *т. п.)* 5) лысе́ть; **his hair is receding** он лысе́ет

receipt I [rɪˈsiːt] *n* 1) получе́ние; **on ~ of your fax** по получе́нии Ва́шего фа́кса 2) распи́ска (в получе́нии); квита́нция 3) *обыкн. pl фин.* прихо́д; **~s and expenses** прихо́д и расхо́д

receipt II *v* дава́ть распи́ску в получе́нии

receipt-book [rɪˈsiːtbʊk] *n* квитанцио́нная кни́жка

receive [rɪˈsiːv] *v* 1) получа́ть; принима́ть; **to ~ news/information** получи́ть но́вость/све́дения 2) восприниме́ть, находи́ть о́тзыв; **to ~ no sympathy** не найти́ сочу́вствия 3) принима́ть *(гостей)*; **we were warmly ~d** нас тепло́ при́няли

received [rɪˈsiːvd] *a* 1) полу́ченный; при́нятый 2) общепри́нятый; общепри́знанный

Received Pronunciation [rɪˌsiːvd prəˌnʌnsɪˈeɪʃ(ə)n] *n* нормати́вное (англи́йское) произноше́ние *(особ. выпускников привилегиро́ванных ча́стных школ)*

Received Standard English [rɪˌsiːvd ˌstændədˈɪŋglɪʃ] *n* общепри́нятый норма́тивный англи́йский язы́к *(напр. профессоров Оксфордского и Кембриджского университетов, дикторов Би-Би-Си)*

receiver [rɪˈsiːvə(r)] *n* 1) получа́тель 2) *mex.* приёмник; принима́ющее устро́йство; реси́вер 3) *юр.* лицо́, назна́ченное управля́ть иму́ществом банкро́та *или* недееспосо́бного лица́ *(тж* **official ~**) 4) радиоприёмник *(тж* **radio ~**) 5) телефо́нная тру́бка 6) ску́пщик кра́деного

receiving order [rɪˈsiːvɪŋ ˌɔːdə(r)] *n юр.* постановле́ние суда́ о возбужде́нии де́ла о несостоя́тельности; реше́ние о банкро́тстве

recency [ˈriːsənsɪ] *n* новизна́

recension [rɪˈsenʃ(ə)n] *n* 1) просмо́тр, исправле́ние те́кста 2) просмо́тренный, испра́вленный текст

recent [ˈriːsənt] *a* неда́вний, после́дний; но́вый, све́жий; **~ discoveries/events** неда́вние откры́тия/собы́тия

recently [ˈriːsəntlɪ] *adv* неда́вно; **until very ~** до неда́внего вре́мени

receptacle [rɪˈseptəkl] *n* 1) сосу́д; ёмкость, та́ра *(ящик, мешок и т. п.)*; вмести́лище *(тж* **container**) 2) *бот.* цветоло́же 3) *эл.* штéпсельная розе́тка, патро́н, приёмная часть соедине́ния

reception [rɪˈsepʃ(ə)n] *n* 1) получе́ние; приня́тие 2) приём; **warm ~** горя́чий приём; **to get a cool ~** встре́тить прохла́дный приём 3) приём *(гостей)*; вечери́нка 4) *радио, тлв* приём 5) регистрату́ра *(в гостинице, приёмной и т. п.)*, реце́пция

receptionist [rɪˈsepʃənɪst] *n* регистра́тор *(в гостинице, приёмной)*

receptive [rɪˈseptɪv] *a* восприи́мчивый *(to)*

receptivity [ˌriːsepˈtɪvɪtɪ] *n* восприи́мчивость

receptor [rɪˈseptə(r)] *n биол.* реце́птор

recess I [rɪˈses] *n* 1) углубле́ние, ни́ша; алько́в; **in the ~ of a cave** в глубине́ пеще́ры 2) укро́мное ме́сто, тайни́к 3) парла́ментские кани́кулы 4) переры́в *(в работе, занятиях)* 5) *анат.* по́лость; впа́дина; па́зуха 6) *амер.* (больша́я) переме́на *(в школе)*

recess II *v* 1) де́лать углубле́ние 2) помеща́ть в тайни́к 3) отодвига́ть наза́д 4) де́лать переры́в в заседа́нии, заня́тиях *и т. п.*

recession [rɪˈseʃ(ə)n] *n* 1) спад *(деловой активности и т. п.)* 2) удале́ние, отхо́д, ухо́д 3) углубле́ние, ни́ша

recessive [rɪˈsesɪv] *a* удаля́ющийся, отступа́ющий (наза́д)

recharge [rɪˈtʃɑːdʒ] *v эл.* перезаряжа́ть, повто́рно заряжа́ть *(аккумуляторные батареи)*

recharger [rɪˈtʃɑːdʒə] *n эл.* заря́дное устро́йство *(для аккумуляторных батарей)*

recipe [ˈresɪpɪ] *n* 1) сре́дство, спо́соб *(достижения чего-л.)* 2) кулина́рный реце́пт 3) реце́пт врача́

recipient I [rɪˈsɪpɪənt] *n* 1) получа́тель 2) *мед.* реципие́нт

recipient II *a* 1) принима́ющий 2) восприи́мчивый

reciprocal I [rɪˈsɪprəkəl] *n мат.* обра́тная величина́

reciprocal II *a* 1) отве́тный 2) взаи́мный, обою́дный 3) *грам.* взаи́мный, взаи́мно-возвра́тный 4) аналоги́чный, соотве́тственный; дополня́ющий 5) обра́тный

reciprocate [rɪˈsɪprəkeɪt] *v* 1) отпла́чивать; отвеча́ть взаи́мностью; обме́ниваться *(любезностями, приглашениями, услугами)* 2) дви́гаться попереме́нно вза́д и вперёд *(о поршне и т. п.)*

reciprocation [rɪˌsɪprəˈkeɪʃ(ə)n] *n* 1) отве́тное де́йствие 2) взаи́мный обме́н *(услугами и т. п.)* 3) возвра́тно-поступа́тельное движе́ние

reciprocity [ˌresɪˈprɒsɪtɪ] *n* 1) взаи́мность 2) взаи́мный обме́н *(услугами и т. п.)* 3) поли́тика взаи́мных усту́пок и льгот 4) обрати́мость

recital [rɪˈsaɪtəl] *n* 1) подро́бный расска́з, изложе́ние 2) со́льный конце́рт; **a poetry ~** ве́чер поэ́зии

recitation [ˌresɪˈteɪʃ(ə)n] *n* деклама́ция; публи́чное чте́ние

recitative [ˌresɪtəˈtiːv] *n* речитати́в

recite [rɪˈsaɪt] v 1) декламировать, читать наизусть 2) перечислять

reciter [rɪˈsaɪtə(r)] n чтец-декламатор

reck [rek] v уст., поэт. 1) принимать во внимание, обращать внимание 2) иметь значение, значить; **it ~s little** сто мало что значит

reckless [ˈreklɪs] a безрассудный, опрометчивый; **~ of danger** пренебрегающий опасностью; **~ driving** неосторожная езда на автомобиле, лихачество

reckon [ˈrekən] v 1) считать, подсчитывать (тж **to ~ up**) 2) считать, думать, полагать 3) принимать во внимание; считаться; **he is to be ~ed with** с ним приходится считаться 4) разг. ожидать; **we ~ to finish by Monday** по нашим расчётам, мы закончим (работу) к понедельнику

reckon up 1) подсчитывать сумму; подводить итог 2) расплачиваться (по счёту)

reckoning [ˈrekənɪŋ] n 1) подсчитывание, подсчёт; расчёт, вычисление; **by my ~** по моему расчёту; **to be out in one's ~s** ошибаться в расчётах 2) мнение, суждение 3) плата по счёту 4) расплата; **day of ~** час расплаты 5) счёт (в гостинице и т. п.)

reclaim I [rɪˈkleɪm] v 1) забирать обратно; требовать возвращения (собственности и т. п.) 2) мелиорировать, осваивать (земли) 3) исправлять, перевоспитывать

reclaim II n: **beyond/past ~** неисправимый; непоправимый

reclamation [ˌrekləˈmeɪʃ(ə)n] n 1) рекламация 2) мелиорация, освоение (земель) 3) исправление

recline [rɪˈklaɪn] v 1) откидываться назад, прислоняться; полулежать; прилечь 2) отклонять, откидывать

recluse I [rɪˈkluːs] n отшельник, затворник

recluse II a 1) живущий в уединении; любящий уединение 2) уединённый, отшельнический

recognition [ˌrekəgˈnɪʃ(ə)n] n 1) узнавание 2) осознание 3) признание; одобрение; **to win general ~** получить всеобщее признание; **in ~ of your services** признавая ваши заслуги

recognizance [rɪˈkɒgnɪzəns] n юр. 1) обязательство, данное в суде 2) залог

recognize [ˈrekəgnaɪz] v 1) узнавать 2) осознавать 3) признавать 4) выражать признание

recoil I [rɪˈkɔɪl] n 1) отскок 2) отдача (ружья); откат (орудия) 3) чувство отвращения

recoil II v 1) отпрянуть, отшатнуться (в ужасе и т. п.) 2) чувствовать отвращение; испытывать ужас (перед чем-л.) 3) отдавать (о ружье); откатываться (об орудии)

recollect [ˌrekəˈlekt] v вспоминать, припоминать; восстанавливать в памяти

re-collect [ˌriːkəˈlekt] v 1) собирать вновь 2): **to ~ oneself** прийти в себя, опомниться, овладеть своими чувствами

recollection [ˌrekəˈlekʃ(ə)n] n воспоминание; **hazy ~** смутное воспоминание; **within one's ~** на чьей-л. памяти; **to the best of my ~** насколько я помню

recommence [ˌriːkəˈmens] v снова начать, возобновить

recommend [ˌrekəˈmend] v 1) рекомендовать, советовать 2) представлять (к награде и т. п. — **for**) 3) поручать; отдавать на попечение 4) говорить в пользу (кого-л., чего-л.)

recommendation [ˌrekəmenˈdeɪʃ(ə)n] n 1) рекомендация; совет; **on my ~** по моей рекомендации; **to make ~s** дать предложения; **a letter of ~** рекомендательное письмо 2) представление (к награде и т. п. — **for**) 3) положительные качества, желательная характеристика (кого-л., чего-л.)

recommendatory [ˌrekəˈmendətərɪ] a рекомендательный

recommit [ˌriːkəˈmɪt] v возвращать законопроект в комиссию на доработку (в парламенте)

recompense I [ˈrekəmˌpens] n компенсация, возмещение

recompense II v компенсировать, возмещать; **to ~ for a loss** возмещать убытки

recompose [ˌriːkəmˈpəʊz] v составлять заново; переставлять по-иному

reconcilable [ˈrekənsaɪləbl] a совместимый

reconcile [ˈrekənsaɪl] v 1) примирять; **to ~ oneself** (при)мириться (с чем-л.) 2) улаживать (ссору, конфликт) 3) согласовывать, увязывать (разные мнения и т. п.)

reconcilement [ˈrekənsaɪlmənt] n 1) примирение 2) улаживание; согласование

reconciliation [ˌrekənsɪlɪˈeɪʃ(ə)n] n примирение

recondite [ˈrekəndaɪt] a 1) малопонятный, неясный, тёмный 2) заумный (о стиле)

recondition [ˌriːkənˈdɪʃ(ə)n] v 1) переделывать, обновлять 2) снова делать пригодным, восстанавливать

reconnaissance [rɪˈkɒnɪsəns] n 1) разведка; рекогносцировка 2) attr разведывательный

reconnoitre [ˌrekəˈnɔɪtə(r)] v разведывать; проводить разведку или рекогносцировку

reconquer [riːˈkɒŋkə(r)] v завоёвывать вновь

reconsider [ˌriːkənˈsɪdə(r)] v (заново) пересматривать

reconstruct [ˌriːkənˈstrʌkt] v 1) перестраивать, реконструировать; реорганизовывать 2) воссоздавать

663

reconstruction [ˌriːkənˈstrʌkʃ(ə)n] *n* 1) перестройка, реконструкция; реорганизация 2) воссоздание, реконструкция

reconvene [ˌriːkənˈviːn] *v* вновь собрать, созвать *(собрание, съезд и т. п.)*

reconvert [ˌriːkənˈvɜːt] *v* возвращать в прежнее состояние

record I [ˈrekɔːd] *n* 1) запись; протокол; отчёт; **to keep a ~ of** smth вести запись чего-л.; **a ~ of proceedings** протокол; **on ~** записанный, зарегистрированный; занесённый в протокол; **off the ~** неофициальный; не подлежащий оглашению в печати; **speaking off the ~** говоря неофициально, не для протокола 2) *pl* архивы; мемуары, записки 3) факты, данные *или* сведения *(о ком-л., о чём-л.)*; **to have a criminal ~** иметь судимость; **one's past ~** чьё-л. прошлое; **a good/bad ~** хорошая/плохая репутация; **~ of service, service/work ~** послужной список 4) аудио- *или* видеозапись *(на кассете, компакт-диске и т. п.)* 5) рекорд; **to beat/to break the ~** побить рекорд 6) памятник прошлого, свидетельство *(чего-л.)* 7) *attr* рекордный

record II [rɪˈkɔːd] *v* 1) записывать, протоколировать, регистрировать; заносить *(в список, протокол и т. п.)*; показывать *(о приборе)* 2) записывать на носитель; производить аудио- *или* видеозапись 3) увековечивать

recorder [rɪˈkɔːdə(r)] *n* 1) записывающий аппарат *(в аудио-, видео- и компьютерной технике)* 2) регистратор; протоколист 3) *тех.* регистрирующий прибор; самопишущий измерительный прибор, самописец 4) рекордер *(титул мирового судьи в некоторых городах)*

recording [rɪˈkɔːdɪŋ] *n* 1) звукозапись 2) записанные материалы, программы

recordist [rɪˈkɔːdɪst] *n* звукооператор

record player [ˈrekɔːdˌpleɪə(r)] *n* проигрыватель

recount [rɪˈkaʊnt] *v* рассказывать, излагать

re-count [ˌriːˈkaʊnt] *v* пересчитывать *(особ. голоса на выборах)*

recoup [rɪˈkuːp] *v* 1) компенсировать, возмещать 2) *юр.* удерживать *(из суммы)*

recourse [rɪˈkɔːs] *n* 1) обращение за помощью; **to have ~ to the law** обращаться в суд; **without ~** *ком.* без обязательства, без оборота 2) прибежище

recover [rɪˈkʌvə(r)] *v* 1) получать обратно, возвращать; **to ~ one's luggage** получить багаж обратно; **to ~ debts** взыскивать долги; **to ~ oneself, to ~ consciousness** прийти в

сознание; опомниться; **to ~ one's breath** восстановить нормальное дыхание; задышать ровно, спокойно 2) выздоравливать, поправляться *(после болезни — from)* 3) *юр.* возмещать убытки по суду 4) утилизировать *(отходы производства)*

recovery [rɪˈkʌvərɪ] *n* 1) выздоровление 2) восстановление; возврат, возвращение *(утраченного, потерянного)*; возмещение *(убытков)* 3) *тех.* регенерация, рекуперация 4) утилизация *(отходов)*

recreancy [ˈrekrɪənsɪ] *n поэт.* 1) трусость 2) отступничество, измена

recreant I [ˈrekrɪənt] *n поэт.* 1) трус 2) отступник, изменник

recreant II *a поэт.* 1) трусливый, малодушный 2) предательский

re-create [ˌriːkrɪˈeɪt] *v* создавать вновь

recreation [ˌrekrɪˈeɪʃ(ə)n] *n* 1) отдых, восстановление сил, *мед.* рекреация 2) развлечение, увеселительное мероприятие 3) *attr:* **~ room** комната отдыха *(на предприятии, в учреждении)*

recreational [ˌrekrɪˈeɪʃənəl] *a* 1) развлекательный 2) *мед.* рекреационный

recreation ground [ˌrekrɪˈeɪʃ(ə)nˌɡraʊnd] *n* площадка для игр и спорта, игровая площадка

recreative [ˌriːkrɪˈeɪtɪv] *a* 1) освежающий, восстанавливающий 2) занимательный

recrimination [rɪˌkrɪmɪˈneɪʃ(ə)n] *n* взаимные обвинения; **to indulge in ~s** упрекать друг друга

recrudescence [ˌriːkruːˈdesns] *n* новая вспышка, рецидив *(болезни и т. п.)*

recruit I [rɪˈkruːt] *n* 1) призывник, новобранец 2) новый член *(общества, клуба)* 3) новичок

recruit II *v* 1) вербовать, вести набор *(в армию)* 2) привлекать к участию; пополнять *(ряды)*; **to ~ new players** набирать новых игроков 3) укреплять *(силы, здоровье)*

recruitment [rɪˈkruːtmənt] *n* 1) набор, вербовка *(в армию)* 2) пополнение *(рядов)*

rectangle [ˈrekˌtæŋɡl] *n* прямоугольник

rectangular [rekˈtæŋɡjʊlə(r)] *a* прямоугольный

rectification [ˌrektɪfɪˈkeɪʃ(ə)n] *n* 1) исправление 2) *хим.* очистка, ректификация 3) *эл.* выпрямление *(тока)* 4) *радио* детектирование

rectifier [ˈrektɪfaɪə(r)] *n* 1) *хим.* очиститель, ректификатор 2) *эл.* выпрямитель *(тока)* 3) *радио* детектор

rectify [ˈrektɪfaɪ] *v* 1) исправлять, выправлять 2) *хим.* очищать, ректифицировать 3) эл. выпрямля́ть *(ток)* 4) *радио* детекти́ровать

rectilineal [ˌrektɪˈlɪnɪəl] *см.* **rectilinear**

rectilinear [ˌrektɪˈlɪnɪə(r)] *a* прямолине́йный

rectitude [ˈrektɪtjuːd] *n* 1) прямота́, че́стность; чистота́ наме́рений; нра́вственность 2) пра́вильность

rector [ˈrektə(r)] *n* 1) прихо́дский свяще́нник 2) ре́ктор

rectorship [ˈrektəʃɪp] *n* до́лжность ре́ктора

rectory [ˈrektərɪ] *n* дом прихо́дского свяще́нника

rectum [ˈrektəm] *n (pl* **recta** [ˈrektə]) *анат.* пряма́я кишка́

recumbent [rɪˈkʌmbənt] *a* лежа́щий, отки́нувшийся; **a ~ position** лежа́чее положе́ние

recuperate [rɪˈkuːpəreɪt] *v* 1) выздора́вливать; восстана́вливать си́лы 2) *тех.* восстана́вливать, регенери́ровать, рекупери́ровать

recuperation [rɪˌkuːpəˈreɪʃ(ə)n] *n* 1) выздоровле́ние; восстановле́ние сил 2) *тех.* восстановле́ние, регенера́ция, рекупера́ция

recur [rɪˈkɜː(r)] *v* 1) повторя́ться, вновь происходи́ть, вновь случа́ться 2) сно́ва приходи́ть в го́лову 3) возвраща́ться *(к одной и той же мысли, теме — to)*

recurrence [rɪˈkʌrəns] *n* возвраще́ние, возвра́т, повторе́ние

recurrent [rɪˈkʌrənt] *a* 1) периоди́чески повторя́ющийся, цикли́ческий 2) *мед.* рецидиви́рующий

recurrent error [rɪˈkʌrənt ˌerə] *n* повторя́ющаяся оши́бка

recurve [rɪˈkɜːv] *v* загиба́ться наза́д

recyclable [riːˈsaɪkləbl] *a* подлежа́щий повто́рному испо́льзованию *(об отходах)*

recycle [riːˈsaɪkl] *v* повто́рно испо́льзовать *(отхо́ды)*

recycling [riːˈsaɪklɪŋ] *n* реци́клинг, возвраще́ние в оборо́т, повто́рное испо́льзование *(отходов производства)*

red I [red] *n* 1) кра́сный цвет 2) оде́жда кра́сного цве́та; **dressed in ~** оде́тый во всё кра́сное 3) *разг.* коммуни́ст; социали́ст; революционе́р; «кра́сный» 4) кра́сный свет *(светофора)*

red II *a* 1) кра́сный 2) румя́ный *(о щеках, лице)* 3) ры́жий *(о волосах)* 4) покрасне́вший; **to go/to turn ~** покрасне́ть; **~ with anger** покрасне́вший от гне́ва 5) *разг.* коммунисти́ческий; социалисти́ческий, революцио́нный, «кра́сный» ◊ **to see ~** рассвирепе́ть, прийти́ в я́рость; **not a ~ cent** *амер.* ни гроша́; **~ herring** ло́жная ули́ка, отвлека́ющий манёвр; **~ light** а) предупрежде́ние б) отка́з; **~ man** инде́ец, красноко́жий; **~ rag** «кра́с-

ная тря́пка», си́льный раздражи́тель; **~ tape** бюрократи́зм, бума́жная волоки́та; **~ in the face** сконфу́женный, в замеша́тельстве

redact [rɪˈdækt] *v* придава́ть *(тексту)* литерату́рную фо́рму; редакти́ровать

redbreast [ˈredbrest] *n* мали́новка *(птица)*

redbrick [ˈredbrɪk] *a* осно́ванный неда́вно, но́вый *(об университетах в Великобритании в противоп. старинным университетам)*

redcap [ˈredkæp] *n* 1) вое́нный полице́йский 2) *амер.* носи́льщик

redcoat [ˈredkəʊt] *n ист.* брита́нский солда́т

Red Cross [ˈredkrɒs] *n* **(the ~)** Кра́сный Крест

redcurrant [ˈredkʌrənt] *n* кра́сная сморо́дина

redden [ˈredən] *v* 1) красне́ть 2) окра́шиваться в кра́сный цвет

reddish [ˈredɪʃ] *a* краснова́тый

redecorate [riːˈdekəreɪt] *v* перекра́шивать *(в другой цвет)*; **to ~ a house** де́лать ремо́нт до́ма

redeem [rɪˈdiːm] *v* 1) выкупа́ть *(из залога)* 2) погаша́ть, выпла́чивать; возмеща́ть 3) искупа́ть *(грехи, вину)*; **to ~ oneself** искупи́ть свою́ вину́ 4) выполня́ть *(обещание и т. п.)*

redeemer [rɪˈdiːmə(r)] *n* 1) спаси́тель, избави́тель 2) **(the R.)** Спаси́тель, Иису́с Христо́с

redemption [rɪˈdempʃ(ə)n] *n* 1) вы́куп; освобожде́ние; спасе́ние 2) искупле́ние *(греха, вины)* 3) *фин.* погаше́ние (платежа́)

red-handed [ˌredˈhændɪd] *a* 1) с окрова́вленными рука́ми 2): **to catch smb ~** пойма́ть кого́-л. на ме́сте преступле́ния

redhead [ˈredhed] *n* рыжеволо́сый челове́к

red-hot [ˌredˈhɒt] *a* 1) накалённый до́красна 2) возбуждённый 3) горя́чий, све́жий *(о новостях)* 4) разъярённый

redial [riːˈdaɪəl] *v* вновь набира́ть но́мер (телефо́на); нажима́ть кно́пку автомати́ческого повто́рного набо́ра но́мера (телефо́на)

re-did [riːˈdɪd] *past см.* **re-do**

redintegrate [rɪˈdɪntɪgreɪt] *v* восстана́вливать *(целостность, единство)*; воссоединя́ть, реинтегри́ровать

redistribute [ˌriːdɪˈstrɪbjuːt] *v* перераспределя́ть

redistribution [ˌriːˌdɪstrɪˈbjuːʃ(ə)n] *n* перераспределе́ние

red-letter day [ˈredˌletəˈdeɪ] *n* 1) кра́сный день в календаре́, пра́здничный день 2) *разг.* ра́достный, счастли́вый день

red-light district [ˌredlaɪtˈdɪstrɪkt] *n* кварта́л публи́чных домо́в, кварта́л «кра́сных фонаре́й»

redness [ˈrednɪs] *n* краснота́

re-do [riːˈduː] *v* **(re-did; re-done)** переде́лывать, де́лать за́ново

redolence [´redələns] *n* арома́т, благоуха́ние

redolent [´redələnt] *a* 1) вызыва́ющий, навева́ющий воспомина́ния *(о чём-л. — of)* 2) арома́тный, благоуха́ющий; паху́чий; си́льно па́хнущий *(чем-л. — of)*

re-done [ri:´dʌn] *p. p. см.* **re-do**

redouble [ri:´dʌbl] *v* 1) уси́ливаться; возраста́ть; си́льно увели́чивать(ся) 2) удва́иваться

redoubt [ri´daʊt] *n воен.* реду́т

redoubtable [ri´daʊtəbl] *a* гро́зный, опа́сный *(о проти́внике и т. п.)*

redound [ri´daʊnd] *v* 1) спосо́бствовать, приумножа́ть, соде́йствовать; **that ~s to his honour** э́то де́лает ему́ честь 2) ска́зываться *(on, upon)*

redraft [ri:´drɑ:ft] *v* переде́лывать, исправля́ть соглаше́ние, докуме́нт *и т. п.*

redress I [ri´dres] *n* исправле́ние, восстановле́ние; возмеще́ние; **to seek ~ for smth** тре́бовать возмеще́ния за что-л.

redress II *v* исправля́ть; возмеща́ть; загла́живать *(вину́)*; **to ~ the balance** восстана́вливать справедли́вость

redskin [´redskin] *n разг. презр.* североамерика́нский инде́ец, краснокожий

reduce [ri´dju:s] *v* 1) уменьша́ть, понижа́ть; сокраща́ть *(расхо́ды и т. п.)*; **to ~ prices** сни́зить це́ны; **to ~ production** сократи́ть произво́дство; **to ~ pain** уме́ньшить боль; **to ~ smb's chances** уме́ньшить чьи-л. ша́нсы 2) доводи́ть *(до како́го-л. нежела́тельного состоя́ния — to)*; **to ~ smb to despair** приводи́ть кого́-л. в отча́яние; **to ~ smb to poverty** довести́ кого́-л. до нищеты́; **he was ~d to stealing** он был вы́нужден ворова́ть 3) обраща́ть, превраща́ть; **to ~ to a simpler form** своди́ть к бо́лее просто́й фо́рме; **to ~ to writing** изложи́ть в пи́сьменном ви́де 4) приводи́ть в определённое состоя́ние *(to)*; **to ~ to silence** заста́вить замолча́ть; **to ~ to ashes** сжечь дотла́ 5) понижа́ть *(в зва́нии, чине и т. п.)* 6) теря́ть в ве́се, худе́ть 7) покоря́ть, подчиня́ть 8) ослабля́ть 9) вправля́ть *(вы́вих)*

reduced [ri´dju:st] *a* 1) уме́ньшенный; сни́женный, пони́женный; осла́бленный; **on a ~ scale** в уме́ньшенном масшта́бе; **at ~ prices** по сни́женным це́нам 2) *фон.* реду́цированный 3) *спец.* приведённый

reduction [ri´dʌkʃ(ə)n] *n* 1) уменьше́ние, сокраще́ние; сниже́ние, паде́ние *(цен и т. п.)*; **~ in demand** паде́ние спро́са; **~ of armaments** сокраще́ние вооруже́ний 2) ски́дка *(в цене́)* 3) доведе́ние *(до чего́-л. — to)*; превраще́ние; измене́ние состоя́ния 4) пониже́ние *(в зва́нии, чине и т. п.)* 5) уме́ньшенная

ко́пия *(карти́ны, ка́рты и т. п.)* 6) *мат.* приведе́ние дробе́й к о́бщему знамена́телю 7) *фон.* реду́кция

redundance [ri´dʌndəns] *n* 1) избы́ток, изли́шек; чрезме́рность, избы́точность 2) *спец.* резерви́рование; дубли́рование

redundancy [ri´dʌndənsi] 1) *см.* **redundance** 2) изли́шек рабо́чей си́лы

redundant [ri´dʌndənt] *a* 1) изли́шний, чрезме́рный; ли́шний; **she was made ~** её уво́лили по сокраще́нию *(шта́тов)* 2) *спец.* резе́рвный

reduplicate [ri´dju:plikeit] *v* 1) удва́ивать 2) повторя́ть

reduplication [ri,dju:pli´keiʃ(ə)n] *n* 1) удвое́ние 2) повторе́ние

redwing [´redwiŋ] *n* дрозд

reed [ri:d] *n* 1) тростни́к 2) тростни́к *или* соло́ма для кро́вли 3) свире́ль 4) язычо́к *(в музыка́льном инструме́нте)*; **the ~s** язычко́вые музыка́льные инструме́нты ◊ **a broken ~** а) ненадёжная, ша́ткая опо́ра б) ненадёжный челове́к

reeded [´ri:did] *a муз.* язычко́вый

reed-pipe [´ri:dpaip] *n муз.* 1) свире́ль 2) язычко́вая тру́бка орга́на

re-educate [ri:´edjukeit] *v* перевоспи́тывать

reedy [´ri:di] *a* 1) заро́сший тростнико́м 2) стро́йный, как тростни́к 3) ре́зкий, пронзи́тельный *(о го́лосе)*

reef¹ [ri:f] *n* 1) риф, подво́дная скала́ 2) *горн.* ру́дная жи́ла

reef² I *n мор.* риф *(на па́русе)*; **to take in a ~** а) брать ри́фы б) де́йствовать осмотри́тельно

reef² II *v мор.* брать ри́фы

reefer [´ri:fə(r)] *n сленг* сигаре́та с марихуа́ной

reefing-jacket [´ri:fiŋ,dʒækit] *n* бушла́т

reef-knot [´ri:fnɒt] *n* ри́фовый у́зел

reek I [ri:k] *n* 1) дурно́й за́пах; вонь 2) пар 3) *шотл.* дым, чад

reek II *v* 1) пло́хо па́хнуть, воня́ть *(чем-л. — of)*; **he ~s of garlic** от него́ рази́т чесноко́м 2) дыми́ться, чади́ть

reeky [´ri:ki] *a* 1) дымя́щийся 2) ды́мный

reel I [ri:l] *n* 1) кату́шка, шпу́лька, боби́на 2) *тех.* бараба́н 3) руло́н *(киноплёнки)*; часть кинофи́льма; **a film in six ~s** карти́на в шести́ частя́х 4) рил *(бы́стрый та́нец)* ◊ **(right) off the ~** без переры́ва, безостано́вочно, подря́д

reel II *v* 1) нама́тывать *(на кату́шку и т. п.)* 2) шата́ться, кача́ться; идти́ шата́ясь 3) чу́вствовать головокруже́ние 4) кружи́ться, верте́ться 5) танцева́ть рил

reel off без у́молку расска́зывать, говори́ть

re-elect [ˌriːɪˈlekt] v переизбира́ть

re-election [ˌriːɪˈlekʃ(ə)n] n переизбра́ние, втори́чное избра́ние

re-entry [riːˈentrɪ] n 1) повто́рный вход, возвраще́ние 2) вход в пло́тные слои́ атмосфе́ры (о космическом корабле)

re-establish [ˌriːɪˈstæblɪʃ] v восстана́вливать; учрежда́ть вновь

ref [ref] n разг. спорт. рефери́, судья́

ref. сокр. (**reference**) ссы́лка, отсы́лка

reface [riːˈfeɪs] v переде́лать фаса́д (зда́ния)

refectory [rɪˈfektərɪ] n столо́вая (в школе, университете); тра́пезная (в монастыре)

refer [rɪˈfɜː(r)] v 1) отсыла́ть (к — to), направля́ть (за справкой, помощью и т. п.) 2) объясня́ть (чем-л.), относи́ть (за счёт чего-л.), припи́сывать (чему-л.) 3) ссыла́ться (на кого-л., что-л.); упомина́ть; **~ring to your letter** ссыла́ясь на ва́ше письмо́ 4) име́ть отноше́ние (к кому-л., чему-л.); **it ~s to you** э́то име́ет к вам отноше́ние 5) передава́ть на рассмотре́ние (в другую инстанцию)

referee I [ˌrefəˈriː] n 1) спорт. рефери́, судья́ 2) арби́тр, третейский судья́

referee II v спорт. быть рефери́, судьёй

reference I [ˈref(ə)rəns] n 1) переда́ча, отсы́лка на рассмотре́ние к друго́му лицу́ или в другу́ю инста́нцию 2) ссы́лка, упомина́ние; намёк; **without any ~ to smth** не упомина́я/не каса́ясь чего-л. 3) отноше́ние, каса́тельство; **in/with ~ to** относи́тельно, что каса́ется 4) ссы́лка; сно́ска; **cross ~** перекрёстная ссы́лка; **paginal ~** ссы́лка на страни́цу 5) спра́вка 6) рекоменда́ция; **to have good ~s** име́ть хоро́шие рекоменда́ции 7) лицо́, даю́щее рекоменда́цию 8) attr этало́нный, опо́рный, спра́вочный; **~ mark** знак ссы́лки, сно́ски

reference II v снабжа́ть (текст) ссы́лками

reference book [ˈref(ə)rəns ˌbʊk] n спра́вочник

reference data [ˈref(ə)rəns ˌdeɪtə] n спра́вочные да́нные, спра́вочная информа́ция

reference guide [ˈref(ə)rəns ˌgaɪd] n спра́вочное руково́дство

reference manual [ˈref(ə)rəns ˌmænjʊəl] n см. **reference guide**

reference mark [ˈref(ə)rəns ˌmɑːk] n 1) полигр. знак ссы́лки, сно́ски 2) ре́пер (в топографии)

reference point [ˈref(ə)rəns ˌpɔɪnt] n информацио́нный пункт; спра́вочное бюро́

referendum [ˌrefəˈrendəm] n рефере́ндум

refill I [ˈriːfɪl] n 1) запра́вка; **~ of fuel** запра́вка горю́чим 2) запасно́й блок; запасно́й сте́ржень (для ручки)

refill II [riːˈfɪl] v наполня́ть вновь; пополня́ть; заправля́ть

refine [rɪˈfaɪn] v 1) очища́ть; рафини́ровать 2) де́лать бо́лее утончённым, изы́сканным 3) соверше́нствовать

refined [rɪˈfaɪnd] a 1) очи́щенный, рафини́рованный 2) утончённый, изы́сканный

refinement [rɪˈfaɪnmənt] n 1) очи́стка, рафини́рование 2) (оконча́тельная) отде́лка 3) утончённость, изы́сканность; изя́щество (манер) 4) усоверше́нствование

refinery [rɪˈfaɪnərɪ] n очисти́тельный (нефтеочисти́тельный, сахарорафина́дный) заво́д

refining [rɪˈfaɪnɪŋ] n очи́стка, рафини́рование

refit I [riːˈfɪt] n переоборудование; переосна́стка (корабля и т. п.)

refit II v переоборудовать; снаряжа́ть за́ново (корабль и т. п.)

reflation [riːˈfleɪʃ(ə)n] n эк. рефля́ция, стимули́рование экономи́ческого ро́ста

reflect [rɪˈflekt] v 1) отража́ть (свет, звук) 2) отража́ться; дава́ть отраже́ние (о зеркале) 3) отража́ть, изобража́ть (в литературном произведении и т. п.) 4) броса́ть тень (на — on, ирон); неблагоприя́тно отража́ться (на — on, ирон) 5) размышля́ть, разду́мывать

reflection [rɪˈflekʃ(ə)n] n 1) отраже́ние 2) отражённый свет, о́тсвет, о́тблеск 3) отраже́ние, о́браз (в искусстве) 4) размышле́ние; разду́мье; **on ~** поду́мав, поразмы́слив; по зре́лом размышле́нии; **without due ~** не поду́мав 5) пятно́, тень, позо́р; **to cast ~s smb** броса́ть тень на кого-л.

reflective [rɪˈflektɪv] a 1) отража́ющий 2) скло́нный к размышле́ниям; вду́мчивый 3) заду́мчивый (о взгляде, виде)

reflector [rɪˈflektə(r)] n тех. рефле́ктор

reflex I [ˈriːfleks] n 1) физиол. рефле́кс 2) о́тблеск, о́тсвет 3) отраже́ние

reflex II a 1) рефлекто́рный, непроизво́льный 2) отражённый 3) превосходя́щий 180°, бо́льше 180° (об угле) 4) за́гнутый

reflexion [rɪˈflekʃ(ə)n] n см. **reflection**

reflexive I [rɪˈfleksɪv] n грам. 1) возвра́тный глаго́л 2) возвра́тное местоиме́ние

reflexive II a грам. возвра́тный

reflexology [ˌriːflekˈsɒlədʒɪ] n рефлексотерапи́я; то́чечный масса́ж

reflux [ˈriːflʌks] n 1) отли́в 2) мед. рефлю́кс

refocus [riːˈfəʊkəs] v перефокуси́ровать

reforest [riːˈfɒrɪst] v восстана́вливать леса́, занима́ться лесонасажде́нием

reform¹ I [rɪˈfɔːm] n рефо́рма, преобразова́ние

reform¹ II v 1) реформи́ровать, преобразо́вывать; улучша́ть 2) улучша́ться, исправля́ться

reform[2] [riːˈfɔːm] *v* переде́лывать; формирова́ть за́ново; придава́ть но́вую фо́рму

reformation [ˌrefəˈmeɪʃ(ə)n] *n* 1) преобразова́ние 2) улучше́ние; исправле́ние 3) **(the R.)** *ист.* Реформа́ция

reformative [rɪˈfɔːmətɪv] *a* 1) реформи́рующий 2) исправи́тельный

reformatory I [rɪˈfɔːmətərɪ] *n амер. ист.* исправи́тельное заведе́ние для малоле́тних престу́пников

reformatory II *a* исправи́тельный

reformed [rɪˈfɔːmd] *a* 1) преобразо́ванный 2) испра́вленный, улу́чшенный 3) испра́вившийся

reformer [rɪˈfɔːmə(r)] *n* 1) реформа́тор 2) сторо́нник рефо́рм

reformist [rɪˈfɔːmɪst] *n полит.* реформи́ст, реформа́тор

reform school [rɪˈfɔːmˌskuːl] *n* исправи́тельная шко́ла

refract [rɪˈfrækt] *v физ.* преломля́ть *(лучи)*

refraction [rɪˈfrækʃ(ə)n] *n физ.* преломле́ние, рефра́кция

refractive [rɪˈfræktɪv] *a физ.* преломля́ющий

refractor [rɪˈfræktə(r)] *n* телеско́п-рефра́ктор

refractory I [rɪˈfræktərɪ] *n* огнеупо́рный материа́л

refractory II *a* 1) упря́мый, неподдаю́щийся, непоко́рный 2) тру́дно поддаю́щийся лече́нию; пло́хо зажива́ющий *(о ране и т. п.)* 3) огнеупо́рный, огнесто́йкий; тугопла́вкий

refrain[1] [rɪˈfreɪn] *v* возде́рживаться, уде́рживаться *(от чего-л. — from)*; избега́ть; **to ~ from comment** воздержа́ться от коммента́риев; **he could not ~ from smiling** он не мог сдержа́ть улы́бки

refrain[2] *n* припе́в, рефре́н

refresh [rɪˈfreʃ] *v* 1) освежа́ть, оживля́ть, подкрепля́ть; **to ~ oneself** подкрепи́ться *(едой, питьём)* 2) освежи́ть в па́мяти; напо́мнить

refreshable [rɪˈfreʃəb(ə)l] *a* 1) обновля́емый *(об информации)* 2) восстана́вливаемый, регенери́руемый

refresher [rɪˈfreʃə(r)] *n* 1) прохлади́тельный напи́ток; что-л. освежа́ющее 2) *разг.* вы́пивка

refresher course [rɪˈfreʃəˌkɔːs] *n* ку́рсы повыше́ния квалифика́ции

refreshing [rɪˈfreʃɪŋ] *a* 1) освежа́ющий, прохлади́тельный 2) оживля́ющий, стимули́рующий

refreshment [rɪˈfreʃmənt] *n* 1) восстановле́ние сил, переды́шка, о́тдых 2) *обыкн. pl* прохлади́тельные напи́тки, еда́, заку́ска

Refreshment Sunday [rɪˈfreʃməntˈsʌndɪ] *n рел.* воскресе́нье пропита́ния *(четвёртое воскресенье Великого поста)*

refrigerant I [rɪˈfrɪdʒərənt] *n* 1) охлажда́ющее сре́дство, охлади́тель 2) жаропонижа́ющее сре́дство

refrigerant II *a* охлажда́ющий

refrigerate [rɪˈfrɪdʒəreɪt] *v* охлажда́ть; замора́живать

refrigeration [rɪˌfrɪdʒəˈreɪʃ(ə)n] *n* охлажде́ние; замора́живание

refrigerator [rɪˈfrɪdʒəreɪtə(r)] *n* холоди́льник *(тж разг.* **fridge)**

reft [reft] *past, p. p. см.* **reave**

refuel [riːˈfjuːəl] *v* заправля́ть(ся) горю́чим, то́пливом

refuge [ˈrefjuːdʒ] *n* 1) убе́жище; укры́тие 2) спасе́ние, прибе́жище, приста́нище; **to take ~ in lying** прибе́гнуть ко лжи 3) «острово́к безопа́сности» *(для пешеходов на дороге)*

refugee [ˌrefjuːˈdʒiː] *n* бе́женец

refulgent [rɪˈfʌldʒənt] *a* сверка́ющий

refund I [ˈriːfʌnd] *n* возвраще́ние *(денег)*; возмеще́ние *(расходов)*; **the ~ of a deposit** вы́плата по вкла́ду; **cash ~** возвраще́ние *(де́нег)* нали́чными

refund II [rɪˈfʌnd] *v* возвраща́ть *(деньги)*; возмеща́ть *(расходы)*

refurbish [riːˈfɜːbɪʃ] *v* 1) оживля́ть, бодри́ть 2) переобору́довать; обновля́ть

refurnish [riːˈfɜːnɪʃ] *v* поменя́ть меблиро́вку, смени́ть ме́бель

refusal [rɪˈfjuːzəl] *n* 1) отка́з; **flat/blank ~** категори́ческий отка́з; **to meet with a blank ~** получи́ть категори́ческий отка́з 2) пра́во пе́рвого вы́бора *(тж* **first ~)**; **to have/to give the ~** име́ть/предоставля́ть пра́во выбира́ть пе́рвым

refuse[1] [ˈrefjuːs] *n* 1) отбро́сы; му́сор; отхо́ды 2) *attr:* **~ bin** му́сорный я́щик; ведро́ для му́сора; **~ dump** сва́лка; **~ collector** му́сорщик

refuse[2] [rɪˈfjuːz] *v* 1) отка́зывать 2) отка́зываться 3) отрица́ть; отверга́ть

refutation [ˌrefjʊˈteɪʃ(ə)n] *n* опроверже́ние

refute [rɪˈfjuːt] *v* опроверга́ть

reg [redʒ] *n авто разг.* номерно́й знак

regain [rɪˈgeɪn] *v* вновь верну́ть себе́, сно́ва завладе́ть; восстанови́ть; **to ~ confidence/popularity** верну́ть уве́ренность/популя́рность; **to ~ consciousness** приходи́ть в созна́ние

regal [ˈriːgəl] *a* 1) короле́вский; ца́рский 2) ца́рственный, вели́чественный

regale [rɪˈgeɪl] *v* 1) ще́дро угоща́ть, устра́ивать пир; пирова́ть 2) развлека́ть; услажда́ть; **to ~ with stories** развлека́ть ра́зными исто́риями; **to ~ oneself** наслажда́ться

regalia [rɪˈgeɪlɪə] *n pl* рега́лии

regard I [rɪˈgɑːd] *n* 1) (пристальный) взгляд, взор 2) внимание, забота; **to pay no ~ to** не считаться с, не обращать внимания на; **with no ~ for** не обращая внимания на 3) уважение, почтение; **to pay ~ to smb** оказывать почтение кому-л.; **out of ~ for you** из уважения к вам 4) *pl* привет, поклон; **to send one's ~s to smb** передавать привет кому-л.; **best/kind ~s** наилучшие пожелания; **with kind ~s** с уважением *(в конце письма)* 5) положительная оценка, высокое мнение; **to have high ~ for** высоко ценить, высоко ставить 6) отношение; **in this ~** в этом отношении; **with/in ~ to** по отношению к, относительно, что касается

regard II *v* 1) пристально смотреть; наблюдать 2) считать, рассматривать; **they ~ it as an insult** они считают это оскорблением 3) принимать во внимание; уважать *(мнение, совет)*; **he is much ~ed** он пользуется большим уважением 4) относиться, иметь отношение, касаться; **as ~s my friend** что касается моего друга; **that ~s you** это касается вас, это относится к вам

regardful [rɪˈgɑːdfʊl] *a* внимательный, заботливый

regarding [rɪˈgɑːdɪŋ] *prep* относительно, о, об; **~ your offer** относительно вашего предложения

regardless I [rɪˈgɑːdlɪs] *a* не обращающий внимания, не считающийся *(с чем-л. — of)*; **~ of danger** не обращая внимания на опасность; **~ of expense** не считаясь с расходами

regardless II *adv* не обращая внимания, не считаясь

regatta [rɪˈgætə] *n спорт.* парусные *или* гребные гонки, регата

regd. *сокр.* (registered) зарегистрированный; сертифицированный; дипломированный

regency [ˈriːdʒənsɪ] *n* регентство

regenerate I [rɪˈdʒenərət] *a* 1) духовно возрождённый 2) преобразованный

regenerate II [rɪˈdʒenəreɪt] *v* 1) перерождаться; возрождаться 2) духовно возрождаться, духовно обновляться 3) *хим., биол.* восстанавливать, регенерировать

regeneration [rɪˌdʒenəˈreɪʃ(ə)n] *n* 1) духовное возрождение, духовное обновление 2) *хим., биол.* восстановление, регенерация

regenerative [rɪˈdʒenərətɪv] *a* 1) возрождающийся, восстанавливающийся 2) *тех.* регенеративный

regenerator [rɪˈdʒenəreɪtə(r)] *n тех.* регенератор; преобразователь

regent [ˈriːdʒənt] *n* 1) регент 2) *амер.* член правления университета (штата)

regicide [ˈredʒɪsaɪd] *n* 1) цареубийца 2) цареубийство

régime, regime [reɪˈʒiːm] *n* режим, строй

regimen [ˈredʒɪmen] *n* 1) *мед.* режим; диета 2) *уст.* система правления

regiment I [ˈredʒɪmənt] *n* 1) *воен.* полк 2) *обыкн. pl* множество *(of)*

regiment II *v* 1) организовать по группам 2) строго регламентировать 3) *воен.* формировать полк

regimental [ˌredʒɪˈmentl] *a* полковой

regimentals [ˌredʒɪˈmentlz] *n pl* полковая форма

region [ˈriːdʒən] *n* 1) область; район; край; регион, зона 2) область, сфера *(деятельности, интересов и т. п.)* 3) часть тела, область *(сердца, почек и т. д.)*; **the lumbar ~** поясничный отдел ◊ **the lower/the nether ~s** преисподняя, ад; **the upper ~s** небеса; **in the ~ of** около, приблизительно

regional [ˈriːdʒənl] *a* региональный; областной; местный

register I [ˈredʒɪstə(r)] *n* 1) журнал *или* книга записей; список, опись, реестр; **~ of voters** список избирателей; **~ of births, marriages and deaths** книга записи актов гражданского состояния 2) запись *(в журнале, книге)* 3) *тех.* счётчик, счётное устройство 4) *муз.* регистр 5) заслонка 6) *вчт* регистр

register II *v* 1) заносить в список, записывать; регистрировать; **to ~ oneself** зарегистрироваться 2) регистрировать, показывать *(о приборе)* 3) отправлять заказным *(письмо и т. п.)*; **~ed post** заказные письма, бандероли *и т. п.* 4) выражать, выказывать, проявлять; **he ~ed no surprise** он не выказал никакого удивления

registered nurse [ˈredʒɪstəd ˈnɜːs] *n* дипломированная медсестра *(тж* **RN)**

registrar [ˌredʒɪˈstrɑː(r)] *n* 1) архивариус 2) секретарь учебного заведения 3) ординатор, проходящий подготовку по специальности в больнице 4): **R. General** начальник службы регистрации актов гражданского состояния *(в Великобритании)*

registration [ˌredʒɪˈstreɪʃ(ə)n] *n* 1) регистрация; запись; отметка *(где-л.)*; **~ by mail** регистрация по почте; **online** — электронная регистрация 2) *attr* регистрационный; **~ number** *авто* номерной знак; **~ documents** регистрационные документы

registry [ˈredʒɪstrɪ] *n* 1) регистратура 2) регистрация; запись 3) *вчт* (системный) реестр

registry office [ˈredʒɪstrɪ ˌɒfɪs] *n* отдел записей актов гражданского состояния *(тж* **register office)**

regnant [ˈregnənt] *a* 1) царствующий 2) преобладающий, превалирующий

regress I [ˈriːgres] *n* 1) обратное движение, возвращение, возврат 2) регресс, упадок

regress II [rɪˈgres] *v* 1) двигаться назад, в обратном направлении 2) регрессировать

regression [rɪˈgreʃ(ə)n] *n* 1) возвращение к прежнему состоянию 2) регресс 3) *мат.* регрессия

regressive [rɪˈgresɪv] *a* 1) регрессивный 2) действующий в обратном направлении

regret I [rɪˈgret] *n* 1) сожаление; раскаяние; **to my ~** к моему сожалению 2) *обыкн. pl* извинения; выражения сожаления; **to express/to send ~** просить извинения, прощения *(за что-л. — for)*

regret II *v* 1) сожалеть; выражать сожаление 2) раскаиваться

regretful [rɪˈgretfʊl] *a* 1) полный сожаления 2) раскаивающийся, полный раскаяния

regrettable [rɪˈgretəbl] *a* прискорбный, заслуживающий порицания

regroup [riːˈgruːp] *v* перегруппировать

regrouping [riːˈgruːpɪŋ] *n* перегруппировка

Regt. *сокр.* (**Regiment**) полк

regular I [ˈregjʊlə(r)] *n* 1) солдат регулярной армии; кадровый военный 2) *разг.* постоянный клиент, постоянный посетитель и *т. п.* 3) монах 4) *разг.* штатный сотрудник

regular II *a* 1) регулярный, систематический; постоянный; **~ use** регулярное применение; **a ~ customer** постоянный клиент 2) правильный, симметричный; **a ~ shape** правильная форма; **~ features** правильные черты лица 3) обычный, принятый; **~ procedure** обычная процедура 4) квалифицированный, профессиональный 5) *грам., мат.* правильный 6) *разг.* настоящий, такой, как надо; **a ~ hero** настоящий герой 7) официальный, формальный 8) *воен.* кадровый ◊ **to keep ~ hours** вести размеренный образ жизни, соблюдать режим

regularity [ˌregjʊˈlærɪtɪ] *n* регулярность, правильность; систематичность

regulate [ˈregjʊleɪt] *v* 1) регулировать, контролировать; действовать по правилам; **to ~ prices** регулировать цены 2) приспосабливать *(к требованиям, условиям)* 3) выверять, регулировать *(механизм, часы и т. п.)*

regulation [ˌregjʊˈleɪʃ(ə)n] *n* 1) регулирование, упорядочение 2) правило, предписание; **safety ~s** правила безопасности 3) *pl* устав; наставление; инструкция 4) *attr* правильный; установленного образца; форменный

regulative [ˈregjʊlətɪv] *a* регулирующий

regulator [ˈregjʊleɪtə(r)] *n* 1) регулировщик 2) *тех.* регулятор

rehab [ˈriːhæb] *разг. см.* **rehabilitation**

rehabilitate [ˌriːhəˈbɪlɪteɪt] *v* 1) реабилитировать; восстанавливать *(в правах, звании, должности и т. п.)* 2) восстанавливать, реконструировать, реставрировать

rehabilitation [ˈriːhəˌbɪlɪˈteɪʃ(ə)n] *n* 1) реабилитация 2) реконструкция, реставрация

rehash [riːˈhæʃ] *v* переделывать *(из старого материала)*, перекраивать; подправлять

rehearsal [rɪˈhɜːsəl] *n* репетиция; **dress ~** *театр.* генеральная репетиция, *проф.* прогон

rehearse [rɪˈhɜːs] *v* 1) репетировать 2) повторять, заучивать

reheat [riːˈhiːt] *v* (снова) разогревать

rehouse [riːˈhaʊz] *v* переселять (в новый дом)

reify [ˈriːɪfaɪ] *v* материализовать, воплотить во что-то реальное

reign I [reɪn] *n* 1) (царская или королевская) власть 2) царствование

reign II *v* 1) царствовать 2) царить, господствовать

reimburse [ˌriːɪmˈbɜːs] *v* возмещать *(стоимость чего-л., расходы)*

reimport [ˌriːɪmˈpɔːt] *v* реимпортировать

rein I [reɪn] *n* 1) вожжа, повод; **to draw ~** остановить лошадь; **to give the horse the ~s** отпустить поводья 2) сдерживание, узда; **to keep a tight ~ on expenditure** строго следить за расходами; **to give ~ to one's imagination** дать волю воображению

rein II *v* 1) править *(лошадью)* 2) управлять, контролировать

rein back 1) осадить, сдержать (лошадь), натянув поводья 2) обуздывать, сдерживать *(чувства)*

rein in сдерживать, держать под контролем

rein up остановить (лошадь)

reincarnation [ˌriːɪnkɑːˈneɪʃ(ə)n] *n* перевоплощение, *рел.* реинкарнация

reindeer [ˈreɪndɪə(r)] *n* северный олень

reinforce [ˌriːɪnˈfɔːs] *v* подкреплять, укреплять; усиливать; **to ~ a wall** укрепить стену; **to ~ one's arguments** подкрепить свои доводы

reinforced concrete [ˌriːɪnˈfɔːstˈkɒnkriːt] *n стр.* железобетон

reinforcement [ˌriːɪnˈfɔːsmənt] *n* 1) укрепление, усиление 2) *обыкн. pl* подкрепление, пополнение 3) *тех.* арматура

reinless [ˈreɪnlɪs] *a* 1) без поводьев 2) без узды, без контроля

reinstate [ˌriːɪnˈsteɪt] *v* 1) восстанавливать; возвращать в прежнее положение 2) восстанавливать в звании, в правах *и т. п.*

reinsurance [ˌriːɪnˈʃʊərəns] *n* перестрахо́вка

reintegrate [riːˈɪntɪɡreɪt] *v* воссоедини́ть в еди́ное це́лое, восстанови́ть це́лостность, реинтегри́ровать

reinterpret [ˌriːɪnˈtɜːprɪt] *v* истолко́вывать по-ино́му, дава́ть ино́е толкова́ние

reinvest [ˌriːɪnˈvest] *v* реинвести́ровать

reissue [riːˈɪsjuː] *v* выпуска́ть сно́ва, переиздава́ть

reiterate [riːˈɪtəreɪt] *v* многокра́тно повторя́ть

reiteration [riːˌɪtəˈreɪʃ(ə)n] *n* многокра́тное повторе́ние; перепе́в одного́ и того́ же

reject I [ˈriːdʒekt] *n* 1) него́дная, нену́жная вещь; ни на что не го́дная ли́чность 2) уценённый това́р

reject II *v* 1) отбра́сывать *(как нену́жное)* 2) отверга́ть, отклоня́ть *(предложе́ние, по́мощь и т. п.)* 3) изверга́ть *(из органи́зма)* 4) *мед.* отторга́ть *(переса́женный о́рган)*

rejection [rɪˈdʒekʃ(ə)n] *n* 1) призна́ние него́дным 2) отка́з, отклоне́ние, неприя́тие 3) изверже́ние; отторже́ние

rejector [rɪˈdʒektə(r)] *n тех.* отража́тель

rejig [riːˈdʒɪɡ] *v* 1) переобору́довать *(заво́д и т. п.)* для ины́х це́лей, перепрофили́ровать 2) расположи́ть по-ино́му, сде́лать перестано́вку

rejoice [rɪˈdʒɔɪs] *v* 1) ра́доваться, весели́ться; **to ~ at/in smth** наслажда́ться чем-л., ра́доваться чему́-л., получа́ть большо́е удово́льствие от чего́-л. 2) пра́здновать, отмеча́ть *(собы́тие)*

rejoin¹ [riːˈdʒɔɪn] *v* сно́ва присоединя́ться к кому́-л., чему́-л.; сно́ва возвраща́ться

rejoin² [rɪˈdʒɔɪn] *v* отвеча́ть (возраже́нием), возража́ть

rejoinder [rɪˈdʒɔɪndə(r)] *n* отве́т, возраже́ние

rejuvenate [rɪˈdʒuːvɪneɪt] *v* омола́живать

rejuvenation [rɪˌdʒuːvɪˈneɪʃ(ə)n] *n* омоложе́ние

rejuvenescent [ˌrɪdʒuːvɪˈnesnt] *a* 1) молоде́ющий 2) омола́живающий

rekindle [riːˈkɪndl] *v* 1) разжига́ть сно́ва 2) сно́ва пробужда́ть *(наде́жды и т. п.)*

re-laid [riːˈleɪd] *past, p. p. см.* **re-lay**

relapse I [rɪˈlæps] *n* повторе́ние *(боле́зни, при́ступа)*, рециди́в; ухудше́ние состоя́ния

relapse II *v* впада́ть сно́ва *(в како́е-л. состоя́ние)*; сно́ва заболева́ть; возвраща́ться *(к дурно́й привы́чке и т. п.)*

relate [rɪˈleɪt] *v* 1) расска́зывать 2) свя́зывать, устана́вливать связь *или* отноше́ние ме́жду чем-л. *(with, to)* 3): **to be ~d** *(to)* состоя́ть в родстве́, быть ро́дственниками 4) относи́ться, име́ть отноше́ние, каса́ться *(to)*

related [rɪˈleɪtɪd] *a* 1) находя́щийся в бли́зком родстве́ 2) свя́занный, относя́щийся, име́ющий отноше́ние 3) зави́симый

relater [rɪˈleɪtə(r)] *n* расска́зчик

relation [rɪˈleɪʃ(ə)n] *n* 1) *обыкн. pl* отноше́ние, соотноше́ние, зави́симость, связь; **business ~s** деловы́е отноше́ния, деловы́е свя́зи; **public ~s** свя́зи с обще́ственностью, *разг.* пиа́р; **in ~ to** что каса́ется, относи́тельно; **with ~ to** принима́я во внима́ние; **to have/to bear no ~ to smth** не име́ть никако́го отноше́ния к чему́-л.; **they enjoyed good ~s for many years** они́ бы́ли в хоро́ших отноше́ниях мно́го лет 2) ро́дственник; ро́дственница 3) родство́ 4) расска́з, повествова́ние, изложе́ние

relational [rɪˈleɪʃ(ə)nəl] *a* 1) относи́тельный; соотве́тственный; **~ database** *вчт* реляцио́нная ба́за да́нных 2) ро́дственный 3) *грам.* относи́тельный

relation character [rɪˈleɪʃn ˈkærɪktə] *n вчт* знак отноше́ния

relationship [rɪˈleɪʃ(ə)nʃɪp] *n* 1) отноше́ние 2) *разг.* связь, те́сные отноше́ния 3) (кро́вное) родство́ 4) взаимоотноше́ния 5) соотноше́ние 6) связь, зави́симость

relative I [ˈrelətɪv] *n* 1) ро́дственник; ро́дственница; **a close ~** бли́зкий ро́дственник; **a remote ~** да́льний ро́дственник 2) *грам.* относи́тельное местоиме́ние

relative II *a* 1) относи́тельный, сравни́тельный 2) соотве́тственный, пропорциона́льный 3) свя́занный *(друг с дру́гом)*, взаи́мный 4) *грам.* относи́тельный

relative error [ˈrelətɪv ˌerə] *n* относи́тельная оши́бка, относи́тельная погре́шность

relatively [ˈrelətɪvlɪ] *adv* 1) относи́тельно, сравни́тельно 2) соотве́тственно

relativistic [ˌrelətɪˈvɪstɪk] *a* 1) *филос.* релятиви́стский; относи́тельный 2) *физ.* релятиви́стский; дви́жущийся с околосветово́й ско́ростью

relativity [ˌreləˈtɪvɪtɪ] *n* 1) относи́тельность; взаимосвя́занность 2) *физ.* тео́рия относи́тельности

relax [rɪˈlæks] *v* 1) уменьша́ть напряже́ние, расслабля́ть 2) смягча́ть; де́лать ме́нее стро́гим *(о тре́бованиях, пра́вилах, дисципли́не и т. п.)* 3) ослабля́ть *(внима́ние, уси́лия и т. п.)*

relaxant I [rɪˈlæksənt] *n мед.* релакса́нт; лека́рство, снима́ющее напряже́ние

relaxant II *a* облада́ющий релакси́рующим де́йствием *(о лека́рстве)*

relaxation [ˌriːlækˈseɪʃ(ə)n] *n* 1) релакса́ция, уменьше́ние напряже́ния 2) о́тдых; переды́шка; развлече́ние 3) смягче́ние *(наказа́ния и т. п.)*; ослабле́ние *(дисципли́ны)*

relay I [ˈriːleɪ] *n* 1) сме́на *(солда́т, рабо́чих)* 2) сме́на *(лошаде́й)* 3) *спорт.* эстафе́та, эстафётное соревнова́ние 4) эл. реле́ 5) *радио* трансля́ция 6) *тех.* ретрансля́тор; ~ **centre** коммутацио́нный центр; ~ **station** ретрансляцио́нная ста́нция

relay II *v* 1) сменя́ть; организо́вывать сме́нную рабо́ту 2) *радио* трансли́ровать

re-lay [riːˈleɪ] *v* (*past, p. p.* **re-laid**) перекла́дывать, класть сно́ва *или* на друго́е ме́сто

relay race [ˈriːleɪreɪs] *n спорт.* эстафе́та, эстафе́тное соревнова́ние

release I [rɪˈliːs] *n* 1) освобожде́ние, высвобожде́ние 2) вы́пуск (*в свет, на экран*) 3) ве́рсия, реда́кция 4) докуме́нт для публика́ции, рели́з; **press** ~ пресс-рели́з 5) *юр.* проще́ние (*долга*); отка́з (*от прав*) 6) *тех.* разъединя́ющий механи́зм 7) *тех.* разблокиро́вка, освобожде́ние

release II *v* 1) освобожда́ть, отпуска́ть, выпуска́ть на во́лю (*from*); **to ~ oneself** высвобожда́ться 2) вы́пустить в свет, опубликова́ть; вы́пустить в прока́т (*фильм*) 3) *юр.* отка́зываться (*от прав*); освобожда́ть (*от обяза́тельства и т. п.*); проща́ть (*долг*) 4) *тех.* разъединя́ть, разблоки́ровать

relegate [ˈrelɪgeɪt] *v* 1) переводи́ть на бо́лее ни́зкую до́лжность; разжа́ловать 2) переходи́ть в ни́зший разря́д 3) высыла́ть, изгоня́ть 4) передава́ть, отсыла́ть в другу́ю инста́нцию

relegation [ˌrelɪˈgeɪʃ(ə)n] *n* 1) разжа́лование, пониже́ние 2) вы́сылка, изгна́ние 3) переда́ча (*дела и т. п.*) в другу́ю инста́нцию

relent [rɪˈlent] *v* смягча́ться

relentless [rɪˈlentlɪs] *a* 1) неумоли́мый, бескомпроми́ссный; безжа́лостный 2) неуста́нный, неотсту́пный

relevance [ˈrelɪvəns] *n* 1) уме́стность 2) актуа́льность; релева́нтность, суще́ственность

relevancy [ˈrelɪvənsɪ] *см.* **relevance**

relevant [ˈrelɪvənt] *a* 1) относя́щийся к де́лу; уме́стный; **the question is very** ~ вопро́с по существу́ 2) подходя́щий, уме́стный; соотве́тствующий 3) *вчт* релева́нтный (*об информа́ции*)

reliability [rɪˌlaɪəˈbɪlɪtɪ] *n* 1) наде́жность 2) достове́рность (*све́дений и т. п.*) 3) про́чность

reliable [rɪˈlaɪəbl] *a* 1) наде́жный; заслу́живающий дове́рия; **from ~ source** из наде́жного исто́чника; ~ **information** достове́рные све́дения 2) про́чный

reliance [rɪˈlaɪəns] *n* 1) дове́рие (*on, upon, in*); **to put full ~ in smb** по́лностью полага́ться на кого́-л. 2) дове́ренная вещь; то, что дове́рили

reliant [rɪˈlaɪənt] *a* уве́ренный; полага́ющийся на свои́ си́лы

relic [ˈrelɪk] *n обыкн. pl* 1) рели́квия 2) *рел.* мо́щи 3) след (*како́й-л. эпо́хи*) 4) пережи́ток 5) сувени́р, па́мятная вещь 6) оста́нки

relict [ˈrelɪkt] *n* рели́кт

relief [rɪˈliːf] *n* 1) облегче́ние (*боли, страда́ния и т. п.*); утеше́ние; **a sigh of** ~ вздох облегче́ния; **to bring** ~ приноси́ть облегче́ние 2) переме́на, внесе́ние разнообра́зия, разря́дка; **to provide some** ~ внести́ не́которое оживле́ние 3) (материа́льная) по́мощь, посо́бие 4) освобожде́ние (*от упла́ты штра́фа и т. п.*) 5) сме́на (*дежу́рных, карау́льных*) 6) рельеф (*изображе́ние*); **low** ~ барелье́ф; **in** ~ вы́пуклый, рельефный 7) рельеф ме́стности 8) рельефность, контра́стность, я́ркость 9) *attr:* ~ **fund** фонд по́мощи голода́ющим; ~ **pilot** сме́нный пило́т; ~ **map** ка́рта рельефа ме́стности; ~ **road** объездна́я доро́га; доро́га, разгружа́ющая основну́ю магистра́ль

relieve [rɪˈliːv] *v* 1) приходи́ть на по́мощь, выруча́ть 2) облегча́ть; смягча́ть; ослабля́ть (*напряже́ние, боль и т. п.*); **it will ~ your cough** э́то смягчи́т твой ка́шель 3) вноси́ть разнообра́зие, оживля́ть, скра́шивать; **to ~ boredom** разогна́ть ску́ку 4) сменя́ть (*дежу́рного и т. п.*) 5) освобожда́ть (*от чего́-л.*); **to ~ a town** освободи́ть го́род (*от проти́вника*) 6) де́лать рельефным, вы́пуклым; выделя́ть 7): **to ~ oneself** помочи́ться; испражни́ться

religion [rɪˈlɪdʒ(ə)n] *n* рели́гия

religious [rɪˈlɪdʒəs] *a* религио́зный

relinquish [rɪˈlɪŋkwɪʃ] *v* 1) уступа́ть, передава́ть (*права́, со́бственность*); отка́зываться (*от чего́-л.*) 2) оставля́ть (*наде́жду, пла́ны*); броса́ть (*привы́чку*)

relish I [ˈrelɪʃ] *n* 1) удово́льствие, наслажде́ние; пристра́стие, вкус (*к чему́-л.*); **with evident** ~ с ви́димым удово́льствием, с наслажде́нием 2) (прия́тный) вкус; при́вкус 3) привлека́тельность; **to lose its** ~ теря́ть свою́ пре́лесть 4) припра́ва

relish II *v* 1) получа́ть удово́льствие (*от чего́-л.*); **I did not ~ the thought of...** мне не нра́вилась перспекти́ва... 2) придава́ть вкус; приправля́ть

relive [riːˈlɪv] *v* вновь оживи́ть (*в воображе́нии*), сно́ва испыта́ть (*како́е-л. чу́вство, пережива́ние*)

reload I [ˈriːləʊd] *n* 1) *вчт* перезагру́зка 2) перезаря́дка

reload II *v* 1) *вчт* перезагружа́ть 2) перезаряжа́ть

reluctance [rɪˈlʌktəns] *n* неохо́та, нежела́ние; **with** ~ неохо́тно, с неохо́той

reluctant [rɪˈlʌktənt] *a* 1) де́лающий с неохо́той, нераспо́ложенный, не жела́ющий *(что-л. делать)* 2) неохо́тный

reluctantly [rɪˈlʌktəntlɪ] *adv* неохо́тно, с неохо́той; без жела́ния

rely [rɪˈlaɪ] *v* 1) полага́ться *(на — on, upon)*; **you may ~ upon it** вы мо́жете быть уве́рены в стом; **she is not to be relied on** на неё нельзя́ положи́ться, она́ ненадёжный челове́к; **I ~ on his word** я полага́юсь на его́ сло́во 2) зави́сеть

REM *сокр.* **(rapid eye movement)** бы́стрые движе́ния глаз *(во сне)*

remade [riːˈmeɪd] *past, p. p. см.* **remake**

remain [rɪˈmeɪn] *v* остава́ться; **nothing ~s for me but to wait** мне ничего́ не остаётся, как то́лько ждать; **he ~ed silent** он продолжа́л молча́ть; **I ~ yours faithfully** остаю́сь пре́данный вам *(в конце письма)*

remainder I [rɪˈmeɪndə(r)] *n* 1) оста́ток, оста́тки; остально́е, остальны́е 2) *мат.* оста́ток 3) оста́ток тиража́ *(книги)* 4) *attr* оста́вшийся; остально́й

remainder II *v* распродава́ть оста́тки тиража́ кни́ги *(по сниженной цене)*

remains [rɪˈmeɪnz] *n pl* 1) оста́тки 2) разва́лины *(замка и т. п.)*, руи́ны; следы́ про́шлого 3) оста́нки 4) литерату́рное насле́дство

remake I [ˈriːmeɪk] *n кино* риме́йк, за́ново пересня́тый *(старый)* фильм

remake II [riːˈmeɪk] *v (past, p. p.* **remade)** переде́лывать, де́лать за́ново

reman [riːˈmæn] *v* 1) *воен.* укомплекто́вывать но́вым соста́вом 2) подбодря́ть

remand I [rɪˈmɑːnd] *n* возвраще́ние (аресто́ванного) под стра́жу *(для проведения дополнительного расследования)*

remand II *v* возвраща́ть (аресто́ванного) под стра́жу

remand centre [rɪˈmɑːndˌsentə] *n юр.* сле́дственный изоля́тор, СИЗО

remark I [rɪˈmɑːk] *n* 1) замеча́ние; **introductory ~s** вступи́тельные замеча́ния; **to make no ~** ничего́ не сказа́ть 2) наблюде́ние; **worthy of ~** досто́йный внима́ния 3) примеча́ние, коммента́рий

remark II *v* 1) замеча́ть, отмеча́ть 2) сде́лать замеча́ние, вы́сказаться, прокомменти́ровать *(on, upon)*

remarkable [rɪˈmɑːkəbl] *a* замеча́тельный, выдаю́щийся *(for)*

remarkably [rɪˈmɑːkəblɪ] *adv* замеча́тельно, необыкнове́нно

remarry [riːˈmærɪ] *v* вступа́ть в но́вый брак

rematch [ˈriːmætʃ] *n спорт.* отве́тный матч; отве́тная игра́

remedial [rɪˈmiːdjəl] *a* лече́бный, излечи́вающий; **~ exercises** лече́бная гимна́стика

remedy I [ˈremɪdɪ] *n* 1) лека́рство, сре́дство *(тж перен.)*; **a ~ for a cold** сре́дство от просту́ды; **the situation is past ~** положе́ние безнадёжно 2) возмеще́ние 3) исправле́ние

remedy II *v* 1) выле́чивать 2) возмеща́ть 3) исправля́ть

remember [rɪˈmembə(r)] *v* 1) по́мнить; вспомина́ть 2) передава́ть приве́т; **~ me kindly to them** пожа́луйста, переда́йте им приве́т от меня́ 3) упомина́ть *(в молитве, завещании)*

remembrance [rɪˈmembrəns] *n* 1) воспомина́ние; па́мять; **in ~ of** в па́мять 2) сувени́р 3) *pl* приве́т(ы); **give my ~s to your parents** переда́йте от меня́ приве́т ва́шим роди́телям 4) *attr:* **R. Sunday** помина́льное воскресе́нье *(в ноябре в Великобритании и Канаде в память жертв обеих мировых войн; тж* **Remembrance Day)**

remind [rɪˈmaɪnd] *v* напомина́ть; **to ~ of smb** напомина́ть кого́-л.

reminder [rɪˈmaɪndə(r)] *n* 1) напомина́ние; **gentle ~** ве́жливое напомина́ние, намёк 2) па́мятный пода́рок, сувени́р *(of)*

remindful [rɪˈmaɪndfʊl] *a* напомина́ющий, вызыва́ющий воспомина́ния *(of)*

reminiscence [ˌremɪˈnɪsəns] *n* 1) воспомина́ние *(of)* 2) *pl* воспомина́ния, мемуа́ры

reminiscent [ˌremɪˈnɪsənt] *a* 1) напомина́ющий, вызыва́ющий воспомина́ния *(of)* 2) скло́нный к воспомина́ниям; **to be in a ~ mood** быть настро́енным на воспомина́ния

remiss [rɪˈmɪs] *a* невнима́тельный, небре́жный; **that was ~ of you** ты прояви́л невнима́тельность, ты был невнима́телен *(к кому-л.)*

remissible [rɪˈmɪsɪbl] *a* прости́тельный, позволи́тельный

remission [rɪˈmɪʃ(ə)n] *n* 1) смягче́ние *(приговора)* 2) освобожде́ние от упла́ты *(долгов и т. п.)* 3) уменьше́ние, ослабле́ние *(боли, напряжения)* 4) проще́ние *(грехов, проступков)* 5) *мед.* реми́ссия *(временное исчезновение симптомов заболевания)*

remissive [rɪˈmɪsɪv] *a* 1) ослабля́ющий, уменьша́ющий, отступа́ющий 2) проща́ющий

remit [rɪˈmɪt] *v* 1) отменя́ть *или* смягча́ть *(приговор, наказание)* 2) уменьша́ть, ослабля́ть *(напряжение и т. п.)* 3) переводи́ть по по́чте *(деньги)* 4) *юр.* передава́ть в ни́зшую инста́нцию 5) откла́дывать на бо́лее по́здний срок 6) проща́ть *(грехи)*

remittance [rɪˈmɪtəns] *n* 1) перево́д, пересы́лка де́нег 2) почто́вый перево́д

remittee [ˌrɪmɪˈtiː] *n* получа́тель де́нег по перево́ду *или* по аттеста́ту

remittent [rɪˈmɪtənt] *a* перемежа́ющийся *(о лихора́дке)*

remnant [ˈremnənt] *n* 1) оста́ток *(ткани)*; оста́тки *(еды)* 2) пережи́ток

remodel [riːˈmɒdl] *v* 1) переде́лывать; меня́ть фо́рму 2) реконструи́ровать

remonstrance [rɪˈmɒnstrəns] *n* проте́ст, возраже́ние

remonstrate [ˈremənstreɪt] *v* выража́ть проте́ст, возража́ть *(against)*

remorse [rɪˈmɔːs] *n* угрызе́ние со́вести, раска́яние; сожале́ние; **without ~** а) без зазре́ния со́вести б) безжа́лостно

remorseful [rɪˈmɔːsful] *a* по́лный раска́яния; по́лный сожале́ния; **to be ~** чу́вствовать угрызе́ния со́вести

remorseless [rɪˈmɔːslɪs] *a* безжа́лостный, беспоща́дный

remote [rɪˈməʊt] *a* 1) да́льний, отдалённый; далёкий *(по времени)*; **a ~ village** отдалённая/глуха́я дере́вня; **~ ages** старода́вние времена́ 2) незначи́тельный, ма́лый; **~ resemblance** отдалённое/сла́бое схо́дство 3) да́льний *(о родстве)* 4) отчуждённый; недру́жественный; **he is a ~ figure** с ним тру́дно име́ть де́ло 5) *тех.* дистанцио́нный *(об управлении и т. п.)*, удалённый

remote access [rɪˈməʊt ˈækses] *n* *вчт* 1) дистанцио́нный до́ступ 2) дистанцио́нная вы́борка

remote control [rɪˈməʊt kənˈtrəʊl] *n* 1) дистанцио́нное управле́ние 2) пульт дистанцио́нного управле́ния *(бытовой электро́нной техники)*

remote-controlled [rɪˌməʊtkənˈtrəʊld] *a* с дистанцио́нным управле́нием *(о машинах, механизмах и т. п.)*

remote device [rɪˈməʊt dɪˈvaɪs] *n* *вчт* удалённое устро́йство

remould [riːˈməʊld] *v* придава́ть ину́ю фо́рму

remount I [ˈriːmaʊnt] *n* 1) запасна́я ло́шадь 2) *воен.* ремо́нтная ло́шадь; ко́нское пополне́ние

remount II [riːˈmaʊnt] *v* 1) сно́ва сесть *(на лошадь, велосипед и т. п.)* 2) сно́ва взобра́ться *(на лестницу, холм и т. п.)* 3) снабди́ть но́вой ло́шадью 4) вставля́ть в но́вую ра́му

removable [rɪˈmuːvəbl] *a* 1) съёмный 2) сменя́емый 3) устрани́мый

removal [rɪˈmuːvəl] *n* 1) удале́ние; перено́с *(с места на место)*; убо́рка *(со стола и т. п.)* 2) перемеще́ние, перее́зд *(в другое помеще́ние и т. п.)* 3) устране́ние

remove I [rɪˈmuːv] *n* 1) сте́пень удале́ния, отдале́ния; расстоя́ние 2) шаг, ступе́нь; сте-

пень; **one ~ from disaster** оди́н шаг до беды́; **at every ~** с ка́ждым ша́гом

remove II *v* 1) уноси́ть; переноси́ть; перемеща́ть; снима́ть *(пальто, шляпу)* 2) убира́ть *(со стола и т. п.)*; **to ~ a carpet/plates from the table** убра́ть ковёр/таре́лки со стола́ 3) удаля́ть, устраня́ть; избавля́ться *(от кого-л., чего-л.)*; **to ~ obstacles** устраня́ть препя́тствия 4) смеща́ть *(с должности)*, увольня́ть 5) переезжа́ть 6) выводи́ть пя́тна 7) извлека́ть, выта́скивать

removed [rɪˈmuːvd] *a* 1) удалённый, отдалённый 2): **once ~** двою́родный; **twice ~** трою́родный

remover [rɪˈmuːvə(r)] *n* 1) перево́зчик ме́бели *(тж* **furniture ~**) 2) сре́дство для выведе́ния пя́тен

remunerate [rɪˈmjuːnəreɪt] *v* вознагражда́ть; компенси́ровать

remuneration [rɪˌmjuːnəˈreɪʃ(ə)n] *n* вознагражде́ние; опла́та *(услуг и т. п.)*, компенса́ция

remunerative [rɪˈmjuːnərətɪv] *a* вы́годный, хорошо́ опла́чиваемый

renaissance [rɪˈneɪsəns] *n* 1) **(R.)** эпо́ха Возрожде́ния, Ренесса́нс 2) возрожде́ние, оживле́ние 3) *attr* **(R.)** относя́щийся к эпо́хе Возрожде́ния

renal [ˈriːnəl] *a* по́чечный

rename [riːˈneɪm] *v* переимено́вывать

renascence [rɪˈnæsns] *n* 1) возрожде́ние, возобновле́ние 2) **(R.)** *см.* **renaissance** 1)

renascent [rɪˈnæsnt] *a* возрожда́ющийся

rend [rend] *v* (*past, p. p.* **rent**) отрыва́ть, разрыва́ть, раздира́ть, рвать; **to ~ one's hair** рвать на себе́ во́лосы; **to ~ the air** издава́ть пронзи́тельный крик

render [ˈrendə(r)] *v* 1) превраща́ть, де́лать; **to ~ active** активизи́ровать; **to ~ helpless** де́лать беспо́мощным 2) воздава́ть, отдава́ть 3) ока́зывать *(услугу, помощь)* 4) представля́ть *(объяснение, отчёт и т. п.)* 5) изобража́ть, воспроизводи́ть; игра́ть, исполня́ть *(роль)* 6) переводи́ть *(на другой язык)* 7) топи́ть *(жир)* 8) штукату́рить 9) *вчт* визуали́зировать, создава́ть гото́вое изображе́ние *(в компьютерной графике)*

rendering [ˈrendərɪŋ] *n* 1) интерпрета́ция, толкова́ние *(образа, художественного произведения)*; исполне́ние *(роли и т. п.)* 2) перево́д 3) оказа́ние *(услуги, помощи и т. п.)* 4) *вчт* визуализа́ция, созда́ние гото́вого изображе́ния *(в компьютерной графике)*

rendezvous I [ˈrɒndɪvuː] *n* 1) рандеву́, свида́ние 2) ме́сто свида́ния; ме́сто встре́чи 3) *воен.* ме́сто сбо́ра

rendezvous II *v* встреча́ться в назна́ченном ме́сте; назнача́ть встре́чу

rendition [ren´dɪʃ(ə)n] *n* интерпрета́ция *(ро́ли, о́браза, музыка́льного произведе́ния и т. п.)*; исполне́ние *(ро́ли и т. п.)*

renegade [´renɪgeɪd] *n* 1) ренега́т, изме́нник 2) вероотсту́пник; диссиде́нт

renege [rɪ´niːg] *v* 1) отка́зываться от свои́х слов, изменя́ть своему́ сло́ву, обеща́нию и т. п. 2) изменя́ть свои́м взгля́дам 3) *карт.* де́лать рено́нс

renew [rɪ´njuː] *v* 1) обновля́ть, восстана́вливать, реставри́ровать 2) возобновля́ть *(де́ятельность, знако́мство)* 3) продлева́ть *(лице́нзию, контра́кт, подпи́ску и т. п.)*

renewal [rɪ´njuːəl] *n* 1) обновле́ние, возрожде́ние, восстановле́ние 2) возобновле́ние; **the ~ of hostilities** возобновле́ние вое́нных де́йствий 3) продле́ние сро́ка де́йствия *(до́говора и т. п.)*; пролонга́ция

renominate [riː´nɒmɪneɪt] *v* назнача́ть, выдвига́ть на но́вый срок *(о кандида́те на до́лжность и т. п.)*; продлева́ть срок де́йствия

renounce [rɪ´naʊns] *v* 1) отка́зываться *(от прав, владе́ния, тре́бований и т. п.)*; отрека́ться 2) отверга́ть, отклоня́ть; не признава́ть 3) прерыва́ть отноше́ния *(с друзья́ми, колле́гами и т. д.)*

renouncement [rɪ´naʊnsmənt] *n* отка́з; отрече́ние

renovate [´renəʊveɪt] *v* обновля́ть, подновля́ть, освежа́ть, ремонти́ровать

renovation [ˌrenəʊ´veɪʃ(ə)n] *n* 1) ремо́нт, восстановле́ние 2) реконстру́кция

renown [rɪ´naʊn] *n* сла́ва, изве́стность

renowned [rɪ´naʊnd] *a* изве́стный, знамени́тый

rent¹ I [rent] *n* 1) аре́ндная пла́та; кварти́рная пла́та 2) ре́нта; **land ~** земе́льная ре́нта; **life ~** пла́та за наём 3) прока́т; **for ~** внаём; напрока́т

rent¹ II *v* 1) снима́ть, арендова́ть 2) сдава́ть в аре́нду; дава́ть напрока́т 3) сдава́ться (в аре́нду); **the house ~s at $200 per month** дом сдаётся за 200 до́лларов в ме́сяц

rent² I *n* 1) проре́ха, дыра́ 2) разры́в в облака́х 3) рассе́лина, щель, тре́щина

rent² II *past, p. p. см.* **rend**

rent-a-car [ˌrentə´kɑː(r)] *n* 1) аге́нтство по прока́ту автомоби́лей 2) автомоби́ль напрока́т

rental [´rentəl] *n* 1) аре́ндная пла́та; пла́та за прока́т 2) сда́ча в аре́нду

rent boy [´rentbɔɪ] *n сленг* молодо́й мужчи́на-проститу́тка, «ма́льчик по вы́зову»

renter [´rentə(r)] *n* 1) съёмщик; аренда́тор 2) *сленг см.* **rent boy**

rent-free I [´rent´friː] *a* освобождённый от аре́ндной *или* кварти́рной пла́ты

rent-free II *adv* без аре́ндной *или* кварти́рной пла́ты

rentier [´rɒntɪeɪ] *n* рантье́

renunciation [rɪˌnʌnsɪ´eɪʃ(ə)n] *n* отка́з *(от прав, иму́щества и т. п.)*; отрече́ние

reopen [riː´əʊpən] *v* открыва́ть вновь; возобновля́ть

reorder [riː´ɔːdə(r)] *v* перезака́зывать; повторя́ть зака́з *(на това́ры)*

reorganise [riː´ɔːgənaɪz] *v* реорганизова́ть

reorganization [riːˌɔːgənaɪ´zeɪʃ(ə)n] *n* реорганиза́ция

reorganize [riː´ɔːgənaɪz] *амер. см.* **reorganise**

reorient [riː´ɔːrɪent] *v* переориенти́ровать; дава́ть но́вую ориента́цию, но́вое направле́ние *(мы́слей, де́йствий)*

Rep. *сокр. амер.* 1) **(Republican)** республика́нец, член республика́нской па́ртии 2) **(Representative)** член пала́ты представи́телей *(Конгре́сса США)*

rep¹ [rep] *n разг.* представи́тель *(фи́рмы и т. п.)*; коммивояжёр

rep² *n* репс *(ткань)*

rep³ *n разг.* репертуа́р

rep⁴ *n сленг* репута́ция

repack [riː´pæk] *v* перепакова́ть; сно́ва упако́вать

repaginate [riː´pædʒɪneɪt] *v* перенумерова́ть страни́цы

repaid [riː´peɪd] *past, p. p. см.* **repay**

repaint [riː´peɪnt] *v* перекра́сить

repair¹ I [rɪ´peə(r)] *n* 1) *часто pl* ремо́нт, почи́нка; **in need of ~** нужда́ющийся в ремо́нте; **under ~** в ремо́нте; **major/running ~** капита́льный/теку́щий ремо́нт; **shoe ~s** ремо́нт о́буви 2) го́дность, испра́вность; **in good ~** в по́лной испра́вности; **in bad ~** в неиспра́вном состоя́нии; **to keep in ~** содержа́ть в испра́вности; **beyond ~** в безнадёжном состоя́нии, соверше́нно него́дный 3) *attr* ремо́нтный

repair¹ II *v* 1) ремонти́ровать, исправля́ть, чини́ть 2) возмеща́ть, компенси́ровать 3) исправля́ть *(оши́бку, несправедли́вость)*

repair² *v* 1) отправля́ться, направля́ться *(куда́-л., к кому́-л.)* 2) прибега́ть *(к — to)*

repairman [rɪ´peəmən] *n* ремо́нтный рабо́чий, ремо́нтник

reparable [´repərəbl] *a* поправи́мый

reparation [ˌrepə´reɪʃ(ə)n] *n pl* возмеще́ние, компенса́ция; *воен.* репара́ции

repartee [ˌrepɑː´tiː] *n* 1) остроу́мие, нахо́дчивость 2) остроу́мный отве́т

repast [rɪˈpɑːst] *n книжн.* 1) трáпеза 2) едá

repatriate [riːˈpætrɪeɪt] *v* репатрии́ровать

repatriation [ˌriːpætrɪˈeɪʃ(ə)n] *n* репатриáция

repay [riːˈpeɪ] *v* (*past, p. p.* **repaid**) 1) отдавáть долг 2) совершáть отвéтное дéйствие; **to ~ a visit** нанести́ отвéтный визи́т 3) отплáчивать 4) возмещáть, вознаграждáть; отблагодари́ть; **how can I ever ~ you?** как мне вас отблагодари́ть?

repayable [riːˈpeɪəbl] *a* подлежáщий уплáте; компенси́руемый

repayment [riːˈpeɪmənt] *n* 1) вы́плата (*долга и т. п.*) 2) возмещéние, вознаграждéние

repeal I [rɪˈpiːl] *n* отмéна, аннули́рование

repeal II *v* отменя́ть, аннули́ровать

repeat I [rɪˈpiːt] *n* 1) повторéние 2) исполнéние на бис 3) повтóр радио- *или* телепередáчи 4) повторя́ющийся узóр (*на обоях, в орнамéнте и т. п.*) 5) *attr:* ~ **customer** постоя́нный покупáтель/клиéнт; ~ **fees** вы́платы áвторам (*писáтелям, музыкáнтам*) за трансля́цию их произведéний по рáдио и ТВ

repeat II *v* 1) повторя́ть; **to ~ after smb** повторя́ть за кем-л.; **to ~ oneself** повторя́ться 2) говори́ть наизу́сть; репети́ровать 3) повторя́ться, вновь происходи́ть, вновь случáться

repeated [rɪˈpiːtɪd] *a* повтóрный; повторя́ющийся; ~ **efforts** многокрáтные уси́лия

repeatedly [rɪˈpiːtɪdlɪ] *adv* повтóрно; неоднокрáтно, нéсколько раз

repeater [rɪˈpiːtə(r)] *n* 1) тот, кто повторя́ет, дéлает что-л. повтóрно 2) магази́нная винтóвка 3) часы́ с репети́ром 4) *мат.* непреры́вная дробь 5) *радио* ретрансляциóнная стáнция, ретрансля́тор

repel [rɪˈpel] *v* 1) отгоня́ть, отбивáть (*проти́вника и т. п.*) 2) оттáлкивать; отвергáть (*предложéние, прóсьбу*) 3) внушáть отвращéние

repellent I [rɪˈpelənt] *n* репеллéнт, срéдство для борьбы́ с насекóмыми

repellent II *a* оттáлкивающий, отврати́тельный

repent [rɪˈpent] *v* раскáиваться, сожалéть, сокрушáться

repentance [rɪˈpentəns] *n* раскáяние

repentant [rɪˈpentənt] *a* кáющийся, раскáивающийся

repercussion [ˌriːpəˈkʌʃ(ə)n] *n* 1) послéдствие, след (*чего-л.*) 2) отдáча (*после удáра*) 3) óтзвук, эхо

repertoire [ˈrepətwɑː(r)] *n* репертуáр

repertory [ˈrepətərɪ] *n* 1) репертуáр 2) *см.* **repertory theatre** 3) запáс (*свéдений, примéров и т. п.*); спрáвочник, сбóрник

repertory theatre [ˈrepətərɪˈθɪətə(r)] *n* репертуáрный теáтр (*с постоя́нной труппой и постоя́нным репертуáром*)

repetition [ˌrepɪˈtɪʃ(ə)n] *n* 1) повторéние 2) кóпия; подражáние 3) заýчивание наизу́сть

repetitious [ˌrepɪˈtɪʃəs] *a* (*без концá*) повторя́ющийся, надоéдливый

repetitive [rɪˈpetɪtɪv] *см.* **repetitious**

repine [rɪˈpaɪn] *v* роптáть, жáловаться, сéтовать (*at, against*)

replace [rɪˈpleɪs] *v* 1) стáвить, класть, возвращáть обрáтно, на мéсто 2) заменя́ть, замещáть; **impossible to ~** незамени́мый

replaceable [rɪˈpleɪsəbl] *a* замени́мый

replacement [rɪˈpleɪsmənt] *n* 1) замéна, замещéние 2) замести́тель, тот, кто замещáет *или* то, что замещáет

replant [riːˈplɑːnt] *v* 1) пересáживать (*растéние*) 2) производи́ть нóвые посáдки растéний

replay [riːˈpleɪ] *v* 1) переигрáть (*матч*) 2) проигрáть снóва (*запись и т. п.*)

replenish [rɪˈplenɪʃ] *v* снóва наполня́ть; пополня́ть

replenishment [rɪˈplenɪʃmənt] *n* повтóрное наполнéние; пополнéние

replete [rɪˈpliːt] *a* 1) напóлненный, переполненный; пóлный (*чего-л.*); **I am ~** я сыт, я наéлся 2) хорошó снабжённый, пóлностью обеспéченный (*чем-л.*)

repletion [rɪˈpliːʃ(ə)n] *n* переполнéние

replica [ˈreplɪkə] *n* 1) кóпия, репродýкция (*картины*) 2) тóчная кóпия (*чего-л.*)

replication [replɪˈkeɪʃ(ə)n] *n* 1) отвéт, возражéние 2) эхо 3) копи́рование 4) *иск.* кóпия; репродýкция 5) *биохим.* реплликáция, самовоспроизведéние

reply I [rɪˈplaɪ] *n* отвéт; **in ~** в отвéт; **in ~ to his question** в отвéт на егó вопрóс; ~ **paid** с оплáченным отвéтом

reply II *v* отвечáть, говори́ть в отвéт (*на — to*)

report I [rɪˈpɔːt] *n* 1) отчёт, сообщéние; доклáд; рáпорт, донесéние; **to make a ~ on a business trip** написáть отчёт о команди́ровке 2) репортáж 3) молвá; **the ~ has it that...**, **the ~ goes** говоря́т, что... 4) репутáция 5) тáбель успевáемости (*учащегося*) 6) звук вы́стрела

report II *v* 1) представля́ть отчёт; доклáдывать 2) опи́сывать, расскáзывать, сообщáть; **it is ~ed** сообщáют, сообщáется 3) дéлать официáльное сообщéние; *воен.* рапортовáть; **to ~ oneself ill** подáть рáпорт о болéзни; **to ~ to the police** заяви́ть в поли́цию; **to ~ smb missing** объяви́ть о чьём-л. отсýтствии/пропáже 4) явля́ться; **to ~ to the direc-**

tor яви́ться к дире́ктору; **to ~ for duty** явля́ться на слу́жбу 5) дава́ть о́тзыв; **they ~ed well of you** они́ хорошо́ о вас отзыва́ются

reporter [rɪ'pɔːtə(r)] *n* 1) репортёр 2) докла́дчик

repose[1] [rɪ'pəʊz] *v:* **to ~ confidence in, to ~ trust in** *или* **on** доверя́ться *(кому-л.)*, полага́ться *(на кого-л., что-либо)*

repose[2] **I** *n* 1) поко́й, о́тдых 2) сон 3) споко́йствие 4) непринуждённость; самооблада́ние; **to have ~ of manner** держа́ться непринуждённо, свобо́дно

repose[2] **II** *v* 1) лежа́ть, отдыха́ть *(тж* **to ~ oneself)** 2) спать 3) поко́иться 4) осно́вываться *(на чём-л. — on, upon)*

repository [rɪ'pɒzɪtərɪ] *n* 1) склад, храни́лище 2) носи́тель *(информации и т. п.)*

repot [riː'pɒt] *v* переса́живать *(растение)* в другу́ю горшо́к

reprehend [ˌreprɪ'hend] *v* де́лать вы́говор, отчи́тывать

reprehensible [ˌreprɪ'hensɪbl] *a* досто́йный осужде́ния, порица́ния; предосуди́тельный

reprehension [ˌreprɪ'henʃ(ə)n] *n* порица́ние, осужде́ние

represent [ˌreprɪ'zent] *v* 1) быть представи́телем, представля́ть 2) олицетворя́ть; **to ~ smb's interests** представля́ть чьи-л. интере́сы 3) представля́ть, изобража́ть; дава́ть представле́ние *(о чём-л.)*; **to ~ facts** предста́вить фа́кты *(в определённом свете)*; **to ~ the risks** разъясни́ть возмо́жные ри́ски 4) представля́ть себе́, вообража́ть 5) исполня́ть, игра́ть (роль)

representation [ˌreprɪzen'teɪʃ(ə)n] *n* 1) изображе́ние, представле́ние 2) представи́тельство; представи́тель; **~ in Parliament** представи́тельство в парла́менте 3) *pl* заявле́ние, разъясне́ние 4) *pl* официа́льные прете́нзии, жа́лобы

representative I [ˌreprɪ'zentətɪv] *n* 1) представи́тель; делега́т 2) типи́чный образе́ц; представи́тель *(вида животных и т. п.)* 3) **(R.)** член пала́ты представи́телей *(Конгресса США)* 4) депута́т парламента

representative II *a* 1) характе́рный, типи́чный; **a ~ sample** типи́чный образе́ц, показа́тельный приме́р 2) представля́ющий, изобража́ющий 3) *полит.* представи́тельный

repress [rɪ'pres] *v* 1) сде́рживать, подавля́ть *(слёзы, эмоции и т. п.)* 2) репресси́ровать; подавля́ть

repression [rɪ'preʃ(ə)n] *n* 1) сде́рживание, подавле́ние *(чувств и т. п.)* 2) репре́ссия; подавле́ние

repressive [rɪ'presɪv] *a* репресси́вный; **~ measures** репресси́вные ме́ры

reprieve I [rɪ'priːv] *n* 1) *юр.* отсро́чка в исполне́нии пригово́ра 2) вре́менное облегче́ние, переды́шка

reprieve II *v* 1) *юр.* откла́дывать исполне́ние пригово́ра 2) дава́ть переды́шку, приноси́ть вре́менное облегче́ние

reprimand I ['reprɪmɑːnd] *n* вы́говор; **to receive a ~** получи́ть вы́говор

reprimand II *v* объявля́ть вы́говор

reprint I ['riː'prɪnt] *n* 1) переизда́ние, перепеча́тка без измене́ний, репри́нт 2) тира́ж переизда́ния

reprint II *v* переиздава́ть, перепеча́тывать без измене́ний

reprisal [rɪ'praɪzəl] *n* отве́тная ме́ра; отве́тное де́йствие; **by way of ~** в ка́честве отве́тной ме́ры

reproach I [rɪ'prəʊtʃ] *n* 1) упрёк, уко́р; **beyond ~** безупре́чный, безукори́зненный; **to heap ~s on smb** осыпа́ть кого́-л. упрёками 2) позо́р, бесче́стие; **to bring ~ on** позо́рить *(кого-л.)*

reproach II *v* упрека́ть, укоря́ть *(for, with)*

reproachful [rɪ'prəʊtʃful] *a* 1) укори́зненный 2) недосто́йный, заслу́живающий порица́ния

reproachfully [rɪ'prəʊtʃfulɪ] *adv* укори́зненно, с уко́ром

reprobate I ['reprəʊbeɪt] *n* безнра́вственный челове́к; распу́тник

reprobate II *a* безнра́вственный; распу́тный, развра́тный

reprobate III *v* осужда́ть, порица́ть

reprobation [ˌreprəʊ'beɪʃ(ə)n] *n* осужде́ние, порица́ние

reproduce [ˌriːprə'djuːs] *v* 1) де́лать ко́пию, репроду́кцию и т. п. 2) воспроизводи́ть; репродуци́ровать 3) размножа́ться, порожда́ть пото́мство 4) восстана́вливать *(потерянный орган у живых существ)*

reproducer [ˌriːprə'djuːsə(r)] *n* 1) воспроизводи́тель; воспроизводя́щее устро́йство 2) репроду́ктор

reproduction [ˌriːprə'dʌkʃ(ə)n] *n* 1) воспроизведе́ние 2) ко́пия, репроду́кция 3) размноже́ние

reproductive [ˌriːprə'dʌktɪv] *a* воспроизводи́тельный; репродукти́вный; **~ organs** о́рганы размноже́ния

reprogrammable [rɪ'prəʊɡræməb(ə)l] *a вчт* перепрограмми́руемый *(об устройстве)*

reprogramming [rɪ'prəʊɡræmɪŋ] *n вчт* перепрограмми́рование, переде́лка програ́ммы

reproof [rɪ'pruːf] *n* обвине́ние, упрёк; вы́говор; **a glance of ~** укори́зненный взгляд

reprove [rɪ'pruːv] *v* упрека́ть, укоря́ть; де́лать вы́говор

reptile I [ˈreptaɪl] *n зоол.* пресмыка́ющееся, репти́лия

reptile II *a* 1) пресмыка́ющийся 2) по́длый; прода́жный

republic [rɪˈpʌblɪk] *n* респу́блика

republican I [rɪˈpʌblɪkən] *n* 1) республика́нец 2) **(R.)** *амер.* член республика́нской па́ртии, республика́нец

republican II *a* республика́нский; **the R. Party** республика́нская партия США

republish [riːˈpʌblɪʃ] *v* переиздава́ть *(книгу и т. п.)*

repudiate [rɪˈpjuːdɪeɪt] *v* 1) отверга́ть, отка́зываться; не признава́ть; **to ~ debts** не признава́ть долго́в 2) отрека́ться *(от чего-л., кого-л.)*

repudiation [rɪˌpjuːdɪˈeɪʃ(ə)n] *n* 1) отка́з, отрица́ние 2) отрече́ние 3) аннули́рование, расторже́ние

repugnance [rɪˈpʌɡnəns] *n* 1) отвраще́ние, антипа́тия 2) противоре́чие, несоотве́тствие

repugnancy [rɪˈpʌɡnənsɪ] *см.* **repugnance**

repugnant [rɪˈpʌɡnənt] *a* 1) отврати́тельный, отта́лкивающий *(to)* 2) противоре́чащий *(to)* 3) несовмести́мый *(with)*

repulse I [rɪˈpʌls] *n* 1) отпо́р; отраже́ние *(атаки и т. п.)* 2) отка́з

repulse II *v* 1) отража́ть, отта́лкивать, отбива́ть 2) опроверга́ть *(обвинение)*; отверга́ть

repulsion [rɪˈpʌlʃ(ə)n] *n* 1) отвраще́ние; антипа́тия 2) *физ.* отта́лкивание

repulsive [rɪˈpʌlsɪv] *a* отврати́тельный, отта́лкивающий

reputable [ˈrepjʊtəbl] *a* почте́нный, уважа́емый; изве́стный, надёжный; **a ~ firm** соли́дная фи́рма

reputation [ˌrepjʊˈteɪʃ(ə)n] *n* репута́ция; до́брое и́мя; **to ruin one's ~** погуби́ть свою́ репута́цию; **to have a ~ for good food** сла́виться свое́й ку́хней; **to live up to one's ~** не роня́ть своего́ до́брого и́мени; опра́вдывать ожида́ния

repute I [rɪˈpjuːt] *n* репута́ция; сла́ва; **according to ~** по о́бщему мне́нию; **to know by ~** знать понаслы́шке; **of ~** изве́стный, знамени́тый; **bad ~** дурна́я сла́ва; **a firm of good ~** соли́дная/надёжная фи́рма

repute II *v обыкн. pass* счита́ть, полага́ть

reputed [rɪˈpjuːtɪd] *a* 1) по́льзующийся хоро́шей репута́цией; изве́стный 2) счита́ющийся *(кем-л.)*, предполага́емый; **her ~ father** её предполага́емый оте́ц

reputedly [rɪˈpjuːtɪdlɪ] *adv* как счита́ют, по о́бщему мне́нию

request I [rɪˈkwest] *n* 1) про́сьба; зая́вка; запро́с; **at ~** по про́сьбе, по тре́бованию; **by/on ~** согла́сно запро́су, по про́сьбе; **to make a ~** обрати́ться с про́сьбой, сде́лать запро́с; **to put in a ~ for smth** пода́ть зая́вку на что-л. 2) спрос; **in great ~** по́льзующийся больши́м спро́сом; популя́рный 3) музыка́льное произведе́ние, исполня́емое по зая́вке 4) *attr* по про́сьбе, по зая́вке; **~ programme** програ́мма, соста́вленная по зая́вкам слу́шателей, зри́телей; **a ~ stop** остано́вка по тре́бованию

request II *v* проси́ть разреше́ния; запра́шивать

requiem [ˈrekwɪem] *n* 1) *муз.* ре́квием 2) *рел.* ре́квием *(заупокойное богослужение в католической церкви; тж ~ **mass**)*

require [rɪˈkwaɪə(r)] *v* 1) тре́боваться, име́ть на́добность; **they ~ help** им тре́буется по́мощь; **it will ~ attention** сто потре́бует внима́ния; **it ~d all his courage** пона́добилось всё его́ му́жество; **~d reading** литерату́рные произведе́ния для обяза́тельного чте́ния *(в учебных заведениях)* 2) тре́бовать, прика́зывать; **you are ~d to be there tomorrow** вам на́до быть там за́втра

requirement [rɪˈkwaɪəmənt] *n* 1) тре́бование; необходи́мое усло́вие; **what are the ~s?** каки́е предъявля́ются тре́бования? 2) потре́бность; **to meet all the ~s** отвеча́ть всем тре́бованиям; удовлетворя́ть все потре́бности

requisite I [ˈrekwɪzɪt] *n* то, что необходи́мо; **all the ~s** всё необходи́мое

requisite II *a* необходи́мый, тре́буемый

requisition I [ˌrekwɪˈzɪʃ(ə)n] *n* 1) тре́бование, зая́вка 2) реквизи́ция

requisition II *v* реквизи́ровать

requital [rɪˈkwaɪtl] *n* 1) вознагражде́ние, воздая́ние 2) возме́здие

requite [rɪˈkwaɪt] *v* 1) отпла́чивать, воздава́ть; **to ~ like for like** отплати́ть той же моне́той 2) отомсти́ть

reread [riːˈriːd] *v (past, p. p. **reread**)* перечита́ть сно́ва

rerun [ˈriːrʌn] *n* повто́рный пока́з *(фильма и т. п.)*

resale [riːˈseɪl] *n* перепрода́жа

reschedule [riːˈʃedjuːl] *v* переплани́ровать; измени́ть расписа́ние

rescind [rɪˈsɪnd] *v* отменя́ть, аннули́ровать

rescript [ˈriːskrɪpt] *n* ука́з, рескри́пт

rescue I [ˈreskjuː] *n* 1) спасе́ние, избавле́ние; **to come to the ~** прийти́ на по́мощь, на вы́ручку 2) *attr* спаса́тельный; **a ~ party** отря́д спаса́телей

rescue II *v* спаса́ть, освобожда́ть, избавля́ть; выруча́ть; **to ~ smb from smth** спасти́ кого́-л. от чего́-л.

rescuer [ˈreskjʊə(r)] *n* 1) спаси́тель, избави́тель 2) спаса́тель

research I [rɪˈsɜ:tʃ] *n* 1) (нау́чное) иссле́дование; изыска́ние, изуче́ние; **to carry out ~** вести́ иссле́довательские рабо́ты; **~ and development** нау́чные иссле́дования и о́пытно-констру́кторские разрабо́тки, НИОКР *(в промышленности, бизнесе и т. д.) (тж R and D)* 2) иссле́довательская рабо́та 3) *attr* иссле́довательский; **~ work** нау́чно-иссле́довательская рабо́та

research II *v* иссле́довать; занима́ться иссле́дованиями *(inéo)*

researcher [rɪˈsɜ:tʃə(r)] *n* иссле́дователь

reseda [ˈresɪdə] *n бот.* резеда́

resemblance [rɪˈzembləns] *n* схо́дство *(to, between, of)*; **to bear/to show ~ to smb** име́ть схо́дство с кем-л., быть похо́жим на кого́-л.

resemble [rɪˈzembl] *v* быть похо́жим, походи́ть; **he ~s his father** он похо́ж на отца́

resent [rɪˈzent] *v* возмуща́ться, выража́ть негодова́ние; обижа́ться; **I ~ the way he treats me** меня́ возмуща́ет, как он ко мне отно́сится; **she ~ed his saying that...** её заде́ли его́ слова́ о том, что...

resentful [rɪˈzentfʊl] *a* 1) возмущённый; оби́женный, заде́тый 2) оби́дчивый

resentment [rɪˈzentmənt] *n* негодова́ние; чу́вство (си́льной) оби́ды; **to harbour ~ against smb** затаи́ть оби́ду на кого́-л.

reservation [ˌrezəˈveɪʃ(ə)n] *n* 1) предвари́тельный зака́з, резерви́рование, брони́рование *(мест в гостинице, билетов и т. п.)* 2) зара́нее зака́занный биле́т, но́мер в гости́нице *и т. п.* 3) огово́рка; **with certain ~s** с не́которыми огово́рками; **without ~** безогово́рочно; **I have ~s about it** у меня́ есть на стот счёт сомне́ния 4) резерва́ция

reserve I [rɪˈzɜ:v] *n* 1) запа́с; резе́рв; **mineral ~s** запа́сы поле́зных ископа́емых; **in ~** в запа́се 2) огово́рка, усло́вие, исключе́ние; **without ~** без огово́рок, без исключе́ний 3) сде́ржанность; за́мкнутость; **to treat with some ~** относи́ться с не́которой сде́ржанностью; **to speak without ~** говори́ть откры́то, ничего́ не скрыва́я 4) *фин.* резе́рвный фонд 5) *воен.* резе́рвы 6) запове́дник; **nature ~** приро́дный запове́дник; **forest ~** лесно́й запове́дник 7) *attr* запа́сный, запасно́й, резе́рвный; **~ currency** *эк.* резе́рвная валю́та *(находящаяся в национальных банках: американские доллары, английские фунты стерлингов, японские иены)*

reserve II *v* 1) запаса́ть; сберега́ть, сохраня́ть *(про запас)* 2) резерви́ровать, зака́зывать зара́нее, брони́ровать 3) откла́дывать, переноси́ть 4) оставля́ть в резе́рве; **to ~ the right to do smth** сохраня́ть/оставля́ть за собо́й пра́во сде́лать что-л.; **to ~ judgement on smth** возде́рживаться от сужде́ния по како́му-л. вопро́су

reserved [rɪˈzɜ:vd] *a* 1) сде́ржанный; за́мкнутый, необщи́тельный; **to be very ~ on the subject** быть о́чень сде́ржанным по по́воду чего́-л. 2) зака́занный зара́нее; **~ seats** зара́нее зака́занные места́ 3) резе́рвный, запа́сный 4) осторо́жный

reservedly [rɪˈzɜ:vɪdlɪ] *adv* сде́ржанно, с большо́й осторо́жностью

reservist [rɪˈzɜ:vɪst] *n воен.* резерви́ст

reservoir [ˈrezəvwɑ:(r)] *n* 1) водоём; водохрани́лище 2) резервуа́р; балло́н 3) исто́чник, сокро́вищница *(знаний и т. п.)*

reset I [ˈri:ˈset] *n* 1) *mex.* сброс, возвра́т, возвраще́ние *(в исходное положение)* 2) *mex.* (повто́рная) устано́вка на нуль 3) *вчт* сброс и перезагру́зка систе́мы

reset II *v (past, p. p.* **reset)** 1) вновь устана́вливать; вставля́ть в но́вую опра́ву 2) вправля́ть *(сломанную руку, вывих и т. п.)* 3) *mex.* сбра́сывать, возвраща́ть *(в исходное положение)* 4) *mex.* (повто́рно) устана́вливать на нуль 5) *вчт* сбра́сывать и перезагружа́ть систе́му

reshape [ri:ˈʃeɪp] *v* придава́ть но́вую фо́рму

reshuffle [ri:ˈʃʌfl] *v* перетасо́вывать; переставля́ть

reside [rɪˈzaɪd] *v* 1) жить, прожива́ть, пребыва́ть *(где-л. — in, at)* 2) быть прису́щим, сво́йственным *(in)*

residence [ˈrezɪdəns] *n* 1) прожива́ние, пребыва́ние; **during my ~ abroad** когда́ я жил за грани́цей; **to take up one's ~** посели́ться 2) дом, жили́ще; **place of ~** местожи́тельство 3) резиде́нция

residence hall [ˈrezɪdənsˌhɔ:l] *n* студе́нческое общежи́тие *(при университете)*

resident I [ˈrezɪdənt] *n* 1) постоя́нный жи́тель 2) постоя́лец *(в гостинице)* 3) непереёлётная пти́ца 4) резиде́нт 5) *вчт* резиде́нт, резиде́нтная програ́мма

resident II *a* 1) постоя́нно живу́щий *(где-л., при ком-л., чём-л.)*; **a ~ doctor** врач, живу́щий при больни́це 2) сво́йственный, прису́щий *(in)* 3) непереёлётный *(о птице)* 4) *вчт* резиде́нтный

residential [ˌrezɪˈdenʃəl] *a* 1) состоя́щий из жилы́х домо́в, жило́й; **~ area** жило́й райо́н 2) прожива́ющий в интерна́те, пансиона́те; **~ care** обслу́живание прожива́ющих в дома́х престаре́лых, пансиона́тах для инвали́дов

residua [rɪˈzɪdjʊə] *pl см.* **residuum**

residual I [rɪˈzɪdjʊəl] *n* 1) *мат.* остáток, рáзность 2) остáточные явлéния

residual II *a* 1) остаю́щийся, остáвшийся 2) остáточный

residue [ˈrezɪdju:] *n* 1) остáток; остáтки 2) *хим.* осáдок

residuum [rɪˈzɪdjʊəm] *n* (*pl* **residua**) 1) остáток 2) *хим.* осáдок

resign [rɪˈzaɪn] *v* 1) откáзываться (*от прáва, дóлжности*); слагáть с себя́ обя́занности; подавáть в отстáвку; **he ~ed from the job** он ушёл с рабóты 2): **to ~ oneself** подчиня́ться, покоря́ться (*to*); примиря́ться (*с чем-л. — to*) 3) брóсить, остáвить (*надéжду, мысль и т. п.*)

re-sign [ri:ˈsaɪn] *v* вновь подпи́сывать

resignation [ˌrezɪgˈneɪʃ(ə)n] *n* 1) ухóд с рабóты; отстáвка 2) заявлéние об отстáвке; **to hand in/to submit one's ~** подáть заявлéние об ухóде (с рабóты), об отстáвке 3) смирéние, покóрность

resigned [rɪˈzaɪnd] *a* покóрный, смири́вшийся (*to*)

resilience [rɪˈzɪlɪəns] *n* 1) упру́гость, эласти́чность 2) жизнестóйкость 3) *вчт* спосóбность (*систéмы*) к восстановлéнию фýнкций

resiliency [rɪˈzɪlɪənsɪ] *см.* **resilience**

resilient [rɪˈzɪlɪənt] *a* 1) упру́гий, эласти́чный 2) неунывáющий, жизнестóйкий

resin I [ˈrezɪn] *n* 1) смолá, канифóль; камéдь 2) *хим.* полимéр

resin II *v* смоли́ть

resinous [ˈrezɪnəs] *a* смоли́стый

resist [rɪˈzɪst] *v* 1) сопротивля́ться, проти́виться; противостоя́ть 2) вы́держать, устоя́ть (*против чего-л., когó-л.*) 3) *обыкн. с отрицáнием* удержáться, воздержáться; **he could not ~ (the) temptation** он не мог противостоя́ть искушéнию; **she couldn't ~ buying this necklace** онá не удержáлась и купи́ла э́то ожерéлье

resistance [rɪˈzɪstəns] *n* 1) сопротивлéние; противодéйствие; **to offer ~** окáзывать сопротивлéние 2) сопротивля́емость (*организма, материáла и т. п.*); **the ~ to wear** сопротивлéние изнóсу 3) *эл.* сопротивлéние 4) *attr*: **the R. movement** движéние Сопротивлéния (*во врéмя Вторóй мировóй войны́*)

resistant [rɪˈzɪstənt] *a* сопротивля́ющийся, стóйкий

resistless [rɪˈzɪstlɪs] *a уст., поэт.* 1) непреодоли́мый, неотврати́мый 2) уступáющий; нестóйкий

resistor [rɪˈzɪstə(r)] *n эл.* резистор

resoluble [rɪˈzɒljʊbl] *a* раствори́мый; разложи́мый

resolute [ˈrezəlu:t] *a* реши́тельный, твёрдый, не знáющий сомнéний; **in a ~ tone** реши́тельным тóном

resolution [ˌrezəˈlu:ʃ(ə)n] *n* 1) реши́тельность, реши́мость, твёрдость 2) решéние, резолю́ция; **to pass a ~** приня́ть решéние, резолю́цию 3) решéние, разрешéние (*вопрóса, проблéмы*); **to make a ~ to do smth** реши́ть сдéлать что-л., приня́ть решéние сдéлать что-л. 4) разложéние (на составны́е чáсти); растворéние 5) *муз.* разрешéние 6) *тех.* разрешáющая спосóбность, разрешéние 7) *опт.* чёткость (*изображéния*)

resolve I [rɪˈzɒlv] *n* 1) решéние 2) *амер.* резолю́ция 3) реши́тельность, твёрдость

resolve II *v* 1) решáться, принимáть решéние; **we ~d on a trip to Bosnia** мы реши́лись поéхать в Бóснию 2) решáть голосовáнием 3) распадáться; разлагáться; растворя́ться 4) разрешáть (*сомнéния, проблéмы и т. п.*); **it will all ~ itself in the end** в концé концóв всё кáк-нибудь улáдится

resolved [rɪˈzɒlvd] *a* реши́тельный, пóлный реши́мости; твёрдый

resonance [ˈrezənəns] *n* резонáнс

resonant [ˈrezənənt] *a* 1) звучáщий, звýчный, раздаю́щийся; резони́рующий 2) с хорóшим резонáнсом; **a ~ hall** зал с хорóшей акýстикой

resonate [ˈrezəneɪt] *v* резони́ровать

resort I [rɪˈzɔ:t] *n* 1) курóрт, мéсто óтдыха; **health ~** курóрт; **seaside ~** морскóй курóрт; **ski ~** лы́жный курóрт 2) обращéние (*за помощью*); применéние (*какóго-л. срéдства*); **~ to violence** применéние наси́лия; **without ~ to force** не прибегáя к силовы́м мéтодам 3) прибéжище, утешéние; **in the last ~, as a last ~** в крáйнем слýчае, как послéднее срéдство 4) *attr* курóртный; **~ town** курóртный городóк

resort II *v* 1) прибегáть, обращáться (*к чему-л.*); **to ~ to threats** прибéгнуть к угрóзам 2) чáсто посещáть

re-sort [ri:ˈsɔ:t] *v* пересортировáть

resound [rɪˈzaʊnd] *v* 1) звучáть, раздавáться (*о звýках*); оглашáться (*with*) 2) отражáть звук 3) гремéть (*о слáве, и́мени*) 4) прославля́ть, слáвить, петь хвалý

resounding [rɪˈzaʊndɪŋ] *a* 1) звýчный, звучáщий 2) шýмный, грóмкий; **the play was a ~ success** пьéса имéла шýмный успéх; **a ~ defeat** пóлное поражéние, пóлный разгрóм

resource [rɪˈsɔ:s, rɪˈzɔ:s] *n* 1) спóсоб, срéдство; **our only ~** нáше еди́нственное срéдство 2) *обыкн. pl* срéдства, ресýрсы; **natural ~s** прирóдные богáтства; **financial ~s** дéнежные ресýрсы; **we were left to our own ~s** мы были предоставлены самим себе 3) время-препровождение, развлечение 4) находчивость; изобретательность; **a person of great ~** очень изобретательный/находчивый человек

resourceful [rɪˈzɔːsful] *a* находчивый, изобретательный; ловкий

respect I [rɪˈspekt] *n* 1) уважение, почтение *(for)*; **out of ~ to smb** из уважения к кому-л.; **with due ~** с должным уважением; **with all ~** при всём уважении 2) отношение, касательство; **in this ~** в этом отношении; **in other ~s** в других отношениях, в остальном; **in every ~** во всех отношениях; **in ~ of** что касается; **with ~ to** a) принимая во внимание б) что касается; **without ~ to** не принимая во внимание 3) *pl* привет(ы), выражение почтения; **he sends you his best ~s** он посылает вам привет ◊ **without ~ of persons** невзирая на лица

respect II *v* уважать, почитать; считаться

respectability [rɪˌspektəˈbɪlɪtɪ] *n* почтённость, респектабельность

respectable [rɪˈspektəbl] *a* 1) почтённый, респектабельный 2) приличный, порядочный 3) порядочный, значительный *(по величине, количеству)*; **at a ~ distance** на порядочном/приличном расстоянии; **a ~ sum** значительная сумма

respected [rɪˈspektɪd] *a* уважаемый, почитаемый

respectful [rɪˈspektful] *a* почтительный; вежливый; **to be ~ towards one's elders** быть почтительным к старшим, уважать старших

respectfully [rɪsˈpektfulɪ] *adv* почтительно; **yours ~** с почтением, с уважением *(в конце письма перед подписью)*

respecting [rɪˈspektɪŋ] *prep* относительно *(чего-л.)*

respective [rɪˈspektɪv] *a* соответственный; **they went off to their ~ rooms** они разошлись по своим комнатам

respectively [rɪˈspektɪvlɪ] *adv* в указанном порядке, соответственно

respiration [ˌrespɪˈreɪʃ(ə)n] *n* дыхание

respirator [ˈrespɪreɪtə(r)] *n* 1) респиратор 2) *мед.* аппарат для проведения искусственной вентиляции (лёгких)

respiratory [rɪsˈpɪrətərɪ] *a* дыхательный, респираторный

respire [rɪˈspaɪə(r)] *v* 1) дышать; вдыхать 2) вздохнуть с облегчением; вновь обрести надежду *и т. п.*

respite I [ˈrespaɪt] *n* 1) передышка 2) отсрочка *(наказания)*

respite II *v* 1) давать передышку 2) предоставлять отсрочку; приостанавливать

resplendence [rɪˈsplendəns] *n* великолепие, блеск, пышность

resplendent [rɪˈsplendənt] *a* блистательный, сверкающий, великолепный; **to be ~ with** блистать *(чем-л.)*

respond [rɪˈspɒnd] *v* 1) отвечать; отозваться; **to ~ to an appeal** отозваться на призыв 2) удовлетворять, соответствовать *(требованиям и т. п. — to)* 3) реагировать; **to ~ to light** реагировать на свет; **to ~ to treatment** поддаваться лечению

respondent I [rɪˈspɒndənt] *n юр.* ответчик

respondent II *a* 1) реагирующий 2) отзывчивый 3) *юр.* выступающий ответчиком

responder [rɪˈspɒndə] *n* 1) исполнитель, респондер, ответчик 2) *рлн* передатчик ответчика 3) *рлн* передатчик радиолокационного маяка

response [rɪˈspɒns] *n* 1) ответ; **in ~ to** в ответ на; **in ~ to the request** в ответ на просьбу; **no ~** без ответа, ответа нет 2) отклик; **a ~ to an appeal** отклик на призыв

responsibility [rɪsˌpɒnsɪˈbɪlɪtɪ] *n* 1) ответственность; **on one's own ~** под свою ответственность; **to take/to accept ~ for smth** взять на себя ответственность за что-л.; **a sense of ~** чувство ответственности 2) обязанности, груз ответственности

responsible [rɪˈspɒnsɪbl] *a* 1) ответственный *(перед — to; за — for)*; **to be ~ for smth** отвечать/нести ответственность за что-л. 2) понимающий свою ответственность, сознательный, разумный 3) достойный доверия

responsive [rɪˈspɒnsɪv] *a* 1) отзывчивый, чуткий; **~ to affection** отзывчивый на ласку 2) ответный *(о взгляде и т. п.)*

rest¹ I [rest] *n* 1) отдых, покой; сон; **to have/to take some ~** отдохнуть; **at ~** a) спокойный, в покое б) неподвижный в) мёртвый; **to set at ~** a) успокаивать б) улаживать *(вопрос и т. п.)* 2) неподвижное состояние, неподвижность; **to bring to ~** останавливать, прекратить движение 3) перерыв; передышка 4) *муз.* пауза 5) *лит.* цезура 6) подставка, опора; упор; стойка

rest¹ II *v* 1) отдыхать; лежать (спокойно); покоиться; давать отдых; **to ~ one's men** дать войскам отдохнуть; **not let smb ~** не давать кому-л. покоя 2) прислоняться, опираться *(on, upon, against)* 3) основываться, опираться *(on, upon)* 4) останавливаться, быть прикованным *(о взгляде, мыслях и т. п. — on)*

rest² I *n* **(the ~)** остаток, остатки; остальное; остальные; **and all the ~, the ~ of it** и всё остальное, всё прочее; **for the ~** что касается остального

rest² II *v* оставаться, быть *(в чьих-л. руках, на чьей-л. ответственности)*; **it ~s with you to decide** решение за вами, вам решать; **you may ~ assured** можете быть уверены

restart I [riːˈstɑːt] *n* 1) *тех.* повторный пуск *(машины)* 2) *косм.* повторный запуск; повторный старт 3) *вчт* рестарт, повторный пуск *(компьютера)*

restart II *v* начинать вновь; повторно стартовать

restate [riːˈsteɪt] *v* вновь заявлять

restaurant [ˈrest(ə)rɒŋ] *n* ресторан; **fast-food ~** *амер.* ресторан быстрого обслуживания; **full-service ~** *амер.* ресторан полного обслуживания

restaurant car [ˈrest(ə)rɒŋˌkɑː] *n* вагон-ресторан *(тж* **dining car***)*

restaurateur [ˌrest(ə)rəˈtɜː] *n* ресторатор, владелец *или* менеджер ресторана

rest-cure [ˈrestkjʊə(r)] *n* лечение покоем, полный покой

rest-day [ˈrestdeɪ] *n* день отдыха

restful [ˈrestfʊl] *a* 1) успокоительный, успокаивающий 2) спокойный, тихий

rest home [ˈresthəʊm] *n уст.* дом для престарелых *или* инвалидов *(тж* **nursing home***)*

resting place [ˈrestɪŋpleɪs] *n* 1) место отдыха 2) лестничная площадка ◊ **one's final/last ~** могила

restitution [ˌrestɪˈtjuːʃ(ə)n] *n* 1) возвращение *(утраченного, отнятого)* 2) возмещение *(убытков)*; реституция; **to make ~** возмещать убытки 3) *юр.* реституция 4) *тех., физ.* восстановление

restive [ˈrestɪv] *a* 1) норовистый *(о лошади)* 2) своенравный, упрямый

restless [ˈrestlɪs] *a* 1) не знающий отдыха; **a ~ night** беспокойная ночь 2) беспокойный, непоседливый 3) неспокойный, нетерпеливый

restock [riːˈstɒk] *v* пополнять, восполнять запасы

restoration [ˌrestəˈreɪʃ(ə)n] *n* 1) восстановление 2) реставрация 3) реставрация *(монархии)*; **the R.** *ист.* Реставрация *(в Англии в 1660 г.)*

restorative I [rɪˈstɒrətɪv] *n мед.* тонизирующее, укрепляющее средство

restorative II *a* укрепляющий *(здоровье)*, восстанавливающий *(силы)*

restore [rɪˈstɔː(r)] *v* 1) восстанавливать; реконструировать; реставрировать, **to be ~d to health** выздороветь; **to ~ a painting** реставрировать картину 2) возвращать *(имущество владельцу)*; возмещать *(to)*

restorer [rɪˈstɔːrə(r)] *n* 1) реставратор 2) восстановитель *(средство)*; **hair ~** восстановитель для волос

restrain [rɪˈstreɪn] *v* 1) сдерживать, обуздывать 2) подавлять; ограничивать 3) задерживать; заключать в тюрьму

restrained [rɪˈstreɪnd] *a* 1) сдержанный 2) ограниченный

restraint [rɪˈstreɪnt] *n* 1) ограничение, стеснение 2) сдерживающее начало; сдерживающий фактор; **without ~** свободно, не стесняясь 3) сдержанность, замкнутость; строгость 4) задержание; заключение в тюрьму, в психлечебницу; **to put under ~** брать под стражу

restrict [rɪˈstrɪkt] *v* ограничивать

restricted [rɪˈstrɪktɪd] *a* 1) ограниченный 2) запретный *(о зоне)* 3) предназначенный для служебного пользования

restriction [rɪˈstrɪkʃ(ə)n] *n* ограничение; ограничительная мера

restrictive [rɪˈstrɪktɪv] *a* 1) ограничительный 2) сдерживающий

rest room [ˈrest ruːm] *n амер.* общественный туалет

restructure [riːˈstrʌktʃə(r)] *v* переустраивать; реструктурировать

restyle [riːˈstaɪl] *v* 1) менять форму, стиль 2) переориентировать

result I [rɪˈzʌlt] *n* 1) результат, следствие; **without ~** безрезультатно; **as a ~ of** в результате 2) итог

result II *v* 1) проистекать, следовать, происходить в результате *(from)* 2) кончаться чем-л., приводить к чему-л., иметь результатом *(in)*; **to ~ in complete failure** окончиться полной неудачей

resultant I [rɪˈzʌltənt] *n физ.* равнодействующая

resultant II *a* 1) получающийся в результате 2) *физ.* равнодействующий

resume [rɪˈzjuːm] *v* 1) возобновлять, продолжать *(после перерыва)* 2) принимать обратно; снова занимать *(места и т. п.)*; вернуться *(к прежнему состоянию, настроению)*

résumé [ˈrezjʊˌmeɪ] *n* 1) резюме; краткое изложение 2) *амер.* резюме, краткая автобиография *(пишется поступающим на работу и т. п.)*

resumption [rɪˈzʌmpʃ(ə)n] *n* 1) возобновление, продолжение *(после перерыва)*; **~ of hostilities** возобновление военных действий 2) получение обратно; возвращение *(к чему-л.)*; **~ of duties** возвращение к исполнению обязанностей

resumptive [rɪˈzʌmptɪv] *a* обобщающий, суммирующий

resurface [riːˈsɜːfɪs] *v* 1) делать новое покрытие *(дороги и т. п.)* 2) вновь подняться, всплыть (на поверхность)

resurgent [rɪ'sɜːʤənt] *a* 1) возрождающийся *(о надежде, чувстве)* 2) оживающий, воскресающий, возрождающийся *(к жизни)* 3) восставший

resurrect [ˌrezə'rekt] *v* 1) воскресать *(из мёртвых)* 2) *разг.* воскрешать *(обычай)* 3) выкапывать *(из могилы)*, эксгумировать

resurrection [ˌrezə'rekʃ(ə)n] *n* 1) воскресение *(из мёртвых)*; **the R.** *рел.* Воскресение *(праздник)* 2) воскрешение, восстановление *(обычая)* 3) выкапывание трупов, эксгумация

resurvey [ˌriːsɜː'veɪ] *v* пересматривать *(взгляды, решения и т. п.)*

resuscitate [rɪ'sʌsɪteɪt] *v* 1) приводить в чувство, воскрешать, оживлять 2) оживать, воскресать; приходить в чувство 3) возвращать *(обычай, моду и т. п.)*

resuscitation [rɪˌsʌsɪ'teɪʃ(ə)n] *n* 1) оживление, реанимация; возвращение к жизни 2) приведение в сознание

ret [ret] *v* мочить *(лён и т. п.)*

ret. *сокр.* 1) **(retired)** в отставке 2) **(returned)** возвращённый

retail I ['riːteɪl] *n* 1) розничная продажа; **at ~** в розницу 2) *attr* розничный; **~ price** розничная цена

retail II [rɪ'teɪl] *v* 1) продавать(ся) в розницу 2) пересказывать, повторять *(слухи, новости)*

retail III *adv* в розницу; **did you buy wholesale or ~?** вы покупали оптом или в розницу?

retailer [rɪ'teɪlə(r)] *n* розничный торговец; распространитель

retain [rɪ'teɪn] *v* 1) удерживать, сохранять; **to ~ water** удерживать влагу; **to ~ all one's faculties** сохранить все способности 2) помнить, хранить в памяти 3) нанимать за предварительную плату *(обыкн. адвоката)*; **~ing fee** предоплата; задаток; аванс

retainer [rɪ'teɪnə(r)] *n* 1) предварительный гонорар *(адвокату)* 2) *ист.* слуга, вассал 3) *шутл.* верный последователь, приверженец 4) задаток; аванс 5) *тех.* фиксатор; стопор; замок

retaliate [rɪ'tælieɪt] *v* 1) отплачивать тем же; мстить 2) предъявлять встречное обвинение *(upon)*

retaliation [rɪˌtælɪ'eɪʃ(ə)n] *n* отплата, воздаяние; **in ~ for smth** в ответ на что-л.

retaliatory [rɪ'tæljətərɪ] *a* ответный

retard [rɪ'tɑːd] *v* 1) запаздывать; отставать 2) замедлять, тормозить *(развитие и т. п.)*

retardate I [rɪ'tɑːdeɪt] *n амер.* умственно отсталый человек, дебил

retardate II *a амер.* умственно отсталый

retardation [ˌriːtɑː'deɪʃ(ə)n] *n* 1) запаздывание; отставание 2) замедление, задержка *(развития и т. п.)*

retarded [rɪ'tɑːdɪd] *a* 1) умственно отсталый; с задержкой умственного *или* физического развития 2) запаздывающий, с запаздыванием

retch [retʃ] *v* тошнить, подташнивать

retd. *сокр. см.* **ret.**

retell [riː'tel] *v (past, p. p.* **retold)** пересказывать

retention [rɪ'tenʃ(ə)n] *n* 1) удерживание, сохранение 2) задержание *(мочи)*

retentive [rɪ'tentɪv] *a* 1) (хорошо) удерживающий, сохраняющий 2) хороший *(о памяти)*; цепкий *(об уме)*

reticence ['retɪsəns] *n* 1) скрытность; молчаливость 2) умалчивание

reticent ['retɪsənt] *a* 1) сдержанный, скрытный; молчаливый 2) умалчивающий *(о фактах и т. п.)*

reticle ['retɪk(ə)l] *n* сетка, визирные нити *(оптического прибора)*

reticulate [rɪ'tɪkjʊlət] *a* сетчатый

retina ['retɪnə] *n анат.* сетчатка, сетчатая оболочка *(глаза)*

retinal scan ['retɪnəl'skæn] *n* сканирование сетчатки глаза *(метод аутентификации)*

retinue ['retɪnjuː] *n* свита, эскорт

retire [rɪ'taɪə(r)] *v* 1) уходить в отставку 2) уходить, удаляться 3) уединяться; **to ~ from the world** становиться отшельником; **to ~ into oneself** уйти в себя 4) ложиться спать *(тж* **to ~ to bed/for the night)** 5) *воен.* отходить, отступать; отводить назад *(войска)* 6) увольнять 7) *эк.* изымать из обращения

retired [rɪ'taɪəd] *a* 1) отставной, в отставке; на пенсии; **a ~ teacher** ушедший на пенсию педагог 2) уединённый, отшельнический

retirement [rɪ'taɪəmənt] *n* 1) отставка; уход *(с работы)* на пенсию 2) уединённая жизнь 3) *attr* пенсионный; **~ age** пенсионный возраст; **~ home** дом престарелых

retiring [rɪ'taɪərɪŋ] *a* 1) застенчивый, скромный 2) склонный к уединению

retold [riː'təʊld] *past, p. p. см.* **retell**

retort¹ I [rɪ'tɔːt] *n* возражение; (удачное) парирование; находчивый ответ

retort¹ II *v* 1) (резко) возражать; парировать 2) отвечать тем же, бить противника его же оружием *(on, upon)*

retort² I *n хим.* реторта

retort² II *v хим.* перегонять *(в реторте)*

retouch I [riː'tʌtʃ] *n* ретушь, ретуширование

retouch II *v* ретуши́ровать, подправля́ть *(карти́ну, фо́то и т. п.)*

retrace [rɪˈtreɪs] *v* 1) возвраща́ться (по свои́м следа́м, по про́йденному пути́) 2) проследи́ть *(тече́ние, ход чего́-л. до самого нача́ла)*; восстанови́ть *(ход собы́тий)*

retract [rɪˈtrækt] *v* 1) брать наза́д *(слова́ и т. п.)*; отменя́ть *(своё заявле́ние и т. п.)*; отрека́ться, отпира́ться 2) втя́гивать *(ко́гти и т. п.)* 3) *ав.* убира́ть *(шасси́)*

retraction [rɪˈtrækʃ(ə)n] *n* 1) отка́з *(от свои́х слов и т. п.)* 2) втя́гивание *(ко́гтей и т. п.)*

retrain [riːˈtreɪn] *v* занима́ться переподгото́вкой

retransmit [ˌriːtrænzˈmɪt] *v* *радио* ретрансли́ровать

retread [ˈriːtred] *n* *авто* но́вая покры́шка; но́вый проте́ктор

retreat I [rɪˈtriːt] *n* 1) отступле́ние, отхо́д 2) *воен.* сигна́л к отступле́нию; отбо́й; **to sound a ~** дава́ть отбо́й; **to beat a ~** *перен.* дава́ть отбо́й, отступа́ть 3) уединённое ме́сто; убе́жище, прию́т 4) уедине́ние *(для размышле́ния или моли́твы)*

retreat II *v* 1) отступа́ть, отходи́ть 2) удаля́ться 3) пока́то обрыва́ться

retrench [rɪˈtrentʃ] *v* сокраща́ть, уре́зывать; соблюда́ть эконо́мию

retrenchment [rɪˈtrentʃmənt] *n* сокраще́ние расхо́дов; соблюде́ние эконо́мии

retrial [ˈriːˈtraɪəl] *n* *юр.* пересмо́тр суде́бного де́ла; повто́рное слу́шание де́ла

retribution [ˌretrɪˈbjuːʃ(ə)n] *n* заслу́женное наказа́ние, ка́ра, возме́здие

retributive [rɪˈtrɪbjʊtɪv] *a* кара́ющий, кара́тельный

retrievable [rɪˈtriːvəbl] *a* попра́вимый, исправи́мый

retrieval [rɪˈtriːvəl] *n* 1) возвра́т 2) восстановле́ние; исправле́ние 3) *вчт* по́иск *(информа́ции)*; вы́борка

retrieve I [rɪˈtriːv] *v* 1) возвраща́ть *(поте́рянное)*; вновь обрета́ть 2) восстана́вливать *(в па́мяти)* 3) поправля́ть *(дела́ и т. п.)*; исправля́ть *(оши́бку, ситуа́цию)*; спаса́ть *(положе́ние)* 4) находи́ть и приноси́ть дичь *(о соба́ке)* 5) возвраща́ть в пре́жнее состоя́ние, возрожда́ть 6) *вчт* получа́ть информа́цию *(зало́женную в компью́тере)*

retrieve II *n:* **beyond/past ~** безвозвра́тно; непоправи́мо

retriever [rɪˈtriːvə(r)] *n* ретри́вер, лега́вая соба́ка

retro [ˈretrəʊ] *n* стиль ре́тро

retroact [ˌretrəʊˈækt] *v* 1) *юр.* име́ть обра́тную си́лу 2) дви́гаться, де́йствовать в обра́тном направле́нии 3) противоде́йствовать

retroaction [ˌretrəʊˈækʃ(ə)n] *n* 1) *тех.* обра́тное де́йствие 2) противоде́йствие 3) *юр.* обра́тная си́ла 4) *эл.* положи́тельная обра́тная связь

retroactive [ˌretrəʊˈæktɪv] *a* име́ющий обра́тную си́лу

retrofit I [ˈretrəʊfɪt] *n тех.* 1) модифика́ция, усоверше́нствование *(проце́сс)* 2) модифика́ция, модифици́рованная моде́ль, усоверше́нствованная констру́кция 3) встра́ивание *(напр. мо́дуля)* в существу́ющую аппарату́ру

retrofit II *v тех.* 1) модифици́ровать *(моде́ль)* 2) снабжа́ть *(ста́рую моде́ль)* бо́лее соверше́нными устро́йствами

retrograde I [ˈretrəʊɡreɪd] *a* 1) напра́вленный наза́д; дви́жущийся в обра́тном направле́нии 2) регресси́рующий, деградирующий

retrograde II *v* 1) дви́гаться наза́д, отступа́ть, отходи́ть 2) регресси́ровать; дегради́ровать

retrogression [ˌretrəʊˈɡreʃ(ə)n] *n* 1) обра́тное движе́ние 2) регре́сс, упа́док; деграда́ция

retrogressive [ˌretrəʊˈɡresɪv] *a* 1) возвраща́ющийся обра́тно 2) регресси́рующий; дегради́рующий

retro-rocket [ˈretrəʊˌrɒkɪt] *n* *косм.* тормозна́я раке́та

retrospect [ˈretrəʊspekt] *n* взгляд в про́шлое, ретроспекти́ва; **in ~** огля́дываясь наза́д, в ретроспекти́ве

retrospective [ˌretrəʊˈspektɪv] *a* 1) ретроспекти́вный 2) *юр.* име́ющий обра́тную си́лу

retrovert [ˈretrəʊvɜːt] *v* повора́чивать, загиба́ть наза́д

retune [riːˈtjuːn] *v* настра́иваться на другу́ю радиоволну́, на другу́ю частоту́

return I [rɪˈtɜːn] *n* 1) возвраще́ние; обра́тный путь; **on my ~** по возвраще́нии; **by ~ (of post)** обра́тной по́чтой 2) возвра́т, отда́ча; отпла́та; **in ~** в обме́н, в отве́т 3) дохо́д, при́быль; дохо́дность; **~ on capital** при́быль на капита́л 4) *(официа́льный)* отчёт; *(отчётные)* све́дения; **census ~s** результа́ты пе́реписи населе́ния; **tax ~** нало́говая деклара́ция 5) биле́т *(на тра́нспорт)* туда́ и обра́тно *(тж* **~ ticket)** 6) отве́тный матч *(тж* **~ match, ~ game)** 7) *attr* обра́тный 8) *attr* отве́тный ◊ **many happy ~s (of the day)!** поздравля́ю с днём рожде́ния!

return II *v* 1) возвраща́ться; **to ~ home** верну́ться домо́й 2) возвраща́ть; отдава́ть 3) отпла́чивать; отблагодари́ть; **to ~ smb's**

love отвечать кому-л. взаимностью; **to ~ a visit** нанести ответный визит 4) приносить *(доход, прибыль)* 5) отвечать, возражать 6) давать отчёт, докладывать 7) избирать *(в парламент)*; **he was ~ed to Parliament** он был избран в парламент

returnee [ˌrɪtɜːˈniː] *n* возвращающийся домой (с войны)

returner [rɪˈtɜː pə] *n* человек, который вернулся на работу после долгого перерыва *(особ. о женщине)*

return key [rɪˈtɜːnˌkiː] *n* вчт 1) клавиша возврата карётки 2) клавиша ввода

retype [riːˈtaɪp] *v* перепечатывать заново *(после исправления ошибок)*

reunify [riːˈjuːnɪfaɪ] *v* воссоединять (в одно государство)

reuse [riːˈjuːz] *v* повторно использовать

reutilize [riːˈjuːtɪlaɪz] *v* повторно утилизировать

reunion [riːˈjuːnjən] *n* 1) воссоединёние 2) общая встрёча; **a family ~** сбор всей семьй, семёйная встрёча

reunite [ˌriːjuːˈnaɪt] *v* 1) воссоединять(ся) 2) собираться вмёсте, встречаться

Rev. *сокр.* (**Reverend**) преподобный *(титул священника)*

rev I [rev] *n разг.* оборот

rev II *v разг.* вращать(ся); вертёть(ся)
rev up увеличивать скорость, число оборотов

revalue [riːˈvæljuː] *v* 1) эк. производить ревальвацию (валюты) 2) переоценивать, делать переоценку

revamp [rɪˈvæmp] *v* 1) обновлять; исправлять 2) чинить, ремонтировать

Revd *сокр.* (**Reverend**) преподобный *(титул священника)*

reveal [rɪˈviːl] *v* 1) показывать, обнаруживать 2) открывать, разоблачать, выдавать; **to ~ a secret to smb** открывать кому-л. секрёт

revealing [rɪˈviːlɪŋ] *a* обнаруживающий; откровённый *(о заявлении и т. п.)*

reveille [rɪˈvælɪ] *n воен.* побудка, подъём

revel I [ˈrevəl] *n* 1) (буйное) весёлье 2) *pl* пирушка, кутёж

revel II *v* 1) пировать, кутить, веселиться 2) наслаждаться *(чем-л. — in)* 3) транжирить, пропивать (дёньги) *(away)*

revelation [ˌrevəˈleɪʃ(ə)n] *n* 1) открытие, обнаружёние 2) откровёние; **it was a ~ to me** это было для меня откровёнием

revelry [ˈrevlrɪ] *n* 1) буйное весёлье; разгул 2) кутёж, попойка

revenge I [rɪˈvendʒ] *n* 1) месть, мщёние; **to take (one's) ~ on smb for smth** отомстить

кому-л. за что-л.; **in ~ for** в отмёстку 2) ревёнш; **to give smb his ~** дать кому-л. возможность отыграться

revenge II *v* мстить; **to ~ oneself on smb** отомстить кому-л.

revengeful [rɪˈvendʒfʊl] *a* мстительный

revenger [rɪˈvendʒə(r)] *n* мститель

revenue [ˈrevənjuː] *n* 1) (годовой) государственный доход 2) *pl* доходные статьи 3) (**R.**) департамент налогов и сборов

reverberate [rɪˈvɜːbəreɪt] *v* 1) отражать *(звук, тепло и т. п.)* 2) отражаться, отдаваться, реверберировать *(о звуке)* 3) *тех.* плавить *(в отражательной печи)*

reverberation [rɪˌvɜːbəˈreɪʃ(ə)n] *n* 1) отражёние *(звука, тепла и т. п.)* 2) многократное отражёние *(звука)*, реверберация 3) эхо, отзвук

revere [rɪˈvɪə(r)] *v* чтить, почитать; благоговёть

reverence I [ˈrevərəns] *n* 1) почтёние, глубокое уважёние; благоговёние; **to hold smb in ~** почитать кого-л. 2): **Your R.** Ваше Преподобие *(обращение к священнику)*

reverence II *v* почитать, чтить

reverend [ˈrevərənd] *a* 1) (**R.**) преподобный *(титул священника)* 2) почтённый, уважаемый

reverent [ˈrevərənt] *a* почтительный, благоговёйный

reverential [ˌrevəˈrenʃəl] *см.* **reverent**

reverie [ˈrevərɪ] *n* 1) мечты, мечтания; **to be lost in ~** мечтать 2) *муз.* фантазия

reversal [rɪˈvɜːsəl] *n* 1) полное изменёние; крутой поворот *(в политике и т. п.)*; перестановка *(в обратном порядке)* 2) отмёна *(судебного решения и т. п.)*

reverse I [rɪˈvɜːs] *n* 1) противоположное, обратное; обратная сторона; **quite the ~** полная противоположность, совсём другое, как раз наоборот 2) перемёна к худшему; превратности судьбы; *воен.* поражёние; **to suffer a ~** потерпёть поражёние 3) задний или обратный ход; **in/on the ~** задним ходом 4) рёверс *(оборотная сторона монеты или медали)* 5) *полигр.* оборот листа

reverse II *a* обратный; противоположный; **on the ~ side** на обороте; **in the ~ direction** в обратную сторону, в обратном направлёнии

reverse III *v* 1) поворачивать *(в обратную сторону)*; выворачивать *(наизнанку)*; переворачивать 2) рёзко менять *(решение, взгляды, политику)* 3) менять направлёние *(движения, вращения)*; давать обратный *или* задний ход 4) отменять, аннулировать

reverse-charge call [rɪˈvɜːs ˈtʃɑːdʒ ˌkɔl] *n* звонóк за счёт вáшего абонéнта (*амер.* **collect call**)

reverse indent [rɪˈvɜːs ˈɪndent] *n полигр.* обрáтный óтступ

reverse slash [rɪˈvɜːs ˈslæʃ] *n полигр.* обрáтный слэш, обрáтная косáя чертá

reversible [rɪˈvɜːsəbl] *a* 1) обратúмый 2) двусторóнний (*о ткани*) 3) *тех.* реверсúвный

reversing light [rɪˈvɜːsɪŋ ˌlaɪt] *n авто* фонáрь зáднего хóда

reversion [rɪˈvɜːʃ(ə)n] *n* 1) *юр.* возвращéние имýщества к первоначáльному сóбственнику 2) *биол.* атавúзм 3) возвращéние (*к прéжнему состоянию, к прежним привычкам и т. п.*)

revert [rɪˈvɜːt] *v* 1) возвращáться (*к прéжнему состоянию, к прежним занятиям, к старой теме и т. п.*); **to ~ to the ranks** быть разжáлованным в рядовы́е 2) *юр.* возвращáться к прéжнему владéльцу

revet [rɪˈvet] *v тех.* облицóвывать

revetment [rɪˈvetmənt] *n тех.* облицóвка

review I [rɪˈvjuː] *n* 1) рассмотрéние; (общий) обзóр; обозрéние; **to come under ~** подвергáться рассмотрéнию, рассмáтриваться 2) пересмóтр (*судебного дела, своих позиций и т. п.*); **to be under ~** быть на пересмóтре 3) *воен.* смотр, парáд 4) рецéнзия; критúческая статья́ 5) просмóтр (*записей и т. п.*); провéрка 6) периодúческий журнáл-обозрéние; **literary ~** литератýрное обозрéние (*журнал*); **military ~** воéнное обозрéние (*журнал*)

review II *v* 1) дéлать обзóр, обозревáть 2) пересмáтривать (*судебное дело, свои позиции и т. п.*) 3) *воен.* производúть смотр войск, принимáть парáд 4) рецензúровать; **to ~ a book** рецензúровать кнúгу 5) (снóва) просмáтривать; проверя́ть, исправля́ть

reviewer [rɪˈvjuːə(r)] *n* обозревáтель; рецензéнт

revile [rɪˈvaɪl] *v* ругáть(ся), поносúть, оскорбля́ть

revise I [rɪˈvaɪz] *n полигр.* вторáя корректýра

revise II *v* 1) проверя́ть и исправля́ть; вносúть изменéния и исправлéния (*в новое издáние книги*); перерабáтывать 2) меня́ть, пересмáтривать (*убеждения и т. п.*)

reviser [rɪˈvaɪzə(r)] *n* ревизиóнный корректóр (*в типографии*)

revision [rɪˈvɪʒ(ə)n] *n* 1) пересмóтр 2) провéрка, ревúзия 3) испрáвленное издáние; перерабóтанное издáние (*тж* revised edition)

revisionism [rɪˈvɪʒənɪz(ə)m] *n полит.* ревизионúзм

revisory [rɪˈvaɪzərɪ] *a* ревизиóнный

revival [rɪˈvaɪvəl] *n* 1) оживлéние 2) возобновлéние (*постановки и т. п.*); нóвая постанóвка (*старой пьесы и т. п.*) 3) возрождéние (*старых обычаев и т. п.*)

revive [rɪˈvaɪv] *v* 1) приходúть *или* приводúть в чýвство 2) оживля́ть(ся), приободря́ть(ся) 3) оживáть, воскресáть (*о надеждах и т. п.*) 3) возрождáть (*обычай, моду*); возобновля́ть (*постановку и т. п.*)

revivify [rɪˈvɪvɪaɪ] *v* оживля́ть, возвращáть жúзненные сúлы

revocable [ˈrevəkəbl] *a* подлежáщий отмéне

revocation [ˌrevəˈkeɪʃ(ə)n] *n* отмéна, аннулúрование

revoke [rɪˈvəʊk] *v* 1) отменя́ть (*закон*) 2) брать назáд (*обещание*)

revolt I [rɪˈvəʊlt] *n* 1) восстáние; мятéж; бунт; **in ~** мятéжный, восстáвший 2) чýвство отвращéния

revolt II *v* 1) восставáть, бунтовáть 2) испы́тывать отвращéние; **it ~s me** мне э́то отвратúтельно, меня́ от стого ворóтит

revolting [rɪˈvəʊltɪŋ] *a* отвратúтельный

revolution [ˌrevəˈluːʃ(ə)n] *n* 1) револю́ция 2) переворóт; **industrial ~** промы́шленный переворóт, промы́шленная револю́ция 3) кругово́е вращéние 4) оборóт; **~s per minute** числó оборóтов в минýту

revolutionary I [ˌrevəˈluːʃ(ə)nərɪ] *n* революционéр

revolutionary II *a* революциóнный

revolutionize [ˌrevəˈluːʃ(ə)naɪz] *v* производúть кореннýю лóмку, кардинáльно изменя́ть

revolve [rɪˈvɒlv] *v* 1) вращáть(ся); вертéть(ся) (*о колёсах и т. п.*) 2) периодúчески сменя́ться 3) обдýмывать

revolver [rɪˈvɒlvə(r)] *n* 1) револьвéр 2) *тех.* барабáн

revolving [rɪˈvɒlvɪŋ] *a* 1) вращáющийся; **a ~ door** вращáющаяся дверь 2) *фин.* автоматúчески возобновля́емый (*о кредите*); **~ fund** возобновля́емый фонд

revue [rɪˈvjuː] *n театр.* ревю́; **a students' ~** студéнческий капýстник

revulsion [rɪˈvʌlʃ(ə)n] *n* 1) отвращéние 2) внезáпная рéзкая перемéна (*чувств и т. п.*); **to undergo a ~** рéзко изменúться

reward I [rɪˈwɔːd] *n* 1) нагрáда; награждéние; **in ~ for smth** в нагрáду за что-л. 2) вознаграждéние (*за поимку преступника, возврат ценностей и т. п.*)

reward II *v* 1) награждáть 2) вознаграждáть

rewarding [rɪˈwɔːdɪŋ] *a* 1) стóящий; принося́щий удовлетворéние; **a ~ work** интерéсная рабóта 2) хорошó оплáчиваемый (*о работе, занятии*)

rewind I [ˈriːwaɪnd] *n* перемо́тка наза́д *(магни́тной ле́нты и т. п.)*

rewind II *v* перема́тывать наза́д

reword [riːˈwɜːd] *v* вы́разить други́ми слова́ми; ина́че сформули́ровать

rewrap [riːˈræp] *v* перепакова́ть

rewrite [riːˈraɪt] *v* (rewrote; rewritten) переписа́ть

rewritten [riːˈrɪtn] *p. p. см.* **rewrite**

rewrote [riːˈrəʊt] *past см.* **rewrite**

r. f. *сокр.* (radio frequency) радиочастота́

RGS *сокр.* (Royal Geographical Society) Короле́вское географи́ческое о́бщество

Rh *сокр.* (Rhesus factor) *мед.* ре́зус-фа́ктор

r. h. *сокр.* (right hand) пра́вая рука́

rhapsody [ˈræpsədɪ] *n* 1) *муз.* рапсо́дия 2) восто́рженное выска́зывание, напы́щенная речь; **to go into rhapsodies about smth** приходи́ть в восто́рг от чего́-л., восхища́ться чем-л.

rheostat [ˈriːəstæt] *n эл.* реоста́т

Rhesus factor [ˈriːsəsˌfæktə(r)] *n мед.* ре́зус-фа́ктор *(тж* **Rh factor**)

rhesus monkey [ˈriːsəsˌmʌŋkɪ] *n зоол.* (мака́к-)ре́зус

rhetoric [ˈretərɪk] *n* рито́рика

rhetorical [rɪˈtɒrɪkəl] *a* ритори́ческий; ~ **question** ритори́ческий вопро́с

rheumatic I [ruːˈmætɪk] *n* 1) ревма́тик, больно́й ревмати́змом 2) *pl разг.* ревмати́зм

rheumatic II *a* ревмати́ческий

rheumatism [ˈruːmətɪz(ə)m] *n* ревмати́зм

rheumatoid arthritis [ˌruːmətɔɪd ɑːθˈraɪtɪs] *n мед.* ревмато́идный артри́т

rheumatology [ˌruːməˈtɒlədʒɪ] *n* ревматоло́гия

RHG *сокр.* (Royal Horse Guards) Короле́вская ко́нная гва́рдия

rhinal [ˈraɪnəl] *a анат.* носово́й

rhinestone [ˈraɪnstəʊn] *n* фальши́вый брилли́а́нт

rhinitis [raɪˈnaɪtɪs] *n мед.* рини́т

rhino [ˈraɪnəʊ] *n разг.* носоро́г

rhinoceros [raɪˈnɒsərəs] *n* носоро́г

rhododendron [ˌrəʊdəˈdendrən] *n бот.* рододе́ндрон

rhomb [rɒm] *n* ромб

rhombic [ˈrɒmbɪk] *a* ромби́ческий

rhombus [ˈrɒmbəs] *n* ромб

RHS *сокр.* 1) (Royal Historical Society) Короле́вское истори́ческое о́бщество 2) (Royal Horticultural Society) Короле́вское о́бщество садово́дов 3) (Royal Humane Society) Короле́вское гуманита́рное о́бщество

rhubarb [ˈruːbɑːb] *n бот.* реве́нь

rhumb [rʌm] *n мор.* румб

rhyme I [raɪm] *n* 1) ри́фма 2) рифмо́ванные стихи́; **in** ~**s** в стиха́х; **nursery** ~**s** де́тские стишки́ ◊ **there's neither** ~ **nor reason to it** в э́том нет ни скла́ду ни ла́ду; **without** ~ **or reason** без вся́кого смы́сла, ни с того́ ни с сего́

rhyme II *v* 1) рифмова́ться 2) писа́ть рифмо́ванные стихи́

rhymed [raɪmd] *a* рифмо́ванный

rhymer [ˈraɪmə(r)] *см.* **rhymester**

rhymester [ˈraɪmstə(r)] *n* рифмоплёт, стихоплёт

rhythm [ˈrɪðəm] *n* 1) ритм; ритми́чность 2) разме́р *(стиха́)*

rhythmic(al) [ˈrɪðmɪk(əl)] *a* ритми́ческий; ритми́чный

rhythm section [ˈrɪðəmˌsekʃ(ə)n] *n муз.* ритм-се́кция *(музыка́нты или их инструме́нты, создаю́щие ритм в гру́ппе или орке́стре, напр. уда́рные, бас-гита́ра)*

RI *сокр.* 1) (rex et imperator) *лат.* коро́ль и импера́тор 2) (regina et imperatrix) *лат.* короле́ва и императри́ца 3) (Royal Institute or Institution) Короле́вский институ́т

rib [rɪb] *n* 1) ребро́ 2) (о́стрый) край, ребро́ *(чего́-л.)* 3) *мор.* шпанго́ут 4) ру́бчик *(в вяза́нье, на тка́ни)* 5) жи́лка *(листа́)* 6) спи́ца зонта́ 7) *ав.* нервю́ра

RIBA *сокр.* (Royal Institute of British Architects) Короле́вский институ́т брита́нских архите́кторов

ribald I [ˈrɪbəld] *n* грубия́н, скверносло́в

ribald II *a* гру́бый, непристо́йный, скабрёзный

ribaldry [ˈrɪbəldrɪ] *n* скверносло́вие

riband [ˈrɪbənd] *см.* **ribbon**

ribbed [rɪbd] *a* ребри́стый; ру́бчатый; рифлёный, с насе́чкой

ribbon [ˈrɪbən] *n* 1) ле́нта 2): **typewriter** ~ ле́нта для пи́шущей маши́нки 3) о́рденская ле́нта; ле́нта *(как знак отли́чия),* наши́вка 4) *pl* кло́чья; **torn to** ~**s** изо́рванный в кло́чья 5) *attr* ле́нточный; в ви́де ле́нты

ribcage [ˈrɪbkeɪdʒ] *n анат.* грудна́я кле́тка

riboflavin [ˌraɪbəʊˈfleɪvɪn] *n* рибофлави́н, витами́н B$_2$

ribwort [ˈrɪbwɜːt] *n бот.* подоро́жник ланцетоли́стный

rice [raɪs] *n* 1) рис 2) *attr* ри́совый; ~ **pudding** ри́совый пу́динг

rice paper [ˈraɪsˌpeɪpə(r)] *n* ри́совая бума́га

rice water [ˈraɪsˌwɔːtə(r)] *n* ри́совый отва́р

rich I [rɪtʃ] *n:* **the** ~ *(употр. как pl)* богачи́, бога́тые

rich II *a* 1) бога́тый; **to get** ~ разбогате́ть 2) дорого́й, це́нный 3) оби́льный 4) изоби́-

лующий, бога́тый *(чем-л. — in)* 5) плодоро́дный *(о по́чве)* 6) жи́рный; сдо́бный *(о еде)*; о́стрый *(о диете)* 7) густо́й, со́чный, я́ркий *(о красках, цвете)*; глубо́кий, ба́рхатный *(о го́лосе)* 8) о́чень заба́вный; абсу́рдный, неле́пый

riches [ˈrɪtʃɪz] *n pl* 1) бога́тство 2) оби́лие, изоби́лие

richly [ˈrɪtʃlɪ] *adv* 1) бога́то, роско́шно 2) вполне́, в по́лной ме́ре, по́лностью; **he ~ deserves punishment** он в по́лной ме́ре заслу́живает наказа́ния

richness [ˈrɪtʃnɪs] *n* 1) бога́тство *(чего-л.)* 2) плодоро́дие *(по́чвы)* 3) жи́рность, со́чность, высо́кая калори́йность *(пищи)* 4) я́ркость *(красок, впечатле́ний)*

Richter Scale [ˈrɪktəˌskeɪl] *n* (the ~) шкала́ Ри́хтера *(силы землетрясе́ния)*

rick[1] **I** [rɪk] *n* стог, скирда́

rick[1] **II** *v* собира́ть в стог

rick[2] *v* вы́вихнуть, растяну́ть *(лоды́жку и т. п.)*

rickets [ˈrɪkɪts] *n мед.* рахи́т

rickety [ˈrɪkɪtɪ] *a* 1) ша́ткий, неусто́йчивый, непро́чный; расша́танный *(о ме́бели)* 2) рахити́чный; сла́бый

rickshaw [ˈrɪkʃɔː] *n* ри́кша

ricochet I [ˈrɪkəʃeɪ] *n* рикоше́т

ricochet II *v* рикошети́ровать

rictus [ˈrɪktəs] *n анат.* ротово́е отве́рстие

rid [rɪd] *v* (*past, p. p.* rid) освобожда́ть, избавля́ть *(от чего-л. — of)*; **to get ~ of smth, smb** избавля́ться от чего́-л., кого́-л.; **we couldn't get ~ of him** мы не могли́ от него́ отде́латься

riddance [ˈrɪdəns] *n* избавле́ние *(от чего-л., кого-л.)*; устране́ние ◊ **good ~!** ска́тертью доро́га!

ridden [ˈrɪdn] *p. p. см.* **ride II**

-ridden [-rɪdn] *в сло́жных слова́х означа́ет* охва́ченный чем-л., одержи́мый чем-л.; **fear-ridden** охва́ченный стра́хом

riddle[1] **I** [ˈrɪdl] *n* зага́дка; **to ask smb a ~** зада́ть кому́-л. зага́дку; **to solve a ~** разгада́ть зага́дку

riddle[1] **II** *v* 1) говори́ть зага́дками 2) отга́дывать зага́дки

riddle[2] **I** *n* решето́, си́то, гро́хот

riddle[2] **II** *v* 1) изрешети́ть *(пу́лями)* 2) просе́ивать 3) ра́ы́ы́ усыпа́ть, усе́ивать

ride I [raɪd] *n* 1) прогу́лка *(верхо́м, на велосипе́де, на автомоби́ле)*; пое́здка; езда́; **to have a ~, to go for a ~** прокати́ться, прогуля́ться; **he gave us a ~ in his car** он поката́л нас на свое́й маши́не 2) доро́га, тропа́, алле́я *(для верхово́й езды́)* ◊ **to take smb for a ~** *разг.* обману́ть кого́-л.

ride II *v* (rode; ridden) 1) е́хать, ката́ться верхо́м 2) сиде́ть верхо́м *(на чём-л.)* 3) е́хать *(в по́езде, автомоби́ле и т. п.)* 4) держа́ться на пове́рхности воды́; скользи́ть *(по волна́м)*; **to ~ at anchor** стоя́ть на я́коре 5) управля́ть *(особ. жесто́ко)* 6) обурева́ть, овладева́ть *(о чу́вствах и т. п.)*; **she was ridden with guilt** её угнета́ло чу́вство вины́ ◊ **to let smth ~** оста́вить в поко́е, предоста́вить идти́ свои́м путём; **to ~ high** а) преуспева́ть б) быть в припо́днятом настрое́нии; ликова́ть; **to ~ for a fall** де́йствовать безрассу́дно, опроме́тчиво

ride away отъезжа́ть

ride down загна́ть ло́шадь

ride off *см.* **ride away**

ride on продолжа́ть е́хать верхо́м, скака́ть да́льше

ride out 1) выезжа́ть 2) *мор.* вы́держать *(шторм)* 3) *разг.* вы́йти с че́стью из затрудни́тельного положе́ния

rider [ˈraɪdə(r)] *n* 1) вса́дник, нае́здник 2) велосипеди́ст 3) дополне́ние, попра́вка *(к докуме́нту и т. п.)*; *муз. проф.* ра́йдер *(пе́речень тре́бований, выдвига́емых арти́стом-гастролёром к принима́ющей стороне́)* 4) вы́вод; сле́дствие 5) *мат.* дополни́тельная зада́ча *(к теоре́ме)*

riderless [ˈraɪdəlɪs] *a* без вса́дника

ridge I [rɪdʒ] *n* 1) гре́бень горы́; го́рный хребе́т 2) конёк *(кры́ши)* 3) гре́бень борозды́, отва́л; гря́дка 4) ру́бчик *(на тка́ни)* 5): **a ~ of high pressure** *мете́о* о́бласть высо́кого давле́ния

ridge II *v* образо́вывать бо́розды *или* скла́дки; морщи́ть; топо́рщиться

ridged [rɪdʒd] *a* остроконе́чный

ridicule I [ˈrɪdɪkjuːl] *n* осмея́ние; **to hold smb up to ~** подня́ть кого́-л. на́ смех, де́лать посме́шищем, высме́ивать кого́-л.

ridicule II *v* высме́ивать, поднима́ть на́ смех

ridiculous [rɪˈdɪkjʊləs] *a* смехотво́рный, неле́пый; **a ~ hat** неле́пая шля́па; **to make oneself ~** поста́вить себя́ в неле́пое положе́ние

riding [ˈraɪdɪŋ] *n* верхова́я езда́

riding school [ˈraɪdɪŋˌskuːl] *n* шко́ла верхово́й езды́

rife [raɪf] *a predic* 1) обы́чный; ча́стый, широко́ распространённый; **famine was ~** свире́пствовал го́лод 2) по́лный *(чего-л.)*, изоби́лующий *(with)*; **~ with rumours** по́лный слу́хов

riffle [ˈrɪfl] *n* 1) шо́рох, ше́лест *(бума́ги)* 2) *тех.* желобо́к, кана́вка 3) *амер.* стремни́на; поро́г

riff-raff [ˈrɪfræf] *n* отбро́сы, подо́нки

rifle¹ I [ˈraɪfəl] *n* 1) винтовка 2) *pl воен.* стрелки, стрелковая часть 3) *attr* ружейный, винтовочный; стрелковый; **a ~ battalion** стрелковый батальон

rifle¹ II *v* нарезать канал ствола *(винтовки и т. п.)*

rifle² II *v* грабить (всё вокруг); рыскать в поисках добычи

rifleman [ˈraɪflmən] *n воен.* стрелок

rifle-range [ˈraɪflreɪndʒ] *n* 1) стрельбище; тир 2) *см.* **rifle-shot** 1)

rifle-shot [ˈraɪflʃɒt] *n* 1) дальность (ружейного) выстрела 2) выстрел из винтовки 3) стрелок (из винтовки)

rifling [ˈraɪflɪŋ] *n* нарезка *(в стволе оружия)*

rift I [rɪft] *n* 1) трещина; щель; расселина; разрыв; **a ~ in the clouds** просвет в тучах 2) ущелье 3) разлад; разрыв (отношений); «трещинка»

rift II *v* раскалывать(ся), расщеплять(ся)

rig¹ I [rɪg] *n* 1) *мор.* парусное вооружение; оснастка 2) снаряжение; оборудование 3) *разг.* одежда; мундир; внешний вид; **in full ~ в** полном обмундировании; при полном параде 4) *тех.* устройство; установка; **an oil ~** буровая вышка

rig¹ II *v* 1) оснащать судно 2) снаряжать; оснащать 3) делать наспех, кое-как *(тж* **to ~ up)** 4) производить сборку (самолёта) 5) одевать, наряжать *(тж* **to ~ out, to ~ up)**

rig² I *n* 1) проделка, шутка; **to run the ~ upon smb** сыграть с кем-л. шутку 2) мошенничество

rig² II *v* подстраивать, подтасовывать; **to ~ an election** фальсифицировать выборы; **to ~ the market** искусственно повышать *или* понижать цены

rigger [ˈrɪgə(r)] *n* 1) такелажник, сборщик, укладчик 2) буровик

rigging [ˈrɪgɪŋ] *n* 1) *мор.* оснастка, такелаж 2) *разг.* одежда, прикид, «тряпки»

right I [raɪt] *n* 1) правильность; правота; справедливость; **they have ~ on their side** на их стороне правда; **to know ~ from wrong** знать, что правильно, а что нет; **to be in the ~** быть правым; **to set/to put to ~s** навести порядок 2) справедливое требование, право *(to)*; **to demand/to maintain one's ~, to stand upon one's ~** отстаивать свои права; **to reserve the ~** сохранять за собой право 3) право; **human ~s** права человека; **~s and duties** права и обязанности; **by ~ of** по праву *(чего-л.);* **~ of way** право прохода, проезда по чужой земле 4) правая сторона; правая рука; **to keep to the ~** держаться правой стороны; **to the ~** направо;

on the ~ на правой стороне 5) **(the Rights)** *pl полит.* правые; правые партии

right II [raɪt] *a* 1) правильный, справедливый; правый; **to do what is ~** поступать по справедливости; **to be ~** быть правым; **to put ~** исправлять 2) правильный, верный; **the ~ answer** правильный ответ; **you're quite ~** вы совершенно правы; **~!** правильно!, верно! 3) подходящий, надлежащий; **to choose the ~ moment** выбрать подходящий момент; **the ~ man (for)** подходящий человек; как раз тот, кто нужен; **not the ~ man** не тот (человек), кто нужен 4) здоровый; нормальный; в хорошем состоянии, в порядке; **to feel all ~** чувствовать себя хорошо; **to look all ~** хорошо выглядеть, быть здоровым; **everything will come all ~** всё уладится, всё пойдёт хорошо 5) правый *(о руке, стороне)* 6) лицевой *(о стороне ткани)* 7) *полит.* правый, консервативный; **the ~ wing** правое/консервативное крыло *(партии)* 8) прямой *(о линии, угле)* ◊ **on the ~ side of 40** моложе 40 лет; **~ you are!** *разг.* хорошо!, согласен!, ладно!; **~ on!** *разг.* давай!, жми!; **a ~ one** *разг.* дурак, придурок

right III *v* 1) выпрямлять(ся); выправлять 2) исправлять(ся); **to ~ oneself** реабилитировать себя, исправиться; **it will ~ itself** это само собой образуется; **to ~ a wrong** устранять несправедливость

right IV *adv* 1) прямо; **~ along** не останавливаясь; неуклонно; **go ~ on** идите прямо вперёд 2) *разг.* немедленно, тотчас же, без промедления; **do it ~ now** делайте это немедленно 3) вплоть до, во всю длину *(to, round, through);* **~ to the bottom** до самого дна 4) точно, как раз; **~ in the middle** точно на середине; **~ opposite** прямо напротив; **~ in the face** прямо в лицо 5) направо; **~ and left** во все стороны; везде, повсюду 6) надлежащим образом, правильно, верно; **if I remember ~** если я правильно помню; **to do smth ~** делать что-л. правильно

right-about [ˈraɪtəbaut] *n* 1) поворот в противоположную сторону 2) резкая смена курса *(в политике);* крутой поворот 3) поспешное отступление

right-align [raɪt əˈlaɪn] *v вчт, полигр.* выровнять по правому полю

right-angled [ˈraɪtˌæŋgld] *a* прямоугольный; **~ triangle** прямоугольный треугольник

right arrow [raɪt ˈærəu] *n вчт* стрелка вправо

right-arrow key [raɪt ˈærəu ˌki:] *n вчт* клавиша «стрелка вправо»

righteous [ˈraɪtʃəs] *a* 1) справедливый; **~ indignation** справедливое негодование 2) праведный

689

rightful ['raɪtfʊl] *a* 1) зако́нный; **the ~ owner** зако́нный владе́лец 2) принадлежа́щий по пра́ву 3) справедли́вый

right-hand [raɪt'hænd] *a* пра́вый, находя́щийся спра́ва; **a ~ turn** поворо́т напра́во; **a ~ driver vehicle** автомоби́ль с рулём, располо́женным спра́ва

right-handed [raɪt'hændɪd] *a* 1) по́льзуется пра́вой руко́й 2) правосторо́нний

right-hander [raɪt'hændə(r)] *n* 1) правша́ 2) уда́р пра́вой руко́й 3) бросо́к пра́вой руко́й (в баскетбо́ле)

right justified [raɪt 'dʒʌstɪfaɪd] *a* вы́ровненный по пра́вому кра́ю

right justify [raɪt 'dʒʌstɪfaɪ] *v* выра́внивать по пра́вому кра́ю

rightly ['raɪtlɪ] *adv* пра́вильно, справедли́во, ве́рно; до́лжным о́бразом

right margin [raɪt 'mɑːdʒɪn] *n вчт, полигр.* пра́вое по́ле

righto ['raɪtəʊ] *int разг.* хорошо́!, идёт!

rigid ['rɪdʒɪd] *a* 1) жёсткий, негну́щийся, твёрдый 2) стро́гий (о правиле, режиме и т. п.); непрекло́нный, неги́бкий; **~ views** неги́бкость взгля́дов

rigidity [rɪ'dʒɪdɪtɪ] *n* 1) жёсткость, твёрдость 2) стро́гость; неги́бкость, непрекло́нность

rigmarole ['rɪgmərəʊl] *n* 1) дли́нный несвя́зный расска́з 2) волоки́та 3) болтовня́, вздор

rigor[1] ['raɪgɔː(r), 'rɪgə(r)] *n* 1) озно́б 2) *мед.* окочене́ние; **~ mortis** тру́пное окочене́ние

rigor[2] ['rɪgə(r)] *амер. см.* **rigour**

rigorism ['rɪgərɪz(ə)m] *n* стро́гость, ригори́зм

rigor mortis [ˌrɪgə'mɔːtɪs] *n* тру́пное окочене́ние

rigorous ['rɪgárəs] *a* 1) стро́гий 2) то́чный; тща́тельный 3) суро́вый (о климате, погоде и т. п.)

rigour ['rɪgə(r)] *n* 1) стро́гость 2) *pl* стро́гие ме́ры; суро́вые усло́вия 3) то́чность; тща́тельность 4) суро́вость (климата, условий жизни и т. п.) 5) пурита́нская дисципли́на

rig-out ['rɪgaʊt] *n разг.* оде́жда, костю́м

rile [raɪl] *v разг.* 1) *разг.* злить, раздража́ть 2) *амер.* мути́ть (воду и т. п.)

rill [rɪl] *n* ручеёк

rim I [rɪm] *n* 1) ободо́к, край; кайма́ 2) о́бод (колеса́) 3) опра́ва (очко́в)

rim II *v* 1) окаймля́ть, окружа́ть 2) снабжа́ть ободо́м и т. п.

rime I *n обыкн. поэт.* и́ней; и́зморозь

rime II *v обыкн. поэт.* покрыва́ться и́неем, и́ндеветь

rimless ['rɪmlɪs] *a* без о́бода; без опра́вы

-rimmed [-rɪmd] в сло́жных слова́х в опра́ве; **gold-rimmed** в золото́й опра́ве

rimy ['raɪmɪ] *a* покры́тый и́неем, заи́ндеве́вший; моро́зный

rind [raɪnd] *n* 1) кожура́; ко́рка 2) кора́ (де́рева)

ring[1] [rɪŋ] *n* 1) кольцо́; ободо́к; о́бруч; **wedding ~** обруча́льное кольцо́; **~s of tree** годи́чные ко́льца де́рева; **~s of smoke** клубы́ ды́ма 2) круг; кружо́к; **to form a ~** стать в круг 3) аре́на (*тж* **circus ~**); ринг 4) объедине́ние, группиро́вка (лиц - для контро́ля над ры́нком и т. п.); сеть; **a spy ~** шпио́нская сеть 5) (**the ~**) букме́керы 6) кли́ка; ша́йка, ба́нда ◊ **to make ~s round smb** *разг.* превзойти́, опереди́ть, обойти́ кого́-л.

ring[2] **I** [rɪŋ] *n* 1) звон 2) звоно́к; **to give a ~** позвони́ть; **a loud ~** гро́мкий звоно́к; **there was a ~ at the door** в дверь позвони́ли 3) о́тзвук, отте́нок; **there was a ~ of irony in his voice** в его́ го́лосе звуча́ла иро́ния; **to have the ~ of truth** звуча́ть правди́во; **to have the true ~** быть настоя́щим, по́длинным

ring[2] **II** *v* (**rang; rung**) 1) звене́ть, звони́ть; **to ~ the bell** а) звони́ть в звоно́к б) звони́ть в ко́локол 2) звони́ть (по телефо́ну) 3) оглаша́ться (зву́ками); раздава́ться (о зву́ке); **a shot rang out** разда́лся вы́стрел 4) звуча́ть; име́ть (како́й-л.) отте́нок звуча́ния; **to ~ true/false** звуча́ть и́скренне/фальши́во ◊ **to ~ the changes** де́лать перестано́вку; вноси́ть прия́тные измене́ния; **to ~ in the New Year** встреча́ть Но́вый год, отмеча́ть встре́чу Но́вого го́да

ring back (сно́ва) перезвони́ть

ring for вызыва́ть (кого́-л.) звонко́м

ring in звуча́ть в па́мяти

ring off положи́ть тру́бку, дава́ть отбо́й (по телефо́ну)

ring out 1) гро́мко раздава́ться; прозвуча́ть (о звонке́, зву́ке) 2) *амер.* отмеча́ться при ухо́де с рабо́ты

ring round обзва́нивать

ring up 1) звони́ть по телефо́ну; вызыва́ть по телефо́ну 2) пробива́ть чек; регистри́ровать су́мму

ring binder ['rɪŋˌbaɪndə(r)] *n* пло́тная па́пка с металли́ческими ко́льцами, скрепля́ющими листы́ бума́ги

ring-dove ['rɪŋdʌv] *n* вя́хирь (го́лубь)

ringer ['rɪŋə(r)] *n* 1) ло́шадь, незако́нно уча́ствующая в соревнова́ниях 2) спортсме́н, незако́нно уча́ствующий в соревнова́ниях 3) дублёр; двойни́к 4) звона́рь 5) *тлф.* (вы́зывно́й) звоно́к

ringing I ['rɪŋɪŋ] *n* звон; трезво́н

ringing II *a* 1) зво́нкий, зву́чный, звеня́щий; **the ~ tone** дли́нные гудки́

ringleader [ˈrɪŋˌliːdə(r)] *n* главарь, зачинщик, вожак

ringlet [ˈrɪŋlɪt] *n* локон, завиток

ringmaster [ˈrɪŋmɑːstə(r)] *n* инспектор манежа *(в цирке)*, шпрехшталмейстер

ring-pull [ˈrɪŋˌpul] *n* кольцо-открывалка на консервной банке

ringster [ˈrɪŋstə(r)] *n* член политического *или* делового круга, объединения *(отстаивающего свои узкие интересы)*

ringworm [ˈrɪŋwɜːm] *n мед.* дерматомикоз; стригущий лишай

rink [rɪŋk] *n* каток *(тж* skating ~)

rinse I [rɪns] *n* 1) полоскание; **to give a** ~ прополоскать 2) оттеночный шампунь *или* ополаскиватель *(для волос)*

rinse II *v* 1) полоскать; промывать 2) запивать *(еду)*

riot I [ˈraɪət] *n* 1) волнения, беспорядки; бунт 2) шумное поведение, необузданное веселье; **to run** ~ буйствовать 3) буйство *(красок, звуков и т. п.);* **the weeds ran** ~ сорняки буйно разрослись

riot II *v* 1) принимать участие в волнениях, беспорядках; бунтовать 2) буйствовать, шуметь; предаваться *(разгулу и т. п.)*

rioter [ˈraɪətə(r)] *n* бунтовщик

riotous [ˈraɪətəs] *a* 1) буйный; шумный, шумливый; **a** ~ **party** шумная вечеринка, гулянка 2) пышный, обильный, буйный *(о растительности и т. п.)*

rip¹ I [rɪp] *n* прореха; разрез

rip¹ II *v* 1) рвать, разрывать, распарывать; раздирать 2) рваться; лопаться; раскалываться 3) нестись, мчаться ◊ **to let** ~ *разг.* а) действовать бесконтрольно б) не вмешиваться, пустить на самотёк

rip away 1) срывать, вырывать с силой 2) разоблачать

rip down срывать, сносить

rip into вонзаться, впиваться

rip off 1) срывать, сдирать 2) *сленг* грабить 3) *разг.* заламывать грабительские цены

rip out вырывать, выдирать

rip up вспарывать; вскрывать

**rip² ** [rɪp] *n* 1) распутник 2) мошенник, шельма 3) кляча

ripe [raɪp] *a* 1) спелый, зрелый; **to grow** ~ созреть, поспеть 2) зрелый *(о возрасте)*; **to live to a** ~ **old age** дожить до преклонного возраста 3) готовый; **when the time is** ~ когда придёт время

ripen [ˈraɪpən] *v* зреть, созревать, поспевать

ripeness [ˈraɪpnɪs] *n* 1) зрелость 2) законченность

riposte I [rɪˈpəʊst] *n* 1) находчивый ответ 2) ответный выпад *(в фехтовании)*

riposte II *v* парировать удар

ripper¹ [ˈrɪpə(r)] *n* убийца, отличающийся особой жестокостью ◊ **Jack the R.** *ист.* Джек-Потрошитель

ripper² *n вчт* программа для копирования аудиоинформации *(с компакт-диска на жёсткий диск компьютера)*

ripping [ˈrɪpɪŋ] *a разг. уст.* великолепный, потрясающий

ripple I [ˈrɪpl] *n* 1) рябь *(на воде)* 2) волнистость *(волос, ткани и т. п.)* 3) журчание 4) *спец.* пульсация ◊ ~ **effect** эффект «домино» *(одно событие влечёт за собой цепь других)*

ripple II *v* 1) покрывать(ся) рябью; рябить 2) журчать

ripply [ˈrɪplɪ] *a* 1) покрытый рябью 2) волнистый

riprap [ˈrɪpræp] *n амер. тех.* мелкий щебень, каменная наброска

ripsaw [ˈrɪpsɔː] *n* продольная пила

rise I [raɪz] *n* 1) подъём, повышение, возвышение; **the** ~ **and fall of the Empire** возвышение и гибель империи; **the** ~ **to power** приход к власти 2) восход *(солнца, луны)* 3) возвышенность, холм; подъём *(горы)*; **sharp** ~ крутой подъём; **a** ~ **in the road** подъём дороги 4) увеличение; повышение; **a** ~ **in prices/temperature** повышение цен/температуры; **a** ~ **in production** рост производства; **to be on the** ~ а) повышаться *(о ценах и т. п.)* б) идти в гору, преуспевать 5) происхождение, начало; **to take** ~ **in smth** начинаться с чего-л., происходить от чего-л.; **to give** ~ **to suspicion/jokes** давать повод для подозрения/шуток 6) выход на поверхность 7) восстание ◊ **to get/to take a** ~ **out of smb** раздразнить кого-л., вывести кого-л. из себя; разыграть кого-л.

rise II *v* (**rose; risen**) 1) подниматься, вставать 2) вставать, в(о)сходить *(о небесных светилах)* 3) возвышаться, *(тж* **to** ~ **above**) 4) увеличиваться, возрастать; повышаться *(о ценах и т. п.)*; **our spirits rose** у нас улучшилось настроение 5) продвигаться по службе, по социальной лестнице; приобретать вес в обществе; **to** ~ **in the world** преуспевать 6) выходить на поверхность 7) прекращать заседание *(о парламенте, сессии, собрании и т. п.)* 8) восставать, поднимать восстание; **to** ~ **in rebellion** восстать, поднять восстание 9) брать начало, возникать **rise to** быть на должном уровне; соответствовать, удовлетворять, отвечать *(требованиям и т. п.)*

risen [ˈrɪzn] *р. р. см.* **rise II**

riser [ˈraɪzə(r)] *n:* he is an early/late ~ он ра́но/по́здно встаёт

risibility [ˌrɪzɪˈbɪlɪtɪ] *n* смешли́вость

risible [ˈrɪzɪbl] *a* 1) смехотво́рный, неле́пый 2) смешли́вый

rising I [ˈraɪzɪŋ] *n* 1) встава́ние 2) восхо́д *(солнца, луны)* 3) подня́тие; повыше́ние; подъём; возвыше́ние 4) восста́ние

rising II *a* 1) поднима́ющийся 2) увели́чивающийся, возраста́ющий 3) подраста́ющий; **the ~ generation** подраста́ющее поколе́ние 4) преуспева́ющий; **a ~ young lawyer** подаю́щий наде́жды молодо́й адвока́т 5) приближа́ющийся *(к определённому возрасту)*; **he is ~ seven** ему́ ско́ро семь лет

risk I [rɪsk] *n* риск; **at the ~ of one's own life** с ри́ском для жи́зни, рискуя́ жи́знью; **to run the ~, to run ~s** рискова́ть; **to take the ~ of** рискну́ть; **it's not worth the ~** не сто́ит рискова́ть

risk II *v* 1) рискова́ть; **to ~ one's life/health** рискова́ть жи́знью/здоро́вьем 2) идти́ на риск; отва́живаться; **to ~ failure** быть гото́вым к пораже́нию, неуда́че

riskiness [ˈrɪskɪnɪs] *n* риско́ванность

risky [ˈrɪskɪ] *a* риско́ванный, опа́сный

risqué [ˈrɪskeɪ] *a* сомни́тельный, непристо́йный, шоки́рующий

rissole [ˈrɪsəʊl] *n* ру́бленая котле́та; тефте́ля

risotto [rɪˈsɒtəʊ] *n* ризо́тто *(итальянское блюдо из риса с мясом, луком и т. п.)*

rite [raɪt] *n* обря́д; ритуа́л; **burial/funeral ~s** похоро́нный обря́д; **the ~s of hospitality** обы́чаи гостеприи́мства

ritual I [ˈrɪtjʊəl] *n* 1) ритуа́л 2) *церк.* тре́бник

ritual II *a* обря́довый; ритуа́льный

ritzy [ˈrɪtsɪ] *a разг.* кла́ссный, роско́шный, шика́рный

rival I [ˈraɪvəl] *n* сопе́рник; конкуре́нт; *воен.* проти́вник

rival II *a* сопе́рничающий; конкури́рующий; **a ~ firm** конкури́рующая фи́рма

rival III *v* сопе́рничать; конкури́ровать; **nobody can ~ his strength** никто́ не мог сравни́ться с ним си́лой

rivalry [ˈraɪvəlrɪ] *n* сопе́рничество

river [ˈrɪvə(r)] *n* 1) река́; **up/down the ~** вверх/вниз по реке́; **to cross the ~** а) перепра́виться че́рез ре́ку б) преодоле́ть препя́тствие 2) пото́к; **~s of blood** пото́ки кро́ви 3) *attr* речно́й ◊ **to sell down the ~** *разг.* подвести́, преда́ть

river basin [ˈrɪvəˌbeɪsn] *n* бассе́йн реки́

riverbed [ˈrɪvəbed] *n* ру́сло реки́

riverside [ˈrɪvəsaɪd] *n* 1) бе́рег реки́; прибре́жная полоса́ 2) *attr* (находя́щийся) на берегу́ реки́, прибре́жный

rivet I [ˈrɪvɪt] *n* заклёпка

rivet II *v* 1) клепа́ть, заклёпывать 2) прико́вывать *(взгляд, внимание)*

rivulet [ˈrɪvjʊlɪt] *n* ручеёк, ма́ленькая речу́шка

rly. *сокр.* **(railway)** желе́зная доро́га

RM *сокр.* 1) **(Royal Marines)** морска́я пехо́та Великобрита́нии 2) **(Royal Mail)** по́чта Великобрита́нии

rm. *сокр.* **(room)** ко́мната

RMA *сокр.* **(Royal Military Academy)** Короле́вская вое́нная акаде́мия

RN *сокр.* 1) **(the Royal Navy)** Вое́нно-морско́й флот Великобрита́нии 2) **(Registered Nurse)** дипломи́рованная медсестра́

RNZAF *сокр.* **(the Royal New Zealand Air Force)** Вое́нно-возду́шные си́лы Но́вой Зела́ндии

RNZN *сокр.* **(the Royal New Zealand Navy)** Вое́нно-морско́й флот Но́вой Зела́ндии

roach[1] [rəʊtʃ] *n* плотва́

roach[2] *n* 1) *амер. разг.* тарака́н 2) *сленг* оку́рок *(сигареты с марихуаной)*

road [rəʊd] *n* 1) доро́га; путь; **to go by ~** е́хать/идти́ по доро́ге; **main ~** магистра́ль; **country ~** просёлочная доро́га; **on the ~** в доро́ге, в пути́; **to cross the ~** перейти́ у́лицу; **to take the ~** отпра́виться в путь 2) *горн.* штрек 3) *амер.* желе́зная доро́га *(тж* **railroad)** 4) *pl мор.* рейд 5) *attr* доро́жный; **~ sign** доро́жный знак ◊ **to be in the ~** *разг.* стать *(кому-л.)* поперёк доро́ги; **one for the ~** *разг.* рю́мка «на посошо́к»

roadbed [ˈrəʊdbed] *n* доро́жное полотно́

roadblock [ˈrəʊdblɒk] *n* 1) доро́жный контро́льно-пропускно́й пункт, блок-по́ст 2) поме́ха, препя́тствие 3) пробле́ма, тру́дность

road book [ˈrəʊdˌbʊk] *n* доро́жный спра́вочник, спра́вочник автомоби́льных доро́г

road hog [ˈrəʊdˌhɒg] *n разг.* лиха́ч

road house [ˈrəʊdˌhaʊs] *n* придоро́жная гости́ница; придоро́жное кафе́

roadman [ˈrəʊdmən] *n* доро́жный рабо́чий

road map [ˈrəʊdˌmæp] *n* ка́рта (автомоби́льных) доро́г *(местности, страны)*

road metal [ˈrəʊdˌmetl] *n* ще́бень

roadside [ˈrəʊdsaɪd] *n* обо́чина доро́ги

roadstead [ˈrəʊdsted] *n мор.* рейд

roadster [ˈrəʊdstə(r)] *n* 1) *авто* ро́дстер *(двухместный автомобиль со съёмной жёсткой крышей)* 2) велосипе́д для да́льних пое́здок 3) доро́жная ло́шадь

road-test [ˈrəʊdtest] *v* проводи́ть доро́жные испыта́ния *(транспортных средств)*

roadway [ˈrəʊdweɪ] *n* 1) шоссе́ 2) мостова́я, прое́зжая часть доро́ги

roadworks [ˈrəʊdwɜːks] *n pl* доро́жные рабо́ты

roadworthy [ˈrəʊdwɜːði] *a* приго́дный для доро́жной езды́

roam I [rəʊm] *n* стра́нствование, скита́ние

roam II *v* броди́ть, стра́нствовать, скита́ться

roaming [ˈrəʊmɪŋ] *спец.* ро́уминг, автомати́ческая настро́йка *(мобильного телефона)* на ме́стную сеть свя́зи

roan I [rəʊn] *n* ча́лая ло́шадь

roan II *a* ча́лый

roar I [rɔː(r)] *n* 1) рёв, рыча́ние; ро́кот, гул; **the ~ of wind** рёв ве́тра; **~s of laughter** взры́вы сме́ха 2) гро́хот

roar II *v* 1) реве́ть, рыча́ть; рокота́ть; бушева́ть *(о ветре)*; **to ~ with laughter** хохота́ть 2) грохота́ть

roaring I [ˈrɔːrɪŋ] *n* рёв, шум

roaring II *a* 1) шу́мный; реву́щий, бу́йный 2) живо́й, оживлённый; **a ~ trade** бо́йкая торго́вля ◊ **~ forties** реву́щие сороковы́е (широ́ты) *(в Атлантическом океане; известные своими штормами)*; **~ drunk** вдры́зг пья́ный

roast I [rəʊst] *n* жа́реное мя́со; жарко́е

roast II *a* жа́реный; **~ beef** ро́стбиф

roast III *v* 1) жа́рить; печь 2) обжа́ривать *(зёрна кофе и т. п.)* 3) греть; **to ~ oneself at the fire** гре́ться у огня́ 4) жесто́ко критикова́ть 5) *тех.* обжига́ть; выжига́ть

roaster [ˈrəʊstə(r)] *n* 1) жаро́вня; ро́стер 2) *тех.* обжига́тельная печь 3) цыплёнок, поросёнок *и т. п.* для жа́ренья

roasting [ˈrəʊstɪŋ] *a* о́чень горя́чий, жа́ркий

rob [rɒb] *v* 1) красть, гра́бить 2) отнима́ть; лиша́ть *(чего-л.)* ◊ **to ~ Peter to pay Paul** отня́ть у одного́, чтобы отда́ть друго́му

robber [ˈrɒbə(r)] *n* грабитель, вор

robbery [ˈrɒbərɪ] *n* грабёж, кра́жа

robe I [rəʊb] *n* 1) ма́нтия 2) *амер.* хала́т 3) широ́кое дли́нное пла́тье 4) *амер. (мехова́я)* пол(о)сть

robe II *v* облача́ть(ся)

robin [ˈrɒbɪn] *n* мали́новка *(птица)*

robot [ˈrəʊbɒt] *n* ро́бот

robotics [rəʊˈbɒtɪks] *n* робототе́хника

robust [rəˈbʌst] *a* 1) здоро́вый, кре́пкий, си́льный 2) здра́вый, я́сный *(об уме)* 3) прямо́й, чёткий *(о заявлении, ответе и т. п.)* 4) *тех.* про́чный; усто́йчивый

roc [rɒk] *n* пти́ца рух *(сказочная птица)*

rock¹ [rɒk] *n* 1) го́рная поро́да 2) утёс, скала́; **the R.** Гибралта́р 3) *амер.* ка́мень 4) опо́ра, опло́т 5) *pl амер. сленг* де́ньги 6) *pl сленг* бриллиа́нты 7) *pl сленг* я́йца ◊ **on the ~s** а) «на мели́» б) со льдом *(о виски)*

rock² I *n* рок-му́зыка, рок *(тж ~ music)*

rock² II *v* 1) кача́ться; трясти́сь; пошла́тываться 2) ука́чивать, убаю́кивать 3) танцева́ть

рок-н-ро́лл 4) игра́ть рок-му́зыку ◊ **to ~ the boat** раска́чивать ло́дку

rock-bottom [ˌrɒkˈbɒtəm] *n* 1) са́мая ни́зкая то́чка; основа́ние 2) *attr разг.* са́мый ни́зкий *(о цене)*

rockclimber [ˌrɒkˈklaɪmə(r)] *n* скалола́з

rock crystal [ˌrɒkˈkrɪstl] *n* го́рный хруста́ль

rocker [ˈrɒkə(r)] *n* 1) кача́лка *(колыбели)* 2) кре́сло-кача́лка 3) *муз.* ро́кер; рок-музыка́нт ◊ **off one's ~** не в себе́, не все до́ма

rockabilly [ˈrɒkəˌbɪlɪ] *n муз.* рокаби́ли *(стиль музыки, сочетающий ранний рок-н-ролл и традиционный стиль кантри)*

rockery [ˈrɒkərɪ] *n* сад с декорати́вными камня́ми, сад камне́й

rocket I [ˈrɒkɪt] *n* 1) раке́та; **cosmic/multistage ~** косми́ческая/многоступе́нчатая раке́та; **carrier ~** ракета-носи́тель 2) *сленг* нагоня́й; **to give smb a ~** зада́ть кому́-л. жа́ру 3) *attr* раке́тный; **~ base** раке́тная ба́за; **~ range** раке́тный полиго́н; **~ launcher** раке́тная устано́вка

rocket II *v* 1) обстре́ливать раке́тами 2) взлета́ть, как раке́та

rocketry [ˈrɒkɪtrɪ] *n* раке́тная те́хника

rockfall [ˈrɒkfɔːl] *n* камнепа́д

rocking-chair [ˈrɒkɪŋʧeə(r)] *n* кре́сло-кача́лка

rocking-horse [ˈrɒkɪŋhɔːs] *n* *(игру́шечный)* конь-кача́лка

rock'n'roll [ˌrɒkənˈrəʊl] *n* рок-н-ро́лл *(стиль музыки и танец)*

rock-salt [ˈrɒkˈsɔːlt] *n* ка́менная соль

rocky¹ [ˈrɒkɪ] *a* 1) скали́стый 2) твёрдый, непоколеби́мый

rocky² [ˈrɒkɪ] *a разг.* неусто́йчивый, кача́ющийся, шата́ющийся

rococo [rəˈkəʊkəʊ] *n* (стиль) рококо́ *(в иску́сстве, архитектуре, литературе)*

rod [rɒd] *n* 1) прут; сте́ржень; брус 2) жезл 3) ро́зга 4) наказа́ние; **the ~** по́рка; **to kiss the ~** поко́рно сноси́ть наказа́ние 5) у́дочка 6) ме́ра длины́ *(≈ 5 м)* 7) *амер. сленг* револьве́р ◊ **to make a ~ for one's own back** гото́вить себе́ верёвку на ше́ю, вреди́ть себе́; **to spare the ~ and spoil the child** по́ртить ребёнка, потака́я ему́ во всём

rode [rəʊd] *past см.* **ride II**

rodent [ˈrəʊdənt] *n* грызу́н

rodeo [rəʊˈdeɪəʊ] *n амер.* 1) роде́о 2) заго́н для клейме́ния скота́

roe¹ [rəʊ] *n* косу́ля

roe² *n* икра́ *(рыбья - тж* **hard ~**); молоки́ *(тж* **soft ~**)

roentgen [ˈrʌntjən] *n физ.* 1) рентге́н 2) *attr* рентге́новский

roger [ˈrɒdʒə(r)] *int* 1) вас по́нял; приём *(по радиосвязи)* 2) *воен.* так то́чно, есть! 3) *сленг* согла́сен, идёт

rogue [rəʊg] *n* 1) плут, моше́нник; негодя́й 2) *шутл.* плути́шка, прока́зник; **to play the ~** прока́зничать

roguery [ˈrəʊgərɪ] *n* 1) моше́нничество, жу́льничество 2) проде́лки, плу́тни

roguish [ˈrəʊgɪʃ] *a* 1) плутова́тый 2) жуликова́тый

roil [rɔɪl] *v* 1) мути́ть *(воду и т. п.)*; взба́лтывать 2) серди́ть, раздража́ть

roister [ˈrɔɪstə(r)] *v* шу́мно развлека́ться, буя́нить; бесчи́нствовать

roistering I [ˈrɔɪstərɪŋ] *n* шу́мная гульба́, бу́йное весе́лье

roistering II *a* шу́мный, бу́йный

roisterous [ˈrɔɪstərəs] *см.* **roistering II**

role [rəʊl] *n* 1) роль; **leading/title ~** веду́щая/загла́вная роль 2) фу́нкция, обя́занность

role-playing game [ˌrəʊl ˈpleɪɪŋ ˌgeɪm] *n* ролева́я игра́

roll I [rəʊl] *n* 1) ката́ние; враще́ние; ка́чка; **a ~ in a grass** ката́ние по траве́ 2) похо́дка вразва́лку 3) кувыро́к 4) раска́т *(грома и т. п.)* 5) руло́н; сви́ток; ка́тышек; ва́лик, *воен.* ска́тка 6) бу́лочка, сдо́ба 7) спи́сок; рее́стр; ве́домость; **electoral ~** избира́тельный спи́сок; **to call the ~** де́лать перекли́чку; **to be on the ~s** быть внесённым в спи́сок; состоя́ть в спи́ске; **~ of honour** спи́сок уби́тых на войне́; **death ~** спи́сок уби́тых/казнённых 8) *тех.* ро́лик; цили́ндр ◊ **to be on a ~** *амер. сленг* быть в гу́ще дел, в це́нтре внима́ния; пережива́ть пери́од наивы́сшей акти́вности

roll II *v* 1) кати́ть; верте́ть; враща́ть 2) ката́ться, валя́ться; верте́ться 3) свёртывать, ска́тывать, скру́чивать; **to ~ an umbrella** сложи́ть зо́нтик 4) раска́тывать *(тесто)* 5) ука́тывать *(дорогу)* 6) прока́тывать *(металл)* 7) кача́ться *(на волнах)*; волнова́ться *(о море)* 8) греме́ть, грохота́ть *(о громе и т. п.)* 9) проходи́ть, течь, лете́ть *(о годах и т. п. — along, by)* ◊ **to be ~ing** *разг.* быть о́чень бога́тым; **to be ~ing in money** *разг.* купа́ться в деньга́х

roll away 1) отка́тываться 2) рассе́иваться *(о тумане и т. п.)*

roll back 1) отка́тываться, отки́дываться 2) возвраща́ться, уноси́ться *(в про́шлое)* 3) отбра́сывать *(противника)* 4) *амер.* снижа́ть це́ны *(до какого-л. уровня)*

roll by 1) проезжа́ть ми́мо 2) бы́стро проходи́ть *(о времени)*

roll down ска́тываться вниз; пла́вно дви́гаться вниз

roll in 1) вка́тывать(ся) 2) собира́ться, стека́ться *(куда-л.)*

roll off 1) скати́ться, упа́сть *(с кровати, полки и т. п.)* 2) распеча́тывать *(на принтере и т. п.)* 3) говори́ть наизу́сть, отлета́ть от языка́

roll on 1) продолжа́ть кати́ться 2) натя́гивать *(одежду)* 3) проходи́ть *(о времени)* 4) наступа́ть, приближа́ться *(о событии)*

roll out 1) поднима́ть, встава́ть с посте́ли 2) выка́тывать 3) раска́тывать, растя́гивать 4) гро́мко прозвуча́ть; прогреме́ть раска́тами *(о громе)*

roll over перевора́чиваться; перека́тываться

roll round 1) кружи́ться, крути́ться 2) *разг.* неожи́данно заяви́ться, внеза́пно нагря́нуть

roll up 1) свёртывать; свора́чивать 2) клуби́ться 3) *разг.* неожи́данно заяви́ться, внеза́пно нагря́нуть 4) *разг.* нака́пливаться

roll-call [ˈrəʊlkɔ:l] *n* перекли́чка

rolled [rəʊld] *a* ска́танный, свёрнутый; **a ~ umbrella** сло́женный зо́нтик; **~ gold** накладно́е зо́лото; **~ oats** овся́ные хло́пья

roller [ˈrəʊlə(r)] *n* 1) като́к *(дорожный)* 2) ро́лик; вал; цили́ндр 3) бигуди́ 4) волна́, буру́н 5) *attr тех.* ро́ликовый; вальцо́вый; **~ bearing** ро́ликовый подши́пник

roller-skate I [ˈrəʊlə ˌskeɪt] *n* ро́ликовые коньки́, *разг.* ро́лики

roller-skate II *v* ката́ться на ро́ликовых конька́х

roller-skater [ˈrəʊlə ˌskeɪtə(r)] *n* ро́ллер *(спортсмен или любитель, катающийся на роликовых коньках)*

roller towel [ˈrəʊlə ˈtaʊəl] *n* полоте́нце на ро́лике

rollick [ˈrɒlɪk] *v* резви́ться, весели́ться

rolling I [ˈrəʊlɪŋ] *n* бортова́я ка́чка

rolling II *a* холми́стый, волни́стый ◊ **~ stone** перекати́-по́ле *(о человеке)*

rolling mill [ˈrəʊlɪŋ ˌmɪl] *n тех.* прока́тный стан

rolling pin [ˈrəʊlɪŋ ˌpɪn] *n* ска́лка

rolling stock [ˈrəʊlɪŋ ˌstɒk] *n ж.-д.* подвижно́й соста́в

roly-poly I [ˌrəʊlɪ ˈpəʊlɪ] *n* 1) пу́динг с варе́ньем 2) *амер.* ку́кла-неваля́шка

roly-poly II *a* пу́хлый *(о ребёнке)*

ROM [rɒm] *сокр.* **(read-only memory)** *n вчт* постоя́нное запомина́ющее устро́йство, ПЗУ

Romaic I [rəʊˈmeɪk] *n* новогре́ческий язы́к

Romaic II *a* новогре́ческий

Roman I [ˈrəʊmən] *n* 1) ри́млянин 2) като́лик *(тж ~ Catholic)* 3) прямо́й све́тлый шрифт

Roman II *a* 1) ри́мский 2) лати́нский *(об алфавите)* 3) католи́ческий 4) прямо́й све́тлый *(о шрифте)*

Roman Catholic I [ˌrəʊmənˈkæθəlɪk] *n* като́лик

Roman Catholic II *a* ри́мско-католи́ческий

Romance I [rəʊˈmæns] *n собир.* рома́нские языки́

Romance II *a* рома́нский

romance I [rəʊˈmæns] *n* 1) рома́нтика, романти́чность 2) любо́вная исто́рия 3) любо́вный рома́н; романти́ческая по́весть 4) ры́царский рома́н; ры́царская балла́да; ры́царская поэ́ма 5) краси́вая вы́думка, фанта́зия

romance II *v* сочиня́ть, фантази́ровать

Romanesque I [ˌrəʊməˈnesk] *n архит.* рома́нский стиль

Romanesque II *a архит.* рома́нский *(о стиле)*

Romanian I [rəʊˈmeɪnɪən] *n* 1) румы́н; румы́нка; **the ~s** румы́ны 2) румы́нский язы́к

Romanian II *a* румы́нский

romantic I [rəˈmæntɪk] *n* 1) рома́нтик, романти́чная ли́чность 2) писа́тель-рома́нтик

romantic II *a* романти́ческий; романти́чный; **~ literature** романти́ческая литерату́ра; **a ~ girl** романти́чная/мечта́тельная де́вушка

romanticism [rəˈmæntɪsɪz(ə)m] *n лит.* романти́зм

romanticist [rəˈmæntɪsɪst] *n* писа́тель-рома́нтик

Romany I [ˈrɒmənɪ] *n* 1) цыга́н; цыга́нка; **the ~** *собир.* цыга́не 2) цыга́нский язы́к

Romany II *a* цыга́нский

romp I [rɒmp] *n* шу́мная игра́, возня́

romp II *v* поднима́ть возню́, вози́ться; резви́ться

rompers [ˈrɒmpəz] *n pl* де́тский комбинезо́н

rondo [ˈrɒndəʊ] *n муз.* ро́ндо

rood [ruːd] *n* 1) распя́тие, крест *(обыкн. у вхо́да в алта́рную часть хра́ма)* 2) че́тверть а́кра

roof I [ruːf] *n* 1) кры́ша, кро́вля; **gable ~** двуска́тная кры́ша; **terraced ~** пло́ская кры́ша; **sliding ~** откидно́й верх *(автомоби́ля)*; **the ~ of the mouth** нёбо; **under one's ~** в своём до́ме 2) верх, ве́рхний эта́ж *(двухэта́жного) (автобуса)*; империа́л *(дилижа́нса)* 3) ве́рхняя по́лка *(холоди́льника и т. п.)*; верх *(духо́вки)* 4) *горн.* кро́вля, потоло́к *(вы́работки)* 5) максима́льный у́ровень цен; **to go through the ~** *разг.* дости́чь запреде́льного у́ровня ◊ **to hit/to go through/to raise the ~** вы́йти из себя́, прийти́ в я́рость

roof II *v* 1) покрыва́ть *(кры́шей)*; настила́ть кры́шу 2) служи́ть кры́шей

roofer [ˈruːfə(r)] *n* кро́вельщик

roofing [ˈruːfɪŋ] *n* 1) кро́вельный материа́л, кро́вля 2) кро́вельные рабо́ты

roofless [ˈruːflɪs] *a* 1) не име́ющий кры́ши *(о до́ме)* 2) не име́ющий кро́ва, бездо́мный

roof rack [ˈruːfˌræk] *n* бага́жник на кры́ше автомоби́ля *(амер.* **luggage rack**)

roofscape [ˈruːfskeɪp] *n* вид на кры́ши *(го́рода)*

rook¹ [rʊk] *n шахм.* ладья́

rook² I *n* 1) грач 2) шу́лер

rook² II *v* 1) зала́мывать це́ну; обдира́ть *(клие́нта и т. п.)* 2) моше́нничать в игре́; нече́стно игра́ть *(в ка́рты, ко́сти)*

rookery [ˈrʊkərɪ] *n* 1) грачо́вник 2) пти́чий база́р 3) ле́жбище *(тюле́ней и т. п.)*; коло́ния *(пингви́нов)*

rookie [ˈrʊkɪ] *n сленг* 1) ре́крут, новобра́нец 2) *амер. спорт.* новичо́к *(в кома́нде)*

room I [ruːm] *n* 1) простра́нство, ме́сто; **there is plenty of ~** здесь доста́точно мно́го ме́ста; **it takes up too much ~** э́то занима́ет сли́шком мно́го ме́ста; **there is no ~ for it** для э́того здесь нет ме́ста; **to make ~ for** посторони́ться, дать ме́сто; **there is no ~ to swing a cat** здесь не́где поверну́ться 2) ко́мната; но́мер *(в гости́нице)*; **furnished ~** меблиро́ванная ко́мната; **double ~** двухме́стный но́мер; **single ~** одноме́стный но́мер; **consulting ~** кабине́т врача́; **reception ~** приёмная; **ladies'/gent's ~** же́нский/мужско́й туале́т; **to share a ~ with smb** жить в одно́й ко́мнате с кем-л.; **to do one's ~** убира́ть ко́мнату 3) *pl* кварти́ра; помеще́ние 4) возмо́жность; основа́ние *(для чего-л.)*; **there is still ~ for doubt** есть основа́ния для сомне́ний; **there is ~ for improvement** есть возмо́жность соверше́нствоваться ◊ **in the ~ of** вме́сто; **your ~ is better than your company** лу́чше бы вы ушли́

room II *v амер.* занима́ть ко́мнату, жить в ко́мнате; **to ~ with smb** жить с кем-л. *(в одно́й комнате)*

roomer [ˈruːmə(r)] *n амер.* жиле́ц

roomette [ruːˈmet] *n амер.* 1) купе́ спа́льного ваго́на 2) небольша́я спа́льная ко́мната для сда́чи внаём

roomful [ˈruːmfʊl] *n* по́лная ко́мната *(гостей и т. п.)*

roomie [ˈruːmɪ] *n амер. разг. см.* **roommate**

roominess [ˈruːmɪnɪs] *n* вмести́тельность

rooming house [ˈruːmɪŋˌhaʊs] *n амер.* меблиро́ванные ко́мнаты

roommate [ˈruːmmeɪt] *n* сосе́д по ко́мнате

room service [ˈruːmˌsɜːvɪs] *n* доста́вка еды́ и напи́тков в но́мер *(вид обслу́живания в гости́нице)*

room temperature [ˈruːmˌtemprɪtʃə] *n* ко́мнатная температу́ра

695

23 – 4080

roomy [ˈruːmɪ] *a* вмести́тельный, просто́рный

roost I [ruːst] *n* 1) насе́ст; **at ~** на насе́сте 2) вре́менный ночле́г ◊ **to go to ~** ложи́ться спать; **to rule the ~** верховоди́ть, задава́ть тон

roost II *v* 1) уса́живаться на насе́ст 2) устра́иваться на ночле́г

rooster [ˈruːstə(r)] *n амер.* пету́х

root I [ruːt] *n* 1) ко́рень; **to strike/to take ~** пуска́ть ко́рни, укореня́ться *(тж перен.)*; **a ~ of a mountain** подно́жие горы́ 2) *pl* корнепло́ды 3) *pl* ко́рни, происхожде́ние; **my ~s are in Siberia** я ро́дом из Сиби́ри 4) причи́на, исто́чник; **to get to the ~ of the matter** добра́ться до су́ти де́ла; **money is the ~ of all evil** де́ньги – ко́рень всех зол 5) *мат.* ко́рень; **square/cube ~** квадра́тный/куби́ческий ко́рень 6) *грам.* ко́рень ◊ **~ and branch** по́лностью, целико́м; основа́тельно, кардина́льно; **to pull up by the ~s** искорени́ть, уничто́жить; **to strike at the ~(s)** подорва́ть осно́ву *(чего-л.)*

root II *v* 1) пуска́ть ко́рни 2) укореня́ться 3) рыть зе́млю, подрыва́ть ко́рни *(о свиньях)* 4) иска́ть, ры́ться

   root out, root up вырыва́ть с ко́рнем; выко́рчёвывать; искореня́ть

rooted [ˈruːtɪd] *a* 1) укорени́вшийся, про́чный 2) глубо́кий *(о чу́встве)*

rootless [ˈruːtlɪs] *a* не име́ющий корне́й

rootlet [ˈruːtlɪt] *n* корешо́к

root-mean-square [ˌruːtˌmiːnˈskweə] *a мат.* среднеквадрати́ческий; **~ error** среднеквадрати́ческая погре́шность

rooty [ˈruːtɪ] *a* изоби́лующий корня́ми, с мно́жеством корне́й

rope I [rəup] *n* 1) верёвка, кана́т; **on the ~** свя́занные верёвкой, в одно́й свя́зке *(об альпини́стах)* 2) *амер.* лассо́, арка́н 3) ни́тка; вя́зка; вяза́нка; **a ~ of pearls** ни́тка же́мчуга; **a ~ of onions** вя́зка лу́ка 4) *attr* кана́тный, верёвочный ◊ **the ~** пове́шение; **~ of sand** ненадёжная/иллюзо́рная опо́ра; **to show smb the ~s** ввести́ кого́-л. в курс де́ла; **to know the ~s** хорошо́ знать что-л., знать все ходы́ и вы́ходы; **to give smb (plenty of) ~** дава́ть (по́лную) свобо́ду де́йствий

rope II *v* 1) свя́зывать верёвкой; привя́зывать, закрепля́ть кана́том 2) тяну́ть на верёвке, кана́те 3) свя́зывать *(альпини́стов)* одно́й верёвкой; дви́гаться в свя́зке 4) окружа́ть кана́том *(in, off)* 5) *амер.* наки́дывать арка́н, лассо́

   rope in(to) втя́гивать, вовлека́ть

rope-ladder [ˈrəupˌlædə(r)] *n* верёвочная ле́стница

ropemanship [ˈrəupmənʃɪp] *n* 1) мастерство́ канатохо́дца 2) мастерство́ альпини́ста, скалола́за

rope-walker [ˈrəupˌwɔːkə(r)] *n* канатохо́дец

ropeway [ˈrəupweɪ] *n* кана́тная доро́га

ropy [ˈrəupɪ] *a* 1) тягу́чий, кле́йкий, ли́пкий 2) *разг.* ни́зкого ка́чества

rorqual [ˈrɔːkwəl] *n зоол.* кит-полоса́тик

rorty [ˈrɔːtɪ] *a сленг* 1) кла́ссный 2) шу́мный, бу́йный

rosarian [rəˈzeərɪən] *n* специали́ст по выра́щиванию и разведе́нию роз

rosarium [rəˈzeərɪəm] *n* роза́рий

rosary [ˈrəuzərɪ] *n* 1) моли́твы по чёткам 2) чётки 3) роза́рий

rose¹ I [rəuz] *n* 1) ро́за; ро́зовый куст 2) ро́зовый цвет 3) не́жный румя́нец ◊ **a ~ without a thorn** ро́за без шипо́в, необыкнове́нная уда́ча; **not all ~s** не всё хорошо́, не всё гла́дко; **under the ~** по секре́ту, тайко́м; **to gather (life's) ~s** срыва́ть цветы́ удово́льствий

rose¹ II *a* ро́зовый

rose² *past см.* **rise II**

roseate [ˈrəuzɪɪt] *a* ро́зовый, ро́зового цве́та

rosebay [ˈrəuzbeɪ] *n бот.* 1) кипре́й узколи́стный, ива́н-чай 2) рододе́ндрон

rosebud [ˈrəuzbʌd] *n* буто́н ро́зы

rose bush [ˈrəuzbuʃ] *n* ро́зовый куст

rose-coloured [ˈrəuzˌkʌləd] *a* 1) ро́зовый 2) ра́дужный, оптимисти́ческий

rose hip [ˈrəuzhɪp] *n* плод(ы́) шипо́вника, я́годы шипо́вника

rose-leaf [ˈrəuzliːf] *n* лепесто́к ро́зы

rosemary [ˈrəuzmərɪ] *n бот.* розмари́н

roseola [rəuˈziːələ] *n мед.* розео́ла; **epidemic ~** (корева́я) красну́ха

rose-tree [ˈrəuztriː] *n* ро́зовый куст

rosette [rəuˈzet] *n архит., бот.* розе́тка

rose water [ˈrəuzˌwɔːtə(r)] *n* ро́зовая вода́; туале́тная вода́ на осно́ве ро́зового ма́сла

rosewood [ˈrəuzwud] *n бот.* дальбе́ргия; ро́зовое де́рево

rosin I [ˈrɒzɪn] *n* смола́, канифо́ль

rosin II *v* натира́ть канифо́лью

roster [ˈrəustə(r)] *n* 1) *воен.* расписа́ние дежу́рств, спи́сок наря́дов 2) *спорт.* спи́сок игроко́в кома́нды

rostral [ˈrɒstrəl] *a* ростра́льный *(о коло́нне)*

rostrum [ˈrɒstrəm] *n (pl тж* **rostra** [ˈrɒstrə]*)* 1) трибу́на; ка́федра; помо́ст; платфо́рма 2) клюв 3) *ист.* носова́я фигу́ра *(на корабле́)*

rosy [ˈrəuzɪ] *a* 1) ро́зовый, румя́ный 2) жизнера́достный, оптимисти́ческий; ра́дужный

rot I [rɒt] *n* 1) гние́ние, гниль 2) *сленг* вздор, ерунда́; **don't talk ~** не болта́йте вздо́ра 3) неуда́ча 4) разложе́ние *(о́бщества)*

rot II v 1) гнить, портиться 2) разлагаться; приходить в упадок 3) гноить; портить 4) *сленг* подшучивать, дразнить
rot away погибать

rota ['rəʊtə] n расписание дежурств; список ролей *и т. п.*

rotary I ['rəʊtərɪ] n 1) ротационная печатная машина 2) *амер.* кольцевая транспортная развязка с односторонним движением

rotary II a вращательный; ротационный

Rotary Club ['rəʊtərɪ͵klʌb] n клуб «Ротари», международное благотворительное сообщество деловых людей

rotate [rəʊ'teɪt] v 1) вращаться 2) чередоваться, сменяться, перемещаться

rotation [rəʊ'teɪʃ(ə)n] n 1) вращение 2) чередование; очерёдность; ротация; периодическое повторение; **by/in ~** по очереди; попеременно; **~ of crops** севооборот

rotational [rəʊ'teɪʃənl] a 1) вращающийся 2) чередующийся; ротационный

rotative ['rəʊtətɪv] *см.* **rotational**

rotatory ['rəʊtətərɪ] a вращательный; вращающийся

rote [rəʊt] n: **by ~** наизусть; **to learn smth by ~** зазубрить что-л.

rotor ['rəʊtə(r)] n *тех.* 1) ротор 2) несущий винт (вертолёта)

rotten ['rɒtn] a 1) гнилой; тухлый *(о яйце)* 2) разложившийся, продажный, безнравственный 3) *сленг* противный, мерзкий; **I feel ~** я мерзко себя чувствую; **a ~ play** дрянная пьеса

rottenness ['rɒtnnɪs] n гнилость; испорченность

rotter ['rɒtə(r)] n *сленг* мерзкая личность

rotund [rəʊ'tʌnd] a 1) округлённый, круглый 2) пухлый 3) звучный 4) высокопарный, торжественный *(о стиле, речи)*

rouble ['ru:bl] n *русск.* рубль

roué ['ru:eɪ] n старый распутник

rouge I [ru:ʒ] n румяна

rouge II v румяниться

rough I [rʌf] n 1) трудности, неприятности; **to take the ~ with the smooth** принимать жизнь какая она есть 2) неровная местность 3) грубиян, хулиган 4) неотделанность; **in the ~** в незаконченном виде, вчерне

rough II a 1) неровный, шероховатый; пересечённый *(о местности)*; **~ surface** неровная поверхность 2) волосатый, лохматый; шерстистый 3) жёсткий, шершавый; грубый *(о ткани)*; **~ skin** шершавая кожа 4) грубый; невежливый; **~ boys** грубияны; **a ~ play** грубая игра; **to be ~ with smb** быть грубым с кем-л., грубить кому-л.; **~ words**

резкие слова 5) ненастный; бушующий *(о море, ветре)*; **~ weather** ненастная погода, ненастье 6) терпкий 7) неприятный, тяжёлый; **we had a ~ time** мы переживали трудное время 8) неотделанный, необработанный; непроработанный, черновой; **~ copy** черновик, черновой набросок; **in ~ outline** в общих чертах; **to give a ~ idea** дать приблизительное представление *(о чём-л.)* 9) *разг.* в плохом настроении, в депрессии; **I am feeling ~** у меня депрессия ◊ **a ~ diamond** неотёсанный, но хороший человек; **it was ~ luck on him** ему нелегко пришлось; **~ stuff** *разг.* буйное поведение; **~ house** *сленг* скандал; бесчинства, насилие

rough III v 1) ерошить *(up)* 2) делать вчерне *(in, out)* 3): **to ~ it** обходиться без удобств

rough IV adv грубо; резко; **to play ~** грубо играть

roughage ['rʌfɪdʒ] n грубые корма

rough-and-ready [͵rʌfən'redɪ] a сделанный на скорую руку

roughcast I ['rʌfkɑ:st] n *стр.* галечная штукатурка

roughcast II a 1) грубо оштукатуренный 2) сделанный в черновике

roughcast III v 1) штукатурить 2) делать вчерне; делать наброски *(плана и т. п.)*

roughen ['rʌfən] v делаться шероховатым, грубым; грубеть

rough-hew [͵rʌf'hju:] v грубо обтёсывать

rough-house ['rʌfhaʊs] v *сленг* скандалить, буянить

roughly ['rʌflɪ] adv грубо; приблизительно; **~ speaking** грубо говоря, приблизительно

roughneck ['rʌfnek] n *разг.* 1) хулиган 2) рабочий на нефтепромыслах

rough-rider ['rʌf͵raɪdə(r)] n берейтор; объездчик лошадей

roughshod ['rʌfʃɒd] a подкованный на шипы ◊ **to ride ~ over** ни с кем не считаться; тиранить

roulade [ru:'lɑ:d] n 1) *кул.* рулет 2) рулада

roulette [ru:'let] n рулетка *(игра)*

Roumanian [ru:'meɪnɪən] *см.* **Romanian I, II**

round I [raʊnd] n 1) круг; **a ~ of bread** ломоть хлеба 2) круговое движение; цикл 3) обход *(патруля, сторожа и т. д.)*; прогулка; **to go/to make one's ~s** обходить, делать обход; **to go for a ~** идти на прогулку 4) этап, тур; раунд; партия; **the next ~ of talks** следующий этап переговоров; **a ~ of golf** партия в гольф; **whose ~ is it?** чья очередь платить? *(в кафе и т. п.)* 5) залп; очередь; выстрел 6) патрон 7) очередная порция 8) круг *(интересов, обязанностей)*; **daily ~**

ежедне́вный круг обя́занностей, дел ◊ **a ~ of applause** взрыв аплодисме́нтов; **to go the round/rounds** передава́ться из уст в уста́ *(о новости и т. п.)*

round II *a* 1) кру́глый; шарообра́зный; закруглённый 2) по́лный, це́лый; **a ~ dozen** це́лая дю́жина 3) значи́тельный *(о сумме денег)* 4) открове́нный, прямо́й *(о высказывании);* **in ~ terms** открове́нно 5) округлённый 6) мя́гкий, прия́тный *(о голосе)* ◊ **~ table** «кру́глый стол», встре́ча за кру́глым столо́м

round III *v* 1) закругля́ть; округля́ть 2) обходи́ть, огиба́ть круго́м

round down округля́ть *(числа)*

round off 1) закругля́ть, сгла́живать 2) округля́ть *(числа)* в ме́ньшую сто́рону 3) зака́нчивать, успе́шно заверша́ть *(что-л.)*

round out 1) округля́ться 2) по́лностью верши́ть *(что-л.)*

round up 1) округля́ть *(числа)* в бо́льшую сто́рону 2) собира́ть, созыва́ть 3) устра́ивать обла́ву *(на преступника)* 4) *амер. разг.* дава́ть кра́ткий обзо́р; де́лать резюме́

round IV *adv* 1) круго́м, вокру́г; **~ about all was still** круго́м всё бы́ло ти́хо 2) круго́м, по окру́жности; **all the year ~** кру́глый год 3) побли́зости, ря́дом; **they live somewhere ~ here** они́ живу́т где́-то побли́зости 4) кружны́м путём 5) в окру́жности, в обхва́те ◊ **taken all ~** в о́бщем, в це́лом

round V *prep* 1) вокру́г; **~ the world** вокру́г све́та 2) за; **~ the corner** за́ угол; за угло́м 3) по; **~ the garden** по са́ду 4) приблизи́тельно, о́коло; **~ 3 o'clock** часа́ в три, о́коло трёх (часо́в)

roundabout I [ˈraʊndəbaʊt] *n* 1) карусе́ль 2) кругово́е движе́ние *(дорожный знак)* 3) кольцева́я тра́нспортная развя́зка с односторо́нним движе́нием

roundabout II *a* обхо́дный, око́льный, кру́жный

roundel [ˈraʊndəl] *n* 1) медальо́н 2) *воен.* опознава́тельный знак *(на самолётах и т. п.)*

roundelay [ˈraʊndɪleɪ] *n* коро́ткая пе́сенка с припе́вом

Roundhead [ˈraʊndhed] *n ист.* круглоголо́вый, пурита́нин, сторо́нник Кромве́ля

roundhouse [ˈraʊndhaʊs] *n* 1) *ж.-д.* кругова́я устано́вка для ремо́нта локомоти́вов в депо́ 2) *мор.* кормова́я ру́бка

rounding [ˈraʊndɪŋ] *n мат.* округле́ние

rounding error [ˈraʊndɪŋ ˌerə] *n мат.* оши́бка округле́ния

roundish [ˈraʊndɪʃ] *a* окру́глый, круглова́тый

roundly [ˈraʊndlɪ] *adv* 1) кру́гло, закруглённо 2) по́лностью, основа́тельно; **to go ~ to**

work всерьёз приня́ться за рабо́ту 3) пря́мо, ре́зко, открове́нно; **I told him ~ that...** я пря́мо сказа́л ему́, что...

round-shouldered [ˌraʊndˈʃəʊldəd] *a* суту́лый, суту́лящийся

roundsman [ˈraʊndzmən] *n* 1) торго́вый аге́нт *(фирмы),* выезжа́ющий к клие́нту 2) *амер.* полице́йский инспе́ктор

round-up [ˈraʊndʌp] *n* 1) обла́ва 2) сбор 3) обзо́р новосте́й; резюме́; **press ~** обзо́р печа́ти

rouse [raʊz] *v* 1) буди́ть *(from, out of)* 2) пробужда́ться *(тж to ~ up)* 3) побужда́ть, активизи́ровать; возбужда́ть *(up);* **to ~ smb to action** побуди́ть кого́-л. к де́йствию; **to ~ oneself** встряхну́ться 4) раздража́ть, злить 5) вспугну́ть *(дичь)* 6) меша́ть, разме́шивать *(пиво при варке)*

rousing [ˈraʊzɪŋ] *a* 1) волну́ющий, возбужда́ющий 2) я́рко пыла́ющий

roust [raʊst] *v* 1) возбужда́ть 2) *амер. сленг* раздража́ть, злить

roust around ры́ться, ша́рить

rout[1] **I** [raʊt] *n* 1) по́лный разгро́м, беспоря́дочное бе́гство 2) сбо́рище 3) мяте́ж, бунт, волне́ния

rout[1] **II** *v* по́лностью разгроми́ть, обрати́ть в бе́гство

rout[2] 1) подрыва́ть ко́рни *(о свинье)* 2) выка́пывать, выта́скивать *(тж to ~ out)* 3) ры́ться

route I [ruːt] *n* маршру́т, путь, направле́ние, курс; **bus ~** авто́бусный маршру́т; **shipping ~s** морски́е ли́нии; **en ~** по доро́ге, по пути́

route II *v* направля́ть *(по определённому маршру́ту)*

routine [ruːˈtiːn] *n* 1) устано́вленный поря́док *(действий, операций и т. п.);* определённый режи́м 2) шабло́н, рути́на 3) *вчт* (станда́ртная) програ́мма, подпрогра́мма 4) *attr* устано́вленный, заведённый, обы́чный; **a ~ check** обы́чная прове́рка

routing [ˈruːtɪŋ] *n* 1) тра́сса, курс 2) *тех.* схе́ма движе́ния; маршрутиза́ция; трассиро́вка 3) *вчт* рассы́лка материа́лов по назначе́нию

rove [rəʊv] *v* 1) броди́ть, скита́ться 2) блужда́ть *(о взгляде)*

rover [ˈrəʊvə(r)] *n* 1) скита́лец, стра́нник 2) морско́й разбо́йник, пира́т 3) **(R.)** ста́рший бойска́ут 4) «разбо́йник» *(в крокете)*

row[1] [rəʊ] *n* ряд; **in a ~** в ряд; **in ~s** ряда́ми ◊ **a hard ~ to hoe** тру́дная зада́ча, «кре́пкий оре́шек»

row[2] **I** *n* 1) гре́бля 2) прогу́лка на ло́дке; **to go for a ~** ката́ться на ло́дке

row[2] **II** *v* 1) грести́ 2) переправля́ть на ло́дке

row down перегнать на лодке

row out обессилеть от гребли

row³ **I** [rau] *n разг.* 1) шум; скандал; драка; **they had a dreadful ~** у них был ужасный скандал; **what's all this ~ about?** в чём дело?, что за шум?; **to kick up/to make a ~** поднять шум, затеять ссору; устроить скандал 2) выговор, нагоняй; **she got into a ~ for being late** ей здорово досталось за опоздание

row³ **II** *v разг.* 2) ругать 1) скандалить

rowan ['rauən] *n* рябина *(дерево и ягоды)*

row-boat ['rəubəut] *амер. см.* **rowing-boat**

rowdy I ['raudɪ] *n* хулиган, скандалист, буян

rowdy II *a* буйный; грубый; шумный; **a ~ party** шумное/буйное застолье

rowen ['rauən] *n амер.* второй укос; отава

rower ['rəuə(r)] *n* гребец

rowing¹ ['rəuɪŋ] *n* 1) гребля 2) *attr:* **~ machine** тренажёр, имитирующий греблю на лодке

rowing² ['rauɪŋ] *n* выговор, нагоняй

rowing boat ['rəuɪŋ‚bəut] *n* гребная шлюпка, лодка

rowlock ['rɒlək] *n* уключина

royal ['rɔɪəl] *a* 1) королевский; **~ family** королевская семья 2) британский *(о флоте, войсках и т. п.)*; **the R. Air Force** Военно-воздушные силы Великобритании 3) великолепный, величественный, царственный 4) первоклассный, исключительный; **we had a ~ time** мы великолепно провели время ◊ **~ blue** тёмно-синий *(о цвете)*

royalist I ['rɔɪəlɪst] *n* роялист

royalist II *a* роялистский

royalty ['rɔɪəltɪ] *n* 1) королевская власть 2) величие, царственность 3) член(ы) королевской семьи 4) *обыкн. pl* королевские привилегии 5) *pl* авторский гонорар, роялти *(в виде процента с каждого проданного экземпляра или с каждой постановки пьесы и т. п.)* 6) арендная плата за разработку недр

RR *сокр. амер.* **(railroad)** железная дорога

RS *сокр.* 1) **(the Royal Society)** Королевское общество 2) *амер.* **(Received Standard)** принятый стандарт

RSA *сокр.* 1) **(the Royal Society of Arts)** Королевское общество искусств 2) **(the Royal Scottish Academy)** Королевская шотландская академия

RSM *сокр.* **(regimental sergeant major)** полковой старшина

RSPB *сокр.* **(the Royal Society for the Protection of Birds)** Королевское общество защиты птиц

RSPCA *сокр.* **(the Royal Society for the Prevention of Cruelty to Animals)** Королевское общество защиты животных

RSVP *сокр.* *(фр.* **répoudez s'il vous plait)** просьба ответить *(в приглашениях и т. п.)*

rt. *сокр.* **(right)** 1) правильный 2) правый

RTF *сокр.* **(rich text format)** *вчт* расширенный текстовый формат

RU *сокр.* **(Rugby Union)** Британская лига регби

rub I [rʌb] *n* 1) натирание, растирание; **to give a ~** потереть, растереть 2) затруднение, помеха; **there is the ~** вот в чём затруднение, загвоздка

rub II *v* 1) тереть; натирать 2) стирать *(что-л. — out)* 3) соприкасаться, задевать; **to ~ shoulders with all sorts of people** встречаться с самыми разными людьми

rub along *разг.* 1) сводить концы с концами; кое-как справляться 2) уживаться, ладить

rub away 1) стирать, оттирать 2) стираться *(от долгого пользования)*

rub down 1) шлифовать; отчищать 2) вытираться, обтираться 3) растирать, массировать

rub in(to) 1) втирать 2) *разг.* вдалбливать, вбивать в голову

rub off счищать, отчищать

rub out 1) стирать, удалять 2) *амер. разг.* убить, ликвидировать

rub through *разг.* пробиться; выдержать *(трудности и т. п.)*

rub together тереться (друг о друга)

rub up 1) натереть до блеска 2) *разг.* освежать в памяти, вспомнить

rub up against 1) тереться, соприкасаться 2) случайно столкнуться, встретить

rubber¹ ['rʌbə(r)] *n* 1) резина, каучук 2) резинка, ластик 3) *разг.* презерватив 4) *pl* резиновые изделия 5) *pl амер.* галоши 6) массажист 7) приспособление для натирания, вытирания 8) *attr* резиновый; **~ band** резинка *(для упаковки лекарств и т. п.)*; **~ bullet** резиновая пуля; **~ stamp** а) резиновая печать б) *перен.* официальное одобрение чего-л.

rubber² *n карт.* роббер

rubberized ['rʌbəraɪzd] *a* прорезиненный

rubberneck I ['rʌbənek] *n разг.* любопытный человек *(особ. о туристе)*; зевака

rubberneck II *v разг.* вытягивать шею с любопытством *(стараясь увидеть что-л.)*

rubber-tree ['rʌbətri:] *n* дерево-каучуконос

rubbish ['rʌbɪʃ] *n* 1) мусор, сор, хлам 2) вздор, чушь, ерунда; **to talk ~** нести чушь 3) дрянной товáр; плохáя рабóта; **this book is** ~ э́то дрянна́я кни́га

rubbishy [ˈrʌbɪʃɪ] *a* никуда́ не го́дный, дрянно́й

rubble [ˈrʌbl] *n* 1) обло́мки 2) *стр.* бут, бу́товый ка́мень 3) валу́н

rube [ru:b] *n амер. разг.* дереве́нщина

rubella [ru:ˈbelə] *n мед.* (корева́я) красну́ха

rubeola [ru:ˈbi:ələ] *n мед.* корь

Rubicon [ˈru:bɪkɒn] *n:* **to cross/to pass the** ~ перейти́ Рубико́н, приня́ть ва́жное, бесповоро́тное реше́ние

rubicund [ˈru:bɪkʌnd] *a книжн.* румя́ный

ruble [ˈru:bl] *см.* **rouble**

rubric [ˈru:brɪk] *n* ру́брика, заголо́вок

rubricate [ˈru:brɪkeɪt] *v* 1) отмеча́ть кра́сным карандашо́м, кра́сными черни́лами; печа́тать кра́сной кра́ской 2) разбива́ть на ру́брики, абза́цы

ruby I [ˈru:bɪ] *n* 1) руби́н 2) а́лый цвет ◊ **above rubies** неоцени́мый, бесце́нный

ruby II *a* 1) руби́новый; ~ **anniversary** руби́новая сва́дьба *(40 лет совместной жизни)* 2) а́лый кра́сный, руби́нового цве́та

RUC *сокр.* (the Royal Ulster Constabulary) поли́ция О́льстера

ruche [ru:ʃ] *n* рюш

ruck¹ I [rʌk] *n* скла́дка, морщи́на

ruck¹ II *v* 1) мо́рщиться 2) мя́ться *(тж* **to** ~ **up)**

ruck² I *n* 1) основна́я ма́сса уча́стников соревнова́ния, си́льно отста́вшая от ли́деров го́нки 2) безли́кая ма́сса, толпа́

ruck² II *v* толпи́ться

rucksack [ˈrʊksæk] *n* рюкза́к

ruction [ˈrʌkʃ(ə)n] *n обыкн. pl разг.* 1) беспоря́дки, волне́ния 2) возмуще́ние, проте́сты *(общественности, публики и т. п.)*

rudbeckia [rʌdˈbekɪə] *n бот.* рудбе́кия

rudder [ˈrʌdə(r)] *n* 1) руль; **elevation** ~ *ав.* руль высоты́ 2) веду́щий при́нцип

rudderless [ˈrʌdəlɪs] *a* без руля́; без управле́ния

ruddy [ˈrʌdɪ] *a* 1) румя́ный, цвету́щий 2) *разг.* прокля́тый

rude [ru:d] *a* 1) гру́бый, неве́жливый, невоспи́танный; ~ **remarks** гру́бые замеча́ния 2) *разг.* неприли́чный, непристо́йный; **a** ~ **song** непристо́йная пе́сенка 3) неотде́ланный; примити́вный 4) внеза́пный, ре́зкий; **a** ~ **awakening** ре́зкое пробужде́ние 5) кре́пкий, энерги́чный; **he is in** ~ **health** он здоро́в, как бык

rudeness [ˈru:dnɪs] *n* гру́бость

rudiment [ˈru:dɪmənt] *n* 1) *pl* осно́вы; нача́тки; элемента́рные зна́ния 2) рудимента́рный о́рган

rudimentary [ˌru:dɪˈmentərɪ] *a* 1) элемента́рный 2) рудимента́рный

rue¹ [ru:] *v* (со)жале́ть, раска́иваться

rue² *n бот.* ру́та

rueful [ˈru:fʊl] *a* 1) удручённый, го́рестный, уны́лый 2) по́лный раска́яния

ruefully [ˈru:fʊlɪ] *adv* 1) с сожале́нием; с сочу́вствием 2) го́рестно, уны́ло

ruff¹ [rʌf] *n* 1) высо́кий кру́глый гофри́рованный воротни́к *(16 – 17 вв.)* 2) кольцо́ пе́рьев *или* ше́рсти вокру́г ше́и *(у птиц или животных)*

ruff² *n* ёрш *(рыба)*

ruffian I [ˈrʌfɪən] *n уст.* хулига́н, банди́т, головоре́з

ruffian II *a уст.* хулига́нский; гру́бый

ruffle I [ˈrʌfl] *n* 1) обо́рка; сбо́рка 2) рябь 3) суматóха, шум

ruffle II *v* 1) еро́шить *(волосы)* 2) беспоко́ить, раздража́ть 3) гофрирова́ть, собира́ть в сбо́рки 4) топо́рщить *(перья — о птицах)* 5) ряби́ть *(воду)*

rug [rʌg] *n* 1) ковёр, ко́врик 2) плед

rugby [ˈrʌgbɪ] *n спорт.* ре́гби *(тж* ~ **football)**

rugged [ˈrʌgɪd] *a* 1) неро́вный, изре́занный, пересечённый *(о местности)* 2) шерохова́тый, шерша́вый 3) гру́бый, неотёсанный; неотде́ланный; ~ **features** гру́бые черты́ лица́ 4) суро́вый; тяжёлый, тру́дный *(о жизни)* 5) непрекло́нный, суро́вый 6) ре́зкий *(о звуке)* 7) про́чный *(о механизме)*

rugger [ˈrʌgə(r)] *разг. см.* **rugby**

rugose [ˈru:gəʊs] *a* морщи́нистый, скла́дчатый

ruin I [ˈru:ɪn] *n* 1) ги́бель; разоре́ние; круше́ние, крах; **drink was the** ~ **of him** пья́нство его́ погуби́ло; **to bring to** ~ погуби́ть; разори́ть 2) *обыкн. pl* разва́лины, руи́ны; **in** ~**s** в разва́линах

ruin II *v* губи́ть; разоря́ть; разруша́ть; **to** ~ **oneself** (по)губи́ть себя́; **to** ~ **a car** разби́ть маши́ну

ruination [ˌru:ɪˈneɪʃ(ə)n] *n* ги́бель; круше́ние, крах; разоре́ние

ruinous [ˈru:ɪnəs] *a* 1) ги́бельный, губи́тельный, па́губный; разруши́тельный; разори́тельный 2) разру́шенный; в разва́линах

rule I [ru:l] *n* 1) пра́вило; при́нятая но́рма; **as a** ~ как пра́вило, обы́чно; **by** ~ по пра́вилам; **against the** ~**s** про́тив пра́вил; **general** ~ о́бщее пра́вило; ~**s of the game** пра́вила игры́; **I make it a** ~ **to take exercise every day** я взял за пра́вило ходи́ть на пешехо́дную прогу́лку *(делать физические упражне́ния)* ка́ждый день 2) правле́ние, власть; **the** ~ **of law** власть зако́на; **the** ~ **of the people** на-

родовлáстие; **under British** ~ под бритáн-
ским правлéнием/контрóлем 3) линéйка; ~
of thumb измерéние на глазóк, приблизú-
тельный подсчёт 4) *полигр.* линéйка, шпон
5) устáв *(религиóзного óрдена)* 6) постановлéние судá *или* судьú
rule II *v* 1) прáвить; руководúть; влáствовать;
to ~ **an empire** прáвить импéрией; **to** ~ **the
seas** госпóдствовать на мóре 2) постановлять, решáть *(that);* **the court** ~**d that...** суд
постановúл, что... 3) линовáть, графúть 4)
стоять на определённом úровне *(о цéнах)*
rule out исключáть
ruler [ˈruːlə(r)] *n* 1) правúтель 2) линéйка
ruling I [ˈruːlɪŋ] *n* 1) управлéние 2) постановлéние; судéбное решéние
ruling II *a* 1) прáвящий; госпóдствующий 2)
преобладáющий
rum¹ [rʌm] *n* 1) ром 2) *амер.* спиртнóе
rum² *a разг. уст.* 1) стрáнный; **to feel** ~ чýвствовать себя не в своéй тарéлке; ~ **go/start**
непредвúденное событие, неожúданный поворóт 2) трýдный, опáсный
rumble I [ˈrʌmbl] *n* 1) громыхáние, грóхот 2)
амер. сленг úличная дрáка, разбóрка мéжду
бáндами
rumble II *v* громыхáть, грохотáть; рокотáть
ruminant I [ˈruːmɪnənt] *n* жвáчное живóтное
ruminant II *a* 1) жвáчный 2) задýмчивый, погружённый в размышлéние
ruminate [ˈruːmɪneɪt] *v* 1) раздýмывать, размышлять *(on, over, about, of)* 2) жевáть
жвáчку
rumination [ˌruːmɪˈneɪʃ(ə)n] *n* 1) размышлтние 2) жевáние жвáчки
ruminative [ˈruːmɪnətɪv] *a* задýмчивый
rummage I [ˈrʌmɪdʒ] *n* 1) тщáтельные пóиски; óбыск, обшáривание 2) хлам
rummage II *v* 1) рыться (в пóисках), обшáривать *(in, among, through)* 2) обнарýживать,
вытáскивать, вынимáть *(тж* **to** ~ **out, to** ~
up)
rummage sale [ˈrʌmɪdʒˌseɪl] *n амер.* дешёвая
распродáжа *(с благотворúтельной цéлью)*
rummer [ˈrʌmə(r)] *n* кýбок, чáша
rummy [ˈrʌmɪ] *см.* **rum²**
rumor I, II [ˈruːmə(r)] *амер. см.* **rumour I, II**
rumour I [ˈruːmə(r)] *n* слух, молвá; ~ **has it
that...** хóдят слýхи, что...; **there is a** ~**...**
говорят...
rumour II *v* распространять слýхи; нóвости;
it is ~**ed that...** хóдят слýхи, что...
rump [rʌmp] *n* 1) огýзок 2) **(the R.)** *ист.*
остáтки Дóлгого парлáмента, «охвóстье»
(17 в., тж **the Rump Parliament)**
rumple [ˈrʌmpl] *v* мять; растрепáть

rump steak [ˈrʌmpsteɪk] *n* ромштéкс
rumpus [ˈrʌmpəs] *n разг.* шум, гам; скандáл,
дебóш
rumpus room [ˈrʌmpəsˈruːm] *n амер.* кóмната для игр *(обыкн. в подвáле дóма)*
run I [rʌn] *n* 1) бег; **at a** ~ бегóм; **on the** ~ а) в
движéнии, на ходý; в бегóтне б) в бегáх; **to
keep on the** ~ не давáть остановúться; **to go
for a** ~ сдéлать пробéжку, пробежáться; **to
take a** ~ разбежáться; **to give the dog a** ~
застáвить собáку побéгать 2) прогýлка; корóткая поéздка, небольшáя экскýрсия; **to
have a** ~ **in the car** покатáться в машúне 3)
пробéг, прогóн 4) течéние, направлéние;
тендéнция 5) ход, движéние; **the** ~ **of events**
ход/течéние событий; **to have a long** ~ быть
дóлго в ходý 6) перúод врéмени; полосá; **a**
~ **of (good) luck** счастлúвая полосá, полосá
удáч; **a** ~ **of wet weather** перúод ненáстья 7)
спрос *(on);* **a** ~ **on the dollar** спрос на дóллары; **a** ~ **on the banks** изъятие вклáдов
населéнием из бáнков 8) ряд, сéрия; тирáж;
the play had a ~ **of 60 nights** пьéса выдержала 60 представлéний; **a** ~ **of 3,000 copies**
тирáж три тысячи экземпляров 9) срéдний
úровень; **the common** ~ **of people** заурядные люди; **out of the common** ~ необычный, рéдкий, из ряда вон выходящий 10)
разрешéние пóльзоваться *(чем-л.);* свобóдный дóступ *(к чему-л.);* **the** ~ **of a library**
разрешéние пóльзоваться библиотéкой 11)
постоянный маршрýт; **ski** ~ а) лыжный спуск
б) лыжня 12) курятник 13) спустúвшаяся
пéтля *(на чулке)* 14) стáдо *(живóтных);* косяк *(рыбы)* 15) пáртия товáра 16) *амер.* потóк, ручéй 17) *вчт, тех.* зáпуск 18) **(the** ~**s)**
разг. диарéя, понóс ◊ **at a** ~ подряд; **in the
long** ~ в концé концóв; впослéдствии; **to go
with a** ~ идтú глáдко, как по мáслу
run II *v* **(ran; run)** 1) бéгать, бежáть 2) убегáть,
ускользáть, исчезáть из вúда 3) быстро передвигáться; катúться 4) возúть; **I'll** ~ **you
to the station** я отвезý вас на вокзáл; **to** ~
whisky/guns провозúть вúски/орýжие 5)
курсúровать, ходúть *(о трáнспорте);* **ships
are** ~**ning between London and Riga** теплохóды курсúруют мéжду Лóндоном и Рúгой; **the bus is** ~**ning late** автóбус хóдит до
пóздней нóчи 6) длúться, быть действúтельным; **the contract** ~**s for 7 years** контрáкт действúтелен семь лет 7) идтú, быть
покáзанным *(о пьéсе, фúльме, выставке и
т. п.);* **there's a good film** ~**ning this week**
на этой недéле идёт хорóший фильм; **the
play ran for 6 months** пьéса шла полгóда 8)
выдéрживать нéсколько издáний, тиражéй

(о книге); **the book ran 8 editions** кни́га вы́держала во́семь изда́ний 9) рабо́тать, ходи́ть, функциони́ровать *(о механизме, маши́не)*; **the lift isn't ~ning** лифт не рабо́тает; **to ~ on petrol** рабо́тать на бензи́не 10) име́ть тенде́нцию; **prices are ~ning high** це́ны всё повыша́ются 11) уча́ствовать в ска́чках, в забе́ге; **he ran a good race** он хорошо́ прошёл диста́нцию 12) *амер.* выставля́ть свою́ кандидату́ру *(на выборах — for)* 13) наполня́ть водо́й *(ванну и т. п.)*; **to ~ a bath** напо́лнить ва́нну 14) бы́стро растека́ться, распространя́ться 15) выполня́ть поруче́ние, посыла́ть с поруче́нием 16) *вчт* запусти́ть *(программу)* 17) управля́ть, руководи́ть *(предприятием, фирмой)*; **to ~ a shop** быть владе́льцем магази́на; вести́ дела́ в магази́не 18) публикова́ться *(в журнале, газете)*; **the magazine is ~ning a series of stories on crusaders** в журна́ле печа́таются расска́зы о крестоно́сцах 19) мелька́ть, проноси́ться *(о времени)* 20) спусти́ться *(о петле на чулке)* ◊ **to ~ in the family** быть фами́льной черто́й, передава́ться в семье́ из поколе́ния в поколе́ние; **to ~ smb into the ground** довести́ кого́-л. до изнеможе́ния; **to ~ out on smb** *разг.* бро́сить, поки́нуть кого́-л.; **he is ~ning a high temperature** у него́ высо́кая температу́ра; **my nose is ~ning** у меня́ на́сморк; **the text ~s like this…** текст тако́й…, текст гласи́т…

run across 1) перебега́ть че́рез *(дорогу)* 2) наткну́ться, натолкну́ться на *(кого́-л., что́-л.)*, случа́йно встре́тить

run against 1) ната́лкиваться, налета́ть на *(что́-л.)* 2) соревнова́ться *(с кем-л.)* в бе́ге 3) *амер.* выступа́ть кандида́том на вы́борах про́тив *(кого́-л.)*

run around 1) бе́гать бесце́льно 2) ката́ться на автомоби́ле 3) *разг.* вести́ беспоря́дочный о́браз жи́зни

run away 1) убега́ть, покида́ть 2) убега́ть из до́ма

run back прокру́чивать *(плёнку)* наза́д

run behind опа́здывать, не успева́ть

run down 1) сбить, перее́хать, раздави́ть 2) разыска́ть, отыска́ть 3) разряжа́ться, конча́ться *(о батарейках)* 4) снижа́ться, сокраща́ться; па́дать

run in 1) вбега́ть 2) вдева́ть; втыка́ть 3) вставля́ть в *(текст)* 4) обка́тывать *(автомоби́ль)*

run off 1) убега́ть, удира́ть 2) убега́ть из до́ма 3) угоня́ть *(скот)* 4) тиражи́ровать 5) отбараба́нить *(текст)*

run out 1) подходи́ть к концу́, истека́ть; иссяка́ть, конча́ться 2) выдыха́ться *(при беге)* 3) *амер. разг.* выгоня́ть

run out of подходи́ть к концу́ *(о запасах еды и т. п.)*

run over 1) перелива́ться че́рез край 2) вы́йти за преде́лы, превы́сить 3) сбить, перее́хать, задави́ть

run round 1) зайти́, зае́хать 2) подвезти́, подбро́сить

run through 1) бе́гло просмотре́ть 2) прокру́чивать *(плёнку)*

run to 1) продолжа́ться до *(какого-л. времени)* 2) жа́ловаться; обраща́ться за сове́том, по́мощью 3) достига́ть *(какой-л. цифры, суммы)* 4) хвата́ть, быть доста́точным

run up 1) поднима́ть *(флаг)* 2) увели́чивать *(долги и т. п.)* 3) бы́стро увели́чиваться, расти́ 4) де́лать на́спех, на ско́рую ру́ку

run with води́ть компа́нию с *(кем-л.)*

runabout [ˈrʌnəbaut] *n* небольшо́й автомоби́ль *или* самолёт

runaway I [ˈrʌnəweɪ] *n* бегле́ц

runaway II *a* сбежа́вший; бе́глый

run-down I [ˈrʌndaun] *n* 1) уменьше́ние чи́сленности *(войск и т. п.)* 2) подро́бное изложе́ние

run-down II *a* 1) изнурённый, истощённый 2) разори́вшийся, обнища́вший; захуда́лый

runes [ruːnz] *n pl ист. лингв.* ру́ны

rung[1] [rʌŋ] *past, p. p. см.* **ring**[2] II

rung[2] *n* 1) ступе́нька стремя́нки 2) перекла́дина 3) спи́ца колеса́

runic [ˈruːnɪk] *a ист. лингв.* руни́ческий

run-in [ˈrʌnˌɪn] *n* 1) разбе́г 2) *разг.* ссо́ра

run length [ˈrʌnleŋθ] *n* длина́ отре́зка

runlet [ˈrʌnlɪt] *n* руче́й

runnel [ˈrʌnəl] *n книжн.* 1) (небольшо́й) руче́й 2) кана́ва

runner [ˈrʌnə(r)] *n* 1) бегу́н; уча́стник забе́га 2) сте́лющийся побе́г, ус; ползу́чее расте́ние 3) по́лоз сане́й 4) посы́льный, курье́р; гоне́ц 5) контрабанди́ст 6) *тех.* бегуно́к, ро́лик, като́к 7) доро́жка *(из полотна, кружев)*

runner-up [ˌrʌnəgˈʌr] *n* уча́стник соревнова́ния, заня́вший второ́е ме́сто *(вслед за кем-л. — to)*

running I [ˈrʌnɪŋ] *n* 1) бег 2) ход соревнова́ния по бе́гу 3) веде́ние, управле́ние, ме́неджмент 4) рабо́та, ход *(машины, мотора)* ◊ **to be in the ~** име́ть ша́нсы на вы́игрыш, на повыше́ние по слу́жбе *и т. п.*; **to be out of the ~** не име́ть ша́нсов на вы́игрыш, на повыше́ние по слу́жбе *и т. п.*; **to take up/to make the ~** брать инициати́ву, занима́ть веду́щую пози́цию

running II *a* 1) теку́щий, непреры́вно продолжа́ющийся, непреры́вно происходя́щий; ~

account текущий счёт *(в банке);* ~ **repairs** текущий ремонт; ~ **costs** текущие расходы 2) текучий; гноящийся *(о ране и т. п.);* слезящийся *(о глазах);* ~ **sore** гноящаяся рана 3) беговой 4) последовательный, идущий один за другим; **for three days** ~ три дня подряд 5) производимый с разбега; ~ **jump** прыжок с разбега 6) струящийся, льющийся; ~ **water** а) льющаяся вода б) водопроводная вода

running board [ˈrʌnɪŋˌbɔːd] *n* подножка *(автомобиля, особенно старой модели)*

running-in [ˈrʌnɪŋˌɪn] *n* обкатка *(автомобиля)*

running time [ˈrʌnɪŋtaɪm] *вчт* время прогона *(программы);* время прохождения *(задания)*

running title [ˈrʌnɪŋˌtaɪtl] *n полигр.* колонтитул

run-of-the-mill [ˈrʌnəvðəˈmɪl] *a* обычный, средний; посредственный

runny [ˈrʌnɪ] *a* 1) текучий, струящийся; **a ~ nose** *разг.* сопливый нос 2) жидкий

runt [rʌnt] *n* 1) малорослое животное 2) человек небольшого роста, коротышка

run-through [ˈrʌnˌθruː] *n* 1) *театр.* генеральная репетиция, *проф.* прогон 2) краткий обзор

runtime [ˈrʌntaɪm] *n вчт* 1) время прогона *(программы);* время прохождения *(задания)* 2) рабочая среда

run-up [ˈrʌnˌʌp] *n* 1) разбег 2) преддверие *(чего-л.)*

runway [ˈrʌnweɪ] *n* 1) *ав.* взлётно-посадочная полоса, ВПП 2) тропа к водопою *(животных)* 3) помост; подиум

rupee [ruːˈpiː] *n* рупия *(денежная единица Индии, Пакистана, Шри-Ланки, Непала и др.)*

rupture I [ˈrʌptʃə(r)] *n* 1) повреждение; разрыв 2) разрыв отношений 3) *мед.* грыжа

rupture II *v* 1) повреждать; разрывать 2) разрывать отношения

rural [ˈrʊərəl] *a* сельский

ruse [ruːz] *n* уловка, хитрость; ~ **of war** военная хитрость

rush¹ [rʌʃ] *n* 1) камыш 2) *attr* камышовый; **a ~ mat** циновка

rush² I *n* 1) напор, натиск; стремительная атака, бросок; **a ~ of wind** порыв ветра; **a ~ of blood** прилив крови; **there was a ~ at the door** все бросились к двери, в дверях была давка 2) наплыв *(посетителей, клиентов);* повышение спроса; **a ~ on candles** спрос на свечи 3) спешка; **the ~ of city life** стремительный темп городской жизни; **why all this ~?** к чему такая спешка? 4) *attr* спешный, срочный; **a ~ order** срочный заказ

rush² II *v* 1) бросаться, нестись, устремляться; хлынуть; **to ~ past** промчаться мимо; **I must ~ now** мне надо бежать 2) действовать слишком поспешно; **to ~ the work** делать работу наспех; **to ~ to a conclusion** делать поспешный вывод 3) быстро увозить, доставлять; **he was ~ed to hospital** его срочно увезли в больницу 4) торопить(ся) 5) *воен.* стремительно продвигаться 6) *сленг* обдирать *(покупателя)*

rush hour [ˈrʌʃˌaʊə(r)] *n* час пик

rushy [ˈrʌʃɪ] *a* 1) заросший камышом 2) камышовый

rusk [rʌsk] *n* сухарь

russet I [ˈrʌsɪt] *n* 1) красновато-коричневый цвет 2) сорт яблок *(красновато-коричневого цвета)* 3) сорт картофеля *(красноватого цвета)*

russet II *a* красновато-коричневый

Russian I [ˈrʌʃən] *n* 1) русский; русская; **the ~s** русские 2) русский язык

Russian II *a* русский

Russian roulette [ˌrʌʃn ruːˈlei] *n* «русская рулетка» *(опасная игра с одним патроном в обойме пистолета);* **to play ~ with smth** подвергать что-л. неоправданному риску, опасности

rust I [rʌst] *n* ржавчина

rust II *v* 1) ржаветь; делаться ржавым 2) слабеть, атрофироваться *(от бездействия)*

rustic I [ˈrʌstɪk] *n* сельский житель, крестьянин

rustic II *a* 1) сельский, деревенский 2) простой, незамысловатый; несложный 3) грубо сколоченный

rusticate [ˈrʌstɪkeɪt] *v* 1) исключать временно из университета 2) уехать жить в деревню

rusticity [rʌsˈtɪsɪtɪ] *n* 1) простота, безыскусственность 2) неотёсанность, грубость 3) деревенские нравы

rustle I [ˈrʌsl] *n* шелест, шорох, шуршание

rustle II *v* 1) шелестеть, шуршать 2) *амер. разг.* действовать быстро и энергично 3) *амер.* красть *(скот)*

rustle up *разг.* быстро приготовить *(что-л.),* сделать на скорую руку

rustler [ˈrʌslə(r)] *n амер. разг.* 1) энергичный, предприимчивый человек 2) угонщик скота; скотокрад

rustless [ˈrʌstlɪs] *a* незаржавевший

rustproof [ˈrʌstpruːf] *a* нержавеющий, устойчивый против ржавчины

rusty [ˈrʌstɪ] *a* 1) ржавый, заржавленный 2) цвета ржавчины; порыжевший 3) запущенный, забытый; **my German is a bit ~** я немного подзабыл немецкий 4) негнущийся *(от старости)* 5) до́лго лежа́щий без употребле́ния

rut I [rʌt] *n* 1) колея́, борозда́ 2) при́нятая пра́ктика, обы́чная процеду́ра 3) *тех.* вы́емка, паз, фальц

rut II *v* оставля́ть колей, бо́розды

rutabaga [ˌruːtəˈbɑːgə] *n амер.* брю́ква

ruthless [ˈruːθlɪs] *a* безжа́лостный, жесто́кий, жестокосе́рдный

RV *сокр.* **(recreational vehicle)** *амер.* автомоби́ль с жилы́м прице́пом-фурго́ном *(для путеше́ствий)*

Ry. *сокр.* **(railway)** желе́зная доро́га

rye [raɪ] *n* 1) рожь 2) *амер.* ржано́е ви́ски *(тж ~* **whisky)** 3) *attr* ржано́й; ~ **bread** ржано́й хлеб

S

S, s [es] *n* 19-я бу́ква англ. алфави́та

S. *сокр.* 1) **(saint)** свято́й 2) **(society)** о́бщество *(организа́ция)* 3) **(south)** юг 4) **(southern)** ю́жный

s. *сокр.* 1) **(second)** секу́нда 2) **(shilling)** ши́ллинг 3) **(son)** сын

's [z, s] *разг. сокращённая форма:* 1) **has** *в форме Present Perfect:* **he's done it**=he has done it он сде́лал э́то 2) **is** *в форме Continious или глаго́ла-свя́зки в сло́жном сказу́емом:* **he's going to London tonight** = he is going to London tonight он е́дет в Ло́ндон сего́дня ве́чером; **it's time to go** = it is time to go пора́ идти́ 3) **us** *форма косв. п. ли́чного мест.* **we** мы: **let's speak English**=let us speak English дава́йте говори́ть по-англи́йски

SA *сокр.* 1) **(the Salvation Army)** А́рмия спасе́ния 2) **(sex appeal)** сексуа́льная привлека́тельность, сексапи́льность 3) **(South Africa)** Ю́жная А́фрика 4) **(South America)** Ю́жная Аме́рика

sabbath [ˈsæbəθ] *n* 1) **(the S.)** день отдохнове́ния от трудо́в *(воскресе́нье у христиа́н, суббо́та у иуде́ев, пя́тница у мусульма́н)* 2) пери́од о́тдыха 3) ша́баш ведьм *(тж* **witches' ~)**

sabbatical [səˈbætɪkəl] *a* 1) относя́щийся к о́тдыху, дню о́тдыха 2) академи́ческий *(об отпуске университе́тских преподава́телей);* **to take a ~ year** брать академи́ческий о́тпуск на́ год

saber I, II [ˈseɪbə(r)] *амер. см.* **sabre I, II**

sable[1] [ˈseɪbl] *n* 1) со́боль 2) соболий мех

sable[2] *a* 1) *ист.* геральди́ческий чёрный *(о цвете)* 2) *поэт.* тёмный, чёрный; мра́чный, тра́урный

sabot [ˈsæbəʊ] *n* сабо́ *(вид деревя́нной о́буви)*

sabotage I [ˈsæbətɑːʒ] *n* 1) сабота́ж 2) диве́рсия

sabotage II *v* саботи́ровать

saboteur [ˌsæbəˈtɜː(r)] *n* 1) сабота́жник 2) диверса́нт

sabra [ˈsæbrə] *n* са́бра; евре́й, роди́вшийся в Изра́иле *(не иммигра́нт)*

sabre I [ˈseɪbə(r)] *n* са́бля; ша́шка; **to rattle the ~** бряца́ть ору́жием

sabre II *v* руби́ть са́блей, ша́шкой

saccharin [ˈsækərɪn] *n* сахари́н

saccharine [ˈsækəriːn] *a* 1) са́харный 2) слаща́вый; слаща́во-сентимента́льный

sachem [ˈseɪtʃəm] *n* 1) вождь *(у не́которых инде́йских племён)* 2) *амер.* ви́дный поли́тик, полити́ческий ли́дер

sack[1] **I** [sæk] *n* 1) мешо́к 2) сак *(пальто́)* ◊ **to get the ~** быть уво́ленным; **to give smb the ~** уво́лить кого́-л.

sack[1] **II** *v* 1) класть в мешо́к 2) *разг.* увольня́ть

sack[2] **I** *n* разграбле́ние *(захва́ченного го́рода и т. п.);* **to put to ~** подверга́ть разграбле́нию *(захва́ченный го́род)*

sack[2] **II** *v* гра́бить, подверга́ть разграбле́нию

sackcloth [ˈsækklɒθ] *n* 1) мешкови́на; дерю́га 2) власяни́ца; **in ~ and ashes** посы́пав го́лову пе́плом; по́лный раска́яния

sackful [ˈsækfʊl] *n* по́лный мешо́к *(как ме́ра)*

sacking [ˈsækɪŋ] *n* мешкови́на

sacral [ˈseɪkrəl] *a* 1) *анат.* крестцо́вый 2) обря́довый, сакра́льный

sacrament [ˈsækrəmənt] *n* 1) *церк.* та́инство; прича́стие, евхари́стия 2) свяще́нный знак, си́мвол 3) торже́ственный обе́т

sacramental [ˌsækrəˈmentl] *a* 1) свяще́нный, сакрамента́льный 2) заве́тный 3) кля́твенный

sacred [ˈseɪkrɪd] *a* 1) свяще́нный, свято́й, боже́ственный 2) духо́вный, религио́зный; ~ **music** духо́вная му́зыка; **the ~ book** Би́блия; ~ **procession** религио́зная проце́ссия, кре́стный ход 3) неприкоснове́нный; ~ **cow** *перен.* свяще́нная коро́ва 4) посвящённый *(to);* ~ **to the memory of smb** све́тлой па́мяти кого́-л.

sacrifice I [ˈsækrɪfaɪs] *n* 1) же́ртва; **to make a ~ for the sake of smb** идти́ на же́ртвы ра́ди кого́-л.; **the great/the last ~** смерть в бою́ за ро́дину; **at a ~** поже́ртвовав *(чем-л.)* 2) жертвоприноше́ние

sacrifice II *v* приноси́ть же́ртву, же́ртвовать; **to ~ oneself** же́ртвовать собо́й

sacrificial [ˌsækrɪˈfɪʃəl] *a* же́ртвенный

sacrilege [ˈsækrɪlɪdʒ] *n* святота́тство, кощу́нство

sacrilegious [ˌsækrɪˈlɪdʒəs] *a* святота́тственный, кощу́нственный

sacristy [ˈsækrɪstɪ] *n церк.* ри́зница

sad [sæd] *a* 1) печа́льный, гру́стный; опеча́ленный; **I feel ~** мне гру́стно; **to look ~** быть гру́стным, опеча́ленным 2) доса́дный *(об ошибке и т. п.)* 3) плаче́вный, приско́рбный; **a ~ state of affairs** плаче́вное состоя́ние дел 4) ту́склый, невырази́тельный *(о цвете)* ◊ **~ sack** *амер. разг.* растя́па, недотёпа

sadden [ˈsædn] *v* печа́лить(ся)

saddle I [ˈsædl] *n* 1) седло́; **to be in the ~** а) е́хать верхо́м б) руководи́ть, держа́ть всё в рука́х 2) чересседе́льник; седёлка 3) седло́ *(туши)* 4) седлови́на *(горы)* ◊ **to put the ~ on the right/wrong horse** справедли́во/несправедли́во обвиня́ть кого́-л.

saddle II *v* 1) (о)седла́ть 2) обременя́ть, нагружа́ть *(кого-л. чем-л.; with)*; взва́ливать *(заботы на кого-л.; upon)*

saddle-bag [ˈsædlbæg] *n* перемётная сума́

saddle-bow [ˈsædlbəʊ] *n* седе́льная лука́

saddle-cloth [ˈsædlklɒθ] *n* чепра́к, потни́к

saddle-horse [ˈsædlhɔːs] *n* верхова́я ло́шадь

saddler [ˈsædlə(r)] *n* шо́рник, седе́льник

sadism [ˈseɪdɪzm] *n* сади́зм

sadist [ˈseɪdɪst] *n* сади́ст

sadistic [səˈdɪstɪk] *a* сади́стский

sadness [ˈsædnɪs] *n* печа́ль

sadomasochism [ˌseɪdəʊˈmæsəkɪz(ə)m] *n* садомазохи́зм

safari [səˈfɑːrɪ] *n* 1) сафа́ри 2) *attr*: **~ park** сафа́ри-парк; приро́дный запове́дник; **~ suit** костю́м в сти́ле сафа́ри *(из светлой лёгкой ткани)*

safe I [seɪf] *n* 1) сейф; несгора́емый шкаф 2) чула́н, кладо́вка *(для хранения продуктов)*

safe II *a* 1) безопа́сный, не внуша́ющий опасе́ний; **~ sex** безопа́сный секс 2) в безопа́сности *(from)*; **she is now ~ from danger** ей бо́льше не грози́т опа́сность 3) надёжный, внуша́ющий дове́рие, ве́рный; **in ~ hands** в надёжных рука́х; **it is ~ to say** мо́жно с уве́ренностью сказа́ть 4) невреди́мый, це́лый; **~ and sound** це́лый и невреди́мый 5) осторо́жный, осмотри́тельный; **a ~ driver** осторо́жный води́тель; **to be on the ~ side** для бо́льшей надёжности, для подстрахо́вки; **to play it ~** *разг.* игра́ть наверняка́

safe-blower [ˈseɪfˌbləʊə(r)] *n* взло́мщик сейфо́в

safe-breaker [ˈseɪfˌbreɪkə(r)] *амер. см.* **safe-blower**

safe-conduct [ˌseɪfˈkɒndəkt] *n* 1) охра́нное свиде́тельство, охра́нная гра́мота; **under ~** име́я охра́нную гра́моту 2) про́пуск

safecracker [ˈseɪfˌkrækə] *n* взло́мщик сейфо́в; граби́тель-«медвежа́тник»

safe-deposit [ˌseɪfdɪˈpɒzɪt] *n* 1) храни́лище, сейф 2) помеще́ние для се́йфов, храни́лище с се́йфами *(в банке и т. п.)*

safeguard I [ˈseɪfgɑːd] *n* 1) охра́на; ме́ры предосторо́жности; гара́нтия; **a ~ against smth** гара́нтия про́тив чего́-л. 2) охра́нное свиде́тельство 3) предохрани́тельное устро́йство 4) *pl* сре́дства защи́ты, сре́дства обеспече́ния безопа́сности; ме́ры по обеспече́нию безопа́сности

safeguard II *v* охраня́ть; предохраня́ть; гаранти́ровать, предоставля́ть гара́нтию

safe house [ˌseɪfˈhaʊs] *n* я́вка, я́вочная кварти́ра *(для шпионов и т. п.)*

safekeeping [ˈseɪfˌkiːpɪŋ] *n* надёжное хране́ние

safely [ˈseɪflɪ] *adv* в сохра́нности; в безопа́сности; благополу́чно; **they arrived ~** они́ благополу́чно дое́хали; **one can ~ say** мо́жно с уве́ренностью сказа́ть

safety [ˈseɪftɪ] *n* 1) безопа́сность; сохра́нность; **regulations for road ~** пра́вила доро́жной безопа́сности; **in ~** в безопа́сности; в надёжном ме́сте; **to play for ~** избега́ть ри́ска 2) предохрани́тельные приспособле́ния; **at ~** на предохрани́теле 3) *attr* безопа́сный; предохрани́тельный; **~ measures** ме́ры предосторо́жности; **~ deposit box** индивидуа́льная ба́нковская/се́йфовая яче́йка

safety belt [ˈseɪftɪbelt] *n* 1) *ав.* привязно́й реме́нь; *авто* реме́нь безопа́сности 2) страхо́вочный трос *или* реме́нь

safety catch [ˈseɪftɪkætʃ] *n* защёлка предохрани́теля

safety glass [ˈseɪftɪˌglɑːs] *n* небью́щееся стекло́

safety lamp [ˈseɪftɪlæmp] *n* безопа́сная *или* ру́дничная ла́мпа

safety margin [ˈseɪftɪ ˌmɑːdʒɪn] *n* запа́с надёжности

safety match [ˈseɪftɪmætʃ] *n* (безопа́сная) спи́чка

safety pin [ˈseɪftɪpɪn] *n* англи́йская була́вка

safety valve [ˈseɪftɪvælv] *n* предохрани́тельный кла́пан

safety zone [ˈseɪftɪzəʊn] *n амер.* «острово́к» безопа́сности *(на шоссе для пешеходов)*

sag I [sæg] *n* 1) проги́б, прове́с 2) оседа́ние; переко́с 3) изги́б, кривизна́ *(дорог)* 4) спад, ослабле́ние

sag II *v* 1) обвиса́ть, провиса́ть; оседа́ть; прогиба́ться 2) спада́ть, ослабева́ть; **his spirits ~ged** он упа́л ду́хом 3) па́дать *(о цене)* 4) *мор.* отклоня́ться от ку́рса

saga [ˈsɑːɡə] *n лит.* са́га

sagacious [səˈɡeɪʃəs] *a* 1) проница́тельный 2) сообрази́тельный, смышлёный 3) поня́тливый, у́мный *(о животном)*

sagacity [səˈɡæsɪtɪ] *n* 1) проница́тельность, острота́ ума́ 2) сообрази́тельность, смышлёность, смека́лка 3) поня́тливость

sage¹ [seɪdʒ] *n бот.* шалфе́й

sage² **I** *n* мудре́ц

sage² **II** *a* му́дрый

Sagittarius [ˌsædʒɪˈteərɪəs] *n* Стреле́ц *(созвездие и знак зодиака)*

said [sed] *past, p. p. см.* **say I**

sail I [seɪl] *n* 1) па́рус, паруса́; **lateen ~** треуго́льный/лати́нский па́рус; **under ~** под паруса́ми; **(in) full ~** на всех паруса́х; **to set/to lower the ~s** подня́ть/спусти́ть паруса́; **to set ~** подня́ть паруса́, отпра́виться в пла́вание *(куда-л. — for)*; **to take in ~** а) убра́ть паруса́ б) уме́рить свои́ амби́ции 2) морско́е путеше́ствие под па́русом; **to go for a ~** соверши́ть морску́ю прогу́лку 3) па́русное су́дно; па́русные суда́ 4) крыло́ ветряно́й ме́льницы ◊ **to take the wind out of smb's ~s** опереди́ть кого́-л., вы́бить по́чву из-под ног кого́-л.

sail II *v* 1) плыть, соверша́ть пла́вание 2) плыть, идти́ под паруса́ми 3) пари́ть в во́здухе *(о птицах)*, плыть *(об облаках)* 4) вести́ 5) идти́ пла́вно, велича́во ◊ **to ~ under false colours** де́йствовать под чужи́м фла́гом, под чужи́м и́менем; **to ~ close to/near the wind** де́йствовать на гра́ни поря́дочности

sailboard [ˈseɪlbɔːd] *n* виндсёрфер, доска́ с ма́чтой и (жёстким) па́русом

sailboat [ˈseɪlbəʊt] *n амер.* па́русное су́дно; па́русная ло́дка

sailcloth [ˈseɪlklɒθ] *n* паруси́на

sailer [ˈseɪlə(r)] *n* па́русное су́дно, па́русник

sailing [ˈseɪlɪŋ] *n* 1) морепла́вание 2) отплы́тие; **the time of ~** вре́мя отплы́тия 3) па́русный спорт 4) навига́ция, кораблевожде́ние 5) *attr* па́русный 6) *attr* относя́щийся к расписа́нию движе́ния судо́в; **~ orders** прика́з о вы́ходе в мо́ре ◊ **it's not plain ~** э́то де́ло не просто́е, э́то не та́к-то про́сто

sailing boat [ˈseɪlɪŋˌbəʊt] *n* па́русное су́дно, па́русник

sailing ship [ˈseɪlɪŋˌʃɪp] *см.* **sailing boat**

sailing vessel [ˈseɪlɪŋˌvesl] *см.* **sailing boat**

sailor [ˈseɪlə(r)] *n* 1) моря́к, матро́с; **a ~ before the mast** рядово́й матро́с; **I am a good/bad ~** я хорошо́/пло́хо переношу́ морску́ю ка́чку 2) *attr* матро́сский; **~ suit** де́тский костю́мчик-матро́ска

saint [seɪnt, *перед именем собственным* snt, sənt] *n* свято́й *(сокр.* **St., S.)**

sake [seɪk] *n:* **for the ~ of** ра́ди, для; **for God's/Christ's/goodness'/Heaven's ~** ра́ди бо́га, ра́ди всего́ свято́го; **for your own ~** для твое́й же по́льзы; **for old times' ~** в па́мять про́шлых лет; **for the ~ of glory** ра́ди сла́вы; **for the ~ of making money** из-за де́нег

salable [ˈseɪləbl] *см.* **saleable**

salad [ˈsæləd] *n* 1) сала́т; **to dress the ~** заправля́ть сала́т 2) зелёный сала́т ◊ **~ days** *уст.* пора́ ю́ношеской нео́пытности

salad bar [ˈsælədˌbɑː(r)] *n* сала́т-бар *(в кафе, рестора́не)*

salad dressing [ˌsælədˈdresɪŋ] *n* запра́вка для сала́та

salamander [ˈsæləˌmændə(r)] *n* 1) *зоол.* салама́ндра 2) жаро́вня

salami [səˈlɑːmɪ] *n* колбаса́ саля́ми

sal ammoniac [ˌsæləˈməʊnɪæk] *n* нашаты́рь

salaried [ˈsælərɪd] *a* получа́ющий жа́лованье, окла́д; находя́щийся на жа́лованье, окла́де; шта́тный, в шта́те

salary [ˈsælərɪ] *n* жа́лованье, окла́д

sale [seɪl] *n* 1) прода́жа; **to come on ~** поступи́ть в прода́жу; **to be for/on ~** продава́ться, быть в прода́же; **to have a good ~** име́ть хоро́ший сбыт, бы́стро продава́ться 2) распрода́жа *(в конце́ сезо́на)*; **summer/winter ~** ле́тняя/зи́мняя распрода́жа това́ров 3) аукцио́н

saleable [ˈseɪləbl] *a* го́дный для прода́жи; по́льзующийся спро́сом

saleroom [ˈseɪlruːm] *n* аукцио́нный зал

sales clerk [ˈseɪlzklɑːk] *n амер.* продаве́ц *(в универма́ге)*

salesgirl [ˈseɪlzɡɜːl] *n уст.* (молода́я) продавщи́ца

salesman [ˈseɪlzmən] *n* 1) *амер.* продаве́ц 2) коммивояжёр; ме́неджер по прода́жам; торго́вый представи́тель

salesmanship [ˈseɪlzmənʃɪp] *n* уме́ние, иску́сство торгова́ть

sales representative [ˈseɪlz reprɪˈzentətɪv] *n* коммивояжёр; ме́неджер по прода́жам; торго́вый представи́тель *(тж* **sales rep)**

saleswoman [ˈseɪlzˌwʊmən] *n* 1) продавщи́ца 2) ме́неджер по прода́жам; торго́вый представи́тель *(женщина)*

salience [ˈseɪlɪəns] *n* вы́ступ; вы́пуклость

saliency [ˈseɪlɪənsɪ] *см.* **salience**

salient I [ˈseɪlɪənt] *n* вы́ступ

salient II *a* выступа́ющий, торча́щий

salina [sə'laɪnə] *n* солёное о́зеро

saline I ['seɪlaɪn] *n* 1) солонча́к; солёное о́зеро 2) солева́рня 3) *хим.* соль

saline II *a* 1) соляно́й, солево́й 2) солёный

saliva [sə'laɪvə] *n* слюна́

salivary gland [sə'laɪvərɪ͵glænd] *n анат.* слю́нная железа́

salivate ['sælɪveɪt] *v* выделя́ть (оби́льную) слюну́

sallow[1] ['sæləʊ] *n* и́ва

sallow[2] *a* боле́зненный, желтова́тый *(о цвете лица)*

Sally ['sælɪ] *n разг.* 1) А́рмия спасе́ния *(тж* **the Sally Army**) 2) член А́рмии спасе́ния

sally I ['sælɪ] *n* 1) *воен.* вы́лазка 2) пое́здка, прогу́лка, экску́рсия 3) остроу́мное замеча́ние, остроу́мная ре́плика 4) поры́в *(чувств)*; вспы́шка *(гнева)*

sally II *v* 1) отпра́виться на экску́рсию, на прогу́лку *(тж* **to ~ forth, to ~ out**) 2) *воен.* де́лать вы́лазку *(тж* **to ~ out**)

salmon I ['sæmən] *n* 1) лосо́сь; сёмга; горбу́ша; ры́ба семе́йства лососёвых 2) лососи́на

salmon II *a* ора́нжево-ро́зовый

salon ['sælɒn] *n* 1) гости́ная 2) сало́н; **beauty ~** космети́ческий сало́н, сало́н красоты́ *(тж* **beauty parlour**) 3) худо́жественный сало́н

saloon [sə'luːn] *n* 1) холл *(в гости́нице и т. п.)* 2) зал; приёмная; **billiard ~** билья́рдная 3) *авто* седа́н 4) рестора́н 5) каю́т-компа́ния *(на корабле)* 6) *амер.* бар, пивна́я 7) *ж.-д.* сало́н-ваго́н

SALT *сокр.* (**Strategic Arms Limitation Talks**) *дипл.* перегово́ры об ограниче́нии стратеги́ческих вооруже́ний

salt I [sɔːlt] *n* 1) соль; **cooking ~** пова́ренная соль; **bath ~s** соль для ванн; **in ~** посо́ленный; засо́ленный; **to eat ~ with smb** быть в гостя́х у кого́-л. 2) *хим.* соль 3) острота́, пика́нтность, изю́минка; **Attic ~** то́нкое остроу́мие; **to add ~ to the conversation** доба́вить пика́нтности в разгово́р 4) быва́лый моря́к; **old ~** морско́й волк ◊ **to put ~ on the tail of** пойма́ть, излови́ть

salt II *a* 1) солёный 2) засо́ленный 3) расту́щий на солонча́ка́х 4) е́дкий, о́стрый *(о замеча́нии и т. п.)*

salt III *v* 1) соли́ть 2) заса́ливать 3) придава́ть пика́нтность 4) сы́пать соль на доро́гу *(для борьбы́ с гололёдом)*

salt away *сленг* копи́ть, откла́дывать *(деньги)*

salt-and-pepper ['sɔːltən͵pepə(r)] *a* тёмный с про́седью *(о цвете воло́с)*

salt-cellar ['sɔːlt͵selə(r)] *n* соло́нка

salted ['sɔːltɪd] *a* 1) посо́ленный; засо́ленный 2) закалённый

salter ['sɔːltə(r)] *n* 1) торго́вец со́лью 2) солева́р

saltern ['sɔːltən] *n* солева́рня

salt-marsh ['sɔːltmɑːʃ] *n* солонча́к

saltpeter ['sɔːlt͵piːtə(r)] *амер. см.* **saltpetre**

saltpetre ['sɒlt͵piːtə(r)] *n хим.* сели́тра

salt shaker ['sɔːlt͵ʃeɪkə(r)] *n амер.* соло́нка (с ды́рочками)

saltwater I ['sɔːlt͵wɔːtə(r)] *n* морска́я вода́

saltwater II *a* морско́й; живу́щий в морско́й воде́

saltworks ['sɔːltwɜːks] *n* соляно́й заво́д, солева́рня

saltwort ['sɔːltwɜːt] *n бот.* соля́нка

salty ['sɔːltɪ] *a* солёный; засо́ленный

salubrious [sə'luːbrɪəs] *a* здоро́вый, поле́зный для здоро́вья, цели́тельный

salutary ['sæljʊtərɪ] *a* благотво́рный *(о влия́нии и т. п.)*

salutation [͵sæljuː'teɪʃ(ə)n] *n* приве́тствие

salute I [sə'luːt] *n* 1) приве́тствие 2) *воен.* отда́ние че́сти 3) салю́т

salute II *v* 1) приве́тствовать, здоро́ваться 2) *воен.* отдава́ть честь 3) салютова́ть

salvage I ['sælvɪdʒ] *n* 1) спасе́ние иму́щества *(на мо́ре или во вре́мя пожа́ра)*; спасе́ние су́дна; **to make ~ of** спаса́ть *(иму́щество)* 2) спасённое иму́щество 3) вознагражде́ние за спасённое иму́щество 4) утилиза́ция отхо́дов 5) *воен.* сбор трофе́ев; трофе́и

salvage II *v* 1) спаса́ть иму́щество *(на мо́ре, от пожа́ра)* 2) собира́ть ути́ль

salvation [sæl'veɪʃ(ə)n] *n* спасе́ние

Salvation Army [sæl͵veɪʃ(ə)n'ɑːmɪ] *n* (**the ~**) А́рмия спасе́ния

salve[1] **I** [sælv] *n* 1) целе́бная мазь, цели́тельный бальза́м 2) успока́ивающее сре́дство

salve[1] **II** *v* 1) успока́ивать *(душе́вные ра́ны, со́весть)*; **to ~ one's conscience** успока́ивать свою́ со́весть; сгла́живать *(тру́дности)* 2) *уст.* сма́зывать *(ма́зью, бальза́мом)*

salve[2] *v* спаса́ть иму́щество *(на мо́ре, от огня́)*

salver ['sælvə(r)] *n* подно́с *(металли́ческий)*

salvo ['sælvəʊ] *n* 1) залп *(ору́дий)*; бо́мбовый залп 2) взрыв, гром аплодисме́нтов

sal volatile [͵sælvɒ'lætɪlɪ] *n* нюха́тельная соль

Samaritan [sə'mærɪtən] *n*: **good ~** а) *библ.* до́брый самаритя́нин б) до́брый, добросерде́чный челове́к

samba ['sæmbə] *n* са́мба *(бразильский танец)*

Sambo ['sæmbə] *n сленг презр.* негр, черноко́жий

same [seɪm] *a, pron* 1) тот же са́мый, оди́н и тот же; тако́й же; **at the ~ time** в одно́ и то же вре́мя; одновреме́нно; **in the ~ direction** в одно́м и том же направле́нии; **all/just the ~** а) тем не ме́нее, всё же б) одно́ и то же; **it is all the ~ to me** мне всё равно́; **much the ~** почти́ одно́ и то же; **one and the ~** тот же са́мый 2) одина́ковый, схо́дный, подо́бный; **they all look the ~ to me** они́ все ка́жутся одина́ковыми ◊ **~ here** *разг.* и я то́же, и я согла́сен

sameness [´seɪmnɪs] *n* 1) схо́дство; единообра́зие; подо́бие 2) однообра́зие, моното́нность

same-sex [´seɪm¸seks] *a* однопо́лый; **~ couple** однопо́лая (семе́йная) па́ра

sample I [´sɑ:mpl] *n* 1) образе́ц; обра́зчик; про́ба 2) *муз.* сэмпл *(коро́ткий фрагмент музыка́льного или зву́кового сопровожде́ния, взя́тый с гото́вой за́писи и испо́льзуемый при созда́нии но́вого музыка́льного произведе́ния)* 3) *attr* слу́жащий образцо́м

sample II *v* отбира́ть образцы́; брать про́бу; про́бовать; **to ~ wine** дегусти́ровать ви́на

sampler [´sɑ:mplə(r)] *n* 1) колле́кция образцо́в проду́кции *(компании)* 2) образе́ц вы́шивки *(с разными приёмами, узорами)* 3) *муз.* сэ́мплер *(электронный прибор, используемый при звукозаписи)*

samurai [´sæmʊraɪ] *n* 1) самура́й 2) *вчт сленг* самура́й *(хакер, открыто занимающийся взломом систем)*

sanative [´sænətɪv] *a* целе́бный, лече́бный, оздорови́тельный

sanatorium [¸sænə´tɔ:rɪəm] *n (pl тж* **sanatoria** [¸sænə´tɔ:rɪə]*)* санато́рий; больни́ца санато́рного ти́па; **school ~** шко́льный изоля́тор

sanctify [´sæŋktɪfaɪ] *v* 1) освяща́ть 2) очища́ть *(от греха, порока)* 3) благословля́ть 4) санкциони́ровать

sanctimonious [¸sæŋktɪ´məʊnɪəs] *a* ха́нжеский

sanctimony [´sæŋktɪmənɪ] *a* ха́нжество

sanction I [´sæŋkʃ(ə)n] *n* 1) одобре́ние, разреше́ние, поощре́ние *(чего-л.);* **without smb's ~** без чьего́-л. согла́сия, разреше́ния 2) са́нкция, утвержде́ние 3) *часто pl* са́нкции, ме́ры; **to apply ~s against smth** применя́ть са́нкции про́тив чего́-л.

sanction II *v* утверди́ть, санкциони́ровать, разреши́ть, одо́брить

sanctity [´sæŋktɪtɪ] *n* 1) свя́тость 2) неприкоснове́нность 3) *pl* свяще́нный долг

sanctuary [´sæŋktjʊərɪ] *n* 1) святи́лище; алта́рь, свята́я святы́х 2) прию́т, убе́жище; **to break ~** наруша́ть пра́во неприкоснове́н-

ности убе́жища; **to seek ~** иска́ть убе́жища 3) запове́дник; **a bird ~** пти́чий запове́дник

sanctum [´sæŋktəm] *n* 1) см. **sanctuary** 1) 2) *разг.* рабо́чий кабине́т

sand I [sænd] *n* 1) песо́к; **fine ~** ме́лкий песо́к; **a grain of ~** песчи́нка; **built on ~** постро́енный на песке́, непро́чный 2) *pl* пески́, песча́ная пусты́ня 3) *pl* песча́ная о́тмель 4) песо́чный цвет 5) *амер. разг.* вы́держка, твёрдость хара́ктера ◊ **the ~s are running out** отведённое вре́мя подхо́дит к концу́, истека́ют после́дние мину́ты; **to plough the ~(s)** *погов.* ≅ решето́м во́ду носи́ть

sand II *v* 1) шлифова́ть песко́м 2) посыпа́ть, засыпа́ть песко́м

sandal[1] [´sændl] *n* санда́лия; босоно́жка

sandal[2] *n* см. **sandalwood**

sandalwood [´sændlwʊd] *n* санда́ловое де́рево

sandbag [´sændbæg] *n* мешо́к с песко́м *(для защиты зданий от взрывной волны или наводнений)*

sandbank [´sændbæŋk] *n* песча́ная о́тмель, мель, ба́нка

sandblast [´sændblɑ:st] *v* чи́стить песко-стру́йным аппара́том

sandboy [´sændbɔɪ] *n:* **happy as a ~** ве́сел и беззабо́тен

sandcastle [´sændkɑ:sl] *n* за́мок на песке́

sand-glass [´sændglɑ:s] *n* песо́чные часы́

sandhill [´sændhɪl] *n* песча́ная дю́на *(тж* **sand dune**)

sandhog [´sændhɒg] *n* *амер.* рабо́чий, за́нятый на строи́тельстве подво́дных тунне́лей, сооруже́ний *и т. п.*

sandlot [´sændlɒt] *n* *амер.* пусты́рь, ме́сто игр городски́х дете́й

sandman [´sændmæn] *n* дрёма *(сказочный персонаж в детских стихах; навевает сон)*

sandpaper [´sænd¸peɪpə(r)] *n* нажда́чная бума́га

sandpit [´sændpɪt] *n* 1) песча́ный карье́р 2) *спорт.* я́ма для прыжко́в 3) де́тская песо́чница *(амер.* **sandbox**)

sand-shoes [´sændʃu:z] *n pl* пля́жные ту́фли

sandsoap [´sændsəʊp] *n* сорт твёрдого хозя́йственного мы́ла

sandstone [´sændstəʊn] *n* *мин.* песча́ник

sandstorm [´sændstɔ:m] *n* саму́м, песча́ная бу́ря

sandwich I [´sændwɪdʒ] *n* 1) са́ндвич, бутербро́д; **a ham ~** бутербро́д с ветчино́й 2) пиро́жное с начи́нкой из кре́ма *или* джема 3) *спец.* трёхсло́йная структу́ра, трёхсло́йная констру́кция

sandwich II *v* помеща́ть, вти́скивать ме́жду двумя́ предме́тами

sandwich-man ['sændwɪdʒmæn] *n* челове́к-рекла́ма *(с рекламными щитами на груди и на спине)*

sandy ['sændɪ] *a* 1) песча́ный; песо́чный 2) желтова́тый; рыжева́тый

sane [seɪn] *a* 1) психи́чески здоро́вый, норма́льный 2) уме́ренный, разу́мный, здра́вый *(о взглядах, суждениях)*

sang [sæŋ] *past см.* **sing I**

sang-froid ['sɑː'frwɑː] *n фр.* хладнокро́вие, со́бранность, самооблада́ние

sanguinary ['sæŋgwɪnərɪ] *a* 1) кровопроли́тный 2) кровожа́дный 3) бесчелове́чный, крова́вый *(о законе)*

sanguine ['sæŋgwɪn] *a* 1) живо́й, жизнера́достный, оптимисти́ческий 2) сангвини́ческий 3) румя́ный, цвету́щий

sanguineous [sæŋ'gwɪnɪəs] *a* 1) кровопроли́тный 2) относя́щийся к кро́ви, кровяно́й 3) крова́во-кра́сный 4) полнокро́вный

sanitarian I [sænɪ'teərɪən] *n* санита́рный врач

sanitarian II *a* санита́рный

sanitarium [sænɪ'teərɪəm] *n (pl тж* **sanitaria)** *амер. см.* **sanatorium**

sanitary ['sænɪtərɪ] *a* санита́рный, гигиени́ческий; ~ **towel**, ~ **pad** же́нская гигиени́ческая прокла́дка *(амер.* **napkin)**

sanitation [sænɪ'teɪʃ(ə)n] *n* 1) санитари́я; санита́рные усло́вия 2) улучше́ние санита́рных усло́вий 3) канализа́ция

sanity ['sænɪtɪ] *n* 1) норма́льное психи́ческое состоя́ние, норма́льная пси́хика; **to question smb's** ~ сомнева́ться в здра́вом уме́ кого́-л. 2) здра́вый ум, я́сный ра́зум; разу́мность

sank [sæŋk] *past см.* **sink II**

Sanskrit ['sænskrɪt] *n* санскри́т

Santa Claus [sæntə'klɔːz] *n* Са́нта Кла́ус

sap¹ I [sæp] *n* 1) сок расте́ний 2) жи́зненные со́ки, живу́честь, жизнеспосо́бность 3) *поэт.* кровь 4) *разг.* дура́к

sap¹ II *v* истоща́ть си́лы

sap² I *n воен.* са́па, кры́тая транше́я, подко́п

sap² II *v* 1) подводи́ть са́пу; де́лать подко́п; производи́ть са́пные рабо́ты 2) подка́пываться *(под кого-л.)* 3) подта́чивать, подрыва́ть *(силы, здоровье);* **that ~ped my confidence** э́то подорва́ло мою́ уве́ренность в себе́

sapid ['sæpɪd] *a* 1) вку́сный, со́чный, аппети́тный 2) живо́й, интере́сный, содержа́тельный *(о разговоре и т. п.)*

sapient ['seɪpɪənt] *a книжн.* му́дрствующий, прему́дрый

sapless ['sæplɪs] *a* 1) иссо́хший 2) истощённый, худосо́чный; вя́лый

sapling ['sæplɪŋ] *n* 1) молодо́е де́ревце, молода́я по́росль 2) ю́ное существо́

sapper ['sæpə(r)] *n воен.* сапёр

sapphire I ['sæfaɪə(r)] *n* сапфи́р

sapphire II *a* сапфи́ровый

sappy ['sæpɪ] *a* 1) со́чный *(о растении)* 2) молодо́й и по́лный сил

sarcasm ['sɑːkæz(ə)m] *n* сарка́зм

sarcastic [sɑː'kæstɪk] *a* саркасти́ческий

sarcoma [sɑː'kəʊmə] *n мед.* сарко́ма

sarcophagus [sɑː'kɒfəgəs] *n (pl* **sarcophagi** [sɑː'kɒfəgaɪ])* саркофа́г

sard [sɑːd] *n мин.* сердоли́к

sardine [sɑː'diːn] *n* сарди́на ◊ **packed like ~s** как сельди́ в бо́чке

sardonic [sɑː'dɒnɪk] *a* сардони́ческий

sardonyx ['sɑːdənɪks] *n мин.* сардони́кс

sargasso [sɑː'gæsəʊ] *n бот.* сарга́ссовая во́доросль

sarge [sɑːdʒ] *n сленг* сержа́нт

sari ['sɑːrɪ] *n* са́ри *(индийская женская одежда)*

sarong [sə'rɒŋ] *n* саро́нг *(малайская и яванская одежда);* ю́бка-саро́нг

SARS *сокр.* **(severe acute respiratory syndrome)** *мед.* тяжёлый о́стрый респирато́рный синдро́м, ТОРС *(при атипичной пневмонии)*

sartorial [sɑː'tɔːrɪəl] *a* 1) портня́жный 2) относя́щийся к мужско́й оде́жде

SAS *сокр.* **(the Special Air Service)** лётные ча́сти специа́льного назначе́ния

sash¹ [sæʃ] *n* око́нный переплёт *(подъёмного окна)*

sash² *n* 1) ле́нта, шарф че́рез плечо́ *(как элемент военной формы)* 2) куша́к

sashimi [sæ'ʃiːmɪ] *n кул.* саши́ми *(японское блюдо из сырой рыбы с соусом)*

sash window ['sæʃwɪndəʊ] *n* подъёмное окно́

sass [sæs] *n амер. разг.* на́глость, наха́льство

Sat. *сокр.* **(Saturday)** суббо́та

sat [sæt] *past, p. p. см.* **sit**

Satan ['seɪtən] *n* Сатана́

satanic [sə'tænɪk] *a* сатани́нский, дья́вольский

Satanism ['seɪtənɪz(ə)m] *n* сатани́зм

satchel ['sætʃəl] *n* су́мка че́рез плечо́; ра́нец

sate [seɪt] *v* 1) насыща́ть 2) пресыща́ть; **~d with pleasure** пресы́тившийся удово́льствиями

sateen [sæ'tiːn] *n* сати́н *(ткань)*

satellite I ['sætəlaɪt] *n* 1) *астр.* спу́тник 2) иску́сственный спу́тник; **communication/spy** ~ спу́тник свя́зи/спу́тник-разве́дчик 3) ве́рный после́дователь, приспе́шник; сателли́т

satellite II *a* передаю́щийся с по́мощью иску́сственных спу́тников *(об информа́ции)*; ~ **dish** спу́тниковая анте́нна, *разг.* «таре́лка»

satellite link [ˈsætəlaɪt lɪŋk] *n* спу́тниковый кана́л

satellite town [ˈsætəlaɪtˈtaʊn] *n* го́род-спу́тник *(мегаполиса)*

satellite TV [ˈsætəlaɪt ˌtiːˈviː] *n* спу́тниковое телеви́дение *(тж* **satellite television)**

satiate [ˈseɪʃɪeɪt] *v* насыща́ть

satiated [ˈseɪʃɪeɪtɪd] *a* сы́тый, насы́тившийся

satiety [səˈtaɪtɪ] *n* 1) насыще́ние; **to** ~ до́сыта, до отва́ла 2) пресы́щенность, пресыще́ние

satin [ˈsætɪn] *n* 1) атла́с 2) *attr* атла́сный

satiny [ˈsætɪnɪ] *a* гла́дкий на о́щупь; ~ **skin** гла́дкая/атла́сная ко́жа

satire [ˈsætaɪə(r)] *n* сати́ра

satiric(al) [səˈtɪrɪk(əl)] *a* сатири́ческий

satirise [ˈsætəraɪz] *v* писа́ть сати́ру *(на кого́-л., что́-л.)*; высме́ивать

satirist [ˈsætərɪst] *n* сати́рик

satirize [ˈsætəraɪz] *амер. см.* **satirise**

satisfaction [ˌsætɪsˈfækʃ(ə)n] *n* 1) удовлетворе́ние; **with great** ~ с больши́м удовлетворе́нием; **to give** ~ дать удовлетворе́ние, удовлетвори́ть; **to one's** ~ к своему́ по́лному удовлетворе́нию 2) упла́та, погаше́ние до́лга; **in** ~ **of** в упла́ту 3) компенса́ция 4) искупле́ние

satisfactory [ˌsætɪsˈfæktərɪ] *a* 1) удовлетвори́тельный, доставля́ющий удовлетворе́ние; прие́млемый, убеди́тельный 2) отвеча́ющий, соотве́тствующий тре́бованиям

satisfy [ˈsætɪsfaɪ] *v* 1) удовлетворя́ть; **to be satisfied** быть дово́льным, удовлетвори́ться *(чем-л. —* **with)**; **nothing** ~**s him** ему́ не угоди́ть 2) утоля́ть *(го́лод, любопы́тство и т. п.)* 3) вы́платить *(долг)*, расплати́ться *(с кредито́рами)* 4) соотве́тствовать, отвеча́ть *(тре́бованиям);* **to** ~ **conditions** отвеча́ть усло́виям 5) убежда́ть *(в чём-л. —* **of)**; **to** ~ **oneself** убеди́ться; **I satisfied myself that...** я убеди́лся, что...

saturate [ˈsætʃəreɪt] *v* 1) пропи́тывать 2) *хим.* насыща́ть

saturated [ˈsætʃəreɪtɪd] *a* 1) пропи́танный; промо́кший 2) насы́щенный *(о цве́те)* 3) *хим.* насы́щенный

saturation [ˌsætʃəˈreɪʃ(ə)n] *n* 1) *хим.* насыще́ние, насы́щенность 2) пропи́тывание; сатура́ция

Saturday [ˈsætədɪ] *n* 1) суббо́та 2) *attr* суббо́тний

Saturn [ˈsætən] *n астр., миф.* Сату́рн

Saturnalia [ˌsætəˈneɪlɪə] *n* 1) Сатурна́лии *(в Дре́внем Ри́ме)* 2) **(s.)** о́ргия, разгу́л, гульба́

saturnine [ˈsætənaɪn] *a* мра́чный, угрю́мый

satyr [ˈsætə(r)] *n* 1) сати́р 2) распу́тник, похотли́вый челове́к

sauce I [sɔːs] *n* 1) со́ус; подли́вка; **piquant/white** ~ о́стрый/бе́лый со́ус 2) то, что вно́сит оживле́ние; пика́нтность 3) *разг.* на́глость, де́рзость; **none of your** ~! не хами́! 4) *амер.* фрукто́вое пюре́ ◊ **what's** ~ **for the goose is** ~ **for the gander** *посл.* что хорошо́ для одного́, то годи́тся и для друго́го

sauce II *v* 1) *разг.* дерзи́ть; вести́ себя́ развя́зно, на́гло 2) *уст.* полива́ть со́усом

sauce-boat [ˈsɔːsbəʊt] *n* со́усник

saucebox [ˈsɔːsbɒks] *n разг.* нагле́ц, наха́л

saucepan [ˈsɔːspən] *n* кастрю́ля

saucer [ˈsɔːsə(r)] *n* 1) блю́дце 2) поддо́н

saucy [ˈsɔːsɪ] *a* 1) на́глый, наха́льный 2) *разг.* мо́дный, сти́льный 3) *разг.* непристо́йный, неприли́чный

sauerkraut [ˈsaʊəkraʊt] *n* ки́слая капу́ста

sauna [ˈsɔːnə] *n* са́уна

saunter I [ˈsɔːntə(r)] *n* 1) несспе́шная прогу́лка 2) лени́вая похо́дка

saunter II *v* несспе́шно прогу́ливаться, проха́живаться

sausage [ˈsɒsɪdʒ] *n* 1) колбаса́; соси́ска; сарде́лька 2) предме́т в фо́рме колбасы́ 3) *attr:* ~ **dog** *разг.* та́кса *(поро́да соба́к)*; ~ **roll** мясно́й руле́т ◊ **not a** ~ *разг.* совсе́м ничего́

savage I [ˈsævɪdʒ] *n* 1) дика́рь 2) гру́бый, жесто́кий челове́к

savage II *a* 1) жесто́кий, свире́пый 2) ди́кий, ва́рварский; ~ **tribes** ди́кие племена́ 3) *разг.* взбешённый

savage III *v* 1) изуве́чить 2) я́ростно набра́сываться *(тж перен.)*

savagery [ˈsævɪdʒərɪ] *n* 1) ди́кость, ва́рварство 2) жесто́кость

savanna(h) [səˈvænə] *n* сава́нна

save¹ I [seɪv] *v* 1) спаса́ть; **to** ~ **from death** спасти́ от сме́рти; **it** ~**d the situation** э́то спасло́ положе́ние 2) храни́ть, сохраня́ть, бере́чь; **to** ~ **a copy of the newspaper** сохрани́ть но́мер газе́ты 3) избавля́ть *(от чего́-л. —* **from)** 4) откла́дывать, копи́ть *(де́ньги)* 5) эконо́мить, сберега́ть; **the new model** ~**s petrol** но́вая ма́рка автомоби́ля эконо́мит бензи́н 6) отбива́ть нападе́ние *(в футбо́ле)* 7) *вчт* сохраня́ть, запи́сывать *(информа́цию)*; **to** ~ **all** сохрани́ть всё; **to** ~ **as** сохрани́ть под и́менем ◊ **to** ~ **appearances** сохраня́ть хоро́шую ми́ну; **to** ~ **one's breath** не тра́тить ли́шних слов; **to** ~ **the trouble** не труди́ться понапра́сну

save up откла́дывать, копи́ть *(де́ньги)*

save¹ II *prep* кро́ме, исключа́я; **all** ~ **him** все кро́ме него́

save[2] *n спорт.* сейв, уда́чная игра́ вратаря́ *(в футбо́ле)*

save-all [´seɪvɔ:l] *n тех.* 1) приспособле́ние для безотхо́дного произво́дства 2) лову́шка; поддо́н

saver [´seɪvə(r)] *n* 1) эконо́мный, бережли́вый челове́к 2) что-л. сберега́ющее вре́мя, си́лы *и т. п.* 3) *тех.* предохрани́тельное устро́йство 4) *тех.* экономайзер

saving I [´seɪvɪŋ] *n* 1) эконо́мия; **a considerable ~ of time** значи́тельная эконо́мия вре́мени 2) *pl* сбереже́ния; **to keep one’s ~s in the bank** храни́ть свои́ сбереже́ния в ба́нке

saving II *a* 1) *часто в сочета́ниях* сберега́ющий, эконо́мящий; **labour-saving** снижа́ющий затра́ты труда́, трудосберега́ющий 2) спаси́тельный, искупа́ющий *(о черте́ хара́ктера, свойстве)* 3) *юр.* содержа́щий огово́рку *(о статье́ зако́на)*

saving III *prep* исключа́я, за исключе́нием, кро́ме; **~ your presence** *(или* **reverence)** извини́те за выраже́ние

savings bank [´seɪvɪŋz͵bæŋk] *n* сберега́тельный банк

saviour [´seɪvjə(r)] *n* 1) спаси́тель 2) **(the S., our S.)** Иису́с Христо́с, Спас(и́тель)

savoir faire [͵sævwɑ:´feə(r)] *n* уме́ние вести́ себя́, такт

savour I [´seɪvə(r)] *n* 1) вкус, при́вкус 2) острота́, смак 3) *уст.* арома́т, за́пах

savour II *v* 1) смакова́ть 2) дава́ть при́вкус; име́ть отте́нок; отдава́ть *(чем-л. — of)*; **it ~s of mushrooms** э́то блю́до име́ет грибно́й при́вкус; **his remark ~s of jealousy** в его́ слова́х скво́зит ре́вность

savoury I [´seɪvərɪ] *n обыкн. pl* о́страя заку́ска *(подава́емая ма́ленькими по́рциями на приёмах, фурше́тах)*

savoury II *a* 1) вку́сный, аппети́тный 2) пря́ный, о́стрый 3) прие́млемый; прия́тный; **not a very ~ reputation** сомни́тельная репута́ция

savoy [sə´vɔɪ] *n* саво́йская капу́ста

savvy I [´sævɪ] *n сленг* сообрази́тельность, смека́лка

savvy II *v сленг* сообража́ть, понима́ть; **~?** поня́тно?; **no ~** не понима́ю, без поня́тия

saw[1] I [sɔ:] *n* пила́; **circular ~** кру́глая/циркуля́рная пила́

saw[1] II *v* **(sawed; sawed, sawn)** пили́ть, распи́ливать

saw[2] *past см.* **see**[1]

saw[3] *n* погово́рка; выраже́ние, афори́зм

sawbones [´sɔ:bəʊnz] *n сленг* хиру́рг; врач

sawbuck [´sɔ:bʌk] *n амер.* 1) *см.* **saw-horse** 2) *сленг* десятидо́лларовая купю́ра

sawdust [´sɔ:dʌst] *n* опи́лки

saw-horse [´sɔ:hɔ:s] *n* ко́злы *(для пи́лки дров и т. п.)*

sawmill [´sɔ:mɪl] *n* лесопи́льный заво́д, лесопи́лка

sawn [sɔ:n] *p. p. см.* **saw**[1] II

sawyer [´sɔ:jə(r)] *n* 1) пи́льщик 2) *амер.* коря́га *(в реке́)*

sax [sæks] *n разг.* саксофо́н

Saxon I [´sæksn] *n* 1) *ист.* сакс 2) древнесаксо́нский язы́к 3) англоса́кс 4) саксо́нец 5) *лингв.* англосаксо́нский элеме́нт в англи́йском языке́

Saxon II *a* 1) древнесаксо́нский 2) саксо́нский

saxony [´sæksənɪ] *n* то́нкая шерсть *или* шерстяна́я мате́рия

saxophone [´sæksəfəʊn] *n муз.* саксофо́н

saxophonist [´sæksəfəʊnɪst] *n* саксофони́ст

say I [seɪ] *n* мне́ние; **to have one’s ~** вы́сказаться; **to have the final ~** име́ть реша́ющее сло́во

say II *v* **(past, p. p. said)** 1) сказа́ть, говори́ть; **I have nothing to ~** мне не́чего сказа́ть; **if I may ~ so** е́сли позво́лите мне сказа́ть; **I should ~** мне ка́жется, я полага́ю; **they ~** говоря́т; **easier said than done** легко́ сказа́ть, тру́дно сде́лать; **no sooner said than done** ска́зано — сде́лано 2) *в восклица́ниях:* **I ~!** послу́шайте!; **you don’t ~ so!** не мо́жет быть!, что вы говори́те!; **~ no more!** всё поня́тно! доста́точно!; **I should ~ so!** ещё бы!; **you can ~ that again!** и не говори́!, я по́лностью согла́сен! 3) выража́ть, сообща́ть, заявля́ть 4) гласи́ть *(о докуме́нте, те́ксте)* 5) чита́ть *(моли́тву)*; деклами́ровать, чита́ть *(стихотворе́ние)*; отвеча́ть *(уро́к)* ◊ **that is to ~** то́ есть; **~ he refuses to see us** предположи́м, он не захо́чет встре́титься с на́ми; **I dare ~** вполне́ возмо́жно; **there is no ~ing** тру́дно сказа́ть; **that goes without ~ing** само́ собо́й разуме́ется; **to ~ much for smth** ука́зывать на высо́кое ка́чество чего́-л.; **to ~ the word** распоряди́ться, приказа́ть; **~ when** *разг.* скажи́, когда́ хва́тит налива́ть *(в рю́мку, ча́шку)* или накла́дывать на таре́лку

saying [´seɪɪŋ] *n* погово́рка; **as the ~ goes** как говори́тся

say-so [´seɪ͵səʊ] *n разг.* 1) пра́во оконча́тельного реше́ния 2) утвержде́ние, заявле́ние *(ча́сто голосло́вное)*

scab I [skæb] *n* 1) штрейкбре́хер 2) ко́рка, струп *(на ра́не и т. п.)* 3) парша́, чесо́тка 4) неприя́тная ли́чность

scab II *v* 1) быть штрейкбре́хером 2) затя́гиваться, покрыва́ться ко́ркой *(о ра́не и т. п.)*

scabbard I [′skæbəd] *n* ножны

scabbard II *v* вклáдывать в нóжны

scabby [′skæbɪ] *a* 1) покрытый паршóй, чесóткой 2) шелудивый 3) *разг.* дряннóй, паршивый, мéрзкий

scabies [′skeɪbɪəs] *n мед.* чесóтка

scabrous [′skeɪbrəs] *a* 1) шероховáтый 2) щекотливый, трéбующий тактичного подхóда *(о ситуации)* 3) непристóйный, скабрёзный

scaffold I [′skæfəʊld] *n* 1) *ист.* эшафóт, плáха; **the ~** смéртная казнь; **to go to the ~** сложить гóлову на плáхе; **to send to the ~** приговорить к смéртной кáзни 2) строительные лесá 3) помóст *(для сушки табакá и т. п.)*

scaffold II *v* устанáвливать лесá

scaffolding [′skæfəʊldɪŋ] *n* строительные лесá

scalable [′skeɪləb(ə)l] *a вчт* масштабируемый, расширяемый, изменяемый

scalawag [′skæləwæg] *n см.* **scallywag**

scald[1] I [skɔːld] *n* ожóг кипяткóм

scald[1] II *v* 1) ошпáривать кипяткóм *(тж* **to ~ out**) 2) обвариться, ошпáриться 3) пастеризовáть *(молоко);* **~ed cream** заварнóй крем

scald[2] [skɔːld] *см.* **skald**

scalding [′skɔːldɪŋ] *a* óчень горячий, обжигáющий; **~ hot** раскалённый

scale[1] I [skeɪl] *n* 1) чешýйка; **~s** чешуя 2) плёнка; шелухá 3) нáкипь *(в котлé, чáйнике и т. п.)* 4) зубнóй кáмень ◊ **~s fell from his eyes** пеленá спáла с его глаз

scale[1] II *v* 1) чистить, снимáть чешую; снимáть плёнку; лущить 2) счищáть нáкипь, зубнóй кáмень *и т. п.* 3) шелушиться, лупиться *(тж* **to ~ off**)

scale[2] I *n* 1) шкалá; **decimal ~** а) десятичная шкалá б) десятичная систéма счислéния; **sliding ~** скользящая шкалá; **the ~ of wages** шкалá зáработной плáты; **high/low in the social ~** высóкое/низкое положéние в óбществе 2) масштáб; размéр; **large ~** крупный масштáб; **to ~** по масштáбу; **on a small ~** в небольших масштáбах 3) *муз.* гáмма

scale[2] II *v* 1) взбирáться *(по лéстнице)* 2) поднимáться по социáльной лéстнице 3) дéлать по масштáбу; измерять по масштáбу

scale down снижáть, уменьшáть *(цифру, величину)*

scale up увеличивать *(цифру, величину)*

scale[3] I *n* 1) чáш(к)а весóв; 2) *pl* весы *(тж* **a pair of ~s**); **bathroom ~s** напóльные весы 3) **(Scales)** Весы *(созвездие и знак зодиáка)* ◊ **to hold the ~s even** быть справедливым, беспристрáстным; **to turn/to tip the ~** склонить чáшу весóв, решить исхóд дéла

scale[3] II *v* 1) взвéшивать 2) вéсить

scallop [′skæləp] *n* 1) *зоол.* гребешóк 2) створчатая рáковина *(моллюска);* створка рáковины гребешкá 3) рыбный *и т. п.* салáт, пóданный в рáковине гребешкá 4) *pl* фестóны, зубцы

scallywag [′skælɪwæg] *n* негодяй, мерзáвец, прохвóст

scalp I [skælp] *n* скальп

scalp II *v* 1) скальпировать 2) *амер. разг.* наживáться на перепродáже *(áкций, билéтов и т. п.)*

scalpel [′skælpəl] *n* скáльпель

scaly [′skeɪlɪ] *a* 1) чешýйчатый 2) покрытый нáкипью

scam [skæm] *n амер. сленг* 1) мошéнничество, надувáтельство 2) слух, сплéтня

scamp I [skæmp] *n* плут, негодяй; **a thorough ~** бездéльник, никчёмный человéк

scamp II *v* рабóтать небрéжно, халтýрить

scamper I [′skæmpə(r)] *n* быстрый бег

scamper II *v* 1) носиться, резвиться 2) удирáть, улепётывать

scampi [′skæmpɪ] *n pl* крýпные кревéтки

scan I [skæn] *n* 1) сканирование, просмóтр, анáлиз, пóиск 2) развёртка, развёртывание 3) *вчт* прохóд скáнера

scan II *v* 1) внимáтельно рассмáтривать, разглядывать 2) бéгло просмáтривать 3) скандировать 4) проверять на радиоактивность 5) *тех.* разлагáть изображéние, сканировать 6) просвéчивать, сканировать

scandal [′skændl] *n* 1) позóрный, постыдный постýпок; что-л. шокирующее; **what a ~!** какóй позóр! 2) человéк недостóйного поведéния 3) скандáл; **to hush up a ~** замять скандáл 4) сплéтни; **to talk ~** злослóвить

scandalize [′skændəlaɪz] *v* возмущáть, шокировать; **they were ~d** они были шокированы

scandalmonger [′skændl,mʌŋgə(r)] *n* распространитель нелицеприятных слýхов, возбудитель скандáла

scandalous [′skændələs] *a* 1) позóрный, постыдный, позóрящий 2) возмутительный, скандáльный 3) клеветнический

Scandinavian I [,skændɪ′neɪvɪən] *n* скандинáв; уроженец *или* житель Скандинáвии

Scandinavian II *a* скандинáвский

scanner [′skænə(r)] *n вчт* скáнер; сканирующее устрóйство

scant [skænt] *a* скýдный; **~ vegetation** скýдная растительность; **to be ~ of** не хватáть, недоставáть

scanty [′skæntɪ] *a* скýдный; ограниченный; недостáточный; **~ crop** плохóй урожáй

scape [skeɪp] *n бот.* черешóк

scapegoat [′skeɪpgəʊt] *n* козёл отпущéния

scapegrace [ˈskeɪpgreɪs] *n* шалопай, бездельник

scar[1] **I** [skɑː(r)] *n* шрам, рубец

scar[1] **II** *v* 1) покрываться рубцами, шрамами 2) зарубцеваться

scar[2] *n* 1) утёс, скала 2) подводная скала, риф

scarab [ˈskærəb] *n* 1) скарабей 2) амулет в виде скарабея

scarce [skeəs] *a* 1) скудный, имеющийся в небольшом количестве; дефицитный; **food was ~** было плохо с продуктами 2) редкий ◊ **to make oneself ~** *разг.* удрать, смыться, улизнуть

scarcely [ˈskeəslɪ] *adv* 1) едва, почти не; **I ~ know him** я его почти не знаю 2) вряд ли; едва ли; **~ enough** вряд ли достаточно/хватит 3) не совсем, еле; **I can ~ walk** я еле хожу

scarcity [ˈskeəsɪtɪ] *n* 1) недостаток, нехватка, дефицит; **there's a ~ of fresh meat** в торговле ощущается нехватка свежего мяса 2) редкость

scare I [skeə(r)] *n* внезапный испуг; страх, паника; **you gave me such a ~!** ну и напугал ты меня!

scare II *v* 1) внезапно испугать, напугать; наводить ужас; **he was ~d of his own shadow** он боялся своей тени, он был напуган до смерти 2) отпугивать *(птиц и др.)*; спугнуть *(away, off, up)*

scarecrow [ˈskeəkrəʊ] *n* пугало

scaremonger [ˈskeəˌmʌŋgə(r)] *n* паникёр

scarf [skɑːf] *n (pl тж* **scarves)** шарф, кашне; косынка

scarifier [ˈskærɪfaɪə(r)] *n с.-х.* скарификатор

scarify [ˈskeərɪfaɪ] *v* 1) *мед.* делать насечки, надрезы 2) сурово критиковать, разносить 3) *с.-х.* разрыхлять, рыхлить *(почву)*; скарифицировать

scarlet I [ˈskɑːlɪt] *n* алый цвет

scarlet II *a* алый; **~ fever** *мед.* скарлатина

scarp [skɑːp] *n* 1) крутой склон; откос 2) *воен.* эскарп

scarves [skɑːvz] *pl см.* **scarf**

scary [ˈskeərɪ] *a разг.* пугающий, жуткий

scat[1] [skæt] *int разг.* убирайся!, проваливай!, прочь!

scat[2] *n* скэт *(стиль джазового пения – пение отдельных слогов, звукосочетаний, звукоподражаний)*

scathe I [skeɪð] *n уст.* вред; **without ~** невредимый

scathe II *v уст.* причинять вред, вредить

scatheless [ˈskeɪðlɪs] *a* невредимый, неповреждённый

scathing [ˈskeɪðɪŋ] *a* язвительный, едкий; **~ sarcasm** едкий сарказм; **a ~ remark** язвительное замечание

scatological [ˌskætəˈlɒdʒɪkəl] *a* 1) относящийся к изучению экскрементов 2) порнографический, грязный *(о литературе и т. п.)*

scatter I [ˈskætə(r)] *n* 1) рассеивание; разброс 2) *физ.* рассеяние

scatter II *v* 1) рассыпать; разбрасывать, раскидывать 2) посыпать *(чем-л. — with)* 3) разбрызгивать; развеивать 4) бросаться врассыпную 5) разгонять *(толпу и т. п.)* 6) рассеиваться *(о толпе, облаках)*

scatterbrain [ˈskætəbreɪn] *n* легкомысленный человек

scatterbrained [ˈskætəbreɪnd] *a* легкомысленный, ветреный

scattered [ˈskætəd] *a* 1) разбросанный *(о домах, предметах)*; разрозненный 2) рассеянный *(об облаках)*

scatty [ˈskætɪ] *a разг.* сумасшедший; малахольный, чокнутый

scaur [skɔː(r)] *см.* **scar**[2]

scavenge [ˈskævɪndʒ] *v* рыться в мусорных ящиках, в отбросах

scavenger [ˈskævɪndʒə(r)] *n* 1) сборщик утиля 2) роющийся в мусорных ящиках, на помойках 3) падальщик, трупоед *(животное, птица или насекомое)*

Sc. D. *сокр.* **(Doctor of Science)** доктор наук

scenario [sɪˈnɑːrɪəʊ] *n* сценарий

scene [siːn] *n* 1) место действия, события; **at the ~ of the crime** на месте преступления 2) событие, происшествие 3) скандал, сцена; **to make a ~** устраивать сцену 4) сцена, явление *(часть пьесы)*; **the ~ is laid in the palace** действие происходит во дворце 5) *pl* декорации; **side ~** кулиса; **behind the ~s** за кулисами 6) зрелище, картина вид; пейзаж; **the ~ of disaster** картина бедствия 7) обстановка, окружение; образ жизни; **I need a change of ~** мне нужна перемена обстановки ◊ **to come on the ~** появиться; **to set the ~** ввести в курс дела, описать состояние дел; **to quit the ~** умереть

scene-painter [ˈsiːnˌpeɪntə(r)] *n* художник-декоратор

scenery [ˈsiːnərɪ] *n* 1) общий вид, картина; пейзаж 2) декорации ◊ **change of ~** перемена обстановки

scene-shifter [ˈsiːnˌʃɪftə] *n* рабочий сцены

scenic [ˈsiːnɪk] *a* 1) живописный 2) театральный, сценический

scent I [sent] *n* 1) запах; аромат 2) духи; **to use ~** душиться; **to put some ~ on smth** (по)душить что-л. *(духами)* 3) след; **hot ~** горячий след; **false ~** ложный след; **to be on the right ~** напасть на след; быть на правильном пути; **to put/to throw smb off the**

~ напра́вить кого́-л. по ло́жному сле́ду; **to lose the ~** потеря́ть след 4) нюх, чутьё; **the ~ for talent** чутьё на тала́нт, уме́ние найти́ тала́нт

scent II *v* 1) обоня́ть; чу́ять 2) души́ться *(духами)* 3) па́хнуть *(чем-л. — of)*

scent out разузна́ть, разню́хать

sceptic [ˈskeptɪk] *n* ске́птик

sceptical [ˈskeptɪkəl] *a* скепти́ческий

scepticism [ˈskeptɪsɪz(ə)m] *n* скептици́зм

sceptre [ˈseptə(r)] *n* ски́петр

sch. *сокр.* 1) **(scholar)** учёный 2) **(school)** шко́ла

schappe [ˈʃæpə] *n* ткань *или* пря́жа из отхо́дов шёлка

schedule I [ˈʃedju:l, *амер.* ˈskedju:l] *n* 1) расписа́ние; програ́мма; гра́фик; **according to ~** по расписа́нию, согла́сно расписа́нию; **my ~ for next week** моё рабо́чее расписа́ние на сле́дующую неде́лю 2) спи́сок, пе́речень цен, тари́фов 3) о́пись

schedule II *v* 1) вноси́ть в расписа́ние; плани́ровать 2) составля́ть расписа́ние, програ́мму, гра́фик

schematic I [skɪˈmætɪk] *n* схе́ма, план, диагра́мма

schematic II *a* схемати́чный

schematic circuit [skɪˈmætɪk ˈsɜ:kɪt] *n тех.* принципиа́льная схе́ма

scheme I [ski:m] *n* 1) план, прое́кт, програ́мма; **to work out a ~** разрабо́тать план/програ́мму 2) схе́ма; построе́ние, комбина́ция 3) расписа́ние; гра́фик; диагра́мма 4) интри́га

scheme II *v* 1) стро́ить пла́ны 2) плести́ интри́ги, замышля́ть

schemer [ˈski:mə(r)] *n* интрига́н

scheming [ˈski:mɪŋ] *n* интри́ги, про́иски

Schengen Agreement [ˈʃeŋən əˌgri:mənt] *n* **(the ~)** *дипл.* Шенге́нское соглаше́ние *(между странами Евросоюза о безвизовом передвижении граждан и свободном перемещении грузов, товаров и услуг)*

scherzo [ˈskeətsəʊ] *n муз.* скéрцо

schilling [ˈʃɪlɪŋ] *n ист.* ши́ллинг *(денежная единица Австрии до введения евро в 2001 г.)*

schism [ˈsɪzəm] *n* 1) раско́л 2) *церк.* раско́л; схи́зма

schismatic I [sɪzˈmætɪk] *n* раско́льник

schismatic II *a* раско́льнический

schizo [ˈskɪtsəʊ] *n разг.* шизофре́ник, ши́зик

schizoid [ˈskɪtsɔɪd] *a мед.* шизо́идный; напомина́ющий шизофрени́ю

schizophrenia [ˌskɪtsəˈfri:nɪə] *n мед.* шизофрени́я

schlemiel [ʃleˈmi:l] *n амер. разг.* бедола́га

schlep [ʃlep] *n амер. разг.* тяжёлая рабо́та; тру́дности

schlock [ʃlɒk] *n амер. разг.* това́р ни́зкого ка́чества, барахло́

schmaltz [ʃmɔ:lts] *n амер. разг.* сентимента́льность, слезли́вость *(особ. в музыке, пьесе)*

schmuck [ʃmʌk] *n амер. сленг* придуро́к

schnapps [ʃnæps] *n* шнапс

schnitzel [ˈʃnɪtzəl] *n* шни́цель

schnorrer [ˈʃnɔ:rə(r)] *n амер. сленг* попроша́йка; безде́льник

scholar [ˈskɒlə(r)] *n* 1) учёный; **German ~** германи́ст 2) стипендиа́т 3) челове́к, име́ющий спосо́бности к нау́ке; **I'm not much of a ~** в нау́ке я не силён

scholarly [ˈskɒləlɪ] *a* учёный, нау́чный; **a approach** нау́чный подхо́д

scholarship [ˈskɒləʃɪp] *n* 1) учёность 2) эруди́ция 3) стипе́ндия

scholastic I [skəˈlæstɪk] *n* схола́ст

scholastic II *a* 1) уче́бный, шко́льный 2) педанти́чный 3) схоласти́ческий

school I [sku:l] *n* 1) шко́ла; **preparatory/primary ~** нача́льная шко́ла; **secondary/high ~** сре́дняя шко́ла; **private ~** ча́стная шко́ла; **grammar ~** сре́дняя шко́ла *(типа гимназии в Великобритании)*; **public ~** а) привилеги́рованная ча́стная сре́дняя шко́ла *(в Англии)* б) нача́льная *или* сре́дняя о́бщая беспла́тная шко́ла *(в США)*; **to go to ~** ходи́ть в шко́лу; **to attend ~** посеща́ть шко́лу; **to leave ~** око́нчить шко́лу; **to send to ~** отда́ть в шко́лу 2) уро́ки, заня́тия; **there'll be no ~ today** сего́дня не бу́дет заня́тий 3) шко́ла *(научная, литературная, живописи и т. п.)*; **the Flemish ~** флама́ндская шко́ла 4) уча́щиеся одно́й шко́лы 5) *attr* уче́бный, шко́льный; **~ age** шко́льный во́зраст; **~ year** шко́льный год

school II *v* 1) посыла́ть в шко́лу, дава́ть образова́ние 2) приуча́ть; обуча́ть, тренирова́ть

schoolbook [ˈsku:lbʊk] *n* шко́льный уче́бник

schoolboy [ˈsku:lbɔɪ] *n* шко́льник, учени́к

school-days [ˈsku:ldeɪz] *n pl* шко́льные го́ды

schoolfellow [ˈsku:lˌfeləʊ] *n* шко́льный това́рищ, однокла́ссник, однока́шник

schoolgirl [ˈsku:lgɜ:l] *n* шко́льница, учени́ца

schoolhouse [ˈsku:lhaʊs] *n* зда́ние шко́лы *(особ. сельской)*

schooling [ˈsku:lɪŋ] *n* 1) обуче́ние в шко́ле; шко́льное образова́ние 2) дрессиро́вка *(живо́тных)*

school-ma'am [ˈsku:lmæm] *n амер. разг.* шко́льная учи́тельница

schoolman [ˈsku:lmən] *n* 1) схола́ст 2) *амер.* шко́льный учи́тель

schoolmaster [ˈsku:lˌmɑ:stə(r)] *n* 1) дире́ктор шко́лы 2) шко́льный учи́тель, педаго́г

schoolmate [ˈskuːlmeɪt] *см.* **schoolfellow**

schoolmistress [ˈskuːlˌmɪstrɪs] *n* 1) же́нщина-дире́ктор шко́лы 2) шко́льная учи́тельница

schoolroom [ˈskuːlruːm] *n* класс, кла́ссная ко́мната

schoolteacher [ˈskuːlˌtiːtʃə(r)] *n* шко́льный учи́тель, шко́льная учи́тельница

school-time [ˈskuːltaɪm] *n* 1) часы́ заня́тий (*в шко́ле и до́ма*) 2) го́ды уче́ния, шко́льные го́ды

schoolyard [ˈskuːlˌjɑːd] *n* шко́льный двор

schooner [ˈskuːnə(r)] *n* 1) шху́на 2) бока́л для ше́рри 3) *амер.* высо́кий бока́л для пи́ва 4) *амер. ист.* фурго́н переселе́нцев

schwa [ʃwɑː] *n фон.* шва, нейтра́льный гла́сный [ə]

science [ˈsaɪəns] *n* 1) нау́ка; о́трасль нау́ки; **natural ~s** есте́ственные нау́ки; **applied ~** прикладна́я нау́ка; **social ~s** обще́ственные нау́ки 2) ло́вкость, уме́ние

science fiction [ˈsaɪənsˌfɪkʃən] *n* нау́чная фанта́стика

scientific [ˌsaɪənˈtɪfɪk] *a* 1) нау́чный, учёный 2) систематизи́рованный; то́чный

scientifically [ˌsaɪənˈtɪfɪkəlɪ] *adv* с нау́чной то́чки зре́ния, с нау́чных пози́ций

scientist [ˈsaɪəntɪst] *n* учёный

sci-fi [ˈsaɪfaɪ] *разг. см.* **science fiction**

scimitar [ˈsɪmɪtə(r)] *n* ятага́н (*вид туре́цкой са́бли*)

scintilla [sɪnˈtɪlə] *n* и́скра; крупи́нка; **not a ~ of** ни ка́пли (*чего́-л.*)

scintillate [ˈsɪntɪleɪt] *v* 1) сверка́ть (*остроу́мием, умо́м*) 2) и́скриться; мерца́ть

scintillation [ˌsɪntɪˈleɪʃ(ə)n] *n* 1) сверка́ние, мерца́ние 2) вспы́шка 3) *физ.* сцинтилля́ция

scion [ˈsaɪən] *n* 1) побе́г, черено́к (*расте́ния*) 2) пото́мок, о́тпрыск (*of*)

scissor [ˈsɪzə(r)] *v* 1) ре́зать но́жницами (*off, up*) 2) выреза́ть но́жницами (*out*)

scissors [ˈsɪzəz] *n pl* но́жницы (*тж* **a pair of ~**)

sclerosis [sklɪəˈrəʊsɪs] *n мед.* склеро́з

sclerotic [sklɪəˈrɒtɪk] *a* склероти́ческий

scoff I [skɒf] *n* насме́шка; **the ~ of** посме́шище

scoff II *v* насмеха́ться, смея́ться, осме́ивать (*at*)

scoffer [ˈskɒfə(r)] *n* насме́шник

scold [skəʊld] *v* брани́ть, руга́ть, отчи́тывать

scolding [ˈskəʊldɪŋ] *n* 1) вы́говор, нагоня́й 2) брань, ру́гань

sconce[1] [skɒns] *n* подсве́чник; канделя́бр; бра

sconce[2] *n воен.* отде́льное укрепле́ние

scon(e) [skɒn] *n* пшени́чная *или* ячме́нная лепёшка

scoop I [skuːp] *n* 1) сово́к 2) ло́жечка (*хирурги́ческий инструме́нт*) 3) котлова́н, я́ма 4)

че́рпание 5) *разг.* не́что опережа́ющее (*вы́годная сде́лка, сенсацио́нная но́вость и т. п.*); **this deal was a real ~ for us** заключи́в э́ту сде́лку, мы оста́вили позади́ на́ших конкуре́нтов

scoop II *v* 1) выка́пывать, выче́рпывать (*совко́м, ковшо́м и т. п. — out*); че́рпать 2) опережа́ть други́х (*в сде́лках, публика́циях и т. п.*)

scoot [skuːt] *v разг.* сорва́ться с ме́ста; удра́ть

scooter [ˈskuːtə(r)] *n* 1) де́тский самока́т 2) моторо́ллер (*тж* **motor ~**) 3) *амер.* ску́тер

scope [skəʊp] *n* 1) сфе́ра де́ятельности; компете́нция; **it is beyond my ~** э́то вне мое́й компете́нции 2) масшта́б, преде́лы, разма́х; **the ~ of their influence** масшта́бы их влия́ния

scorbutic I [skɔːˈbjuːtɪk] *n* цинго́тный больно́й

scorbutic II *a* цинго́тный

scorch I [skɔːtʃ] *n* 1) ожо́г; след от ожо́га 2) *разг.* езда́ на преде́льной ско́рости

scorch II *v* 1) опаля́ть; жечь, выжига́ть; пали́ть (*о со́лнце*) 2) подгора́ть 3) коро́биться (*от жары́*) 4) *разг.* мча́ться; нести́сь с бе́шеной ско́ростью (*об автомоби́ле и т. п.*) ◊ **~ed earth policy** *воен.* та́ктика вы́жженной земли́ (*тж пере́н.*)

scorcher [ˈskɔːtʃə(r)] *n разг.* 1) жа́ркий, зно́йный день 2) води́тель-лиха́ч 3) не́что необыкнове́нное, потряса́ющее

scorching [ˈskɔːtʃɪŋ] *a разг.* 1) паля́щий, зно́йный; **it's ~ hot today** сего́дня стои́т невыноси́мая жара́ 2) уничтожа́ющий (*о кри́тике и т. п.*)

scorchmarks [ˈskɒtʃmɑːks] *n* следы́ ожо́га (*от вы́стрела*)

score I [skɔː(r)] *n* 1) счёт очко́в, коли́чество (вы́игранных) очко́в (*в спорти́вных и́грах*); **the ~ was three — nil** счёт был 3:0; **to keep the ~** вести́ счёт 2) два деся́тка, два́дцать 3) *pl* мно́жество, ма́сса; **~s of people** мно́го наро́ду 4) причи́на, моти́в, основа́ние; **on the ~ of** всле́дствие, по причи́не; **on that ~** на э́тот счёт, по э́тому по́воду; **on the ~ of absurdity** по причи́не я́вного абсу́рда 5) *муз.* партиту́ра; му́зыка к фи́льму, пье́се; **piano ~** клави́р 6) *разг.* уда́ча; **what a ~!** вот повезло́! 7) отме́тка, зару́бка, ме́тка ◊ **to settle old ~s** своди́ть ста́рые счёты; распла́чиваться по ста́рым счета́м; **to know the ~** *разг.* знать что к чему́

score II *v* 1) выи́грывать; име́ть успе́х, уда́чу; **to ~ a goal** заби́ть гол; **you have ~d** вам повезло́ 2) *спорт.* вести́ счёт, подсчи́тывать очки́; **to ~ points** набира́ть очки́ 3) де́лать отме́тки, зару́бки; цара́пать, выцарапывать 4) доби́ться преиму́щества 5) *муз.* оркестрова́ть 6) запи́сывать на чей-л. счёт *(against, to)* 7) *амер.* ре́зко критикова́ть 8) *амер. сленг* овладе́ть же́нщиной 9) *амер. сленг* раздобы́ть нарко́тики

score for аранжи́ровать *(музыку)*

score off одержа́ть верх, победи́ть

score out вычёркивать, зачёркивать

score over име́ть преиму́щество пе́ред *(кем-л.)*

score up засчи́тывать, запи́сывать *(на чей-л. счёт)*

scoreboard [ˈskɔːbɔːd] *n спорт.* табло́

scorer [ˈskɔːrə(r)] *n* маркёр, счётчик очко́в *(в спорти́вных игра́х)*

scorn I [skɔːn] *n* 1) презре́ние, пренебреже́ние; насме́шка 2) объе́кт презре́ния, насме́шек; **he is a ~ to them** они́ его́ презира́ют, они́ над ним насмеха́ются

scorn II *v* 1) презира́ть; относи́ться с презре́нием 2) не унижа́ться до чего́-л., не позволя́ть себе́ сде́лать что́-л.; **he ~ed to lie** он не уни́зился до лжи

scornful [ˈskɔːnfʊl] *a* презри́тельный; пренебрежи́тельный

Scorpio [ˈskɔːpɪəʊ] *n* Скорпио́н *(созве́здие и знак зодиа́ка)*

scorpion [ˈskɔːpɪən] *n* 1) скорпио́н 2) **(S.)** *см.* **Scorpio**

Scot [skɒt] *n* 1) шотла́ндец; шотла́ндка 2) *ист.* скотт

scot [skɒt] *n ист.* нало́г, по́дать; **to pay ~ and lot** плати́ть ме́стные нало́ги

Scotch I [skɒtʃ] *n* 1) **(the ~)** *собир.* шотла́ндцы 2) шотла́ндское ви́ски 3) шотла́ндский диале́кт; **he talks broad ~** он говори́т с си́льным шотла́ндским акце́нтом

Scotch II *a* шотла́ндский; **~ broth** густо́й перло́вый суп на мясно́м бульо́не с овоща́ми; **~ kale** краснокоча́нная капу́ста; **~ mist** густо́й тума́н с моорося́щим дождём *(обы́чный для горной ча́сти Шотла́ндии)*; **~ pebble** шотла́ндские поде́лочные ка́мни *(серд́олик, ага́т, я́шма и др.)*; **~ terrier** шотла́ндский терье́р, скотчтерье́р *(поро́да соба́к)*; **~ tape** *амер. фирм.* прозра́чная кле́йкая ле́нта, скотч

scotch[1] [skɒtʃ] *n тех.* клин, башма́к

scotch[2] *v* положи́ть коне́ц, уничто́жить, ликвиди́ровать

Scotchman [ˈskɒtʃmən] *см.* **Scotsman**

Scotchwoman [ˈskɒtʃ͵wʊmən] *см.* **Scotswoman**

scot-free [ˈskɒtˈfriː] *a* невреди́мый; оста́вшийся без наказа́ния; **to get off/to go ~** оста́ться безнака́занным

Scotland Yard [͵skɒtləndˈjɑːd] *n* Ско́тленд-Ярд *(традицио́нное назва́ние управле́ния поли́ции в Ло́ндоне)*

Scots I [skɒts] *n* шотла́ндский диале́кт англи́йского языка́, скотс

Scots II *a* шотла́ндский

Scotsman [ˈskɒtsmən] *n* шотла́ндец, уроже́нец Шотла́ндии

Scotswoman [ˈskɒts͵wʊmən] *n* шотла́ндка, уроже́нка Шотла́ндии

Scottie [ˈskɒtɪ] *n разг.* 1) шотла́ндский терье́р, скотчтерье́р 2) шотла́ндец

Scottish I [ˈskɒtɪʃ] *n* **(the ~)** *собир.* шотла́ндцы

Scottish II *a* шотла́ндский

scoundrel [ˈskaʊndrəl] *n* подле́ц, мерза́вец

scour[1] **I** [ˈskaʊə(r)] *n* 1) чи́стка; **to give it a ~** основа́тельно чи́стить; отчи́стить 2) чи́стящее сре́дство

scour[1] **II** *v* чи́стить, отчища́ть, оттира́ть, отска́бливать *(away, off, out)*

scour[2] *v* прочёсывать *(ме́стность)* в по́исках *(кого́-л., чего́-л.)*

scourer [ˈskaʊrə] *n* металли́ческая моча́лка *(для чи́стки сковоро́док и т. п.)*

scourge I [skɜːdʒ] *n* 1) плеть, бич, кнут 2) бе́дствие, ка́ра, бич ◊ **the white ~** туберкулёз

scourge II *v* 1) бить пле́тью, кнуто́м 2) кара́ть, подверга́ть наказа́нию

scout[1] **I** [skaʊt] *n* 1) разве́дчик 2) разве́дка; по́иски; **on the ~** в разве́дке; **a talent ~** по́иск тала́нтов 3) **(S.)** бойска́ут 4) служи́тель *(в не́которых англ. университе́тах)* 5) *разг.* ма́лый, па́рень 6) самолёт-разве́дчик

scout[1] **II** *v* 1) вести́ разве́дку, разве́дывать 2) иска́ть, разы́скивать *(about, around)*

scout[2] *v* отверга́ть с негодова́нием, презре́нием

scouting [ˈskaʊtɪŋ] *n* разве́дка

scow [skaʊ] *n амер.* шала́нда

scowl I [skaʊl] *n* хму́рый

scowl II *v* хму́риться, смотре́ть хму́ро, серди́то *(at, on)*

scrabble I [ˈskræbl] *n* 1) возня́, бара́хганье, кара́бканье, цара́панье 2) **(S.)** скрэбл, игра́ в слова́

scrabble II *v* 1) цара́пать, скрести́ 2) писа́ть кара́кулями

scrag I [skræg] *n* 1) ше́я бара́ньей ту́ши 2) *перен.* худо́й челове́к, «ко́жа да ко́сти» 3) *разг.* ше́я

scrag II *v сленг* 1) ве́шать *(казни́ть)* 2) сверну́ть ше́ю *(кому-л.)* 3) избива́ть

scraggy [ˈskrægɪ] *a* то́щий

scram [skræm] *v разг.* уходи́ть, убира́ться; удира́ть

scramble I [ˈskræmbl] *n* 1) кара́бканье 2) сва́лка; **there was a ~ for places in the bus** в автобусе все бросились занимать места 3) гонка по пересечённой местности

scramble II *v* 1) карабкаться; с трудом пробираться 2) бороться (с соперниками) за обладание *(чем-л. — for, at)* 3) беспорядочно собирать, сгребать в кучу *(часто to ~ up)* 4) делать яичницу-болтунью 5) зашифровывать радиопередачу, телефонный разговор, скремблировать

scrambled eggs [͵skræmbld ΄egz] *n pl* яичница-болтунья

scrambler [΄skræmblə(r)] *n mex.* 1) шифратор, шифровальное устройство 2) скремблер, перемешиватель *(кодирующее устройство в цифровом канале)* 3) маскиратор речи 4) мотоцикл для езды по пересечённой местности

scran [skræn] *n сленг* 1) еда, жратва 2) объедки 3): **bad ~** беда; всё пропало

scrap¹ **I** [skræp] *n* 1) клочок, обрывок; лоскуток 2) *pl* объедки; обрезки; отбросы 3) вырезка *(из газеты, журнала)* 4) *вчт* файл заготовок, лоскут 5) *pl* металлический лом, скрап *(тж ~ metal)*

scrap¹ **II** *v* выбрасывать как ненужный хлам

scrap² **I** *n разг.* потасовка, драка; шумная ссора

scrap² **II** *v разг.* устраивать скандал, потасовку

scrapbook [΄skræpbʊk] *n* альбом с вырезками из газет, журналов *и т. п.*

scrape I [skreɪp] *n* 1) царапина, ссадина 2) скрип 3) шарканье *(ногой)* 4) отскабливание 5) *разг.* неприятность, неприятная ситуация; **to get into a ~** попасть в неприятную историю; **to get smb out of a ~** вызволить кого-л. из беды

scrape II *v* 1) скоблить, отскабливать; скрести; отскребать; царапать; тереть(ся) *(away, off, out)* 2) скрипеть; издавать скрипящий звук; пиликать 3) с трудом пробраться, пролезть, проехать *(along, by, through)* 4) с трудом добиться, кое-как справиться *(by, through);* **we managed to ~ some money** нам удалось наскрести денег; **he just ~d through** он еле сдал экзамены, он едва прошёл ◊ **to ~ acquaintance with smb** набиваться в знакомые к кому-л.; **to ~ the barrel** *разг.* наскрести последние крохи, с трудом наскрести *(что-л.)*

scraper [΄skreɪpə(r)] *n* 1) скребок 2) железная скоба у двери *(для очистки подошв обуви)* 3) *mex.* скрепер

scrap heap [΄skræphi:p] *n* куча *(лома, отбросов и т. п.);* свалка

scrappy [΄skræpɪ] *a* 1) обрывочный, из обрывков; отрывочный 2) неполный; кое-как составленный

scratch I [skrætʃ] *n* 1) царапина 2) царапающий звук; скрип 3) почёсывание, зуд 4) *спорт.* стартовая черта ◊ **to start from ~** начать с самого начала; начать с нуля

scratch II *a разг.* 1) собранный, приобретённый по случаю 2) разношёрстный, разнокалиберный; **a ~ crew** разношёрстная команда, «сборная солянка»

scratch III *v* 1) царапать, оцарапать; расцарапать 2) чесать 3) скрести 3) вычёркивать *(off, out)* 4) небрежно написать, нацарапать ◊ **to ~ one's head** быть в недоумении; **~ my back and I will ~ yours** услуга за услугу; ты – мне, я – тебе

scratch along кое-как перебиваться

scratchy [΄skrætʃɪ] *a* 1) скрипящий; царапающий 2) колючий, царапающий кожу *(о материи)* 3) небрежный, похожий на каракули *(о рисунке)*

scrawl I [skrɔ:l] *n* каракули, закорючки; наспех написанное

scrawl II *v* писать небрежно, каракулями

scrawny [΄skrɔ:nɪ] *a* худой, тощий; худощавый

scream I [skri:m] *n* 1) пронзительный крик, вопль; визг; **the ~ of brakes** визг тормозов; **~s of laughter** взрывы хохота 2) *разг.* умора, потеха

scream II *v* 1) вскрикнуть, издать вопль, взвизгнуть *(от боли, испуга и т. п.)* 2) издавать резкие звуки, гудеть, реветь *(о свистке, сирене и т. п.)* 3) выкрикивать, горланить *(песню и т. п.)* 4) надрываться от хохота 5) *разг.* стать стукачом

screamer [΄skri:mə(r)] *n разг.* 1) смешная, уморительная история 2) *амер.* сенсационный заголовок *(в газете)*

screaming [΄skri:mɪŋ] *a* 1) кричащий *(тж о красках)* 2) очень смешной, уморительный

screech I [skri:tʃ] *n* 1) хриплый крик; визг; **the ~ of an owl** крик совы 2) зловещий крик

screech II *v* издавать хриплый крик; скрежетать

screech-owl [΄skri:tʃaʊl] *n* 1) *зоол.* малая ушастая сова 2) предвестник несчастья

screed [skri:d] *n* 1) длинная нудная речь, утомительное повествование; утомительная цитата 2) *стр.* маяк *(инструмент для штукатурных работ)*

screen I [skri:n] *n* 1) ширма, экран; щит, доска 2) покров, прикрытие; завеса; **under the ~ of night** под покровом ночи 3) *вчт, кино, тлв* экран 4) **(the ~)** кино, кинематография 5) *авто* ветровое стекло 6) сетка от москитов, мух *и т. п.;* **~ door** дверь, затянутая сеткой от насекомых 7) решето, сито *(для* угля, песка, зерна и т. п.) 8) *воен.* охране́ние, прикры́тие, засло́н

screen II *v* 1) загора́живать, заслоня́ть; укрыва́ть; защища́ть *(от холода)* 2) демонстри́ровать фильм *(на экра́не)* 3) вести́ телепереда́чу 4) проверя́ть, просе́ивать; **the company ~s all the employees** компа́ния подверга́ет прове́рке всех рабо́тников

screening [ˈskriːnɪŋ] *n* 1) *тех., эл.* экрани́рование 2) *воен.* прикры́тие, маскиро́вка, охране́ние 3) отбо́р, прове́рка 4) *спец.* скри́нинг

screenings [ˈskriːnɪŋz] *n pl* отсе́в, вы́севки

screenplay [ˈskriːnpleɪ] *n* киносцена́рий

screen saver [ˈskriːnˌseɪvə] *n* храни́тель экра́на, заста́вка, *разг.* скринсе́йвер *(для компью́тера, моби́льного телефо́на)*

screen test [ˈskriːntest] *n кино* про́ба *(арти́ста)* на роль

screenwriter [ˈskriːnˌraɪtə(r)] *n* киносценари́ст

screw I [skruː] *n* 1) винт *(тж* **male ~, external ~**); шуру́п; болт; **female ~** га́йка 2) *ав.* (возду́шный) винт; *мор.* (гребно́й) винт 3) поворо́т винта́ 4) небольшо́й паке́тик, кулёк *(табака́, со́ли и т. п.)* 5) *сленг* тюре́мный надзира́тель 6) *сленг* жа́лованье 7) *сленг груб.* полово́й акт 8) *сленг груб.* сексуа́льный партнёр 9) *сленг* скуперда́й 10) *сленг* ста́рая кля́ча ◊ **to have a ~ loose** *разг.* быть чо́кнутым, не в себе́; ≅ ви́нтика не хвата́ет; **to put the ~s on smb** *разг.* надави́ть на кого́-л., оказа́ть нажи́м на кого́-л.

screw II *v* 1) приви́нчивать, зави́нчивать 2) враща́ться винтообра́зно 3) заставля́ть, принужда́ть, ока́зывать нажи́м 4) вымога́ть *(согла́сие, де́ньги и т. п. — out of)* 5) *сленг груб.* переспа́ть *(с кем-л.)* ◊ **he has his head ~ed on the right way** *разг.* у него́ есть здра́вый смысл, он толко́вый па́рень

screwball I [ˈskruːbɔːl] *n амер. сленг* 1) чо́кнутый, свихну́вшийся 2) сумасбро́д

screwball II *a амер. сленг* сумасше́дший, чо́кнутый, с приве́том

screwdriver [ˈskruːˌdraɪvə(r)] *n* 1) отвёртка 2) *разг.* во́дка с апельси́новым со́ком и льдом, «отвёртка»

screwed [skruːd] *a* 1) приви́нченный, зави́нченный 2) *сленг* ко́нченый; погу́бленный 3) *сленг* подвы́пивший, навеселе́

screw nut [ˈskruːnʌt] *n* га́йка *(тж* **nut**)

screwtop [ˌskruːˈtɒp] *n* 1) зави́нчивающаяся про́бка 2) буты́лка с зави́нчивающейся про́бкой *(особ. пивна́я)*

screw-up [ˈskruːˌʌp] *n сленг* пу́таница, неразбери́ха

screwy [ˈskruːɪ] *a сленг* 1) чо́кнутый, с приве́том 2) неле́пый, чудно́й

scribble I [ˈskrɪbl] *n* 1) на́спех, небре́жно напи́санная запи́ска *и т. п.* 2) кара́кули, неразбо́рчиво напи́санные стро́ки

scribble II *v* 1) писа́ть неразбо́рчиво, небре́жно; **she ~d a few lines** она́ нацара́пала не́сколько строк 2) занима́ться бумагомара́тельством

scribbler [ˈskrɪblə(r)] *n* писа́ка, бумагомара́тель

scribe [skraɪb] *n* 1) пи́сарь; перепи́счик *(особ. стари́нных ру́кописей)* 2) *разг.* писа́тель; **I'm no great ~** я не ма́стер писа́ть

scrimmage [ˈskrɪmɪdʒ] *n* 1) сва́лка, потасо́вка 2) схва́тка вокру́г мяча́ *(в ре́гби и т. п.)*

scrimp [skrɪmp] *v* скупи́ться; эконо́мно тра́тить

scrimpy [ˈskrɪmpɪ] *a* ску́дный, ограни́ченный

scrimshank [ˈskrɪmʃæŋk] *v сленг* уклоня́ться от обя́занностей

scrip [skrɪp] *n* вре́менный сертифика́т на вкла́ды *или* а́кции, предъявля́емый владе́льцем ба́нку *или* компа́нии

script [skrɪpt] *n* 1) по́черк 2) бу́квы, напи́санные от руки́ 3) алфави́т 4) *теа́тр., кино* сцена́рий

scriptural [ˈskrɪptʃərəl] *a* библе́йский, относя́щийся к Би́блии

scripture [ˈskrɪptʃə(r)] *n* 1) свяще́нная кни́га 2) **(S.)** Свяще́нное писа́ние, Би́блия

scriptwriter [ˈskrɪptraɪtə(r)] *n* сценари́ст

scroll I [skrəʊl] *n* 1) сви́ток *(перга́мента и т. п.);* стари́нная ру́копись *(в ви́де сви́тка)* 2) *архит.* завито́к 3) *вчт* перемеще́ние, *проф.* прокру́тка, скро́ллинг

scroll II 1) писа́ть на сви́тке 2) *вчт* прокру́чивать для просмо́тра, перемеща́ть информа́цию на экра́не

Scroll Lock key [ˌskrəʊlˈlɒkˌkiː] *n вчт* кла́виша устано́вки скро́ллинга

scrotum [ˈskrəʊtəm] *n анат.* мошо́нка

scrounge [skraʊndʒ] *v разг.* 1) вы́просить, вы́клянчить; попроша́йничать; **she ~d a cigarette off me** она́ стрельну́ла у меня́ сига́рету 2) стащи́ть, укра́сть

scrounger [ˈskraʊndʒə(r)] *n* попроша́йка

scrub¹ I [skrʌb] *n* 1) чи́стка щёткой 2) скраб *(космети́ческое сре́дство для смягче́ния и отшелу́шивания ко́жи)*

scrub¹ II *v* 1) скрести́, мыть, тере́ть; чи́стить щёткой 2) *разг.* отменя́ть; броса́ть; **let's ~ the whole idea** дава́й бро́сим всё э́то де́ло

scrub² *n* 1) куста́рник; за́росли куста́рника 2) поро́сшая куста́рником ме́стность 3) ме́лкое *или* ка́рликовое живо́тное 4) ка́рликовое расте́ние 5) *спорт.* кома́нда *или* игро́к невысо́кого кла́сса

scrubber [ˈskrʌbə(r)] *n слeнг груб.* шлю́ха

scrubby [ˈskrʌbɪ] *a* 1) низкоро́слый; недора́звитый; захуда́лый 2) поро́сший куста́рником

scrubwoman [ˈskrʌbˌwʊmən] *n амер.* убо́рщица

scruff[1] [skrʌf] *n*: **to take/to seize by the ~ of the neck** схвати́ть за ши́ворот

scruff[2] *n разг.* неря́ха

scruffy [ˈskrʌfɪ] *a разг.* неопря́тный, неря́шливый

scrummage [ˈskrʌmɪdʒ] *см.* **scrimmage** 2)

scrumptious [ˈskrʌmpʃəs] *a* 1) восхити́тельный; отме́нный (на вкус), о́чень вку́сный 2) прия́тный, очарова́тельный

scrunch I [skrʌntʃ] *n* хруст, треск, потре́скивание

scrunch II *v* хрусте́ть, потре́скивать

scruple I [ˈskruːpl] *n* 1) угрызе́ния со́вести; **to have no ~s about doing smth, to make no ~s to do smth** не постесня́ться сде́лать что-л., без зазре́ния со́вести де́лать что-л. 2) *уст.* скру́пул (= 20 гра́нам)

scruple II *v* не реша́ться, стесня́ться; испы́тывать угрызе́ния со́вести; **he does not ~ to take it** он не постесня́ется взять э́то

scrupulous [ˈskruːpjʊləs] *a* 1) щепети́льный; скрупулёзный; **he is most ~ about money matters** он о́чень аккура́тен в де́нежных дела́х 2) поря́дочный, добросо́вестный 3) тща́тельный, то́чный

scrutineer [ˌskruːtɪˈnɪə(r)] *n* 1) контролёр, проверя́ющий 2) наблюда́тель на вы́борах (*следящий за правильностью подсчёта голосов и т. п.*)

scrutinize [ˈskruːtɪnaɪz] *v* внима́тельно рассма́тривать, тща́тельно изуча́ть, иссле́довать

scrutiny [ˈskruːtɪnɪ] *n* 1) крити́ческий взгляд 2) внима́тельное рассмотре́ние, изуче́ние; крити́ческий разбо́р 3) прове́рка пра́вильности результа́тов на вы́борах

scuba [ˈskuːbə] *n* акввала́нг

scuba diving [ˈskuːbəˌdaɪvɪŋ] *n* ныря́ние с акввала́нгом; подво́дное пла́вание с акввала́нгом, да́йвинг

scud I [skʌd] *n* 1) стреми́тельный бег 2) несу́щиеся облака́ 3) поры́в ве́тра

scud II *v* скользи́ть, нести́сь, мча́ться

scuff [skʌf] *v* 1) ходи́ть, ша́ркая нога́ми 2) протира́ться, изна́шиваться

scuffle I [ˈskʌfl] *n* дра́ка, потасо́вка, сва́лка

scuffle II *v* уча́ствовать в дра́ке

scull I [skʌl] *n* 1) па́рное весло́ 2) кормово́е весло́

scull II *v* 1) грести́ па́рными вёслами 2) грести́ кормовы́м весло́м

sculler [ˈskʌlə(r)] *n* я́лик

scullery [ˈskʌlərɪ] *n* посудомо́ечная (*оборудованная при кухне*)

sculp(t) [skʌlp(t)] *v разг.* лепи́ть, вая́ть

sculptor [ˈskʌlptə(r)] *n* ску́льптор

sculpture I [ˈskʌlptʃə(r)] *n* скульпту́ра

sculpture II *v* лепи́ть, вая́ть, высека́ть

scum I [skʌm] *n* 1) пе́на, на́кипь 2) отбро́сы 3) опусти́вшиеся лю́ди; «дно», сброд

scum II *v* 1) снима́ть пе́ну 2) пе́ниться, покрыва́ться пе́ной

scummy [ˈskʌmɪ] *a* пе́нистый, пе́нящийся

scunner [ˈskʌnə(r)] *n шотл.* си́льное отвраще́ние (*at, against*)

scupper [ˈskʌpə(r)] *v слeнг* 1) потопи́ть (*судно*) 2) разру́шить, погуби́ть (*план и т. п.*) 3) уби́ть

scurf [skɜːf] *n* 1) пе́рхоть 2) налёт, отложе́ния; на́кипь

scurfy [ˈskɜːfɪ] *a* покры́тый пе́рхотью

scurrility [skəˈrɪlɪtɪ] *n* гру́бое, непристо́йное замеча́ние; гру́бое оскорбле́ние

scurrilous [ˈskʌrɪləs] *a* 1) непристо́йный, оскорби́тельный 2) шутовско́й

scurry I [ˈskʌrɪ] *n* 1) беготня́; суета́ 2) шква́листый ли́вень; снежный бура́н

scurry II *v* бе́гать, снова́ть взад и вперёд

scurvied [ˈskɜːvɪd] *a* цинго́тный

scurvy[1] [ˈskɜːvɪ] *n мед.* цинга́

scurvy[2] *a* ни́зкий, презре́нный, омерзи́тельный

scutcheon [ˈskʌtʃən] *n* 1) щит герба́ 2) доще́чка с на́дписью, фами́лией

scutter [ˈskʌtə(r)] *v разг.* удира́ть, убега́ть

scuttle[1] [ˈskʌtl] *n* ведро́ для у́гля

scuttle[2] **I** *n* 1) торопли́вая похо́дка 2) поспе́шное бе́гство

scuttle[2] **II** *v* стремгла́в бежа́ть, удира́ть, спаса́ться бе́гством

scuttle[3] **I** *n* 1) *мор.* люк 2) отве́рстие (*в борту́ корабля́*)

scuttle[3] **II** *v* топи́ть су́дно (*пробив отверстия в днище или открыв кингстоны*)

scuttlebutt [ˈskʌtlbʌt] *n* 1) *мор.* бачо́к пре́сной воды́ 2) *разг.* слух, спле́тня

scythe I [saɪð] *n с.-х.* коса́

scythe II *v с.-х.* коси́ть

Scythian I [ˈsɪðɪən] *n ист.* скиф

Scythian II *a ист.* ски́фский

SE *сокр.* 1) **(south-east)** ю́го-восто́к 2) **(south-eastern)** ю́го-восто́чный

sea [siː] *n* 1) мо́ре; **at ~** в мо́ре, в пла́вании; **by ~** мо́рем; **by the ~** у мо́ря; **on the ~** а) на корабле́, в мо́ре б) на морско́м берегу́; **on the high ~** в откры́том мо́ре; **across/over the ~(s)** за́ морем, за океа́ном; **closed ~** вну́треннее мо́ре; **heavy ~(s)** бу́рное мо́ре; **the four ~s** «четы́ре моря́», моря́, омыва́ющие Великобрита́нию *(Атлантический океан, Ирландское море, Северное море, пролив Ла-Манш);* **to swim in the ~** купа́ться в мо́ре, пла́вать в мо́ре; **to go to ~** стать моряко́м; **to put (out) to ~** выходи́ть в мо́ре, пуска́ться в пла́вание; **to take the ~** держа́ть курс в откры́тое мо́ре; **beam ~** боковая волна́; **a choppy ~** неспоко́йное мо́ре, во́лны на мо́ре; **the ~s went high** мо́ре разбушева́лось 3) бесчи́сленное мно́жество, ма́сса; **a ~ of flame** мо́ре огня́; **a ~ of faces** мно́жество лиц; **a ~ of troubles** ты́сяча бед 4) *attr* морско́й; примо́рский ◊ **to be all/completely at ~** быть в по́лном недоуме́нии, не знать, что де́лать; **half ~s over** подвы́пивший, под му́хой; ≅ мо́ре по коле́но

seabed [´si:bed] *n* (the ~) морско́е дно *(тж* **the seafloor)**

seaboard [´si:bɔ:d] *n* 1) морско́е побере́жье; бе́рег мо́ря; примо́рье 2) *attr* примо́рский

seaborne [´si:bɔ:n] *a* доставля́емый мо́рем, морски́м путём

seacock [´si:kɒk] *n* мор. кингсто́н

sea cow [´si:kaʊ] *n* зоол. 1) морж 2) америка́нский ламанти́н

sea dog [´si:dɒg] *n* ста́рый моря́к, «морско́й волк»

seafarer [´si:͵feərə(r)] *n* моря́к, морепла́ватель

seafaring I [´si:͵feərɪŋ] *n* морепла́вание

seafaring II *a:* **~ man** морепла́ватель

seafood [´si:fu:d] *n* 1) ры́ба и морепроду́кты, «да́ры мо́ря» 2) *attr:* **~ restaurant** ры́бный рестора́н

sea-girt [´si:gɜ:t] *a* окружённый, опоя́санный мо́рем

seagoing [´si:͵gəʊɪŋ] *a* 1) да́льнего пла́вания, океа́нский *(о судне)* 2) уходя́щий в пла́вание *(о моряке)*

seagull [´si:gʌl] *n* ча́йка

seahorse [´si:hɔ:s] *n* зоол. морско́й конёк

seal¹ I [si:l] *n* 1) печа́ть; **Great S.** Больша́я госуда́рственная печа́ть Соединённого Короле́вства; **Privy S.** Ма́лая госуда́рственная печа́ть Соединённого Короле́вства; **wax ~** сургу́чная печа́ть; **to set one's ~** а) поста́вить печа́ть *(to, on);* удостове́рить б) разреши́ть, санкциони́ровать *(что-л.);* **under the ~ of secrecy** с усло́вием сохрани́ть та́йну 2) пло́мба, клеймо́ 3) *тех.* изоли́рующий слой, изоля́ция

seal¹ II *v* 1) запеча́тать, закле́ить *(конверт и т. п. — ир)* 2) приложи́ть печа́ть; ста́вить

печа́ть; скрепи́ть печа́тью 3) реши́ть, определи́ть *(чью-л. судьбу)* 4) закрыва́ть; оцепля́ть; изоли́ровать *(off);* **the police ~ed off the area** поли́ция оцепи́ла э́тот райо́н 5) зама́зывать, закле́ивать *(окно);* затыка́ть, запа́ивать *(трубу и т. п.)*

seal² [si:l] *n* 1) тюле́нь 2) ко́тиковый мех 3) *attr* тюле́ний; ко́тиковый

sea legs [´si:legz] *n pl* спосо́бность выноси́ть морску́ю ка́чку

sealery [´si:lərɪ] *n* ле́жбище тюле́ней

sealing-wax [´si:lɪŋwæks] *n* сургу́ч

seal ring [´si:lrɪŋ] *n* пе́рстень с печа́ткой

sealskin [´si:lskɪn] *n* 1) тюле́нья ко́жа 2) ко́тиковый мех

seam I [si:m] *n* 1) шов 2) шрам, рубе́ц; морщи́на 3) *геол.* пласт *(угля и т. п.)*

seam II *v* 1) сшива́ть 2) покрыва́ться морщи́нами

seamaid [´si:meɪd] *n поэт.* руса́лка

seaman [´si:mən] *n* 1) матро́с; моря́к 2) морепла́ватель

seamanship [´si:mənʃɪp] *n* морехо́дное иску́сство; кораблевожде́ние

sea-mark [´si:mɑ:k] *n* береговой знак; мая́к

seamstress [´semstrɪs] *n* портни́ха; швея́

seamy [´si:mɪ] *a* 1) покры́тый шва́ми 2) неприя́тный, непригля́дный; **the ~ side of life** тёмная, непригля́дная сторона́ жи́зни

Seanad [´ʃænəð] *n* ве́рхняя пала́та парла́мента Ирла́ндии

seance [´seɪɑ:ns] *n* спирити́ческий сеа́нс

seaplane [´si:pleɪn] *n* гидросамолёт

seaport [´si:pɔ:t] *n* 1) морско́й порт 2) примо́рский го́род

sea power [´si:͵paʊə] *n* 1) морска́я держа́ва 2) вое́нно-морска́я мощь *(государства)*

sear [sɪə(r)] *v* 1) обжига́ть, прижига́ть *(обыкн. раскалённым металлом)* 2) причиня́ть о́струю боль 3) бы́стро обжа́ривать с двух сторо́н *(о мясе)* 4) ожесточа́ть, иссуша́ть

search I [sɜ:tʃ] *n* 1) по́иски; **to be in ~ of** разы́скивать, иска́ть *(что-л.);* **to have a ~ for smth** разы́скивать что-л. 2) о́быск 3) иссле́дование

search II *v* 1) иска́ть, разы́скивать, производи́ть ро́зыски *(for)* 2) обы́скивать, производи́ть о́быск; **the police ~ed the house for drugs** поли́ция обыска́ла весь дом в по́исках нарко́тиков 3) иссле́довать; зонди́ровать *(рану)* 4) производи́ть тамо́женный досмо́тр 5) прохва́тывать, прони́зывать, проника́ть ◊ **~ me!** *разг.* поня́тия не име́ю, ей бо́гу не зна́ю

search out выи́скивать; обнару́живать

searching [´sɜ:tʃɪŋ] *a* 1) тща́тельный, внима́тельный, доскона́льный *(об осмотре, ис-*

следовании) 2) проница́тельный, испыту́ющий *(о взгляде)* 3) прони́зывающий, ре́зкий *(о ве́тре)*

searchlight [ˊsɜːtʃlaɪt] *n* 1) прожёктор 2) луч прожёктора

search party [ˊsɜːtʃˌpɑːtɪ] *n* поиско́вый отря́д, поиско́вая гру́ппа

search warrant [ˊsɜːtʃˌwɒrənt] *n* о́рдер на о́быск

seascape [ˊsiːskeɪp] *n* морско́й пейза́ж

seashore [ˊsiːʃɔː(r)] *n* морско́й бе́рег, морско́е побере́жье

seasick [ˊsiːsɪk] *a* страда́ющий морско́й боле́знью; **to be ~** страда́ть морско́й боле́знью

seasickness [ˊsiːˌsɪknɪs] *n* морска́я боле́знь

seaside [ˊsiːsaɪd] *n* 1) см. **seashore** 2) морско́й куро́рт 3) *attr* примо́рский

season I [ˊsiːzən] *n* 1) вре́мя го́да; сезо́н 2) пери́од, сезо́н, пора́; **rainy ~** сезо́н дожде́й; **the football ~** футбо́льный сезо́н; **the concert ~** концёртный сезо́н; **the holiday ~** пери́од отпусков; пери́од кани́кул; **in ~** а) са́мое вре́мя *(фру́ктам, овоща́м, ры́бе и т. п.)* б) кста́ти, во́время; **apricots are now in ~** сейча́с вре́мя абрико́сов, абрико́сы поспе́ли; **out of ~** а) не вре́мя *(фру́ктам и т. п.)* б) некста́ти, не во́время; **the off/dead/dull ~** мёртвый сезо́н *(на куро́рте)*; **the high ~** «высо́кий» сезо́н, пик/разга́р сезо́на *(на куро́рте)*; **close ~** вре́мя, когда́ охо́та запрещена́; **shooting ~** вре́мя, когда́ охо́та разрешена́ 3) *attr* сезо́нный; **a ~ ticket** а) сезо́нный биле́т б) концёртный абонеме́нт

season II *v* 1) приправля́ть *(блюдо)* 2) придава́ть остроту́, пика́нтность *(бесе́де и т. п.)* 3) выде́рживать *(вино́ и т. п.)* 4) закаля́ть

seasonable [ˊsiːzənəbl] *a* 1) по сезо́ну 2) подходя́щий, своевре́менный, уме́стный

seasonal [ˊsiːzənl] *a* сезо́нный; **~ work** сезо́нная рабо́та

seasoned [ˊsiːzənd] *a* 1) припра́вленный, о́стрый *(о блю́де)* 2) вы́держанный *(о вине́ и т. п.)* 3) закалённый, быва́лый; **~ soldiers** быва́лые солда́ты, о́пытные во́ины, старослу́жащие

seasoning [ˊsiːzənɪŋ] *n* припра́ва

seat I [siːt] *n* 1) ме́сто для сиде́ния; стул, кре́сло, скамья́ *и т. п.*; **garden ~** садо́вая скаме́йка; **jump ~** откидно́е сиде́нье; **back ~** за́днее сиде́нье; **front ~** пере́днее сиде́нье; **please take a ~!** сади́тесь!; **to keep one's ~** оста́ться сиде́ть, не встать; **please keep your ~** сиди́те, пожа́луйста! 2) сиде́нье *(стула, кресла и т. п.)* 3) зад 4) за́дняя сторона́, зад *(брюк)* 5) ме́сто *(в теа́тре, по́езде)*; **take your ~s!** займи́те ва́ши места́!; **please keep this ~ for me** пожа́луйста, скажи́те,

что э́то ме́сто за́нято; **to book ~s** заказа́ть биле́ты *(в теа́тр, на конце́рт — for)* 6) ме́сто в парла́менте; **to win a ~** завоева́ть ме́сто в парла́менте; **to keep one's ~** быть сно́ва и́збранным в парла́мент; **to lose one's ~** не быть переи́збранным в парла́мент 7) местопребыва́ние; центр *(чего́-л.)*; **a ~ of learning** нау́чный центр 8) уса́дьба, поме́стье; **he lives at his country ~** он живёт в своём поме́стье 9) *тех.* гнездо́, разъём, поса́дочное ме́сто, ме́сто устано́вки

seat II *v* 1) сажа́ть, предлага́ть сесть, уса́живать; **please be ~ed!** прошу́ сади́ться!; **to be ~ed** сиде́ть 2) устро́иться, обоснова́ться 3) вмеща́ть, помеща́ть; **the car ~s six** в автомоби́ле помеща́ется шесть челове́к 4) устана́вливать

seat belt [ˊsiːtbelt] *n ав.* привязно́й реме́нь; *авто* реме́нь безопа́сности

seating [ˊsiːtɪŋ] *n* коли́чество (поса́дочных) мест *(в теа́тре и т. п.)*; вмести́мость

sea wall [ˊsiːwɔːl] *n* ка́менная сте́нка на́бережной

seaward I [ˊsiːwəd] *a* напра́вленный к мо́рю, в сто́рону мо́ря

seaward II *adv* в направле́нии мо́ря, к мо́рю, в сто́рону мо́ря

seawards [ˊsiːwədz] *см.* **seaward II**

sea water [ˊsiːˌwɒtə] *n* морска́я вода́

seaway [ˊsiːweɪ] *n* 1) фарва́тер 2) движе́ние су́дна по фарва́теру

seaweed [ˊsiːwiːd] *n* морска́я во́доросль

seaworthy [ˊsiːˌwɜːðɪ] *a* го́дный для пла́вания; хорошо́ осна́щённый *(о корабле́)*

secant I [ˊsiːkənt] *n мат.* 1) секу́щая 2) се́канс

secant II *a мат.* пересека́ющий

secede [sɪˊsiːd] *v* вы́йти из соста́ва *(сою́за, о́бщества)*; отдели́ться

secession [sɪˊseʃ(ə)n] *n* 1) вы́ход из соста́ва *(сою́за, о́бщества и т. п.)*; отделе́ние 2) *амер. ист.* вы́ход оди́ннадцати ю́жных шта́тов из соста́ва госуда́рства в 1860 г. *(повлёкший за собо́й нача́ло гражда́нской войны́)*

seclude [sɪˊkluːd] *v* 1) отделя́ть, изоли́ровать *(от чего́-л. — from)* 2) уединя́ться

secluded [sɪˊkluːdɪd] *a* уединённый; изоли́рованный

seclusion [sɪˊkluːʒ(ə)n] *n* 1) уедине́ние, одино́чество; изоля́ция; **to live in ~** жить уединённо, вдали́ от о́бщества 2) уединённое ме́сто

seclusive [sɪˊkluːsɪv] *a* 1) стремя́щийся к уедине́нию 2) спосо́бствующий уедине́нию, изоли́рующий

second¹ I [ˊsekənd] *n* 1) второ́е ме́сто; заня́вший второ́е ме́сто 2) *муз.* секу́нда 3) второ́й по зва́нию, чи́ну 4) *авто* втора́я ско́рость 5) *pl* това́ры второ́го *или* ни́зшего со́рта 6) секунда́нт 7) дипло́м второ́й сте́пени

second¹ **II** *a* 1) второ́й 2) дополни́тельный, ещё оди́н, друго́й 3) второсо́ртный; второстепе́нный 4) второ́й по зва́нию, чи́ну (*тж* ~ **in command**) ◊ ~ **to none** непревзойдённый; ~ **sight** яснови́дение; ~ **wind** второ́е дыха́ние

second¹ **III** *v* подде́рживать *(предложение и т. п.)*

second² *n* 1) секу́нда 2) *разг.* моме́нт, миг, мгнове́ние; **wait a** ~ подожди́ мину́тку

second³ [si´kɒnd] *v воен.* вре́менно откомандирова́ть

secondary [´sekəndəri] *a* 1) втори́чный 2) второстепе́нный; **of** ~ **importance** второстепе́нной ва́жности 3) сре́дний *(об образовании, школе)* 4) вспомога́тельный

second-best [´sekənd best] *a* сле́дующий сра́зу по́сле лу́чшего, занима́ющий второ́е ме́сто

second-class [ˌsekənd´klɑ:s] *a* второразря́дный; второстепенный; второ́го кла́сса; второ́го со́рта

seconder [´sekəndə(r)] *n* лицо́, подде́рживающее предложе́ние *(на собрании, заседании и т. п.)*

second-hand [ˌsekənd´hænd] *a* 1) поде́ржанный *(о вещах), разг.* сэ́конд-хэнд 2) комисси́онный *(о магазине);* букинисти́ческий; **a** ~ **bookseller** букини́ст 3) полу́ченный из вторы́х рук *(о сведениях, новостях);* **I heard it (at)** ~ я узна́л об э́том из вторы́х рук

secondly [´sekəndli] *adv* во-вторы́х; кро́ме того́

second-rate [ˌsekənd´reit] *a* 1) второразря́дный; второсо́ртный, ни́зшего со́рта; ~ **goods** това́р ни́зшего со́рта 2) посре́дственный *(о человеке);* **a** ~ **artist** посре́дственный худо́жник

secrecy [´si:krisi] *n* 1) уме́ние храни́ть секре́ты, та́йну; скры́тность 2) секре́тность, конспира́ция; **in great/strict** ~ в глубо́кой та́йне, под строжа́йшим секре́том

secret I [´si:krit] *n* секре́т, та́йна; **in** ~ по секре́ту; тайко́м; **I was told this in** ~ мне сказа́ли э́то по секре́ту; **to be in on the** ~ быть посвящённым в та́йну; **to keep a** ~ храни́ть та́йну; **an open** ~ секре́т Полишине́ля

secret II *a* 1) секре́тный; та́йный; **top** ~ соверше́нно секре́тно *(гриф на документах);* ~ **agent** та́йный аге́нт; **the S. Service** *амер.* секре́тные слу́жбы, занима́ющиеся охра́ной президе́нта США; **to keep smth** ~ держа́ть что-л. в секре́те; ~ **weapon** секре́тное ору́жие 2) потайно́й *(о двери, шкафе и т. п.)* 3) скры́тный 4) уединённый, укро́мный

secretaire [ˌsekri´teə(r)] *n* секрете́р, бюро́

secretariat [ˌsekrə´teəriət] *n* секретариа́т

secretary [´sekritəri] *n* 1) секрета́рь; **private** ~ ли́чный секрета́рь; **S. General** генера́льный секрета́рь *(организации)* 2) мини́стр; **S. of State** мини́стр *(в Великобритании);* госуда́рственный секрета́рь, мини́стр иностра́нных дел *(в США);* **S. of State for Foreign Affairs** мини́стр иностра́нных дел *(в Великобритании);* **Home S.** мини́стр вну́тренних дел *(в Великобритании)*

secrete [si´kri:t] *v физиол.* выделя́ть *(о железах)*

secretion [si´kri:ʃ(ə)n] *n* 1) *физиол.* секре́ция, выделе́ние; **internal** ~ вну́тренняя секре́ция 2) сокры́тие

secretive [´si:kritiv] *a* скры́тный; **he is** ~ **about it** он об э́том молчи́т/не говори́т

sect [sekt] *n* се́кта

sect. *сокр. см.* **section**

sectarian I [sek´teəriən] *n* секта́нт

sectarian II *a* 1) секта́нтский 2) фанати́чный, ограни́ченный

sectarianism [sek´teəriəniz(ə)m] *n* секта́нтство

section I [´sekʃ(ə)n] *n* 1) часть; отре́зок; се́кция; **to cut into** ~s разреза́ть на ча́сти 2) разде́л *(книги);* пара́граф, пункт *(документа)* 3) *амер.* райо́н, уча́сток; кварта́л *(города)* 4) сече́ние, разре́з; **cross** ~ попере́чное сече́ние 5) срез 6) отделя́емая часть це́лого; се́кция, отсе́к; **landing** ~ спуска́емый аппара́т *(космического корабля)* 7) *амер.* спа́льное купе́

section II *v* дели́ть на ча́сти

sectional [´sekʃənəl] *a* 1) группово́й 2) секцио́нный; разбо́рный 3) ме́стный

sector [´sektə(r)] *n* се́ктор; уча́сток

secular [´sekjʊlə(r)] *a* 1) све́тский, мирско́й 2) происходя́щий раз в сто лет

secularize [´sekjʊləraiz] *v* секуляризова́ть

secure I [si´kjʊə(r)] *a* 1) безопа́сный; защищённый 2) надёжный, про́чный; обеспе́ченный, гаранти́рованный; **a** ~ **door** про́чная дверь; **a** ~ **financial position** обеспе́ченное/надёжное фина́нсовое положе́ние 3) уве́ренный; **to be** ~ быть уве́ренным *(в чём-л.* — *of);* **they do not feel** ~ **about their future** они́ не уве́рены в своём бу́дущем

secure II *v* 1) обезопа́сить, укрепи́ть безопа́сность; надёжно защити́ть 2) кре́пко запира́ть *(дверь, ворота);* надёжно прикрепля́ть, привя́зывать 3) доста́ть, раздобы́ть; **to** ~ **tickets** доста́ть биле́ты 4) гаранти́ровать; страхова́ть

security [si´kjʊəriti] *n* 1) безопа́сность; охра́на, защи́та; **personal** ~ ли́чная безопа́сность

2) о́рганы безопа́сности 3) пору́ка, поручи́тельство 4) гара́нтия, обеспе́чение; зало́г; **to lend money on ~** ссужа́ть де́ньги под зало́г 5) *pl* це́нные бума́ги 6) *attr* относя́щийся к безопа́сности; **the S. Council** Сове́т Безопа́сности *(ООН)*; **~ guard** охра́нник; **~ risk** неблагонадёжный челове́к

sedan [sɪ´dæn] *n* авто седа́н *(тип кузова)*

sedate [sɪ´deɪt] *a* споко́йный, степе́нный, серьёзный

sedative I [´sedətɪv] *n мед.* успока́ивающее, седати́вное сре́дство

sedative II *a* успока́ивающий, снотво́рный, седати́вный *(о лекарстве)*

sedentary [´sedəntərɪ] *a* сидя́чий *(о позе, образе жизни)*

sedge [sedʒ] *n бот.* осо́ка

sediment [´sedɪmənt] *n* оса́док; отложе́ние

sedition [sɪ´dɪʃ(ə)n] *n* призы́в к мятежу́, бу́нту; подстрека́тельство

seditious [sɪ´dɪʃəs] *a* подстрека́тельский

seduce [sɪ´djuːs] *v* соблазня́ть, обольща́ть

seduction [sɪ´dʌkʃ(ə)n] *n* собла́зн, обольще́ние

seductive [sɪ´dʌktɪv] *a* соблазни́тельный, обольсти́тельный

sedulity [sɪ´djuːlɪtɪ] *n* прилежа́ние, усе́рдие

sedulous [´sedjʊləs] *a* приле́жный, усе́рдный; уси́дчивый

see[1] [siː] *v* **(saw, seen)** 1) ви́деть, гляде́ть, смотре́ть; **I saw him go out** я ви́дел, что он ушёл; **let me ~ your work** покажи́те мне ва́шу рабо́ту; **she went to ~ a new flat** она́ пое́хала посмотре́ть но́вую кварти́ру 2) понима́ть; различа́ть, разбира́ться; **I fail to ~ why** я не понима́ю почему́; **I don't ~ any point in it** я не ви́жу в э́том смы́сла; **don't you ~?** ра́зве не поня́тно?; **let me ~** да́йте мне поду́мать; **I ~ it this way** я понима́ю э́то так; **as far as I can ~** наско́лько я понима́ю/я могу́ суди́ть 3) прове́рить; проследи́ть; убеди́ться *(в чём-л.);* **I will ~ if the door is closed** я прове́рю, закры́та ли дверь; **I'll ~ to it myself** я сам прослежу́ за э́тим 4) ви́деться, уви́деться, встре́титься; **to come to ~** прийти́ в го́сти; **we don't ~ him often** мы ре́дко с ним ви́димся; **~ you soon!** *разг.* до встре́чи!, пока́! 5) консульти́роваться *(у врача и т. д.);* **you'd better go to ~ a doctor** тебе́ сле́дует проконсульти́роваться у врача́/посове́товаться с врачо́м 6) провожа́ть; **I will ~ you home** я провожу́ тебя́ домо́й; **to ~ smb to the train** проводи́ть кого́-л. на вокза́л 7) находи́ть что-л. интере́сное *(в ком-л., чём-л.);* **I don't know what she ~s in him** я не понима́ю, что она́ в нём нашла́

see about 1) посове́товаться, проконсульти́роваться с *(кем-л. о чём-л.)* 2) узнава́ть, разузнава́ть 3) позабо́титься о *(чём-л.);* распоряди́ться по по́воду *(чего-л.)*

see after присма́тривать *(за кем-л.)*

see back проводи́ть *(кого-л.)* домо́й

see in 1) впусти́ть в дом, откры́ть дверь *(кому-л.)* 2) встреча́ть *(напр. Новый год)*

see into 1) изуча́ть, иссле́довать 2) понима́ть, разбира́ться *(в чём-л.)*

see off 1) провожа́ть *(кого-л.)* 2) прогоня́ть, выпрова́живать *(кого-л.)*

see out 1) провожа́ть до двере́й 2) помо́чь вы́вести маши́ну на доро́гу 3) досиде́ть до конца́ *(спектакля, фильма и т. п.)* 4) вы́держать *(что-л.)*

see round знако́миться с достопримеча́тельностями; осма́тривать *(здание, местность)*

see through 1) досиде́ть до конца́, просмотре́ть до конца́ *(о фильме и т. п.)* 2) *разг.* доводи́ть де́ло до конца́

see to 1) присма́тривать за *(кем-л.);* позабо́титься о *(ком-л., чём-л.)* 2) провожа́ть до две́ри

see[2] [siː] *n* 1) епа́рхия 2): **the Holy S.** па́пский престо́л

seed I [siːd] *n* 1) се́мя; семена́; **to go/to run to ~** пойти́ в семена́ 2) зерно́, зёрнышко; **mustard/poppy ~** зёрна горчи́цы/ма́ка 3) гла́вная причи́на, нача́ло; **~s of doubts** нача́ло сомне́ний; **to sow the ~s of discord** се́ять семена́ раздо́ра ◊ **he has gone to ~** он опусти́лся, он переста́л следи́ть за собо́й

seed II *v* 1) се́ять, засе́ять *(семенами)* 2) пойти́ в се́мя; роня́ть семена́ 3) очища́ть от зёрнышек *(фрукты и т. п.)*

seed-bed [´siːd‚bed] *n* 1) гря́дка с расса́дой 2) расса́дник *(чего-л.)*

seeder [´siːdə(r)] *n* 1) се́ятель 2) *с.-х.* (разбросна́я) се́ялка 3) маши́нка для удале́ния фрукто́вых ко́сточек *и т. п.*

seeding machine [‚siːdɪŋmə´ʃiːn] *n с.-х.* се́ялка

seedless [´siːdləs] *a* не содержа́щий ко́сточек, без ко́сточек; **~ grapes** виногра́д без ко́сточек

seedling [´siːdlɪŋ] *n* се́янец, расса́да

seed money [´siːd‚mʌnɪ] *n* нача́льный, ста́ртовый капита́л *(для открытия своего дела)*

seed-pearl [´siːdpɜːl] *n* ме́лкая жемчу́жина

seed-potato [´siːdpə‚teɪtəʊ] *n* семенно́й карто́фель

seedsman [´siːdzmən] *n* торго́вец семена́ми

seed-time [´siːdtaɪm] *n* вре́мя се́ва, сев

seedy [´siːdɪ] *a* 1) напо́лненный семена́ми 2) поно́шенный, потрёпанный 3) *разг.* нездоро́вый; **to look ~** пло́хо вы́глядеть; **I feel a bit ~** я нева́жно себя́ чу́вствую

seeing [ˈsiːɪŋ] *conj* принимая во внимание, учитывая, поскольку; ~ **that you are not well, I'll do it myself** поскольку вы нездоровы, я сделаю это сам

seek [siːk] *v* (*past, p. p.* **sought**) 1) искать, разыскивать 2) пытаться (сделать), стремиться, стараться 3) обращаться (*за помощью, советом и т. п.*); **he will ~ his lawyer's advice** он обратится за советом к адвокату

seek after стремиться достичь (*чего-л.*), добиваться (*чего-л.*); **she was much sought-after** за ней многие ухаживали, у неё было много поклонников

seek for *см.* **seek after**

seek into тщательно исследовать, внимательно изучать

seek out разыскивать; отыскать

seem [siːm] *v* казаться; **it ~s to me** мне кажется; **he ~s to be honest** он, кажется, порядочный человек; **they ~ to disagree with you** они не совсем согласны с вами

seeming [ˈsiːmɪŋ] *a* кажущийся, мнимый; **with ~ sincerity** с притворной искренностью

seemingly [ˈsiːmɪŋlɪ] *adv* по-видимому

seemly [ˈsiːmlɪ] *a* приличный, благопристойный, подобающий

seen [siːn] *p. p. см.* **see**¹

seep [siːp] *v* просачиваться

seepage [ˈsiːpɪdʒ] *n* 1) протечка; утечка 2) утечка информации

seer [ˈsiːə(r)] *n* пророк (*тж* **prophet**)

seesaw I [ˈsiːsɔː] *n* 1) качание на доске; доска-качели; **to play on a ~** качаться на доске 2) попеременный успех (*в состязании и т. п.*) 3) *attr* неустойчивый, колеблющийся

seesaw II *v* 1) качаться на доске 2) качаться вверх и вниз *или* из стороны в сторону 3) колебаться (*в принятии решений, в политике*)

seesaw III *adv* вверх и вниз, взад и вперёд; **to go ~** колебаться

seethe [siːð] *v* 1) кипеть; бурлить 2) кипеть, возмущаться; **he was ~ing with indignation** он кипел от возмущения

segment I [ˈsegmənt] *n* 1) часть; отрезок; доля, долька 2) *мат.* сегмент, отрезок 3) *вчт* сегмент, область

segment II 1) делить на части, отрезки, сегменты, доли *и т. п.* 2) *вчт* сегментировать, делить на сегменты

segmentation [ˌsegmenˈteɪʃ(ə)n] *n вчт* деление на сегменты, сегментация, декомпозиция, секционирование

segregate [ˈsegrɪgeɪt] *v* 1) отделять, выделять; изолировать 2) разделять по расово-му признаку; проводить политику сегрегации, сегрегировать

segregation [ˌsegrɪˈgeɪʃ(ə)n] *n* 1) отделение; разделение; изоляция 2) сегрегация; **racial ~** расовая сегрегация

seigneur [seɪˈnjɜː(r)] *ист.* сеньор, феодал

seine [seɪn] *n* рыболовный невод

seismic [ˈsaɪzmɪk] *a* сейсмический

seismologist [saɪzˈmɒlədʒɪst] *n* сейсмолог

seismology [saɪzˈmɒlədʒɪ] *n* сейсмология

seize [siːz] *v* 1) хватать; хвататься (*за что-л.*) 2) захватить, завладеть; конфисковать; **to ~ power** захватить власть 3) понять, схватить (*смысл, мысль*) 4) *обыкн. pass* охватить (*о страхе, желании и т. п.*) 5) воспользоваться (*случаем*); **to ~ the opportunity** ухватиться за возможность 6) *мор.* найтовить

seizure [ˈsiːʒə(r)] *n* 1) захват, завладение 2) конфискация, наложение ареста 3) задержание, арест 4) *мед.* припадок; приступ

seldom [ˈseldəm] *adv* редко

select I [sɪˈlekt] *v* отбирать, подбирать

select II *a* 1) отборный 2) избранный; исключительный; **a ~ gathering** избранное общество (*гостей*); **with a ~ group of friends** в кругу близких друзей

selectee [ˌsɪlekˈtiː] *n амер. ист.* призывник (с 1940 по 1970 гг.)

selection [sɪˈlekʃ(ə)n] *n* 1) отбор, подбор; **natural ~** естественный отбор 2) набор (*вещей, предметов*) 3) избранные произведения 4) *биол.* отбор, селекция

selective [sɪˈlektɪv] *a* 1) отборочный 2) селекционный 3) селективный, избирательный 4) выборочный

selector [sɪˈlektə] *n* 1) *спорт.* член отборочной комиссии 2) *тех.* селектор, селекторный переключатель

selenography [ˌsiːlɪˈnɒgrəfɪ] *n* селенография, изучение поверхности Луны

selenology [ˌsiːlɪˈnɒlədʒɪ] *n* селенология, наука о Луне

self I [self] *n* (*pl* **selves**) собственное «я»; собственная сущность; собственная индивидуальность; я сам; **my own ~** моё «я»; **the conscious ~** сознание; **one's better ~** лучшее, что есть в человеке; благородные порывы; **he cares for nothing but ~** он только о себе думает ◊ **~ comes first** ≅ своя рубашка ближе к телу

self II *a* сплошной, несмешанный, однородный (*о цвете*); однотонный

self- [self-] *pref* само-, свое-; **self-defence** самозащита

self-abandon [ˌselfəˈbændən] *n* самозабвение

self-abasement [ˌselfəˈbeɪsmənt] *n* самоуничижение

self-abnegation [selfˌæbnɪˈgeɪʃ(ə)n] *n* самопожертвование

self-abuse [ˌselfəˈbjuːs] *n* самобичевание

self-acting [ˈselfˈæktɪŋ] *a* автоматический

self-acting control [ˌselfˈæktɪŋ kɒnˈtrəʋl] *n* саморегулирование

self-advertisement [ˌselfədˈvɜːtɪsmənt] *n* самореклама

self-appointed [ˌselfəˈpɔɪntɪd] *a* самозванный

self-appreciation [ˌselfəˌpriːʃɪˈeɪʃ(ə)n] *n* самодовольство

self-assertion [ˌselfəˈsɜːʃ(ə)n] *n* напористость; энергичное самоутверждение

self-assurance [ˌselfəˈʃʋərəns] *n* самоуверенность

self-centered [ˈselfˈsentəd] *a* эгоистичный

self-checking [ˌselfˈtʃekɪŋ] *n* самоконтроль

self-cleaning [selfˈkliːnɪŋ] *a* самоочищающийся

self-collected [ˌselfkəˈlektɪd] *a* спокойный, собранный

self-conceit [ˌselfkənˈsiːt] *n* самомнение

self-conceited [ˌselfkənˈsiːtɪd] *a* самоуверенный; заносчивый, с самомнением

self-confident [selfˈkɒnfɪdənt] *a* уверенный в себе

self-conscious [selfˈkɒnʃəs] *a* 1) застенчивый, смущённый, неуверенный 2) отдающий себе отчёт *(в своих мыслях, действиях)*

self-consistent [ˌselfkənˈsɪstənt] *a* логический; логически выдержанный; непротиворечивый

self-constituted [selfˈkɒnstɪˌtjuːtɪd] *a* самоучреждённый; самозванный

self-contained [ˌselfkənˈteɪnd] *a* 1) замкнутый, необщительный 2) самостоятельный; самодостаточный 3) автономный, независимый 4) модульный

self-control [ˌselfkənˈtrəʋl] *n* самообладание; самоконтроль; **to lose one's ~** потерять контроль над собой

self-criticism [selfˈkrɪtɪsɪz(ə)m] *n* самокритика

self-deception [ˌselfdɪˈsepʃ(ə)n] *n* самообман

self-defence [ˌselfdɪˈfens] *n* 1) самозащита, самооборона 2) *attr:* **~ classes** занятия по изучению способов самообороны

self-denial [ˈselfdɪˈnaɪəl] *n* самоотречение

self-destruction [ˌselfdɪˈstrʌkʃ(ə)n] *n* самоуничтожение

self-determination [ˌselfdɪˌtɜːmɪˈneɪʃ(ə)n] *n* 1) самоопределение 2) независимость поступков, свобода действий; решительность

self-determined [ˌselfdɪˈtɜːmɪnd] *a* независимый, самостоятельный

self-discipline [selfˈdɪsɪplɪn] *n* самодисциплина

self-doubt [selfˈdaʋt] *n* неуверенность в себе, в своих силах

self-educated [selfˈedjʋkeɪtɪd] *a* выучившийся самостоятельно

self-effacing [ˌselfɪˈfeɪsɪŋ] *a* старающийся держаться в тени, быть незаметным

self-evident [selfˈevɪdənt] *a* очевидный

self-governing [selfˈgʌvənɪŋ] *a* самоуправляющийся

self-government [selfˈgʌvnmənt] *n* самоуправление; автономия

self-importance [ˌselfɪmˈpɔːtəns] *n* большое самомнение, важничанье

self-indulgent [ˌselfɪnˈdʌldʒənt] *a* не отказывающий себе в удовольствиях, потакающий своим слабостям

self-inflicted [ˌselfɪnˈflɪktɪd] *a* наносимый самому себе *(о вреде и т. п.)*; **a ~ wound** самострел

self-interest [selfˈɪntrɪst] *n* личный интерес; **to act out of ~** действовать в своих личных интересах

selfish [ˈselfɪʃ] *a* эгоистичный

selfishness [ˈselfɪʃnɪs] *n* эгоизм

selfless [ˈselflɪs] *a* бескорыстный

self-loading [selfˈləʋdɪŋ] *a* самозарядный, полуавтоматический *(об оружии)*

self-made [selfˈmeɪd] *a* обязанный всем самому себе; **he is a ~ man** он всего в жизни добился сам

self-medication [ˌself medɪˈkeɪʃ(ə)n] *n* самолечение

self-neutralization [ˌselfnjuːtrəlaɪˈzeɪʃ(ə)n] *n* самообезвреживание; самоликвидация

self-opinionated [ˌselfəˈpɪnjəneɪtɪd] *a* 1) самонадеянный, упрямый 2) высокомерный

self-pity [selfˈpɪtɪ] *n* жалость к себе

self-portrait [selfˈpɔːtrɪt] *n* автопортрет

self-possessed [ˌselfpəˈzest] *a* владеющий собой, хладнокровный, имеющий выдержку

self-possession [ˌselfpəˈzeʃ(ə)n] *n* самообладание, хладнокровие

self-preservation [ˌselfˌprezəˈveɪʃ(ə)n] *n* самосохранение; **the instinct of ~** инстинкт самосохранения

self-propelled [ˌselfprəˈpeld] *a* самоходный; самодвижущийся

self-raising [selfˈreɪzɪŋ] *a:* **~ flour** мука с разрыхлителем

self-recording [ˌselfrɪˈkɔːdɪŋ] *a* самозаписывающий, самопишущий

self-regard [ˌselfrɪˈgɑːd] *n* 1) самоуважение 2) эгоизм 3) самомнение

self-regulating [ˌselfˈregjuleɪtɪŋ] *a* саморегулирующийся *(тж* **self-regulatory**)

self-reliant [ˌselfrɪˈlaɪənt] *a* полага́ющийся то́лько на себя́; уве́ренный в себе́

self-respect [ˌselfrɪˈspekt] *n* чу́вство со́бственного досто́инства

self-sacrifice [ˌselfˈsækrɪfaɪs] *n* самопоже́ртвование

selfsame [ˈselfseɪm] *a* тот же са́мый

self-satisfied [selfˈsætɪsfaɪd] *a* самодово́льный

self-seeker [selfˈsiːkə(r)] *n* пробивно́й челове́к; карьери́ст

self-seeking I [selfˈsiːkɪŋ] *n* своекоры́стие

self-seeking II *a* своекоры́стный, пробивно́й

self-service [selfˈsɜːvɪs] *n* самообслу́живание

self-starter [selfˈstɑːtə(r)] *n тех.* автомати́ческий ста́ртер; самопу́ск

self-study [selfˈstʌdɪ] *n* самостоя́тельное изуче́ние

self-styled [selfˈstaɪld] *a* самозва́нный

self-sufficient [ˌselfsəˈfɪʃənt] *a* самодоста́точный, экономи́чески самостоя́тельный

self-supporting [ˌselfsəˈpɔːtɪŋ] *a* материа́льно незави́симый, самостоя́тельный; **my children are** ~ мои́ де́ти са́ми зараба́тывают себе́ на жизнь

self-taught [selfˈtɔːt] *a* вы́учившийся самостоя́тельно

self-test [ˌselfˈtest] *n* 1) самоконтро́ль, самопрове́рка 2) самотести́рование

self-tune [ˌselfˈtjuːn] *n* самонастро́йка

self-verification [ˌselfˌverɪfɪˈkeɪʃ(ə)n] *n* самопрове́рка

self-willed [selfˈwɪld] *a* своево́льный, своенра́вный, упря́мый

self-winding [selfˈwaɪndɪŋ] *a* с автомати́ческим заво́дом *(о часах)*

sell [sel] *v (past, p. p.* **sold**) 1) продава́ть; ~ **well** хо́дко идти́ *(о товаре);* **the book is ~ing well** кни́га хорошо́ расхо́дится 2) торгова́ть 3) предава́ть (за де́ньги) 4) *сленг* надува́ть, обжу́ливать

sell off распродава́ть оста́вшийся това́р (по сни́женным це́нам)

sell out 1) распрода́ть *(весь товар и т. п.)* 2) преда́ть, прода́ть

sell up 1) распрода́ть *(имущество и т. п.)* 2) продава́ть с торго́в *(имущество должника)*

seller [ˈselə(r)] *n* 1) продаве́ц; продавщи́ца 2) продава́емый това́р ◊ ~**'s market** ситуа́ция на ры́нке, когда́ спрос превыша́ет предложе́ние; **best** ~ а) хо́дкий това́р б) по́льзующаяся успе́хом кни́га, бестсе́ллер

selling price [ˈselɪŋ ˌpraɪs] *n эк.* прода́жная цена́ *(товара)*

Sellotape [ˈseləteɪp] *n фирм.* прозра́чная кле́йкая ле́нта для упако́вки, скотч

sell-out [ˈselˌaʊt] *n* 1) вы́годная прода́жа, комме́рческий успе́х 2) аншла́г, по́лный сбор 3) изме́на, преда́тельство

seltzer [ˈseltsə(r)] *n* 1) се́льтерская вода́ 2) газиро́ванная вода́

selves [selvz] *pl от* **self** I

semantic [sɪˈmæntɪk] *a лингв.* семанти́ческий

semantics [sɪˈmæntɪks] *n лингв.* сема́нтика

semaphore I [ˈseməfɔː(r)] *n* 1) *воен.* сигнализа́ция флажка́ми 2) *ж.-д.* семафо́р

semaphore II *v* сигнализи́ровать; сигна́лить

semasiology [sɪˌmeɪsɪˈɒlədʒɪ] *n лингв.* семасиоло́гия

semblance [ˈsembləns] *n* 1) ви́димость; **a** ~ **of justice** ви́димость справедли́вости; **under the** ~ **of** под ви́дом; **she put on a** ~ **of gaiety** её весёлость была́ наи́гранной/показно́й 2) схо́дство, подо́бие; **a feeble** ~ **of smth** сла́бое подо́бие чего́-л.

semen [ˈsiːmən] *n физиол.* спе́рма, семенна́я жи́дкость

semester [sɪˈmestə(r)] *n* семе́стр

semi- [ˈsemɪ-] *pref* полу-

semi-basement [ˌsemɪˈbeɪsmənt] *n* полуподва́л

semicircle [ˈsemɪˌsɜːkl] *n* полукру́г

semicircular [ˌsemɪˈsɜːkjʊlə(r)] *a* полукру́глый

semicolon [ˈsemɪˌkəʊlən] *n* то́чка с запято́й

semiconductor [ˌsemɪkənˈdʌktə(r)] *n физ.* полупроводни́к

semi-conscious [ˌsemɪˈkɒnʃəs] *a* полубессозна́тельный

semi-detached [ˌsemɪdɪˈtætʃt] *a* примыка́ющий (с одно́й стороны́) к стене́ друго́го до́ма *(о доме)*

semifinal [ˌsemɪˈfaɪnl] *n спорт.* полуфина́л

seminar [ˈsemɪnɑː(r)] *n* семина́р

seminary [ˈsemɪnərɪ] *n* 1) духо́вная семина́рия 2) пито́мник; *перен.* расса́дник

semi-official [ˌsemɪəˈfɪʃəl] *a* полуофициа́льный

semiprecious [ˌsemɪˈpreʃəs] *a* полудрагоце́нный *(о камне);* относя́щийся к самоцве́там

Semite [ˈsiːmaɪt] *n* семи́т

Semitic [sɪˈmɪtɪk] *a* семи́тский; семити́ческий; относя́щийся к семи́тским языка́м

semitropical [ˌsemɪˈtrɒpɪkl] *a* субтропи́ческий

semi-vowel [ˈsemɪˌvaʊəl] *n фон.* полугла́сный (звук)

semi-weekly [ˌsemɪˈwiːklɪ] *a* выходя́щий два ра́за в неде́лю *(о печатном издании)*

semolina [ˌseməˈliːnə] *n* ма́нная крупа́

sempstress [ˈsempstrɪs] *см.* **seamstress**

Sen. *сокр.* 1) **(Senate)** сена́т 2) **(Senator)** сена́тор 3) **(Senior)** ста́рший

senate [ˈsenɪt] *n* 1) сена́т 2) учёный сове́т *(в университетах, колледжах)*

senator [ˈsenətə(r)] *n* сена́тор

senatorial [ˌsenəˈtɔːrɪəl] *a* 1) сена́торский 2) *амер.* име́ющий пра́во избира́ть сена́торов

send [send] *v (past, p. p.* **sent**) 1) посыла́ть, отправля́ть, отдава́ть; **to ~ a message/a letter** посыла́ть сообще́ние/письмо́; **to ~ one's children to school** отпра́вить/отда́ть дете́й в шко́лу 2) броса́ть, запуска́ть *(мяч и т. п.)* 3) *радио* передава́ть ◊ **to ~ smb packing/about his business** *разг.* прогна́ть кого́-л.

send away посла́ть *(зака́з на това́р)*

send down 1) исключа́ть из (университе́та) 2) приговори́ть к тюре́мному заключе́нию

send for 1) посыла́ть за *(кем-л.)* 2) зака́зывать по по́чте

send in подава́ть (заявле́ние) *(на уча́стие в ко́нкурсе и т. п.)*

send off 1) отсыла́ть, отправля́ть *(письмо́, посы́лку и т. п.)* 2) торже́ственно провожа́ть *(кого́-л.)*

send up 1) повыша́ть *(це́ны, температу́ру и т. п.)* 2) высме́ивать 3) *амер.* приговори́ть к тюре́мному заключе́нию

sender [ˈsendə(r)] *n* 1) отправи́тель 2) *радио* переда́тчик

send-off [ˈsendˈɔːf] *n разг.* 1) пы́шные про́воды 2) многообеща́ющее нача́ло, почи́н; **to give a ~** сде́лать почи́н

senescent [sɪˈnesənt] *a* старе́ющий

seneschal [ˈsenɪʃəl] *n ист.* сенеша́ль *(дворецкий в средневековом замке)*

senile [ˈsiːnaɪl] *a* ста́рческий, дря́хлый; **~ dementia** *мед.* ста́рческое слабоу́мие, ста́рческая деме́нция

senility [sɪˈnɪlɪtɪ] *n* ста́рость, дря́хлость, одряхле́ние

senior I [ˈsiːnɪə(r)] *n* 1) пожило́й челове́к; ветера́н; **~ citizen** граждани́н ста́рше 60 лет 2) ста́рший *(по возрасту, положению);* **he is my ~** он ста́рше меня́ по зва́нию/по до́лжности 3) *амер.* учени́к выпускно́го кла́сса; студе́нт после́днего ку́рса, старшеку́рсник

senior II *a* 1) ста́рший; бо́лее высо́кий *(по положению, чину);* **a ~ position** высо́кий пост 2) ста́рший *(ста́вится при и́мени ста́ршего из ро́дственников с одина́ковыми имена́ми и фами́лиями)*

seniority [ˌsiːnɪˈɒrɪtɪ] *n* старшинство́

sensation [senˈseɪʃ(ə)n] *n* 1) ощуще́ние; чувстви́тельность; **to lose all ~** потеря́ть вся́кую чувстви́тельность 2) сенса́ция; **to make a great ~** произвести́ сенса́цию; **the news caused a ~** э́та но́вость произвела́ сенса́цию

sensational [senˈseɪʃənl] *a* сенсацио́нный

sense I [sens] *n* 1) ощуще́ние, чу́вство; **the five ~s** пять чувств; **a keen ~ of smell** о́строе обоня́ние; **a ~ of pain** ощуще́ние бо́ли; **~ of proportion** чу́вство ме́ры; **to have a bad ~ of direction** пло́хо ориенти́роваться 2) *pl* рассу́док; созна́ние; **in one's ~s** в своём уме́; **to be out of one's ~s** рехну́ться, свихну́ться; **to lose one's ~s** быть не в своём уме́; **to come to one's ~s** прийти́ в себя́; образу́миться 3) здра́вый смысл; **common/ sound/good ~** здра́вый смысл, практи́ческая смётка; **to talk ~** говори́ть де́ло, говори́ть разу́мно, де́льно; **it makes no ~ to me** я не ви́жу в э́том никако́го смы́сла 4) смысл, значе́ние; **in strict/literal ~** в буква́льном смы́сле; **in a good/bad ~** в хоро́шем/плохо́м смы́сле сло́ва; **to make ~ of** поня́ть смысл, значе́ние; **in a ~** в изве́стном смы́сле 5) мне́ние, о́бщий настро́й *(коллектива, собрания)* 6) знак, направле́ние, ориента́ция; **~ of rotation** направле́ние враще́ния 7) определе́ние зна́ка, определе́ние направле́ния, определе́ние ориента́ции

sense II *v* 1) чу́вствовать, ощуща́ть 2) понима́ть

senseless [ˈsenslɪs] *a* 1) бессмы́сленный 2) без созна́ния, бесчу́вственный, бездыха́нный; **to fall ~** упа́сть без чувств

sense organ [ˈsensˌɔːgən] *n* о́рган чувств *(осяза́ния, обоня́ния и т. п.)*

sensibility [ˌsensɪˈbɪlɪtɪ] *n* 1) чувстви́тельность, восприи́мчивость 2) *тех.* чувстви́тельность *(прибора)*

sensible [ˈsensɪbl] *a* 1) разу́мный, рассуди́тельный; **a ~ compromise** разу́мный компроми́сс; **a ~ idea** разу́мная мысль; **~ clothes** практи́чная оде́жда 2) ощути́мый, заме́тный 3) осознаю́щий; **to be ~ of smth** осознава́ть что-л.

sensitive [ˈsensɪtɪv] *a* 1) чувстви́тельный; восприи́мчивый; **~ skin** чувстви́тельная ко́жа 2) оби́дчивый, рани́мый, легко́ реаги́рующий; **~ to criticism** чувстви́тельный к кри́тике 3) чувстви́тельный, то́чный *(о прибо́рах)* 4) светочувстви́тельный *(о материа́ле, бума́ге)*

sensitivity [ˌsensɪˈtɪvɪtɪ] *n* 1) чувстви́тельность; восприи́мчивость 2) *тех.* чувстви́тельность *(прибора)* 3) сте́пень ва́жности *или* це́нности *(информа́ции)*

sensor [ˈsensə] *n* 1) *тех.* да́тчик, чувстви́тельный элеме́нт 2) о́рган чувств *(осяза́ния, обоня́ния и т. п.)*

sensory [ˈsensərɪ] *a* сенсо́рный; **~ perception** чу́вственное/сенсо́рное восприя́тие

sensual [ˈsensjʊəl] *a* чу́вственный; сладостра́стный; похотли́вый

727

sensuality [ˌsensjʊˈælɪtɪ] *n* чу́вственность

sensuous [ˈsensjʊəs] *a* 1) чу́вственный *(о восприятии)* 2) эстети́чески притяга́тельный

sent [sent] *past, p. p. см.* **send**

sentence I [ˈsentəns] *n* 1) *грам.* предложе́ние; **compound** ~ сложносочинённое предложе́ние; **complex** ~ сложноподчинённое предложе́ние 2) пригово́р; **death** ~ сме́ртный пригово́р; **life** ~ осужде́ние на пожи́зненное заключе́ние; **severe** ~ суро́вый пригово́р; **to pass** ~ **on smb** вы́нести кому́-л. пригово́р; **to serve a** ~ отбыва́ть наказа́ние

sentence II *v* пригова́ривать, осужда́ть

sententious [senˈtenʃəs] *a* 1) нравоучи́тельный, поучи́тельный, морализа́торский 2) изоби́лующий афори́змами

sentient [ˈsenʃənt] *a* чу́вствующий, ощуща́ющий

sentiment [ˈsentɪmənt] *n* 1) чу́вство; **the** ~ **of pity** чу́вство жа́лости 2) мне́ние, отноше́ние; **these are my** ~**s** вот вам моё мне́ние 3) сентимента́льность; сантиме́нты

sentimental [ˌsentɪˈmentl] *a* чувстви́тельный, сентимента́льный

sentimentality [ˌsentɪmenˈtælɪtɪ] *n* сентимента́льность

sentinel [ˈsentɪnəl] *n* часово́й; **to stand** ~ **over** стоя́ть на часа́х, охраня́ть

sentry [ˈsentrɪ] *n* часово́й; карау́льный; карау́л; **to keep** ~ охраня́ть, стоя́ть на часа́х; **to relieve** ~ сменя́ть карау́л

sentry-box [ˈsentrɪbɒks] *n* бу́дка часово́го, карау́льная бу́дка

sentry-go [ˈsentrɪɡəʊ] *n* карау́льная слу́жба, несе́ние карау́ла

separable [ˈsepərəbl] *a* отдели́мый; разъёмный

separate I [ˈsepərət] *a* 1) отде́льный; разде́льный; изоли́рованный 2) сепара́тный

separate II [ˈsepəreɪt] *v* 1) отделя́ть; разъединя́ть 2) разлуча́ться, расстава́ться; расходи́ться *(о супругах)* 3) разлага́ться *(на части)* 4) сортирова́ть, отсе́ивать

separation [ˌsepəˈreɪʃ(ə)n] *n* 1) отделе́ние, разделе́ние; разъедине́ние 2) разлу́ка 3) *юр.* разде́льное прожива́ние супру́гов *(без расторжения брака)*

separatist [ˈsepərətɪst] *n* сепарати́ст

sepia [ˈsiːpɪə] *n* се́пия *(тёмная красно-кори́чневая краска)*

sepsis [ˈsepsɪs] *n мед.* се́псис, *разг.* зараже́ние кро́ви

Sept. *сокр.* **(September)** сентя́брь

September [sepˈtembə(r)] *n* 1) сентя́брь 2) *attr* сентя́брьский

septennial [sepˈtenɪəl] *a* 1) для́щийся семь лет, семиле́тний 2) происходя́щий оди́н раз в семь лет

septic [ˈseptɪk] *a мед.* септи́ческий

septicaemia [ˌseptɪˈsiːmɪə] *n мед.* септице-ми́я; се́псис, *разг.* зараже́ние кро́ви

Septuagesima [ˌseptjʊəˈdʒesɪmə] *n церк.* тре́тье воскресе́нье до Вели́кого поста́ за 70 дней до Па́схи *(тж* ~ **Sunday)**

sepulcher [ˈsepəlkə(r)] *амер. см.* **sepulchre**

sepulchral [sɪˈpʌlkrəl] *a* 1) моги́льный; погреба́льный 2) замоги́льный, глухо́й, мра́чный *(о голосе и т. п.)*

sepulchre [ˈsepəlkə(r)] *n* гробни́ца; **the Holy S.** *рел.* Гроб Госпо́день

sepulture [ˈsepəltʃə(r)] *n* погребе́ние

seq. *сокр. (лат.* **sequens)** сле́дующий

sequacious [sɪˈkweɪʃəs] *a* после́довательный, логи́чный

sequel [ˈsiːkwəl] *n* 1) результа́т, сле́дствие, после́дствие 2) продолже́ние *(романа, фильма и т. п.)* 3) разви́тие

sequence [ˈsiːkwəns] *n* 1) после́довательность; **the** ~ **of events** ход собы́тий; ~ **of tenses** *грам.* согласова́ние времён; **in** ~ в после́довательности, оди́н за други́м 2) поря́док сле́дования, ряд, се́рия 3) *кино* эпизо́д 4) *муз.* секве́нция

sequent [ˈsiːkwənt] *a* 1) после́дующий, сле́дующий 2) явля́ющийся сле́дствием

sequential [sɪˈkwenʃəl] *a* 1) сле́дующий, вытека́ющий *(из чего-л.)* 2) после́довательный

sequester [sɪˈkwestə(r)] *v юр.* налага́ть секве́стр; конфискова́ть

sequestration [ˌsiːkwɪˈstreɪʃ(ə)n] *n юр.* секве́стр; конфиска́ция

sequin [ˈsiːkwɪn] *n* блёстка *(украшение на одежде)*

sequoia [sɪˈkwɔɪə] *n бот.* секво́йя

sera [ˈsɪərə] *pl см.* **serum**

serape [seˈrɑːpeɪ] *n* мексика́нская наки́дка я́рких цвето́в, серапе́

seraph [ˈserəf] *n* серафи́м, а́нгел

seraphic [səˈræfɪk] *a* серафи́ческий, а́нгельский

Serb [sɜːb] *n* серб; се́рбка; **the** ~**s** се́рбы

Serbian I [ˈsɜːbɪən] *n* 1) *см.* **Serb** 2) се́рбский язы́к

Serbian II *a* се́рбский

Serbo-Croat [ˌsɜːbəʊˈkrəʊæt] *n* серб(ск)охорва́тский язы́к

sere [sɪə(r)] *a* сухо́й, увя́дший

serenade I [ˌserəˈneɪd] *n* серена́да

serenade II *v* исполня́ть серена́ду

serene [sɪˈriːn] *a* 1) чи́стый, безо́блачный, я́сный *(о небе, воздухе и т. п.)* 2) споко́йный, безмяте́жный, умиротворённый

sereneness [sɪˈriːnnɪs] *n* споко́йствие, безмяте́жность; я́сность

serenity [sɪˈrenɪtɪ] *n* 1) споко́йствие, безмяте́жность, умиротворённость

serf [sɜ:f] *n ист.* крепостно́й крестья́нин

serfdom [ˈsɜ:fdəm] *n ист.* крепостно́е пра́во

serge [sɜ:dʒ] *n* са́ржа *(ткань)*

sergeant [ˈsɑ:dʒənt] *n* сержа́нт; ~ **major** старшина́; ста́рший сержа́нт

sergeant-at-arms [ˈsɑ:dʒəntətˈɑ:ms] *n* 1) парла́ментский при́став 2) суде́бный при́став

Sergt. *сокр.* (**Sergeant**) сержа́нт

serial I [ˈsɪərɪəl] *n* 1) рома́н с продолже́нием; многосери́йный фильм, телесериа́л 2) периоди́ческое изда́ние 3) продолжа́ющееся изда́ние

serial II *a* 1) после́довательный, поря́дковый 2) выходя́щий вы́пусками, се́риями 3) сери́йный; ~ **killer** сери́йный уби́йца, уби́йца-манья́к

serialize [ˈsɪ(ə)rɪəlaɪz] *v* 1) издава́ть се́риями; издава́ть вы́пусками, публикова́ть *(роман и т. п.)* с продолже́нием 2) экранизи́ровать в ви́де телесериа́ла

series I [ˈsɪəri:z] *n* 1) после́довательность, после́довательный ряд, се́рия; **in** ~ после́довательно, по поря́дку 2) цикл; компле́кт *(газеты, журнала и т. п.);* **a new** ~ **of lectures** но́вый цикл ле́кций 3) се́рия, вы́пуск ма́рок, моне́т *и т. п.*

series II *a эл.* после́довательный; ~ **connection** после́довательное соедине́ние

serious [ˈsɪərɪəs] *a* 1) серьёзный, отве́тственный; **let's be** ~ дава́йте говори́ть серьёзно 2) ва́жный; **a** ~ **matter** ва́жный вопро́с 3) вызыва́ющий опасе́ние, серьёзный *(о боле́зни)*

seriously [ˈsɪərɪəslɪ] *adv* серьёзно

seriousness [ˈsɪərɪəsnɪs] *n* серьёзность; ва́жность *(положения)*

sermon [ˈsɜ:mən] *n* про́поведь

serous [ˈsɪərəs] *a мед.* серо́зный, сы́вороточный

serpent [ˈsɜ:pənt] *n книжн.* 1) змея́ 2) преда́тель, кова́рный злоде́й

serpentine [ˈsɜ:pəntaɪn] *a* 1) змеи́ный 2) змееви́дный 3) кова́рный, преда́тельский 4) *attr* изви́листый; **a** ~ **road** изви́листая го́рная доро́га, серпанти́н

serried [ˈserɪd] *a* со́мкнутый, плечо́м к плечу́ *(о шеренге, рядах)*

serum [ˈsɪərəm] *n (pl тж* **sera**) *мед., физиол.* сы́воротка

servant [ˈsɜ:vənt] *n* 1) слуга́; служа́нка, прислу́га; **to keep** ~**s** держа́ть прислу́гу 2) (госуда́рственный) служащий; **civil** ~ госуда́рственный служащий; **public** ~ чино́вник, должностно́е лицо́ 3): **your humble/**

obedient ~ ваш поко́рный слуга́ *(в конце письма)*

serve I [sɜ:v] *v* 1) служи́ть; отбыва́ть срок; **to** ~ **as** служи́ть в ка́честве; **to** ~ **one's time** отслужи́ть срок 2) проходи́ть слу́жбу *(в а́рмии, на фло́те и т. п.)* 3) оказывать услу́ги 4) подходи́ть, годи́ться; **it will** ~ а) подойдёт, сойдёт б) э́того доста́точно 5) обслу́живать *(в рестора́не, магази́не и т. п.)* 6) подава́ть *(к столу́);* **to** ~ **at dinner** прислу́живать за обе́дом; **shall I** ~ **soup?** разлива́ть суп? 7) обходи́ться *(с кем-л.);* **it** ~**d him right** так ему́ и на́до 8) присыла́ть пове́стку в суд 9) *спорт.* подава́ть *(мяч)*

serve out 1) раздава́ть, разноси́ть *(блюда и т. п.)* 2) отплати́ть 3) отбы́ть свой срок *(на посту́, в тюрьме́ и т. п.)*

serve round разноси́ть *(блюда, напитки)*

serve under служи́ть под *(чьим-л. командова́нием)*

serve up подава́ть, предлага́ть *(блюдо)*

serve II *n спорт.* пода́ча *(мяча́)*

server [ˈsɜ:və] *n* 1) подно́с *(для таре́лок, блюд)* 2) *pl* лопа́точка и ви́лка *(для сала́та, ры́бы)* 3) *спорт.* игро́к, подаю́щий мяч 4) *церк.* прича́тник, прислу́жник 5) *вчт* се́рвер, обслу́живающее устро́йство, у́зел обслу́живания, спецпроце́ссор

service I [ˈsɜ:vɪs] *n* 1) слу́жба; **military** ~ вое́нная слу́жба; **to be in civil/diplomatic** ~ быть на госуда́рственной/дипломати́ческой слу́жбе; **secret** ~ разве́дывательная слу́жба 2) обслу́живание, се́рвис; техобслу́живание; **health** ~ медици́нское обслу́живание; **prompt** ~ бы́строе обслу́живание 3) услуже́ние; **to go into** ~ пойти́ в прислу́ги; **in my** ~ у меня́ в услуже́нии 4) тра́нспортное обслу́живание; коммуна́льные услу́ги: связь, электри́чество, водопрово́д *и т. п.*; **postal** ~ почто́вая связь; **train** ~ железнодоро́жное сообще́ние; **bus** ~ авто́бусное сообще́ние; **regular** ~ регуля́рное движе́ние 5) услу́га, одолже́ние; **I am at your** ~ к ва́шим услу́гам; **to do a** ~ оказа́ть услу́гу; **to be of** ~ быть поле́зным; **can I be of** ~ **to you?** чем могу́ быть поле́зен?; **he did us a great** ~ он нам сослужи́л большу́ю слу́жбу 6) *церк.* слу́жба 7) серви́з; **dinner/tea** ~ обе́денный/ча́йный серви́з 8) *воен.* род войск 9) *спорт.* пода́ча *(мяча́)* 10) *attr* служе́бный

service II *v* 1) обслу́живать 2) ремонти́ровать, чини́ть *(машины)*

serviceable [ˈsɜ:vɪsəbl] *a* 1) поле́зный; приго́дный для испо́льзования 2) практи́чный, про́чный; но́ский *(о материи)* 3) испра́вный 4) ремонтоприго́дный

service industry [ˈsɜːvɪsˌɪndəstrɪ] *n* индустрия услуг

serviceman [ˈsɜːvɪsmən] *n* военнослужащий

service station [ˈsɜːvɪsˌsteɪʃ(ə)n] *n* 1) автозаправочная станция; бензоколонка 2) станция технического обслуживания

serviette [ˌsɜːvɪˈet] *n* салфетка

servile [ˈsɜːvaɪl] *a* раболепный, льстивый, подобострастный

servility [sɜːˈvɪlɪtɪ] *n* подобострастие

servitude [ˈsɜːvɪtjuːd] *n* рабство; порабощение; **penal ~** каторжные работы, каторга

sesame [ˈsesəmɪ] *n бот.* кунжут

session [ˈseʃ(ə)n] *n* 1) заседание; **to be in ~** заседать, совещаться; **at our next ~** при следующей встрече; **a secret ~** закрытое заседание 2) сессия *(парламента)*; **in ~** в работе, на заседании 3) *амер.* учебный год *(в некоторых университетах)* 4) время, отведённое для какой-л. деятельности; **poker ~** встреча за покером; **I have a ~ with my dentist** у меня назначен приём у зубного врача

sessional [ˈseʃənl] *a* сессионный

set¹ **I** [set] *a* 1) заранее назначенный; предписанный 2) твёрдо установленный, неизменяемый; **~ rules** установленные правила; **one's ~ ways** устоявшиеся привычки 3) устойчивый *(о словосочетании)*; **~ phrase** фразеологизм 4) готовый к действию 5) утвердившийся *(в своём намерении)*, решившийся *(on, upon)* 6) обязательный *(о литературе к экзамену и т. п.)* 7) комплексный *(об обеде)* 8) застывший, затвердевший *(о растворе, цементе)*

set¹ **II** *v (past, p. p.* **set)** 1) ставить, класть, помещать; **to ~ plates on the table** ставить тарелки на стол 2) прикладывать, приставлять *(что-л. к чему-л. — to)* 3) приводить в готовность; устанавливать, ставить *(в определённом положении)*; **to ~ the alarm for six o'clock** поставить будильник на шесть часов; **to ~ one's hair** уложить волосы 4) вставлять в оправу, оправлять 5) накрывать на стол; **to ~ the table for six** накрыть стол на шестерых 6) затвердевать, схватываться *(о цементе, растворе и т. п.)* 7) заходить, садиться *(о солнце, луне)* 8) ставить *(пьесу)*; происходить *(о действии в романе и т. п.)* 9) направлять, инструктировать *(кого-л.)*; заставлять *(делать что-л.);* **we were ~ to work** нас засадили за работу; **that ~ me thinking** это заставило меня призадуматься 10) выставлять (в качестве образца) 11) начинать, инициировать (что-л.); **to ~ the fashion** ввести моду 12) перекла-

дывать (на музыку) 13) *полигр.* делать набор, плёнку *и т. п.* 14) делать строгую мину 15) сажать *(курицу на яйца)* 16) сажать *(семена, рассаду и т. п.)* 17) делать стойку *(о собаке)*

set about 1) распространять *(новости, слухи)* 2) начинать *(делать что-л.)*, приступать

set above считать *(кого-л., что-л.)* важнее, лучше

set apart 1) держать, ставить отдельно 2) экономить *(деньги, время)* 3) отличать *(от других);* ставить себя отдельно *(от других)*

set aside 1) отставлять в сторону 2) откладывать *(работу и т. п.)* 3) сохранять, экономить *(время, деньги)* 4) откладывать (товар для покупателя) 5) не принимать в расчёт

set back 1) отодвигать назад 2) располагать сзади, позади 3) сдерживать развитие; задерживать 4) переносить (выполнение) на более поздний срок 5) передвигать *(стрелки часов)* назад

set by 1) откладывать в сторону 2) откладывать *(работу)* на время 3) сохранять, экономить *(деньги, время)*

set down 1) устанавливать *(правила);* определять *(условия)* 2) посадить *(самолёт)* 3) высадить *(кого-л.)*

set down as 1) оформлять, регистрировать *(определённым образом)* 2) принимать *(кого-л. за кого-л.)*

set down for 1) назначать дату *(заседания и т. п.)* 2) считать *(кого-л. кем-л.)*

set forth *разг.* объяснять, излагать

set forward 1) выдвигать вперёд 2) выдвигать *(идеи и т. п.)* 3) продвигать *(что-л.),* развивать рост, успех *(чего-л.)* 4) переносить (выполнение) на более ранний срок 5) передвигать *(стрелки часов)* вперёд

set in 1) наступать, устанавливаться *(обычно о плохой погоде, плохих условиях)* 2) вставлять *(что-л. куда-л.)* 3) вшивать *(рукава)* 4) направлять *(корабль)* к берегу

set off 1) отправляться в путь 2) намереваться *(сделать что-л.)* 3) приводить в действие 4) *разг.* «заводить» *(кого-л.)* 5) показывать *(что-л.)* с выгодной стороны 6) выделять, оттенять

set on 1) нападать, атаковать 2) *разг.* подстрекать, науськивать 3) нанимать на работу

set out 1) отправляться в путь 2) начинать *(что-л. делать);* намереваться *(что-л. делать)* 3) разложить, раскинуть *(для обозрения)* 4) приготовить *(еду, одежду и т. п.)* 5) разрабо́тать *(план)* 6) выса́живать *(рассаду)* 7) доставля́ть себе́ хло́поты *(делая что-л.)*

set to *разг.* бра́ться за рабо́ту

set up 1) воздвига́ть, ста́вить 2) учрежда́ть, осно́вывать 3) подгота́вливать, организо́вывать 4) устана́вливать *(реко́рд)* 5) *полигр.* набира́ть 6) пригото́вить *(напитки)* 7) *разг.* выздора́вливать, поправля́ться *(после боле́зни)* 8) помога́ть *(кому-л.)* устро́иться 9) расставля́ть декора́ции *(на театра́льной сце́не)*

set up in помо́чь основа́ть *(какое-л. дело)*

set² *n* 1) набо́р *(предме́тов)*; компле́кт *(инструме́нтов, книг)*; **dinner/tea ~** обе́денный/ча́йный серви́з; **a ~ of teeth** вставны́е зу́бы 2) гру́ппа, круг лиц; о́бщество, компа́ния; **literary ~** литерату́рные круги́; **the smart ~** фешене́бельное о́бщество 3) поса́дка головы́; оса́нка 4) направле́ние *(ветра и т. п.)* 5) тенде́нция, о́бщая напра́вленность 6) *театр.* декора́ции, оформле́ние спекта́кля 7) мно́жество, систе́ма, совоку́пность; **~ theory** тео́рия мно́жеств 8) ряд, се́рия 9) компле́кт 10) *спорт.* сет, па́ртия ◊ **to make a dead ~ at** a) напада́ть *(на кого-л.)* б) пристава́ть с любе́зностями, стара́ться завоева́ть симпа́тии

setback [´setbæk] *n* 1) заде́ржка разви́тия; препя́тствие 2) рециди́в

SETI *сокр.* **(search for extraterrestrial intelligence)** по́иск внеземны́х цивилиза́ций

set-off [set´ɔ:f] *n* противове́с; контра́ст

set-out [set´aʊt] *n* нача́ло

settee [se´ti:] *n* дива́нчик

setter [´setə(r)] *n* се́ттер *(порода собак)*

setting [´setɪŋ] *n* 1) окруже́ние, обрамле́ние 2) опра́ва 3) окружа́ющая приро́да 4) *театр.* постано́вка; декора́ции, оформле́ние спекта́кля 5) *муз.* му́зыка на слова́ 6) захо́д, зака́т *(солнца)* 7) *полигр.* набо́р 8) столо́вый прибо́р *(для одной персоны)*

settle [´setl] *v* 1) поселя́ться, обосно́вываться, нала́живать жизнь 2) заселя́ть, колонизи́ровать 3) уса́живаться, устра́иваться *(для работы, отдыха; тж* **to ~ oneself down to**)*; успоко́иться, угомони́ться 4) устра́ивать, ула́живать *(дела)*; реша́ть *(вопрос)*; догова́риваться *(on, for)*; **to ~ the dispute** ула́дить спор; **to ~ for a compromise** пойти́ на компроми́сс; **it's ~d!** решено́!; **to ~ one's affairs** привести́ дела́ в поря́док *(написать завещание, отдать последние распоряжения и т. п.)*; распоряди́ться иму́ществом 5) опла́чивать, закрыва́ть *(счёт)*; **to ~ one's debts** расплати́ться с долга́ми 6) устана́вливаться; **the weather has ~d** пого́да уста-

нови́лась 7) оседа́ть *(о доме и т. п.)*; опуска́ться; сади́ться 8) дава́ть оса́док, отста́иваться

settle down принима́ться, бра́ться *(за какое-л. дело —* **to**)*; **to ~ down to married life** обзавести́сь семьёй

settle in посели́ться; устро́иться *(где-л.)*

settle up 1) расплати́ться *(с долга́ми и т. п.)* 2) оконча́тельно реши́ть, закры́ть *(дело)*

settle with 1) расплати́ться части́чно *или* по́лностью *(с кредитором)*; ула́дить *(денежные дела)* 2) расквита́ться, рассчита́ться, отомсти́ть

settlement [´setlmənt] *n* 1) заселе́ние, поселе́ние 2) урегули́рование, разреше́ние *(дел, вопроса)* 3) соглаше́ние; **to reach a ~ on smth** дости́чь соглаше́ния по како́му-л. вопро́су 4) посёлок, коло́ния, поселе́ние 5) *ист.* се́ттльмент *(европейский квартал в некоторых городах стран Востока)* ◊ *юр.* **marriage ~** акт распоряже́ния иму́ществом по слу́чаю заключе́ния бра́ка

settler [´setlə(r)] *n* поселе́нец; колони́ст

settling [´setlɪŋ] *n* *тех.* отсто́й, налёт

set-to [set´tu:] *n* *разг.* 1) дра́ка, потасо́вка 2) перебра́нка

set-up [´setʌp] *n* 1) положе́ние дел, организа́ция, устро́йство; структу́ра 2) настро́йка, регулиро́вка, подгото́вка к рабо́те 3) подгото́вка, сбо́рка, монта́ж, нала́дка 4) схе́ма, устро́йство, систе́ма, маке́т 4) *вчт* устано́вка *(програ́ммы)*

set value [´set,vælju:] *n* за́данное, устано́вленное значе́ние

seven I [´sevən] *n* семёрка

seven II *num* семь

sevenfold I [´sevənfəʊld] *a* семикра́тный

sevenfold II *adv* в семикра́тном разме́ре; в семь раз

seventeen [´sevən´ti:n] *num* семна́дцать

seventeenth I [,sevən´ti:nθ] *n* семна́дцатая часть

seventeenth II *num* семна́дцатый

seventh I [´sevənθ] *n* седьма́я часть

seventh II *num* седьмо́й ◊ **in ~ heaven** на седьмо́м не́бе

seventies [´sevəntɪz] *n pl* **(the ~s)** 1) семидеся́тые го́ды 2) во́зраст от 70 до 79 лет

seventieth I [´sevəntɪɪθ] *n* семидеся́тая часть

seventieth II *num* семидеся́тый

seventy [´sevəntɪ] *num* се́мьдесят

sever [´sevə(r)] *v* 1) рассека́ть, разреза́ть 2) разделя́ть(ся); разъединя́ть(ся); **to ~ oneself** отдели́ться, отколо́ться *(от —* **from**)* 3) разрыва́ть, порыва́ть *(связи, отношения)*

severable [´sevərəbl] *a* отдели́мый

several [ˈsevrəl] *a, pron* несколько; некоторые; отдельный; ~ **ways** разные пути; ~ **times** несколько раз

severally [ˈsevrəlɪ] *adv* отдельно, порознь, по отдельности

severance [ˈsevərəns] *n* 1) отделение, разъединение 2) разрыв *(связей, отношений)*

severe [sɪˈvɪə(r)] *a* 1) строгий, суровый *(о взгляде, дисциплине, критике и т. п.);* **a ~ reprimand** строгий выговор; ~ **discipline** суровая дисциплина 2) суровый *(о приговоре, погоде и т. п.);* ~ **frost** сильный мороз 3) серьёзный *(о болезни);* сильный, острый *(о боли)* 4) тяжёлый, жестокий *(о потерях, испытании и т. п.);* **a ~ loss** тяжёлая утрата 5) требовательный, взыскательный 6) строгий *(о стиле)*

severely [sɪˈvɪəlɪ] *adv* строго, сурово, тяжело *и т. п.*

severity [sɪˈverɪtɪ] *n* 1) строгость, суровость 2) *pl* строгости

sew [səʊ] *v (p. p.* **sewn, sewed)** шить; пришивать, зашивать
sew in вшивать
sew up 1) зашивать 2) улаживать

sewage [ˈs(j)uːɪʤ] *n* 1) сточные воды 2) *attr:* ~ **system** канализация, канализационная система

sewer I [ˈs(j)ʊə] *n* канализационная труба; сточная труба

sewer II *v* обеспечивать канализацией

sewerage [ˈs(j)ʊərɪʤ] *n* канализация

sewing [ˈsəʊɪŋ] *n* шитьё

sewing machine [ˈsəʊɪŋməˌʃiːn] *n* швейная машина

sewn [səʊn] *p. p. см.* **sew**

sex [seks] *n* 1) *биол.* пол; **the fair ~** прекрасный пол, женщины; **the weaker ~** слабый пол, женщины; **the stronger/sterner ~** мужчины 2) *разг.* секс, половая жизнь, сексуальные отношения 3) *attr* сексуальный; ~ **appeal** сексуальная привлекательность, сексапильность

sexagenarian I [ˌseksəʤɪˈneərɪən] *n* человек в возрасте от 60 до 69 лет

sexagenarian II *a* шестидесятилетний

Sexagesima [ˌseksəˈʤesɪmə] *n церк.* предпоследнее воскресенье перед Великим постом за 60 дней до Пасхи *(тж* ~ **Sunday)**

sexism [ˈseksɪz(ə)m] *n* сексизм, дискриминация по половому признаку

sexless [ˈsekslɪs] *a* бесполый; холодный

sexology [sekˈsɒləʤɪ] *n* сексология

sexpot [ˈsekspɒt] *n разг.* сексуальная красотка

sextet [sekˈstet] *n муз.* секстет

sextant [ˈsekstənt] *n* секстант

sexton [ˈsekstən] *n* церковный сторож, пономарь

sexual [ˈseksjʊəl] *a* сексуальный, половой; ~ **intercourse** половой акт

sexy [ˈseksɪ] *a* сексуальный

SF *сокр.* **(science fiction)** научная фантастика

SFA *сокр.* **(Scottish Football Association)** Шотландская футбольная ассоциация

sgd. *сокр.* **(signed)** подписано

Sgt. *сокр.* **(Sergeant)** сержант

shabbiness [ˈʃæbɪnɪs] *n* убогость; невзрачность

shabby [ˈʃæbɪ] *a* 1) поношенный, потёртый *(об одежде);* убогий, запущенный *(о жилище)* 2) бедно одетый, обносившийся 3) низкого качества 4) подлый, низкий

shack I [ʃæk] *n* лачуга, хибара, хижина

shack II *v:* **to ~ up** *сленг* сожительствовать *(с кем-л.)*

shackle I [ˈʃækl] *n pl* 1) кандалы 2) узы, оковы; **the ~s of convention** сковывающие условности

shackle II *v* 1) заковывать *(в кандалы)* 2) сковывать; обуздывать, сдерживать

shad [ʃæd] *n биол.* шэд, алоза *(род сельди)*

shade I [ʃeɪd] *n* 1) тень; **in the ~** а) в тени б) в безвестности; **light and ~** свет и тени; **to put smb in the ~** затмевать кого-л. 2) затенённое место; сумрак 3) оттенок, нюанс 4) незначительное количество; небольшое различие; **to feel a ~ better** чувствовать себя немного лучше 5) абажур 6) штора 7) *pl амер. разг.* защитные очки; тёмные очки 8) привидение, призрак; **the ~s of night** ночные призраки 9) штриховка

shade II *v* 1) затенять 2) защищать, заслонять *(от света, солнца)* 3) накладывать тени, затушёвывать 4) плавно переходить *(в другой цвет — into);* постепенно исчезать *(тж* **to ~ off, to ~ away)** 5) штриховать

shades of grey [ˈʃeɪdz əvˌgreɪ] *n опт.* шкала серого

shading [ˈʃeɪdɪŋ] *n* 1) штриховка, растушёвка 2) затенение 3) затемнение, тонирование

shadow I [ˈʃædəʊ] *n* 1) тень *(от предмета);* **to cast/to throw a ~** отбрасывать тень 2) постоянный спутник, «тень»; **to follow like a ~** ходить за кем-л. как тень 3) соглядатай, «хвост» 4) лёгкий намёк, тень *(сомнения и т. п.);* **without a ~ of doubt** без тени сомнения 5) тень, призрак; **she is a mere ~ of her former self** она превратилась в свою собственную тень, от неё осталась лишь одна тень 6) *pl* сумрак, полумрак; сень, покров

shadow II *v* 1) отбрасывать тень 2) затенять 3) тайно следить, выслеживать

shadowing [ˈʃædəʊɪŋ] *n* 1) оттене́ние, затене́ние 2) затме́ние 3) слёжка, пресле́дование по пята́м

shadowy [ˈʃædəʊɪ] *a* 1) тени́стый, затенённый 2) нея́сный, сму́тный, тума́нный

shady [ˈʃeɪdɪ] *a* 1) тени́стый 2) в тени́, тёмный 3) *разг.* тёмный, подозри́тельный *(о дела́х, ли́чностях)*; **a ~ affair** тёмное де́ло

shaft [ʃɑːft] *n* 1) стрела́, копьё 2) дре́вко *(копья́, пики)* 3) уко́л, вы́пад, насме́шка 4) ру́чка, рукоя́тка 5) сте́ржень 6) луч *(све́та)* 7) вспы́шка *(мо́лнии)* 8) коло́нна; обели́ск 9) *горн.* ша́хта 10) *тех.* вал, ось

shag¹ [ʃæg] *n* 1) густа́я шевелю́ра 2) махо́рка

shag² *v груб. сленг* переспа́ть

shaggy [ˈʃægɪ] *a* 1) лохма́тый, косма́тый 2) непричёсанный 3) мохна́тый, волоса́тый 4) ворси́стый, с начёсом *(о тка́ни)* ◊ **~ dog story** о́чень дли́нная шу́тка со смешны́м концо́м

shagreen [ʃæˈgriːn] *n* шагре́нь *(сорт ко́жи)*

shah [ʃɑː] *n* шах

shake I [ʃeɪk] *n* 1) встря́ска, сотрясе́ние; **to give the carpet a good ~** хороше́нько вы́трясти ковёр 2) шок 3) дрожа́ние; толчо́к; **all of a ~** дрожа́ 4) *муз.* трель 5) моло́чный кокте́йль *(тж* **milk ~)** ◊ **in two ~s** *разг.* момента́льно, в два счёта; **no great ~s** *разг.* ничего́ осо́бенного

shake II *v* (**shook; shaken**) 1) трясти́ 2) дрожа́ть, сотряса́ться; кача́ться; **to ~ one's head** (по)кача́ть голово́й; **to ~ with cold/fear** дрожа́ть от хо́лода/стра́ха; **his voice shook with emotion** его́ го́лос прерыва́лся от волне́ния 3) *разг.* потряса́ть, приводи́ть в шок; **they were ~n by the news** они́ бы́ли потрясены́ э́той но́востью 4) поколеба́ть, осла́бить; **to ~ smb's faith/resolve** поколеба́ть чью-л. ве́ру/реши́мость 5) разма́хивать *(кулако́м, па́лкой и т. п.)* ◊ **to ~ hands with smb** обменя́ться с кем-л. рукопожа́тиями; пожа́ть ру́ку кому́-л.; **to ~ in one's shoes** боя́ться, опаса́ться; **to ~ a leg** а) нача́ть танцева́ть б) приня́ться за де́ло; **let's ~ on it** *разг.* по рука́м

shake down 1) трясти́ *(я́блоню и т. п., что́бы плоды́ упа́ли)* 2) ула́живать 3) прижи́ться, хорошо́ устро́иться

shake off 1) стря́хивать 2) избавля́ться *(от чего́-л.)*

shake out 1) вытря́хивать 2) развёртывать *(па́рус, флаг и т. п.)*

shake up 1) взба́лтывать, сме́шивать *(ра́зные ингредие́нты)* встря́хиванием 2) взба́дривать, встря́хивать, расшеве́ливать

shakedown [ˈʃeɪkdaʊn] *n* 1) на́скоро приго́товленная посте́ль *(из соло́мы, се́на и т. п.)*;

to give a ~ *разг.* приюти́ть, устро́ить на ночле́г 2) *амер. разг.* вымога́тельство 3) *attr* испыта́тельный, про́бный *(о полёте, ре́йсе и т. п.)*

shaken [ˈʃeɪkən] *p. p. см.* **shake II**

shaker [ˈʃeɪkə(r)] *n* ше́йкер *(для приготовле́ния кокте́йлей)*

Shakers [ˈʃeɪkəz] *n pl* (**the ~**) ше́йкеры *(чле́ны амер. религио́зной се́кты; тж* **the Shaking Quakers, the Militant Church**)

Shakespearian I [ʃeɪkˈspɪərɪən] *n* шекспирове́д

Shakespearian II *a* шекспи́ровский

shake-up [ˈʃeɪkˌʌp] *n* 1) по́лная сме́на персона́ла; по́лная реорганиза́ция 2) встря́ска; **she needs a good ~** ей ну́жно хороше́нько встряхну́ться

shako [ˈʃækəʊ] *n воен.* ки́вер

shaky [ˈʃeɪkɪ] *a* 1) ша́ткий, неусто́йчивый; нетвёрдый; дрожа́щий, трясу́щийся; **a ~ table** ша́ткий стол; **to be ~ on one's legs** нетвёрдо держа́ться на нога́х; **to feel ~** чу́вствовать себя́ пло́хо 3) ненадёжный, непро́чный; **his memory is ~** па́мять его́ ча́сто подво́дит; **his French is ~** он основа́тельно забы́л францу́зский

shale [ʃeɪl] *n* гли́нистый сла́нец

shall [ʃəl; *по́лная фо́рма* ʃæl] *v* (*past* **should**) 1) вспомога́т. гл., испо́льзуется для образова́ния форм бу́дущего вре́мени 1-го л. ед. и мн. ч.: **in summer we ~ go to the seaside** ле́том мы пое́дем на мо́ре 2) *мода́льный гл.,* выража́ет наме́рение, уве́ренность, приказа́ние, долженствова́ние: **he ~ not go there** он туда́ не пойдёт, ему́ туда́ не на́до идти́

shallot [ʃəˈlɒt] *n бот.* лук-шало́т

shallow I [ˈʃæləʊ] *n* мелково́дье; о́тмель

shallow II *a* 1) ме́лкий, неглубо́кий *(о реке́, таре́лке)* 2) пове́рхностный, пусто́й *(об уме́, челове́ке)*

shallow III *v* меле́ть

shalt [ʃælt] *уст., поэт.* 2-е л. ед. ч. от **shall**

sham I [ʃæm] *n* 1) подде́лка; подло́г 2) симуля́нт; притво́рщик; моше́нник 3) притво́рство, обма́н

sham II *a* подде́льный; подло́жный; притво́рный; фикти́вный

sham III *v* де́лать вид; притворя́ться, прики́дываться, симули́ровать

shamble I [ˈʃæmbəl] *n* неуклю́жая, ша́ркающая похо́дка

shamble II *v* волочи́ть но́ги; ша́ркать нога́ми

shambles [ˈʃæmbəlz] *n pl* 1) *разг.* беспоря́док, кавардáк 2) бо́йня *(тж перен.)*

shame I [ʃeɪm] *n* 1) стыд; **it's a ~!/for ~!** сты́дно!; **what a ~!** какóй стыд!, какóй позóр!; ~

on you! как вам не сты́дно!; **past ~** бессты́дный 2) позо́р, срам; **to put to ~** устыди́ть; осрами́ть, опозо́рить

shame II *v* 1) стыди́ть 2) (о)позо́рить, (о)срами́ть

shamefaced [ˈʃeɪmfeɪst] *a* засте́нчивый, ро́бкий, стыдли́вый

shameful [ˈʃeɪmfʊl] *a* посты́дный, позо́рный

shameless [ˈʃeɪmlɪs] *a* бессты́дный; цини́чный, на́глый

shammer [ˈʃæmə(r)] *n* симуля́нт, притво́рщик

shammy [ˈʃæmɪ] *n разг.* за́мша

shampoo I [ʃæmˈpuː] *n* 1) шампу́нь 2) мытьё головы́; **to have a ~** помы́ть го́лову

shampoo II *v* мыть го́лову шампу́нем

shamrock [ˈʃæmrɒk] *n* 1) *бот.* кисли́ца; кле́вер 2) трили́стник *(национальная эмблема Ирландии)*

shamus [ˈʃeɪməs] *n амер. сленг* сы́щик, ище́йка

shanghai [ʃæŋˈhaɪ] *v* 1) завербова́ть матро́са на кора́бль, напои́в его́ до́пьяна 2) *разг.* обма́ном вовле́чь во что-л.

shank [ʃæŋk] *n* 1) нога́; го́лень *(ноги)* 2) сте́бель 3) *тех.* черено́к; ру́чка, сте́ржень ◊ **to go on shanks' pony/mare** идти́ пешко́м, ≅ на свои́х двои́х

shan't [ʃɑːnt] *разг.* = **shall not**

shanty[1] [ˈʃæntɪ] *n* хижина, лачу́га, хиба́рка

shanty[2] *n* хорова́я пе́сня матро́сов *(во время работы; тж* **sea ~)**

shape I [ʃeɪp] *n* 1) фо́рма; очерта́ние; **to take ~** принима́ть фо́рму; вырисо́вываться 2) фигу́ра; о́браз; о́блик 3) надлежа́щий вид; поря́док; **to knock/to lick smb into ~** привести́ кого́-л. в надлежа́щий вид 4) состоя́ние, положе́ние; **in good/bad ~** в хоро́шей/плохо́й фо́рме; **in any ~** в любо́м ви́де 5) не́что нея́сное, тума́нное; при́зрак 6) *тех.* образе́ц, моде́ль, шабло́н

shape II *v* 1) придава́ть *или* принима́ть фо́рму; **to ~ into smth** придава́ть фо́рму чего́-л. 2) создава́ть 3) приспоса́бливать 4) выража́ть слова́ми, формули́ровать 5) формирова́ть; влия́ть на разви́тие *(чего-л.);* **to ~ the course of events** повлия́ть на ход собы́тий; **things are shaping well** дела́ скла́дываются уда́чно

shapeless [ˈʃeɪplɪs] *a* бесфо́рменный

shapely [ˈʃeɪplɪ] *a* 1) стро́йный, хорошо́ сложённый 2) краси́вой фо́рмы

shaper [ˈʃeɪpə] *n* 1) закро́йщик 2) попере́чно-строга́льный стано́к 4) фре́зерный стано́к *(по дереву)* 5) эл. формирова́тель *(импульсов)*

shard [ʃɑːd] *n* 1) черепо́к, оско́лок, обло́мок 2) надкры́лье *(жука)*

sharable [ˈʃeəb(ə)l] *a* 1) разделя́емый 2) совме́стно испо́льзуемый, совме́стного по́льзования 3) коллекти́вный, о́бщий

share[1] **I** [ʃeə(r)] *n* 1) часть, до́ля; **lion's ~** льви́ная до́ля 2) уча́стие; пай; **on ~s** на пая́х; **to go ~s** дели́ть; нести́ расхо́ды *и т. п.* попола́м; **to take one's ~ of blame** нести́ свою́ до́лю отве́тственности 3) *фин.* а́кция

share[1] **II** *v* 1) дели́ть(ся), распределя́ть 2) владе́ть совме́стно; дели́ть *(что-л. с кем-л. —* with); **to ~ a room** жить в одно́й ко́мнате *(с кем-л.)* 3) принима́ть уча́стие, име́ть до́лю *(в чём-л. —* in) 4) разделя́ть *(взгляды, мнение и т. п.)*

share[2] *n* ле́мех

sharecropper [ˈʃeəˌkrɒpə(r)] *n амер.* аренда́тор-испо́льщик

shared [ʃeəd] *a* 1) разделённый 2) совме́стно, коллекти́вно испо́льзуемый, 3) совме́стный, о́бщий

shareholder [ˈʃeəˌhəʊldə(r)] *n* акционе́р

shareware [ˈʃeəweə] *n вчт* усло́вно беспла́тное програ́ммное обеспе́чение

shark [ʃɑːk] *n* 1) аку́ла 2) хи́щник, аку́ла *(о человеке)* 3) вымога́тель; моше́нник

sharp[1] **I** [ʃɑːp] *a* 1) о́стрый, заострённый, отто́ченный; **a ~ knife** о́стрый нож; **a ~ pencil** о́стро отто́ченный каранда́ш 2) ре́зко очерченный, ре́зкий, отчётливый *(о контурах, линиях)* 3) си́льный, ре́зкий; стро́гий; **a ~ tongue** о́стрый язы́к; **a ~ temper** суро́вый нрав; **~ frost** си́льный моро́з 4) пронзи́тельный *(о крике, голосе)* 5) ре́зкий *(о боли)* 6) чу́ткий, то́нкий *(о слухе, восприятии);* хоро́ший, о́стрый *(о зрении)* 7) ко́лкий, язви́тельный 8) хи́трый, ло́вкий, проны́рливый; **a ~ lawyer** хи́трый адвока́т; **~ practice** *уст.* нече́стные ме́тоды

sharp[1] **II** *adv* 1) ро́вно, то́чно; **at five o'clock ~** ро́вно в 5 часо́в 2) кру́то, ре́зко, внеза́пно; **the road turns ~ left** доро́га кру́то повора́чивает вле́во

sharp[2] *n* 1) *муз.* дие́з 2) *вчт* си́мвол # 3) *разг.* жу́лик, плут

sharp-eared [ˌʃɑːpˈɪəd] *a* с о́стрым слу́хом

sharpen [ˈʃɑːpən] *v* 1) точи́ть, заостря́ть, отта́чивать 2) чини́ть, точи́ть *(карандаш)* 3) обостря́ть

sharpener [ˈʃɑːpənə(r)] *n* точи́лка *(для карандашей);* осело́к *(для заточки ножей, ножниц)*

sharper [ˈʃɑːpə(r)] *n* шу́лер; жу́лик, плут

sharp-set [ˈʃɑːpˈset] *a* о́чень голо́дный, проголода́вшийся

sharpshooter [ˈʃɑːpˌʃuːtə(r)] *n* ме́ткий стрело́к, сна́йпер

sharp-witted [ʃɑːpˈwɪtɪd] *a* 1) умный, проницательный 2) сообразительный, быстро схватывающий

shashlik [ˈʃæʃlɪk] *n* шашлык

shatter I [ˈʃætə] *n* 1) обломок, отбитый кусок 2) *pl* осколки, кусочки 3) град (*осколков, камней и т. п.*) 4) разрушение

shatter II [ˈʃætə(r)] *v* 1) разбивать (*вдребезги*) 2) расшатывать (*здоровье, нервы*) 3) расстраивать (*планы*); разрушать надежды; **his illusions were ~ed** его иллюзии рухнули

shattering [ˈʃætərɪŋ] *a* сокрушительный; ошеломляющий; **a ~ blow** сокрушительный удар

shave I [ʃeɪv] *n* 1) бритьё; **to have a ~** побриться; **he needs a ~** ему надо побриться 2): **it was a close/narrow/near ~** (мы) едва спаслись, (мы) чуть не погибли

shave II *v* (**shaved; shaved, shaven**) 1) бриться 2) строгать, скоблить 3) подстригать, срезать; сбривать 4) пройти мимо, едва не задев

shaven [ˈʃeɪvn] *p. p. см.* **shave II**

shaver [ˈʃeɪvə(r)] *n* 1) бритва 2) *разг.* паренёк, малец (*обыкн.* **young ~**)

shaving [ˈʃeɪvɪŋ] *n* 1) бритьё 2) *pl* стружки (*деревянные, сырные и т. п.*)

shaving brush [ˈʃeɪvɪŋbrʌʃ] *n* кисточка для бритья

shaving cream [ˈʃeɪvɪŋkriːm] *n* крем для бритья

shaving foam [ˈʃeɪvɪŋfəʊm] *n* пена для бритья

shawl [ʃɔːl] *n* шаль

shchi [ʃiː] *n русск.* щи

she [ʃiː] *pron pers* она

she- [ʃɪ-] *pref,* прибавляемый к сущ. для обозначения самки животного: **she-wolf** волчица; **she-bear** медведица

sheaf I [ʃiːf] *n* (*pl* **sheaves**) 1) сноп 2) вязанка 3) связка, пачка (*бумаг и т. п.*)

sheaf II *v* вязать (*снопы и т. п.*)

shear I [ʃɪə(r)] *n pl* 1) ножницы (*тж* **pair of ~s**) 2) *тех.* срез, сдвиг 3) перемещение

shear II *v* (**sheared,** *уст.* **shore; shorn, sheared**) 1) стричь (*овец*) 2) резать, стричь 3) лишать, обдирать (*of*)

sheath [ʃiːθ] *n* (*pl* **sheaths** [ʃiːðz]) 1) ножны 2) футляр 3) презерватив, кондом 4) *бот., анат.* оболочка 5) *тех.* обшивка; изоляция 6) узкое женское платье

sheathe [ʃiːð] *v* 1) вкладывать в ножны 2) класть в футляр 3) *тех.* обшивать; покрывать изолирующим материалом

sheathing [ˈʃiːðɪŋ] *n тех.* обшивка; изоляция

sheave¹ [ʃiːv] *v* вязать (*снопы*)

sheave² *n* 1) шпулька, катушка 2) *тех.* шкив, блок

sheaves [ʃiːvz] *pl см.* **sheaf I**

shed¹ [ʃed] *n* 1) сарай 2) навес 3) ангар, гараж

shed² *v* (*past, p. p.* **shed**) 1) лить, проливать (*слёзы, кровь*) 2) ронять (*листья*); терять (*волосы, шерсть, перья, зубы*) 3) сбрасывать (*одежду*) 4) распространять; испускать, излучать (*свет, тепло и т. п.*) ◊ **to ~ light on smth** проливать свет на что-л., узнавать что-л. новое о чём-л.

sheen [ʃiːn] *n* блеск; глянец; сияние

sheeny [ˈʃiːnɪ] *a* роскошный, великолепный

sheep [ʃiːp] *n* (*pl без измен.*) 1) овца, баран 2) застенчивый человек, тихоня ◊ **black ~** «паршивая овца» (*в семье, коллективе и т. п.*); **to separate the ~ from the goats** *библ.* отделять овец от козлищ (*т. е. праведников от грешников*)

sheepdog [ˈʃiːpdɒɡ] *n* овчарка; пастушья собака

sheepfold [ˈʃiːpfəʊld] *n* загон для овец, овчарня

sheepish [ˈʃiːpɪʃ] *a* 1) застенчивый, робкий 2) глуповатый

sheepskin [ˈʃiːpskɪn] *n* 1) овчина 2) пергамент 3) *attr* овчинный; **a ~ coat/jacket** дублёнка

sheepwalk [ˈʃiːpwɔːk] *n* овечье пастбище

sheer¹ I [ʃɪə] *a* 1) явный, сущий, абсолютный, полнейший; **by ~ chance** по чистой случайности; **a ~ nonsense** чистейшая/полнейшая глупость 2) крутой, отвесный; **a ~ rock** отвесная скала 3) прозрачный, тонкий (*о ткани*) 4) чистый, без примеси

sheer¹ II *adv* 1) совершенно, абсолютно 2) отвесно

sheer² *v* 1) *мор.* сворачивать; отклоняться от курса (*тж* **to ~ away**) 2) уходить от темы обсуждения, уклоняться от разговора (*away, off*)

sheet¹ I [ʃiːt] *n* 1) простыня; **between the ~s** в постели 2) широкая полоса, лист (*бумаги, железа, стекла*); 3) газета 4) завеса (*пламени*); пелена (*дождя, тумана и т. п.*); **the rain came down in ~s** дождь лил потоками 5) водное пространство; снежная равнина 6) *геол.* пласт ◊ **a clean ~** безупречное прошлое

sheet¹ II *v* 1) покрывать (*простынёй, снегом и т. п.*) 2) лить потоками (*о дожде и т. п.*) 3) *тех.* покрывать листовым материалом

sheet² I *n мор.* шкот ◊ **three ~s in the wind** *разг.* пьяный

sheet² II *v мор.* выбирать шкоты

sheet anchor [ˈʃiːtˌæŋkə(r)] *n* 1) *мор.* запасный якорь 2) последнее прибежище, последняя надежда

sheeted [ˈʃiːtɪd] *a* покрытый

sheeting [ˈʃiːtɪŋ] *n* простынное полотно

sheet music [ˈʃiːtˌmjuːzɪk] *n* ноты *(непереплетённые, в листах)*

sheik(h) [ʃeɪk] *n* шейх

shekel [ˈʃekəl] *n* шекель *(денежная единица Израиля)*

shelf [ʃelf] *n (pl* **shelves**) 1) полка 2) уступ, выступ 3) риф, (от)мель 4) шельф ◊ **on the ~** а) оставшаяся в девицах б) в отставке, не у дел

shell I [ʃel] *n* 1) раковина, ракушка 2) скорлупа *(яйца, ореха);* шелуха; оболочка 3) панцирь *(черепахи и т. п.)* 4) артиллерийский снаряд; **blind ~** неразорвавшийся снаряд 5) гильза *(патрона)* 6) остов, каркас; корпус; кожух, обшивка 7) *вчт* оболочка *(операционной системы),* командный процессор ◊ **to come out of one's ~** выйти из своей скорлупы, разговориться; **to retire into one's ~** замкнуться в себе

shell II *v* 1) снимать скорлупу; чистить *(от шелухи);* лущить; вынимать из раковины 2) обстреливать *(снарядами)*

shell off шелушиться

shell out *разг.* выкладывать денежки; раскошеливаться

shellback [ˈʃelbæk] *n* сленг морской волк *(о старом моряке)*

shellfire [ˈʃelˌfaɪə(r)] *n* артиллерийский огонь, обстрел

shellfish [ˈʃelfɪʃ] *n* зоол. водное животное, имеющее панцирь; **molluscan ~** моллюск

shellproof [ˈʃelpruːf] *a* бронированный; не пробиваемый снарядами

shell shock [ˈʃelˌʃɒk] *n* контузия

shell-shocked [ˈʃelʃɒkt] *a* контуженный

shelter I [ˈʃeltə(r)] *n* 1) кров, убежище, приют; **to give ~** приютить 2) укрытие; прикрытие; **air-raid ~** бомбоубежище; **under the ~ of** под прикрытием; **to find ~** найти убежище, укрыться; **to take/seek ~** а) укрыться б) прибегать *(к чему-л. — in)*

shelter II *v* 1) прикрывать, защищать; служить прикрытием 2) укрывать, давать приют 3) укрываться; **to ~ oneself behind smth** укрыться/спрятаться за чем-л.

shelve¹ [ʃelv] *v* 1) расставлять *(книги на полках)* 2) откладывать в долгий ящик, «класть под сукно» 3) делать полки *(в шкафу, буфете)* 4) отстранять от дел

shelve² *v* иметь отлогий спуск; отлого спускаться

shelves [ʃelvz] *pl см.* **shelf**

shelving [ˈʃelvɪŋ] *n* стеллаж

shemozzle [ʃɪˈmɒzəl] *n* сленг шум, скандал, свара

shenanigan [ʃɪˈnænɪɡən] *n часто pl разг.* 1) глупая бравада 2) мошенничество, нечестная сделка, обман

shepherd I [ˈʃepəd] *n* 1) пастух 2) пастырь

shepherd II *v* 1) пасти овец 2) присматривать *(за кем-л.),* заботиться *(о ком-л.);* руководить *(кем-л.)*

shepherd dog [ˈʃepədˌdɒɡ] *n* овчарка; пастушья собака

shepherdess [ˈʃepədɪs] *n* пастушка

shepherd's pie [ˈʃepədzpaɪ] *n* картофельная запеканка с мясом и луком

sherd [ʃɜːd] *см.* **shard**

sheriff [ˈʃerɪf] *n* шериф

sherry [ˈʃerɪ] *n* херес

shield I [ʃiːld] *n* 1) щит 2) защита, защитник; заслон, прикрытие 3) *тех.* экран, щиток

shield II *v* 1) защищать, ограждать, прикрывать; **to ~ one's eyes from the sun** защищать глаза от солнца 2) *тех.* экранировать

shift I [ʃɪft] *n* 1) перестановка, перемещение, передвижение 2) (рабочая) смена; **day/night ~** дневная/ночная смена 3) смена, перемена; **a ~ of crops** севооборот 4) *лингв.* сдвиг; **the (Great) vowel ~** великий сдвиг гласных *(в истории англ. языка);* **~ of stress** перенос/сдвиг ударения; **~ of consonant** чередование согласных 5) уловка, увёртка; **a mere ~** пустой предлог 6) прямое платье-рубашка 7) *авто* переключение скоростей 8) *вчт* смена регистра ◊ **to make ~** обходиться *(без чего-л. или чем-л.),* уложиться *(в какие-л. рамки, пределы);* **we must make ~ without heating in our summer house** мы как-нибудь обойдёмся без отопления на даче

shift II *v* 1) перемещать(ся), передвигать(ся); **to ~ furniture** передвигать мебель 2) менять, заменять *(одно другим — for)* 3) выводить *(пятна)* 4) *сленг* торопиться 5) *сленг* быстро есть, уминать 6) обходиться, изворачиваться; **to ~ for oneself** обходиться своими силами 7) *амер.* переключать скорости *(в автомобиле)* ◊ **to ~ one's ground** изменить своё мнение, свою позицию

Shift key [ˈʃɪftˌkiː] *n вчт* клавиша переключения регистра

shiftless [ˈʃɪftlɪs] *a* беспомощный, неумелый; ленивый

shifty [ˈʃɪftɪ] *a разг.* 1) изворотливый, продувной; ненадёжный 2) уклончивый; **~ eyes** бегающие глаза

shilling [ˈʃɪlɪŋ] *n ист.* шиллинг *(англ. монета = 1/20 фунта стерлингов = 12 пенсам)*

shilly-shally I [ˈʃɪlɪˌʃælɪ] *n* нерешительность, колебание

shilly-shally II *a* нереши́тельный

shilly-shally III *v* проявля́ть нереши́тельность, колеба́ться

shimmer I [ˈʃɪmə(r)] *n* мерца́ющий свет; сла́бый о́тблеск

shimmer II *v* мерца́ть, поблёскивать

shimmery [ˈʃɪmərɪ] *a* мерца́ющий; даю́щий о́тблеск

shimmy [ˈʃɪmɪ] *n ист.* ши́мми *(танец)*

shin I [ʃɪn] *n анат.* го́лень

shin II *v* кара́бкаться *(up, down)*

shin bone [ˈʃɪnbəʊn] *n анат.* большеберцо́вая кость

shindig [ˈʃɪndɪg] *n разг.* шу́мная компа́ния, шу́мная вечери́нка

shindy [ˈʃɪndɪ] *n разг.* 1) потасо́вка, дра́ка; шум, сканда́л; **to kick up a ~** подня́ть сканда́л 2) шу́мная вечери́нка

shine I [ʃaɪn] *n* 1) сия́ние, свет 2) блеск, гля́нец; **to give a good ~ on** навести́ блеск, гля́нец; начи́стить до бле́ска ◊ **rain or ~** кака́я бы ни была́ пого́да; **to take the ~ out of** затми́ть *(кого-л.)*; **to take a ~ to** *разг.* увле́чься *(чем-л., кем-л.)*

shine II *v (past, p. p.* **shone)** 1) свети́ть, сия́ть; свети́ться; **the sun is shining** со́лнце све́тит 2) блесте́ть, сверка́ть 3) чи́стить, начища́ть *(обувь и т. п.)* 4) блиста́ть *(в обществе, разговоре)*; **he doesn't ~ in conversation** он не бле́щет красноре́чием

shine up to *амер.* втира́ться в дове́рие, заи́скивать

shiner [ˈʃaɪnə(r)] *n* 1) не́что блестя́щее 2) *разг.* подби́тый глаз 3) *pl сленг* драгоце́нности, «ка́мешки»

shingle¹ [ˈʃɪŋgəl] *n* га́лька

shingle² **I** *n* 1) *pl* дра́нка 2) *уст.* коро́ткая стри́жка 3) доще́чка *(с фамилией на двери)*

shingle² **II** *v* 1) крыть дра́нкой *(крышу)* 2) *уст.* ко́ротко стричь *(волосы)*

shining [ˈʃaɪnɪŋ] *a* 1) сия́ющий, я́ркий 2) блестя́щий, великоле́пный; **a ~ example** блестя́щий приме́р

shinny [ˈʃɪnɪ] *v амер. разг.* кара́бкаться, ла́зать *(up, down)*

shiny [ˈʃaɪnɪ] *a* 1) я́ркий, блестя́щий 2) лосня́щийся, затёртый *(о ткани, одежде)*

ship I [ʃɪp] *n* 1) кора́бль, су́дно; **on board ~** на борту́ корабля́; **to take** — сесть на кора́бль, отпра́виться в пла́вание; **war ~** вое́нный кора́бль; **the ~ of the desert** «кора́бль пусты́ни», верблю́д 2) *амер.* самолёт 3) *разг.* го́ночная ло́дка 4) *attr* корабе́льный; судово́й; **~ canal** судохо́дный кана́л

ship II *v* 1) перевози́ть, отправля́ть мо́рем, морски́м путём 2) грузи́ть *(товары)*; про-

изводи́ть поса́дку *(пассажиров)* 3) нанима́ть(ся) на су́дно

shipboard [ˈʃɪpbɔːd] *n* борт корабля́; **on ~** на борту́ корабля́, на корабле́

ship-broker [ˈʃɪpˌbrəʊkə(r)] *n* 1) судово́й ма́клер 2) судово́й страхово́й аге́нт

shipbuilder [ˈʃɪpˌbɪldə(r)] *n* кораблестрои́тель, судострои́тель

ship fever [ˈʃɪpˌfiːvə(r)] *n мед.* сыпно́й тиф

shipload [ˈʃɪpləʊd] *n* судово́й груз

shipmaster [ˈʃɪpˌmɑːstə(r)] *n* капита́н корабля́

shipmate [ˈʃɪpmeɪt] *n* това́рищ по корабе́льной слу́жбе

shipment [ˈʃɪpmənt] *n* 1) груз(ы), това́ры; **a ~ of coal** груз у́гля 2) отпра́вка, погру́зка *(грузов)*; перево́зка, доста́вка *(грузов)*

shipowner [ˈʃɪpˌəʊnə(r)] *n* судовладе́лец

shipper [ˈʃɪpə(r)] *n* 1) грузоотправи́тель; поставщи́к 2) компа́ния-грузоперево́зчик морски́м *или* речны́м тра́нспортом

shipping [ˈʃɪpɪŋ] *n* 1) перево́зка гру́зов мо́рем 2) погру́зка гру́зов 3) торго́вые суда́, торго́вый флот

shipping agent [ˈʃɪpɪŋˌeɪdʒənt] *n* аге́нт по погру́зке и отпра́вке гру́зов

shipping articles [ˈʃɪpɪŋˌɑːtɪklz] *n pl* догово́р о на́йме на су́дно

shipping bill [ˈʃɪpɪŋbɪl] *n* деклара́ция о вы́возе гру́за

shipping box [ˈʃɪpɪŋˌbɒks] *n* упако́вочная коро́бка

shipping master [ˈʃɪpɪŋˌmɑːstə(r)] *n* прави́тельственный инспе́ктор, прису́тствующий при подписа́нии догово́ра о на́йме на су́дно, при вы́плате жа́лованья *и т. п.*

shipshape [ˈʃɪpʃeɪp] *a predic* в по́лном поря́дке; **everything is ~** всё в по́лном поря́дке

shipwreck I [ˈʃɪprek] *n* 1) кораблекруше́ние 2) обло́мки корабля́ 3) круше́ние *(надежд и т. п.)*

shipwreck II *v* 1) вы́звать кораблекруше́ние; **to be ~ed** потерпе́ть кораблекруше́ние 2) разруша́ть *(надежды и т. п.)*

shipwright [ˈʃɪpraɪt] *n* 1) корабе́льный пло́тник 2) судострои́тель

shipyard [ˈʃɪpjɑːd] *n* верфь; судострои́тельный заво́д

shirk [ʃeːk] *v* уви́ливать, уклоня́ться *(от рабо́ты, обя́занностей)*; **he ~ed school** он прогуля́л уро́ки

shirker [ˈʃɜːkə(r)] *n* челове́к, уклоня́ющийся от рабо́ты, обя́занностей *и т. п.*

shirt [ʃɜːt] *n* 1) мужска́я руба́шка, соро́чка; **starched ~** крахма́льная руба́шка 2) блу́зка *(строгого покроя, типа мужской сорочки)* 3) *attr:* **~ front** мани́шка; **in ~ sleeves** без пиджака́ ◊ **to keep one's ~ on** *разг.* сохраня́ть споко́йствие; **to put one's ~ on** *разг.* поста́вить всё на́ кон; **the ~ off one's back** после́днее, что оста́лось *(у кого-л.)*

shirting [ˈʃɜːtɪŋ] *n* ткань для мужски́х соро́чек

shirty [ˈʃɜːtɪ] *a разг.* серди́тый, раздоса́дованный, раздражённый

shit I [ʃɪt] *n сленг груб.* 1) дерьмо́, говно́ 2) ничто́жная ли́чность; приду́рок 3) чушь, ерунда́ *(часто как выражение отвраще́ния, злости, крайнего раздражения)*

shit II *v сленг груб.* испражня́ться

shiver¹ I [ˈʃɪvə(r)] *n* дрожь, тре́пет; **to get/to have the ~s** дрожа́ть *(от страха и т. п.);* **this gives me the ~s** меня́ от э́того в дрожь броса́ет

shiver¹ II *v* 1) дрожа́ть *(от холода, страха — with)* 2) трепета́ть

shiver² I *n обыкн. pl* оско́лок; **to break into ~s** разби́ться вдре́безги

shiver² II *v* разбива́ться вдре́безги, разлета́ться на куски́

shivery [ˈʃɪvərɪ] *a* дрожа́щий, трепе́щущий; **I feel ~** меня́ зноби́т

shoal¹ I [ʃəʊl] *n* 1) кося́к, ста́я *(рыб)* 2) ма́сса, мно́жество

shoal¹ II *v* собира́ться ста́ями, косяка́ми *(о рыбе)*

shoal² I *n* 1) мелково́дье, мель; песча́ная о́тмель 2) *обыкн. pl* скры́тая опа́сность

shoal² II *a* ме́лкий, мелково́дный

shoal² III *v* меле́ть

shock¹ I [ʃɒk] *n* 1) сотрясе́ние, уда́р, толчо́к; **the ~ of the earthquake** подзе́мный толчо́к; **electric ~** уда́р электри́ческого разря́да, электрошо́к 2) потрясе́ние, уда́р, шок; **to suffer from ~, to be in ~** быть в шо́ке, испы́тывать потрясе́ние 3) *attr* уда́рный; шо́ковый; **~ absorber** *тех.* амортиза́тор; **~ therapy/treatment** *мед.* шо́ковая терапи́я; **~ troops** *воен.* уда́рные войска́; **~ wave** *физ.* уда́рная волна́

shock¹ II *v* 1) поража́ть, потряса́ть; **I was ~ed to hear the news** я был потрясён э́той но́востью 2) шоки́ровать; **to be ~ed** быть шоки́рованным

shock² I *n* копна́

shock² II *v* ста́вить в ко́пны, скирдова́ть

shock³ *n* лохма́тые во́лосы

shocker [ˈʃɒkə(r)] *n разг.* 1) возмути́тель споко́йствия; не́что шоки́рующее 2) *тех.* амортиза́тор *(тж* **shock absorber)**

shocking I [ˈʃɒkɪŋ] *a* возмути́тельный, шоки́рующий, ужа́сный

shocking II *adv разг.* ужа́сно, о́чень

shod [ʃɒd] *past, р. р. см.* **shoe II**

shoddy I [ˈʃɒdɪ] *n* 1) шерсть ни́зкого ка́чества 2) хлам

shoddy II *a* ни́зкого ка́чества, пло́хо сде́ланный; дрянно́й; **~ work** плоха́я рабо́та; **~ cloth** дрянна́я ткань

shoe I [ʃuː] *n* 1) боти́нок; ту́фля; **a pair of ~s** па́ра ту́фель; **strong ~s** кре́пкие башмаки́ 2) подко́ва 3) *тех.* коло́дка, башма́к ◊ **to be in smb's ~s** оказа́ться в чьём-л. положе́нии; **that's where the ~ pinches** вот в чём де́ло, вот где тру́дность; вот где соба́ка зары́та; **to wait for dead men's ~s** ждать насле́дства

shoe II *v (past, р. р.* **shod)** 1) подко́вывать *(лошадь)* 2) обува́ть

shoeblack [ˈʃuːblæk] *n* чи́стильщик о́буви

shoehorn [ˈʃuːhɔːn] *n* рожо́к для о́буви

shoelace [ˈʃuːleɪs] *n* шнуро́к (для боти́нок)

shoemaker [ˈʃuːˌmeɪkə(r)] *n* сапо́жник, обувщи́к

shoeshine [ˈʃuːʃaɪn] *n амер.* крем для о́буви

shoestring [ˈʃuːstrɪŋ] *n* 1) шнуро́к (для боти́нок) 2) *разг.:* **to live on a ~** жить на гроши́, жить впро́голодь

shoe-tree [ˈʃuːtriː] *n* обувна́я коло́дка

shone [ʃɒn, *амер.* ʃəʊn] *past, р. р. см.* **shine II**

shoo [ʃuː] *v* вспу́гивать, прогоня́ть *(птиц и т. д.)*

shook [ʃʊk] *past см.* **shake II**

shoot I [ʃuːt] *n* 1) стрельба́; состяза́ние в стрельбе́ 2) *бот.* побе́г, росто́к; **to ~ out ~s** пусти́ть ростки́ 3) охо́та; охо́тничье уго́дье 4) *тех.* накло́нный сток; жёлоб, лото́к

shoot II *v (past, р. р.* **shot)** 1) стреля́ть; застрели́ть; расстреля́ть; **to ~ oneself** застрели́ться 2) засы́пать *(вопросами);* высыпа́ть *(содержимое)* 3) охо́титься; **to go ~ing** ходи́ть на охо́ту, охо́титься 4) пронести́сь, промча́ться *(past, through, over)* 5) пуска́ть *(ростки, побеги)* 6) *кино, фото* снима́ть; **to ~ a film** снима́ть фильм 7) *спорт.* посыла́ть мяч в воро́та; бить по воро́там 8) *разг.* броса́ть *(игра́льные кости)* 9) отодвига́ть, задвига́ть *(засов)* ◊ **to ~ a line** *сленг* растрезво́нить о свои́х успе́хах, расхва́статься; **to ~ one's mouth off** *сленг* болта́ть ли́шнее

shoot ahead вы́рваться вперёд, опереди́ть свои́х проти́вников

shoot down застрели́ть; сбить *(самолёт и т. п.)*

shoot in пристре́ливаться

shoot out 1) выдава́ться *(о мысе, косе)* 2) внеза́пно возника́ть 3) изверга́ть, выбра́сывать 4) вылета́ть 5) пуска́ть *(ростки, побеги)*

shoot up 1) бы́стро расти́ 2) внеза́пно возника́ть; вздыма́ться 3) *амер.* терроризи́ровать *(жителей района)* стрельбо́й

shoot-'em-up game [ˈʃuːtəmʌpˌgeɪm] *n* (компьютерная *или* видео-) игра-стрелялка

shooter [ˈʃuːtə(r)] *n* 1) стрелок 2) огнестрельное оружие 3) (компьютерная *или* видео-) игра-стрелялка

shooting [ˈʃuːtɪŋ] *n* 1) стрельба 2) охота; **to go ~** пойти на охоту 3) право охоты 4) съёмка фильма 5) *attr:* **~ season** охотничий сезон; **~ gallery/range** тир; стрельбище

shootout [ˈʃuːtaʊt] *n* перестрелка, стрельба

shop I [ʃɒp] *n* 1) магазин; лавка; **grocer's ~** продуктовый магазин; **tobacconist's ~** табачная лавка; **curiosity ~** антикварный магазин; **to keep a ~** держать магазин 2) цех; мастерская; **assembly ~** сборочный цех; **tool ~** инструментальный цех 3) профессия, занятие; **to talk ~** говорить о работе во время общего разговора 4) *разг.* заведение, контора; **to set up ~** заняться бизнесом ◊ **to shut up ~** уйти от дел, свернуть дело; **to come to the wrong ~** обратиться не по адресу; **all over the ~** *разг.* а) в беспорядке б) повсюду, везде

shop II *v* 1) делать покупки; **I am going ~ping** я иду за покупками, я иду в магазин 2) *сленг* доносить, стучать

shop-assistant [ˈʃɒpəˌsɪstənt] *n* продавец; продавщица

shop-floor [ˈʃɒpflɔː(r)] *n* *собир.* простые рабочие *(в противоположность администрации)*

shop-girl [ˈʃɒpgɜːl] *n* продавщица

shopkeeper [ˈʃɒpˌkiːpə(r)] *n* владелец магазина

shoplifter [ˈʃɒpˌlɪftə(r)] *n* магазинный вор

shopman [ˈʃɒpmən] *n* 1) продавец 2) хозяин магазина

shopper [ˈʃɒpə(r)] *n* покупатель

shopping [ˈʃɒpɪŋ] *n* поход в магазин, за покупками, *разг.* шопинг

shopping center [ˈʃɒpɪŋˌsentə(r)] *n* торговый центр

shoppy [ˈʃɒpɪ] *a* *разг.* профессиональный *(о разговоре)*

shop-soiled [ˈʃɒpsɔɪld] *a* затасканный, избитый *(об идеях и т. п.)*

shop steward [ˈʃɒpstjʊəd] *n* профсоюзный организатор, делегат от рабочих *(для переговоров с предпринимателем);* цеховой староста

shopwalker [ˈʃɒpˌwɔːkə(r)] *n* дежурный администратор *(в большом магазине)*

shop-window [ˈʃɒpˌwɪndəʊ] *n* 1) витрина 2) возможность показать себя, блеснуть своими талантами

shore¹ [ʃɔː(r)] *n* 1) берег моря; побережье; **to go on ~** сойти на берег 2) прибрежные воды; **in ~** в прибрежных водах

shore² I *n* подпорка

shore² II *v* ставить подпорки, подпирать *(тж* **to ~ up**)

shore³ *уст. past см.* **shear II**

shoreline [ˈʃɔːlaɪn] *n* береговая линия

shoreward(s) [ˈʃɔːwəd(z)] *adv* по направлению к берегу

shorn [ʃɔːn] *p. p. см.* **shear II**

short I [ʃɔːt] *n* 1) *разг.* глоток спиртного, стаканчик 2) *фон.* краткий гласный звук 3) *эл.* короткое замыкание 4): **for ~** для краткости; **in ~** вкратце, одним словом

short II *a* 1) короткий, краткий; **~ memory** короткая память; **~ hair** короткие волосы 2) краткий, недолгий; **a ~ time ago** недавно; **the days are getting ~er** дни становятся короче 3) низкий *(о росте)* 4) недостаточный, скудный; имеющийся в недостаточном количестве; **to be ~ of smth** ощущать, иметь недостаток в чём-л.; **I am ~ of money** у меня не хватает денег; **we are ~ of flour** у нас кончилась мука; **to come ~ (of)** не хватать; **to be ~ of breath** задыхаться 5) резкий, отрывистый, грубый, невежливый *(об ответе, приёме, обращении);* **he was ~ with her** он был резок с ней 6) хрупкий, ломкий; рассыпчатый 7) крепкий, неразведённый *(о спиртном напитке)*

short III *adv* 1) внезапно, резко; **to cut smb ~** резко прервать кого-л. 2) недалеко; не доезжая; **~ of the town** недалеко от города; **to fall/to drop ~** а) не долететь до цели б) не достичь цели

shortage [ˈʃɔːtɪdʒ] *n* недостаток, нехватка; **food ~** нехватка продовольствия

shortbread [ˈʃɔːtbred] *n* песочное печенье

shortcake [ˈʃɔːtkeɪk] 1) *см.* **shortbread** 2) *амер.* слоёный торт *(с кремом и фруктами)*

short-circuit I [ʃɔːtˈsɜːkɪt] *n* *эл.* короткое замыкание

short-circuit II *v* *эл.* сделать короткое замыкание, замкнуть накоротко

shortcoming [ʃɔːtˈkʌmɪŋ] *n* недостаток, изъян

shortcut [ˈʃɔːtkʌt] *n* 1) кратчайший прямой путь, рациональный метод 2) сокращённое наименование, сокращение 3) *вчт* клавишная комбинация быстрого вызова, укороченная клавиатурная команда 4) *вчт* ярлык *(для быстрого запуска программы)*

shortcut key [ˈʃɔːtkʌtkiː] *n* *вчт* клавиша быстрого вызова, быстрая клавиша

shorten [ˈʃɔːtən] *v* укорачивать(ся), сокращать(ся)

shorthand I [ˈʃɔːthænd] *n* стенография

shorthand II *a* стенографический

short-handed [ʃɔːtˈhændɪd] *a* испытывающий недостаток в рабочей силе

shortish [ˈʃɔːtɪʃ] *a* коротковатый

short list [ˈʃɔːt lɪst] *n* список отобранных кандидатов; список финалистов

short-list [ˈʃɔːtlɪst] *v* вносить в список отобранных кандидатов

short-lived [ʃɔːtˈlɪvd] *a* кратковременный, недолгий

shortly [ˈʃɔːtlɪ] *adv* 1) вскоре 2) коротко, вкратце, кратко 3) резко, сухо

short notice [ˈʃɔːtˈnəʊtɪs] *n* слишком короткий, недостаточный период времени для предупреждения *и т. п.*

shorts [ʃɔːts] *n pl* 1) шорты 2) *амер.* трусы

short-sighted [ʃɔːtˈsaɪtɪd] *a* 1) близорукий 2) недальновидный

short story [ˈʃɔːtˈstɔːrɪ] *n* рассказ; повесть

short temper [ˈʃɔːtˈtempə(r)] *n* вспыльчивость

short-tempered [ʃɔːtˈtempəd] *a* вспыльчивый

short-term [ˈʃɔːttɜːm] *a* краткосрочный

short-wave [ˈʃɔːtweɪv] *a радио* коротковолновый

short-winded [ˈʃɔːtˈwɪndɪd] *a* 1) страдающий одышкой 2) невыносливый, слабый

shot¹ [ʃɒt] *n* 1) выстрел; звук выстрела; **to fire a ~** сделать выстрел, выстрелить 2) бросок, рывок; **to be off like a ~** вылететь пулей 3) стрелок; **a crack/sure ~** меткий стрелок 4) пушечное ядро; пуля 5) *(pl без измен.)* дробинка, дробь *(для стрельбы);* **small ~** дробь 6) фотоснимок 7) кинокадр 8) догадка; **to make a good/bad ~** угадать, разгадать/не угадать, не разгадать 9) попытка; **to have/to take/to try a ~** попытаться *(сделать что-л. — at)* 10) запуск космической ракеты 11) *разг.* глоток спиртного 12) *разг.* инъекция, укол 13) *спорт.* удар *(по мячу);* **~ on goal** удар по воротам ◊ **like a ~** *разг.* сразу, без колебаний; **~ in the dark** случайное предположение; **a big ~** *разг.* важная шишка; **by a long ~** намного, в значительной степени; **good ~!** *спорт.* хороший удар!; **not a ~ in the locker** ни копейки денег; никаких шансов

shot² *n разг.* счёт *(в гостинице);* **to pay one's ~** рассчитаться в гостинице

shot³ *past, p. p. см.* **shoot II** ◊ **to be/to get ~ of** *сленг* отделаться, избавиться

shotgun [ˈʃɒtɡʌn] *n* охотничье ружьё, дробовик; **sawn-off ~** обрез ◊ **~ marriage** *разг.* скоропалительная женитьба, скоропалительный брак *(обыч. из-за беременности невесты)*

should [ʃəd; *полная форма* ʃʊd] 1) *past см.* **shall** 2) *как вспомогательный глагол употр.:* а) *в форме Conditional 1-го л. обоих чисел*

для выражения условности: **~ he ask tell him...** если он спросит, скажи ему... **I ~ not be surprised if...** я не удивлюсь, если... б) *в форме Future in the Past 1-го л. обоих чисел для выражения будущего действия, о котором говорилось в прошлом:* **I said we ~ see them next week** я сказал, что мы навестим их на следующей неделе 3) *как модальный глагол выражает совет, рекомендацию, необходимость, возможность:* **you ~ not do that** вам не следовало бы делать этого; **we ~ leave right now** мы должны сейчас же уйти; **he ~ have thought about it earlier** ему бы надо было думать об этом раньше; **they ~ be there now** они должно быть уже там 4) *с эмоциональной окраской выражает удивление, недоумение:* **why ~ I do it?** а зачем мне это делать?; **how ~ I know?** откуда мне знать?

shoulder I [ˈʃəʊldə(r)] *n* 1) плечо; лопатка; **round ~s** сутулые плечи; **to put out/to dislocate one's ~** вывихнуть плечо; **to shrug one's ~s** пожимать плечами; **~ to ~** а) плечом к плечу, бок о бок, рядом б) объединёнными усилиями 2) обочина *(дороги)* 3) уступ, плечо горы ◊ **to give smb the cold ~** оказать кому-л. холодный приём; холодно встретить/принять кого-л.; **to put/to set one's ~ to the wheel** приложить усилие; **straight from the ~** сплеча, прямо, сразу

shoulder II *v* 1) толкать(ся); проталкивать(ся); **to ~ through the crowd** проталкиваться сквозь толпу 2) взваливать на плечи; брать на себя *(ответственность, бремя, работу и т. п.)*

shoulder belt [ˈʃəʊldəbelt] *n* 1) перевязь *(через плечо)* 2) *воен.* портупея

shoulder blade [ˈʃəʊldəbleɪd] *n анат.* лопатка

shoulder loop [ˈʃəʊldəluːp] *n амер. воен.* погон

shoulder pad [ˈʃəʊldəpæd] *n* подплечик

shoulder strap [ˈʃəʊldəstræp] *n* 1) бретелька, лямка 2) *воен.* погон

shouldn't [ˈʃʊdnt] *разг.* = **should not**

shout I [ʃaʊt] *n* (громкий) крик; выкрик; **~s of joy/laughter** радостные возгласы/взрывы смеха

shout II *v* 1) (громко) кричать; издавать крик 2) кричать *(на кого-л. — at, кому-л. — to);* **don't ~ at me** не кричи на меня; **she ~ed to me in the street** она окликнула меня на улице; **to ~ for help** звать на помощь; **to ~ with laughter** громко смеяться

shout down криками заставить замолчать *(оратора)*

shouting [ˈʃaʊtɪŋ] *n* 1) крики 2) возгласы, шум, выкрики *(одобрения и т. п.)* ◊ **all over**

but the ~ *разг.* спор практически разрешён, решение принято

shout-up [ˈʃaʊtˌʌp] *n разг.* шумный спор, шумная перебранка

shove [ʃʌv] *v* 1) толкать, пихать; **to ~ smb aside** оттолкнуть кого-л. в сторону 2) пропихиваться *(сквозь толпу и т. п. — along, past, through)* 3) сунуть, засунуть, запихнуть *(куда-л.)*

shove off 1) столкнуть *(с дороги и т. п.)* 2) отталкивать(ся) *(от берега)* 3) *разг.* смываться, удирать; ~ **off!** проваливай!

shovel I [ˈʃʌvl] *n* 1) совок; лопата 2) землечерпалка, экскаватор; ковш *(экскаватора)*

shovel II [ˈʃʌvl] *v* 1) сгребать *(уголь, снег и т. п.)* 2) запихивать *(еду в рот)*

show I [ʃəʊ] *n* 1) показ, демонстрация; **to vote by ~ of hands** голосовать поднятием рук 2) спектакль, представление; шоу 3) выставка; **to be on ~** быть выставленным, представленным 4) вид, зрелище 5) видимость, обманчивый вид; **to make a ~ of** делать вид; **to do smth for ~** сделать что-л. для показухи; **it's all just ~** это сплошная показуха 6) *разг.* дело, предприятие; **to run the ~, to be in charge of the ~** заправлять *(чем-л.)*, быть во главе *(чего-л.)* 7) *разг.* удобный случай; **to get a fair ~** иметь удобный случай; **they gave him a fair ~** они дали ему возможность показать себя ◊ **to give the (whole) ~ away** всё выдать, показать всё как есть (на самом деле); **good ~!** *разг.* хорошо сделано!; **bad/poor ~!** *разг.* хуже некуда!

show II *v* (**showed**; **shown**) 1) показывать; ~ **me the way** покажите мне дорогу 2) предъявлять; демонстрировать; **you must ~ your ticket** вы должны предъявить билет 3) проявлять *(чувства)*; оказывать *(внимание и т. п.)* 4) быть видимым, заметным; **the scar still ~s** шрам ещё заметен; **it ~s** это видно 5) выставлять, показывать, устраивать выставку 6) проводить *(куда-л.)*; **he ~ed me to my room** он проводил меня до моего номера, он показал мне мою комнату 7) отобразить, показать ◊ **to ~ one's face** показываться, бывать *(где-л.)*; **to ~ one's hand/cards** раскрыть карты; **to ~ a clean pair of heels** *разг.* дать тягу, поспешно убежать

show in провести в помещение, ввести

show off *разг.* пускать пыль в глаза, рисоваться, воображать

show out выводить, провожать из помещения

show round показывать достопримечательности; водить *(по музею, городу и т. п.)*

show through 1) быть видимым под *(тканью, слоем краски и т. п.)* 2) быть обнаруженным *(об истинных чувствах)*

show up 1) быть видимым, заметным 2) разоблачать 3) *разг.* появляться *(где-л.)*; прибыть *(куда-л.)* 4) *разг.* смущать; унижать

showbiz [ˈʃəʊbɪz] *разг. см.* **show business**

showboat [ˈʃəʊbəʊt] *n амер.* плавучий театр

show business [ˈʃəʊˌbɪznɪs] *n* шоу-бизнес, индустрия развлечений

showcase [ˈʃəʊkeɪs] *n* витрина

showdown [ˈʃəʊdaʊn] *n* 1) решающий разговор; открытое столкновение; **I had a ~ with my partner** у меня был крупный разговор с моим партнёром 2) раскрытие карт *(в покере)* 3) *спорт.* решающая встреча; ответственное соревнование

shower I [ˈʃaʊə(r)] *n* 1) ливень *(тж* **a ~ of rain**) 2) сильный снегопад 3) поток *(слёз)* 4) град *(пуль, стрел, вопросов)* 5) душ 6) *attr* предназначенный для душа; ~ **gel** гель для душа; ~ **cap** (пластиковая) шапочка для душа ◊ **a ~ of gifts** множество подарков; **in ~s** во множестве

shower II *v* 1) литься ливнем 2) засыпать *(вопросами)*; осыпать *(подарками, ударами и т. п.)*

shower-bath [ˈʃaʊəbɑːθ] *n* душ

showgirl [ˈʃəʊɡɜːl] *n* актриса варьете

showground [ˈʃəʊˌɡraʊnd] *n* выставочная площадка, выставка

showman [ˈʃəʊmən] *n* 1) хозяин цирка, балагана *и т. п.* 2) устроитель, организатор зрелищ, увеселений; шоумен

shown [ʃəʊn] *p. p. см.* **show II**

show-off [ˈʃəʊˌɔːf] *n* 1) рисовка, хвастовство 2) *разг.* позёр

showroom [ˈʃəʊrʊm] *n* демонстрационный зал *(образцов товаров и т. п.)*

show window [ˈʃəʊˌwɪndəʊ] *n* витрина

showy [ˈʃəʊɪ] *a* 1) яркий, броский, кричащий 2) показной

shrank [ʃræŋk] *past см.* **shrink I**

shrapnel [ˈʃræpnəl] *n воен.* шрапнель

shred I [ʃred] *n* клочок, обрывок, лоскут; **to cut to ~s** резать на куски; **to tear/to rip to ~s** рвать в клочья, изодрать на куски ◊ **there's not a ~ of evidence against him** против него нет никаких улик

shred II *v* (*past, p. p.* **shredded**, *уст.* **shred**) 1) рвать, драть *(на клочки, куски)* 2) *кул.* шинковать

shredder [ˈʃredə(r)] *n* бумагорезательная машина, шредер

shrew [ʃruː] *n* сварливая женщина, мегера

shrewd [ʃruːd] *a* 1) проница́тельный, то́нкий *(об уме)* 2) расчётливый; рассуди́тельный; ~ **reasoning** тре́звое сужде́ние

shrewish [ˈʃruːɪʃ] *a* сварли́вый, ворчли́вый

shriek I [ʃriːk] *n* пронзи́тельный крик, вопль

shriek II *v* пронзи́тельно крича́ть, вопи́ть

shrill I [ʃrɪl] *a* пронзи́тельный, ре́зкий, визгли́вый; **a ~ voice** пронзи́тельный го́лос

shrill II *v* пронзи́тельно крича́ть; визжа́ть

shrimp [ʃrɪmp] *n* 1) креве́тка 2) *разг.* ма́ленький челове́чек, малю́тка; ка́рлик

shrimp cocktail [ˈʃrɪmpˌkɒkteɪl] *n* кокте́йль из креве́ток *(закуска; тж* **prawn cocktail**)

shrine [ʃraɪn] *n* 1) усыпа́льница, гробни́ца *(святого)* 2) храм, часо́вня 3) ме́сто поклоне́ния, свято́е ме́сто

shrink I [ʃrɪŋk] *n сленг* психиа́тр

shrink II *v* (**shrank**; **shrunk**, **shrunken**) 1) сади́ться *(о ткани)*; сжима́ться *(от холода)* 2) отпря́нуть, отскочи́ть наза́д; **to ~ at a touch** сжима́ться, мо́рщиться от прикоснове́ния 3) уменьша́ть, сокраща́ть, сжима́ть 4) уменьша́ть разме́р, уплотня́ть 5) избега́ть, уклоня́ться *(от чего-л. — from);* **to ~ from meeting friends** избега́ть встреч с друзья́ми; **I ~ from telling her** у меня́ не хвата́ет ду́ху сказа́ть ей ◊ **to ~ into oneself** уйти́ в себя́, замкну́ться в себе́

shrinkage [ˈʃrɪŋkɪdʒ] *n* уса́дка, сокраще́ние; сжа́тие; усу́шка

shrive [ʃraɪv] *v* (**shrove**; **shriven**) *уст.* испове́доваться, ка́яться

shrivel [ˈʃrɪvl] *v* сжима́ться, ссыха́ться; скрю́чиваться

shriven [ˈʃrɪvn] *p. p. см.* **shrive**

shroud I [ʃraʊd] *n* 1) са́ван 2) пелена́, покро́в; заве́са; **a ~ of snow** сне́жный покро́в; **wrapped in the ~ of mystery** покры́тый та́йной 3) *pl мор.* ва́нты

shroud II *v* 1) завёртывать в са́ван 2) скрыва́ть, оку́тывать; **the whole affair is ~ed in mystery** вся э́та исто́рия оку́тана та́йной

shrove [ʃrəʊv] *past см.* **shrive**

Shrovetide [ˈʃrəʊvtaɪd] *n* Ма́сленица

Shrove Tuesday [ˈʃrəʊvˌtjuːzdeɪ] *n рел.* Бли́нный вто́рник *(амер.* **Mardi Gras**)

shrub [ʃrʌb] *n* куст

shrubbery [ˈʃrʌbərɪ] *n* куста́рник, кусты́

shrug I [ʃrʌg] *n* пожима́ние плеча́ми

shrug II *v* пожима́ть плеча́ми

shrunk [ʃrʌŋk] *p. p. см.* **shrink I**

shrunken [ˈʃrʌŋkən] *a* дря́блый, смо́рщенный

shuck I [ʃʌk] *n амер.* 1) шелуха́ 2) ра́ковина *(устрицы или морского моллюска)* ◊ **~s!** *разг.* чушь!, ерунда́!

shuck II *v амер.* очища́ть от шелухи́

shudder I [ˈʃʌdə(r)] *n* содрога́ние, дрожь

shudder II *v* содрога́ться; **I ~ to think of it** я содрога́юсь при одно́й мы́сли об э́том

shuffle I [ˈʃʌfəl] *n* 1) ша́рканье; ша́ркающая похо́дка 2) тасова́ние *(карт)* 3) переме́на мест, перемеще́ние, перетасо́вка 4) уве́ртка, хи́трости

shuffle II *v* 1) ша́ркать (нога́ми); идти́ ша́ркающей похо́дкой 2) тасова́ть *(карты)* 3) перебира́ть *(бумаги, документы)* 4) перемеща́ть 5) сва́ливать в ку́чу *(одежду)* 6) увёртываться, избега́ть *(out of);* **to ~ out of the blame** избежа́ть обвине́ния *(в чём-л.)* 7) уви́ливать, увёртываться *(от чего-л. — out of)* 8) виля́ть, хитри́ть 9) меня́ться места́ми 10) ёрзать *(на стуле)*

shuffle off 1) швырну́ть в сто́рону 2) изба́виться, отде́латься

shuffler [ˈʃʌflə(r)] *n* 1) тасу́ющий, сдаю́щий ка́рты 2) хитре́ц, ловка́ч

shun [ʃʌn] *v* избега́ть, сторони́ться; **to ~ temptation** избега́ть собла́знов

shunt I [ʃʌnt] *n* 1) перево́д, переключе́ние, сдвиг 2) *ж.-д.* перево́д на запа́сный путь 3) *эл., мед.* шунт

shunt II *v* 1) *ж.-д.* переводи́ть на запа́сный путь 2) *эл., мед.* шунти́ровать 3) свора́чивать; отклоня́ться *(от пути);* уклоня́ться 4) откла́дывать *(обсуждение и т. п.)*

shunting [ˈʃʌntɪŋ] *n* 1) *ж.-д.* маневри́рование 2) *эл., мед.* шунти́рование

shush I [ʃʌʃ] *int* ш-ш!, ти́ше!

shush II *v* утихоми́рить; призва́ть к тишине́

shut [ʃʌt] *v* (*past, p. p.* **shut**) 1) закрыва́ть 2) затворя́ть *(дверь, окно и т. п.)* 3) закрыва́ть *(магазин);* остана́вливать *(завод)* 4) заключа́ть, запира́ть *(кого-л., что-л. — into)* 5) не впуска́ть *(в помещение — out)* ◊ **to ~ the door on smth** отка́зываться обсужда́ть, принима́ть что-л., не признава́ть что-л.; **to ~ one's eyes/ears/heart/mind to** не жела́ть ви́деть/слы́шать что-л., закрыва́ть глаза́ на что-л.; **to be/get ~ of** *сленг* изба́виться *(от кого-л., чего-л.);* **~ up!** *груб.* заткни́сь!

shut-down [ˈʃʌtˌdaʊn] *n* 1) закры́тие, остано́вка *(завода, предприятия)* 2) оконча́ние *(радиопередач и т. п.)* 3) *вчт* закры́тие систе́мы; заверше́ние зада́чи, опера́ции 4) *тех.* остано́в, прекраще́ние рабо́ты

shut-off [ˈʃʌtˌɔːf] *n* выключа́тель

shutter I [ˈʃʌtə(r)] *n* 1) ста́вень 2) засло́нка, задви́жка 3) затво́р объекти́ва *(фотоаппарата)* ◊ **to put up the ~s** закры́ть магази́н, предприя́тие

shutter II *v* закрыва́ть ста́внями

shuttle I [ˈʃʌtəl] *n* 1) челно́к *(ткацкого станка и т. п.)* 2) челно́чное движе́ние, сообще́-

ние 3) *attr* челно́чный; ~ **diplomacy** челно́чная диплома́тия; ~ **service** челно́чное движе́ние/сообще́ние

shuttle II *v* дви́гаться взад и вперёд

shuttlecock [´ʃʌtəlkɒk] *n* вола́н *(в бадминто́не)*

shy[1] **I** [ʃaɪ] *a* 1) засте́нчивый, ро́бкий; **to be ~ with** быть засте́нчивым *(с кем-л.)*; **to be ~ of (doing smth)** не реша́ться сде́лать что-л. 2) пугли́вый *(о живо́тном)* 3) *разг.* недостава́ть, не хвата́ть *(of, on)*

shy[1] **II** *v* 1) отпря́нуть, отскочи́ть *(в испу́ге и т. п.)* 2) бро́ситься в сто́рону *(о ло́шади и т. п.)* 3) избега́ть, не принима́ть уча́стия *(away from, at)*

shy[2] **I** *n* бросо́к, швыря́ние ◊ **to have a ~ at** попыта́ться

shy[2] **II** *v* броса́ть, швыря́ть

shyster [´ʃaɪstə(r)] *n* *амер. разг.* беспринци́пный челове́к *(особ. юри́ст)*

Siamese [ˌsaɪə´miːz] *a* сиа́мский; ~ **cat** сиа́мский кот; ~ **twins** сиа́мские близнецы́

Siberian [saɪ´bɪərɪən] *a* сиби́рский

sibilant I [´sɪbɪlənt] *n* *фон.* свистя́щий или шипя́щий звук, сибиля́нт

sibilant II *a* свистя́щий, шипя́щий *(тж фон.)*

sibling [´sɪblɪŋ] *n* 1) родно́й брат 2) родна́я сестра́

sibyl [´sɪbɪl] *n* прорица́тельница; гада́лка

sick [sɪk] *a* 1) чу́вствующий тошноту́; **to be/to feel ~** а) чу́вствовать тошноту́ б) *амер.* быть больны́м 2) *амер.* больно́й; **to fall/to go/to take ~** захвора́ть; **a ~ man** больно́й 3) *разг.* уста́вший, изму́ченный; пресы́щенный; **to be ~ of smth** пресы́титься чем-л.; **I am ~ of it** мне надое́ло э́то; **I am ~ and tired of it** мне э́то осточерте́ло; **to be ~ at heart** тоскова́ть

sickbay [´sɪkbeɪ] *n* лазаре́т *(на корабле́)*; изоля́тор

sickbed [´sɪkbed] *n* посте́ль больно́го

sicken [´sɪkən] *v* 1) чу́вствовать отвраще́ние, тошноту́ *(at)*; заболева́ть; **he is ~ing for measles** у него́ начина́ется корь 3) ча́хнуть *(о расте́нии)*

sickening [´sɪkənɪŋ] *a* 1) отврати́тельный 2) *разг.* о́чень надое́дливый; раздража́ющий

sickle [´sɪkl] *n* серп

sickle-cell anaemia [ˌsɪklselə´niːmɪə] *n* *мед.* серповиднокле́точная анеми́я

sick leave [´sɪkˌliːv] *n* о́тпуск по боле́зни; **to be on ~** быть на бюллете́не, быть на больни́чном листе́

sick list [´sɪkˌlɪst] *n* спи́сок больны́х *(на су́дне, в полку́ и т. п.)*

sickly [´sɪklɪ] *a* 1) боле́зненный, больно́й, хи́лый *(о челове́ке, ви́де и т. п.)* 2) бле́дный,

нездоро́вый 3) нездоро́вый *(о кли́мате, ме́стности и т. п.)* 4) тошнотво́рный 5) сла́бый, е́ле те́плящийся *(об огне́, све́те)* 6) блёклый *(о цве́те)*

sickness [´sɪknɪs] *n* 1) боле́знь, заболева́ние 2) тошнота́ 3) *attr:* ~ **benefit** вы́плата по боле́зни; пе́нсия по инвали́дности

sick pay [´sɪkˌpeɪ] *n* вы́плата по больни́чному листу́

sickroom [´sɪkruːm] *n* 1) пала́та больно́го 2) изоля́тор

side I [saɪd] *n* 1) сторона́; **the right ~ of cloth** лицева́я сторона́ тка́ни; **the seamy/the wrong ~ of cloth** изна́нка тка́ни; **on all ~s** со всех сторо́н; **on both ~s** с ка́ждой стороны́; с обе́их сторо́н 2) бок; **to sleep on one's ~** спать на боку́; **from ~ to ~** с бо́ку на́ бок; **by the ~ of** ря́дом, побли́зости; ~ **by ~** ря́дом; бок о́ бок 3) сте́нка *(я́щика и т. п.)* 4) склон *(горы́, холма́)*; край; бе́рег; **at the ~ of a lake** на берегу́ о́зера 5) сторона́, по́ле *(листа́ бума́ги)* 6) сторона́ *(в спо́ре, борьбе́ и т. п.)*; пози́ция; **to take smb's ~** встать на чью-л. сто́рону; **which ~ do you support?** за кого́ ты боле́ешь? 7) ли́ния *(родства́)*; **on my father's ~** по отцо́вской ли́нии 8) аспе́кт, черта́; **some good ~s to his character** хоро́шие черты́ его́ хара́ктера 9) *attr* боково́й; побо́чный; подсо́бный, дополни́тельный; ~ **dish** гарни́р, сала́т ◊ **there's a bright ~ to all this** в э́том есть и положи́тельная сторона́; **to look at the sunny ~ of things** быть оптими́стом; **on the right ~ of forty** моло́же сорока́ лет; **the other ~ of the picture** оборо́тная сторона́ меда́ли; **to get on the wrong ~ of smb** не угоди́ть кому́-л.; **to put on ~** задава́ться

side II *v* стать на чью-л. сто́рону *(with)*

sideboard [´saɪdbɔːd] *n* 1) буфе́т, серва́нт 2) подсо́бный сто́лик *(в столо́вой)*

sideboards [´saɪdbɔːdz] *n pl разг.* ба́ки, ба́чки, бакенба́рды

sideburns [´saɪdbɜːnz] *см.* **sideboards**

side-by-side [´saɪdbaɪˌsaɪd] *adv* 1) бок о́ бок; ря́дом; на одно́й ли́нии *(с кем-л.)*; 2) в по́лном согла́сии, в едине́нии *(с кем-л.)*

side-car [´saɪdkɑː(r)] *n* коля́ска *(мотоци́кла)*

side effect [´saɪdɪˌfekt] *n* побо́чное возде́йствие, побо́чный эффе́кт

sidehill [´saɪdhɪl] *n амер.* склон *(горы́)*

sidekick [´saɪdˌkɪk] *n сленг* 1) закады́чный друг; ко́реш 2) соо́бщник, посо́бник; поде́льник

sidelight [´saɪdlaɪt] *n* 1) боково́е освеще́ние 2) случа́йно полу́ченная информа́ция 3) *авто* подфа́рник 4) иллюмина́тор 5) *мор.* отличи́тельный ого́нь

sideline [ˈsaɪdlaɪn] *n* 1) внештáтная рабóта, подрабóтка 2) *спорт.* боковáя лúния

sidelong I [ˈsaɪdlɒŋ] *a* косóй, напрáвленный в стóрону; **a ~ glance** взгляд úскоса

sidelong II *adv* вкось

sidereal [saɪˈdɪərɪəl] *a* звёздный

side road [ˈsaɪdˌrəʊd] *n* боковáя дорóга; просёлочная дорóга

side saddle [ˈsaɪdˌsædl] *n* дáмское седлó

sideshow [ˈsaɪdʃəʊ] *n* 1) дополнúтельная вýставка (*к основнóй*) 2) дополнúтельное развлечéние

side-slip I [ˈsaɪdslɪp] *n* (боковóе) скольжéние

side-slip II *v* 1) скользúть вбок, заносúть 2) *ав.* скользúть на крылó

side-splitting [ˈsaɪdˌsplɪtɪŋ] *a* óчень смешнóй, уморúтельный

sidestep¹ I [ˈsaɪdstep] *n* шаг в стóрону

sidestep¹ II *v* отступúть в стóрону

sidestep² II *n* 1) поднóжка, ступéнька; подвеснáя лéсенка 2) «лéсенка» (*подъём на лыжáх*)

sidestepping [ˈsaɪdˌstepɪŋ] *n* 1) *спорт.* шаг в стóрону (*в бóксе*) 2) обхóд, обходнóй путь

side street [ˈsaɪdˌstriːt] *n* переýлок

sidetrack I [ˈsaɪdtræk] *n* *ж.-д.* запáсный путь

sidetrack II *v* 1) *ж.-д.* переводúть на запáсный путь 2) отклáдывать (*рассмотрéние, разрешéние чегó-л.*) 3) уводúть в стóрону, отвлекáть (*от — from*)

side view [ˈsaɪdˌvjuː] *n* прóфиль; вид сбóку

sidewalk [ˈsaɪdwɔːk] *n амер.* тротуáр

sideward I [ˈsaɪdwəd] *см.* **sideways I**

sideward II *см.* **sideways II**

sideways I [ˈsaɪdweɪz] *a* напрáвленный в стóрону

sideways II *adv* 1) в стóрону, вбок 2) бóком

side wind [ˈsaɪdwɪnd] *n* посторóннее влия́ние

side-winder [ˈsaɪdˌwaɪndə(r)] *n амер.* удáр сбóку

siding [ˈsaɪdɪŋ] *n* 1) *ж.-д.* запáсный путь 2) *амер.* обшúвка (*здáния*) 3) *стр.* сáйдинг (*материáл для обшúвки здáний*)

sidle [ˈsaɪdl] *v* (под)ходúть бочкóм (*along, up*)

SIDS *сокр.* **(sudden infant death syndrome)** *мед.* синдрóм внезáпной младéнческой смéрти (*тж* **cot death**)

siege [siːdʒ] *n* 1) осáда; **to lay ~ to** а) начáть осáду (*чегó-л.*); **to raise the ~** снимáть осáду; **to stand a ~** выдéрживать осáду 2) *attr* осáдный

siege gun [ˈsiːdʒˌgʌn] *n ист.* осáдное орýдие

sienna [sɪˈenə] *n* сиéна (*крáска*)

sierra [sɪˈerə] *n исп.* сьéрра, гóрная цепь

siesta [sɪˈestə] *n* послеобéденный óтдых (*в жáрких странáх*), сиéста

sieve I [sɪv] *n* решетó, сúто ◊ **head like a ~** *разг.* головá дырявая, как решетó; **my memory is like a ~** у меня пáмять, как решетó, ничегó не пóмню

sieve II *v* просéивать (*сквозь сúто, решетó*)

sift [sɪft] *v* 1) просéивать (*мукý, сáхарный песóк, песóк и т. п.*); грохотúть (*ýголь, щéбень*) 2) посыпáть (*сáхаром и т. п.*) 3) внимáтельно исслéдовать, анализúровать (*фáкты, дáнные и т. п.*) 4) сéяться (*о дождé и т. п.*)

sigh I [saɪ] *n* вздох; **a ~ of relief** вздох облегчéния

sigh II *v* 1) вздыхáть, вздохнýть 2) тосковáть (*о ком-л., о чём-л. — for*) 3) зашумéть (*о вéтре*)

sight I [saɪt] *n* 1) зрéние; взгляд; **keen ~** óстрое зрéние; **long ~** дальнозóркость; **near/short ~** близорýкость; **second ~** ясновидéние; **at first ~** с пéрвого взгляда; **to know by ~** знать в лицó; **the mere ~ of him makes me sick** меня от одногó егó вúда ворóтит 2) вид, зрéлище; **a wonderful ~** прекрáсное зрéлище; **a nasty ~** ужáсное/мéрзкое зрéлище; **it's a ~ worth seeing** на э́то стóит взглянýть 3) пóле зрéния; **to come into ~** показáться, появúться; **to lose ~ of** потерять úз виду; **at/on ~** при вúде; **to catch/to get ~ of** увúдеть, замéтить; **in ~** а) в видý (*берегá, гóрода и т. п.*); в пóле зрéния; **out of ~** вне пóля зрéния; **within ~** в предéлах вúдимости 4) *pl* достопримечáтельности; **to go to see the ~s** отпрáвиться осмáтривать достопримечáтельности 5) прицéл; **to take a careful ~** тщáтельно прицéливаться 6) смехотвóрное зрéлище; **to make a ~ of oneself** дéлать из себя посмéшище 7) *разг.* мáсса, ýйма; **it's a long ~ better** э́то намнóго лýчше ◊ **to play at ~** игрáть с листá; **out of ~ out of mind** *посл.* с глаз долóй — из сéрдца вон; **out of my ~!** убирáйся!, прочь с глаз мóих!

sight II *v* 1) замéтить, разглядéть, вы́смотреть; **to ~ a land** увúдеть зéмлю 2) производúть наблюдéния (*с пóмощью инструмéнтов*) 3) наводúть (*орýжие, орýдие*); брать прицéл, прицéливаться

sighthole [ˈsaɪthəʊl] *n* смотровóй люк, смотровóе отвéрстие, глазóк

sightless [ˈsaɪtlɪs] *a* 1) слепóй, лишённый зрéния 2) *поэт.* невúдимый, незрúмый

sightly [ˈsaɪtlɪ] *a* прия́тный на вид, вúдный, красúвый

sightseeing [ˈsaɪtˌsiːɪŋ] *n* осмóтр достопримечáтельностей; **to go ~** осмáтривать достопримечáтельности

sightseer [ˈsaɪtˌsiːə(r)] *n* турист

sign I [saɪn] *n* 1) признак; **to show ~s of smth** иметь признаки чего-л. 2) знак; **plus/minus ~** знак плюс/минус; **to give a ~** подавать знак 3) символ, условный знак; **to mark with a ~** отметить символом, условным знаком; **~s of the times** знамение времени 4) вывеска; указатель; **traffic ~** дорожный знак 5) *мед.* симптом 6) пароль 7) *attr:* **~ language** а) язык жестов б) азбука глухонемых

sign II *v* 1) подписывать(ся) 2) делать знак; подавать знак рукой *(кому-л. — for)*

sign away передавать *(собственность, владение и т. п.);* отказываться от собственности *(в чью-л. пользу)*

sign for расписаться в получении *(чего-л.)*

sign in 1) зарегистрироваться, отметиться *(в гостинице)* 2) *вчт* входить в систему

sign off 1) дать знак окончания *(работы, радиопередачи и т. п.)* 2) закончить работу по контракту 3) *вчт* выходить из системы

sign on 1) подписывать контракт 2) нанимать на работу 3) начинать *(работу, радиопередачу и т. п.)* 4) *вчт* предъявлять пароль, входить в систему

sign out выписываться *(из гостиницы и т. п.)*

sign up 1) нанимать на работу 2) завербоваться *(на военную службу)* 3) включить в какой-л. список

signal¹ I [ˈsɪgnəl] *n* 1) сигнал; **to give a ~** дать сигнал; **~ of distress** сигнал бедствия 2) знак; **to make a ~** подать знак 3) *ж.-д.* семафор 4) *attr* сигнальный; **~ lights** сигнальные огни

signal¹ II *v* давать сигнал, сигналить; сигнализировать

signal² *a* выдающийся, замечательный; из ряда вон выходящий

signal book [ˈsɪgnəlˌbʊk] *n* код, сигнальная книга

signal box [ˈsɪgnəlˌbɒks] *n ж.-д.* блокпост

signalize [ˈsɪgnəlaɪz] *v* 1) отмечать 2) придавать блеск 3) сигнализировать

signally [ˈsɪgnəlɪ] *adv* блестящим образом, замечательно

signalman [ˈsɪgnəlmən] *n* сигнальщик

signal tower [ˈsɪgnəlˌtaʊə(r)] *амер. см.* **signal box**

signatory I [ˈsɪgnətərɪ] *n юр.* сторона, подписавшая договор, соглашение

signatory II *a юр.* подписавший *(договор, соглашение);* **~ powers** государства, подписавшие договор

signature [ˈsɪgnətʃə(r)] *n* 1) подпись; **to put one's ~ to a document** поставить подпись под документом; **to bear the ~** иметь под-

пись 2) *полигр.* сигнатура 3) *муз.* ключ 4) *attr:* **~ tune** музыкальная заставка *(к теле- или радиопередаче);* **~ file** *вчт* файл, содержащий информацию об отправителе письма по электронной почте

signboard [ˈsaɪnbɔːd] *n* вывеска

signer [ˈsaɪnə(r)] *n юр.* сторона, подписавшая договор, соглашение

signet [ˈsɪgnɪt] *n* 1) печатка 2) **(the ~)** (королевская) печать

signet-ring [ˈsɪgnɪtrɪŋ] *n* кольцо с печаткой

significance [sɪgˈnɪfɪkəns] *n* 1) важность, значительность; **of no ~** незначительный, не имеющий значения 2) значение, смысл *(факта, заявления, события)*

significant [sɪgˈnɪfɪkənt] *a* 1) имеющий значение, показательный; важный, существенный; **it is ~ that...** показательно то, что... 2) многозначительный, выразительный 3) значительный; **a ~ change** значительное изменение; **a ~ sum** значительная сумма

significant bit [sɪgˈnɪfɪkənt bɪt] *n вчт* значимый бит

signification [ˌsɪgnɪfɪˈkeɪʃ(ə)n] *n* 1) значимость 2) значение, смысл *(слова, фразы)*

significative [sɪgˈnɪfɪkətɪv] *a* 1) указывающий, свидетельствующий 2) означающий

signify [ˈsɪgnɪfaɪ] *v* 1) означать, значить; иметь значение; **what does it ~?** какое это имеет значение?; что это значит? 2) выражать, выказывать; **to ~ one's approval** выражать своё одобрение

signpost [ˈsaɪnpəʊst] *n* указательный столб, указатель

Sikh [siːk] *n инд.* сикх

silage [ˈsaɪlɪdʒ] *n* силос

silence I [ˈsaɪləns] *n* 1) тишина, безмолвие; **dead ~** мёртвая тишина 2) молчание; **to break ~** нарушать молчание; **to keep ~** хранить молчание, продолжать молчать; **to reduce/to put to ~** заставить замолчать; прекратить дальнейшие споры; **in ~** молча 3) забвение; умолчание; **to pass into ~** быть преданным забвению ◊ **~ gives consent** *погов.* молчание — знак согласия

silence II *v* 1) заставить замолчать; прекратить дальнейшие споры

silencer [ˈsaɪlənsə(r)] *n тех.* глушитель *(амер.* **muffler)**

silent [ˈsaɪlənt] *a* 1) молчаливый 2) безмолвный, бесшумный; **a ~ film** немой фильм 3) умалчивающий; **he was ~ on this matter** он обходил молчанием этот вопрос 4) непроизносимый *(о буквах)*

silent partner [ˌsaɪlənt ˈpɑːtnə] *см.* **sleeping partner**

silhouette I [ˌsɪluːˈet] *n* силуэт

silhouette II *v* вырисовываться на фоне *(чего-л.)*

silica [ˈsɪlɪkə] *n мин.* кремнезём, кварц

silicon [ˈsɪlɪkən] *n хим.* кремний ◊ **S. Valley** Силикон Вэлли, Силиконовая *(правильнее* Кремниевая*)* долина *(район в Калифорнии, известный своей высокой концентрацией предприятий высокотехнологичной электронной промышленности)*

silicosis [ˌsɪlɪˈkəʊsɪs] *n мед.* силикоз *(одно из профзаболеваний шахтёров)*

silk [sɪlk] *n* 1) шёлк 2) шёлковая ткань; *pl* шелка 3) *attr* шёлковый

silken [ˈsɪlkən] *a* 1) шёлковый; шелковистый 2) носящий шелка 3) мягкий, вкрадчивый; скользкий

silkworm [ˈsɪlkwɜːm] *n* шелковичный червь, шелкопряд

silky [ˈsɪlkɪ] *a* 1) шелковистый, гладкий, мягкий 2) вкрадчивый

sill [sɪl] *n* 1) подоконник 2) порог *(двери, шлюза)*

silly I [ˈsɪlɪ] *n разг.* дурак, придурок

silly II *a* 1) глупый 2) слабоумный

silo I [ˈsaɪləʊ] *n* 1) силосная яма 2) *воен.* стартовая шахта *(для пуска ракет)*

silo II *v* силосовать

silt [sɪlt] *n* ил

silvan [ˈsɪlvən] *a* лесной; лесистый

silver I [ˈsɪlvə(r)] *n* 1) серебро; **German ~** мельхиор 2) серебряные деньги, серебро 3) серебряная посуда; столовое серебро

silver II *a* 1) серебряный 2) серебристый; **~ fox** чернобурая лисица; **~ gilt** позолоченное серебро ◊ **~ lining** нечто положительное в полосе неудач; ≅ нет худа без добра; **~ spoon** знак будущего успеха, богатства; **~ tongue** красноречие; **~ wedding** серебряная свадьба *(25 лет совместной жизни)*

silver III *v* 1) покрывать серебром, серебрить 2) серебриться 3) покрывать *(зеркало)* амальгамой

silver fir [ˈsɪlvəfɜː(r)] *n* пихта

silver-plated [ˈsɪlvəˌpleɪtɪd] *a* покрытый серебром

silversmith [ˈsɪlvəsmɪθ] *n* серебряных дел мастер

silver-tongued [ˈsɪlvəˌtʌŋd] *a* сладкозвучный; красноречивый

silverware [ˈsɪlvəˌweə(r)] *n* серебряные изделия

silvery [ˈsɪlvərɪ] *a* 1) серебристый 2) чистый *(о звуке, голосе)*

similar [ˈsɪmɪlə(r)] *a* 1) сходный, похожий; **~ tastes** сходные вкусы 2) подобный, сходный, аналогичный; одинаковый; **~ experience** аналогичный опыт

similarity [ˌsɪmɪˈlærɪtɪ] *n* сходство; подобие

similarly [ˈsɪmɪləlɪ] *adv* так же, подобным образом

simile [ˈsɪmɪlɪ] *n лит.* сравнение

similitude [sɪˈmɪlɪtjuːd] *n* 1) сходство; подобие; **to assume the ~** принять образ, вид *(кого-л. — of)* 2) *лит.* сравнение

simmer I [ˈsɪmə(r)] *n* закипание *(на маленьком огне)*

simmer II *v* 1) закипать, кипеть *(на маленьком огне)* 2) с трудом сдерживать *(гнев, смех)*

simmer down успокаиваться, остывать

simon-pure [ˌsaɪmənˈpjʊə(r)] *a* подлинный, настоящий

simoom [sɪˈmuːm] *n* самум

simp [sɪmp] *n амер. разг.* простак, «шляпа»

simper I [ˈsɪmpə(r)] *n* глупая улыбка

simper II *v* глупо улыбаться, жеманиться

simple [ˈsɪmpl] *a* 1) простой, несложный; **a ~ problem** несложная проблема 2) незамысловатый, незатейливый, простой; **the ~ life** простой образ жизни 3) явный, очевидный; прямой 4) простодушный, наивный; простоватый 5) скромный, незаметный; **~ people** простые люди

simple-minded [ˌsɪmplˈmaɪndɪd] *a* 1) простой, естественный, бесхитростный 2) глуповатый, недалёкого ума

simpleton [ˈsɪmpltən] *n уст.* простак, недалёкий человек; простофиля

simplicity [sɪmˈplɪsɪtɪ] *n* 1) простота 2) незатейливость, бесхитростность, простодушие

simplification [ˌsɪmplɪfɪˈkeɪʃ(ə)n] *n* упрощение

simplify [ˈsɪmplɪfaɪ] *v* упрощать

simply [ˈsɪmplɪ] *adv* 1) просто; только; **she is ~ trying to help you** она просто старается помочь тебе 2) абсолютно, прямо, совсем, совершенно

simulate [ˈsɪmjʊleɪt] *v* 1) симулировать, притворяться 2) имитировать 3) подделывать 4) моделировать *(ситуацию, процесс и т. п.)*

simulation [ˌsɪmjʊˈleɪʃ(ə)n] *n* 1) симуляция, притворство 2) имитация 3) моделирование

simulcast [ˈsɪmlˌkɑːst] *v* транслировать одну и ту же передачу по радио и ТВ одновременно, *или* по нескольким каналам ТВ

simultaneous [ˌsɪmlˈteɪnɪəs] *a* одновременный

simultaneousness [ˌsɪmlˈteɪnɪəsnɪs] *n* одновременность

sin I [sɪn] *n* 1) грех; **deadly/mortal ~** смертный грех 2) проступок, нарушение ◊ **to live in ~** жить в гражданском браке *(в отличие от церковного)*

sin II *v* (co)греши́ть (*against*)

since I [sɪns] *adv* 1) с тех пор; с того вре́мени; **I have not seen her ever ~** я её не ви́дел с тех пор 2) тому́ наза́д; **not long ~** неда́вно; **it is a year ~** э́то бы́ло год тому́ наза́д

since II *prep* 1) с (*такого-то времени*): **~ yesterday** со вчера́шнего дня; **~ last year** с про́шлого го́да 2) по́сле; **~ our talk** по́сле на́шего разгово́ра

since III *conj* 1) с тех пор, как; **~ we parted** с тех пор, как мы расста́лись 2) так как, поско́льку; **~ you refuse to do it I will do it alone** так как ты отка́зываешься э́то де́лать, я сде́лаю э́то оди́н

sincere [sɪnˈsɪə(r)] *a* 1) и́скренний, чистосерде́чный 2) непритво́рный, неподде́льный

sincerely [sɪnˈsɪəlɪ] *adv* и́скренне; **Yours ~** и́скренне Ваш (*формула вежливости в конце письма*)

sincerity [sɪnˈserɪtɪ] *n* и́скренность

sine [saɪn] *n мат.* си́нус

sinecure [ˈsɪnɪkjʊə(r)] *n* синеку́ра

sinew [ˈsɪnjuː] *n* 1) *анат.* сухожи́лие 2) *pl* мускулату́ра

sinewy [ˈsɪnjuːɪ] *a* 1) жи́листый, му́скулистый 2) вырази́тельный, я́ркий (*о стиле, языке*)

sinful [ˈsɪnfʊl] *a* гре́шный

sing I [sɪŋ] *n* 1) пе́ние 2) *амер.* спе́вка

sing II *v* (**sang; sung**) 1) петь, распева́ть; **let's ~** дава́йте споём; **to ~ a song** петь пе́сню; **to ~ smb to sleep** убаю́кать кого́-л. 2) воспева́ть, восхваля́ть (*of*) 3) шуме́ть, гуде́ть, свисте́ть, звене́ть *и т. п.* 4) *сленг* стать доно́счиком, стуча́ть

sing out выкри́кивать

sing up петь гро́мче и гро́мче

singe I [sɪndʒ] *n* пове́рхностный ожо́г

singe II *v* 1) опаля́ть, обжига́ть (*тушку птицы и т. п.*) 2) спали́ть, подпали́ть; **the iron ~d the cloth** утю́г спали́л ткань

singer [ˈsɪŋə(r)] *n* певе́ц; певи́ца

singer-songwriter [ˌsɪŋə(r)ˈsɒŋraɪtə] *n* а́втор и исполни́тель пе́сен

Singhalese [ˌsɪŋhəˈliːz] *см.* **Sinhalese I, II**

single I [ˈsɪŋgl] *n* 1) едини́чная вещь 2) биле́т в оди́н коне́ц 3) *муз.* сингл 4) *pl спорт.* одино́чные соревнова́ния 5) холосто́й, нежена́тый; незаму́жняя 6) *амер. сленг* однодо́лларовая купю́ра

single II *a* 1) оди́н, еди́нственный; **not a ~** ни оди́н; **every ~ day** ка́ждый день 2) рассчи́танный на одного́; **a ~ room** одноме́стный но́мер, но́мер на одного́ 3) одино́кий 4) холосто́й, нежена́тый; незаму́жняя 5) го́дный в одно́м направле́нии; **a ~ ticket** биле́т в оди́н коне́ц (*тж* **one-way ticket**) 6) оди́н и

тот же, еди́ный; **~ currency** еди́ная валю́та (*для нескольких стран*)

single III *v* выбира́ть, выделя́ть, отбира́ть (*тж* **to ~ out**)

single- [ˈsɪŋgl-] *pref* одно-

single-breasted [ˌsɪŋglˈbrestɪd] *a* однобо́ртный (*о костюме*)

single-handed [ˌsɪŋglˈhændɪd] *a* 1) рабо́тающий оди́н, без посторо́нней по́мощи 2) одноруки́й

single-hearted [ˌsɪŋglˈhɑːtɪd] *a* прямоду́шный

single-minded [ˌsɪŋglˈmaɪndɪd] *a* целеустремлённый; целенапра́вленный

singleness [ˈsɪŋglnɪs] *n* 1) одино́чество 2): **~ of purpose** целеустремлённость

single parent [ˈsɪŋglˌpeərənt] *n* 1) мать-одино́чка; оте́ц-одино́чка 2) *attr:* **~ family** непо́лная семья́, семья́ с одни́м роди́телем (*тж* **one-parent family**)

singlet [ˈsɪŋglɪt] *n* 1) фуфа́йка-безрука́вка, жиле́тка 2) ма́йка-безрука́вка

single-track [ˈsɪŋgltræk] *a ж.-д.* одноколе́йный

single-valued [ˌsɪŋg(ə)lˈvæljuːd] *a спец.* однозна́чный

singly [ˈsɪŋglɪ] *adv* 1) поодино́чке, по отде́льности, отде́льно 2) в одино́чку, самостоя́тельно, без чужо́й по́мощи

singsong I [ˈsɪŋsɒŋ] *n* 1) моното́нность, моното́нная мане́ра (*чтения, произношения*) 2) спе́вка; самоде́ятельный хор

singsong II *a* моното́нный, однообра́зный

singular I [ˈsɪŋgjʊlə(r)] *n грам.* еди́нственное число́

singular II *a* 1) необыкнове́нный, еди́нственный в своём ро́де 2) стра́нный; экстравага́нтный; осо́бый 3) *грам.* еди́нственный (*о числе*)

singularity [ˌsɪŋgjʊˈlærɪtɪ] *n* 1) осо́бенность, своеобра́зие 2) специфи́чность

Sinhalese I [ˌsɪnhəˈliːz] *n* 1) синга́лец; синга́лка; **the ~** (*употр. как pl*) синга́льцы 2) синга́льский язы́к

Sinhalese II *a* синга́льский

sinister [ˈsɪnɪstə(r)] *a* 1) злове́щий 2) злой, зло́бный 3) испо́рченный, па́губный

sink I [sɪŋk] *n* 1) (ку́хонная) ра́ковина 2) сто́чная труба́ 3) расса́дник поро́ка; прито́н 4) низи́на, котлови́на 5) сток 6) радиа́тор, теплоотво́д (*тж* **heat ~**)

sink II *v* (**sank; sunk**) 1) погружа́ться (*в воду, сон, размышле́ния и т. п. — into*); опусти́ться (*в кресло, на диван; into*); прова́ливаться 2) (по)топи́ть; (по)тону́ть; **to ~ to the bottom** пойти́ ко дну 3) клони́ться, опуска́ться (*к горизонту*); **the sun was ~ing**

со́лнце опуска́лось за горизо́нт 4) затиха́ть *(о ветре, звуке)*; понижа́ть *(голос)*; опуска́ть *(голову, глаза)* 5) ослабева́ть; теря́ть *(силы)*; приходи́ть в упа́док, ги́бнуть; **he is ~ing fast** он бы́стро опуска́ется, он ги́бнет; **to ~ into poverty** впасть в нищету́ 6) рыть *(колодец, шахту)* 7) спада́ть *(о приливе, уровне воды и т. п.)*; понижа́ться *(о местности)* 8) теря́ть *(инвестиции, вложенные деньги)* 9) па́дать *(о цене, стоимости, барометре)* 10) затопля́ть *(местность)* 11) оседа́ть *(о здании)*

sinking [ˈsɪŋkɪŋ] *n* 1) потопле́ние; погруже́ние 2) оседа́ние *(местности, здания)*

sinking fund [ˈsɪŋkɪŋfʌnd] *n эк.* амортизацио́нный фонд

sinless [ˈsɪnlɪs] *a* безгре́шный

sinner [ˈsɪnə(r)] *n* гре́шник; гре́шница

Sinn Fein [ʃɪnˈfeɪn] *n ист.* Шин Фе́йн *(партия в Ирландии)*

sinologist [saɪˈnɒlədʒɪst] *n* кита́ист, сино́лог

sinology [saɪˈnɒlədʒɪ] *n* китаеве́дение, сино́логия

sinuous [ˈsɪnjʊəs] *a* изви́листый; с изги́бами; волни́стый

sinus [ˈsaɪnəs] *n* 1) *анат.* си́нус; па́зуха; по́лость; **maxillary ~** га́йморова па́зуха 2) *мед.* свищ

sinusitis [ˌsaɪnəˈsaɪtɪs] *n мед.* синуси́т

sip I [sɪp] *n* ма́ленький глото́к

sip II *v* потя́гивать, пить ма́ленькими глотка́ми

siphon [ˈsaɪfən] *n* сифо́н

sipper [ˈsɪpə(r)] *n* соло́минка для со́ка, кокте́йля

sir [sɜː(r)] *n* 1) сэр, господи́н *(как обраще́ние)*; **Dear S.** уважа́емый господи́н *(форма́льное обращение в письме)* 2) **(S.)** *употр. перед именем как указание на титул* **knight** *или* **baronet**

sire [ˈsaɪə(r)] *n* 1) саме́ц-производи́тель *(о жеребце и т. п.)* 2) *уст. поэт.* оте́ц, пре́док 3) ва́ше вели́чество

siren [ˈsaɪərən] *n* 1) сире́на, сигна́л, гудо́к 2) *миф.* сире́на 3) опа́сная соблазни́тельница

sirloin [ˈsɜːlɔɪn] *n* 1) филе́й 2) *кул.* вы́резка; бифште́кс из вы́резки *(тж ~ steak)*

siskin [ˈsɪskɪn] *n* чиж *(птица)*

sissy [ˈsɪsɪ] *n разг.* ма́менькин сыно́к

sister [ˈsɪstə(r)] *n* 1) сестра́ 2) медсестра́ 3) *attr* се́стринский 4) *attr* ро́дственный *(о наро́дах)*; одноти́пный *(о судах, учебных заведениях и т. п.)*

sister-in-law [ˈsɪstərɪnlɔː] *n (pl* **sisters-in-law)** неве́стка; золо́вка; своя́ченица

sisterly [ˈsɪstəlɪ] *a* се́стринский

sit [sɪt] *v (past, p. p.* **sat)** 1) сиде́ть 2) сажа́ть, уса́живать; **to ~ a child in a pram** усади́ть ребёнка в коля́ску 3) сиде́ть *(на яйцах)* 4) заседа́ть *(о парламенте, комитете, суде и т. п.)* 5) пози́ровать *(for)* 6) занима́ть до́лжность *(в суде и т.п.)* 7) быть впо́ру, сиде́ть *(об одежде)*; **the coat ~s badly** пальто́ пло́хо сиди́т 8) сиде́ть с ребёнком, пригля́дывать за ребёнком *(в отсутствие родителей)*

sit back осла́бить уси́лия, рассла́биться

sit by не вме́шиваться *(в происходящее)*

sit down 1) сади́ться 2) уса́живать

sit in прису́тствовать *(на собрании, переговорах и т. п.)* как наблюда́тель, приглашённый

sit on 1) заседа́ть *(в комиссии и т. п.)* 2) положи́ть под сукно́; затя́гивать *(решение и т. п.)*

sit out 1) не принима́ть уча́стия в та́нцах 2) вы́сидеть до конца́ 3) сиде́ть в саду́ и т. п. 4) пересиде́ть всех госте́й

sit up 1) подня́ться из лежа́чего положе́ния 2) сиде́ть о́чень пря́мо 3) засиде́ться допоздна́ 4) *разг.* заинтересова́ться; разволнова́ться

sit-down strike [ˈsɪtˌdaʊnˈstraɪk] *n* сидя́чая забасто́вка

site [saɪt] *n* 1) ме́сто, уча́сток; **building ~** строи́тельный объе́кт; **construction ~** строи́тельная площа́дка; **landing ~** поса́дочная площа́дка; райо́н поса́дки 2) *вчт* сайт, у́зел *(в Интернете)*

sit-in [ˈsɪtˌɪn] *n* сидя́чая демонстра́ция; сидя́чая забасто́вка

sitter [ˈsɪtə(r)] *n* 1) нату́рщик; нату́рщица 2) *разг.* приходя́щая ня́ня *(тж* **baby ~)** 3) насе́дка 4) *разг.* лёгкая, нетру́дная рабо́та

sitting [ˈsɪtɪŋ] *n* 1) сиде́ние; **at a ~, in one ~** в оди́н присе́ст 2) заседа́ние 3) сеа́нс *(позирования художнику)*

sitting-room [ˈsɪtɪŋrʊm] *n* гости́ная

situate [ˈsɪtjʊeɪt] *v* располага́ть, размеща́ть; **to be ~d** находи́ться, быть располо́женным

situated [ˈsɪtjʊeɪtɪd] *a* располо́женный, размещённый; находя́щийся; **the house is ~ near the river** дом стои́т у реки́; **~ as I am** в моём положе́нии

situation [ˌsɪtjʊˈeɪʃ(ə)n] *n* 1) местоположе́ние, расположе́ние 2) ситуа́ция; состоя́ние, положе́ние *(дел и т. п.)*; **to be in a difficult ~** быть в тру́дном положе́нии; **to save the ~** спаса́ть положе́ние 3) ме́сто, рабо́та, до́лжность; **«~ vacant/wanted»** заголо́вок ру́брики «тре́буется…» и «ищу́ рабо́ту, ме́сто…»; **to find a ~** устро́иться на ме́сто

six I [sɪks] *n* шестёрка ◊ **at ~es and sevens** а) в беспоря́дке б) в по́лном разногла́сии; **to**

knock for ~ *разг.* поразить, ошеломить; **~ of one and half a dozen of the other** ≅ хрен редьки не слаще

six II *num* шесть

sixpence [´sɪkspəns] *n ист.* монета в шесть пенсов; полшиллинга ◊ **it is not worth ~** гроша ломаного не стоит; **it doesn't matter a ~** это не имеет никакого значения

sixteen [ˌsɪks´ti:n] *num* шестнадцать

sixteenth I [ˌsɪks´ti:nθ] *n* шестнадцатая часть

sixteenth II *num* шестнадцатый

sixth I [sɪksθ] *n* шестая часть

sixth II *num* шестой ◊ **one's ~ sense** шестое чувство

sixties [´sɪkstɪz] *n pl* (**the ~**) 1) шестидесятые годы 2) возраст от 60 до 69 лет

sixtieth I [´sɪkstɪθ] *n* шестидесятая часть

sixtieth II *num* шестидесятый

sixty [´sɪkstɪ] *num* шестьдесят

sizable [´saɪzəbl] *см.* **sizeable**

size I [saɪz] *n* 1) размер, величина; **of vast ~** больших размеров; **to take the ~ of** измерить, обмерить 2) размер (*обуви, одежды, перчаток и т. п.*); **what ~ are you?, what ~ do you take?** какой у тебя размер?, какой размер ты носишь?; **I take ~ 39 shoes** у меня тридцать девятый размер обуви ◊ **that's about the ~ of it** *разг.* вот примерно так обстоят дела

size II *v* располагать по величине; сортировать по размеру

size up 1) определять размер 2) *разг.* составлять мнение, суждение (*о человеке и т. п.*); оценивать; **to ~ the situation** оценить ситуацию

sizeable [´saɪzəbl] *a* значительный, достаточно большой; **a ~ sum of money** значительная сумма денег

sizzle I [´sɪzl] *n* шипение

sizzle II *v* 1) шипеть (*как на сковородке*) 2) *разг.* кипеть (*от негодования и т. п.*)

skald [skɔ:ld] *n ист.* скальд

skat [skɑ:t] *n карт.* скат

skate¹ I [skeɪt] *n спорт.* 1) конёк; **~s** коньки 2) роликовый конёк, ролик

skate¹ II *v* 1) кататься на коньках; **to go skating** кататься на коньках 2) обойти молчанием, не касаться (*over*); **they ~d over the issue** они не стали касаться этой проблемы

skate² *n:* **cheap ~** *сленг* ничтожество; прохвост, дешёвка

skateboard [´skeɪtbɔ:d] *n* скейтборд, роликовая доска

skateboarder [´skeɪtbɔ:də] *n* скейтбордист

skateboarding [´skeɪtbɔ:dɪŋ] *n* скейтбординг (*катание на роликовой доске*)

skater [´skeɪtə(r)] *n* конькобежец

skating [´skeɪtɪŋ] *n* катание на коньках; **figure ~** фигурное катание

skating-rink [´skeɪtɪŋrɪŋk] *n* каток

skedaddle [skɪ´dædl] *v разг.* удирать, улепётывать

skein [skeɪn] *n* 1) моток (*ниток, пряжи*) 2) стая диких гусей (*в полёте*) 3) путаница, неразбериха

skeleton [´skelɪtən] *n* 1) скелет 2) каркас, остов, основа 3) набросок ◊ **family ~, ~ in the cupboard/closet** семейная тайна, «скелет в шкафу»; **a ~ at the feast** что-л. портящее всем настроение

skeleton key [´skelɪtənki:] *n* отмычка; «мастер-ключ»

skeptic(al) [´skeptɪk(əl)] *амер. см.* **sceptic**

sketch I [sketʃ] *n* 1) набросок, эскиз; **to take a ~** сделать набросок, зарисовку 2) краткое описание; беглый очерк, краткая заметка 3) *театр.* скетч 4) *разг.* комический персонаж, чучело гороховое

sketch II *v* 1) делать набросок, эскиз 2) кратко описать, обрисовать

sketch book [´sketʃˌbʊk] *n* альбом (для зарисовок)

sketchy [´sketʃɪ] *a* 1) поверхностный 2) отрывочный; сделанный, составленный наспех

skew I [skju:] *a* косой; раскосый; скошенный

skew II *v* 1) отклоняться, сворачивать в сторону 2) косить 3) искажать

skew III *n* 1) уклон; наклон 2) отклонение от прямой линии 3) заблуждение; извращение 4) сдвиг, перекос

skewbald [´skju:bɔ:ld] *a* пегий

skewer I [´skju:ə(r)] *n* вертел; шампур

skewer II *v* насаживать на вертел

skew-eyed [´skju:aɪd] *a* косоглазый

ski I [ski:] *n* 1) лыжа; **cross-country ~s** беговые лыжи; **downhill ~s** горные лыжи 2) *attr* лыжный; **~ suit** лыжный костюм; **~ lift** горнолыжный подъёмник

ski II *v* (*past, p. p.* **ski'd** *u* **skied**) ходить, кататься на лыжах

ski'd [ski:d] *past, p. p. см.* **ski II**

skid I [skɪd] *n* 1) скольжение в сторону, на вираже; юз, занос; буксование; **to go into a ~** заносить в сторону 2) *тех.* тормозной башмак 3) *ав.* лыжное шасси

skid II *v* 1) скользить в сторону; заносить; буксовать; **the car ~ded** машину занесло 2) *разг.* просчитаться, провалиться, потерпеть неудачу

skier [´ski:ə(r)] *n* лыжник; лыжница

skiff [skɪf] *n* ялик

skiing [ˈskiːɪŋ] *n* катание, ходьба на лыжах; лыжный спорт; **to go ~** кататься, ходить на лыжах

ski jump [ˈskiˌdʒʌmp] *n* 1) трамплин для прыжков на лыжах 2) соревнования по прыжкам с трамплина

ski-jumping [ˈskiˌdʒʌmpɪŋ] *n* прыжки на лыжах с трамплина

skilful [ˈskilful] *a* искусный, умелый

skilfulness [ˈskilfulnɪs] *n* умение, мастерство, профессионализм

skill [skil] *n* мастерство, умение; сноровка

skilled [skild] *a* 1) умелый, опытный, искусный 2) квалифицированный

skillet [ˈskilit] *n* 1) небольшая кастрюля с длинной ручкой 2) *амер.* сковорода

skillful [ˈskilful] *амер. см.* **skilful**

skim [skim] *v* 1) снимать *(пену, сливки и т. п.);* **to ~ milk** снимать сливки с молока 2) скользить, едва касаться *(поверхности — along, over)* 3) бегло просматривать, прочитывать *(through)*

skimmer [ˈskimə(r)] *n* шумовка

skimming [ˈskimɪŋ] *n* 1) скольжение 2) беглый просмотр 3) *pl* окалина, шлак

skimp [skimp] *v* 1) скудно снабжать 2) экономить, урезывать; скупиться; **don't ~ sugar** не жалей сахара

skimpy [ˈskimpi] *a* скудный, недостаточный; **a ~ supper** скудный ужин

skin I [skin] *n* 1) кожа; шкура; **~ and bone** «кожа да кости», очень худой человек; **stripped to the ~** а) раздетый донага б) обобранный до нитки; **wet to the ~** промокший до костей 2) кожура, кожица, корка *(плодов);* плёнка *(на жидкости);* оболочка 3) мех, бурдюк 4) обшивка *(судна);* покрытие 5) *сленг* «бритоголовый», скинхед *(тж* **skinhead)** ◊ **by/with the ~ of one's teeth** едва-едва, еле-еле; **to change one's ~** полностью, до неузнаваемости измениться; **to have a thick ~** быть толстокожим, непробиваемым, нечутким; **to have a thin ~** быть обидчивым, чувствительным; **to jump out of one's ~** быть вне себя *(от радости, изумления);* **to save one's ~** спасать свою шкуру; **with a whole ~** цел и невредим

skin II *v* 1) сдирать *(кожу, шкуру)* 2) затягиваться, покрываться *(кожицей),* зарубцовываться *(о ране)* (обыкн. **to ~ over**) 3) *сленг* обдирать как липку; обобрать дочиста ◊ **keep your eyes ~ned** *разг.* смотри в оба

skin-deep I [ˈskindiːp] *a* поверхностный; скоропреходящий

skin-deep II *adv* поверхностно

skin-diving [ˈskinˌdaivɪŋ] *n* подводное плавание, ныряние с аквалангом без гидрокостюма

skinflint [ˈskinflint] *n* скряга, скупердяй

skinful [ˈskinful] *n разг.* весьма значительная доза спиртного

skin game [ˈskinˌgeim] *n амер. сленг* нечестная игра

skin graft [ˈskinˌgrɑːft] *v мед.* делать пересадку кожи

skin grafting [ˈskinˌgrɑːftɪŋ] *n мед.* пересадка кожи

skinhead [ˈskinhed] *n* «бритоголовый», скинхед *(член профашистски настроенной молодёжной банды)*

skinner [ˈskinə(r)] *n* скорняк

skinny [ˈskini] *a* 1) худой, тощий 2) плотно прилегающий, в обтяжку *(об одежде)*

skinny-dipping [ˈskiniˌdɪpɪŋ] *n амер. сленг* плавание без купального костюма, нагишом

skin-tight [ˈskintait] *a* плотно прилегающий, в обтяжку *(об одежде);* **~ jeans** джинсы в обтяжку

skip¹ I [skip] *n* 1) подпрыгивание; скачок, прыжок 2) перепрыгивание с места на место 3) пропуск *(при чтении и т. п.)* 4) *вчт* прогон *(каретки, бумаги)* 5) *амер. разг.* лентяй, лодырь

skip¹ II *v* 1) подпрыгивать, подскакивать; **to ~ out of the way** отскочить в сторону 2) перескакивать *(с одной темы на другую);* часто менять занятия, работу 3) опускать *(часть текста при чтении)* 4) *разг.* пропускать, не присутствовать; **to ~ school** прогуливать уроки 5) *разг.* удирать, сбегать *(out, of)* 6) отскакивать рикошетом 7) *вчт* прогонять, пропускать ◊ **~ it!** *сленг* брось!, да ладно!

skip² *см.* **skipper** 3)

ski pole [ˈskiːˌpəul] *n* лыжная палка

skipper [ˈskipə(r)] *n* 1) капитан *(торгового или рыболовного судна)* *(тж* **captain);** шкипер 2) *ав.* командир корабля 3) *спорт. разг.* капитан команды *(тж* **captain)**

skipping rope [ˈskipɪŋˌrəup] *n* прыгалки, скакалка *(амер.* **jump rope)**

skirmish I [ˈskɜːmɪʃ] *n* 1) перестрелка; стычка, столкновение 2) перепалка

skirmish II *v* участвовать в перестрелке между мелкими группами бойцов

skirr [skɜː(r)] *v* с шумом проезжать

skirt I [skɜːt] *n* 1) юбка, брюки 2) пола, подол 3) *pl* край, окраина; **on the ~s of** на краю *(чего-л.);* на опушке *(леса)* 4) *сленг* женщина, баба, «юбка»

skirt II *v* 1) обходить, объезжать вдоль края 2) быть расположенным на краю, на опушке; граничить 3) уклоняться *(от чего-л.)*

skirting(-board) [ˈskɜ:tɪŋ(bɔ:d)] *n* плинтус

ski run [ˈski: rʌn] *n* 1) лыжня 2) лыжный склон (*тж* **ski slope**)

skit [skɪt] *n* пародия, сатира; **a student's ~** капустник

skittery [ˈskɪtərɪ] *a* беспокойный, непоседливый

skittish [ˈskɪtɪʃ] *a* 1) игривый, живой 2) пугливый (*о лошади*)

skittles [ˈskɪtlz] *n pl* кегли

skive [skaɪv] *v* 1) разрезать на слои (*кожу, шкуру и т. п.*) 2) *сленг* отлынивать от работы (*off*)

skivvy [ˈskɪvɪ] *n разг. пренебр.* прислуга, домработница

skulk I [skʌlk] *n* лодырь, симулянт

skulk II *v* 1) красться, пробираться тайком; притаиться 2) уходить от ответственности; отлынивать от работы; симулировать

skull [skʌl] *n* 1) череп; **~ and crossbones** череп и кости 2) *разг.* башка ◊ **out of one's ~** *сленг* не в себе, чокнутый

skullcap [ˈskʌlkæp] *n* плотно прилегающая шапочка; ермолка; тюбетейка

skunk I [skʌŋk] *n* 1) *зоол.* скунс 2) скунсовый мех 3) *разг.* мерзавец, подлец, дрянь

skunk II *v амер. сленг* обыграть, разгромить

sky [skaɪ] *n* небо, небеса; **under the open ~** под открытым небом ◊ **~ is the limit** практически безгранично; **to praise smb to the skies** превозносить кого-л. до небес

sky-blue [ˈskaɪˌblu:] *a* лазурный; небесно-голубой

sky-high [ˈskaɪˌhaɪ] *adv* очень высоко

skyjack [ˈskaɪdʒæk] *v* угонять самолёт

skyjacker [ˈskaɪdʒækə(r)] *n* угонщик самолётов

skylark I [ˈskaɪlɑ:k] *n* жаворонок

skylark II *v* резвиться, проказничать

skylight [ˈskaɪlaɪt] *n* мансардное окно; стеклянная крыша

skyline [ˈskaɪlaɪn] *n* 1) очертания, контуры (*на фоне неба*) 2) линия горизонта

skyrocket I [ˈskaɪˌrɒkɪt] *n* сигнальная ракета

skyrocket II *v* быстро расти (*о ценах и т. п.*)

skyscraper [ˈskaɪˌskreɪpə(r)] *n* небоскрёб

sky-sign [ˈskaɪ saɪn] *n* реклама на крыше здания

skyway [ˈskaɪweɪ] *n* 1) авиатрасса; авиалиния 2) воздушный путь

skywriting [ˈskaɪˌraɪtɪŋ] *n* реклама в виде дымовой надписи, вычерчиваемой самолётом

slab [slæb] *n* 1) (каменная) плита 2) плитка, кусок, ломоть 3) *стр.* горбыль

slack¹ I [slæk] *n* 1) слабина (*в канате, верёвке*) 2) затишье в торговле 3) *разг.* безделье, бездействие 4) *pl* широкие брюки, слаксы

slack¹ II *a* 1) ненатянутый (*о канате, верёвке*) 2) ленивый; работающий кое-как 3) расхлябанный, разболтанный 4) вялый (*о торговле*) 5) расслабленный; тёмный

slack¹ III [slæk] *v* 1) ослаблять (*натяжение, напряжение и т. п.*) 2) *разг.* распускаться, бездельничать 3) гасить (*известь*)

slack² *n* угольная пыль

slacken [ˈslækən] *v* 1) ослаблять; замедлять 2) слабеть 3) становиться вялым (*о торговле*) 4) распускаться, разбалтываться

slacker [ˈslækə(r)] *n* лодырь, прогульщик; лентяй, бездельник

slag [slæg] *n* 1) шлак 2) *сленг презр.* проститутка; гулящая 3) *сленг презр.* ничтожная личность

slain [sleɪn] *p. p. см.* **slay**

slake [sleɪk] *v* 1) утолять (*жажду*) 2) гасить (*известь*)

slalom [ˈslɑ:ləm] *n спорт.* слалом

slam¹ I [slæm] *n* 1) громкое хлопанье (*дверьми*) 2) *амер. сленг* (**the ~**) тюрьма, кутузка

slam¹ II *v* 1) громко хлопать (*дверьми и т. п.*); закрывать со стуком 2) швырять 3) *сленг* сурово раскритиковать

slam² *n карт.* шлем

slammer [ˈslæmə] *n сленг* (**the ~**) тюрьма, кутузка

slander I [ˈslɑ:ndə(r)] *n* клевета

slander II *v* клеветать; злословить

slanderer [ˈslɑ:ndərə(r)] *n* клеветник

slanderous [ˈslɑ:ndərəs] *a* клеветнический

slang [slæŋ] *n* сленг, жаргон; **army ~** армейский сленг

slangy [ˈslæŋɪ] *a* 1) относящийся к сленгу; жаргонный 2) любящий жаргонные словечки; говорящий на жаргоне

slant I [slɑ:nt] *n* 1) склон; уклон; наклон; **on the ~** в наклонном положении; **the ~ of the road** уклон дороги 2) предвзятое мнение 3) косая, наклонная черта, слэш, «дробь» 4) тенденция (*в статье и т. п.*); направление, дух (*журнала и т. п.*)

slant II *a* наклонный

slant III *v* иметь уклон, наклон

slanted [ˈslɑ:ntɪd] *a* тенденциозный, пристрастный

slant-eyed [ˈslɑ:ntˌaɪd] *a* с раскосыми глазами

slanting [ˈslɑ:ntɪŋ] *a* наклонный, косой

slantwise I [ˈslɑ:ntwaɪz] *a* наклонный

slantwise II *adv* под уклон, наклонно; косо

slap I [slæp] *n* шлепок; **a ~ in the face** а) пощёчина б) резкий отпор; **~ on the back** поздравления

slap II *v* шлёпать; хлопать; небрежно бросить **slap down** 1) бросить, швырнуть; хлопнуть (*чем-л.*) 2) *разг.* осадить, поставить на место

slap III *adv разг.* прямо, с размаху; **to run ~ into smb** налететь с размаху на кого-л.

slap-bang [ˈslæpˈbæŋ] *adv* со всего размаху; с шумом, с грохотом

slapdash I [ˈslæpdæʃ] *a* поспешный; небрежно сделанный

slapdash II *adv* поспешно, небрежно, кое-как

slapjack [ˈslæpʤæk] *n амер.* блин, оладья

slapstick [ˈslæpstɪk] *n* 1) фарс, балаган (*тж ~* **comedy**) 2) хлопушка

slap-up [ˈslæpʌp] *a разг.* роскошный, шикарный; **they gave us a ~ dinner** они угостили нас роскошным обедом

slash I [slæʃ] *n* 1) удар сплеча, хлёсткий удар 2) глубокий разрез, рана 3) прорезь 4) *амер.* вырубка 5) косая, наклонная черта, слэш, «дробь»

slash II *v* 1) рубить (*шашкой*) 2) хлестать 3) резать, полосовать; **to ~ with a knife** полоснуть ножом 4) делать прорези, разрезы 5) резко снизить цены 6) резко критиковать, разносить

slashing [ˈslæʃɪŋ] *a* 1) стремительный 2) резкий, сокрушительный

slat [slæt] *n* планка, филёнка

slate I [sleɪt] *n* 1) сланец; шифер 2) грифельная доска 3) грифельно-серый цвет 4) *амер.* список кандидатов (*на должность и т. п.*) ◊ **to wipe the ~ clean** забыть прошлые обиды

slate II *v* 1) крыть шифером (*крышу*) 3) *амер.* выдвигать (*на должность и т. п.*) 2) делать выговор, разносить; резко критиковать

slate grey [ˈsleɪtgreɪ] *a* грифельно-серый

slate pencil [ˈsleɪtˌpensl] *n* грифельный карандаш

slater [ˈsleɪtə(r)] *n* кровельщик

slather I [ˈslæðə(r)] *n pl амер. разг.* большое количество

slather II *v амер. разг.* 1) густо намазывать 2) транжирить

slattern [ˈslætən] *n* неряха

slatternly I [ˈslætənlɪ] *a* неряшливый

slatternly II *adv* неряшливо

slaughter I [ˈslɔːtə(r)] *n* 1) кровопролитие, резня, бойня; **wholesale ~** массовая резня 2) убой (*скота*)

slaughter II *v* 1) устраивать резню; резать; убивать 2) забивать, резать (*скот*)

slaughterhouse [ˈslɔːtəhaʊs] *n* (ското)бойня

Slav I [slɑːv] *n* славянин; славянка; **the ~s** славяне

Slav II *a* славянский

slave I [sleɪv] *n* раб, невольник (*тж перен.*); **to be a ~ of habit** быть рабом привычки

slave II *v* работать как раб, надрываться

slave III *a* 1) ведомый, управляемый, подчинённый 2) *тех.* копирующий, исполнительный (*о механизме*)

slave-driver [ˈsleɪvˌdraɪvə(r)] *n* 1) надсмотрщик над невольниками 2) эксплуататор

slave-holder [ˈsleɪvˌhəʊldə(r)] *n* рабовладелец

slaver¹ [ˈsleɪvə(r)] *n* 1) работорговец 2) невольничье судно

slaver² I [ˈslævə(r)] *n* 1) слюна 2) неприкрытая лесть 3) пустая болтовня

slaver² II *v* 1) пускать слюну, слюнявить 2) вожделеть, пускать слюни (*over*)

slavery [ˈsleɪvərɪ] *n* 1) рабство 2) тяжёлый труд

slave trader [ˈsleɪvˌtreɪdə(r)] *n* работорговец

slavey [ˈslævɪ] *n сленг* служанка

Slavic I, II [ˈslævɪk] *см.* **Slavonic I, II**

Slavonic I [sləˈvɒnɪk] *n* 1) славянская группа языков 2) : **Old/Church S.** старославянский язык

Slavonic II *a* славянский

slaw [slɔː] *n* капустный салат, салат из свежей капусты

slay [sleɪ] *v* (**slew; slain**) *книжн. или шутл.* убивать

sleazy [ˈsliːzɪ] *a* 1) замызганный, неряшливый 2) непрочный, тонкий (*о ткани*)

sled I, II [sled] *амер. см.* **sledge¹ I, II**

sledge¹ I [sleʤ] *n* сани; санки, салазки

sledge¹ II *v* ехать в санях; перевозить на санях

sledge² *см.* **sledgehammer**

sledgehammer [ˈsledʒˌhæmə(r)] *n* 1) кузнечный молот, кувалда 2) *attr* мощный; **a ~ blow** сокрушительный удар

sleek I [sliːk] *a* 1) гладкий, лоснящийся (*о волосах, шерсти*) 2) ухоженный, холёный 3) вкрадчивый

sleek II *v* приглаживать

sleeky [ˈsliːkɪ] *a* 1) гладкий, прилизанный 2) хитрый

sleep I [sliːp] *n* 1) сон; **dead/deep/profound ~** глубокий сон; **sound ~** крепкий сон; **light ~** лёгкий сон; **broken ~** сон урывками; **to go to ~** заснуть; **I shall try to get a ~** я постараюсь уснуть; **to sleep the ~ of the just** спать сном праведника; **to put to ~** усыпить (*животное*) 2) спячка, сонливость; **winter ~** зимняя спячка ◊ **my leg has gone to ~** у меня нога затекла

sleep II *v* (*past, p. p.* **slept**) 1) спать; **to ~ like a log** спать как убитый 2) (пере)ночевать; **we slept at their place** мы у них переночевали 3) размещать на ночь; предоставлять ночлег; **the house ~s ten** в доме можно размести́ть на ночле́г де́сять челове́к 4) *разг.* (пере)спа́ть *(с кем-л.; with, together)* 5) отложи́ть реше́ние до за́втра, до утра́ *(on, over)*

sleep around *разг.* спать с кем попа́ло

sleep in 1) проспа́ть, по́здно проснӯ́ться 2) остава́ться на́ ночь на рабо́те, ночева́ть на рабо́чем ме́сте

sleep off проспа́ться; изба́виться от нездоро́вья сном

sleep out ночева́ть не до́ма

sleep through не услы́шать буди́льника, проспа́ть

sleep together спать с кем-л.; спать, ночева́ть вме́сте

sleep with спать с кем-л.

sleeper [ˈsliːpə(r)] *n* 1) спя́щий (челове́к); **light/heavy** ~ чӯ́тко/кре́пко спя́щий челове́к 2) ж.-д. шпа́ла 3) спа́льный ваго́н; спа́льное ме́сто *(в вагоне)* 4) ночна́я соро́чка; ночна́я пижа́ма

sleepiness [ˈsliːpɪnɪs] *n* сонли́вость

sleeping bag [ˈsliːpɪŋˌbæg] *n* спа́льный мешо́к

sleeping car [ˈsliːpɪŋˌkɑː(r)] *n* спа́льный ваго́н

sleeping draught [ˈsliːpɪŋˌdrɑːft] *n* уст. снотво́рное *(микстура)*

sleeping partner [ˈsliːpɪŋˌpɑːtnə(r)] *n* ком. пасси́вный партнёр *(лицо, вложившее капитал в предприятие, но не принимающее участия в его хозяйственной деятельности)*

sleeping pill [ˈsliːpɪŋˌpɪl] *n* табле́тка снотво́рного *(тж* **sleeping tablet***)*

sleeping policeman [ˈsliːpɪŋ pəˈliːsmən] *n* уст. «лежа́чий полице́йский», возвыше́ние на прое́зжей ча́сти *(для снижения скорости автомобилей; тж* **speed bump***)*

sleepless [ˈsliːplɪs] *a* 1) бессо́нный 2) бди́тельный, бо́дрствующий

sleepwalker [ˈsliːpˌwɔːkə(r)] *n* луна́тик

sleepy [ˈsliːpɪ] *a* 1) со́нный, сонли́вый; **to be** ~ хоте́ть спать 2) ти́хий *(о городе, улице)*; нагоня́ющий сон 3) вя́лый, лени́вый

sleepyhead [ˈsliːpɪhed] *n разг.* со́ня

sleet I [sliːt] *n* 1) дождь со сне́гом, мо́крый снег 2) амер. ледяна́я ко́рка *(на деревьях, проводах и т. п.)*

sleet II *v*: **it ~s, it is ~ing** идёт дождь со сне́гом

sleeve [sliːv] *n* 1) рука́в 2) конве́рт *(для пластинки)*; обло́жка, чехо́л *(для книги)* 3) вкла́дка, букле́т *(в упаковке компакт-диска, кассеты и т. д.)* 4) тех. мӯ́фта; вту́лка ◊ **to roll up one's ~s** засучи́ть рукава́, быть гото́вым к акти́вным де́йствиям; **to have smth up one's ~** име́ть, держа́ть что-л. про запа́с

sleeving [ˈsliːvɪŋ] *n тех.* тру́бчатое покры́тие *(электропроводов и т. п.)*

sleigh I [sleɪ] *n* са́ни

sleigh II *v* е́хать в саня́х

sleight of hand [ˈslaɪtəvˈhænd] *n* ло́вкость рук

slender [ˈslendə(r)] *a* 1) то́нкий, стро́йный; **a ~ waist** то́нкая та́лия 2) сла́бый, небольшо́й; скӯ́дный; **a ~ chance** малове́роя́тная возмо́жность, сла́бый шанс; **~ resources** скӯ́дные запа́сы

slept [slept] *past, p. p. см.* **sleep II**

sleuth I [sluːθ] *n* 1) ище́йка 2) *разг.* сы́щик, детекти́в

sleuth II *v разг.* выслё́живать

sleuthhound [ˈsluːθhaʊnd] *n* 1) соба́ка-ище́йка 2) *разг.* сы́щик, детекти́в

slew¹ [sluː] *past см.* **slay**

slew² I *n* поворо́т; враще́ние

slew² II *v* враща́ть(ся), ре́зко повора́чивать(ся) *(round)*

slew³ *n амер. разг.* мно́жество, ӯ́йма

slice I [slaɪs] *n* 1) ломо́ть, ло́мтик *(хлеба, ветчины и т. п.)* 2) часть; до́ля; **a ~ of the profits** до́ля при́были 3) лопа́точка *(для раздачи порций)* 4) *спец.* се́ктор круговой диагра́ммы 5) *спец.* срез, сече́ние, вы́резка

slice II *v* 1) ре́зать ло́мтиками *(up)* 2) отреза́ть *(off)*; разреза́ть *(into, through)* 3) *спорт.* среза́ть мяч

sliced bread [ˌslaɪstˈbred] *n* хлеб, продаю́щийся наре́занным и упако́ванным

slicer [ˈslaɪsə(r)] *n* 1) ломтере́зка 2) *радио* ограничи́тель по ма́ксимуму и ми́нимуму 3) эл. ограничи́тель све́рху и сни́зу

slick I [slɪk] *a разг.* 1) гла́дкий 2) ло́вкий, бы́стрый 3) хи́трый 4) ско́льзкий

slick II *adv разг.* гла́дко; без перебо́ев; пря́мо

slicker [ˈslɪkə(r)] *n амер.* 1) *разг.* ловка́ч; моше́нник 2) *разг.* городско́й пижо́н 3) плащ-дождеви́к *(обыкн. из пластиковой плёнки)*

slid [slɪd] *past, p. p. см.* **slide II**

slidden [ˈslɪdn] *p. p. см.* **slide II**

slide I [slaɪd] *n* 1) скольже́ние 2) (ледяна́я) го́рка для ката́ния; склон 3) слайд, диапозити́в 4) предме́тное стекло́ *(микроскопа)* 5) тех. скользя́щая часть механи́зма

slide II *v* (**slid; slid, slidden**) 1) скользи́ть; кати́ться *(по льду, снегу)* 2) пла́вно задвига́ть и выдвига́ть *(ящик в столе и т. п.)*; **to ~ the drawer back** задви́нуть я́щик 3) проскользнӯ́ть *(в комнату и т. п. — into)* 4) поскользнӯ́ться 5) буксова́ть *(об автомобиле)*

slide away ускользнӯ́ть

slide over слегка́ затро́нуть *(тему, вопрос)*

slider [ˈslaɪdə] *n* 1) ползуно́к; движо́к *(прибора)* 2) бегуно́к, скользя́щий конта́кт

slide-rule [ˈslaɪdruːl] *n* логарифми́ческая лине́йка

sliding [ˈslaɪdɪŋ] *a* скользя́щий; ~ **door** задвижна́я/скользя́щая дверь; ~ **scale** скользя́щая шкала́ *(опла́ты труда́ и т. п.);* ~ **seat** выдвижно́е сиде́нье

slight I [slaɪt] *n* демонстрати́вное невнима́ние; неуваже́ние; игнори́рование

slight II *a* 1) незначи́тельный, небольшо́й, нева́жный, лёгкий; **a ~ cold** лёгкая просту́да; **the damage was ~** поврежде́ние бы́ло незначи́тельным 2) сла́бый *(о за́пахе, привку́се и т. п.)* 3) то́нкий, хру́пкий ◊ **not in the ~est** совсе́м не, ничу́ть

slight III *v* относи́ться с невнима́нием, с пренебреже́нием; обижа́ть, унижа́ть

slim [slɪm] *a* 1) то́нкий, стро́йный, изя́щный 2) хру́пкий *(о телосложе́нии)* 3) незначи́тельный, сла́бый; **a ~ chance of success** сла́бый шанс на успе́х 4) хи́трый, проны́рливый; беспринци́пный

slime I [slaɪm] *n* 1) ли́пкая грязь, ил 2) слизь

slime II *v* покрыва́ть и́лом, сли́зью *и т. п.*

slimline [ˈslɪmˌlaɪn] *a* 1) стро́йный; изя́щный; ~ **figure** стро́йная фигу́ра 2) низкокалори́йный

slimy [ˈslaɪmɪ] *a* 1) и́листый 2) сли́зистый; ли́пкий 3) ско́льзкий 4) раболе́пный, еле́йный

sling I [slɪŋ] *n* 1) реме́нь; кана́т; строп; ля́мки 2) пе́ревязь; **he has his arm in a ~** у него́ рука́ на пе́ревязи 3) праща́; рога́тка

sling II *v (past, p. p.* **slung**) 1) мета́ть, броса́ть, швыря́ть 2) подве́шивать на ля́мки, пе́ревязь *и т. п.* 3) тащи́ть груз с по́мощью ля́мок *и т. п.*

slingshot [ˈslɪŋʃɒt] *n амер.* рога́тка

slink [slɪŋk] *v (past, p. p.* **slunk**) идти́ кра́дучись, кра́сться *(обыкн.* **to ~ away, off, by**)

slinky [ˈslɪŋkɪ] *a* 1) кра́дущийся, неслы́шный 2) облега́ющий *(о пла́тье)* 3) ги́бкий; изя́щный

slip¹ I [slɪp] *n* 1) скольже́ние 2) оши́бка, про́мах; **a ~ of the pen** опи́ска; **a ~ of the tongue** огово́рка, обмо́лвка 3): **to give smb the ~** сбежа́ть, удра́ть от кого́-л. 4) на́волочка 5) комбина́ция *(же́нское бельё)* 6) *мор.* э́ллинг, ста́пель 7) сво́ра соба́к ◊ **there's many a ~ ’twixt cup and lip** не говори́ «гоп», пока́ не перепры́гнешь

slip¹ II *v* 1) поскользну́ться 2) скользи́ть 3) проскользну́ть *(куда́-л.)* 4) ускольза́ть *(от внима́ния и т. п.);* улету́чиваться *(из па́мяти);* **let ~** упуска́ть *(слу́чай и т. п.);* **it ~ped my memory** э́то вы́летело у меня́ из головы́ 5) незаме́тно исче́знуть 6) допусти́ть оши́б-

ку 7) незаме́тно су́нуть *(ру́ку куда́-л. или что́-л. в ру́ку)* 8) спуска́ть *(соба́к)* ◊ **to let ~ through one’s fingers** упусти́ть возмо́жность; **to let ~ the dogs of war** *поэт.* начина́ть войну́, вражде́бные де́йствия; **to ~ smth over on** *разг.* перехитри́ть *(кого́-л.)*

slip away уйти́ не попроща́вшись, незаме́тно удали́ться

slip in вкра́сться *(об оши́бке)*

slip off 1) *см.* **slip away** 2) соскользну́ть

slip on наки́нуть на пле́чи, набро́сить *(оде́жду)*

slip out вы́скользнуть

slip up *разг.* сде́лать оши́бку

slip² *n* 1) клочо́к, поло́ска бума́ги *(тж* **a ~ of paper**) 2) у́зкая поло́ска *(ле́са, земли́, мате́рии и т. п.)* 3) *полигр.* гра́нка 4) побе́г *(расте́ния);* отро́сток; черено́к

slip knot [ˈslɪpˌnɒt] *n* скользя́щий у́зел

slip-on I [ˈslɪpˌɒn] *n* 1) свобо́дное, широ́кое пла́тье 2) свобо́дно надева́ющаяся о́бувь

slip-on II *a* свобо́дный, свобо́дно надева́ющийся и снима́ющийся *(об оде́жде, о́буви)*

slipover [ˈslɪpˌəʊvə(r)] *n* пуло́вер

slipped disc [ˌslɪptˈdɪsk] *n мед.* гры́жа межпозвоно́чного ди́ска

slipper [ˈslɪpə(r)] *n* дома́шняя ту́фля, дома́шняя та́почка

slippery [ˈslɪpərɪ] *a* 1) ско́льзкий 2) увёртливый, изворо́тливый 3) ненадёжный *(о челове́ке)*

slippy [ˈslɪpɪ] *a разг.* ско́льзкий; увёртливый

slipshod [ˈslɪpʃɒd] *a* 1) небре́жный, неря́шливый 2) неря́шливо обу́тый, в сто́птанных башмака́х

slip-up [ˈslɪpˌʌp] *n разг.* оши́бка, про́мах

slipway [ˈslɪpweɪ] *n мор.* э́ллинг; ста́пель

slit I [slɪt] *n* про́резь; щель

slit II *v* 1) де́лать разре́з 2) ре́зать, разреза́ть в длину́

slit-eyed [ˈslɪtˌaɪd] *a* узкогла́зый

slither [ˈslɪðə(r)] *v* скользи́ть, соска́льзывать, ска́тываться

sliver I [ˈslɪvə(r)] *n* 1) ще́пка, лучи́на 2) оско́лок

sliver II *v* отка́лывать(ся), расщепля́ть(ся)

slob [slɒb] *n разг.* тупи́ца, ду́рень

slobber I [ˈslɒbə(r)] *n* слю́ни

slobber II *v* 1) пусти́ть слю́ни; слюня́вить 2) расчу́вствоваться *(over)*

slobbery [ˈslɒbərɪ] *a* слюня́вый

sloe [sləʊ] *n* тёрн *(сорт сли́вы)*

sloe-eyed [ˈsləʊˌaɪd] *a* 1) с тёмными глаза́ми 2) с миндалеви́дными глаза́ми

sloe-gin [ˈsləʊdʒɪn] *n* сливя́нка, сли́вовая нали́вка

slog [slɒg] *v* 1) си́льно уда́рить 2) упо́рно труди́ться (*тж* **to ~ away, on**)

slogan [ˈsləʊgən] *n* ло́зунг, сло́ган (*обыкн. используется в рекламных или избирательных кампаниях*)

sloop [sluːp] *n мор.* шлюп

slop[1] **I** [slɒp] *n* 1) обыкн. *pl* помо́и 2) обыкн. *pl разг.* жи́дкая пи́ща; похлёбка; ка́ша-размазня́ 3) сантиме́нты, излия́ния чувств

slop[1] **II** [slɒp] *v* разлива́ть, расплёскивать; (*тж* **to ~ over**)
slop over сентимента́льничать, сюсю́кать

slop[2] *n* 1) рабо́чий комбинезо́н 2) *pl* дешёвая оде́жда

slope I [sləʊp] *n* 1) накло́н; накло́нное положе́ние 2) склон; скат; отко́с; **a slight/ steep ~** поло́гий/круто́й склон 3) *тех.* крутизна́ (*характеристики*) 4) спад, скат (*кривой*)

slope II *v* 1) клони́ться; наклоня́ться 2) спуска́ться вниз 3) име́ть круто́й склон
slope off *сленг* улизну́ть (*от работы и т. п.*)

sloppy [ˈslɒpɪ] *a* 1) мо́крый (*от дождя*); сля́котный 2) водяни́стый (*о пище*) 3) гря́зный, забры́зганный гря́зью 4) небре́жный, неря́шливый, замы́зганный 5) пло́хо вы́полненный, небре́жный 6) *разг.* слаща́вый, сентимента́льный

slosh I [slɒʃ] 1) плеска́ться (*about*) 2) *сленг* си́льно уда́рить 3) *разг.* расплёскивать (*жидкость*)

slosh II *n* 1) плеск; расплёскивание 2) *сленг* си́льный уда́р, тума́к

sloshed [slɒʃt] *a сленг* пья́ный, под му́хой

slot [slɒt] *n* 1) про́резь, щель; отве́рстие (*для опускания монет*) 2) *тех.* разъём, гнездо́, устано́вочное/поса́дочное ме́сто 3) пози́ция, сегме́нт, уча́сток 4) интерва́л вре́мени

sloth [sləʊθ] *n* 1) лень, ле́ность 2) *зоол.* лени́вец

slothful [ˈsləʊθfʊl] *a* лени́вый, неради́вый

slot-machine [ˈslɒtməˌʃiːn] *n* 1) игрово́й автома́т (*тж* **one-arm bandit**) 2) торго́вый автома́т (*тж* **vending machine**)

slouch I [slaʊtʃ] *n* 1) суту́лость; **to have a ~** суту́литься 2) опу́щенные поля́ (*шляпы*) 3) неради́вый рабо́тник, безде́льник

slouch II *v* 1) суту́литься 2) свиса́ть (*о полях шляпы*) 3) опуска́ть поля́ (*шляпы*)

slough[1] [slaʊ] *n* 1) тряси́на, топь 2) *психол.* депре́ссия

slough[2] **I** [slʌf] *n* 1) сбро́шенная ко́жа (*змеи*) 2) струп 3) забы́тая привы́чка

slough[2] **II** *v* 1) линя́ть, шелуши́ться, сбра́сывать кожу (*тж* **to ~ off**) 2) избавля́ться (*от привы́чки*) (*тж* **to ~ off**)

Slovak I [ˈsləʊvæk] *n* 1) слова́к; слова́чка; **the ~s** слова́ки 2) слова́цкий язы́к

Slovak II *a* слова́цкий

Slovene I [ˈsləʊviːn] *n* 1) слове́нец; слове́нка; **the ~s** слове́нцы 2) слове́нский язы́к

Slovene II *a* слове́нский

slovenly I [ˈslʌvnlɪ] *a* неря́шливый, неприбра́нный; небре́жный

slovenly II *adv* неря́шливо; небре́жно

slow I [sləʊ] *a* 1) ме́дленный 2) медли́тельный, неторопли́вый; **a ~ progress** ме́дленное продвиже́ние вперёд; **at a ~ pace** в заме́дленном те́мпе; **a ~ train** по́езд со все́ми остано́вками 3) постепе́нный; де́йствующий неторопли́во 4) отстаю́щий (*о часах*) 5) тупо́й, ме́дленно сообража́ющий 6) иду́щий с ма́лой ско́ростью (*о поезде, теплохо́де*) 7) неинтере́сный, ску́чный 8) вя́лый (*о бизнесе, торго́вле*)

slow II *v* замедля́ть(ся), сбавля́ть ход (*тж* **to ~ down, to ~ up**)

slow III *adv* ме́дленно, неторопли́во; **to go ~** сни́зить темп

slow access [ˌsləʊˈækses] *n вчт* ме́дленная вы́борка

slowcoach [ˈsləʊkəʊtʃ] *n* 1) тупова́тый, медли́тельный челове́к, тугоду́м; копу́ша 2) отста́лый челове́к

slowdown [ˈsləʊdaʊn] *n* замедле́ние, сниже́ние (*темпов работы*)

slowly [ˈsləʊlɪ] *adv* ме́дленно

slow motion [ˈsləʊˌməʊʃ(ə)n] *n кино* заме́дленная съёмка

slowpoke [ˈsləʊpəʊk] *амер. см.* **slowcoach**

slow-witted [ˈsləʊˌwɪtɪd] *a* тупо́й, бестолко́вый

sludge [slʌdʒ] *n* 1) жи́дкая грязь 2) нечисто́ты 3) отсто́й

sludgy [ˈslʌdʒɪ] *a* гря́зный, то́пкий; и́листый

slue I, II [sluː] *см.* **slew**[2] **I, II**

slug[1] [slʌg] *n* 1) слизня́к 2) пу́ля; серде́чник пу́ли 3) *амер.* глото́к спиртно́го

slug[2] *v амер.* си́льно ударя́ть, бить

sluggard [ˈslʌgəd] *n* лентя́й, лежебо́ка

sluggish [ˈslʌgɪʃ] *a* медли́тельный, лени́вый; ине́ртный

sluice I [sluːs] *n* 1) шлюз 2) отводно́й кана́л 3) промы́вка; мо́йка

sluice II *v* 1) мыть, промыва́ть (*потоком воды — away, out*) 2) шлюзова́ть; отводи́ть во́ду шлю́зами 3) спуска́ть во́ду

sluice gate [ˈsluːsˌgeɪt] *n* шлю́зные воро́та, воро́та шлю́за

slum [slʌm] *n* обыкн. *pl* трущо́бы

slumber I [ˈslʌmbə(r)] *n* сон, дремо́та (*тж поэт.*)

slumber II *v* спать, дремать

    slumber away проспать, проворонить

slumberous [ˊslʌmbərəs] *a* сонный; навевающий сон, дремоту

slump I [slʌmp] *n* резкое падение, спад *(цен, спроса, интереса)*

slump II *v* 1) резко падать *(о ценах, спросе, интересе)* 2) повалиться, упасть *(в кресло и т. п.)*

slung [slʌŋ] *past, p. p. см.* **sling II**

slunk [slʌŋk] *past, p. p. см.* **slink**

slur I [slɜ:(r)] *n* 1) пятно *(на репутации)*; **to cast/to throw a ~ upon smb** порочить кого-л. 2) проглатывание звуков; невнятность речи; нечёткость написанного 3) *муз.* лига

slur II *v* 1) проглатывать *(слова, звуки)*; произносить невнятно 2) писать небрежно, неотчётливо

    slur over обходить молчанием *(вопрос, проблему и т. п.)*; пропустить мимо ушей

slurp [slɜ:p] *v* шумно есть *или* пить; чавкать; хлебать; заглатывать

slush I [slʌʃ] *n* 1) талый снег; жидкая грязь; слякоть 2) *разг.* сентиментальная болтовня; слезливые воздыхания

slush II *v* 1) обрызгать *(грязью, талым снегом)* 2) смазывать 3) цементировать

slushy [ˊslʌʃɪ] *a* грязный; слякотный

slut [slʌt] *n презр.* 1) неряха, грязнуля 2) потаскуха

sluttish [ˊslʌtɪʃ] *a* неряшливый, неопрятный

sly [slaɪ] *a* 1) хитрый, лукавый; пронырливый 2) сделанный тайком, скрытый ◊ **on the ~** тайком, втихаря; **he's a ~ dog** *разг.* он себе на уме; у него всё шито-крыто

slyboots [ˊslaɪbu:ts] *n разг.* хитрец, плут

smack¹ I [smæk] *n* 1) шлепок 2) сильный удар *(в крикете)* 3) громкий поцелуй 4) резкий звук, хлопок *(от удара и т. п.)*

smack¹ II *v* 1) шлёпать (ладонью) 2) чмокать, причмокивать 3) щёлкать, ударять *(плетью, хлыстом)* 4) сильно ударять

smack¹ III *adv разг.* прямо, резко, внезапно; **~ in the middle** прямо в середину; **to run ~ into smth** врезаться во что-л. на скорости

smack² I *n* 1) вкус, привкус 2) небольшое количество, кусочек, капля *(чего-л.)*

smack² II *v* 1) иметь вкус, привкус 2) отдавать *(чем-л.)*, смахивать *(на кого-л., что-л. — of)*; **it ~s of dictatorship** это похоже на диктатуру

smack³ *n* одномачтовое рыболовное судно, смэк

smack⁴ *n сленг* сильный наркотик *(особ. героин)*

smacker [ˊsmækə(r)] *n сленг* 1) звонкий поцелуй 2) звонкий шлепок; гулкий удар 3)

(один) фунт (стерлингов) 4) *амер.* (один) доллар

smackeroo [ˊsmækəru:] *см.* **smacker**

small I [smɔ:l] *a* 1) маленький 2) тонкий, узкий 3) небольшой *(о количестве)*; **on a ~ scale** в малом масштабе 4) мелкий *(о фермерах, торговцах)* 5) неважный, незначительный; **it's a ~ matter** не такая уж большая проблема 6) скромный, бедный 7) ограниченный, мелкий, мелочный *(о человеке, натуре)* 8) униженный; **to feel/to look ~** чувствовать себя подавленным, униженным 9) тихий, небольшой *(о голосе)* 10) слабый *(о пиве)* ◊ **no ~** значительно, много; **~ beer** пустяк, нечто незначительное; **~ potatoes** «мелкая рыбёшка»; **~ talk** лёгкая светская беседа; **~ wonder** совсем не удивительно

small II *n* 1) **the ~ of the back** поясница 2) *pl разг.* нижнее бельё *(для стирки)*, маленькая постирушка

small III *adv* на мелкие кусочки, в порошок *(растолочь, растереть и т. п.)*

small arms [ˊsmɔ:lˊɑ:mz] *n* стрелковое оружие

small change [smɔ:lˊtʃeɪndʒ] *n* монеты, мелочь

small craft [ˊsmɔ:lˊkrɑ:ft] *n* лодки, мелкие суда

small fry [ˊsmɔ:lˊfraɪ] *n* 1) дети, ребятня 2) что-л. незначащее; «мелкая рыбёшка»

smallholder [ˊsmɔ:lˌhəʊldə(r)] *n* мелкий арендатор

small hours [ˊsmɔ:lˊaʊəz] *n pl* предрассветные часы

smallish [ˊsmɔ:lɪʃ] *a* малюсенький

small-minded [smɔ:lˊmaɪndɪd] *a* мелочный, ограниченный

smallpox [ˊsmɔ:lpɒks] *n мед.* оспа

small-time [ˊsmɔ:ltaɪm] *a разг.* незначительный; мелкий, ограниченный

small-town [ˊsmɔ:ltaʊn] *a* провинциальный, простой, незатейливый

smart¹ I [smɑ:t] *n* 1) жгучая, острая боль 2) жгучее чувство *(обиды, огорчения)*

smart¹ II *a* 1) сильный, резкий; суровый 2) крепкий *(о вине и т. п.)* 3. *амер. разг.* значительный, довольно большой 4) *редк.* резкий, язвительный *(о словах)*

smart¹ III *v* 1) причинять боль, саднить *(о ране и т. п.)* 2) мучить *(об обиде, оскорблении)* 3) страдать *(for)*

smart² I *n* 1) изящество, тонкость, живость *(стиля, речи и т. п.)* 2) *амер.* острослов; светский хлыщ 3) *pl амер. разг.* ум, мозги

smart² II *a* 1) умный, толковый; находчивый, сообразительный; **to give a ~ answer** дать толковый ответ 2) деловой, ловкий, энерги́чный; **he is too ~** он ло́вкий па́рень 3) уха́женный, элега́нтный; **you look ~ today** ты сего́дня так элега́нтен 4) мо́дный, наря́дный; шика́рный, фешене́бельный; **to live in a ~ neighbourhood** жить в фешене́бельном кварта́ле; **a ~ set** шика́рная пу́блика; мо́дная тусо́вка 5) бы́стрый 6) си́льный *(об ударе, стычке)* 7) *вчт* интеллектуа́льный, «разу́мный», разви́тый

smart[2] **III** *adv* изя́щно, элега́нтно

smart alec [ˈsmɑːtˌælɪk] *n разг.* у́мник; всезна́йка

smart card [ˈsmɑːtˌkɑːd] *n* смарт-ка́рта *(для оплаты на транспорте, для покупок и т. п.)*

smarten [ˈsmɑːtn] *v* прихора́шиваться, принаряжа́ться *(тж* **to ~ up**); **to ~ up for dinner** приоде́ться к обе́ду

smart money [ˈsmɑːtˌmʌnɪ] *n* 1) де́нежная компенса́ция; штрафны́е де́ньги 2) уда́чно вло́женный капита́л

smartness [ˈsmɑːtnɪs] *n* 1) изя́щество, элега́нтность 2) остроу́мие, нахо́дчивость

smarty [ˈsmɑːtɪ] *n разг.* 1) *см.* **smart alec** 2) мо́дно оде́тый челове́к; щёголь

smash I [smæʃ] *n* 1) си́льное паде́ние; столкнове́ние, ава́рия; **a car ~** автомоби́льная ава́рия 2) гро́хот *(при падении, столкновении и т. п.)* 3) хит сезо́на *(тж* **~ hit**) 4) *спорт.* смэш *(сильный удар сверху вниз)* 5) си́льный уда́р кулако́м 6) крах, банкро́тство; **to go to ~** разори́ться, обанкро́титься 7) смэш, спиртно́й напи́ток *(смесь бренди и фруктовой воды со льдом)*

smash II *v* 1) би́ться, разбива́ться вдре́безги *(тж* **to ~ down, in, up**) 2) пробива́ть путь, пробива́ться *(into, through)* 3) вре́заться *(куда-л. — into)* 4) разгроми́ть, сокруши́ть *(противника)* 5) *спорт.* си́льно бить по мячу́ *(особ. сверху вниз)*; гаси́ть 6) обанкро́титься, разори́ться

smash-and-grab [ˈsmæʃənˌgræb] *n* граби́тельский налёт на магази́н *(с битьём витрин и т. п.)*

smasher [ˈsmæʃə(r)] *n разг.* 1) неотрази́мая красо́тка; обая́тельная ли́чность; не́что потряса́ющее 2) сокруши́тельный уда́р

smashing [ˈsmæʃɪŋ] *a разг.* потряса́ющий, сногсшиба́тельный

smash-up [ˈsmæʃˌʌp] *n* по́лный разгро́м

smatter [ˈsmætə(r)] *см.* **smattering**

smatterer [ˈsmætərə(r)] *n* дилета́нт

smattering [ˈsmætərɪŋ] *n* пове́рхностное зна́ние; дилета́нтство

smear I [smɪə(r)] *n* 1) *мед.* мазо́к 2) пятно́

smear II *v* 1) па́чкать, ма́зать; разма́зывать *(что-л. — on; чем-л. — with)*; **to ~ paint on**

the walls вы́мазать сте́ны кра́ской 2) растека́ться *(о чернилах, краске)* 3) черни́ть, бесче́стить; клевета́ть

smeary [ˈsmɪərɪ] *a* гря́зный; вы́мазанный, запа́чканный

smell I [smel] *n* 1) обоня́ние; **to have a keen sense of ~** име́ть то́нкое обоня́ние 2) за́пах; **fragrant ~** благоуха́ние, арома́т; **disgusting/ nasty ~** плохо́й за́пах, вонь; **to take a ~** поню́хать 3) неприя́тный за́пах

smell II *v (past, p. p.* **smelt, smelled**) 1) обоня́ть, ощуща́ть за́пах 2) издава́ть за́пах; па́хнуть *(чем-л. — of)*; **to ~ sweet** прия́тно па́хнуть 3) име́ть отте́нок *(чего-л. — of)*; **it ~s of dishonesty** здесь есть отте́нок непоря́дочности 4) ню́хать *(at)* ◊ **to ~ a rat** чу́ять нела́дное

smell about разню́хивать, разузнава́ть

smell out обнару́жить, учу́ять

smelling salts [ˈsmelɪŋˌsɔːlts] *n* ню́хательная соль

smelly [ˈsmelɪ] *a разг.* с неприя́тным за́пахом, воню́чий

smelt[1] [smelt] *v* расплавля́ть, пла́вить, выплавля́ть *(металл)*

smelt[2] *past, p. p. см.* **smell II**

smelt[3] *n* корю́шка *(рыба)*

smelter [ˈsmeltə(r)] *n* 1) плави́льщик 2) плави́льная печь; плави́льный заво́д

smeltery [ˈsmeltərɪ] *n* плави́льная печь; плави́льный заво́д

SMG *сокр. (sub-machine-gun) воен.* пистоле́т-пулемёт; автома́т

smile I [smaɪl] *n* улы́бка; **to give a ~** улыбну́ться; **to be all ~s** име́ть сия́ющий вид, сия́ть улы́бкой

smile II *v* 1) улыба́ться *(чему-л., кому-л. — at)*; **keep smiling!** не ве́шай но́са! 2) благоприя́тствовать *(кому-л., чему-л. — upon)* 3) выража́ть улы́бкой *(одобрение, сочувствие)*; **to ~ one's approval** улыбну́ться в знак одобре́ния ◊ **to come up smiling** *разг.* не уныва́ть

smile away разве́ять улы́бкой *(грусть и т. п.)*

smiley [smaɪlɪ] *n вчт* си́мвол эмо́ций в электро́нной по́чте, *разг.* сма́йлик

smiling [ˈsmaɪlɪŋ] *a* улыба́ющийся, приве́тливый

smirch I [smɜːtʃ] *n* 1) пятно́ 2) *перен.* пятно́ на репута́ции

smirch II *v* пятна́ть, па́чкать

smirk I [smɜːk] *n* самодово́льная улы́бка, ухмы́лка

smirk II *v* самодово́льно ухмыля́ться

smite [smaɪt] *v (past* **smote***; p. p.* **smitten***) уст. или поэт.* 1) удара́ть, наноси́ть уда́р; поражáть 2) сразить *(красотой, страстью и т. п.)*

smith [smιθ] *n* кузнéц

smithereens [ˌsmιðəˈriːnz] *n pl* оскóлки, черепкú; **to break/to smash into ~** разбивáть(ся) вдрéбезги

smithery [ˈsmιðərι] *n* кузнéчное дéло

smithy [ˈsmιðι] *n* 1) кýзница 2) кузнéчный горн

smitten I [ˈsmιtn] *p. p.* см. **smite**

smitten II *a* 1) поражённый *(болéзнью, ужасом и т. п.; with);* **to be ~ with remorse** быть замýченным угрызéниями сóвести 2) сражённый *(красотой и т. п.)*

smock I [smɒk] *n* 1) ширóкое плáтье *(со сбóрками на грудú)* 2) см. **smock-frock**

smock II *v* украшáть сбóрками

smock-frock [ˈsmɒkfrɒk] *n* рабóчий халáт, спецóвка

smog [smɒg] *n* смог

smoke I [sməʊk] *n* 1) дым 2) курéние; **to have a ~** покурúть 3) *разг.* сигарéта; сигáра ◊ **no ~ without fire** *погов.* нет дýма без огня; **to go up in ~** кóнчиться ничéм

smoke II *v* 1) дымúть(ся) 2) чадúть *(о лáмпе и т. п.)* 3) курúть; **to ~ cigars** курúть сигáры; **to ~ like a chimney** мнóго курúть, непрестáнно дымúть 4) коптúть *(что-л.);* окýривать

smoke out выкýривать, выгонять

smoke-ball [ˈsməʊkbɔːl] *n воен.* дымовóй снаряд, дымовáя бóмба

smoked [ˈsməʊkt] *a* 1) копчёный; **~ salmon** копчёная лососúна 2) дымчатый; **~ glass** дымчатое стеклó

smoke detector [ˈsməʊk dιˈtektə] *n* детéктор задымлéния *(тж* **smoke alarm)**

smoke-dried [ˈsməʊkˌdraιd] *a* копчёный

smokeless [ˈsməʊklιs] *a* бездымный

smoker [ˈsməʊkə(r)] *n* 1) курящий; курúльщик; **a heavy ~** заядлый курúльщик; **I'm not much of a ~** я мáло курю 2) вагóн для курящих 3) концéрт, на котóром разрешáется курúть

smokescreen [ˈsməʊkskriːn] *n* дымовáя завéса

smoking carriage [ˈsməʊkιŋˌkærιdʒ] *n* вагóн для курящих

smoking compartment [ˈsməʊkιŋkəmˌpɑːtmənt] *n* купé для курящих

smoking room [ˈsməʊkιŋˌrʊm] *n* курúтельная (кóмната)

smoky [ˈsməʊkι] *a* 1) дымный; **a ~ room** задымлённая кóмната 2) дымчатый 3) закопчённый

smolder [ˈsməʊldə(r)] *амер.* см. **smoulder**

smooch [smuːtʃ] *v разг.* обнимáться, целовáться, ласкáться

smooth I [smuːð] *a* 1) глáдкий, рóвный 2) хорошó промéшанный, без комкóв *(о тéсте, сóусе и т. п.)* 3) благополýчный, без всяких происшéствий *(о переéзде, путешéствии);* **we had a ~ crossing** наш переéзд по мóрю прошёл спокóйно 4) спокóйный *(о мóре)* 5) рóвный, ритмúчный *(о дыхáнии и т. п.)* 6) уравновéшенный, мягкий, миролюбúвый; спокóйный *(о харáктере)* 7) плáвный *(о рéчи);* мягкий *(о звýке и т. п.)* 8) вкрáдчивый *(о манéрах)*

smooth II *v* 1) сдéлать рóвным, глáдким 2) приглáживать *(вóлосы)* 3) успокáивать; сглáживать; улáживать 4) расчищáть путь *(для когó-л.)* ◊ **to be in ~ water** преодолéть трýдности, остáвить трýдности позадú

smooth III *adv* рóвно, глáдко; спокóйно; бесперебóйно

smooth IV *n:* **to give one's hair a ~** приглáдить вóлосы; **to take the rough with the ~** принимáть жизнь как онá есть

smooth-faced [ˈsmuːðfeιst] *a* лицемéрный

smoothie [ˈsmuːðι] *n разг.* человéк с вкрáдчивыми манéрами; прилúзанный тип

smoothly [ˈsmuːðlι] *adv* 1) глáдко, рóвно, спокóйно 2) хорошó, благополýчно

smooth-tongued [ˈsmuːðtʌŋd] *a* сладкорéчивый, льстúвый; **he is so ~** он такóй краснобáй

smorgasbord [ˈsmɔːgəsˌbɔːd] *n* швéдский стол *(тж* **buffet)**

smote [sməʊt] *past см.* **smite**

smother [ˈsmʌðə(r)] *v* 1) (за)душúть 2) задохнýться 3) осыпáть *(поцелýями, подáрками)* 4) подавлять *(чýвство, зевóту)* 5) тушúть *(пожáр, плáмя)* 6) замять *(дéло, скандáл);* замолчáть *(факт)* 7) заливáть *(блюдо)* сóусом *(in, with)*

smothery [ˈsmʌðərι] *a* удушáющий, дýшный

smoulder [ˈsməʊldə(r)] *v* 1) тлеть 2) тайться в душé, зреть *(о чýвстве, недовóльстве)*

SMS *сокр.* **(short message service)** 1) фýнкция рабóты с тéкстовыми сообщéниями *(в мобúльных телефóнах)* 2) корóткое тéкстовое сообщéние по мобúльной связи, SMS-сообщéние

smudge[1] I [smʌdʒ] *n* 1) пятнó *(грязи, жúра)* 2) пятнó *(на репутáции)*

smudge[1] II *v* 1) сажáть пятна; мáзать, пáчкать; размывáться, смывáться *(о крáске, космéтике)* 2) чернúть *(чьё-л. имя, чью-л. репутáцию)*

smudge[2] *n амер.* костёр с éдким дымом *(от комарóв, москúтов и т. п.)*

smudgy [ˈsmʌdʒι] *a* грязный, вымазанный

smug [smʌg] *a* самодовóльный

smuggle [ˈsmʌgəl] v 1) занима́ться контраба́ндой 2) проноси́ть, провози́ть тайко́м (in, out) 3) спря́тать, положи́ть тайко́м (away)

smuggler [ˈsmʌglə(r)] n контрабанди́ст

smut I [smʌt] n 1) са́жа, ко́поть 2) непристо́йности, неприли́чные анекдо́ты, са́льности

smut II v выпа́чкаться в са́же

smutty [ˈsmʌtɪ] a 1) чума́зый, в са́же 2) непристо́йный

snack [snæk] n лёгкая заку́ска; **to have a ~** перекуси́ть; **to bring a ~ to work** принести́ с собо́й бутербро́ды на рабо́ту

snack bar [ˈsnæk ˌbɑ:(r)] n 1) заку́сочная; снек-бар 2) буфе́т (в кинотеа́тре или спортко́мплексе)

snaffle I [ˈsnæfəl] n узде́чка

snaffle II v 1) наде́ть узде́чку 2) сленг стяну́ть, укра́сть

snag [snæg] n 1) неожи́данное препя́тствие; **that's the ~** вот в чём загво́здка; **there's only one ~** здесь есть одно́ препя́тствие 2) коря́га; сучо́к 3) затя́жка (на мате́рии)

snaggle-tooth [ˈsnægəlˌtu:θ] n непра́вильно расту́щий или выступа́ющий вперёд зуб

snaggy [ˈsnægɪ] a 1) сучкова́тый 2) зава́ленный коря́гами (о дне реки́)

snail [sneɪl] n ули́тка; **at a ~'s pace** со ско́ростью черепа́хи, стра́шно ме́дленно

snail mail [ˈsneɪlˌmeɪl] n ирон. обы́чная по́чта (по мне́нию по́льзователей компью́теров, испо́льзующих электро́нную)

snake I [sneɪk] n 1) змея́ 2) преда́тель, скры́тый враг; ≅ змея́ подколо́дная (тж **a ~ in the grass**)

snake II v извива́ться, как змея́

snake charmer [ˈsneɪkˌʧɑ:mə(r)] n заклина́тель змей

snaky [ˈsneɪkɪ] a 1) змеи́ный 2) змееви́дный 3) изви́листый; извива́ющийся (как змея́) 4) неблагода́рный; кова́рный 5) киша́щий зме́ями

snap I [snæp] n 1) щёлканье (па́льцами, кнуто́м); щелчо́к; сухо́й треск 2) хрустя́щее пече́нье 3) (момента́льный) сни́мок; **to take a ~ of smb** сфотографи́ровать, снять кого́-л. 4) внеза́пное кратковре́менное похолода́ние (тж **cold ~**) 5) жи́вость сти́ля, вырази́тельность 6) эне́ргия, жи́вость; «изю́минка» 7) амер. сленг лёгкий за́работок, вы́годное де́ло 8) карт. снэп (игра́)

snap II a поспе́шный, скоропали́тельный; внеза́пный, неожи́данный

snap III v 1) лома́ть (с хру́стом) 2) щёлкать (па́льцами, кнуто́м) 3) треща́ть, тре́снуть 4) защёлкнуть (замо́к и т. п.) 5) огрыза́ться (на кого́-л. — at); серди́то набро́ситься (на

кого́-л. — at) 6) ца́пнуть, укуси́ть (at) 7) де́лать (момента́льные) сни́мки, фотографи́ровать 8) приня́ть поспе́шное реше́ние

snap at ухвати́ться за (предложе́ние, возмо́жность и т. п.)

snap off отломи́ть; откуси́ть

snap out огрыза́ться; ре́зко, раздражённо отвеча́ть

snap out of сленг избавля́ться; стря́хивать (хандру́ и т. п.)

snap up 1) ухвати́ться за (предложе́ние и т. п.) 2) схвати́ть; расхва́тывать, бы́стро разбира́ть (това́р и т. п.) 3) перебива́ть (говоря́щего)

snap IV adv с хру́стом, с тре́ском

snap-action [snæpˈækʃ(ə)n] a мгнове́нного де́йствия

snappish [ˈsnæpɪʃ] a 1) ре́зкий, раздражи́тельный (об отве́те и т. п.) 2) злой, куса́чий (о соба́ке)

snappy [ˈsnæpɪ] a разг. 1) бо́йкий, живо́й; име́ющий хва́тку; **make it ~!** дава́й поживе́й! 2) элега́нтный, мо́дный 3) см. **snappish**

snapshot I [ˈsnæpʃɒt] n 1) момента́льный сни́мок 2) фото́граф, де́лающий момента́льный сни́мок 3) воен. вы́стрел навски́дку, не це́лясь

snapshot II v де́лать (момента́льный) сни́мок, снима́ть

snare I [sneə(r)] n сило́к, лову́шка; **to lay a ~** расставля́ть лову́шку (тж перен.)

snare II v 1) лови́ть силка́ми 2) пойма́ть в лову́шку

snarl¹ I [snɑ:l] n рыча́ние

snarl¹ II v 1) рыча́ть 2) серди́то огрыза́ться

snarl out прорыча́ть

snarl² I n 1) спу́танный клубо́к (чего́-л.); пу́таница; у́зел 2) запу́танное положе́ние, беспоря́док

snarl² II v 1) смота́ть в клубо́к (up) 2) спу́тать, запу́тать (up) 3) образова́ть доро́жную про́бку, меша́ть движе́нию тра́нспорта (up)

snarl-up [ˈsnɑ:lˌʌp] n разг. 1) доро́жная про́бка 2) неразбери́ха

snatch I [snæʧ] n 1) рыво́к; **to make a ~ at smth** пыта́ться ухвати́ть, схвати́ть что-л.; **to work in/by ~es** рабо́тать уры́вками 2) обры́вок (разгово́ра, пе́сни и т. п.); **we heard only ~es of their conversation** мы услы́шали то́лько обры́вки их разгово́ра 3) амер. сленг похище́ние люде́й 4) моме́нт, мину́тка; **to get a ~ of sleep** урва́ть мину́тку для сна

snatch II v схвати́ть (что-л. — at); вырыва́ть, выхва́тывать (из рук) ◊ **to ~ an hour's sleep** разг. урва́ть часо́к для сна

snatchy [´snætʃɪ] *a* 1) отры́вочный 2) отры́вистый; су́дорожный

snazzy [´snæzɪ] *a сленг* пижо́нский; шика́рный

sneak I [sni:k] *n* 1) по́длый челове́к, по́длая нату́ра 2) *школ. сленг* я́беда

sneak II *v* 1) кра́сться, подкра́дываться 2) *сленг* стащи́ть, укра́сть 3) *школ. сленг* я́бедничать
sneak away ускользну́ть, вы́скользнуть
sneak in неслы́шно войти́, пробра́ться

sneakers [´sni:kəz] *n pl сленг* ке́ды, кроссо́вки

sneaking [´sni:kɪŋ] *a* 1) незаме́тный, бесшу́мный, скры́тый; **a ~ affection** та́йное расположе́ние *(к кому-л.)* 2) постоя́нно прису́тствующий *(в душе)*; **a ~ suspicion** постоя́нное подозре́ние

sneaky [´sni:kɪ] *a* подлова́тый

sneer I [snɪə(r)] *n* 1) ухмы́лка, усме́шка 2) насме́шливое замеча́ние, насме́шка

sneer II *v* 1) ухмыля́ться, усмеха́ться 2) насмеха́ться *(над — at)*; высме́ивать

sneeze I [sni:z] *n* чиха́нье

sneeze II *v* чиха́ть ◊ **not to be ~d at** *разг.* то, ми́мо чего́ не пройдёшь; не́что значи́тельное, ва́жное

snick I [snɪk] *n* надре́з

snick II *v* надре́зать

snicker I [´snɪkə(r)] *n* 1) хихи́канье 2) ти́хое ржа́ние

snicker II *v* 1) хихи́кать 2) ти́хо ржать

snide [snaɪd] *a* 1) ехи́дный; издева́тельский 2) фальши́вый, подде́льный 3) *амер.* по́длый; моше́ннический

sniff I [snɪf] *n* 1) сопе́ние; фы́рканье 2) вдох че́рез нос

sniff II *v* 1) сопе́ть; фы́ркать 2) фы́ркать *(в знак презрения)*; выража́ть презре́ние *(кому-л. — at)* 3) втя́гивать но́сом *(воздух)*; шмы́гать но́сом 4) ню́хать

sniffer [´snɪfə(r)] *n* 1) наркома́н, ню́хающий нарко́тик 2) *сленг* нос 3) *разг.* прибо́р для определе́ния у́ровня загазо́ванности, радиа́ции *и т. п.*

sniffle [´snɪfl] *v* шмы́гать но́сом

sniffy [´snɪfɪ] *a разг.* 1) презри́тельный 2) ду́рно па́хнущий

snifter [´snɪftə(r)] *n* 1) *сленг уст.* глото́к спиртно́го 2) *амер.* конья́чная рю́мка

snigger I [´snɪgə(r)] *n* хихи́канье

snigger II *v* хихи́кать

snip I [snɪp] *n* 1) разреза́ние; надре́з 2) обре́зок, отре́зок, кусо́к *(ткани)* 3) *сленг* лёгкая нажи́ва; вы́годное де́льце 4) *pl* но́жницы *(для резки металла)*

snip II *v* ре́зать но́жницами

snipe I [snaɪp] *n зоол.* бека́с

snipe II *v* 1) стреля́ть из укры́тия *(at)* 2) охо́титься на бека́сов

sniper [´snaɪpə(r)] *n* сна́йпер

snippet [´snɪpɪt] *n* 1) обре́зок, лоску́т, кусо́к *(ткани)* 2) *pl* обры́вки *(знаний, сведений и т. п.)* 3) отры́вок *(из статьи, книги)*

snippy [´snɪpɪ] *a разг.* ре́зкий; приди́рчивый

snit [snɪt] *n амер.* доса́да, раздраже́ние

snitch I [snɪtʃ] *n разг.* стука́ч

snitch II *v сленг* 1) стяну́ть, укра́сть 2) донести́, настуча́ть *(on)*

snivel I [´snɪvəl] *n* 1) со́пли 2) всхли́пы; хны́канье 3) неи́скренние причита́ния

snivel II *v* 1) всхли́пывать, хны́кать 2) ныть

snob [snɒb] *n* сноб

snobbery [´snɒbərɪ] *n* сноби́зм

snog [snɒg] *v сленг* милова́ться

snood [snu:d] *n* 1) се́тка для воло́с 2) ле́нта *(вокруг головы)*

snook [snu:k] *n:* **to cock a ~ at smb** *сленг* пока́зывать кому́-л. дли́нный нос

snooker [´snu:kə(r)] *n* сну́кер *(вид игры на бильярде)*

snoop [snu:p] *v разг.* вы́искивать, выню́хивать, сова́ть нос в чужи́е дела́ *(часто* **to ~ about, around)**

snoot [snu:t] *n сленг* 1) нос 2) ро́жа

snooty [´snu:tɪ] *a разг.* высокоме́рный, сноби́стский, задира́ющий нос

snooze I [snu:z] *n разг.* коро́ткий сон *(днём)*

snooze II *v разг.* вздремну́ть *(днём)*

snore I [snɔ:(r)] *n* храп

snore II *v* храпе́ть

snorkel [´snɔ:kəl] *n* 1) тру́бка акваланга 2) *мор.* шно́ркель

snort I [snɔ:t] *n* фы́рканье

snort II *v* 1) фы́ркать 2) пыхте́ть *(о машине)* 3) *разг.* смея́ться, фы́ркать *(в лицо; тж* **to ~ out)** 4) *сленг* вдыха́ть нарко́тик

snorter [´snɔ:tə(r)] *n разг.* не́что выдаю́щееся, неви́данное, сногсшиба́тельное; **that's a ~ of a gale!** кака́я стра́шная бу́ря!; вот э́то штормит!

snotty [´snɒtɪ] *a сленг* 1) сопли́вый 2) проти́вный 3) на́глый

snout [snaʊt] *n* 1) мо́рда, ры́ло *(животного)* 2) *груб.* нос 3) *тех.* сопло́ 4) *сленг* таба́к; сигаре́та

snow I [snəʊ] *n* 1) снег 2) что-л. бе́лое, как снег 3) *сленг* кокаи́н 4) *attr* сне́жный; **~ bank** сугро́б; сне́жный нано́с

snow II *v* 1): **it ~s, it is ~ing** снег идёт 2): **to be ~ed in** *(или* **over, up, under)** быть занесённым сне́гом 3) сы́паться *(в больши́х коли́чествах)*

snowball [´snəʊbɔ:l] *n* снежо́к; сне́жный ком; **to play ~s** игра́ть в снежки́

snowblower [ˈsnəʊˌbləʊə(r)] *n* (доро́жный) снегоочисти́тель

snowboard [ˈsnəʊbɔːd] *n* сноубо́рд *(доска для катания по снегу)*

snowbound [ˈsnəʊbaʊnd] *a* заде́ржанный сне́жными зано́сами *(о транспорте и т. п.);* **we were ~ for three days** мы застря́ли на три дня из-за сне́жных зано́сов

snowcap [ˈsnəʊkæp] *n* снегова́я ша́пка на верши́не горы́

snow-clad [ˈsnəʊklæd] *a* покры́тый сне́гом

snowdrift [ˈsnəʊdrɪft] *n* сне́жный сугро́б

snowdrop [ˈsnəʊdrɒp] *n* подсне́жник

snowfall [ˈsnəʊfɔːl] *n* 1) снегопа́д 2) коли́чество сне́га *(выпавшее за какой-л. период в определённом районе)*

snowflake [ˈsnəʊfleɪk] *n* снежи́нка

snowman [ˈsnəʊmən] *n* сне́жная ба́ба, снегови́к

snow plough [ˈsnəʊˌplaʊ] *n* (доро́жный) снегоочисти́тель

snowshoes [ˈsnəʊʃuːz] *n pl* снегосту́пы

snow-slide [ˈsnəʊslaɪd] *см.* **snow-slip**

snow-slip [ˈsnəʊslɪp] *n* сне́жная лави́на

snowstorm [ˈsnəʊstɔːm] *n* мете́ль, вьюга

snow-white [ˈsnəʊwaɪt] *a* белосне́жный

snowy [ˈsnəʊɪ] *a* 1) сне́жный; **~ winter** сне́жная зима́ 2) белосне́жный, о́чень чи́стый 3) засне́женный, занесённый сне́гом

Snr. *сокр.* **(senior)** ста́рший

snub I [snʌb] *n* вы́говор, ре́зкое замеча́ние

snub II *a* коро́ткий и тупо́й; **~ nose** курно́сый/вздёрнутый нос

snub III *v* 1) отчи́тывать, ста́вить на ме́сто 2) *тех.* ре́зко застопо́рить

snub-nosed [ˈsnʌbnəʊzd] *a* курно́сый, со вздёрнутым но́сом

snuff¹ I [snʌf] *n* ню́хательный таба́к; **to take ~** ню́хать таба́к ◊ **up to ~** а) «тёртый кала́ч» б) на до́лжном у́ровне

snuff¹ II *v* ню́хать таба́к

snuff² I *n* нага́р на свече́

snuff² II *v* снима́ть нага́р ◊ **to ~ it** *сленг* умере́ть

snuff out а) заду́ть свечу́ б) уби́ть; поко́нчить *(с кем-л.)*

snuffbox [ˈsnʌfbɒks] *n* табаке́рка

snuffle I [ˈsnʌfl] *n* 1) сопе́ние 2) гнуса́вость 3) *pl* заложенность но́са, на́сморк

snuffle II *v* 1) сопе́ть, дыша́ть с трудо́м 2) говори́ть в нос, гнуса́вить

snuffy¹ [ˈsnʌfɪ] *a* раздражи́тельный, серди́тый

snuffy² *a* пожелте́вший

snug I [snʌg] *a* 1) ую́тный; **a ~ little room** ую́тная ко́мнатка 2) удо́бный; **the suit is a ~ fit** костю́м хорошо́ сиди́т 3) прили́чный *(о доходе, капитале)* ◊ **as ~ as a bug (in a rug)** ую́тно и тепло́, о́чень удо́бно

snug II *n* небольшо́й отде́льный кабине́т *(в пабе, ресторане)*

snuggery [ˈsnʌgərɪ] *n* ую́тная ко́мната, ую́тное жильё, «берло́га»

snuggle [ˈsnʌgl] *v* ую́тно устро́иться, прижа́ться, сверну́ться (*down, together, up*); **to ~ down in bed** сверну́ться кала́чиком в посте́ли

snugly [ˈsnʌglɪ] *adv* ую́тно, удо́бно

So. *сокр.* **(South)** юг

so I [səʊ] *adv* 1) так; ита́к; **so, let's begin** ита́к, начнём 2) так, до тако́й сте́пени, насто́лько; **I'm so glad** я так рад; **I love you so much** я так тебя́ люблю́; **she's not so stupid** она́ не так/не насто́лько глупа́; **so much the better** намно́го лу́чше 3) таки́м о́бразом, подо́бным о́бразом; **do it just so** де́йствуй и́менно таки́м о́бразом 4) действи́тельно, пра́вильно, и́менно так; **is that so?** э́то пра́вда?, э́то так?; **it's not so** э́то не так; **so far** до сих пор, пока́ ещё 5) *указывает на подтверждение предшествующего высказывания* да, так; **I thought she was married. — And so she is** я ду́мал, она́ за́мужем. — Так оно́ и есть 6) и, то́же; **he was wrong and so was I** он был не прав, и я то́же 7) *указывает цель действия (обычно* so as)**: I tell you that so as to avoid trouble** я э́то тебе́ говорю́, что́бы избежа́ть неприя́тности ◊ **and so on** и так да́лее; **she is forty or so** ей о́коло сорока́, ей лет со́рок; **you don't say so!** не мо́жет быть!, да неуже́ли?

so II *conj* *разг.* сле́довательно; поэ́тому, так что *(тж* so that); **I was late so I could not see her** я опозда́л и поэ́тому не заста́л её

so III *int* ну, так, ла́дно; **so what?** ну и что?; **and so you didn't come** ну, зна́чит, ты и не пришёл

soak I [səʊk] *n* 1) впи́тывание, вса́сывание; **to give a good ~** хороше́нько замочи́ть *(бельё)* 2) пиру́шка, попо́йка 3) *разг.* го́рький пья́ница

soak II *v* 1) пропи́тывать; прома́чивать; нама́чивать; **to be ~ed (in)** пропи́тываться; **to be ~ed to the skin** промо́кнуть до косте́й 2) впи́тывать(ся), вса́сывать(ся) *(in, up)*; отмока́ть 3) погружа́ться *(в изучение чего-л.)*; впи́тывать *(знания)* 4) проса́чиваться *(куда-л. — into; сквозь что-л. — through)* 6) *разг.* пья́нствовать, пить го́рькую 5) *разг.* выка́чивать де́ньги *(у клиентов, налогоплательщиков и т. п.)*

soak up вбира́ть в себя́, впи́тывать, поглоща́ть

soaker [ˈsəʊkə(r)] *n* 1) проливно́й дождь, ли́вень 2) *разг.* го́рький пья́ница

so-and-so [ˈsəʊəndsəʊ] *n* 1) тако́й-то *(вместо имени или фамилии)* 2) *разг.* тако́й-сяко́й, тако́й-растако́й

soap I [səʊp] *n* 1) мы́ло 2) *тлв разг.* «мы́льная о́пера» *(тж ~ opera)* 3) *амер.* де́ньги *(использованные для политических махина́ций)* 4) *разг.* лесть

soap II *v* мы́лить, намы́ливать; мыть с мы́лом

soapbox [ˈsəʊpbɒks] *n* 1) мы́льница 2) импровизи́рованная трибу́на

soap bubble [ˈsəʊpˌbʌbl] *n* мы́льный пузы́рь

soap opera [ˈsəʊpˈɒprəɡə] *n* *тлв* «мы́льная о́пера»

soapstone [ˈsəʊpstəʊn] *n* *мин.* мы́льный ка́мень, жирови́к, стеати́т

soapsuds [ˈsəʊpsʌdz] *n pl* мы́льная пе́на

soapy [ˈsəʊpɪ] *a* 1) мы́льный 2) покры́тый мы́льной пе́ной, в мы́ле 3) вкра́дчивый, льсти́вый

soar [sɔː(r)] *v* 1) взмыва́ть вверх, поднима́ться ввысь; вспа́рхивать 2) пари́ть *(в воздухе)*; *ав.* плани́ровать 3) повыша́ться, взлета́ть *(о ценах)*

sob I [sɒb] *n* рыда́ние; **to give a ~** всхли́пнуть

sob II *v* рыда́ть

sob out говори́ть, захлёбываясь от рыда́ний

sober I [ˈsəʊbə(r)] *a* 1) тре́звый 2) здра́вый, рассуди́тельный, объекти́вный; **a ~ judgement** тре́звое сужде́ние 3) уме́ренный 4) не броса́ющийся в глаза́, споко́йный *(о цвете, краске)*

sober II *v* протрезвля́ться; отрезвля́ть *(down, up)*; **the news ~ed them down** но́вость отрезви́ла их

sober-minded [ˈsəʊbəˌmaɪndɪd] *a* тре́звый, здра́вый *(о суждениях, действиях)*; уравнове́шенный, споко́йный

sobriety [səʊˈbraɪtɪ] *n* 1) тре́звость 2) уме́ренность, возде́ржанность 3) уравнове́шенность, рассуди́тельность

sobriquet [ˈsəʊbrɪkeɪ] *n* про́звище, кли́чка

sob-stuff [ˈsɒbstʌf] *n разг.* душещипа́тельные разгово́ры; слезли́вый расска́з

Soc. *сокр.* 1) **(Socialist)** социали́ст; социалисти́ческий 2) **(Society)** о́бщество

so-called [ˈsəʊˈkɔːld] *a* так называ́емый

soccer [ˈsɒkə(r)] *n амер.* футбо́л *(европе́йский)*

sociability [ˌsəʊʃəˈbɪlɪtɪ] *n* общи́тельность

sociable [ˈsəʊʃəbl] *a* 1) общи́тельный 2) дру́жеский, неофициа́льный

social I [ˈsəʊʃəl] *a* обще́ственный, социа́льный; **~ changes** социа́льные измене́ния; **~ work** обще́ственная рабо́та; **~ sciences** об-

ще́ственные нау́ки; **~ services** систе́ма социа́льного обеспе́чения населе́ния; **~ security** социа́льная защи́та; социа́льное обеспе́чение

social II *n* собра́ние, сбор; клу́бная встре́ча

social democracy [ˌsəʊʃəldɪˈmɒkrəsɪ] *n* социа́л-демокра́тия

social democrat [ˌsəʊʃəlˈdeməkræt] *n* социа́л-демокра́т

social democratic [ˌsəʊʃəlˌdeməˈkrætɪk] *a* социа́л-демократи́ческий

socialism [ˈsəʊʃəlɪz(ə)m] *n* социали́зм

socialist I [ˈsəʊʃəlɪst] *n* социали́ст

socialist II *a* социалисти́ческий

socialistic [ˌsəʊʃəˈlɪstɪk] *a* социалисти́ческий

socialite [ˈsəʊʃəlaɪt] *n* изве́стная ли́чность *(в высших кругах и т. п.)*; мо́дное и́мя, све́тский лев

socialise [ˈsəʊʃəlaɪz] *v* обобществля́ть, национализи́ровать

socialize [ˈsəʊʃəlaɪz] *амер. см.* **socialise**

socially [ˈsəʊʃəlɪ] *adv:* **I met him ~** я встреча́л его́ в о́бществе

societal [səˈsaɪətl] *a* 1) относя́щийся к о́бществу в це́лом, социета́льный 2) социа́льный; **~ problems** социа́льные пробле́мы

society [səˈsaɪətɪ] *n* 1) о́бщество 2) нау́чное о́бщество *(тж* **learned ~***)* 3) свет, све́тское о́бщество; **to get into ~** быть при́нятым в о́бществе; **to go into ~** появля́ться в о́бществе 4) *attr* све́тский; **a ~ woman** све́тская да́ма

sociolinguistics [ˌsəʊsɪəʊlɪŋˈgwɪstɪks] *n* социолингви́стика

sociologist [ˌsəʊsɪˈɒlədʒɪst] *n* социо́лог

sociology [ˌsəʊsɪˈɒlədʒɪ] *n* социоло́гия

sock[1] [sɒk] *n* 1) носо́к 2) сте́лька ◊ **to pull one's ~s up** *разг.* подтяну́ться, поднапря́чься; **to put a ~ in it** *сленг* замолча́ть, успоко́иться, заткну́ться

sock[2] **I** *n разг.* си́льный уда́р

sock[2] **II** *v разг.* си́льно уда́рить, вма́зать; **to ~ it to smb** напа́сть на кого́-л.

socket [ˈsɒkɪt] *n* 1) углубле́ние, впа́дина 2) *эл.* патро́н *(лампы)*; штепсельная розе́тка

socle [ˈsɒkəl] *n архит.* цо́коль, ту́мба; основа́ние *(колонны)*

sod[1] **I** [sɒd] *n* дёрн; **under the ~** в моги́ле

sod[1] **II** *v* обкла́дывать дёрном

sod[2] *сленг груб.* гад, су́кин сын; пи́дор

soda [ˈsəʊdə] *n* 1) со́да 2) со́довая *(вода́)*; **whisky and ~** ви́ски с со́довой

soda fountain [ˈsəʊdəˌfaʊntɪn] *n* сто́йка с газиро́ванной водо́й, моро́женым *и т. п. (в магазине, кафе и т. п.)*

soda-water [ˈsəʊdəˌwɔːtə(r)] *см.* **soda** 2)

sodden I [ˈsɒdn] *a* 1) пропи́танный, намо́кший 2) пья́ный, осолове́вший 3) сыро́й, непропечённый *(о хлебе)*

sodden II *v* намока́ть

sodium [ˈsəʊdɪəm] *n хим.* на́трий; ~ **bicarbonate** питьева́я со́да, бикарбона́т на́трия; ~ **chloride** хло́ристый на́трий, пова́ренная соль

sodomite [ˈsɒdəmaɪt] *n уст.* содоми́т, мужело́жец; педера́ст

sodomy [ˈsɒdəmɪ] *n* содоми́я, мужело́жство

sofa [ˈsəʊfə] *n* дива́н

soft I [sɒft] *a* 1) мя́гкий; ~ **mattress** мя́гкий матра́ц; ~ **landing** мя́гкая поса́дка; ~ **fruit** я́годы; ~ **goods** тка́ни; ~ **tissues** *анат.* мя́гкие тка́ни; **to boil** ~ вари́ть *(яйцо)* всмя́тку 2) сла́бый, лёгкий *(о ветре)*; вла́жный, сыро́й *(о погоде)*; мя́гкий, тёплый *(о климате)* 3) мя́гкий *(о воде)* 4) нея́ркий *(о свете, красках)* 5) ти́хий, не́жный *(о голосе)* 6) нея́сный, расплы́вчатый *(об очертаниях, линиях)* 7) сочу́вственный *(о словах, речах)*; отзы́вчивый, добросерде́чный 8) бесхара́ктерный, сла́бый, поддаю́щийся влия́нию 9) *разг.* лёгкий, вы́годный *(о работе)* 10) лёгкий, не вызыва́ющий привыка́ния *(о наркотике)* 11) *фон.* палатализо́ванный, мя́гкий *(о согласном звуке)* 12) *фин.* неконверти́руемый *(о валюте)* 13) безалкого́льный *(о напитках)* 14) *вчт* программи́руемый; програ́ммно-управля́емый; програ́ммный ◊ **to be** ~ **on smb** *разг.* быть влюблённым в кого́-л.; **to have a** ~ **spot for smb** пита́ть к кому́-л. сла́бость; **he's** ~ **in the head** *разг.* у него́ не все до́ма

soft II *adv* мя́гко

softball [ˈsɒftbɔːl] *n* софтбо́л *(разновидность бейсбола; мяч больше и мягче)*

soft drug [ˈsɒftˌdrʌg] *n* лёгкий нарко́тик

soften [ˈsɒfn] *v* смягча́ть(ся), размягча́ть(ся); **to** ~ **water** смягча́ть во́ду; **his expression** ~**ed** у него́ смягчи́лось выраже́ние лица́

soft-headed [sɒftˈhedɪd] *a* глу́пый, придурко́ватый

soft-hearted [sɒftˈhɑːtɪd] *a* мягкосерде́чный

softie [ˈsɒftɪ] *n разг.* 1) сла́бый, безво́льный челове́к; слаба́к, тря́пка 2) недоу́мок, дурачо́к

softly [ˈsɒftlɪ] *adv* мя́гко, ти́хо, не́жно

soft-pedal [sɒftˈpedl] *v* 1) смягча́ть *(формулировку и т. п.)*; спуска́ть на тормоза́х 2) *муз.* брать ле́вую педа́ль

soft-soap [ˈsɒftsəʊp] *v разг.* подли́зываться; подольсти́ться

soft-spoken [ˈsɒftˌspəʊkən] *a* произнесённый ти́хим го́лосом

software [ˈsɒftweə(r)] *n вчт* програ́ммное обеспе́чение, програ́ммные сре́дства

softy [ˈsɒftɪ] *см.* **softie**

soggy [ˈsɒgɪ] *a* 1) мо́крый, намо́кший 2) сыро́й, непропечённый *(о хлебе)* 3) то́пкий, боло́тистый

soh [səʊ] *n муз.* но́та соль

soigné [ˈswɑːnjeɪ] *a* ухо́женный, холёный

soil[1] [sɔɪl] *n* по́чва; земля́; **rich** ~ жи́рная по́чва; **poor** ~ то́щая, неплодоро́дная по́чва; **virgin** ~ целина́; **on foreign/one's native** ~ на чужо́й/на родно́й земле́

soil[2] **I** *n* 1) пятно́; грязь 2) отбро́сы; нечисто́ты

soil[2] **II** *v* па́чкаться, грязни́ться; мара́ться; ~**ed linen** гря́зное бельё

soilpipe [ˈsɔɪlpaɪp] *n* канализацио́нная труба́

soirée [ˈswɑːreɪ] *n уст.* суаре́, ма́ленькая вече́ринка в ча́стном до́ме

sojourn I [ˈsɒdʒən] *n* вре́менное пребыва́ние; посеще́ние

sojourn II *v* вре́менно жить, остана́вливаться на вре́мя пребыва́ния

sol [sɒl] *см.* **soh**

solace I [ˈsɒləs] *n* утеше́ние; **to seek** ~ иска́ть утеше́ния

solace II *v* утеша́ть

solar [ˈsəʊlə] *a* 1) *астр.* со́лнечный; ~ **wind** со́лнечный ве́тер 2) рабо́тающий на со́лнечной эне́ргии *(о батарейках и т. п.)*

solar energy [ˌsəʊləˈenədʒɪ] *n* 1) со́лнечная эне́ргия, эне́ргия Со́лнца 2) со́лнечная энерге́тика, гелиоэнерге́тика

solarium [səʊˈleərɪəm] *n (pl* **solaria** [səʊˈleərɪə]) соля́рий

solar plexus [ˌsəʊləˈpleksəs] *n анат.* со́лнечное сплете́ние

sold [səʊld] *past, p. p. см.* **sell**

solder I [ˈsɒldə(r)] *n тех.* припо́й

solder II *v* пая́ть, припа́ивать

soldering iron [ˈsɒldərɪŋˌaɪən] *n* пая́льник

soldier I [ˈsəʊldʒə(r)] *n* 1) солда́т; вое́нный, военнослу́жащий; ~**s and civilians** вое́нные и шта́тские; **disabled** ~ инвали́д войны́; **to play at** ~**s** игра́ть в солда́тики 2) полково́дец; **a great** ~ вели́кий полково́дец ◊ ~ **of fortune** наёмник, «солда́т уда́чи»; **old** ~ быва́лый челове́к

soldier II *v* служи́ть в а́рмии

soldier on *разг.* упо́рно труди́ться; тяну́ть ля́мку

soldierly [ˈsəʊldʒəlɪ] *a* 1) вои́нственный; во́инский; ~ **appearance** вое́нная вы́правка 2) отва́жный, му́жественный, хра́брый

soldiery [ˈsəʊldʒərɪ] *n* солда́ты, вое́нные

sole[1] **I** [səʊl] *n* 1) подо́шва *(ноги)* 2) подмётка, подо́шва 3) ни́жняя часть чего́-л.

sole¹ **II** *v* ста́вить подмётки

sole² *a* еди́нственный; исключи́тельный

sole³ *n* ка́мбала; па́лтус

solecism [ˈsɒlɪsɪz(ə)m] *n* 1) граммати́ческая оши́бка; оши́бка в употребле́нии сло́ва, выраже́ния 2) наруше́ние пра́вил поведе́ния

solely [ˈsəʊllɪ] *adv* еди́нственно; исключи́тельно

solemn [ˈsɒləm] *a* 1) торже́ственный; пы́шный 2) форма́льный, официа́льный *(о процеду́ре, акта́х)* 3) серьёзный, ва́жный

solemnity [səˈlemnɪtɪ] *n* 1) торже́ственность; ва́жность, серьёзность *(чего́-л.)* 2) *обыкн.* pl торжества́, торже́ственная церемо́ния

sol-fa [ˈsɒlfɑ:] *n муз.* сольфе́джио

solicit [səˈlɪsɪt] *v* 1) хода́тайствовать, испра́шивать *(for)* 2) выпра́шивать, проси́ть *(что-л. — for; от кого́-л. — of)* 3) пристава́ть к мужчи́нам *(на у́лице)*

solicitation [səˌlɪsɪˈteɪʃ(ə)n] *n* 1) хода́тайство; тре́бование 2) пристава́ние к мужчи́нам *(на у́лице)*

solicitor [səˈlɪsɪtə(r)] *n юр.* соли́ситор, стря́пчий, пове́ренный

Solicitor General [səˈlɪsɪtə ˈdʒenərəl] *n* 1) генера́льный стря́пчий, замести́тель генера́льного прокуро́ра 2) гла́вный соли́ситор США *(в ра́нге замести́теля мини́стра юсти́ции США)*

solicitous [səˈlɪsɪtəs] *a* 1) забо́тливый; беспоко́ящийся, забо́тящийся *(о — about)* 2) стремя́щийся *(к чему́-л. — of)*; жела́ющий *(что-л. сде́лать)*

solicitude [səˈlɪsɪtju:d] *n* 1) озабо́ченность, обеспоко́енность; забо́тливость 2) pl забо́ты, хло́поты

solid I [ˈsɒlɪd] *n* 1) *физ.* твёрдое те́ло 2) твёрдая пи́ща 3) *мат.* (геометри́ческое) те́ло

solid II *a* 1) твёрдый; ~ **fuel** твёрдое то́пливо; **to become** ~ затвердева́ть, тверде́ть 2) сплошно́й; це́лый; чи́стый *(о мета́лле);* ~ **gold** чи́стое зо́лото 3) кре́пкий, про́чный; пло́тный; **of** ~ **build** пло́тного телосложе́ния 4) *мат.* трёхме́рный, простра́нственный, куби́ческий 5) основа́тельный, убеди́тельный *(об аргуме́нте, до́воде и т. п.)* 6) соли́дный 7) непреры́вный; **to spend three** ~ **hours on it** потра́тить на э́то би́тых три часа́ 8) единоду́шный; спло́чённый; ~ **support** единоду́шная подде́ржка; **they were** ~ **on this issue** они́ солида́рны в э́том вопро́се

solidarity [ˌsɒlɪˈdærɪtɪ] *n* солида́рность

solidify [səˈlɪdɪfaɪ] *v* затвердева́ть, застыва́ть

solidity [səˈlɪdɪtɪ] *n* 1) твёрдость 2) про́чность

solid-state [ˌsɒlɪdˈsteɪt] *a* 1) *физ.* твердоте́льный 2) *спец.* полупроводнико́вый, транзи́сторный

soliloquize [səˈlɪləkwaɪz] *v* 1) говори́ть с сами́м собо́й 2) произноси́ть моноло́г

soliloquy [səˈlɪləkwɪ] *n* 1) разгово́р с сами́м собо́й 2) моноло́г

solitaire [ˈsɒlɪteə(r)] *n* 1) солите́р, кру́пный бриллиа́нт 2) ювели́рное украше́ние с кру́пным бриллиа́нтом 3) *амер.* пасья́нс

solitary I [ˈsɒlɪtərɪ] *n* 1) отше́льник 2) *разг.* одино́чное заключе́ние

solitary II *a* 1) живу́щий одино́ко, одино́кий 2) уединённый, забро́шенный 3) едини́чный; **a** ~ **instance** едини́чный слу́чай ◊ ~ **confinement** одино́чное заключе́ние

solitude [ˈsɒlɪtju:d] *n* 1) одино́чество; уедине́ние 2) уединённое, забро́шенное ме́сто

solo [ˈsəʊləʊ] *n* 1) *муз.* со́ло, со́льный но́мер 2) *attr* со́льный; ~ **artist/performer** *муз.* соли́ст

soloist [ˈsəʊləʊɪst] *n муз.* соли́ст

solstice [ˈsɒlstɪs] *n астр.* солнцестоя́ние; **the summer/winter** ~ ле́тнее/зи́мнее солнцестоя́ние

solubility [ˌsɒljʊˈbɪlɪtɪ] *n* раствори́мость

soluble [ˈsɒljʊbl] *a* 1) раствори́мый; ~ **powder** раствори́мый порошо́к 2) разреши́мый

solution [səˈlu:ʃ(ə)n] *n* 1) разреше́ние, реше́ние *(пробле́мы, вопро́са, зада́чи и т. п.)*; разга́дка 2) растворе́ние; раство́р

solvable [ˈsɒlvəbl] *a* разреши́мый; име́ющий реше́ние

solve [sɒlv] *v* 1) разреша́ть *(пробле́му, вопро́с)* 2) реша́ть *(зада́чу, уравне́ние)*

solvency [ˈsɒlvənsɪ] *n* платёжеспосо́бность

solvent I [ˈsɒlvənt] *n* раствори́тель

solvent II *a* 1) растворя́ющий 2) платёжеспосо́бный

solver [ˈsɒlvə] *n* 1) *мат.* реша́ющее устро́йство; счётно-реша́ющий прибо́р 2) *вчт* реша́ющая програ́мма

somatic [səˈmætɪk] *a* теле́сный, физи́ческий, somatíческий

sombre [ˈsɒmbə(r)] *a* 1) мра́чный, тёмный; **a** ~ **day** па́смурный день; ~ **clothes** тёмная оде́жда 2) уны́лый, хму́рый, угрю́мый

sombrero [sɒmˈbreərəʊ] *n* сомбре́ро *(широкопо́лая шля́па)*

some I [sʌm] *a* 1) не́который, не́кий; како́й-то; ~ **people think so** не́которые лю́ди так ду́мают; **there must be** ~ **reason for this** должна́ быть кака́я-то причи́на э́тому 2) не́сколько, в како́м-то коли́честве; ~ **years ago** не́сколько лет наза́д 3) *с числи́тельными* приблизи́тельно, о́коло 4) *разг.* значи́тельный, си́льный, производя́щий впечатле́ние; **it was** ~ **match!** вот э́то был матч!

some II *adv разг.* до не́которой сте́пени

some III *pron* 1) *обычно указывает на часть от целого* ско́лько-нибудь, не́которое коли́чество; **give me ~ bread** дай мне хле́ба; **do you want ~ tea?** хоти́те ча́ю? 2) ко́е-кто́, не́которые

somebody I [´sʌmbədɪ] *n* ва́жная персо́на; **he thinks he is ~** он счита́ет себя́ ва́жной персо́ной

somebody II *pron* кто́-то, кто́-нибудь; не́кто; **~ else** кто́-нибудь друго́й; **there's ~ in the room** в ко́мнате кто́-то есть

someday [´sʌmdeɪ] *adv* когда́-нибудь, в оди́н прекра́сный день

somehow [´sʌmhaʊ] *adv* ка́к-нибудь; каки́м-л. о́бразом, ка́к-то; **~ or other** так и́ли ина́че

someone [´sʌmwʌn] *pron* кто́-то, кто́-нибудь; не́кто

someplace [´sʌmpleɪs] *амер. см.* **somewhere**

somersault I [´sʌməsɒlt] *n* 1) кувыро́к; са́льто 2) ре́зкое измене́ние мне́ния, поли́тики *и т. д.*

somersault II *v* 1) кувырка́ться; де́лать са́льто 2) ре́зко изменя́ть мне́ние, поли́тику *и т. д.*

something [´sʌmθɪŋ] *pron* что́-то, что́-либо, что́-нибудь; ко́е-что́; **~ else** что́-нибудь ещё; **~ like** что́-то вро́де, не́что вро́де; **there's ~ wrong here** здесь что́-то не так; **~ is missing** чего́-то не хвата́ет; **there's ~ in it** в э́том есть до́ля и́стины, в э́том что́-то есть

sometime I [´sʌmtaɪm] *a* пре́жний, бы́вший

sometime II *adv* когда́-нибудь, когда́-либо; когда́-то

sometimes [´sʌmtaɪmz] *adv* иногда́

somewhat [´sʌmwɒt] *adv* до не́которой сте́пени, не́сколько, отча́сти; **they were ~ surprised** они́ бы́ли не́сколько удивлены́

somewhere [´sʌmweə(r)] *adv* 1) где́-нибудь, где́-то; **~ else** где́-нибудь в друго́м ме́сте 2) куда́-нибудь, куда́-то; **~ else** куда́-нибудь в друго́е ме́сто ◊ **to get ~** *разг.* доби́ться успе́ха; **~ about** (где́-то) приблизи́тельно

somnambulist [sɒm´næmbjʊlɪst] *n* луна́тик (*тж* **sleepwalker**)

somniferous [sɒm´nɪfərəs] *a* снотво́рный, усыпля́ющий

somnolent [´sɒmnələnt] *a* 1) сонли́вый, со́нный, дре́млющий 2) снотво́рный

son [sʌn] *n* 1) сын; **~ and heir** ста́рший сын 2) пото́мок по мужско́й ли́нии ◊ **the prodigal ~** *библ.* блу́дный сын; **~ of a bitch** *сленг груб.* су́кин сын; мерза́вец

sonant [´səʊnənt] *n фон.* 1) зво́нкий согла́сный (звук) 2) слогообразу́ющий звук 2) соно́рный согла́сный (звук)

sonar [´səʊnə(r)] *n* гидролока́тор, сона́р

sonata [sə´nɑ:tə] *n муз.* сона́та

son card [´sʌnˌkɑ:d] *n вчт* доче́рняя пла́та

sonde [sɒnd] *n метео* радиозо́нд

song [sɒŋ] *n* 1) пе́сня; **to give a ~** спеть 2) пе́ние ◊ **~ and dance** *разг.* шуми́ха, суета́; **to buy for a ~** купи́ть за бесце́нок, по дешёвке; **to go for a ~** прода́ть о́чень дёшево, за бесце́нок

songbird [´sɒŋbɜ:d] *n* пе́вчая пти́ца

songbook [´sɒŋbʊk] *n* сбо́рник пе́сен, пе́сенник

songsmith [´sɒŋsmɪθ] *n* поэ́т-пе́сенник

songster [´sɒŋstə(r)] *n* 1) певе́ц 2) пе́вчая пти́ца 3) поэ́т 4) *амер.* сбо́рник пе́сен, пе́сенник

songstress [´sɒŋstrɪs] *n* певи́ца

sonic [´sɒnɪk] *a* звуково́й, акусти́ческий

son-in-law [´sʌnɪnlɔ:] *n* (*pl* **sons-in-law**) зять, муж до́чери

sonnet [´sɒnɪt] *n* соне́т

sonny [´sʌnɪ] *n разг.* сыно́к (*в обраще́нии*)

sonority [sə´nɒrɪtɪ] *n* зву́чность

sonorous [´sɒnrəs] *a* 1) зву́чный; зво́нкий 2) высокопа́рный, торже́ственный

soon [su:n] *adv* 1) ско́ро, вско́ре, в ско́ром вре́мени; **~ after lunch** вско́ре по́сле обе́да; **see you ~** вско́ре уви́димся, до ско́рого; **as ~ as** как то́лько; **as ~ as possible** как мо́жно скоре́е, при пе́рвой же возмо́жности 2) ра́но; **the ~er the better** чем ра́ньше тем лу́чше; **~er or later** ра́но и́ли по́здно; **at the ~est** са́мое ра́ннее; **no ~er said than done** ≅ ска́зано — сде́лано

soot I [sʊt] *n* са́жа, ко́поть

soot II *v* покрыва́ть са́жей, ко́потью

soothe [su:ð] *v* 1) успока́ивать, утеша́ть 2) облегча́ть (*боль, го́ре*)

soother [´su:ðə(r)] *n* со́ска-пусты́шка

soothsayer [´su:θˌseɪə(r)] *n* предсказа́тель, прорица́тель

sooty [´sʊtɪ] *a* 1) запа́чканный са́жей; в са́же, в ко́поти 2) чёрный *или* тёмно-кори́чневый (*об окра́ске или опере́нии*)

sop I [sɒp] *n* 1) кусо́к хле́ба (*намо́ченный в подли́вке и т. п.*) 2) пода́чка; взя́тка

sop II *v* 1) нама́чивать; промокну́ть, вы́тереть до́суха (*up*) 2) пропи́тывать (*жи́дкостью*)

sophism [´sɒfɪz(ə)m] *n* софи́зм

sophist [´sɒfɪst] *n* софи́ст

sophisticated [sə´fɪstɪkeɪtɪd] *a* 1) утончённый, изы́сканный 2) искушённый, све́тский, о́пытный 3) совреме́нный, высо́кого у́ровня (*о техноло́гиях, те́хнике*) 4) изощрённый (*об аргуме́нте и т. п.*) 5) лишённый есте́ственности, простоты́

sophistry [´sɒfɪstrɪ] *n* софи́стика

sophomore [´sɒfəmɔ:(r)] *n амер.* студе́нт-второку́рсник

soporific I [ˌsɒpəˈrɪfɪk] *n* снотво́рное; не́что усыпля́ющее

soporific II *a* снотво́рный

sopping [ˈsɒpɪŋ] *a* промо́кший наскво́зь

soppy [ˈsɒpɪ] *a* 1) *разг.* сентимента́льный, слезли́вый 2) мо́крый

soprano [səˈprɑːnəʊ] *n муз.* сопра́но

sorcerer [ˈsɔːsərə(r)] *n* колду́н, чароде́й, волше́бник

sorceress [ˈsɔːsərɪs] *n* колду́нья, волше́бница

sorcery [ˈsɔːsərɪ] *n* колдовство́, волшебство́

sordid [ˈsɔːdɪd] *a* 1) гря́зный 2) жа́лкий, убо́гий 3) по́длый; коры́стный

sore I [sɔː(r)] *n* больно́е ме́сто, боля́чка; ра́на; **a running ~** я́зва; **to re-open old ~s** береди́ть ста́рые ра́ны

sore II *a* 1) больно́й; **to feel ~** боле́ть 2) больно́й, воспалённый *(о части тела)*; **a ~ knee** больно́е коле́но; **a ~ throat** воспалённое/больно́е го́рло; **my eyes are ~** у меня́ боля́т глаза́ 3) заде́тый, оби́женный, раздражённый *(about, at)*

sorely [ˈsɔːlɪ] *adv* 1) о́чень, кра́йне; **to be ~ in need of repair** кра́йне нужда́ться в ремо́нте 2) тяжело́, жесто́ко

sorghum [ˈsɔːgəm] *n бот.* со́рго

sorority [səˈrɒrɪtɪ] *n амер.* же́нская обще́ственная организа́ция *(в университете, колледже)*

sorrel¹ [ˈsɒrəl] *n* щаве́ль

sorrel² I *n* гнеда́я ло́шадь

sorrel² II *a* краснова́то-кори́чневый

sorrow I [ˈsɒrəʊ] *n* 1) го́ре, печа́ль; **keen ~** глубо́кая скорбь; **to my great ~** к моему́ вели́кому сожале́нию 2) жа́лобы, се́тования

sorrow II *v* горева́ть, печа́литься *(о чём-л. — at, for, over)*

sorrowful [ˈsɒrəʊfʊl] *a* 1) уби́тый го́рем, опеча́ленный, печа́льный 2) приско́рбный, плаче́вный, огорчи́тельный

sorry [ˈsɒrɪ] *a* 1) *predic* сожале́ющий, огорчённый; **to be/to feel ~ for smb** жале́ть кого́-л.; **you'll be ~ for this** ты ещё об э́том пожале́ешь; **I am ~!** винова́т!, прости́те!; **I am so ~!** мне так жаль!; **~ I'm so busy** извини́те, я так за́нят 2) несча́стный, жа́лкий; **a ~ sight** удруча́ющее зре́лище; **he cut a ~ figure** на него́ жа́лко бы́ло смотре́ть

sort I [sɔːt] *n* 1) род, вид, класс; поро́да; сорт; **all ~s of thing** мно́го ра́зных веще́й; **what ~ of tobacco is that?** како́й э́то сорт табака́?; **something of the ~** что́-то в э́том ро́де; **nothing of the ~!** ничего́ подо́бного!; **some ~ of** како́й-то, како́й-либо; что́-то вро́де; **of all ~s** вся́кого ро́да 2) *разг.* па́рень, ма́лый, тип; **a good ~** сла́вный ма́лый ◊ **after a ~** в

не́котором ро́де, не́которым о́бразом, до не́которой сте́пени; **to be out of ~s** быть не в ду́хе; нева́жно себя́ чу́вствовать; не по себе́; **of a ~** *разг.* в не́котором ро́де, вро́де; **it tastes like coffee of a ~** э́то по вку́су похо́же на ко́фе; **~ of** *разг.* как бы, вро́де; **she ~ of knew about it** она́ вро́де зна́ла об э́том; **it's ~ of blue** цвет вро́де си́ний

sort II *v* сортирова́ть, разбира́ть

sort out 1) рассортиро́вывать 2) отбира́ть 3) ула́живать, устра́ивать

sorter [ˈsɔːtə] *n* 1) сортиро́вщик 2) сортирова́льная маши́на; сортиру́ющее устро́йство 3) классифика́тор

sortie [ˈsɔːtiː] *n* 1) *воен.* вы́лазка 2) *ав.* вы́лет

sorting [ˈsɔːtɪŋ] *n* 1) сортиро́вка, классифика́ция 2) *ж.-д.* формирова́ние (соста́вов)

SOS [ˌesəʊˈes] *n* сигна́л SOS, сигна́л бе́дствия

sot [sɒt] *n* го́рький пья́ница, алкого́лик

sottish [ˈsɒtɪʃ] *a* спи́вшийся

sotto voce [ˌsɒtəʊˈvəʊtʃɪ] *adv* вполго́лоса; про себя́; в сто́рону

soubriquet [ˈsuːbrɪkeɪ] *см.* **sobriquet**

soufflé [ˈsuːfleɪ] *n* суфле́ *(1. сладкий десерт 2. лёгкая взбитая масса типа суфле из мяса, рыбы, сыра и т. п.)*

sough I [saʊ] *n* ше́лест, шум *(ветра)*

sough II *v* шелесте́ть, шуме́ть *(о ветре)*

sought [sɔːt] *past, p. p. см.* **seek**

soul [səʊl] *n* 1) душа́, дух; **to have no ~** быть безду́шным, бессерде́чным; **to unbosom/to unbutton one's ~** откры́ть свою́ ду́шу; **upon my ~!** че́стное сло́во!; кляну́сь!; **bless my ~!** Го́споди!; **he cannot call his ~ his own** он себе́ не принадлежи́т, он себе́ не хозя́ин; **to put one's heart and ~ into the work** вложи́ть всю ду́шу в рабо́ту 2) челове́к, существо́; **good ~** хоро́ший челове́к; **kind ~** до́брая душа́; **poor ~** бедня́га; **simple ~** простова́тый, наи́вный челове́к; **not a ~ in sight, not a living ~** ни души́ не ви́дно; **don't tell a ~** не говори́ никому́ 3) воплоще́ние, душа́ *(чего-л.);* **she was the life and ~ of the party** она́ была́ душо́й о́бщества 4) со́ул *(стиль музыки афроамериканцев; тж* **~ music)**

soulful [ˈsəʊlfʊl] *a* 1) заду́шевный, душе́вный 2) эмоциона́льный

soulless [ˈsəʊllɪs] *a* 1) безду́шный, бессерде́чный 2) неинтере́сный, пусто́й

sound¹ I [saʊnd] *n* звук; звуча́ние; **the speed of ~** ско́рость зву́ка; **within ~ of** на расстоя́нии зву́ка, в преде́лах слы́шимости; **~ of voices** звуча́ние голосо́в; **the ~ of rain/the sea** шум дождя́/мо́ря; **without a ~** беззву́чно

sound[1] **II** *v* 1) звуча́ть, раздава́ться; **to be ~ed** произноси́ться *(о звуке)* 2) игра́ть *(на духово́м инструме́нте)*; звони́ть *(в ко́локол)*; дава́ть сигна́л; труби́ть 3) выслу́шивать *(больно́го)* 4) производи́ть како́е-л. впечатле́ние свои́ми слова́ми; **that ~s very odd** э́то звучи́т о́чень стра́нно; **it ~s as if it's raining** похо́же, идёт дождь; су́дя по шу́му, идёт дождь

sound[2] **I** [saʊnd] *a* 1) здоро́вый; **~ in mind and body** здоро́в и те́лом и душо́й, соверше́нно здоро́вый; **~ teeth** хоро́шие зу́бы; **a ~ tree** кре́пкое де́рево 2) здра́вый, разу́мный, убеди́тельный *(о сужде́нии, до́воде и т. п.)* 3) надёжный; **a ~ investment** надёжное капиталовложе́ние 4) кре́пкий *(о сне)* 5) серьёзный *(об учёном)* 6) си́льный *(об уда́ре и т. п.)*

sound[2] **II** *adv* кре́пко; здра́во

sound[3] *v* 1) измеря́ть глубину́ ло́том 2) зонди́ровать, стара́ться осторо́жно вы́яснить *(мне́ние и т. п.; тж* **to ~ out)** 3) *мед.* иссле́довать зо́ндом 4) уходи́ть на глубину́ *(о ры́бе, ки́те)*

sound[4] *n* пла́вательный пузы́рь *(у рыб)*

sound[5] *n* 1) проли́в 2) у́зкий зали́в, фио́рд

sound barrier [ˈsaʊndˌbærɪə] *n* **(the ~)** *физ.* звуково́й барье́р

sound card [ˈsaʊndˌkɑːd] *n вчт* звукова́я ка́рта *(в компью́тере)*

sound engineer [ˈsaʊndˌenʤɪnɪə] *n* звукорежиссёр

sounding [ˈsaʊndɪŋ] *n* 1) проме́р глубины́ ло́том 2) глубина́ по ло́ту 3) зонди́рование

sounding balloon [ˈsaʊndɪŋbəˌluːn] *n метео* шар-зонд

soundless [ˈsaʊndlɪs] *a* беззву́чный

soundproof [ˈsaʊndpruːf] *a* звуконепроница́емый

soundtrack [ˈsaʊndtræk] *n кино, тлв* 1) звукова́я доро́жка 2) саундтре́к, фоногра́мма к фи́льму

soup [suːp] *n* суп; **thick ~** густо́й суп; **clear ~** бульо́н; **cabbage ~** щи; **fish ~** ры́бный суп, уха́ ◊ **to be in the ~** *разг.* попа́сть в переде́лку

soup plate [ˈsuːppleɪt] *n* глубо́кая таре́лка

soupy [ˈsuːpɪ] *a разг.* сентимента́льный, слезли́вый

sour I [ˈsaʊə(r)] *a* 1) ки́слый; **~ milk** ки́слое молоко́; **~ cream** смета́на; **(as) ~ as vinegar** о́чень ки́слый 2) проки́сший 3) раздражи́тельный, жёлчный; **a ~ face** ки́слая, недово́льная ми́на

sour II *v* 1) прокиса́ть, скиса́ть 2) заква́шивать 3) озлобля́ться *(от неуда́ч и т. п.)*; станови́ться мра́чным, жёлчным

source [sɔːs] *n* 1) исто́к, верхо́вье *(реки́)* 2) исто́чник; **~ of information** исто́чник информа́ции, све́дений; **primary ~** первоисто́чник; **power ~** *эл.* исто́чник пита́ния 3) *физ.* исто́чник эне́ргии, радиа́ции *и т. п.* 4) *рлн* исто́к *(полево́го транзи́стора)*

souse I [saʊs] *n* 1) соле́нье, марина́д 2) окуна́ние; прыжо́к в во́ду 3) *разг.* пья́ница

souse II *v* 1) маринова́ть, соли́ть 2) окуна́ть(ся) 3) нама́чивать, зама́чивать *(in)* 4) окати́ть *(over)* 5) *разг.* напи́ться пья́ным; **to get ~d** нализа́ться, набра́ться, зали́ть глаза́

south I [saʊθ] *n* 1) юг; *мор.* зюйд 2) **(the S.)** ю́жные края́, стра́ны, райо́ны

south II *a* 1) ю́жный 2) обращённый на юг

south III *adv* к ю́гу, на юг, в ю́жном направле́нии; **to travel ~** е́хать на юг; **~ of** южне́е *(чего́-л.)*

southbound [ˈsaʊθbaʊnd] *a* направля́ющийся на юг

south-east I [ˈsaʊθˈiːst] *n* ю́го-восто́к; *мор.* зюйд-ост

south-east II *a* ю́го-восто́чный

south-east III *adv* к ю́го-восто́ку, в ю́го-восто́чном направле́нии

south-easter [ˈsaʊθˈiːstə(r)] *n* ю́го-восто́чный ве́тер, зюйд-ост

south-easterly I [ˈsaʊθˈiːstəlɪ] *a* ю́го-восто́чный, ду́ющий с ю́го-восто́ка *(о ве́тре)*

south-easterly II *adv* 1) с ю́го-восто́ка 2) к ю́го-восто́ку

souther [ˈsaʊðə(r)] *n* ю́жный ве́тер

southerly I [ˈsʌðəlɪ] *a* 1) обращённый, напра́вленный к ю́гу 2) ду́ющий с ю́га, ю́жный *(о ве́тре)*

southerly II *adv* 1) к ю́гу, на юг 2) с ю́га

southern [ˈsʌðən] *a* ю́жный

southerner [ˈsʌðənə(r)] *n* южа́нин

southernly [ˈsʌðənlɪ] *a* ю́жный

southernmost [ˈsʌðənməʊst] *a* са́мый ю́жный

southing [ˈsaʊðɪŋ] *n* 1) движе́ние в ю́жном направле́нии 2) *мор.* продвиже́ние на зюйд

southward I [ˈsaʊθwəd] *n* ю́жное направле́ние

southward II *a* 1) иду́щий на юг 2) обращённый на юг, к ю́гу

southward III *adv* в ю́жном направле́нии; к ю́гу, на юг

southwardly [ˈsaʊθwədlɪ] *adv* к ю́гу, на юг

southwards [ˈsaʊθwədz] *см.* **southward III**

south-west I [ˈsaʊθˈwest] *n* ю́го-за́пад; *мор.* зюйд-ве́ст

south-west II *a* ю́го-за́падный

south-west III *adv* к ю́го-за́паду, в ю́го-за́падном направле́нии

south-wester [ˈsaʊθˈwestə(r)] *n* ю́го-за́падный ве́тер, зюйд-ве́ст

south-westerly I [ˌsaʊθˈwestəlɪ] *a* юго-западный, дующий с юго-запада *(о ветре)*

south-westerly II *adv* 1) с юго-запада 2) к юго-западу

souvenir [ˈsuːvənɪə(r)] *n* сувенир

sou'wester [saʊˈwestə(r)] *n* зюйдвестка *(головной убор моряка)*

sov. *сокр.* **(sovereign)** монарх

sovereign I [ˈsɒvrɪn] *n* 1) монарх 2) *ист.* соверен *(золотая монета в один фунт стерлингов)*

sovereign II *a* 1) верховный, наивысший; **~ power** верховная власть; **the ~ good** наивысшее благо 2) очень эффективный, действенный *(о лекарстве)* 3) суверенный 4) беспредельный *(о презрении и т. п.)*

sovereignty [ˈsɒvrəntɪ] *n* 1) суверенитет 2) верховная власть

Soviet [ˈsəʊvɪet] *a ист.* советский

sow¹ [saʊ] *v* **(sowed; sowed, sown)** 1) сеять, засевать; **to ~ a field with wheat** засеять поле пшеницей 2) распространять, сеять *(слухи, сомнения и т. п.)*

sow² [saʊ] *n* свиноматка

sower [ˈsəʊə(r)] *n* 1) сеятель 2) *с.-х.* сеялка

sowing [ˈsəʊɪŋ] *n* сев

sowing machine [ˈsəʊɪŋməˈʃiːn] *n с.-х.* сеялка

sown [səʊn] *p. p. см.* **sow¹**

sox [sɒks] *n разг. или ком.* носки

soya [ˈsɔɪə] *n* 1) соя 2) соевый боб *(тж ~ bean)* 3) *attr* соевый; **~ sauce** соевый соус

sozzled [ˈsɒzəld] *a разг.* пьяный в стельку

SP *сокр.* **(starting price)** начальная цена

spa [spɑː] *n* 1) минеральный источник 2) курорт с минеральными источниками; **to take a cure at a ~** лечиться на водном курорте

space I [speɪs] *n* 1) пространство; протяжение; расстояние; **infinite ~** бесконечное пространство; **empty ~** безвоздушное пространство; **open ~s** открытые пространства; пустыри 2) космическое пространство, космос *(тж* **outer ~)**; **to walk in ~** выходить в открытый космос 3) место, пространство *(в комнате, книге, тетради и т. п.);* **leave a ~ for signature** оставь место для подписи 4) промежуток времени, период 5) интервал, пробел; *полигр.* пробельный материал 6) *муз.* интервал 7) помещение 8) расстояние 9) *attr* космический; **~ rocket** космическая ракета; **~ station** космическая станция; **~ traveller** космонавт, астронавт; **~ vehicle** космический корабль; **~ walk** выход в открытый космос

space II *v* 1) расставлять, располагать с промежутками 2) вставлять интервалы, пробелы между словами, буквами, строчками *и т. п.*

space bar [ˈspeɪsˌbɑː] *n вчт* клавиша или рычаг пробела

spacecraft [ˈspeɪskrɑːft] *n* космический корабль

spaced-out [ˈspeɪstˌaʊt] *a сленг* в кайфе, в улёте *(после принятия наркотика)*

spaceflight [ˈspeɪsflaɪt] *n* полёт в космос, космический полёт

space key [ˈspeɪs kiː] *n вчт* клавиша пробела

spaceman [ˈspeɪsmən] *n* космонавт, астронавт

spaceship [ˈspeɪsʃɪp] *n* космический корабль

spacesuit [ˈspeɪssjuːt] *n* космический скафандр

spacing [ˈspeɪsɪŋ] *n полигр.* пробел, интервал; период, шаг; **with double ~** с двойным интервалом

spacious [ˈspeɪʃəs] *a* просторный

spade¹ I [speɪd] *n* лопата; заступ ◊ **to call a ~ a ~** называть вещи своими именами

spade¹ II *v* копать лопатой, заступом

spade² *n обыкн. pl карт.* пики ◊ **in ~s** сильно, в высшей степени

spadeful [ˈspeɪdfʊl] *n* полная лопата *(как мера)*

spadework [ˈspeɪdwɜːk] *n* кропотливая, трудоёмкая подготовительная работа

spaewife [ˈspeɪwaɪf] *n шотл.* гадалка

spaghetti [spəˈgetɪ] *n* спагетти

spake [speɪk] *уст. past см.* **speak**

spall I [spɔːl] *n* обломок *(скалы)*

spall II *v* 1) дробить камни, породу *(на мелкие куски)* 2) разлетаться на мелкие куски

spam I [spæm] *n вчт* спам *(практически бесполезная информация, рассылаемая большому числу абонентов электронной почты без их ведома)*

spam II *v вчт* разослать (бесполезное) сообщение по Интернету

span¹ I [spæn] *n* 1) ширина *(реки, канала);* протяжённость *(моста)* 2) период времени, протяжённость во времени; **the average ~ of life** средняя продолжительность жизни; **a brief ~** короткий промежуток времени 3) пролёт моста 4) *ав.* размах крыла 5) пядь (= 9 дюймам) 6) миг, мгновение

span¹ II *v* 1) протянуться *(через реку — о мосте);* соединять *(берега реки)* 2) тянуться *(в течение всего периода времени)* 3) измерять пядями 4) *муз.* взять октаву

span² *n амер.* упряжка парой

span³ *уст. past см.* **spin I**

spang [spæŋ] *adv амер. разг.* прямо, как раз, в самую точку; **~ in the middle** прямо в середину

spangle I [ˈspæŋgl] *n* блёстка

spangle II *v* украшать блёстками; усеивать *(блёстками, звёздами и т. п.)*

Spaniard [ˈspænjəd] *n* испа́нец; испа́нка

spaniel [ˈspænjəl] *n* 1) спание́ль *(порода собак)* 2) подли́за, подхали́м

Spanish I [ˈspænɪʃ] *n* 1): the ~ *(употр. как pl)* испа́нцы 2) испа́нский язы́к

Spanish II *a* испа́нский

spank I [spæŋk] *n* шлепо́к

spank II *v* 1) шлёпать 2) нести́сь *(о лошади и т. д.)*

spanker [ˈspæŋkə(r)] *n* 1) *мор.* биза́нь 2) бы́страя, ре́звая ло́шадь 3) *разг.* не́что выдаю́щееся; выдаю́щаяся ли́чность

spanking [ˈspæŋkɪŋ] *a* 1) бы́стрый, быстрохо́дный *(о лошади)* 2) све́жий, си́льный *(о ветре)* 3) *разг.* превосхо́дный, замеча́тельный

spanner [ˈspænə(r)] *n тех.* га́ечный ключ ◊ **to put a ~ into the works** *разг.* вставля́ть па́лки в колёса

spar¹ [spɑː(r)] *n* 1) брус, перекла́дина 2) *ав.* лонжеро́н 3) *мор.* ранго́ут

spar² I *n* 1) бокс; состяза́ние по бо́ксу 2) петуши́ный бой 3) спор, препира́тельство

spar² II *v* 1) дра́ться на кулака́х *(с кем-л. — at)*; бокси́ровать 2) препира́ться, спо́рить, пики́роваться; **they are always ~ring** они́ ве́чно спо́рят 3) дра́ться шпо́рами *(о петуха́х)*

spar³ *n мин.* пла́виковый шпат

spare I [speə(r)] *n* запасна́я часть *(тж ~ **part**)*

spare II *a* 1) запасно́й; ли́шний; **a ~ pair of socks** ли́шняя па́ра носко́в; **~ parts** запасны́е ча́сти; **a ~ room** свобо́дная ко́мната, ко́мната для госте́й 2) свобо́дный *(о времени)*; **in one's ~ time** в свобо́дное вре́мя, на досу́ге 3) худоща́вый, поджа́рый 4) ску́дный *(о пище)*; **a ~ diet** стро́гая дие́та ◊ **to go ~** *разг.* а) вы́йти из себя́, разозли́ться б) быть невостре́бованным, оказа́ться никому́ не ну́жным

spare III *v* 1) обходи́ться без чего́-л.; **we can't ~ him just now** сейча́с мы без него́ не мо́жем обойти́сь 2) (по)щади́ть; (по)жале́ть; **to ~ smb's feelings** щади́ть чьи-л. чу́вства; **he doesn't ~ himself** он не щади́т себя́; **no expenses ~d** не жале́я никаки́х затра́т 3) избавля́ть *(от лишнего волнения, беспокойства и т. п.)* 4) эконо́мить, бере́чь ◊ **enough and to ~** всего́ предоста́точно; **I have time and to ~** у меня́ вре́мени бо́лее чем доста́точно

sparing [ˈspeərɪŋ] *a* 1) эконо́мный, бережли́вый; скупо́й; **she is ~ with the butter** ей жа́лко ма́сла, она́ эконо́мит на ма́сле; **he is ~ of words** он скуп на слова́ 2) ску́дный, ограни́ченный, уре́занный

spark¹ I [spɑːk] *n* 1) и́скра 2) вспы́шка, про́блеск 3) небольшо́е коли́чество; ка́пля; **a ~ of life** при́знаки жи́зни; **not a ~ of interest** ни мале́йшего интере́са 4) **(S.)** *pl разг.* ради́ст ◊ **to strike ~s out of smb** расшевели́ть кого́-л., заста́вить блесну́ть чем-л.

spark¹ II *v* 1) дава́ть и́скры, искри́ться 2) вспы́хивать

spark² I *n* 1) покло́нник, кавале́р 2) франт, пижо́н

spark² II *v* уха́живать

sparkle I [ˈspɑːkl] *n* 1) и́скорка 2) блеск, сверка́ние; искри́стость 3) оживлённость

sparkle II *v* 1) искри́ться; сверка́ть 2) игра́ть, искри́ться *(о вине)* 3) блесте́ть *(о глазах)*; оживля́ться, возбужда́ться 4) сверка́ть *(об уме, остроумии и т. п.)*

sparkling [ˈspɑːklɪŋ] *a* 1) сверка́ющий 2) и́скрящийся 3) игри́стый, пе́нящийся, шипу́чий *(о вине)* 4) газиро́ванный *(о воде)*

spark plug [ˈspɑːkˌplʌg] *n авто* свеча́ зажига́ния

sparring partner [ˈspɑːrɪŋˌpɑːtnə(r)] *n* 1) *спорт.* партнёр для трениро́вки, спа́рринг-партнёр 2) постоя́нный оппоне́нт в спо́ре

sparrow [ˈspærəʊ] *n* воробе́й

sparrow-grass [ˈspærəʊgrɑːs] *n диал., разг.* спа́ржа

sparrowhawk [ˈspærəʊhɔːk] *n* я́стреб-перепеля́тник

sparse [spɑːs] *a* ре́дкий, разбро́санный, непло́тный *(о населении и т. п.)*; реде́ющий, ре́дкий; **his hair is getting ~** у него́ во́лосы реде́ют

Spartan I [ˈspɑːtən] *n* спарта́нец

Spartan II *a* спарта́нский

spasm [ˈspæz(ə)m] *n* 1) спазм, су́дорога; **a ~ of coughing** при́ступ ка́шля 2) вспы́шка гне́ва

spasmodic [spæzˈmɒdɪk] *a* спазмати́ческий, су́дорожный

spastic [ˈspæstɪk] *a мед.* спасти́ческий

spat¹ I [spæt] *n амер. разг.* 1) перепа́лка 2) небольшо́е коли́чество

spat¹ II *v амер. разг.* ссо́риться, перебра́ниваться

spat² *past, p. p. см.* spit¹ II

spate [speɪt] *n* 1) разли́в реки́, наводне́ние 2) пото́к *(писем, просьб и т. п.)*

spatial [ˈspeɪʃ(ə)l] *a* простра́нственный

spatter I [ˈspætə(r)] *n* бры́зги; **a ~ of mud** ко́мья гря́зи; **~ of rain** бры́зги дождя́

spatter II *v* 1) бры́згать, забры́згивать; разбры́згивать; **to ~ with mud** забры́згать гря́зью 2) очерни́ть, оклевета́ть

spatterdashes [ˈspætəˌdæʃɪz] *n pl* гетры

769

spatula [ˈspætjʊlə] *n* шпа́тель, лопа́точка

spawn I [spɔːn] *n* 1) икра́ *(рыб, лягу́шек и т. п.)* 2) грибни́ца, мице́лий 3) *презр.* отро́дье

spawn II *v* 1) мета́ть икру́ 2) порожда́ть, плоди́ть

spay [speɪ] *v* стерилизова́ть, удаля́ть яи́чники *(у живо́тных)*

speak [spiːk] *v* (**spoke**; **spoken**) 1) говори́ть, произноси́ть (слова́) 2) разгова́ривать, бесе́довать *(с кем-л. — to, with; о чём-л. — about, of);* **I spoke to him for an hour** я разгова́ривал с ним це́лый час; ~ **more slowly** говори́ мед́леннее; **to ~ well of smb** отзыва́ться хорошо́ о ком-л. 3) (уме́ть) говори́ть *(на каком-л. языке́);* **do you ~ German?** ты говори́шь по-неме́цки?; **he ~s several languages** он говори́т на не́скольких языка́х 4) выступа́ть с ре́чью; **to ~ in public** выступа́ть пе́ред аудито́рией; **may I ~?** прошу́ сло́ва 5) выступа́ть *(от имени кого-л. — for)* 6): **broadly ~ing** вообще́ говоря́; **frankly ~ing** открове́нно говоря́; **properly ~ing** со́бственно говоря́; **roughly ~ing** гру́бо говоря́, приблизи́тельно; **strictly ~ing** стро́го говоря́ 7) заговори́ть, зазвуча́ть *(об ору́диях, музыка́льных инструме́нтах)* 8) ла́ять *(о соба́ке)* 9) *мор.* оклика́ть *(друго́е су́дно)* ◊ **nothing to ~ of** практи́чески ничего́, су́щие пустяки́; **they have no money to ~ of** больши́х де́нег у них нет; ~**ing for myself...** что каса́ется меня́...; **to ~ one's mind** вы́сказаться пря́мо, открове́нно; **that ~s well/volumes for him** э́то хорошо́ его́ характеризу́ет

speak out вы́сказаться открове́нно, высказа́ть своё мне́ние

speak up 1) говори́ть гро́мко 2) *см.* **speak out**

speakeasy [ˈspiːkˌiːzɪ] *n амер. ист. сленг* бар *(незако́нно торгова́вший спиртны́ми напи́тками во времена́ «сухо́го зако́на»)*

speaker [ˈspiːkə(r)] *n* 1) ора́тор, выступа́ющий, докла́дчик 2) *(особ. в сло́жных слова́х)* говоря́щий на како́м-л. языке́; **an English-~** говоря́щий на англи́йском языке́; **a native ~** носи́тель языка́ *(челове́к, для кото́рого да́нный язы́к явля́ется родны́м)* 3) **(S.)** спи́кер *(председа́тель пала́ты общи́н в Великобрита́нии; председа́тель пала́ты представи́телей в США)* 4) громкоговори́тель, репроду́ктор; дина́мик 5) ди́ктор

speakerphone [ˈspiːkəfəʊn] *n* 1) микрофо́н с громкоговори́телем для двухсторо́нней телефо́нной свя́зи, спикерфо́н 2) громкоговоря́щая связь, устро́йство громкоговоря́щей свя́зи

speaking I [ˈspiːkɪŋ] *n* речь; выска́зывание; **public ~** публи́чное выступле́ние

speaking II *a* 1) говоря́щий; **we are not on ~ terms** мы не разгова́риваем друг с дру́гом 2) вырази́тельный, живо́й *(о портре́те и т. п.)* 3) *(в сло́жных слова́х)* говоря́щий на како́м-л. языке́; **English-~ countries** англоязы́чные/англогово́рящие стра́ны ◊ ~ **acquaintance** ≅ ша́почное знако́мство

speaking-tube [ˈspiːkɪŋtjuːb] *n* мегафо́н; переговорная тру́бка

spear¹ I [spɪə(r)] *n* 1) копьё 2) острога́ 3) *уст.* копьено́сец

spear¹ II *v* 1) пронза́ть копьём 2) бить острого́й

spear² I *n* 1) о́стрый лист *(травы́)* 2) росто́к, побе́г

spear² II *v бот.* выбра́сывать стре́лку

spearhead [ˈspɪəhed] *n* 1) остриё копья́ 2) *воен.* передово́й отря́д

spearman [ˈspɪəmən] *n уст.* копьено́сец

spearmint [ˈspɪəmɪnt] *n* мя́та

spec¹ [spek] *n разг.* комме́рческие опера́ции; комме́рческое предприя́тие; **on the ~** а) в наде́жде на успе́х б) риску́я

spec² *n разг. см.* **specification**

special I [ˈspeʃ(ə)l] *n* 1) э́кстренный вы́пуск *(газе́ты)* 2) по́езд специа́льного назначе́ния 3) фи́рменное блю́до *(в меню́)*

special II *a* 1) осо́бый, осо́бенный; ~ **treatment** осо́бое отноше́ние; **my ~ friend** мой большо́й друг 2) осо́бый, специа́льный; э́кстренный; ~ **correspondent** специа́льный корреспонде́нт; **a ~ train** по́езд специа́льного назначе́ния; ~ **powers** чрезвыча́йные полномо́чия

specialist [ˈspeʃəlɪst] *n* специали́ст; **an eye ~** специали́ст по глазны́м боле́зням; **he is a ~ in dermatology** он специали́ст-дерматоло́г

speciality [ˌspeʃɪˈælɪtɪ] *n* 1) специа́льность; **her ~ is an English poetry** она́ специализи́руется по англи́йской поэ́зии 2) осо́бая черта́ *(хара́ктера и т. п.);* осо́бенность; подро́бность

specialize [ˈspeʃəlaɪz] *v* 1) специализи́роваться *(in)* 2) приспоса́бливать(ся) к определённым усло́виям 3) ограни́чивать, сужа́ть, конкретизи́ровать

special-purpose [ˌspeʃ(ə)lˈpɜːpəs] *a* специализи́рованный, специа́льного назначе́ния

specialty [ˈspeʃəltɪ] *n* 1) *амер.* специа́льность 2) осо́бый подбо́р *(предме́тов),* осо́бый ассортиме́нт 3) *тлв* переда́ча, посвящённая како́й-л. определённой те́ме

specie [ˈspiːʃiː] *n* металли́ческие де́ньги, моне́ты

species [ˈspiːʃɪz] *n (pl без измен.)* 1) класс, род, тип; порода 2) *биол.* вид; **the origin of ~** происхождение видов 3) разновидность

specific I [spɪˈsɪfɪk] *n* особый аспект; подробность

specific II *a* 1) конкретный, определённый 2) особый, специфический, характерный; **~ style** характерный стиль 3) *биол.* видовой; **~ difference** видовое различие 4) *физ.* удельный *(о весе)*; **~ gravity** удельный вес

specific address [spɪˈsɪfɪk əˌdres] *n вчт* абсолютный, истинный адрес

specification [ˌspɪsɪfɪˈkeɪʃ(ə)n] *n* 1) спецификация; детальное описание 2) инструкция по обращению *(с чем-л.)* 3) технические требования, техническое задание

specific feature [spɪˈsɪfɪk ˈfiːtʃə] *n* особенность, характерная черта

specify [ˈspesɪfaɪ] *v* 1) специально упоминать, называть 2) особо отмечать, указывать *(как особое условие)* 3) включать в спецификацию

specimen [ˈspesɪmɪn] *n* 1) образчик, экземпляр; образец 2) *мед.* проба, препарат 3) *разг.* тип, субъект; **a queer ~** чудак, чудаковатый тип 4) *attr:* **~ copy** сигнальный экземпляр *(книги)*

specious [ˈspiːʃəs] *a* 1) благовидный; **a ~ argument** кажущийся вполне достоверным довод 2) обманчивый, показной

speck I [spek] *n* 1) пятнышко 2) частица; **a ~ of dust** пылинка 3) червоточина *(в яблоке и т. п.)*

speck II *v* покрывать пятнами

speckle I [ˈspekl] *n* пятнышко, метка *(на коже, скорлупе и т. п.)*

speckle II *v* покрывать, испещрять пятнами

speckled [ˈspekld] *a* крапчатый; в крапинку; пёстрый, рябой *(о курах)*

specs [speks] *n pl разг.* очки

spectacle [ˈspektəkl] *n* зрелище, представление, увеселение; **moving ~** трогательное зрелище; **to make a ~ of oneself** обращать на себя внимание, выставлять себя на посмешище

spectacled [ˈspektəkld] *a* 1) в очках 2) очковый *(о змее)*

spectacles [ˈspektəklz] *n pl* очки ◊ **to look through rose-coloured ~** смотреть сквозь розовые очки; **to see things through rose-coloured ~** видеть всё в розовом свете

spectacular [spekˈtækjʊlə(r)] *a* эффектный, увлекательный, захватывающий; **a ~ success** *разг.* потрясающий успех

spectator [spekˈteɪtə(r)] *n* 1) зритель; очевидец, наблюдатель 2) *attr:* **~ sports** зрелищные виды спорта

specter [ˈspektə(r)] *амер. см.* **spectre**

spectra [ˈspektrə] *pl см.* **spectrum**

spectral [ˈspektrəl] *a* 1) призрачный; похожий на привидение 2) *физ.* спектральный

spectre [ˈspektə(r)] *n* 1) призрак, привидение 2) предчувствие *(беды)*

spectrum [ˈspektrəm] *n (pl* **spectra**) *физ.* спектр

specular [ˈspekjʊlə(r)] *a* зеркальный; отражающий *(о поверхности)*

speculate [ˈspekjʊleɪt] *v* 1) размышлять, раздумывать *(on, upon, about)* 2) строить планы, предположения 3) *фин.* спекулировать *(акциями, ценными бумагами, валютой)*

speculation [ˌspekjʊˈleɪʃ(ə)n] *n* 1) размышление, обдумывание; **to be given to ~** быть склонным к размышлению; **it's pure ~** это всего лишь предположение/догадка 2) рассмотрение *(проектов, идей)* 3) *фин.* спекуляция, игра на бирже

speculative [ˈspekjʊlətɪv] *a* 1) созерцательный, склонный к созерцанию, размышлению; умозрительный, мыслительный 2) *ком., фин.* спекулятивный

speculator [ˈspekjʊleɪtə(r)] *n фин.* биржевой делец, биржевик; спекулянт

speculum [ˈspekjʊləm] *n* 1) *мед.* зеркало; **ear ~** ушное зеркало 2) рефлектор, отражатель

sped [sped] *past, p. p. см.* **speed II**

speech [spiːtʃ] *n* 1) речь, речевая деятельность; **freedom of ~** свобода слова 2) выступление, обращение, речь, доклад; **maiden ~** первое выступление *(в парламенте и т. п.)*; **to deliver/to make a ~** выступать с речью, произносить речь 3) манера говорить 4) *театр.* реплика 5) язык, говор, диалект 6) *attr* речевой ◊ **~ is silver but silence is gold** *посл.* слово — серебро, молчание — золото

speech day [ˈspiːtʃdeɪ] *n* актовый день *(торжественное собрание в конце учебного года в учебных заведениях)*

speechless [ˈspiːtʃlɪs] *a* 1) лишившийся дара речи, онемевший; **we were left ~** мы потеряли дар речи; **he was ~ with fury** он онемел от ярости 2) безмолвный, немой

speech therapist [ˈspiːtʃ ˌθerəpɪst] *n* логопед

speech-writer [ˈspiːtʃ ˌraɪtə(r)] *n* спичрайтер, составитель речей *(обыкн. для политиков)*

speed I [spiːd] *n* 1) скорость; быстрота; **high ~** высокая, большая скорость, быстрый ход; **at ~** на скорости; быстро; **at full ~** на полной скорости, полным ходом; **at average ~** на средней скорости; **to put in the first/second ~** включить первую/вторую скорость; **at lightning ~** с быстротой молнии; **to exceed the ~ limit** превысить предельную скóрость 2) *фото* светочувстви́тельность *(плёнки)*; вы́держка 3) быстроде́йствие

speed II *v (past, p. p.* **sped**) 1) нести́сь, мча́ться; спеши́ть 2) ускоря́ть *(часто* **to ~ up**); превыша́ть скóрость

speedball [ˈspiːdbɔːl] *n сленг* смесь кокаи́на с герои́ном *(или* мóрфием)

speedboat [ˈspiːdbəʊt] *n* быстрохóдная мотóрная лóдка, быстрохóдный ка́тер

speed bump [ˈspiːdˌbʌmp] *n* «лежа́чий полице́йский», возвыше́ние на проéзжей ча́сти *(для снижения скорости автомобилей)*

speedily [ˈspiːdɪlɪ] *adv* бы́стро, скóро, поспе́шно

speediness [ˈspiːdɪnɪs] *n* поспе́шность

speeding [ˈspiːdɪŋ] *n* превыше́ние скóрости; езда́ с недозвóленной скóростью

speed merchant [ˌspiːdˈmɜːʃənt] *n разг.* води́тель-лиха́ч

speed reading [ˈspiːdˌriːdɪŋ] *n* мéтод бы́строго чтéния

speedometer [spiːˈdɒmɪtə(r)] *n* спидóметр

speed trap [ˌspiːdˈtræp] *n* «лову́шка» для лихачéй на дорóге

speed-up [ˈspiːdˌʌp] *n* ускорéние; повышéние производи́тельности труда́

speedway [ˈspiːdweɪ] *n* 1) гóночный трек, автодрóм 2) спидвéй *(мотогонки по гаревой или ледяной дорожке)* 3) *амер.* скоростнóе шоссé

speedy [ˈspiːdɪ] *a* бы́стрый, скóрый; поспе́шный; ~ **service** бы́строе обслу́живание; **a ~ answer** незамедли́тельный отвéт

speleology [ˌspiːlɪˈɒlədʒɪ] *n* спелеолóгия

spell[1] [spel] *v (past, p. p.* **spelt** *или* **spelled**) 1) писа́ть *или* произноси́ть слóво по бу́квам 2) образóвывать слова́ *(по буквам)* 3) означа́ть, сули́ть; **it ~s ruin for them** этó для них означа́ет разорéние; **to ~ trouble** предвеща́ть беду́

spell[2] *n* 1) заклина́ние, заговóр 2) ча́ры; очарова́ние, обая́ние; **to be under the ~ of smb's beauty** быть пленённым чьей-л. красотóй; **to cast a ~ on smb** очарова́ть, околдова́ть кого́-л.

spell[3] *n* 1) корóткий перѝод, промежу́ток врéмени; корóткий срок; **for a ~** на врéмя; **a ~ of fine weather** перѝод хорóшей погóды; **a ~ of cold weather** перѝод холодóв; **we are going through a bad ~** у нас сейча́с тяжёлый перѝод 2) очерёдность; **to take ~s at doing smth** дéлать что-л. по óчереди

spellbind [ˈspelbaɪnd] *v (past, p. p.* **spellbound**) очарóвывать, околдóвывать

spellbinder [ˈspelˌbaɪndə(r)] *n* óпытный ора́тор *(умеющий владеть своей аудиторией)*

spellbound I [ˈspelbaʊnd] *past, p. p. см.* **spellbind**

spellbound II *a* очарóванный, засты́вший, околдóванный

spellchecker [ˈspelˌtʃekə] *n вчт* програ́мма провéрки орфогра́фии, програ́мма-коррéктор

speller [ˈspelə(r)] *n* 1) *вчт* програ́мма провéрки орфогра́фии, програ́мма-коррéктор 2): **he is a good/bad ~** он пи́шет без оши́бок, он слаб в орфогра́фии 3) *амер.* учéбник, спра́вочник по орфогра́фии

spelling [ˈspelɪŋ] *n* 1) правописа́ние, орфогра́фия 2) произнесéние по бу́квам

spelling-book [ˈspelɪŋbʊk] *n амер.* сбóрник упражнéний по правописа́нию

spelt [spelt] *past, p. p. см.* **spell**[1]

spencer [ˈspensə(r)] *n* корóткий жакéт

spend [spend] *v (past, p. p.* **spent**) 1) тра́тить, расхóдовать; **to ~ money on smth** израсхóдовать на что-л. дéньги 2) тра́тить, растра́чивать *(деньги, силы, время)*; **to ~ a fortune** истра́тить ку́чу дéнег 3) истощи́ться, обесси́леть, исся́кнуть 4) успокóиться, улéчься *(о буре и т. п.)*

spender [ˈspendə(r)] *n* мот, транжи́ра

spendthrift [ˈspendθrɪft] *n* мот, расточи́тель

spent I [spent] *past, p. p. см.* **spend**

spent II *a* 1) отрабóтанный, испóльзованный; исся́кший 2) вы́дохшийся *(о человеке)*

sperm [spɜːm] *n биол.* спéрма, семенна́я жи́дкость

spermatozoon [ˌspɜːmətəʊˈzəʊɒn] *n (pl* **spermatozoa** [ˌspɜːmətəʊˈzəʊə] *физиол.* сперматозóид

spew [spjuː] *v* 1) тошни́ть, рвать 2) изверга́ть *(out)*

sphere [sfɪə(r)] *n* 1) шар; сфéра 2) небéсное тéло 3) глóбус 4) *поэт.* небéсная сфéра; небеса́ 5) сфéра; пóле дéятельности; компетéнция; ~ **of influence** сфéра влия́ния; **out of my ~** вне моéй компетéнции 6) среда́, круг общéния

spherical [ˈsferɪkəl] *a* шарообра́зный; сфери́ческий

sphincter [ˈsfɪŋktə(r)] *n анат.* сфи́нктер

sphinx [sfɪŋks] *n* 1) сфинкс 2) зага́дочная ли́чность

spice I [spaɪs] *n* 1) спéция, пря́ность, припра́ва 2) *собир.* спéции 3) пика́нтность, изю́минка 4) при́вкус, оттéнок

spice II *v* 1) приправля́ть спéциями 2) придава́ть пика́нтность

spick [spɪk] *a:* ~ **and span** нóвенький, с игóлочки; опря́тный

spicy [ˈspaɪsɪ] *a* 1) пря́ный, óстрый 2) пика́нтный 3) неприли́чный, непристóйный

spider [ˈspaɪdə(r)] *n* пау́к

spiderman [ˈspaɪdəmæn] *n разг.* верхола́з, высо́тник

spidery [ˈspaɪdərɪ] *a* паукообра́зный; то́нкий и удлинённый

spiel [ʃpiːl] *n* болтовня́, трёп; зазыва́ние *(продавца́)*

spiffy [ˈspɪfɪ] *a сленг* элега́нтный, мо́дный, сти́льный

spigot [ˈspɪgət] *n* 1) вту́лка 2) *амер.* кран водомагистра́ли на у́лице

spike I [spaɪk] *n* 1) остриё 2) шип *(на подо́шве)* 3) косты́ль, гвоздь 4) ко́лос 5) *сленг* ночле́жка 6) *эл.* и́мпульсный бросо́к, всплеск напряже́ния, пик

spike II *v* 1) снабжа́ть шипа́ми *(подо́шву и т. п.)* 2) забива́ть гвоздь, косты́ль 3) пронза́ть, прока́лывать

spike heel [ˈspaɪkˌhiːl] *n* высо́кий то́нкий каблу́к, «шпи́лька»

spiky [ˈspaɪkɪ] *a* острcocóнечный, заострённый

spile I [spaɪl] *n* 1) вту́лка, заты́чка 2) сва́я

spile II *v* де́лать отве́рстие в бочо́нке *(для вту́лки)*

spill¹ I [spɪl] *n* 1) разбры́згивание, бры́зги 2) разли́тая жи́дкость 3) паде́ние *(с ло́шади и т. п.)*; **he had a nasty ~** он упа́л и си́льно расши́бся

spill¹ II *v (past, p. p.* **spilled** *или* **spilt)** 1) пролива́ть; разлива́ть 2) рассыпа́ть 3) сбро́сить, вы́бросить *(седока́ из седла́)* 4) вы́бежать, вы́сыпать *(толпо́й на у́лицу)* 5) *сленг* вы́болтать све́дения

spill² *n* 1) лучи́на 2) бума́жный жгут 3) деревя́нная заты́чка

spilt [spɪlt] *past, p. p. см.* **spill¹ II**

spin I [spɪn] *n* 1) круже́ние 2) *ав.* што́пор ◊ **to go for a ~, to take a ~** прокати́ться *(на маши́не, велосипе́де)*

spin II *v* **(spun,** *уст.* **span; spun)** 1) кружи́ться, крути́ться, верте́ться 2) враща́ть, крути́ть, верте́ть; **to ~ a coin** запуска́ть моне́ту волчко́м 3) прясть, сучи́ть 4) плести́ *(паути́ну)* 5) расска́зывать *(занима́тельную исто́рию);* писа́ть *(расска́з, по́весть);* **to ~ a yarn** плести́ небыли́цы 6) кружи́ться *(о голове́)*

spinach [ˈspɪnɪdʒ] *n* шпина́т

spinal [ˈspaɪnl] *a анат.* спинно́й; **~ cord** спинно́й мозг

spindle I [ˈspɪndl] *n* 1) веретено́ 2) *тех.* ось, вал маховика́, шпи́ндель 3) ме́ра пря́жи

spindle II *v* вытя́гиваться *(о расте́нии, подро́стке)*

spindle-shanks [ˈspɪndlʃæŋks] *n разг.* долговя́зый челове́к, челове́к с дли́нными худы́ми нога́ми

spindle side [ˈspɪndlˌsaɪd] *n* же́нская ли́ния *(ро́да)*

spindly [ˈspɪndlɪ] *a* дли́нный и то́нкий; долговя́зый

spin-drier [ˈspɪndraɪə(r)] *n* центрифу́га, суши́льный бараба́н *(стира́льной маши́ны)*

spindrift [ˈspɪndrɪft] *n* бры́зги морско́й воды́; морска́я пе́на

spin-dry [ˈspɪndraɪ] *v* отжима́ть бельё до́суха *(в стира́льной маши́не)*

spine [spaɪn] *n* 1) позвоно́чник, спинно́й хребе́т 2) *бот., зоол.* шип, игла́, колю́чка 3) гре́бень *(горы́)* 4) корешо́к *(кни́ги)*

spine-chiller [ˈspaɪnˌtʃɪlə(r)] *n* три́ллер, «ужа́стик» *(о кни́ге, фи́льме и т. п.)*

spine-chilling [ˈspaɪnˌtʃɪlɪŋ] *a* леденя́щий кровь, ужа́сный

spinel [spɪˈnel] *n мин.* шпине́ль

spineless [ˈspaɪnlɪs] *a* 1) беспозвоно́чный 2) бесхребе́тный, безво́льный, бесхара́ктерный

spinner [ˈspɪnə(r)] *n* 1) пря́ха; пряди́льщик; пряди́льщица 2) пряди́льная маши́на

spinney [ˈspɪnɪ] *n* ро́щица; мелколе́сье

spinning [ˈspɪnɪŋ] *n* пряде́ние

spinning machine [ˈspɪnɪŋməˌʃiːn] *n* пряди́льная маши́на

spinning wheel [ˈspɪnɪŋwiːl] *n* пря́лка

spinster [ˈspɪnstə(r)] *n* незаму́жняя же́нщина; *разг.* ста́рая де́ва

spiny [ˈspaɪnɪ] *a* 1) колю́чий, в колю́чках, в шипа́х 2) затрудни́тельный, неприя́тный; пробле́мный

spiraea [ˌspaɪəˈriːə] *n бот.* спире́я

spiral I [ˈspaɪərəl] *n* спира́ль

spiral II *a* винтово́й, спира́льный; **a ~ staircase** винтова́я ле́стница

spiral III *v* 1) дви́гаться по спира́ли 2) стреми́тельно расти́ *или* па́дать *(о це́нах, зарабо́тной пла́те)*

spirant I [ˈspaɪərənt] *n фон.* фрикати́вный согла́сный (звук); спира́нт

spirant II *a фон.* фрикати́вный

spire¹ [ˈspaɪə(r)] *n* 1) шпиль 2) остриё, пик 3) остроконе́чная верху́шка *(де́рева)*

spire² *n* 1) спира́ль 2) вито́к *(спира́ли)*

spirit I [ˈspɪrɪt] *n* 1) дух; душа́; **the life of the ~** духо́вная жизнь; **unbending/unbroken ~** непрекло́нный/несло́мленный дух 2) привиде́ние, при́зрак, дух 3) *ча́сто pl* настрое́ние; **public ~** настрое́ния в о́бществе; **in high/poor ~s** в припо́днятом/пода́вленном настрое́нии; **keep your ~s up** не па́дайте ду́хом; **my ~ sank** я упа́л ду́хом; **out of ~** не в настрое́нии 4) воодушевле́ние, жи́вость; эне́ргия, задо́р; **to put ~ into smth** вноси́ть оживле́ние во что-л., вдохну́ть жизнь во что-либо; **to speak with ~** говори́ть с жа́ром 5) нату́ра, хара́ктер; **he has great ~** он си́льный (ду́хом) челове́к, он си́льная нату́ра 6) спирт; *pl* спиртны́е напи́тки; **raw ~** чи́стый спирт; **to drink ~s** пить спиртны́е напи́тки

spirit II *v* та́йно похища́ть *(away, off)*

spirited [ˈspɪrɪtɪd] *a* живо́й, оживлённый; вдохнове́нный; энерги́чный; **a ~ attack** де́рзкая ата́ка; **a ~ argument** горя́чий спор; **a ~ performance** вдохнове́нное исполне́ние

spiritual I [ˈspɪrɪtjʊəl] *n* спири́чуэл *(негритя́нский религио́зный гимн)*

spiritual II *a* 1) духо́вный, одухотворённый 2) воодушевлённый 3) свято́й; свяще́нный; религио́зный

spiritualism [ˈspɪrɪtjʊəlɪz(ə)m] *n* спирити́зм

spirituel [ˌspɪrɪtjʊˈel] *a* утончённый, возвы́шенный; то́нкой организа́ции

spirituous [ˈspɪrɪtjʊəs] *a* спиртно́й, алкого́льный *(о напитках)*

spiry¹ [ˈspaɪərɪ] *a* шпилеви́дный, остроконе́чный

spiry² *a* спира́льный, вито́й

spit¹ **I** [spɪt] *n* 1) плево́к; слюна́ 2) (**the ~, the very ~**) *разг.* вы́литый портре́т *(кого-л.)*; **he's the very ~ of his father** он вы́литый оте́ц

spit¹ **II** *v (past, p. p.* **spat**) 1) плева́ть, выплёвывать; плева́ться 2) бры́згать в ра́зные сто́роны 3) мороси́ть, накра́пывать 4) шипе́ть *(о ко́шке; о ма́сле на сковоро́дке и т. п.)*
spit out 1) изрыга́ть прокля́тия 2) выплёвывать 3): **~ it out!** *разг.* выкла́дывай начистоту́!

spit² **I** *n* 1) ве́ртел 2) коса́ *(на мо́ре)*; стре́лка, дли́нная о́тмель

spit² **II** *v* 1) наса́живать на ве́ртел 2) прока́лывать

spite I [spaɪt] *n* злоба, злобное чу́вство; **out of ~** со зло́сти; назло́; **he has a ~ against me** у него́ зуб про́тив меня́ ◊ **in ~ of** несмотря́ на, вопреки́; **in ~ of everyone** напереко́р всем

spite II *v* досажда́ть, де́лать на́зло; **she does it to ~ me** она́ де́лает э́то мне назло́

spiteful [ˈspaɪtfʊl] *a* злобный; злора́дный

spitfire [ˈspɪtfaɪə(r)] *n* вспы́льчивый челове́к, челове́к со взрывны́м темпера́ментом

spitting [ˈspɪtɪŋ] *a:* **~ image** *(of smb)* вы́литый портре́т *(кого-л.)*

spittle [ˈspɪtl] *n* плево́к

spittoon [spɪˈtuːn] *n* плева́тельница

spiv [spɪv] *n разг.* подозри́тельная ли́чность; челове́к, занима́ющийся тёмными дели́шками

splash I [splæʃ] *n* 1) разбры́згивание 2) бры́зги; проли́тая жи́дкость, лу́жица 3) плеск,

всплеск; **to make a ~** подня́ть шум, плеск 4) пятно́ ◊ **to make a ~** привле́чь внима́ние *(свое́й экстравага́нтностью, вы́ходками и т. п.)*

splash II *v* 1) бры́згаться; плеска́ться; **they were ~ing about in the water** они́ плеска́лись в воде́ 2) обры́згивать *(гря́зью и т. п.)* 3) расплёскивать, разлива́ть *(по полу, ковру и т. п.)* 4) шлёпнуться *(в воду, грязь)*
splash out (on) израсхо́довать, истра́тить ку́чу де́нег *(на что-л.)*

splash board [ˈsplæʃbɔːd] *n авто* брызгови́к *(тж* **mudguard**)

splashdown [ˈsplæʃdaʊn] *n* поса́дка косми́ческого корабля́ на мо́ре, приводне́ние

splash-proof [ˈsplæʃˌpruːf] *a* брызгозащищённый, защищённый от брызг *(о прибо́ре, аппарату́ре и т. п.)*

splashy [ˈsplæʃɪ] *a* 1) забры́зганный 2) пятни́стый 3) *разг.* бро́ский

splat [splæt] *v* шлёпнуться; шу́мно, с тре́ском упа́сть, уда́риться

splatter [ˈsplætə(r)] *v* 1) шу́мно плеска́ться 2) *амер. см.* **spatter II**

splay I [spleɪ] *n* скос *(окна́)*

splay II *a* 1) расширя́ющийся 2) ско́шенный

splay-foot [ˈspleɪfʊt] *n* косола́пость

spleen [spliːn] *n* 1) *анат.* селезёнка 2) мра́чное настрое́ние, хандра́; раздражи́тельность; **a fit of ~** при́ступ хандры́; **to vent one's ~ upon smb** сорва́ть зло́бу на ком-л., изли́ть жёлчь на кого-л.

spleenful [ˈspliːnfʊl] *a* жёлчный, раздражи́тельный

splendent [ˈsplendənt] *a книжн.* блестя́щий, я́ркий; сверка́ющий

splendid [ˈsplendɪd] *a* 1) великоле́пный, вели́чественный; роско́шный 2) выдаю́щийся, замеча́тельный, прекра́сный; первокла́ссный; первосо́ртный; **a ~ chance** прекра́сная возмо́жность

splendiferous [splenˈdɪfərəs] *a разг., шутл.* великоле́пный, превосхо́дный

splendour [ˈsplendə(r)] *n* 1) великоле́пие, ро́скошь, блеск; пы́шность 2) вели́чие, вели́чественность

splenetic [splɪˈnetɪk] *a* 1) раздражи́тельный, жёлчный 2) относя́щийся к селезёнке

splenic [ˈsplenɪk] *a анат.* селезёночный

splice I [splaɪs] *n* 1) *мор.* спле́сень, сра́щивание *(концо́в кана́тов)* 2) сра́щивание *(концо́в досо́к)* 3) скле́йка *(магни́тной ле́нты)* 4) *эл.* сро́сток *(ка́белей)*, стык

splice II *v* 1) *мор.* сплесне́веть, сра́щивать *(концы́ кана́тов)* 2) сра́щивать *(концы́ досо́к, плёнки и т. п.)* 3) *разг.* вступа́ть в брак;

to get ~d жени́ться, вы́йти за́муж 4) скле́ивать *(магни́тную ле́нту)* 5) эл. сра́щивать *(кабели)*

spliff [splɪf] *n сленг* сигаре́та с марихуа́ной

splint I [splɪnt] *n* 1) *мед.* лубо́к, ши́на 2) лубо́к *(для плетения корзин, стульев и т. п.)*

splint II *v мед.* накла́дывать ши́ну

splinter I [ˈsplɪntə(r)] *n* 1) ще́пка, лучи́на; щепа́ 2) оско́лок, обло́мок 3) зано́за ◊ ~ **group/party** отколо́вшаяся часть организа́ции, па́ртии; отщепе́нцы

splinter II *v* раска́лывать(ся), расщепля́ть(ся)

splinter-proof [ˈsplɪntəpruːf] *a воен.* противоооско́лочный, безоско́лочный

split I [splɪt] *n* 1) расщепле́ние, раска́лывание 2) тре́щина, рассе́лина, щель 3) раско́л, разры́в *(в отношениях между партиями, людьми)* 4) *pl спорт.* шпага́т 5) спи́лок *(слой шкуры)* 6) полбуты́лки *(воды, спиртного)* 7) *разг.* до́ля в добы́че

split II *a* расщеплённый, расколотый; раздробленный, дроблёный

split III *v* 1) расщепля́ть; рассла́ивать; раска́лывать 2) отка́лывать, отрыва́ть *(off, away)* 3) тре́скаться, растре́скиваться 4) разбива́ться, разла́мываться 5) раска́лываться, распада́ться *(на группы, фракции — on, up)* 6) поссо́риться *(с кем-л. — with)* 7) *сленг* внеза́пно уйти́, исче́знуть 8) боле́ть *(о голове)* 9) *разг.* выдава́ть *(кого-л. — on);* **don't ~ on me** не выдава́й меня́ 10) *амер., разг.* разба́вить ви́ски водо́й ◊ **to ~ difference** раздели́ть ра́зницу *(ме́жду собо́й);* **to ~ hairs** копа́ться в мелоча́х, мелочи́ться; **to ~ one's sides** умира́ть со́ смеху, чуть не ло́пнуть со́ смеху; **to ~ the votes** распыля́ть голоса́ *(на вы́борах)*

splitting I [ˈsplɪtɪŋ] *n* расщепле́ние; **atom ~** расщепле́ние а́тома

splitting II *a* 1) си́льный *(о головной боли);* **I've got a ~ headache** у меня́ голова́ раска́лывается 2) головокружи́тельный *(о скорости)* 3) о́чень гро́мкий, оглуши́тельный 4) раско́льнический

splodge I [splɒdʒ] *n* гря́зное пятно́; кля́кса

splodge II *v* па́чкать

splotch I, II [splɒtʃ] *см.* splodge I, II

splurge I [splɜːdʒ] *n разг.* 1) показу́ха; хвастовство́ 2) безду́мная тра́та де́нег

splurge II *v разг.* 1) транжи́рить, шикова́ть 2) тяжело́ плю́хнуться

splutter I [ˈsplʌtə(r)] *n* невня́тная речь, лопота́нье

splutter II *v* 1) говори́ть запина́ясь *(от волнения)* 2) бры́згать *(слюной)* 3) шипе́ть, бры́згаться *(о жире, жидкости);* потре́скивать *(о свече)*

spoil I [spɔɪl] *n* 1) *pl воен.* трофе́и; добы́ча; **the ~s of war** вое́нная добы́ча 2) *pl амер.* высо́кие или вы́годные до́лжности *(получаемые представителями и сторонниками победившей партии)*

spoil II *v (past, p. p.* **spoiled** или **spoilt)** 1) по́ртиться, испо́ртиться 2) балова́ть *(ребёнка)* 3) де́лать избира́тельный бюллете́нь недействи́тельным ◊ **to be ~ing for a fight** лезть в дра́ку

spoilage [ˈspɔɪlɪdʒ] *n* 1) по́рча 2) *полигр.* брако́ванные о́ттиски

spoiler [ˈspɔɪlə(r)] *n* 1) *ав.* прерыва́тель пото́ка, спо́йлер 2) *авто* спо́йлер, антикрыло́

spoilsman [ˈspɔɪlzmən] *n амер.* челове́к, получа́ющий до́лжность за полити́ческие услу́ги

spoilsport [ˈspɔɪlspɔːt] *n* челове́к, отравля́ющий други́м удово́льствие

spoilt [spɔɪlt] *past, p. p. см.* spoil II

spoke¹ [spəʊk] *n* 1) спи́ца *(колеса)* 2) перекла́дина *(приставной лестницы)* ◊ **a ~ in one's wheel** поме́ха, препя́тствие, спи́ца в колесни́це; **to put a ~ in smb's wheel** вставля́ть кому́-л. па́лки в колёса

spoke² *past см.* speak

spoken I [ˈspəʊkən] *p. p. см.* speak

spoken II *a* у́стный, разгово́рный; **the ~ language** разгово́рный язы́к

spokesman [ˈspəʊksmən] *n* делега́т, представи́тель; **a government ~** представи́тель прави́тельства

spoliation [ˌspəʊlɪˈeɪʃ(ə)n] *n* 1) захва́т, ограбле́ние *(судов нейтральных государств)* 2) *юр.* преднаме́ренное искаже́ние, уничтоже́ние, по́рча докуме́нта *(являющегося доказательством)*

sponge I [spʌndʒ] *n* 1) гу́бка 2) гу́бчатое вещество́ 3) бискви́т *(тж ~ cake)* 4) обмыва́ние, обтира́ние; **to give a quick ~** бы́стро обтере́ться 5) *разг.* прихлеба́тель, парази́т 6) *разг.* го́рький пья́ница

sponge II *v* 1) стира́ть, мыть гу́бкой *(down, off)* 2) впи́тывать *(жидкость)* гу́бкой *(up)* 3) жить на чужо́й счёт, угоща́ться/поживи́ться за чужо́й счёт *(on, off)* 4) собира́ть гу́бки

sponge bag [ˈspʌndʒbæg] *n* пла́стиковый мешо́чек для туале́тных принадле́жностей

sponge cake [ˈspʌndʒkeɪk] *n* бискви́т

sponge-down [ˈspʌndʒˌdaʊn] *n* обтира́ние гу́бкой

sponger [ˈspʌndʒə(r)] *n разг.* прихлеба́тель, парази́т

spongy [ˈspʌndʒɪ] *a* гу́бчатый, по́ристый

sponsor I [ˈspɒnsə(r)] *n* 1) спо́нсор 2) устро́йтель, организа́тор 3) а́втор проэ́кта резолюции 4) крёстный отёц; крёстная мать 5) поручитель; **to stand ~ for smb** ручаться за кого-л.

sponsor II *v* 1) быть спонсором, спонсировать; финансировать (*проект, гастроли, соревнования и т. п.*) 2) устраивать, организовывать (*митинг и т. п.*) 3) вносить проект резолюции 4) ручаться, нести ответственность (*for*)

sponsorship [ˈspɒnsəʃɪp] *n* 1) спонсорство 2) поручительство

spontaneity [ˌspɒntəˈniːɪtɪ] *n* самопроизвольность, спонтанность

spontaneous [spɒnˈteɪnjəs] *a* 1) самопроизвольный, спонтанный 2) непосредственный 3) добровольный

spoof I [spuːf] *n разг.* пародия, обман, надувательство

spoof II *v разг.* обманывать, надувать

spook [spuːk] *n* 1) *разг.* привидение 2) *амер. сленг* шпион

spooky [ˈspuːkɪ] *a* 1) *разг.* жуткий, страшный; **a ~ film** фильм ужасов, «ужастик» 2) *амер. сленг* нервный; слабонервный, пугливый 3) *амер. сленг* шпионский

spool I [spuːl] *n* катушка, бобина; шпулька

spool II *v* наматывать на катушку, бобину, шпульку

spoon I [spuːn] *n* 1) ложка; **tea ~** чайная ложка; **table ~** столовая ложка 2) лопасть весла (*широкая и изогнутая*) 3) *разг.* простак 4) *разг.* влюблённый по уши ◊ **to be born with a silver ~ in one's mouth** *погов.* родиться в сорочке

spoon II *v* 1) чёрпать ложкой (*обыкн.* **to ~ up, to ~ out**) 2) *разг.* быть по уши влюблённым, глупо себя вести (*о влюблённом*)

spooney I, II [ˈspuːnɪ] *см.* **spoony I, II**

spoonfeed [ˈspuːnfiːd] *v* 1) кормить с ложки (*ребёнка, больного*) 2) слишком опекать, оберегать; дозировать (*информацию и т. п.*) 3) находиться на дотации, не развиваться самостоятельно (*об отрасли промышленности и т. п.*)

spoonful [ˈspuːnfʊl] *n* полная ложка (*как мера*)

spoony I [ˈspuːnɪ] *n* простак, недотёпа

spoony II *a* 1) глупо влюблённый 2) глупый

spoor I [spʊə(r)] *n* след (*зверя*)

spoor II *v* идти по следу

sporadic [spəˈrædɪk] *a* спорадический, нерегулярный

spore [spɔː(r)] *n биол.* спора

sporran [ˈspɒrən] *n* кожаная сумочка, отделанная мехом (*в костюме шотландского горца*)

sport I [spɔːt] *n* 1) *часто pl* спорт; вид спорта; **outdoor ~s** (спортивные) игры на открытом воздухе; **athletic ~s** атлетика, атлетические виды спорта; **to go in for ~s** заниматься спортом; **to be good at ~** быть хорошим спортсменом; **to have good ~** хорошо поохотиться 2) *pl* спортивные состязания; **school ~s** школьные соревнования 3) развлечения, забавы; **what ~!** как интересно!; **in ~, for ~** шутки ради; **they thought it a great ~** (это) им казалось очень забавным 4) *разг.* славный малый 5) *амер.* светский повеса, гуляка; плейбой 6) игрушка (*судьбы и т. п.*) 7) *attr* спортивный; **~ car** спортивный автомобиль; **~s coat, ~ jacket** пиджак спортивного покроя; **~s writer** спортивный обозреватель

sport II *v* 1) развлекаться, веселиться; проводить время 2) щеголять (*чем-л. или в чём-л.*); выставлять напоказ

sporting [ˈspɔːtɪŋ] *a* 1) занимающийся спортом; интересующийся спортом 2) великодушный, обладающий широкой натурой, готовый идти на риск; **that's a ~ offer on his part** это великодушно с его стороны, это рыцарский жест с его стороны; **a ~ chance** фора 3) спортивный

sportive [ˈspɔːtɪv] *a* игривый, резвый

sports [spɔːts] *см.* **sport I**

sportscast [ˈspɔːtskɑːst] *n амер.* спортивные радио- или телепередачи

sportsman [ˈspɔːtsmən] *n* спортсмен

sportsmanlike [ˈspɔːtsmənlaɪk] *a* 1) спортсменский 2) честный; благородный

sportsmanship [ˈspɔːtsmənʃɪp] *n* спортивное мастерство

sportswoman [ˈspɔːtsˌwʊmən] *n* спортсменка

sporty [ˈspɔːtɪ] *a разг.* 1) любящий спорт 2) лихой, удалой 3) кричащий, броский

spot I [spɒt] *n* 1) пятно (*тж перен.*); пятнышко; крапинка; прыщик; **a ~ of dirt** грязное пятно; **a dress with blue ~s** платье в голубой горошек; **a ~ of rain** капля дождя; **without a ~ in one's reputation** с незапятнанной репутацией 2) место (*посещения, события, происшествия и т. п.*); **a lovely ~** красивое место; **on the ~** а) на месте; тут же б) немедленно; **to be present on the ~** присутствовать, быть очевидцем; **a tender ~ on my shoulder** больное место на плече; **weak ~** слабое место; **to touch the ~** попасть в цель, в точку 3) *разг.* чуточка, капелька 4) рекламная вставка 5) короткая информационная встреча, срочное сообщение ◊ **in a (tight) ~** *разг.* в трудном положении; **running on the ~** бег на месте; **to put on the ~** *амер. сленг* решить убить (*кого-л.*)

spot II *v* 1) *разг.* увидеть, узнать, заметить; опознать 2) *воен.* определить *(с воздуха)* местонахождение противника 3) покрываться пятнами 4) пачкать 5) пятнать, позорить 6) *разг.* выделить, специально отметить

spotless ['spɒtlɪs] *a* 1) безупречный; незапятнанный 2) чистый, белоснежный

spotlight I ['spɒtlaɪt] *n* 1) *театр.* прожектор *(для подсветки)* 2) центр внимания; **to be in the ~** быть в центре внимания

spotlight II *v* осветить прожектором, ярким светом

spot on [spɒt'ɒn] *adv разг.* точно, прямо, как раз (в точку)

spotted ['spɒtɪd] *a* пятнистый, в пятнах; в горошек ◊ **~ fever** *мед.* сыпной тиф

spotter ['spɒtə(r)] *n* 1) контролёр 2) *воен.* воздушный наблюдатель

spotty ['spɒtɪ] *a* 1) крапчатый, пятнистый 2) неровный *(об окраске и т. п.)* 3) неоднородный, разнообразный, разнохарактерный

spouse [spauz] *n* супруг; супруга

spout I [spaut] *n* 1) носик *(чайника и т. п.);* горлышко *(кувшина)* 2) водосточная труба; жёлоб; выпускное отверстие 3) струя воды ◊ **up the ~** *сленг* а) в негодности, разрушенный б) заложенный, в закладе, в залоге в) в положении, беременная

spout II *v* 1) выпускать струю; бить струёй 2) ораторствовать; декламировать

sprain I [spreɪn] *n мед.* растяжение связки

sprain II *v* растянуть связку

sprang [spræŋ] *past см.* **spring**[2] **II**

sprat [spræt] *n* шпрот, килька; мелкая рыбка ◊ **to risk/to throw a ~ to catch a mackerel** *погов.* рисковать малым, чтобы получить многое

sprawl [sprɔːl] *v* 1) растянуться; развалиться, сидеть развалясь 2) тянуться, располагаться во все стороны; **the suburbs ~ nearly to the edge of the forest** пригороды тянутся почти до самого леса

sprawling ['sprɔːlɪŋ] *a* 1) ползучий 2) раскинувшийся, располагающийся; **~ handwriting** размашистый почерк

spray[1] **I** [spreɪ] *n* 1) брызги; водяная пыль 2) пульверизатор; распылитель, опрыскиватель; спрей

spray[1] **II** *v* 1) разбрызгивать, распылять *(жидкость)* 2) опрыскивать *(химикатами и т. п.)*

spray[2] *n* побег, веточка

sprayer ['spreɪə(r)] *n* пульверизатор; распылитель, опрыскиватель

spread I [spred] *n* 1) распространение; **the ~ of nuclear weapons** распространение ядерного оружия 2) протяжение, протяжённость; размах; **the wide ~ of the country** широкие просторы 3) расширение; **middle-aged ~** *шутл.* возрастной жирок 4) разница между ценами, курсами и т. п. 5) *разг.* изысканное угощение 6) пастообразный продукт, намазка *(паштет, плавленый сыр, джем и т. п.)*. 7) покрывало, скатерть 8) материал, объявление *(в газете)* на несколько столбцов

spread II [spred] *v (past, p. p.* **spread)** 1) развёртывать *(газету и т. п.);* расстилать *(скатерть и т. п.);* раскладывать *(карту);* расправлять *(крылья)* 2) намазывать *(паштет, масло, джем и т. п.)* на хлеб 3) расстилаться, открываться *(о виде, панораме)* 4) распространять; **to ~ news** распространять новости; **to ~ knowledge** распространять знания 5) разбрасывать, раскидывать 6) простираться; **the desert ~s for hundreds of kilometres** пустыня тянется на сотни километров ◊ **to ~ oneself** а) лезть вон из кожи, чтобы понравиться, угодить б) разглагольствовать

spread-eagle I ['spred,iːgl] *a амер.* ура-патриотический, хвастливый

spread-eagle II *v* распластывать *(кого-л.),* распинать

spree [spriː] *n* 1) *разг.* веселье, весёлая прогулка, вечеринка; кутёж; **to go on the ~** загулять; **we had a wonderful ~** мы хорошо погуляли 2) : **drinking ~** (продолжительный) запой; **spending ~** обильные траты, проматывание денег

sprig [sprɪg] *n* 1) веточка; росток 2) растительный узор *(на ткани)* 3) *обыкн. презр.* отпрыск

sprightly I ['spraɪtlɪ] *a* живой, оживлённый, весёлый, бодрый

sprightly II *adv* живо, весело

spring[1] [sprɪŋ] *n* 1) весна 2) начало жизни, расцвет 3) *attr* весенний

spring[2] **I** *n* 1) прыжок, скачок 2) эластичность, упругость 3) пружина 4) рессора 5) ключ, родник, источник 6) *attr* пружинный; **~ mattress** пружинный матрац 7) *attr* родниковый; **~ water** родниковая вода

spring[2] **II** *v* (**sprang, sprung; sprung**) 1) прыгать, подпрыгивать; подскакивать; **to ~ to one's feet** вскочить на ноги; **to ~ aside** отскочить в сторону; **to ~ up into the air** подскочить в воздух 2) происходить *(из семьи, рода — from)* 3) возникать, (внезапно) появляться *(up);* **to ~ up like mushrooms** расти, как грибы *(о новых зданиях и т. п.)* 4) прорастать, расти; давать ростки 5) пружи́нить; захло́пываться *(благодаря пружи́не)* 6) устра́ивать сюрпри́зы; внеза́пно сообща́ть *(on)*; **don't ~ these surprises on me** хва́тит с меня́ э́тих сюрпри́зов; **he sprang the news on me** он огоро́шил меня́ но́востью 7) коро́биться *(о доска́х)*; дава́ть тре́щину; **to ~ a leak** дать течь 8) взрыва́ть *(ми́ну)* ◊ **to ~ at, to ~ upon** набро́ситься на кого́-л.; **to ~ up** a) возника́ть *(об обы́чае)* б) расти́, появля́ться *(о цвета́х, по́чках и т. п.)*

springboard [ˈsprɪŋbɔːd] *n спорт.* (пружи́нящий) трампли́н

springtide [ˈsprɪŋtaɪd] *n поэт.* весна́

springtime [ˈsprɪŋtaɪm] *n* 1) весна́ 2) ра́нний, нача́льный пери́од

springy [ˈsprɪŋɪ] *a* 1) эласти́чный, упру́гий 2) пружи́нящий

sprinkle I [ˈsprɪŋkl] *n* ме́лкий, моро́ся́щий дождь; **a ~ of snow** лёгкий снежо́к

sprinkle II *v* 1) бры́згать, обры́згивать 2) посыпа́ть *(порошко́м)*; распыля́ть 3) накра́пывать

sprinkler [ˈsprɪŋklə(r)] *n* опры́скиватель, разбры́згиватель; **street ~** поли́вочная маши́на

sprint I [sprɪnt] *n* спринт, го́нка на коро́ткую диста́нцию

sprint II *v* уча́ствовать в спри́нтерских состяза́ниях

sprinter [ˈsprɪntə(r)] *n* бегу́н на коро́ткие диста́нции, спри́нтер

sprite [spraɪt] *n* 1) эльф 2) фе́я

sprout I [spraʊt] *n* 1) росто́к, побе́г 2) *pl* брюссе́льская капу́ста *(тж* **Brussels ~s)**

sprout II *v* 1) дава́ть ростки́, побе́ги; прораста́ть *(тж* **to ~ up)** 2) выраста́ть; **weeds are ~ing up everywhere** сорняки́ пошли́ в рост

spruce¹ I [spruːs] *a* щеголева́тый, опря́тный

spruce¹ II *v* принаряжа́ться; приводи́ть себя́ в поря́док *(тж* **to ~ up)**

spruce² *n* ель; хво́йное де́рево

sprung [sprʌŋ] *past, p. p. см.* **spring²** **II**

spry [spraɪ] *a* прово́рный, шу́стрый, бо́дрый

spume I [spjuːm] *n* пе́на

spume II *v* пе́ниться

spun [spʌn] *past, p. p. см.* **spin I**

spunk [spʌŋk] *n* 1) *разг.* му́жество; эне́ргия, пыл; **he has no ~** он про́сто «тря́пка» 2) *сленг груб.* спе́рма 3) трут

spunky [ˈspʌŋkɪ] *a разг.* хра́брый, горя́чий, пы́лкий

spur I [spɜː] *n* 1) шпо́ра 2) пришпо́ривание, понука́ние; **to put/to set ~s to** пришпо́ривать; **he needs the ~** его́ на́до ве́чно подгоня́ть, он нужда́ется в па́лке 3) сти́мул, побужде́ние 4) отро́г *(горы)* ◊ **on the ~ of the**

moment под влия́нием и́мпульса, экспро́мтом

spur II *v* 1) пришпо́ривать, подстёгивать *(тж* **to ~ on)** 2): **to be ~red on** быть побужда́емым, подстрека́емым

spurious [ˈspjʊərɪəs] *a* 1) подде́льный, подло́жный, фальши́вый; **a ~ coin** фальши́вая моне́та 2) *биол.* ло́жный 3) побо́чный

spurn I [spɜːn] *n* презри́тельное отноше́ние

spurn II *v* 1) оттолкну́ть, отпихну́ть с презре́нием 2) отпихну́ть ного́й

spurt I [spɜːt] *n* 1) си́льная струя́ 2) внеза́пный рыво́к; *спорт.* спурт; **a ~ of energy** прили́в эне́ргии

spurt II *v* 1) бить струёй; хлы́нуть 2) де́лать ре́зкий, неожи́данный рыво́к, бросо́к; *спорт.* спуртова́ть

sputnik [ˈspʊtnɪk] *n русск.* иску́сственный спу́тник Земли́, ИСЗ

sputter I [ˈsplʌtə(r)] *n* 1) бессвя́зная речь, бормота́нье 2) бры́зги слюны́ 3) шипе́ние *(свечи́, дров)*

sputter II *v* 1) шипе́ть *(о свече́, дрова́х)* 2) говори́ть бессвя́зно, задыха́ясь 3) бры́згать слюно́й

spy I [spaɪ] *n* 1) та́йный аге́нт, шпио́н 2) та́йно следя́щий за кем-л., шпик

spy II *v* 1) шпио́нить 2) высле́живать, выве́дывать

spy into та́йно рассле́довать

spy on та́йно наблюда́ть, следи́ть *(за кем-л.)*

spy out 1) разве́дывать; разузнава́ть 2) зонди́ровать по́чву

spyglass [ˈspaɪɡlɑːs] *n* подзо́рная труба́

spying [ˈspaɪɪŋ] *n* шпиона́ж

Sq *сокр.* **(Square)** пло́щадь

sq. *сокр.* **(square)** 1) квадра́т 2) квадра́тный

squab I [skwɒb] *n* 1) ни́зенький толстя́к 2) неопери́вшийся птене́ц 3) ту́го наби́тая поду́шка 4) дива́н, софа́

squab II *a* призе́мистый и пло́тный; корена́стый

squabble I [ˈskwɒbl] *n* перебра́нка, пререка́ния, ме́лкая ссо́ра

squabble II *v* вздо́рить, пререка́ться, ссо́риться из-за пустяко́в

squabby [ˈskwɒbɪ] *a* призе́мистый и пло́тный; корена́стый

squad [skwɒd] *n* 1) гру́ппа, брига́да 2) отря́д; **police ~** отря́д поли́ции; **flying ~** лету́чий отря́д; **drug ~** гру́ппа по борьбе́ с распростране́нием нарко́тиков 3) *воен.* отделе́ние, кома́нда 4) *спорт.* кома́нда

squad car [ˈskwɒdˌkɑː(r)] *n* полице́йская маши́на

squadron [ˈskwɒdrən] *n* 1) отря́д 2) *воен.* эскадро́н; артиллери́йский дивизио́н 3) *мор.*

эскáдра, соединéние кораблéй 4) *ав.* эскадрúлья

squadron leader [ˈskwɒdrənˌliːdə(r)] *n* 1) майóр авиáции 2) *амер.* командúр эскадрúльи

squalid [ˈskwɒlɪd] *a* 1) грязный, запущенный; опустúвшийся 2) убóгий, нúщенский, жáлкий 3) презрéнный, нúзкий

squall I [skwɔːl] *n* 1) внезáпный шквал, вихрь; снéжная бýря, бурáн 2) вопль, визг 3) *pl* неприятность

squall II *v* вопúть, визжáть, орáть

squally [ˈskwɔːlɪ] *a* шквáлистый, порывистый *(о ветре)*

squalor [ˈskwɒlə(r)] *n* грязь, запустéние; убóжество

squander I [ˈskwɒndə(r)] *n* расточúтельство, растрáта

squander II *v* растрáчивать, промáтывать *(тж* **to ~ away**)

square I [skweə(r)] *n* 1) квадрáт 2) что-л., имéющее фóрму квадрáта *(клетка игральной доски, платóк и т. п.)* 3) плóщадь 4) сквер 5) *амер.* квартáл *(города)* 6) *мат.* квадрáт числá 7) *воен.* карé 8) *амер.* полноцéнное блюдо *(еда)* ◊ **on the ~** прямо, открыто, без обмáна; **out of ~** кóсо, непрáвильно; **to be back to ~ one** *разг.* начинáть всё сначáла, опять всё сначáла

square II *a* 1) квадрáтный 2) прямоугóльный; **a ~ corner** прямóй ýгол 3) перпендикулярный, под прямым углóм *(к чему-л. — with, to)* 4) прáвильный, тóчный, рóвный; сбалансúрованный 5) чéстный, прямóй; **a ~ deal** чéстная сдéлка 6) категорúческий *(об отказе)* 7) *разг.* плóтный, сытный *(о еде, обéде и т. п.)* 8) консерватúвных взглядов, старомóдный ◊ **to get ~ with smb** свестú счёты с кем-л.

square III *v* 1) придавáть фóрму квадрáта 2) *мат.* возводúть в квадрáт 3) приводúть в порядок, улáживать 4) согласóвывать, увязывать, сбалансúровать, сообразóвывать *(to, with);* **it doesn't ~ with the facts** это не увязывается с фáктами 5) платúть по счетáм, распла́чиваться *(с кредиторами);* удовлетворять *(кредиторов)* 6) расправлять плéчи 7) *разг.* давáть взятки, подкупáть ◊ **to ~ the circle** дéлать невозмóжное

square IV *adv* 1) прямо, перпендикулярно 2) чéстно, прямо

square-built [ˈskweəbɪlt] *a* широкоплéчий; крéпкого телосложéния

square-shouldered [ˈskweəˌʃəʊldəd] *a* широкоплéчий *(тж* **broad-shouldered**)

squash¹ I [skwɒʃ] *n* 1) толпá; сýтолока, дáвка, толчея 2) напúток из фрýктового сóка, сáхара и воды 3) *спорт.* сквош *(род упрощённого тенниса; тж* **~ rackets**) 4) пюреобрáзная мáсса 5) мягкий резúновый мяч

squash¹ II *v* 1) давúть, толóчь, мять 2) протáлкиваться, протúскиваться *(into)* 3) толпúться 4) *перен.* оборвáть *(кого-л.)*

squash² *n* тыква

squashy [ˈskwɒʃɪ] *a* 1) мясúстый 2) вязкий, тóпкий

squat I [skwɒt] *n* сидéние на кóрточках

squat II *a* коренáстый, призéмистый и плóтный

squat III *v* 1) сидéть на кóрточках *(тж* **to ~ down**) 2) самовóльно занимáть пустýющий дом 3) селúться без разрешéния, самовóльно на госудáрственной землé *(в Австралии)* 4) прижáться к землé *(о животных);* сжáться, съёжиться

squatter [ˈskwɒtə(r)] *n* 1) человéк, поселяющийся самовóльно в пустýющем дóме *или* на пустýющем учáстке землú 2) *ист.* поселéнец-овцевóд, сквáттер *(в Австралии)* 3) сидящий на кóрточках

squatty [ˈskwɒtɪ] *a* призéмистый, коренáстый

squaw [skwɔː] *n* индиáнка

squawk I [skwɔːk] *n* 1) рéзкий крик *(птицы)* 2) стенáние, жáлоба

squawk II *v* 1) пронзúтельно кричáть 2) грóмко жáловаться

squeak I [skwiːk] *n* 1) писк *(мыши)* 2) скрип *(двери)* 3) везéние; **to have a close/narrow/tight ~** быть на волосóк от гúбели

squeak II *v* 1) пищáть *(о мыши);* скрипéть *(о двери)* 2) говорúть пронзúтельным гóлосом 3) *разг.* быть на волоскé, едвá избежáть *(by, through)* 4) *сленг* доносúть, стучáть

squeaker [ˈskwiːkə(r)] *n* 1) птенéц 2) *сленг* донóсчик, стукáч

squeaky [ˈskwiːkɪ] *a* 1) пискля́вый 2) скрипýчий ◊ **~ clean** а) белоснéжный, óчень чúстый б) безупрéчный

squeal I [skwiːl] *n* визг, вопль

squeal II *v* 1) визжáть, вопúть 2) *сленг* доносúть, стучáть 3) *сленг* грóмко протестовáть; раскрывáть *(секрет)*

squeamish [ˈskwiːmɪʃ] *a* 1) (чересчýр) разбóрчивый, брезглúвый; привередливый *(особ. в еде — about)* 2) склóнный к тошнотé; **to feel ~** чýвствовать тошнотý 3) щепетúльный

squeegee [ˈskwiːdʒiː] *n* приспособлéние для мóйки окнá *(с резúновой полóской на длúнной рýчке)*

squeezable [ˈskwiːzəbl] *a* 1) легкó сжимáющийся 2) подáтливый, устýпчивый

squeeze I [skwiːz] *n* 1) сжáтие; пожáтие 2) крéпкое объятие 3) толпá, дáвка 4) *разг.*

затрудни́тельное положе́ние; **in a tight ~** в тяжёлом положе́нии 5) вы́жимки; **a ~ of lemon in one's tea** чай с лимо́ном 6) *разг.* вымога́тельство; де́ньги, полу́ченные путём вымога́тельства 7) о́ттиск моне́ты *(на воске и т. п.)*

squeeze II *v* 1) сжима́ть, сда́вливать, сти́скивать 2) выжима́ть *(тж* **to ~ out)** 3) вти́скивать, впи́хивать 4) вымога́ть *(деньги)* 5) ока́зывать давле́ние

squeezer [´skwi:zə(r)] *n* соковыжима́лка

squelch I [skweltʃ] *n* хлю́панье по гря́зи

squelch II *v* 1) хлю́пать по гря́зи 2) заста́вить замолча́ть, оборва́ть

squib [skwɪb] *n* 1) пета́рда 2) эпигра́мма

squiffy [´skwɪfɪ] *a сленг* подвы́пивший, навеселе́

squiggle [´skwɪgl] *n* закорю́чка, загогу́лина

squint I [skwɪnt] *n* 1) косогла́зие; раско́сость; **he has a ~** у него́ косогла́зие 2) взгляд укра́дкой; взгляд и́скоса 3) *разг.* взгляд; **to have/to take a ~** взгляну́ть, бро́сить взгляд 4) скло́нность *(к чему-л.)*

squint II *a* косогла́зый; раско́сый

squint III *v* 1) коси́ть *(глазами)* 2) смотре́ть прищу́рившись *(at)*

squint-eyed [´skwɪntaɪd] *a* 1) косогла́зый 2) недо́брый, злой; злове́щий

squire [´skwaɪə(r)] *n* 1) сквайр, поме́щик *(в Англии)* 2) *разг.* господи́н *(как обращение)* 3) *амер.* мирово́й судья́ *или* адвока́т 4) *ист.* оружено́сец

squireling [´skwaɪəlɪŋ] *n* 1) ме́лкий поме́щик 2) молодо́й поме́щик

squirm [skwɜ:m] *v* 1) извива́ться как червя́к; ко́рчиться 2) чу́вствовать себя́ нело́вко; **to ~ with shame** сгора́ть от стыда́

squirrel I [´skwɪrəl] *n* 1) бе́лка 2) *attr* бе́личий ◊ **like a ~ in a cage** как бе́лка в колесе́

squirrel II *v:* **to ~ away smth** *разг.* припря́тывать что-л.

squirt I [skwɜ:t] *n* 1) струя́ воды́ *и т. п.* 2) шприц 3) *разг.* наду́тое ничто́жество

squirt II *v* 1) пуска́ть струю́; бить струёй 2) бры́згать, плеска́ть

squit [skwɪt] *n* 1) *сленг* ничто́жество, ничто́жная ли́чность, ме́лочь пуза́тая 2) *диал.* ерунда́, чушь

Sr. *сокр.* 1) **(Senior)** ста́рший 2) **(Signor)** синьо́р

Sri Lankan I [ʃri:´læŋkən] *n* жи́тель Шри-Ла́нки

Sri Lankan II *a* шри-ланки́йский

SRO *сокр.* **(standing room only)** оста́лись то́лько стоя́чие места́ *(объявление в теа́тре)*

SRY *сокр.* **(Sorry)** извини́те *(используется при переписке по электронной почте)*

SSRC *сокр.* **(the Social Science Research Council)** Сове́т социологи́ческих иссле́дований *(в Великобритании)*

St *см.* **saint**

St. *сокр.* **(street)** у́лица

Sta. *сокр.* **(station)** остано́вка; ста́нция; вокза́л

stab I [stæb] *n* 1) ко́лющий уда́р 2) ко́лотая ра́на 3) о́страя душе́вная ра́на, боль 4) *разг.* попы́тка; **I'll have a ~ at it** я попыта́юсь *(сделать что-л.)* ◊ **a ~ in the back** уда́р в спи́ну; преда́тельское нападе́ние

stab II *v* 1) наноси́ть ко́лющий уда́р *(at)* 2) зака́лывать 3) причиня́ть душе́вную боль; си́льно огорча́ть 4) злосло́вить за спино́й *(кого-л.)*; наноси́ть уда́р в спи́ну

stabilise [´steɪbɪlaɪz] *v* стабилизи́ровать

stability [stə´bɪlɪtɪ] *n* усто́йчивость, стаби́льность

stabilization [ˌsteɪbɪlaɪ´zeɪʃ(ə)n] *n* стабилиза́ция

stabilize [´steɪbɪlaɪz] *амер. см.* **stabilise**

stabilizer [´steɪbɪlaɪzə(r)] *n* 1) *ав., тех.* стабилиза́тор 2) *кул., хим.* стабилиза́тор *(вкуса, цвета)*

stable[1] [´steɪbl] *a* 1) усто́йчивый, стаби́льный; **~ currency** усто́йчивая валю́та 2) про́чный, кре́пкий, сто́йкий

stable[2] **I** *n* коню́шня

stable[2] **II** *v* помеща́ть, ста́вить в коню́шню

stableman [´steɪblmən] *n* ко́нюх

stack I [stæk] *n* 1) па́чка, ки́па *(бумаг)* 2) стог *(сена);* скирда́ 3) ку́ча, гру́да; **a ~ of logs** поле́нница дров; **a ~ of plates** гру́да таре́лок 4) дымова́я труба́ 5) *разг.* у́йма, ку́ча, ма́сса; **~s of money/time** ку́ча де́нег, у́йма вре́мени; **a ~ of work** ма́сса рабо́ты 6) книгохрани́лище *(тж* **~room)** 7) *вчт* стек, магази́нная па́мять 8) *воен.* винто́вки, соста́вленные в ко́злы 9) ме́ра дров *или* у́гля *(около 3 м³)*

stack II *v* 1) укла́дывать, скла́дывать в па́чки, поле́нницы, стога́ *и т. п.* 2) нагромажда́ть

stacker [´stækə] *n* 1) *тех.* механи́ческий укла́дчик 2) *с.-х.* копни́тель, стогомета́тель 3) *вчт* приёмник, накопи́тель 4) *вчт* сте́кер *(программа логического расширения объёма дисковой памяти)*

stackyard [´stækja:d] *n* гумно́

stadium [´steɪdɪəm] *n* стадио́н

staff I [sta:f] *n* 1) *(pl* **staves)** па́лка, по́сох 2) жезл *(символ власти, почётного положения)* 3) флагшто́к 4) *(pl* **staves)** *муз.* но́тный стан; но́тные лине́йки 5) штат слу́жащих, персона́л; **on the ~** в шта́те; **the office ~**

штат óфиса; **editorial** ~ редакцио́нная коллéгия; **to take smb on the** ~ зачи́слить кого́-л. в штат 6) *воен.* штаб; **General S.** Генера́льный штаб 7) *attr* шта́тный 8) *attr воен.* штабно́й

staff II *v* обеспéчивать персона́лом

staffer [ˈstɑ:fə(r)] *n амер.* шта́тный сотру́дник *(в газете и т. п.)*

stag I [stæg] *n* 1) олéнь-самéц 2) биржево́й спекуля́нт 3) кавалéр без да́мы *(в гостях, на вечере)*

stag II *a* холостя́цкий; ~ **party** холостя́цкая пиру́шка, мальчи́шник

stag III *v* спекули́ровать а́кциями, цéнными бума́гами *(на бирже)*

stage I [steɪdʒ] *n* 1) ста́дия; фа́за, эта́п; **initial/final** ~ нача́льная/конéчная ста́дия; ~ **of development** эта́п разви́тия; **in the early ~s of history** на ра́ннем истори́ческом эта́пе разви́тия 2) сцéна, подмо́стки; **to be on the** ~ быть актёром, актри́сой; **to go on the** ~ стать актёром, актри́сой, пойти́ на сцéну; **to leave/to quit the** ~ уйти́ со сцéны 3) теа́тр, драмати́ческое иску́сство; сцени́ческое иску́сство 4) карéта, дилижа́нс 5) платфо́рма; **landing** ~ при́стань 6) остано́вка 7) перего́н, переéзд; **by easy ~s** не торопя́сь 8) ступéнь *(многоступенчатой ракеты)* 9) *эл.* каска́д, ступéнь 10) *attr* сцени́ческий, театра́льный; ~ **direction** сцени́ческая рема́рка; ~ **whisper** театра́льный шёпот; гро́мкий шёпот

stage II *v* 1) ста́вить *(пьесу)*; дéлать инсцениро́вку 2) организо́вывать

stagecoach [ˈsteɪdʒkəʊtʃ] *n ист.* дилижа́нс, почто́вая карéта

stagecraft [ˈsteɪdʒkrɑ:ft] *n* сцени́ческое иску́сство

stage hand [ˈsteɪdʒhænd] *n* рабо́чий сцéны *(в театре, концертном зале)*

stage manager [ˈsteɪdʒˌmænɪdʒə(r)] *n* помо́щник режиссёра

stagestruck [ˈsteɪdʒstrʌk] *a* мечта́ющий о сцéне, «заболéвший» сцéной

stagflation [stægˈfleɪʃ(ə)n] *n эк.* стагфля́ция *(сочетание инфляции и застоя в экономике)*

stagger I [ˈstægə(r)] *n* 1) пошá́тывание 2) *pl* головокружéние

stagger II *v* 1) идти́ пошáтываясь; покáчиваться 2) дро́гнуть, заколебáться 3) вызывáть колебáния, сомнéния 4) порази́ть, ошеломи́ть 5) расшатáть поря́док 6) располагáть в скользя́щем гра́фике *(часы работы и т. п.)*

staging [ˈsteɪdʒɪŋ] *n* 1) постано́вка спектáкля 2) строи́тельные лесá 3) по́лки для растéний в оранжерéе

stagnant [ˈstægnənt] *a* 1) стоя́чий *(о воде)*; a ~ **pond** стоя́чий пруд 2) засто́йный *(об экономике, бизнесе и т. п.)* 3) инéртный, ко́сный, тупо́й

stagnate [stægˈneɪt] *v* 1) застáиваться *(о воде, воздухе)* 2) быть в застóе, стагни́ровать *(об экономике, бизнесе и т. п.)* 3) (за)коснéть

stagnation [stægˈneɪʃ(ə)n] *n* 1) *эк.* стагнáция, застóй 2) кóсность; тýпость

stagy [ˈsteɪdʒɪ] *a* 1) театрáльный, сцени́ческий 2) аффекти́рованный, театрáльный

staid [steɪd] *a* степéнный, уравновéшенный

stain I [steɪn] *n* 1) пятнó 2) пятнó на репутáции, позóр 3) крáсящее веществó

stain II *v* 1) оставля́ть пя́тна, покрывáть пя́тнами; пáчкать 2) пятнáть *(репутацию, имя)*; бросáть тень, позóрить 3) крáсить, окрáшивать

stainless [ˈsteɪnlɪs] *a* 1) незапя́тнанный, чи́стый, безупрéчный *(особ. о репутации)* 2) нержавéющий; ~ **steel** нержавéющая сталь, *разг.* нержавéйка

stair [steə(r)] *n* 1) ступéнька *(лестницы)* 2) *pl* лéстница; **to run down/up the ~s** сбежáть/взбежáть по лéстнице 3) *pl* причáл; трап, схóдни

staircase [ˈsteəkeɪs] *n* 1) лéстница; **spiral/winding** ~ винтовáя лéстница; **principal** ~ парáдная лéстница 2) лéстничная клéтка

stairway [ˈsteəweɪ] *n* лéстница; лéстничный марш

stake¹ I [steɪk] *n* 1) столб, кол 2) *ист.* сожжéние на кострé; **to pull (up) ~s** уéхать, сменáить мéсто жи́тельства

stake¹ II *v* 1) подпирáть столбáми, кóльями, стóйками 2) отмечáть кóльями *(off, out)* 3) заявля́ть *(права на что-л.)*

stake out *разг.* 1) вести́ наблюдéние, следи́ть 2) быть под наблюдéнием

stake² I *n* 1) стáвка *(в игре, на бегах и т. п.)*; **to play for high ~s** игрáть по большóй (стáвке); **to play for low ~s** игрáть по мáленькой (стáвке); **to be at** ~ быть постáвленным на кáрту 2) *pl* прéмия, приз *(на скачках и т. п.)* 3) дóля, пай; учáстие в при́были

stake² II *v* 1) стáвить на кáрту; рисковáть чем-л. 2) *карт.* дéлать стáвку 3) *амер. разг.* окáзывать финáнсовую поддéржку

stake-out [steɪkˈaʊt] *n амер. разг.* пери́од слéжки, наблюдéния

stalactite [ˈstæləktaɪt] *n геол.* сталакти́т

stalagmite [ˈstæləgmaɪt] *n геол.* сталагми́т

stale I [steɪl] *a* 1) чёрствый, засóхший *(о хлебе)*; несвéжий *(о еде)*; вы́дохшийся *(о пиве и т. п.)* 2) изби́тый, банáльный, надоéвший *(о шутке)* 3) выдохшийся, потерявший свежесть, силу *(об актёре, спортсмене и т. д.);* **to work oneself ~** загнать себя 4) спёртый, тяжёлый *(о воздухе)* 5) *юр.* просроченный, потерявший законную силу

stale II *v* 1) утрачивать свежесть, новизну; черстветь 2) изнашиваться

stalemate [ˈsteɪlmeɪt] *n* 1) *шахм.* пат 2) тупик, мёртвая точка; **to reach a ~** зайти в тупик

stalk[1] [stɔːk] *n* 1) стебель; черенок; ножка 2) ножка *(бокала и т. п.)* 3) фабричная труба

stalk[2] *v* 1) тайком преследовать, красться *(за кем-л.);* подкрадываться 2) важно шествовать

stalker [ˈstɔːkə] *n* 1) преследователь 2) сталкер

stalking-horse [ˈstɔːkɪŋhɔːs] *n* маска, личина; «ширма», предлог

stall[1] **I** [stɔːl] *n* 1) киоск, палатка, ларёк 2) стойло 3) конюшня, хлев 4) кабинка *(душа, туалета и т. п.)* 5) *pl* места в партере 6) место, сиденье на клиросах для духовенства

stall[1] **II** *v* 1) глохнуть *(о моторе);* останавливаться *(из-за недостатка горючего)* 2) ставить в стойло 3) застревать *(в грязи, в снегу)*

stall[2] **I** *n* уход от ответа *(с целью затягивания дела, решения)*

stall[2] **II** *v* 1) тянуть с ответом 2) устраивать обструкцию; блокировать *(решение вопроса и т. п.)*

stallholder [ˈstɔːlˌhəʊldə(r)] *n* владелец ларька *(на рынке и т. п.)*

stallion [ˈstæljən] *n* жеребец

stalwart I [ˈstɔːlwət] *n* 1) человек крепкого сложения, здоровяк 2) стойкий приверженец, сторонник

stalwart II *a* 1) крепкий, здоровый, дюжий 2) мужественный, решительный, стойкий; **a ~ Labour supporter** стойкий приверженец лейбористов

stamen [ˈsteɪmən] *n (pl тж* **stamina)** *бот.* тычинка

stamina[1] [ˈstæmɪnə] *n* выносливость, запас жизненных сил; **he has no ~** у него нет жизненной стойкости

stamina[2] *n pl см.* **stamen**

stammer I [ˈstæmə(r)] *n* заикание

stammer II *v* 1) заикаться 2) запинаться, заикаться *(от волнения)*

stammer out произносить запинаясь

stammerer [ˈstæmərə(r)] *n* заика, заикающийся человек

stamp I [stæmp] *n* 1) штамп, штемпель; печать 2) отпечаток; (почтовая) марка; **pos-**

tage ~ почтовая марка; **trading ~** торговая марка; **a man of his ~** человек такого склада 3) клеймо, пломба 4) топот, топанье

stamp II *v* 1) топать; вытаптывать; растаптывать 2) идти тяжело, тяжело печатать шаг; ставить штамп, штемпель, печать 3) приклеивать марку 4) характеризовать, обрисовывать *(человека, явление)*

stamp on 1) запечатлеть *(в памяти)* 2) подавить

stamp out 1) вычеканить 2) растоптать, подавить, уничтожить

stamp collector [ˈstæmpkəˌlektə(r)] *n* филателист

stamp duty [ˈstæmpˌdjuːtɪ] *n* гербовый сбор

stampede I [stæmˈpiːd] *n* 1) паническое бегство 2) массовое стихийное движение

stampede II *v* 1) бросаться врассыпную; бежать в панике 2) обращать в паническое бегство

stamper [ˈstæmpə] *n вчт* матрица

stamper disc [ˈstæmpə dɪsk] *n вчт* матрица компакт-диска

stamping ground [ˈstæmpɪŋ ɡraʊnd] *n* излюбленное, часто посещаемое место

stamp paper [ˈstæmpˌpeɪpə(r)] *n* гербовая бумага

stanch [stɑːntʃ] *v* останавливать кровь

stanchion [ˈstɑːnʃ(ə)n] *n* опора, стойка, подпорка

stand I [stænd] *n* 1) остановка; **to come to a ~** остановиться; **to bring to a ~** остановить 2) место, позиция; *воен.* сопротивление; **to take one's ~** а) занять место, расположиться б) основываться *(на чём-л. — on);* опираться; **to take the ~** занять место свидетеля *(в суде);* **to make a ~** оказать сопротивление 3) подставка, стойка, полки; столик; стенд 4) киоск, палатка, лоток 5) стоянка *(транспорта, такси и т. п.)* 6) трибуна, места для зрителей *(тж* **grand ~)** 7) *амер.* место свидетеля в суде 8) урожай на корню

stand II *v (past, p. p.* **stood)** 1) стоять 2) вставать 3) быть расположенным, размещённым; помещаться 4) держаться 5) ставить, поставить, поместить 6) прислонять *(к чему-л. — against)* 7) принимать определённое положение; **to ~ aloof** держать подальше, в стороне; **to ~ aside** посторониться 8) остановиться; **to ~ still** остановиться 9) выносить, выдерживать *(холод, испытание);* **he'll have to ~ trial** он должен предстать перед судом 10) переносить *(человека, боль, шутки)* 11) оставаться в силе *(о договоре и т. п.);* **leave the text as it ~s**

остáвь текст как он есть 12) обстоя́ть *(о де-лах);* **how matters ~?, how do things ~?** как обстоя́т делá? 13) угощáть *(за свой счёт);* **I stood him a drink** я его́ угости́л 14) *брит.* быть кандидáтом *(на должность — for);* **he stood for election** он баллоти́ровался на вы́борах 15) быть в каки́х-л. отношéниях *(с кем-л.);* занимáть каку́ю-л. пози́цию; **where do you ~ with him?** каки́е у вас с ним отношéния?; **where do they ~ on that question?** каку́ю пози́цию они́ занимáют в э́том вопрóсе ◊ **it ~s to reason that...** самó со-бóй разумéется, что...; я́сно, что...; **as it ~s** как делá обстоя́т сейчáс; **to ~ one's ground** не уступáть свои́х пози́ций; **to ~ on one's own feet/legs** быть самостоя́тельным, неза-ви́симым; стоя́ть твёрдо на свои́х ногáх; **~ and deliver!** ≅ жизнь или кошелёк!

stand back 1) отступи́ть 2) отреши́ться от реáльности; взгляну́ть со стороны́

stand by 1) наблюдáть пасси́вно, не вмé-шиваясь *(в происходящее)* 2) поддéрживать *(кого-л.),* стоя́ть за *(кого-л.);* быть вéрным приве́рженцем *(кого-л.)* 3) приде́рживаться *(условий, принципов)* 4) *мор.* быть нагото́ве

stand down 1) удаля́ть с пóля, из зáла судá *и т. п.* 2) снимáть свою́ кандидату́ру 3) *во-ен.* сменя́ться с дежу́рства

stand for 1) представля́ть, означáть, симво-лизи́ровать 2) *разг.* терпéть, выноси́ть

stand in for представля́ть *(кого-л.),* заме-щáть *(кого-л.)*

stand in with быть свя́занным с *(кем-л.)*

stand off 1) отступи́ть, отодви́нуться, от-страни́ться 2) врéменно отстрани́ть *(кого-л. от выполнения обязанностей)*

stand on 1) тóчно соблюдáть *(что-л.),* на-стáивать на соблюдéнии *(чего-л.)* 2) *мор.* продолжáть идти́ прéжним ку́рсом

stand out 1) выдавáться, выступáть *(из об-щего ряда)* 2) стáраться доби́ться, не усту-пáть *(against, for)*

stand over 1) стоя́ть над душóй 2) отклá-дывать на бóлее пóздний срок *(решение во-проса и т. п.)*

stand to 1) *воен.* быть готóвым к атáке 2) приде́рживаться *(условий, обещаний)* 3) быть весьмá вероя́тным

stand up 1) вставáть *(из сидячего и т. п. положения)* 2) быть дéйственным, убеди́-тельным *(об аргументации и т. п.)*

stand up for поддéрживать *(кого-л.),* быть вéрным сторóнником *(кого-л.)*

stand up to 1) встречáть смéло, пря́мо *(противника)* 2) выдéрживать, оказáться прóчным, убеди́тельным *и т. п.*

stand-alone [ˌstændəˈləʊn] *a тех.* независи́-мый, автонóмный, не входя́щий в систéму

standard I [ˈstændəd] *n* 1) стандáрт, у́ровень; образéц, мери́ло; нóрма; **of a high/a low ~** высóкого/ни́зкого кáчества/у́ровня; **moral ~s** морáльные при́нципы; **to apply double ~** подходи́ть с двойнóй мéркой; **the ~ of liv-ing** жи́зненный у́ровень; **~s of education** у́ровень образовáния 2) знáмя, флаг, штан-дáрт 3) стóйка, подпóрка; стоя́к *(труба)* 4) *фин.* дéнежный стандáрт; **gold ~** золотóй стандáрт

standard II *a* 1) стандáртный, типовóй, уста-нóвленный; **the ~ price** стандáртная/уста-нóвленная ценá; **~ size** стандáртный размéр 2) нормати́вный; общепри́нятый; **S. English** литерату́рный англи́йский язы́к 3) штáм-бовый *(о растениях)*

standard bearer [ˈstændədˌbeərə(r)] *n* 1) знаменóсец 2) ли́дер движéния

standardize [ˈstændədaɪz] *v* стандартизи́ро-вать

standard lamp [ˈstændədˌlæmp] *n* торшéр

standby I [ˈstændbaɪ] *n* 1) горя́чий сторóнник 2) готóвность (к дéйствию); **on ~** нагото́ве; в режи́ме ожидáния *(о технике)* 3) *тех.* резерви́рование, резéрв

standby II *a тех.* резéрвный, запаснóй

standee [stænˈdi:] *n разг.* стоя́щий пассажи́р, зри́тель *и т. д.*

stand-in [ˈstændˈɪn] *n* подмéна, замéна *(ак-тёра)*

standing I [ˈstændɪŋ] *n* 1) положéние (в óб-ществе); **social ~** социáльное положéние; **of high ~** высокопостáвленный; **of no ~** не за-нимáющий никакóго положéния в óбществе; **~s of finish** *спорт.* результáты уже́ фи-ниши́ровавших спортсмéнов *(в соревнова-нии)* 2) дли́тельность, продолжи́тельность; **of long ~** а) дли́тельный, давни́шний б) застарéлый *(о болезни)* 3) стаж

standing II *a* 1) стоя́щий 2) постоя́нный, ус-танóвленный; **a ~ rule** устанóвленное прá-вило; **~ charges** устанóвленные расцéнки, тари́фы *(на газ, воду, электричество и т. п.)* 3) *воен.* регуля́рный *(об армии)* 4) вы́полн-ненный с мéста, без разбéга *(о прыжке)* 5) стоя́чий *(о воде)* 6) несжáтый *(о хлебе)* 7) нерабóтающий, в простóе

standoffish [stændˈɒfɪʃ] *a* холóдный, отстра-нённый, сухóй; чóпорный

standout [ˈstændaʊt] *n амер.* выдаю́щаяся ли́ч-ность; нéчто замечáтельное, выдаю́щееся

standpoint [ˈstændpɔɪnt] *n* тóчка зрéния

standstill [ˈstændstɪl] *n* 1) зати́шье 2) остa-нóвка; простóй, бездéйствие; застóй; **to be**

at a ~ бездействовать, быть в простое; **to come to a** ~ остановиться, застопориться; зайти в тупик; **to bring to a** ~ остановить, застопорить

stand-up [ˈstændʌp] *a* 1) стоя, на ходу *(о еде)* 2) открытый, на кулаках *(о драке)* 3) стоячий *(о воротнике)* ◊ ~ **comic** эстрадный юморист; артист разговорного жанра

stank [stæŋk] *past см.* **stink II**

stannary [ˈstænərɪ] *n* оловянные рудники

stannic [ˈstænɪk] *a хим.* оловянный

stanza [ˈstænzə] *n* строфа, станс

staphylococcus [ˌstæfɪləˈkɒkəs] *n (pl* **staphylococci** [ˌstæfɪləˈkɒkaɪ] *мед.* стафилококк

staple¹ I [ˈsteɪpl] *n* 1) скрепка, скобка *(для сшивания бумаг)* 2) скоба, крюк

staple¹ II *v* скреплять; **to ~ papers together** скреплять бумаги

staple² I *n* 1) основной продукт *(производимый в данной стране, местности);* главный предмет торговли 2) основной продукт питания; ~ **of diet** основа питания 3) сырьё, сырьевой материал 4) *текст.* качество волокна *(хлопка или шерсти)*

staple² II *a* главный, основной

staple² III *v* сортировать, отбирать *(шерсть и т. п. по качеству волокна)*

stapler [ˈsteɪplə] *n* степлер *(для сшивания бумаг скобками)*

star I [stɑː(r)] *n* 1) звезда; светило; **shooting/falling** ~ падающая звезда; метеор; **fixed** ~ неподвижная звезда 2) судьба, рок; **my guiding** ~ путеводная звезда; **to be born under a lucky** ~ родиться под счастливой звездой; **to thank one's** ~s благодарить судьбу; **to trust one's** ~s верить в свою звезду 3) предмет звездообразной формы 4) звёздочка на погоне 5) знаменитость; знаменитый актёр *или* актриса; звезда; **he was the** ~ **of the match** он был героем матча 6) звезда *(награда, орден)* 7) *attr* звёздный; ~ **sign** знак зодиака ◊ **the Stars and Stripes** государственный флаг США *(тж* **the Star-Spangled Banner**); **my** ~s! *разг.* ну и ну!, да что ты!; **I saw** ~s у меня искры из глаз посыпались

star II *v* 1) играть главную роль в фильме; **the film** ~s **Marlene Dietrich** в этом фильме главную роль играет Марлен Дитрих 2) украшать звёздами

starboard I [ˈstɑːbəd] *n мор.* правый борт; **helm to** ~! право руля!

starboard II *v мор.* положить право руля

starch I [stɑːtʃ] *n* 1) крахмал 2) крахмаление 3) церемонность, чопорность

starch II *v* крахмалить *(бельё и т. п.)*

starchy [ˈstɑːtʃɪ] *a* 1) содержащий крахмал 2) накрахмаленный 3) чопорный, манерный

stardust [ˈstɑːdʌst] *n* 1) нечто мерцающее 2) романтика, мечты 3) звёздная пыль, мириады звёзд

stare I [steə(r)] *n* пристальный взгляд; **stony** ~ тяжёлый взгляд; **vacant** ~ отсутствующий взгляд

stare II *v* смотреть пристально, уставиться *(at);* **she** ~d **at them** она пристально посмотрела на них; **to** ~ **smb up and down** смерить кого-л. пристальным взглядом; **to** ~ **into distance** вглядываться вдаль ◊ **to** ~ **smb in the face** надвигаться на кого-л. *(о беде, опасности)*

starfish [ˈstɑːfɪʃ] *n зоол.* морская звезда

star-gazer [ˈstɑːˌgeɪzə(r)] *n разг., шутл.* 1) астроном; звездочёт 2) астролог

staring [ˈsteərɪŋ] *a* 1) широко раскрытый *(о глазах)* 2) пристальный 3) кричащий, бросающийся в глаза

stark I [stɑːk] *a* 1) пустынный, безжизненный *(о ландшафте)* 2) очевидный, резко очерченный 3) абсолютный, полный; ~ **madness** полное сумасшествие 4) совершенно голый

stark II *adv* совершенно, полностью; ~ **naked** совершенно голый, нагишом

starlet [ˈstɑːlɪt] *n* 1) подающая надежды актриса; восходящая звезда 2) звёздочка

starlight [ˈstɑːlaɪt] *n* 1) свет звёзд; **by** ~ при звёздах 2) *attr* звёздный

starling [ˈstɑːlɪŋ] *n* скворец

starlit [ˈstɑːlɪt] *a* звёздный, освещённый звёздами

starred [stɑːd] *a* усеянный, усыпанный звёздами

starry [ˈstɑːrɪ] *a* 1) усеянный звёздами; звёздный; ~ **sky** звёздное небо 2) сияющий, лучистый

star-spangled [ˈstɑːˌspæŋgld] *a* усеянный звёздами; **the S. Banner** государственный флаг США

star-studded [ˈstɑːˌstʌdɪd] *a* 1) усыпанный звёздами 2) с участием большого количества знаменитостей, звёзд *(о концерте, приёме и т. п.)*

start I [stɑːt] *n* 1) начало движения, отправление; *спорт.* старт; **to make an early** ~ рано отправиться в путь 2) начало; **to make a** ~ начать, приступить; **to make a good** ~ положить хорошее начало; **to give a** ~ **in life** помочь встать на ноги; **for a** ~ для начала 3) преимущество *(перед кем-л. — of);* *спорт.* фора; **you have got the** ~ **of me** у вас есть преимущество передо мной 4) вздрагивание *(от испуга)*; **to give smb a ~** заставить кого-л. вздрóгнуть; напугáть кого-л.; **to awake with a ~** внезáпно проснýться; **you gave me quite a ~** ну и напугáл ты меня! 5) рывóк; **to work by fits and ~s** рабóтать урывками

start II *v* 1) начинáть; приступáть *(к чему-л.)*; **to ~ work** начинáть рабóтать; **to ~ negotiations** начáть переговóры; **to ~ with...** начáть с тогó...; для начáла 2) начинáться *(о событии, процéссе, спектáкле и т. п.)*; **it ~ed snowing** пошёл снег 3) отправлáться, уезжáть *(куда-л. — for)* 4) начинáть (трудовýю) жизнь, карьéру *(тж* **to ~ out**) 5) заводúть (мотóр); трóгаться с мéста *(о трáнспорте)* 6) помóчь встать нá ноги *(в начáле жúзненного путú)*; **they ~ed me in business** онú помоглú мне открыть своё дéло 7) вздрóгнуть, встрепенýться *(from, up, out)* 8) вскочúть *(out, up, from)*; **to ~ in one's seat** привскочúть на стýле 9) учреждáть, оснóвывать *(up)* 10) давáть комáнду «на старт» 11) корóбиться *(о дéреве)* 12) спугнýть *(дичь)*, поднять *(звéря)* 13) внезáпно появúться *(out, to)*; **tears ~ed to her eyes** слёзы внезáпно потеклú из её глаз

start off 1) начинáть, приступáть 2) начинáть движéние, отправлáться

start out 1) отпрáвиться в путь 2) *разг.* приступáть к осуществлéнию *(чего-л.)*

start over *амер.* начинáть сначáла

start up возникнýть; случúться

starter ['stɑ:tə] *n* 1) *спорт.* стартёр 2) *спорт.* учáстник забéга 3) закýска *или* блюдо, с котóрого начинáется трáпеза; **what's for ~s?** что на закýску? 4) *авто* стáртер, пусковóй прибóр 5) *спец.* зажигáтель, игнáйтер

starting ['stɑ:tɪŋ] *a* 1) отправнóй *(о пýнкте, тóчке)*; стáртовый; **~ gun** стáртовый пистолéт; **~ line** лúния стáрта; стáртовая линéйка; **~ post** стáртовый столб; **~ price** первоначáльная стáвка; первоначáльная ценá 2) пусковóй *(о механúзме)*

startle ['stɑ:tl] *v* 1) пугáть, напугáть 2) поражáть 3) вздрáгивать *(от испуга)*

startler ['stɑ:tlə(r)] *n* сенсациóнное сообщéние, сенсáция

startling ['stɑ:tlɪŋ] *a* поразúтельный; волнýющий; тревóжащий

startup ['stɑ:tʌp] *n* 1) начáло 2) пуск, зáпуск 3) ввод в дéйствие *(произвóдства)* 4) *вчт* зáпуск, загрýзка, инициализáция; автозагрýзка

starvation [stɑ:'veɪʃ(ə)n] *n* 1) голодáние; гóлод 2) голóдная смерть 3) *attr:* **~ diet** голóдная диéта; диéта для похудéния

starve [stɑ:v] *v* 1) голодáть, жить впрóголодь; умирáть от гóлода 2) *разг.* быть голóдным, проголодáться; **I'm starving** я ужáсно гóлоден 3) морúть гóлодом; **to ~ to death** заморúть дó смерти; **to ~ into surrender** взять измóром 4) стрáстно жáждать *(чего-л. — for)*; стосковáться *(по лáске, внимáнию и т. п.)*

starveling ['stɑ:vlɪŋ] *n уст.* замóрыш

stash I [stæʃ] *n разг.* 1) потайнóе мéсто, тайнúк 2) спрятанная вещь *и т. п.*

stash II *v разг.* 1) прятать, припрятывать; хранúть в тайникé 2) копúть

state I [steɪt] *n* 1) состояние, положéние; **in a ~ of war/weightlessness** в состоянии войны/невесóмости; **in a good ~ of repair** в хорóшем состоянии; **the ~ of health** состояние здорóвья; **the ~ of affairs** состояние/положéние дел; **the ~ of emergency** чрезвычáйное положéние; **the ~ of mind** душéвное состояние; **in liquid ~** в жúдком состоянии 2) *разг.* волнéние, взволнóванность; **in a ~** во взвúнченном состоянии; **what a ~ you are in!** в какóм ты вúде! 3) госудáрство; **affairs of ~** госудáрственные делá; **the welfare ~** госудáрство с рáзвитой системой социáльного обеспéчения 4) штат *(в США, Индии и др. странах)* 5) великолéпие, пышность; **to dine in ~** присýтствовать на торжéственном обéде; **to receive in ~** устрáивать торжéственный приём; **to lie in ~** быть выставленным для прощáния *(о покóйнике)* 6) *attr* торжéственный; парáдный; церемониáльный 7) *attr* госудáрственный 8) *attr* относящийся к штáту *(в отлúчие от* **federal**)

state II *v* 1) сообщúть, заявúть 2) устанáвливать, формулúровать, констатúровать; излагáть; **the letter ~s that...** в письмé говорúтся, что...; **~ your business** укажúте род занятий

statecraft ['steɪtkrɑ:ft] *n* умéние управлять госудáрством

stated ['steɪtɪd] *a* устанóвленный, определённый

stateless ['steɪtlɪs] *a* не имéющий граждáнства; **a ~ person** *юр.* апатрúд, лицó без граждáнства

stately ['steɪtlɪ] *a* велúчественный, величáвый; **~ bearing** велúчественная осáнка; **~ home** старúнная усáдьба, зáмок, открытые для посетúтелей; музéй-усáдьба

statement ['steɪtmənt] *n* 1) формулирóвка, изложéние, высказывание 2) деклáрация, сообщéние, заявлéние; утверждéние; **to make a ~** сдéлать (официáльное) сообщéние; (официáльно) заявúть; **according to his ~**

согла́сно его́ утвержде́нию 3) *вчт* опера́тор, предложе́ние 4) официа́льный отчёт; вы́писка из (ба́нковского) счёта

state-of-the-art I [ˌsteɪtəvðɪ'ɑ:t] *n* совреме́нное состоя́ние, совреме́нный у́ровень разви́тия

state-of-the-art II *a* совреме́нный, соотве́тствующий после́дним достиже́ниям

stateroom ['steɪtru:m] *n* 1) пара́дный зал *(для торже́ственных приёмов)* 2) отде́льная каю́та 3) *амер.* (отде́льное) купе́

statesman ['steɪtsmən] *n* 1) госуда́рственный де́ятель 2) изве́стный полити́ческий де́ятель

static ['stætɪk] *a* стати́ческий

statics ['stætɪks] *n pl* 1) ста́тика 2) *радио* атмосфе́рные поме́хи

station I ['steɪʃ(ə)n] *n* 1) железнодоро́жная ста́нция; вокза́л *(тж* railway ~); **junction** ~ узлова́я ста́нция 2) ста́нция; пункт; **radar** ~ радиолокацио́нная ста́нция; **lifeboat** ~ спаса́тельная ста́нция; **fire** ~ пожа́рное депо́; **filling** ~ бензоколо́нка; **power** ~ электроста́нция; **police** ~ полице́йский уча́сток; **naval** ~ вое́нно-морска́я ба́за; **polling** ~ избира́тельный уча́сток 3) обще́ственное положе́ние; **of humble** ~ ни́зкого зва́ния 4) овцево́дческая фе́рма *(в Австра́лии)* 5) *attr* станцио́нный

station II *v* располага́ть, ста́вить, помеща́ть, размеща́ть

stationary ['steɪʃ(ə)nərɪ] *a* 1) неподви́жный; закреплённый неподви́жно; стациона́рный 2) постоя́нный, усто́йчивый 3) ме́стный *(о войска́х)*

stationer ['steɪʃ(ə)nə(r)] *n* торго́вец канцеля́рскими това́рами

stationery ['steɪʃ(ə)nərɪ] *n* 1) канцеля́рские това́ры, принадле́жности; пи́счая бума́га 2): **S. Office** прави́тельственное изда́тельство *(в Ло́ндоне)*

station house ['steɪʃ(ə)nhaʊs] *n амер.* полице́йский уча́сток

stationmaster ['steɪʃ(ə)nˌmɑ:stə] *n ж.-д.* нача́льник ста́нции

station wagon ['steɪʃ(ə)nˌweɪgən] *n амер. авто* автомоби́ль (с ку́зовом) ти́па «универса́л»

statistical [stə'tɪstɪkəl] *a* статисти́ческий

statistician [ˌstætɪ'stɪʃ(ə)n] *n* стати́стик

statistics [stə'tɪstɪks] *n* 1) стати́стика 2) стати́стические да́нные

statuary I ['stætjʊərɪ] *n* 1) скульпту́ра 2) ску́льптор

statuary II *a* скульпту́рный; ~ **art** скульпту́ра, вая́ние

statue ['stætju:] *n* ста́туя, изва́яние

statuette [ˌstætjʊ'et] *n* статуэ́тка

stature ['stætʃə(r)] *n* 1) рост; **of high/low** ~ высо́кого/ни́зкого ро́ста 2) ва́жность, масшта́б; **a man of** ~ челове́к кру́пного масшта́ба

status ['steɪtəs] *n* 1) (высо́кое) обще́ственное положе́ние, ста́тус; **official** ~ официа́льный ста́тус 2) юриди́ческое положе́ние, ста́тус 3) положе́ние, состоя́ние дел

status quo [ˌsteɪtəs 'kwəʊ] *n* ста́тус-кво́

statute ['stætju:t] *n* 1) законода́тельный акт, стату́т, зако́н 2) уста́в *(учрежде́ния, уче́бного заведе́ния);* **University** ~s уста́в университе́та

statute-book ['stætju:tbʊk] *n* свод зако́нов

statutory ['stætjʊtərɪ] *a* устано́вленный зако́ном, узако́ненный; стату́тный

staunch[1] [stɔ:ntʃ] *a* 1) ве́рный, пре́данный; лоя́льный; надёжный 2) сто́йкий, непоколеби́мый 3) водонепроница́емый; гермети́ческий

staunch[2] *см.* **stanch**

stave I [steɪv] *n* 1) боча́рная доска́, клёпка 2) перекла́дина *(приставно́й ле́стницы)* 3) строфа́ *(стихотворе́ния)* 4) *муз.* но́тный стан

stave II *v (past, p. p.* stove): **to** ~ **in** проломи́ть, проби́ть *(бо́чку, ло́дку и т. п.);* **to** ~ **off** отвести́, предотврати́ть *(опа́сность)*

staves [steɪvz] *pl см.* **staff** I 1), 4)

stay[1] **I** [steɪ] *n* 1) пребыва́ние; остано́вка, стоя́нка; срок пребыва́ния; **to make a** ~ побы́ть, погости́ть; **to make a short** ~ пробы́ть недо́лго; **I enjoyed my** ~ **with you** я хорошо́ у вас погости́л 2) *юр.* отсро́чка, приостано́вка *(пригово́ра и т. п.)* 3) выно́сливость 4) опо́ра; **the** ~ **of one's old age** опо́ра в ста́рости

stay[1] **II** *v* 1) остава́ться, пребыва́ть; ~ **here until we come back** побу́дьте здесь, пока́ мы не вернёмся; **he's** ~**ing in bed** он лежи́т в посте́ли; **to** ~ **put** *разг.* остава́ться на ме́сте, не дви́нуться с ме́ста 2) останови́ться, гости́ть *(где-л. —* at, in; *у кого́-л. —* with); **we are** ~**ing with friends** мы останови́лись у друзе́й 3) выде́рживать, выноси́ть 4) *юр.* приостана́вливать *(реше́ние суда́, пригово́р и т. п.)* 5) утоля́ть го́лод, замори́ть червячка́ 6) остава́ться *(на обе́д, спекта́кль —* for, to)

stay away отсу́тствовать, не явля́ться, не приходи́ть

stay in остава́ться, сиде́ть до́ма; не выходи́ть (на у́лицу)

stay off 1) возде́рживаться *(от чего́-л.)* 2) отсу́тствовать, не явля́ться, не приходи́ть

stay on задержа́ться; остава́ться на бо́лее до́лгое вре́мя

stay out 1) заде́рживаться *(где-л.)* допоздна́; до́лго не возвраща́ться домо́й 2) бастова́ть

stay up до́лго не ложи́ться спать; заси́живаться допоздна́

stay[2] **I** [steɪ] *n* 1) *мор.* штаг; ле́ер *(для паруса)*; **in ~s** в бейдеви́нд 2) подпо́рка, сто́йка 3) *pl* корсе́т *(тж* **a pair of ~s)**

stay[2] **II** *v* 1) подпира́ть, подде́рживать *(тж* **to ~ up)** 2) закрепля́ть тро́сами *(часто* **to ~ up)** 3) *мор.* де́лать поворо́т овершта́г

stay-at-home [ˈsteɪəthəʊm] *n* 1) домосе́д 2) *attr:* **~ mom/dad** *амер.* (нерабо́тающие) ма́ма *или* па́па, сидя́щие до́ма с детьми́

stayer [ˈsteɪə(r)] *n* выно́сливый челове́к; выно́сливая ло́шадь

staying power [ˈsteɪɪŋˌpaʊə(r)] *n* выно́сливость, вы́держка

St Bernard [ˌsəntˈbɜːnəd] *n* сенберна́р *(поро́да соба́к)*

STD *сокр.* 1) **(sexually transmitted disease)** заболева́ние, передаю́щееся половы́м путём, ЗППП 2) **(subscriber trunk dialling)** систе́ма автомати́ческой междугоро́дной *или* междунаро́дной телефо́нной свя́зи *(в Великобрита́нии)*

stead [sted] *n:* **in smb's ~** вме́сто кого́-л.; **to stand smb in good ~** сослужи́ть кому́-л. до́брую слу́жбу, оказа́ть кому́-л. большу́ю услу́гу

steadfast [ˈstedfɑːst] *a* сто́йкий, непоколеби́мый, твёрдый; надёжный; **~ police** твёрдый курс в поли́тике; **~ in danger** надёжный/ сто́йкий в опа́сной ситуа́ции

steady I [ˈstedɪ] *n разг.* постоя́нная де́вушка; постоя́нный возлю́бленный

steady II *a* 1) усто́йчивый, про́чный, надёжный; **he has a ~ hand** у него́ твёрдая рука́ 2) постоя́нный, равноме́рный, регуля́рный; непреры́вный; **at a ~ pace** ро́вной по́ступью; **~ demand** постоя́нный спрос 3) уравнове́шенный, степе́нный; ро́вный 4) упо́рный 5) ве́рный, надёжный; непрекло́нный; **~ in one's principles** непрекло́нный в свои́х при́нципах 6) при́стальный, неподви́жный *(о взгля́де)* 7): **~!** осторо́жно!

steady III *v* 1) стабилизи́роваться, де́латься усто́йчивым, выра́вниваться 2) остепени́ться

steady-going [ˈstedɪˌgəʊɪŋ] *a* уравнове́шенный, степе́нный

steak [steɪk] *n* (натура́льный) бифште́кс, стейк; ланге́т

steal I [stiːl] *n* 1) *амер. разг.* кра́жа 2) *разг.* о́чень вы́годная сде́лка

steal II *v* **(stole; stolen)** 1) красть, укра́сть, утащи́ть; ворова́ть 2) доби́ться чего́-л. тайко́м, сде́лать что-л. укра́дкой; **to ~ a kiss** сорва́ть поцелу́й; **to ~ a glance** взгляну́ть укра́дкой; **she stole his heart away** она́ похи́тила его́ се́рдце 3) кра́сться, прокра́дываться *(in, out, away, up)* ◊ **to ~ a march on** опереди́ть *(кого́-л.);* **to ~ the show** превзойти́, затми́ть всех; **to ~ smb's thunder** перехвати́ть чьи-л. иде́и, мы́сли; испо́льзовать чужи́е мы́сли, иде́и *(без разреше́ния)*

steal away незаме́тно ускользну́ть, исче́знуть

steal in 1) незаме́тно войти́ 2) вкра́сться *(в дове́рие)*

steal out улизну́ть, смы́ться

steal past проскользну́ть ми́мо

steal up подкра́сться

stealth [stelθ] *n* ти́хое, скры́тное поведе́ние; **by ~** укра́дкой, втихомо́лку, тайко́м

stealth bomber [ˈstelθˌbɒmə] *n воен.* самолёт-бомбардиро́вщик, изгото́вленный по техноло́гии «сте́лс», самолёт-неви́димка *(для рада́ров)*

stealthily [ˈstelθɪlɪ] *adv* укра́дкой, та́йно, втихомо́лку

stealthy [ˈstelθɪ] *a* 1) та́йный, сде́ланный тайко́м; **a ~ glance** взгляд укра́дкой 2) бесшу́мный, кра́дущийся *(о шага́х)*

steam I [stiːm] *n* 1) пар; **at/under full ~** на всех пара́х; **to get up ~** разводи́ть пары́; **to put on ~** подба́вить па́ру; **to let off ~** спуска́ть пар; *перен.* выпуска́ть пар, дать вы́ход/во́лю свои́м чу́вствам; **dry ~** сухо́й пар 2) испаре́ние 3) *разг.* си́ла, эне́ргия, напо́р 4) *attr* парово́й; приводи́мый в движе́ние па́ром; **~ bath** парова́я ба́ня, пари́лка; **~ hammer** парово́й мо́лот; **~ iron** утю́г с увлажни́телем; **~ power** эне́ргия па́ра; **~ shovel** парово́й экскава́тор; **~ turbine** парова́я турби́на ◊ **under one's own ~** самостоя́тельно, без посторо́нней по́мощи

steam II *v* 1) вари́ть на пару́ 2) дава́ть пар; превраща́ться в пар 3) поднима́ться вверх, испаря́ться 4) запотева́ть, отпотева́ть 5) дви́гаться под де́йствием па́ра 6) откле́ивать ма́рку на пару́ *(от конве́рта)* ◊ **to get ~ed up about smth** разволнова́ться из-за чего́-л.

steam away вы́кипеть

steamboat [ˈstiːmbəʊt] *n* парохо́д

steam boiler [ˈstiːmˌbɔɪlə(r)] *n* парово́й котёл

steam engine [ˈstiːmˌendʒɪn] *n* парова́я маши́на; парово́й дви́гатель; *ж.-д.* парово́з

steamer [ˈstiːmə(r)] *n* 1) парохо́д 2) парова́рка, скорова́рка

steam gauge [ˈstiːmgeɪdʒ] *n* мано́метр

steamroller [ˈstiːmˌrəʊlə(r)] *n* парово́й като́к

steamship [ˈstiːmʃɪp] *n* парохо́д

steamy [ˈstiːmɪ] *a* 1) парообра́зный 2) запоте́вший 3) *разг.* непристо́йный, скабрёзный

stearin [ˈstɪərɪn] *n* стеари́н

steed [stiːd] *n уст., поэт.* конь

steel I [stiːl] *n* 1) сталь; **stainless ~** нержаве́ющая сталь, *разг.* нержаве́йка 2) твёрдость, несгиба́емость *(характера и т. п.)*; **nerves of ~** стальны́е не́рвы 3) *поэт.* меч, шпа́га 4) пласти́нка *(в корсете)*

steel II *a* 1) стально́й; сде́ланный из ста́ли; **~ engraving** гравю́ра на ста́ли, офо́рт; **~ foundry** сталелите́йный заво́д 2) стально́й, жёсткий, непрекло́нный

steel III *v* 1) покрыва́ть ста́лью 2) закаля́ть; ожесточа́ть; **to ~ oneself** а) ожесточа́ться б) закаля́ться; **to ~ one's heart** ожесточи́ть своё се́рдце/свою́ ду́шу

steel-clad [ˈstiːlklæd] *a* зако́ванный в броню́, покры́тый бронёй

steel-plated [ˈstiːlˌpleɪtɪd] *a* брониро́ванный; обши́тый ста́лью

steelwork [ˈstiːlwɜːk] *n собир.* изде́лия из ста́ли

steelworks [ˈstiːlwɜːks] *n* сталелите́йный заво́д

steely [ˈstiːlɪ] *a* 1) стально́й; сде́ланный из ста́ли 2) твёрдый, как сталь; непрекло́нный; беспоща́дный

steep¹ I [stiːp] *n* крутизна́; кру́ча, круто́й склон

steep¹ II *a* 1) круто́й, отве́сный 2) *разг.* невероя́тный *(о рассказе, истории)* 3) *разг.* чрезме́рный, непоме́рный *(о цене, требованиях)*

steep² *v* 1) выма́чивать, пропи́тывать жи́дкостью 2) погружа́ться, уходи́ть с голово́й *(в нау́ку и т. п. — in)*

steepen [ˈstiːpən] *v* станови́ться бо́лее круты́м

steeple [ˈstiːpl] *n* 1) колоко́льня 2) ба́шня со шпи́лем

steeplechase [ˈstiːplˌtʃeɪs] *n* 1) ска́чки с препя́тствиями, сти́пль-чез 2) бег на дли́нные диста́нции с препя́тствиями

steeplejack [ˈstiːplˌdʒæk] *n* верхола́з

steepness [ˈstiːpnɪs] *n спец.* крутизна́ *(волны, импульса и т. п.)*

steer¹ [stɪə(r)] *v* 1) управля́ть *(автомобилем)*; вести́ *(судно)* 2) держа́ть курс; направля́ть; **to ~ the boat towards the harbour** напра́вить ло́дку к при́стани; **to ~ clear of smth** избега́ть чего́-л., держа́ться пода́льше от чего́-л. 3) слу́шаться управле́ния 4) *разг.* руководи́ть, вести́; **to ~ the committee** руководи́ть комите́том/коми́ссией

steer² *n* бычо́к, молодо́й вол

steerage [ˈstɪərɪdʒ] *n* рулево́е управле́ние

steering [ˈstɪ(ə)rɪŋ] *n* 1) управле́ние рулём 2) управля́емость 3) рулево́е управле́ние

steering column [ˈstɪ(ə)rɪŋˌkɒləm] *n авто* рулева́я коло́нка

steering wheel [ˈstɪərɪŋwiːl] *n* руль; *мор.* штурва́л

steersman [ˈstɪəzmən] *n* рулево́й; шту́рман

steeve I [stiːv] *n мор.* рыча́г *(для штива́ния)*

steeve II *v мор.* штива́ть

stein [staɪn] *n* больша́я гли́няная пивна́я кру́жка

stela [ˈstiːlə] *n архит.* сте́ла

stellar [ˈstelə(r)] *a* звёздный

stem¹ I [stem] *n* 1) сте́бель; ствол 2) но́жка *(рюмки)*; черено́к *(трубки)* 3) голо́вка заво́да часо́в 4) *грам.* осно́ва 5) семе́йная ветвь; ли́ния родства́ 6) нос *(корабля; тж* **bow)**; **from ~ to stern** от но́са до кормы́ 7) *attr:* **~ cell** *биол.* стволова́я кле́тка

stem¹ II *v* происходи́ть, брать нача́ло *(от — from)*

stem² *v* 1) остана́вливать, заде́рживать 2) запру́живать 3) тормози́ть лы́жами 4) идти́, дви́гаться про́тив тече́ния, ве́тра *и т. п.*

stench [stentʃ] *n* вонь, злово́ние, смрад

stencil I [ˈstensɪl] *n* трафаре́т, шабло́н

stencil II *v* наноси́ть узо́р, на́дпись *и т. п.* по трафаре́ту

steno [ˈstenəʊ] *n амер. разг.* стенографи́стка

stenographer [steˈnɒgrəfə(r)] *n* стенографи́ст; стенографи́стка

stenography [steˈnɒgrəfɪ] *n* стенографи́я

stenosis [stɪˈnəʊsɪs] *n мед.* стено́з

stentorian [stenˈtɔːrɪən] *a* громово́й, зы́чный *(о голосе)*

step I [step] *n* 1) шаг; **to take a ~ forward** сде́лать шаг вперёд; **with brisk ~s** бы́стрыми шага́ми; **out of ~** не в но́гу; **to keep ~ (with) smb** идти́ в но́гу; поспева́ть за кем-л.; **at every ~** на ка́ждом шагу́; **~ by ~** шаг за ша́гом, постепе́нно; **watch your ~!** осторо́жнее! 2) шаг, посту́пок; **to take ~s** предпринима́ть ме́ры/шаги́; **to make a false ~** сде́лать неве́рный шаг, соверши́ть оши́бку 3) ступе́нька, ступе́нь *(лестницы)*; подно́жка; **a flight of ~s** пролёт *(ле́стницы)*, марш *(ле́стницы)* 4) *pl* шаги́, звук шаго́в 5) след ноги́ 6) па *(в та́нцах)* 7) по́ступь 8) *pl* (ле́стница-)стремя́нка *(тж* **pair of ~s)** 9) ста́дия, сте́пень, ступе́нь ◊ **in smb's ~s** сле́дуя чьему́-л. приме́ру, по чьи́м-л. стопа́м; **to mind/watch one's ~s** быть осмотри́тельным/осторо́жным

step II *v* 1) шага́ть, ступа́ть; де́лать шаги́; **to ~ after smb** сле́довать за кем-л., идти́ по стопа́м кого́-л.; **to ~ back** а) сде́лать шаг наза́д, отступи́ть б) верну́ться 2) измеря́ть шага́ми

3) де́лать па *(в танцах)*; **to ~ it** танцева́ть ◊ **he ~ped into a fortune** на него́ свали́лось огро́мное состоя́ние; **to ~ on smb's toes** наступи́ть на чью-л. люби́мую мозо́ль; **~ on it!** *разг.* пошеве́ливайся!, жми!

step aside 1) отойти́ в сто́рону, посторони́ться 2) уступи́ть *(кому-л.)* доро́гу

step down 1) сойти́ вниз 2) уйти́ в отста́вку *и т. п.*; пони́зить свой ста́тус

step in 1) входи́ть, вступа́ть 2) вме́шиваться; вступа́ться *(за кого-л.)* 3) замеща́ть *(кого-л.)*

step out 1) уходи́ть *(из ко́мнаты и т. п.)* 2) быть общи́тельным, разъезжа́ть по гостя́м *и т. п.* 3) приба́вить шага́

step up 1) увели́чивать, повыша́ть *(производи́тельность и т. п.)* 2) подойти́ *(куда-л.)*

stepbrother [ˈstepˌbrʌðə(r)] *n* сво́дный брат

step-by-step [ˌstepbaɪˈstep] *a* 1) ступе́нчатый, многоступе́нчатый 2) постепе́нный, поэта́пный 3) *тех.* ша́говый *(о режиме рабо́ты механи́зма)*, поша́говый

stepchild [ˈsteptʃaɪld] *n* па́сынок; па́дчерица

stepdaughter [ˈstepˌdɔːtə(r)] *n* па́дчерица

stepfather [ˈstepˌfɑːðə(r)] *n* о́тчим

stepladder [ˈstepˌlædə(r)] *n* ле́стница-стремя́нка

stepmother [ˈstepˌmʌðə(r)] *n* ма́чеха

steppe [step] *n* степь

stepping-stone [ˈstepɪŋˌstəʊn] *n* 1) ка́мень для перехо́да *(через руче́й и т. п.)* 2) *перен.* трампли́н *(для бу́дущей карье́ры)*

stepsister [ˈstepˌsɪstə(r)] *n* сво́дная сестра́

stepson [ˈstepsʌn] *n* па́сынок

stereo I [ˈsterɪəʊ] *n* стереофони́ческая систе́ма; **personal ~** пле́ер

stereo II *a* стереофони́ческий, сте́рео-

stereometry [ˌsterɪˈɒmɪtrɪ] *n* стереоме́трия

stereophonic [ˌsterɪəʊˈfɒnɪk] *a* стереофони́ческий

stereoscope [ˈsterɪəskəʊp] *n* стереоско́п

stereoscopic [ˌsterɪəˈskɒpɪk] *a* стереоскопи́ческий

stereotype I [ˈsterɪəʊtaɪp] *n* стереоти́п

stereotype II *a* стереоти́пный

stereotype III *v* 1) стандартизи́ровать 2) *полигр.* стереотипи́ровать; печа́тать со стереоти́па

sterile [ˈsteraɪl] *a* 1) беспло́дный; стери́льный 2) безрезульта́тный, беспло́дный

sterility [steˈrɪlɪtɪ] *n* 1) беспло́дие 2) стери́льность

sterilization [ˌsterɪlaɪˈzeɪʃ(ə)n] *n* стерилиза́ция

sterilize [ˈsterɪlaɪz] *v* стерилизова́ть

sterlet [ˈstɜːlɪt] *n* сте́рлядь

sterling I [ˈstɜːlɪŋ] *a* 1) *эк.* сте́рлинговый; в фу́нтах сте́рлингов 2) полнове́сный, полно-

це́нный; устано́вленной про́бы *(о драгоце́нных мета́ллах, моне́тах)*

sterling II *n* сте́рлинг; фунт сте́рлингов

stern¹ [stɜːn] *a* стро́гий, суро́вый; непрекло́нный; **~ discipline** стро́гая дисципли́на

stern² *n* 1) *мор.* корма́ *(тж* aft) 2) хвост *(особ. го́нчей)* 3) *attr мор.* кормово́й, за́дний

stertorous [ˈstɜːtərəs] *a* тяжёлый, хри́плый *(о дыха́нии)*

stethoscope [ˈsteθəskəʊp] *n мед.* стетоско́п

stetson [ˈstetsən] *n* широкопо́лая шля́па, сте́тсон

stevedore [ˈstiːvədɔː(r)] *n* порто́вый гру́зчик

stew¹ **I** [stjuː] *n* 1) тушёное мя́со 2) *разг.* волне́ние; **to be in a ~** быть в волне́нии; сиде́ть как на иго́лках; **to get into a ~** разволнова́ться, разне́рвничаться

stew¹ **II** *v* 1) туши́ть(ся); вари́ть(ся) на сла́бом огне́ 2) *разг.* изнемога́ть, умира́ть от жары́ ◊ **to ~ in one's own juice** пожина́ть плоды́ соде́янного

stew² *n* 1) у́стричный садо́к 2) садо́к для ры́бы

steward [ˈstjuːəd] *n* 1) стю́ард, официа́нт *(на теплохо́де, самолёте)* 2) распоряди́тель *(на вы́ставке, на балу́ и т. п.)* 3) заве́дующий хозя́йством, эконо́м *(в клу́бе, колле́дже и т. п.)* 4) управля́ющий *(до́мом, име́нием)*

stewardess [ˌstjuːəˈdes] *n* стюарде́сса; бортпроводни́ца *(на самолёте)*

stew-pan [ˈstjuːpæn] *n* гуся́тница; соте́йник

Sth. *сокр.* (South) юг

stick I [stɪk] *n* 1) па́лка, па́лочка; **walking ~** трость, тро́сточка 2) ве́тка; сте́бель; *pl* хво́рост 3) жезл, по́сох 4) дирижёрская па́лочка 5) предме́т в фо́рме па́лочки *(дезодора́нт, жева́тельная рези́нка и т. п.)* 6) **(the ~)** наказа́ние па́лками 7) *разг.* ме́бель; **a few ~s of furniture** ко́е-что из ме́бели 8) *разг.* ста́рый хрыч *(тж* an old ~) 9) **(the ~s)** *разг.* глушь, захолу́стье 10) *мор. сленг* ма́чта ◊ **to go up ~s** пода́ться куда́-л. в друго́е ме́сто

stick II *v (past, p. p.* **stuck**) 1) втыка́ть, вонза́ть; утыка́ть; наса́живать *(in, into, through)* 2) коло́ть, зака́лывать 3) кле́ить, прикле́ивать; закле́ивать 4) пристава́ть, прилипа́ть 5) *разг.* сова́ть, ста́вить 6) держа́ться *(чего-л.)*; быть ве́рным *(дру́гу, до́лгу, сло́ву и т. п. —* by, to) 7) завя́знуть, застрева́ть *(тж* **to ~ fast**); **to ~ indoors (all day)** торча́ть до́ма *(це́лый день)*; **to ~ upon one's memory** запечатле́ться в па́мяти у кого́-л. 8) *разг.* терпе́ть, сноси́ть; **to ~ it out** терпели́во сноси́ть 9) *разг.* упо́рно, насто́йчиво продолжа́ть *(что-л. —* at) 10) колеба́ться; **to ~ at nothing** ни пе́ред чем не остана́вливаться ◊

789

to be stuck with *разг.* крéпко влúпнуть; to be stuck on *разг.* влюбúться, втюрúться; to get stuck in(to) smth *сленг* всерьёз взя́ться за что-л.; to ~ one's neck/chin out нарывáться на неприя́тности; to ~ it on *сленг* а) залáмывать цéну б) плестú небылúцы, сúльно преувеличúвать

stick out высóвывать(ся)

stick together *разг.* держáться вмéсте; объединя́ться

stick up 1) торчáть 2) *разг.* огрáбить

stick up to защищáться, сопротивля́ться

stick with *разг.* поддéрживать отношéния; быть вéрным *(кому-л.)*

sticker [´stɪkə(r)] *n* 1) наклéйка, стúкер 2) назóйливый человéк; приставáла 3) что-л. приклéивающееся, цепля́ющееся

sticking plaster [´stɪkɪŋ͵plɑ:stə(r)] *n* лейкоплáстырь

stick-in-the-mud [´stɪkɪn ðə͵ mʌd] *n разг.* ретрогрáд; человéк, живýщий прóшлым, старомóдный человéк

stickler [´stɪklə(r)] *n* я́рый привéрженец; побóрник; педáнт

stick-up [´stɪkʌp] *n разг.* вооружённое ограблéние

sticky [´stɪkɪ] *a* 1) лúпкий, клéйкий; вя́зкий 2) дýшный, влáжный 3) непоклáдистый 4) *разг.* слóжный, трýдный, малоприя́тный; плохóй; he'll come to a ~ end он плóхо кóнчит

stiff I [stɪf] *a* 1) жёсткий, тугóй; негúбкий, негнýщийся 2) окостенéлый, одеревенéлый; свя́занный *(о движениях)*; I feel ~ у меня́ всё тéло онемéло, не могý согнýться; I have a ~ neck мне надýло в шéю, у меня́ в шéе прострéл 3) трýдный, нелёгкий; a ~ climb трýдный подъём 4) сурóвый *(о наказании и т. п.)* 5) сúльный *(о ветре)* 6) натя́нутый, чóпорный, слúшком официáльный 7) решúтельный, непреклóнный, упóрный 8) крéпкий *(о напитке)*; сильнодéйствующий *(о лекарстве)* ◊ I was bored ~ я чуть не ýмер со скýки; ~ upper lip твёрдость, непоколебúмость, вы́держка, стóйкость

stiff II *n сленг* 1) труп 2) болвáн, крýглый дурáк

stiffen [´stɪfn] *v* 1) дéлаться негúбким; придавáть жёсткость, твёрдость 2) (о)коченéть; (о)костенéть; (о)деревенéть 3) густéть, сгущáть

stiff-necked [´stɪf´nekt] *a* упря́мый

stifle [´staɪfl] *v* 1) подавля́ть; to ~ one's laughter сдéрживать смех 2) задыхáться *(от жары, духоты)*; it is stifling here здесь óчень дýшно 3) душúть

stifling [´staɪflɪŋ] *a* дýшный

stigma [´stɪgmə] *n* пятнó, позóр

stigmata [´stɪgmətə] *n pl мед., рел.* стúгмы, стигмáты

stigmatize [´stɪgmətaɪz] *v* клеймúть, позóрить

stile [staɪl] *n* пристýпок у стены́ *или* забóра, перелáз; турникéт

stiletto [stɪ´letəʊ] *n* стилéт

still¹ I [stɪl] *n* 1) тишинá, тишь; in the ~ of the night в ночнóй тишú 2) реклáмный кадр

still¹ II *a* 1) тúхий, безмóлвный, бесшýмный; to keep ~ не шумéть; keep ~! спокóйно!, тúхо!, *амер.* замолчúте! 2) спокóйный; неподвúжный; to stand ~ остановúться; ~ water негазирóванная водá, водá без гáза

still¹ III *v* успокáивать, унимáть

still¹ IV *adv* 1) до сих пор; всё ещё 2) всё же, тем не мéнее, однáко 3) *при сравн. ст.* ещё; ~ more ещё бóльше

still² *n* 1) перегóнный куб; дистилля́тор 2) винокýренная устанóвка

stillbirth [´stɪl͵bз:θ] *n* мертворождённость, мертворождéние

stillborn [´stɪlbɔ:n] *a* мертворождённый

still life [´stɪllaɪf] *n жив.* натюрмóрт

stillness [´stɪlnɪs] *n* тишинá

still-room [´stɪlru:m] *n* 1) кладовáя 2) помещéние для перегóнки

stilted [´stɪltɪd] *a* напы́щенный, высокопáрный *(о стиле)*

stilts [stɪlts] *n pl* ходýли; on ~ а) на ходýлях б) высокопáрно, напы́щенно

stimulant I [´stɪmjʊlənt] *n* 1) возбуждáющее, стимулúрующее срéдство, стимуля́тор 2) спиртнóй напúток

stimulant II *a* возбуждáющий, стимулúрующий

stimulate [´stɪmjʊleɪt] *v* 1) возбуждáть, усúливать, стимулúровать 2) поощря́ть

stimulation [͵stɪmjʊ´leɪʃ(ə)n] *n* 1) возбуждéние 2) поощрéние

stimulus [´stɪmjʊləs] *n (pl* stimuli [´stɪmjʊlaɪ]) побудúтельная причúна, стúмул, толчóк; раздражúтель

sting I [stɪŋ] *n* 1) жáло 2) *бот.* жгýчий волосóк 3) укýс *(змеи, насекомого и т. п.)* 4) ожóг *(крапивой)* 5) жгýчая боль; ~s of hunger мýки гóлода; ~s of remorse угрызéния сóвести 6) остротá, сúла 7) кóлкость ◊ a ~ in the tail *перен.* скры́тая шпúлька, язвúтельное замечáние

sting II *v (past, p. p.* stung) 1) жáлить 2) жечь, обжигáть *(о крапиве, перце и т. п.)* 3) причиня́ть *или* испы́тывать óструю боль; терзáть; уязвля́ть; to be stung by remorses мýчиться угрызéниями сóвести 4) *сленг* вовлечь большие в расходы, «нагреть», «облапошить»; **he was stung for a hundred dollars** его нагрели на сто долларов

stinger [´stɪŋə(r)] *n* 1) кусающее, жалящее насекомое *и т. п.* 2) сильный удар

stinginess [´stɪndʒɪnɪs] *n* скаредность, скупость

stinging [´stɪŋɪŋ] *a* жалящий; жгучий; язвительный

stingy [´stɪndʒɪ] *a* скупой, скаредный

stink I [stɪŋk] *n* вонь, зловоние ◊ **to kick up/to raise a ~ about smth** *разг.* поднять шум вокруг чего-л.

stink II *v* (**stank, stunk; stunk**) 1) вонять; издавать вонь, зловоние *(of)*; **the kitchen ~s of onions** на кухне пахнет луком 2) *разг.* быть крайне неприятным, омерзительным

stink out выгонять, выкуривать

stinker [´stɪŋkə(r)] *n сленг* 1) мерзавец, подлец 2) трудное дело, трудная задача 3) письмо неприятного содержания, ругательное письмо

stint I [stɪnt] *n* 1) ограничение, предел; **without ~** без ограничений 2) (урочная) работа; урок; **to do one's daily ~** выполнить дневное задание

stint II *v* ограничивать, урезывать

stipend [´staɪpend] *n* 1) жалованье священника 2) стипендия

stipulate [´stɪpjʊleɪt] *v* 1) обусловливать, специально оговаривать, ставить условием 2) выговаривать себе *(что-л. — for)*

stipulation [ˌstɪpjʊ´leɪʃ(ə)n] *n* условие; обусловливание

stir I [stɜː(r)] *n* 1) размешивание, помешивание; **to give one's tea a ~** помешать чай 2) волнение, суета, суматоха; **to make/to create a ~** наделать шуму, произвести сенсацию 3) движение; **no ~ in the air** воздух неподвижен

stir II *v* 1) мешать, размешивать, помешивать; **to ~ the soup** помешать суп 2) двигаться; шевелиться; **to lie without ~ring** лежать, не шелохнувшись 3) возбуждать, волновать ◊ **not to ~ a finger** и пальцем не пошевельнуть, не оказать никакой помощи; **to ~ the blood** расшевелить, вдохновить; **to ~ one's stumps** *разг.* а) начать двигаться, идти б) заняться делом

stir up 1) размешивать хорошенько; взбалтывать 2) расшевелить, раскачать 3) пробуждать, возбуждать *(интерес, любопытство)* 4) раздувать *(скандал, ссору)*

stir-fry [´stɜːfraɪ] *v* быстро обжарить в кипящем масле

stirrer [´stɜːrə(r)] *n* 1) возбудитель 2) *разг.* подстрекатель

stirring [´stɜːrɪŋ] *a* 1) волнующий, возбуждающий 2) подвижной, деятельный

stirrup [´stɪrəp] *n* стремя

stitch I [stɪtʃ] *n* 1) стежок; шов; петля *(в вязанье)*; **neat ~es** аккуратные стежки; **buttonhole ~** петельный шов; **chain ~** тамбурный шов; **to take up/to drop a ~** поднять/спустить петлю; **to put ~es in** *мед.* наложить швы; **to take out the ~es** *мед.* снять швы; **he has not a dry ~ on him** на нём нет сухой нитки, он промок насквозь; **without a ~ (of clothing)** быть совершенно голым, в чём мать родила 2) острая боль, колотье (в боку)

stitch II *v* 1) шить, сшивать, зашивать; **to ~ smth together** сшить что-л. из кусков 2) вышивать

stitch up 1) зашивать 2) *сленг* предавать; обманывать

stiver [´staɪvə(r)] *n:* **not worth a ~** ни гроша не стоит; **I don't care a ~** мне всё равно, мне наплевать

stoat [stəʊt] *n зоол.* горностай

stochastic [stəʊ´kæstɪk] *a спец.* стохастический, вероятностный, случайный

stock I [stɒk] *n* 1) запас; фонд; склад; **to have/to keep in ~** иметь в запасе, на складе; **out of ~** распродано, нет в наличии; **to lay in a ~** делать запасы 2) материал, сырьё; **paper ~** бумажное сырьё 3) скот, поголовье скота 4) инвентарь; **to take ~** а) инвентаризировать б) делать обзор, оценку 5) акционерный капитал; фонды; акции 6) ценные бумаги; облигации; **to sell out ~** продавать ценные бумаги 7) род, семья, происхождение; порода; **of a good ~** из хорошей семьи 8) крепкий бульон *(из костей)* 9) с.-х. подвой 10) ствол *(дерева)* 11) основная часть; опора, подпора; **~ of rifle** ложе винтовки 12) ручка, рукоятка, черенок 13) *pl мор.* стапель 14) *pl ист.* колодки 15) парк *(вагонов)* ◊ **lock, ~ and barrel** все поголовно, полностью

stock II *a* 1) готовый, имеющийся наготове 2) избитый, банальный

stock III *v* 1) снабжать *(товаром, оборудованием и т. п.)* 2) иметь в запасе, на складе

stockade I [stɒ´keɪd] *n* частокол

stockade II *v* обносить частоколом

stockbreeder [´stɒkˌbriːdə(r)] *n* животновод, скотовод

stockbroker [´stɒkˌbrəʊkə(r)] *n* биржевой маклер

stock company [´stɒkˌkʌmpənɪ] *n* 1) акционерное общество 2) *амер.* репертуарный театр *(имеющий постоянный состав и репертуар)*

stock exchange [ˈstɒk ɪksˌtʃeɪdʒ] *n* фо́ндовая би́ржа

stock-farm [ˈstɒkfɑːm] *n* скотово́дческая фе́рма; животново́дческое хозя́йство

stockholder [ˈstɒkˌhəʊldə(r)] *n* акционе́р

stockiness [ˈstɒkɪnɪs] *n* приземистость, корена́стость

stockinet [ˌstɒkɪˈnet] *n* трикота́жная ткань, трикота́ж

stocking [ˈstɒkɪŋ] *n* чуло́к; **in one's ~ feet** в чулка́х без о́буви *(обыкн. при измерении роста)*

stock-in-trade [ˈstɒkɪnˈtreɪd] *n* 1) това́рная нали́чность, запа́с това́ров 2) обы́чный набо́р фраз, аргуме́нтов

stockjobber [ˈstɒkˌdʒɒbə(r)] *n* 1) биржево́й спекуля́нт 2) *амер.* биржево́й ма́клер

stocklist [ˈstɒklɪst] *n* спи́сок това́ров в ассортиме́нте

stockman [ˈstɒkmən] *n* 1) скотово́д; ско́тник 2) кладовщи́к

stockpile [ˈstɒkpaɪl] *v* нака́пливать, запаса́ть *(товары, оборудование и т. п.)*

stockpiling [ˈstɒkˌpaɪlɪŋ] *n* накопле́ние, запа́сы

stockroom [ˈstɒkruːm] *n* кладова́я; складско́е помеще́ние

stock-still [ˈstɒkstɪl] *a* неподви́жный, как вко́панный

stocktaking [ˈstɒkˌteɪkɪŋ] *n* 1) инвентариза́ция, учёт 2) обзо́р; крити́ческий ана́лиз *(своих взглядов, позиций и т. п.)*

stocky [ˈstɒkɪ] *a* корена́стый, призе́мистый

stockyard [ˈstɒkjɑːd] *n* скотоприго́нный двор

stodge I [stɒdʒ] *n разг.* 1) тяжёлая, сы́тная еда́ 2) ску́чная ли́чность

stodge II *v разг.* наеда́ться до отва́ла, набива́ть себе́ желу́док

stodgy [ˈstɒdʒɪ] *a* 1) тяжёлый *(о пище)* 2) тяжёлый, тяжелове́сный *(о стиле)*; ску́чный

stoic I [ˈstəʊɪk] *n* сто́ик

stoic II *a* стои́ческий

stoical [ˈstəʊɪkəl] *a* стои́ческий

Stoicism [ˈstəʊɪsɪz(ə)m] *n* стоици́зм

stoke [stəʊk] *v* 1) подбра́сывать то́пливо; подде́рживать ого́нь *(в топке)* 2) *разг.* объеда́ться; набива́ть желу́док

stokehold [ˈstəʊkhəʊld] *n* то́пка; кочега́рка; коте́льное отделе́ние

stokehole [ˈstəʊkhəʊl] *n* отве́рстие то́пки

stoker [ˈstəʊkə(r)] *n* 1) кочега́р; исто́пник 2) механи́ческая то́пка

STOL *сокр.* **(short take-off and landing)** *ав.* укоро́ченный пробе́г при взлёте и поса́дке *(самолёта)*

stole[1] [stəʊl] *n* мехова́я горже́тка, боа́, палантин

stole[2] *past см.* **steal II**

stolen [ˈstəʊlən] *p. p. см.* **steal II**

stolid [ˈstɒlɪd] *a* вя́лый, флегмати́чный

stomach I [ˈstʌmək] *n* 1) желу́док; **on an empty ~** натоща́к, на голо́дный желу́док; **to have a ~ upset** име́ть расстро́йство желу́дка 2) живо́т 3) аппети́т; **I have no ~ for fat** я не люблю́ жир; **to stay one's ~** утоли́ть го́лод, замори́ть червячка́ 4) охо́та, жела́ние, расположе́ние *(к чему-л. — for)*; **to have no ~ for** не име́ть жела́ния *(сделать что-л.)* 5) *attr:* **~ ache** боль в животе́; **~ pump** *мед.* аппара́т для аспира́ции желу́дочного содержи́мого

stomach II *v* 1) перева́ривать; быть в состоя́нии съесть *(что-л.)* 2) терпе́ть, выноси́ть; **I cannot ~ it** я э́то не перева́риваю, не выношу́ э́того

stomatitis [ˌstɒməˈtaɪtɪs] *n мед.* стомати́т

stomatology [ˌstəʊməˈtɒlədʒɪ] *n* стоматоло́гия

stomp [stɒmp] *v* тяжело́ ступа́ть; то́пать

stone I [stəʊn] *n* 1) ка́мень; **meteoric ~** ка́менный метеори́т *(тж* **stony meteorite***)*; **precious ~** драгоце́нный ка́мень; **to throw ~s** броса́ть ка́мни; **to break ~s** бить ще́бень 2) ка́мень *(как стройматериал)*; **built of local ~** постро́енный из ме́стного ка́мня 3) ко́сточка *(плода)* 4) *(pl без измен.)* сто́ун *(мера веса = 6,35 кг)* 5) *мед.* ка́мень, конкреме́нт; **an operation for ~s** опера́ция по по́воду удале́ния камне́й ◊ **rolling ~** беспоко́йный, непостоя́нный челове́к, «перекати́-по́ле»; **a rolling ~ gathers no moss** *посл.* катя́щийся ка́мень не обраста́ет мхом; кому́ на ме́сте не сиди́тся, тот добра́ не наживёт; **to leave no ~ unturned** сде́лать всё возмо́жное, испро́бовать все сре́дства

stone II *a* ка́менный

stone III *v* 1) побива́ть камня́ми, броса́ться камня́ми 2) вынима́ть ко́сточку *(из плода)* 3) мости́ть, облицо́вывать ка́мнем

stone-blind [ˈstəʊnˌblaɪnd] *a* соверше́нно слепо́й

stone coal [ˈstəʊnˌkəʊl] *n* антраци́т; ка́менный у́голь

stone-cold [ˈstəʊnˌkəʊld] *a* холо́дный (как ка́мень), ледяно́й

stoned [ˈstəʊnd] *a сленг* в по́лной отклю́чке *(об алкоголике или наркомане)*

stone-dead [ˈstəʊnˌded] *a сленг* мёртвый

stone-deaf [ˈstəʊnˌdef] *a* соверше́нно глухо́й

stonemason [ˈstəʊnˌmeɪsn] *n* ка́менщик

stonepit [ˈstəʊnpɪt] *n* каменоло́мня, карье́р

stonewall [ˈstəʊnwɔːl] *v* 1) *разг.* уходи́ть от отве́та, отма́лчиваться 2) *парл.* устра́ивать обстру́кцию

stoneware [ˈstəʊnweə(r)] *n* гонча́рные изде́лия; кера́мика

stonework [ˈstəʊnwɜ:k] *n* ка́менная кла́дка

stony [ˈstəʊnɪ] *a* 1) камени́стый; содержа́щий ка́мни 2) ка́менный, бесчу́вственный

stony-broke [ˈstəʊnɪbrəʊk] *a разг.* вконе́ц разори́вшийся

stood [stʊd] *past, p. p. см.* **stand II**

stooge I [stu:dʒ] *n разг.* 1) подставно́е лицо́, марионе́тка 2) подпева́ла, приспе́шник

stooge II *v разг.* 1) быть подставны́м лицо́м 2): **to ~ about, to ~ around** бесце́льно слоня́ться, шата́ться

stool I [stu:l] *n* 1) табуре́т; **piano ~** враща́ющийся табуре́т для роя́ля 2) скаме́ечка для ног 3) *мед.* стул 4) отво́док; ко́рень; пень ◊ **to fall between two ~s** оказа́ться ме́жду двух сту́льев, не смочь сде́лать вы́бор

stool II *v бот.* пуска́ть побе́ги

stool-pigeon [ˈstu:lˌpɪdʒɪn] *n* 1) го́лубь-мано́к 2) осведоми́тель, стука́ч, «подсадна́я у́тка»

stoop¹ I [stu:p] *n* 1) суту́лость 2) паде́ние ка́мнем *(о соколе и т. п.)*

stoop¹ II *v* 1) наклоня́ться, нагиба́ться 2) суту́литься 3) снисходи́ть 4) унижа́ться; ни́зко па́дать; **she never ~ed to lying** она́ никогда́ не унижа́лась до лжи

stoop² *n амер.* крыльцо́ со ступе́ньками, откры́тая вера́нда

stop I [stɒp] *n* 1) остано́вка; прекраще́ние; **to bring to a ~** останови́ть; **to come to a ~, to make a ~** останови́ться; **to put a ~ to smth** положи́ть коне́ц чему́-л. 2) остано́вка *(транспорта);* **bus ~** авто́бусная остано́вка; **a request ~** остано́вка по тре́бованию; **what is the next ~?** кака́я сле́дующая остано́вка? 3) кра́ткое пребыва́ние; **they made a short ~ in Rome** они́ ненадо́лго останови́лись в Ри́ме 4) *грам.* знак препина́ния; **full ~** то́чка; **to come to a full ~** *перен.* останови́ться, зайти́ в тупи́к 5) *муз.* кла́пан; реги́стр; педа́ль; лад 6) *фон.* взрывно́й согла́сный 7) *фон.* смы́чка 8) *фото* регуля́тор диафра́гмы ◊ **to pull out all the ~s** нажа́ть на все кно́пки, пусти́ть в ход все сре́дства; **with all the ~s out** прилага́я отча́янные уси́лия

stop II *v* 1) остана́вливаться; **to ~ an engine** останови́ть мото́р; **to ~ dead/short** внеза́пно, ре́зко останови́ться; **he ~ped me short** он ре́зко оборва́л меня́ 2) перестава́ть; заде́рживать; прекраща́ть; **to ~ smb's wages** переста́ть плати́ть кому́-л. зарпла́ту; **to ~ a cheque** заде́рживать опла́ту че́ка; **do not ~!** продолжа́йте! 3) де́лать кра́ткую остано́вку; остана́вливаться *(где-л., у кого́-л.),* гости́ть; **to ~ with my friends** остано-

ви́ться у друзе́й 4) уде́рживать *(от чего́-л. — from)* 5) уре́зывать; **to ~ out of one's salary** удержа́ть из зарпла́ты 6) затыка́ть, заку́поривать, заде́лывать; блоки́ровать; **to ~ a hole** заде́лать дыру́; **to ~ a tooth** запломбирова́ть зуб 7) *муз.* зажима́ть струну́, кла́пан *или* ве́нтиль инструме́нта ◊ **to ~ at nothing** не остана́вливаться ни пе́ред чем, быть неразбо́рчивым в сре́дствах; **what's ~ping you?** так за чем же де́ло ста́ло?, что тебя́ уде́рживает?; **to ~ a gap** вре́менно реши́ть пробле́му *и т. п.*

stop by зайти́ (в го́сти *и т. п.);* зае́хать

stop off прерва́ть путеше́ствие, останови́ться, сде́лать остано́вку

stop out отсу́тствовать

stop over *см.* **stop off**

stop up 1) заде́лать *(дыру́ и т. п.);* заку́порить 2) не ложи́ться допоздна́

stop-and-go [ˈstɒpendgəʊ] *a* дви́жущийся, развива́ющийся рывка́ми, с остано́вками

stopcock [ˈstɒpkɒk] *n* запо́рный кран

stopgap [ˈstɒpgæp] *n* 1) заты́чка 2) вре́менная заме́на

stop-go [ˌstɒpˈgəʊ] *см.* **stop-and-go**

stop light [ˈstɒplaɪt] *n* кра́сный свет светофо́ра

stopoff [ˈstɒpɒf] *n амер.* остано́вка *(в пути́)*

stopover [ˈstɒpəʊvə(r)] *см.* **stopoff**

stoppage [ˈstɒpɪdʒ] *n* 1) остано́вка, заде́ржка 2) заде́ржка зарпла́ты; заде́ржка вы́плат 3) забасто́вка, прекраще́ние рабо́ты

stopper [ˈstɒpə] *n* заты́чка, про́бка

stopping [ˈstɒpɪŋ] *n* зубна́я пло́мба *(тж* **filling)**

stopple I [ˈstɒpl] *n* про́бка; заты́чка

stopple II *v* затыка́ть про́бкой, заку́поривать

stop press [ˈstɒppres] *n* э́кстренное сообще́ние *(в газе́те)*

stopwatch [ˈstɒpwɒtʃ] *n* секундоме́р *(с остано́вом)*

storage [ˈstɔ:rɪdʒ] *n* 1) хране́ние (това́ров); **cold ~** хране́ние в холоди́льниках 2) скла́д(ы), храни́лище 3) пла́та за хране́ние 4) *вчт* запомина́ющее устро́йство, ЗУ; па́мять 5) *вчт* запомина́ние, хране́ние

store I [stɔ:(r)] *n* 1) запа́с, резе́рв; **emergency ~** неприкоснове́нный запа́с; **to have in ~** име́ть в запа́се, нагото́ве, про запа́с; **tomorrow has a surprise in ~ for you** за́втра вас ожида́ет сюрпри́з 2) *pl* иму́щество; запа́сы; припа́сы 3) универса́льный магази́н, универма́г *(тж* **department ~)** 4) *амер.* магази́н; ла́вка 5) склад, храни́лище 6) значе́ние, ва́жность; **to set/to lay/to put ~ by/on** придава́ть большо́е значе́ние 7) *вчт* запоминáющее устрóйство, ЗУ 8) *attr* запáсный; в запáсе; оставлáемый про запáс

store II *v* 1) хранить (мéбель *и т. п.*) на склáде 2) запасáть, накáпливать; отклáдывать *(тж* to ~ **away**, to ~ **up**) 3) снабжáть, наполнáть 4) содержáть, вмещáть 5) *вчт* вносить и накáпливать дáнные

storehouse [´stɔ:haʊs] *n* склад; хранилище; амбáр

storekeeper [´stɔ:ˌki:pə(r)] *n* 1) кладовщик 2) *амер.* лáвочник

storeman [´stɔ:mən] *n* кладовщик; завéдующий склáдом

storeroom [´stɔ:ru:m] *n* кладовáя

storey [´stɔ:rɪ] *n* этáж; **top** ~ вéрхний этáж; **upper** ~ чердáк; *шутл.* головá, башкá; **he is a little wrong in the upper** ~ он немнóго не в своём умé

-storeyed [´stɔ:rɪd] *в сочетáнии с числительным* -этáжный; **three-storeyed** трёхэтáжный

-storied [´stɔ:rɪd] *см.* **-storeyed**

storied *a* легендáрный

stork [stɔ:k] *n* áист

storm I [stɔ:m] *n* 1) бýря; шторм; **snow** ~ вьюга, метéль; **to ride out the** ~ а) благополýчно перенести шторм *(о корабле)* б) благополýчно отдéлаться 2) взрыв *(аплодисментов, негодования и т. п.)*; потóк *(слёз)*; град *(пуль, оскорблений и т. п.)*; **a** ~ **of applause** бýря аплодисмéнтов 3) *воен.* штурм, присту́п; **to take by** ~ взять присту́пом 4) *attr воен.* штурмовóй, удáрный *(о части)* ◊ **a** ~ **in a teacup** бýря в стакáне воды́

storm II *v* 1) бушевáть, в гнéве кричáть *(at)*; **he ~ed out of the room** он в я́рости вы́бежал из кóмнаты 2) *воен.* брать штýрмом, штурмовáть 3) бушевáть *(о ветре, буре, урагане и т. п.)*

storm-beaten [´stɔ:mˌbi:tn] *a* 1) потрёпанный бýрями *(о корабле)* 2) мнóго пережи́вший, потрёпанный жи́знью

storm-bird [´stɔ:mbɜ:d] *см.* **storm petrel**

stormbound [´stɔ:mbaʊnd] *a* задéржанный штóрмом, бýрей

storm-cloud [´stɔ:mklaʊd] *n* 1) грозовáя тýча 2) угрожáющее положéние дел

storm-finch [´stɔ:mfɪntʃ] *см.* **storm petrel**

storm petrel [´stɔ:mˌpetrəl] *n* буревéстник

storm rifle [´stɔ:mˌraɪfl] *n воен.* штурмовáя винтóвка; автомáт

storm troops [´stɔ:mtru:ps] *n pl* удáрные чáсти, штурмовы́е отря́ды

stormy [´stɔ:mɪ] *a* 1) предвещáющий бýрю; штормовóй 2) бýрный *(о собрании и т. п.)*

story¹ [´stɔ:rɪ] *n* 1) расскáз, повествовáние; истóрия *(жизни, событий)*; **the** ~ **goes...**

говоря́т..., там говори́тся...; **according to his** ~ по егó словáм; **to make a long** ~ **short** корóче говоря́; **it is quite another** ~ **now** тепéрь совсéм другóе дéло, тепéрь другóй разговóр 2) расскáз, пóвесть; **short** ~ (корóткий) расскáз, новéлла; **fairy** ~ скáзка; **cock-and-bull** ~ небыли́цы; **a gross/a dirty** ~ неприли́чный анекдóт 3) газéтный материáл; **to cover the** ~ **of smth** вести́ репортáж о чём-л. 4) сюжéт; фáбула 5) *разг.* вы́думка

story² *см.* **storey**

story-book [´stɔ:rɪbʊk] *n* сбóрник расскáзов, скáзок; скáзки

storyteller [´stɔ:rɪˌtelə(r)] *n* 1) скáзочник 2) *разг.* вы́думщик, лгуни́шка

stout I [staʊt] *a* 1) тóлстый, дорóдный; **to get/to grow** ~ располнéть 2) крéпкий, прóчный; плóтный 3) отвáжный, смéлый; ~ **resistance** упóрное сопротивлéние 4) крéпкий *(о пиве)*

stout II *n* крéпкий пóртер *(тж* ~ **beer)**

stout-hearted [ˌstaʊt´hɑ:tɪd] *a* мýжественный, хрáбрый, отвáжный

stoutness [´staʊtnɪs] *n* 1) полнотá, тýчность 2) крéпость, прóчность 3) отвáга, хрáбрость

stove¹ [stəʊv] *n* 1) плитá *(кухонная)*; печь, пéчка 2) теплица; оранжерéя

stove² *past, p. p. см.* **stave II**

stow [stəʊ] *v* 1) уклáдывать, склáдывать; **to** ~ **clothes in a trunk** сложи́ть одéжду в сундýк 2) плóтно набивáть 3) *сленг* прекращáть; ~ **the noise!** заткни́тесь!

stow away а) убирáть, пря́тать б) спря́таться на теплохóде, в самолёте *и т. п.*, чтóбы путешéствовать «зáйцем»

stowaway [´stəʊəweɪ] *n* безбилéтный пассажи́р, «зáяц», спря́тавшийся на теплохóде, в самолёте *и т. п.*

STP *сокр.* **(standard temperature and pressure)** нормáльные температýра и давлéние

straddle [´strædl] *v* 1) расставля́ть нóги; стоя́ть, сидéть, расстáвив нóги 2) сидéть верхóм; оседлáть 3) не примыкáть ни к однóй сторонé, держáть нейтралитéт *(в споре и т. п.)*; колебáться в вы́боре сторóн

strafe I [strɑ:f] *n* 1) интенси́вный обстрéл 2) наказáние

strafe II *v* 1) бомбардировáть; вести́ огóнь, обстрéливать 2) устрáивать разнóс

straggle [´strægl] *v* 1) быть разбрóсанным *(в беспорядке)*; раски́нуться 2) идти́, брести́ в беспоря́дке; отставáть

straggler [´stræglə(r)] *n* отстáвший, отби́вшийся *(от других)*

straight I [streɪt] *n* прямотá; прямизнá; прямáя ли́ния; **to cut smth on the** ~ рéзать чтол. по прямóй; **out of** ~ кóсо, кри́во

straight II *a* 1) прямо́й 2) прямо́й, че́стный, и́скренний 3) логи́чный, после́довательный; приведённый в поря́док 4) неразба́вленный *(о напитке)* 5) *разг.* соли́дный, респекта́бельный 6) *разг.* гетеросексуа́льный, с традицио́нной сексуа́льной ориента́цией 7) умы́шленно невырази́тельный *(о лице)*

straight III *adv* 1) пря́мо; ~ **from Paris** пря́мо из Пари́жа; ~ **off/away** сра́зу, неме́дленно; ~ **out** напрями́к 2) ме́тко 3) пра́вильно, ве́рно; **I can't see** ~ я что́-то пло́хо ви́жу

straightaway [ˈstreɪtəweɪ] *a амер.* 1) прямо́й *(о курсе и т. п.)* 2) прямо́й, и́скренний

straighten [ˈstreɪtn] *v* 1) поправля́ть, выправля́ть, приводи́ть в поря́док 2) выпрямля́ть(ся), распрямля́ть(ся) 3) *разг.* исправля́ться

straightforward [streɪtˈfɔːwəd] *a* 1) че́стный, открове́нный 2) прямо́й, просто́й, неусложнённый

straightforwardly [streɪtˈfɔːwədlɪ] *adv* пря́мо

straightway [ˈstreɪtweɪ] *adv уст.* сра́зу, то́тчас

strain¹ I [streɪn] *n* 1) натяже́ние, растяже́ние 2) напряже́ние; **mental** ~ у́мственное напряже́ние; **to break under the** ~ не вы́держать напряже́ния; **to bear the** ~ выде́рживать напряже́ние 3) *тех.* деформа́ция 4) *обыкн. pl* напе́в, мело́дия 5) тон, стиль *(речи)*

strain¹ II *v* 1) напряга́ть(ся); натя́гивать(ся); растя́гивать(ся); **to** ~ **at the oars** налега́ть на вёсла; **to** ~ **after smth** добива́ться чего́-л., стреми́ться к чему́-л. 2) злоупотребля́ть; превыша́ть *(власть, права и т. п.)* 3) иска́жа́ть; подтасо́вывать, допуска́ть натя́жку *(в толкова́нии и т. п.)* 4) прижима́ть; сжима́ть *(в объя́тиях)* 5) проце́живать, фильтрова́ть 6) *тех.* деформи́ровать ◊ **to** ~ **off** процёживать, отцёживать

strain² *n* 1) поро́да *(скота, животных)*; вид, род *(растений и т. п.)*; **a new** ~ **of virus** но́вый вид ви́руса 2) скло́нность, черта́ *(характера)*; **a** ~ **of aggression** скло́нность к агре́ссии

strained [streɪnd] *a* 1) растя́нутый 2) натя́нутый, напряжённый, неесте́ственный 3) проце́женный, профильтро́ванный

strainer [ˈstreɪnə] *n* си́то; фильтр

strait I [streɪt] *n* 1) у́зкий проли́в 2) *обыкн. pl* стеснённые обстоя́тельства, тру́дности; нужда́; **in dire** ~**s** в стеснённых обстоя́тельствах

strait II *a уст.* 1) у́зкий, ограни́ченный 2) суро́вый, стро́гий

straiten [ˈstreɪtn] *v* стесня́ть, ограни́чивать

straitjacket [ˈstreɪtˌdʒækɪt] *n* 1) смири́тельная руба́шка 2) ограничи́тельные ме́ры, стро́гие ограниче́ния

strait-laced [ˈstreɪtleɪst] *a* стро́гих пра́вил, пурита́нский

strand¹ I [strænd] *n поэт.* бе́рег

strand¹ II *v* 1) сесть, посади́ть на мель 2) вы́броситься на бе́рег

strand² *n* 1) прядь *(волос, каната и т. п.)* 2) ни́тка бус 3) черта́, элеме́нт *(чего-л.)*

stranded [ˈstrændɪd] *a* в стеснённых обстоя́тельствах, «на мели́»; в тру́дном положе́нии

strange [streɪndʒ] *a* 1) стра́нный, необы́чный; **I feel** ~ мне не по себе́; ~ **to say** стра́нно сказа́ть, удиви́тельно 2) незнако́мый, неизве́стный; чужо́й; чу́ждый 3) чужезе́мный, иностра́нный; **a** ~ **land** чужа́я земля́, чужа́я страна́

stranger [ˈstreɪndʒə(r)] *n* 1) незнако́мец, незнако́мый челове́к; посторо́нний челове́к; **he's a perfect** ~ **to me** я его́ совсе́м не зна́ю; **the little** ~ новорождённый 2) чужестра́нец, иностра́нец; **I'm a** ~ **here** я не зде́шний 3) челове́к, чу́ждый чему́-л.; **a** ~ **to fear** челове́к, чу́ждый стра́ху

strangle [ˈstræŋgl] *v* 1) души́ть 2) жать, дави́ть *(о воротнике)* 3) подавля́ть

stranglehold [ˈstræŋglhəʊld] *n* 1) удуше́ние; подавле́ние 2) мёртвая хва́тка 3) безвы́ходное положе́ние

strangulation [ˌstræŋgjʊˈleɪʃ(ə)n] *n* 1) *мед.* ущемле́ние, зажима́ние 2) удуше́ние

strap I [stræp] *n* 1) реме́нь, ремешо́к 2) брете́лька 3) *тех.* скре́па 4) *воен.* пого́н *(тж* **shoulder-strap**) 5) (**the** ~) по́рка ремнём; **to give smb the** ~ вы́пороть кого́-л. *(ремнём)*

strap II *v* 1) стя́гивать, скрепля́ть ремня́ми 2) поро́ть ремнём 3) закле́ивать *(рану и т. п.)* лейкопла́стырем 4) пра́вить *(бритву)*

straphanger [ˈstræpˌhæŋə] *n сленг* стоя́щий пассажи́р *(держащийся за ремень в транспорте)*

strapless [ˈstræplɪs] *a* без брете́лек

strapping [ˈstræpɪŋ] *a* ро́слый

strata [ˈstrɑːtə] *pl см.* **stratum**

stratagem [ˈstrætədʒəm] *n* хи́трость, уло́вка

strategic(al) [strəˈtiːdʒɪk(əl)] *a* 1) стратеги́ческий; стратеги́чески ва́жный 2) операти́вный

strategist [ˈstrætədʒɪst] *n* страте́г

strategy [ˈstrætɪdʒɪ] *n* страте́гия

stratification [ˌstrætɪfɪˈkeɪʃ(ə)n] *n геол.* стратифика́ция, напластова́ние, залега́ние

stratify [ˈstrætɪfaɪ] *v геол.* насла́иваться, напласто́вываться

stratosphere [ˈstrætəsfɪə(r)] *n* (**the** ~) страто́сфера

stratum [ˈstrɑːtəm] *n (pl* **strata**) 1) *геол.* пласт, напластова́ние 2) слой о́бщества

straw [strɔ:] *n* 1) солома; соломка 2) соломинка для напитков 3) пустяк, нечто незначительное; **not to care a ~** относиться безразлично; **not worth a ~** ничего не стоящий 4) бледно-жёлтый цвет, цвет соломы 5) соломенная шляпа 6) *attr* соломенный ◊ **the last/final ~** *or* **the ~ that broke the camel's back** последняя капля (переполнившая чашу); **to catch/to grasp at a ~** хвататься за соломинку; **a ~ in the wind** признак, намёк; **~ vote** неофициальный опрос

strawberry [ˈstrɔ:bərɪ] *n* 1) земляника; клубника; **wild ~** лесная земляника 2) *attr* земляничный; клубничный; **~ mark** красное родимое пятно; **~ ice** клубничное мороженое

straw-coloured [ˈstrɔ:ˌkʌləd] *a* соломенного цвета

stray I [streɪ] *n* 1) заблудившийся, потерявшийся ребёнок 2) отбившееся от стада животное; потерявшееся домашнее животное 3) *pl радио* помехи

stray II *a* 1) заблудившийся, отбившийся (от других) 2) бездомный, бродячий 3) случайный; шальной *(о пуле)*; **a ~ customer** случайный клиент

stray III *v* 1) блуждать 2) заблудиться; сбиться с пути *(тж перен.)* 3) отбиться *(от стада)*

streak I [stri:k] *n* 1) полоса, прослойка, прожилка; **a blond ~** светлая прядь; **~ of lightning** молния, вспышка молнии 2) черта, наклонность; **he has a cruel ~** в нём есть жестокость, он склонен к жестокости

streak II *v* 1) проводить полосы; прочерчивать линии; **~ed with dirt** испачканный грязью, в грязи, в грязных полосах 2) промчаться, промелькнуть

streaky [ˈstri:kɪ] *a* полосатый; слоистый, с прослойками; **~ bacon** бекон с прожилками жира

stream I [stri:m] *n* 1) речка, ручей 2) поток; *pl* множество, масса; **~s of tears** потоки слёз; **~s of people** толпы людей, людской поток; **to go with the ~** делать, поступать как все; **~ of consciousness** *психол., лит.* поток сознания 3) течение; **to go with/against the ~** плыть по течению/против течения; **the ~ of thought** ход мысли

stream II *v* 1) течь, литься, струиться; выливаться; **tears ~ed down her cheeks** слёзы текли по её щекам; **light ~ed** струился свет 2) развеваться 3) лить, источать

streamer [ˈstri:mə(r)] *n* 1) вымпел 2) узкая, длинная лента 3) *pl* северное сияние 4) *амер.* газетный заголовок во всю ширину полосы, «шапка»

streamlet [ˈstri:mlɪt] *n* ручеёк

streamline I [ˈstri:mlaɪn] *n* 1) обтекаемая форма 2) *attr* обтекаемый, обтекаемой формы

streamline II *v* 1) придавать обтекаемую форму 2) упрощать, рационализировать

streamlined [ˈstri:mlaɪnd] *a* 1) обтекаемый, обтекаемой формы 2) стройный, элегантный, изящный

street [stri:t] *n* 1) улица; **main ~** главная улица; **side ~** переулок; **back ~** глухая улица, переулок 2) *attr* уличный; **~ door** парадная дверь; **at ~ level** на первом этаже; **~ trader** уличный торговец, лоточник; **~ value** уличная стоимость *(обыкн. наркотика)* ◊ **not in the same ~ with** *разг.* несравненно ниже, хуже; **that's right up his ~** *разг.* это как раз по его части; **to be ~s ahead in smth** *разг.* намного опережать в чём-л.; **to go on the ~s** пойти на панель, стать проституткой; **the man in the ~** заурядный/обыкновенный человек, обыватель

streetcar [ˈstri:tkɑ:(r)] *n амер.* трамвай

streetwalker [ˈstri:tˌwɔ:kə(r)] *n уст.* уличная проститутка

streetwise [ˈstri:twaɪz] *a* хорошо знакомый с современной городской жизнью *(амер.* **street-smart)**

strength [streŋθ] *n* 1) сила; крепость; прочность; **to gather ~** накапливать силы; **from ~** с позиции силы; **from ~ to ~** всё более укрепляясь; **the ~ of** сильная черта *(характера и т. п.)*; **the ~ of materials** *тех.* сопротивление материалов 2) сила, численность, состав; **in full ~** в полном составе; **fighting ~** боевой состав ◊ **on the ~ of** опираясь на, по рекомендации, на основании

strengthen [ˈstreŋθən] *v* усиливать(ся), укреплять(ся)

strenuous [ˈstrenjʊəs] *a* 1) напряжённый, трудный, требующий усилий 2) сильный, энергичный

streptococcus [ˌstreptəˈkɒkəs] *n (pl* **streptococci** [-ˈkɒkaɪ])* *мед.* стрептококк

stress I [stres] *n* 1) давление, нажим; напряжение; **under the ~ of fear** под влиянием страха; **under the ~ of poverty** под гнётом нищеты 2) *психол.* стресс; **to suffer from ~** переживать стресс 3) ударение 4) особое значение; **to lay ~ on** подчёркивать, придавать особое значение

stress II *v* 1) ставить ударение; подчёркивать; делать особый акцент *(на чём-л.)* 2) *тех.* подвергать давлению, напряжению

stressful [ˈstresfʊl] *a* вызывающий стресс; слишком напряжённый, стрессовый

stretch I [stretʃ] *n* 1) протяжение, протяжённость; пространство; **a ~ of road** отрезок, уча́сток доро́ги 2) растя́гивание, вытя́гивание; натяже́ние; **to give a ~** потяну́ться; **at full ~** на преде́ле; **a ~ of authority** превыше́ние вла́сти 3) отре́зок вре́мени; **at a ~** без переры́ва, подря́д 4) *разг.* срок (тюре́много заключе́ния) 5) *attr* эласти́чный, растя́гивающийся; **~ fabric** эласти́чная ткань; **~ pants** же́нские брю́ки «стрейч»

stretch II *v* 1) растя́гивать; вытя́гивать; натя́гивать; **to ~ oneself** потя́гиваться; **to ~ one's legs** де́лать разми́нку, де́лать пробе́жку *и т. п.* 2) напряга́ть; превыша́ть 3) простира́ться, тяну́ться 4) си́льно преувели́чивать (*тж* **to ~ the truth**) ◊ **to ~ a point** зайти́ далеко́ в усту́пках, допуска́ть натя́жку

stretch out 1) вы́тянуть (*руки, ноги*) 2) до́лго дли́ться

stretched [stretʃt] *a* распростёртый, простира́ющийся

stretcher [´stretʃə(r)] *n* 1) носи́лки 2) *сленг* преувеличе́ние, натя́жка; ложь

strew [struː] *v* (**strewed; strewed, strewn**) 1) посыпа́ть, усыпа́ть; рассыпа́ть, разбра́сывать 2) разбры́згивать

strewn [struːn] *p. p. см.* **strew**

stricken I [´strɪkən] *уст. p. p. см.* **strike II**

stricken II *a* поражённый, охва́ченный (*тж в сло́жных слова́х, напр.:* **terror-stricken** охва́ченный у́жасом); **~ with fever** поражённый/больно́й лихора́дкой, лежа́щий в лихора́дке; **~ with paralysis** разби́тый параличо́м

strict [strɪkt] *a* 1) то́чный, стро́гий; **a ~ diet** стро́гая дие́та; **in the ~ sense of the word** стро́го говоря́ 2) стро́гий, взыска́тельный; **~ orders** стро́гие приказа́ния

strictly [´strɪktlɪ] *adv* стро́го; **~ speaking** стро́го говоря́

stricture [´strɪktʃə(r)] *n* 1) *обы́кн. pl* стро́гая кри́тика; крити́ческое замеча́ние (*on, upon*) 2) *мед.* суже́ние сосу́дов

stridden [´strɪdn] *p. p. см.* **stride II**

stride I [straɪd] *n* 1) широ́кий шаг 2) по́ступь, похо́дка; **an easy ~** лёгкая по́ступь 3) *pl* успе́хи; **she has made great ~s** она́ сде́лала больши́е успе́хи 4) *pl сленг* брю́ки ◊ **to take in one's ~** с лёгкостью преодоле́ть, сде́лать без вся́ких уси́лий

stride II *v* (**strode; stridden**) 1) шага́ть 2) перешагну́ть (*across, over*) 3) сиде́ть верхо́м

strident [´straɪdnt] *a* ре́зкий, пронзи́тельный, скрипу́чий

strife [straɪf] *n* борьба́, конфли́кт, вражда́

strike I [straɪk] *n* 1) забасто́вка, ста́чка; **general ~** всео́бщая забасто́вка; **sit-down ~** сидя́чая забасто́вка; **sit-in/stay-in ~** забасто́в-

ка, когда́ басту́ющие отка́зываются поки́нуть помеще́ние; **sympathy ~** забасто́вка солида́рности; **to be on ~** бастова́ть; **to go on ~, to come out on ~** объявля́ть забасто́вку, забастова́ть 2) внеза́пная уда́ча, внеза́пная нахо́дка (*нефти, зо́лота, и т. п.*); внеза́пный успе́х (*тж* **a lucky ~**) 3) уда́р, нападе́ние

strike II *v* (*past, p. p.* **struck**; *уст. p. p.* **stricken**) 1) ударя́ть, наноси́ть уда́р(ы) 2) ударя́ться, ната́лкиваться; наткну́ться, наскочи́ть (*на что-л.*) 3) поража́ть (*о стра́хе, у́жасе и т. п.*) 4) прийти́ на ум, осени́ть; **it struck me suddenly that...** внеза́пно меня́ осени́ло, что... 5) чека́нить (*моне́ты*); выбива́ть (*изображе́ние*) 6) производи́ть впечатле́ние; **how does it ~ you?** что вы об э́том ду́маете? 7) бить, звони́ть (*о часа́х*); ударя́ть (*по стру́нам*) 8) чи́ркать (*спи́чкой*); высека́ть (*ого́нь*) 9) внеза́пно напа́сть; охвати́ть; разби́ть (*парали́чом, боле́знью*) 10) согласи́ться на сде́лку; дости́чь (*соглаше́ния, равнове́сия и т. п.*) 11) найти́ месторожде́ние (*нефти и т. п.*); натолкну́ться (*на что-л. неожи́данное*) 12) объявля́ть забасто́вку; бастова́ть 13) спуска́ть (*флаг*); сдава́ться 14) направля́ться, пуска́ться, углубля́ться (*куда́-л.*); **to ~ east** напра́виться на восто́к 15) куса́ть (*о змее*); вонза́ть 16) прони́зывать; пуска́ть ко́рни ◊ **to ~ home** нанести́ то́чный уда́р; **to ~ lucky** име́ть успе́х, везти́; **to ~ oil** обогати́ться; име́ть большо́й успе́х; **a light!** *сленг* мать родна́я!; **~ while the iron is hot** *посл.* куй желе́зо, пока́ горячо́; **to ~ it rich** *разг.* напа́сть на золоту́ю жи́лу

strike back отрази́ть уда́р

strike down 1) сбить, свали́ть 2) порази́ть, свали́ть (*о боле́зни*)

strike in 1) вмеша́ться (*в бесе́ду и т. п.*); переби́ть 2) прони́кнуть в органи́зм (*о ви́русах и т. п.*)

strike off 1) смахну́ть, сбить (*уда́ром*) 2) вы́черкнуть из спи́ска 3) размно́жить ко́пии (*докуме́нта и т. п.*); отпеча́тать тира́ж

strike out 1) нанести́ уда́р 2) де́йствовать энерги́чно 3) вы́черкнуть из спи́ска

strike through зачеркну́ть, перечеркну́ть (*напи́санное сло́во и т. п.*)

strike up 1) завяза́ть (*знако́мство, разгово́р и т. п.*) 2) нача́ть игра́ть, петь; уда́рить по стру́нам

strike upon 1) внеза́пно осени́ть (*о мы́сли, дога́дке и т. п.*) 2) я́рко освети́ть

strikebreaker [´straɪkˌbreɪkə(r)] *n* штрейкбре́хер

striker [ˈstraɪkə(r)] *n* 1) молотобо́ец 2) забасто́вщик 3) *тех., воен.* уда́рник

striking [ˈstraɪkɪŋ] *a* 1) порази́тельный; рази́тельный *(о сходстве)* 2) с бо́ем *(о часах)*

string I [strɪŋ] *n* 1) бечёвка, верёвка, тесёмка, завя́зка 2) струна́; **the ~s** стру́нные инструме́нты *(в орке́стре);* **to touch the ~s** игра́ть на стру́нном инструме́нте; тро́нуть стру́ны *(гитары и т. п.);* **to touch a ~** *перен.* затро́нуть стру́нку 3) ряд, верени́ца; **~ of people** верени́ца люде́й; **~ of boats** ряд, верени́ца ло́док 4) ни́тка *(бус и т. п.);* **a ~ of pearls** ни́тка же́мчуга; **a ~ of onions** вя́зка лу́ка 5) волокно́, жи́лка 6) *вчт* строка́, после́довательность, цепо́чка ◊ **to harp on one ~** тяну́ть одну́ и ту́ же пе́сню, тверди́ть одно́ и то́ же; **to pull the ~s** заправля́ть де́лом, быть вдохнови́телем чего́-л.; **to have smb on a ~** име́ть кого́-л. в своём подчине́нии, под свои́м влия́нием

string II *v (past, p. p.* **strung)** 1) натя́гивать стру́ны 2) завя́зывать, свя́зывать 3) нани́зывать *(бусы)* 4) чи́стить стручки́ фасо́ли
string along *разг.* 1) обма́нывать, води́ть за́ нос 2) води́ть компа́нию *(with)*
string out растя́гиваться, тяну́ться
string up 1) взви́нчивать, напряга́ть *(нервы и т. п.)* 2) вздёрнуть *(на ви́селице)*

stringed [strɪŋd] *a* стру́нный; **~ instruments** *муз.* стру́нные инструме́нты

stringency [ˈstrɪndʒənsɪ] *n* 1) стро́гость 2) стеснённые де́нежные обстоя́тельства

stringent [ˈstrɪndʒənt] *a* 1) стро́гий, тре́бующий то́чного исполне́ния; **~ necessity** суро́вая необходи́мость 2) стеснённый недоста́тком де́нег

stringer [ˈstrɪŋə(r)] *n разг.* внешта́тный корреспонде́нт не́скольких печа́тных изда́ний, *проф.* стри́нгер

stringy [ˈstrɪŋɪ] *a* 1) волокни́стый, жи́листый 2) высо́кий и жи́листый *(о челове́ке)* 3) тягу́чий, густо́й

strip¹ [strɪp] *v* 1) сдира́ть, обдира́ть *(кору и т. п.);* обнажа́ть 2) отнима́ть, лиша́ть 3) гра́бить, обдира́ть 4) раздева́ться, обнажа́ться; **to be ~ped of one's clothes** быть по́лностью разде́тым, стоя́ть го́лым 5) демонти́ровать
strip off сдира́ть, соска́бливать, счища́ть

strip² [strɪp] *n* 1) у́зкая поло́ска *(бумаги, материи, земли и т. п.)* 2) взлётно-поса́дочная полоса́, ВПП *(тж* **landing ~, runway)** 3) расска́з в карти́нках *(в журна́ле, газе́те; тж* **~ cartoon**) ◊ **to tear smb off a ~** *разг.* дать хоро́ший нагоня́й кому́-л.

stripe [straɪp] *n* 1) полоса́ 2) *воен.* наши́вка; шевро́н; **to get a ~** получи́ть очередно́е

зва́ние; **to lose a ~** быть разжа́лованным 3) *pl разг.* тигр ◊ **of every ~** всех масте́й; **the Stars and Stripes** госуда́рственный флаг США

striped [straɪpt] *a* полоса́тый

stripling [ˈstrɪplɪŋ] *n* юне́ц

strip show [ˈstrɪp ˌʃəʊ] *n* шо́у со стрипти́зом

striptease [ˈstrɪptiːz] *n* стрипти́з

stripteaser [ˈstrɪptiːzə(r)] *n* стриптизёр; стриптизёрша *(тж* **stripper**)

strive [straɪv] *v* (**strove; striven**) 1) стара́ться, стреми́ться; **to ~ for victory** стреми́ться к побе́де 2) боро́ться *(против — with, against)*

striven [ˈstrɪvn] *p. p.* см. **strive**

strode [strəʊd] *past* см. **stride II**

stroke I [strəʊk] *n* 1) уда́р; **a ~ of lightning** уда́р мо́лнии; **finishing ~** реша́ющий, роково́й уда́р 2) *мед.* инсу́льт, уда́р; парали́ч; **he had a ~** его́ разби́л парали́ч; **heat ~** теплово́й уда́р 3) взмах *(весла́, кры́льев и т. п.)*; штрих, мазо́к; **with a ~ of the pen** одни́м ро́счерком пера́ 4) ход, приём; *тех.* ход *(по́ршня и т. п.)*; **a ~ of luck** уда́ча; **a ~ of genius** гениа́льная мысль; **a ~ of diplomacy** дипломати́ческий ход 5) бой *(часо́в);* **on the ~ of time** как раз во́время; **on the ~** то́чно, во́время 6) *спорт.* загребно́й 7) погла́живание 8) штрих, черта́ 9) *вчт* нажа́тие *(кла́виши)*

stroke II *v* гла́дить, погла́живать ◊ **to ~ smb/smb's hair the wrong way** гла́дить кого́-л. про́тив ше́рсти, раздража́ть кого́-л.
stroke down успоко́ить, уте́шить

stroll I [strəʊl] *n* прогу́лка; **to take a ~, to go for a ~** прогу́ливаться

stroll II *v* гуля́ть, прогу́ливаться

stroller [ˈstrəʊlə(r)] *n* 1) гуля́ющий, прогу́ливающийся 2) *амер.* де́тская прогу́лочная коля́ска

strong I [strɒŋ] *a* 1) си́льный, кре́пкий 2) здоро́вый, кре́пкий; **she is not very ~** у неё не о́чень кре́пкое здоро́вье 3) про́чный, усто́йчивый; твёрдый *(об убежде́ниях)* 4) энерги́чный, мо́щный 5) круто́й, реши́тельный; **a ~ protest** реши́тельный проте́ст 6) кре́пкий, кре́пко зава́ренный *(о ча́е и т. п.);* о́стрый *(о сы́ре и т. п.)* 7) гро́мкий *(о го́лосе)* 8) *грам.* си́льный *(о глаго́ле, склоне́нии)*

strong II *adv* си́льно, реши́тельно; **to come it ~** *разг.* зайти́ сли́шком далеко́; **to be going ~** чу́вствовать себя́ си́льным, бо́дрым; быть в по́лной си́ле

strongbox [ˈstrɒŋbɒks] *n* несгора́емый шкаф; сейф

stronghold [ˈstrɒŋhəʊld] *n* опло́т, тверды́ня

strongroom [ˈstrɒŋrʊm] *n* храни́лище, ко́мната-сейф *(в ба́нке)*

strontium [ˈstrɒntɪəm] *n хим.* стро́нций

strop I [strɒp] *n* 1) реме́нь для пра́вки бритв 2) *мор.* строп

strop II *v* пра́вить бри́тву

strophe [ˈstrəʊfɪ] *n* строфа́

stroppy [ˈstrɒpɪ] *a разг.* несгово́рчивый, стропти́вый

strove [strəʊv] *past см.* **strive**

struck [strʌk] *past, p. p. см.* **strike II**

structural [ˈstrʌktʃərəl] *a* структу́рный; ~ **linguistics** структу́рная лингви́стика

structural engineer [ˌstrʌktʃərəl endʒɪˈnɪə] *n* инжене́р-констру́ктор

structuralism [ˈstrʌktʃərəlɪz(ə)m] *n* структурали́зм

structure [ˈstrʌktʃə(r)] *n* 1) структу́ра, строе́ние, констру́кция; **molecular** ~ молекуля́рное строе́ние; **social** ~ обще́ственный строй; **the** ~ **of a language** строй языка́ 2) зда́ние, сооруже́ние

struggle I [ˈstrʌgl] *n* борьба́; ~ **for existence** борьба́ за существова́ние

struggle II *v* 1) боро́ться; **to** ~ **with/against disease** боро́ться с боле́знью/неду́гом 2) би́ться, сопротивля́ться, отбива́ться 3) би́ться, стара́ться, де́лать уси́лия; **I** ~**d to my feet** я с трудо́м подня́лся 4) пробива́ться *(through)*

strum I [strʌm] *n* бренча́ние

strum II *v* бренча́ть; **to** ~ **a guitar** бренча́ть на гита́ре

strung [strʌŋ] *past, p. p. см.* **string II**

strut I [strʌt] *n* 1) сто́йка, распо́рка 2) ва́жная по́ступь

strut II *v* 1) го́рдо выступа́ть, ходи́ть с ва́жным ви́дом 2) ста́вить распо́рки

strychnine [ˈstrɪkniːn] *n* стрихни́н

stub I [stʌb] *n* 1) оку́рок 2) огры́зок *(карандаша́)* 3) корешо́к *(квита́нции и т. п.)* 4) *вчт* заглу́шка, пуста́я подпрогра́мма 5) пенёк, пень

stub II [stʌb] *v* 1) споткну́ться *(обо что-л.)* 2) загаси́ть *(сигаре́ту; тж* **to** ~ **out**) 3) выкорчёвывать пни; вырыва́ть с ко́рнем

stubble [ˈstʌbl] *n* 1) жнивьё, стерня́ 2) ко́ротко остри́женные во́лосы 3) щети́на *(на лице́)*

stubborn [ˈstʌbən] *a* упря́мый; упо́рный

stubbornly [ˈstʌbənlɪ] *adv* упря́мо; с упря́мством; упо́рно

stubbornness [ˈstʌbənɪs] *n* упря́мство; упо́рство

stubby [ˈstʌbɪ] *a* коро́ткий и то́лстый; как обру́бок

stucco I [ˈstʌkəʊ] *n* штукату́рка; лепни́на

stucco II *v* штукату́рить

stuck [stʌk] *past, p. p. см.* **stick II**

stuck-up [ˈstʌkˈʌp] *a* высокоме́рный, зано́счивый

stud[1] **I** [stʌd] *n* 1) гвоздь с большо́й шля́пкой; кно́пка; шип 2) за́понка

stud[1] **II** *v* 1) обива́ть гвоздя́ми *(для украше́ния)*; ~**ded boots** боти́нки на шипа́х 2) усе́ивать, усыпа́ть *(драгоце́нными камня́ми и т. п.)*

stud[2] *n* 1) коню́шня *(скаковы́х лошаде́й)*; ко́нный заво́д 2) *см.* **stud-horse**

student [ˈstjuːdənt] *n* студе́нт; **law** ~ студе́нт-юри́ст; *attr:* ~ **council** студе́нческий сове́т, студсове́т; ~ **loan** студе́нческий креди́т, креди́т на образова́ние; ~ **union** студе́нческий сою́з

stud-farm [ˈstʌdfɑːm] *n* ко́нный заво́д

stud-horse [ˈstʌdhɔːs] *n* племенно́й жеребе́ц

studied [ˈstʌdɪd] *a* обду́манный, умы́шленный; де́ланный, напускно́й; **with** ~ **indifference** с напускны́м безразли́чием

studio [ˈstjuːdɪəʊ] *n* 1) сту́дия, ателье́ 2) радиосту́дия; телесту́дия; киносту́дия

studious [ˈstjuːdɪəs] *a* 1) приле́жный, усе́рдный 2) забо́тливый; **with** ~ **attention** с больши́м внима́нием

study I [ˈstʌdɪ] *n* 1) изуче́ние, (нау́чное) иссле́дование; заня́тие нау́кой; *pl* учёба, заня́тия; **to make a** ~ **of** тща́тельно изуча́ть, иссле́довать; **the** ~ **of mathematics** заня́тия матема́тикой 2) предме́т изуче́ния 3) рабо́чий кабине́т 4) *иск.* этю́д, набро́сок; эски́з 5) *муз.* этю́д 6) предме́т, досто́йный внима́ния; предме́т, вызыва́ющий интере́с; **it was a perfect** ~ на э́то сто́ило посмотре́ть 7) о́черк 8) ана́лиз, иссле́дование ◊ **in a brown** ~ в глубо́кой заду́мчивости, в глубо́ком разду́мье

study II *v* 1) изуча́ть, иссле́довать 2) занима́ться, учи́ться 3) внима́тельно рассма́тривать; **I studied his face** я наблюда́л за выраже́нием его́ лица́ 4) стреми́ться, стара́ться *(дости́чь чего-л.)*

stuff I [stʌf] *n* 1) вещество́, материа́л; **raw** ~ сырьё; **green** ~ о́вощи, зе́лень; **he has good** ~ **in him** в нём мно́го хоро́шего 2) шерстяна́я ткань, шерсть 3) дрянь, хлам; макулату́ра; **do you call this** ~ **wine?** и ты э́ту дрянь называ́ешь вино́м?; ~ **and nonsense!** чепуха́!; **small** ~ пустяки́, ме́лочи жи́зни 4) *разг.* запа́с спиртны́х напи́тков и нарко́тиков 5) *сленг* де́ньги ◊ **to do one's** ~ *разг.* де́лать своё де́ло; **that's the** ~! (вот) то что на́до!

stuff II *v* 1) набива́ть 2) де́лать чу́чела *(живо́тных, птиц и т. п.)* 3) засо́вывать, впи́хивать, вти́скивать 4) начиня́ть, фаршировать 5) объедаться, жадно есть 6) *разг.* забивать голову всякой чепухой 7) *амер.* заполнять избирательную урну фальшивыми бюллетенями 8) *сленг груб.* переспать (с женщиной) ◊ get ~ed! *сленг* проваливай!

stuffing [ˈstʌfɪŋ] *n* 1) набивка *(матраца, подушки и т. п.)* 2) начинка

stuffy [ˈstʌfɪ] *a* 1) душный; спёртый; ~ **room** душная комната 2) заложенный, забитый *(о носе)* 3) скучный, неинтересный 4) чопорный

stultify [ˈstʌltɪfaɪ] *v* 1) сводить на нет *(усилия, достижения)* 2) выставлять в нелепом, глупом виде

stumble I [ˈstʌmbl] *n* запинка, задержка

stumble II *v* 1) спотыкаться 2) запинаться 3) случайно наткнуться *(on, upon, across)*

stumbling-block [ˈstʌmblɪŋblɒk] *n* камень преткновения

stump I [stʌmp] *n* 1) пень, пенёк 2) обрубок; культя; обломок; огрызок 3) окурок 4) *pl шутл.* ноги; **to stir one's ~s** пошевеливаться, потарапливаться 5) импровизированная трибуна *(оратора);* **to be on the ~** вести политическую агитацию; **up a ~** *амер.* в затруднении

stump II *v* 1) *разг.* ставить в тупик; озадачивать; **I'm ~ed** я теряюсь, не знаю, что ответить, делать *и т. п.* 2) *амер.* объезжать *(округ и т. п.)* с целью агитации 3) ковылять, с трудом идти

stump up *разг.* выложить денежки

stumper [ˈstʌmpə(r)] *n разг.* трудная задача; закавыка

stumpy [ˈstʌmpɪ] *a* короткий и толстый; коренастый, приземистый

stun [stʌn] *v* оглушать, поражать, ошеломлять

stung [stʌŋ] *past, p. p. см.* **sting II**

stun gun [ˈstʌnˌɡʌn] *n* электрошокер

stunk [stʌŋk] *past, p. p. см.* **stink II**

stunner [ˈstʌnə(r)] *n разг.* 1) потрясающе привлекательная личность 2) нечто ошеломляющее

stunning [ˈstʌnɪŋ] *a разг.* ошеломляющий, сногсшибательный, поразительный

stunt¹ [stʌnt] *v* останавливать, задерживать рост; **a ~ed tree** низкорослое дерево

stunt² I *n* трюк, номер

stunt² II [stʌnt] *v* делать трюки *(особ. фигуры высшего пилотажа)*

stupe¹ [stjuːp] *n* припарка

stupe² *n сленг* дурак, болван, идиот

stupefaction [ˌstjuːpɪˈfækʃ(ə)n] *n* сильное изумление, оцепенение, остолбенение

stupefy [ˈstjuːpɪfaɪ] *v* 1) притуплять ум, отуплять; одурманивать *(вином, наркотиком)* 2) изумлять, ошеломлять

stupendous [stjuːˈpendəs] *a* выдающийся, поражающий *(размерами и т. п.)*, колоссальный

stupid [ˈstjuːpɪd] *a* 1) глупый 2) неинтересный, надоедливый; скучный 3) оцепенелый, отупелый

stupidity [stjuːˈpɪdɪtɪ] *n* глупость

stupor [ˈstjuːpə(r)] *n* оцепенение; бесчувственное состояние, ступор

sturdy [ˈstɜːdɪ] *a* 1) здоровый, сильный, крепкий 2) стойкий, упорный

sturgeon [ˈstɜːdʒən] *n* осётр

stutter I [ˈstʌtə] *n* заикание

stutter II *v* заикаться

stutter out произнести заикаясь, запинаясь

stutterer [ˈstʌtərə(r)] *n* заика

sty¹ [staɪ] *n* свинарник

sty² *n* ячмень на глазу

style I [staɪl] *n* 1) стиль; **the Gothic ~** готический стиль; **Old/New ~** старый/новый стиль *(календаря)* 2) направление, школа *(в искусстве)* 3) манера, стиль; **hair ~** причёска; **in ~** модный; **out of ~** вышедший из моды 4) хороший вкус, изящество, элегантность; **to live in grand ~** жить на широкую ногу 5) род, сорт 6) гравировальная игла 7) *ист.* стиль *(палочка для писания)*

style II *v* исполнять в каком-л. стиле *(особ. в модном, элегантном)*

styler [ˈstaɪlə] *n* стайлер, щипцы для завивки волос

stylish [ˈstaɪlɪʃ] *a* шикарный, стильный, модный, элегантный

stylist [ˈstaɪlɪst] *n* 1) модный дизайнер; модельер 2) парикмахер-стилист 3) тонкий стилист *(писатель)*

stylistic [staɪˈlɪstɪk] *a* стилистический

stylistics [staɪˈlɪstɪks] *n* стилистика

stylize [ˈstaɪlaɪz] *v* стилизовать

stylo [ˈstaɪləʊ] *n разг.* вечное перо

stylograph [ˈstaɪləˌɡrɑːf] *n* стилограф, вечное перо

stylus [ˈstaɪləs] *n* 1) *тех.* пишущий узел, перо *(прибора)* 2) граммофонная иголка 3) *тех.* копир 4) *вчт* стилус *(маленькая указка для письма на карманном компьютере)*

suasion [ˈsweɪʒ(ə)n] *n книжн.* уговоры, увещевание *(тж* **moral ~**)

suave [swɑːv] *a* вежливый, учтивый; обходительный; **a ~ type** льстивый человек

suavity [ˈswɑːvɪtɪ] *n* учтивость; обходительность

sub- [sʌb-] *pref* указывает на: а) положение ниже чего-л., под чем-л.: **subway** *амер.* метро, метрополитен б) *более мелкое подразделение, незначительную степень чего-л.,* более низкий чин, масштаб и т. п.: **sublieutenant** мла́дший лейтена́нт; **subcommittee** подкоми́ссия; подкомите́т; **subgroup** подгру́ппа в) *недостаточное количество вещества в данном соединении:* **subacid** слабокисло́тный; **subchloride** за́кись хло́ра

subaltern [ˈsʌbəltən] *n* мла́дший офице́р

subclass [ˈsʌbklɑːs] *n биол.* подкла́сс

sub-clause [ˈsʌbklɔːz] *n* 1) *юр.* подпу́нкт *(договора и т. п.)* 2) *грам.* прида́точное предложе́ние

subcommittee [ˈsʌbkəˌmɪtɪ] *n* подкоми́ссия; подкомите́т

subconscious [sʌbˈkɒnʃəs] *a* подсозна́тельный

subcontinent [ˈsʌbˌkɒntɪnənt] *n* субконтине́нт

subculture [ˈsʌbˌkʌltʃə(r)] *n* субкульту́ра

subcutaneous [ˌsʌbkjuːˈteɪnɪəs] *a* подко́жный

subdivide [ˈsʌbdɪˌvaɪd] *v* подразделя́ть(ся)

subdivision [ˈsʌbdɪˌvɪʒ(ə)n] *n* 1) подразделе́ние, се́кция 2) *амер.* уча́сток земли́ под строи́тельство до́ма 3) *амер.* жило́й райо́н на окра́ине го́рода

subdue [səbˈdjuː] *v* 1) подавля́ть, подчиня́ть, покоря́ть; **she seems ~d today** сего́дня у неё како́й-то пода́вленный вид 2) смягча́ть, ослабля́ть, приглуша́ть *(звук и т. п.)*; **in a ~d voice** приглушённым го́лосом

sub-editor [sʌbˈedɪtə(r)] *n* помо́щник реда́ктора; мла́дший реда́ктор

subgroup [ˈsʌbgruːp] *n* подгру́ппа

subhead(ing) [ˈsʌbhed(ɪŋ)] *n* подзаголо́вок

subject I [ˈsʌbdʒɪkt] *n* 1) те́ма, предме́т *(разговора, исследования и т. п.)*; **to keep to the ~** держа́ться те́мы, приде́рживаться предме́та обсужде́ния; **to dismiss/to drop the ~** прекрати́ть обсужде́ние вопро́са; **to wander from the ~** отклоня́ться от те́мы; **to change the ~** перемени́ть те́му разгово́ра; **on the ~ of** на те́му, по по́воду 2) уче́бный предме́т, уче́бная дисципли́на 3) *грам.* подлежа́щее 4) по́дданный 5) субъе́кт *(тж филос.)*

subject II *a* 1) подвла́стный, подчинённый 2) подве́рженный *(to)*; **~ to infection** подве́рженный инфе́кции 3) подлежа́щий *(to)*; **it is ~ to your approval** де́ло подлежи́т ва́шему утвержде́нию

subject III [səbˈdʒekt] *v* 1) подверга́ть *(воздействию, влиянию и т. п. — to)* 2) подчиня́ть, покоря́ть

subjection [səbˈdʒekʃ(ə)n] *n* 1) покоре́ние 2) подчине́ние; зави́симость

subjective I [sʌbˈdʒektɪv] *n грам.* имени́тельный падеж

subjective II *a* 1) субъекти́вный; **~ judgement** субъекти́вное сужде́ние 2) *грам.* сво́йст-

венный подлежа́щему 3) *грам.* имени́тельный *(о падеже);* **the ~ case** имени́тельный падеж

subjectivity [ˌsʌbdʒekˈtɪvɪtɪ] *n* субъекти́вность

subject-matter [ˈsʌbdʒɪktˌmætə(r)] *n* содержа́ние, предме́т, те́ма

subjugate [ˈsʌbdʒʊgeɪt] *v* покоря́ть, подчиня́ть; порабоща́ть

subjugation [ˌsʌbdʒʊˈgeɪʃ(ə)n] *n* покоре́ние, подчине́ние

subjunctive I [səbˈdʒʌŋktɪv] *n грам.* сослага́тельное наклоне́ние

subjunctive II *a грам.* сослага́тельный

sublease [ˈsʌbliːs] *n* субаре́нда

sublessee [ˌsʌbleˈsiː] *n* субаренда́тор

sublet [ˈsʌblet] *см.* **sublease**

sublimate I [ˈsʌblɪmət] *n хим.* проду́кт возго́нки, возго́н

sublimate II [ˈsʌblɪmeɪt] *v* 1) возвыша́ть, сублими́ровать; идеализи́ровать 2) *хим.* сублими́ровать, возгоня́ть

sublime I [səˈblaɪm] *a* высо́кий, вели́кий, вели́чественный, возвы́шенный; **the ~** возвы́шенное, вели́кое; **from the ~ to the ridiculous** от вели́кого до смешно́го

sublime II *v см.* **sublimate II** 2)

sub-machine-gun [ˌsʌbməˈʃiːngʌn] *n воен.* пистоле́т-пулемёт; автома́т *(тж SMG)*

submarine I [ˌsʌbməˈriːn] *n* подво́дная ло́дка *(тж ~ boat)*

submarine II *a* подво́дный

submarine III *v* потопи́ть подво́дной ло́дкой

submariner [ˌsʌbməˈriːnə] *n* моря́к-подво́дник

submarine sandwich [ˌsʌbməriːnˈsændwɪdʒ] *n амер.* са́ндвич с мя́сом, сы́ром и т. п. на дли́нном у́зком ломте́ хле́ба

submerge [səbˈmɜːdʒ] *v* 1) затопля́ть 2) погружа́ть(ся)

submerged [səbˈmɜːdʒd] *a* 1) зато́пленный 2) погружённый ◊ **the ~ tenth** бедне́йшая часть населе́ния *(постоянно живущая в нищете)*

submergence [səbˈmɜːdʒəns] *n* 1) затопле́ние 2) погруже́ние в во́ду

submersion [səbˈmɜːʃ(ə)n] *см.* **submergence**

submission [səbˈmɪʃ(ə)n] *n* 1) подчине́ние; поко́рность; **with all due ~** с до́лжным смире́нием и уваже́нием 2) пода́ча, представле́ние *(на рассмотрение, экспертизу);* **~ of proof** представле́ние доказа́тельств

submissive [səbˈmɪsɪv] *a* поко́рный, кро́ткий, смире́нный

submit [səbˈmɪt] *v* 1) покоря́ться, подчиня́ться 2) передава́ть, подава́ть, представля́ть *(на рассмотрение, экспертизу)* 3) сметь утвержда́ть; **that, I ~, is not true** сме́ю утвержда́ть, что э́то непра́вда

subnormal [sʌbˈnɔːməl] *a* 1) у́мственно отста́лый, с заде́ржкой разви́тия 2) ни́же норма́льного

subordinate I [səˈbɔːdɪnət] *n* подчинённое лицо́, подчинённый

subordinate II *a* 1) подчинённый 2) второстепе́нный 3) *грам.* прида́точный *(о предложе́нии)*

subordinate III [səˈbɔːdɪneɪt] *v* подчиня́ть

subordination [səˌbɔːdɪˈneɪʃ(ə)n] *n* подчине́ние; повинове́ние; субордина́ция

suborn [sʌˈbɔːn] *v* подкупа́ть; склоня́ть *(к преступле́нию)*

sub-plot [ˈsʌbplɒt] *n* побо́чная сюже́тная ли́ния

subpoena I [səˈpiːnə] *n* пове́стка, вы́зов в суд

subpoena II *v* вызыва́ть в суд

sub rosa [sʌbˈrəʊzə] *adv* по секре́ту, конфиденциа́льно

subscribe [səˈskraɪb] *v* 1) подпи́сываться *(на газе́ту, журна́л — to)* 2) поже́ртвовать *(де́ньги на что-л.)* 3) подписа́ть своё и́мя *(на докуме́нте и т. п.)*

subscriber [səˈskraɪbə(r)] *n* 1) подпи́счик 2) по́льзователь, абоне́нт

subscript [ˈsʌbskrɪpt] *n* 1) припи́ска 2) по́дпись 3) *полигр.* ни́жний, подстро́чный и́ндекс

subscription [səˈskrɪpʃ(ə)n] *n* 1) подписа́ние 2) подпи́ска 3) су́мма пожертвова́ния; чле́нский взнос *(в организа́цию и т. п.)* 4) по́дпись *(на докуме́нте)* 5) *attr* подписно́й, осуществлённый по подпи́ске

subsequent [ˈsʌbsɪkwənt] *a* после́дующий; ~ **upon smth** явля́ющийся результа́том чего́-л.

subsequently [ˈsʌbsɪkwəntlɪ] *adv* впосле́дствии, зате́м, пото́м

subserve [səbˈsɜːv] *v* соде́йствовать; продвига́ть *(что-л.)*

subservience [səbˈsɜːvɪəns] *n* 1) рабо́ле́пие, подхали́мство 2) поле́зность

subservient [səbˈsɜːvɪənt] *a* 1) рабо́ле́пный 2) соде́йствующий; служа́щий сре́дством *(to)* 3) подчинённый, зави́симый *(to)*

subside [səbˈsaɪd] *v* 1) утиха́ть, успока́иваться *(о волне́нии, бу́ре и т. п.)* 2) оседа́ть *(о по́чве, постро́йке и т. п.)*; опуска́ться; **he ~d into an armchair** он упа́л в кре́сло 3) спада́ть, убыва́ть, понижа́ться *(о воде́, температу́ре и т. п.)*

subsidence [səbˈsaɪdəns] *n* 1) оседа́ние *(грунта́)* 2) пониже́ние, паде́ние *(у́ровня воды́, температу́ры и т. п.)*

subsidiary I [səbˈsɪdɪərɪ] *n* филиа́л, отделе́ние

subsidiary II *a* 1) вспомога́тельный, дополни́тельный; **a ~ company** доче́рняя компа́ния 2) субсиди́руемый

subsidize [ˈsʌbsɪdaɪz] *v* субсиди́ровать

subsidy [ˈsʌbsɪdɪ] *n* дота́ция; субси́дия

subsist [səbˈsɪst] *v* жить, существова́ть; **she ~s on vegetables** она́ пита́ется (исключи́тельно) овоща́ми, она́ – вегетариа́нка

subsistence [səbˈsɪstəns] *n* 1) существова́ние 2) сре́дства к существова́нию *(тж* **means of** ~) 3) *attr:* **a ~ wage/level** прожи́точный ми́нимум; ~ **allowance/money** командиро́вочные

subsoil [ˈsʌbsɔɪl] *n* 1) подпо́чва 2) *attr* подпо́чвенный

subsonic [sʌbˈsɒnɪk] *a физ.* дозвуково́й

subspecies [ˈsʌbspiːʃiːz] *n pl биол.* подви́д, разнови́дность

substance [ˈsʌbstəns] *n* 1) вещество́, мате́рия, субста́нция; реа́льность 2) су́щность, суть, существо́, основа́ние; **in** ~ в су́щности, по су́ти, в основно́м; по существу́ *(вопро́са и т. п.)* 3) содержа́ние 4) состоя́ние, бога́тство; **a woman of** ~ состоя́тельная же́нщина

substandard [sʌbˈstændəd] *a* нестанда́ртный, нека́чественный

substantial [səbˈstænʃəl] *a* 1) суще́ственный; реа́льный, факти́ческий, веще́ственный; ~ **improvement** суще́ственное улучше́ние 2) про́чный, кре́пкий, соли́дный; **a ~ meal** сы́тная еда́, пло́тный обе́д 3) состоя́тельный

substantiate [səbˈstænʃɪeɪt] *v* приводи́ть доста́точные основа́ния, доказа́тельства; обосно́вывать

substantive I [ˈsʌbstəntɪv] *n грам.* и́мя существи́тельное

substantive II *a* 1) самостоя́тельный, незави́симый 2) *грам.:* **the ~ verb** глаго́л to be (быть)

substation [ˈsʌbˌsteɪʃ(ə)n] *n* подста́нция

substitute I [ˈsʌbstɪtjuːt] *n* 1) заме́на; замени́тель, суррога́т 2) замести́тель

substitute II *v* 1) заменя́ть; замеща́ть 2) подменя́ть; **to ~ documents** подмени́ть докуме́нты

substitution [ˌsʌbstɪˈtjuːʃ(ə)n] *n* заме́на, замеще́ние

substratum [ˈsʌbˌstrɑːtəm] *n (pl* **substrata** [ˈsʌbˌstrɑːtə])* ни́жний слой; основа́ние

substructure [ˈsʌbˌstrʌktʃə(r)] *n* фунда́мент, основа́ние

subtenant [ˈsʌbˌtenənt] *n* субаренда́тор

subtend [sʌbˈtend] *v геом.* стя́гивать; противолежа́ть

subterfuge [ˈsʌbtəfjuːdʒ] *n* уве́ртка, уло́вка; **to resort to** ~ прибега́ть к уло́вке

subterranean [ˌsʌbtəˈreɪnɪən] *a* 1) подзе́мный 2) скры́тый, та́йный

subtext [ˈsʌbtekst] *n* подтекст

subtitle [ˈsʌbtaɪtl] *n* 1) подзаголовок 2) *кино* субтитр

subtle [ˈsʌtl] *a* 1) тонкий, неуловимый; **a ~ distinction** тонкое различие 2) нежный, тонкий *(о запахе, цвете и т. п.);* **~ perfume** нежный аромат 3) острый, тонкий *(об уме, чувствах и т. п.)* 4) утончённый; изысканный; **~ delight** изысканное удовольствие

subtlety [ˈsʌtəltɪ] *n* 1) нежность, тонкость, неуловимость; тонкое различие 2) утончённость 3) острота *(ума и т. п.)*

subtract [səbˈtrækt] *v мат.* вычитать

subtraction [səbˈtrækʃ(ə)n] *n мат.* вычитание

subtrahend [ˈsʌbtrəhend] *n мат.* вычитаемое

subtropical [sʌbˈtrɒpɪkəl] *a* субтропический

suburb [ˈsʌbɜːb] *n* 1) пригород; *pl* окраины; предместья 2) *attr* пригородный

suburban [səˈbɜːbən] *a* пригородный

suburbanite [səˈbɜːbəˌnaɪt] *n* житель *или* жительница пригорода, окраины

subvention [səbˈvenʃ(ə)n] *n* субсидия; грант

subversion [sʌbˈvɜːʃ(ə)n] *n* ниспровержение, свержение; разрушение

subversive [sʌbˈvɜːsɪv] *a* разрушительный; подрывной

subvert [sʌbˈvɜːt] *v* свергать, ниспровергать; разрушать; подрывать

subway [ˈsʌbweɪ] *n* 1) подземный переход 2) тоннель 3) *амер.* метро, метрополитен

sub-zero [səbˈzɪərəʊ] *a* отрицательный, ниже нуля *(о температуре)*

succeed [səkˈsiːd] *v* 1) иметь успех; удаваться; преуспевать *(in);* **to ~ in life** преуспеть в жизни; **she ~ed in her ambition** она воплотила в жизнь свои амбиции, она добилась своего 2) следовать за, сменять; **day ~s night** день сменяет ночь 3) наследовать *(to)*

success [səkˈses] *n* успех, удача; **to be a great ~** иметь большой успех; **to meet with no ~** не иметь успеха; **this book was a ~** книга имела успех; **she was a great ~ as a dancer** она была замечательной танцовщицей; **I wish you every ~** желаю вам всяческих успехов

successful [səkˈsesfʊl] *a* удачный, удачливый; процветающий

succession [səkˈseʃ(ə)n] *n* 1) последовательность; непрерывный ряд; цепь; **in ~** подряд 2) преемственность; право наследования; порядок престолонаследия

successive [səkˈsesɪv] *a* последующий; последовательный; следующий один за другим; **three ~ attempts** три попытки подряд

successor [səkˈsesə(r)] *n* преемник; наследник

succinct [səkˈsɪŋkt] *a* сжатый, краткий; кратко и ясно выраженный; **the answer was very ~** ответ был кратким и чётким

succor I, II [ˈsʌkə(r)] *амер. см.* **succour** I, II

succotash [ˈsʌkətæʃ] *n амер.* блюдо из зелёной кукурузы и фасоли

succour I [ˈsʌkə(r)] *n* своевременная помощь

succour II *v* помогать, приходить на помощь, спасать

succulence [ˈsʌkjʊləns] *n* сочность

succulent [ˈsʌkjʊlənt] *a* сочный; мясистый

succumb [səˈkʌm] *v* уступить, поддаться; не выдержать; **to ~ to temptation** поддаться искушению

such I [sʌtʃ] *a* такой; **that was just ~ a case** это был такой же случай; **~ is life** такова жизнь; **~ as** такой как; как например

such II *pron* таковой; **as ~** как таковой; **~ being the case** в таком случае; **all ~** такие люди; **and ~** и тому подобные

such-and-such [ˈsʌtʃənsʌtʃ] *a* такой-то

suchlike I [ˈsʌtʃlaɪk] *n разг.:* **and ~** и тому подобное

suchlike II *a разг.* такой, подобный

suck I [sʌk] *n* 1) сосание 2) засасывание, всасывание 3) глоток спиртного 4) *как int для выражения досады, разочарования*

suck II *v* 1) сосать; высасывать; посасывать *(трубку — at)* 2) *амер. сленг* быть отвратительным, мёрзким; **her singing ~s** она ужасно поёт

suck in 1) всасывать, впитывать 2) втягивать, засасывать

suck out высасывать

suck up 1) *сленг* подлизываться *(к — to);* лебезить 2) всасывать; поглощать

sucker [ˈsʌkə(r)] *n* 1) сосунок 2) *сленг* молокосос, простак 3) *зоол.* присосок 4) *тех.* поршень насоса 5) *амер. разг.* леденец на палочке ◊ **he is a ~ for flattery** *разг.* он падок на лесть

sucking [ˈsʌkɪŋ] *a* 1) грудной *(о ребёнке)* 2) сосущий мать *(о детёныше животного)*

suckle [ˈsʌkl] *v* кормить *(грудью);* вскармливать

suckling [ˈsʌklɪŋ] *n* грудной ребёнок; сосунок

suction [ˈsʌkʃən] *n* 1) сосание; всасывание 2) *тех.* всасывание, поглощение 3) *attr* всасывающий; *тех.* впускной; **~ pump** всасывающий насос

sudden I [ˈsʌdən] *n:* **all of a ~** вдруг, внезапно

sudden II *a* внезапный; неожиданный; **a ~ change** внезапная перемена

suddenly [ˈsʌdənlɪ] *adv* вдруг, внезапно

suds [sʌdz] *n pl* мыльная пена

sue [s(j)uː] *v* 1) предъявлять иск, возбуждать судебное дело 2) молить, просить

sue out вы́хлопотать *(в суде)*

suede [sweɪd] *n* 1) за́мша 2) *attr* за́мшевый

suet [ˈsuːɪt] *n* нутряно́е са́ло, по́чечный жир

suffer [ˈsʌfə(r)] *v* 1) страда́ть; испы́тывать *(боль, горе и т. п.);* **to ~ from insomnia** страда́ть бессо́нницей; **to ~ great pain** испы́тывать ужа́сную боль; **to ~ a great shock** переноси́ть тяжёлый уда́р 2) терпе́ть, сноси́ть, переноси́ть 3) *уст.* быть казнённым

sufferance [ˈsʌfərəns] *n* 1) терпи́мость; **on ~** из ми́лости; **he is here on ~** его́ здесь то́лько те́рпят 2) *уст.* попусти́тельство

suffering [ˈsʌfərɪŋ] *n* страда́ние

suffice [səˈfaɪs] *v* хвата́ть, быть доста́точным; удовлетворя́ть; **ten dollars will ~** десяти́ до́лларов хва́тит; **~ it to say that...** доста́точно сказа́ть, что...

sufficiency [səˈfɪʃənsɪ] *n* доста́точность; доста́точное коли́чество

sufficient [səˈfɪʃənt] *a* доста́точный

suffix [ˈsʌfɪks] *n грам.* су́ффикс

suffocate [ˈsʌfəkeɪt] *v* 1) души́ть, удуша́ть 2) задыха́ться; **I felt ~d there** я чу́вствовал, что задыха́юсь там

suffocation [ˌsʌfəˈkeɪʃ(ə)n] *n* 1) удуше́ние 2) удушье

suffrage [ˈsʌfrɪdʒ] *n* избира́тельное пра́во; пра́во го́лоса; **adult ~** пра́во го́лоса для лиц, дости́гших совершенноле́тия; **direct ~** прямо́е избира́тельное пра́во; **universal ~** всео́бщее избира́тельное пра́во

suffragette [ˌsʌfrəˈdʒet] *n ист.* суфражи́стка

suffuse [səˈfjuːz] *v* залива́ть *(слезами);* покрыва́ть *(краской, румянцем и т. п.)*

sugar I [ˈʃʊɡə(r)] *n* 1) са́хар; **cane/beet ~** тростнико́вый/свекло́вичный са́хар; **castor/icing ~** са́харная пу́дра; **granulated ~** са́харный песо́к; **brown ~** кори́чневый са́хар, нерафини́рованный са́харный песо́к; **lump ~** ко́лотый са́хар 2) *амер. разг.* ми́лочка, ду́шечка *(в обращении)* 3) лесть 4) *хим.* сахаро́за 5) *сленг* нарко́тик *(особ. ЛСД и героин)*

sugar II *v* 1) подсла́щивать; обса́харивать 2) льстить

sugar basin [ˈʃʊɡəˌbeɪsn] *n* са́харница

suga beet [ˈʃʊɡəbiːt] *n* са́харная свёкла

sugar bowl [ˈʃɪɡəbəʊl] *см.* **sugar basin**

sugarcane [ˈʃʊɡəkeɪn] *n* са́харный тростни́к

sugar cube [ˈʃʊɡəkjuːb] *n* кусо́чек са́хара *(тж* **sugar lump)**

sugar-free [ˈʃʊɡəfriː] *a* не содержа́щий са́хара

sugar loaf [ˈʃʊɡələʊf] *n* голова́ са́хару, са́харная голова́

sugarplum [ˈʃʊɡəplʌm] *n уст.* кру́глый леденец

sugar tongs [ˈʃʊɡətɒŋz] *n pl* щи́пчики для са́хара

sugary [ˈʃʊɡərɪ] *a* 1) са́харный, содержа́щий са́хар; сахари́стый 2) при́торный, сла́дкий; льсти́вый; **~ compliments** льсти́вые комплиме́нты

suggest [səˈdʒest] *v* 1) предлага́ть *(теорию, план и т. п.)* 2) предполага́ть, допуска́ть; **it hardly ~s peaceful intentions** вряд ли э́то предполага́ет ми́рные наме́рения 3) наводи́ть на мысль, намека́ть; **what does that ~ to you?** что вам э́то напомина́ет?, о чём э́то вам говори́т?

suggestion [səˈdʒestʃ(ə)n] *n* 1) предложе́ние; сове́т; **to make a ~** пода́ть мысль; внести́ предложе́ние; **I have a ~ (to make)** у меня́ есть предложе́ние 2) намёк; внуше́ние; **full of ~** многозначи́тельный, наводя́щий на размышле́ния; **the power of ~** *психол.* си́ла внуше́ния

suggestive [səˈdʒestɪv] *a* 1) заставля́ющий заду́маться *(of),* наводя́щий на размышле́ния *(of)* 2) вызыва́ющий неподоба́ющие мы́сли, пика́нтный; провоци́рующий; непристо́йный

suicidal [sjuːɪˈsaɪdl] *a* 1) скло́нный к самоуби́йству 2) самоуби́йственный, губи́тельный, ги́бельный

suicide [ˈsjuːɪsaɪd] *n* 1) самоуби́йство; **to commit ~** поко́нчить жизнь самоуби́йством 2) самоуби́йца 3) *attr:* **~ note** предсме́ртная запи́ска самоуби́йцы

suit I [s(j)uːt] *n* 1) костю́м; **dress ~** фрак; **two-piece/three-piece ~** костю́м-дво́йка/костю́м-тро́йка; **space ~** косми́ческий скафа́ндр 2) *карт.* масть; **to follow ~** ходи́ть в масть; *перен.* сле́довать приме́ру, подража́ть 3) *юр.* иск, суде́бное де́ло; **criminal ~** уголо́вное де́ло; **to bring a ~ against smb** возбужда́ть суде́бное де́ло про́тив кого́-л.; предъявля́ть иск кому́-л. 4) проше́ние, про́сьба, хода́тайство 5) уха́живание; **he paid ~ to her** он уха́живал за ней

suit II *v* 1) быть к лицу́; **the dress ~s me perfectly** э́то пла́тье мне о́чень идёт 2) годи́ться, подходи́ть, соотве́тствовать; удовлетворя́ть *(требованиям);* устра́ивать *(кого́-л.);* **it doesn't ~ me to come so early** меня́ не устра́ивает приходи́ть так ра́но; **this job ~s him** э́та рабо́та ему́ подхо́дит; **does it ~ you?** вам э́то подхо́дит?; **~ yourself** поступа́йте как вам уго́дно 3) приспоса́бливать

suitable [ˈs(j)uːtəbl] *a* подходя́щий, го́дный; приго́дный; **the room is ~ for the party** э́та ко́мната вполне́ подойдёт для встре́чи госте́й

suitcase [ˈs(j)uːtkeɪs] *n* чемода́н

suite [swiːt] *n* 1) набо́р, компле́кт; гарниту́р; **~ of rooms** а) ряд ко́мнат, анфила́да ко́мнат б) но́мер-люкс *(в гостинице)* 2) *муз.* сюи́та 3) сви́та

suited [ˈs(j)uːtɪd] *a* подходя́щий, го́дный *(to, for)*

suitor [ˈs(j)uːtə(r)] *n* 1) проси́тель 2) *уст.* покло́нник, кавале́р 3) *юр.* исте́ц; сторона́ в де́ле

sulfur I, II [ˈsʌlfə(r)] *см.* **sulphur I, II**

sulk I [sʌlk] *n обыкн. pl* плохо́е настрое́ние; **she got the ~s** она́ в плохо́м настрое́нии

sulk II *v* серди́ться, ду́ться

sulky *a* наду́тый, серди́тый, хму́рый

sullen [ˈsʌlən] *a* угрю́мый, мра́чный; **a ~ look** угрю́мый взгляд

sully [ˈsʌlɪ] *v* па́чкать, пятна́ть *(репутацию, доброе имя и т. п.)*

sulphate [ˈsʌlfeɪt] *n хим.* соль се́рной кислоты́, сульфа́т

sulphur I [ˈsʌlfə(r)] *n* 1) *хим.* се́ра 2) зеленова́то-жёлтый цвет

sulphur II *v* оку́ривать се́рой

sulphuric [sʌlˈfjʊərɪk] *a хим.* се́рный; **~ acid** се́рная кислота́

sulphurous [ˈsʌlfərəs] *a* 1) серни́стый 2) зеленова́то-жёлтый

sultan [ˈsʌltən] *n* султа́н

sultana [səlˈtɑːnə] *n* 1) ме́лкий изю́м без ко́сточек, кишми́ш 2) султа́нша

sultriness [ˈsʌltrɪnɪs] *n* духота́

sultry [ˈsʌltrɪ] *a* ду́шный *(о погоде, атмосфе́ре)*; зно́йный

sum I [sʌm] *n* 1) су́мма, (о́бщий) ито́г; **~ total** о́бщая су́мма; **the ~ of our experience** весь наш о́пыт; **in ~** в о́бщем, в ито́ге, ко́ротко говоря́ 2) арифмети́ческая зада́ча; **to do a ~, to do ~s, to work out the ~** реша́ть зада́чу *или* зада́чи; **he did a rapid ~ in his head** он бы́стро реши́л зада́чу в уме́; **he is good at ~s** он силён в арифме́тике

sum II *v:* **to ~ up** сумми́ровать; подводи́ть ито́г; резюми́ровать

summarily [ˈsʌmərɪlɪ] *adv* 1) кра́тко, вкра́тце 2) без до́лгих рассужде́ний, бесцеремо́нно

summarize [ˈsʌməraɪz] *v* сумми́ровать; подводи́ть ито́г; резюми́ровать

summary I [ˈsʌmərɪ] *n* кра́ткое изложе́ние, резюме́

summary II *a* 1) кра́ткий, сумма́рный 2) бесцеремо́нный 3) ско́рый, уско́ренный

summer [ˈsʌmə(r)] *n* 1) ле́то; **in ~** ле́том; **high ~** (в) разга́р ле́та; **Indian/St. Martin's ~** «ба́бье ле́то» 2) год (жи́зни); **a child of five ~s** ребёнок пяти́ лет 3) расцве́т, подъём 4) *attr* ле́тний; **~ camp** ле́тний де́тский ла́герь; **~ holidays** ле́тние кани́кулы; пери́од ле́тних отпуско́в; **~ time** *астр.* ле́тнее вре́мя

summer house [ˈsʌmə ˌhaʊs] *n* 1) бесе́дка 2) ле́тний до́мик на приро́де

summer lightning [ˌsʌməˈlaɪtnɪŋ] *n* зарни́ца

summertime [ˈsʌmətaɪm] *n* ле́то, ле́тний пери́од

summer vacation [ˌsʌməvəˈkeɪʃ(ə)n] *n* ле́тние кани́кулы

summit [ˈsʌmɪt] *n* 1) верши́на *(горы и т. п.)* 2) верх, верши́на, вы́сший преде́л 3) встре́ча глав прави́тельств; совеща́ние в верха́х; конфере́нция на вы́сшем у́ровне, са́ммит *(тж ~ conference)* 4) *attr:* **~ talks** перегово́ры на вы́сшем у́ровне

summon [ˈsʌmən] *v* 1) вызыва́ть *(особ. в суд)* 2) призыва́ть *(оказа́ть по́мощь и т. п.)* 3) созыва́ть *(собра́ние);* **to ~ parliament** созыва́ть парла́мент

summon up собра́ться *(с ду́хом, с си́лами)*

summons I [ˈsʌmənz] *n* 1) вы́зов в суд; суде́бная пове́стка 2) предложе́ние сда́ться; **~ to surrender** ультима́тум о сда́че

summons II *v* вызыва́ть пове́сткой *(в суд)*

sumptuary [ˈsʌmptjʊərɪ] *a* регули́рующий, ограни́чивающий расхо́ды *(особ. о зако́нах)*

sumptuous [ˈsʌmptjʊəs] *a* роско́шный, великоле́пный, пы́шный; **a ~ meal** роско́шный обе́д

Sun. *сокр.* **(Sunday)** воскресе́нье

sun I [sʌn] *n* 1) со́лнце; **in the ~** на со́лнце, на со́лнечной стороне́; **under the ~** под со́лнцем, на земле́; **against the ~** про́тив часово́й стре́лки; **with the ~** по часово́й стре́лке; **the ~ rises** со́лнце всхо́дит; **the ~ sets** со́лнце захо́дит/сади́тся; **to take the ~** *мор.* определя́ть высоту́ со́лнца 2) со́лнечное тепло́, со́лнечные лучи́ 3) *attr* со́лнечный ◊ **his ~ is set** его́ звезда́ закати́лась

sun II [sʌn] *v* 1) загора́ть *(тж* **to ~ oneself)** 2) выставля́ть на со́лнце; подверга́ть возде́йствию со́лнца

sun-bath [ˈsʌnbɑːθ] *n* со́лнечные ва́нны

sunbathe [ˈsʌnbeɪð] *v* загора́ть на со́лнце

sunbather [ˈsʌnˌbeɪðə(r)] *n* загора́ющий

sunbeam [ˈsʌnbiːm] *n* со́лнечный луч

sun-blind [ˈsʌnblaɪnd] *n* тент, наве́с, марки́за

sun bonnet [ˈsʌnˌbɒnət] *n* де́тская пана́мка

sunburn [ˈsʌnbɜːn] *n* зага́р

sunburnt [ˈsʌnbɜːnt] *a* загоре́лый

sundae [ˈsʌndeɪ] *n амер.* са́ндеи, мя́гкое моро́женое с наполни́телями: фру́ктами, оре́хами, шокола́дом и сиро́пом

Sunday [ˈsʌnd(e)ɪ] *n* 1) воскресе́нье; **on ~s** по воскресе́ньям 2) *attr* воскре́сный; **~ best** *уст.* лу́чший костю́м, выходно́е пла́тье ◊ **when three ~s come together** никогда́

Sunday school [ˈsʌnd(e)ɪˌsku:l] *n рел.* воскре́сная шко́ла

sun deck [ˈsʌndek] *n* 1) откры́тая ве́рхняя па́луба теплохо́да 2) *амер.* откры́тая терра́са в до́ме

sunder [ˈsʌndə(r)] *v уст.* разделя́ть, разъединя́ть, разлуча́ть

sundew [ˈsʌndju:] *n бот.* рося́нка

sundial [ˈsʌndaɪəl] *n* со́лнечные часы́

sundown [ˈsʌndaʊn] *n* захо́д со́лнца, зака́т

sundress [ˈsʌndres] *n* лёгкое ле́тнее пла́тье без рукаво́в

sundries [ˈsʌndrɪz] *n pl* вся́кая вся́чина, ра́зное

sundry [ˈsʌndrɪ] *a* разли́чный, ра́зный; **all and ~** все до одного́, все без исключе́ния

sunflower [ˈsʌnˌflaʊə(r)] *n* подсо́лнух, подсо́лнечник

sung [sʌŋ] *p. p. см.* sing II

sunglasses [ˈsʌnˌglɑ:sɪz] *n pl* тёмные, солнцезащи́тные очки́

sun hat [ˈsʌnˌhæt] *n* шля́па с поля́ми от со́лнца

sun helmet [ˈsʌnˌhelmɪt] *n* тропи́ческий (про́бковый) шлем

sunk I [sʌŋk] *p. p. см.* sink[1]

sunk II *a* погружённый, пото́пленный

sunken [ˈsʌŋkən] *a* 1) погружённый, зато́пленный; затону́вший 2) осе́вший 3) впа́лый *(о щеках)*; запа́вший *(о глазах)*

sunlamp [ˈsʌnlæmp] *n* ква́рцевая ла́мпа

sunless [ˈsʌnlɪs] *a* лишённый со́лнца

sunlight [ˈsʌnlaɪt] *n* со́лнечный свет

sunlit [ˈsʌnlɪt] *a* освещённый со́лнцем

sunny [ˈsʌnɪ] *a* 1) со́лнечный 2) ра́достный, весёлый, живо́й; **~ disposition** жизнера́достность

sun rays [ˈsʌnreɪz] *n pl* ква́рцевые лучи́

sunrise [ˈsʌnraɪz] *n* 1) восхо́д со́лнца; рассве́т 2) ю́ный во́зраст, ю́ность 3) *attr* рассве́тный ◊ **~ industry** быстроразвива́ющаяся о́трасль промы́шленности, использующая передовы́е техноло́гии

sunset [ˈsʌnset] *n* 1) захо́д со́лнца; зака́т; **at ~** на зака́те 2) прекло́нный во́зраст, ста́рость 3) *attr* зака́тный ◊ **~ industry** отста́лая о́трасль промы́шленности без примене́ния но́вых техноло́гий

sunshade [ˈsʌnʃeɪd] *n* 1) зо́нтик от со́лнца 2) тент, наве́с *(от солнца)*

sunshine [ˈsʌnʃaɪn] *n* 1) со́лнечный свет; **to sit out in the ~** гре́ться на со́лнышке 2) я́сная пого́да 3) ра́дость, весе́лье

sunspot [ˈsʌnspɒt] *n* пятно́ на со́лнце

sunstroke [ˈsʌnstrəʊk] *n* со́лнечный уда́р

sunsuit [ˈsʌns(j)u:t] *n* пля́жный костю́м

suntan [ˈsʌntæn] *n* 1) зага́р; **to get a ~** загоре́ть 2) *attr:* **~ oil** ма́сло для зага́ра

sun-up [ˈsʌnˌʌp] *n амер.* восхо́д со́лнца

sup I [sʌp] *n* глото́к

sup II *v* 1) хлеба́ть; отхлёбывать 2) *разг.* выпива́ть 3) *уст.* у́жинать

super I [ˈsu:pə(r)] *n разг.* 1) *театр.* стати́ст 2) *театр.* актёр на выходны́е ро́ли 3) управля́ющий 4) незначи́тельная ли́чность, ли́шний челове́к 5) первокла́ссный това́р

super II *a разг.* потряса́ющий, великоле́пный, первокла́ссный *(тж* super-duper)

super- [ˈsu:pə-] *pref* указывает на: а) *превосхо́дство или преобладание в качестве, размере, степени, на избыток и т. п.* сверх-; **superhuman** сверхчелове́ческий; **supercomputer** суперкомпью́тер, сверхмо́щный компью́тер б) *положение над чем-л.* над-; **superstructure** надстро́йка

superabundant [ˌsu:pərəˈbʌndənt] *a* (сверх)избы́точный

superannuate [ˌsu:pərˈænjʊeɪt] *v* 1) увольня́ть по ста́рости; переводи́ть на пе́нсию 2) исключа́ть, снима́ть устаре́вшие моде́ли *и т. п.*

superannuated [ˌsu:pərˈænjʊeɪtɪd] *a* 1) преста́релый 2) устаре́вший, вы́шедший из употребле́ния

superannuation [ˌsu:pərˌænjʊˈeɪʃ(ə)n] *n* 1) пе́нсия по ста́рости 2) назначе́ние пе́нсии (по ста́рости)

superb [su:ˈpɜ:b] *a* великоле́пный, превосхо́дный; роско́шный

supercargo [ˌsu:pəˈkɑ:gəʊ] *n мор.* суперка́рго

supercilious [ˌsu:pəˈsɪlɪəs] *a* высокоме́рный, надме́нный

superconductivity [ˌsu:pəˌkɒndʌkˈtɪvɪtɪ] *n физ.* сверхпроводи́мость

superconductor [ˌsu:pəkənˈdʌktə(r)] *n физ.* сверхпроводни́к

superficial [ˌsu:pəˈfɪʃəl] *a* пове́рхностный, неглубо́кий; **a ~ knowledge** пове́рхностные/неглубо́кие зна́ния

superfine [ˈsu:pəˌfaɪn] *a* 1) вы́сшего со́рта, вы́сшего ка́чества 2) сли́шком утончённый

superfluity [ˌsu:pəˈflu:ɪtɪ] *n* 1) оби́лие 2) избы́ток, изли́шек; изли́шество

superfluous [su:ˈpɜ:flʊəs] *a* изли́шний, чрезме́рный

superhighway [ˈsu:pəˌhaɪweɪ] *n амер.* скоростна́я автомагистра́ль вы́сшего кла́сса *(тж* motorway)

superhuman [ˌsu:pəˈhju:mə(n)] *a* сверхчелове́ческий

superimpose [ˈsu:pərɪmˈpəʊz] *v* накла́дывать *(что-л. на что-л.)*

superintend [ˌsuːprɪnˈtend] *v* 1) управля́ть, заве́довать, руководи́ть 2) надзира́ть, контроли́ровать

superintendence [ˌsuːpərɪnˈtendəns] *n* 1) заве́дование, управле́ние, руково́дство 2) надзо́р, контро́ль

superintendent [ˌsuːpərɪnˈtendənt] *n* 1) управля́ющий, нача́льник, заве́дующий 2) полице́йский инспе́ктор; коменда́нт 3) *амер.* нача́льник отде́ла поли́ции

superior I [suːˈpɪərɪə(r)] *n* 1) ста́рший, нача́льник, нача́льство 2) превосходя́щий кого́-л. в чём-л.; **he has no ~ in courage** никто́ не превосхо́дит его́ в хра́брости 3) (S.) насто́ятель(ница) *(монастыря́);* **Father S.** (оте́ц-)игу́мен; **Mother S.** (мать-)игу́менья

superior II *a* 1) вы́сший, ста́рший, вышестоя́щий; **~ persons** *ирон.* эли́та 2) превосхо́дный, лу́чший, вы́сшего ка́чества 3) превосходя́щий; бо́льший; **~ numbers** переве́с в си́ле 4) высокоме́рный; самодово́льный; **a ~ air** высокоме́рный вид 5) недосту́пный *(соблазну, подкупу и т. п.);* **to**); стоя́щий вы́ше *(чего́-л.)*

superiority [suːˌpɪərɪˈɒrɪtɪ] *n* 1) старшинство́ 2) превосхо́дство; переве́с 3) *attr:* **~ complex** *психол.* чу́вство превосхо́дства над други́ми

superlative I [suːˈpɜːlətɪv] *n* *грам.* превосхо́дная сте́пень

superlative II *a* 1) высоча́йший, велича́йший; **~ wisdom** вы́сшая му́дрость 2) *грам.* превосхо́дный *(о степени)*

superman [ˈsuːpəmæn] *n* сверхчелове́к, суперме́н

supermarket [ˈsuːpəˌmɑːkɪt] *n* суперма́ркет

supernatural [ˌsuːpəˈnætʃərəl] *a* сверхъесте́ственный

supernumerary I [ˌsuːpəˈnjuːmərərɪ] *n* 1) сверхшта́тный рабо́тник 2) *театр.* стати́ст

supernumerary II *a* сверхшта́тный; дополни́тельный

superposition [ˌs(j)uːpəpəˈzɪʃ(ə)n] *n* 1) *мат.* наложе́ние, совмеще́ние, суперпози́ция 2) *геол.* напластова́ние

superpower [ˈsuːpəˌpaʊə(r)] *n* сверхдержа́ва

superprofit [ˈsuːpəˈprɒfɪt] *n* сверхприбыль

superscribe [ˈsuːpəˌskraɪb] *v* надпи́сывать *(докуме́нт и т. п.)*

superscription [ˌsuːpəˈskrɪpʃ(ə)n] *n* на́дпись

supersede [ˌsuːpəˈsiːd] *v* 1) заменя́ть, смеща́ть *(рабо́тника)* 2) занима́ть чьё-л. ме́сто 3) вытесня́ть, перекрыва́ть 4) обходи́ть *(при повыше́нии по слу́жбе или награжде́нии)*

supersonic [ˌsuːpəˈsɒnɪk] *a* сверхзвуково́й

superstar [ˈsuːpəstɑː(r)] *n* суперзвезда́

superstition [ˌsuːpəˈstɪʃ(ə)n] *n* суеве́рие

superstitious [ˌsuːpəˈstɪʃəs] *a* суеве́рный

superstore [ˈsuːpəstɔː(r)] *n* большо́й суперма́ркет, торго́вый центр

superstructure [ˈsuːpəˌstrʌktʃə(r)] *n* надстро́йка

supertanker [ˈsuːpəˌtæŋkə(r)] *n* суперта́нкер

supertax [ˈsuːpətæks] *n* нало́г на сверхпри́быль

supervene [ˌsuːpəˈviːn] *v* сле́довать за чем-л.; вытека́ть из чего́-л.

supervention [ˌsuːpəˈvenʃ(ə)n] *n* (по)сле́дствие, результа́т

supervise [ˈsuːpəvaɪz] *v* надзира́ть, наблюда́ть *(за чем-л.);* контроли́ровать

supervision [ˌsuːpəˈvɪʒ(ə)n] *n* 1) наблюде́ние, надзо́р, контро́ль 2) заве́дование; **under the ~ of** в ве́дении кого́-л.

supervisor [ˈsuːpəvaɪzə(r)] *n* 1) надсмо́трщик, наблюда́тель 2) инспе́ктор, контролёр 3) нау́чный руководи́тель *(в уче́бном заведе́нии)* 4) *вчт* управля́ющая програ́мма, диспе́тчер 5) *вчт* привилегиро́ванный по́льзователь, гла́вный администра́тор

superwoman [ˈsuːpəˌwʊmən] *n разг.* супержéнщина, же́нщина необы́чайных ка́честв

supine I [ˈsuːpaɪn] *n грам.* супи́н

supine II *a* 1) лежа́щий на́взничь 2) ине́ртный; лени́вый; ко́сный

supper [ˈsʌpə(r)] *n* у́жин ◊ **the Last S.** *библ.* Та́йная ве́черя *(тж* **the Lord's Supper**); **to sing for one's ~** плати́ть услу́гой за услу́гу

supplant [səˈplɑːnt] *v* выжива́ть, вытесня́ть

supple I [ˈsʌpl] *a* 1) ги́бкий; пода́тливый 2) усту́пчивый 3) уго́дливый

supple II *v* де́лать(ся) ги́бким, пода́тливым

supplement I [ˈsʌplɪmənt] *n* дополне́ние, добавле́ние; приложе́ние; **colour ~** цветно́е приложе́ние *(журна́ла, газе́ты)*

supplement II [ˈsʌplɪment] *v* дополня́ть, пополня́ть

supplemental [ˌsʌplɪˈmentl] *a* дополни́тельный

supplementary [ˌsʌplɪˈmentərɪ] *a* дополни́тельный

suppliant I [ˈsʌplɪənt] *n* проси́тель

suppliant II *a* проси́тельный, умоля́ющий

supplicate [ˈsʌplɪkeɪt] *v* проси́ть, умоля́ть; подава́ть проше́ние *(о чём-л. — for; кому-л. — to)*

supplication [ˌsʌplɪˈkeɪʃ(ə)n] *n* мольба́, про́сьба

supply¹ I [səˈplaɪ] *n* 1) снабже́ние, поста́вка; **~ of fuel** снабже́ние то́пливом 2) запа́с; *pl* припа́сы; **~ of food** запа́с продово́льствия 3) эк. предложе́ние; **~ and demand** спрос и предложе́ние 4) *pl* де́нежная по́мощь, содержа́ние 5) *pl* ассигнова́ния, утверждённые парла́ментом 6) *attr:* ~ **teacher** вре́менный/замеща́ющий преподава́тель

supply[1] **II** *v* 1) снабжа́ть; поставля́ть, доставля́ть 2) обеспе́чивать, удовлетворя́ть *(потре́бность и т. п.)*; восполня́ть *(недоста́ток и т. п.)* 3) замеща́ть

supply[2] [´sʌplɪ] *adv* 1) ги́бко 2) льсти́во

supply-side economics [sə´plaɪsaɪdɪkə͵nɒmɪks] *n* эконо́мика предложе́ния *(течение в экономике в 80-х гг. 20 в.)*

support I [sə´pɔːt] *n* 1) подде́ржка; опо́ра; **to give ~ to smb** поддержа́ть кого́-л., оказа́ть кому́-л. подде́ржку; **to speak in ~ of smb** говори́ть в подде́ржку кого́-л.; **to get/to obtain ~** получи́ть подде́ржку 2) подпо́рка, подста́вка, опо́ра

support II *v* 1) подде́рживать 2) выде́рживать, выноси́ть 3) содержа́ть *(семью)*; **he has a family to ~** он до́лжен содержа́ть семью́ 4) подде́рживать, подкрепля́ть *(до́воды и т. п.)*; **these facts ~ your theory** э́ти фа́кты подтвержда́ют твою́ тео́рию

supporter [sə´pɔːtə(r)] *n* сторо́нник, приве́рженец; боле́льщик

suppose [sə´pəʊz] *v* 1) предполага́ть; **supposing she refuses to support us?** а е́сли предположи́ть, что она́ отка́жется поддержа́ть нас? 2) полага́ть, допуска́ть, ду́мать; **I ~ he's right** я полага́ю, он прав; **I ~ so** ду́маю, что да 3) *в Imp выражает предложение:* ~ **we went to Spain** а не пое́хать ли нам в Испа́нию?

supposed [sə´pəʊzd] *a* предполага́емый, мни́мый

supposedly [sə´pəʊzɪdlɪ] *adv* возмо́жно, предположи́тельно, предполага́ется

supposition [͵sʌpə´zɪʃ(ə)n] *n* предположе́ние; **on the ~ that...** в слу́чае, е́сли...

supposititious [͵sʌpə´zɪʃəs] *a* предположи́тельный; предполага́емый

supposititious [sə͵pɒzɪ´tɪʃəs] *a* подло́жный, фальши́вый

suppository [sə´pɒzɪtərɪ] *n мед.* свеча́, суппозито́рий

suppress [sə´pres] *v* 1) подавля́ть, сде́рживать *(чувства, эмоции и т. п.)* 2) зама́лчивать, скрыва́ть *(факты, правду и т. п.)*; **to ~ a scandal** замя́ть сканда́л; **to ~ a book** запрети́ть кни́гу

suppression [sə´preʃ(ə)n] *n* 1) подавле́ние, сде́рживание 2) зама́лчивание; запреще́ние *(информа́ции, кни́ги)* 3) *рлн* гаше́ние, подавле́ние *(импульса)*

suppurate [´sʌpjəreɪt] *v* гнои́ться

suppuration [͵sʌpjə´reɪʃ(ə)n] *n* нагное́ние

supranational [͵suːprə´næʃənəl] *a* наднациона́льный, надгосуда́рственный

supremacy [sʊ´preməsɪ] *n* верхове́нство, госпо́дство; верхо́вная власть

supreme [suː´priːm] *a* 1) верхо́вный, вы́сший; **the S. Court** Верхо́вный суд 2) велича́йший, вы́сший; ~ **goodness** вы́сшая доброде́тель

Supt. *сокр.* **(superintendent)** 1) коменда́нт; полице́йский инспе́ктор 2) управля́ющий, нача́льник, заве́дующий

surcease [sɜː´siːs] *n* переры́в, прекраще́ние

surcharge I [´sɜːtʃɑːdʒ] *n* 1) дополни́тельная пла́та, надба́вка; допла́та 2) перегру́зка; доба́вочная нагру́зка 3) штраф, пе́ня 4) перерасхо́д

surcharge II [sɜː´tʃɑːdʒ] *v* 1) взы́скивать *(штраф, пе́ню и т. п.)* 2) взима́ть допла́ту 3) перегружа́ть

surcingle [´sɜː͵sɪŋgl] *n* подпру́га

sure I [ʃʊə(r)] *a* 1) уве́ренный; убеждённый; ~ **of smth** убеждённый в чём-л.; ~ **of oneself** самоуве́ренный; **are you ~?** вы уве́рены?; **to be ~ of success** быть уве́ренным в успе́хе 2) ве́рный, надёжный; несомне́нный; **a ~ way to do smth** ве́рный спо́соб сде́лать что-л.; **he is ~ to come** он обяза́тельно придёт; **to make ~** убеди́ться, удостове́риться ◊ **to be ~** несомне́нно, коне́чно; **well I'm ~!** вот те ра́з!, каково́!; **as ~ as fate** несомне́нно, наверняка́; **as ~ as eggs is eggs** соверше́нно ве́рно, ве́рно как никогда́; **for ~** *разг.* без сомне́ния; наверняка́; ~ **thing!** *амер. разг.* коне́чно, и́менно так

sure II *adv разг.* коне́чно, безусло́вно, несомне́нно; ~ **enough** в действи́тельности, на са́мом де́ле; коне́чно

surely [´ʃʊəlɪ] *adv* 1) несомне́нно, наверняка́, коне́чно 2) уве́ренно, надёжно; **slowly but ~** ме́дленно, но ве́рно

surety [´ʃʊərtɪ] *n* поручи́тель; поручи́тельство, пору́ка; **to stand ~ for smb** брать кого́-л. на пору́ки, руча́ться за кого́-л.

surf I [sɜːf] *n* прибо́й; буруны́

surf II *v* 1) занима́ться сёрфингом 2) *вчт* иска́ть интере́сные са́йты в Интерне́те

surface I [´sɜːfɪs] *n* 1) пове́рхность; **road ~** пове́рхность доро́ги 2) вне́шняя сторона́, вне́шность; **on the ~** вне́шне, на пе́рвый взгляд 3) *attr* пове́рхностный; вне́шний

surface II *v* 1) обраба́тывать, отде́лывать пове́рхность; обтёсывать 2) всплыва́ть на пове́рхность *(о подводной лодке)* 3) станови́ться ви́димым, изве́стным

surfboard [´sɜːfbɔːd] *n спорт.* доска́ для сёрфинга, сёрфборд

surfeit I [ˈsɜːfɪt] *n* 1) неумéренность *(особ. в еде и питье)* 2) переедáние, пресыщéние; пресы́щенность

surfeit II *v* 1) перекáрмливать 2) объедáться 3) пресыщáться *(with)*

surfing [ˈsɜːfɪŋ] *n* 1) *спорт.* сёрфинг 2) *вчт* пóиск интерéсных сáйтов в Интернéте

surf-riding [ˈsɜːfˌraɪdɪŋ] *см.* **surfing** 1)

surge I [sɜːdʒ] *n* 1) вал, прилив, наплы́в *(чувств, эмóций и т. п.)*; **a ~ of anger** прилив гнéва 2) большáя волнá, прилив, вóлны 3) рéзкое увеличéние, рéзкий рост *(цен, активности и т. п.)* 4) *эл.* импульс 5) *эл.* бросóк, вы́брос напряжéния

surge II *v* 1) вздымáться *(о волнах)*; волновáться *(о мóре)* 2) подавáться вперёд, хлы́нуть *(о толпé — forward)* 3) нахлы́нуть *(о чувствах)* 4) *эл.* рéзко увеличиться *(о напряжéнии)*

surgeon [ˈsɜːdʒən] *n* 1) хирýрг 2) воéнный врач

surge protector [ˈsɜːdʒ prəʊˌtektə] *n вчт, эл.* фильтр бросков тóка *или* напряжéния

surgery [ˈsɜːdʒərɪ] *n* 1) хирургия 2) хирургическая операция 3) хирургический кабинéт; операцибнная 4) врачéбный кабинéт, кабинéт врачá

surgical [ˈsɜːdʒɪkəl] *a* хирургический; **~ tools/instruments** хирургические инструмéнты; **~ spirit** медицинский спирт *(амер.* **rubbing alcohol)**

surgical strike [ˌsɜːdʒɪkəlˈstraɪk] *n воен.* тóчечный удáр (с вóздуха)

surly [ˈsɜːlɪ] *a* угрю́мый, непривéтливый

surmise I [ˈsɜːmaɪz] *n* предположéние, догáдка

surmise II [səˈmaɪz] *v* предполагáть, выскáзывать предположéние, догáдку

surmount [səˈmaʊnt] *v* 1) преодолевáть; **to ~ difficulties** преодолевáть трýдности 2) увéнчивать *(вершину и т. п.)*

surname I [ˈsɜːneɪm] *n* фамилия

surname II *v* давáть фамилию

surpass [səˈpɑːs] *v* превосходить, превышáть; **to ~ oneself** превзойти самогó себя́

surplus [ˈsɜːpləs] *n* 1) излишек, избы́ток, остáток; **grain ~** излишки зернá 2) *attr* излишний, избы́точный; добáвочный

surprise I [səˈpraɪz] *n* 1) удивлéние; **to my ~** к моемý удивлéнию 2) неожиданность; внезáпность; **by ~** неожиданно, враспло́х; **it came as a complete ~ to them** для них э́то бы́ло пóлной неожиданностью; **to take by ~** захватить враспло́х 3) сюрприз 4) *attr* внезáпный, неожиданный

surprise II *v* 1) удивля́ть, поражáть; **I was very much ~d** я был óчень удивлён; **it may**

~ you to learn that... вас мóжет удивить, что...; **I'm ~d at you!** ты менáй удивля́ешь! 2) захватить враспло́х; **to ~ the enemy** захватить врагá враспло́х 3): **to ~ into (doing) smth** вы́нудить, принýдить к чемý-л. *(застáв враспло́х)*

surprising [səˈpraɪzɪŋ] *a* удивительный; неожиданный

surrealism [səˈrɪəlɪz(ə)m] *n иск.* сюрреализм

surrender I [səˈrendə(r)] *n* 1) сдáча, капитуля́ция; **unconditional ~** безоговóрочная капитуля́ция 2) откáз от чегó-л.; устýпка

surrender II *v* 1) сдавáть(ся), капитулировать 2) откáзываться от чегó-л.; уступáть, поддавáться

surreptitious [ˌsʌrəpˈtɪʃəs] *a* тáйный; сдéланный тайкóм, украдкой

surrey [ˈsʌrɪ] *n амер.* лёгкий двухмéстный экипáж

surrogate [ˈsʌrəgət] *n* 1) замени́тель, суррогáт 2) замести́тель 3) *attr:* **~ mother** *мед.* суррогáтная мать *(вынáшивающая ребёнка для другóй жéнщины)*

surround [səˈraʊnd] *v* окружáть, обступáть; *воен.* осаждáть

surroundings [səˈraʊndɪŋz] *n pl* 1) окрéстности, окружáющая мéстность 2) окружéние, средá; **in one's natural ~** в чьей-л. естéственной средé

surtax I [ˈsɜːtæks] *n* добáвочный подохóдный налóг

surtax II *v* облагáть добáвочным подохóдным налóгом

surveillance [sɜːˈveɪləns] *n* 1) надзóр, наблюдéние, слéжка; **under ~** под надзóром 2) ревизия

survey I [ˈsɜːveɪ] *n* 1) обзóр; обозрéние 2) осмóтр; обслéдование 3) отчёт об обслéдовании 4) (топографическая) съёмка; **aerial ~** аэрофотосъёмка 5) топографическое управлéние

survey II [sɜːˈveɪ] *v* 1) обозревáть; осмáтривать; обслéдовать 2) производить (топографическую) съёмку, исслéдования

surveyor [sɜːˈveɪə(r)] *n* 1) землемéр 2) топóграф, геодезист 3) инспéктор здáний, городских сооружéний

survival [səˈvaɪvəl] *n* 1) выживáние; **the ~ of the fittest** *биол.* естéственный отбóр 2) пережиток; **it is a ~ of the past** э́то пережиток прóшлого 3) живýчесть, долговéчность

survive [səˈvaɪv] *v* 1) вы́жить, уцелéть 2) пережить *(совремéнников, собы́тия и т. п.)*

survivor [səˈvaɪvə(r)] *n* остáвшийся в живы́х, вы́живший, уцелéвший

susceptibility [səˌseptɪˈbɪlɪtɪ] *n* 1) впечатлительность; восприимчивость; чувствительность 2) *pl* чувстви́тельная стру́нка; **to wound smb's susceptibilities** (бо́льно) заде́ть кого́-л.

susceptible [sə'septɪbl] *a* 1) впечатли́тельный; восприи́мчивый; эмоциона́льный 2) *predic* подве́рженный (*чему-л. —* to) 3) допуска́ющий (*что-л. —* of)

sushi ['suːʃɪ] *n* кул. су́ши (*японское традиционное блюдо из риса, рыбы, морепроду́ктов, овощей и т.п.*)

suspect I [sə'spekt] *n* 1) подозрева́емый 2) подозри́тельный челове́к

suspect II *a* подозри́тельный

suspect III *v* 1) подозрева́ть; **he was ~ed of murder** его́ подозрева́ли в уби́йстве 2) сомнева́ться (*в чём-л.*)

suspend [sə'spend] *v* 1) ве́шать, подве́шивать 2) откла́дывать; приостана́вливать, вре́менно прекраща́ть 3) (вре́менно) отстраня́ть (*от до́лжности, получения привиле́гий и т. п.*)

suspended [sə'spendɪd] *a* 1) подве́шенный, вися́щий 2) подвесно́й, вися́чий 3) *хим.* взве́шенный 4) *юр.* приостано́вленный, отло́женный; **~ sentence** пригово́р *или* наказа́ние, отсро́ченные исполне́нием 5) отстранённый (*от до́лжности и т. п.*)

suspender [sə'spendə(r)] *n* 1) подвя́зка, рези́нка (*тж* **stocking ~**, **sock ~**; *амер.* **garter**) 2) *pl* подтя́жки 3) *attr:* **~ belt** же́нский по́яс с подвя́зками

suspense [sə'spens] *n* состоя́ние неизве́стности, подве́шенности, напряжённое ожида́ние; **to keep smb in ~** держа́ть кого́-л. в неизве́стности

suspension [sə'spenʃ(ə)n] *n* 1) подве́шивание 2) (вре́менное) прекраще́ние, приостано́вка 3) отстране́ние (*от до́лжности*) 4) *хим.* суспе́нзия, взвесь 5) *attr* подвесно́й, вися́чий

suspension bridge [sə'spenʃən‿brɪdʒ] *n* вися́чий, подвесно́й мост

suspicion [sə'spɪʃ(ə)n] *n* 1) подозре́ние; **on ~** по подозре́нию; **above ~** вне подозре́ния; **under ~** под подозре́нием; **I have my ~s about his honesty** я сомнева́юсь в его́ че́стности 2) чу́точка, отте́нок, намёк; **a ~ of irony** налёт иро́нии

suspicious [sə'spɪʃəs] *a* подозри́тельный; **they were ~ of him** они́ его́ подозрева́ли; **to look ~** вы́глядеть подозри́тельным

suspiciousness [sə'spɪʃəsnɪs] *n* подозри́тельность

suss [sʌs] *v сленг* 1) подозрева́ть в уби́йстве 2) рассле́довать; разы́скивать (*out*) 3) изуча́ть, знать (*рынок сбыта и т. п.*)

sustain [sə'steɪn] *v* 1) подде́рживать, ока́зывать (материа́льную *и т. п.*) подде́ржку 2)

выде́рживать 3) понести́ (*потерю*), потерпе́ть (*поражение и т. п.*); подве́ргнуться (*травме и т. п.*)

sustained [sə'steɪnd] *a* дли́тельный, до́лгий, долговре́менный, усто́йчивый

sustenance ['sʌstɪnəns] *n* 1) пита́ние, пи́ща 2) сре́дства к существова́нию

suture ['suːtʃə(r)] *n* 1) мед. наложе́ние шва, сшива́ние 2) мед., анат. шов 3) мед. шо́вный материа́л

suzerain ['suːzərən] *n* 1) сюзере́н, феода́л-власти́тель 2) сюзере́нное госуда́рство

suzerainty ['suːzərəntɪ] *n* 1) протектора́т; сюзеренитéт 2) власть сюзере́на

svelte [svelt] *a* то́нкий, ги́бкий, изя́щный, грацио́зный

SW *сокр.* 1) (**south-west**) юго-за́пад 2) (**south-western**) юго-за́падный

swab I [swɒb] *n* 1) швабра 2) *мед.* тампо́н

swab II *v* 1) мыть шваброй; подтира́ть 2) промока́ть тампо́ном (*up*)

swaddle ['swɒdl] *v* пелена́ть

swag [swæg] *n* 1) *сленг* награ́бленное; незако́нно до́бытое; добы́ча граби́теля 2) *австрал.* кото́мка, узело́к с веща́ми

swagger I ['swægə(r)] *n* 1) ва́жный вид, чва́нство 2) развя́зность, наха́льство

swagger II *a разг.* мо́дный, шика́рный

swagger III *v* 1) ходи́ть с ва́жным ви́дом; ва́жничать 2) высокоме́рно вести́ себя́; задава́ться

swagman ['swægmən] *n австрал.* сва́гмен (*сезонный рабочий, кочующий безработный и т. д.*)

Swahili [swə'hiːlɪ] *n* суахи́ли (*народность и язык*)

swain [sweɪn] *n* 1) *уст.* дереве́нский па́рень 2) *поэт.* покло́нник

swallow[1] I ['swɒləʊ] *n* 1) глота́ние 2) глото́к

swallow[1] II *v* 1) глота́ть, прогла́тывать 2) поглоща́ть (*тж* **to ~ up**) 3) терпе́ть (*обиду, оскорбле́ние*); **she ~ed an insult** она́ проглоти́ла оскорбле́ние 4) принима́ть на ве́ру, попада́ться на у́дочку; **he will ~ anything you tell him** он пове́рит всему́, что вы ему́ ска́жете

swallow[2] *n зоол.* ла́сточка

swallow-tailed ['swɒləʊteɪld] *a* с раздво́енным хвосто́м

swam [swæm] *past см.* **swim II**

swamp I [swɒmp] *n* 1) боло́то, топь; то́пкое, боло́тистое ме́сто 2) *attr* боло́тный

swamp II *v* 1) залива́ть, затопля́ть 2) забола́чивать 3) засыпа́ть, зава́ливать (*письмами, работой и т. п.*)

swampy ['swɒmpɪ] *a* боло́тистый

swan [swɒn] *n* 1) лебедь 2) *поэт.* поэт; **S. of Avon** Шекспир

swank I [swæŋk] *n разг.* хвастовство, бахвальство; показуха

swank II *v разг.* хвастать, бахвалиться

swankpot [ˈswæŋkpɒt] *n разг.* хвастун

swanky [ˈswæŋkɪ] *a разг.* 1) шикарный, модный *(о ресторане и т. п.)* 2) кичливый, хвастливый

swansdown [ˈswɒnzdaʊn] *n* 1) лебяжий пух 2) ткань *(хлопчатобумажная)* с начёсом

swansong [ˈswɒnsɒŋ] *n* лебединая песнь

swap I, II [swɒp] *см.* **swop I, II**

swap III *n вчт* перекачка, обмен, *проф.* свопинг

sward [swɔːd] *n* газон; дёрн

swarm¹ I [swɔːm] *n* 1) пчелиный рой 2) стая; рой 3) толпа; **in ~s** толпами 4) *pl* масса, множество

swarm¹ II *v* 1) роиться 2) толпиться, двигаться толпами 3) кишеть, изобиловать *(with)*

swarm² *v* взбираться, карабкаться *(на дерево — up)*

swarthy [ˈswɔːðɪ] *a* смуглый

swash I [swɒʃ] *n* плеск

swash II *v* плескать(ся)

swashbuckler [ˈswɒʃˌbʌklə(r)] *n* головорез, хулиган, бандит

swastika [ˈswɒstɪkə] *n* свастика

swat [swɒt] *v* шлёпнуть, хлопнуть; **to ~ flies** бить мух

swatch [swɒtʃ] *n* образец, образчик *(ткани, материала)*

swath [swɔːθ] *n* полоса скошенной травы, овса *и т. п.*; прокос

swathe I [sweɪð] *n* бинт, повязка

swathe II *v* 1) бинтовать; обматывать; закутывать

swatter [ˈswɒtə(r)] *n* мухобойка

sway I [sweɪ] *n* 1) качание, колебание 2) правление; власть, влияние; господство; **to hold ~ over smb** управлять кем-л., держать кого-л. в подчинении 3) тенденция

sway II *v* 1) качаться, колебаться, раскачиваться 2) влиять, контролировать; управлять, править; **he was ~ed by my arguments** мои доводы повлияли на него

swear [sweə(r)] *v* (**swore; sworn**) 1) *разг.* клясться, божиться 2) ручаться, быть уверенным; **she swore by those pills** она очень верила в эти таблетки 3) давать клятву, присягу, присягать 4) приводить к присяге; заставлять поклясться *(в чём-л. — to)*; **he swore them to secrecy** он заставил их поклясться, что они сохранят тайну 5) ру-

гаться; **he ~s like a trooper** он ругается, как извозчик; **don't ~ at me** не ругайте меня

swear in приводить к присяге

swear off *разг.* зарекаться, давать зарок *(особ. не пить, не курить)*

swearword [ˈsweəwɜːd] *n* ругательство

sweat I [swet] *n* 1) пот, испарина; потение; **cold ~** холодный пот; **dripping/wet with ~** обливаясь потом; **by the ~ of one's brow** в поте лица своего 2) *разг.* волнение, тревога; **in a ~** потея (от волнения); **no ~** никаких волнений 3) *разг.* тяжёлая работа; **it was an awful ~** это был тяжкий труд 4) запотевание, выделение влаги *(на поверхности чего-л.)*

sweat II *v* 1) потеть; **to ~ out a cold** как следует пропотеть *(при простуде)*; **to ~ with fear** обливаться холодным потом от страха 2) запотевать, отсыревать, выделять влагу 3) *разг.* трудиться, потеть *(над чем-л.)* 4) эксплуатировать 5) заставить потеть *(при физических упражнениях)* 6) загнать *(лошадь)* ◊ **to ~ it out** *разг.* выдержать, вынести до конца

sweater [ˈswetə(r)] *n* 1) свитер 2) *уст.* эксплуататор

sweatshop [ˈswetʃɒp] *n разг.* предприятие, применяющее потогонную систему труда

swets [swets] *разг. см.* **sweatsuit**

sweatsuit [ˈswetsuːt] *n амер.* спортивный костюм *(для тренировок)*, тренировочный костюм *(тж ~ **jogging suit**)*

sweaty [ˈswetɪ] *a* 1) потный; запотевший 2) вызывающий пот

Swede [swiːd] *n* швед; шведка; **the ~s** шведы

swede [swiːd] *n бот.* брюква *(тж ~ **turnip**)*

Swedish I [ˈswiːdɪʃ] *n* шведский язык

Swedish II *a* шведский

sweep I [swiːp] *n* 1) подметание; выметание; приборка; **to give a good ~** хорошенько подмести 2) взмах, размах; охват, диапазон; распространение, развитие *(болезни и т. п.)*; **at/with one ~** одним махом, одним движением; **within the ~ of the searchlight** в пределах охвата луча прожектора; **the great ~ of modern research** большой размах научных исследований 3) охват, пределы; **within the ~ of the eye** в пределах видимости 4) изгиб 5) трубочист *(тж **chimney-~**)* 6) протяжение 7) шествие, движение 8) *рлк* развёртка ◊ **to make a clean ~** а) полностью отделаться от кого-л., чего-л. б) забрать все призы *(на соревновании и т. п.)*

sweep II *v* (*past, p. p.* **swept**) 1) мести, подметать; чистить; прибирать, очищать 2) сметать; сносить, уносить 3) проноситься, нестись, мчаться; **to ~ past** проноси́ться ми́мо 4) обру́шиваться, проноси́ться *(о буре);* набега́ть (на бе́рег) *(о волна́х)* 5) легко́ проводи́ть (руко́й) *(по чему́-л.),* каса́ться *(чего́-л.)* 6) ва́жно, велича́во выступа́ть; **she swept out of the room** она́ вели́чественно вы́плыла из ко́мнаты 7) охва́тывать; быть охва́ченным; **a new fashion swept the country** но́вая мо́да охвати́ла всю страну́ 8) оки́дывать, охва́тывать взгля́дом 9) *рлк* развёртывать 10) тяну́ться, простира́ться

sweep away 1) по́лностью смести́, уничто́жить 2) *(обычно в pass)* захвати́ть, увле́чь, вскружи́ть го́лову

sweeper [´swiːpə(r)] *n* 1) дво́рник; убо́рщик 2) подмета́льная маши́на

sweeping I [´swiːpɪŋ] *n* 1) подмета́ние, смета́ние 2) *pl* сор, му́сор

sweeping II *a* 1) широ́кий, радика́льный, реши́тельный; **a ~ gesture** широ́кий жест; **~ reforms/changes** радика́льные рефо́рмы/измене́ния 2) огу́льный; **~ accusations** огу́льные обвине́ния

sweep-net [´swiːpnet] *n* не́вод

sweepstake [´swiːpsteik] *n* лотере́я; тотализа́тор

sweet I [swiːt] *n* 1) обыкн. *pl* конфе́та 2) сла́дкое (блю́до) 3) сла́дость, прия́тность; *pl* ра́дости, наслажде́ния 4) ми́лый, ми́лая *(в обраще́нии);* ра́дость моя́

sweet II *a* 1) сла́дкий; **~ pepper** сла́дкий пе́рец *(о́вощ);* **to make ~** подсласти́ть 2) души́стый, арома́тный 3) све́жий, неиспо́рченный; **~ water** све́жая/пре́сная вода́ 4) пре́сный, несолёный 5) не́жный, мелоди́чный 6) ми́лый, ла́сковый; привлека́тельный; **she is a ~ person** она́ о́чень ми́лая; **that's ~ of you** о́чень ми́ло с ва́шей стороны́ ◊ **he has a ~ tooth** он сладкое́жка; **to be ~ (up)on smb** быть влюблённым в кого́-л.

sweetbrier [´swiːt´braɪə(r)] *n* шипо́вник

sweetcorn [´swiːt͵kɔːn] *n* сла́дкая кукуру́за

sweeten [´swiːtən] *v* подсла́щивать ◊ **to ~ the pill** подсласти́ть пилю́лю

sweetener [´swiːtənə(r)] *n* 1) замени́тель са́хара 2) *разг.* взя́тка, подноше́ние

sweetheart [´swiːthɑːt] *n* возлю́бленный; возлю́бленная

sweetie [´swiːtɪ] *n разг.* конфе́тка

sweetish [´swiːtɪʃ] *a* сладкова́тый

sweetmeat [´swiːtmiːt] *n* 1) конфе́та 2) ма́ленькое пиро́жное

sweetness [´swiːtnɪs] *n* 1) сла́дость 2) прия́тность

sweet shop [´swiːtʃɒp] *n* конди́терская

sweet william [´swiːt͵wɪljəm] *n бот.* флокс

swell I [swel] *n* 1) зыбь, волне́ние мо́ря *(после шторма);* **ground ~** мёртвая зыбь 2) *муз.* нараста́ние и ослабле́ние зву́ка орга́на; нараста́ющий звук 3) *разг.* выдаю́щаяся ли́чность; ва́жная ши́шка 4) вы́пуклость; о́пухоль; утолще́ние

swell II *a разг.* 1) *амер.* великоле́пный, отли́чный, замеча́тельный; **that's ~ !** кла́ссно 2) мо́дный, шика́рный

swell III *v* (**swelled; swelled, swollen**) 1) надува́ть(ся), раздува́ть(ся), вздува́ть(ся) 2) пу́хнуть, распуха́ть *(out)* 3) вздыма́ться *(о мо́ре и т.п.)* 4) уси́ливаться, нараста́ть *(о зву́ке)*

swelling I [´swelɪŋ] *n* о́пухоль

swelling II *a* 1) вздыма́ющийся 2) нараста́ющий *(о зву́ке)*

swelter I [´sweltə(r)] *n* зной, духота́

swelter II *v* изнемога́ть от духоты́ и зно́я

sweltering [´sweltərɪŋ] *a* ду́шный и зно́йный, о́чень жа́ркий

swept [swept] *past, p. p. см.* **sweep II**

swerve I [swɜːv] *n* поворо́т, (ре́зкое) отклоне́ние

swerve II *v* отклоня́ть(ся), кру́то повора́чивать

swift I [swɪft] *a* бы́стрый; **~ flight** стреми́тельный полёт; **a ~ answer** ско́рый отве́т; **~ to anger** вспы́льчивый

swift II *adv* бы́стро, ско́ро

swift-acting [͵swɪft´æktɪŋ] *a* быстроде́йствующий

swiftness [´swɪftnɪs] *n* быстрота́, стреми́тельность

swig I [swɪg] *n* глото́к *(спиртно́го);* **to take a ~ at a bottle** глотну́ть из буты́лки

swig II *v разг.* отхлёбывать из буты́лки

swill I [swɪl] *n* 1) ополо́скивание, облива́ние *(водо́й)* 2) по́йло, помо́и *(для свине́й)*

swill II *v* 1) ополо́скивать, обмыва́ть, облива́ть *(out)* 2) жа́дно пить

swim I [swɪm] *n* 1) пла́вание; **let's go for a ~** пойдёмте купа́ться; **to take a ~** вы́купаться 2) заплы́в 3) ры́бная за́водь ◊ **to be in the ~** быть в ку́рсе де́ла

swim II *v* (**swam; swum**) 1) пла́вать, плыть; **to ~ across the river** переплы́ть ре́ку 2) уча́ствовать в заплы́ве, соревнова́ниях по пла́ванию и т.п. 3) кружи́ться *(о голове́);* плыть пе́ред глаза́ми 4) залива́ться, наполня́ться *(in, with);* **~ming eyes** глаза́, по́лные слёз ◊ **to sink or ~!** была́ не была́!, где на́ша не пропада́ла!

swimmer [´swɪmə(r)] *n* плове́ц; пловчи́ха

swimming baths [´swɪmɪŋ͵bɑːθ] *уст. см.* **swimming pool**

swimmingly [´swɪmɪŋlɪ] *adv* гла́дко, без поме́х, как по ма́слу

swimming pool [ˈswɪmɪŋˌpuːl] *n* плавательный бассейн

swimsuit [ˈswɪmsuːt] *n* женский закрытый купальник *(в отличие от купальника из двух частей)*

swimwear [ˈswɪmweə(r)] *n* купальники и купальные принадлежности

swindle I [ˈswɪndl] *n* обман, надувательство, жульничество

swindle II *v* 1) обманывать, надувать 2) обманом выманивать

swindler [ˈswɪndlə(r)] *n* мошенник, жулик

swine [swaɪn] *n* 1) *книжн., амер. (pl без измен.)* свинья 2) *разг.* свинья *(как ругательство)*

swineherd [ˈswaɪnhɜːd] *n уст.* свинопас

swing I [swɪŋ] *n* 1) качание, колебание; размах; **in full ~** полным ходом; в полном разгаре 2) подвесные качели 3) ритм; ритмичная походка; ритмичные движения 4) *муз.* свинг *(джазовая танцевальная музыка, популярная в 30 – 40 гг. 20 в.)* 5) *рлн* размах, удвоенная амплитуда *(сигнала)*

swing II *v (past, p. p. swung)* 1) качаться; колебаться; колыхаться; развеваться 2) махать, размахивать; **to ~ open** распахнуться 3) висеть; свисать, болтаться 4) идти мерным, ритмичным шагом *(тж to ~ along, to ~ by, to ~ past)* 5) поворачиваться, повернуться *(тж to ~ round);* **to ~ round sharply** резко повернуться

swing bridge [ˈswɪŋbrɪdʒ] *n* разводной мост

swinger [ˈswɪŋə(r)] *n разг., уст.* 1) прожигатель(ница) жизни 2) свингер *(человек, имеющий беспорядочные сексуальные связи)*

swinging [ˈswɪŋɪŋ] *a* 1) *муз.* свинговый, ритмичный 2) *уст.* раскованный, без комплексов *(о молодёжи);* **the ~ Sixties** раскованные шестидесятые *(1960-е годы)*

swinish [ˈswaɪnɪʃ] *a* свинский, грязный

swinishness [ˈswaɪnɪʃnɪs] *n* свинство

swipe I [swaɪp] *n* сильный удар; **to take a ~ at smb** замкнуться на ком-л.

swipe II *v разг.* 1) с силой ударить 2) стянуть, стибрить

swirl I [swɜːl] *n* 1) водоворот 2) кружение, завихрение; вихрь 3) завиток *(как узор, часть узора)*

swirl II *v* 1) кружиться в водовороте 2) кружиться в танце 3) образовывать водоворот

swish I [swɪʃ] *n* свист от взмаха косы, трости и т.п.

swish II *v* рассекать (воздух) со свистом **swish off** сбивать *(тростью и т. п., напр., цветы)*

swish III *a разг.* шикарный, модный, стильный

Swiss I [swɪs] *n* швейцарец; швейцарка **the ~** *(употр. как pl)* швейцарцы

Swiss II *a* швейцарский; **~ cheese** швейцарский сыр; **~ roll** *кул.* рулет с джемом *или* кремом

switch I [swɪtʃ] *n* 1) *эл.* выключатель; переключатель; рубильник 2) прут; хлыст 3) коммутатор, коммутационное устройство 4) *амер. ж.-д.* стрелка 5) фальшивые локоны; накладка из волос

switch II *v* 1) *эл.* включать *(on);* переключать; выключать *(off)* 2) менять, изменять *(направление, положение и т.п.)* 3) быстро переводить, повернуть 4) направить *(разговор и т. п.)* в другую сторону 5) размахивать 6) *амер. ж.-д.* переводить поезд на другой путь; 7) выхватывать *(из рук)* **switch off** 1) выключать ток 2) разъединять *(по телефону)* **switch on** 1) выключать ток 2) соединять *(по телефону)*

switchboard [ˈswɪtʃbɔːd] *n эл.* 1) распределительный щит 2) коммутатор 3) наборная панель

switch-plug [ˈswɪtʃplʌg] *n эл.* штепсель

swivel [ˈswɪvəl] *n тех.* шарнирное соединение

swob I, II [swɒb] *см.* **swab I, II**

swollen [ˈswəʊlən] *p. p. см.* **swell III**

swoon I [swuːn] *n* обморок

swoon II *v* терять сознание; падать в обморок

swoop I [swuːp] *n* 1) внезапное нападение, налёт 2) *воен.* внезапная атака

swoop II *v* 1) пикировать; устремляться вниз 2) налетать; бросаться, устремляться *(на добычу и т. п.)* 3) *разг.* хватать на лету *(обыкн.* **to ~ up)** ◊ **to ~ down** а) устремляться *(на добычу)* б) *ав.* пикировать

swop I [swɒp] *n* товаро)обмен; бартер

swop II *v* обменивать(ся), менять(ся); производить обмен

sword [sɔːd] *n* 1) меч; шашка, сабля, шпага; **cavalry ~** кавалерийская сабля, шашка; **~ of Damocles** дамоклов меч; **duelling ~** рапира; **to draw/to unsheathe the ~** обнажить меч; *перен.* начать войну; **to sheathe/to put up one's ~** вложить меч в ножны; *перен.* закончить войну; **to cross ~s with smb** скрестить шпаги с кем-л.; **to put to the ~** предать мечу, убить, истребить; казнить 2) **(the ~)** война 3) **(the ~)** военная мощь

sword-belt [ˈsɔːdbelt] *n* портупея

swordfish [ˈsɔːdfɪʃ] *n* меч-рыба

sword-hilt [ˈsɔːdhɪlt] *n* эфес

swordplay [ˈsɔːdpleɪt] *n спорт.* фехтование

swordsman [ˈsɔːdzmən] *n* искусный фехтовальщик

swordsmanship [ˈsɔːdzmənʃɪp] *n* 1) *спорт.* фехтова́ние 2) иску́сство владе́ния мечо́м *или* шпа́гой

swore [swɔː(r)] *past см.* **swear**

sworn [swɔːn] *p. p. см.* **swear**

swum [swʌm] *p. p. см.* **swim II**

swung [swʌŋ] *past, p. p. см.* **swing II**

swung dash [ˌswʌŋ ˈdæʃ] *полигр.* ти́льда (~)

swot [swɒt] *разг.* зубри́ла

sybarite [ˈsɪbəraɪt] *n* сибари́т

sycamore [ˈsɪkəmɔː(r)] *n бот.* 1) я́вор (*тж* ~ **maple**); *амер.* плата́н, чина́ра 2) сикамо́р (*тж* ~ **fig**)

sycophant [ˈsɪkəfænt] *n* льстец, подхали́м

syllabic [sɪˈlæbɪk] *a* слогово́й

syllable [ˈsɪləbl] *n* 1) слог; **open/closed** ~ откры́тый/закры́тый слог 2) **not to utter a** ~ не произнести́ ни зву́ка

syllabus [ˈsɪləbəs] *n (pl тж* **syllabi** [ˈsɪləbaɪ]) 1) програ́мма обуче́ния, уче́бный план, расписа́ние (заня́тий) 2) конспе́кт, план

syllogism [ˈsɪlədʒɪzəm] *n лог.* силлоги́зм

sylvan [ˈsɪlvən] *a* лесно́й, леси́стый

symbol [ˈsɪmbəl] *n* 1) си́мвол, эмбле́ма 2) обозначе́ние; знак

symbolic(al) [sɪmˈbɒlɪk(əl)] *a* символи́ческий

symbolise [ˈsɪmbəlaɪz] *v* 1) символизи́ровать 2) изобража́ть с по́мощью си́мволов

symbolism [ˈsɪmbəlɪz(ə)m] *n иск.* символи́зм

symbolist [ˈsɪmbəlɪst] *n иск.* символи́ст

symbolize [ˈsɪmbəlaɪz] *амер. см.* **symbolise**

symmetrical [sɪˈmetrɪkəl] *a* симметри́чный

symmetry [ˈsɪmɪtrɪ] *n* 1) симметри́я 2) соразме́рность

sympathetic [ˌsɪmpəˈθetɪk] *a* 1) сочу́вственный, сочу́вствующий; **a** ~ **look** сочу́вствующий взгляд 2) бли́зкий (*о взгля́дах, иде́ях*); солида́рный; ~ **strike** забасто́вка солида́рности 3) симпати́ческий

sympathize [ˈsɪmpəθaɪz] *v* симпатизи́ровать, сочу́вствовать (*кому́-л.* — **with**)

sympathizer [ˈsɪmpəθaɪzə(r)] *n* сторо́нник, сочу́вствующий

sympathy [ˈsɪmpəθɪ] *n* 1) взаимопонима́ние, симпа́тия 2) сочу́вствие; сострада́ние (**with**) 3) одобре́ние, симпа́тия (**for**) 4) *attr:* ~ **strike** забасто́вка солида́рности (*тж* ~ **action**)

symphonic [sɪmˈfɒnɪk] *a* симфони́ческий

symphonist [ˈsɪmfənɪst] *n* а́втор симфо́ний, симфони́ческой му́зыки

symphony [ˈsɪmfənɪ] *n* симфо́ния

symposium [sɪmˈpəʊzɪəm] *n (pl* **symposia** [sɪmˈpəʊzɪə]) 1) симпо́зиум 2) сбо́рник стате́й на обсужда́емую (на симпо́зиуме) те́му

symptom [ˈsɪmptəm] *n* симпто́м, при́знак

symptomatic [ˌsɪmptəˈmætɪk] *a* симптомати́ческий

synagogue [ˈsɪnəgɒg] *n* синаго́га

synchromesh [ˈsɪŋkrəʊmeʃ] *n авто* синхрониза́тор

synchronize [ˈsɪŋkrənaɪz] *v* 1) происходи́ть одновре́менно; совпада́ть по вре́мени 2) устана́вливать одновре́менность (*собы́тий*) 3) пока́зывать одно́ вре́мя (*о часа́х*) 4) сверя́ть (*часы́*)

synchronized swimming [ˈsɪŋkrənaɪzdˌswɪmɪŋ] *n спорт.* синхро́нное пла́вание

synchronous [ˈsɪŋkrənəs] *a* синхро́нный, одновре́менный

syndicate [ˈsɪndɪkət] *n* синдика́т

syndrome [ˈsɪndrəʊm] *n мед.* синдро́м; **crush-** ~ синдро́м разда́вливания (*возника́ющий по́сле освобожде́ния люде́й из-под обло́мков разру́шенных зда́ний*)

synod [ˈsɪnəd] *n церк.* сино́д

synonym [ˈsɪnənɪm] *n* сино́ним

synonymous [sɪˈnɒnɪməs] *a* синоними́ческий, синоними́чный

synonymy [sɪˈnɒnɪmɪ] *n* синоними́я; синони́мика

synopsis [sɪˈnɒpsɪs] *n (pl* **synopses** [sɪˈnɒpsiːz]) обзо́р; конспе́кт; сино́псис

syntactic(al) [sɪnˈtæktɪk(əl)] *a* синтакси́ческий

syntax [ˈsɪntæks] *n* си́нтаксис

synthesis [ˈsɪnθɪsɪs] *n (pl* **syntheses** [ˈsɪnθɪsiːz]) си́нтез

synthesizer [ˈsɪnθɪˌsaɪzə(r)] *n муз.* синтеза́тор

synthetic [sɪnˈθetɪk] *a* синтети́ческий

syphilis [ˈsɪfɪlɪs] *n мед.* си́филис

syphon [ˈsaɪfən] *см.* **siphon**

Syrian I [ˈsɪrɪən] *n* сири́ец; сири́йка; **the** ~**s** сири́йцы

Syrian II *a* сири́йский

syringe I [sɪˈrɪndʒ] *n* 1) шприц; **hypodermic** ~ шприц для подко́жных инъе́кций 2) спринцо́вка 3) опры́скиватель

syringe II *v* 1) впры́скивать шпри́цем 2) спринцева́ть; промыва́ть 3) опры́скивать

syrup [ˈsɪrəp] *n* 1) сиро́п 2) па́тока; **golden** ~ све́тлая па́тока

system [ˈsɪstɪm] *n* 1) систе́ма; **solar** ~ со́лнечная систе́ма; ~ **of government** госуда́рственный строй, систе́ма правле́ния; **political** ~ полити́ческая систе́ма; госуда́рственный строй; **speed-up/sweating** ~ потого́нная систе́ма; **nervous** ~ не́рвная систе́ма; **railway** ~ сеть желе́зных доро́г; железнодоро́жная сеть 2) ме́тод; упоря́доченность; **his work lacks** ~ в его́ рабо́те нет систе́мы 3) органи́зм; **to get smth out of one's** ~ *разг.* отде́латься от страха, тревоги, неуверенности и *т. п.*; очиститься от чего-л. неприятного

system administrator [ˌsɪstəm ædˈmɪnɪˌstreɪtə] *n вчт* системный администратор

systematic [ˌsɪstəˈmætɪk] *a* систематический

systematize [ˈsɪstəmətaɪz] *v* систематизировать

system board [ˈsɪstɪm bɔːd] *n вчт* системная, материнская плата

systems analyst [ˌsɪstəmz ˈænəlɪst] *n вчт* системный аналитик; системотехник, *проф.* системщик

systole [ˈsɪstəlɪ] *n физиол.* систола, сокращение сердца

syzygy [ˈsɪzɪdʒɪ] *n астр.* сизигии

T

T, t [tiː] *n 20-я буква англ. алфавита* ◊ **to a T** точь-в-точь; совершенно; как раз; в точности; **it suits me to a T** это меня вполне устраивает

t. *сокр.* **(ton)** тонна

TAB *сокр.* **(typhoid-paratyphoid A and B vaccine)** противотифозная вакцина A и B

tab [tæb] *n* 1) петелька, ушко; вешалка *(на одежде)* 2) *амер. разг.* чек; счёт; **to keep ~(s) on** вести счёт, учёт; *перен.* следить *(за кем-л.)* 3) нашивка; петлица

tab² *n* 1) этикетка, ярлык, наклейка 2) *вчт* символ табуляции, табуляция 3) наклейка защиты от записи

tabard [ˈtæbəd] *n* 1) костюм герольда 2) *ист.* короткий плащ

tabasco [təˈbæskəʊ] *n* 1) *бот.* табаско *(мексиканский стручковый перец)* 2) *фирм.* острая приправа из перца-табаско

tabby [ˈtæbɪ] *n* 1) полосатая кошка 2) муаровая ткань

tabernacle [ˈtæbənækl] *n* 1) шатёр 2) *рел.* табернакль; молельня

table I [ˈteɪbl] *n* 1) стол; **dining ~** обеденный стол; **to be at ~** сидеть за столом; **to lay the ~** накрывать на стол; **to clear the ~** убрать со стола 2) еда, кухня, стол; **to keep a good ~** иметь хорошую кухню 3) общество за столом 4) таблица; **~ of contents** оглавление; **multiplication ~s** таблица умножения 5) плоскогорье, горное плато 6) плита; скрижаль 7) *attr* столовый; **~ wine** столовое вино; **~ manners** умение вести себя за столом

◊ **on the ~** предложенный для дискуссии, для обсуждения; **to turn the ~s** а) поменяться ролями б) отплатить той же монетой; **he can drink me under the ~** он сможет меня перепить; он меня споит

Tab key [tæb kiː] *n вчт* клавиша табуляции

table II *v* 1) оставить на обсуждение 2) откладывать решения в долгий ящик

tableau [ˈtæbləʊ] *n (pl* **tableaux)** 1) живая картина 2) неожиданная и эффектная сцена 3) *театр.* картина *(в опере, балете)*

tablecloth [ˈteɪblklɒθ] *n* скатерть

table d'hôte [ˌtɑːblˈdəʊt] *n* комплексный обед, ужин *(в ресторане, гостинице, пансионате)*; *уст.* табльдот

table flap [ˈteɪblˌflæp] *n* откидная доска стола

tableknife [ˈteɪblnaɪf] *n* столовый нож

table lamp [ˈteɪblæmp] *n* настольная лампа *(тж* **desk lamp)**

tableland [ˈteɪbllænd] *n* плоскогорье, плато

table linen [ˈteɪblˌlɪnɪn] *n* столовое бельё

table mat [ˈteɪblˌmæt] *n* подставка под тарелку и *т.п.*

table napkin [ˈteɪblˌnæpkɪn] *n* салфетка

tablespoon [ˈteɪblspuːn] *n* столовая ложка

tablet [ˈtæblɪt] *n* 1) таблетка *(лекарства)* 2) кусок *(мыла и т. п.)*; плитка *(чего-л.)* 3) дощечка *(с надписью)* 4) *амер.* блокнот 5) планшет

table talk [ˈteɪbltɔːk] *n* застольная беседа

table tennis [ˈteɪblˌtenɪs] *n* настольный теннис, пинг-понг *(тж* **ping-pong)**

tabletop [ˈteɪb(ə)ltɒp] *a* настольный *(тж* **desktop)**

tableware [ˈteɪblweə(r)] *n собир.* столовая посуда

tabling [ˈteɪblɪŋ] *n* откладывание, затягивание

tabloid [ˈtæblɔɪd] *n* 1) таблоид, развлекательная малоформатная газета со скандальными новостями 2) *attr:* **~ TV** *амер.* шокирующие *или* скандальные телепередачи

taboo I [təˈbuː] *n* табу; запрет

taboo II *a predic* запрещённый; табуизированный; табуированный; **this subject is ~** это запрещённая тема

taboo III *v* запрещать; налагать табу

tabor [ˈteɪbə(r)] *n* маленький барабан

tabouret [ˈtæbərɪt] *n* скамеечка; табурет

tabu I, II, III [təˈbuː] *см.* **taboo I, II, III**

tabular [ˈtæbjʊlə(r)] *a* 1) табличный, имеющий форму таблиц 2) широкий и плоский 3) слоистый, пластинчатый *(о кристалле)*

tabulate [ˈtæbjʊleɪt] *v* располагать в виде таблиц; сводить в таблицу

tabulation [ˌtæbjʊˈleɪʃ(ə)n] *n* составление таблиц; табуляция

tabulator [ˈtæbjʊleɪtə(r)] *n* 1) составитель таблиц 2) *тех.* табулятор, приспособление для печатания таблиц

tachometer [təˈkɒmɪtə(r)] *n тех.* тахометр (*тж* **rev counter**)

tachycardia [ˌtækɪˈkɑːdɪə] *n мед.* тахикардия

tacit [ˈtæsɪt] *a* 1) молчаливый (*о согласии, одобрении*); безмолвный 2) подразумеваемый

taciturn [ˈtæsɪtɜːn] *a* молчаливый, неразговорчивый

tack[1] **I** [tæk] *n* 1) гвоздь с широкой шляпкой 2) *амер.* (чертёжная) кнопка 3) намётка (*при шитье*), смётывание; стежки 4) *мор.* галс 5) **on the starboard ~** правым галсом 5) политическая линия, курс; **try another ~** попробуй другой способ 6) липкость, клейкость 7) : **hard ~** морской сухарь

tack[1] **II** *v* 1) прикреплять (*гвоздиками, кнопками; тж* **to ~ down**); прибивать 2) смётывать на живую нитку 3) добавлять, присоединять (*to, on*) 4) *мор.* поворачивать на другой галс 5) менять курс, линию поведения

tack[2] *n* сбруя, упряжь (*лошади*)

tackle I [ˈtækl] *n* 1) принадлежности; оборудование; инструменты 2) *мор.* снасти; такелаж 3) *тех.* полиспаст, система блоков

tackle II *v* 1) браться энергично (*за решение проблемы и т. п.*) 2) биться над чем-л. 3) вступать в спор, дискуссию 4) перехватывать, останавливать (*игрока и т. п.*) 5) закреплять; привязывать

tacky [ˈtækɪ] *a* клейкий, липкий, тягучий

tact [tækt] *n* 1) такт, тактичность 2) *тех.* такт, период

tactful [ˈtæktfʊl] *a* тактичный

tactical [ˈtæktɪkəl] *a* 1) *воен.* тактический; боевой 2) ловкий

tactician [tækˈtɪʃ(ə)n] *n* тактик

tactics [ˈtæktɪks] *n* 1) тактика 2) ловкость манёвра

tactile [ˈtæktaɪl] *a* 1) осязательный, тактильный 2) осязаемый

tactless [ˈtæktlɪs] *a* бестактный

tad [tæd] *n амер. разг.* небольшое количество; немного

Tadjik I [tɑːˈdʒɪk] *n* 1) таджик; таджичка; **the ~** (*употр. как pl*) собир. таджики 2) таджикский язык

Tadjik II *a* таджикский

tadpole [ˈtædpəʊl] *n* головастик

taffeta [ˈtæfɪtə] *n* тафта

taffy [ˈtæfɪ] *n амер.* 1) *см.* **toffee** 2) лесть

tag I [tæg] *n* 1) этикетка, бирка, ярлык, жетон 2) металлический наконечник (*на шнурке и т. п.*) 3) петля, ушко 4) *амер.* номер на автомашине 5) избитая фраза, цитата 6) припев 7) игра в салки 8) *вчт* тег, признак, дескриптор 9) электронный датчик, «маячок»

tag II *v* 1) прикреплять ярлык, этикетку, ушко и *т.п.* 2) *разг.* следовать по пятам 3) соединять, привязывать 4) поймать играющего (в салки), «салить»

tagged [tægd] *a* 1) снабжённый ярлыком, этикеткой, биркой 2) окованный; с металлическим наконечником 3) *физ.* меченый (*атом и т. п.*) 4) *вчт* маркированный (*о данных*), отмеченный, помеченный

taiga [ˈtaɪɡə] *n* тайга

tail I [teɪl] *n* 1) хвост 2) задняя часть чего-л.; **~ of a cart** задок телеги 3) коса, косичка 4) свита 5) очередь, «хвост» 6) *ав.* хвостовое оперение 7) *pl разг.* фрак 8) *pl* решка 9) *разг.* «хвост», преследователь 10) *attr* задний; хвостовой ◊ **with one's ~ up** *разг.* в приподнятом настроении; **with the ~ between the legs** поджав хвост, струсив; униженно

tail II [teɪl] *v* 1) следовать по пятам; **they were ~ing us** за нами был «хвост» 2) обрывать хвостики (*ягод*)

tail after следовать по пятам

tail away 1) уменьшаться, слабеть, рассеиваться 2) отставать

tail off см. **tail away**

tail on (to) соединять (*что-л.*), присоединять

tailboard [ˈteɪlbɔːd] *n* откидной борт (*грузовика*); откидная доска

tailcoat [ˈteɪlkəʊt] *n* фрак

tail end [ˈteɪlˌend] *n* 1) конец; хвост (*процессии*) 2) (**the ~**) заключительная часть

tailings [ˈteɪlɪŋz] *n pl* остатки, отбросы

tailless [ˈteɪllɪs] *a* бесхвостый

tail light [ˈteɪllaɪt] *n* 1) *авто* задний габаритный огонь; *ж.-д.* задний фонарь 2) *ав.* хвостовой огонь

tailor I [ˈteɪlə(r)] *n* портной

tailor II *v* портняжничать; шить (*костюмы, пальто*); (**well**) **~ed** хорошо сшитый (*о костюме и т. п.*)

tailor-made [ˈteɪləmeɪd] *a* 1) сшитый у портного; сшитый на заказ, индивидуального пошива (*об одежде*) 2) нестандартный, сделанный *или* подобранный по индивидуальному заказу

tailpiece [ˈteɪlpiːs] *n* 1) заключительная часть (*чего-л.*) 2) *полигр.* концовка

tailplane [ˈteɪlpleɪn] *n ав.* хвостовой стабилизатор

tail-skid [ˈteɪlskɪd] *n ав.* скольжение на хвост

tail-slide [ˈteɪlslaɪd] *см.* **tail-skid**

tailspin [ˈteɪlspɪn] *n ав.* (нормáльный) штó-пор; **to fall into a ~** войти в штóпор

tailwind [ˈteɪlwɪnd] *n* попýтный вéтер

taint I [teɪnt] *n* 1) пятнó *(позора)*; червотóчи-на; следы́ гниéния, разрушéния; **without any ~ of** без тéни чегó-л. *(плохого и т. п.)* 2) испóрченность, гниéние, разрушéние; зара-жённость

taint II *v* пóртить(ся); заражáть(ся); **~ ed reputation** подмóченная репутáция

taintless [ˈteɪntlɪs] *a* безупрéчный

take I [teɪk] *n* 1) добы́ча, улóв 2) *амер.* сбор *(театральный)*; *pl* вы́ручка 3) *кино* мон-тáжный кадр

take II *v* (**took; taken**) 1) брать, взять; **to ~ a** взять рýчку 2) захвати́ть, поймáть; завла-дéть; взять в плен; **to ~ prisoners/a town** взять плéнных/гóрод; **to ~ money home** при-носи́ть домóй дéньги 3) получáть; прини-мáть; покупáть; нанимáть, снимáть *(квар-тиру и т. п.)*; **to ~ an order** приня́ть закáз; **to ~ first prize** получи́ть пéрвый приз 4) éхать *(каким-л. видом транспорта)*; **to ~ a taxi** взять такси́; **to ~ a train** éхать пóездом 5) занимáть *(свободное место и т. п.)* 6) есть, пить; **I took the pills** я при́нял таблéт-ки 7) трéбовать *(времени, терпения, опыта и т. п.)*; **is ~s an hour to get there** тудá мóжно добрáться за час; **it ~s an expert to ~ an expert** специали́ста найдёт тóлько спе-циали́ст 8) пленя́ть, увлекáть, нрáвиться; имéть успéх 9) выбирáть *(путь, способ)* 10) понимáть; полагáть; предполагáть; **do you ~ me?** вы меня́ пóняли?; **I ~ it that you agree** я полагáю, вы соглáсны; **to ~ smb to be an interesting partner** считáть когó-л. интерéсным партнёром; **to ~ for** принимáть за, ошибáться *(приняв за другое)*; **do you ~ me for an idiot?** ты что, за идиóта меня́ принимáешь? 11) подвергáться, поддавáть-ся воздéйствию; реаги́ровать; **to ~ the news calmly** спокóйно восприня́ть нóвость 12) дéйствовать, окáзывать дéйствие; испол-ня́ть; **to ~ a decision** приня́ть решéние 13) снимáть, фотографи́ровать 14) *тех.* твер-дéть, схвáтываться *(о цементе и т. п.)* 15) *с прямым дополнением, выраженным сущ., образует устойчивые словосочетания, ко-торые при соответствующих сущ., напр.:* **to ~ advantage** *см.* **advantage**; **to ~ measures** *см.* **measure** *и т. п.* ◊ **to have what it ~s** *разг.* имéть все дáнные, все необходи́мые кáчества для успéха; **to ~ for granted** считáть самó собóй разумéющим-ся; считáть вполнé дозвóленным; **to ~ as**

read принимáть, не читáя и не обсуждáя; **to ~ one's time** не торопи́ться

take about покáзывать *(кому-л.)* окрéст-ности, достопримечáтельности

take after 1) быть похóжим, походи́ть *(на родственника)* 2) начáть преслéдовать *(кого-л.)*

take against невзлюби́ть *(кого-л.)*, неприя́з-ненно относи́ться к *(кому-л.)*

take along брать *(кого-л., что-л.)* с собóй

take apart 1) отвести́ в стóрону *(кого-л.)* 2) разбирáть на чáсти 3) *разг.* устрóить раз-нóс; стрóго наказáть

take around *см.* **take round**

take away 1) убирáть, забирáть, брать на вы́нос 2) отвлекáть *(внимание)* 3) облегчáть *(боль)* 4) вычитáть 5) лишáть *(кого-л. чего-л.)*

take back 1) возвращáть 2) отводи́ть, отво-зи́ть *(кого-л.)* 3) приня́ть обрáтно 4) брать *(свои слова, сказанное)* обрáтно, признавáть свою́ непрáвоту 5) возвращáть в прóшлое, напоминáть

take down 1) разбирáть на чáсти 2) разру-шáть, сноси́ть *(здание, мост и т. п.)* 3) за-пи́сывать *(что-л.)*

take in 1) набрáть *(что-л.)* внутрь 2) при-ня́ть *(кого-л.)* как гóстя 3) брать жильцóв 4) брать рабóту нá дом 5) замечáть *(что-л.)* 6) поня́ть, схвати́ть смысл 7) принимáть на вéру 8) ушивáть *(одежду)*

take off 1) убирáть, снимáть *(что-л.)* 2) снимáть *(одежду)* 3) ампути́ровать 4) спа-сáть с тóнущего сýдна 5) уходи́ть, уезжáть; уводи́ть 6) снимáться с мéста 7) взлетáть *(о самолёте)* 8) снимáть пьéсу *(со сцены)*, фильм *(с экрана)* 9) худéть, сбрáсывать вес 10) убирáть *(налоги и т. п.)* 11) брать вы-ходнóй 12) *разг.* пароди́ровать, изображáть, копи́ровать *(кого-л.)*

take on 1) взять с собóй *(на борт корабля, самолёта)* 2) повести́, повезти́ дáльше 3) заправля́ться *(горючим, водой и т.п.)* 4) брать на себя́ отвéтственность 5) снимáть *(дом, квартиру)* 6) нанимáть *(работника)* 7) принимáть *(выражение, вид, форму и т. п.)*

take out 1) удаля́ть, уноси́ть, выноси́ть 2) вы́нуть, достáть *(откуда-л.)* 3) удаля́ть, смывáть, счищáть *(пятна и т. п.)* 4) брать с собóй *(в путешествие, поездку и т. п.)* 5) приглашáть в ресторáн; приглашáть *(куда-л.)* развлéчься

take over 1) захвати́ть власть; прийти́ к влáсти 2) принимáть *(должность, обязан-ность, полномочия)* 3) заступáть на *(смену, вахту, дежурство и т. п.)*

take round 1) брать с собóй на прогýлку, в поéздку *и т. п.* 2) развлекáться *(с кем-л.)* 3) показывать достопримеча́тельности *(кому-л.)*; води́ть *(где-л.)*

take through осуществи́ть *(план и т. п.)*; довести́ до конца́ *(начатое дело)*

take up 1) поднима́ть 2) вбира́ть, вса́сывать 3) поднима́ть *(петлю, нитку и т. п.)* 4) укора́чивать *(одежду)* 5) приступа́ть к *(рабо́те, должности и т. п.)* 6) нача́ть проявля́ть интере́с к *(чему-л.)* 7) брать пассажи́ров, груз 8) подхва́тывать *(мотив и т. п.)* 9) поднима́ть *(вопрос, проблему)* 10) принима́ть предложе́ние 11) ту́го натя́гиваться

take up on 1) лови́ть на сло́ве 2) де́лать замеча́ния *(к сказанному, написанному)*

take up to переноси́ть *(читателя, зрителя)* в какое-л. ме́сто *или* вре́мя

take with брать, захва́тывать с собо́й

takeaway ['teɪkə͵weɪ] *n* 1) еда́, ку́пленная в кафе́, рестора́не; еда́ на вы́нос *(амер.* **takeout**) 2) рестора́н, кафе́, торгу́ющие едо́й на вы́нос

take-home pay ['teɪkhəʊm͵peɪ] *n эк.* факти́ческая за́работная пла́та *(за вы́четом нало́гов)*, реа́льная зарпла́та, *разг.* зарпла́та «чи́стыми»

take-in ['teɪk͵ɪn] *n* обма́н

taken ['teɪkən] *p. p. см.* **take I**

take-off ['teɪkɔːf] *n* 1) *ав.* взлёт, отры́в от земли́ 2) подража́ние; паро́дия; передра́знивание 3) взмыва́ние вверх в прыжке́

taking I ['teɪkɪŋ] *n pl* вы́ручка

taking II *a* 1) привлека́тельный 2) инфекцио́нный, зара́зный

takeover ['teɪk͵əʊvə(r)] *n* 1) *эк.* поглоще́ние одно́й компа́нии друго́й 2) госуда́рственный переворо́т 3) захва́т

talc [tælk] *n* тальк

talcum powder ['tælkəm͵paʊdə(r)] *см.* **talc**

tale [teɪl] *n* 1) повествова́ние, расска́з; **a tall ~** невероя́тная исто́рия; **fairy ~** ска́зка 2) вы́думка; спле́тня; **old wives' ~s** ба́бьи спле́тни; ба́бушкины ска́зки; **to tell ~s** спле́тничать ◊ **to tell ~s out of school** я́бедничать; **~ of a tub** пуста́я вы́думка

talebearer ['teɪl͵beərə(r)] *n* 1) спле́тник 2) доно́счик, я́бедник

talent ['tælənt] *n* тала́нт

talented ['tæləntɪd] *a* тала́нтливый, одарённый

talentless ['tæləntlɪs] *a* безда́рный

taleteller ['teɪl͵telə(r)] *n* 1) расска́зчик 2) *см.* **talebearer**

talisman ['tælɪzmən] *n* талисма́н

talk I [tɔːk] *n* 1) разгово́р; бесе́да; обраще́ние; докла́д; **to have a long ~** до́лго бесе́довать; **small ~** пуста́я болтовня́, пусто́й разгово́р

2) слу́х(и); пересу́ды; спле́тни; **there is a ~ of...** говоря́т, что..., хо́дят слу́хи, что...; **village ~** дереве́нские пересу́ды, спле́тни 3) предме́т разгово́ра, обсужде́ния; **~ of the town** о чём говоря́т в го́роде 4) *pl* перегово́ры; **to have ~s with smb** вести́ с кем-л. перегово́ры ◊ **all ~ and no action** одна́ болтовня́; мно́го шу́ма, то́лку ма́ло

talk II *v* 1) говори́ть, разгова́ривать *(о ком-л., чём-л. — about, of;* с кем-л. *— with)*; обрати́ться *(к кому-л. — to)*; **they ~ed about going abroad** они́ говоря́т, что собира́ются пое́хать за грани́цу; **to ~ business** говори́ть о де́ле; **to ~ Russian** разгова́ривать, говори́ть по-ру́сски; **~ing of** а) говоря́ о, кста́ти б) по по́воду, относи́тельно; **to ~ from the point** отвле́чься в сто́рону *(от вопроса и т. п.)* 2) погова́ривать; распространя́ть слу́хи; **it is much ~ed of** об э́том мно́го говоря́т ◊ **to know what one is ~ing about** быть све́дущим в чём-л., знать хорошо́ вопро́с; **now you're ~ing!** *разг.* вот тепе́рь ты де́ло говори́шь!; **to ~ shop** говори́ть то́лько о рабо́те *(в обществе, на досуге)*; **to ~ tall** хва́статься; **to ~ through one's hat/neck** *разг.* а) преувели́чивать б) нести́ чушь, несусве́тицу

talk away 1) мно́го говори́ть, говори́ть часа́ми 2) продолжа́ть говори́ть

talk back 1) де́рзко возража́ть, огрыза́ться 2) перегова́риваться по ра́дио

talk down 1) перекрича́ть *(кого-л.)*; заста́вить замолча́ть 2) *(to)* говори́ть снисходи́тельно, свысока́

talk out *парл.* затя́гивать пре́ния

talk over 1) до́лго дискути́ровать 2) убеди́ть, уговори́ть *(кого-л.)*

talk round *см.* **talk over** 2)

talk up обсужда́ть *(что-л.)*, подогрева́я интере́с к да́нной те́ме

talkative ['tɔːkətɪv] *a* разгово́рчивый; болтли́вый

talker ['tɔːkə(r)] *n* 1) говоря́щий; бесе́дующий 2) говору́н, болту́н, **a great ~** люби́тель поболта́ть

talkies ['tɔːkɪz] *n pl амер. разг.* звуково́е кино́

talking ['tɔːkɪŋ] *a* 1) говоря́щий; **~ film/picture** звуково́й фильм; **~ head** *тлв проф.* «говоря́щая голова́» *(ведущий или участник телепрограммы, обращающийся прямо к зрителям и показываемый до пояса)* 2) вырази́тельный

talking shop ['tɔːkɪŋ͵ʃɒp] *n пренебр.* неэффекти́вная организа́ция *или* собра́ние, «говори́льня»

talking-to ['tɔːkɪŋtuː] *n разг.* вы́говор

talk show ['tɔːkʃəʊ] *n тлв* то́к-шо́у

tall [tɔ:l] *a* 1) высо́кий 2) *predic* высото́й, ро́стом; **he is six feet ~** он шести́ фу́тов ро́стом 3) возвы́шенный, возвыша́ющийся 4) *разг.* чрезме́рный; невероя́тный ◊ **a ~ story** вы́думка, небыли́ца; **a ~ order** тру́дная зада́ча, тру́дное зада́ние

tallboy [ˈtɔ:lbɔɪ] *n* высо́кий комо́д

tallow I [ˈtæləʊ] *n* са́ло, жир; **rendered ~** топлёное са́ло

tallow II *v* сма́зывать (са́лом); пропи́тывать жи́ром

tallowy [ˈtæləʊɪ] *a* са́льный, жи́рный

tally I [ˈtælɪ] *n* 1) су́мма до́лга 2) счёт 3) би́рка; ярлы́к 4) едини́ца счёта 5) дублика́т 6) па́ра *(чему-л.)*, па́рный предме́т; соотве́тствие *(чему-л.)* 7) подсчёт

tally II *v* 1) соотве́тствовать *(чему-л. — with)*; согласо́вываться *(с чем-л. — with)* 2) подсчи́тывать 3) подводи́ть ито́г

tally-ho I [ˌtælɪˈhəʊ] *v* науськивать

tally-ho II *int охот.* ату́!

tallyman [ˈtælɪmən] *n* торго́вец, продаю́щий в креди́т, с рассро́чкой платежа́

Talmud [ˈtælmʊd] *n рел.* **(the ~)** Талму́д

talon [ˈtælən] *n* ко́готь

tamable [ˈteɪməbl] *см.* **tameable**

tamarisk [ˈtæmərɪsk] *n бот.* тамари́ск

tambour I [ˈtæmbʊə(r)] *n* 1) небольшо́й бараба́н 2) пя́льцы для вышива́ния 3) материа́л (на пя́льцах) для вышива́ния 4) *стр.* та́мбур

tambour II *v* вышива́ть на пя́льцах

tambourine [ˌtæmbəˈri:n] *n* тамбури́н, бу́бен

tame I [teɪm] *a* 1) ручно́й, приручённый, одома́шненный *(о животном)* 2) пре́сный, пасси́вный, ску́чный, неинтере́сный 3) *амер.* возде́ланный *(о земле)*

tame II *v* 1) прируча́ть; укроща́ть; дрессирова́ть 2) смиря́ть, подавля́ть 3) подавля́ть, остужа́ть *(чувство, пыл и т. п.)*

tameable [ˈteɪməbl] *a* поддаю́щийся прируче́нию, дрессиро́вке; укроти́мый, прируча́емый

tameless [ˈteɪmlɪs] *a* неприручённый, ди́кий

tamer [ˈteɪmə(r)] *n* укроти́тель; дрессиро́вщик

Tamil I [ˈtæmɪl] *n* 1) тами́л; тами́лка 2) тами́льский язы́к

Tamil II *a* тами́льский

Tammany [ˈtæmənɪ] *n амер.* коррумпи́рованная полити́ческая организа́ция *или* гру́ппа *(тж* ~ **Hall)**

tam-o'-shanter [ˌtæməˈʃæntə(r)] *n* шотла́ндский бере́т

tamp [tæmp] *v* трамбова́ть

tamper [ˈtæmpə(r)] *v* 1) вме́шиваться, сова́ться (не в свои́ дела́) *(with)* 2) ока́зывать нежела́тельное влия́ние; подкупа́ть; подгова́ривать 3) подде́лывать; **to ~ with the lock** ковыря́ться в (чужо́м) замке́, тро́гать (чужо́й) замо́к

tampering [ˈtæmpərɪŋ] *n* 1) искаже́ние *или* хище́ние да́нных 2) *вчт* злонаме́ренное измене́ние *или* подде́лка програ́ммных средств и докуме́нтов 3) взлом, вскры́тие

tampon I [ˈtæmpɒn] *n мед.* тампо́н

tampon II *v мед.* вставля́ть тампо́н; тампони́ровать

tam-tam [ˈtæmtæm] *n* тамта́м

tan I [tæn] *n* 1) зага́р 2) желтова́то-кори́чневый цвет 3) толчёная дубо́вая кора́

tan II *a* желтова́то-кори́чневый

tan III *v* 1) загора́ть; **I ~ easily** я бы́стро загора́ю 2) дуби́ть *(кожу)* 3) *сленг* изби́ть, отдуба́сить

tandem I [ˈtændəm] *n* 1) (велосипе́д-)та́ндем 2) упря́жка цу́гом; экипа́ж, запряжённый па́рой лошаде́й цу́гом 3) *вчт* после́довательное соедине́ние кана́лов

tandem II *adv* цу́гом, гусько́м, друг за дру́гом

tang[1] [tæŋ] *n* 1) ре́зкий, те́рпкий при́вкус 2) ре́зкий за́пах 3) осо́бый вкус; осо́бая, характе́рная черта́; осо́бая пре́лесть

tang[2] **I** *n* звон

tang[2] **II** *v* звене́ть

tangent I [ˈtændʒənt] *n мат.* 1) каса́тельная 2) та́нгенс ◊ **to fly/to go off at a ~** внеза́пно отклоня́ться *(от темы и т. п.)*

tangent II *a мат.* каса́тельный

tangerine [ˈtændʒəˌri:n] *n* мандари́н

tangibility [ˌtændʒɪˈbɪlɪtɪ] *n* осяза́емость

tangible [ˈtændʒɪbl] *a* 1) осяза́емый 2) реа́льный, ощути́мый, заме́тный

tangle[1] **I** [ˈtæŋgl] *n* 1) спу́танный клубо́к 2) пу́таница, неразбери́ха

tangle[1] **II** *v* запу́тывать(ся); **to ~ with smb** свя́зываться с кем-л.

tangle[2] *n бот.* бу́рая во́доросль, ламина́рия

tangly [ˈtæŋglɪ] *a* запу́танный, перепу́танный, спу́танный

tango [ˈtæŋgəʊ] *n* та́нго

tank I [tæŋk] *n* 1) резервуа́р; цисте́рна, бак; **petrol ~** бензоба́к 2) *воен.* танк 3) *амер.* водоём, пруд 4) *attr* та́нковый; **~ corps** бронета́нковые войска́; **~ warfare** та́нковое сраже́ние

tank II *v* заправля́ться горю́чим *(тж* **to ~ up)** ◊ **he is ~ed up** *сленг* он под му́хой, он кре́пко запра́вился/подзаложи́л

tankage [ˈtæŋkɪdʒ] *n* 1) ёмкость резервуа́ра, ба́ка, цисте́рны *и т. п.* 2) хране́ние в цисте́рнах *(нефти и т. п.)* 3) пла́та за хране́ние

tankard [ˈtæŋkəd] *n* высокая пивная кружка *(металлическая, стеклянная, иногда с крышкой)*

tanker [ˈtæŋkə(r)] *n* 1) танкер, (нефте)наливное судно 2) автоцистерна 3) самолёт-заправщик

tanner [ˈtænə(r)] *n* дубильщик, кожевник

tannery [ˈtænəгɪ] *n* кожевенный завод

tannic [ˈtænɪk] *a* дубильный; ~ **acid** дубильная кислота

tannin [ˈtænɪn] *n* танин

tantalize [ˈtæntəlaɪz] *v* дразнить, терзать, мучить

tantamount [ˈtæntəmaʊnt] *a predic* равноценный, равносильный *(to)*

tantrum [ˈtæntrəm] *n* вспышка раздражения, гнева; приступ дурного настроения; **to throw a** ~ закатить истерику

tap¹ **I** [tæp] *n* 1) кран; **to leave a** ~ **running** оставить кран открытым 2) сорт, марка *(вина, пива)* 3) подслушивание телефонных разговоров 4) пивная 5) *тех.* отвод, ответвление, тройник 6) *тех.* отпайка 7) *мед.* пункция ◊ **on** ~ *разг.* под рукой, готовый к употреблению

tap¹ **II** *v* 1) снабдить бочонок краном 2) делать прокол *(для выпуска жидкости)*; делать надрез на дереве *(для сбора сока, смолы)*; *мед.* делать пункцию 3) добывать *(информацию, средства, продовольствие и т. п.)* 4) подслушивать *(телефонные разговоры)*; **the line is** ~**ped** линию прослушивают 5) *тех.* нарезать внутреннюю резьбу

tap² **I** *n* 1) лёгкий стук *или* удар; лёгкий шлепок, похлопывание; **to give a** ~ похлопать, пошлёпать 2) чечётка, степ 3) металлическая набойка на носок и каблук туфель (танцора-)чечёточника 4) *pl амер.* сигнал тушить огни *(в казармах и т. п.)*

tap² **II** *v* 1) слегка ударять, постукивать; постучать *(в дверь)*; **to** ~ **on the shoulder** похлопать по плечу 2) танцевать чечётку, степ; **can you** ~ ? ты умеешь танцевать чечётку? 3) простукивать, прощупывать

tap-alert [ˌtæp əˈlɜːt] *n* прибор, сигнализирующий о несанкционированных подключениях к линиям связи *или* телефонным аппаратам

tap dance [ˈtæpˌdɑːns] *n* чечётка, степ

tap dancer [ˈtæpˌdɑːnsə(r)] *n* (танцор-)чечёточник, степист

tape I [teɪp] *n* 1) тесьма, лента 2) *спорт.* финишная ленточка; **to breast the** ~ коснуться финишной ленточки 3) липкая лента, скотч *(тж* **adhesive** ~) 4) магнитная лента 5) *см.* **tape-measure** ◊ **red** ~ волокита, бюрократизм

tape II *v* 1) связывать тесьмой; обматывать лентой 2) накладывать липкую ленту 3) записывать на магнитную ленту; делать магнитофонную запись 4) измерять сантиметром

tape-measure [ˈteɪpˌmeʒə(r)] *n* мерная лента

taper I [ˈteɪpə(r)] *n* тонкая восковая свечка

taper II *v* суживать(ся) к концу; заострять(ся)

tape recorder [ˈteɪprɪˌkɔːdə(r)] *n* магнитофон

tape recording [ˈteɪprɪˌkɔːdɪŋ] *n* магнитофонная запись; запись на магнитную ленту

tapestry [ˈtæpɪstrɪ] *n* гобелен

tapeworm [ˈteɪpwɜːm] *n мед.* ленточный червь, солитёр

tapioca [ˌtæpɪˈəʊkə] *n* тапиока *(крупа)*

tapir [ˈteɪpə(r)] *n зоол.* тапир

tapis [ˈtæpiː] *n* ковёр; ковровое покрытие ◊ **on the** ~ на обсуждении, на рассмотрении *(о вопросе и т.п.)*

tapping [ˈtæpɪŋ] *n* 1) *тех.* подключение к сети 2) подслушивание, перехват (телефонных) разговоров 3) подключение к системе *(вычислительной, информационной и т. п.)* 4) *спец.* нарезка резьбы метчиком

taproom [ˈtæpruːm] *n* пивная

taproot [ˈtæpruːt] *n бот.* главный, стержневой корень

tapster [ˈtæpstə(r)] *n* бармен

tap water [ˈtæpˌwɔːtə(r)] *n* водопроводная вода, вода из-под крана

tar¹ **I** [tɑː(r)] *n* дёготь; жидкая смола; гудрон

tar¹ **II** *v* обмазывать дёгтем; смолить; покрывать гудроном; ◊ ~**red with the same brush** ≅ одним миром мазаны; одного поля ягода; **to** ~ **and feather** жестоко, сурово наказать

tar² *n разг.* моряк, матрос

tarantula [təˈræntjʊlə] *n* тарантул

tarboosh [tɑːˈbuːʃ] *n* феска

tar-brush [ˈtɑːbrʌʃ] *n* кисть для нанесения дёгтя ◊ **to have a touch of the** ~ *сленг презр.* иметь примесь негритянской крови

tardiness [ˈtɑːdɪnɪs] *n* 1) медлительность 2) опоздание

tardy [ˈtɑːdɪ] *a* 1) медлительный; замедленный 2) запоздалый, запоздавший

tare¹ [teə(r)] *n бот.* плевел опьяняющий; **common** ~ горошек посевной

tare² *n* вес тары

target [ˈtɑːgɪt] *n* 1) цель, мишень *(тж перен.)*; **to hit/to miss the** ~ попасть/не попасть в цель; **off the** ~ мимо цели; **a** ~ **for ridicule** мишень для насмешек 2) *attr* целевой, конечный : ~ **production** запланированная продукция; ~ **figures** контрольные цифры

tariff I [ˈtærɪf] *n* 1) тариф; **hotel ~** гостиничная наценка 2) расценка; прейскурант

tariff II *v* устанавливать тариф, расценку

Tarmac [ˈtɑːmæk] *n* 1) гудрон 2) гудронированная дорога

tarn [tɑːn] *n* небольшое горное озеро

tarnish I [ˈtɑːnɪʃ] *n* 1) тусклость; тусклая поверхность; тусклая плёнка *(на поверхности металла и т.п.)* 2) пятно

tarnish II *v* 1) лишаться блеска; тускнеть 2) запятнать, опорочить

tarot [ˈtærəʊ] *n* (гадальные) карты «таро»

tarpaulin [tɑːˈpɔːlɪn] *n* 1) брезент 2) непромокаемый чехол *или* накидка 3) матросская непромокаемая шапка

tarradiddle [ˈtærədɪdl] *n разг.* ложь, выдумка

tarragon [ˈtærəgən] *n бот.* эстрагон

tarry[1] [ˈtɑːrɪ] *a* 1) вымазанный дёгтем 2) смолистый; похожий на дёготь

tarry[2] [ˈtærɪ] *v* медлить, мешкать; задерживаться

tart[1] [tɑːt] *n* открытый пирог с фруктами *или* вареньем

tart[2] *n сленг* 1) проститутка 2) *груб.* девка, баба

tart[3] *a* 1) кислый, терпкий 2) ехидный

tartan [ˈtɑːtən] *n* 1) тартан *(традиционный шотландский клетчатый рисунок)*; **Royal Stuart T.** королевский тартан *(британского монарха; принят со времён династии Стюартов, происходившей из Шотландии)* 2) клетчатая шерстяная материя, шотландка 3) шотландский плед

Tartar I [ˈtɑːtə(r)] *n* 1) татарин; татарка; **the ~s** татары 2) татарский язык

Tartar II *a* татарский

tartar [ˈtɑːtə(r)] *n* 1) зубной камень 2) *хим.* винный камень

tarty [ˈtɑːtɪ] *a разг.* вульгарный *(о женщине)*; непристойный *(о поведении)*

task I [tɑːsk] *n* задание, задача; урок, работа; **it's a hard ~** это трудное дело; **to set a ~** поставить задачу; **~ in hand** непосредственная задача ◊ **to take to ~** делать выговор

task II *v* 1) давать задание; задавать работу, урок 2) обременять, перегружать

task force [ˈtɑːskfɔːs] *n* оперативная группа *(для выполнения определённого задания)*

taskmaster [ˈtɑːskˌmɑːstə(r)] *n* бригадир, десятник; **a hard ~** строгий начальник

tassel [ˈtæsəl] *n* кисточка *(украшение)*

tassie [ˈtæsɪ] *n шотл.* маленькая чашечка

taste I [teɪst] *n* 1) вкус; привкус *(чего-л.)*; **sweet to the ~** сладкий на вкус 2) вкус; склонность *(к чему-л. — for)*; **in good ~** со вкусом; **in bad ~** безвкусно, некрасиво; **to**

have good ~ иметь хороший вкус; **a man of ~** человек со вкусом; **to one's ~** по вкусу 3) маленький кусочек; проба; первое знакомство с чем-л.; **a ~** немного, чуточку; **to give one a ~ of smth** давать некоторое представление о чём-л. ◊ **~s differ, there is no accounting for ~s** о вкусах не спорят

taste II *v* 1) пробовать, отведывать 2) чувствовать вкус, привкус; **to ~ sweet/bitter** иметь сладкий/горький вкус; **it ~s of onions** (на вкус) это отдаёт луком 3) испытать, вкусить

tasteful [ˈteɪstfʊl] *a* 1) сделанный со вкусом, изящный 2) обладающий хорошим вкусом

tasteless [ˈteɪstlɪs] *a* 1) безвкусный; выполненный в дурном вкусе 2) лишённый вкуса, безвкусный

taster [ˈteɪstə(r)] *n* дегустатор

tasty [ˈteɪstɪ] *a* вкусный, аппетитный

tat [tæt] *см.* **tit**[2]

Tatar I, II [ˈtɑːtə(r)] *см.* **Tartar I, II**

tatter I [ˈtætə(r)] *n* лоскут, тряпка; *pl* лохмотья ◊ **in ~s** *разг.* полный крах *(о переговорах и т.п.)*

tatter II *v* износить, превратить в лохмотья

tattered [ˈtætəd] *a* оборванный, в лохмотьях

tatting [ˈtætɪŋ] *n* плетёное кружево

tattle I [ˈtætl] *n* болтовня; сплетни

tattle II *v* судачить, сплетничать

tattler [ˈtætlə(r)] *n* болтун; сплетник

tattoo[1] [təˈtuː] *n* 1) *воен.* сигнал вечерней зари; **to beat/to sound the ~** давать сигнал отбоя 2) ритмичное постукивание

tattoo[2] **I** *n* 1) татуировка, *разг.* тату; татуаж 2) *attr:* **~ artist** мастер по татуировкам *(тж* **tattooist)**

tattoo[2] **II** *v* татуировать

tatty [ˈtætɪ] *a разг.* 1) изношенный, потрёпанный, затасканный 2) низкого качества; плохого вкуса

taught [tɔːt] *past, p. p. см.* **teach**

taunt I [tɔːnt] *n* язвительное замечание; насмешка; издёвка

taunt II *v* насмехаться; издеваться

tauntingly [ˈtɔːntɪŋlɪ] *adv* язвительно; насмешливо

Taurus [ˈtɔːrəs] *n* Телец *(созвездие и знак зодиака)*

taut [tɔːt] *a* 1) туго натянутый; тугой 2) напряжённый, натянутый 3) подтянутый, аккуратный; **in full order** в полном порядке

tauten [ˈtɔːtn] *v* туго натягивать(ся)

tautology [tɔːˈtɒlədʒɪ] *n* тавтология

tavern [ˈtævən] *n* 1) трактир, кабачок; таверна 2) небольшая гостиница

taw[1] [tɔː] *v* выделывать сыромятную кожу

taw[2] *n* игра в мраморные шарики

821

tawdry [ˈtɔːdrɪ] *a* крича́щий, безвку́сный *(об украше́ниях, наря́дах и т. п.)*

tawny [ˈtɔːnɪ] *a* рыжева́то-кори́чневый; золоти́стый

tax I [tæks] *n* 1) нало́г; **income ~** подохо́дный нало́г; **to levy a ~ on smth** облага́ть что-л. нало́гом; **to collect ~es** собира́ть нало́ги; **after ~** за вы́четом нало́гов 2) тяжёлое бре́мя; испыта́ние; тяжёлая обя́занность *(on, upon)*

tax II *v* 1) облага́ть нало́гом 2) обременя́ть; утомля́ть; испы́тывать *(терпение и т. п.)* 3) обвиня́ть, упрека́ть 4) *амер. разг.* спра́шивать це́ну; **what will you ~ me?** ско́лько э́то мне бу́дет сто́ить?

taxable [ˈtæksəbl] *a* подлежа́щий налогообложе́нию, облага́емый нало́гом

taxation [tækˈseɪʃ(ə)n] *n* 1) налогообложе́ние; взима́ние нало́га 2) упла́та нало́гов

tax avoidance [ˈtæksəˌvɔɪdəns] *n* минимиза́ция нало́говых обяза́тельств зако́нным путём

tax collector [ˈtækskəˌlektə(r)] *n* сбо́рщик нало́гов

tax evasion [ˈtæksɪˌveɪʒ(ə)n] *n* уклоне́ние от упла́ты нало́гов

tax-free [ˈtæksˌfriː] *a* освобождённый от нало́гов, не облага́емый нало́гом

tax haven [ˈtæksˌheɪvən] *n* страна́ с ни́зкими ста́вками нало́гов, «нало́говый рай»

taxi I [ˈtæksɪ] *n* такси́; **to take a ~** взять такси́

taxi II *v* 1) *ав.* выру́ливать *(off, out)* 2) е́хать на такси́; везти́ на такси́

taxicab [ˈtæksɪkæb] *см.* **taxi I**

taxi dancer [ˈtæksɪˌdɑːnsə(r)] *n* профессиона́льный партнёр *или* партнёрша *(в дансинге и т. п.)*

taxidermist [ˈtæksɪdɜːmɪst] *n* таксидерми́ст, набива́льщик чу́чел

taximeter [ˈtæksɪˌmiːtə(r)] *n* таксо́метр *(счётчик в такси)*

tax inspector [ˈtæks ɪnˈspektə] *n* нало́говый инспе́ктор

taxing [ˈtæksɪŋ] *n* обложе́ние нало́гом, налогообложе́ние

taxi rank [ˈtæksɪˌræŋk] *n* стоя́нка такси́

taxi stand [ˈtæksɪˌstænd] *амер. см.* **taxi rank**

taxman [ˈtæksmæn] *n* нало́говый инспе́ктор

taxpayer [ˈtæksˌpeɪə(r)] *n* налогоплате́льщик

tax relief [ˈtæksrɪˌliːf] *n* нало́говая льго́та; нало́говая ски́дка

tax return [ˈtæksrɪˌtɜːn] *n* нало́говая декла́рация

tea [tiː] *n* 1) чай; **strong/weak ~** кре́пкий/сла́бый чай; **a cup of ~** ча́шка ча́я; **five-o'clock ~** пятичасово́й чай, файв-о-кло́к; **high ~** чай с пло́тной заку́ской, ра́нний у́жин с ча́ем;

black ~ чёрный чай; **green ~** зелёный чай; **to draw ~** дать ча́ю настоя́ться 2) кре́пкий отва́р; насто́й; **camomile ~** насто́й рома́шки; **beef ~** кре́пкий мясно́й бульо́н

tea bag [ˈtiːbæg] *n* паке́тик (с зава́ркой) ча́я

tea break [ˈtiːbreɪk] *n* переры́в на ча́шку ча́я

tea caddy [ˈtiːˌkædɪ] *n* ча́йница, ба́нка для ча́я

teacake [ˈtiːkeɪk] *n* пиро́жное *или* кекс к ча́ю

teach [tiːtʃ] *v (past, p. p.* **taught**) 1) учи́ть; обуча́ть; преподава́ть; дава́ть уро́ки; **to ~ school** *амер.* быть шко́льным учи́телем, учи́ть в шко́ле 2) приуча́ть 3) проучи́ть; **he'll ~ you a lesson!** он уж тебя́ проу́чит!

teacher [ˈtiːtʃə(r)] *n* учи́тель; учи́тельница; преподава́тель; преподава́тельница; педаго́г; **certificated ~** дипломи́рованный учи́тель

teach-in [ˈtiːtʃɪn] *n* ди́спут-семина́р, свобо́дная диску́ссия, собра́ние для обсужде́ния злободне́вных вопро́сов

teaching [ˈtiːtʃɪŋ] *n* 1) обуче́ние, преподава́ние 2) *часто pl* уче́ние, доктри́на 3) *attr:* **~ hospital** кли́ника, клини́ческая больни́ца *(обыкн. при университете)*

tea cloth [ˈtiːklɒθ] *n* посу́дное, ку́хонное полоте́нце *(амер.* **dishtowel***)*

tea cosy [ˈtiːˌkəʊzɪ] *n* чехо́л, «ба́ба» на ча́йник

teacup [ˈtiːkʌp] *n* ча́йная ча́шка

tea garden [ˈtiːˌgɑːdn] *n* рестора́нчик, кафе́ в саду́; ча́йная

teak [tiːk] *n* 1) *бот.* ти́ковое де́рево 2) тик *(древесина)*

tea lady [ˈtiːˌleɪdɪ] *n* же́нщина, разнося́щая чай в о́фисе

tea-leaf [ˈtiːliːf] *n* 1) ча́йный лист 2) *pl* спито́й чай

team I [tiːm] *n* 1) спорти́вная кома́нда; **home ~** кома́нда хозя́ев по́ля; **visiting ~** кома́нда госте́й 2) брига́да; коллекти́в сотру́дников; рабо́чая гру́ппа 3) *воен.* расчёт; кома́нда, экипа́ж *(корабля, танка и т. п.)* 4) упря́жка *(лошадей)*

team II *v* 1) объединя́ться в брига́ду, кома́нду *и т. п. (up)* 2) запряга́ть *(лошадей)*

team spirit [ˈtiːmˌspɪrɪt] *n* чу́вство ло́ктя, чу́вство това́рищества

teamster [ˈtiːmstə(r)] *n* 1) *амер.* води́тель грузовика́ 2) возни́ца; пого́нщик

teamwork [ˈtiːmwɜːk] *n* совме́стная, коллекти́вная рабо́та

teaparty [ˈtiːˌpɑːtɪ] *n* зва́ный чай; ча́йная вече́ринка

teapot [ˈtiːpɒt] *n* ча́йник для зава́рки

tear[1] I [teə(r)] *n* разры́в, разре́з; дыра́; ото́рванный клок, лоску́т; **~ and wear** изно́с, изна́шивание

tear¹ II *v* (**tore**; **torn**) 1) рвать, разрывать, раздирать *(тж перен.)*; **to ~ one's shirt on a nail** порвать рубашку о гвоздь; **to ~ (in)to pieces** изорвать в клочья; **to ~ smb's argument** разбить чьи-л. аргументы, расстроить все планы 2) отрывать, срывать, отдирать; вырывать *(из рук)* 3) рваться, изнашиваться; **this cloth ~s easily** эта ткань легко рвётся 4) мчаться; **to ~ along the road** мчаться, нестись по дороге ◊ **to ~ to shreds** *разг.* разнести в пух и прах, жестоко раскритиковать; **that's torn it** *разг.* это всё дело испортило

tear at тянуть, дёргать

tear away отрывать

tear down 1) срывать 2) сносить *(здания)*

tear from вырывать *(из рук)*, отнимать

tear off 1) срывать 2) срывать(ся) с места

tear out вырывать *(страницу, лист и т.п.)*

tear up 1) разорвать *(в клочки)*; изорвать 2) вырывать *(с корнем)*

tear² [tɪə(e)] *n* 1) слеза; **in ~s** в слезах; **to burst into ~s** расплакаться 2) капля *(росы)*

tear drop [ˈtɪədrɒp] *n* слеза; **~s** капли слёз

tearful [ˈtɪəfʊl] *a* 1) плачущий, заплаканный 2) печальный, грустный *(о событии, новости)*

tearfully [ˈtɪəfʊlɪ] *adv* со слезами, сквозь слёзы; плаксиво

tear gas [ˈtɪəˈɡæs] *n* слезоточивый газ

tearing [ˈteərɪŋ] *a разг.* стремительный; неистовый, бурный

tearless [ˈtɪəlɪs] *a* без слёз

tearoom [ˈtiːruːm] *n* чайная; кафе-кондитерская

tear-stained [ˈtɪəsteɪnd] *a* заплаканный *(о лице)*

tease I [tiːz] *n* 1) *разг.* любитель подразнить; задира, насмешник 2) поддразнивание

tease II *v* 1) дразнить, насмешничать, подшучивать 2) приставать 3) возбуждать, соблазнять 4) взбивать *(волосы)* 5) чесать *(шерсть, лён)*

teaser [ˈtiːzə(r)] *n* 1) *разг.* головоломка, трудная задача 2) задира 3) *амер.* завлекающее начало *(рекламы, объявления и т. п.)* 4) кино анонс, короткий рекламный ролик фильма *(дающий представление о видеоряде)*

teaset [ˈtiːset] *n* чайный сервиз

teashop [ˈtiːʃɒp] *см.* tearoom

teaspoon [ˈtiːspuːn] *n* чайная ложка

teaspoonful [ˈtiːˌspuːnfʊl] *n* чайная ложка *(как мера)*

teat [tiːt] *n* сосок

tea-things [ˈtiːθɪŋz] *n pl* чайный сервиз, чайные принадлежности и *т. п.*

tea towel [ˈtiːˌtaʊəl] *n* посудное, кухонное полотенце *(амер.* **dishtowel)**

tea tray [ˈtiːtreɪ] *n* чайный поднос

tea urn [ˈtiːɜːn] *n* 1) бак с кипятильником, титан 2) самовар

technical [ˈteknɪkəl] *a* технический; **~ knock-out** *спорт.* технический нокаут *(в боксе)*

technicality [ˌteknɪˈkælɪtɪ] *n* 1) техническая сторона *(дела и т. п.)* 2) техническая деталь 3) технический термин

technician [tekˈnɪʃ(ə)n] *n* 1) специалист-техник; **dental ~** зубной техник 2) специалист с хорошей техникой *(напр. в спорте, искусстве)*

Technicolor [ˈteknɪˌkʌlə(r)] *n* 1) система цветного кинематографа 2) (t.) яркие краски, броские цвета

technics [ˈteknɪks] *n* техника, технические науки

technique [tekˈniːk] *n* 1) техника *(исполнения);* технические приёмы, метод, методика 2) техника; техническое оснащение или оборудование; аппаратура 3) техника, техническое мастерство; владение специальными приёмами; умение 4) технология; **technological ~ advance** технический прогресс; **~ change** научно-технический прогресс

techno [ˈteknəʊ] *n* техно *(стиль современной музыки, основанный на повторяющемся выраженном ритме с использованием ударных инструментов и элементов стиля фанк – funk)*

technocracy [tekˈnɒkrəsɪ] *n* технократия

technocrat [ˈteknəkræt] *n* технократ

technological [ˌteknəˈlɒdʒɪkəl] *a* технический; технологический

technology [tekˈnɒlədʒɪ] *n* 1) техника; **rocket ~** ракетная техника 2) технология; **information ~** информационные технологии *(тж* **IT)**

techy [ˈtetʃɪ] *см.* tetchy

tectonic [tekˈtɒnɪk] *a* 1) архитектурный 2) *геол.* тектонический

tectonics [tekˈtɒnɪks] *n* 1) строительное искусство, архитектура 2) *геол.* тектоника

ted [ted] *v* ворошить *(сено)*

tedder [ˈtedə(r)] *n с.-х.* сеноворошилка

Teddy bear [ˈtedɪbeə(r)] *n* плюшевый мишка *(игрушка)*

tedious [ˈtiːdɪəs] *a* скучный, утомительный, нудный

tedium [ˈtiːdɪəm] *n* скука

tee¹ I [tiː] *n* колышек *(в играх)*; метка для мяча в гольфе

tee² II *v* класть мяч для первого удара *(в гольфе)*

tee off де́лать пе́рвый уда́р *(в го́льфе)*

tee up *см.* **tee off**

tee² **I** *n* 1) *тех.* тройни́к 2) *ав.* поса́дочный знак «Т» 3) *тех.* Т-обра́зное соедине́ние, Т-обра́зное разветвле́ние *(волноводов)*

tee-hee [ti:ˈhi:] *int* хи-хи́!

tee intersection [ˈti:ˌɪntəˈsekʃ(ə)n] *n* Т-обра́зное пересече́ние

teem [ti:m] *v* 1) изоби́ловать *(чем-л. — with)*; кише́ть, оби́льно размножа́ться; **the place is ~ing with ants** здесь полно́ муравьёв 2) быть перепо́лненным *(иде́ями и т. п.)*; **to ~ with ideas** име́ть мно́го иде́й, мы́слей

teenager [ˈti:nˌeɪdʒə(r)] *n* подро́сток *(от 13 до 19 лет)*, тине́йджер

teens [ti:nz] *n pl* во́зраст от 13 до 19 лет; подростко́вый во́зраст; **she is in her ~** ей нет ещё двадцати́ (лет)

teeny [ˈti:nɪ] *a разг.* кро́шечный

teeny-weeny [ˈti:nɪˌwi:nɪ] *a разг.* совсе́м кро́шечный

teeter I [ˈti:tə(r)] *n* де́тские каче́ли

teeter II *v* кача́ться *(на каче́лях)*

teeth [ti:θ] *pl см.* **tooth I**

teethe [ti:ð] *v* проре́зываться *(о зуба́х)*

teetotaller [ti:ˈtəʊtələ(r)] *n* тре́звенник

teetotum [ti:ˈtəʊtəm] *n* волчо́к

TEFL [ˈtefəl] *сокр.* **(Teaching English as a Foreign Language)** преподава́ние англи́йского языка́ как иностра́нного

Teflon [ˈteflɒn] *n фирм.* 1) тефло́н 2) тефло́новое покры́тие

tegument [ˈtegjʊmənt] *n* покро́в, оболо́чка

tehee I [ti:ˈhi:] *n* хихи́канье

tehee II *v* хихи́кать

Tel *сокр.* 1) **(telephone)** телефо́н 2) **(telegraph)** телегра́ф 3) **(telegraphic)** телегра́фный

telaesthesia [ˌtelɪsˈθi:zɪə] *n психол.* восприя́тие на расстоя́нии собы́тий, объе́ктов *и т. п.* *(как парапсихологи́ческое явле́ние)*

telecamera [ˈtelɪˌkæmrə] *n* телека́мера

telecast I [ˈtelɪˌkɑ:st] *n* телевизио́нная переда́ча

telecast II *v* передава́ть по телеви́дению; вести́ телевизио́нную переда́чу

telecine [ˈtelɪˈsɪnɪ] *n* пока́з фи́льма по телеви́дению

telecommunication [ˈtelɪkəˌmju:nɪˈkeɪʃ(ə)n] *n* 1) телекоммуника́ции: телефо́н, ра́дио, телеви́дение, спу́тниковая связь 2) дистанцио́нная связь, дистанцио́нная переда́ча да́нных 3) *attr*: **~ satellite** спу́тник свя́зи

teleconference [ˈtelɪˌkɒnf(ə)rəns] *n* телеконфере́нция

telecontrol [ˈtelɪkənˈtrəʊl] *n* телеуправле́ние

telegenic [ˈtelɪˌdʒenɪk] *a* телегени́чный

telegram [ˈtelɪgræm] *n* телегра́мма

telegraph I [ˈtelɪgrɑ:f] *n* 1) телегра́ф 2) *attr* телегра́фный

telegraph II *v* телеграфи́ровать

telegrapher [tɪˈlegrəfə(r)] *n* телеграфи́ст

telegraphese [ˌtelɪgrəˈfi:z] *n* телегра́фный стиль

telegraphic [ˌtelɪˈgræfɪk] *a* телегра́фный

telegraphist [tɪˈlegrəfɪst] *n* телеграфи́ст

telegraph pole [ˈtelɪgrɑ:fˌpəʊl] *n* телегра́фный столб

telegraph wire [ˈtelɪgrɑ:fˌwaɪə(r)] *n* телегра́фный про́вод

telemetry [tɪˈlemɪtrɪ] *n* 1) телеметри́я, дистанцио́нные измере́ния 2) телеметри́ческая аппарату́ра, аппарату́ра для дистанцио́нных измере́ний

telepath [ˈtelɪpæθ] *n* телепа́т

telepathy [teˈlepəθɪ] *n* телепа́тия

telephone I [ˈtelɪfəʊn] *n* 1) телефо́н; **public ~** телефо́н-автома́т, таксофо́н 2) *attr* телефо́нный; **~ book**, **~ directory** телефо́нный спра́вочник; **~ booth** *амер.* телефо́нная бу́дка *(тж* **~ box)**; **~ call** телефо́нный звоно́к; **~ exchange** телефо́нная ста́нция; **~ operator** *амер.* опера́тор на телефо́нной ста́нции; телефони́ст

telephone II *v* звони́ть по телефо́ну

telephonist [tɪˈlefənɪst] *n* телефони́ст; телефони́стка

telephony [tɪˈlefənɪ] *n* телефони́я

telerecord [ˈtelɪrɪˌkɔ:d] *v* запи́сывать телепереда́чу на ви́део

telescope I [ˈtelɪskəʊp] *n* телеско́п

telescope II *v* вреза́ться (друг в дру́га), ста́лкиваться *(о транспортных сре́дствах)*

telescopic [ˌtelɪˈskɒpɪk] *a* 1) телескопи́ческий 2) ви́димый че́рез телеско́п 3) выдвижно́й

teletext [ˈtelɪtekst] *n св.* телете́кст, веща́тельная видеогра́фия

televiewer [ˈtelɪvjʊə(r)] *n* телевизио́нный зри́тель, телезри́тель

televise [ˈtelɪvaɪz] *v* передава́ть, пока́зывать по телеви́дению

television [ˈtelɪˌvɪʒ(ə)n] *n* телеви́дение; **to watch ~** смотре́ть телеви́зор; **what's on ~?** что (идёт) по телеви́зору?; **to see on ~** ви́деть по телеви́зору

television set [ˈtelɪˌvɪʒ(ə)nˈset] *n* телеви́зор *(тж* **TV set)**

televisual [ˌtelɪˈvɪʒʊəl] *a* относя́щийся к телеви́дению; пока́зываемый по телеви́дению

tell [tel] *v (past, p. p.* **told**) 1) говори́ть, сказа́ть; выска́зывать; расска́зывать; **I told him** я сказа́л ему́; **I was told** мне сказа́ли, я слы́шал; **~ me the story**, **~ me all about it** расскажи́те мне всё, как бы́ло; **to ~ lies** говорить непра́вду, лгать 2) прика́зывать; **~ them to stop it** прикажи́те им останови́ть всё э́то; **do as you are told** де́лайте, как вам прика́зано 3) объясня́ть, ука́зывать *(доро́гу, спо́соб и т. п.)* 4) сообща́ть, информи́ровать; выдава́ть секре́т 5) отлича́ть, различа́ть *(тж* **to ~ apart, to ~ from)**; **to ~ one from the other** отлича́ть одного́ от друго́го; **how do you ~ the difference?** как вы их различа́ете?; **to ~ the time** узна́ть кото́рый час 6) производи́ть де́йствие, эффе́кт; ска́зываться *(на — on, upon)*; **the age/the strain begins to ~ on his health** во́зраст/напряже́ние начина́ет ска́зываться на его́ здоро́вье/брать своё 7) счита́ть, пересчи́тывать; **all told** включа́я/счита́я всех, всё ◊ **as far as I can ~** наско́лько мне изве́стно; **~ me another!** *разг.* что ещё ска́жешь?, ещё чего́!; **there is no ~ling...** невозмо́жно узна́ть, что...; кто зна́ет...; **time will ~** вре́мя пока́жет; **I ~ you what!** *разг.* ну зна́ешь что!; **you're ~ling me!** *разг.* я по́лностью согла́сен; кому́ говори́шь!

tell off 1) *разг.* отчи́тывать, де́лать вы́говор 2) назнача́ть; дава́ть зада́ние, отбира́ть для зада́ния

tell on 1) выдава́ть *(кого́-л.)*; я́бедничать, доноси́ть 2) ска́зываться на *(чём-л., ком-л.)*, возде́йствовать на *(что-л., кого́-л.)*

tellable [ˈteləbl] *a* досто́йный того́, чтобы о нём рассказа́ть

teller [ˈtelə(r)] *n* 1) *амер.* касси́р *(в ба́нке)* 2) счётчик голосо́в *(на вы́борах)* 3) расска́зчик

teller machine [ˈtelə məˈʃiːn] *n* ба́нковский автома́т, банкома́т

telling [ˈtelɪŋ] *a* 1) значи́тельный, многозначи́тельный; вырази́тельный 2) убеди́тельный, ве́ский; **a ~ example** нагля́дный приме́р

telling-off [ˌtelɪŋˈɒf] *n разг.* вы́говор, нагоня́й

tell-tale I [ˈtelteɪl] *n* 1) спле́тник 2) доно́счик 3) *тех.* сигна́льное устро́йство

tell-tale II *a* 1) преда́тельский 2) выба́лтывающий *(секре́ты и т. п.)* 3) *тех.* контро́льный, сигна́льный

telly [ˈtelɪ] *n разг.* 1) телеви́дение 2) телеви́зор

temerity [tɪˈmerɪtɪ] *n* 1) опроме́тчивость, безрассу́дство 2) отва́га

temp [temp] *n разг.* вре́менный рабо́тник *(осо́б. секрета́рь)*

temp.[1] *сокр.* **(temperature)** температу́ра

temp.[2] *сокр.* **(in the time of)** во времена́ *(чего́-л. правле́ния и т.п.)*; **~ Henry V** во времена́ Ге́нриха Пя́того

temper I [ˈtempə(r)] *n* 1) нрав, хара́ктер; темпера́мент; **ill/bad ~** дурно́й нрав, плохо́й

хара́ктер; **a quick ~** вспы́льчивость, горя́чий нрав 2) настрое́ние; **in a good ~** в хоро́шем настрое́нии, в хоро́шем расположе́нии ду́ха; **in a bad ~** в плохо́м настрое́нии; **to keep/to control one's ~** владе́ть собо́й; **to lose one's ~** вы́йти из себя́, не сдержа́ться; **out of ~** раздражённый, серди́тый 3) раздраже́ние; гнев; **in a fit of ~** в раздраже́нии; **to show ~** рассерди́ться; разозли́ться 4) *тех.* сте́пень твёрдости и упру́гости *(материа́ла)* 5) *тех.* зака́лка; о́тпуск *(мета́лла)*

temper II *v* 1) смягча́ть, умеря́ть *(with)* 2) *тех.* отпуска́ть *(мета́лл)*; закаля́ть *(тж пере́н.)* 3) *муз.* темпери́ровать

tempera [ˈtempərə] *n жив.* те́мпера

temperament [ˈtempərəmənt] *n* темпера́мент

temperamental [ˌtempərəˈmentl] *a* 1) темпера́ментный 2) несде́ржанный, неуравнове́шенный

temperance [ˈtempərəns] *n* 1) уме́ренность, сде́ржанность *(в еде́ и т. п.)* 2) воздержа́ние от спиртно́го, стремле́ние к тре́звому о́бразу жи́зни 3) *attr*: **~ society** о́бщество тре́звости

temperate [ˈtempərət] *a* 1) сде́ржанный, возде́ржанный; **~ in eating** уме́ренный в еде́ 2) уме́ренный *(о кли́мате)*

temperature [ˈtemprɪʧə(r)] *n* температу́ра; **to take one's ~** измеря́ть температу́ру; **he's running a ~, he has a ~** *разг.* у него́ (повы́шенная) температу́ра

tempest I [ˈtempɪst] *n* бу́ря ◊ **~ in a teapot** бу́ря в стака́не воды́

tempest II *v* бушева́ть

tempestuous [temˈpestjʊəs] *a* бу́рный

Templar [ˈtemplə(r)] *n ист.* тамплие́р, храмо́вник *(тж* **Knight ~)**

template [ˈtemplɪt] *n* 1) шабло́н, кали́бр, лека́ло, трафаре́т 2) образе́ц, моде́ль, этало́н

temple[1] [ˈtempl] *n* храм

temple[2] *n* висо́к

templet [ˈtemplɪt] *см.* **template**

tempo [ˈtempəʊ] *n* темп

temporal[1] [ˈtempərəl] *a* 1) све́тский, мирско́й 2) вре́менный, преходя́щий, скороте́чный 3) *грам.* временно́й, относя́щийся к времена́м

temporal[2] *a анат.* височный

temporary I [ˈtempərərɪ] *n* вре́менный рабо́тник

temporary II *a* вре́менный, промежу́точный

temporize [ˈtempəraɪz] *v* 1) выжида́ть, стара́ться вы́играть вре́мя; тяну́ть вре́мя, ме́длить; **to ~ over answering** тяну́ть с отве́том 2) вре́менно приспоса́бливаться к обстоя́тельствам; лави́ровать

tempt [tempt] *v* 1) склоня́ть *(к чему-л. предосуди́тельному)*, подбива́ть; сбива́ть с пути́ и́стинного 2) привлека́ть, прельща́ть, соблазня́ть 3) *уст.* испы́тывать, искуша́ть

temptation [temp´teɪʃ(ə)n] *n* собла́зн; искуше́ние

tempter [´temptə(r)] *n* соблазни́тель, искуси́тель; **the T.** Сатана́

tempting [´temptɪŋ] *a* соблазни́тельный, зама́нчивый

temptress [´temptrɪs] *n* соблазни́тельница

ten I [ten] *n* 1) деся́ток; **in ~s** деся́тками 2) *карт.* деся́тка; **~ of hearts** деся́тка черве́й

ten II *пит* де́сять; **he is ~** ему́ де́сять лет; **~ to one** де́сять ша́нсов про́тив одного́

tenable [´tenəbl] *a* 1) про́чный, усто́йчивый; *воен.* обороноспосо́бный 2) логи́чный, после́довательный, здра́вый

tenacious [tɪ´neɪʃəs] *a* 1) це́пкий, кре́пкий; насто́йчивый; сто́йкий *(of)*; **~ of life** живу́чий; **~ of his rights** упо́рно отста́ивающий свои́ права́ 2) вя́зкий, ли́пкий

tenacity [tɪ´næsɪtɪ] *n* 1) це́пкость; упо́рство, насто́йчивость; сто́йкость 2) вя́зкость, ли́пкость

tenancy [´tenənsɪ] *n* 1) аре́нда; наём помеще́ния *и т. п.* 2) срок аре́нды, на́йма

tenant I [´tenənt] *n* 1) аренда́тор, нанима́тель, съёмщик *(помещения)* 2) жиле́ц, обита́тель 3) *юр.* владе́лец недви́жимости

tenant II *v* арендова́ть, нанима́ть

tenantless [´tenəntlɪs] *a* не сда́нный, свобо́дный, неза́нятый *(о помещении, участке и т. п.)*

tenantry [´tenəntrɪ] *n собир.* аренда́торы

tench [tenʃ] *n* линь *(рыба)*

tend¹ [tend] *v* 1) име́ть тенде́нцию, име́ть скло́нность *(к чему-л. — to)*; **I ~ to agree with you** я скло́нен согласи́ться с ва́ми; **he ~s to lose his temper** он скло́нен к (не́рвным) сры́вам 2) направля́ться; вести́ *(к чему-л.)*; **to ~ downwards** клони́ться кни́зу

tend² *v* 1) забо́титься *(о ком-л., о чём-л.)*; смотре́ть *(за кем-л.)*; уха́живать *(за больным, за ребёнком, за растениями, животными)*; **he ~s his invalid wife** он уха́живает за свое́й больно́й жено́й 2) обслу́живать *(машину, станок — on, upon)*

tendance [´tendəns] *n* забо́та, присмо́тр, ухо́д

tendency [´tendənsɪ] *n* 1) тенде́нция; скло́нность, накло́нность; **she has a ~ to lose keys** она́ постоя́нно теря́ет ключи́ 2) тенде́нция, тече́ние *(в политическом и т. п. движении)*

tendentious [ten´denʃəs] *a* тенденцио́зный

tender¹ [´tendə(r)] *a* 1) мя́гкий; **~ steak** со́чный, мя́гкий кусо́к мя́са 2) не́жный 3) чув-

стви́тельный, делика́тный; **a ~ spot** слабое ме́сто *(кого-л.)* 4) сла́бый, некре́пкий *(о здоровье)* 5) щекотли́вый *(о вопросе, теме и т. п.)* 6) ла́сковый, лю́бящий

tender² *n* 1) обслу́живающее кого́-л. лицо́, **baby ~** ня́ня; **invalid ~** сиде́лка *и т. п.)* 2) *ж.-д.* те́ндер 3) *мор.* посы́льное су́дно

tender³ *n* 1) предложе́ние *(услуг и т. п.)* те́ндер, зая́вка *(на выполнение работ, на подряд, на поставки)*; **~s are invited** зая́вки принима́ются 3) представле́ние де́нег *(в уплату долга и т. п.)*

tender³ II *v* 1) предлага́ть *(услуги и т. п.)* 2) представля́ть в упла́ту *(деньги)* 3) де́лать зая́вку *(на выполнение работ, поставку товара)*

tenderfoot [´tendəfʊt] *n разг.* новичо́к; новоприбы́вший; не привы́кший к тру́дностям

tender-hearted [´tendə͵hɑːtɪd] *a* мягкосерде́чный, до́брый; чувстви́тельный

tenderloin [´tendəlɔɪn] *n* вы́резка, филе́й

tenderness [´tendənɪs] *n* не́жность

tendon [´tendən] *n анат.* сухожи́лие

tendril [´tendrɪl] *n бот.* у́сик

tenebrous [´tenɪbrəs] *a книжн.* тёмный, мра́чный

tenement [´tenɪmənt] *n* 1) кварти́ра *(в дешёвом многоквартирном доме)* 2) *амер., шотл.* многокварти́рный дом *(с дешёвыми квартирами, сдаваемыми жильцам; тж ~ house)* 3) земля́, сдава́емая в аре́нду

tenet [´tenɪt, ´tiːnet] *n* при́нцип, до́гма, доктри́на

tenfold I [´tenfəʊld] *a* десятикра́тный

tenfold II *adv* вде́сятеро

tenner [´tenə(r)] *n разг.* деся́тка, банкно́та в 10 фу́нтов сте́рлингов; *амер.* банкно́та в 10 до́лларов

tennis [´tenɪs] *n спорт.* 1) те́ннис; **table ~** насто́льный те́ннис, пинг-по́нг 2) *attr* те́ннисный; **~ court** те́ннисный корт; **~ player** тенниси́ст

tenon I [´tenən] *n тех.* шип

tenon II *v тех.* нареза́ть шипы́; соединя́ть на шипа́х

tenor¹ [´tenə(r)] *n* 1) о́бщая напра́вленность, направле́ние; **the ~ of one's life** укла́д жи́зни; **the ~ of their ways** заведённый поря́док их жи́зни 2) о́бщий смысл, о́бщее содержа́ние

tenor² *n муз.* 1) те́нор 2) *attr* теноро́вый; **~ part** па́ртия те́нора

tenpin [´tenpɪn] *n* ке́гля; *pl* ке́гли

tense¹ I [tens] *a* 1) натя́нутый 2) напряжённый; **a ~ moment** напряжённый мо́мент

tense[1] **II** *v* натя́гивать(ся); напряга́ть(ся); **to ~ one's muscles** напря́чь му́скулы; **he was all ~d up** он был весь в напряже́нии

tense[2] *n грам.* вре́мя; **past ~** проше́дшее вре́мя

tensile [´tensaɪl] *a* растяжи́мый; **~ strength** *тех.* про́чность при растяже́нии

tension [´tenʃ(ə)n] *n* 1) натяже́ние, натя́гивание 2) напряже́ние, напряжённое состоя́ние; **to ease/to reduce ~** осла́бить/снять напряже́ние 3) натя́нутость *(в отношениях)*; **~s in the family** нела́ды в семье́; **racial ~s** ра́совые противоре́чия 4) эл. напряже́ние; **high ~** высо́кое напряже́ние

tent[1] **I** [tent] *n* пала́тка; шатёр; **to pitch a ~** ста́вить пала́тку

tent[1] **II** *v* разби́ть пала́тки, расположи́ться в пала́тках

tent[2] **I** *n* тампо́н

tent[2] **II** *v* вставля́ть тампо́н

tentacle [´tentəkl] *n* 1) *зоол.* щу́пальце 2) *бот.* у́сик

tentative I [´tentətɪv] *n* попы́тка; про́бное предложе́ние

tentative II *a* 1) про́бный; о́пытный, эксперимента́льный; предвари́тельный; **~ suggestion** предвари́тельное предложе́ние 2) дополни́тельный, уточня́емый

tent-bed [´tentbed] *n* похо́дная крова́ть; раскладна́я крова́ть, *разг.* раскладу́шка

tenterhooks [´tentəhʊks] *n pl:* **to be on ~** быть в беспоко́йстве, сиде́ть как на иго́лках

tent-fly I [´tentflaɪ] *n* вход в пала́тку

tenth I [tenθ] *n* деся́тая часть; **one ~** одна́ деся́тая

tenth II *num* деся́тый

tent-peg [´tentpeg] *n* ко́лышек для пала́тки

tenuity [tɪ´njuːɪtɪ] *n* 1) то́нкость; незначи́тельность 2) разрежённость *(воздуха)*

tenuous [´tenjʊəs] *a* 1) разрежённый *(о воздухе)* 2) несуще́ственный; **a ~ excuse** неубеди́тельный предло́г 3) о́чень то́нкий *(тж о различии и т. п.)*

tenure [´tenjə(r)] *n* 1) усло́вия *или* фо́рма владе́ния недви́жимым иму́ществом 2) пребыва́ние *(в постоянной должности)* 3) срок владе́ния; срок пребыва́ния *(в должности)*; срок полномо́чий *(президента и т. п.)*

tenured [´tenjəd] *a* име́ющий гара́нтию постоя́нного на́йма *(о работнике, служащем)*

tepee [´tiːpiː] *n* ти́пи, вигва́м *(североамериканских индейцев)*

tepid [´tepɪd] *a* 1) теплова́тый 2) прохла́дный *(о приёме, реакции и т. п.)*

tequila [te´kiːlə] *n* теки́ла *(мексиканская водка из агавы)*

tercentenary I [ˌtɜːsen´tiːnərɪ] *n* трёхсотле́тие, трёхсотле́тняя годовщи́на

tercentenary II *a* трёхсотле́тний

tercet [´tɜːsɪt] *n* 1) *лит.* трёхсти́шие; терци́на 2) *муз.* терце́т

term I [tɜːm] *n* 1) те́рмин; **technical ~** техни́ческий те́рмин; **legal ~s** юриди́ческие те́рмины 2) *pl* выраже́ния, язы́к; **in no uncertain ~s, in set ~s** я́сно, вполне́, определённо; **in flattering ~s** в ле́стных выраже́ниях; **in ~s of money** на комме́рческом языке́ 3) (ли́чные) отноше́ния; **on good/bad ~s** в хоро́ших/плохи́х отноше́ниях; **on friendly ~s** в дру́жеских отноше́ниях; на дру́жеской ноге́; **on equal ~s** на ра́вных *(с кем-л.)*; **we are not on speaking ~s with them** мы не разгова́риваем с ни́ми 4) *pl* усло́вия *(договора, соглашения и т. п.)*; **to come to ~s with smb** прийти́ к соглаше́нию с кем-л.; **to accept smb's ~s** принима́ть чьи-л. усло́вия; **on our ~s** на на́ших усло́виях; **~ of agreement** усло́вия соглаше́ния 5) срок; определённый пери́од; **~ of office** срок полномо́чий 6) семе́стр 7) се́ссия *(суда)* 8) *мат., лог.* член 9) назна́ченный день *(для уплаты аренды и т. п.)*

term II *v* называ́ть, выража́ть

termagant I [´tɜːməgənt] *n* сварли́вая, гру́бая же́нщина; фу́рия

termagant II *a* сварли́вый, крикли́вый

terminable [´tɜːmɪnəbl] *a* ограни́ченный сро́ком; с ограни́ченным сро́ком

terminal I [´tɜːmɪnl] *n* 1) коне́чный пункт; коне́чная ста́нция; вокза́л 2) аэровокза́л; термина́л *(тж.* **air ~**) 3) кра́йность, кра́йняя сте́пень 4) *вчт* термина́л 5) *эл.* кле́мма, зажи́м; ввод; вы́вод 6) смерте́льно больно́й, страда́ющий неизлечи́мой боле́знью

terminal II *a* 1) смерте́льный, термина́льный *(о болезни)*; неизлечи́мый *(о больном)* 2) *разг.* разруши́тельный, чудо́вищный 3) коне́чный, концево́й; заключи́тельный; **a ~ station** коне́чная ста́нция 4) семестро́вый

terminate [´tɜːmɪneɪt] *v* 1) положи́ть коне́ц, преде́л; поко́нчить *(с чем-л.)* 2) конча́ться, зака́нчиваться, заверша́ться *(чем-л. —* **in***)* 3) ограни́чивать

termination [ˌtɜːmɪ´neɪʃ(ə)n] *n* 1) прекраще́ние, оконча́ние, коне́ц, заверше́ние 2) истече́ние сро́ка 3) прерыва́ние бере́менности

terminator [´tɜːmɪneɪtə(r)] *n* 1) термина́тор *(кто-л. или что-л., подводящее к окончанию, концу)* 2) *тех.* оконе́чная нагру́зка; согласу́ющее сопротивле́ние 3) *вчт* ограничи́тель, при́знак конца́, термина́льный си́мвол

termini [´tɜːmɪnaɪ] *pl см.* **terminus**

terminological [ˌtɜːmɪnə´lɒdʒɪkl] *a* терминологи́ческий

terminology [ˌtɜːmɪˈnɒlədʒɪ] *n* терминоло́гия

terminus [ˈtɜːmɪnəs] *n* (*pl тж* **termini**) 1) коне́чная ста́нция; вокза́л 2) преде́л, грани́ца 3) коне́чная то́чка, цель

termite [ˈtɜːmaɪt] *n зоол.* терми́т

termless [ˈtɜːmlɪs] *a* неограни́ченный; бессро́чный

ternary I [ˈtɛːnərɪ] *n* три (*предмета*), тро́йка

ternary II *a* 1) тройно́й 2) *мат.* тро́йчный; терна́рный

terrace I [ˈterəs] *n* 1) терра́са, усту́п 2) терра́са (*дома*) 3) ряд домо́в, располо́женных на скло́не; у́лица, иду́щая по скло́ну 4) ряд станда́ртных домо́в, постро́енных вплотну́ю друг к дру́гу

terrace II *v* образо́вывать усту́пы, терра́сы

terracotta [ˌterəˈkɒtə] *n* 1) терракота 2) *attr* терракотовый

terrain [teˈreɪn] *n* ме́стность, релье́ф

terrapins [ˈterəpɪnz] *n pl зоол.* пресново́дные черепа́хи

terrarium [teˈrɛːrɪəm] *n* терра́риум

terrestrial [təˈrestrɪəl] *a* 1) земно́й 2) назе́мный, сухопу́тный 3) све́тский, мирско́й

terrible [ˈterɪbl] *a* 1) *разг.* си́льный, стра́шный, ужа́сный; ~ **bore** ужа́сная ску́ка 2) стра́шный, ужа́сный, жу́ткий, наводя́щий ужа́с

terribly [ˈterɪblɪ] *adv* 1) *разг.* си́льно, стра́шно, ужа́сно; **I was ~ tired** я ужа́сно уста́л 2) ужа́сно, жу́тко

terrier [ˈterɪə(r)] *n* терье́р (*порода собак*)

terrific [təˈrɪfɪk] *a* 1) *разг.* колосса́льный, превосхо́дный, потряса́ющий 2) наводя́щий ужа́с, ужаса́ющий

terrify [ˈterɪfaɪ] *v* си́льно пуга́ть, устраша́ть, ужаса́ть

terrine [təˈriːn] *n* 1) *кул.* паште́т 2) гли́няная посу́да для приготовле́ния пи́щи в духо́вке

territorial [ˌterɪˈtɔːrɪəl] *a* 1) территориа́льный; ~ **waters** территориа́льные во́ды 2) земе́льный

territory [ˈterɪtərɪ] *n* 1) террито́рия; земля́ 2) (**T.**) *амер.* террито́рия, администрати́вно-территориа́льная едини́ца, не име́ющая прав шта́та 3) о́бласть, сфе́ра (*науки, деятельности и т. п.*)

terror [ˈterə(r)] *n* 1) страх, у́жас 2) терро́р 3) кто-л. *или* что-л., внуша́ющее страх; **holy/perfect ~** не челове́к, а про́сто наказа́ние

terrorise [ˈterəraɪz] *v* терроризи́ровать

terrorism [ˈterərɪz(ə)m] *n* террори́зм

terrorist [ˈterərɪst] *n* террори́ст

terrorize [ˈterəraɪz] *амер. см.* **terrorise**

terror-stricken [ˈterəˌstrɪkən] *a* объя́тый у́жасом, в у́жасе

terror-struck [ˈterəstrʌk] *см.* **terror-stricken**

terse [tɜːs] *a* кра́ткий, сжа́тый и вырази́тельный (*о стиле и т. п.*)

tertiary [ˈtɜːʃərɪ] *a геол.* трети́чный

TESL [ˈtesəl] *сокр.* (**Teaching English as a Second Language**) преподава́ние англи́йского языка́ как второ́го языка́

tesla [ˈteslə] *n физ.* те́сла

tesselated [ˈtesəleɪtɪd] *a* мозаи́чный

tessera [ˈtesərə] *n* (*pl* **tesserae** [ˈtesəriː]) моза́ика, ку́бик моза́ики

test I [test] *n* 1) испыта́ние; прове́рка; про́ба; контро́ль; **nuclear ~s** я́дерные испыта́ния, испыта́ния я́дерного ору́жия; ~ **in English** контро́льная рабо́та/тест по англи́йскому языку́; **to put to the ~** подве́ргнуть испыта́нию; **to stand the ~** вы́держать испыта́ние, прове́рку 2) *психол.* тест 3) *мед.* иссле́дование, ана́лиз; **blood ~** ана́лиз кро́ви 4) *хим.* реакти́в 5) *хим.* иссле́дование с реаге́нтом 6) *attr* испыта́тельный, про́бный; контро́льный, проверо́чный; ~ **drive** испыта́ние автомоби́ля; ~ **flight** испыта́тельный полёт

test II *v* 1) подверга́ть испыта́нию, прове́рке; испы́тывать, проверя́ть 2) производи́ть о́пыты

Testament [ˈtestəmənt] *n рел.*: **the Old ~** Ве́тхий Заве́т; **the New ~** Но́вый Заве́т, Ева́нгелие

testament [ˈtestəmənt] *n* завеща́ние

testamentary [ˌtestəˈmentərɪ] *a* 1) завеща́тельный 2) пе́реданный по завеща́нию

testate [ˈtesteɪt] *a* оста́вивший завеща́ние; **to die ~** умере́ть, оста́вив завеща́ние

testator [teˈsteɪtə(r)] *n* завеща́тель

testatrix [teˈsteɪtrɪks] *n* завеща́тельница

tester [ˈtestə(r)] *n* 1) испыта́тель 2) про́бный образе́ц проду́кции; про́бная косме́тика (*для покупателей в магазине*) 3) *тех.* испыта́тельный прибо́р; те́стер; про́бник 4) испыта́тельный стенд

testicle [ˈtestɪkl] *n анат.* я́ичко, семенни́к, мужска́я полова́я железа́

testify [ˈtestɪfaɪ] *v* 1) свиде́тельствовать; дава́ть свиде́тельские показа́ния (*в пользу — to; против кого-л., чего-л. — against*) 2) утвержда́ть; (торже́ственно) заявля́ть 3) служи́ть доказа́тельством, свиде́тельством

testily [ˈtestɪlɪ] *adv* раздражённо, с раздраже́нием

testimonial [ˌtestɪˈməʊnɪəl] *n* 1) характери́стика; рекоменда́ция (*тж* **reference**) 2) приве́тственный а́дрес; па́мятный пода́рок; награ́да

testimony [ˈtestɪmənɪ] *n* 1) *юр.* пи́сьменное заявле́ние, утвержде́ние (под прися́гой) 2) *юр.* показа́ние свиде́теля; **to bear** ~ свиде́тельствовать 3) доказа́тельство, свиде́тельство; **in** ~ **of** в ка́честве доказа́тельства; **to produce** ~ представля́ть доказа́тельства 4) *библ.* де́сять за́поведей (*тж* **the Ten Commandments**)

testis [ˈtestɪs] *см.* **testicle**

testosterone [teˈstɒtəˌrəʊn] *n биол.* тестостеро́н (*мужской гормон*)

test paper [ˈtestˌpeɪpə(r)] *n* 1) *хим.* реакти́вная бума́га 2) контро́льная рабо́та

test pilot [ˈtestˌpaɪlət] *n* лётчик-испыта́тель

test-tube [ˈtesttjuːb] *n* 1) проби́рка 2) *attr:* ~ **baby** ребёнок «из проби́рки», роди́вшийся в результа́те иску́сственного оплодотворе́ния

testy [ˈtestɪ] *a* раздражи́тельный, вспы́льчивый

tetanus [ˈtetənəs] *n мед.* столбня́к

tetchy [ˈtetʃɪ] *a уст.* оби́дчивый

tête-à-tête [ˌteɪtaːˈteɪt] *adv* тет-а-те́т, с гла́зу на глаз, конфиденциа́льно

tether I [ˈteðə(r)] *n* 1) при́вязь, пу́ты 2) преде́л (*возможностей и т. п.*); ограниче́ние; **to be at the end of one's** ~ дойти́ до то́чки, исчерпа́ть все сре́дства, все возмо́жности; вы́дохнуться

tether II *v* 1) привя́зывать (*пасущееся животное*) 2) ограни́чивать, держа́ть в изве́стных преде́лах

tetragon [ˈtetrəgɒn] *n мат.* четырёхуго́льник; **regular** ~ квадра́т

Teuton [ˈtjuːtən] *n ист.* тевто́н; герма́нец

Teutonic [tjuːˈtɒnɪk] *a ист.* тевто́нский; герма́нский

Texan I [ˈteksən] *n* теха́сец; жи́тель Теха́са

Texan II *a* теха́сский, из Теха́са

text [tekst] *n* 1) текст 2) оригина́л 3) те́ма, предме́т; **to stick to one's** ~ приде́рживаться те́мы 4) кру́пный по́черк (*в рукописях*); **German** ~ готи́ческий шрифт 5) *амер.* уче́бник 6) *attr* те́кстовый; ~ **message** те́кстовое сообще́ние (*переданное по мобильному телефону*); ~ **processing** *вчт* компью́терная обрабо́тка те́кста

textbook [ˈtekstbʊk] *n* 1) уче́бник; **self-teaching** ~ самоучи́тель 2) *attr:* ~ **case** хрестома́тийный приме́р

text editor [ˈtekstˌedɪtə(r)] *n вчт* тексто́вой реда́ктор

text-hand [ˈteksthænd] *n* кру́пный по́черк

textile I [ˈtekstaɪl] *n* 1) ткань, тка́ный материа́л 2) *pl* текст́ильные изде́лия

textile II *a* 1) тексти́льный 2) тка́ный

textual [ˈtekstjʊəl] *a* тексто́вой, относя́щийся к те́ксту; ~ **criticism** текстоло́гия

texture [ˈtekstʃə(r)] *n* 1) ка́чество, пло́тность тка́ни; **coarse** ~ гру́бая ткань; **fine** ~ то́нкая ткань 2) структу́ра тка́ни 3) расположе́ние часте́й, строе́ние, структу́ра 4) *вчт* тексту́ра (*в компьютерной графике*)

Th. *сокр.* (**Thursday**) четве́рг

Thai I [taɪ] *n* 1) та́ец; та́йка; **the** ~**(s)** та́йцы 2) та́йский язы́к

Thai II *a* та́йский

Thames [temz] *n* (**the** ~) Те́мза ◊ **he will never set the** ~ **on fire** ≅ он по́роху не вы́думает; он звёзд с не́ба не хвата́ет

than [ðæn] *conj выражает сравнение* чем; **he is taller** ~ **his father** он вы́ше своего́ отца́; он вы́ше, чем оте́ц; **you know better** ~ **I do** вы зна́ете лу́чше, чем я; **it's easier for me** ~ **for you** мне э́то ле́гче сде́лать, чем тебе́

thane [θeɪn] *n ист.* тан

thank [θæŋk] *v* благодари́ть (*за — for*); ~ **you** благодарю́ вас, спаси́бо

thankful [ˈθæŋkfʊl] *a* благода́рный

thankless [ˈθæŋklɪs] *a* неблагода́рный (*тж о работе*)

thanks [θæŋks] *n pl* благода́рность, выраже́ние благода́рности; ~ **!** спаси́бо; **many** ~**!** большо́е спаси́бо!; **to express** ~ **for smth** вы́разить благода́рность за что-л.; ~ **to** благодаря́, из-за; ~ **to your help** благодаря́ ва́шей по́мощи; ~ **to your efforts** благодаря́ ва́шим уси́лиям

thanksgiving [ˈθæŋksˌgɪvɪŋ] *n* 1) благода́рственный моле́бен 2) (**T.**) День благодаре́ния (*национальный праздник в США и Канаде; тж* **T. Day**)

that I [ðæt] *pron* (*pl* **those**) 1) *demonstr* э́тот, э́та, э́то; тот, та, то; **you see** ~ **house over the river** вы ви́дите тот дом за реко́й; **at** ~ **time** в э́то/то вре́мя; **what is** ~ **?** что э́то тако́е?; **it's not** ~ не в э́том де́ло 2) *rel* кото́рый, кото́рая, кото́рое; **the book** ~ **I am reading** кни́га, кото́рую я чита́ю; **the girl** ~ **I spoke of** де́вушка, о кото́рой я говори́л; **the climate here is like** ~ **of Italy** зде́шний кли́мат похо́ж на кли́мат Ита́лии

that II *adv* так, столь; до тако́й сте́пени; ~ **much** так мно́го; ~ **far** насто́лько далеко́

that III *conj* служит для введения различных придаточных предложений что; (для того,) чтобы; **so** ~, **in order** ~ для того́, что́бы; **I came here so** ~ **we could talk** я пришёл сюда́, что́бы поговори́ть с ва́ми

thatch I [θætʃ] *n* соло́менная *или* тростнико́вая кры́ша

thatch II *v* крыть соло́мой *или* тростнико́м; ~**ed roof** соло́менная кры́ша

that is [ˈðætɪz] то́ есть; а и́менно

829

thaw I [θɔ:] *n* 1) та́яние, о́ттепель 2) потепле́ние в отноше́ниях

thaw II [θɔ:] *v* 1) та́ять, отта́ивать 2) смягча́ться, станови́ться серде́чнее

the I [ðə, ði; *полная форма* ði:] определённый арти́кль

the II *adv употр. при степенях сравнения* чем... тем...; **the sooner, the better** чем скоре́й, тем лу́чше; **that makes it all the worse** от э́того то́лько ху́же; **so much the worse for him** тем ху́же для него́

theater [ˈθɪətə(r)] *амер. см.* **theatre**

theatre [ˈθɪətə(r)] *n* 1) теа́тр 2) драмати́ческая литерату́ра, пье́сы; **good ~** сцени́чный; **it will make a good ~** э́то бу́дет хорошо́ для сце́ны, из э́того полу́чится хоро́шая пье́са 3) аудито́рия в ви́де амфитеа́тра 4) ме́сто, по́ле де́йствия; **the ~ of war** теа́тр вое́нных де́йствий; **operating ~** операцио́нная (*амер.* **operating room**) 5) *амер.* кинотеа́тр 6) *attr* театра́льный

theatregoer [ˈθɪətəˌɡəʊə] *n* театра́л

theatrical [θɪˈætrɪkəl] *a* 1) театра́льный; сцени́ческий; драмати́ческий (*о труппе*) 2) театра́льный, наи́гранный, иску́сственный, показно́й

theatricals [θɪˈætrɪkəlz] *n pl* 1) спекта́кли (*особ. люби́тельские*); театра́льные де́йства 2) эмоциона́льное поведе́ние

thee [ði:] *pron pers* (*косв. падеж от* **thou**) *уст., поэт.* тебя́

theft [θeft] *n* кра́жа

their [ðeə(r)] *pron poss* их; свой, свои́; **~ house** их дом; **~ rights** их права́; **they struggle for ~ rights** они́ бо́рются за свои́ права́

theirs [ðeəz] *pron poss* 1) *predic* их; **this house is ~, not ours** э́то их дом, а не наш 2) *замеща́ет сущ.:* **our share is small, ~ is large** на́ша до́ля (в де́ле) ма́ленькая, их больша́я

them [ðem, ðəm] *pron pers* (*косв. падеж от* **they**) их, им, и́ми и *т. п.*

thematic [θɪˈmætɪk] *a* темати́ческий; **~ index** темати́ческий указа́тель

theme [θi:m] *n* 1) те́ма, предме́т (*обсужде́ния, разгово́ра, сочине́ния*) 2) *амер.* шко́льное сочине́ние 3) *грам.* осно́ва 4) *муз.* те́ма 5) *attr:* **~ song/tune** лейтмоти́в; музыка́льная те́ма; **~ park** темати́ческий парк (*в развлека́тельном сти́ле*)

themselves [ðəmˈselvz] *pron* 1) *употр. для усиления* са́ми; **they did it by~** они́ сде́лали э́то са́ми; **they want to see for ~** они́ хотя́т уви́деть са́ми 2) *refl* себя́, -ся, -сь; себе́; **they have built ~ a house** они́ вы́строили себе́ дом ◊ **by ~** самостоя́тельно, без чьей-л. по́мощи, одни́

then I [ðen] *n:* **by ~** к тому́ вре́мени; **before ~** до того́ вре́мени; **since ~** с того́ вре́мени

then II *a* тогда́шний, того́ вре́мени

then III *adv* 1) тогда́, в то вре́мя 2) зате́м, пото́м 3) кро́ме того́; к тому́ же 4) в тако́м слу́чае; в конце́ концо́в; **if it's not possible now ~ later** е́сли э́то сейча́с невозмо́жно, тогда́ / в тако́м слу́чае мо́жно и по́зже ◊ **and there** неме́дленно, то́тчас же; **now and ~** вре́мя от вре́мени

thence [ðens] *adv уст., книжн.* 1) отту́да 2) поэ́тому, отсю́да, из э́того (сле́дует)

thenceforth [ˌðensˈfɔ:θ] *adv уст., книжн.* с того́, с э́того вре́мени; впредь

thenceforward [ˌðensˈfɔ:wəd] *adv см.* **thenceforth**

theocracy [θɪˈɒkrəsɪ] *n* теокра́тия

theologian [θɪəˈləʊdʒɪən] *n* богосло́в

theological [θɪəˈlɒdʒɪkl] *a* богосло́вский, теологи́ческий

theology [θɪˈɒlədʒɪ] *n* богосло́вие, теоло́гия

theorem [ˈθɪərəm] *n* теоре́ма

theoretic(al) [θɪəˈretɪk(əl)] *a* теорети́ческий

theoretician [ˌθɪərɪˈtɪʃ(ə)n] *n* теоре́тик

theorist [ˈθɪərɪst] *n* 1) а́втор *или* сторо́нник (*какой-л.*) тео́рии 2) *см.* **theoretician**

theorize [ˈθɪəraɪz] *v* теоретизи́ровать

theory [ˈθɪərɪ] *n* тео́рия

therapeutics [ˌθerəˈpju:tɪks] *n* терапе́втика, терапи́я

therapy [ˈθerəpɪ] *n* терапи́я, лече́ние; **intensive ~** интенси́вная терапи́я; интенси́вное лече́ние

there [ðeə(r)] *adv* 1) там; туда́; **over ~** вон там; **~ and back** туда́ и обра́тно; **from ~** отту́да 2) здесь, тут; **are you ~?** вы слу́шаете? (*по телефо́ну*) 3) *с гл.* **to be:** **~ is, ~ are** есть, име́ется, име́ются; **~ is no time to lose** нельзя́ теря́ть вре́мя, вре́мени нет 4) (*как междоме́тие*) вон, вот; ну; **~ is a good boy!** вот молоде́ц!, вот и хорошо́!; **~ it is!** вот так та́к!; **~ you are!** во́т вы где!; вот и вы́!; **~!, ~!** ну, ну, по́лно!

thereabout(s) [ˈðeərəbaʊt(s)] *adv* 1) поблизости 2) о́коло э́того, приблизи́тельно

thereafter [ðeərˈɑ:ftə(r)] *adv книжн.* 1) с тех пор; по́сле э́того; с э́того/того́ вре́мени 2) согла́сно э́тому

thereat [ðeərˈæt] *adv уст.* 1) там 2) поэ́тому 3) с тех пор; по́сле э́того

thereby [ˈðeəˈbaɪ] *adv* 1) посре́дством э́того; таки́м о́бразом 2) в связи́ с э́тим; всле́дствие э́того

therefor [ðeəˈfɔ:(r)] *adv уст.* для э́того, с э́той це́лью

therefore [ˈðeəfɔ:(r)] *adv* поэ́тому; сле́довательно

therefrom [ðeə'frɒm] *adv уст.* 1) оттýда 2) оттогó

therein [ðeər'ɪn] *adv книжн.* 1) здесь, там, в э́том ме́сте 2) в э́том отноше́нии

thereof [ðeər'ɒv] *adv книжн.* из э́того; из тогó; из них

thereon [ðeər'ɒn] *adv уст.* на том; вслед за тем

there's [ðeəz] *разг.* = there is

thereto [ðeə'tu:] *adv книжн.* 1) к томý, к немý, к ним *и т. п.* 2) к томý же, крóме тогó, вдобáвок

thereupon ['ðeərə'pɒn] *adv* 1) всле́дствие э́того/тогó; поэ́тому 2) вслед за тем; пóсле тогó

therewith [ðeə'wɪð] *adv уст.* 1) с э́тим; при э́том; к томý же 2) тóтчас, неме́дленно; срáзу пóсле э́того

therewithal [,ðeəwɪ'ðɔ:l] *adv уст.* при э́том, к томý же, вдобáвок

therm [θɜ:m] *n* терм *(единица теплоты)*

thermae ['θɜ:mi:] *n pl ист.* те́рмы *(общественные бани в Дре́внем Ри́ме)*

thermal ['θɜ:məl] *a* 1) терми́ческий, теплово́й 2) термáльный, горя́чий *(об источнике и т. п.)*

thermic ['θɜ:mɪk] *a* терми́ческий, теплово́й

thermocouple ['θɜ:mə,kʌpl] *n эл.* термоэлеме́нт, термопáра

thermodynamics [,θɜ:məʊdaɪ'næmɪks] *n* термодинáмика

thermometer [θə'mɒmɪtə] *n* термóметр, грáдусник

thermonuclear [,θɜ:məʊ'nju:klɪə(r)] *a* термоя́дерный

thermoplastic [,θɜ:məʊ'plæstɪk] *a* термопласти́ческий

Thermos ['θɜ:mɒs] *n фирм.* те́рмос *(тж ~ flask)*

thermostable [,θɜ:məʊ'steɪbl] *a* термоустóйчивый, теплоустóйчивый

thermostat ['θɜ:məʊstæt] *n* термостáт

thesaurus [θɪ'sɔ:rəs] *n* 1) тезáурус, идеографи́ческий словáрь *(с группировкой слов не по алфавиту, а по значению)* 2) *амер.* словáрь сино́нимов и антóнимов 3) толкóвый словáрь; энциклопéдия

these [ði:z] *pl см.* this

thesis ['θi:sɪs] *n (pl* theses ['θi:si:z]) 1) тéзис 2) диссертáция; **to maintain a ~ for a degree** защищáть диссертáцию

Thespian I ['θespɪən] *n* актёр; актри́са

Thespian II *a* относя́щийся к театрáльной дрáме, трагéдии

theurgy ['θi:ɜ:dʒɪ] *n* мáгия; искýсство мáгии

thews [θju:z] *n pl книжн.* 1) (мýскульная) си́ла 2) нрáвственная си́ла 3) си́ла умá

they [ðeɪ] *pron pers* они́; **both of them** они́ óба; **~ say** говоря́т

thick I [θɪk] *n* чáща; гýща; **in the ~ of it** а) в сáмой гýще б) в разгáре *(работы)*

thick II *a* 1) тóлстый; **a ~ wall** тóлстая стенá; **a foot ~** толщино́й в оди́н фут 2) плóтный *(о материи и т. п.)*; густóй *(о волосах, лесе и т. д.)*; чáстый; **a ~ overcoat** тяжёлое пальтó; **~ with** пóлный чегó-л. 3) густóй, вя́зкий; **~ soup** густóй суп 4) мýтный, тумáнный; непрогля́дный 5) *разг.* тупóй, глýпый 6) неразбóрчивый, глухóй *(о голосе)* 7) *разг.* бли́зкий, инти́мный; **~ as thieves** водóй не разольёшь ◊ **that is a bit ~** *разг.* э́то уж чересчýр; **to give a ~ ear** *сленг* дать здоровéнную оплеýху

thick III *adv* 1) плóтно; гýсто, чáсто; оби́льно 2) нея́сно, глýхо, хри́пло ◊ **~ and fast** бы́стро, стреми́тельно, однó за други́м

thick-and-thin ['θɪkən'θɪn] *n*: **through ~** при всех усло́виях, несмотря́ ни на каки́е трýдности, до концá

thicken ['θɪkən] *v* 1) де́латься бóлее густы́м, густéть; уплотня́ться; утолщáться 2) усложня́ться

thicket ['θɪkɪt] *n* чáща, зáросли

thickhead ['θɪkhed] *n разг.* болвáн, тупи́ца

thick-headed ['θɪk'hedɪd] *a* тупоголóвый, глýпый

thickness ['θɪknɪs] *n* 1) толщинá 2) густотá, плóтность 3) слой

thickset [θɪk'set] *a* 1) коренáстый 2) гýсто посáженный

thick-skinned [θɪk'skɪnd] *a* толстокóжий, нечувстви́тельный

thick-skulled [θɪk'skʌld] *см.* thick-witted

thick-witted [θɪk'wɪtɪd] *a* тупоголóвый, тупóй, глýпый

thief [θi:f] *n (pl* thieves) вор

thieve [θi:v] *v* крáсть, воровáть

thievery ['θi:vərɪ] *n* воровствó; **a ~** крáжа

thieves [θi:vz] *pl см.* thief

thievish ['θi:vɪʃ] *a* воровáтый

thigh [θaɪ] *n анат.* бедрó

thigh-bone ['θaɪbəʊn] *n анат.* бéдренная кость

thill [θɪl] *n* оглóбля

thimble ['θɪmbl] *n* 1) напёрсток 2) наконéчник

thimbleful ['θɪmblfʊl] *n разг.* кáпелька, глотóчек

thin I [θɪn] *a* 1) тóнкий 2) худóй, худощáвый; **to grow ~** худéть; **~ as a lath** худóй, как ще́пка 3) ре́дкий, жи́дкий *(о волосах, растительности)*; **to get ~ on the top** редéть на макýшке *(о волосах)*, лысéть 4) немногочи́сленный *(о публике, населении)* 5) разба́вленный, жи́дкий, водяни́стый, сла́бый; ~ **soup** жи́дкий суп 6) сла́бый, ску́дный; недоста́точный, неоснова́тельный; **a ~ excuse** неубеди́тельная отгово́рка 7) разрежённый *(о воздухе, газах)* ◊ **to have a ~ time** *разг.* скве́рно провести́ вре́мя; **on ~ ice** по то́нкому льду; **to vanish in the ~ air** бесследно исче́знуть; ≅ как в во́ду ка́нуть; **that is too ~** это неубеди́тельно; ≅ ши́то бе́лыми ни́тками

thin II *v* 1) де́лать(ся) то́нким 2) худе́ть 3) реде́ть 4) проре́живать *(растения — out)*

thine [ðaɪn] *pron уст., диал.* твой

thing [θɪŋ] *n* 1) вещь *(как предмет, так и явление, идея, мысль и т. п.)*, предме́т; **I like sweet ~s** я люблю́ сла́дкое; **I have a few ~s to buy** мне на́до кое-что́ купи́ть; **that's the right ~ to say** пра́вильно говори́ть; **quite the ~** как раз то, что на́до; **not quite the ~ to do** не совсе́м то́, что на́до; **to know a ~ or two** знать кое-что́, дога́дываться кое о чём; быть проница́тельным 2) де́ло; собы́тие; обстоя́тельство; **first ~** пе́рвым де́лом, пе́рвым до́лгом; **first ~s first** снача́ла на́до де́лать гла́вное (а пото́м остально́е); **among other ~s** среди́ всего́ про́чего; **other ~s being equal** при про́чих ра́вных усло́виях; **a strange ~** стра́нное де́ло, что́-то стра́нное; **~s look promising** положе́ние обнадёживающее 3) *pl* ве́щи, бага́ж 4) оде́жда; *(ли́чные)* принадле́жности; **where could I leave my ~s** где мне мо́жно оста́вить свои́ ве́щи?; **to take off one's ~s** снять пальто́, разде́ться 5) литерату́рное *или* музыка́льное произведе́ние 6) *разг.* существо́, созда́ние; **poor ~!** бедня́жка!; **little ~** малю́тка ◊ **to do one's own ~s** *разг.* сле́довать свои́м накло́нностям, пресле́довать свои́ интере́сы; **to do ~s to smb, smth** *разг.* твори́ть чудеса́ по отноше́нию к кому́-л., чему́-л.; де́йствовать о́чень эффекти́вно; **to have a ~ about** *разг.* име́ть навя́зчивую иде́ю (насчёт чего́-л.); **to see ~s** галлюцини́ровать; мере́щиться; **no such ~** ничего́ подо́бного; **of all ~s!** вот тебе́ и на́!; **for one ~** во-пе́рвых

thingy [ˈθɪŋɪ] *n* как там его́ *(относится к человеку, имя которого вы не знаете или забыли; тж* **thingamabob, thingamajig, thingammy**); **is ~ coming today?** господи́н, как там его́, собира́ется сего́дня прийти́?

think [θɪŋk] *v (past, p. p.* **thought**) 1) ду́мать, мы́слить; обду́мывать; **he can't ~ cleary now** он сейча́с не в состоя́нии я́сно мы́слить; **let me ~** да́йте мне поду́мать; **to ~ twice** хороше́нько поду́мать *(прежде чем сде́лать);* **to ~ aloud** ду́мать вслух 2) счита́ть,

полага́ть; **what do you ~ of his suggestion?** что вы ду́маете/како́го вы мне́ния о его́ предложе́нии?; **to ~ little / nothing of** быть невысо́кого мне́ния о *(ком-л., чём-л.);* **to ~ much/highly of** быть высо́кого мне́ния о *(ком-л., чём-л.),* высоко́ цени́ть; **to ~ better of smth** переду́мать, перемени́ть мне́ние о чём-л. 3) понима́ть, представля́ть (себе́); **I cannot ~ how she did it** не могу́ поня́ть, как это она́ сде́лала 4) намерева́ться; име́ть в виду́ ◊ **to ~ no end of smb** о́чень высоко́ цени́ть кого́-л., быть о́чень высо́кого мне́ния о ком-л.

think again пересмотре́ть *(свои планы, взгля́ды)*

think back to припомина́ть, стара́ться вспо́мнить *(прошедшее)*

think out 1) хорошо́ проду́мать 2) найти́ реше́ние; роди́ть иде́ю

think over обду́мать, обсуди́ть; хороше́нько поду́мать

think through всё проду́мать, основа́тельно обду́мать (и реши́ть)

think up *разг.* приду́мать

thinkable [ˈθɪŋkəbl] *a* мы́слимый

thinker [ˈθɪŋkə(r)] *n* мысли́тель

thinking I [ˈθɪŋkɪŋ] *n* 1) мне́ние, сужде́ние, представле́ние; **to my ~** по моему́ мне́нию 2) *pl* мы́сли; размышле́ние, обду́мывание

thinking II *a* мы́слящий, ду́мающий, разу́мный

think tank [ˈθɪŋkˌtæŋk] *n* гру́ппа экспе́ртов, сове́тников, специали́стов

thinly [ˈθɪnlɪ] *adv* то́нко; ре́дко; **with ~ disguised contempt** с пло́хо скрыва́емым презре́нием

thinner [ˈθɪnə(r)] *n тех.* разжижи́тель

thin-skinned [θɪnˈskɪnd] *a* легко́ рани́мый; оби́дчивый

third I [θɜːd] *n* 1) треть, тре́тья часть 2) *муз.* те́рция

third II *num* тре́тий

third party [ˌθɜːdˈpɑːtɪ] 1) *юр.* тре́тье лицо́, тре́тья сторона́ 2) тре́тья па́ртия *(при двухпартийной системе)*

third-rate [ˈθɜːdˌreɪt] *a* третьесо́ртный, ни́зкого ка́чества, низкосо́ртный

third root [ˈθɜːdˌruːt] *n мат.* куби́ческий ко́рень

thirst I [θɜːst] *n* 1) жа́жда 2) си́льное жела́ние; **a ~ for power** жа́жда вла́сти

thirst II *v* 1) хоте́ть пить, испы́тывать жа́жду 2) жа́ждать чего́-л.

thirsty [ˈθɜːstɪ] *a* 1) испы́тывающий жа́жду; **I'm ~** я хочу́ пить 2) пересо́хший, иссо́хший *(о земле и т.п.)* 3) жа́ждущий чего́-л. *(for, after)* 4) *разг.* вызыва́ющий жа́жду

thirteen [ˈθɜːˈtiːn] *num* трина́дцать

thirteenth I [ˈθɜːˈtiːnθ] *n* трина́дцатая часть

thirteenth II *num* трина́дцатый

thirties [ˈθɜːtɪz] *n pl* (**the ~**) 1) тридца́тые го́ды 2) во́зраст от 30 до 39 лет

thirtieth I [ˈθɜːtɪɪθ] *n* тридца́тая часть

thirtieth II *num* тридца́тый

thirty [ˈθɜːtɪ] *num* три́дцать

this [ðɪs] *pron demonstr* (*pl* **these**) э́тот, э́та, э́то ◊ ~ **and that** *разг.* всего́ понемно́гу, вся́кая вся́чина; ~ **much** сто́лько, так мно́го

thistle [ˈθɪsl] *n* 1) *бот.* чертопо́лох 2) цвето́к чертопо́лоха (*как национа́льная эмбле́ма Шотла́ндии*)

thistledown [ˈθɪsldaʊn] *n* пушо́к семя́н чертопо́лоха

thistly [ˈθɪslɪ] *a* 1) заро́сший чертопо́лохом, в чертопо́лохе 2) колю́чий

thither [ˈðɪðə(r)] *adv уст.* туда́

THNQ *сокр.* (**thank you**) благодарю́ вас (*используется при перепи́ске по электро́нной по́чте*)

tho, tho' I, II [ðəʊ] *см.* **though I, II**

thole [θəʊl] *n* уклю́чина (*весла́*)

thong [θɒŋ] *n* реме́нь, плеть

thorax [ˈθɔːræks] *n анат.* грудна́я кле́тка, грудь

thorn [θɔːn] *n* 1) шип, колю́чка 2) колю́чий куста́рник 3) назва́ние руни́ческой бу́квы, соотве́тствующей **th** ◊ **to be/to sit on ~s** сиде́ть, как на иго́лках; **a ~ in one's side/in one's flesh** постоя́нный исто́чник раздраже́ния; ≅ бельмо́ на глазу́

thorny [ˈθɔːnɪ] *a* 1) колю́чий; с шипа́ми 2) тру́дный; терни́стый 3) сло́жный, щекотли́вый (*о те́ме и т. п.*); **a ~ problem** сло́жная пробле́ма

thorough [ˈθʌrə] *a* 1) по́лный, всесторо́нний, соверше́нный 2) тща́тельный, основа́тельный; доскона́льный; **a ~ investigation** тща́тельное иссле́дование; ~ **knowledge of a subject** основа́тельное зна́ние како́го-л. предме́та

thoroughbred I [ˈθʌrəbred] *n* чистокро́вное, поро́дистое живо́тное (*особ. о ло́шади*)

thoroughbred II *a* чистокро́вный, поро́дистый

thoroughfare [ˈθʌrəfeə(r)] *n* 1) прохо́д, прое́зд; «**No T.**» «Прое́зд закры́т», «Прохо́да нет» (*на́дпись*) 2) широ́кая у́лица, магистра́ль (*с движе́нием тра́нспорта в о́бе стороны́*)

thoroughgoing [ˈθʌrəgəʊɪŋ] *a* 1) бескомпроми́ссный, прямолине́йный 2) основа́тельный, доскона́льный

thoroughly [ˈθʌrəlɪ] *adv* вполне́, соверше́нно; основа́тельно, доскона́льно

thoroughness [ˈθʌrənɪs] *n* основа́тельность, доскона́льность

thorough-paced [ˈθʌrəpeɪst] *a* соверше́нный, по́лный; отъя́вленный

those [ðəʊz] *pl см.* **that I**

thou [ðaʊ] *pron pers уст., поэт.* ты

though I [ðəʊ] *conj* 1) хотя́ (и); несмотря́ на; **they agree ~ reluctantly** они́ согласи́лись, хотя́ и неохо́тно 2) да́же е́сли бы, хотя́ бы; **as ~** как бу́дто, сло́вно

though II *adv разг.* одна́ко; всё-таки

thought[1] [θɔːt] *n* 1) мысль; мышле́ние; размышле́ние; **scientific ~** нау́чная мысль; **deep in ~** в глубо́ком разду́мье; **at the ~ of** при мы́сли о; **to collect one's ~s** собра́ться с мы́слями; **lost in ~** погружённый в мы́сли; **to give ~ to smth** размышля́ть о чём-л.; **(up)on second ~s** пораски́нув умо́м, по зре́лом размышле́нии 2) наме́рение; **no ~ of** и в мы́слях не́ было; **perish the ~!** бо́же упаси́! 3) *attr:* ~ **process** мысли́тельный проце́сс; ~ **pattern** моде́ль мышле́ния

thought[2] *past, p. p. см.* **think**

thoughtful [ˈθɔːtfʊl] *a* 1) ду́мающий, мы́слящий; заду́мчивый; **a ~ look** заду́мчивый взгляд; **to become ~** заду́маться 2) глубокомы́сленный; глубо́кий, содержа́тельный (*о произведе́нии, кни́ге и т. п.*) 3) забо́тливый, внима́тельный (*к кому́-л. — of*); **he was very ~ towards others** он о́чень внима́телен к други́м

thoughtfully [ˈθɔːtfʊlɪ] *adv* 1) заду́мчиво 2) глубокомы́сленно; с глубокомы́сленным ви́дом

thoughtless [ˈθɔːtlɪs] *a* 1) невнима́тельный (*к други́м*) 2) безду́мный, беспе́чный 3) необду́манный

thought-provoking [ˈθɔːt prə‚vəʊkɪŋ] *a* вызыва́ющий разду́мье, размышле́ние

thought-reading [ˈθɔːt‚riːdɪŋ] *n* чте́ние чужи́х мы́слей

thousand I [ˈθaʊzənd] *n* ты́сяча; мно́жество; ма́сса; ~**s of people** ты́сячи люде́й; **many ~s of times, a ~ times** мно́жество/ты́сячи раз; ~ **thanks** ты́сяча благода́рностей

thousand II *num* ты́сяча; **three ~ dollars** три ты́сячи до́лларов

thousandfold I [ˈθaʊzəndfəʊld] *a* в ты́сячу раз бо́льший; тысячекра́тный

thousandfold II *adv* в ты́сячу раз бо́льше

thousandth I [ˈθaʊzəntθ] *n* ты́сячная часть

thousandth II *num* ты́сячный

thraldom [ˈθrɔːldəm] *n книжн.* ра́бство, порабоще́ние

thrall [θrɔːl] *n книжн.* 1) раб 2) ра́бство

thrash [θræʃ] *v* 1) бить, поро́ть, колоти́ть, дуба́сить 2) разгроми́ть (*в состяза́нии*) 3) метáться *(во сне и т. п. — about)* 4) *см.* **thresh** 1) ◊ **to ~ over old straw** толо́чь во́ду в сту́пе **thrash out** обсуди́ть *(вопрос)*; вы́яснить до конца́

thrasher [ˈθræʃə(r)] *см.* **thresher**

thrashing [ˈθræʃɪŋ] *n* 1) побо́и, взбу́чка 2) *см.* **threshing**

thread I [θred] *n* 1) ни́тка; *перен.* нить; **to hang by a ~** держа́ться на ни́точке, висе́ть на волоске́; **to lose the ~** потеря́ть нить *(разговора, рассказа и т. п.)*; **the fatal ~, the ~ of life** нить жи́зни 2) *тех.* резьба́, винтова́я наре́зка ◊ **~ and thrum** всё вме́сте, и хоро́шее и дурно́е

thread II *v* 1) продева́ть ни́тку *(в иголку)* 2) нани́зывать *(бусы и т. п.)* 3) вставля́ть плёнку, заряжа́ть киноаппара́т плёнкой и *т. п.* 4) пробира́ться, проти́скиваться 5) *тех.* нареза́ть *(резьбу́)*, снабжа́ть резьбо́й

threadbare [ˈθredbeə(r)] *a* 1) потёртый, си́льно изно́шенный; **a ~ carpet** вы́тертый ковёр 2) бе́дно оде́тый; в обно́сках 3) изби́тый *(о фра́зе, шутке и т. п.)* 4) неубеди́тельный, сла́бый *(о доводе, отговорке и т. п.)*

threaded [ˈθredɪd] *a тех.* с наре́зкой, с резьбо́й, нарезно́й

threader [ˈθredə(r)] *n* винторе́зный стано́к

threadlike [ˈθredlaɪk] *a* нитеви́дный; волокни́стый

thread-needle [ˈθredˌniːdl] *n* «ручеёк» *(детская игра)*

thready [ˈθredɪ] *a* 1) нитеви́дный, то́нкий; волокни́стый 2) *мед.* нитеви́дный, сла́бый *(о пульсе)*

threat [θret] *n* угро́за

threaten [ˈθretn] *v* 1) грози́ть, угрожа́ть; **war ~ed** нависла угро́за войны́ 2) предвеща́ть

threatening [ˈθretnɪŋ] *a* угрожа́ющий, грозя́щий

three I [θriː] *n* тро́йка; **in ~s** по три

three II *num* три

three-cornered [ˈθriːˈkɔːnəd] *a* 1) треуго́льный 2) име́ющий три уча́стника *(о соревнова́нии)*

three-D *сокр. см.* **three-dimensional** 1)

three-decker [ˈθriːˈdekə] *n* 1) вое́нный трёхпа́лубный кора́бль 2) трило́гия, рома́н в трёх тома́х

three-dimensional [ˌθriːd(a)ɪˈmenʃ(ə)nəl] *a* 1) трёхме́рный, простра́нственный, объёмный; стереоскопи́ческий 2) вы́пуклый, рельéфно обрисо́ванный, глубо́кий 3) живо́й, правди́вый; реалисти́ческий 4) всесторо́нний, глубо́кий

threefold I [ˈθriːfəʊld] *a* утро́енный, тройно́й; троекра́тный

threefold II *adv* втройне́; троекра́тно

three-handed [ˈθriːˈhændɪd] *a* с уча́стием трёх игроко́в

three-lane [ˈθriːleɪn] *a* трёхря́дный, трёхполо́сный *(о дороге)*

three-legged [ˈθriːˈlegd] *a* трёхно́гий, с тремя́ но́жками *(о столе и т. п.)*

three-master [ˈθriːˈmɑːstə(r)] *n* трёхма́чтовый кора́бль

threepence [ˈθrepəns] *n* моне́та в три пе́нса

threepenny [ˈθrepənɪ] *a* сто́имостью в три пе́нса, грошо́вый

three-piece suit [ˌθriːpiːsˈsjuːt] *n* костю́м-тро́йка

three-ply I [ˈθriːplaɪ] *n* трёхсло́йная фане́ра

three-ply II *a* трёхсло́йный

three-quarter [ˈθriːˈkwɔːtə(r)] *a* 1) трёхчетвертно́й, (в) три че́тверти 2) с поворо́том лица́ в три че́тверти *(о портре́те)*

threescore [ˈθriːˈskɔː(r)] *n уст.* шестьдеся́т; **six hundred ~ and six** *библ.* «число́ зве́ря», шестьсо́т шестьдеся́т шесть

threnode, threnody [ˈθrenədɪ, ˈθrenəʊd] *n* 1) надгро́бный плач 2) похоро́нная песнь, погреба́льное пе́ние

thresh [θreʃ] *v* 1) молоти́ть 2) *см.* **thrash** 1), 2)

thresher [ˈθreʃə(r)] *n с.-х.* молоти́лка

threshing [ˈθreʃɪŋ] *n* молотьба́

threshing-floor [ˈθreʃɪŋflɔː(r)] *n* ток, гумно́

threshing-machine [ˈθreʃɪŋməˌʃiːn] *n с.-х.* молоти́лка

threshold [ˈθreʃhəʊld] *n* 1) поро́г 2) преддве́рие, поро́г; **on the ~ of revolution** на поро́ге револю́ции, накану́не револю́ции 3) *спец.* поро́г, поро́говая величина́, преде́л, преде́льная величина́; грани́ца

threw [θruː] *past см.* **throw I**

thrice [θraɪs] *adv уст.* 1) три́жды 2) в вы́сшей сте́пени

thrift [θrɪft] *n* эконо́мность, бережли́вость

thriftless [ˈθrɪftlɪs] *a* неэконо́мный, расточи́тельный

thrifty [ˈθrɪftɪ] *a* 1) эконо́мный, бережли́вый 2) зажи́точный, процвета́ющий

thrill I [θrɪl] *n* 1) дрожь, тре́пет 2) (ра́достное) волне́ние, возбужде́ние 3) пульса́ция

thrill II *v* 1) вызыва́ть *или* испы́тывать тре́пет, волне́ние; **to ~ with joy** (за)трепета́ть от ра́дости 2) дрожа́ть, трепета́ть *(от страха, радости и т. п. — through, over, along)*

thriller [ˈθrɪlə(r)] *n* три́ллер; остросюже́тный фильм, рома́н, пье́са

thrilling [ˈθrɪlɪŋ] *a* волну́ющий, захва́тывающий

thrive [θraɪv] *v* (**throve; thriven**) 1) процвета́ть, преуспева́ть 2) богате́ть 3) (бу́йно) расти́, расцвета́ть; хорошо́ развива́ться

thriven [ˈθrɪvn] *p. p.* *см.* **thrive**

thro' I, II, III [θru:] = **through** I, II, III

throat [θrəʊt] *n* 1) го́рло; гло́тка, горта́нь; **to clear one's ~** отка́шляться; **he has a sore ~** у него́ боли́т го́рло 2) у́зкий прохо́д, у́зкое отве́рстие ◊ **to cut one's own ~** губи́ть себя́; **to ram/to thrust down smb's ~** навя́зывать свои́ иде́и кому́-л.

throaty [ˈθrəʊtɪ] *a* 1) горта́нный; горлово́й 2) хри́плый

throb I [θrɒb] *n* 1) бие́ние, пульса́ция 2) волне́ние, тре́пет.

throb II *v* 1) си́льно би́ться, пульси́ровать; **my heart ~bed** у меня́ си́льно би́лось се́рдце 2) трепета́ть

throe [θrəʊ] *n обыкн. pl* 1) си́льная боль, му́ки; **in the ~s of** в му́ках 2) (предсме́ртная) аго́ния 3) родовы́е му́ки

thrombi [ˈθrɒmbaɪ] *pl см.* **thrombus**

thrombosis [θrɒmˈbəʊsɪs] *n мед.* тромбо́з; **deep vein ~** тромбо́з глубо́ких вен, *разг.* синдро́м эконо́м-кла́сса

thrombus [ˈθrɒmbəs] *n* (*pl* **thrombi**) *мед.* тромб

throne I [θrəʊn] *n* 1) трон, престо́л; **to ascend the ~, to come to the ~** вступи́ть на престо́л 2) короле́вская власть

throne II *v* возводи́ть на престо́л

throng I [θrɒŋ] *n* толпа́, толчея́

throng II *v* толпи́ться; вали́ть толпо́й; заполня́ть (*улицу и т. п.*)

throstle [ˈθrɒsl] *n* пе́вчий дрозд

throttle I [ˈθrɒtl] *n тех.* дро́ссель, регуля́тор

throttle II *v* 1) души́ть 2) задыха́ться 3) *тех.* дроссели́ровать, мять *(пар)*
   throttle back *авто* уменьша́ть газ
   throttle down *см.* **throttle back**

through I [θru:] *a* 1) прямо́й, сквозно́й; беспереса́дочный; прямо́го сообще́ния (*о вагоне, поезде*); **a ~ train** по́езд прямо́го сообще́ния; **a ~ draught** сквозня́к 2) свобо́дный (*о проходе и т. п.*); **no ~ road** нет сквозно́го движе́ния

through II *adv* 1) наскво́зь; **to get wet ~** промо́кнуть наскво́зь 2) от нача́ла до конца́; **to read a book (right) ~** прочте́сть всю кни́гу; **to see the project ~** довести́ э́тот прое́кт до конца́; **to be ~ with smth** поко́нчить с чем-л.

through III *prep* 1) че́рез, сквозь; по; в; **~ the keyhole** че́рез замо́чную сква́жину; **to look ~ a window** смотре́ть в окно́ 2) посре́дством (*чего-л.*); из (*какого-л. источника*); от; **~ ignorance** по неве́жеству; **~ an interpreter** че́рез перево́дчика 3) из-за; благодаря́; всле́дствие 4) в продолже́ние, в тече́ние; **~ the night** всю ночь напролёт; **~ her life**

че́рез всю её жизнь 5) включи́тельно; **from Monday ~ Friday** с понеде́льника по пя́тницу включи́тельно

through and through [ˈθru:ənˈθru:] *adv* соверше́нно, по́лностью, до конца́

throughout I [θru:ˈaʊt] *adv* 1) во всех отноше́ниях 2) на всём протяже́нии; повсю́ду, везде́

throughout II *prep* че́рез, сквозь; в продолже́ние (*всего времени и т. п.*); **~ the 19th century** на протяже́нии всего́ девятна́дцатого ве́ка

throughput [ˈθru:pʊt] *n* пропускна́я спосо́бность; коли́чество обрабо́танного материа́ла

throughway [ˈθru:weɪ] *см.* **thruway**

throve [θrəʊv] *past см.* **thrive**

throw I [θrəʊ] *n* 1) броса́ние, бросо́к; да́льность броска́, разма́х; **at a stone's ~** на расстоя́нии бро́шенного ка́мня 2) *спорт.* паде́ние (*при борьбе*) 3) *амер.* лёгкая наки́дка, покрыва́ло (*на мебель и т. п.*); небольшо́й ко́врик 4) *тех.* ход; **the ~ of the piston** ход по́ршня; **the ~ of the pointer** отклоне́ние стре́лки

throw II *v* (**threw; thrown**) 1) броса́ть, кида́ть; швыря́ть; мета́ть; **to ~ a ball** бро́сить мяч; **to ~ oneself** броса́ться, кида́ться; **to ~ a shadow** отбра́сывать тень 2) сбра́сывать (*всадника*); класть на о́бе лопа́тки (*в борьбе; тж перен.*) 3) выбра́сывать (*на берег и т. п.*) 4) *разг.* сбива́ть с то́лку, приводи́ть в смяте́ние 5) набра́сывать оде́жду (*on*) 6) сбра́сывать оде́жду (*off*) 7) устра́ивать сканда́л 8) устра́ивать встре́чу, зва́ный ве́чер 9) меня́ть, сбра́сывать (*кожу — о змее*) 10) мета́ть (детёнышей) (*о кроликах и т. п.*) 11) крути́ть, сучи́ть (*шёлк*) 12) броса́ть ко́сти (*в игре*) ◊ **to ~ dust in smb's eyes** пуска́ть пыль в глаза́; вводи́ть кого́-л. в заблужде́ние; **to ~ one's hand in** вы́йти из соревнова́ния, бро́сить попы́тку; **to ~ in the towel** призна́ть своё пораже́ние; **to ~ one's weight about/ around** *разг.* ва́жничать, подавля́ть свои́м авторите́том и т. п.; **to ~ good money after bad** упо́рствовать в безнадёжном де́ле

   throw about 1) разбра́сывать повсю́ду 2) тра́тить зря, транжи́рить *(деньги)*

   throw away 1) выбра́сывать, выки́дывать 2) не воспо́льзоваться возмо́жностью 3) сбра́сывать *(карту)*

   throw back сбра́сывать наза́д

   throw down 1) опроки́нуть 2) снести́ *(строение и т. п.)*

   throw in 1) вста́вить *(слово, замеча́ние и т. п.)* 2) вбра́сывать *(мяч)* 3) добавля́ть *(во что-л.)*

throw off 1) избавля́ть (*от чего-л.*); выбра́сывать 2) небре́жно бро́сить (*замечание и т. п.*)

throw out 1) выбра́сывать 2) выгоня́ть, изгоня́ть 3) простра́ивать (*флигель, пирс и т. п.*)

throw over бро́сить, оста́вить, поки́нуть

throw up 1) бро́сить, поки́нуть 2) уйти́ в отста́вку 3) отказа́ться (*от чего-л.*) 4) бы́стро возводи́ть (*здание*) 5) *разг.* тошни́ть, рвать

throw-away [ˈθrəʊəˌweɪ] *a* вре́менного по́льзования; однора́зовый

throw-back [ˈθrəʊbæk] *n* 1) возвра́т к про́шлому, к пре́дкам 2) атави́зм

throw-down [ˈθrəʊdaʊn] *n* пораже́ние

thrower [ˈθrəʊə(r)] *n* мета́тель; мета́тельный аппара́т

thrown I [θrəʊn] *p. p.* см. **throw I**

thrown II *a* кручёный (*о шёлке и т. п.*)

thru I, II, III [θruː] *амер.* см. **through I, II, III**

thrum¹ [θrʌm] *n* бренча́ние

thrum¹ II *v* 1) бренча́ть, тре́нькать 2) бараба́нить па́льцами

thrum² *n* бахрома́; неза́тканный коне́ц осно́вы

thrush¹ [θrʌʃ] *n* дрозд

thrush² *n* моло́чница (*болезнь*)

thrust I [θrʌst] *n* 1) толчо́к 2) ре́зкий уда́р; вы́пад (*против кого-л.*) 3) внеза́пная ата́ка, бросо́к 4) *тех.* давле́ние, напо́р 5) *attr* ко́лющий; ~ **weapon** ко́лющее (холо́дное) ору́жие

thrust II *v* (*past, p. p.* **thrust**) 1) толка́ть; засо́вывать (*в карман и т. п.*); **to ~ oneself** броса́ться, устремля́ться; прота́лкиваться; **to ~ oneself forward** «вылеза́ть», стара́ться обрати́ть на себя́ внима́ние 2) навя́зывать си́лой (*что-л., кому-л. — on, upon*) 3) коло́ть, пронза́ть (*at, through*); **to ~ one's sword home** пронзи́ть мечо́м 4) проти́скиваться; врыва́ться

thruway [ˈθruːweɪ] *n амер.* автостра́да, автомагистра́ль

thud I [θʌd] *n* глухо́й звук, стук (*при паде́нии*)

thud II *v* упа́сть с глухи́м сту́ком

thug [θʌg] *n* головоре́з, банди́т

thuja [ˈθuːjə] *n бот.* ту́я

thumb I [θʌm] *n* 1) большо́й па́лец (*руки*) 2) *вчт* бегуно́к полосы́ прокру́тки, перст (*курсор в виде руки с вытянутым пальцем*) ◊ **to be all ~s** быть о́чень нело́вким, неуклю́жим; ≅ ру́ки как крю́ки; ~**s up** знак одобре́ния; **under smb's ~** под влия́нием кого́-л., во вла́сти кого́-л.

thumb II *v* 1) неуклю́же, нело́вко де́лать что-л. 2) загрязни́ть, захвата́ть (*страницы паль-*

цами); замусо́лить 2) перели́стывать (*страни́цы*) 3): **to ~ a ride** останови́ть проезжа́ющий автомоби́ль, подня́в большо́й па́лец

thumb-mark [ˈθʌmmɑːk] *n* следы́ больши́х па́льцев (*на страни́цах кни́ги*)

thumbnail [ˈθʌmneɪl] *n* 1) но́готь большо́го па́льца 2) миниатю́ра, пиктогра́мма

thumbprint [ˈθʌmprɪnt] *n* отпеча́ток большо́го па́льца (*для идентифика́ции*)

thumbscrew [ˈθʌmskruː] *n* 1) *тех.* винт с нака́танной голо́вкой; винт-бара́шек 2) *ист.* ору́дие пы́тки, сжима́вшее большо́й па́лец

thumbtack [ˈθʌmtæk] *n амер.* (чертёжная) кно́пка

thump I [θʌmp] *n* тяжёлый уда́р; глухо́й звук (*уда́ра*)

thump II *v* 1) наноси́ть тяжёлый уда́р; удара́ть (кулако́м) 2) колоти́ть, стуча́ть (*кулако́м в дверь и т. п.*) 3) тяжело́, глу́хо би́ться (*о се́рдце*) 4) тяжело́ ступа́ть

thumping [ˈθʌmpɪŋ] *a разг.* грома́дный; ~ **majority** грома́дное большинство́; **a ~ lie** на́глая ложь

thunder I [ˈθʌndə(r)] *n* 1) гром 2) гро́хот, шум; ~**s of applause** гром аплодисме́нтов 3) ре́зкая кри́тика; осужде́ние

thunder II *v* 1) греме́ть; **it is ~ing** гром греми́т 2) грохота́ть, громыха́ть 3) мета́ть гро́мы и мо́лнии, грози́ть

thunderbolt [ˈθʌndəbəʊlt] *n* 1) вспы́шка мо́лнии и уда́р гро́ма 2) *разг.* гром среди́ я́сного не́ба, не́что неожи́данное

thunderclap [ˈθʌndəklæp] *n* уда́р гро́ма

thundercloud [ˈθʌndəklaʊd] *n* грозова́я ту́ча

thunderer [ˈθʌndərə(r)] *n* громове́ржец

thundering [ˈθʌndərɪŋ] *a* 1) громоподо́бный, оглуши́тельный 2) *разг., уст.* грома́дный; ужа́сный

thunderous [ˈθʌndərəs] *a* 1) грозово́й 2) громово́й, громоподо́бный

thunderpeal [ˈθʌndəpiːl] *n* уда́р, раска́т гро́ма

thunderstorm [ˈθʌndəstɔːm] *n* гроза́

thunderstruck [ˈθʌndəstrʌk] *a* ошеломлённый; как гро́мом поражённый

thundery [ˈθʌndərɪ] *a* грозово́й

Thurs. *сокр.* (**Thursday**) четве́рг

Thursday [ˈθɜːzdɪ] *n* четве́рг

thus [ðʌs] *adv* так, таки́м о́бразом; сле́довательно; ита́к; так что; ~ **and** ~ та́к-то и та́к-то; ~ **far** до сих пор, пока́; **they began ~** они́ на́чали сле́дующим о́бразом; ~ **much** сто́лько

thwack I [θwæk] *n* уда́р (*палкой*); си́льный уда́р

thwack II *v* удара́ть, бить

thwart¹ [θwɔːt] *n* ба́нка, сиде́нье гребца́ (*в ло́дке*)

thwart² *v* 1) перечить 2) препятствовать; мешать; расстраивать *(планы и т. п.)*

thy [ðaɪ] *pron poss уст., поэт.* твой

thyme [taɪm] *n бот.* тимьян

thyroid [ˈθaɪrɔɪd] *n анат.* щитовидная железа *(тж ~ gland)*

thyself [ðaɪˈself] *pron refl уст.* сам, сама; себя, -ся

tibia [ˈtɪbɪə] *n (pl tibiae* [ˈtɪbɪiː]) *анат.* большеберцовая кость

tic [tɪk] *n мед.* тик

tick¹ **I** [tɪk] *n* 1) тиканье 2) галочка, отметка 3) *разг.* мгновение, момент, минуточка; **in two ~s** очень быстро, мгновенно; **just a ~!** минуточку!

tick¹ **II** *v* 1) тикать 2) проходить *(о времени — away)* 3) работать, функционировать *(о механизме)* 4) отмечать галочкой ◊ **what makes smb ~** *разг.* причина действий, поступков кого-л.

tick off *разг.* отругать, устроить нагоняй
tick over работать на холостом ходу

tick² *n* 1) чехол *(матраца, подушки)* 2) тик *(ткань)*

tick³ **I** *n разг.* кредит; **to buy on ~** покупать в кредит

tick⁴ [tɪk] *n зоол.* клещ

ticker [ˈtɪkə] *n* 1) *разг. уст.* сердце 2) *разг.* часы 3) *амер.* тикер, биржевой аппарат, печатающий котировки ценных бумаг

ticket I [ˈtɪkɪt] *n* 1) билет; **bus ~** автобусный билет; **one-way ~** билет (на транспорт) в одну сторону, в один конец; **return ~** билет (на транспорт) в оба конца; обратный билет; **through ~** билет прямого сообщения; **theatre ~** билет в театр; **complimentary ~** контрамарка; бесплатный билет 2) уведомление о штрафе за транспортное нарушение 3) освобождение от воинской повинности 4) ярлык, этикетка; талон; карточка; **price ~** ценник; **meal ~** талон на питание; **pawn ~** залоговая квитанция 5) *амер.* список кандидатов какой-л. партии на выборах; **mixed ~** список кандидатов разных партий ◊ **that's the ~** *разг.* как раз то, что надо; **not quite the ~** *разг.* не совсем то

ticket II *v* прикреплять ярлык, этикетку, ценник

ticket-office [ˈtɪkɪtˌɒfɪs] *n* билетная касса

ticking [ˈtɪkɪŋ] *n* тик *(ткань)*

tickle I [ˈtɪkl] *n* щекотка

tickle II *v* 1) щекотать; чувствовать щекотание; **my nose ~s** у меня щекочет в носу 2) развлекать, забавлять, доставлять удовольствие; **he was ~d to death** *разг.* он чуть не лопнул со смеху

tickler [ˈtɪklə] *n* трудная задача, головоломка

ticklish [ˈtɪklɪʃ] *a* 1) боящийся щекотки 2) обидчивый 3) щекотливый, деликатный *(о вопросе и т. п.)*

tick-tock [ˈtɪkˈtɒk] *n* тиканье (часов); тик-так

tic-tac-toe game [ˌtɪktækˈtəʊ ɡeɪm] *n* игра в крестики и нолики

tidal [ˈtaɪdl] *a* связанный с приливом и отливом; **~ wave** приливная волна

tidbit [ˈtɪdbɪt] *амер. см.* **titbit**

tiddly-winks [ˈtɪdlɪwɪŋks] *n pl* игра в блошки

tide I [taɪd] *n* 1) (морской) прилив и отлив; **the high/low ~** высшая/низшая точка прилива *или* отлива; **~ is falling/rising** вода убывает/прибывает 2) течение; направление *(мыслей, идей, мнений и т. п.)*; **to go with the ~** плыть по течению ◊ **to work double ~s** работать за двоих, сильно перенапрягаться на работе

tide II : **to ~ over a difficulty** преодолеть трудности, пережить тяжёлое время и т. п.

tideland [ˈtaɪdlænd] *n амер.* земли, затопляемые приливом

tidewater [ˈtaɪdˌwɔːtə(r)] *n* воды прилива

tidiness [ˈtaɪdɪnɪs] *n* опрятность, аккуратность

tidings [ˈtaɪdɪŋz] *n pl книжн.* новости, известия, вести

tidy I [ˈtaɪdɪ] *n* 1) корзинка, коробочка *и т. п.* *(для мелочей, мелкого мусора)*; **desk ~** органайзер *(прибор на письменном столе для хранения ручек, карандашей, скрепок, кнопок и т. п.)* 2) салфеточка *(на спинке мягкой мебели и т. п.)*

tidy II *a* 1) опрятный, аккуратный; прибранный, чистый *(о комнате и т. п.)* 2) *разг.* изрядный, значительный; **a ~ sum** значительная сумма

tidy III *v* убирать, прибирать, приводить в порядок *(тж to ~ up)*; **to ~ a room** прибирать комнату; **to ~ oneself** привести себя в порядок

tie I [taɪ] *n* 1) верёвка, шнурок, тесьма, цепочка 2) галстук 3) связь, узы; **the ~s of friendship** узы дружбы 4) равный счёт, ничья; **~ break** *спорт.* тай-брейк 5) *муз.* лига 6) *амер.* шпала

tie II *v* 1) связывать; завязывать; привязывать; зашнуровывать 2) скреплять, стягивать 3) ограничивать *(условиями и т. п.)*, связывать, обязывать; **~d to time** ограниченный временем, сроком 4) сравнять счёт; сыграть вничью

tie in согласовывать, связывать *(с — with)*
tie up 1) крепко привязывать, прикреплять 2) *эк.* замораживать капитал 3) поставить (судно) на якорь 4) ограничивать в действиях; препятствовать 5) завершить *(дело)*

tie-in [ˈtaɪɪn] *n* 1) принуди́тельный ассортиме́нт 2) *вчт* привя́зка

tiepin [ˈtaɪpɪn] *n* була́вка, зако́лка для га́лстука (*тж* **tieclip**)

tier [tɪə(r)] *n* 1) я́рус, ряд 2) бу́хта (*каната*)

tierce [tɪəs] *n* 1) *муз.* те́рция 2) *карт.* три ка́рты одно́й ма́сти 3) *уст.* бо́чка (*около 200 л*)

tie-up [ˈtaɪˌʌp] *n* связь; слия́ние

tiff I [tɪf] *n* размо́лвка; небольша́я ссо́ра

tiff II *v* слегка́ повздо́рить; ду́ться

tiffany [ˈtɪfənɪ] *n* прозра́чная га́зовая ткань, шёлковый газ

tiffin [ˈtɪfɪn] *n* лёгкий за́втрак, заку́ска

tig [tɪg] *n* 1) прикоснове́ние 2) игра́ в «са́лки»

tiger [ˈtaɪgə(r)] *n* 1) тигр 2) жесто́кий, кова́рный челове́к 3) ба́бочка-медве́дица (*тж* ~ **moth**) 4) *attr:* ~ **lily** тигро́вая ли́лия

tight I [taɪt] *a* 1) туго́й; ту́го завя́занный; ту́го натя́нутый 2) пло́тный, компа́ктный, сжа́тый 3) те́сный (*об обуви*); пло́тно прилега́ющий, облега́ющий (*об одежде*) 4) непроница́емый (*для воды, воздуха и т. п.*) 5) *разг.* скупо́й 6) *разг.* пья́ный 7) ску́дный, недоста́точный (*о средствах*) 8) тру́дный, затрудни́тельный ◊ ~ **corner/place/spot** тру́дная ситуа́ция, затрудни́тельное положе́ние

tight II *adv* пло́тно; ту́го; кре́пко

tighten [ˈtaɪtn] *v* натя́гиваться; сжима́ться

tight-fisted [ˈtaɪtˌfɪstɪd] *a* скупо́й, жа́дный

tightrope [ˈtaɪtrəʊp] *n* ту́го натя́нутый кана́т

tights [taɪts] *n pl* 1) колго́тки 2) трико́ (*акроба́та и т. п.*)

tightwad [ˈtaɪtwɒd] *n амер.* скря́га, скупе́ц

tigress [ˈtaɪgrɪs] *n* тигри́ца

tike [taɪk] *см.* **tyke**

tilde [ˈtɪldə] *n* знак ти́льды (~)

tile I [taɪl] *n* 1) черепи́ца, пли́тка 2) ка́фель, изразе́ц 3) гонча́рная труба́ (*дренажная*) 4) *разг.* цили́ндр (*шляпа*) ◊ **to be on the ~s** *разг.* кути́ть, гуля́ть

tile II *v* крыть черепи́цей; покрыва́ть пли́ткой, ка́фелем

tiling [ˈtaɪlɪŋ] *n* 1) покры́тие черепи́цей, пли́ткой, ка́фелем *и т. п.* 2) черепи́чная кры́ша

till¹ I [tɪl] *prep* до; не ра́ньше; то́лько по́сле; ~ **now** до сих пор; ~ **then** до тех пор; **he will not come ~ after concert** он придёт то́лько по́сле конце́рта

till¹ II *conj* пока́ (не), до тех пор пока́; **don't go ~ we come back** не уходи́те, пока́ мы не вернёмся

till² *n* де́нежный я́щик, ка́сса

till³ *v уст.* возде́лывать, обраба́тывать (зе́млю), паха́ть

tillable [ˈtɪləbl] *a* па́хотный

tillage [ˈtɪlɪdʒ] *n уст.* 1) обрабо́тка, культива́ция земли́ 2) возде́ланная земля́, па́шня

tiller¹ [ˈtɪlə(r)] *n* 1) земледе́лец 2) *с.-х.* культива́тор

tiller² I *n* побе́г, отро́сток, росто́к

tiller² II *v* пуска́ть побе́ги

tiller³ *n мор.* ру́мпель

tilt I [tɪlt] *n* 1) накло́нное положе́ние, накло́н, крен; склон 2) спо́ры, напа́дки 3) *ист.* нападе́ние с копьём, пи́кой напереве́с (*на ры́царских турни́рах*) 4) *тех.* угол накло́на, накло́н ◊ **at full ~** изо всех сил; на по́лном ходу́

tilt II *v* 1) наклоня́ться, крени́ться 2) напада́ть с ору́жием, би́ться, сража́ться (*at*) 3) уча́ствовать в состяза́нии 4) кова́ть

tilth [tɪlθ] *n* 1) обрабо́тка земли́ 2) возде́ланная земля́; па́шня

tilt-yard [ˈtɪltjɑːd] *n ист.* аре́на для турни́ров, риста́лище

timber [ˈtɪmbə(r)] *n* 1) лесоматериа́л, древеси́на 2) строево́й лес 3) бревно́, ба́лка

timbered [ˈtɪmbəd] *a* 1) деревя́нный, сде́ланный из де́рева 2) леси́стый, покры́тый ле́сом

timbre [ˈtæmbə(r)] *n* тембр

timbrel [ˈtɪmbrəl] *n* бу́бен, тамбури́н

time I [taɪm] *n* 1) вре́мя; **with ~** со вре́менем; **as ~ goes on** с тече́нием вре́мени; ~ **will tell** вре́мя пока́жет 2) эпо́ха, э́ра; пери́од; **prehistoric ~** доистори́ческое вре́мя 3) час, вре́мя; **what's the ~?, what ~ is it?** кото́рый час?; **lunch ~** вре́мя обе́да 4) определённый отре́зок вре́мени; пери́од, пора́; моме́нт; **it is ~** пора́; **high ~** са́мое вре́мя, как раз, давно́ пора́; **at ~s** по времена́м; времена́ми; **from ~ to ~** иногда́; вре́мя от вре́мени; **all in good ~** всё в своё вре́мя; **for a short ~** на коро́ткое вре́мя; **at the ~ being** в настоя́щий моме́нт, в настоя́щее вре́мя; **in my spare ~** на досу́ге; **in winter ~** зимо́й, в зи́мнее вре́мя; **hard ~s** тяжёлые времена́; **behind the ~** отста́лый; несоверше́нный 5) раз; **this/last/next ~** на э́тот раз/в про́шлый раз/в сле́дующий раз; **many ~s** мно́го раз; ~ **and again** неоднокра́тно, дово́льно ча́сто; **at a ~** сра́зу, в оди́н присе́ст; **in no ~** о́чень бы́стро, мгнове́нно; **at the same ~** в то же вре́мя; **some or other** когда́-нибудь; **to have a good ~** хорошо́/ве́село провести́ вре́мя; **to while away the ~** корота́ть вре́мя; **take your ~!** не спеши́те!; не торопи́тесь! 6) срок; **the ~ is up** срок истёк; **within the ~ agreed** к устано́вленному сро́ку; в преде́лах устано́вленного сро́ка; **to do ~** *разг.* отбыва́ть срок (*заключения*) 7) темп; такт; ритм; **to beat ~** отбива́ть такт; **in ~ with the music** в такт му́зыки; **out of ~** не в такт ◊ **against ~** в спёшке; **to work against** ~ спеши́ть зако́нчить рабо́ту к како́му-л. сро́ку; **at the same** ~ вме́сте с тем, одна́ко; **before one's** ~ преждевре́менно, сли́шком ра́но *(постаре́ть, поседе́ть и т. п.)*; **in** ~ во́время; **in one's own good** ~ когда́ захо́чется, когда́ взду́мается; **to know the** ~ **of day** быть хорошо́ информи́рованным, быть в ку́рсе дел; **the** ~ **of one's life** пери́од бу́рных развлече́ний, весе́лья

time II *v* 1) (уда́чно) выбира́ть вре́мя, моме́нт 2) назнача́ть вре́мя 3) рассчи́тывать по вре́мени, согласо́вывать, соразмеря́ть; **well ~d** хорошо́ рассчи́танный 4) составля́ть расписа́ние *(по времени)* 5) засека́ть вре́мя; хронометри́ровать

time-bomb ['taɪmbɒm] *n* бо́мба заме́дленного де́йствия; взрывно́е устро́йство с часовы́м механи́змом

time clock ['taɪmklɒk] *n* 1) та́бельные часы́ 2) часово́й механи́зм *(взрывного устройства и т. п.)*

time-consuming ['taɪmkən,sju:mɪŋ] *a* тре́бующий сли́шком мно́го вре́мени

time-fuse ['taɪmfju:z] *n воен.* дистанцио́нный взрыва́тель

time-honoured ['taɪm,ɒnəd] *a* освящённый века́ми, тради́циями

timekeeper ['taɪm,ki:pə(r)] *n* 1) та́бельщик 2) *спорт.* хронометри́ст 3) часы́; **my watch is a good** ~ мои́ часы́ хорошо́ иду́т

timekeeping ['taɪm,ki:pɪŋ] *n* хронометра́ж

time-lag ['taɪmlæg] *n* промежу́ток вре́мени ме́жду причи́ной и результа́том *или* сле́дствием; отстава́ние во вре́мени

timeless ['taɪmlɪs] *a* ве́чный», не подвла́стный вре́мени

time limit ['taɪm,lɪmɪt] *n* преде́льный срок

timely ['taɪmlɪ] *a* своевре́менный

time off ['taɪm,ɒf] *n* вре́мя для о́тдыха, развлече́ний и *т.п.*

time-out [,taɪm'aʊt] *n* 1) *спорт.* тайм-а́ут 2) коро́ткий переры́в *(в работе и т. п.)* 3) *вчт* просто́й, вре́мя простоя́

timepiece ['taɪmpi:s] *n* часы́; хроно́метр

timer ['taɪmə(r)] *n* 1) хронометри́ст 2) та́ймер *(прибор)*

time-server ['taɪm,sɜ:və(r)] *n* приспособле́нец

time-serving ['taɪm,sɜ:vɪŋ] *n* приспособле́нчество

time share ['taɪm,ʃeə] *v* рабо́тать с разделе́нием вре́мени

time-sharing ['taɪm,ʃeərɪŋ] *n* 1) тайм-шер, использование поочерёдно куро́ртного учрежде́ния *(дома отдыха, гостиницы и т. п.)*

не́сколькими его́ совладе́льцами 2) *вчт* использование компью́тера в режи́ме разделе́ния вре́мени

time-sheet ['taɪmʃi:t] *n* 1) расписа́ние 2) та́бель *(учёта отработанных часов)*

time-study ['taɪm,stʌdɪ] *n* хронометра́ж

time switch ['taɪm,swɪtʃ] *n* автомати́ческий переключа́тель

timetable ['taɪm,teɪbl] *n* 1) расписа́ние 2) гра́фик

time warp ['taɪmwɔ:p] *n* путеше́ствия в маши́не вре́мени из эпо́хи в эпо́ху *(в научной фантастике)*

time-work ['taɪmwɜ:k] *n* почасова́я рабо́та

time-worn ['taɪmwɔ:n] *a* изно́шенный, обветша́лый

timid ['tɪmɪd] *a* ро́бкий; несме́лый

timidity [tɪ'mɪdɪtɪ] *n* ро́бость

timing I ['taɪmɪŋ] *n* 1) вы́бор (наибо́лее удо́бного) вре́мени; расчёт вре́мени 2) синхро́нность 3) *тех.* регули́рование моме́нта зажига́ния *(в двигателях внутреннего сгора́ния)*

timing II *a* регули́рующий

timorous ['tɪmərəs] *a* ро́бкий, боязли́вый, пугли́вый

timothy ['tɪməθɪ] *n бот.* тимофе́евка *(тж ~ grass)*

tin I [tɪn] *n* 1) о́лово 2) консе́рвная ба́нка; **to eat out of ~s** пита́ться (одни́ми) консе́рвами 3) *сленг* де́ньги

tin II *a* оловя́нный; ~ **can** консе́рвная ба́нка; ~ **foil** (оловя́нная) фольга́; ~ **hat** *разг.* стально́й шлем; ~ **soldier** оловя́нный солда́тик; ~ **Lizzie** *разг.* ста́рый автомоби́ль, «развалю́ха», ста́рый драндуле́т

tin III *v* 1) консерви́ровать 2) луди́ть, покрыва́ть о́ловом

tincture I ['tɪŋktʃə(r)] *n* 1) при́вкус 2) отте́нок *(цвета)* 3) *фарм.* насто́йка, тинкту́ра 4) *разг.* алкого́льный напи́ток

tincture II *v* 1) придава́ть отте́нок, лёгкую окра́ску; оттеня́ть *(чем-л.)* 2) придава́ть при́вкус

tinder ['tɪndə(r)] *n* трут

tinder-box ['tɪndəbɒks] *n* 1) *уст.* трутни́ца *(коробка с трутом, кремнём и т. п. для разжигания огня)* 2) ме́сто *или* ситуа́ция, тая́щие в себе́ угро́зу, опа́сность; взрывоопа́сная ситуа́ция

tindery ['tɪndərɪ] *a* легковоспламеня́ющийся

tine [taɪn] *n* 1) зубе́ц *(вил, бороны)* 2) отро́сток *(на рогах оленя)*

ting I [tɪŋ] *n* звон *(колокольчика и т. п.)*

ting II *v* звене́ть

tinge I [tɪndʒ] *n* 1) лёгкая окра́ска, отте́нок 2) при́месь, налёт

tinge II *v* 1) слегка́ окра́шивать 2) придава́ть отте́нок, налёт *(чего-л.)*; слегка́ видоизменя́ть

tingle I [ˈtɪŋgl] *n* ощуще́ние зво́на в уша́х; пока́лывание; трепета́ние, вибра́ция

tingle II *v* 1) испы́тывать звон в уша́х, пока́лывание, дрожь

tinker I [ˈtɪŋkə(r)] *n* 1) луди́льщик 2) *разг.* пройдо́ха; озорни́к 3) *шотл., ирл.* цыга́н 4) халту́рщик, «сапо́жник» 3) плоха́я рабо́та

tinker II *v* 1) пло́хо рабо́тать, ко́е-ка́к чини́ть, лата́ть; **to ~ away with / at smth** неуме́ло чини́ть что-л. 2) пая́ть, луди́ть; починя́ть

tinkle I [ˈtɪŋkl] *n* 1) звон (колоко́льчика *и т. n.*); звя́канье 2) *разг.* телефо́нный звоно́к

tinkle II *v* 1) звене́ть; звя́кать 2) *разг.* мочи́ться

tinkler [ˈtɪŋklə] *n разг.* колоко́льчик

tinman [ˈtɪnmən] *см.* tin-smith

tinned [tɪnd] *a* 1) консерви́рованный; **~ food** консе́рвы 2) покры́тый сло́ем о́лова

tinny [ˈtɪnɪ] *a* 1) жестяно́й 2) металли́ческий *(о зву́ке)*

tin-opener [ˈtɪnˌəʊpnə(r)] *n* консе́рвный нож, открыва́лка

tin-plate [ˈtɪnpleɪt] *v* покрыва́ть о́ловом

tinsel I [ˈtɪnsəl] *n* 1) блёстки, мишура́ 2) ткань с блёстками; парча́ 3) показно́й блеск 4) *attr* показно́й

tinsel II *v* украша́ть блёстками, мишуро́й

tin-smith [ˈtɪnsmɪθ] *n* жестя́нщик

tint I [tɪnt] *n* отте́нок, тон; кра́ска; **the autumn ~s** осе́нние кра́ски

tint II *v* подкра́шивать; придава́ть отте́нок

tinware [ˈtɪnweə(r)] *n* жестяны́е изде́лия; оловя́нная посу́да

tiny [ˈtaɪnɪ] *a* о́чень ма́ленький, кро́шечный

tip¹ I [tɪp] *n* 1) ко́нчик; коне́ц; верху́шка; **the ~s of fingers** ко́нчики па́льцев; **the ~ of the iceberg** верху́шка а́йсберга; **to be on the ~ of one's tongue** верте́ться на языке́ 2) наконе́чник

tip¹ II *v* снабжа́ть наконе́чником; надева́ть наконе́чник

tip² I *n* 1) лёгкое прикоснове́ние; лёгкий толчо́к 2) накло́н 3) ме́сто сва́лки, сва́лка

tip² II *v* 1) наклоня́ть(ся) 2) опроки́дывать 3) сва́ливать, сбра́сывать, выва́ливать *(содержи́мое)*; **to ~ the rubbish** вы́валить му́сор
tip out выва́ливать
tip over опроки́дывать
tip up 1) опроки́дывать 2) отки́дывать *(сиде́нье и т. п.)*

tip³ I *n* 1) чаевы́е 2) намёк; сове́т, предупрежде́ние; **I'll give you a ~** я дам вам ма́ленький сове́т; **take my ~** послу́шайтесь меня́; **the**

straight ~ надёжный сове́т 3) ча́стная информа́ция, неофициа́льные све́дения *(о беговы́х лошадя́х, биржевы́х сде́лках)*

tip³ II *v* 1) дава́ть чаевы́е, дава́ть «на чай» 2) сообща́ть, дава́ть знать; **~ me a wink** да́йте мне знак 3) слегка́ ударя́ть, слегка́ каса́ться
tip off 1) намека́ть, предупрежда́ть 2) передава́ть информа́цию, све́дения; сообща́ть

tip-cart [ˈtɪpkɑːt] *n* опроки́дывающаяся теле́жка

tipcat [ˈtɪpkæt] *n* игра́ в «чи́жика»

tip-off [ˈtɪpˈɔːf] *n* намёк; предупрежде́ние; **to give the ~** сообщи́ть, дать све́дения; предупреди́ть

tip-over [ˈtɪpˈəʊvə(r)] *a* опроки́дывающийся

tippet [ˈtɪpɪt] *n* паланти́н

tipple I [ˈtɪpl] *n разг.* спиртно́е

tipple II *v разг.* пить, выпива́ть, пья́нствовать

tippler [ˈtɪplə(r)] *n разг.* пья́ница, пропо́йца

tipster [ˈtɪpstə(r)] *n* «жучо́к» *(на ска́чках)*; осведоми́тель

tipsy [ˈtɪpsɪ] *a разг.* подвы́пивший, под му́хой

tiptoe I [ˈtɪptəʊ] *n*: **on ~** на цы́почках; **to be on ~ with curiosity** сгора́ть от любопы́тства

tiptoe II *v* 1) ходи́ть на цы́почках 2) кра́сться

tiptop I [ˈtɪpˈtɒp] *n разг.* верх совершенства, верши́на

tiptop II *a разг.* превосхо́дный, первокла́ссный

tiptop III *adv разг.* превосхо́дно, великоле́пно

tip-up [ˈtɪpˌʌ] *a*: **a ~ seat** откидно́е сиде́нье

TIR *сокр. (фр.* transport international routier*)* междунаро́дный автомоби́льный тра́нспорт *(особ. в стра́нах ЕС)*

tirade [taɪˈreɪd] *n* тира́да

tire¹ [ˈtaɪə(r)] *n* 1) о́бод колеса́ 2) *амер. см.* tyre

tire² *v* 1) устава́ть, утомля́ться 2) утомля́ть, надоеда́ть; **I was ~d of their endless talking** мне надое́ло слу́шать их бесконе́чные разгово́ры

tired [ˈtaɪəd] *a* уста́лый, утомлённый; **I'm ~ out** я весь вы́мотался

tireless [ˈtaɪəlɪs] *a* неутоми́мый

tiresome [ˈtaɪəsəm] *a* утоми́тельный; надое́дливый; ну́дный

tiring [ˈtaɪərɪŋ] *a* утоми́тельный; **he had a ~ day** у него́ был тру́дный день

tiro [ˈtaɪərəʊ] *n* новичо́к, начина́ющий

'tis [tɪz] *книжн.* = **it is**

tisane [tɪˈzæn] *n* отва́р сухи́х трав, цвето́в и *т. n.*

tissue [ˈtɪʃuː, ˈtɪsjuː] *n* 1) ткань *(тж анат., биол.)*; **connective ~** *анат.* соедини́тельная ткань 2) бума́жная салфе́тка; **face ~** космети́ческая салфе́тка; **toilet ~** туале́тная бума́га

3) то́нкая обёрточная бума́га; папиро́сная бума́га *(тж* ~ **paper)** 4) сплете́ние *(выду́мок, лжи);* **a** ~ **of lies** паути́на лжи

tit[1] [tɪt] *n* сини́ца

tit[2] *n разг.:* ~ **for tat** о́ко за о́ко, зуб за́ зуб

tit[3] *n* 1) *разг.* сосо́к 2) *сленг груб.* си́ська, ти́тька

Titan [ˈtaɪtən] *n* 1) *миф.* тита́н 2) **(t.)** тита́н, коло́сс, исполи́н

titanic [taɪˈtænɪk] *a* титани́ческий, колосса́льный

titanium [taɪˈteɪnɪəm] *n хим.* тита́н

titbit [ˈtɪtbɪt] *n* 1) ла́комый кусо́чек 2) пика́нтная но́вость

titch [tɪtʃ] *a разг.* коротышка

titchy [ˈtɪtʃɪ] *a разг.* о́чень ма́ленький

tithe I [taɪð] *n* 1) церко́вная десяти́на 2) деся́тая часть

tithe II *v* 1) облага́ть церко́вной десяти́ной 2) упла́чивать церко́вную десяти́ну

titillate [ˈtɪtɪleɪt] *v* прия́тно возбужда́ть; щекота́ть

titivate [ˈtɪtɪveɪt] *v разг.* приводи́ть себя́ в поря́док, прихора́шиваться; наводи́ть марафе́т

titlark [ˈtɪtlɑːk] *n* конёк (лугово́й) *(птица)*

title [ˈtaɪtl] *n* 1) загла́вие, назва́ние; заголо́вок 2) ти́тульный лист *(книги)* 3) титр *(в кино)* 4) ти́тул, зва́ние 5) *юр.* пра́во *(на владе́ние);* докуме́нт, фа́кты, удостоверя́ющие тако́е пра́во

title bar [ˈtaɪtlˌbɑː] *n вчт* строка́ заголо́вка *(на экране компьютера)*

titled [ˈtaɪtld] *a* титуло́ванный

title page [ˈtaɪtlpeɪdʒ] *n полигр.* ти́тульный лист

title role [ˈtaɪtlrəʊl] *n* загла́вная роль *(в фильме, спектакле и т. п.)*

titmouse [ˈtɪtmaʊs] *n (pl* **titmice** [ˈtɪtmaɪs]*)* сини́ца

titter I [ˈtɪtə] *n* хихи́канье

titter II *v* хихи́кать

tittle [ˈtɪtl] *n* 1) ма́лость, чу́точка; **not a** ~ **of** ни ка́пли, ниско́лько 2) диакрити́ческий знак

tittle-tattle I [ˈtɪtlˌtætl] *n* болтовня́; пусты́е спле́тни

tittle-tattle II *v* болта́ть, пустосло́вить; спле́тничать

tittup I [ˈtɪtəp] *n* 1) подпры́гивание, подпры́гивающая похо́дка 2) лёгкий гало́п

tittup II *v* 1) подпры́гивать 2) семени́ть 3) скака́ть гало́пом *(о лошади)*

titular I [ˈtɪtjʊlə(r)] *n* лицо́, номина́льно нося́щее ти́тул, зва́ние

titular II *a* 1) относя́щийся к загла́вию; загла́вный 2) нося́щий ти́тул 3) номина́льный

tizzy [ˈtɪzɪ] *n разг.:* **to be/to get in a** ~ разволнова́ться, всполоши́ться

TKO *сокр.* **(technical knock-out)** *спорт.* техни́ческий нока́ут *(в боксе)*

TM *сокр.* 1) **(trade mark)** торго́вая ма́рка, това́рный знак 2) **(transcendental meditation)** трансцендента́льная медита́ция

tn *сокр.* 1) *амер.* **(ton)** то́нна 2) **(town)** го́род

TNT *сокр.* **(trinitrotolyene)** тринитротолуо́л, троти́л

to I [tə; *полная форма* tuː] *prep указывает на:* 1) *направление движения к определённому предмету* к, в, на; **to go to school/to the theatre/to the country** идти́ в шко́лу/в теа́тр/е́хать в дере́вню; **to climb to the top of the hill** взобра́ться на верши́ну холма́; **to run to the gate** бежа́ть к воро́там 2) *указывает на лицо, по отношению к которому что-л. совершается; по-русски передаётся дательным падежом:* **I sent a letter to my partner** я посла́л письмо́ моему́ партнёру; **give it to them** отда́йте им это 3) *указывает на состояние или результат, к которому приводит какое-л. действие:* **to fall to pieces** развали́ться на куски́; **to bring to ruin** довести́ до разоре́ния; **to run to seed** пойти́ в се́мя 4) *указывает на предел, границу во времени:* **to this day** до настоя́щего вре́мени; **to the end of September** до конца́ сентября́ 5) *указывает на сравнение, числовое отношение:* **to prefer bananas to apples** предпочита́ть бана́ны я́блокам; **one to five** оди́н к пяти́ 6) *указывает на время, час:* **five minutes to seven** без пяти́ семь

to II [tuː] *adv* 1) в но́рме; в созна́нии; **to come to** прийти́ в себя́ 2) в закры́том состоя́нии *(о двери)*; **to push the door to** захло́пнуть дверь ◊ **to and fro** взад и вперёд, туда́ и сюда́

to III *part* 1) *употребляется при инфинитиве:* **to take** взять, брать; **to give** дава́ть; **to come** приходи́ть 2) *употребляется (для избежания повторения) вместо другого глагола:* **ask me if you want to** спроси́ меня́, е́сли хо́чешь спроси́ть

toad [təʊd] *n* жа́ба

toad-eater [ˈtəʊdˌiːtə(r)] *n уст.* льстец, подхали́м, лизоблю́д

toadstool [ˈtəʊdstuːl] *n* пога́нка, ядови́тый гриб

toady I [ˈtəʊdɪ] *n* подхали́м, лизоблю́д

toady II *v* льсти́ть, выслу́живаться

toast[1] [təʊst] *n* грено́к, тост

toast[1] **II** *v* 1) поджа́ривать, подрумя́нивать *(хлеб, кекс, сыр и т. п.)* 2) де́лать гренки́ 3) гре́ться *(у огня́)*

toast[2] **I** *n* 1) тост; **to propose a ~ to smb** провозглаша́ть/предлага́ть тост за кого́-л. 2) лицо́, собы́тие, в честь кото́рого предлага́ется тост

toast[2] **II** *v* провозглаша́ть, предлага́ть тост (за чьё-л. здоро́вье), пить за чьё-л. здоро́вье

toaster [ˈtəʊstə(r)] *n* то́стер

toastmaster [ˈtəʊstˌmɑːstə(r)] *n* лицо́, провозглаша́ющее то́сты *(на официа́льном приёме)*

tobacco [təˈbækəʊ] *n* таба́к

tobacco-box [təˈbækəʊbɒks] *n* табаке́рка

tobacconist [təˈbækənɪst] *n* 1) торго́вец таба́чными изде́лиями; владе́лец таба́чной ла́вки 2) таба́чный магази́н, таба́чный кио́ск *(тж* **tobacconist's)**

tobacco-pipe [təˈbækəʊpaɪp] *n* тру́бка

tobacco-pouch [təˈbækəʊpaʊtʃ] *n* кисе́т

to-be [təˈbiː] *a* бу́дущий

toboggan I [təˈbɒgən] *n* тобо́ган, са́ни

toboggan II *v* ката́ться на саня́х *(с горы)*

toby jug [ˈtəʊbɪdʒʌg] *n* пивна́я кру́жка *(изображающая толстяка́ в треуго́лке)*

tocsin [ˈtɒksɪn] *n* наба́т; наба́тный ко́локол

tod [tɒd] *n сленг. уст.:* **on one's ~** оди́н, в одино́чку, свои́ми си́лами

today I [təˈdeɪ] *n* 1) сего́дня; сего́дняшний день 2) на́ше вре́мя; **of ~** совреме́нный; **young people of ~** совреме́нная молодёжь

today II *adv* 1) сего́дня 2) в на́ше вре́мя, тепе́рь

toddle I [ˈtɒdl] *n* 1) ковыля́ющая похо́дка 2) *разг.* небольша́я прогу́лка

toddle II *v* 1) ковыля́ть 2) *разг.* прогу́ливаться *(round, to)* 3) *разг.* уходи́ть

toddler [ˈtɒdlə] *n* ребёнок, начина́ющий ходи́ть

toddy [ˈtɒdɪ] *n* 1) пунш 2) па́льмовый сок

to-do [təˈduː] *n* суета́, шум, суматóха; сканда́л; **to make a ~** шуме́ть, устра́ивать шум; **what's all the ~ ?** из-за чего́ шум?, в чём де́ло?

toe I [təʊ] *n* 1) па́лец на ноге́; **big ~** большо́й па́лец ноги́; **little ~** мизи́нец ноги́ 2) носо́к о́буви, чулка́; **to turn one's ~s out/in** выво́ра́чивать но́ги носка́ми нару́жу/внутрь 3) пере́дняя часть копы́та ◊ **to tread on smb's ~s** наступи́ть на люби́мую мозо́ль, бо́льно заде́ть кого́-л.; **to turn up one's ~s** *сленг* протяну́ть но́ги, умере́ть

toe II *v* 1) дотро́нуться носко́м 2) што́пать носо́к; надвя́зывать носо́к *(чулка)* ◊ **to ~ the line** ходи́ть по стру́нке, беспрекосло́вно подчиня́ться

toecap [ˈtəʊkæp] *n* носо́к о́буви *(кожаный или металли́ческий)*

TOEFL *сокр.* **(Test of English as a Foreign Language)** тест(и́рование) по англи́йскому языку́ как иностра́нному *(для обуче́ния в университе́тах США и др. англогово́рящих стра́нах)*

TOEIC *сокр.* **(Test of English for International Communication)** тест(и́рование) по англи́йскому языку́ для междунаро́дного обще́ния *(при приёме на рабо́ту иностра́нцев)*

toenail [ˈtəʊneɪl] *n* но́готь на па́льце ноги́

toff [tɒf] *n сленг* де́нди, франт

toffee, toffy [ˈtɒfɪ] *n* ири́ска; тяну́чка ◊ **she can't sing for ~** певи́ца из неё не вы́йдет, певи́ца она́ никака́я

tog I [tɒg] *n обыкн. pl разг.* оде́жда

tog II *v разг.* одева́ть(ся) *(обыкн. с претензи́ей)*; **to ~ oneself up/out** вы́рядиться

toga [ˈtəʊgə] *n ист.* то́га

together [təˈgeðə(r)] *adv* 1) вме́сте; сообща́ 2) друг с дру́гом; **they talked ~** они́ разгова́ривали друг с дру́гом 3) одновре́ме́нно, в одно́ (и то́ же) вре́мя 4) непреры́вно, подря́д; **for hours ~** часа́ми, не́сколько часо́в подря́д; **for weeks ~** не́сколько неде́ль подря́д, неде́лями ◊ **~ with** вме́сте с (тем), наряду́ с, та́кже

togetherness [təˈgeðənɪs] *n* чу́вство това́рищества, чу́вство ло́ктя, ощуще́ние еди́нства

toggery [ˈtɒgərɪ] *n разг.* оде́жда

toggle [ˈtɒg(ə)l] *n* 1) прибо́р с двумя́ усто́йчивыми состоя́ниями 2) *эл.* переключа́тель, ту́мблер

toggle switch [ˈtɒg(ə)lswɪtʃ] *n эл.* переключа́тель, ту́мблер

toil I [tɔɪl] *n* тяжёлый труд

toil II *v* 1) усе́рдно труди́ться; де́лать тяжёлую рабо́ту 2) с трудо́м идти́, тащи́ться

toiler [ˈtɔɪlə(r)] *n* тру́женик

toilet [ˈtɔɪlɪt] *n* 1) туале́т, приведе́ние себя́ в поря́док; **to make one's ~** привести́ себя́ в поря́док *(умы́ться, оде́ться и т. п.)* 2) убо́рная, туале́т 3) *attr* туале́тный; **~ paper** туале́тная бума́га; **~ set** туале́тные принадле́жности; **~ soap** туале́тное мы́ло; **~ table** туале́тный сто́лик с зе́ркалом; **~ water** туале́тная вода́

toiletries [ˈtɔɪlɪtrɪz] *n pl* космети́ка, парфюме́рия; туале́тные принадле́жности

toilless [ˈtɔɪllɪs] *a* нетру́дный, неутоми́тельный

toils [tɔɪlz] *n pl* се́ти; западня́, лову́шка; **in the ~** в сетя́х, в западне́

toilsome [ˈtɔɪlsəm] *a* тру́дный, утоми́тельный

token [ˈtəʊkən] *n* 1) знак; си́мвол; **in ~ of** в знак *(чего́-л.)* 2) па́мятный пода́рок; **as a ~**

of в знак *(расположения, дружбы и т. п.)*; на па́мять 3) жето́н; тало́н

told [təʊld] *past, p. p. см.* **tell**

tolerable [ˈtɒlərəbl] *a* 1) терпи́мый, сно́сный 2) вполне́ удовлетвори́тельный, дово́льно хоро́ший; допусти́мый, прие́млемый

tolerance [ˈtɒlərəns] *n* 1) терпи́мость, толера́нтность 2) выно́сливость 3) *тех.* до́пуск

tolerant [ˈtɒlərənt] *a* 1) терпи́мый *(о челове́ке)* 2) *мед., полит.* толера́нтный

tolerate [ˈtɒləreɪt] *v* 1) терпе́ть, выноси́ть; **I won't ~ your impudence** я не потерплю́ твоего́ ха́мства 2) позволя́ть, допуска́ть

toleration [ˌtɒləˈreɪʃ(ə)n] *n* терпи́мость, толера́нтность

toll¹ **I** [təʊl] *n* 1) по́шлина, сбор 2) дань; **age is taking its ~** во́зраст берёт своё, го́ды начина́ют ска́зываться

toll¹ **II** *v* взима́ть сбор, по́шлину

toll² **I** *n* 1) колоко́льный звон, бла́говест 2) похоро́нный звон 3) уда́р ко́локола ·

toll² **II** *v* 1) ме́рно ударя́ть в ко́локол, бла́говестить 2) звони́ть *(по поко́йнику)* 3) отбива́ть часы́ *(уда́рами ко́локола)*

toll bar [ˈtəʊlbɑː(r)] *n* заста́ва, шлагба́ум, где взима́ется доро́жный сбор

toll bridge [ˈtəʊlbrɪdʒ] *n* мост, где взима́ется доро́жный сбор

tollgate [ˈtəʊlgeɪt] *см.* **toll bar**

toll road [ˈtəʊlrəʊd] *n* пла́тное шоссе́ *(амер.* **tollway)**

toluene [ˈtɒljʊiːn] *n хим.* толуо́л

tom [tɒm] *n* саме́ц не́которых живо́тных

tomahawk I [ˈtɒməhɔːk] *n* томага́вк

tomahawk II *v* ударя́ть, убива́ть томага́вком

tomato [təˈmɑːtəʊ] *n* 1) помидо́р 2) *attr* тома́тный; **~ sauce** тома́тный со́ус; **~ juice** тома́тный сок

tomb [tuːm] *n* 1) надгро́бный па́мятник, надгро́бная плита́, надгро́бие 2) моги́ла

tomboy [ˈtɒmbɔɪ] *n* девчо́нка-сорване́ц

tombstone [ˈtuːmstəʊn] *n* надгро́бный ка́мень, надгро́бная плита́, надгро́бие

tomcat [ˈtɒmkæt] *n* кот

Tom, Dick, and Harry [ˌtɒmdɪkəndˈhærɪ] *n разг.* ка́ждый встре́чный, вся́кий

tome [təʊm] *n том (кни́ги)*

tomfool [tɒmˈfuːl] *n* 1) дура́к, ду́рень, болва́н 2) *attr* дура́цкий, бессмы́сленный

tomfoolery [tɒmˈfuːlərɪ] *n* дура́цкое поведе́ние

Tommy [ˈtɒmɪ] *n разг.* солда́т; То́мми *(прозвище английского солдата)*

tommy gun [ˈtɒmɪˌɡʌn] *n воен. уст.* 1) пистоле́т-пулемёт То́мпсона 2) пистоле́т-пулемёт *(любой)*

tommy-rot [ˈtɒmɪrɒt] *n сленг* чушь, чепуха́, вздор

tomogram [ˈtɒməɡræm] *n мед.* томогра́мма

tomography [təˈmɒɡrəfɪ] *n мед.* томогра́фия; **computerized axial ~** компью́терная аксиа́льная томогра́фия; **helical computer ~** спира́льная компью́терная томогра́фия

tomorrow I [təˈmɒrəʊ] *n* 1) за́втрашний день 2) ближа́йшее бу́дущее

tomorrow II *adv* за́втра; **~ morning** за́втра у́тром

tomtit [ˈtɒmtɪt] *n* сини́ца

tomtom [ˈtɒmtɒm] *n* тамта́м *(барабан)*

ton [tʌn] *n* 1) то́нна; **metric ~** метри́ческая то́нна *(1000 кг)*; **long ~** дли́нная то́нна *(=1016 кг)*; **short ~** коро́ткая то́нна *(=907,2 кг)*; **displacement ~** то́нна водоизмеще́ния 2) *разг.* мно́жество; ма́сса; **~s of money** ку́ча де́нег

tonality [təˈnælɪtɪ] *n* тона́льность

tone I [təʊn] *n* 1) тон; го́лос; **deep/low ~** ни́зкий тон; **high ~** высо́кий тон; **angry ~** серди́тый тон; серди́тый го́лос; **heart ~s** *мед.* то́ны се́рдца 2) стиль, тон, хара́ктер *(письма́, изложе́ния и т. п.)* 3) интона́ция, модуля́ция *(голоса)* 4) отте́нок, тон 5) *мед.* то́нус 6) тона́льный сигна́л

tone II *v* 1) придава́ть (определённый) тон 2) настра́ивать *(музыка́льный инструме́нт)* 3) гармони́ровать, сочета́ться *(with)*; **to ~ with the wallpaper** гармони́ровать с обо́ями

tone down 1) смягча́ть *(тон, отте́нки)* 2) смягча́ться, ослабева́ть

tone up 1) уси́ливать; повыша́ть тон чего́-л. 2) тонизи́ровать

tone-deaf [ˈtəʊndef] *a* не име́ющий музыка́льного слу́ха

tone language [ˈtəʊnˌlæŋɡwɪdʒ] *n лингв.* тона́льный язы́к *(напр. кита́йский, вьетна́мский)*

toneless [ˈtəʊnlɪs] *a* невырази́тельный; моното́нный

toner [ˈtəʊnə] *n* 1) лосьо́н; то́ник *(космети́ческое сре́дство для лица́)* 2) *вчт* то́нер 3) *attr:* **~ cartridge** ка́ртридж с то́нером *(для при́нтера)*

tongs [tɒŋz] *n pl* щипцы́ *(тж* **a pair of ~)**

tongue [tʌŋ] *n* 1) язы́к; **furred ~** обло́женный язы́к; **to put out one's ~** пока́зывать язы́к; **to wag one's ~** болта́ть (языко́м) 2) речь, язы́к; **mother ~** родно́й язы́к; **glib ~** бо́йкая речь 3) язы́к *(как блю́до)*; **smoked ~** копчё́ный язы́к 4) предме́т, име́ющий фо́рму языка́; **~s of flame** языки́ пла́мени 5) язычо́к *(духово́го инструме́нта и т. п.)* 6) *геогр.* коса́ 7) ды́шло 8) стре́лка *(весо́в)* ◊ **he has a**

ready ~ он за сло́вом в карма́н не поле́зет; **to hold one's** ~ молча́ть, пома́лкивать; держа́ть язы́к за зуба́ми; **to keep a civil** ~ **in one's head** быть ве́жливым

tongue-in-cheek [ˈtʌŋɪnˌtʃiːk] *a* ирони́ческий; со скры́той иро́нией; ~ **answer** ирони́ческий отве́т

tongue lashing [ˈtʌŋˌlæʃɪŋ] *n* разно́с

tongueless [ˈtʌŋlɪs] *a* не име́ющий языка́, без языка́; неспосо́бный говори́ть

tongue-tied [ˈtʌŋtaɪd] *a* косноязы́чный; **she was** ~ она́ как бу́дто язы́к проглоти́ла

tongue twister [ˌtʌŋˈtwɪstə(r)] *n* скорогово́рка

tonic I [ˈtɒnɪk] *n* 1) *мед.* укрепля́ющее, тонизи́рующее сре́дство 2) то́ник (*космети́ческое сре́дство для лица́ и́ли воло́с*) 3) то́ник (*газиро́ванный напи́ток; тж* ~ **water**); **gin and** ~ джин с то́ником 4) *муз.* то́ника; ~ **sol-fa** сольфе́джио

tonic II *a* 1) *мед.* тонизи́рующий, укрепля́ющий 2) *муз.* тони́ческий

tonight I [təˈnaɪt] *n* сего́дняшний ве́чер; наступа́ющая ночь

tonight II *adv* сего́дня ве́чером

tonnage [ˈtʌnɪdʒ] *n* 1) тонна́ж (*су́дна*) 2) грузоподъёмность в то́ннах 3) грузова́я по́шлина

tonometer [təˈnɒmɪtə] *n* 1) *муз.* камерто́н 2) *мед.* тоно́метр, прибо́р для измере́ния давле́ния (*осо́бенно давле́ния глазно́го дна*)

tonsil [ˈtɒnsl] *n* *анат.* минда́лина

tonsillitis [ˌtɒnsɪˈlaɪtɪs] *n* *мед.* тонзилли́т, воспале́ние минда́лин

tonsure I [ˈtɒnsjə(r)] *n* тонзу́ра

tonsure II *v* выбрива́ть тонзу́ру

tony [ˈtəʊnɪ] *a* *амер. разг.* изы́сканный, сти́льный, мо́дный

too [tuː] *adv* 1) сли́шком; ~ **heavy** сли́шком тяжёлый; **you are** ~ **kind** вы сли́шком добры́; **it is** ~ **much** э́то уж сли́шком; **none** ~ **pleasant** не сли́шком прия́тный; ~ **good to be true** *разг.* сли́шком хорошо́, что́бы быть пра́вдой 2) *разг.* о́чень; **I'm not** ~ **sure** я не о́чень уве́рен; **I am only** ~ **glad** я о́чень рад 3) та́кже, то́же; к тому́ же; **you may buy this hat** ~ вы та́кже мо́жете купи́ть э́ту шля́пу

took [tʊk] *past см.* **take I**

tool I [tuːl] *n* 1) (рабо́чий) инструме́нт 2) ору́дие, сре́дство; **he was a mere** ~ **in their hands** он был лишь ору́дием в их рука́х 3) *сленг груб.* полово́й член

tool II *v* 1) обраба́тывать резцо́м; обтёсывать, отде́лывать 2) де́лать тисне́ние (*на переплёте*) 3) *сленг* разъезжа́ть, ката́ться (*around, along*)

toolbar [ˈtuːlbɑː] 1) *с.-х.* рабо́чий брус (*культива́тора, коси́лки и т. п.*) 2) *вчт* инструмента́льная пане́ль

tool box [ˈtuːlbɒks] *n* я́щик для инструме́нтов

tooling [ˈtuːlɪŋ] *n* ручно́е тисне́ние (*на переплёте*)

toot I [tuːt] *n* 1) звук рожка́, гудо́к, свисто́к; сигна́л 2) *амер. сленг* кокаи́н

toot II *v* труби́ть в рожо́к; дава́ть гудо́к, сигна́л

tooth I [tuːθ] *n* (*pl* **teeth**) 1) зуб; **false teeth** иску́сственные зу́бы; **I have a loose** ~ у меня́ шата́ется зуб; **to fill a** ~ пломбирова́ть зуб; **to have a** ~ **out, to pull a** ~ вы́дернуть/удали́ть зуб; **to crown a** ~ поста́вить коро́нку на зуб; **to cut a** ~ проре́зываться (*о зу́бе*) 2) зубе́ц ◊ **to get one's teeth into smth** серьёзно рабо́тать над чем-л., посвяти́ть себя́ чему́-л.; ~ **and nail** изо всех сил; реши́тельно, упо́рно (*сопротивля́ться и т. п.*); **to show one's teeth** огрызну́ться, показа́ть зу́бы; **to clench one's teeth** сти́снуть зу́бы; **to set one's teeth on edge** де́йствовать на не́рвы, раздража́ть; **in the teeth of** несмотря́ на (*тру́дности и т. п.*); напереко́р; **sweet** ~ сласте́на; **to have a sweet** ~ люби́ть сла́дкое

tooth II *v* 1) снабжа́ть зубца́ми; нареза́ть зубцы́ 2) сцепля́ться зубца́ми

toothache [ˈtuːθeɪk] *n* зубна́я боль

toothbrush [ˈtuːθbrʌʃ] *n* зубна́я щётка

tooth-comb [ˈtuːθkəʊm] *n* ча́стый гре́бень

toothed [tuːθt] *a* зубча́тый; ~ **gear** *тех.* зубча́тое колесо́

toothless [ˈtuːθlɪs] *a* беззу́бый

toothpaste [ˈtuːθpeɪst] *n* зубна́я па́ста

toothpick [ˈtuːθpɪk] *n* зубочи́стка

tooth powder [ˈtuːθˌpaʊdə(r)] *n* зубно́й порошо́к

toothsome [ˈtuːθsəm] *a* вку́сный, аппети́тный

toothy [ˈtuːθɪ] *a* зуба́стый; большезу́бый

tootle I [ˈtuːtl] *n* звук трубы́

tootle II *v* 1) негро́мко труби́ть 2) *разг.* бесце́льно слоня́ться (*along, around*)

tootsy [ˈtuːtsɪ] *n* *сленг шутл.* нога́, но́жка

top¹ I [tɒp] *n* 1) ве́рхняя часть, верх (*до́ма, авто́буса и т. п.*); **at the** ~ **of the table** во главе́ стола́; **at the** ~ **of the page** в нача́ле страни́цы 2) верши́на; верху́шка; маку́шка; **at the** ~ **of the hill** на верши́не холма́; **the** ~ **of the head** те́мя; **from** ~ **to toe** с головы́ до ног 3) вы́сшее, пе́рвое ме́сто; кто-л., занима́ющий пе́рвое ме́сто; **she is** ~ **in maths** по матема́тике она́ пе́рвая в кла́ссе 4) ко́фточка, ма́йка, топ 5) кры́шка (*кастрю́ли и т. п.*) 6) сли́вки (*на молоке́*) 7) вы́сшая сте́пень;

at the ~ of one's voice во весь го́лос 8) *ар-хит.* шпиль 9) *горн.* кро́вля *(пласта)*; верх, у́стье *(шахты)* 10) *обыкн. pl* ботва́ 11) *pl разг.* лу́чший игро́к, лу́чший рабо́тник *и т. п.*; **he's ~s at football** он лу́чше всех игра́ет в футбо́л 12) *мор.* марс, топ ◊ **on ~ of the world** *разг.* в восто́рге, на седьмо́м не́бе; **on ~ of** вдоба́вок, в добавле́ние *(к чему́-л.)*; **over the ~** гото́вый к ата́ке; **to come to the ~** дости́чь высо́т, заня́ть ви́дный пост

top[1] **II** *a* 1) ве́рхний, вы́сший; **~ people** верхи́, вла́сти 2) максима́льный *(о скорости и т. п.)*; **~ gear** *авто* вы́сшая переда́ча; **at ~ speed** с максима́льной быстрото́й; во всю мочь; **~ secret** соверше́нно секре́тно

top[1] **III** *v* 1) покрыва́ть *(чем-л. сверху)*; **~ped with snow** покры́тый сне́гом; со сне́жной верши́ной *(о горе)* 2) сре́зать верху́шку *(де́рева и т. п.)* 3) поднима́ться, возвыша́ться; превосходи́ть; превыша́ть 4) достига́ть верши́ны; подня́ться на верши́ну

top off 1) дости́чь вы́сшей отме́тки; подня́ться высоко́ 2) *разг.* заверши́ть *(что-л.)* 3) отпра́здновать заверше́ние строи́тельства зда́ния

top out 1) заверши́ть строи́тельство зда́ния 2) отпра́здновать заверше́ние строи́тельства зда́ния

top up 1) *разг.* доли́ть до краёв; нали́ть вы́пить 2) *амер.* запра́виться горю́чим

top[2] *n* волчо́к *(игру́шка)* ◊ **old ~** старина́ *(обраще́ние)*; **to sleep like a ~** спать как уби́тый

topaz [ˈtəʊpæz] *n* топа́з

top boots [ˈtɒpbuːts] *n pl* высо́кие сапоги́ с отворо́тами

top brass [ˌtɒpˈbrɑːs] *n воен. разг.* вы́сшие вое́нные чины́; нача́льство

topcoat [ˈtɒpkəʊt] *n* пальто́

top copy [ˌtɒpˈkɒpɪ] *n* оригина́л докуме́нта

top dog [ˌtɒpˈdɒg] *n разг.* победи́тель; хозя́ин

top-down I [ˌtɒpˈdaʊn] *a* иду́щий све́рху вниз, нисходя́щий

top-down II *adv* све́рху вниз *(о движе́нии)*

top drawer [ˈtɒpˌdrɔːə(r)] *n* 1) ве́рхний я́щик *(стола́, комо́да и т. п.)* 2) *разг.* высо́кое происхожде́ние; высо́кое положе́ние в о́бществе

top-dress [ˈtɒpˈdres] *v с.-х.* обкла́дывать, покрыва́ть наво́зом

tope [təʊp] *v уст., книжн.* пья́нствовать

top-heavy [ˈtɒpˈhevɪ] *a* 1) переве́шивающий в ве́рхней ча́сти; неусто́йчивый 2) с разду́тыми администрати́вными шта́тами 3) *разг.* с больши́м бю́стом *(о же́нщине)*

top-hole [ˈtɒpˈhəʊl] *a разг.* первокла́ссный, превосхо́дный

topi [ˈtəʊpɪ] *n* тропи́ческий *(про́бковый)* шлем

topic [ˈtɒpɪk] *n* те́ма

topical [ˈtɒpɪkəl] *a* 1) злободне́вный, актуа́льный 2) ме́стный, ме́стного значе́ния

topknot [ˈtɒpnɒt] *n* 1) хохоло́к, пучо́к пе́рьев, лент *и т. п. (на маку́шке)* 2) у́зел, пучо́к *(из воло́с)*

topless [ˈtɒplɪs] *a* 1) без верху́шки 2) то́плесс, с обнажённой гру́дью

top-level [ˈtɒplevəl] *a* 1) вы́сшего у́ровня; сверхва́жный 2) прести́жный

top liner [ˈtɒpˈlaɪnə(r)] *n амер.* популя́рный актёр

toplofty [ˈtɒpˈlɒftɪ] *a амер. разг.* надме́нный, высокоме́рный

top manager [ˈtɒpˌmænədʒə] *n эк.* гла́вный управля́ющий; топ-ме́неджер

topmast [ˈtɒpmɑːst] *n мор.* сте́ньга

topmost [ˈtɒpməʊst] *a* 1) са́мый ве́рхний 2) са́мый ва́жный

top-notch [ˈtɒpnɒtʃ] *a разг.* первокла́сный; вы́сшего ка́чества *и т. п.*

topography [təˈpɒgrəfɪ] *n* топогра́фия

toponymy [təˈpɒnɪmɪ] *n лингв.* топони́мика

topper [ˈtɒpə(r)] *n разг.* 1) то, что лежи́т све́рху 2) цили́ндр *(шля́па)* 3) *разг.* хоро́ший па́рень, до́брый ма́лый

topping I [ˈtɒpɪŋ] *n* 1) ве́рхняя часть, верху́шка 2) обли́вка *(све́рху)*

topping II *a* 1) превосходя́щий *(други́х)*; вы́сший *(по зва́нию, положе́нию и т. п.)* 2) *разг.* отли́чный, превосхо́дный

topple [ˈtɒpl] *v* вали́ть(ся), опроки́дывать(ся) *(over, down)*

topsail [ˈtɒpsl] *n мор.* ма́рсель

topsy-turvy I [ˈtɒpsɪˈtɜːvɪ] *n* беспоря́док, по́лная неразбери́ха, ха́ос

topsy-turvy II *a* 1) переве́рнутый вверх дном 2) в по́лном беспоря́дке, хаоти́чный

topsy-turvy III беспоря́док; неразбери́ха, кутерьма́

top-up [ˈtɒpˈʌp] *n* 1) добавле́ние; доли́вка 2) заверше́ние

tor [tɔː(r)] *n* скали́стая верши́на *(холма́)*

Torah [ˈtɔːrə] *n рел. (the ~)* То́ра, Пятикни́жие Моисе́ево *(в иудаи́зме; тж* **the Pentateuch***)*

torch [tɔːtʃ] *n* 1) (электри́ческий) фона́рь *(тж* **electric ~**; *амер.* **flashlight***)* 2) фа́кел 3) свето́ч; **the ~ of freedom** зна́мя свобо́ды 4) пая́льная ла́мпа ◊ **to carry a ~ for** страда́ть от безотве́тной любви́; **to hand on the ~ of** передава́ть *(молоды́м)* тради́ции *и т. п.*

torchère [tɔːˈʃeə(r)] *n* торше́р *(тж* **standard lamp***)*

845

torchlight [ˈtɔːtʃlaɪt] *n* свет электри́ческого фонаря́; свет фа́кела

torch relay [ˈtɔːtʃ rɪˈleɪ] *n* эстафе́та олимпи́йского огня́

tore [tɔː(r)] *past см.* **tear**[1] **II**

toreador [ˈtɒrɪədɔː(r)] *n* тореадо́р, торе́ро

torment I [ˈtɔːmənt] *n* 1) муче́ние, му́ка 2) исто́чник, причи́на муче́ний

torment II [tɔːˈment] *v* 1) му́чить, причиня́ть страда́ния 2) си́льно досажда́ть, раздража́ть

tormentor [tɔːˈmentə(r)] *n* мучи́тель

torn [tɔːn] *p. p. см.* **tear**[1] **II**

tornado [tɔːˈneɪdəʊ] *n* 1) торна́до, си́льный урага́н, смерч 2) взрыв, шквал *(аплодисментов и т. п.)*

torpedo I [tɔːˈpiːdəʊ] *n* 1) торпе́да 2) электри́ческий скат *(рыба)* 3) *амер.* взрывно́е устро́йство; пета́рда 4) *attr* торпе́дный; ~ **boat** торпе́дный ка́тер

torpedo II *v* 1) торпеди́ровать, подорва́ть торпе́дой 2) срыва́ть, торпеди́ровать *(планы, политику и т.п.)*

torpedo net [tɔːˈpiːdəʊˌnet] *n* противоми́нная сеть

torpid [ˈtɔːpɪd] *a* 1) вя́лый, апати́чный 2) оцепене́лый 3) находя́щийся в спя́чке *(о живо́тном)*

torpidity [tɔːˈpɪdɪtɪ] *n* апа́тия, вя́лость; безде́ятельность

torpor [ˈtɔːpə(r)] *n* 1) вя́лость, апа́тия, отупе́ние 2) оцепене́ние

torque [tɔːk] *n* 1) *ист.* кручёное металли́ческое ожере́лье *(у дре́вних бри́ттов)* 2) *физ.* враща́ющий моме́нт

torrefy [ˈtɒrɪfaɪ] *v* 1) суши́ть, жа́рить *(на огне́)* 2) обжига́ть

torrent [ˈtɒrənt] *n* пото́к *(тж перен.)*; **the rain fell in ~s** шёл проливно́й дождь, был си́льный ли́вень

torrid [ˈtɒrɪd] *a* 1) жа́ркий, зно́йный 2) вы́жженный со́лнцем *(о земле́)*

torsion [ˈtɔːʃ(ə)n] *n* круче́ние, скру́чивание

torso [ˈtɔːsəʊ] *n* 1) ту́ловище 2) торс *(статуи)*

tortoise [ˈtɔːtəs] *n* черепа́ха *(сухопу́тная или пресново́дная; тж* **turtle***)*

tortoiseshell [ˈtɔːtəsʃel] *n* черепа́ха как материа́л для гре́бней, украше́ний

tortuous [ˈtɔːtjʊəs] *a* 1) изви́листый *(о доро́ге и т.п.)* 2) укло́нчивый *(об отве́те, до́воде)* 3) запу́танный, нея́сный

torture I [ˈtɔːtʃə(r)] *n* пы́тка; **to put to the ~** подверга́ть пы́тке

torture II *v* 1) пыта́ть, подверга́ть пы́тке; му́чить; **he was ~d by guilt** его́ му́чило чу́вство вины́ 2) искажа́ть, деформи́ровать

torturer [ˈtɔːtʃərə] *n* мучи́тель; пала́ч

Tory [ˈtɔːrɪ] *n разг.* 1) то́ри, консерва́тор 2) *attr* консервати́вный; **the ~ party** консервати́вная па́ртия

tosh [tɒʃ] *n разг.* чепуха́, вздор, ерунда́

toss I [tɒs] *n* 1) броса́ние, мета́ние, подбра́сывание 2) толчо́к, бросо́к; вски́дывание 3) паде́ние с ло́шади

toss II *v* 1) кида́ть, броса́ть, мета́ть; подбра́сывать, швыря́ть 2) носи́ться *(по волна́м)* 3) поднима́ться и опуска́ться, вздыма́ться 4) беспоко́йно мета́ться *(о больно́м)* 5) вски́дывать *(го́лову)* 6) броса́ть моне́ту *(для реше́ния спо́ра и т. п.)* 7) сбра́сывать *(седока́)* ❑ **toss off** 1) выпива́ть за́лпом 2) бы́стро пригото́вить, сде́лать *(не осо́бенно стара́ясь)* ❑ **toss up** подбра́сывать; броса́ть моне́ту, броса́ть жре́бий

toss-up [ˈtɒsʌp] *n* подбра́сывание моне́ты, жеребьёвка

tot[1] [tɒt] *n* 1) ма́ленький ребёнок, малы́ш 2) *разг.* ма́ленькая рю́мка *(вина́)*

tot[2] *v* скла́дывать, сумми́ровать *(up)*

total I [ˈtəʊtl] *n* це́лое, су́мма, ито́г

total II *a* 1) весь, це́лый, о́бщий 2) по́лный, абсолю́тный; ~ **abstinence** по́лное воздержа́ние *(от спиртно́го)*; ~ **failure** по́лный прова́л 3) сумма́рный, совоку́пный 4) тота́льный, всео́бщий

total III *v* 1) подсчи́тывать, сумми́ровать 2) насчи́тывать(ся), составля́ть *(число́)* 3) доходи́ть до, равня́ться *(о су́мме — to, up to)*

totalitarian [ˌtəʊtælɪˈteərɪən] *a* тоталита́рный; ~ **state** тоталита́рное госуда́рство

totalitarism [ˌtəʊtælɪˈtærɪz(ə)m] *n* тоталитари́зм

totality [təʊˈtælɪtɪ] *n* вся су́мма, всё коли́чество

totalizator [ˈtəʊtəlaɪzeɪtə(r)] *n* тотализа́тор

totalize [ˈtəʊt(ə)laɪz] *v* 1) соединя́ть воеди́но 2) подводи́ть ито́г, сумми́ровать

totalizer [ˈtəʊtəlaɪzə(r)] *см.* **totalizator**

tote[1] [təʊt] *n сленг* 1) *см.* **totalizator** 2) лотере́я

tote[2] *v амер.* нести́, тащи́ть; тяну́ть

tote bag [ˈtəʊtbæg] *n амер.* больша́я хозя́йственная су́мка

totem [ˈtəʊtəm] *n* тоте́м

totter [ˈtɒtə(r)] *v* 1) шата́ться, пошатываться; идти́ шата́ясь 2) быть неусто́йчивым, трясти́сь *(о зда́нии, постро́йке)* 3) ру́шиться *(о систе́ме правле́ния, режи́ме)*

touch I [tʌtʃ] *n* 1) прикоснове́ние; **to feel a ~** чу́вствовать прикоснове́ние 2) осяза́ние; **the ~** на о́щупь 3) соприкоснове́ние; обще́ние; **in ~ with** в конта́кте с; **out of ~ with** не в контакте с; **to keep in ~** поддерживать связь, отношения 4) оттенок, налёт, привкус; **a ~ of irony** налёт иронии 5) манера *(художника)*; **to lose one's ~** потерять навык 6) штрих; **to put the finishing ~** отделывать, заканчивать; наносить последние штрихи 7) *муз.* туше 8) лёгкий приступ болезни 9) «салки» *(детская игра)* 10) *сленг* вымогательство

touch II *v* 1) (при)касаться, притрагиваться; соприкасаться; трогать; осязать 2) нажимать *(на кнопку звонка и т. п.)* 3) контактировать 4) касаться *(темы, вопроса)*, затрагивать *(тему и т. п.)* 5) касаться, иметь отношение 6) трогать, волновать 7) доставать, доходить (до) 8) наносить ущерб, урон; поражать; **~ed with frost** тронутый морозом *(о растении)* ◊ **to ~ the spot** *разг.* попасть в точку; знать точно, что надо делать; **~ wood** постучи по дереву *(чтобы не сглазить)*; **he is ~ed** *разг.* он чокнутый; **to ~ smb for ten dollars** выпрашивать у кого-л. десять долларов; **I wouldn't ~ it with a bargepole** я бы за это ни за что не взялся

touch at *мор.* заходить (в порт)

touch down приземляться, совершать посадку *(о самолёте)*

touch off 1) точно воспроизвести *(на портрете и т. п.)* 2) вызывать, быть причиной

touch on затронуть *(вопрос, тему и т. п.)*

touch up 1) ретушировать *(фото и т. п.)*; подправлять *(что-л.)* 2) *сленг* ласкать, сексуально возбуждать

touch upon *см.* **touch up**

touchable [ˈtʌtʃəbl] *a* осязаемый

touch-and-go I [ˈtʌtʃənˈɡəʊ] *n* нечто ненадёжное; рискованное дело, положение; **it was ~ with the patient** пациент был на волосок от смерти

touch-and-go II *a* ненадёжный; с непредсказуемым исходом; рискованный

touchdown [ˈtʌtʃdaʊn] *n* 1) *ав.* посадка; **soft ~** мягкая посадка; **to make a ~** совершить посадку 2) *спорт.* тачдаун *(занесение мяча за лицевую линию противника в амер. футболе; приносит максимум очков)*

touching I [ˈtʌtʃɪŋ] *a* трогательный

touching II *prep книжн.* относительно, касательно *(тж* **as ~**)

touch-me-not [ˈtʌtʃmɪˌnɒt] *n бот.* недотрога

touchstone [ˈtʌtʃstəʊn] *n* 1) пробирный камень; оселок 2) критерий, стандарт

touchwood [ˈtʌtʃwʊd] *n* трут

touchy [ˈtʌtʃɪ] *a* обидчивый

tough I [tʌf] *a* 1) прочный, крепкий 2) стойкий, выносливый 3) упрямый, несговор-

чивый **he is a ~ customer** с ним трудно договориться 4) жёсткий *(о мясе и т. п.)* 5) жёсткий, крутой; несправедливый 6) *разг.* хулиганский 7) *разг.* крутой; **~ guy** «крутой парень», громила

tough II *n* хулиган; бандит

toughen [ˈtʌfn] *v* делаться плотным, жёстким, трудным *и т. п.*

toughie [ˈtʌfɪ] *n разг.* 1) трудный, упрямый человек 2) сложный вопрос

toupee [ˈtuːpeɪ] *n* накладка из искусственных волос, шиньон; небольшой парик

tour I [tʊə(r)] *n* 1) экскурсия; туристическая поездка, тур 2) круг *(обязанностей и т. п.)* 3) объезд, обход *(местности, караула и т. п.)*; цикл 4) гастроли, турне; **on ~** на гастролях

tour II *v* 1) совершать туристическую поездку 2) выезжать на гастроли; совершать турне 3) производить объезд, обход

tourer [ˈtʊərə(r)] *n* туристский автомобиль, автомобиль для путешествий

touring I [ˈtʊərɪŋ] *n* туризм

touring II *a* туристский, туристический

tourism [ˈtʊərɪzm] *n* туризм; **space ~** космический туризм *(коммерческие полёты в космос)*

tourist [ˈtʊərɪst] *n* 1) турист 2) туристический класс; эконом-класс *(дешёвые места в самолёте, на теплоходе)* 3) *attr* туристический; туристский; **~ trap** место, привлекательное для туристов *(как следствие этого, дорогое и переполненное народом)*

touristy [ˈtʊərɪstɪ] *a презр.* привлекающий слишком много туристов; (интересный) для туристов

tournament [ˈtʊənəmənt] *n* турнир, соревнование; **chess ~** шахматный турнир

tourney I [ˈtʊənɪ] *n* (рыцарский) турнир

tourney II *v* сражаться на турнире

tourniquet [ˈtʊənɪkeɪ] *n мед.* жгут, турникет

tousle [ˈtaʊzl] *v* 1) ерошить, взлохматить *(волосы)* 2) грубо обращаться

tout I [taʊt] *n* 1) человек, навязывающий свой товар *или* услуги; зазывала; коммивояжёр 2) человек, сообщающий сведения о скаковых лошадях, «жучок»

tout II *v* 1) назойливо предлагать, навязывать товар 2) тайком собирать сведения о скаковых лошадях *(для сообщения клиенту за вознаграждение)*

tow¹ I [təʊ] *n* 1) буксировка; **in ~** на буксире; **to have in ~** а) брать на буксир б) быть в сопровождении *(поклонников и т. п.)* в) иметь *(кого-л.)* на попечении 2) *attr* буксирный

tow¹ II *v* буксировать; тянуть, тащить *(за собой)*

tow[2] *n* 1) очёски льна, куде́ль 2) па́кля

towage [´təʊɪdʒ] *n* 1) буксиро́вка 2) опла́та буксиро́вки

toward [təˈwɔːd, tɔːd] *см.* **towards**

towards [təˈwɔːdz, tɔːdz] *prep указывает на:* 1) *направление к предмету* к, в направле́нии, по направле́нию к; **they travelled ~ the north** они́ дви́гались в се́верном направле́нии 2) *отношение к чему-л. или кому-л.* к, по отноше́нию к; **what is your attitude ~ this event?** каково́ ва́ше отноше́ние к э́тому собы́тию?; **you should be more polite ~ them** вы должны́ быть бо́лее ве́жливы с ни́ми 3) *цель совершения действия* с це́лью, для; **to give money ~ smb's expenses** дать де́ньги на чьи-л. расхо́ды 4) *время* к, о́коло; **~ morning/evening** к утру́/к ве́черу

towel I [´taʊəl] *n* полоте́нце; **roller ~** полоте́нце на ро́лике

towel II *v* 1) вытира́ть(ся) полоте́нцем 2) *сленг* бить, избива́ть

towel-horse [´taʊəlhɔːs] *n* ве́шалка для полоте́нца

towel-rail [´taʊəlreɪl] *см.* **towel-horse**

tower I [´taʊə] *n* 1) ба́шня; вы́шка; **control ~** *ав.* диспе́тчерская ба́шня 2) кре́пость, защи́та; **~ of strength** надёжный защи́тник

tower II *v* вы́ситься, возвыша́ться *(над чем-л. — over)*
tower above превосходи́ть *(ростом, интеллектом и т. п.)*

towering [´taʊərɪŋ] *a* 1) высо́кий, вы́сящийся; возвыша́ющийся над *(чем-л.);* вздыма́ющийся 2) нейстовый; **in a ~ rage** в ди́кой я́рости

tow(ing)-line [´taʊ(ɪŋ)laɪn] *n* букси́рный кана́т, букси́рный трос

town [taʊn] *n* 1) го́род; **home ~** родно́й го́род; **corporate ~** го́род, име́ющий самоуправле́ние; **out of ~** в отъе́зде 2) *attr* городско́й; **~ crier** *ист.* городско́й глаша́тай, геро́льд ◊ **~ and gown** студе́нты и профессора́ О́ксфордского *или* Ке́мбриджского университе́тов и жи́тели О́ксфорда *или* Ке́мбриджа; **to go to ~** *разг.* энерги́чно приня́ться за де́ло, вка́лывать; **to paint the ~ red** *разг.* шуме́ть, шу́мно весели́ться, кути́ть; **to go out on the ~** *разг.* весели́ться вовсю́, кути́ть в ночны́х клу́бах *и т. п.*

town council [ˌtaʊnˈkaʊnsɪl] *n* мэ́рия, городско́й сове́т, муниципа́льный сове́т

town councillor [ˌtaʊnˈkaʊnsɪlə] *n* член муниципа́льного сове́та

town hall [ˌtaʊnˈhɔːl] *n* ра́туша, мэ́рия

town planning [ˈtaʊnˌplænɪŋ] *n* 1) плани́ровка го́рода 2) план разви́тия го́рода

townscape [ˈtaʊnˌskeɪp] *n* городско́й пейза́ж; вид го́рода

townsfolk [ˈtaʊnzfəʊk] *n pl* горожа́не, городски́е жи́тели

township [ˈtaʊnʃɪp] *n* 1) райо́н го́рода; осо́бое поселе́ние *(в границах города)* 2) *ист.* церко́вный прихо́д 3) посёлок, городо́к

townsman [ˈtaʊnzmən] *n* 1) горожа́нин 2) жи́тель того́ же го́рода, земля́к

townspeople [ˈtaʊnzˌpiːpl] *см.* **townsfolk**

tow rope [ˈtəʊrəʊp] *n* букси́рный кана́т, букси́рный трос

tox(a)emia [tɒkˈsiːmɪə] *n мед.* токсеми́я *(наличие токсинов в крови)*

toxic [ˈtɒksɪk] *a* ядови́тый, токси́ческий

toxicology [ˌtɒksɪˈkɒlədʒɪ] *n* токсиколо́гия *(учение о ядах и отравлениях)*

toxin [ˈtɒksɪn] *n* токси́н, ядови́тое вещество́

toy I [tɔɪ] *n* 1) игру́шка 2) заба́ва; **to make a ~ of smth** забавля́ться чем-л. 3) безделу́шка; не́что несерьёзное 4) *attr* игру́шечный; ненастоя́щий; **~ shop** магази́н игру́шки; **~ gun** игру́шечный пистоле́т

toy II *v* игра́ть, забавля́ться

trace[1] **I** [treɪs] *n* 1) след; отпеча́ток; **no ~ remains** и следа́ не оста́лось; **to leave no ~** не оста́вить следо́в 2) незначи́тельное коли́чество, следово́е вещество́ *(в анализе и т. п.)* 3) исхо́женная тропи́нка 4) чертёж на ка́льке

trace[1] **II** *v* 1) следи́ть, вы́следить; обнару́жить 2) де́лать ко́пию, кальки́ровать 3) наброса́ть, начерти́ть *(план и т. п.)* 4) устана́вливать; просле́живать *(что-л.)*

trace[2] *n* постро́мка ◊ **to kick over the ~s** взбунтова́ться

traceable [ˈtreɪsəbl] *a* просле́живаемый

tracer [ˈtreɪsə(r)] *n* 1) челове́к, занима́ющийся ро́зыском *(вещей и т. п.)* 2) трасси́рующая пу́ля *(тж ~ bullet)* 3) ме́ченый а́том *(тж ~ element)* 4) следя́щее устро́йство 5) самопи́шущий измери́тельный прибо́р, самопи́сец

tracer bullet [ˈtreɪsəˌbʊlɪt] *n* трасси́рующая пу́ля

tracery [ˈtreɪsərɪ] *n* узо́р, рису́нок; орна́мент

trachea [trəˈkiːə] *n анат.* трахе́я

tracing [ˈtreɪsɪŋ] *n* 1) чертёж на ка́льке; ка́лька; кальки́рование 2) за́пись *(прибора)* 3) просле́живание; выслеживание 4) трасси́рование, определе́ние тра́ссы

tracing paper [ˈtreɪsɪŋˌpeɪpə(r)] *n* ка́лька, восково́ка

track I [træk] *n* 1) след; **to be on the ~** а) пресле́довать б) напа́сть на след; **to follow in smb's ~s** а) идти́ по чьим-л. следа́м б) следовать чьему́-л. приме́ру; **to lose ~ of** потеря́ть след; потеря́ть нить; **to cover up one's ~s** замета́ть следы́ 2) тропа́, просёлочная доро́га 3) *ж.-д.* ре́льсовый путь, колея́; **single/double ~** одноколе́йный/двухколе́йный путь; **off the ~** соше́дший с ре́льсов *(о поезде)*; **to leave the ~** сойти́ с ре́льсов *(о поезде)* 4) путь, направле́ние; **the beaten ~** проторённый путь, знако́мая доро́жка; **off the ~** сби́вшийся с пути́ 5) *спорт.* лыжня́; трек; тра́сса; доро́жка; **running ~** бегова́я доро́жка 6) бороз́дка, доро́жка *(грампластинки)* 7) *вчт* доро́жка, трек *(компакт-диска)*; *муз.* трек, компози́ция; **the album contains six ~s** альбо́м соде́ржит шесть компози́ций/пе́сен; **bonus ~** бо́нус-трек, дополни́тельная компози́ция/ пе́сня *(в альбоме)* 8) гу́сеничная ле́нта *(трактора, танка)*

track II *v* 1) следи́ть; высле́живать; идти́ по сле́ду 2) прокла́дывать путь 3) дви́гаться по колее́ 4) *амер.* насле́дить 5) дви́гаться за снима́емым объе́ктом, панорами́ровать *(о телекамере)*

trackage [ˈtrækɪdʒ] *n* сеть желе́зных доро́г; о́бщая протяжённость желе́зных доро́г

track and field [ˌtræk əndˈfiːld] *n амер.* лёгкая атле́тика

tracker [ˈtrækə(r)] *n* 1) охо́тник-следопы́т 2) соба́ка-ище́йка 3) устро́йство слеже́ния

track events [ˌtrækɪˈvents] *n pl спорт.* соревнова́ния в бе́ге

tracking [ˈtrækɪŋ] *n* 1) ре́льсовые пути́ 2) насти́лка путе́й 3) *спец.* слеже́ние 4) сопровожде́ние; отсле́живание 5) *attr* ~ **station** ста́нция слеже́ния за косми́ческими кораблями

tracklayer [ˈtræklɪə(r)] *n амер. ж.-д.* путево́й рабо́чий

tracklist [ˈtræklɪst] *n муз.* спи́сок компози́ций *(на альбоме, сборнике)*

trackman [ˈtrækmən] *n* путево́й рабо́чий

track shoes [ˌtrækˈʃuːz] *n pl* кроссо́вки

track suit [ˌtrækˈs(j)uːt] *n* трениро́вочный, спорти́вный костю́м

trackwalker [ˈtrækˌwɔːkə(r)] *n амер. ж.-д.* путево́й обхо́дчик

trackway [ˈtrækweɪ] *n* исхо́женная тропа́

tract[1] [trækt] *n* 1) полоса́ *(земли, воды, леса)*; простра́нство 2) *анат.* тракт; **the digestive ~** пищевари́тельный тракт

tract[2] *n* тракта́т; брошю́ра *(особ. на религио́зные темы)*

tractable [ˈtræktəbl] *a* 1) легко́ поддаю́щийся угово́рам, сгово́рчивый; послу́шный 2) пода́тливый, мя́гкий *(о материале)*

tractate [ˈtrækteɪt] *n* тракта́т

traction [ˈtrækʃ(ə)n] *n* тя́га

traction engine [ˈtrækʃ(ə)nˈendʒ(ə)n] *n* тяга́ч

tractor [ˈtræktə(r)] *n* тра́ктор

tractor-trailer [ˈtræktə(r)ˌtreɪlə(r)] *n* тяга́ч с прице́пом, автопо́езд

trade I [treɪd] *n* 1) торго́вля; **foreign ~** вне́шняя торго́вля; **~ is bad** торго́вля идёт пло́хо 2) заня́тие; ремесло́; **by ~** по профе́ссии; **to learn a~** учи́ться ремеслу́; **what is your ~?** чем вы занима́етесь? 3) (**the ~**) ли́ца одно́й профе́ссии 4) ро́зничная торго́вля; **to be in the ~** *пренебр.* быть торго́вцем, име́ть магази́н 5) *attr* торго́вый; ~ **deficit**, ~ **gap** торго́вый дефици́т

trade II *v* 1) торгова́ть *(чем-л. — in; с кем-л. — with)* 2) испо́льзовать в свои́х интере́сах, извлека́ть по́льзу *(on, upon)* 3) обме́ниваться *(ударами, оскорбле́ниями и т. п.)*

Trade Board [ˈtreɪdˌbɔːd] *n ист.* объединённый сове́т представи́телей предпринима́телей и рабо́чих

trade mark [ˈtreɪdˌmɑːk] *n* торго́вая ма́рка, това́рный знак

trade name [ˈtreɪdˌneɪm] *n* фи́рменное назва́ние; торго́вое назва́ние

trade-off I [ˌtreɪdˈɒf] *n* 1) обме́н 2) компроми́сс, приня́тие компроми́ссных реше́ний 3) усту́пка *(в ответ на уступку другой стороны)*

trade off II *v* 1) меня́ться места́ми 2) попереме́нно испо́льзовать 3) сбыва́ть

trader [ˈtreɪdə] *n* 1) торго́вец 2) торго́вое су́дно

trade show [ˈtreɪdˌʃəu] *n амер.* торго́вая я́рмарка *(тж* **trade fair**)

tradesman [ˈtreɪdzmən] *n* 1) торго́вец, ла́вочник; владе́лец магази́на 2) ремесленник

tradespeople [ˈtreɪdzˌpiːpl] *n pl* купцы́, торго́вцы, ла́вочники; торго́вое сосло́вие

tradeswoman [ˈtreɪdzˌwuːmən] *n* торго́вка, ла́вочница

trade union [ˈtreɪdˌjuːnɪən] *n* профсою́з, тред-юнио́н

trade-unionism [ˌtreɪdˈjuːnɪənɪz(ə)m] *n ист.* тред-юниони́зм, профсою́зное движе́ние

trade wind [ˈtreɪdˌwɪnd] *n* пасса́тный ве́тер, пасса́т

tradition [trəˈdɪʃ(ə)n] *n* тради́ция

traditional [trəˈdɪʃ(ə)nl] *a* традицио́нный

traditionally [trəˈdɪʃ(ə)nlɪ] *adv* по тради́ции, традицио́нно

traditionary [trəˈdɪʃnərɪ] *см.* **traditional**

traduce [trəˈdjuːs] *v* черни́ть, клевета́ть, злосло́вить

traffic I [ˈtræfɪk] *n* 1) движе́ние *(уличное, железнодоро́жное, возду́шное и т. п.)*; тра́нспорт 2) перево́зки гру́зов 3) торго́вля; **the drug ~** торго́вля нарко́тиками, наркотра́фик 4) *вчт* пото́к обме́на информа́ции, тра́фик, рабо́чая нагру́зка 5) *вчт* посеща́емость *(сайта)* 6) *attr:* **~ jam** автомоби́льная про́бка *(на доро́ге); **~ island** «острово́к безопа́сности» *(на прое́зжей ча́сти у́лицы)*

traffic II *v* (незако́нно) торгова́ть *(чем-л. — in)*; вести́ незако́нную торго́влю, незако́нные опера́ции

traffic lights [ˈtræfɪkˌlaɪts] *n* светофо́р

traffic sign [ˈtræfɪkˌsaɪn] *n* доро́жный знак

trafficker [ˈtræfɪkə(r)] *n* торго́вец *(незако́нным това́ром, напр. нарко́тиками)*

tragedian [trəˈʤiːdɪən] *n* 1) а́втор траге́дии 2) актёр-тра́гик, траги́ческий актёр

tragédienne [trəˌʤɪdɪˈen] *n* траги́ческая актри́са

tragedy [ˈtræʤɪdɪ] *n* траге́дия

tragic(al) [ˈtræʤɪk(əl)] *a* 1) траги́ческий; **~ actor** траги́ческий актёр 2) трагеди́йный

tragicomedy [ˌtræʤɪˈkɒmɪdɪ] *n* трагикоме́дия

tragicomic(al) [ˌtræʤɪˈkɒmɪk(əl)] *a* трагикоми́ческий

trail I [treɪl] *n* 1) след; **to leave a ~** оста́вить след; **to be on the ~, to follow the ~** выслёживать, идти́ по слёду; **a ~ of smoke** о́блако ды́ма, ды́мный след 2) тропи́нка, тропа́ 3) *воен.* хо́бот лафе́та 4) **: at the ~** с ору́жием наперевё́с

trail II *v* 1) тащи́ть(ся), тяну́ть(ся), волочи́ть(ся) *(сза́ди, за кем-л., чем-л.)* 2) выслё́живать, идти́ по слёду 3) стели́ться по земле́, ви́ться по стене́ *(о расте́нии)* 4) иссяка́ть *(away, off)* 5) свиса́ть, свобо́дно висе́ть, болта́ться *(об оде́жде)* 5) пока́зывать ано́нс *(фи́льма)*

trailer [ˈtreɪlə(r)] *n* 1) тот, кто та́щит, тя́нет, идёт по слёду 2) *кино́* ано́нс, рекла́мный ро́лик *(фи́льма)* 3) *а́вто* тре́йлер, прице́п 4) сте́лющееся расте́ние 5) *вчт* концево́й, тре́йлер *(за́пись в конце́ масси́ва да́нных)*

train¹ I [treɪn] *n* 1) по́езд; **to go by ~** е́хать по́ездом, по желе́зной доро́ге; **fast ~** ско́рый по́езд; **through ~** по́езд прямо́го сообще́ния; **local/suburban ~** при́городный по́езд; **goods/freight ~** това́рный по́езд; **down ~** по́езд, иду́щий из Ло́ндона/из це́нтра; **up ~** по́езд, иду́щий в Ло́ндон/в центр; **to take the ~** сесть в по́езд; е́хать на по́езде; **to catch the ~** успе́ть на по́езд 2) шлейф *(пла́тья);* хвост *(павли́на, коме́ты и т. п.)* 3) сви́та; сопровожда́ющие ли́ца 4) цепь, ряд, верени́ца; **~ of thoughts/ideas** верени́ца мы́слей ◊ **in ~** в организо́ванном поря́дке, в гото́вности; **in the ~ of** в результа́те *(чего-л.)*

train¹ II *v* е́хать по́ездом

train² v 1) учи́ть, обуча́ть; приуча́ть 2) тренирова́ть; подгота́вливать 3) дрессирова́ть *(живо́тных)* 4) направля́ть; *воен.* наводи́ть, наце́ливать

train-bearer [ˈtreɪnˌbeərə(r)] *n* паж

trained [treɪnd] *a* 1) обу́ченный, подгото́вленный; **a ~ nurse** медици́нская сестра́, медсестра́ 2) трениро́ванный 3) дрессиро́ванный *(о живо́тных);* вы́езженный *(о ло́шади)*

trainee [treɪˈniː] *n* проходя́щий подгото́вку, обуче́ние, трениро́вку; стажёр

trainer [ˈtreɪnə(r)] *n* 1) тре́нер; инстру́ктор 2) дрессиро́вщик

train ferry [ˌtreɪnˈferɪ] *n* железнодоро́жный паро́м

training [ˈtreɪnɪŋ] *n* 1) подгото́вка, обуче́ние; трениро́вка; **under ~** проходя́щий подгото́вку; **to go into ~** нача́ть трениро́вку; **out of ~** в нева́жной физи́ческой фо́рме, не в фо́рме 2) дрессиро́вка 3) *attr* уче́бный; трениро́вочный

training college [ˈtreɪnɪŋˌkɒlɪʤ] *n* педагоги́ческий институ́т

training ship [ˈtreɪnɪŋˌʃɪp] *n* уче́бное су́дно

trainman [ˈtreɪnmən] *n* *амер.* конду́ктор; проводни́к

trainmaster [ˈtreɪnˌmɑːstə(r)] *n* *амер.* нача́льник по́езда

train-oil [ˈtreɪnɔɪl] *n* во́рвань

traipse [treɪps] *v* *разг.* броди́ть; таска́ться

trait [treɪ, treɪt] *n* черта́ *(лица́, хара́ктера)*

traitor [ˈtreɪtə(r)] *n* преда́тель, изме́нник

traitorous [ˈtreɪtərəs] *a* преда́тельский, вероло́мный

traitress [ˈtreɪtrɪs] *n* преда́тельница, изме́нница

trajectory [trəˈʤektərɪ] *n* траекто́рия

tram I [træm] *n* 1) трамва́й; **to take a ~** сесть в трамва́й; е́хать на трамва́е; **to get off the ~** сойти́ с трамва́я 2) *горн.* вагоне́тка

tram II *v* 1) е́хать в трамва́е 2) *горн.* отка́тывать на вагоне́тках

tramcar [ˈtræmkɑː(r)] *n* трамва́й

tramline [ˈtræmlaɪn] *n* трамва́йная ли́ния

trammel I [ˈtræməl] *n* 1) *pl* препя́тствие, поме́ха; пу́ты 2) не́вод; трал

trammel II *v* сде́рживать, препя́тствовать, стесня́ть, меша́ть; служи́ть препя́тствием

tramp I [træmp] *n* 1) бродя́га 2) **(the ~)** звук тяжёлых шаго́в; то́пот 3) пе́ший похо́д *(осо́б. дли́тельный)* 4) *амер.* сленг шлю́ха

tramp II *v* 1) тяжело́ ступа́ть, то́пать 2) (до́лго) идти́ пешко́м; уста́ло тащи́ться 3) бродя́жничать

trample I [ˈtræmpl] *n* то́панье, то́пот

trample II *v* 1) тяжело ступать, топать 2) топтать *(траву);* растаптывать 3) подавлять, попирать *(on)*

trampoline ['træmpəli:n] *n* трамплин

tramway ['træmweɪ] *см.* **tramline**

trance [trɑ:ns] *n* транс; **to fall into a ~** впасть в транс

tranche [trɑ:nʃ] *n фр. эк.* транша; часть квоты *(страны)* в Международном валютном фонде

tranquil ['træŋkwɪl] *a* спокойный, мирный, безмятежный

tranquillity [træn'kwɪlɪtɪ] *n* спокойствие

tranquillizer ['træŋkwɪˌlaɪzə] *n мед.* транквилизатор; **to be on ~s** регулярно принимать транквилизаторы, *разг.* сидеть на транквилизаторах

trans- [trænz-] *pref* за-, транс-; через-

transact [træn'zækt] *v* (про)вести *(дело)*, совершать (сделку)

transaction [træn'zækʃ(ə)n] *n* 1) сделка 2) ведение *(дела);* выполнение 3) *pl* труды, ведомости, протоколы *(научного общества)* 4) *вчт* входное сообщение, транзакция *(групповая операция)*

transatlantic [ˌtrænzət'læntɪk] *a* трансатлантический

transceiver [træn'si:və(r)] *n радио* радиопередатчик и радиоприёмник в общем корпусе; приёмопередатчик

transcend [træn'send] *v* 1) выходить за пределы, границы *(понимания, человеческого опыта)* 2) превосходить, превышать

transcendental [ˌtrænsen'dentl] *a* 1) *филос.* трансцендентальный 2) неясный, неопределённый; слишком абстрактный

transcontinental ['trænzˌkɒntɪ'nentl] *a* трансконтинентальный

transcribe [træn'skraɪb] *v* 1) переписывать 2) записывать транскрипцию, транскрибировать 3) расшифровывать (стенографическую) запись 4) записывать на ленту *(для передачи);* передавать по радио запись 5) *муз.* перелагать *(для другого голоса, инструмента),* транспонировать

transcript ['trænskrɪpt] *n* копия

transcription [træn'skrɪpʃ(ə)n] *n* 1) переписывание; копия 2) транскрипция; запись транскрипции, транскрибирование 3) *муз.* аранжировка

transducer [trænz'dju:sə] *n тех.* преобразователь; датчик

transect [træn'sekt] *v* делать поперечный надрез

transfer I ['trænsfɜ:(r)] *n* 1) перенос; перевод; **~ to the reserve** перевод в запас *(воен-*

нослужащих) 2) передача *(собственности, прав);* **~ of authority** передача прав *или* полномочий 3) переводная картинка 4) *амер. ж.-д.* билет с правом пересадки *(на другую линию)* 5) *вчт* переход, команда перехода, команда управления 6) трансфер *(доставка пассажира, туриста из аэропорта, с вокзала и т. п. в гостиницу и обратно)*

transfer II [træns'fɜ:(r)] *v* 1) переносить, перемещать; переводить 2) передавать *(собственность, права)* 3) переходить *(в другой клуб, отдел, группу и т. п.)* 4) переводить рисунок *и т. п.* на другую поверхность 5) *вчт* выполнять команду перехода

transferable [træns'fɜ:rəbl] *a* допускающий передачу

transferee [ˌtrænsfɜ:'ri:] *n* лицо, которому передаётся что-л. *или* право на что-л.

transference ['trænsfərəns] *n* 1) перенос, перенесение; перевод 2) передача *(мыслей на расстояние и т.п.)*

transfiguration [ˌtrænsfɪgjʊə'reɪʃ(ə)n] *n* 1) видоизменение, преобразование 2) (**the T.**) *рел.* Преображение (Господне) *(праздник)*

transfigure [træns'fɪgə(r)] *v* видоизменять; преображать

transfix [træns'fɪks] *v* 1) пронзать; прокалывать 2) изумить, ошеломить, приковать к месту

transform [træns'fɔ:m] *v* преобразовывать, трансформировать; превращать; **to ~ beyond recognition** сделать неузнаваемым; изменить до неузнаваемости

transformation [ˌtrænsfə'meɪʃ(ə)n] *n* преобразование, трансформация, превращение

transformer [træns'fɔ:mə(r)] *n* 1) *эл.* трансформатор 2) преобразователь 3) игрушка-трансформер

transfuse [træns'fju:z] *v* 1) пропитывать 2) *мед.* делать переливание *(крови)*

transfusion [træns'fju:ʒ(ə)n] *n* переливание; **~ of blood, blood ~** переливание крови

transgress [trænz'gres] *v* 1) переступать *(границы приличий и т. п.);* нарушать *(закон и т. п.)* 2) *геол.* наступать на сушу *(о море)*

transgression [trænz'greʃ(ə)n] *n* 1) нарушение *(закона и т. п.);* проступок, прегрешение 2) грех 3) *геол.* трансгрессия

transgressor [trænz'gresə(r)] *n* 1) правонарушитель 2) грешник

tranship [træn'ʃɪp] *см.* **transship**

transience ['trænzɪəns] *n* быстротечность, мимолётность

transient I ['trænzɪənt] *n* 1) нечто временное, неустойчивое 2) *спец.* неустановившийся

режи́м, перехо́дный проце́сс 3) *вчт* тран-
зи́тная програ́мма

transient II *a* 1) преходя́щий; быстроте́чный;
мимолётный; **life is ~** жизнь быстроте́чна 2)
вре́менный 3) *хим.* нусто́йкий *(об отрав-
ляющем веществе и т. п.)* 4) *вчт* неуста-
нови́вшийся; изменя́емый; переме́нный 5)
переходя́щий, транзити́вный *(о наследст-
венных признаках и т. п.)*

transistor [træn´zɪstə(r)] *n* транзи́сторный
приёмник, транзи́стор *(тж ~* **radio**)

transistorize [træn´zɪstəraɪz] *v* рлн перево-
ди́ть на транзи́сторы; собира́ть на тран-
зи́сторах

transistorized [ˌtræn´zɪstəraɪzd] *a* рлн со́-
бранный на транзи́сторах, транзи́стор-
ный

transit [´trænzɪt] *n* 1) прохожде́ние 2) тран-
зи́т, прое́зд; **in ~** в пути́ 3) перево́зка *(грузов)* 4) *астр.* прохожде́ние небе́сного те́ла
(через меридиан) 5) *амер.* тра́нспорт, тра́нс-
портная систе́ма; **public ~** обще́ственный
тра́нспорт 6) *attr* транзи́тный

transition [træn´zɪʃ(ə)n] *n* 1) перехо́д; пере-
меще́ние; переме́на; измене́ние; ~ **from
quantity to quality** перехо́д коли́чества в
ка́чество; **a period of ~** перехо́дный пери́од
2) *attr* перехо́дный

transitional [træn´zɪʃənl] *a* перехо́дный

transitive [´trænzɪtɪv] *a* грам. перехо́дный

transitory [´trænzɪtərɪ] *a* кра́ткий, преходя́-
щий, мимолётный

transit visa [´trænzɪt ˌviːzə] *n* транзи́тная ви́за

translatable [træns´leɪtəbl] *a* переводи́мый *(с
одного языка на другой)*

translate [træns´leɪt] *v* 1) переводи́ть *(с одного языка на другой язык —* from *—* into) 2)
объясня́ть, толкова́ть 3) переводи́ть, пере-
меща́ть; изменя́ть *(состояние и т. п.)* 4)
осуществля́ть, претворя́ть в жизнь 5) *мат.*
пересчи́тывать, преобразо́вывать 6) *спец.*
трансли́ровать

translation [træns´leɪʃ(ə)n] *n* 1) перево́д;
close ~ то́чный перево́д 2) объясне́ние, тол-
кова́ние 3) *радио* трансля́ция, радиопереда́-
ча 4) перемеще́ние, смеще́ние 5) превраще́-
ние, преобразова́ние 6) воплоще́ние, осу-
ществле́ние, претворе́ние в жизнь 7) *вчт*
трансля́ция *(программы)*

translator [træns´leɪtə(r)] *n* 1) (пи́сьменный)
перево́дчик 2) *вчт* трансли́рующая про-
гра́мма, програ́мма-трансля́тор, програ́м-
ма-перево́дчик 3) *рлн* преобразова́тель *(сиг-
налов)* 4) *рлн* трансля́тор, повтори́тель

transliteration [ˌtrænzlɪtə´reɪʃ(ə)n] *n* транс-
литера́ция

translucent [trænz´luːsnt] *a* просве́чиваю-
щий, полупрозра́чный

transmigrate [´trænzmaɪˌgreɪt] *v* переселя́ть-
(ся)

transmigration [ˌtrænzmaɪ´greɪʃ(ə)n] *n* пере-
селе́ние *(особ. в религиозном смысле)*

transmission [trænz´mɪʃ(ə)n] *n* 1) *авто* пере-
да́ча; трансми́ссия 2) трансля́ция; **radio ~**
радиопереда́ча; **there are news ~s every
hour** но́вости передаю́тся ка́ждый час 3)
пересы́лка *(почтовых отправлений и т. п.)*
4) *attr* переда́точный; трансмиссио́нный

transmit [trænz´mɪt] *v* передава́ть; пересы-
ла́ть, отправля́ть

transmittal [trænz´mɪtl] *n* переда́ча; пере-
сы́лка

transmitter [trænz´mɪtə(r)] *n* 1) передаю́щая
радиоста́нция; (радио)переда́тчик 2) про-
води́к *(тепла и т. п.)*

transmogrify [trænz´mɒgrɪfaɪ] *v* шутл. пре-
враща́ть *(магическим, таинственным образом)*

transmutation [ˌtrænzmjuː´teɪʃ(ə)n] *n* пре-
враще́ние

transmute [trænz´mjuːt] *v* превраща́ть

transnational [trænz´næʃənl] *a* транснацио-
на́льный

transoceanic [ˌtrænzˌəʊʃɪ´ænɪk] *a* 1) заокеа́н-
ский 2) пересека́ющий океа́н, трансокеа́н-
ский

transom [´trænsəm] *n* 1) попере́чная ба́лка,
перекла́дина 2) фрамю́га; переплёт окна́

transparency [træns´pærənsɪ] *n* 1) прозра́ч-
ность 2) *фото* плёнка; слайд, диапозити́в

transparent [træns´pærənt] *a* 1) прозра́чный
2) я́сный, поня́тный *(о стиле и т. п.)* 3)
открове́нный, прямо́й

transpiration [ˌtrænspɪ´reɪʃ(ə)n] *n* испа́рина

transpire [træn´spaɪə(r)] *v* 1) проса́чиваться,
станови́ться изве́стным *(о секретных сведениях и т. п.)* 2) обнару́живаться; ока́зы-
ваться; **it ~d that** оказа́лось, что... 3) слу-
ча́ться 4) испаря́ться; проступа́ть *(о поте)*

transplant [træns´plɑːnt] *v* 1) переса́живать
(растения) 2) переселя́ть 3) *мед.* де́лать
транспланта́цию о́ргана

transplantation [ˌtrænsplɑːn´teɪʃ(ə)n] *n* мед.
транспланта́ция о́рганов

transplantology [ˌtrænsplɑːn´tɒlədʒɪ] *n* мед.
трансплантоло́гия

transponder [træn´spɒndə] *n* рлк отве́тчик;
запро́счик-отве́тчик

transport I [´trænspɔːt] *n* 1) транспорти-
ро́вка, тра́нспорт, перево́зка 2) тра́нспорт-
ные сре́дства, тра́нспорт 3) *часто pl* вос-
то́рг, восхище́ние; ~**s of joy** ра́дость, вос-

тóрги 4) *attr* трáнспортный; ~ **café** придорóжное кафé

transport II [træns'pɔ:t] *v* 1) транспортировать, перевозить 2) *уст.* ссылáть *(на каторгу);* высылáть 3) *pass* приводить в состояние востóрга, восхищéния *и т.п.;* увлекáть; ~**ed with joy** не пóмня себя от рáдости; ~ **ed with anger** вне себя от гнéва

transportable [træns'pɔ:təbl] *a* перевозимый; транспортáбельный

transportation [ˌtrænspɔ:'teɪʃ(ə)n] *n* 1) транспортирóвка, перевóзка 2) *амер.* трáнспорт; трáнспортные срéдства; **automobile** ~ автотрáнспорт

transpose [træns'pəʊz] *v* 1) перемещáть; переставлять; менять позицию, порядок 2) *муз.* транспонировать

transposition [ˌtrænspə'zɪʃ(ə)n] *n* 1) перемещéние; перестанóвка; изменéние порядка *(слов и т. п.)* 2) *муз.* транспонирóвка

transsexual [trænz'seksjʊəl] *n* транссексуáл, человéк, желáющий изменить свой пол *(в результáте операции)*

transship [træn'ʃɪp] *v* перегружáть, пересáживать *(на другóе сýдно и т. п.)*

transshipment [træn'ʃɪpmənt] *n* перегрýзка, пересáдка *(на другóе сýдно и т. п.)*

transuranic [ˌtrænsjʊə'rænɪk] *a хим.* трансурáновый

transversal I [trænz'vɜ:səl] *n* пересекáющая, секýщая линия

transversal II *a* попирéчный

transverse ['trænzvɜ:s] *a* попирéчный

transvestite [trænz'vestaɪt] *n* трансвестит, человéк, переодевáющийся в одéжду другóго пóла *(в сексуáльных целях)*

trap¹ I [træp] *n* 1) ловýшка, западня; капкáн; силóк; мышелóвка; **to set/to lay a** ~ стáвить ловýшку, капкáн; **to fall into a** ~ попáсть в ловýшку 2) двукóлка; коляска 3) люк; опускнáя двéрца люка 4) дренáжная трубá 5) *сленг* рот; **shut your** ~! заткнись 6) *вчт* (внýтреннее) прерывáние

trap¹ II [træp] *v* 1) поймáть в ловýшку 2) заманить, поймáть *(когó-л.)* 3) стáвить капкáны

trap² *v* наряжáть; украшáть

trapdoor ['træpdɔ:(r)] *n* люк

trapeze [trə'pi:z] *n спорт.* трапéция

trapezium [trə'pi:zɪəm] *n мат.* трапéция

trapper ['træpə(r)] *n* охóтник, стáвящий капкáны *(на пушнóго звéря)*, трáппер

trappings ['træpɪŋz] *n pl* 1) внéшние атрибýты *(влáсти и т. п.)*; украшéния 2) кóнское снаряжéние

traps [træps] *n pl разг.* пожитки

trash [træʃ] *n* 1) *амер.* отбрóсы, мýсор, хлам; макулатýра 2) дряннáя личность; шваль 3) халтýра ◊ **white** ~ *амер. ист. презр.* бедняки из бéлого населéния Южных штáтов

trash can [træʃ'kæn] *n амер.* мýсорный ящик *(тж* **trash bin**)

trashy ['træʃɪ] *a* плохóй, плóхо сдéланный, дряннóй

trauma ['trɔ:mə] *n мед.* трáвма

traumatic [trɔ:'mætɪk] *a мед.* травматический

traumatism ['trɔ:mətɪzm] *n* травматизм

travail I ['træveɪl] *n* 1) тяжёлый, тяжкий труд 2) родовые мýки

travail II *v* мýчиться в рóдах

travel I ['trævl] *n* 1) путешéствие; поéздка 2) *attr:* ~ **agency** туристическое агéнтство, бюрó путешéствий, турбюрó; ~ **sickness** морскáя болéзнь; укáчивание *(амер.* **motion sickness**)

travel II *v* 1) путешéствовать 2) éхать, передвигáться, двигаться 3) разъезжáть *(по делáм)* 4) переходить от предмéта к предмéту *(о взгляде);* перебирáть *(в умé, в пáмяти)* 5) распространяться *(о свéте, звýке)*

travel card ['trævəlˌkɑ:d] *n* трáнспортная кáрта; проезднóй билéт *(амер.* **pass**)

travelled ['trævld] *a* мнóго путешéствовавший; óпытный, бывáлый *(о путешéственнике, командирóванном и т. п.; тж* **much-** ~)

traveller ['trævlə(r)] *n* 1) путешéственник; ~**'s cheque** дорóжный чек *(амер.* ~**'s check**) 2) коммивояжёр 3) цыгáн 4) *тех.* бегунóк, ходовóй рóлик ◊ ~**'s tale** небылица

travelling I ['trævlɪŋ] *n* путешéствие

travelling II *a* 1) путешéствующий; находящийся в пути 2) подвижнóй; передвижнóй *(о библиотéке, выставке);* похóдный *(о кýхне и т. п.)*

travelling bag ['trævlɪŋˌbæg] *n* дорóжная сýмка

travelling rug ['trævlɪŋˌrʌg] *n* дорóжный плед

travelogue ['trævələʊg] *n* 1) лéкция о путешéствии с покáзом слáйдов *или* фильма 2) фильм о путешéствиях

traverse I ['trævɜ:s] *n* 1) движéние в стóрону 2) попирéчина, переклáдина 3) галерéя *(в цéркви и т.п.)* 4) *мор.* зигзагообрáзный курс 5) *ав.* трáверз

traverse II *a* попирéчный

traverse III *v* 1) пересекáть; переходить, переправляться *(чéрез какóе-л. прострáнство)* 2) обсуждáть 3) возражáть, перéчить; противорéчить; *юр.* отрицáть

travesty I ['trævɪstɪ] *n* парóдия; ~ **of justice** парóдия на справедливость

travesty II *v* пародировать

853

travois [trə'vɔɪ(z)] *n* повозка (индейцев)

travolator ['trævə‚leɪtə] *n* движущаяся дорожка для пассажиров *(в аэропорту)*

trawl I [trɔ:l] *n* трал; донный невод

trawl II *v* тралить

trawler ['trɔ:lə(r)] *n* траулер

tray [treɪ] *n* 1) поднос 2) лоток; корзина *(для почты)*

treacherous ['tretʃərəs] *a* предательский, вероломный; коварный

treachery ['tretʃərɪ] *n* предательство, вероломство

treacle ['tri:kl] *n* 1) патока 2) лесть

treacly ['tri:klɪ] *a* 1) паточный 2) приторный, слащавый

tread I [tred] *n* 1) поступь, походка; шаги 2) ступенька 3) обод колеса; протектор 4) подошва

tread II *v* (trod; trodden) 1) ступать; шагать, идти; **to ~ heavily** тяжело ступать 2) топтать, растаптывать; давить ногами *(виноград и т.п.)* 3) попирать *(права, свободы)* 4) протоптать *(тропинку и т. п.)*; утрамбовывать 5) натоптать, нанести грязи и т.п. *(в дом)* ◊ **to ~ in smb's steps** идти по чьим-л. стопам, следовать чьему-л. примеру; **to ~ lightly in** действовать осторожно; **to ~ on air** ног под собой не чуять

tread down растоптать, затоптать

tread in втаптывать

tread on следовать непосредственно за; **to ~ on / upon the heels of smb** следовать по пятам за кем-л.

treadle I ['tredl] *n* педаль; ножной привод *(швейной машинки и т. п.)*

treadle II *v* работать педалью

treadmill ['tredmɪl] *n* 1) монотонный однообразный труд 2) *спорт.* беговой тренажёр, «бегущая дорожка»

treason ['tri:zn] *n* (государственная) измена *(тж.* **high ~)**

treasonable ['tri:znəbl] *a* изменнический, предательский

treasure I ['treʒə(r)] *n* сокровище; **buried ~** клад

treasure II *v* 1) хранить, беречь (как сокровище) 2) высоко ценить, дорожить

treasure house ['treʒə‚haʊs] *n* сокровищница; хранилище

treasurer ['treʒərə(r)] *n* казначей

treasury ['treʒərɪ] *n* 1) **(T.)** государственное Казначейство, Министерство финансов 2) сокровищница 3) *attr* казначейский; **~ note** *ист.* казначейский билет

Treasury bench [‚treʒərɪ'bentʃ] *n* скамья министров *(в английском парламенте)*

treat I [tri:t] *n* 1) большое удовольствие, наслаждение, развлечение; **it's a ~ to listen to him** слушать его – одно удовольствие 2) угощение; **to stand ~** угощать всех, платить за всех; **a Dutch ~** *разг.* угощение, при котором каждый платит за себя; **trick or ~!** «угощение или розыгрыш» *(традиционный возглас детей, обходящих дома в праздник Хэллоуин)*

treat II *v* 1) обращаться, обходиться; **to ~ smb kindly/badly** хорошо/плохо обращаться с кем-л.; **they ~ her like a child** они обращаются с ней, как с ребёнком 2) обрабатывать, подвергать действию *(with)*; **to ~ with chemicals** обрабатывать химикалиями 3) лечить *(от чего-л. — for;* чем-л. *— with)* 4) рассматривать, трактовать; освещать *(тему и т. п.)* 5) угощать *(чем-л. — to)*; развлекать 6) вести переговоры, договариваться об условиях *(договора)*

treatise ['tri:tɪs] *n* трактат

treatment ['tri:tmənt] *n* 1) обращение *(с кем-л.),* отношение, обхождение; **rough ~** грубое обращение 2) лечение 3) обработка *(чем-л.);* **heat ~** термическая обработка

treaty ['tri:tɪ] *n* (международный) договор; **nuclear non-proliferation ~** договор о нераспространении ядерного оружия; **the test-ban ~** договор о запрещении испытаний *(ядерного оружия)*

treble I ['trebl] *n* 1) тройное количество 2) *муз.* дискант, сопрано 3) высокие (звуковые) частоты

treble II *a* 1) тройной, троекратный, утроенный 2) *муз.* дискантовый

treble III *v* утраивать(ся)

tree I [tri:] *n* 1) дерево 2) распорка, колодка *(сапожная)* 3) *вчт* древовидная схема, дерево ◊ **family ~** родословное/генеалогическое дерево; **~ of knowledge** древо знаний; **up a ~** *амер.* в безвыходном положении; **at the top of the ~** на вершине мастерства, карьеры

tree II *v* 1) загнать на дерево 2) *амер.* загнать в тупик 3) натягивать *(заготовку)* на колодку

tree frog ['tri:‚frɒg] *n* древесная лягушка

treeless ['tri:lɪs] *a* безлесный, без деревьев

tree surgeon ['tri:‚sɜ:dʒ(ə)n] *n* рабочий-подрезчик сухих и больных ветвей деревьев

tree toad ['tri:‚təʊd] *см.* **tree frog**

trefoil ['trefɔɪl] *n* 1) *бот.* трилистник; клевер 2) *архит.* орнамент в виде трилистника

trek I [trek] *n* 1) поход, переход; марш 2) переселение, миграция

trek II *v* 1) делать переход, совершать марш 2) переселяться

trellis [ˈtrelɪs] *n* решётка; шпалера

tremble I [ˈtrembl] *n* дрожь; дрожание; **all of a ~** *разг.* а) дрожа́ всем те́лом б) в стра́шном волне́нии

tremble II *v* дрожа́ть; трепета́ть; **to ~ all over** дрожа́ть всем те́лом; содрога́ться; **to ~ with fear/cold** дрожа́ть от стра́ха/от хо́лода; **to ~ for smb** беспоко́иться о ком-л., дрожа́ть за кого́-л.

tremendous [trɪˈmendəs] *a* 1) внуша́ющий у́жас, стра́шный; огро́мный 2) потряса́ющий, великоле́пный

tremor [ˈtremə(r)] *n* 1) дрожь 2) подзе́мные толчки́

tremulous [ˈtremjʊləs] *a* 1) дрожа́щий; **in a ~ voice** дрожа́щим го́лосом 2) тре́петный; ро́бкий

trench I [trentʃ] *n* 1) кана́ва, ров 2) око́п, транше́я 3) *attr* око́пный, транше́йный; **~ coat** шине́ль; **~ fever** *мед.* сыпно́й тиф

trench II *v* 1) рыть кана́вы, око́пы, транше́и 2) вска́пывать *(зе́млю)*
trench about/around ока́пываться

trenchant [ˈtrentʃənt] *a* 1) ре́жущий, о́стрый 2) о́стрый, ре́зкий, ко́лкий, язви́тельный *(о слове, стиле и т. п.)*

trench-bomb [ˈtrentʃbɒm] *n* ручна́я грана́та

trencher [ˈtrentʃə(r)] *n уст.* доска́ для наре́зания хле́ба

trend I [trend] *n* о́бщее направле́ние, тенде́нция

trend II *v* 1) име́ть определённую тенде́нцию 2) отклоня́ться, склоня́ться, клони́ться *(в определённую сторону)*

trendy [ˈtrendi] *a разг., часто неодобр.* мо́дный; сле́дующий мо́дным тече́ниям

trepan [trɪˈpæn] *v мед.* трепани́ровать, производи́ть трепана́цию

trepanation [ˌtrɪpæˈneɪʃ(ə)n] *n мед.* трепана́ция

trepang [trɪˈpæŋ] *n зоол.* трепа́нг

trepidation [ˌtrepɪˈdeɪʃ(ə)n] *n* 1) трево́жность, беспоко́йство 2) тре́пет, дрожь

trespass I [ˈtrespəs] *n* наруше́ние грани́ц чужо́го владе́ния; вторже́ние в чужи́е владе́ния

trespass II *v* 1) наруша́ть грани́цы чужо́го владе́ния *(on, upon)*; вторга́ться в чу́жие владе́ния 2) злоупотребля́ть *(терпением, гостеприимством — on, upon)* 3) *книжн., уст.* соверша́ть просту́пок, прегреше́ние *(against)*

trespasser [ˈtrespəsə(r)] *n* наруши́тель грани́ц чужо́го владе́ния

tress [tres] *n* 1) ло́кон; коса́ 2) *pl* распу́щенные во́лосы

tressed [trest] *a* заплетённый *(в ко́су)*; в ло́конах

trestle [ˈtresl] *n* 1) ко́злы, подста́вка, подпо́ра 2) эстака́да

trews [tru:z] *n pl* кле́тчатые штаны́ в обтя́жку

trey [treɪ] *n* тро́йка *(в ка́ртах)*; три очка́ *(на игра́льных костя́х)*

triad [ˈtraɪæd] *n* тро́йка, тро́ица; триа́да

trial [ˈtraɪəl] *n* 1) суде́бное разбира́тельство; суде́бный проце́сс, суд; **to bring to ~** привлека́ть к суду́ 2) испыта́ние, о́пыт, про́ба; **on ~** на испыта́нии 3) пережива́ние, испыта́ние (судьбы́); **the ~s of old age** ≅ ста́рость — не ра́дость 4) *attr* про́бный, испыта́тельный; **a ~ run** испыта́тельный пробе́г

trial-and-error method [ˌtraɪələndˈerəˌmeθəd] *спец.* ме́тод проб и оши́бок, ме́тод подбо́ра

triangle [ˈtraɪæŋgl] *n* треуго́льник

triangular [traɪˈæŋgjʊlə(r)] *a* треуго́льный

triathlon [traɪˈæθlɒn] *n спорт.* триатло́н

tribal [ˈtraɪbəl] *a* племенно́й, родово́й

tribalism [ˈtraɪbəlɪz(ə)m] *n* родоплеменно́й строй

tribe [traɪb] *n* 1) пле́мя; клан; род; **nomad ~s** кочевы́е племена́, коче́вники 2) группиро́вка, гру́ппа 3) *биол.* три́ба; пле́мя 4) *pl* ма́сса, мно́жество

tribesman [ˈtraɪbzmən] *n* член ро́да, соплеме́нник

tribulation [ˌtrɪbjʊˈleɪʃ(ə)n] *n* го́ре, напа́сть, беда́

tribunal [traɪˈbju:nl] *n* 1) суд; трибуна́л 2) ме́сто судьи́

tribune¹ [ˈtrɪbju:n] *n* трибу́н

tribune² *n* трибу́на

tributary I [ˈtrɪbjʊtəri] *n* 1) прито́к *(реки́)* 2) *ист.* да́нник

tributary II *a* 1) явля́ющийся прито́ком 2) *ист.* платя́щий дань; подчинённый

tribute [ˈtrɪbju:t] *n* дань; *тж перен.* **to lay under ~** наложи́ть дань; **they paid ~ to the soldiers' bravery** они́ отда́ли дань уваже́ния му́жеству солда́т; **floral ~s** цвето́чные подноше́ния

trice¹ [traɪs] *n* мгнове́ние; **in a ~** в оди́н миг, мгнове́нно; в два счёта

trice² *v* подтя́гивать и привя́зывать *(па́рус; обыкн.* **to ~ up***)*

tricentenary [ˌtraɪsenˈti:nəri] *n* трёхсотле́тие

trick I [trɪk] *n* 1) хи́трость, обма́н; **to play a ~ on smb** обману́ть, наду́ть кого́-л.; **to play a dirty ~** сде́лать га́дость кому́-л., напа́костить кому́-л. 2) шу́тка, ша́лость; **that's a mean ~ to play** э́то плоха́я шу́тка, э́то по́длая вы́ходка 3) приём, проде́лка, уло́вка; трюк; **a conjuring ~** фо́кус; **a card ~** ка́рто́чный фо́кус; **he knows all the ~ of trade** он зна́ет все приёмы и уло́вки в своем де́ле; **~s of fortune** превра́тности судьбы́ 4) хара́ктерная осо́бенность; мане́ра; черта́ 5) *карт.* взя́тка ◊ **to do the ~** *разг.* хорошо́ поде́йствовать, дости́чь результа́та; **he's up to his old ~s again** он опя́ть взя́лся за ста́рое

trick II *v* обма́нывать, надува́ть; выма́нивать обма́нным путём *(out of)*

trick out/up наряжа́ться; украша́ть

trickery [ˈtrɪkərɪ] *n* 1) надува́тельство, обма́н 2) хи́трость, уло́вка, ло́вкая проде́лка

trickle I [ˈtrɪkl] *n* стру́йка

trickle II *v* течь то́нкой стру́йкой *(тж* **to ~ out)**; ка́пать

trickster [ˈtrɪkstə(r)] *n* обма́нщик

tricksy [ˈtrɪksɪ] *a* игри́вый, шаловли́вый

tricky [ˈtrɪkɪ] *a* 1) запу́танный, сло́жный, тру́дный, мудрёный; **~ problem/situation** тру́дная, запу́танная пробле́ма/ситуа́ция 2) хи́трый; ло́вкий; ненадёжный

tricolour [ˈtrɪkələ(r)] *n* трёхцве́тный флаг, триколо́р

tricot [ˈtrɪkəʊ] *n* 1) трикота́жное изде́лие 2) трико́ *(ткань)*

tricycle [ˈtraɪsɪkl] *n* трёхколёсный велосипе́д

trident [ˈtraɪdənt] *n* трезу́бец

tried I [traɪd] *p. p. см.* **try I**

tried II *a* испы́танный, ве́рный, прове́ренный

triennial I [traɪˈenɪəl] *a* 1) продолжа́ющийся три го́да, трёхле́тний 2) повторя́ющийся че́рез три го́да

trier [ˈtraɪə(r)] *n* 1) стара́тельный, добросо́вестный рабо́тник 2) дегуста́тор *(пищевых продуктов, блюд)*

trifle I [ˈtraɪfl] *n* 1) ме́лочь, пустя́к 2) незначи́тельное коли́чество, немно́го; **a ~** немно́жко, слегка́; **it's a ~ difficult** э́то немно́го тру́дно; **a ~ annoyed** немно́го раздоса́дованный 3) бискви́т с кре́мом, фру́ктами *и т. п.*

trifle II *v* 1) относи́ться несерьёзно, непочти́тельно; вести́ себя́ легкомы́сленно; **he is not a man to ~ with** с ним не сто́ит шути́ть 2) игра́ть *(чьими-л.* чу́вствами) 3) тра́тить по́пусту, понапра́сну *(время, силы; тж* **to ~ away)** 4) верте́ть в рука́х; тереби́ть

trifling [ˈtraɪflɪŋ] *a* 1) пустя́чный, пустяко́вый, нева́жный, незначи́тельный 2) несерьёзный; несто́ящий

trig [trɪg] *n разг.* тригономе́трия

trigger [ˈtrɪgə(r)] *n* 1) *воен.* спусково́й крючо́к; **quick on the ~** с бы́строй реа́кцией 2) защёлка 3) *вчт* три́ггер *(условие для выполнения операции)*

triggerman [ˈtrɪgəˌmæn] *n* 1) га́нгстер-уби́йца 2) телохрани́тель кримина́льного авторите́та

trigonometry [ˌtrɪgəˈnɒmɪtrɪ] *n* тригономе́трия

trihedral [traɪˈhedrəl] *a мат.* трёхгра́нный

trilateral [ˈtraɪˈlætərəl] *a* трёхсторо́нний

trilby [ˈtrɪlbɪ] *n* мя́гкая фе́тровая шля́па

trilingual [ˌtraɪˈlɪŋgwəl] *a* трёхъязы́чный; говоря́щий на трёх языка́х

trill I [trɪl] *n* 1) трель 2) вибри́рующее **r**

trill II *v* 1) выводи́ть тре́ли 2) произноси́ть **r** с вибра́цией

trillion [ˈtrɪljən] *n* 1) квинтильо́н 2) *амер.* триллио́н

trilogy [ˈtrɪlədʒɪ] *n* трило́гия

trim I [trɪm] *n* 1) поря́док; состоя́ние гото́вности; **in perfect ~** в по́лной гото́вности, в наилу́чшей фо́рме; **in fighting ~** в боево́й гото́вности 2) наря́д; украше́ние; отде́лка 3) стри́жка

trim II *a* 1) аккура́тный, опря́тный, подтя́нутый 2) приведённый в поря́док, хорошо́ организо́ванный; в состоя́нии гото́вности

trim III *v* 1) приводи́ть в поря́док 2) подстрига́ть, подра́внивать *(off, away)* 3) содержа́ть в опря́тности *(одежду)* 4) отде́лывать, украша́ть 5) приде́рживаться сре́днего ку́рса *(в политике)* 6) *разг.* отчи́тывать, де́лать вы́говор 7) *мор., ав.* уравнове́шивать; размеща́ть балла́ст

trimester [traɪˈmestə(r)] *n* 1) трёхме́сячный срок 2) *амер.* триме́стр

trimmer [ˈtrɪmə(r)] *n* 1) приспособле́нец 2) подре́зывающее устро́йство; обрезно́й стано́к

trimming [ˈtrɪmɪŋ] *n* 1) отде́лка, украше́ние *(на одежде)* 2) *pl разг.* припра́ва; гарни́р 3) *pl* обре́зки 4) стри́жка соба́к, три́мминг

trinity [ˈtrɪnɪtɪ] *n* 1) гру́ппа из трёх челове́к 2) **(the T.)** *рел.* Тро́ица *(тж* **the Holy Trinity)**

trinket [ˈtrɪŋkɪt] *n* безделу́шка, побряку́шка; украше́ние, брело́к

trinomial I [traɪˈnəʊmɪəl] *n мат.* трёхчле́н

trinomial II *a мат.* трёхчле́нный

trio [ˈtriːəʊ] *n* 1) гру́ппа из трёх челове́к, тро́е 2) *муз.* три́о

trip I [trɪp] *n* 1) пое́здка; путеше́ствие; прогу́лка; экску́рсия; **a pleasure ~** увесели́тельная прогу́лка; **a business ~** командиро́вка, делова́я пое́здка; **a coach ~** авто́бусная экску́рсия; **a round ~** пое́здка туда́ и обра́тно; весь тур, весь маршру́т; **to make ~s** курси́ровать; **to take a ~** съе́здить в пое́здку, на прогу́лку 2) лёгкий шаг 3) ло́жный шаг, про́мах, оши́бка, ляп 4) *разг.* наркоти́ческий кайф *(с галлюцинациями)*

trip II *v* 1) идти легко и быстро; танцевать, пританцовывать 2) споткнуться *(up)* 3) допустить оплошность 4) поймать на ошибке 5) ставить подножку *(тж перен.)* 6) совершать поездку, экскурсию 7) *тех.* расцеплять, выключать

tripartite [ˈtraɪˈpɑːtaɪt] *a* состоящий из трёх частей

tripe [traɪp] *n* 1) рубец *(субпродукт)* 2) *разг.* чушь, ерунда, чепуха

triple I [ˈtrɪpl] *a* тройной; утроенный; ~ **jump** *спорт.* тройной прыжок

triple II *v* утраивать(ся)

triplet [ˈtrɪplɪt] *n* 1) тройня 2) тройка *(три предмета)*

triplicate I [ˈtrɪplɪkət] *a* 1) существующий в трёх экземплярах 2) состоящий из трёх частей

triplicate II [ˈtrɪplɪkeɪt] *v* 1) составлять в трёх экземплярах *или* копиях 2) утраивать

tripod [ˈtraɪpɒd] *n* 1) тренога; треножник 2) стол, табурет *и т. п.* на трёх ножках 3) *attr* трёхногий

tripper [ˈtrɪpə] *n* 1) турист, экскурсант 2) *разг.* наркоман под кайфом

tripping [ˈtrɪpɪŋ] *a* быстроногий; с лёгкой походкой

triptych [ˈtrɪptɪk] *n* жив. триптих

tripwire [ˈtrɪpˌwaɪə] *n* воен. натянутая проволока, соединённая с миной, проф. растяжка

trireme [ˈtraɪriːm] *n* мор. ист. трирема

trisect [traɪˈsekt] *v* разделять на три (равные) части

trishaw [ˈtraɪʃɔː] *n* велорикша

triste [triːst] *a* грустный, печальный, в меланхолии

trisyllabic [ˌtraɪsɪˈlæbɪk] *a* трёхсложный, состоящий из трёх слогов

trite [traɪt] *a* банальный, избитый, расхожий *(о фразе, мнении и т. п.)*

tritium [ˈtrɪtɪəm] *n* хим. тритий

triumph I [ˈtraɪəmf] *n* триумф; победа; успех; торжество; **easy** ~ лёгкая победа; **in** ~ ликуя; **shouts of** ~ торжествующие крики

triumph II *v* 1) победить; восторжествовать *(over)* 2) торжествовать победу, успех *(over)*

triumphal [traɪˈʌmfəl] *a* триумфальный

triumphant [traɪˈʌmfənt] *a* 1) победный; успешный 2) торжествующий, ликующий

triumvirate [traɪˈʌmvɪrət] *n* триумвират

trivet [ˈtrɪvɪt] *n* таган; подставка ◊ **as right as a** ~ разг. в полном порядке; в добром здравии

trivia [ˈtrɪvɪə] *n pl* пустяки, мелочи

trivial [ˈtrɪvɪəl] *a* 1) мелкий, незначительный, маловажный 2) ограниченный, недалёкий *(о человеке)* 3) тривиальный, банальный

triviality [ˌtrɪvɪˈælɪtɪ] *n* 1) незначительность 2) тривиальность, банальность

trochaic [trəʊˈkeɪɪk] *a лит.* хореический

troche [trəʊʃ] *n* таблетка

trochee [ˈtrəʊkiː] *n лит.* хорей

trod [trɒd] *past см.* **tread II**

trodden [ˈtrɒdn] *p. p. см.* **tread II**

troglodyte [ˈtrɒɡlədaɪt] *n* 1) пещерный житель, троглодит 2) отшельник 3) *презр.* отсталый человек; человек с обскурантистскими взглядами, ретроград

troika [ˈtrɔɪkə] *n русск.* тройка (лошадей)

Trojan I [ˈtrəʊdʒən] *n* 1) *ист.* троянец 2) мужественный, смелый человек

Trojan II *a ист.* троянский

troll¹ *n миф.* тролль

troll² [trəʊl] *v* 1) беззаботно распевать, петь 2) ловить рыбу на блесну 3) прогуливаться

trolley [ˈtrɒlɪ] *n* 1) тележка *(в супермаркете);* сервировочный столик на колёсиках 2) вагонетка 3) *эл.* роликовый токосниматель, троллей 4) *амер.* трамвай

trolleybus [ˈtrɒlɪbʌs] *n* троллейбус

trolley car [ˈtrɒlɪkɑː(r)] *n амер.* трамвай

trollop [ˈtrɒləp] *n сленг* 1) неряха 2) шлюха, проститутка

trombone [trɒmˈbəʊn] *n муз.* тромбон

troop I [truːp] *n* 1) *pl* группа, отряд 2) *pl* войска; **armoured** ~**s** бронетанковые войска 3) взвод; батарея; рота; эскадрон

troop II *v* 1) собираться *(толпой)* 2) двигаться *(строем)* 3) *воен.* строиться *(об отряде)*

troop carrier [ˈtruːpˌkærɪə(r)] *n* транспортно-десантный самолёт

trooper [ˈtruːpə(r)] *n* 1) кавалерист; танкист 2) *амер.* конный полицейский; полицейский на машине 3) кавалерийская лошадь 4) войсковой транспорт ◊ **to swear like a** ~ ругаться как извозчик

troop-horse [ˈtruːphɔːs] *n* строевая кавалерийская лошадь

troop-ship [ˈtruːpʃɪp] *n мор.* военный транспорт

trope [trəʊp] *n лит.* троп

trophy [ˈtrəʊfɪ] *n* 1) приз *(за соревнования и т. п.)* 2) трофей

tropic [ˈtrɒpɪk] *n* 1) тропик; **the Tropics** тропики; ~ **of Cancer** тропик Рака; ~ **of Capricorn** тропик Козерога 2) *attr* тропический

tropical¹ [ˈtrɒpɪkəl] *a* тропический

tropical² *a лит.* образный; метафорический

troposphere [ˈtrɒpəsfɪə(r)] *n* тропосфера

trot I [trɒt] *n* 1) рысь; быстрый шаг *(человека);* торопливая походка; пробежка; **at a** ~ рысью *(о лошади)* 2) **(the** ~**s)** *сленг* понос 3) деловая активность; **to keep smb on the** ~

не дава́ть кому́-л. поко́я; **he is always on the ~** ве́чно он где́-то но́сится

trot II *v* 1) бежа́ть, спеши́ть 2) идти́ ры́сью; пуска́ть ры́сью; выгу́ливать ло́шадь 3) *разг.* идти́
trot about бе́гать, суети́ться
trot out 1) пока́зывать *(лошадь)* на рыси́ 2) навя́зывать това́р, пока́зывая подро́бно его́ досто́инства
trot round пока́зывать *(кому́-л.)* го́род, достопримеча́тельности *и т. п.*

trotter [ˈtrɒtə(r)] *n* 1) рыса́к 2) *pl* но́жки *(свиные, бараньи и пр. как блюдо)* 3) *pl шутл.* но́ги

troubadour [ˈtruːbəduə] *n* 1) *ист.* трубаду́р 2) поэ́т; певе́ц

trouble I [ˈtrʌbl] *n* 1) (больша́я) неприя́тность, беда́; **in ~** в беде́; **to get into ~** попа́сть в беду́; **the ~ is that...** беда́ в том, что...; **to ask/to look for ~** *разг.* лезть на рожо́н 2) забо́ты, беспоко́йство, хло́поты; уси́лия; **to make ~ for smb** создава́ть тру́дности для кого́-л., причиня́ть кому́-л. беспоко́йство; **family ~s** семе́йные неприя́тности/хло́поты; **to take the ~** взять на себя́ труд; **to go to the ~** приложи́ть уси́лия, постара́ться **thank you for all your ~** спаси́бо за все ва́ши хло́поты 3) боле́знь; **kidney ~** боле́знь по́чек 4) *pl* волне́ния, беспоря́дки 5) *тех.* неиспра́вность; поме́ха

trouble II *v* 1) беспоко́ить(ся), волнова́ть(ся), трево́жить(ся); **don't ~ about it** не трево́жьтесь об э́том 2) пристава́ть, надоеда́ть; **sorry to ~ you** извини́те за беспоко́йство 3) му́чить, не дава́ть поко́я *(о боли и т. п.)*; **my back ~s me** у меня́ боли́т спина́ 4) затрудня́ть; утомля́ть; **don't ~ to explain** не затрудня́йте себя́ объясне́ниями 5) *тех.* поврежда́ть

troublemaker [ˈtrʌblˌmeɪkə(r)] *n* баламу́т, смутья́н; наруши́тель поря́дка

troubleshooter [ˈtrʌblˌʃuːtə(r)] *n* 1) посре́дник при произво́дственных и др. конфли́ктах 2) ремо́нтник, монтёр, те́хник

troubleshooting [ˈtrʌb(ə)lˌʃuːtɪŋ] *n* 1) ула́живание конфли́кта 2) *тех., вчт* отыска́ние поврежде́ний; выявле́ние неиспра́вностей

troublesome [ˈtrʌblsəm] *a* 1) причиня́ющий беспоко́йство; **a ~ child** тру́дный ребёнок; **a ~ cough** мучи́тельный ка́шель 2) тру́дный, хло́потный; назо́йливый; **a ~ affair** хло́потное де́ло

trouble spot [ˈtrʌblˌspɒt] *n* горя́чая то́чка; неспоко́йный регио́н

trough [trɒf] *n* 1) коры́то, корму́шка 2) жёлоб, лото́к 3) о́бласть ни́зкого давле́ния 4) впа́дина, котлови́на

trounce [traʊns] *v* 1) наноси́ть тяжёлое пораже́ние 2) бить, поро́ть 3) суро́во нака́зывать

troupe [truːp] *n* тру́ппа

trouper [ˈtruːpə(r)] *n* 1) актёр тру́ппы 2) надёжный рабо́тник

trousers [ˈtraʊzəz] *n pl* брю́ки

trousseau [ˈtruːsəʊ] *n (pl тж* **trousseaux)** прида́ное

trouser suit [ˈtraʊzəˌsjuːt] *n* же́нский брю́чный костю́м

trout [traʊt] *n (pl без. измен.)* форе́ль; **rainbow ~** ра́дужная форе́ль

trowel I [ˈtraʊəl] *n* 1) лопа́тка, мастеро́к; **to lay on with a ~** гу́сто нама́зывать 2) садо́вый сово́к

trowel II *v* накла́дывать мастерко́м, лопа́ткой *(штукату́рку)*

troy weight [ˌtrɔɪˈweɪt] *n* тро́йская систе́ма мер и весо́в *(для драгоце́нных мета́ллов и камне́й)*

truant I [ˈtruːənt] *n* ло́дырь, безде́льник; прогу́льщик; **to play ~** прогуля́ть, пропусти́ть заня́тия в шко́ле

truant II *a* лени́вый, пра́здный; неради́вый

truce [truːs] *n* переми́рие; **to call a ~** объяви́ть переми́рие

truck¹ I [trʌk] *n* 1) ваго́н-платфо́рма, откры́тая грузова́я платфо́рма 2) *амер.* грузово́й автомоби́ль, грузови́к 3) теле́жка

truck¹ II *v* 1) перевози́ть на платфо́рмах, на грузовика́х 2) *амер.* води́ть грузови́к

truck² I *n* 1) обме́н; ба́ртер, ба́ртерная сде́лка 2) мелочно́й това́р 3) *амер.* това́рное овощево́дство 4) *разг.* хлам, вся́кая вся́чина, нену́жные ве́щи ◊ **to have no ~ with smb.** не име́ть де́ла с кем-л., не име́ть ничего́ о́бщего с кем-л.

truck² II *v уст.* обме́нивать; плати́ть нату́рой, това́рами; вести́ ба́ртерную торго́влю

trucker [ˈtrʌkə(r)] *n амер.* 1) води́тель-дальнобо́йщик 2) фи́рма по перево́зке това́ров на да́льних ре́йсах

truckle [ˈtrʌkl] *v* раболе́пствовать *(to)*

truckle bed [ˈtrʌklˌbed] *n* ни́зкая крова́ть, задвига́ющаяся под другу́ю крова́ть

truckler [ˈtrʌklə(r)] *n* подхали́м

truck stop [ˈtrʌkˌstɒp] *n амер.* стоя́нка для большегру́зных автомоби́лей с кафе́, бензозапра́вкой *и т. п.*

truck-trailer [ˈtrʌkˌtreɪlə(r)] *n* грузови́к с прице́пом

truculent [ˈtrʌkjʊlənt] *a* агресси́вный, гру́бый; свире́пый

trudge I [trʌdʒ] *n* утоми́тельная прогу́лка; тру́дный путь

trudge II *v* идти с трудо́м; е́ле тащи́ться, е́ле но́ги волочи́ть

trudgen [ˈtrʌdʒən] *n* пла́вание во́льным сти́лем

true I [tru:] *a* 1) ве́рный, правди́вый; и́стинный; **a ~ story** правди́вый расска́з; **it is not ~** э́то непра́вда; **is it ~?** э́то пра́вда? **to come ~** сбыва́ться 2) ве́рный, надёжный, пре́данный; **a ~ friend** ве́рный друг 3) настоя́щий, по́длинный 4) пра́вильный, то́чный *(о ко́пии и т. п.)*; **~ to life** реалисти́ческий 5) соотве́тствующий но́рме, пра́вилу и т. п.; **~ to/for type** типи́чный, характе́рный *(для кого́-л., чего́-л.)* 6) ве́рный *(о то́не, но́те)*

true II *v* 1) (по)ста́вить *(инструме́нт, колесо́ и т.п.)* пра́вильно, в пра́вильное положе́ние 2) пра́вить, пригоня́ть, регули́ровать, выверя́ть

true III [tru:] *adv* 1) ве́рно, правди́во 2) то́чно

true-blue I [ˈtru:ˈblu:] *n* ре́вностный сторо́нник, приве́рженец

true-blue II *a* ве́рный, пре́данный

true-born [ˈtru:ˈbɔ:n] *a* чистокро́вный

true-bred [ˈtru:ˈbred] *a* 1) хорошо́ воспи́танный 2) *см.* **true-born**

true-love [ˈtru:lʌv] *n* возлю́бленный, -ая; люби́мый, -ая

truffle [ˈtrʌfl] *n* трю́фель *(1. шокола́дная конфе́та 2. съедо́бный подзе́мный гриб)*

truism [ˈtru:ɪz(ə)m] *n* трюи́зм, бана́льность, изби́тая и́стина

truly [ˈtru:lɪ] *adv* 1) и́скренне, правди́во; **tell me ~** скажи́ мне че́стно 2) действи́тельно, пойсти́не, в действи́тельности; **~ I am very grateful** я действи́тельно вам о́чень благода́рен 3) ве́рно, пре́данно 4) то́чно, пра́вильно; и́стинно ◊ **yours ~** пре́данный вам *(в конце́ письма́)*

trump¹ I [trʌmp] *n* 1) ко́зырь *(тж перен.)*; **to play a ~** козырну́ть 2) *разг.* сла́вный ма́лый ◊ **to turn up ~s** *разг.* око́нчиться благополу́чно, оберну́ться лу́чше, чем ожида́ли

trump¹ II *v* козыря́ть; бить ко́зырем

trump up фабрикова́ть *(обвине́ние и т. п.)*

trump² ** *n уст., поэт.* 1) труба́ 2) тру́бный звук ◊ **the last ~ *библ.* тру́бный глас, су́дный день, коне́ц све́та

trumpery I [ˈtrʌmpərɪ] *n* 1) дешёвые украше́ния, побряку́шки, мишура́ 2) хлам

trumpery II *a* дешёвый, показно́й; ме́лкий

trumpet I [ˈtrʌmpɪt] *n* 1) труба́ 2) слухова́я тру́бка 3) тру́бный звук ◊ **to blow one's own ~** хва́статься, хвали́ться, похваля́ться

trumpet II *v* 1) труби́ть 2) реве́ть *(о слоне́)* 3) разглаша́ть повсю́ду; восхваля́ть *(чьи-л. заслу́ги и т.п.)*

trumpet call [ˈtrʌmpɪtˌkɔ:l] *n* призы́в к де́йствию

trumpeter [ˈtrʌmpɪtə(r)] *n* 1) труба́ч 2) го́лубь-труба́ч

truncate I [ˈtrʌŋkeɪt] *a* усечённый, обре́занный

truncate II *v* 1) усека́ть, обреза́ть; отсека́ть верху́шку 2) сокраща́ть *(речь, статью́ и т. п.)* 3) изуве́чить, искале́чить 4) *мат.* усека́ть, отбра́сывать *(чле́ны ря́да и т. п.)*

truncated [ˈtrʌŋkeɪtɪd] *a мат.* усечённый *(о ко́нусе, пирами́де)*

truncheon [ˈtrʌntʃən] *n* 1) дуби́нка полице́йского 2) (ма́ршальский) жезл

trundle I [ˈtrʌndl] *n* колёсико, ро́лик

trundle II *v* кати́ть(ся) *(на колёсиках)*

trunk [trʌŋk] *n* 1) ствол (де́рева) 2) ту́ловище 3) гла́вная, основна́я часть *(какой-л. структу́ры)*; гла́вный сте́ржень 4) доро́жный сунду́к, большо́й чемода́н 5) *амер.* бага́жник автомоби́ля 6) хо́бот слона́ 7) *pl* спорти́вные трусы́ 8) магистра́ль *(железнодоро́жная, телефо́нная, телегра́фная)* 9) *анат.* ствол *(не́рва, сосу́да)* 10) *спец.* ши́на, соедини́тельная ли́ния 11) *вчт* кана́л свя́зи 12) *attr* гла́вный, магистра́льный; **~ line** магистра́ль; **~ road** автомагистра́ль, соединя́ющая города́

trunk call [ˈtrʌŋkkɔ:l] *n уст.* вы́зов по междугоро́дному телефо́ну

trunnion [ˈtrʌnjən] *n тех.* ца́пфа

truss I [trʌs] *n* 1) *стр.* фе́рма, стропи́ло 2) *мед.* банда́ж 3) свя́зка, пук *(се́на, соло́мы)* 4) кисть, гроздь *(фру́ктов, соцве́тий)*

truss II *v* 1) свя́зывать, скру́чивать *(тж* **to ~ up)** 2) *стр.* подде́рживать стропи́лами, фе́рмами

trust I [trʌst] *n* 1) ве́ра; дове́рие; **to have/to put/to place ~ in** доверя́ть; **to take on ~** принима́ть на ве́ру 2) наде́жда, ожида́ние; **she was their sole ~** она́ была́ их еди́нственной наде́ждой 3) опе́ка, опеку́нство 4) дове́ренное иму́щество; что-л., вве́ренное попече́нию 5) (взя́тое на себя́) обяза́тельство, отве́тственность 6) *ком.* креди́т; **on ~** в долг, в креди́т 7) *юр.* довери́тельная со́бственность; **property held in ~** иму́щество, управля́емое по дове́ренности 8) *эк.* трест

trust II *a* дове́ренный; **~ fund** *эк.* траст-фо́нд; **~ territory** подопе́чная террито́рия

trust III *v* 1) доверя́ть, ве́рить *(in)* 2) полага́ться, доверя́ться; **he is not to be ~ed** ему́ нельзя́ доверя́ть, на него́ нельзя́ полага́ться 3) вверя́ть, поруча́ть попече́нию 4) наде́яться, полага́ть; **I ~ we'll be in touch** я наде́юсь, мы ещё встре́тимся 5) дава́ть в креди́т

trust deed [ˈtrʌstdiːd] *n юр.* дове́ренность

trustee [trʌsˈtiː] *n* 1) попечи́тель; опеку́н 2) дове́ренное лицо́; *юр.* довери́тельный со́бственник

trusteeship [trʌsˈtiːʃɪp] *n* опе́ка, опеку́нство; попечи́тельство

trustful [ˈtrʌstfʊl] *a* по́лный дове́рия, дове́рчивый

trusting [ˈtrʌstɪŋ] *a* дове́рчивый, наи́вный

trustworthiness [ˈtrʌstˌwɜːðɪnɪs] *n* 1) сте́пень дове́рия 2) достове́рность

trustworthy [ˈtrʌstˌwɜːðɪ] *a* заслу́живающий дове́рия

trusty I [ˈtrʌstɪ] *n* заключённый, по́льзующийся привиле́гиями за образцо́вое поведе́ние

trusty II *a уст., шутл.* ве́рный, надёжный

truth [truːθ] *n* 1) пра́вда; и́стина; **unvarnished ~** неприкры́тая и́стина, го́лая пра́вда; **it is the plain/honest ~** э́то су́щая пра́вда; **in ~** пои́стине, действи́тельно; **to tell the ~** а) говори́ть пра́вду б) по пра́вде говоря́, призна́ться; **to question the ~ of smth** сомнева́ться в и́стинности чего́-л. 2) правди́вость, и́скренность 3) то́чность, соотве́тствие ◊ **home ~** го́рькая и́стина; **~ will out** пра́вды не скро́ешь, ра́но и́ли по́здно и́стина вы́йдет нару́жу

truthful [ˈtruːθfʊl] *a* 1) правди́вый *(о челове́ке);* че́стный 2) ве́рный, соотве́тствующий реа́льности, то́чный; пра́вильный

truthless [ˈtruːθlɪs] *a* 1) неве́рный, ло́жный 2) ненадёжный *(о челове́ке)*

try I [traɪ] *n* попы́тка; **to have a ~ at** попыта́ться; **give it a ~** попро́буй, сде́лай попы́тку

try II *v* 1) про́бовать; **to ~ everything** испро́бовать все сре́дства 2) пыта́ться, стара́ться; **~ to understand** постара́йся поня́ть; **he tried his best** он стара́лся изо все́х сил 3) испы́тывать, подверга́ть испыта́нию; проверя́ть; **to ~ one's strength** прове́рить свои́ си́лы; **to ~ one's luck** попыта́ть сча́стья *(в чем-л., где-л.)* 4) утомля́ть; испы́тывать *(чьё-л. терпе́ние и т. п.)* 5) рассле́довать, вести́ рассле́дование 6) суди́ть; подверга́ть суду́ 7) выта́пливать *(сало; тж* **to ~ out**)* ◊ **to ~ one's hand** попро́бовать свои́ си́лы; **to ~ for size** про́бовать на совмести́мость; **to ~ it on** *разг.* пыта́ться обвести́ кого́-л.

try on примеря́ть *(одежду)*

try out 1) тща́тельно проверя́ть 2) испы́тывать

trying [ˈtraɪɪŋ] *a* 1) тру́дный, утоми́тельный *(о пое́здке и т. п.)* 2) доса́дный, раздража́ющий

try-on [ˌtraɪˈɒn] *n* 1) приме́рка 2) *разг.* попы́тка обману́ть

tryst [trɪst] *n уст.* 1) свида́ние, усло́вленная встре́ча; **to keep/to break ~** прийти́/не прийти́ на свида́ние 2) ме́сто встре́чи

tsar [zɑː(r)] *n* царь

tsarina [zɑːˈriːnə] *n* цари́ца

tsetse fly [ˈtsetsɪ ˌflaɪ] *n* му́ха цеце́

T-shirt [ˈtiːʃɜːt] *n* ма́йка, футбо́лка

tsunami [tsuːˈnɑːmɪ] *n* цуна́ми *(тж* **tidal wave**)*

TT *сокр.* 1) **(teetotaller)** тре́звенник, непью́щий 2) **(tuberculin-tested)** прове́ренный на туберкулёзную инфе́кцию

TU *сокр.* **(Trade Union)** профсою́з

Tu *сокр.* **(Tuesday)** вто́рник

tub I [tʌb] *n* 1) бадья́, уша́т, лоха́нь 2) ка́дка 3) *разг.* ва́нна 4) *разг.* ста́рая ло́дка

tub II *v* сажа́ть расте́ния в ка́дку

tubby [ˈtʌbɪ] *a* бочкообра́зный; то́лстый и ни́зенький *(о челове́ке)*

tube I [tjuːb] *n* 1) труба́, тру́бка 2) тю́бик *(пасты, крема и т. п.)* 3) *радио* электро́нная ла́мпа 4) **(the ~)** *разг.* метро́ *(в Ло́ндоне)*

tube II *v* 1) снабжа́ть труб(к)ами 2) заключа́ть в трубу́

tuber [ˈtjuːbə(r)] *n бот.* клу́бень

tubercle [ˈtjuːbɜːkl] *n* 1) *бот.* бугоро́к; клубенёк 2) *мед.* туберкулёзный бугоро́к, тубе́ркул

tubercular [tjuˈbɜːkjʊlə(r)] *a мед.* туберкулёзный

tuberculosis [tjuˌbɜːkjuˈləʊsɪs] *n мед.* туберкулёз

tuberose [ˈtjuːbərəʊz] *n бот.* тубероза

tuberous [ˈtjuːbərəs] *a* 1) *бот.* клубнево́й 2) *мед.* буго́рчатый

tubing [ˈtjuːbɪŋ] *n* 1) *собир.* тру́бы; трубопрово́д 2) *тех.* тю́бинг

tub-thumper [ˈtʌbˌθʌmpə(r)] *n* ора́тор, лю́бящий напы́щенные ре́чи; вити́я

tubular [ˈtjuːbjʊlə(r)] *a* тру́бчатый; цилиндри́ческий

TUC *сокр.* **(the Trades Union Congress)** Конгре́сс брита́нских тред-юнио́нов

tuck I [tʌk] *n* 1) скла́дка, сбо́рка *(на пла́тье)* 2) *сленг* еда́; сла́сти

tuck II *v* 1) де́лать скла́дки, сбо́рки; стя́гивать, собира́ть 2) укрыва́ть *(одея́лом);* подтыка́ть *(простыни);* подвёртывать; подсо́вывать (под себя́); **to ~ one's shirt into one's trousers** запра́вить руба́шку в брю́ки 3) убира́ть, запря́тывать *(away)*

tuck in *разг.* есть с аппети́том, упи́сывать за о́бе щеки́

tuckaway keyboard [ˌtʌkəˈweɪ ˈkiːbɔːd] *n вчт.* выдвижна́я клавиату́ра

tucker[1] [ˈtʌkə(r)] *n* 1) *ист.* (кружевно́й) воротни́к, кружевна́я *(на плеча́х)* косы́нка 2) *разг.* еда́

tucker[2] *v амер. разг.* утомля́ть, изма́тывать

tuck-in [ˌtʌkˈın] *n разг.* сы́тная еда́

tuck shop [ˈtʌkʃɒp] *n* небольшо́е кафе́ *(обыкн. школьное)*, конди́терская

Tuesday [ˈtjuːzd(e)ı] *n* вто́рник

tuff [tʌf] *n* вулкани́ческий туф

tuft [tʌft] *n* 1) пучо́к *(перьев, волос, травы)* 2) боро́дка кли́нышком

tug I [tʌg] *n* 1) рыво́к; дёрганье; **to give a ~** потяну́ть, дёрнуть 2) си́льное внеза́пное жела́ние; внеза́пный поры́в 3) букси́рное су́дно, букси́р 4) постро́мка

tug II *v* 1) тащи́ть, тяну́ть; дёргать *(с силой — at)* 2) букси́ровать

tugboat [ˈtʌgbəʊt] *n* букси́рное су́дно, букси́р

tuition [tjuːˈıʃ(ə)n] *n* 1) обуче́ние 2) пла́та за обуче́ние

tulip [ˈtjuːlıp] *n* тюльпа́н

tulle [tjuːl] *n* тюль *(ткань)*

tumble I [ˈtʌmbl] *n* 1) (внеза́пное) паде́ние 2) кувырка́нье 3) беспоря́док, сумя́тица

tumble II *v* 1) па́дать (споткну́вшись) 2) ре́зко па́дать *(о ценах и т.п.)* 3) выва́ливаться, выска́кивать *(откуда-то)* 4) верте́ться, мета́ться *(в кровати — about, around)* 5) опроки́дывать(ся) 6) кувырка́ться 7) приводи́ть в беспоря́док; еро́шить *(волосы)* 8) суши́ть бельё в суши́льном бараба́не

tumbledown [ˈtʌmbldaʊn] *a* ве́тхий, развали́вшийся

tumble-drier [ˈtʌmblˌdraıə(r)] *n* суши́льный бараба́н *(для белья)*

tumbler [ˈtʌmblə] *n* 1) высо́кий стака́н 2) *уст.* акроба́т 3) го́лубь-верту́н

tumbleweed [ˈtʌmblwiːd] *n бот.* перекати́-по́ле

tumescent [tjʊˈmesənt] *a* припу́хший; распуха́ющий

tumid [ˈtjuːmıd] *a* 1) опу́хший, распу́хший 2) напы́щенный

tummy [ˈtʌmı] *n разг.* живо́т(ик)

tumor [ˈtjuːmə(r)] *амер. см.* **tumour**

tumour [ˈtjuːmə(r)] *n* о́пухоль; **benign ~** доброка́чественная о́пухоль; **malignant ~** злока́чественная о́пухоль

tumuli [ˈtjuːmjʊlaı] *pl см.* **tumulus**

tumult [ˈtjuːmʌlt] *n* 1) шум, сумато́ха 2) беспоря́дки; вы́крики; бу́йное поведе́ние *(толпы)* 3) душе́вное смяте́ние, волне́ние

tumultuous [tjuːˈmʌltjʊəs] *a* 1) шу́мный, бу́йный 2) беспоря́дочный 3) возбуждённый, взволно́ванный

tumulus [ˈtjuːmjʊləs] *n (pl* **tumuli**) моги́льный холм, курга́н

tun I [tʌn] *n* больша́я бо́чка *(винная или пивная)*

tun II *v* храни́ть, держа́ть в бо́чке *(вино и т. п.)*

tuna [ˈtjuːnə] *n* туне́ц *(рыба)*

tundra [ˈtʌndrə] *n* ту́ндра

tune I [tjuːn] *n* 1) мело́дия, моти́в; **to sing out of ~** петь не в лад, фальши́вить; **to sing another ~** *перен.* запе́ть, заговори́ть по-друго́му 2) тон; настро́енность; **the piano is in/out of ~** пиани́но настро́ено/расстро́ено 3) согла́сие, гармо́ния; **out of ~ with** не в ладу́ с ◊ **to change one's ~** *перен.* запе́ть, заговори́ть по-друго́му; **to the ~ of** *разг.* на значи́тельную су́мму

tune II *v* 1) настра́ивать 2) *радио* настра́ивать на волну́, на частоту́ *(in to)*; **to ~ in to "Voice of America"** настра́ивать приёмник на волну́ «Го́лоса Аме́рики» 3) нала́живать *(двигатель, инструмент и т. п.)* 4) приспоса́бливать

tune up 1) настра́ивать *(музыкальные инструменты)* 2) нача́ть игра́ть; запева́ть 3) нала́живать *(работу и т. п.)*

tuneful [ˈtjuːnfʊl] *a* мелоди́чный

tuneless [ˈtjuːnlıs] *a* 1) немелоди́чный, немузыка́льный 2) ненастро́енный

tuner [ˈtjuːnə(r)] *n* 1) настро́йщик роя́лей 2) *радио* механи́зм настро́йки 3) тю́нер

tungsten [ˈtʌŋstən] *n хим.* вольфра́м

tunic [ˈtjuːnık] *n* 1) мунди́р; ки́тель *(солдата, офицера)* 2) туни́ка 3) блу́зка с по́ясом 4) *бот., биол.* оболо́чка

tuning [ˈtjuːnıŋ] *n* настро́йка; регулиро́вка

tuning-fork [ˈtjuːnıŋfɔːk] *n* камерто́н

tunnel I [ˈtʌnl] *n* 1) тунне́ль 2) *горн.* што́льня, прохо́д

tunnel II [ˈtʌnl] *v* проводи́ть тунне́ль

tunny [ˈtʌnı] *n* туне́ц *(рыба)*

tuppence [ˈtʌpəns] *см.* **twopence**

turban [ˈtɜːbən] *n* тюрба́н, чалма́

turbid [ˈtɜːbıd] *a* 1) му́тный *(о жидкости)* 2) тума́нный, нея́сный *(о высказывании и т. п.)*

turbine [ˈtɜːbaın] *n* турби́на; **steam ~** парова́я турби́на

turbojet [ˈtɜːbəʊˌdʒet] *n* турбореакти́вный самолёт

turboprop [ˈtɜːbəʊˈprɒp] *n* турбовинтово́й самолёт

turbot [ˈtɜːbət] *n* па́лтус *(рыба)*

turbulence [ˈtɜːbjʊləns] *n* 1) волне́ние; беспоко́йство 2) *физ.* турбуле́нтность

turbulent [ˈtɜːbjʊlənt] *a* 1) беспоко́йный, бу́рный 2) *физ.* турбуле́нтный

turd [tɜːd] *n сленг груб.* 1) говно́ 2) дерьмо́ *(о человеке)*

tureen [təˈriːn] *n* суповáя мúска, сýпница

turf I [tɜːf] *n* 1) дёрн 2) торф 3) **(the ~)** скáчки; бегá

turf II *v* покрывáть, обклáдывать дёрном
turf out *разг.* вышвы́ривать, выбрáсывать

turfman [ˈtɜːfmən] *n амер.* люби́тель скáчек

turfy [ˈtɜːfɪ] *a* покры́тый дёрном, травóй

turgid [ˈtɜːdʒɪd] *a* 1) опýхший; вздýвшийся 2) напы́щенный, помпéзный, высокопáрный *(о языке, стиле)*

Turk [tɜːk] *n* тýрок; турчáнка; **the ~s** тýрки

turkey [ˈtɜːkɪ] *n* 1) индю́к; индю́шка 2) индéйка ◊ **to talk ~** *амер. разг.* говори́ть серьёзно, напрями́к; вести́ прямóй разговóр

turkeycock [ˈtɜːkɪkɒk] *n* 1) индю́к 2) надýтый, вáжничающий человéк

Turkic [ˈtɜːkɪk] *a* тю́ркский

Turkish I [ˈtɜːkɪʃ] *n* турéцкий язы́к

Turkish II *a* турéцкий ◊ **~ bath** бáня по-турéцки, турéцкая бáня; **~ coffee** кóфе по-турéцки; **~ delight** рахáт-лукýм; **~ towel** махрóвое полотéнце

Turkmen I [ˈtɜːkmən] *n* 1) туркмéн; туркмéнка 2) туркмéнский язы́к

Turkmen II [ˈtɜːkmən] *a* туркмéнский

Turkoman [ˈtɜːkəʊmən] *см.* **Turkmen I**

turmoil [ˈtɜːmɔɪl] *n* смятéние, суматóха, беспоря́док, сумбýр

turn I [tɜːn] *n* 1) поворóт; **a ~ of a handle** поворóт рукоя́тки 2) изменéние направлéния, поворóт; **a ~ to the left** поворóт налéво; **at every ~** на кáждом шагý, повсю́ду; **at the ~ of the century** в начáле вéка; на рубежé вскóв 3) оборóт; **a ~ of the wheel** оборóт колесá 4) перемéна, изменéние; **to take a ~ for the better** измени́ться к лýчшему; **to take a bad ~** принимáть дурнóй оборóт 5) очерёдность, óчередь; ход *(в игре)*; **by ~s, in ~, ~ and ~ about** по óчереди; **out of ~** вне óчереди, не по поря́дку; **it's my ~ to read** тепéрь моя́ óчередь читáть; **to take ~s** чередовáться, сменя́ться; **to miss one's ~** пропусти́ть свою́ óчередь; **let me take a ~ at the wheel** давáй тепéрь я поведý маши́ну 6) прогýлка, поéздка; **to take a ~ in the garden** прогуля́ться по сáду 7) тендéнция; манéра; харáктер, склад умá 8) сцени́ческий нóмер; **star ~** гвоздь прогрáммы 9) услýга; **to do smb a good ~** оказáть комý-л. дóбрую услýгу 10) *разг.* внезáпный шок, нéрвное потрясéние; **you gave me quite a ~** ну и напугáл ты меня́ 11) оборóт рéчи 12) *тех.* витóк ◊ **to a ~** тóчно; в сáмый раз

turn II *v* 1) вращáть; вертéть; повáрачивать; **to ~ the key in the lock** повернýть ключ в замкé 2) вывáрачивать; повёртывать; **to ~**

inside out вы́вернуть наизнáнку 3) изменя́ть направлéние, повáрачивать; **~ left here** здесь поверни́те налéво 4) направля́ть, обращáть *(внимание и т. п.)* 5) изменя́ться 6) *как глагол-связка; часто переводится глаголом, образóванным от прил.* становиться, дéлаться; **to ~ pale** бледнéть; **to ~ red** краснéть 7) превращáться 8) передéлывать 9) скисáть *(о молоке)* 10) перелицовывать 11) вызывáть отвращéние; **it ~s my stomach (over)** меня́ от этого тошни́т 12) переводи́ть *(на другой язык)* 13) кувыркáться 14) обтáчивать *(на станке)* ◊ **to ~ the corner** миновáть кри́зис, пройти́ крити́ческую тóчку; **to ~ smb's head** вскружи́ть комý-л. гóлову; **to ~ over a new leaf** начáть нóвую жизнь, начáть исправля́ться; **to ~ the tide** измени́ть ход собы́тий; **not to ~ a hair** и глáзом не моргнýть; **not to know which way to ~** быть в пóлной растéрянности; не знать, что дéлать

turn about 1) *воен.* повернýться крýгом 2) измени́ть своё мнéние (на противополóжное)

turn against 1) нападáть *(на кого-л.)* 2) восстанáвливать прóтив *(кого-л., чего-л.)*

turn around 1) повáрачиваться 2) улучшáться *(о делах)* 3) измени́ть своё мнéние (на противополóжное)

turn away 1) отвáрачиваться 2) отклоня́ть *(что-л.)* 3) прогоня́ть

turn back 1) возвращáть(ся) 2) измени́ть *(решение)*

turn down 1) загибáть, отвáрачивать 2) уменьшáть *(огонь, звук и т. п.)* 3) отклоня́ть, не принимáть; отвергáть

turn in 1) подвáрачивать 2) свáрачивать в стóрону 3) возвращáть, сдавáть *(билет, товар и т. п.)* 4) *разг.* ложи́ться спать

turn into 1) превращáть(ся) *(во что-л., в кого-л.)* 2) переводи́ть *(на другой язык)*

turn off 1) выключáть *(свет, газ, воду и т. п.)* 2) увольня́ть 3) стирáть, убирáть *(выражение лица, улыбку)* 4) потеря́ть интерéс

turn on 1) выключáть *(свет, газ, воду и т. п.)* 2) напускáть на себя́ 3) возбуждáться

turn out 1) выключáть *(свет)* 2) выгоня́ть, исключáть 3) выбрáсывать 4) производи́ть, выпускáть *(продукцию)* 5) освобождáть *(помещéние)*

turn over 1) перевáрачивать(ся); перевёртывать(ся) 2) листáть *(страницу)* 3) искáть, ры́ться 4) заводи́ть *(мотор)* 5) имéть оборóт *(о бизнесе)* 6) уходи́ть с рабóты, меня́ть рабóту 7) обдýмывать

turn to *разг.* принимáться за дéло, за рабóту

turn under подворáчивать, подтыкáть

turn up 1) поднимáть, вздёргивать 2) укорáчивать *(одежду)* 3) вскáпывать 4) усúливать *(звук, огонь и т. п.)* 5) растú, улучшáться *(о торговле и т. п.)* 6) случáйно найтú, натолкнýться 7) *разг.* неожúданно объявúться, обнарýжиться 8) *разг.* вызывáть тошнотý 9) *разг.* случáться, происходúть

turn upon *см.* turn on

turn upside down 1) перевернýть вверх дном 2) перевернýть вниз головóй 3) *разг.* запýтывать; вносúть сумятицу, беспорядок

turn-about [ˈtɜːnəˌbaʊt] *n* рéзкое изменéние кýрса, полúтики

turncoat [ˈtɜːnkəʊt] *n* ренегáт, перебéжчик, предáтель

turn-down [ˈtɜːnˌdaʊn] *a* отложнóй *(о воротнике)*

turner [ˈtɜːnə(r)] *n* тóкарь

turnery [ˈtɜːnərɪ] *n* 1) токáрные издéлия 2) токáрное дéло 3) токáрная мастерскáя

turning I [ˈtɜːnɪŋ] *n* 1) поворóт; перекрёсток 2) обтóчка; токáрная рабóта

turning II *a* 1) поворóтный 2) вращáющийся

turning-point [ˈtɜːnɪŋpɔɪnt] *n* поворóтный пункт; решáющий момéнт; перелóм, крúзис

turnip [ˈtɜːnɪp] *n* рéпа; турнéпс; French ~ брюква

turnkey [ˈtɜːnkiː] *n уст.* тюрéмщик, надзирáтель

turnkey[2] *a* пóлностью готóвый, сдавáемый под ключ *(о сдаваемом объекте)*; выполненный по услóвиям контрáкта; ~ project закóнченный объéкт *(в строительстве и т. п.)*

turn-off [ˈtɜːnˌɒf] *n разг.* что-л. оттáлкивающее *или* занýдное

turn-on [ˈtɜːnˌɒn] *n разг.* что-л. возбуждáющее *(особ. сексуально)*

turnout [ˈtɜːnˈaʊt] *n* 1) сбор; собрáние; there was a poor ~ at the match на матч пришлó мáло нарóду 2) выпуск, объём продýкции

turnover I [ˈtɜːnˌəʊvə(r)] *n* 1) опрокúдывание 2) оборóт *(товаров, средств)*; labour ~ текýчесть рабóчей сúлы 3) пирóг с начúнкой

turnover II *a*: ~ tax налóг с оборóта

turnpike [ˈtɜːnpaɪk] *n* 1) застáва *(где взимается сбор)* 2) *амер.* плáтное шоссé

turn-round [ˈtɜːnraʊnd] *n* 1) оборóт сýдна 2) поворóт на 180° *(в политике и т. п.)*

turnstile [ˈtɜːnstaɪl] *n* турникéт

turntable [ˈtɜːnˌteɪbl] *n* 1) *муз.* проúгрыватель пластúнок 2) поворóтный круг

turn-up [ˈtɜːnˈʌp] *n* 1) отворóт *(брюк)* 2) *разг.* сюрпрúз; неожúданное появлéние и т. п.

turpentine [ˈtɜːpəntaɪn] *n* скипидáр

turpitude [ˈtɜːpɪtjuːd] *n* нúзость; позóрное поведéние, порóчность, испóрченность

turps [tɜːps] *n разг.* скипидáр

turquoise [ˈtɜːkwɑːz] *n* 1) бирюзá 2) бирюзóвый цвет 3) *attr* бирюзóвый

turret [ˈtʌrɪt] *n* 1) бáшенка 2) *воен.* орудúйная бáшня; *ав.* турéль

turtle [ˈtɜːtl] *n* черепáха ◊ to turn ~ опрокúнуться; пойтú ко дну

turtle dove [ˈtɜːtlˌdʌv] *n* гóрлица

turtle-neck [ˈtɜːtlnek] *a* с высóким прилегáющим вóротом; ~ sweater водолáзка

tusk I [tʌsk] *n* клык, бúвень

tusk II *v* рáнить клыкóм, пронзúть бúвнем

tussle I [ˈtʌsl] *n* борьбá; дрáка

tussle II *v* борóться; дрáться

tussock [ˈtʌsək] *n* 1) кóчка 2) хохолóк

tussore [ˈtʌsɔː(r)] *n* 1) шелковúчный червь, шелкопряд 2) туссóр *(шёлк)*

tut [ˈtʌt] *int* ай-яй-яй! *(восклицание, выражающее нетерпение, досаду или неодобрение; тж* tut-tut)

tutelage [ˈtjuːtɪlɪdʒ] *n* 1) опекýнство; попечúтельство, опéка 2) нахождéние под опéкой 3) обучéние

tutelar [ˈtjuːtɪlə(r)] *см.* tutelary

tutelary [ˈtjuːtɪlərɪ] *a* 1) опекýнский 2) охраняющий

tutor I [ˈtjuːtə(r)] *n* 1) репетúтор 2) преподавáтель, наýчный руководúтель грýппы студéнтов *(в университете, колледже)* 3) руковóдство, учéбник

tutor II *v* 1) обучáть 2) наставлять; приучáть *(к дисциплине)*; to ~ oneself сдéрживать себя 3) давáть чáстные урóки

tutoress [ˈtjuːtərɪs] *n* 1) настáвница, воспитáтельница; учúтельница 2) *юр.* опекýнша

tutorial [tjuːˈtɔːrɪəl] *n* 1) консультáции, семинáр наýчного руководúтеля *(в университете)* 2) учéбник, учéбное посóбие, самоучúтель 3) *вчт* обучáющая прогрáмма, срéдство обучéния; обучáющий раздéл *(программы)*

tutorship [ˈtjuːtəʃɪp] *n* дóлжность, обязанности наýчного руководúтеля *или* настáвника *(в университете)*

tutti-frutti [ˌtuːtɪˈfruːtɪ] *n* морóженое с фрýктами

tuxedo [tʌkˈsiːdəʊ] *n амер.* смóкинг

TV *сокр.* (television) 1) телевúдение 2) телевúзор *(тж* TV set)

twaddle I [ˈtwɒdl] *n* болтовня, пустослóвие, чепухá

twaddle II *v* занимáться пустóй болтовнёй, писáть чушь

twager ['tweɪdʒə] *n* двусторóнний, приёмо-передающий пéйджер, твéйджер

twain [tweɪn] *n уст.* два, двóе; in ~ нáдвое, пополáм; на две чáсти

twang I [twæŋ] *n* 1) рéзкий звук натя́нутой струны́ *и т. п.* 2) гнусáвый гóвор

twang II *v* 1) звучáть, как натя́нутая струнá 2) гнусáвить

'twas [twɒz] *уст., разг.* = it was

twat [twɒt] *n сленг груб.* жéнские половы́е óрганы

tweak I [twiːk] *n* щипóк

tweak II *v* ущипнýть

tweed [twiːd] *n* 1) твид *(ткань)* 2) *pl* костю́м из твида

Tweedledum [ˌtwiːdlˈdʌm] *n*: ~ and Tweedledee двойники́

tweedy ['twiːdɪ] *a* 1) твидóвый, сдéланный из твида 2) характéрный для мелкопомéст-ного дворя́нства *(обычно живущего за городом)*

'tween [twiːn] *уст., разг.* = between

tweet I [twiːt] *n* щéбет, чири́канье *(птиц)*

tweet II *v* щебетáть, чири́кать

tweezers ['twiːzəz] *n pl* пинцéт

twelfth I [twelfθ] *num* двенáдцатый ◊ the T. Day *церк.* Крещéние *(праздник; тж* the Twelfthtide, Epiphany*)*; T. Night *церк.* канýн Крещéния; крещéнский сочéльник

twelfth II *n* двенáдцатая часть

twelve [twelv] *num* двенáдцать ◊ the T. *рел.* двенáдцать апóстолов *(тж* the Twelve Apostles, the Twelve Disciples*)*

twelvemonth ['twelvmʌnθ] *n уст.* год, двенáдцать мéсяцев

twenties ['twentɪz] *n pl* (the ~) 1) двадцáтые гóды 2) вóзраст от 20 до 29 лет

twentieth I ['twentɪɪθ] *n* двадцáтая часть

twentieth II *num* двадцáтый

twenty ['twentɪ] *num* двáдцать

'twere [twɜː(r)] *уст., разг.* = it were

twerp [twɜːp] *n сленг* ничтóжная ли́чность

twice [twaɪs] *adv* двáжды; вдвóе; ~ two is four двáжды два — четы́ре; ~ as much вдвóе бóльше; he is ~ my age он вдвóе стáрше меня́

twiddle I ['twɪdl] *n* 1) верчéние 2) завитóк, украшéние 3) трель, дрожáние гóлоса

twiddle ['twɪdl] *v* вертéть, теребить *(в руках)* ◊ to ~ one's thumbs бить баклýши, бездéльничать

twig¹ [twɪg] *n* вéточка, прýтик

twig² *v разг.* понимáть, вникáть, улáвливать

twilight I ['twaɪlaɪt] *n* 1) сýмерки; сýмрак 2) полумрáк

twilight II *a* сýмеречный, нея́сный

twill [twɪl] *n* сáржа, твил *(ткань)*

'twill [twɪl] *уст., разг.* = it will

twin I [twɪn] *n* 1) *обыкн. pl* близнецы́; двóйня 2) двойни́к 3) пáрная вещь 4) (T.) Близнецы́ *(созвездие и знак зодиака)*

twin II *a* двойнóй; состоя́щий из двух частéй; пáрный; сдвóенный, спáренный; ~ beds две пáрные односпáльные кровáти

twine I [twaɪn] *n* 1) бечёвка, шпагáт; шнурóк 2) кручéние, скрýчивание

twine II *v* 1) вить, сплетáть, свивáть, плести́ 2) ви́ться, обвивáться

twin-engined ['twɪnˈendʒɪnd] *a* двухмотóрный

twiner ['twaɪnə(r)] *n* вьюнóк, вьющееся растéние

twinge I [twɪndʒ] *n* (óстрый) при́ступ бóли; ~s of conscience угрызéния сóвести

twinge II *v* испы́тывать *или* вызывáть óструю боль

twinkle I ['twɪŋkl] *n* 1) блеск, озорнóй огонёк в глазáх 2) сверкáние, мерцáние 3) мигáние 4) мелькáние

twinkle II ['twɪŋkl] *v* 1) мерцáть, сверкáть 2) мелькáть 3) мигáть

twinkling ['twɪŋklɪŋ] *n* 1) мгновéние; in a ~, in the ~ of an eye в мгновéние óка 2) мерцáние

twirl I [twɜːl] *n* 1) вращéние, кручéние 2) рóсчерк перá

twirl II *v* вертéть, крутить; to ~ around in waltz кружи́ться в вáльсе

twist I [twist] *n* 1) кручéние, скрýчивание 2) кручёная нить; шнур; верёвка 3) изги́б, поворóт; the road was all ~s and turns дорóга былá óчень изви́листая 4) искривлéние; искажéние; ~ of the tongue косноязы́чие 5) (стрáнная) осóбенность, отклонéние *(от нормы)*; извращéние 6) неожи́данный поворóт *(событий и т. п.)* 7) витáя бýлка 8) вы́вих 9) *разг.* обмáн, мошéнничество 10) (the ~) твист *(танец)* ◊ round the ~ *сленг* чóкнутый, ненормáльный

twist II *v* 1) крутить, скрýчивать 2) вертéть, повоéрачивать 3) ви́ться, извивáться; изгибáться 4) вить, сплетáть 5) искажáть; искривля́ть; to ~ the meaning искажáть смысл 6) *разг.* обмáнывать, надувáть 7) посылáть кручёный мяч 8) танцевáть твист ◊ to ~ smb's arm *разг.* окáзывать нажи́м на когó-л., выкрýчивать рýки комý-л.; to ~ smb around one's little finger манипули́ровать, помыкáть кем-л.

twist off отви́нчивать, открýчивать

twist up перепýтывать, запýтывать

twister ['twistə(r)] *n* 1) *разг.* обмáнщик, мошéнник 2) трýдная задáча, головолóмка 3) *амер. разг.* торнáдо; смерч twisty [ˈtwɪstɪ] *a* извилистый

twit¹ [twɪt] *n разг.* дурачок, придурок

twit² *v* 1) попрекать 2) беззлобно шутить, поддразнивать

twitch I [twɪtʃ] *n* 1) подёргивание, судорога 2) рывок 3) *разг.* нервотрёпка

twitch II *v* 1) дёргаться, подёргиваться; сводить судорогой 2) выдёргивать, вырывать

twitter I [ˈtwɪtə(r)] *n* 1) щебет, чириканье 2) *разг.* сильное возбуждение, трепет, волнение; to be in a ~ трепетать от волнения

twitter II *v* 1) щебетать, чирикать 2) болтать, щебетать

two I [tu:] *num* два; ~ by ~ по двое, попарно; in ~ надвое, пополам; in room number ~ в комнате номер два; chapter ~ глава вторая ◊ to put ~ and ~ together сделать вывод, поразмыслить хорошенько, сообразить что к чему; ~ a penny самый обычный, расхожий; дешёвый

two II *n* два; двойка, пара; двое; to arrive in ~s приходить по двое

two-D *сокр. см.* two-dimensional

two-dimensional [ˌtu:d(a)ɪˈmenʃ(ə)nəl] *a* 1) *спец.* дву(х)мерный; плоский; поверхностный 2) невыразительный, неубедительный; двухмерный; неглубокий

two-edged [ˈtu:ˌedʒd] *a* 1) обоюдоострый 2) двусмысленный (*о комплименте и т.п.*)

two-faced [ˈtu:feɪst] *a* двуличный, нейскренний

twofold I [ˈtu:fəʊld] *a* двойной, удвоенный, двукратный

twofold II *adv* вдвое; вдвойне

two-handed [ˈtu:ˈhændɪd] *a* 1) двуручный (*о мече*) 2) для двоих (*об игре*)

two-master [ˈtu:ˌmɑ:stə(r)] *n* двухмачтовое судно

twopence [ˈtʌpəns] *n* (монета в) два пенса

twopenny [ˈtʌpənɪ] *a* 1) двухпенсовый 2) *разг.* дешёвый, некачественный, дрянной

two-piece [ˈtu:pi:s] *n* костюм-двойка (*тж* ~ suit)

two-ply [ˈtu:plaɪ] *a* двойной; двуслойный

two-seater [ˈtu:ˌsi:tə(r)] *n* двухместный автомобиль *или* самолёт

two-sided [ˈtu:ˌsaɪdɪd] *a* двусторонний

twosome [ˈtu:səm] *n* 1) двое 2) игра, танец и *т. п.* для двоих

two-star [ˈtu:ˌstɑ:(r)] *a* двухзвёздочный (*о гостинице*)

two-timer [ˈtu:taɪmə(r)] *n амер. разг.* двурушник

'twould [twʊd] *разг.* = it would

two-way [ˈtu:weɪ] *a* 1) двусторонний 2) двухпутный, двухходовой

tycoon [taɪˈku:n] *n* магнат

tyke [taɪk] *n* 1) *разг.* грубиян, хам, неотёсанный человек 2) дворняжка

tympanum [ˈtɪmpənəm] *n* (*pl тж* tympana [ˈtɪmpənə]) *анат.* 1) среднее ухо 2) барабанная перепонка

type I [taɪp] *n* 1) тип; типичный образец; типичный представитель; this ~ of car этот тип автомобиля; he is not my ~ он не в моём вкусе; символ; прообраз 2) *полигр.* литера; шрифт; in black/bold ~ жирным шрифтом; in ~ готовый к печати

type II *v* печатать на машинке; набирать (текст) на компьютере

typescript I [ˈtaɪpskrɪpt] *n* набранная на машинке *или* на компьютере рукопись

typescript II *a* набранный на машинке *или* на компьютере

typesetter [ˈtaɪpˌsetə(r)] *n полигр.* 1) наборщик 2) наборная машина

typesetting [ˈtaɪpˌsetɪŋ] *n полигр.* 1) типографский набор; компьютерный набор 2) *attr* наборный

typewrite [ˈtaɪpraɪt] *v* печатать на машинке; набирать (текст) на компьютере

typewriter [ˈtaɪpˌraɪtə(r)] *n* 1) (пишущая) машинка 2) *редко см.* typist 3) *вчт* принтер, печатающее устройство

typewritten [ˈtaɪpˌrɪtn] *a* машинописный, напечатанный на машинке; набранный на компьютере

typhoid I [ˈtaɪfɔɪd] *n мед.* брюшной тиф

typhoid II *a* тифозный

typhoon [taɪˈfu:n] *n* тайфун

typhous [ˈtaɪfəs] *a* тифозный

typhus [ˈtaɪfəs] *n мед.* сыпной тиф

typical [ˈtɪpɪkəl] *a* типичный; it's ~ of him это для него типично

typify [ˈtɪpɪfaɪ] *v* 1) быть типичным представителем; they ~ the youth of today они типичные представители современной молодёжи 2) служить типичным примером, образцом

typing [ˈtaɪpɪŋ] *n* 1) печатание на машинке 2) ввод с клавиатуры, набор на компьютере

typist [ˈtaɪpɪst] *n* машинистка; (компьютерный) наборщик

typo [ˈtaɪpəʊ] *n разг.* опечатка

typographer [taɪˈpɒɡrəfə(r)] *n* печатник

typographic(al) [ˌtaɪpəˈɡræfɪk(əl)] *a* типографский; книгопечатный

typography [taɪˈpɒɡrəfɪ] *n* книгопечатание, полиграфия

typology [taɪˈpɒlədʒɪ] *n* типология

tyrannical [tɪˈrænɪkəl] *a* тиранический

tyrannize [ˈtɪrənaɪz] *v* тиранить

tyranny [ˈtɪrənɪ] *n* 1) деспотизм, тиранство, жестокость 2) тирания

tyrant [ˈtaɪərənt] *n* тиран, деспот

tyre [ˈtaɪə(r)] *n* шина; **a flat ~** спущенная шина

tyro [ˈtaɪərəʊ] *см.* tiro

tzar [zɑː] *см.* tsar

U

U, u [juː] *n* 21-я буква англ. алфавита

U¹ [juː] *a разг.* 1) принадлежащий к высшему классу общества 2) свойственный высшему классу общества

U² *сокр.* 1) (**universal**) универсальный, подходящий для просмотра всех категорий зрителей (*о фильме*) 2) (**university**) университет

ubiquitous [juːˈbɪkwɪtəs] *a* вездесущий

U-boat [ˈjuːbəʊt] *n ист.* германская подводная лодка (*во Второй мировой войне*)

UC *сокр.* (**University College**) университетский колледж

udder [ˈʌdə(r)] *n* вымя

UEFA *сокр.* (**the Union of European Football Associations**) Европейская футбольная ассоциация, УЕФА

UFO *сокр.* (**unidentified flying object**) неопознанный летающий объект, НЛО

ufology [juːˈfɒlədʒɪ] *n* уфология

ugh [ʊh] *int* фу!, тьфу!

uglify [ˈʌɡlɪfaɪ] *v* уродовать, обезображивать

ugly [ˈʌɡlɪ] *a* 1) (очень) некрасивый, безобразный; **~ duckling** *перен.* гадкий утёнок 2) неприятный, отталкивающий, противный 3) дискредитирующий, угрожающий, опасный; **~ rumours** опасные слухи 4) злобный, сердитый (*о выражении лица, взгляде*)

Ugrian I [ˈuːɡrɪən] *n* 1) угр 2) язык, относящийся к угорской группе

Ugrian II *a* угорский

Ugric [ˈuːɡrɪk] *см.* Ugrian I, II

UHF *сокр.* (**ultra high frequency**) ультравысокая частота, УВЧ

uh-huh [ˈʌhʌ] *int разг.* угу!, ага!

uhlan [ˈuːlɑːn] *n ист.* улан

UHT *сокр.* (**ultra heat treated**) предназначенный для длительного хранения (*о молоке*)

UK *сокр.* (**the United Kingdom**) Соединённое Королевство (Великобритании и Северной Ирландии)

ukase [juːˈkeɪz] *n русск.* указ

Ukrainian I [juːˈkreɪnɪən] *n* 1) украинец; украинка; **the ~s** украинцы 2) украинский язык

Ukrainian II *a* украинский

ukulele [ˌjuːkəˈleɪlɪ] *n* гавайская гитара

ulcer [ˈʌlsə(r)] *n* 1) *мед.* язва 2) порок; пагубное влияние

ulcerate [ˈʌlsəreɪt] *v* 1) изъязвляться; покрываться язвами 2) уязвлять, причинять боль

ulcered [ˈʌlsəd] *a* изъязвлённый

ulcerous [ˈʌlsərəs] *a* язвенный; изъязвлённый

ullage [ˈʌlɪdʒ] *n* 1) незаполненный объём (бочки) 2) утечка, нехватка, незадача

ulna [ˈʌlnə] *n* (*pl* **ulnae** [ˈʌlniː]) *анат.* локтевая кость

ulster [ˈʌlstə(r)] *n* ольстер, длинное свободное (мужское) пальто

ult. *сокр. см.* **ultimo**

ulterior [ʌlˈtɪərɪə(r)] *a* 1) скрытый, неявный; **~ motive** скрытый мотив 2) отдалённый

ultimate [ˈʌltɪmət] *a* 1) конечный, окончательный 2) предельный; максимальный, крайний 3) основной; **~ truths** элементарные истины

ultimately [ˈʌltɪmətlɪ] *adv* 1) в конечном счёте, в конце концов 2) окончательно

ultimatum [ˌʌltɪˈmeɪtəm] *n* ультиматум

ultimo [ˈʌltɪməʊ] *adv* истёкшего месяца

ultra I [ˈʌltrə] *n* человек крайних, экстремистских взглядов, фанатик, ультра, экстремист

ultra II *a* крайних взглядов, экстремистский

ultra- [ˈʌltrə-] *pref* ультра-; сверх-; крайне

ultramarine [ˌʌltrəməˈriːn] *n* ультрамарин (*цвет*)

ultrasonic [ˈʌltrəˈsɒnɪk] *a* сверхзвуковой

ultrasound [ˈʌltrəˈsaʊnd] *n* ультразвук

ultraviolet [ˈʌltrəˈvaɪələt] *a* ультрафиолетовый, УФ

umber I [ˈʌmbə(r)] *n* умбра (*краска*)

umber II *a* тёмно-коричневый

umbilical [ʌmˈbɪlɪkəl] *a* пупочный; **~ cord** пуповина

umbilicus [ʌmˈbɪlɪkəs] *n анат.* пупок

umbrage [ˈʌmbrɪdʒ] *n* 1) обида; чувство обиды; **to give ~** обидеть; **to take ~** обидеться (*на — at*) 2) *уст. поэт.* тень

umbrella [ʌmˈbrelə] *n* 1) зонт(ик); **to put up an ~** раскрыть зонт; **to take down an ~** закрыть зонт 2) защита, прикрытие; **nuclear ~** ядерный зонтик 3) *attr* зонтичный; **~ antenna** зонтичная антенна

umbrella stand [ʌmˈbrelə ˌstænd] *n* подставка для зонтов

umbrella-tree [ʌmˈbrelətriː] *n бот.* магнолия трёхлепестная

umiak [ˈuːmɪæk] *n* эскимо́сская ло́дка из шкур

umlaut [ˈʊmlaʊt] *n лингв.* перегласо́вка, умла́ут

umpire I [ˈʌmpaɪə(r)] *n* 1) посре́дник, третейский судья́ 2) *спорт.* судья́, рефери́

umpire II *v* быть посре́дником, судьёй

umpteen [ʌmpˈtiːn] *a сленг* содержа́щий огро́мное коли́чество

UN *сокр.* **(the United Nations)** Организа́ция Объединённых На́ций, ООН

un- [ʌn-] *pref* 1) *глаголу придаёт значение, обратное тому, которое выражено простым глаголом:* **to unarm** разоружи́ть; **to undress** раздева́ться; **to undo** распоро́ть 2) *с глаголами, образованными от сущ., выражает устранение того, что выражено в сущ.:* **to unbar** отодвига́ть засо́в; **to unleash** спуска́ть с це́пи 3) *придаёт отрица́тельное значение* не-, без-; **uncomfortable** неудо́бный; **unarmed** невооружённый; **unbearable** невыноси́мый; **uncultivated** невозде́ланный; **unemployment** безрабо́тица

unabashed [ˈʌnəˈbæʃt] *a* (ничу́ть) не смути́вшийся, нерастеря́вшийся

unabated [ˈʌnəˈbeɪtɪd] *a* нестиха́ющий, неослабева́ющий

unable [ʌnˈeɪbl] *a* не уме́ющий, неспосо́бный; **to be ~** не быть в состоя́нии; **I am ~ to advise you** я не в состоя́нии дать тебе́ сове́т

unabridged [ˈʌnəˈbrɪdʒd] *a* по́лный, несокращённый

unacceptable [ˈʌnəkˈseptəbl] *a* неприе́млемый

unaccomplished [ˈʌnəˈkɒmplɪʃt] *a* 1) незако́нченный, незавершённый 2) посре́дственный

unaccountable [ˈʌnəˈkaʊntəbl] *a* 1) необъясни́мый, непостижи́мый; непредсказу́емый 2) безотве́тственный

unaccustomed [ˈʌnəˈkʌstəmd] *a* 1) не привы́кший (*к чему-л. — to*) 2) необы́чный, несвойственный

unachievable [ˈʌnəˈtʃiːvəbl] *a* недостижи́мый, невыполни́мый

unacknowledged [ˈʌnəkˈnɒlɪdʒd] *a* 1) непри́знанный, незаме́ченный 2) оста́вшийся без отве́та (*о письме и т. п.*)

unadapted [ˈʌnəˈdæptɪd] *a* неадапти́рованный

unadopted [ˈʌnəˈdɒptɪd] *a* 1) непри́нятый 2) ниче́йный, не содержа́щийся на сре́дства ме́стных власте́й

unadorned [ˈʌnəˈdɔːnd] *a* неукра́шенный, без украше́ний; неприкра́шенный

unadvised [ˈʌnədˈvaɪzd] *a* поспе́шный, неблагоразу́мный, неосмотри́тельный

unadvisedly [ˈʌnədˈvaɪzɪdlɪ] *adv* неблагоразу́мно, необду́манно, неосмотри́тельно

unaffected [ˌʌnəˈfektɪd] *a* 1) незатро́нутый, непострада́вший 2) и́скренний, непосре́дственный, просто́й

unaided [ʌnˈeɪdɪd] *a* выполня́емый без посторо́нней по́мощи, без подде́ржки; самостоя́тельный

unalloyed [ˌʌnəˈlɔɪd] *a* 1) беспри́месный, чи́стый 2) неомрачённый (*о радости, счастье*)

unalterable [ʌnˈɔːltərəbl] *a* неизме́нный

unambiguous [ˌʌnæmˈbɪɡjʊəs] *a* 1) я́сный, недвусмы́сленный 2) *лингв.* однозна́чный; неомоними́чный

unamendable [ˌʌnəˈmendəbl] *a* неисправи́мый; непоправи́мый

un-American [ˌʌnəˈmerɪkən] *a* антиамерика́нский

unanimity [ˌjuːnəˈnɪmɪtɪ] *n* единоду́шие

unanimous [juːˈnænɪməs] *a* единоду́шный, единогла́сный

unannounced [ˌʌnəˈnaʊnst] *a* необъя́вленный; без объявле́ния; без докла́да

unanswerable [ʌnˈɑːnsərəbl] *a* 1) неопроверж́имый 2) не име́ющий отве́та

unanticipated [ˌʌnænˈtɪsɪpeɪtɪd] *a* непредусмо́тренный; непредви́денный

unappealing [ˌʌnəˈpiːlɪŋ] *a* непривлека́тельный

unappeasable [ˌʌnəˈpiːzəbl] *a* 1) непримири́мый (*о вражде и т. п.*) 2) неукроти́мый

unapplied [ˌʌnəˈplaɪd] *a* неприложи́мый

unapproachable [ˌʌnəˈprəʊtʃəbl] *a* 1) непристу́пный, недосту́пный; недостижи́мый 2) избега́ющий обще́ния, недоступный

unapt [ˌʌnˈæpt] *a* 1) неподходя́щий (*for*) 2) неуме́лый, неспосо́бный

unarm [ʌnˈɑːm] *v* разоружа́ть(ся); обезору́живать

unarmed [ʌnˈɑːmd] *a* невооружённый; безору́жный

unartistic [ˌʌnɑːˈtɪstɪk] *a* нехудо́жественный

unasked [ʌnˈɑːskt] *a* непро́шеный

unassailable [ˌʌnəˈseɪləbl] *a* непристу́пный; неопроверж́имый

unassisted [ˌʌnəˈsɪstɪd] *a* выполня́емый без посторо́нней по́мощи, без подде́ржки; самостоя́тельный

unassuming [ˌʌnəˈsjuːmɪŋ] *a* скро́мный; непритяза́тельный

unattended [ˌʌnəˈtendɪd] *a* 1) не сопровожда́емый, без сопровожде́ния 2) оста́вленный без присмо́тра, без надзо́ра; оста́вленный без внима́ния 3) *тех.* необслу́живаемый 4) автомати́чески *или* дистанцио́нно управля́емый

unauthorized [ˌʌnˈɔ:θəraɪzd] *a* 1) неразрешённый, несанкциони́рованный 2) непра-
вомо́чный

unavailable [ˌʌnəˈveɪləbl] *a* 1) не име́ющийся
в нали́чии 2) недосту́пный

unavailing [ˌʌnəˈveɪlɪŋ] *a* беспол́езный, без-
успе́шный, тще́тный

unavoidable [ˌʌnəˈvɔɪdəbl] *a* неизбе́жный,
немину́емый

unaware I [ˌʌnəˈweə(r)] *a predic* не зна́ю-
щий, не подозрева́ющий *(of)*; **to be ~ of**
ничего́ не знать о чём-л.

unaware II *adv см.* **unawares**

unawares [ˌʌnəˈweəz] *adv* 1) неожи́данно,
без предупрежде́ния; **to take/to catch ~**
засти́гнуть враспло́х 2) неча́янно; не отда-
ва́я себе́ отчёта

unbacked [ʌnˈbækt] *a* неподкреплённый *(до-
казательствами, фактами)*; голосло́в-
ный

unbaked [ʌnˈbeɪkt] *a* непропечённый, сыро́й

unbalance I [ʌnˈbæləns] *n* 1) отсу́тствие рав-
нове́сия 2) (психи́ческая) неуравнове́шен-
ность; душе́вное расстро́йство 3) *тех.* дис-
бала́нс, разбала́нс, рассогласова́ние

unbalance II *v* 1) наруша́ть равнове́сие 2)
выводи́ть из равнове́сия 3) лиша́ть душе́в-
ного споко́йствия, душе́вного равнове́сия;
своди́ть с ума́

unbalanced [ʌnˈbælənst] *a* 1) неуравнове́-
шенный *(о человеке, характере)*, неусто́й-
чивый 2) *тех.* несбаланси́рованный

unbalanced brackets [ʌnˈbælənst ˈbrækɪts] *n
pl* незакры́тые, непа́рные ско́бки

unbar [ʌnˈbɑ:(r)] *v* отпира́ть, открыва́ть

unbearable [ʌnˈbeərəbl] *a* невыноси́мый

unbeatable [ʌnˈbi:təbl] *a* непобеди́мый, непревзойдённый; превосхо́дный

unbecoming [ˌʌnbɪˈkʌmɪŋ] *a* 1) неподходя́-
щий; не к лицу́ 2) неприли́чный

unbefitting [ˌʌnbɪˈfɪtɪŋ] *a* неподходя́щий, не-
подоба́ющий

unbeknown [ˌʌnbɪˈnəʊn] *a* неизве́стный, не-
ве́домый *(кому-л. — to)*; **~ to me** без моего́
ве́дома

unbelief [ˌʌnbɪˈli:f] *n* неве́рие

unbelievable [ˌʌnbɪˈli:vəbl] *a* невероя́тный

unbend [ʌnˈbend] *v (past, p. p.* **unbent**) 1) вы-
прямля́ться, разгиба́ться 2) дава́ть себе́ о́т-
дых; расслабля́ться; вести́ себя́ бо́лее непринуждённо

unbending [ʌnˈbendɪŋ] *a* несгиба́емый, не-
прекло́нный, суро́вый

unbent [ʌnˈbent] *past, p. p. см.* **unbend**

unbias(s)ed [ʌnˈbaɪəst] *a* беспристра́стный,
непредубеждённый

unbidden [ʌnˈbɪdn] *a* 1) непро́шеный, не-
зва́ный 2) доброво́льный

unbind [ʌnˈbaɪnd] *v (past, p. p.* **unbound**) 1)
развя́зывать 2) распуска́ть *(волосы и т. п.)*

unbleached [ʌnˈbli:tʃt] *a* небелёный, суро́вый
(о полотне)

unblemished [ʌnˈblemɪʃt] *a* безупре́чный; не-
запя́тнанный

unblessed [ʌnˈblest] *a* злополу́чный, несча́стный

unblushing [ʌnˈblʌʃɪŋ] *a* бессты́дный, беззас-
те́нчивый, на́глый

unborn [ʌnˈbɔ:n] *a* ещё не роди́вшийся; бу́-
дущий

unbosom [ʌnˈbʊzəm] *v* излива́ть (чувства); **to
~ oneself to smb** открыва́ть свою́ ду́шу
кому́-л.

unbound [ʌnˈbaʊnd] 1) *past, p. p. см.* **unbind**
2) непереплетённый *(о книге)*

unbounded [ʌnˈbaʊndɪd] *a* безграни́чный,
беспреде́льный; безме́рный

unbreakable [ʌnˈbreɪkəbl] *a* 1) небью́щийся
2) неруши́мый, кре́пкий

unbridled [ʌnˈbraɪdld] *a* необу́зданный, раз-
ну́зданный; распу́щенный

unbroken [ʌnˈbrəʊkən] *a* 1) це́лый, неразби́-
тый 2) непреры́вный; ненару́шенный 3)
необъе́зженный *(о лошади)*

unbuckle [ʌnˈbʌkl] *v* расстёгивать *(пряжку,
застёжку)*

unburden [ʌnˈbɜ:dn] *v* снима́ть бре́мя, тя́-
жесть; облегча́ть *(душу)*; **to ~ oneself** отвес-
ти́ ду́шу

unbusinesslike [ʌnˈbɪznɪsˌlaɪk] *adv* не по-де-
ло́вому

unbutton [ʌnˈbʌtn] *v* расстёгивать

uncalled-for [ʌnˈkɔ:ldfɔ:(r)] *a* 1) непро́ше-
ный, незва́ный; нежела́нный 2) неуме́ст-
ный; ниче́м не вы́званный

uncanny [ʌnˈkænɪ] *a* жу́ткий; таи́нственный;
сверхъесте́ственный; стра́нный

uncap [ʌnˈkæp] *v* 1) снима́ть кры́шку, откры-
ва́ть 2) снима́ть шля́пу

uncared-for [ʌnˈkeədfɔ:(r)] *a* забро́шенный;
запу́щенный

uncase [ʌnˈkeɪs] *v* вынима́ть из я́щика, фут-
ля́ра, чехла́; распако́вывать

unceasing [ʌnˈsi:sɪŋ] *a* непрекраща́ющийся;
непреры́вный; непреста́нный

uncertain [ʌnˈsɜ:tn] *a* 1) то́чно не изве́стный,
неопределённый 2) ненадёжный 3) изме́н-
чивый 4) неуве́ренный, сомнева́ющийся

uncertainty [ʌnˈsɜ:tntɪ] *n* 1) неуве́ренность,
нереши́тельность 2) неизве́стность, неопределённость, нея́сность 3) неусто́йчивость

uncertified [ʌnˈsɜ:tɪfaɪd] *a* неаттесто́ванный;
незаве́ренный; не име́ющий удостовере́ния

unchain [ʌnˈtʃeɪn] *v* 1) спускать с цепи 2) освобождать *(от цепей, оков, рабства)*

unchangeable [ʌnˈtʃeɪndʒəbl] *a* неизменяемый, неизменный

uncivil [ʌnˈsɪvɪl] *a* невоспитанный, грубый, невежливый

uncivilized [ʌnˈsɪvɪlaɪzd] *a* некультурный, нецивилизованный, грубый

unclassified [ʌnˈklɑːsɪfaɪd] *a* несекретный *(о документах)*

unclasp [ˈʌnˈklɑːsp] *v* 1) отстёгивать *(застёжку, пряжку и т. п.)* 2) разжимать *(объятия)*; выпускать *(из рук)*

uncle [ˈʌŋkl] *n* 1) дядя 2) *сленг* ростовщик ◊ **U. Sam** *разг.* дядя Сэм, Соединённые Штаты; правительство США

unclean [ʌnˈkliːn] *a* грязный; нечистый, дурной

unclose [ʌnˈkləʊz] *v* 1) открывать 2) раскрывать, разоблачать

uncoil [ʌnˈkɔɪl] *v* разматывать; раскручивать

uncomely [ʌnˈkʌmlɪ] *a* 1) непристойный, неподобающий 2) некрасивый, безобразный

uncomfortable [ʌnˈkʌmfətəbl] *a* 1) неудобный 2) испытывающий неудобство; стеснённый; неловкий

uncomfortably [ʌnˈkʌmfətəblɪ] *adv* неудобно, неловко

uncommercial [ˌʌnkəˈmɜːʃəl] *a* некоммерческий

uncommon [ʌnˈkɒmən] *a* необыкновенный, необычный; замечательный

uncommunicative [ˌʌnkəˈmjuːnɪkətɪv] *a* необщительный

uncomplaining [ˌʌnkəmˈpleɪnɪŋ] *a* безропотный, нежалующийся

uncompleted [ˌʌnkəmˈpliːtɪd] *a* незавершённый, незаконченный

uncomplicated [ʌnˈkɒmplɪˌkeɪtɪd] *a* несложный, простой, прямой

uncompromising [ʌnˈkɒmprəmaɪzɪŋ] *a* не идущий на компромиссы, необычный; непреклонный, стойкий

unconcern [ˌʌnkənˈsɜːn] *n* 1) беззаботность, беспечность 2) равнодушие, безразличие

unconcerned [ˌʌnkənˈsɜːnd] *a* 1) беззаботный, беспечный; **~ about smth** не думающий о чём-л. 2) равнодушный, безразличный; **~ with smth** не интересующийся чем-л.

unconditional [ˌʌnkənˈdɪʃənl] *a* безусловный, безоговорочный

unconditioned [ˌʌnkənˈdɪʃənd] *a* неограниченный; необусловленный; неоговорённый

unconnected [ˌʌnkəˈnektɪd] *a* 1) не связанный, не соединённый; отдельный 2) бессвязный 3) не имеющий (родственных) связей

unconquerable [ʌnˈkɒŋkərəbl] *a* непобедимый

unconscionable [ʌnˈkɒnʃənəbl] *a* 1) бессовестный; **an ~ liar** отъявленный лжец 2) бессмысленный; чрезмерный

unconscious I [ʌnˈkɒnʃəs] *n* **(the ~)** подсознание

unconscious II *a* 1) потерявший сознание; бессознательный 2) не сознающий чего-л.; **she was ~ of my presence** она не замечала моего присутствия 3) невольный; нечаянный

unconsidered [ˌʌnkənˈsɪdəd] *a* необдуманный

unconsolable [ˌʌnkənˈsəʊləbl] *a* безутешный

unconstitutional [ˌʌnkɒnstɪˈtjuːʃənl] *a* 1) неконституционный 2) противоречащий конституции

unconstrained [ˌʌnkənˈstreɪnd] *a* добровольный; действующий и т. п. без принуждения

uncontrollable [ˌʌnkənˈtrəʊləbl] *a* 1) не поддающийся контролю, неконтролируемый 2) неудержимый

unconventional [ˌʌnkənˈvenʃ(ə)nl] *a* необычный, нетрадиционный, неортодоксальный

unconvinced [ˌʌnkənˈvɪnst] *a* неубеждённый

unconvincing [ˌʌnkənˈvɪnsɪŋ] *a* неубедительный

uncooperative [ˌʌnkəʊˈɒpərətɪv] *a* не проявляющий готовности помочь, сотрудничать; не желающий вместе работать

uncork [ʌnˈkɔːk] *v* 1) откупоривать 2) давать выход, волю *(чувствам)*

uncountable [ʌnˈkaʊntəbl] *a* 1) неисчислимый, бесчисленный, несметный 2) *грам.* неисчисляемый

uncouple [ʌnˈkʌpl] *v* разъединять; отцеплять

uncouth [ʌnˈkuːθ] *a* грубый *(о манерах и т. п.)*; неотёсанный, неуклюжий

uncover [ʌnˈkʌvə(r)] *v* 1) снимать крышку, покров; открывать 2) обнажать *(голову; тж* **to ~ oneself)** 3) обнаруживать, раскрывать

unction [ˈʌŋkʃ(ə)n] *n* 1) помазание; **extreme ~** *церк.* соборование 2) набожность, елейность 3) втирание мази

unctuous [ˈʌŋktjʊəs] *a* елейный

uncultivated [ʌnˈkʌltɪveɪtɪd] *a* невозделанный *(о земле)*; некультивированный

uncultured [ʌnˈkʌltʃəd] *a* некультурный, низкой культуры

uncured [ʌnˈkjʊəd] *a* 1) невылеченный 2) несолёный, некопчёный *(о свинине и т. п.)*

uncurl [ʌnˈkɜːl] *v* развиваться *(о локонах)*

uncut [ʌnˈkʌt] *a* 1) неразрезанный *(о книге)* 2) несокращённый 3) неотделанный, нешлифованный *(о драгоценных камнях)*

undamaged [ʌnˈdæmɪdʒd] *a* неповреждённый, в целости

undated [ʌnˈdeɪtɪd] *a* недатированный

undaunted [ʌnˈdɔ:ntɪd] *a* неустрашимый, бесстрашный

undeceive [ˌʌndɪˈsi:v] *v* выводить из заблуждения

undecided [ˌʌndɪˈsaɪdɪd] *a* 1) нерешённый, неустановленный 2) нерешительный 3) неясно выраженный, неясный

undecipherable [ˌʌndɪˈsaɪfərəbl] *a* 1) не поддающийся расшифровке 2) неразборчивый

undeclared [ˌʌndɪˈkleəd] *a* необъявленный, без объявления (*о войне и т. п.*)

undefined [ˌʌndɪˈfaɪnd] *a* неопределённый

undelete [ʌndɪˈli:t] *v* вчт отменять удаление, восстанавливать

undelivered [ˌʌndɪˈlɪvəd] *a* неотправленный (*о почте*); непроизнесённый (*о докладе*)

undemanding [ˌʌndɪˈma:ndɪŋ] *a* нетребовательный, непритязательный

undemocratic [ˌʌndɪməˈkrætɪk] *a* недемократичный

undemostrative [ˌʌndɪˈmɒnstrətɪv] *a* сдержанный

undeniable [ˌʌndɪˈnaɪəbl] *a* неоспоримый, бесспорный, несомненный, явный

undependable [ˌʌndɪˈpendəbl] *a* ненадёжный

under I [ˈʌndə(r)] *a* 1) нижний, находящийся внизу 2) нижестоящий, подчинённый; низший

under II *adv* 1) внизу, ниже; see ~ смотри ниже; **goods at 10 pounds and** ~ товары стоимостью десять фунтов и ниже 2) вниз 3) *с некоторыми глаголами выражает ослабление действия, сведение действия к окончанию*: **the ship went** ~ корабль затонул; **they were kept** ~ их держали в жёстком подчинении/под гнётом; **the fire has been got** ~ пожар был потушен

under III *prep* 1) под; ~ **the bed** под кроватью; ~ **the bridge** под мостом 2) во время, в эпоху (правления), под; ~ **the Romans** во времена римского господства 3) *под властью, в подчинении* под, в, у; ~ **the command...** под командой...; **I am working** ~ **Professor M.** я работаю у профессора М.; **pressure/impression** под давлением/впечатлением 4) согласно, по; **to act** ~ **orders** действовать согласно приказу; ~ **the terms of the agreement/contract** по/согласно условиям договора/контракта 5) меньше, ниже, до, под; **she's** ~ **40** ей под сорок; **children** ~ **7** дети до семи лет ◊ ~ **the cloud** под подозрением; ~ **one's own steam** *разг.* своими собственными силами; ~ **the table** *разг.* пьяный

under- [ˈʌndə-] *pref означает:* 1) *находящийся ниже, под:* **underclothes** нижнее бельё; **underground** подземный; **underwater** подводный 2) *находящийся ниже по своему положению; находящийся в подчинении:* **under-secretary** заместитель министра; **undergraduate** студент 3) *недостаточность, неполноту, несовершенность и т. п.:* **underdeveloped** недоразвитый; **to undercook** недоварить; **to underestimate** недооценивать; **to underpay** низко оплачивать, плохо оплачивать, плохо платить (*за труд*)

underact [ˈʌndərˈækt] *v* исполнять *или* играть роль слабо, недоигрывать, играть не в полную силу

underbade [ˈʌndəˈbeɪd] *past см.* **underbid**

underbar [ˈʌndəba:] *n* символ подчёркивания (_)

underbelly [ˈʌndəˌbelɪ] *n* низ живота

underbid [ˈʌndəˈbɪd] *v* (**underbade, underbid; underbidden, underbid**) сбивать цену, предлагать меньше (*на аукционе*)

underbidden [ˈʌndəˈbɪdn] *p. p. см.* **underbid**

underbred [ˈʌndəˈbred] *a* невоспитанный, грубый

underbrush [ˈʌndəbrʌʃ] *n* подрост; подлесок, мелколесье

undercarriage [ˈʌndəˌkærɪdʒ] *n ав.* шасси (*тж* **landing gear**)

undercharge [ˈʌndəˈtʃa:dʒ] *v* назначить слишком низкую цену

underclothes [ˈʌndəkləʊðz] *n pl* нижнее бельё

undercover [ˌʌndəˈkʌvə(r)] *a* тайный, нелегальный (*об агенте*); законспирированный

undercurrent [ˈʌndəˌkʌrənt] *n* 1) низовое течение; подводное течение 2) скрытая тенденция

undercut I [ˈʌndəkʌt] *n* 1) вырезка (*часть туши*) 2) *спорт* удар снизу вверх

undercut II [ˌʌndəˈkʌt] *v* 1) сбивать цену, продавать по более низкой цене (*чем конкурент*) 2) подрезать

underdeveloped [ˌʌndədɪˈveləpt] *a* 1) недоразвитый 2) экономически слабо развитый; ~ **countries** слаборазвитые, развивающиеся страны

underdog [ˈʌndədɒg] *n* 1) побеждённая сторона 2) неудачник, сломленный человек; бедолага

underdone [ˌʌndəˈdʌn] *a* 1) недоделанный 2) недоваренный, непропечённый, недожаренный (*о пище*)

underdress [ˌʌndəˈdress] *v* быть слишком легко одетым

underemployment [ˌʌndərɪmˈplɔɪmənt] *n* неполная занятость

underestimate I [ˌʌndərˈestɪmət] *n* недооце́нка

underestimate II [ˌʌndərˈestɪmeɪt] *v* недооце́нивать

underexpose [ˌʌndərɪksˈpəʊz] *v фото* недоде́рживать

underfed [ˌʌndəˈfed] *a* недоко́рмленный

underfoot [ˌʌndəˈfʊt] *adv* под нога́ми, на земле́

undergarment [ˈʌndəˌɡɑ:mənt] *n* предме́т ни́жнего белья́

undergo [ˌʌndəˈɡəʊ] *v* (**underwent; undergone**) подверга́ться, испы́тывать, переноси́ть; **to ~ an operation/criticism** подве́ргнуться опера́ции/кри́тике

undergone [ˌʌndəˈɡɒn] *p. p. см.* **undergo**

undergraduate [ˌʌndəˈɡrædjʊɪt] *n* студе́нт

underground I [ˈʌndəɡraʊnd] *n* 1) (the ~) метрополите́н, метро́ (*амер.* **subway**) 2) нелега́льная де́ятельность; подпо́льная организа́ция 3) *иск.* андегра́унд

underground II *a* 1) подзе́мный 2) подпо́льный; та́йный 3) нетрадицио́нный, относя́щийся к андегра́унду (*в искусстве и т. п.*)

underground III [ˌʌndəˈɡraʊnd] *adv* 1) под землёй 2) подпо́льно; та́йно; нелега́льно

undergrowth [ˈʌndəɡrəʊθ] *n* подро́ст; подле́сок, мелколе́сье

underhand I [ˈʌndəhænd] *a* та́йный, закули́сный

underhand II [ˌʌndəˈhænd] *adv* та́йно, за спино́й

underlaid [ˌʌndəˈleɪd] *past, p. p. см.* **underlay**[1]

underlain [ˌʌndəˈleɪn] *p. p. см.* **underlie**

underlay[1] [ˌʌndəˈleɪ] *v* (*past, p. p.* **underlaid**) подкла́дывать, подпира́ть

underlay[2] *past см.* **underlie**

underlie [ˌʌndəˈlaɪ] *v* (**underlay; underlain**) 1) лежа́ть под чем-л.; находи́ться внизу́ 2) лежа́ть в осно́ве (*чего-л.*); кры́ться (*под чем-л.*)

underline I [ˈʌndəlaɪn] *n* 1) *полигр.* ли́ния, подчёркивающая сло́во 2) по́дпись под рису́нком, чертежо́м (*в книге*) 3) *см.* **underbar**

underline II [ˌʌndəˈlaɪn] *v* подчёркивать; *тж перен.*

underling [ˈʌndəlɪŋ] *n обыкн. презр.* ме́лкая со́шка, ме́лкий чино́вник

underlying [ˌʌndəˈlaɪɪŋ] *a* 1) основно́й 2) расположенный внизу́

undermanned [ˌʌndəˈmænd] *a* недоукомплекто́ванный (*о штате, экипаже*); име́ющий некомпле́кт ли́чного соста́ва

undermentioned [ˌʌndəˈmenʃənd] *a* нижеупомя́нутый

undermine [ˌʌndəˈmaɪn] *v* 1) подрыва́ть (*чей-л. авторитет*) 2) разруша́ть, подрыва́ть (здоро́вье); ослабля́ть, истоща́ть; **to ~ one's health by drink** подорва́ть алкого́лем здоро́вье 3) подмыва́ть (*берег*) 4) подка́пывать; де́лать подко́п

underneath I [ˌʌndəˈni:θ] *adv* внизу́; вниз

underneath II *prep* под

undernourished [ˌʌndəˈnʌrɪʃt] *a* недоеда́ющий, недоко́рмленный

underpaid [ˌʌndəˈpeɪd] *past, p. p. см.* **underpay**

underpants [ˈʌndəpænts] *n pl* мужски́е трусы́

underpass [ˈʌndəpɑ:s] *n амер.* подзе́мный перехо́д, тонне́ль

underpay [ˌʌndəˈpeɪ] *v* (*past, p. p.* **underpaid**) сли́шком ни́зко опла́чивать, недопла́чивать

underpopulated [ˌʌndəˈpɒpjʊleɪtɪd] *a* малонаселённый

underprivileged [ˌʌndəˈprɪvɪlɪdʒd] *a* неиму́щий; **the ~** неиму́щие кла́ссы

underrate [ˌʌndəˈreɪt] *v* недооце́нивать; преуменьша́ть

under-secretary [ˈʌndəˈsekrətərɪ] *n* замести́тель *или* помо́щник мини́стра

undersell [ˌʌndəˈsel] *v* продава́ть по сни́женной цене́; распродава́ть

undershirt [ˈʌndəʃɜ:t] *n* ни́жняя руба́шка

undershorts [ˈʌndəʃɔ:ts] *n амер.* коро́ткие мужски́е трусы́

undersign [ˌʌndəˈsaɪn] *v* подпи́сывать(ся), ста́вить по́дпись

undersigned [ˌʌndəˈsaɪnd] *n* (the ~) нижеподписа́вшийся; **we, the ~ ...** мы, нижеподписа́вшиеся...

undersized [ˌʌndəˈsaɪzd] *a* ма́лого разме́ра; маломе́рный; низкоро́слый; ка́рликовый

understaffed [ˌʌndəˈstɑ:ft] *a* неукомплекто́ванный (*о штате сотрудников*)

understand [ˌʌndəˈstænd] *v* (*past, p. p.* **understood**) 1) понима́ть; **let us ~ each other** дава́йте же поймём друг дру́га; **to make oneself understood** объясни́ться 2) знать основа́тельно, разбира́ться; **he ~s finance** он разбира́ется в фина́нсовых вопро́сах 3) полага́ть, предполага́ть, дога́дываться; подразумева́ть; **I ~ you are leaving** я слы́шал/я полага́ю, вы уезжа́ете; **she is understood to be abroad** предполага́ется/говоря́т, она́ за грани́цей

understandable [ˌʌndəˈstændəbl] *a* поня́тный

understanding I [ˌʌndəˈstændɪŋ] *n* 1) понима́ние; **a clear ~ of** я́сное понима́ние 2) рассу́док; спосо́бность понима́ть, ра́зум 3) взаимопонима́ние, согла́сие; **mutual ~** взаимопонима́ние; **to show ~** прояви́ть понима́ние, войти́ в положе́ние 4) договорённость; **to come to an ~** прийти́ к соглаше́нию, договори́ться

understanding II *a* 1) толко́вый, спосо́бный поня́ть 2) понима́ющий, чу́ткий; отзы́вчивый

understate [ˌʌndəˈsteɪt] *v* 1) преуменьша́ть 2) недовыска́зывать

understatement [ˌʌndəˈsteɪtmənt] *n* 1) преуменьше́ние 2) зама́лчивание

understood [ˌʌndəˈstʊd] *past, p. p. см.* **understand**

understudy I [ˈʌndəˌstʌdɪ] *n театр.* дублёр; актёр второ́го соста́ва

understudy II *v театр.* дубли́ровать

undertake [ˌʌndəˈteɪk] *v* (**undertook; undertaken**) 1) предпринима́ть 2) брать на себя́ *(обещание и т. п.)*; обя́зываться 3) руча́ться, гаранти́ровать

undertaken [ˌʌndəˈteɪkən] *p. p. см.* **undertake**

undertaker [ˈʌndəˌteɪkə(r)] *n* владе́лец похоро́нного бюро́; гробовщи́к

undertaking[1] [ˌʌndəˈteɪkɪŋ] *n* 1) предприя́тие, де́ло; **that's quite an ~** э́то це́лое де́ло 2) обяза́тельство, руча́тельство, гара́нтия

undertaking[2] [ˈʌndəˌteɪkɪŋ] *n* обслу́живание похоро́н

undertenant [ˌʌndəˈtenənt] *n* субаренда́тор

underthings [ˈʌndəθɪŋz] *n pl разг.* ни́жнее бельё

undertone [ˈʌndətəʊn] *n* 1) полуто́н *(звука, цвета)*; **to speak/to talk in ~s** говори́ть вполго́лоса 2) отте́нок *(цвета и т. п.)* 3) подте́кст

undertook [ˌʌndəˈtʊk] *past см.* **undertake**

undervalue [ˌʌndəˈvælju:] *v* недооце́нивать

underwear [ˈʌndəweə(r)] *n собир.* ни́жнее бельё

underwent [ˌʌndəˈwent] *past см.* **undergo**

underwood [ˈʌndəwʊd] *n* подле́сок, подро́ст; куста́рник

underworld [ˈʌndəwɜ:ld] *n* 1) дно, подо́нки о́бщества; престу́пный мир 2) преиспо́дняя 3) антипо́ды

underwrite [ˈʌndəraɪt] *v* (**underwrote; underwritten**) 1) страхова́ть 2) подде́рживать фина́нсово 3) подпи́сывать

underwriter [ˈʌndəˌraɪtə] *n* страхова́я компа́ния, страхо́вщик

underwritten I [ˈʌndəˌrɪtn] *p. p. см.* **underwrite**

underwritten II *a* 1) нижеподписа́вшийся 2) нижеизло́женный

underwrote [ˈʌndərəʊt] *past см.* **underwrite**

undeservedly [ˌʌndɪˈzɜ:vɪdlɪ] *adv* незаслу́женно

undeserving [ˌʌndɪˈzɜ:vɪŋ] *a* не заслу́живающий *(чего-л.)*, недосто́йный

undesignedly [ˌʌndɪˈzaɪnɪdlɪ] *adv* неумы́шленно

undesirable [ˌʌndɪˈzaɪərəbl] *a* 1) нежела́тельный; неприя́тный 2) неподходя́щий

undetectable [ˌʌndɪˈtektəbl] *a* не обнару́живаемый

undetermined [ˌʌndɪˈtɜ:mɪnd] *a* 1) нерешённый, неопределённый 2) нереши́тельный

undeterred [ˌʌndɪˈtɜ:d] *a* ниче́м не остано́вленный

undeveloped [ˌʌndɪˈveləpt] *a* 1) слаборазви́тый, неразвито́й 2) необрабо́танный, неразрабо́танный *(об участке земли, районе и т. п.)*

undid [ʌnˈdɪd] *past см.* **undo**

undies [ˈʌndɪz] *n pl разг.* же́нское бельё

undigested [ˌʌndɪˈdʒestɪd] *a* неусво́енный, непереваренный *(о пище)*

undignified [ʌnˈdɪgnɪfaɪd] *a* недосто́йный; унизи́тельный

undiluted [ˌʌndaɪˈlju:tɪd] *a* неразба́вленный

undisciplined [ʌnˈdɪsɪplɪnd] *a* недисциплини́рованный

undisguised [ˌʌndɪsˈgaɪzd] *a* незамаскиро́ванный, я́вный, откры́тый, открове́нный

undisputed [ˌʌndɪsˈpju:tɪd] *a* бесспо́рный, несомне́нный

undistinguishable [ˌʌndɪsˈtɪŋgwɪʃəbl] *a* неразличи́мый

undistinguished [ˌʌndɪsˈtɪŋgwɪʃt] *a* ниче́м не примеча́тельный, незаме́тный, невзра́чный

undisturbed [ˌʌndɪsˈtɜ:bd] *adv* непотрево́женный, споко́йный

undo I [ʌnˈdu:] *n вчт* отме́на (кома́нды); возвра́т

undo II *v* (**undid; undone**) 1) расстёгивать, развя́зывать; раскрыва́ть *(пакет и т. п.)* 2) аннули́ровать; расторга́ть *(договор и т. п.)*; перечёркивать сде́ланное; **what is done cannot be undone** сде́ланного не воро́тишь 3) разруша́ть *(планы, репутацию, нравы и т. п.)* 4) *вчт* верну́ться на шаг, отмени́ть вы́полненное де́йствие

undone [ʌnˈdʌn] *p. p. см.* **undo**

undoing [ʌnˈdu:ɪŋ] *n* ги́бель, разруше́ние; **drink was his ~** пья́нство его́ погуби́ло

undoubted [ʌnˈdautɪd] *a* несомне́нный, бесспо́рный

undreamed-of, undreamt-of [ʌnˈdremtɒv] *a* и во сне не сни́вшийся, невообрази́мый

undress I [ʌnˈdres] *n* дома́шний костю́м; непара́дный костю́м

undress II *v* раздева́ться

undressed [ʌnˈdrest] *a* 1) неодётый, раздётый 2) невы́деланный *(о коже)* 3) незапра́вленный *(о блюде)*

undue [ʌnˈdju:] *a* 1) неумéстный; несвоеврéменный 2) чрезмéрный

undulate I [ˈʌndjʊleɪt] *a* волни́стый, волнообра́зный

undulate II *v* 1) быть холми́стым *(о мéстности)* 2) волнова́ться, вздыма́ться, колыха́ться

undulation [ˌʌndjʊˈleɪʃ(ə)n] *n* 1) волнообра́зное движéние 2) волни́стость, нерóвность повéрхности, холми́стость

unduly [ʌnˈdju:lɪ] *adv* 1) непра́вильно 2) чрезмéрно, чересчу́р; ~ **worried** сли́шком обеспокóенный

undutiful [ʌnˈdju:tɪful] *a* непокóрный, непослу́шный

undying [ʌnˈdaɪɪŋ] *a* бессмéртный; вéчный, нетлéнный

unearned [ʌnˈз:nd] *a* незарабóтанный; незаслу́женный; ~ **income** нетрудовы́е дохóды

unearth [ʌnˈз:θ] *v* 1) вы́рыть, вы́копать из земли́ 2) обнаружить, раскопа́ть, раскры́ть 3) вы́гнать из норы́ *(лиси́цу и т. п.)*

unearthly [ʌnˈз:θlɪ] *a* 1) неземнóй, сверхъестéственный 2) *разг.* кра́йне неподходя́щий *(о слишком ра́ннем часе и т. п.)*

uneasiness [ʌnˈi:zɪnɪs] *n* 1) нелóвкость; неудóбство 2) стеснённость 3) беспокóйство

uneasy [ʌnˈi:zɪ] *a* 1) беспокóйный, встревóженный; **to feel** ~ а) беспокóиться б) испы́тывать нелóвкость, неудóбный 2) нелóвкий, неудóбный; смущённый, стеснённый

uneatable [ʌnˈi:təbl] *a* несъедóбный

unedifying [ʌnˈedɪfaɪɪŋ] *a* недостóйный подража́ния, недостóйный

uneducated [ʌnˈedjʊkeɪtɪd] *a* необразóванный

unemployed I [ˌʌnɪmˈplɔɪd] *n*: **the** ~ *(употр. как pl)* безрабóтные

unemployed II *a* 1) безрабóтный 2) неиспóльзованный

unemployment [ˌʌnɪmˈplɔɪmənt] *n* 1) безрабóтица 2) *attr*: ~ **benefit** посóбие по безрабóтице *(амер.* **unemployment compensation)**

unending [ʌnˈendɪŋ] *a* нескончáемый, бесконéчный, непрестáнный

unendowed [ˌʌnɪnˈdaud] *a* не наделённый *(чем-л.)*

unendurable [ˌʌnɪnˈdjʊərəbl] *a* нестерпи́мый; невыноси́мый

unequal [ʌnˈi:kwəl] *a* 1) нерáвный *(по размéру, кáчеству и т. п.)*; неравноцéнный 2) несправедли́вый, непра́вильный; несоотвéтствующий

unequalled [ʌnˈi:kwəld] *a* непревзойдённый

unequivocal [ˌʌnɪˈkwɪvəkəl] *a* я́сный, недвусмы́сленный, прямóй

unerring [ʌnˈз:rɪŋ] *a* безоши́бочный, вéрный

UNESCO [ju:ˈneskəʊ] *сокр.* **(the United Nations Educational, Scientific, and Cultural Organization)** Организáция ООН по вопрóсам образовáния, наýки и культýры, ЮНЕСКО

unescorted [ˌʌnɪˈskɔ:tɪd] *a* без эскóрта, без сопровождéния

unessential [ˌʌnɪˈsenʃəl] *a* несущéственный

unestablished [ˌʌnɪˈstæblɪʃt] *a* неустанóвленный

uneven [ʌnˈi:vən] *a* 1) нерóвный *(о повéрхности и т. п.)* 2) нерáвный 3) нечётный

unexampled [ˌʌnɪgˈzɑ:mpld] *a* беспримéрный, несравнённый

unexceptionable [ˌʌnɪkˈsepʃənəbl] *a* 1) безуслóвный 2) совершéнный

unexpected [ˌʌnɪksˈpektɪd] *a* неожи́данный; внезáпный

unexperienced [ˌʌnɪksˈpɪərɪənst] *a* нео́пытный

unexploded [ˌʌnɪksˈpləʊdɪd] *a* неразорвáвшийся *(о снаря́де, бóмбе)*

unexplored [ˌʌnɪksˈplɔ:d] *a* неисслéдованный; *геол.* неразвéданный

unfading [ʌnˈfeɪdɪŋ] *a* неувядáющий, неувядáемый

unfailing [ʌnˈfeɪlɪŋ] *a* 1) неизмéнный, вéрный, надёжный 2) бесперебóйный

unfair [ʌnˈfeə(r)] *a* несправедли́вый; нечéстный

unfaithful [ʌnˈfeɪθful] *a* невéрный, веролóмный, предáтельский

unfaltering [ʌnˈfɔ:ltərɪŋ] *a* непоколеби́мый, твёрдый, стóйкий

unfamiliar [ˌʌnfəˈmɪljə(r)] *a* 1) незнакóмый 2) необы́чный, непривы́чный; стрáнный 3) не знáющий *(что-л.)*; не знакóмый *(с чем-л.)*

unfashionable [ʌnˈfæʃənəbl] *a* немóдный, старомóдный; вы́шедший из мóды

unfathomable [ʌnˈfæðəməbl] *a* 1) неизмери́мый, бездóнный 2) непостижи́мый, непроницáемый *(о тáйне и т. п.)*

unfavourable [ʌnˈfeɪvərəbl] *a* 1) неблагоприя́тный; неблагосклóнный, недрýжественный 2) неудóбный

unfeeling [ʌnˈfi:lɪŋ] *a* 1) бесчу́вственный, чёрствый 2) нечувстви́тельный *(о нéрве и т. п.)*

unfeigned [ʌnˈfeɪnd] *a* непритвóрный, неподдéльный, и́скренний

unfinished [ʌnˈfɪnɪʃt] *a* незакóнченный, незавершённый

unfit I [ʌnˈfɪt] *a* не(при)го́дный; неподходя́щий; **he is ~ to drive** он не в состоя́нии вести́ маши́ну

unfit II *v* де́лать не(при)го́дным

unflinching [ʌnˈflɪntʃɪŋ] *a* непоколеби́мый; сто́йкий

unflagging [ʌnˈflægɪŋ] *a* неослабева́ющий, неуста́нный

unflattering [ʌnˈflætərɪŋ] *a* неле́стный

unfold [ʌnˈfəʊld] *v* 1) развёртывать; раскрыва́ть 2) открыва́ть *(тайну, намерения)*

unforeseen [ˌʌnfɔːˈsiːn] *a* непредви́денный

unforgettable [ˌʌnfəˈgetəbl] *a* незабыва́емый; незабве́нный

unforgivable [ˌʌnfəˈgɪvəbl] *a* непрости́тельный

unformatted [ʌnˈfɔːmætɪd] *a* неформати́рованный

unfortunate I [ʌnˈfɔːtʃnət] *n* неуда́чник

unfortunate II *a* 1) неуда́чный 2) несча́стный, несчастли́вый

unfounded [ʌnˈfaʊndɪd] *a* беспо́чвенный, необосно́ванный; **~ hopes** необосно́ванные наде́жды

unfriendly [ʌnˈfrendlɪ] *a* недружелю́бный, неприве́тливый, неприя́зненный

unfrock [ʌnˈfrɒk] *v* лиша́ть духо́вного са́на

unfruitful [ʌnˈfruːtfʊl] *a* беспло́дный

unfulfilled [ˌʌnfʊlˈfɪld] *a* невы́полненный

unfurl [ʌnˈfɜːl] *v* развёртывать

unfurnished [ʌnˈfɜːnɪʃt] *a* 1) не снабжённый *(чем-л. — with)* 2) не обста́вленный ме́белью, без ме́бели

ungainly [ʌnˈgeɪnlɪ] *a* неуклю́жий, нело́вкий, несклáдный

ungettable [ʌnˈgetəbl] *a разг.* недосту́пный

ungloved [ʌnˈglʌvd] *a* без перча́ток

ungodly [ʌnˈgɒdlɪ] *a* 1) нечести́вый 2) *разг.* ужа́сный, кошма́рный

ungovernable [ʌnˈgʌvənəbl] *a* неконтроли́руемый, неукроти́мый, неудержи́мый *(о смехе и т. п.)*

ungraceful [ʌnˈgreɪsfʊl] *a* неграцио́зный, неуклю́жий

ungracious [ʌnˈgreɪʃəs] *a* 1) нелюбе́зный 2) неприя́тный

ungrammatical [ˌʌngrəˈmætɪkəl] *a* 1) негра́мотный 2) содержа́щий оши́бки, с оши́бками *(о письме, тексте)*

ungrateful [ʌnˈgreɪtfʊl] *a* неблагода́рный

ungrounded [ʌnˈgraʊndɪd] *a* 1) необосно́ванный, беспо́чвенный 2) неподгото́вленный; пло́хо проинструкти́рованный *(in)*

unguarded [ʌnˈgɑːdɪd] *a* 1) незащищённый 2) неосторо́жный, беспе́чный

unguent [ˈʌŋgwənt] *n* мазь

unguided [ʌnˈgaɪdɪd] *a* без сопровожда́ющего; предоста́вленный самому́ себе́

unhampered [ʌnˈhæmpəd] *a* свобо́дный; без осложне́ний

unhand [ʌnˈhænd] *v* выпуска́ть из рук

unhandsome [ʌnˈhænsəm] *a* 1) некраси́вый 2) нелюбе́зный, невеликоду́шный

unhandy [ʌnˈhændɪ] *a* нело́вкий, неповоро́тливый

unhappiness [ʌnˈhæpɪnɪs] *n* несча́стье

unhappy [ʌnˈhæpɪ] *a* 1) несча́стный 2) неуда́чный 3) печа́льный, гру́стный

unharmed [ʌnˈhɑːmd] *a* неповреждённый

unhealthy [ʌnˈhelθɪ] *a* 1) нездоро́вый; боле́зненный 2) вре́дный (для здоро́вья) 3) *сленг* опа́сный (для жи́зни)

unheard [ʌnˈhɜːd] *a* 1) неслы́шный 2) невы́слушанный

unheard-of [ʌnˈhɜːdɒv] *a* неслы́ханный

unhesitatingly [ʌnˈhezɪˌteɪtɪŋlɪ] *adv* без колеба́ния, реши́тельно

unhinge [ʌnˈhɪndʒ] *v* 1) снима́ть с пе́тель *(дверь и т. п.)* 2) расстра́ивать, выбива́ть из коле́й

unholy [ʌnˈhəʊlɪ] *a* 1) нечести́вый 2) *разг.* безобра́зный, стра́шный *(о шуме, скандале)*

unhook [ʌnˈhʊk] *v* отцепля́ть; отстёгивать *(крючок и т. п.)*

unhoused [ʌnˈhaʊzd] *a* бездо́мный, лишённый кро́ва

unhurried [ʌnˈhʌrɪd] *a* неспе́шный, неторопли́вый

unhurt [ʌnˈhɜːt] *a* невреди́мый

unhygienic [ˌʌnhaɪˈdʒiːnɪk] *a* негигиени́чный

UNICEF [ˈjuːnɪsef] *сокр.* **(United Nations Children's Fund)** Де́тский фонд ООН, ЮНИСЕ́Ф

unicorn [ˈjuːnɪkɔːn] *n миф.* единоро́г

undentifiable [ˌʌnaɪˈdentɪˌfaɪəbl] *a* не поддаю́щийся опозна́нию

unidentified [ˌʌnaɪˈdentɪˌfaɪd] *a* неопо́знанный; **~ flying object** неопо́знанный лета́ющий объе́кт, НЛО

unidirectional [ˌjuːnɪd(a)ɪˈrekʃ(ə)nəl] *a спец.* однонапра́вленный

unification [ˌjuːnɪfɪˈkeɪʃ(ə)n] *n* 1) объедине́ние 2) унифика́ция

unified [ˈjuːnɪfaɪd] *a* 1) еди́ный, объединённый 2) унифици́рованный

uniform I [ˈjuːnɪfɔːm] *n* унифо́рма, фо́рменная оде́жда

uniform II *a* 1) единообра́зный; одина́ковый, однообра́зный 2) постоя́нный, неизме́нный

uniform III *v* одева́ть в фо́рму

uniformed [ˈjuːnɪfɔːmd] *a* оде́тый в фо́рму

uniformity [ˌjuːnɪˈfɔːmɪtɪ] *n* единообра́зие

unify [ˈjuːnɪfaɪ] *v* 1) объединя́ть 2) унифици́-
ровать

unilateral [ˈjuːnɪˈlætərəl] *a* односторо́нний

unimaginable [ˌʌnɪˈmædʒɪnəbl] *a* невообра-
зи́мый

unimaginative [ˌʌnɪˈmædʒɪnətɪv] *a* лишённый
воображе́ния

unimpaired [ˌʌnɪmˈpeəd] *a* нетро́нутый, не-
затро́нутый, непострада́вший

unimpeachable [ˌʌnɪmˈpiːtʃəbl] *a* безупре́ч-
ный, безукори́зненный

uninhabitable [ˌʌnɪnˈhæbɪtəbl] *a* неприго́д-
ный для жилья́

uninhabited [ˌʌnɪnˈhæbɪtɪd] *a* необита́емый

uninhibited [ˌʌnɪnˈhɪbɪtɪd] *a* раско́ванный;
несде́ржанный

uninjured [ʌnˈɪndʒəd] *a* непострада́вший, не-
вреди́мый

uninspiring [ˌʌnɪnˈspaɪərɪŋ] *a* невдохнов-
ля́ющий

uninstall [ʌnɪnˈstɔːl] *v вчт* деинсталли́ровать,
удаля́ть *(программу)*

unintelligible [ˌʌnɪnˈtelɪdʒəbl] *a* непоня́тный,
невразуми́тельный; неразбо́рчивый *(о почерке)*

uninterruptible [ʌnˌɪntəˈrʌptəb(ə)l] *a* беспе-
ребо́йный, непрерыва́емый; ~ **power supply
(unit)** *эл.* блок бесперебо́йного пита́ния

union [ˈjuːnjən] *n* 1) сою́з; **the Soviet Union**
ист. Сове́тский Сою́з 2) соедине́ние, объе-
дине́ние 3) профессиона́льный сою́з, проф-
сою́з *(тж* trade ~) 4) согла́сие, еди́нство;
in perfect ~ в по́лном согла́сии 5) бра́чный
сою́з, брак 6) *тех.* соедини́тельная му́фта,
ни́ппель

unionist [ˈjuːnjənɪst] *n* 1) член профсою́за 2)
ист. униони́ст

unipolar [ˌjuːnɪˈpəʊlə] *a физ., эл.* униполя́р-
ный; однопо́люсный

unique I [juːˈniːk] *n* у́никум

unique II *a* 1) еди́нственный в своём ро́де;
уника́льный 2) осо́бенный, необы́чный

unisex I [ˈjuːnɪseks] *n* (стиль) унисе́кс *(в одежде – стиль, приго́дный для обо́их поло́в)*

unisex II *a* в сти́ле унисе́кс, подходя́щий для
обо́их поло́в; ~ **clothes** оде́жда в сти́ле унисе́кс

unison [ˈjuːnɪz(ə)n] *n* 1) согла́сие; **in** ~ согла́с-
но, в унисо́н 2) *муз.* унисо́н

unit [ˈjuːnɪt] *n* 1) едини́ца; це́лое 2) едини́ца
измере́ния; ~ **of length** едини́ца длины́;
thermal ~ едини́ца теплоты́, ~ **of currency**
де́нежная едини́ца 3) *воен.* во́инская часть,
подразделе́ние 4) отде́л; отделе́ние; се́кция;
assembly ~ сбо́рочный цех; **a kitchen** ~
ку́хонная се́кция 5) *тех.* мо́дуль, блок 6)
элеме́нт, компоне́нт

unite [juːˈnaɪt] *v* соединя́ть(ся); объединя́ть-
(ся); **to** ~ **forces** объединя́ть си́лы; **to** ~
against smb объединя́ться про́тив кого́-л.

united [juːˈnaɪtɪd] *a* 1) соединённый; объединённый; **the United Kingdom** Соединённое
Короле́вство (Великобрита́нии и Се́верной
Ирла́ндии); **the United States of America**
Соединённые Шта́ты Аме́рики, США 2)
дру́жный, сплочённый; **a** ~ **family** дру́жная
семья́

unitedly [juːˈnaɪtɪdlɪ] *adv* дру́жно, объединёнными уси́лиями

unity [ˈjuːnɪtɪ] *n* 1) еди́нство; **national** ~ на-
циона́льное еди́нство; **the dramatic unities**
театр. еди́нство вре́мени, ме́ста и де́йст-
вия в дра́ме 2) едине́ние, сплочённость;
согла́сие; солида́рность; **utmost** ~ по́лное
едине́ние 3) *мат.* едини́ца, число́ 1

universal [ˌjuːnɪˈvɜːsəl] *a* 1) всео́бщий; уни-
верса́льный; **a** ~ **remedy** универса́льное
сре́дство 2) всеми́рный

universe [ˈjuːnɪvɜːs] *n* Вселе́нная, мир

university [ˌjuːnɪˈvɜːsɪtɪ] *n* 1) университе́т 2)
attr университе́тский

Unix *сокр.* (**Uniplexed Information and Com-
puting System**) *вчт* операцио́нная систе́ма
Unix

unjust [ˌʌnˈdʒʌst] *a* несправедли́вый

unkempt [ˌʌnˈkempt] *a* 1) неопря́тный, запу́-
щенный 2) нечёсаный, растрёпанный, взлох-
ма́ченный

unkind [ʌnˈkaɪnd] *a* недо́брый, злой

unknown I [ˌʌnˈnəʊn] *n* 1) (the ~) неизве́ст-
ное 2) незнако́мец; незнако́мка 3) *мат.* не-
изве́стное, неизве́стная величина́

unknown II *a* неизве́стный; незнако́мый; **the**
~ **soldier** неизве́стный солда́т; **an** ~ **quantity**
мат. неизве́стная величина́

unknown III *adv* та́йно, без ве́дома; **they did
it** ~ **to me** они́ сде́лали э́то без моего́ ве́-
дома

unlace [ʌnˈleɪs] *v* расшнуро́вывать

unladylike [ʌnˈleɪdɪlaɪk] *adv* неподоба́юще
для воспи́танной да́мы; вульга́рно, гру́бо

unlawful [ʌnˈlɔːful] *a* незако́нный; противо-
зако́нный, запрещённый

unlearned [ʌnˈlɜːnɪd] *a* необразо́ванный; не-
ве́жественный

unleash [ʌnˈliːʃ] *v* 1) спуска́ть с при́вязи 2)
дать во́лю *(гне́ву, чу́вствам и т. п.)*; **to** ~
war развяза́ть войну́

unleavened [ʌnˈlevnd] *a* незаква́шенный,
пре́сный

unless [ʌnˈles] *conj* е́сли не, ра́зве то́лько,
пока́ не; без того́, что́бы; ~ **I am mistaken**
е́сли я не ошиба́юсь; **he is sure to come** ~ **he**

has lost his way он обяза́тельно придёт, е́сли то́лько не заблу́дится; **she never comes ~ called** она́ никогда́ не прихо́дит, е́сли её не позва́ть

unlettered [ʌnˈletəd] *a* 1) негра́мотный 2) не о́чень образо́ванный

unlicensed [ʌnˈlaɪsənst] *a* нелицензи́рованный; не име́ющий лице́нзии *(на право продажи, напр. спиртных напитков)*

unlike I [ʌnˈlaɪk] *a* непохо́жий на; не тако́й, как; **it's ~ him not to come** непохо́же на него́ то, что он не пришёл

unlike II *prep* в отли́чие от; **~ his brother she is very accurate** в отли́чие от бра́та она́ о́чень точна́

unlikeable [ʌnˈlaɪkəbl] *a* непривлека́тельный, неприя́тный

unlikely [ʌnˈlaɪklɪ] *a* маловероя́тный, неправдоподо́бный

unlimited [ʌnˈlɪmɪtɪd] *a* безграни́чный, беспреде́льный; неограни́ченный

unlined [ʌnˈlaɪnd] *a* 1) нелино́ванный *(о бумаге)* 2) без морщи́н, гла́дкий *(о коже лица)*

unload [ʌnˈləʊd] *v* 1) разгружа́ть; выгружа́ть 2) *воен.* разряжа́ть 3) *разг.* отде́лываться, избавля́ться *(от чего-л. невыгодного)* 4) *разг.* выдава́ть информа́цию

unlock [ʌnˈlɒk] *v* 1) отпира́ть 2) открыва́ть *(душу)*

unlooked-for [ʌnˈlʊktfɔː(r)] *a* неожи́данный, непредви́денный

unlucky [ʌnˈlʌkɪ] *a* несчастли́вый; неуда́чный; невезу́чий

unmanly [ʌnˈmænlɪ] *a* не досто́йный мужчи́ны; трусли́вый

unmanned [ʌnˈmænd] *a* 1) непилоти́руемый, беспило́тный, автомати́чески управля́емый *(о космическом корабле, летательном аппарате)* 2) неукомплекто́ванный *(штатами)*

unmannerly [ʌnˈmænəlɪ] *a* невоспи́танный, с плохи́ми мане́рами; гру́бый

unmarketable [ʌnˈmɑːkɪtəbl] *a* не подходя́щий для ры́нка, неперспекти́вный *(о това́ре)*

unmarried [ʌnˈmærɪd] *a* нежена́тый, холосто́й; незаму́жняя

unmask [ʌnˈmɑːsk] *v* 1) снима́ть, срыва́ть ма́ску; разоблача́ть 2) *воен.* демаски́ровать

unmatched [ʌnˈmætʃt] *a* не име́ющий себе́ ра́вного, бесподо́бный

unmeaning [ʌnˈmiːnɪŋ] *a* бессмы́сленный

unmeant [ʌnˈment] *a* неумы́шленный; ненаме́ренный

unmeasured [ʌnˈmeʒəd] *a* 1) неизме́ренный 2) неизмери́мый, безме́рный

unmentionable [ʌnˈmenʃənəbl] *a* неприли́чный

unmerciful [ʌnˈmɜːsɪfʊl] *a* немилосе́рдный, безжа́лостный

unmindful [ʌnˈmaɪndfʊl] *a* невнима́тельный, беспе́чный, забы́вчивый *(of)*

unmistakable [ˌʌnmɪsˈteɪkəbl] *a* безоши́бочный, я́вный, несомне́нный

unmounted [ʌnˈmaʊntɪd] *a* 1) пе́ший 2) неопра́вленный *(о камне)*; без опра́вы; без ра́мы, неоканто́ванный *(о фотографии, картине)*

unmoved [ʌnˈmuːvd] *a* 1) равноду́шный, бесчу́вственный 2) бесстра́стный, непоколеби́мый 3) неподви́жный

unnatural [ʌnˈnætʃərəl] *a* 1) неесте́ственный, необы́чный 2) чудо́вищный; противоесте́ственный

unnavigable [ʌnˈnævɪgəbl] *a* несудохо́дный

unnecessary [ʌnˈnesəsərɪ] *a* нену́жный, (из)ли́шний

unnerve [ʌnˈnɜːv] *v* лиша́ть бо́дрости, прису́тствия ду́ха; обесси́ливать

unnoticeable [ʌnˈnəʊtɪsəbl] *a* незаме́тный, непримѐтный

unnoticed [ʌnˈnəʊtɪst] *a* незаме́ченный; **to go/to pass ~** пройти́ незаме́ченным

unnumbered [ʌnˈnʌmbəd] *a* 1) несме́тный, бессчётный 2) ненумеро́ванный

UNO *сокр.* **(the United Nations Organization)** Организа́ция Объединённых На́ций, ООН *(тж* **UN)**

unobjectionable [ˌʌnəbˈdʒekʃənəbl] *a* прие́млемый

unobliging [ˌʌnəˈblaɪdʒɪŋ] *a* нелюбе́зный, неуслу́жливый

unobserved [ˌʌnəbˈzɜːvd] *a* незаме́ченный

unobstructed [ˌʌnəbˈstrʌktɪd] *a* беспрепя́тственный

unobtainable [ˌʌnəbˈteɪnəbl] *a* недосту́пный, недостижи́мый

unoccupied [ʌnˈɒkjʊpaɪd] *a* незаня́тый, свобо́дный; **an ~ seat** свобо́дное ме́сто

unoffending [ˌʌnəˈfendɪŋ] *a* безоби́дный, безвре́дный

unofficial [ˌʌnəˈfɪʃəl] *a* неофициа́льный

unpack [ʌnˈpæk] *v* распако́вывать

unpaid [ʌnˈpeɪd] *a* 1) неупла́ченный; неопла́ченный 2) не получа́ющий пла́ты

unparalleled [ʌnˈpærəleld] *a* бесподо́бный, бесприме́рный, несравне́нный

unpardonable [ʌnˈpɑːdənəbl] *a* непрости́тельный

unparliamentary [ˌʌnpɑːləˈmentərɪ] *a* непарла́ментский, неве́жливый; **~ language** непарла́ментские выраже́ния

unpatriotic [ˌʌnpætrɪ'ɒtɪk] *a* непатриотичный

unpaved [ʌn'peɪvd] *a* немощёный

unpeople [ʌn'pi:pl] *v* обезлюдить

unperturbed [ˌʌnpə'tɜ:bd] *a* невозмутимый

unpleasant [ʌn'pleznt] *a* неприятный

unpleasantness [ʌn'plezəntnɪs] *n* 1) непривлекательность 2) неприятность; недоразумение

unpopular [ʌn'pɒpjʊlə(r)] *a* непопулярный, не пользующийся популярностью, любовью

unpractised [ʌn'præktɪst] *a* 1) неопытный 2) не применявшийся на практике

unprecedented [ʌn'presɪdentɪd] *a* беспрецедентный, беспримерный

unpredictability [ˌʌnprɪdɪktə'bɪlɪtɪ] *n* 1) непредсказуемость 2) невозможность прогнозирования

unpredictable [ˌʌnprɪ'dɪktəbl] *a* непредсказуемый; трудно прогнозируемый

unprejudiced [ʌn'predʒʊdɪst] *a* непредубеждённый; беспристрастный

unpremeditated [ˌʌnprɪ'medɪteɪtɪd] *a* непреднамеренный, непредумышленный

unprepared [ˌʌnprɪ'peəd] *a* неподготовленный

unpresentable [ˌʌnprɪ'zentəbl] *a* непрезентабельный, невидный, невзрачный

unpretentious [ˌʌnprɪ'tenʃəs] *a* без особых претензий, непритязательный, скромный

unprincipled [ʌn'prɪnsəpld] *a* беспринципный

unprintable [ʌn'prɪntəbl] *a* непечатный, нецензурный

unproductive [ˌʌnprə'dʌktɪv] *a* непродуктивный

unprofessional [ˌʌnprə'feʃənl] *a* 1) непрофессиональный 2) любительский

unprofitable [ʌn'prɒfɪtəbl] *a* невыгодный, нерентабельный, неприбыльный

unpromising [ʌn'prɒmɪsɪŋ] *a* малоутешительный, малообещающий

unproved [ʌn'pru:vd] *a* недоказанный

unprovoked [ˌʌnprə'vəʊkt] *a* ничем не вызванный, неспровоцированный

unqualified [ʌn'kwɒlɪfaɪd] *a* 1) некомпетентный 2) не имеющий соответствующей подготовки *или* квалификации; неподходящий 3) полный, безоговорочный (*об отказе, успехе и т. п.*) 4) неправомочный

unquenchable [ʌn'kwentʃəbl] *a* 1) неугасимый 2) неутолимый

unquestionable [ʌn'kwestʃənəbl] *a* неоспоримый, бесспорный, несомненный

unquotable [ʌn'kwəʊtəbl] *a* нецензурный

unquote [ʌn'kwəʊt] *a* закрывать кавычки

unravel [ʌn'rævəl] *v* 1) распутывать (*нитки и т. п.*) 2) разгадывать; to ~ a mystery разгадывать тайну

unreadable [ʌn'ri:dəbl] *a* 1) скучный, неинтересный (*для чтения*) 2) неразборчивый (*о почерке*)

unready [ʌn'redɪ] *a* 1) неготовый 2) неповоротливый; медлительный

unreal [ʌn'rɪəl] *a* 1) ненастоящий 2) нереальный, воображаемый

unrealistic [ˌʌnrɪə'lɪstɪk] *a* нереалистичный; нереальный

unrealizable [ʌn'rɪəlaɪzəbl] *a* неосуществимый

unreasonable [ʌn'ri:zənəbl] *a* 1) неразумный, неблагоразумный 2) непомерный, чрезмерный; слишком высокий (*о цене и т. п.*)

unreasoned [ʌn'ri:znd] *a* непродуманный

unreasoning [ʌn'ri:zənɪŋ] *a* неразумный, не рассуждающий

unreclaimed [ˌʌnrɪ'kleɪmd] *a* 1) необработанный (*о земле*) 2) невостребованный

unrecognizable [ʌn'rekəɡˌnaɪz(ə)bl] *a* неузнаваемый

unrecognized [ʌn'rekəɡnaɪzd] *a* непризнанный

unrecoverable [ˌʌnrɪ'kʌv(ə)rəb(ə)l] *a* 1) невозвратимый; потерянный безвозвратно 2) неизлечимый

unreel [ʌn'ri:l] *v* разматывать(ся)

unrefined [ˌʌnrɪ'faɪnd] *a* неочищенный, нерафинированный

unregistered [ʌn'redʒɪstəd] *a* незарегистрированный

unrehearsed [ˌʌnrɪ'hɜ:st] *a* неотрепетированный

unrelated [ˌʌnrɪ'leɪtɪd] *a* не имеющий отношения

unrelenting [ˌʌnrɪ'lentɪŋ] *a* безжалостный, неумолимый

unreliable [ˌʌnrɪ'laɪəbl] *a* ненадёжный; безответственный; не заслуживающий доверия

unremitting [ˌʌnrɪ'mɪtɪŋ] *a* беспрестанный, неослабный

unrepentant [ˌʌnrɪ'pentənt] *a* нераскаявшийся

unreported [ˌʌnrɪ'pɔ:tɪd] *a* не доложенный, не сообщённый

unreserve [ˌʌnrɪ'zɜ:v] *n* 1) откровенность 2) несдержанность

unreserved [ˌʌnrɪ'zɜ:vd] *a* 1) откровенный 2) несдержанный 3) не ограниченный (*условиями, оговорками*)

unrest [ʌn'rest] *n* 1) беспокойство; тревога, смятение 2) смута; беспорядки, волнения

unrewarding [ˌʌnrɪˈwɔːdɪŋ] *a* неблагода́рный, некомпенси́руемый (*о компенсации за труды, хлопоты и т. п.*)

unriddle [ˌʌnˈrɪdl] *v* разгада́ть, объясни́ть

unrighteous [ʌnˈraɪtʃəs] *a* 1) несправедли́вый, непра́ведный 2) нечести́вый

unrip [ʌnˈrɪp] *v* распа́рывать; распуска́ть

unrivalled [ʌnˈraɪvəld] *a* не зна́ющий себе́ ра́вных, непревзойдённый

unroll [ʌnˈrəʊl] *v* развёртывать; разма́тывать

unruffled [ʌnˈrʌfld] *a* 1) гла́дкий, пригла́женный (*о волосах и т. п.*) 2) споко́йный, невозмути́мый

unruly [ʌnˈruːlɪ] *a* непоко́рный; бу́йный

unsafe [ʌnˈseɪf] *a* ненадёжный, опа́сный

unsaid [ʌnˈsed] *past, p. p. см.* **unsay**

unsaleable [ʌnˈseɪləbl] *a* неходово́й (*о товаре*); пло́хо продаю́щийся

unsatisfied [ʌnˈsætɪsfaɪd] *a* неудовлетворённый

unsavoury [ʌnˈseɪvərɪ] *a* 1) невку́сный 2) неприя́тный, отта́лкивающий; **an ~ reputation** дурна́я сла́ва

unsay [ʌnˈseɪ] *v* (*past, p. p.* **unsaid**) брать (свои́ слова́) наза́д; отпира́ться

unscathed [ʌnˈskeɪðd] *a* невреди́мый

unscholarly [ʌnˈskɒləlɪ] *a* не сво́йственный учёному, неэруди́рованный, не обладаю́щий глубо́кими зна́ниями

unschooled [ʌnˈskuːld] *a* 1) необразо́ванный, необу́ченный 2) недисциплини́рованный

unscientific [ˌʌnsaɪənˈtɪfɪk] *a* нена́учный

unscrew [ʌnˈskruː] *v* отви́нчиваться; разви́нчиваться

unscrupulous [ʌnˈskruːpjʊləs] *a* неразбо́рчивый в сре́дствах; беспринци́пный; бессо́вестный

unseal [ʌnˈsiːl] *v* распеча́тывать, вскрыва́ть

unsearchable [ʌnˈsɜːtʃəbl] *a* непостижи́мый, необъясни́мый

unseaworthy [ʌnˈsiːˌwɜːðɪ] *a* несудохо́дный

unseat [ʌnˈsiːt] *v* 1) сбро́сить (*с седла*); сса́дить (*со стула и т. п.*) 2) лиша́ть ме́ста, до́лжности

unsecured [ˌʌnsɪˈkjʊəd] *a* 1) незакреплённый; неза́пертый 2) негаранти́рованный, необеспе́ченный (*о займе и т. п.*)

unseemly [ʌnˈsiːmlɪ] *a* неподоба́ющий; прили́чный, непристо́йный

unseen [ʌnˈsiːn] *a* 1) неви́данный 2) неви́димый

unselfish [ʌnˈselfɪʃ] *a* бескоры́стный

unsettle [ʌnˈsetl] *v* наруша́ть споко́йствие, выбива́ть из колеи́, расстра́ивать

unsettled [ʌnˈsetld] *a* 1) неустанови́вшийся, неопределённый; неусто́йчивый (*о погоде*)

2) неопла́ченный (*о счёте и т. п.*) 3) неупоря́доченный 4) нерешённый 5) незаселённый

unshakeable [ʌnˈʃeɪkəbl] *a* непоколеби́мый

unshaken [ʌnˈʃeɪkən] *a* непоколе́бленный, твёрдый

unshapely [ʌnˈʃeɪplɪ] *a* 1) бесфо́рменный, амо́рфный 2) нескла́дный

unshared [ʌnˈʃeəd] *a* неразделённый

unsheathe [ʌnˈʃiːð] *v* вынима́ть из но́жен

unsheltered [ʌnˈʃeltəd] *a* 1) неприкры́тый; незащищённый 2) не име́ющий кры́ши над голово́й

unshielded [ʌnˈʃiːldɪd] *a* незащищённый

unshod [ʌnˈʃɒd] *a* 1) необу́тый 2) неподко́ванный

unshrinkable [ʌnˈʃrɪŋkəbl] *a* несадя́щийся (*о ткани*)

unsightly [ʌnˈsaɪtlɪ] *a* непригля́дный; уро́дливый; безобра́зный

unskillful [ʌnˈskɪlfʊl] *a* 1) неуме́лый, неиску́сный 2) неуклю́жий, нело́вкий, нескла́дный

unskilled [ʌnˈskɪld] *a* неквалифици́рованный

unsleeping [ʌnˈsliːpɪŋ] *a* недре́млющий, неусы́пный

unsociable [ʌnˈsəʊʃəbl] *a* необщи́тельный, избега́ющий о́бщества

unsocial [ʌnˈsəʊʃəl] *a* асоциа́льный; антиобще́ственный

unsolvable [ʌnˈsɒlvəbl] *a* неразреши́мый, не поддаю́щийся реше́нию

unsophisticated [ˌʌnsəˈfɪstɪkeɪtɪd] *a* просто́й, простоду́шный, безыску́сный

unsound [ʌnˈsaʊnd] *a* 1) нездоро́вый, боле́зненный 2) испо́рченный; непро́чный, ненадёжный 3) необосно́ванный

unsparing [ʌnˈspeərɪŋ] *a* 1) ще́дрый; расточи́тельный 2) беспоща́дный

unspeakable [ʌnˈspiːkəbl] *a* 1) невырази́мый, непередава́емый (*словами*) 2) о́чень плохо́й, отврати́тельный, па́костный

unspotted [ʌnˈspɒtɪd] *a* незапя́тнанный, чи́стый (*о репутации и т. п.*)

unstable [ʌnˈsteɪbl] *a* неусто́йчивый; непостоя́нный, изме́нчивый

unsteady [ʌnˈstedɪ] *a* 1) неусто́йчивый, нетвёрдый; ша́ткий 2) непостоя́нный, изме́нчивый

unstick [ʌnˈstɪk] *v* откле́ивать

unstressed [ʌnˈstrest] *a* 1) безуда́рный (*о звуке, слоге*) 2) неподчёркнутый

unstudied [ʌnˈstʌdɪd] *a* есте́ственный, незау́ченный, непринуждённый

unsuitable [ʌnˈsjuːtəbl] *a* неподходя́щий, неприго́дный

unsurpassed [ˌʌnsəˈpɑːst] *a* непревзойдённый

unsuspected [ˌʌnsəsˈpektɪd] *a* неподозреваемый, незаподозренный

unswerving [ʌnˈswɜːvɪŋ] *a* непоколебимый

unsympathetic [ˌʌnsɪmpəˈθetɪk] *a* несочувствующий, чёрствый

untameable [ʌnˈteɪməbl] *a* неукротимый, безудержный, необузданный

untapped [ʌnˈtæpt] *a* непочатый

unthinkable [ʌnˈθɪŋkəbl] *a* 1) невообразимый, немыслимый 2) неправдоподобный

unthinking [ʌnˈθɪŋkɪŋ] *a* бездумный

untidy [ʌnˈtaɪdɪ] *a* неопрятный; **an ~ person** неряха

untie [ʌnˈtaɪ] *v* развязывать, отвязывать

until I [ənˈtɪl] *prep* до; **~ summer** до лета

until II *conj* (до тех пор) пока; **he walked ~ he was too tired** он шёл (до тех пор), пока не устал

untimely [ʌnˈtaɪmlɪ] *a* несвоевременный; преждевременный

untiring [ʌnˈtaɪərɪŋ] *a* неутомимый, неустанный

untitled [ʌnˈtaɪtld] *a* не имеющий названия, неназванный

unto [ˈʌntʊ] *уст. см.* **to I**

untold [ʌnˈtəʊld] *a* 1) нерассказанный; нераскрытый (*о секрете и т. п.*) 2) бессчётный, неисчислимый; **~ misery** неисчислимые бедствия

untoward [ˌʌntəˈwɔːd] *a* неблагоприятный, неудобный; неудачный

untraceable [ʌnˈtreɪsəbl] *a* непрослеживаемый

untrained [ʌnˈtreɪnd] *a* необученный, неподготовленный

untrammeled [ʌnˈtræməld] *a* беспрепятственный; несвязанный; неоспоримый (*о праве и т. п.*)

untranslatable [ˈʌntrænsˈleɪtəbl] *a* непереводимый

untrodden [ʌnˈtrɒdən] *a* нехоженый, неисхоженный

untroubled [ʌnˈtrʌbld] *a* непотревоженный, спокойный

untrue [ʌnˈtruː] *a* 1) неверный, ложный, неправильный 2) неверный (*кому-л.*), нарушивший верность 3) несоответствующий (*образцу, типу*)

untrustworthy [ʌnˈtrʌstwɜːðɪ] *a* не вызывающий доверия

untruthful [ʌnˈtruːθfʊl] *a* 1) ложный, неверный 2) лживый

untutored [ʌnˈtjuːtəd] *a* необразованный, необученный

untwine [ʌnˈtwaɪn] *v* распутывать; расплетать

untwist [ʌnˈtwɪst] *v* раскручивать(ся)

unusable [ʌnˈjuːzəbl] *a* не пригодный для использования

unused[1] [ʌnˈjuːzd] *a* не употреблявшийся, не использованный; не в употреблении

unused[2] [ʌnˈjuːst] *a* непривычный, неприученный (*к чему-л. — to*)

unusual [ʌnˈjuːʒʊəl] *a* 1) необычный 2) необычайный, замечательный

unutterable [ʌnˈʌtərəbl] *a* невыразимый

unvarnished [ʌnˈvɑːnɪʃt] *a* 1) нелакированный 2) простой, неприкрашенный

unvarying [ʌnˈveərɪŋ] *a* неизменный, неменяющийся

unveil [ʌnˈveɪl] *v* 1) снимать покрывало 2) торжественно открывать (*памятник*) 3) раскрывать (*планы, тайну*) 4) объявлять, анонсировать 5) обнародовать, огласить

unverified [ʌnˈverɪfaɪd] *a* непроверенный

unversed [ʌnˈvɜːst] *a* несведущий, неопытный, неискусный (*в чём-л. — in*)

unvoiced [ʌnˈvɔɪst] *a* 1) непроизнесённый, невысказанный 2) *фон.* глухой (*о звуке*)

unwanted [ʌnˈwɒntɪd] *a* нежеланный, нежелательный; ненужный, лишний

unwarrantable [ʌnˈwɒrəntəbl] *a* недопустимый; ничем не оправданный

unwary [ʌnˈweərɪ] *a* неосмотрительный

unweary [ʌnˈwɪərɪ] *a* неуставший

unwearying [ʌnˈwɪərɪŋ] *a* неутомляющий

unwelcome [ʌnˈwelkəm] *a* 1) нежеланный, нежелательный; неприятный 2) непрошеный

unwell [ʌnˈwel] *a* нездоровый

unwieldy [ʌnˈwiːldɪ] *a* громоздкий

unwilling [ʌnˈwɪlɪŋ] *a* нежелающий, несклонный, нерасположенный, без желания

unwillingly [ʌnˈwɪlɪŋlɪ] *adv* неохотно, против воли

unwind [ʌnˈwaɪnd] *v* (*past, p. p.* **unwound**) разматывать(ся)

unwinking [ʌnˈwɪŋkɪŋ] *a* 1) немигающий 2) бдительный

unwise [ʌnˈwaɪz] *a* глупый, неблагоразумный

unwitting [ʌnˈwɪtɪŋ] *a* нечаянный

unwittingly [ʌnˈwɪtɪŋlɪ] *adv* нечаянно, невольно

unwonted [ʌnˈwəʊntɪd] *a* непривычный, необычный

unworldly [ʌnˈwɜːldlɪ] *a* 1) духовный 2) не от мира сего

unworn [ʌnˈwɔːn] *a* неношеный (*об одежде*)

unworthy [ʌnˈwɜːðɪ] *a* недостойный; подлый, низкий

unwound [ʌnˈwaʊnd] *past, p. p. см.* **unwind**

unwrap [ʌnˈræp] *v* разворачивать

unwritten [ʌnˈrɪtn] *a* непи́саный, незапи́санный; ~ **law** *юр.* непи́саный зако́н; обы́чное пра́во

unyielding [ʌnˈjiːldɪŋ] *a* неподатливый; несгиба́емый; упо́рный

unzip [ʌnˈzɪp] *v* 1) расстёгивать мо́лнию 2) *вчт* распако́вывать уплотнённый файл, разархиви́ровать *(файл)*

un-zipper [ʌnˈzɪpə] *n вчт* програ́мма-распако́вщик, програ́мма разуплотне́ния да́нных

up I [ʌp] *n* подъём *(в делах и т. п.)*; **on the up (and up)** дела́ иду́т в го́ру; **the ups and downs of life** превра́тности жи́зни, взлёты и паде́ния

up II *a* 1) иду́щий, поднима́ющийся вверх 2) иду́щий в центр *(о поезде, автобусе и т. п.)*; в сто́рону це́нтра *(о платформе)* 3) иду́щий в глубь страны́ 4) пе́нистый *(о пиве)*

up III *v разг.* 1) вска́кивать 2) внеза́пно начина́ть 3) повыша́ть *(цены)*

up IV *adv* 1) вверх, наве́рх 2) наверху́, вверху́, над; **high up in the sky** высоко́ в не́бе, высоко́ наверху́ 3) *указывает на стоячее положение, движение вверх и т. п.*: **the blinds were up** што́ры бы́ли по́дняты; **his spirits were up** у него́ подняло́сь настрое́ние 4) *указывает на направление к центру*: **to go up to London** уе́хать в Ло́ндон 5) *указывает на состояние активности, прогресса и т. п.*: **he is up and doing** он приня́лся за рабо́ту, он уже́ де́йствует 6) *указывает на окончание, завершение*: **time's up** вре́мя истекло́ ◊ **to be up and about** быть на нога́х, быть в фо́рме; **to be up against smth, smb** столкну́ться с чем-л., кем-л.; **to be up against it** *разг.* столкну́ться с тру́дностями; **what's up?** что случи́лось? **it is up to him** э́то его́ де́ло, ему́ реша́ть; **he is up to no good** он заду́мал каку́ю-то га́дость; **up for grabs** *сленг* для кого́ уго́дно

up V *prep* 1) вверх по, по, над; **to climb up the tree** взбира́ться вверх по де́реву 2) вдоль (по) 3) наверху́, вверху́ *(чего-л.)*; **to be situated up the street** быть располо́женным в нача́ле у́лицы 4) к верхо́вьям (реки́) ◊ **up a tree** *сленг* в большо́м затрудне́нии

up- [ʌp-] *pref* 1) *с глаголами и глагольными формами выражает рост, подъём и т. п.*: **upbringing** воспита́ние; **upgrade** а) повыша́ть в до́лжности б) *вчт* модернизи́ровать *(компьютер)*; **uplift** поднима́ть настрое́ние 2) *с существительными образует прилагательные и наречия со значением вверх, кве́рху, наверху́*; **uphill** в го́ру; **upland** гори́стый; **upstairs** наверху́, наве́рх; **upstream** вверх по тече́нию

up-and-coming [ˈʌpənˈkʌmɪŋ] *a разг.* энерги́чный, предприи́мчивый, напо́ристый, подаю́щий наде́жды, многообеща́ющий

up-and-down I [ˈʌpənˈdaʊn] *a разг.* переме́нчивый

up-and-down II *adv* 1) в ра́зных направле́ниях 2) там и сям

upas [ˈjuːpəs] *n* 1) анча́р *(тж* ~**tree**) 2) ядови́тый сок анча́ра 3) па́губное влия́ние

upbeat [ˈʌpbiːt] *n муз.* сла́бая, неуда́рная до́ля та́кта

upbraid [ʌpˈbreɪd] *v* упрека́ть, укоря́ть

upbringing [ˈʌpˌbrɪŋɪŋ] *n* воспита́ние

up-country I [ˈʌpˈkʌntrɪ] *n* вну́тренняя часть страны́

up-country II *a* располо́женный внутри страны́, удалённый от грани́ц

update I [ˈʌpdeɪt] *n* 1) корректиро́вка, обновле́ние 2) совреме́нная, обновлённая ве́рсия; совреме́нные да́нные 3) измене́ние, заме́на 4) *вчт* обновле́ние *(программного обеспечения)*, актуализа́ция *(базы данных)*

update II [ʌpˈdeɪt] *v* 1) обновля́ть, дополня́ть, модернизи́ровать, осовреме́нивать 2) модернизи́ровать, совершенствовать 3) *вчт* обновля́ть *(программное обеспечение)*, актуализи́ровать *(базу данных)*

upgrade [ˈʌpɡreɪd] *n* 1) подъём; **on the** ~ на подъёме; в хоро́шей фо́рме 2) модерниза́ция, усовершенствование

upgrowth [ˈʌpɡrəʊθ] *n* рост, разви́тие

upheaval [ʌpˈhiːvəl] *n* 1) *геол.* сдвиг, смеще́ние пласто́в 2) больши́е измене́ния; переворо́т

upheave [ʌpˈhiːv] *v* поднима́ть; сдвига́ть

upheld [ʌpˈheld] *past, p. p. см.* **uphold**

uphill I [ʌpˈhɪl] *a* 1) иду́щий в го́ру; круто́й *(о дороге)* 2) тру́дный, тяжёлый

uphill II *adv* в го́ру

uphold [ʌpˈhəʊld] *v (past, p. p.* **upheld**) 1) подде́рживать; ока́зывать подде́ржку 2) разделя́ть *(взгляды и т. п.)*

upholster [ʌpˈhəʊlstə(r)] *v* 1) обива́ть *(мебель)* 2) меблирова́ть

upholsterer [ʌpˈhəʊlstərə(r)] *n* обо́йщик, драпиро́вщик

upholstery [ʌpˈhəʊlstərɪ] *n* 1) оби́вочный материа́л, оби́вка 2) ремесло́ обо́йщика, драпиро́вщика

upkeep [ˈʌpkiːp] *n* 1) содержа́ние, ухо́д; ремо́нт 2) сто́имость содержа́ния

upland I [ˈʌplənd] *n* гори́стая страна́; наго́рная часть страны́

upland II *a* наго́рный, гори́стый

uplift I [ˈʌplɪft] *n* 1) подъём; подня́тие 2) наго́рье, гори́стая часть 3) *разг.* душе́вный подъём, воодушевле́ние

uplift II [ʌpˈlɪft] v 1) поднима́ть 2) поднима́ть дух, настрое́ние

upload [ˈʌpləʊd] v вчт загружа́ть в гла́вную систе́му из подчинённой; загружа́ть в уда́лённый компью́тер

uploading [ˈʌpləʊdɪŋ] n вчт загру́зка в гла́вную систе́му из подчинённой; загру́зка в удалённый компью́тер

upmost [ˈʌpməʊst] см. **uppermost**

upon [əˈpɒn] см. **on I**

upper II a ве́рхний; вы́сший; **the U. House** ве́рхняя пала́та *(парла́мента)*; ~ **classes** вы́сшие кла́ссы, верху́шка о́бщества; ~ **hand** власть, контро́ль *(над ситуа́цией)* ◊ **the ~ regions** a) не́бо б) небеса́, рай; **the ~ crust** *разг.* аристокра́ты, верху́шка о́бщества

upper I [ˈʌpə(r)] n передо́к башмака́ ◊ **to be on one's ~s** *разг.* оста́ться без гроша́

uppercut [ˈʌpəkʌt] n спорт. апперко́т *(в боксе)*

uppermost [ˈʌpəməʊst] a 1) са́мый гла́вный, са́мый вы́сший 2) преоблада́ющий, домини́рующий

uppish [ˈʌpɪʃ] a разг. чва́нный, спеси́вый, на́глый

uppity [ˈʌpɪtɪ] a разг. надме́нный, снобистский

upraise [ʌpˈreɪz] v поднима́ть; возвыша́ть

upright I [ˈʌpraɪt] n 1) столб; подпо́рка 2) пиани́но *(тж ~ piano)*

upright II a 1) вертика́льный, прямо́й 2) че́стный, прямо́й

uprightness [ˈʌpˌraɪtnɪs] n че́стность, прямота́

uprise [ʌpˈraɪz] v (uprose; uprisen) поднима́ться

uprisen [ʌpˈrɪzn] p. p. см. **uprise**

uprising [ˈʌpraɪzɪŋ] n восста́ние

up-river [ˈʌprɪvə(r)] см. **up-stream**

uproar [ˈʌpˌrɔː(r)] n шум, гам; волне́ние, сумато́ха

uproarious [ʌpˈrɔːrɪəs] a 1) шу́мный, бу́йный 2) невероя́тно смешно́й, вызыва́ющий смех

uproot [ʌpˈruːt] v 1) вырыва́ть с ко́рнем 2) выселя́ть, переселя́ть *(в друго́е ме́сто)* 3) искореня́ть

uprose [ʌpˈrəʊz] past см. **uprise**

upset I [ʌpˈset] n 1) недомога́ние; **stomach ~** расстро́йство желу́дка 2) неприя́тности, нелады́, огорче́ние 3) спорт. неожи́данный результа́т

upset II v (past, p. p. **upset**) 1) опроки́дывать(ся) 2) расстра́ивать *(пла́ны и т. п.)*; наруша́ть *(заведённый поря́док и т. п.)* 3) расстра́ивать, волнова́ть, огорча́ть; **the news ~ me** э́та но́вость расстро́ила меня́

upshot [ˈʌpʃɒt] n результа́т; развя́зка; заключе́ние; **in the ~** в конце́ концо́в

upside [ˈʌpsaɪd] n ве́рхняя сторона́

upside down I [ˌʌpsaɪdˈdaʊn] a 1) перевёрнутый вверх дном 2) беспоря́дочный, в по́лном беспоря́дке

upside down II adv вверх дном; вверх нога́ми

upstairs I [ʌpˈsteəz] a находя́щийся на ве́рхнем этаже́ *или* наверху́

upstairs II adv вверх по ле́стнице, наве́рх

upstage [ʌpˈsteɪdʒ] v затмева́ть *(друго́го актёра и т. д.)*; притя́гивать всё внима́ние к себе́, *проф.* тяну́ть одея́ло на себя́

upstanding [ʌpˈstændɪŋ] a 1) стоя́чий; вертика́льный 2) си́льный, здоро́вый 3) че́стный, прямо́й

upstart [ˈʌpˌstɑːt] n вы́скочка

up-stream [ˈʌpstriːm] adv вверх по тече́нию, про́тив тече́ния

upsurge [ˈʌpsɜːdʒ] n подъём *(чувств, промы́шленности)*; **economic ~** бу́рный подъём эконо́мики

upswing [ˈʌpswɪŋ] n подъём, улучше́ние

uptake [ˈʌpteɪk] n 1) разг. поня́тливость, сообрази́тельность; **quick/slow in the ~** смышлёный, сообрази́тельный/ме́дленно сообража́ющий челове́к 2) подня́тие, подъём

up-to-date [ʌptəˈdeɪt] a совреме́нный, нове́йший; са́мого после́днего вы́пуска

uptown I [ˈʌptaʊn] a располо́женный *или* находя́щийся в жилы́х кварта́лах го́рода

uptown II adv в жило́й, ста́рой ча́сти го́рода

upturn I [ʌpˈtɜːn] n подъём; улучше́ние

upturn II v перевёртывать

upward I [ˈʌpwəd] a напра́вленный, дви́жущийся вверх, к повыше́нию

upward II adv см. **upwards**

upwards [ˈʌpwədz] adv 1) вверх 2) свы́ше, бо́лее чем *(of)*

uranium [jʊˈreɪnɪəm] n хим. ура́н

urban [ˈɜːbən] a городско́й

urbane [ɜːˈbeɪn] a любе́зный, учти́вый, све́тский

urbanism [ˈɜːbənɪz(ə)m] n урбани́зм

urbanity [ɜːˈbænɪtɪ] n любе́зность, учти́вость

urbanization [ˌɜːbənaɪˈzeɪʃ(ə)n] n урбаниза́ция

urchin [ˈɜːtʃɪn] n 1) мальчи́шка, постре́л, паца́н 2) : **sea ~** биол. морско́й ёж

Urdu [ˈʊduː] n (язы́к) урду́

urge I [ɜːdʒ] n побужде́ние, и́мпульс, стремле́ние; **an ~ to return** жела́ние верну́ться наза́д

urge II v 1) подгоня́ть, торопи́ть 2) убежда́ть, побужда́ть; призыва́ть *(к чему́-л.)*; **he ~d me not to give in** он убежда́л меня́ не сдава́ться

urgency [ˈɜːʤənsɪ] *n* 1) крáйняя необходи́мость; безотлагáтельность 2) настóйчивость, назóйливость

urgent [ˈɜːʤənt] *a* 1) настоя́тельный, безотлагáтельный, неотлóжный 2) настóйчивый, назóйливый, неотступный; **in an ~ tone** настóйчивым тóном 3) э́кстренный, срóчный, *мед.* ургéнтный

URI *сокр.* **(upper respiratory infection)** *мед.* óстрая респиратóрная ви́русная инфéкция, ОРВИ

urinal [jʊəˈraɪnl] *n* писсуáр

urinate [ˈjʊərɪneɪt] *v* мочи́ться

urine [ˈjʊərɪn] *n* мочá

urn [ɜːn] *n* 1) у́рна 2) большóй кофéйник; бак, титáн *(для кипячёной воды)*

urologist [jʊəˈrɒləʤɪst] *n мед.* урóлог

urology [jʊəˈrɒləʤɪ] *n мед.* урологи́я

Ursa [ˈɜːsə] *n астр.:* **~ Major** Большáя Медвéдица; **~ Minor** Мáлая Медвéдица

ursine [ˈɜːsaɪn] *a* медвéжий; похóжий на медвéдя

Uruguayan I [ˌjʊərəˈgwaɪən] *n* уругвáец; уругвáйка

Uruguayan II *a* уругвáйский ·

us [ʌs, əs] *pron pers (косв. п. от we)* нас, нам; **by ~** нáми; **to ~** нам; **with ~** с нáми

usable [ˈjuːzəbl] *a* (при)гóдный к употреблéнию, применимый

USAF *сокр.* **(the United States Air Force)** Воéнно-воздýшные си́лы США

usage [ˈjuːzɪʤ] *n* 1) обращéние, обхождéние; **rough ~** грýбое обращéние 2) употреблéние, обы́чай; обыкновéние 3) словоупотреблéние; **a guide to English ~** учéбное посóбие по англи́йскому словоупотреблéнию

USB *сокр.* **(universal serial bus)** *вчт* универсáльная послéдовательная ши́на

use I [juːs] *n* 1) употреблéние, применéние, пóльзование; **in ~** в употреблéнии, употреби́тельный; **free ~** свобóдное *или* бесплáтное пóльзование; **in daily ~** в обихóде; **out of ~** вы́шедший из употреблéния; **to be/to fall out of ~** вы́йти из употреблéния; **to make ~ of** испóльзовать, воспóльзоваться; **to have the ~ of** пóльзоваться чем-л. 2) спосóбность пóльзоваться *(чем-л.);* **to lose the ~ of** потеря́ть спосóбность пóльзоваться чем-л., не владéть чем-л. 3) пóльза; **of ~** полéзный; **of no ~** бесполéзный; **to put to ~** испóльзовать; **there is no ~** бесполéзно, ни к чемý; **is there any ~?** стóит ли?, есть ли от э́того какáя-либо пóльза?; **it's no ~ talking/grumbling** говори́ть/ворчáть бесполéзно; **can I be of any ~?** могý ли я быть чем-то полéзен? 4) обыкновéние, привы́чка;

обы́чай; обы́чная прáктика ◊ **there is no ~ crying over spilt milk** *посл.* сдéланного не ворóтишь; ≅ сня́вши гóлову, по волосáм не плáчут

use II [juːz] *v* 1) употребля́ть, пóльзоваться, применя́ть; **to ~ a knife to open a tin** откры́ть бáнку ножóм; **to ~ force** употреби́ть си́лу; **~ your head!** подýмай как слéдует!, пораски́нь мозгáми! 2) обращáться, обходи́ться с кем-л. 3) *только past* имéть обыкновéние; **it ~d to be said** обы́чно говори́ли; **he ~d to come here in the morning** он обыкновéнно приходи́л сюдá по утрáм; **there ~d to be a castle** здесь когдá-то рáньше стоя́л зáмок

use up израсхóдовать; истощи́ть

used[1] [juːst] *a predic* привы́кший, привы́чный; **to get ~** привы́кнуть; **he is ~ to it** он привы́к к э́тому; **~ up** изнурённый, истощённый

used[2] [juːzd] *a* подéржанный, стáрый, бы́вший в употреблéнии; **a ~ car** подéржанная маши́на

useful [ˈjuːsʊl] *a* полéзный; пригóдный; **he is very ~ about house** он мнóго помогáет по дóму; **to come in ~** а) появи́ться кстáти б) пригоди́ться

useless [ˈjuːslɪs] *a* бесполéзный, ненýжный, негóдный

user [ˈjuːzə(r)] *n* потреби́тель, пóльзователь, абонéнт

user-friendliness [ˌjuːzəˈfrendlɪnəs] *n* удóбство в употреблéнии; *вчт* дрýжественность для пóльзователя

user-friendly [ˌjuːzəˈfrendlɪ] *a* удóбный в употреблéнии, сóзданный с учётом нужд потреби́теля; *вчт* дрýжественный для пóльзователя

usher I [ˈʌʃə(r)] *n* 1) капельди́нер; билетёр 2) швейцáр, приврáтник 3) церемоний-мéйстер

usher II *v* 1) проводи́ть, вводи́ть *(в дом, зал)* 2) доклáдывать *(о ком-л.; тж* **to ~ in)**

USN *сокр.* **(the United States Navy)** Воéнно-морскóй флот США

USSR *сокр.* **(Union of Soviet Socialist Republics)** *ист.* Сою́з Совéтских Социалисти́ческих Респýблик, СССР

usual [ˈjuːʒʊəl] *a* обыкновéнный, обы́чный; **as ~** как обы́чно, по обыкновéнию

usually [ˈjuːʒʊəlɪ] *adv* обы́чно, обыкновéнно

usurer [ˈjuːʒərə(r)] *n* ростовщи́к

usurious [jʊˈʒʊərɪəs] *a* ростовщи́ческий

usurp [jʊˈzɜːp] *v* незакóнно захвáтывать, завладевáть, узурпи́ровать

usurpation [ˌjuːzəˈpeɪʃ(ə)n] *n* незакóнный захвáт; узурпáция

usurper [juˈzɜːpə(r)] *n* узурпа́тор

usury [ˈjuːʒʊrɪ] *n* 1) ростовщи́чество 2) ростовщи́ческий проце́нт; **with ~** с лихво́й

utensil [juːˈtensl] *n* 1) у́тварь, посу́да; **kitchen ~s** ку́хонная посу́да, ку́хонные принадле́жности 2) принадле́жность; **writing ~s** пи́сьменные принадле́жности

uterus [ˈjuːtərəs] *n анат.* ма́тка

utile [ˈjuːtaɪl] *a* поле́зный; име́ющий примене́ние

utilitarian I [ˌjʊtɪlɪˈteərɪən] *n* утилитари́ст

utilitarian II *a* утилита́рный

utility [juːˈtɪlɪtɪ] *n* 1) поле́зность, вы́годность, по́льза 2) поле́зная вещь; поле́зный прибо́р 3) *вчт* утили́та, служе́бная програ́мма 4) *вчт* пара́метр, поле́зное сво́йство 5): **public utilities** коммуна́льные предприя́тия 6) *attr* утилита́рный; сугу́бо практи́ческий; **~ room** подсо́бное помеще́ние в до́ме *(обыкн. в подвале, где находится стиральная машина и др. домашняя техника)*; **~ pole** *амер.* телегра́фный столб

utilization [ˌjuːtɪlaɪˈzeɪʃ(ə)n] *n* испо́льзование, утилиза́ция

utilize [ˈjuːtɪlaɪz] *v* испо́льзовать, утилизи́ровать

utmost I [ˈʌtməʊst] *n* **(the ~)** вы́сшая сте́пень, са́мое большо́е; **to the ~** в вы́сшей сте́пени; изо всех сил; **to do one’s ~** сде́лать всё возмо́жное

utmost II *a* 1) са́мый отдалённый; кра́йний; преде́льный 2) велича́йший, высоча́йший *(о значении, ценности и т. п.)*

Utopia [juːˈtəʊpjə] *n* уто́пия

Utopian I [juːˈtəʊpjən] *n* утопи́ст

Utopian II *a* утопи́ческий

utter[1] [ˈʌtə(r)] *v* 1) издава́ть *(звук, крик)*; произноси́ть; выража́ть слова́ми 2) пуска́ть в обраще́ние, распространя́ть *(особ. фальши́вые деньги и т. п.)*

utter[2] *a* по́лный; полне́йший, соверше́нный; абсолю́тный; **~ absurdity** по́лный абсу́рд; **~ scoundrel** отъя́вленный негодя́й

utterance [ˈʌtərəns] *n* 1) произноше́ние; ди́кция 2) выраже́ние *(чего-л.)*; **to give ~ to** вы́разить, дать вы́ход *(чувству, гневу и т. п.)* 3) выска́зывание; **public ~** публи́чное заявле́ние

utterly [ˈʌtəlɪ] *adv* кра́йне, чрезвыча́йно; соверше́нно, по́лностью

uttermost [ˈʌtəməʊst] *см.* **utmost II**

U-turn [ˈjuːtɜːn] *n* 1) *авто* разворо́т 2) ре́зкая переме́на поли́тики

UV *сокр.* **(ultraviolet)** ультрафиоле́товый, УФ

uvula [ˈjuːvjʊlə] *n (pl* **uvulae** [ˈjuːvjʊliː]*) анат.* язычо́к, у́вула

uxorious [ʌkˈsɔːrɪəs] *a* чрезме́рно привя́занный к жене́

Uzbek I [ʊzˈbek] *n* 1) узбе́к; узбе́чка; **the ~s** узбе́ки 2) узбе́кский язы́к

Uzbek II *a* узбе́кский

V

V, v [viː] *n* 22-я бу́ква англ. алфави́та

V *сокр.* 1) **(verse)** стих 2) **(versus)** про́тив 3) **(very)** о́чень 4) **(victory)** побе́да 5) **(volt)** вольт

VA *сокр.* 1) *амер.* **(Veterans’ Administration)** Управле́ние дела́ми ветера́нов 2) **(Vice Admiral)** вице-адмира́л

vac [væk] *n разг.* кани́кулы *(особ. студенче́ские)*

vacancy [ˈveɪkənsɪ] *n* 1) пустота́ 2) пусто́е простра́нство 3) вака́нсия; **there are two vacancies for teachers** есть две вака́нсии для учителе́й 4) сдаю́щиеся номера́ *(в гости́нице)*; сдаю́щиеся помеще́ния 5) пра́здность 6) равноду́шие, безуча́стность

vacant [ˈveɪkənt] *a* 1) пусто́й, незаня́тый, свобо́дный *(о помещении, месте и т. п.)* 2) вака́нтный *(о должности)* 3) безду́мный, безуча́стный, отсу́тствующий *(о взгляде и т. п.)*; безде́ятельный, пра́здный

vacate [vəˈkeɪt] *v* 1) освобожда́ть *(место, помещение, должность)*; съе́хать *(с кварти́ры)* 2) упраздня́ть, отменя́ть *(закон, догово́р и т. п.)*

vacation [vəˈkeɪʃ(ə)n] *n* 1) кани́кулы; **long ~** ле́тние кани́кулы 2) о́тпуск; **on ~** в о́тпуске 3) освобожде́ние, оставле́ние *(помещения)*

vacationist [vəˈkeɪʃənɪst] *n амер.* отдыха́ющий, отпускни́к

vaccinate [ˈvæksɪneɪt] *v мед.* де́лать приви́вку; проводи́ть вакцина́цию

vaccination [ˌvæksɪˈneɪʃ(ə)n] *n мед.* приви́вка; вакцина́ция

vaccine [ˈvæksiːn] *n мед.* вакци́на

vacillate [ˈvæsɪleɪt] *v* 1) проявля́ть нереши́тельность, колеба́ться 2) кача́ться, колыха́ться

vacillation [ˌvæsɪˈleɪʃ(ə)n] *n* 1) нереши́тельность, колеба́ния 2) колеба́ние, кача́ние

vacua [ˈvækjʊə] *pl см.* **vacuum**

vacuity [vəˈkjuːɪtɪ] *n* отсу́тствие мы́слей, бессодержа́тельность

vacuous [ˈvækjʊəs] *a* пусто́й, бессмы́сленный; невырази́тельный

vacuum [ˈvækjʊəm] *n* (*pl тж* **vacua**) 1) вáкуум, безвоздýшное прострáнство 2) *разг.* пылесóс 3) *attr* вáкуумный

vacuum flask [ˌvækjʊəmˈflɑːsk] *n* тéрмос

vacuum cleaner [ˌvækjʊəmˈkliːnə(r)] *n* пылесóс

vade-mecum [ˌveɪdɪˈmiːkəm] *n лат.* кармáнный спрáвочник

vagabond I [ˈvægəbɒnd] *n* 1) бродя́га 2) *разг.* бездéльник, парази́т

vagabond II *a* бродя́чий, скитáльческий

vagabond III *v* бродя́жничать, скитáться

vagabondage [ˈvægəbɒndɪdʒ] *n* бродя́жничество

vagary [ˈveɪgərɪ] *n* причýда, капри́з; чудáчество; бредовáя идéя

vagina [vəˈdʒaɪnə] *n анат., бот.* влагáлище

vagrancy [ˈveɪgrənsɪ] *n* бродя́жничество

vagrant I [ˈveɪgrənt] *n* бродя́га

vagrant II *a* 1) бродя́чий, стрáнствующий 2) блуждáющий; ~ **thoughts** блуждáющие мы́сли

vague [veɪg] *a* 1) нея́сный, смýтный, неопределённый; тумáнный; **to give a ~ answer** дать нея́сный отвéт; ~ **rumours** неопределённые слýхи 2) нетóчный, нея́сно вы́раженный (*о мысли и т. п.*); ~ **understanding** смýтное понимáние (*чего-л.*) 3) отсýтствующий, рассéянный (*о взгляде*)

vain [veɪn] *a* 1) тщеслáвный; **to be ~ of** горди́ться (*чем-л.*) 2) тщéтный, напрáсный, безуспéшный; **in ~** напрáсно, тщéтно; ~ **hopes** напрáсные надéжды 3) пустóй, тривиáльный (*о мечтах, развлечениях и т. п.*)

vainglorious [veɪnˈglɔːrɪəs] *a* тщеслáвный; хвастли́вый

vainglory [veɪnˈglɔːrɪ] *n* тщеслáвие; хвастли́вость

valance [ˈvæləns] *n* подзóр (*у кровати*); сбóрка, обóрка (*на кресле и т. п.*)

vale¹ [veɪl] *n уст., поэт.* доли́на; ~ **of tears** доли́на слёз, скóрби; ю́доль скóрби (*о жизни*)

vale² I [ˈvɑːleɪ] *n лат.* прощáние

vale² II *int* прощáйте!

valediction [ˌvælɪˈdɪkʃ(ə)n] *n* прощáние; напýтствие, прощáльное слóво

valedictory I [ˌvælɪˈdɪktərɪ] *n* напýтствие, прощáльное слóво

valedictory II *a* прощáльный, напýтственный (*о словах, речи*)

valence [ˈveɪləns] *амер. см.* **valency**

valency [ˈveɪlənsɪ] *n хим.* валéнтность

valentine [ˈvæləntaɪn] *n* 1) любóвное послáние, «валенти́нка» (*посылаемая в День Св. Валентина*) (*тж* ~ **card**) 2) возлю́бленный;

возлю́бленная (*выбираемые 14 февраля в День Св. Валентина*)

Valentine's Day [ˈvæləntaɪnzˌdeɪ] *n* День Свято́го Валенти́на (*день всех влюблённых – 14 февраля*)

valerian [vəˈlɪərɪən] *a* 1) *бот.* валерья́на 2) валерья́новые кáпли (*тж* ~ **drops**)

valet [ˈvælɪt] *n* 1) камерди́нер, слугá, лакéй 2) *амер.* слýжащий гости́ницы (*выполняющий ремонт, чистку и глажение одежды, а тж парковку автомобилей клиентов*)

valetudinarian I [ˈvælɪˌtjuːdɪˈneərɪən] *n* болéзненный, мни́тельный человéк, ипохóндрик

valetudinarian II *a* болéзненный, мни́тельный

valetudinary I, II [ˌvælɪˈtjuːdɪnərɪ] *см.* **valetudinarian** I, II

valiant [ˈvæljənt] *a* хрáбрый, дóблестный, мýжественный

valid [ˈvælɪd] *a* 1) прáвильный; хорошó обоснóванный; здрáвый 2) юриди́чески прáвильно офóрмленный (*о договоре, контракте и т. п.*) 3) юриди́чески действи́тельный, имéющий си́лу (*о договоре, докумéнте, паспорте и т. п.*)

validate [ˈvælɪdeɪt] *v* 1) утверждáть, ратифици́ровать 2) *юр.* объявля́ть действи́тельным, придавáть закóнную си́лу

validation [ˌvælɪˈdeɪʃ(ə)n] *n* утверждéние, ратификáция

validity [vəˈlɪdɪtɪ] *n* 1) основáтельность, вéскость; обоснóванность 2) действи́тельность, закóнность; **the ~ of the marriage** закóнность брáка 3) справедли́вость, достовéрность

valise [vəˈliːz] *n* 1) дорóжная сýмка, саквоя́ж; плóский чемодáн 2) *амер.* складнóй чемодáн; складнáя дорóжная сýмка

Valium [ˈvælɪəm] *n фирм.* вáлиум (*транквилизатор*)

Valkyrie [vælˈkɪərɪ] *n миф.* валькúрия

valley [ˈvælɪ] *n* 1) доли́на 2) низи́на, впáдина, лощи́на

valor [ˈvælə(r)] *амер. см.* **valour**

valorous [ˈvælərəs] *a* дóблестный

valour [ˈvælə(r)] *n* дóблесть

valuable [ˈvæljʊəbl] *a* 1) цéнный; дорогóй 2) цени́мый, полéзный; ~ **information** цéнная/полéзная информáция

valuables [ˈvæljʊəblz] *n pl* драгоцéнности; цéнные вéщи

valuation [ˌvæljʊˈeɪʃ(ə)n] *n* 1) оцéнка; **to make a ~ of the property** произвести́ оцéнку имýщества 2) ценá

value I [ˈvæljuː] *n* 1) цéнность, вáжность; **to set a high ~ on smth** высокó цени́ть что-л., придава́ть большо́е значе́ние чему́-л. 2) сто́имость, цена́; **face/market** ~ номина́льная/ры́ночная сто́имость 3) це́нная поку́пка, вы́годное приобрете́ние *(тж* ~ **for money)** 4) *pl* духо́вные це́нности, жи́зненные при́нципы; **their scale of ~s** их шкала́ це́нностей 5) *мат.* величина́ 6) *муз.* дли́тельность но́ты 7) досто́инство *(монеты, карты, фишки и т. п.)* 8) *жив.* соотноше́ние све́та и те́ни *(в картине)*

value II *v* 1) оце́нивать 2) дорожи́ть, высоко́ цени́ть; **you know I ~ your opinion** вы зна́ете, я о́чень ценю́ ва́ше мне́ние

value added [ˌvælju:ˈædɪd] *n* эк. сто́имость, доба́вленная обрабо́ткой; доба́вленная сто́имость

value-added tax [ˌvælju:ˈædɪdˌtæks] *n* фин. нало́г на доба́вленную сто́имость, НДС

valueless [ˈvæljʊlɪs] *a* ничего́ не сто́ящий; бесполе́зный; **a ~ promise** пусто́е обеща́ние

valuer [ˈvæljʊə(r)] *n* оце́нщик

valve [vælv] *n* 1) *тех., анат.* кла́пан 2) *тех.* ве́нтиль; ство́рка 3) *радио* электро́нная ла́мпа *(амер.* **tube)** 4) *attr* ла́мповый 5) *attr* кла́панный

vamoose [væˈmu:s] *v* амер. сленг удира́ть, смыва́ться

vamp[1] **I** [væmp] *n* 1) передо́к, сою́зка *(обуви)* 2) что-л. ко́е-ка́к отремонти́рованное, зала́танное 3) *муз.* импровизи́рованный аккомпанеме́нт

vamp[1] **II** *v* 1) ста́вить но́вый передо́к, но́вую сою́зку *(на обувь)* лата́ть, починя́ть, переде́лывать из ста́рого *(тж.* **to ~ up)** 3) *муз.* импровизи́ровать аккомпанеме́нт

vamp[2] **I** *n* разг. же́нщина-вамп, обольсти́тельница

vamp[2] **II** *v* разг. соблазня́ть, завлека́ть

vampire [ˈvæmpaɪə(r)] *n* 1) вампи́р 2) кровопи́йца, вымога́тель

van[1] [væn] *n* 1) фурго́н; **furniture ~** ме́бельный фурго́н 2) ваго́н *(багажный, служебный)*

van[2] *n* аванга́рд

vanadium [vəˈneɪdɪəm] *n* хим. вана́дий

V. & A., V and A сокр. **(Victoria and Albert Museum in London)** Музе́й Викто́рии и А́льберта в Ло́ндоне

vandal [ˈvændəl] *n* 1) ванда́л, ва́рвар, хулига́н 2) **(V.)** ист. ванда́л

vandalism [ˈvændəlɪz(ə)m] *n* вандали́зм, ва́рварство

vandalize [ˈvændəlaɪz] *v* разруша́ть, ва́рварски относи́ться *(к произведениям искусства, реликвиям и т. п.)*; бесчи́нствовать

vane [veɪn] *n* 1) флю́гер 2) крыло́ *(мельницы, ветряка)* 3) ло́пасть *(винта)*

vanguard [ˈvænɡɑ:d] *n* аванга́рд

vanilla [vəˈnɪlə] *n* вани́ль

vanish [ˈvænɪʃ] *v* исчеза́ть, пропада́ть ◊ **to ~ into thin air** исче́знуть без следа́

vanity [ˈvænɪtɪ] *n* 1) тщесла́вие ◊ ~ **bag/case** сумочка-косме́ти́чка 2) суета́, тщета́ ~ **of vanities** суета́ суе́т 3) *амер.* туале́тный сто́лик *(тж* ~ **table)**

vanity press [ˈvænɪtɪˌpres] *n* изда́тельство, печа́тающее кни́ги за счёт а́второв

vanquish [ˈvæŋkwɪʃ] *v* книжн. побежда́ть, покоря́ть

vanquisher [ˈvæŋkwɪʃə(r)] *n* книжн. победи́тель, завоева́тель

vantage [ˈvɑ:ntɪdʒ] *n* 1) см. **vantage ground** 2) *редко* преиму́щество

vantage ground [ˈvɑ:ntɪdʒˌɡraʊnd] *n* удо́бная, вы́годная пози́ция

vapid [ˈvæpɪd] *a* безвку́сный, пре́сный; бессодержа́тельный, ску́чный, неинтере́сный

vapidity [væˈpɪdɪtɪ] *n* пре́сность; бессодержа́тельность

vapor I, II [ˈveɪpə(r)] *амер. см.* **vapour I, II**

vaporization [ˌveɪpəraɪˈzeɪʃ(ə)n] *n* испаре́ние, парообразова́ние

vaporize [ˈveɪpəraɪz] *v* испаря́ть(ся)

vaporizer [ˈveɪpəraɪzə(r)] *n* испари́тель

vaporous [ˈveɪpərəs] *a* 1) тума́нный; насы́щенный пара́ми 2) нереа́льный, при́зрачный

vapour I [ˈveɪpə(r)] *n* 1) пар 2) испаре́ние; пары́ 3) тума́н 4) *attr:* ~ **trail** след в не́бе, оставля́емый самолётом

vapour II *v* 1) испаря́ться 2) вести́ пусты́е, хвастли́вые разгово́ры; разглаго́льствовать

vapouring [ˈveɪpərɪŋ] *n часто pl* пусто́е хвастовство́

vapourish [ˈveɪpərɪʃ] *a* 1) хвастли́вый 2) *уст.* угнетённый, пода́вленный

vapoury [ˈveɪpərɪ] *a* 1) тума́нный, затума́ненный 2) в глубо́кой меланхо́лии, уны́лый

var. *сокр.* 1) **(variant)** вариа́нт 2) **(variety)** разнови́дность

variability [ˌveərɪəˈbɪlɪtɪ] *n* изме́нчивость

variable I [ˈveərɪəbl] *n* мат. переме́нная величина́

variable II *a* 1) изме́нчивый, непостоя́нный; ~ **winds** ве́тры переме́нных направле́ний; ~ **moods** переме́нчивые настрое́ния 2) переме́нный, изменя́емый, изменя́ющийся

variance [ˈveərɪəns] *n* 1) измене́ние 2) разногла́сие, расхожде́ние, несогла́сие; **to set at ~** поссо́рить; вы́звать конфли́кт; **to be at ~ with** расходи́ться *(во взглядах и т. п.)* 3) *юр.* несоотве́тствие, расхожде́ние *(в докуме́нтах)*

variant I [ˈveərɪənt] *n* вариа́нт

variant II *a* разли́чный; отли́чный, ино́й

variation [ˌveərɪˈeɪʃ(ə)n] *n* 1) измене́ние 2) отклоне́ние; колеба́ние 3) *мат., муз.* вариа́ция 4) разнови́дность

varicoloured [ˈveərɪˌkʌləd] *a* разноцве́тный

varicose [ˈværɪkəvs] *a мед.* варико́зный; ~ **veins** *мед.* варико́зное расшире́ние вен

varied [ˈveərɪd] *a* разли́чный; разнообра́зный

variegated [ˈveərɪɡeɪtɪd] *a* 1) разноцве́тный, пёстрый 2) разнообра́зный

variety [vəˈraɪətɪ] *n* 1) разнообра́зие; **a wide ~ of opinions** са́мые ра́зные мне́ния 2) мно́жество; ряд 3) *биол.* разнови́дность 4) варье́те́, эстра́да; эстра́дное шо́у (*тж* ~ **show**) 5) *attr* эстра́дный

variform [ˈveərɪfɔːm] *a* разли́чной фо́рмы

variola [veˈraɪələ] *n мед.* натура́льная о́спа

various [ˈveərɪəs] *a* 1) разли́чный, ра́зный; **on ~ occasions** по ра́зным случа́ям, не раз 2) разнообра́зный; разносторо́нний

varmint [ˈvɑːmɪnt] *n* 1) *амер. разг.* шалопа́й, хитре́ц, него́дник 2) (**the ~**) *охот. сленг* лиса́

varnish I [ˈvɑːnɪʃ] *n* 1) лак 2) блеск, гля́нец; вне́шний лоск

varnish II [ˈvɑːnɪʃ] *v* 1) покрыва́ть ла́ком, лакирова́ть 2) придава́ть лоск

varsity [ˈvɑːsɪtɪ] *n разг.* университе́т

vary [ˈveərɪ] *v* 1) меня́ть, изменя́ть, модифици́ровать 2) отлича́ться, ра́зниться; **opinions ~** мне́ния расхо́дятся

vascular [ˈvæskjʊlə(r)] *a анат.* сосу́дистый

vase [vɑːz] *n* ва́за

vasectomy [vəˈsektəmɪ] *n мед.* вазэктоми́я

vaseline [ˈvæsɪliːn] *n* вазели́н

vasomotor [ˈveɪzəʊˌməʊtə(r)] *a анат.* вазомото́рный

vassal [ˈvæsəl] *n* 1) *ист.* васса́л 2) зави́симое лицо́

vassalage [ˈvæsəlɪdʒ] *n* 1) *ист.* васса́льная зави́симость 2) по́лная зави́симость

vast I [vɑːst] *n поэт.* просто́р

vast II *a* 1) обши́рный; просто́рный, безбре́жный; **a ~ area** огро́мное простра́нство; **~ crowd** многочи́сленная толпа́ 2) *разг.* огро́мный (*о радости, удовольствии*)

vastly [ˈvɑːstlɪ] *adv разг.* о́чень, чрезвыча́йно, значи́тельно

VAT [ˌviːeɪˈtiː; væt] *сокр.* (**value-added tax**) нало́г на доба́вленную сто́имость, НДС

vat [væt] *n* чан, бак, бо́чка, цисте́рна

Vatican [ˈvætɪkən] *n* 1) Ватика́н 2) па́пская власть

vaudeville [ˈvɔːdəvɪl] *n театр.* 1) водеви́ль 2) *амер.* эстра́дное представле́ние, шо́у

vault¹ I [vɔːlt] *n* 1) свод; **the ~ of heaven** небе́сный свод 2) сво́дчатое помеще́ние 3) подва́л, по́греб 4) склеп; **family ~** фами́льный склеп 5) стальна́я ка́мера, храни́лище (*в банке*)

vault¹ II *v* покрыва́ть сво́дом

vault² I *n спорт.* опо́рный прыжо́к; **pole ~s** прыжки́ с шесто́м

vault² II *v* перепры́гивать, пры́гать с шесто́м

vaulted [ˈvɔːltɪd] *a* сво́дчатый

vaulting¹ [ˈvɔːltɪŋ] *n* 1) возведе́ние сво́да 2) свод, сво́ды

vaulting² *n* 1) вольтижиро́вка 2) опо́рные прыжки́

vaulting horse [ˌvɔːltɪŋˈhɔːs] *n спорт.* конь (*гимнасти́ческий снаря́д*)

vaunt I [vɔːnt] *n* хвастовство́, похвальба́

vaunt II *v* хва́статься, похваля́ться, бахва́литься

VC *сокр.* 1) (**vice-chairman**) замести́тель председа́теля 2) (**vice-consul**) вице-ко́нсул

VCR *сокр.* (**video cassette recorder**) *амер.* видеомагнитофо́н

VD *сокр.* (**venereal disease**) *мед.* венери́ческая боле́знь

VDU *сокр.* (**visual display unit**) *вчт* дисплей

VE *сокр.* (**Victory in Europe in 1945**) побе́да над Герма́нией во Второ́й мирово́й войне́; **VE Day** День Побе́ды (*в Зап. Евро́пе — 8 ма́я, в Росси́и — 9 ма́я*)

've [v] *сокр. разг.* = **have**

veal [viːl] *n* 1) теля́тина 2) *attr* теля́чий; **~ cutlets** теля́чьи отбивны́е

vector I [ˈvektə(r)] *n* 1) *мат., биол.* ве́ктор 2) перено́счик инфе́кции 3) *ав.* курс, направле́ние

vector II *v* направля́ть, дава́ть направле́ние; определя́ть ве́ктор направле́ния

vedette [vɪˈdet] *n* кавалери́йский пост (*тж* ~ **post**); ко́нный часово́й

veer I [vɪə(r)] *v* 1) изменя́ть направле́ние, изменя́ться (*о ве́тре*) 2) меня́ть взгля́ды, поли́тику, поведе́ние и т. п. 3) *мор.* меня́ть курс 4) *мор.* трави́ть (*кана́т*)

veer II *n* измене́ние ку́рса, движе́ния; поворо́т

vegetable I [ˈvedʒɪtəbl] *n* 1) о́вощ; **green ~s** зе́лень, о́вощи 2) *разг.* идио́т, «о́вощ»

vegetable II *a* 1) овощно́й, расти́тельный **~ diet** овощна́я дие́та; **~ soup** овощно́й суп; **marrow** кабачо́к 2) бессмы́сленный, моното́нный; расти́тельный (*об о́бразе жи́зни*); **to lead a ~ existence** вести́ расти́тельный о́браз жи́зни

vegetable garden [ˈvedʒɪtəblˈɡɑːdn] *n* огоро́д

vegetable growing [ˈvedʒɪtəblˌɡrəʊɪŋ] *n* овощево́дство

vegetal [ˈvedʒɪtl] *a* расти́тельный

vegetarian I [ˌvedʒɪˈteərɪən] *n* вегетариа́нец

vegetarian II *a* вегетариа́нский

vegetate [ˈvedʒɪteɪt] *v* прозяба́ть, вести́ расти́тельный о́браз жи́зни

vegetation [ˌvedʒɪˈteɪʃ(ə)n] *n* 1) расти́тельность 2) вегета́ция, проце́сс вегета́ции 3) *attr* вегетацио́нный

vegetative [ˈvedʒɪtətɪv] *a* 1) расти́тельный; вегетацио́нный 2) *физиол.* вегетати́вный

vegie [ˈvedʒɪ] *n разг.* 1) вегетариа́нец 2) *attr*: ~ **bar** вегетариа́нский бар; сала́т-бар, *разг.* ве́джи-бар

vehemence [ˈviːəməns] *n* си́ла, стра́стность, горя́чность; я́ростность

vehement [ˈviːəmənt] *a* си́льный, стра́стный, горя́чий; я́ростный; ~ **protests** бу́рные проте́сты

vehicle [ˈviːɪkəl] *n* 1) тра́нспортное сре́дство, сре́дство передвиже́ния; **motor** ~s автомоби́ли; **space** ~ косми́ческий кора́бль 2) сре́дство выраже́ния, распростране́ния *(идей и т. п.)* 3) *хим.* раствори́тель 4) проводни́к *(звука, света и т. п.)*

vehicular [vɪˈhɪkjʊlə(r)] *a* относя́щийся к тра́нспортным сре́дствам

veil I [veɪl] *n* 1) вуа́ль 2) покрыва́ло; заве́са **a ~ of mist** пелена́ тума́на; **under a ~ of secrecy** под покро́вом та́йны 3) предло́г, прикры́тие ◊ **to take the ~** стать мона́хиней; **to draw a ~ over smth** прекрати́ть обсужде́ние чего́-л.

veil II *v* 1) закрыва́ть вуа́лью 2) завуали́ровать, скрыть

vein [veɪn] *n* 1) *анат.* ве́на; **varicose ~s** *мед.* варико́зное расшире́ние вен 2) жи́лка, прожи́лка; ~s **in marble** прожи́лки в мра́море 3) *геол.* пласт, жи́ла; **a ~ of ore** ру́дная жи́ла 4) настрое́ние; скло́нность; **to be in the ~** быть в настрое́нии *(что-л. делать — for)*; **in humorous** ~ в юмористи́ческом ключе́

veined [veɪnd] *a* покры́тый жи́лками, ве́нами

velar I [ˈviːlə(r)] *n фон.* веля́рный, задненёбный звук

velar II *a фон.* веля́рный, задненёбный

Velcro [ˈvekrəʊ] *n фирм.*: ~ **fastener** застёжка-липу́чка

veldt [velt] *n* вельд, степно́е простра́нство *(в Южной Африке)*

vellum [ˈveləm] *n* 1) то́нкий перга́мент 2) *attr* веле́невый *(о бумаге)*

velocipede [vɪˈlɒsɪpiːd] *n амер.* де́тский трёхколёсный велосипе́д

velocity [vɪˈlɒsɪtɪ] *n* ско́рость

velodrome [ˈvelədrəʊm] *n* велодро́м

velours [veˈlʊəz] *n* велю́р

velvet I [ˈvelvɪt] *n* ба́рхат; **cotton** ~ вельве́т ◊ **to be on** ~ процвета́ть; жить как у Христа́ за па́зухой

velvet II *a* ба́рхатный

velveteen [ˌvelvɪˈtiːn] *n* вельве́т

velvety [ˈvelvɪtɪ] *a* бархати́стый

venal [ˈviːnəl] *a* прода́жный, подку́пный

venality [viːˈnælɪtɪ] *n* прода́жность

vend [vend] *v* 1) продава́ть, торгова́ть *(особ. мелким товаром)* 2) *юр.* продава́ть

vendee [venˈdiː] *n юр.* покупа́тель

vendetta [venˈdetə] *n* венде́тта, кро́вная месть

vending machine [ˈvendɪŋməˌʃiːn] *n* торго́вый автома́т *(по продаже сигарет, напитков и т. п.)*

vendor [ˈvendɔː(r)] *n* 1) *юр.* продаве́ц 2) *см.* **vending machine** 3) поставщи́к, производи́тель

vendue [venˈdjuː] *n амер.* откры́тый аукцио́н

veneer I [vɪˈnɪə(r)] *n* 1) (однослойная) фане́ра 2) то́нкий нару́жный слой; облицо́вка 3) ви́димость; вне́шний лоск 4) *attr* фане́рный

veneer II *v* 1) обшива́ть, отде́лывать фане́рой 2) покрыва́ть то́нким сло́ем; облицо́вывать 3) придава́ть ви́димость *(чего-л.)*; придава́ть вне́шний лоск

venerable [ˈvenərəbl] *a* 1) почте́нный 2) **(V.)** *церк.* преподо́бный *(титул)*

venerate [ˈvenəreɪt] *v* благогове́ть *(перед кем-л.)*; почита́ть, чтить

veneration [ˌvenəˈreɪʃ(ə)n] *n* почте́ние, благогове́ние

venereal [vɪˈnɪərɪəl] *a мед.* венери́ческий; ~ **disease** венери́ческая боле́знь

venereologist [vɪˌnɪərɪˈɒlədʒɪst] *n* венеро́лог

Venetian I [vɪˈniːʃən] *n* венециа́нец; венециа́нка

Venetian II *a* венециа́нский

vengeance [ˈvendʒəns] *n* месть, мще́ние ◊ **with a** ~ *разг.* с лихво́й, вовсю́

vengeful [ˈvendʒfʊl] *a* мсти́тельный

venial [ˈviːnɪəl] *a* прости́тельный

venison [ˈvenɪsən] *n* олени́на

venom [ˈvenəm] *n* 1) яд *(змеи, скорпиона и т. п.)* 2) зло́ба, яд

venomous [ˈvenəməs] *a* ядови́тый

venose [ˈviːnəʊs] *см.* **venous**

venous [ˈviːnəs] *a* 1) *анат.* вено́зный 2) *бот.* жилкова́тый

vent I [vent] *n* 1) выходно́е отве́рстие 2) отве́рстие; отду́шина 3) вы́ход, вы́плеск, выраже́ние *(чувств)*; **to give** ~ **to one's feelings** дать во́лю чу́вствам 4) кла́пан *(духового инструмента)*

vent II *v* 1) выпуска́ть, испуска́ть 2) дава́ть вы́ход, во́лю *(чувствам)*; срыва́ть *(плохое настроение, гнев)*

ventilate ['ventɪleɪt] *v* 1) вентили́ровать, прове́тривать 2) обсужда́ть, выясня́ть *(вопрос и т. п.)*

ventilation [ˌventɪ'leɪʃ(ə)n] *n* 1) вентиля́ция, прове́тривание 2) обсужде́ние, выясне́ние *(вопроса и т. п.)*

ventilator ['ventɪleɪtə] *n* вентиля́тор

ventricle ['ventrɪkl] *n анат.* желу́дочек *(сердца, мозга)*

ventriloquist [ven'trɪləkwɪst] *n* чревовеща́тель

ventriloquism [ven'trɪləkwɪz(ə)m] *n* чревовеща́ние

venture I ['ventʃə(r)] *n* 1) риско́ванное предприя́тие; опа́сная зате́я; **at a ~** науда́чу, науга́д 2) комме́рческая спекуля́ция; **business ~** комме́рческое предприя́тие; **joint ~** совме́стное предприя́тие, СП

venture II *v* 1) рискова́ть 2) отва́житься, осме́литься ◊ **nothing ~, nothing win/have** *посл.* ≅ волко́в боя́ться – в лес не ходи́ть; ≅ риск – благоро́дное де́ло

venturesome ['ventʃəsəm] *a* 1) сме́лый, предприи́мчивый; скло́нный к ри́ску 2) риско́ванный

venue ['venjuː] *n* ме́сто встре́чи; ме́сто сбо́ра *(для проведения мероприятий)*

Venus ['viːnəs] *n астр., миф.* Вене́ра

Venusian [vɪ'njuːzɪən] *a* относя́щийся к плане́те Вене́ра

veracious [və'reɪʃəs] *a* 1) правди́вый 2) достове́рный, ве́рный

veracity [və'ræsɪtɪ] *n* 1) правди́вость 2) достове́рность

veranda(h) [və'rændə] *n* вера́нда

verb [vɜːb] *n грам.* глаго́л; **auxiliary/modal ~** вспомога́тельный/мода́льный глаго́л; **(in)transitive ~** (не)перехо́дный глаго́л

verbal ['vɜːbəl] *a* 1) слове́сный, вы́раженный слова́ми 2) у́стный 3) буква́льный, досло́вный *(о переводе и т. п.)* 4) *грам.* глаго́льный, отглаго́льный 5) *дип.* верба́льный

verbalize ['vɜːbəlaɪz] *v* 1) выража́ть слова́ми 2) быть многосло́вным

verbally ['vɜːbəlɪ] *adv* у́стно; на слова́х

verbatim I [vɜː'beɪtɪm] *a лат.* досло́вный

verbatim II *adv* досло́вно

verbiage ['vɜːbɪɪdʒ] *n* многосло́вие

verbose [vɜː'bəʊs] *a* многосло́вный

verbosity [vɜː'bɒsɪtɪ] *n* многосло́вие

verdancy ['vɜːdənsɪ] *n* 1) зе́лень, зелёный покро́в 2) неискушённость, незре́лость, нео́пытность

verdant ['vɜːdənt] *a* 1) зелёный, зелене́ющий 2) неискушённый, незре́лый

verdict ['vɜːdɪkt] *n* 1) верди́кт, реше́ние прися́жных (заседа́телей); **to bring in a ~ of not**

guilty призна́ть невино́вным 2) сужде́ние, мне́ние *(о чём-л. — on)*

verdure ['vɜːdjə(r)] *n* зе́лень, зелёная трава́, зелёная листва́

verdurous ['vɜːdjərəs] *a* зелене́ющий; покры́тый зе́ленью

verge I [vɜːdʒ] *n* край; грань; обо́чина; опу́шка; бордю́р; **a grass ~** бордю́р *(клумбы)* из дёрна; **on the ~** на гра́ни *(чего-л. — of)*

verge II *v* склоня́ться, опуска́ться; спуска́ться **verge on** грани́чить *(с чем-л.),* переходи́ть *(во что-л.);* **it ~s on madness** э́то грани́чит с безу́мием

verger ['vɜːdʒə(r)] *n* церко́вный служи́тель

verification [ˌverɪfɪ'keɪʃ(ə)n] *n* 1) прове́рка *(правильности и т. п.);* подтвержде́ние *(ожида́ний, опасе́ний и т. п.)* 2) *тех.* пове́рка; верифика́ция *(прибора и т. п.)*

verify ['verɪfaɪ] *v* 1) проверя́ть; подтвержда́ть; удостоверя́ть 2) *тех.* поверя́ть; верифици́ровать *(прибор)*

verisimilitude [ˌverɪsɪ'mɪlɪtjuːd] *n* правдоподо́бие, вероя́тность

verism ['vɪərɪz(ə)m] *n* реали́зм *(в литературе и искусстве);* вери́зм

veritable ['verɪtəbl] *a* настоя́щий, и́стинный, су́щий

verity ['verɪtɪ] *n* пра́вда, и́стина

verjuice ['vɜːdʒuːs] *n* ки́слый сок *(незрелых фруктов);* **a look of ~** ки́слый взгляд, ки́слое выраже́ние лица́

vermeil ['vɜːmeɪl] *n* позоло́ченное серебро́; позоло́ченная бро́нза

vermicelli [ˌvɜːmɪ'selɪ] *n* вермише́ль

vermicide ['vɜːmɪsaɪd] *n* глистого́нное сре́дство

vermifuge ['vɜːmɪfjuːdʒ] *см.* **vermicide**

vermilion I [və'mɪljən] *n* 1) ки́новарь 2) я́рко-кра́сный цвет

vermilion II *a* я́рко-кра́сный

vermin ['vɜːmɪn] *n* 1) *собир.* ме́лкие хи́щники-вреди́тели; парази́ты *(насекомые, черви)* 2) подо́нки, сброд

verminous ['vɜːmɪnəs] *a* 1) киша́щий парази́тами 2) вре́дный, опа́сный *(для здоровья)*

vermouth ['vɜːməθ] *n* ве́рмут

vernacular I [və'nækjʊlə(r)] *n лингв.* 1) ме́стный диале́кт; ме́стное наре́чие; **in the ~** на ме́стном диале́кте 2) жарго́н, арго́ 3) просторе́чие

vernacular II *a лингв.* 1) диале́ктный 2) просторе́чный

vernal ['vɜːnl] *a* весе́нний; **~ equinox** весе́ннее равноде́нствие

versatile ['vɜːsətaɪl] *a* 1) многосторо́нний, разносторо́нний *(о таланте, авторе и т. п.);* **a**

~ mind разносторо́нний ум; **a ~ gadget** универса́льный прибо́р 2) *уст.* непостоя́нный, изме́нчивый *(о настроении и т. п.)*; подви́жный

versatility [ˌvɜːsəˈtɪlɪtɪ] *n* 1) многосторо́нность, разносторо́нность 2) *уст.* непостоя́нство, изме́нчивость 3) эксплуатацио́нная ги́бкость 4) универса́льность

verse I [vɜːs] *n* 1) стихи́, поэ́зия 2) стих; строка́; строфа́; **blank ~** бе́лые стихи́ ◊ **to quote chapter and ~** *(for)* дать то́чную ссы́лку

verse II *v* 1) писа́ть стихи́; выража́ть в стиха́х 2) вводи́ть в курс де́ла, инструкти́ровать *(in)*

versed [vɜːst] *a* све́дущий, хорошо́ информи́рованный

versification [ˌvɜːsɪfɪˈkeɪʃ(ə)n] *n* стихосложе́ние

versifier [ˈvɜːsɪfaɪə(r)] *n* версифика́тор, стихоплёт, рифмоплёт

versify [ˈvɜːsɪfaɪ] *v* 1) писа́ть, слага́ть стихи́ 2) перелага́ть (про́зу) в стихи́

version [ˈvɜːʃ(ə)n] *n* 1) ве́рсия; вариа́нт 2) переложе́ние, переде́лка 3) текст; **the Russian and English ~s of the agreement** ру́сский и англи́йский те́ксты догово́ра

vers libre [veəˈliːbrə] *n лит.* верли́бр, свобо́дный стих

versus [ˈvɜːsəs] *prep* про́тив; **Bulgaria ~ Germany** матч Болга́рия — Герма́ния

vertebra [ˈvɜːtɪbrə] *n (pl* **vertebrae** [ˈvɜːtɪbriː]) *анат.* 1) позвоно́к 2) *pl* позвоно́чник

vertebral [ˈvɜːtɪbrəl] *a* позвоно́чный

vertebrate I [ˈvɜːtɪbrət] *n* позвоно́чное (живо́тное)

vertebrate II *a* позвоно́чный

vertex [ˈvɜːteks] *n (pl* **vertices** [ˈvɜːtɪsiːz]) 1) верши́на 2) *астр.* зени́т

vertical I [ˈvɜːtɪkəl] *n* вертика́ль, вертика́льная ли́ния; перпендикуля́р

vertical II *a* 1) вертика́льный; перпендикуля́рный 2) отве́сный

vertices [ˈvɜːtɪsiːz] *pl см.* **vertex**

vertigo [ˈvɜːtɪɡəʊ] *n* головокруже́ние

verve [vɜːv] *n* си́ла, жи́вость, я́ркость *(изображения, описания и т. п.)*

very I [ˈverɪ] *a* действи́тельный, настоя́щий; су́щий; и́менно тот са́мый *(часто с оттенком усиления)*; **that is the ~ truth** э́то и́стинная пра́вда; **at that ~ moment** в тот са́мый моме́нт; **from the ~ beginning** с самого нача́ла; **the ~ thought frightens me** одна́ лишь мысль наво́дит на меня́ у́жас

very II *adv* 1) о́чень; **~ good** о́чень хорошо́, отли́чно; **~ much** о́чень 2) служит для усиления: **I did my ~ best** я сде́лал всё, что мог,

всё, что бы́ло в мои́х си́лах; **he came the ~ next day** он пришёл на сле́дующий же день; **the ~ last thing I expected** са́мое после́днее, что я мог предположи́ть; **to the ~ last drop** до после́дней ка́пли; **he ~ nearly died** он чуть не у́мер; **my, his** *etc* **~ own** мой, его́ *и т. п.* со́бственный, свой со́бственный

vesicle [ˈvesɪkl] *n анат., биол.* пузырёк

vesper [ˈvespə(r)] *n* 1) **(V.)** вече́рняя звезда́, Вене́ра 2) *поэт.* ве́чер 3) вече́рний звон *(тж* **~ bell)** 4) *pl* вече́рняя моли́тва; *церк.* вече́рня

vespertine [ˈvespətaɪn] *a* вече́рний, ночно́й *(о цветах, животных)*

vespiary [ˈvespɪərɪ] *n* оси́ное гнездо́

vessel [ˈvesəl] *n* 1) сосу́д 2) су́дно, кора́бль 3) *анат.* кровено́сный сосу́д *(тж* **blood ~)** ◊ **weaker ~** *библ., тж шутл.* не́мощнейший сосу́д *(о женщине)*; сла́бый пол

vest I [vest] *n* 1) ма́йка 2) *амер.* жиле́т(ка)

vest II *v* 1) *церк.* облача́ть(ся) 2) облека́ть *(властью и т. п. — with)* 3) поруча́ть, доверя́ть *(кому-л. — in)*

vestal [ˈvestl] *n* веста́лка *(тж* **~ virgin)**

vestee [veˈstiː] *n* мани́шка, вста́вка *(в же́нском пла́тье)*

vestiary [ˈvestɪərɪ] *n* 1) *церк.* ри́зница 2) гардеро́бная

vestibular [veˈstɪbjʊlə(r)] *a анат.* вестибуля́рный

vestibule [ˈvestɪbjuːl] *n* 1) вестибю́ль 2) *амер. ж.-д.* та́мбур

vestige [ˈvestɪdʒ] *n* след, при́знак; оста́ток; *биол.* рудиме́нт

vestment [ˈvestmənt] *n* 1) одея́ние, оде́жда 2) *церк.* облаче́ние

vest pocket [ˌvestˈpɒkɪt] *n* жиле́тный карма́н

vestry [ˈvestrɪ] *n* 1) *церк.* ри́зница 2) *ист.* собра́ние прихожа́н

vet¹ I [vet] *n разг.* ветерина́р

vet¹ II *v разг.* 1) проверя́ть, внима́тельно просма́тривать; **to ~ smb's work** проверя́ть чью-л. рабо́ту 2) лечи́ть живо́тных

vet² II *n амер. разг.* ветера́н

vetch [vetʃ] *n бот.* ви́ка

veteran [ˈvetərən] *n* 1) ветера́н; (бы́вший) уча́стник войны́ 2) быва́лый солда́т 3) *attr* о́пытный, ста́рый 4) *attr* испы́танный в боя́х

veterinary I [ˈvetərɪnərɪ] *n* ветерина́р

veterinary II *a* ветерина́рный; **~ surgeon** ветерина́рный врач, ветерина́р

veto I [ˈviːtəʊ] *n* ве́то; **right of ~** пра́во ве́то; **to put a ~ on smth** налага́ть ве́то, запре́т на что-л.

veto II *v* налага́ть ве́то, запре́т

vex [veks] *v* раздража́ть, беспоко́ить, серди́ть; **to be ~ed** а) серди́ться, доса́довать *(на кого-л., что-л. — with, at)* б) огорча́ться; **how ~ing!** кака́я доса́да!

vexation [vek´seɪʃ(ə)n] *n* 1) раздраже́ние, доса́да 2) доса́дное обстоя́тельство, неприя́тность

vexed [vekst] *a* 1) раздражённый, серди́тый 2) тру́дный, нелёгкий, спо́рный *(о пробле́ме, вопро́се и т. п.)*

VG *сокр.* (**very good**) о́чень хорошо́

VHF *сокр.* (**very high frequency**) о́чень высо́кая частота́

via [´vaɪə] *prep* че́рез

viable [´vaɪəbl] *a* 1) жизнеспосо́бный 2) осуществи́мый

viaduct [´vaɪədʌkt] *n* виаду́к; путепрово́д

vial [´vaɪəl] *n* (стекля́нный) пузырёк, буты́лочка

viands [´vaɪəndz] *n pl* я́ства; прови́зия

vibes [vaɪbz] *n pl разг.* вибра́ции

vibrant [´vaɪbrənt] *a* 1) вибри́рующий 2) дрожа́щий 3) резони́рующий

vibrate [vaɪ´breɪt] *v* 1) вибри́ровать 2) звуча́ть 3) кача́ть(ся), колеба́ть(ся) 4) трепета́ть, дрожа́ть *(от чего-л. — with)*

vibration [vaɪ´breɪʃ(ə)n] *n* 1) вибра́ция 2) колеба́ние

vibrator [vaɪ´breɪtə(r)] *n* вибра́тор *(прибор)*

vibrio [´vɪbrɪəʊ] *n биол.* вибрио́н

vicar [´vɪkə(r)] *n* 1) прихо́дский свяще́нник 2) *церк.* вика́рий, наме́стник, замести́тель

vicarage [´vɪkərɪdʒ] *n* 1) дом свяще́нника, вика́рия 2) до́лжность прихо́дского свяще́нника

vicarious [vaɪ´keərɪəs] *a* 1) сде́ланный, соверше́нный, прочу́вствованный за друго́го; ко́свенный 2) замеща́ющий

vice¹ [vaɪs] *n* 1) поро́к 2) недоста́ток *(хара́ктера)*; дефе́кт, изъя́н; **constitutional ~** физи́ческий недоста́ток 3) но́ров *(у лошади)*

vice² *n тех.* тиски́

vice- [´vaɪs-] *pref* вице-

vice-admiral [vaɪs´ædmərəl] *n* вице-адмира́л

vice-chancellor [vaɪs´tʃɑ:nsələ(r)] *n унив.* ре́ктор

vicelike [´vaɪslaɪk] *a* кре́пкий *(о рукопожа́тии)*

vice-president [vaɪs´prezɪdənt] *n* вице-президе́нт

viceroy [´vaɪsrɔɪ] *n ист.* вице-коро́ль

vice versa [ˌvaɪsɪ´vɜːsə] *adv* наоборо́т

vicinity [vɪ´sɪnɪtɪ] *n* 1) окре́стности 2) бли́зость, сосе́дство; **in the ~ of** побли́зости от; по сосе́дству с

vicious [´vɪʃəs] *a* 1) злой, зло́бный; ожесточённый 2) поро́чный 3) норови́стый *(о ло-*

шади) 4) оши́бочный *(о до́водах и т. п.)* ◊ **~ circle** поро́чный круг *(за́мкнутый круг пробле́м, кото́рые усугубля́ют одна́ другу́ю; тж* **~ cycle**)

vicissitude [vɪ´sɪsɪtjuːd] *n* превра́тность

victim [´vɪktɪm] *n* же́ртва; **~s of war** же́ртвы войны́; **to fall ~ to** сде́латься же́ртвой

victimize [´vɪktɪmaɪz] *v* 1) подверга́ть пресле́дованиям, репре́ссиям; пресле́довать 2) де́лать *(кого́-л.)* свое́й же́ртвой

victor [´vɪktə(r)] *n* 1) победи́тель 2) *attr* победоно́сный

Victorian [vɪk´tɔːrɪən] *a* 1) викториа́нский, времён эпо́хи короле́вы Викто́рии 2) стро́гих нра́вов, консервати́вный; старомо́дный

victorious [vɪk´tɔːrɪəs] *a* победоно́сный

victory [´vɪktərɪ] *n* побе́да; **to win the ~ over smb** одержа́ть побе́ду над кем-л.

victual [´vɪtl] *v* 1) снабжа́ть продово́льствием 2) запаса́ться продово́льствием, де́лать запа́сы прови́зии

victuals [´vɪtlz] *n pl* продово́льствие, продово́льственные запа́сы

video I [´vɪdɪəʊ] *n* 1) ви́део 2) видеомагнитофо́н 3) видеофи́льм 4) изображе́ние на телеэкра́не

video II *a* относя́щийся к ви́део, видеофи́льмам и т. п.; **~ cassette** видеокассе́та; **~ camera** видеока́мера; **~ disc** видеоди́ск; **~ game** видеоигра́; **~ (cassette) recorder** видеомагнитофо́н; **~ recording** видеоза́пись; **~ nasty** *разг.* открове́нно порнографи́ческий видеофи́льм

video III *v* запи́сывать на ви́део

video conference [´vɪdɪəʊ´kɒnf(ə)rəns] *n* видеоконфере́нция

video tape [´vɪdɪəʊteɪp] *n* видеоле́нта, видеоплёнка

vie [vaɪ] *v* сопе́рничать *(с кем-л. — with; в чём-л. — in, for)*; оспа́ривать

Viennese I [vɪə´niːz] *n* ве́нец; ве́нка; жи́тель или жи́тельница Ве́ны

Viennese II *a* ве́нский

Vietnamese I [ˌvɪetnə´miːz] *n* вьетна́мец; вьетна́мка; **the ~** *(употр. как pl)* вьетна́мцы

Vietnamese II *a* вьетна́мский

view I [vjuː] *n* 1) вид, по́ле зре́ния; **to be in ~** быть ви́димым; **to come into ~** появи́ться (в по́ле зре́ния), стать ви́димым; **to disappear from ~** скры́ться и́з виду; **in full ~ of everybody** у всех на виду́ 2) вид; панора́ма; пейза́ж; **you get a good ~ from here** отсю́да хоро́ший/краси́вый вид 3) взгляд, мне́ние; то́чка зре́ния *(тж* **point of ~**); представле́ние; **large ~s** широ́кие взгля́ды; **in my ~** по моему́ мне́нию; **in this ~** в э́том отноше́нии;

to hold extreme ~s быть кра́йних взгля́дов 4) наме́рение, ви́ды; **with a ~ to** с це́лью, в це́лях, с наме́рением; **to bear/to have/to keep in ~** име́ть в виду́; **in ~ of** ввиду́, принима́я во внима́ние 5) осмо́тр; **on a closer ~** при ближа́йшем рассмотре́нии; **to the ~** откры́то, публи́чно; **private ~** закры́тый просмо́тр *(выставки и т. п.)*, верниса́ж 6) *спец.* прое́кция 7) то́чка обзо́ра

view II *v* 1) смотре́ть *(на что-л.)*, рассма́тривать 2) осма́тривать

viewdata [ˈvjuːˌdeɪtə] *n* *вчт* видеода́нные; да́нные изображе́ний

viewer [ˈvjuːə(r)] *n* 1) зри́тель 2) телезри́тель 3) диаско́п

viewfinder [ˈvjuːˌfaɪndə(r)] *n* *фото* видоиска́тель

viewless [ˈvjuːlɪs] *a* 1) неви́димый 2) не име́ющий мне́ния

viewpoint [ˈvjuːpɔɪnt] *n* то́чка зре́ния

vigil [ˈvɪdʒɪl] *n* 1) бо́дрствование, бде́ние; **to keep ~** бо́дрствовать 2) *церк.* кану́н религио́зного пра́здника

vigilance [ˈvɪdʒɪləns] *n* бди́тельность

vigilant [ˈvɪdʒɪlənt] *a* бди́тельный

vignette [viːˈnjet] *n* 1) виньє́тка 2) набро́сок

vigor [ˈvɪɡə(r)] *амер. см.* **vigour**

vigorous [ˈvɪɡərəs] *a* си́льный, энерги́чный, бо́дрый

vigour [ˈvɪɡə(r)] *n* си́ла, эне́ргия, бо́дрость

Viking [ˈvaɪkɪŋ] *n* *ист.* ви́кинг

vile [vaɪl] *a* гну́сный, по́длый, ни́зкий; ме́рзкий, отврати́тельный

vilify [ˈvɪlɪfaɪ] *v* поноси́ть, черни́ть *(кого-л.)*

villa [ˈvɪlə] *n* ви́лла

village [ˈvɪlɪdʒ] *n* 1) дере́вня, село́ 2) *attr* дереве́нский, се́льский

villager [ˈvɪlɪdʒə(r)] *n* дереве́нский, се́льский жи́тель

villain [ˈvɪlən] *n* 1) негодя́й, злоде́й 2) *шутл.* разбо́йник; **you little ~!** ах ты, разбо́йник! ◊ **~ of the piece** вино́вник происше́дшего, «злоде́й»

villainous [ˈvɪlənəs] *a* 1) гну́сный, по́длый 2) *разг.* отврати́тельный, ме́рзкий

villainy [ˈvɪlənɪ] *n* 1) по́длость, ни́зость 2) злоде́йство

vim [vɪm] *n* *разг.* си́ла, эне́ргия

vinaigrette [ˌvɪnɪˈɡret] *n* запра́вка для сала́та *(из уксуса, растительного масла и специй)*

vindicate [ˈvɪndɪkeɪt] *v* 1) опра́вдывать, защища́ть *(поведение, политику и т. п.)* 2) отста́ивать *(права, дело и т. п.)*; подде́рживать

vindication [ˌvɪndɪˈkeɪʃ(ə)n] *n* 1) оправда́ние 2) защи́та 3) доказа́тельство; **in ~ of his right** чтобы доказа́ть своё пра́во

vindicatory [ˈvɪndɪkeɪtərɪ] *a* 1) защити́тельный, оправда́тельный 2) кара́ющий, кара́тельный *(о законе)*

vindictive [vɪnˈdɪktɪv] *a* мсти́тельный

vine [vaɪn] *n* 1) виногра́дная лоза́ *(тж* **grape ~**) 2) ползу́чее *или* вью́щееся расте́ние

vinegar [ˈvɪnɪɡə(r)] *n* у́ксус

vinegary [ˈvɪnɪɡərɪ] *a* с при́вкусом у́ксуса

vinery [ˈvaɪnərɪ] *n* 1) виногра́дная тепли́ца 2) *см.* **vineyard**

vineyard [ˈvɪnjaːd] *n* виногра́дник

viniculture [ˈvɪnɪkʌltʃə(r)] *n* виногра́дарство

vino [ˈviːnəʊ] *n* *сленг* дешёвое вино́, вино́ ни́зкого ка́чества

vinous [ˈvaɪnəs] *a* ви́нный

vintage [ˈvɪntɪdʒ] *n* 1) урожа́й виногра́да 2) сбор виногра́да 3) вино́ (вы́сшего ка́чества) *(урожая определённого года и определённой местности)* 4) *attr*: **~ cars** автомоби́ли ста́рых ма́рок

vinyl [ˈvaɪnɪl] *n* 1) вини́л 2) вини́ловая грампласти́нка 3) *attr* вини́ловый

viol [ˈvaɪəl] *n* *муз.* вио́ла

viola[1] [vɪˈəʊlə] *n* *муз.* альт

viola[2] [ˈvaɪələ] *n* *бот.* расте́ние семе́йства фиа́лковых; фиа́лка

violate [ˈvaɪəleɪt] *v* 1) (гру́бо) наруша́ть, попира́ть *(закон, права, договор и т. п.)* 2) оскверня́ть 3) вторга́ться, врыва́ться; наруша́ть *(чьё-л. уединение, тишину и т. п.)* 4) наси́ловать

violation [ˌvaɪəˈleɪʃ(ə)n] *n* 1) (гру́бое) наруше́ние *(закона и т. п.)* 2) оскверне́ние 3) наси́лие

violator [ˈvaɪəleɪtə] *n* 1) злоумы́шленник, наруши́тель 2) оскверни́тель 3) наси́льник

violence [ˈvaɪələns] *n* 1) си́ла, нейстовство, я́рость 2) наси́лие; **to do ~ to** оскорбля́ть, оскверня́ть; наси́ловать

violent [ˈvaɪələnt] *a* 1) нейстовый, я́ростный; бу́йный *(о характере)*; **a ~ storm** нейстовая бу́ря; **in a ~ temper** в я́рости 2) си́льный; **~ emotions** си́льные чу́вства 3) наси́льственный *(о смерти)*; **he died a ~ death** он у́мер наси́льственной сме́ртью

violet I [ˈvaɪələt] *n* 1) фиа́лка 2) фиоле́товый, лило́вый цвет

violet II *a* фиоле́товый, лило́вый

violin [ˌvaɪəˈlɪn] *n* скри́пка

violinist [ˈvaɪəlɪnɪst] *n* скрипа́ч

violoncellist [ˌvaɪələnˈtʃelɪst] *n* виолончели́ст

violoncello [ˌvaɪələnˈtʃeləʊ] *n* виолонче́ль

VIP *сокр.* **(very important person)** высокопоста́вленное лицо́, высо́кий гость, *разг.* VIP-персо́на

viper [ˈvaɪpə(r)] *n* 1) гадю́ка 2) змея́, вероло́мный челове́к; ~ **in one's bosom** ≅ змея́, пригре́вшаяся на груди́

virago [vɪˈrɑːgəʊ] *n* сварли́вая же́нщина, меге́ра

viral [ˈvaɪərəl] *a* ви́русный; вы́званный ви́русом

virgin I [ˈvɜːdʒɪn] *n* 1) де́ва, де́вственница 2) : **the V.** Богоро́дица, Де́ва Мари́я

virgin II *a* 1) де́вственный 2) де́вичий 3) чи́стый; нетро́нутый

virginal [ˈvɜːdʒɪnl] *a* де́вственный, чи́стый

virginals [ˈvɜːdʒɪnəlz] *n pl муз.* клавеси́н, спине́т

virginity [vɜːˈdʒɪnɪtɪ] *n* де́вственность

Virgo [ˈvɜːgəʊ] *n* Де́ва *(созвездие и знак зодиака)*

virile [ˈvɪraɪl] *a* 1) облада́ющий мужско́й силой, возмужа́лый, мужско́й, си́льный 2) му́жественный

virility [vɪˈrɪlɪtɪ] *n* 1) мужска́я си́ла, возмужа́лость, полова́я зре́лость 2) му́жественность 3) *attr:* ~ **symbol** си́мвол му́жественности, мужско́й си́лы

virology [vaɪˈrɒlədʒɪ] *n* вирусоло́гия

virtu [vɜːˈtuː] *n* 1) зна́ние худо́жественной це́нности произведе́ний иску́сства, антиквариа́та *и т. п.*; **objects of** ~ худо́жественные рарите́ты 2) виртуо́зность

virtual [ˈvɜːtjʊəl] *a* 1) факти́ческий, действи́тельный 2) *вчт* виртуа́льный, ненастоя́щий; ~ **reality** виртуа́льная реа́льность; ~ **memory** виртуа́льная па́мять

virtually [ˈvɜːtjʊəlɪ] *adv* факти́чески, в су́щности

virtue [ˈvɜːtjuː] *n* 1) доброде́тель, досто́инство 2) целому́дрие; **a woman of easy** ~ досту́пная же́нщина, же́нщина, не отлича́ющаяся стро́гим нра́вом 3) си́ла, эффекти́вность *(средства и т. п.);* **there is little** ~ **in that medicine** от э́того лека́рства ма́ло по́льзы ◊ **by/in** ~ **of** посре́дством *(чего-л.),* на основа́нии *(чего-л.);* **by** ~ **of her long experience** на основа́нии её большо́го о́пыта

virtuoso [ˌvɜːtjʊˈəʊsəʊ] *n* 1) *муз.* виртуо́з 2) *attr* виртуо́зный

virtuous [ˈvɜːtjʊəs] *a* 1) доброде́тельный 2) целому́дренный

virulence [ˈvɪrʊləns] *n* ядови́тость; *перен.* зло́ба

virulent [ˈvɪrʊlənt] *a* 1) ядови́тый 2) опа́сный, смерте́льный *(о болезни);* вируле́нтный 3) зло́бный, вражде́бный

virus [ˈvaɪərəs] *n мед., вчт* ви́рус

virus checker [ˈvaɪərəs ˌtʃekə] *n вчт* програ́мма прове́рки (компью́тера) на ви́рус; антиви́русная програ́мма

visa I [ˈviːzə] *n* ви́за; **transit** ~ транзи́тная ви́за; **tourist** ~ туристи́ческая ви́за

visa II *v* визи́ровать

visage [ˈvɪzɪdʒ] *n книжн.* лицо́; вне́шность

vis-à-vis [ˌviːzɑːˈviː] *adv, n* визави́

viscera [ˈvɪsərə] *n pl* вну́тренности; кишки́

visceral [ˈvɪsərəl] *a* вну́тренний

viscid [ˈvɪsɪd] *см.* **viscous**

viscose [ˈvɪskəʊz] *n* виско́за

viscosity [vɪsˈkɒsɪtɪ] *n* вя́зкость, кле́йкость, ли́пкость

viscount [ˈvaɪkaʊnt] *n* вико́нт

viscous [ˈvɪskəs] *a* вя́зкий, ли́пкий, кле́йкий; ~ **liquid** вя́зкая жи́дкость

vise [vaɪs] *амер. см.* **vice**[2]

visibility [ˌvɪzɪˈbɪlɪtɪ] *n* ви́димость

visible [ˈvɪzɪbl] *a* 1) ви́димый 2) я́вный, очеви́дный

vision [ˈvɪʒ(ə)n] *n* 1) зре́ние; **field of** ~ по́ле зре́ния; **beyond our** ~ вне по́ля на́шего зре́ния 2) виде́ние, мира́ж, при́зрак 3) виде́ние, мечта́; грёза; **romantic** ~s романти́ческие мечты́ 4) предви́дение; проница́тельность

visional [ˈvɪʒ(ə)nl] *a* 1) зри́тельный 2) вообража́емый

visionary I [ˈvɪʒnərɪ] *n* 1) мечта́тель, фантазёр 2) челове́к, подве́рженный галлюцина́циям, виде́ниям

visionary II *a* 1) мечта́тельный 2) вообража́емый, фантасти́ческий; при́зрачный 3) непракти́чный

visit I [ˈvɪzɪt] *n* посеще́ние, визи́т; пое́здка; **a** ~ **to a museum** посеще́ние музе́я; **to pay/to make a** ~ посети́ть, навести́ть; нанести́ визи́т; **a** ~ **to Paris** пое́здка в Пари́ж; **to be on a** ~ гости́ть *(у кого-л. — to);* **to come on a** ~ прийти́ в го́сти

visit II *v* посеща́ть; навеща́ть; гости́ть; **I hope to** ~ **Vienna** я наде́юсь побыва́ть в Ве́не; **the doctor** ~s **his patients** врач посеща́ет свои́х пацие́нтов, свои́х больны́х; ~**ing hours** приёмные часы́, вре́мя посеще́ния

visitant [ˈvɪzɪtənt] *n* 1) прише́лец 2) перелётная пти́ца

visitation [ˌvɪzɪˈteɪʃ(ə)n] *n* 1) официа́льное посеще́ние, официа́льный визи́т 2) испыта́ние, ка́ра, наказа́ние 3) *разг.* затяну́вшийся визи́т 4) инспекти́рование; осмо́тр, обхо́д; о́быск нейтра́льного су́дна *(во время войны)*

visiting card [ˈvɪzɪtɪŋ ˌkɑːd] *n* визи́тная ка́рточка, *разг.* визи́тка

visitor [ˈvɪzɪtə(r)] *n* 1) гость; посети́тель; **summer** ~ а) да́чник б) тури́ст 2) перелётная пти́ца 3) инспе́ктор 4) *attr:* **visitor's book** кни́га посети́телей

visor [ˈvaɪzə(r)] *n* 1) щиток от солнца; лицевое стекло *(косм. шлема)* 2) козырёк *(фуражки)* 3) *ист.* забрало

vista [ˈvɪstə] *n* 1) узкая аллея, просека *(с видом между рядами деревьев)* 2) вереница воспоминаний *(о чём-л. — of)* 3) открывающиеся перспективы

visual [ˈvɪʒʊəl] *a* 1) зрительный, визуальный; ~ **nerve** зрительный нерв; ~ **memory** зрительная память 2) наглядный *(о пособиях)*; ~ **aids** наглядные пособия

visualise [ˈvɪʒʊəlaɪz] *v* воображать, представлять себе; мысленно видеть

visualize [ˈvɪʒʊəlaɪz] *амер. см.* **visualise**

vital [ˈvaɪtəl] *a* 1) жизненный; ~ **functions** жизненные функции 2) существенный, жизненно важный; **a ~ question** жизненно важный вопрос 3) энергичный, полный сил 4) роковой, смертельный

vitality [vaɪˈtælɪtɪ] *n* 1) живость, энергия 2) жизнеспособность; жизненность; жизненные силы

vitals [ˈvaɪtlz] *n pl* жизненно важные органы *(сердце, лёгкие и т. п.)*

vitamin [ˈvɪtəmɪn] *n* витамин

vitaminize [ˈvɪtəmɪnaɪz] *v* витаминизировать

vitiate [ˈvɪʃɪeɪt] *v* 1) портить, подрывать 2) делать недействительным *(соглашение и т. п.)*

viticulture [ˈvɪtɪˌkʌltʃə(r)] *n* виноградарство

vitreous [ˈvɪtrɪəs] *a* 1) стеклянный 2) стекловидный; ~ **humour/body** *анат.* стекловидное тело

vitrify [ˈvɪtrɪfaɪ] *v* превращаться в стекло

vitriol [ˈvɪtrɪəl] *n* 1) купорос; **blue/copper** ~ медный купорос 2) саркастические речи, язвительные замечания; враждебное отношение

vituperate [vɪˈtjuːpəreɪt] *v* чернить, поносить

vivacious [vɪˈveɪʃəs] *a* весёлый, живой, оживлённый

vivacity [vɪˈvæsɪtɪ] *n* оживление, весёлость

vivarium [vaɪˈveərɪəm] *n* виварий

viva voce I [ˌvaɪvəˈvəʊtʃɪ] *n* устный экзамен

viva voce II *a* устный

viva voce III *adv* устно; вслух

vivid [ˈvɪvɪd] *a* 1) яркий, интенсивный *(о свете, краске)* 2) живой, ясный *(о воспоминании, описании и т. п.)*; пылкий *(о воображении)*

vivify [ˈvɪvɪfaɪ] *v* оживлять

viviparous [vɪˈvɪpərəs] *a зоол.* живородящий

vivisect [ˈvɪvɪsekt] *v* подвергать вивисекции

vivisection [ˌvɪvɪˈsekʃ(ə)n] *n* вивисекция

vixen [ˈvɪksn] *n* 1) лисица *(самка)* 2) сварливая женщина, мегера

viz. [vɪz] *adv* а именно

vizor [ˈvaɪzə(r)] *см.* **visor**

vocable [ˈvəʊkəbl] *n лингв.* вокабула

vocabulary [vəˈkæbjʊlərɪ] *n* 1) словарь *(автора, профессиональный и т. п.)* 2) словник; список слов *(в алфавитном порядке)* 3) запас слов, словарный запас

vocal [ˈvəʊkəl] *a* 1) голосовой; ~ **cords** *анат.* голосовые связки *(тж* ~ **chords**) 2) речевой; устный 3) *фон.* звонкий 4) *поэт.* журчащий; звучный 5) *муз.* вокальный

vocalism [ˈvəʊkəlɪz(ə)m] *n* 1) *муз.* вокализм 2) *лингв.* огласовка

vocalist [ˈvəʊkəlɪst] *n* вокалист, певец; вокалистка, певица

vocation [vəˈkeɪʃ(ə)n] *n* 1) призвание 2) профессия, занятие

vocational [vəˈkeɪʃənl] *a* профессиональный

vocative [ˈvɒkətɪv] *n грам.* звательный падеж

vociferate [vəˈsɪfəreɪt] *v* кричать, орать; шуметь

vociferous [vəˈsɪfərəs] *a* 1) шумный, громкий, громогласный 2) шумный и назойливый; ~ **complaints** громкие жалобы

vodka [ˈvɒdkə] *n русск.* водка

vogue [vəʊg] *n* 1) мода; **to be in** ~ быть в моде; **all the** ~ последний крик моды 2) популярность

voice I [vɔɪs] *n* 1) голос; **in a loud** ~ громко; **in a low** ~ тихо; **to shout at the top of one's** ~ кричать во всё горло; **to raise one's** ~ повысить голос 2) право голоса; мнение; **to have a** ~ **in smth** иметь право голоса в чём-л. 3) *грам.* залог; **active/passive** ~ действительный/страдательный залог

voice II *v* 1) выражать, высказываться 2) *фон.* озвончать

voiced [vɔɪst] *a фон.* звонкий

voiceless [ˈvɔɪslɪs] *a* 1) безголосый; безмолвный 2) *фон.* глухой

voice mail [vɔɪs meɪl] *n вчт* голосовая почта

Voice of America [ˈvɔɪs əvəˌmerɪkə] *n* (**the** ~) «Голос Америки» *(известная американская радиовещательная служба)*

void I [vɔɪd] *n* пустота; пустое пространство; **his death left a** ~ **in her life** его смерть образовала пустоту в её жизни

void II *a* 1) пустой, незанятый 2) лишённый *(чего-л. — of)*; **a story** ~ **of interest** бессодержательный рассказ 3) недействительный; **to be (null and)** ~ стать недействительным *(о соглашении, контракте и т. п.)*

voile [vɔɪl] *n* вуаль *(ткань)*

vol. *сокр.* (**volume**) том

volatile [ˈvɒlətaɪl] *a* 1) *хим.* летучий, испаряющийся 2) непостоянный, изменчивый; капризный

volatility [ˌvɒləˈtɪlɪtɪ] *n* 1) *хим.* летучесть 2) непостоянство, изменчивость

volatilize [vəˈlætɪlaɪz] *v* улетучиваться; испаряться

volcanic [vɒlˈkænɪk] *a* 1) вулканический; ~ **ash** вулканический пепел; ~ **activity** вулканическая деятельность 2) *перен.* бурный (о *темпераменте, реакции и т. п.)*

volcano [vɒlˈkeɪnəʊ] *n* вулкан; **active/dormant/extinct** ~ действующий/спящий/потухший вулкан

volition [vəˈlɪʃ(ə)n] *n* желание; воля; **of one's own** ~ по собственному желанию, по своей воле

volley I [ˈvɒlɪ] *n* 1) залп; **to fire a** ~ дать залп 2) поток (упрёков, вопросов и т. п.) 3) приём мяча на лету, удар с лёта (в теннисе и *т. п.)*

volley II *v* 1) стрелять залпами; давать залп 2) вести беглый огонь 3) сыпаться градом 4) принимать мяч на лету (в теннисе и т. п.)

volleyball [ˈvɒlɪbɔːl] *n спорт.* волейбол

volplane [ˈvɒlpleɪn] *n ав.* планирование

volt[1] [vəʊlt] *n эл.* вольт

volt[2] [vɒlt] *v* уклоняться от удара (в фехтовании)

voltage [ˈvəʊltɪdʒ] *n эл.* 1) напряжение; **mains** ~ напряжение (от) сети 2) разность потенциалов 3) потенциал

voltaic [vɒlˈteɪk] *a эл.* гальванический

voltameter [vɒlˈtæmɪtə(r)] *n эл.* вольтаметр

volte [ˈvɒlt] *n* 1) уклонение от удара (в фехтовании) 2) крутой поворот лошади

volte-face [vɒltˈfɑːs] *n* 1) крутой поворот (во взглядах, беседе и т.п.) 2) поворот кругом

voltmeter [ˈvɒltˌmiːtə(r)] *n эл.* вольтметр

volubility [ˌvɒljʊˈbɪlɪtɪ] *n* говорливость; чрезмерная разговорчивость, словоизвержение

voluble [ˈvɒljʊbl] *a* многоречивый, говорливый, разговорчивый

volume [ˈvɒljuːm] *n* 1) том; **in two ~s** в двух томах 2) объём; вместимость, ёмкость 3) обыкн. *pl* масса; значительное количество; клубы (дыма и т. п.) 4) муз. полнота, громкость (звука) 5) ист. свиток (папируса и т. п.) 6) тех. громкость, уровень громкости ◊ **to speak ~s** говорить красноречивее всяких слов; говорить о многом (for)

voluminous [vəˈljuːmɪnəs] *a* 1) большой ёмкости, объёмистый 2) свободный, просторный, падающий пышными складками (об одежде и т. п.) 3) многотомный 4) плодовитый (об авторе)

voluntary [ˈvɒləntərɪ] *a* 1) добровольный; добровольческий 2) общественный (о работе); **a ~ worker** общественный работник

3) сознательный, умышленный 4) *физиол.* произвольный

volunteer I [ˌvɒlənˈtɪə(r)] *n* доброволец, волонтёр

volunteer II *v* 1) поступать добровольцем (на военную службу) 2) вызываться (сделать что-л.)

voluptuous [vəˈlʌptjʊəs] *a* сластолюбивый, чувственный

voluptuousness [vəˈlʌptjʊəsnɪs] *n* сластолюбие, чувственность

vomit I [ˈvɒmɪt] *n* 1) рвота 2) извергнутые массы

vomit II *v* 1) рвать 2) извергать (дым, лаву и *т. п.)*

voodoo I [ˈvuːduː] *n* 1) колдовство, вуду (особ. у жителей Вест-Индии) 2) колдун

voodoo II *v* заколдовывать, применять вуду

voracious [vəˈreɪʃəs] *a* прожорливый, жадный

vortex [ˈvɔːteks] *n* (*pl тж* **vortices** [ˈvɔːtɪsiːz]) 1) водоворот; вихрь; *тж перен.*; **in the** ~ **of politics** в водовороте политических событий 2) *attr* вихревой; ~ **currents** *эл.* вихревые токи

votaress [ˈvəʊtərɪs] *n* поборница, сторонница; почитательница

votarist [ˈvəʊtərɪst] *см.* **votary**

votary [ˈvəʊtərɪ] *n* сторонник, приверженец, поборник; почитатель

vote I [vəʊt] *n* 1) голосование; ~ **by show of hands** голосование поднятием рук; **proxy** ~ голосование по доверенности; **to put to the** ~ ставить на голосование 2) (**the** ~) право голоса, избирательное право 3) голос (на выборах); **to give one's** ~ **to smb** голосовать за кого-л.; **negative** ~ голос против; **to cast a** ~ голосовать 4) вотум; решение, принятое большинством; ~ **of confidence** вотум доверия; ~ **of censure/of no confidence** вотум недоверия 5) голоса, число голосов; **to increase ~s** завоевать больше голосов (чем раньше) 6) ассигнования; **the defence** ~ ассигнования на оборону

vote II *v* 1) голосовать (за — for; против — against) 2) постановлять, присуждать большинством голосов; избирать (куда-л. — in) 3) признавать; **the film was ~d a great success** все признали фильм удачным 4) разг. заявлять ◊ **to** ~ **with one's feet** разг. «голосовать ногами», приходить или не приходить на выборы

vote down 1) провалить (при голосовании) 2) не пройти (о предложении и т. п.)

vote in избрать (куда-л.)

vote on поставить на голосование

vote out *см.* vote down

vote through 1) приня́ть *(голосова́нием)* 2) пройти́ *(при голосова́нии)*

voter [ˈvəʊtə(r)] *n* избира́тель

voting [ˈvəʊtɪŋ] *n* 1) голосова́ние, вы́боры; баллотиро́вка 2) *attr:* ~ booth каби́на для голосова́ния

voting machine [ˈvəʊtɪŋməˌʃiːn] *n* маши́на для подсчёта голосо́в на вы́борах

voting paper [ˈvəʊtɪŋˌpeɪpə(r)] *n* избира́тельный бюллете́нь, бюллете́нь для голосова́ния

votive [ˈvəʊtɪv] *a* испо́лненный по обе́ту

vouch [vaʊtʃ] *v* руча́ться, поручи́ться; I can't ~ for the truth of what she says я не могу́ поручи́ться, что она́ говори́т пра́вду

voucher [ˈvaʊtʃə(r)] *n* 1) распи́ска; льго́тный тало́н, биле́т *и т. п.* 2) ва́учер *(для гости́ницы и т. п.)* 3) поручи́тель

vouchsafe [vaʊtʃˈseɪf] *v* удоста́ивать, соизво́лить, снизойти́; he ~d no reply он не удосто́ил отве́том

vow I [vaʊ] *n* обе́т; to make/to take a ~ дава́ть обе́т; to be under a ~ быть свя́занным обе́том

vow II *v* дава́ть обе́т; дава́ть заро́к; кля́сться; he ~ed not to drink он дал заро́к не прикаса́ться к спирно́му

vowel [ˈvaʊəl] *n фон.* гла́сный (звук)

vox populi [ˌvɒksˈpɒpjʊliː] *n лат.* глас наро́да; обще́ственное мне́ние

voyage I [ˈvɔɪɪdʒ] *n* 1) (морско́е) путеше́ствие 2) полёт, перелёт *(на самолёте)*; косми́ческий полёт ◊ maiden ~ пе́рвое пла́вание *(судна)*

voyage II *v* 1) пла́вать, путеше́ствовать *(по мо́рю)*; соверша́ть морско́е путеше́ствие 2) лета́ть *(на самолёте)*

voyager [ˈvɔɪɪdʒə(r)] *n книжн.* 1) (морско́й) путеше́ственник 2) морепла́ватель 3) воздухопла́ватель

voyeur [vwɑːˈjɜː(r)] *n* вуайери́ст *(челове́к с боле́зненным интере́сом к созерца́нию эроти́ческих сцен)*

VP *сокр.* (Vice-President) вице-президе́нт

VR *сокр.* 1) (Queen Victoria) короле́ва Викто́рия 2) (virtual reality) *вчт* виртуа́льная реа́льность

VS *сокр.* (veterinary surgeon) ветерина́рный врач, ветерина́р

vs. *сокр.* (versus) про́тив

V-sign [ˈviːsaɪn] *n* 1) непристо́йный жест; ≅ ку́киш 2) знак побе́ды

VTOL *сокр.* (vertical take-off and landing) *ав.* вертика́льные взлёт и поса́дка *(самолёта)*

vulcanize [ˈvʌlkənaɪz] *v* вулканизи́ровать *(рези́ну)*

vulcanology [ˌvʌlkəˈnɒlədʒɪ] *n* вулканоло́гия

vulgar [ˈvʌlɡə(r)] *a* 1) простонаро́дный; плебе́йский 2) гру́бый, вульга́рный; ~ expressions вульга́рные выраже́ния; ~ tastes гру́бые вку́сы 3) общераспространённый 4) *мат.* просто́й *(о дро́би)*

vulgarian [vʌlˈɡeərɪən] *n* пошля́к; челове́к с дурны́м вку́сом, вы́скочка

vulgarism [ˈvʌlɡərɪz(ə)m] *n* вульгари́зм, вульга́рное выраже́ние

vulgarity [vʌlˈɡærɪtɪ] *n* 1) вульга́рность 2) *pl* вульга́рное поведе́ние; вульга́рные выраже́ния

vulgarize [ˈvʌlɡəraɪz] *v* вульгаризи́ровать; опошля́ть

vulnerable [ˈvʌlnərəbl] *a* уязви́мый, (легко́) рани́мый

vulpine [ˈvʌlpaɪn] *a* хи́трый, лука́вый

vulture [ˈvʌltʃə(r)] *n* 1) *зоол.* гриф, стервя́тник 2) хи́щник, жа́дный челове́к

vulva [ˈvʌlvə] *n анат.* ву́льва, нару́жные же́нские половы́е о́рганы

vying [ˈvaɪɪŋ] *pres. p. см.* vie

W

W, w [ˈdʌblju:] *n* 23-я бу́ква англ. алфави́та

W *сокр.* 1) (watt) ватт 2) (west) за́пад 3) (western) за́падный

w *сокр.* 1) (wide) широ́кий 2) (wife) жена́ 3) (with) с

wack [wæk] *n амер. сленг* чо́кнутый, сумасше́дший

wacko [ˈwækəʊ] *a амер. сленг* чо́кнутый, с приве́том, психо́ванный

wacky [ˈwækɪ] *a амер. сленг* сумасше́дший, не в себе́, ненорма́льный

wad I [wɒd] *n* 1) клочо́к, комо́к *(ва́ты, ше́рсти и т. п.)* 2) пыж 3) па́чка *(банкно́т, докуме́нтов)*

wad II *v* 1) забива́ть пыж 2) прокла́дывать, набива́ть, подбива́ть ва́той

wadding [ˈwɒdɪŋ] *n* 1) ва́та, шерсть *и т. п.* для наби́вки; вати́н 2) подби́вка *(ватой и т. п.)*

waddle I [ˈwɒdl] *n* перева́ливающаяся похо́дка, похо́дка вразва́лку

waddle II *v* ходи́ть перева́ливаясь, вразва́лку

wade [weɪd] *v* 1) переходи́ть *(вброд)*, пробира́ться *(по грязи и т. п.)* 2) с трудо́м одолева́ть *(роман, статью и т. п. — through)* 3) набра́сываться на кого́-л., что́-л.; принима́ться за что́-л. *(in, into)*

wader [ˈweɪdə(r)] *n* 1) боло́тная пти́ца 2) *pl* высо́кие боло́тные сапоги́

wading [ˈweɪdɪŋ] *n* 1) перехо́д вброд 2) *attr* боло́тный *(о птицах)*

WAF *сокр.* (**Women in Air Force**) же́нский вспомога́тельный ко́рпус ВВС США

w. a. f. *сокр.* (**with all faults**) со все́ми недоста́тками

wafer [ˈweɪfə(r)] *n* 1) ва́фля 2) обла́тка 3) сургу́чная печа́ть

waffle[1] [ˈwɒfl] *n амер.* ва́фля

waffle[2] **I** *n разг.* пуста́я болтовня́; пусты́е фра́зы

waffle[2] **II** *v разг.* вести́ пусты́е разгово́ры

waft I [wɒft] *n* 1) дунове́ние; струя́ *(аромата)* 2) *мор.* сигна́л флажко́м

waft II *v* доноси́ть, нести́ *(по воздуху, воде)*; **their voices were ~ed over to us** до нас доноси́лись их голоса́

wag[1] **I** [wæg] *n* взмах

wag[1] **II** *v* 1) маха́ть, разма́хивать; пока́чивать; **to ~ one's finger** грози́ть па́льцем *(кому-л. — at)* 2) виля́ть *(хвостом)*

wag[2] *n* 1) шутни́к, остря́к 2) *сленг* лентя́й; прогу́льщик; **to play the ~** прогуля́ть, не яви́ться *(на работу, в школу)*

wage[1] [weɪdʒ] *n обыкн. pl* 1) за́работная пла́та, зарпла́та; **living ~** прожи́точный ми́нимум; **to cut ~s** снижа́ть зарпла́ту 2) возме́здие 3) *attr*: **~ increase** рост за́работной пла́ты; **~ freeze** замора́живание за́работной пла́ты

wage[2] [weɪdʒ] *v* вести́ *(войну)*; вступа́ть *(в конфликт и т. п.)*

wage cut [ˈweɪdʒ ˌkʌt] *n* сниже́ние за́работной пла́ты

wager I [ˈweɪdʒə(r)] *n* пари́; **to lay a ~** держа́ть пари́

wager II *v* держа́ть пари́

waggery [ˈwægərɪ] *n* 1) подшу́чивание 2) *pl* ша́лости, шу́тки, ро́зыгрыш

waggish [ˈwægɪʃ] *a* весёлый, игри́вый, шутли́вый

waggle [ˈwægl] *v разг.* пома́хивать, разма́хивать

wag(g)on [ˈwægən] *n* 1) пово́зка, фурго́н; 2) *ж.-д.* ваго́н-платфо́рма ◊ **he is on the ~** *сленг* он бро́сил пить, он стал тре́звенником

wag(g)oner [ˈwægənə(r)] *n* во́зчик

wagon-lit [ˌwægɒnˈliː] *n* спа́льный ваго́н

wagtail [ˈwægteɪl] *n* трясогу́зка *(птица)*

waif [weɪf] *n* 1) бездо́мный челове́к, бомж; беспризо́рный, бездо́мный ребёнок; **~s and strays** беспризо́рные де́ти, беспризо́рники 2) бро́шенная вещь 3) заблуди́вшееся дома́шнее живо́тное

wail I [weɪl] *n* 1) вопль; вой; завыва́ние 2) причита́ние

wail II *v* 1) выть, вопи́ть; завыва́ть 2) гро́мко опла́кивать, причита́ть *(часто to ~ over)* ◊ **the Wailing Wall** Стена́ Пла́ча *(в Иерусалиме)* *(тж* **the Wailing Place of the Jews, the Western Wall)**

wain [weɪn] *n* 1) *уст., поэт.* пово́зка 2): **the Wain, Charles's Wain** *астр.* Больша́я Медве́дица; **the lesser Wain** *астр.* Ма́лая Медве́дица

wainscot I [ˈweɪnskət] *n* деревя́нная пане́ль *или* обши́вка ни́жней ча́сти стены́

wainscot II *v* обшива́ть *(стены)* пане́лью

waist [weɪst] *n* 1) та́лия 2) лиф, корса́ж; *амер.* ли́фчик 3) *мор.* сре́дняя часть су́дна, шка́фут 4) перехва́т *(скрипки, песочных часов и т. п.)*

waistband [ˈweɪstbænd] *n* по́яс *(юбки, брюк и т. п.)*

waistcoat [ˈweɪskəʊt] *n* жиле́т; **strait ~** смири́тельная руба́шка

waist-deep [ˌweɪstˈdiːp] *a* поясно́й, по по́яс

waist-high [ˌweɪstˈhaɪ] *см.* **waist-deep**

waistline [ˈweɪstlaɪn] *n* ли́ния та́лии; та́лия; **to watch one's ~** следи́ть за фигу́рой

wait I [weɪt] *n* 1) ожида́ние 2) заса́да; **to lay ~, to lie in ~** сиде́ть/выжида́ть в заса́де, подстерега́ть *(кого-л. — for)*

wait II *v* 1) ждать, дожида́ться, ожида́ть *(for)*; **to ~ for smb /for the train** ждать кого́-л./ожида́ть прибы́тия по́езда; **~ a minute** подожди́ мину́тку; **~ till I come** подожди́, пока́ я приду́; **to keep ~ing** заставля́ть ждать 2) выжида́ть 3) прислу́живать, обслу́живать *(тж* **to ~ on, to ~ upon**)

waiter [ˈweɪtə(r)] *n* 1) официа́нт 2) подно́с

waiting I [ˈweɪtɪŋ] *n* ожида́ние; **"no ~"** «стоя́нка запрещена́»

waiting II *a* 1) ожида́ющий, жду́щий; **~ list** лист ожида́ния *(при покупке авиабилетов и т. п.)* 2) выжида́тельный 3) придво́рный 4) прислу́живающий, обслу́живающий

waiting room [ˈweɪtɪŋruːm] *n* 1) приёмная *(врача и т. д.)* 2) зал ожида́ния

waitress [ˈweɪtrɪs] *n* официа́нтка

waive [weɪv] *v* 1) отка́зываться *(от права, требования, претензии)* 2) возде́рживаться, уклоня́ться

wake¹ [weɪk] *n*: **in the ~ of** *мор.* в кильва́тер за; *перен.* сле́дуя в кильва́тере; по следа́м, по пята́м

wake² *v* (**woke; woken**) 1) просыпа́ться (*тж* **to ~ up**) 2) буди́ть (*тж* **to ~ up**) 3) бо́дрствовать 4) пробужда́ть (*воспоминания и т. п.*); возбужда́ть; растормоши́ть (*кого-л.*) (*тж* **to ~ up**)

wakeful [ˈweɪkfʊl] *a* 1) бессо́нный; **we had a ~ night** мы провели́ бессо́нную ночь 2) бо́дрствующий 3) бди́тельный

wakefulness [ˈweɪkfʊlnɪs] *n* бессо́нница

waken [ˈweɪkən] *v* 1) просыпа́ться, пробужда́ться 2) буди́ть

walk I [wɔːk] *n* 1) ходьба́; **at a quick ~** бы́стрым ша́гом; **it's a short ~ from here** э́то в не́скольких шага́х отсю́да 2) похо́дка; **I know him by his ~** я узнаю́ его́ по похо́дке 3) прогу́лка (пешко́м); **to go for a ~** идти́ гуля́ть, пойти́ прогуля́ться 4) алле́я, доро́жка, тропа́; **that's my fovourite ~** я люблю́ там гуля́ть, э́то моё люби́мое ме́сто для прогу́лок ◊ **~ of life** призва́ние, профе́ссия; о́браз жи́зни; **to win in a ~** одержа́ть лёгкую побе́ду, победи́ть игра́ючи

walk II *v* 1) идти́, ходи́ть (пешко́м); обходи́ть 2) путеше́ствовать пешко́м 3) прогу́ливаться (*с кем-л.*); сопровожда́ть на прогу́лке ◊ **to ~ the boards** стать актёром; **to ~ the wards** быть студе́нтом-ме́диком; **to ~ tall** *разг.* горди́ться; **to ~ all over** *разг.* легко́ победи́ть сопе́рника, одержа́ть лёгкую побе́ду

walk about гуля́ть, прогу́ливаться

walk away from отойти́, удали́ться от (*чего-л., кого-л.*)

walk back возвраща́ться

walk in войти́

walk into попа́сться в лову́шку

walk off сбра́сывать вес (*ходьбой, бегом*)

walk off with укра́сть, стащи́ть (*что-л.*)

walk out 1) внеза́пно уйти́ 2) прекрати́ть рабо́ту

walk over 1) переходи́ть 2) легко́ победи́ть сопе́рника

walk up подойти́

walker [ˈwɔːkə(r)] *n* 1) ходо́к 2) *pl* ходунки́ (*для тех, кто учится ходить*)

walkie-talkie [ˌwɔːkɪˈtɔːkɪ] *n* портати́вная ра́ция (*особ. у полицейских*)

walking I [ˈwɔːkɪŋ] *n* ходьба́

walking II *a* ходя́чий

walking-on [ˈwɔːkɪŋˈɒn] *a*: **~ part** роль без слов, роль стати́ста

walking papers [ˈwɔːkɪŋ ˌpeɪpəz] *n pl* амер. пи́сьменное уведомле́ние (*работника*) об увольне́нии (*тж* **marching orders**)

walking stick [ˈwɔːkɪŋstɪk] *n* трость, па́лка

walking ticket [ˈwɔːkɪŋ ˌtɪkɪt] *см.* **walking papers**

walking tour [ˈwɔːkɪŋtʊə(r)] *n* пешехо́дная экску́рсия

Walkman [ˈwɔːkmən] *n* фирм. пле́ер (*особ. кассетный; по названию одной из первых моделей*)

walk-out [ˈwɔːkˌaʊt] *n* вы́ход (*из партии, организации и т. п.*) в знак проте́ста *и т. п.*

walk-over [ˈwɔːkəʊvə(r)] *n* лёгкая побе́да; бы́строе достиже́ние, лёгкий успе́х

walk-through [ˈwɔːkθruː] *n* 1) *театр.* генера́льная репети́ция, *проф.* прого́н 2) *театр.* безду́шное, форма́льное исполне́ние ро́ли 3) а́рочное пропускно́е устро́йство (*напр. металлодетектора*)

wall I [wɔːl] *n* 1) стена́; **blank ~** глуха́я стена́ 2) ка́менная огра́да 3) сте́нка (*сосуда, внутреннего органа*) ◊ **to drive smb up to the ~** припере́ть кого́-л. к сте́нке, довести́ кого́-л.; **to go to the ~** потерпе́ть неуда́чу; быть побеждённым; **within these four ~s** стро́го ме́жду на́ми; **off the ~** амер. сленг нетрадицио́нный, чу́ждый усло́вностям

wall II *v* обноси́ть, укрепля́ть стено́й; огора́живать

wall up замуро́вывать

wallaby [ˈwɒləbɪ] *n зоол.* кенгуру́-валла́би

wallah [ˈwɒlə] *n сленг* бюрокра́т, ши́шка на ро́вном ме́сте

wallet [ˈwɒlɪt] *n* бума́жник

wall-eye [ˈwɔːlaɪ] *n* бельмо́

wall-eyed [ˈwɔːlaɪd] *a* с бельмо́м на глазу́

wallflower [ˈwɔːlˌflaʊə(r)] *n* 1) *бот.* лакфио́ль обыкнове́нная 2) *разг.* да́ма, оста́вшаяся без кавале́ра (*на балу*)

wallop I [ˈwɒləp] *n разг.* си́льный уда́р

wallop II *v разг.* бить, поколоти́ть

wallow [ˈwɒləʊ] *v* 1) валя́ться, бара́хтаться 2) погря́знуть (*в чём-л. — in*); **to ~ in luxury** купа́ться в ро́скоши; **to ~ in grief** погрузи́ться в своё го́ре

wall-painting [ˈwɔːlˌpeɪntɪŋ] *n* стенна́я ро́спись; насте́нная жи́вопись

wallpaper [ˈwɔːlˌpeɪpə(r)] *n* обо́и; **to hang ~** окле́ивать обо́ями

Wall Street [ˈwɔːlˈstriːt] *n* Уо́лл-стрит (*улица в Нью-Йорке, где помещаются биржа и главнейшие банки*); *перен.* америка́нский фина́нсовый капита́л

wally [ˈwɒlɪ] *n сленг* растя́па

walnut [ˈwɔːlnət] *n* 1) гре́цкий оре́х 2) оре́ховое де́рево 3) *attr* оре́ховый

walrus [ˈwɔːlrəs] *n зоол.* морж

waltz I [wɔːls] *n* вальс

waltz II *v* танцева́ть вальс, вальси́ровать

wan [wɒn] *a* 1) бле́дный, изможде́нный 2) ту́склый, бесцве́тный; **a ~ smile** сла́бая улы́бка

wand [wɒnd] *n* 1) волше́бная па́лочка; жезл 2) *разг.* дирижёрская па́лочка 3) *тех.* цифрово́й зонд, щуп, про́бник

wander [ˈwɒndə(r)] *v* 1) броди́ть, скита́ться *(in, off, over)* 2) отклоня́ться от ку́рса, те́мы *и т. п. (from)* 3) заблуди́ться 4) блужда́ть *(о мыслях и т. п.)* 5) бре́дить

wanderer [ˈwɒndərə] *n* стра́нник

wanderlust [ˈwɒndəlʌst] *n* страсть к путеше́ствиям, жа́жда стра́нствий

wane I [weɪn] *n* убыва́ние; **to be on the ~** убыва́ть; быть на исхо́де; **the moon is on the ~** луна́ на уще́рбе

wane II *v* 1) быть на уще́рбе *(о луне)* 2) убыва́ть, уменьша́ться *(о влиянии и т. п.)*; лиша́ться си́лы, значе́ния

wangle I [ˈwæŋgl] *n разг.* блат; **to get a job by a ~** получи́ть рабо́ту по знако́мству

wangle II *v разг.* 1) суме́ть доби́ться хи́тростью *и т. п.*, ухитри́ться получи́ть *(что-л.)* 2) предста́вить что-л. в вы́годном для себя́ све́те, подтасова́ть *(факты, отчёт и т. п.)*

wanker [ˈwæŋkə(r)] *n сленг груб.* онани́ст

want I [wɒnt] *n* 1) недоста́ток, нехва́тка *(в чём-л. — of)*; **for/through ~ of smth** за неиме́нием, из-за недоста́тка чего́-л. 2) необходи́мость, нужда́, потре́бность *(в чём-л. — of)*; **to be in ~ of** нужда́ться в чём-л.; **they live in ~** они́ живу́т в нужде́/в бе́дности

want II *v* 1) жела́ть, хоте́ть; **I ~ you to talk to him** я хочу́, что́бы ты с ним поговори́л 2) нужда́ться *(в чём-л.)*, тре́бовать *(чего-л.)*; **my flat ~s repairing** в мое́й кварти́ре ну́жен ремо́нт; **he is ~ed by the police** его́ разы́скивает поли́ция 3) недостава́ть, не хвата́ть; **he is ~ing in common sense** ему́ не хвата́ет здра́вого смы́сла; **the door ~s a handle** у двери́ нет ру́чки

wanting [ˈwɒntɪŋ] *a* 1) нужда́ющийся, име́ющий недоста́ток *(в чём-л. — in)* 2) недоста́ющий; **to be found ~** не соотве́тствовать тре́бованиям, станда́ртам

wanton I [ˈwɒntən] *n книжн.* распу́тница

wanton II *a* 1) распу́тный 2) капри́зный, своенра́вный 3) бессмы́сленный, немотиви́рованный; **~ destruction** бессмы́сленное разруше́ние

wanton III *v книжн.* резви́ться; прока́зничать

wapiti [ˈwɒpɪtɪ] *n* кана́дский оле́нь, ва́пити

war I [wɔ:(r)] *n* 1) война́; **the Second World War, World War II** Втора́я мирова́я война́; **civil ~** гражда́нская война́; **cold ~** холо́дная война́; **before the ~** до войны́; **to be at ~** быть в состоя́нии войны́ *(с кем-л. — with)*; **to wage/to make ~ on** вести́ войну́ с; **to unleash a ~** развяза́ть войну́; **to declare ~** объявля́ть войну́ *(кому-л. — on, ирон.)*; **to go to ~** а) нача́ть войну́ б) пойти́ на войну́, на фронт 2) вражда́, вражде́бные де́йствия 3) борьба́; **~ of the elements** борьба́ стихи́й; стихи́йное бе́дствие 4) *attr* вое́нный; **~ cabinet** прави́тельство во вре́мя войны́, вое́нный кабине́т; **~ correspondent** вое́нный корреспонде́нт; **~ decoration** вое́нная награ́да; **~ memorial** па́мятник геро́ям войны́, мемориа́л поги́бшим на войне́; **~ widow** вдова́ поги́бшего на войне́

war II вступа́ть в конфли́кт; боро́ться; воева́ть

warble I [ˈwɔ:bl] *n* трель

warble II *v* петь, щебета́ть *(о птицах)*

warbler [ˈwɔ:blə(r)] *n* пе́вчая пти́ца

ward I [wɔ:d] *n* 1) больни́чная пала́та; **to walk the ~s** обходи́ть пала́ты; **intensive care ~** пала́та интенси́вной терапи́и; **maternity ~** роди́льное отделе́ние 2) городско́й избира́тельный о́круг 3) опека́емый, взя́тый под опе́ку *(о несовершеннолетнем и т. д.)* 4) тюре́мная ка́мера

ward II *v:* **to ~ off a blow** пари́ровать, отража́ть уда́р

warden [ˈwɔ:dn] *n* 1) нача́льник, заве́дующий; дире́ктор *(колледжа, госпиталя и т. п.)* 2) *амер.* нача́льник тюрьмы́ 3) смотри́тель, надзира́тель 4) *ист.* ре́гент, прави́тель *(при несовершеннолнтем монархе)*

warder [ˈwɔ:də(r)] *n* 1) тюре́мный надзира́тель 2) *уст.* страж

wardrobe [ˈwɔ:drəʊb] *n* 1) гардеро́б, шкаф 2) гардеро́б *(одежда)* 3) *attr* платяно́й; **~ mistress** костюме́рша *(в театре, на киностудии и т. п.)*

wardroom [ˈwɔ:drʊm] *n* офице́рская каю́т-компа́ния

ware[1] [weə(r)] *n* 1) изде́лия; **brown ~** гли́няная посу́да 2) *pl* това́ры; **to display one's ~s** выставля́ть свои́ това́ры

ware[2] *v* остерега́ться; **~!** береги́сь!

warehouse [ˈweəhaʊs] *n* 1) това́рный склад 2) опто́вый магази́н 3) большо́й магази́н

warfare [ˈwɔ:feə(r)] *n* война́; веде́ние войны́; **nuclear/germ ~** я́дерная/бактериологи́ческая война́

warhead [ˈwɔ:hed] *n воен.* боеголо́вка

warhorse [ˈwɔ:hɔ:s] *n* 1) *ист.* боево́й конь 2) быва́лый солда́т, ветера́н

warily [ˈweərɪlɪ] *adv* осторо́жно, с осторо́жностью

wariness [ˈweərɪnɪs] *n* осторо́жность, осмотри́тельность

warlike [ˈwɔːlaɪk] *a* 1) настро́енный вои́нственно; вражде́бный 2) вое́нный

warlord [ˈwɔːlɔːd] *n* полково́дец; военача́льник

warm I [wɔːm] *n* согрева́ние; тепло́, теплота́; **to have a ~** (со)гре́ться

warm II *a* 1) тёплый; **it's ~** тепло́; **I'm ~** мне тепло́; **it's getting ~er** стано́вится тепле́е; **to make ~** греть, разогрева́ть; **to keep ~** держа́ть в тепле́; **~ clothes** тёплая оде́жда 2) тёплый, дру́жеский, серде́чный; **a ~ welcome** тёплый приём; **~ with wine** разгорячённый вино́м 3) горя́чий, све́жий (*о следе*) 4) любвеоби́льный, легко́ увлека́ющийся 5) эроти́чный

warm III *v* 1) гре́ть, согрева́ть, нагрева́ть, разогрева́ть (*часто* **to ~ up**) 2) оживи́ться, заинтересова́ться (*to*); разгорячи́ться, воодушеви́ться

warm-blooded [wɔːmˈblʌdɪd] *a* 1) *зоол.* теплокро́вный 2) горя́чий, стра́стный (*о темпераменте*)

warm-hearted [wɔːmˈhɑːtɪd] *a* серде́чный, отзы́вчивый

warmonger [ˈwɔːˌmʌŋgə(r)] *n* поджига́тель войны́

warmth [wɔːmθ] *n* 1) тепло́, теплота́ 2) серде́чность, отзы́вчивость, доброта́ 3) горя́чность

warm-up [ˈwɔːmʌp] *n* 1) *спорт.* разми́нка 2) *тех.* прогре́в, разогре́в

warn [wɔːn] *v* предостерега́ть, предупрежда́ть (*of*)
warn off 1) отгова́ривать (*от чего-л.*), проси́ть не де́лать (*чего-л.*) 2) запрети́ть посеща́ть ска́чки (*на ипподроме*)

warning [ˈwɔːnɪŋ] *n* 1) предостереже́ние, предупрежде́ние; **to give ~** сде́лать предупрежде́ние, предупреди́ть 2) намёк

warp I [wɔːp] *n* 1) искривле́ние, переко́с, деформа́ция 2) извраще́ние, извращённость 3) осно́ва (*ткани*) 4) (нано́сный) ил

warp II *v* 1) коро́биться, искривля́ться, деформи́роваться 2) искажа́ть, извраща́ть; **a ~ed sense of humour** извращённое чу́вство ю́мора 3) удобря́ть нано́сным и́лом

war-plane [ˈwɔːpleɪn] *n* вое́нный самолёт

warrant I [ˈwɒrənt] *n* 1) основа́ние; оправда́ние (*каких-л. действий*); **~ of attorney** дове́ренность 2) о́рдер, судебное распоряже́ние; **search ~** о́рдер на обыск

warrant II *v* 1) опра́вдывать; дава́ть основа́ния 2) гаранти́ровать, руча́ться

warrantor [ˈwɒrəntə(r)] *n* гара́нт, поручи́тель

warranty [ˈwɒrəntɪ] *n* 1) основа́ние, оправда́ние 2) гара́нтия

warren [ˈwɒrɪn] *n* кро́личий садо́к

warring [ˈwɔːrɪŋ] *a* непримири́мый, противоречи́вый

warrior [ˈwɒrɪə] *n* *поэт.* во́ин

warship [ˈwɔːʃɪp] *n* вое́нный кора́бль

wart [wɔːt] *n* борода́вка

wartime [ˈwɔːtaɪm] *n* вое́нное вре́мя

war-weary [ˈwɔːˌwɪərɪ] *a* 1) изму́ченный войно́й 2) износи́вшийся в боя́х

war-worn [ˈwɔːwɔːn] *a* истощённый войно́й

wary [ˈweərɪ] *a* осторо́жный, осмотри́тельный; подозри́тельный; **to be ~ of smb** остерега́ться кого́-л.

was [wɒz] *past sg см.* **be**

wash I [wɒʃ] *n* 1) мытьё; **to have a ~** помы́ться; **you must give the floor a ~** тебе́ на́до помы́ть пол 2) сти́рка; **send it to the ~** отошли́ э́то в сти́рку 3) бельё в сти́рку *или* из сти́рки 4) волна́ (*особ. за кормой теплохода*); возду́шная струя́ 5) нано́сы (*песка, гравия и т. п.*); намы́тый грунт 6) помо́и (*тж перен. о жидком чае и т. п.*) 7) то́нкий слой (*жидкости*) 8) лосьо́н ◊ **to come out in the ~** *разг.* ула́диться со вре́менем

wash II *v* 1) мы́ться, умыва́ться 2) стира́ть (*бельё*) 3) вымыва́ть, промыва́ть, смыва́ть (*away, off, out*) 4) хорошо́ стира́ться, выде́рживать сти́рку 5) омыва́ть берега́ 6) размыва́ть (*берег и т. п.*) 7) плеска́ться 8) наноси́ть то́нким сло́ем; бели́ть (*потолок, стены*)
wash down (with) запива́ть (*еду*)
wash out 1) отстира́ть, постира́ть 2) размы́ть (*дорогу и т. п.*) 3) *разг.* отмени́ть 4): **washed out** *разг.* изнурённый, вя́лый, осла́бевший
wash up мыть посу́ду

washable [ˈwɒʃəbl] *a* стира́ющийся, мо́ющийся

wash-basin [ˈwɒʃˌbeɪsn] *n* умыва́льная ра́ковина, умыва́льник

washboard [ˈwɒʃbɔːd] *n* стира́льная доска́

washer [ˈwɒʃə(r)] *n* 1) мо́йщик 2) мо́ечная маши́на 3) стира́льная маши́на 4) *тех.* прокла́дка, ша́йба

washerwoman [ˈwɒʃəˌwʊmən] *n* пра́чка

washeteria [ˌwɒʃəˈtɪərɪə] *n* *амер.* пра́чечная

wash-handstand [ˈwɒʃhændˌstænd] *см.* **wash-stand**

wash house [ˈwɒʃhaʊs] *n* пра́чечная

washing [ˈwɒʃɪŋ] *n* 1) мытьё, сти́рка 2) вы́стиранное бельё

washing machine [ˈwɒʃɪŋməˌʃiːn] *n* стира́льная маши́на

washing-up [ˌwɒʃɪŋˈʌp] *n* мытьё посу́ды; **to do the ~** помы́ть посу́ду

wash-leather [ˈwɒʃˌleðə(r)] *n* за́мша

wash-out [ˈwɒʃaʊt] *n* 1) размы́в *(доро́ги и т. п.)* 2) *разг.* неуда́ча, прова́л; **he's a ~** он пусто́е ме́сто

washroom [ˈwɒʃrʊm] *n* *амер.* убо́рная, туале́т

washstand [ˈwɒʃstænd] *n* умыва́льник

washtub [ˈwɒʃtʌb] *n* таз

washwoman [ˈwɒʃˌwʊmən] *амер. см.* **washerwoman**

washy [ˈwɒʃɪ] *a* водяни́стый, жи́дкий

wasn't [ˈwɒznt] *разг.* = **was not**

WASP *сокр.* **(White Anglo-Saxon Protestant)** *n* *амер. презр.* америка́нец-протеста́нт англосаксо́нского происхожде́ния, типи́чный бе́лый америка́нец

wasp [wɒsp] *n* 1) оса́ 2) *attr* оси́ный

waspish [ˈwɒspɪʃ] *a* раздражи́тельный, язви́тельный, ко́лкий

wassail I [ˈwɒseɪl] *n* *уст.* попо́йка; вы́пивка

wassail II *v* *уст.* выпива́ть, весели́ться

wastage [ˈweɪstɪdʒ] *n* поте́ри, уте́чка

waste I [weɪst] *n* 1) бесполе́зная, напра́сная тра́та *(де́нег, вре́мени, проду́ктов и т. п.);* **to run/to go to ~** растра́чивать по́пусту *(тала́нт, уси́лия и т. п.)* 2) отбро́сы, отхо́ды 3) пусты́нное простра́нство, пусты́ня 4) уще́рб, поте́ри, убы́ток

waste II *a* 1) отрабо́танный, испо́льзованный; него́дный; **~ products** отхо́ды; **~ pipe** сливна́я труба́ 2) не представля́ющий интере́са, ненужный 3) отпустошённый; невозде́ланный *(о земле́);* **to lay ~** опустоша́ть; **to lie ~** быть невозде́ланным *или* необрабо́танным *(о земле́)*

waste III *v* 1) тра́тить впусту́ю, зря *(вре́мя, де́ньги, слова́ и т. п.);* **you're wasting your time** вы зря тра́тите вре́мя 2) упуска́ть возмо́жность 3) истоща́ться; ча́хнуть *(тж* **to ~ away)** 4) опустоша́ть, разоря́ть

waste-basket [ˈweɪstˌbɑːskɪt] *амер. см.* **waste-paper basket**

waste-bin [ˈweɪstbɪn] *n* му́сорный я́щик

wasteful [ˈweɪstfʊl] *a* неэконо́мный, расточи́тельный; сли́шком затра́тный

wastepaper basket [weɪstˈpeɪpəˌbɑːskɪt] *n* корзи́на для бума́жного му́сора, для нену́жных бума́г

waster [ˈweɪstə(r)] *n* 1) расточи́тельный челове́к, транжи́ра 2) *разг. см.* **wastrel**

wastrel [ˈweɪstrəl] *n* 1) никчёмный челове́к 2) беспризо́рный ребёнок

watch I [wɒtʃ] *n* 1) часы́ *(карма́нные или нару́чные);* **pocket/wrist ~** карма́нные/нару́чные часы́; **my ~ is fast, my ~ gains** мои́ часы́ спеша́т; **my ~ is slow, my ~ loses** мои́ часы́ отстаю́т; **by my ~** по мои́м часа́м; на мои́х часа́х; **to wind up the ~** завести́ часы́ 2) бди́тельность, внима́ние; постоя́нное наблюде́ние; **to keep ~** быть начеку́; насторо́же; **to be on the ~ against smb/smth** остерега́ться кого́-л./чего́-л. 3) *мор.* ва́хта 4) *ист.* (ночна́я) стра́жа

watch II *v* 1) следи́ть, внима́тельно наблюда́ть; **~ it/oneself** *разг.* будь осторо́жен 2) быть начеку́, бо́дрствовать 3) сторожи́ть 4) следи́ть, контроли́ровать; **she has to ~ her weight** ей на́до следи́ть за свои́м ве́сом; **~ your step** иди́ осторо́жнее

watch for выжида́ть

watchband [ˈwɒtʃbænd] *амер. см.* **watch-strap**

watch-chain [ˈwɒtʃtʃeɪn] *n* цепо́чка для карма́нных часо́в

watchdog [ˈwɒtʃdɒg] *n* 1) сторожево́й пёс 2) *вчт* схе́ма обеспе́чения безопа́сности, сторожева́я схе́ма

watcher [ˈwɒtʃə(r)] *n* 1) наблюда́тель 2) сто́рож

watch-fire [ˈwɒtʃˌfaɪə(r)] *n* сигна́льный костёр

watchful [ˈwɒtʃfʊl] *a* бди́тельный, внима́тельный; наблюда́ющий

watchfulness [ˈwɒtʃf(ə)lnes] *n* бди́тельность

watch-house [ˈwɒtʃhaʊs] *n* карау́льное помеще́ние, карау́льная

watchmaker [ˈwɒtʃˌmeɪkə(r)] *n* часовщи́к

watchman [ˈwɒtʃmən] *n* 1) ночно́й сто́рож, вахтёр 2) охра́нник, сотру́дник охра́ны

watchout [ˈwɒtʃaʊt] *n* 1) ожида́ние появле́ния чего́-л. *или* кого́-л. 2) наблюде́ние

watch-strap [ˈwɒtʃstræp] *n* ремешо́к *или* брасле́т для часо́в

watchtower [ˈwɒtʃˌtaʊə(r)] *n* сторожева́я ба́шня

watchword [ˈwɒtʃwɜːd] *n* 1) ло́зунг, деви́з 2) *уст.* паро́ль

water I [ˈwɔːtə(r)] *n* 1) вода́; **fresh/salt ~** пре́сная/солёная вода́; **mineral/table ~** минера́льная/столо́вая вода́; **by ~** во́дным путём; **on the ~** на корабле́ 2) *pl* минера́льные во́ды; **to drink the ~s** пить во́ды, лечи́ться на во́дах 3) прили́в и отли́в; **high ~** вы́сшая то́чка прили́ва; **low ~** ни́зшая то́чка отли́ва; **slack ~** ни́зкая вода́ *(при отли́ве)* 4) вода́, чистота́ драгоце́нного ка́мня; **of the first ~** чи́стой воды́ *(об алма́зе, бриллиа́нте)* 5): **to pass ~** мочи́ться 6) *attr* водяно́й; во́дный; **plants** водяны́е расте́ния; **~ sports** во́дные ви́ды спо́рта ◊ **in deep ~** в беде́; **in low ~** на мели́, без де́нег, в тру́дном фина́нсовом положе́нии; **to throw cold ~ on** охлади́ть пыл, поставить на место; ~ **under the bridge** ≅ что было, то было; что было, то прошло; **smooth** ~ «тихая гавань»; **like ~ off a duck's back** как с гуся вода; **still ~s run deep** *погов.* ≅ в тихом омуте черти водятся

water II *v* 1) мочить, смачивать; орошать 2) поливать (растения), сбрызгивать водой 3) поить животных 4) разбавлять водой 5) ходить на водопой 6) снабжать водой *(город, район, корабль и т. п.)* 7) слезиться; пускать слюну; **it makes one's mouth** ~ ≅ слюнки текут

water down 1) разбавлять водой 2) уменьшать, лишать силы, смягчать

water bed [′wɔ:təbed] *n* водяной матрац

water biscuit [′wɔ:tə‚bɪskɪt] *n* галета, сухое печенье

water blister [′wɔ:tə‚blɪstə(r)] *n* волдырь, водяная мозоль

water-borne [′wɔ:təbɔ:n] *a* перевозимый по воде, по морю *(о грузах и т. п.)*

water butt [′wɔ:təbʌt] *n* бочка для дождевой воды

watercolour [′wɔ:tə‚kʌlə(r)] *n* 1) акварельная краска, акварель 2) акварель *(рисунок)* 3) *attr* акварельный

watercourse [′wɔ:təkɔ:s] *n* 1) река, ручей 2) русло

waterfall [′wɔ:təfɔ:l] *n* водопад, каскад

waterfowl [′wɔ:təfaʊl] *n* водоплавающая птица, водяная дичь

water heater [′wɔ:tə‚hi:tə(r)] *n* кипятильник; нагреватель воды, водонагреватель

watering can [′wɔ:tərɪŋ‚kæn] *n* лейка

watering place [′wɔ:tərɪŋ‚pleɪs] *n* 1) водопой 2) курорт с минеральными водами 3) морской курорт

water lily [′wɔ:tə‚lɪlɪ] *n* водяная лилия, кувшинка

waterline [′wɔ:təlaɪn] *n мор.* ватерлиния

waterlogged [′wɔ:təlɒgd] *a* 1) заболоченный 2) затопленный водой 3) наполнившийся водой *(о судне)*

water main [′wɔ:təmeɪn] *n* водопроводная магистраль

waterman [′wɔ:təmən] *n* 1) лодочник 2) гребец

watermark [′wɔ:təmɑ:k] *n* водяной знак на бумаге

watermelon [′wɔ:tə‚melən] *n* арбуз

water pipe [′wɔ:təpaɪp] *n* водопроводная труба

water polo [′wɔ:tə‚pəʊləʊ] *n спорт.* водное поло

water power [′wɔ:tə‚paʊə(r)] *n* 1) гидроэнергия, водная энергия 2) *attr* гидроэнергетический

waterproof I [′wɔ:təpru:f] *n* 1) непромокаемая ткань 2) непромокаемый плащ

waterproof II *a* непромокаемый, водонепроницаемый

waterproof III *v* делать водонепроницаемым

water rate [′wɔ:təreɪt] *n* тариф, плата за воду, водоснабжение

water-resistant [′wɔ:təre‚sɪstənt] *a* водостойкий

watershed [′wɔ:təʃed] *n* 1) водораздел 2) поворот *(в делах)*; поворотный пункт

waterside [′wɔ:təsaɪd] *n* береговая полоса

water skis [′wɔ:təski:z] *n pl* водные лыжи

waterspout [′wɔ:təspaʊt] *n* водяной смерч

water supply [′wɔ:təsə‚plaɪ] *n* водоснабжение

watertight [′wɔ:tətaɪt] *a* 1) водонепроницаемый 2) неопровержимый *(об аргументе и т. п.)*

water tower [′wɔ:tə‚taʊə(r)] *n* водонапорная башня

water-wag(g)on [′wɔ:tə‚wægən] *n*: **to go on the** ~ стать трезвенником, перестать пить

waterway [′wɔ:təweɪ] *n* водный путь; фарватер

waterworks [′wɔ:təwз:ks] *n* 1) система водоснабжения; водоочистительная станция 2) *разг.* слёзы 3) *разг.* мочевыделительная система

watery [′wɔ:tərɪ] *a* 1) водянистый, жидкий 2) водный, водяной 3) слезящийся, мокрый *(о глазах)* 4) бессодержательный, пустой, неинтересный *(о беседе, стиле и т. п.)* 5) бледный, бесцветный 6) предвещающий дождь

watt [wɒt] *n эл.* ватт

wattle¹ I [′wɒtl] *n* 1) плетень 2) австралийская акация

wattle¹ II *v* делать плетень; обносить плетнём

wattle² *n* серёжка, бородка *(индюка и т. п.)*

wave I [weɪv] *n* 1) волна, вал; **tidal** ~ приливная волна, **the ~s** *поэт.* море; 2) волна, взрыв *(недовольства, возмущения, протеста и т. п.)*; резкий рост *(преступности, эпидемии и т. п.)* 3) волнистость *(волос)*; завивка 4) махание, взмах *(рукой)* 5) период, полоса *(жары и т. п.)*; **heat** ~ период сильной жары 6) *физ.* волна; **short/medium/long ~s** короткие/средние/длинные волны 7) *воен.* атакующая цепь ◊ **to make ~s** *разг.* устраивать неприятности, гнать волну

wave II *v* 1) махать, размахивать; помахать *(рукой)*; **to ~ to smb** махать кому-л. рукой; **to ~ goodbye** помахать рукой на прощание 2) развеваться, качаться *(на ветру)*; волноваться *(о поле ржи, пшеницы)* 3) завиваться, виться *(о волосах)*

wave aside отмахну́ться *(от кого-л., чего-л.)*; отстрани́ть

wave down «голосова́ть» на доро́ге

wave on разреши́ть дви́гаться да́льше *(взмахом руки)*

waveband [ˈweɪvbænd] *n радио* диапазо́н волн

wavelength [ˈweɪvleŋθ] *n радио* длина́ волны́

waver [ˈweɪvə(r)] *v* 1) дро́гнуть, подда́ться 2) колеба́ться, быть в нереши́тельности 3) колыха́ться, дрожа́ть *(о пламени и т. п.)*

wavy [ˈweɪvɪ] *a* волни́стый, волнообра́зный; ~ **hair** вью́щиеся/волни́стые во́лосы

wax[1] **I** [wæks] *n* 1) воск; **mineral** ~ озокери́т 2) (ушна́я) се́ра *(тж* **ear** ~ 3) *attr* восково́й

wax[1] **II** *v* вощи́ть, натира́ть во́ском

wax[2] *v* 1) прибыва́ть *(о луне)* 2) де́латься, станови́ться; **to** ~ **old** соста́риться; **to** ~ **merry** развесели́ться

wax[3] *n сленг* при́ступ гне́ва; **to be in a** ~ быть в бе́шенстве

waxen [ˈwæksən] *a* 1) восково́й; ~ **complexion** бле́дный цвет лица́ 2) мя́гкий, как воск, пласти́чный

waxwork [ˈwækswɜːk] *n* 1) воскова́я фигу́ра 2) *pl* вы́ставка восковы́х фигу́р

waxy[1] [ˈwæksɪ] *a* восково́й; похо́жий на воск

waxy[2] *a сленг* вспы́льчивый

way [weɪ] *n* 1) доро́га, путь; направле́ние; **she asked the** ~ **to the station** она́ спроси́ла, как добра́ться до вокза́ла; **which is the** ~ **to... ?** как добра́ться до ... ?; **he went his** ~ он продо́лжил свой путь; **on the** ~ в пути́; **out of the** ~ не по пути́ **over the** ~ напро́тив, че́рез доро́гу; **this** ~, **please** пожа́луйста, иди́те сюда́; **are you going my** ~? вы (идёте) в мою́ сто́рону?; **to feel one's** ~ идти́ о́щупью, нащу́пывать доро́гу; *перен.* де́йствовать осторо́жно, осмотри́тельно; **to find the** ~ найти́ доро́гу; **to lose one's** ~ заблуди́ться; **to show the** ~ показа́ть доро́гу куда́-л.; **to get under** ~ отправля́ться в путь; **to get out of smb's** ~ уйти́ с доро́ги; не меша́ть кому́-л.; **to push one's** ~ прокла́дывать себе́ путь; **to elbow one's** ~ прота́лкиваться; **to make one's** ~ продвига́ться, прокла́дывать себе́ доро́гу; **to find the** ~ **out** найти́ вы́ход 2) расстоя́ние; **a little** ~ недалеко́; **a long** ~ **from home** далеко́ от до́ма, вдали́ от до́ма; **a long** ~ **off** далеко́; **quite a** ~ весьма́ далеко́; **a** ~ **out** в стороне́, неподалёку 3) движе́ние (вперёд), ход; **to be under** ~ быть на ходу́, в де́йствии; **to get under** ~ отплыва́ть, отправля́ться *(о судне)* 4) спо́соб, ме́тод; о́браз де́йствий; ~ **of thinking** спо́соб мыш-

ле́ния; ~**s and means** спо́собы, ме́тоды достиже́ния чего́-л.; **which** ~ как, каки́м спо́собом; **there is no** ~ **to do smth** нет никако́й возмо́жности сде́лать э́то; **in this** ~ таки́м о́бразом, таки́м спо́собом; **do it your own** ~ де́лайте по-сво́ему; **in the same** ~ таки́м же о́бразом; **to have one's own** ~ поступа́ть по-сво́ему, настоя́ть на своём; **there are no two** ~**s about it** об э́том не мо́жет быть двух мне́ний; **one** ~ **or another** так и́ли ина́че; **the other** ~ ина́че 5) привы́чка, мане́ра; **I don't like the** ~ **she treats other people** мне не нра́вится, как она́ поступа́ет с други́ми людьми́; **that's only his** ~ у него́ про́сто така́я мане́ра; **she has a** ~ **with her** она́ уме́ет подойти́ к ка́ждому 6) состоя́ние, положе́ние; **things are in a bad** ~ дела́ пло́хи; **in the family** ~ бере́менная, в положе́нии 7) масшта́б, разме́р; **in a big** ~ широко́, с разма́хом ◊ **in a** ~ до не́которой сте́пени; **in any** ~ во вся́ком слу́чае; **in every** ~ во всех отноше́ниях; **by** ~ **of** ра́ди, с це́лью, в ви́де; **by the** ~ ме́жду про́чим; **out of the** ~ из ря́да вон выходя́щий; **not to have it both** ~**s** выбира́ть что́-то одно́; **to give** ~ уступа́ть, поддава́ться; сдава́ться; **once in a** ~ о́чень ре́дко, в ко́и ве́ки; **the Milky Way** *астр.* Мле́чный Путь

wayfarer [ˈweɪˌfeərə(r)] *n* пу́тник, стра́нник

waylaid [weɪˈleɪd] *past, p. p. см.* **waylay**

waylay [weɪˈleɪ] *v (past, p. p.* **waylaid***)* подстерега́ть

way-leave [ˈweɪliːv] *n* пра́во прокла́дки ка́беля, труб *и т. п.* по како́му-л. уча́стку земли́

waymark [ˈweɪmɑːk] *n* (доро́жная) ве́ха

wayside [ˈweɪsaɪd] *n* 1) обо́чина доро́ги 2) *attr* придоро́жный

way station [ˈweɪˌsteɪʃən] *n амер. ж.-д.* полуста́нок

wayward [ˈweɪwəd] *a* капри́зный, своенра́вный, своево́льный; непредска́зуемый

WC *сокр.* **(watercloset)** убо́рная, туале́т

WCC *сокр.* **(the World Council of Churches)** Всеми́рный сове́т церкве́й, ВСЦ

we [wiː, wɪ] *pron pers* мы

weak [wiːk] *a* 1) сла́бый 2) безво́льный, нереши́тельный 3) неубеди́тельный; **a** ~ **argument** сла́бый, неубеди́тельный аргуме́нт 4) некре́пкий *(о напитке)*; жи́дкий 5) *грам.* сла́бый 6) *фон.* неуда́рный; редуци́рованный *(о звуке)*

weaken [ˈwiːkən] *v* 1) ослабля́ть 2) слабе́ть, поддава́ться

weak-eyed [ˈwiːkˌaɪd] *a* плоховидя́щий, име́ющий сла́бое зре́ние

weak-headed [ˌwiːkˈhedɪd] *a* слабоу́мный

weak-kneed [ˌwiːkˈniːd] *a* малоду́шный

weakling [ˈwiːklɪŋ] *n* 1) сла́бый челове́к 2) хи́лое живо́тное

weakly I [ˈwiːklɪ] *a* сла́бый, боле́зненный

weakly II *adv* сла́бо

weak-minded [ˌwiːkˈmaɪndɪd] *a* слабоу́мный

weakness [ˈwiːknɪs] *n* 1) сла́бость 2) сла́бое ме́сто, недоста́ток 3) сла́бость, скло́нность; **she has a ~ for him** она́ пита́ет к нему́ сла́бость

weal¹ [wiːl] *n: книжн.* благосостоя́ние, процвета́ние; **in ~ and woe** в сча́стье и в го́ре; **for the public/common ~** для о́бщего бла́га

weal² *n* рубе́ц *(от удара кнутом и т. п.)*

wealth [welθ] *n* 1) бога́тство; **a man of ~** бога́ч, бога́тый челове́к 2) изоби́лие *(of)*

wealthy [ˈwelθɪ] *a* бога́тый, состоя́тельный; **healthy and ~** здоро́вый и бога́тый

wean I [wiːn] *n шотл.* ребёнок

wean II *v* 1) отнима́ть *(ребёнка)* от груди́ 2) отуча́ть *(от чего-л. — from, away from)*

weapon [ˈwepən] *n* 1) ору́жие; **nuclear ~** я́дерное ору́жие 2) сре́дство, ору́дие *(против чего-л.)*

weaponless [ˈwepənlɪs] *a* безору́жный

weaponry [ˈwepənrɪ] *n* ору́жие, вооруже́ние

wear I [weə(r)] *n* 1) ноше́ние, но́ска *(одежды)*; **out of ~** вы́шедшее из мо́ды 2) оде́жда; **everyday ~** повседне́вная оде́жда; **beach ~** купа́льные костю́мы; пля́жная оде́жда 3) изна́шивание, изно́с *(тж ~ and tear)* 4) хоро́шая но́скость

wear II *v* (**wore; worn**) 1) носи́ть, быть оде́тым *(во что-л.)*; **to ~ green** быть оде́тым во всё зелёное; **she ~s scent** она́ (всегда́) ду́шится; **to ~ one's hair short** носи́ть коро́ткие во́лосы, ко́ротко стри́чься 2) име́ть вид; **he ~s his years well** он хорошо́ сохрани́лся, он прекра́сно вы́глядит для свои́х лет 3) изна́шивать, протира́ть; ста́птывать; **the steps are worn** ступе́ни стёрлись 4) (хорошо́) носи́ться *(о платье)*

wear away стира́ться, смыва́ться; исчеза́ть

wear down изна́шиваться

wear off 1) стира́ться 2) смягча́ться

wear out 1) изна́шиваться 2) устава́ть, утомля́ться; истоща́ться

wearily [ˈwɪərɪlɪ] *adv* уста́ло; утомлённо

weariness [ˈwɪərɪnɪs] *n* уста́лость, утомле́ние; ску́ка; утоми́тельность

wearing [ˈwɪərɪŋ] *a* утоми́тельный

wearisome [ˈwɪərɪsəm] *a* утоми́тельный; ску́чный

weary I [ˈwɪərɪ] *a* 1) уста́лый, утомлённый *(чем-л. — of)*; **she was ~ of walking** она́ уста́ла от ходьбы́ 2) утоми́тельный; ску́чный

weary II *v* утомля́ться, устава́ть

weasel [ˈwiːzl] *n* 1) *зоол.* ла́ска 2) *attr:* ~ **words** обма́нчивые слова́; двусмы́сленные фра́зы

weather I [ˈweðə(r)] *n* пого́да; **fine/fair ~** хоро́шая/я́сная пого́да; **bad/rough ~** плоха́я пого́да, нена́стье; **flying ~** *ав.* лётная пого́да ◊ **under the ~** *разг.* не в фо́рме, нездоро́вый; не в ду́хе; **to make heavy ~ of smth** *разг.* преувели́чивать тру́дности

weather II *v* 1) подверга́ть(ся) возде́йствию пого́дных усло́вий, атмосфе́рным влия́ниям 2) выде́рживать, выноси́ть *(бурю, кризис)*; пережива́ть *(тяжёлый период)* 3) *мор.* обходи́ть с наве́тренной стороны́

weather-beaten [ˈweðəˌbiːtn] *a* 1) обве́тренный; закалённый *(о человеке)* 2) потрёпанный што́рмами, непого́дой

weather-bound [ˈweðəbaʊnd] *a* заде́ржанный непого́дой

weather bureau [ˈweðəbjʊəˌrəʊ] *n* бюро́ пого́ды

weathercock [ˈweðəkɒk] *n* флю́гер

weather forecast [ˈweðəˌfɔːkɑːst] *n* прогно́з пого́ды

weatherman [ˈweðəmæn] *n* метеоро́лог

weatherproof [ˈweðəpruːf] *a* 1) усто́йчивый к непого́де 2) метеоусто́йчивый

weather station [ˈweðəˌsteɪʃən] *n* метеорологи́ческая ста́нция, метеоста́нция

weather-vane [ˈweðəveɪn] *см.* **weathercock**

weather-worn [ˈweðəwɔːn] *a* потрёпанный бу́рей; пострада́вший от непого́ды

weave [wiːv] *v* (**wove; woven**) 1) плести́, сплета́ть, переплета́ть 2) ткать 3) сочиня́ть *(рассказ, истории и т. п.)*

weaver [ˈwiːvə(r)] *n* ткач; ткачи́ха

web [web] *n* 1) ткань; кусо́к тка́ни 2) паути́на *(тж spider's ~)* 3) сплете́ние *(лжи и т. п.)*; **to spin a ~ of deceit** опу́тывать паути́ной лжи 4) перепо́нка *(у водоплавающих птиц и некоторых животных)* 5) руло́нная бума́га *(в типографии)* 6) перемы́чка, перебо́рка 7) **the W.** *вчт* «Всеми́рная паути́на» *(собрание гипертекстовых и иных документов, доступных по всему миру через сеть Интернет; тж the World Wide Web)*

webbed [webd] *a* перепо́нчатый

webbing [ˈwebɪŋ] *n* (подкла́дочная) тка́ная ле́нта *(для поясов, обивки и т. п.)*

web browser [webˈbraʊzə] *n вчт* Web-бро́узер, Web-бра́узер

web-designer [ˈwebdɪˌzaɪnə] *n вчт* разрабо́тчик Web-страни́ц, Web-диза́йнер

web-footed [ˈwebˌfuːtɪd] *a зоол.* с перепо́нчатыми ла́пами

webmaster [ˈwebˌmɑːstə] *n вчт* администра́тор Web-узла́, Web-ма́стер

web page ['web‚peɪdʒ] *n вчт* Web-страни́ца

web server ['web‚sɜːvə] *n вчт* Web-се́рвер

website ['web‚saɪt] *n вчт* Web-у́зел, Web-сайт, сайт

Wed. *сокр.* **(Wednesday)** среда́

wed [wed] *v книжн.* 1) выдава́ть за́муж; жени́ть; вступа́ть в брак; венча́ться 2) соединя́ть

we'd [wiːd] 1) = **we had** 2) = **we should; we would**

wedding ['wedɪŋ] *n* 1) бракосочета́ние, сва́дьба 2) *attr* сва́дебный; венча́льный 3) *attr* обруча́льный *(о кольце)*

wedge I [wedʒ] *n* клин; **to drive a ~** вбива́ть клин ◊ **thin end of the ~** *разг.* э́то то́лько нача́ло, то ли ещё бу́дет

wedge II *v* 1) закрепля́ть кли́ном 2) вкли́ниваться, вт́искиваться; врезаться *(тж* **to ~ in)**

wedgies ['wedʒɪz] *n pl разг.* танке́тки *(обувь)*

wedlock ['wedlɒk] *n* супру́жество, брак; **born in ~** законнорождённый

Wednesday ['wenzd(e)ɪ] *n* среда́

wee [wiː] *a* 1) *шотл.* ма́ленький 2) *разг.* малю́сенький, кро́шечный; **a ~ bit** чу́точку, совсе́м ма́лость

weed I [wiːd] *n* 1) со́рная трава́, сорня́к; **their garden ran to ~s** 2) кля́ча 3) долговя́зый и то́щий челове́к 4) *сленг* марихуа́на, «тра́вка» ◊ **ill ~s grow apace** *посл.* со́рная трава́ хорошо́ растёт

weed II *v* поло́ть, пропа́лывать, выпа́лывать **weed out** удаля́ть

weeds [wiːdz] *n pl уст.* тра́урная оде́жда вдовы́

weedy ['wiːdɪ] *a* 1) заро́сший сорняка́ми, в сорняка́х 2) сла́бый, худо́й, боле́зненный

week [wiːk] *n* неде́ля; **in a ~** че́рез неде́лю; **a ~ ago** неде́лю наза́д; **tomorrow ~** че́рез неде́лю; **~ in, ~ out** мно́го неде́ль подря́д, це́лыми неде́лями; **to stay for a ~** гости́ть неде́лю, останови́ться на неде́лю; **the Easter W.** *рел.* Пасха́льная неде́ля

weekday ['wiːkdeɪ] *n* бу́дний день, рабо́чий день

weekend I [‚wiːk'end] *n* коне́ц неде́ли, уике́нд

weekend II *v* проводи́ть уике́нд *(за городом и т. п.)*

weekender ['wiːk'endə(r)] *n* уезжа́ющий отдыха́ть на выходны́е/на уике́нд

weekly I ['wiːklɪ] *n* еженеде́льник, еженеде́льное изда́ние; **a ~ newspaper** еженеде́льная газе́та

weekly II *a* еженеде́льный

weekly III *adv* 1) оди́н раз в неде́лю 2) еженеде́льно

ween [wiːn] *v поэт., уст.* полага́ть, ду́мать, счита́ть

weeny ['wiːnɪ] *a разг.* кро́шечный

weep [wiːp] *v (past, p. p.* **wept)** 1) пла́кать; рыда́ть; опла́кивать 2) покрыва́ться ка́плями; выделя́ть вла́гу
weep out а) вы́плакать; **to ~ oneself out** вы́плакаться б) проговори́ть сквозь слёзы

weeper ['wiːpə(r)] *n уст.* пла́кальщица

weepie ['wiːpɪ] *n разг.* душещипа́тельный фильм, сентимента́льная пье́са *и т. п.*

weeping ['wiːpɪŋ] *a* плаку́чий

weepy ['wiːpɪ] *a разг.* слезли́вый, скло́нный к слеза́м; плакси́вый

wee-wee ['wiːwiː] *v сленг* мочи́ться, де́лать пи-пи́

w. e. f. *сокр.* **(with effect from)** вступа́ющий в си́лу *(с такого-то числа)*

weft [weft] *n текст.* уто́к *(нить)*

weigh [weɪ] *v* 1) взве́шивать 2) ве́сить; взве́шиваться 3) име́ть вес, значе́ние, ва́жность 4) обду́мывать, взве́шивать *(последствия и т. п.)*
weigh down 1) переве́шивать; отягоща́ть 2) тяготи́ть; подавля́ть
weigh in 1) взве́ситься пе́ред соревнова́нием 2) вы́двинуть, привести́ *(аргумент, довод и т. п. —* **with)**
weight out разве́шивать; отве́шивать
weight up оце́нивать, взве́шивать; составля́ть мне́ние *(о ком-л., чём-л.)*

weighing machine ['weɪŋmə‚ʃiːn] *n* весы́

weight I [weɪt] *n* 1) вес; **to sell by ~** продава́ть на вес; **what's your ~?** како́й у вас вес?; **to put on/to gain ~** прибавля́ть в ве́се, толсте́ть; **to lose ~** теря́ть в ве́се, худе́ть 2) тя́жесть, груз; *перен.* бре́мя; **to lift the ~** поднима́ть шта́нгу; **she's feeling the ~ of her years** она́ чу́вствует, что го́ды даю́т себя́ знать 3) ги́ря; **a lead ~** грузи́ло 4) ва́жность, значе́ние, вес, влия́ние; **to carry ~** име́ть вес, влия́ние; **to give due ~ to** придава́ть до́лжное значе́ние ◊ **to throw one's ~ about** ва́жничать, задава́ться

weight II *v* 1) утяжеля́ть, нагружа́ть; прида́вливать 2) отягоща́ть, обременя́ть

weightless ['weɪtlɪs] *a* невесо́мый

weightlessness ['weɪtlɪsnɪs] *n* невесо́мость; состоя́ние невесо́мости

weightlifting ['weɪt‚lɪftɪŋ] *n* 1) подня́тие тя́жестей 2) *спорт.* тяжёлая атле́тика

weighty ['weɪtɪ] *a* 1) увеси́стый, тяжёлый 2) ве́ский, ва́жный; значи́тельный; **~ considerations** ве́ские соображе́ния

weir [wɪə(r)] *n* плоти́на, запру́да

weird I [wɪəd] *n* судьба́, рок

weird II *a* 1) таинственный, сверхъестественный, непостижимый 2) *разг.* странный, чудной; непонятный 3) *уст.* фатальный

weirdo [ˈwɪədəʊ] *n разг.* чудак, человек со странностями

welcome I [ˈwelkəm] *n* 1) гостеприимство, радушный приём; **to give a warm/hearty ~** оказать сердечный приём; тепло встретить; **to outstay one's ~** злоупотреблять чьим-л. гостеприимством 2) приветствие; **to bid smb ~** приветствовать; встречать кого-л.

welcome II *a* 1) желанный, долгожданный, приятный; **~ news** приятная новость; **a glass of wine would be very ~ now** сейчас стаканчик вина был бы очень кстати 2) *predic*: **you are ~** не стоит благодарности, пожалуйста *(в ответ на благодарность)*; **you are ~!** добро пожаловать!; **~ back!/home!** с приездом!, с возвращением!

welcome III *v* 1) приветствовать; радушно, радостно принимать, встречать 2) одобрять, приветствовать *(предложение и т. п.)*

welcome IV *int* добро пожаловать!

weld I [weld] *n тех.* сварной шов

weld II *v тех.* 1) сваривать, приваривать 2) сплачивать

welder [ˈweldə(r)] *n* сварщик

welding [ˈweldɪŋ] *n тех.* сварка; **autogenous/oxygen ~** автогенная сварка

welfare [ˈwelfeə(r)] *n* 1) благосостояние, благополучие; **social/public ~** социальное обеспечение; **to live on ~** *амер.* жить на государственное пособие 2) *attr*: **the W. State** государство всеобщего благоденствия; **~ work** работа по улучшению социальных условий обездоленных, благотворительность

well¹ **I** [wel] *n* 1) колодец 2) пролёт *(лестницы)*, лестничная клетка 3) *горн.* скважина; **oil ~** нефтяная скважина 4) родник; минеральный источник 5) источник информации *и т. п.*

well¹ **II** *v* бить ключом *(тж* **to ~ out, to ~ up)**

well² **I** *n* добро, благо; **I wish them ~** я желаю им добра

well² **II** *a (compar* **better**; *superl* **best)** 1) здоровый; **are you ~ ?** вы здоровы?; **I'm perfectly/quite ~** я совершенно здоров, я прекрасно себя чувствую; **she's not ~ today** ей сегодня нездоровится; **to get ~** поправиться, выздороветь 2) хороший, в порядке; **all is ~** всё хорошо, всё в порядке; **it's all very ~ for her to say that ...** ей-то хорошо говорить ...

well² **III** *adv (compar* **better**; *superl* **best)** 1) хорошо; **very ~** очень хорошо; **to come off ~** удачно сойти; **~ enough** довольно хорошо

2) как следует, правильно, основательно 3) очень, вполне; значительно; **it may ~ be that...** вполне возможно, что...; **~ into the night** далеко за полночь; **~ advanced in years** весьма пожилой, старый ◊ **as ~** кроме того, вдобавок, к тому же; **just as ~** почти также, то же; с таким же успехом; **as ~ as** так же как; **~ and truly** совсем, полностью; **~ away** *разг.* а) навеселе б) крепко заснувший

well² **IV** *int служит для выражения удивления, согласия, удовлетворения и т. п.* ну!; ну вот!, ну что же!; **~, who would have thought of it?** ну кто бы мог подумать?; **~ I never!** ну и ну! ну и ну! **~ then!** ну и что же!, ладно!; **~ now!** ну что ж!

we'll [wiːl] **= we shall; we will**

well-acquainted [ˌweləˈkweɪntɪd] *a* хорошо знакомый *(with)*; хорошо разбирающийся *(в чём-л.)*

well-advised [ˌwe`ləd`vaɪzd] *a* благоразумный

well-appointed [ˌweləˈpɔɪntɪd] *a* хорошо оборудованный

well-balanced [ˌwelˈbælənst] *a* уравновешенный, благоразумный

well-being [ˌwelˈbiːɪŋ] *n* благополучие

well-born [ˌwelˈbɔːn] *a* знатный, родовитый, благородного происхождения

well-bred [ˌwelˈbred] *a* (хорошо) воспитанный, с хорошими манерами

well-built [ˌwelˈbɪlt] *a* хорошо сложённый, статный

well-defined [ˌweldɪˈfaɪnd] *a* чётко определённый, чёткий

well-deserved [ˌweldɪˈzɜːvd] *a* полностью заслуженный

well-disposed [ˌweldɪsˈpəʊzd] *a* расположенный, благожелательный *(к — to, towards)*

well-endowed [ˌwelɪnˈdaʊd] *a* 1) богатый талантами 2) *разг.* сексуальный, привлекательный

well-favoured [ˌwelˈfeɪvəd] *a* красивый

well-founded [ˌwelˈfaʊndɪd] *a* хорошо обоснованный

well-groomed [ˌwelˈgruːmd] *a* ухоженный, холёный

well-heeled [ˌwelˈhiːld] *a разг.* богатый

wellingtons [ˈwelɪŋtənz] *n pl* резиновые сапоги

well-judged [ˌwelˈdʒʌdʒd] *a* тактичный; сделанный вовремя и обдуманно; разумный; **a ~ answer** продуманный ответ

well-kept [ˌwelˈkept] *a* 1) ухоженный; хорошо сохранившийся 2) тщательно хранимый

well-knit [ˌwelˈnɪt] *a* хорошо сложённый, крепкий

well-known [ˌwelˈnəʊn] *a* (хорошо́) изве́стный; общеизве́стный

well-made [ˌwelˈmeɪd] *a* 1) хорошо́ сде́ланный, вы́полненный 2) хорошо́ сложённый

well-meaning [ˌwelˈmiːnɪŋ] *a* с са́мыми благи́ми наме́рениями, де́йствующий из лу́чших побужде́ний

wellnigh [ˈwelnaɪ] *adv уст.* почти́

well-off [ˌwelˈɔːf] *a* зажи́точный, состоя́тельный, обеспе́ченный

well-paid [ˌwelˈpeɪd] *a* хорошо́ опла́чиваемый

well-read [ˌwelˈred] *a* начи́танный, зна́ющий, эруди́рованный

well-thought-of [ˌwelˈθɔːtɒv] *a* уважа́емый, цени́мый

well-timed [ˌwelˈtaɪmd] *a* своевре́менный

well-to-do [ˌweltəˈduː] *a* состоя́тельный, зажи́точный

well-tried [ˌwelˈtraɪd] *a* успе́шно проше́дший испыта́ния, испы́танный

well-trodden [ˌwelˈtrɒdn] *a* ча́сто посеща́емый

well-turned [ˌwelˈtɜːnd] *a* отто́ченный, изя́щный (о фразе, комплименте и т. п.)

well-worn [ˌwelˈwɔːn] *a* 1) поно́шенный 2) изби́тый, зата́сканный (о фразе и т. п.)

Welsh I [welʃ] *n* 1) жи́тель Уэ́льса; валли́ец, уэ́льсец; **the** ~ валли́йцы, уэ́льсцы 2) валли́йский, уэ́льский язы́к

Welsh II *a* уэ́льский, валли́йский

welsh [welʃ] *v* 1) скры́ться, не уплати́в про́игрыша (о букмекере и т. п.) 2) уклоня́ться от обя́занности

Welshman [ˈwelʃmən] *n* жи́тель *или* уроже́нец Уэ́льса; валли́ец, уэ́льсец

welt I [welt] *n* 1) рант (на обуви) 2) след, рубе́ц

welt II *v* 1) шить на ранту́ 2) бить (кнутом), исполосова́ть

welter I [ˈweltə(r)] *n* неразбери́ха, сумбу́р, пу́таница

welter II *v* бара́хтаться, валя́ться

welterweight [ˈweltəweɪt] *n спорт.* 1) полусре́дний вес 2) боксёр полусре́днего ве́са 3) доба́вочный груз (на скачках)

wen [wen] *n* 1) *мед.* жирови́к 2) перенаселённый го́род; **the great** ~ Ло́ндон

wench [wentʃ] *n* 1) *шутл.* де́вушка *или* молода́я же́нщина 2) *уст.* проститу́тка

wend [wend] *v*: **to** ~ **one's way** *уст.* отправля́ться в путь

went [went] *past см.* **go I**

wept [wept] *past, p. p. см.* **weep**

were [wɜː(r)] *past pl см.* **be**

we're [wɪə(r)] = **we are**

weren't [wɜːnt] *разг.* = **were not**

wer(e)wolf [ˈwɪəwʊlf] *n* оборотень

west I [west] *n* 1) за́пад; *мор.* вест; **to the** ~ **(of)** к за́паду (от); **the W.** За́пад; *амер.* за́падные шта́ты 2) за́падный ве́тер; *мор.* вест

west II *a* за́падный

west III *adv* к за́паду от, на за́пад от ◊ **to go** ~ *сленг* поги́бнуть, отпра́виться на тот свет

West End [ˈwestˈend] *n* Вест-Энд (западный фешенебельный район Лондона)

West-Ender [ˈwestˈendə] *n* жи́тель Вест-Энда; аристокра́т, состоя́тельный челове́к

westerly I [ˈwestəlɪ] *a* 1) обращённый к за́паду 2) ду́ющий с за́пада, за́падный (о ветре)

westerly II *adv* 1) к за́паду, на за́пад 2) с за́пада

western I [ˈwestən] *n* ве́стерн, ковбо́йский фильм, рома́н о ковбо́ях *и т. п.*

western II *a* 1) живу́щий на За́паде 2) за́падный 3) обращённый на за́пад

westerner [ˈwestənə(r)] *n* уроже́нец За́пада (обыкн. западных штатов США)

westernize [ˈwestənaɪz] *v* подверга́ть влия́нию европе́йской культу́ры, европеизи́ровать

westernmost [ˈwestənməʊst] *a* са́мый за́падный

Westminster [ˈwestmɪnstə(r)] *n* 1) Вестми́нстер, брита́нский парла́мент (тж ~ **Palace, the Palace of** ~) 2) Вестми́нстер, центра́льный райо́н Ло́ндона

westward I [ˈwestwəd] *n* за́падное направле́ние

westward II *a* напра́вленный на за́пад, к за́паду

westward III *adv* на за́пад, в за́падном направле́нии

westwards [ˈwestwədz] *см.* **westward III**

wet I [wet] *n* 1) вла́га, вла́жность 2) дождли́вая пого́да 3) *разг.* слаба́к; неуме́ха 4) *сленг* вы́пивка; спиртно́е; **to have a** ~ вы́пить, промочи́ть го́рло

wet II *a* 1) мо́крый, вла́жный, сыро́й; ~ **to the skin,** ~ **through** промо́кший наскво́зь 2) дождли́вый 3) невы́сохший (о краске) 4) *разг.* несура́зный, неле́пый 5) *сленг* разреша́ющий свобо́дную прода́жу спиртны́х напи́тков; **a** ~ **state** *амер.* «мо́крый» штат; штат, где нет сухо́го зако́на

wet III *v* 1) мочи́ть, сма́чивать, увлажня́ть; **the child** ~**s its bed** ребёнок мо́чится в посте́ли 2) *разг.* отмеча́ть (что-л.) вы́пивкой, «обмыва́ть»

wet-nurse [ˈwetnɜːs] *n* корми́лица

we've [wiːv] = **we have**

WFTU *сокр.* (**World Federation of Trade Union**) Всеми́рная федера́ция профсою́зов, ВФП

whack I [wæk] *n разг.* 1) си́льный уда́р 2) *сленг* до́ля ◊ **to have a ~ at** *сленг* сде́лать попы́тку; **out of ~** *амер. сленг* не в поря́дке, нела́дно

whack II *v разг.* ударя́ть; бить, избива́ть

whacked [ˈwækt] *a разг.* вы́дохшийся, изму́ченный

whale [weɪl] *n* кит; **sperm ~** кашало́т ◊ **we had a ~ of a time** *разг.* мы отли́чно провели́ вре́мя

whaleboat [ˈweɪlbəʊt] *n мор.* китобо́йное су́дно

whalebone [ˈweɪlbəʊn] *n* кито́вый ус

whale-oil [ˈweɪlɔɪl] *n* во́рвань

whaler [ˈweɪlə(r)] *n* 1) китоло́в, китобо́й 2) китобо́йное су́дно

whaling [ˈweɪlɪŋ] *n* китобо́йный про́мысел

whammy [ˈwæmɪ] *n амер. разг.* дурно́е *или* роково́е влия́ние

wharf I [wɔːf] *n (pl тж* **wharves**) при́стань

wharf II *v* пришварто́вывать *(судно)* у при́стани

wharfinger [ˈwɔːfɪndʒə(r)] *n* владе́лец при́стани; тот, кто соде́ржит при́стань

wharves [wɔːvz] *pl см.* **wharf I**

what [wɒt] *pron* 1) что?; **~ is it?** что э́то тако́е?; **~ do you mean?** что вы име́ете в виду́?; **~ next?** и что да́льше? 2) како́й?, кото́рый?; **~ time is it?** кото́рый час? 3) *в восклица́тельных словосочета́ниях* како́й!, что за...!; **~ a pity!** кака́я жа́лость!; **~ an idea!** что за фанта́зия!; **~ nonsense!** кака́я ерунда́! ◊ **he knows what's ~** он себе́ на уме́, он зна́ет что к чему́; **~ for?** для чего́?, заче́м?; **~'s up?** что происхо́дит?; **~ about ... ?** как насчёт ... ?; **~ not** и всё тако́е про́чее; **~ of it?** и что из э́того?

whate'er [wɒtˈeə(r)] *поэт.* = **whatever**

whatever [wɒtˈevə(r)] *pron, a* 1) како́й бы ни, любо́й 2) что бы ни; всё что; **~ happens** что бы ни случи́лось; **write ~ you like** пиши́ всё, что хо́чешь

what's [wɒts] *разг.* = **what is**

whatsoever [ˌwɒtsəʊˈevə(r)] *см.* **whatever**

wheat [wiːt] *n* пшени́ца

wheaten [ˈwiːtn] *a* пшени́чный

wheedle [ˈwiːdl] *v* 1) льстить; подольща́ться 2) выма́нивать *(out of)*

wheel I [wiːl] *n* 1) колесо́; **potter's ~** гонча́рный круг 2) *авто* руль, бара́нка; *ав., мор.* штурва́л *(тж* **steering-wheel**); **at the ~** за рулём 3) *pl сленг* автомоби́ль ◊ **to go on (oiled) ~s** идти́ как по ма́слу; **~s within ~s** сло́жное устро́йство; **~ of Fortune** колесо́ форту́ны, уда́ча

wheel II *v* 1) повора́чиваться (на оси́); опи́сывать круги́; кружи́ться 2) е́хать на ве-

лосипе́де, кати́ть та́чку *и т. п.* ◊ **to ~ and deal** занима́ться полити́ческими *или* экономи́ческими афе́рами, крути́ться в поли́тике *или* би́знесе

wheelbarrow [ˈwiːlˌbærəʊ] *n* та́чка

wheelchair [ˈwiːltʃeə(r)] *n* кре́сло-ката́лка *(для инвали́дов)*

wheeler [ˈwiːlə(r)] *n* 1) колёсный ма́стер 2) коренни́к *(лошадь)*

wheel-horse [ˈwiːlhɔːs] *см.* **wheeler 2)**

wheelsman [ˈwiːlzmən] *n амер.* рулево́й

wheelwright [ˈwiːlraɪt] *см.* **wheeler 1)**

wheeze I [wiːz] *n* 1) тяжёлое, хри́плое дыха́ние; сопе́ние 2) *разг.* ро́зыгрыш, шу́тка; трюк

wheeze II *v* 1) тяжело́, хри́пло дыша́ть 2) скрипе́ть *(о механи́зме)*
wheeze out прохрипе́ть

wheezy [ˈwiːzɪ] *a* 1) задыха́ющийся; страда́ющий оды́шкой 2) скрипу́чий

whelk [welk] *n зоол.* брюхоно́гий моллю́ск

whelm [welm] *v поэт.* поглоща́ть, залива́ть

whelp I [welp] *n* щено́к

whelp II *v* 1) щени́ться 2) замышля́ть недо́брое

when [wen] *adv, conj* 1) когда́; **~ are you leaving?** когда́ вы уезжа́ете? 2) тогда́, когда́; в то вре́мя как; по́сле того́ как; **we were about to start ~ the phone rang** мы бы́ли гото́вы уже́ уйти́, когда́ зазвони́л телефо́н; **I'll do it ~ I've had lunch** я сде́лаю э́то по́сле обе́да; **~ passing** проходя́ ми́мо; **during the time ~ you were away** в то вре́мя, когда́ вы отсу́тствовали; **till ~** до каки́х пор; **since ~** с каки́х пор; с како́го вре́мени; **say ~** *разг.* скажи́те, когда́ (бу́дет) доста́точно

whence [wens] *adv, conj книжн.* отку́да *(обыкн.* **from ~**); **(from) ~ did he come?** отку́да он прие́хал?; **~ comes it that...** как э́то получа́ется, что...

whene'er [wenˈeə(r)] *поэт. см.* **whenever**

whenever [wenˈevə(r)] *adv, conj* когда́ же; когда́ бы ни, вся́кий раз как; как то́лько; **~ she comes** когда́ бы она́ ни пришла́

whensoever [ˌwensəʊˈevə(r)] *уст. см.* **whenever**

where [weə(r)] *adv* где́; куда́; отку́да; **~ are you going?** куда́ вы идёте?; **~ is my pencil?** где мой каранда́ш?; **the town ~ they live** го́род, в кото́ром они́ живу́т; **go ~ you like** иди́ куда́ хо́чешь; **that's just ~ you are wrong** вот здесь-то вы и ошиба́етесь

whereabouts I [ˈweərəbaʊts] *n* местонахожде́ние, местопребыва́ние

whereabouts II [ˈweərəˈbaʊts] *adv, conj* где, куда́; **show the ~ to find the lake** покажи́те мне, где э́то о́зеро

907

whereafter [weər´a:ftə(r)] *conj* офиц. после чего, затем

whereas [weər´æz] *conj* 1) тогда как, в то время как 2) принимая во внимание

whereat [weər´æt] *adv* уст. на это, на что; затем, после этого

whereby [weə´baɪ] *adv* при помощи, посредством чего; как

where'er [weər´eə(r)] *поэт. см.* **wherever**

wherefore [´weəfɔ:(r)] *adv* почему, по какой причине, из-за чего

wherein [weər´ɪn] *adv* офиц. в чём, где

whereof [weər´ɒv] *adv* офиц. из чего, откуда, о чём, о ком, о котором

whereon [weər´ɒn] *adv* уст. на чём, на котором, на что

wheresoever [ˌweəsəʊ´evə] *см.* **wherever**

whereto [weə´tu:] *adv* офиц. для чего; к которому

whereupon [ˌweərə´pɒn] *adv* после чего, тогда, вследствии чего

wherever [weər´evə(r)] *adv* где бы ни, куда бы ни; где бы то ни было; куда бы то ни было; ~ **she goes she makes friends** куда бы она ни поехала, у неё везде оказываются друзья

wherewithal [´weəwɪðɔ:l] *n* разг. деньги, средства

wherry [´werɪ] *n* лодка, ялик

whet I [wet] *n* 1) оттачивание 2) средство, возбуждающее аппетит *(глоток спиртного и т. п.)*

whet II *v* 1) точить, оттачивать, править 2) обострять, возбуждать *(аппетит, интерес и т. п.)*

whether [´weðə(r)] *conj* ли; ~ **or no** так или иначе; во всяком случае; ~ **he is here or not** здесь он или нет; **I don't know** ~ **they agree to it or not** я не знаю, согласятся ли они на это

whetstone [´wetstəʊn] *n* точильный камень, брусок, оселок

whew [fju:] *int* уф!; фью!

whey [weɪ] *n* сыворотка

which [wɪtʃ] *a, pron* 1) какой; который; кто из; ~ **books do you prefer?** какие книги вы предпочитаете (читать)?; **this is the way** ~ **she chose** это дорога, которую она выбрала; ~ **way shall we go?** по какой дороге мы пойдём? 2) что; **he said he wasn't there** ~ **was a lie** он сказал, что не был там, что было ложью

whichever [wɪtʃ´evə(r)] *pron* какой угодно, любой; какой бы ни

whichsoever [ˌwɪtʃsəʊ´evə(r)] *уст. см.* **whichever**

whiff I [wɪf] *n* 1) дуновение, струя *(воздуха, лёгкого аромата)*; **a** ~ **of fresh air** глоток свежего воздуха; **let me have a** ~ **of the scent** дайте мне понюхать эти духи 2) запах; **I caught a** ~ **of gas** я уловил запах газа 3) затяжка *(сигаретой и т. п.)* 4) небольшая сигара 5) лёгкая лодка, ялик ◊ **there was a** ~ **of scandal about the business** дело попахивает скандалом

whiff II *v* 1) веять *(об аромате, свежести и т. п.)* 2) пускать клубы дыма *(при курении)*; попыхивать *(трубкой)*

whiffle [´wɪfl] *v* 1) слабо дуть *(о ветре)* 2) колебаться; быть изменчивым *(в решениях и т. п.)* 3) раздувать, развеивать

whiffy [´wɪfɪ] *a разг.* плохо пахнущий

Whig [wɪg] *n* 1) ист. виг *(член партии вигов)* 2) либерал 3) амер. ист. сторонник восстания против английского владычества 4) амер. член республиканской партии

while I [waɪl] *n* промежуток времени; **after a** ~ вскоре; **for a** ~ ненадолго; **a short** ~ **ago** недавно, незадолго до; **all the** ~ всё это время; **a long** ~ **ago** давным-давно; **it is not worth my (your** *etc***)** ~ не стоит того, не стоит труда

while II *v*: **to** ~ **away the time** коротать время

while III *conj* 1) в то время как, пока; ~ **coming there** по дороге туда 2) несмотря на то, что; тогда как; хотя; ~ **I agree with you I cannot understand it** хотя я и соглашаюсь с вами, я не могу понять всего этого

whiles [waɪlz] *уст. см.* **while**

whilst [waɪlst] *adv, conj* в то время как, пока

whim [wɪm] *n* каприз, прихоть

whimper I [´wɪmpə(r)] *n* хныканье

whimper II *v* хныкать, ныть

whimsical [´wɪmzɪkəl] *a* 1) причудливый, прихотливый, капризный 2) фантастический 3) странный

whimsy [´wɪmzɪ] *n* каприз, прихоть

whine I [waɪn] *n* жалобный вой

whine II *v* 1) выть; скулить 2) хныкать, жаловаться, стонать

whinge [wɪndʒ] *v разг.* скулить, ныть

whinny I [´wɪnɪ] *n* тихое *или* радостное ржание

whinny II *v* тихо ржать

whip I [wɪp] *n* 1) плеть, кнут 2) парламентский партийный организатор *(следящий за посещением сессий парламента членами партии, голосованием и т. п.)* 3) партийная дисциплина и инструкции *(члену парламента)* 4) взбитые сливки; десертный крем

whip II *v* 1) хлестать, стегать; сечь; пороть 2) подгонять *(плетью, кнутом)* 3) быстро выхва́тывать, сбра́сывать 4) взбива́ть *(белки, сливки)* 5) обма́тывать 6) обмётывать че́рез край 7) *сленг* превосходи́ть 8) *сленг* укра́сть, стащи́ть

whip away 1) гнать кнуто́м 2) сдёргивать *(скатерть и т. п.)*

whip in согна́ть *(собак)* в ку́чу

whip off 1) сбро́сить, сдёрнуть 2) прогна́ть

whip on подгоня́ть

whip out выхва́тывать *(нож и т. п.)*

whip up 1) возбужда́ть, разжига́ть 2) собира́ть, созыва́ть

whip hand ['wɪphænd] *n* 1) рука́, держа́щая кнут *(при верховой езде)* 2) (the ~) контро́ль над ситуа́цией; **to have the ~ over smb** держа́ть кого́-л. под контро́лем, в по́лном подчине́нии

whipper-in ['wɪpər'ɪn] *n охот.* псарь, доезжа́чий

whippersnapper ['wɪpə‚snæpə(r)] *n* самонадея́нный мальчи́шка, молокосо́с

whippet ['wɪpɪt] *n* борза́я *(порода собак)*

whipping ['wɪpɪŋ] *n* по́рка

whipping boy ['wɪpɪŋ‚bɔɪ] *n* 1) козёл отпуще́ния 2) *ист.* ма́льчик для битья́

whipping cream ['wɪpɪŋ‚kri:m] *n* сли́вки для взбива́ния, жи́рные сли́вки

whipping top ['wɪpɪŋtɒp] *n* волчо́к, юла́

whip-round ['wɪpraʊnd] *n* сбор де́нег *(для кого́-л.)*, «ша́пка по кру́гу»

whir I, II [wɜ:(r)] *см.* **whirr I, II**

whirl I [wɜ:l] *n* 1) вихрь; круже́ние; **a ~ of dust** вихрь пы́ли; **a ~ of parties** вихрь све́тских развлече́ний 2) смяте́ние; неразбери́ха; **in a ~** в смяте́нии

whirl II *v* 1) кружи́ться, верте́ться 2) мча́ться, проноси́ться *(away)* 3) быть в смяте́нии; пу́таться *(о мыслях)*

whirligig ['wɜ:lɪgɪg] *n* 1) волчо́к, юла́ 2) карусе́ль 3) вихрь, круговоро́т; водоворо́т *(событий и т. п.)*; **~ of time** превра́тности судьбы́

whirlpool ['wɜ:lpu:l] *n* водоворо́т

whirlybird ['wɜ:lɪbɜ:d] *n разг.* вертолёт

whirlwind ['wɜ:lwɪnd] *n* 1) вихрь, урага́н; смерч 2) *attr* стреми́тельный, урага́нный; бу́рный; **~ courtship** бу́рный рома́н ◊ **sow the wind and reap the ~** *посл.* посе́ешь ве́тер — пожнёшь бу́рю

whirr I [wɜ:(r)] *n* шум *(крыльев, машин)*; ро́кот *(пропеллера)*

whirr II *v* жужжа́ть, стрекота́ть

whisk I [wɪsk] *n* 1) сма́хивание; взмах, взма́хивание 2) муто́вка, сбива́лка 3) метёлка

whisk II *v* 1) сма́хивать, выхва́тывать *(тж to ~ away, to ~ off)*; **she ~ed my plate away**

она́ выхва́тила у меня́ таре́лку 2) взбива́ть *(белки, сливки)* 3) юркнуть, шмыгну́ть 4) пома́хивать

whisker ['wɪskə(r)] *n обыкн. pl* 1) бакенба́рды *(тж side -s)* 2) усы́ *(животного)* ◊ **within a ~ of success** *разг.* на волосо́к от успе́ха, на поро́ге успе́ха

whiskey ['wɪskɪ] ви́ски *(ирландское, тж амер.)*, *ср.* **whisky**

whisky ['wɪskɪ] *n* ви́ски *(шотландское)*, *ср.* **whiskey**

whisper I ['wɪspə(r)] *n* 1) шёпот; **to talk in ~** говори́ть шёпотом 2) шо́рох, ше́лест; журча́ние 3) слух, молва́; спле́тни ◊ **to give the ~** предостере́чь, намекну́ть

whisper II *v* 1) шепта́ть; говори́ть шёпотом 2) нашёптывать, спле́тничать, пуска́ть слух; **it is ~ed that** хо́дят слу́хи, говоря́т, что 3) шелесте́ть; журча́ть

whist [wɪst] *n* вист *(карточная игра)*

whistle I ['wɪsl] *n* 1) свист 2) свисто́к ◊ **as clean as a ~** о́чень чи́стый; **to blow the ~ on** *разг.* прекрати́ть, закры́ть чью-л. де́ятельность

whistle II *v* 1) свисте́ть, дава́ть свисто́к 2) свисте́ть, насви́стывать *(мелодию)* 3) напра́сно ожида́ть, жела́ть *(for)*

whistle-blower ['wɪsl‚bləʊə] *n* доно́счик, стука́ч

whistle-stop ['wɪslstɒp] *n амер.* небольшо́й городо́к, полуста́нок

Whit [wɪt] *a:* **~ Sunday** *церк.* Тро́ицын день, Тро́ица; **~ Monday** *церк.* Ду́хов день, День Свято́го Ду́ха

whit [wɪt] *n* ма́лая части́ца, са́мая ма́лость, чу́точка; **not/never a ~** совсе́м нет, ниско́лько, ничу́ть; **every ~** всё целико́м

white I [waɪt] *n* 1) бе́лый цвет; белизна́; **in ~** в бе́лом 2) бе́лая кра́ска; бели́ла; 3) бело́к *(глаза, яйца)* 4) челове́к бе́лой ра́сы, светлоко́жий 5) *полигр.* пробе́л ~ ◊ **to hit the ~** попа́сть в то́чку; **to bleed ~** тяну́ть де́ньги *(из кого́-л.)*, бога́тства *(из страны́)*

white II *a* 1) бе́лый; *перен.* неви́нный, чи́стый; незапя́тнанный 2) бле́дный; **to turn ~** побледне́ть; **as ~ as a sheet** бле́дный, как полотно́ 3) белёсый 4) седо́й 5) прозра́чный, бесцве́тный 6) с молоко́м, сли́вками *(о кофе)* ◊ **~ goods** кру́пные предме́ты дома́шней бытово́й те́хники: холоди́льники, стира́льные маши́ны *и т. п.*

whitebait ['waɪtbeɪt] *n* ме́лкая рыбёшка, малёк

white-collar ['waɪt‚kɒlə(r)] *a:* **~ workers** слу́жащие, «бе́лые воротнички́»

Whitehall ['waɪthɔ:l] *n* Уа́йтхолл *(улица в Ло́ндоне, на кото́рой располо́жены прави-*

тельственные учреждения); перен. британское правительство; британские официальные правящие круги

white-hot [ˈwaɪtˌhɒt] *a* раскалённый добела

White House [ˌwaɪtˈhaʊs] Белый дом *(официальная резиденция президента США)*; перен. президент США; власти США

white meat [ˈwaɪtmiːt] *n* «белое мясо»: мясо птицы, кролика; телятина; свинина

whiten [ˈwaɪtn] *v* 1) белить 2) белеть

White Pages [waɪtˈpeɪdʒɪz] *n pl амер.* (the ~) «Белые страницы», алфавитный телефонный справочник

whiter-than-white [ˌwaɪtə ðænˈwaɪt] *a* белее белого

whitesmith [ˈwaɪtsmɪθ] *n* 1) жестянщик 2) лудильщик

whitethorn [ˈwaɪtθɔːn] *n бот.* боярышник

whitewash I [ˈwaɪtwɒʃ] *n* 1) побелка 2) попытка обелить *(кого-л.)*, скрыть недостатки

whitewash II *v* 1) белить *(потолок, стены)* 2) пытаться обелить *(кого-л.)* 3) восстанавливать в правах банкрота 4) *амер. спорт.* выиграть «всухую»

Whitey [ˈwaɪtɪ] *n собир. сленг презр.* белые, бледнолицые

whither [ˈwɪðə(r)] *adv, conj уст.* куда, в какую сторону

Whitsun [ˈwɪtsən] *см.* **Whit**

whittle [ˈwɪtl] *v* 1) строгать *(дерево и т. п.)* ножом 2) сокращать, изымать, сводить на нет *(away, down)*

whity [ˈwaɪtɪ] *a* беловатый; белесоватый

whiz(z) I [wɪz] *n разг.* 1) свист *(рассекаемого воздуха)* 2) большой специалист, ас *(в чём-л.)*

whiz(z) II *v разг.* со свистом рассекать воздух

WHO *сокр.* (the **World Health Organization**) Всемирная организация здравоохранения, ВОЗ

who [huː] *pron* 1) *inter* кто?; ~ **knows** кто знает 2) *rel* который; (тот,) кто; **the man ~ asked you** человек, который спрашивал вас ◊ ~**'s** ~ а) кто есть кто 2) список известных лиц *(с фактами из их биографии)*

whoa [wəʊ] *int* тпру!

who'd [huːd] = **who had**; **who would**

whodunit [huːˈdʌnɪt] *n разг.* детективный роман, пьеса-детектив *и т. п.*

whoever [huːˈevə(r)] *pron* кто бы ни, который бы ни; любой

whole I [həʊl] *n* 1) целое; **on the ~** в общем, в целом 2) все; всё 3) сумма, итог

whole II *a* 1) целый; весь; полный 2) целый, невредимый 3) цельный *(о молоке и т. п.)* 4) непросеянный *(о муке)*

wholefood [ˈhəʊlfuːd] *n* здоровая пища *(из непросеянной муки, нерафинированная и т. п.)*; натуральные продукты

wholegrain [ˈhəʊlɡreɪn] *a*: ~ **bread** зерновой хлеб

wholehearted [ˈhəʊlˈhɑːtɪd] *a* 1) преданный, искренне приверженный 2) добротно сделанный, тщательно выполненный *(о работе, задании и т. п.)*

wholemeal [ˈhəʊlmiːl] *n* непросеянная мука, мука грубого помола

wholesale I [ˈhəʊlseɪl] *n* оптовая торговля; **to sell by ~** продавать оптом

wholesale II *a* 1) оптовый 2) широкомасштабный

wholesale III *adv* 1) оптом 2) в большом количестве, в крупных размерах

wholesome [ˈhəʊlsəm] *a* здоровый, полезный; благоразумный

wholly [ˈhəʊlɪ] *adv* целиком, полностью; совершенно

whom [huːm] *pron* (объект. п. от **who**) кого; которого; кому; которому; **by ~** кем; **to ~** кому, которому; **with ~** с кем, с которым; **of ~** о ком, о котором

whoop I [huːp] *n* 1) крик, вопль *(радости, торжества и т. п.)* 2) *мед.* коклюшный кашель

whoop II *v* 1) издавать вопли *(радости и т. п.)* 2) сильно закашляться

whoopee [ˈwuːpiː] *n*: **to make ~** *разг.* шумно веселиться, гулять с размахом

whooping cough [ˈhuːpɪŋkɒf] *n мед.* коклюш

whop [wɒp] *v сленг* 1) бить 2) разбить в пух и прах

whopper [ˈwɒpə(r)] *n сленг* 1) нечто огромное 2) наглая ложь

whopping [ˈwɒpɪŋ] *a сленг* очень большой, огромный

whore [hɔː(r)] *n* проститутка, шлюха

whortleberry [ˈwɜːtlˌberɪ] *n* черника; **bog ~** голубика; **red ~** брусника

whose [huːz] *pron poss* чей, чья, чьё, чьи

whosoever [ˌhuːsəʊˈevə(r)] *см.* **whoever**

why I [waɪ] *n*: **the ~s of it** причина этого, основание для этого, объяснение этому

why II *adv* почему, зачем; ~ **did you do it?** почему вы это сделали?

why III *int* выражает удивление, колебание, раздумье, нетерпение, возражение: ~, **it's nearly seven o'clock!** вот это да, уж почти семь часов!; ~, **of course, it is so!** ну, конечно же это так!; ~, **he told me he was not married** а он-то говорил мне, что не женат!; ~, **what's wrong with it?** ну и что в этом плохого?

wick [wɪk] *n* 1) фитиль 2) *мед.* тампон ◊ **to get on smb's ~** *разг.* раздражать, злить кого-л.; **to dip one's ~** *сленг груб.* переспать с бабой

wicked [ˈwɪkɪd] *a* 1) испорченный, безнравственный, порочный 2) дурной; злой, злобный; **what a ~ thing to do!** как это жестоко!; **a ~ temper** дурной характер 3) плохой; вредный

wicker [ˈwɪkə(r)] *n* 1) прутья для плетения 2) *attr* плетёный (*о корзинах, ковриках, мебели и т. п.*)

wickerwork [ˈwɪkəwɜːk] *n* плетёные изделия

wicket [ˈwɪkɪt] *n* 1) ворота (*в крикете*) 2) калитка (*в воротах или рядом с воротами*) 3) турникет 4) окошко, глазок (*в двери*) ◊ **on a good ~** *разг.* в благоприятном положении, в фаворе; **on a sticky ~** *разг.* не в почёте, не в фаворе

wide I [waɪd] *n*: (**the ~**) широкий мир, всё вокруг

wide II *a* 1) широкий 2) такой-то ширины; **one metre ~** шириной в один метр 3) большой, обширный; значительный; **~ experience** большой опыт; **~ public** широкая публика 4) щедрый; широких взглядов; без ограничений, предрассудков; **~ views** широкие взгляды 5) широко распахнутый (*о глазах*) 6) далёкий, на значительном расстоянии (*от — of*)

wide III *adv* 1) широко; далеко; **~ from being...** далеко не... 2) полностью, совсем; **~ awake** совсем проснувшийся 3) мимо цели; **~ of the mark** а) мимо цели б) невпопад; ◊ **far and ~** повсюду, везде

wideawake [ˈwaɪdəweɪk] *n* широкополая мягкая фетровая шляпа

widely [ˈwaɪdlɪ] *adv* широко; в большой степени; **he's ~ read** он весьма начитан

widen [ˈwaɪdn] *v* расширяться

widespread [ˈwaɪdspred] *a* широко распространённый; имеющий широкую сеть распространения

widget [ˈwɪdʒɪt] *n разг.* приспособление, прибор

widow [ˈwɪdəʊ] *n* 1) вдова; **grass/golf ~** соломенная вдова 2) *полигр.* висячая строка

widowed [ˈwɪdəʊd] *a* овдовевший

widower [ˈwɪdəʊə(r)] *n* вдовец

widowhood [ˈwɪdəʊhʊd] *n* вдовство

width [wɪdθ] *n* 1) ширина; **in ~** в ширину 2) широта (*взглядов и т. п.*) 3) полотнище (*материала*)

wield [wiːld] *v* 1) владеть (*инструментом, оружием*) 2) обладать (*властью, авторитетом*)

wieldy [ˈwiːldɪ] *a* легко управляемый; поддающийся

wife [waɪf] *n* (*pl* **wives**) жена

wig [wɪg] *n* парик ◊ **big ~** важная персона, шишка

wigging [ˈwɪgɪŋ] *n разг.* нагоняй, выговор

wiggle [wɪgl] *v разг.* 1) ёрзать 2) вихлять

wiggly [ˈwɪglɪ] *a разг.* извилистый (*о дороге, линии и т. п.*)

wight [waɪt] *n уст.* создание; человек

wigwag [ˈwɪgwæg] *v разг.* сигнализировать флажками

wigwam [ˈwɪgwæm] *n* вигвам

wild I [waɪld] *n обыкн. pl* пустыня, дикая местность; **in the ~** в полудиком состоянии, не в цивилизованных условиях; **out in the ~s** *разг.* вдали от цивилизации

wild II *a* 1) дикий; **~ animals** дикие животные; **~ flowers** полевые цветы; **~ rose** дикая роза, шиповник; **to grow/to run ~** расти на свободе, на приволье, без присмотра 2) дикий, варварский, нецивилизованный 3) пустынный 4) буйный, необузданный; сумасбродный; **a ~ youth** гуляка 5) бурный, штормовой (*о погоде*) 6) взволнованный, вне себя от восторга *и т. п.*; **to be ~ about smth** быть без ума от чего-л. 7) безумный, неистовый; **to drive ~** приводить в бешенство, в исступление; **it made me ~ to listen to his nonsense** меня просто бесило, когда я слушал его глупые разговоры ◊ **~ goose chase** пустая, бессмысленная затея

wild III *adv* как попало, наугад; **to shoot ~** стрелять наугад

wild card [ˌwaɪldˈkɑːd] *n вчт* универсальный, групповой символ, джокер (*подстановочный знак, заменяющий один или несколько символов при поиске и выборе*)

wildcat I [ˈwaɪldkæt] *n* человек необузданного темперамента

wildcat II *a амер.* рискованный (*особ. в финансовом отношении*)

wilderness [ˈwɪldənɪs] *n* 1) пустыня, дикая местность, глушь 2) запущенная часть сада, заросли 3) всякая всячина, масса самых разных вещей (*of*)

wildfire [ˈwaɪldˌfaɪə(r)] *n* пожар (*особ. лесной*); **to spread like ~** молниеносно распространяться

wildfowl [ˈwaɪldfaʊl] *n* дичь

wilding [ˈwaɪldɪŋ] *n бот.* дичок

wildlife [ˈwaɪldlaɪf] *n* дикая природа, мир (диких) животных

wile I [waɪl] *n обыкн. pl* хитрость, уловка, ухищрения

wile II *v* заманивать, завлекать (*away, into*)

wilful [ˈwɪlfʊl] *a* 1) преднамеренный, умышленный; **~ murder** преднамеренное убийство 2) упрямый, своенравный

will¹ I [wɪl] *n* 1) воля; сила воли; **strong ~** сильная воля 2) воля, желание; **free ~** свобóда вóли; **against one's ~** прóтив вóли; **of one's own free ~** по своéй дóброй вóле; по сóбственному желáнию; **to have one's ~** добúться своегó; **with the best ~ in the world ...** как бы (мы) ни хотéли ...; **with a ~** энергúчно, решúтельно; **at ~** по усмотрéнию, по желáнию 3) завещáние; **to make one's ~** сдéлать завещáние

will[1] **II** v (past, p. p. **willed**) 1) хотéть, желáть; проявлять вóлю, желáние 2) заставлять (усилием воли); внушáть; **he ~ed himself to keep awake** усúлием вóли он застáвил себя не спать 3) завещáть

will[2] v (past **would**) 1) вспомогат. гл.; для образования форм будущего времени 2-го и 3-го л.: **he ~ come** он придёт; **they ~ read it in newspaper** они прочитáют это в газéте 2) модáльный гл.; выражает намерение, решимость, обещание говорящего: **I ~ certainly go and see him** я непремéнно пойдý и увúжусь с ним; **do as you ~** дéлайте, как считáете нýжным 3) выражает просьбу в вежливой форме: **won't you come in?** не хотúте ли войтú?; **~ you close the window, please** закрóйте, пожáлуйста, окнó 4) выражает обычное или повторное действие в настоящем: **he ~ sit there for hours on end** он сидúт там часáми 5) выражает вероятность чего-л., предположение: **that ~ be my neighbour** это, навéрное, моя сосéдка 6) указывает на вместимость: **the car ~ hold five people** автомобúль вмещáет пять человéк ◊ **that ~ do** достáточно, хвáтит

willing [´wɪlɪŋ] a 1) готóвый, склóнный; **he is not very ~ to help** он не óчень-то рвётся помогáть 2) добровóльный 3) старáтельный 4) послýшный (о лошади)

willingness [´wɪlɪŋnɪs] n готóвность (сделать что-л.)

will-o'-the-wisp [ˌwɪləðə´wɪsp] n 1) блуждáющий огонёк 2) нéчто ускользáющее, неуловúмое; обмáнчивая надéжда; иллюзия

willow [´wɪləu] n 1) úва; **weeping ~** плакýчая úва; **pussy ~** вéрба 2) бúта (для крикета)

willowy [´wɪləuɪ] a 1) порóсший ивнякóм 2) гúбкий, стрóйный, тóнкий

willy [´wɪlɪ] n сленг половóй член, пéнис

willy-nilly [ˌwɪlɪ´nɪlɪ] adv вóлей-невóлей, вынужденно

wilt[1] [wɪlt] v вянуть, увядáть, поникáть; перен. пáдать дýхом

wilt[2] уст. 2-е л. ед. ч. наст. вр. от гл. **will**[2]; **thou ~** = you will

wily [´waɪlɪ] a ковáрный, хúтрый; **a ~ old fox** стáрая лисá

wimp [wɪmp] n разг. слабáк, растяпа, «ворóна»

win I [wɪn] n побéда (в игре, состязании); выигрыш

win II v (past, p. p. **won**) 1) выиграть; побéдить, одержáть побéду 2) пробúться, с трудóм достúчь; **to ~ free** с трудóм выпутаться 3) завоевáть, снискáть (уважение, любовь и т. п.) 4) добывáть (руду и т. п.) ◊ **to ~ the day** одержáть побéду, выйти победúтелем; **to ~ one's spurs** разг. достúчь извéстности, прослáвиться

wince I [wɪns] n (невóльная) дрожь, содрогáние

wince II v вздрáгивать; отшáтываться; мóрщиться (как от боли); **he ~d at her words** он помóрщился от её слов

winch [wɪntʃ] n тех. лебёдка, вóрот

winchester [´wɪntʃɪstə] n вчт винчéстер, жёсткий диск

wind[1] **I** [wɪnd] n 1) вéтер; **high ~** сúльный вéтер; **fair ~** попýтный вéтер; **with the ~** с попýтным вéтром; **against the ~, up the ~** прóтив вéтра; **down the ~, before the ~** по вéтру; **to sail before the ~** идтú с попýтным вéтром; перен. процветáть; **close to the ~, near the ~** мор. в крутóй бейдевúнд; перен. на грáни дозвóленного 2) дыхáние; **short ~** одышка; **to get one's second ~** спорт. обрестú вторóе дыхáние; **to get one's ~ back** отдышáться; **to be out of ~** запыхáться; **broken ~** запáл (у лошади) 3) пустáя болтовня, пустые словá; бессодержáтельная, пустáя ритóрика 4) мед. метеорúзм, гáзы, вéтры 5) воздýшная струя (обычно искусственно созданная) 6) духовые инструмéнты 7) зáпах; **to get ~ of** почýять зáпах (животного) ◊ **which way/how the ~ blows** как обстоят делá; **to the (four) ~s** во все стóроны; как попáло, небрéжно; **to get/to have the ~ up** разг. встревóжиться, сдрéйфить, испугáться; **to put the ~ up** разг. встревóжить, испугáть; **to take the ~ out of smb's sails** обескурáжить когó-л., выбить пóчву из-под ног; **to throw to the ~s** отбрóсить (благоразумие, осторожность); **there is smth in the ~** в вóздухе чтó-то витáет, чтó-то должнó произойтú; **between ~ and water** уязвúмое мéсто

wind[1] **II** v 1) вызвать одышку; застáвить задохнýться; **the blow ~ed him** от удáра у негó перехватúло дыхáние 2) дать перевестú дух; **to stop to ~ the horses** остановúться, чтóбы дать передышку лошадям 3) (по)чýять 4) [waɪnd] уст., поэт. трубúть в рог

wind[2] **I** [waɪnd] n 1) оборóт, витóк 2) поворóт, изгúб

wind² **II** *v* (*past, p. p.* **wound**) 1) извиваться, виться 2) наматывать(ся), обматывать(ся); обвивать(ся) 3) заводить *(механизм)*
wind off разматывать
wind up 1) наматывать 2) заводить *(часы, механизм)* 3) ликвидировать, закрывать *(предприятие, дело и т. п.)* 4) разг. накручивать, нагнетать напряжение

windbag [ˈwɪndbæg] *n* разг. пустозвон, болтун, пустомеля

wind break [ˈwɪndbreɪk] *n* щит от ветров, ветролом

windbreaker [ˈwɪndˌbreɪkə(r)] *n* амер. см. **windcheater**

windcheater [ˈwɪndˌtʃiːtə(r)] *n* штормовка; ветронепроницаемая куртка, ветровка

wind-down [ˌwaɪndˈdaʊn] *n* разг. постепенное снижение, убывание

winded [ˈwɪndəd] *a* запыхавшийся

windfall [ˈwɪndfɔːl] *n* 1) паданец *(плод, сбитый ветром)* 2) неожиданная удача, неожиданное везение

winding I [ˈwaɪndɪŋ] *n* 1) изгиб 2) наматывание 3) эл. обмотка 4) эл. намотка

winding II *a* извилистый; витой

winding-up [ˈwaɪndɪŋˈʌp] *n* ликвидация, закрытие предприятия

wind instrument [ˈwɪndˌɪnstrʊmənt] *n* муз. духовой инструмент

wind-jammer [ˈwɪndˌdʒæmə(r)] *n* торговое парусное судно

windlass [ˈwɪndləs] *n* тех. лебёдка, ворот

windmill [ˈwɪnmɪl] *n* ветряная мельница; ветряк ◊ **to tilt at/to fight ~s** сражаться с ветряными мельницами

window [ˈwɪndəʊ] *n* 1) окно; **bay ~** окно «фонарь», эркер; **French ~** окно, доходящее до пола; балконная дверь 2) витрина *(тж* **shop ~)** 3) прямоугольное прозрачное окошко *(для адреса)* на конверте 4) *attr* оконный

window cleaner [ˈwɪndəʊˌkliːnə(r)] *n* мойщик окон

window dressing [ˈwɪndəʊˌdresɪŋ] *n* 1) оформление витрин(ы) 2) умение выгодно себя показать, представить факты в выгодном для себя свете

window-pane [ˈwɪndəʊpeɪn] *n* оконное стекло

Windows [ˈwɪndəʊz] *n* вчт операционная система Windows

window-shop [ˈwɪndəʊʃɒp] *v* рассматривать витрины, приглядывать товар (в витринах)

window-sill [ˈwɪndəʊsɪl] *n* подоконник

windpipe [ˈwɪndpaɪp] *n* анат. трахея

windscreen [ˈwɪndskriːn] *n* переднее, ветровое стекло автомобиля

windshield [ˈwɪndʃiːld] *n* амер. см. **windscreen**

windsurfing [ˈwɪndˌsɜːfɪŋ] *n* спорт. виндсёрфинг

windswept [ˈwɪndswept] *a* открытый всем ветрам

wind-up [ˈwɪndˈʌp] *n* 1) окончание, завершение 2) тревога, страх; нервное возбуждение; **to have/to get a ~** испугаться

windward I [ˈwɪndwəd] *n* наветренная сторона

windward II *a* наветренный

windward III *adv* с наветренной стороны

windy [ˈwɪndɪ] *a* 1) ветреный 2) открытый ветрам 3) мед. образующий газы 4) страдающий метеоризмом 5) разг. чересчур многословный, пустопорожний, бессодержательный 5) разг. испуганный

wine I [waɪn] *n* 1) вино; **dry/medium dry ~** сухое/полусухое вино; **sweet ~** сладкое вино; **new ~** молодое вино 2) *attr* винный ◊ **new ~ in old bottles** библ. молодое вино в мехах ветхих

wine II *v* 1) пить вино 2) угощать, поить вином; **to ~ and dine** угощать обедом с вином; обедать с вином

winebibber [ˈwaɪnˌbɪbə(r)] *n* пьяница, алкоголик

wine cellar [ˈwaɪnˌselə(r)] *n* 1) винный погреб 2) винный погребок-ресторанчик

wineglass [ˈwaɪnɡlɑːs] *n* бокал, фужер; рюмка

wine grower [ˈwaɪnˌɡrəʊə(r)] *n* виноградарь

wine list [ˌwaɪnˈlɪst] *n* карта вин *(в ресторане)*

winepress [ˈwaɪnpres] *n* давильный пресс *(для винограда)*

winery [ˈwaɪnərɪ] *n* амер. винный завод

wine tasting [ˈwaɪnˌteɪstɪŋ] *n* дегустация вин

wing I [wɪŋ] *n* 1) крыло; **on the ~** в полёте; **to take ~** вспорхнуть, улететь, полететь; **under the ~ of** под крылышком, под покровительством *(кого-л.)* 2) крыло самолёта 3) крыло дома, флигель 4) спорт. крайний нападающий 5) *pl* театр. кулисы 6) *полит.* крыло партии 7) *воен.* фланг 8) *авто* крыло 9) *авто* брызговик ◊ **to give/to lend ~s to smth** ускорить что-л.; **on a ~ and a prayer** с очень малой надеждой на успех

wing II *v* 1) летать, путешествовать на самолёте 2) окрылять; ускорять 3) снабжать крыльями, посылать в полёт 4) ранить в крыло, в руку

wingding [ˈwɪŋdɪŋ] *n* амер. сленг 1) шумная попойка, загул 2) приступ ломки *(у наркомана)*

winged [wɪŋd] *a* крыла́тый ◊ ~ **words** крыла́тые слова́

winger [ˈwɪŋə(r)] *n* 1) *спорт.* ви́нгер; игро́к, игра́ющий у бро́вки по́ля *(в футболе и т. п.)* 2) *полит.* сторо́нник како́го-л. полити́ческого крыла́

wingless [ˈwɪŋlɪs] *a* бескры́лый

wing-span [ˈwɪŋspæn] *см.* **wing-spread**

wing-spread [ˈwɪŋspred] *n* разма́х кры́льев

wink I [wɪŋk] *n* 1) морга́ние; мига́ние, подми́гивание; **to give a ~** подмигну́ть *(кому-л.)*; сде́лать *(кому-л.)* знак укра́дкой 2) *разг.* лёгкая дремо́та; **not to sleep a ~, not to get a ~ of sleep** не засну́ть ни на мину́ту ◊ **in a ~** о́чень бы́стро, момента́льно

wink II *v* 1) морга́ть, мига́ть 2) мерца́ть **wink at** 1) подми́гивать 2) смотре́ть сквозь па́льцы, закрыва́ть глаза́ на что-л.

winker [ˈwɪŋkə(r)] *n* 1) *авто* «мига́лка» 2) *pl* шо́ры *(у лошади)*

winking [ˈwɪŋkɪŋ] *n*: **as easy as ~** *разг.* о́чень легко́, ле́гче лёгкого

winner [ˈwɪnə(r)] *n* 1) победи́тель *(состяза́ния, игры)*, вы́игравший 2) *разг.* уда́чная иде́я, многообеща́ющее начина́ние; **a new scheme seems a ~** но́вая схе́ма, похо́же, начина́ет опра́вдывать себя́

winning [ˈwɪnɪŋ] *a* 1) побежда́ющий, оде́рживающий побе́ду 2) обая́тельный, чару́ющий *(об улыбке, манерах и т. п.)*

winnings [ˈwɪnɪŋz] *n pl* вы́игрыш, вы́игранные де́ньги

winnow [ˈwɪnəʊ] *v* 1) ве́ять (зерно́) 2) отве́ивать *(мякину; тж* to ~ **away,** to ~ **out**) 3) отсе́ивать, очища́ть *(тж* to ~ **away,** to ~ **out**); отбира́ть

wino [ˈwaɪnəʊ] *n сленг* пья́ница, алкого́лик, алка́ш

winsome [ˈwɪnsəm] *a* обая́тельный, привлека́тельный; подкупа́ющий

winter I [ˈwɪntə(r)] *n* 1) зима́; **hard/severe ~** суро́вая зима́ 2) *поэт.* год жи́зни; **of sixty ~s** шести́десяти лет 3) *attr* зи́мний; ~ **garden** зи́мний сад, оранжере́я; ~ **sports** зи́мние ви́ды спо́рта; ~ **sleep** зи́мняя спя́чка 4) *attr* ози́мый

winter II *v* 1) проводи́ть зи́му, зимова́ть *(at, in)* 2) корми́ть, содержа́ть зимой *(скот)*; сохраня́ть зимо́й *(растения)*

wintering [ˈwɪntərɪŋ] *n* 1) зимо́вка 2) *attr* зиму́ющий

wintertime [ˈwɪntətaɪm] *n* зима́, зи́мний пери́од

wintry [ˈwɪntrɪ] *a* 1) зи́мний, холо́дный; **a ~ landscape** зи́мний пейза́ж 2) холо́дный, ледяно́й *(об улыбке, тоне и т. п.)*

wipe I [waɪp] *n* 1) вытира́ние; **to give smth a ~** вы́тереть что-л.; **give the floor a ~** протри́ пол 2) тря́пка для проти́рки, вытира́ния

wipe II *v* 1) вытира́ть, утира́ть; протира́ть; растира́ть 2) сма́хивать *(away, off);* **to ~ away one's tears** смахну́ть слёзы 3) смести́ с лица́ земли́ *(away, off)* 4) стере́ть *(с магнитофонной ленты и т. п. данные, запись — away, off)*

wiper [ˈwaɪpə(r)] *n* 1) *авто* стеклоочисти́тель, «дво́рник» 2) *эл.* конта́ктная щётка 3) тря́пка для вытира́ния, проти́рки

WIPO *сокр.* (the **World Intellectual Property Organization**) Всеми́рная организа́ция интеллектуа́льной со́бственности

wire I [ˈwaɪə(r)] *n* 1) про́волока; **barbed ~** колю́чая про́волока 2) *эл.* про́вод; **naked ~** неизоли́рованный про́вод 3) *амер. разг.* телегра́мма; **by ~** телегра́фом 4) *attr* про́волочный ◊ **to get one's ~s crossed** запу́таться; быть непо́нятым; **to pull the ~s** употреби́ть та́йное влия́ние; нажа́ть та́йные пружи́ны

wire II *v* 1) соединя́ть, скрепля́ть про́волокой, провода́ми 2) де́лать электропрово́дку 3) *амер. разг.* телеграфи́ровать

wire-haired [ˈwaɪəheəd] *a* жесткошёрстный *(о собаке)*

wireless I [ˈwaɪəlɪs] *n* ра́дио

wireless II *a* беспро́волочный

wireman [ˈwaɪəmən] *n* 1) *амер.* эле́ктрик 2) журнали́ст, рабо́тающий в телегра́фном аге́нтстве новосте́й

wirepuller [ˈwaɪəˌpʊlə(r)] *n* политика́н, полити́ческий интрига́н

wire-tapping [ˈwaɪəˌtæpɪŋ] *n* прослу́шивание телефо́нных разгово́ров

wiring [ˈwaɪərɪŋ] *n* электропрово́дка; **to do the ~** де́лать электропрово́дку

wiry [ˈwaɪərɪ] *a* 1) похо́жий на про́волоку, жёсткий и ги́бкий 2) жи́листый, выно́сливый, неутоми́мый

wisdom [ˈwɪzdəm] *n* 1) му́дрость 2) му́дрые сенте́нции, афори́змы

wise¹ [waɪz] *a* 1) му́дрый; у́мный, благоразу́мный; **a ~ man** му́дрый челове́к; **he was ~ enough to ...** ему́ хвати́ло ума́, что́бы ... 2) осведомлённый, информи́рованный, зна́ющий; **to put smb ~ (to)** информи́ровать кого́-л. (о чём-л.); раскры́ть кому́-л. глаза́ (на что-л.) ◊ ~ **after the event** за́дним умо́м кре́пок; ~ **guy** *разг.* у́мник; **without anyone being the ~r** что́бы никто́ не узна́л, не заме́тил; **to be/get ~ to** *разг.* узна́ть

wise² *n уст.* спо́соб; **in no ~** нико́им о́бразом

wiseacre [ˈwaɪzˌeɪkə(r)] *n* всезнайка

wisecrack [ˈwaɪzkræk] *n разг.* острота, остроумное замечание

wish I [wɪʃ] *n* желание, пожелание; **to express the ~** выразить желание; **to make a ~** загадать желание; **give them my best ~es** передай им мои наилучшие пожелания

wish II *v* 1) желать; хотеть; выражать пожелание; **what do you ~ to do?** что вы желаете делать?; **to ~ smb well** желать кому-л. добра 2) желать чего-л. неосуществимого; **I ~ I could stay with you** я бы хотел остаться с вами (но не могу); **I ~ I'd known about it** жаль, что я этого не знал

wish-bone [ˈwɪʃbəʊn] *n* дужка, вилочка *(косточка птицы)*

wishful [ˈwɪʃfʊl] *a* желаемый; **~ thinking** принятие желаемого за действительное

wishing-well [ˈwɪʃɪŋwel] *n* колодец, куда бросают монеты для исполнения желаний

wish-wash [ˈwɪʃwɒʃ] *n* 1) жидкое варево, бурда 2) пустая болтовня

wishy-washy [ˈwɪʃɪˌwɒʃɪ] *a* 1) слабый, невыразительный; вялый 2) жидкий *(о чае, супе)*

wisp [wɪsp] *n* клок, пучок; **a ~ of smoke** струйка дыма

wistaria [wɪˈsteərɪə] *n бот.* глициния

wisteria [wɪˈstɪərɪə] *см.* wistaria

wistful [ˈwɪstfʊl] *a* грустный, задумчивый, печальный

wit¹ [wɪt] *n* 1) *обыкн. pl* ум, разум; **use your ~s** подумай хорошенько; **to have quick ~s** быть находчивым, сообразительным; **to keep one's ~s about one** не терять головы, сохранять самообладание; **out of one's ~s** вне себя, обезумевший; **to live by one's ~s** жить случайными приработками, крутиться 2) остроумие 3) остроумный человек, остряк ◊ **at one's ~'s end** в полной растерянности; в полном отчаянии

wit² *v:* **to ~** то есть, а именно

witch I [wɪtʃ] *n* 1) ведьма, колдунья 2) *разг.* чаровница

witch II *v уст., поэт.* околдовывать, очаровывать

witchcraft [ˈwɪtʃkrɑːft] *n* чёрная магия, колдовство

witchery [ˈwɪtʃərɪ] *n* 1) *см.* witchcraft 2) чары, очарование

witch-hunt [ˈwɪtʃhʌnt] *n* 1) *ист.* преследование ведьм, охота на ведьм 2) преследование инакомыслящих, преследование прогрессивно настроенных людей, «охота на ведьм»

with [wɪð] *prep* 1) *выражает совместность, соучастие* с, вместе; **he was ~ me** он был

(вместе) со мной; **I shall go ~ you** я пойду с вами 2) *указывает на инструмент, орудие, с помощью которого совершено действие; переводится творит. падежом:* **to cut ~ knife** резать ножом; **to write ~ pen** писать ручкой 3) *указывает на обладание чем-л., наличие чего-л.* с, в; **~ black hair** с чёрными волосами; **~ a beard** с бородой 4) *указывает на условия, обстоятельства* с; **to sleep ~ an open balcony** спать с открытым балконом; **~ your permission** с вашего разрешения 5) *указывает на характер производимого действия* с; **~ dignity** с достоинством; **~ a loud voice** громким голосом; **~ tears in her eyes** со слезами на глазах 6) *указывает на причину, вызвавшую данное действие* от; **to shiver ~ cold/fear** дрожать от холода/от страха 7) *по отношению к, с;* **be kind ~ her** будь добр с ней 8) *указывает на покрытие чего-л.:* **to cover ~ dust/mud** покрывать пылью/грязью

withdraw [wɪðˈdrɔː] *v* (**withdrew; withdrawn**) 1) отдёргивать, отнимать; убирать, удалять 2) брать назад *(слова и т. п.)* 3) уходить, отходить, удаляться; ретироваться; **to ~ from action** выходить из боя 4) отводить *(войска)* 5) отзывать *(посла и т. п.)* 6) изымать *(из обращения)*

withdrawal [wɪðˈdrɔːəl] *n* 1) отнятие, отдёргивание 2) взятие назад, изъятие 3) уход, отход, удаление 4) отзыв *(посла и т. п.)* 5) *мед.* синдром отмены; абстиненция; **~ symptoms** абстинентный синдром 6) *психол.* аутизм

withdrawn [wɪðˈdrɔːn] *p. p. см.* withdraw

withdrew [wɪðˈdruː] *past см.* withdraw

wither [ˈwɪðə(r)] *v* 1) вянуть, увядать, сохнуть 2) иссушать 3) ослабевать, угасать *(о чувствах)* 4) *шутл.* уничтожать, испепелять *(взглядом)*

wither away 1) выдохнуться 2) увянуть; потерять свежесть, новизну *и т. п.*

withers [ˈwɪðəz] *n pl* холка *(лошади)*

withheld [wɪðˈheld] *past, p. p. см.* withhold

withhold [wɪðˈhəʊld] *v* (*past, p. p.* **withheld**) 1) удерживать(ся) *(от чего-л. — from)* 2) отказывать *(в чём-л.);* **to ~ the truth** утаивать правду

within I [wɪˈðɪn] *prep* 1) внутри, внутрь; **from ~** изнутри *(чего-л.)* 2) в пределах; **~ hearing** в пределах слышимости, поблизости; **reach/sight of** в пределах видимости, в пределах досягаемости; **~ one's means** в пределах своих средств, возможностей; **~ reason** в пределах разумного 3) не позднее (чем); в течение; **~ a week** в течение недели

within II *adv уст., книжн.* внутри; **from ~** изнутри

without I [wɪˈðaʊt] *prep* 1) без; **~ hesitation** без колебания; **to do ~** обходиться без чего-л. 2) *(перед pres. p. и отглагольными сущ. на -ing)* без того, чтобы; **don't leave ~ thanking him** не уходи, не поблагодарив его 3) в отсутствие; **the train left ~ them** поезд отправился без них

without II *adv уст., книжн.* снаружи; **from ~** снаружи, извне

withstand [wɪðˈstænd] *v (past, p. p.* **withstood)** выдерживать, противостоять; сопротивляться

withstood [wɪðˈstʊd] *past, p. p. см.* **withstand**

witless [ˈwɪtlɪs] *a* 1) глупый, неумный 2) абсурдный; сумасбродный, немыслимый *(о попытке и т. п.)*

witness I [ˈwɪtnɪs] *n* 1) очевидец; **to call to ~** призывать в свидетели, ссылаться на 2) свидетель *(тж в суде)*; **to call in a ~** вызвать свидетеля 3) свидетельство, доказательство; **to bear ~** свидетельствовать, удостоверять *(to, of)*; **in ~ of** в доказательство *(чего-л.)*

witness II *v* 1) быть очевидцем, свидетелем *(чего-л.)* 2) засвидетельствовать, заверить *(подпись, документ и т. п.)* 3) давать показания, свидетельствовать *(against, for)* 4) свидетельствовать *(о чём-л.)*, служить доказательством *(чего-л.)*

witter [ˈwɪtə(r)] *v разг.* нудно рассуждать *(о чём-л. малозначительном)*

witticism [ˈwɪtɪsɪz(ə)m] *n* остроумное замечание, острота

wittingly [ˈwɪtɪŋlɪ] *adv* умышленно, намеренно, вполне сознательно

witty [ˈwɪtɪ] *a* остроумный

wives [waɪvz] *pl см.* **wife**

wizard [ˈwɪzəd] *n* 1) колдун, волшебник, маг, чародей 2) фокусник 3) *вчт* мастер *(программа-разработчик, генерирующая программные элементы с заданными свойствами)* ◊ **~!** *сленг* чудесно!, отлично!

wizen(ed) [ˈwɪzn(d)] *a* высохший, ссохшийся; сморщенный

wk. *сокр.* 1) **(week)** неделя 2) **(work)** работа

wks. *сокр.* **(weeks)** недели

WMO *сокр.* **(the World Meteorological Organization)** Всемирная метеорологическая организация

wo [wəʊ] *int* тпру!

wobble I [ˈwɒbl] *n* колебание

wobble II *v* 1) колебаться; шататься 2) колебаться; быть непоследовательным

wobbly [ˈwɒblɪ] *a* шаткий, шатающийся; нестойкий; извилистый

woe [wəʊ] *n* 1) *уст., поэт.* горе, скорбь; несчастья; **~ is me!** горе мне!; **~ be to him!**, **~ betide him!** будь он проклят! 2) *шутл.* проблемы, трудности

woebegone [ˈwəʊbɪˌɡɒn] *a* удручённый, подавленный

woeful [ˈwəʊful] *a* 1) печальный; горестный 2) несчастный, жалкий 3) вопиющий, очень плохой

woke [wəʊk] *past см.* **wake²**

woken [ˈwəʊkən] *p. p. см.* **wake²**

wold [wəʊld] *n* пустошь, пустынная холмистая местность

wolf I [wʊlf] *n (pl* **wolves)** 1) волк; **lone ~** одинокий волк *(тж. перен.)* 2) обжора; жадный человек 3) *сленг* бабник ◊ **to cry ~** поднимать ложную тревогу; **to keep the ~ from the door** бороться с голодом и нищетой, бороться за выживание; **to have/to hold a ~ by the ears** быть в безвыходном, опасном положении

wolf II *v* пожирать; есть с жадностью *(тж* **to ~ down)**

wolfhound [ˈwʊlfhaʊnd] *n* волкодав *(порода собак)*

wolfish [ˈwʊlfɪʃ] *a* 1) волчий 2) свирепый

wolf pack [ˌwʊlfˈpæk] *n* волчья стая

wolfram [ˈwʊlfrəm] *n хим.* вольфрам

wolfsbane [ˈwʊlfsbeɪn] *n бот.* аконит

wolverine [ˈwʊlvəriːn] *n зоол.* росомаха

wolves [wʊlvz] *pl см.* **wolf I**

woman [ˈwʊmən] *n (pl* **women)** 1) женщина 2) *pl* женщины, женский пол 3) жена; возлюбленная, любовница 4) **(the ~)** женственность 5) женоподобный мужчина, «баба» 6) *разг.* прислуга, домработница 7) *attr* женский; **~ driver** женщина-водитель ◊ **~ of the street** проститутка

womanhood [ˈwʊmənhʊd] *n* 1) женская зрелость 2) женственность; женская интуиция; женский инстинкт 3) женщины, женский пол

womanish [ˈwʊmənɪʃ] *a* 1) женоподобный *(презр. о мужчине)* 2) женский

womanize [ˈwʊmənaɪz] *v* 1) бегать за юбками, волочиться за женщинами 2) делать женственным

womanizer [ˈwʊmənaɪzə(r)] *n* бабник

womankind [ˈwʊmənˈkaɪnd] *n* женщины, женский пол; **one's ~** женская половина семьи

womanlike [ˈwʊmənlaɪk] *a* женский; женоподобный

womanly [ˈwʊmənlɪ] *a* женственный, мягкий, нежный

womb [wu:m] *n* 1) *анат.* ма́тка 2) чре́во, утро́ба

wombat [ˈwɒmbæt] *n зоол.* вомба́т

women [ˈwɪmɪn] *pl см.* **woman**

womenfolk [ˈwɪmɪnfəʊk] *pl см.* **womankind**

won [wʌn] *past, p. p. см.* **win II**

wonder I [ˈwʌndə(r)] *n* 1) удивле́ние, изумле́ние; **we were filled with ~** мы бы́ли изумлены́; **no ~ that** неудиви́тельно, что; **no ~ she was angry** не удиви́тельно, что она́ рассерди́лась 2) чу́до; **to work ~s** твори́ть чудеса́; **this new drug works ~s** э́то но́вое лека́рство твори́т чудеса́; **seven ~s of the world** семь чуде́с све́та; **it was nine days' ~** э́то была́ кратковре́менная сенса́ция; **one-hit ~** *муз.* поп-певе́ц, просла́вившийся одно́й пе́сней

wonder II *v* 1) удивля́ться, изумля́ться, восхища́ться *(at)* 2) хоте́ть знать; **I ~ who he is** интере́сно, кто он; **I ~ where they get all the money from** иногда́ я заду́мываюсь, отку́да у них таки́е де́ньги ◊ **I shouldn't ~** *разг.* я ду́маю, э́то весьма́ возмо́жно; я не удивлю́сь, е́сли ..., меня́ не удиви́т

wonderful [ˈwʌndəfʊl] *a* изуми́тельный, замеча́тельный; чуде́сный, порази́тельный

wonderland [ˈwʌndə‚lænd] *n* страна́ чуде́с

wondrous [ˈwʌndrəs] *a поэт.* чуде́сный, ди́вный

wonky [ˈwɒŋkɪ] *a сленг* неусто́йчивый, ша́ткий, кача́ющийся; ненадёжный

wont I [wəʊnt] *n книжн., шутл.* привы́чка, обыкнове́ние; **as was his ~** по своему́ обыкнове́нию

wont II *a predic книжн., уст.* име́ющий обыкнове́ние

won't [wəʊnt] = **will not**

wonted [ˈwəʊntɪd] *a* обы́чный, привы́чный; **at his ~ hour** в его́ обы́чное вре́мя

woo [wu:] *v* 1) уха́живать *(за кем-л.)*; домога́ться чьей-л. любви́ 2) добива́ться *(бога́тства, сла́вы и т. п.)* 3) иска́ть покрови́тельства, подде́ржки *и т. п.*

wood [wʊd] *n* 1) древеси́на, де́рево 2) дрова́; **to chop ~** коло́ть дрова́ 3) *часто pl* лес; **thick ~** густо́й, дрему́чий лес 4) изде́лия из де́рева; бо́чки *и т. п.*; **from the ~** из бочо́нка, из бо́чки *(о вине, пиве)* ◊ **to be/to get out of the ~s** быть вне опа́сности; вы́путаться из затрудне́ния, из неприя́тного положе́ния; **not to see the ~ for the trees** из-за дере́вьев не ви́деть ле́са; уделя́ть сли́шком мно́го внима́ния дета́лям, не ви́дя гла́вного

wood alcohol [‚wʊdˈælkəhɒl] *n* мети́ловый спирт

woodbind [ˈwʊdbaɪnd] *см.* **woodbine**

woodbine [ˈwʊdbaɪn] *n* 1) *бот.* жи́молость 2) *амер.* плющ

woodcock [ˈwʊdkɒk] *n зоол.* ва́льдшнеп

woodcraft [ˈwʊdkrɑːft] *n амер.* зна́ние ле́са, уме́ние ориенти́роваться в лесу́ *и т. п.*

woodcut [ˈwʊdkʌt] *n* гравю́ра на де́реве

woodcutter [ˈwʊd‚kʌtə(r)] *n* 1) лесору́б, дровосе́к 2) ре́зчик по де́реву

wooded [ˈwʊdɪd] *a* леси́стый, покры́тый ле́сом

wooden [ˈwʊdən] *a* 1) деревя́нный 2) вя́лый, невырази́тельный, безжи́зненный; **~ performance** невырази́тельное исполне́ние 3) неуклю́жий 4) топо́рный *(о слоге)*

wood-engraver [ˈwʊdɪn‚greɪvə(r)] *n* гравёр по де́реву

woodland [ˈwʊdlənd] *n* леси́стая ме́стность

woodless [ˈwʊdlɪs] *a* безле́сный

woodman [ˈwʊdmən] *n* 1) лесни́к 2) лесору́б

woodpecker [ˈwʊd‚pekə(r)] *n* дя́тел

woodpile [ˈwʊdpaɪl] *n* оха́пка дров; вяза́нка дров

woodsman [ˈwʊdzmən] *n* 1) живу́щий в лесу́, лесно́й жи́тель 2) знато́к ле́са

woodsy [ˈwʊdzɪ] *a амер.* лесно́й; сво́йственный ле́су

woodwind [ˈwʊdwɪnd] *n собир.* деревя́нные духовы́е инструме́нты

woodwork [ˈwʊdwɜːk] *n* 1) деревя́нные изде́лия, изде́лия из де́рева 2) деревя́нные ча́сти до́ма *(рамы, двери и т. п.)* ◊ **to crawl/to come out of the ~** *разг.* вы́лезти, появи́ться *(о чём-л. нежела́тельном)*

woody [ˈwʊdɪ] *a* 1) леси́стый 2) похо́жий на древеси́ну

wooer [ˈwuːə(r)] *n* возлю́бленный; обожа́тель, ухажёр

woof [wʊf] *n текст.* уто́к *(нить)*

wool [wʊl] *n* шерсть; шерстяна́я пря́жа; шерстяна́я ткань; **cotton ~** ва́та ◊ **to pull the ~ over smb's eyes** обма́нывать кого́-л., втира́ть очки́ кому́-л., вводи́ть кого́-л. в заблужде́ние

woolen I, II [ˈwʊlən] *амер. см.* **woollen I, II**

wool-gathering I [ˈwʊl‚gæðərɪŋ] *n* рассе́янность; мечта́тельность

wool-gathering II *a* рассе́янный; вита́ющий в облака́х

woollen I [ˈwʊlən] *n pl* шерстяна́я мате́рия; изде́лия из ше́рсти

woollen II *a* шерстяно́й

woolly I [ˈwʊlɪ] *n разг.* шерстяно́е, вя́заное изде́лие, *особ.* сви́тер, ко́фточка

woolly II *a* 1) шерсти́стый, покры́тый ше́рстью 2) напомина́ющий шерсть, пуши́стый 3) си́плый, оси́пший *(о го́лосе)* 4) пу́таный, нея́сный; нето́чный

woozy [ˈwuːzɪ] *a разг.* 1) шата́ющийся, нестóйкий 2) слегка́ под му́хой 3) неясный

wop [wɒp] *n амер. сленг презр.* италья́нец *или* вы́ходец из ю́жной Евро́пы

word I [wɜːd] *n* 1) сло́во; **in a ~, in one ~** одни́м сло́вом, ко́ротко говоря́; **~ for ~** сло́во в сло́во, буква́льно; **at a ~** сра́зу, неме́дленно; **to waste ~s** вести́ бесполéзные разгово́ры; **to say a good ~ for** замо́лвить слове́чко *(за кого-л.)*; **to put into ~s** вы́разить слова́ми *(устно или письменно)*; **I have no ~s for it** я не могу́ вы́разить э́то слова́ми 2) *часто pl* речь, разгово́р; **to have a ~ with smb** переговори́ть с кем-л.; **good ~s** комплиме́нты; **hard/high/sharp/hot ~s** неприя́тный разгово́р; ру́гань; **big ~s** хвастовство́ 3) обеща́ние, заверéние; руча́тельство; **to give one's ~** дава́ть сло́во; **to keep/to break one's ~** держа́ть/наруша́ть сло́во; **(upon) my ~!** чéстное сло́во!; **to take smb at his ~** повéрить кому́-л. на́ сло́во 4) *pl* текст пéсни *или* ро́ли 5) *pl* ру́гань 6) извéстие; сообщéние; посла́ние; **send me ~** извести́те меня́; **to leave ~** оста́вить *(записку, сообщение кому-л. — for)* 7) приказа́ние, кома́нда *(тж.* **~ of command***)*; **to pass the ~** передава́ть приказа́ние 8) *воен.* паро́ль ◊ **too good for ~s** так хорошо́, что и не вы́разить слова́ми; сли́шком хорошо́; **a man of few ~s** молчали́вый, малоразгово́рчивый человéк; **~s fail me** э́то уж сли́шком

word II *v* выража́ть слова́ми; подбира́ть выражéния; **how shall we ~ it?** как бы э́то полу́чше вы́разить?

wordbook [ˈwɜːdbʊk] *n* слова́рь, лексико́н

wordiness [ˈwɜːdɪnɪs] *n* многосло́вие

wording [ˈwɜːdɪŋ] *n* фо́рма выражéния; формулиро́вка, реда́кция *(документа)*

word-perfect [ˈwɜːdˈpɜːfɪkt] *a* по́мнящий, зна́ющий *(речь, роль и т. п.)* наизу́сть

word picture [ˈwɜːdˌpɪktʃə(r)] *n* о́бразное, кра́сочное, вырази́тельное описа́ние

wordplay [ˈwɜːdpleɪ] *n* 1) игра́ слова́ми 2) игра́ слов, каламбу́р

word processor [ˈwɜːdˌprəʊˌsesə(r)] *n вчт* текстово́й процéссор

wordsmith [ˈwɜːdsmɪθ] *n* ма́стер сло́ва

wordy [ˈwɜːdɪ] *a* 1) многосло́вный 2) состоя́щий из слов, словéсный

wore [wɔː(r)] *past см.* **wear II**

work I [wɜːk] *n* 1) рабо́та; зада́ние; **at ~** за рабо́той; **hard ~** напряжённая/тяжёлая рабо́та; **to be out of ~** быть безрабо́тным; **he looked for ~** он иска́л рабо́ту; **to set to ~** принима́ться за рабо́ту 2) дéло, дéйствие;

to make short ~ of бы́стро спра́виться с *(чем-л.)* 3) результа́т труда́; произведéние, сочинéние, *(научный и т. п.)* труд; **research ~** исслéдовательская рабо́та; **learned ~** нау́чный труд; **a fine piece of ~** прекра́сное произведéние, прекра́сная вещь; **a ~ of art** произведéние иску́сства; **complete ~s** по́лное собра́ние сочинéний 4) *pl* обще́ственные рабо́ты *(тж* **public ~s***)*; **relief ~s** обще́ственные рабо́ты для безрабо́тных 5) *обыкн. pl* оборони́тельные сооружéния, укреплéния 6) *pl* механи́зм *(часов и т. п.)* 7) *attr* рабо́чий; **~ table** рабо́чий стол *(для рукодéлия)* ◊ **to give smb the ~s** а) *разг.* вы́ложить всё кому́-л., всё сказа́ть кому́-л. б) *разг.* гру́бо обраща́ться с кем-л. в) *сленг* уби́ть кого-л.; **to have one's ~ cut out** стать пéред тру́дной зада́чей

work II *v* 1) рабо́тать *(где-л. —* **in***; над —* **at, on***)*; **to ~ in industry** рабо́тать в промы́шленности 2) рабо́тать, быть специали́стом *(в какой-л. области)* 3) дéйствовать, функциони́ровать; **this idea doesn't ~** э́та идéя не воплоща́ется (в жизнь), не рабо́тает 4) *(past, p. p. тж* **wrought***)* обраба́тывать, отдéлывать 5) пуска́ть в ход, приводи́ть в движéние; заставля́ть рабо́тать; управля́ть *(машиной, станко́м и т. п.)* 6) разраба́тывать; эксплуати́ровать 7) причиня́ть, вызыва́ть 8) пробива́ться; продвига́ться; прокла́дывать себé доро́гу 9) распу́тывать, выпу́тываться, освобожда́ться *(тж* **to ~ loose, to ~ free***)* 10) вышива́ть; рукодéльничать ◊ **to ~ it** *разг.* дости́чь жела́емого результа́та

work in вводи́ть; добавля́ть

work off 1) отдéлаться, заверши́ть *(какую-л. рабо́ту)* 2) распрода́ть

work out 1) реши́ть зада́чу, найти́ решéние зада́чи 2) подсчита́ть, вы́числить 3) дойти́ *(до какой-л. ци́фры —* **at***)* 4) хорошо́ исполня́ться; ула́живаться 5) разраба́тывать

work over 1) тща́тельно обрабо́тать, осмотрéть 2) *разг.* изби́ть, отдéлать как слéдует

work up 1) придава́ть оконча́тельную фо́рму; доводи́ть до конца́ 2) рабо́тать *(над чем-л.)*, изуча́ть *(что-л.)* 3) разжига́ть, возбужда́ть

workable [ˈwɜːkəbl] *a* 1) выполни́мый, реа́льный 2) при́быльный, рента́бельный

workaday [ˈwɜːkədeɪ] *a* бу́дничный

workaholic [ˌwɜːkəˈhɒlɪk] *n разг.* трудого́лик

workbox [ˈwɜːkbɒks] *n* рабо́чая шкату́лка *(для шитья́ и т. п.)*

workday [ˈwɜːkdeɪ] *n амер.* рабо́чий день

worker [ˈwɜːkə(r)] *n* 1) рабо́чий; рабо́тник; тру́женик; **manual ~** рабо́тник физи́ческого труда; **skilled** ~ квалифици́рованный рабо́чий; **office** ~ (канцеля́рский) слу́жащий 2) *attr* рабо́чий; трудово́й, трудя́щийся

workforce [ˈwɜːkˌfɔːs] *n* рабо́чая си́ла; рабо́тающие

workhouse [ˈwɜːkhaʊs] *n* 1) *ист.* рабо́тный дом 2) *амер.* исправи́тельная коло́ния

working I [ˈwɜːkɪŋ] *n* 1) рабо́та; ~ **to rule** италья́нская забасто́вка 2) эксплуата́ция, разрабо́тка; произво́дство рабо́т 3) *геол.* рудни́к, карье́р

working II *a* рабо́чий; ~ **hours** рабо́чее вре́мя; ~ **class** рабо́чий класс; ~ **life** трудова́я жизнь

workman [ˈwɜːkmən] *n* рабо́чий; рабо́тник

workmanlike [ˈwɜːkmənlaɪk] *a* иску́сный

workmanship [ˈwɜːkmənʃɪp] *n* иску́сство, мастерство́; иску́сная отде́лка

workmate [ˈwɜːkmeɪt] *n* сотру́дник, колле́га по рабо́те

workout [ˈwɜːkˈaʊt] *n спорт.* трениро́вка

workpeople [ˈwɜːkˌpiːpl] *n pl* рабо́чие; наёмные рабо́тники

workplace [ˈwɜːkpleɪs] *n* ме́сто рабо́ты *(завод, контора и т. п.)*

workroom [ˈwɜːkrʊm] *n* рабо́чая ко́мната, мастерска́я

works [wɜːks] *n pl* заво́д

workshop [ˈwɜːkʃɒp] *n* цех; мастерска́я

work-shy [ˈwɜːkˈʃaɪ] *a* уклоня́ющийся, отлынивающий от рабо́ты

workstation [ˌwɜːkˈsteɪʃ(ə)n] *n вчт* автоматизи́рованное рабо́чее ме́сто, рабо́чая ста́нция

worktop [ˈwɜːktɒp] *n* рабо́чие пове́рхности ку́хонного гарниту́ра; стол для гото́вки, разде́лки *и т. п.*

work-to-rule [ˈwɜːktəˌruːl] *n* италья́нская забасто́вка *(скрупулёзное соблюдение всех инструкций, приводящее к торможению и остановке производства)*

world [wɜːld] *n* 1) мир, свет, Вселе́нная; **from all parts of the** ~ со всех концо́в све́та; **the** ~ **over** во всём ми́ре; **the outer** ~ вне́шний мир; **the other/the next/**~, **the** ~ **to come** тот свет, загро́бный мир; **to bring into the** ~ роди́ть, произвести́ на свет; **to come into the** ~ роди́ться, появи́ться на свет; **as the** ~ **goes** с тех пор как существу́ет мир; **to know/to see the** ~ знать жизнь, свет, име́ть жи́зненный о́пыт 2) о́бщество; все, весь мир; **the learned** ~ нау́чный/учёный мир, учёные; **the literary** ~ литерату́рный мир; **the** ~ **of music** мир му́зыки; **the animal** ~ живо́тный мир; **to belong to their** ~ принадлежа́ть к их кру́гу; **to come down in the** ~ опусти́ться, дегради́ровать 3) све́тское

о́бщество, свет; **he is a man of** ~ он зна́ет свет 4) ма́сса, мно́жество *(чего-л. — of);* **a** ~ **of troubles** мно́жество, ку́ча хлопо́т; **to think the** ~ **of smb** о́чень высоко́ цени́ть кого́-л., о́чень уважа́ть кого́-л. 5) *служит для усиления вопроса:* **what in the** ~ **does it mean?** что э́то всё наконе́ц зна́чит? 6) *attr* мирово́й, всеми́рный ◊ **it's a small** ~ мир те́сен; **nothing in the** ~ ни за что на све́те; **all the** ~ **and his wife** все без исключе́ния; **to carry the** ~ **before one** име́ть бы́стрый и по́лный успе́х; бы́стро дости́чь по́лного процвета́ния, успе́ха; **to get the best of both** ~s извле́чь вы́году из несовмести́мых веще́й; **out of this** ~ *разг.* великоле́пный, неслы́ханный, восхити́тельный; **for all the** ~ **as if ...** как бу́дто ..., то́чно и не ...; **how's the** ~ **with you?** как ва́ши дела́?; **the** ~, **the flesh, and the devil** все собла́зны ми́ра, все искуше́ния

World Bank [ˈwɜːld ˌbæŋk] *n* (the ~) Междунаро́дный банк реконстру́кции и разви́тия, МБРР

world-class [ˈwɜːldklɑːs] *a* мирово́го кла́сса, о́чень высо́кого ка́чества

world-famous [ˌwɜːldˈfeɪməs] *a* всеми́рно изве́стный, с мирово́й изве́стностью

worldly [ˈwɜːldlɪ] *a* 1) земно́й, мирско́й, жите́йский 2) лю́бящий земны́е бла́га 3) све́тский

world power [ˌwɜːldˈpaʊə(r)] *n* вели́кая держа́ва

worldwide [ˈwɜːldwaɪd] *a* всеми́рный, мирово́й; распространённый по всему́ све́ту

World Wide Web [ˌwɜːldwaɪdˈweb] *n вчт* (the ~) «Всеми́рная паути́на», глоба́льная гиперте́кстовая систе́ма сети Интерне́т

worm I [wɜːm] *n* 1) червя́к, червь; **earth** ~ земляно́й червь 2) глист 3) жа́лкий, презре́нный челове́к; ничто́жество 4) *тех.* червя́к, червя́чный винт ◊ **a** ~ **will turn** вся́кому терпе́нию прихо́дит коне́ц; **food for** ~s мертве́ц, поко́йник

worm II *v* 1) ползти́, вполза́ть, проника́ть *(into, through)* 2) втира́ться *(в доверие и т. п.; into)* 3) вы́пытать, разузна́ть *(тж* **to** ~ **out)**; **she** ~ed **the secret out of me** она́ вы́ведала у меня́ мою́ та́йну

wormwood [ˈwɜːmwʊd] *n* 1) *бот.* полы́нь 2) го́речь, исто́чник огорче́ний

wormy [ˈwɜːmɪ] *a* черви́вый; изъе́денный червя́ми

worn [wɔːn] *p. p. см.* **wear II**

worn-out [ˈwɔːnˈaʊt] *a* 1) изно́шенный 2) исто́щённый

worriedly [ˈwʌrɪdlɪ] *adv* с беспоко́йством, с трево́гой, трево́жно

worrier [ˈwʌrɪə(r)] *n*: **he's a ~** он вéчно беспокóится

worrisome [ˈwʌrɪsəm] *a* беспокóйный; доставлáющий, причинáющий беспокóйство

worry I [ˈwʌrɪ] *n* забóта, беспокóйство, тревóга; **family worries** семéйные забóты и тревóги; **he is a great ~** он доставлáет мнóго беспокóйства

worry II *v* 1) беспокóить, волновáть; тревóжить; **to be worried about smth** беспокóиться о чём-л.; **what's ~ing you?** что вас тревóжит? 2) мýчиться, терзáться 3) приставáть, надоедáть *(with)* 4) терзáть, грызть, рвать *(добычу зубами — о собаках)*

worry along пробивáться вперёд, несмотря на прегрáды, трýдности

worry out добúться своегó

worse I [wɜːs] *a (compar см.* **bad I**) хýдший; **he is getting ~** емý хýже *(о больнóм);* **to make it ~** и что ещё хýже тогó, и в придáчу к томý; **none the ~** ничýть не хýже; **to grow ~** ухудшáться; **to go from bad to ~** становúться всё хýже и хýже

worse II *adv (compar см.* **badly**) хýже

worse III *n* хýдшее; **a change for the ~** перемéна к хýдшему

worsen [ˈwɜːsn] *v* ухудшáться

worship I [ˈwɜːʃɪp] *n* 1) поклонéние, почитáние 2) культ 3) богослужéние; **divine ~** церкóвная слýжба, богослужéние 4): **Your W.** вáша мúлость *(обращéние)*

worship II *v* 1) поклонáться, почитáть; молúться 2) боготворúть, обожáть, поклонáться 3) ходúть в цéрковь

worst I [wɜːst] *a (superl см.* **bad I**) наихýдший, сáмый плохóй

worst II *adv (superl см.* **badly**) хýже всегó

worst III *n* сáмое хýдшее, наихýдшее; **at (the) ~** на худóй конéц; **if the ~ comes to the ~** в сáмом хýдшем слýчае; **to be at its ~** в сáмый разгáр *(чего-л. плохого)*

worst IV *v* нанестú поражéние, одержáть верх, разбúть

worsted [ˈwʊstɪd] *n* камвóльная ткань; ткань из гребеннóй шéрсти

worth I [wɜːθ] *n* 1) ценá, стóимость; **of no ~** ничегó не стóящий 2) цéнность; достóинство; **of great/little ~** цéнный/малоцéнный; **person of ~** достóйный, заслýживающий уважéния человéк

worth II *a* 1) достóйный; заслýживающий; стóящий; **a film ~ seeing** стóящий фильм; **he's ~ his weight in gold** емý ценý нет 2) имéющий *такýю-то* цéну, стóимость; **the house is ~ $ 120 000** дом стóит сто двáдцать тысяч дóлларов; **he is ~ a million** он миллионéр ◊ **for all one is ~** *разг.* изо всéх сил; **for what it is ~** нрáвится вам это úли нет; **it's ~ it** *разг.* это стóит тогó

worthily [ˈwɜːðɪlɪ] *adv* достóйно

worthless [ˈwɜːθlɪs] *a* ничегó не стóящий; никчéмный; не заслýживающий внимáния

worthwhile [ˈwɜːθˈwaɪl] *a* стóящий, заслýживающий внимáния, интерéсный; имéющий смысл

worthy I [ˈwɜːðɪ] *n* 1) знаменúтость 2) достóйный человéк

worthy II *a* 1) достóйный, заслýживающий *(уважéния и т. п. — of)*; **a ~ opponent** достóйный протúвник; **it's not ~ of you** это недостóйно вас; **~ to be remembered** заслýживающий пáмяти 2) (досто)почтéнный; **a ~ old couple** почтéнная пожилáя пáра, четá

wotcher [ˈwɒtʃə(r)] *int сленг* здорóво!, привéт!

would [wəd; *полная форма* wʊd] 1) *past см.* **will²** 2) *как вспомогат. гл.* а) *образует 2 и 3 л. ед. и мн. ч. будущего в прошедшем:* **he said he ~ leave** он сказáл, что уéдет б) *образует формы Conditional:* **if I were a pilot I ~ go there** éсли бы я был лётчиком, я бы полетéл тудá 3) *как модáльный глагóл слýжит для выражéния* а) *желáния:* **I ~ rather stay at home** я бы лýчше остáлся дóма б) *вéжливой прóсьбы:* **~ you close the window?** закрóйте, пожáлуйста, окнó; **~ you like to go with me?** не хотúте ли пойтú со мной?; **~ you like a cup of coffee?** не хотúте ли выпить чáшечку кóфе? 4) *употр. для выражéния повтóрности дéйствия в прóшлом:* **he ~ sit there for hours drinking his beer** он, бывáло, сидéл там часáми за крýжкой пúва

would-be [ˈwʊdbiː] *a* изображáющий из себя, воображáющий себя *(кем-л.);* дéлающий вид; «с претéнзиями» *(на что-л.);* **a ~ politician** воображáющий себя полúтиком

wouldn't [ˈwʊdnt] = **would not**; **I ~ know** *разг.* я не знáю

wound¹ I [wuːnd] *n* 1) рáна; **to search a ~** зондúровать рáну 2) душéвная рáна, обúда, оскорблéние

wound¹ II *v* рáнить

wound² [waʊnd] *past, p. p. см.* **wind² II**

wove [wəʊv] *past см.* **weave**

woven [ˈwəʊvən] *p. p. см.* **weave**

wow¹ I [ˈwaʊ] *int* здорóво!, вот это да!, вáу!

wow¹ II *n сленг* потрясáющий успéх

wow² *n* детонáция

WP *сокр.* (**word processor**) *вчт* текстовóй процéссор

wp *сокр.* (**weather permitting**) éсли позвóлит погóда

WPC *сокр.* (**woman police constable**) жéнщина-констéбль *(полицейский чин)*

w. p. m. *сокр.* (**words per minute**) стóлько-то слов в минýту

wrack [ræk] *n* 1) вы́брошенные мóрем на бéрег вóдоросли 2) разушéние, разорéние; ~ **and ruin** пóлное разорéние

wraith [reɪθ] *n* при́зрак, дух, привидéние *(как бы предвещáющее смерть тому, кому являются)*

wrangle I [ˈræŋgl] *n* ожесточённая ссóра, грóмкие перекáния

wrangle II *v* 1) шýмно спóрить, пререкáться 2) *амер.* пасти́ стáдо *(верхом)*

wrangler [ˈræŋglə(r)] *n* 1) спóрщик, крикýн 2) *амер.* ковбóй

wrap I [ræp] *n* 1) шаль, накúдка, платóк 2) *амер.* пальтó ◊ **under ~s** в тáйне, секрéтно; **to take the ~s off** снять секрéтность; откры́ть

wrap II *v* 1) завора́чивать, обвёртывать *(тж* **to ~ up**) 2) закýтывать, окýтывать *(round, about)*
wrap up 1) закáнчивать, завершúть *(рабóту и т. п.)* 2) кýтаться 3) **to be wrapped up in** быть погружённым в *(рабóту и т. п.)*

wrapper [ˈræpə(r)] *n* 1) обёртка 2) бандерóль 3) супероблóжка *(на книге)* 4) свобóдно спадáющая одéжда *(платье, халат, пальто и т. п.);* накúдка 5) табáчный лист высóкого кáчества *(для завора́чивания сигар)*

wrapping [ˈræpɪŋ] *n обыкн. pl* обёрточный материáл; обёртка

wrath [rɔːθ] *n книжн.* гнев, я́рость; **to stir one's ~** вы́звать гнев

wrathful [ˈrɔːθfʊl] *a книжн.* гнéвный

wreak [riːk] *v* 1) давáть вы́ход *(чувствам)* 2) бушевáть, производи́ть больши́е разрушéния *(о стихии)*

wreath [riːθ, *pl* riːðz] *n* 1) венóк 2) кольцó *(дыма)*

wreathe [riːð] *v* 1) обвивáть 2) обнимáть 3) вить, плести́ *(венки, гирлянды)* 4) клуби́ться *(о дыме)*

wreck I [rek] *n* 1) авáрия, крушéние; **to go to ~** разрушáться, приходи́ть в упáдок 2) облóмки кораблекрушéния 3) развáлина *(о человéке)*

wreck II *v* 1) вы́звать крушéние, авáрию 2) разрýшить, погуби́ть *(надежды, планы, ожидáния)*

wreckage [ˈrekɪdʒ] *n* облóмки крушéния *(особ. корабля́)*

wrecker [ˈrekə(r)] *n* 1) *уст.* граби́тель затонýвших судóв 2) рабóчий по снóсу стáрых домóв *и т. п.* 3) спасáтель *(имущества за-*

тонýвших судóв) 4) маши́на техни́ческой пóмощи, *разг.* техни́чка

wren [ren] *n* крапи́вник *(птица)*

wrench I [rentʃ] *n* 1) рéзкое дёрганье, вырывáние, выкрýчивание; **to give a ~** си́льно дёрнуть 2) тоскá, боль *(при разлýке)* 3) вы́вих 4) *тех.* гáечный ключ *(тж* **socket ~**)

wrench II *v* 1) с си́лой дёрнуть, вы́рвать; **to ~ open** взлáмывать 2) вы́вихнуть 3) искажáть *(факты)*

wrest [rest] *v* 1) вы́рвать *(из рук)* 2) с трудóм достáть, заполучи́ть 3) искажáть, истолкóвывать в свою́ пóльзу *(закон и т. п.)*

wrestle I [ˈresl] *n* 1) *спорт.* состязáние по борьбé 2) упóрная борьбá, схвáтка

wrestle II *v* боро́ться

wrestler [ˈreslə(r)] *n спорт.* борéц

wrestling [ˈreslɪŋ] *n спорт.* соревновáния по борьбé; **arms ~** армрéстлинг

wretch [retʃ] *n* 1) несчáстный, бедня́га 2) *шутл.* негóдник

wretched [ˈretʃɪd] *a* 1) несчáстный, жáлкий 2) плохóго кáчества, сквéрный 3) неприя́тный

wriggle I [ˈrɪgl] *n* изви́в, изги́б

wriggle II *v* 1) извивáться, изгибáться *(тж* **to ~ oneself**); пробирáться извивáясь 2) уви́ливать *(от чего-л.);* уклоня́ться

wring I [rɪŋ] *n* 1) сжимáние, сжáтие; пожáтие 2) выжимáние; скрýчивание **to give a ~** выжимáть

wring II *v (past, p. p.* **wrung**) 1) скрýчивать 2) жать *(тж. об обуви);* сжимáть 3) выжимáть *(бельё и т. п.; тж* **to ~ out**) 4) мýчить, терзáть 5) вымогáть, вынуждáть *(out, from)*

wrinkle I [ˈrɪŋkl] *n* 1) морщи́на 2) *разг.* намёк, подскáзка

wrinkle II *v* мóрщить(ся); мя́ться

wrist [rɪst] *n* 1) запя́стье 2) *attr:* ~ **watch** нарýчные часы́

wristband [ˈrɪstbænd] *n* манжéта *(тж* **cuff**)

wristlet [ˈrɪstlɪt] *n* браслéт

writ [rɪt] *n* 1) (пи́сьменный) прикáз; предписáние; распоряжéние 2) *уст.* писáние; **the Holy W.** Свящéнное Писáние, Би́блия

write [raɪt] *v* (**wrote**; **written**) 1) писáть 2) сочиня́ть, писáть *(рассказы, повести, пьесы и т. п.);* **to ~ for the newspaper** писáть статьи́ *и т. п.* в газéту 3) *вчт* вноси́ть дáнные в компью́тер 4) писáть пи́сьма, быть в перепи́ске *(to)* ◊ **nothing to ~ home about** *разг.* ничегó интерéсного

write down 1) запи́сывать 2) преуменьшáть значéние *(чего-л.)* в печáти 3) снижáть номинáльную цéну

write down to писáть в упрощённом ви́де *(для определённого читáтеля)*

write in впи́сывать, добавля́ть *(в написанное)*

write off 1) написа́ть без промедле́ния, сра́зу 2) спи́сывать *(как обесцененное)* 3) *разг.* спи́сывать со счёта, счита́ть него́дным 4) спи́сывать *(долг и т. п.)*

write out 1) выпи́сывать по́лностью 2) вы́писать *(чек и т. п.)* 3) исписа́ться

write up 1) зака́нчивать писа́ть *(что-л.)* 2) допи́сывать до сего́дняшнего дня 3) вырази́ть в печа́ти *(своё мнение и т. п.)* 4) писа́ть в припо́днятом сти́ле 5) повыша́ть номина́льную це́ну

write-off [ˌraɪtˈɒf] *n* спи́санная вещь *(особ. старый автомобиль)*

writer [ˈraɪtə(r)] *n* 1) писа́тель 2) *уст.* писе́ц, письмоводи́тель 3) *вчт* запи́сывающее устро́йство 4) *вчт* програ́мма за́писи 5) *вчт* програ́мма-реда́ктор 6) *вчт* состави́тель, разрабо́тчик *(программ)*

writer's cramp [ˌraɪtəsˈkræmp] *n мед.* пи́счий спазм

write-up [ˈraɪtˈʌp] *n разг.* газе́тное сообще́ние; обзо́р, обозре́ние *(в газете)*

writhe [raɪð] *v* 1) ко́рчиться *(от боли)* 2) му́читься *(от стыда, при мысли о содеянном и т. п.)*

writing [ˈraɪtɪŋ] *n* 1) пи́сьменная фо́рма, письмо́; **in ~** в пи́сьменной фо́рме; **to commit to ~** записа́ть 2) по́черк *(тж* **handwriting**) 3) *pl* (литерату́рное) произведе́ние; кни́га, статья́ *и т. п.*

writing desk [ˈraɪtɪŋˌdesk] *n* конто́рка; пи́сьменный стол

writing paper [ˈraɪtɪŋˌpeɪpə(r)] *n* почто́вая бума́га; пи́счая бума́га

written [ˈrɪtn] *p. p. см.* **write**

wrong I [rɒŋ] *n* зло; несправедли́вость; непра́вда; **to do ~** греши́ть; **to do ~ to smb** пло́хо, несправедли́во отнести́сь к кому́-л.; **in the ~** отве́тственный за совершённое зло, оши́бку *и т. п.*; **you are in the ~** э́то вы винова́ты; **to put smb in the ~** сде́лать кого́-л. отве́тственным за что-л.; свали́ть вину́ на кого́-л.

wrong II *a* непра́вильный, оши́бочный, неве́рный; не тот; **you are ~** вы непра́вы, вы ошиба́етесь; **what's ~?** в чём де́ло?, что тако́е?, что случи́лось?; **to go ~** а) сби́ться с пути́ и́стинного б) не вы́йти, не получи́ться ◊ **to get on the ~ side of** впасть в неми́лость *(к кому-л.)*; **she's on the ~ side of 50** ей под шестьдеся́т

wrong III *v* быть несправедли́вым *(к кому-л.)*; обижа́ть; припи́сывать *(кому-л.)* дурны́е наме́рения

wrong IV *adv* неве́рно, непра́вильно; **to get ~** непра́вильно поня́ть

wrongdoer [ˈrɒŋˈduːə(r)] *n* 1) гре́шник 2) оби́дчик 3) правонаруши́тель

wrongful [ˈrɒŋfʊl] *a* 1) несправедли́вый; незако́нный 2) не соотве́тствующий до́лжности *(о человеке)*

wrong-headed [ˈrɒŋˈhedɪd] *a* упо́рствующий в свои́х заблужде́ниях

wrote [rəʊt] *past см.* **write**

wroth [rəʊθ] *a уст., поэт.* рассе́рженный, разгне́ванный

wrought [rɔːt] *past, p. p. см.* **work II, 4)**

wrought iron [ˈrɔːtˈaɪən] *n* ко́ваное желе́зо

wrung [rʌŋ] *past, p. p. см.* **wring II**

wry [raɪ] *a* 1) криво́й, переко́шенный, искажённый; **a ~ smile** крива́я усме́шка 2) сухова́тый *(о юморе)*

wt. *сокр.* **(weight)** вес

wurst [vʊəst] *n* неме́цкая *или* австри́йская колбаса́

WW *сокр.* **(World War)** *амер.* мирова́я война́

WX *сокр.* **(women's extra-large size)** о́чень большо́й разме́р же́нской оде́жды

Wykehamist [ˈwɪkəmɪst] *n* воспи́танник Ви́нчестерского ко́лледжа

wynd [waɪnd] *n шотл.* у́зкая у́лочка; у́зкая алле́я

WYSIWYG *сокр.* **(what you see is what you get)** *вчт* (при́нцип) «что ви́дишь, то полу́чится» *(визуальное совпадение изображения на экране с результатом работы)*

X

X, x [eks] *n* 1) *24-я буква англ. алфавита* 2) *мат.* икс, неизве́стная величина́ 3) неизве́стная ли́чность, не́кто X

xenon [ˈzenɒn] *n хим.* ксено́н

xenophobia [ˌzenəˈfəʊbɪə] *n* ксенофо́бия, нелюбо́вь, недоброжела́тельное отноше́ние к иностра́нцам

xerocopy [zeˈrɒkɒpɪ, zɪə-] *n* ксероко́пия

xerograph [zeˈrɒɡrəf, zɪə-] *n* ксеро́граф

xerography [zɪeˈrɒɡrəfɪ] *n* ксерокопи́рование, ксерографи́рование, размноже́ние на ксе́роксе

Xerox [ˈzɪərɒks] *n фирм.* 1) ксе́рокс *(тж* **~ machine**) 2) ко́пия, сде́ланная на ксе́роксе

Xmas [ˈkrɪsməs] *разг. см.* **Christmas**

X-ray I [ˈeksˈreɪ] *n* 1) *обыкн. pl* рентге́новские лучи́ 2) рентгеногра́мма

X-ray II [ˈeksreɪ] *v* просвечивать рентгеновскими лучами

xylography [zaɪˈlɒɡrəfɪ] *n* ксилография; гравирование по дереву

Xylonite [ˈzaɪlənaɪt] *n* целлулоид

xylophone [ˈzaɪləfəʊn] *n муз.* ксилофон

Y

Y, y [waɪ] *n* 1) *25-я буква англ. алфавита* 2) *мат.* игрек, неизвестная величина

Y. *сокр.* (year) год

yacht I [jɒt] *n* яхта

yacht II *v мор.* ходить на яхте; участвовать в соревнованиях яхтсменов

yacht-club [ˈjɒtklʌb] *n* яхт-клуб

yachting [ˈjɒtɪŋ] *n* 1) парусный спорт 2) управление яхтой

yachtsman [ˈjɒtsmən] *n спорт.* яхтсмен

yack [jæk] *v сленг* заниматься пустой болтовнёй; переливать из пустого в порожнее

yah [jɑ:] *int* да что ты!, да ну! *(выражает насмешку или недоверие)*

yahoo [jəˈhu:] *n* иеху; грубая скотина *(о человеке)*

yak [jæk] *n зоол.* як

Yale lock [ˈjeɪllɒk] *n* «американский» замок

yam [jæm] *n бот.* 1) ямс 2) *амер.* батат

yammer [ˈjæmə(r)] *v разг.* 1) жаловаться, ворчать 2) много болтать

Yank [jæŋk] *n разг., часто пренебр.* янки, американец

yank I [jæŋk] *n разг.* рывок

yank II *v* 1) *разг.* рвануть, дёрнуть; **to ~ out** выдернуть 2) *вчт* копировать заданный фрагмент в буфер

Yankee [ˈjæŋkɪ] *n разг.* 1) *часто пренебр.* янки, американец 2) *амер.* житель северных штатов 3) *attr* американский

yap I [jæp] *n* пронзительный лай, тявканье

yap II *v* 1) пронзительно лаять, тявкать 2) *разг.* болтать, трещать без умолку

yapp [jæp] *n* вид мягкого кожаного переплёта *(с загибающимися краями)*

yard¹ [jɑ:d] *n* 1) ярд *(=0,914 м)* 2) *мор.* рей 3) *pl разг.* предмет большой длины; **~s of wallpaper** много обоев

yard² I *n* 1) двор 2) склад; *ж.-д.* парк, депо 3) *амер.* сад *(при доме)* ◊ **the Y.** *разг.* Скотланд-Ярд *(традиционное название управления лондонской полиции)* *(тж* **the Scotland Yard***)*

yard² II *v* загонять *(скот)*

yardbird [ˈjɑ:dbɜ:d] *n амер. сленг* 1) новобранец 2) осуждённый, арестант

yard-man [ˈjɑ:dmən] *n* 1) *ж.-д.* служащий, рабочий депо 2) *амер.* садовник

yard-master [ˈjɑ:dˌmɑ:stə(r)] *n ж.-д.* 1) начальник парковых путей 2) составитель поездов

yardstick [ˈjɑ:dstɪk] *n* 1) мерило, стандарт *(измерения)* 2) измерительная линейка

yarn I [jɑ:n] *n* 1) пряжа, нитки, нить 2) *разг.* длинная неправдоподобная история, несвязное повествование; выдумка; **to spin a ~, to spin ~s** рассказывать истории

yarn II [jɑ:n] *v разг.* рассказывать истории, небылицы

yataghan [ˈjætəɡæn] *n* ятаган

yaw I [jɔ:] *n мор., ав.* отклонение от курса

yaw II *v мор., ав.* отклоняться от курса

yawl [jɔl] *n* ялик; шаланда

yawn I [jɔ:n] *n* 1) зевота 2) *разг.* надоевшая, навязшая в зубах идея, деятельность *и т. д.*

yawn II *v* 1) зевать 2) широко раскрывать, зиять 3) сказать что-л. зевая

yawp [jɔ:p] *n амер.* 1) пронзительный *или* хриплый крик 2) глупая болтовня

yd. *сокр.* (yard) ярд

ye¹ [ji:] *уст., поэт.* см. **you**

ye² *уст.* см. **the**

yea [jeɪ] *part уст.* да; **~s and nays** за и против

yeah [jeə] *part разг.* да; **oh ~?** да неужели?

year [jɜ:(r), jɪə(r)] *n* 1) год; **an off ~** неурожайный год; **the New Y.** Новый год; **to see the New Y. in** встречать Новый год; **Happy New Y.!** с Новым годом!; **fiscal ~** бюджетный год; **~ by ~** каждый год; с каждым годом; **~ in. ~ out** из года в год; **once a ~** раз в год; **all the ~ round** весь год, круглый год 2) *pl* годы, возраст; **in ~s** пожилой, в летах; **he is young for his ~s** он молодо выглядит для своих лет

yearbook [ˈjɜ:bʊk] *n* ежегодник

yearling I [ˈjɜ:lɪŋ] *n* годовалое животное

yearling II *a* годовалый

yearlong [ˈjɜ:lɒŋ] *a* длящийся год; годичный

yearly I [ˈjɜ:lɪ] *a* ежегодный

yearly II *adv* ежегодно; раз в год

yearn [jɜ:n] *v* 1) тосковать, томиться *(for, after)* 2) сочувствовать, испытывать нежность *(towards, to)*

yeast [ji:st] *n* дрожжи; **brewer's ~** пивные дрожжи

yeasty [ˈji:stɪ] *a* 1) дрожжевой; дрожжевидный; пенистый 2) пустой, бессодержательный

yell I [jel] *n* 1) крик, вопль 2) *амер.* дружные возгласы ободрения *(на спортивных состя-*

заниях *и т. п.*) 2) *сленг* забавная личность; нечто занимательное

yell II *v* кричать, вопить; выкрикивать

yellow I [ˈjeləʊ] *n* 1) жёлтый цвет; желтизна 2) жёлтая ткань *или* одежда; **dressed in ~** одетый во всё жёлтое

yellow II *a* 1) жёлтый 2) *разг.* трусливый 3) завистливый, ревнивый, подозрительный (*о взглядах, чувствах и т. п.*)

yellow III *v* желтеть

yellowback [ˈjeləʊbæk] *n* дешёвый бульварный роман (*в жёлтой обложке*)

yellow-belly [ˈjeləʊˌbelɪ] *n разг.* трус

yellow card [ˈjeləʊˌkɑːd] *n спорт.* жёлтая карточка (*предупреждение игроку*)

yellow fever [ˈjeləʊˌfiːvə(r)] *n мед.* жёлтая лихорадка

yellowish [ˈjeləʊɪʃ] *a* желтоватый

Yellow Pages [ˌjeləʊˈpeɪdʒɪz] *n pl* (**the ~**) *фирм.* «Жёлтые страницы» (*деловые страницы телефонного справочника*); телефонный справочник с телефонами фирм, компаний *и т. п.*

yellow streak [ˈjeləʊˌstriːk] *n разг.* трусость

yellowy [ˈjeləʊɪ] *см.* **yellowish**

yelp I [jelp] *n* лай, визг

yelp II *v* лаять, визжать

yen¹ [jen] *n* (*pl без измен.*) иена (*денежная единица Японии*)

yen² *n разг.* желание, томление, стремление; **she has a ~ to go shopping** ей не терпится пойти по магазинам

yeoman [ˈjəʊmən] *n* 1) *ист.* йомен 2) *ист.* мелкий землевладелец ◊ **Y. of the Guard** дворцовый страж; лейб-гвардеец

yeomanry [ˈjəʊmənrɪ] *n* 1) *ист.* йомены, сословие йоменов 2) территориальная конница

yeoman warder [ˌjəʊmənˈwɔːdə] *n* страж лондонского Тауэра (*тж* **Beefeater**)

yes I [jes] *n* утверждение; согласие; **say ~!** согласитесь!, дайте согласие!

yes II *part* да; **~?** да?, в самом деле?

yes-man [ˈjesmæn] *n разг.* подпевала, соглашатель, подхалим

yesterday I [ˈjestəd(e)ɪ] *n* 1) вчерашний день 2) недавнее прошлое

yesterday II *adv* вчера; **~ morning** вчера утром; **the day before ~** позавчера

yet I [jet] *adv* 1) всё ещё; **there is ~ time** ещё есть время; **not ~** ещё не(т) 2) ещё, вдобавок; **more and ~ more** больше и ещё больше; **he won't listen to me nor ~ to her** он не слушает ни меня, ни её 3) даже; **~ more important** даже ещё важнее 4) до сих пор; пока; **as ~** до сих пор 5) несмотря на, тем не менее; всё же, всё-таки; **incredible and ~ true** невероятно, но тем не менее это так

yet II *conj* тем не менее, однако, но в то же время

yeti [ˈjetɪ] *n* йети, «снежный человек»

yew [juː] *n* тисовое дерево, тис

Yid [jɪd] *n сленг презр.* еврей

Yiddish [ˈjɪdɪʃ] *n* (язык) идиш

Yiddisher [ˈjɪdɪʃə(r)] *n* говорящий на идише

yield I [jiːld] *n* 1) произведённый продукт; готовый продукт 2) урожай 3) выпуск, выход, объём выпуска, результат

yield II *v* 1) производить 2) приносить, давать (*доход, урожай и т. п.*); **the investment ~s 10%** инвестиции принесли доход десять процентов 3) вырабатывать, выдавать, возвращать 4) уступать, поддаваться; сдаваться; **to ~ to persvasion** поддаться уговорам; **to ~ oneself prisoner** сдаться в плен

yielding I [ˈjiːldɪŋ] *n* 1) производство (*чего-л.*) 2) выдача 3) количество, выход продукции 4) уступчивость, покладистость 5) *физ.* текучесть, податливость 6) *физ.* пластическая деформация

yielding II *a* 1) уступчивый, покладистый 2) мягкий, податливый (*о материале*)

yippee [ˈjɪpiː] *int* вот это да! (*выражает восторг, волнение*)

YMCA *сокр.* (**the Young Men's Christian Association**) Ассоциация молодых христиан

yob [jɒb] *n сленг* хулиган

yobbo [ˈjɒbəʊ] *см.* **yob**

yodel [ˈjəʊdəl] *n* йодль (*манера пения альпийских горцев*)

yoga [ˈjəʊgə] *n* йога; учение йогов

yoghurt [ˈjɒgət] *n* йогурт

yogi [ˈjəʊgɪ] *n* йог

yogurt [ˈjɒgət] *см.* **yoghurt**

yo-heave-ho [ˈjəʊhiːvˈhəʊ] *см.* **yo-ho**

yo-ho [jəʊˈhəʊ] *int* 1) эй! (*возглас для привлечения внимания*) 2) *мор.* взяли!, дружно! (*возглас при тяжёлой физической работе*)

yoke I [jəʊk] *n* 1) ярмо 2) пара волов 3) коромысло 4) кокетка (*на платье*) 5) иго, ярмо; **to cast off the ~** сбросить иго

yoke II *v* 1) впрягать в ярмо 2) соединять попарно; присоединять 3) подходить друг к другу; сработаться

yokel [ˈjəʊkəl] *n* деревенщина

yolk [jəʊk] *n* желток (*яйца*)

yonder I [ˈjɒndə(r)] *a* вон тот

yonder II *adv* вон там

yonks [jɒŋks] *n pl сленг* давно; **I haven't seen them for ~** я давненько их не видел

yoo-hoo [ˈjuːhuː] *int* эй! (*возглас для привлечения внимания*)

yore [jɔː(r)] *n*: **in days of ~** во время оно, в стародавние времена

York [jɔ:k] *n*: **House of ~** *ист.* дина́стия/дом Йо́рков, Бе́лая ро́за *(в войне Алой и Белой Розы)*

Yorkshire pudding [ˌjɔːkʃəˈpʊdɪŋ] *n* йоркши́рский пу́динг *(запечённое в тесте мясо)*

Yorkshire terrier [ˌjɔːkʃəˈterɪə] *n* йоркши́рский терье́р *(порода собак)*

you [juː, jʊ] *pron pers* 1) ты, тебя́, тебе́ 2) вы, вас, вам 3) *употр. для усиления восклица́ния:* ~ **fool!** дура́к!; ~, **boys, come here!** эй, ребя́та, иди́те сюда́! 4) *переводится безличными оборотами:* ~ **never know** никогда́ не зна́ешь; ~ **can't trust these people** э́тим лю́дям доверя́ть нельзя́ ◊ ~ **and yours** ты и твои́ ро́дственники; ты и всё твоё иму́щество

you'd [juːd] = **you had; you would**

you'll [juːl] = **you will; you shall**

young I [jʌŋ] *n* детёныш; **with ~** сте́льная, супоро́сая *и т. п.*

young II *a* 1) молодо́й, ю́ный; ~ **man** молодо́й челове́к 2) нео́пытный, незре́лый 3) неда́вний 4) ра́нний *(о времени)*

youngish [ˈjʌŋɪʃ] *a* моложа́вый

youngling [ˈjʌŋlɪŋ] *n поэт.* ребёнок; детёныш

young-looking [ˈjʌŋˌlʊkɪŋ] *a* моложа́вый, мо́лодо вы́глядящий

youngster [ˈjʌŋstə(r)] *n* подро́сток

your [jə(r); *полная форма* jɔː(r)] *pron poss* ваш, ва́ша, ва́ше, ва́ши; твой, твоя́, твоё, твои́

you're [jʊə(r)] = **you are**

yours [jɔːz] *pron poss* абсолютная форма к your; *атрибутивно не употр.* 1) ваш, ва́ша, ва́ше, ва́ши; твой, твоя́, твоё, твои́; **friends of ~** не́которые из ва́ших друзе́й 2) *замеща́ет сущ.:* ~ **truly,** ~ **sincerely** и́скренне ва́ш(а) *(вежливая фраза в конце письма)*; ~ **of the 11th** ва́ше письмо́ от оди́ннадцатого числа́

yourself [jɔːˈself] *pron (pl* **yourselves**) 1) *refl* себя́, себе́, собо́ю; -ся; **have you hurt ~?** вы уши́блись? 2) *употр. для усиления* сам, сама́, са́ми; **you told me ~** вы са́ми мне говори́ли; **by ~** оди́н, в одино́чку; **be ~** будь сами́м собо́й; **you are not quite ~ today** ты сего́дня сам не свой; **how's ~?** *сленг* как дела́?, а как у вас? *(часто в ответ на такой же вопрос)*

yourselves [jɔːˈselvz] *pl см.* **yourself**

youth [juːθ] *n* 1) мо́лодость, ю́ность; **she's past her first ~** она́ уже́ не так молода́ 2) *(pl* **youths** [juːðz]) ю́ноша 3) *собир.* молодёжь 4) *attr* молодёжный; ~ **club** молодёжный клуб; ~ **hostel** молодёжное общежи́тие

youthful [ˈjuːθʊl] *a* 1) молодо́й, ю́ный, ю́ношеский 2) моложа́вый

you've [juːv] = **you have**

yowl I [jaʊl] *n* вой

yowl II *v* выть

yr. *сокр.* 1) (**year**) год 2) (**your**) твой; ваш

yrs. *сокр.* 1) (**years**) го́ды 2) (**yours**) твой; ваш

yuan [juːˈaːn] *n* юа́нь *(денежная единица Китая)*

yucca [ˈjʌkə] *n бот.* ю́кка

yuck [jʌk] *int сленг* фу!, га́дость!

yucky [ˈjʌkɪ] *a сленг* 1) проти́вный, ме́рзкий 2) сляща́вый

Yugoslav I [ˈjuːɡəˌslaːv] *n ист.* югосла́в; югосла́вка; жи́тель Югосла́вии

Yugoslav II *a ист.* югосла́вский

yuk [jʌk] *см.* **yuck**

yukky [ˈjʌkɪ] *см.* **yucky**

Yule [juːl] *n уст.* Свя́тки *(тж* **Yuletide, Christmastide)**

yummy [ˈjʌmɪ] *a разг.* вку́сный, аппети́тный

yum-yum [jʌmˈjʌm] *int* мм!, вку́сно

yuppy [ˈjʌpɪ] *n разг.* я́ппи, преуспева́ющий молодо́й челове́к *(обыч. работающий в го́роде и стремя́щийся сделать деловую карье́ру)*

YWCA *сокр.* **(the Young Women's Christian Association)** Ассоци́ация молоды́х христиа́нок

Z

Z, z [zed] *n* 26-я буква англ. алфавита

zany [ˈzeɪnɪ] *a* коми́чный, смехотво́рный; кра́йне неле́пый

zap [zæp] *v сленг* 1) нанести́ си́льный уда́р 2) разреши́ть 3) уби́ть 4) потрясти́, ошеломи́ть

zappy [ˈzəpɪ] *a разг.* 1) живо́й, энерги́чный 2) потряса́ющий

zeal [ziːl] *n* усе́рдие, рве́ние

zealot [ˈzelət] *n* фанати́чный приве́рженец, фана́тик

zealous [ˈzeləs] *a* усе́рдный, рья́ный, ре́вностный

zebra [ˈziːbrə] *n* 1) зе́бра 2) *attr* полоса́тый (как зе́бра); ~ **crossing** пешехо́дный перехо́д «зе́бра»

zebu [ˈziːbuː] *n зоол.* зе́бу

Zen [zen] *n рел.* дзен-будди́зм *(тж* ~ **Buddhism)**

zenith [ˈzenɪθ] *n* зени́т *(тж. перен.)*; **at the ~ of one's fame** в зени́те сла́вы

zenithal [ˈzenɪθəl] *a* зени́тный

zephyr [ˈzefə(r)] *n* 1) *книжн.* лёгкий ветерок, зефир 2) зефир *(лёгкая ткань)* 3) тонкая сетчатая майка *(боксёра и т. п.)*

zero [ˈzɪərəʊ] *n* 1) нуль, ноль; нулевая точка 2) нуль, ничто; **to reduce to ~** сводиться к нулю, кончаться ничем 3) начало отсчёта 4) *attr* начальный 5) *attr* нулевой; **~ hour** *воен.* час «Ч», час начала наступления

zero-address [ˈzɪərəʊ əˌdres] *a* *вчт* безадресный

zeroize [ˈzɪərəʊaɪz] *v* устанавливать на нуль, обнулять

zest [zest] *n* 1) энтузиазм, пыл; **with ~** с жаром, с энтузиазмом 2) пикантность, «изюминка»; **to add ~ to smth** придавать пикантность чему-л.

zigzag I [ˈzɪgzæg] *n* зигзаг

zigzag II *a* зигзагообразный

zigzag III *v* делать зигзаги

zigzag IV *adv* зигзагообразно

zilch [zɪltʃ] *n* *амер. сленг* ничто; ничего

zinc I [zɪŋk] *n* *хим.* 1) цинк 2) *attr* цинковый

zinc II *v* оцинковывать

zing [zɪŋ] *n* *разг.* энергия, живость

zinger [ˈzɪŋə(r)] *n* *амер. сленг* 1) нечто сногсшибательное 2) выдающаяся личность

zinnia [ˈzɪnɪə] *n* *бот.* цинния

Zionism [ˈzaɪənɪz(ə)m] *n* сионизм

Zionist [ˈzaɪənɪst] *n* сионист

zip I [zɪp] *n* 1) свист пули 2) живость, энергия, стремительность 3) застёжка «молния» *(тж. ~ fastener)* 4) *амер.* почтовый, индекс

zip II *v* 1) застёгивать(ся) на «молнию» *(тж to ~ up)* 2) проноситься со свистом; быстро нестись, лететь 3) *вчт* архивировать, упаковывать, *проф.* зазиповывать

zip code [ˈzɪpkəʊd] *n* *амер.* почтовый индекс

zip fastener [ˈzɪpˌfɑːsnə(r)] *см.* zip I, 3)

zipper I [ˈzɪpə(r)] *см.* zip I, 3)

zipper II *см.* zip II 1)

zipping [ˈzɪpɪŋ] *n* *вчт* уплотнение, упаковка, сжатие

zippy [ˈzɪpɪ] *a* живой, оживлённый, бодрый

zit [zɪt] *n* *амер. сленг* сутенёр

zither [ˈzɪðə(r)] *n* *муз.* цитра

zloty [ˈzlɒtɪ] *n* злотый *(денежная единица Польши)*

zodiac [ˈzəʊdɪæk] *n* *астр.* **(the ~)** зодиак; **signs of the ~** знаки зодиака *(тж star signs)*

zodiacal [zəˈdaɪəkəl] *a* *астр.* зодиакальный

zombie [ˈzɒmbɪ] *n* 1) зомби 2) вялый, апатичный человек

zonal [ˈzəʊnl] *a* зональный

zone I [zəʊn] *n* 1) зона, пояс; полоса, область; **frigid/torrid/temperate ~** арктический/тропический/умеренный пояс; **danger ~** опасная зона; **time ~** часовой пояс 2) *attr* зональный

zone II *v* 1) опоясывать, прилегать 2) разделять на зоны, пояса

zoo [zuː] *n* зоопарк

zoological [ˌzəʊəˈlɒdʒɪkəl] *a* зоологический; **~ garden** *уст.* зоопарк *(тж zoo)*

zoologist [zəʊˈɒlədʒɪst] *n* зоолог

zoology [zəʊˈɒlədʒɪ] *n* зоология

zoom¹ I [zuːm] *n* 1) гудение; гул двигателей набирающего высоту самолёта 2) *ав.* «свеча», «горка»

zoom¹ II *v* 1) гудеть, жужжать 2) круто взмывать вверх с нарастающим гулом *(о самолёте и т. п.)* 3) *ав.* делать «свечу» 4) резко подниматься *(о ценах и т. п.)*

zoom² I *a* *амер. сленг* бесплатный

zoom² II *v* *амер. сленг* получить бесплатно

zoom³ I *n* 1) *тлв* электронное увеличение изображения 2) *вчт* масштаб, масштабирование 3) *кино* наезд *(эффект)* 4) *фото* наезд, масштабирование, зум, крупный план

zoom³ II *v* 1) *тлв.* давать изображение крупным планом 2) *кино, тлв* менять план изображения 3) *вчт* увеличивать *(масштаб изображения)*, распахивать *или* увеличивать размер окна до размеров всего экрана 4) *фото* масштабировать, менять план изображения

zoom in приближать *(изображение)*; увеличивать изображение

zoom out отдалять *(изображение)*; уменьшать изображение

zooming [ˈzuːmɪŋ] *n* 1) уменьшение *или* увеличение 2) *кино, тлв* наезд или отъезд *(изменение плана изображения)*, трансфокация 3) *вчт* масштабирование, распахивание *или* увеличение размера окна до размеров всего экрана

zoom lens [ˈzuːmlenz] *n* объектив с переменным фокусным расстоянием

zoning [ˈzəʊnɪŋ] *n* районирование, распределение по поясам *или* зонам, зонирование

ZPG *сокр.* **(zero population growth)** нулевой прирост населения

zucchini [zuːˈkiːnɪ] *n* *амер. бот.* цуккини

Zulu time [ˈzuːluːˌtaɪm] *n* среднее время по Гринвичу

Издательство «Р У С С О»
п р е д л а г а е т:

Англо-русский геологический словарь (52 000 терминов)

Англо-русский медицинский словарь-справочник «На приеме у английского врача»

Англо-русский металлургический словарь (66 000 терминов)

Англо-русский словарь по вычислительным системам и информационным технологиям (55 000 терминов)

Англо-русский словарь по машиностроению и автоматизации производства (100 000 терминов)

Англо-русский словарь по нефти и газу (24 000 терминов и 4 000 сокращений)

Англо-русский словарь по патентам и товарным знакам (11 000 терминов)

Англо-русский словарь по пищевой промышленности (42 000 терминов)

Англо-русский словарь по радиоэлектронике (63 000 терминов)

Англо-русский словарь по рекламе и маркетингу с Указателем русских терминов (40 000 терминов)

Англо-русский словарь сокращений по телекоммуникациям (5 500 сокращений)

Англо-русский словарь по телекоммуникациям (34 000 терминов)

Англо-русский словарь по химии и переработке нефти (60 000 терминов)

Англо-русский словарь по химии и химической технологии (65 000 терминов)

Англо-русский словарь по экономике и праву (40 000 терминов)

Англо-русский словарь по электротехнике и электроэнергетике (около 45 000 терминов)

Политика. Дипломатия. СМИ. Англо-русский словарь активной лексики (10 000 слов)

Англо-русский и русско-английский автомобильный словарь (25 000 терминов)

Англо-русский и русско-английский лесотехнический словарь (50 000 терминов)

Англо-русский и русско-английский медицинский словарь (24 000 терминов)

Англо-русский и русско-английский словарь по солнечной энергетике (12 000 терминов)

Англо-русский юридический словарь (50 000 терминов)

Большой англо-русский политехнический словарь в 2-х томах (200 000 терминов)

Новый англо-русский биологический словарь (более 72 000 терминов)

Новый англо-русский медицинский словарь (75 000 терминов) с компакт-диском

Современный англо-русский словарь по машиностроению и автоматизации производства (15 000 терминов)

Социологический энциклопедический англо-русский словарь (15 000 словарных статей)

Большой русско-английский медицинский словарь (70 000 терминов)

Новый русско-английский юридический словарь (23 000 терминов)

Русско-английский геологический словарь (50 000 терминов)

Русско-английский словарь по нефти и газу (35 000 терминов)

Русско-английский политехнический словарь (90 000 терминов)

Русско-английский словарь религиозной лексики (14 000 словарных статей, 25 000 английских эквивалентов)

Русско-английский физический словарь (76 000 терминов)

Экономика и право. Русско-английский словарь (25 000 терминов)

Адрес: 119071, Москва, Ленинский пр-т, д. 15, офис 320.
Тел./факс: 955-05-67, 237-25-02.
Web: www.russopub.ru
E-mail: russopub@aha.ru

Издательство «Р У С С О»

п р е д л а г а е т:

Немецко-русский словарь по автомобильной технике и автосервису (31 000 терминов)

Немецко-русский словарь по атомной энергетике (20 000 терминов)

Немецко-русский политехнический словарь (110 000 терминов)

Немецко-русский словарь по пищевой промышленности и кулинарной обработке (55 000 терминов)

Немецко-русский словарь по психологии (17 000 терминов)

Немецко-русский словарь-справочник по искусству (9 000 терминов)

Немецко-русский строительный словарь (35 000 терминов)

Немецко-русский словарь по химии и химической технологии (56 000 терминов)

Немецко-русский электротехнический словарь (50 000 терминов)

Немецко-русский юридический словарь (46 000 терминов)

Большой немецко-русский экономический словарь (50 000 терминов)

Краткий политехнический словарь / русско-немецкий и немецко-русский (60 000 терминов)

Современный немецко-русский словарь по горному делу и экологии горного производства (70 000 терминов)

Русско-немецкий автомобильный словарь (13 000 терминов)

Русско-немецкий словарь по электротехнике и электронике (25 000 терминов)

Русско-немецкий и немецко-русский медицинский словарь (70 000 терминов)

Русско-немецкий политехнический словарь в 2-х томах (140 000 терминов)

Новый русско-немецкий экономический словарь (30 000 терминов)

Транспортный словарь / немецко-русский и русско-немецкий (41 000 терминов)

Популярный немецко-русский и русско-немецкий юридический словарь (22 000 терминов)

Адрес: 119071, Москва, Ленинский пр-т, д. 15, офис 317.
Тел./факс: 955-05-67, 237-25-02.
Web: www.russopub.ru
E-mail: russopub@aha.ru

Издательство «Р У С С О»
п р е д л а г а е т:

Самоучитель французского языка с кассетой «Во Франции — по-французски»

Французско-русский словарь (14 000 слов) (с транскрипцией) Раевская О.В.

Французско-русский медицинский словарь (56 000 терминов)

Французско-русский словарь по сельскому хозяйству и продовольствию (85 000 терминов)

Французско-русский технический словарь (80 000 терминов)

Французско-русский юридический словарь (35 000 терминов)

Русско-французский словарь (15 000 слов) (с транскрипцией) Раевская О.В.

Русско-французский юридический словарь (28 000 терминов)

Французско-русский и русско-французский словарь бизнесмена (26 000 словарных единиц)

Иллюстрированный русско-французский и французско-русский авиационный словарь (7 000 терминов)

Итальянско-русский медицинский словарь с Указателями русских и латинских терминов (30 000 терминов)

Итальянско-русский политехнический словарь (106 000 терминов)

Русско-итальянский политехнический словарь (120 000 терминов)

Медицинский словарь (английский, немецкий, французский, итальянский, русский) с указателями (12 000 терминов)

Пятиязычный словарь названий животных. Насекомые. Латинский-русский-английский-немецкий-французский. (11046 названий)

Словарь лекарственных растений (латинский, английский, немецкий, русский) (12 000 терминов)

Словарь ресторанной лексики (Немецкий, французский, английский, русский) (25 000 терминов)

Французско-англо-русский банковско-биржевой словарь с Указателями английских и русских терминов (24000 терминов)

Адрес: 119071, Москва, Ленинский пр-т, д. 15, офис 317.
Тел./факс: 955-05-67, 237-25-02.
Web: www.russopub.ru
E-mail: russopub@aha.ru

СПРАВОЧНОЕ ИЗДАНИЕ

ПОПОВА
Людмила Петровна

МОКИНА
Наталия Руфиновна

ЗАХАРОВА
Галина Владимировна

СОВРЕМЕННЫЙ
АНГЛО-РУССКИЙ
СЛОВАРЬ

Ответственный за выпуск
ЗАХАРОВА Г. В.

Ведущий редактор
МОКИНА Н. Р.

Редакторы
НИКИТИНА Т. В.
ГВОЗДЕВА Т. Ф.
КРОВЯКОВА А. В.
УРВАНЦЕВА А. И.
ВАСИЛЬЕВА А. Ю.
ЗАЙЦЕВА О. А.

Подписано в печать 15.07.04. Формат 70×100/16.
Печать офсетная. Печ. л. 59. Усл. печ. л. 74,34.
Тираж 5060 экз.
Заказ № 4080.

«РУССО», 119071, Москва, Ленинский пр-т, д. 15, офис 317.
Телефон/факс: 955-05-67, 237-25-02.
Web: www.aha.ru/~russopub/
E-mail: russopub@aha.ru

Отпечатано в полном соответствии с качеством
предоставленных диапозитивов в ОАО «Можайский
полиграфический комбинат», 143200, г. Можайск,
ул. Мира, 93.

ДЛЯ ЗАМЕТОК

ДЛЯ ЗАМЕТОК

ДЛЯ ЗАМЕТОК

ДЛЯ ЗАМЕТОК